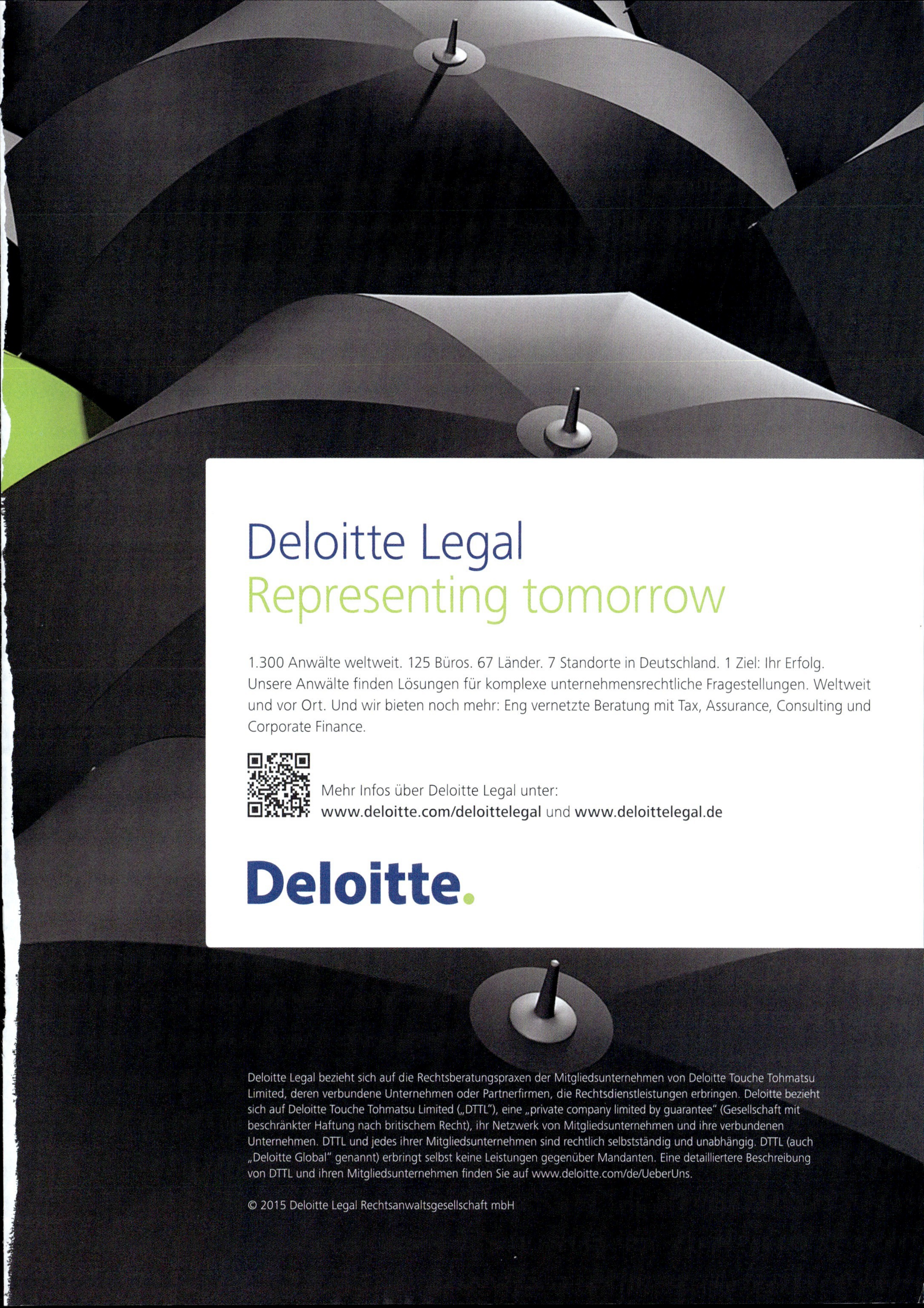

Zu uns kommen Konzerne.
Weil wir keiner sind.

Nach unserem Selbstverständnis ist exzellente anwaltliche Beratung keine Frage der Größe der Sozietät, sondern der Qualität der beratenden Anwälte. Diesem Anspruch fühlt sich Schilling, Zutt & Anschütz als eine der traditionsreichsten und renommiertesten deutschen Sozietäten seit über 80 Jahren verpflichtet. Deshalb legen wir größten Wert auf die enge Anbindung der Mandanten an den zuständigen Partner und sein Team. Kein Zufall, dass einige der bedeutendsten nationalen und internationalen Unternehmen zu unseren Mandanten zählen. **Mehr auf sza.de**

SZA
SCHILLING, ZUTT & ANSCHÜTZ

JUVE Handbuch
2015 | 2016

Wirtschafts Kanzleien
Rechtsanwälte für Unternehmen

JUVE

IMPRESSUM

Herausgeberin
Dr. Astrid Gerber

Chefredaktion
Dr. Aled Griffiths, Antje Neumann, Jörn Poppelbaum

Produktleitung
Antje Neumann (V.i.S.d.P.), Astrid Jatzkowski, Simone Bocksrocker (beide Stellv.)

Redaktion
Christine Albert, Laura Bartels, Ulrike Barth, Catrin Behlau, René Bender, Silke Brünger, Marc Chmielewski, Geertje de Sousa, Eva Flick, Christina Geimer, Marcus Jung, Parissa Kerkhoff, Mathieu Klos, Markus Lembeck, Christin Nünemann, Claudia Otto, Norbert Parzinger

CvD
Ulrike Sollbach

Koordination Mandantenrecherche
Astrid Jatzkowski

Koordination Kanzleiinformationen
Claudia Scherer

Redaktionelle Koordination
Laura King, Sirka Laass

Wissensmanagement
Stefanie Seeh

Online-Ausgabe
Simone Bocksrocker, Sirka Laass, Marcus Willemsen

Systemadministration und technische Umsetzung
Leitung Marcus Willemsen, Boris Sharif

German Commercial Law Firms (Internationale Ausgabe Print und Online)
Laura King

Redaktionelle Mitarbeit
Sonja Behrens, Regina Cichon, Jennifer Fuhs, Eva Lienemann, Melanie Müller, Stefanie Riemann, Christiane Schiffer, Anika Verfürth

Datenverarbeitung
Nicolle Kexel, Fabian Lippke, Lennart Mohr, Cornelia Nolte, Christian Rosell, Anna Rütten, Anne Schmittlein, Claudia Voskuhl

Übersetzungen
Sandra Wosky

Vermarktung und Verkauf
Rüdiger Albert, Bert Peter Alkema, Angelika Graef, Britta Hlavsa, Svea Klaßen, Jessica Lütkenhaus, Philip Middelhoff, Christopher Savill

Vertrieb
Svea Klaßen, Marit Lucas, Eva Wolff

Marketing und Veranstaltungen
Leitung Alke Hamann, Jens David, Marit Lucas, Eva Wolff

Verwaltung
Barbara Albrecht, Sandra Schmalz, Sarah Stollenwerk, Janine Wartenberg

Gestaltung und Satz
Andreas Anhalt, Janna Lehnen, Dominik Rosse

Druckservice
D+L Reichenberg GmbH, Bocholt

18. Auflage – 2015/2016
ISBN 978-3-9811823-7-8

Verlag
JUVE – Verlag für juristische Information GmbH
Sachsenring 6 · 50677 Köln
Telefon: 0221/913880-0
Telefax: 0221/913880-18
E-Mail   handbuch@juve.de
            vertrieb@juve.de
Internet   www.juve.de

Alle Texte sind urheberrechtlich geschützt.
Jede Verwertung wie Nachdruck, Vervielfältigung, elektronische Verarbeitung und Übersetzung, die nicht ausdrücklich vom Urheberrechtsgesetz zugelassen ist, bedarf der Zustimmung des Verlags.

Für Ihre Hinweise, Anregungen und Kritik zum JUVE Handbuch Wirtschaftskanzleien sind wir sehr dankbar. Insbesondere bitten wir Kanzleien, die sich als zu Unrecht nicht berücksichtigt sehen oder deren Darstellung Unstimmigkeiten aufweist, die Redaktion entsprechend zu benachrichtigen.

Denken heißt vergleichen.
Walther Rathenau

The Power of Together

Formerly SJ Berwin

Gut kombiniert.

KWM in Deutschland

- Bank- und Finanzrecht
- Gesellschaftsrecht
- Kartellrecht
- Kapitalmarktrecht
- Fondsstrukturierung
- IP/IT Commercial
- Arbeitsrecht
- Prozesse und Schiedsverfahren
- M&A
- Private Equity
- Immobilienrecht
- Steuerrecht

www.kwm.com

Asia Pacific | Europe | North America | Middle East

Inhalt

Über dieses Buch und unsere Arbeit: Details zu Recherche und Analyse	20

33 So viel Auswahl war nie
Unternehmensjuristen geben den Takt vor

Eine wiederbelebte Wirtschaft, preisbewusste Mandanten und zunehmend selbstbewusst aufsichtsführende und ahndende Behörden – selten gab es so viele strategische Chancen und Risiken für Kanzleien. Und zugleich eine so vielfältige Beraterauswahl für die Mandanten.

Die 10 größten Deals	38
Die 10 wichtigsten Prozesse	40
Die wichtigsten Ereignisse	42
Die 25 wichtigsten Kanzleiwechsel	44

Die Top 50-Kanzleien: Ranking und Analyse der wichtigsten Kanzleien	52

JUVE AWARDS 2015 – ab Seite 45

Kanzleien des Jahres 2015	46
Inhouse-Teams des Jahres 2015	48
Weitere Kanzleien des Jahres 2015	50

SERVICETEIL

Kanzlei-Statistiken	636
Fusionsstammbäume *Kanzleiengeschichte seit 1990*	638
Impressum	2
Stichwortverzeichnis	16
Index Personen	936
Index Kanzleien	948

RANKINGS UND ANALYSEN

REGIONEN

Norden	82	**Frankfurt und Hessen**	144
Hamburg	84	Frankfurt	146
Schleswig-Holstein	94	Hessen	160
Mecklenburg-Vorpommern	94		
Bremen	95	**Südwesten**	162
Niedersachsen	98	Stuttgart	164
		Baden-Württemberg	169
Osten	102	Rheinland-Pfalz/Saarland	175
Berlin	104		
Brandenburg	112	**Süden**	180
Sachsen	113	München	182
Thüringen/Sachsen-Anhalt	117	Bayern (ohne München)	196
Westen	118	**Brüssel**	199
Düsseldorf	120		
Köln	131		
Rheinland	136		
Ruhrgebiet/Westfalen	139		

WIR SPRECHEN DIE SPRACHE UNSERER MANDANTEN

Wir beraten pragmatisch, zielorientiert und mit wirtschaftlichem Sachverstand auf juristisch höchstem Niveau. Die individuellen Bedürfnisse unserer Mandanten stehen dabei im Fokus unserer Beratung.

Für mehr als 4.200 Anwälte, die weltweit in über 30 Ländern für DLA Piper tätig sind, gehört das Verständnis verschiedener Werte und Kulturen zur Philosophie unserer Kanzlei.

Internationale Zusammenarbeit ist bei DLA Piper Anspruch und gelebte Realität.

www.dlapiper.com

RANKINGS UND ANALYSEN

RECHTSGEBIETE

Arbeitsrecht	206
Co-Publishing*	206
Arbeitsrecht	214
Bank- und Finanzrecht	232
Co-Publishing*	232
Bank- und Finanzrecht	234
Anleihen und Strukturierte Finanzierung	234
Bank- und Bankaufsichtsrecht	242
Börseneinführungen und Kapitalerhöhungen	248
Investmentfonds und Asset-Management	253
Kredite und Akquisitionsfinanzierung	255
Compliance-Untersuchungen	261
Co-Publishing*	261
Compliance-Untersuchungen	265
Gesellschaftsrecht	272
Co-Publishing*	272
Gesellschaftsrecht	274
Notariat	303
Co-Publishing*	303
Notariat	305
Immobilien- und Baurecht	307
Immobilienwirtschaftsrecht	307
Projektentwicklung und Anlagenbau	318
Privates Baurecht	320
Kartellrecht	330
Co-Publishing*	330
Kartellrecht	332
Konfliktlösung – Dispute Resolution	347
Handel und Haftung	347
Häufig empfohlene BGH-Kanzleien	352
Gesellschaftsrechtliche Streitigkeiten	361
M&A	366
Co-Publishing*	366
M&A	368
Marken- und Wettbewerbsrecht	392
Co-Publishing*	392
Marken- und Wettbewerbsrecht	396
Medien, Technologie und Kommunikation	412
Medien	412
Presse- und Äußerungsrecht	424
Informationstechnologie	428
Telekommunikation	437
Sportrecht	439
Nachfolge/Vermögen/Stiftungen	441
Co-Publishing*	441
Nachfolge/Vermögen/Stiftungen	443
Öffentlicher Sektor	451
Co-Publishing*	451
Beihilferecht	453
Umwelt- und Planungsrecht	457
Produkt- und Abfallrecht	470
Verfassungs- und Wirtschaftsverwaltungsrecht	473
Vergaberecht	476
Umstrukturierungen, ÖPP und Projektfinanzierung	487
Patentrecht	489
Co-Publishing*	489
Patentrecht	491
Private Equity und Venture Capital	509
Co-Publishing*	509
Private Equity und Venture Capital	513
Regulierte Industrien	526
Energiewirtschaftsrecht	526
Gesundheitswesen	537
Berater von Krankenhäusern	545
Lebensmittelrecht	548
Verkehrssektor	550
Restrukturierung und Insolvenz	554
Co-Publishing*	554
Restrukturierung/Sanierung	556
Insolvenzverwaltung	564
Steuerrecht	573
Co-Publishing*	573
Steuerrecht	575
Steuerstrafrecht	589
Versicherungsrecht	592
Co-Publishing*	592
Versicherungsvertragsrecht: Prozessvertretung und Beratung	594
Unternehmensbezogene Beratung von Versicherern	602
Vertrieb/Handel/Logistik	606
Vertriebssysteme	606
Außenhandel	615
Wirtschaftsstrafrecht	619
Co-Publishing*	619
Wirtschaftsstrafrecht	623

*Inhaltsverzeichnis Co-Publishing Seite 9

Wir begleiten Erfolge.
In Deutschland. Und in der Welt.

Baker Tilly Roelfs gehört seit vielen Jahren zu den führenden unabhängigen Wirtschaftskanzleien und Beratungsgesellschaften in Deutschland. Die hohe Qualität unserer Beratung basiert auf Fachwissen, intensiver Austausch und interdisziplinärer Zusammenarbeit von Rechtsanwälten, Steuerberatern, Unternehmensberatern und Wirtschaftsprüfern.

Dabei sind wir ebenso international wie es viele unserer Mandanten sind. Denn bei internationalen Fragestellungen greifen wir auf das globale Baker Tilly Netzwerk in 133 Ländern zurück.

Was können wir für Sie tun? In Deutschland. Und in der Welt.

www.bakertilly.de

Wenn viel auf dem Spiel steht …

… speziell für Unternehmen der Hightech-Produktion, Technologieservices, Energie-, Finanz- oder Infrastrukturdienstleistung, dann bietet Pinsent Masons die sachliche und fachliche Stärke wie auch die nötige Erfahrung, um gegen jedes unternehmerische Risiko abzusichern, insbesondere bei:

- Corporate and M&A
- IT/IP & Outsourcing
- HR & Employment
- Litigation & Compliance
- Competition
- Real Estate & Property
- Banking & Finance
- Infrastructure & Energy Projects
- Tax

Pinsent Masons Germany LLP
Ottostraße 21, 80333 München
T: +49 89 203043 500
E: kontakt@pinsentmasons.com

www.pinsentmasons.de
© Pinsent Masons LLP 2015

INHALTSVERZEICHNIS

ANZEIGENTEIL

Index inserierende Kanzleien	12	Index inserierende ausländische Korrespondenzkanzleien	15
Kanzleiprofile	652	Ausländische Korrespondenzkanzleien	932

CO-PUBLISHING

Hier informieren Praktiker aus Anwaltskanzleien unsere Leser über aktuelle Rechtsentwicklungen

Für den Inhalt der Beiträge und die Angaben zu den Kanzleien und Autoren sind die jeweiligen Kanzleien, die diese Seiten gebucht haben, allein verantwortlich.

▶ **ARBEITSRECHT**

Freiwilligenprogramme als Alternative zum einseitigen Personalabbau?
Beiten Burkhardt, München — 206

Aktuelle Entwicklungen im Überblick
Küttner Rechtsanwälte, Köln — 208

Aktuelle Entwicklungen bei der Anpassung von Betriebsrenten
maat Rechtsanwälte, München — 210

Aktuelle Entwicklungen im Kündigungsschutz
T/S/C, Gütersloh — 212

▶ **BANK- UND FINANZRECHT**

Bank- und Kapitalmarktrecht – Aktuelle Entwicklung im Überblick
Schlatter, Heidelberg — 232

▶ **COMPLIANCE-UNTERSUCHUNGEN**

Datenschutz im Betrieb. Welche Herausforderungen bringen neue Regelungen auf nationaler und europäischer Ebene?
Caemmerer Lenz, Karlsruhe — 261

Beschäftigtendatenschutz und Compliance
Heymann & Partner, Frankfurt am Main — 263

▶ **GESELLSCHAFTSRECHT**

Persönliches Haftungsrisiko für GmbH-Geschäftsführer: Das Mindestlohngesetz
KLIEMT & VOLLSTÄDT, Düsseldorf — 272

▶ **NOTARIAT**

Notarkostenrecht – Durch intelligente Vertragsgestaltung Notarkosten sparen
bhp Bögner Hensel & Partner, Frankfurt am Main — 303

▶ **KARTELLRECHT**

Aktuelles zum deutschen Kartellrecht
BUNTSCHECK Rechtsanwaltsgesellschaft, München — 330

▶ **M&A**

MAC-Klauseln in Unternehmenskaufverträgen – Verhandlungsstrategien für Käufer und Veräußerer
Kuhn Carl Norden Baum, Stuttgart — 366

▶ **MARKEN- UND WETTBEWERBSRECHT**

ICANN's New gTLD Programm: Neue Rechtsschutzverfahren für Markeninhaber
Bettinger Scheffelt Kobiako von Gamm Partnerschaft mbB, München — 392

Aktuelle Fragen zur Reform des Gesetzes gegen den unlauteren Wettbewerb (UWG)
SCHLÜTER GRAF, Dortmund — 394

▶ **NACHFOLGE/VERMÖGEN/STIFTUNGEN**

Aktuelle Entwicklungen und Reformansätze in der Erbschaft- und Schenkungsteuer
Kantenwein Zimmermann Fox Kröck & Partner, München — 441

▶ **ÖFFENTLICHER SEKTOR (Umwelt- und Planungsrecht)**

Gesamtlärmbelastung von Grundstücken – Neues zu einem alten Problem
SEUFERT RECHTSANWÄLTE Partnerschaft, München — 451

▶ **PATENTRECHT**

Strategiebetrachtungen im Hinblick auf das zukünftige europäische „Einheitspatentsystem"
Wallinger Ricker Schlotter Tostmann, München — 489

▶ **PRIVATE EQUITY & VENTURE CAPITAL**

Corporate Venture Capital – Gestaltungsmöglichkeiten für Unternehmen auf der Suche nach Innovation
CBH Rechtsanwälte, Köln — 509

Private Equity Fondsinvestments von Family Offices – Aktuelles zu Recht und Steuern
P+P Pöllath und Partners, Berlin — 511

▶ **RESTRUKTURIERUNG UND INSOLVENZ**

Restrukturierung – Treuhandmodelle für Unternehmen in der Krise
Weil, Gotshal & Manges, Frankfurt am Main — 554

▶ **STEUERRECHT**

Die reformierte Selbstanzeige – Neue Herausforderungen an die Unternehmensführung
Jürgen R. Müller Rechtsanwälte Partnerschaft mbB, Frankfurt a.M. und Mainz — 573

▶ **VERSICHERUNGSRECHT**

Der Gruppenversicherungsvertrag in der Praxis der Restschuldversicherung
Melchers, Frankfurt am Main — 592

▶ **WIRTSCHAFTSSTRAFRECHT**

Straftatbestand der Bestechlichkeit und Bestechung im Gesundheitswesen – Regelungsinhalt und Auswirkungen
Gercke l Wollschläger, Köln — 619

Die geplante Neuregelung des §299 StGB – Auftragsvergabe als unlauterer Vorteil im Korruptionsstrafrecht?
QUEDENFELD Rechtsanwälte PartG mbB, Stuttgart — 621

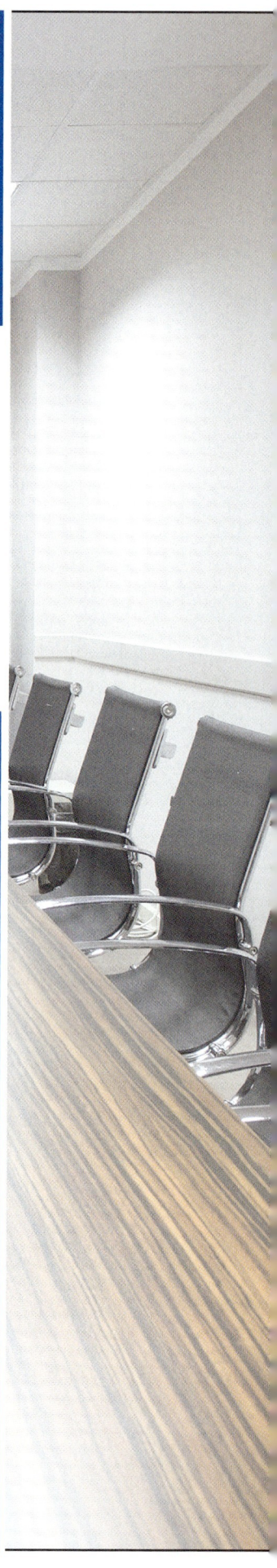

JETZT NEU:

Ihre Kanzlei im JUVE Kanzlei-Dossier

Alle Inhalte aus dem JUVE Handbuch zu Ihrer Kanzlei

Rankings, Analysen, Bewertungen – in einem hochwertigen Dossier zusammengefasst

Ihre Ansprechpartner:

Britta Hlavsa
(britta.hlavsa@juve.de)

Bert Alkema
(bert.alkema@juve.de)

JUVE
HANDBUCH 2015 | 2016

JUVE Handbuch
2015 | 2016

Index

Index Kanzleiprofile	12
Index Ausländische Korrespondenzkanzleien	15

Einige Kanzleien haben sich dafür entschieden, zum Abdruck ihres eigenen Kanzleiprofils eine ein- oder doppelseitige Anzeige zu buchen. Bei diesen Profilen handelt es sich um kostenpflichtige Anzeigen, die von den Kanzleien inhaltlich selbst gestaltet werden.

Für den Inhalt sämtlicher Anzeigen sind die jeweiligen Kanzleien allein verantwortlich.

INDEX INSERIERENDE KANZLEIEN

A

- Aderhold ... 652
- Adjuga ... 653
- AGS Acker Görling Schmalz ... 654
- AHB Arends Hofert Bergemann ... 655
- Ahlers & Vogel ... 656
- Allen & Overy ... 658/659
- Altenburg ... 657
- Anchor ... 660
- Arnecke Sibeth Siebold ... 662/663
- Ashurst ... 661
- Atticus ... 664
- Aulinger ... 665

B

- Baker & McKenzie ... 666/667
- Baker Tilly Roelfs ... 7, 668
- Bartsch ... 669
- Baum ... 670
- BBL Bernsau Brockdorff & Partner ... 671
- Dr. Beck & Partner ... 672
- Becker Büttner Held ... 673
- Behrens & Partner ... 674
- Beiten Burkhardt ... 675
- Bettinger Scheffelt Kobiako von Gamm ... 676
- BGP Blersch Goetsch Partner ... 677
- Binz & Partner ... 678
- Bird & Bird ... 17, 679
- Bissel + Partner ... 680
- Blaum Dettmers Rabstein ... 681
- BMH Bräutigam & Partner ... 682
- Bock Legal ... 683
- Bögner Hensel & Partner ... 684
- Boehmert & Boehmert ... 685
- Boesen ... 686
- von Boetticher ... 687
- Brandi ... 688
- Brinkmann & Partner ... 689
- Brinkmann Weinkauf ... 690
- BRL Boege Rohde Luebbehuesen ... 691
- Brödermann Jahn ... 692
- BRP Renaud & Partner ... 693
- BTU Simon ... 694
- Buntscheck ... 695
- Buse Heberer Fromm ... 696

C

- Caemmerer Lenz ... 697
- Carlé Korn Stahl Strahl ... 698
- CBH Rechtsanwälte ... 699
- Cleary Gottlieb Steen & Hamilton ... 700
- Clifford Chance ... 702/703
- CMS Hasche Sigle ... U2, 704/705
- Cohausz & Florack ... 701

D

- d h & k ... 706
- Danckelmann und Kerst ... 708/709
- Dechert ... 707
- Deloitte Legal ... Vorsatz, 710
- Diem & Partner ... 711
- DLA Piper ... 5, 712
- Dolde Mayen & Partner ... 713
- Dornbach ... 714
- Dreiss ... 715

E

- Ebner Stolz Mönning Bachem ... 716
- Eisenmann Wahle Birk & Weidner ... 717
- Esche Schümann Commichau ... 718
- Eversheds ... 719

F

- von der Fecht ... 720
- Flick Gocke Schaumburg ... 721
- Fontaine Götze ... 722
- FPS Fritze Wicke Seelig ... 723
- Freshfields Bruckhaus Deringer ... 724/725
- Freyschmidt Frings Pananis Venn ... 726
- Frick + Partner ... 727
- Fried Frank Harris Shriver & Jacobson ... 728/729

G

- Gabler & Franz ... 730
- Ganten Hünecke Bieniek & Partner ... 731
- Gercke Wollschläger ... 732
- Gerns & Partner ... 733
- GGV Grützmacher Gravert Viegener ... 734
- Gillmeister Rode ... 735
- Gleiss Lutz ... 736
- Godefroid & Pielorz ... 737
- Görg ... 738

INSERIERENDE KANZLEIEN INDEX

Graf von Westphalen 739
Friedrich Graf von Westphalen & Partner 25, 740
Grooterhorst & Partner 741
Grub Brugger & Partner 742
Gruendel 743
Grüter 744
GSK Stockmann + Kollegen 745

H

Happ Luther 746
Harnischmacher Löer Wensing 747
HauckSchuchardt 748
Haver & Mailänder 750/751
Hees 749
Heissner & Struck 752
Hengeler Mueller 32, 753
Herbert Smith Freehills 754
Heuking Kühn Lüer Wojtek 755
Heussen 756
Heymann & Partner 757
HFK Rechtsanwälte 758
Höcker 759
Hoefer Schmidt-Thieme 760
Hogan Lovells 762/763
Hohmann 761
Honert + Partner 764
Huth Dietrich Hahn 765

I

Ignor & Partner 766
Isenbruck Bösl Hörschler 767

J

Jakoby 768
Jebens Mensching 769
Johlke Niethammer & Partner 770
Jones Day U4, 771
Justem 772

K

K&L Gates 27, 773
Kantenwein Zimmermann Fox Kröck & Partner 774
Kapellmann und Partner 775
Kaye Scholer U3, 776
Kebekus et Zimmermann 777
King & Spalding 778

King & Wood Mallesons 3, 779
Kirkland & Ellis 780/781
Klaas & Kollegen 782/783
Klaka 784
Kleiner 786/787
Kliemt & Vollstädt 785
KNPZ Rechtsanwälte 788
König 789
KPMG Law 790
Krieger Mes Graf v. der Groeben 791
Kruhl von Strenge 792
KSB Intax 793
Küffner Maunz Langer Zugmaier 794
Kümmerlein 795
Küttner 796/797
Kuhn Carl Norden Baum 798

L

Laborius Schrader Siebert Thoms Klagges 799
Lambsdorff 800
Latham & Watkins 19, 801
Lehmann Neunhoeffer Sigel Schäfer 802
Leifert & Steffan 803
Leitner & Partner 804
Leo Schmidt-Hollburg Witte & Frank 805
Lichtenstein Körner und Partner 806
Lieb 807
Lindenpartners 808
Linklaters 809
LLR Legerlotz Laschet 810
Loschelder 811
Luther 812
Lutz Abel 813

M

Maat 814
Mäger von Bernuth 815
Maikowski & Ninnemann 816
Marccus Partners 817
Martini Mogg Vogt 818
Mayer Brown 819
Mayrhofer & Partner 820
McDermott Will & Emery 822/823
Meinhardt Gieseler & Partner 821
Melchers 824
Menold Bezler 825

INDEX INSERIERENDE KANZLEIEN

Milbank Tweed Hadley & McCloy 826
Jürgen R. Müller 827
Mütze Korsch 828

N
Neussel Martin 829
Nieding + Barth 830
Niering Stock Tömp 831
Nölle & Stoevesandt 832
Noerr 834/835
Nonnenmacher 833
Norton Rose Fulbright 836/837

O
Oppenländer 838/839
Orrick Herrington & Sutcliffe 30, 840
Orth Kluth 841
Osborne Clarke 842
Otto Mittag Fontane 843

P
P+P Pöllath + Partners 844/845
Prof. Dr. Pannen 846
Peters 847
Peters Schönberger & Partner 848
Petersen Hardraht 849
Pinsent Masons 8, 850
Pluta 851
Preu Bohlig & Partner 852
PricewaterhouseCoopers Legal 853
Prüfer & Partner 854

Q
Quedenfeld 855
Quinn Emanuel Urquhart & Sullivan .... Nachsatz, 856

R
Rapp Wolff 857
Raue 858
Reeg 859
Reimann Osterrieth Köhler Haft 860
Reith Neumahr 861
Rellermeyer Brandts Partner 862
Rittershaus 863
Rospatt Osten Pross 864

Rowedder Zimmermann Hass 865
Roxin 866
RPO Ruttkamp Portz Oberthür 867
Runkel Schneider Weber 868

S
Schalast & Partner 869
Schindler 870
Schlatter 871
Schlüter Graf 872
Schmidt von der Osten & Huber 873
Dr. Schmidt-Felzmann & Kozianka 874
Schmidt-Jortzig Petersen Penzlin 875
Schmidt-Westphal 876
Schmitz Knoth 877
Scholtka & Partner 878
Schütte Richter & Partner 879
Schulte Riesenkampff 880
Schultze & Braun 881
Schultz-Süchting 882
Schwenn & Krüger 883
Seebacher Fleischmann Müller 884
Seitz 885
Sernetz Schäfer 886
Seufert 887
SGP SchneiderGeiwitz 888
Shearman & Sterling 889
Simmons & Simmons 890/891
SKW Schwarz 892
SMNG 893
Squire Patton Boggs 894
SSW Schneider Schiffer Weihermüller 895
Staudacher 896
Stetter 897
Streck Mack Schwedhelm 898/899
Streitbörger Speckmann 900
SZA Schilling Zutt & Anschütz .... Rückseite Vorsatz, 901

T
Taylor Wessing 902
Thomas Deckers Wehnert Elsner 903
Thümmel Schütze & Partner 904
Thür Werner Sontag 905
Tsambikakis & Partner 906
TSC 907

U
Uexküll & Stolberg 908

V
Völker 909
Vogel & Partner 910

W
Waldeck 911
Wallinger Ricker Schlotter Tostmann 912
Weber & Sauberschwarz 913
Weil Gotshal & Manges 914
Weitnauer 915
Wellensiek 916
White & Case 918/919
Wildanger Kehrwald Graf v. Schwerin & Partner 917
Willkie Farr & Gallagher 920
WilmerHale 921
Wirtz & Kraneis 922
Witte Weller & Partner 923
Wolf Machel Scheurich 924
Wolter Hoppenberg 925
Wülfing Zeuner Rechel 926

Z
Zenk 927
Zimmermann & Partner 928
ZinnBöcker 929

AUSLÄNDISCHE KORRESPONDENZKANZLEIEN

BELGIEN
BRÜSSEL
SCWP Schindhelm 932

INDIEN
MUMBAI
Chandrakant M. Joshi 501

ISRAEL
TEL AVIV
Dr. Yitzhak Hess & Partners 503

ITALIEN
MAILAND
Matera Bonaccorsi Hein & Partner .. 224, 284

LUXEMBURG
LUXEMBURG
Molitor 247

ÖSTERREICH
GRAZ
Eisenberger & Herzog 288, 338
SCWP Schindhelm 932

INNSBRUCK
Dr. Stefan Warbek 401, 505

LINZ
SCWP Schindhelm 932

SALZBURG
Niederhuber & Partner 462

WELS
SCWP Schindhelm 932

WIEN
Eisenberger & Herzog 288, 338
Niederhuber & Partner 462
SCWP Schindhelm 932
Weber Rechtsanwälte 934

POLEN
BRESLAU
SDZLegal Schindhelm 480, 933

WARSCHAU
SDZLegal Schindhelm 480, 933

SLOWAKISCHE REPUBLIK
BRATISLAVA
Havel Holásek & Partners 280, 377
SCWP Schindhelm 932

TSCHECHISCHE REPUBLIK
BRÜNN
Havel Holásek & Partners 280, 377

OSTRAVA
Havel Holásek & Partners 280, 377

PILSEN
SCWP Schindhelm 932

PRAG
Havel Holásek & Partners 280, 377
SCWP Schindhelm 932

UNGARN
BUDAPEST
SCWP Schindhelm 932

Stichworte von A–Z

Die folgende Liste verweist auf die Kapitel, in denen Sie nähere Informationen zu dem jeweiligen Stichwort finden. Die Stichworte ohne Verweispfeil bezeichnen Kapitel, die sich komplett mit dem genannten Thema befassen.

A

Abfallrecht
→ Öffentlicher Sektor *Produkt- und Abfallrecht*
Abwasserrecht
→ Öffentlicher Sektor *Umwelt- und Planungsrecht*
Akquisitionsfinanzierung
→ Bank- und Finanzrecht *Kredite und Akquisitionsfinanzierung*
Aktien- und Konzernrecht
→ Gesellschaftsrecht
Altlasten und Bodenschutz
→ Öffentlicher Sektor *Umwelt- und Planungsrecht*
Anlegerschutz
→ Konfliktlösung *Handel und Haftung*
Anleihen
→ Bank- und Finanzrecht *Anleihen und Strukturierte Finanzierung*
Antidumping
→ Brüssel
→ Vertrieb/Handel/Logistik *Außenhandel*
Antitrust
→ Kartellrecht
Arbeitnehmervertretung
→ Arbeitsrecht
Arbeitsrecht
Architektenrecht
→ Immobilien- und Baurecht *Privates Baurecht*
Arzneimittelhaftung
→ Regulierte Industrie *Gesundheitswesen*
→ Konfliktlösung *Handel und Haftung*
Arzneimittelrecht
→ Regulierte Industrien *Gesundheitswesen*
Asset-backed Securities
→ Bank- und Finanzrecht *Anleihen und Strukturierte Finanzierung*
Assetmanagement
→ Bank- und Finanzrecht *Investmentfonds*
→ Immobilienrecht
Aufsichtsrecht
→ Bank- und Finanzrecht *Bankrecht und -aufsicht*
→ Versicherungsrecht *Unternehmensbezogene Beratung von Versicherern*
Außenhandel
→ Vertrieb/Handel/Logistik *Außenhandel*
Ausschreibungen, öffentliche
→ Öffentlicher Sektor *Vergaberecht*

B

Bank- und Finanzrecht
Beihilferecht
→ Öffentlicher Sektor *Beihilferecht*
Betriebliche Altersvorsorge
→ Arbeitsrecht
Betriebsverfassungsrecht
→ Arbeitsrecht
BGH-Anwälte
→ Konfliktlösung *Handel und Haftung*
Börseneinführungen
→ Bank- und Finanzrecht *Börseneinführungen und Kapitalerhöhungen*

C

Compliance
→ Compliance-Untersuchungen
→ Arbeitsrecht
→ Außenhandel

→ Bank- und Finanzrecht *Bank- und Bankaufsichtsrecht, Börseneinführungen*
→ Gesellschaftsrecht
→ Kartellrecht
→ Konfliktlösung
→ Medien, Technologie und Kommunikation *Informationstechnologie*
→ Öffentlicher Sektor
→ Steuerrecht
→ Wirtschaftsstrafrecht

D

D&O-Haftung
→ Konfliktlösung *Handel und Haftung*
→ Versicherungsrecht
Datenschutzrecht
→ Medien, Technologie und Kommunikation *Informationstechnologie, Medien*
→ Arbeitsrecht
→ Compliance
Derivate
→ Bank- und Finanzrecht *Anleihen und Strukturierte Finanzierung*

E

Energiewirtschaftsrecht
→ Regulierte Industrien *Energiewirtschaftsrecht*
Equity-Kapitalmarktrecht
→ Bank- und Finanzrecht *Börseneinführungen und Kapitalerhöhungen*
Erneuerbare Energien
→ Regulierte Industrien *Energiewirtschaftsrecht*
Europarecht
→ Brüssel
→ Vertrieb/Handel/Logistik *Außenhandel*
→ Öffentlicher Sektor *Beihilferecht*
Exportkontrolle
→ Vertrieb/Handel/Logistik *Außenhandel*

F

Film, Rundfunk und Entertainment
→ Medien, Technologie und Kommunikation *Medien*
Franchising
→ Vertrieb/Handel/Logistik *Vertriebssysteme*
Fusionskontrolle
→ Kartellrecht

G

Gefahrgut
→ Öffentlicher Sektor *Umwelt- und Planungsrecht*
Geistiges Eigentum
→ Marken- und Wettbewerbsrecht
→ Patentrecht
Geschmacksmusterrecht
→ Marken- und Wettbewerbsrecht
→ Patentrecht
Gesellschaftsrecht
Gesellschaftsrechtliche Streitigkeiten
→ Konfliktlösung *Gesellschaftsrechtliche Streitigkeiten*
Gesundheitswesen
→ Regulierte Industrien *Gesundheitswesen*
Gewerblicher Rechtsschutz
→ Marken- und Wettbewerbsrecht
→ Patentrecht
Glücksspielrecht
→ Verfassungs- und Wirtschaftsverwaltungsrecht
→ Medien, Technologie und Kommunikation *Medien*

H

Haftungsrecht
→ Versicherungsrecht *Prozessvertretung und Beratung*
→ Konfliktlösung *Handel und Haftung*
Handelsrechtliche Streitigkeiten
→ Konfliktlösung *Handel und Haftung*
→ Vertrieb/Handel/Logistik *Außenhandel*
Handelsvertreterrecht
→ Vertrieb/Handel/Logistik *Vertriebssysteme*
→ Arbeitsrecht

I

Immobilien- und Baurecht
Informationstechnologie/IT
→ Medien, Technologie und Kommunikation *Informationstechnologie*
Ingenieursrecht
→ Immobilien- und Baurecht *Privates Baurecht*
Insolvenzrecht
→ Restrukturierung und Insolvenz
Investmentfonds
→ Bank- und Finanzrecht *Investmentfonds*
→ Immobilienrecht
IP/Intellectual Property
→ Marken- und Wettbewerbsrecht
→ Patentrecht
IPO
→ Bank- und Finanzrecht *Börseneinführung und Kapitalerhöhungen*

J

Joint Ventures
→ Gesellschaftsrecht
→ Kartellrecht
→ Vertrieb/Handel/Logistik *Vertriebssysteme*

K

Kapitalmarktrecht
→ Bank- und Finanzrecht *Börseneinführung und Kapitalerhöhung, Anleihen und Strukturierte Finanzierung*
→ Konfliktlösung *Handel und Haftung, Gesellschaftsrechtliche Streitigkeiten*
Kartellrecht
→ Medien, Technologie und Kommunikation *Medien*
Kennzeichnungen
→ Marken- und Wettbewerbsrecht
→ Regulierte Industrien *Gesundheitswesen, Lebensmittelrecht*
Kommunalrecht
→ Öffentlicher Sektor *Umwelt- und Planungsrecht*
Kommunales Abgaberecht
→ Öffentlicher Sektor *Umwelt- und Planungsrecht*
Konzernrecht
→ Gesellschaftsrecht
Krankenhausrecht
→ Regulierte Industrien *Gesundheitswesen*
Kredite, Kreditsicherheiten, Kreditverträge
→ Bank- und Finanzrecht *Kredite und Akquisitionsfinanzierung*

Ein weltweites Netzwerk & Expertenteams & wegweisend & internationale Rechtskompetenz & innovativ & technologiefokussiert & Ihren Markt verstehen & Sie im Mittelpunkt & das ist Bird & Bird

twobirds.com

Abu Dhabi & Beijing & Bratislava & Brussels & Budapest & Copenhagen & Dubai & Düsseldorf & Frankfurt & The Hague & Hamburg & Helsinki & Hong Kong & London & Lyon & Madrid & Milan & Munich & Paris & Prague & Rome & Shanghai & Singapore & Skanderborg & Stockholm & Sydney & Warsaw

STICHWORTVERZEICHNIS

L

LBO/Leveraged Buy-out
→ Private Equity und Venture Capital

Lebensmittelrecht
→ Regulierte Industrien *Lebensmittelrecht*

Lizenzrecht
→ Medien, Technologie und Kommunikation *Informationstechnologie, Medien*
→ Marken- und Wettbewerbsrecht
→ Vertrieb/Handel/Logistik

Luftverkehrsrecht
→ Regulierte Industrien *Verkehrssektor*
→ Öffentlicher Sektor *Umwelt- und Planungsrecht*

M

M&A

Management-Buy-out, -in
→ Private Equity und Venture Capital

Maritimes Wirtschaftsrecht
→ Hamburg

Marken- und Wettbewerbsrecht

Mediation
→ Konfliktlösung *Handel und Haftung*

Medien
→ Medien, Technologie und Kommunikation

Medizinrecht
→ Regulierte Industrien *Gesundheitswesen*

Medizinprodukte
→ Regulierte Industrien *Gesundheitswesen*

Mietrecht
→ Immobilien- und Baurecht *Privates Baurecht*

Musikrecht
→ Medien, Technologie und Kommunikation *Medien*

N

Nachfolgeregelung
→ Gesellschaftsrecht
→ Nachfolge/Vermögen/Stiftungen

Naturschutzrecht
→ Öffentlicher Sektor *Umwelt- und Planungsrecht*

Notariate
→ Hinweise in vielen Regionalkapiteln
→ Gesellschaftsrecht *Notariate*
→ Immobilien- und Baurecht *Immobilienwirtschaftsrecht, Notariate*

O

Öffentlich-Private Partnerschaften
→ Öffentlicher Sektor *Umstrukturierungen, ÖPP und Projektfinanzierung*
→ Öffentlicher Sektor *Umwelt- und Planungsrecht*
→ Öffentlicher Sektor *Vergaberecht*

Öffentliches Auftragswesen
→ Öffentlicher Sektor *Vergaberecht*
→ Öffentlicher Sektor *Umwelt- und Planungsrecht*
→ Immobilien- und Baurecht

Öffentliches Recht
→ Öffentlicher Sektor

Öffentliches Wirtschaftsrecht/Umweltrecht
→ Öffentlicher Sektor *Umwelt- und Planungsrecht*

ÖPNV
→ Öffentlicher Sektor *Umstrukturierungen, ÖPP und Projektfinanzierung*
→ Öffentlicher Sektor *Vergaberecht*
→ Regulierte Industrien *Verkehrssektor*

Outsourcing
→ Medien, Technologie und Kommunikation *Informationstechnologie*

P

Patentrecht

Pharma- und Medizinprodukterecht
→ Regulierte Industrien *Gesundheitswesen*

Presserecht
→ Medien, Technologie und Kommunikation *Presse- und Äußerungsrecht*

Private Equity und Venture Capital

Privates Baurecht
→ Immobilien- und Baurecht *Privates Baurecht*

Privatisierung
→ Öffentlicher Sektor *Umstrukturierungen, ÖPP und Projektfinanzierung*

Problemkredite
→ Bank und Finanzrecht *Anleihen und Strukturierte Finanzierung*

Produkteinführung
→ Vertrieb/Handel/Logistik *Vertriebssysteme*

Produkthaftung
→ Konfliktlösung *Handel und Haftung*

Projektentwicklung
→ Öffentlicher Sektor *Umwelt- und Planungsrecht*
→ Immobilien- und Baurecht *Projektentwicklung und Anlagenbau*

Prozessführung
→ Konfliktlösung *Handel und Haftung, Gesellschaftsrechtliche Streitigkeiten, Kapitalanlageprozesse*
→ Patentrecht
→ Versicherungsrecht *Versicherungsvertragsrecht*
→ Wirtschaftsstrafrecht

Public-Private-Partnership/PPP
→ Öffentlicher Sektor *Öffentlich-Private Partnerschaften*

R

Rundfunkrecht
→ Medien, Technologie und Kommunikation *Medien*

S

Sanierungen
→ Restrukturierung und Insolvenz *Restrukturierung/Sanierung*

Schiedsverfahren
→ Konfliktlösung

Securitisation
→ Bank- und Finanzrecht *Anleihen und Strukturierte Finanzierung*

Seerecht
→ Versicherungsrecht *Prozessvertretung und Beratung*
→ Hamburg *Maritimes Wirtschaftsrecht*

Software
→ Patentrecht
→ Medien, Technologie und Kommunikation *Informationstechnologie*

Sportrecht
→ Medien, Technologie und Kommunikation *Sport*

Steuerrecht

Steuerstrafrecht
→ Steuerrecht *Steuerstrafrecht*
→ Wirtschaftsstrafrecht

Stiftungen
→ Nachfolge/Vermögen/Stiftungen

Strafrecht
→ Wirtschaftsstrafrecht
→ Steuerrecht *Steuerstrafrecht*

Strukturierte Finanzierung
→ Bank- und Finanzrecht *Anleihen und Strukturierte Finanzierung*

Subventionen
→ Öffentlicher Sektor *Umwelt- und Planungsrecht, Beihilfe*

T

Tarifrecht
→ Arbeitsrecht

Technische Schutzrechte
→ Patentrecht

Telekommunikation
→ Medien, Technologie und Kommunikation *Telekommunikation*

Transaktionen
→ M&A
→ Private Equity und Venture Capital

Transportversicherungsrecht
→ Versicherungsrecht *Prozessvertretung und Beratung*

U

Umweltrecht
→ Öffentlicher Sektor *Umwelt- und Planungsrecht*

Umweltstrafrecht
→ Wirtschaftsstrafrecht
→ Öffentlicher Sektor *Umwelt- und Planungsrecht*

Unternehmenskauf
→ M&A
→ Private Equity und Venture Capital

Unternehmensnachfolge
→ Gesellschaftsrecht
→ Nachfolge/Vermögen/Stiftungen

Urheberrecht
→ Medien, Technologie und Kommunikation *Medien*
→ Marken- und Wettbewerbsrecht

UWG
→ Marken- und Wettbewerbsrecht

V

Venture Capital
→ Private Equity und Venture Capital

Verfassungsrecht
→ Öffentlicher Sektor *Verfassungs- und Wirtschaftsverwaltungsrecht*

Vergaberecht
→ Öffentlicher Sektor *Vergaberecht*

Verlagsrecht
→ Medien, Technologie und Kommunikation *Medien*

Versicherungsrecht
→ Versicherungsrecht *Versicherungsvertragsrecht, Unternehmensbezogene Beratung von Versicherern*
→ Konfliktlösung *Handel und Haftung*

Vertragshändlerrecht
→ Vertrieb/Handel/Logistik *Vertriebssysteme*

Vertriebssysteme
→ Vertrieb/Handel/Logistik *Vertriebssysteme*

W

Wasserrecht
→ Öffentlicher Sektor *Umwelt- und Planungsrecht*
→ Regulierte Industrien *Wasser/Abfall*

Wettbewerbsrecht
→ Marken- und Wettbewerbsrecht
→ Medien, Technologie und Kommunikation *Medien*

Wirtschaftskriminalität
→ Wirtschaftsstrafrecht

Wirtschaftsstrafrecht

Wirtschaftsverwaltungsrecht
→ Öffentlicher Sektor *Verfassungs- und Wirtschaftsverwaltungsrecht*

WTO
→ Vertrieb/Handel/Logistik *Außenhandel*

Z

Zollrecht
→ Vertrieb/Handel/Logistik *Außenhandel*

LATHAM&WATKINSLLP

zUSAmmen.
STÄRKER.

Latham & Watkins ist eine der schlagkräftigsten amerikanischen
Top-Kanzleien in Deutschland. Echte Teamarbeit mit unseren
Mandanten und untereinander ist unsere besondere Stärke.
Wir sind Ihre Full Solutions Kanzlei – auf beiden Seiten des Atlantiks.

www.lw.com

EINLEITUNG

Über dieses Buch und unsere Arbeit

Das JUVE Handbuch Wirtschaftskanzleien hat sich längst zu einem Referenzwerk des deutschen Anwaltsmarkts entwickelt. Hier finden Sie detaillierte Informationen über das wirtschaftsrechtliche Dienstleistungsangebot von fast 800 Kanzleien.

Umfangreiche Recherchen bei Kanzleien, Unternehmensverantwortlichen, Behördenvertretern und Mitarbeitern aus Justiz und Wissenschaft schaffen die Basis für dieses Buch. Die strikt unabhängig arbeitende Redaktion greift dabei auf inzwischen 18 Jahre Erfahrung mit dem Anwaltsmarkt zurück.

DIE JUVE-RECHERCHE

1.310 KANZLEIEN
per Fragebogen kontaktiert

+7.902
Gespräche geführt

3.852
ausgefüllte Fragebögen
von **849** Kanzleien

20.385 MANDANTEN
per E-Mail kontaktiert

+1.266
Gespräche geführt

2.776
Mandantenempfehlungen
aus **674** Unternehmen

+ unzählige Wettbewerberempfehlungen
+ Markteinschätzungen
+ wirtschaftliche Entwicklungen

+ Markteinschätzungen
+ wirtschaftliche Entwicklungen

21 erfahrene Fachredakteure
recherchieren laufend aktuelle Deals, Prozesse, personelle Entwicklungen

analysieren und **vergleichen**

werten aus

gewichten

796 Kanzleien in
21 Regionen und
45 Rechtsgebieten

RECHERCHE BEI MANDANTEN

Um möglichst viele Mandanten und Unternehmensverantwortliche in die Recherche einzubeziehen, bedient sich die JUVE-Redaktion standardisierter E-Mails. Darin erbittet sie Informationen über die persönlichen Erfahrungen mit Kanzleien und einzelnen Anwälten. Ebenfalls erfragt werden Kosten sowie Entwicklungen oder strategische Pläne, die sich auf das Verhältnis zwischen Anwalt und Mandant auswirken.

Befragte Entscheider
Flächendeckende Kontaktaufnahme mit Mandanten (nur E-Mail)*

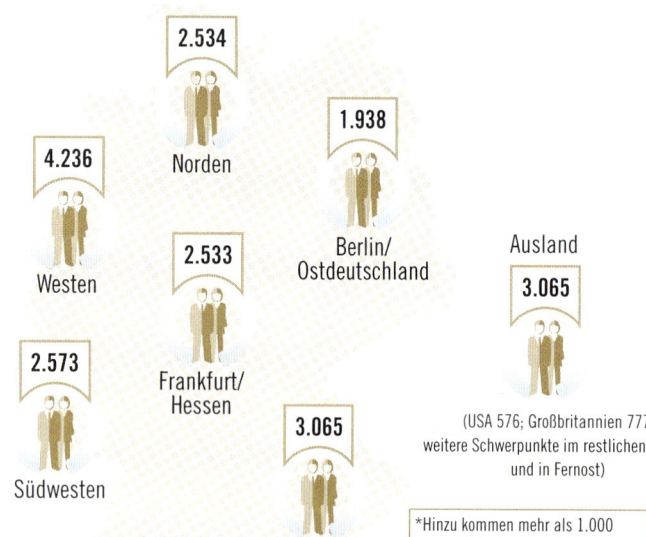

- Norden: 2.534
- Berlin/Ostdeutschland: 1.938
- Westen: 4.236
- Frankfurt/Hessen: 2.533
- Südwesten: 2.573
- Süden: 3.065
- Ausland: 3.065 (USA 576; Großbritannien 777; weitere Schwerpunkte im restlichen Europa und in Fernost)

*Hinzu kommen mehr als 1.000 persönliche und Telefongespräche; Angabe in absoluten Zahlen.

Befragte Unternehmen
Große Bandbreite an Branchen (nur E-Mail)*

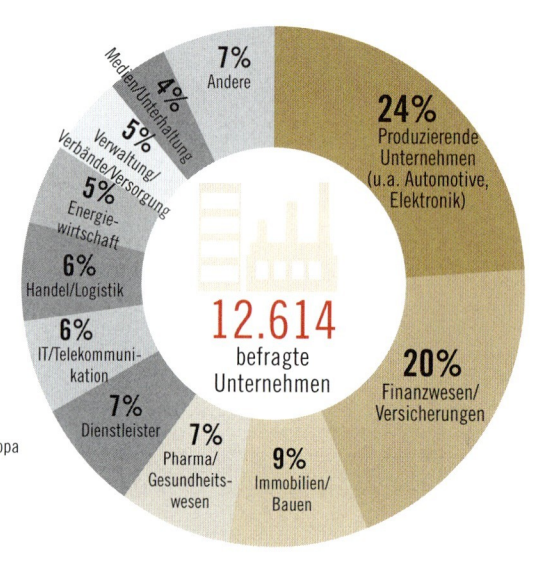

12.614 befragte Unternehmen

- 24% Produzierende Unternehmen (u.a. Automotive, Elektronik)
- 20% Finanzwesen/Versicherungen
- 9% Immobilien/Bauen
- 7% Pharma/Gesundheitswesen
- 7% Dienstleister
- 6% IT/Telekommunikation
- 6% Handel/Logistik
- 5% Energiewirtschaft
- 5% Verwaltung/Verbände/Versorgung
- 4% Medien/Unterhaltung
- 7% Andere

RECHERCHE BEI KANZLEIEN

Gespräche mit Kanzleien

- Norden: 13%
- Berlin/Ostdeutschland: 10%
- Westen: 21%
- Frankfurt/Hessen: 20%
- Südwesten: 7%
- Süden: 15%
- Ausland: 14%

7.902 Gespräche mit Anwälten aus **1.065** Kanzleien sowie **22** MDP-Einheiten

Aufgrund der Relevanz der Großstädte als Standort von wirtschaftsberatenden Kanzleien findet ein Großteil der Recherche zwar in diesen Städten statt, doch ist vor allem für die Erfassung regional wichtiger Berater auch eine Recherche abseits der Großstädte unerlässlich. Entsprechend ist auch die Verteilung der Recherchegespräche. Wegen einer technischen Umstellung sind bei der Berechnung der regionalen Verteilung nur Kontakte seit Oktober 2014 berücksichtigt worden.

Fragebögen von Kanzleien
Insgesamt sandten die Kanzleien 3.852 Rechercheböen zurück

Arbeitsrecht	205
Bank- und Finanzrecht	334
Compliance	64
Gesellschaftsrecht/M&A/Private Equity/Venture Capital	396
Immobilien- und Baurecht	204
Kartellrecht	104
Konfliktlösung – Handel und Haftung	101
Lebensmittelrecht	20
Marken- und Wettbewerbsrecht	171
Patentrecht	109
Medien	230
Steuerrecht/Nachfolgeberatung	163
Öffentliches Recht/Verkehrssektor	267
Energiewirtschaftsrecht	71
Gesundheitswesen	89
Restrukturierung und Insolvenz	126
Versicherungsrecht	46
Vertrieb/Handel/Logistik	96
Wirtschaftsstrafrecht	82

Neben den **2.878 fachorientierten** Fragebögen lagen der Redaktion auch **274 Fragebögen mit Angaben zur Gesamtkanzlei** sowie weiteren fachbezogenen Angaben vor. Hinzu kamen noch einmal **700 zurückgesandte Bögen**, in denen die Kanzleien Grundlageninformationen zu Personalstärke, Nachwuchsarbeit und ähnlichen Themen gaben.

EINLEITUNG

DAS MANDANTEN-FEEDBACK

Empfehlungen
Mandanten machen den Markt

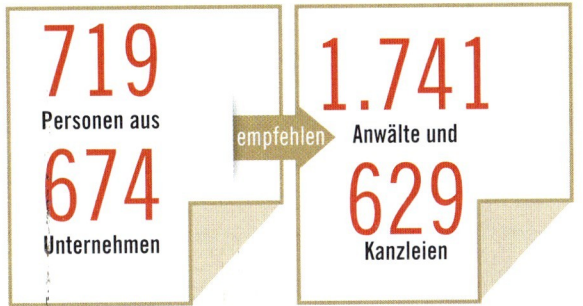

719 Personen aus **674** Unternehmen empfehlen **1.741** Anwälte und **629** Kanzleien

Die Rückmeldungen der Mandanten reichen inhaltlich von einfachen Aufzählungen bis zu detailliertem Lob und Kritik. Auffällig ist, dass nur selten Praxen oder Kanzleien empfohlen werden, die bislang nicht im JUVE Handbuch dargestellt sind. Diese Ausnahmen bezieht die Redaktion bei ausreichendem Anlass in die Recherche für die Folgeauflage ein.

Organisationsform
Wo die Antwortenden tätig sind

GmbHs	AG/SE	Pers. gesell.	Sonstiges/keine Angaben
33%	27%	10%	30%

Branchen, in denen die Antwortenden arbeiten
Industrie und Finanzen ausgewogen

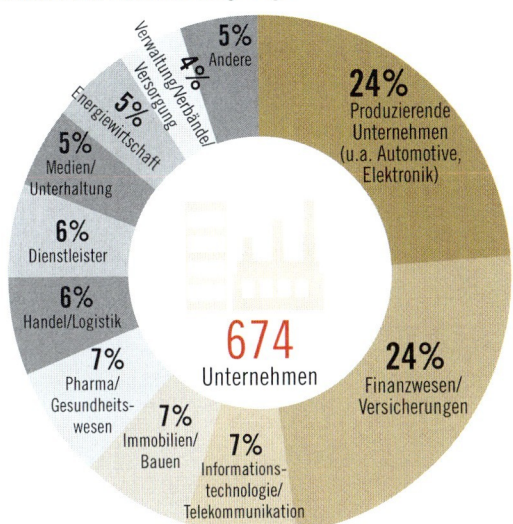

- 24% Produzierende Unternehmen (u.a. Automotive, Elektronik)
- 24% Finanzwesen/Versicherungen
- 7% Informationstechnologie/Telekommunikation
- 7% Immobilien/Bauen
- 7% Pharma/Gesundheitswesen
- 6% Handel/Logistik
- 6% Dienstleister
- 5% Medien/Unterhaltung
- 5% Energiewirtschaft
- 5% Verwaltung/Verbände/Versorgung
- 4% Andere

674 Unternehmen

Die Mandanten, die unsere Recherche unterstützt haben, kommen aus allen Bereichen der deutschen Wirtschaft. Das Spektrum reicht von kleinen Unternehmen bis zum Großkonzern. Ein Teil der Antwortenden hat ihren Sitz im Ausland. Die Branchenverteilung dürfte repräsentativ für die deutsche Wirtschaft sein, mit Schwerpunkten in der Industrie und der Finanzwirtschaft.

Funktion der Antwortenden
Drei Viertel aller Antworten stammen von Führungspersonen

Geschäftsführer/Vorstand	24%
Leitungsfunktion Recht	24%
Andere Leitungsfunktion	25%
Andere Funktion/keine Angabe	27%

Abteilung der Antwortenden
Rechtsabteilungen dominieren

Geschäftsführung/Vorstand	33%
Rechtsabteilung	46%
Andere Fachabteilung*	5%
Andere Abteilungen/keine Angabe	16%

*Compliance, Steuer u.a.

Regionale Verteilung der Antworten

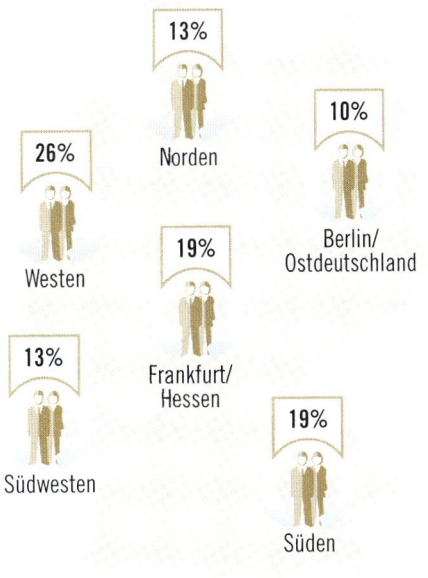

- 13% Norden
- 10% Berlin/Ostdeutschland
- 26% Westen
- 19% Frankfurt/Hessen
- 13% Südwesten
- 19% Süden

Die Mandanten, die auf unsere Rechercheanfragen geantwortet haben, verteilen sich auf das gesamte Bundesgebiet. Insgesamt **162 Antworten** erreichten uns zudem aus dem **Ausland**, überwiegend aus europäischen Staaten, aber auch darüber hinaus. Der Anteil der einzelnen Regionen spiegelt dabei durchaus ein wenig die Wirtschaftssituation wider mit ihren industriellen Stärken im Westen und Süden, der Finanzbranche in Frankfurt und einer relativen Schwäche im Osten.

JUVE HANDBUCH 2015/2016 23

EINLEITUNG

Unser Anliegen

Wir wollen Transparenz in einen noch immer unübersichtlichen Markt bringen. Als einem von 12.500 Handbuch-Empfängern in Unternehmen wollen wir Sie bei Ihren Mandatierungsentscheidungen unterstützen. Den 2.500 Anwälten in Kanzleien, die das Buch erhalten, soll das Buch die Möglichkeit eröffnen, die Marktposition ihrer Kanzlei einer kritischen Analyse zu unterziehen. Und mit Hilfe der 350 Exemplare für Gerichte und Universitätsbibliotheken können Jurastudenten und Referendare ihren Berufseinstieg planen.

Unsere Philosophie

Das 21-köpfige, fest angestellte Fachredakteursteam arbeitet unabhängig. Die fachlich spezialisierten Redakteure schreiben und recherchieren parallel nicht nur für das JUVE Handbuch, sondern auch für die anderen JUVE Publikationen (JUVE Rechtsmarkt, azur, azur100, Online-Nachrichten und das österreichische JUVE Magazin). Nur so, davon sind wir überzeugt, baut sich kontinuierlich Wissen auf, das fundierte Analysen erlaubt. Die Redaktion lässt größte Sorgfalt bei der Auswertung und Analyse der ihr zur Verfügung stehenden Informationen walten. Ein Anspruch auf Vollständigkeit besteht dennoch nicht.

Bei den umfangreichen Recherchen (▶*Die JUVE-Recherche*, Seite 21) entstehen empirische Erkenntnisse verschiedenster Art. Sie bilden die Basis für das, was das JUVE Handbuch ausmacht: Die langjährige Marktkenntnis der Redaktion erlaubt es, die empirischen Ergebnisse zu analysieren und zu gewichten. Wir stellen die Frage, warum Unternehmen sich für bestimmte Kanzleien entscheiden – und warum sie sich zu einem Wechsel entschließen. Wir vergleichen und analysieren: Welche Kanzleien haben die Bedürfnisse ihrer Mandanten erkannt und mit dem rasanten Wandel dieser Bedürf-

---

DIE BEWERTUNGSGRUNDLAGEN

In der Gesamtschau einer Kanzlei oder eines Kanzleistandorts spielen zahlreiche Kriterien eine wichtige Rolle bei der Analyse der Marktposition. Die Relevanz der einzelnen Aspekte verändert sich, mit den Bedürfnissen der Mandanten. So gewinnt etwa die Fähigkeit, bei grenzüberschreitenden Sachverhalten effizient und kompetent zu beraten, stetig an Bedeutung. Zudem ist es heute unabdingbar, einzelne Spezialisierungen der Anwälte durch ein geeignetes Management effektiv zu koordinieren.

Die Kriterien im Einzelnen:

Fachliche Kompetenzen

- **Gesellschaftsrechtliche Kompetenz**, zur Gestaltung der Grundstrukturen unternehmerischer Geschäftstätigkeit
- **Finanzierungs-** und **Transaktions-Know-how** als Basis für die Weiterentwicklung von Unternehmen
- Aufbau und Pflege von Kapazitäten in **zentralen Gebieten** wie Arbeits- oder Steuerrecht
- Fähigkeit, auf hohem Niveau bei **grenzüberschreitenden Sachverhalten** zu beraten
- Zahl der in ihrem Rechtsgebiet als **herausragende Praktiker** geltenden Anwälte
- Ausbildung von **Branchenkenntnissen**

Mandatsarbeit

- **Komplexität** und **Umfang** der betreuten Mandate
- Gleichmäßig hohe **Qualitätsstandards** in allen Tätigkeitsbereichen
- **Serviceorientierung** und -bereitschaft

Managementqualitäten

- Kanzleimanagement und -struktur auf **effektive Koordination** der einzelnen Spezialisierungen ausgerichtet
- **Teamarbeit**, um Synergien zum Nutzen der Mandanten zu schaffen
- Stabile und funktionierende **internationale Kontakte**
- **Pflege** und **Qualität** von Mandatsbeziehungen

Strategie

- **Vorausplanung** und Erkennen von **Trends** auf dem Rechtsmarkt und dem jeweiligen Markt der Mandanten
- Stimmige Kanzleikultur, Strategie und Philosophie, die von den Anwälten einer Kanzlei gemeinsam vertreten wird
- **Nachhaltige Struktur**, die es erlaubt, qualitativ hochwertige Nachwuchsjuristen zu gewinnen und zu halten

EINLEITUNG

nisse Schritt gehalten? Empirie ohne Analyse ist für uns bestenfalls die halbe Miete.

Der Akzent der ganzjährigen Recherche liegt deutlich auf persönlichen Gesprächen vor Ort oder per Telefon. Die JUVE-Redaktion ist überzeugt, nur auf diesem Wege, also mit der Möglichkeit gezielter Nachfrage verlässliche Ergebnisse zu erhalten. Dennoch benutzen auch wir standardisierte Fragebögen für Kanzleien und Mandanten, um die erforderliche Breite der Recherche zu gewährleisten.

Orientierung im JUVE Handbuch

Der redaktionelle Teil (weiße Seiten)

Die Ergebnisse der redaktionellen Recherche sind in vier Teile gegliedert.

1. Nationaler Überblick: Analyse der Markttrends bei bundesweit und international tätigen Kanzleien. Bewertungen der Top-50-Kanzleien in Deutschland.

2. Regionen: Hier geht es um Kanzleien und Anwälte, die in ihrer Region die maßgeblichen und tonangebenden Unternehmen bei den für sie wichtigen Entscheidungen rechtlich begleiten. Die Darstellung der Top-50-Kanzleien ist knapper, da sie ihre Organisation meist eher an Praxisgruppen als an Standorten ausrichten. Entsprechend finden sich genauere Informationen über diese Gruppe von Kanzleien in den Fachgebietskapiteln.

3. Rechtsgebiete: Hier geht es um Kanzleien und Anwälte, die überregional einen besonderen Ruf und große Bekanntheit im jeweiligen Fachgebiet oder Beratungsbereich genießen.

4. Serviceteil: Statistiken zur Größe deutscher Kanzleien sowie Angaben zu den Anwalts-, Wirtschaftsprüfer-, und Steuerberaterzahlen in Deutschland bieten Basisinformationen. Als Stammbäume aufbereitete Übersichten veranschaulichen zudem die Entwicklungsgeschichte der bekanntesten deutschen Sozietäten seit 1990.

Aufbau der Kapitel

Einführungstexte

Zusammenfassung und Analyse der wesentlichen Trends der Region oder des Rechtsbereichs. Erörtert werden sowohl gesamtwirtschaftliche oder rechtliche Tendenzen des jeweiligen Bereichs als auch die zentralen Entwicklungen des entsprechenden Anwaltsmarktes.

Kanzleibesprechungen

In alphabetischer Reihenfolge werden die Kanzleien, die nach unserer Recherche eine besondere Reputation genießen, besprochen.

Die Rubriken

▌ *Bewertung:* Ordnet den Ruf und die aktuelle Entwicklung einer Kanzlei oder Praxis in das Marktumfeld ein. Hier werden außerdem typische Merkmale der Praxis beschrieben.

▌ *Stärken:* Auf einen Blick erlaubt die Rubrik, Besonderheiten der Praxis zu identifizieren.

▌ *Entwicklungsmöglichkeiten:* Erläutert das Potenzial einer Kanzlei in dem jeweiligen Bereich. Kompetenzlücken oder strategische Herausforderungen werden angesprochen.

▌ *Häufig empfohlen:* Nennt die Berufsträger, die von Mandanten und Wettbewerbern in einem bestimmten Rechtsbereich bzw. einer Region besonders hervorgehoben werden.

▌ *Kanzleitätigkeit:* Skizziert die Aktivitäten der Kanzlei im vergangenen Jahr und ihre laufende Arbeit. Die Anwaltszahlen beruhen auf Angaben der Kanzleien und erfassen in den Rechtsgebietskapiteln Berater, die mindestens die Hälfte ihrer Zeit auf das jeweilige Gebiet verwenden.

▌ *Mandate:* Kurzdarstellung von Referenzmandaten, die die Kanzleien der JUVE-Redaktion unter Nennung des Mandanten oder in umschriebener Form mitgeteilt haben. Zudem wertet die JUVE-Redaktion öffentliche Quellen aus. Wenn keine Mandate genannt wurden, ist dies mit den Worten „Keine Nennungen" vermerkt.

K&L GATES

A HEAVYWEIGHT INTERNATIONAL PRESENCE

Law360's Global 20

**EIN PLUS FÜR DIE MID-CAP-BERATUNG:
DAS INTERNATIONALE NETZWERK VON K&L GATES**

JUVE Handbuch 2014/2015

**EINE DER TOP 2-KANZLEIEN MIT DEN MEISTEN
FIRST-TIER RANKINGS SEIT FÜNF JAHREN**

U.S. News – Best Lawyers® "Best Law Firms" Survey, 2014

Weitere Informationen auf klgates.com   ©2015 K&L Gates LLP. Alle Rechte vorbehalten

Die JUVE Kanzleienrankings/-tabellen

Die ‚beste deutsche Wirtschaftskanzlei' gibt es nicht. Anwälte werden als Dienstleister von Mandanten ebenso subjektiv bewertet wie von Fachkollegen und Wettbewerbern – was der eine hervorhebt, findet der andere irrelevant. Die JUVE Kanzleientabellen basieren auf einer Vielzahl solcher Einschätzungen von Mandanten, Anwälten und Akademikern aus dem In- und Ausland (▶ *Die JUVE-Recherche*, Seite 21) und verfolgen nur ein Ziel: Sie versuchen in der Zusammenschau wiederzugeben, wie diese Marktteilnehmer über den Markt sprechen und denken. Sie bezeichnen Kanzleien als ‚führend' oder stufen sie ‚über' anderen ein. Obwohl in aller Regel aufgrund eigener Erfahrung wohl fundiert und begründet, bleiben solche Einschätzungen subjektive Meinungen.

Auch die Übersetzung dieser Fülle von Meinungen in eine Tabelle ist ein subjektiver Prozess, in den die langjährige Erfahrung der Fachredaktion einfließt. Die Einordnung einer Kanzlei in die Tabelle erklärt sich entsprechend nur bei Berücksichtigung der dazu gehörigen Kanzleibesprechung.

In den Rankingtabellen sind ein oder mehrere Kanzleistandorte aufgeführt, in denen das betreffende Rechtsgebiet einen Schwerpunkt bildet. Damit soll nicht impliziert werden, dass die Kanzlei Beratung in diesem Gebiet an anderen Standorten nicht anbietet.

Weitere Kanzleibesprechungen

In manchen Kapiteln finden Sie eine zusätzliche Übersicht oder Tabelle mit weiteren empfohlenen Kanzleien oder Anwälten, die im jeweiligen Rechtsgebiet vorwiegend regional, als vielversprechend oder wegen einer besonderen Spezialisierung hervorgehoben wurden.

Besonderheiten beim Nationalen Überblick und den Regionen

Beide Teile fassen Rechercheergebnisse aus unterschiedlichen Fachbereichen zusammen, sei es zur bundesweiten Reputation einer Kanzlei, sei es zur Wahrnehmung eines Büros in seinem näheren Umfeld. Die Faktoren, die bei solchen subjektiven Einschätzungen der Gesamtreputation eine Rolle spielen, ändern sich in dem Maße, wie die Anforderungen der Unternehmen an ihre Berater sich wandeln. Seit dem ersten Erscheinen des JUVE Handbuchs sind eine Reihe von Aspekten sowohl für mittelständische Unternehmen als auch für Konzerne wichtiger geworden und bilden daher ▶ *Die Bewertungsgrundlagen* (Seite 24) im ‚Nationalen Überblick' und in den Regionen-Kapiteln. Dabei geht es nicht nur um fachliche Kompetenz, sondern auch um weiche Faktoren wie Management und Teamfähigkeit.

Der kommerzielle Teil des Buchs (gelbe Seiten)
Anzeigenteil

Eine Reihe von Kanzleien hat hier eine Selbstdarstellung ihrer Praxis als Anzeige platziert. Im Gegensatz zu den redaktionellen Beschreibungen sind die Eigenpräsentationen kostenpflichtig. Für ihren Inhalt und die Gestaltung sind die jeweiligen Kanzleien allein verantwortlich. Die Buchung in diesem Teil des Handbuchs erfolgt unabhängig durch die Kanzleien und bildet kein Kriterium für die Darstellung im redaktionellen Teil.

Co-Publishing

In sogenannten Co-Publishing-Beiträgen schreiben Anwälte über aktuelle Entwicklungen in verschiedenen Rechtsgebieten. Für den Inhalt dieser kostenpflichtigen Beiträge und die Angaben zu den Kanzleien und Autoren sind die jeweiligen Kanzleien allein verantwortlich. Eine redaktionelle Bewertung der Beiträge oder Autoren seitens des Verlages erfolgte bei der Auswahl nicht.

JUVE
German Commercial Law Firms
Analysis of Europe's Largest Legal Market

Die internationale Ausgabe des JUVE Handbuch Wirtschaftskanzleien

JUVE German Commercial Law Firms

- Journalistische Analyse des deutschen Wirtschaftsanwaltsmarkts in englischer Sprache
- Auskunft über knapp **600** Kanzleien – von der Boutique bis zur Großkanzlei
- Fundierte Marktkenntnis durch ganzjährige Berichterstattung des erfahrenen festen **25**-köpfigen Redaktionsteams
- Mehr als **8.500** Gespräche und schriftliche Interviews
- Gezielter verlagseigener Vertrieb an Inhouse Counsel & Anwälte in den wichtigsten internationalen Märkten
- **18** Regionen, über **35** Rechtsgebiete
- **17.** Auflage
- Jährlich komplett neu recherchiert

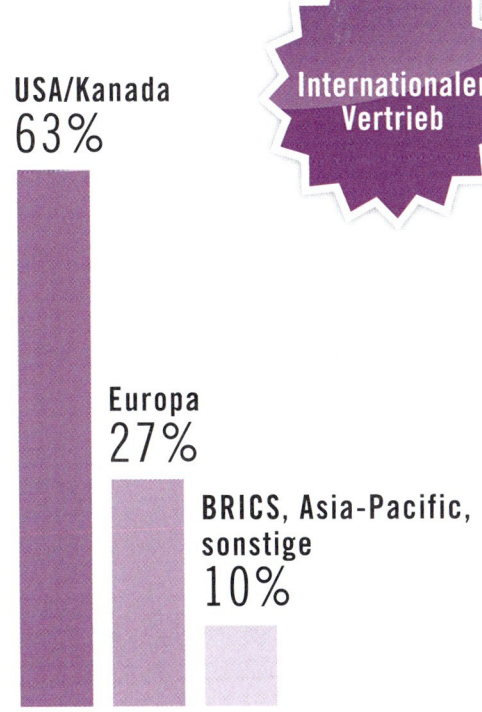

Internationaler Vertrieb

USA/Kanada **63%**

Europa **27%**

BRICS, Asia-Pacific, sonstige **10%**

Anfragen und Anzeigenbuchungen an: Bert.Alkema@juve.de

www.juve.de

Inspired by your business
Committed to your cause

○ **M&A and Private Equity**
  M&A und Private Equity

○ **International Arbitration and Litigation**
  Internationale Streitfälle und Schiedsgerichtsbarkeit

○ **Tech**
  Technologieunternehmen

○ **Energy & Infrastructure**
  Energie & Infrastruktur

in Düsseldorf, Munich and worldwide

ORRICK

www.orrick.com

JUVE Handbuch
2015 | 2016

Nationaler Überblick

Im Nationalen Überblick finden Sie Kanzleien, die nach der Recherche der JUVE-Redaktion bundesweit eine besondere Bedeutung und Reputation genießen. Sie bieten typischerweise Beratung und Vertretung in vielen Sparten des Wirtschaftsrechts an. Bitte beachten Sie auch die ▶Verweise auf eine detaillierte Besprechung in den Rechtsgebietskapiteln im Anschluss.

Die hier getroffene Auswahl der Kanzleien ist das Ergebnis der auf zahlreichen Interviews basierenden Recherche der JUVE-Redaktion. Sie ist in zweierlei Hinsicht subjektiv: Sämtliche Aussagen der von JUVE-Redakteuren befragten Quellen sind subjektiv u. spiegeln deren eigene Wahrnehmungen, Erfahrungen u. Einschätzungen wider. Die Rechercheergebnisse werden von der JUVE-Redaktion unter Einbeziehung ihrer eigenen Marktkenntnis analysiert u. zusammengefasst. Der JUVE-Verlag beabsichtigt mit dieser Tabelle keine allgemeingültige oder objektiv nachprüfbare Bewertung. Es ist möglich, dass eine andere Recherchemethode zu anderen Ergebnissen führen würde. Innerhalb der einzelnen Gruppen sind die Kanzleien alphabetisch geordnet.

Hengeler Mueller

„AUSGEZEICHNETE FACHLICHE QUALITÄT."

Mandanten in JUVE Handbuch Wirtschaftskanzleien 2014/2015

ANWALTSMARKT 2015|16: TRENDS UND ENTWICKLUNGEN

So viel Auswahl war nie

Eine wiederbelebte Wirtschaft, preisbewusste Mandanten und zunehmend selbstbewusst aufsichtsführende und ahndende Behörden – selten gab es so viele strategische Chancen und Risiken für Kanzleien. Und zugleich eine so vielfältige Beraterauswahl für die Mandanten.

Die Rückkehr von Großtransaktionen und Börsengängen sorgte für gute Auslastung bei M&A-Beratern und Anwälten (▶*Die 10 größten Deals, Seite 38*). Hinzu kam ein enorm hoher Anlagedruck bei in- und ausländischen Investoren, wovon unter anderem der Immobiliensektor in Deutschland profitierte. Nichts verdeutlicht dies besser als der Aufstieg der Deutschen Annington in den Dax. Auch das Geld griechischer und chinesischer Investoren fand seinen Weg nach Deutschland.

Die Politik befeuerte das Geschäft mit ihrer Energie- und Steuerpolitik zusätzlich. Auch die Banken spielen wieder als Kreditgeber mit, internationale Banken engagierten sich in Deutschland. So ist die Riege potenzieller Finanzierer größer denn je, denn auch Versicherer und andere alternative Geldgeber sind noch immer aktiv. Erste Mahner meinen Anzeichen dafür zu erkennen, dass einige Märkte nach der Bankenkrise schon wieder heißlaufen. Zugleich gewann Frankfurt als Standort der Europäischen Zentralbank, die nunmehr eine zentrale Rolle bei der Aufsicht spielt, im europäischen Gefüge an Bedeutung.

Trotz guter Konjunktur geraten Kanzleien unter Druck

Bei einem nur flüchtigen Blick scheint dies alles für Wirtschaftsanwälte nur günstig zu sein – mit Ausnahme der Insolvenzverwalter. Doch die Indizien mehren sich, dass der Druck vor allem auf die internationalen Kanzleien stetig wächst. Trotz der guten Dealkonjunktur stiegen deren Umsätze oft allenfalls moderat. Das hat eine Fülle von Gründen, die gemeinsam eine schwierige Gemengelage ergeben.

Denn gerade die deutschen Rechtsabteilungen, die die Kunden der Kanzleien sind, arbeiten mit zunehmendem Geschick daran, Aufgaben selbst zu übernehmen, die sie früher an die externen Rechtsberater vergeben haben. Abseits des Bearbeitens von rechtlichen Themen durch eigene Mitarbeiter experimentieren immer mehr Rechtsabteilungsleiter erfolgreich damit, auch Koordinationsaufgaben bei komplexen Projekten zu übernehmen. Ein Gegenmodell zum früher stärker gängigen One-Stop-Shop-Denken bei der Mandatierung von großen Kanzleien.

Bei rein deutschen Deals ist im vergangenen Jahr öfter zu beobachten gewesen, wie Unternehmen gezielt mehrere kleinere Kanzleien einsetzen – jede mit einem klar umgrenzten Aufgabengebiet. Einige Chefjuristen, die es zuletzt bei Zukäufen ausprobiert haben, darunter etwa bei Delivery Hero, aber auch Traditionsunternehmen wie ZF Friedrichshafen, sind überzeugt: Der höhere Koordinierungsaufwand wird durch das gute Preis-Leistungs-Verhältnis durchaus kompensiert. Auf diese Weise müssen sich schon einmal fünf Kanzleien den Kuchen teilen, den noch vor wenigen Jahren wohl eine alleine verspeist hätte.

In der jüngsten JUVE Inhouse-Umfrage gaben immerhin 41 Prozent der stark international engagierten befragten Unternehmen an, eigene globale Kanzleinetzwerke aufgebaut zu haben (▶*Grafik: Wie Unternehmen die Ausgaben für Kanzleien senken*). Noch werden diese primär genutzt, um das jeweilige lokale Alltagsgeschäft zu bewältigen, doch der Schritt, die Erfahrungen aus der Steuerung solcher Netzwerke auch auf grenzüberschreitende Transaktionsmandate zu übertragen, ist naheliegend.

Größere, grenzüberschreitende Deals waren bislang noch eine sichere Bank für die Rechtsberater, da sie in der Regel nicht das Budget der Abteilung belasten, sondern als Projektkosten gebucht werden. Doch eigene Netzwerke und die zunehmende Erfahrung mit Ad-hoc-Kooperationen von Kanzleien werden es Rechtsabteilungen mittelfristig ermöglichen, auch grenzüberschreitendes Transaktionsgeschäft künftig differenzierter zu vergeben. Selbst hier wird es also ungemütlicher.

Flankiert wird diese Tendenz durch eine für die Kanzleien unerfreuliche Entwicklung der Rechtsabteilungsbudgets: JUVE-Erhebungen zufolge hat zwar gut die Hälfte der Rechtsabteilungen heute mehr Geld zur Verfügung als noch vor ein paar Jahren, allerdings ist dies offenbar bei den meisten durch einen Anstieg der rein internen Kosten bedingt (▶*Grafik: Entwicklung von Rechtsabteilungsbudgets und internen Abteilungskosten*). Dies dürfte ein weiterer Beleg dafür sein, dass viele Chefjuristen das Insourcing von Beratungsleistungen durch den Aufbau von mehr unternehmenseigenen Kapazitäten weiter forcieren, um die Ausgaben im Griff zu behalten. Für Kanzleien bleibt mithin eher weniger als mehr Geld übrig als vor drei Jahren. Die Folge: Die Stundensätze stagnieren. Dass sie nicht sinken, ist im Wesentlichen der Konjunktur geschuldet.

Vor allem im Ausland forcieren Kanzleien Effizienzmaßnahmen

So bleiben die Honorare im internationalen Vergleich in Deutschland weiterhin meist moderat. Deutsche Partner aus internationalen Kanzleien berichten oft davon, wie schwer es ist, den Partnern in London oder den USA das unterschiedliche Honorarniveau hierzulande zu erklären. Ein Beispiel mag dies verdeutlichen: Ein Frankfurter Partner berichtete zuletzt von rund 850 Britischen Pfund für eine Londoner Partnerstunde seiner Kanzlei, was über 1.000 Euro entspricht – gegenüber 460 Euro im deutschen Umfeld.

Doch ein hohes Honorarniveau auf den wichtigen internationalen Märkten USA und Großbritannien sollte nicht zu dem Eindruck verleiten, dass es dort keinen Druck auf die Kanzleien gäbe – in mancher Hinsicht ist er nicht weniger hart. Vor allem in den USA ist im bisherigen Verhältnis zwischen Mandant und Anwalt ein Wandel sichtbar. Die dortigen General Counsel verstehen sich traditionell als strategische Berater der Unternehmensleitung und als Manager der externen Anwälte. Vergleichsweise wenige Rechtsprobleme wurden dort tatsächlich intern bearbeitet. Wirtschaftsanwälte haben daran stets bestens verdient. Einige Unternehmen suchen verstärkt nach Lösungen durch neue Kooperationswege mit ihren Kanzleien, um die Kosten zu senken. Einer der Vorreiter war hier vor ein paar Jahren der Pharmakonzern Pfizer, der neue Abrechnungsmodelle für Dauerbeziehungen ausprobierte. Und einige mutige

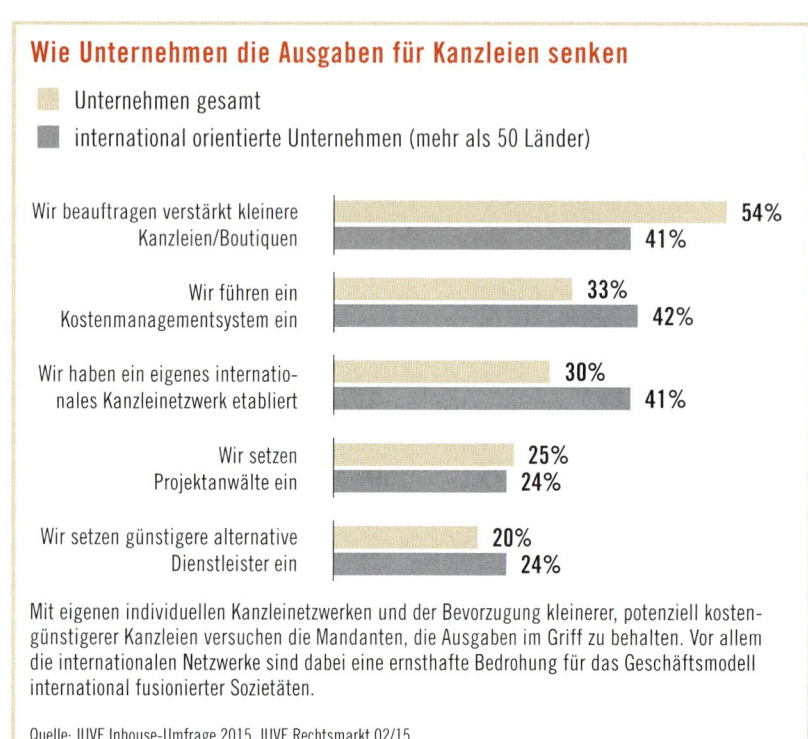

Wie Unternehmen die Ausgaben für Kanzleien senken

- Unternehmen gesamt
- international orientierte Unternehmen (mehr als 50 Länder)

Wir beauftragen verstärkt kleinere Kanzleien/Boutiquen: **54%** / **41%**

Wir führen ein Kostenmanagementsystem ein: **33%** / **42%**

Wir haben ein eigenes internationales Kanzleinetzwerk etabliert: **30%** / **41%**

Wir setzen Projektanwälte ein: **25%** / **24%**

Wir setzen günstigere alternative Dienstleister ein: **20%** / **24%**

Mit eigenen individuellen Kanzleinetzwerken und der Bevorzugung kleinerer, potenziell kostengünstigerer Kanzleien versuchen die Mandanten, die Ausgaben im Griff zu behalten. Vor allem die internationalen Netzwerke sind dabei eine ernsthafte Bedrohung für das Geschäftsmodell international fusionierter Sozietäten.

Quelle: JUVE Inhouse-Umfrage 2015, JUVE Rechtsmarkt 02/15

US-Chefjuristen beginnen verstärkt mit dem Insourcing von Aufgaben – einem Prozess, in dem wiederum die deutschen Rechtsabteilungen schon sehr weit sind.

Es ist klar, dass drohende Einbußen im anglo-amerikanischen Rechtsraum den global tätigen Kanzleien, die dort bisher einen Großteil ihres Geldes verdienen, besondere Sorgen bereiten – denn die könnten angesichts der bisher sehr hohen Umsätze überproportional groß ausfallen. Das dürfte einer der Gründe sein, dass sich dort auch einige besonders starke Gegenmaßnahmen der Kanzleien zeigen.

So gründete etwa Freshfields Bruckhaus Deringer vor wenigen Monaten ein zentrales Servicecenter im britischen Manchester und verkleinerte im Zuge dessen auch die deutsche IT-Abteilung. Andere Kanzleien, darunter Latham & Watkins oder Allen & Overy, waren diesen Schritt schon früher gegangen. Aber nicht nur organisationsbezogene und Verwaltungsarbeit, sondern auch juristische Routineaufgaben verlagern Kanzleien an preisgünstigere Standorte oder gründen wie Allen & Overy Tochtergesellschaften, die derartige Mandate weit unterhalb der für die Kanzleien typischen Stundensätze erledigen. Berwin Leighton Paisner bietet über eine Tochtergesellschaft für Kanzleien und Rechtsabteilungen ‚Lawyers on demand' an. Gerade im Einzugsbereich des englischen Rechtssystems, das im Zuge der Globalisierung seinen Geltungsbereich noch deutlich erweitern konnte, dringen zudem alternative Dienstleister vor.

Allen & Overy, die mit ihrem Servicecenter im irischen Belfast als führend gilt, hat sich auch in Deutschland darangemacht, die Personalstruktur bei Transaktionen zu verbessern, und setzt wie einige andere internationale ebenso wie deutsche Top-Kanzleien auf den Einsatz günstigerer Kräfte. Insgesamt werden Kanzleien deutlich kreativer. Bekannt ist, dass manche bewusst deutsche Associates in internationale Mandate einbinden, um einen wettbewerbsfähigen Gesamtpreis in der Mandatsausschreibung aufzurufen oder aber den günstigeren deutschen Associate zu den in London oder New York üblichen Preisen abzurechnen. Eine sinnvolle Lösung kann das vor allem in personalintensiven und von nationalem Recht weitgehend unabhängigen Aufgabenstellungen sein wie Compliance- oder Kartelluntersuchungen.

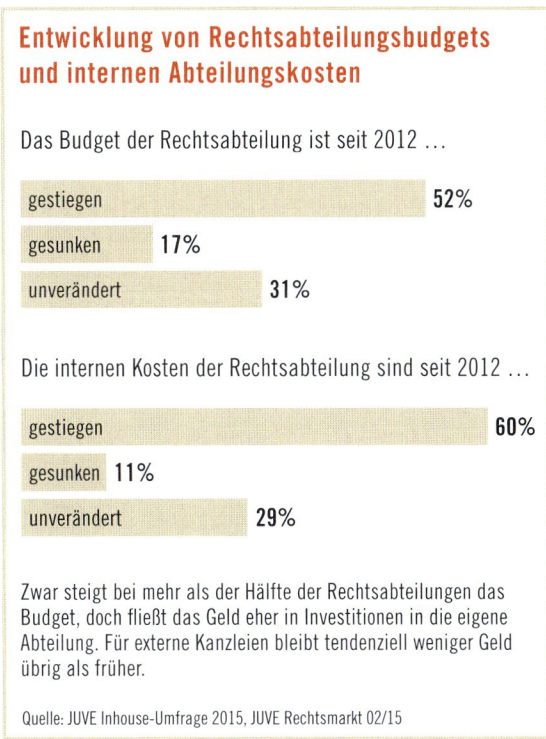

Entwicklung von Rechtsabteilungsbudgets und internen Abteilungskosten

Das Budget der Rechtsabteilung ist seit 2012 …
- gestiegen 52%
- gesunken 17%
- unverändert 31%

Die internen Kosten der Rechtsabteilung sind seit 2012 …
- gestiegen 60%
- gesunken 11%
- unverändert 29%

Zwar steigt bei mehr als der Hälfte der Rechtsabteilungen das Budget, doch fließt das Geld eher in Investitionen in die eigene Abteilung. Für externe Kanzleien bleibt tendenziell weniger Geld übrig als früher.

Quelle: JUVE Inhouse-Umfrage 2015, JUVE Rechtsmarkt 02/15

Dass im Zuge der kostengetriebenen Maßnahmen bei Unternehmen und Kanzleien beide Seiten nicht noch stärker auf IT-Lösungen für Standardaufgaben setzen, ist eigentlich überraschend. Doch auch hier zeichnen sich Entwicklungen ab. So erwarb die auch in Deutschland ansässige britische Kanzlei Pinsent Masons die Mehrheit an einem Anbieter für softwarebasierte Compliance-Arbeit.

International gilt unter anderem Baker & McKenzie als eine der Kanzleien, die den Zug der Zeit erkannt haben und stark auf eigene IT-Tools setzen. CMS Hasche Sigle wiederum ist hierzulande eine von wenigen Kanzleien, die auf diesen Zug aktiv aufspringt: Die Kanzlei nutzte ein umfangreiches Mandat der Deutschen Telekom, das die Prüfung unzähliger Mitarbeiterverträge einschloss, um auf der Basis der gewonnenen Erfahrung ein Tool auf den Markt zu bringen, dass das Risiko „Scheinselbstständigkeit" minimieren soll. CMS wird durch den Einsatz dieses Tools die Partnergewinne kaum nach oben schrauben. Was dahinter steht, ist Service – und eine langfristige Bindung der Mandanten, verbunden mit der Hoffnung, beim nächsten großen Compliance-Fall mit von der Partie zu sein.

Rechtsabteilungen brauchen harte Fakten

In Sachen IT bleiben aber nicht nur die Kanzleien zurückhaltend, sondern auch die Unternehmen. Beim Management ihrer Beziehungen zu Kanzleien nutzt weiterhin nur eine Minderheit die Möglichkeiten, die sich inzwischen bieten, voll aus.

Einige große Unternehmen, etwa ThyssenKrupp, die Energiekonzerne E.on und RWE und die Europäische Zentralbank, haben ihre Mandatierungspraxis im vergangenen Jahr überprüft und die Beraterlisten neu geordnet. Doch stützen sich viele Rechtsabteilungen bei derartigen Entscheidungen weiterhin auf relativ wenige Fakten. Einige Unternehmen machen sich – teils mithilfe der jeweiligen Einkaufsabteilung – daran, betriebswirtschaftliche Kennzahlen und IT-gestützte Kostenanalysen einzusetzen. Doch andere scheuen nach wie vor zurück. Selbst unter den personalstarken oder sehr international und damit juristisch gesehen sehr komplex agierenden Unternehmen leistet sich nicht einmal die Hälfte ein Kostenmanagementsystem (▶ *Grafik: Wie Unternehmen die Ausgaben für Kanzleien senken*).

Diese Zurückhaltung bei innovativeren Managementideen könnte sich mittelfristig rächen. In deutschen Rechtsabteilungen sind heute weit mehr Maßnahmen üblich geworden, um die internen und externen Rechtsberatungskosten im Griff zu behalten. Doch in vielen Fällen sind sie auch weitgehend ausgereizt. So sind Prozesse und Dokumente weitgehend standardisiert, die Teamstruktur wurde zum x-ten Male angepasst, Kanzleien wurden schon mehrfach ausgetauscht und alles, was vertretbar schien, ist ans operative Geschäft ausgelagert. Selbst das Insourcing durch Ausbau der internen Rechtsberatungskapazität stößt nicht nur inhaltlich an seine Grenzen: Ein anhand der jüngsten JUVE-Erhebung bei deutschen Inhousejuristen kalkulierter interner Kostensatz von rechnerisch rund 140 Euro pro Stunde macht es zu einer attraktiven Möglichkeit des Sparens. Doch haben aus der Anfängergeneration laut azur-Bewerberumfrage 2014 nicht einmal 14 Prozent Interesse an einem Inhousejob. Kurz: Die Situation ist kompliziert.

Während die US-Rechtsabteilungen vermutlich beim Insourcing und dem konsequenten Einsatz interner Juristen einiges von den deutschen Kollegen lernen könnten, haben sie bei alternativen Modellen wie der Vermittlung von Projektjuristen oder dem Legal Process Outsourcing wahrscheinlich ihrerseits die Nase vorn. Zwar agieren solche Anbieter längst auch im deutschen Markt, doch sind die Syndizi hierzulande überwiegend noch zurückhaltend. Das Gleiche gilt für an den Fachhochschulen ausgebildete Juristen, die sich effizient und relativ kostengünstig einsetzen lassen, sowie qualifizierte Projektanwälte, die aber seltener direkt bei den Unternehmen angestellt werden. Bisher überlassen die meisten es den Kanzleien als Dienstleister, entsprechende Lösungen zu entwickeln.

Neue Mitspieler mischen den Markt auf

Im Zuge der Marktveränderungen wird dabei auf der Kanzleienseite der Wettbewerb intensiver und die Landschaft vielfältiger. Sehr attraktiv finden offenbar die großen Wirtschaftsprüfungsgesellschaften den Markt. Nachdem das klassische Geschäft mit den Abschlussprüfungen finanziell schwieriger wurde, gehen sie den Aufbau eines Angebots für Rechtsberatung seit rund drei Jahren wesentlich konsequenter an als bei vorherigen Versuchen. Einige aktuelle Personalwechsel belegen, dass sich zum Beispiel PricewaterhouseCoopers Legal oder Deloitte Legal zu interessanten Anlaufstellen für gestandene Wirtschaftsanwälte entwickelt haben. Dies zeigte sich zuletzt etwa durch die Wechsel eines Hamburger Freshfields- und eines Frankfurter Mayer Brown-Partners zu PwC Legal sowie eines angesehenen Aufsichtsrechtlers von DLA Piper zu Deloitte. Wenn es den Wirtschaftsprüfungsriesen gelingt, ihre Rechtsberatungsarme mit derartigen Quereinsteigern als leistungsstarke Anbieter in Kernbereichen wie Corporate und Finanzierung zu etablieren, dürfte dies den Beratungsmarkt gewaltig durcheinanderbringen (▶ *Grafik: Auf welche Kanzleitypen Rechtsabteilungen bei der Panelgestaltung setzen*).

Die Möglichkeit der rechtlichen und steuerlichen Beratung aus einer Hand wirkt im Mittelstand schon seit Langem besonders attraktiv. Die Kanzlei-Töchter der WP-Gesellschaften werden also vermutlich zuerst etablierte größere Kanzleien mit starker Mandantenbasis im Mittelstand wie etwa Beiten Burkhardt, Heuking Kühn Lüer Wojtek oder auch internationale Einheiten wie Eversheds unter Druck setzen. Auch einige Boutiquen werden die Konkurrenz der neuen Marktteilnehmer spüren: So zeichnet sich ab, dass sie etwa im Energiesektor inzwischen fest im Sattel sitzen. PwC

Legal konnte zuletzt ein Team um den Namenspartner der hoch anerkannten Energierechtskanzlei Scholtka für sich gewinnen.

Aus einer ganz anderen Richtung greifen Boutiquen als zunehmend attraktiver Kanzleityp jedoch selbst sichtbar in das bestehende Marktgefüge ein. Zahlreiche Spin-offs von internationalen Großkanzleien haben sich inzwischen etabliert. Sie sind erfolgreich, weil Know-how und Service Großkanzleiniveau haben – ihre Stundensätze jedoch nicht. Sie sind wohl auch ein Grund dafür, dass immer mehr Transaktionen durch verschiedene Kanzleien parallel betreut werden, sei es von einer Boutique und einer Transaktionskanzlei, sei es durch verschiedene Boutiquen. Aus den einstigen Mandatsempfängern, die stark von ihren früheren Arbeitgebern profitierten, werden die Spin-offs allmählich veritable Wettbewerber für die Hand, die sie einst fütterte, und – erneut – für Kanzleien, die sich in Bereichen wie Mittelstand oder Mid-Cap-Transaktionen bislang sicher wähnten.

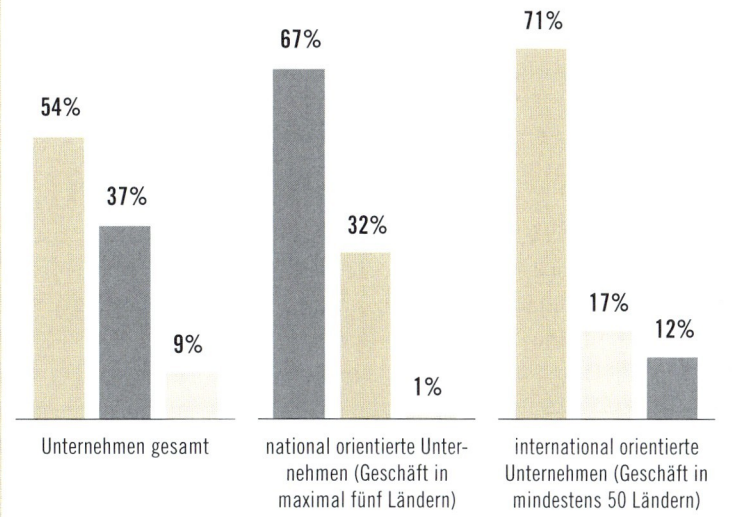

Einige der großen Kanzleien, so kritisieren Rechtsverantwortliche in Unternehmen, hätten noch zu wenig begriffen, dass sie an Durchdringung bei ihren Zielmandaten verlieren, wenn sie sich nicht bewegen, effizienter und flexibler werden. Das Warten auf den nächsten Milliardendeal, bei dem die Top-Berater dann wieder gefragt sind, kann sehr lang werden.

Auch an der Marktspitze wird es immer enger

Viele Transaktionskanzleien reagieren auf die Kritik mit durchaus ähnlichen Strategien. Eine davon ist es, die Größe und Struktur der Partnerschaft auf den Prüfstand zu stellen. Clifford Chance hat, getrieben von einem stark zentralisierten Management, begonnen, die Partnerriege auch in Deutschland auszudünnen. Sie schlägt damit inhaltlich einen Kurs ein, den Linklaters und Freshfields schon vor Jahren gefahren sind: eine stärkere Konzentration auf das transaktionsbezogene und hochprofitable Geschäft.

Doch Clifford ist spät dran. Ihr Umbau trifft in Deutschland auf eine andere Marktsituation als seinerzeit etwa bei Linklaters. So haben Kanzleien wie CMS Hasche Sigle oder Noerr zum Angriff geblasen, und beide haben deutlich besser verstanden, womit sie Rechtsabteilungsleiter glücklich machen. Beide haben in den letzten Jahren an ihrer Qualität gefeilt und gelten in puncto Honorar und Effizienz als flexibler als viele andere. Inzwischen konnten sie sich die Gunst auch großer Konzerne erobern. Und diese Gunst beschert ihnen heute Transaktionsmandate, die noch vor wenigen Jahren undenkbar gewesen wären – und die für andere Kanzleien an der Marktspitze ebenso reizvoll gewesen wären.

CMS Hasche Sigle und Noerr haben ihren über die letzten Jahre bemerkenswerten Aufstieg nicht nur bei gleichzeitig breiter inhaltlicher Aufstellung geschafft – die Aufstellung sorgt für die so wichtige Durchdringung der Unternehmen –, sondern im grenzüberschreitenden Geschäft bislang auch ohne zu fusionieren.

Doch während dies im europäischen Umfeld vielleicht noch denkbar ist, verfolgen andere zielgerichtet das ‚Modell Weltkanzlei'. In einem wahren Fusionsrausch befand sich Dentons zuletzt und wird mit 6.500 Anwälten in rund 50 Ländern zur größten globalen Kanzlei, wenn wie erwartet Ende 2015 die letzten Hürden der Fusion mit der chinesischen Partnerin Dacheng genommen sind. Nach King & Wood Mallesons ist sie dann die zweite mit einem chinesischen Fusionspartner. Noch vergleichsweise jung, aber ebenso im Kontext dieses Trends zu sehen, sind auch die internationalen Expansionen von Norton Rose Fulbright oder DLA Piper.

Derartige Entscheidungen scheinen auf den ersten Blick fast widersinnig in einer Zeit, in der Unternehmen einen individuelleren Ansatz zu bevorzugen scheinen und gerade in Deutschland wieder mehr Partnereinsatz gefordert und erbracht wird. Doch die Entscheidung für oder gegen derartige Globalisierungen ist von komplexen Faktoren getrieben: den im gemeinsamen Mandantenpool liegenden Chancen, der mehr sein soll als die Summe seiner Teile,

Die 10 größten Deals für deutsche Kanzleien 2014/15

Transaktion	Transaktionsvolumen in Mrd. Euro	Rechtsberater
Pharmakonzern Merck KGaA übernimmt den amerikanischen Laborausrüster Sigma-Aldrich	13,1	Merck: Skadden Arps Slate Meagher & Flom, Allen & Overy Sigma-Aldrich: Sidley Austin Banken: Hengeler Mueller, Cravath Swaine & Moore
Getriebehersteller ZF Friedrichshafen kauft den US-Zulieferer TRW Automotive	9,5	ZF: Sullivan & Cromwell TRW: Simpson Thacher & Bartlett, Gleiss Lutz ZF-Aktionäre: Clifford Chance
IT-Konzern SAP übernimmt den US-Softwareanbieter Concur Technologies	6,5	SAP: Jones Day, Allen & Overy, Paul Weiss Rifkind Wharton & Garrison, Freshfields Bruckhaus Deringer Concur Technologies: Fenwick & West Banken: Hengeler Mueller, Clifford Chance
Siemens bietet erfolgreich für den US-Öl- und Gastechnikspezialisten Dresser-Rand	5,8	Siemens: Latham & Watkins Dresser Rand: Wachtell Lipton Rosen & Katz, Gibson Dunn & Crutcher
Der Zusammenschluss des Hannoveraner Tui-Konzerns mit seiner britischen Tochter Tui Travel wird von den Aktionären gebilligt	5,4	Tui AG: Allen & Overy Tui AG-Aufsichtsrat: Gleiss Lutz Tui Travel: Herbert Smith Freehills Banken: Latham & Watkins
Deutsche Annington erwirbt die Wettbewerberin Gagfah und bildet so den größten deutschen Immobilienkonzern	3,9	Deutsche Annington: Sullivan & Cromwell, Allen & Overy, Arendt & Medernach Gagfah: Freshfields Bruckhaus Deringer JPMorgan: Skadden Arps Slate Meagher & Flom, Clifford Chance
HeidelbergCement nimmt die Wettbewerberin Italcementi ins Visier	3,7	HeidelbergCement: Gleiss Lutz, Hengeler Mueller, Sabelli Italmobiliare: Gattai Minoli Agostinelli & Partners, Herbert Smith Freehills Banken: Linklaters
Siemens trennt sich von seiner 50-Prozent-Beteiligung an dem Gemeinschaftsunternehmen BSH Bosch Siemens Hausgeräte	3,0	Bosch: Gibson Dunn & Crutcher Siemens: Hengeler Mueller Bosch/Siemens/BSH: Gleiss Lutz
Die kanadische Hudson's Bay Company setzt sich in dem Bieterwettstreit um Galeria Kaufhof durch	2,8	Hudson's Bay: Willkie Farr & Gallagher, P+P Pöllath + Partners, Stikeman Elliott Metro Group: Clifford Chance, Milbank Tweed Hadley & McCloy Banken: Hengeler Mueller
Finanzinvestor CVC Capital Partners erwirbt die Mehrheit an der Parfümeriekette Douglas	2,8	CVC: Freshfields Bruckhaus Deringer Advent: Hengeler Mueller, Latham & Watkins Familie Kreke: P+P Pöllath + Partners

Details zu diesen und weiteren Deals finden Sie auf der Webseite www.juve.de – der JUVE-Nachrichtenseite.

dem kulturellen Verständnis – gerade mit Blick auf China – und der Art von Geschäft, das die Kanzlei im Visier hat. Eine der größten Herausforderungen der Mega-Kanzleien dürfte sein, durch stringentes Management eine global homogene Qualität sicherzustellen. Um solide Verbindungen nach China oder Korea – wie immer diese dann aussehen mögen – wird künftig kaum eine ambitionierte Kanzlei herumkommen, denn Unternehmen aus beiden Staaten kaufen bereits aktiv in Deutschland ein. Eine andere große Region – der Iran – regt mit dem erwarteten, schrittweisen Fall des Sanktionsregimes ebenfalls schon die Phantasie von Unternehmen und Kanzleien an.

Geschäft mit dem Risiko als neue Chance

Denn der Markt sorgt keineswegs nur für einen verschärften globalen Wettbewerb unter den Sozietäten, sondern bietet auch neue Möglichkeiten. Ein Beispiel dafür bietet zum Beispiel das juristische Risikomanagement, das für die Arbeit externer wie interner Berater eine immer größere Rolle spielt. Chefjuristen verlangt es ein immer größeres Fingerspitzengefühl ab, um die unterschiedlichen Interessenlagen etwa von Vorstand, Aufsichtsrat, Gesellschaftern und operativen Abteilungen im Blick zu behalten und gleichzeitig gerade in Krisen, wie sie durch kartell- oder aufsichtsbehördliche Maßnahmen aufkommen können, die Unternehmensinteressen konsequent zu vertreten.

Stehen Millionensummen oder – oft tatsächlich noch bedrohlicher – gegen Individuen geführte haftungs- und strafrechtliche Verfahren im Raum, spielen finanzielle Erwägungen nur selten eine Rolle. Weitsichtige Chefjuristen sondieren daher frühzeitig den Markt nach geeigneten Beratern. Nur dann können in der akuten Krise, wenn über Honorare nicht zu verhandeln ist, Mandate, die nicht zwingend des Stempels einer der Spitzenkanzleien bedürfen, an kleinere Kanzleien gehen.

So überrascht es nicht, dass vor allem bei den Unternehmen, die sich auf solche Szenarien rechtzeitig vorbereiten, Boutiquen florieren: etwa im Kartellrecht – wo zudem dank der rasanten Zunahme an Schadensersatzklagen zusätzlicher Raum für kleinere Einheiten entsteht – oder im Compliance-Sektor und, noch vereinzelt, im Bereich Corporate Governance. Die Wirtschaftsstrafrechtler sind ohnehin schon traditionell in Boutiquen strukturiert.

Gerade die Governance-Beratung bietet mit der eigenständigen Beratung von Unternehmensorganen neue Möglichkeiten, denn deren persönliches Risiko steigt im gleichen Maße wie das Risiko für Unternehmen. So etwa, wenn es um die unternehmensinterne Zuordnung der Verantwortlichkeiten für hohe Geldbußen geht – die Auseinandersetzung mit den jeweiligen Versicherern über den Deckungsumfang der D&O-Policen bietet hier noch eine zusätzliche Dimension.

Es zeigt sich immer mehr, dass die hier gefragte gesellschaftsrechtliche Beratung sich deutlich von dem unterscheidet, was im Transaktionsgeschäft zählt. In den großen Kanzleien zeigt sich inzwischen immer deutlicher, dass das Gesellschaftsrecht und die Transaktionkompetenz sich als eigene Spezialisierungen herauskristallisieren. Doch bei der Organberatung winken derzeit viele Großkanzleien ab, weil sie Interessenkonflikte befürchten. Möglicherweise ein Fehler – auch Compliance haben viele von ihnen jahrelang nur belächelt. Als eine der ersten Boutiquen möchte Berner Fleck Wettich als Spin-off einiger Hengeler-Associates genau auf diese Rolle als unabhängige Organberaterin zielen. Der Schritt ist strategisch geschickt, aber auch mutig, verlangt diese Rolle doch oft genug auch nach gestandenen Persönlichkeiten mit umfangreicher Erfahrung und der nötigen Board-Akzeptanz. Bereits sehr etabliert ist hier SZA Schilling Zutt & Anschütz, die dank ihrer Größe flexibler agieren kann als Großkanzleien und zugleich genau diese Beraterpersönlichkeiten hat.

Das Thema wird in abgewandelter Form auch den Mittelstand erfassen – die gerichtlich ausgetragenen Gesellschafterstreitigkeiten in großen Familienunternehmen wie bei Tönnies, Gaffel oder Suhrkamp bieten aktuelle Beispiele. Hier könnten die bisherigen mittelständisch orientierten Kanzleien, die bei solchen Mandanten positioniert sind, gegenüber agilen, gesellschaftsrechtlich orientierten Boutiquen ins Hintertreffen geraten, denn nur wenige unter ihnen haben in entsprechende gesellschaftsrechtliche Spezialisierung investiert.

Insgesamt zeichnet sich im krisennahen Umfeld eine deutlichere Differenzierung im Beratermarkt ab. Es gibt kaum ein Beratungsfeld, an dem sich die Unterschiede auch unter den Spitzenkanzleien so deutlich zeigen. Lange war im Markt gar nicht besonders deutlich zwischen Compliance und Governance unterschieden worden – die Grenzen werden bis heute auch nicht selten schwammig gezogen. Doch allmählich lassen sich Schwerpunkte der Kanzleien ausmachen. In klassischen Compliance-Themen wie der internen Aufklärung und Prävention von risikoreichen Rechtsverstößen beraten neben den oft aus dem Strafrecht kommenden oder mit Inhouse-Erfahrung besetzten Boutiquen sowie US-Kanzleien vor allem solche Großkanzleien, denen von jeher im Markt ein eher praxis- und prozessorientierter Arbeitsansatz nachgesagt wird. Zu Letzteren gehören Noerr oder CMS ebenso wie Hogan Lovells. Sie haben begriffen, dass sinnvolle Compliance-Arbeit nicht nur aus Jura besteht, sondern nur gelingen kann, wenn die Berater auch Fragen des Prozessmanagements beherrschen.

Kanzleien wie Hengeler oder Gleiss hingegen nähern sich dem Thema eher von der fachspezifischen Seite, also dem Kartell- oder Gesellschaftsrecht. Dadurch sind sie bei Governance-Fragen durchaus gefragt: Vorstände, die ihre Entscheidungen darauf abklopfen wollen, ob sie rechtlich in Ordnung sind, lieben Gutachten aus den hoch renommierten Federn. Aus dem Rahmen fällt – einmal mehr – Freshfields, der es als Spätstarterin gelungen ist, beide Ansätze zu verknüpfen.

Diskussion um Syndizi schreckt die Kammern auf

Eine Krise ganz anderer Art beschäftigte den anwaltlichen Berufsstand selbst. Die im April 2014 ergangenen Urteile des Bundessozialgerichts, nach denen sich Unternehmensjuristen nicht mehr unter den bisherigen Voraussetzungen von der gesetzlichen Rentenversicherungspflicht befreien

Die 10 wichtigsten Großprozesse 2015

Prozess	Bereich	Prozessvertreter
BayernLB und Heta streiten um Darlehensrückzahlung	Bank- und Kapitalmarktrecht	**Kläger**: Freshfields Bruckhaus Deringer, Binder Grösswang **Beklagte**: Schönherr, Allen & Overy, Fellner Wratzfeld & Partner
Hauptverhandlung gegen aktuelle und ehemalige Deutsche Bank-Vorstände wegen Vorwurfs der Falschaussage im Kirch-Zivilprozess	Wirtschaftsstrafrecht	**Strafverteidiger**: Feigen Graf, Livonius, Kempf & Dannenfeldt, Bender Harrer Krevet, Grub Brugger & Partner, Heiß & Leppla, Prof. Dr. Müller & Partner, Prof. Dr. Klaus Volk **Vertreter Deutsche Bank als Nebenbeteiligte**: Leitner & Partner
Barnsdale klagt gegen zahlreiche Fluggesellschaften auf Ersatz des Schadens durch das Luftfrachtkartell	Kartellschadensersatz	**Kläger**: Redeker Sellner Dahs, Raue **Beklagte**: King & Wood Mallesons, WilmerHale, Hogan Lovells, Linklaters, Latham & Watkins, Cleary Gottlieb Steen & Hamilton, Hengeler Mueller, Squire Patton Boggs
Anleger gewinnen Musterklage gegen Hypo Real Estate	Kapitalanlagerecht	**Kläger**: Tilp **Beklagte**: Gleiss Lutz, Sernetz Schäfer, Heiss & Partner, Brehm & v. Moers, Rittershaus, FF Finanzrecht, Greenfort, Wach + Meckes, Staudacher, SZA Schilling Zutt & Anschütz, Königer, Schmid v. Buttlar & Partner
ThyssenKrupp will Kartellbuße von Ex-Bereichsvorstand zurück	Organhaftung	**Kläger**: dkm Rechtsanwälte **Beklagter**: Aulinger
RWE klagt gegen Stilllegung des Kernkraftwerks Biblis durch das Land Hessen	Amtshaftung	**Kläger**: Freshfields Bruckhaus Deringer **Beklagte**: Raue
RWE, Stadtwerke München, Rheinenergie u.a. sowie Investoren klagen vor dem ICSID gegen Spanien wegen Abschaffung der Ökostromförderung	Investitionsstreit	**Kläger**: Allen & Overy, Clifford Chance, King & Spalding, Gómez-Acebo & Pombo **Beklagte**: spanisches Justizministerium
Strafverfahren gegen ehemalige Führungsriege von Sal. Oppenheim und Geschäftspartner endet mit Verurteilung	Wirtschaftsstrafrecht	**Strafverteidiger**: Prof. Dr. Franz Salditt, Gercke Wollschläger, Prof. Dr. Klaus Volk, Grub Brugger & Partner, Dr. Maximilian Heiß, Dr. Felix Dörr & Kollegen, Baker & McKenzie, Krause & Kollegen, Strafverteidigerbüro, Kempf & Dannenfeldt, Redeker Sellner Dahs
Huawei und ZTE streiten vor EuGH um standardessenzielle Patente	Patentrecht	**Kläger**: Cleary Gottlieb Steen & Hamilton, Bird & Bird, Edge Legal Thinking **Beklagte**: Hogan Lovells
Insolvenzverwalter von Q-Cells ficht Honorarzahlung an Hengeler Mueller an	Insolvenzrechtliche Anfechtung	**Kläger**: Taylor Wessing **Beklagte**: SZA Schilling Zutt & Anschütz

lassen können, brachten viel Unruhe in der Syndiziszene. Diese erfasste dann auch einige Kanzleien und vor allem die Rechtsanwaltskammern. Einerseits ließen die Urteile niedergelassene Anwälte und Syndizi – und die Syndiziszene insgesamt – zusammenrücken, andererseits machten sie auch mehr als deutlich, wie tief gespalten der Berufsstand ist.

Größere Kanzleien aus dem wirtschaftsberatenden Umfeld schlugen sich in der politischen Debatte mehr oder weniger öffentlich auf die Seite der Syndizi. In zahlreichen Versammlungen der Rechtsanwaltskammern bildete die Diskussion um den Status der Syndizi ein zentrales und teils kontrovers diskutiertes Thema. Vor allem die Sitzung der Berliner Kammer war denkwürdig: Die Unternehmensjuristen – allen voran die engagierte Rechtsabteilung der Deutschen Bahn – sorgten in einer konzertierten Aktion dafür, dass insgesamt mehr als 1.000 Anwälte erschienen und einen recht Inhouse-lastigen neuen Vorstand wählten. Das Resultat: Gegen die Wahl läuft eine Anfechtung, über die das zuständige Anwaltsgericht im Zeitpunkt des Redaktionsschlusses noch nicht entschieden hatte.

Debatte um die Unabhängigkeit berührt grundsätzliche Fragen

Die Diskussion darum, ob die Syndizi den Status von Rechtsanwälten genießen können, rückte unter anderem auch die Anforderungen an die Unabhängigkeit von Anwälten wieder in den Mittelpunkt.

Diese Fragen nur um die Syndizi kreisen zu lassen, wäre allerdings in Zeiten einiger öffentlichkeitswirksamer Ermittlungsverfahren gegen Anwälte und millionenschwerer Haftungsfälle eine vertane Chance. Gründe für eine breiter angelegte Debatte gäbe es genug. Da wären zunächst die unzähligen Verfahren gegen Rechtsanwälte oder Notare, die ohne große Öffentlichkeit erledigt werden. Da wären aber auch die Verfahren um die sogenannten Cum-ex-Steuerstrukturen, in denen auch ein renommierter Steueranwalt unter den Beschuldigten ist. Oder der Prozess um die Hamburger Privatbank Wölbern, in dessen Strudel auch Anwälte gezogen wurden. Und schließlich die Schwierigkeiten rund um die Deutsche Bank. Unterschiedliche Aufsichtsbehörden kritisierten die Rechts- und Compliance-Funktionen, in Deutschland wird gegen interne und externe Rechtsberater nach wie vor ermittelt. Ermittlungs- und Aufsichtsbehörden sind längst nicht mehr willens, die Rechtsberater zu schonen. Und auch wenn die Deutsche Bank heftig dementiert, niemand zweifelt ernsthaft daran, dass die Ablösung des General Counsel Richard Walker letztlich eine Folge der Kritik der BaFin ist. Es würde dem Berufsstand schon aus Präventionsgründen gut tun, die eigene Arbeit einer kritischen Würdigung zu unterziehen.

Es ist durchaus bezeichnend, dass sich in der Diskussion um die Anerkennung der Unternehmensjuristen als Anwälte gerade in der Frage der Haftung Schwierigkeiten auftaten: Sind sie haftungsrechtlich gesehen Angestellte oder unabhängig agierende Anwälte? Kann man gleichzeitig ein arbeitsrechtliches Haftungsprivileg und die berufsrechtliche Anerkennung als Rechtsanwalt haben?

Dieser Streitpunkt wirft auch ein Schlaglicht auf das Grundproblem der Debatte: Die Rechtsanwaltsordnung geht in weiten Teilen von einem Berufsbild aus, das es zwar noch gibt, das aber der vielfältigen anwaltlichen Tätigkeit von heute schon lange nicht mehr gerecht wird. In Kanzleien gibt es angestellte Anwälte, die nur auf Weisung der Partner arbeiten, Partner unterschiedlicher Kategorien ebenso wie Anwälte, die Business Development für ihren Arbeitgeber betreiben. In den Unternehmen wiederum arbeiten neben machtvollen General Counsel auch rechtlich hoch spezialisierte Rechtsteams ebenso wie Chefjuristen, die dem klassischen Abteilungsleitermodell entsprechen.

Dass der Status nicht am Tätigkeitsprofil, also der unabhängigen Rechtsberatung, sondern allein an formalen Kriterien wie Zulassung und Arbeitsvertrag anknüpft, ist irgendwie unbefriedigend. Es gibt Länder, die eine derartig formale Definition nicht kennen – und doch ganz gut damit leben. Es gäbe also jeden Anlass, auch nach einer berufsrechtlichen Anerkennung der Syndizi weiter darüber zu sprechen, ob das deutsche Berufsrecht noch so aussieht, wie es in einer globalisierten, vernetzten Welt aussehen müsste. Bislang wurde eine solche Debatte sorgsam vermieden – und damit aus Angst, die Büchse der Pandora zu öffnen, die Chance auf eine Modernisierung und eine Grundsatzdebatte zum Selbstverständnis der Anwaltschaft vertan.

Die wichtigsten Ereignisse

10/14

BÜROERÖFFNUNGEN

- **11/14** **Frankfurt:** Die US-Kanzlei **Akin Gump Strauss Hauer Feld** startet mit fünf Anwälten von Bingham McCutchen in Deutschland.
- **11/14** **Stuttgart:** **Heuking Kühn Lüer Wojtek** gewinnt für ihren Auftakt im Südwesten das komplette Büro von **GSK Stockmann + Kollegen**.
- **02/15** **Comeback:** Verschiedene Anwälte und Steuerberater der MDP-Kanzlei **Alegis** schließen sich dem Netzwerk von **Andersen Tax** an.
- **04/15** **Hamburg:** **Flick Gocke Schaumburg** verkündet den offiziellen Start ihres fünften deutschen Büros.
- **05/15** **Teheran:** Als erste deutsche Kanzlei eröffnet **Wülfing Zeuner Rechel** eine Niederlassung im Iran.
- **07/15** **Frankfurt:** **Reed Smith** gewinnt für ihr zweites deutsches Büro sieben Partner aus vier verschiedenen Kanzleien.
- **07/15** **Kanada:** **Pohlmann & Company** eröffnet mit einem Inhousejuristen von SNC Lavalin in Montreal ihr erstes Auslandsbüro.
- **08/15** **Berlin:** Das Berliner Olswang-Büro trennt sich von der Kanzlei und schließt sich **Greenberg Traurig** an.

11/14

SPIN-OFFS

- **11/14** **München**: Drei Münchner Arbeitsrechtler von **Bird & Bird** machen sich als **Emplawyers Falder Walk Bertram** selbstständig.
- **03/15** **Düsseldorf:** Der Großteil der Arbeitsrechtler von **Orrick Herrington & Sutcliffe** macht sich als **Frings Partners** selbstständig.
- **04/15** **Alicante:** Die vor Ort bekannteste IP-Partnerin von **Hogan Lovells** führt unter dem Namen **Bomhard** selbst Regie.
- **05/15** **Hamburg:** Zwei Partner von **Taylor Wessing** und ein **MPC**-Inhousejurist formieren sich zu **Pier 11 Göthel Rossbach Schmitz**.
- **06/15** **München:** Private-Equity-Anwälte von **DLA Piper** machen sich unter **Lupp + Partner** selbstständig.
- **09/15** **Düsseldorf:** **Preu Bohlig & Partner** verliert ihre Düsseldorfer IP-Rechtler, die ab Januar 2016 unter **Kather Augenstein** firmieren.

12/14

FUSIONEN UND TRENNUNGEN

- **01/15** **Boutiquen:** Die Hamburger Corporatekanzlei **Renzenbrink Raschke von Knobelsdorff Heiser** spaltet sich in **Raschke von Knobelsdorff Heiser** und **Renzenbrink & Partner**. Beide verstärken sich mit Quereinsteigern.
- **01/15** **Boutiquen:** Die Namenspartner der auf Wirtschafts- und Steuerstrafrecht spezialisierten Stuttgarter Kanzlei **Frick Quedenfeld** gründen jeweils eigene Einheiten.
- **02/15** **Insolvenz:** **HWW Wienberg Wilhelm und Hermann** schließen sich zu einer der größten Kanzleien von Krisenexperten zusammen.
- **06/15** **WP-Kanzleien:** Durch das Zusammengehen von **RBS RoeverBroennerSusat** und **Mazars** entsteht in Deutschland die achtgrößte WP-Gesellschaft.
- **06/15** **Standorte:** **Orrick Herrington & Sutcliffe** schließt im Laufe des Jahres ihre Büros in Berlin und Frankfurt, es bleiben Düsseldorf und München. Die meisten der 17 betroffenen Anwälte zieht es zu Wettbewerbern.
- **06/15** **WP-Kanzleien:** Die Konzentration im Markt der MDP-Einheiten setzt sich mit dem Zusammenschluss von **Baker Tilly Roelfs** und der **TPW**-Gruppe fort.
- **07/15** **Boutiquen:** Noch im Laufe des Jahres fusionieren die Düsseldorfer IP-Kanzlei **Reimann Osterrieth Köhler Haft** und die internationale Top-IP-Boutique **Hoyng Monegier**.
- **08/15** **Integration:** Nach langer Diskussion entscheidet sich **Heisse Kursawe** für eine vollständige Fusion mit der Allianzkanzlei **Eversheds**.
- **08/15** **Fusion:** Die mittelständischen Kanzleien **Arnecke Siebold** und **Sibeth** machen unter dem Namen **Arnecke Sibeth Siebold** gemeinsame Sache.
- **08/15** **Trennung:** Die Energierechtskanzlei **Scholtka & Partner** zerbricht: Ein Team schließt sich **PricewaterhouseCoopers Legal** an, sechs weitere Anwälte gehen zu **Beiten Burkhardt**.

01/15

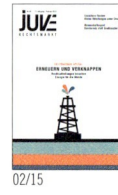

02/15

03/15

WICHTIGSTE EREIGNISSE NATIONALER ÜBERBLICK

MANAGEMENT-ENTSCHEIDUNGEN

- **12/14 Schließung:** Für Sommer 2015 kündigt **Allen & Overy** die Schließung ihres Standorts Mannheim an. Die Anwälte wechseln nach Frankfurt.
- **12/14 Doppelspitze:** Erstmals seit ihrem deutschen Markteintritt setzt **DLA Piper** mit Dr. Benjamin Parameswaran und Dr. Bernd Borgmann auf zwei deutsche Managing-Partner.
- **12/14 02/15 Dreierspitze: Bird & Bird** etabliert eine neue Führungsgruppe: Sven-Erik Heun, Dr. Jan Byok und Dr. Michael Alt führen die Geschicke der deutschen Büros für die nächsten drei Jahre.
- **01/15 Restrukturierung: Clifford Chance** kündigt an, ihre Partnerschaft zu verkleinern. Mehrere Partner verlassen die Kanzlei. Der kurz zuvor neu ernannte Managing-Partner, Dr. Peter Dieners, setzt damit den von London initiierten Verschlankungskurs um.
- **01/15 Reduziert:** Mit Markus von Fuchs und Andreas Seidel fokussiert **SKW Schwarz** das operative Management auf nur noch zwei Partner, bislang hatten das sogenannte Board sowie verschiedene Ausschüsse einen starken Einfluss.
- **07/15 Auslagerung:** Nach **Latham & Watkins** etabliert auch **Freshfields Bruckhaus Deringer** eine zentrale Niederlassung für Business-Funktionen in Manchester.

KANZLEIEN IN EIGENER SACHE

- **03/15 Haftung:** Rund 30 Fonds sowie der Insolvenzverwalter des Hamburger Emissionshauses Wölbern Invest, Tjark Thies aus der Kanzlei **Reimer**, verklagen **Bird & Bird** auf mindestens 130 Millionen Euro Schadensersatz. Die Kläger haben dafür **Heuking Kühn Lüer Wojtek** mandatiert, Bird & Bird setzt zunächst auf **Ince & Co** und wechselt später zu **Kaye Scholer**.
- **08/15 Honorarstreit:** Das Landgericht Frankfurt verurteilt **Hengeler Mueller** zur Rückzahlung von 4,5 Millionen Euro an den Insolvenzverwalter von Q-Cells. Die Kanzlei legt Berufung ein.

INHOUSE-TRENDS

- **11/14 01/15 Handel:** Roland Kirsten, langjähriger Director Legal & Corporate Affairs bei **Douglas**, verlässt den Hagener Konzern. Sein Nachfolger wird kurze Zeit später Dr. Johannes Schulte, zuvor Group General Counsel bei Unify.
- **12/14 10/15 Banken:** Die mit diversen Rechtsstreitigkeiten kämpfende **Deutsche Bank** baut zunächst ihren Vorstand um. Dr. Stephan Leithner übergibt die Verantwortung für den Rechtsbereich an Christian Sewing. Im Sommer 2015 folgt eine lang erwartete Entscheidung: General Counsel Richard Walker tritt zum Jahreswechsel ab. Ihm folgen Simon Dodds (London) und Dr. Christoph von Dryander (Frankfurt).
- **01/15 Nahrungsmittel: Danone** baut mit Dr. Alexander Jüngling, zuvor Chief Compliance Officer von **Bilfinger**, eine Compliance-Abteilung in Frankreich auf.
- **02/15 Banken:** Der Chefjurist der **HSH Nordbank**, Dr. Stefan Brügmann, geht zur **Landesbank Hessen-Thüringen** (Helaba) nach Frankfurt. Seinen Posten bei der HSH übernimmt später der erfahrene Bankenjurist Dr. Michael Berghaus.
- **03/15 05/15 Syndikus-Status:** Nachdem das Bundessozialgericht im Vorjahr die **Rentenbefreiungsmöglichkeit für Syndizi** gekippt hatte, schwillt die Diskussion um den berufsrechtlichen Status der Unternehmensanwälte weiter an. Das **Bundesjustizministerium** legt ein Eckpunktepapier mit Ideen zur Änderung der Bundesrechtsanwaltsordnung vor, wenig später folgt der Referentenentwurf. Das Ziel ist es, Syndizi berufsrechtlich als Rechtsanwälte einzustufen. Bei Redaktionsschluss war das Gesetz noch nicht verabschiedet.
- **03/15 07/15 Finanzdienstleistungen:** Neue Exekutivdirektorin der **BaFin** wird Elisabeth Roegele. Dafür gibt sie ihr Amt als Präsidentin des **Bundesverbands der Unternehmensjuristen** (BUJ) und den Posten der Chefjuristin bei der **DekaBank** auf. Ihre Nachfolgerin findet die Deka in der **Norton Rose Fulbright**-Partnerin Dr. Caroline Herkströter.
- **04/15 Energie:** Dr. Bernd-Michael Zinow ist neuer General Counsel bei **EnBW**. Im Zuge seiner grundsätzlichen Neustrukturierung schneidet der Konzern auch die Aufgaben des Rechtsbereichs neu zu.
- **05/15 Industrie: Rheinmetall** gewinnt mit Dr. Rolf Giebeler einen erfahrenen Chefjuristen. Giebeler bleibt zugleich Partner bei **Hermes & Giebeler**.
- **07/15 Behörde:** Dr. Chris Mögelin leitet die Prozessabteilung der **Bundesnetzagentur**. Seine Vorgängerin, Gerlinde Schmitt-Kanthak, steht nun der Beschlusskammer 2 vor.

NATIONALER ÜBERBLICK WICHTIGSTE KANZLEIWECHSEL

Die 25 wichtigsten Kanzleiwechsel

	Name	von	zu
ARBEITSRECHT	**Nicole Engesser Means** Frankfurt	Clifford Chance	Schweibert Leßmann & Partner
BANK- UND FINANZRECHT	**Alexandra Hagelüken** Frankfurt	Clifford Chance	Latham & Watkins
	Dr. Eva Reudelhuber Frankfurt	Linklaters	Gleiss Lutz
	Dr. Jörg Wulfken Frankfurt	Mayer Brown	PricewaterhouseCoopers Legal
COMPLIANCE	**Rolf Hünermann** Frankfurt	Willkie Farr & Gallagher	Reed Smith
ENERGIERECHT	**Dr. Peter Rosin und Team** Düsseldorf	Clifford Chance	White & Case
	Dr. Boris Scholtka Berlin	Scholtka & Partner	PricewaterhouseCoopers Legal
GESELLSCHAFTSRECHT	**Dr. Peter Ladwig und Team** Stuttgart	GSK Stockmann + Kollegen	Heuking Kühn Lüer Wojtek
	Dr. Wolfgang Richter Frankfurt	Clifford Chance	CMS Hasche Sigle
	Dr. Arndt Stengel Frankfurt	Clifford Chance	Milbank Tweed Hadley & McCloy
IMMOBILIENRECHT	**Dr. Christian Schede und Team** Berlin	Olswang	Greenberg Traurig
KAPITALMARKTRECHT	**Christoph Enderstein** Frankfurt	Ashurst	Allen & Overy
	Dr. Dietmar Helms Frankfurt	Baker & McKenzie	Hogan Lovells
	Marc Plepelits Frankfurt	Shearman & Sterling	Allen & Overy
KARTELLRECHT	**Dr. Michael Dietrich** Frankfurt	Taylor Wessing	Herbert Smith Freehills
M&A	**Dr. Matthias Jaletzke** Frankfurt	Skadden Arps Slate Meagher & Flom	Hogan Lovells
	Dr. Klaus Riehmer Frankfurt	Cleary Gottlieb Steen & Hamilton	Mayer Brown
	Dr. Thomas Sacher Nürnberg/München	Beiten Burkhardt	Ashurst
	Dr. Nikolaus Schrader Hamburg	Freshfields Bruckhaus Deringer	PricewaterhouseCoopers Legal
MARKENRECHT	**Daniel Marschollek** Frankfurt	Dentons	Norton Rose Fulbright
MEDIEN	**Dr. Martin Diesbach** München	Noerr	SKW Schwarz
PATENTRECHT	**Dr. Julia Schönbohm** Frankfurt	DLA Piper	Linklaters
PRIVATE EQUITY	**Oliver Felsenstein, Burc Hesse** Frankfurt	Clifford Chance	Latham & Watkins
	Dr. Jörg Kirchner München	Latham & Watkins	Kirkland & Ellis
SCHIEDS- UND KARTELLRECHT	**Dr. Johannes Willheim** Wien/Frankfurt	Willheim Müller	Jones Day

KANZLEI DES JAHRES

Jones Day

Die Expansion hat sich in jeder Hinsicht ausgezahlt. Vor drei Jahren ging Jones Day hierzulande auf Wachstumskurs. Doch statt nur das Beratungsangebot zu verbreitern, krempelte Ansgar Rempp auf dem neu geschaffenen Posten des deutschen Managing Partners die Kanzlei komplett um.

Aus zwei eher eigenständigen Standorten wurde eine schlagkräftige Einheit mit drei Büros. Der junge Düsseldorfer Standort um **Dr. Ulrich Brauer** ist ein leuchtendes Beispiel dafür, wie sich mit Quereinsteigern aus ganz verschiedenen Richtungen in kurzer Zeit eine gut integrierte Mannschaft formen lässt. Viel Wettbewerberlob ernten auch die Bank- und Finanzrechtler für ihre Aufbauleistung. Heute sitzen sie bei Mandanten wie UniCredit, SEB oder Volkswagen Financial Services fest im Sattel.

Endgültig unübersehbar wurde Jones Days Aufstieg nun bei der geplanten Übernahme von K+S durch den kanadischen Wettbewerber Potash. Hier spielte die Mannschaft ihre erst im Vorjahr mit **Johannes Perlitt** hinzugewonnene Expertise im Übernahmerecht aus. Dieses herausragende Mandat gleicht einer Kampfansage an die führenden Corporate-Praxen: Auch bei großvolumigen öffentlichen Übernahmen ist Jones Day jetzt ein ernsthafter Wettbewerber.

Die Kanzleien und Inhouse-Teams des Jahres 2015

Die JUVE-Redaktion hebt mit den JUVE Awards besonders erfolgreiche Kanzleien sowie Rechts- und Steuerabteilungen heraus. Die Leitfrage ist dabei, wer mit seiner Arbeit und Marktpositionierung im abgelaufenen Jahr als **besonders dynamisch** aufgefallen ist.

Die Preisträger sind nicht deckungsgleich mit den Marktführern in einem Beratungsgebiet – wen Mandanten und Wettbewerber als führend einschätzen, das ergibt sich aus den Bewertungen und Rankings der einzelnen Regional- und Rechtsgebietskapitel dieses Buches.

Die drei wichtigsten Auszeichnungen **Kanzlei des Jahres**, **Kanzlei des Jahres für den Mittelstand** sowie der **Gründerzeit-Award** werden ohnehin nicht im Zusammenhang mit einer besonderen fachlichen Entwicklung vergeben. Prämiert wird alljährlich eine besonders **gelungene strukturelle Ausrichtung oder Kanzleistrategie**, die das Ergebnis bewusster Entscheidungen und Anstrengungen seitens der Partnerschaft ist.

Strategisches Bewusstsein ist es auch, das dynamische Inhouse-Teams auszeichnet. Neben der formaljuristischen Beratung geht es vielmehr um einen eigenen, wesentlichen **Beitrag zum unternehmerischen Erfolg** des jeweiligen Arbeitgebers. In den Kategorien **Inhouse-Team des Jahres**, **Inhouse-Team des Jahres für M&A** sowie für **Steuerrecht** zeichnet die Redaktion deshalb auch drei Rechtsabteilungen für die Arbeit des vergangenen Jahres aus.

Auf den Seiten 49-50 finden Sie die Übersicht mit allen weiteren, in den einzelnen Regionen und Rechtsgebieten ausgezeichneten Kanzleien.

KANZLEI DES JAHRES FÜR DEN MITTELSTAND

Wülfing Zeuner Rechel

Den Anspruch Hamburgs, das Tor zur Welt zu sein, können auch Kanzleien einlösen: Mit hohem Einsatz eröffnet Wülfing Zeuner Rechel ihren Mandanten den Weg auf Wachstumsmärkte.

Die multidisziplinäre Hamburger Kanzlei hatte bereits Niederlassungen in Sao Paulo, Zürich und Peking eröffnet. Doch parallel dazu nahm sie die arabischen Staaten und den Iran in den Blick. Zuerst hob Senior Partner **Dr. Thomas Wülfing** mit Germela ein deutsch-arabisches Netzwerk aus der Taufe. Gekrönt wurde dieses Engagement zuletzt durch die Eröffnung eigener Büros in Dubai und in Teheran.

Wülfing Zeuner Rechel holt jeweils vor Ort bestens vernetzte Juristen dazu und stellt ihnen einen Hamburger Anwalt zur Seite. Einen namhaften, großen Mittelständler begleitete sie etwa bei einer Gesellschaftsgründung in einer arabischen Freihandelszone. Doch nicht nur ihre mittelständische Kernklientel sucht diesen Rat, zuletzt übernahm sie sogar die gesamte Beratung für einen Versicherungskonzern in der Golfregion und in Nordafrika. Doch das größte Potenzial wartet im Iran. Wenn die erwartete große Investitionswelle dort anläuft, hat sich die Kanzlei eine ausgezeichnete Startposition erarbeitet. Während Wettbewerber noch überlegen, steht sie längst bereit.

GRÜNDERZEIT-AWARD

GLNS

Mandanten loben sie als jung, dynamisch und „sensationell lösungsorientiert": Nur drei Jahre nach ihrem Start hat GLNS den Durchbruch geschafft und sich einen hervorragenden Ruf erarbeitet.

Kontinuierliches Wachstum treibt die Kanzlei weiter voran. Nach der Gründung durch vier ehemalige Associates von Milbank Tweed Hadley & McCloy kamen Anfang 2014 vier Anwälte von Noerr sowie Latham & Watkins hinzu. Die starke Partnerriege agiert inzwischen als eingespieltes Team, so dass GLNS nun mit dem Aufbau ihrer Associateebene begonnen hat. Über GLNS spricht der Markt aber nicht nur an ihrem Stammsitz in München, auch in Berlin zeigen sich Wettbewerber von der Kanzlei beeindruckt. Das ist kein Wunder, vertraut doch mit Stammmandantin Delivery Hero ein prominenter Akteur der Venture-Capital-Szene auf sie.

Mit diesem Erfolg in der Tasche gelingt es GLNS, den Markt der Start-ups weiter aufzurollen. Jüngst gewann sie etwa das junge Biotech-Unternehmen Dust BioSolutions als neue Mandantin. Gleichzeitig rückt GLNS immer näher an den süddeutschen Mittelstand heran und beriet so erstmals Zooplus im Gesellschafts- und Kapitalmarktrecht. Und auch Audi setzt in diesem Bereich auf das Team um **Dr. Tobias Nikoleyczik**.

INHOUSE-TEAM DES JAHRES

TUI

Eine der ungewöhnlichsten Transaktionen der letzten Jahre stellte die beteiligten Rechtsabteilungen vor schwierige Aufgaben – sie erledigten sie mit Bravour. Aus TUI in Hannover und der TUI Travel in Großbritannien wurde Ende 2014 die TUI Group. Dabei wurde nicht nur das juristisch komplexe, grenzüberschreitende Spiel mit Aktien zum Erfolg.

Intern gesteuert wurde der Deal von der erst Anfang 2014 zum Konzern gestoßenen General Counsel **Dr. Hilka Schneider** und dem TUI-Veteranen **Marcus Beger**. In der TUI Group trafen nach dem Zusammenschluss zwei Rechts- und Complianceteams aufeinander, die zuvor den Kontakt eher gemieden hatten. TUI ist als deutsche AG in London notiert und im deutschen Freihandel, das Know-how und das Zusammenspiel beider Jurisdiktionen also überlebenswichtig.

Schneider löste das Problem der Doppelbesetzungen und führte Kompetenzen zusammen. "Geschickt, kommunikativ und mit viel Fingerspitzengefühl" sei sie vorgegangen, sagen Insider. Heute kümmert sich ein binationales Team unter Begers Leitung um die Konzernangelegenheiten, auch Vorstandsbüro und Compliancebereich sind vereint. So ist nicht nur ein Touristikgigant entstanden, sondern auch ein Rechtsteam, das mit seiner offeneren Kultur den neuen Herausforderungen gewachsen ist.

INHOUSE-TEAM DES JAHRES FÜR M&A

ZF Friedrichshafen

Bei ZF jagte ein bahnbrechender M&A-Deal den nächsten, und immer hielten die Inhouse-Juristen das Steuer fest in der Hand. Nach nur drei Jahren im Konzern gilt General Counsel **Dr. Jan Eckert** bei Anwälten in Großkanzleien schon als perfektes Beispiel für eine neue Generation von Unternehmensjuristen. Ein Anwalt beschreibt ihn als „fachlich hervorragend, unprätentiös und extrem belastbar".

Innerhalb eines einzigen Jahres hat ZF die Übernahme des US-Wettbewerbers TRW Automotive abgeschlossen, das Großgetriebegeschäft von Bosch Rexroth gekauft, die Lenksystemsparte an Bosch abgegeben und eine milliardenschwere Anleihenemission über die Bühne gebracht. Die gewaltigen Deals liefen zum Teil parallel – eine organisatorische Meisterleistung der Rechts- und M&A-Abteilung.

Für diese Koordinationsarbeit erntet ZF höchste Anerkennung. „Eckert und der M&A-Chef **Dieter Eckhardt** sind ein absolutes Dream-Team", sagt ein externer Anwalt. Lob speziell für den Rexroth-Deal erhält **Martin Neubauer**, der „bei unglaublicher Komplexität sehr pragmatisch, freundlich und ruhig blieb." Und ein weiterer Beobachter hebt die produktive Atmosphäre unter den ZF-Juristen hervor: „Ihre Teamarbeit bringt echten Mehrwert."

INHOUSE-TEAM DES JAHRES FÜR STEUERRECHT

Deutsche Post

Ordentlich Tempo macht die Steuerabteilung seit Sommer 2014 unter ihrem neuen weltweiten Chef **Dr. Jan Sedemund**. Schon seit drei Jahren zentralisieren die Bonner die Abteilung, um den wachsenden Anforderungen gerecht zu werden. Der von der Lufthansa gekommene Experte Sedemund gibt dem Umbau des Ressorts weitere kräftige Impulse.

Jetzt laufen die Fäden für eine klare Steuerstrategie hierzulande in einem eigenen Team zusammen. Und auch auf internationaler Ebene hat Sedemund Prozesse installiert, um maximalen Überblick sicherzustellen. Mit direkten Berichtslinien schafft er unmittelbaren Durchgriff auf die weltweiten Standorte.

Beobachter, die den Konzern gut kennen, ziehen schon jetzt den Hut. Sie loben die klaren Abläufe, die dafür sorgen, dass die Steuerabteilung drängende rechtliche wie strukturelle Aufgaben identifiziert und angeht. Nicht nur in Compliance-Themen ist der Dax-Konzern dadurch besser aufgestellt. Im Risikomanagement überwachen allein drei Experten, dass den Richtlinien gefolgt wird. Schulungen bringen Mitarbeiter auf den neuesten Stand. Ein weiteres Team fokussiert sich auf die steuerliche Behandlung von Verrechnungspreisen, um eine konzernweite Strategie aufzusetzen.

Sieger und Nominierte

Kanzleien und Inhouse-Teams, deren Arbeit und Marktstellung der JUVE-Redaktion bei der Recherche des letzten Jahres als besonders dynamisch aufgefallen sind, erhalten jährlich einen JUVE Award in verschiedenen Kategorien. Aus fünf Nominierten wählt die Redaktion einen Gewinner, der im Rahmen einer festlichen Gala ausgezeichnet wird. Informationen über die Sieger finden Sie bereits auf den vorhergehenden bzw. nachfolgenden Seiten. Aufgrund ihrer besonderen Leistungen sollen hier jedoch alle Nominierten ihren Platz finden.

Kanzleien

KANZLEI DES JAHRES
Glade Michel Wirtz
Görg
Jones Day
Linklaters
White & Case

KANZLEI DES JAHRES FÜR DEN MITTELSTAND
Blaum Dettmers Rabstein
Brandi
Brock Müller Ziegenbein
KSB Intax
Wülfing Zeuner Rechel

GRÜNDERZEIT-AWARD
Berner Fleck Wettich
GLNS
Schweibert Leßmann & Partner
Vogel Heerma Waitz
Wuertenberger

KANZLEI DES JAHRES ÖSTERREICH
Binder Grösswang
bpv Hügel
CHSH Cerha Hempel Spiegelfeld Hlawati
Eisenberger & Herzog
Herbst Kinsky

ARBEITSRECHT
DLA Piper
Luther
Schweibert Leßmann & Partner
Seitz
Watson Farley & Williams

BANK- UND FINANZRECHT
GSK Stockmann + Kollegen
Hogan Lovells
Jones Day
Latham & Watkins
Sullivan & Cromwell

DISPUTE RESOLUTION
Allen & Overy
CMS Hasche Sigle
Hanefeld
Hogan Lovells
Wach + Meckes

IMMOBILIEN- UND BAURECHT
CMS Hasche Sigle
King & Spalding
Leinemann & Partner
McDermott Will & Emery
Noerr

IP
Arnold Ruess
Eisenführ Speiser
Freshfields Bruckhaus Deringer
Noerr
Rospatt Osten Pross

KARTELLRECHT
Freshfields Bruckhaus Deringer
Gleiss Lutz
Hogan Lovells
Noerr
Redeker Sellner Dahs

M&A
Clifford Chance
Jones Day
Sullivan & Cromwell
White & Case
Willkie Farr & Gallagher

MEDIEN UND TECHNOLOGIE
Beiten Burkhardt
Boehmert & Boehmert
Osborne Clarke
SKW Schwarz
Taylor Wessing

PRIVATE EQUITY & VENTURE CAPITAL
Flick Gocke Schaumburg
Linklaters
Vogel Heerma Waitz
Weil Gotshal & Manges
White & Case

REGULIERTE INDUSTRIEN
CMS Hasche Sigle
Freshfields Bruckhaus Deringer
Gleiss Lutz
Kapellmann und Partner
Orth Kluth

STEUERRECHT
BRL Boege Rohde Luebbehuesen
Heuking Kühn Lüer Wojtek
Küffner Maunz Langer Zugmaier
Milbank Tweed Hadley & McCloy
Seitz

Inhouse-Teams

INHOUSE-TEAM DES JAHRES
BMW
Heidelberger Druckmaschinen
Hella
TUI
Zalando

M&A
Deutsche Börse
Holtzbrinck
Merck
Vonovia (Deutsche Annington)
ZF Friedrichshafen

STEUERRECHT
Deutsche Post
Metro
Obi
SAP
ThyssenKrupp

Weitere Kanzleien des Jahres

Die JUVE-Redaktion zeichnet jedes Jahr Wirtschaftskanzleien in einer Reihe von Rechtsgebieten und Regionen mit einem Preis aus. Zusätzlich zu denjenigen Gewinnern, die im Rahmen einer Galaveranstaltung ihren Award verliehen bekommen haben, werden im JUVE Handbuch 2015/16 folgende Kanzleien für die starke Entwicklung ihrer Praxis in 23 verschiedenen Kapiteln als ‚Kanzlei des Jahres' ausgezeichnet.

NORDEN	OSTEN	WESTEN
Görg (S. 83)	Lacore (S. 103)	Loschelder (S. 119)

FRANKFURT UND HESSEN	SÜDWESTEN	SÜDEN
Jones Day (S. 145)	Kunz (S. 163)	GLNS (S. 181)

COMPLIANCE-UNTERSUCHUNGEN	GESELLSCHAFTSRECHT	IMMOBILIENWIRTSCHAFTSRECHT
AGS Acker Görling Schmalz (S. 265)	Linklaters (S. 274)	McDermott Will & Emery (S. 307)

PRIVATES BAURECHT	MARKEN- UND WETTBEWERBSRECHT	INFORMATIONSTECHNOLOGIE
Leinemann & Partner (S. 320)	Noerr (S. 396)	White & Case (S. 428)

NACHFOLGE/VERMÖGEN/STIFTUNGEN	UMWELT- UND PLANUNGSRECHT	VERGABERECHT
Seitz (S. 443)	Lenz und Johlen (S. 457)	Kapellmann und Partner (S. 476)

PATENTRECHT	ENERGIEWIRTSCHAFTSRECHT	GESUNDHEITSWESEN
Rospatt Osten Pross (S. 491)	CMS Hasche Sigle (S. 526)	Gleiss Lutz (S. 537)

RESTRUKTURIERUNG/SANIERUNG	INSOLVENZVERWALTUNG	VERSICHERUNGSRECHT
Clifford Chance (S. 556)	Schmidt-Jortzig Petersen Penzlin (S. 564)	Freshfields Bruckhaus Deringer (S. 594)

VERTRIEB/HANDEL/LOGISTIK	WIRTSCHAFTSSTRAFRECHT
Luther (S. 606)	Gercke Wollschläger (S. 623)

Worauf Sie achten sollten...

Versicherungsmakler für die rechts- und wirtschaftsberatenden Berufe

Bartmannstraße 32
50226 Frechen

Telefon 02234.95354-0
Telefax 02234.95354-99

info@vonlauffundbolz.de
www.vonlauffundbolz.de

Frechen/Köln | Hamburg | München | Wien

Offizieller Sponsor der

Neue PartG mbB: Wir sind am Ball!
www.partgmbb.info

in Kooperation mit

... ist eine passgenaue Versicherung.

Als unabhängige Spezialisten verfügen wir über langjährige und umfangreiche Erfahrung in der Gestaltung Ihres individuellen Versicherungsschutzes:

- Ermittlung der erforderlichen Versicherungssummen und deren Maximierungen
- Maßgeschneiderte Lösungen bei Einzelversicherungen
- Optimierung der Absicherung bei interprofessioneller Tätigkeit
- Implementierung eigenständiger Deckung bei spin offs
- Verbesserung des Preis-Leistungsverhältnisses

**Ihre Berufshaftung:
Fragen Sie den Marktführer!**

**Unser qualifiziertes Team berät Sie gerne
– ohne Zusatzkosten.**

VON LAUFF UND BOLZ
Versicherungsmakler GmbH

NATIONALER ÜBERBLICK TOP 50

ALLEN & OVERY
Nationaler Überblick Top 50

Bewertung: Seit rund 2 Jahren hat Allen & Overy ihr zeitweise rasantes Wachstumstempo deutlich gedrosselt. Auch wenn im letzten Jahr die Zahl der Berufsträger noch einmal leicht stieg und ein Steuerpartner von KPMG dazukam, ging es vornehmlich darum, sich anzusehen, was die angeworbenen Quereinsteiger bewirken konnten. Die Bilanz kann sich sehen lassen u. zeigt in vielen Mandaten, wie konsequent die Kanzlei zuletzt Bereiche aufgebaut u. intern verzahnt hat. Ein Beispiel ist etwa die Zusammenarbeit von Arbeitsrechts- und Versicherungsspezialisten in der betrieblichen Altersversorgung. Aufgrund der anhaltenden Niedrigzinssituation kam es hier zu einer Häufung von z.T. existenzbedrohlichen Situationen auf Unternehmensseite. Unter Leitung von Arbeitsrechtspartner Dr. Hans-Peter Löw bündelte A&O Kompetenzen für die Beratung zur Vergütung im Banken- und Finanzsektor und bearbeitet Mandate gemeinsam mit Anwälten, die Schwerpunkte in den Bereichen Arbeits- und Aufsichtsrecht, Corporate Governance, Private Equity und Steuerrecht haben. Die sehr gute interne Verzahnung zeigt sich auch in der Zusammenarbeit von Prozess- und Arbeitsrechtlern in brisanten Top-Mandaten wie dem Streit zwischen der Abbaubank Heta und der BayernLB. Allerdings gibt es durchaus noch Potenzial. Die wenig ausgeprägte Anbindung der Bankrechtler an die IT-Praxis führt dazu, dass sich A&O beim Trendthema Fintech deutlich zurückhaltender zeigen muss als Wettbewerber wie Hogan Lovells. Und auch in der Compliance-Beratung lässt A&O bisher noch Chancen liegen, etwa was die Beratung im Pharmasektor angeht, wo sich über das Patentrecht Möglichkeiten bieten, oder bei Versicherern. Dagegen entwickelte sich die Banken-Compliance zu einer wesentlichen Säule des Geschäfts, für das jeweils renommierte Steuerpartner stehen.

Darüber hinaus kommt A&O im grenzüberschreitenden Geschäft immer besser zum Zug. Ein Beispiel ist die Arbeit für die Warren-Buffett-Gesellschaft Berkshire Hathaway bei deren erstem Direktinvestment in Deutschland. Berkshire hat bereits weitere Deals angekündigt und vieles spricht dafür, dass A&O hier in einer guten Position ist. Ebenso wichtig ist für die Kanzlei allerdings die Aufwärtsbewegung im Gesellschaftsrecht. Auch dort steigt die Quote prestigeträchtiger Mandate wie etwa der Begleitung von Tui bei deren hochkomplexen globalen Zusammenschluss mit Tui Travel. Einen wesentlichen Anteil an der Entwicklung trägt Dr. Hans Diekmann, der etwa Alstria bei der öffentl. Übernahme von Dt. Office beriet. So tritt die Corporate-/M&A-Praxis in der Bedeutung für den Gesamterfolg der Kanzlei immer stärker neben die einst dominierende Praxis für Bank- und Finanzrecht. Dies gilt umso mehr, als es auch gelang, Schwerpunkte verschiedener Gesellschaftsrechtspartner zusammenzuführen. Insbesondere gelang es, aktienrechtliche Mandate auf die Litigation-Praxis zu übertragen, vor allem unter Einbindung der ehemaligen Kernpraxis um Dr. Hans-Christoph Ihrig. Der für seine Kontakte zu MLP, Bilfinger und Evonik bekannte Gesellschafts- und Kapitalmarktexperte wechselte mit seinem Team im Sommer 2015 nach Frankfurt, A&O schloss das Mannheimer Büro. Dadurch ist der Austausch mit der Prozesspraxis noch intensiver, was sich bereits positiv in Organhaftungsfällen

NATIONALER ÜBERBLICK TOP 50

Freshfields Bruckhaus Deringer
Hengeler Mueller
Linklaters

Gleiss Lutz

Allen & Overy
Clifford Chance
CMS Hasche Sigle
Latham & Watkins
Noerr

Baker & McKenzie
Hogan Lovells
White & Case

DLA Piper
Flick Gocke Schaumburg
Görg
Heuking Kühn Lüer Wojtek
Jones Day
Milbank Tweed Hadley & McCloy
Norton Rose Fulbright
SZA Schilling Zutt & Anschütz
Taylor Wessing

Ashurst
Cleary Gottlieb Steen & Hamilton
McDermott Will & Emery
P+P Pöllath + Partners

Beiten Burkhardt
Dentons
Luther
Menold Bezler
Weil Gotshal & Manges

Graf von Westphalen
King & Wood Mallesons
Oppenhoff & Partner
Skadden Arps Slate Meagher & Flom
Watson Farley & Williams

Aulinger
Bird & Bird
CBH Rechtsanwälte
Esche Schümann Commichau
Friedrich Graf von Westphalen & Partner
GSK Stockmann + Kollegen
K&L Gates
Kapellmann und Partner
Kümmerlein
Mayer Brown
Oppenländer
Orth Kluth
Osborne Clarke
Redeker Sellner Dahs
Rödl & Partner

Die hier getroffene Auswahl der Kanzleien ist das Ergebnis der auf zahlreichen Interviews basierenden Recherche der JUVE-Redaktion (s. Einleitung S. 20). Sie ist in 2erlei Hinsicht subjektiv: Sämtliche Aussagen der von JUVE-Redakteuren befragten Quellen sind subjektiv u. spiegeln deren eigene Wahrnehmungen, Erfahrungen u. Einschätzungen wider. Die Rechercheergebnisse werden von der JUVE-Redaktion unter Einbeziehung ihrer eigenen Marktkenntnis analysiert u. zusammengefasst. Der JUVE Verlag beabsichtigt mit dieser Tabelle keine allgemein gültige oder objektiv nachprüfbare Bewertung. Es ist möglich, dass eine andere Recherchemethode zu anderen Ergebnissen führen würde. Innerhalb der einzelnen Gruppen sind die Kanzleien alphabetisch geordnet.

Die Anwaltszahlen stammen aus den Statistiken im Serviceteil, Stand Juli 2015. Dort finden Sie ab Seite 636 weitere Statistiken.

Vermögensschaden - Haftpflichtversicherungen

Offizieller Sponsor der

Sicherheit auch in „schwierigem Gelände"

Als ein führendes Maklerunternehmen für Vermögensschaden-Haftpflichtversicherungen sorgen wir für Ihre Sicherheit, damit Sie beruhigt arbeiten können.

Philipp & Dr. Kreth
Versicherungsmakler GmbH

www.philipp-kreth.de

NATIONALER ÜBERBLICK TOP 50

auswirkt, wo A&O ihren ohnehin hohen Marktanteil sogar ausbauen konnte.

Besser wurde zudem auch der Austausch an der Schnittstelle zum Kapitalmarktrecht. Zwar verlor A&O den akquisestarken Partner Gernot Wagner (an White & Case), schloss die Lücke durch den Einstieg von Marc Plepelits (von Shearman & Sterling) jedoch mit einem erfahrenen Spezialisten. Trotz der Fluktuation ist die Praxis den Marktführern am dichtesten von allen Verfolgern auf den Fersen und war unter anderem an dem Börsengang von Rocket Internet beteiligt. Ob weitere Fortschritte gelingen, hängt auch davon ab, wie gut sie die engen Bankenkontakte und die Breite in der Corporate-Praxis zu nutzen vermag, um eine stärkere Präsenz auf Emittentenseite zu erreichen. Auch in der klassischen Fremdkapitalmarktberatung ging es zuletzt aufwärts, nach der Rückkehr Christoph Endersteins scheint es zudem, als habe die Kanzlei die personelle Unruhe der beiden Vorjahre überwunden.

Besondere Stärken: ▶ Arbeit; ▶ Kredite u. Akqu. fin.; ▶ Steuer; ▶ Unternehmensbez. Versichererberatung.

Empfohlen für: ▶ Anleihen; ▶ Bankrecht u. -aufsicht; ▶ Börseneinführ. u. Kapitalerhöhung; ▶ Compliance; ▶ Energie; ▶ Gesellsch.recht; ▶ Gesellschaftsrechtl. Streitigk.; ▶ Handel u. Haftung; ▶ Immobilien; ▶ Investmentfonds; ▶ Kartellrecht; ▶ M&A; ▶ Marken u. Wettbewerb; ▶ ÖPP; ▶ Patent; ▶ Private Equ. u. Vent. Capital; ▶ Restrukturierung/Sanierung; ▶ Vergabe; ▶ Umwelt u. Planung; ▶ Verkehr; ▶ Versicherungsvertragsrecht.

Siehe auch: ▶ Düsseldorf; ▶ Frankfurt; ▶ Hamburg; ▶ München; ▶ Brüssel.

Anwälte in Deutschland: 224

Internat. Einbindung: Integrierte Kanzlei, breit aufgestellt in West- u. Osteuropa sowie in Nahost, Nordafrika, USA, Kanada, Asien und der Pazifikregion. Zudem exklusive Verbindungen mit Gedik & Eraksan (Türkei) sowie Trilegal (Indien). Zuletzt eröffnete sie mit Partnern der angesehen südafrikanischen Kanzlei Bowman Gilfillan und dem Ex-Chef der Bankrechtspraxis aus London ein Büro in Johannesburg.

Entwicklung: Der Ausbau ihrer deutschen Praxis soll für Allen & Overy noch lange nicht zu Ende sein. Dank der vielen anerkannten Neuzugänge der vergangenen Jahre, darunter der Arbeitsrechtler und aktuelle Managing-Partner Thomas Ubber und der Gesellschaftsrechtler Dr. Hans Diekmann, wird sie ihre Position als Angreiferin auf die führenden Kanzleien weiter aufrechterhalten.

Doch während sie sich geschäftlich stark entwickelt hat, müssen auch noch einige Probleme angegangen werden, die das Wachstum mit sich gebracht hat. Die mehrere Jahre andauernden personellen Unruhen in der Kapitalmarktpraxis machten deutlich, welche Gefahr mit dem Hinzuholen von Partnerquereinsteigern immer latent besteht: interne Reibereien, Postengerangel, finanzieller Neid und die Furcht junger Anwälte um ihre Entwicklungsperspektiven. So ist die Gefahr groß, dass angesichts weiterer Ausbaupläne in Bereichen wie Kartellrecht und Energie vor allem aber Steuerrecht und Litigation bei jungen Leistungsträgern die Unzufriedenheit steigt, wenn sie den Eindruck haben, Imagepflege und große Namen würden dem Vertrauen in ihre Fähigkeiten vorgezogen – erst recht, wenn die Kanzlei auf deren Erfolge im Rahmen des starren Lockstep-Systems eben weniger mit finanziellen Anreizen reagieren kann als Wettbewerber mit stärker umsatzbezogenem Vergütungssystem. Die Frage, wie man Leistungsträger langfristig an sich bindet, stellt sich nicht nur nach der Personalie Wagner.

So oder so wird die weitere Entwicklung A&O ein Mehr an Aufmerksamkeit für das Personalmanagement abfordern. Denn es gibt nach wie vor Fachbereiche mit einem hohen Durchlauf an Associates und auch die Erfolge bei der Rekrutierung von Nachwuchs sind unterschiedlich. In der Positionierung als Ausbildungsmarke hat Allen & Overy gegenüber Wettbewerbern wie Hengeler Mueller oder Freshfields Bruckhaus Deringer deutlichen Nachholbedarf. Das Management hat hier bereits einige Maßnahmen bezüglich eines stärkeren inhaltlichen Engagements an Hochschulen umgesetzt und weitere angestoßen.

Als Vorreiterin erweist sich die Kanzlei dagegen in der Reaktion auf ein stärkeres Kostenbewusstsein ihrer Mandanten hinsichtlich bestimmter standardisierter Arbeitsbereiche. So trägt das kanzleiweit genutzte Legal Centre in Belfast mittlerweile so signifikanter Kostenentlastung bei, auch deutsche Anwälte nutzen den Service intensiv für die Administration, Dokumentenservice und Übersetzungen in ihren Mandaten. Daneben hat Dr. Hans Schoneweg ein Projekt aufgesetzt, in dem Diplomjuristen und Absolventen mit Noten, die unter den üblichen Großkanzleianforderungen liegen, bei Transaktionen unterstützen. Dies sind innovative Ansätze, um die Kanzlei zukunftsfähig zu machen. Und sie sind auch geeignet, sich bei Mandatsausschreibungen besser zu positionieren.

ASHURST
Nationaler Überblick Top 50

Bewertung: Ashurst hat die Spezialisierung auf ihre Kernbereiche Finance, Corporate und Immobilienrecht weiter vorangetrieben. War es ihr in M&A zuvor kaum gelungen, einen Trackrecord jenseits ihrer Schlüsselmandanten aufzubauen, so verbreiterte sie nun ihr Geschäft. Einen wesentlichen Anteil daran hatte das Private-Equity-Team, das neben treuen Mandanten wie Castlelake und Equistone erstmals auch einige Transaktionen für wichtige Investoren wie Macquarie und Oakley Capital begleitete. Die 2013 durch eine Fusion mit der australischen Kanzlei Blake Dawson gewonnene Stärke im Asien-Pazifik-Raum, sorgte zudem für eine Serie von Inbounddeals aus Asien. Die gleichzeitig vertieften Beziehungen zu deutschen Konzernen wie Bosch führten dazu, dass Ashurst am Markt visibler war als in den Jahren zuvor. Eine gute Ergänzung ist dabei der angesehene M&A-Experte Dr. Thomas Sacher, der im Sommer von einem Counsel von Beiten Burkhardt wechselte. Er bringt gefestigte Kontakte zu einigen deutschen Konzernen mit und sorgte mit der Beratung von Adidas beim Erwerb des Sport-App-Anbieters Runtastic sogleich für Aufmerksamkeit. Zugleich setzt Ashurst damit ein klares Signal für die weitere Entwicklung des Münchner Standorts. Zum einen stand er bisher etwas im Schatten des weitaus größeren Frankfurter Standorts, zum anderen musste er die Weggänge 2er Partner verkraften. Insofern ist Sachers Zugang ein wichtiger Gewinn.

Auch im Bereich Finanzierungen und Restrukturierungen gab es Fortschritte. Auf Finanzierungsebene gehörte etwa der milliardenschwere NPL-Verkauf für die Commerzbank zu den Highlights. Das Immobilienteam knüpfte nahtlos an das erfolgreiche Vorjahr an und nutzte die günstige Marktlage, um sich bei einigen prominenten Transaktionen zu platzieren, etwa beim Verkauf des Frankfurter Silberturms. Im klassischen Bank- und Finanzrecht verlief das Jahr hingegen eher durchwachsen. Traditionell stark zeigte sich Ashurst im Bereich Kredite und Akquisitionsfinanzierung, wo ihre massive Präsenz bei kleinen und mittelgroßen Deals beeindruckt. In der Anleiheberatung verlor sie mit Christoph Enderstein jedoch einen Partner, der einen wesentlichen Anteil am Aufbau der Praxis hatte und nun mit seiner Arbeit an EMTN-Programmen einen Großteil des Geschäfts zu Allen & Overy mitnahm. Um den Anschluss nicht zu verlieren, wird sich Ashurst hier zeitnah verstärken müssen.

Empfohlen für: ▶ Anleihen; ▶ Börseneinführ. u. Kapitalerhöhung; ▶ Gesellsch.recht; ▶ Immobilien; ▶ Kartellrecht; ▶ Kredite u. Akqu.fin.; ▶ M&A; ▶ Private Equ. u. Vent. Capital; ▶ Restrukturierung/Sanierung.

Siehe auch: ▶ Frankfurt; ▶ München.

Anwälte in Deutschland: 72

Internat. Einbindung: Standorte in ganz Westeuropa, Asien, Australien, Nahost sowie 2 kleinere Büros in New York u. Chicago.

Entwicklung: Ihr Geschäft hat die deutsche Praxis aus eigener Kraft aufgebaut und mittlerweile auch eindrucksvoll bewiesen, dass sie in der Lage ist, einzelne Mandanten wie die Commerzbank und Bosch ins internationale Netzwerk zu tragen. Nun stehen die Partner vor der Herausforderung, diese Netzwerkarbeit auf eine breitere und substanzielle Basis zu stellen, indem sie auch ihre neuen Mandanten wie Oakley und Adidas von den internationalen Büros überzeugen. Beim Aufbau der internationalen Marktgeltung hat Ashurst aber noch einige Herausforderungen vor sich. Ihre starke Asien-Präsenz hat zwar neben dem Corporate-Geschäft auch die Immobilienpraxis bei der Beratung asiatischer Investoren vorangebracht, erstaunlich ist allerdings, dass sich die Zusammenarbeit mit dem Mutterhaus in London noch immer überwiegend als Einbahnstraße erweist. So kann die deutsche Corporate-Praxis kaum vom großen Londoner Büro profitieren. Das ist auch deshalb enttäuschend, weil der engagierte Aufbau der deutschen Standorte zeigt, wie viel Potenzial in der Praxis steckt.

AULINGER
Nationaler Überblick Top 50

Bewertung: Neben ihrer angesehenen gesellschaftsrechtl. Kernpraxis zeichnet sich Aulinger durch starke u. auch bundesweit visible Spezialbereiche wie Kartell-, Vergabe- und Energierecht aus. Im Gesellschaftsrecht sind die klassische Mittelstandsberatung u. das angesehene Notariat die wichtigsten Standbeine. Die Weiterentwicklung ihres Geschäfts geht die Kanzlei sehr strategisch an. Ähnlich wie ihre Essener Konkurrentin Kümmerlein versucht auch Aulinger ihre Kontakte zu Konzernen wie BP u. Dt. Annington, die sie hauptsächlich im Notariat betreut, auszuweiten. Zuletzt gelang es ihr im Corporate-Bereich erneut, nämh. mittelständische Unternehmen als Mandanten zu gewinnen. Über die Verknüpfung der gesellschaftsrechtl. Kompetenz mit dem Gemeindewirtschaftsrecht hat sie sich v.a. bei Stadtwerken u. anderen kommunalen Unternehmen, wie z.B. einer Holding der Stadt Duisburg und den Stadtwerken Ansbach, eine starke Position erarbeitet. In dieser

Die Anwaltszahlen stammen aus den Statistiken im Serviceteil, Stand Juli 2015. Dort finden Sie ab Seite 636 weitere Statistiken.

Anzeige

Die nächste Generation von Rechtsanwälten erwacht.

Entdecken Sie Ihr Potential. In Ihnen steckt mehr als *billable hours*. Viel mehr.

Das wissen auch andere. Zum Beispiel: Julia, 1 Jahr alt. Ihr Vater ist Xenion Anwalt. Er arbeitet für Unternehmen aus Deutschland, England, Asien und Afrika. Und hat Zeit, fast jeden Abend mit ihr zu spielen, bevor sie ins Bett geht.

Willkommen im Zeitalter von Digitalisierung und flexiblem Arbeiten. Wilkommen in Julias Welt. Innovation beginnt mit Ihnen.

+49 69 710 455 390
www.xenionlaw.com

**Tomorrow's Lawyers.
Delivered Today.**

---

wichtigen Nische genießt sie im Vergleich zu Wettbewerbern in ihrer Region sogar ein gewisses Alleinstellungsmerkmal. In engem Zusammenhang damit steht auch der Erfolg in den Spezialpraxen, wie z.B. Arbeitsrecht, wo Aulinger bereits eine Reihe von Stadtwerken berät und erneut neue hinzugewann, die wiederum Verweisgeschäft für andere Praxen bedeuten könnten. Darüber hinaus war sie zuletzt vermehrt für örtliche Konzerntöchter tätig. Besonders dynamisch entwickelte sich die energierechtl. Praxis, wo Aulinger regelmäßig aufseiten namh. Unternehmen wie Amprion u. Open Grid Europe zu sehen ist. Gewohnt stark zeigten sich die Kartellrechtler um den anerkannten Dr. Andreas Lotze, die erneut an mehreren prominenten Verfahren beteiligt waren und dadurch bundesweit Beachtung fanden. Für Aufsehen sorgte etwa die Vertretung eines ehemaligen Bereichsvorstands von ThyssenKrupp sowie die von Göbber im Zusammenhang mit dem Zuckerkartell.

Parallel zu den Highlights in den einzelnen Praxen schafft es Aulinger zunehmend, Mandanten in mehreren Rechtsgebieten zu beraten. Gelungen ist ihr das etwa bei der RAG, die neben dem angesehenen Notariat auch im Vergaberecht auf Aulinger vertraut. Ein weiteres Beispiel ist die für die Kanzlei wichtige Mandantin Gelsenwasser, die Aulinger bereits im Kartellrecht und seit dem Vorjahr auch regelmäßig in M&A-Transaktionen begleitet. Nun kam durch den Zugang von Dr. Nicola Ohrtmann von Bird & Bird auch die vergaberechtl. Beratung hinzu.

Empfohlen für: ▶ Arbeit; ▶ Gesellsch.recht; ▶ Kartellrecht; ▶ M&A; ▶ Vergabe; ▶ Energie.
Siehe auch: Ruhrgebiet.
Anwälte in Deutschland: 38
Internat. Einbindung: Unabh. Kanzlei, die über ein eigenes Kontaktnetzwerk zu einzelnen ausländischen Kanzleien verfügt.
Entwicklung: Die Beratung von Gelsenwasser u. RAG belegt, dass Aulinger in der Lage ist, nicht nur Mittelständler sondern auch Konzerne praxisübergreifend zu beraten u. damit D'dorfer Großkanzleien zunehmend Konkurrenz zu machen. Potenzial steckt allerdings noch im Verweisgeschäft zwischen notarieller und klass. gesellschaftrechtlicher Beratung. Ihre hervorragenden Kontakte in die Konzerne könnten ihr dabei helfen, hier künftig weitere Fortschritte zu machen.

Das für ihre mittelständische Mandantschaft wichtige Thema Compliance ist Aulinger noch nicht so strategisch angegangen. Das ändert sich aber durch den Zugang von Vergaberechtlerin Ohrtmann, die einen Schwerpunkt in der Compliance-Beratung öffentlicher Unternehmen hat u. damit einen Anknüpfungspunkt für den Aufbau einer praxisgruppenübergreifenden Beratung bietet. Dass Aulinger in der Lage ist, Spezialkompetenzen sichtbar am Markt zu platzieren, hat sie u.a. durch den Aufbau der Kartellrechtspraxis bereits bewiesen. Den bisherigen Ausbau ihres Geschäfts hat sie auch durch den Einsatz jüngerer Anwälte bewältigt. Dieses gute Gespür beim Aufbau von Nachwuchsanwälten hat sich für Aulinger in 2erlei Hinsicht ausgezahlt: Extern hat sie ihre Marktwahrnehmung breiter gestreut, intern hat sie so von vornherein für eine ausgewogene Altersstruktur gesorgt. Dadurch hat die Kanzlei das Thema Generationswechsel, das in vielen Ruhrkanzleien ein großes war und ist, geschickt umschifft. Diese Personalpolitik macht sie für Associates aus Großkanzleien zunehmend attraktiv, wie die Zugänge der vergangenen Jahre belegen. Aufgabe wird es nun sein, diese Quereinsteiger in das Kanzleigefüge zu integrieren.

BAKER & MCKENZIE
Nationaler Überblick Top 50 ☐☐☐■☐☐☐☐☐
Bewertung: Baker & McKenzie präsentierte sich hierzulande zuletzt weiterhin stark, wenngleich die gute Entwicklung teils noch unter dem Radar der Wettbewerber läuft. Doch Schritt für Schritt kommt Baker voran: Erst kürzlich wurde das Management um Dr. Constanze Ulmer-Eilfort für weitere 3 Jahre bestätigt – gemessen an den Veränderungen, die Baker seit ihrem Amtsantritt vorgenommen hat, war dies nicht selbstverständlich. Doch es unterstreicht, dass die Partner die Umstrukturierung der letzten Jahre, darunter die Einführung eines neuen Vergütungssystems, weitgehend mittragen.

So kann anstelle struktureller Fragen die Mandatsarbeit wieder im Vordergrund stehen: Sehr präsent war insbesondere das Corporate-/M&A-Team, das zuletzt mit einer Reihe hochkarätiger Deals auf sich aufmerksam machte. Dass Baker häufig grenzüberschreitend tätig ist, überrascht zwar

Die Anwaltszahlen stammen aus den Statistiken im Serviceteil, Stand Juli 2015. Dort finden Sie ab Seite 636 weitere Statistiken.

NATIONALER ÜBERBLICK TOP 50

nicht, doch die Zahl der Deals, die über die deutsch-chinesische Zusammenarbeit der Büros nach Deutschland kamen, beeindruckte dann doch. Insbesondere Dr. Nikolaus Reinhuber und Dr. Florian Kästle präsentierten sich stark, doch auch die Nachwuchskräfte um Christian Atzler und den von Gleiss gekommenen Dr. Christian Vocke fassten exzellent Fuß. Dank dieser starken grenzüberschreitenden Achse gehört die deutsche Praxis nun zu den führenden unter den europäischen Baker-Büros. Doch auch innerhalb Deutschlands arbeiten die Teams sowohl praxis- als auch standortübergreifend immer besser zusammen. Komplexe Umstrukturierungen wie zuletzt bei Evonik sind längst keine Ausnahmeerscheinungen mehr, sondern gehören zum Tagesgeschäft. Trotzdem ist das Team im Vergleich zu den führenden Corporate-Praxen weiterhin recht klein, was weiteren Aufschwung derzeit noch bremst.

Baker zählt zu den Kanzleien, die sich schon früh mit Konzepten beschäftigten, um die Standardisierung bestimmter Dienstleistungen voranzutreiben: Mit einem Offshorebüro in Manila arbeitet die Kanzlei schon lange, nun gründete sie in Belfast ein europäisches Outsourcingbüro. Zudem standardisierte sie Vorgänge beispielsweise im IP weiter, einem Rechtsgebiet, das bei vielen Großkanzleien unter Profitabilitätsdruck steht. Baker gelingt es so, in diesem Bereich weiterhin Mandate zu bearbeiten, von denen sich andere Praxen zunehmend verabschieden. Im IP gab es jedoch auch einen schmerzlichen Abgang: Mit Dr. Andrea Schmoll wechselte die einzige Marken- und Wettbewerbsrechtlerin im D'dorfer Büro zu Osborne Clarke, der Bereich konzentriert sich seitdem in Frankfurt und München. Damit ist nicht nur der wichtige IP-Standort Düsseldorf zukünftig verwaist, der Weggang macht zudem die Frage nach den Perspektiven für eine Equity-Partnerschaft im IP wieder drängender.

Zudem gab es Abgänge auf Salary-Partner-Ebene in Berlin, von denen die Bereiche Arbeitsrecht und Restrukturierung betroffen waren. Mit einem neu eingeführten Karriereweg, dem Alternative Career Track (ACT), der es ermöglichen soll, zwischen einer Karriere als Partner und einer dauerhaften Anstellung zu wählen und später auch zu wechseln, will Baker nun neue Perspektiven für erfahrene Anwälte schaffen.

Besondere Stärken: ▶ Arbeit; ▶ Compliance; ▶ Produkt u. Abfall.
Empfohlen für: ▶ Anleihen; ▶ Energie; ▶ Gesellsch.recht; ▶ Gesundheit; ▶ Handel u. Haftung; ▶ Immobilien; ▶ IT; ▶ Kartellrecht; ▶ Kredite u. Akqu.fin.; ▶ M&A; ▶ Marken u. Wettbewerb; ▶ Patent; ▶ Private Equ. u. Vent. Capital; ▶ Steuer; ▶ Restrukturierung/Sanierung; ▶ Telekommunikation; ▶ Vergabe; ▶ Vertrieb.
Siehe auch: ▶ Berlin; ▶ Düsseldorf; ▶ Frankfurt; ▶ München.
Anwälte in Deutschland: 191
Internat. Einbindung: Global aufgestellte Kanzlei (76 Büros in 47 Ländern). Starke Praxen in Asien u. teilweise in Westeuropa. Zuletzt hat B&M ein Servicecenter in Belfast eröffnet, das 2. neben Manila auf den Philippinen.
Entwicklung: Die Abgänge auf Salary-Partner-Ebene zeigen eine der Herausforderungen der kommenden Jahre: den Mittelbau in der Kanzlei zu halten. Der Alternative Career Track ist ein Ansatz, das Problem zu lösen. Zwar betont die Kanzlei derzeit, dieser solle nur veränderten Bedürfnissen jünger Anwälte Rechnung tragen, doch erhöht er auch die Flexibilität der Kanzlei, beispielsweise wenn es darum geht, Spezialisten zu halten, die zwar für das Geschäft wichtig sind, jedoch keinen eigenen Partnertrack entwickeln können. Diese neu gewonnene Beweglichkeit könnte Baker auch dabei helfen, das Corporate-Team zu stärken, denn dieses personell auszubauen ist nach wie vor eine Kernherausforderung für die Kanzlei.

Wettbewerber wie DLA Piper oder Norton Rose haben zudem zuletzt aufgerüstet, sodass Baker, will sie nicht den Anschluss verlieren, reagieren muss. Auszahlen dürfte sich derweil schon bald die weitere Standardisierung und Auslagerung von Tätigkeiten: Sie macht Baker in puncto Kosten attraktiver für immer schärfer rechnende Rechts- und Einkaufsabteilungen der Unternehmen. Hier ist die Kanzlei ihren Wettbewerbern in Deutschland durchaus einen Schritt voraus.

BEITEN BURKHARDT
Nationaler Überblick Top 50 ▢▢▢▢▢▢▣▢
Bewertung: Manchmal reicht scheinbar ein Luftzug, um ein Kartenhaus zum Einsturz zu bringen. Als der langj. Corporate-Partner Dr. Thomas Sacher Anfang 2015 ankündigte, Beiten zusammen mit einem Sal.-Partner in Richtung Ashurst zu verlassen, geriet der gesamte Nürnberger Standort ins Wanken: Einige Anwälte wechselten ins Münchner Büro von BB, andere zu lokalen Kanzleien in Nürnberg. Ein Team um Dr. Steffen Schniepp war zuvor bereits zu PwC nach Stuttgart gegangen. Übrig bleibt der renommierte Vergaberechtler Berthold Mitrenga, der aber 2016 die Altersgrenze für Beiten-Anwälte erreichen wird. Mit Nürnberg schließt BB einen Standort, von dem aus die Kanzlei trad. namh. Mandanten mit Sitz in Franken wie Adidas u. Siemens, aber auch zahlr. mittelständ. Unternehmen der Region betreut hatte. Selbst wenn Teile dieses Geschäfts abwandern sollten, dürfte BB dies jedoch verkraften können, denn die Kanzlei ist im Mittelstand auf breiter Front fest verankert. Zudem konnte sie sich zuletzt noch stärker bei Family Offices positionieren. So begleitete sie etwa die Alleinerbin des Unternehmensgründers der Detlev Louis Motorrad-Vertriebs GmbH, beim vollständ. Firmenverkauf.

Zusätzliche Stärke gewinnt BB dadurch, dass ihre standortübergreifende Zusammenarbeit in vielen Fachbereichen immer besser funktioniert – ein Trend, der bei einer Kanzlei wie BB, die die Entwicklung des Geschäfts in die Hände der einzelnen Partner legt, nicht selbstverständlich ist. Bestes Bsp. ist das starke Arbeitsrechtsteam – das Rückgrat der Kanzlei –, das durch seine gute Verzahnung über die Bürogrenzen hinweg inzw. gleich mehrere große Projekte parallel stemmen kann, z.B. für IDT u. Hugendubel. Im 2. trad. starken Bereich der Kanzlei, Konfliktlösung, sind standortübergreifende Teams ebenfalls Alltag geworden. Und auch die anerkannte Vergaberechtspraxis ist Teil dieser Entwicklung, die längst von jüngeren Partnern vorangetrieben wird. Das zeigt etwa die Beratung des Freistaats Sachsen bei der Konzeption u. Vergabe eines neuen Verwaltungsdaten- u. -sprachnetzes, bei der junge Partner aus München u. Berlin die Fäden in der Hand halten. Bei der weiteren Vernetzung innerhalb der Kanzlei helfen auch Neuzugänge wie der IP-/IT-Rechtler Dr. Andreas Lober (von Schulte-Riesenkampff): Er verschafft BB Zugang zur Online- u. Gamesbranche, wovon auch die arbeits- u. steuerrechtl. Praxen mit Folgemandaten profitieren. Weitere Zugänge sorgten in Berlin für Aufsehen: Von der renommierten Energieboutique Scholtka & Partner wechselte ein 6-köpfiges Team zu BB, womit deren Energiepraxis sich auf einen Schlag verdoppelte. Die Quereinsteiger bringen Regulierungskompetenz u. lfd. Mandatsbeziehungen mit, die BB im Bereich Öffentl. Recht einen deutl. Schub verleihen könnten.

Empfohlen für: ▶ Arbeit; ▶ Außenhandel; ▶ Beihilfe; ▶ Energie; ▶ Gesellsch.recht; ▶ Handel u. Haftung; ▶ IT; ▶ Kartellrecht; ▶ M&A; ▶ Marken u. Wettbewerb; ▶ Medien; ▶ Nachfolge/Vermögen/Stiftungen; ▶ Steuer; ▶ Vergabe.
Siehe auch: ▶ Frankfurt; ▶ Berlin; ▶ Düsseldorf; ▶ München; ▶ Brüssel.
Anwälte in Deutschland: 231
Internat. Einbindung: Eigene Büros in Brüssel, Peking u. Schanghai sowie in Moskau u. St. Petersburg. Ein engeres Netzwerk mit westeurop. u. US-Kanzleien ist weiter im Aufbau.
Entwicklung: Mit den Neuzugängen untermauert BB ihr Ziel, weiter wachsen zu wollen. Allerdings sorgen Quereinsteiger während ihrer Integrationsphase naturgemäß für eine gewisse Unruhe innerhalb einer Kanzlei. Und das gerade dann, wenn der Kreis der Eq.-Partner so eng gehalten wird wie bei BB. Will die Kanzlei ihren tlw. sehr leistungsstarken Nachwuchs halten, wird sie mittelfristig handeln müssen, um Abgänge von erfolgreichen Sal.-Partnern – wie zuletzt Dr. Denis Gebhardt (Praxisgruppe Konfliktlösung) zu Jones Day – zu verhindern. Auch die Auflösung des Nürnberger Büros setzte nicht erst bei dem Abgang von Dr. Thomas Sacher an: Schon zuvor hatten einige Sal.-Partner der Kanzlei nach u. nach den Rücken gekehrt. Die Einführung einer Senior-Salary-Partner-Stufe kann deshalb nur ein erster Schritt zum Gegensteuern gewesen sein.

Die in den vergangenen Jahren angestoßene Fokussierung der Kanzlei auf das Inboundgeschäft zahlte sich zuletzt v.a. im Corporate-Bereich aus: Das internat. Geschäft nahm im allgemeinen konjunkturellen Aufwind deutl. zu, v.a. aus China. Zudem erweiterte die Kanzlei ihre erfolgreiche Länder-Desk-Reihe durch Frankreich. Gelingt es BB, diese Entwicklung weiter voranzutreiben, hat sie ihre Schwäche im Ausland geschickt in eine Inlandsstärke verwandelt. Allerdings fehlt die Kanzlei weiterhin in größeren Transaktionen. Die Profilschärfung, die BB im Vorjahr mit der Einteilung ihrer Corporate-Praxis in vier Untergruppen – Corporate, Restrukturierung, M&A u. Private Equity – begonnen hatte, ist insofern eine sinnvolle Entwicklung.

BIRD & BIRD
Nationaler Überblick Top 50 ▢▢▢▢▢▢▢▣
Bewertung: Bird & Bird durchlebt turbulente Zeiten. Als ruhender Pol erwies sich dabei – trotz leichter Fluktuation – die IP- und dort vor allem die Patentpraxis, die weiterhin zu den führenden Deutschlands zählt und mit ihrer konsequenten Einbindung der Patentanwälte vielen Wettbewerbern voraus ist. Auch das Vergaberechtsteam um die renommierten Partner Dr. Jan Byok und Prof. Dr. Heiko Höfler gehört weiterhin zur Marktspitze. Ein schwieriges Jahr durchlebte die Sozietät aber mit Blick auf eine Prozessserie rund um die Insolvenz des Emissionshauses Wölbern-Invest, bei der ehem. Bird-&-Bird-Anwälte und mit ihnen die Kanzlei mit im Fokus stehen. Sogar mit einer Scha-

Die Anwaltszahlen stammen aus den Statistiken im Serviceteil, Stand Juli 2015. Dort finden Sie ab Seite 636 weitere Statistiken.

densersatzklage musste sich die Kanzlei im Zeitpunkt des Redaktionsschlusses auseinandersetzen. Zugleich wechselte die Managementverantwortung: Nach einer kurzzeitigen Übergangsregelung in Folge des Abtritts des langjährigen deutschen Managing-Partners Dr. Alexander Schröder-Frerkes scheint Bird & Bird mit Sven-Erik Heun, Byok und dem Patentanwalt Dr. Michael Alt eine stabile Lösung gefunden zu haben. Mit den Turbulenzen rund um das Management der Kanzlei in Deutschland gingen für die Kanzlei auch ungewöhnlich viele Abgänge einher: So verlor Bird & Bird einige Anwälte aus dem Arbeitsrechtsteam an unterschiedliche Kanzleien bzw. in die Selbstständigkeit. Weiterhin Schwächen zeigt derweil die Corporate-Praxis: Die Expertise im Technologie-, Pharma- und Energiebereich sorgte durchaus für einen stetigen Dealflow, doch größere Highlight-Mandate blieben aus. Insbesondere Frankfurt ist deutlich zu klein, um mit den Wettbewerbern vor Ort mithalten zu können. Auch künftig dürften daher die Düsseldorfer und Münchner Büros in der Marktwahrnehmung dominieren.

Besondere Stärken: ▶ Patent; ▶ Presse; ▶ Vergabe.
Empfohlen für: ▶ Energie; ▶ Gesellsch.recht; ▶ IT; ▶ Kartellrecht; ▶ M&A; ▶ Marken u. Wettbewerb; ▶ Medien; ▶ ÖPP; ▶ Sport; ▶ Telekommunikation; ▶ Vertrieb.
Siehe auch: ▶ Düsseldorf; ▶ Frankfurt; ▶ München; ▶ Brüssel.
Anwälte in Deutschland: 180
Internat. Einbindung: Internat. integrierte Kanzlei mit 25 Büros in Europa u. Asien. Die stärksten Ländergruppen sind weiterhin GB u. Deutschland.
Entwicklung: Es gilt, die Kanzlei nach den Turbulenzen zusammenzuhalten und anschließend neu auf die Schiene zu stellen. Die Richtung ist dabei klar: Den Technologiefokus der Kanzlei noch weiter voranbringen. Dies muss mittelfristig in Deutschland jedoch mit einer klaren Strategie für die Corporate-Praxis und das Frankfurter Büro einhergehen und kann über eine konsequente qualitative und quantitative Stärkung des Standorts erfolgen. Kanzleien wie Orrick Herrington & Sutcliffe haben in der jüngeren Vergangenheit jedoch auch radikale Entscheidungen bezüglich ihrer dortigen Standorte gewagt, auch das könnte ein mögliches Gedankenspiel für Bird & Bird sein.

Einige wichtige Herausforderungen warten auch in den Bereichen, in denen Bird & Bird in Deutschland eine führende Kraft ist, beispielsweise dem Patentrecht: Nach der anstehenden Einführung des EU-Patents wird sich erst zeigen müssen, ob es gelingt, das sehr große europäische Patentteam, insbesondere in London und München, langfristig auszulasten. Hier drohen möglicherweise gegenseitige Kannibalisierungseffekte. Potenzial für ein Wiedererstarken der Kanzlei gibt es jedoch zuhauf: Die traditionell sehr enge internationale Integration, insbesondere auch immer stärker in Asien, ist wie gemacht für den Technologiefokus der Kanzlei und kann künftig das Verweisgeschäft noch weiter stärken. Auch mit den starken Praxen im IT-, IP- und Vergaberecht ist Bird & Bird in Deutschland gut aufgestellt.

CBH RECHTSANWÄLTE
Nationaler Überblick Top 50 ☐☐☐☐☐☐☐
Bewertung: CBH zählt auch aufgrund ihres nur moderat eingreifenden Managements nur in einzelnen Fachbereichen zu den Einheiten, die Trends prägen. Das ändert jedoch nichts daran, dass sie, nicht zuletzt durch das Renommee ihrer Leuchtturmpraxen, immer wieder prominente Mandate betreut. Akzente setzte CBH zuletzt so mit ihrer breit gefächerten Öffentlich-rechtlichen Praxis, aus der sich der geschäftsführende Partner Prof. Dr. Stefan Hertwig und Dr. Manfred Hecker im Vergabe- und Glücksspielrecht hervorheben. In letztgenannter Disziplin war die Kanzlei für das Land Hessen im Streit um Sportwettenkonzessionen in einem der Top-Verfahren des Jahres tätig. Auf Erfolgskurs sind zudem die Planungsrechtler: Die Gruppe arbeitete intern enger mit den Bau- und Finanzierungsexperten zusammen und konnte so bei einem Infrastrukturprojekt erstmals einen der führenden Netzwerkbetreiber von sich überzeugen. Gewohnt stark in Prozessen zeigten sich die Marken- und Wettbewerbsrechtler für Mandanten wie Obi, Haribo und die PKV. Auch die erfreuliche Entwicklung der Corporate-Praxis ist v.a. auf streitige Mandate zurückzuführen, engagiert sich CBH doch intensiv bei Schieds- und D&O-Fällen. Die M&A-Expertin Andrea Heuser bestätigte daneben mit diversen mittelgroßen Deals den guten Eindruck des Vorjahrs und wurde zur Vollpartnerin ernannt. Das personell in den letzten Jahren deutlich gewachsene Team ist dadurch zwar noch partnerlastiger geworden, konnte sich inhaltlich aber weiter ausdifferenzieren, indem Einzelne sich noch stärker gesellschaftsrechtlich, transaktionsbezogen oder auf Streitigkeiten konzentrieren. Mit der Beratung der Metro-Gruppe startete zudem die neu eingerichtete Venture-Capital-Praxis mit einem Highlight.

Empfohlen für: ▶ Arbeit; ▶ Beihilfe; ▶ Gesellsch.recht; ▶ Priv. Baurecht; ▶ M&A; ▶ Marken u. Wettbewerb; ▶ Medien; ▶ Umwelt u. Planung; ▶ Patent; ▶ Presse; ▶ Projekte/Anlagenbau; ▶ Vergabe; ▶ Verfassungs- u. Verwaltungsrecht.
Siehe auch: ▶ Köln.
Anwälte in Deutschland: 72
Internat. Einbindung: Etablierte Zusammenarbeit im Netzwerk Iurope, in dem 6 mittelgroße Kanzleien aus europ. Nachbarländern zusammenarbeiten. Zugleich besteht eine etablierte, aber nicht exklusive Zusammenarbeit mit der US-Kanzlei Holland & Knight. Beides betrifft v.a. den M&A-Bereich sowie das Arbeitsrecht.
Entwicklung: Im Vergleich mit ähnlich großen Kanzleien hat CBH beim Besetzen von Schnittstellenthemen weiterhin Nachholbedarf. In der Rückschau ist dies bedauerlich, weil die Kanzlei mit einem engagierten Karriereförderungsprogramm, einer verjüngten Partnerschaft und deutlichen Ansätzen von Branchenfokussierung bereits gute Grundlagen geschaffen hat. Um weiter voranzukommen, sollten Beispiele, in denen sich die Fachspezialisten mit ihrem Know-how gegenseitig befruchten, keine Highlights, sondern selbstverständlicher Teil der Geschäftsentwicklung werden. So wie es in vergangenen Jahr etwa zwischen den Immobilien- und Planungsrechtlern gelang. Oder so wie das Schiedsmandat für das Land Baden-Württemberg bezüglich des umstrittenen EnBW-Rückkaufs zunächst v.a. über die Beihilfe- und Öffentlichrechtler zustande kam, inzw. aber Hand in Hand mit den Gesellschaftsrechtlern und Schiedsspezialisten begleitet wird.

Nachdem sich eine Entscheidung des Schiedsgerichts und damit das Ende des lukrativen Großmandats nähert, könnte CBH ihren Blick auf Neues richten: Anbieter würden sich Streitigkeiten bei Großbau- und Infrastrukturprojekten. Die betroffenen Branchen Immobilien, Anlagenbau und Logistik durchdringt CBH bereits sehr gut. Zudem hat sie über die Begleitung der KVB im Schadensfall Kölner Stadtarchiv viel Erfahrung als Krisenmanagerin gesammelt. So könnte CBH in diesem Geschäftsfeld eine wichtige Rolle spielen, wenn sie wieder mehr auf fachbereichsübergreifende Initiativen setzt.

CLEARY GOTTLIEB STEEN & HAMILTON
Nationaler Überblick Top 50 ☐☐☐☐☐☐☐
Bewertung: Die traditionsreiche US-Kanzlei zeichnet sich seit jeher durch Premiummandate und exzellente Arbeit aus. Besonders positiv entwickelt sich die Kartellrechtspraxis, die eine herausragende Stellung in Deutschland genießt. Besser als andere Cleary-Praxisgruppen hat sie es geschafft, eigene deutsche Top-Mandate aufzubauen und daneben große internationale Transaktionen in enger Vernetzung mit der ww. Praxis zu begleiten, wie etwa GlaxoSmithKline bei einer umfangreichen Transaktion mit Novartis.

Zudem gewann Cleary mit Dr. Bernd Langeheine einen sehr angesehenen ehemaligen Fusionskontrollspezialisten der EU-Kommission für ihre Kartellrechtspraxis. Gut positioniert hat sie sich auch beim aktuell bedeutsamen Thema der kartellrechtlichen Schadensersatzklagen, wo der junge Prozessspezialist Rüdiger Harms in vorbildlicher Weise mit der Kartellrechtspraxis zusammenarbeitet, etwa bei der Arbeit für Cargolux, die sich mit Forderungen wegen der Beteiligung am Luftfrachtkartell konfrontiert sieht. Einziger Wermutstropfen für das erfolgsverwöhnte Team ist der Weggang der Kartellrechtlerin Silke Heinz, die eine eigene Kanzlei gründete.

Dass die Kapitalmarktpraxis am Frankfurter Standort bei Spitzendeals ebenfalls eine gefragte Kraft ist, zeigten die Bankenberatung beim Siltronic-IPO oder bei der milliardenschweren Bayer-Anleihe nach US-Recht. Die Kanzlei agiert hier ebenso wie im M&A in enger internationaler Vernetzung, so etwa für den französischen Baustoffhersteller Lafarge im Zusammenhang mit dem Holcim-Merger. Hier war mit Dr. Klaus Riehmer auch der bekannteste M&A-Anwalt der dt. Cleary-Praxis beteiligt, der aber im Herbst 2015 zu Mayer Brown wechselte. Es ist einer von mehreren namhaften Partnern, die die Kanzlei über die vergangenen Jahre verließen. Doch es wäre eine Überraschung, wenn dieser Weggang kompensiert würde, denn die Kanzlei ist in den letzten Jahren hierzulande nicht gewachsen. Es zeigt sich immer deutlicher, dass das Wachstumspotenzial für Cleary in Deutschland begrenzt ist. Der weltweit einheitliche Lockstep, der für die Kanzlei zum Selbstverständnis gehört, bringt enorm hohe Umsatzerwartungen mit sich. Vor allem führt er dazu, nur die größten und profitabelsten Deals annehmen zu können. Doch der Markt hat sich auch in den Spitzensegment gewandelt: Diese Mandate sind inzwischen schwer umkämpft und immer mehr Kanzleien schaffen es hierzulande, Transaktionsmandate zu gewinnen, die früher nur an Großkaliber wie Cleary gingen.

Besondere Stärken: ▶ Kartellrecht.
Empfohlen für: ▶ Anleihen; ▶ Außenhandel; ▶ Bankrecht u. -aufsicht; ▶ Beihilfe; ▶ Börseneinführ. u. Kapitalerhöhung; ▶ Gesellsch.recht; ▶ Handel u. Haftung; ▶ M&A; ▶ Steuer.
Siehe auch: ▶ Frankfurt; ▶ Köln; ▶ Brüssel.

Anwälte in Deutschland: 53
Internat. Einbindung: Integrierte Kanzlei mit äußerst eingespielter internat. Zusammenarbeit. Ursprünglich aus den USA, aber mit großer europ. Praxis (v.a. stark in Frankreich, Belgien u. Italien) u. je 2 Büros in Südamerika u. China. Neu dazu kamen zuletzt Abu Dhabi und Seoul.
Entwicklung: Die Praxis steht hierzulande vor der Herausforderung, das weltweit einheitliche Profitabilitätsniveau zu halten. Bisher führte dies allerdings nur dazu, dass die Partnerriege kontinuierlich kleiner wurde. Eine starke deutsche Präsenz scheint aus internationaler Sicht kein Wert an sich zu sein. Angesichts des längerfristig anstehenden Generationswechsels birgt das ein Risiko, weil nicht genügend junge Anwälte in verantwortliche Positionen kommen. Dies wird auch dadurch erschwert, dass eine stringente und nachhaltige Investition in die Ausbildung des eigenen deutschen Nachwuchses seit einigen Jahren kaum sichtbar ist. Klare Strukturen, die Verantwortung dafür zuordnen, scheinen zu fehlen. Weiteres Potenzial, das im Management der Praxis liegt, wäre eine stärkere strategische Ausrichtung auf bestimmte Ziele, wie beispielsweise die bessere Zusammenarbeit der beiden deutschen Büros.

CLIFFORD CHANCE
Nationaler Überblick Top 50 ☐☐☐■☐☐☐☐☐☐
Bewertung: In die Annalen von Clifford Chance wird 2015 als das Jahr der Zäsur eingehen. Die Wettbewerberinnen Linklaters und Freshfields hatten sich schon vor ein paar Jahren von einer Reihe von Partnern getrennt und der nachhaltige Erfolg gerade im Transaktionsgeschäft gibt ihnen recht. Auch CC fokussiert sich nun deutlich konsequenter als früher auf das hochvolumige M&A-Geschäft und transaktionsnahe Produkte wie etwa Riskmanagementthemen, das Fondsgeschäft oder steuerliche Strukturierungen. Im Zuge dessen trennte sie sich von einer Reihe von Partnern und weichte zudem ihr Prinzip des konsequenten Lockstep-Systems zugunsten von umsatzabhängigen Komponenten auf.

In diesem Jahr großer interner Unruhe legte CC dennoch zur Verblüffung vieler Beobachter gleichzeitig dank einer Reihe starker jüngerer Partner eine so starke M&A-Bilanz vor wie seit Jahren nicht. Die geschickte Verknüpfung der Corporate- mit ihren großen Finanzierungsstärke brachte ihr auch etliche Marktanteile im Restrukturierungsgeschäft. Doch sind einige Abgänge in der Jahresbilanz ebenso unübersehbar. U.a. wechselte der ehemalige Corporate-Leiter Dr. Arndt Stengel zu Milbank. Gleiches gilt für die hoch angesehene Private-Equity-Praxis, wo der unerwartete Weggang des Praxisleiters Oliver Felsenstein gemeinsam mit dem aufstrebenden Partner Burc Hesse zu Latham & Watkins für den auffälligsten Kollateralschaden des Jahres sorgte. Dass ihm einige Monate später zudem mit Alexandra Hagelüken die Praxischefin im Bank- und Finanzrecht. Wie viele Anwälte sie begleiten könnten, war zu Redaktionsschluss noch nicht bekannt.

Auch im Private Equity bleibt CC dennoch eine Marke und lieferte eine gute Dealbilanz. Eine Umsatzgarantin ist ebenso die Immobilienrechtspraxis, die sowohl bei Mid-Cap-Transaktionen als auch im High-End-Geschäft ihre Marktführerschaft behauptet.

Doch trotz der auch positiven Entwicklungen bleibt die Gesamtbilanz durch den Reputationsverlust unter dem Strich getrübt: Im Kapitalmarktrecht fehlt nach dem Weggang des langjährigen Chefs Markus Pfüller zu SZA einer der erfahrensten deutschen Spezialisten und mit Dr. Wolfgang Richter (ging zu CMS) ein visibler Aktienrechtler. Der Wechsel der langjährigen Arbeitsrechtspartnerin Nicole Engesser Means zur Boutique Schweibert Leßmann ließ im Markt die Frage des Stellenwerts des Fachgebiets im Gesamtgefüge aufkommen, auch wenn CC mit zwei Counsel-Ernennungen gegensteuerte. Einen schweren Schlag erlitt auch die Energierechtspraxis. Dabei galt CC dank ihrer ausgeprägten – und von Wettbewerbern mehrfach kopierten – Branchenfokussierung im Energierecht als marktführend – bis Dr. Peter Rosin der Kanzlei den Rücken kehrte und sich mit einem großen Team White & Case anschloss. Dass die IP-Praxis nach der Restrukturierung keinen rechten Platz mehr im Transaktionsgeschäft einnimmt, zeigen darüber hinaus die Weggänge von Dr. Thorsten Vormann (zu K&L Gates) und Marc Holtorf (zu Pinsent Masons).

JUVE Kanzlei des Jahres in: ▶ Restrukturierung/Sanierung.
Besondere Stärken: ▶ Anleihen; ▶ Compliance ▶ Gesellsch.recht; ▶ Gesundheit; ▶ Immobilien; ▶ Kredite u. Akqu.fin.; ▶ M&A; ▶ Private Equ. u. Vent. Capital; ▶ Steuer.
Empfohlen für: ▶ Arbeit; ▶ Bankrecht u. -aufsicht; ▶ Börseneinführ. u. Kapitalerhöhung; ▶ Compliance; ▶ Gesellschaftsrechtl. Streitigk.; ▶ Handel u. Haftung; ▶ Investmentfonds; ▶ IT; ▶ Kartellrecht; ▶ Notare; ▶ ÖPP; ▶ Patent; ▶ Projekte/Anlagenbau; ▶ Restrukturierung/Sanierung; ▶ Umwelt u. Planung; ▶ Unternehmensbez. Versichererberatung; ▶ Vergabe; ▶ Vertrieb; ▶ Wirtschaftsstrafrecht.
Siehe auch: ▶ Düsseldorf; ▶ Frankfurt; ▶ München.
Anwälte in Deutschland: 307
Internat. Einbindung: Internat. integrierte Kanzlei mit ww. Präsenz. London verantwortet mehr als 1/3 des weltweiten Umsatzes, gefolgt von Asien, Australien (15%). Kontinentaleuropa war für 35% des Umsatzes verantwortlich. CC schloss ihr Büro in Kiew.
Entwicklung: Etliche Stimmen im Markt sind sich einig: Die Restrukturierungsmaßnahmen in der Kanzlei waren überfällig. Doch Managing-Partner Dr. Peter Dieners steht in den kommenden Monaten vor der nicht unerheblichen Herausforderung, Clifford Chance jetzt wieder auf Erfolgskurs zu bringen. Die Beobachtung bei anderen Kanzleien, die einen solchen Prozess durchlaufen haben, zeigt dabei, dass vermutlich noch mit einigen Weggängen zu rechnen sein wird. Die wichtigste Unterstützung werden deshalb gerade die jungen Partner leisten müssen. Es ist daher folgerichtig, dass es in diesem Jahr drei Ernennungen statt wie im Vorjahr nur eine in Deutschland gegeben hat. Optimistischerweise könnte man auch die Erfolgsbilanz in M&A- und Restrukturierungsmandaten bereits in diese Richtung deuten. Da Managing-Partner Dieners außerdem ein guter Draht nach London nachgesagt wird, ist auch mit der wichtigen Unterstützung der britischen Praxis zu rechnen. Vor allem im Corporate-Bereich könnten erfahrene Quereinsteiger mit guter Marktreputation der Praxis einen Schub geben, sodass sich der Abstand zu den Marktführern wieder verringert. Dass CC ihr bis dato immer verteidigtes Lockstep-System nun aufweicht, macht sie für potenzielle Kandidaten interessanter.

CMS HASCHE SIGLE
Nationaler Überblick Top 50 ☐☐■☐☐☐☐☐☐☐
Bewertung: Die über die letzten Jahre deutlich sichtbare Modernisierung der Kanzlei und die klare Hinwendung zu qualitativ höherwertigem Geschäft ist weiterhin in vollem Gange. Anders als bei Wettbewerbern wie White & Case oder Clifford Chance geht der angepeilte Aufstieg CMS-typisch weiterhin nicht mit signifikanten personellen Veränderungen einher. Vielmehr geben einige Beraterpersönlichkeiten mit ausgeprägten Rainmaker-Qualitäten und Spitzenpraxen, wie IP und Arbeitsrecht, die Richtung vor, in die sich CMS weiter entwickeln will: mehr länder- u. geschäftsbereichsübergreifende Arbeit, häufiger für (Dax-) Konzerne, darunter sind heute bereits E.on, Procter & Gamble u. Boehringer Ingelheim, und die Entwicklung innovativer Produkte. Ein Beispiel dafür ist ein IT-Tool zur Prüfung von Fremdpersonaleinsatz in Bezug auf Compliance-Anforderungen.

Aus der Arbeitsrechtspraxis kam auch der Anstoß für die kanzleiweite Neustrukturierung der Praxisgruppen, nach der alle Partner bestimmten Fach- oder Branchenspezialisierungen zugeordnet sind. Die Leiter dieser Geschäftsbereiche haben nun Budgetverantwortung und managen das in ihrem Bereich benötigte Personal – eine Entwicklung, die einerseits zum Bild einer konsensorientiert geführten Kanzlei passt, andererseits aber Zeichen des stetig steigenden Grades an Management ist.

Die damit erzielten Fortschritte zeigten sich zuletzt in dem größten Fachbereich Corporate besonders deutlich. Die M&A-Praxis, der schon vor etwa 2 Jahren der Vorstoß in neue Dimensionen gelang, untermauerte ihre Position mit der regelmäßigen Arbeit für Hochtief, ThyssenKrupp und RAG. Im Gesellschaftsrecht kann die Praxis inzw. auch in Bereichen wie öffentlichen Übernahmen mit den führenden Konkurrenten mithalten.

Wer unter den Anwälten diesen Weg nicht aktiv begleitet, von dem wird erwartet, dass er ihn zumindest nicht blockiert. So gab es, wie zuletzt in jedem Jahr, eine äußerst geringe Zahl von Partnerwechseln, z.B. in D'dorf (zu Wilhelm) oder in Leipzig (zu Petersen Hardraht). Der enorme Rückhalt für den eingeschlagenen Weg, eine Art Generationenvertrag in Deutschlands größter Partnerschaft, zeigte sich jedoch daran, dass Managing-Partner Dr. Hubertus Kolster mit überwältigender Mehrheit für weitere 4 Jahre im Amt bestätigt wurde.

Seit etwa 2,5 Jahren hat CMS zudem damit begonnen, strategische Lücken mit externen Zugängen zu schließen, etwa für den Aufbau einer Fremdkapitalpraxis und im Investmentrecht, wo der 2013 von Linklaters gewechselte Dr. Daniel Voigt nun zum Equity-Partner ernannt wurde. CMS geht im Bank- und Finanzrecht heute deutlich über ihr jahrelanges Aushängeschild, die anerkannte Kapitalmarktpraxis um Dr. Andreas Zanner hinaus. Auch im Aufsichtsrecht kam sie bei der Internationalisierung und der Arbeit in praxisübergreifenden Projekten deutlich voran, wie die Beratung von Savills beim Milliarden-€-schweren Kauf von SEB Asset Management belegt.

Zuletzt gewann sie noch den etablierten Freshfields-Immobilienrechtler Heinz-Joachim Kummer u. Dr. Wolfgang Richter (von Clifford Chance). Abgesehen davon, dass Letzterer mit engen Kontakten und einem Trackrecord bei VW, Heidelberger Druck und Merck der konzern- und aktienrechtlichen Praxis einen weiteren Schub gibt, unterstreicht der Wechsel eines so prominenten

---

Die Anwaltszahlen stammen aus den Statistiken im Serviceteil, Stand Juli 2015. Dort finden Sie ab Seite 636 weitere Statistiken.

Namens einmal mehr die Ambitionen der Kanzlei, lenkt allerdings einmal mehr den Blick darauf, wie heterogen die Partnerriege weiterhin ist. Allein, dass dies im Markt auffällt, ist allerdings schon ein Erfolg, denn es zeigt zugleich, dass sich die Kanzlei zunehmend an Wettbewerbern wie Linklaters und Freshfields messen lassen muss.

Gemessen an der früheren Ausgangslage präsentiert sich CMS jedoch so homogen und gemanagt wie nie zuvor und das, obwohl die Individualität und Autonomie der Partner nicht nur zum Selbstverständnis zählen, sondern u.a. in der Arbeitsrechts- u. IP-Praxis auch als wichtige Elemente im Wettbewerb mit flexiblen u. dynamischen Boutiquen gesehen werden.

Auch in der Bearbeitung grenzüberschreitender Projekte weist sie ein Maß an Koordination und Integration auf, das einige international integrierte Kanzleien wie Linklaters und Norton Rose nicht haben. Insofern verwundert es nicht, dass Stimmen, die die fehlenden organisatorischen Durchgriffsmöglichkeiten kritisierten, zuletzt kaum noch hörbar waren.

JUVE Kanzlei des Jahres in: ▶Energie.
Besondere Stärken: ▶Arbeit; ▶Handel u. Haftung; ▶M&A; ▶Marken u. Wettbewerb; ▶Nachfolge/Vermögen/Stiftungen; ▶Umwelt u. Planung; ▶Vertrieb; ▶Private Equ. u. Vent. Capital.
Empfohlen für: ▶Anleihen; ▶Außenhandel; ▶Bankrecht u. -aufsicht; ▶Beihilfe; ▶Börseneinführ. u. Kapitalerhöhung; ▶Compliance; ▶Energie; ▶Gesellsch.recht; ▶Gesellschaftsrechtl. Streitigk.; ▶Gesundheit; ▶Immobilien; ▶IT; ▶Kredite u. Akqu.fin.; ▶Kartellrecht; ▶Medien; ▶Notare; ▶ÖPP; ▶Patent; ▶Presse; ▶Priv. Baurecht; ▶Projekte/Anlagenbau; ▶Restrukturierung/Sanierung; ▶Sport; ▶Steuer; ▶Telekommunikation; ▶Unternehmensbez. Versichererberatung; ▶Vergabe; ▶Verkehr; ▶Versicherungsvertragsrecht.
Siehe auch: ▶Berlin; ▶Düsseldorf; ▶Frankfurt; ▶Hamburg; ▶Köln; ▶München; ▶Sachsen; ▶Stuttgart; ▶Brüssel.
Anwälte in Deutschland: 655
Internat. Einbindung: Mitglied der CMS-Allianz aus 10 unabh. europ. Kanzleien mit gemeinsamer Dachmarke und zunehmend übergreifenden Praxis- u. Industriefokusgruppen. Gemeinsam betreibt die CMA-Allianz ein Büro in Istanbul. Die Büros in Peking und Schanghai sind als Joint Venture von CMS Hasche Sigle u. CMS Cameron McKenna (GB) strukturiert. In Moskau ist zusätzl. CMS Bureau Francis Lefebvre (Frankreich) beteiligt. Über CMS Reich-Rohrwig Hainz (Österreich) etablierte Verbindungen nach Zentral- und Osteuropa; CMS Rui Pena Arnaut & Associados (Lissabon) pflegt enge Kontakte nach Brasilien, Angola und Timor.
Entwicklung: CMS will auch in der Beratung von Finanzinstitutionen vorankommen – trotz der zuletzt erzielten Fortschritte im Bankaufsichtsrecht noch immer eine Schwäche der Kanzlei. Dass sie mit Dr. Thomas Meyding einen ihrer etabliertesten Gesellschaftsrechtler dafür einsetzt, zeigt, wie ernst es ihr ist. Gerade für diese Branche bietet es sich an, aus dem bestehenden Know-how weitere Unterspezialisierungen zu entwickeln (öffentliche Übernahmen, gesellschaftsrechtliche Strukturierung, europäische Gesellschaftsformen), um wichtige Themen maßgeblich zu begleiten.

Auch die steigende Nachfrage für Organberatung ist ein denkbarer Marktzutritt, den die Kanzlei nutzen muss. Hierfür birgt die neue CMS-Aufstellung mit ihrer klareren Trennung der Kompetenzbereiche des Gesellschaftsrechts und der Transaktionsberatung jedoch sogar ein gewisses Risiko, denn bei diesen heiklen Fragen sind wiederum typischerweise Spitzenberaterpersönlichkeiten gefragt, die zugleich Expertise in Gesellschaftsrecht und M&A verkörpern. Doch das Spannungsverhältnis, das CMS aushalten muss, um nicht zwischen den auf das High-End-Geschäft fokussierten Spitzenkanzleien und den breit aufgestellten Mittelstandsberatern zerrieben zu werden, ist groß: Sie muss glaubwürdig Kompetenz verkörpern, in den Marktsegmenten, die den größten Teil ihrer Anwälte auslasten, und ebenso im High-End-Geschäft.

DENTONS
Nationaler Überblick Top 50 ☐☐☐☐☐■☐☐☐
Bewertung: Nach den jüngsten internat. Fusionen u.a. mit McKenna Long & Aldridge in den USA, aber v.a. Dacheng in China, die noch 2015 abgeschlossen werden soll, wird Dentons nach Personalstärke die größte Sozietät der Welt.

In Deutschland hat sie ihr Wachstumstempo ebenfalls nochmal gesteigert und holte in den vergangenen 12 Monaten eine Vielzahl erfahrener Quereinsteiger, darunter in Berlin den Gesellschaftsrechtler Dr. Matthias Santelmann (von WilmerHale), den Restrukturierer Dr. Arne Friel (von Baker & McKenzie) sowie die anerkannten Compliance-Experten Dr. Rainer Markfort und Dr. Christian Schefold (von Mayer Brown). In Frankfurt kehrte – nach einer Zwischenstation bei Bird & Bird – Bernhard Gemmel als Leiter der Immobilienfinanzierungspraxis zurück, zudem stieß der erfahrene M&A-Partner und frühere Leiter der DLA-Corporate-Praxis Dr. Christoph Papenheim mit seinem Team zu der Kanzlei. Die Zugänge zeigen, dass Dentons insbes. im transaktionsnahen Bereich ihr Tempo verschärft hat, denn hier erhofft sie sich am ehesten Synergien aus der globalen Aufstellung. Dennoch macht sie hier nicht halt: Für das Vergaberecht – ein Bereich, den die Kanzlei bislang nicht zum Kern zählte – holte sie im Herbst ein Team von Orrick. Auch hier erhofft sich Dentons Anknüpfungspunkte insbes. zum US-Regulierungsteam.

Das Selbstbewusstsein, ein solches Expansionstempo an den Tag zu legen, zieht sie u.a. aus dem in Berlin historisch verankerten Restrukturierungs- u. Steuergeschäft, einem dynamischen Immobilienteam um Dirk-Reiner Voß sowie aus dem derzeit sehr starken Kartellrecht um Dr. Jörg Karenfort. Mandate etwa für die Sparkassen-Gruppe oder für Gazprom im Großverfahren um vermeintlichen Marktmachtmissbrauch in der EU unterstreichen dies. V.a. aber bescherte die Fusion mit der US-Kanzlei SNR im Jahr 2012 den Deutschen potenzielle Mandanten, die zuvor nicht in Reichweite waren, etwa den Dax-Konzern FMC, ein Stammklient der US-Praxis. Auch in dem im Wiederaufbau befindlichen Arbeitsrecht zeigt die Kurve nicht zuletzt wegen der US-Verbindung deutlich nach oben.

Doch während die Partner von einem für Berlin sehr erfolgreichen Jahr berichten, ist die Situation in Frankfurt eine andere. Die Kanzlei hat es am Main bisher nicht vermocht, ein homogenes Team zusammenzustellen, das die Kanzlei im Zusammenspiel nach vorne brachte. Zum Jahresanfang 2015 wechselte etwa der letztjährige Standortleiter Daniel Marschollek zu Norton Rose.

Empfohlen für: ▶Energie; ▶Gesellsch.recht; ▶Gesundheit; ▶Immobilien; ▶Kartellrecht; ▶Gesundheit; ▶M&A; ▶Private Equ. u. Vent. Capital; ▶Restrukturierung/Sanierung; ▶Steuer.
Siehe auch: ▶Berlin; ▶Frankfurt.
Anwälte in Deutschland: 76
Internat. Einbindung: Integrierte Kanzlei in der Struktur eines Schweizer Vereins, die nach Abschluss der jüngsten Fusionen mit McKenna Long & Aldrige u. Dacheng auf über 125 Standorte in über 50 Ländern kommen wird: Neben Europa (hier v.a. stark in Zentraleuropa) den GUS-Staaten, den USA u. Kanada nun v.a. in China. Daneben Afrika, Naher Osten.
Entwicklung: Der immense internationale Ausbau verleiht den Deutschen Schub, zeigt aber auch, woran es hierzulande im Vergleich zur Gesamtkanzlei fehlt: an Größe. Im hiesigen Anwaltsmarkt gehört Dentons bislang weder personell noch fachlich zu den absoluten Top-Kanzleien. Doch der größten Volkswirtschaft Europas fällt nun nach den Vorstellungen des internationalen Kanzleimanagements eine Schlüsselrolle der weiteren Expansion zu. Die deutsche Praxis hat die Weichen dementsprechend gestellt. Ein zentrales Thema dabei ist der Ausbau in Frankfurt. Noch immer besteht das Büro aus mehr oder weniger gut funktionierenden Einzelpraxen. Doch mit der Rückkehr einiger Partner geht die Kanzlei nun einen neuen Weg: Sie weiß um die Stärken und Schwächen vieler ihrer ,Neu'-Anwälte – eine wichtige Voraussetzung, um die Wende an dem Standort zu schaffen, der für eine globale Kanzlei wie Dentons perspektivisch mehr Ausbaupotenzial bieten müsste als Berlin.

DLA PIPER
Nationaler Überblick Top 50 ☐☐☐☐☐■☐☐☐
Bewertung: Bei DLA ändert sich gerade einiges: Das enorme Wachstum der Aufbaujahre hat die Herausforderungen an das Management der dt. Praxis erhöht, ein wichtiger Schritt war deshalb Ende 2014 die Verteilung der Aufgaben auf zwei Schultern: Die jungen Partner Dr. Bernd Borgmann u. Dr. Benjamin Parameswaran setzten seither bereits erste, aber deutliche Zeichen für ihren Kurs: Das Verhalten von Partnern, die internationales Netzwerkgeschäft nicht an andere weitergeben, soll nicht mehr toleriert werden. Auch in der Corporate-Praxis sind die entscheidenden Partner entschlossen, die Zusammenarbeit untereinander noch einmal deutl. zu verbessern, z.B. indem sie bei Deals die Steuerpraxis noch konsequenter integrieren und Mandate aus bestimmten Branchen wie Versicherungen oder Energie auf spezialisierte Partner lenken. Dies ist gleichzeitig ein wichtiges Zeichen an die jüngeren Partner, denn auch beim Aufbau u. Förderung soll künftig verstärkt im Fokus stehen. Zuletzt ernannte DLA intern 3 junge Anwälte zu Partnern: Darunter auch ein Kölner Versicherungs-Corporate-Spezialist, der gemeinsam mit Dr. Jürgen Sieger 2103 von Cleary gekommen war u. nach dessen Wechsel in den of-Counsel-Status die Mandate weiterführt.

Die Frequenz von Partnereinsteigern hat im Vergleich zu den Anfangsjahren deutlich abgenommen, nur noch bestimmte Spezialbereiche werden so verstärkt. Die Arbeitsrechtspraxis z.B. wurde sinnvoll mit Experten für betriebliche Altersvorsorge verstärkt und zeigte sich auch deshalb zuletzt besonders dynamisch. Es wäre je-

doch keine Überraschung, wenn DLA sich bei sich bietenden größeren Teams auch einmal zugreifen würde.
Durch verschiedene Initiativen füllen die DLA-Partner auch ihr internationales Netzwerk mit mehr Leben: Während in den Anfangsjahren überwiegend Geschäft aus den internationalen Büros in die deutsche Praxis kam, ist das Verhältnis heute nahezu ausgewogen. Einigen Partnern gelingt es, hochkarätige deutsche Mandanten im Ausland zu begleiten, am bekanntesten ist weiterhin die deutsch-indische Praxis um Parameswaran, die hier z.B. Gruner + Jahr betreute. Über diese Schiene gelingt es auch langsam, Mandate für die deutsche Praxis zu gewinnen, zuletzt etwa die Beratung einer namhaften Fluggesellschaft zu einem Joint Venture. Auch deutsch-österreichische Transaktionen fielen ins Auge, z.B. die Arbeit für Hain-Celestial beim Kauf von Mona.
Besondere Stärken: ▶Verkehr.
Empfohlen für: ▶Anleihen; ▶Arbeit; ▶Compliance; ▶Energie; ▶Gesellsch.recht; ▶Handel u. Haftung; ▶Immobilien; ▶IT; ▶Kartellrecht; ▶Kredite u. Akqu.fin.; ▶M&A; ▶Marken u. Wettbewerb; ▶Medien; ▶Nachfolge/Vermögen/Stiftungen; ▶Patent; ▶Private Equ. u. Vent. Capital; ▶Produkt u. Abfall; ▶Projekte/Anlagenbau; ▶Restrukturierung/Sanierung; ▶Steuer; ▶Unternehmensbez. Versichererberatung; ▶Versicherungsvertragsrecht; ▶Vergabe; ▶Vertrieb; ▶Wirtschaftsstrafrecht.
Siehe auch: ▶Frankfurt; ▶Hamburg; ▶Köln; ▶München; ▶Brüssel.
Anwälte in Deutschland: 193
Internat. Einbindung: Eine der ww. größten Kanzleien mit internat. Netzwerk eigener Büros (inkl. USA, Asien, Südamerika, Australien). Daneben auch exklusive Zusammenarbeit mit ausgewählten Kooperationspartnern (sog. Relationship Firms). Insgesamt gehören 83 Standorte in über 30 Ländern zu DLA. 2015 gelang der lange geplante Markeintritt in Kanada durch Fusion mit der traditionsreichen Sozietät Davis.
Entwicklung: Bei aller neuen Entschlossenheit – in einigen Bereichen gelingt es DLA einfach nicht, ihre Wachstumspläne umzusetzen: Kapitalmarktrecht ist in Frankfurt ist weiterhin unbesetzt, wäre aber u.a. nötig, um das transaktionsunabhängige Gesellschaftsrecht weiter auszubauen. Die dortige Corporate-Praxis ist für diesen kompetitiven Markt zudem weiterhin zu klein. Dass die Corporate-Praxis insgesamt bislang kaum interne Neupartner hervorgebracht hat, ist kein Ruhmesblatt für die Kanzlei. Ob das in naher Zukunft gelingt, muss das junge Management erst noch beweisen.
In anderen Praxen musste DLA zuletzt sogar empfindliche Partnerverluste hinnehmen: Die aufstrebende Patentrechtspartnerin Dr. Julia Schönbohm wechselte zu Linklaters, der Private-Equity-Experte Dr. Matthias Lupp machte sich mit einer Counsel selbstständig. Mit dem Wechsel von Dr. Mathias Hanten zu Deloitte verlor DLA zudem einen marktbekannten Bankaufsichtsrechtler.
Das einzige deutsche Büro, das sich in seinem regionalen Markt bislang nicht recht etablieren konnte, bleibt Berlin. Die Kanzlei steht weiter zu dem Standort, um hier mehr Fuß zu fassen, müsste DLA entweder die fachliche Ausrichtung schärfen (z.B. auf Öffentliches Recht oder politiknahe Beratung) oder auch entschlossener wachsen – Opportunitäten gibt es im dortigen Markt durchaus.

ESCHE SCHÜMANN COMMICHAU
Nationaler Überblick Top 50 ◼◻◻◻◻◻◻◻
Bewertung: Die multidisziplinär aufgestellte Hamburger Kanzlei hat ihre Riege erfahrener Berater im Steuer-, Erb-, u. Stiftungsrecht weiter ausgebaut. Fast noch wichtiger war jedoch, dass es gelang, die nach einem Partnerweggang vor 2 Jahren entstandene Lücke in der Transaktionspraxis durch die erfolgreiche Integration 2er Quereinsteiger zu schließen. Gerade wegen ihrer festen Verankerung bei familiengeführten Hamburger Unternehmen generiert ESC aus der laufenden gesellschafts- u. steuerrechtlichen Beratung heraus, z.B. für Rako Etiketten oder die Sparkassenstiftung, auch vielfach M&A-Mandate.
Bei ESC vollziehen sich Veränderungen in kleinen Schritten. Im Markt steht sie daher bei manchen im Verdacht, auf der Stelle zu treten. Doch so ist es nicht. Vielmehr versteht sie es sehr gut, ihre geschäftliche Entwicklung an den Bedürfnissen ihrer mittelständischen Klientel auszurichten. So positionierten sich aus der gesellschaftsrechtlichen Praxis heraus zwei Partner zuletzt verstärkt im aktuell bedeutsamen Thema unternehmensinterner Organstreitigkeiten. Der kartellrechtlichen Kompetenz wiederum wurde mit einer internen Partnerernennung Gewicht verliehen, und der erfahrene Steuerexperte Tom Kemcke baute zuletzt den steuerstrafrechtlichen Bereich aus.
Regelmäßige Kontakte pflegen ESC-Anwälte über fachliche Spezialisierung auch zu einigen Konzernen, darunter zum Mineralölhändler Vitol, zu B. Braun Melsungen oder zu Veolia. Am aktuellen Wohnimmobilienboom konnte ESC zudem durch Transaktionen für Bouwfonds und andere Investoren teilhaben. Dabei erstreckte sich die kombinierte rechtliche und steuerliche Beratung auch auf Verkäufe einiger größerer Portfolios in Ostdeutschland. Das sehr anerkannte Arbeitsrechtsteam ist ebenfalls inzwischen oft überregional gefragt, hatte aber erneut einige Wechsel im Associate-Team zu verarbeiten.
In der IP-Praxis ist der Generationswechsel in vollem Gang. Ein Partner, der viele Jahre Patentprozesse für Philips führte, schied nun aus. Das Team aus einigen jüngeren Anwälten geht eine inhaltliche Verbreiterung der Beratungspalette im IP-/IT-Bereich und den Praxisausbau aber bereits aktiv voran.
Empfohlen für: ▶Arbeit; ▶Gesellsch.recht; ▶Handel u. Haftung; ▶M&A; ▶Marken u. Wettbewerb; ▶Nachfolge/Vermögen/Stiftungen; ▶Produkt u. Abfall; ▶Steuer; ▶Vergabe.
Siehe auch: ▶Hamburg.
Anwälte in Deutschland: 64
Internat. Einbindung: Mitglied des Netzwerks Lawyers Associated Worldwide.
Entwicklung: Das in diesem Jahr neu gewählte Managementduo, bei dem Dr. Wolfgang Deuchler an die Seite von Dr. Andreas von Criegern rückte, steht bei der Aufgabe, den Modernisierungsprozess weiter zu steuern, vor Herausforderungen. ESC hat sich ihre Position als Platzhirsch im örtlichen Steuermarkt über Jahre erarbeitet, doch angesichts der Dynamik im Markt der multidisziplinär aufgestellten Sozietäten – gerade bei Hamburger Wettbewerbern wie Ebner Stolz, Boege Rohde Lübbehüsen und neuerdings Flick Gocke – gerät diese Position unter Druck. Auch der Erfolg agiler, gesellschaftsrechtlich spezialisierter Spin-offs – ebenfalls gerade in Hamburg besonders ausgeprägt – könnte den ESC-Partnern insgesamt über kurz oder lang eine offensivere Geschäftsentwicklung abverlangen. Insofern ist es ein vielversprechendes Zeichen, dass einige M&A-Partner ihr Geschäft international ausbauen. Doch wird ESC parallel dazu auch ihr steuergestaltendes Profil bei internationalen Aspekten schärfen müssen. Die Position festigen könnte zudem eine strategische Entwicklung der Corporate-Praxis, wie sie etwa Menold Bezler in Stuttgart demonstriert. Beide Sozietäten behaupten sich in einem kompetitiven Umfeld als bewusst mittelständische Einheiten. Doch die Stuttgarter Kanzlei weist nicht nur einen stabilen Trackrecord, sondern auch eine sichtbare Dynamik auf, die bei ESC zuletzt vor ein paar Jahren vergleichbar stark war.

FLICK GOCKE SCHAUMBURG
Nationaler Überblick Top 50 ◻◻◻◻◼◻◻◻
Bewertung: Die steuerzentrierte Großkanzlei erweist sich einmal mehr als sehr dynamische Einheit. V.a. in ihrem Stammgebiet – dem Unternehmenssteuerrecht – könnte ihr nun sogar ein Quantensprung bevorstehen: Zum Jahreswechsel 2016 wird FGS deutsches Mitglied des sehr renommierten weltweiten Steuernetzwerks Taxand. Damit finden die jahrelangen Überlegungen dazu, wie es der Kanzlei gelingen könnte, ihr hochkarätiges Geschäft um eine starke internationale Komponente zu erweitern, ein vorläufiges Ende. Insbesondere bei Fragestellungen wie Verrechnungspreisen und europaweiten Betriebsprüfungen dürfte die neue Allianz zügig Erfolge liefern können. Mandatsaufteilungen wie zuletzt bei der anspruchsvollen steuerlichen Beratung von Bayer, bei der Linklaters den internationalen Teil übernahm, sollten dann ein Ende finden.
Herausfordernder scheint das M&A-/Steuerinboundgeschäft für ausländische Unternehmen u. Investoren. Angesichts des überschaubaren internationalen transaktionellen Trackrecords wird es schwieriger sein, das Vertrauen der Taxand-Partner zu bestätigen. Auch ist die künftige Rolle der deutschen M&A-Praxis im Taxand-Zusammenhang noch ungewiss.
In Deutschland setzte die Kanzlei mit der Eröffnung eines vollwertigen Büros in Hamburg endlich einen lang gehegten Plan um. Die Hansestadt mit ihren starken Familienunternehmen und einer Beraterlandschaft, deren Einheiten tendenziell kleiner sind, war für FGS schon länger im strategischen Visier. Mit vor Ort gut verdrahteten Anwälten wie Dr. Günter Kahlert (von White & Case) und Hans-Henning Bernhardt (von WTS, davor Rechts- u. Steuerchef von Beiersdorf) sorgte die Kanzlei jedenfalls für einen Respekt einflößenden Start.
Auch die Entwicklung in Berlin beeindruckt. So entwickelte sich das Berliner Venture-Capital-und-Private-Equity-Team so gut, dass FGS mit Dr. Peter Möllmann dort 2015 den einzigen Anwalt aus den eigenen Reihen zum Equity-Partner ernannte. Das erst im Vorjahr wieder mit einem jungen Quereinsteiger besetzte Kartellrecht erweist sich als gute Ergänzung. Steuer- ebenso wie Gesellschaftsrechtler berichteten bereits von gemeinsamen Projekten, wie etwa zur steuerlichen Abziehbarkeit von Kartellbußen u. bei Compliance-Projekten.
Besondere Stärken: ▶Nachfolge/Vermögen/Stiftungen; ▶Steuer; ▶Steuerstrafrecht.
Empfohlen für: ▶Gesellsch.recht; ▶M&A.
Siehe auch: ▶Rheinland; ▶Berlin.
Anwälte in Deutschland: 157 Rechtsanwälte (insges. über 260 Berufsträger, inkl. StB/WP)

Die Anwaltszahlen stammen aus den Statistiken im Serviceteil, Stand Juli 2015. Dort finden Sie ab Seite 636 weitere Statistiken.

VON JURISTEN FÜR JURISTEN

- Beratung zu Kanzleifusionen
- Außergewöhnlich gutes Branchen Know-how
- „Rein juristische" Personalberatung
- Jahrelange Erfahrung mit höchster Spezialisierung
- Höchste Ansprüche an die eigene Qualität
- Mehrere sehr erfahrene Berater, die nur im Kanzleiumfeld beraten
- Deutschlandweit und international
- Mehrere sehr erfahrene Berater, die nur im Unternehmensumfeld beraten
- Exzellenter Track Record

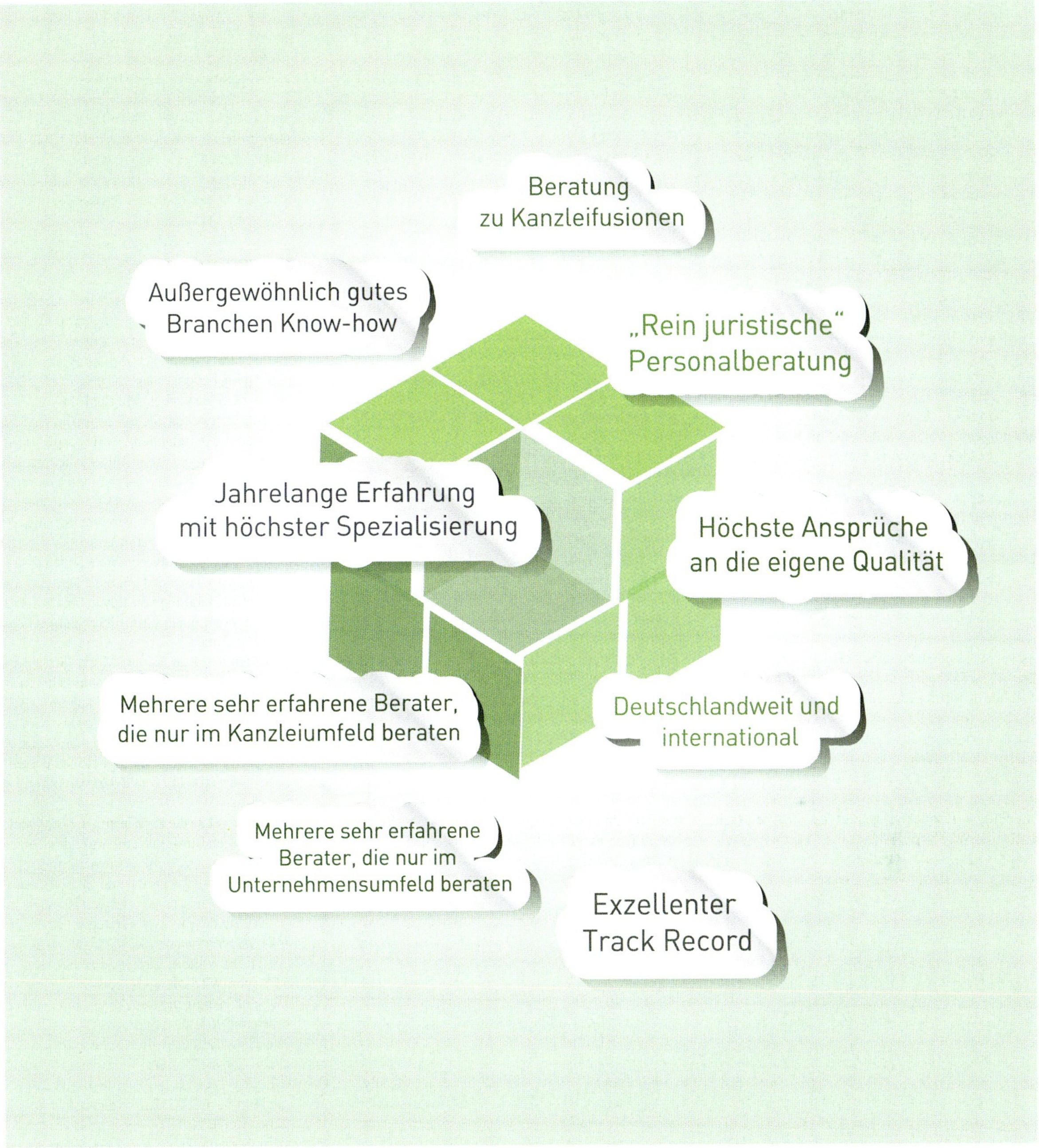

UNSER FÜHRUNGSANSPRUCH HAT ALLEIN EINEN MASSSTAB. IHREN ERFOLG!

Setzen Sie auf Schollmeyer & Steidl und langjährige Expertise, wenn es um Suchen innerhalb eines anspruchsvollen und sensiblen Marktes geht! WWW.SCHOLLMEYERSTEIDL.COM

INFO@SCHOLLMEYERSTEIDL.COM
T. +49 (0)69 7171 2983 0

FRANKFURT | DÜSSELDORF | KÖLN | MÜNCHEN

NATIONALER ÜBERBLICK TOP 50

Internat. Einbindung: Unabhängige multidisziplinäre Kanzlei, ab 2016 festes Mitglied der Steuerallianz Taxand sowie weiterhin mit formalisiertem steuerl. Netzwerk in Österreich/Osteuropa mit Leitner + Leitner. Im Gesellschaftsrecht u. anderen Gebieten bleibt es bei einem informellen Netzwerk von Korrespondenzkanzleien.

Entwicklung: Für FGS zeichnet sich mit der Taxand-Allianz eine Zeitenwende ab. Denn das Erfolgsrezept der Kanzlei war es bisher, ihren Partnern u. Anwälten in der Entwicklung des eigenen Geschäfts kaum Vorgaben zu machen, was in den vergangenen Jahren eine erstaunliche Dynamik freisetzte. Allerdings ging diese Politik konsequenterweise in gewisser Hinsicht auch zu Lasten einer Kultur von fach- und v.a. partnerübergreifender Teamarbeit. Inwieweit sich die Kanzlei ändern kann u. muss, um das Potenzial, das in dem Taxand-Netzwerk liegt, auch zu heben, ist ungewiss. Klar ist allerdings, dass es einer für FGS-Verhältnisse starken Koordination innerhalb der Partnerschaft bedarf, allein um das Zusammenspiel über Grenzen hinweg zu organisieren.

FRESHFIELDS BRUCKHAUS DERINGER
Nationaler Überblick Top 50

Bewertung: Im lukrativen internationalen M&A-Segment überzeugte Freshfields einmal mehr mit der Beteiligung an einer Vielzahl von Deals über diverse Ländergrenzen hinweg, so etwa für FMC beim Kauf von Cheminova (Dr. Barbara Keil) oder für BC Partners bei riesigen Deals in der Verlags- und Pharmabranche (Dr. Nils Koffka).

Die derzeitige Konjunktur für Transaktionen mit internationalem Anspruch bringt Arbeit, die den jungen, gut ausgebildeten Anwälten in die Hände spielt. In dem lebhaften Deals-Markt kann es auf den ersten Blick so wirken, als hätten die Jungen die Oberhand. Tatsächlich schickt FBD konsequent die jüngere Partnergeneration in zentralen Mandaten nach vorne. Im Umgang mit diesen jungen Partnern liegt ein großer Unterschied zu vielen anderen Spitzenkanzleien: Verantwortung für hochkomplexe, grenzüberschreitende Transaktionen wird viel früher auf die Jüngeren verschoben. So haben u.a. Dr. Natascha Doll und Dr. Patrick Cichy, die erst vor wenigen Jahren Partner wurden, zuletzt deutlich an Profil gewonnen.

Allerdings zeichnet sich Freshfields nicht allein durch die Präsenz in Deals aus. Gerade in den letzten Jahren sind die Mangelware gewesen, und die deutsche Praxis hatte diese Phase genutzt und sich stärker über Mandate definiert, bei denen das Zusammenspiel von Einzelspezialisierungen zentral ist. Beispiele dafür liefert die Compliance-Praxis, aber auch etwa die Beratung eines deutschen Automobilkonzerns im Zusammenhang mit einem ‚Connected-Car'-Projekt zu den Marktbedingungen in zahlreichen Ländern, darunter in China, Russland und den USA.

Deshalb sind die Erfolge der jungen Generation, die die augenblickliche Deals-Konjunktur stark gefördert hat, nur die eine Seite der Medaille. Eine Kanzlei, die hierzulande zur Marktspitze gehören will, braucht ebenso Beraterpersönlichkeiten, denen Spitzenunternehmen die Erfahrung und Weitsicht zutrauen, gefährliche Klippen zu umschiffen. Und so ist etwa bei der weltweiten Konzernaufteilung von Hewlett-Packard in zwei Fortune-50-Konzerne ein Team aus zwei erfahrenen Kölner Partnern, Dr. Franz Aleth und Dr. Oliver von Rosenberg, in der Koordination beteiligt. Wenn es um die aufsichtsrechtlich heikle Compliance-Beratung von Banken geht, genießt Dr. Gunnar Schuster den nötigen Ruf.

Bis die Neupartner zu Beratern heranreifen, die auch überzeugende Persönlichkeiten sein können, die nicht nur mit intellektueller Brillanz, sondern auch mit der nötigen Beratererfahrung punkten, bedarf es Zeit. Und wie im Fall von Dr. Stephan Waldhausen und der ADAC-Umgestaltung besteht dann auch die Möglichkeit, ein Profil aufzubauen. Es gab vor einigen Jahren die Befürchtung, dass junge Partner durch das enge Korsett, das ihnen die internationale Teameinbindung und die strategische Geschäftsentwicklung anlegen, zu gleichförmig, zu wenig akquise- und profilstark sein könnten. Dies hat Freshfields sich bewusst gemacht und steuert inzwischen dagegen. Wie stark Freshfields an ihrer geschäftlichen Basis arbeitet und die fachliche Breite weiterentwickelt, belegte zuletzt eine interne Partnerernennung im Patentrecht. Aber auch in anderen Fachbereichen ernteten Bank- und Finanzrechtsexperten, Arbeits- und Steuerrechtler sowie Prozessspezialisten zwischen Ende 30 und Mitte 40 zuletzt viel Lob von Mandanten.

JUVE Kanzlei des Jahres in: ▶ Versicherungsrecht.

Besondere Stärken: ▶ Anleihen; ▶ Außenhandel; ▶ Bankrecht u. -aufsicht; ▶ Beihilfe; ▶ Börseneinführ. u. Kapitalerhöhung; ▶ Compliance; ▶ Energie; ▶ Gesellsch.recht; ▶ Gesellschaftrechtl. Streitigk.; ▶ Handel u. Haftung; ▶ Investmentfonds; ▶ Kartellrecht; ▶ M&A; ▶ Patent; ▶ Private Equ. u. Vent. Capital; ▶ Produkt u. Abfall; ▶ Restrukturierung/Sanierung; ▶ Steuer; ▶ Telekommunikation; ▶ Umwelt u. Planung; ▶ Unternehmensbez. Versichererberatung; ▶ Verfassungs- u. Verwaltungsrecht; ▶ Vergabe; ▶ Verkehr.

Empfohlen für: ▶ Arbeit; ▶ Gesundheit; ▶ Immobilien; ▶ IT; ▶ Kredite u. Akqu.fin.; ▶ Marken u. Wettbewerb; ▶ Medien; ▶ Nachfolge/Vermögen/Stiftungen; ▶ ÖPP; ▶ Projekte/Anlagenbau; ▶ Vertrieb.

Siehe auch: ▶ Berlin; ▶ Düsseldorf; ▶ Frankfurt; ▶ Hamburg; ▶ Köln; ▶ München; ▶ Brüssel.

Anwälte in Deutschland: 526

Internat. Einbindung: Internat. integrierte Kanzlei (einheitl. Lockstep), v.a. in Europa sehr stark. Im Nahen Osten mehrere eigene Büros u. exklusive Beziehungen. In Asien liegen strateg. Schwerpunkte in China und in Singapur. In den USA und in London hat sie in Quereinsteiger aus Spitzenkanzleien investiert.

Entwicklung: In den nächsten 5 Jahren sollen eine ganze Reihe der etablierten Leistungsträger aus der Partnerschaft ausscheiden. Ein kraftvoller und geplanter Generationswechsel ist an vielen Stellen spürbar und bei einer so großen und führenden Kanzlei zu bewundern. Dabei wird sie sehr bewusst abwägen müssen, wie viele Seniorpartner es mit Blick auf die Profitabilität geben darf und wie viele es auf der anderen Seite für die Glaubwürdigkeit in hochkarätigen Mandaten geben muss. Dabei ist durchaus mit unterschiedlichen Vorstellungen zu rechnen und es wäre möglich, dass in dieser Phase auch wieder Partnerweggänge zu beobachten sind, die schmerzlicher sind als vereinzelte Wechsel der letzten Jahre.

Es spricht für die strategische Weitsicht des Managements und der Partnerschaft, dass dieser Prozess sehr frühzeitig geplant und umgesetzt wurde. Doch diesem Erfolg muss ein weiterer folgen, denn nicht nur in fachlicher Hinsicht, auch in puncto strategisches Management müssen sich weitere Köpfe – eher aus der mittleren Generation – entwickeln, die diese Verantwortung übernehmen wollen. Eine solche Aufgabe übernahm der Frankfurter Partner Rick van Aerssen als er Ende 2015 in die weltweite Leitung der Corporate-Praxis rückte.

Die massive Investition in den Ausbau der US-Praxis im Vorjahr wird auch von der deutschen Partnerschaft über deren Mitgliedschaft in vielen Managementgremien der Kanzlei getragen und vorangetrieben. Gerade van Aerssen hat eine zentrale Rolle bei diesem ehrgeizigen Projekt gespielt. Um Partner aus hoch profitablen US-Kanzleien anzuheuern, machte die Kanzlei sogar Ausnahmen von ihrem traditionell sakrosankten Lockstep-System. In London holte Freshfields parallel dazu einen Spezialisten für US-getriebene High-Yield-Finanzierungen. Die Kanzlei hat damit sehr deutlich gemacht, wie ernst es ihr mit ihrem Weg ist, in die globale Spitze aufzusteigen. Zugleich wirkt die Entwicklung wie ein Spiegelbild des massiven Vorstoßes der US-Konkurrentin Latham & Watkins im europäischen, einschließlich des deutschen Markts.

So beneidenswert die Marktposition von Freshfields in vieler Hinsicht ist, so deutlich zeichnen sich aber auch die Herausforderungen für die deutsche Praxis ab. Sie muss sich im deutschen Markt an den hiesigen Spitzenkanzleien messen lassen und gleichzeitig mit Blick auf die Gewinne, die sie erwirtschaftet, mit den US-Kanzleien mithalten. Auch aus diesem Grund wird es für die Kanzlei zentral sein, bei den Anstrengungen für effizienteres und kostengünstigeres Arbeiten nicht nachzulassen, wie es etwa durch den Aufbau eines internationalen Servicecenters im britischen Manchester und ein großes Transaction-Lawyer-Team (v.a. in Hamburg) angetrieben wird. Doch andere Kanzleien wie Allen & Overy, Linklaters und CMS Hasche Sigle forcieren das Thema ebenso.

Deutschland ist im internationalen Vergleich zwar ein attraktiver Markt, aber auch stark von spitz rechnenden Rechtsabteilungen in ihren mächtigsten Konzernen geprägt. Das Mandat zur Aufspaltung des E.on-Konzerns, das Linklaters' Mandatsliste schmückt, wäre nämlich auch ein Fall in Freshfields-Kragenweite gewesen.

GLEISS LUTZ
Nationaler Überblick Top 50

Bewertung: Hochkarätige Quereinsteiger sind bei Gleiss so selten wie Weggänge zentraler Partner, schon bedingt durch die Kanzleikultur. Andere führende Kanzleien mögen ihre Partnerschaften tief greifend umstrukturieren, wie vor Jahren Linklaters und Freshfields oder derzeit Clifford Chance. Gleiss setzt stattdessen auf allmähliche Weiterentwicklung von innen heraus – normalerweise. Doch in einem Bereich war die Personallücke über die Jahre einfach zu offensichtlich geworden und als sich die Gelegenheit bot, reagierte GL schnell: Mit Dr. Eva Reudelhuber kam im Sommer 2015 eine der profiliertesten und bei Banken am besten vernetzten Kreditfinanzierungsspezialistinnen im Markt von Linklaters dazu. Bei Gleiss verstärkt sie eine Praxis, die trotz anerkannter Partner und solider Arbeit nicht annähernd so präsent war wie ihre Pendants etwa bei Freshfields, Hengeler oder Allen & Overy, insbesondere auf Bankenseite. Die Kanzlei kann ihre bestehenden Kontakte zu Konzernen und Finanzinvestoren nun deutlich offensiver als

Anzeige

NEUMANN.LEGALUTIONS
Search Solutions for the Legal Sector

Fortschritt durch Kontinuität:

Aus NEUMANN.LEGAL wird LEGALUTIONS

Erfolgreiche Arbeit in der Personalberatung basiert auf Kompetenz, Erfahrung und Kontinuität. Deshalb haben wir seit 2004, als Neumann.Legal gegründet wurde, immer das Wichtigste im Blick: die Ziele derjenigen, die uns ihr Vertrauen schenken. Und daran wird sich auch in Zukunft nichts ändern.

Gary Mackney

Petrus Gerbaulet

LEGALUTIONS
Grüneburgweg 9
60322 Frankfurt am Main
+49 (0)69/78 98 76-0
legalutions.de

---

bisher auch auf die finanzrechtliche Beratung ausweiten. Zu britischen und US-Finanzkanzleien hat die Kanzlei ohnehin ausgezeichnete Beziehungen. Ohne spektakuläre personelle Neuerungen, dafür strukturell tief greifender waren Veränderungen in der Corporate-Praxis. Nach dem erfolgreichen Aufbau eines informellen, aber tragfähigen Netzwerks internationaler Kooperationskanzleien in den letzten Jahren machte sich Gleiss nun daran, die Schwerpunkte innerhalb der Praxis stärker zu akzentuieren: Für Gesellschaftsrecht im engeren Sinne und M&A-Transaktionen wurden neben dem Leiter der gesamten Corporate-Gruppe eigene Co-Leiter installiert, die die faktisch bereits vollzogene inhaltliche Ausdifferenzierung auch institutionell deutlicher abbilden. Gleiss entfernt sich damit ein weiteres Stück vom Generalistentum à la Hengeler, bei dem die Partner je nach Bedarf zwischen Corporate, Kapitalmarktrecht und anderen Gebieten wechseln, gerät dadurch aber noch lange nicht in die Nähe des Silomodells mit strikt getrennten Spezialbereichen, wie es einige internationale Kanzleien noch heute kultivieren. Wie gut dieser Mittelweg funktioniert, zeigte sich im letzten Jahr bei einer ganzen Reihe großvolumiger Transaktionen und Umstrukturierungen. Mandanten lobten sowohl die fachliche Breite als auch die Spezialkompetenz der Partner.

Vertieftes Fachwissen bei immer engerer Vernetzung ist auch das Erfolgsgeheimnis anderer Praxen, die sich über die letzten Jahre positiv weiterentwickelt haben, vom Arbeits- oder Kartellrecht bis zum Konfliktlösungsbereich. Auch hier tritt immer deutlicher eine schlagkräftige, junge Partnergeneration in den Vordergrund. Die anerkannte, aber mit Wettbewerbern wie Freshfields noch nicht ganz vergleichbare Compliance-Praxis baute Gleiss ebenfalls mit erfahrenen Quereinsteigern aus, die mit ihren fachlichen Schwerpunkten – Wirtschaftsstrafrecht einerseits, Compliance-Erfahrung statt fachbereichsspezifischer Expertise andererseits – die Praxis ein ganzes Stück voranbringen können.

JUVE Kanzlei des Jahres in: ▶Gesundheitswesen.
Besondere Stärken: ▶Arbeit; ▶Beihilfe; ▶Gesellsch.recht; ▶Handel u. Haftung; ▶Kartellrecht; ▶M&A; ▶Marken u. Wettbewerb; ▶Umwelt u. Planung; ▶Verfassungs- u. Verwaltungsrecht.
Empfohlen für: ▶Anleihen; ▶Börseneinführ. u. Kapitalerhöhung; ▶Compliance; ▶Energie; ▶Gesellschaftsrechtl. Streitigk.; ▶Gesundheit; ▶Handel u. Haftung; ▶Immobilien; ▶IT; ▶Kredite u. Akqu.fin.; ▶Lebensmittel; ▶Nachfolge/Vermögen/Stiftungen; ▶Patent; ▶Private Equ. u. Vent. Capital; ▶Projekte/Anlagenbau; ▶Restrukturierung/Sanierung; ▶Steuer; ▶ÖPP; ▶Unternehmensbez. Versichererberater; ▶Vergabe; ▶Vertrieb.
Siehe auch: ▶Berlin; ▶Düsseldorf; ▶Frankfurt; ▶Hamburg; ▶Stuttgart; ▶München; ▶Brüssel.
Anwälte in Deutschland: 307
Internat. Einbindung: Unabhängige Kanzlei mit engen Kooperationsbeziehungen zu Chiomenti (Italien), Gide Loyrette Nouel (Frankreich) u. Cuatrecasas (Spanien/Portugal). Außerdem Zusammenarbeit in GB, u.a. mit Macfarlanes u. Herbert Smith Freehills, in NL mit Stibbe. In den USA breites Netzwerk, u.a. mit Paul Weiss, Cravath, Simpson Thacher, Fenwick & West u. Swaine & Moore. Zudem gute Beziehungen zu asiat., insbes. chinesischen Kanzleien.
Entwicklung: Mit den Zugängen des letzten Jahres hat GL ihre Ambitionen gezeigt, auch in Bereichen ganz vorne mitzuspielen, in denen sie derzeit noch ein Stück von der Marktspitze entfernt agiert. Dass eine kleine Handvoll namhafter Quereinsteiger für nachhaltige Fortschritte zwar notwendig, aber nicht hinreichend ist, weiß die Kanzlei dabei selbst. Im Bank- u. Finanzrecht etwa fügt sich der Zugang Reudelhubers in eine Gesamtstrategie ein, die geduldig umgesetzt werden muss und auch die Ernennung junger Partner aus den eigenen Reihen vorsieht. Fraglich ist nur, ob die Kanzlei dabei nicht allzu gemächlich vorgeht. Während etwa andere Kanzleien Regulierungsexperten aus ganz Europa in Frankfurt zusammenziehen, um am Standort der neuen europäischen Bankenaufsicht Präsenz zu zeigen, beschränkt sich Gleiss hier noch immer auf ein anerkanntes, aber kleines, fast ausschl. deutsches Team, das bisher im Markt kaum Spuren hinterlässt. Weitere Aufgaben gibt es zudem im Norden u. Osten: Zwar können die Hamburger Corporate-Partner dank großen Engagements einen starken Trackrecord vorweisen, doch die Praxis ist personell deutlich kleiner als vor eini-

---

Die Anwaltszahlen stammen aus den Statistiken im Serviceteil, Stand Juli 2015. Dort finden Sie ab Seite 636 weitere Statistiken.

NATIONALER ÜBERBLICK TOP 50

gen Jahren. In Berlin klafft nach wie vor eine große Lücke im zentralen Corporate-Bereich.

Auch in einem anderen, sehr grundlegenden Punkt ist Gleiss trotz der gewaltigen Fortschritte der letzten Dekade noch nicht am Ziel. Die Kanzlei kann sich inzwischen zwar in allen Praxisgruppen auf eine breite Gruppe jüngerer Partner stützen, die bei aller juristischen Exzellenz auch einen pragmatischen Dienstleistungsansatz verinnerlicht hat. Trotzdem wird sie auch heute noch häufiger als manche Wettbewerberkanzleien dafür kritisiert, dass einige – insbes. ältere – Partner „eine gewisse Praxisferne zelebrieren", wie ein Mandant formuliert. Diese Kritik zu entkräften und Gleiss weiter in Richtung Marktspitze zu führen, wird die Aufgabe des neuen Managing-Partners sein, der Anfang 2016 Dr. Rainer Loges nach ereignis- und insgesamt äußerst erfolgreichen 8 Jahren ablösen soll.

GÖRG
Nationaler Überblick Top 50

NOMINIERT
JUVE Awards 2015
Kanzlei des Jahres

Bewertung: Die Wachstumsstory der vergangenen Jahre war bei Görg immer eine Geschichte mit zwei Strängen: Erstens zuverlässige Partnerchancen für Nachwuchsanwälte und zweitens ein eher niederschwelliges Plattformangebot für Quereinsteiger aus ganz unterschiedlichen Fachbereichen u. Herkunftskanzleien. In den Augen mancher Wettbewerber machte Teil zwei der Story Görg zu einer heterogenen Kanzlei, während der erste Teil samt des Lockstep-Vergütungssystems wenig Beachtung fand. Doch gerade mit einer jüngeren Partnerschicht wurden die Samenkörner für eine Veränderung gesät. Dass der personelle Ausbau 2015 in absoluten Zahlen eine Pause machte, liegt vermutlich trotz des Anspruchs, umfassend in allen Rechtsgebieten zu beraten, an der etwas geringeren Nachfrage nach insolvenzrechtlicher Kompetenz, v.a. nach Insolvenzverwaltung.

Doch weniger als früher steht und fällt damit der Erfolg der Kanzlei. Frankfurt hat auch im laufenden Jahr zugelegt und durch das Engagement von Dr. Roland Hoffmann-Theinert eklatante Lücken in Gesellschaftsrecht/M&A sowie im Notariat wieder gefüllt. Im Hamburger Büro entwickeln sich die insolvenznahe Beratung um Dr. Thorsten Bieg, das Öffentliche Recht, M&A und Immobilienrecht gleichermaßen gut. Dort könnte auch der Startschuss für eine bundesweite Präsenz der Görg-MDP fallen. Das Büro dort hat den angebundenen Steuer-/WP-Zweig BWLS zuletzt im internationalen Steuerrecht mit dem Team von Prof. Dr. Günther Strunk deutlich erweitert. Und München meldete im Arbeits- und im Prozessrecht Neuzugänge, die gut zum Anforderungsprofil der Gesamtkanzlei passen.

Bei all dem ist für die jüngeren Partner das standortübergreifende Arbeiten zur Selbstverständlichkeit geworden, während gleichzeitig der bei Görg stets gepflegte partnerzentrierte Beratungsansatz hervorragend zu der vorwiegend mittelständischen Mandantschaft passt. Zudem finden die Jüngeren eine veränderte regionale Struktur vor: Seit der norddeutschen Erweiterung vor knapp 3 Jahren stellen Köln und Essen nicht mehr die Mehrheit in der Partnerschaft. Diese Entwicklung bietet, ganz abgesehen von dem fulminanten Erfolg sowohl in Zahlen als auch in Reputation, einen Anlass für strukturelle Veränderungen.

JUVE Kanzlei des Jahres in: ▶ Norden.

Besondere Stärken: ▶ Insolvenzverwaltung.
Empfohlen für: ▶ Arbeit; ▶ Bankrecht u. -aufsicht; ▶ Energie; ▶ Gesellsch.recht; ▶ Handel u. Haftung; ▶ Immobilien; ▶ IT; ▶ M&A; ▶ Private Equ. u. Vent. Capital; ▶ Projekte/Anlagenbau; ▶ Restrukturierung/Sanierung; ▶ ÖPP; ▶ Umwelt u. Planung; ▶ Vergabe; ▶ Vertrieb.
Siehe auch: ▶ Berlin; ▶ Frankfurt; ▶ Hamburg; ▶ Köln; ▶ München.
Anwälte in Deutschland: 241
Internat. Einbindung: Offenes Netzwerk mit anderen unabhängigen Kanzleien.

Entwicklung: Vorbei sind die Zeiten, als der kopf- und umsatzmäßig starke Kölner Teil der Partnerschaft mit einem Quäntchen Herablassung auf die anderen Standorte blickte. Sie hatten dem rheinischen Machtzentrum wenig entgegen zu setzen oder hingen, wenn Görg für große Insolvenzverfahren bestellt wurde, sogar teilweise am Tropf der NRW-Verwalter. Es hat den Anschein, als habe der fulminante Auftritt vor 2 Jahren gestarteten Hamburger Büros alte Vorbehalte vom Tisch gewischt. Jetzt wagen sich die Partner an heilige Kühe heran, etwa wenn es um die Profitabilität einzelner Bereiche geht. Es gibt sogar Anzeichen dafür, dass weniger umsatzstarke Bereiche nicht mehr sakrosankt sind – für Görg nichts weniger als ein Kulturwandel. Allerdings ein Wandel, der beim weiteren Ausbau hilfreich sein könnte, weil sich die Sozietät dadurch erst recht für Quereinsteiger attraktiv macht. Teil 3 der Wachstumsstory kann beginnen.

GRAF VON WESTPHALEN
Nationaler Überblick Top 50

Bewertung: Die Kanzlei ist ihrem Ziel, die standort- u. praxisübergreifende Arbeit zu intensivieren, zuletzt einen großen Schritt näher gekommen. Galten bisher v.a. die Baurechts- u. Öffentl.-rechtlichen Praxen als Vorreiter in Sachen Zusammenarbeit und Verweisgeschäft, haben nun auch Bereiche wie IT und Arbeitsrecht nachgezogen. Die Grundlage für diese Fortschritte haben die Managing-Partner Dr. Robert Theissen und Christof Kleinmann in den vergangenen Jahren durch einen kompletten Kulturwandel geschaffen. Die neuen Strukturen zu installieren, hat Zeit gebraucht, und bis zuletzt gab es noch (vorhersehbare) Abgänge von Partnern, die den neuen Kurs der Kanzlei nicht einschlagen wollten. Allerdings musste GvW in diesem Jahr ausgerechnet in ihrer aufstrebenden Corporate-Praxis mit einigen nicht geplanten Abgängen fertig werden. So verlor die Kanzlei in Hamburg den anerkannten Dr. Dominik Ziegenhahn an Raschke von Knobelsdorff Heiser. In Frankfurt wechselten Dr. Matthias Menke u. Florian Wolff zu Görg. Dennoch bleibt in der Praxis ein hoher Anteil an internationalem Geschäft weiterhin kennzeichnend, so bspw. bei einer Dt./US-Transaktion im Technologiebereich. Das In- und Outboundgeschäft mit Schanghai entwickelte sich so erfolgreich, dass sich GvW vor Ort erneut mit einem Partner (von Rödl) verstärkte. Parallel kamen mehrere Partner mit Branchenspezialisierungen hinzu, etwa im Energiesektor: In Hamburg kam ein Partnerduo von Norton Rose, in Düsseldorf Helmut Kempf von Simmons & Simmons, ebenfalls für die M&A-/Energiepraxis.

Mit der verstärkten Spezialisierung, z.B. auf IT-Vergaben und im Gesundheitssektor, konnte auch das vergaberechtrechtl. Team seine Marktwahrnehmung deutlich steigern. Das Berliner Büro blieb mit den Schwerpunkten bei Insolvenz/Sanierung, Immobilien u. Arbeitsrecht in sich stabil, doch reicht es in der Marktwahrnehmung an Hamburg, Frankfurt und Düsseldorf noch nicht heran. Ihre zuletzt immer visibler gewordene dt.-chin. Praxis, die sich u.a. durch die Ernennung des verantwortl. Partners Patrick Heid zum Chef für Internationales niederschlug, verstärkte GvW in Schanghai durch Partner Dr. Oliver Maaz der von Rödl kam.

Besondere Stärken: ▶ Außenhandel.
Empfohlen für: ▶ Arbeit; ▶ Beihilfe; ▶ Energie; ▶ Gesellsch.recht; ▶ IT; ▶ M&A; ▶ ÖPP; ▶ Projekte/Anlagenbau; ▶ Priv. Baurecht; ▶ Umwelt u. Planung; ▶ Verfassungs- u. Verwaltungsrecht; ▶ Vergabe; ▶ Vertrieb.
Siehe auch: ▶ Berlin; ▶ Frankfurt; ▶ Hamburg; ▶ München.
Anwälte in Deutschland: 113
Internat. Einbindung: Unabhängige Kanzlei mit versch. (nicht exklusiven) internat. Beziehungen, auch zu US-Kanzleien. Mitglied in den Netzwerken State Capital Global und Cicero. Daneben regelm. Zusammenarbeit mit weiteren europ. Kanzleien. Eigenes Büro in Schanghai.

Entwicklung: Wachstum an den kleineren Standorten München u. Berlin wird notwendig sein, um die Wahrnehmung an den lokalen Märkten spürbar zu steigern. Der Wechsel des Münchner Corporate-Partners Robert Heym zu Olswang macht diese Aufgabe nicht einfacher. Und doch ist die Gelegenheit günstig: Der Kulturwandel ist vollzogen, die Standorte u. Praxisgruppen sind näher zusammengerückt. Nachdem interne Themen zuletzt im Vordergrund standen, ist nun wieder mehr Raum für strategische Überlegungen. Die eingeleitete stärkere Fokussierung innerhalb der einzelnen Praxisgruppen bietet dabei Chancen, weitere qualifizierte u. erfahrene Neuzugänge in die Kanzlei zu holen. Den Anfang machte in München ein junger Restrukturierer, der von Görg kam und auch Erfahrung im Litigation-Bereich mitbringt. Mit einer intern ernannten Partnerin stärkt GvW ihre zuletzt stagnierende türkeibezogene Beratung. Als taktisch sinnvoll könnte sich auch der Zugang von zwei erfahrenen of Counseln in München u. Berlin erweisen, die gute Kontakte in die Energiewirtschaft mitbrachten. Diese Strategie ist vor zwei Jahren bereits in Düsseldorf aufgegangen, als ein ehemaliger BDI-Jurist dem jungen Büro einige neue Mandate u. Kontakte verschaffte. Das hat nicht nur zum Erfolg des Standorts, sondern auch zu einer intensiven Zusammenarbeit insbes. mit den Öffentlichrechtlern in Hamburg beigetragen.

FRIEDRICH GRAF VON WESTPHALEN & PARTNER
Nationaler Überblick Top 50

Bewertung: Die Kanzlei pflegt in mancher Hinsicht eine sehr ungewöhnliche Aufstellung: Sie gehört zu den mittelgroßen Einheiten, aber das Geschäft der Freiburger M&A-Anwälte ist dank ihres exzellenten Netzwerks internationaler als das mancher Großkanzleien. FGvW weist jenseits der deutschen Grenzen eine Präsenz auf, um die sie viele Wettbewerber beneiden. Zudem dominiert sie bei Mid-Cap-Transaktionen in Südbaden so deutlich wie kaum eine andere Regionalkanzlei ihren Heimatmarkt.

Im Zuge des insgesamt anziehenden M&A-Geschäfts konnte FGvW auf dieser Stärke aufbauen. Der Anteil börsennotierter Unternehmen unter den Mandanten steigt. 2 öffentliche Übernahmen aus dem Vorjahr haben gesellschaftsrechtliche Manda-

---

Die Anwaltszahlen stammen aus den Statistiken im Serviceteil, Stand Juli 2015. Dort finden Sie ab Seite 636 weitere Statistiken.

Brisante Dokumente werden bei uns nicht nur adäquat übersetzt, sondern auch adäquat behandelt

Senior Lawyer-Linguists

Muttersprachlichkeit und hohe fachliche Expertise sind die Voraussetzung an unsere Übersetzer, deren Arbeit stets von einem gleichermaßen qualifizierten Kollegen überprüft wird. Dabei achten wir aber nicht nur auf das Ergebnis, das unseren und Ihren höchsten Ansprüchen genügt, sondern auch auf die absolute Integrität unserer Mitarbeiter.

www.lingualegis.de

LINGUALEGIS

Nehmen Sie uns beim Wort.

te wie Umstrukturierungen und Squeeze-out-Verfahren nach sich gezogen, die nach wie vor Teams auslasten. Verstärkt war die Corporate-Praxis auch mit Compliance Due Diligences und sanierungsnahen Transaktionen befasst, etwa für die indische Samvardhana Motherson oder die Solar-Fabrik AG. Vor allem in diesem Bereich fällt auf, dass auch die Nachwuchsriege hinter den renommierten Freiburger Corporate-Anwälten Dr. Barbara Mayer und Gerhard Manz an Präsenz gewinnt.

Die beiden Hauptstandorte stehen nach wie vor für unterschiedliche Schwerpunkte: Freiburg für Corporate und Gewerblichen Rechtsschutz, Köln für Versicherungs- und Vertriebsrecht. Das rheinische Team gehört bei den Manager- und Produkthaftungsfällen zu den sehr renommierten Akteuren. Doch die Kanzlei arbeitet daran, ihre Schwerpunkte über die Büros hinweg schrittweise zu verzahnen – und ist dabei inzwischen durchaus vorangekommen. So legte sie vor 2 Jahren mit dem Quereinsteiger Arnt Göppert (von Hogan Lovells) den Grundstein für eine M&A-Praxis in Köln. Inzwischen gibt es Transaktionen, die von Partnern beider Standorte gemeinsam begleitet werden. Mit dem Einstieg von Dr. David Kipping (zuvor Counsel bei CMS) verfügt FGvW zudem über einen IP-Partner in Köln.

Allerdings musste die Kanzlei auch Rückschläge verkraften. Das 2014 gegründete Frankfurter Büro verlor einen seiner beiden Partner nach nur einem Jahr wieder – der Arbeitsrechtler Dr. Philipp Wiesenecker wechselte zu Kliemt & Vollstädt. In Köln spaltete sich ein Team um den Strafrechtler Dr. Michael Tsambikakis ab, weil es nicht gelungen war, aus Anknüpfungspunkten, etwa zur D&O-Praxis oder zum Produkthaftungsrecht, neue Geschäftsfelder zu entwickeln.

Empfohlen für: ▶Gesellsch.recht; ▶Handel u. Haftung; ▶M&A; ▶Marken u. Wettbewerb; ▶Versicherungsvertragsrecht; ▶Vertrieb.
Siehe auch: ▶Baden-Württemberg; ▶Köln.
Anwälte in Deutschland: 75
Internat. Einbindung: Kooperationsbüros in Brüssel, Alicante, Schanghai, Istanbul u. São Paulo. Zudem gut gepflegtes ww. Netzwerk mit befreundeten, ebenfalls unabhängigen Kanzleien.
Entwicklung: Erste Erfolge wie der Verkauf des Frankfurter Messeturms für GLL oder die Beratung der Degussa-Bank durch Partner mehrerer Standorte haben gezeigt, dass der Aufbau eines Frankfurter Büros eine strategische sinnvolle Entscheidung war – auch wenn der jüngste Weggang einen Rückschlag bedeutet. Neben dem Vorteil bei der Wahrnehmung der Kanzlei auf internationaler Ebene, kann es als Scharnier zwischen den starken, aber doch sehr unterschiedlich ausgerichteten Hauptstandorten Freiburg und Köln fungieren – vor allem, wenn es aus perspektivisch gelingt, dort bankrechtliche Expertise aufzubauen, auf die beide größeren Büros zugreifen könnten. Als näherliegendes Ziel erscheint aber insbesondere der Aufbau einer Corporate-Praxis. Diese könnte einerseits den Zugang zu Transaktionsmandaten ausländischer Unternehmen verbessern, denen Frankfurt näher ist als Freiburg. Andererseits könnte sie die Arbeit des Transaktionsspezialisten Göppert in Köln flankieren. Damit diese Hoffnungen sich erfüllen, müsste das Büro wachsen, denn mit derzeit nur 4 Anwälten ist es noch zu klein. Insofern kommt es nun darauf an, nicht nur den Weggang Wieseneckers zu kompensieren, sondern die personelle Basis nachhaltig zu verbreitern.

GSK STOCKMANN + KOLLEGEN
Nationaler Überblick Top 50 ▢▢▢▢▢▢▢▢

Bewertung: GSK nahm sich nach dem Umbau ihrer internen Strukturen nun auch der internationalen Kooperation mit ihren Partnerkanzleien an. Die Mitgliedskanzleien des Netzwerks Broadlaw haben eine Praxisgruppenstruktur eingerichtet und den regelmäßigen Austausch stärker formalisiert. Diese Struktur ist eine logische Fortsetzung des Entschlusses, sich in der deutschen Praxis weg vom Standort- hin zu einem Praxisgruppendenken umzuorientieren. Nicht alle konnten sich damit anfreunden und so wechselte das Stuttgarter Büro zu Jahresbeginn weitgehend geschlossen zur Wettbewerberin Heuking. Der damit einhergehende Verlust des präsentesten Corporate-Teams der Kanzlei, das jedoch nur mäßig in die Gesamtkanzlei integriert gewesen ist, war schmerzlich, eröffnete jedoch zugleich den Blick auf neue Möglichkeiten. Vor allem Frankfurt stand dabei im Fokus, wo ein Corporate-Quereinsteiger hinzustieß und weiteres Wachstum auf der Agenda steht. Schon 2014 hatte die Kanzlei dort einen bekannten Bankaufsichtsrechtler von Clifford Chance gewinnen können. Die Folge: Die auch zuvor angesehene, aber am Bankenstandort viel zu kleine Praxis bekam neuen Schwung. Erste Mandatserfolge stellten sich rasch ein. Von dort und der Berliner IT-Praxis gehen nun auch erste Impulse zu einer Vertiefung der Compliance-Arbeit aus. Hier soll auch die Corporate-Praxis künftig stärker ins Boot geholt werden. Verbindungsglied ist ein Corporate-Partner, der sich schon in früheren Jahren in der Compliance-Arbeit der Kanzlei engagiert hat. Die Corporate-Arbeit liegt aber auch sonst nach den Büroschließungen in Düsseldorf (im Vorjahr) und Stuttgart keineswegs brach, wie etwa Transaktionen für Adler Real Estate oder die britische Hiscox zeigen.

Das Herzstück bleibt für GSK jedoch die immobiliennahe Beratung, flankiert von einer soliden Positionierung bei Banken. Gerade in diesen seit Langem etablierten Beratungssegmenten wird es länger dauern, bis die neue Struktur Früchte trägt, denn eines ist von GSK nach wie vor nicht zu erwarten: Dass sie ihre Kanzleikultur im Interesse einer einheitlichen Strategie über Bord wirft und ihre Partner in die neue Struktur hineinpresst.

Empfohlen für: ▶Bankrecht u.- aufsicht; ▶Gesellsch.recht; ▶Immobilien; ▶M&A; ▶Notare; ▶Priv. Baurecht; ▶Private Equ. u. Vent. Capital; ▶Projekte/Anlagenbau; ▶Umwelt u. Planung; ▶Steuer.
Siehe auch: ▶Berlin; ▶Frankfurt; ▶Hamburg ▶München.
Anwälte in Deutschland: 135
Internat. Einbindung: Unabhängige Kanzlei, die Anfang 2015 mit ihren Partnern Nabarro (GB), Nunziante Magrone (Italien), Roca Junyent (Spanien) u. Neumitglied Lefèvre Pelletier & associés (F) das Netzwerk Broadlaw ins Leben rief. Gemeinsames Büro mit Nabarro in Brüssel. Über die Partnerkanzleien Verbindungen nach Fernost u. Nordafrika sowie in die Türkei und nach Dubai.
Entwicklung: GSK verzeichnet sehr solides Geschäft, doch ist nicht zu übersehen, dass sie sich in einer Phase des Übergangs befindet. Es wird darauf ankommen, diese Phase möglichst rasch zu überwinden, denn der Markt für Kanzleien wie GSK, die mit partnerorientierter Beratung zu verträglichen Honoraren und solider internationaler Einbindung punkten, ist derzeit aufgrund der Kostensensibilität vieler Rechtsabteilungen möglicherweise so günstig wie selten. Es gibt eine Reihe von Bereichen, in denen GSK ihre Möglichkeiten inhaltlich bei Weitem noch nicht ausschöpfen. So bietet die enge Verzahnung der Fondsspezialisten mit den Immobilienrechtlern noch Potenzial, das sich zu heben lohnt. Auch die Ansätze, die Gesellschaftsrechtler mehr in Governance- u. Compliance-Themen einzusetzen, gehen in die richtige Richtung, ebenso der beginnende Aufbau einer fachübergreifenden Prozesspraxis. Dass eine personelle Verstärkung und mehr Marktgewicht nötig sind, ist jedoch offensichtlich. Die Bankaufsichtsrechtler haben schon vorgemacht, wie es funktionieren kann. GSK hat sich immer offen für Quereinsteiger gezeigt und viele von ihnen kamen, weil ihnen die Kanzlei mehr Freiheiten bot als ihre vorherige Adresse. Derzeit sieht es aber fast so aus, als warteten mögliche Interessenten erst einmal ab, wohin sich GSK entwickeln wird. Das Management hat zweifellos noch eine schwierige Aufgabe vor sich, und sichtbare Erfolge des Umbaus, würden helfen, ihren Ausbau auch in personeller Hinsicht weiter erfolgreich voranzutreiben.

HENGELER MUELLER
Nationaler Überblick Top 50 ▢▢▢▢▢▢▢▢

Bewertung: Dass Hengeler sich Jahr für Jahr als Top-Transaktionsberaterin präsentiert, ist fast schon eine Selbstverständlichkeit. Auch in diesem Jahr ist die Liste der hochkarätigen Deals beeindruckend: Siemens beim Anteilsverkauf an Bosch und Siemens Hausgeräte, Bertelsmann bei der Übernahme von Gruner + Jahr, Dürr beim Mehrheitserwerb an Homag. Auch dass RWE sie für die Begleitung der Umstrukturierung auswählte, bestätigt ihre Stellung als gesellschaftsrechtliche Spitzenberaterin eindrucksvoll. Dabei gerät leicht in Vergessenheit, dass es auch für HM keine Selbstverständlichkeit ist, sich auch auf dem Feld der komplexen Großdeals gegen die Konkurrenz von Freshfields und Linklaters durchzusetzen. Gegenüber den Wettbewerbern kann ausgerechnet sie, die auf ihre festen Stundensätze beharrt, oft mit einem guten Preis-Leistungsverhältnis punkten, weil sie mit niedriger Leverage und hohem Partnereinsatz agiert.

Doch in einer anderen Hinsicht war das vergangene Jahr für die Kanzlei kein Leichtes: Wegen des Restrukturierungsfalls Q-Cells holte sich Hengeler ein blaues Auge, weil der Insolvenzverwalter vor Gericht erfolgreich auf Rückzahlung von Honoraren klagte. Im Fall Kirch ermittelte die Münchner Staatsanwaltschaft im Zeitpunkt des Redaktionsschlusses noch immer wegen des Verdachts der Mittäterschaft beim Prozessbetrug, während vor dem Landgericht die (Ex-)Deutsche-Bank-Manager schon vor Gericht stehen. Im Fall der Litigation-Praxis um Dr. Markus Meier scheint der Reputationsverlust gering. Sie ist weiterhin mit einer Reihe von Schiedsverfahren und den Aktionärsklagen gegen Porsche gut ausgelastet. Im Restrukturierungsbereich sind die kritischen Stimmen im Markt schon deutlicher. In beiden Fällen reagiert die Partnerschaft darauf mit der gewohnten Geschlossen- und Gelassenheit.

Hengeler ist es gewohnt, den eigenen Erfolg am Anteil des deutschen M&A und der – weiterhin hervorragenden – Positionierung bei Dax-Konzernen zu messen. Doch im Zuge der Globalisierung liegt die Messlatte inzwischen höher: Eine Herausforderung sehen Wettbewerber in der ewigen Frage nach der internationalen Ausrichtung von Henge-

Die Anwaltszahlen stammen aus den Statistiken im Serviceteil, Stand Juli 2015. Dort finden Sie ab Seite 636 weitere Statistiken.

...ler, die vielen noch immer als Inbegriff einer angesehenen deutschen Kanzlei gilt. Doch ihre Spitzenstellung rechtfertigt sich erneut darin, wie sie auch hier in den vergangenen Jahren reagiert hat. Einige Partner arbeiten ebenso selbstverständlich international wie in Wettbewerberkanzleien. Auch das Best-Friends-Netzwerk knüpft sie immer enger. So ist der Austausch mit den ausländischen Partnersozietäten auf Partner- wie auf Associate-Ebene über die Jahre immer intensiver geworden. In internationalen Praxisgruppen wird nicht nur der Know-how-Austausch, sondern auch die gemeinsame Geschäftsentwicklung forciert. Langjährig gepflegte Kontakte zur ersten Liga der britischen und insbes. US-Finanzkanzleien bringen ihr ebenso nach wie vor regelmäßig hochkarätige Mandate. Doch auch wenn grenzüberschreitende Deals und innovative Arbeit, wie bei der Aktiendividende für die Deutsche Telekom, die Highlights sind – ein wichtiger Grundstein für die Marktstellung der Kanzlei ist und bleibt die solide Mittelstandsberatung. Ohne sie wäre eine kontinuierliche Auslastung der großen Corporate-Praxis nicht möglich und gerade bei Familienunternehmen ist Hengeler traditionell eine gefragte Beraterin. Dies zeigte sich u.a. bei dem besonders innovativ strukturierten Börsengang von Hella, wo Hengeler ihre exzellente Aufstellung bei Finanzierungen und Kapitalmarktrecht voll ausspielen konnte. Dabei gelingt ihr der Generationswechsel: Neben Grandseigneur Prof. Dr. Michael Hoffmann-Becking und dem erfahrenen Dr. Matthias Blaum hat sich mittlerweile eine Riege jüngerer Partner um die 40 bei den Stammmandaten im Mittelstand u. bei Familienunternehmen etabliert.

Besondere Stärken: ▶Anleihen; ▶Bankrecht u. -aufsicht; ▶Beihilfe; ▶Börseneinführ. u. Kapitalerhöhung; ▶Gesellsch.recht; ▶Gesellschaftsrechtl. Streitigk.; ▶Handel u. Haftung; ▶Investmentfonds; ▶Kartellrecht; ▶Kredite u. Akqu.fin.; ▶M&A; ▶Private Equ. u. Vent. Capital; ▶Unternehmensbez. Versichererberatung.
Empfohlen für: ▶Arbeit; ▶Compliance; ▶Energie; ▶Gesundheit; ▶Immobilien; ▶Marken u. Wettbewerb; ▶Medien; ▶Nachfolge/Vermögen/Stiftungen; ▶ÖPP; ▶Patent; ▶Produkt u. Abfall; ▶Restrukturierung/Sanierung; ▶Steuer; ▶Telekommunikation; ▶Umwelt u. Planung; ▶Verfassungs- u. Verwaltungsrecht.
Siehe auch: ▶Berlin; ▶Düsseldorf; ▶Frankfurt; ▶München; ▶Brüssel.
Anwälte in Deutschland: 225
Internat. Einbindung: Unabh. dt. Kanzlei, Best-Friend-Beziehungen zu Slaughter and May in GB, einer Reihe von Kanzleien in den USA (u.a. Davis Polk), Bredin Prat (Frankreich), Uria Menéndez (Spanien), Bonelli Erede Pappalardo (Italien).
Entwicklung: Bei der Weiterentwicklung der Praxen pflegt die Kanzlei einen eher opportunistischen Ansatz. Der führt gelegentlich dazu, dass Wettbewerber neue Themen, wie etwa die Compliance-Beratung, schneller adaptieren. Bei Hengeler speisen sich Compliance-Mandate deshalb in erster Linie aus ihrer starken Stellung bei der Governance-Beratung von Konzernen. Ein Beispiel bildet etwa die Aufbereitung von Organhaftungsansprüchen bzgl. der verzögerten BER-Eröffnung. Gebiete wie das Arbeitsrecht und der Datenschutz – beide von höchster Relevanz bei Untersuchungen – stehen dagegen hinten an. Stärker am operativen Geschäft der Mandanten orientierte Wettbewerber haben hier schneller auch Beratungsprodukte entwickelt.

Ähnlich in der Steuer-Compliance: Hier gehen Wettbewerber wie Flick Gocke oder Baker & McKenzie strukturell und strategisch vor, indem sie eigene Tax-Compliance-Teams schaffen. Hengeler entwickelt Mandate stärker über schon bestehende Beziehungen, ging z.B. einige sich bei Banken bietende Möglichkeiten an. Auch im Venture-Capital-Bereich probiert die Kanzlei einfach aus, ob auch die Gründerberatung zu ihren Stundensätzen passen kann. Das mag kein sehr intellektueller Managementansatz sein. Bislang ist er aber erfolgreich – auch weil die Partnerschaft sich als homogen erweist und damit ihr Qualitätsversprechen auch abseits der klassischen Corporate-Beratung einlöst.

Es wäre falsch, Hengeler als die unbewegliche alte Dame des Kanzleigeschäfts abzustempeln. Die deutschen Anwälte nehmen die Herausforderung an, ihre Beraterrolle neu zu definieren. Wie weit sie hier ist, zeigt sich auch daran, wie sie von der Rückkehr der US- u. asiat. Investoren auf den deutschen Markt profitieren konnte. Diese Blickrichtung war nicht unbedingt Kern der Strategie, als die Kanzlei im vergangenen Jahr ihren Standort in Schanghai eröffnete, doch es zeigt, wie stark sich Hengeler nach wie vor als unabhängige Kanzlei weiterhin positionieren kann.

Für die Position hierzulande muss Hengeler immer wieder den besonderen, komplexen Rechtsrat bieten, für den die Marke steht. Zuletzt gelang das etwa mit der Aktiendividende für die Deutsche Telekom, einem der innovativsten gesellschaftsrechtlichen Produkte des Jahres. Deshalb ist und bleibt der Wettbewerb um die besten Talente die größte Herausforderung der Kanzlei.

HEUKING KÜHN LÜER WOJTEK
Nationaler Überblick Top 50

Bewertung: Heuking hat Mut bewiesen: Zum Jahresbeginn 2015 übernahm die Kanzlei das gesamte Stuttgarter Büro von GSK Stockmann. Damit erweiterte sie nicht nur ihren örtlichen Radius, sondern auch ihre Kompetenzen im Gesellschafts-, Kapitalmarkt- und Steuerrecht. Vor allem bei Letzterem ist sie so solide aufgestellt wie nie. Zugleich kaufte sie mit diesem Büro jedoch auch eine neue Herausforderung ein: Das Team galt schon zu GSK-Zeiten als sehr autark und nur mäßig interessiert an einer engen Einbindung in die Gesamtkanzlei. Bei Heuking stößt es nun zu einer Kanzlei, die ihm mit ihrer Betonung der unternehmerischen Eigenständigkeit der Partner kulturell durchaus nahe steht. Das Entstehen einer weiteren ‚Kanzlei in der Kanzlei' würde Heuking jedoch nichts nutzen, gerade weil die Neuzugänge komplementäre Kompetenzen mitbringen. Dass ihr das bewusst ist, zeigt sich darin, wie viel sie dafür tut, den neuen Standort einzubinden. Dass Heuking trotz ihrer unternehmerisch eigenständigen Kultur ohne Weiteres in der Lage ist, Teams über die Standortgrenzen hinweg zusammenzuführen und Quereinsteiger rasch zu integrieren, hat sie schon öfters bewiesen. Große Mandate wie das sogenannte ‚Herkules-Projekt' und seine Folgeprojekte oder Transaktionen von Heidelberg Druck und Chorus zeigen eindrucksvoll, welche Manpower die Kanzlei standortübergreifend auf die Beine stellen kann, wenn es nötig ist. In solchen Mandaten liegt der Schlüssel, die bloße Zusammenarbeit auch in zukunftsfähige Strategien münden zu lassen.

Bei Transaktionen bleibt die Kanzlei sich treu: Deals mit starkem Restrukturierungshintergrund und Transaktionen im Energiesektor bleiben zentral für die Gesamtpraxis. Heuking hat den Vorteil, in diesem oder anderen Bereichen ihre Weiterentwicklung nicht forcieren zu müssen. Während andere Kanzleien schon aus wirtschaftlichem Erwägungen heraus gezwungen sind, ihre Aufstellung zu überdenken, geht es für Heuking kontinuierlich bergauf. Ihr flexibles Vergütungssystem, das den individuellen Ansatz flankiert, ihre solide Marktposition im gehobenen Mittelstand und verschiedene Fachteams, die in ihren jeweiligen Märkten hoch angesehen sind, verleihen ihr zudem große Stabilität, in die das Management nur sehr verhalten korrigierend eingreift.

JUVE Kanzlei des Jahres in: ▶Steuerrecht.
Besondere Stärken: ▶Vergabe.
Empfohlen für: ▶Anleihen; ▶Arbeit; ▶Beihilfe; ▶Börseneinführ. u. Kapitalerhöhung; ▶Energie; ▶Gesellsch.recht; ▶Immobilien; ▶Investmentfonds; ▶IT; ▶Kartellrecht; ▶Kredite u. Akqu.fin.; ▶Handel u. Haftung; ▶M&A; ▶Marken u. Wettbewerb; ▶Medien; ▶Nachfolge/Vermögen/Stiftungen; ▶ÖPP; ▶Patent; ▶Priv. Baurecht; ▶Private Equ. u. Vent. Capital; ▶Restrukturierung/Sanierung; ▶Sport; ▶Steuer; ▶Steuerstrafrecht; ▶Telekommunikation; ▶Umwelt u. Planung; ▶Verkehr; ▶Versicherungsvertragsrecht; ▶Vertrieb.
Siehe auch: ▶Berlin; ▶Düsseldorf; ▶Frankfurt; ▶Hamburg; ▶Köln; ▶München; ▶Sachsen; ▶Stuttgart.
Anwälte in Deutschland: 305
Internat. Einbindung: Unabhängige Kanzlei, exklusives dt. Mitglied im ww. Netzwerk World Services Group, dem u.a. Garrigues (Spanien), Dorda Brugger Jordis (Österreich) u. Gianni Origoni Grippo (Italien) angehören. Zudem Allianz mit der brasilian. Kanzlei Veirano u. zahlreiche individuelle Kontakte. Eigene Auslandsbüros in Brüssel u. Zürich.
Entwicklung: Im Vergleich mit Wettbewerbern wie Noerr oder CMS legt Heuking weniger Wert auf eine strategische internationale Zusammenarbeit. Das riesige Netzwerk, dem sie angehört, wird flankiert von individuellen Präferenzen einzelner Partner. Diese insgesamt etwas unübersichtliche Situation steht einer stringenten Strategie aber entgegen u. die Kanzlei läuft durchaus Gefahr, bei der Internationalisierung der Rechtsberatung den Anschluss zu verlieren. Erschwerend kommt hinzu, dass sie bei einigen kanzleiinternen Ambitionen zuletzt eher glücklos agierte: So verließen die Leiter des China- und des Brasilien-Desks die Kanzlei. Der China-Desk wurde unter neuer Leitung erhalten, Brasilien aufgelöst. Ein in Türkei-Geschäften erfahrener Corporate-Quereinsteiger in Frankfurt wiederum hat noch keinen Fußabdruck im Markt hinterlassen. Zu allem Überfluss wechselte noch der einzige ausschließlich in Brüssel ansässige Partner Simon Hirsbrunner, ein erfahrener Kartell- und Europarechtler, zu Steptoe & Johnson. Und auch das Züricher Büro muss sich auf Veränderungen einstellen: Nach dem Weggang der beiden dort ansässigen Partner wurde das Büro personell neu aufgestellt, auch deutsche Partner verbringen dort regelmäßig Zeit. Doch wird einer der derzeit dort gepflegten zentralen Geschäftsbereiche, nämlich die Selbstanzeigeberatung, mittelfristig an Bedeutung verlieren. Und für eine nachhaltige Neuorientierung des Standorts reicht die aktuelle Besetzung vermutlich nicht aus, es sei denn, die Einbindung wird deutlich konsequenter vorangetrieben.

NATIONALER ÜBERBLICK TOP 50

Die Schwierigkeiten, eine stringentere Aufstellung für internationales Geschäft zu erreichen, sind symptomatisch. Heuking als Ganzes brächte nicht nur dabei das Potenzial mit, deutlich weiter nach vorn zu stoßen, wenn es gelänge, die zahlreichen Synergien zu nutzen und glaubhaft im Markt zu positionieren. Sei es dank ihrer soliden Position im gehobenen Mittelstand, sei es in einer intensivierten fachübergreifenden Compliance-Arbeit unter Einbeziehung der anerkannten Prozess- oder Kartellrechtsteams. Doch noch sind es zu wenige Partner, die sich dafür einsetzen. Das sehr flexible Vergütungssystem, macht es zugleich einfach, einen hohes Maß an Toleranz gegenüber Partnern zu zeigen, die sich nicht in eine gemeinsamen Strategie einbringen oder sich Mandaten widmen, denen die Kanzlei eigentlich längst entwachsen ist.

HOGAN LOVELLS
Nationaler Überblick Top 50
Bewertung: Die personell sehr instabilen Jahre, die Ende 2013 mit der Schließung des Berliner Büros ihren Höhepunkt fanden, sind überwunden. Zuletzt verzeichneten die 4 deutschen Büros nur noch einen einzigen nennenswerten Partnerabgang: Das Ausscheiden der bekannten IP-Rechtlerin Dr. Verena von Bomhard aus dem Büro in Alicante (in eigene Kanzlei) sorgte zwar für den Verlust einiger Mandanten im Gemeinschaftsmarkenrecht, war für die exzellent positionierte Markenpraxis aber letztlich zu verschmerzen.
Das augenscheinlichste Zeichen für die positive Gesamtentwicklung ist jedoch der Wandel des Frankfurter Büros von einer Schlangengrube hin zu einem wichtigen Motor der deutschen Praxis. Lange von Grabenkämpfen älterer Partner dominiert, treibt eine Gruppe junger Partner den Standort nun voran. Die Bank- und Finanzrechtspraxis bekommt für ihre beeindruckenden Fortschritte, die sie mit der Bad-Bank-Begleitung erzielte, viel Lob. Dass das Büro mit dem Verbriefungsexperten Dr. Dietmar Helms von Baker & McKenzie und dem Private-Equity-Partner Dr. Matthias Jaletzke von Skadden Arps 2 namhafte Quereinsteiger für sich gewann, wäre noch vor 2 Jahren undenkbar gewesen. Dies ist auch ein Erfolg des konsequenten Managements; ein Kurs der sich auch unter dem Hamburger IP-Partner Dr. Burkhart Goebel fortsetzt, der seit Juni 2014 für die deutschen Büros und Kontinentaleuropa verantwortlich zeichnet.
Basis der insgesamt positiven Entwicklung sind v.a. die angestammten Stärken: Hierzu zählen die vor Ort sehr gut positionierten Büros in D'dorf, Hamburg u. München ebenso wie die Vorzeigebereiche Energie, IP, Pharma, Produkthaftung, Versicherungen und Vertriebssysteme. Vor allem die Litigation-Praxis um Dr. Detlef Haß beeindruckte zuletzt durch die frühzeitige Erschließung von Trendthemen wie etwa Kartellschadensersatzklagen oder mit der Entwicklung von Lösungen an der Schnittstelle zum Datenschutz bei prozessualen Themen des ‚Cyber Crimes'.
Deutlich langsamer als bei Wettbewerbern nimmt hingegen die Corporate-Praxis an Fahrt auf. Herausragende Arbeit leisten zwar Dr. Tim Brandi für die Abwicklungsanstalten FMS Wertmanagement und EAA sowie Matthias Hirschmann bei Energietransaktionen, etwa für die Gesellschafter beim Verkauf von Volkswind.

Daneben sind es eher kleine Schritte, die die Praxis voranbringen: Mit dem Zugang von Jaletzke schloss HL eine große Lücke bei Private-Equity-Transaktionen. Die Corporate-Partner vernetzen sich zudem besser mit anderen Praxisbereichen und erschließen sich über das ww. HL-Netzwerk immer besser internationale Verbindungen zu Unternehmen. Das enorme Maß an Branchenexpertise ist inzwischen eines der wichtigsten Merkmale der deutschen Praxis. Neben ihren traditionellen Stärken in der Energie-, Finanz-, Pharma-, Versicherungs- und Telekommunikationswirtschaft erschließen sich die HL-Partner immer intensiver die Bereiche Automotive und Logistik.
JUVE Kanzlei des Jahres in: ▶Konfliktlösung.
Besondere Stärken: ▶Gesundheit; ▶Marken u. Wettbewerb; ▶Patent; ▶Unternehmensbez. Versichererberatung; ▶Vertrieb.
Empfohlen für: ▶Arbeit; ▶Anleihen; ▶Außenhandel; ▶Bankrecht u. -aufsicht; ▶Beihilfe; ▶Börseneinführ. u. Kapitalerhöhung; ▶Compliance; ▶Energie; ▶Gesellsch.recht; ▶Gesellschaftsrechtl. Streitigk.; ▶Handel u. Haftung; ▶Immobilien; ▶IT; ▶Kartellrecht; ▶Kredite u. Akqu.fin.; ▶Lebensmittel; ▶M&A; ▶Notare; ▶ÖPP; ▶Private Equ. u. Vent. Capital; ▶Produkt u. Abfall; ▶Projekte/Anlagenbau; ▶Restrukturierung/Sanierung; ▶Steuer; ▶Umwelt u. Planung; ▶Vergabe.
Siehe auch: ▶Düsseldorf; ▶Frankfurt; ▶Hamburg; ▶München.
Anwälte in Deutschland: 330
Internat. Einbindung: Internat. voll integrierte Kanzlei, die mit über 2.300 Anwälten zu den 20 größten Kanzleien ww. zählt. Sie ist mit 42 Büros in Europa, Asien, Südamerika u. den USA vertreten, stieg zuletzt durch die Eröffnung von Büros in Sydney und Perth in den australischen Markt ein.
Entwicklung: Dass sich die beharrliche Konzentration der Kanzlei auf ihre Stärken bei IP- und Technologiethemen in Zukunft ebenso auszahlen kann wie die kontinuierliche Internationalisierung der deutschen Praxis, deutete sich zuletzt u.a. in der Beratung der Autoschmieden BMW, Audi und Daimler beim Kauf des Nokia-Kartendienstes Here an (gemeinsam mit Clifford Chance). Das Mandat ist in mehrfacher Hinsicht bemerkenswert: Erstens hatten, obwohl das Mandat thematisch breiter angelegt war, mit Dr. Steffen Steininger und Dr. Stefan Schuppert 2 IP-Partner die Federführung im deutschen HL-Team. Immerhin steht die Here-Technologie im Zentrum der Entwicklung des navigierten Autofahrens. Zweitens wäre die Mandatierung des dt. Teams ohne entscheidende Kontakte zu Daimler aus dem Washingtoner Büro vermutlich so nicht zustande gekommen. Drittens beweist die Kanzlei ihre tiefe Branchenexpertise gleich in doppelter Hinsicht in Bezug auf die Automotive- und TK-Industrie. Die exzellente Positionierung von Dr. Richard Reimer beim Zukunftsthema Fintech ist ein weiterer Beleg, wie der Einstieg in ein höherklassiges Transaktions- und Banking-Geschäft über die Branchen- und Technologieexpertise gelingen kann.
Das internationale Management um Stephen Immelt und Goebel (Kontinentaleuropa) hat der Partnerschaft unter dem Projektnamen Redifine aber weitere Schritte eines radikalen Modernisierungskurses verordnet. Zentrale Themen dabei sollen schlanke Strukturen, effizientes Prozess- und Kostenmanagement, flexibles Arbeiten und die Verbesserung der Informationstechnologie sein. Für die kontinentaleuropäischen Büros sollen gleichmäßigere Strukturen geschaffen werden. Ein derartiges Projekt auf beiden Seiten des Atlantik parallel voranzutreiben, wird dabei eine sehr große Herausforderung sein.

JONES DAY
Nationaler Überblick Top 50

Bewertung: Als Jones Day 2012 ihre Wachstumsoffensive im deutschen Markt startete, waren viele Wettbewerber skeptisch. Doch ihr Plan ist aufgegangen – nicht in jedem Detail und nicht ohne Reibungsverluste, aber insgesamt beeindruckend. Der junge Düsseldorfer Standort hat sich in der rheinischen Wirtschaftsmetropole inzwischen fest etabliert und arbeitet unter Führung des Corporate-Partners Dr. Ulrich Brauer eng mit den beiden anderen deutschen Standorten und dem Brüsseler Büro zusammen, ohne jedoch auf deren Ressourcen angewiesen zu sein wie noch vor zwei Jahren. Zuletzt kam mit Dr. Denis Gebhardt von Beiten Burkhardt ein Prozessführungsspezialist hinzu. Gemeinsam mit dem Schiedsexperten Dr. Johannes Willheim, der mit seinem Team aus eigener Kanzlei in das Frankfurter Büro wechselte, hat Jones Day hier einen entschlossenen Schritt getan, um die Lücke zu schließen.
Wie stark sich die Reputation der Kanzlei entwickelt hat, wurde am deutlichsten bei der geplanten Übernahme von K+S durch den kanadischen Wettbewerber Potash. Gute US-Industriekontakte und gezielt aufgebaute übernahmerechtliche Kompetenz bescherten JD hier ein Mandat, das jede führende deutsche Corporate-Praxis geschmückt hätte. Die international vernetzte M&A-Praxis um Managing-Partner Ansgar Rempp stellte ihre Schlagkraft auch aufseiten von Mahle beim Kauf des US-Autozulieferers Delphi unter Beweis – ein weiteres Beispiel in einer langen Reihe transatlantischer Großtransaktionen, die Jones Day über die letzten Jahre begleitet hat. Das Bank- und Finanzrechtsteam hat sich inzwischen gut etabliert und hinterließ zuletzt auch im Kreditfinanzierungsmarkt die lang erwarteten Spuren, zudem gelang dank Neumandantin VW Financial Services nun auch der Einstieg in den Autoverbriefungsmarkt.
Weitere Veränderungen gab es v.a. am Frankfurter Standort. Im Steuerrecht sorgt dort nun der ehem. Leiter der Ashurst-Praxis, Dr. Klaus Herkenroth, für die nötige Verstärkung. Nachdem im Vorjahr der einst zentrale Frankfurter Corporate-Partner ausgeschieden war, verließen nun allerdings noch drei weitere altgediente Restrukturierungs- und Transaktionsspezialisten die Kanzlei u. wechselten zu Reed Smith u. Heuking Kühn Lüer Wojtek. Angesichts der Fortschritte an anderen Fronten scheinen diese Verluste dennoch verkraftbar.
JUVE Kanzlei des Jahres in: ▶Frankfurt und Hessen.
Besondere Stärken: ▶Patent.
Empfohlen für: ▶Anleihen; ▶Beihilfe; ▶Kredite u. Akqu.fin.; ▶Energie; ▶Gesellsch.recht; ▶Immobilien; ▶IT; ▶Kartellrecht; ▶M&A; ▶Private Equ. u. Vent. Capital; ▶Restrukturierung/Sanierung; ▶Telekommunikation.
Siehe auch: ▶Düsseldorf; ▶Frankfurt; ▶München; ▶Brüssel.
Anwälte in Deutschland: 81

Die Anwaltszahlen stammen aus den Statistiken im Serviceteil, Stand Juli 2015. Dort finden Sie ab Seite 636 weitere Statistiken.

Anzeige

Internat. Einbindung: Integrierte internat. Kanzlei mit enormer globaler Reichweite, die von Beobachtern als eine der wichtigsten Stärken von JD gesehen wird. Das international zusammengesetzte Brüsseler Büro ist auch mit deutschen Anwälten mehrmals erweitert worden.
Entwicklung: Die Aufbauleistung der letzten Jahre ist bemerkenswert. Bis Jones Day in Deutschland auf breiter Front die führenden Kanzleien ins Visier nehmen kann, dürfte es aber noch eine Weile dauern. Am deutlichsten ist der Rückstand dort, wo es um regulierte Branchen geht: Zwar gelingen immer wieder Achtungserfolge, etwa im Finanz- oder Energiesektor, doch sind diese meist durch die Transaktionserfahrung der Kanzlei und weniger durch spezielle Branchenexpertise begründet. Um in diesen Sektoren regelmäßiger zum Zug zu kommen, müsste die Kanzlei gezielt weitere Regulierungsspezialisierungen aufbauen, wie es zuletzt etwa White & Case im Energiesektor vorgemacht hat.

Schmächtig wirken weiterhin auch einige Fachbereiche, die bei einer internationalen Kanzlei mit Full-Service-Anspruch eigentlich eine größere Rolle spielen müssten: Im Arbeitsrecht etwa bietet JD zwar Ressourcen für transaktionsbegleitende Beratung, fällt aber kaum durch markantes Eigengeschäft auf. Auch hier täte Verstärkung wie jüngst im Steuerrecht Not. Damit könnte die Kanzlei auch einer strukturellen Gefahr entgegenwirken: der nach wie vor starken Abhängigkeit vom volatilen Transaktionsmarkt.

Die Anwaltszahlen stammen aus den Statistiken im Serviceteil, Stand Juli 2015. Dort finden Sie ab Seite 636 weitere Statistiken.

K&L GATES
Nationaler Überblick Top 50
Bewertung: Wie bei anderen, ähnlich global aufgestellten Kanzleien ist auch die US-Kanzlei K&L Gates an 2 Aspekten zu messen: zum einen, ob sie Partner mit gutem Geschäft als Seiteneinsteiger für sich gewinnen kann, und zum anderen, wie sie mit ihnen aus dem weltweiten Netzwerk Arbeit generiert und schultert. Bisher jedoch war K&L hierzulande jedoch vor allem für ihre Mid-Cap-M&A-Tätigkeit für deutsche Unternehmen bekannt – sie bezog kaum Mandate aus dem Netzwerk. Nachdem einiges in die Infrastruktur investiert worden ist, ändert sich dies nun. Die Corporate-Praxis arbeitete an interessanten Deals der US-Westküste-Mandanten Microsoft bzw. Bill Gates Foundation, etwa bei hohen Investitionen in die Berliner VC-Szene. K&L Gates gilt inzwischen als eine der wichtigen – wenn auch nach wie vor kleinen – Corporate-Hauptstadtpraxen.

Ein Markenzeichen des Berliner Büros ist daneben seine Medienpraxis, die den Mandantenstamm kontinuierlich erweitern konnte. Doch das Team musste auch einen Verlust hinnehmen: Der bekannte Telekommunikationsrechtler Dr. Tobias Bosch wechselte zu Noerr und reißt damit eine Lücke in einen tragenden Teil der Praxis. Das Berliner Vergaberechtsteam hat das Ausscheiden seines renommiertesten Partners im Vorjahr hingegen inzwischen verkraftet und kam wieder auf die Beine. Doch K&L Gates setzte auch wieder auf Quereinsteiger, um das Angebot zu vergrößern. Karsten Seidel kam von King & Wood hinzu, sodass die Sozietät nun auch die Schnittstelle zur Vermögens- u. Nachfolgeplanung abdeckt. Er ist nach dem Investmentrechtler Dr. Till Fock der 2. Zugang aus der Kanzlei und beide gemeinsam passen hervorragend zum Profil der US-Praxis. Eine mindestens ebenso wichtige Entwicklung war der Gewinn des Frankfurter Clifford-Chance-Partners Dr. Thorsten Vormann, der eine Lücke im Patentbereich schließt. Finanzierungsrechtlerin Julia Müller, seit 2012 Partnerin bei K&L, wechselte zu Herbert Smith Freehills.
Empfohlen für: ▶Compliance; ▶Gesellsch.-recht; ▶Immobilien; ▶M&A; ▶Medien; ▶Private Equ. u. Vent. Capital; ▶Steuer; ▶Vergabe.
Siehe auch: ▶Berlin; ▶Frankfurt.
Anwälte in Deutschland: 68
Internat. Einbindung: In Europa neben Dtl. auch in Brüssel, London, Paris, Moskau u. Warschau präsent, breite Aufstellung in den USA, dazu in Asien (v.a. China, auch Japan u. Taiwan) u. Australien
Entwicklung: Der Weggang von Bosch in Berlin war einer der wenigen Rückschläge, die K&L Gates seit dem Kanzleiaufbau in Deutschland hinnehmen musste. Der Weggang für sich wäre zu verkraften, doch steht er im Kontext mit einem weit größeren Umbruch der Gesamtkanzlei: Vor knapp 3 Jahren hatte K&L Gates mit der großen australischen Kanzlei Middletons fusioniert. Das wirkte sich zum einen negativ auf die Profitabilität aus, zum anderen kamen einige Leistungsträger der US-Büros zu dem Schluss, dass sie schlichtweg

NATIONALER ÜBERBLICK TOP 50

kein immenses internationales Netzwerk brauchten. So kam es dazu, dass im vergangenen Jahr knapp 80 Partner an verschiedenen US-Standorten die Sozietät verließen. Dadurch gerieten auch hierzulande einige Anwälte in Unruhe, weil mit den ausscheidenden US-Anwälten auch Mandatsbeziehungen verloren gingen, die für die deutsche Praxis eine wichtige Rolle spielten. Es wird noch viel gutes Zureden des deutschen und internationalen Managements nötig sein, um auch den deutschen Partnern zu versichern, dass die Kanzlei auf dem richtigen Weg ist, um die Gefahr weiterer Weggänge zu bannen.

KAPELLMANN UND PARTNER
Nationaler Überblick Top 50 ☐☐☐☐☐☐☐☐

Bewertung: Schritt für Schritt kommt Kapellmann auf ihrem Weg zu einer Full-Service-Kanzlei voran, was sich auch in den jüngsten Partnerernennungen widerspiegelt: Einem neuen Equity-Partner in ihrer Paradedisziplin Bauvertragsrecht/Anlagenbau stehen 2 im Immobilienrecht und einer im Bereich Corporate an der Seite. In den Bereichen Restrukturierung, Steuern und Wirtschaftsstrafrecht beförderte sie Nachwuchsanwälte zu Salary-Partnern. Zudem gewann sie von Freshfields einen jungen Spezialisten im Gewerblichen Rechtsschutz, der in D'dorf eine eigenständige Praxisgruppe aufbauen soll. Der Schritt ist sinnvoll, berührt v.a. das derzeit wachsende Immobilientransaktionsgeschäft mit der regelmäßig die Schnittstelle IP. Dasselbe gilt für das Steuerrecht, wo ein weiterer Ausbau zumindest geplant ist.

Daneben treibt Kapellmann ihr Geschäft über die bewährte Einrichtung von Kompetenzteams voran. Nach den Erfolgen etwa bei Flughäfen oder im Anlagenbau hat sie nun ein Team für den Gesundheitssektor etabliert und v.a. im Baurecht bereits zahlreiche neue Mandanten gewonnen, die sie etwa bei Klinikneu- u. -umbauten begleitet. Gerade in ihrem Kerngebiet besetzt und prägt Kapellmann ohnehin regelmäßig Trendthemen. Aktuelles Beispiel ist das Building Information Modelling (BIM), über das die gesamte Baubranche spricht. Kapellmann hat sich in einer Ausschreibung des Bundesverkehrsministeriums die wissenschaftliche Begleitung mit 4 Pilotprojekten gesichert. Hier handelt es sich um Infrastrukturprojekte der Deutschen Bahn u. der Deges, bei denen die BIM-Methode zum Einsatz kommen soll. Auch im Vergaberecht ist Kapellmann vielen Wettbewerbern einen Schritt voraus: So sicherte sie sich ein Mandat für Keolis im erst im Vorjahr neu entstanden Gebiet der Bahnstromausschreibungen. Geglückt ist dies durch den Zugang von Dr. Marc Opitz aus der Rechtsabteilung der Deutschen Bahn im Vorjahr – ein weiteres Beispiel für Kapellmanns strategischen Personalausbau. Die regelmäßige Ernennung von Partnern, die kontinuierliche Betreuung der Nachwuchsanwälte sowie ein bewusst angestrebtes, gemäßigtes Arbeitspensum sorgen dafür, dass Kapellmann sehr wenig Fluktuation verzeichnet.

JUVE Kanzlei des Jahres in: ▶ Vergaberecht.
Empfohlen für: ▶ Kartellrecht; ▶ ÖPP; ▶ Priv. Baurecht; ▶ Projekte/Anlagenbau; ▶ Vergabe; ▶ Verkehr.
Siehe auch: ▶ Düsseldorf; ▶ Brüssel.
Anwälte in Deutschland: 125
Internat. Einbindung: Lose, teils langjährig etablierte Kontakte zu Partnerkanzleien im Ausland; eigenes Büro in Brüssel.

Entwicklung: Die Entwicklung der Praxisgruppe Kartellrecht steht beispielhaft für den Ausbau des Beratungsangebots bei Kapellmann. Was hier gelungen ist – sowohl bestehende Mandanten für kartellrechtliche Beratung zu gewinnen als auch eigenes Geschäft zu generieren, was zuletzt sehr gut auch mithilfe des Brüsseler Büros gelang –, ist die Blaupause dafür, was die Kanzlei auch in anderen Rechtsgebieten erreichen will. Um nicht nur in der Baubranche einen deutlichen Fußabdruck zu hinterlassen, ist es für Kapellmann jedoch besonders wichtig, ihren Corporate-Bereich weiter zu stärken, der noch relativ unauffällig agiert. Zwar konnte die Kanzlei zuletzt auch vom anziehenden Transaktionsmarkt profitieren, wobei sie eine beachtliche Zahl auch grenzüberschreitender Deals berät, doch hat die Praxis in ihrer derzeitigen Größe kaum eine Chance, sich zu einem Treiber der Kanzlei zu entwickeln. Ein ähnlich konsequentes Vorgehen wie im Kartell- oder Strafrecht – letztlich die Basis auch für eine positive Entwicklung der Compliance-Arbeit – ist jedoch derzeit nicht zu erkennen. Auch die noch kleinen Praxen wie Steuern u. Arbeitsrecht können eine Erweiterung gut vertragen, um die Gesamtkanzlei voranbringen zu können.

KING & WOOD MALLESONS
Nationaler Überblick Top 50 ☐☐☐☐☐☐☐☐

Bewertung: Auch im Jahr 2 nach der weltweiten Fusion zu KWM setzt sich der Wandel der deutschen Praxis fort. Angesichts der riesigen Dimension des Zusammenschlusses ist dies nicht überraschend und – zumindest was die Veränderungen im personellen Gefüge betrifft – weniger einschneidend als im Vorjahr. Die Konturen des Wandels werden dennoch deutlicher: Der internationale Anteil der Arbeit steigt, das Geschäft wird tendenziell transaktionslastiger. Die ausgerufene stärkere Fokussierung auf die 4 Säulen Corporate, Fonds, Finanzierung sowie Prozessführung schreitet voran. In diesen Kerngebieten werden auch die deutschen KWM-Büros nicht flächendeckend, aber doch tendenziell stärker. Insbesondere die Finanzierungspraxis kommt durch Quereinsteiger der Vorjahre sowohl auf Kreditnehmer- als auch Kreditgeberseite sichtbar voran und hat sich mit guten Kontakten, etwa zur Deutschen Bank und EQT, als feste Adresse im Markt etabliert. Die noch sehr kleine Litigation-Praxis profitiert u.a. von einem stärkeren Austausch mit den M&A-Experten und positioniert sich zudem beim Thema Kartellschadensersatz. Der angesehene Private-Equity-Praxis gelangen neben ihrer gewohnt starken Bilanz bei mittelgroßen Deals zuletzt Schritte im Large-Cap-Segment. Im M&A-Geschäft setzte sich der Trend des Vorjahrs fort: das asiatisch-pazifische Geschäft nimmt immer mehr Raum ein. Eine Fortsetzung fand auch die stärkere Ausrichtung der Steuerpraxis auf das Transaktionsgeschäft; ein Partner mit Schwerpunkt in der steuerstrafrechtlichen Begleitung und Nachfolgeberatung verließ die Kanzlei (zu K&L Gates). Auch in anderen Praxen gingen Partner, die die veränderte Ausrichtung nicht mitgehen konnten oder wollten: Nach nur einem Jahr verließ ein von Allen & Overy gekommener Kartellrechtler KWM wieder (eigene Kanzlei) und im Team für Strukturierte Finanzierungen ging die Chefin Dr. Walburga Kullmann, die im preislich sehr umkämpften Derivateberatung höchstes Ansehen genießt. Der Druck in der Kanzlei, höherwertigeres Geschäft zu generieren, wird

unterdessen nicht geringer. In dieser Hinsicht war das vergangene Geschäftsjahr kein Erfolg, einer leicht gestiegenen Anzahl von Anwälten stand ein leicht gesunkener Umsatz gegenüber.

Empfohlen für: ▶ Anleihen; ▶ Gesellsch.recht; ▶ Handel u. Haftung; ▶ Investmentfonds; ▶ Kartellrecht; ▶ Kredite u. Akqu.fin.; ▶ M&A; ▶ Medien; ▶ Private Equ. u. Vent. Capital; ▶ Steuer.
Siehe auch: ▶ Frankfurt; ▶ München.
Anwälte in Deutschland: 84
Internat. Einbindung: Erste globale Kanzlei mit Hauptsitz in Asien. Ww. über 2.700 Anwälte und 30 Büros, zusammengeschlossen unter dem Dach eines Schweizer Vereins. Starke asiat.-pazifische Achse, daneben europ. Büros in London, Paris, Madrid, Brüssel, Mailand und Turin.

Entwicklung: Die Kontur der künftigen deutschen Praxis von KWM wird klarer. KWM scheint personell recht gefestigt und wird in ihren Spezialisierungen im Markt kontinuierlich präsenter. Um dies indes in nachhaltiges geschäftliches Wachstum umzusetzen, wird sie in einigen Praxen ihr internationales Netzwerk durch engere Vernetzung noch deutlich stärker nutzen müssen. So etwa im Kartellrecht und insbesondere im Gesellschaftsrecht, wo sie mit ihrer Ausbauagenda bisher nur bedingt vorankommt. Dabei wäre es unrealistisch, ein so ambitioniertes Projekt, wie es die Integration einer großen europäischen Praxis mit einer etablieren chinesischen Praxis darstellt, nur an einer durchgängigen Kette von Erfolgsmeldungen messen zu wollen. KWM ist weltweit die erste internationale Großkanzlei mit chinesischen Wurzeln und insofern Vorreiterin für eine strategische Marktentwicklung, auf die mit Dentons/Dacheng zuletzt auch weitere gesetzt haben.

KÜMMERLEIN
Nationaler Überblick Top 50 ☐☐☐☐☐☐☐☐

Bewertung: Von Essen aus pflegt die Kanzlei ihre langjährigen Kontakte zur Ruhrindustrie und zu namh. Mittelständlern. Kontinuierlich trieb Kümmerlein ihr Geschäft auch in diesem Jahr weiter voran. Gerade weil sie sich auf ihrer Top-Position im Ruhrgebiet nicht ausruht, behauptet sie sich erfolgreich gegen Konkurrenten. Die auffälligsten Entwicklungsschritte machten zuletzt Spezialbereiche. Die IP-/IT-Praxis um Jens Nebel und Dr. Kay Diedrich überzeugte eine ganze Reihe neuer Mandanten von sich, darunter z.B. Galeria Kaufhof, die sie im Zusammenhang mit der neuen E-Commerce-Plattform beriet. Im Arbeitsrecht wurde Kümmerlein v.a. bei Betriebsstilllegungen oder Restrukturierungen mandatiert. Erfolgreich verlief das Jahr auch für die M&A-Anwälte, die mit Transaktionen für Hochtief und Etex im Markt präsent waren. Ein Highlight markierte aber die Beratung von Telefónica beim Verkauf mehrerer Mobilfunkstandorte an die Telekom, ein Mandat, das durch die langjährige Beziehung zu E-Plus zustande kam. Den Nukleus der Kanzlei bildet nach wie vor die anerkannte Gesellschaftsrechtspraxis, wo Kümmerlein v.a. mittelständische Mandanten berät. Die Tür zu namh. Ruhrkonzernen öffnet sich regelmäßig ihr renommiertes Notariat. Diese Beziehungen will Kümmerlein nun auch auf die klass. gesellschaftsrechtl. Beratung übertragen. Das dynamische Wachstum der Vorjahre erforderte neue interne Strukturen, die Kümmerlein entsprechend schuf. Der erfolgreiche Modernisierungsprozess hat zur Folge, dass das Interesse von Associates aus Großkanzleien an der Kanzlei stetig wächst. Zu-

Die Anwaltszahlen stammen aus den Statistiken im Serviceteil, Stand Juli 2015. Dort finden Sie ab Seite 636 weitere Statistiken.

TOP 50 NATIONALER ÜBERBLICK

letzt wechselte ein junger Arbeitsrechtler von Bird & Bird nach Essen und im M&A-Bereich stieß ein Freshfields-Associate hinzu, der sogleich das Etex-Mandat akquirierte.

Empfohlen für: ▶Arbeit; ▶Gesellsch.recht; ▶M&A; ▶Notare; ▶Umwelt u. Planung.
Siehe auch: ▶Ruhrgebiet.
Anwälte in Deutschland: 48
Internat. Einbindung: Unabhängige Kanzlei, die regelm. mit ausl. Kanzleien kooperiert. Besonders eng ist die Arbeit mit der brit. Kanzlei Burges Salmon. Weitere Schwerpunkte: USA, Mailand, Paris u. Warschau.
Entwicklung: Nachdem sich die Kanzlei zuletzt v.a. auf interne Abläufe konzentrierte, wird es nun Zeit, sicher wieder verstärkt der strategischen Geschäftsentwicklung zu widmen u. die Spezialisierungen weiter voranzutreiben, denn langfristig wird Kümmerlein ihr Geschäft nicht nur auf die erfolgr. Kernpraxen im Gesellschaftsrecht (inkl. Notariat) u. M&A stützen können. Ihre Spezialbereiche sind aber mit Ausnahme des Arbeits- sowie Umwelt- u. Planungsrechts weiterhin lediglich regional präsent. Bei Themen, die die mittelständ. Kernmandantschaft aktuell umtreiben, ist ihr die Essener Wettbewerberin Aulinger sogar einen Schritt voraus. Die Rede ist von Kartellrecht u. Compliance. Zwar engagiert sich die IT-Praxis mittlerw. in einer gewissen Anzahl an Compliance-Mandaten, bis zur Etablierung einer praxisübergreifenden Beratung liegt aber noch ein Stück des Weges vor der Kanzlei.

LATHAM & WATKINS
Nationaler Überblick Top 50 ◻◻◻◻◻◻◻

Bewertung: Die Kanzlei kommt ihrem erklärten Ziel, in den Kreis der Marktführer in Deutschland vorzudringen, immer näher. Wettbewerbern imponiert die Entschlossenheit, mit der Latham dabei vorgeht. „Sie bewegen sich mit der Wucht einer Dampfwalze vorwärts", kommentiert ein Partner einer führenden Wettbewerberin. Vor allem ihre derzeitigen Investitionen in namhafte Quereinsteiger waren für diesen Eindruck entscheidend. In diesem Jahr wartete sie erneut mit drei Personalien auf: Im Frühjahr gewann Latham zwei führende Private-Equity-Experten von Clifford Chance als Quereinsteiger: Oliver Felsenstein, bis dahin Co-Chef der weltweiten Private-Equity-Praxis, und den aufstrebenden jüngeren Partner Burc Hesse. Nur wenige Monate später wechselte auch die Chefin der zentralen Bank- und Finanzrechtsgruppe von Clifford Chance, Alexandra Hagelüken, ins Frankfurter Latham-Büro. Mit diesen Zugängen baute Latham ohnehin starke Praxen strategisch sinnvoll aus: So berät die Finanzierungspraxis zwar regelmäßig auch große Private-Equity-Mandanten, war aber auf Bankenseite und bei Unternehmensfinanzierungen bisher nicht vergleichbar präsent. Genau diese Lücke schließt Hagelüken. Die Neuzugänge sind symbolisch ebenso bedeutend wie fachlich. Dass es gelungen ist, derart renommierte Partner aus marktführenden Praxen abzuwerben, ist ein starkes Signal: Latham scheut, ähnlich wie in London, weder Kosten noch Energien auf dem Weg zur Marktspitze.

Flankiert wird dies von einer immer tieferen Verankerung vor allem der Corporate-Praxis in der deutschen Konzernlandschaft, die auch eine Folge der Eröffnung in Düsseldorf im Jahr 2013 ist. Neben dem Toll-Collect-Großmandat für Daimler, das die damaligen Quereinsteiger von Shearman & Sterling mitbrachten, kam Latham nun auch bei Transaktionen für Funke und Tengelmann zum Zug. Bezeichnend für die Entwicklung war in mehrfacher Hinsicht die Arbeit für Siemens bei der Übernahme des US-Unternehmens Dresser-Rand. Nicht nur war der Deal ein weiterer wichtiger Schritt in die obersten Etagen der deutschen Wirtschaft, auch zeigte sich erneut, wie die deutsche Praxis – ähnlich wie bei der Beratung zu Bank-Bond-Finanzierungen mit US-High-Yield-Komponente – von ihrer engen Anbindung an die US-Büros profitiert. Allerdings verlor Latham mit Dr. Jörg Kirchner (zu Kirkland & Ellis) und Dr. Volkmar Bruckner (zu Weil Gotshal) kurz darauf die deutschen Partner, die den Deal begleitet hatten. Kirchner war nicht nur die zentrale Figur in der Mandatsbeziehung zu Siemens, sondern zählt zu den führenden Private-Equity-Beratern mit guten Beziehungen etwa zu Bain Capital. Insofern bedeutet sein Abgang für die Kanzlei mehr als nur einen Rückschlag für die kurz zuvor durch die Clifford-Zugänge gestärkte PE-Praxis. Auch die Kartellrechtlerin Susanne Zühlke (eigene Boutique) und der Prozessexperte Dr. Ulrich Börger (zu Harte-Bavendamm) verließen die Kanzlei. Für Latham bedeutet das, dass sie die Arbeit an der Schnittstelle von Kartellrecht und Litigation nachjustieren muss. Diese ist entscheidend beim Trendthema Kartellschadensersatz. Dass Latham hier durchaus Potenzial für sich sieht, unterstreicht unter anderem der Wechsel einer US-Litigation-Partnerin ins Brüsseler Büro.

JUVE Kanzlei des Jahres in: ▶Bank- und Finanzrecht.
Besondere Stärken: ▶Private Equ. u. Vent. Capital; ▶Bank- und Finanzrecht.
Empfohlen für: ▶Anleihen; ▶Arbeit; ▶Außenhandel; ▶Bankrecht u. -aufsicht; ▶Beihilfe; ▶Börseneinführ. u. Kapitalerhöhung; ▶Energie; ▶Gesellsch.recht; ▶Gesellschaftsrechtl. Streitigk.; ▶Gesundheit; ▶Handel u. Haftung; ▶Immobilien; ▶IT; ▶Kartellrecht; ▶Kredite u. Akqu. fin.; ▶M&A; ▶ÖPP; ▶Restrukturierung/Sanierung; ▶Steuer.
Siehe auch: ▶Frankfurt; ▶Hamburg; ▶München; ▶Düsseldorf; ▶Brüssel.
Anwälte in Deutschland: 160
Internat. Einbindung: Internat. integrierte Kanzlei, urspr. aus Los Angeles, mit starken Büros u.a. in New York u. Washington sowie Houston. Seit drei Jahren gibt es einen strategischen Akzent auf einer Stärkung der europäischen Büros.
Entwicklung: Die Zugänge von Oliver Felsenstein und Alexandra Hagelüken belegen zwar eindrucksvoll die Attraktivität von Latham, erzeugen jedoch unweigerlich einen enormen Druck auf die bestehende Partnerschaft. Die ohnehin ambitionierte interne Messlatte in Bezug auf Umsatzerwartungen liegt noch höher. Einerseits ist genau dieser Effekt beabsichtigt, schließlich arbeitet die Kanzlei mit aller Kraft daran, das Niveau ihres Geschäfts in neue Höhen zu hieven. Andererseits erzeugt der eingeschlagene Weg notwendigerweise Spannungen in der Partnerschaft, deren Selbstverständnis traditionell neben einem hohen, gemeinsamen Leistungsanspruch auch eine ausgeprägte Konsenskultur beinhaltet.

Insofern bringt die Fokussierung auf extrem umsatzstarke Quereinsteiger auch Unruhe, und in renditeträchtigen Spezialgebieten durchaus das Risiko weiterer Personalverluste.

Gerade der Weggang von Dr. Jörg Kirchner wirft auch ein Schlaglicht auf eine strategische Grundsatzfrage, bei der die Interessen des US-Managements und der deutschen Praxis noch nicht deckungsgleich zu sein scheinen. Dem Vernehmen nach sahen US-Partner den Aufbau der Siemens-Beziehung – aus Sicht der deutschen Praxisentwicklung bedeutender strategischer Erfolg – als weniger beeindruckenden Margenerfolg. Hier wird die interne Diskussion mehr Verständnis für das Funktionieren des deutschen Markts herbeiführen müssen.

Um eine Lösung ringt die Kanzlei zweifellos in einer sehr komfortablen Situation, denn unter dem Strich bedeutet das zurückliegende Jahr einen deutlichen Schritt nach vorn. Die deutschen Corporate-Partner sind unbeirrt dabei, sich durch die exzellenten Verbindungen gerade der Zugänge in Düsseldorf auch im begehrten deutschen Großmittelstand weiter den Weg zu bahnen. Auch die Praxen im Steuer- oder Arbeitsrecht, die nicht durch spektakuläre Personalien auffielen, arbeiten weiter konsequent an der Weiterentwicklung ihres Geschäfts.

Langsam zeigen sich dabei auch Erfolge bei der Überwindung des in früheren Jahren durchaus ausgeprägten Standortdenkens. Hierzu trägt der vor drei Jahren eingeleitete Managementschwenk zur stärkeren gemeinsamen Geschäftsentwicklung über einzelne Standorte hinweg zunehmend Früchte, etwa bei der Ausweitung des Toll-Collect-Mandats oder der stärkeren Branchenfokussierung, die vor allem der Corporate-Praxis vorantreibt.

Dennoch fällt auf, dass führende Wettbewerber bei der strategischen Zusammenführung von Spezialisten, etwa zum Aufbau neuer Beratungsprodukte wie Compliance, zum Teil weiter sind als Latham. Gerade den Bereich Compliance geht sie aus bestehenden Beziehungen, v.a. im Bankensektor, an. Das ist bei Hengeler Mueller allerdings ähnlich, und bedeutet insofern weniger ein Qualitätsurteil, als es manche Wettbewerber beim ersten Anschein meinen.

LINKLATERS
Nationaler Überblick Top 50 ◼◻◻◻◻◻◻

NOMINIERT
JUVE Awards 2015
Kanzlei des Jahres

Bewertung: Das Jahr 2015 bestätigte die Position von Linklaters als Teil des Führungstrios in Deutschland eindrucksvoll. Nicht nur das Corporate-Geschäft stieß im Hinblick auf deutsche Großkonzerne nochmal in neue Dimensionen vor, auch die Fortentwicklung der deutschen Praxis in strategisch-fachlicher und personeller Hinsicht beeindruckte.

Im Gesellschaftsrecht sicherte sich die Kanzlei mit der Aufspaltung des E.on-Konzerns ein Mandat, das noch vor wenigen Jahren so gut wie sicher an Freshfields oder Hengeler gegangen wäre. Dasselbe gilt für die Carve-outs der Kunststoff- u. Chemiesparte von Bayer oder des Lampengeschäfts von Osram. Zwar waren dies nicht die ersten Schlüsseltransaktionen für deutsche Großkonzerne, doch in dieser Häufung traten sie bei Linklaters bislang neu auf. Dies zeigt, dass die Kanzlei sich endgültig als eine der Top-Beraterinnen in diesem Wirtschaftssegment etabliert hat. Mindestens genauso beachtlich ist, mit welcher Selbstverständlichkeit eine ganze Riege jüngerer Partner hier inzwischen agiert. Zwar unterstrich Dr. Ralph Wollburg seine herausragende Rolle innerhalb der Praxis bei E.on, doch stand an der Spitze des Teams für Bayer Dr. Nikolaos Paschos, das Osram-Mandat wurde wesentlich von Dr. Rainer Traugott gesteuert, u. mit Staffan Illert führte ein ganz junger Partner mit dem Kauf der Handelsplattform 360T einen der zentralen Deals für die Deutsche Börse. Lange zweifelten Wettbewerber, ob der konsequente Transaktionsfokus der Kanzlei gut tun könne, doch zeigt sich nach kleinen Kurskorrekturen nun, dass die Strategie sogar in regulierten Branchen funktioniert. Belege dafür bietet v.a. das Energierecht, wo sich Linklaters einen beeindruckenden Trackrecord bei Offshorewindkraftprojekten erarbeitet hat. Mit der Beratung der Strombörse EEX beim Kauf der niederländischen Energiebörse hat die Kanzlei zudem einen der wesentlichen Deals der Branche begleitet, ebenso wie im Versicherungsbereich mit der Beratung von Athene beim Kauf des deutschen Geschäfts von Delta Lloyd.

Den Schwung, den solche Erfolge mit sich bringen, nutzt die Kanzlei nun, um in neue, profitable Gebiete vorzudringen, zuletzt in das Patentrecht. Aus der Konfliktlösungspraxis heraus hat Linklaters nun hochkarätige Patentprozesse ins Auge gefasst und setzt hierbei auf die zum Jahresanfang gewechselte ehemalige Leiterin der deutschen Patentrechtspraxis von DLA Piper, Dr. Julia Schönbohm. Die Kanzlei ist dabei, sich in Zusammenarbeit mit den Patentexperten in London u. Paris rechtzeitig zum Start des neuen europäischen Patentsystems aufzustellen. Das Patentrecht ist der deutlichste Beleg, dass Linklaters sich bei der internationalen Zusammenarbeit nicht auf das Corporate-Geschäft beschränkt. Alle o.g. deutschen Großmandate spielten neben dem deutschen Schwerpunkt in drei oder mehr Ländern, sodass die Praxis neben ihrer klassischen Inbound- mittlerweile auch eine klarere Outboundlinie fährt. Ein wichtiger Unterschied zu Freshfields ist philosophischer Natur: Freshfields definiert Mandate seit einiger Zeit weniger über ihre nationale Herkunft, sondern als Aufgabe der globalen Gesamtpraxis. Im Ergebnis ist der Unterschied derzeit jedoch möglicherweise marginaler, als er klingt.

JUVE Kanzlei des Jahres in: ▶Gesellschaftsrecht.
Besondere Stärken: ▶Anleihen; ▶Bankrecht u. -aufsicht; ▶Gesellsch.recht; ▶Handel u. Haftung; ▶Investmentfonds; ▶Kartell; ▶Kredite u. Akqu. fin.; ▶M&A; ▶Restrukturierung/Sanierung; ▶Steuer; ▶Private Equ. u. Vent. Capital.
Empfohlen für: ▶Arbeit; ▶Beihilfe; ▶Börseneinführ. u. Kapitalerhöhung; ▶Compliance; ▶Energie; ▶Gesellschaftsrechtl. Streitigk.; ▶Immobilien; ▶ÖPP; ▶Patent; ▶Umwelt u. Planung; ▶Unternehmensbez. Versichererberatung; ▶Verfassungs- u. Verwaltungsrecht; ▶Vergabe.
Siehe auch: ▶Berlin; ▶Düsseldorf; ▶Frankfurt; ▶München; ▶Brüssel.
Anwälte in Deutschland: 278
Internat. Einbindung: Ww. integrierte Sozietät, als Transaktionskanzlei v.a. in Europa eine der stärksten. In bestimmten Regionen setzt die Kanzlei auch auf (exklusive) Allianzen, in Südafrika etwa mit Webber Wentzel, in Saudi-Arabien mit Abdulaziz AlGasim sowie in Asien u. Australien mit Allens Arthur Robinson.
Entwicklung: Der Erfolg der neuen Partnergeneration insbes. in Corporate und M&A dürfte der Kanzlei das Selbstbewusstsein geben, den in den vergangenen Jahren eingeschlagenen Weg des Umbaus der Partnerschaft weiter voranzutreiben – selbst wenn dabei immer wieder prominente Namen gehen. So verabschiedete sich mit Dr. Eva Reudelhuber, die im Sommer 2015 zu Gleiss Lutz wechselte, die renommierteste u. erfahrenste Partnerin im Kreditfinanzierungsteam. Doch das verschafft nun auch in diesem Bereich der nächsten Generation die Chance, aber auch die Verpflichtung, sich zu beweisen. Ein ähnliches Bild bietet sich im Bereich Konfliktlösung: Nach der Trennung von Laurenz Schmitt, der nach internen Querelen die Kanzlei verließ, wechselte mit Kirstin Schwedt eine frisch ernannte Frankfurter Partnerin nach München. Auch hier zeigt die Kanzlei, wie sehr sie mittlerweile auf die eigenen Kräfte vertraut. Für die Praxen Compliance u. D&O-Haftungsfragen fehlt allerdings vorerst ein bekanntes Gesicht.

Nicht in jedem Bereich hat Linklaters eine interne Lösung parat. So dürfte die vor Jahren ausgedünnte Immobilienwirtschaftsrechtsabteilung wohl nur mit einem erfahrenen Quereinsteiger wieder an frühere Hochzeiten anknüpfen können. Nicht zuletzt angesichts des freundlichen Transaktionsumfelds wird dieser Bereich aus Sicht einer größeren Anzahl von Partnern der nächste sein, der wieder ausgebaut werden wird. Derzeit wird das Bild der Kanzlei im Markt durch die Immobilienfinanzierung bestimmt – eine Interpretation des Leistungsspektrums, das den Ansprüchen von Linklaters nicht genügen kann.

LUTHER
Nationaler Überblick Top 50
Bewertung: Luther wird von Wettbewerbern oft übersehen. Ursachen dafür liegen in ihrem mittelstandsgeprägten Ursprung, ihrem breit gefächerten Full-Service-Angebot, aber auch an ihrer Vorgeschichte als nah an einer Wirtschaftsprüfungsgesellschaft orientierten Sozietät. In den vergangenen Jahren hat das Management die Kanzlei aber dezidiert und klar umgestaltet. Luther ist sogar die einzige der 15 größten Kanzleien Deutschlands, die ihren Pro-Kopf-Umsatz seit der Finanzkrise jedes Jahr steigern konnte. Das spiegelt wider, dass sie die Qualität ihrer Mandate schrittweise u. kontinuierlich hat steigern können.

Die Speerspitze der Entwicklung bildet die Beratung zu operativen Bereichen wie ▶Vertriebssysteme, ▶Energie und ▶IT. Über diese hat die Kanzlei den Weg in die Beratung von Konzernen gefunden, ohne jedoch ihre Stammklientel im Mittelstand dabei zu vernachlässigen. Das Energieteam, das vor einigen Jahren durch den Wechsel guter Junganwälte führender Kanzleien aufgebaut wurde, ist nun für E.on tätig und berät bei einer großen Anzahl an Projekten im Bereich erneuerbarer Energien. Die Vertriebsrechtspraxis erlebte durch einige Zugänge im Düsseldorfer Büro einen kräftigen Zuwachs an neuen italienischen Mandanten. Zusammen mit dem starken Vertriebskartellrechtsteam findet Luther – wie Noerr und CMS vor wenigen Jahren – einen festen Platz im wichtigen Tagesgeschäft dieser Mandanten, was in Zukunft zu einer verstärkten Mandatierung bei Transaktionen führen kann.

Da sich die Integration von Seiteneinsteigern für diese Bereiche in der Vergangenheit ausgezahlt hat, verstärkte sich Luther nun weiter ins Bau-, Öffentliche und Vergaberecht. Die Vertriebs- und Arbeitsrechtspraxen sind beispielhaft für die Intensivierung der standortübergreifenden Zusammenarbeit im vergangenen Jahr.

Doch Luther musste auch einige Weggänge verkraften: In Dresden führte der Wechsel des anerkannten Gesellschaftsrechtlers Dr. Frank Lohse zur Verschmelzung des verbliebenen kleinen Büros mit dem Standort in Leipzig. Einschneidender war der Abgang eines Steuer-Compliance-Experten, der mit seinem Team in Frankfurt seine eigene Kanzlei aufbauen wird. Hinzu kommt das Ausscheiden führender Steuerrechtspraxis aus der Taxand-Allianz zum Jahresende 2015. Vor dem Hintergrund des heutigen Full-Service-Ansatzes ist die Trennung folgerichtig, denn dafür braucht Luther eine andere Art internationaler Allianz.

JUVE Kanzlei des Jahres in: ▶Vertrieb/Handel/Logistik.
Empfohlen für: ▶Arbeit; ▶Anleihen; ▶Außenhandel; ▶Beihilfe; ▶Energie; ▶Gesellsch.recht; ▶Gesundheit; ▶Handel u. Haftung; ▶IT; ▶Immobilien; ▶Kartellrecht; ▶M&A; ▶Marken u. Wettbewerb; ▶Priv. Baurecht; ▶Projekte/Anlagenbau; ▶Steuer; ▶ÖPP; ▶Umwelt u. Planung; ▶Vergabe; ▶Vertrieb.
Siehe auch: ▶Berlin; ▶Düsseldorf; ▶Frankfurt; ▶Hamburg; ▶Köln; ▶München; ▶Niedersachsen; ▶Ruhrgebiet; ▶Sachsen; ▶Stuttgart; ▶Brüssel.
Anwälte in Deutschland: 311
Internat. Einbindung: Die Kanzlei hat 5 ausl. Büros: Brüssel, London, Luxemburg, Singapur u. Schanghai, wo auch Anwälte mit chin. Zulassung arbeiten. Ende 2015 verlässt Luther das ww. Steuernetzwerk Taxand. Es bestehen aber immer noch Best-Friend-Beziehungen zu Kanzleien in Europa (z.B. in Österreich zu KWR Karasek Wietrzyk), zudem Kooperation in Ungarn mit Walde, Fest & Partners.
Entwicklung: Luther steht vor 2 großen Herausforderungen. Der erfolgreichen Positionierung in operativen Bereichen muss eine vergleichbare Entwicklung in der Corporate-Praxis folgen. Andere Kanzleien haben bewiesen, dass es durchaus gelingen kann, den Schritt von Fachbereichen, in denen zumeist der Rechtsabteilungsleiter zentraler Mandatsgeber und Bezugsperson ist, hin zu Tätigkeiten, bei denen Geschäftsleitung und Vorstand eine deutliches Wort bei der Mandatierung mitreden, zu schaffen. Dieses lukrativere Segment ist jedoch häufig in grenzüberschreitender Arbeit verankert. Luthers internationale Ausrichtung steht nach dem Ausscheiden bei Taxand insofern vor einem strategischen Schwenk. Gerade weil Luther in den letzten Jahren sehr erfolgreich darin war, ihr Geschäft zu verbessern, wäre sie möglicherweise sogar ein interessanter Partner – sei es im Rahmen einer Fusion oder in einer lockereren Vereinsstruktur – für ausländische Kanzleien, die ihre Präsenz in Deutschland verstärken müssen.

MAYER BROWN
Nationaler Überblick Top 50
Bewertung: Nachdem die US-Kanzlei über Jahre hinweg eher wenig Aufmerksamkeit auf sich zog, erlebte sie 2015 eine umfangreiche Neugestaltung und wird sich 2016 wohl mit ganz neuem Gesicht zeigen. Der neue Managing-Partner Dr. Guido Zeppenfeld erhielt ein starkes Mandat und Rückendeckung für Investitionen, um die deutsche Praxis zu verstärken. Die Strategie ist klar kommuniziert: ein stärkerer Fokus auf die Profitabilität in der Bank- und Finanzrechtspraxis sowie kräftiges Wachstum des Corporate-Teams. Aufbauen kann

Die Anwaltszahlen stammen aus den Statistiken im Serviceteil, Stand Juli 2015. Dort finden Sie ab Seite 636 weitere Statistiken.

sie dabei auf ihren bekannten Stärken, nämlich dem bemerkenswerten Team für Strukturierte Finanzierung und Derivate in Frankfurt und der Verknüpfung der Restrukturierungs- und Arbeitsrechtspraxen.

Im Zuge der Neugestaltung verließen einige Anwälte die Kanzlei. Darunter war der Weggang des ehem. Managing-Partners Dr. Jörg Wulfken sehr unglücklich, der zu PwC Legal ging und dort seine Kontakte zu Finanzinstituten einbringen soll. Die Liste weiterer Wechsler ist lang, so ging Investment- und Kapitalmarktrechtler Dr. Thorsten Voß zu WTS, Restrukturierungsparter Dr. Rainer Markfort schloss sich Dentons an, Immobilienrechtler Frank Endebrock ging zu Schiedermair, die Finanz- bzw. Aufsichtsrechtler Dirk-Peter Flor sowie Dr. Simon Grieser zählten zum Startteam von Reed Smith in Frankfurt.

Doch zugleich scheint MBs Strategie sie für Zugänge aus führenden Kanzleien in Frankfurt attraktiv zu machen. So stärkte die Kanzlei ihre Anleihenpraxis mit einem Counsel von Allen & Overy und ihre Aufsichtsrechtspraxis mit einem Zugang von Freshfields. Die aufsichtsrechtliche Praxis wurde bereits durch ihre Rolle bei der Abwicklung der Hypo-Alpe-Adria-Bad-Bank Heta an der Seite der NRW.Bank visibler – einem der prominentesten Prozesse des Jahres.

Der wichtigste Schritt war jedoch, den früheren Cleary Gottlieb-Partner Dr. Klaus Riehmer für die Rolle als neuen Corporate-Chef in Deutschland zu gewinnen. Als überaus renommierter M&A-Anwalt verleiht er der Praxis Glaubwürdigkeit. Die beste Grundlage für die nächsten Entwicklungsschritte wäre ein anhaltender grenzüberschreitender Transaktionsfluss. MB profitierte erstmals von einem stetigen Zustrom größerer Deals aus den Praxen in den USA und Asien, z.B. Dow und Fosun. Zugleich exportierte die deutsche Praxis nun auch Arbeit in die USA – ein entscheidendes Element, um das Profil der Deutschen dort zu verbessern.

Empfohlen für: ▶Anleihen; ▶Arbeit; ▶Bankrecht u. -aufsicht; ▶Gesellsch.recht; ▶Immobilien; ▶Kartellrecht; ▶Kredite u. Akqu.fin.; ▶M&A; ▶Notare; ▶Restrukturierung/Sanierung.
Siehe auch: ▶Frankfurt; ▶Düsseldorf; ▶Brüssel.
Anwälte in Deutschland: 70
Internat. Einbindung: Transatlant. Kanzlei mit Büros an vielen US-Standorten (Stammsitz in Chicago) u. in London. Seit einigen Jahren bereits große asiatische Büros, v.a. in Hongkong. 2015 eröffnete MB auch ein Büro in Mexiko.
Entwicklung: Ob die neue Strategie in Deutschland erfolgreich sein wird, hängt im Wesentlichen von 2 Faktoren ab: zum einen davon, ob es der Kanzlei gelingt, weitere prominente Partner für ihre Kernpraxen zu gewinnen, und zum anderen von der besseren Vernetzung der weltweiten Corporate-Praxen. Das neu aufgestellte Team wird nun sowohl an seiner Fähigkeit gemessen werden, wichtige Mandanten aus Deutschland zu beschaffen, als auch daran, ob es eine aktivere Rolle dabei spielen kann, ihren Honoraranteil bei weltweiten Stammmandanten zu erhöhen. Insofern ist der personelle Ausbau des derzeit viel zu kleinen Düsseldorfer Büros zentral.

Die Stärke in Asien wie auch in den USA ist ein Pfund, mit dem die Kanzlei in Europa wesentlich stärker wuchern kann. Doch um dieses Potenzial voll auszuschöpfen, muss MB als attraktive Option

für Quereinsteiger wie Riehmer angesehen werden. Weiteres Wachstum für 2016 ist bereits angekündigt.

MCDERMOTT WILL & EMERY
Nationaler Überblick Top 50 ☐☐☐☐☐■☐☐☐
Bewertung: Wachstum durch Quereinsteiger – an dieser Strategie hält McDermott weiterhin fest. In Frankfurt schloss sie zuletzt eine Beratungslücke mit dem Zugang des Finanzierungsexperten Christoph Coenen von Clifford Chance. Doch Coenens Zugang unterstreicht noch eine weitere Entwicklung, denn seine Arbeit an der Schnittstelle von Finanzierung, Corporate und Immobilien steht exemplarisch für die sich kontinuierlich verbessernde standort- u. fachbereichsübergreifende Zusammenarbeit innerhalb der Kanzlei. In D'dorf kam als erster Öffentlichrechtler Dr. Roland Hartmannsberger von Gleiss Lutz hinzu. Auch er soll nicht nur dem starken Immobilienteam, sondern auch der Transaktionspraxis Mehrwert bringen. McDermott verbreitert mit dem Zugang erneut ihr Beratungsangebot über die traditionellen Schwerpunkte in den Bereichen Medien, IT u. Steuern hinaus. Schon im Vorjahr hatte sie von Ashurst ein Private-Equity-Team um Dr. Nikolaus von Jacobs gewonnen, das jetzt mit zahlreichen Transaktionen einen guten Start hinlegte. Sehr erfolgreich entwickelte sich auch die Immobilienpraxis um Dr. Jens Ortmanns, die v.a. durch die Beratung von Signa während des Karstadt-Verkaufs ihre Marktpräsenz deutlich erhöhte und etwa die SEB beim Verkauf eines Milliardenportfolios begleitete. Auch die Restrukturierungspraxis, die sich gut mit den Immobilien- u. Arbeitsrechtlern verzahnt, konnte erneut einige der größten krisenbezogenen M&A-Transaktionen für sich beanspruchen.

Umso schwerer muss die Kanzlei der Weggang beider Kartellrechtspartner treffen: Martina Maier ging zu Unilever, Philipp Werner zu Jones Day. Hier steht die Kanzlei vor einem Neuanfang.

JUVE Kanzlei des Jahres in: ▶Immobilienwirtschaftsrecht.
Empfohlen für: ▶Arbeit; ▶Gesellsch.recht; ▶Gesundheit; ▶Handel u. Haftung; ▶Immobilien; ▶IT; ▶M&A; ▶Medien; ▶Private Equ. u. Vent. Capital; ▶Restrukturierung/Sanierung; ▶Steuer; ▶Telekommunikation.
Siehe auch: ▶Düsseldorf; ▶Frankfurt; ▶München.
Anwälte in Deutschland: 69
Internat. Einbindung: Urspr. aus Chicago stammende Kanzlei, die mittlerweile Standorte in den gesamten USA unterhält, zunehmend bessere Vernetzung zw. dt. u. US-Büros. Auch präsent in London, Rom, Mailand, Brüssel, Paris, Schanghai u. Seoul.
Entwicklung: Der Erfolg von McDermott fußt auf ausgezeichneten Quereinsteigern, die eigenständig ihre Praxis aufbauen können. Die Strategie ist zuletzt im Bereich Restrukturierung und Immobilien durchaus geglückt. Doch diese Strategie hat Grenzen, denn McDermott zählt in Deutschland derzeit mehr Partner als Associates, was für eine internationale Kanzlei ihres Zuschnitts äußerst ungewöhnlich ist und nicht nur mit Rekrutierungsschwierigkeiten erklärt werden kann. Diese Struktur kann aber auf mehreren Ebenen problematisch werden: Zum einen ist der partnerzentrierte Ansatz für die mühsam aufgebaute Zusammenarbeit zwischen den Standorten und Fachbereichen gefährlich, weil

die Leistungsträger sich (aufgrund mangelnder Associate-Unterstützung) vorwiegend um ihr eigenes Geschäft kümmern. Zum anderen ist dieses Geschäft limitiert, wenn die Partner die meiste Arbeit selbst erledigen und dadurch die Neuakquise u. damit die Geschäftsentwicklung vernachlässigt wird. Ein Anzeichen dafür kann ein Bick auf die US-Praxis bieten: Die Verbindungen werden nach wie vor nur in einem sehr überschaubaren Umfang für In- wie Outboundgeschäft genutzt.

Auch ist es noch immer nicht gelungen, in Deutschland eine IP-Kompetenz zu etablieren, die der US-Stärke in diesem Bereich gerecht wird. Will McDermott die positive Entwicklung der letzten Jahre fortsetzen, wird sie mittelfristig in Deutschland eine gesündere Personalstruktur aufbauen müssen.

MENOLD BEZLER
Nationaler Überblick Top 50 ☐☐☐☐☐☐■☐☐
Bewertung: Menold hat sich mit ihrem Konzept als Beraterin des gehobenen Mittelstands zum Vorbild für eine ganze Reihe von Kanzleien entwickelt. Von ihren Mandanten wird sie regelm. über eine große Bandbreite von Rechtsgebieten hinweg für ihre Qualität gelobt. Inzwischen erschließt sich Menold dank dieser Stärken sowie geschickt gewählter externer Zugänge auch Zugang zu Konzernen wie EnBW oder Daimler. Für den Autohersteller war IP-Partner Dr. Andreas Schabenberger vor dem BGH in einem Prozess zu CO_2-Angaben in der Werbung erfolgreich.

Nach ihrem stürmischen Wachstum durch Quereinsteiger Schabenberger im Vorjahr war die Weiterentwicklung aber zuletzt vergleichsweise ruhig, nun wurde auch die Associate-Riege deutlich aufgestockt. Zuletzt stieß noch der Insolvenzverwalter und Restrukturierungsanwalt Jochen Sedlitz (zuvor eigene Kanzlei) hinzu. Mit ihm wurde Menold zum Komplettanbieter im Insolvenzrecht. Dass Verwaltung und Sanierungsberatung sich gut ergänzen, zeigte sich rasch in großen Eigenverwaltungsverfahren, in denen der Neuzugang und der Restrukturierungsexperte Dr. Frank Schäffler schon bald zusammenarbeiten.

Dass bei aller Rasanz das Wachstum in den vergangenen Jahren nie planlos wirkte, sondern das Beratungsangebot sinnvoll abrundete, ist auch das Verdienst des Kanzleimanagements um Lars Kuchenbecker und Dr. Christoph Winkler. Nun ist der Ausbau des internationalen Netzwerks geplant, das für eine Kanzlei von der Statur Menolds bereits beachtlich gut funktioniert. Vor allem die Kontakte in die USA sollen intensiviert werden. Expansionspläne, beispielsweise in Richtung München, die in der Vergangenheit immer wieder ein Thema waren, sind dagegen offiziell vorerst begraben.

Empfohlen für: ▶Arbeit; ▶Gesellsch.recht; ▶M&A; ▶Marken u. Wettbewerb; ▶Nachfolge/Vermögen/Stiftungen; ▶ÖPP; ▶Vergabe.
Siehe auch: ▶Stuttgart.
Anwälte in Deutschland: 86
Internat. Einbindung: Unabhängige deutsche Kanzlei mit regelm. Kontakten zu ausländischen Kanzleien, u.a. in Indien. Enge Kooperation mit Valoris in Frankreich sowie englischen und italienischen Kanzleien, daneben Zusammenarbeit mit div. Sozietäten in der Schweiz und in Österreich.
Entwicklung: Ob die Entscheidung gegen weitere Standorte in Deutschland auf Dauer Bestand hat, wird maßgeblich davon abhängen, wie es Menold

NATIONALER ÜBERBLICK TOP 50

gelingt, den Ausbau ihres Netzwerks voranzutreiben. Denn nur wenn sie es weiterhin schafft, sich in Stuttgart mit glaubwürdiger grenzüberschreitender Kompetenz gegen Wettbewerber wie CMS oder Gleiss zu behaupten, wird sie ihr Geschäftsmodell als regionaler Akteur mit bundes- und weltweiten Ambitionen erfolgreich weiterbetreiben können.

Mit der Beschränkung auf Stuttgart ist die internationale Vernetzung der naheliegendste Weg, um Umfang und Qualität ihres Geschäfts weiter zu optimieren und so auch das personelle Wachstum fortzusetzen. Sich regional im Kampf um Nachwuchsjuristen durchzusetzen, wird weiterhin ein wesentlicher Pfeiler sein. Dazu gehört auch das anhaltende Engagement in der Ausbildung des juristischen Nachwuchses. Die Einstellung gleich einer Reihe junger Anwälte ist ein starkes Zeichen dafür, dass sich die Investitionen in die Nachwuchsarbeit gelohnt haben.

MILBANK TWEED HADLEY & MCCLOY
Nationaler Überblick Top 50 ☐☐☐☐☐☐☐

Bewertung: In Dtl. steht der Name der Kanzlei traditionell v.a. für hochkarätige Corporate-, Steuer- und Kartellrechtspraxen in München und ein renommiertes Kreditfinanzierungsteam in Frankfurt. Doch seit einigen Jahren verändert sich diese Rollenverteilung, und inzwischen hat sich der Wandel auch im Markt herumgesprochen. Das Frankfurter Büro ist dank Corporate-Partner Dr. Peter Memminger inzwischen auch als Adresse für mittelgroße M&A- und Private-Equity-Deals bekannt und entwickelt sich langsam zu einer Anlaufstelle für deutsche Konzerne. Den größten Schritt in Frankfurt machte Milbank nun mit der Aufnahme eines Quereinsteigers: Der vormalige Leiter der Corporate-Praxis von Clifford Chance, Dr. Arndt Stengel, stieß zu der Kanzlei und brachte anerkannte Kompetenz gerade im Konzernrecht sowie Kontakte zu einer Reihe von Beteiligungsgesellschaften und deutschen Großunternehmen mit.

Das Kraftzentrum der deutschen Milbank-Präsenz liegt jedoch vorläufig weiter in München, von wo aus das Team bei anspruchsvollen Corporate-Themen einen unverändert treuen Kreis deutscher Großunternehmen, von Axel Springer bis Sixt, vom FC Bayern München bis ProSiebenSat.1 Media berät, eine Liste, die sich jedes Jahr verlängert. Dabei waren die Anwälte wieder an aufwendigen Großprojekten beteiligt, etwa für Sky Dtl. bei der Übernahme durch Sky German Holdings oder für Sixt beim Börsengang ihrer Leasingtochter. Hinzu kamen noch 2 der bedeutendsten Private-Equity-Deals des Jahres. Vom Renommee, nicht aber von der Praxisgröße her vergleichbar sind daneben die Steuer- und Finanzierungspraxen, die die Kanzlei nun mit 2 Partnerernennungen stärkte – angesichts der hohen Anforderungen, die Milbank an Leistung und Umsatz ihrer Partner stellt, ein eindrucksvoller Beweis für Schlagkraft und Bedeutung dieser Teams.

Besondere Stärken: ▶ Private Equ. u. Vent. Capital.
Empfohlen für: ▶ Gesellsch.recht; ▶ Kartellrecht; ▶ Kredite u. Akqu.fin.; ▶ M&A; ▶ Steuer.
Siehe auch: ▶ Frankfurt; ▶ München.
Anwälte in Deutschland: 42
Internat. Einbindung: Ursprünglich aus New York, weitere Standorte in Washington D.C. u. Los Angeles u. jetzt auch in Brasilien. In Europa außer in Dtl. nur in London vertreten. Stark auch in Fernost (Singapur, Tokio, Peking, Hongkong).

Entwicklung: An ihren eigenen Maßstäben gemessen hat Milbank in Frankfurt nun reichlich Arbeit vor sich. Verglichen mit dem Münchner Markt, wo sie nicht zuletzt wegen der starken Präsenz ihrer zentralen Partner zu den führenden Marktteilnehmern zählt, ist die Konkurrenz in Frankfurt deutlich härter – gerade im gesellschaftsrechtlichen Segment der großen öffentlichen Übernahmen und anspruchsvollen Umstrukturierungen, auf das die Kanzlei mit Stengels Zugang abzielt. Hier wird Milbank nur Fuß fassen können, wenn es gelingt, auch auf den Associate-Rängen eine ähnlich schlagkräftige Corporate-Truppe aufzubauen wie in München und schnell weitere starke Nachwuchspartner nach vorne zu bringen. Bereits gelungen ist dies in der Finanzierungspraxis. Der dortige Generationswechsel dürfte die Präsenz bei Akquisitionsfinanzierungen vorübergehend etwas schmälern – Dr. Rainer Magold, der sich Anfang 2015 in den Ruhestand verabschiedete, stand v.a. für massive Präsenz im Leveraged-Buy-out-Markt. Der nun nachgerückte Neupartner ist bislang eher für komplexe Unternehmensfinanzierungsmandate bekannt, die in den letzten Jahren für die Praxis insgesamt an Bedeutung gewonnen haben. Dies passt bestens in die Corporate-Wachstumsstrategie ein als potenziell hervorragende Brücke für die Konzernberatung auch in gesellschaftsrechtlichen Fragen.

NOERR
Nationaler Überblick Top 50 ☐☐☐☐☐☐☐☐

Bewertung: Es ist bemerkenswert, wie strategisch und kontinuierlich Noerr ihre Weiterentwicklung nicht nur in einzelnen Bereichen, sondern auf breiter Front antreibt. In Gesellschaftsrecht und M&A etwa gelingt Noerr ein stetiger Fortschritt, mit dem sie sich immer weiter bei namhaften Unternehmen vorarbeitet, wie die Vertiefung etlicher Mandatsbeziehungen, darunter die zu Daimler, zeigt. Von Hengeler Mueller konnte sie das Mandat von Tönnies im Gesellschafterstreit übernehmen. Zudem schaffte das Corporate-Team den Sprung auf gleich mehrere Beraterlisten deutscher Unternehmen und war gleich bei 2 viel beachteten Börsengängen, Zalando u. Rocket Internet, zumindest in kleineren Rollen dabei. Die Position, die sich die Kanzlei gerade mit der Dauerberatung von Rocket Internet erarbeitet hat, wird von Wettbewerbern neidvoll anerkannt und birgt Potenzial, weil sich gerade junge Partner hervorragend in Szene setzen können.

Beeindruckend ist es auch, wie sie als eine der ersten Kanzleien mit einem fachübergreifenden Team das Thema Industrie 4.0 angeht. Hier berät sie mit Medien-, IT-, Gesellschafts-, Kartell- u. Steuerrechtlern ein Konsortium von Industrieunternehmen beim Aufbau eines Industrie-4.0-Standards.

Doch auch das internationale Geschäft zog zuletzt in gleich mehreren Fachbereichen an. Hier profitiert Noerr von der Etablierung ihrer Büros in London und Brüssel, die dazu führten, dass die Kanzlei auch von ausländischen Unternehmen als europäischer Player wahrgenommen wird. Ihre traditionell starke Stellung in Osteuropa allein hatte zuvor nicht denselben Effekt. So begleitete Noerr nun erstmals etwa das US-Unternehmen Applause beim Einstieg eines Investors in seine deutsche Tochter.

Dass Noerr sich mit ihrem Lex-Mundi-Netzwerk auch gegen internationale Großkanzleien durchsetzen kann, verdeutlicht ein Leuchtturmmandat aus dem Bereich Compliance: Hier gewann sie die Ausschreibung für die internationale Implementierung eines Compliance-Systems.

Zudem schloss die Kanzlei kleine Lücken im Beratungsangebot. So gewann sie Dr. Lars Kutzner von PwC Legal, der nun die aktuell bedeutsame Schnittstelle zwischen Steuerrecht u. Compliance besetzt. Die erfolgreiche Litigation-Praxis, die zuletzt den viel beachteten Streit der Kommunalen Wasserwerke Leipzig gegen die UBS um CDO-Geschäfte vor dem Londoner High Court erfolgreich beendete, beseitigte unterdessen ihren weißen Fleck in Frankfurt mit einer erfahrenen Anwältin von Freshfields. Die Ernennung von 5 Equity-Partnern aus den eigenen Reihen unterstreicht, dass Noerr zwar Quereinsteiger zum strategischen Aufbau willkommen heißt, auf nachhaltiges, organisches Wachstum aber dennoch bedacht ist.

JUVE Kanzlei des Jahres in: ▶ Marken u. Wettbewerbsrecht; ▶ Kartellrecht.
Besondere Stärken: ▶ Handel u. Haftung; ▶ IT; ▶ Medien; ▶ Nachfolge/Vermögen/Stiftungen; ▶ Umwelt u. Planung; ▶ Versicherungsvertragsrecht; ▶ Vertrieb.
Empfohlen für: ▶ Arbeit; ▶ Außenhandel; ▶ Bankrecht u. -aufsicht; ▶ Beihilfe; ▶ Börseneinführ. u. Kapitalerhöhung; ▶ Compliance; ▶ Energie; ▶ Gesellsch.recht; ▶ Gesellschaftsrechtl. Streitigk.; ▶ Gesundheit; ▶ Immobilien; ▶ Kartellrecht; ▶ Kredite u. Akqu.fin.; ▶ Marken u. Wettbewerb; ▶ Patent; ▶ Private Equ. u. Vent. Capital; ▶ Produkt u. Abfall; ▶ Projekte/Anlagenbau; ▶ Restrukturierung/Sanierung; ▶ Steuer; ▶ Steuerstrafrecht; ▶ Sport; ▶ Telekommunikation; ▶ Unternehmensbez. Versichererberatung; ▶ Vergabe; ▶ Verfassungs- u. Verwaltungsrecht; ▶ Wirtschaftsstrafrecht.
Siehe auch: ▶ Berlin; ▶ Brüssel; ▶ Düsseldorf; ▶ Frankfurt; ▶ München; ▶ Sachsen.
Anwälte in Deutschland: 340
Internat. Einbindung: Unabhängige Kanzlei mit eigenen Büros in Osteuropa (Bratislava, Budapest, Bukarest, Moskau, Prag und Warschau), London, New York, Alicante u. Brüssel. Exklusives dt. Mitglied im internat. Netzwerk Lex Mundi, mit angesehenen Mitgliedern in Europa u. einigen US-Staaten. Daneben Kontakte zu namhaften US-Kanzleien. Traditionell gute Beziehung zu Macfarlanes in London. Auffällig agierender China-Desk.

Entwicklung: Die geplante strategische Ausrichtung auf die neuen, digitalen Anforderungen des Markts verlangt auch einen gewissen Umbau der Kanzlei bzw. des Beratungsangebots. Der Zugang des IT-Partners Dr. Tobias Bosch von K&L Gates ist ein erster kleiner Schritt auf diesem Weg, aber noch lange nicht der letzte. In den technischen und regulatorischen Bereichen will Noerr ihre Spezialisierung vorantreiben, gleichzeitig will sie selbst digitaler werden und die Kommunikation zwischen den Praxisgruppen weiter steigern. Damit hat sie sich eine große Aufgabe gestellt, die zukunftsweisend ist, aber auch zu Reibungsverlusten führen kann.

Zugleich hat sie sich mit diesem Thema ein Ziel gesetzt, das einen intensiven internationalen Austausch verlangt. Das Lex-Mundi-Netzwerk ist zwar seit Jahren erprobt, wie jüngste Erfolge zeigen, doch wird Noerr in dem nicht exklusiv aufgebauten Netzwerk immer wieder vor die Frage gestellt sein, ob alle Mitglieder bei der Idee mit-

Die Anwaltszahlen stammen aus den Statistiken im Serviceteil, Stand Juli 2015. Dort finden Sie ab Seite 636 weitere Statistiken.

ziehen und das gleiche Entwicklungstempo an den Tag legen wie sie.
Luft nach oben hat Noerr zudem sicherlich noch im Kapitalmarktrecht, denn ihre Beteiligung – in kleineren Rollen – an den IPOs des Rocket-Imperiums sind ein gutes Signal, bislang offen gebliebene Rolle etwa bei der Übernahme der Gagfah durch ihre Stammmandantin Deutsche Annington nicht mit im Boot.

NORTON ROSE FULBRIGHT
Nationaler Überblick Top 50

Bewertung: Nachdem die Strategie der Gesamtkanzlei in den letzten Jahren ganz im Zeichen der internationalen Expansion stand, ist NRF nun in einer Konsolidierungs- und Optimierungsphase angekommen. Für die deutsche Praxis hieß das, einige bislang offen gebliebene Lücken zu schließen. Einen wichtigen Entwicklungsschritt machte etwa der Bereich (Banking-)Litigation: Von DLA kam Dr. Christian Wolf, der neben Unternehmen insbes. Banken und Finanzdienstleister in Prozessen vertritt. Ein Beispiel bildet etwa die Vertretung einer Großbank bei Streitigkeiten innerhalb von Verbriefungsstrukturen. Die Steuerrechtspraxis konnte mit einem Quereinsteiger von Baker eine Lücke im Frankfurter Büro schließen.
Die Corporate-Praxis nutzte die Zeit, um wichtige Beziehungen zu festigen, so konnte etwa das Hamburger Team mit Cosun und GrainCorp bereits Mandanten aus dem internationalen Netzwerk an sich binden. Sehr gut vernetzt in ihren Branchen, etwa Versicherungen und Energie, sind bspw. die Münchner Partner Eva-Maria Barbosa, Dr. Klaus Bader oder Dr. Alexander von Bergwelt. Darüber hinaus arbeitet die Corporate-Praxis inzwischen strategisch daran, Kontakte zu deutschen Konzernen weiter auszubauen, seit einer Weile schon bekannt ist die regelmäßige Beratung von BMW.
Bei der Weiterentwicklung der deutschen Praxis, die auch darin bestehen muss, sie stärker in der wachsenden internationalen Struktur zu verzahnen, geht die Kanzlei inzwischen wesentlich strukturierter vor als bisher. Dies weiterzuführen, wird eine wesentliche Aufgabe des Münchner Partners von Bergwelt in der neuen Funktion als deutscher Senior-Partner sein. Als Managing-Partner rückte dagegen Dr. Ralf Springer nach und fungiert in dieser Rolle als organisatorischer Leiter der deutschen Büros.
Das Hamburger Büro, das mit einer starken Corporate- u. Steuerpraxis punktet, konnte die Vorteile aus seiner schnellen Integration in das internat. Netzwerk weiter ausspielen. So übernimmt mit Steuerpartner Dr. Uwe Eppler mitunter auch die Federführung bei internat. Fällen, wie etwa bei der Neuausrichtung der dt. Gesellschaften der Tenova-Gruppe. Die im Vorjahr erweiterte Kartellrechtspraxis entwickelt sich ebenfalls erfreulich. Fortschritte machte auch die Kreditfinanzierungspraxis, die sich immer besser bei deutschen Großbanken etabliert. Allerdings verlor die Bank- und Finanzpraxis mit Dr. Caroline Herkströter, die als Chefjustiziarin zur DekaBank wechselte, ein wichtiges Gesicht.
Empfohlen für: ▶Arbeit; ▶Anleihen; ▶Beihilfe; ▶Börseneinführ. u. Kapitalerhöhung; ▶Energie; ▶Gesellsch.recht; ▶Handel u. Haftung; ▶Immobilien; ▶Investmentfonds; ▶Kartellrecht; ▶Kredite u. Akqu.fin.; ▶M&A; ▶Marken u. Wettbewerb; ▶Steuer; ▶ÖPP; ▶Unternehmensbez. Versichererberatung; ▶Verkehr.
Siehe auch: ▶Frankfurt; ▶Hamburg; ▶München; ▶Brüssel.
Anwälte in Deutschland: 154
Internat. Einbindung: Integrierte internat. Kanzlei mit rd. 50 ausl. Büros in Europa, den USA, Kanada, Südafrika, Fernost u. Australien.
Entwicklung: NRF ist im Finanzsektor eine etablierte Kraft, doch insgesamt im Bankaufsichtsrecht weist sie klare Defizite auf. Im Gegensatz zu anderen Kanzleien, die ihr Frankfurter Büro mit erfahrenen Aufsichtsrechtlern verstärken, wie es bspw. GSK Stockmann mit einem Partner von Clifford Chance getan hat, führt die dünne Besetzung bei NRF dazu, dass die Kanzlei nicht ausreichend von dem durch die direkte EZB-Aufsicht hervorgerufenen verstärkten Beratungsbedarf profitieren kann. Darüber hinaus hat auch die Corporate-Praxis in Frankfurt Aufholbedarf. Der Zugang eines Partners von Morgan Lewis schloss zwar eine Lücke, doch agiert das Frankfurter Team noch nicht als integrierte Mannschaft, die tief in bestimmten Branchen verankert ist. Umso zentraler werden die anstehenden Integrationsbemühungen sein. Das Hamburger Büro dient in dieser Hinsicht als Vorbild.

OPPENHOFF & PARTNER
Nationaler Überblick Top 50

Bewertung: Über ihre z.T. seit Jahrzehnten tätigen Partner wie Dr. Dr. Georg Maier-Reimer, Michael Abels oder Rolf Koerfer hat O&P einen Erfahrungsschatz wie nur wenige andere Kanzleien in Deutschland: Mit diesem Pfund kann die Kanzlei bei den Industriellenfamilien und Family Offices wuchern. Das belegen erneute komplexe Umstrukturierungen für die JAB Holding, Verkäufe bei Balfour Beatty und die Beratung zur Fusion des deutsch-französischen Rüstungskonzerns KANT. Wohl in kaum einer anderen Kanzlei steht aber einer Senior-Partner-Riege ein so großer Teil der Partnerschaft gegenüber, der gerade erst ‚flügge' wird.
Gleich zehn Partner ernannte die Kanzlei in diesem Jahr, darunter drei Vollpartner: Neben dem erfahrenen Öffentlichrechtler und Exportkontrollspezialisten Stephan Müller gehören fortan mit IT-Rechtler Dr. Jürgen Hartung und M&A-Expertin Myriam Schilling auch jüngere Anwälte zu dieser Riege. Während die Verjüngung der Equity-Partner-Riege unumgänglich ist, um die Zukunft der Kanzlei zu sichern, wird die Verbreiterung der Salary-Partnerschaft im Markt unterschiedlich bewertet. Nicht jeder dieser jungen Anwälte sei bereits soweit, um eigenständiges Geschäft zu entwickeln. Doch der Schritt ist eben auch eine Reaktion darauf, dass die Kanzlei in ihrem Mittelbau über anderthalb Jahre einige Weggänge erleben musste, u.a. zu Noerr, Norton Rose und der Deutschen Telekom. Immerhin gelingt der Kanzlei v.a. über ihr anerkanntes Ausbildungsangebot für Studenten und Referendare eine gute Nachwuchsgewinnung, denn dringlich ist der weitere Auf- und Ausbau in Corporate, IP, Kartell- und Steuerrecht.
Während O&P im Kölner Markt weiter prägend ist, hat es das kleine Frankfurter Büro im dritten Jahr seines Bestehens weiter schwer, Fuß zu fassen. In dem dortigen Wettbewerbsumfeld gelingt es bis auf Spezialdisziplinen wie dem Beihilferecht nicht, sich spürbar zu positionieren. Die Erwartungen, dort internationales Geschäft im Corporate und Kapitalmarktrecht zu generieren, mussten korrigiert werden – vieles kommt über Verweismandate aus Köln zustande. Auch die Personalentwicklungen geben dies wieder, denn Frankfurt stagniert.
Empfohlen für: ▶Arbeit; ▶Außenhandel; ▶Beihilfe; ▶Compliance; ▶Gesellsch.recht; ▶Gesundheit; ▶IT; ▶M&A; ▶Nachfolge/Vermögen/Stiftungen; ▶Steuer; ▶Unternehmensbez. Versichererberatung.
Siehe auch: ▶Köln.
Anwälte in Deutschland: 62
Internat. Einbindung: Starke internat. Kontakte zu befreundeten Kanzleien, die in ihren jew. Ländern als führende, unabhängige Player agieren. Weiter bewusste Entscheidung gg. ein Best-Friend-Prinzip oder Einbindung in ein festes Netzwerk.
Entwicklung: Es besteht trotz der von manchen verbreiteten Skepsis durchaus Anlass zur Hoffnung, dass sich die Verbreiterung des Mittelbaus bezahlt macht. So macht das von Dr. Gilbert Wurth geleitete arbeitsrechtliche Team vor, wie einzelne Unterspezialisierungen nicht nur jüngere Partner auslasten, sondern auch intern Synergien (z.B. in Restrukturierungs- und Compliance-Mandaten) heben können. Im Gesellschaftsrecht, wo weiter das Herz von O&P schlägt, nutzt Salary-Partner Alf Baars seinen Freiraum für die Entwicklung von Südamerikakontakten – was mehrfach in Mandate im Bereich erneuerbarer Energien und Start-ups mündete. O&P muss ihren jüngeren Anwälten weiterhin Zeit und Freiraum für den geschäftlichen Aufbau zugestehen und gleichzeitig die Übertragung von etablierten Kontakten weitertreiben, damit der Generationswechsel gelingt.

OPPENLÄNDER
Nationaler Überblick Top 50

Bewertung: Der Wegfall des Münchner Büros Ende 2014 führte zu einer erneuten Konzentration auf die Kernkompetenzen der Kanzlei: Inzwischen sind 20 von 35 Anwälten im Gesellschafts- und Kartellrecht tätig. Auf beiden Feldern ist Oppenländer vorangekommen. Zudem verfügt die Kanzlei mit Prof. Dr. Christofer Lenz über einen äußerst renommierten Verwaltungs- und Verfassungsrechtler, der zuletzt etwa einen großen internationalen Konzern als Neumandanten bei einer steuerrechtlichen Verfassungsbeschwerde gewann.
Im Kartellrecht endete zwar eines der prominentesten Mandate von Seniorpartner Prof. Dr. Albrecht Bach – der CDC-Prozess gegen das Zementkartell – nach 10 Jahren mit einer Niederlage, dass allerdings kaum jemand diesen Ausgang des Verfahrens Bach anlastet, zeugt von dessen enormen Renommee. Nach wie vor steht Oppenländer wie kaum eine andere Kanzlei für Know-how beim Zukunftsthema Kartellschadensersatz – dies belegen auch mehrere Neumandate, etwa für einen Energiekonzern, der gegen das Schienenkartell vorgeht. An der Seite von Holtzbrinck waren Bach und Medienspezialist Dr. Ulrich Klumpp zudem an einem der größten Mediendeals des Jahres beteiligt: Von Stuttgart aus koordinierten sie bei der Gründung eines Wissenschaftsverlags mit Springer Science+Business Media die weltweiten Fusionskontrollen.
Im Gesellschaftsrecht hat die Vertretung von Organmitgliedern in Haftungsstreitigkeiten an Gewicht gewonnen – auf diesem Gebiet kann Oppenländer die Stärken ihres partnerzentrierten Ansatzes gut ausspielen. Das gilt auch bei anspruchsvollen aktienrechtlichen Mandaten wie dem Squeeze-out bei WMF oder der Beratung eines Aufsichtsrats bei der Abwehr einer feindlichen Übernahme. Die Begleitung größerer Transaktio-

nen hingegen wird durch die geringe Leverage erschwert. Deshalb hat die Kanzlei zuletzt erneut ihre Associate-Riege aufgestockt – nicht so stark, dass in Bezug auf die Leverage am Kanzleimodell gerüttelt würde, aber doch deutlich genug, um auf Mandatsebene Spuren zu hinterlassen: Für die Due Diligence in einem umfangreichen Bieterverfahren stellte Oppenländer etwa ein großes Team aus Associates unterschiedlicher Praxisgruppen zusammen.

Empfohlen für: ▶Energie; ▶Gesellsch.recht; ▶Gesundheit; ▶Kartellrecht; ▶M&A; ▶Marken u. Wettbewerb; ▶Umwelt u. Planung; ▶Verfassungs- u. Verwaltungsrecht; ▶Vergabe; ▶Verkehr.
Siehe auch: ▶Stuttgart.
Anwälte in Deutschland: 35
Internat. Einbindung: Unabhängige Kanzlei, die projektbezogen mit versch. internat. Großkanzleien zusammenarbeitet.
Entwicklung: Dass sich das Münchner Büro nach drei Jahren nahezu geräuschlos wieder abspalten ließ, unterstreicht zwar die Stärke des Stuttgarter Hauptsitzes, doch ob es in absehbarer Zeit weitere Expansionsversuche gibt, wird auch davon abhängen, ob die Partnerschaft willens ist, die damit verbundenen Managementaufgaben anzugehen – oder ob nicht doch eher die Rolle als bundesweit angesehene Stuttgarter Adresse für heikle Mandate am besten der Kanzleikultur entspricht.

Entwicklungspotenzial gibt es jedenfalls auch im Heimatbüro selbst. Schrittweise arbeitet die Kanzlei daran, sich auch für arbeitsintensive Mandate besser zu positionieren, bei denen es nicht nur auf Erfahrung und Fachwissen, sondern auch auf personelle Schlagkraft ankommt. Ein maßvoll verbreiterter Unterbau könnte in dieser Hinsicht weitere Früchte tragen, denn es fällt auf, dass ausgerechnet an der offensichtlichsten Schnittstelle im fachlichen Angebot – nämlich zwischen den Leuchtturmpraxen Kartell- und Gesellschaftsrecht – die Anwälte bisher nur punktuell in Mandaten zusammenarbeiten. Ein Grund hierfür ist eben, dass Oppenländer aufgrund ihrer geringen Leverage bei kartellrechtlich relevanten Transaktionen in Corporate-Hinsicht bisher an Grenzen stößt. Die Neueinstellungen des vergangenen Jahres zeigen immerhin zweierlei: dass die Kanzlei dieses Problem angeht – und dass sie trotz extrem hoher Anforderungen eine attraktive Adresse für den umkämpften juristischen Nachwuchs ist.

ORTH KLUTH
Nationaler Überblick Top 50
Bewertung: Die Kanzlei gilt als eine der dynamischsten regionalen Einheiten. Basis dafür ist ihre Tätigkeit für eine Mischung aus mittelständischen Unternehmen und einer Vielzahl von Tochtergesellschaften internationaler Konzerne. Quer durch alle Rechtsgebiete, die die Kanzlei abdeckt, lassen sich bemerkenswert ähnliche Entwicklungen erkennen: eine Verbreiterung der Praxen, sowohl was die Mandantschaft angeht als auch aus fachlicher Perspektive, wodurch sich die Sozietät Schritt für Schritt ihren Weg zu immer höherwertigem Geschäft bahnt. So war etwa das Arbeitsrechtsteam an komplexen Mandaten wie der Umsetzung internationaler Konzerndatenschutzregeln bei Outokumpu beteiligt, und die Gesellschaftsrechtler befassten sich deutlich mehr mit Compliance-Fragen. Die prozessrechtliche Praxis, früher vor allem für Haftungs- u. Versicherungsfälle bekannt, arbeitet nun auch in handels- und vertragsrechtlichen Auseinandersetzungen, etwa Produkthaftungsfällen. Und in Berlin bewies das Team seine Fortschritte durch die signifikante Beteiligung an der Fusion von FlixBus und MeinFernbus und konnte zudem in den Bereich der Vergaberechts expandieren. Dass solche Entwicklungen quer durch die Kanzlei zu sehen sind, ist zugleich Beleg für die Qualität und Homogenität der Partnerschaft.

Seit etwa 2 Jahren wenden sich immer mehr ausländische Konzerne an die Sozietät, was ein Beleg für ihre Reputation auch bei internationalen General Counsel ist. Regelmäßig erhält die Kanzlei Empfehlungen aus diesem Kreis, wobei besonders häufig das Preis-Leistungs-Verhältnis hervorgehoben wird. Während sich manche Wettbewerber fragen, wie die Kanzlei mit Honoraren, die erheblich unter ihren eigenen liegen, profitabel arbeiten kann, weisen die OK-Partner schlicht auf den steigenden Marktanteil hin.

Empfohlen für: ▶Arbeit; ▶Gesellsch.recht; ▶Handel u. Haftung; ▶M&A; ▶Priv. Baurecht; ▶Verkehr.
Siehe auch: ▶Düsseldorf.
Anwälte in Deutschland: 56
Internat. Einbindung: Netzwerk mit befreundeten Kanzleien, regelm. grenzüberschreitend, häufig Niederlande, Schweiz.
Entwicklung: Die vergleichsweise moderaten Stundensätze erfordern sowohl ein gewisses Maß an Bescheidenheit in Sachen Gewinne als auch eine günstige Kostenstruktur, was bedeutet, dass OK ihre Associates nicht so üppig vergüten kann wie viele Wettbewerber. Daher ist es eine beachtliche Leistung, dass die Kanzlei Spitzenabsolventen für sich gewinnen kann, die sich einer Kanzlei mit einer Kultur anschließen wollen, die in mancher Hinsicht nicht der Norm entspricht. Seit der Umgestaltung der Senior-Associate- und Junior-Partner-Positionen vor zwei Jahren kann die Kanzlei solchen Absolventen eine transparentere und überzeugendere Laufbahn anbieten. So präsentiert sich die Kanzlei nun immer mehr als reelle Alternative zu Großkanzleien. Die Zukunft der Sozietät hängt weitgehend davon ab, ob sie genügend hoch qualifizierte Berufsträger für sich gewinnen kann, die ihre Kanzleiphilosophie teilen.

OSBORNE CLARKE
Nationaler Überblick Top 50
Bewertung: Die Beratung technologienaher Branchen fest im Blick, baut OC ihr Geschäft kontinuierlich aus. Das gelingt ihr unter anderem durch einen weiteren personellen Ausbau, wobei das Wachstum nicht mehr so rasant verläuft wie zuvor. Im Fokus stand zuletzt das Hamburger Büro. Der Gewinn von Dr. Martin Soppe, der von Gruner+Jahr kam und den Verlag als Mandantin mitbrachte, sorgte in der Medienpraxis für einen deutlichen Schritt nach vorne. Gleichzeitig zeigt sich an seinem Geschäft, das über die Achse Hamburg und Köln läuft, exemplarisch eine funktionierende standortübergreifende Zusammenarbeit, denn das Herz der Medien- und IT-Praxis ist nach wie vor in Köln verortet. Mit Carsten Dau (von Baker & McKenzie) und insbes. Dr. Fabian Christoph (von Allen & Overy) stiegen aber auch die ersten Corporate-Partner in Hamburg ein – ein wichtiger Schritt für den dortigen Ausbau. In Köln verstärkte Dr. Andrea Schmoll (von Baker & McKenzie) das IP-Team.

Eine Erfolgsgeschichte bleibt die Entwicklung der Venture-Capital-Praxis, wo OC mit Nicolas Gabrysch über einen etablierten Berater der Start-up-Szene verfügt. Wettbewerber belächelten lange, dass sich OC für die Seite der oft wenig lukrativen Gründerberatung entschied. Doch die Strategie zahlte sich aus, das Geschäft der Venture-Capital-Praxis hat sich deutlich ausgeweitet, wie etwa die Arbeit für Turtle Entertainment beim Verkauf an MTG zeigte. Ein äußerst erfolgreiches Jahr legte auch erneut die Kartellrechtspraxis vor, die zu den Vorreitern im Bereich der Kartellschadensersatzklagen gehört u. einige namh. Unternehmen dazu begleitet.

Besondere Stärken: ▶Private Equ. u. Vent. Capital.
Empfohlen für: ▶Arbeit; ▶Energie; ▶Gesellsch.recht; ▶IT; ▶Kartellrecht; ▶M&A; ▶Marken u. Wettbewerb; ▶Medien; ▶Steuer; ▶Vergabe; ▶Vertrieb.
Siehe auch: ▶Köln; ▶München.
Anwälte in Deutschland: 121
Internat. Einbindung: Internat. integriert mit GB, Spanien, Italien, Niederlande u. nun Frankreich u. Brüssel (als Schweizer Verein), mit insgesamt 19 Standorten. Zusätzlich US-Büros in Silicon Valley, San Francisco und New York. Kontakte nach Indien, Skandinavien u. in den Asien-Pazifik-Raum bestehen v.a. von Köln und Hamburg aus. Zuletzt etablierte sie am indischen Markt eine Kooperation mit BTG Legal/Mumbai. Für 2017 ist ein Büro in Hongkong geplant.
Entwicklung: Zwar verfügt OC durch ihre Branchenfokussierung über ausgeprägte Kontakte zu Technologieunternehmen, und gerade im Venture Capital sorgen diese immer wieder für hochkarätiges Geschäft, die Corporate- und M&A-Praxis spielt, auch wenn sie im Mid-Cap-Bereich zugelegt hat, aber noch längst nicht auf diesem Niveau. Auch die jüngste Verstärkung wird nicht ausreichen, um sich der Position von Wettbewerbern wie Taylor Wessing zu nähern. Da es OC schon seit Langem nicht gelingt, die nötigen hochkarätigen Quereinsteiger für sich zu gewinnen, wird sich dem Ausbau des Geschäfts über Umwege nähern müssen, etwa durch eine intensivere Nutzung des internationalen Netzwerks. Zudem muss sie sich nach der letzten Ausbauphase erst einmal festigen. Der deutliche personelle Aufbau der vergangenen beiden Jahre und der damit wachsende Umsatzdruck hatten in manchen Praxisgruppen für Unruhe unter den Associates gesorgt und Sorgen um das bisherige Bekenntnis zu familienfreundlichen Arbeitszeiten genährt. Das weitere Wachstum ebenso zu managen, die Geschäftsentwicklung und die weitere interne Verzahnung von Fachbereichen voranzutreiben, wird die Arbeit des jungen Managementteams weiterhin prägen.

P+P PÖLLATH + PARTNERS
Nationaler Überblick Top 50
Bewertung: Großer Anlagedruck, reichlich Deals und immer aufwendigere steuerrechtliche Beratung – das Marktumfeld schien für P+P zuletzt wie maßgeschneidert. Und tatsächlich profitierte die Kanzlei mit ihrem traditionell ausgeprägten Fokus auf Private-Equity-, Venture-Capital- und M&A-Transaktionen massiv von der Dealkonjunktur. Ein Grund dafür ist, dass sie über eine beeindruckend große Riege anerkannter Spezialisten aller Altersstufen gerade für Mid-Cap-Transaktionen verfügt. Gute Kontakte zu zahlreichen namhaften Beteiligungsgesellschaften in diesem Segment bestimmen nach wie vor das Bild, ebenso enge Bezie-

Die Anwaltszahlen stammen aus den Statistiken im Serviceteil, Stand Juli 2015. Dort finden Sie ab Seite 636 weitere Statistiken.

TOP 50 NATIONALER ÜBERBLICK

hungen zu zahl. Unternehmerfamilien, die in Nachfolge- und Vermögensfragen auf P+P setzen. Von diesen Verbindungen profitierte auch die Gesellschaftsrechtspraxis um Dr. Wolfgang Grobecker, die über die letzten Jahre die stärkste Aufbauleistung aller P+P-Teams gezeigt hat und regelmäßig für einige Großunternehmen tätig ist. Dazu passt, dass die junge Partnerin Dr. Pia Dorfmueller zunehmend bei P+P das Thema Unternehmensteuern forciert. Dass die Kanzlei darauf achtet, ihren Jungpartnern schnell Gelegenheit zur Entwicklung eines eigenen Profils zu geben, lässt sich auch in der Fondsstrukturierungspraxis, die zu den marktführenden gehört, beobachten, wo Patricia Volhard bereits ähnlich häufig empfohlen wird wie Dr. Andreas Rodin.

Besondere Stärken: ▶ Nachfolge/Vermögen/Stiftungen; ▶ Private Equ. u. Vent. Capital.
Empfohlen für: ▶ Gesellsch.recht; ▶ Immobilien; ▶ Investmentfonds; ▶ M&A; ▶ Steuer.
Siehe auch: ▶ Berlin; ▶ München.
Anwälte in Deutschland: 107
Internat. Einbindung: Unabhängige Kanzlei, die mit führenden, oft kleineren Spezialkanzleien im Ausland sehr gut vernetzt ist.
Entwicklung: P+P expandiert traditionell nicht mit großen Sprüngen, sondern entwickelt zusätzliche Praxisbereiche meist aus dem bestehenden Geschäft heraus und mit eigenen Nachwuchspartnern. Diese Strategie ist bislang aufgegangen, bekam nun aber einen Dämpfer, als der aufstrebende Berliner Venture-Capital-Partner Dr. Marco Eickmann zu der Kanzlei Lutz Abel wechselte.

Doch es bieten sich andere Bereiche an, die direkt an das bestehende Spektrum angrenzen, und in die die Kanzlei sich fachlich erweitern kann. Damit könnte sie zugleich unabhängiger vom konjunkturgetriebenen Transaktionsgeschäft werden.

So bleibt P+P bei der Beratung für Immobilienfonds und bei anderen Sachwertinvestments nach wie vor unter ihren Möglichkeiten, da sie die Synergien zwischen den Immobilien-, Fonds- und Steuerspezialisten nicht konsequent zu nutzen versucht. Zugleich aber zeigt der geglückte Aufbau der Gesellschaftsrechtspraxis auch, dass Quereinsteiger auch für P+P eine sinnvolle Lösung sein können. Ähnliches böte sich auch für die Arbeit im Bereich Konfliktlösung an, die ideal in das P+P-Konzept passen würde, bislang aber nur vereinzelt von den Corporate-Anwälten und im Steuerrecht mit abgedeckt wird. Die Vertretung in einem Verfahren um die Übernahme von Celesio durch McKesson deutet die Richtung an.

REDEKER SELLNER DAHS
Nationaler Überblick Top 50 ▢▢▢▢▢▢▢▢
Bewertung: Die lange Zeit als Synonym für Stabilität – Kritiker sprachen teils von Stillstand – bekannte Kanzlei wird immer agiler: Der Büroeröffnung in München im Vorjahr folgte Ende 2014 eine strategische Allianz mit der britischen Kanzlei Bond Dickinson.

Die Corporate-Praxis ist zwar weiterhin klein, war aber – wie schon bei der Entscheidung für München – erneut eine Treiberin für die Weiterentwicklung: Der anerkannte Partner Dr. Jürgen Lüders berät schon länger einige US-Konzerntöchter bei Transaktionen und zählt nun zum Kreis der Partner, die die engere Verbindung mit Bond Dickinson steuern. Diese soll auch auf andere Fachbereiche erweitert werden, die britische Kanzlei verfügt u.a. über Erfahrung mit Windparkprojekten in Großbritannien. Hier könnte es auch Anknüpfungspunkte zu der anerkannten Baurechtspraxis geben, die sich in div. Großprojekten aus dem Anlagenbau etabliert hat und innerhalb der Kanzlei eine wichtige Rolle spielt. Beispielsweise berät ein Team um Dr. Stephan Gerstner und Prof. Dr. Olaf Reidt auch bei weiteren prominenten Infrastrukturprojekten wie der Elbvertiefung.

Im Markt wird schon eine Weile mit einer Mischung aus Respekt vor den fachlich höchst angesehenen Spezialisierungen (u.a. im Öffentlichen Recht, Wirtschaftsstrafrecht und Baurecht), aber zugleich Skepsis hinsichtlich der zukunftsfähigen Aufstellung über die Kanzlei gesprochen. Doch wäre Redeker nicht die erste Kanzlei, die eine Weile braucht, um Marktteilnehmer von liebgewonnenen Vorurteilen zu befreien. Tatsächlich zeichnet sich schon seit einer Weile in immer mehr Praxen ein Generationswechsel ab. Eine Reihe von Equity-Partner- und Counsel-Ernennungen belegt den Willen, diesen auch zu gestalten. Schnelle Veränderungen sind allerdings tatsächlich nicht typisch für die Kanzlei. Der Aufbau in München geht in kleinen Schritten voran, auch wenn die Kanzlei dort mit einem Quereinsteiger startete und Partner aus Bonn (M&A) und Berlin (Öffentl. Recht) dort stark unterstützen.

Auf ihrem angestammten Terrain des Öffentlichen Rechts behauptet sich Redeker aber u.a. im regulierungsbetonten Berliner Markt mit ihren bundesweit bekannten Spezialisten Dr. Ulrich Karpenstein u. Prof. Dr. Olaf Reidt. Doch ist mit Dr. Frank Fellenberg auch ein jüngerer Umwelt- u. Planungsrechtler in Renommiermandaten wie dem Windpark Butendiek und der Waldschlösschenbrücke stark involviert. In beiden Fällen ist Redeker aufseiten der öffentlichen Hand mandatiert.

Dass sich die Kartellrechtspraxis um Dr. Andreas Rosenfeld bei einem zukunftsweisenden Thema positionierte, rundete die positive Bilanz ab: Ein büroübergreifendes Team aus Kartellrechtlern und Prozessspezialisten vertritt die Deutsche Bahn bei ihrer bis dato umfangreichsten Forderung von Kartellschadensersatz. Dass auch Rosenfeld als Partner im Brüsseler Büro mit zum Kreis derjenigen zählt, die die neue internationale Allianz vorantreiben, passt dabei konsequent.

Besondere Stärken: ▶ Verfassungs- u. Verwaltungsrecht; ▶ Produkt u. Abfall; ▶ Verkehr.
Empfohlen für: ▶ Beihilfe; ▶ Energie; ▶ Gesellsch.recht; ▶ Kartellrecht; ▶ M&A; ▶ Medien; ▶ Presse; ▶ Priv. Baurecht; ▶ Projekte/Anlagenbau; ▶ Umwelt u. Planung; ▶ Vergabe (auch ÖPP); ▶ Verfassungs- u. Verwaltungsrecht; ▶ Wirtschaftsstrafrecht.
Siehe auch: ▶ Berlin; ▶ Brüssel; ▶ Rheinland; ▶ Sachsen.
Anwälte in Deutschland: 82
Internat. Einbindung: Unabhängige Kanzlei, die lockere Beziehungen mit ähnl. ausgerichteten Kanzleien in den USA pflegt. Seit Ende 2014 besteht eine strategische Allianz mit der britischen Kanzlei Bond Dickinson. Die Gesellschaftsrechtler arbeiten besonders international u. haben zahlreiche Verbindungen etabliert.
Entwicklung: Die Kanzlei hatte ein gutes Jahr, doch müssen die nächsten Entwicklungsschritte konsequent folgen. Gerade beim weiteren Aufbau in München wäre es nicht nur hilfreich, sondern auch eine Chance, jüngere Anwälte für den geschäftlichen Ausbau in dem kompetitiven Markt zu begeistern. Sehr erfolgreich vorgemacht hat dies etwa Rosenfeld, der vor einigen Jahren das Brüsseler Büro mit aufbaute. Auch die weitere Entwicklung der neuen internationalen Beziehung wird davon abhängen, wie viel Engagement im kommenden Jahr freigesetzt wird und ob die Kanzlei dies als Gemeinschaftsaufgabe betrachtet, die die etablierten ebenso wie die jüngeren Anwälte als Chance sehen.

RÖDL & PARTNER
Nationaler Überblick Top 50 ▢▢▢▢▢▢▢▢
Bewertung: Die MDP-Kanzlei hat zuletzt eine kleine Revolution angestoßen: Bislang hielt Prof. Dr. Christian Rödl alle Fäden in der Hand. Diese Konzentration wurde nun aufgehoben und Dr. José Campos Nave übernahm die Verantwortung für den Bereich der Rechtsberatung. In seiner neuen Funktion hat er rasch verschiedene Führungskreise etabliert u. Praxisgruppenleiter ernannt, was das Denken in Standorten aufbrechen u. die Rödl-Anwälte näher zusammenrücken lassen soll. Das erklärte Ziel ist eine effizientere Struktur: Während die Entwicklung des Geschäfts bislang v.a. in den Händen Einzelner lag, soll der Entwicklung neuer Produkte künftig eine gemeinsame Managemententscheidung zugrunde liegen.

Auch auf Mandatsebene kam Rödl zuletzt voran, wie etwa die zunehmende Arbeit bei Inboundmandaten zeigt. Bestes Beispiel ist die Beratung des chinesischen Elektronikkonzerns Skyworth beim Kauf der TV-Sparte des dt. Unternehmens Metz. Im Arbeitsrecht berät Rödl ebenfalls zunehmend ausl. Mandanten, der Fokus liegt jedoch unverändert auf der Beratung von dt., zumeist mittelständischen und eignergeführten Mandanten im In- u. Ausland. Zudem gelingt es der Kanzlei immer besser, auch dt. Konzerne von sich zu überzeugen. Vor allem die renommierte Steuerpraxis profitiert hier von einer erfahrenen Quereinsteigerin, die 2013 zu Rödl kam.

Herb war jedoch der Verlust des Venture-Capital-Spezialisten Gerhard Wacker, der zu PwC Legal ging. Zwar tangierte das Rödls Kerngeschäft nicht, entfernte sie aber einen Schritt weit von ihrem Full-Service-Anspruch. Zudem sucht die Kanzlei weiterhin eine Lösung für das Berliner Büro, das mit Beendigung der Kooperation mit dem früheren Enneking-Team im Sommer 2014 deutlich schrumpfte.

Empfohlen für: ▶ Gesellsch.recht; ▶ M&A; ▶ Nachfolge/Vermögen/Stiftungen; ▶ Energie; ▶ Steuer; ▶ ÖPP; ▶ Verkehr.
Siehe auch: ▶ Bayern; ▶ Köln; ▶ München.
Anwälte in Deutschland: 161
Internat. Einbindung: Vom Nürnberger Stammsitz aus hat Rödl ein ww. Netz eigener Büros aufgebaut (v.a. Europa, Asien, Nord- u. Südamerika).
Entwicklung: Die Veränderung im Management stößt bei Rödl einen Prozess an, der lange überfällig ist: In der Anwaltsmannschaft schlummern Potenziale, die mangels Koordination bislang nicht gehoben wurden. So konnte Rödl ihre beachtliche internationale Verbreitung – insgesamt zählt die Kanzlei 24 Büros in Deutschland u. 94 weltweit – in Kombination mit ihrem breiten Beratungsangebot nicht optimal ausnutzen. In vielen Fällen ist ihr Geschäft zudem tendenziell kleinteilig. Der Umschwung steht aber noch ganz am Anfang. Noch ist nicht abzusehen, wie breit der Rückhalt für die Initiative tatsächlich ist, doch bietet sich nun auch die Chance, die noch schwächeren Bereiche wie IP/IT sowie Bank- u. Finanzrecht konsequent anzugehen und zukunftsgerichtet aufzustellen.

NATIONALER ÜBERBLICK TOP 50

SKADDEN ARPS SLATE MEAGHER & FLOM
Nationaler Überblick Top 50 ▢▢▢▢▢▢▢
Bewertung: Traditionell steht Skadden in Deutschland v.a. für hochkarätige Transaktionsbegleitung auf internationaler Bühne, und hier konnte die Kanzlei auch zuletzt wieder einige Erfolge feiern. Dabei setzte sich ein Trend fort, der schon im Vorjahr zu beobachten war: Die Mandantenbasis gerade bei deutschen Konzernen hat sich durch Skaddens fachliche Verbreiterung in den letzten Jahren ausgeweitet. Die deutlichsten Beispiele waren zuletzt die Beratung von Merck beim milliardenschweren Kauf von Sigma Aldrich und von Daimler beim Verkauf von Niederlassungen. Letzteres Mandat ging an Skadden, nachdem es die Kanzlei auf die neu strukturierte Beraterliste des Autokonzerns geschafft hatte. Zugleich stand hier v.a. Counsel Dr. Holger Hofmeister im Vordergrund – ein eindrucksvoller Beleg dafür, dass sich Skadden nicht nur auf eine renommierte Partnerriege, sondern auch auf leistungsstarke Nachwuchsanwälte stützen kann. Eigene Beziehungen zu Großunternehmen steuern alljährlich auch die Kapitalmarkt- und Kreditfinanzierungsteams bei, und das Renommee, das Dr. Bernd Mayer für Compliance-Beratung genießt, trägt ebenfalls zur Verbreiterung der hochkarätigen Kontaktbasis bei. Allerdings ist die Mannschaft nach einem Partnerabgang im Vorjahr erneut kleiner geworden: Der Private-Equity-Spezialist Dr. Matthias Jaletzke wechselte mit Team zu Hogan Lovells.

Empfohlen für: ▶Anleihen; ▶Börseneinführ. u. Kapitalerhöhungen; ▶Compliance; ▶Kartellrecht; ▶Kredite u. Akqu.fin.; ▶Gesellsch.recht; ▶M&A; ▶Private Equ. u. Vent. Capital; ▶Steuer.
Siehe auch: ▶Frankfurt; ▶München.
Anwälte in Deutschland: 32
Internat. Einbindung: Führende US-Kanzlei mit mehreren Büros in ihrem Heimatmarkt u. Standorten in 6 europ. sowie in div. asiat. Ländern. Die Büros gelten als gut integriert.
Entwicklung: Durch den Weggang Jaletzkes ist noch offensichtlicher geworden, dass die deutsche Präsenz der Kanzlei inzwischen recht klein geworden ist. Um ein größeres Stück nicht nur am Kuchen der großen internationalen M&A-Deals, sondern auch des deutschen High-End-Geschäfts abzubekommen, müsste die Kanzlei mehr Corporate-Partner aufbieten.

Die Aufnahme erfahrener Quereinsteiger hat in der Kapitalmarkt- und Steuerpraxis gut funktioniert und der Name Skadden dürfte für wechselwillige Anwälte aus anderen Kanzleien nach wie vor sehr attraktiv sein. Dennoch profitierten von den wenigen hochkarätigen Wechseln von Corporate-Anwälten, die es im Markt zuletzt gab, eher die US-Kanzleien mit einer größeren deutschen Praxis. Die Alternative, ein Partner aus den eigenen Reihen, wäre für Skadden fast so etwas wie eine Premiere: Es ist inzwischen knapp 10 Jahre her, dass die Kanzlei in Deutschland einen Neupartner ernannt hat.

SZA SCHILLING ZUTT & ANSCHÜTZ
Nationaler Überblick Top 50 ▢▢▢▢▢▢▢
Bewertung: SZA genießt eine Sonderstellung im Markt. Dies verdankt sie einer Mischung von Eigenheiten, die ihr vor dem Hintergrund der Marktentwicklung in die Hände spielen. So wächst mit den gestiegenen Ansprüchen an Corporate Governance der Bedarf an unabhängigen, auch prozessrechtlich versierten Gremienberatern, etwa bei Organhaftungsfragen. Dafür ist SZA als mittelgroße – und daher im Vergleich zu den marktführenden Großkanzleien weniger der Gefahr von Interessenkonflikten ausgesetzten – Einheit strukturell bestens aufgestellt, zumal kaum eine Kanzlei vergleichbaren Zuschnitts über derart exzellente Drähte in einige Führungsetagen der deutschen Wirtschaft verfügt. So setzen die Aufsichtsräte von Deutsche Bank und Deutsche Bahn regelmäßig auf SZA. Auch Unternehmen selbst lassen sich bei heiklen Projekten von SZA beraten: Daimler etwa beim langwierigen Verkauf der EADS-Anteile und die BayernLB zur möglichen Haftung ehem. Verwaltungsratsmitglieder im Nachgang des Hypo-Alpe-Adria-Kaufs. Dass Seniorpartner Prof. Dr. Jochem Reichert bei komplexen Verfahren eine führende Rolle einnimmt, unterstrich zuletzt auch die Mandatierung durch die Kanzlei Hengeler Mueller in einem Millionenprozess gegen den Insolvenzverwalter von Q-Cells.

Die jüngsten Neuzugänge runden den Corporate-Schwerpunkt von SZA wohlüberlegt ab. In Mannheim gewann sie zwei Anwälte der Insolvenzkanzlei Wellensiek, darunter als Quereinsteiger den Insolvenzverwalter Thomas Oberle. Seine Erfahrung in operativen Rollen bei Eigenverwaltungen ist eine strategisch sinnvolle Ergänzung für die krisenbezogene Beratung und zugleich eine zusätzliche Schnittstelle auch zu den etablierten Praxen im Arbeitsrecht, IP/IT und Steuerrecht. Wichtiger noch sind zwei Neuzugänge von Clifford Chance im Frankfurter Büro. Mit dem langjährigen Leiter der Kapitalmarktpraxis, Markus Pfüller, schloss SZA eine seit Langem bestehende Lücke bei Finanzierungsthemen, da sie bisher keine originären Kapitalmarktrechtler in ihren Reihen hatte. Von diesem Schritt dürfte auch das Transaktionsgeschäft profitieren, das gegenüber der gesellschaftsrechtlichen Beratung bei SZA schwächer ausgeprägt ist. Als mutiger und richtiger strategischer Schritt erweist sich inzwischen die Eröffnung eines Brüsseler Büros. Vor allem die anerkannte Kartellrechtspraxis profitiert von der stärkeren Wahrnehmung auf europäischer Ebene, etwa bei EU-Verfahren. Zudem gelingt es den dortigen Anwälten, an ältere Kontakte zu internationalen Konzernen wie Mitsubishi anzuknüpfen.

Besondere Stärken: ▶Gesellsch.recht.
Empfohlen für: ▶Arbeit; ▶Gesellschaftsrechtl. Streitigk.; ▶Handel u. Haftung; ▶Kartellrecht; ▶M&A; ▶Nachfolge/Vermögen/Stiftungen; ▶Restrukturierung/Sanierung; ▶Steuer.
Siehe auch: ▶Baden-Württemberg; ▶Brüssel; ▶Frankfurt.
Anwälte in Deutschland: 68
Internat. Einbindung: Unabhängige dt. Kanzlei mit guten Kontakten zu führenden ausl. Kanzleien, v.a. in Europa u. in den USA.
Entwicklung: Strategisch hat SZA vieles richtig gemacht, und nun steht sie zudem mitten in einem Markt, der für sie so günstig ist wie nie. Wie intensiv sie diese Situation für sich nutzen kann, hängt davon ab, ob sie den aktuellen Lauf in ihren Kerngebieten durch eine kluge Nachwuchsförderung nachhaltig gestalten kann. Gerade jetzt besteht die Möglichkeit, jüngere Anwälte an den Markt heranzuführen und zu vergleichbaren Vertrauenspersonen wie Reichert oder Dr. Marc Löbbe in Frankfurt aufzubauen. Dass SZA dabei auf einem guten Weg ist, zeigt die wachsende Zahl an positiven Marktrückmeldungen für jüngere Corporate-Anwälte wie Dr. Christoph Nolden oder Ruth-Maria Thomsen. Zudem ernannte SZA zuletzt im Arbeitsrecht eine Partnerin aus den eigenen Reihen, die für das eigenständige Arbeitsrecht abseits der Kernpraxis Corporate steht. Eine vergleichbar deutliche Entwicklung steht etwa im Steuerrecht noch aus. Hier böte die Compliance-nahe Arbeit für die HVB jedoch Chancen, neue Geschäftsfelder aufzubauen – die Kontakte in die Konzerne sollten dafür jedenfalls eng genug sein.

TAYLOR WESSING
Nationaler Überblick Top 50 ▢▢▢▢▢▢▢
Bewertung: Taylor Wessing entwickelt sich insgesamt eher langsam nach vorne. Doch die interne Unruhe, die im Vorjahr ein vorzeitiger Wechsel im Management verursacht hatte, legte sich zuletzt. Die Partner konnten sich also wieder ganz der Weiterentwicklung ihrer Praxen widmen, in einige Praxisgruppen kam zuletzt sogar besonderer Schwung. Z.B. legte die ohnehin schon gut im Markt etablierte Medienpraxis erneut deutlich zu und konnte v.a. ihre internationale Aufstellung noch einmal besser ausspielen. Sie begleitete v.a. Mandanten aus dem Gamessektor wie Wargaming.net und Activision über Ländergrenzen hinweg. Auch innerhalb ihrer traditionell starken IP-Praxis betreut sie im Marken- u. Wettbewerbsrecht immer mehr wichtige Mandanten europaweit, u. das starke Patentteam hat sich mit zusätzlicher Expertise in Amsterdam und London eine gute Startposition für das europäische Patentsystem gesichert. Aber auch im Immobilienwirtschaftsrecht gelang TW eine Verbesserung ihrer Marktposition, das belegen neue Mandanten wie Deutsche Annington und SEB. Auch die Corporate-Praxis kommt gut voran, v.a. bei Venture-Capital-Mandaten, wo sie für Rewe Digital tätig werden konnte und eine integrierte Praxis mit Palo Alto unterhält. Im Bereich der Nachfolge-/Vermögensberatung konnte sie zuletzt einige Family Offices in der Schweiz und London sowie arabische Investoren überzeugen.

Ein besonderer Erfolg dürfte dabei eine Entwicklung im Frankfurter Büro sein: Lange war es das Sorgenkind der Kanzlei, doch zuletzt war insbes. Christoph Vaupel vermehrt bei öffentlichen Übernahmen präsent. Allerdings stößt die Kanzlei v.a. im Corporate auch an eine Glasdecke, denn abseits der Venture-Capital- oder Arbeit der Nachfolge-/Vermögenspraxis ist die internationale Zusammenarbeit insbes. mit der britischen Praxis im Vergleich zu Wettbewerbern stark unterentwickelt.

Trotz einiger Erfolge stockte es zuletzt in anderen wichtigen Bereichen. Der Aufbau einer präsenteren Bankrechtspraxis mag TW einfach nicht gelingen. Die durch Weggänge in den Vorjahren entstandenen Lücken im Kartell- und Arbeitsrecht schloss TW wieder mit Quereinsteigern, steht nun aber vor der Herausforderung, diese zu integrieren.

Besondere Stärken: ▶Marken u. Wettbewerb.
Empfohlen für: ▶Arbeit; ▶Beihilfe; ▶Börseneinführ. u. Kapitalerhöhung; ▶Gesellsch.recht; ▶Gesellschaftsrechtl. Streitigk.; ▶Energie; ▶Gesundheit; ▶Handel u. Haftung; ▶Immobilien; ▶IT; ▶Kartellrecht; ▶M&A; ▶Medien; ▶Nachfolge/Vermögen/Stiftungen; ▶Notare; ▶Patent; ▶Private Equ. u. Vent. Capital; ▶Projekte/Anlagenbau; ▶Restrukturierung/Sanierung; ▶Sport; ▶Telekommunikation; ▶Umwelt u. Planung; ▶Unternehmensbez. Versichererberatung; ▶Vergabe; ▶Verkehr; ▶Versicherungsvertragsrecht; ▶Vertrieb.
Siehe auch: ▶Berlin; ▶Düsseldorf; ▶Frankfurt; ▶Hamburg; ▶München.

Die Anwaltszahlen stammen aus den Statistiken im Serviceteil, Stand Juli 2015. Dort finden Sie ab Seite 636 weitere Statistiken.

Anwälte in Deutschland: 332
Internat. Einbindung: Internat. Kanzlei mit Büros in GB, einigen europ. Städten und Dubai. Starke Chinapraxis mit eigenen Büros. In Singapur als RHT Law Taylor Wessing und in Österreich als enwc Taylor Wessing. Im September 2015 fusionierte sie mit der niederländischen Kanzlei Deterink. Auch aktiver Brasilien-Desk. Langj. Verbindungen mit US-Kanzleien, v.a. an der Westküste, ab September 2 Repräsentanzbüros in New York u. Palo Alto, in Letzteres wechselt ein Frankfurter IT-Partner.
Entwicklung: Bei seinem Führungskurs legt der Managing-Partner Dr. Andreas Meissner eine größere Entschlossenheit als seine Vorgänger an den Tag. Das Umstrukturierungsprogramm, das die Kanzlei sich schon vor einigen Jahren verschrieben hatte, setzt der erfahrene Hamburger Partner jetzt um, allerdings geht er dabei behutsamer vor als etwa Clifford Chance. Die personellen Weggänge des vergangenen Jahres sind teilweise vor diesem Hintergrund zu sehen, vermitteln aber ein insgesamt recht unruhiges Bild. Grund für diesen Eindruck dürfte auch die Anfang 2015 erfolgte Umstellung des gesamten Karrierewegs sein: Mit dem Abschied vom Up-or-out-Prinzip und der Aufwertung und stärkeren Differenzierung des Salary-Partner-Status kam die Kanzlei zwar den veränderten Bedürfnissen der heutigen Generation entgegen, doch wird das allein nicht genügen, um die eigene Position im Wettbewerb um den hoch qualifizierten Nachwuchs zu verbessern.

Eine maßgebliche Rolle dabei spielt auch die Marktposition im zentralen Bereich Corporate – und die Praxis kämpft noch immer mit Schwierigkeiten: Von einer vernünftigen Integration mit dem Londoner Büro ist TW derzeit – abgesehen von kleineren Bereichen – noch weit entfernt. Je mehr Wettbewerber wie DLA oder Norton Rose von einem starken britischen Mandatsfluss profitieren, desto schwieriger wird die Lage für TW. Zudem zeigt sich, dass der lang gepflegte Technologiefokus, mit dem die Kanzlei offensiv in den Markt gegangen ist, auch eine Beschränkung darstellt u. TW den Zugang zu klassischen Industriemandaten zwar nicht unbedingt verbaut, aber zumindest sehr erschwert. Dies gilt umso mehr, je stärker die eher als Industriekanzleien bekannten Wettbewerber werden.

WATSON FARLEY & WILLIAMS
Nationaler Überblick Top 50
Bewertung: Die Entwicklung der deutschen WFW-Praxis kommt knapp 10 Jahre nach ihrer Entstehung in eine neue Phase: Immer besser gelingt es den Corporate- u. Finanzierungsanwälten, sich insbesondere in ihren Schwerpunktbereichen Energie und Schifffahrt in anspruchsvollen Mandaten zu positionieren. Ein Beispiel dafür ist etwa die Beratung des Bankenkonsortiums bei der Finanzierung des Windparks Veja Mate. Die M&A-Praxis machte jedoch auch jenseits der etablierten Branchen mit der Arbeit für Tank & Rast beim milliardenschweren Verkauf an Allianz auf sich aufmerksam. Zudem zahlen sich die gut funktionierende innerdeutsche und grenzüberschreitende Zusammenarbeit aus: Bei der Arbeit für Neumandantin Unibail Rodamco beim Kauf eines großen Hafencity-Baugebiets kooperierten alle 3 deutschen Standorte der MDP-Kanzlei eng. Auf internationaler Ebene überzeugte die anerkannte Private-Equity-Praxis bei der Beratung von Aurelius beim Kauf der Schuhsparte von Reckitt Benckiser, an der 7 WFW-Büros beteiligt waren. Eine besondere Dynamik legte zudem die Arbeitsrechtspraxis in München an den Tag, deren Aufbau der vergangenen Jahre sich v.a. in einer höheren Präsenz in Restrukturierungsmandaten bemerkbar machte. „Sehr abgestimmtes, außerordentlich engagiertes und nah am Mandanten arbeitendes Team", lobte zuletzt ein Mandant. WFW hat zuletzt auch stärker investiert, um die erreichte Qualität für die Zukunft zu sichern: Sie strukturierte endlich ihre Ausbildung u. intensivierte ihre Nachwuchsgewinnungsaktivitäten – 2 wichtige Faktoren, die sie in den Aufbaujahren vernachlässigt hatte.
Empfohlen für: ▶ Arbeit; ▶ Energie; ▶ Kredite u. Akqu.fin.; ▶ M&A; ▶ Nachfolge/Vermögen/Stiftungen; ▶ Private Equ. u. Vent. Capital; ▶ Steuer.
Siehe auch: ▶ Hamburg; ▶ München.
Anwälte in Deutschland: 72
Internat. Einbindung: Internat. integrierte Kanzlei, die mit 14 Büros in 11 Ländern vertreten ist. Diese liegen aufgr. ihrer urspr. Tradition im Maritimen Wirtschaftsrecht oft in Hafenstädten wie Athen, Singapur oder Hongkong. Zuletzt eröffnete WFW Ende 2014 in Dubai. Im Londoner Stammbüro liegt ein starker Schwerpunkt auf der Betreuung von Banken.
Entwicklung: Eine so ausgeprägte sektorspezifische Bekanntheit, wie WFW sie in den Bereichen erneuerbare Energien u. Schifffahrt vorweisen kann, müssen sich viele Wettbewerber erst noch erarbeiten. Eine breite Basis an klassischen Industriemandanten, die sie dann auch umf. und bei internationalen Transaktionen betreuen kann, fehlt der deutschen Praxis allerdings noch. Das jüngste Tank-&-Rast-Mandat zeigt allerdings, dass sie standort- u. fachübergr. Beratung auch außerhalb ihrer Schwerpunktbranchen leisten kann. Im Frankfurter Büro gibt es dank eines jüngeren Partners gute Ansätze für den Aufbau einer breiteren Corporate-Tätigkeit. Auch etablierte WFW dort zuletzt durch eine interne Ernennung, der einzigen in Deutschland, einen Finanzierungspartner. Allerdings scheint es WFW in dem kompetitiven Marktumfeld schwerzufallen, passende Quereinsteiger zu finden, um diese Entwicklung zu forcieren. Nach mehreren, unterschiedlich motivierten Partnerabgängen steht WFW zudem vor der Aufgabe, wieder mehr Ruhe in ihr Münchner Büro zu bringen und ihre ursprünglichen Wachstumspläne, insbesondere für die Corporate-Praxis, zügig zu verwirklichen.

WEIL GOTSHAL & MANGES
Nationaler Überblick Top 50
Bewertung: Komplexe, meist restrukturierungsgetriebene Transaktionen, oft für internationale Investoren, bleiben WGMs Metier. Hier kann sie – neben fachlicher Kompetenz und hoher Leverage – ihre Stärken als Interessenvertreterin am besten ausspielen. Nach wie vor wird sie im Markt auch wegen dieses Rufs gerne auf Prof. Dr. Gerhard Schmidt reduziert, zuletzt auch wegen dessen Arbeit für Centerbridge. Allein die Tatsache, dass er dieses Mandat von Deutschland aus zu einem der wichtigsten der weltweiten Praxis ausgebaut hat, demonstriert seine zentrale Rolle. Doch hat etwa auch Dr. Christian Tappeiner in Frankfurt inzw. eine solide Mid-Cap-Private-Equity-Praxis aufgebaut. München schickt sich ebenfalls an, sich zu emanzipieren: Dort gewann WGM mit Dr. Volkmar Bruckner (von Latham & Watkins) einen anerkannten PE-Spezialisten. Auch die Steuerrechtler, v.a. Tobias Geerling, zeigten, dass sie mehr können, als das starke Transaktionsteam zu flankieren: Mit komplexen Streitverfahren für Avaya und einen Autozulieferer setzten sie eigene Akzente im Markt, auf denen sich aufbauen lässt.

Das Restrukturierungsteam war wie gewohnt aufseiten von US-Fonds und bei der Abwehr von Anfechtungsansprüchen zu sehen, doch musste die Kanzlei hier auch Schwierigkeiten bei der Umsetzung einer strategischen Option in Kauf nehmen: Der Plan, die restrukturierungsnahe Treuhandgesellschaft auch in Richtung Insolvenzverwaltung auszubauen, liegt nach dem Abschied eines dafür in die Kanzlei geholten früheren Verwalters erst einmal auf Eis.
Empfohlen für: ▶ Gesellsch.recht; ▶ M&A; ▶ Private Equ. u. Vent. Capital; ▶ Restrukturierung/Sanierung; ▶ Steuer.
Siehe auch: ▶ Frankfurt; ▶ München.
Anwälte in Deutschland: 55
Internat. Einbindung: Internat. Kanzlei mit hohem Integrationsgrad; sehr starke US-Praxis u. etablierte Büros in London, Paris sowie Budapest, Prag u. Warschau.
Entwicklung: Die Struktur der Kanzlei gleicht noch immer einer sehr steilen Pyramide. Der Weg zu einer homogenen Partnerschaft ist durchaus noch weit, auch wenn sich im vergangenen Jahr schon weitaus mehr Schritte zeigten als in der Vergangenheit. Der Status quo ist v.a. in Schmidts Akquisetalent und Kompetenz begründet, doch der weitere Aufstieg anderer Partner, die ihr eigenes Geschäft haben, bleibt für WGM 13 Jahre nach dem Zugang von Schmidts (kam 2002 von Beiten Burkhardt) zentral. Denn je größer und präsenter die Gruppe solcher Partner wird, desto attraktiver wird WGM auch für weitere Quereinsteiger. Bislang hat die finanzielle und kulturelle Dominanz einer prägenden Persönlichkeit einen steten Fluss an Quereinsteigern eher abgehalten. Allerdings ist diese Art des Praxisaufbaus für WGM nicht untypisch. Auch das Londoner Büro entwickelte sich von einer zunächst sehr kleinen Gruppe von Partnern aus weiter.

WHITE & CASE
Nationaler Überblick Top 50

NOMINIERT JUVE Awards 2015 Kanzlei des Jahres

Bewertung: Seit 2012 arbeitet die Kanzlei gezielt daran, mit all ihren Praxen stärker voranzukommen, und hat bei diesem Projekt ein ansehnliches Stück des Weges bewältigt. Eine zentrale Rolle bei diesem Vorhaben spielt die M&A-Praxis, die sich zuletzt besser in der Position etablierte, die sie anstrebt: als feste Beraterin namhafter Unternehmen mit internationaler Aufstellung. Einige Mandatsbeziehungen zu dieser Klientel hat sie verfestigen oder gar neu etablieren können, so etwa zu Nestlé und Daimler. Bei einem anderen Dax-Konzern schlug sich die Aufnahme in die Beraterliste nun in ersten Aufträgen nieder. Schon weiter sind die Spezialisten aus dem Private-Equity-Team, die inzwischen in unmittelbarem Wettbewerb mit den Marktführern stehen. Dies verdankt W&C auch einigen Verstärkungen in London, die mehr Arbeit in großen Deals brachten. In Deutschland profitierte die Kanzlei zudem vom Einstieg von Gernot Wagner (von Allen & Overy) und dessen Team in Frankfurt. Der Kapitalmarktrechtler brachte der Kanzlei nicht nur Geschäft mit lukrativen Hochzinsanleihen, seine Kontakte mündeten auch in die Arbeit für ein Konsortium um die Allianz bei der Übernahme von Tank & Rast. Die sichtbarste Verbesserung ihrer Marktposition gelang aber im Energierecht: Mit dem Wechsel des eingespielten Teams um Dr. Peter Rosin u. Thomas Burmeister von Clifford Chance ist W&C nicht nur wieder zu einer relevanten Größe im Energierecht und Herausforderin der Top-Kanzleien geworden, sondern beatmet endlich ihr nach einem Restrukturierungsprozess massiv verkleinertes Düsseldorfer Büro neu. Gleichzeitig markierte der Gewinn des Clifford-Teams eine Zäsur: Die Kanzlei investierte nun in ein eingespieltes Team, nachdem sie jahrelang beim Hinzuholen einzelner Partner eher glücklos agierte. Eine ähnliche Aufgabe steht der Kanzlei in München bevor, wo sie zuletzt ebenfalls einen Restrukturierungsprozess forcierte. Derzeit ist das Büro weit schmaler aufgestellt als gewünscht und die mit Abstand größte Baustelle der Sozietät.

Doch die Zahl der Praxen, in denen W&C deutliche Fortschritte erzielte, ist bemerkenswert. Neben der schon seit Jahren starken Insolvenzpraxis zählt sich auch die frühe strategische Aufmerksamkeit für Compliance-Fragen aus, und die strukturell umgebaute Kreditfinanzierungspraxis erntet nun die Früchte der Ausrichtung auf noch hochkarätigeres Geschäft. Dagegen sind Praxen wie Arbeitsrecht, Gewerbl. Rechtsschutz sowie Steuerrecht – strategisch gewollt – inhaltlich weniger breit aufgestellt und z.B. unterstützend bei Transaktionen tätig.

JUVE Kanzlei des Jahres in: ▶Informationstechnologie.
Besondere Stärken: ▶Compliance; ▶Insolvenzverw.
Empfohlen für: ▶Anleihen; ▶Arbeit; ▶Bankrecht u. -aufsicht; ▶Beihilfe; ▶Börseneinführ. u. Kapitalerhöhung; ▶Energie; ▶Gesellsch.recht; ▶Gesellschaftsrechtl. Streitigk.; ▶Immobilien; ▶IT; ▶Kartellrecht; ▶Kredite u. Akqu.fin.; ▶M&A; ▶Medien; ▶Patent; ▶Private Equ. u. Vent. Capital; ▶Projekte/Anlagenbau; ▶Restrukturierung/Sanierung; ▶Steuer; ▶Telekommunikation; ▶Umwelt u. Planung; ▶Verkehr; ▶Versicherungsvertragsrecht; ▶Wirtschaftsstrafrecht.
Siehe auch: ▶Berlin; ▶Düsseldorf; ▶Frankfurt; ▶Hamburg; ▶Brüssel.
Anwälte in Deutschland: 210
Internat. Einbindung: Internat. Kanzlei (urspr. aus den USA) mit überaus starker Verbreitung der Büros, insbes. stark in Osteuropa u. Asien.

Entwicklung: In München dürfte W&C nach jahrelangen erfolglosen Versuchen, voranzukommen, gut beraten sein, sich Düsseldorf zum Vorbild zu nehmen und die Aufnahme eines homogenen und gewachsenen Teams ins Auge zu fassen. Zwar dürfte es schwer sein, ein solches zu finden, und allzu lange kann sich W&C den Status quo vor Ort auch nicht mehr erlauben, doch hat die US-Sozietät in Düsseldorf und Frankfurt bewiesen, dass sie bereit ist, einiges zu investieren, um erfolgshungrige Partner an sich zu binden.

Natürlich gibt es auch in Düsseldorf weitere Aufgaben. Nach wie vor fehlt es hier an einer sichtbaren Präsenz in gesellschaftsrechtlichen Kernthemen und damit einer soliden Position in einem strategisch wichtiger werdenden Beratungssegment. Will die Kanzlei weiter zu den führenden Praxen aufschließen, braucht es zudem noch eine systematischere Vernetzung strategisch wichtiger Praxen, etwa an der Schnittstelle von Gesellschaftsrecht und Compliance. Das größte Potenzial dürfte aber in der noch stärkeren Nutzung des internationalen Netzwerks liegen. Dass der Berliner Partner Dr. Jörg Kraffel im internationalen Management der zentralen Corporate-Praxis an der Spitze steht, sollte dieser Entwicklung auf die Sprünge helfen.

Die Anwaltszahlen stammen aus den Statistiken im Serviceteil, Stand Juli 2015. Dort finden Sie ab Seite 636 weitere Statistiken.

JUVE Handbuch 2015 | 2016

Regionen

82	**Norden**	
	Hamburg	84
	Schleswig-Holstein	94
	Mecklenburg-Vorpommern	94
	Bremen	95
	Niedersachsen	98

102	**Osten**	
	Berlin	104
	Brandenburg	112
	Sachsen	113
	Thüringen/Sachsen-Anhalt	117

118	**Westen**	
	Düsseldorf	120
	Köln	131
	Rheinland	136
	Ruhrgebiet/Westfalen	139

199 **Brüssel**

144	**Frankfurt und Hessen**	
	Frankfurt	146
	Hessen	160

162	**Südwesten**	
	Stuttgart	164
	Baden-Württemberg	169
	Rheinland-Pfalz/Saarland	175

180	**Süden**	
	München	182
	Bayern (ohne München)	196

In den Regionalkapiteln finden Sie Kanzleien, die nach der Recherche der JUVE-Redaktion in ihrer Region eine besondere Bedeutung und Reputation genießen. Sie bieten typischerweise Beratung und Vertretung in vielen Sparten des Wirtschaftsrechts an. Bitte beachten Sie aber ggf. ▶Verweise auf eine detaillierte Besprechung in den Rechtsgebietskapiteln im Anschluss.

Die hier getroffene Auswahl der Kanzleien ist das Ergebnis der auf zahlreichen Interviews basierenden Recherche der JUVE-Redaktion. Sie ist in zweierlei Hinsicht subjektiv: Sämtliche Aussagen der von JUVE-Redakteuren befragten Quellen sind subjektiv u. spiegeln deren eigene Wahrnehmungen, Erfahrungen u. Einschätzungen wider. Die Rechercheergebnisse werden von der JUVE-Redaktion unter Einbeziehung ihrer eigenen Marktkenntnis analysiert u. zusammengefasst. Der JUVE-Verlag beabsichtigt mit diesen Tabellen keine allgemeingültige oder objektiv nachprüfbare Bewertung. Es ist möglich, dass eine andere Recherchemethode zu anderen Ergebnissen führen würde.

REGION NORDEN

Hamburg	84
Schleswig-Holstein	94
Mecklenburg-Vorpommern	94
Bremen	95
Niedersachsen	98

Region: Norden
(Hamburg, Schleswig-Holstein, Bremen, Niedersachsen, Mecklenburg-Vorpommern)

Raue See im Hamburger Kanzleimarkt

Zahlreiche Hamburger Kanzleien waren in den vergangenen Jahren mit dem Wölbern-Invest-Komplex befasst. Doch als Anfang 2015 der Insolvenzverwalter des Emissionshauses und rund 30 Fonds sich mit einer Klage auf Schadensersatz gegen **Bird & Bird** wandten, war dies nicht nur im norddeutschen Markt ein Paukenschlag. Die Frage, ob hier anwaltliche Pflichten verletzt wurden und inwieweit die Kanzlei dafür haftbar gemacht werden kann, war ein dominierendes Thema im Markt der Hansestadt. Doch die Wettbewerber waren nicht schadenfroh, insbesondere auch, weil die heutigen Partner mit den Vorgängen gar nichts zu tun hatten. Vielmehr stand die Frage im Vordergrund, wie intensiv eine Kanzlei die Vorgeschichte von Quereinsteigern vor einem Wechsel durchleuchten kann oder muss. Der Imageverlust für den Kanzleinamen, da sind sich alle im Markt einig, war immens.

Vor die Wahl gestellt würden sich ohnehin viele Hamburger Anwälte eher für die Selbstständigkeit als für den Wechsel in eine bestehende Einheit entscheiden. Dieser Gründergeist hat Tradition und hat inzwischen einen der vielfältigsten städtischen Anwaltsmärkte entstehen lassen. Zuletzt machten sich zwei **Taylor Wessing**-Partner mit einem Inhousejuristen als **Pier 11 Göthel Rossbach Schmitz** selbstständig. Das Besondere: Sie verabschiedeten sich vom klassischen Stundensatz und reagieren so auf den Kostendruck, den Rechtsabteilungen oft an ihre externen Anwälte weitergeben müssen. Für Überraschung sorgte zudem ein Spin-off vom Spin-off: Dr. Ulf Renzenbrink verließ mit einem Team seine bisherige Kanzlei, die lange als eine der erfolgreichsten Kanzleigründungen der vergangenen Jahre galt und gründete unter **Renzenbrink & Partner** eine neue Sozietät. Diese Entwicklung steht exemplarisch für die Herausforderungen, denen sich auch andere Boutiquen gegenübersehen: Einheitliche Entwicklung der Partner, Nachwuchsausbildung und Erweiterung des Partnerkreises werden mit zunehmendem Alter zu zentralen Themen für Kanzleien. Für positive Schlagzeilen sorgte eine Kanzlei, die erst 2013 den Startschuss für ihr Hamburger Büro gegeben hatte: **Görg** etablierte sich mit einem Team ehemaliger Brinkmann- sowie **White & Case**-Anwälte und gewann zudem Quereinsteiger von **Freshfields Bruckhaus Deringer** und Strunk Kolaschnik. Ihnen will es **Flick Gocke Schaumburg** gleichtun: Seit Sommer 2015 baut die hoch angesehene Steuerrechtskanzlei ihr Hamburger Büro offensiv aus.

Bremen: Vielerorts neue Anwaltsgeneration am Ruder

In Bremen ist hingegen der Generationswechsel bei mehreren Kanzleien das prägende Thema der vergangenen Jahre gewesen. Während etwa **Ahlers & Vogel** und **Dr. Schackow & Partner** durch bewusste Modernisierungsprozesse wie standardisierte Ausbildungsprogramme und regelmäßige Verjüngung ihrer Alterspyramide schon länger eine ausgewogene Altersstruktur haben, fielen zuletzt **Blaum Dettmers Rabstein** und **Ganten Hünecke Bieniek & Partner** durch einen erfolgreichen Aufbau von jüngeren Anwälten auf. Gerade bei diesen Kanzleien hatten Wettbewerber – ebenso wie bei **Schütte Richter & Partner** und **Büsing Müffelmann & Theye** – über die Jahre immer wieder auf ein ungelöstes Generationsthema hingewiesen. Auch **Castringius**, die 2013 zwei ältere Partner verabschiedet hatte, zeigte, wie gut sie Quereinsteiger integrieren und damit den Mittelbau spürbar stärken kann.

Dagegen erwiesen sich die schon länger schwelenden, internen Differenzen bei **Kessler & Partner** über die künftige Ausrichtung der Kanzlei als unüberbrückbar. Anfang 2016 spaltet sich eine Gruppe ab. Der neuen Einheit gehören zum Start voraussichtlich fünf Berufsträger an, darunter die langjährigen Partner Dr. Alexander Hardt und Eckhard Strohkirch.

Niedersachsen: Anwaltsnotariat befeuerte den Umsatz

In Niedersachsen – wie im Übrigen auch in vielen Bremer Kanzleien – spielte die Musik zuletzt im Notariat. Viele Sozietäten berichteten von nennenswert größeren Umsätzen, die ihre Anwaltsnotariate, ein in nicht allen Bundesländern existierendes Marktspezifikum, in die Kassen spülten. Dabei kamen mehrere Effekte zusammen: ein anziehendes Transaktions- und Grundstückgeschäft, vorgezogene Nachfolgeregelungen aufgrund der Entscheidung des Bundesverfassungsgerichts zur Erbschaftsteuer und ein fortschreitender Konzentrationsprozess im Notariatswesen. Davon profitieren vor allem die langjährig etablierten Großnotariate von **Appelhagen**, **Göhmann** und **KSB Intax**, in denen einzelne Partner sogar kaum noch anwaltlich tätig waren. Dass zuletzt auch **Luther** und **PricewaterhouseCoopers Legal** vor Ort Notariate aufbauten, demonstriert die Attraktivität des Geschäfts.

Daneben setzte sich der Trend hin zum gezielten Aus- und Aufbau von Spezialisierungen weiter fort. Über Felder wie das Arbeits-, Vergabe-, oder IP-Recht beziehungsweise in Prozessen haben sich etwa **Göhmann** oder **Luther** längst ein überregionales Profil erarbeitet. **Deloitte Legal** etwa hat zuletzt eine visible Steuerstrafrechtspraxis aufgebaut. Ein weiteres Beispiel ist die in Ostwestfalen verwurzelte Kanzlei **Brandi**, die mittlerweile ein für eine mittelständische Kanzlei beeindruckendes Mandatsportfolio im Compliance-Bereich aufweisen kann.

Schleswig-Holstein: Kanzleien profitieren von Modernisierung des Landes

In der Universitätsstadt Kiel beschert eine wachsende IT-Szene – ähnlich wie bisher schon die Betreuung regionaler Biogas- oder Onshorewindanlagen – den maßgeblichen Wirtschaftskanzleien aus Kiel und Flensburg ein einträgliches Geschäft. Dies zeigte exemplarisch zuletzt der Verkauf des Kieler Dienstleisters für mobilen Zahlungsverkehr ‚Payone' mit **Brock Müller Ziegenbein** an den Deutschen Sparkassenverlag. Dieses hochkarätige regionale Transaktionsgeschäft sichert der Kanzlei eine Führungsposition unter den wenigen, aber modern aufgestellten Wirtschaftskanzleien des Landes – noch vor **Cornelius + Krage** sowie **Lauprecht**, **CausaConcilio** und **Ehler Ermer & Partner**. Daneben sind in Schleswig-Holstein eine Reihe bekannter Spezialkanzleien angesiedelt, allen voran **Weissleder Ewer**. Im nördlichsten Bundesland bieten Spezialschiffbau, Tourismus und Handel mit den skandinavischen Nachbarländern ansonsten die wichtigsten Motoren der wirtschaftlichen Entwicklung.

Mecklenburg-Vorpommern: Abonniert auf den Mittelstand

Die von der Landesregierung gewollte Justizreform wird nach langem Tauziehen umgesetzt. Richterbund und der Verein Pro Justiz hatten zunächst erfolgreich ein Volksbegehren initiiert. Die Regierung hielt jedoch an den geplanten Gerichtsschließungen fest, ein darauf folgender Volksentscheid scheiterte im Herbst. Allerdings hatte das Oberverwaltungsgericht Greifswald einige Monate zuvor bereits Teile der für die Reform durch das Land erlassenen Zweigstellenverordnung für unwirksam erklärt. Dieses Problem ist noch ungelöst.

Doch große Mandate vor Ort zu halten, seien es nun Strafprozesse oder Beratungsmandate etwa aus dem Sektor erneuerbare Energien – einem der wenigen Wirtschaftszweige der Region mit Zukunft –, gelingt auch den wenigen wirtschaftsberatenden Kanzleien kaum. Im mittelständischen Markt reüssieren einige von ihnen unverändert, doch Top-Mandate gehen weiterhin an spezialisierte Kanzleien in Westdeutschland oder Berlin.

Die folgenden Bewertungen behandeln Kanzleien, die nach der Recherche der JUVE-Redaktion in ihrer Region eine besondere Bedeutung und Reputation genießen. Diese Kanzleien bieten typischerweise Beratung und Vertretung in vielen Sparten des Wirtschaftsrechts. Bitte beachten Sie aber ggf. Verweise auf weitere Besprechungen in einem Rechtsgebietskapitel. Dort finden Sie auch jeweils weitere Referenzmandate.

JUVE KANZLEI DES JAHRES
NORDEN
GÖRG

Görg ist gekommen, um zu bleiben. Daran ließ die Kanzlei, die Anfang 2013 zum zweiten Mal in ihrer Geschichte in Hamburg startete, zuletzt keinen Zweifel mehr. Mit ihrer Mischung aus Restrukturierungs- und M&A-Know-how kam sie etwa beim Mifa-Verkauf für den Insolvenzverwalter zum Einsatz. Die öffentlich-rechtliche Praxis um den ehemaligen White & Case-Partner **Dr. Kersten Wagner-Cardenal** gewann mit der Vertretung der Uniklinik Schleswig-Holstein in einem milliardenschweren Vergabeverfahren ein echtes Prestigemandat. Daneben baute Görg ihr jüngstes Büro schnell und entschlossen weiter aus: Mitte 2014 legte sie mit zwei jungen Quereinsteigern von Freshfields den Grundstein für eine Immobilienpraxis. Im Mai 2015 ergänzte sie ihre multidisziplinäre Steuerpraxis durch den Wechsel eines Teams um **Prof. Dr. Günther Strunk** sinnvoll: Der ehemalige Namenspartner von Strunk Kolaschnik bringt Erfahrung im internationalen Steuerrecht sowie gute Kontakte zu norddeutschen Familienunternehmen mit. Doch wächst die Kanzlei nicht nur mit Quereinsteigern, sondern ernannte auch einen jungen Restrukturierungsspezialisten aus den eigenen Reihen zum Partner. „Das haben sie gut gemacht", konstatiert ein Wettbewerber. Das kann man getrost als hanseatische Untertreibung bezeichnen.

Hamburg

AHB ARENDS HOFERT BERGEMANN
Hamburg

Bewertung: Mit ihrer Aufstellung kann die empfohlene Hamburger Kanzlei zuletzt immer besser Fuß bei norddt. Familienunternehmen u. Family Offices fassen. Im vergangenen Jahr zog insbes. die Transaktionarbeit wieder an, wobei es AHB oft gelingt, aus einer Projektberatung eine lfd. Beziehung im Gesellschaftsrecht anzuschließen, zuletzt etwa für einen sächs. Kfz-Zulieferer. Bei Deals hat sich die Zusammenarbeit mit der Steuerpraxis gut eingespielt, in der ansonsten v.a. die Tätigkeit für Aurubis für ein konstantes Rauschen sorgt.

Entwicklungsmöglichkeiten: Strukturell wird sich für AHB – wie andere ehem. Spin-offs auch – mittelfristig die Herausforderung stellen, jungen Anwälten Karriereperspektiven zu bieten, um auch weiterhin für qualifizierten Nachwuchs attraktiv zu sein.

Häufig empfohlen: Dr. Volker Arends, Dr. Henrik Bergemann („sehr fähig, wirtschaftl. Verständnis u. lösungsorientiert, viele schwierige Situationen konnten so einvernehml. beigelegt werden", Mandant über beide), Dr. Sebastian Hofert von Weiss (Corporate), Dr. Felix Reiche („gut bei internat. Fragen", Mandant; „außerordentl. Expertise im Unternehmensteuerrecht", Wettbewerber)

Kanzleitätigkeit: Schwerpunkte im Gesellschaftsrecht/M&A, Finanz- u. Immobilienrecht sowie Steuer- u. Arbeitsrecht. Zudem (auch gesellschaftsrechtl.) Prozessführung. Daneben Betreuung des Mittelstands, inkl. Wettbewerbs- u. Kartellrecht. Mandanten u.a. aus den Branchen: Immobilien, erneuerbare Energien, Logistik. Koop. mit Ernst & Young bei Tragfähigkeitsgutachten für Exportkredite. (6 Partner, 5 Associates)

Mandate: ●● Corpus Sireo u. Patrizia bei Kauf von Pflegeheimimmobilien; Management von Siemens Medical Instruments zu Beteiligungsprogramm von EQT; Nafi-Gesellschafter bei Verkauf an Wettbewerber; lfd. gesellschaftsrechtl.: 3L Ludvigsen, ABR German Real Estate, H.J. Heinz; D&S Holding in vertragsrechtl. Prozess; steuerrechtl. regelm. für Aurubis; Tragfähigkeitsgutachten für Gemini-Project-Offshorewindpark; Baltic Blue bei Verkauf eines Biogasprojekts an Investor.

ALLEN & OVERY
Hamburg

Bewertung: In Hamburg häufig empfohlenes Büro, dessen Mandatsarbeit eine zunehmende Verankerung der Kanzlei vor Ort belegt. Letztere hatten Hamburger Wettbewerber in den letzten Jahren verschiedentl. vermisst. Doch die Beratung von HGV u. HEG zur Strukturierung beim Rückkauf der Versorgungsnetze beschäftigte das Team um Dr. Helge Schäfer weiter intensiv, auch die Hamburger Arbeits- u. Kartellrechtler sind immer wieder eingebunden. Dazu kam noch die komplexe Arbeit für Tui bei der geplanten Fusion mit ihrer brit. Tochter. Dass mit Dr. Nicolaus Ascherfeld ein jüngerer Partner aufgr. seiner Beratung des Bankhauses Wölbern sowie der zunehmenden Vernetzung bei maritimen Mandanten (u.a. beim Kauf der Hochtief-Windenergiesparte) deutl. an Profil vor Ort gewinnt, ist ein weiteres positives Zeichen.

Stärken: Gute Skandinavienkontakte, erfahrene Corporate-Partner.

HAMBURG

Freshfields Bruckhaus Deringer

CMS Hasche Sigle
Latham & Watkins

Hogan Lovells
Taylor Wessing
White & Case

Allen & Overy
Esche Schümann Commichau
Heuking Kühn Lüer Wojtek

BRL Boege Rohde Luebbehuesen
DLA Piper
Gleiss Lutz
Görg
Graf von Westphalen
Happ Luther
Lebuhn & Puchta
Luther
Norton Rose Fulbright
Watson Farley & Williams
Zenk

AHB Arends Hofert Bergemann
Brödermann Jahn
Buse Heberer Fromm
Dabelstein & Passehl
Ehlermann Rindfleisch Gadow
Honert + Partner
Huth Dietrich Hahn
Leo Schmidt-Hollburg Witte & Frank
Raschke von Knobelsdorff Heiser
Renzenbrink & Partner
Schmidt-Jortzig Petersen Penzlin
Voigt Wunsch Holler
Wülfing Zeuner Rechel

Blaum Dettmers Rabstein
Brehm & v. Moers
Corvel
Deloitte Legal
Ebner Stolz Mönning Bachem
GSK Stockmann + Kollegen
Ince & Co
Krohn
Schulz Noack Bärwinkel

Die hier getroffene Auswahl der Kanzleien ist das Ergebnis der auf zahlreichen Interviews basierenden Recherche der JUVE-Redaktion (s. Einleitung S. 20). Sie ist in zweierlei Hinsicht subjektiv: Sämtliche Aussagen der von JUVE-Redakteuren befragten Quellen sind subjektiv u. spiegeln deren eigene Wahrnehmungen, Erfahrungen u. Einschätzungen wider. Die Rechercheergebnisse werden von der JUVE-Redaktion unter Einbeziehung ihrer eigenen Marktkenntnis analysiert u. zusammengefasst. Der JUVE Verlag beabsichtigt mit dieser Tabelle keine allgemein gültige oder objektiv nachprüfbare Bewertung. Es ist möglich, dass eine andere Recherchemethode zu anderen Ergebnissen führen würde. Innerhalb der einzelnen Gruppen sind die Kanzleien alphabetisch geordnet.

● Referenzmandate, umschrieben
●● Referenzmandate, namentlich

Anwaltszahlen: Angaben der Kanzleien zur Bürogröße vor Ort. Sie spiegeln nicht zwingend die Gesamtgröße einer Kanzlei wider.

Empfohlen für: ▶ Arbeitsrecht; ▶ Energie; ▶ Gesellsch.recht; ▶ Handel u. Haftung; ▶ Immobilien; IP/IT; ▶ Kartellrecht; ▶ M&A; ▶ Private Equ. u. Vent. Capital. (6 Partner, 2 Counsel, 22 Associates)
Mandate: Siehe Fachkapitel.

BLAUM DETTMERS RABSTEIN
Hamburg

NOMINIERT
JUVE Awards 2015
Kanzlei des Jahres
für den Mittelstand

Bewertung: In Hamburg geschätztes Büro, das nach personeller Verstärkung inzw. ein ausgewogeneres Pendant zum anerkannten ▶ Bremer Standort bildet. So kamen im Vorjahr durch Fusion mit der kleineren Kanzlei Horbach neue Kontakte hinzu, u. auch auf Associate-Ebene wurde ausgebaut. Gemeinsam ist beiden die gesellschafts-, transport- u. maritimrechtl. Schwerpunktsetzung, die auch bei Restrukturierungen zum Einsatz kommt. Ein Beispielsmandat bildet die Beratung eines Hafenanlagenherstellers bei der Beteiligung durch ein jap. Unternehmen. Die Anwälte beraten aber nicht nur im maritimen Bereich, sondern sind bei Nachfolgelösungen u. im Markenrecht auch für mittelständ. Unternehmen anderer Branchen tätig.
Kanzleitätigkeit: Breites Spektrum aus ▶ Gesellschaftsrecht, Arbeitsrecht sowie Vertragsrecht. Auch ▶ M&A zusammen mit Bremen. (8 Partner, 3 Associates, 1 of Counsel)
Mandate: ●● Im Markt bekannt: 20 Hansa-Treuhand-Schiffsgesellschaften bei Sanierung; ehem. Joint-Venture-Partner von Aeroflot zu insolvenz- u. luftfahrtrechtl. Gesellschafterauseinandersetzung; internat. Luftfahrtunternehmen zu Nachfolgelösung mit Private-Equity-Beteiligung u. Aufnahme von strateg. Partner; Edelmetallhändler zu Nachfolge u. Management-Buy-out; Schiffseigner zu Havarie im Nordatlantik; Hafenanlagenhersteller bei Beteiligung durch jap. Unternehmen; internat. Ingenieurdienstleister lfd. vertragsrechtl.; dt. Tochter eines ww. präsenten Konsumgüterkonzerns gesellschafts- u. kollektivarbeitsrechtl. zu Umstrukturierungsfragen; div. Versicherer u. Spediteure zu Untergang der ‚MOL Comfort'; Modellbau- u. Spielzeughersteller markenrechtl.; Laborgerätehersteller zu FuE-Verträgen; Mobilfunkanbieter lfd. mietrechtlich.

BREHM & V. MOERS
Hamburg

Bewertung: Die in Hamburg geschätzte Kanzlei entwickelt sich solide: Im Gesellschaftsrecht, das im Vergleich zu den anderen Standorten der Kanzlei in HH am stärksten ausgeprägt ist, erweiterte sie ihr trad. Mandantenspektrum aus norddt. Mittelständlern u. US-Unternehmen um einige Start-ups. Ausgehend von seiner Erfahrung mit Testamentsvollstreckungen baut Mauritz nun auch die Unternehmensnachfolgeberatung aus. Auch die öffentl.-rechtl. Praxis ist gut in HH vernetzt u. dementsprechend bekannt. Den Bereich Insolvenzrecht baut BvM nach dem Tod des Partners Ingo Wiese nicht mehr auf.
Entwicklungsmöglichkeiten: Die gesellschaftsrechtl. Praxis ist weiterhin zu klein, um die geplante Verbreiterung in Richtung Immobilientransaktionen zügig umsetzen zu können. BvM steht deshalb hier vor der Herausforderung zu wachsen.
Häufig empfohlen: Veit Mauritz (Gesellschaftsrecht), Bettina-Axenia Bugus („sehr kompetent im Arbeitsrecht, hohe Einsatzbereitschaft u. flexibel, viel Verständnis für wirtschaftl. Zusammenhänge", Mandant), Michael Vogelsang („hervorragend im Öffentl. Recht", Wettbewerber)

● Referenzmandate, umschrieben
●● Referenzmandate, namentlich

Hamburger Kanzleien mit Besprechung nur in Rechtsgebieten:

AGS Acker Görling Schmalz	Priv. Baurecht
Ahlers & Vogel	Priv. Baurecht ▶ Handel u. Haftung
Altenburg	Arbeit
von Appen Jens	Sport
Baum	Investmentfonds
Becker Büttner Held	Energie
Behrens & Partner	Arbeit
Bertelsmann und Gäbert	Arbeit
Bird & Bird	Vergaberecht ▶ Medien ▶ Presse ▶ Marken u. Wettbewerb
Bornheim und Partner	Priv. Baurecht
Brinkmann & Partner	Insolvenzverw.
CausaConcilio	Gesundheit
Corinius	Kartellrecht ▶ Handel u. Haftung ▶ Gesellschaftsrechtl. Streitig.
Damm & Mann	Presse
Eisenführ Speiser & Partner	Marken u. Wettbewerb
Eversheds	Arbeit
Fechner	Marken u. Wettbewerb
Field Fisher Waterhouse	Kartellrecht ▶ Marken u. Wettbewerb ▶ Gesundheit
FPS Fritze Wicke Seelig	Gesellsch.recht ▶ Priv. Baurecht ▶ IT ▶ Marken u. Wettbewerb
FRH Rechtsanwälte Steuerberater	Insolvenzverw.
Frömming Mundt & Partner	Presse
Gaidies Heggemann & Partner	Arbeit
Glauber & Partner	Versicherungsvertragsrecht
Glawe Delfs Moll	Patent
Graef	Medien
Hanefeld	Handel u. Haftung
Harmsen Utescher	Lebensmittel ▶ Marken u. Wettbewerb ▶ Patent ▶ Gesundheit ▶ Vertrieb
Harte-Bavendamm	Marken u. Wettbewerb ▶ Vertrieb
Hauck	Marken u. Wettbewerb ▶ Patent
Hees	Gesundheit
Heissner & Struck	Marken u. Wettbewerb
HFK Rechtsanwälte	Umwelt u. Planung
Hoffmann & de Vries	M&A
Hoffmann Eitle	Patent
hww Hermann Wienberg Wilhelm	Insolvenzverw.
Irion	Presse
Jacobsen + Confurius	Arbeit ▶ Vertrieb
Jebens Mensching	Immobilien
Johannsen	Versicherungsvertragsrecht
Johlke Niethammer & Partner	Insolvenzverw.
KEE Otto Feustel Libal Schumacher	Energie
Dr. Kirsten Völckers Kirsten Dr. Fitzau	Versicherungsvertragsrecht
Dr. Till Kleinstück und Dr. Marcus Reski	Notare
KNPZ Rechtsanwälte	Medien ▶ Marken u. Wettbewerb ▶ Presse ▶ Vertrieb
Köchling & Krahnefeld	Umwelt u. Planung
KPMG Law	Gesellsch.recht ▶ M&A
Kruhl von Strenge	Umwelt u. Planung ▶ Vergabe ▶ Immobilien ▶ ÖPP
Otmar Kury	Wirtschaftsstrafrecht
Langrock Voß & Soyka	Wirtschaftsstrafrecht
Lawentus	Gesellschaftsrecht
Leinemann & Partner	Priv. Baurecht ▶ Vergabe
Lubberger Lehment	Marken u. Wettbewerb
Lutz Abel	Priv. Baurecht
Maiwald	Patent
Meyer-Lohkamp & Pragal	Wirtschaftsstrafrecht
Müller-Knapp Hjort Wulff	Arbeit
Müller Schupfner & Partner	Patent

Fortsetzung nächste Seite

Anwaltszahlen: Angaben der Kanzleien zur Bürogröße vor Ort. Sie spiegeln nicht zwingend die Gesamtgröße einer Kanzlei wider.

Kanzleitätigkeit: V.a. lfd. Beratung im Gesellschaftsrecht u. bei kleineren M&A-Transaktionen, daneben Bau- u. Verwaltungsrecht, Compliance u. Markenrecht. Arbeitsrechtl. Beratung, oft an der Schnittstelle zum ▶Medienrecht. (6 Partner, 1 Associate)

Mandate: ●● Mehr!Entertainment bei exkl. Vertrag mit Ticketmaster; German Brass umf. im Medienrecht; Ombudstätigkeit für Messe Berlin; Anbieter von Onlinezahlungssystemen bei Kapitalerhöhung; Medizintechnikunternehmen bei Beteiligung eines internat. Unternehmens; börsennot. Vermögensverwalter bei HV u. in Schadensersatzprozess; namh. Produktionsgesellschaft umf. im Arbeitsrecht; Dax-Konzern bzgl. Befreiung von EEG-Umlage.

BRL BOEGE ROHDE LUEBBEHUESEN
Hamburg

Bewertung: Die in Hamburg häufig empfohlene MDP-Kanzlei feilt kontinuierl. u. mit Bedacht an ihrer Aufstellung als Mittelstandsberaterin. Wie bereits in der Vergangenheit setzt sie dabei auf junge Quereinsteiger mit Berufserfahrung, die dann ihre jeweiligen Bereiche entwickeln können. Zuletzt holte BRL Verstärkung im Öffentl. Recht (von Bird & Bird) u. im Priv. Baurecht (von Buse Heberer Fromm). Die Bedeutung des Arbeitsrechts unterstrich sie mit der Ernennung der schon länger im Markt anerkannten Rossa-Heise zur Eq.-Partnerin. Doch auch ihre weiterhin starken Kernbereiche im Gesellschafts- u. Insolvenzrecht entwickeln sich weiter, die M&A-Praxis beriet z.B. neben der langj. norddt. Klientel stärker auch internat. Unternehmen, u.a. zuletzt Hedgefonds. Einen deutl. Sprung nach vorne machte zuletzt die Steuerpraxis, die ihre Beratung öffentl. Unternehmen insbes. an der Schnittstelle zum Beihilferecht deutl. ausbaute. „Umf. Beratung mit absolut versierten Berufsträgern", lobte ein Mandant BRL in vielen Fachbereichen.

Stärken: Insolvenzrecht, multidisziplinäre Rundumberatung für den Mittelstand.

Häufig empfohlen: Thilo Rohde (M&A/Gesellschaftsrecht), Stefan Denkhaus (Insolvenzverwaltung), Dr. Oliver Tomat (Gesellschaftsrecht), Dominik Demisch (Restrukturierung), Dr. Daniela Rossa-Heise (Arbeitsrecht), Dr. Rüdiger Brock (Gesellschaftsrecht)

Kanzleitätigkeit: Neben ▶Gesellsch.recht/▶M&A u. ▶Steuer- v.a. ▶Insolvenzrecht u. Restrukturierung. Zudem Immobilien-, Arbeits- sowie Marken- u. Wettbewerbsrecht. Ergänzend betriebswirtschaftl. Beratung inkl. Compliance. (6 Eq.-Partner, 5 Sal.-Partner, 1 of Counsel, 16 Associates)

Mandate: ●● Prokon-Insolvenzverwalter u.a. unterstützend bei Gläubigerversammlung, M&A u. im Arbeits- sowie Steuerrecht; Handwerksgruppe Philip Mecklenburg lfd. u. bei Neufinanzierung; HGV bei steuerl. Gestaltung nach Kauf Eon-Stromnetze; lfd. Haspa BGM, DG Hyp, Agrarfrost; Werbeunternehmen bei Umstrukturierung im Gesellschafterkreis; ehem. Karstadt-CEO in Organstreitigkeit; Family Office im Priv. Baurecht.

BRÖDERMANN JAHN
Hamburg

Bewertung: In Hamburg empfohlene Kanzlei, deren Besonderheit v.a. die langj. Erfahrung mit grenzüberschreitenden Vertragsgestaltungen u. Streitigkeiten bildet. Dafür stehen u.a. solche Mandate wie zuletzt ein Vertrags-Compliance-Projekt, in dem zahlr. Fragen bzgl. nordafrikan. Länder wichtig waren. Ihr überreg. Renommee basiert dementsprechend auf der über Jahre aufgebauten u. kulturell verankerten internat. Kompetenz sowie ihrem eingespielten Netzwerk von Kooperationskanzleien. Hinzu kommt die etablierte lfd. Beratung von norddt. Mittelständlern aus unterschiedl. Branchen zu gesellschaftsrechtl. u. vertragl. Fragen. Auch Wettbewerber loben sie als „kompetent, zuverlässig u. angenehm im Umgang". Auf einige Weggänge im Vorjahr reagierte die Kanzlei mit der Einstellung von Associates u. einer internen Partnerernennung.

Stärken: Prozesse u. Vertragsgestaltungen mit internat. Bezügen.

Häufig empfohlen: Prof. Dr. Eckart Brödermann, Dr. Philipp von Dietze („Hands-on-Berater", Wettbewerber; beide Gesellschaftsrecht, Prozesse u. Vertragsgestaltung), Dr. Eckard Frhr. von Bodenhausen (v.a. IT-Projekte), Dr. Andrea Tiedemann („fachl. herausragend, sehr angenehm in der Kommunikation", Wettbewerber; internat. Erbfälle)

Kanzleitätigkeit: Beratungsschwerpunkte: ▶Gesellsch.recht (M&A, Beteiligungen u. Joint Ventures, oft mit Bezug zu Lateinamerika, Frankreich, Afrika, USA, China) sowie Kartellrecht (insbes. Vertriebskartellrecht), außerdem internat. Prozessmanagement u. Schiedsverfahren. Viel Erfahrung mit Erbstreitigkeiten u. Nachlassgestaltung. (4 Eq.-Partner, 2 Sal. Partner, 14 Associates, 4 of Counsel)

Mandate: ●● Caspari zu Anlagenbau; lfd. Investmentberatungsgesellschaft CatCap; Dermalog Identification Systems zu Kooperationsverträgen mit Partnern in Lateinamerika u. Afrika; LMT Lammers Medical Technology vertriebsrechtl.; Sashay zu 2. VC-Finanzierungsrunde; Dt. Immobilien GbR in Gesellschafterstreit; Tubin (türk.) bei Durchsetzung von ICC-Schiedsspruch gg. Bilfinger vor dt. u. ausl. Gerichten; lfd. gesellschaftsrechtl. für norddt. Unternehmen (Textilhandel, Logistik); luxemb. Fonds lfd. mietrechtl.; Unternehmen zu Bürgschaft nach frz. Recht; internat. Betreiber von Hafenterminals zu Iranembargo; lett. Unternehmen zu Schiffskauf; russ.-balt. Unternehmen zu Satellitenverträgen, Rechenzentrum u. Cloud Computing.

Hamburger Kanzleien mit Besprechung nur in Rechtsgebieten: Fortsetzung

Münzel & Böhm	▶Insolvenzverw.
Nesselhauf	▶Presse ▶Marken u. Wettbewerb
Notariat am Alstertor	▶Notare
Notariat am Gänsemarkt	▶Notare
Notariat an den Alsterarkaden	▶Notare
Notariat Ballindamm	▶Notare
Notariat Bergstraße	▶Notare
Notare an der Palmaille	▶Notare
Oppler Hering	▶Vergabe
Osborne Clarke	▶Arbeit ▶Medien ▶IT ▶Energie ▶Vertrieb
Prof. Dr. Pannen	▶Insolvenzverw.
Preu Bohlig & Partner	▶Marken u. Wettbewerb
PricewaterhouseCoopers Legal	▶Beihilfe ▶Energie ▶M&A ▶Vergabe
Prinz & Partner	▶Patent ▶Marken u. Wettbewerb
Prinz Neidhardt Engelschall	▶Presse
Quinn Emanuel Urquhart & Sullivan	▶Patent
Reimer	▶Insolvenzverw.
Rembert	▶Priv. Baurecht
Remé	▶Versicherungsvertragsrecht, Schiffahrtsrecht
Rödl & Partner	▶Gesellsch.recht ▶M&A ▶Steuer ▶Verkehr
Roxin	▶Wirtschaftsstrafrecht
Ruge Krömer	▶Arbeit
Dr. Schackow & Partner	▶Gesellsch.recht
Schlarmann von Geyso	▶Vertrieb
Dr. Schmidt-Felzmann & Kozianka	▶Lebensmittel ▶Gesundheit
Schramm Meyer Kuhnke	▶Arbeit
Schultz-Süchting	▶Marken u. Wettbewerb ▶Gesundheit ▶Patent ▶Presse
Schwenn & Krüger	▶Presse ▶Wirtschaftsstrafrecht
SKW Schwarz	▶Gesellsch.recht ▶Vertrieb
Strate und Ventzke	▶Wirtschaftsstrafrecht
Trüon	▶Immobilien ▶Umwelt u. Planung
Uexküll & Stolberg	▶Marken u. Wettbewerb ▶Patent
Unverzagt von Have	▶Medien
Vangard	▶Arbeit
Völker	▶Steuer
Wagner Legal	▶Kartellrecht
Wigge	▶Gesundheit

Die hier getroffene Auswahl der Kanzleien ist das Ergebnis der auf zahlreichen Interviews basierenden Recherche der JUVE-Redaktion (siehe S. 20). Sie ist in 2erlei Hinsicht subjektiv: Sämtliche Aussagen der von JUVE-Redakteuren befragten Quellen sind subjektiv u. spiegeln deren eigene Wahrnehmungen, Erfahrungen u. Einschätzungen wider. Die Rechercheergebnisse werden von der JUVE-Redaktion unter Einbeziehung ihrer eigenen Marktkenntnis analysiert u. zusammengefasst. Der JUVE Verlag beabsichtigt mit dieser Tabelle keine allgemein gültige oder objektiv nachprüfbare Bewertung. Es ist möglich, dass eine andere Recherchemethode zu anderen Ergebnissen führen würde.

● Referenzmandate, umschrieben
●● Referenzmandate, namentlich

Anwaltszahlen: Angaben der Kanzleien zur Bürogröße vor Ort. Sie spiegeln nicht zwingend die Gesamtgröße einer Kanzlei wider.

HAMBURG NORDEN REGION

BUSE HEBERER FROMM
Hamburg

Bewertung: Die in Hamburg empfohlene Kanzlei hat sich v.a. eine stärkere Zusammenarbeit innerhalb der Partnerschaft vorgenommen: Insbes. durch die 2 Partnerinnenzugänge des Vorjahrs weht ein frischer Wind durch die Reihen. Sie konnten mit ihrem Fokus auf die Energie- u. Immobilienbranche bereits an einigen Stellen andocken. Ein Schritt in die richtige Richtung war zudem das personelle Wachstum mit Associates, mit dem sie eine lange überfällige Verstärkung der nachwachsenden Generation anging, ohne jedoch ihren partnerzentrierten Beratungsansatz aufzugeben.

Entwicklungsmöglichkeiten: Dass erneut 2 Partner die Kanzlei verließen – Dr. Christoph Stoecker ging zu DLA, ein Jüngerer zu BRL – zeigt, dass BHF noch einen Weg vor sich hat, um ein einheitl. u. geschlossenes Team zu formen. Einige Partner haben großes Interesse an mehr Zusammenarbeit. Das beruht bislang aber lediglich auf individuellem Engagement.

Häufig empfohlen: Dr. Dagmar Waldzus (Gesellschafts-, Vertriebsrecht), Dr. Florian Brem (Bank- u. Gesellschaftsrecht), Dr. Sabine Friedrich-Renken (Handelsrecht), Thomas Geißler (Arbeitsrecht, Gesellschaftsrecht), Ines Heydasch (Arbeitsrecht)

Kanzleitätigkeit: Schwerpunkte v.a. im Immobilien-, Arbeits- u. Versicherungsrecht sowie bei der Betreuung im dt.-span. Rechtsverkehr. Im ▶ Gesellsch.recht u. ▶ M&A zunehmend im Energiebereich tätig. Zudem ▶ Vertriebs-, Bank-, Vergabe-, Kartell- u. Außenhandelsrecht sowie Prozesse. (14 Eq.-Partner, 3 Sal.-Partner, 6 Associates)

Mandate: ●● Reconcept bei Kauf u. Finanzierung eines finn. Windparks; Obton bei Kauf eines Wind- sowie eines Solarparks; Active Venture lfd. im Gesellschaftsrecht; Jung v. Matt bei Partnerpoolvertrag; Hafencity im Vergaberecht; Unison Capital lfd.; Barclays zu dt. Retail-Geschäft inkl. Prozesse; Subway umf., u.a. im Franchise- u. Gesellschaftsrecht; HanseMerkur u. Neue Leben in Prozessen.

CMS HASCHE SIGLE
Hamburg

Bewertung: Eine führende Kanzlei in Hamburg, in der einige Partner die Freiheit, die ihnen die Kanzlei bei der Akquise lässt, in beeindruckender Weise nutzen: „Chapeau" lobt ein Wettbewerber die Leistung von Dr. Marc Riede beim Aufbau einer überaus präsenten Finanzierungspraxis. Zusammen mit dem Offshoreteam um Dr. Holger Kraft hat sich das Hamburger Büro eine Position im engeren Kreis von Marktführern für diese Branche entwickelt. Neue Mandanten wie Iberdrola oder ein kanad. Investor belegen die erfolgr. Positionierung in der Energiebranche ebenso wie stabile Beziehungen zu dem schott. Investor Highland u. EnBW. Mandanten lobten außerdem zuletzt besonders die angesehene IP- und Pharmapraxis, die am Standort eine lange Tradition hat. Die angesehene Kartellrechtspraxis war zuletzt bei Untersuchungen dt. u. EU-Kartellbehörden im maritimen Sektor gefragt, insbes. Dr. Markus Schöner, der auch für die stabile Beziehung zu Porsche steht, arbeitet oft im Schiffs- u. Transportbereich.

Stärken: Stark bei erneuerbaren Energien, anerkannte Finanzierungspraxis.

Empfohlen für: ▶ Arbeitsrecht; ▶ Außenhandel; ▶ Bankrecht u. -aufsicht; ▶ Compliance; ▶ Energie; ▶ Gesellsch.recht; ▶ Gesundheit; ▶ Handel u. Haftung; Immobilien- u. Baurecht; ▶ IT; ▶ Kartellrecht; ▶ Kredite u. Akqu.fin.; ▶ M&A; ▶ Marken u. Wettbewerb; Maritimes Wirtschaftsrecht; ▶ Medien; ▶ Nachfolge/Vermögen/Stiftungen; ▶ ÖPP; ▶ Patent; ▶ Presse; ▶ Private Equ. u. Vent. Capital; ▶ Priv. Baurecht; ▶ Sport; ▶ Steuer; ▶ Umwelt u. Planung; ▶ Verkehr; ▶ Versicherungsvertragsrecht; Vertriebssysteme. (38 Eq.-Partner, 1 Sal.-Partner, 12 Counsel, 60 Associates, 2 of Counsel)

Mandate: Siehe Fachkapitel.

CORVEL
Hamburg

Bewertung: Die in Hamburg geschätzte Kanzlei verschafft sich mit ihrer Kombination aus M&A- und Branchenspezialisierung im Energie- u. seit dem Vorjahr im maritimen Bereich zunehmend Aufmerksamkeit. Auch branchenfremde Mandanten kommentierten die Aufnahme 2er schifffahrtsrechtl. erfahrener Partner im Vorjahr als „sehr erfolgversprechenden Ansatz". Die Kanzlei hatte während der Finanzkrise einige stillere Jahre erlebt, doch es zeichnete sich schon bei der Arbeit für Droege, u. nun bei EEW ab, dass sie sich nun mit M&A-Mandaten ambitioniert zurückmeldet. Ihre Erfahrung mit div. internat. Deals dürfte dabei zusätzl. helfen. Corvel will zudem mit einer kleinen Präsenz in Berlin auch in die dortige VC-Szene vordringen.

Stärken: Solar- u. Windprojekte.

Häufig empfohlen: Dr. Dirk Brockmeier, Dr. Sven Schubert (beide Gesellschaftsrecht), Dr. Philipp Jacobi, Dr. Felix Brammer, Dr. Nicoletta Kröger („kennt hervorragend den Offshorebereich", „sehr effektive u. gute Beratung u. Prozessführung", Mandanten),Dr. Stefan Schrandt-Zimmer („pragmat. u. effizient", Wettbewerber über beide)

Kanzleitätigkeit: Neben ▶ M&A auch Gesellschaftsrecht u. v.a. Beratung bei Projektentwicklung im Bereich der erneuerbaren Energien. Betreuung auch bei finanzierungsrechtl. Aspekten u. bei kleineren Immobilientransaktionen u. aktienrechtl. Fragen. Im Maritimen Wirtschaftsrecht neben Vertragsgestaltung u. Beratung auch in Schiedsverfahren aktiv. (6 Partner, 1 Associate)

Mandate: ●● Droege Capital zu Kauf von Weltbild aus Insolvenz; Management der Svt-Gruppe bei Einstieg eines Investors; T-Venture u. andere Gesellschafter von Intelligent Apps bei Verkauf an Daimler; Management der J&S-Gruppe zu Verkauf an Investor inkl. Rückbeteiligung; Ideemasun Energy zu Realisierung u. Verkauf einer Solaranlage in England; Ferrostaal zu Windparkportfolio in Portugal; Ideematec zu Solarparkprojekten in Namibia u. Chile; Cleanventure lfd. gesellschafts- u. kapitalmarktrechtl.; Becker Marine Systems zu schwimmendem Kraftwerk; EEW bei Zukäufen; brit. Infrastrukturfonds zu Kauf von Windparks.

DABELSTEIN & PASSEHL
Hamburg

Bewertung: Die empfohlene Hamburger Kanzlei ist ein markantes Beispiel, wie sich über die traditionell maritime Ausrichtung eine erfolgreiche Positionierung im Offshorewindparkgeschäft aufbauen lässt. Mit dem Zugang von Dr. Per Lessmann von Allen & Overy als Sal.-Partner verstärkte sie nach Verlusten im Vorjahr nun ihr Corporate-Team an der Schnittstelle zu diesem Energieschwerpunkt. Dass D&P auch bei Deals wie dem Rückzug von Hochtief aus dem Segment u. für komplexe Vertragswerke für Bau- u. Lieferleistungen mandatiert wird, prägt die Marktwahrnehmung aber noch nicht ganz so stark wie das klass. Schifffahrts- u. Transportrecht.

Stärken: Lange Tradition in der umf. Betreuung der Schifffahrtsbranche.

Häufig empfohlen: Dr. Dieter Schwampe, Dr. Jan Dreyer („solide u. verlässlich", Wettbewerber), Dr. Oliver Peltzer, Dr. Jan Backhaus

Kanzleitätigkeit: Umf. Betreuung der Schifffahrtsbranche, auch bei Umstrukturierungen von Reedereien, zu Refinanzierungen u. veränderten Schiffsbauverträgen. Div. Versicherer bzgl. Havarien u. Schiffsbergungen. Zudem Beratung bei On- u. Offshoreprojekten, auch bei Transaktionen. Im Maritimen Versicherungsrecht ausschl. Betreuung der Versichererseite, im Allg. Versicherungsrecht auch Versicherungsnehmerseite. Zudem in Prozessen u. Schiedsverfahren aktiv. Weiteres Büro in Leer. (7 Eq.-Partner, 1 Sal.-Partner, 4 Counsel, 13 Associates)

Mandate: ●● Hochtief Solutions u. Infrastructure zu Verkauf der Offshorewindaktivitäten, inkl. Errichterschiffen; Frisia umf., u.a. als Bieterin für Beförderungsleistungen (Riffgat, Gode Wind, Wikinger, Butendiek); RWE OLC zu Windpark Nordergründe; Bank zu Verkauf div. notleidender Schiffsgesellschaften inkl. lfd. Verträge; Logistikunternehmen im Streit mit Air Liquide wg. Transportmittelunfall; div. Reedereien bei Verteidigung gg. Prospekthaftungsansprüche; Bauunternehmen zu Vertragswerk mit Dong Energy über Kabelverlegung für Offshorewindpark; Installationsschiffsbetreiber bei Vertragsverhandlungen für Transport von 80 Windturbinen.

DELOITTE LEGAL
Hamburg

Bewertung: Auch wenn die in Hamburg geschätzte Kanzlei die Zusammenarbeit mit ihrer StB/WP-Mutter kontinuierl. ausbaut u. neue gemeinsame Beratungsprodukte, u.a. im Vergaberecht, entwickelt, kann sie doch auf eine solide Basis an eigenständigem Geschäft setzen. Insbes. die Beziehungen zu einigen Family Offices u. Familiengesellschaften sorgen für regelm. gesellschaftsrechtl. Arbeit. Doch die Hälfte der Berufsträger in HH arbeitet im Team des Kartellrechtsspezialisten Skala, der auch das Vergaberecht weiterausgebaut hat u. oft standortübergreifend arbeitet.

Entwicklungsmöglichkeiten: Die Kanzlei hat zuletzt ihre Associate-Ebene verstärkt, bleibt aber auf Partnerebene insbes. im Corporate weiterhin zu klein. Entsprechend gering ist mittlerw. die Wahrnehmung dieses Gebiets im Markt.

Häufig empfohlen: Dr. Matthias Mielke (Gesellschaftsrecht), Felix Skala (Kartellrecht)

Kanzleitätigkeit: V.a. ▶ Arbeit; ▶ Energie; ▶ Gesellsch.recht, ▶ M&A u. Beratung von vermög. Privatpersonen u. Gesellschaftern. Daneben Fokussierung auf ▶ Kartellrecht sowie Vergabe- u. Beihilferecht. (1 Eq.-Partner, 1 Sal.-Partner, 8 Associates)

Mandate: ●● Juwi bei Verkauf Pfalzwind-Beteiligung; Steinbeis lfd. im Gesellschafts- u. Handelsrecht inkl. Restrukturierungen; Family Office bei Joint Ventures zu 3 Biogasanlagen; Contenur Dtl. u. AVA Abfallverwertung Augsburg im Vergaberecht; Refresco-Gerber zu Fusionskontrolle; lfd. kartellrechtl. für Hannover Finanz, Dt. Saatveredelung u. Sartorius.

DLA PIPER
Hamburg

Bewertung: Insbes. die Corporatepraxis der in Hamburg häufig empfohlenen Kanzlei entwickelt sich kontinuierl. weiter. Das sehr engagierte junge

REGION NORDEN HAMBURG

Team übernimmt dabei auch zunehmend standortübergr. Management-Verantwortung: Der Leiter der dt.-ind. Praxis Dr. Benjamin Parameswaran ist nun einer von 2 dt. Managing-Partnern, Dr. Nils Krause ist Co-Leiter der bundesweiten Corporate-Praxis u. hat zuletzt, u.a. mit den bestens vernetzten Arbeitsrechtlern, seine Kontakte zu Hamburger Familienunternehmen noch einmal deutl. ausbauen können. Mit Dr. Christoph Stoecker, der von Buse Heberer Fromm wechselte, gewann DLA zudem einen tief im Hamburger Markt verwurzelten Anwalt of-Counsel hinzu. Diese Fortentwicklung wird im Markt bislang noch zurückhaltend wahrgenommen, was v.a. auch daran liegen dürfte, dass die Kanzlei ihr Büro in HH zuletzt eher langsam personell ausgebaut hat.

Stärken: Großes internat. Netzwerk; junge erfolgr. Corporate-Praxis.

Empfohlen für: ▶Arbeitsrecht; ▶Compliance; ▶Energie; Fondsstrukturierung; ▶Gesellsch. recht; ▶Handel u. Haftung; Immobilientransaktionen; ▶M&A; ▶Marken u. Wettbewerb; ▶Nachfolge/Vermögen/Stiftungen; ▶Medien. (5 Partner, 3 Counsel, 9 Associates, 3 of Counsel)

Mandate: Siehe Fachkapitel.

EBNER STOLZ MÖNNING BACHEM
Hamburg

Bewertung: Der Rechtsberatungsarm von ESMB gehört nicht nur aufgr. seiner engen Zusammenarbeit mit den Steuerberatern zu den geschätzten Kanzleien in Hamburg. Mit einer soliden eigenen Mandantenbasis sind die Hamburger – ähnl. wie der Kölner Standort – oft an der Seite mittelständ. Unternehmen zu sehen, die neben dem Gesellschaftsrecht auch zu Nachfolgefragen beraten werden. Die multidisziplinäre Aufstellung verschafft ESMB zudem Zugang zur Compliance-Beratung für mittelständ. Unternehmen.

Entwicklungsmöglichkeiten: Will ESMB die Präsenz ihrer Rechtsberatungssparte stärken, wird sie ihre personellen Wachstumspläne im Corporate umsetzen u. insbes. die standortübergreifende Zusammenarbeit verbessern müssen. Bisher wird die Kanzlei im Markt stärker für ihre StB- u. WP-Sparte wahrgenommen.

Kanzleitätigkeit: Gleichermaßen Begleitung von kleineren u. mittelgr. ▶M&A-Transaktionen sowie ▶Gesellschaftsrecht, v.a. für Familienunternehmen. Auch gesellschafts- u. haftungsrechtl. Prozessführung. Neben Steuergestaltung auch Zusammenarbeit mit den StB u. WP. Zudem Arbeitsrecht. (2 Eq.-Partner, 3 Sal.-Partner, 10 Associates)

Mandate: ●● Pilot-Gruppe lfd. gesellschaftsrechtl.; süddt. Anlagenhersteller bei Umstrukturierung; Solaranlagenhersteller bei Finanzierungsrunde; chin. Kfz-Zulieferer bei Kauf eines insolventen Wettbewerbers; Kommunikationsagentur bzgl. Beteiligung eines US-Unternehmens.

EHLERMANN RINDFLEISCH GADOW
Hamburg

Bewertung: Die in Hamburg empfohlene Kanzlei bleibt ihrem Beratungsschwerpunkt im Maritimen Wirtschaftsrecht treu, allerdings beeinflusst die anhaltende Schifffahrtskrise ihr Geschäft: ERG wird zunehmend bei Schadensersatz- sowie bank- u. gesellschaftsrechtl. Prozessen beauftragt. Klarer Schwerpunkt bleibt aber die Beratung der Bankenseite, nicht mehr nur überwiegend zu Restrukturierungen, sondern zuletzt auch wieder verstärkt zu Neufinanzierungen u. Schiffskäufen. Daneben wurde ERG zuletzt auch verstärkt für Reedereien sowie US-Investoren aktiv u. konnte so ihre Mandatsbasis verbreitern. Der geschäftl. Erfolg schlug sich auch personell nieder: ERG ernannte 2 Eq.-Partner aus den eigenen Reihen.

Stärken: Schiffsfinanzierungen.

Häufig empfohlen: Dr. Stefan Rindfleisch, Dr. Klaus Dimigen, Bettina Joos, Thomas Garbe, Sven Deters (beide für Sanierung/Schiffskredite)

Kanzleitätigkeit: Schwerpunkt auf Schiffsfinanzierungen, hier v.a. bankenseitig. Zunehmend auch für Fonds bei Projektfinanzierungen u. im Gesellschaftsrecht. Beratung im engl. Recht u. im Recht der Marshall Islands. Eigenes Büro in London. (8 Eq.-Partner, 1 Sal.-Partner, 9 Associates)

Mandate: ●● KKR u. Borealis Maritime bei Kauf von Hanseatic Ship Asset Management; Insolvenzverwalter der ‚MS Deutschland' bei Verkauf; schiffsfinanzierende dt. Bank bei Restrukturierung einer Flottenfinanzierung ($400 Mio); internat. Bankenkonsortium bei Restrukturierung der Finanzierung von 10 Schiffen ($400 Mio); dt. Emissionshaus bei Umstrukturierung; gr. dt. Bank in Schiedsverfahren gg. Werft; Joint Ventures aus US- u. brit. Fonds zu Restrukturierung von 4 Darlehen.

ESCHE SCHÜMANN COMMICHAU
Hamburg

Bewertung: Häufig empfohlene MDP-Kanzlei in Hamburg, die ihre Riege erfahrener Berater im Steuer-, Erb- u. Stiftungsrecht, weiterentwickelt. Regelm. Mandanten sind etwa Rako Etiketten oder die Sparkassenstiftung. Der erfahrene Tom Kemcke baut zudem den steuerstrafrechtl. Bereich aus, auch Wettbewerber attestieren ihm ein „hervorragendes Verständnis für ein bestmögl. Zusammenspiel von steuerl. u. steuerstrafrechtl. Beratung". Aus der gesellschaftsrechtl. Praxis heraus positionieren sich 2 Partner zudem verstärkt bei Organstreitigkeiten. Ebenso wie der Aufbau kartellrechtl. Kompetenz, die mit einer internen Partnerernennung weiteres Gewicht erhielt, zeigt dies, wie nah ESC an den Bedürfnissen ihrer mittelständ. Klientel agiert. ESC beriet zudem lfd. Bouwfonds u. andere Investoren beim aktuellen Wohnimmobilienboom. Der Erfolg agiler, gesellschaftsrechtl. spezialisierter Spin-offs, der strateg. durchdachte Aufbau bei Happ Luther/Möhrle u. neue Akteure wie Flick Gocke in ihrem steuerrechtl. Kerngebiet könnten ESC-Partnern dennoch insgesamt eine offensivere Geschäftsentwicklung aufdrängen. In der IP-Praxis zeigen sich im Zuge eines Generationswechsels gerade einige neue Initiativen.

Stärken: Etablierte Vernetzung bei namh. norddt. Unternehmen, eins der größten arbeitsrechtl. Teams vor Ort.

Empfohlen für: ▶Arbeitsrecht; ▶Gesellsch. recht; ▶Handel u. Haftung; Insolvenzrecht inkl. Sanierungsberatung; ▶M&A; ▶Marken u. Wettbewerb; ▶Nachfolge/Vermögen/Stiftungen; Patentrecht; ▶Produkt u. Abfall; See- u. Transportrecht; Schiedsverfahren; ▶Steuer; ▶Vergabe; Versicherungsrecht. (Anwälte: 17 Eq.-Partner, 11 Sal.-Partner, 36 Associates, dazu 30 WP/StB)

Mandate: Siehe Fachkapitel.

FRESHFIELDS BRUCKHAUS DERINGER
Hamburg

Bewertung: Freshfields gibt als eine der führenden Kanzleien in Hamburg weiterhin maßgeblich den Takt im regionalen Markt vor. Das verdankt sie u.a. ihrer ungebrochen starken Corporate-Praxis, die mit einem feinen Mix aus ausgezeichneten Kontakten zur regionalen Wirtschaft (insbes. auch der Stadt HH) u. hochkarät. internat. Deals aufwartet. Besonders visibel war v.a. Prof. Dr. Christoph Seibt, der z.B. Tocos beim öffentl. Übernahmeangebot für Hawesko beriet. Im Gespann mit den anerkannten Praxen im Öffentl. Wirtschaftsrecht u. für Restrukturierungen konnte die Corporate-Praxis zuletzt auch ihre Aktivitäten bei der Beratung im maritimen Bereich deutl. ausbauen. Dabei betreut sie auch Mandate ohne direkten dt. Bezug. Zuletzt kam hier die georg. Regierung hinzu, die FBD hinsichtl. eines neuen Tiefseewasserhafens berät. Auch die in den vergangenen Jahren ernannten Partner etablieren sich zunehmend im Markt u. bauen eigene Beziehungen zu zentralen Mandanten wie der HSH auf. Als der langj. Corporate-Partner Dr. Nikolaus Schrader Ende 2014 die Kanzlei verließ (zu PwC Legal), übernahm z.B. ein jüngerer Partner die Verantwortung für den Skandinavien-Desk u. begleitete später Otto beim Verkauf einer Geschäftssparte. Die Basis für ihren beginnenden Generationswechsel hat FBD damit geschaffen.

Stärken: Starke u. bestens vernetzte Corporate- u. Restrukturierungspraxis.

Empfohlen für: ▶Arbeitsrecht; ▶Börseneinführ. u. Kapitalerhöhung; ▶Energie; ▶Gesellsch.recht; ▶Gesellschaftsrechtl. Streitigk.; ▶Handel u. Haftung; ▶Immobilien; ▶IT; ▶M&A; ▶Medien; ▶Nachfolge/Vermögen/Stiftungen; ▶ÖPP; ▶Private Equ. u. Vent. Capital; ▶Restrukturierung/Sanierung; ▶Steuer; ▶Telekommunikation; ▶Umwelt u. Planung; ▶Projekte/Anlagenbau; ▶Verfassungs- u. Verwaltungsrecht; ▶Verkehr; ▶Vertrieb. (20 Partner, 80 Associates)

Mandate: Siehe Fachkapitel.

GLEISS LUTZ
Hamburg

Bewertung: Mit Spannung beobachteten Wettbewerber, wie diese in Hamburg häufig empfohlene Kanzlei den Weggang ihres Seniorpartners Dr. Andreas Rittstieg im Sommer 2014 (zu Burda) verkraften würde: Schnell zeigte sich, dass sein Wechsel als großer Verlust angesehen wird. Auch wenn die Lücke noch nicht geschlossen ist, gelang es der jüngeren Generation jedoch z.T., Mandate weiterzuführen. Andere Anwälte bauen eher ihre eigenen Kontakte auf u. arbeiten standortübergreifend wie im prominenten Fall des Hawesko-Großaktionärs Margaritoff. Den Schwerpunkt in HH bilden weiterhin Gesellschaftsrecht u. M&A, mit einem sehr internat. Fokus arbeitet hier auch die neu ernannte Partnerin Dr. Urszula Nartowska, die ein Mandant für ihren „guten Geschäftssinn u. ihr gutes Gespür für praktikable Lösungen" lobt. Zudem etabliert sich die Steuerpraxis immer besser u. verstärkte sich mit einem Umsatzsteuerspezialisten von Küffner Maunz. Insges. ist der Draht zum Berliner Büro sehr eng: Ein Arbeitsrechtspartner teilt sich z.B. seine Zeit zw. den Standorten auf.

Empfohlen für: ▶Handel u. Haftung; ▶Immobilien; ▶Gesellsch.recht; ▶M&A; ▶Private Equ. u. Vent. Capital. Schwerpunkte bei Familienunternehmen (▶Nachfolge/Vermögen/Stiftungen), Medien u. Technologie u. ▶ÖPP; ▶Steuer. (6 Partner, 10 Associates, 1 Counsel)

Mandate: Siehe Fachkapitel.

● Referenzmandate, umschrieben
●● Referenzmandate, namentlich

Anwaltszahlen: Angaben der Kanzleien zur Bürogröße vor Ort. Sie spiegeln nicht zwingend die Gesamtgröße einer Kanzlei wider.

GÖRG
Hamburg

Kanzlei des Jahres Norden

Bewertung: Mit Vehemenz erobert sich die in Hamburg häufig empfohlene Kanzlei weiter Marktanteile. Dabei verstärkt Görg ihre bestehenden Bereiche, baut aber zugleich schnell weitere Bereiche auf. In ihrem bekanntesten Schwerpunkt, Insolvenzrecht u. Restrukturierung, war Görg in prominenten Mandaten wie Mifa oder Burger King präsent. Ihre MDP-Aufstellung brachte sie bei der Restrukturierung des HSV zum Einsatz. Daneben ist sie v.a. die öffentl.-rechtl. Praxis bekannt. Mitte 2014 legte sie mit 2 Quereinsteigern von Freshfields den Grundstein für eine Immobilienpraxis in HH. Durch den Wechsel eines Teams um Prof. Dr. Günther Strunk (von Strunk Kolaschnik) ergänzte sie ihre Steuerpraxis mit einem im internat. Steuerrecht erfahrenen Partner, der zudem gute Kontakte zu norddt. Familienunternehmen mitbrachte. Doch setzt Görg nicht nur auf Quereinsteiger, sondern ernannte mit einem jungen Restrukturierungsspezialisten zuletzt auch einen Partner aus den eigenen Reihen. Nur den geplanten Aufbau einer Arbeitsrechtspraxis in HH, die insbes. für die Restrukturierungsmandate wichtig wäre, hat Görg bislang noch nicht umsetzen können.
Stärken: Aktive Restrukturierungspraxis.
Empfohlen für: ▶Insolvenzverw.; ▶Restrukturierung/Sanierung; ▶Vergabe; ▶Umwelt- u. Planung; ▶ÖPP; ▶M&A; ▶Immobilienrecht; Steuerrecht (inkl. Wirtschaftsprüfung/Steuerberatung). (13 Partner, 4 Sal.-Partner, 1 Counsel, 17 Associates, 2 of Counsel)
Mandate: Siehe Fachkapitel.

GRAF VON WESTPHALEN
Hamburg

Bewertung: In Hamburg häufig empfohlene Kanzlei, die v.a. über ihre ausgeprägten Spezialisierungen wahrgenommen wird. Neben dem Aushängeschild ihrer bundesweit marktführenden Außenhandelspraxis überzeugte auch die öffentl.-rechtl. Praxis erneut durch die Beratung im Infrastrukturbereich. Die Arbeit in div. Projektentwicklungen bringt dabei zunehmend die Bauplanungs- u. Immobilienrechtler zusammen. Der Zugang 2er erfahrener Partner von Norton Rose, Jens Suhrbier u. Dr. Ulf Liebelt-Westphal, die seit Langem für einen Fokus in der Energiebranche bekannt sind, verstärkt aber eher den Corporate- u. Finanzierungsbereich. Durch den Weggang von Dr. Dominik Ziegenhahn zur kleineren Wettbewerberin Raschke von Knobelsdorff Heiser erlitt die aufstrebende Corporate-Praxis einen empfindl. Schlag. Doch sie zeichnet sich weiterhin durch ihren internat. Fokus aus u. stellte ihr Können bspw. bei einer dt./US-Transaktion im Technologiebereich unter Beweis.
Stärken: Renommierte Außenhandelspraxis, überzeugende Aufstellung im dt.-chin. Geschäft.
Empfohlen für: ▶Arbeitsrecht; ▶Außenhandel; ▶Beihilfe; Bankrecht u. -aufsicht; ▶Energie; ▶Gesellsch.recht; Kartellrecht; ▶M&A; ▶ÖPP; ▶Priv. Baurecht; ▶Presse; ▶Projekte/Anlagenbau; ▶Umwelt u. Planung; ▶Vergabe; ▶Verfassungs-u. Verwaltungsrecht; ▶Vertrieb. (22 Eq.-Partner, 3 Sal.-Partner, 17 Associates, 2 of Counsel)
Mandate: Siehe Fachkapitel.

GSK STOCKMANN + KOLLEGEN
Hamburg

Bewertung: Die in Hamburg geschätzte Kanzlei hat im vergangenen Jahr ihre Mandatsbasis über ihre langj. u. gute Kontakten in die Immobilienbranche hinaus deutl. verbreitert. Durch den Zugang des ehem. Brödermann-Partners Dr. Justus Jansen im Sept. 2014 kamen wichtige Mandanten wie Barry Callebaut, H.D. Cotterell u. Prokon Pflanzenöl dazu. Zudem ergänzte der neue Partner die Praxis um seine guten internat. Kontakte u. baut engagiert die bundesweite Prozesspraxis von GSK auf. In der kleinen Transaktionspraxis sorgen jedoch weiterhin v.a. Deals für die Immobilienwirtschaft für Highlights, zuletzt etwa erneut für Adler Real Estate sowie für Demire. Der Erfolg zeigt sich auch personell: 3 Associates kamen neu hinzu, weitere Verstärkung kommt Ende 2015 durch den Wechsel eines Counsels aus dem Frankfurter GSK-Büro nach HH, der an der Schnittstelle Immobilien- u. Bankaufsichtsrecht arbeitet.
Stärken: Betreuung von Immobilientransaktionen.
Empfohlen für: ▶Priv. Baurecht; ▶Projekte/Anlagenbau; ▶M&A; ▶Gesellsch.recht; ▶Umwelt u. Planung; ▶Handel u. Haftung; ▶Private Equ. u. Vent. Capital. (4 Eq.-Partner, 3 Sal.-Partner, 8 Associates)
Mandate: Siehe Fachkapitel.

HAPP LUTHER
Hamburg

Bewertung: Die in Hamburg häufig empfohlene Kanzlei zeigt sich weiterhin ambitioniert in ihrem Ausbau. Nach dem personellen Wachstum steht jetzt die Integration der versch. fachl. Spezialisierungen im Vordergrund. Das gelingt teils bereits gut, wie etwa bei arbeits- oder kartellrechtl. Mandaten für einige der namh. Mandanten aus der Gesundheitspraxis, wird aber HL als Managementaufgabe auch die nächsten Jahre noch begleiten. Sehr vielversprechend ist in dem Zshg., wie sich die Corporate-Praxis zunehmend durchsetzt. So beriet ein im Vorjahr ernannter Partner zusammen mit Oswald eine landesgrenzenübergreifende Sparkassenzusammenlegung. Hinzu kommt die Arbeit für Goodmills oder die insolvenzrechtl. Begleitung der Medienholding im Suhrkamp-Streit.
Stärken: Integrierte Zusammenarbeit der Gesellschaftsrechtler u. StB.
Häufig empfohlen: Dr. Martin Luther (Pharma), Rüdiger Ludwig, Dr. Tobias Möhrle, Dr. Frauke Möhrle (alle Gesellschaftsrecht), Dr. Sven Oswald, Dr. Lars Bohlken (beide Kapitalmarktrecht), Dr. Helge Hirschberger („nicht erst seit Suhrkamp erste Liga", Wettbewerber; Insolvenzrecht), Henning Anders (Life Science), Oliver Reimann (Immobilien)
Kanzleitätigkeit: Neben Aktien- u. ▶Gesellsch. recht auch ▶Gesundheit, Marken- u. Wettbewerbsrecht sowie Arbeits- u. Immobilienrecht (v.a. Zwangsverwaltung), ▶Restrukturierung/Sanierung. Beratung bei HVen u. Schlussbetreuungen, auch Prozesse. Starke Gutachtertätigkeit. Branchen: Pharma, Versicherung, Medizinprodukte, Textil, Handelsunternehmen. MDP-Aufstellung über MDS Möhrle. (12 Eq.-Partner, 6 Sal.-Partner, 7 Counsel, 19 Associates, 1 of Counsel, ca. 60 StB/WP)
Mandate: ●● Berenberg-Tochter immobilien- u. steuerrechtl. zu Kauf des Spiegel-Gebäudes; Medienholding insolvenzrechtl. im Streit um Insolvenzplan; Amedes, u.a. zu Kauf von MediVision aus Insolvenz; regelm. König & Cie., u.a. zu Fondsrestrukturierung; regelm. Hafencity u. Union Investment immobilienrechtl.; im Pharmabereich regelm. AstraZeneca u. Boehringer Ingelheim; Stiftung Dt. Hilfswerk lfd. steuerrechtl.; regelm. Hanseat. Fußball Kontor, Marenave Schiffahrts Holding.

HEUKING KÜHN LÜER WOJTEK
Hamburg

Bewertung: Mit einer Mischung aus exzellent in der Industrie vernetzten, erfahrenen Partnern u. einer kontinuierl. nachwachsenden, jungen Partnergeneration gehört HKLW zu den häufig empfohlenen Kanzleien in Hamburg. Innerhalb ihres breiten Beratungsangebots entwickelt sie sich gleichmäßig weiter, als besonders stark entpuppte sich erneut die Corporate-Praxis, die mit der Beratung von Lloyd Fonds bei der Neuausrichtung für ein Highlightmandat sorgte. Das zeigte sich auch personell, denn HKLW stärkte die Fondspraxis durch die interne Ernennung eines Eq.-Partners. Daneben etabliert sich allmähl. auch die Restrukturierungs- bzw. Sanierungsberatung, hier war die Kanzlei zuletzt für die insolvente AC Biogas tätig. Mit einem Quereinsteiger von RWE Supply & Trading erweiterte die Kanzlei zudem ihre Kompetenz im Energierecht. Für viel Aufmerksamkeit im Markt sorgt zudem, dass Dr. Christoph Froning von 30 Fonds u. den Insolvenzverwaltern von Wölbern Invest für die Schadensersatzklage gg. Bird & Bird mandatiert wurde. Personell verzeichnete HKLW aber einen Abgang: Der langj. u. in mehreren Gebieten tätige Partner Dr. Wolfgang von Reinersdorff verließ die Kanzlei (unbekanntes Ziel).
Stärken: Immer aktivere, junge Partnergeneration.
Empfohlen für: ▶Arbeitsrecht; ▶Energie; ▶Gesellsch.recht; ▶Handel u. Haftung; ▶Investmentfonds; ▶Kartellrecht; ▶M&A; ▶Marken u. Wettbewerb; Medien; ▶ÖPP; ▶Private Equ. u. Vent. Capital; transaktionsbezogenes ▶Steuerrecht; Transport u. Logistik; ▶Vergabe; ▶Versicherungsvertragsrecht; ▶Vertrieb; ▶Sport. (20 Eq.-Partner, 11 Sal.-Partner, 21 Associates)
Mandate: Siehe Fachkapitel.

HOGAN LOVELLS
Hamburg

Bewertung: Eine der führenden Hamburger Kanzleien, bei der weiterhin v.a. ihre traditionsreiche u. starke Marken- u. Wettbewerbsrechtspraxis die Wahrnehmung im Markt dominiert. Insbes. die Energierechtspraxis um Matthias Hirschmann entwickelte aber mit ihrer Arbeit z.B. für Mitsubishi Heavy Industries bei einem Joint Venture mit Siemens oder für die Gesellschafter beim Verkauf von Volkswind daneben eine beeindruckende Präsenz, die viele Wettbewerber in diesem Bereich gerne hätten. Dagegen ist die Corporate-Praxis weiterhin klein, u. auch das Management sieht den Aufbau weiterer Partner als wichtigste Herausforderung für HH. Eine Erfolgsgeschichte lieferte zuletzt auch die Kartellrechtspraxis mit Dr. Marc Schweda, der bei Joint Ventures u. im Energiebereich unterstützt, aber z.B. auch für Ebay im aktuellen Streit um vertriebsrechtl. Plattformverbote von Markenherstellern arbeitet.
Stärken: Renommierte IP-Praxis mit langer Tradition in Hamburg. Betreuung der Erneuerbare-Energien-Branche.
Empfohlen für: ▶Arbeitsrecht; ▶Beihilfe; ▶Energie; ▶Gesellsch.recht; ▶Gesundheit; ▶Handel u. Haftung; Immobilien; ▶Kartellrecht;

REGION NORDEN HAMBURG

▶Lebensmittel; ▶M&A; ▶Marken u. Wettbewerb; ▶ÖPP; ▶Patent; ▶Private Equ. u. Vent. Capital; Pharmarecht; Produkthaftung; ▶Vergabe; ▶Vertrieb. (12 Eq.-Partner, 3 Sal.-Partner, 11 Counsel, 48 Associates, 1 of Counsel)
Mandate: Siehe Fachkapitel.

HONERT + PARTNER
Hamburg

Bewertung: Sehr erfolgr. hat sich die in Hamburg empfohlene Kanzlei als Mittelstandsberaterin etabliert. Innerhalb ihres Schwerpunkts im Gesellschaftsrecht u. bei Transaktionen begleitete sie zuletzt viele ihrer Mandanten bei Restrukturierungen sowie im Venture-Capital-Bereich bei Finanzierungsrunden. Dass Honert in den vergangenen Jahren intensiv für Emissionshäuser bei der Abwehr von Prospekthaftungsklagen tätig war, hat sich herumgesprochen, ein breiterer Mandantenkreis beauftragt die Kanzlei nun zu kapitalmarktrechtl. Themen. Dieser Erfolg drückt sich auch personell mit der Partnerernennung eines jungen Gesellschaftsrechtlers aus, der vor 3 Jahren von Hengeler zu Honert gekommen war.
Stärken: Starker Ruf für Betreuung von Emissionshäusern, Abwehr von Prospekthaftungsklagen.
Häufig empfohlen: Dr. Arnd Weisner („exzellenter Jurist, effektiv u. äußerst durchsetzungsstark", Mandant; „geschätzter Transaktionsanwalt", Wettbewerber), Dr. Peter Slabschi („exzellenter, transaktionsorientierter u. sehr erfahrener Verhandlungsführer", Wettbewerber), Dr. Jan-Christian Heins, Dr. Sönke Friedrichsen (beide Gesellschaftsrecht), Dr. Claudius Mann (Arbeitsrecht)
Kanzleitätigkeit: Fokussiert auf ▶Gesellsch. recht u. ▶M&A, zunehmend auch im Zshg. mit Restrukturierungen, daneben Arbeitsrecht. Überwiegend mittelständ. Klientel, Schwerpunkt bei geschl. Fonds. Zudem Family Office für vermögende Familien aus HH. Auch gesellschafts-, handels- u. arbeitsrechtl. Prozessführung. Steuerrechtl. Kompetenz bei Bedarf aus Münchner Büro. (6 Partner, 6 Associates)
Mandate: ●● Spryker bei Finanzierungsrunde; Evocatal bei Kauf von Aevotis vom Insolvenzverwalter; Maschinenbaugruppe bei Restrukturierung; Handelsunternehmen bei Joint Venture; norddt. Reederei bei Verkauf einer Tochter; div. Fondsgesellschaften zu Sanierung.

HUTH DIETRICH HAHN
Hamburg

Bewertung: Eine in Hamburg empfohlene Praxis, die im hanseat. Markt v.a. für ihre Kontakte zu Unternehmerpersönlichkeiten bekannt ist, die sie z.B. umf. u. regelm. bei Fällen mit Auslandsbezügen berät. Einige Partner (u.a. Stucken und Förster) haben darüber hinaus einen stabilen Mandantenstamm ausl. Investoren, die sie regelm. bei Immobilienzukäufen u. Beteiligungen in Dtl. begleiten. Über den HDI ist Förster zudem in einige heikle D&O- u. Haftungsprozesse eingebunden.
Stärken: Gute Kontakte zu vermögenden Privatpersonen.
Entwicklungsmöglichkeiten: Das tradierte Modell von HDH, das v.a. die Eigenständigkeit der Partner betont, erschwert den Aufbau eines Associate-Teams. Die im Vorjahr erfolgte interne Ernennung eines neuen Partners u. die Einstellung mehrerer Associates könnten aber erste Zeichen einer Modernisierung sein.

Häufig empfohlen: Dr. Georg Wittuhn („pragmat. u. lösungsorientiert", Wettbewerber), Dr. Christian Jacobs, Oliver Förster (alle Gesellschaftsrecht), Dr. Jörg Strasburger (Immobilienrecht)
Kanzleitätigkeit: Kernbereiche ▶Gesellsch. recht/Venture Capital, ▶Immobilien. Neben allg. gesellschaftsrechtl. Beratung in Form von Umstrukturierungen, Umwandlungen u. Begleitung von HVen auch Begleitung von Transaktionen. Weiterhin Beratung im Private-Equity-Geschäft, außerdem Fragen der Nachfolge u. Beratung vermög. Privatmandanten (inkl. Prozessführung) sowie Priv. Baurecht. (10 Partner, 1 Counsel, 3 Associates, 1 of Counsel)
Mandate: ●● Conergy i.L. zu Streit u. außergerichtl. Einigung mit Roth & Rau um Solarzellenlieferungen; Jacobs-Gruppe umf.; Gesellschafter von Garpa Garten & Park Einrichtung bei Verkauf einer Mehrheitsbeteiligung; Optical Experts Manufacturer zu Kauf von CDA Holding/Thüringen; Aspen Pharma lfd. zu Vertriebsverträgen; Zodiac Aerospace zu Kauf von dt. Mittelständler; lfd. gesellschaftsrechtl.: Containerfonds der Schroeder-Gruppe, Tophi Warenhandel; Fintec-Holding zu Auslandsbeteiligungen; Deutz zu Forderungen wg. Produktfehlern.

INCE & CO
Hamburg

Bewertung: Neben ihrem Kerngeschäft im Maritimen Wirtschaftsrecht, das aufgr. der anhaltenden Schifffahrtskrise weiterhin v.a. von Restrukturierungsarbeit u. zunehmend auch Prozessen geprägt ist, berät die in Hamburg geschätzte Kanzlei im Gesellschaftsrecht auch zunehmend die Energiebranche. Dass dies kein leichtes Fahrwasser ist, zeigt sich daran, dass Ince personell im Vergleich zu früher nur noch langsam wächst. Doch die Kanzlei zeigt sich insbes. mit alternativen Preisgestaltungsmodellen kreativer als viele Wettbewerber, u. auch ihre Aufstellung kommt ihr zugute: „Internat. sehr gut vernetzt", lobte ein Mandant zuletzt das junge Team. Dafür spricht auch, dass der dt. Managing-Partner Jan Heuvels diesen Posten nun auf internat. Ebene wahrnimmt u. nach London wechselte.
Stärken: Rundumberatung der Schifffahrtsindustrie, auch über das internat. Netzwerk.
Häufig empfohlen: Dr. Jan-Uwe Hungar, Dr. Detlef Zschoche, Dr. Volker Lücke („schnell, wissenschaftl. u. strukturiert in Jachthaftpflichtfragen", Mandant), Dr. Tim Schommer („sehr erfahren in seerechtl. Streitigkeiten", Mandant)
Kanzleitätigkeit: Schwerpunkt auf der maritimen Wirtschaft, einschl. Beratung in Gesellschaftsrecht, Schiffsan- u. -verkäufen, See- u. internat. Handelsrecht sowie Arbeits- und Versicherungsrecht. Zunehmend Prozesse. (8 Partner, 1 Counsel, 15 Associates, 1 of Counsel)
Mandate: ●● CCNI bei Verkauf der Containerliniendienste an HH Süd (öffentl. bekannt); NordLB in Prozess gg. 400 Anleger wg. Zwangsversteigerung zur Fondsschiffe; regelm. Hapag-Lloyd zu Schiffsfinanzierungen u. Sicherheitendokumentation; Chartering-Gesellschaft bei Restrukturierung.

KROHN
Hamburg

Bewertung: Aushängeschild der in Hamburg geschätzten Kanzlei bleibt die bekannte lebensmittelrechtl. Praxis. Daneben ist Krohn mit ihrem klassischen partnerzentrierten Beratungsansatz für einen treuen, oft mittelständ. Mandantenstamm tätig. Dabei entfaltet die Kanzlei ihre Stärke weniger in der Betreuung von Deals, sondern etwa in großen Testamentsvollstreckungen u. der Arbeit im Handels- sowie Gesellschaftsrecht. Oft werden dabei Mandanten im Ausland begleitet. Darüber wurde Krohn zuletzt auch verstärkt in internat. Handelsprozessen u. Schiedsverfahren aktiv, etwa für Helm.
Stärken: Sehr bekannt im ▶Lebensmittelrecht u. dadurch hervorrag. Branchenkontakte.
Häufig empfohlen: Dr. Moritz Hagenmeyer, Dr. Carl von Jagow, Dr. Tobias Teufer (beide Lebensmittel u. IP), Dr. Wolf Waschmann (Handelsrecht), Dr. Peter Hertel (Arbeitsrecht), Prof. Dr. Wolfgang Berlit (IP), Dr. Ulf Junge, Dr. Antje Mattfeld (beide Gesellschaftsrecht)
Kanzleitätigkeit: Kernkompetenzen im Lebensmittel-, ▶Marken- u. Wettbewerbsrecht, dazu Beratung im Arbeitsrecht, zu ÖPP-Projekten sowie im internat. Handelsrecht zu Vertriebsverträgen, Joint Ventures, Umstrukturierungen u. zunehmend in Schiedsverfahren. (11 Partner, 5 Associates, 2 of Counsel)
Mandate: ●● Testamentsvollstreckung des Gründers von Detlev Louis Motorrad-Vertrieb u. zu Verkauf; Nord Holding bei Transaktion u. arbeitsrechtl., zuletzt bei Verkauf von HeyComfort an Hanwha; Helm umf., u.a. in Schiedsverfahren; regelm. Bauer Media bei Verträgen; Hoyer- u. SVT-Gruppe umf. arbeitsrechtl.; regelm. DMK, Jebsen & Jessen, Albis Plastic; Spiegel Verlag u. Manager Magazin im Markenrecht; Markenanmeldungen u.a. für Gebr. Heinemann.

LATHAM & WATKINS
Hamburg

Bewertung: Anders als an ihren anderen dt. Standorten ist die in Hamburg zu den führenden zählende Kanzlei in der Hansestadt kaum mit Quereinsteigern gewachsen u. präsentiert sich heute mit einer starken Partnerriege, die den Generationswechsel gut meistert. Zuletzt wechselte in der Immobilienpraxis Dr. Cord Lübke-Detring in den Of-Counsel-Status, u. jüngere Anwälte führen Mandate wie für H. Siedentopf oder Billbrook weiter. Zuvor haben bereits andere Praxen demonstriert, wie der Übergang gelingen kann: In der Prozesspraxis etwa geben junge Partner den Ton an, Dr. Christoph Baus übernahm eine internat. Leitungsaufgabe. Prägend in HH ist bei L&W aber v.a. die starke Corporate-Praxis um Dr. Henning Schneider. Aber auch hier gibt es junge Partner, die v.a. mit ihrem Spezialwissen im Bereich Gesundheit bei Deals mit anderen Standorten zusammenarbeiten, z.B. bei der Beratung von Atnin IP beim Kauf von Amedes. Die zunehmende Ausrichtung auf Transaktionen wirkte sich erneut personell aus: Der Medien- u. Wettbewerbsrechtler Dr. Ulrich Börger wechselte in die IP-Boutique Harte-Bavendamm. Zudem soll sich die Steuerpraxis noch weiter hin zu Transaktionen entwickeln.
Stärken: Starke Restrukturierungspraxis. Betreuung der Gesundheitsbranche. Dyn. Prozesspraxis.
Empfohlen für: ▶Arbeitsrecht; ▶Außenhandel; ▶Bankrecht u. -aufsicht; ▶Beihilfe; ▶Börseneinführ. u. Kapitalerhöhung; ▶Energie; ▶Gesellsch. recht; ▶Gesellschaftsrechtl. Streitigk.; ▶Gesundheit; ▶Handel u. Haftung; ▶Immobilien; ▶IT; ▶Kartellrecht; ▶Kredite u. Akqu.fin.; ▶M&A; ▶ÖPP; ▶Private Equ. u. Vent. Capital; ▶Restrukturierung/Sanierung; ▶Steuer. (17 Partner, 8 Counsel, 46 Associates, 2 of Counsel)
Mandate: Siehe Fachkapitel.

● Referenzmandate, umschrieben
●● Referenzmandate, namentlich

Anwaltszahlen: Angaben der Kanzleien zur Bürogröße vor Ort. Sie spiegeln nicht zwingend die Gesamtgröße einer Kanzlei wider.

HAMBURG NORDEN REGION

LEBUHN & PUCHTA
Hamburg

Bewertung: Häufig empfohlene Hamburger Kanzlei, deren Mandate oft maritime u. internat. Bezüge aufweisen. Nach dem Einsatz für CSAV im Vorjahr gilt dies aktuell etwa bei der Vertretung einer poln. Werft oder eines dt. Schiffsunternehmens im Streit mit einem chin. Vertragspartner. Neben der ▶gesellschafts- u. finanzierungsrechtl. Beratung in der Schiffsbranche sind die Partner sehr erfahren bei Vertragsgestaltungen, z.B. bei Poolverträgen. Auf Associate-Ebene sorgte L&P mit Verstärkung von Ehlermann Rindfleisch u. aus einem Unternehmen für weiteren Ausbau. Mit der Aufnahme einer internat. erfahrenen Anwältin vom Seegerichtshof baute die Kanzlei zudem ihre bekannten Prozesskapazitäten weiter aus.
Stärken: Langj. Expertise im Schifffahrtsrecht, inkl. Schiffsfinanzierung.
Häufig empfohlen: Dr. Heinrich-Werner Goltz („erstklassig", Wettbewerber; Gesellschaftsrecht, M&A), Dr. Christian Breitzke, Dr. Ulrich Stahl, Edward Maguin, Dr. Johannes Trost („langjährig zufrieden, professionell", Mandant; alle Maritimes Wirtschaftsrecht).
Kanzleitätigkeit: Umf. Beratung im Maritimen Gesellschaftsrecht (u.a. zu Schiffsfonds), bei Auseinandersetzungen zw. Gesellschaftern, bei Gesellschaftsgründungen sowie Begleitung von HVen, Umstrukturierung u. Umwandlung von Gesellschaften, darüber hinaus bei grenzüberschr. Transaktionen. Betreuung div. Schiedsverfahren. Engl. rechtl. Kompetenz über 2 Solicitors u. etabliertes Netzwerk. (7 Partner, 11 Associates)
Mandate: ●● Lfd. Treuenfels BMB, u.a. bei Auflösung von Joint Venture Trifinance; DNV GL in Anlegerprozess um Klassifizierung von Chemietankern (aus dem Markt bekannt); Maschinenbauunternehmen zu Buy-out u. Investorenbeteiligung; Schifffahrtsunternehmen bei Durchsetzung von Ansprüchen aus Chartervertrag gg. chin. Gegner (€500 Mio); poln. Werft in Streitigkeit um Offshoreerrichterschiff; dt. Reederei zu Rückabwicklung von Schiffsbauverträgen mit vietnames. Schiffsbauer; Konzern bei Abwehr von Schadensersatz wg. Leistungsstörungen bei Offshorewindparks; Emissionshaus lfd. bei Abwicklung von Schiffshypothekendarlehen; div. Reedereien (teils auch ausl.) zu Kauf u. Finanzierung von Schiffen, teils aus Insolvenz.

LEO SCHMIDT-HOLLBURG WITTE & FRANK
Hamburg

Bewertung: Für kleinere bis mittelgr. Transaktionen u. lfd. gesellschaftsrechtl. Beratung wird LSWF in Hamburg schon lange empfohlen. Die im Markt gut vernetzten Partner begleiten die oft langj. Mandanten neben Transaktionen nun auch öfter in streitigen Angelegenheiten. Ihre Tätigkeit für die Medienholding im Suhrkamp-Streit war nicht mehr so prägend wie im Vorjahr. Der junge Partner Rein allerdings war intensiv mit einer prominenten HH-Auseinandersetzung beschäftigt.
Stärken: Gesellschaftsrecht, M&A.
Häufig empfohlen: Hubertus Leo („erfahren u. pragmat. im Gesellschaftsrecht, M&A u. Corporate Litigation", Wettbewerber), Dr. Andreas Witte, Dr. Tom Frank („zuverlässig u. kompetent im M&A", Wettbewerber), Dr. Hartwig Schmidt-Hollburg (IP), Dr. Thorben Rein („exzellente Teamarbeit auch über Kanzleigrenzen hinweg", Wettbewerber)
Kanzleitätigkeit: Spezialisierung insbes. auf ▶M&A (inkl. Immobilientransaktionen), Private Equity u. Venture Capital sowie allg. ▶gesellschaftsrechtl. Beratung u. Prozesse. Daneben arbeitsrechtl. Restrukturierungen sowie IT u. ▶Marken u. Wettbewerb. (5 Partner, 5 Associates)
Mandate: ●● Medienholding Winterthur/Hans Barlach in gesellschaftsrechtl. Prozessen gg. Suhrkamp-Mitgesellschafter; Gesellschafter von Polytech-Domilens zu Buy-out an Stirling Square; Vivum im M&A u. Gesellschaftsrecht; Nordsee Offshore MEG I arbeitsrechtl. bei Joint Venture; Stokke im Markenrecht; Projektentwicklungsgesellschaft lfd. im Immobilienrecht.

LUTHER
Hamburg

Bewertung: Mit ihrer festen Verankerung im norddt. Mittelstand ist die in Hamburg häufig empfohlene Kanzlei eine feste Größe im Markt. Dauerhafte Beziehungen wie zu Intershop prägen v.a. die gesellschaftsrechtl. Praxis, die zuletzt durch eine interne Partnerernennung erweitert wurde. Mit 6 neuen Associates verstärkte sie sich u.a. im Gesellschaftsrecht, bei Restrukturierungen u. im Steuerrecht. Durch die intensive Mittelstandsbetreuung arbeitete sie auch immer wieder mit den asiat. Büros der Kanzlei in Schanghai u. Singapur zusammen. In HH schlägt zudem das Herz der bundesweiten Aktienrechts- sowie Schieds- u. Prozesspraxen, die beide bundesweit besonders anerkannt sind. Im Maritimen Wirtschaftsrecht, das Luther seit 2011 aufbaut, stellt sich dagegen die Herausforderung, die Praxis wie zuletzt weiterzuführen: Der bekannte Partner Ulf Bertheau ist zwar weiterhin als of Counsel Luther angeschlossen, wechselte aber in die Geschäftsführung eines Unternehmens. Hier bietet sich nun der jüngeren Partnergeneration die Möglichkeit, sich zu profilieren.
Stärken: Erfahrene Schieds- u. Prozesspraxis.
Empfohlen für: ▶Außenhandel; ▶Gesellsch. recht; ▶Handel u. Haftung; ▶IT; ▶M&A; ▶Marken u. Wettbewerb; Medien; ▶Umwelt u. Planung; ▶Vergabe; Produkthaftung; Restrukturierung; Maritimes Wirtschaftsrecht. (14 Partner, 31 Associates, 4 of Counsel)
Mandate: Siehe Fachkapitel.

NORTON ROSE FULBRIGHT
Hamburg

Bewertung: Häufig empfohlenes Büro in Hamburg, das seine Vorreiterrolle innerhalb der dt. Praxis hinsichtl. einer schnellen Integration in das neu geschaffene internat. Netzwerk weiter unterstrich. So übernimmt der Steuerpartner Dr. Uwe Eppler teils auch die Federführung bei einigen internat. Fällen, darunter die Neuausrichtung der dt. Gesellschaften der Tenova-Gruppe. Ein Team um Dr. Klaus von Gierke beriet zudem einen griech. Investor beim Kauf von Hafendienstleistern. Während sich die maritime Praxis z.B. neben div. Fondsmandaten u. den ersten Mandaten für DNV sowie der Beratung von Gazprom im komplexen Streit um die OW-Bunker-Insolvenz weiter profilierte, verlor die anfängl. intensive Beratung im Energiesektor an Schwung. Im Sommer wechselten Dr. Ulf Liebelt-Westphal u. ein weiterer Partner zu Graf von Westphalen. Die im letzten Jahr etablierte Kartellrechtspraxis hingegen entwickelte sich gleich sehr gut. Für die IT- u. die Corporate-Praxis kamen Quereinsteiger auf Counsel-Ebene von FPS u. Freshfields.
Stärken: Erfahrene Corporate- u. Steuerpraxis.
Empfohlen für: ▶Arbeitsrecht; ▶Gesellsch. recht; ▶Handel u. Haftung; ▶Kartellrecht; ▶Kredite u. Akqu.fin.; ▶M&A; ▶ÖPP; ▶Steuer. (8 Partner, 12 Associates, 5 of Counsel)
Mandate: Siehe Fachkapitel.

RASCHKE VON KNOBELSDORFF HEISER
Hamburg

Bewertung: Für die in Hamburg empfohlene Kanzlei bedeuteten die personellen Veränderungen des vergangenen Jahres eine Zäsur in ihrer 10-jährigen Kanzleigeschichte. Insbes. mit Heiser hat sie einen unter Wettbewerbern angesehenen Partner in ihren Reihen, der zuletzt stark in mittelständ. Immobilientransaktionen für den Neumandanten Demire tätig wurde. Doch verlor die Kanzlei mit dem Weggang eines Teams um Dr. Ulf Renzenbrink den Partner (zu Renzenbrink & Partner), der in der Vergangenheit mit seinem Namen im Markt am stärksten für den dyn. Ruf des Teams bei Transaktionen stand. Mit ihm wechselte auch der Partner Marc-Holger Kotyrba, der die Kanzlei auch im Steuerrecht bekannt gemacht hatte. Doch RKH reagierte umgehend u. glich die Weggänge personell aus: Von Graf von Westphalen kam der ehem. Freshfields-Weggefährte u. Transaktionsspezialist Ziegenhahn als Partner hinzu, der v.a. gute internat. Kontakte mitbrachte. Im Steuerrecht kam ein junger of Counsel, der ebenfalls früher bei Freshfields gearbeitet hatte, dazu. Zudem wurde der v.a. in handelsrechtl. Prozessen tätige Torka in den Partnerkreis aufgenommen.
Entwicklungsmöglichkeiten: Nach dem personellen Umbruch wird es für RKH wichtig sein, die neuen Partner bzw. of Counsel gut zu integrieren. Nachdem zuletzt auch 3 erfahrene Associates die Kanzlei verlassen haben, muss sie nun auch wieder auf Associate-Ebene wachsen.
Häufig empfohlen: Dr. Kristian Heiser („sehr guter Gesellschaftsrechtler", Wettbewerber), Dr. Thorsten Raschke (Restrukturierung), Gilbert von Knobelsdorff, Dr. Dominik Ziegenhahn („sehr erfahren u. engagiert im Corporate/M&A", Wettbewerber), Nico Torka
Kanzleitätigkeit: Neben lfd. Beratung im ▶Gesellschaftsrecht v.a. kleinere u. mittlere ▶M&A Transaktionen, zuletzt oft mit Immobilienbezug. Weitere Schwerpunkte im Kapitalmarktrecht, bei Restrukturierungen u. in gesellschafts- sowie handelsrechtl. Streitigkeiten sowie im Steuerrecht. (5 Partner, 3 Associates, 1 of Counsel)
Mandate: ●● Demire beim Kauf von 4 Immobilienportfolios; Burger King/Yi Ko bei Beteiligung eines ausl. Co-Investors; Genui bei Beteiligung an Closed; C&F Internat. in handelsrechtl. Streitigkeiten; Thielert-Insolvenzverwalter in Prospekthaftungsklage; Portfolioalpha Consulting zu Erlaubnis als Finanzdienstleistungsinstitut; Caerus Debt Investments bei Mezzaninefinanzierung; Elbstein bei Kapitalerhöhung; Techniplas/Dickten Mash Plastics zu gesellschafts- u. steuerrechtl. Integration von Weidplas.

RENZENBRINK & PARTNER
Hamburg

Bewertung: Die erst Anfang 2015 um den bekannten Transaktionsspezialisten Renzenbrink u. den Steuerpartner Kotyrba gegründete, empfohlene Einheit hat sich schnell in Hamburg etabliert. Die sich schon länger abzeichnende Trennung von ihrer ehem. Kanzlei (heute Raschke v. Knobelsdorff Heiser) wird im Markt als erfolgr. Neustart angesehen: Zum einen zeigte RKK Flagge in mehreren Transaktionen (etwa für IK Investment) u. verstärkte sich mit dem ehem. Hengeler-Senior-Associate Dr. Andreas Stoll, der im Juni 2015 als Partner dazukam. Zum anderen komplettierte die Kanzlei direkt von Anfang an ihre Aufstellung auch mit einem jungen Finanzierungsspezialisten, der ebenfalls vorher bei Hengeler war. Der 3. Namenspartner entwickelt zudem eine Praxis für gesellschaftsrechtl. Streitigkeiten.

Entwicklungsmöglichkeiten: RKK hat sich von Beginn an einem sehr teamorientierten Beratungsansatz verschrieben u. will bei Deals nicht nur im M&A, sondern auch zur Finanzierung beraten. Die Herausforderung für die Kanzlei wird nun sein, mit ihrer neuen, breiteren Aufstellung Mandanten von sich zu überzeugen, die vorher nur in einzelnen Bereichen von den Partnern betreut wurden.

Häufig empfohlen: Dr. Ulf Renzenbrink („gute Zusammenarbeit bei Transaktionen", „sehr lösungsorientiert, fachl. hohe Expertise", Wettbewerber), Marc-Holger Kotyrba („kompetent u. engagiert im Steuerrecht", Wettbewerber)

Kanzleitätigkeit: Neben ▶M&A- u. ▶Private-Equity-Transaktionen auch lfd. ▶gesellschaftsrechtl. Beratung (oft im Nachgang von Deals) sowie Prozessvertretung. Weiterer Schwerpunkt im ▶Steuerrecht sowie zu Finanzierungs- u. bankaufsichtsrechtl. Themen. (4 Partner, 3 Associates)

Mandate: ●● IK Investment beim Kauf der Svt-Gruppe; Trakken Web Services bei Einstieg von Omnicom; Evac Oy bei Kauf von Deerberg Systems; Schleich u. Sausalitos u.a. bei gesellschaftsrechtl. Umstrukturierung; Hochtief bei Anteilsverkauf am ÖPP-Projekt A4 an Meridiam; Siem Industries bei Kauf der Flensburger Schiffsbau-Gesellschaft; Vapiano lfd. im Gesellschaftsrecht; MPC Capital steuerrechtl. bei Umstrukturierung; Prozessvertretung eines Beteiligten in einer prominenten Hamburger Auseinandersetzung.

SCHMIDT-JORTZIG PETERSEN PENZLIN
Hamburg

Bewertung: Das alles überstrahlende Mandat dieser in Hamburg empfohlenen Kanzlei hieß bis Mitte 2015 Prokon. Penzlin als Verwalter gelang es, den Genossenschaftsinsolvenzplan umzusetzen, davor hatte SJPP bereits diverse Abverkäufe betreut. Die dadurch z.T. sehr hohe Auslastung konnte die Kanzlei durch ihre enge Zusammenarbeit mit BRL Boege Rohde Luebbehuesen weiter gut abfedern – ein positives Bsp., wie Kooperationen zw. 2 Kanzleien funktionieren können. Daneben bemüht sich die Kanzlei, auch ihre Beratung in Regulierten Industrien weiter auszubauen u. kam hier etwa bei Krankenkassen u. Banken gut voran, z.B. begleitete sie die Restrukturierung der Sparkasse Südholstein.

Stärken: Kreative Insolvenzpraxis.

Entwicklungsmöglichkeiten: SJPP will als weitere Säule auch eine Prozesspraxis aufbauen u. dies durch eine Partnerernennung Ende 2015 untermauern. Das wäre die erste Erweiterung des Partnerkreises seit ihrer Gründung 2007 u. stellt sie vor dementsprechend integrative Herausforderungen.

Häufig empfohlen: Dr. Bjarne Petersen („pragmat. u. fundiert bei Restrukturierungen", „sehr strukturiert u. lösungsorientiert im M&A", „guter Gesellschaftsrechtler", Wettbewerber), Dr. Edzard Schmidt-Jortzig („sehr erfahren im Gesellschafts- u. Klimaschutzrecht sowie im M&A, ausgeprägtes wirtschaftl. Verständnis, reaktionsschnell u. besonders belastbar", Mandant), Dr. Dietmar Penzlin („führend im Insolvenzrecht", „lösungsorientiert u. herausragend im Gesellschafts- u. Insolvenzrecht", Wettbewerber)

Kanzleitätigkeit: Neben Transaktionen oft lfd. gesellschaftsrechtl. Beratung. Beratung der öffentl. Hand u. Sparkassen sowie Energie- u. Versorgungsunternehmen im Öffentl. Recht (u.a. zum Klimaschutz). In der ▶Insolvenzverw. neben Verwaltung (oft auch für Einschiffsgesellschaften) insolvenznahe Beratung sowie Verkäufe. (3 Partner, 5 Associates, 1 of Counsel)

Mandate: ●● Dual-Track-Insolvenzplanverfahren für Prokon sowie u.a. Verkauf von Prokon Pflanzenöl u. eines Windparkprojekts; JP Beteiligungs-Gesellschaft lfd. bei Transaktionen; Carus Consilium Sachsen bei Kooperationsverträgen u. Joint Venture; IG Intelligent Group lfd. im Gesellschaftsrecht u. bei Verkauf einer Beteiligung; Sparkasse Südholstein bei Restrukturierung.

SCHULZ NOACK BÄRWINKEL
Hamburg

Bewertung: Der in Hamburg geschätzten Kanzlei gelingt es im gesellschaftsrechtl. Team zuletzt besser, die Kontakte ihrer ungewöhnl. starken China- u. Asienpraxis zu nutzen. Hier brachten Inboundinvestitionen zuletzt einige Transaktionen. Auch andere Fachbereiche zeichnen sich durch einen stabilen Ruf aus, wobei sowohl die Energie- als auch die Bankenpraxis durch die bundesweite Arbeit in Prozessserien sehr beschäftigt waren. Dabei gelang es den Bankrechtlern in ersten Fällen zum aktuellen, bankaufsichtsrechtl. Thema FinTech zu beraten.

Stärken: Lange Tradition im dt.-chin. Rechtsverkehr. Ausgeprägte Prozesserfahrung auf div. Gebieten.

Entwicklungsmöglichkeiten: Die Prozessteams im Energie- u. Bankensektor haben bei Prozessserien für ihre jeweiligen Mandanten viel Erfahrung aufgebaut. Eine Chance der nächsten Jahre könnte es sein, daraus schrittweise eine breitere Mandantenbasis zu entwickeln u. noch mehr Synergien innerh. der Kanzlei zu heben.

Häufig empfohlen: Axel Neelmeier („angenehm u. zuverlässig", Wettbewerber; Chinageschäft), Corinna Rindfleisch („pragmat. u. schnell", Wettbewerber; IP), Dr. Olaf Schulz-Gardyan („hat viel Erfahrung", Wettbewerber), Martin Stangl („guter, hartnäckiger Prozessanwalt", Wettbewerber; beide Energie)

Kanzleitätigkeit: Gesellschaftsrecht, Vertragsgestaltung u. Prozesse/Schiedsverfahren mit Bezügen zu Energienetzen u. -preisen sowie Bankenkonditionen. Weitere Schwerpunkte: Bankrecht (Mezzaninefinanzierung, Kapitalerhöhung), Baurecht, Zwangsverwaltungen, IT/IP (inkl. Datenschutzrecht). Tätig f. dt. Unternehmen in chin. Markt u. chin. Unternehmen im dt. Markt, vielfach patentbezogen. Eigene, mit Partnern u. 12 Rechts- u. Patentanwälten besetzte Büros in Schanghai u. Ho-Chi-Minh-Stadt. (8 Partner, 13 Associates, 2 of Counsel)

Mandate: ●● Regelm. Bitmanager-Media, teils auch M&A; Semperit zu Kauf von Leeser (Gummidichtungen); ShangGong bei Zukäufen, u.a. Aufstockung der Beteiligung an Dürkopp Adler; Caissa Touristic lfd. gesellschafts- u. markenrechtl.; Haspa u. Commerzbank lfd. bei Klagen von Kapitalanlegern (öffentl. bekannt); regelm. Euler Hermes zu Außenhandelsfragen; 8 vietnames. Unternehmen als Gläubiger in dt. Insolvenzverf.; chin. Unternehmerin zoll- u. strafrechtl. wg. Vorwurfs von Abgabenhinterziehung; lfd. Hansewerk, Avacon u. Edis in Streitigkeiten um Rekommunalisierungen; Chinapraxis: Carl Freudenberg in Patentverletzungsstreit um Schadensersatz, Zerstörung von Restbeständen u. Vernichtung von Formen; LPKF Laser & Electronics in Patentverletzungsstreit mit Motorola.

TAYLOR WESSING
Hamburg

Bewertung: Der wichtigste Garant für ihre Stellung als eine der führenden Kanzleien in Hamburg ist bei TW die gute u. solide Corporate-Praxis. Neben breit aufgestellten, erfahrenen Partnern wie Bernhard Kloft hat sich hier eine starke nachfolgende Partnergeneration etabliert: Z.B. übernahm 2014 Robert Wethmar die bundesweite Leitung der Corporate-Praxis, Dr. Carsten Bartholl stand zuletzt Lagardere beim Kauf von Ufa Sports zur Seite. Ein Mandant lobte zudem Dr. Frank Koch u. Dr. Holger Schrewe für „bemerkenswertes Know-how in der Chemiebranche, immer praxisnahe Lösungen, keine Reibungsverluste innerhalb der Kanzlei". Mit Dr. Jens Wolf treibt ein junger Partner daneben auch den Ausbau der Venture-Capital-Praxis erfolgreich voran, er betreute u.a. Auto1.com bei einer Finanzierungsrunde (€100 Mio). Innerhalb ihrer insges. breiten Aufstellung stechen zudem immer wieder, etwa durch die marktbekannte u. intensive Arbeit für Google, die renommierte Medien- sowie auch die IP-Praxis hervor. Dass sich im April 2015 mit den Gesellschaftsrechtlern Dr. Prof. Stephan Göthel u. Dr. Oliver Rossbach aus der Restrukturierungspraxis 2 Sal.-Partner als Pier 11 selbstständig machten, schmälerte das Ansehen der Kanzlei in HH nicht.

Stärken: Betreuung technologiestarker Branchen. Rege dt.-chin. Praxis.

Empfohlen für: ▶Arbeitsrecht; ▶Beihilfe; ▶Börseneinführ. u Kapitalerhöhung; ▶Energie; ▶Gesellsch.recht; ▶Gesellschaftsrechtl. Streitig.; ▶Handel u. Haftung; ▶Immobilien; ▶IT; ▶Kartellrecht; ▶M&A; Maritimes Wirtschaftsrecht; ▶Marken u. Wettbewerb; ▶Medien; ▶Nachfolge/Vermögen/Stiftungen; ▶Private Equ. u. Vent. Capital; ▶Restrukturierung/Sanierung; ▶Sport; ▶Telekommunikation; ▶Umwelt u. Planung; ▶Projekte/Anlagenbau; ▶Unternehmensbez. Versichererberatung; ▶Vergabe; ▶Verkehr; ▶Vertrieb. (30 Eq.-Partner, 14 Sal.-Partner, 4 Counsel, 41 Associates, 3 of Counsel)

Mandate: Siehe Fachkapitel.

VOIGT WUNSCH HOLLER
Hamburg

Bewertung: Die in Hamburg empfohlene Kanzlei übertrifft hinsichtl. der Breite ihrer gesellschaftsrechtl. Praxis viele andere Hamburger Boutiquen. Als „starkes u. homogenes Team" schätzen auch Wettbewerber sie. VWH baut ihren Ruf schrittweise aus, wobei im letzten Jahr die Prozessführung (und insbes. die wachsende Schiedspraxis) sowie die Transaktionsberatung (▶Private Equity u. ▶M&A) dynamisch zulegten. VWH berät zunehmend bei komplexeren Deals (u.a. die dt. Töchter von internat. Konzernen) u. hat letztes Jahr auch parallel Deals begleitet. Regelm. (bspw. für Danish Agro) arbeitet VWH dabei auch im Verbund mit anderen kleinen Hamburger Kanzleien. Mandanten schätzen die Kombination „sehr guter Kenntnisse u. Preisen unterhalb von Großkanzleiniveau".

Stärken: Hochkarät. gesellschaftsrechtl. Praxis, Private Equity.

Häufig empfohlen: Dr. Oliver Wunsch („sehr guter Gesellschaftsrechtler", „kompetent u. verhandlungsstark", Wettbewerber), Dr. Hans-Christoph Voigt, Dr. Lorenz Holler („gute Zusammenarbeit", Wettbewerber)
Kanzleitätigkeit: Schwerpunkt im ▶ Gesellsch.recht (inkl. Aktien- u. Kapitalmarktrecht). Beratung bei Transaktionen (auch ▶ Private Equ. u. Vent. Capital u. ▶ M&A), zudem zunehmend gesellschaftsrechtl. Konfliktlösung mit 2 Partnern inkl. Schiedsrichtertätigkeit. (3 Partner, 3 Associates)
Mandate: ●● Adiuva Capital regelm. bei Zukäufen, u.a. Maas & Roos (mit anderen Kanzleien); Gesellschafter Ponndorfer Gerätetechnik zu Verkauf an niederl. Investor; DNV zu grenzüberschreitender Governance; Ceravis zu Finanzierung (mit anderen Kanzleien); Danish Agro bei Zukauf in Dtl.; 2 Autohäuser als Bieter für einen gepl. Kauf von Daimler-Niederlassungen; Testamentsvollstrecker Otto Gellert in Prozessserie; lfd. gesellschaftsrechtl. BKK Mobil Oil, Körber, Krüll-Gruppe, Deutsche See; Brinkmann & Partner zu Neustrukturierung der Kanzlei.

WATSON FARLEY & WILLIAMS
Hamburg ▢▢▢▢■▢▢
Bewertung: Kontinuierl. u. mit Bedacht baut die in Hamburg häufig empfohlene Kanzlei ihre Spezialgebiete weiter aus. Die versierte Schiffsfinanzierungspraxis um Dr. Clemens Hillmer u. Maren Brandes erweiterte etwa zuletzt ihren strateg. Fokus auf die Beratung von Banken um Reedereien. Zudem baut eine im Vorjahr ernannte Partnerin eine engl.-rechtl. Praxis auf, wodurch sich noch mehr internat. Anknüpfungspunkte ergeben als bislang. Ebenso bekannt wie im Maritimen Wirtschaftsrecht ist die Branchenexpertise der Kanzlei bei Off- u. Onshorewindprojekten. Bei der Beratung des Bankenkonsortiums des Windparkprojekts Veja Mate konnte WFW auf ein Team mit standortübergreifendem Team neben der steuerrechtl. auch ihre regulierungs- u. internat. Aufstellung zum Einsatz bringen. „Sehr überzeugend u. gut", lobte auch ein Wettbewerber die MDP-Aufstellung der Kanzlei.
Stärken: Schiffsfinanzierung, erneuerbare Energien (v.a. bei Finanzierungen).
Empfohlen für: ▶ Energie; ▶ M&A; ▶ Private Equ. u. Vent. Capital; ▶ Arbeitsrecht; ▶ Nachfolge/Vermögen/Stiftungen; Immobilien- u. Baurecht; Schiffsfinanzierung sowie ▶ Kredite u. Akqu.fin.; ▶ Öffentl. Recht. u. ▶ Steuer. (15 Partner, 1 Counsel, 35 Associates)
Mandate: Siehe Fachkapitel.

WHITE & CASE
Hamburg ▢▢■▢▢▢▢
Bewertung: Der vor einiger Zeit eingeleitete Umbau der in Hamburg zu den führenden zählenden Kanzlei zeigt zuletzt verstärkt Wirkung: So waren zuletzt etwa in der kleinen aber feinen Corporate-Praxis um den etablierten Partner Dr. Volker Land auch jüngere Anwälte in wichtigen Mandaten präsent: Regional viel beachtet war die Beratung des Hawesko-Vorstands beim Übernahmeangebot durch Tocos, bei der Dr. Markus Althoff mit einem standortübergreifenden Team agierte. Als besonders akquisestark gilt zudem Patrick Narr, der sich insbes. um die Zusammenarbeit mit der renommierten Insolvenzpraxis kümmert – diesen fehlenden Brückenschlag hatten Wettbewerber in der Vergangenheit immer wieder moniert. Dass es zudem Florian Degenhardt gelungen ist, in HH eine anerkannte Finanzierungspraxis aufzubauen, gilt als echte Erfolgsgeschichte: Das zeigte zuletzt etwa die Beratung der Banken u. Investoren bei der hochvol. Finanzierung des A7-Ausbaus. Auch die Kartellpraxis ist mit der Vertretung von Edeka hinsichtl. der Übernahme der Tengelmann-Filialen in einem prominenten Mandat involviert. Eine Lücke muss W&C dagegen im Steuerrecht füllen: Nach dem Wechsel eines Counsels, der auf das Insolvenzsteuerrecht spezialisiert war, zu Flick Gocke, ist dieser wichtige Bereich in HH derzeit nicht besetzt.
Stärken: Große Insolvenzverwaltungs- u. Restrukturierungspraxis.
Empfohlen für: ▶ Anleihen; ▶ Bankrecht u. -aufsicht; ▶ Börseneinführ. u. Kapitalerhöhung; ▶ Gesellsch.recht; ▶ Handel u. Haftung; ▶ Immobilien; ▶ Insolvenzverw.; ▶ IT; ▶ Kartellrecht; ▶ Kredite u. Akqu.fin.; ▶ M&A; ▶ Patentrecht; ▶ Private Equ. u. Vent. Capital; ▶ Projekte/Anlagenbau; ▶ Restrukturierung/Sanierung; ▶ Telekommunikation. (14 Eq.-Partner, 16 Sal.-Partner, 7 Counsel, 22 Associates, 2 of Counsel)
Mandate: Siehe Fachkapitel.

WÜLFING ZEUNER RECHEL
Hamburg ▢▢▢▢▢■▢

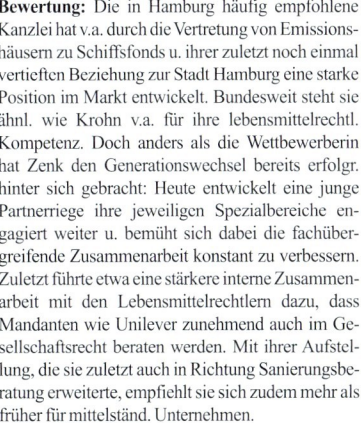

Bewertung: Wie kaum eine andere Wettbewerberin hebt sich diese in Hamburg empfohlene MDP-Kanzlei durch ihr starkes Engagement beim Ausbau ihrer internat. Aufstellung hervor. Schon länger knüpft sie v.a. in den Nahostraum über ihr formalisiertes Netzwerk Germela intensiv Kontakte. Mit der Eröffnung eines eigenen Büros im Iran übernahm sie eine Vorreiterrolle unter dt. Kanzleien. Auch in Dubai eröffnete sie einen eigenen Standort. Mit dieser Aufstellung u. ihrem Schwerpunkt im Gesellschaftsrecht empfiehlt sich WZR zunehmend bundesweit für mittelständ. u. große Unternehmen, die einen Markteintritt im Nahostraum planen. Wie sich die Investitionen auszahlen, zeigte zuletzt die Arbeit für Huahai beim Kauf von OHE Mining – ein Mandat, das über das im Vorjahr eröffnete Pekinger Büro nach HH kam u. bei dem WZR eng mit den dortigen Kollegen zusammenarbeitete.
Stärken: Gute Kontakte im dt.-arab. Rechtsverkehr. Beratung von Kliniken zu Compliance. Steuerrechtl. Begleitung von Selbstanzeigen.
Entwicklungsmöglichkeiten: Die starke Internationalisierung bringt große Integrationsherausforderungen mit sich. Bislang gelingt dies ganz gut, weil immer Hamburger Anwälte z.B. nach Dubai u. Teheran wechseln, um den Aufbau dort eng zu begleiten. Doch WZR hegt noch weitere Wachstumspläne in der Region u. wird sich deshalb ihre Ressourcen gut einteilen müssen.
Häufig empfohlen: Bahram Aghamiri (Arbeitsrecht), Dr. Hans-Peter Rechel (Sanierung)
Kanzleitätigkeit: Umf. Betreuung mittelständ. Mandanten; neben Gesellschafts- auch Arbeitsrecht sowie IP, IT u. Urheberrecht sowie Insolvenzverwaltung u. Restrukturierung. Zudem Betreuung im Steuer- u. Steuerstraf- sowie im Bankrecht. Branchenschwerpunkt u.a. im Gesundheitswesen (Zusammenarbeit mit der Tochtergesellschaft MedAdvisors). Formalisiertes arab. Netzwerk u. eigene Büros in Dubai u. Iran sowie in São Paulo u. Peking, Repräsentanz in der Schweiz. (7 Partner, 30 Associates, dazu 4 StB)

Mandate: ●● Huahai bei Kauf von OHE Mining; Uniklinik Eppendorf im Arbeits- u. Gesellschaftsrecht; Service-Bund lfd. im Gesellschaftsrecht; Deru regelm. steuerrechtl.; Insolvenzverwaltung für u.a. Planen und Bauen, ATM Telefonmarketing, Saetas, Mistral Solar Applications; familiengeführtes Handelsunternehmen zu erbrechtl. Nachfolge.

ZENK
Hamburg ▢▢▢▢■▢▢
Bewertung: Die in Hamburg häufig empfohlene Kanzlei hat v.a. durch die Vertretung von Emissionshäusern zu Schiffsfonds u. ihrer zuletzt noch einmal vertieften Beziehung zur Stadt Hamburg eine starke Position im Markt entwickelt. Bundesweit steht sie ähnl. wie Krohn v.a. für ihre lebensmittelrechtl. Kompetenz. Doch anders als die Wettbewerberin hat Zenk den Generationswechsel bereits erfolgr. hinter sich gebracht: Heute entwickelt eine junge Partnerriege ihre jeweiligen Spezialbereiche engagiert weiter u. bemüht sich dabei die fachübergreifende Zusammenarbeit konstant zu verbessern. Zuletzt führte etwa eine stärkere interne Zusammenarbeit mit den Lebensmittelrechtlern dazu, dass Mandanten wie Unilever zunehmend auch im Gesellschaftsrecht beraten werden. Mit ihrer Aufstellung, die sie zuletzt auch in Richtung Sanierungsberatung erweiterte, empfiehlt sie sich zudem mehr als früher für mittelständ. Unternehmen.
Stärken: Umf. Betreuung der Lebensmittelbranche. Öffentl. Wirtschaftsrecht u. angrenzende Bereiche.
Entwicklungsmöglichkeiten: Die Geschäftsentwicklung der vergangenen 2 Jahre hat nicht nur positive Aspekte, sondern hat die Auslastung der Partner z.T. sehr hochgeschraubt. Um ihre Praxis weiterzuentwickeln, wird die Kanzlei deshalb schneller als bislang personell im Corporate wachsen müssen.
Häufig empfohlen: Dr. Carsten Oelrichs („sehr kompetent u. kollegial im Lebensmittelrecht", Wettbewerber), Dr. Ralf Hüting, Dr. Wolfgang Hopp (beide Öffentl. Recht), Dr. Henrik Nacke (Immobilien- u. Privates Baurecht), Alexander Baden (Architekten-/Baurecht), Jan Dietze (Gesellschaftsrecht), Dr. Stefanie Hartwig („sehr gute Wettbewerbsrechtlerin, lösungsorientiert, klare Ausdrucksweise", Mandant), Dr. Bastian Schmidt-Vollmer („sehr beeindruckend im Gesellschaftsrecht, kann auch bei der Finanzstruktur von Beteiligungen helfen", Mandant)
Kanzleitätigkeit: ▶ Umwelt u. Planung (auch Vergabe- u. Abfallrecht), M&A, ▶ Gesellsch.recht, Steuerrecht u. Private-Equity-Beratung bei v.a. geschl. Fonds; umf. Betreuung im ▶ Lebensmittel- sowie ▶ Marken- u. Wettbewerbsrecht. Daneben ▶ Priv. Baurecht. Beratung von Industrieunternehmen u. Versorgern im Energierecht. Zudem Beihilfe- u. Subventionsrecht. (13 Partner, 7 Associates, 2 Counsel)
Mandate: ●● Thien & Heyenga zu Integration von Ahrenkiel Steamship in MPC; EWE u. Swb zu div. Windparkprojekten; Whistleblower-Hotline für Bahlsen; Klingsöhr-Gruppe bei Joint Venture; FischerAppelt lfd. im Gesellschaftsrecht u. M&A; Hamburg Wasser in Prozess zu länderübergreifendem Abwasserübernahmevertrag; Freie u. Hansestadt Hamburg in Prozess zu Airbus-Werkserweiterung; Cargill im Energierecht; Unilever in UWG-Prozessen u. im Immobilienrecht; Beos, Otto u. Hansa Invest im Immobilienrecht. Lfd. im Lebensmittelrecht u. in IP: Iglo, Zertus, Südzucker, CFP.

REGION NORDEN SCHLESWIG-HOLSTEIN / MECKLENBURG-VORPOMMERN

Schleswig-Holstein

Kanzlei	Standort	Stärken	Häufig empfohlen
Brock Müller Ziegenbein **NOMINIERT JUVE Awards 2015 Kanzlei des Jahres für den Mittelstand**	Flensburg, Kaltenkirchen, Kiel, Lübeck	▶M&A u. ▶Gesellschaftsrecht (einschl. bekanntes Notariat im Gesellsch.recht; 15 Anwaltsnotare), Betreuung der ▶Medienbranche (einschl. Rundfunkrecht) u. dän. Unternehmen; Gewerbl. Rechtsschutz, Energie- u. Vergaberecht	Dr. Ulrich Ziegenbein (Gesellschafts- u. Medienrecht), Dr. Mathias Nebendahl (Arbeits- u. Vergaberecht), Dr. Peter Gramsch (Energierecht), Dr. Matthias Krisch (Gewerbl. Rechtsschutz), Dr. Bernd Richter, Dr. Hauke Thilow (Gesellschaftsrecht, M&A), Dr. Christian Becker (Verwaltungsrecht)
CausaConcilio	Kiel	Umf. Beratung von Kliniken, Ärzten u. deren Berufsverbänden (▶Gesundheitswesen); breit aufgestelltes Notariat (8 Anwaltsnotare); Arbeits- u. Gesellschaftsrecht	Dr. Hans-Jürgen Kickler (Notariat), Andreas Kühnelt (Erbrecht), Dr. Paul Harneit (Medizinrecht), Axel Riefling (Arbeitsrecht), Dr. Dirk Unrau (Aktienrecht)
Cornelius + Krage	Kiel	M&A, ▶Gesellschaftsrecht (einschl. Notariat, 3 Anwaltsnotare), Insolvenzrecht u. erneuerbare Energien; Betreuung skand. Unternehmen	Dr. Claus Cornelius, Dr. Carsten Krage (beide Gesellschaftsrecht, M&A), Salim Khan Durani (Insolvenzverwaltung), Andreas Kolberg, Erika Röschmann (beide Arbeitsrecht)
Ebner Stolz Mönning Bachem	Kiel	▶Gesellschaftsrecht	
Ehler Ermer & Partner	Flensburg, Kiel, Lübeck, u.a.	Multidiszipl. Arbeit, Gesellschaftsrecht u. M&A für Mittelstand, Insolvenzrecht	
Lauprecht	Kiel, Itzehoe	Starker Schwerpunkt im Landwirtschaftsrecht. Erneuerbare Energien, Gesellschaftsrecht, einschl. bekanntes Notariat (8 Anwaltsnotare)	Dr. Detlev Behrens (Gesellschaftsrecht), Dr. Knut Weigle (Arbeitsrecht), Dr. Frank Martens (Gesellschaftsrecht)
Reimer	Kiel	▶Insolvenzverwaltung	Reinhold Schmid-Sperber
Dres. Ruge Purrucker Makowski	Kiel	Bau- u. Erbrecht (einschl. Nachfolgeregelung); Prozesse inkl. Schiedsverfahren; Notariat (4 Anwaltsnotare)	Dr. Stefan Purrucker (Baurecht), Dr. Volker Arndt (Gesellschaftsrecht), Emil Schmalfuß (Schiedsverfahren)
Wachenhausen	Lübeck	▶Gesundheit	Dr. Heike Wachenhausen
Weissleder Ewer	Kiel	▶Umwelt u. Planung	Prof. Dr. Wolfgang Ewer

Die hier getroffene Auswahl der Kanzleien ist das Ergebnis der auf zahlreichen Interviews basierenden Recherche der JUVE-Redaktion (s. Einleitung S. 20). Sie ist in 2erlei Hinsicht subjektiv: Sämtliche Aussagen der von JUVE-Redakteuren befragten Quellen sind subjektiv u. spiegeln deren eigene Wahrnehmungen, Erfahrungen u. Einschätzungen wider. Die Rechercheergebnisse werden von der JUVE-Redaktion unter Einbeziehung ihrer eigenen Marktkenntnis analysiert u. zusammengefasst. Der JUVE-Verlag beabsichtigt mit dieser Tabelle keine allgemein gültige oder objektiv nachprüfbare Bewertung. Es ist möglich, dass eine andere Recherchemethode zu anderen Ergebnissen führen würde. Die Kanzleien sind alphabetisch geordnet.

Mecklenburg-Vorpommern

Kanzlei	Standort	Stärken	Häufig empfohlen
Ahlers & Vogel	Rostock	▶Priv. Baurecht	Steffen Pagels
Brinkmann & Partner	Rostock, Schwerin	▶Insolvenzverwaltung	Berthold Brinkmann
Brügmann	Schwerin	Priv. Baurecht	Björn Schugardt
Geiersberger Glas & Partner	Rostock, Schwerin	Arbeitsrecht; Landwirtschaftsrecht	Dr. Doris Geiersberger, Ingo Glas
Schulz Noack Bärwinkel	Rostock	Gesellschaftsrecht; Priv. Baurecht; Öffentl. Recht	Dr. Detlev Geerds, Norbert Wendt
Simoneit & Skodda	Wismar	Öffentl. Recht; Priv. Baurecht	Prof. Dr. Karsten Simoneit
Wienecke Ibendorf Grüning Ulrich Borufka & Heiling	Schwerin	Priv. Baurecht; Öffentl. Recht	Johannes Wienecke

Die hier getroffene Auswahl der Kanzleien ist das Ergebnis der auf zahlreichen Interviews basierenden Recherche der JUVE-Redaktion (s. Einleitung S. 20). Sie ist in 2erlei Hinsicht subjektiv: Sämtliche Aussagen der von JUVE-Redakteuren befragten Quellen sind subjektiv u. spiegeln deren eigene Wahrnehmungen, Erfahrungen u. Einschätzungen wider. Die Rechercheergebnisse werden von der JUVE-Redaktion unter Einbeziehung ihrer eigenen Marktkenntnis analysiert u. zusammengefasst. Der JUVE Verlag beabsichtigt mit dieser Tabelle keine allgemein gültige oder objektiv nachprüfbare Bewertung. Es ist möglich, dass eine andere Recherchemethode zu anderen Ergebnissen führen würde. Die Kanzleien sind alphabetisch geordnet.

● Referenzmandate, umschrieben
●● Referenzmandate, namentlich

Anwaltszahlen: Angaben der Kanzleien zur Bürogröße vor Ort. Sie spiegeln nicht zwingend die Gesamtgröße einer Kanzlei wider.

Bremen

AHLERS & VOGEL
Bremen

Bewertung: Eine der führenden Kanzleien in Bremen, die ihre Stärken immer besser ausspielt: personelle Größe, fachl. Breite aufgr. zahlreicher Spezialisierungen sowie eine enge fachbereichs- u. standortübergr. Zusammenarbeit mit den Büros in HH u. Leer. Die sich daraus ergebenden Vorteile kann A&V immer besser nutzen. Dies belegen der höhere Durchlauf, der sich auch aus der Effizienz der Größe ergibt, im Notariat sowie an M&A-Deals, z.T. auch im internat. Kontext. Ein weiteres Bsp. ist die dyn. Entwicklung der standortübergr., jungen Außenwirtschaftspraxis – ein Gebiet, das nur wenige mittelständ. Kanzleien anbieten. Schon jetzt generiert A&V darüber Kontakte auch für andere Fachbereiche, z.B. das Gesellschafts- u. Arbeitsrecht. Auch ihre Spezialisierung im Seearbeitsrecht fragten vermehrt neue Mandanten nach, u.a. Reedereien. Zudem sind Bremer Anwälte, darunter auch der zum Vollpartner ernannte Böning, in erhebl. Umfang für Fondsges. bei der Abwehr von Anlegerklagen tätig. Ergebnis der in Bremen einzigartigen, strukturierten kanzleiinternen Ausbildung ist eine größere Stabilität auf Associate-Ebene.

Stärken: Gesellschaftsrecht (auch internat. u. an der Schnittstelle zum Steuerrecht), ▶ Priv. Baurecht auf bundesw. Ebene, Arbeitsrecht.

Häufig empfohlen: Walter Behrens, Dr. Jan van Dyk (beide Baurecht), Burkhard Klüver, Dr. Rüdiger Leykam, Jörn Linnertz („erfahrener Prozessanwalt", Wettbewerber), Dr. Klaus Starke („fachl. gut u. persönl. äußerst angenehm", „sachl. u. qualifiziert", Wettbewerber; alle Gesellschaftsrecht), Jochen Böning („praxisnah, effizient, sticht hervor", Mandant; „empfehlenswert in Kapitalanlageprozessen", Wettbewerber), Dr. Gerhard Lohfeld (Arbeitsrecht), Dr. Carsten Heuel

Kanzleitätigkeit: Rundumberatung des regionalen Mittelstands, inkl. starken Notariats u. ▶ Handel u. Haftung. Gr. Praxen im Bau- u. Arbeitsrecht, Transport-, Schifffahrtsrecht u. Schiffsfinanz. (mit den Büros in HH u. Leer), Gesellschafts- u. Steuerrecht, auch M&A. Kapitalanlageprozesse, Außenwirtschafts- u. Medizinrecht umf., zudem Arzthaftung. Compliance. (13 Eq.-Partner, davon 9 Notare, 4 Sal.-Partner, 1 of Counsel, 13 Associates)

Mandate: ●● Gesundheit Nord bei Verschmelzung von 4 kommunalen Kliniken (arbeitsrechtl.); US-Konzern bei verschmelzender Sanierung dt. Töchter; Gründungsgesellschafter bei MBO inkl. Verkauf ihrer dt. u. ausl. Gesellschaften an einen Private-Equity-Fonds; Untern. der Dentalindustrie bei gesellschaftsrechtl. Umstrukturierung; Reederei bei Massenentlassung; Krankenhauses. zu Einstellung u. Versetzung von 600 Mitarbeitern; Bundesland bei div. Amtshaftungsverf. bzgl. Spielhallenbetriebserlaubnis; Stahlproduzent in Verf.; div. Emissionshäuser bei Abwehr von Prospekthaftungsklagen.

BLANKE MEIER EVERS
Bremen

Bewertung: Empfohlene Kanzlei in Bremen, die weiterhin v.a. bekannt ist für ihre Expertise im Vertriebsrecht sowie im Bereich der erneuerbaren Energien. Bei Letzterem liegt der Fokus insbes. aufseiten von Bau- u. Serviceunternehmen bzw. Projektentwicklern wie WPD, bei der 2 der Namenspartner zugleich Gesellschafter sind. Hier stemmt sie immer wieder anspruchsvolle u. komplexe Mandate – trotz kleiner Teams. Ihre Spezialisierungen sind seit Jahren eine solide Grundlage für die Kanzlei, doch besonders dyn. entwickelte sich in den letzten 2 Jahren die umf. Mittelstandsberatung. Hier gelingt es immer besser, über Kontakte aus dem Energiebereich zum Erbrecht oder bei Umstrukturierungen tätig zu werden, z.B. in Schl.-Holstein.

Stärken: ▶ Vertriebssysteme, erneuerbare Energien.

Entwicklungsmöglichkeiten: BME führte zuletzt einen neuen Status ein, der erfahrenen Associates ein größeres Mitspracherecht u. eine stärkere finanzielle Teilhabe ermöglicht. Damit will die Kanzlei qualifizierte Juristen enger an sich binden, denn auf sie ist BME dringend angewiesen, um die Qualität in ihren Spezialisierungen halten zu können. Indem sie 2 erfahrene Associates (von einer Reederei u. PwC Legal) aufgenommen hat, zeigt sie, dass hier erste Schritte in die richtige Richtung erfolgt sind.

Häufig empfohlen: Dr. Gernot Blanke (Gesellschaftsrecht), Jürgen Evers (Vertriebsrecht), Dr. Andreas Hinsch (Öffentl. Recht)

Kanzleitätigkeit: Umf. Beratung zu erneuerbaren Energien, v.a. Öffentl. Recht, M&A, auch (internat.) Finanz.; umf. für mittelständ. Unternehmen aus Norddtl. Bundesw. präsent im Vertriebsrecht. (3 Eq.-Partner, 6 Sal.-Partner, 19 Associates)

Mandate: ●● Offshorewindpark Nordergründeges. umf. vertragsrechtl.; Windenergieparkprojektentwickler in Grundsatzverf. zu Windenergienutzung; lfd. WPD-Gruppe, EnBW, Windstrom-Gruppe, Osterhof-Gruppe, Denker & Wulf (alle im Energie- u. Öffentl. Recht); Quarder (Arbeitsrecht); Dt.-Lufthansa-Tochter (Gesellschaftsrecht); Finanzdienstleister, Versicherer (beide Vertriebs- u. Gesellschaftsrecht).

BLAUM DETTMERS RABSTEIN
Bremen

NOMINIERT JUVE Awards 2015 – Kanzlei des Jahres für den Mittelstand

Bewertung: Eine in Bremen führende Kanzlei, die sich von ähnl. aufgestellten Wettbewerbern vor Ort v.a. durch eine starke Präsenz in internat. (Transaktions-)Mandaten abhebt. Die Beratung eines dt.-frz. Kaufvertrags beim MBO von Karibu u. eines Asset-Deals in Spanien zeigen, welche Akzeptanz die Kanzlei hier genießt. Zunehmend schafft sie Synergien aus einer intensivierten praxisgruppen- u. standortübergr. Zusammenarbeit, trad. in den Praxen Gesellschafts- u. Steuerrecht, etwa bei der zuletzt von ihrer mittelständ. Kernklientel stark nachgefragten erbschaftsteuerl. Nachfolgegestaltung, sowie im Transportrecht mit dem HHer Büro. Dorthin ergaben sich weitere Anknüpfungspunkte infolge der Fusion mit Wettbewerberin Horbach Henriksen (Anfang 2014) z.B. bei einer komplexen Sale-and-lease-back-Immobilientransaktion. Mandatszuwächse verzeichnete BDR zudem in der umf. Tätigkeit als externe Rechtsabteilung für Unternehmen.

Stärken: ▶ Gesellsch.recht, ▶ M&A, Transport- u. Schifffahrtsrecht, auch Schiedsverfahren.

Häufig empfohlen: Stephan Kulenkampff („integer, besitzt Einfühlungsvermögen", Wettbewerber), Dr. Götz Grevesmühl („ein Leuchtturm in dem Büro", „internat. aufgestellt", Wettbewerber; beide Gesellschaftsrecht), Dr. Friedrich Strube (Schiedsverf.), Rolf Werther („kompetent u. erfahren im Arbeitsrecht", Wettbewerber), Claus Holzhüter („hervorragender, sehr versierter Speditionsrechtler", Mandant)

Kanzleitätigkeit: Überwiegend mittelständ. Mandanten im Gesellschaftsrecht/M&A, regelm. auch

---

BREMEN NORDEN REGION

BREMEN

- Ahlers & Vogel
- Blaum Dettmers Rabstein
- Büsing Müffelmann & Theye
- Dr. Schackow & Partner
- Schütte Richter & Partner

- Kessler & Partner
- Nölle & Stoevesandt

- Blanke Meier Evers
- Castringius
- v. Einem & Partner

- Ganten Hünecke Bieniek & Partner
- Göhmann
- Schultze & Braun

Die hier getroffene Auswahl der Kanzleien ist das Ergebnis der auf zahlreichen Interviews basierenden Recherche der JUVE-Redaktion (s. Einleitung S. 20). Sie ist in 2erlei Hinsicht subjektiv: Sämtliche Aussagen der von JUVE-Redakteuren befragten Quellen sind subjektiv u. spiegeln deren eigene Wahrnehmungen, Erfahrungen u. Einschätzungen wider. Die Rechercheergebnisse wurden von der JUVE-Redaktion unter Einbeziehung ihrer eigenen Marktkenntnis analysiert u. zusammengefasst. Der JUVE Verlag beabsichtigt mit dieser Tabelle keine allgemein gültige oder objektiv nachprüfbare Bewertung. Es ist möglich, dass eine andere Recherchemethode zu anderen Ergebnissen führen würde. Innerhalb der einzelnen Gruppen sind die Kanzleien alphabetisch geordnet.

● Referenzmandate, umschrieben
●● Referenzmandate, namentlich

Anwaltszahlen: Angaben der Kanzleien zur Bürogröße vor Ort. Sie spiegeln nicht zwingend die Gesamtgröße einer Kanzlei wider.

grenzüberschr. u. zu frz. Recht (einschl. des starken Notariats), Steuer- u. Arbeitsrecht, auch zu Insolvenz u. Restrukturierungen. Daneben Gewerbl. Rechtsschutz u. Immobilienrecht. Bundesw. transport- u. schifffahrtsrechtl. Beratung auch internat. Unternehmen. (9 Partner, davon 5 Notare, 2 Counsel, 6 Associates, 2 of Counsel)

Mandate: ●● Mitarbeiter u. Investoren zu MBO bei Karibu Holztechnik; Lohmann Animal Nutrition bei Kauf des Futtermittelgeschäfts von Eli Lilly/Elanco inkl. anschl. MBO (beide marktbekannt); Konsumgüterhersteller bei Asset-Deal in Spanien inkl. Liefervertrag; Logistik-Joint-Venture bei Sale-and-lease-back einer Immobilie; Windenergieprojektierer lfd., u.a. zu Joint Venture in Polen; IT-Dienstleister lfd. zum frz. Gesellschaftsrecht; Logistiker u. Terminalbetreiber arbeitsrechtl.; Versicherer u. Spediteure bei Prozess wg. Untergang der MOL Comfort; Jeans-Hersteller umf. (inkl. Gewerbl. Rechtsschutz).

BÜSING MÜFFELMANN & THEYE
Bremen

Bewertung: BMT zählt zu den führenden Adressen in Bremen. Zu ihrem ausgezeichneten Ruf tragen seit Jahren insbes. die stabilen Kontakte zur öffentl. Hand sowie die gesellschafts- u. steuerrechtl. Kompetenz bei. Letztere war – befeuert durch das Erbschaftsteuerurteil des BVerfG – besonders bei komplexen Umstrukturierungen familiengeführter Unternehmen gefragt. Gleichzeitig treibt BMT ihre strateg. Ausrichtung weiter voran, indem sie stärker auf den Ausbau von Spezialisierungen u. die standortübergr. Zusammenarbeit setzt. So sicherte etwa Vergaberechtlerin Nottbusch gemeinsam mit der IT-Kompetenz aus dem Büro in Frankfurt der Kanzlei Mandate für IT-Vergabeverf. von öffentl. Auftraggebern in Ostdeutschland. Doch auch in anderen Bereichen entwickelt sich die Kanzlei: Deutl. angezogen haben Gesellschafterstreitigkeiten u. die Arbeit für Mittelständler, die erstmals Compliance-Strukturen implementieren. Hier kann BMT besonders durch ihre bundesw. beachtete Beteiligung am sog. ‚Neubürger-Urteil' überzeugen.

Stärken: Hoch anerkannte, im Bremer Markt langj. etablierte Anwälte. Ausgezeichnet im ▶ Gesellschafts- u. Steuerrecht.

Häufig empfohlen: Dr. Herbert Müffelmann (Steuerrecht), Dr. Monika Beckmann-Petey („kompetent u. ideenreich", „einfach gut", Wettbewerber; Gesellschaftsrecht/M&A), Dr. Matthias Boehme (Prozesse), Dieter Janßen (Transport- u. Arbeitsrecht), Dr. Claudia Nottbusch (Vergaberecht)

Kanzleitätigkeit: Fokus auf Gesellschafts- u. Steuerrecht sowie auf Privatisierungen, Umstrukturierungen, ▶M&A, auch Öffentl. Recht. Bereiche wie IT u. Immob. decken andere Standorte (Ffm., Berlin, München) ab. (16 Partner, davon 6 Notare, 4 Associates)

Mandate: ●● Ex-Siemens-Finanzvorstand Heinz-Joachim Neubürger gg. Siemens bei Vergleich in Schadensersatzprozess; Gesundheit Nord gesellschaftsrechtl. bei Verschmelzung von 4 kommunalen Kliniken; Leester Fruchtsaft in Verf. vor dem BFH; Hightechuntern. als Bieter in M&A-Prozess; Anlagenbauer bei Unternehmenskauf; Windparkbetreiber bei Kauf eines Windparks (im Bau); Bäckerei bei Sanierung; Anlagenbauer bei Unternehmensnachfolge; Autobahntunnelbauprojektges. in Verf. vor dem BVerfG; öffentl. Hand bei Ausschreibung u. Vergabe von Energienetzen einschl. Rekommunalisierung; Bank bei Insolvenzanfechtungsverfahren.

CASTRINGIUS
Bremen

Bewertung: Die in Bremen empfohlene Kanzlei zeichnet sich durch tiefe Spezialisierungen in unterschiedl. Rechtsgebieten aus, die sie lfd. weiterentwickelt. Für die konsequente Verzahnung stehen bspw. die umf. Beratung im Bau- u. Medizinrecht, aus der sich Mandate für das Arbeitsrecht neu ergaben – zuletzt zum Mindestlohn – sowie die Kontakte der angesehenen Pharmapraxis, über die Castringius einen Arzneimittelhersteller neu bei einer Transaktion begleitete. Auf diesem Wege nimmt der Anteil an gesellschaftsrechtl. u. M&A-Arbeit stetig zu. Dabei bringt sich auch der letztj. Zugang in der M&A-Praxis erfolgreich ein, neben z.T. grenzüberschr. Transaktionen sind die Anwälte zunehmend bei gesellschaftsrechtl. Prozessen aktiv.

Stärken: Umf. für Ärzte u. Apotheker; Priv. Baurecht.

Häufig empfohlen: Dr. Ingo Schneider (Pharmarecht), Dr. Thomas Haug (Vergaberecht), Claus Pfisterer (Medizinrecht), Heinrich Immoor (Baurecht), Dr. Burkhard Traeger („kompetenter Gesellschaftsrechtler, mit ihm arbeite ich gern", Wettbewerber)

Kanzleitätigkeit: Fokus auf Bau-, Vergabe- u. Architektenrecht, Medizin-, Pharma-, Apotheken- u. Arztrecht (auch bundesw. in Prozessen), Arbeits- u. Gesellschaftsrecht/M&A (auch mit internat. Bezügen) u. Prozesse. Notariat. (11 Partner, davon 6 Notare, 7 Associates)

Mandate: Keine Nennungen.

V. EINEM & PARTNER
Bremen

Bewertung: Empfohlene Bremer Kanzlei, die im Markt insbes. für ihre Arbeitsrechtspraxis sehr angesehen ist. Hier gelingt es ihr regelm. den Mandantenkreis zu erweitern, auch über die Grenzen Nordwestdtl. hinaus, wie zuletzt bei der Bekleidungsges. LH Bundeswehr. Neben dem Bank- u. Kapitalmarktrecht, wo v. Einem sowohl Anleger als auch Finanzdienstleister berät, ist v.a. die Rundumberatung ihrer Klientel eine wichtige Säule. Betreut werden auch AGen, z.B. bei der Gründung, der HV-Vorbereitung u. -Beurkundung, v.a. aber mittelständ. Unternehmen. Kennzeichnend ist ein im Vergleich zu Wettbewerbern wie Büsing Müffelmann & Theye u. Schackow breiter Beratungsansatz, der zu eher kleinteiligem Geschäft führt. Gemeinsam mit dem Büro in Ffm. werden regelm. auch internat. Unternehmen beraten, z.B. aus Spanien, den USA u. Japan bei der Ansiedlung in Deutschland.

Stärken: Arbeitsrecht, Prozesserfahrung.

Häufig empfohlen: Hans Möller (Bau- u. Immobilienrecht), Dr. Christoph Förster („guter Arbeitsrechtler", Mandant), Dr. Joachim Asendorf („hohe jurist. Kompetenz bei einer Vielzahl von Fragen", Wettbewerber; Gesellschaftsrecht), Bertold Frick („empfehlenswert", Mandant; „schätze ich sehr", Wettbewerber; IP/IT)

Kanzleitätigkeit: Allgemeinkanzlei mit breiter handels- u. vertragsrechtl. Beratungs- u. Prozesspraxis. Schwerpunkte im Arbeitsrecht, Kapitalanlagerecht, Miet- u. Immobilienrecht (alles stark prozessual geprägt), auch Gesellschafts-, Aktienrecht, u. Gewerbl. Rechtsschutz. Über das internat. Netzwerk Eurojuris u. das Büro Ffm. auch transaktionsbegl. tätig. (9 Partner, davon 4 Notare, 5 Associates)

Mandate: ●● Frosta bei Produktrückruf; Werder Bremen Fan-Service zu internat. Markenstrategie; Swb Vertrieb u. Geschenkartikelgroßhändler wettbewerbsrechtl. (auch in Prozessen); Arbeitsrecht: LH Bundeswehr Bekleidungsges., CTS/EKB Container, Delme Werkstätten (auch Tarifrecht); Kraftwerkshersteller bei Abwehr von Schadensersatzforderungen; Bank zu Ansprüchen aus Darlehensverträgen; Insolvenzverwalter bei Anfechtungsklagen; Telekomuntern. vertragsrechtl.; Zeitarbeitsagentur u. Softwareentwickler zu IT-Recht; lfd. Bremer Bäder.

GANTEN HÜNECKE BIENIEK & PARTNER
Bremen

Bewertung: Die in Bremen geschätzte Kanzlei sticht aus dem Kreis der Wirtschaftskanzleien vor Ort durch einen konsequenten, auf die umf. Beratung der Bau- u. Immobilienbranche fokussierten Ansatz hervor. Darüber bringt sie es zu einer enormen Präsenz in prom. Projekten der Region u. ist in diesem Umfeld regelm. auch bei Finanz. u. Sanierungen gefragt. Zuletzt gelang es, das Beratungsspektrum mit dem Zugang einer erfahrenen Associate (von White & Case, HH) um Gewerbl. Mietrecht zu erweitern. Traditionell spielen auch das Notariat sowie das Verwaltungsrecht eine wichtige Rolle, wo die Kanzlei u.a. div. Kommunen zu Raumordnungsplänen berät.

Stärken: ▶ Priv. Baurecht, ▶ Vergabe. Gute Kontakte zur Immobilienbranche, auch überregional.

Häufig empfohlen: Prof. Dr. Hans Ganten („genießt im Baurecht großes Ansehen", Wettbewerber), Georg-Wilhelm Bieniek (Projektfinanzierung), Dr. Martin Vogelsang („erfahrener u. kompetenter Vergaberechtler", Wettbewerber)

Kanzleitätigkeit: Bau- u. Projektbegleitung von Banken, Investoren, Argen, Bauträgern (v.a. öf-

---

Bremer Kanzleien mit Besprechung nur in Rechtsgebieten

BBG und Partner	▶ Umwelt u. Planung ▶ Vergabe ▶ Verkehr
Boehmert & Boehmert	▶ Marken u. Wettbewerb ▶ Patent
Eisenführ Speiser	▶ Marken u. Wettbewerb ▶ Patent
Joester & Partner	▶ Wirtschaftsstrafrecht
Meissner Bolte & Partner	▶ Marken u. Wettbewerb
Willmer & Partner	▶ Insolvenzverw.
Winter Dette Nacken Litzig Öğüt	▶ Arbeit

Die hier getroffene Auswahl der Kanzleien ist das Ergebnis der auf zahlreichen Interviews basierenden Recherche der JUVE-Redaktion (siehe S. 20). Sie ist in 2erlei Hinsicht subjektiv: Sämtliche Aussagen der von JUVE-Redakteuren befragten Quellen sind subjektiv u. spiegeln deren eigene Wahrnehmungen, Erfahrungen u. Einschätzungen wider. Die Recherchergebnisse werden von der JUVE-Redaktion unter Einbeziehung ihrer eigenen Marktkenntnis analysiert u. zusammengefasst. Der JUVE Verlag beabsichtigt mit dieser Tabelle keine allgemein gültige oder objektiv nachprüfbare Bewertung. Es ist möglich, dass eine andere Recherchemethode zu anderen Ergebnissen führen würde.

● Referenzmandate, umschrieben
●● Referenzmandate, namentlich

Anwaltszahlen: Angaben der Kanzleien zur Bürogröße vor Ort. Sie spiegeln nicht zwingend die Gesamtgröße einer Kanzlei wider.

fentl. Hand) u. -unternehmen. Im Priv. Bau- u. Architektenrecht Vertretung von Architekturbüros, Hausverwaltungen, aber auch von Investoren. Umf. im Öffentl. Recht, anerkannte Vergaberechtspraxis. Notariat. (10 Eq.-Partner, davon 3 Notare, 1 Sal.-Partner, 3 Associates)

Mandate: ●● Lfd.: Land Bremen; Amt für Straßen u. Verkehr; öffentl. Hafenges. wg. Großschaden an Schleuse in Bremerhaven; Immob.ges. bei Neubau eines Büro- u. Geschäftshauses in der Bahnhofsvorstadt; öffentl. Krankenhausges. zu Klinikneubau (€260 Mio); Immob.ges. bei Neubau in Oldenburg (inkl. Vermietung); Landkreis zu Raumordnungsverf. Windenergie; Gemeinde bei Streit um Industrie- u. Gewerbegebietsentwicklung (inkl. Ankauf u. Überplanung von Grdst.); Projektentwickler bei Neustrukturierung einer Immobilienfinanz. (€6,5Mio).

GÖHMANN
Bremen ▢▢▢▢

Bewertung: Das Bremer Büro der überreg. Kanzlei wird vor Ort wg. seiner anerkannten Arbeits- u. Verwaltungsrechtsexpertise geschätzt. In letzterem Bereich hat die Kanzlei eine Ausnahmestellung in Bremen, Wettbewerber betonen: „Im Verwaltungsrecht ist Göhmann gut im Geschäft." Allerdings tut sie sich weiterhin schwer, daneben wahrnehmbar wirtschaftsrechtl. Beratung zu etablieren. So ist es bislang nicht gelungen, im Corporate-Dezernat die Weggänge im Vorjahr u. den altersbedingt in den Ruhestand gegangenen Dr. Jürgen Petzke adäquat zu ersetzen. Umso wichtiger ist es, dass es Göhmann zuletzt besser geglückt ist, jüngere Anwälte zu gewinnen. Damit schafft das Bremer Büro die Voraussetzungen, an der kanzleiweit den Entwicklung teilzuhaben, die u.a. auf einen verstärkten fachl. Austausch u. einen besseren Zugang zu Projektarbeit zurückzuführen ist.

Stärken: Öffentl. u. Verwaltungsrecht, Arbeitsrecht. Zudem Betreuung span. Unternehmen.

Häufig empfohlen: Rainer Kulenkampff („fachl. hoch qualifiziert u. unbequem als Gegner", Wettbewerber; Verwaltungsrecht), Julia Schönfeld, Dr. Teemu Tietje („großes Verständnis für strateg. u. operative Besonderheiten intern. Konzerne, kundenorientiert", Mandant; beide Arbeitsrecht).

Kanzleitätigkeit: Arbeits-, Öffentl. Verwaltungsrecht, auch Beamten- u. Hochschulrecht. Zudem: ▶M&A, Bau- u. ▶Gesellsch.recht. Notariat. Schwerpunkt bei Beratung von dt. Unternehmen in Spanien bzw. span. Unternehmen in Dtl. sowie gemeinnützigen Einrichtungen u. Wohlfahrtsverbänden. (8 Eq.-Partner, davon 3 Notare, 5 Associates)

Mandate: ●● Arbeitsrecht: lfd. Pentax Europe (öffentl. bekannt), Rettungsdienstbetreiber bzgl. Sozialversicherungspflicht von Honorarärzten, Altenheimbetreiber bei div. Beschlussverf., Elektrotechnikuntern. bei Personalabbau; Gesellschaftsrecht: Versicherungsmakler bei Anteilsübertragung, Internetdienstleister bei Markteintritt, Versicherer bei Fusion; Anlagentechniker bei Kauf (€2 Mio).

KESSLER & PARTNER
Bremen ▢▢▢▢

Bewertung: Die Stärke der häufig empfohlenen Bremer Kanzlei liegt in der integrierten gesellschafts- u. steuerrechtl. Beratung von größeren, z.T. als Aktiengesellschaften organisierten Familienunternehmen. Auf diesem Feld, das auch die Begleitung bei internen Gesellschafterkonflikten u. Nachfolgefragen umfasst, genießt K&P auch über Bremen hinaus einen guten Ruf. Aktuell steht die Übertragung von Anteilen auf die nächste Familiengeneration, u.a. infolge des Urteils des BVerfG zur Erbschaft- u. Schenkungsteuer, hoch im Kurs. Daneben bleiben Transaktionen, u.a. für langj. Mandanten wie Runtime, u. sanierungsnahe Beratung, z.B. die Begleitung von notleidenden Unternehmen auf Bankenseite, wichtige Standbeine. Ihr Engagement im grenzüberschr. Geschäft mit China haben die Anwälte dagegen mangels marktbedingter Erfolgsaussichten zurückgefahren.

Stärken: Kombination aus Rechts- u. Steuerberatung. Krisenthemen.

Entwicklungsmöglichkeiten: Ende des Jahres scheidet ein Wirtschaftsprüfer (in die Selbstständigkeit) aus, zudem spaltet sich eine Einheit von 3 Partnern, darunter 2 Notare, u. 2 Associates um den marktbekannten Hardt ab (in eigene Kanzlei). Wettbewerber werten dies als Befreiungsschlag, schon länger gab es Gerüchte über Differenzen in der Kanzleiführung. K&P verliert damit die Hälfte ihrer Berufsträger – zumal schon Ende 2014 eine erfahrene Associate inhouse ging (zu Senator Beteiligungsges.). Die Rekrutierung von Personal drängt, will sie bei lukrativen, aber personalintensiveren M&A-Deals weiter mitmischen. Der Zugang eines auch als Steuerberater qualifizierten, erfahrenen Anwalts (von PwC) kann hier nur ein erster Schritt sein.

Häufig empfohlen: Dr. Arvid Siebert (M&A), Dr. Holger Sudbrink, Dr. Alexander Hardt („hervorrag. Jurist, immer ansprechbar, schnell u. präzise", Mandant; beide Gesellschaftsrecht).

Kanzleitätigkeit: Schwerpunkt in gesellschafts- u. steuerrechtl. Neuaufstellung (Umstrukturierung, Sanierung, Nachfolge) von Unternehmen, regelm. auch Transaktionen; Schifffahrts- u. Arbeitsrecht (auch Prozesse). (7 Eq.-Partner, davon 1 WP u. 3 Notare, 2 Sal.-Partner, 4 StB, 3 Associates)

Mandate: ●● Intercontact bei Kauf der Sportpoint-Gruppe; Runtime bei Kauf von Mehrheit an DG Timework; Unternehmer bei Verfassungsbeschwerde wg. Rückführung von Gewerbesteuern; Gründungskommanditist von Schiffsfonds gg. Anlegerklagen.

NÖLLE & STOEVESANDT
Bremen ▢▢▢▢

Bewertung: Häufig empfohlene Kanzlei in Bremen, die weiterhin zu dem kleinen Kreis von Sozietäten vor Ort gehört, der einen gewissen Trackrecord bei M&A-Transaktionen, auch mit intern. Bezug, aufweisen kann. Daneben bleibt die gesellschafts- u. öffentl.-rechtl. Begleitung der Windenergiebranche ein wichtiges Standbein. Besonders bemerkenswert ist jedoch, wie sie sich mit der gesellschaftsrechtl. Strukturberatung von Kommunen, die die Direktvergabefähigkeit herstellen wollen, zunehmend bundesw. Mandate sichert. Hier hat sie eine Nische gefunden, in der immer öfter auch arbeitsrechtl. Know-how gefordert ist, etwa zu Betriebsübergängen. Inzw. zahlt sich aus, dass sich N&S zuletzt neue Gebiete erschloss, neben dem Arbeits- auch das Steuerrecht. So sicherte sie sich einige Umstrukturierungsmandate u. beriet – auch befeuert durch das Urteil des BVerfG zur Erbschaft- u. Schenkungsteuer – zu Unternehmensnachfolgen.

Stärken: Projektbezogene Beratung, M&A; erneuerbare Energien.

Häufig empfohlen: Dr. Jens-Uwe Nölle, Dr. Martin Stoevesandt (beide Gesellschaftsrecht/M&A).

Kanzleitätigkeit: Gesellschaftsrecht u. M&A, v.a. Projekte, auch betriebswirtschaftl. Beratung i.d.R. mit der StB- u. WP-Gesellschaft Fides; Vergaberecht, Öffentl. Recht, auch Arbeits- u. Steuerrecht. (2 Eq.-Partner, 2 Sal.-Partner, 2 Associates)

Mandate: ●● Lfd.: Doyma-Gruppe, Lintec-Gruppe, Linnhoff-Schiffahrt-Gruppe; Bühnen bei Verkauf US-Tochter; Solaranlagenbauer bei Kauf (inkl. Übertragung der US-Schwesterges.); Handelsuntern. bei Umstrukturierung; div. Verkehrsuntern. gesellschaftsrechtl. bei Direktvergaben; Energiekonzerne-Joint-Venture gesellschafts- u. energierechtl. zu Energiespeicherung; Energiekonzern öffentl.-rechtl. u.a. zu Offshorewindparks vor Borkum.

DR. SCHACKOW & PARTNER
Bremen ▢▢▢▢

Bewertung: Die Kanzlei ist eine der führenden Einheiten vor Ort u. kann sich u.a. auf ihre herausragende Positionierung an der Schnittstelle von Gesellschafts- u. Schifffahrtsrecht verlassen. Hier betreut sie seit vielen Jahren Schlüsselmandanten der Branche umf., darunter Banken, Reedereien u. Werften, auch bei internat. Fragestellungen u. im Kartellrecht. Dabei ist eine enge Vernetzung verschiedener Praxisgruppen, z.B. Insolvenz- u. Arbeitsrecht, ebenso etabliert wie die Zusammenarbeit mit dem Standort in HH. Einen exzellenten Ruf genießt auch die gesellschaftsrechtl. u. M&A-Praxis. Inzw. generiert sie über ihren festen Stamm v.a. regionaler Mittelständler u. z.T. gr. Konzerne wie Inbev hinaus einen regelm. Fluss an M&A-Deals u. anderen Projekten, z.B. SE-Umwandlungen oder Compliance-Strukturberatung. Daran wird deutl., wie gut es gelingt, zunehmend ggü. dort führenden Praxen wie BMT u. BDR Boden gutzumachen.

Stärken: Langj. Berater der maritimen Wirtschaft, auch zu internat. Verträgen.

Häufig empfohlen: Jürgen Breithaupt, Dr. Detlev Gross, Tobias Haas („fachkundig, sachlich, unkompliziert", Wettbewerber), Dr. Klaus Rentsch („arbeitet sehr präzise", Wettbewerber; alle Gesellschaftsrecht), Dr. Hans-Georg Friedrichs (Arbeitsrecht), Dr. Gerhard Liening („enorm durchsetzungsstark", Wettbewerber; Insolvenzrecht), Dr. Thomas Brinkmann (Transportrecht)

Kanzleitätigkeit: M&A, ▶Gesellschafts-, Transport- u. Schifffahrtsrecht, auch internat. Verträge u. Schifffahrtsfinanzierung. Auch Bau-, Immobilien-, Insolvenz- u. (See-)Arbeitsrecht, ferner Kartellrecht. (9 Eq.-Partner, davon 7 Notare, 2 Sal.-Partner, 8 Associates)

Mandate: ●● Lfd. Anheuser Busch Inbev Holding im Gesellschaftsrecht u. bei Transaktionen; OHB-Gruppe bei Umstrukturierung; öffentl. bekannt: Sloman Neptun Schiffahrts-AG, u.a. notarielle Begleitung der HV.

SCHÜTTE RICHTER & PARTNER
Bremen ▢▢▢▢

Bewertung: Eine der führenden Kanzleien in Bremen, deren partnerzentrierte Beratung u. das zuletzt stark nachgefragte Notariat zu ihren besonderen Merkmalen zählen. Dabei bleibt SRP stärker als andere Bremer Kanzleien fokussiert auf die von Wettbewerbern als „exzellent" bezeichnete gesellschafts- u. steuerrechtl. Gestaltungsberatung des Mittelstands. Viel Erfahrung besteht auch in der Beratung von Familienges., für die sich Nachfolgefragen stellen, häufig zur Errichtung von Stiftun-

REGION NORDEN BREMEN / NIEDERSACHSEN

gen. Dagegen war die Arbeit für ihre Stammklienten aus der Schifffahrtsbranche marktbedingt weiter rückläufig. Neue Akzente setzt ein Partner in der Beratung zum Versicherungsteuerrecht u. erschließt mit dieser Spezialmaterie auch überreg. neue Mandanten.

Stärken: Die Schnittstelle von Gesellschafts- u. Steuerrecht. Äußerst angesehenes Notariat.

Häufig empfohlen: Dr. Uwe Lenz, Dr. Wolfgang Richter („spielt juristisch in einer eigenen Liga", Wettbewerber), Dr. Andreas Meyer im Hagen („schnell handlungsfähig", Wettbewerber; alle Steuer- u. Gesellschaftsrecht)

Kanzleitätigkeit: Deutl. Schwerpunkt im ▶Gesellsch.recht u. Steuerrecht sowie bei Nachfolgeregelungen. Auch M&A, zunehmend: Versicherungsteuerrecht. Mandanten: Schiffs-, Schiffsbeteiligungs- u. Energieunternehmen, Im- u. Exportfirmen, Speditionen, Agenturen. AGen lfd. u. bei HV-Durchführung. Koop. mit StB u. WP. (4 Partner, davon 3 Notare, 1 Associate)

Mandate: Keine Nennungen.

SCHULTZE & BRAUN
Bremen ◻◻◻◻

Bewertung: Die geschätzte Kanzlei genießt in Bremen eine Ausnahmestellung als – neben Göhmann – einziges Büro einer bundesw. präsenten Sozietät, v.a. aber aufgr. der Spezialisierung in der Sanierungs- u. Restrukturierungsberatung. Allerdings veränderte sich ihr Geschäft zuletzt maßgeblich: War die Arbeit für den hauseigenen Insolvenzverwalter Grönda ohnehin nicht besonders stark, ging angesichts allg. rückläufiger Insolvenzen auch die Arbeit für andere Verwalter zurück. Stattdessen entpuppten sich neben der bundesw., käuferseitigen Beratung bei Distressed Deals u. komplexen Prozessen – hier betreut sie mit dem Schadensersatzprozess der Hegemann-Gruppe gg. KPMG einen viel beachteten Fall – zunehmend Umstrukturierungen als Wachstumstreiber. Schließlich erschließt sich S&B mit dem Aufbau von Spezialisierungen wie dem Dutch-Desk neue Geschäftsbereiche. So hat die Kanzlei einen Ausweg aus den natürl. wirtschaftl. Beschränkungen der Region gefunden u. legt gleichzeitig die Basis für mehr regionales Geschäft.

Stärken: Transaktionen, häufig im Umfeld von Restrukturierung, Handelsrecht.

Häufig empfohlen: Dr. Ludwig Weber (Gesellschaftsrecht, M&A), Edgar Grönda (Insolvenzverwaltung)

Kanzleitätigkeit: Erfahrung in der ▶Restrukturierungs- u. Sanierungsberatung, renommierte ▶Insolvenzverw.; Schwerpunkt in Gesellschaftsrecht, M&A u. Handels- u. Vertriebsrecht, zudem Prozesse. (6 Partner, 18 Associates)

Mandate: ●● Insolvenzverf.: Lloyd Dynamowerke, Premicon Hochseekreuzfahrt; Hegemann-Gruppe in Schadensersatzprozess gg. KPMG wg. Beteiligung an P+S; Mischkonzern bei Verteidigung gg. Ansprüche u. Durchsetzung eigener Ansprüche im Zshg. mit Insolvenz; Private-Equity-Investor lfd. insolvenzrechtl. bei Transaktionen; Finanzdienstleister bei steueroptimierter Umstrukturierung inkl. Finanzstruktur; Kabelhersteller bei Restrukturierung des internat. Vertriebs.

Niedersachsen

APPELHAGEN
Niedersachsen ◼◻◻◻

Bewertung: Die häufig empfohlene Braunschweiger Kanzlei ist insbes. über ihre Spezialisierungen im Bau- u. Immobilienrecht, aber auch im Öffentl. Recht als Beraterin von Investoren, Mittelstand u. Kommunen fest verankert u. profitierte signifikant von den verstärkten Aktivitäten in der Immobilienbranche. So begleitete Appelhagen erneut ihre langj. Mandanten, wie die Volksbank Braunschweig-Wolfsburg, in für die Region bedeutsamen Projekten. Auch das trotz des altersbedingten Ausscheidens von Dr. Detlev Giesler Ende 2014 gut aufgestellte Notariat verzeichnete einen deutl. Umsatzzuwachs. Anders als bei Wettbewerbern wie z.B. Göhmann ist ihr Tätigkeitsspektrum breiter angelegt u. umfasst neben der gesellschafts- u. steuerrechtl. Gestaltung auch techn. u. betriebswirtschaftl. Themen. Ein Mandant lobt die „auch für Nichtjuristen sehr verständl. Aussagen". Mit diesem Ansatz waren die Anwälte verstärkt bei Immobilientransaktionen aus der Insolvenz u. im Umfeld von Sanierungen zu sehen. Regelm. berät Appelhagen dabei auch zu Finanzierungsfragen u. vertritt Insolvenzverwalter in Anfechtungsprozessen. Wichtigstes Standbein der Prozesspraxis bleibt daneben die Anlegervertretung.

Stärken: ▶Immobilien, Immobilientransaktionen.

Häufig empfohlen: Steffen Helbing (Immobilien/M&A), Dr. Joachim Gulich (Vergaberecht), Dr. Hendrik Ott („sehr erfahrener Gesellschafts- u. Kapitalmarktrechtler", „guter Prozessanwalt", Wettbewerber)

Kanzleitätigkeit: Weiterhin Schwerpunkt v.a. auf Bau- u. Immobilienwirtschaftsrecht (Transaktionen, Due Diligence, ÖPP), Öffentl. Recht, Verwaltungs- u. Vergaberecht. Auch Gesellschaftsrecht, daneben umf. im Kapitalanlage- u. Steuerrecht. Anerkannte Prozesspraxis. Gesundheitswesen, IT, Notariat. (24 Partner, davon 4 Notare, 9 Associates, 2 StB, davon 1 Anwalt)

Mandate: ●● Volksbank Braunschweig-Wolfsburg bei Ankauf einer Immobilie (aus der Insolvenz); Neumarkter Sarl bei Finanzierung von €25-Mio-Immobilien-Share-Deal; Sternico bei Beteiligung eines Konzerns durch Kapitalerhöhung; niedersächs. Stadt bei Abwehr baurechtl. Behinderungsschaden; Untern. in Sachsen-Anhalt bau- u. vergaberechtl. bei Sanierung; Tochter einer Bundesbehörde bei Vergabenachprüfung; lfd. Solvis bei Sanierung, Vaerde Investments bei Immobilientransaktionen, Kapitalanleger in Prozessen gg. Banken.

NIEDERSACHSEN

Deloitte Legal	Hannover
Göhmann	Hannover, Braunschweig
KSB Intax	Hannover, Celle
Luther	Hannover
Appelhagen	Braunschweig
Brinkmann Weinkauf	Hannover
PricewaterhouseCoopers Legal	Hannover
Fontaine Götze	Hannover
Schindhelm	Osnabrück, Hannover
Brandi	Hannover
Herfurth & Partner	Hannover, Göttingen

Die hier getroffene Auswahl der Kanzleien ist das Ergebnis der auf zahlreichen Interviews basierenden Recherche der JUVE-Redaktion (s. Einleitung S. 20). Sie ist in 2erlei Hinsicht subjektiv: Sämtliche Aussagen der von JUVE-Redakteuren befragten Quellen sind subjektiv u. spiegeln deren eigene Wahrnehmungen, Erfahrungen u. Einschätzungen wider. Die Rechercheergebnisse werden von der JUVE-Redaktion unter Einbeziehung ihrer eigenen Marktkenntnis analysiert u. zusammengefasst. Der JUVE Verlag beabsichtigt mit dieser Tabelle keine allgemein gültige oder objektiv nachprüfbare Bewertung. Es ist möglich, dass eine andere Recherchemethode zu anderen Ergebnissen führen würde. Innerhalb der einzelnen Gruppen sind die Kanzleien alphabetisch geordnet.

BRANDI
Niedersachsen ◼◼◼◻

NOMINIERT
JUVE Awards 2015
Kanzlei des Jahres für den Mittelstand

Bewertung: Dass sich das geschätzte Hannoveraner Büro der in Ostwestfalen verwurzelten Kanzlei seit seinem Start im Sommer 2011 nahezu verdoppelt u. im Sommer 2014 den ersten internen Partner ernannt hat, illustriert dessen dyn. Entwicklung. Das ist auch Wettbewerbern nicht entgangen: „Der Standort wächst, die Anwälte sind präsent", bemerkte einer. Im Mittelpunkt der Marktwahrnehmung steht wie schon zu Zeiten, als die Partner noch bei Schindhelm wa-

● Referenzmandate, umschrieben
●● Referenzmandate, namentlich

Anwaltszahlen: Angaben der Kanzleien zur Bürogröße vor Ort. Sie spiegeln nicht zwingend die Gesamtgröße einer Kanzlei wider.

ren, die forensische Tätigkeit, sowohl im Steuer- u. Wirtschaftsstrafrecht als auch im Kapitalanlagerecht, u.a. für div. Sparkassen in Niedersachsen. Daneben rückt zunehmend die umf. Beratung des regionalen Mittelstands in den Vordergrund. Hier konnten mit Schnellecke u. dem KRH zuletzt namh. Mandanten hinzugewonnen werden. Dabei gelingt es zunehmend, Spezialisten anderer Kanzleistandorte in Spezialfragen wie zum IT- u. Medizinrecht einzubinden. Andersherum greifen Mandanten anderer Büros insbes. auf die strafrechtl. Kompetenz in Hannover zurück.

Stärken: Steuer- u. Wirtschaftsstrafrecht; Zugriff auf breites Angebot an Spezialisierungen an anderen Standorten.
Häufig empfohlen: Dr. Josef Fullenkamp (Prozessführung)
Kanzleitätigkeit: Umf. Rechtsberatung des Mittelstands mit Schwerpunkten im ▶Gesellschafts- u. ▶Arbeitsrecht. Starker Fokus auf Steuer- u. Wirtschaftsstrafrecht sowie insges. Prozessführung. Zudem: Kapitalanlagerecht für Finanzinstitute. (5 Partner, davon 1 Notar, 6 Associates)
Mandate: ●● Sparkasse Hannover bei Trennung von Vorstand (marktbekannt); Arbeitsrecht lfd.: Cargotec-Gruppe, Comnet-Gruppe, KRH Klinikum Region Hannover u. Töchter, Schnellecke Logistics.

Führende Namen in Niedersachsen

Philipp von Bismarck	(KSB Intax)	Gesellschaftsrecht
Dr. Ferdinand Brüggehagen	(Brüggehagen + Kramer)	Arbeitsrecht
Dr. Nicolas Fontaine	(Fontaine Götze)	Notariat, Erbrecht
Dr. Joachim Gulich	(Appelhagen)	Vergaberecht
Dr. Ulrich Haupt	(Göhmann)	Gesellschaftsrecht
Dr. Ulrich von Jeinsen	(Göhmann)	Handel und Haftung
Axel Müller-Eising	(Göhmann)	Gesellschaftsrecht
Dr. Peter Schrader	(Laborius Schrader Siebert Thoms Klagges)	Arbeitsrecht
Dr. Harald Stang	(Deloitte Legal)	Gesellschaftsrecht
Dr. Gunnar Straube	(Luther)	Arbeitsrecht
Dr. Holger Weinkauf	(Brinkmann Weinkauf)	Gesellschaftsrecht
Dr. Nikolas von Wrangell	(Brinkmann Weinkauf)	Gesellschaftsrecht/M&A

Die hier getroffene Auswahl der Personen ist das Ergebnis der auf zahlreichen Interviews basierenden Recherche der JUVE-Redaktion (siehe S. 20). Sie ist in 2erlei Hinsicht subjektiv: Sämtliche Aussagen der von JUVE-Redakteuren befragten Quellen sind subjektiv u. spiegeln deren eigene Wahrnehmungen, Erfahrungen u. Einschätzungen wider. Die Rechercheergebnisse werden von der JUVE-Redaktion unter Einbeziehung ihrer eigenen Marktkenntnis analysiert u. zusammengefasst. Der JUVE Verlag beabsichtigt mit dieser Tabelle keine allgemein gültige u. objektiv nachprüfbare Bewertung. Es ist möglich, dass eine andere Recherchemethode zu anderen Ergebnissen führen würde.

BRINKMANN WEINKAUF
Niedersachsen

Bewertung: Für die in Niedersachsen häufig empfohlene Kanzlei ist die Betreuung von Distressed-Transaktionen ein erkennbarer Schwerpunkt geworden. Nach der umfangr. Begleitung des komplexen Verkaufsprozesses aus der Insolvenz von Netrada im Vorjahr griff nun der renommierte Insolvenzverwalter Christopher Seagon erstmals auf die Expertise von BW zurück. Auch andere Insolvenzverwalter vertrauen der Kanzlei, z.B. bei Anfechtungsprozessen. Die positive Gesamtentwicklung spiegelt sich auch in der internen Ernennung von 4 Vollpartnern wider, neben der Sanierungsberatung stärkte BW damit ihr wachsendes Notariat. Weiteres Standbein bleiben zudem die nochmals umfangreichere Prozessführung sowie der Forderungseinzug u. die Schadensfallabwicklung für die langj. Mandantin Postbank (vormals BHW). Auch wenn Letzteres in den Augen von Wettbewerbern das Profil von BW verwässert, es sichert ihr die notwendige Grundauslastung.
Stärken: Sanierungsnahe M&A-Beratung.
Häufig empfohlen: Dr. Holger Weinkauf („sehr respektabler Gesellschaftsrechtler", Wettbewerber), Andreas Brinkmann („guter Akquisiteur", Wettbewerber), Dr. Nikolas von Wrangell („mit Insolvenzverwaltern gut vernetzt", Wettbewerber; alle Gesellschaftsrecht), Joachim Rudo („etabliert im Marken- u. Wettbewerbsrecht", Wettbewerber), Dr. Oliver Liersch („exzellente Kontakte in die Politik", Wettbewerber; Restrukturierung)
Kanzleitätigkeit: Gesellschafts- u. Insolvenzrecht/Sanierungen sowie M&A-Transaktionen, Forderungseinzug, Kapitalanlagerecht. Auch Wettbewerbs-, Arbeits-, Vertriebs-, Immobilien- u. Mietrecht sowie Notariat. (6 Eq.-Partner, davon 3 Notare, 3 Sal.-Partner, 12 Associates)
Mandate: ●● Insolvenzverwalter Christopher Seagon bei Verkauf von Künkel Wagner aus der Insolvenz; Baum-Gruppe bei Joint Venture mit Burger King-Holding; Prima Vita bei Verkauf der Saftsparte; Nord Holding bei Verkauf von CDA; Insolvenzverwalter Dr. Gerrit Hölzle bei Forderungseinzug; Postbank Finanzberatung in Prozessen gg. Anleger u. im Handelsvertreterrecht; lfd. Sekisui SPR, Fußballbundesligist, Hörgerätehersteller u. Filialkette; Versicherungskonzerne bei Abwicklung von Schadensfällen.

DELOITTE LEGAL
Niedersachsen

Bewertung: Eines der führenden Büros in Hannover. Es untermauerte seine Position an der Marktspitze durch die fortschreitende Integration in Deloitte u. eine damit verbundene Wachstumsphase, die es den Anwälten ermöglicht, sich besser als viele örtl. Wettbewerber zu spezialisieren. Ein gutes Bsp. ist das Steuerstrafrecht: Die Praxis unter Leitung eines zum Vollpartner ernannten Experten besetzt nun kanzleiweit ein strateg. wichtiges Thema. Insbes. über den StB-Bereich ergaben sich hier bundesw. Kontakte z.B. zu Banken (u.a. zur Cum-Ex-Thematik) u. zu dt. Töchtern internat. Konzernen. Daneben sind Anwälte der Bereiche Restrukturierung u. Commercial immer öfter in kanzleiweite Projekte eingebunden. Sogar in dem ohnehin stark kerngebieteten Gesellschaftsrecht/M&A machen sich Fortschritte in der Eingliederungsphase positiv bemerkbar: Aufgr. der internat. Aufstellung von Deloitte kann das Büro nun eine größere Zahl von grenzüberschr. Mandaten vorweisen, für die die Anwälte unter Raupach-Flagge bisher so nicht auf dem Radar waren, z.B. Verschmelzungen.
Stärken: Gr. Erfahrung bei Transaktionen u. Umstrukturierungen.
Entwicklungsmöglichkeiten: Die Anwälte von Deloitte sind nun auch praktisch Teil eines internationalen Großkonzerns. Schon jetzt zeigt sich, dass sich einige kleinere mittelständ. Mandanten aus Raupach-Zeiten dort nicht mehr aufgehoben fühlen. Um dies zu kompensieren, ist nun intensivere Vernetzung sowohl mit den WP/StB als auch internat. von immenser Bedeutung.
Häufig empfohlen: Dr. Harald Stang („unser langj. Transaktionsbegleiter", Mandant; „einer der präsentesten M&A-Berater vor Ort", Wettbewerber)
Kanzleitätigkeit: Umf. Beratung, insbes. ▶Gesellsch.recht, v.a. Um-, Restrukturierungen u. Nachfolgeregelungen, u. ▶M&A, oft in Verbindung mit Steuer- u. ▶Arbeitsrecht sowie insolvenznah. Kanzleiinternes Kompetenzzentrum für Steuerstrafrecht. Auch Commercial u. Compliance. Enge Zusammenarbeit mit den eigenen StB u. WP. (2 Eq.-Partner, 3 Sal.-Partner, 3 of Counsel, 11 Associates)
Mandate: ●● Hengelhausen Holding bei Verkauf H.G.S.; Gesellschafter der Thermoplast Composite bei Verkauf; lfd. in Transaktionen: Hannover Finanz (u.a. bei Beteiligung an Deurotech), Nord Holding; lfd. arbeitsrechtl.: internat. Versorgungsinfrastrukturuntern. u. Betreiber von Senioren- u. Pflegeeinrichtungen.

FONTAINE GÖTZE
Niedersachsen

Bewertung: Die in Niedersachsen empfohlene Kanzlei unterscheidet sich mit ihrer bundesweiten Präsenz in Kapitalmarktprozessen zu Kick-back- u. Provisionsfragen sowie zuletzt verstärkt im Zshg. mit Schiffsfonds von ihren Wettbewerbern vor Ort. Ihre Expertise fragen neben Versicherungen, wie Swiss Life, u. Banken zunehmend auch vermögende Privatpersonen nach, die sie zuletzt z.B. in Prozessen gg. Schweizer Banken wg. der Rückforderung von Bearbeitungsgebühren vertrat. Besonders gr. Fortschritte machte die Kanzlei aber im Bereich Unternehmensnachfolge, wo sie regelm. in gesellschafts- u. erbrechtl. Auseinandersetzungen eingebunden ist. Hier ist Dr. Nicolas Fontaine sehr angesehen, der zuletzt z.B. umfangr. Gesellschafterwechsel u. M&A-Deals notariell begleitete u. durch Beirats- u. Aufsichtsratstätigkeiten vielfach in den Unternehmen engagiert ist.
Stärken: Sehr anerkanntes Notariat, große Prozesserfahrung.
Häufig empfohlen: Dr. Nicolas Fontaine („sehr zuverlässig, pünktlich u. gewissenhaft", Mandant; „beeindruckende Expertise", Wettbewerber; Notariat/Erbrecht), Dr. Torsten Becker („sehr erfahren u. prozessual versiert im Kapitalanlagerecht", Wettbewerber)
Kanzleitätigkeit: Beratung, insbes. im Erbrecht u. bei u. Nachfolgeregelungen, häufig in Verbindung mit Gesellschafts- u. Aktienrecht, auch zu gesellschaftsrechtl. Auseinandersetzungen. Renommiertes Notariat (auch HV-Beurkundungen). Daneben Bankrecht, insbes. Kapitalanlageprozesse u. Prospekthaftung. (5 Partner, davon 3 Notare, 1 Counsel, 2 Associates)

● Referenzmandate, umschrieben
●● Referenzmandate, namentlich

Anwaltszahlen: Angaben der Kanzleien zur Bürogröße vor Ort. Sie spiegeln nicht zwingend die Gesamtgröße einer Kanzlei wider.

Mandate: ●● Swiss Life Select kapitalmarktrechtl. bei Haftungsabwehr; Sparda-Bank u. Finanzdienstleister bei Forderungsabwehr; Nahrungsmittelkonzern zu Compliance; Energiekonzern notariell bei Unternehmenskauf (€117 Mio.); Kfz-Zulieferer in gesellschaftsrechtl. Streit; Maschinenbauer bei Unternehmensnachfolge; Textilimporteur bei Sanierung.

GÖHMANN
Niedersachsen ●●○○

Bewertung: Eine der führenden u. personell größten Kanzleien in Niedersachsen, deren Kern unverändert das anerkannte Notariat u. das Corporate-Geschäft ist. „Göhmann bleibt Platzhirsch", räumt ein Wettbewerber ein. Insbes. im Aktien- u. Konzernrecht erntet die Kanzlei höchste Anerkennung u. unterstreicht ihre Top-Position mit komplexen Mandaten, wie z.B. der Beratung einer SE bei der Sitzverlegung von London nach Hannover oder der Beurkundung der grenzüberschreitenden Verschmelzung von Tui Travel Plc auf die Tui AG. Weiteren Aufschwung erlebte das Baurecht. Als überörtl. Fachgruppe organisiert, beraten Anwälte bspw. Kommunen u. Investoren bei Großprojekten, z.T. auch vergaberechtl., z.B. eine Uniklinik. Auch wenn Göhmann später als Wettbewerber wie Deloitte Legal oder Luther, auf die interne Vernetzung u. Branchenfokussierungen wie Energie oder Telekom gesetzt hat: Ihr zunächst sehr bedächtig wirkender Aufschlag zahlt sich aus. Großer Ausdruck des Erfolgs ist auch die Beratung in IT-Outsourcing-Projekten, z.B. aktuell für die NordLB Asset Management. Hier kann Göhmann inzw. eine für die Region wohl einzigartige Mandatsliste vorweisen. Eine Besonderheit vor Ort ist neben dem überreg. bekannten IP-Team auch die Prozesspraxis, die regelm. in bundesw. beachteten Verf. agiert, z.B. für VW.

Stärken: Gesellschaftsrecht, Notariat, Prozesse.
Entwicklungsmöglichkeiten: Die Möglichkeiten, die sich durch das zunehmend vernetzte Arbeiten für die Entwicklung neuer Mandatsbeziehungen bieten, scheinen noch nicht ausgeschöpft. Denn das für Göhmann charakterist., partnerzentrierte Arbeiten wirkt hier wie ein Flaschenhals. Abhilfe könnte die stärkere Präsenz jüngerer Anwälte schaffen, ähnl., wie sie in der gesellschaftsrechtl. Prozessführung mit Hartl zuletzt gelungen ist.
Häufig empfohlen: Axel Müller-Eising, Dr. Ulrich Haupt („mit ihm arbeiten wir seit Langem zusammen", Mandant), Dr. Jörg-Rainer Hens, Dr. Johannes Waitz, Dr. Sebastian Scherrer, Dr. Dirk Beddies („kompetent", Wettbewerber; alle Gesellschaftsrecht), Dr. Ulrich von Jeinsen, Dr. Florian Hartl (beide Prozesse), Dr. Maximilian Schunke (IP/IT), Dr. Henning Rauls („verlässlich u. fairer Stundensatz", Mandant), Prof. Dr. Martin Notthoff („beauftragen wir regelmäßig", Mandant; beide Versicherungsrecht), Martin Gehrlein (Vergaberecht)
Kanzleitätigkeit: Umf. für ▶Gesellsch.recht u. Steuerrecht, aktienrechtl. Beratung, starkes Notariat. Anerkannte Praxen in ▶Handel u. Haftung, ▶Marken u. Wettbewerbsrecht u. Versicherungsrecht. Zusätzl. Bau-, Architekten- u. Ingenieursrecht, IT-, Arbeits-, Öffentl. u. Vergaberecht, zudem ▶M&A, Kartellrecht u. Kapitalanlageprozesse. (20 Partner, davon 10 Notare, 19 Associates, 1 of Counsel)
Mandate: ●● Tui Travel Plc notariell bei grenzüberschr. Verschmelzung auf die Tui AG (aus dem Markt bekannt); VW ggü. Schadensersatzklage von Investoren wg. der gescheiterten Übernahme von VW durch Porsche; SE bei Sitzverlegung von London nach Hannover; IT-Consultinguntern. bei Verkauf von 100%-AG-Anteilen; bundesw. Steuerberatungsges. bei Restrukturierung u. Trennung der Gesellschafterstämme (auch berufsrechtl.); Universitätsklinik bei Bauvorhaben (€80 Mio.) u. Verkehrsbetriebe zu Beseitigung von Hochwasserschäden im Vergabe- u. Baurecht; Puma u. Sony Mobile Comm. lfd. im Gewerbl. Rechtsschutz (auch in Prozessen); BCD Travel lfd. im IT u. Gewerbl. Rechtsschutz; NordLB Asset Management u.a. zu Outsourcing Rechenzentren.

HERFURTH & PARTNER
Niedersachsen ○○○○

Bewertung: Die geschätzte niedersächs. Kanzlei entwickelt sich behutsam, aber konsequent weiter. Nach dem im Vorjahr ausgebauten Arbeitsrecht verstärkte sie sich nun im IT-Recht mit dem zugleich auch inhouse tätigen Justiziar von Researchgate, um die gestiegene Nachfrage zu Themen wie Softwareverträge u. IT-Sicherheit abdecken zu können. Nach wie vor berät H&P stärker als viele ihrer regionalen Wettbewerber kleine u. mittelständ. Unternehmen sowie Konzerntöchter bei ihren Aktivitäten im Ausland sowie v.a. Töchter ausl. Firmen in Deutschland. Kennzeichnend ist eine unternehmerisch geprägte Beratung mit einer Mischung aus in Dtl. zugelassenen internat. Juristen, Kooperationsanwälten im Ausland u. dem internat. Kanzleinetzwerk Alliuris.
Stärken: Beratung des regionalen Mittelstands u. von Konzerntöchtern bei internat. Aktivitäten.
Häufig empfohlen: Ulrich Herfurth („juristisch guter Gesellschaftsrechtler", Wettbewerber)
Kanzleitätigkeit: Schwerpunkte in Gesellschaftsrecht, Unternehmensgründungen. Auch Joint Ventures, Beteiligungen u. Unternehmensnachfolge, internat. Forderungseinzug, Gewerbl. Rechtsschutz, Vertragsrecht u. Schiedsverfahren. Auch Arbeitsrecht u. IT. Mitgl. im internat. Kanzleinetzwerk Alliuris. (4 Eq.-Partner, 3 Sal.-Partner, 12 Counsel, 2 Associates, inkl. Auslandsjuristen)
Mandate: ● Internat. Handelsunternehmen u. Zündmittelhersteller bei Gesellschafterstreitigkeit; Modeunternehmen zu Vertrieb in China; Airline bei Vollstreckung von Schadensersatz; Aviation-Hersteller zum internat. Vertrieb; Ingenieuruntern. bei Technologievermarktung; jap. Mischkonzern arbeitsrechtl.; Brandschutz- u. Haustechnikhersteller zu Unternehmensnachfolge.

KSB INTAX
Niedersachsen ●●○○

NOMINIERT JUVE Awards 2015 Kanzlei des Jahres für den Mittelstand

Bewertung: Eine der führenden Kanzleien in Niedersachsen, die sich mit ihrer Kombination aus Steuer- u. Gesellschaftsrecht sowie dem kräftigen personellen Wachstum von ihren Wettbewerbern vor Ort absetzt. Im Berichtszeitraum stellte sie 5 Berufseinsteiger ein u. ernannte intern 3 Sal.-Partner. Ihr kontinuierl. Wachstum hat ihr zu einer krit. Größe verholfen, die es ihr erlaubt, breit verankert im Mittelstand u. bei Konzerntöchtern zu beraten. Wie gut sie dabei fachübergr. zusammenarbeitet, zeigt sich u.a. darin, dass sie es deutl. besser als andere mittelständ. Kanzleien verstanden hat, ein glaubwürdiges Mandatsportfolio für Compliance-Arbeit aufzubauen. Zuletzt hat es KSB über Kontakte aus dem Notariat zudem auf die Beraterliste eines internat. Dienstleisters bei Transaktionen geschafft u. über die Steuergestaltung Umstrukturierungsmandate für Konzerne gewonnen. Auf ähnl. Synergieeffekte setzt sie mit dem Zugang eines insolvenzrechtl. erfahrenen Associates (von Buchalik Brömmekamp), etwa für die regelm. auch strateg. geprägte Begleitung von Geschäftsführern, z.B. angesichts wirtschaftl. Schwierigkeiten bei Lieferanten.
Stärken: Umf. multidiszipl. Beratung v.a. inhabergeführter Unternehmen u. kirchl. Träger, anerkannte gr. Prozesserfahrung.
Häufig empfohlen: Philipp von Bismarck (Gesellschaftsrecht), Valentin Seidenfus (Steuerrecht), Dr. Karl-Heinz Vehling (Immobilienrecht)
Kanzleitätigkeit: Schwerpunkt in der umf. ▶gesellschafts- u. ▶steuerrechtl. Beratung, oft als ausgelagerte Steuer- u. Rechtsabteilung für mittelständ. Unternehmen, auch kommunale Wirtschaftsbetriebe u. kirchl. Träger. Anerkanntes Notariat. Due Diligence, M&A. Weiterer Schwerpunkt im Projektmanagement u. Baurecht. Daneben Handels-, Arbeits-, Marken- u. Wettbewerbs-

---

Niedersächsische Kanzleien mit Besprechung nur in Rechtsgebieten

Brüggehagen + Kramer (Hannover)	▶ Arbeit
Eckert (Hannover)	▶ Insolvenzverw.
Dr. Eick & Partner (Hannover)	▶ Versicherungsvertragsrecht
Fricke & Klug (Hannover)	▶ Arbeit
Gramm Lins & Partner (Hannover, Braunschweig)	▶ Patent
HFK Rechtsanwälte (Hannover)	▶ Projekte/Anlagenbau
Kapp Ebeling & Partner (Hannover)	▶ Nachfolge/Vermögen/Stiftungen
Küstner v. Manteuffel & Wurdack (Göttingen)	▶ Vertrieb
Laborius Schrader Siebert Thoms Klagges (Hannover)	▶ Arbeit
Parigger & Collegen (Hannover)	▶ Wirtschaftsstrafrecht
Ritter Gent Collegen (Hannover, Braunschweig)	▶ Energie
Schwegler (Oldenburg)	▶ Arbeit
Prof. Versteyl (Hannover, Burgwedel)	▶ Umwelt u. Planung
Willmer & Partner (Verden)	▶ Insolvenzverw.

Die hier getroffene Auswahl der Kanzleien ist das Ergebnis der auf zahlreichen Interviews basierenden Recherche der JUVE-Redaktion (siehe S. 20). Sie ist in 2erlei Hinsicht subjektiv: Sämtliche Aussagen der von JUVE-Redakteuren befragten Quellen sind subjektiv u. spiegeln deren eigene Wahrnehmungen, Erfahrungen u. Einschätzungen wider. Die Rechercheergebnisse werden von der JUVE-Redaktion unter Einbeziehung ihrer eigenen Marktkenntnis analysiert u. zusammengefasst. Der JUVE Verlag beabsichtigt mit dieser Tabelle keine allgemein gültige oder objektiv nachprüfbare Bewertung. Es ist möglich, dass eine andere Recherchemethode zu anderen Ergebnissen führen würde.

● Referenzmandate, umschrieben
●● Referenzmandate, namentlich

Anwaltszahlen: Angaben der Kanzleien zur Bürogröße vor Ort. Sie spiegeln nicht zwingend die Gesamtgröße einer Kanzlei wider.

recht sowie Finanzierungsfragen. Celle: Umf. Prozessvertretung. Koop. mit BBG u. Partner im Öffentl. Recht u. Remmers Robra u. Meyer in Sachsen-Anhalt. (17 Eq.-Partner, davon 15 Anwälte; 16 Sal.-Partner, davon 12 Anwälte; 33 Associates, davon 19 Anwälte; 5 of Counsel (alle z.T. auch StB/WP; 6 Notare))
Mandate: ●● VW bei Kauf des europ. Forschungs- u. Entwicklungszentrums von BlackBerry Dtl.; Hameln Group bei Verkauf von Hameln Pharma (€60 Mio.); aus dem Markt bekannt: lfd. Lorenz Snack-World, Untern. der Erdöl- u. Erdgasförderindustrie; Dienstleister lfd. bei Transaktionen.

LUTHER
Niedersachsen

Bewertung: Die in Niedersachsen zu den führenden gehörende Kanzlei entwickelte sich zuletzt deutl. dynamischer als ihr direktes Marktumfeld. Lange Zeit als Transaktionskanzlei ohne lokale Verankerung von Wettbewerbern kritisiert, weist sie heute eine beeindruckende Zahl regionaler Dauermandanten auf, darunter die Ärzteversorgung Niedersachsen, Aventics u. Befesa. Großen Anteil daran haben das noch junge Notariat u. die Zugänge 2er lokal verankerter Partner in den Vorjahren mit Fokus auf Vertrags- u. Arbeitsrecht. Damit steigerte Luther deutl. ihre fachl. Breite vor Ort, u. dank einer bemerkenswert schnell gelungenen Integration konnten deren Kontakte auch für andere Praxen nutzbar gemacht werden, z.B. Aventics. Angesichts des florierenden Geschäfts kam die Rückkehr des ehem. Managing-Partners Prof. Dr. Hans-Georg Hahn ins operative Geschäft gerade recht. Denn auch die seit jeher bundesw. Beratung von Kliniken boomt, aktuell getrieben durch einen starken Konzentrationsprozess, ebenso wie die sehr anerkannte Vergaberechtspraxis.
Stärken: Viel Erfahrung bei Privatisierungen u. Umstrukturierungen im Öffentl. Sektor. Transaktionen, regelm. mit internat. Bezug.
Empfohlen für: ▶Gesellsch.recht; ▶M&A; ▶Steuer; Umwelt u. Planung; ▶Vergabe; ▶Arbeitsrecht; ▶Energie; auch ▶Gesundheit; ▶Handel u. Haftung. (8 Partner, davon 1 Notar, 1 Counsel, 8 Associates, 1 of Counsel)
Mandate: Siehe Fachkapitel.

PRICEWATERHOUSECOOPERS LEGAL
Niedersachsen

Bewertung: Das Geschäft der in Niedersachsen häufig empfohlenen Kanzlei ist geprägt von einer engen fachübergreifenden Zusammenarbeit mit den in der Region äußerst präsenten WP/StB von PwC u. dem internat. Netzwerk. Darüber gelingt es ihr immer besser, sich für z.T. komplexe Projektarbeit wie z.B. die Beratung eines Asset-Deals in div. Ländern zu positionieren. Dadurch unterscheidet sie sich deutl. von örtl. Wettbewerbern, selbst die Arbeit von Kanzleien wie Deloitte Legal ist viel stärker von umf. Dauerberatung geprägt. Ein Bsp. für die Art ihres Geschäfts ist etwa die Begleitung einer taiwanes. börsennot. Gesellschaft bei einem M&A-Projekt in der Türkei. Dies ist besonders bemerkenswert, da kein direkter Bezug zu Dtl. bestand, dennoch übernahm der speziell für sein „Know-how bei internat. Transaktionen" von Wettbewerbern gelobte Barth die Steuerung des Deals. Darüber hinaus wächst die Basis von Mandanten, die infolge vorangegangener M&A-Projekte erneut auf die Anwälte zukommen, z.B. mit Strukturierungsfragen.
Stärken: Großes internat. Netzwerk, etablierte standortübergreifende Zusammenarbeit.
Häufig empfohlen: Dr. Marcel Barth („schlauer Kopf", Wettbewerber; Gesellschaftsrecht/M&A, Prozessführung)
Kanzleitätigkeit: Umf. Beratung, insbes. ▶Gesellsch.recht, ▶M&A, häufig grenzüberschr. (auch internat. Schiedsverf.) u. oft in Verbindung mit Steuer- u. Arbeitsrecht. Nachfolgeregelungen. Auch Finanzierungen, Commercial u. Compliance, Steuerstrafrecht. Enge Zusammenarbeit mit der StB- u. WP-Ges. von PwC. (2 Eq.-Partner, 4 Sal.-Partner, 6 Associates)
Mandate: ●● Öffentl. bekannt: Expert regelm. bei Transaktionen; US-Investor bei Asset-Deal in 13 Ländern; taiwanes. börsennot. Ges. bei Unternehmenskauf in der Türkei; Spezialmaschinenbauer bei Gründung eines internat. Joint Ventures; inhabergeführtes Untern. bei Verkauf; Einzelhändler bei Umwandlungen; Chemieuntern. bei Auslagerung der Produktion; Familienuntern. bei Übertragung auf die nächste Generation.

SCHINDHELM
Niedersachsen

Bewertung: Die in Niedersachsen empfohlene Kanzlei hat ihre größtenteils langj. Mandantenbasis zuletzt insbes. über die personellen Zugänge im Öffentl. Recht in Hannover merkl. ausgebaut. Sowohl an der Schnittstelle zu dem Vergaberechtsteam um Losch, als auch durch ihre Expertise im Verwaltungsrecht gelang es, neue Mandatsbeziehungen zu knüpfen, etwa zu Hochschulen. Diese werden nun auch gesellschaftsrechtl. beraten. Mit den Zugängen einer ehem. SKW Schwarz-Counsel als Sal.-Partnerin in Hannover, die viel Erfahrung im Medien- u. IT-Recht mitbringt, u. eines langj. Justiziars (von Gausepohl Fleisch) mit Arbeitsrechtsfokus in Osnabrück, stehen nun die nächsten Integrationsaufgaben an.
Stärken: Umf. Beratung von Mittelständlern auch grenzüberschr., v.a. in Osteuropa u. China.
Entwicklungsmöglichkeiten: Auch wenn Wettbewerber dies kaum vermuten – grenzüberschr. Mandate stellen inzw. einen veritablen Teil des Schindhelm-Geschäfts. Insofern bedeutet der Zugang einer Anwältin in Osnabrück (von Wolf Theiss, Wien) die notwendige Verstärkung. Treiber dafür ist neben ihrer langj., zunehmend internat. agierenden Mittelstandsmandanten v.a. der österr. Kooperationspartner SCWP, über den bspw. Kontakte zu Konzernen wie Kapsch bestehen. Um derartige Mandate mit der notwendigen Qualität bearbeiten zu können, bleibt die Rekrutierung von qualifiziertem Nachwuchs eine wichtige Aufgabe.
Häufig empfohlen: Prof. Heiko Hellwege, Dr. Philipp Albrecht, Dr. Axel Berninger (alle Gesellschaftsrecht), Dr. Alexandra Losch (Vergaberecht)
Kanzleitätigkeit: Handels- u. Gesellschaftsrecht, M&A, Notariat, Nachfolgefragen inkl. internat. Erbschaftsteuerrecht. Eigene Büros z.B. in China sowie durch exklusive Koop. in Österreich, Osteuropa u. Brüssel (Kartellrecht) präsent als SCWP Schindhelm. Neu: Exklusive Netzwerkkanzleien in Spanien u. Italien. IP, insolvenznahe Beratung. Auch Arbeits-, Vergabe- u. Beihilferecht u. Compliance sowie neu: Medien/IT. Priv. Baurecht einschl. Projektentwicklung. Steuerrecht, in Osnabrück unter der Dachmarke STG Schindhelm Falk & Co. (9 Eq.-Partner, davon 1 Notar, 10 Sal.-Partner, 1 Counsel, 17 Associates)
Mandate: ●● Lfd. Indus Holding (öffentl. bekannt), Kapsch-Gruppe (v.a. in China); Kaffee-Partner-Gruppe bei Exit der Gründungsgesellschafter; Berentzen bei Kauf von TMP; Medienuntern. bei Beteiligungsverkäufen u. Konsortialkredit; Familienuntern. zu gesellschaftsrechtl. Struktur u. Nachfolgeregelung; öffentl. Auftraggeber bei Umstrukturierungen im Hochschulbereich; Eisenbahnindustrieuntern. in Beweisverf. gg. die Dt. Bahn (€107 Mio.); Einzelhändler fusionskontrollrechtl.; Stadt bei Neugestaltung der Beschaffungsvorgänge.

REGION OSTEN

Berlin 104
Land Brandenburg 112
Sachsen 113
Thüringen/Sachsen-Anhalt 117

Region: Osten
(Berlin, Brandenburg, Sachsen, Thüringen/Sachsen-Anhalt)

Berlin: Ein Wirtschaftsstandort wächst

Berlin ist gemessen an Städten wie Düsseldorf, München oder Hamburg ein schwacher Wirtschaftsstandort, doch es muss dank einer wachsenden VC-Szene und den unübersehbaren Chancen, die in der Regulierungsarbeit liegen, seine Daseinsberechtigung als Anwaltsstandort nicht mehr unter Beweis stellen. Allerdings erfordert der Anwaltsmarkt hier eine klarere Strategie als andernorts. Fehlt diese, werden Kanzleien in einem Markt mit vielen Chancen schnell überholt.

Die historisch bedingte Standortschwäche merzt die Hauptstadt durch die immer stabiler agierende Start-up-Szene mehr und mehr aus. In diesem Bereich konkurriert die deutsche Hauptstadt mit Standorten wie London oder Tel Aviv. Der IPO von Zalando hat die Gründerszene noch einmal beflügelt u. zeigt, wie nachhaltig die Entwicklung in Berlin mittlerweile ist.

Auch für die Beraterszene erweisen sich die Jungunternehmen als Wachstumsmotor. Immer mehr Kanzleien haben eine Praxis, die sich in dem boomenden Private-Equity- und VC-Markt engagiert. Neuester Zugang in diesem Beratungssegment ist **Vogel Heerma Waitz**, ein Spin-off von **King & Wood Mallesons** (vormals SJ Berwin), deren bekannte Praxis im Bereich Wagniskapital sich nun auch stärker auf die Berliner Szene einstellen will. Kanzleien wie **Lambsdorff**, **Lacore** oder **BMH Bräutigam & Partner** haben vorgemacht, wie erfolgreich man in diesem Geschäft sein kann. Dabei steigen auch die Erfordernisse an die Beratung, etwa bei internat. Transaktionen und Roll-outs oder hinsichtlich aktienrechtlichen Know-hows.

Auch jenseits dieses langsam wachsenden Beratungssegments ist Berlin kein besonders regional geprägter Anwaltsmarkt. Der Wettbewerb vor Ort wird überwiegend von Großkanzleien, insbesondere international aufgestellten Kanzleien dominiert. Jüngster Neuzugang ist **Greenberg Traurig**, die mit dem vormaligen Berliner **Olswang**-Team in Deutschland eröffnete. Bereits im vergangenen Jahr fand **Morrison & Foerster** den Einstieg in den deutschen Markt, als sie das Berliner Büro von **Hogan Lovells** übernahm.

Die fachlichen Schwerpunkte bleiben jedoch bei vielen Einheiten über die Jahre die Gleichen. Derzeit erleben viele Kanzleien wieder einen Boom im Immobilienrecht, auch die Notariate sind gut ausgelastet. Kanzleien wie **Freshfields Bruckhaus Deringer** oder **Linklaters** haben vor Ort stärker auf Nischen im Gesamtkonstrukt der eigenen Kanzlei gesetzt und v.a. ihren Regulierungsschwerpunkt perfektioniert. Die Strategie, in bestimmten Branchen Vorzeigepraxen aufzubauen, die dann deutschlandweit von Berlin aus tätig werden, teilen sie mit starken Lokalkanzleien wie **Raue** oder **Lindenpartners**. Weiterhin expansiv zeigt sich auch das lokale Schwergewicht **Dentons**. Mit vielen Zugängen in den vergangenen 12 Monaten und zuletzt dem Gewinn des Vergaberechtsteams von **Orrick Herrington & Sutcliffs** gehört sie zu den dynamischsten Einheiten vor Ort.

Doch es gibt auch die weniger erfolgreichen Versuche, Berlin zu erobern. Zwar löst **Orrick**s Rückzug aus Berlin nicht die gleichen Schockwellen aus, wie einst die Schließung des **Clifford Chance**-Büros, die damals den leisen Abgesang auf Berlin als Anwalts- und Wirtschaftsstandort einzuleiten schien, doch das Beispiel zeigt: Ohne klare Strategie bleiben Berliner Büros mitunter auf der Strecke.

Brandenburg schaut nach Berlin

Abseits der Hauptstadt, aber noch im Einzugsgebiet von Berlin, hat sich das nahe gelegene Potsdam als Zentrum für wirtschaftsberatende Kanzleien in Brandenburg etabliert. Trotzdem bleibt die Anzahl der Berater gemessen an der Landesgröße klein, was vor allem der starken Konkurrenz aus Berlin geschuldet ist. Hier ansässige Kanzleien mischen im Umland stark mit.

Sachsen: Erste Anwaltsgeneration tritt ab

Lange schien die Kanzleiszene in dem wirtschaftlich bedeutendsten Bundesland Ostdeutschlands unverzichtbar. Die dominierenden Anwälte waren häufig unmittelbar nach der Wiedervereinigung Anfang/Mitte der 1990er Jahre mit einer der damaligen westdeutschen Großkanzleien nach Leipzig oder Dresden gekommen und prägten seitdem den Markt. In vielen Fällen haben sich zwar die Kanzleien irgendwann wieder zurückgezogen, doch die Anwälte blieben.

Nun bröckeln auch die Einheiten dieser ersten Anwaltsgeneration – und bieten jüngeren Kanzleien wie **Battke Grünberg**, **Gruendel** oder **Eureos** die Chance, mehr Geschäft an sich zu binden.

Prägnantestes Beispiel ist die Leipziger Einheit **Mohns Tintelnot Pruggmayer Vennemann**. Entstanden Ende der 1990er-Jahre aus einer Fusion der örtlichen Vorgängerbüros von **Linklaters** und **Freshfields Bruckhaus Deringer**, gab die Kanzlei in Leipzig jahrelang den Ton an. Doch in den vergangenen Jahren war dort ein gewisser Stillstand eingetreten. Zum Jahreswechsel 2015/2016 löst sie sich nun auf. Ein größeres Team hat sich **Petersen Hardraht** angeschlossen – einer Kanzlei, deren Namenspartner ebenfalls seit den 1990er-Jahren zu den etablierten Kräften gehören, die sich aber seit einiger Zeit neu aufstellt.

Und auch bei **CMS Hasche Sigle** geht der Generationswechsel weiter: Nachdem der langjährige Leipziger Bürochef vor einigen Jahren faktisch ins Frankfurter Büro gewechselt war, sind sowohl 2014 als nun auch 2015 zwei weitere Partner der ersten Stunde in den Düsseldorfer Standort der Kanzlei gegangen, einer wechselte zu **Petersen Hardraht**. Letztere wird – auch durch weitere Zugänge, u.a. von **CSC Rechtsanwälte** – zum Januar 2016 mit knapp 30 Berufsträgern wohl zur personell größten Einheit in Mitteldeutschland werden.

Wirtschaftlich prägten das Kanzleigeschäft in den sächsischen Anwaltshochburgen Leipzig, Dresden und Chemnitz sehr unterschiedliche Themen. In Dresden hielt die Abwicklung des Betrugsskandals bei dem Finanzdienstleister Infinus den Markt in Atem, während in Leipzig viele Kanzleien ihre Hoffnung an die immer lebendiger werdende Start-up-Szene knüpfen. In Chemnitz schließlich erfreuen sich die örtlichen Akteure an den Unternehmen der verarbeitenden Industrie, die sich dort klammheimlich zum eigentlichen wirtschaflichen Motor Sachsens entwickelt.

Thüringen/Sachsen-Anhalt: Sachsen dominiert

Die Region mit zentralen Städten wie Erfurt, Halle, Jena und Magdeburg zieht sich über zwei Bundesländer hin, verfügt jedoch über eine recht kleine, praktisch nicht wachsende Szene spezialisierter Wirtschaftskanzleien. Diese sind meist schon seit vielen Jahren vor Ort aktiv, entweder als originär in der Region gegründete Einheiten wie die größte Erfurter Kanzlei **Weisskopf** oder als Dependancen westdeutscher Kanzleien, etwa **Göhmann** oder **Bette Westenberger Brink**. Zum Jahresanfang 2015 hat allerdings die Braunschweiger Kanzlei **Appelhagen** ihr Magdeburger Büro geschlossen. Ohnehin gilt: Geht es um größere Mandate in ‚Mitteldeutschland', dominieren häufig sächsische Kanzleien aus Leipzig oder Dresden das Bild, welche teilweise sogar auch über Büros in Thüringen verfügen, wie etwa **Gruendel**.

Die folgenden Bewertungen behandeln Kanzleien, die nach der Recherche der JUVE-Redaktion in ihrer Region eine besondere Bedeutung und Reputation genießen. Diese Kanzleien bieten typischerweise Beratung und Vertretung in vielen Sparten des Wirtschaftsrechts. Bitte beachten Sie aber ggf. Verweise auf weitere Besprechungen in einem Rechtsgebietskapitel. Dort finden Sie auch jeweils weitere Referenzmandate.

JUVE KANZLEI DES JAHRES
OSTEN
LACORE

Sie ist der Inbegriff einer erfolgreichen Start-up-Kanzlei. In nur vier Jahren hat sie es geschafft, sich gerade in der Start-up-Beratung den uneingeschränkten Respekt ihrer Wettbewerber zu verschaffen. Mandanten gefällt insbesondere der Pragmatismus der Anwälte. Vor allem Partner **André Eggert** gilt vielen Konkurrenten als Inbegriff des Gründerberaters. „Er ist stark im VC-Geschäft und hat einen Hands-on Approach", sagt ein Wettbewerber. Ein Mandant lobt die Transaktionsstärke des Anwalts: „Sehr effizient, sehr transaktionsorientiert, sehr detaillierte Kenntnisse der VC-Szene und der Marktbedingungen." Denn in der Gründerszene ist die Kanzlei bestens vernetzt, und zwar nicht nur bei Gründungsunternehmen, sondern auch bei Business Angels u. Accelerators. Das Geschäft ist mit den Mandaten gewachsen: So war die VC-Praxis zuletzt mit einigen großen Exits beschäftigt u. beriet u.a. Ubitricity beim Joint Venture mit EdF. Zudem gelingt es der Kanzlei immer besser, die Start-up-Beratung mit den anderen Praxen zu verzahnen. Querverweise gehen etwa ins Arbeitsrecht oder in die Filmfinanzierung. Ein Mandant lobt Arbeitsrechtler **Dr. Ralf-Martin Vogt** für seine „wahnsinnig schnelle Reaktion und hohe Erfolgsquote". Zur Aufbauleistung der Kanzlei gehört es auch, in den vergangen Jahren mit Quereinsteigern aus renommierten Kanzleien gewachsen zu sein. So gelang es, das Beratungsportfolio merklich zu erweitern. Die Gesellschaftsrechtler um **Barnitzke** begleiten lfd. Mandate im Immobilien- und Gesundheitssektor.

Berlin

BAKER & MCKENZIE
Berlin

Bewertung: Häufig empfohlenes Berliner Büro, das wie viele Wettbewerber eine starke öffentl.-rechtl. Praxis hat. Wie schon zuvor war das Büro im Gesundheitssektor besonders aktiv. So vertrat das Vergaberechtsteam um Dr. Marc Gabriel ein US-Pharmaunternehmen in einem Vergabeverfahren des AOK-Bundesverbands inkl. Nachprüfungsverfahren vor der Vergabekammer des Bundes u. dem OLG D'dorf. Weitere Expertise im Gesundheitssektor kam zudem mit dem Einstieg von Dr. Christian Burholt (von Dierks + Bohle) an Bord. Die wachsende Regulierungspraxis beschränkt sich jedoch nicht auf diese Branche. Baker beriet auch das Energieministerium Meck.-Vorp. als Projektmanager in 2 Planfeststellungsverfahren bzgl. der Netzanbindungsleitungen für Offshorewindparks in der Ostsee. Daneben sticht u.a. die Restrukturierungsberatung um Dr. Holger Ellers heraus, u.a. für die Mexx-Gruppe.
Stärken: Große Erfahrung im Gesundheitssektor.
Empfohlen für: Arbeitsrecht; ▶Gesellsch.recht; ▶Gesundheit; Energiewirtschaft; ▶Immobilien; ▶M&A; ▶Restrukturierung/Sanierung; Umwelt- u. Planungsrecht; ▶Vergabe; ▶Kartellrecht. (6 Eq.-Partner, 2 Sal.-Partner, 2 Counsel, 15 Associates)
Mandate: Siehe Fachkapitel.

BEITEN BURKHARDT
Berlin

Bewertung: Das empfohlene Büro in Berlin stützt sich auf die sehr etablierten Praxen im Immobilien- u. Öffentl. Recht. Bekannt ist hier etwa die Arbeit der Vergaberechtler zur Lkw-Maut. Das junge Team hat sich mittlerw. von der lange dominierenden Praxis in Nürnberg emanzipiert u. eigenes Geschäft aufgebaut. Zuletzt gelang der Kanzlei zudem ein personeller Coup, als sie ein großes Team von Partnern der ehem. Energieboutique Scholtka & Partner aufnahm. Für den Standort ist das eine wesentl. Erweiterung, weil das bislang in München u. Ffm. ansässige Energieteam damit sprunghaft wächst u. tiefe Regulierungskompetenz an Bord kommt. Zudem profitiert das Büro vom kanzleiw. Umbau in der Corporate-Gruppe unter Co-Leiter Dr. Christian von Wistinghausen, der am Standort auch mit personellen Wechseln verbunden war. Neben Immobilientransaktionen, die häufig auch eine internat. Komponente haben, betreute das Corporate-Team zuletzt u.a. Market Tech bei der Übernahme der Mehrheitsbeteiligung an Glispa – eine Transaktion, die auch Fachwissen an der Schnittstelle zum IP/IT forderte.
Empfohlen für: ▶Arbeitsrecht; ▶Energie; ▶Gesellsch.recht; Handel u. Haftung; ▶M&A; ▶Marken u. Wettbewerb; ▶Medien; Öffentl. Recht; ▶Vergabe; ▶Energierecht; ▶Kartellrecht. (7 Eq.-Partner, 23 Sal.-Partner, 17 Associates, 1 of Counsel)
Mandate: Siehe Fachkapitel.

BMH BRÄUTIGAM & PARTNER
Berlin

Bewertung: In Berlin häufig empfohlene Kanzlei, deren Konzept, aus eigener Kraft langsam zu wachsen, aufgeht. Neben den etablierten Partnern haben es die jungen Köpfe der Kanzlei verstanden, sich neue Beratungsgebiete zu erschließen, sei es im Start-up-Umfeld, im anziehenden Immobilienmarkt, im Prozessrecht an der Schnittstelle zum Gesellschaftsrecht oder im Arbeitsrecht. Letzteres zählt nun auch die BVG zu ihren Mandanten. BMH gelingt es immer wieder, an den Schnittstellen der Fachbereiche neue Chancen zu ergreifen. Diese stetige Aufbauleistung gesellt sich zu einem seit Jahren etablierten Notariat u. der lfd. Beratung im M&A. Ein besonders herausforderndes Mandat lag aber zuletzt im Gesellschaftsrecht: Dort beanspruchte Dauermandant Herlitz nicht nur die

---

BERLIN

CMS Hasche Sigle
Freshfields Bruckhaus Deringer
Hengeler Mueller
Noerr
White & Case

Dentons
Gleiss Lutz
Linklaters

Baker & McKenzie
Greenberg Traurig
K&L Gates
Raue
WilmerHale

BMH Bräutigam & Partner
Flick Gocke Schaumburg
Görg
Lindenpartners
Luther
Morrison & Foerster
P+P Pöllath + Partners
Redeker Sellner Dahs

Beiten Burkhardt
GSK Stockmann + Kollegen
Lacore
Lambsdorff
RBS RoeverBroennerSusat

Buse Heberer Fromm
Squire Patton Boggs
Taylor Wessing
Wegner Ullrich Müller-Helle & Partner

Graf von Westphalen
Heuking Kühn Lüer Wojtek
Knauthe
KPMG Law
Mäger von Bernuth
Mock
Sammler Usinger
von Trott zu Solz Lammek

Die hier getroffene Auswahl der Kanzleien ist das Ergebnis der auf zahlreichen Interviews basierenden Recherche der JUVE-Redaktion (s. Einleitung S. 20). Sie ist in 2erlei Hinsicht subjektiv: Sämtliche Aussagen der von JUVE-Redakteuren befragten Quellen sind subjektiv u. spiegeln deren eigene Wahrnehmungen, Erfahrungen u. Einschätzungen wider. Die Rechercheergebnisse werden von der JUVE-Redaktion unter Einbeziehung ihrer eigenen Marktkenntnis analysiert u. zusammengefasst. Der JUVE Verlag beabsichtigt mit dieser Tabelle keine allgemein gültige oder objektiv nachprüfbare Bewertung. Es ist möglich, dass eine andere Recherchemethode zu anderen Ergebnissen führen würde. Innerhalb der einzelnen Gruppen sind die Kanzleien alphabetisch geordnet.

● Referenzmandate, umschrieben
●● Referenzmandate, namentlich

Anwaltszahlen: Angaben der Kanzleien zur Bürogröße vor Ort. Sie spiegeln nicht zwingend die Gesamtgröße einer Kanzlei wider.

M&A-Ressourcen, sondern auch das aktien- u. prozessrechtl. Fachwissen der Anwälte.
Häufig empfohlen: Dr. Johannes Meinel (Gesellschafts- u. Immobilienrecht, Notariat), Dr. Benedikt Bräutigam, Jan-Peter Heyer (Private-Equity-Transaktionen u. Vertragsrecht), Dr. Roland Gastell (Arbeitsrecht)
Kanzleitätigkeit: Schwerpunkte im Personen- u. Kapitalgesellschaftsrecht, ▶Private Equ. u. Vent. Capital, ▶Gesellsch.recht, ▶M&A, Grundstückstransaktionen, Konfliktlösung im Handels- u. Gesellschaftsrecht u. im Gewerbl. Rechtsschutz inkl. Compliance; umf. ▶Arbeitsrecht, Wettbewerbs- u. Kartellrecht; angesehenes Notariat. (8 Eq.-Partner, 5 Sal.-Partner, 8 Associates)
Mandate: ●● Herlitz bei Kauf von Pelikan-Gesellschaften auch gesellschaftsrechtl. zu HV, Anfechtungsklagen u. Freigabeverfahren; Vorstand u. Gesellschafterstamm der Bremer Tageszeitungen bzgl. Abberufung qua einstw. Verfügung u. Vertretung in Anfechtungs- u. Beschlussfeststellungsklagen; Capiton bei Verkauf der Lahmeyer-Gruppe an Tractebel Engineering; ConCardis bei Einstieg bei Orderbird; Signa Prime bei Joint Venture zur Entwicklung Karstadt-Filiale. Arbeitsrecht: BVG; Coca-Cola bei Personalabbau durch Altersteilzeit- und Vorruhestandsvereinbarungen; DRK Kliniken Berlin bei Umstrukturierung u. betriebsbedingten Kündigungen, Standortschließung, Interessenausgleich u. Sozialplan.

BUSE HEBERER FROMM
Berlin

Bewertung: Das in Berlin empfohlene Büro baute in allen Kernbereichen vor Ort personell aus. Es erwies sich zudem als vielleicht wichtigste Anlaufstelle für Inboundmandate, die über die 2014 neu formierte internat. Kanzleiallianz TELFA gewonnen wurden, wie etwa die Beratung von IMW zeigt. Um hier noch stärker zu profitieren, wäre eine Stärkung im Gesellschaftsrecht hilfreich. Denn wie bei IMW steht für das Berliner Gesellschaftsrecht nach wie vor v.a. Namenspartner Fromm, der zuletzt auch durch die umstrittene Beratung des Ex-Managers Thomas Middelhoff bundesw. in den Schlagzeilen war. Im Insolvenzrecht musste die Kanzlei den Weggang des bekannten Partners Prof. Dr. Peter Fissenewert verkraften. Dieser wechselte Ende 2014 zusammen mit 2 Associates zu hww Wienberg Wilhelm. Dadurch fehlt nun sein Beratungsgeschäft vor Ort, was die Kanzlei durch den gleichzeitigen Zugang eines Insolvenzpartners in Frankfurt ausgleichen will.
Häufig empfohlen: Hartmut Fromm
Kanzleitätigkeit: Breit aufgestellt, u.a. ▶M&A, ▶Gesellsch.recht, Immobilien- u. ▶Arbeitsrecht sowie Nachfolge-/Vermögensberatung u. Streitigkeiten. Dazu lfd. Betreuung u. Vertretung im Marken- u. Wettbewerbsrecht, Medienrecht u. Compliance. Immobiliennotariat. (7 Eq.-Partner, 1 Sal.-Partner, 10 Associates, 2 Counsel, 1 of Counsel)
Mandate: ●● IMW Immobilien bei identitätswahrender grenzüberschr. Sitzverlegung nach Dtl.; Dr. Thomas Middelhoff bei Strukturierung von Gesellschaften u. im Rahmen von dessen Privatinsolvenz; Intelligent Apps/MyTaxi lfd. im Gesellschafts-, IT- u. Vertriebsrecht; Schweizer Family Office bei Kauf eines Buchverlags in München; Citizen Systems Europe lfd. im Marken- u. IT-Recht.

● Referenzmandate, umschrieben
●● Referenzmandate, namentlich

Berliner Kanzleien mit Besprechung nur in Rechtsgebieten

AGS Acker Görling Schmalz	▶Compliance ▶Priv. Baurecht
AKD Dittert Südhoff & Partner	▶Priv. Baurecht
Altenburg	▶Arbeit
Arnecke Sibeth Siebold	▶Gesellsch.recht ▶Priv. Baurecht
Becker Büttner Held	▶Energie
Berwin Leighton Paisner	▶Immobilien
BLD Bach Langheid Dallmayr	▶Versicherungsvertragsrecht ▶Handel u. Haftung
Boehmert & Boehmert	▶Marken u. Wettbewerb ▶Medien
Börgers	▶Priv. Baurecht
von Boetticher	▶IT ▶Gesundheit ▶Gesellsch.recht ▶M&A
Boos Hummel & Wegerich	▶Energie
Bornheim und Partner	▶Priv. Baurecht ▶Sport
Brehm & v. Moers	▶Medien
Brinkmann & Partner	▶Insolvenzverw.
BRL Boege Rohde Luebbehuesen	▶Gesellsch.recht ▶Insolvenzverw.
Büsing Müffelmann & Theye	▶Gesellsch.recht
Busse & Miessen	▶Priv. Baurecht ▶Gesundheit
Deloitte Legal	▶Gesellsch.recht ▶M&A
Dierks + Bohle	▶Gesundheit
dka Rechtsanwälte	▶Arbeit
DLA Piper	▶Bankrecht u. -aufsicht ▶Projekte/Anlagenbau ▶Restrukturierung/Sanierung
Ehlers Ehlers & Partner	▶Gesundheit
FPS Fritze Wicke Seelig	▶Energie ▶Immobilien ▶Marken u. Wettbewerb ▶Projekte/Anlagenbau
Dr. Frank Dr. Auffermann Halbritter Dr. Horrer	▶Wirtschaftsstrafrecht
Freyschmidt Frings Pananis Venn	▶Wirtschaftsstrafrecht
Gabler & Franz	▶Presse
Gaßner Groth Siederer & Coll.	▶Energie ▶Umwelt u. Planung ▶Vergabe ▶Produkt u. Abfall
Göhmann	▶Gesellsch.recht ▶M&A
Grünecker	▶Patent
Gulde & Partner	▶Patent
Hertin	▶Marken u. Wettbewerb
Heussen	▶Gesellsch.recht ▶Medien
HFK Rechtsanwälte	▶Priv. Baurecht ▶Projekte/Anlagenbau ▶Umwelt u. Planung ▶Vergabe
hww Hermann Wienberg Wilhelm	▶Insolvenzverw.
Ignor & Partner	▶Wirtschaftsstrafrecht
Irle Moser	▶Marken u. Wettbewerb ▶Presse
Jacobsen + Confurius	▶Vertrieb
Jakoby	▶Priv. Baurecht
JBB Rechtsanwälte	▶Marken u. Wettbewerb ▶Medien ▶IT
Jesse Müller-Thuns	▶Steuer
Johannsen	▶Versicherungsvertragsrecht
Kapellmann und Partner	▶Priv. Baurecht ▶Projekte/Anlagenbau ▶Vergabe ▶Verkehr
King & Wood Mallesons	▶Private Equ. u. Vent. Capital ▶Steuer
Kliemt & Vollstädt	▶Arbeitsrecht
KNH Rechtsanwälte	▶Priv. Baurecht
Knierim Huber	▶Compliance ▶Wirtschaftsstrafrecht
Kopp-Assenmacher	▶Umwelt u. Planung
Krause & Kollegen	▶Steuerstrafrecht ▶Wirtschaftsstrafrecht
KVLegal	▶Medien
Leinemann & Partner	▶Priv. Baurecht ▶Vergabe
Leonhardt Rattunde	▶Insolvenzverw.
Lindemann Schwennicke & Partner	▶Bankrecht u. -aufsicht ▶Kredite u. Akqu.fin. ▶Immobilien
Lubberger Lehment	▶Marken u. Wettbewerb ▶Vertrieb

Fortsetzung nächste Seite

Anwaltszahlen: Angaben der Kanzleien zur Bürogröße vor Ort. Sie spiegeln nicht zwingend die Gesamtgröße einer Kanzlei wider.

REGION OSTEN BERLIN

CMS HASCHE SIGLE
Berlin

Bewertung: Eines der führenden Büros in Berlin, das zu den großen Full-Service-Einheiten vor Ort gehört. Dabei punktet das Team regelm. mit dem besonderen Schwerpunkt im Technologiebereich: War es im Vorjahr der Exit von Sociomatic, so überzeugt die Private-Equity- und Venture-Capital-Praxis diesmal mit der Beratung beim Verkauf von Absolventa u. Glipsa. Dynamisch entwickelte sich auch das traditionell starke Immobilienteam, das in einigen prominenten Bauvorhaben wie dem Flughafen Berlin Brandenburg berät u. von dem florierenden Transaktionsmarkt zuletzt stark profitierte. Bestes Bsp. ist der Verkauf eines gr. Wohnungsportfolios für Berlinovo. Der einzige neue Partner in Berlin wurde 2015 im Arbeitsrecht ernannt. Das Gebiet sucht die Kanzlei vor Ort seit einigen Jahren zu stärken: Der Neupartner war 2012 als Counsel aus Köln gewechselt u. steht damit auch für den Kurs einer fachpraxisorientierten, standortübergreifenden Strategie.

Stärken: Branchen-Know-how im Hotelsektor, Technologie u. Entertainment.

Empfohlen für: Arbeitsrecht; ▶Bankrecht u. -aufsicht; ▶Gesellsch.recht; ▶Gesundheit; Gewerbl. Rechtsschutz; ▶Immobilien; Insolvenzverw.; ▶Kredite u. Akqu.fin.; ▶M&A; ▶Marken u. Wettbewerb; ▶Medien; ▶Nachfolge/Vermögen/Stiftungen; ▶Notare; ▶Presse; ▶Priv. Baurecht; ▶Private Equ. u. Vent. Capital; ▶Projekte/Anlagenbau; ▶Steuer; ▶Umwelt u. Planung; ▶Vergabe; Wettbewerbsrecht. (18 Partner, 11 Counsel, 31 Associates, 1 of Counsel)

Mandate: Siehe Fachkapitel.

DENTONS
Berlin

Bewertung: In Berlin häufig empfohlenes Büro, das sein ohnehin enormes Wachstumstempo seit Anfang 2015 nochmals forciert hat u. nun zu den personell größten Einheiten in Berlin zählt. Das Büro wächst auf allen Ebenen: Mit Dr. Matthias Santelmann holte Dentons einen erfahrenen Gesellschaftsrechtler (von WilmerHale), mit Dr. Arne Friel einen ebensolchen Restrukturierer (von Baker & McKenzie). Als mittelfristig ebenso wichtig könnte sich der Gewinn der Compliance-Experten Dr. Rainer Markfort u. Dr. Christian Schefold erweisen. Beide kamen aus dem 2014 geschlossenen Berliner Büro von Mayer Brown u. bereichern die an sich breit aufgestellte Kanzlei um ein neues u. zentrales Geschäftsfeld. Zuletzt kamen noch die Vergaberechtler von Orrick hinzu. Es ist offensichtlich, dass die Kanzlei, die nach div. Fusionen in den vergangenen Jahren zur ww. größten Sozietät geworden ist, in puncto Größe einen enormen Nachholbedarf in Dtl. ausgemacht hat.

Stärken: Integrierte steuer-, gesellschafts- u. insolvenzrechtl. Beratung.

Empfohlen für: Bank- u. Finanzrecht; Bau- u. Architektenrecht; ▶Energie; ▶Gesellsch.recht; ▶Gesundheit; ▶Immobilien; ▶Kartellrecht; ▶M&A; Medizinrecht; Notariat; ▶Restrukturierung/Sanierung; ▶Steuer. (13 Eq.-Partner, 4 Sal.-Partner, 14 Counsel, 22 Associates, 7 of Counsel)

Mandate: Siehe Fachkapitel.

FLICK GOCKE SCHAUMBURG
Berlin

Bewertung: Das häufig empfohlene Berliner Büro der steuerzentrierten Kanzlei erlebt seit Jahren einen Höhenflug und unterstrich dies 2015 mit der nächsten Erweiterung der Partnerschaft: So wurde Dr. Peter Möllmann zum Eq.-Partner ernannt. Er ist eine der treibenden Kräfte hinter der vor Ort sehr autonom agierenden ▶Private-Equity- u. Venture-Capital- Beratung, die auch in die Gesamtkanzlei hineinwirkt. Das Geschäft weitet sich in den Bonner Stammsitz u. v.a. nach München aus, wo FGS zunächst mit 2 spezialisierten Associates ebenfalls langfristig auf den PE-Markt schielt. Unterdessen macht sich das Berliner Team Hoffnung, durch seine in den vergangenen Jahren gepflegten Kontakte in die Internet- u. Gamesszene mittelfristig auch im Kanzleikernbereich ▶Unternehmensteuerrecht zu profitieren, wenn ehem. Start-ups als größere Unternehmen an die Börse ziehen.

Stärken: Enge Verbindung von Steuerrecht u. Gesellschaftsrecht.

Empfohlen für: ▶Gesellsch.recht; ▶M&A; ▶Steuer; ▶Private-Equ.- u. Vent.-Capital-Beratung. (4 Eq.-Partner, 5 Sal.-Partner, 17 Associates)

Mandate: Siehe Fachkapitel.

FRESHFIELDS BRUCKHAUS DERINGER
Berlin

Bewertung: Eine der führenden Kanzleien in Berlin. So bestätigte Dr. Benedikt Wolfers mit seiner Arbeit für die Dt. Kreditwirtschaft u. die BayernLB im Streit um die finanziellen Folgen des Engagements bei der österr. Bank Hypo Alpe Adria erneut die europa- u. bankenregulierungsrechtl. Stärke des Teams. Den Regulierungsfokus unterstrich auch das Team um Dr. Hans-Joachim Prieß, das den zunehmenden Beratungsbedarf zu den Russland- u. Iransanktionen zum Aufbau eines grenzüberschreitenden Teams nutzte. Im Kartellrecht festigte Dr. Frank Röhling die Beziehung zu Axel Springer. Seine Part-

Berliner Kanzleien mit Besprechung nur in Rechtsgebieten: Fortsetzung

Maikowski & Ninnemann	▶Patent
Malmendier Hellriegel	▶Umwelt u. Planung
Mannheimer Swartling	▶Gesellsch.recht ▶M&A
Meincke Bienmüller	▶Priv. Baurecht
Müller-Wrede & Partner	▶Projekte/Anlagenbau ▶Priv. Baurecht ▶Umwelt u. Planung ▶Vergabe ▶Beihilfe
Orth Kluth	▶Verkehr
Osborne Clarke	▶Private Equ. u. Vent. Capital
Dr. Philipp K. Wagner	▶Handel u. Haftung
Pietschmann	▶Priv. Baurecht
Preu Bohlig & Partner	▶Marken u. Wettbewerb ▶Patent
PricewaterhouseCoopers Legal	▶Beihilfe ▶Energie ▶M&A ▶ÖPP ▶Vergabe ▶Verkehr
Prinz & Partner	▶Patent
Prinz Neidhardt Engelschall	▶Presse
Pusch Wahlig	▶Arbeit
Putzier	▶Priv. Baurecht
Ratajczak & Partner	▶Gesundheit
Rödl & Partner	▶Gesellsch.recht ▶Energie
Schertz Bergmann	▶Sport ▶Presse
Schultze & Braun	▶Restrukturierung/Sanierung
Schumann	▶Verkehr
Schwegler	▶Arbeit
SKW Schwarz	▶Marken u. Wettbewerb ▶Medien ▶Vergabe
Stassen	▶Priv. Baurecht
Streck Mack Schwedhelm	▶Steuer ▶Steuerstrafrecht
TCI Rechtsanwälte	▶IT
TSP Theißen Stollhoff & Partner	▶Priv. Baurecht
Unverzagt von Have	▶Medien
Vangard	▶Arbeit
Andrea Versteyl	▶Umwelt u. Planung
Vogel Heerma Waitz	▶Private Equ. u. Vent. Capital
Voigt Salus	▶Insolvenzverw.
Vossius & Partner	▶Patent
Wagensonner Luhmann Breitfeld Helm	▶Priv. Baurecht
Wallner Weiß	▶Insolvenzverw.
Wellensiek	▶Restrukturierung/Sanierung
Wilhelm	▶Versicherungsvertragsrecht
Zenk	▶Priv. Baurecht ▶Umwelt u. Planung
Zimmermann & Partner	▶Patent
Zirngibl Langwieser	▶Gesellsch.recht ▶Priv. Baurecht

Die hier getroffene Auswahl der Kanzleien ist das Ergebnis der auf zahlreichen Interviews basierenden Recherche der JUVE-Redaktion (siehe S. 20). Sie ist in 2erlei Hinsicht subjektiv: Sämtliche Aussagen der von JUVE-Redakteuren befragten Quellen sind subjektiv u. spiegeln deren eigene Wahrnehmungen, Erfahrungen u. Einschätzungen wider. Die Rechercheergebnisse werden von der JUVE-Redaktion unter Einbeziehung ihrer eigenen Marktkenntnis analysiert u. zusammengefasst. Der JUVE Verlag beabsichtigt mit dieser Tabelle keine allgemein gültige oder objektiv nachprüfbare Bewertung. Es ist möglich, dass eine andere Recherchemethode zu anderen Ergebnissen führen würde.

● Referenzmandate, umschrieben
●● Referenzmandate, namentlich

Anwaltszahlen: Angaben der Kanzleien zur Bürogröße vor Ort. Sie spiegeln nicht zwingend die Gesamtgröße einer Kanzlei wider.

nerernennung im vergangenen Jahr belegt, dass die Kanzlei dem Generationswechsel den Weg bahnt, der bald auch in der starken öffentl.-rechtl. Praxis anstehen sollte. Dagegen dürfte das Corporate-Team vor Ort zunächst unverändert bleiben: Es ist zwar zu klein, um größere Spuren im Markt zu hinterlassen, dies entspricht jedoch auch der Strategie der ähnl. aufgestellten Wettbewerberin Linklaters. Die Private-Equity-Praxis um Dr. Stephanie Hundertmark ist allerdings sehr anerkannt.

Stärken: Regulierungsberatung an der Schnittstelle von Öffentl. u. Europarecht.

Empfohlen für: ▶Außenhandel; ▶Beihilfe; ▶Energie; ▶Gesellsch.recht; ▶Gesundheit; ▶Kartellrecht; ▶M&A; ▶Priv. Equ. u. Vent. Capital; ▶ÖPP; ▶Produkt u. Abfall; ▶Umwelt u. Planung; ▶Verfassungs- u. Verwaltungsrecht; ▶Verkehr. (10 Partner, 3 Counsel, 28 Associates)

Mandate: Siehe Fachkapitel.

GLEISS LUTZ
Berlin

Bewertung: Häufig empfohlenes Büro in Berlin, das in mancher Hinsicht mit dem lokalen Büro von Freshfields vergleichbar ist. Es setzt auf regulierungs- u. politiknahe Beratung, wobei die Partner im Gesundheits- u. Energiesektor besonders sichtbar sind, etwa Prof. Dr. Christoph Moench bei der Verfassungsklage von E.on gegen das Atommoratorium der Bundesregierung. Im Vergleich zu Freshfields, deren öffentlich-rechtliche Abteilung solche Großmandate am laufenden Band produziert, sind diese bei Gleiss jedoch überschaubarer. Sie kombiniert ihre starke Regulierungsexpertise am Standort vielmehr mit einer großen Immobilienpraxis, die im vergangenen Jahr u.a. ein komplexes Joint Venture für den südkorean. Pensionsfonds POBA mit Dream Global REIT betreute. Doch Wettbewerber beäugen das Büro seit einigen Jahren auch kritisch, dass es über die Jahre etwas geschrumpft ist und sich die Frage stellt, ob dem Büro die Staffelübergabe an die nächste Generation gelingen wird. Derzeit sind es die großen, alten Namen, die das Renommee des Standorts prägen.

Stärken: Energiepolitische Mandate.

Empfohlen für: ▶Arbeitsrecht; ▶Energie; ▶Gesellsch.recht; ▶Gesundheit; ▶Handel u. Haftung; ▶Immobilien; ▶IT; ▶M&A; ▶Marken u. Wettbewerb; Notariat; ▶ÖPP; Priv. Baurecht; ▶Private Equ. u. Vent. Capital; ▶Projekte/Anlagenbau; ▶Umwelt u. Planung; ▶Vergabe; ▶Verfassungs- u. Verwaltungsrecht. (9 Eq.-Partner, 6 Counsel, 4 of Counsel, 29 Associates)

Mandate: Siehe Fachkapitel.

GÖRG
Berlin

Bewertung: Dem häufig empfohlenen Berliner Standort steht noch die Zusammenführung der beiden bisherigen Büroadressen von Rechtsberatung u. Insolvenzverwaltung unter einem Dach bevor. Angesichts der verhaltenen Entwicklung in der Verwaltung gibt es in der Kanzlei einzelne Stimmen, den Berliner Teil der Erweiterung mit ehem. Brinkmann-Anwälten Anfang 2013 für am wenigsten gelungen halten. Allerdings ist die Unauffälligkeit des Berliner Insolvenzzweigs v.a. dem Marktverlauf geschuldet. Gesundes Wachstum verzeichnet dagegen das Notariat im Immobilien- ebenso wie im Gesellschaftsrecht. Diese Bereiche sind auch in der Beratung des Säulen des Geschäfts, zusammen mit der Arbeit im Energiesektor. Die Nähe zu den Bundesministerien zahlt sich auf diesem Gebiet erkennbar aus. So beriet Görg bspw. das BMWi bzgl. der Einführung von Ausschreibungen im Erneuerbare-Energien-Gesetz. Zudem verstärkte sich das Team zuletzt weiter mit einem Quereinsteiger von Corinius aus HH, der außerdem die Schnittstelle zu Regulierung u. Kartellrecht abdeckt.

Stärken: Umfangr. Erfahrung bei Immobilientransaktionen u. Energieinfrastrukturprojekten. Starkes Notariat, das zu den anerkanntesten der Stadt gehört.

Empfohlen für: ▶Arbeitsrecht; ▶Energie; Finanz- u. Kapitalmarktrecht; ▶Gesellsch.recht; ▶Handel u. Haftung; ▶Immobilien; ▶IT; ▶M&A; Marken u. Wettbewerb; ▶Notare; ▶Umwelt u. Planung; ▶Vergabe; ▶Vertrieb. (18 Partner, 3 Counsel, 31 Associates)

Mandate: Siehe Fachkapitel.

GRAF VON WESTPHALEN
Berlin

Bewertung: Das geschätzte Berliner Büro zeigt sich rund um seine Schwerpunkte Insolvenz/Sanierung, Immobilien u. Arbeitsrecht stabiler als jeder andere GvW-Standort in Deutschland. Personalabu. -zugänge finden sich nicht, dafür ein stetiger Ausbau der Kerngebiete. So profitiert das Büro wie Wettbewerber auch vom derzeit florierenden Berliner Immobilienmarkt u. erlebt gleichzeitig eine Sonderkonjunktur durch die spezialisierte Beratung bei neu entstehenden Hotelprojekten. Diese werden nicht nur bei Transaktionen, sondern auch im Arbeitsrecht begleitet. Ausgehend von ihren guten Verbindungen zu chin. Investoren u. der lfd. arbeitsrechtl. Beratung von Air China betonen die Berliner seit Längerem ihren Hauptstadtstatus als erste Adresse für ausl. Unternehmen. Die diesbezügliche Marktwahrnehmung bleibt jedoch ausbaufähig.

Stärken: Angegliederte Insolvenzverwaltung.

Empfohlen für: Immobilien- u. ▶Priv. Baurecht inkl. Gewerbl. Mietrecht u. Notariat; ▶Gesellsch. recht; Insolvenzverwaltung; IT, inkl. Datenschutz; Arbeitsrecht; Kapitalmarktrecht; ▶M&A; ▶Projekte/Anlagenbau; Umwelt u. Planung; Vertragsgestaltung u. Transaktionen für Landesgesellschaften, Kommunen u. Investoren. (6 Eq.-Partner, 3 Sal.-Partner, 5 Associates, 2 of Counsel)

Mandate: Siehe Fachkapitel.

GREENBERG TRAURIG
Berlin

Bewertung: Häufig empfohlenes Berliner Büro, das bis vor Kurzem noch zur britischen Kanzlei Olswang gehörte. Die Entscheidung für den US-Wettbewerber fiel v.a., um weiterhin in ein starkes internat. Netzwerk eingebunden zu sein. Das eingeschworene Berliner Team baut nun unter neuem Namen auf seinem Erfolg der letzten Jahre auf. Mit Macht u. v.a. sehr viel Fleiß hatte es sich am Berliner Markt bislang beeindruckend durchgesetzt; die Mandate sind hochkarätig. So beriet die breit aufgestellte Medienpraxis wichtige Grundsatzverfahren, wie das viel beachtete EU- Missbrauchsverfahren gg. Google aufseiten mehrerer Beschwerdeführer. Auch das M&A-Geschäft zog kräftig an, u.a. stieg die Philippine Long Distance Telephone Company (PLDT) mit dem Team bei Rocket Internet ein. Zwar ist nicht jedes Expansionsprojekt ein Selbstläufer ¬ die Erweiterung der immobilienrechtl. Beratung in den Energiesektor ist im Vergleich zur sehr erfolgreichen Digital-Real-Estate-Initiative der Kanzlei derzeit noch ein zartes Pflänzchen. Aber wie kaum eine andere Einheit versteht es das Team, solch innovative Beratungsansätze anzugehen. Das gilt auch für die im vergangenen Jahr aufgesetzte Insolvenz- u. Restrukturierungsberatung.

Stärken: Starke Branchenexpertise im Immobilien- u. Mediensektor.

Entwicklungsmöglichkeiten: Die Anwälte gelten als selbstbestimmt u. tatkräftig, entsprechend motiviert werden sie die neue Situation angehen. Die einzige Gefahr dabei: Opfer der eigenen Ambition zu werden. Das bislang unaufhaltsame Wachstum, plus die Notwendigkeit einer Integration in ein neues Kanzleigefüge, wird seinen Tribut fordern: eine hohe Auslastung. Bei der derzeitigen Transaktionsdichte dabei das bislang hochgelobte Work-Life-Management u. die Qualitätssicherung leiden.

Häufig empfohlen: Dr. Christian Schede, Dr. Stefan Lütje, Dr. Peter Schorling, Christian Köhler-Ma

Kanzleitätigkeit: ▶Gesellschaftsrecht (einschl. Notariat) u. ▶M&A sowie ▶Private Equ. u. Vent. Capital u. Bank- u. Finanzrecht; besondere Branchenkenntnis in ▶Immobilien u. ▶Medien sowie ▶TK; Privatisierung u. ▶ÖPP sowie ▶Restrukturierung u. Sanierung (inkl. Steuerrecht). (14 Eq.-Partner, 2 Sal.-Partner, 3 Counsel, 2 of Counsel, 37 Associates)

Mandate: ●● BDZV, VDZ, Visual Meta, CEPIC, OIP als Beschwerdeführer bei der EU-Kommission gg. Google; Westgrund u. Ffire bei Kauf u. Finanzierung Wohnimmobilienportfolio; Tristan Capital Partners bei Verkauf div. Logistikportfolios; In-West bei Kauf ,Margaux'-Portfolio; LEG bei Gründung JV mit RWE für gesamte Energieversorgung der LEG-Wohnbestände; Philippine Long Distance Telephone Company bei Investment in die Rocket Internet AG; BMVerkehr bei Gestaltungsalternativen in der Zusammenarbeit zw. Bund u. Toll Collect.

GSK STOCKMANN + KOLLEGEN
Berlin

Bewertung: Das empfohlene Berliner Büro verbindet immer wieder seine immobilien- u. gesellschaftsrechtl. Kompetenz mit seinen Kontakten zur öffentl. Hand. Jüngste Beispiele sind die Beratung des Landes bei der Zusammenlegung seiner Immobilienmanagementgesellschaften u. die Entwicklung eines neuen Städtebaumodells. Mit dem Zugang des ehem. Wohnungs- u. Städtebauministers von Sachsen-Anhalt, Dr. Jürgen Heyer, intensivierte GSK die Verknüpfung beider Seiten erneut. Doch auch Immobilientransaktionen privater Investoren spielen eine erhebl. Rolle, wie die Beratung von Rockspring beim Kauf div. Fachmarktzentren über ein Joint Venture zeigt. Daneben ist es gelungen, erste Synergien zw. dem im Vorjahr hinzugekommenen Quereinsteiger im Öffentl. Recht und der IT-Praxis zu heben: Das verbundene Know-how mündete in Mandate aus dem Bereich Elektromobilität. Eine tragende Säule bleibt daneben das starke Notariat, das in größerem Umfang im Start-up-Umfeld agiert.

Empfohlen für: ▶Immobilien; ▶Priv. Baurecht; ▶Gesellsch.recht u. ▶M&A. Zudem Vergaberecht; auch IP/IT; Arbeits- u. Energierecht. 5 Notare; ▶Projekte/Anlagenbau; ▶Umwelt u. Planung. (10 Eq.-Partner, 1 Sal.-Partner, 1 Counsel, 14 Associates, 3 of Counsel)

Mandate: Siehe Fachkapitel.

REGION OSTEN BERLIN

HENGELER MUELLER
Berlin

Bewertung: Eine der führenden Kanzleien in Berlin, deren Motor wie immer das Gesellschaftsrecht ist. Im Mittelpunkt stehen dabei ein starkes Notariat u. die lfd. Beratung etwa von HVen u. Aufsichtsräten. In Berlin versteht es die Kanzlei aber besonders gut, auch ihr Spezialwissen in anderen Bereichen mit dem Gesellschaftsrecht zu vernetzen, etwa bei der Beratung von Medien-, TK- oder Energieunternehmen. Dabei ist die Mandatierung für Schieds- u. Gerichtsverfahren stetig angestiegen, eine Partnerernennung dokumentiert das Wachstum dieses Geschäftsbereichs. Eines der zentralen Mandate in diesem Zshg. war die Beratung des Flughafens Berlin Brandenburg bzgl. der Haftung von Geschäftsführern u. Aufsichtsräten an der Schnittstelle zu Compliance. Wie andere verfügt auch Hengeler vor Ort über eine angesehene Regulierungspraxis. Anders als bei Freshfields oder White & Case ist diese aber weniger oft in pol. Mandaten zu sehen u. entwickelt bspw. ihr TK-Know-how stärker in Richtung der Compliance- u. Datenschutzberatung.

Stärken: Starkes Notariat u. vertieftes Regulierungs-Know-how.

Empfohlen für: ▶Beihilfe; ▶Gesellsch.recht inkl. 3-köpf.; ▶Notariat; ▶Gesellschaftsrechtl. Streitigk.; ▶Gesundheit; ▶Handel u. Haftung; ▶Immobilien; ▶M&A; ▶Medien; ▶Nachfolge/Vermögen/Stiftungen; ▶Private Equ. u. Vent. Capital; ▶Telekommunikation; ▶ÖPP; ▶Umwelt u. Planung; ▶Verfassungs- u. Verwaltungsrecht. (10 Partner, 3 Counsel, 19 Associates)

Mandate: Siehe Fachkapitel.

HEUKING KÜHN LÜER WOJTEK
Berlin

Bewertung: Geschätztes Büro in Berlin, das seine traditionellen Stärken pflegt u. behutsam weiterentwickelt, ohne jedoch mit Überraschungen aufzuwarten. So gewann sie für die poln. Solaris eine Auseinandersetzung vor der Vergabekammer Sachsen, intensivierte aber auch ihre restrukturierungsnahe Arbeit für Banken im Zshg. mit notleidenden Engagements. Auch die Arbeitsrechtspraxis entwickelte sich positiv, geschuldet u.a. den guten Beziehungen zu öffentl. Arbeitgebern. Achillesfersen bleiben klass. Kernbereiche mittelständ. Kanzleien wie Immobilien- u. Gesellschaftsrecht, die zwar erfolgreich durch das große u. etablierte Notariat geprägt werden, in der Beratung jedoch nur eine untergeordnete Rolle spielen.

Stärken: Immobilien- u. prozessrechtl. Beratung, Notariat sowie Arbeitsrecht.

Empfohlen für: Priv. Baurecht (einschl. Notariat); zudem: Arbeitsrecht; Gewerbl. Rechtsschutz u. ▶Gesellsch.recht; ▶M&A; ▶Restrukturierung/Sanierung. Auch Produkthaftung (Medizinbranche); Vergaberecht. (8 Eq.-Partner, 3 Sal.-Partner, 6 Associates)

Mandate: Siehe Fachkapitel.

K&L GATES
Berlin

Bewertung: Häufig empfohlenes Berliner Büro, das zuletzt von einem Zuwachs an M&A-Arbeit aus dem großen US-Netzwerk profitieren konnte. Besonders visibel war insofern die Arbeit für Microsoft bzw. die Gates Foundation bei mehreren Transaktionen. Lange hat das dt. Corporate-Team auf den Zufluss solcher Deals warten müssen. Unmittelbar profitiert von der Entwicklung hat Dr. Thomas Lappe, der mittlerw. als einer der erfolgreichsten M&A-Anwälte der Stadt gilt. Zudem hat die Fondspraxis von Dr. Till Fock, der letztes Jahr von King & Wood kam, stark eingeschlagen. So hat sein Team in der Zusammenarbeit mit der US-Praxis weiter Fuß fassen können. Der Verlust von Medien- und Telekommunikationsrechtler Dr. Tobias Bosch war dagegen ein schwerer Schlag: So verliert die Praxis nicht nur einen der Equity-Partner an Noerr, sondern muss sich auch mit dem Eindruck der Stagnation des Büros auseinandersetzen.

Empfohlen für: ▶Compliance; ▶Gesellsch.recht; ▶Immobilien (inkl. Bauprozesse); ▶M&A; ▶Medien; ▶Private Equ. u. Vent. Capital; Umwelt- u. Planungsrecht u. ▶Vergabe; Verkehr. (18 Partner, 24 Associates)

Mandate: Siehe Fachkapitel.

KNAUTHE
Berlin

Bewertung: Bei der in Berlin geschätzten, breit aufgestellten Kanzlei sind neue Zeiten angebrochen. In den vergangenen Jahren fiel sie immer wieder durch Fluktuation u. Abgänge großer Teams auf. Seit knapp 2 Jahren steht das Wachstum aus eigener Kraft im Vordergrund: In der gesellschafts- u. transaktionsrechtl. Praxis wurde Anfang 2015 ein Partner ernannt. Zudem verfügt die Kanzlei nun auch wieder über ein gesellschaftsrechtl. Notariat, seit im Frühjahr 2015 eine Quereinsteigerin hinzukam. Damit wuchs das bislang fast ausschl. immobilienrechtl. Notariat auf 5 Notare, was es zu einem der größeren vor Ort macht. Mit jüngeren Köpfen will sie künftig auch jenseits der fast schon legendären Kontakte des Namenspartners wieder eine größere Rolle im lokalen Markt spielen. Noch allerdings dominiert der Namenspartner das Geschäft u. prägt die Kanzlei, wozu auch Deals wie zuletzt etwa der Verkauf des Hamburger Atlantic-Hotels beitragen.

Stärken: Beratung gr. Familienunternehmen u. privater Investoren, immobilienrechtl. Notariat.

Häufig empfohlen: Dr. Karlheinz Knauthe (Private Clients)

Kanzleitätigkeit: Beratung vermögender Privatpersonen u. mittelständ. Unternehmen u. deren Gesellschafter. Schwerpunkt im Immobilien- u. Baurecht (Projektentwicklung u. begleitung einschl. Vergaberecht u. ausgeprägtes Notariat). Zudem ▶Gesellsch.recht, M&A, Prozesse (u.a. im Insolvenz- u. Gesellschaftsrecht), Medien/IT/IP u. Arbeits-, Sanierungs- u. Finanzrecht. (11 Partner, 13 Associates, 2 of Counsel)

Mandate: ●● Octavian King Holdings bei Verkauf des Hotels Atlantic an Asklepios; Profi Partner/Dirk Germandi bei Entwicklung des Projekts Krampnitz (Potsdam); IGP Ingenieur AG bei Flughafen BER; Freiberger bei Bau Forum Museumsinsel; Petruswerk (Linz) bei €60-Mio-Verkauf eines österr. Immobilienportfolios.

KPMG LAW
Berlin

Bewertung: Die in Berlin geschätzte Kanzlei hat sich inzw. fest im Markt etabliert u. bietet als WP-Kanzlei eine an den operativen Belangen des Mandanten orientierte Full-Service-Beratung. Traditionell weist das Büro einen Schwerpunkt im Gesundheits- u. Krankenhaussektor auf (u.a. Transaktionen, Vergaberecht). Die größten Schritte machten zuletzt jedoch einerseits das Team im Öffentl. Wirtschaftsrecht, das nun auch bei Prestigemandaten für Bundesministerien zum Einsatz kommt u. durch die interne Berufung eines Partners des Rechtsberatungsarms zum Vorstand Public Sector der KPMG AG profitiert. Zuletzt verstärkte sich die Kanzlei zudem mit Vergaberechtler Dr. Mario Ohle u. M&Aler Dr. Burkhard Frisch, die von Taylor Wessing wechselten u. u.a. viel Erfahrung bei großen Vergabeverfahren mitbringen. Zum anderen haben sich im Arbeitsrecht die internat. Mitarbeiterversendung u. Immigration Services zum echten Schwerpunkt vor Ort entwickelt. In Berlin beschäftigt KPMG Law mit mehr als 10 RAen kanzleiweit mittlerw. die meisten Arbeitsrechtler.

Stärken: Multidisziplinärer Beratungsansatz.

Kanzleitätigkeit: Schwerpunkt im ▶Gesellsch.recht inkl. ▶M&A u. Prozessführung sowie Private Equity, Insolvenzrecht u. Sanierung; zudem Öffentl. Recht, ▶Vergabe- u. Beihilferecht inkl. ÖPP u. Energie- u. Infrastrukturprojekte; ▶Gesundheit; Arbeitsrecht; Bau- u. Immobilienrecht; Bank- u. Versicherungsaufsichtsrecht. (2 Eq.-Partner, 1 Direktor, 7 Sal.-Partner, 22 Associates)

Mandate: ●● Delivery Hero bei Bereinigung der dt. Konzernstruktur; W. Hamburger (Prinzenhorn-Gruppe) beim Kauf der Papierfabrik Fritz Peters; Spectrum K bei der Ausschreibung von Rabattverträgen; AOK Bundesverband sozial- u. medizinrechtl.; Charité vergaberechtl.; BMVerkehr u. digitale Infrastruktur bei wissenschaftl. Begleitung der Reformkommission für den Bau von Großprojekten.

LACORE
Berlin

JUVE AWARDS 2015 — Kanzlei des Jahres Osten

Bewertung: Die in Berlin empfohlene Kanzlei ist in der Berliner Start-up-Szene bestens vernetzt, Partner Eggert einer der wichtigsten Berater von Gründungsunternehmen, Business Angels u. Accelerators. Sein Geschäft ist in den vergangenen Jahren mit seinen Klienten gewachsen: So war die VC-Praxis zuletzt mit einigen großen Exits beschäftigt u. beriet u.a. Ubitricity beim Joint Venture mit EdF. Die Beratung im Start-up-Umfeld strahlt auf andere Bereiche, wie das Arbeitsrecht und die Filmfinanzierung, ab. Seit Kurzem ist Lacore auch in die Beratung von Prominenten bei vertrags- oder lizenzrechtl. Fragen eingestiegen. Die Gesellschaftsrechtler um Barnitzke begleiten zudem eine ganze Reihe bodenständiger Mandate, etwa im Immobilien- und Gesundheitssektor.

Häufig empfohlen: André Eggert („stark im VC-Geschäft, pragmatischer Ansatz", Wettbewerber; Start-up-Beratung), Dr. Ralf-Martin Vogt („exzellent, wahnsinnig schnelle Reaktionen, hohe Erfolgsquote", Mandant; Arbeitsrecht), Matthias Braun („hoher Pragmatismus, große Erfahrung, zeitnahe Reaktion, mir gefällt seine ruhige Art", Mandant; Markenrecht).

Kanzleitätigkeit: Schwerpunkte in den Bereichen Corporate u. Finanzierung, v.a. ▶Private Equ. u. Vent. Capital. Zudem Arbeits-, Marken- u. Immobilienrecht. Mandanten sind v.a. einzelne Unternehmer u. Start-ups, daneben Mittelständler u. teils Großkonzerne. (7 Partner, 1 Counsel, 15 Associates)

Mandate: ●● Blogform Social Media bei Verkauf der Deutschen Wirtschaftsnachrichten an

Bonnier Verlag; Econa Shopping bei Verkauf an RTL; Frigoblock Grosskopf bei Verkauf an Ingersoll Rand; Ubitricity bei Finanzierungsrunde u. Joint Venture mit Électricité de France; Orderbird bei Serie-B-Finanzierungsrunde. Lfd.: Allianz Digital Accelerator bei Investitionen/Beteiligungen in Dtl.; Factory bei Finanzierung, Kooperation, Mietverträgen; Gemüsering Stuttgart im Gesellschaftsrecht.

LAMBSDORFF
Berlin

Bewertung: Empfohlene Berliner Kanzlei, die den Erfolg der Anfangsjahre schnell vervielfacht hat. Basis ist eine solide gesellschaftsrechtl. Beratung, v.a. im Immobiliensektor. Hier betreut sie regelmäßig M&A-Transaktionen u. lfd. Mandanten wie Berlinovo. Die Partner haben sich zudem erstaunlich leichtgetan, sich in der prosperierenden VC-Szene in Berlin zu etablieren u. von Anfang an bekannte Start-ups wie Dawanda beraten. Neben Finanzierungsrunden begleitet Lambsdorff die Mandanten v.a. bei vertrags- u. IT-rechtl. Fragen.

Kanzleitätigkeit: Im Kern gesellschaftsrechtl. Beratung u. M&A für mittelständ. Unternehmen u. Einzelpersonen, dabei auch mit bau- u. immobilienrechtl. Fokus. Zunehmend im ▶Private-Equ.- u.-Vent.-Capital-Bereich für Investoren, seit Längerem für Gründer u. teils Investoren, v.a. vertrags- u. IT-rechtlich (5 Eq.-Partner, 4 Associates).

Mandate: ●● Berlinovo-Unternehmensgruppe bei geschlossenen Immobilienfonds; Burgberg Investment bei Verkauf der Beteiligung an MeinFernbus; Dawanda in Finanzierungsrunde; DTZ Zadelhoff Tie Leung bzgl. ihrer dt. Geschäftseinheiten inkl. Prozessführung; Earlybird Venture Capital bei Beteiligungen u. Umstrukturierungen; Lesson Nine gesellschaftsrechtl. u. in Finanzierungsrunden; AppDynamics vertrags- u. gesellschaftsrechtl. bei europ. Markteintritt; Spencer Ogden gesellschaftsrechtl. beim europ. Markteintritt u. bei Gründung dt. Tochtergesellschaft.

LINDENPARTNERS
Berlin

Bewertung: Häufig empfohlene Berliner Kanzlei, die ihren energisch-unangepassten Beratungsansatz geschickt vermarktet. Die Anwälte gelten als Pragmatiker, was Mandanten v.a. im Gesellschaftsrecht u. bei Prozessen zu schätzen wissen. So hat sich die Kanzlei v.a. aufseiten von Bankenfondsinitiatoren einen guten Ruf für komplexe Litigation-Fälle erworben u. begleitete MPC in versch. Massenklagen u. schloss Ende 2014 für Mandantin Rajon einen Vergleich mit der HVB. Mandanten aus dem Sparkassen- u. Landesbankensektor suchen aber auch bei anderen Themen Rat wie bspw. der Umsetzung von MiFID II/MiFIR. Daneben profitieren die Gesellschaftsrechtler aktuell vom anziehenden Immobilienmarkt. Sie berieten u.a. ADO Properties beim Kauf eines Wohnimmobilienportfolios von Deutsche Wohnen.

Stärken: Gerichts- u. Schiedsverfahren.

Häufig empfohlen: Dr. Matthias Birkholz (Corporate/M&A), Dr. Thomas Asmus (Gesellschaftsrecht), Dr. Lars Röh (Kapitalmarktrecht), Dr. Brigitta Varadinek.

Kanzleitätigkeit: Neben Schwerpunkten im ▶Gesellsch.recht u. ▶M&A auch Kapitalmarktrecht, ▶Bankrecht u. -aufsicht, Öffentl. Wirtschaftsrecht u. Vergaberecht, Steuerrecht u. IP/IT, besondere Expertise bei Gerichts- u. Schiedsverfahren (▶Handel u. Haftung). (16 Partner, 18 Associates)

Mandate: ●● ADO Properties bei Kauf eines Wohnimmobilienportfolios von Deutsche Wohnen inkl. Finanzierung; MPC Münchmeyer Petersen Capital in Massenklagen bzgl. indischer Projektentwicklungsfonds, brasilian. Ölplattform sowie Private Placements, Immobilienfonds, Lebensversicherungs- u. Schiffsfonds; Berliner Wohnungsbaugesellschaften bei mehreren Bieterverfahren für Immobilienportfolios, Asset- u. Share-Deals; OneSubsea bei Sale-and-lease-back-Projekt mit der Commerzbank; Dt. Sparkassen- u. Giroverband bzgl. Umsetzung MiFID II/MiFIR u. bzgl. Sanierungs- und Abwicklungsgesetz; Rajon beim Vergleich mit der HVB wg. misslungenen CumEx-Geschäften; NordLB bzgl. Anlegerklagen zu geschlossenen Medien-, Immobilien- u. Lebensversicherungsfonds; Hamburger Sparkasse gg. div. Swapklagen; Ex-Vorstand SachsenLB bank- u. kapitalmarktrechtl.; dt. E-Commerce-Unternehmen gesellschaftsrechtl.; UK Investor bei geplantem Erwerb einer Bioethanolanlage aus Insolvenz.

LINKLATERS
Berlin

Bewertung: Das häufig empfohlene Berliner Büro setzt den Erfolgskurs der vergangenen 3 Jahre fort. Es konnte sich mittlerw. eindeutig als das öffentl.rechtl. Kompetenzzentrum innerh. der Kanzlei positionieren. V.a. das lange auf Dr. Jan Endler fokussierte Geschäft verteilt die Kanzlei zunehmend auf mehr Schultern u. stellt sich fachl. breiter auf: Nach einer Partnerernennung im Umwelt- u. Planungsrecht 2014 wurde nun ein Counsel für das Vergaberecht ernannt. So gelingt es dem Büro besser als in den Vorjahren, öffentl.- u. energierechtl. Großmandate parallel mit inhaltl. Tiefe zu bearbeiten, etwa RWE beim Projekt Nordsee 1, EEX beim Kauf der niederl. Energiebörse APX oder die Eigner der HSH Nordbank bei der Neuaufstellung der Bank sowie lfd. Tennet.

Stärken: Betreuung gr. Infrastruktur- u. Energieprojekte.

Empfohlen für: ▶Beihilfe; ▶Energie; ▶Gesellsch.recht; ▶Gesellschaftsrechtl. Streitigk.; Immobilien- u. Baurecht; ▶M&A; ▶ÖPP; Öffentl. Recht; ▶Umwelt u. Planung; ▶Vergabe; ▶Verfassungs- u. Verwaltungsrecht. (4 Partner, 2 Counsel, 16 Associates, 2 of Counsel)

Mandate: Siehe Fachkapitel.

LUTHER
Berlin

Bewertung: Häufig empfohlenes Büro in Berlin mit wesentlichen Beratungsschwerpunkten im Immobilien- u. Öffentl. Recht. Die Kanzlei betreibt ein auf Immobilientransaktionen ausgerichtetes Notariat, zudem sind die Anwälte in diesem Bereich häufig für ausl. Mandanten tätig u. profitierten zuletzt vom anziehenden M&A-Geschäft. Mit Dr. Martin Fleckenstein u. Dr. Rut Herten-Koch kamen zuletzt 2 Öffentlich-/Vergaberechtler an Bord, die v.a. die Schnittstelle Projektentwicklungen bedienen u. damit das perfekte Bindeglied zur öffentl.-rechtl. Praxis vor Ort bilden. Die Beratung der öffentl. Hand hat Luther zuletzt sogar noch ausgebaut. So begleiten die ▶Öffentl.-Rechtler die Berliner Senatsverwaltung für Wirtschaft bei Vergabeprüfungen u. sind bei 3 großen Bundesprojekten, darunter der Neubau des Berliner Dienstsitzes des Bundesministeriums für Bildung und Forschung, tätig. Spezial-Know-how besteht auch beim Thema CO2-Handel. Die dritte Säule des Standorts bildet die arbeitsrechtl. Praxis, die teils für große Unternehmen tätig wird u. zu aktuellen Themen wie Tarifeinheit und Datenschutz berät.

Stärken: Beratung im Immobiliensektor.

Empfohlen für: ▶Immobilien; ▶M&A; ▶Priv. Baurecht; in diesem Zshg. auch ÖPP; ▶Umwelt u. Planung; ▶Gesellsch.recht (v.a. Gesundheitsbranche u. ÖPP, Beratung vermög. Privatpersonen; vermehrt Compliance); ▶Arbeitsrecht; ▶Energie (insbes. zum Emissionshandel); IT/IP; Notariat (2 Notare). (9 Partner, 1 Counsel, 11 Associates, 2 of Counsel)

Mandate: Siehe Fachkapitel.

MÄGER VON BERNUTH
Berlin

Bewertung: Geschätzte Berliner Corporate-Boutique, die v.a. in der Verlagsbranche bekannt ist, aber auch viele Mandanten im Gesundheitssektor hat. Die M&A- u. Strukturberatung kombiniert sie v.a. mit Spezial-Know-how im Urheber- u. Verlagsrecht. Zugleich ergeben sich aus der gesellschaftsrechtl. Betreuung immer häufiger auch Prozessmandate, etwa im Nachgang zu M&A-Transaktionen. Zuletzt war MvB auch mehrfach im Kartell- u. Stiftungsrecht tätig, einer weiteren traditionellen Stärke der Kanzlei.

Stärken: Treuer Mandantenstamm in der Verlagsbranche u. im Gesundheitssektor.

Häufig empfohlen: Dr. Stefan Mäger (Gesellschaftsrecht/Stiftungsrecht), Dr. Wolf von Bernuth (Prozessrecht)

Kanzleitätigkeit: Schwerpunkte im ▶Gesellsch. recht u. bei Transaktionen. Überdies Expertise bei Unternehmensnachfolgen, inkl. Stiftungsrecht, u. im Urheberrecht; Beratung bei Restrukturierungen u. Sanierungsfällen. (2 Partner, 3 Associates)

Mandate: ●● Franz Cornelsen Bildungsholding bei Verkauf der AKAD-Gruppe; Cornelsen Schulbuchverlage bei Kauf von Kösel Schulbuch u. bei Vertriebs- u. Lizenzverträgen; geschäftsführende Gesellschafter von Revos Watercooler bei Verkauf an Aqua Vital; Collonil Salzenbrodt gesellschaftsrechtl.; Nathalie Braun-Barends bei Schadensersatz wg. Vernichtung 2er großer Kunstprojekte in der Kunsthalle Mannheim; Cura Kurkliniken Seniorenwohn- u. Pflegeheime prozessrechtl.; Emoji bei internat. Anmeldung der Marke u. Lizenzverträgen.

MOCK
Berlin

Bewertung: Die Berliner Kanzlei wird v.a. für ihr renommiertes u. mit 10 Amtsträgern großes Notariat geschätzt. Nach dem altersbedingten Ausscheiden Zieschnes aus dem Notariat verstärkte sie sich im vergangenen Jahr mit einem Amtsträger von Rödl Enneking. Trotz der Größe des Notariats agiert es häufig unter dem Radar der Berliner Wettbewerber, auch weil Mock häufig Transaktionen für ausl. Sozietäten beurkundet. Daneben berät die Kanzlei schwerpunktmäßig im Gesellschaftsrecht (v.a. zu HVen u. VC-Beteiligungen) sowie im Priv. Baurecht.

Häufig empfohlen: Prof. Dr. Walter Rust (Private Equity), Dr. Lutz Ziesche (Prozesse), Michael Oprach (Priv. Baurecht)

Kanzleitätigkeit: Konzentration auf die Gebiete Immobilien- u. Baurecht (Architektenrecht) sowie gesellschaftsrechtl. Beratung, u.a. zu Gründungen, Umstrukturierungen u. Auseinandersetzungen. Stetig zu HV u. Venture Capital. Insbes. für die Immobilienwirtschaft auch zu Transaktionen, oft an der Schnittstelle zu Baurecht u. Restrukturierung. Zudem Notariat, prozessuale Tätigkeit u. Öffentl. Recht. (12 Partner, 3 Associates, 1 of Counsel)
Mandate: TTT Techno Terrain Teltow bei Großschaden; Bilfinger R+M Kühllagerbau Bielefeld bei Bauvorhaben in Verden u. Brandenburg; Arge Ausbau Piste Airbus bzgl. Start- u. Landebahn Flughafen Hamburg-Finkenwerder; Arge Baugrube Alexa bzgl. Shoppingcenter Alexa in Berlin; Immobilienunternehmen bei Asset-Deal; Medizintechnikunternehmen bei Kapitalmaßnahme.

MORRISON & FOERSTER
Berlin

Bewertung: Die häufig empfohlene Kanzlei hat einen klaren Wachstumsplan für den dt. Markt, in dem sie nun knapp eineinhalb Jahre präsent ist. Die erste Erweiterung des Startteams kam bereits an Bord: Alex van der Wolk als Partner und Lokke Moerel als Senior of Counsel von der Amsterdamer Kanzlei De Brauw Blackstone Westbroek verstärken M&F jetzt im Datenschutzrecht für die globalen u. europ. Mandanten. Das ergänzt u.a. die Arbeit des sehr bekannten Medienteams unter der Führung von Wagner. Dieser steht wie kein Zweiter für die Praxis u. berät intensiv im dt. u. internationalen M&A-Geschäft sowie kartell- u. regulierungsrechtlich. Derzeit profitiert das Team v.a. von den Verbindungen nach Asien u. in die USA, wie die Arbeit für Fujitsu zeigt. Bereits Anfang des Jahres kam zudem der ehem. Leiter Immobilienrecht bei Union Investment als Counsel, um den Bereich Immobilienrecht in Dtl. aufzubauen.
Stärken: Medienpraxis mit hoher kartell- u. gesellschaftsrechtl. Kompetenz.
Entwicklungsmöglichkeiten: Nach den jüngsten Zugängen fehlt M&F nur noch ein Baustein, um die erste Stufe ihrer Expansionspläne in Dtl. abzuschließen: ein IP-Litigation-Team. Doch dafür müsste die Kanzlei auch ein weiteres Büro in Dtl. eröffnen. In Berlin ist eine solche Praxis nicht zu bekommen.
Häufig empfohlen: Dr. Christoph Wagner, Dr. Dirk Besse, Dr. Thomas Keul, Karin Arnold
Kanzleitätigkeit: Starke ▶Medien- u. ▶Telekommunikationspraxis; darüber hinaus aber auch breite M&A- u. Gesellschaftsrechtspraxis inkl. Private Equ. u. Vent. Capital sowie flankierende kartellrechtl. u. ▶steuerrechtl. Beratung. (9 Partner, 5 Counsel, 20 Associates, 2 of Counsel)
Mandate: ●● Fujitsu bei Joint Ventures mit Panasonic im Bereich System LSI bzw. System-on-Chip (SoC); Senator Entertainment bei Restrukturierung u. Rekapitalisierung inkl. Kapitalherabsetzung, Debt-Equity-Swap u. bei Zusammenschluss mit der frz. Wild Bunch S.A.; Vivantes Netzwerk bei internen Ermittlungen, u.a. bzgl. potenziellen Ansprüchen gg. Ex-Management; 21st Century Fox bei Verkauf von Sky Deutschland u. Sky Italia an BSkyB; Axel Springer u.a. bei Series-B-Investment in den U.S.-Onlineverlag OZY Media; Anschutz Entertainment Group bei strateg. Partnerschaft mit Mercedes Benz u. Übertragung der Namensrechte an Veranstaltungsarena in Berlin.

NOERR
Berlin

Bewertung: Eines der führenden u. zudem größten Büros in Berlin, dessen Wachstumskurve unbeirrt nach oben zeigt. Das betrifft nicht nur den internen Personalaufbau, der am Standort insbes. in der Corporate-Praxis mit mehreren Partnerernennungen unterstrichen wurde. Auch von extern kam Verstärkung: im Medienbereich durch Dr. Tobias Bosch, der von K&L Gates wechselte. Die Mandatsentwicklung spiegelt die rasante Entwicklung: Als langj. Beraterin stand Noerr (gemeinsam mit Sullivan & Cromwell) bspw. Rocket Internet beim Börsengang u. bei div. Pre-IPO-Investitionen zur Seite. Die Arbeit bei der Bildung der globalen Fashion-E-Commerce-Gruppe GFG, an der Kinnevik, Rocket Internet u. andere Investoren beteiligt sind, zeigt, welch weite Kreise die Beratung von Ankermandant Rocket auch im internat. Geschäft zieht. Auch jenseits des VC-Bereichs hat kaum ein Wettbewerber vor Ort das internat. Transaktionsgeschäft so weit entwickelt wie Noerr. Das zeigt etwa die Beratung der Cemex-Gruppe bei einem Beteiligungstausch mit Holcim. Gleichzeitig pflegt die Kanzlei vor Ort ihre Branchenschwerpunkte, bspw. im Medien- u. TK-Recht, Immobilienrecht oder Energierecht.
Empfohlen für: ▶Arbeitsrecht; ▶Außenhandel; ▶Bankrecht u. -aufsicht; ▶Compliance; ▶Energie; ▶Gesellsch.recht; ▶Gesundheit; Gewerbl. Rechtsschutz; ▶Handel u. Haftung; Immobilien; ▶Kartellrecht; ▶M&A; ▶Marken u. Wettbewerb; ▶Medien; ▶Nachfolge/Vermögen/Stiftungen; ▶Private Equ. u. Vent. Capital; ▶Projekte/Anlagenbau; ▶Restrukturierung/Sanierung; ▶Steuer; ▶Telekommunikation; ▶Umwelt u. Planung; ▶Verfassungs- u. Verwaltungsrecht; ▶Vergabe; ▶Vertrieb; ▶Wirtschaftsstrafrecht. (19 Eq.-Partner, 11 Sal.-Partner, 2 Counsel, 49 Associates, einschl. StB/WP)
Mandate: Siehe Fachkapitel.

P+P PÖLLATH + PARTNERS
Berlin

Bewertung: In diesem häufig empfohlenen Berliner Büro verschieben sich die Schwerpunkte zurzeit deutlich. Lange war der Standort v.a. für seine kombinierte Kompetenz bei Immobilientransaktionen u. im Immobiliensteuerrecht bekannt. Nach einem Einbruch infolge der Finanzkrise stabilisierte sich dieses Geschäft zuletzt wieder u. es gelang, den Mandantenkreis über die traditionellen Verbindungen zu Whitehall/Goldman Sachs hinaus deutl. auszuweiten. Gleichzeitig erlebt v.a. die Fondsstrukturierung aktuell einen zweiten Frühling. Die Kanzlei profitiert im derzeitigen Niedrigzinsumfeld von der steigenden Nachfrage nach alternativen Anlagemöglichkeiten. In Berlin stellen die Fondsspezialisten nach der Partnerernennung von Ronald Buge mit 4 Partnern u. einem auf 12 Associates rapide gewachsenen Team nun die mit Abstand größte Gruppe des Büros. Die Kanzlei bewegt sich stärker als die meisten Wettbewerber mit der allg. Marktdynamik.
Stärken: Steuerrecht, Immobilienrecht, Nachfolge/Stiftungen.
Empfohlen für: ▶Private Equ. u. Vent. Capital; ▶Investmentfonds; ▶M&A; ▶Gesellsch.recht; ▶Steuern u. ▶Immobilien; zudem Beratung zu Restitutionen u. zu ▶Nachfolge/Vermögen/Stiftungen. (10 Eq.-Partner, 11 Counsel, 18 Associates, 1 of Counsel)
Mandate: Siehe Fachkapitel.

RAUE
Berlin

Bewertung: Die häufig empfohlene Berliner Kanzlei agiert als lokale Wettbewerberin in vielen Bereichen auf Augenhöhe mit den ansässigen Großkanzleien. Dabei ist die Einheit ohne eigene Auslandsbüros außergewöhnl. häufig im internat. Kontext gefragt. Besonders erfolgreich entwickelt sich seit einigen Jahren das Venture-Capital-Geschäft, insbes. die Gründer- u. Start-up-Beratung. Herausragend sind aber auch die Mandate in der traditionell starken Medien- u. der Energiepraxis. So zählt die Kanzlei u.a. VG Media u. Springer zu ihren Mandanten, die Energierechtler betreuten u.a. das Konzessionsverfahren in Berlin aufseiten der Gasag u. konnten sich überraschend aufseiten von Bayern u. Hessen bzgl. der Schadensersatzklagen von E.on u. RWE positionieren. Keine der Praxen ist dabei auf Regulierungsfragen beschränkt, sondern auch im Gesellschaftsrecht u. M&A sehr aktiv. Die Immobilienpraxis pflegt u.a. ihr architektenrechtl. Know-how, bspw. für die Tegel Projekt GmbH.
Stärken: Beratung Regulierter Industrien (Energie-, Medien- u. Gesundheitsrecht).
Häufig empfohlen: Christian von Hammerstein (Energierecht), Dr. Gernod Meinel (Arbeitsrecht), Prof. Dr. Andreas Nelle (Gesellschaftsrecht), Prof. Dr. Jan Hegemann (Medienrecht), Prof. Dr. Peter Raue (Kunst-/Medienrecht)
Kanzleitätigkeit: Schwerpunkte im ▶Energie- und ▶Arbeitsrecht, ▶Gesellsch.recht, ▶M&A; ▶Private Equ. u. Vent. Capital; Kartellrecht; ▶Medien u. ▶Telekommunikation sowie Patent-, ▶Presse-, Urheber- u. Wettbewerbsrecht u. besondere Spezialisierungen im ▶Gesundheits-, Kunst- u. Sportrecht, ▶Umwelt u. Planung; ▶Verfassungs- u. Verwaltungsrecht. (26 Eq.-Partner, 5 Sal.-Partner, 25 Associates)
Mandate: ●● Alpiq bei Joint Ventures mit einer internationalen Facility-Management-Gruppe; Gasag, NBB bzgl. Gaskonzessionsverfahren des Landes Berlin; DB Barnsdale bei Schadensersatzklage gg. Luftfrachtkartell; Bayern u. Hessen gg. Schadensersatzklagen von E.on u. RWE wg. vorläufiger Einstellung des Betriebs von Kernkraftwerken; Axel Springer bzgl. Berichterstattung über brandenburg. Ex-Minister; Erich Sixt Vermögensverwaltung bei Verkauf von Quandoo; VG Media bzgl. Presseleistungsschutzrecht gg. Google, Yahoo u. 1&1; Ebay bzgl. Plattformvermarktung u. Prozessführung; Buzzfeed medien-, urheber- u. äußerungsrechtl.; OMA (Rem Koolhaas) bzgl. Neubau Mediencampus Axel Springer; Tegel Projekt GmbH bei Umgestaltung des Flughafens Berlin-Tegel; Gema gg. Youtube wg. Videosperrtafeln; Sky u.a. markenrechtl. in versch. Verletzungsverfahren.

RBS ROEVERBROENNERSUSAT MAZARS
Berlin

Bewertung: Das Jahr 2015 könnte im Rückblick zum Schlüsseljahr für die durch div. Zusammenschlüsse gewachsene, in Berlin empfohlene MDP-Kanzlei werden. Bislang stehen die Anwälte der Kanzlei eindeutig für die Beratung der Gesundheitsbranche. In- u. ausl. Krankenhausbetreiber u. Investoren sowie Kommunen werden aus Berlin bundesw. bei Projekten umf. beraten, etwa im Gesellschafts-, Arbeits-, Vergabe- oder Planungsrecht. Hinzu kommt die steuerrechtl. Unterstützung. Nach der im Frühjahr 2015 in die Wege geleiteten Fusion mit der internat. WP-Gesellschaft Mazars setzt die Kanzlei nun einerseits auf

eine Verbreiterung der Praxis durch multidisziplinäre Beratungsaufträge aus dem bisherigen Mandantenkreis von Mazars, anderseits auf das Potenzial von mehr Inboundtransaktionen. Unmittelbare Auswirkungen auf die Rechtsberatung hatte das Zusammengehen jedoch anfangs nicht, da Mazars in Dtl. nur eine vernachlässigbare eigene Rechtsberatungssparte betrieben hat.
Stärken: Umf. Beratung des Krankenhaussektors.
Häufig empfohlen: Prof. Dr. Jens Poll
Kanzleitätigkeit: Schwerpunkte im M&A/Gesellschaftsrecht, insbes. Privatisierungen u. ÖPP im ▶Gesundheits- u. Medizinrecht. Zudem Vergaberecht, Berufshaftung (Ärzte, WP, StB, Architekten u. Ingenieure), Arbeitsrecht, Bank- u. Finanzrecht sowie Immobilien- u. Baurecht, zunehmend Governance-/Compliance-Beratung. Gute Verbindungen zu Non-Profit-Organisationen aus dem Wissenschaftsbereich. Beratung jew. auch steuerrechtlich. (7 Eq.-Partner, 2 Sal.-Partner, 25 Associates, 2 of Counsel)
Mandate: ●● Ameos bei versch. Akquisitionen; Sana Kliniken bei div. Krankenhaustransaktionen; Kanzlei Mäger von Bernuth in AGG-Verfahren wg. angebl. Altersdiskriminierung; städt. Klinikum Brandenburg in versch. Einigungsstellenverfahren.

REDEKER SELLNER DAHS
Berlin
Bewertung: Das in Berlin häufig empfohlene Büro repräsentiert die ganze fachl. Breite der Kanzlei, in der Wahrnehmung dominiert jedoch klar das Öffentl. Recht. Mit Partnern wie Dr. Ulrich Karpenstein, einem der führenden Allrounder im Beihilfe- u. Öffentl. Recht, u. Prof. Dr. Olaf Reidt, den Wettbewerber für „einen der besten Öffentlichrechtler in Dtl." halten, zählt das Büro unbestritten zu den wichtigsten öffentl.-rechtl. Praxen vor Ort. Allerdings unterstützt Reidt derzeit auch verstärkt den Aufbau des 2013 eröffneten Münchner Büros, u. steht somit eingeschränkter dem Berliner Geschäft zur Verfügung. Andererseits gewinnen dort immer mehr weitere Partner deutlich an Statur, etwa im Umwelt- u. Planungsrecht Dr. Frank Fellenberg, der für Projekte wie den Windpark Butendiek u. die Waldschlösschenbrücke und damit für 2 prominente Mandate der Kanzlei steht.
Stärken: Öffentl. Wirtschaftsrecht.
Empfohlen für: ▶Beihilfe; ▶M&A; ▶Priv. Baurecht (neben gr. Bauprojekten auch in internat. Schiedsverfahren); ▶Produkt u. Abfall; ▶Projekte/Anlagenbau; ▶Umwelt u. Planung; ▶Energie; ▶Vergabe; ▶Verkehr, v.a. Eisenbahn- u. Postregulierung; Wettbewerbs-, Markenrecht u. unternehmensbezogenes Zivilrecht; Restitutionsrecht; ▶Gesellsch.recht; ▶Verfassungs- u. Verwaltungsrecht. (9 Eq.-Partner, 2 Sal.-Partner, 2 Counsel, 4 Associates)
Mandate: Siehe Fachkapitel.

SAMMLER USINGER
Berlin
Bewertung: In Berlin geschätzte Kanzlei, deren Fokus weiterhin v.a. auf dem Immobilienrecht liegt. Hier nutzt sie ihre im Vorjahr wiedergewonnene Kompetenz im Steuerrecht regelm. auch in Transaktionen. Mit Dr. Martin Fleckenstein u. Dr. Rut Herten-Koch verließen 2 Öffentlich-/Vergaberechtler die Kanzlei (zu Luther), die v.a. die Schnittstelle Projektentwicklungen bedienten. Allerdings verstärkte sich Sammler sogleich mit Dr. Claus-Peter Martens, der zuletzt bei Rolema u. zu-

vor viele Jahre bei Clifford arbeitete. Er berät neben dem immobilienbezogenen Öffentl. Recht auch im Umweltrecht. Das altersbedingte Ausscheiden von Namenspartner Usinger aus dem Notariat will die Kanzlei mit einer internen Partnerin noch erfolgr. Prüfung personell ausgleichen.
Häufig empfohlen: Wolfgang Usinger, Dr. Wolfgang Sammler (Immobilienrecht)
Kanzleitätigkeit: Bau- u. ▶Immobilienrecht, Öffentliches Umwelt- u. Planungsrecht, Vergaberecht. Zudem Gesellschaftsrecht, ▶Notare u. M&A, auch Steuern. (8 Eq.-Partner, 2 Sal.-Partner, 1 of Counsel, 8 Associates)
Mandate: ●● Lfd. AMEC, Leipziger Messe (aus dem Markt bekannt); Wohnungsinvestor bei div. Käufen; Hotelbetreiber bei Pachtverträgen; Kapitalanlagegesellschaft bei Kauf Logistikimmobilie; Bank bei Grundstücksverkauf; Investor bei Realteilung eines Frankfurter Büroturms; Immobiliendienstleister bei Finanzierungen.

SQUIRE PATTON BOGGS
Berlin
Bewertung: Das in Berlin empfohlene Büro kann sich seit vielen Jahren auf sein originäres Geschäft bei Immobilien- u. M&A-Transaktionen u. im Gesellschaftsrecht für Mandanten wie Deutsche Wohnen, die Investitionsbank Berlin oder WPP verlassen. Zusätzlich beginnt nun die bereits 2014 vollzogene Fusion mit Patton Boggs in Berlin langsam Früchte zu tragen: So brachten die mit den Amerikanern gekommenen Staatsfondskontakte einige Staatsfonds näher an den pulsierenden Berliner Immobilienmarkt, zudem gelang es auch im Outboundgeschäft in der Region erste Kontakte zu knüpfen. Dies ändert jedoch nichts daran, dass die Fusion mit Patton Boggs mehr Effekte in Frankfurt als in Berlin hinterlassen hat: Am Main findet sie v.a. auf ww. Schiedsverfahren ausgerichtete Praxis ihren Anknüpfungspunkt in Deutschland. Berlin setzt daher weiter auf seine über Jahre gewachsenen Stärken u. erweitert diese behutsam, wobei sie zuletzt im Arbeitsrecht mit dem Wechsel des Partners Dr. Sebastian Buder (zu Taylor Wessing) einen Rückschlag hinnehmen musste.
Häufig empfohlen: Dr. Kai Mertens (Gesellschaftsrecht/Immobilientransaktionen)
Kanzleitätigkeit: Full-Service-Ansatz, Schwerpunkte im ▶Gesellsch.recht (inkl. Aktienrecht, Private Equity, Kreditsicherung u. Bankenberatung), ▶M&A (inkl. Immobilientransaktionen). Daneben: Steuer-, Arbeits- u. Insolvenzrecht, IT u. Medien. (8 Eq.-Partner, 2 Sal.-Partner, 11 Associates, 3 of Counsel)
Mandate: ●● Investitionsbank Berlin bei Refinanzierung der Gewerbesiedlungsges. GSG; div. Fonds von Optimum Evolution bei Immobilientransaktionen; Coats bei Verkauf der europ. Handarbeitssparte. Lfd.: Dt. Wohnen (Gesellschaftsrecht, Immobilientransaktionen), WPP (u.a. Zivil-, Arbeitsrecht), Rockpoint, Peach Property, PPHE Hotels, Success Group (bei Immobilien- u. Hotelentwicklungen), Live Nation (Medienrecht).

TAYLOR WESSING
Berlin
Bewertung: Empfohlenes Berliner Büro, das aber aufgrund von personellen Veränderungen nach 2 ruhigeren Jahren wieder in Unruhe versetzt wurde. Wettbewerber heben v.a. die Stärke des Notariats von Roman Bärwaldt hervor. Es ist Grundpfeiler der gesellschafts- u. immobilienrechtl. Praxis, die

zuletzt für Peach Property beim Verkauf des Leonardo-Hotels aktiv wurde. Besonderes Know-how besteht am Standort zudem im Medien/IT-Recht sowie im Energierecht. Beide Bereiche unterstützen bei M&A-Transaktionen auch andere Büros der Kanzlei.
Stärken: Guter Ruf im Immobilienrecht u. umf. Notariat.
Empfohlen für: Arbeitsrecht; ▶Energie; ▶Gesellsch.recht; ▶Immobilien- u. Baurecht (inkl. Bauprozesse); ▶M&A; ▶Marken u. Wettbewerb; ▶Medien; ▶Nachfolge/Vermögen/Stiftungen; ▶Notare; ÖPP u. Infrastruktur; ▶Private Equ. u. Vent. Capital (inkl. Fondsstrukturierungen); Steuerrecht; Vertriebssysteme. (3 Eq.-Partner, 7 Sal.-Partner, 9 Associates)
Mandate: Siehe Fachkapitel.

VON TROTT ZU SOLZ LAMMEK
Berlin
Bewertung: In der geschätzten Berliner Kanzlei entwickelt sich seit einiger Zeit das Immobilienwirtschaftsrecht überaus positiv. Traditionell im Öffentl. Bau- u. Planungsrecht verhaftet, profitiert die Kanzlei dabei von ihrem guten Ruf bei innerstädt. Projektentwicklungen u. dem boomenden Berliner Immobilienmarkt. Hier ist sie bei einer Vielzahl von Groß- u. Neubauprojekten involviert und nutzte das gegenwärtige Hoch, um sich fachl. weiter zu verbreitern: Nachdem sie im vergangenen Jahr eine Immobilientransaktionsrechtlerin u. Notarin als Partnerin gewinnen konnte, stieß 2015 der u.a. im Gewerbl. Mietrecht spezialisierte GSK-Anwalt Andreas Ingendoh als weiterer Partner hinzu. Der zweite traditionelle Schwerpunkt der Kanzlei, das Restitutions- u. Vermögensrecht, tritt angesichts dieser rasanten Entwicklung etwas in den Hintergrund. Doch nach wie vor macht die Beratung im Restitutionsrecht einen Gutteil des Geschäfts aus. In dieser hoch spezialisierten Nische sind bundesw. nur sehr wenige Kanzleien aktiv.
Kanzleitätigkeit: Schwerpunkte im Restitutionsu. Öffentl. Bau- u. Planungsrecht, auch notarielle Immobilientransaktionen. Im Rahmen dieser Schwerpunktsetzung Gesellschaftsrecht, Erbrecht u. IP. Daneben eigenständiges Arbeitsrecht. Expertise im russ. Recht, auch für russ. Firmen in Deutschland. Langj. Kontakte zu israel. bzw. internat. Kanzleien. (7 Partner, 1 Counsel, 6 Associates)
Mandate: ●● Baurecht: Bauwert bei Entwicklung des Freudenberg-Areals (Friedrichshain) u. der Zille-Gärten (Charlottenburg); Buwog bei Grundstückskäufen u. im Planungsrecht für div. Berliner Wohnungsbauprojekte; Hines öffentl.-rechtl. bei der Realisierung eines Hochhausturms am Alexanderplatz. Arbeitsrecht: Mios Großhandel zur Neustrukturierung des Filialnetzes mit neuem Logistikkonzept u. Verhandlung mit Betriebsräten; Schäfers Brot u. Kuchen bei Unternehmensaufspaltung u. Tarifverhandlungen.

WEGNER ULLRICH MÜLLER-HELLE & PARTNER
Berlin
Bewertung: Empfohlene Kanzlei in Berlin mit klarer mittelständ. Ausrichtung. Ihr gefestigtes Geschäft im regionalen Markt zeigt sich u.a. in der Beratung von Delivery Hero bei Finanzierungsfragen, insbes. beim Einstieg von Rocket Internet. Gerade im Umfeld der Berliner VC-, u. Start-up-Szene konnten die Partner zuletzt besser Fuß fassen. Daneben bildet die lfd. gesellschafts- u. arbeitsrechtl. Beratung jedoch den Grundpfeiler des

● Referenzmandate, umschrieben
●● Referenzmandate, namentlich

Anwaltszahlen: Angaben der Kanzleien zur Bürogröße vor Ort. Sie spiegeln nicht zwingend die Gesamtgröße einer Kanzlei wider.

REGION OSTEN BERLIN / LAND BRANDENBURG

Geschäfts. Sie wird in der breit aufgestellten Kanzlei aber v.a. durch die Medien- u. IT-Praxis ergänzt. Zudem sind die Partner auch im Immobilienrecht erfolgreich, wobei die starke baurechtl. Praxis v.a. prozessrechtl. geprägt ist.

Häufig empfohlen: Dr. Michael Kummermehr, Dr. Timm Theilmann, Thilo Ullrich, Mario Wegner („fachlich hervorragend, kollegial, lösungsorientiert", Wettbewerber)

Kanzleitätigkeit: Schwerpunkte im Arbeitsrecht, Gesellschafts- u. Prozessrecht, insbes. Technologie-, Medienrecht, Marken- u. Urheberrecht, Wettbewerbsrecht; Immobilienwirtschaftsrecht; Öffentl. u. Vergaberecht. (7 Eq.-Partner, 6 Associates)

Mandate: ●● Delivery Hero finanzrechtl. beim Kauf von pizza.de u. beim Einstieg von Rocket Internet; Iveco Magirus bei Umstrukturierung des Lkw- u. Feuerwehrgeschäfts; Orafol Europe bzgl. Produktpiraterie; Ryzze vertrags- u. markenrechtl.; Bitkom umf. markenrechtl.; Fiat-Gruppe u. Tochtergesellschaften lfd. arbeitsrechtl.; Archimedes Pharma arbeitsrechtl.; CNH Industrial Baumaschinen bei div. Klagen von Betriebsrentnern; 99pro (Daniela Katzenberger) umf. u.a. forensisch bzgl. Presseerzeugnissen, Marken- u. Namensrechtsverletzungen; Graf Schwerin Forschungsges. in div. Verfahren u.a. zur Durchsetzung von Baumängelansprüchen u. gg. Werklohnansprüche.

WHITE & CASE
Berlin

Bewertung: Eine der führenden Kanzleien in Berlin, deren Strategie für den Standort sich von anderen abhebt. Zwar ist auch hier wie bei Linklaters oder Gleiss Lutz die öffentl.-rechtl. Abteilung besonders erfolgreich. Sie vertrat bspw. Daimler im Kältemittelstreit mit der EU. Daneben hat die Kanzlei aber Besonderheiten ausgebildet, die ansonsten im Markt kaum zu finden sind: Die Compliance-Beratung ist mit ihrem Schwerpunkt im White-Collar-Bereich besonders erfolgreich, Prof. Dr. Nils Clemm u. Karl-Jörg Xylander betreuen hier umfangr. Mandate, die in andere Praxen u. Standorte ausstrahlen. Auch die Expertise bei Regulierungsfragen u. in der Prozessführung im Versicherungs- u. Bankrecht ist ungewöhnl. u. zeichnet den Standort aus. Personell gestärkt hat sich die Kanzlei zuletzt für Finanzrestrukturierung u. im Insolvenzrecht durch 2 Partnerernennungen.

Empfohlen für: ▶Bankrecht u. -aufsicht; ▶Beihilfe; ▶Compliance; ▶Energie; ▶Gesellsch.recht; ▶Gesellschaftsrechtl. Streitig.; ▶Handel u. Haftung; ▶Immobilien; ▶M&A; ▶Medien; ▶Private Equ. u. Vent. Capital; ▶Steuer; ▶Telekommunikation; ▶Umwelt u. Planung; Öffentl. Recht; ▶Verkehr; ▶Versicherungsvertragsrecht; Verfassungs- u. Verwaltungsrecht; ▶Wirtschaftsstrafrecht. (10 Eq.-Partner, 8 Sal.-Partner, 3 Counsel, 17 Associates)

Mandate: Siehe Fachkapitel.

Land Brandenburg

Kanzlei	Standort	Stärken	Häufig empfohlen
Boehmert & Boehmert	Potsdam	Marken u. Wettbewerb, ▶Medien	Dr. Andreas Dustmann
BBL Bernsau Brockdorff & Partner	Potsdam	▶Insolvenzverw.	Christian Graf Brockdorff
Dombert	Potsdam	▶Umwelt u. Planung	Prof. Dr. Matthias Dombert, Dr. Margarete Mühl-Jäckel
Dr. Eick & Partner	Brandenburg	Versicherungsvertragsrecht, Medizin- u. Haftungsrecht, Privates Baurecht	Uwe Böhrensen
MD Rechtsanwälte	Potsdam	▶Vergabe, Ausschreibungen, Baurecht	Dr. Thomas Mestwerdt, Dr. Uwe Diehr
Streitbörger Speckmann	Potsdam	Baurecht, Grundstücksrecht, Gewerbl. Mietrecht, Vermögensrecht, Arbeitsrecht, Gesellschaftsrecht	Dr. Thorsten Purps, Dr. Marcus Flinder, Martin Vogel

Die hier getroffene Auswahl der Kanzleien ist das Ergebnis der auf zahlreichen Interviews basierenden Recherche der JUVE-Redaktion (s. Einleitung S. 20). Sie ist in 2erlei Hinsicht subjektiv: Sämtliche Aussagen der von JUVE-Redakteuren befragten Quellen sind subjektiv u. spiegeln deren eigene Wahrnehmungen, Erfahrungen u. Einschätzungen wider. Die Rechercheergebnisse werden von der JUVE-Redaktion unter Einbeziehung ihrer eigenen Marktkenntnis analysiert u. zusammengefasst. Der JUVE Verlag beabsichtigt mit dieser Tabelle keine allgemein gültige oder objektiv nachprüfbare Bewertung. Es ist möglich, dass eine andere Recherchemethode zu anderen Ergebnissen führen würde. Die Kanzleien sind alphabetisch geordnet.

WILMERHALE
Berlin

Bewertung: Häufig empfohlenes Büro in Berlin, das mit seiner politiknahen u. regulierungsorientierten Arbeit Jahr für Jahr Akzente setzt. Strateg. hat sich WH konsequenter auf Mandate konzentriert, die auch kompatibel zum Geschäft der US-Mutter sind: Große Prozesse u. Schiedsverfahren stehen daher stärker im Fokus, ebenso wie die sehr erfolgreiche Compliance-Beratung, die seit einigen Jahren die gesellschaftsrechtl. Praxis prägt. Die sehr etablierte Kartellrechtspraxis passt in diesen Zuschnitt, ebenso wie die Arbeit an der Schnittstelle zur Politikberatung u. Regulierung. Anders die M&A-Arbeit: Der Bereich bietet für WH weniger Entwicklungspotenzial, wie auch der Weggang von Dr. Matthias Santelmann, einem jungen M&Aler u. Notar, zeigt. Er wechselte zu Dentons u. damit in ein Büro, das über ein großes u. expandierendes Corporate-Team verfügt. WH scheint dagegen das hart umkämpfte Transaktionsgeschäft nicht in der gleichen Weise zu forcieren.

Stärken: Etablierte Kartellrechtspraxis, Beratung Regulierter Industrien u. im politischen Umfeld (Lobbying).

Häufig empfohlen: Martin Seyfarth (Gesellschaftsrecht, Regulierung), Ulrich Quack (Kartellrecht)

Kanzleitätigkeit: Breit angelegte Kompetenz in der politik- u. regulierungsnahen Tätigkeit, so etwa im Bankrecht u. -aufsichtsrecht sowie bei ▶Compliance-Fragen u. im ▶Energierecht; zudem ▶Gesellsch.recht, ▶Beihilfe, ▶Handel u. Haftung, ▶Kartellrecht, ▶M&A u. Medienrecht. (7 Eq.-Partner, 1 Sal.-Partner, 7 Counsel, 11 Associates, 2 of Counsel)

Mandate: ●● Dt. Lufthansa „Follow-on"-Schadensersatzklage gg. Barnsdale Cartel Damages Solutions bzgl. Ansprüchen von Luftfrachtspediteuren; Katjes Fassin bei Geltendmachung von kartellrechtl. Schadensersatz im Zshg. mit dem sog. Zuckerkartell; EZB vor dem EuGH im Vorlageverfahren bzgl. des Kaufs von Staatsanleihen (OMT-Programm); Facebook in mehreren Verfahren zu Datenschutz; DF bei OFAC-Delisting-Verfahren; HSBC bei interner Untersuchung (öffentl. bekannt); Bilfinger Berger bei Untersuchung von Vorgängen in Österreich, Ungarn u. Slowakei; Medizinprodukteunternehmen bei Untersuchung wg. unangemessener Rabatte; Lebensmittelhersteller bei Untersuchung wg. Korruptionsverdacht u. Optimierung des Compliance-Systems; Orderbird bei Serie-B-Finanzierungsrunde mit in- u. ausländischen Investoren; MAN-Aufsichtsrat zur Vorstandshaftung, insbes. wg. Mängeln der Compliance-Organisation; PMG Premium-Mühlen-Gruppe bei Umstrukturierungen.

● Referenzmandate, umschrieben
●● Referenzmandate, namentlich

Anwaltszahlen: Angaben der Kanzleien zur Bürogröße vor Ort. Sie spiegeln nicht zwingend die Gesamtgröße einer Kanzlei wider.

Sachsen

ADERHOLD
Sachsen

Bewertung: Das geschätzte Büro der westdt. Kanzlei wächst in Leipzig langsam, aber stetig. Sie baut das Geschäft v.a. um ihre Kernthemen Restrukturierung u. Arbeitsrecht immer mehr aus, was zuletzt etwa eine verstärkte Beratung von Unternehmenskäufen u. -verkäufen aus der Insolvenz zu Folge hatte. Im Arbeitsrecht sorgte zudem die Einführung des Mindestlohns für eine gute Auslastung. Außerhalb der Insolvenzszene wird das Büro im örtl. Anwaltsmarkt allerdings nach wie vor weniger als seine direkten Wettbewerber wahrgenommen.

Stärken: Restrukturierung, Arbeitsrecht.

Häufig empfohlen: Till Vosberg (Restrukturierung, Gesellschaftsrecht), Dirk Laskawy (Arbeitsrecht)

Kanzleitätigkeit: Schwerpunkte in den Bereichen ▶Restrukturierung/Sanierung (inkl. Verwaltung, Kauf/Verkauf aus Insolvenz, Beratung von u. Prozessführung für andere Insolvenzverwalter), Arbeitsrecht (u.a. Umstrukturierungen), Handelsrecht. Daneben Gesellschaftsrecht/M&A. Branchenschwerpunkt: Chemie, daneben vermehrt kirchl. u. soziale Einrichtungen. (3 Eq.-Partner, 2 Sal.-Partner, 8 Associates)

Mandate: ●● Nathusius bei Kauf der MIFA aus Insolvenz u. Restrukturierung; Reintjes Westerwald KG bei Sanierung i.R.d. Eigenverwaltung; Leuchten Manufaktur bei Restrukturierung u. übertragender Sanierung; NBHX-NaFaTec bei Einstieg eines chin. Investors nach Umstrukturierung; Zollern bei Kauf der insolventen Rückle GmbH; Regionalbus Leipzig bei Neustrukturierung nach Unternehmenskauf.

BATTKE GRÜNBERG
Sachsen

Bewertung: Die empfohlene Kanzlei machte ihrem Ruf als expansivste Einheit Dresdens auch zuletzt wieder alle Ehre. Mit 2 neuen Anwälten im ▶Arbeitsrecht konnte sie ihre Marktstellung in ihrer Paradedisziplin weiter ausbauen – auch weil es der Kanzlei Jahr für Jahr gelingt, in diesem Bereich große Industrieunternehmen für die lfd. Beratung zu gewinnen. Sie ist damit eine Ausnahmeerscheinung im Markt. Der Erfolg in dieser Disziplin strahlt auch auf alle anderen Beratungsfelder der Kanzlei aus, sodass BG zuletzt ein für die Region außergewöhnliches Wachstum verzeichnete. Dies bildete die Grundlage dafür, nun erstmals die Partnerschaft mit Eigengewächsen erweitern zu können: Ein Partner im Arbeits- u. einer im Vergaberecht unterstreichen die Bereiche mit der größten Dynamik. Für diesen Schritt erweiterte BG ihre Struktur um eine weitere Partnerebene – und offenbart damit eine Flexibilität u. Offenheit, die nur wenige Wettbewerber aufweisen. Zugleich holte sie einen erfahrenen Associate (von Cramer von Clausbruch), um eine eigenständige IP-Praxis aufzubauen.

Häufig empfohlen: Dr. Andrea Benkendorff („im Arbeitsrecht das Maß aller Dinge in der Region", Wettbewerber), Jörg-Dieter Battke, Dirk Grünberg, Dr. Ekkehard Nolting

Kanzleitätigkeit: Umf. Betreuung regionaler (Industrie-)Unternehmen, Wirtschaftsbetriebe der öffentl. Hand u. der Sozialwirtschaft, mit Schwerpunkten im Gesellschaftsrecht/M&A u. im ▶Arbeitsrecht sowie im Vergaberecht. Daneben Prozessvertretungen u. Schiedsverfahren (inkl. Schiedsrichterbestellungen), Marken- u. Wettbewerbsrecht, Medizinrecht, Energiewirtschafts- sowie EU-Beihilferecht. (6 Partner, 9 Associates)

Mandate: ●● Martinshof Rothenburg Diakoniewerk bei Verkauf einer Seniorenresidenz; Stadt Senftenberg im EU-Beihilferecht. Lfd. u. umf. im Arbeitsrecht, u.a.: Herolé-Reisen, Microelectronic Packaging Dresden, Roland VersicherungsAssistance, Elbe Flugzeugwerke, Entegris, Staatliche Schlösser, Burgen und Gärten Sachsen, Herzzentrum Dresden GmbH Universitätsklinikum.

CMS HASCHE SIGLE
Sachsen

Bewertung: Das Leipziger Büro der Kanzlei, eins der führenden in Mitteldtl., befindet sich seit einiger Zeit in einem groß angelegten Umbau. Mit Prozessanwalt Frank Grünen samt Team wechselte nach einem Immobilienrechtler der nächste Gründungspartner des Standorts ins D'dorfer CMS-Büro. Das Leipziger CMS-Urgestein Eckhart Braun hingegen ging zur expandierenden Wettbewerberin Petersen Hardraht. Nun müssen sich jüngere Partner zu den Gesichtern des Standorts entwickeln, gelungen ist dies Dr. Heralt Hug (IP) u. v.a. Dr. Jörg Lips (M&A) bereits mit Schlüsseltransaktionen für die lfd. beratenen SüdBG, Funkwerk oder Unister. Gleichzeitig ist die Kanzlei dabei, entstandene Lücken vor Ort zu schließen: So soll die Stuttgarter Partnerin Dr. Antje Uhl wieder eine eigenständige Arbeitsrechtsberatung in Leipzig aufbauen, der Frankfurter Partner Dr. Tobias Bomsdorf wird als Brückenkopf im Bereich Commercial auch Ostdtl. ins Visier nehmen. Mit dem jungen Universitätsprofessor Prof. Dr. Stefan Haack will CMS schließl. das bislang vor Ort kaum vorhandene Öffentl. Wirtschaftsrecht ausbauen.

Stärken: Ausgeprägte Spezialisierungen, etwa IP/IT, Sanierung oder M&A, gepaart mit breitem Beratungsansatz.

Empfohlen für: ▶Gesellsch.recht; Insolvenzverw.; ▶M&A; Priv. Baurecht; Restrukturierung/Sanierung; Öffentl. Wirtschaftsrecht; ▶Marken u. Wettbewerbsrecht; Litigation. (8 Partner, 5 Counsel, 13 Associates)

Mandate: Siehe Fachkapitel.

CRAMER VON CLAUSBRUCH
Sachsen

Bewertung: Die in Dresden geschätzte Kanzlei hat sich den Kurs verordnet, stärker als bislang auf das wirtschaftsrechtl. Kernsegment Gesellschafts- u. Handelsrecht zu fokussieren. Für diesen Bereich stellte sie 2 Associates ein, die deutliche Zunahme etwa von Gesellschafterauseinandersetzungen zeigt, dass die Strategie soweit aufgeht. Dies kann allerdings nicht darüber hinwegtäuschen, dass sich die Kanzlei in einer massiven Umbruchphase befindet. So wechselte der Baurechtler u. langjähriger Partner Dr. Stephan Cramer im Herbst 2014 zur Baurechtskanzlei Heimann Hallermann sowie ein IP-Associate zu Battke Grünberg. Hinzu kommt der Wechsel des gesamten Verwaltungsrechtsteams um Joachim Kloos, der sich zusammen mit einer Associate sowie dem kurzzeitig im of-Counsel-Status befindlichen Prof. Dr. Michael Kilian der stark expandierenden Kanzlei Petersen Hardraht angeschlossen hat. So bleiben vorerst das Restitutionsrecht für jüdische Erben sowie die lfd. Betreuung einiger bedeutender Einzelhändler im Gewerbl. Mietrecht die beiden Rechtsgebiete, die z.T. auch bundesw. Bedeutung besitzen.

Stärken: Tiefe Expertise in der Restitution von Kunstwerken u. Abwicklung jüd. Altbanken.

SACHSEN

CMS Hasche Sigle	Leipzig
Luther	Leipzig, Dresden
Noerr	Dresden
Kiermeier Haselier Grosse	Dresden
KPMG Law	Dresden, Leipzig
Battke Grünberg	Dresden
Gruendel	Leipzig, Jena
Petersen Hardraht Pruggmayer	Leipzig, Dresden, Chemnitz
Weidinger Richtscheid	Leipzig
Aderhold	Leipzig
Cramer von Clausbruch	Dresden
Eureos	Leipzig, Dresden
Heuking Kühn Lüer Wojtek	Chemnitz
Redeker Sellner Dahs	Leipzig

Die hier getroffene Auswahl der Kanzleien ist das Ergebnis der auf zahlreichen Interviews basierenden Recherche der JUVE-Redaktion (s. Einleitung S. 20). Sie ist in 2erlei Hinsicht subjektiv: Sämtliche Aussagen der von JUVE-Redakteuren befragten Quellen sind subjektiv u. spiegeln deren eigene Wahrnehmungen, Erfahrungen u. Einschätzungen wider. Die Rechercheergebnisse werden von der JUVE-Redaktion unter Einbeziehung ihrer eigenen Marktkenntnis analysiert u. zusammengefasst. Der JUVE Verlag beabsichtigt mit dieser Tabelle keine allgemein gültige oder objektiv nachprüfbare Bewertung. Es ist möglich, dass eine andere Recherchemethode zu anderen Ergebnissen führen würde. Innerhalb der einzelnen Gruppen sind die Kanzleien alphabetisch geordnet.

● Referenzmandate, umschrieben
●● Referenzmandate, namentlich

Anwaltszahlen: Angaben der Kanzleien zur Bürogröße vor Ort. Sie spiegeln nicht zwingend die Gesamtgröße einer Kanzlei wider.

REGION OSTEN SACHSEN

Entwicklungsmöglichkeiten: Damit die Weggänge keine Negativspirale in Gang setzen, wird die Kanzlei mit Konsequenz ihren angestrebten wirtschaftsrechtl. Fokus klarer herausstellen müssen. Hierfür könnte ein namhafter Gesellschaftsrechtler als Quereinsteiger sicher hilfreich sein.
Häufig empfohlen: Dr. Joerg Cramer von Clausbruch (Gesellschaftsrecht)
Kanzleitätigkeit: Schwerpunkte im Restitutions- u. Gewerbl. Mietrecht, zunehmend Gesellschaftsrecht u. Wirtschaftsverwaltungsrecht. Daneben M&A, Nachfolge u. Arbeitsrecht. Mandanten: v.a. sächs. Kommunen, div. bundesweit tätige Einzelhandelsfilialisten, ostdt. Verkehrsflughäfen sowie Bauträger, Versicherer u. Banken, med. u. kirchl. Einrichtungen u. Windenergiebetreiber. (1 Partner, 10 Associates)
Mandate: ●● Restitutionsrecht: div. jüdische Bankiersfamilien, u.a. Dreyfus, Arnhold u. Bleichroeder; Dr. Fritz Glaser im Zshg. mit Gurlitt-Bilderbestand. Umf.: Verkehrsflughäfen Leipzig/Halle u. Dresden, u.a. im Luftverkehrs-, Insolvenz-, Baurecht (aus dem Markt bekannt); div. bundesw. tätige Filialisten (u.a. Spiele Max, Baby Walz, ABC-Schuhe) im Gewerbl. Mietrecht.

EUREOS
Sachsen
Bewertung: Die geschätzte MDP hat sich mit ihren Schwerpunkten im Steuer-, Gesellschafts- u. Arbeitsrecht fest in der Region etabliert. Damit ragt sie als multidisziplinär aufgestellte Einheit mit ihrer Ausrichtung auf den ostdt. Mittelstand u. internat. (Tochter-)Unternehmen in Sachsen heraus. Zuletzt gelang es über eine neu gegründete Tochtergesellschaft, ihren Fokus auf die lfd. Beratung im Gesundheitssektor auszuweiten. Auch das Arbeitsrecht florierte: Mit größeren Umstrukturierungen im Zuge des Mindestlohngesetzes für z.T. neue u. bedeutende Mandanten profitierte Eureos unmittelbar von den Gesetzesänderungen.
Stärken: Umstrukturierungen an der Schnittstelle Gesellschafts- u. Steuer- sowie Arbeitsrecht.
Häufig empfohlen: Claus Meyer-Wyk
Kanzleitätigkeit: Schwerpunkte im Steuerrecht (u.a. internat. Steuerrecht, Umwandlungen, Verrechnungspreise), Gesellschafts- (Umstrukturierungen, M&A, Unternehmensnachfolgen) u. Arbeitsrecht. Mandanten: Töchter dt. u. internat. Konzerne in Ostdtl., Familienunternehmen, ostdt. Sparkassen, Krankenhäuser, Unikliniken, Ärzte, Apotheken. Daneben Öffentl. Recht (u.a. Wasser- u. Abwasserrecht, Energie-, Beihilferecht) überw. für Kommunen u. Zweckverbände. (Rechtsanwälte, z.T. doppelt qualifiziert: 6 Eq.-Partner, 1 Sal.-Partner, 7 Associates, zzgl. 15 StB und/oder WP)
Mandate: ●● Mercer Internat./Zellstoff Stendal lfd., u.a. bei Einstieg von E&Z, Reorganisation des dt. Konzerns, (Re-)Finanzierung; Dong AS/Dong Energy Markets bei Reorganisation des Verrechnungspreissystems; Unister lfd. steuerl. u. rechtl.; LVZ Logistik (Madsack-Gruppe) bei betriebsverfassungsrechtl. Umstrukturierung wg. Mindestlohn; Bluechip AG im Gesellschafts- u. Arbeitsrecht; AZV Unstrut-Finne in Beitrags- u. Gebührenstreitigkeiten.

GRUENDEL
Sachsen
Bewertung: Die in Sachsen empfohlene Kanzlei steht wie keine zweite in der Region für die Beratung von Venture-Capital-Finanziers u. Investoren. Außerdem ist Gruendel seit einigen Jahren dabei, sich inhaltl. u. auch geografisch zu erweitern, 2015 gelang insoweit ein Riesensprung: Die Kanzlei holte mit Dirk Lange (Verwaltungsrecht) u. der Steuerberaterin Ramona Luckner 2 neue Partner (inkl. 2 Associates) von der Leipziger MDP Bren Lange Rosse + Partner. Insbes. für den VC- u. M&A-Kern der Kanzlei erscheint der Zugang Luckners im Transaktionssteuerrecht zentral, im Verwaltungsrecht ergänzen die Zugänge die bereits vorhandenen immobilien- u. vergaberechtl. Praxen. Doch auch geografisch tat die Kanzlei über das bestehende Büro in Jena hinaus nun den nächsten Schritt: Mit der Eröffnung einer Berliner Dependance will Gruendel ihren guten Namen im Venture-Capital-Bereich nutzen, um sich in der dynamischen Berliner Start-up-Szene auch an der Seite von Gründern zu etablieren, während in Leipzig ausschl. Investoren u. Finanziers wie CFH, Bm-t oder Onics beraten werden. Daneben entwickeln sich in Leipzig u. Jena das Vergabe- sowie das Arbeitsrecht weiter sprunghaft.
Stärken: Umfangr. Erfahrung im Beteiligungsgeschäft u. mit Transaktionen/VC.
Häufig empfohlen: Dr. Mirko Gründel (Gesellschaftsrecht), Ralph Schmidkonz (Medien-/Presserecht), Steffen Tietze (Arbeitsrecht)
Kanzleitätigkeit: Schwerpunkt: Gesellschaftsrecht/M&A, v.a. Venture-Capital-Beratung (Beratung von Beteiligungsgesellschaften u. Finanziers). Daneben klass. Schwerpunkt im Presse- u. Medienrecht. Zunehmend Vergabe- u. Energierecht, u.a. auch Konzessionen, sowie immer mehr Arbeitsrecht. In Jena: Neben Vergaberecht v.a. Gewerbl. Rechtsschutz, IT-Recht. (Leipzig: 4 Partner, 4 Associates; Jena: 3 Partner, 2 Associates; Berlin: 1 Partner, 1 Associate)
Mandate: ●● VC/M&A: Onics bei Verkauf der Mehrheit an Communication Concept an Getec; Couchfunk bei Kooperations- u. Lizenzverträgen mit div. TV-Sendern; SHS bei Series-C-Finanzierungsrunde von Vimecon; Bm-t lfd. bei Investments (u.a. Q-Sil, CrowdArchitects, Jenacell); CFH lfd. bei Betreuung von Fonds (u.a. TGFS Seed, RGFS Startup, WMS). Robotron umf. im IT- u. Arbeitsrecht; Pentacon umf. u.a. im Gesellschafts-, Arbeits-, IP-Recht; Stadtwerke Eisenberg lfd. im Energierecht; Chemnitzer Verlag u. Druck lfd. im Presse-, Medien- u. Wettbewerbsrecht.

HEUKING KÜHN LÜER WOJTEK
Sachsen
Bewertung: Das Chemnitzer Büro der Großkanzlei präsentiert sich seit Jahren in stabiler Verfassung und wird in Sachsen geschätzt. Mit Tobias Leege ist Anfang 2015 ein weiterer Sal.-Partner ernannt worden. Anders als in den etwas lebendigeren Anwaltsmärkten in Dresden u. Leipzig kann sich Heuking fast konkurrenzlos vor Ort den immer stärker werdenden Unternehmen in der Region widmen. So verbreitert sich das Geschäft stetig, jüngst v.a. in Richtung weiterer Tochterunternehmen internat. Konzerne wie Magna Meerane sowie in Richtung der immer lebendiger werdenden IT-Start-ups. Wichtigste Umsatzstütze bleibt indes das Bau- u. Immobilienrecht. Hier werden große regionale Mandanten wie der Flughafen Leipzig oder das Lausitzer Stahlwerk von Züblin lfd. betreut sowie kanzleiweite Mandanten wie Lufthansa Cargo. Die Stabilität vor Ort hat allerdings zu einer mittlerw. sehr partnerlastigen Struktur geführt.
Stärken: Priv. Baurecht u. ▶Immobilien.
Empfohlen für: ▶Gesellsch.recht; ▶M&A; ▶Priv. Baurecht; ▶Immobilienwirtschaftsrecht; ▶Vergabe; zudem Öffentl. Rechtsschutz, Arbeitsrecht. Stark vertreten: produzierendes Gewerbe. (5 Eq.-Partner, 3 Sal.-Partner, 2 Associates)
Mandate: Siehe Fachkapitel.

Führende Namen in Sachsen

Dr. Matthias Aldejohann (KPMG Law)	Prozessführung
Dr. Andrea Benkendorff (Battke Grünberg)	▶Arbeitsrecht
Dr. Lucas Flöther (Flöther & Wissing)	▶Insolvenzverwaltung
Jens Gehlich (Noerr)	M&A
Dr. Armin Frhr. von Grießenbeck (Heuking Kühn Lüer Wojtek)	Gesellschaftsrecht, Privates Baurecht
Dr. Mirko Gründel (Gruendel)	Private Equity und Venture Capital
Lothar Kiermeier (Kiermeier Haselier Grosse)	Gesellschaftsrecht, Steuerrecht
Dr. Thilo Korn (Korn & Letzas)	Arbeitnehmervertretung
Robert Matthes (Noerr)	▶Verfassungs- und Wirtschaftsverwaltungsrecht
Dr. Nikolaus Petersen (Petersen Hardraht Pruggmayer)	Gesellschaftsrecht
Steffen Pruggmayer (Petersen Hardraht Pruggmayer)	Presse- und Äußerungsrecht
Dr. Barbara Schmidt (Luther)	▶Immobilienwirtschaftsrecht
Otto Stolberg-Stolberg (Noerr)	Gesellschaftsrecht, Immobilienwirtschaftsrecht
Dr. Rolf-Christian Stratz (CMS Hasche Sigle)	▶Restrukturierung/Sanierung
Dr. Albrecht Tintelnot*	Gesellschaftsrecht
Frank Vennemann*	Gesellschaftsrecht/Immobilienrecht
Dr. Christian Ziche (Luther)	Gesellschaftsrecht/Gemeindewirtschaft

*neue Kanzlei stand bei Redaktionsschluss nicht fest

Die hier getroffene Auswahl der Personen ist das Ergebnis der auf zahlreichen Interviews basierenden Recherche der JUVE-Redaktion (siehe S. 20). Sie ist in 2erlei Hinsicht subjektiv: Sämtliche Aussagen der von JUVE-Redakteuren befragten Quellen sind subjektiv u. spiegeln deren eigene Wahrnehmungen, Erfahrungen u. Einschätzungen wider. Die Rechercheergebnisse werden von der JUVE-Redaktion unter Einbeziehung ihrer eigenen Marktkenntnis analysiert u. zusammengefasst. Der JUVE Verlag beabsichtigt mit dieser Tabelle keine allgemein gültige oder objektiv nachprüfbare Bewertung. Es ist möglich, dass eine andere Recherchemethode zu anderen Ergebnissen führen würde.

● Referenzmandate, umschrieben
●● Referenzmandate, namentlich

Anwaltszahlen: Angaben der Kanzleien zur Bürogröße vor Ort. Sie spiegeln nicht zwingend die Gesamtgröße einer Kanzlei wider.

SACHSEN OSTEN REGION

KIERMEIER HASELIER GROSSE
Sachsen ◼◻◻◻

Bewertung: In der Kanzlei, die in Dresden zu den häufig empfohlenen zählt, deutet sich langsam aber sicher ein Generationswechsel an. So hat sich der Bau- u. Vergaberechtler Dr. Tobias Hänsel zum zentralen Partner neben den Namensgebern entwickelt, das Vergaberecht ist mit 2 Partnern inzw. sogar das größte Beratungsfeld bei KHG. Als Hauptberaterin der Dresdner Stadtentwicklungs- u. Sanierungsgesellschaft Stesad gesetzt, entwickelt sich der Bereich kontinuierlich in ganz Mitteldtl., zudem agiert die Kanzlei für einige Kommunen mittlerw. quasi als ausgelagerte Vergabestelle. Als Verstärkung im Gesellschaftsrecht holte die Kanzlei Anfang 2015 einen Anwalt von der Insolvenzkanzlei Kübler, er soll neben gesellschaftsrechtl. Transaktionen auch die Sanierungsberatung als neue Disziplin bei KHG etablieren. U.a. dafür intensivierte sie auch die Kooperation mit einer örtl. WP-Gesellschaft. Dagegen machte sich mit dem Bau- und Schiedsrechtler Dr. Wolfgang Kau ein Partner der älteren Generation selbstständig. Er gehört zu den bekanntesten Anwälten der Elbmetropole.

Stärken: Breite gesellschaftsrechtl. Betreuung, tiefe Expertise im Steuerrecht. Spezialisierung an der Schnittstelle zw. Bau- u. Vergaberecht.

Entwicklungsmöglichkeiten: Die Kanzlei hat begonnen, die nächste Anwaltsgeneration im Markt zu etablieren. Um diese konsequent in die Partnerschaft zu führen, wird sie mittelfristig ihre Partnerschaftsstruktur öffnen müssen.

Häufig empfohlen: Lothar Kiermeier (Steuer- u. Gesellschaftsrecht, auch StB), Markus Haselier (Strafrecht), Dr. Tobias Hänsel („versteht wirklich, was er tut", Wettbewerber; Bau-/Vergaberecht)

Kanzleitätigkeit: Immobilienrecht (v.a. Privates Bau-, Architekten-, Gewerbl. Mietrecht, daneben Öffentl. Baurecht), ▶ Vergabe (bei Bau- u. Infrastrukturprojekten, vielfach für öffentl. Auftraggeber u. zunehmend für private Bieter), Gesellschaftsrecht (Gründungen, M&A, Gesellschafterstreitigkeiten, v.a. für Unternehmen mit Sitz in der Region). Daneben: Arbeitsrecht, Nachfolgeberatung/Erbrecht u. Wirtschaftsstrafrecht. Eigene Steuerabteilung. (5 Eq.-Partner, 3 Associates)

Mandate: ●● Dr. Waldenburger Bausanierung in Grundlagenverfahren (bis BGH) bzgl. Stahlpreisgleitklausel; Hentschke Bau lfd. bei baubegleitender Rechtsberatung, u.a. für den Neubau der ICE-Strecke bei Erfurt. Vergaberecht: Stadt Zwickau bei Umbau Horch-Hochbau, Sanierung Historisches Gewandhaus, Neubau Archivgebäude; Landeshauptstadt Dresden bei Bauvorhaben Kulturpalast Dresden; Stesad bei Neubau Gymnasium und Oberschule Dresden-Tolkewitz; Drewag bei Bauvorhaben Heizkraftwerk Dresden-Reick.

KPMG LAW
Sachsen ◼◻◻◻

Bewertung: In Sachsen häufig empfohlene Sozietät, die in Dresden, aber auch in Leipzig unbestritten zu den etablierten Marktgrößen zählt. Traditionell sticht das Büro in der sächs. Landeshauptstadt aufgrund seines lange vor Ort tätigen Teams heraus. Zuletzt konnten die Dresdner insbes. im Insolvenzrecht punkten, KPMG gehörte bei Vorbereitung u. Abwicklung der bedeutenden Infinus-Pleite zu den aktivsten Beratern. Das Team profitiert unter dem seit einigen Jahren geltenden neuen Insolvenzregime von seiner engen Verbindung zu den örtl. Verwaltern u. ist für diese auch prozessrechtl. aktiv. Zu den Treibern in Dresden gehört zudem das Baurecht, Leipzig setzt dagegen weiterhin auf das Kapitalmarktrecht – ein für Mitteldtl. ungewöhnliches Gebiet, auf dem das Team z.B. mit dem Formwechsel u. der anschließenden Begleitung von Innocoll an die Nasdaq einen Erfolg erzielen konnte. Zudem leitet der Leipziger Standortleiter zusammen mit einem Frankfurter Partner die neu eingeführte KPMG-Praxis für Alternative Investments.

Stärken: Prozessführung, Restrukturierung. ▶ Gesellschaftsrechtl. Expertise an der Schnittstelle zum Steuerrecht. Kapitalmarktrecht.

Häufig empfohlen: Dr. Matthias Aldejohann („hohe Fachkompetenz, sehr gründlich, zielorientiert", Wettbewerber)

Kanzleitätigkeit: Schwerpunkt Gesellschaftsrecht/ ▶ M&A. In Dresden zudem: Schnittstellen zum Insolvenzrecht sowie Prozessführung/Schiedsrecht u. Immobilienrecht, außerdem Arbeitsrecht. In Leipzig zudem: Kapitalmarkt-, Investment-, Versicherungsaufsichtsrecht sowie Öffentl. Wirtschaftsrecht (Beihilfen). Mandanten: Banken, öffentl. Hand u. mittelständ. Unternehmen. (Dresden: 1 Eq.-Partner, 2 Sal.-Partner, 9 Associates; Leipzig: 1 Eq.-Partner, 4 Sal.-Partner, 10 Associates)

Mandate: ●● Innocoll bei Formwechsel, Nasdaq-IPO u. Einführung eines Aktienoptionsprogramms; Baywobau bei Joint Venture mit tschech. Investor bei Errichtung von 2 Quartieren in Dresden; Eigentümer von MBN Neugersdorf bei Mehrheitsverkauf an Indus Holding; Solarion bei Insolvenzantrag u. Besetzung Gläubigerausschuss; Insolvenzverwalter von Infinus u. Prosavus bei Geltendmachung der Nichtigkeit von Jahresabschlüssen u. Rückforderung von Scheingewinnen; Bundesverband Dt. Privatkliniken bei OLG-Musterprozess um Subventionspraxis für kommunale Krankenhäuser.

LUTHER
Sachsen ◼◻◻◻

Bewertung: Die Großkanzlei wird v.a. wg. des seit Jahren anhaltenden, konsequenten Ausbaus des Leipziger Büros im Markt zu den führenden gezählt. „Luther hat ein gutes Team zusammengestellt", meint ein Wettbewerber über das nach CMS mittlerw. zweitgrößte Büro in Leipzig. Der Standort zeichnet sich u.a. durch seine Stärke im Immobilienrecht aus, wo Ärzteversorgungswerke u. neuerdings auch StB-Versorgungswerke lfd. bei Transaktionen beraten werden, sowie eine Vielzahl von Wohnungsbaugesellschaften in ganz Mitteldeutschland. Beachtl. ist daneben die internat. Tätigkeit, etwa für chin. Gesellschaften wie Xilin Gol Great Peace od. Wengfu bei Inbound-Investments, aber auch die große Nähe zu landeseigenen u. kommunalen Wirtschaftsbetrieben im Gesellschaftsrecht. Allerdings ist infolge des Wechsels des Partners Dr. Frank Lohse (zu einer Werbeagentur) das Dresdner Büro trotz des guten Geschäfts des dortigen, nun nach Leipzig gewechselten Partners Dr. Christian Ziche geschlossen worden.

Stärken: Immobilienrecht, Privatisierungen u. Umstrukturierungen im Öffentl. Sektor, Gesellschaftsrecht/M&A.

Empfohlen für: ▶ Gesellsch.recht; ▶ Immobilien; ▶ M&A; ▶ Priv. Baurecht; Umwelt u. Planung, ▶ Vergabe; ▶ Gesundheit. (6 Partner, 14 Associates, 2 of Counsel)

Mandate: Siehe Fachkapitel.

NOERR
Sachsen ◼◻◻◻

Bewertung: Das Dresdner Büro der Großkanzlei baut seine Position als eine der führenden Kanzleien in Sachsen stetig aus. Dabei steht Noerr im Vergleich zu den unmittelbaren Wettbewerbern am wenigsten für das regionale Geschäft, sondern bietet eine komplette u. fachl. ausgesprochen spezialisierte Praxis. Dresdner Partner stehen bundesw. für Spezialfelder wie E-Commerce (u.a. für Escada Online), Lebensmittel (u.a. für Lidl), Mitarbeiter- u. Managementbeteiligung oder Anlagenbau. Letzterer Bereich entwickelte sich besonders dynamisch: Neben der Begleitung internat. Anlagenbauprojekte wurden aus der Praxis heraus dtl.weit Schiedsverfahren u. Prozesse (u.a. für Linde Engi-

---

Sächsische Kanzleien mit Besprechung nur in Rechtsgebieten

AKD Dittert Südhoff & Partner (Leipzig)	▶ Priv. Baurecht
Börgers (Dresden)	▶ Priv. Baurecht
Braun & Zwetkow (Leipzig)	▶ Vergabe
Busse & Miessen (Leipzig)	▶ Priv. Baurecht
Dr. Eick & Partner (Dresden)	▶ Versicherungsvertragsrecht
Eisenmann Wahle Birk & Weidner (Dresden)	▶ Versicherungsvertragsrecht
Götze (Leipzig)	▶ Umwelt u. Planung
Hecker Werner Himmelreich (Leipzig)	▶ Priv. Baurecht
Heckschen & van de Loo (Dresden)	▶ Notare
Kübler (Dresden)	▶ Insolvenzverw.
Maas (Leipzig)	▶ Priv. Baurecht
Maikowski & Ninnemann (Leipzig)	▶ Patent
Ratajczak & Partner (Meißen)	▶ Gesundheit
Rosenberger & Koch (Dresden)	▶ Presse
Schindele Eisele Gerstner & Collegen (Dresden)	▶ Arbeit
Thümmel Schütze & Partner (Dresden)	▶ Versicherungsvertragsrecht
Wallner Weiß (Dresden)	▶ Insolvenzverw.

Die hier getroffene Auswahl der Kanzleien ist das Ergebnis der auf zahlreichen Interviews basierenden Recherche der JUVE-Redaktion (siehe S. 20). Sie ist in 2erlei Hinsicht subjektiv: Sämtliche Aussagen der von JUVE-Redakteuren befragten Quellen sind subjektiv u. spiegeln deren eigene Wahrnehmungen, Erfahrungen u. Einschätzungen wider. Die Rechercheergebnisse werden von der JUVE-Redaktion unter Einbeziehung ihrer eigenen Marktkenntnis analysiert u. zusammengefasst. Der JUVE Verlag beabsichtigt mit dieser Tabelle keine allgemein gültige oder objektiv nachprüfbare Bewertung. Es ist möglich, dass eine andere Recherchemethode zu anderen Ergebnissen führen würde.

● Referenzmandate, umschrieben
●● Referenzmandate, namentlich

Anwaltszahlen: Angaben der Kanzleien zur Bürogröße vor Ort. Sie spiegeln nicht zwingend die Gesamtgröße einer Kanzlei wider.

REGION OSTEN SACHSEN

neering) geführt. Auch die Gesellschaftsrechts-/M&A-Praxis des von Wettbewerbern als „sehr lösungsorientiert" anerkannten Jens Gehlich agiert v.a. als Teil der Gesamtkanzlei, auch wenn Mandate wie die Beratung des Lebensmittelproduzenten Lambertz beim Kauf des Christstollenherstellers Dr. Quendt lokale Highlights darstellen. Die Aufstellung führt immer wieder zu Abgängen vor Ort verhafteter Anwälte, wie zuletzt dem anerkannten Strafrechtler Franz-Josef Schillo (nun eigene Kanzlei).
Stärken: Transaktionsberatung, auch an der Schnittstelle zur Restrukturierung; E-Commerce; Prozessführung.
Empfohlen für: ▶Gesellsch.recht (einschl. ▶M&A u. Finanzierung); ▶Handel u. Haftung; ▶Projekte/Anlagenbau; ▶Lebensmittelrecht; zunehmend auch Gewerbl. Rechtsschutz (insbes. E-Commerce). Auch ▶Restrukturierung/Sanierung; ▶Energie; ▶Produkt u. Abfall; ▶Umwelt u. Planung; ▶Verfassungs- u. Verwaltungsrecht; ▶Gesundheit. (5 Eq.-Partner, 6 Sal.-Partner, 13 Associates)
Mandate: Siehe Fachkapitel.

PETERSEN HARDRAHT PRUGGMAYER
Sachsen

Bewertung: Die in Sachsen empfohlene Kanzlei um die erfahrenen Namenspartner Petersen u. Hardraht steht zurzeit für die spektakulärsten Partnerwechsel in der Region seit Langem: Allein mit der Aufnahme des 3-köpfigen Teams um Steffen Pruggmayer, der zum Jahreswechsel 2016 aus der aufgelösten Leipziger Kanzlei Mohns Tintelnot Pruggmayer Vennemann u. Namenspartner wird, sowie des Dresdner CSC-Verwaltungsrechtsteams um Joachim Kloos, der bereits im Herbst 2015 kam, hat die Kanzlei das Potenzial, sich kurzfristig an die Marktspitze heranzuarbeiten. So gilt der langj. MDR-Berater Pruggmayer als der Platzhirsch im Medien- u. Presserecht in Mitteldeutschland. Als weitere Partner stießen der langjährige CMS-Partner u. Allrounder Eckhart Braun sowie eine StBin als weitere Partner hinzu. Letztere wird v.a. das Transaktionsteuerrecht verstärken. Für die Kanzlei bedeuten die Zugänge zum einen eine Erweiterung des Tätigkeitsspektrums v.a. im Medienrecht u. im Gesundheitssektor, zum anderen eine Verstärkung für die bisherigen Schwerpunkte Gesellschafts- und Öffentliches Recht. Das Zusammenspiel einer Reihe bekannter u. erfahrener Partner wird dennoch einige Integrationsbemühungen verlangen, um eine wirklichen Mehrwert für die Gesamtkanzlei zu erzielen. In puncto Personalstärke ist die Kanzlei in der neuen Konstellation jedenfalls schon top: Sie hat sich im Zuge ihres Wachstumskurses knapp vor CMS, Noerr und KPMG als größte Einheit in Mitteldtl. gesetzt.
Stärken: Schnittstelle zw. Gesellschafts- u. Steuerrecht; Medienrecht; Öffentl. Recht.
Häufig empfohlen: Dr. Nikolaus Petersen (Gesellschaftsrecht), Klaus Hardraht (Öffentl. Recht), Steffen Pruggmayer (Medienrecht), Joachim Kloos (Öffentl. Wirtschaftsrecht)
Kanzleitätigkeit: Schwerpunkte im Gesellschaftsrecht inklusive Schnittstelle zum Steuerrecht (v.a. in Leipzig) sowie im Öffentl. Recht (inkl. Bau-, Umwelt-) u. Vergaberecht (v.a. in Dresden u. Chemnitz) u. Medienrecht (in Leipzig). Deutl. zunehmend Finanzrecht (u.a. Swapklagen, Finanzrestrukturierungen). Daneben Arbeitsrecht, Gewerbl. Rechtsschutz, Energiewirtschaftsrecht. Branchen: Ver- u. Entsorgung, erneuerbare Energien, Telekommunikation, Bau u. Immobilien, Finanzdienstleistung sowie vermögende Privatinvestoren u. Familien(-unternehmen). Über angeschlossene StB-Gesellschaft auch Deklarationen. (Leipzig: 5 Partner, 1 of Counsel, 8 Associates; Dresden: 3 Partner, 6 Associates, 2 of Counsel; Chemnitz: 1 Partner, 2 Associates)
Mandate: ●● Energieversorgung Gera bei Restrukturierung der Gesamtfinanzierung (Vol. €80 Mio) nach Insolvenz der Mehrheitsgesellschafterin Stadtwerke Gera; Carenoble Gesellschaft für Gesundheitsökonomie in Wettbewerbsprozessen; div. sächs. Landkreise u. Städte bei Vergabe- u. Nachprüfungsverfahren bei Ausschreibung von Rettungsdienstleistungen.

REDEKER SELLNER DAHS
Sachsen

Bewertung: Das geschätzte Leipziger Büro der traditionsreichen Kanzlei um den bekannten Dr. Thomas Stickler ist in seiner Nische, dem Vergabe- und Baurecht, seit Langem ein in der Region auffälliger Akteur. War in den vergangenen Jahren v.a. das Vergaberecht der Treiber, kehrte Stickler zuletzt wieder stärker zu seinem Ursprung, dem Baurecht, zurück. Hier beriet er neben seinen lfd. Mandaten in Mitteldtl. zuletzt v.a. bei größeren internat. Projekten, wie einem Windparkbau in der Ostsee auf Grundlage eines FIDIC-Vertragswerks, oder ein US-Unternehmen bei der Lieferung einer kompletten Fabrik der Schwerindustrie nach NRW. Mit dieser hoch spezialisierten Aufstellung bleibt die Kanzlei eine Exotin in der Region.
Empfohlen für: Ausgeprägte Spezialisierung im ▶Vergaberecht (auch ÖPP), hohe Präsenz im kommunalen Umfeld; ▶Priv. Baurecht; ▶Projekte/Anlagenbau. Daneben ▶Gesellsch.recht, M&A, Bezüge zum Energierecht. (1 Partner, 2 Associates)
Mandate: Siehe Fachkapitel.

WEIDINGER RICHTSCHEID
Sachsen

Bewertung: Der Energiesektor wird in dieser in Sachsen empfohlenen Kanzlei immer mehr zur Klammer der gesamten Tätigkeit. Laufend werden regionale Energieversorger bei Beteiligungen o. Fragen der Rekommunalisierung beraten, aber auch in Prozessen im Energierecht (z.B. um Einspeisevergütungen) oder Anfechtungsprozessen gg. Insolvenzverwalter vertreten. An diese Branchenfokussierung knüpft die Kanzlei mittlerw. auch ihre klassischen Stärken: Im Bankrecht berät WR wichtige (Landes-)Banken, die Bieter etwa bei Konzessionsneuvergaben finanzieren, im Arbeitsrecht begleitet sie Umstrukturierungen vermehrt auch im Energiesektor.
Stärken: Bank- u. Energierecht.
Häufig empfohlen: Steffen Richtscheid (Energie-/Arbeitsrecht), Thomas Weidinger („sehr kompetent, gründlich u. in hohem Maße serviceorientiert", Wettbewerber; Bankrecht)
Kanzleitätigkeit: Bank- u. Finanzrecht (u.a. Unternehmensrecht u. Refinanzierungen), Energierecht (u.a. Lieferverträge, Netzzugang), Prozesse (u.a. Allg. Schadensersatzrecht, Beraterhaftung, Bankrecht). Daneben: Gesellschafts-, Arbeits- u. Öffentl. Recht. Mandanten: Energieunternehmen (auch kommunale Energieversorger), regionale Banken u. Sparkassen sowie Privatunternehmen, u.a. aus dem IT- u. TK-Sektor. (2 Eq.-Partner, 1 Sal.-Partner, 8 Associates)
Mandate: Keine Nennungen.

Thüringen/Sachsen-Anhalt

Kanzlei	Standort	Stärken	Häufig empfohlen
Bergerhoff	Erfurt, Weimar, Jena	Breit aufgestellt, insbes. starke Gesellschaftsrechts- u. M&A-Praxis; zudem Bank-, Arbeits-, Bau- u. Vergaberecht; Litigation	Arne Friege, Wolfgang Bergerhoff, Dr. Michael Klepsch, Dr. Kathrin Thiele, Dr. Bernhard Lisson
Bette Westenberger Brink	Erfurt	Bes. Expertise im Priv. Bau- u. Arbeitsrecht; starke Prozesspraxis; zudem anerkannte Gesellschaftsrechtspraxis (v.a. in Mainz)	Birgit Anuschek
Dr. Eick & Partner	Erfurt	Stark im Versicherungsvertragsrecht; auch Arbeits- u. priv. Baurecht	Dr. Michael Burmann
Flöther & Wissing	Halle, Magdeburg	Insolvenzverw.	
Göhmann	Magdeburg	Starkes Gesellsch.recht; sehr transaktionserfahren (M&A); zudem Vergabe-, Bau-, Energie- u. Arbeitsrecht u. TK	Dr. Michael Backhaus
Gruendel	Jena	Insbes. IT u. Gewerblicher Rechtsschutz; Energie- u. Arbeitsrecht	
Hümmerich & Bischoff	Halle	Anerkannte Arbeitsrechtspraxis; Expertise an der Schnittstelle Gesellschafts- u. Steuerrecht; Baurecht	Arnd Merschky, Beate Kallweit
Ratajczak & Partner	Jena	Gesundheit	
Spilker & Coll.	Erfurt	Erb-, Arbeits-, Bau- u. Verwaltungsrecht; Produkthaftung	
Suffel & Kollegen	Jena	Bau- u. Immobilienrecht; viel Litigation	Claus Suffel
Weisskopf	Erfurt	Starke Spezialisierung im Bau-, Vergabe- u. Öffentl. Recht; daneben: Gesellschaftsrecht u. Nachfolge sowie Energie- u. Arbeitsrecht	Dr. Wolfgang Weisskopf, Axel Metzner, Dr. Gudrun Mandler

Die hier getroffene Auswahl der Kanzleien ist das Ergebnis der auf zahlreichen Interviews basierenden Recherche der JUVE-Redaktion (s. Einleitung S. 20). Sie ist in 2erlei Hinsicht subjektiv: Sämtliche Aussagen der von JUVE-Redakteuren befragten Quellen sind subjektiv u. spiegeln deren eigene Wahrnehmungen, Erfahrungen u. Einschätzungen wider. Die Rechercheergebnisse werden von der JUVE-Redaktion unter Einbeziehung ihrer eigenen Marktkenntnis analysiert u. zusammengefasst. Der JUVE Verlag beabsichtigt mit dieser Tabelle keine allgemein gültige oder objektiv nachprüfbare Bewertung. Es ist möglich, dass eine andere Recherchemethode zu anderen Ergebnissen führen würde. Die Kanzleien sind alphabetisch geordnet.

REGION WESTEN

Düsseldorf	120
Köln	131
Rheinland	136
Ruhrgebiet/Westfalen	139

Region: Westen
(Düsseldorf, Köln, Ruhrgebiet/Westfalen, Rheinland)

Machtverhältnisse in Düsseldorf verschieben sich

Düsseldorf ist und bleibt vor allem wegen der Nähe zu einer Reihe von Dax-Unternehmen ein zentraler Standort für Kanzleien. Deutlich wurde das einmal mehr durch die Entwicklung von **Linklaters**: Die Kanzlei beriet ihre beiden zentralen gesellschaftsrechtlichen Mandate aus Düsseldorf heraus: die Umstrukturierung von E.on und die Abspaltung von Bayer Material Science. Auch **Orrick Herrington & Sutcliffe** kann sich der Attraktivität Düsseldorfs nicht entziehen: Die Kanzlei wird ihre Büros in Frankfurt und Berlin schließen und ein Teil der Anwälte nach Düsseldorf umziehen. Der dominante Einfluss der Großkanzleien dürfte auch der Grund sein, dass sich in Düsseldorf deutlich seltener Spin-offs als anderenorts durchsetzen. Dem Erfolgsbeispiel von **Glade Michel Wirtz** folgend, wählte der **Hengeler Mueller**-Spin-off **Berner Fleck Wettich** einen dem Marktumfeld passenden Ansatz im Gesellschaftsrecht: Das Team bietet Konzernen und ihren Organmitglieder unabhängigen Rechtsrat zu attraktiven Preisen.

Eine herausragende Spezialisierung hat das hiesige Land- und Oberlandesgerichts für Patentverletzungsklagen. Ihre führende Position in Europa soll sich auch als eines von vier deutschen Eingangsgerichten im neuen europäischen Patentgerichtssystem (Unified Patent Court, UPC) ab Anfang 2017 nicht ändern. Dadurch erwartet die sehr aktiven Düsseldorfer Patentprozessteams künftig ein internationales Wettbewerbsumfeld, wie die Fusion der hochgeschätzten Boutique **Reimann Osterrieth Köhler Haft** mit der französisch-niederländisch-spanischen IP-Kanzlei Hoyng Monegier belegt.

Das beherrschende Thema im Markt war jedoch die Reorganisation bei **Clifford Chance**. Der Wechsel eines großen Teils des Energierechtsteams um Dr. Peter Rosin zu **White & Case** ließ die Wellen hochschlagen, stand jedoch nicht in Zusammenhang mit dem Verschlankungskurs bei Clifford. Der Wechsel verschiebt die Kräfteverhältnisse in Düsseldorf: Nur wenig spricht jetzt noch dafür, dass **Clifford** die vor Ort führenden Kanzleien herausfordern kann. Doch auch neue Kanzleien wollen in Düsseldorf mitmischen: So eröffnete die britische Kanzlei **Field Fisher Waterhouse** mit zwei Kartellrechtlern von **SBR Schuster & Partner** sowie im Gesellschaftsrecht und M&A mit erfahrenen Quereinsteigern von **Aderhold** und **FPS Fritze Paul Schmitt**. Im Spannungsfeld zwischen Großkanzleien und spezialisierten Spin-offs suchen kleinere Einheiten wie **Rellermeyer Brandts Partner** ihren Platz. Die Kanzlei entstand aus dem Zusammenschluss von Rellermeyer & Partner und Dr. Brandts, wodurch sie das Profil in der bankrechtlichen und Corporate-Beratung für den Mittelstand stärkte.

Köln: Zwischen Deals und Prozessen

Im Vergleich zur Nachbarstadt Düsseldorf ist Köln fast schon gemütlich. Das lässt vor allem im Transaktionsgeschäft Raum für ambitionierte und strategisch klar positionierte Einheiten, darunter etwa **Loschelder** oder **Seitz**.

Mit der Begleitung von Karstadt-Eigentümer René Benko im Bieterkampf um Kaufhof machten etwa die Arbeitsrechtler von **Seitz** auf sich aufmerksam. Innerhalb weniger Jahre hat die schon lange in Köln ansässige Kanzlei über ihre Kernkompetenz im Arbeitsrecht den Wirkungskreis auf das gesamte Bundesgebiet erweitert. Doch auch **Loschelder** spielte ihre Stärken aus: Dank ihrer engen Verzahnung von Gesellschafts- und Immobilienrecht, gepaart mit mittelständischer Honorarkalkulation, werden die Immobilientransaktionen, die sie betreut, immer attraktiver.

Doch manche Idee scheiterte auch: So verließ der erst vor wenigen Jahren zu **Friedrich Graf von Westphalen & Partner** gestoßene Strafrechtler Dr. Michael Tsambikakis die Kanzlei wieder und machte sich selbstständig. Der Plan, Synergien zwischen der etablierten D&O-Praxis der Kanzlei und der strafrechtlichen zu heben, ging nicht

auf. Dabei blieb zunächst die strategische Chance ungenutzt, sich in der Compliance-Beratung zu etablieren, ein Bereich, der gerade in Köln mit dem traditionellen lokalen Schwerpunkt rund um Versicherer und Haftungsthemen noch viel Potenzial hätte.

Compliance-Beratung hätte auch dem ehemaligen Management von Sal. Oppenheim gut zu Gesicht gestanden. Das Mammutstrafverfahren endete vor dem Landgericht Köln mit Haftstrafen für einige Verantwortliche des Niedergangs der Bank. Zivilrechtlich ist die Affäre noch nicht ausgestanden, sodass unter anderem die Prozesspraxis von **Heuking Kühn Lüer Wojtek** weiter gut beschäftigt ist.

Ruhrgebiet/Westfalen: Mittelstand als echte Alternative

Im Ruhrgebiet haben sich Kanzleien wie **Aulinger**, **Kümmerlein** und **Grüter** als Alternative zu Großkanzleien aus Düsseldorf einen festen Platz im Markt gesichert. Weil immer mehr Unternehmen ganz genau überlegen, ob sie die Dienste von Großkanzleiteams benötigen oder ob eine mittelständische Kanzlei die Aufgabe ebenfalls erledigen kann, spielt der Markt diesen Kanzleien derzeit in die Hände. Immer häufiger geben Unternehmen auch für Transaktionen den regionalen Playern den Vorzug – wie etwa **Grüter** beim Verkauf der Standardkessel-Baumgarte-Gruppe. Das bietet auch jüngeren Partnern die Chance, sich ein eigenes Profil zu erarbeiten. Jenseits der Transaktionen spielen die Notariate in fast allen Kanzleien eine zentrale Rolle. Denn während sie im klassischen Gesellschaftsrecht vorwiegend Mittelständler aus der Region beraten, verschafft ihnen die notarielle Begleitung auch Zugang zu großen Konzernen. Gerade für ihre mittelständische Klientel ist dabei die Kombination von anwaltlicher und notarieller Arbeit von besonderer Bedeutung. Viele Kanzleien feilten zudem vor allem an ihren Spezialisierungen: **Harnischmacher Löer Wensing** verbreiterte im Außenwirtschaftsrecht ihre Mandantenbasis, **PKF Fasselt Schlage** trieb den Ausbau ihrer Insolvenzpraxis voran, und **Schlüter Graf** intensivierte ihre traditionsreiche internationale Tätigkeit im Nahen Osten weiter.

Bei einigen westfälischen Kanzleien stand zudem eine Verbreiterung und Integration ihrer Tätigkeitsbereiche an: Während **Aderhold** und **Brandi** die Zusammenarbeit ihrer Standorte vorantrieben, eröffnete **Streitbörger Speckmann** ein neues Büro in Münster.

Kanzleien im Rheinland blicken auf erfolgreiches Jahr zurück

Im Rheinland zeigte sich der Kanzleimarkt ruhig – Wechsel von Partnern oder gar größerer Teams blieben aus. Dies war aus Sicht eines Anwalts einer Bonner Kanzlei nicht überraschend: „Es sind alle gut ausgelastet, da denkt keiner daran, sich eine neue Kanzlei zu suchen." So sprachen denn auch viele Sozietäten von einem besonders umsatzstarken Jahr. Neben dem allgemeinen Trend eines spürbar anziehenden Transaktionsmarktes, von dem nahezu alle Marktteilnehmer berichteten, profitierten darüber hinaus einige von einem gestiegenen Beratungsbedarf infolge der Entscheidung des Bundesverfassungsgerichts zur Erbschaftsteuer. Hier waren besonders Kanzleien wie **Meyer-Köring**, **Gobbers & Denk** und **Flick Gocke Schaumburg** gefragt, die auch über erb- oder steuerrechtliche Expertise verfügen.

Daneben ernteten Kanzleien wie **Busse & Miessen** oder **d h & k** die Früchte ihrer Arbeit, die sie in den vergangenen Jahren in Modernisierungsprozesse gesteckt hatten: Bei **Busse & Miessen** belegt eine immer umfassendere Tätigkeit in mehreren Spezialgebieten für zum Teil langjährige Mandanten die gute Integration der Quereinsteiger, die 2013 bzw. 2014 von Wettbewerberin **Meyer-Köring** gewechselt waren. Auch **d h & k** schöpft die Möglichkeiten der praxisgruppenübergreifenden Zusammenarbeit immer besser aus.

Die folgenden Bewertungen behandeln Kanzleien, die nach der Recherche der JUVE-Redaktion in ihrer Region eine besondere Bedeutung und Reputation genießen. Diese Kanzleien bieten typischerweise Beratung und Vertretung in vielen Sparten des Wirtschaftsrechts. Bitte beachten Sie aber ggf. Verweise auf weitere Besprechungen in einem Rechtsgebietskapitel. Dort finden Sie auch jeweils weitere Referenzmandate.

JUVE KANZLEI DES JAHRES
WESTEN
LOSCHELDER

Sie lebt vor, wie fachübergreifende Zusammenarbeit und strategische Weitsicht immer höherwertiges Geschäft nach sich ziehen. Vor allem die jungen ehrgeizigen Quereinsteiger, die die Kanzlei im Lauf der Jahre von sich überzeugen konnte, treiben diese Entwicklung an: Der von Mandanten als „hervorragender Berater" gelobte **Dr. Stefan Stock** setzte im Gespann mit Corporate-Partner **Dr. Nikolai Wolff** Maßstäbe mit dem Verkauf der ‚Tanzenden Türme' in Hamburg für die Mandantin Strabag. Weitere Transaktionen folgten. Doch auch die älteren Partner lehnen sich nicht zurück: Der erfahrene Corporate-Partner **Dr. Henning Wahlers** gewann Generali als neue Mandantin und begleitete den Versicherer unter anderem beim Verkauf des Frankfurter Messeturms. Noch vor wenigen Jahren wäre dieses Mandat entweder in Frankfurt oder aber bei einer der größeren Kölner Kanzleien gelandet. Nun rüstet sich Loschelder für den nächsten Wachstumsmarkt: Ein junger Quereinsteiger von Gleiss Lutz erschließt Patentprozesse für die Pharmabranche und rundet das Beratungsangebot der bislang vom anerkannten Marken- und Wettbewerbsrechtler **Prof. Dr. Michael Loschelder** geprägten IP-Praxis ab.

REGION WESTEN DÜSSELDORF

Düsseldorf

ADERHOLD
Düsseldorf ☐☐☐☐☐■☐

Bewertung: In D'dorf geschätztes Büro, dessen Restrukturierungspraxis zu den Top-Adressen in der Region zählt. Prigge leitet nun ein Team aus 4 Partnern, das über hervorrag. Kontakte zu regionalen Sparkassen verfügt. Die Arbeit der Kanzlei in der Nürburgring-Sanierung war charakterist. für das zunehmend prom. Profil Aderholds in diesem Bereich. Die Zusammenarbeit mit Langes M&A-Praxis ist seit jeher bedeut. für Transaktionen, die aus Sanierungsprojekten entstehen. Zwischenzeitl. keimte sogar die Hoffnung auf, dass das Büro durch Neuzugänge dieses Teams breiter aufgestellt sein könnte. Der Weggang der M&A-Partner Jan Hartmann u. Dr. Patrick Halfpap zu Field Fisher setzte dieser Hoffnung jedoch vorerst ein jähes Ende.

Stärken: Anerkannte Restrukturierungspraxis (mit angehängter Unternehmensberatung in D'dorf).

Häufig empfohlen: Thorsten Prigge (Restrukturierung), Dirk Lange (M&A)

Kanzleitätigkeit: Umf. Beratung in ▶Gesellsch.recht, ▶M&A u. bei ▶Restrukturierung/Sanierung u. Insolvenz. Daneben Arbeitsrecht. Mandantschaft: überw. gehobener Mittelstand, in Spezialfragen auch große Konzerne. (6 Partner, 7 Associates)

Mandate: ●● Von Nathusius bei Erwerb MIFA aus Insolvenz; Bergrohr bei Verkauf Geschäftsbetrieb an EEW; NBHX-NaFaTec bei Einstieg eines chin. Investors; Capricorn-Gruppe bei Verhandlung Fortfinanzierungskonzept sowie bei Übernahme der Beteiligung am Nürburgring durch NR Holding.

ALLEN & OVERY
Düsseldorf ☐☐☐■☐☐☐

Bewertung: Dieses häufig empfohlene Büro in D'dorf spielt eine tragende Rolle in der bundesw. Praxis. Dass die Praxis dennoch nicht besonders visibel in ihrem Heimatmarkt ist, liegt auch daran, dass A&O auf Bundesebene zu den besser vernetzten Kanzleien zählt und daher eher das Gesamtbild die Marktpräsenz bestimmt. Das ändert sich nun allerdings durch die zunehmend anerkannte Tätigkeit jüngerer Partner wie Dr. Jan Schröder u. Dr. Christian Eichner wie auch des renommierten Corporate- u. Kapitalmarktexperten Dr. Hans Diekmann für Ruhrkonzerne u. Versicherungen. Dass das Büro einen der bekanntesten Nachwuchssteuerrechtler, Dr. Marcus Helios von KPMG, für sich gewinnen konnte, sorgte zudem für enormen Aufwind u. schaffte weitere Verbindungen zur Konzernzielmandantschaft von A&O in der Region.

Stärken: Gesellschaftsrecht, v.a. Schwerpunkt bei Beratung der Versicherungsindustrie.

Empfohlen für: ▶Arbeitsrecht; ▶Gesellsch.recht; ▶Gesellschaftsrechtl. Streitigk.; ▶Marken u. Wettbewerb; ▶Patentrecht u. ▶M&A. Auch ▶Unternehmensbez. Versichererberatung; ▶Compliance; Gewerbl. Rechtsschutz. (7 Eq.-Partner, 1 Counsel, 20 Associates)

Mandate: Siehe Fachkapitel.

ARQIS
Düsseldorf ☐☐☐■☐☐☐

Bewertung: Weil die in D'dorf häufig empfohlene Kanzlei konsequent ihren Weg fortsetzt, zählt sie

---

DÜSSELDORF

Freshfields Bruckhaus Deringer
Hengeler Mueller
Linklaters

Heuking Kühn Lüer Wojtek
Hogan Lovells

Allen & Overy
Baker & McKenzie
Bird & Bird
Clifford Chance
CMS Hasche Sigle
Glade Michel Wirtz
Gleiss Lutz
McDermott Will & Emery
Noerr
Taylor Wessing

Arqis
Hoffmann Liebs Fritsch & Partner
Latham & Watkins
Orth Kluth

Beiten Burkhardt
Deloitte Legal
Jones Day
Kapellmann und Partner
Luther
Orrick Herrington & Sutcliffe
Sernetz Schäfer
Simmons & Simmons
White & Case

Aderhold
Buse Heberer Fromm
FPS Fritze Wicke Seelig
Franz
Godefroid & Pielorz
PPR & Partner

Austmann & Partner
BBORS Kreuznacht
Berner Fleck Wettich
Field Fisher Waterhouse
Grooterhorst & Partner
Lindenau Prior & Partner
Marccus Partners
Mayer Brown
Mütze Korsch
Rellermeyer Brandts Partner
RWP Rechtsanwälte
Tigges

Die hier getroffene Auswahl der Kanzleien ist das Ergebnis der auf zahlreichen Interviews basierenden Recherche der JUVE-Redaktion (s. Einleitung S. 20). Sie ist in 2erlei Hinsicht subjektiv: Sämtliche Aussagen der von JUVE-Redakteuren befragten Quellen sind subjektiv u. spiegeln deren eigene Wahrnehmungen, Erfahrungen u. Einschätzungen wider. Die Rechercheergebnisse werden von der JUVE-Redaktion unter Einbeziehung ihrer eigenen Marktkenntnis analysiert u. zusammengefasst. Der JUVE Verlag beabsichtigt mit dieser Tabelle keine allgemein gültige oder objektiv nachprüfbare Bewertung. Es ist möglich, dass eine andere Recherchemethode zu anderen Ergebnissen führen würde. Innerhalb der einzelnen Gruppen sind die Kanzleien alphabetisch geordnet.

● Referenzmandate, umschrieben
●● Referenzmandate, namentlich

Anwaltszahlen: Angaben der Kanzleien zur Bürogröße vor Ort. Sie spiegeln nicht zwingend die Gesamtgröße einer Kanzlei wider.

nun zu den von Wettbewerbern meistbewunderten unabh. Kanzleien im D'dorfer Markt. Die 3 maßgebl. Partner genießen alle ein hohes Ansehen in ihren Bereichen u. hatten ein hervorrag. Jahr: Yamaguchi leitet die wohl führende dt.-jap. Praxis, Panzer-Heemeier zählt zu den starken Arbeitsrechtlern im Rheinland u. Schulze entwickelt sich zu einem M&A-Schwergewicht, dieses Jahr erstmals auch mit der Mandatsführung einen Mrd-Deal. Vor dem Hintergrund, dass diese Protagonisten lange die Außenwahrnehmung der Kanzlei dominierten, war zudem wichtig, dass jüngere Partner (v.a. Brors u. Boche) nun auch in den Vordergrund rücken. Weitere jüngere Partner dieses Kalibers sind jedoch nötig. Als Beleg für Arqis' hohe Reputation gilt auch, dass die Kanzlei mittlerw. für etabliertere Seiteneinsteiger im Markt attraktiver ist. Einigen scheint es nur eine Frage der Zeit, bis das D'dorfer Büro hochkarät. erfahrene Juristen wie in München anzieht.

Stärken: Grenzüberschr. M&A, dt.-jap. Rechtsverkehr (eigenes Büro in Tokio), Arbeitsrecht.
Entwicklungsmöglichkeiten: Durch ihr Wachstum hat Arqis die nächste Entwicklungsstufe erreicht: Mehr Managementbedarf u. die Wahrung der Homogenität quer durch die Partnerriege werden ihre bekannte kollegiale Kanzleikultur auf den Prüfstand stellen.
Häufig empfohlen: Andreas Dietl, Dr. Shigeo Yamaguchi („sehr energetisch, fleißig u. fokussiert auf unsere Ziele", Mandant), Dr. Jörn-Christian Schulze, Johannes Landry, Dr. Mirjam Boche (alle M&A/Gesellschaftsrecht), Dr. Andrea Panzer-Heemeier, Dr. Tobias Brors („engagiert u. kompetent v.a. bei Datenschutz u. Mitbestimmung", Wettbewerber)
Kanzleitätigkeit: Schwerpunkt im ▶Gesellsch. recht, fachübergreifende Organberatung, ▶M&A, ▶Private Equ. u. Vent. Capital. Außerdem Kapitalmarkt-, ▶Arbeits- u. Immobilienrecht sowie Restrukturierung, Prozesse. Viel grenzüberschr. Geschäft mit Japanbezug. (4 Eq.-Partner, 8 Sal.-Partner, 2 Counsel, 11 Associates, 1 of Counsel)
Mandate: ●● CRH beim Erwerb von Assets von Lafarge u. Holcim; Minebea/Development Bank of Japan bei Erwerb der Industrial-Technologies-Sparte von Sartorius. Arbeitsrecht: Pago Etikettiersysteme sowie Fuji Seal bei Restrukturierung der dt. Produktionsstätte. Lfd.: Beeline-Gruppe, Orthomol, McKinsey.

AUSTMANN & PARTNER
Düsseldorf

Bewertung: Die geschätzte D'dorfer Kanzlei hat sich eine für den lokalen Markt einzigartige Identität herausgearbeitet: sehr viel Restrukturierungsarbeit gepaart mit einem zunehmend großen Anteil an Familienunternehmen u. Nachfolgeberatung. Der Status als unabh. Boutique hat sich in beiden Bereichen als wichtiges Element erwiesen. So sind etwa die Verbindungen zu Insolvenzverwaltern besonders stark. Es fällt auf, wie viel präsenter die Kanzlei im örtl. Markt nun ist, was unter der typ. Kommentar (von Wettbewerber) „eine Gruppe unternehmerischer Partner" belegt. Da ihre Reputation zunächst nur auf Namenspartner Austmann beruhte, stellt die zunehmend prom. Position von Böttger eine wichtige Entwicklung dar.
Stärken: Gesellschaftsrecht, Restrukturierung.
Entwicklungsmöglichkeiten: Die Partnerriege weist eine Lücke im Altersspektrum auf. Ein weiterer Partner unter Austmann würde der Boutique gut tun.
Häufig empfohlen: Thomas Austmann („macht die Mandanten immer glücklich", Wettbewerber), Dr. Nina Böttger.
Kanzleitätigkeit: Schwerpunkt im Gesellschaftsrecht (inkl. Restrukturierung), M&A u. gesellschaftsrechtl. Streitigkeiten. Viele mittelständ. Mandanten (u. Familienunternehmen), aber auch internat. Unternehmen sowie Investoren. (4 Partner, 2 Associates)
Mandate: ●● Sparkasse Rhein-Nahe bei versch. Insolvenzverfahren; Interlübke bei Verkauf; Unternehmen aus dem Bereich Umwelttechnik bei Verkauf engl. Tochter; Colexon Energy bei mehreren Gewährleistungsstreitigkeiten in Anlagenbauprojekten; spezialisiertes Pharma-Unternehmen bei Verkauf Logistiksparte; Familienunternehmen aus Verpackungsbranche bei Unternehmensnachfolge.

BAKER & MCKENZIE
Düsseldorf

Bewertung: Das häufig empfohlene Büro der ww. Kanzlei entwickelt sich prächtig u. wirft im Markt einen Schatten, der weit länger ist als seine tatsächl. Größe: Mit nur 9 Partnern ist es erstaunl. visibel. Einer der Hauptgründe dafür liegt im kontinuierl. Aufstieg der Kartellrechtspraxis. Ihr ist es gelungen, den Branchenfokus mit der globalen Reichweite von Baker zu kombinieren u. so im Bereich Compliance wichtige Mandanten zu gewinnen. Der Sinn u. Zweck des D'dorfer Büros ist es, der Kanzlei Zugang zu einer umfangreicheren industriellen Mandantschaft zu verschaffen, was auch in der Corporate-Praxis gelungen ist, sowohl in der Rhein-Ruhr-Gegend (z.B. Hochtief) als auch darüber hinaus, wie z.B. der im März so bedeut. Deal für ZF Friedrichshafen erkennen ließ. Sowohl Dr. Ingo Strauss als auch Dr. Sönke Becker finden sehr viel Anerkennung für ihre Aufbauarbeit. Dass Letzterer die europ. Corporate-Praxis leitet, spricht Bände über die neue Rolle des D'dorfer Büros, v.a. weil 3 weitere D'dorfer Partner am internat. Management der Praxisgruppe beteiligt sind. Das Fehlen einer IP-/IT-Praxis in D'dorf hinterlässt allerdings eine spürbare Lücke v.a. im Hinblick auf die Möglichkeiten des Büros im Rahmen des europ. Patentgerichts. Ihre Patentexpertise konzentriert Baker derzeit v.a. im Münchner Büro.
Stärken: Kartellrecht, M&A (v.a. grenzüberschreitend).
Empfohlen für: ▶Arbeitsrecht; ▶Compliance; ▶Gesellsch.recht; ▶Handel u. Haftung; ▶Immobilien; ▶Kartellrecht; ▶M&A; ▶Steuer; ▶Vergabe. (8 Eq.-Partner, 1 Sal.-Partner, 2 Counsel: 17 Associates)
Mandate: Siehe Fachkapitel.

BBORS KREUZNACHT
Düsseldorf

Bewertung: Die geschätzte Kanzlei ist in D'dorf mit einer soliden gesellschaftsrechtl. Praxis (einschl. M&A u. engen Verbindungen zur Insolvenzpraxis im Münsteraner Büro) gut positioniert. Ebenfalls präsent ist die Betreuung von IT- u. TK-Unternehmen, nicht selten auch an der Schnittstelle zur Corporate-Arbeit. Noch nicht wieder ganz erholt hat sich die Kanzlei vom Wechsel ihres bekanntesten Experten für TK- u. Energieregulierung als BGH-Anwalt nach Karlsruhe (2013). Vielmehr setzte sich die personelle Fluktuation mit dem Ausscheiden 2er Associates fort, mit der Folge, dass BBORS nunmehr regulator. Themen nicht mehr anbietet. Im Handels-, IT- u. TK-Recht verstärkte sich die Kanzlei allerdings auch mit einem Associate. Mit 8 Anwälten ist die Kanzlei weiter sehr klein für den kompetetiven D'dorfer Markt.
Häufig empfohlen: Roland Bornhofen (Telekommunikation u. Energie), Dr. Jens Buchta, Dr. Kai-Peter Ott (Gesellschaftsrecht, M&A)
Kanzleitätigkeit: Schwerpunkt im Gesellschaftsrecht (inkl. M&A/Sanierungsberatung); Handels- u. Vertriebsrecht. Daneben Bank- u. Bankaufsichtsrecht. Beratung der TK- u. Energiebranche in zivilrechtl. Fragen. Mandantschaft: gehobener Mittelstand, auch ausl. Unternehmen. Außerdem Telekomanbieter u. Energieversorger. (3 Eq.-Partner, 1 Sal.-Partner, 3 Associates, 1 of Counsel)
Mandate: ●● Telefonica zu gemeins. Ausbau Breitbandnetz mit Dt. Telekom; Robbes & Lammers u. ABP Gleisbau bei Personalabbau im Insolvenzverfahren; Bookjans u. Handelsgruppe Wolfgang Hartmann zu M&A im Insolvenzverfahren; Logistik- bzw. TK-Unternehmen zu neuer Compliance-Struktur; Energieversorger zu Verkauf Lichtwellenleitnetz; Mode-Gruppe zu Zusammenschluss; Anlagenbauer zu Sozialplan u. Interessenausgleich; US-Technologiekonzern bei Umsetzung innovat. Geschäftsidee in Dtl.; TK-Unternehmen bei Implementierung Compliance-Struktur.

BEITEN BURKHARDT
Düsseldorf

Bewertung: Das in D'dorf empfohlene Büro ist durch die standortübergreifend enge Vernetzung der Steuer- u. Nachfolgepraxen, aber auch mit den Corporate-Teams anderer Standorte ein Dreh- u. Angelpunkt der Gesamtkanzlei: Eine der zentralen D'dorfer Figuren ist hier nach wie vor der Gesellschafts- u. Steuerrechtler Dr. Guido Krüger. Das Büro verfügt zudem über gute Kontakte zu Banken u. Familienunternehmen sowie einen anerkannten MDP-artigen Zuschnitt. Zuletzt musste das Büro allerdings den Weggang des bei internationalen Streitigkeiten erfahrenen Sal.-Partners Dr. Denis Gebhardt zu Jones Day hinnehmen, was einer Schwächung für die anerkannte Prozesspraxis bedeutet. Im Vergeich zu den Büros in Berlin, München u. Nürnberg ist der Standort dennoch personell recht stabil, was eine solide Entwicklung erlaubt. Die hat aber auch zur Folge, dass v.a. das Corporate-Team kaum wächst u. nach wie vor im Vergleich zu Wettbewerbern zu klein ist.
Stärken: Starkes interdisziplinäres Know-how; anerkannter Niederlande-Desk.
Empfohlen für: ▶Gesellsch.recht; ▶Handel u. Haftung; ▶IT; ▶M&A u. Prozessführung; Immobilien- u. Baurecht sowie ▶Vergabe-, ▶Arbeitsrecht- u. Wettbewerbsrecht; ▶Nachfolge/Vermögen/Stiftungen; ▶Steuer. (7 Eq.-Partner, 15 Sal.-Partner, 15 Associates, 1 of Counsel)
Mandate: Siehe Fachkapitel.

BERNER FLECK WETTICH
Düsseldorf

NOMINIERT
JUVE Awards 2015
Gründerzeit-Award

Bewertung: Der Spin-off von Hengeler- bzw. Heuking-Anwälten ist erst anderthalb Jahre alt, aber bereits eine geschätzte Kanzlei in D'dorf. Die 3 Partner profitieren mandatsmäßig von den starken Beziehungen zu ihren ehem. Kanzleien, doch ihr Erfolg ist v.a. darauf zurückzuführen, dass sie sich im D'dorfer Markt in einer Nische etabliert haben: unabhängige High-End-Beratung bei Organhaftungsthemen zu moderaten Preisen sowie Transaktionsberatung für Familienunternehmen. Ähnl. Kanzleien gibt es bislang nur in München u. Hamburg. BFW erhielt hierfür beachtl. Mandanten-Feedback: „Die Kanzlei zeigt erstaunl. Bereitschaft, sich mit echtem Interesse an der Sache in relevante Geschäftszusammenhänge u. strateg. Entscheidungen einzuarbeiten." Die Mandatierung bei signifikanten Transaktionen in der Internetbranche (Delivery Hero) war ein weiterer Ausdruck für die Vielseitigkeit des jungen Teams.

Stärken: Gesellschaftsrecht, M&A (u.a. im Start-up-Umfeld).

Häufig empfohlen: Dr. Thilo Fleck („extrem kundenorientiert", Mandant), Olaf Berner („sehr guter Verhandler; extrem hohe Expertise u. auch lösungsorientiert mit zusätzl. wirtschaftl. Knowhow", Mandant), Dr. Carsten Wettich („pragmatisch u. lösungsorientiert; bezieht im Verhältnis zw. Vorstand u. Aufsichtsrat rechtl. als auch polit. Komponenten mit ein", Mandant)

Kanzleitätigkeit: Gesellschaftsrecht inkl. Umstrukturierung, Organberatung u.a. bei D&O-Haftungsfällen. Beratung bei Investitionen in Start-ups sowie M&A. (3 Partner)

Mandate: ●● BetterDoc bei Finanzierungsrunde und Abschluss von Pilotvertrag mit der Allianz; ehem. CEO des korean. Geschäfts von Delivery Hero bei Verkauf einer Beteiligung; Gesellschafter von YouCook bei Verkauf; börsennot. Finanzdienstleister bei verschmelzungsrechtl. Squeeze-out; Klinikbetreiber bei Verteidigung gg. Beschlussanfechtungsklage eines Minderheitsgesellschafters; mehrere ehemalige Aufsichtsratsmitglieder einer Bank bei Abwehr von Organhaftungsansprüchen.

BIRD & BIRD
Düsseldorf

Bewertung: Das häufig empfohlene Büro in D'dorf sticht weiter mit seiner Arbeit in umsatzträchtigen Patentprozessen sowie ihrer ähnl. renommierten Vergaberechtspraxis aus dem Markt heraus. Das Patentteam war erneut mit Mobilfunkprozessen für Huawei (bis vor den EuGH) bzw. Nokia sehr präsent u. ist mit seiner Aufstellung gut gewappnet, in dem neuen europ. Patentgerichtssystem mit seinem zentralen Standort D'dorf eine wichtige Rolle zu spielen. Das Team um Dr. Jan Byok war im Vergabeverfahren um den Rhein-Ruhr-Express für Abellio gewohnt stark präsent. Beide Teams sind so stark positioniert, dass sie ohne größere Einschnitte Abgänge von Partnern bzw. Counsel zu Wettbewerbern verkraften. Dass das Büro künftig aber nicht mehr die zentrale Rolle in der dt. B&B-Praxis spielen wird, kündigt sich durch den Wechsel im zentralen Management an. Hier ist Byok nunmehr nur noch einer von 3 Managing-Partnern. Die dt. Büros waren zuvor lange alleine von dem D'dorfer Corporate-Partner Dr. Alexander Schröder-Frerkes geleitet worden. Der Führungswechsel wurde v.a. aus London heraus betrieben. Er ist auch vor dem Hintergrund der anhaltend schwachen Position der dt. Corporate-Praxis, die ihren Schwerpunkt in D'dorf hat, zu sehen. Sie ist deutl. hinter anderen örtl. Wettbewerbern zurück, denn auch die Zugänge der letzten Jahre haben daran nicht entscheidend etwas ändern können.

Düsseldorfer Kanzleien mit Besprechung nur in Rechtsgebieten

AndresPartner	Insolvenzverw.
Arnold Ruess	Marken u. Wettbewerb ▶ Patent
Baker Tilly Roelfs	Steuer
Bardehle Pagenberg	Marken u. Wettbewerb ▶ Patent
BDO Restructuring	Insolvenzverw.
Bell & Windirsch	Arbeit
Bornheim und Partner	Priv. Baurecht
Dr. Florian Braunfels Dr. Rainer Oppermann	Notare
Buchalik Brömmekamp	Restrukturierung/Sanierung
Cohausz & Florack	Marken u. Wettbewerb ▶ Patent
Dierks + Bohle	Gesundheit
Dr. Wilhelm Droste und Dr. Hendryk Habit	Notare
Field Fisher Waterhouse	Kartellrecht
FRH Rechtsanwälte Steuerberater	Insolvenzverw.
Frings Partners	Arbeit
Graf von Westphalen	Außenhandel ▶ Energie ▶ Gesundheit ▶ Priv. Baurecht ▶ Projekte/Anlagenbau ▶ Umwelt u. Planung ▶ Vergabe
GTW Rechtsanwälte	Priv. Baurecht
Hauck	Patent
Hecker Werner Himmelreich	Priv. Baurecht
Hermanns Wagner Brück	Kartellrecht
Herzog Fiesser & Partner	Patent
Hoffmann Eitle	Patent
Hüttebräuker	Lebensmittel
Isenbruck Bösl Hörschler	Patent
Johannsen	Versicherungsvertragsrecht
Juconomy	Telekommunikation
Dr. Marcus Kämpfer und Andrea Bergermann	Notare
Kebekus et Zimmermann	Insolvenzverw.
Klaka	Patent
Kleiner	Gesundheit ▶ Telekommunikation
Kliemt & Vollstädt	Arbeit
KNH Kahlhöfer Neumann Rößler Heine	Patent
König Szynka Tilmann von Renesse	Patent
KPMG Law	Arbeit ▶ Gesellsch.recht ▶ M&A ▶ Energie
Kreplin & Partner	Insolvenzverw.
Krieger Mes Graf v. der Groeben	Marken u. Wettbewerb ▶ Patent
Küffner Maunz Langer Zugmaier	Steuer
Leifert & Steffan	Patent
Leinemann & Partner	Priv. Baurecht ▶ Vergabe
Leonhardt Rattunde	Insolvenzverw.
Löffel Abrar	Marken u. Wettbewerb
Maiwald	Patent
Michalski Hüttermann & Partner	Patent
Möller & Partner	Gesundheit
Mütze Korsch	ÖPP
Piepenburg Gerling	Insolvenzverw.
Preu Bohlig & Partner	Marken u. Wettbewerb ▶ Patent ▶ Gesundheit
PricewaterhouseCoopers Legal	Energie ▶ M&A ▶ Steuerstrafrecht ▶ Vergabe ▶ Verkehr
Dr. Burkhard Pünder & Dr. Gerrit Wenz	Notare
Pusch Wahlig	Arbeit
Reimann Osterrieth Köhler Haft	Marken u. Wettbewerb ▶ Patent
Dr. Paul Rombach Dr. Claudie Rombach	Notare
Rospatt Osten Pross	Marken u. Wettbewerb ▶ Patent
S&P Söffing	Nachfolge/Vermögen/Stiftungen
Schindler	Vertrieb
Schmidt-Westphal	Arbeit

Fortsetzung nächste Seite

● Referenzmandate, umschrieben
●● Referenzmandate, namentlich

Anwaltszahlen: Angaben der Kanzleien zur Bürogröße vor Ort. Sie spiegeln nicht zwingend die Gesamtgröße einer Kanzlei wider.

DÜSSELDORF WESTEN REGION

Stärken: Eine der marktführenden Patentprozess- und Vergabepraxen.
Empfohlen für: ▶Energie; EU-Recht; ▶Gesellsch.recht; Gesundheit; ▶IT; ▶Kartellrecht; ▶M&A; ▶Marken u. Wettbewerb u. Medien (▶Sport); ▶ÖPP; ▶Patent; ▶Vergabe; Verkehr. (19 Eq.-Partner, 8 Counsel, 39 Associates, 4 of Counsel)
Mandate: Siehe Fachkapitel.

BUSE HEBERER FROMM
Düsseldorf

Bewertung: Geschätztes Büro in D'dorf, das auf eine lange Tradition in der Mittelstandsberatung zurückgreifen kann, insbes. aber über eine anerkannte Arbeitsrechtspraxis (jetzt 4 Partner) verfügt. Die Buse-Philosophie ist besonders individualist., was sie von den meisten anderen Wirtschaftskanzleien in D'dorf unterscheidet, womit sie sich aber als Magnet für Seiteneinsteiger erwiesen hat. Einige dieser Anwälte, wie Knorr (Arbeitsrecht v.a. bei Krankenhäusern) u. Roßner (Beratung von Familienunternehmen), haben begonnen, das Profil des Büros im Markt zu schärfen. Die Rückkehr eines Partners aus dem Frankfurter Büro verlieh der Corporate-Praxis weiter Auftrieb, die immer noch am besten für Quacks Beziehungen nach Japan bekannt ist.
Stärken: Arbeitsrecht; dt.-jap. Praxis.
Entwicklungsmöglichkeiten: Nach beträchtl. Unruhe in der Gesamtkanzlei bundesw. scheint Buse nun in der Lage, ihre spezielle Kanzleikultur offensiver zu vermarkten, wobei D'dorf wegen der gelungenen Integration der Quereinsteiger eine Vorreiterrolle zukommt. Wenn das dazu führt, dass weitere Seiteneinsteiger Lücken – wie etwa im Steuerrecht – füllen, wird dies der Präsenz von Buse in der Rhein-Ruhr-Gegend zugute kommen.
Häufig empfohlen: Dr. Christian Quack (Gesellschaftsrecht/M&A, Kartellrecht), Dr. Alexander Otto (Arbeitsrecht), Dr. Mathias Knorr (Arbeitsrecht), Lars Roßner (Beratung von Familienunternehmen)
Kanzleitätigkeit: Breit ausgerichtete Beratungspraxis mit Schwerpunkten in ▶Gesellsch.recht, ▶M&A, u.a. zu Stiftungen u. Umstrukturierungen (auch für ausl. Unternehmen). Zudem ▶Arbeitsrecht u. Kartellrecht. Regelm. in Prozessen. Länderschwerpunkte Japan u. Naher Osten (v.a. Iran). (5 Eq.-Partner, 9 Sal.-Partner, 1 of Counsel, 9 Associates)
Mandate: ●● M&A: Wilo SE bei VC-Beteiligung an Software-Start-up; Arcaris Management bei Aufsetzen einer Zwischenholdingstruktur. Arbeitsrecht: Draftex zu Interessenausgleich/Sozialplan; Geschäftsführer Bankensektor bei Haftungsabwehr (€17,6 Mio). Kartellrecht: Textileinkaufsverbund bei Begutachtung des Geschäftsmodells.

CLIFFORD CHANCE
Düsseldorf

Bewertung: Häufig empfohlenes Büro in D'dorf, das die Auswirkungen der Kanzleiumgestaltung in Dtl. besonders stark spürte. Die Verschlankung der Partnerriege fand zwar hauptsächl. außerhalb D'dorfs statt, mehrere Partner wechselten dennoch aus eigenem Antrieb zu anderen Sozietäten. Signifikant war der Weggang eines Großteils des 20-köpf. Energieteams um die Partner Dr. Peter Rosin u. Thomas Burmeister zu White & Case. Im weiteren Verlauf des Jahres baute dann der renomm. Litigation-Partner Thomas Weimann seine eigene Boutique auf. Demnach verbleiben mit der IP-Expertin Dr. Claudia Milbradt u. dem Prozessrechtler Dr. Michael Kremer nur noch 2 Partner der Litigation-Praxis. Dazu verlagerten 2 Counsel aus den Bereichen Commercial Litigation u. Wirtschaftsstrafrecht ihren Schwerpunkt von Ffm. nach D'dorf. Andere wichtige Bestandteile der D'dorfer Praxis bleiben indes intakt: Das marktführende ▶Gesundheitsteam unter dem neuen Managing-Partner Dr. Peter Dieners ist weiterhin auffallend stark, und die Corporate-Praxis wurde durch die Ernennung 2er Partner zur Unterstützung des immer prominenter auftretenden Dr. Christoph Holstein gestärkt. Das Team konnte sich z.B. einen bedeut. Deal für die Dt. Telekom in der Slowakei sichern.
Stärken: Starke Teams in Gesundheitswesen, M&A, Kartellrecht, Vertriebssysteme.
Empfohlen für: ▶Arbeitsrecht; ▶Compliance; ▶Energie; ▶Gesellsch.recht; ▶Gesellschaftsrechtl. Streitigk.; ▶Gesundheit; ▶Handel u. Haftung; ▶Immobilien; ▶IT; ▶Kartellrecht; ▶Kredite u. Akqu.fin.; ▶M&A; ▶Patent; ▶Private Equ. u. Vent. Capital; ▶Projekte/Anlagenbau; ▶Steuer; ▶Umwelt u. Planung; ▶Unternehmensbez. Versichererberatung; ▶Vertrieb. (15 Partner, 8 Counsel, 2 of Counsel, 40 Associates)
Mandate: Siehe Fachkapitel.

CMS HASCHE SIGLE
Düsseldorf

Bewertung: Das häufig empfohlene Büro in D'dorf bleibt mit einer personell relativ stabilen Entwicklung u. einer regen Corporate-Beratung für den Mittelstand gut im lokalen Markt positioniert. Obwohl v.a. das Corporate-Team etwa durch seine Arbeit für ThyssenKrupp auch hochkarätige Konzernmandate vorweisen kann, ist doch augenfällig, dass es mit der sehr positiven Entwicklung der Corporate-Gesamtpraxis nicht ganz mithält, die in immer größerem Umfang in bedeutenden Deals auftritt u. der es gelingt, junge Partner stärker in den Vordergrund zu rücken. Vielmehr verlor D'dorf mit Felix Schaefer einen Corporate-Partner mit Insolvenz- u. Restrukturierungshintergrund an die Versicherungsboutique Wilhelm. Auch auf einem anderen für D'dorf wichtigen Feld, der patentrechtl. Prozessführung, schöpft CMS ihr Potenzial nicht aus, weil sie das Zentrum ihrer Aktivitäten in Stuttgart statt am Rhein verortet u. das kleine D'dorfer Patentteam kaum in Erscheinung tritt. Eine Stärkung D'dorfs wäre aber ein wichtiger Schritt, schließlich stellt D'dorf eine von 4 dt. Lokalkammern des EU-Patentgerichts. Im Gegensatz zum Patentteam tragen die gut positionierten D'dorfer Energierechtler mit ihrer sehr positiven Entwicklung der letzten Jahre zum Erfolg der Gesamtpraxis bei. Auch wegen der verbesserten standortübergreifenden Zusammenarbeit könnten sie durchaus Vorbild für andere Bereiche sein.
Stärken: Gute Kontakte in den gehobenen Mittelstand.
Empfohlen für: ▶Arbeitsrecht; ▶Gesellsch.recht; ▶Handel u. Haftung; Immobilien- u. Baurecht; ▶Kartellrecht; ▶M&A; ▶Marken u. Wettbewerb; ▶Patent; ▶Private Equ. u. Vent. Capital; Vertrieb. (16 Eq.-Partner, 2 Sal.-Partner, 6 Counsel, 29 Associates, 2 of Counsel)
Mandate: Siehe Fachkapitel.

DELOITTE LEGAL
Düsseldorf

Bewertung: Nach der abgeschlossen Integration der Anwälte in Deloitte schaltete das in D'dorf empfohlene Büro zuletzt auf Wachstum um. Es holte den Energierechtsexperten Dr. Florian-Alexander Wesche als Eq.-Partner von White & Case u. schloss damit eine Lücke im Beratungsangebot. Zudem verstärkt ein Arbeitsrechtler von PwC Legal den Standort als Sal.-Partner. Dieses Wachstum war auch deshalb möglich, weil D'dorf im Kanzleigefüge eine starke Stellung innehat u. im Corporate-Geschäft immer besser Fuß fasst. Hier arbeiten die Anwälte inzw. häufiger mit der WP-Gesellschaft zusammen als in anderen Bereichen. Das zeigt sich nicht zuletzt im stark internat. ausgerichteten Geschäft, v.a. bei grenzüberschr.

Düsseldorfer Kanzleien mit Besprechung nur in Rechtsgebieten: Fortsetzung

Schwegler	Arbeit
Silberberger Lorenz Towara	Arbeit
Stolmár & Partner	Patent
SWP Rechtsanwälte	Arbeit
Thomas Deckers Wehnert Elsner	Wirtschaftsstrafrecht
Tradeo	Vertrieb
Vangard	Arbeitsrecht
VBB Rechtsanwälte	Wirtschaftsstrafrecht
Viering Jentschura & Partner	Patent
Vossius & Partner	Patent
Weber & Sauberschwarz	Marken u. Wettbewerb
Wellensiek	Insolvenzverw.
Wessing & Partner	Steuerstrafrecht Wirtschaftsstrafrecht
Wildanger Kehrwald Graf v. Schwerin & Partner	Marken u. Wettbewerb Patent
Wilhelm	Versicherungsvertragsrecht
Wurll Klein	Arbeit
Zimmermann Hauschild	Notare

Die hier getroffene Auswahl der Kanzleien ist das Ergebnis der auf zahlreichen Interviews basierenden Recherche der JUVE-Redaktion (siehe S. 20). Sie ist in 2erlei Hinsicht subjektiv: Sämtliche Aussagen der von JUVE-Redakteuren befragten Quellen sind subjektiv u. spiegeln deren eigene Wahrnehmungen, Erfahrungen u. Einschätzungen wider. Die Rechercheergebnisse werden von der JUVE-Redaktion unter Einbeziehung ihrer eigenen Marktkenntnis analysiert u. zusammengefasst. Der JUVE Verlag beabsichtigt mit dieser Tabelle keine allgemein gültige oder objektiv nachprüfbare Bewertung. Es ist möglich, dass eine andere Recherchemethode zu anderen Ergebnissen führen würde.

● Referenzmandate, umschrieben
●● Referenzmandate, namentlich

Anwaltszahlen: Angaben der Kanzleien zur Bürogröße vor Ort. Sie spiegeln nicht zwingend die Gesamtgröße einer Kanzlei wider.

REGION WESTEN DÜSSELDORF

Verschmelzungen u. einer immer größeren Zahl von Konzernmandanten. In anderen Beratungsfeldern – etwa IT oder Energierecht – werden die WP u. die Anwälte weiter am Ausbau des Verweisgeschäfts arbeiten müssen, um hier zur örtl. Konkurrenz aufschließen zu können.

Stärken: Anerkannte gesellschaftsrechtl. Praxis, internat. Verschmelzungen u. Re- bzw. Umstrukturierungen u. bekannter Niederlande-Schwerpunkt.

Häufig empfohlen: Georg Lehmann, Dr. Gregor Bender, Andreas Karpenstein (alle Gesellschaftsrecht, M&A), Dr. Michael von Rüden, Felix Felleisen (Gesellschaftsrecht/M&A), Dr. Markus Schackmann

Kanzleitätigkeit: Schwerpunkt im ▶Gesellsch. recht, v.a. Umstrukturierungen u. ▶M&A, auch Bank- u. Finanzrecht, ▶Energie sowie Insolvenz u. Sanierung. Außerdem Vertriebs- u. Versicherungsrecht, zunehmend ▶Arbeitsrecht. Mandantschaft: dt. u. internat. Konzerne, v.a. USA, GB, Asien u. Benelux. (8 Eq.-Partner, 6 Sal.-Partner, 24 Associates)

Mandate: ●● Eigner bei Verkauf Immowelt an Axel Springer; Verlagsgruppe Dr. Ippen u. ProServ bei Übernahme markt.gruppe; Henkel bei Umstrukturierungsprojekt u. Kapitalerhöhung in 5 Ländern; Euler Hermes bei Umstrukturierung, einschl. Verschmelzung der dt. Tochter; Trimet Aluminium bei Kauf von Voerde Aluminium; dt. Medizinproduktehersteller u. Töchter lfd. gesellschaftsrechtl.; niederl. Expressdienstleister zu haftungsrechtl. Auseinandersetzung; lfd. im Arbeitsrecht: SML, Vink, div. Luxusmarken.

FIELD FISHER WATERHOUSE
Düsseldorf

Bewertung: Diese in D'dorf geschätzte Kanzlei siedelte sich im Mai 2014 mit 2 angesehenen jungen ▶Kartellrechtlern aus der Boutique SBR Berger Bahr in der Landeshauptstadt an u. setzte ihr Wachstum mit weiteren Quereinsteigern fort. Zunächst verstärkten die 2 jungen M&A-Partner Dr. Patrick Halfpap u. Jan Hartmann (beide von Aderhold) das Team, alle waren zuvor Associates bei führenden Kanzleien (z.B. Freshfields u. Linklaters). Ein weiterer Coup folgte im Sommer 2015: Die renommierte Aktienrechtlerin u. Compliance-Expertin Rückert wechselte von FPS. Nur wenige Kanzleien konnten ihr Anfangsteam so rasch zusammenstellen. Weitere Seiteneinsteiger im Bereich IP-Litigation, insbes. bei Patenten, wären nötig, um den Stärken der Kanzlei in GB zu entsprechen.

Stärken: Compliance.

Häufig empfohlen: Dr. Susanne Rückert

Kanzleitätigkeit: M&A, Gesellschaftsrecht (inkl. Compliance), ▶Kartellrecht. (5 Partner, 4 Associates)

Mandate: ●● Kartellrecht: J.J. Darboven beim Fusionsvorhaben DEMB/Mondelez; Oxea Holding bei Gründung eines Gemeinschaftsunternehmens sowie bei Erwerb eines Betriebes für Spezialchemikalien. Gesellschaftsrecht: Aufsichtsrat von Zapf Creation; Theolia u.a. zu Beteiligung in Deutschland.

FPS FRITZE WICKE SEELIG
Düsseldorf

Bewertung: Die in D'dorf geschätzte Kanzlei expandiert weiterhin langsam entspr. ihrer Strategie des regionalen Full-Service-Angebots. Neben der soliden prozessrechtl. Praxis von Reszel liegen die wesentl. Stärken des Büros in Gesellschaftsrecht u. M&A, an deren Spitze der überaus erfahrene Kränzlin u. Burghardt-Richter stehen. Letztere hat in D'dorf überaus gute Kontakte. Durch die schrittw. stärkere Vernetzung mit den anderen Büros gibt es die ersten Zeichen, dass es der Kanzlei gelingen könnte, an komplexeren Deals zu arbeiten, aber hier gibt es noch erhebliches Potenzial. Jüngere Partner haben zudem eine vielverspr. innovative Praxis bei regionalen Start-ups aufgebaut. Der Weggang von Dr. Susanne Rückert zu Field Fisher war indes eine Enttäuschung, auch wenn ihre aktienrechtl. und Compliance-Praxis nur wenige Schnittstellen mit anderen Partnern im Büro aufwies.

Stärken: ▶Gesellsch.recht, Bankrecht – v.a. Factoring.

Häufig empfohlen: Dr. Georg-Peter Kränzlin (Gesellschaftsrecht/M&A), Ingrid Burghardt-Richter (Gesellschaftsrecht/Litigation), Dr. Peter Reszel (Bankrecht)

Kanzleitätigkeit: Kernkompetenzen in ▶Gesellsch.recht u. ▶M&A. Bank- u. Finanzrecht sowie Handels-, Vertriebs-, Immobilien- u. Arbeitsrecht. Meist umf. Dauerberatung mittelständ. Unternehmen, auch große Firmen u. Investoren (z.T. im Ausland, u.a. Japan) sowie ▶Projekte/Anlagenbau u. Versicherungsvertragsrecht. (9 Eq.-Partner, 1 Sal.-Partner, 6 Associates)

Mandate: ●● Stadtsparkasse Düsseldorf bei Verkauf von Corpus Sireo an Swiss Life sowie bei Verkauf des ‚Merkur'-Wohnungsportfolios; Kommanditsten vom Einkaufszentrum Wildau bei Insolvenz. Litigation: Allianz bei Regressprozessen u. Großschadensfällen, u.a. gg. Windenergie- u. Solaranlagenbauern; BNP Paribas Factor, De Lage Landen Leasing. Lfd. im Gesellschaftsrecht: u.a. Artur Naumann Stahl Handel, Axxiome, Betafence Dtl. Lfd. im Arbeitsrecht: Clear Car, regionale Mediengruppe.

FRANZ
Düsseldorf

Bewertung: Obwohl die in D'dorf geschätzte Kanzlei zuletzt auf Associate-Ebene eine leichte personelle Fluktuation verzeichnete, bleibt sie in den Bereichen Corporate u. Vertriebssysteme vor Ort gut positioniert. V.a. ihre Arbeit bei mittelgr. u. z.T. großvolumigen Deals trägt zur Präsenz in D'dorf bei. Eine Besonderheit ggü. ähnl. aufgestellten Wettbewerbern ist der große Anteil an grenzüberschr. Geschäft, insbes. bei M&A-Transaktionen. Fast ebenso umfangr., wenngleich noch nicht vergleichbar visibel, ist die Begleitung bei Vertriebssystemen, Lizenz- u. Forschungskooperationen durch von Fragstein u. sein Team. Nicht selten ist die Kanzlei für technologiegetriebene Unternehmen tätig. Ihre Schwerpunkte im VC- u. Frankreichgeschäft haben inzw. einen deutl. geringeren Anteil am Geschäft der Kanzlei.

Stärken: M&A, häufig grenzüberschreitend; Vertriebssysteme.

Häufig empfohlen: Dr. Christian Franz, Dr. André Kowalski (beide Gesellschaftsrecht, M&A), Dr. Udo von Fragstein (Vertriebs- u. Wettbewerbsrecht)

Kanzleitätigkeit: Schwerpunkt in Gesellschaftsrecht, ▶M&A u. in Finanzierungsfragen, mit starker internat. Ausrichtung, auch Frankreich. Daneben im Wettbewerbs- u. Vertriebsrecht sowie Kartellrecht. Mandantschaft: dt. u. internat. Finanzdienstleister, Banken u. Beteiligungsunternehmen, mittelständ. Industrieunternehmen u. Töchter börsennot. Konzerne. (9 Partner, 7 Associates)

Mandate: ●● EAM-Gruppe regelm. zu Gesellschaftsrecht u. M&A; Re:Store bei Verkauf von Energy Net; Vallourec Dtl. bei kartellrechtl. Prozessen u. zu Vertriebsfragen; Surteco lfd. in M&A, Gesellschaftsrecht u. Arbeitsrecht; VSN-Gesellschafter bei Anteilsverkauf; korean. Spezialchemiehersteller zu Lizenz-, Kooperations- u. Joint-Venture-Verträgen; Mondi-Gruppe zu vertriebsrechtl. Prozessen u. Beratung; lfd. Verint Systems.

FRESHFIELDS BRUCKHAUS DERINGER
Düsseldorf

Bewertung: Ein führendes Büro in D'dorf, das traditionell eine zentrale Rolle im Corporate-Markt am Rhein innehat. Allerdings spielen im Vergleich zu den Wettbewerbern Hengeler u. Linklaters nicht so sehr die Altmeister, sondern eine nachfolgende, erfolgr. Partnergeneration mit Dr. Stephan Waldhausen u. Dr. Anselm Raddatz die zentrale Rolle. Zudem kann das Team im Zusammenwirken mit der bundesw. Corporate-Praxis eine konkurrenzlose fachl. Breite im obersten Marktsegment u. starke Branchenschwerpunkte etwa in der Energiewirtschaft vorweisen – auch wenn es bei der Umstrukturierung von Stammandantin E.on Linklaters den Vortritt lassen musste. Unverändert zur Spitze ihrer Märkte gehören die Praxen Patent- u. Kartellrecht. Das Patentprozessteam verzeichnete mit Wolrad Prinz zu Waldeck und Pyrmont die einzige Partnerernennung des Büros. Gewohnt innovativ dominieren die Kartellrechtler bei aktuellen Themen die Szene, etwa durch die enge Zusammenarbeit mit den Prozessspezialisten. Ihre Präsenz bei kartellrechtl. Schadensersatzklagen ist beeindruckend.

Stärken: Hochkarätige Kartell- u. Patentrechtspraxis. M&A-Team mit großer Zahl anerkannter, junger Partner.

Empfohlen für: ▶Arbeitsrecht; ▶Compliance; ▶Energie; ▶Gesellsch.recht; ▶Gesellschaftsrechtl. Streitig.; ▶Gesundheit; ▶Handel u. Haftung; ▶IT; ▶Kartellrecht; ▶M&A; ▶Marken u. Wettbewerb; ▶Medien; ▶Nachfolge/Vermögen/Stiftungen; ▶Patent; ▶Private Equ. u. Vent. Capital; ▶Produkt u. Abfall; ▶Steuer; ▶Telekommunikation; ▶Umwelt u. Planung; ▶Verfassungs- u. Verwaltungsrecht; ▶Verkehr; ▶Vertrieb. (22 Partner, 3 Counsel, 51 Associates)

Mandate: Siehe Fachkapitel.

GLADE MICHEL WIRTZ
Düsseldorf

NOMINIERT
JUVE Awards 2015
Kanzlei des Jahres

Bewertung: Die in D'dorf häufig empfohlene Kanzlei gilt nun als echte Alternative zu den großen Namen in der Landeshauptstadt. Im ▶Kartellrecht ist das bereits seit geraumer Zeit der Fall, doch zuletzt machte auch das Corporate-Team große Fortschritte. Als kleine, unabh. Kanzlei, die ▶gesellschaftsrechtl. Beratung im High-End-Segment mit Prozessrecht, Restrukturierung u. nun auch Kapitalmarkt- u. Übernahmerecht verbindet, ist sie beinahe einzigartig. Dadurch wird sie immer öfter bei prom. Mandaten wie z.B. Dt. Bank hinzugezogen. Das zunehmend prom. Profil von Markgraf in Compliance vervollständigt das Bild zudem. Die ▶M&A-Praxis landete mit ihrer Bera-

● Referenzmandate, umschrieben
●● Referenzmandate, namentlich

Anwaltszahlen: Angaben der Kanzleien zur Bürogröße vor Ort. Sie spiegeln nicht zwingend die Gesamtgröße einer Kanzlei wider.

tung von ZF Friedrichshafen einen echten Coup. Es fällt jedoch auf, dass die Gesellschafts- u. Kartellrechtpraxen prominenter sind, was schlicht an der noch geringen Manpower für größere Deals liegt.

Stärken: Anerkannte Kartellrechtspraxis, Aktien- u. Kapitalmarktrecht.

Entwicklungsmöglichkeiten: Die Kanzlei erreicht nun eine Größe, bei der die Rekrutierung von Berufseinsteigern ein Hauptanliegen ist. Hier ist der Wettbewerb in D'dorf allerdings besonders hart.

Häufig empfohlen: Dr. Achim Glade (Gesellschaftsrecht/M&A), Dr. Markus Wirtz (Kartellrecht), Dr. Arndt Michel (M&A/Gesellschaftsrecht, Restrukturierung), Dr. Marco Sustmann (Aktien- u. Kapitalmarktrecht), Dr. Andreas Merkner (Gesellschaftsrecht/M&A), Dr. Jochen Markgraf (M&A/Gesellschaftsrecht, Restrukturierung)

Kanzleitätigkeit: ▶Kartellrecht, ▶Gesellsch. recht/ ▶M&A u. Restrukturierungen, Aktien- und Kapitalmarktrecht. (7 Partner, 2 Counsel, 9 Associates)

Mandate: ●● Haniel bei der Auflösung des Poolvertrags mit der Familie Schmidt-Ruthenbeck bzgl. Beteiligung an Metro; Elmos Semiconductor bei Zweitplatzierung von Aktien; ZF Friedrichshafen bei Verkauf des 50%-Joint-Ventures Lenksysteme an Robert Bosch sowie Erwerb von Bosch-Rexroth. Kartellrecht: Samsung gg. Unwired Planet wg. Patentverletzung; lfd. Aesculap, B. Braun Melsungen, Medienhaus Lensing Wolff, Seaco.

GLEISS LUTZ
Düsseldorf

Bewertung: Das in D'dorf häufig empfohlene Büro setzt seine starke Entwicklung fort. Deren Basis ist v.a. das inzw. vor Ort sehr gut positionierte Corporate-Team um Schwarz, das einen guten Zugang zur Rhein-Ruhr-Industrie hat. Dieser Schritt wurde zwar hauptsächl. im vergangenen Jahr vorangetrieben, aber in den letzten Monaten wesentl. verfestigt, wie die inzw. etablierte Arbeit für einen Konsumgüterhersteller bzw. Energiekonzern der Region zeigt. Eine ähnl. Entwicklung nahm auch die hochkarätige Patentprozesspraxis, die in D'dorf ihr Zentrum hat u. stark bei Pharmaprozessen aufgestellt ist. Sie erlebt allerdings durch den Wechsel von Dr. Thomas Bopp in den of-Counsel-Status eine Zäsur. Zudem ist sie im Hinblick auf den Start des neuen europ. Patentgerichts mit D'dorf als Lokalkammer personell zu klein. Aber in dem Maße, wie hier u. auch in der Corporate-Praxis jüngere Partner die Verantwortung übernehmen, etabliert sich das Büro im Gleiss-Verbund als 4. Kraft hinter München, Stuttgart u. Frankfurt. Im Vergleich zu den Marktführern in D'dorf bleibt das Gleiss-Büro personell zu klein u. sein Beratungsangebot ist weiter deutl. schmaler aufgestellt.

Stärken: Junge u. ehrgeizige Corporate-Praxis, Patentrecht.

Empfohlen für: ▶Arbeitsrecht; ▶Beihilfe; ▶Gesellsch.recht; ▶Gesellschaftsrechtl. Streitigk.; ▶Gesundheit; ▶Handel u. Haftung; ▶Kartellrecht; ▶M&A; ▶Patent; ▶Private Equ. u. Vent. Capital; ▶Umwelt u. Planung; ▶Unternehmensbez. Versichererberatung; ▶Verfassungs- u. Verwaltungsrecht. (9 Partner, 19 Associates, 3 of Counsel)

Mandate: Siehe Fachkapitel.

GODEFROID & PIELORZ
Düsseldorf

Bewertung: Die in D'dorf geschätzte Kanzlei ist nach wie vor wegen ihrer renommierten Prozesstätigkeit u. der exzellenten Verbindung ihrer Seniorpartner Pielorz u. Godefroid zu Vorständen u. Aufsichtsräten der regionalen Wirtschaft sehr gut positioniert. Während ihre Arbeit zuletzt wieder einmal von großer Kontinuität – auch in den Mandatsbeziehungen – geprägt war, zeigt sich G&P in personeller Hinsicht neuerdings reformfreudig u. gibt die langj. Selbstbeschränkung als kleine Einheit auf. Sie will bedächtig auf Associate-Ebene wachsen, um sich auf den bevorstehenden Generationswechsel vorzubereiten u. wettbewerbsfähig für komplexere Transaktionen zu bleiben. Gleichzeitig will sie über die Beratung in ihren Kernbereichen die Arbeit für ihre bestehenden Mandanten verbreitern. Das passt zu der Kanzlei, die noch ein Stück weit vom Generalistenansatz geprägt ist.

Stärken: Gesellschaftsrecht (v.a. Organhaftung), Bankrecht (Leasing- u. Refinanzierungsstrukturen). Große Prozesserfahrung.

Häufig empfohlen: Dr. Christoph Godefroid (Bank- u. Leasingrecht), Dr. Michael Pielorz (Gesellschaftsrecht)

Kanzleitätigkeit: Schwerpunkte im ▶Gesellsch. recht u. Bank- u. Finanzrecht, in Prozessen (▶Handel u. Haftung) ebenso wie beratend, v.a. bei Transaktionen. Auch Beratung im Arbeitsrecht, Marken- u. Wettbewerbsrecht sowie zu ▶Vertrieb. Außerdem Kartell- u. Vergaberecht. (5 Partner, 3 Associates)

Mandate: ●● Targobank im Bankrecht, bei Anlageberatungshaftung u. Prozessen; Renault Bank/RCI Banque S.A. lfd. im Bank-, Insolvenzrecht u. Factoring; Nissan im Vertriebsrecht (alle aus dem Markt bekannt); Beteiligter in ICC-Schiedsverfahren; Konzernvorstand eines Versicherers zu Risikomanagement bei Tochtergesellschaften; div. Banken zur Zulässigkeit von Bankentgelten; div. Kreditinstitute lfd. bei Prozessen; Energieunternehmen bei Transaktion; div. Töchter eines dt. Stahl- u. Technologiekonzerns arbeitsrechtl.; jap. Automobilimporteur im Vertriebsrecht.

GROOTERHORST & PARTNER
Düsseldorf

Bewertung: Die geschätzte Kanzlei fällt im D'dorfer Markt durch ihre über Jahre hinweg personell sehr stabile Entwicklung sowie ihre deutl. Positionierung im Immobilien- u. Versicherungssektor auf. V.a. über ihren Namenspartner Grooterhorst ist sie aber auch in Prozessen u. Schiedsverfahren präsent. Ihre langj. Erfahrung mit streitigen Fällen bringt die Kanzlei etwa bei Versicherern, Banken u. Vorständen ins Mandat. Auch Post-M&A-Streitigkeiten gehören zum Erfahrungsschatz. Da die Ursprünge der Kanzlei im Gesellschaftsrecht liegen, blitzt sie immer wieder in kleinen bis mittelgr. Transaktionen oder Umstrukturierungen für eine vorwiegend mittelständ. Klientel auf.

Häufig empfohlen: Dr. Johannes Grooterhorst (Gesellschaftsrecht), Marc Schwencke (beide Bauplanungsrecht)

Kanzleitätigkeit: Schwerpunkte in der Immobilienwirtschaft, v.a. Projektentwicklung, insbes. Öffentl. Planungsrecht (▶Umwelt u. Planung). Mietrecht, Versicherungswirtschaft (einschl. D&O). Weitere Schwerpunkte im Gesellschaftsrecht u. in Prozessen. Zudem Vereins- u. Vergaberecht. Mandantschaft: mittelständ. u. gr. Unternehmen, auch ausl. Unternehmen u. Kommunen. (5 Eq.-Partner, 7 Associates, 3 of Counsel)

Mandate: ●● Allianz IARD wg. Skandal um PIP-Brustimplantate; Gothaer u. VHV Versicherung regelm. zu Bauprozessen; Kolpingwerk Dtl. lfd. gesellschaftsrechtl.; Modehauskette zu gewerbl. Immobilien; Reifenhersteller im Planungsrecht; frz. Unternehmen zu Zukauf in Deutschland.

HENGELER MUELLER
Düsseldorf

Bewertung: Personell äußerst stabil dominiert dieses in D'dorf zu den Führenden zählende Büro den Markt dank seiner fachl. exzellenten Breite u. der marktführenden Teams in M&A, Gesellschafts- u. Kartellrecht. Einige Wettbewerber sahen zuletzt jedoch den Niedergang des Büros eingeläutet, als RWE andere Kanzleien für ihre Beraterliste auswählte, nicht aber Hengeler als langj. Beraterin im Gesellschaftsrecht. Dass die Hengeler-Partner beim Energieriesen dennoch fest im Sattel sitzen, offenbarte sich mit der Ankündigung der Konzernumstrukturierung im Sommer 2015, die ein D'dorfer Hengeler-Team um Dr. Hartwin Bungert begleiten soll. Dass für das Büro aber nach wie vor das grenzüberschr. Geschäft wichtig ist, zeigte die Eröffnung des Schanghaier Büros, die Ende 2014 durch den D'dorfer Partner Dr. Changfeng Tu vorangetrieben wurde. Das chin. Büro zeigt immer mehr Wirkung bei Transaktionen u. das interessanterweise outbound wie inbound.

Stärken: Marktführende M&A- u. v.a. Gesellschaftsrechtspraxis. Sehr starkes Kartellrechtsteam.

Empfohlen für: ▶Bankrecht u. -aufsicht; ▶Beihilfe; ▶Börseneinführ. u. Kapitalerhöhung; ▶Compliance; ▶Energie; ▶Gesellsch.recht; ▶Gesellschaftsrechtl. Streitigk.; IT; ▶Kartellrecht; ▶M&A; ▶Marken u. Wettbewerb; ▶Nachfolge/Vermögen/Stiftungen; ▶Patent; ▶Private Equ. u. Vent. Capital; ▶Produkt u. Abfall; ▶Restrukturierung/Sanierung; ▶Umwelt u. Planung; ▶Unternehmensbez. Versichererberatung; ▶Verfassungs- und Verwaltungsrecht. (28 Partner, 3 Counsel, 40 Associates)

Mandate: Siehe Fachkapitel.

HEUKING KÜHN LÜER WOJTEK
Düsseldorf

Bewertung: Häufig empfohlenes D'dorfer Büro, das nicht nur als größtes Büro mit knapp 80 Anwälten eine zentrale Bedeutung im Heuking-Verbund hat. Deutlich steht es für die fortschreitende Vernetzung einzelner Praxisgruppen. Die Steuerrechtler arbeiten immer intensiver mit Corporate-Anwälten und den Immobilienrechtlern auch anderer Standorte zusammen. Zudem steht das Büro für wichtige Mandate, die der Gesamtkanzlei gut tun. So unterstreich die D'dorfer Vergabepraxis um Dr. Ute Jasper zuletzt mit der Begleitung des Abschlusses des viel beachteten Megaprojekts RRX-Ausschreibung für den Verkehrsverbund VRR weiter ihre marktführende Position. Zudem intensivierte sie die Mandatsbeziehung zum Land Ba.-Wü., das sie vergaberechtl. zum Schienennetz des Landes berät. Auch andere D'dorfer Teams betreuen ähnl. beachtl. Mandate. So standen D'dorfer Anwälte Funke weiter bei der Kartellfreigabe für den Kauf von Springer-Printmedien zur Seite. Die HVB setzt auf den Steuerrechtspartner Dr. Dieter Bohnert im Komplex um Beihilfe zur Steuerhinterziehung über eine Luxemburger Tochtergesellschaft, und die Albrecht-Familie setzt auf

Managing-Partner Dr. Andreas Urban im Schadensersatzprozess gg. den Kunsthändler Achenbach, ein typisches Beispiel für die Arbeit des Corporate-Teams für vermögende Privatpersonen. Die angesehene Schiedspraxis mit Dr. Wolfgang Kühn u. Ulrike Gantenberg verstärkte ein langj. ICC-Counsel, mit seiner Erfahrung könnte es künftig noch besser gelingen, größere Teams in Schiedsverf. zu koordinieren.

Stärken: Erfahrene Praxen in M&A, Privatisierung u. Restrukturierung. Stark bei Vergaben, ÖPP sowie Schiedsverfahren.

Empfohlen für: ▶Arbeitsrecht; ▶Beihilfe; ▶Energie; ▶ÖPP; ▶Gesellsch.recht; ▶Immobilien; ▶Priv. Baurecht; ▶IT; ▶Handel u. Haftung; ▶Kartellrecht; ▶Kredite u. Akqu.fin.; ▶Handel u. Haftung; ▶M&A; ▶Marken u. Wettbewerb; ▶Medien; ▶Nachfolge/Vermögen/Stiftungen; ▶Patent; ▶Private Equ. u. Vent. Capital; ▶Restrukturierung/Sanierung; ▶Steuer u. Steuerabwehr; ▶Steuerstrafrecht; ▶Umwelt u. Planung; ▶Vergabe; ▶Verkehr; ▶Versicherungsvertragsrecht. (37 Eq.-Partner, 13 Sal.-Partner, 1 of Counsel, 38 Associates)

Mandate: Siehe Fachkapitel.

HOFFMANN LIEBS FRITSCH & PARTNER
Düsseldorf

Bewertung: Häufig empfohlene Kanzlei in D'dorf, die für ihr Full-Service-Angebot für den Mittelstand bekannt ist – nicht nur im Rheinland. Die Mischung aus äußerst erfahrenen u. gut vernetzten älteren Partnern sowie dem Großkanzleihintergrund der jüngeren Generation wird immer attraktiver für internat. Konzerne, die den Schritt nach Dtl. wagen – nicht zuletzt wg. HLFPs wettbewerbsfähiger Preise. Die Arbeit für Chinese Development Corp. sowie jap. Unternehmen sind nur 2 Beispiele. Zu den zuletzt wichtigsten Entwicklungen zählen die erfolgr. Rekrutierung auf Associate-Ebene (eine Zeit lang eine Schwäche von HLFP) ebenso wie die zunehmend visible Position der nächsten Partnergeneration, darunter Bergau u. Neumeuer. Dadurch sind für eine mittelgr. Kanzlei ungewöhnl. intensive Branchenspezialisierungen entstanden (z.B. erneuerbare Energien, Neue Medien) u. die Erweiterung der internat. Praxis möglich geworden. Die China-Praxis zählt ohnehin zu den stärksten in D'dorf.

Stärken: Hochkarät. Rechtsberatung zu vergleichsweise günstigen Kosten; starke Praxis bei börsennot. Unternehmen; Länderspezialisierung: China; Umweltrecht.

Entwicklungsmöglichkeiten Das Wachstum auf Associate-Ebene treibt die kanzleiinterne Teamarbeit voran, doch es liegen immer noch erhebl. Chancen in der aktiven Ausschöpfung ihres Potenzials beim Verweisgeschäft.

Häufig empfohlen: Norbert Bröcker (Gesellschafts-, Kapitalmarktrecht), Claus Eßers, Dr. Torsten Bergau (beide Gesellschaftsrecht/M&A), Klaus Fritsch (Umweltrecht), Wolfgang Bucksch (Arbeitsrecht), Dr. Roland Erne (Bank- u. Bankaufsichtsrecht), Peter Huppertz (IP/IT), Dr. Björn Neumeuer (M&A, Energie).

Kanzleitätigkeit: Div. börsennot. Unternehmen in ▶Gesellsch.recht u. ▶M&A, auffällig stark in ▶Produkt u. Abfall. ▶Arbeitsrecht u. Steuerrecht, Steuerstrafrecht, Bank- u. Bankaufsichtsrecht, Konfliktlösung, IT, ▶Umwelt u. Planung. Auch Marken-, Wettbewerbs- u. Immobilienrecht. (26 Partner, 14 Associates, 2 of Counsel)

Mandate: ●● Thermos u. King Warm Investments bei Erwerb von Alfi; DEW21 bei Erwerb eines 12-MW-Windparkprojekts; RheinEnergie bei Erwerb eines 40-MW-Windparks; PNE Wind bei Kapitalerhöhung u. Begebung einer Wandelanleihe; Funke Digital bei gesellschaftsrechtl. Gestaltung von Joblocal; Dr. Fooke-Achterrath Laboratorien bei Joint Venture mit HOB Ltd. China. Umweltrecht: div. Chemieunternehmen bei Abwehr von Ausgleichsansprüchen nach BBodSchG. Arbeitsrecht: Veldhoven Internat. bei Verlagerung des Geschäftes von D'dorf nach Hamburg; CGI Dtl. bei Einigungsstellenverfahren.

HOGAN LOVELLS
Düsseldorf

Bewertung: Dass die in D'dorf häufig empfohlene Kanzlei zuletzt die einzige neue Partnerin des Büros ausgerechnet im Patentrecht ernannte, kommt nicht von ungefähr: Das Patentprozessteam um Dr. Andreas von Falck agiert an der europ. Marktspitze u. schickt sich nicht zuletzt auch durch die personelle Verbreiterung an, diese Position im neuen europäischen Patentsystem zu verteidigen. Das Team ist zudem ein hervorragendes Bsp. für die internat. Ausrichtung des Standortes, ist es doch das Zentrum der ww. IP-Praxis von HL. Aber auch andere Vorzeigebereiche des Büros profitieren immer stärker vom ww. Netzwerk der Kanzlei. So liegt ein Grund für den jüngsten Aufschwung der gut positionierten Steuerpraxis v.a. bei europ. u. transatlantischen Großprojekten u. Transaktionen wie etwa für Danfoss oder im Rahmen des FMS-Kaufs von Depfa. Beide Praxen sind eng mit dem ebenfalls sehr visibel agierenden versicherungsrechtl. Team um Dr. Christoph Louven verbunden, was die Fähigkeit der Kanzlei unterstreicht, starke Branchenspezialisierungen herauszuarbeiten. Die Steuer- u. Versicherungspraxen profitierten zudem davon, dass sich der ehem. Managing-Partner Dr. Christoph Küppers seit einem Jahr wieder ganz der Mandatsarbeit widmet.

Stärken: Herausragendes Renommee im Gewerbl. Rechtsschutz, v.a. bei Patentprozessen. Beratung der Versicherungsbranche. Steuerrecht

Empfohlen für: ▶Bankrecht u. -aufsicht; ▶Compliance; ▶Energie; ▶Gesellsch.recht; ▶Gesellschaftsrechtl. Streitigk.; ▶Gesundheit; ▶Handel u. Haftung; ▶Immobilien; ▶IT; ▶Kartellrecht; ▶Lebensmittel; ▶M&A; ▶Marken u. Wettbewerb; ▶Patent; ▶Private Equ. u. Vent. Capital; ▶Projekte/Anlagenbau; ▶Steuer; ▶Umwelt u. Planung; ▶Unternehmensbez. Versichererberatung. (18 Eq.-Partner, 4 Sal.-Partner, 13 Counsel, 50 Associates, 1 of Counsel)

Mandate: Siehe Fachkapitel.

JONES DAY
Düsseldorf

Bewertung: Die in D'dorf empfohlene Kanzlei setzte ihr Wachstum durch Seiteneinsteiger fort, wenn auch nicht ganz mit dem Tempo der Vorjahre: Dr. Denis Gebhardt wechselte von Beiten Burkhardt u. füllte die Lücke, die sich in der Prozesspraxis am Rhein aufgetan hatte, nachdem Thomas Mahlich nach Saudi-Arabien umgezogen ist. Jetzt verfügt das Büro annährend über ein Full-Service-Angebot. Ein wichtiger Schritt in der Entwicklung ist die Etablierung des Standorts als autonome Kraft innerhalb der Partnerschaft. In den ersten 2 Jahren erhielt D'dorf noch viel Unterstützung aus den Büros in Ffm. u. München, doch unter Leitung von Dr. Ulrich Brauer nimmt es eine prominentere Position ein. Insbes. die Entwicklung der Fernostpraxis mit einigem an Inboundarbeit war ein Highlight für die JD-Corporate-Praxis. Das D'dorfer Patentteam ist allerdings noch deutl. ausbaufähig. Hier hat JD aufgrund der starken US-Praxis sowie ihrer Marktstellung in München wesentl. höhere Ambitionen.

Stärken: Gesellschaftsrecht u. M&A.

Empfohlen für: ▶Gesellschaftsrecht; ▶Handel u. Haftung; ▶Kartellrecht; ▶Kredite u. Akqu.fin.; ▶M&A; ▶Patent; ▶Restrukturierung/Sanierung. (7 Partner, 4 of Counsel, 8 Associates)

Mandate: Siehe Fachkapitel.

KAPELLMANN UND PARTNER
Düsseldorf

Bewertung: Das in D'dorf empfohlene Büro vereint eine bundesw. Marktführerschaft in der Baubranche mit einer sich stetig verbreiternden Praxis. Die Bau- u. Immobilienrechtler waren – zusammen mit dem Stammbüro in M'gladbach – erneut an den meisten bedeut. Projekten in Dtl. beteiligt (z.B. Flughafen Berlin, Hamburger Oper), was Wettbewerber nicht ohne Neid wahrnehmen. Kapellmann legte in D'dorf aber v.a. durch das Wachstum ihrer Corporate-Praxis an Visibilität zu, u. zwar hauptsächl. losgelöst von der Baubranche: Das Büro war an der Beratung von Joint Ventures im Ausland für große Industriekonzerne beteiligt. Seine positive Geschäftsentwicklung wird flankiert durch eine innovative Nachwuchsförderung, die sich selbst größere Kanzleien wünschen würden. Es besteht indes noch viel Raum für Verweisgeschäft, v.a. zw. der Immobilien- u. Gesellschaftsrechtspraxis.

Stärken: Renommierte Praxis im ▶Priv. Baurecht u. sehr aktive ▶Kartellrechtspraxis, traditionell Mittelstandsberatung.

Empfohlen für: Kernkompetenz im ▶Priv. Baurecht; ▶Vergabe; ▶Verkehr u. bei ▶Projekte/Anlagenbau. Daneben ▶Kartellrecht (auch an der Schnittstelle zu Strafrecht); Immobilienrecht u. ▶ÖPP. (16 Eq.-Partner, 7 Sal.-Partner, 14 Associates)

Mandate: Siehe Fachkapitel.

LATHAM & WATKINS
Düsseldorf

Bewertung: Häufig empfohlenes Büro in D'dorf, das im 2. Jahr seines Bestehens Fortschritte machte. Die 3 Partner, die von Shearman gewechselt waren, brachten an sich bereits viel Arbeit mit. Verbindungen bestehen sowohl zu Ruhrkonzernen als auch zu Private-Equity-Häusern. Doch ihre Jagd nach neuen Mandanten war bemerkenswert. Die Beratung von Henkel bei Deals im Ausland war der erste große Erfolg, der zeigte, dass die Erweiterung um tiefe Corporate-Erfahrung gepaart mit der internat. Reichweite von L&W hilfr. sein wird, bei der Deutschland AG Fuß zu fassen. Die Ernennung des jungen Corporate-Partners Dr. Martin Neuhaus zum Co-Leiter der dt. Corporate-Praxis ist ein weiteres Zeichen dafür, dass das D'dorfer Büro zu einem wichtigen Bestandteil der Latham-Maschinerie heranwachsen kann.

Stärken: Hochkarät. Corporate-Praxis.

Empfohlen für: ▶Energie; ▶Gesellsch.recht; ▶M&A; ▶Private Equ. u. Vent. Capital; ▶Gesellschaftsrechtl. Streitigkeiten; Restrukturierung/Sanierung. (3 Partner, 8 Associates)

Mandate: Siehe Fachkapitel.

DÜSSELDORF WESTEN REGION

LINDENAU PRIOR & PARTNER
Düsseldorf

Bewertung: Die in D'dorf geschätzte Kanzlei ist trad. durch ihre bankrechtl. Beratung sowie ihre Tätigkeit bei Fragen zu Vermögen u. Nachfolge im Markt präsent. Nicht erst seit diesem Jahr steht die jüngere Partnergeneration für die Rundumberatung ihrer Mandanten mit Spezialisierungen im Vergabe- oder IP-/IT-Recht sowie im Gesellschaftsrecht. Während LPP bankrechtl. v.a. regionale Institute begleitet, agieren die jüngeren Partner oftmals bundesw. u. nicht selten auch für internat. Mandanten. Im Gegensatz zu manchem Wettbewerber zeigt sich LPP mit ihrem partnerzentrierten Ansatz über Jahre hinweg sehr stabil, wächst aber kaum.

Kanzleitätigkeit: Breit aufgestellte Beraterin des Mittelstands, aber auch größerer Unternehmen. Schwerpunkte neben dem Bank-, Gesellschaftsrecht u. Nachfolge/Vermögen im Immobilien-, Kartell-, Vergabe-, IT-Recht, Gewerbl. Rechtsschutz sowie bei Prozessen u. Schiedsverfahren. (6 Eq.-Partner, 1 Sal.-Partner, 5 Associates)

Mandate: ●● Kath. Kliniken Oberhausen u. Tesko gesellschaftsrechtl.; Steadfast Capital, Canadian Solar im Markenrecht; lfd. im Immobilienrecht: Dt. Ärzte- u. Apothekerbank, Cordea Savills, Rosetime; div. rheinl.-pfälz. Städte u. Land Brandenburg zu Ausschreibung von Postdienstleistung u. in Prozessen bis vor EuGH; Parteivertreter in Ad-hoc-Verfahren wg. Gesellschafterabfindung; Unternehmerfamilie zu Verbrauchsstiftung; ukrain. Medienunternehmen gg. New York Times wg. Verdachtsberichterstattung.

LINKLATERS
Düsseldorf

Bewertung: Eines der führenden Büros in D'dorf, das seine bemerkenswerte Erfolgsgeschichte fortsetzte, denn seine konsequente Konzentration auf die Beratung führender dt. Konzerne führte dieses Jahr erneut zu weiteren Mandatshöhepunkten: Während das Mitwirken Dr. Ralph Wollburgs an immensen Projekten wie der Neustrukturierung von E.on niemanden mehr überrascht – auch wenn erwähnt werden sollte, dass andere führende Praxen sich sehr um das Projekt bemühten –, bestätigte sich der Status von Dr. Nikolaos Paschos als Schwergewicht in der nächsten Generation dank der Mandatierung durch die Konzernmutter für die Abspaltung von Bayer Material Science. Zudem war Dr. Hans-Ulrich Wilsing im ges. letzten Jahr auf höchster Ebene für die Dt. Bank tätig. Das überaus renomm. Kartellrechtsteam konnte seine marktführende Position behaupten, indem es das Corporate-Team bei zahlr. Transaktionen unterstützte.

Stärken: Äußerst schlagkräftige Corporate-Praxis, kombiniert mit einer sehr anerkannten Kartellrechtspraxis.

Empfohlen für: ▶ Beihilfe; ▶ Gesellsch.recht; ▶ Gesellschaftsrechtl. Streitigk.; ▶ Kartellrecht; ▶ M&A; ▶ Steuer; ▶ Unternehmensbez. Versichererberatung. (14 Partner, 6 Counsel, 42 Associates, 1 of Counsel)

Mandate: Siehe Fachkapitel.

LUTHER
Düsseldorf

Bewertung: Nachdem das empfohlene Büro in D'dorf 2 Jahre lang mit personellen Umbrüchen beschäftigt war, konsolidierte es sich zuletzt. So integrierte es ein 5-köpf. u. im ital. Rechtsverkehr erfahrenes Ex-GSK-Team um Dr. Eckart Petzold u. Dr. Karl von Hase. Hier gibt es wie bei der Betreuung eines ital. Kaffeeherstellers bei einem Joint Venture inzw. regelm. Anknüpfungspunkte zum Corporate-Team. Wenig später verstärkte Luther den Standort zudem mit einem Kapellmann-Partner im Immobilienrecht. Die Abgänge von 2 namh. Corporate-Partnern vor inzw. 2 Jahren hat das Büro jedoch noch nicht ganz kompensiert. Denn auffällig bleibt, dass Luther am starken Corporate-Standort D'dorf noch nicht mit den maßgebl. Praxen mithält. Arbeit u. Renommee sind vielmehr durch die sehr prominente Betreuung des Energiesektors, einschl. Emissonshandel u. Kartellrecht, geprägt – v.a. durch Dr. Axel Zitzmann, Dr. Holger Stappert u. Dr. Stefan Altenschmidt. Dass das Büro somit exzellente Kontakte zu so manchen Energie- u. Industriekonzernen der Region hat, ist eine hervorragende Basis für mehr hochkarätige Corporate-Arbeit. Ein guter erster Aufschlag ist hier die Begleitung eines Energieunternehmens bei der Umstrukturierung seiner Regionalversorger.

Stärken: Ausgeprägter Industrieschwerpunkt im Energiesektor; Beratung im dt.-ital. Rechtsverkehr.

Empfohlen für: ▶ Arbeitsrecht; Bank- u. Finanzrecht; ▶ Energie; ▶ Gesellsch.recht; ▶ Handel u. Haftung; Immobilien- u. Baurecht; ▶ Kartellrecht; ▶ M&A; ▶ Marken u. Wettbewerb; ▶ Umwelt u. Planung; ▶ Vertrieb. (14 Partner, 16 Associates, 3 Counsel, 1 of Counsel)

Mandate: Siehe Fachkapitel.

MARCCUS PARTNERS
Düsseldorf

Bewertung: Die geschätzte Kanzlei in D'dorf war bis 2013 mit der internat. Wirtschaftsprüfungsges. Mazars verbunden, ist seither aber eigenständig tätig, da Synergieeffekte ausblieben. Die Partner der Kanzlei sind v.a. im Rheinland für ihre überw. mittelständ. Mandanten bekannt, die sich in den Kernbereichen Corporate u. Prozessrecht als zuverlässige Mandatsgeber erweisen. Die Kanzlei ist internat. so aktiv wie sonst kaum eine mittelgr. Sozietät. Mit nur 8 Anwälten in D'dorf besteht jedoch Wachstumsbedarf, um sich über rein persönl. Beziehungen der erfahreneren Partner hinaus zu entwickeln, denn Marccus ist als Marke bislang nicht etabliert.

Stärken: Pragmat. u. unternehmerische Beratung.

Häufig empfohlen: Dr. Norbert Knüppel, Dr. Norbert Knittlmayer

Kanzleitätigkeit: Schwerpunkt auf ▶ Gesellschaftsrecht, M&A sowie Konfliktlösung v.a. für mittelständ. Mandanten, aber in Teilbereichen auch einige Konzerne. Zudem Handels-, Arbeits- sowie Immobilienrecht. (2 Eq.-Partner, 3 Sal.-Partner, 3 Associates)

Mandate: ● Dt.-algerisches Konsortium bei ICC-Verfahren; Unternehmen der Aluminiumindustrie bei Fusion mit Wettbewerber; mittelständ. Automobilzulieferer bei Beendigung eines Joint Ventures mit indischem Partner sowie bei Umstrukturierung einer Beteiligung in Brasilien; Family Office bei kapitalmarktrechtl. Beratung in USA; Gesellschafter eines IT-Unternehmens bei Erwerb sämtl. Anteile; Logistikkonzern bei Abwehr von Urheberrechtsansprüchen aus IT-Verträgen.

MAYER BROWN
Düsseldorf

Bewertung: Die in D'dorf geschätzte Kanzlei hat mit Friedrich Merz einen äußerst prom. Anwalt in ihren Reihen, der auch als sogenannter Senior Counsel für die Corporate- u. Finanzpraxen Türen öffnet. Das Büro ist klein geblieben, auch wenn seine Corporate-Partner gute Kontakte im Netzwerk aufgebaut haben und daher überdurchschnittlich prominent innerhalb der dt. Praxis mit Nähe zu Frankfurt sind. So war z.B. Carsten Flaßhoff an einem bedeut. Inbound-Deal für das gr. chin. Konglomerat Fosun beteiligt. In der dt. Praxis insgesamt ist einiges bei MB in Bewegung – in Ffm. gab es auch prominente Zugänge in der Corporate-Praxis, die zu weiteren Einstellungen führen dürften. Das eröffnet die Möglichkeit, auch den wichtigen Corporate-Standort D'dorf zu verstärken.

Stärken: Gesellschaftsrecht u. M&A.

Empfohlen für: ▶ Gesellsch.recht; ▶ Immobilien; ▶ M&A; Private Equ. u. Venture Capital; ▶ Restrukturierung/Sanierung. (3 Partner, 4 Counsel, 3 Associates)

Mandate: Siehe Fachkapitel.

MCDERMOTT WILL & EMERY
Düsseldorf

Bewertung: Der Erfolg des in D'dorf häufig empfohlenen Büros beruht darauf, dass es erfahrene Associates u. jüngere Partner führender Kanzleien für sich gewinnt u. ihnen ermöglicht, eine eigenständige Praxis aufzubauen. Die Corporate-, Arbeitsrechts- u. Immobilienrechtsteams in D'dorf sind hierfür hervorragende Beispiele. Seit dem letzten Jahr scheint auch die D&O-Prozessrechtspraxis als 4. Glanzlicht auf. Durch den Zugang Dr. Roland Hartmannsbergers (von Gleiss) erhielt das Büro erstmals öffentl.-rechtl. Expertise. In den Vorjahren tat sich MWE schwer damit, genügend Associates zu gewinnen, um das Büro auf eine ausgewogene Basis zu stellen, doch diese Probleme scheinen nun passé zu sein. Weitere Associates würden nicht schaden, doch durch die stärkere Vernetzung mit anderen Büros stellt das Thema personelle Kapazität nun kein so großes Problem mehr dar.

Stärken: Immobilienwirtschafts- u. Arbeitsrecht, M&A.

Empfohlen für: ▶ Gesellsch.recht u. ▶ M&A mit starkem internat. Bezug, inkl. ▶ Restrukturierung/Sanierung u. ▶ Private Equ. u. Venture Capital. Auch ▶ Handel u. Haftung. Zunehmend ▶ Immobilien. Daneben Steuer-, ▶ Arbeitsrecht, stärker Kapitalmarktrecht (aus Ffm.). Mandantschaft: gehobener Mittelstand, auch dt. u. ausl. Konzerne. (8 Eq.-Partner, 8 Sal.-Partner, 16 Associates, 1 of Counsel)

Mandate: Siehe Fachkapitel.

MÜTZE KORSCH
Düsseldorf

Bewertung: Die partnerorientierte, in D'dorf geschätzte Kanzlei machte zuletzt durch erhebl. Wachstum auf sich aufmerksam: Von Peters kommend, verstärkte im April 2015 ein 5 Partner starkes Team um Podehl u. Trahms die vorhandenen Bereiche im Arbeits- u. Gesellschaftsrecht sowie Gewerbl. Rechtsschutz. Zudem brachte das Team Kompetenz im Wirtschaftsstrafrecht u. für Compliance mit. Ebenfalls kam ein Steuerrechtspartner von PwC hinzu. Bereits im Frühjahr 2014 hatte Oldigs von GSK kommend das immobilienrechtl. Team von MK verstärkt. Heute ist die Kanzlei mit einem breitem Beratungsangebot u. einer soliden mittelstandsorientierten Corporate-Praxis im Markt positioniert. Aus dem Beratungsangebot ragt aber ihre

---

● Referenzmandate, umschrieben
●● Referenzmandate, namentlich

Anwaltszahlen: Angaben der Kanzleien zur Bürogröße vor Ort. Sie spiegeln nicht zwingend die Gesamtgröße einer Kanzlei wider.

Arbeit im Arbeits- u. Immobilienrecht heraus. Insbes. bei mittelgroßen Hochbau-ÖPP-Projekten (Schul-/Verwaltungsgebäude, Gesundheitseinrichtungen, Bäder) ist Berger anerkannt.

Stärken: ▶Umstrukturierung u. ÖPP sowohl auf Auftraggeber- als auch Bieterseite.

Häufig empfohlen: Dr. Jörg Podehl (Arbeits- u. Vertriebsrecht), Jesko Trahms (Wirtschaftsstrafrecht, Compliance), Matthias Berger (Vergabe), Dr. Michael Mütze (Immobilienrecht), Hans Korsch (Arbeitsrecht), Dr. Dirk Oldigs (Immobilienrecht).

Kanzleitätigkeit: Schwerpunkte im Bau- u. Immobilien- sowie Vergaberecht. Daneben Gesellschaftsrecht (inkl. M&A), Steuerrecht, Arbeitsrecht, Compliance u. Gewerbl. Rechtsschutz (insbes. Marken- u. Urheberrecht). (16 Partner, 4 Associates)

Mandate: ●● Stadt Köln u. Stadt Jülich zu ÖPP-Schulprojekt; Bodo Toense, Global Brands lfd. im Gesellschaftsrecht; Cubeware zu Formwechsel; arbeitsrechtl.: Globals Brands, Grohe, Vallourec, Asklepios-Gruppe (alle öffentl. bekannt); lfd. zu Compliance: Vodafone, Grohe, Argo, Tipico, Engel & Völkers (alle öffentl. bekannt); Arge CargoLifter zu Baumängeln; Josef Gartner zu Fassade Elbphilharmonie; Kaufhauskonzern lfd. bau- u. immobilienrechtlich; Stadtwerke süddt. Großstadt zu Neugestaltung Hauptbahnhof.

NOERR
Düsseldorf

Bewertung: Das häufig empfohlene Büro in D'dorf investierte zuletzt massiv in seinen Mittel- u. Unterbau, um die starke Entwicklung der letzten Jahre abzusichern. So holte Noerr von örtl. Wettbewerbern gleich 4 neue Sal.-Partner (Corporate, Steuer- u. Immobilienrecht), ernannte einen Counsel aus dem eigenen Prozessteam u. investierte in Associates. Besonders beachtl. war sicherlich die Verstärkung des Immobilienteams durch Annette Pospich, die sich insbes. im Bereich Asset-Management bei Orrick bereits ein Profil im Markt erarbeitet hatte. Das Immobilienteam um Prof. Dr. Alexander Goepfert u. Christoph Brenzinger gehört inzw. bei großen Immobilientransaktionen zu den regelm. Akteuren. So agierte Noerr erneut für die Dt. Annington u.a. bei der Übernahme der Südewo bzw. beim Verkauf von Teilen des Vitus-Portfolios an die LEG. Auch Gregor Barbers Arbeit für Medical Properties Trust beim Kauf der Median Kliniken war ein beachtl. Erfolg. Aber nicht nur mit Immobilientransaktionen tragen die D'dorfer Partner zum Erfolg der Corporate-Praxis bei, der es gelingt, immer stärker in hochkarätige Konzernmandate vorzustoßen, ein Erfolg war auch die Beratung des Industriekonsortiums H2 Mobility zur Errichtung einer Wasserstofftankstelleninfrastruktur in Deutschland. Ungebrochen an der Marktspitze agiert zudem die D&O-Praxis um Dr. Oliver Sieg mit einem funktionierenden Netzwerk aus zahlr. ausl. D&O-Versicherern. Auch die Fortschritte der Arbeitsrechtspraxis um den Praxisleiter Dr. Andreas Butz gerade bei Großprojekten v.a. mit Restrukturierungshintergrund ist augenscheinlich. Einzig Patent- u. Kartellrecht bleiben weiter Felder, die dem Büro noch gut stehen würden.

Stärken: Breit aufgestellte Prozesspraxis, mit Spezialisierung auf D&O-Haftung u. Corporate Litigation.

Empfohlen für: ▶Arbeitsrecht; ▶Bankrecht u. -aufsicht; ▶Gesellsch.recht; ▶Gesellschaftsrechtl. Streitigk.; ▶Handel u. Haftung; ▶M&A; ▶Marken u. Wettbewerb; ▶Nachfolge/Vermögen/Stiftung; Priv. Baurecht; ▶Private Equ. u. Vent. Capital; ▶Steuer; ▶Unternehmensbez. Versichererberatung; ▶Versicherungsvertragsrecht. (9 Eq.-Partner, 10 Sal.-Partner, 2 Counsel, 39 Associates)

Mandate: Siehe Fachkapitel.

ORRICK HERRINGTON & SUTCLIFFE
Düsseldorf

Bewertung: Das in D'dorf empfohlene Büro ist das unbestrittene Zentrum der Kanzlei, nachdem im Mai 2015 die angekündigte Schließung des eher kleinen Frankfurter Büros sowie der größeren Einheit in Berlin (mit einer starken Immobilienpraxis) intern für einen Schock sorgte. Die Verkleinerung auf 2 Standorte (in München unterhält sie weiter eine kleine Corporate-Praxis) ist Teil der Strategie, sich mehr auf Transaktionsarbeit zu konzentrieren u. eine IP-/IT-Praxis aufzubauen, um den Stärken der US-Büros zu entsprechen. Die ersten Schritte dafür wurden durch den Zugang von IT-Anwalt Dr. Christian Schröder gemacht, der von BDO wechselte. Als Folge der neuen Strategie gab es weniger Abgänge als gedacht: So gründete letztl. der überaus renommierte Arbeitsrechtler (u. ehem. Managing-Partner) Dr. Arno Frings im Januar 2015 seine eigene Kanzlei. 5 Monate später wechselte die aufstrebende Partnerin Annette Pospich (Immobilienrecht) zu Noerr.

Stärken: M&A; Schiedsverfahren.

Entwicklungsmöglichkeiten: Durch die radikale Umgestaltung der dt. Praxis stehen nun Ressourcen der ww. Partnerschaft zur Verfügung, mit Seiteneinsteigern v.a. im M&A zu expandieren. Die Vernetzung der Büros in den USA u. Europa hat zwar in den letzten 2 Jahren zugenommen, die transatlantische Zusammenarbeit muss aber intensiviert werden, wenn die Zukunft langfristig im dt. Markt gesichert sein soll.

Häufig empfohlen: Prof. Dr. Siegfried Elsing (Schiedsverfahren), Dr. Oliver Duys, Dr. Wilhelm Nolting-Hauff, Dr. Stefan Weinheimer, Dr. Kerstin Henrich (alle Corporate)

Kanzleitätigkeit: V.a. mittelgr. Transaktionen (▶M&A), häufig grenzüberschr. aktiv. Starke internat. Schiedspraxis (▶Handel u. Haftung), zudem ▶Gesellsch.recht, ▶Private Equ. u. Vent. Capital. (6 Eq.-Partner, 5 Sal.-Partner, 5 Counsel, 7 Associates)

Mandate: ●● Cisco bei Joint Venture mit ABB u. Bosch. M&A: Plastivaloire bei Erwerb von Karl Heß; PHW bei Verkauf von Lohmann; Findos bei Erwerb der Rameder-Gruppe; Northzone bei VC-Finanzierung für Outfittery. Litigation: Steag bei Streitigkeit im Zshg. mit Kraftwerksprojekt Walsum10.

ORTH KLUTH
Düsseldorf

Bewertung: Bei der in D'dorf häufig empfohlenen Kanzlei gab es einige interne strukturelle Änderungen, wodurch sich die Präsenz in ihrem Heimatmarkt noch weiter verstärkte. Jahrelang galt sie als nützlicher Partner für Großkanzleien, die weniger gut bezahlte Arbeit, darunter Vertragsmanagement, an die Sozietät verwiesen. Nun zeigte sich aber, dass OK mit diesen großen Kanzleien um die Aufmerksamkeit sowohl dt. als auch internat. Konzerne konkurriert. Mandanten loben ausdrückl. „die hohe Qualität der Rechtsberatung u. den ausgezeichneten Service zu weitaus attraktiveren Preisen als manch ein Wettbewerber", zudem die „unglaubliche Kundenfokussierung, echtes praktisches Verständnis der Branche und zupackende Mentalität". Die Einführung neuer Anreize für Salary-Partner hat jüngere Partner schnell mit in den Vordergrund treten lassen. So hat nun neben den trad. Tätigkeitsbereichen wie Corporate, Prozess- u. Arbeitsrecht das Immobilienrechtsteam gr. Fortschritte gemacht. Außerdem werden neben erfahrenen Partnern wie den Namensgebern jüngere Partner, darunter Dr. Julius Böckmann (Prozessrecht) u. Dr. Christian Meyer (Prozessrecht u. Corporate), nun regelm. empfohlen.

Stärken: Breit angelegte Beratung zu von Mandanten oft positiv hervorgehobenem Preis-Leistungs-Verhältnis.

Empfohlen für: ▶Gesellsch.recht u. ▶M&A; dt. u. internat. Vertragsrecht; Handels- u. Wettbewerbsrecht; ▶Arbeitsrecht; (▶Handel u. Haftung); Kartellrecht; ▶Priv. Baurecht. Zunehmend für dt. u. internat. Konzerne aktiv. (11 Eq.-Partner, 11 Sal.-Partner, 2 Counsel, 24 Associates, 2 of Counsel)

Mandate: Siehe Fachkapitel.

PPR & PARTNER
Düsseldorf

Bewertung: Geschätze Kanzlei in D'dorf, die einen bemerkensw. Trackrecord für Inbound-M&A-Transaktionen aufseiten von strateg. Investoren vorweisen kann, die seit Jahren treue Mandanten sind. Einer lobte die „hervorragende Zusammenarbeit" u. den „hohen Einsatz". Während Rauh u. Hackenberg einen stark angelsächs. geprägten Mandantenstamm beraten, baute ein weiterer Partner eine Praxis für die Beratung chin. Investoren auf. Die Zunahme an inländ. M&A-Arbeit für mittelständ. Unternehmen ist jedoch ein neueres Phänomen. Daneben hat PPR mit arbeitsrechtl. (hauptsächl. regional), IP- u. prozessrechtl. Arbeit für eine Kanzlei ihrer Größe eine breite Palette an Rechtsgebieten im Angebot. Sowohl Mandanten als auch Wettbewerber lobten die Sozietät im Laufe der Jahre für ihre „Qualität u. ihr Preis-Leistungs-Verhältnis".

Stärken: Langj. Erfahrung im internat. M&A; Arbeitsrecht.

Häufig empfohlen: Dr. Theo Rauh („versteht unser Geschäft sehr gut; herausragend bei Verhandlungen", Mandant), Dr. Ulf Hackenberg („hohe Fachkenntnis", Wettbewerber; beide M&A), Dieter Pape (Arbeitsrecht), Jörg Meyer (Gewerbl. Rechtsschutz).

Kanzleitätigkeit: Schwerpunkte: Gesellschaftsrecht, insbes. ▶M&A, oft mit internat. Ausrichtung. Außerdem viel Arbeitsrecht. Ergänzend Wettbewerbs- u. Vertriebsrecht, aktive Prozesspraxis. Mandantschaft: gehobener Mittelstand, kl. u. mittlere börsennot. Unternehmen, besonders viel aus dem Ausland, v.a. USA, GB, Frankreich u. China. (7 Partner, 9 Associates)

Mandate: ●● Vogler bei Verkauf an Nanogate; Bejing Century Galaxy bei Erwerb von Regumed; Dt. Werkzeugmaschinenhersteller bei Verkauf einer Minderheitsbeteiligung an chin. Investor; dt. Stahlhandelsunternehmen bei Akquisitionen in der Schweiz, in Frankreich u. Dtl.; Pro Global Insurance bei Restrukturierung in Dtl.; Borusan Holding bei Errichtung eines Joint Ventures in Dtl.; Adema Technologies bei Zivilverfahren gg. dt. Chemieunternehmen; Arbeitsrecht: Reiseunternehmen bei Schließung der dt. Standorte; Großhandelshaus bei Zusammenführung 2er Zentrallager.

RELLERMEYER BRANDTS PARTNER
Düsseldorf

Bewertung: Die in D'dorf geschätzte Kanzlei erhöhte im Somer 2015 ihre Schlagkraft im regionalen Markt durch den Zusammenschluss mit der D'dorfer Kanzlei Dr. Brandts. Sechster u. nunmehr Namenspartner ist Dr. Christoph Brandts. Er brachte u.a. eine regionale Bank u. eine Mediaagentur als Mandanten sowie eine Associate mit. Mit dem Schritt bündeln beide Einheiten ihre ohnehin bekannten Schwerpukte im Bank- u. Gesellschaftsrecht. Sie halten auch künftig an ihrem partnerzentrierten Ansatz fest. Abseits dieses Ereignisses entwickelten sich beide Kanzleiteile gewohnt stabil u. im Rahmen langj. Mandantsbeziehungen zu Transaktionen im mittleren Segment.
Stärken: Gute Verbindungen in rhein. Finanzkreisen.
Häufig empfohlen: Dr. Klaus Rellermeyer, Dr. Stefan Gröblinghoff (beide Gesellschaftsrecht)
Kanzleitätigkeit: Gesellschaftsrecht (inkl. M&A), v.a. für regionalen Mittelstand. Bankrecht, u.a. viel Organhaftung sowie Prozesse u. Schiedsverfahren. Daneben Arbeits-, Insolvenz- u. Vertragsrecht. (6 Partner, 5 Associates)
Mandate: ●● Eigentümer Schoko-Dragee bei Verkauf; Georg Utz zu langj. Liefervertrag; lfd. DKV u. regionale Bank, Mediaagentur, regionale Sparkasse; Kreditinstitut in Musterprozess um Widerruf von Verbraucherdarlehen; US-Konzern zu Zahlungsansprüchen in Dtl.; Prozesse für 2 Insolvenzverwalter; Bank zu Umbau der Zentrale.

RWP RECHTSANWÄLTE
Düsseldorf

Bewertung: Die geschätzte Kanzlei in D'dorf entwickelt sich erneut im Rahmen ihrer wichtigsten Schwerpunkte. Bekannt ist sie v.a. für ihre Prozessstärke im Öffentl. Recht, hier v.a. für ihre vergaberechtl. Expertise sowie ihre Branchenkenntnisse im Energie- u. Verkehrssektor. Traditionell ein starkes Standbein hat RWP zudem im Immobiliensektor. Aus der Betreuung dieser Branche heraus hatte die Kanzlei über die Jahre eine rege Tätigkeit in Gesellschaftsrecht u. M&A entwickelt. Beide Praxen zehren aber schon länger von einigen wichtigen Mandanten wie Dorint oder Ebertz u. Partner u. sind daher nicht vergleichbar stark wie andere Corporate-Praxen vor Ort. Aufgrund ihrer soliden Mandatsentwicklung wuchs RWP zuletzt nur um einen Associate im Energierecht.
Häufig empfohlen: Dr. Clemens Antweiler (Öffentl. Recht), Dr. Andreas Lachmann (Gesellschaftsrecht/Insolvenzrecht), Dr. Felix Nieberding (Priv. Baurecht)
Kanzleitätigkeit: Gesellschaftsrecht für mittelständ. Unternehmen oft an der Schnittstelle zum Insolvenzrecht. Zudem stark in ▶Vergabe mit Schwerpunkt auf Bieterseite. Branchen: ▶Verkehr, Immobilien (v.a. Großbauvorhaben im Einzelhandel), Abfall- u. Energierecht. Mitglied in internat. Kanzleinetzwerken. (10 Eq.-Partner, 6 Sal.-Partner, 7 Associates, 2 of Counsel)
Mandate: ●● Siemens und Vossloh Kiepe gg. Vergabe von Fahrzeugbeschaffung durch Rheinbahn u. KVB (öffentl. bekannt); Neue Dorint gesellschaftsrechtl. zu Betriebsübernahmen sowie zu beihilferechtl. Klagen um Nürburgring; Verosoftware zu Verpfändung der Anteile an dt. Gesellschaft; Ebertz u. Partner gesellschaftsrechtl.; Perfect Commerce zu Kauf von dt. Softwarefirma; Stadt Meerbusch zu Verfassungsbeschwerde um Bundesbedarfsplanungsgesetz; Automobilkonzern zum Energierecht.

SERNETZ SCHÄFER
Düsseldorf

Bewertung: Die in D'dorf empfohlene Kanzlei ist weiter über ihre hoch spezialisierte Arbeit für Banken u. deren Organe prominent im Markt positioniert. V.a. Schäfer ist hier bundesw. u. regelm. gemeinsam mit dem Münchner Büro in hochkarät. Mandaten aktiv, etwa für den FMSWM wg. Heta-Anleihen oder für die ApoBank bei Schadensersatzklagen gg. ehem. Manager. Schnittstellen zw. den Bankaufsichtsrechtlern u. der am Ort recht aktiven mittelständ. Corporate-Praxis zeigten sich zuletzt in der Arbeit für Grovepoint beim Kauf der dt. KBC-Bank-Tochter. Die Begleitung eines US-Investors zum Einstieg beim Nürburgring unter-

REGION WESTEN DÜSSELDORF

strich zuletzt aber auch das Potenzial der weniger visiblen M&A-Praxis. V.a. in dieser Art des Corporate-Geschäfts liegt eine Chance für die jüngeren Partner, noch stärker aus dem Schatten der Namenspartner herauszutreten.
Stärken: Vertretung in Großverfahren, ▶Bankrecht u. -aufsicht (auch umf. gutachterl. Tätigkeit), ▶Gesellsch.recht u. Steuerrecht.
Häufig empfohlen: Prof. Dr. Frank Schäfer (Gesellschaftsrecht/Bankrecht), Dr. Ulrike Schäfer (Gesellschaftsrecht/Prozessführung), Dr. Andreas Gätsch (Aktienrecht), Dr. Peter Balzer (Bank- u. Kapitalmarktrecht/Prozessführung), Dr. Hans-Michael Pott (Steuerrecht)
Kanzleitätigkeit: Schwerpunkte in ▶Bank- u. Finanzrecht (auf Bankenseite, vielfach für Organe, Bankrecht u. -aufsicht) u. beratend zu Transaktionen, Produktentwicklung, Anlageberatung u. Vermögensverwaltung sowie Immobilienfinanzierung. Außerdem ▶Gesellsch.recht, auch ▶Gesellschaftsrechtl. Streitigk. u. Beratung von vermög. Privatpersonen (▶Nachfolge/Vermögen/Stiftungen). ▶Steuer u. Steuerabwehr häufig für internat. Konzerne. Zudem mittelständ. Unternehmen. (7 Partner, 1 Associate)
Mandate: ●● Abwehr von Schadensersatzansprüchen gg. ehem. Vorstandsmitglied einer börsennotierten AG (heute Singulus AG); Grovepoint bei Kauf von dt. KBC-Bank-Tochter; lfd. Apo-Bank in Prozessen; Unifa Premium zu Erwerb Lizenzen an True Religion; Jades zu Aufbau Onlinehandel in Südkorea; Eurotours zu Kooperation mit Dt. Post; lfd. im Gesellschaftsrecht Unifa-Gruppe, Börse D'dorf, Stadtwerke Bielefeld; FMSWM wg. Klage Heta-Anleihen; US-Investor zu Erwerb Capricorn-Beteiligung an Nürburgring.

SIMMONS & SIMMONS
Düsseldorf
Bewertung: Das in D'dorf empfohlene Büro hat sich als stabile Einheit erwiesen u. bildet den Kern der immer noch recht kleinen Corporate-Praxis der Kanzlei. Andernorts konzentriert sich im Allgemeinen das S&S-Wachstum auf München u. tlw. Ffm. Das Corporate-Team um Ulrich u. Bormann hat seit geraumer Zeit einen ausgeprägten Energie-Schwerpunkt, der sich seit Kurzem stärker in dem Bereich erneuerbare Energien ausweitet. Die Sozietät musste allerdings auch einen Rückschlag verkraften: Energierechtler Helmut Kempf verließ nach drei Jahren die Kanzlei. Die dennoch positive Entwicklung passt wiederum gut zum insges. zunehmenden Branchenfokus der Gesamtkanzlei, der nach Dtl. importiert wird: Technologie u. Pharma sowie Finanzdienstleistungen u. Asset-Management, wodurch eine stärkere Zusammenarbeit mit Ffm. zustande gekommen ist. Diese Branchenstärke ist bereits seit Langem charakteristisch für die Arbeitsrechts- u. Compliance-Praxis von Managing-Partner Aldenhoff, ebenso wie die inzw. vor Ort fest etablierte Patentpraxis mit starkem Pharmabezug.
Stärken: Grenzüberschr. M&A, Patentprozesse, Arbeitsrecht für Finanzinstitute.
Häufig empfohlen: Dr. Hans-Hermann Aldenhoff (Arbeitsrecht/Compliance), Dr. Stephan Ulrich, Dr. Michael Bormann (beide Corporate), Dr. Peter Meyer (Patentrecht)
Kanzleitätigkeit: Schwerpunkte im ▶Gesellsch. recht, v.a. ▶M&A, mit zunehmendem Fokus auf ▶Energie, daneben ▶Arbeitsrecht u. Compliance. Auch Kartellrecht, Gewerbl. Rechtsschutz (v.a. ▶Patentprozesse). Mandantschaft: internat. Banken u. Finanzdienstleister (v.a. im Arbeitsrecht) sowie Großkonzerne u. Regierungen, daneben auch gr. dt. Mittelständler. (7 Partner, 4 Counsel, 1 of Counsel, 11 Associates)
Mandate: ●● Henderson Global Investors bei ww. Joint Venture mit TIAA-CREF; Ferrostaal bei Joint Venture mit der Haldor Topsøe; Grünwerke bei Erwerb eines Windparks; IC Green Energy bei Verkauf der Mehrheit an Petrotec; Arbeitsrecht: Allianz Global Investors, Ascendis Pharma, Electrolux, HDI-Gerling, Sharp Electronics, Visa Europe, Vossloh. Patentrecht: Bayer Pharma bei Unterlassungsverfügungen gg. 2 generische Drospirenon-Produkte.

TAYLOR WESSING
Düsseldorf
Bewertung: In jüngster Vergangenheit erlebte diese in D'dorf häufig empfohlene Kanzlei kaum ein Jahr, in dem sie zur Ruhe kommt. Auch das letzte Jahr war keine Ausnahme: Im Sommer 2014 wechselte der Leiter der Kartellrechtspraxis Dr. Michael Dietrich zu Herbert Smith Freehills, doch TW konnte durch Manuel Nagel – einen angesehenen Jungawalt von Freshfields, der sich TW als Partner anschloss – zumindest schnell die Lücke schließen. Der neu ernannte Arbeitsrechtspartner Dr. Guido Motz verließ die Kanzlei ebenfalls u. baute seine eigene Kanzlei auf. Für ihn wurde Ersatz auf Counsel-Ebene gefunden. Trotz des regen Kommens u. Gehens bleiben die 4 Pfeiler der Praxis – Arbeitsrecht, IP, Kartellrecht u. Corporate – stark. V.a. letztgenannte Praxis konnte bei angesehenen Rhein-Ruhr-Mandanten Fuß fassen: Ein Highlight war die Intensivierung der Beziehung zu Rewe.
Stärken: M&A.
Empfohlen für: ▶Arbeit; Bank- u. Finanzrecht; ▶Beihilfe; ▶Gesellsch.recht; ▶Gesellschaftsrechtl. Streitigk.; ▶Gesundheit; ▶Handel u. Haftung; Immobilien- u. Baurecht; ▶IT; ▶M&A; ▶Marken u. Wettbewerb; ▶Medien; ▶Nachfolge/Vermögen/Stiftungen; ▶Patent; ▶Private Equ. u. Vent. Capital; ▶Projekte/Anlagenbau; ▶Restrukturierung/Sanierung; ▶Umwelt u. Planung; ▶Unternehmensbez. Versichererberatung; ▶Vergabe; ▶Verkehr; ▶Versicherungsvertragsrecht. (26 Eq.-Partner, 9 Sal.-Partner, 6 Counsel, 38 Associates, 2 of Counsel)
Mandate: Siehe Fachkapitel.

TIGGES
Düsseldorf
Bewertung: Geschätzte Kanzlei, die das Beratungsangebot für ihre vorwiegend mittelständ. Mandantschaft deutl. verbreitert hat. Vormals v.a. für ihre vertriebsrechtl. Arbeit bekannt, verfügt Tigges heute neben der gesellschaftsrechtl. auch über eine besonders aktive Nachfolgepraxis, die durch eine WP-Praxis ergänzt wird. Zudem ist sie sehr aktiv im dt.-poln. Rechtsverkehr. Einen ausgeprägten Schwerpunkt im regionalen D'dorfer Markt hat die Kanzlei nicht: So berät der Namenspartner zahlr. Mandanten aus Benelux, andere Partner konzentrieren sich auf die Begleitung dt. Mittelständler ins Ausland, nicht zuletzt dank der vielfältigen Sprachkenntnisse der Partner.
Stärken: Dt.-poln. Geschäft.
Kanzleitätigkeit: Starker Schwerpunkt im Gesellschaftsrecht inkl. Nachfolgeberatung (auch inkl. Erb- u. Steuerrecht); auch Marken-, Arbeits- Transport- u. Baurecht. (10 Eq.-Partner, 5 Non-Eq.-Partner, 5 Associates)
Mandate: ●● VGP bei Grundstückskäufen und Vermietungen von Großhallen in eigenen Logistikparks; Leax Group bei Kauf von Leax Brinkmann; Kromiss-Bis bei Übernahme durch Europoles; Balda im Zshg. mit Schadensersatzansprüchen gg. früheren Aufsichtsrat; lfd. u.a. Ortlinghaus-Gruppe, Scafom Rux, Sirius, Hoffmann Seifert.

WHITE & CASE
Düsseldorf
Bewertung: In D'dorf empfohlenes Büro. Nach einer personell turbulenten Phase begann für das lange schwächste Büro im dt. W&C-Verbund ein neuer wichtiger Abschnitt: Der Zugang eines fast 20-köpfigen Energierechtsteams um Dr. Peter Rosin u. Thomas Burmeister von Clifford Chance hat dem Büro im Sommer 2015 zu neuem Gewicht verholfen. Nicht zuletzt erobert sich die Kanzlei damit verloren gegangene Präsenz zurück. Das Ex-Clifford-Team bringt eine enorme Bandbreite an Kompetenzen mit: Es ist bekannt für M&A-Beratung auf hohem Niveau, war bislang sowohl für Energieversorger als auch für (internat.) Investoren sowie Versicherer u. Banken tätig u. ist zugleich in der Regulierung hoch geachtet. Dass das Energierecht schon immer eine wichtige Rolle für das Büro gespielt hat, belegt die Rückkehr einer Local-Partnerin von Görg. An diesen Wettbewerber verlor man aber auch einen Partner im Steuerrecht, Dr. Alexander Reuter. Zudem verließ der Finanzierungs- und Aufsichtsrechtsexperte Dr. Jan-Holger Arndt in Richtung einer Asset-Management-Firma. Nach der in personeller Hinsicht wechselvollen Zeit wäre der nächste logische Schritt, die recht kleine Corporate-Praxis um Dr. Hermann Schmitt durch Quereinsteiger auszubauen. Dies dürfte W&C mit dem Rosin-Team als Basis besser als in den Vorjahren gelingen, zumal das Büro trad. ein starkes Standbein in der Insolvenz- u. Restrukturierungsberatung durch ein Team um Dr. Biner Bähr hat.
Stärken: Insolvenzverwaltung u. Sanierungsberatung; Energierecht.
Empfohlen für: ▶Energie; ▶Gesellsch.recht; ▶Gesellschaftsrechtl. Streitigk.; ▶Handel u. Haftung; ▶Insolvenzverw.; ▶M&A; ▶Restrukturierung/Sanierung. (5 Eq.-Partner, 6 Sal.-Partner, 3 Counsel, 8 Associates, 4 of Counsel)
Mandate: Siehe Fachkapitel.

Köln

AXIS RECHTSANWÄLTE
Köln

Bewertung: Die in Köln empfohlene Kanzlei begleitet wg. ihrer tiefen Verwurzelung in der Versicherungswirtschaft immer wieder bemerkenswerte Mandate. So standen bei der grenzüberschr. Sitzverlagerung einer Versicherungs-SE v.a. aufsichts- u. steuerrechtl. Fragen im Mittelpunkt. Ein Wachstumsfeld war für die MDP-Einheit im vergangenen Jahr zudem die Begleitung von Steuerabteilungen bei Versicherern in Compliance-Fragen. Bei dem Auffinden steuerl. Risiken setzt Axis gewinnbringend ihre Routine im Umgang mit komplexen Sachverhalten ein. Denn vielen Anwälten ist diese bes. Art der internen Untersuchung nicht fremd, weil dies regelm. auch bei den finanzrechtl. Prozessen der Fall ist, die Axis für ihre Mandanten führt. Bis vor wenigen Jahren konzentrierte sich Axis daneben auf die v.a. steuerl. Beratung von Arztpraxen u. Apotheken im Rheinland. Mit dem erfahrenen Branchenkenner Jungbluth erweiterte Axis dieses Spektrum signifikant u. begleitet nun private Klinikbetreiber u. Investoren bundesweit bei M&A-Transaktionen u. Umstrukturierungen.

Stärken: Enge Verzahnung von Gesellschafts- u. Steuerrecht, speziell in der ▶Unternehmensbez. Versichererberatung.

Häufig empfohlen: Prof. Dr. Jochen Axer („praktisch denkend", Wettbewerber), Frank Diehl (beide Steuerrecht), Jochen Jungbluth (Gesundheitsrecht)

Kanzleitätigkeit: Schwerpunkt im ▶Steuer- u. Gesellschaftsrecht für Versicherungen. Daneben Bank-, Kapitalmarkt- u. Versicherungsunternehmensrecht, Gesundheitswesen. Branchen: Versicherer, Banken, Fondsgesellschaften, Handel, Transport u. Logistik, Gesundheitswesen u. Klinikgruppen, Immobilien u. Medien. Angeschlossen sind eine eigenständige StB- u. eine Aktuarsgesellschaft. (6 Eq.-Partner, 9 Sal.-Partner, 16 Associates sowie WP/StB)

Mandate: ●● Regelm. DEVK u. Gothaer in Gesellschafts- u. Steuerrecht; Versicherungs-SE im Aufsichtsrecht zur Sitzverlegung nach Dtl.; Versicherer bei niederl.-dt. Verschmelzung im Sach- u. Lebensversicherungsbereich; Versicherer wg. steuerstrafrechtl. Ermittlungen; Versicherer bzgl. Compliance; Großbank zu Rückerstattung frz. Finanztransaktionssteuer; private Klinikgruppe bei Verkauf Klinik u. Altenheim; Klinikbeteiligungsgesellschaft bei Reorganisation.

CBH RECHTSANWÄLTE
Köln

Bewertung: Die in Köln häufig empfohlene Kanzlei ist für ihre fachl. breite öffentl.-rechtl. Praxis u. die Beratung im Immobilienrecht anerkannt. In der jüngeren Vergangenheit gingen v.a. aus diesen Bereichen Impulse für die Geschäftsentwicklung aus, zuletzt jedoch tat sich die Corporate-Praxis positiv hervor: Die Praxis um Dieter Korten weitete das Bastei-Lübbe-Mandat aus u. bezog andere Fachbereiche wie IP/IT in die Beratung ein. Zudem gelang es CBH besser, vorhandene Unternehmenskontakte u. Spezialexpertise zu verzahnen, wie der Anstieg von D&O-Mandaten sowie der Aufbau einer Venture-Capital-Praxis zeigen. Entspr. der wachsenden Bedeutung der Praxis wurde Andrea Heuser zur Vollpartnerin ernannt. Die Ausnahmestellung im Spezialgebiet Glücksspielrecht unterstrich CBH erneut mit der Vertretung des Landes Hessen im Streit um die Vergabe von Glücksspielkonzessionen.

Stärken: Breite Aufstellung in Öffentl. Wirtschaftsrecht u. IP, Erfahrung bei Großbauprojekten.

Empfohlen für: ▶Arbeitsrecht; ▶Beihilfe; ▶Gesellsch.recht u. zunehmend Kartellrecht; ▶M&A; ▶Marken u. Wettbewerb; ▶Medien; ▶Patent; ▶Presse; ▶Priv. Baurecht; ▶Umwelt u. Planung; ▶Projekte/Anlagenbau; ▶Verfassungs- u. Verwaltungsrecht; ▶Vergabe. (31 Eq.-Partner, 2 Sal.-Partner, 7 of Counsel, 30 Associates)

Mandate: Siehe Fachkapitel.

CLASSEN FUHRMANNS & PARTNER
Köln

Bewertung: Die in Köln empfohlene Kanzlei ist stark auf die Begleitung mittelgr. Transaktionen ausgerichtet. Sie genießt dort das Vertrauen von Kernmandanten wie Kajo Neukirchen u. profitiert von einem stabilen Verweisgeschäft von M&A-Beratern. Über solche Kanäle finden immer wieder komplexe Transaktionen, zuletzt etwa für eine kommunale Tochter im Nahversorgungsbereich, den Weg zu der Kölner Einheit. Im vergangenen Jahr investierte CFP in die inhaltl. Ausweitung ihrer Schwerpunkte: Waren zuvor bereits Arbeits- u. Stiftungsrecht Teil ihres Beratungsangebots, kommen mit erfahrenen Anwälten, u.a. von BDO, nun auch steuerrechtl. u. bilanzielles Know-how hinzu.

Stärken: M&A kanzleiübergr. mit Kanzlei Corso.

Entwicklungsmöglichkeiten: CFP hat nun unterhalb der Gründungspartner erstmals eine Mittelebene in ihre Struktur eingezogen. Jetzt geht es für das junge Team darum, dass dieser Mittelbau eigene Mandate akquirieren u. Entlastung für die Partner schaffen soll. Dann dürften die Steuerrechtler nicht nur zur reinen Transaktionsbegleitung beitragen, sondern müssten Zeit zugestanden bekommen, um mit einem eigenständigen Angebot an den Markt gehen zu können.

Kanzleitätigkeit: Lfd. gesellschaftsrechtl. Beratung, ▶M&A-Transaktionen, Private Equity. Auch Finanzierungsfragen für Mittelständler. Kartell- u. Arbeitsrecht (Reorganisation, Altersvorsorge u. Prozesse) sowie IP. Mandanten: Medien- u. IT-Unternehmen, zudem Handel, Maschinen- u. Anlagenbau. Fundiertes Restrukturierungs- u. Sanierungs-Know-how. Netzwerk mit anderen, großkanzleierfahrenen Teams. (3 Eq.-Partner, 1 Sal.-Partner, 3 Counsel, 4 Associates)

KÖLN

Freshfields Bruckhaus Deringer

CMS Hasche Sigle

DLA Piper
Görg
Oppenhoff & Partner

CBH Rechtsanwälte
Heuking Kühn Lüer Wojtek
Loschelder
Luther
Osborne Clarke
Seitz

Classen Fuhrmanns & Partner
LLR Legerlotz Laschet

Axis Rechtsanwälte
Cleary Gottlieb Steen & Hamilton
Ebner Stolz Mönning Bachem
Hecker Werner Himmelreich
Wirtz & Kraneis

Friedrich Graf von Westphalen & Partner
Rödl & Partner

Die hier getroffene Auswahl der Kanzleien ist das Ergebnis der auf zahlreichen Interviews basierenden Recherche der JUVE-Redaktion (s. Einleitung S. 20). Sie ist in 2erlei Hinsicht subjektiv: Sämtliche Aussagen der von JUVE-Redakteuren befragten Quellen sind subjektiv u. spiegeln deren eigene Wahrnehmungen, Erfahrungen u. Einschätzungen wider. Die Rechercheergebnisse werden von der JUVE-Redaktion unter Einbeziehung ihrer eigenen Marktkenntnis analysiert u. zusammengefasst. Der JUVE Verlag beabsichtigt mit dieser Tabelle keine allgemein gültige oder objektiv nachprüfbare Bewertung. Es ist möglich, dass eine andere Recherchemethode zu anderen Ergebnissen führen würde. Innerhalb der einzelnen Gruppen sind die Kanzleien alphabetisch geordnet.

● Referenzmandate, umschrieben
●● Referenzmandate, namentlich

Anwaltszahlen: Angaben der Kanzleien zur Bürogröße vor Ort. Sie spiegeln nicht zwingend die Gesamtgröße einer Kanzlei wider.

Mandate: ●● Kajo Neukirchen bei zahlr. M&A-Projekten; Masa arbeits-, vertriebs- u. gesellschaftsrechtl. u. bei M&A; AVS-Gruppe u. Steadfast Capital bei Kauf von H&T Trimborn-AVE; Chocri-Gesellschafter bei Verkauf an Riegelein; westdt. Versorger bei Transaktion; Sportvermarkter bei Arbeits- u. Lizenzverträgen mit Eishockeyklubs; Maschinenbauer wg. Umstrukturierung in Asien; div. Kommunen bei Privatisierungen.

CLEARY GOTTLIEB STEEN & HAMILTON
Köln

Bewertung: Profil verleiht der in Köln empfohlenen Kanzlei neben den angesehenen Kartellrechtlern zunehmend die engagierte Prozesspraxis. Neben der Zusammenarbeit im aktuell von Mandanten stark nachgefragten Geschäftsfeld der kartellrechtl. Schadensersatzklagen berät das Team um Prozessrechtler Rüdiger Harms in gesellschaftsrechtl. Auseinandersetzungen etwa für Agfa-Gevaert. Ein auf Corporate-Beratung ausgerichteter, erfahrener Counsel ist zudem stark in die internat. Cleary-Praxis eingebunden, wie etwa bei einem ww. Joint Venture für American Express oder einem Zukauf von Westlake Chemical. Im Gegensatz zu den Gesellschaftsrechtlern haben es die Kartellrechtler zudem verstanden, auch starke Verbindungen zu dt. Mandanten wie etwa Henkel u. einigen Medienunternehmen aufzubauen. Selbstständig gemacht hat sich mit einer Kartellrechtskanzlei allerdings die langj. Counsel Silke Heinz (als Heinz & Zagrosek).

Stärken: Spitzenpraxis im Kartellrecht, die auch in Prozessthemen innovativ ist.

Empfohlen für: ▶Gesellsch.recht; ▶Handel u. Haftung; ▶Kartellrecht; ▶M&A. (3 Partner, 3 Counsel, 15 Associates)

Mandate: Siehe Fachkapitel.

CMS HASCHE SIGLE
Köln

Bewertung: Ein führendes Büro in Köln und zugleich das personell größte Anwaltsbüro vor Ort. Einen besonderen Erfolg verbuchte die Corporate-Praxis, als über die Jahre gepflegte Kontakte jetzt in die Begleitung von Zukäufen für die Beteiligungsgesellschaft der RAG-Stiftung mündeten. Das gilt insbes., weil sich hier im Fahrwasser des anerkannten Klaus Jäger mit Dr. Malte Bruhns ein jüngerer Partner zunehmend beweisen kann. Die am Kölner Standort seit jeher gepflegte versicherungsrechtl. Praxis überzeugte in der Begleitung eines Versicherers ggü. von der BaFin angedrohten Maßnahmen u. ebenso mit einem zuletzt durch 2 Counsel-Ernennungen gewachsenen Team. An der Schnittstelle zum Immobilienwirtschaftsrecht kam mit Heinz-Joachim Kummer ein erfahrener Freshfields-Partner hinzu, der ebenfalls Versicherer bei Transaktionen berät. Wie bei der Wettbewerberin Freshfields wird auch bei CMS der Zug zu mehr internat. Mandaten deutlich, wenn auch nicht ganz im gleichen Maß.

Stärken: Gute Vernetzung mit regionaler Wirtschaft u. öffentl. Hand. Sehr anerkannte Medien-, Arbeits- u. Prozesspraxen.

Empfohlen für: ▶Arbeitsrecht; ▶Außenhandel; ▶Bankrecht u. -aufsicht; ▶Energie; ▶Gesellsch.recht; ▶Gesellschaftsrechtl. Streitigk.; ▶Handel u. Haftung; ▶IT; ▶Kredite u. Akqu.fin.; ▶M&A; ▶Marken u. Wettbewerb; ▶Medien; ▶ÖPP; ▶Presse; ▶Private Equ. u. Vent. Capital; ▶Restrukturierung/Sanierung; ▶Sport; ▶Telekomunikation; ▶Umwelt u. Planung; ▶Unternehmensbez. Versichererberatung; ▶Vergabe; ▶Verkehr; ▶Versicherungsvertragsrecht; ▶Vertrieb. (31 Eq.-Partner, 4 Sal.-Partner, 18 Counsel, 57 Associates, 3 of Counsel)

Mandate: Siehe Fachkapitel.

Kölner Kanzleien mit Besprechung nur in Rechtsgebieten

Avocado	Umwelt- u. Planung ▶ Produkt u. Abfall ▶ Gesellsch.recht ▶ M&A ▶ IT ▶ Arbeit
Becker Büttner Held	Energie
Bergmann	Kartellrecht
BLD Bach Langheid Dallmayr	Versicherungsvertragsrecht ▶ Unternehmensbez. Versichererberatung ▶ Handel u. Haftung
Borris Hennecke Kneisel	Handel u. Haftung
Carlé Korn Stahl Strahl	Steuer ▶ Steuerstrafrecht
Creutzig & Creutzig	Vertrieb
Decruppe & Kollegen	Arbeit
Feigen Graf	Wirtschaftsstrafrecht
Frehse Mack Vogelsang	Gesundheit
Freischem	Patent
Frey	Medien
Gercke Wollschläger	Wirtschaftsstrafrecht
Grünecker	Patent
Held Jaguttis	Umwelt u. Planung
Dr. Hermanns & Dr. Schumacher	Notare
Höcker	Presse
Johannsen	Versicherungsvertragsrecht
Jonas	Marken u. Wettbewerb ▶ Presse ▶ Sport ▶ Vertrieb
Köhler & Klett	Umwelt u. Planung ▶ Vergabe ▶ Produkt u. Abfall
von Kreisler Selting Werner	Patent
Kübler	Insolvenzverw.
Küttner	Arbeit
Kutzenberger Wolff & Partner	Patent
Lausen	Medien
Leinemann & Partner	Vergabe
Lenz und Johlen	Umwelt u. Planung
LHP Luxem Heuel Powatke	Steuerstrafrecht
Michels pmks	Arbeit ▶ Gesundheit
Niering Stock Tömp	Insolvenzverw.
Piepenburg Gerling	Insolvenzverw.
PKF Fasselt Schlage	Steuer
Dr. Ringstmeier & Kollegen	Insolvenzverw.
Rohrbach & Partner	Arbeit
RPO Ruttkamp Portz Oberthür	Arbeit
Dr. Erich Schmitz u. Dr. Klaus Piehler	Notare
Schwegler	Arbeit
SMNG	Priv. Baurecht
Strafverteidigerbüro	Wirtschaftsstrafrecht
Streck Mack Schwedhelm	Nachfolge/Vermögen/Stiftungen ▶ Steuer ▶ Steuerstrafrecht
Thür Werner Sontag	Arbeit
Tsambikakis & Partner	Steuerstrafrecht ▶ Wirtschaftsstrafrecht
Uhlenbruch Vormbaum-Heinemann und Schabram	Arbeit
Unverzagt von Have	Medien
Dr. Vogels	Vertrieb
Ulrich Weber & Partner	Arbeit
Dr. Georg Wochner und Dr. Jens Fleischhauer	Notare

Die hier getroffene Auswahl der Kanzleien ist das Ergebnis der auf zahlreichen Interviews basierenden Recherche der JUVE-Redaktion (siehe S. 20). Sie ist in 2erlei Hinsicht subjektiv: Sämtliche Aussagen der von JUVE-Redakteuren befragten Quellen sind subjektiv u. spiegeln deren eigene Wahrnehmungen, Erfahrungen u. Einschätzungen wider. Die Rechercheergebnisse werden von der JUVE-Redaktion unter Einbeziehung ihrer eigenen Marktkenntnis analysiert u. zusammengefasst. Der JUVE Verlag beabsichtigt mit dieser Tabelle keine allgemein gültige oder objektiv nachprüfbare Bewertung. Es ist möglich, dass eine andere Recherchemethode zu anderen Ergebnissen führen würde.

DLA PIPER
Köln

Bewertung: Die Kanzlei wird in Köln v.a. wg. ihrer ausgeprägten Branchenexpertise etwa für Versicherer, Energie- u. Medienunternehmen u. den Öffentl. Sektor häufig empfohlen. Dabei sind diese Praxen insbes. für ihre Arbeit in hochkomplexen

● Referenzmandate, umschrieben
●● Referenzmandate, namentlich

Anwaltszahlen: Angaben der Kanzleien zur Bürogröße vor Ort. Sie spiegeln nicht zwingend die Gesamtgröße einer Kanzlei wider.

Prozessen bekannt. Zunehmend gelingt DLA der Brückenschlag von ihrer Litigation-Erfahrung zur M&A-Beratung. In ihrer Transaktionspraxis agierte Jan Eltzschig erstmals auch für die Gothaer Versicherung. Der erst 2015 ernannte Corporate-Partner, den Mandanten als „außerordentl. klar u. kompetent" loben, übernahm die Nachfolge des renommierten Dr. Jürgen Sieger, der in den Of-Counsel-Status wechselte. Unter Kölner Gesellschaftsrechtlern besonders anerkannt ist zudem das Team um Dr. Andreas Meyer-Landrut u. Kerstin Schnabel, die regelm. börsennotierte Unternehmen begleiten. Innerhalb der dt. Gesamtpraxis nimmt Köln eine wichtige Stellung ein u. stellt mit dem Arbeitsrechtler Dr. Bernd Borgmann seit Ende 2014 auch einen der beiden dt. Managing-Partner. Der langj. Kölner Partner Dr. Ulrich Jüngst gab seine Aufgaben im internat. DLA-Management ab u. wechselte in den Of-Counsel-Status – eine kulturelle Zäsur, denn er war Architekt der dt. DLA-Praxis.
Stärken: Gute Konzernkontakte. Anerkannte Versicherungspraxis u. enge Einbindung in ein starkes internat. Netzwerk.
Empfohlen für: ▶ Arbeitsrecht; ▶ Energie; ▶ Gesellsch.recht; ▶ Handel u. Haftung; ▶ Immobilien; ▶ IT; ▶ Kartellrecht; ▶ M&A; ▶ Marken u. Wettbewerb; ▶ Medien; ▶ Projekte/Anlagenbau; ▶ Produkt u. Abfall; ▶ Restrukturierung/Sanierung; Steuer; ▶ Unternehmensbez. Versichererberatung; ▶ Vergabe; ▶ Verkehr; ▶ Vertrieb; ▶ Versicherungsvertragsrecht. (17 Partner, 11 Counsel, 33 Associates, 6 of Counsel)
Mandate: Siehe Fachkapitel.

EBNER STOLZ MÖNNING BACHEM
Köln

Bewertung: Die empfohlene Kölner MDP-Kanzlei hat sich unter den dt. Standorten von ESMB als Zentrum für mittelgr. Deals gefestigt. Die Anwälte betreuten auffallend viele Transaktionen, die über Verweismandate anderer Büros zustande kamen: z.B. div. Zukäufe im Gesundheitswesen für ein kommunales Krankenhaus, das ursprüngl. ein Mandant von ESMB in Stuttgart ist. Eine Spezialität ist die Beratung im dt.-niederl. Wirtschaftsverkehr, hierfür steht etwa die Begleitung der EK/Servicegroup beim Kauf von Euretco. Über seine Spezialisierung im Erbpachtrecht kam Kautenburger-Behr zu einigen Immobiliendeals bei der Mandantin Continuum Capital. Obwohl die Beziehungen zu Bastei Lübbe nach dem IPO spürbar abgekühlt sind, steht ESMB dank Nickel weiterh. für die kapitalmarktnahe Beratung im Mittelstand. Für den weiteren Ausbau der Praxis kam eine im Steuer- und Kapitalmarktrecht erfahrene Anwältin von Austmann aus D'dorf hinzu.
Stärken: ▶ Gesellschaftsrecht mit integrierter steuerrechtl. Beratung.
Häufig empfohlen: Dr. Dirk Janßen („sehr gute Kooperation", Wettbewerber; Gesellschaftsrecht), Dr. Jörg Nickel („hat große Erfahrung", Wettbewerber; Gesellschafts- u. Kapitalmarktrecht), Dr. Daniel Kautenburger-Behr („pragmatisch, fachlich gut", Wettbewerber; Gesellschaftsrecht/M&A)
Kanzleitätigkeit: Gesellschafts-, ▶ Steuer- u. Erbrecht, ▶M&A, Um- u. Restrukturierung/Sanierungen, Kapitalerhöhungen. Umstrukturierung von Kapitalgesellschaften. Dauerberatung von Immobilien- u. IT-Unternehmen, Handel, Medien, Automobilzulieferern u. familiengeführten Gesellschaften. Ausbau der WP-Verweismandate. Keine Prozessvertretung. (4 Partner, 12 Associates, zum Großteil als RAe u. StB doppelt qualifiziert, weitere StB/WP)
Mandate: ●● Lfd. CWS, u.a. zum Ausscheiden von Gesellschaftern u. Unternehmensnachfolge; SHD bei Gesellschafterwechsel; Bauwens zur Projektentwicklung Dt.-Welle-Hochhaus; Dt. Forfait gutachterl. zum Anleihenumtausch bei Restrukturierung; EK/Servicegroup bei Kauf von Euretco; Continuum Capital bei Kauf des Bürogebäudes Tulpenfeld/Bonn; kommunales Krankenhaus bei Beteiligung durch arab. Investor.

FRESHFIELDS BRUCKHAUS DERINGER
Köln

Bewertung: Eine der führenden Kanzleien in Köln, der ihre Wettbewerber am Rhein v.a. bei hochvolumigen Transaktionen kaum die Stirn bieten können. Auf das Konto der Kölner Praxis um Dr. Ludwig Leyendecker geht etwa die Beratung von KKR und H.-P. Wild beim Verkauf von Wild Flavors. Dr. Franz Aleth u. Dr. Oliver von Rosenberg steuern außerdem von Köln aus ein weltweites Team von Anwälten bei der Aufspaltung des Hewlett-Packard-Konzerns. Prägend bleibt somit ein Fokus auf grenzüberschr. Geschäft, womit das Büro neben Oppenhoff u. Cleary im lokalen Markt eine Sonderrolle einnimmt. Das gilt auch für die Compliance-Beratung, die zwar standortübergr. organisiert ist, mit Prof. Dr. Norbert Nolte hier aber einen besonders visiblen Partner am Standort hat, der u.a. die Mandantin Airbus berät. Die Immobilienpraxis setzte indes ihren Verkleinerungsprozess fort: Der langj. Partner Heinz-Joachim Kummer ging zu CMS.
Stärken: Deutl. Ausrichtung auf Transaktionen, flankiert durch spezialisierte, anerkannte Fachbereiche wie Steuer- u. Medienrecht.
Empfohlen für: ▶ Arbeitsrecht; Bank- u. Finanzrecht; ▶ Compliance; ▶ Energie; ▶ Gesellsch. recht; ▶ Gesellschaftsrechtl. Streitigk.; Immobilien; ▶ IT; ▶ Kartellrecht; ▶ Handel u. Haftung; ▶ M&A; ▶ Marken u. Wettbewerb; ▶ Medien; ▶ Private Equ. u. Vent. Capital; ▶ Produkt u. Abfall; ▶ Restrukturierung/Sanierung; ▶ Steuer; ▶ Telekommunikation; ▶ Umwelt u. Planung. ▶ Unternehmensbez. Versichererberatung; ▶ Verfassungs- u. Verwaltungsrecht; ▶ Verkehr; Vertrieb. (19 Partner, 2 Counsel, 57 Associates)
Mandate: Siehe Fachkapitel.

GÖRG
Köln

Bewertung: Die in Köln häufig empfohlene Kanzlei hat beim personellen Wachstum erstmals nach langer Zeit auf die Bremse getreten. Selbst als die in NRW nach Verfahrenszahl dominierende Insolvenzverwalterpraxis verbuchte sie, dem Markttrend entsprechend, in diesem Jahr weniger Großverfahren u. band entsprechend in geringerem Maße die anderen Rechtsgebiete ein. Dass der Flaute bei Görg dennoch keineswegs Krisenstimmung verbreitete, liegt nicht nur an dem hohen Renommee der Sanierungsberater. Auch die breite mittelständ. Orientierung vieler Partner etwa im Gesellschaftsrecht u. bei Transaktionen, die Verwurzelung der Öffentlichrechtler bei Energieversorgern wie Trianel u. anderen kommunalen Mandanten sowie die gewachsene Vielfalt im Arbeitsrecht sorgten für ausköml. Geschäft. Die Prozessführung für Kreditinstitute wie die Sparkasse KölnBonn sowie im Nachgang prominenter Insolvenzen wie Arcandor gewinnt weiter an Gewicht.
Stärken: Restrukturierungsberatung u. Insolvenzverwaltung, Prozessführung für Kreditinstitute.
Empfohlen für: ▶ Arbeitsrecht; ▶ Bankrecht u. -aufsicht; ▶ Energie; ▶ Gesellsch.recht; ▶ Handel u. Haftung; ▶ Immobilien; ▶ Insolvenzverw.; ▶ IT; ▶ M&A; ▶ Private Equ. u. Vent. Capital; ▶ Projekte/Anlagenbau; ▶ Restrukturierung/Sanierung; ▶ Umwelt u. Planung. Daneben ▶ Vertrieb u. IP. (33 Eq.-Partner, 18 Sal.-Partner, 8 Counsel, 31 Associates)
Mandate: Siehe Fachkapitel.

FRIEDRICH GRAF VON WESTPHALEN & PARTNER
Köln

Bewertung: Traditionelle Kernkompetenzen der in Köln geschätzten Kanzlei sind ihre Praxen im Vertriebsrecht u. im Versicherungsrecht, in diesen Bereichen berät die Sozietät ihre Mandanten in vertragsrechtl. Fragen. FGvW hat sich über die Jahre als Prozessvertreterin für Kfz-Händler u. Verbände etabliert. Daneben zählen ihre Partner zu den bundesw. anerkannten Spezialisten bei Manager- und Produkthaftungsfällen u. pflegten hierbei langj. Beziehungen zu den Branchengrößen Allianz u. AIG. Weil es der Praxis jedoch nicht gelang, Synergien mit den Wirtschaftsstrafrechtlern zu heben, spaltete sich ein größeres Team um Dr. Michael Tsambikakis zum Jahresbeginn 2015 ab. Damit ist die Arbeit in den prominenten D&O-Fällen noch mehr auf die einzelnen Partner zugeschnitten. Zum weiteren Ausbau der baurechtl. Prozesspraxis gewann FGvW kurz darauf Dr. Jörn Zons von Hogan Lovells hinzu, der v.a. Kontakte zu Projektentwicklern hat. Von CMS kam zudem ein markenrechtl. erfahrener Anwalt als Partner hinzu.
Stärken: Prozesspraxis bei D&O- u. Produkthaftungsfällen. Erfahrene vertriebsrechtl. Einheit.
Empfohlen für: ▶ Handel u. Haftung; ▶ M&A; ▶ Versicherungsvertragsrecht; ▶ Vertrieb. (12 Partner, 13 Associates, 1 of Counsel)
Mandate: Siehe Fachkapitel.

HECKER WERNER HIMMELREICH
Köln

Bewertung: Über die Grenzen der Region hinaus genießt die in Köln empfohlene Kanzlei v.a. im Immobilienrecht einen sehr guten Ruf. Hier hat das Management von HWH, auch bedingt durch den spürbaren Generationswechsel, auf eine klarere Aufteilung der Geschäftsfelder als bisher geachtet u. entspr. Teams mit Schnittstellen zum Gesellschafts-, Finanz- u. Versicherungsrecht geformt. Letzteres gewinnt gerade im Zshg. mit Bau- u. Architektenrecht sprunghaft an Bedeutung u. ist Treiber für die Eröffnung mit Versicherungsexperten in München. Die Fortschritte der fachbereichsübergr. Arbeit zeigten sich v.a. bei der Sitzverlagerung von Cofely Dtl., wo HWH neben Baurecht auch gesellschafts- u. steuerrechtl. beriet. Über die Bau- u. Architektenhaftung hat sich HWH auch ein kleines versicherungsrechtl. Dezernat erschlossen, über das die Kanzlei 2012 eine Niederlassung in Stuttgart eröffnete. Mit dem Zugang eines mehrköpfigen Teams von Johannsen um den Ex-BGH-Richter Wilfried Terno kam in München nun reichl. Erfahrung im Versicherungs- u. Verkehrsrecht sowie in D&O-Haftungsfällen hinzu.
Stärken: ▶ Priv. Baurecht.
Häufig empfohlen: Frank Siegburg, Dr. Petra Christiansen-Geiss („außergewöhnl. Prozessar-

beit, sorgfältig, sehr erfolgreich", Mandant), Fabian Frechen ("Experte im Architektenrecht, schnell, zügig, gründlich", Mandant), Ulrich Dölle (alle Bau- u. Immobilienrecht), Stefan Nüsser (Gesellschaftsrecht/M&A)

Kanzleitätigkeit: Lfd. gesellschaftsrechtl. Beratung mittelständ. Unternehmen der Region u. Nachfolgeberatung für langj. Mandanten. Fachl. breite Prozesspraxis, regelm. bei Gesellschafterstreitigkeiten, ausgeprägte Schnittstelle zum Steuer- u. Wirtschaftsstrafrecht. Etablierte Schwerpunkte im Arbeitsrecht sowie Bau-, Vergabe- u. Medizinrecht. (18 Partner, 1 of Counsel, 11 Associates)

Mandate: ●● Lfd. Cofely Dtl. gesellschafts-, arbeits-, bau- u. markenrechtl., u.a. als Bieter für HGS u. bei Sitzverlagerung; Stadt Köln umf. bei Bauvorhaben Opern- u. Schauspielhaus (öffentl. bekannt); arbeitsrechtl. Kplus-Gruppe; Ingenieur wg. Beweisverf. wg. des Einsturzes Kölner Stadtarchiv; Versicherer bei Kauf von Bürogebäude; Haustechnikunternehmen bei Contracting; mittelständ. Anlagenbauer wg. Kreditfinanzierung; Unternehmer bei Nachfolgefragen u. Verkauf an Investor; Family Office bei Immobilienfinanzierung.

HEUKING KÜHN LÜER WOJTEK
Köln

Bewertung: Das in Köln häufig empfohlene Büro betonte seine anerkannte Corporate-Praxis mit der Ernennung gleich 3er Sal.-Partner. Im Bereich Gesellschafts- u. Kapitalmarktrecht machte das Team auch erneut mehrfach auf sich aufmerksam, etwa mit der Begleitung beim – letztl. gescheiterten – IPO von German Startups, der Umstrukturierung der RTL-Gruppe u. der prozessualen Vertretung von Sal. Oppenheim. Auch die Arbeit bei Mittelstands- u. Projektanleihen florierte – und wird künftig durch die Kompetenz des Standorts Stuttgart ergänzt, wo Heuking seit Jahresbeginn 2015 präsent ist. Während im Versicherungsrecht u. im Gesellschaftsrecht eine Überleitung auf die jüngere Generation erfolgr. abgeschlossen ist, wechselte nun die Koordination der Arbeitsrechtspraxis von dem erfahrenen Dr. Wilhelm Moll zu jüngeren Anwälten in Hamburg u. München. Vorgreifl. zu dieser Entwicklung hatte Heuking zudem schon im Vorjahr mehrere Sal.-Partner ernannt. Das Angebot in Köln wurde zudem um eine Facette erweitert, da ein Vergaberechtspartner von Chemnitz an den Rhein wechselte.

Stärken: Kapitalmarktrechtl. Beratung im Mittelstand. Renommierte Praxen im Arbeits- u. Versicherungsrecht.

Empfohlen für: ▶ Anleihen; ▶ Arbeitsrecht; ▶ Börseneinführ. u. Kapitalerhöhung.; ▶ Gesellschaftsrecht.; ▶ IT; ▶ M&A; ▶ Marken u. Wettbewerb; ▶ Patent; ▶ Private Equ. u. Vent. Capital; ▶ Restrukturierung/Sanierung; ▶ Steuer; ▶ Telekommunikation; ▶ Vergabe; ▶ Versicherungsrecht; ▶ Vertrieb. (18 Eq.-Partner, 11 Sal.-Partner, 15 Associates)

Mandate: Siehe Fachkapitel.

LLR LEGERLOTZ LASCHET
Köln

Bewertung: Die in Köln empfohlene Kanzlei hat mit der Beratung von Vorstands- u. Aufsichtsratsgremien eine Spezialisierung herausgebildet, die nur wenige mittelgroße Einheiten anbieten können. Aus den Kontakten zu Großunternehmen haben sich div. hochkomplexe Mandate, insbes. zu Compliance- u. Governance-Fragen, entwickelt, die z.B. in die gesellschaftsrechtl. Neuordnung des IT-Geschäftsbereichs eines Dax-Konzerns mündeten. Hier sorgte der Zugang eines erfahrenen Flick Gocke-Anwalts im Sommer 2015 für etwas Entlastung. Ausbezahlt hat sich die frühzeitige Spezialisierung der IT-Praxis auf das Datenschutzrecht, wo die kl. Praxis einen ansprechenden Trackrecord aufgebaut hat. Dennoch wiegt der Weggang von Partner Sascha Kremer (selbstständig als Login Partners), der sich in dem Bereich einen Namen gemacht hatte, schwer.

Stärken: Kapitalmarktrecht u. HV-Begleitung.

Entwicklungsmöglichkeiten: Früher war die praxisübergr. Entwicklung von Mandaten eine Stärke bei LLR, die bei der Weiterentwicklung der Dezernate etwas auf der Strecke geblieben ist. Gerade aus den Kontakten der Gesellschaftsrechtler ergäbe sich jedoch Potenzial für andere Praxen.

Häufig empfohlen: Prof. Dr. Stefan Siepelt ("kompetent u. kollegial", Wettbewerber; Gesellschaftsrecht/Compliance), Prof. Klaus Gennen ("fachlich sehr kompetent, pragmatisch, lösungsorientiert", "besondere Präzision, stets Überblick über das Gesamtprojekt", Wettbewerber; IP/IT), Christoph Legerlotz (Arbeitsrecht), Dr. Remo Laschet (Immobilienwirtschaftsrecht), Michael Schwartzkopff ("besonnener Stratege", Wettbewerber; Kapitalmarktrecht)

Kanzleitätigkeit: Schwerpunkte im ▶ Gesellschaftsrecht, auch in der Schnittstelle zum Kapital- u. Aktienrecht (inkl. HV-Betreuung). Arbeitnehmererfinderrecht, ▶ Immobilien, IP, IT, ▶ Marken u. Wettbewerb, Produkt u. Abfall. Kooperation mit finn. Kanzlei im IT-Recht; Initiative CPiT-Law mit anderen dt. Kanzleien. Mandanten: auch bundesw. tätige Unternehmen. (10 Eq.-Partner, 4 Sal.-Partner, 8 Associates, 1 of Counsel)

Mandate: ●● Leoni zu Vergütungssystem u. Aufhebungsvertrag mit Vorstand; lfd. Deutz, Biofrontera im Aktien- u. Kapitalmarktrecht; DOSB zu Joint Venture mit Pro7Sat.1-Gruppe; arbeitsrechtl. Miele & Cie.; Städt. Klinikum München zu Poolverträgen; Crocs Dtl. zu Restrukturierung; Meissen, Mrio u. Medion in marken- u. urheberrechtl. Prozessen; IVG im IT u. Datenschutz; lfd. Arbeitskreis dt. Aufsichtsrat (AdAR) u. Betreuung von rd. 40 HVen; Dax-Konzern bei Umstrukturierung des IT-Geschäftsbereichs.

LOSCHELDER
Köln

JUVE AWARDS 2015
Kanzlei des Jahres Westen

Bewertung: Die in Köln häufig empfohlene Kanzlei gehört zu den auffälligeren Einheiten u. drängt sich den Großkanzleien immer mehr als Konkurrenz auf. Eine Ursache für diese positive Entwicklung ist die konstant hohe Qualität der Arbeit ihrer Anwälte, wie auch Mandanten immer wieder hervorheben. Zudem ist es Loschelder immer wieder gelungen, ehrgeizige Junganwälte von Top-Wettbewerbern wie Freshfields oder Hengeler Mueller für sich zu gewinnen. In den vergangenen Jahren fiel die Corporate-Praxis durch ihr reges Inboundgeschäft für ausl. Investoren auf, jetzt konnte sich der Kapitalmarktrechtler Stock erstmals bei einem Renommiermandat für die Generali behaupten. Der Verkauf des Messeturms für den Versicherer ist exemplarisch für eine Reihe größerer Transaktionen und zeigt den Aufschwung, an dem versch. Praxen wie Immobilien-, Bau- und Öffentl. Wirtschaftsrecht teilhaben. Insbes. Stock hat den fachbereichsübergr. Ansatz geprägt. Entsprechend viel Anerkennung erhält der Immobilienwirtschaftsrechtler von Mandanten u. Wettbewerbern.

Häufig empfohlen: Prof. Dr. Michael Loschelder (IP), Dr. Henning Wahlers, Dr. Ulrich von Schönfeld ("sehr erfahren und kompetent", Wettbewerber; beide Gesellschaftsrecht), Dr. Thomas Schulte-Beckhausen ("kompetent und sehr kollegial", Wettbewerber; IP), Dr. Raimund Schütz (Regulierung), Dr. Detlef Grimm (Arbeitsrecht), Dr. Stefan Stock ("denkt wie ein Eigentümer u. ist ein hervorragender Berater", Mandant; "sehr rasche Auffassungsgabe, exzellente Branchen- und Fachkenntnis", Wettbewerber; Immobilien)

Kanzleitätigkeit: Kompetenz in ▶ Marken u. Wettbewerb, ▶ Arbeitsrecht, ▶ Immobilien u. ▶ Energie, aber auch ▶ Telekommunikation, ▶ Medien, ▶ Umwelt u. Planung, Kartell-, Presse- u. Vergaberecht (Letzteres an der Schnittstelle zur Praxis im ▶ Priv. Baurecht). ▶ Gesellsch.recht u. ▶ M&A-Transaktionen. Mandantschaft: mittelständ. Unternehmen, im regulator. Bereich, v.a. öffentl. Hand, TK-Unternehmen, Fernsehsender u. Landesrundfunkanstalten. Mitglied im internat. Netzwerk TerraLex. (20 Eq.-Partner, 2 Sal.-Partner, 14 Associates, 1 of Counsel)

Mandate: ●● ARD-Rundfunkanstalten in Prozessen zu Einspeiseentgelten u. -verträgen; MS-REF bei Revitalisierung des Trianon, Ffm.; Dt. Office AG bei Verkauf Westend Ensemble, Ffm.; AEW Europe bei Kauf der LBS-Türme, Stuttgart; Dt. Telekom zu div. Nichtigkeitsklagen; B. Braun Melsungen bei Spruchverfahren nach Squeeze-out bei Aesculap; BNetzA u. Verkehrsministerien in div. Beschwerdeverf.; lfd. arbeitsrechtl. u. kartellrechtl. Flughafen Köln/Bonn, Koelnmesse, AOK Systems; Generali zu Immobilientransaktion.

LUTHER
Köln

Bewertung: Der häufig empfohlene Kölner Standort ist nicht nur der größte dt. Luther-Standort, sondern hier sitzt mit der öffentlich-rechtl. Expertin Elisabeth Lepique u. dem IT-Rechtler Dr. Markus Sengpiel auch das Management der Kanzlei. Die Aufstellung der Praxis zeichnet sich durch einen Full-Service-Ansatz, ausgerichtet auf mittelständ. Mandanten aus der Region, aus. Daneben beraten einzelne Fachbereiche aber auch Großkonzerne. Hier archen insbes. die IT-Praxis, die zuletzt durch die Begleitung des IT-Outsourcings bei ThyssenKrupp geglänzt hat, u. die arbeitsrechtl. Praxis als Vorbilder. Die Corporate-Praxis ist bes. stark international geprägt: Thomas Weidlich führt ein Team, das regelm. Transaktionen mit GB, der Türkei u. den asiatischen Luther-Büros begleitet.

Stärken: Arbeitsrechtl. Reorganisationen, grenzüberschr. Geschäft mit asiat. Ländern u. Türkei.

Empfohlen für: ▶ Arbeitsrecht; ▶ Energie; ▶ Gesellsch.recht; ▶ Handel u. Haftung; ▶ Immobilien; ▶ IT; ▶ M&A; ▶ Marken u. Wettbewerb; ▶ ÖPP; ▶ Priv. Baurecht; ▶ Projekte/Anlagenbau; Umwelt u. Planung; ▶ Vertrieb. (20 Eq.-Partner, 1 Counsel, 3 of Counsel, 25 Associates)

Mandate: Siehe Fachkapitel.

OPPENHOFF & PARTNER
Köln

Bewertung: Die in Köln häufig empfohlene Kanzlei stellt im lokalen Markt neben Freshfields u. CMS die größte Riege erfahrener Corporate-Partner. Sicherl. prägt die Arbeit von Rolf Koerfer im

Versicherungsbereich sowie von Dr. Dr. Georg Maier-Reimer für die Benckiser-Holding immer noch stark die Außenwahrnehmung von O&P. Doch stellte die Kanzlei die Weichen für ihre Zukunft u. ernannte 3 Vollpartner im M&A, IT u. Öffentl. Wirtschaftsrecht sowie div. neue Sal.-Partner: Mit Myriam Schilling, die mittlerweile die Verantwortung für das Dt.-Post-Mandat trägt, hat O&P nach Jahren auch wieder eine Frau in ihrer Partnerriege. Die Vielzahl an Partnerernennungen wertete der lokale Markt als Flucht nach vorne u. als Herausforderung: Denn nun muss O&P dringend den Mittelbau ausbauen, zumal es dort seit 2014 auch div. Weggänge gegeben hat.
Stärken: Hervorragende Kontakte zu großen familiengeführten Unternehmen u. internat. Konzernen. Know-how bei grenzüberschr. M&A-Deals.
Empfohlen für: ▶ Arbeitsrecht; ▶ Außenhandel; ▶ Compliance; ▶ Gesellsch.recht; ▶ Gesundheit; ▶ IT; ▶ M&A; ▶ Nachfolge/Vermögen/Stiftungen; ▶ Private Equ. u. Vent. Capital; ▶ Steuer; ▶ Unternehmensbez. Versichererberatung. (17 Eq.-Partner, 10 Sal.-Partner, 3 of Counsel, 16 Associates)
Mandate: Siehe Fachkapitel.

OSBORNE CLARKE
Köln

Bewertung: Die in Köln häufig empfohlene Kanzlei hat mit konsequenter Fokussierung auf Industriesektoren u. praxisübergr. Zusammenarbeit ihr Geschäft erfolgreich verbreitert. Einen Schritt nach vorne machte OC innerhalb der Energiebranche, wo ihre Anwälte nun in deutl. mehr Prozessen u. Schiedsverf. auftreten u. bei Unternehmen der erneuerbaren Energien deutliche Zuwächse verzeichneten, wie Neumandantin Chorus Clean belegt. Dabei übernimmt OC das Erfolgsrezept ihrer erfolgreichen Venture-Capital- u. IT-Praxen u. besetzt Schnittstellenthemen. Im Bereich Smart Energy etwa arbeitet die Energierechtspraxis eng mit den IT-Spezialisten zusammen. IT-Kompetenz war auch beim Kauf von Mindmatics Secure Messaging durch die Mandantin Acision gefragt. Beim personellen Ausbau konzentrierte sich die Kanzlei stärker auf ihr junges Hamburger Büro, verstärkte sich aber auch in Köln: IP-Rechtlerin Dr. Andrea Schmoll kam von Baker & McKenzie.
Stärken: Marktführende Vertriebs- u. Venture-Capital-Praxen. Langj. Know-how in der IT-Branche, insbes. mit guten Indienkontakten.
Empfohlen für: ▶ Arbeitsrecht; ▶ Energie; ▶ Gesellsch.recht; ▶ IT; ▶ Kartellrecht; ▶ M&A; ▶ Marken u. Wettbewerb; ▶ Medien; ▶ Private Equ. u. Vent. Capital; ▶ Steuer; ▶ Vergabe; ▶ Vertrieb. (28 Partner, 57 Associates)
Mandate: Siehe Fachkapitel.

RÖDL & PARTNER
Köln

Bewertung: Die geschätzte Kölner MDP-Kanzlei fokussiert sich auf die lfd. Beratung von mittelständ. Unternehmen bei Transaktionen. Gerade bei Deals kann Rödl die Stärke ihres großen internat. Netzwerks eigener Standorte ausspielen. So beriet das Corporate-Team um Dr. Dirk Halm etwa den Maschinenbauer Winkelmann beim Erwerb der Sinus-Gruppe, die über Tochtergesellschaften in Europa u. Nordamerika verfügt. Dass die Kanzlei in der Region verankert ist, beweist sie immer wieder mit der Beratung namh. Mandanten mit Sitz im Rheinland. Zudem werden von Köln aus auch Unternehmen im Ruhrgebiet betreut. Weil die Nachfrage durch westfäl. Mandanten deutl. stieg, eröffnete Rödl jüngst auch ein Büro in Bielefeld. Trad. stark ist die Kanzlei im Bereich Nachfolge sowie bei der Beratung der öffentl. Hand. Bei Letzterer liegt in Köln ein klarer Fokus auf der Betreuung von Stadtwerken.
Stärken: Interdiszipl. Beratung mittelständ. Unternehmen u. der öffentl. Hand.
Empfohlen für: ▶ Gesellsch.recht; ▶ M&A; ▶ Nachfolge/Vermögen/Stiftungen; Steuer. (2 Eq.-Partner, 7 Sal.-Partner, 13 Associates, plus WP/StB)
Mandate: Siehe Fachkapitel.

SEITZ
Köln

Bewertung: Die in Köln häufig empfohlene Kanzlei legt mit Karstadt, Osram u. Bayer eine eindrucksvolle Liste von Mandanten vor, die nur wenige Kanzleien ihrer Größe vorlegen können. Zwar läuft die Akquisition weiter vorwiegend über Namenspartner Seitz, doch für ihre Arbeit für z.B. Karstadt oder dem Carve-out von Osram ernten div. Arbeitsrechtspartner großes Lob von Wettbewerbern. Die Begleitung von Reorganisationen und Sanierungen ist die große Stärke der arbeitsrechtl. Praxis, die mit dem Zugang einer Kliemt & Vollstädt-Partnerin sogar noch ausgebaut wurde. Deutl. selbstbewusster agiert auch die M&A-Praxis, die beim Bayer-Konzern für Mid-Cap-Deals gesetzt ist u. den Verkauf der Verbundwerkstoffsparte begleitete. Ein jüngerer Corporate-Partner arbeitet eng mit der Steuerpraxis um Kröber zusammen, sodass Seitz ähnl. wie die lokale Wettbewerberin CBH erste Mandatserfolge bei der Beratung von Start-ups u. Investoren verzeichnet. Seit Frühjahr 2015 verstärkt ein v.a. auf Restrukturierungsarbeit fokussierter Sal.-Partner von PwC Legal die gesellschaftsrechtl. Praxis.
Stärken: Starke ▶ arbeitsrechtl. Praxis, insbes. im Zshg. mit Umstrukturierungen. Vertragsrechtl. Beratung bekannter Privatpersonen, insbes. Profisportler.
Entwicklungsmöglichkeiten: Um ihren Expansionskurs fortzusetzen, muss Seitz weiter v.a. in Corporate-Praxis investieren. Deren jüngere Partner u. Anwälte aus dem Mittelbau entwickeln derzeit vielversprechendes Geschäft, jedoch bedarf es noch mehr personeller u. fachl. Unterstützung durch die renommierte Arbeitsrechtspraxis, auch als Türöffner bei Mandanten.
Häufig empfohlen: Dr. Stefan Seitz („hervorragend vernetzt, der beste Akquisiteur der Stadt", Wettbewerber), Dr. Thomas Kania („weitsichtiger, kluger, sehr zielorientierter u. stets angenehmer Verhandler", Wettbewerber; beide Arbeitsrecht), Dr. Jörg Heyer, Dr. Wolfgang Schüler (beide Gesellschaftsrecht/M&A), Nils Kröber („beeindruckende, kompetente u. präzise Beratung", Mandant; „hervorrag. Steuerstrafrechtler", Wettbewerber)
Kanzleitätigkeit: Schwerpunkte im Arbeits-, ▶ Steuer- u. ▶ Gesellsch.recht. Letzteres v.a. bei ▶ M&A, Outsourcing u. Umstrukturierungen sowie Prozessführung. Auch ▶ Nachfolge/Vermögen/Stiftungen. Auch kartell- u. zunehmend markenrechtl. Beratung. Bewährte internat. Netzwerkkontakte. Mandantschaft: Industrie, Handel, Dienstleistung, Medien u. Versicherungssektor. Regelm. gehobener Mittelstand u. inhabergeführte Unternehmen. (9 Eq.-Partner, 14 Sal.-Partner, 17 Associates sowie StB/WP)
Mandate: ●● Bayer lfd. u. zu Transaktionen, u.a. Verkauf der Sparte Verbundwerkstoffe; Karstadt bei Sanierung; Osram bei Carve-out; Sony lfd. u. bei Umstrukturierung; Esprit bei Restrukturierung; Gothaer bei dtl.weiter Restrukturierung; Delivery Hero bei Kauf von pizza.de; Intersport beim Ausscheiden von Ex-Vorstand Jost; Insurance Innovation Campus/Axa bei Gründung Joint Venture; Yoursportswear bei Neustrukturierung; Karl-Storz-Gruppe u.a. bei Verrechnungspreisen; Bertsch-Gruppe bei umf. Neustrukturierung; Rewe bei Aufbau des Joint Ventures Gartenliebe; Dual Dtl. bei steuerrechtl. Haftungsverfahren gg. div. Organe.

WIRTZ & KRANEIS
Köln

Bewertung: In Köln empfohlene Kanzlei, die sich v.a. durch ihre kleine, aber lebhafte Prozesspraxis auszeichnet. Nachdem der über mehrere Jahre andauernde Streit zw. der Sparkasse Köln-Bonn u. ihrem Ex-Vorstand seit 2014 beendet ist, hat Litigation-Experte Klein wieder mehr Kapazitäten für Managerhaftungsfälle wie z.B. bei Teldafax. Dank seiner herausragenden Kontakte zu gr. Industrieversicherern ist er regelm. in D&O-Großverfahren eingebunden, zuletzt v.a. im Zshg. mit Insolvenzverschleppung. Die gesellschaftsrechtl. Praxis agierte zwar unauffälliger als im Vorjahr, profitierte jedoch weiterhin von Verweismandaten renommierter Insolvenzverwalter. Gerade Mohr wird immer wieder aufgr. seiner Transaktions- u. Steuerexpertise bei Verkäufen aus Insolvenzen tätig.
Stärken: Prozessvertretung beklagter Organe u. Geschäftsführer. D&O-Deckung.
Häufig empfohlen: Dr. Thomas Klein (Bankrecht/Prozesse), Dr. Randolf Mohr (Gesellschaftsrecht)
Kanzleitätigkeit: Breite zivilrechtl. Aufstellung mit Schwerpunkten im Gesellschafts-, Steuer-, Arbeits- u. ▶ Versicherungsvertragsrecht. Begleitung kleiner u. mittelgr. Transaktionen. Spezialisierung zudem im Bank- u. Kapitalmarktrecht, dort u. in D&O-Haftung Schwerpunkte in Prozessen. Mandantschaft: überwiegend mittelständ. Unternehmen, Insolvenzverwalter, div. überregionale Versicherer, Banken. (7 Partner, 2 Associates, 2 of Counsel)
Mandate: ●● Ehem. Vorstandschef der Sparkasse KölnBonn bei Abwehr Schadensersatz institutioneller u. Privatanleger im Oppenheim-Esch-Fonds u. bei Auseinandersetzung mit dem Bankinstitut; Teldafax-Ex-Vorstand im Zshg. mit Schadensersatzklage des Insolvenzverwalters (alle aus dem Markt bekannt).

Rheinland

BUSSE & MIESSEN
Rheinland

Bewertung: Häufig empfohlene Kanzlei in Bonn, die mit der Vertretung ihres langj. Mandanten Josef Esch u. dessen Gesellschaften bundesw. Beachtung findet. Wie im Vorjahr zeigte B&M eine dyn. Entwicklung: So gelingt es öfter, für ihren stets wachsenden Pool an Mandanten aus den Branchen Bau, Immobilien u. Gesundheit sowie für Franchisegeber umf. tätig zu werden u. Kontakte aus Fachbereichen heraus zu übertragen. Ihre steigende Präsenz bei Kliniktransaktionen (inkl. Due Diligence u. Personalmaßnahmen), die Tätigkeit als ausgelagerte Rechtsabteilung für Vapiano u. die Begleitung div. anderer Franchisegeber im Miet-, Immobilien- u. Arbeitsrecht sind nur einige Bsp. für den Erfolg dieses Modells. Zugleich belegen sie eine gelungene Integration der zahlr. Quereinsteiger der jüngeren Vergangenheit. „Der Generationswechsel scheint hier gelungen", lobt ein Wettbewerber.

Stärken: Enge Verknüpfung von ▶ Priv. Baurecht u. breit angelegter öffentl.-rechtl. Beratung. ▶ Gesundheit, zudem ▶ Franchiserecht.

Häufig empfohlen: Dr. Torsten Arp („ein Allround-Genie", Wettbewerber), Michael Schorn, Wolfgang Miessen (alle Baurecht), Dr. Jan Giesler (Franchiserecht), Michael Nimphius (Öffentl. Recht), Dr. Ingo Pflugmacher („empfehlenswert", Wettbewerber), Matthias Wallhäuser (beide Medizinrecht)

Kanzleitätigkeit: Ausgeprägt Immobilien- u. Baurecht für Träger u. Investoren, zudem Öffentl. Recht, Vergaberecht, Medizin- u. ▶ Krankenhaussowie Arzthaftungsrecht (v.a. in Berlin). ▶ Franchiserecht. Mittelständ. Unternehmen v.a. zu verwaltungsrechtl. Fragen sowie gesellschafts- u. arbeitsrechtlich. Fondsprozesse. (16 Eq.-Partner, 4 Sal.-Partner, 3 Associates)

Mandate: ●● Lfd. Oppenheim-Esch-Gruppe in Prozessen, u.a. im Zshg. mit Deichmann, M. Schickedanz u. W. v. Finck; MAG (u.a. Bau- u. Öffentl. Recht, Projektentwicklung, Transaktionen); baurechtl.: Esch Wohnbau, Artos, Städte Niederkassel, Hennef; Uniklinik Münster als Bieter für die CKT-Kliniken; medizinrechtl. umf.: Rhön-Kliniken, Charité, Cellitinnen-Verbund bei Personalabbau u. Verkauf St.-Anna-Klinik; arbeitsrechtl. lfd. Malteser u. Klinikum Darmstadt; franchiserechtl.: Thomas Sabo, L'Osteria, Vapiano (u. als ausgelagerte Rechtsabteilung).

D H & K
Rheinland

Bewertung: Die in Aachen empfohlene Kanzlei erntet zunehmend die Früchte einer über die Jahre betriebenen Professionalisierung u. strateg. Geschäftsentwicklung. Damit wird sie mehr u. mehr zum zentralen Akteur in der Region. „D h & k hat zuletzt an Präsenz gewonnen", lobt ein Wettbewerber. Zunehmend grenzüberschr. Projekte, die gelungene Erweiterung der Compliance-Beratung auf den Mittelstand oder die Due-Diligence-Beratung des Gesundheitssektors, z.B. für Inoges, zeigen, auf welche Akzeptanz die Kanzlei mittlerw. stößt. Gleichzeitig nahm die Arbeit für Ages bei Ausschreibungen enorm zu. Dabei schöpfen die Anwälte die Möglichkeit der Zusammenarbeit über Praxisgruppen hinweg seit jeher aus. Das führt u.a. auch dazu, dass sie viele Mandanten trad. als ausgelagerte Rechtsabteilung begleitet u. damit für eine wichtige Grundauslastung sorgt.

Stärken: Gesellschafts- u. Arbeitsrecht.

Häufig empfohlen: Dirk Daniel („empfehle ich gerne im Konfliktfall", Wettbewerber), Carsten Lange („guter Insolvenzrechtler", Wettbewerber), Christoph Schmitz-Schunken (alle Gesellschaftsrecht), Thomas Hagelskamp (Baurecht), Dr. Dirk Brust (Arbeitsrecht)

Kanzleitätigkeit: Full-Service-Ansatz, tlw. als externe Rechtsabteilung; Gesellschaftsrecht/M&A, Arbeitsrecht, Gewerbl. Rechtsschutz/IT. Auch Bank- u. Steuerrecht (zudem Koop. mit WP-Ges.), Bau- u. Medizinrecht. (11 Eq.-Partner, 1 Sal.-Partner, 8 Associates)

Mandate: ●● Ages umf. zu einheitl. EU- u. Pkw-Maut in Dtl.; Talbot Services bei Koop. mit Street Scooter; Peakwork zu Netzwerkverträgen; Inoges bei Due Diligence für Klinikkauf; lfd. Aktiva, Quip (auch M&A), Zentis (inkl. Compliance), Uniklinik Aachen (u.a. zu Koop. mit gemeinnützigem Krankenhausträger), Vodafone (v.a. Baurecht), Aixhibit, Kohl Automobile, Hutchinson (v.a. Arbeits- u. Immobilienrecht).

EIMER HEUSCHMID MEHLE UND KOLLEGEN
Rheinland

Bewertung: Eine in Bonn geschätzte Kanzlei, deren Expertise in zahlr. Spezialgebieten zu einem insges. runden Angebot führt. Im Vergleich zu Wettbewerbern der Region hat dies ein eher kleinteiliges Geschäft zur Folge. Sehr angesehen ist sie für ihre aktive u. bei Kommunen wie zunehmend auch Ärzten u. Insolvenzverwaltern in der Region exzellent vernetzte Strafrechtspraxis. Allerdings sorgte ihre Rolle im strafrechtl. inzw. beendeten WCCB-Verf. zuletzt für viel Diskussionsstoff. Zwar ist sie weniger in der wirtschaftsrechtl. Beratung von dt. Unternehmen sichtbar, aber über Kontakte in das Avrio-Kanzleinetzwerk stärker in internat. Mandate eingebunden, als viele Wettbewerber vermuten. Bspw. vertritt sie ausl. Unternehmen in vertragsrechtl. Streitigkeiten. Folgerichtig verstärkte sie den Bereich Gesellschaftsrecht mit einer Berufseinsteigerin.

Stärken: Wirtschaftsstrafrecht.

Entwicklungsmöglichkeiten: EHM tut sich weiter schwer, ein klares wirtschaftsrechtl. Profil zu entwickeln. Vielversprechend erscheinen die Bemühungen, Mandanten umf. zu beraten u. darüber eine Basis für die lfd. wirtschaftsrechtl. Beratung aufzubauen. Anknüpfungspunkte ergaben sich zuletzt personell mit einem erfahrenen Associate verstärkten Baurecht (von kleiner Kölner Kanzlei) sowie im Familien- u. Erbrecht für die Corporate-Praxis bzw. bei der Beratung von Geschäftsführern zu Haftungsfragen im Gesellschafts- u. Strafrecht. Allerdings sind Wettbewerber wie Busse & Miessen oder d h & k ihr schon deutlich voraus.

Häufig empfohlen: Prof. Dr. Volkmar Mehle, Dr. Stefan Hiebl, Nils Kassebohm (alle Strafrecht)

Kanzleitätigkeit: Breit angelegte Beratung. Schwerpunkte: Allg. Wirtschafts- u. Strafrecht, Nachfolgeberatung u. Erbrecht. Zudem Bau- u. Mietrecht, Marken- u. Wettbewerbsrecht. Betreuung von IT-Unternehmen u. in gr. Umfang von Sportlern. Langj. etablierte Beziehung zum internat. Avrio-Netzwerk. (12 Partner, 8 Associates)

Mandate: ●● Lfd. Betaklinik (u.a. Gesellschafts-, Medizin-, Mietrecht); Arno Hübner im WCCB-Prozess; Mitarbeiter der Stadt Köln im Strafverfahren zum Einsturz des Kölner Stadtarchivs; Hausverwaltung bei Durchsetzung von Ansprüchen gg. Ex-Gesellschafter; Geschäftsführer bei Abwehr von Ansprüchen eines Insolvenzverwalters; niederl. Unternehmen bei Aufhebung des Vertrags mit dem Geschäftsführer der dt. Tochter.

FLICK GOCKE SCHAUMBURG
Rheinland

Bewertung: Eine in Bonn führende Sozietät, die im Steuer-, Steuerstraf- u. Gesellschaftsrecht in einer eigenen Liga in der Stadt spielt, gerade weil sie traditionell nicht für Bonner, sondern für bundesw.

RHEINLAND

Flick Gocke Schaumburg	Bonn
Redeker Sellner Dahs	Bonn
Busse & Miessen	Bonn
Meilicke Hoffmann & Partner	Bonn
Schmitz Knoth	Bonn
d h & k	Aachen
Gobbers & Denk	Krefeld
Meyer-Köring	Bonn
Stein & Partner	Aachen
Eimer Heuschmid Mehle und Kollegen	Bonn

Die hier getroffene Auswahl der Kanzleien ist das Ergebnis der auf zahlreichen Interviews basierenden Recherche der JUVE-Redaktion (s. Einleitung S. 20). Sie ist in 2erlei Hinsicht subjektiv: Sämtliche Aussagen der von JUVE-Redakteuren befragten Quellen sind subjektiv u. spiegeln deren eigene Wahrnehmungen, Erfahrungen u. Einschätzungen wider. Die Rechercheergebnisse werden von der JUVE-Redaktion unter Einbeziehung ihrer eigenen Marktkenntnis analysiert u. zusammengefasst. Der JUVE Verlag beabsichtigt mit dieser Tabelle keine allgemein gültige oder objektiv nachprüfbare Bewertung. Es ist möglich, dass eine andere Recherchemethode zu anderen Ergebnissen führen würde. Innerhalb der einzelnen Gruppen sind die Kanzleien alphabetisch geordnet.

● Referenzmandate, umschrieben
●● Referenzmandate, namentlich

Anwaltszahlen: Angaben der Kanzleien zur Bürogröße vor Ort. Sie spiegeln nicht zwingend die Gesamtgröße einer Kanzlei wider.

Geschäft steht. Besonders dynamisch entwickelt sich an ihrem Stammsitz seit einigen Jahren das Gesellschaftsrecht. Mit Prof. Dr. Stefan Simon hat sie eine der herausragenden Berater für Organberatung in ihren Reihen. Er steht mit seinem Team über traditionelle Industrien hinaus nun auch mehr u. mehr für den Trend zur Corporate-Compliance-Beratung im Banken- und Versicherungssektor. Daneben gehört sie von Bonn aus zu den dominierenden Kanzleien in der Beratung von Umstrukturierungen im Energiesektor. Der Fokus in puncto Kanzleientwicklung liegt derzeit jedoch nicht unmittelbar in Bonn, sondern im Ausbau des neuen Büros in Hamburg sowie der Internationalisierung des kanzleiweiten Steuerbereichs. Hier steht bei FGS mit dem Beitritt zum Taxand-Netzwerk (voraussichtl. zum Jahreswechsel 2015/16) ein sehr wichtiger Entwicklungsschritt bevor.
Stärken: Auch bundesweit führende Steuerpraxis.
Empfohlen für: ▶Arbeitsrecht; ▶Gesellsch.recht; ▶M&A; ▶Nachfolge/Vermögen/Stiftungen; ▶Steuer; ▶Steuerstrafrecht. (26 Eq.-Partner, 22 Sal.-Partner, 60 Associates, 2 of Counsel (insges. rund 185 Berufsträger inkl. StB/WP))
Mandate: Siehe Fachkapitel.

Führende Namen im Rheinland (ohne Köln und Düsseldorf)

Dr. Nicolai Besgen (Meyer-Köring, Bonn)	▶Arbeitsrecht
Walter Eßer (Eßer, Aachen)	Gesellschaftsrecht, M&A
Dr. Dieter Gobbers (Gobbers & Denk, Krefeld)	▶Gesellschaftsrecht
Dr. Otfried Guillaume (Sina Maassen, Aachen)	Handel und Haftung
Dr. Thomas Heidel (Meilicke Hoffmann & Partner, Bonn)	▶Gesellschaftsrecht
Dr. Stefan Hiebl (Eimer Heuschmid Mehle und Kollegen, Bonn)	Wirtschaftsstrafrecht
Gernot Lehr (Redeker Sellner Dahs, Bonn)	Presse- und Äußerungsrecht
Dr. Jürgen Lüders (Redeker Sellner Dahs, Bonn)	▶Gesellschaftsrecht
Prof. Dr. Thomas Rödder (Flick Gocke Schaumburg, Bonn)	Steuerrecht
Dr. Edgar Stein (Stein & Partner, Aachen)	Gesellschaftsrecht

Die hier getroffene Auswahl der Personen ist das Ergebnis der auf zahlreichen Interviews basierenden Recherche der JUVE-Redaktion (siehe S. 20). Sie ist in 2erlei Hinsicht subjektiv: Sämtliche Aussagen der von JUVE-Redakteuren befragten Quellen sind subjektiv u. spiegeln deren eigene Wahrnehmungen, Erfahrungen u. Einschätzungen wider. Die Rechercheergebnisse wurden von JUVE-Redakteuren unter Einbeziehung ihrer eigenen Marktkenntnis analysiert u. zusammengefasst. Der JUVE Verlag beabsichtigt mit dieser Tabelle keine allgemein gültige oder objektiv nachprüfbare Bewertung. Es ist möglich, dass eine andere Recherchemethode zu anderen Ergebnissen führen würde.

GOBBERS & DENK
Rheinland ☐☐☐☐

Bewertung: Die empfohlene Kanzlei in Krefeld genießt weiterhin einen starken Ruf in der Transaktionsberatung von Family Offices u. meist familiengeführten, z.T. namh. Mittelständlern. Letztere begleitete sie verstärkt bei Unternehmensverkäufen, häufig vor dem Hintergrund einer Nachfolgeregelung u. inkl. erbrechtl. Fragen. Aufgr. des volatilen Wertpapiermarktes vertrauten in der Folge viele Ex-Unternehmer der Kanzlei bei ihren Reinvestitionen: G&D strukturierte einige Beteiligungsgesellschaften u. beriet anschl. bei Investitionen in Familienunternehmen.
Stärken: ▶Gesellsch.recht/M&A; lfd. Beratung vermögender Familien.
Häufig empfohlen: Dr. Dieter Gobbers (Gesellschaftsrecht/M&A)
Kanzleitätigkeit: Kerngeschäft: M&A, auch grenzüberschr., Erbrecht (v.a. Verkauf bei Nachfolgeregelung). Dazu kapitalmarktrechtl. u. finanzierungsbezogene Beratung bei HVen, Restrukturierungen u. Transaktionen. Lfd. Banken, Stiftungen, bundesweit tätige Unternehmen, Finanzdienstleistungen, EDV, Automobilzulieferer, Energie, Maschinen-, Anlagenbau, Textil, Kunststoff, neue Energien, Kraftwerkhersteller. Vorstände u. Geschäftsführer. (1 Eq.-Partner, 1 Sal.-Partner, 2 Associates, 1 of Counsel)
Mandate: ●● Öffentl. bekannt: langj. für Fam. Quandt; langj. für Delton; Aufsichtsratsvorsitz bei Equiton.

MEILICKE HOFFMANN & PARTNER
Rheinland ☐☐☐☐

Bewertung: Die häufig empfohlene Kanzlei in Bonn berät traditionell an der Schnittstelle Steuer- u. Gesellschaftsrecht. Beide Bereiche entwickeln sich v.a. durch die verstärkte Mitwirkung einer jüngeren Anwaltsgeneration deutl. dynamischer als in den Vorjahren. Besonders spürbar ist dies im Gesellschaftsrecht, dem mit Abstand wichtigsten Rechtsgebiet bei MHP: Das von dem bekannten Aktienrechtler Heidel geprägte Geschäft, das in der Beratung von substanziellen Minderheitsaktionären seit Jahren ein bundesw. bekanntes Aushängeschild der Kanzlei ist, erfuhr nochmals einen Schub. Beispielhaft steht hierfür die Beratung eines lateinamerikan. Investors beim Einstieg u. stetiger Aufstockung seines Anteils an der börsennotierten IFA Hotel & Touristik. Hier wie in anderen Mandaten profitierten das quantitativ u. v.a. qualitativ gewachsene Team vom Ruf Heidels als Experte für streitige Auseinandersetzungen in Kapitalgesellschaften. Im Steuerrecht berät die Praxis nun auf einer breiteren Basis: Über das Unternehmensteuerrecht hinaus spielen Spezialsteuern u. FG-Verfahren eine wichtigere Rolle.
Stärken: ▶Gesellsch.recht (u.a. Minderheitsaktionäre), ▶Gesellschaftsrechtl. Streitigk., internat. ▶Steuerrecht, ▶Nachfolge/Vermögen/Stiftungen.
Häufig empfohlen: Dr. Thomas Heidel, Dr. Jürgen Hoffmann (beide Gesellschaftsrecht), Dr. Wienand Meilicke (Steuerrecht)
Kanzleitätigkeit: Beratung u. Vertretung von Mittelständlern, vermög. Privatpersonen/Unternehmern, Stiftungen u. Minderheitsaktionären v.a. im Aktien-, M&A/Gesellschafts-, Steuer- sowie Bank- u. Kapitalmarktrecht. Prozesse/Schiedsverfahren, zudem: Arbeits- u. internat. Vertragsrecht/Gewerbl. Rechtsschutz. (11 Eq.-Partner, 1 Sal.-Partner, 1 Associate)
Mandate: ●● Easy Software bei Schadensersatzprozess gg. ehem. Vorstands- u. Aufsichtsratsmitglieder; Esch-Fondsgesellschaft bei Prozess gg. Deichmann; ausl. Investor bei Einstieg u. Aufstockung seines Anteils an der IFA Hotel & Touristik AG; lfd./u. Beratung (u.a. bei Gesellschafterstreit Meilicke gg. Blumers) Falke, Ideal Standard, Miele, Time Magazine Europe, TNT, Blacksmith Fund.

MEYER-KÖRING
Rheinland ☐☐☐☐

Bewertung: Die in Bonn empfohlene Kanzlei zeigt sich nach Weggängen 2er größerer Teams mit Fokus auf Krankenhaus- u. Franchisegeberberatung im Vorjahr nun personell stabil u. wächst in ihren etablierten Stärken. Neben der trad. an der Schnittstelle zum Steuerrecht tätigen Gesellschaftsrechts- u. ihrer anerkannten Arbeitsrechtspraxis fragten Mandanten u.a. infolge des Erbschaftsteuerrechtsurteils die Beratung in Nachfolgefragen stärker nach. Dabei vertrauen viele gemeinnützige Organisationen auf die Kanzlei, darunter neu auch Don Bosco Mondo, für die sie innovative Fundraising-Strukturen entwickelt. Daneben fiel die bisher v.a. forensisch visible Bankrechtspraxis mit aufsichtsrechtl. u. Finanzierungsberatung auf – Bereiche, die nicht viele Wettbewerber vor Ort so spezialisiert anbieten. Insgesamt fokussiert sich die Kanzlei nach den mehr oder weniger langen Gastspielen von Quereinsteigern nun stärker auf organisches Wachstum, denn eine partnerzentrierte Beratung soll weiterhin ein Charakteristikum bleiben. Ein Baustein dafür ist die 2014 eingeführte 2. Partnerstufe, auf der derzeit eine Arbeitsrechtlerin tätig ist. Vielversprechend ist auch, dass zuletzt verstärkt qualifizierte Nachwuchsjuristen, etwa von Redeker (Erbrecht/Nachfolge), den Weg in die Kanzlei fanden sowie selbst ausgebildete Referendare übernommen wurden.
Stärken: Nachfolge/Vermögen/Stiftungen, ▶Arbeitsrecht.
Häufig empfohlen: Dr. Nicolai Besgen („angenehm als Arbeitsrechtler auf der Gegenseite", Wettbewerber), Andreas Jahn (Steuerrecht), Rainer Bosch (Familienrecht)
Kanzleitätigkeit: Schwerpunkte: Arbeits- u. Krankenhausrecht, Gesellschaftsrecht, insbes. an der Schnittstelle zu Steuern, auch Steuerstrafrecht. Mit dem Berliner Büro: ausl. Institutionen u. vermögende Privatpersonen u.a. bei Stiftungsgründungen, Medizinrecht. Zudem: Bank- u. Kapitalmarktrecht, Wettbewerbsrecht, Familien- u. Erbrecht. (13 Eq.-Partner, 1 Sal.-Partner, 9 Associates, 1 of Counsel)
Mandate: ●● Jörg Weiland bei Verkauf der Park Studios Potsdam; umf. Rehasan (inkl. Transaktionen); arbeitsrechtl. Toys'R'Us, Stadtwerke Bonn, Postbank, Stadt Bonn (öffentl. bekannt); div. MVZ-Gründungen; Gastronomiefranchisesystem bei Konsortialkreditänderungen u. aufsichtsrechtl. zu Gutscheinkarte; Qualitätssicherungssystem des dt. Lebensmitteleinzelhandels bankaufsichtsrechtl. zu Abwicklung von Zahlungsströmen; Bundesanstalt für Post u. Telekommunikation in BVerwG-Verf. um Erstattung von Versicherungsbeiträgen für Ex-Beamte; dt. Großbank bundesw. in Anlegerschutzprozessen (v.a. geschl. Fonds); Don Bosco Mondo zu Nachlassabwicklung u. Fundraising; lfd. kirchl. u. gemeinnützige Einrichtungen; arbeitsrechtl. Vertretung von Führungskräften u. ltd. Angestellten.

REDEKER SELLNER DAHS
Rheinland ☐☐☐☐

Bewertung: Eine in Bonn führende Kanzlei, die mit der Vertretung von Josef Esch im Sal.-Oppenheim-Komplex, der Verhinderung der Apothekenpflicht von E-Zigaretten u. der Betreuung div. Kraftwerksneubauten bewies, mit welch hohem fachl. Renommee einige Partner aus ihren Reihen agieren. Doch gerade das Bonner Büro auf ihre bundesweit besonders anerkannten Praxen wie Straf-, Öffentl. Recht, Medien- oder Baurecht zu reduzieren, greift zu kurz – auch wenn Letzteres mit der internen Ernennung von 2 Vollpartnern u. einem Counsel vor Ort bemerkenswert gestärkt wurde. Vielmehr verfügt sie auch über eine zunehmend visible Corporate-Praxis, die zuletzt von einem insges. anziehenden M&A-Geschäft profitierte. Insbes. ihren Marktanteil bei (meist) internat. Deals bis €50 Mio baute das Team stark aus. Die Ende 2014 institutionalisierte Zusammenarbeit mit der brit. Kanzlei Bond Dickinson soll dabei helfen, die Beratung insges. zu internationalisieren – ein überfälliger Schritt. Im Auge hat Redeker dabei nicht nur Transaktionen, sondern u.a. auch das grenzüberschr. Strafrecht.

Stärken: Starker Ruf im Öffentl. Recht u. Wirtschaftsstrafrecht.
Empfohlen für: ▶Gesellsch.recht; ▶M&A u. Nachfolgeberatung; ▶Medien; ▶Presse; ▶Priv. Baurecht (auch Projektentwicklung, ▶Projekte/Anlagenbau; ▶Produkt u. Abfall; ▶Umwelt u. Planung; ▶Verfassungs- u. Verwaltungsrecht; ▶Vergabe; ▶Verkehr; ▶Wirtschaftsstrafrecht; ▶Kartellrecht. (28 Eq.-Partner, 5 Sal.-Partner, 7 Counsel, 17 Associates, 2 of Counsel)
Mandate: Siehe Fachkapitel.

SCHMITZ KNOTH
Rheinland
Bewertung: SK bleibt mit ihrem starken Corporate-Team u. einer trad. bemerkenswert internat. Mandantenstruktur eine häufig empfohlene Kanzlei in Bonn. Ähnl. wie ihre Aachener Wettbewerberin d h & k berät sie zudem mehr u. mehr Mittelständler beim Aufsetzen von Compliance-Strukturen, v.a. im Pharma- u. Biotechbereich. Dass sie mit dieser Aufstellung auch für Unternehmen außerhalb der Region eine Alternative ist, z.B. für Cinfa Biotech, unterstreicht ihren Erfolg. Die Mandantenbasis lfd. zu erweitern ist auch im Hinblick auf ein mögliches Risiko der weiterhin sehr umfangr. Arbeit für Solarworld notwendig. Allerdings trägt die prominente Dauermandantin zur stärkeren Visibilität der Kanzlei bei. So vertraut sie neu ein Produktionsunternehmen SK aufgr. ihrer Erfahrung mit Restrukturierungen bei einem Debt-Equity-Swap – ein Mandat, das sonst v.a. in Großkanzleien zu finden ist.
Stärken: Breit angelegte Beratung mit Akzenten im Gesellschafts- u. Aktienrecht.
Häufig empfohlen: Dr. Michael Wüllrich (Gewerbl. Rechtsschutz), Dr. Claus Recktenwald („besitzt große Expertise", Wettbewerber) Dr. Guido Plassmeier („schnell u. kompetent", Wettbewerber; beide Gesellschaftsrecht)
Kanzleitätigkeit: Dt. u. internat. Gesellschafts- u. Handelsrecht; Priv. Bau-, Architekten- u. Immobilienrecht, Bank- u. Versicherungsrecht, Arbeitsrecht. Hohes Engagement bei Non-Profit-Organisationen, internat. Mandanten etwa aus Holland u. den USA. Nachfolge, Presse- u. Urheberrecht. IP- u. Lizenzrecht sowie Compliance. (9 Eq.-Partner, 1 Sal.-Partner, 1 Counsel, 16 Associates)
Mandate: ●● Solarworld u.a. bei Verschmelzung 2er Produktionsuntern. in Freiberg u. weiterem Kauf von Bosch Solar; Cinfa Biotech bei Aufbau einer dt. Gesellschaft; Action Group v.a. arbeits- u. mietrechtl.; ExOne bei Expansion nach Italien u. Russland; Produktionskonzern bei Restrukturierung (inkl. Debt-Equity-Swap); internat. Pharmakonzern beim Aufbau eines Compliance-Systems; Postbank u. Zurich in Prozessen; Eva-Maria Zwiebler im WCCB-Prozess; lfd. Bonner Generalanzeiger presserechtl., insbes. zu WCCB-Skandal.

STEIN & PARTNER
Rheinland
Bewertung: Die Einheit zählt v.a. dank ihrer angesehenen u. zuletzt noch stärker internat. ausgerichteten Corporate-Praxis zu den empfohlenen Kanzleien in Aachen. Kennzeichnend ist ein großer Stamm treuer Mittelständler, aber auch neue Mandanten vertrauen der Kompetenz von S&P, wie eine Beteiligungsgesellschaft bei einem Share-Deal in den USA. Zudem gelang es, vermehrt im Bau- u. Zivilrecht für öffentl. Auftraggeber tätig zu werden, darunter Versorger, aber auch die Arbeit für Stammmandantin RWTH u. in deren Umfeld wurde noch einmal signifikant ausgeweitet. Daneben gewann die als strateg. Wachstumsbereich ausgemachte Insolvenzrechtspraxis weiter an Boden u. begleitete etwa eine Unternehmensberatung im Zshg. mit den Forderungen eines Insolvenzverwalters. Eine trad. Stärke hat die Kanzlei weiterhin in der Beratung von med. u. sozialen Einrichtungen.
Stärken: Gesellschaftsrecht, Baurecht.
Häufig empfohlen: Dr. Edgar Stein („präsent in der Region", Wettbewerber), Thomas Schmitz (beide Gesellschaftsrecht), Dr. Frank Neuß (u.a. Wirtschaftsstrafrecht), Hans-Peter Girkens, Dr. Alexander Martius (beide Baurecht)
Kanzleitätigkeit: Kernkompetenzen: Gesellschaftsrecht/M&A (auch internat.), ergänzend Steuer- u. (kirchl.) Stiftungsrecht. Priv. u. Immobilienrecht, Arbeitsrecht. Auch: Medizin-, Straf- u. Öffentl. Recht. Insolvenzrecht. (10 Eq.-Partner, 5 Sal.-Partner, 3 Associates)
Mandate: ●● RWTH Aachen vergabe- u. zivilrechtl.; MZ AC arbeitsrechtl. bei Umstrukturierung; Aachener Reitturnier bei Vergleich mit Chio-Ex-Vermarkter; DÄGfA vereinsrechtl. zu belg. Recht; Gecko Consulting bei Krankenhausgründung in Russland; Hans-von-Mangoldt-Ges. zu Joint Venture in Taiwan; Medizintechnikuntern./Investor bei MBO mit Kauf von US-Mutterkonzern; Beteiligungsges. bei Kauf in den USA; Unternehmerfamilie bei Kriegsbeuterestitution eines Mercedes (€5 Mio); Unternehmensberatung wg. Forderungen eines Insolvenzverwalters; lfd. baurechtl. div. Bauträger, Architekturbüros, Projektplaner.

Rheinische Kanzleien mit Besprechung nur in Rechtsgebieten (ohne Köln und Düsseldorf)

Becker & Müller (Ratingen)	Patent
Boesen (Bonn)	Vergabe
Dolde Mayen & Partner (Bonn)	Energie ▶Telekommunikation ▶Vergabe ▶ÖPP ▶Umwelt u. Planung ▶Verkehr ▶Verfassungs- u. Verwaltungsrecht
Görg (Wuppertal)	Insolvenzverwaltung
GTW Rechtsanwälte (Krefeld)	Priv. Baurecht
Kapellmann und Partner (Mönchengladbach)	Kartellrecht ▶Priv. Baurecht ▶Projekte/Anlagenbau ▶ÖPP ▶Vergabe
Krell Weyland Grube (Gummersbach)	Lebensmittel
LADM Liesegang Aymans Decker Mittelstaedt & Partner (Wuppertal)	Vertrieb
Lippert Stachow & Partner (Bergisch Gladbach)	Patent
LTS Rechtsanwälte Wirtschaftsprüfer Steuerberater (Herford)	Steuer
Müller Fottner Steinecke (Jülich)	Patent
Niering Stock Tömp (Aachen, Krefeld)	Insolvenzverwaltung
Oppler Hering (Unkel/Rhein)	Vergabe
Pauly & Partner (Bonn)	Arbeitsrecht
Runkel Schneider Weber (Wuppertal)	Insolvenzverwaltung
Sträter (Bonn)	Gesundheit
WeitbrechtLaw (Bonn)	Kartellrecht

Die hier getroffene Auswahl der Kanzleien ist das Ergebnis der auf zahlreichen Interviews basierenden Recherche der JUVE-Redaktion (siehe S. 20). Sie ist in 2erlei Hinsicht subjektiv: Sämtliche Aussagen der von JUVE-Redakteuren befragten Quellen sind subjektiv u. spiegeln deren eigene Wahrnehmungen, Erfahrungen u. Einschätzungen wider. Die Rechercheergebnisse werden von der JUVE-Redaktion unter Einbeziehung ihrer eigenen Marktkenntnis analysiert u. zusammengefasst. Der JUVE Verlag beabsichtigt mit dieser Tabelle keine allgemein gültige oder objektiv nachprüfbare Bewertung. Es ist möglich, dass eine andere Recherchemethode zu anderen Ergebnissen führen würde.

● Referenzmandate, umschrieben
●● Referenzmandate, namentlich

Anwaltszahlen: Angaben der Kanzleien zur Bürogröße vor Ort. Sie spiegeln nicht zwingend die Gesamtgröße einer Kanzlei wider.

Ruhrgebiet/Westfalen

ADERHOLD
Ruhrgebiet/Westfalen

Bewertung: Die überörtl. Kanzlei mit Stammsitz in Dortmund zählt zu den führenden Einheiten im Ruhrgebiet. Obwohl sie über langj. Kontakte zu Dortmunder Mandanten wie KiK u. Tedi verfügt, ist sie deutl. überregionaler tätig als etwa ihre örtl. Wettbewerberin Spieker & Jaeger. Das liegt auch daran, dass die einzelnen Büros zunehmend Synergien heben. Zu den wesentl. Säulen des Dortmunder Büros gehört die Gesellschaftsrechtspraxis um Namenspartner Aderhold, die zuletzt z.B. die Regionalbus Leipzig GmbH bei einer Umstrukturierung beriet. Zweites wichtiges Standbein ist das Bankrecht, wo das Team um Lehleiter zuletzt eine Reihe von Banken u. Sparkassen als neue Mandanten gewann. Der derzeit boomende Immobilienmarkt verlieh der ohnehin guten Entwicklung des Notariats noch einen zusätzl. Schub. Um auch personell Schritt zu halten, hat Aderhold den Bereich mit einem intern zum Vollpartner ernannten Gesellschaftsrechtler auf nun 3 Amtsträger aufgestockt.

Stärken: Bundesweit tätiges Team im Bank- u. Finanzrecht, sehr angesehene Schiedsrechtspraxis, Sanierungsberatung.

Entwicklungsmöglichkeiten: Obwohl die standortübergreifende Arbeit in den vergangenen Jahren spürbar zugenommen hat, ist das Potenzial der Kanzlei noch nicht ausgeschöpft. Das zeigen auch die jüngsten Mandatszugewinne im (Immobilien-)Notariat, die dazu führten, dass die Zusammenarbeit zwischen der örtl. Gesellschaftsrechtspraxis u. den Bankrechtlern in München noch intensiver wurde.

Häufig empfohlen: Prof. Dr. Lutz Aderhold („hoch angesehen u. gut im Geschäft", Wettbewerber; Gesellschaftsrecht, Schiedsverfahren), Jürgen Schemann (Aktien- u. Kapitalmarktrecht), Dr. Gunther Lehleiter („zuverlässig, lösungsorientiert, pragmatisch", Mandant; Bankrecht), Dr. Wolfgang Nockelmann („sehr guter Anwalt", Wettbewerber; Gesellschaftsrecht)

Kanzleitätigkeit: Schwerpunkt im ▶Gesellsch. recht (inkl. Finanzierungsfragen), zudem in Restrukturierungs- u. Sanierungsberatung. Weniger M&A, dafür bundesw. Prozessführung (▶Handel u. Haftung) im Bankenbereich, auch für gesellschaftsrechtl. Schiedsverfahren u. Prozessen. Gr. Engagement im ▶Bank- u. Bankaufsichtsrecht. Mandanten: gehobener regionaler Mittelstand, auch viele überreg. Mandanten. (8 Eq.-Partner (davon 3 Notare), 2 Sal.-Partner, 5 Associates, 2 of Counsel)

Mandate: ●● Gesellschaftsrecht: Borussia Dortmund bei Kapitalerhöhung u. lfd., Hahn-Immobilienbeteiligung u.a. bei Delisting, Dax-Konzerntochter in DIS-Schiedsverf., lfd.: GBK Beteiligungen, Schumag; Notariat: Borussia Dortmund (HV), Signal Iduna; Bankrecht: Verpackungshersteller, Kuratorium, Anbieter von Geflügelprodukten bei Finanzierungen, lfd. Gartenbauunternehmen, div. Banken u. Sparkassen.

ALPMANN FRÖHLICH
Ruhrgebiet/Westfalen

Bewertung: Die geschätzte Kanzlei gehört zu den festen Größen in Westfalen. Zuletzt zeigte sich AF gewohnt stabil. Traditionell stark ist sie in der Rundumbetreuung mittelständ. Unternehmen. Zu den Umsatztreibern gehören dabei in erster Linie das Handels- u. Gesellschaftsrecht sowie das Notariat. Hier hat AF den Engpass nach dem altersbedingten Ausscheiden zweier Amtsträger gut verkraftet, indem sie den Bereich mit jüngeren Anwälten personell stärkte. Das führt mittlerw. auch wieder zu mehr lfd. Beratungsgeschäft. Eine weitere wichtige Säule des Stammgeschäfts bildet außerdem das Insolvenzrecht, wo größere Verfahren zuletzt allerdings nicht anstanden. Neben dem Mittelstand beraten die 3 AF-Büros auch eine Reihe in der Region ansässiger Konzerne – immer häufiger mit internat. Bezügen. Weil die Markenrechtspraxis ihre positive Entwicklung der Vorjahre fortsetzen konnte, betreut die Kanzlei mittlerw. nennenswerte Markenportfolios für ihre Mandantschaft.

Stärken: Gesellschaftsrecht, auch internat., insbes. an der Schnittstelle zum niederl. Recht; Insolvenzverwaltung.

Kanzleitätigkeit: Umf. Beratung v.a. im Gesellschaftsrecht (Umstrukturierungen u. Transaktionen bis ca. €50 Mio inkl. notarieller Begleitung), auch zu Nachfolgefragen (mit spezialisiertem Erbrecht); zudem Handels-, Bau-, Arbeits- u. Verwaltungsrecht. Außerdem Gewerbl. Rechtsschutz sowie Steuerstrafrecht. Begleitung der internat. Tätigkeit der Mandanten, v.a. in den Niederlanden, Osteuropa u. China. Insolvenzverwaltung, in kleinerem Umfang auch insolvenznahe Beratung für Unternehmen u. Gläubiger. Mandantschaft v.a. gehobener Mittelstand aus Westfalen, auch Banken, Kommunen u. einige Großunternehmen. (24 Eq.-Partner, 3 Sal.-Partner, 15 Associates)

Mandate: ● Gr. Familienunternehmen bei gesellschaftsrechtl. Umstrukturierung u. Joint Ventures; Fahrzeugbauer gesellschaftsrechtl. (zunehmend mit Auslandsbezug) u. markenrechtl.; lfd. engl. Freizeitparkunternehmen.

AULINGER
Ruhrgebiet/Westfalen

Bewertung: Die Kanzlei gehört im Ruhgebiet zu den führenden u. seit Jahren zur Marktspitze. Das liegt v.a. an ihrer starken Gesellschaftsrechtspraxis – dem Herzstück der Kanzlei. Während in den Vorjahren v.a. Spezialbereiche wie Kartellrecht auch für überregionale Visibilität gesorgt haben, verschafft sie sich nun auch durch das Gesellschaftsrecht immer mehr Beachtung über die Region hinaus. Insbes. große u. namh. Mittelständler, die bisher auf Großkanzleien vertrauten, kommen nun zu Aulinger. Eine Besonderheit ist die Schnittstelle zum Gemeindewirtschaftsrecht, wo v.a. Kommunen u. Stadtwerke zum Mandantenkreis zählen. Doch mit diesem Status gibt sich Aulinger nicht zufrieden: Sie erweitert kontinuierlich ihren Mandantenkreis, zuletzt kam etwa Regionalgas Euskirchen hinzu. Große Konzerne wie BP u. Dt. Annington setzen in erster Linie auf die notarielle Kompetenz, ebenso wie einer der zentralen Mandanten Gelsenwasser. Das vergaberechtl. Mandat kam nun über Dr. Nicola Ohrtmann, die im Frühjahr von Bird & Bird wechselte. Sie hat zudem einen Schwerpunkt in der Compliance-Beratung öffentl.-rechtl. Unternehmen – einem Bereich, der

---

RUHRGEBIET/WESTFALEN

Aulinger	Bochum, Essen
Kümmerlein	Essen
Aderhold	Dortmund
Grüter	Duisburg
Schmidt von der Osten & Huber	Essen
Spieker & Jaeger	Dortmund
Brandi	Bielefeld, Paderborn, Gütersloh, Detmold, Minden
Luther	Essen
Streitbörger Speckmann	Bielefeld, Hamm
Harnischmacher Löer Wensing	Münster
PKF Fasselt Schlage	Duisburg
Schlüter Graf	Dortmund
Alpmann Fröhlich	Münster, Emsdetten, Rheine
Horlitz Keith & Partner	Essen
LTS Rechtsanwälte Wirtschaftsprüfer Steuerberater	Herford, Gütersloh

Die hier getroffene Auswahl der Kanzleien ist das Ergebnis der auf zahlreichen Interviews basierenden Recherche der JUVE-Redaktion (s. Einleitung S. 20). Sie ist in 2erlei Hinsicht subjektiv: Sämtliche Aussagen der von JUVE-Redakteuren befragten Quellen sind subjektiv u. spiegeln deren eigene Wahrnehmungen, Erfahrungen u. Einschätzungen wider. Die Rechercheergebnisse werden von der JUVE-Redaktion unter Einbeziehung ihrer eigenen Marktkenntnis analysiert u. zusammengefasst. Der JUVE Verlag beabsichtigt mit dieser Tabelle keine allgemein gültige oder objektiv nachprüfbare Bewertung. Es ist möglich, dass eine andere Recherchemethode zu anderen Ergebnissen führen würde. Innerhalb der einzelnen Gruppen sind die Kanzleien alphabetisch geordnet.

● Referenzmandate, umschrieben
●● Referenzmandate, namentlich

Anwaltszahlen: Angaben der Kanzleien zur Bürogröße vor Ort. Sie spiegeln nicht zwingend die Gesamtgröße einer Kanzlei wider.

REGION WESTEN RUHRGEBIET/WESTFALEN

sich gut eignet, um Synergien zwischen einzelnen Praxisgruppen zu heben. Die Kartellrechtler sind bundesweit in einigen prominenten Verfahren (z.B. Schienen- u. Zuckerkartell) präsent. In einer Spezialkompetenz, dem Wasserpreisrecht, berät Aulinger die Landeshauptstadt Stuttgart im Kartellverfahren sowie im Streit um das Wassernetz.
Stärken: Tiefe Spezialisierungen, u.a. im Energie-, Kartell- u. Vergaberecht.
Empfohlen für: ▶Gesellschafts- u. Immobilienrecht, ▶M&A sowie im ▶Kartellrecht, ▶Energie- u. zunehmend im ▶Vergaberecht, zudem Sanierung u. insolvenznahe Beratung u. ▶Arbeitsrecht. Auch Steuer- u. Wirtschaftsstrafrecht. (13 Eq.-Partner, 8 Sal.-Partner, 3 of Counsel, 15 Associates)
Mandate: Siehe Fachkapitel.

BRANDI
Ruhrgebiet/Westfalen

NOMINIERT JUVE Awards 2015 Kanzlei des Jahres für den Mittelstand

Bewertung: Häufig empfohlene Kanzlei in der Region mit Stammsitz in Ostwestfalen, die ihre strateg. Weiterentwicklung, insbes. die Vernetzung ihrer 6 Büros, weiter vorantreibt. Musterbeispiel ist die Compliance-Beratung: Nach dem kontinuierl. Aufbau in den Vorjahren nutzten die Partner das Thema zuletzt, um vermehrt Synergien mit anderen Praxen u. Büros zu heben. Das funktioniert insbes. mit den Strafrechtlern in Hannover (▶Niedersachsen) sehr gut. Auch die Paderborner Umweltrechtler griffen in Umweltstrafverfahren nun auf diese Kompetenz zurück. Dynamisch entwickelt sich zudem der noch junge Bereich des Medizinrechts, wo Brandi vorwiegend Krankenhäuser u. Hersteller von Medizinprodukten berät. Ein Blick auf das aktuelle Mandantenportfolio der Gesamtkanzlei zeigt, dass sich ihr Wirkungskreis allmählich auch über die Grenzen von Ostwestfalen hinaus ausdehnt.
Stärken: Internat. gesellschaftsrechtl. Beratung, auch durch eigenes Büro in China u. Netzwerk Pangea Net. Tiefe Spezialisierung, insbes. im ▶Arbeitsrecht.
Häufig empfohlen: Dr. Jörg König („ausgezeichnete Fachkenntnisse", Mandant; Mietrecht, Gewerbl. Rechtsschutz), Dr. Franz Tepper (Gesellschafts-/Steuerrecht), Dr. Bernhard König (Gesellschaftsrecht), Prof. Dr. Martin Dippel, Dr. Nils Gronemeyer (Öffentl. Recht), Dr. Hans-Jürgen Hiekel (Arbeitsrecht), Dr. Kevin Kruse („sehr angenehmer Umgang, immer ansprechbar", Mandant; Gewerbl. Rechtsschutz/IT)
Kanzleitätigkeit: Umf. Betreuung, häufig als ausgelagerte Rechtsabteilung. Schwerpunkte im ▶Gesellschafts- u. Steuerrecht (Strukturberatung, Unternehmensnachfolge, Transaktionen) sowie im Bau- u. Immobilienrecht, zudem Notariat. Sehr internat. geprägtes Handels- u. ▶Vertriebsrecht. Starkes Standbein im Öffentl. Recht (▶Umwelt u. Planung, ▶Produkt u. Abfall). Zudem ▶Arbeitsrecht u. ▶M&A, Marken- u. Wettbewerbsrecht. In Hannover auch Wirtschaftsstrafrecht. Mandantschaft: namh. mittelständ., z.T. inhabergeführte Unternehmen aus div. Branchen, Großhandelsketten u. karitative Einrichtungen auch bundesweit. Compliance mit standortübergreifender Kompetenzgruppe. (46 Partner, 18 Associates, plus Hannover)
Mandate: ●● Beckhoff Automation bei Restrukturierung der Auslandsbeteiligungen; KMG Kliniken Anteilskauf an Krankenhaus; Rolko Kohlgrüber bei Verkauf an Indus; BST Eltromat Internat.

Führende Namen im Ruhrgebiet und in Westfalen

Name	Kanzlei	Gebiet
Dr. Lutz Aderhold	(Aderhold)	▶Gesellschaftsrecht, ▶Handel und Haftung
Prof. Dr. Lutz Batereau	(Streitbörger Speckmann)	Bank- und Finanzrecht
Prof. Dr. Martin Beckmann	(Baumeister)	▶Umwelt- und Planungsrecht
Dr. Jochen Berninghaus	(Spieker & Jaeger)	▶Gesellschaftsrecht
Dr. Achim Bischoff	(Grüter)	▶Gesellschaftsrecht
Dr. Ina-Maria Böning	(Grüter)	▶Gesellschaftsrecht
Prof. Dr. Franz-Josef Dahm (Schmidt von der Osten & Huber)		Gesundheitswesen
Prof. Dr. Martin Dippel	(Brandi)	▶Umwelt- und Planungsrecht
Dr. Andreas Eickhoff	(Aulinger)	▶Gesellschaftsrecht
Dr. Uwe Faustmann	(Horlitz Keith & Partner)	Arbeitsrecht
Dr. Ulrich Irriger	(Kümmerlein)	▶Gesellschaftsrecht/ ▶M&A
Dr. Karlheinz Lenkaitis	(Aulinger)	M&A
Dr. Andreas Lotze	(Aulinger)	▶Kartellrecht, ▶M&A
Jürgen Masling	(Buse Heberer Fromm)	▶Arbeitsrecht
Dr. Martin Mönks	(Kümmerlein)	Arbeitsrecht
Dr. Wolfgang Nockelmann	(Aderhold)	▶Internationales Handelsrecht und Gesellschaftsrecht
Prof. Dr. Tido Park	(Park)	▶Wirtschaftsstrafrecht

Die hier getroffene Auswahl der Personen ist das Ergebnis der auf zahlreichen Interviews basierenden Recherche der JUVE-Redaktion (siehe S. 20). Sie ist in 2erlei Hinsicht subjektiv: Sämtliche Aussagen der von JUVE-Redakteuren befragten Quellen sind subjektiv u. spiegeln deren eigene Wahrnehmungen, Erfahrungen u. Einschätzungen wider. Die Rechercheergebnisse werden von der JUVE-Redaktion unter Einbeziehung ihrer eigenen Marktkenntnis analysiert u. zusammengefasst. Der JUVE Verlag beabsichtigt mit dieser Tabelle keine allgemein gültige oder objektiv nachprüfbare Bewertung. Es ist möglich, dass eine andere Recherchemethode zu anderen Ergebnissen führen würde.

---

bei Unternehmenskauf; lfd. im Gesellschaftsrecht: Claas-Gruppe, Wortmann, Tönsmeier, Porta Möbel, Weidmüller, MöllerGroup, v. Bodelschwinghsche Anstalten, Preuss u. Gauselmann; Umweltrecht: Benteler Steel u. internat. Papierhersteller wasserrechtl.; internat. Entsorgungsunternehmen zu BImSchG-Verf.; Claas Guss zu Brandschutz; Dyckerhoff zu BImSchG-Genehmigungsverf. u. regelm. umwelt- u. planungsrechtl.; Südzucker zu Genehmigungs- u. Bauleitplanverf. für neue Fabrik; Pfeifer & Langen lfd. umwelt- u. planungsrechtlich. Markenrecht: regelm. für Bartscher, Elmar Flötotto, Ideal Möbel, Enercity.

GRÜTER
Ruhrgebiet/Westfalen

Bewertung: Eine der führenden Kanzleien in der Region. Die Duisburger Kanzlei ist insbes. für ihre renommierte Corporate-Praxis sehr anerkannt. Im Vergleich zu örtl. Wettbewerbern weist ihre Arbeit nach wie vor deutl. mehr internat. Bezüge auf. Zuletzt stellte Grüter mehrmals unter Beweis, dass sie mit Großkanzleiteams aus dem benachbarten D'dorf durchaus Schritt halten kann. In einer Ausschreibung setzte sie sich gg. mehrere etablierte M&A-Praxen durch. Und nach Haniel im vergangenen Jahr schloss die Kanzlei weitere Rahmenvereinbarungen mit einem internat. tätigen Anlagenbauer u. einem Papierhersteller. Das bemerken auch Wettbewerber: „Super Kanzlei mit tollem Geschäft. Sie machen ihre Sache fast besser als Großkanzleien", lobt einer. Der boomende Immobilienmarkt sorgte nicht nur im Notariat für mehr Geschäft, sondern auch im Transaktionsbereich. Ein internat. tätiger Immobilienentwickler, der bisher Mandant der Arbeitsrechtspraxis war, vertraute erstmals auf die M&A-Kompetenz der im Markt hoch angesehenen Partnerin Böning.
Stärken: Starke regionale Prozess- u. Corporate-Praxis. Große Erfahrung in Schiedsverfahren.
Entwicklungsmöglichkeiten: Mit der Ernennung von 2 weiteren Sal.-Partnern unterstreicht Grüter ihren Anspruch, einen stabilen Mittelbau zu etablieren u. einen künftigen Generationswechsel langfristig vorzubereiten. Allerdings wäre auch eine kurzfristige Verbreiterung der Associate-Ebene sinnvoll, um das steigende Arbeitsaufkommen in der M&A- u. Gesellschaftsrechtspraxis aufzufangen.
Häufig empfohlen: Dr. Ina-Maria Böning („äußerst kompetent", Wettbewerber; Gesellschaftsrecht/M&A), Dr. Achim Bischoff (Gesellschaftsrecht), Dr. Thorsten Schäckel (Arbeitsrecht)
Kanzleitätigkeit: Deutlicher Schwerpunkt im ▶Gesellsch.recht. Zudem ▶M&A u. ▶Handel u. Haftung. Zunehmend Arbeitsrecht u. Sanierungsberatung. Auch Sportrecht. (7 Eq.-Partner, 5 Sal.-Partner, 7 Associates, 3 of Counsel)
Mandate: ●● Cundus bei Verkauf an Pwc; DMG Mori Seiki bei öffentl. Übernahmeangebot durch Mori Seiki Co.; Standardkessel bei Verkauf an JFE Engineering; AS Solar bei Antrag auf Insolvenzverwaltung, Schutzschirmverf.; Fußballverein, Autohaus, Immobilienentwickler lfd. im Arbeitsrecht.

HARNISCHMACHER LÖER WENSING
Ruhrgebiet/Westfalen

Bewertung: Die empfohlene Kanzlei aus Münster konnte an die gute Entwicklung aus den Vorjahren anknüpfen u. die Beziehungen zu Neumandanten wie den Stadtwerken Münster im Gesellschaftsrecht vertiefen. Traditionell berät HLW ihre mittelständ. Mandanten zu allen Belangen des Wirtschaftsrechts. Mit dem Zoll- u. Außenwirtschaftsrecht hat die Sozietät bewiesen, dass sie auch Spezialpraxen erfolgreich im Markt positionieren u. weiterentwickeln kann. Nachdem in den ersten Jahren v.a. Stammmandanten in diesem Bereich beraten wurden, gewann das junge Team nun eine Reihe neuer namh. Mandanten hinzu. Auch die dynamische Entwicklung des Prozessgeschäfts hielt an. Hier beschäftigen die Kanzlei v.a. Verfahren aus dem Bank- u. Kapitalmarktrecht. Um der wachsenden Auslastung gerecht zu werden, verstärkte sich HLW mit 2 Associates.
Stärken: Gesellschaftsrecht, Prozesserfahrung, v.a. im Bankenbereich.

Entwicklungsmöglichkeiten: Im Notariat wurde die Kanzlei dafür belohnt, dass sie den anstehenden Generationswechsel frühzeitig anging. Nach der personellen Aufrüstung sorgten Immobilienkäufe und Unternehmensnachfolgen zuletzt für eine spürbar höhere Auslastung der nun 4 Amtsträger. Nächster Entwicklungsschritt wäre nun, mehr Mandanten aus dem Notariat auch anwaltlich zu beraten.
Häufig empfohlen: Dr. Christoph Harnischmacher (Gesellschaftsrecht), Dr. Jörg Bonke (Bankrecht, Zivilrecht), als jüngere Anwältin Dr. Talke Ovie (Außenhandel)
Kanzleitätigkeit: Schwerpunkt im Gesellschaftsrecht, prozessual wie beratend, v.a. bei Umstrukturierungen, Verkäufen, MBOs u. Nachfolgeregelungen. Daneben (insbes. kollektives) Arbeitsrecht u. Bankrecht. Im Insolvenzrecht u. in der Sanierungsberatung enge Zusammenarbeit mit Insolvenzverwaltern. Außerdem Wirtschafts- u. Steuerstrafrecht. Zunehmend Zoll- u. Außenwirtschaftsrecht. Mandanten: v.a. regionaler Mittelstand, in Prozessen auch bundesweit tätig. Zudem Sparkassen u. Genossenschaftsbanken im Bankrecht. (8 Eq.-Partner, 1 Sal.-Partner, 16 Associates)
Mandate: ●● Remondis lfd., u.a. im Gesellschafts- u. Arbeitsrecht, Compliance sowie Gewerbl. Rechtsschutz; Stadtwerke Münster lfd. im Gesellschaftsrecht; Rhenus u. Otto Fuchs umf. im Zollrecht, zu Exportkontrollfragen u. Compliance; lfd. zollrechtl. für Euro-Alkohol, Ruthmann, Alac; Dr. Maasjost & Collegen zu gesellschaftsrechtl. Entflechtung u. im Aktienrecht; Handels- u. Dienstleistungsunternehmen lfd. im Gesellschaftsrecht u. Notariat; ww. tätiger Entsorgungskonzern bei Unternehmenskauf aus Insolvenz; Sport- u. Freizeitschuhhändler, mittelständ. Entsorger jeweils lfd. zollrechtl.; mehrere Banken lfd. bei Prozessen.

Westfälische Kanzleien mit Besprechung nur in Rechtsgebieten

Andrejewski Honke (Essen)	Patent
Baumeister (Münster)	Umwelt u. Planung, Produkt u. Abfall, Vergabe
BDO Restructuring (Essen)	Insolvenzverw.
Buse Heberer Fromm (Essen)	Arbeit
CNH Anwälte (Essen)	Arbeit
Dr. Eick & Partner (Bochum, Hamm)	Versicherungsvertragsrecht
Frehse Mack Vogelsang (Dortmund, Münster)	Gesundheit
Gesthuysen und Partner (Essen)	Patent
Görg (Essen)	Gesellsch.recht, Insolvenzverw.
Heinemann & Partner (Essen)	Priv. Baurecht, Umwelt u. Planung
Höch und Partner (Dortmund)	Energie
KPMG Law (Essen)	M&A
Prof. Leupertz	Priv. Baurecht
LNS Rechtsanwälte (Bochum)	Arbeit
Meisterernst Düsing Manstetten (Münster)	Arbeit
Meyer Rechtsanwälte Insolvenzverwalter (Lübbecke)	Insolvenzverw.
Park (Dortmund)	Wirtschaftsstrafrecht
Quaas & Partner (Dortmund)	Gesundheit
Ratajczak & Partner (Essen)	Gesundheit
Rehborn (Dortmund)	Gesundheit
von Rohr (Essen)	Patent
Schneiders & Behrendt (Bochum)	Patent
Ter Meer Steinmeister & Partner (Bielefeld)	Patent
TSC (Gütersloh)	Arbeit
Wigge (Münster)	Gesundheit
Wolter Hoppenberg (Hamm, Münster)	Umwelt u. Planung, Vergabe

Die hier getroffene Auswahl der Kanzleien ist das Ergebnis der auf zahlreichen Interviews basierenden Recherche der JUVE-Redaktion (siehe S. 20). Sie ist in 2erlei Hinsicht subjektiv: Sämtliche Aussagen von JUVE-Redakteuren befragten Quellen sind subjektiv u. spiegeln deren eigene Wahrnehmungen, Erfahrungen u. Einschätzungen wider. Die Rechercheergebnisse werden von der JUVE-Redaktion unter Einbeziehung ihrer eigenen Marktkenntnis analysiert u. zusammengefasst. Der JUVE Verlag beabsichtigt mit dieser Tabelle keine allgemein gültige oder objektiv nachprüfbare Bewertung. Es ist möglich, dass eine andere Recherchemethode zu anderen Ergebnissen führen würde.

HORLITZ KEITH & PARTNER
Ruhrgebiet/Westfalen
Bewertung: Das Geschäft der geschätzten Essener Traditionskanzlei fußt im Wesentlichen auf 3 Säulen: Arbeits-, Bau- u. Gesellschaftsrecht. In Letzterem nimmt ihr renommiertes Notariat eine wichtige Stellung ein u. verschafft ihr auch überreg. Beachtung. Zuletzt vertiefte sie die neu aufgebauten Beziehungen zu Mandanten wie Buch.de, deren HV sie auch dieses Jahr begleitete. Die Arbeitsrechtspraxis um Faustmann ist bekannt für ihren teils hochkarät. Mandantenstamm, zu dem neben Dauermandanten aus der Region auch ein paar Konzerne gehören. Obwohl der Bereich lange als überwiegend eigenständig galt, gelang es dem kl. Team zuletzt zunehmend besser, Synergien mit den Baurechtlern zu heben. Die wiederum sind aufgrund ihres prozessualen Schwerpunkts häufig überregional tätig. Aufgrund des mittelfristig anstehenden Generationswechsels im Notariat wird es Zeit, Mandate auf jüngere Amtsträger zu übertragen, was gerade in diesem sensiblen Bereich eine große Herausforderung ist.
Stärken: Angesehenes gesellschaftsrechtl. Notariat, hohe Kompetenz im Arbeitsrecht.
Häufig empfohlen: Dr. Uwe Julius Faustmann („qualifiziert u. erfahren", Mandant; „fachl. sehr geschätzt", Wettbewerber; Arbeitsrecht)
Kanzleitätigkeit: Schwerpunkt: Dauerberatung regionaler Unternehmen im Gesellschafts-, Arbeits- u. Handelsrecht. Daneben Priv. u. Öffentl. Baurecht sowie Gewerbl. Mietrecht, auch Prozessführung. Mandantschaft: regionale, z.T. auch internat. tätige mittelständ. Unternehmen, mehrere Großkonzerne der Bau-, Stahl-, Medizinprodukte- u. Handelsbranche. Im Arbeitsrecht auch lfd. Funktionsträger in Unternehmen u. Kliniken. Starkes Notariat, auch engl.-sprachig. (5 Partner, 3 Associates)
Mandate: ●● E.on Anlagenservice u. ThyssenKrupp Steel Europe arbeitsrechtl.; Hochtief u. Heitkamp lfd. im Baurecht; Emmi Dtl. umf., u.a. im Gesellschafts-, Speditions- u. Mietrecht; Deos gesellschaftsrechtl. u. in Prozessen; notariell regelm., u.a. HVen: Hochtief, Medion, Nationalbank, Nordwest Handel, Conpair, Buch.de, Coutinho & Ferrostaal (mit Auslandsbezug).

KÜMMERLEIN
Ruhrgebiet/Westfalen
Bewertung: Die Essener Kanzlei behauptet seit Jahren ihren Platz unter den führenden Einheiten des Ruhrgebiets. Die – auch überregional – angesehene Gesellschaftsrechtspraxis bleibt das Herzstück von Kümmerlein. Das renommierte Notariat öffnet ihr dabei regelm. die Tür zu namh. Ruhrkonzernen. Nun arbeitet die Kanzlei verstärkt daran, diese Beziehungen auch auf das klass. Gesellschaftsrecht zu übertragen. Die Überleitung funktioniert vereinzelt bereits, birgt aber noch Entwicklungspotenzial. Denn bisher konzentriert sich die anwaltl. gesellschaftsrechtl. Beratung – ähnlich wie bei Aulinger – v.a. auf den Mittelstand. Parallel setzt Kümmerlein auf die kontinuierliche Verbreiterung ihres Mandantenportfolios. So gewann sie zuletzt ein mittelständisches Elektronikunternehmen u. den belgischen Baustoffhändler Etex hinzu. Dynamischer entwickelten sich zuletzt allerdings die Spezialbereiche Arbeitsrecht u. insbes. Informationstechnologie, wo Kümmerlein eine Reihe neuer Mandanten von sich überzeugte, darunter Galeria Kaufhof. Nach großen Sprüngen in den Vorjahren fiel das personelle Wachstum zuletzt verhaltener aus. Nichtsdestotrotz bleibt sie in der Riege der führenden Kanzleien die Einheit mit den meisten Anwälten. Der Modernisierungsprozess der vergangenen Jahre, den sie im Gegensatz zu Wettbewerberin Aulinger bereits abgeschlossen hat, macht sie zunehmend attraktiv für Associates aus Großkanzleien. Das zeigen die jüngsten Zugänge von Bird & Bird (im Arbeitsrecht) u. Freshfields (im Gesellschaftsrecht).
Stärken: Agiert als Einheit auf qualitativ hohem Niveau. Sehr angesehene Corporate-Praxis.
Empfohlen für: ▶ Gesellsch.recht (v.a. ▶ M&A, Umstrukturierungen); auch Vermögens- u. Unternehmensnachfolge. Daneben ▶ Arbeits-, Immobilien- u. Priv. Baurecht; ▶ Umwelt u. Planung; auch Bankrecht. Zunehmend IT-Recht. ▶ Notariat. (14 Eq.-Partner, 14 Sal.-Partner, 19 Associates, 1 of Counsel)
Mandate: Siehe Fachkapitel.

LTS RECHTSANWÄLTE WIRTSCHAFTSPRÜFER STEUERBERATER
Ruhrgebiet/Westfalen
Bewertung: Geschätzte Kanzlei aus Ostwestfalen. Ihre Mandanten, zu denen überwiegend mittelständ. Familienunternehmen zählen, berät

● Referenzmandate, umschrieben
●● Referenzmandate, namentlich

Anwaltszahlen: Angaben der Kanzleien zur Bürogröße vor Ort. Sie spiegeln nicht zwingend die Gesamtgröße einer Kanzlei wider.

REGION WESTEN RUHRGEBIET/WESTFALEN

sie in zahlr. Rechtsfragen. Diesen Ansatz unterstreicht sie glaubhaft durch die Mehrfachqualifikation ihrer Partner als Rechtsanwälte, Steuerberater u. tlw. Wirtschaftsprüfer. Ein klarer Schwerpunkt der Beratung liegt auf dem Gesellschafts- u. Steuerrecht. Zuletzt waren es im Zshg. mit dem BVerfG-Urteil v.a. erbschaftsteuerrechtl. Fragen, die ihre Mandanten umtrieben. Personell zeigt sich LTS im Markt stabil. Langfristig wird die kl. Einheit im Wettbewerb um anspruchsvolle Mandate um Wachstum – sei es aus eigener Kraft oder durch Quereinsteiger – allerdings nicht herumkommen.

Stärken: Gestaltende Beratung an der Schnittstelle von ▶Gesellschafts- u. ▶Steuerrecht.

Häufig empfohlen: Dr. Stefan Hoischen (Gesellschafts-/Kapitalmarktrecht), Josef Winkler („sehr kompetent u. pragmatisch", Wettbewerber; Gesellschaftsrecht)

Kanzleitätigkeit: Schwerpunkt in der steueroptimierten Gestaltungsberatung (Umstrukturierung, M&A), zudem Erbrecht, Unternehmensnachfolge. Daneben Gesellschaftsrechtl. Streitigkeiten (Parteienvertreter u. Schiedsrichter). Auch Arbeitsrecht. Regelm. als externe Rechtsabteilung. Mandantenstruktur: regionaler Mittelstand v.a. der Branchen Entsorgung, Kunststoff, Nahrungsmittel, IT, Möbel, Maschinenbau, Handel. (6 Partner, 1 Counsel, 4 Associates, 1 of Counsel)

Mandate: ●● Beckhoff Automation bei gesellschaftsrechtl. Umstrukturierung; Papierhersteller zu Compliance; Avanco gesellschaftsrechtl. u. bei Transaktionen; lfd. gesellschaftsrechtl.: Häcker Küchen, Messehallen Bad Salzuflen, Ehlebracht, Klingenthal-Gruppe (aus dem Markt bekannt).

LUTHER
Ruhrgebiet/Westfalen

Bewertung: Häufig empfohlenes Büro in Essen, das sich entsprechend der Entwicklung der Gesamtkanzlei zuletzt sehr dynamisch zeigte. Aufsehenerregend war v.a. ein Mandat für Rheinmetall, die das Essener Büro (im Außenwirtschaftsrecht) – gemeinsam mit D'dorf, München u. Hamburg – zum Widerruf ihrer Ausfuhrgenehmigung für ein Gefechtsübungszentrum an die russische Armee beriet. Ein großer Erfolg für die Kanzlei war zudem der Sprung auf die Beraterliste von E.on, der auch für das Essener Büro Arbeit bereithält. Ihr Notariat, das bisher schon eine Reihe namh. Unternehmen betreut, darunter Deichmann, Evonik u. Vivawest, bereicherte Luther z.B. mit einem weiteren Dax-Konzern. Im klass. gesellschaftsrechtl. Geschäft beschäftigten die örtl. Praxis v.a. Um- u. Restrukturierungen sowie die regelm. Tätigkeit für einen börsennot. Konzern. Partner Dr. Arndt Begemann ist außerdem weiterhin mit dem Oppenheim-Esch-Prozess befasst.

Stärken: Etabliertes gesellschaftsrechtl. Notariat. Ausgeprägte Spezialisierungen, v.a. bei ÖPP-Projekten, im Emissionshandelsrecht sowie bei Kraftwerksprojekten.

Empfohlen für: ▶Außenhandel; ▶Handel u. Haftung; ▶Gesellsch.recht, insbes. ▶M&A u. Unternehmensnachfolge; zudem Arbeitsrecht. Notariat. Daneben ▶Immobilien- u. Baurecht; umf. Projektsteuerung (▶Projekte/Anlagenbau). Auch ▶IT; ▶Vertrieb. Betreuung des Öffentl. Sektors, insbes. ▶Umwelt- u. Planungsrecht, ▶ÖPP, ▶Vergabe- u. ▶Energierecht. (10 Partner, 1 Counsel, 16 Associates, 1 of Counsel)

Mandate: Siehe Fachkapitel.

PKF FASSELT SCHLAGE
Ruhrgebiet/Westfalen

Bewertung: Die empfohlene Kanzlei treibt seit einigen Jahren den Ausbau von Spezialgebieten jenseits ihrer Kernkompetenz – Gesellschafts- u. Steuerrecht – konsequent voran. V.a. im Energiesektor gelingt ihr das, wo sie ihre Mandantenbasis, zu der vorwiegend große Mittelständler, aber auch Konzerne zählen, verbreiterte. Zunehmend vertrauen nun auch Kommunen und Stadtwerke auf die Kompetenz von PKF. Gut entwickelte sich zuletzt außerdem das Insolvenzrecht, um dessen Ausbau sich eine junge Anwältin kümmert, die im Sommer zur Partnerin ernannt wurde. Sie beriet etwa den Vorstand des Wuppertaler SV während des Insolvenzverfahrens. Unverändert hoch blieb der Beratungsbedarf im Steuerstrafrecht u. zu Compliance-Themen.

Stärken: Steuergestaltende Beratung, betriebswirtschaftl. Know-how.

Kanzleitätigkeit: Schwerpunkt in der umf. ▶steuergetriebenen Gestaltungsberatung (Unternehmensnachfolge, Umstrukturierungen, Unternehmenskäufe u. -verkäufe). Auch Gründung u. Gestaltung von gemeinnützigen Stiftungen. Gutachterl. Tätigkeit in Spruchstellenverfahren u. bei Squeeze-outs, zudem Schiedsverfahren an der Schnittstelle Gesellschaftsrecht/Bewertungsfragen. Verstärkt Compliance-Beratung. Zunehmend Energie- u. Arbeitsrecht. Mandantschaft: gehobener Mittelstand, auch größere Unternehmen aus Handel, Touristik u. Banken, zudem Stiftungen u. öffentl. Hand. (5 Partner, alle auch WP/StB, 15 Associates, 4 of Counsel)

Mandate: ●● Vorstand WSV bei Insolvenzverf. (öffentl. bekannt); lfd. Fressnapf-Gruppe umf. im Gesellschafts- u. Steuerrecht; ZTE umf. arbeitsrechtl. u. zu Outsourcing-Themen.

SCHLÜTER GRAF
Ruhrgebiet/Westfalen

Bewertung: Die empfohlene Kanzlei zählt zu den festen Größen in Dortmund u. zeichnet sich durch die Beratung ihres langj. mittelständ. Mandantenstamms aus. Regelm. beraten die Gesellschaftsrechtler namh. Unternehmen aus der Region wie Hellweg u. die Unternehmensgruppe Scherpel. Im Notariat, wo SG in den Vorjahren mit Abgängen u. einem Generationswechsel beschäftigt war, stehen die Zeichen nun auf Wachstum. V.a. der anziehende Immobilienmarkt bescherte der Kanzlei zuletzt wieder mehr Geschäft. Ein Alleinstellungsmerkmal in der Region hat sie sich durch ihre guten Kontakte in den Nahen Osten verschafft. Mit mittlerw. 8 Anwälten (6 aus Dtl.) berät sie dt. Unternehmen in den VAE u. in Saudi-Arabien bei Neugründungen, Umstrukturierungen u. zuletzt verstärkt zu Compliance-Themen. Durch die stetig wachsende Mandantenbasis steigt auch der Anteil des Nahostgeschäfts bezogen auf die Gesamttätigkeit der Kanzlei.

Stärken: Spezialisierungen im Arbeits-, Wettbewerbs- u. IT-Recht; langj. Vernetzung in der Golfregion, u.a. VAE, Katar, Saudi-Arabien.

Häufig empfohlen: Dr. Wolfgang Weber (Gesellschafts-, Arbeitsrecht)

Kanzleitätigkeit: Schwerpunkte im Gesellschafts- u. Arbeitsrecht (u.a. Umstrukturierungen, Übernahmen, Stilllegungen). Daneben Gewerbl. Rechtsschutz inkl. Markenrecht; IT-Recht, Immobilienrecht, Wirtschaftsstrafrecht. In Dubai: Betreuung dt. Unternehmen bei Ansiedlung u. Vertrieb, Schiedsverfahren. Mandanten: Traditionsunternehmen in Dortmund u. Westfalen, auch bundesweit tätige, z.T. große Unternehmen. (7 Eq.-Partner, 5 Sal.-Partner, 5 Associates, 1 of Counsel)

Mandate: ●● Lfd.: Hellweg, BayWa, Moeschter, Unternehmensgruppe Dreier, Unternehmensgruppe Scherpel; Wilhelm Wehrhahn KG zu Compliance; Vodafone im Anlagenbau; RWE im IT-Recht; IVD West bei Vertragsgestaltung, Autozubehörhersteller zu Interessenausgleich bei Entlassungen; Vodafone zu Anlagenbau; Geers Hörakustik lfd. im Arbeitsrecht; Signal Iduna im Außendienstrecht; dt. Anlagenbauunternehmen arbeitsrechtl. in Saudi-Arabien; Getränkeabfüllkonzern zu Neustrukturierung in VAE; ww. führender Montagematerialhersteller zu Neustrukturierung in Saudi-Arabien; dt. Technologieunternehmen zu Compliance in Dtl. u. VAE; dt. Automobilhersteller bei Umstrukturierung in VAE.

SCHMIDT VON DER OSTEN & HUBER
Ruhrgebiet/Westfalen

Bewertung: Die Kanzlei aus Essen gehört zu den führenden Einheiten des Ruhrgebiets. Das liegt v.a. an ihrer etablierten Corporate-Praxis, dem Herzstück u. wichtigsten Standbein der Kanzlei. Prominentester Mandant ist die Aldi-Gruppe, die SOH seit vielen Jahren berät – zuletzt im Zshg. mit Strafzahlungen für Preisbindungen im Einzelhandel. Parallel dazu schickt sich die jüngere Partnerriege um Dr. Lars Kolks aber auch an, das Mandantenportfolio zu erweitern u. verschafft sich so mittlerw. zunehmend Aufmerksamkeit im Markt: ein Schritt, der nicht nur wichtig ist für die Geschäftsentwicklung, sondern auch, um den noch andauernden Generationswechsel intern weiter voranzutreiben. Intensiviert hat SOH ihre praxisübergreifende Arbeit u. konnte zuletzt z.B. Mandate vom Arbeitsrecht ins Gesellschaftsrecht transferieren. Die anhaltende dynamische Entwicklung der Medizinpraxis wirkt sich positiv auf das M&A-Geschäft aus, zuletzt beim Kauf der Median Kliniken für PAI Partners. Intern wertete die Kanzlei den Bereich durch eine weitere Partnerernennung auf.

Stärken: Langj. Betreuung eines hochkarät. Mandantenstamms. Tiefe Expertise im Stiftungsrecht. Angesehene Medizinrechtspraxis.

Entwicklungsmöglichkeiten: Beim Generationswechsel ist SOH ein gutes Stück vorangekommen, indem sie Dauermandanten wie Aldi auf jüngere Partner übertrug und deren Betreuung für die Zukunft sicherstellte. Die parallele Entwicklung von neuem Geschäft ist aber ebenso wichtig, um sich im Markt ein eigenes Profil zu schaffen. Das wird mittelfristig ohne personelle Verstärkung schwer zu bewerkstelligen sein.

Häufig empfohlen: Prof. Dr. Franz-Josef Dahm (Medizinrecht), Dr. Lars Kolks („immer für eine gute u. faire wirtschaftl. Lösung offen, ausgesprochen sympathisch", Wettbewerber; Gesellschaftsrecht), Dr. Ulf Rademacher (Gesellschaftsrecht/IP), Dr. Till Wegmann (Arbeitsrecht)

Kanzleitätigkeit: Umf. Beratung, häufig als ausgelagerte Rechtsabteilung auch für gr. Unternehmen mit Schwerpunkten im ▶Gesellsch.recht u. ▶M&A, ▶Arbeits- u. Steuerrecht, auch Aktienrecht. Etabliert ist die Gesundheitsrecht u. in der Markenverwaltung. Besonders aktiv im Bereich ▶Nachfolge/Vermögen/Stiftungen. (15 Eq.-Partner, 5 Sal.-Partner, 11 Associates)

Mandate: ●● PAI Partners bei Kauf Median Kliniken (aus dem Markt bekannt); Kötter bei Übernahme OSD Schäfer; weiterhin lfd. Aldi-Gruppe (Nord u. Süd) europaweit, u.a. zu Kartellstrafen für Preisbindung im Einzelhandel; Heinz Nixdorf Stiftung u. Stiftung Westfalen im Stiftungsrecht; Rhein-Ruhr Collin u. Stewing-Gruppe gesellschaftsrechtl.; Bundesverband der Knappschaftsärzte lfd. medizinrechtl.; im Arbeitsrecht: Tüv Nord, Gelsenwasser, Centro, Alfried Krupp Krankenhaus, Cetecom, FC Schalke 04.

SPIEKER & JAEGER
Ruhrgebiet/Westfalen

Bewertung: Die Traditionskanzlei aus Dortmund zählt zu den führenden in der Region u. behauptet diese Position bereits seit vielen Jahren. Ein Grund dafür ist ihre starke Gesellschaftsrechtspraxis. Dazu zählt auch das Notariat, das einen erfolgr. Generationswechsel hinter sich hat u. dessen Bedeutung für die Gesamtkanzlei stetig zunimmt. Sie hat einen stärkeren Regionalfokus als ihre örtl. Wettbewerber u. hervorragende Kontakte zum Mittelstand aus Dortmund u. Umgebung. Diese Mandatsbeziehungen pflegt die Kanzlei seit vielen Jahren, u. so gelingt es ihr immer wieder, Mandanten auch in mehreren Rechtsgebieten zu beraten. Allerdings haben sich Wettbewerber wie Brandi u. Schlüter Graf, die ebenfalls langj. u. stabile Beziehungen zu ihren lokalen Mandanten pflegen, zuletzt bei der Neugewinnung u. der Internationalisierung ihres Geschäfts dynamischer gezeigt.
Stärken: ▶Gesellsch.recht, Notariat, Bau- u. Immobilienrecht, Marken- u. Wettbewerbsrecht.
Häufig empfohlen: Dr. Jochen Berninghaus („sehr kompetent", „extrem klug u. pragmatisch", Wettbewerber), Dr. Carsten Jaeger, Dr. Thorsten Mätzig, Dr. Steffen Lorscheider (alle Gesellschaftsrecht/M&A), Dr. Achim Herbertz, Dr. Robert Jung (beide Marken- u. Wettbewerbsrecht), Manfred Ehlers

Kanzleitätigkeit: Schwerpunkte: Gesellschaftsrecht (inkl. Notariat), Steuer- u. Arbeitsrecht, häufig zu Umstrukturierungen, Akquisitionen u. Nachfolgefragen. Daneben starkes Standbein im Bau- u. Immobilienrecht, auch baubegleitende Projektberatung. Zudem Urheber-, Marken- sowie zunehmend Vergaberecht. (18 Partner, 5 Associates, 3 of Counsel)
Mandate: ●● Gesellschaftsrecht lfd.: Westfleisch, Ferchau, Volmary, Dt. Mineralbrunnen; mehrere Fondsemissionshäuser, Knäckebrotsteller (auch streitig), führende dt. Privatbrauerei; Homag bei Zusammenschluss mit Dürr AG; M&A: Ferchau bei Kauf von Rostock System Technik, Anton Röhr bei Kauf Rudolf-Spitznagel-Gruppe, internat. tätiges Anlagenbauunternehmen bei Transaktion; Markenrecht: Signal Iduna, Van Hees, Kludi, MDS Holding; Sparkasse Dortmund im Bankrecht.

STREITBÖRGER SPECKMANN
Ruhrgebiet/Westfalen

Bewertung: Die im Ruhrgebiet häufig empfohlene Kanzlei befindet sich personell sowie strategisch weiter auf Wachstumskurs. Bemerkenswert ist insbes. die Entwicklung der Bankrechtspraxis – neben dem Gesellschaftsrecht das Aushängeschild der Kanzlei. Hier ist Streitbörger klar aufseiten der Kreditinstitute positioniert u. vertritt eine ganze Reihe namh. Banken. Parallel zum geschäftl. Wachstum legt die Praxisgruppe auch personell zu u. zählt mittlerw. 20 Anwälte. Dynamisch entwickelte sich zuletzt das lokale Baugeschäft, wo Streitbörger eine Reihe von Projektentwicklungen im westfäl. Raum begleitete. Das traditionell starke Notariat bekam einen Schub durch den anziehenden Transaktionsmarkt. Gleichzeitig verstärkte sich die Kanzlei in Bielefeld mit 2 weiteren Notaren u. zählt dort nun 9 Amtsträger.
Stärken: Große Prozesserfahrung, tiefe Expertise im Bankrecht.
Entwicklungsmöglichkeiten: Nachdem sie in den Vorjahren damit befasst war, die standortübergreifende Zusammenarbeit zu verbessern, steht nun die Verbreiterung ihrer Mandantenbasis an. Diesem Ziel verlieh sie durch die Eröffnung eines weiteren Büros in Münster im Juni 2015 Nachdruck. Die Präsenz in Westfalen soll insbes. dabei helfen, das Engagement im dortigen inhabergeführten Mittelstand zu forcieren. Dabei wird sich Streitbörger mit örtl. Kanzleien wie Alpmann und Harnischmacher messen müssen, die hier bereits gut positioniert sind.
Häufig empfohlen: Prof. Dr. Lutz Batereau, Dr. Martin Lange (beide Bankrecht), Dr. Hermann Gördes (Öffentl. Recht), Dr. Götz Zerbe, Dr. Martin Schlüter (beide Arbeitsrecht), Dr. Matthias Rose (Öffentl. Recht), Dr. Bertram Schacker (Gesellschaftsrecht)
Kanzleitätigkeit: Schwerpunkte: Bielefeld v.a. Gesellschaftsrrcht, Öffentl. Baurecht u. Insolvenzrecht, in Hamm insbes. Bankrecht u. Nachfolge/Vermögen/Stiftungen. Daneben Arbeits-, Wettbewerbs- u. Versicherungsrecht. Zudem Öffentl. Recht u. Vergabe- sowie Medizinrecht. Notariat. Kooperation mit der Münchner Patentanwaltskanzlei Prüfer & Partner. Mandantschaft: namh. Familienunternehmen, Konzerne u. öffentl. Hand, zudem Kreditinstitute u. Versicherungen der ges. Region, auch aus dem übrigen Bundesgebiet. Weitere Standorte Potsdam u. D'dorf. (35 Partner, 37 Associates, 1 of Counsel)
Mandate: ●● Dauerberatung im Gesellschaftsrecht: Oetker-Gruppe, Seidensticker-Gruppe, Reventa, Stute, Gerry Weber; Schüco, Balda, Paragon u.a. im gesellschaftsrechtl. Notariat; zahlr. Sparkassen, Volks-, Groß- u. Landesbanken prozessual (Aktiv- u. Passivprozesse) sowie im Aufsichtsrecht.

REGION FRANKFURT UND HESSEN

Frankfurt 146
Hessen 160

Region: Frankfurt und Hessen

Frankfurt: Boomender M&A-Markt sorgt für zufriedene Mienen

Frankfurt ist wie ein Seismograph der Branche. Hier lässt sich ablesen, wie es um den Anwaltsmarkt bestellt ist. Und die Lage sieht ausgesprochen positiv aus, ungeachtet der politischen Querelen um Griechenland boomt das Geschäft: M&A hat zu alter Stärke zurückgefunden, Bankenregulierung und FinTech hinterlassen ihre Spuren an Deutschlands Finanzplatz Nr. 1. Bei zahlreichen Verfahren wird um die Frage von Organhaftung hitzig diskutiert.

Vor allem die steigende Zahl und die höheren Volumina von Transaktionen haben zuletzt für zufriedene Mienen in den Sozietäten am Main gesorgt, zumal strategisch motivierte Deals ohne offensichtlichen Bezug zu Frankfurt unter Beteiligung örtlicher Anwälte für Aufsehen sorgten: beispielsweise das geplante öffentliche Übernahmeangebot des kanadischen Düngemittelherstellers Potash an die Aktionäre von K+S. Aber auch Finanzinvestoren kommen wieder häufiger zum Zuge. Als Beispiel sei Bayer genannt, die den Geschäftsbereich Blutzuckermessgeräte für eine Milliarde Euro an die KKR-Portfoliogesellschaft Panasonic Healthcare verkaufte. Für den Frankfurter Markt zentral ist auch das Thema Finanzmarktregulierung, besonders die neue europäische Bankenaufsicht durch die EZB. Diese führte nicht nur zu Umstrukturierungen und zusätzlichen M&A-Deals im Bankenmarkt, sondern auch dazu, dass viele Kanzleien ihre internationale Regulierungskompetenz nun am Main bündeln. Gleichzeitig kündigt sich schon der nächste grundlegende Wandel des Finanzsektors an: Elektronische Finanzdienstleister der sogenannten FinTech-Branche werden mittlerweile durchaus ernst genommen.

Starke Finanzierungspraxen sichern M&A-Erfolge

Die Marktentwicklungen haben auch das Geschäft der Frankfurter Kanzleien beeinflusst. So partizipierte **Clifford Chance** vom anziehenden Transaktionsmarkt und erreichte dank einer starken Riege jüngerer Partner eine beachtliche Transaktionsbilanz. Der Markt sprach allerdings eher über die massiven personellen Umbrüche, was der Reputation nicht unbedingt zuträglich war. Anfang 2015 begann in der Kanzlei das große Aufräumen. Im Zuge einer stärkeren Fokussierung auf Transaktionen und wichtige Randbereiche schmolz alleine der Frankfurter Standort um rund 30 Anwälte – ein Drittel davon Partner. Kein Teil des Plans war der Wechsel des angesehenen Corporate- und Private-Equity-Leiters Oliver Felsenstein zu **Latham & Watkins**, der für viel Aufsehen sorgte. Zumal ihm wenige Monate später Alexandra Hagelüken, die Leiterin der Bank- und Finanzrechtspraxis, folgte. Insgesamt hat sich deshalb in diesem Jahr der Abstand von **Clifford Chance** zum Führungstrio der örtlichen Szene vergrößert.

Linklaters und **Freshfields Bruckhaus Deringer** sind auch deswegen heute so erfolgreich, weil das Management schon wesentlich früher durchgegriffen und die Standorte entweder strategisch neu ausgerichtet oder aber schlicht stärker auf die Bedürfnisse vor Ort abgestellt hatte. Das Herz der Corporate-Praxis von **Linklaters** schlägt so zwar heute stärker in Düsseldorf, allerdings zeigte sie am Main mit ihrer Finanzsektorexpertise vor allem im Konfliktlösungs- und Compliance-Bereich Präsenz und drang nun auch in den wachstumsträchtigen Markt der Patentprozesse vor. **Hengeler Mueller** wiederum war mit ihren Anlegerklagen gegen Porsche überaus präsent. Die Kanzlei machte zudem ebenso wie **Freshfields Bruckhaus Deringer** mit zahlreichen M&A-Deals von sich reden. Letztere fiel auch wegen einer hohen Quote an Börsengängen und komplexen Kapitalmaßnahmen auf.

Gerade bei **Freshfields Bruckhaus Deringer**, aber auch bei **Allen & Overy** zeigt sich außerdem, dass sich nur solche Einheiten dauerhaft im Frankfurter M&A-Geschäft durchsetzen, die gleichzeitig ein starkes Finanzierungsteam an Bord haben. Auch **Gleiss Lutz** erkannte zuletzt, dass sie diesbezüglich in der Vergangenheit zu schwach aufgestellt war und stärkte ihre Finanzierungspraxis mit einer angesehenen Partnerin von

Linklaters, die gerade bei den Großbanken als gut vernetzt gilt. Auf ein ähnliches Erfolgsrezept setzt **Latham & Watkins**. Die Finanzierungspraxis, eng mit der angesehenen Private-Equity-Praxis verknüpft, bewies einmal mehr ihre herausragende Position insbesondere bei Bank-Bond-Finanzierungen.

Dass sich die Stärkung von Praxen mittels – der richtigen – Quereinsteiger bei erfolgreicher Integration auszahlen kann, hat im vergangenen Jahr **Jones Day** vorgemacht. Dem Corporate-Team um einen angesehenen Partner, der erst im Vorjahr dazukam, gelang der Durchbruch mit der Beratung zur geplanten Übernahme von K+S durch Potash. Ihr Gegenpart bei diesem Deal, **CMS Hasche Sigle**, nutzte das Potenzial ihrer Quereinsteiger erfolgreich ebenso im Aufsichtsrecht bei der Beratung von Cordea Savills. **Hogan Lovells** kann ebenfalls eine positive Bilanz in Frankfurt vorweisen. Nach den Grabenkämpfen der vergangenen Jahre brachte eine Reihe junger Anwälte den Standort wieder auf Kurs. Bei **Allen & Overy** hingegen lässt sich ablesen, dass der rasante Ausbau der Vorjahre zu Wachstumsschmerzen geführt hat. Die Integration der damals gewonnenen Quereinsteiger gelang nicht in allen Fällen, sodass gleich mehrere Anwälte zuletzt wieder gingen. Ihr Verlust wurde teilweise bereits durch Zugänge kompensiert.

Kleine Einheiten inzwischen fest etabliert

Jenseits der etablierten Großkanzleien behaupten sich aber auch nachhaltig kleinere Einheiten. Einige von ihnen entstanden vor mehreren Jahren als Abspaltungen von **Freshfields Bruckhaus Deringer** bzw. **Hengeler Mueller**. Greenfort – seit mittlerweile 10 Jahren am Markt – gilt vielen als Initialzündung für erfolgreiche Spin-offs in Frankfurt. Inzwischen sind aber auch **Metis** und **Wendelstein** zu nennen. Ihr Vorbild macht Schule: Mit **Finkenhof** ging eine neue Einheit an den Start. Zwei Anwälte von **Wellensiek** sowie einer von **Gleiss Lutz** wollen sich künftig auf Gesellschafts- und Insolvenzrecht fokussieren. Als neuer Player in Frankfurt brachte sich auch **Reed Smith** ins Spiel. Mit dem Ziel, sich stärker im Frankfurter Finanzsektor zu positionieren, eröffnete die US-Kanzlei, im Sommer 2015 ihren zweiten deutschen Standort. Sie ging dafür gleich mit acht Partnern an den Start. Anvisiert sind die klassischen Frankfurter Beratungsfelder Finanzierung, Gesellschaftsrecht, Private Equity und Immobilienrecht.

Die weltweit größte Kanzlei entsteht, auch Mittelständler fusionieren

Auch **Dentons** setzte ein Ausrufezeichen, als sie sich mit der chinesischen Kanzlei **Dacheng** zusammentat. Entstanden ist damit die weltweit größte Kanzlei mit 6.500 Anwälten. Mehr Schlagkraft – wenn auch in gänzlich anderen Dimensionen – versprechen sich Arnecke Siebold und Sibeth von ihrer Fusion. Unter dem gemeinsamen Dach von **Arnecke Sibeth Siebold** berät sie nun mit rund 50 Anwälten hauptsächlich eine mittelständische Klientel. Schließungen blieben demgegenüber auf dem Frankfurter Markt rar. Lediglich **Orrick Herrington & Sutcliffe** zog sich endgültig aus Frankfurt und Berlin zurück. Am Main kam der Schritt wenig überraschend, denn das Büro war bereits in den vergangenen Jahren zusehends geschrumpft.

Mittelständische Kanzleien bestimmen das Bild in Hessen

Außerhalb von Frankfurt haben sich in Hessen vor allem mittelständische Kanzleien angesiedelt, die ihren Schwerpunkt meist auf eine klassisch breite Fächerung im Gesellschafts-, Steuer- und Arbeitsrecht legen. Auch das Notariat spielt in vielen Sozietäten eine große Rolle. Die bekanntesten Kanzleien finden sich in der Landeshauptstadt Wiesbaden, aber auch in Darmstadt, Gießen oder Wetzlar sind Kanzleien mit entsprechend starker Fokussierung auf Wirtschaftsberatung aktiv.

Die folgenden Bewertungen behandeln Kanzleien, die nach der Recherche der JUVE-Redaktion in ihrer Region eine besondere Bedeutung und Reputation genießen. Diese Kanzleien bieten typischerweise Beratung und Vertretung in vielen Sparten des Wirtschaftsrechts. Bitte beachten Sie aber ggf. Verweise auf weitere Besprechungen in einem Rechtsgebietskapitel. Dort finden Sie auch jeweils weitere Referenzmandate.

JUVE KANZLEI DES JAHRES
FRANKFURT UND HESSEN
JONES DAY

Der Plan ist aufgegangen – schneller, als die meisten erwartet hatten. Seit mehreren Jahren treibt Jones Day die Expansion in Deutschland voran – auch und gerade mit zahlreichen Quereinsteigern am Frankfurter Standort, der bis vor Kurzem noch etwas im Schatten des Münchner Büros stand. Im letzten Jahr schaffte JD in Frankfurt den Durchbruch. Am deutlichsten wurde der Fortschritt bei der geplanten Übernahme von K+S durch den kanadischen Wettbewerber Potash: Die Kombination aus guten Industriekontakten der immensen US-Praxis und gezielt aufgebauter übernahmerechtlicher Expertise in Frankfurt bescherte JD ein Mandat, das alle führenden deutschen Corporate-Praxen gern bekommen hätten. Zentrale Figur war dabei der 2014 von Clifford Chance gewechselte **Johannes Perlitt**. Doch auch abseits der Corporate-Praxis ging es zuletzt trotz mehrerer Abgänge im Restrukturierungsteam kräftig voran. Das Bank- und Finanzrechtsteam hat sich inzwischen gut etabliert und hinterließ zuletzt auch im Kreditfinanzierungsmarkt die lang erwarteten Spuren. Noch dazu füllte JD die auffälligste Lücke im deutschen Angebot: Im Konfliktlösungsbereich gelang mit **Dr. Johannes Willheim** der Neustart. Der bekannte österreichische Schieds- u. Kartellrechtler kam mit seinem Team von Willheim Müller und brachte gute Kontakte zu internationalen Großkonzernen wie Gazprom mit.

Frankfurt

AC TISCHENDORF
Frankfurt

Bewertung: Die empfohlene Frankfurter Kanzlei, deren Beratungsansatz stark unternehmerisch geprägt ist, blickt auf ein erfolgr. Jahr zurück. Profitiert hat sie v.a. von der hohen Nachfrage nach Restrukturierungen. So begleitete sie eine Reihe von Unternehmen bei deren Sanierung, was sich auch auf das Transaktionsgeschäft auswirkte. Für ein gesundes Grundrauschen sorgte die traditionell starke ▶Arbeitsrechtspraxis sowie Wachstumspraxen wie Immobilienrecht u. Compliance, wo Partner Rosinus zunehmend an Visibilität gewinnt. Mehr u. mehr profitiert ACT außerdem vom Verweisgeschäft aus ihren internat. Netzwerkkanzleien. Doch die hohe Auslastung führt sie auch an Kapazitätsgrenzen. Ein erster Schritt in Richtung Entlastung war der Zugang von Ina von Raven, die von Debevoise kam.
Stärken: Arbeitsrecht, Restrukturierungen.
Häufig empfohlen: Dr. Sven Tischendorf (M&A), Tara Kamiyar-Müller (Immobilienrecht), Christian Rosinus ("sehr strukturiert vorgehend, angenehm, mit wirtschaftl. Verständnis", Wettbewerber; Strafrecht, Compliance)
Kanzleitätigkeit: Umf. Dauerberatung für Konzerne aus vielen Branchen mit Schwerpunkt im ▶Gesellsch.recht u. ▶Arbeitsrecht; Transaktionen inkl. Finanzierungsfragen u. Steuerrecht. Zudem lfd. im Gewerbl. Immobilienrecht, bei kleineren Immobiliendeals u. IP/IT; ▶Restrukturierung/Sanierung; Strafrecht u. Compliance. (11 Eq.-Partner, 3 Sal.-Partner, 2 Counsel, 6 Associates, 3 of Counsel)
Mandate: ●● Sanierungsbegleitung für Puccini, Gausepohl, Keymile u. Oystar; Kinetics, Talis, Christ, Douglas bei arbeitsrechtl. Restrukturierung; Battenfeld-Cincinatti zu Compliance; Alpine bei Restrukturierung; ADAC u.a. zu Mindestlohn u. Arbeitszeit; VDE bei Compliance-Management; Mitteldt. Hartstein Industrie lfd. zu Compliance.

ALLEN & OVERY
Frankfurt

Bewertung: Eine in Ffm. häufig empfohlene Kanzlei, die dank ihrer Kapitalmarkt-, Arbeitsrechts- u. Litigation-Praxen zu den auffälligen Einheiten im Markt zählt. Personell war es für die ECM- u. Anleihenexperten ein sehr bewegtes Jahr: Gernot Wagner ging zu White & Case, auch Dr. Berthold Kusserow u. div. weitere Ex-Linklaters-Anwälte verließen A&O. Die Lücken füllten Quereinsteiger Christoph Enderstein (von Ashurst) und Marc Plepelits (von Shearman & Sterling), die neues Geschäft generierten. Im M&A sticht die Begleitung von Warren Buffett heraus. Insges. müsste A&O allerdings mehr Kontinuität bei High-End-Deals zeigen, um zur Marktspitze aufzuschließen. Die Kanzlei schloss das Büro in Mannheim, darauf verlagerte Dr. Hans-Christoph Ihrig den Schwerpunkt an den Main. Von seiner aktienrechtl. Expertise profitiert bereits die Litigation-Praxis.
Stärken: Bank- u. Finanzrecht, Arbeitsrecht, Vergaberecht.
Empfohlen für: ▶Arbeitsrecht; ▶Anleihen; ▶Bankrecht u. -aufsicht; ▶Börseneinführ. u. Kapitalerhöhung; ▶Compliance; ▶Energie; ▶Gesellsch.recht; ▶Gesellschaftsrechtl. Streitigk.; ▶Handel u. Haftung; ▶Immobilien; ▶Investmentfonds; ▶Kredite u. Akqu.fin.; ▶M&A; ▶ÖPP; ▶Private Equ. u. Vent. Capital; ▶Restrukturierung/Sanierung; ▶Steuer; ▶Umwelt u. Planung; ▶Unternehmensbez. Versichererberatung; ▶Vergabe; ▶Verkehr; ▶Versicherungsvertragsrecht. (33 Partner, 16 Counsel, 96 Associates)
Mandate: Siehe Fachkapitel.

ARNECKE SIBETH SIEBOLD
Frankfurt

Bewertung: Empfohlene Kanzlei in Ffm., die nach Jahren der Konsolidierung ihre Wachstumspläne durch die Fusion mit Sibeth umsetzte. Dadurch verstärkte die Kanzlei, die nun unter Arnecke Sibeth Siebold firmiert, ihre Präsenz in Ffm. u. schaffte gleichzeitig den Eintritt in den Münchner Markt. Gewachsen ist Arnecke Sibeth Siebold auch im Immobilienrecht: ein Bereich, der insbes. durch die Fokussierung von Sibeth auf immobilienrechtl. Rundumberatung in Ffm. durch die Fusion weitere Entwicklungsmöglichkeiten bereithält.

FRANKFURT

Freshfields Bruckhaus Deringer
Hengeler Mueller
Linklaters

Clifford Chance
Gleiss Lutz
Latham & Watkins

Allen & Overy
Baker & McKenzie
CMS Hasche Sigle
Hogan Lovells
Jones Day
Noerr
Sullivan & Cromwell
White & Case

Ashurst
Cleary Gottlieb Steen & Hamilton
Greenfort
King & Wood Mallesons
Mayer Brown
Skadden Arps Slate Meagher & Flom
SZA Schilling Zutt & Anschütz
Taylor Wessing
Waldeck
Weil Gotshal & Manges
Willkie Farr & Gallagher

AC Tischendorf
FPS Fritze Wicke Seelig
Heuking Kühn Lüer Wojtek
Heymann & Partner
Morgan Lewis & Bockius
Norton Rose Fulbright
Schiedermair

Arnecke Sibeth Siebold
Beiten Burkhardt
Debevoise & Plimpton
DLA Piper
Göhmann
K&L Gates
Schulte Riesenkampff

Fortsetzung nächste Seite

● Referenzmandate, umschrieben
●● Referenzmandate, namentlich

Anwaltszahlen: Angaben der Kanzleien zur Bürogröße vor Ort. Sie spiegeln nicht zwingend die Gesamtgröße einer Kanzlei wider.

Bereits vor dem Zusammenschluss gewann die Kanzlei Kirsten Roselt hinzu, die von einem Unternehmen wechselte. Sie gehörte zu dem Team, das zuletzt Neumandantin RFR Holding beim Verkauf des EZB-Towers beriet. Waltraud Langenbruch, die im Januar von Schiedermair wechselte, ist zugleich Notarin. Damit schloss die Kanzlei eine wichtige Lücke. Auch im Gesellschaftsrecht u. im M&A konnte das Büro neue Mandanten beraten, die zum Teil über die anerkannte Transportrechtspraxis kamen – ein Zeichen dafür, dass noch mehr Cross-Selling-Potenzial in der Kanzlei steckt.

Stärken: Transportrecht.

Entwicklungsmöglichkeiten: Zusammen wollen die Kanzleien ein Full-Service-Angebot mit breiter Abdeckung aller Rechtsgebiete u. internat. Anbindung schaffen. Dafür müssen aber bestehende Lücken noch geschlossen werden, zum Beispiel im Notariat. Der Gewinn einer Notarin war ein erster Schritt zum Wiederaufbau des einst angesehenen Notariats. Allerdings liegt der Schwerpunkt der Partnerin klar auf dem Immobilienrecht. Um im Notariat zu alter Stärke zurückzufinden u. ihre Kompetenz abzurunden, muss die Kanzlei bald auch im Gesellschaftsrecht einen weiteren Amtsträger hinzuholen.

Häufig empfohlen: Michael Siebold (Gesellschafts- u. Sportrecht), Holger Bürskens („erfahrener u. zuverlässiger Prozessanwalt", Mandant; Transportrecht), Dr. Wolfgang Scholl („toller Jurist mit außergewöhnl. kaufm. Verständnis", Mandant; Gesellschaftsrecht).

Kanzleitätigkeit: Schwerpunkt im internat. Rechtsverkehr, v.a. Transportrecht, M&A. Auch regelm. für mittelständ. dt. Mandanten in Corporate/M&A u. Steuerrecht; Immobilienrecht, ▶Gesellsch.recht. Gewerbl. Rechtsschutz inkl. Wettbewerbsrecht, IT, Presse- u. Kartellrecht. Daneben Arbeits- u. Versicherungsrecht. Zudem ▶Sportrecht. (19 Partner, 3 Sal.-Partner, 22 Associates, 5 of Counsel)

Mandate: ●● RFR Holding bei Verkauf EZB-Tower; lfd. gesellschaftsrechtl. für Centerbridge, Juwi, Brink's; FedEx in Prozessen; Expeditors, Delta Air Lines, Emirates lfd. im Transportrecht u. im Gesellschaftsrecht; im Immobilienrecht: Projektentwickler, institutionelle Anleger, dt. Immobilienfonds jew. bei Transaktionen u. im Mietrecht.

ASHURST
Frankfurt

Bewertung: Das in Ffm. häufig empfohlene Büro überzeugt in seiner transaktionsgetriebenen Arbeit insbes. durch die gute Verknüpfung von Corporate, Finanzierungen u. Immobilienrecht. Die ausgezeichneten Kontakte nach Asien sind ein Grund für das zuletzt gute Vorankommen der M&A-Praxis. Daneben sorgten eine Reihe von Private-Equity-Deals u. der Ausbau ihrer Beziehungen zu dt. Konzernen zuletzt dafür, dass Ashurst auch jenseits ihrer Schlüsselmandanten im M&A-Markt wahrgenommen wird. Die Immobilienrechtler knüpften nahtlos an die gute Entwicklung des Vorjahres an u. waren erneut an einer Reihe prominenter Deals beteiligt. Ein gutes Bsp. für die interdisziplinäre Zusammenarbeit ist der Kauf des Silberturms. Getrübt wird die gute Gesamtentwicklung durch den Wechsel von Christoph Enderstein zu A&O. Mit ihm verließ Anfang 2015 einer der wichtigsten Kapitalmarktrechtler der Kanzlei.

Stärken: Bank- u. Finanzrecht, Immobilienrecht.

Empfohlen für: ▶Anleihen; ▶Börseneinführ. u. Kapitalerhöhung; ▶Gesellsch.recht; ▶Immobilienrecht; ▶Kredite u. Akqu.fin.; ▶M&A; ▶Private Equ. u. Vent. Capital; ▶Restrukturierung/Sanierung. (11 Eq.-Partner, 5 Sal.-Partner, 9 Counsel, 33 Associates)

Mandate: Siehe Fachkapitel.

AVOCADO
Frankfurt

Bewertung: Die Basis der in Ffm. empfohlenen Kanzlei ist ein mittelständ. Mandantenstamm, der auf das Team nicht selten sowohl gesellschaftsrechtl. als auch im Arbeitsrecht oder im IP/IT vertraut. Ein Bsp. dafür ist Best Gaming, der Avocado sowohl bei der Strukturierung dt. Tochtergesellschaften als auch lfd. IT-rechtl. zur Seite steht. Zuletzt zahlte sich v.a. der China-Desk aus u. verhalf der Kanzlei zu einem Schub im internat. Geschäft. Das Team begleitete wie schon im Vorjahr einige taiwanes. Mandanten beim dt. Markteintritt. Mit 3 neuen Partnern vergrößerte sie überdies ihre Mannschaft: Tarek Alio wechselte aus einem Unternehmen. Nathalie Maier-Bridou u. Dr. Arno Maier-Bridou kamen von GGV u. stärken den French-Desk mit einer Reihe von Mandaten.

Stärken: IT, Telekommunikation, Spezial-Knowhow im Luftverkehrsrecht.

Häufig empfohlen: Jan Voß (IT, Telekom), Dr. Christian Berger (Corporate), Dr. Udo Zietsch (Corporate, Bankrecht), Thomas Dick (Arbeitsrecht).

Kanzleitätigkeit: Schwerpunkte im ▶Gesellsch.recht, ▶M&A (Transaktionen meist im 2-stelligen Mio.-€-Bereich), klass. ▶IT-Recht, häufig an der Schnittstelle zu Telekommunikation, Gewerbl. Rechtsschutz (Markenrecht, UWG) u. Prozessführung (u.a. für Banken, Telekommunikationsunternehmen), ▶Arbeitsrecht, daneben Handels- u. Vertriebsrecht, Immobilienrecht. ▶Umwelt u. Planung. (9 Eq.-Partner, 4 Counsel, 3 of Counsel, 5 Associates)

Mandate: ●● Norwex gesellschaftsrechtl. bei Aufbau u. Betrieb eines Direktvertriebs; Adyton Real Estate bei Joint Venture für Klinikbetrieb; Carlisle zu Verschmelzung mit dt. Holding; taiwanes. Unternehmen bei Beteiligung an dt. Unternehmen; imc Test & Measurement bei Kauf einer Beteiligung an Softwarehersteller; Trans World Corp. bei Share-Deal über Kauf von Anteilen an Hotelgesellschaft; Bastei Lübbe lfd. bei Transaktionen; DFL zu Platt-

---

FRANKFURT Fortsetzung

- Avocado
- Bird & Bird
- Dentons
- Görg
- Graf von Westphalen
- GSK Stockmann + Kollegen
- Kaye Scholer
- Lachner Westphalen Spamer
- Luther
- Mannheimer Swartling
- Metis
- Milbank Tweed Hadley & McCloy
- Paul Hastings
- Schalast & Partner
- Shearman & Sterling
- SKW Schwarz
- Wendelstein

- Curtis Mallet-Prevost Colt & Mosle
- Dechert
- GGV Grützmacher Gravert Viegener
- Simmons & Simmons
- Squire Patton Boggs
- WilmerHale

- Büsing Müffelmann & Theye
- Buse Heberer Fromm
- Herbert Smith Freehills
- McDermott Will & Emery
- Otto Mittag Fontane
- Rittershaus
- Salger

Die hier getroffene Auswahl der Kanzleien ist das Ergebnis der auf zahlreichen Interviews basierenden Recherche der JUVE-Redaktion (s. Einleitung S. 20). Sie ist in 2erlei Hinsicht subjektiv: Sämtliche Aussagen der von JUVE-Redakteuren befragten Quellen sind subjektiv u. spiegeln deren eigene Wahrnehmungen, Erfahrungen u. Einschätzungen wider. Die Rechercheergebnisse werden von der JUVE-Redaktion unter Einbeziehung ihrer eigenen Marktkenntnis analysiert u. zusammengefasst. Der JUVE Verlag beabsichtigt mit dieser Tabelle keine allgemein gültige oder objektiv nachprüfbare Bewertung. Es ist möglich, dass eine andere Recherchemethode zu anderen Ergebnissen führen würde. Innerhalb der einzelnen Gruppen sind die Kanzleien alphabetisch geordnet.

● Referenzmandate, umschrieben
●● Referenzmandate, namentlich

Anwaltszahlen: Angaben der Kanzleien zur Bürogröße vor Ort. Sie spiegeln nicht zwingend die Gesamtgröße einer Kanzlei wider.

form für den Ticketzweitmarkt, zu digitalem Framework u. mehreren IT-Verträgen; Heraeus Holding zu Aufsetzen einer E-Bidding- u. E-Auction-Plattform; Körperschaft des öffentl. Rechts zu IT-Vergabeverf.; lfd. B+S Card Service, Best Gaming.

BAKER & MCKENZIE
Frankfurt

Bewertung: Die Stärke des in Ffm. häufig empfohlenen Büros liegt insbes. in seiner guten Vernetzung in der Gesamtkanzlei – es gibt nur wenige große Baker-Deals in Dtl., bei denen Frankfurter Anwälte nicht ihre Finger im Spiel hatten, zuletzt etwa für Meibah bei der Übernahme von Schumag. Diese Transaktion unterstreicht gleichzeitig das wachsende Mandatsgeschäft aus China. Auch das übrige Baker-Netzwerk sorgt für stetig wachsenden Mandatszufluss. Allerdings musste das Büro neben dem Abgang eines Partners im Steuerrecht (zu Norton Rose Fulbright), im Finanzierungsbereich den Weggang des auf Autoverbriefungen spezialisierten Partners Dr. Dietmar Helms (zu Hogan Lovells) verkraften, was Marktteilnehmer als „Schlag" für die Praxis werteten. Gleichwohl bleibt die Praxis bei Finanzierungen präsent u. verbreitete ihre Tätigkeiten neben dem Automotive nun auch auf andere Bereiche. Ungebrochen stark präsentierten sich derweil die IP- u. die Schiedsrechtspraxis: Hier hat Baker in Ffm. ihre stärkste dt. Außenwahrnehmung.

Stärken: ▶ Anleihen; ▶ Arbeitsrecht; ▶ Steuer; ▶ Marken u. Wettbewerb.

Empfohlen für: Compliance; ▶ Energie; ▶ Gesellsch.recht; ▶ Gesundheit; ▶ Handel u. Haftung; ▶ Immobilien- u. Baurecht; ▶ IT; ▶ Kredite u. Akqu.fin.; ▶ M&A; ▶ Patent; ▶ Private Equ. u. Vent. Capital; ▶ Produkt u. Abfall; ▶ Restrukturierung/Sanierung; ▶ Telekommunikation. (21 Eq.-Partner, 18 Sal.-Partner, 7 Counsel, 43 Associates, 1 of Counsel)

Mandate: Siehe Fachkapitel.

BEITEN BURKHARDT
Frankfurt

Bewertung: Für das empfohlene Frankfurter Büro bleiben die arbeitsrechtl. Praxis sowie die Nachfolge- u. Stiftungsberatung wichtige Säulen des Geschäfts, was zuletzt jeweils die Partnerernennung von Michael Fausel u. Dr. Klaus Zimmermann in diesen Bereichen verdeutlichte. V.a. die im vergangenen Jahr begonnene Stiftungsverwaltung für Bankstiftungen erwies sich als Marktlücke u. zog Mandate nach sich. Wesentl. gestärkt wurde auch die medienrechtl. Praxis mit dem Gewinn von gleich 2 Partnern: Dr. Andreas Lober **u.** Tim Caesar kamen von Schulte Riesenkampff. V.a. Ersterer ist für seine gute Vernetzung in der Gamesbranche bekannt u. zudem regelm. in Transaktionen involviert, wie z.B. für Market Tech. Allerdings kann Beiten im Frankfurter Markt im Gesellschaftsrecht u. M&A bzw. in so zentralen Bereichen wie Bank- u. Kapitalmarktrecht noch nicht recht mit Kanzleien wie z.B. Heuking mithalten. Die im Aufbau befindliche immobilienrechtl. Praxis verlor mit Dr. Nicole Kadel zudem eine Partnerin in Richtung Jones Day.

Stärken: ▶ Arbeitsrecht.

Empfohlen für: ▶ Gesellsch.recht; ▶ Energie; ▶ IT; ▶ M&A; ▶ Marken u. Wettbewerb; ▶ Medien; ▶ Nachfolge/Vermögen/Stiftungen; Restrukturierung/Sanierung; ▶ Steuer. (10 Eq.-Partner, 18 Sal.-Partner, 17 Associates)

Mandate: Siehe Fachkapitel.

Frankfurter Kanzleien mit Besprechung nur in Rechtsgebieten:

AGS Acker Görling Schmalz	▶ Compliance ▶ Priv. Baurecht
Apitzsch Schmidt Klebe	▶ Arbeit
Baker Tilly Roelfs	▶ M&A
BBL Bernsau Brockdorff & Partner	▶ Insolvenzverw. ▶ Restrukturierung/Sanierung
Berwin Leighton Paisner	▶ Immobilien
Besier & Breit	▶ Vertrieb
BLD Bach Langheid Dallmayr	▶ Handel u. Haftung ▶ Versicherungsvertragsrecht
Bock Legal	▶ Marken u. Wettbewerb ▶ Versicherungsvertragsrecht
Bögner Hensel & Partner	▶ Notare
Bornheim und Partner	▶ Priv. Baurecht
Brehm & v. Moers	▶ Medien
Brinkmann & Partner	▶ Insolvenzverw.
Broich	▶ Gesellsch.recht
Büdel Bender	▶ Arbeit
Clouth & Partner	▶ Handel u. Haftung
Commeo	▶ Kartellrecht
Deloitte Legal	▶ M&A
Dr. Felix Dörr & Kollegen	▶ Wirtschaftsstrafrecht
Faust Gerber	▶ Notare
Feddersen Heuer & Partner	▶ Nachfolge/Vermögen/Stiftungen
Feigen Graf	▶ Wirtschaftsstrafrecht
Fischer	▶ Arbeit
Fischer & Euler	▶ Wirtschaftsstrafrecht
Flick Gocke Schaumburg	▶ M&A ▶ Nachfolge/Vermögen/Stiftungen ▶ Steuer
Forstmann & Büttner	▶ Lebensmittel
Franzmann Geilen Brückmann	▶ Arbeit
Gamon	▶ Notare
Gerns & Partner	▶ Notare
Gobbers & Denk	▶ Gesellsch.recht
Göring Schmiegelt & Fischer	▶ Notare
Grub Brugger & Partner	▶ Restrukturierung/Sanierung
HammPartner	▶ Wirtschaftsstrafrecht
Hanf Obermann	▶ Notare
Dr. Kai Hart-Hönig	▶ Wirtschaftsstrafrecht
HauckSchuchardt	▶ Immobilien
Heinrich Erb Partner	▶ Marken u. Wettbewerb
Heussen	▶ Gesellsch.recht ▶ Vergabe
HFK Rechtsanwälte	▶ Priv. Baurecht ▶ Projekte/Anlagenbau ▶ Vergabe
Hww Hermann Wienberg Wilhelm	▶ Insolvenzverw. ▶ Restrukturierung/Sanierung
Johannsen	▶ Versicherungsvertragsrecht
Justem	▶ Arbeit
Kapellmann und Partner	▶ Verkehr
Keil & Schaafhausen	▶ Marken u. Wettbewerb ▶ Patent
Kempf & Dannenfeldt	▶ Wirtschaftsstrafrecht
King & Spalding	▶ Gesundheit ▶ Handel u. Haftung ▶ Immobilien ▶ Investmentfonds ▶ Lebensmittel
Kliemt & Vollstädt	▶ Arbeit
Klinkert	▶ Medien ▶ Sport
KNH Rechtsanwälte	▶ Priv. Baurecht
KPMG Law	▶ Arbeit ▶ Gesellsch.recht ▶ M&A
Kübler	▶ Insolvenzverw.
Leinemann & Partner	▶ Priv. Baurecht
Livonius	▶ Wirtschaftsstrafrecht
Prof. Dr. Holger Matt	▶ Wirtschaftsstrafrecht
MEK	▶ Priv. Baurecht
Mettenheim Gronstedt Meyding	▶ Notare
MGR Rechtsanwälte	▶ Priv. Baurecht ▶ Wirtschaftsstrafrecht
Nieding + Barth	▶ Handel u. Haftung
Oppenhoff & Partner	▶ Beihilfe

Fortsetzung nächste Seite

● Referenzmandate, umschrieben
●● Referenzmandate, namentlich

Anwaltszahlen: Angaben der Kanzleien zur Bürogröße vor Ort. Sie spiegeln nicht zwingend die Gesamtgröße einer Kanzlei wider.

FRANKFURT **FRANKFURT UND HESSEN** REGION

BIRD & BIRD
Frankfurt

Bewertung: Das in Ffm. empfohlene Büro verzeichnete einen stabilen Dealflow, beriet u.a. die Deutsche Telekabel beim Verkauf von Chequers. Hier war zuletzt v.a. Dr. Peter Leube präsent. Gleichwohl blieb auch dieser Standort nicht von personeller Fluktuation verschont: So verließ der erfahrene Arbeitsrechtler Oliver Zöll die Praxis Richtung AGS Acker Görling Schmalz u. lässt die Praxis verwaist zurück. Bernhard Gemmel verstärkt seit Mai die Immobilienfinanzierungspraxis bei Dentons. Zugleich holte B&B mit dem ehem. General Counsel von Meritor einen im Automobilsektor erfahrenen Juristen. Weiterhin steht das Team in Ffm. in der Marktwahrnehmung v.a. im Corporate u. M&A noch deutl. hinter den Standorten München u. D'dorf zurück. Auch mit den Marktführern vor Ort kann das personell schlanke Büro kaum mithalten. Hier fehlt der Praxis v.a. eine kritische personelle Größe, sodass das Büro zuletzt bei Wettbewerbern wenig auf dem Radar war.

Stärken: ▶ Telekommunikation.
Empfohlen für: ▶ M&A; ▶ IT; ▶ Medien; ▶ ÖPP; ▶ Telekommunikation; ▶ Vergabe; ▶ Vertrieb. (9 Partner, 4 Counsel, 2 of Counsel, 14 Associates)
Mandate: Siehe Fachkapitel.

BÜSING MÜFFELMANN & THEYE
Frankfurt

Bewertung: Die Beratung der geschätzten Kanzlei in Ffm. im Gesellschaftsrecht u. M&A fußt auf einer mittelständ. Klientel, die sie nicht selten auch bei gerichtl. Prozessen vertritt. Das Herz der gesellschaftsrechtl. Praxis schlägt aber nach wie vor am Bremer Standort, wobei beide punktuell zusammenarbeiten u. überdies regelm. im Steuerrecht miteinander kooperieren. Personell baute BMT ihre M&A-Praxis mit Phillipp von Raven als Partner aus, der von Jones Day kam. Wichtiges Standbein in Ffm. ist zudem die arbeitsrechtl. Praxis, deren Geschäft zuletzt v.a. durch die Beratung von mehreren Banken geprägt war.

Häufig empfohlen: Dr. Steffen Albicker
Kanzleitätigkeit: Schwerpunkte im Gesellsch. recht, ▶ M&A u. Arbeitsrecht (Individual- u. Kollektivarbeitsrecht, Führungskräfteberatung) sowie Gewerbl. Rechtsschutz (Wettbewerbs-, Urheber- u. Markenrecht, HWG) u. IT (klass. Projektgeschäft, Outsourcing, u.a. IT-Dienstleister u. für öffentl. Körperschaften). Daneben Wirtschaftsstrafrecht, Medizinrecht (Arztrecht, med. Versorgungszentren) u. Gewerbl. Immobilienrecht. Gesellschaftsrechtl. Notariat. (7 Partner, 3 Associates)
Mandate: ●● Used-Soft in Prozessen; jap. Elektronikkonzern zu Umstrukturierung hinsichtl. dt. Arbeitsrechts; Energieunternehmen, u.a. zu Lizenzverträgen mit Energieversorgern; Bundesland vergaberechtl.; Start-up bei VC-Finanzierung.

BUSE HEBERER FROMM
Frankfurt

Bewertung: Geschätztes Büro in Ffm., das mit dem Wiederaufbau des Standorts nach zahlr. Personalabgängen im Vorjahr langsam vorankommt. So schloss sich Insolvenzrechtler Dr. Holger Lessing mit 2 Associates der Kanzlei an. Darüber hinaus konzentriert sich das kleine Team v.a. auf die Bereiche Immobilien-, Gesellschafts- u. Arbeitsrecht, agiert im Frankfurter Markt allerdings weiterhin nahezu unbemerkt von Wettbewerbern.
Kanzleitätigkeit: ▶ Gesellsch.recht; ▶ M&A; Immobilienrecht; Bankrecht. V.a. mittelständ. Mandantschaft. (6 Sal.-Partner)
Mandate: ●● Arbeitsrechtl.: Blackberry Dtl., Danaher Corp., Mersen bei Interessenausgleich u. Sozialplan; Columbus McKinnon bei Kauf Stahlhammer Bommern.

CLEARY GOTTLIEB STEEN & HAMILTON
Frankfurt

Bewertung: Häufig empfohlene Kanzlei in Ffm., die weiterhin Premiummandate betreut. So war sie im Kapitalmarktrecht, einem Aushängeschild der Kanzlei, etwa mit dem IPO von Siltronic an einem großen Deal beteiligt. Die Menge der Mandate ist jedoch im Vergleich zu früheren Zeiten überschaubarer geworden. Der Wechsel des anerkannten Partners Dr. Klaus Riehmer zu Mayer Brown stellt allerdings einen erhebl. Einschnitt für den Frankfurter Standort dar. Er begleitete zuletzt mit dem zugunsten eines IPO abgesagten Verkaufs der PBB eines der großen M&A-Mandate. Sein Weggang wiegt umso schwerer, weil das Team ohnehin in den letzten 2 Jahren geschrumpft ist.
Stärken: Kapitalmarktrecht, öffentl. Übernahmen.
Empfohlen für: ▶ Anleihen; ▶ Bankrecht u. -aufsicht; ▶ Börseneinführ. u. Kapitalerhöhung; ▶ Gesellsch.recht; ▶ Handel u. Haftung; Kartellrecht; Kredite u. Akqu.fin.; ▶ M&A; ▶ Steuer. (9 Partner, 1 Counsel, 20 Associates)
Mandate: Siehe Fachkapitel.

CLIFFORD CHANCE
Frankfurt

Bewertung: Eines der häufig empfohlenen Büros in Ffm., das zwar das dt. Clifford-Zentrum bleibt, aber zuletzt einen Umbruch erlebte, der durch die Reduzierung um rund 30 Anwälte Spuren in nahezu allen Praxisgruppen hinterließ. Eine konsequente Fokussierung auf das Gesellschaftsrechts- u. M&A-Geschäft sowie auf die Praxisgruppen, die im Transaktionsgeschäft die wichtigsten Beratungsthemen abdecken, ist das Ziel der ausgerufenen Maßnahmen. Die Corporate-Praxis, die schon in den Vorjahren immer kleiner geworden war, schrumpfte nicht nur mit dem Weggang von Dr. Wolfgang Richter zu CMS weiter. Mit dem Wechsel von Oliver Felsenstein zu Latham verlor sie darüber hinaus den Leiter der Corporate- u. das Aushängeschild der Private-Equity-Praxis. Gleichwohl verfügt die Corporate-Praxis weiterhin über eine Riege jüngerer Partner, die zuletzt durchaus für Aufsehen sorgten – bspw. mit der Beratung von Metro im Bieterwettstreit um Galeria Kaufhof. Außerdem wurde Jörg Rhiel als einer von 3 Corporate-Anwälten in Dtl. zum Partner ernannt. Einen schweren Schlag musste allerdings die Bank- u. Finanzrechtspraxis wegstecken: Mit Alexandra Hagelüken verabschiedete sich deren Leiterin u. eine der angesehensten Partnerinnen der Kanzlei ebenfalls in Richtung Latham&Watkins. Löcherig sieht auch immer noch die Personaldecke in der aktienrechtl. Beratung aus. Der Weggang eines Partners aus dem Vorjahr konnte bisher nicht geschlossen werden. Als verlässl. Mandatsbringer erwiesen sich aber

---

Frankfurter Kanzleien mit Besprechung nur in Rechtsgebieten: Fortsetzung

P+P Pöllath + Partners	▶ Gesellsch.recht ▶ Investmentfonds ▶ M&A ▶ Private Equ. u. Vent. Capital ▶ Steuer
Patzina Lotz	▶ Versicherungsvertragsrecht
Pohlmann & Company	▶ Compliance
Pflüger	▶ Arbeit
PricewaterhouseCoopers Legal	▶ Energie ▶ M&A ▶ Vergabe
Rath	▶ Priv. Baurecht
Reed Smith	▶ Compliance ▶ Private Equity ▶ M&A
Reysen	▶ Kartellrecht
Sander & Krüger	▶ Gesundheit
Schadbach	▶ Private Equ. u. Vent. Capital
Schiller & Kollegen	▶ Wirtschaftsstrafrecht
Prof. Schlegel Hohmann Mangold & Partner	▶ Gesundheit
Schmitz & Partner	▶ Handel u. Haftung
Schwegler	▶ Arbeit
Schweibert Leßmann & Partner	▶ Arbeit
SMNG	▶ Projekte/Anlagenbau ▶ Priv. Baurecht
Ulrich Sorgenfrei	▶ Steuerstrafrecht
Steiner Mittländer Fischer	▶ Arbeit
Thümmel Schütze & Partner	▶ Gesellsch.recht
Ulrich Weber & Partner	▶ Arbeit
Watson Farley & Williams	▶ Energie
Wellensiek	▶ Restrukturierung/Sanierung
Wicker Schütz	▶ Notare
Winheller	▶ Nachfolge/Vermögen/Stiftungen

Die hier getroffene Auswahl der Kanzleien ist das Ergebnis der auf zahlreichen Interviews basierenden Recherche der JUVE-Redaktion (siehe S. 20). Sie ist in 2erlei Hinsicht subjektiv: Sämtliche Aussagen der von JUVE-Redakteuren befragten Quellen sind subjektiv u. spiegeln deren jeweilige Wahrnehmungen, Erfahrungen u. Einschätzungen wider. Die Rechercheergebnisse werden von der JUVE-Redaktion unter Einbeziehung ihrer eigenen Marktkenntnis analysiert u. zusammengefasst. Der JUVE Verlag beabsichtigt mit dieser Tabelle keine allgemein gültige oder objektiv nachprüfbare Bewertung. Es ist möglich, dass eine andere Recherchemethode zu anderen Ergebnissen führen würde.

● Referenzmandate, umschrieben
●● Referenzmandate, namentlich

Anwaltszahlen: Angaben der Kanzleien zur Bürogröße vor Ort. Sie spiegeln nicht zwingend die Gesamtgröße einer Kanzlei wider.

REGION FRANKFURT UND HESSEN FRANKFURT

einmal mehr die Steuer- u. die Immobilienrechtspraxen.
Stärken: M&A u. Private Equity, Bank- u. Finanzrecht.
Empfohlen für: ▶Anleihen; ▶Arbeitsrecht; ▶Bankrecht u. -aufsicht; ▶Börseneinführ. u. Kapitalerhöhung; ▶Compliance; ▶Energie; ▶Gesellsch.recht; ▶Gesellschaftsrechtl. Streitig.; ▶Handel u. Haftung; ▶Immobilien; ▶Investmentfonds; ▶IT; ▶Kartellrecht; ▶Kredite u. Akqu.fin.; ▶M&A; ▶Notare; ▶Patent; ▶Private Equ. u. Vent. Capital; ▶ÖPP; ▶Projekte/Anlagenbau; ▶Restrukturierung/Sanierung; ▶Steuer; ▶Umwelt u. Planung; ▶Unternehmensbez. Versichererberatung; ▶Vergabe; ▶Vertrieb; ▶Wirtschaftsstrafrecht. (47 Partner, 34 Counsel, 7 of Counsel, 116 Associates)
Mandate: Siehe Fachkapitel.

CMS HASCHE SIGLE
Frankfurt

Bewertung: Die in Ffm. häufig empfohlene Kanzlei untermauerte ihre Marktposition mit einer ganzen Reihe von Highlightmandaten, z.B. der mrd-schweren Kapitalerhöhung von Telefónica. Zugleich schloss sie weitere strateg. Lücken in ihrer Aufstellung. Jüngster Coup war der Zugang des erfahrenen Aktien- und Kapitalmarktrechtlers Dr. Wolfgang Richter (von Clifford Chance), der in dem v.a. für die Mid-Cap-Beratung bekannten Corporate-Team für mehr Visibilität bei öffentl. Übernahmen sorgen soll. Wie gut es CMS bisher gelingt, das Potenzial ihrer in der Vergangenheit ganz gezielt ausgewählten Quereinsteiger zu nutzen, zeigt sich vor Ort im Aufsichtsrecht, z.B. bei der Beratung von Cordea Savills, u. im Fondsbereich, etwa in Zusammenarbeit mit der anerkannten Immobilienrechtspraxis, u.a. für Savills. Ein besonderer Erfolg ist, dass sich die Commerzbank nach einer Ausschreibung erstmals für CMS als Beraterin bei dem Verkauf eines hochvol. Portfolios in 5 Ländern entschied.
Stärken: Private Equity, Bank- u. Finanzrecht.
Empfohlen für: ▶Anleihen; ▶Arbeitsrecht; ▶Bankrecht u. -aufsicht; ▶Beihilfe; ▶Börseneinführ. u. Kapitalerhöhung; ▶Gesellsch.recht; ▶Handel u. Haftung; ▶Immobilien; ▶Kartellrecht; ▶Kredite u. Akqu.fin.; ▶M&A; ▶Nachfolge/Vermögen/Stiftungen; ▶Notare; Priv. Baurecht; ▶Private Equ. u. Vent. Capital; ▶Restrukturierung/Sanierung; ▶Steuer; ▶Vergabe; ▶Versicherungsvertragsrecht. (26 Eq.-Partner, 2 Sal.-Partner, 11 Counsel, 40 Associates, 2 of Counsel)
Mandate: Siehe Fachkapitel.

CURTIS MALLET-PREVOST COLT & MOSLE
Frankfurt

Bewertung: Eine in Ffm. geschätzte Kanzlei, deren originär dt. Geschäft mittlerw. den Großteil des Gesamtumsatzes ausmacht. Das verdankt Curtis der Akquisitionsleistung ihrer Partner, die in den Kernbereichen Investmentrecht, Asset-Management u. Corporate/M&A die Mandantenbasis verbreiterten. Daran ändert auch der Weggang von Corporate-Partner Markus Söhnchen zu GSK Stockmann nichts. Ihre Immobilienpraxis verstärkte sie mit den erfahrenen Partnern Dr. Anja Disput von Taylor Wessing u. Dr. Oliver Hübner von Levèvre Pelletier & Associés. Seit zuletzt ein dt. Anwalt ins Curtis-Büro in Oman wechselte, begleitet sie dort auch dt. Mandanten bei Joint Ventures u. Infrastrukturausschreibungen.
Stärken: Ww. starker Ruf für internat. Infrastrukturprojekte.
Häufig empfohlen: Oliver Thum („äußerst kompetent, langj. vertrauensvolle Zusammenarbeit", Wettbewerber)
Kanzleitätigkeit: Gesellschaftsrecht. ▶M&A, internat. Infrastrukturprojekte, Immobilien, Steuerrecht, Arbeitsrecht. (7 Partner, 4 Counsel, 8 Associates)
Mandate: ●● Eucon bei Joint Venture in Brasilien sowie lfd.; PDVSA lfd. in Europa bzgl. diverser Investments; lfd. gesellschaftsrechtl. Nimbus, Epic; dt.-österr. Leiharbeitsfirma zu Niederlassung in Mexiko; irischer Personaldienstleister, US-Kunststoffhersteller u. arabische Fluggesellschaft arbeitsrechtl.; Bahntechnikunternehmen bei Transaktion; IVG im Immobilienrecht; zahlr. Versorgungswerke im Investment- u. Immobilienrecht.

DEBEVOISE & PLIMPTON
Frankfurt

Bewertung: Noch Jahre nach den Korruptionsskandalen von Siemens u. Ferrostaal ist die empfohlene Kanzlei in Frankfurt untrennbar mit diesen Compliance-Mandaten verbunden. Auf der Basis des dadurch erworbenen Rufs hat sich das kleine Team um Schürrle eine Marktstellung erarbeitet, die ihr regelm. v.a. von der Industrie neue Mandate beschert. Im Compliance wie im M&A profitiert sie von ihren starken US-Wurzeln, ist aber nicht auf dieses Verweisgeschäft angewiesen. Das anziehende M&A-Geschäft mit Private-Equity-Investoren schlug sich dabei auch gesellschaftsrechtl. nieder: Für Mantra Investissement etwa war sie hier zuletzt verstärkt tätig.
Stärken: Compliance u. Corporate Governance; internat. M&A u. Prozessführung; kleine, aber angesehene Steuerpraxis.
Häufig empfohlen: Dr. Thomas Schürrle (M&A, Corporate, Compliance), Dr. Friedrich Hey (Steuerrecht)
Kanzleitätigkeit: ▶Gesellsch.recht; Kartellrecht; ▶M&A; Private Equ. u. Vent. Capital u. Steuer. Zudem sehr bekannte ▶Compliance-Praxis. (1 Eq.-Partner, 2 Counsel, 1 of Counsel, 5 Associates)
Mandate: ●● Najafi Companies im Zshg. mit Restrukturierung des Cinram Internat. Income Fund; Clayton, Dubilier & Rice bei Kauf von Ashland Water Technologies; Hanwha SolarOne bei Kauf von Hanwha Q Cells; Mantra Investissement aktienrechtl. im Aufsichtsrat der Gigaset bei Hauptversammlungen u. zu Aufsichtsratsmandat; Media-Saturn bei Bewertung seines Compliance-Management-Systems in Dtl. u. Italien.

DECHERT
Frankfurt

Bewertung: Eine geschätzte Kanzlei in Ffm., die ihren Aktionsradius mit dem im Vorjahr verstärkten Corporate-Team ausweiten und v.a. dank der Kontakte Herrmanns nun auch in der Pharma- u. Life-Science-Branche Fuß fassen konnte, wie u.a. der UniQure-Deal zeigte. Das ursprüngl. Zugpferd des Standorts, das über die Jahre kontinuierl. verstärkte Investmentfondsteam um Pütz, legte erneut eine ausgesprochen starke Bilanz vor, musste aber erstmals seit Jahren einen personellen Verlust verdauen: Dr. Carsten Fischer, ein erfahrener Partner, wechselte zu Union Asset Management. Dank enger Anbindung an die Brüsseler Praxis waren auch die Kartellrechtler bei einigen prominenten Mandaten im Einsatz.
Stärken: ▶Investmentfonds.
Häufig empfohlen: Sven Schulte-Hillen, Dr. Rüdiger Herrmann (beide Corporate), Achim Pütz (Investmentfonds)
Kanzleitätigkeit: Bank- u. Finanzrecht (v.a. Investmentfonds, Aufsichtsrecht, Kapitalmarktrecht), grenzüberschr. ▶M&A- u. Corporate-Finance-Transaktionen u. Restrukturierungen; Kartellrecht. (6 Eq.-Partner, 4 Sal.-Partner, 1 Counsel, 8 Associates)
Mandate: ●● Abaxis bei Übernahme von Quality Clinical Reagents sowie von Trio Diagnostics; UniQure bei Kauf von InoCard; DER Touristik/Rewe Group bei Verkauf von Hotels in Spanien; StepStone bei Strukturierung Parallelfondsstruktur für europ. regulierte Investoren; Crown Holdings, Tönnies Holding u. zur-Mühlen-Gruppe in Kartellverf.; Dax-Konzern bei Strukturierung luxemb. Investmentplattform für alternative Investments.

DENTONS
Frankfurt

Bewertung: Das Jahr der in Ffm. empfohlenen Kanzlei war durch die Fusion mit der chin. Kanzlei Dacheng zur ww. größten Wirtschaftskanzlei geprägt. Das brachte auch am Main einige personelle Veränderungen mit sich: So stärkte der Gewinn des M&A-Spezialisten Dr. Christoph Papenheim (von DLA Piper) mit Team die Transaktionspraxis, die im Vorjahr durch den Weggang eines namh. Partners durchaus geschwächt war. Die Restrukturierungspraxis verstärkte Till Buschmann, die Praxis für Bank- u. Finanzrecht Tobias von Gostomski (beide von Ashurst). Ein Rückkehrer ist Bernhard Gemmel, der zwischenzeitl. unter der Flagge von Bird & Bird arbeitete. Einen Rückschlag erlitt allerdings die Marken- u. Wettbewerbspraxis: Durch den Wechsel des angesehenen Partners Daniel Marschollek (zu Norton Rose) verlor Dentons dort ihr Aushängeschild bei Prozessen. Eine Partnerernennung in diesem Bereich kann diese Lücke (noch) nicht füllen.
Empfohlen für: ▶Energie; ▶Gesundheit; ▶Gesellsch.recht; ▶M&A; daneben: ▶Immobilien; ▶Private Equ. u. Vent. Capital; ▶Restrukturierung/Sanierung; ▶Steuer. (2 Eq.-Partner, 4 Sal.-Partner, 6 Counsel, 4 Associates)
Mandate: Siehe Fachkapitel.

DLA PIPER
Frankfurt

Bewertung: Die in Ffm. empfohlene Kanzlei behauptet ihre Position im Markt. Innerhalb ihrer breiten Aufstellung entwickelten sich ihre Fachbereiche allerdings recht unterschiedlich. Gut voran kam die Kreditfinanzierungspraxis, die nach langem Aufbaukurs zuletzt deutl. präsenter wurde. Einen herben Rückschlag erlitt DLA allerdings im Bankaufsichtsrecht: Der bekannteste Anwalt der Praxis, Dr. Mathias Hanten, wechselte zu Deloitte Legal. Die Arbeitsrechtspraxis dagegen konnte ihr Beratungsangebot durch den Zugang des ehem. Zurich-Vorstands u. betriebl. Altersvorsorgespezialisten Dr. Marco Arteaga ergänzen. Einen Rückschlag musste die Patentpraxis hinnehmen, als mit Dr. Julia Schönbohm eine wichtige Partnerin zu Linklaters wechselte. Doch die größte Herausforderung bleibt für DLA der Ausbau ihrer gesell-

● Referenzmandate, umschrieben
●● Referenzmandate, namentlich

Anwaltszahlen: Angaben der Kanzleien zur Bürogröße vor Ort. Sie spiegeln nicht zwingend die Gesamtgröße einer Kanzlei wider.

schaftsrechtl. u. Transaktionspraxis: Zwar gelingt es der kleinen Truppe kontinuierl., ihr Geschäft zu verbessern u. auch breiter in der Kanzlei zu verteilen. Allerdings sind nur noch 4 Partner in diesem zentralen Bereich tätig, nachdem Dr. Christoph Papenheim zuletzt zu Dentons wechselte. Solange DLA hier nicht wächst u. auch ihre Lücke im Kapitalmarktrecht nicht schließt, wird sie von den Frankfurter Wettbewerbern nicht als scharfe Konkurrentin wahrgenommen.

Stärken: Compliance.
Empfohlen für: ▶Anleihen; ▶Arbeitsrecht; ▶Bankrecht u. -aufsicht; ▶Compliance; ▶Energie; ▶Gesellsch.recht; ▶Handel u. Haftung; ▶Immobilien; ▶Kartellrecht; ▶Kredite u. Akqu.fin. ▶M&A; ▶Marken u. Wettbewerb; ▶Nachfolge/Vermögen/Stiftungen; ▶Patent; ▶Projekte/Anlagenbau; ▶Restrukturierung/Sanierung; ▶Steuer; Vertriebssysteme; ▶Wirtschaftsstrafrecht. (20 Partner, 7 Counsel, 33 Associates)
Mandate: Siehe Fachkapitel.

FPS FRITZE WICKE SEELIG
Frankfurt

Bewertung: Empfohlene Kanzlei in Ffm., die weniger durch große Sprünge als durch eine kontinuierlich positive Gesamtentwicklung auffällt. Im Gesellschaftsrecht hat sie die Zusammenarbeit mit dem D'dorfer Büro verbessert. Die Kombination aus aktienrechtl. Kompetenz (in D'dorf) u. den Branchenschwerpunkten in Ffm. haben FPS geholfen, bei Konzernen Fuß zu fassen. Untypisch ist die diesjährige Verstärkung im Bank- und Finanzrecht, wo ein Partner von Taylor Wessing zur Kanzlei stieß. Traditionell stark ist FPS im Immobilien- u. Baurecht. Hier holte sie einen erfahrenen of Counsel ins Team, der als ehem. Leiter der Bauaufsicht über hervorragende Kontakte verfügt. Im IT-Bereich unterstrich die Mandatierung durch Stammmandantin Microsoft beim wichtigen Thema IT-Compliance die Position, die sich das Team in den vergangenen Jahren erarbeitet hat. Vollpartner ernannte FPS zuletzt im Gesellschafts- u. Immobilienrecht sowie im IT.

Häufig empfohlen: Bettina Komarnicki („äußerst kompetent", Wettbewerber; IT), Dr. Stefan Reinhart (M&A), Dr. Oliver Wolff-Rojczyk (Gewerbl. Rechtsschutz), Volker Serth (Arbeitsrecht), Dr. Christoph Holzbach (Wettbewerbsrecht), Dr. Robin Fritz (Immobilienrecht), Dr. Uwe Hartmann („sehr gut", Wettbewerber)
Kanzleitätigkeit: Schwerpunkte im ▶IT-Recht, ▶Marken- u. Wettbewerbsrecht sowie bei ▶Energierecht u. im ▶Priv. Baurecht/ ▶Immobilienrecht, ▶Vergaberecht/ ▶Umwelt- u. Planungsrecht. Daneben Arbeits- u. ▶Gesellsch.recht, ▶M&A, Versicherungsvertragsrecht, Steuerrecht und Kapitalanlageprozesse sowie ▶Projekte/Anlagenbau. (25 Eq.-Partner, 20 Sal.-Partner, 1 Counsel, 31 Associates, 3 of Counsel)
Mandate: ●● Aedificia bei Kauf von ‚Service-Residenz Schloss Bensberg' u. Kauf von Pflegeheimportfolio; Strabag PFS bei Kauf von DIW von Voith; Catalyst Capital bei Kauf Warenhaus u. Fachmarktzentrum ‚Erft Karrée'; Merz Immobilien bei Projektentwicklung Mayfarth Quartier; Gsp Städtebau bei Entwicklung u. Bau von Wohnturm ‚Tower2'; BSA u. Microsoft gerichtl. zu IT-Compliance gg. Verpackungshersteller; Catalina Marketing Dtl. zu BPO mit Edeka; RFR Holding bei Refinanzierung einer RFR-Objektgesellschaft sowie bei Joint Ventures.

FRESHFIELDS BRUCKHAUS DERINGER
Frankfurt

Bewertung: Eine in Ffm. führende Kanzlei, die ihre Position an der Marktspitze nicht zuletzt durch die erneut hohe Quote ihrer Beteiligung an Börsengängen u. komplexen Kapitalmaßnahmen unterstreichen konnte. Zu nennen sind etwa die IPOs von Siltronic, Windeln.de oder Ado Properties sowie die Beratung von Celesio zum Delisting. Hinzu kommt ein erfolgr. Jahr im Bereich Fremdfinanzierung u. Private Equity. Hier wurde auch ein junger Partner ernannt, der zuletzt intensiv für JP-Morgan gearbeitet hatte. Unübersehbar leitet FBD damit in einigen ihrer Kernpraxen wichtige Schritte zu einem gleitenden Generationswechsel ein, nachdem es schon im Vorjahr mehrere Neupartnerernennungen gab. Mit Rick van Aerssen leitet zudem ein Frankfurter Partner die ww. Corporate-Praxis. Dass das Büro über die Jahre seine Position als Top-Adresse verteidigen konnte, hat auch mit der fachl. Diversifizierung über den ehemals dominanten M&A-Fokus hinaus zu tun: Neben starken Bank- u. Finanzrechtsspezialisten hat sich auch das exzellente Litigation-Team immer mehr Respekt im Markt erarbeitet.

Stärken: Kombination aus großer fachl. Bandbreite u. Qualität; bestens vernetzt mit den übrigen, durchweg ebenfalls führenden dt. Standorten u. London.
Empfohlen für: ▶Anleihen; ▶Arbeitsrecht; ▶Bankrecht u. -aufsicht; ▶Börseneinführ. u. Kapitalerhöhung; ▶Compliance; ▶Energie; ▶Gesellsch.recht; ▶Gesellschaftsrechtl. Streitigk.; ▶Gesundheit; ▶Handel u. Haftung; ▶Immobilien; ▶Investmentfonds; ▶IT; ▶Kredite u. Akqu.fin.; ▶M&A; ▶ÖPP; ▶Private Equ. u. Vent. Capital; ▶Restrukturierung/Sanierung; ▶Steuer; ▶Telekommunikation; ▶Umwelt u. Planung; ▶Unternehmensbez. Versichererberatung; ▶Verkehr; ▶Vertrieb. (46 Partner, 3 Counsel, 113 Associates, 6 of Counsel)
Mandate: Siehe Fachkapitel.

GGV GRÜTZMACHER GRAVERT VIEGENER
Frankfurt

Bewertung: Die in Ffm. geschätzte Kanzlei verfolgt mit ihren mittelständ. Stammmandanten, die sie an der Schnittstelle zw. Gesellschafts- u. Steuerrecht berät, ein solides Geschäft. Für regelm. Auslastung sorgen Mandate aus dem internat. Netzwerk Taglaw, die GGV dem Eintritt in den dt. Markt betreut. Seinen bekanntesten Schwerpunkt hat das Büro in der Begleitung dt.-frz. Geschäfts, hier verlor GGV allerdings zuletzt 2 Partner, Nathalie Maier-Bridou u. Dr. Arno Maier-Bridou, an Avocado. Mit dem Gewinn von Dr. Thomas Lazarus von Winterstein u. einer Partnerernennung blickt dagegen die Immobilienpraxis gestärkt auf das letzte Jahr zurück. Auch ein Arbeitsrechtler wurde in die Partnerriege aufgenommen.

Stärken: Dt.-frz. Rechtsverkehr, integrierte rechtl. u. steuerl. Beratung.
Kanzleitätigkeit: Schwerpunkt an der Schnittstelle von Recht u. Steuern. Daneben: Gesellschaftsrecht, IT-Recht (Outsourcing), gesellschaftsrechtl. Notariat. Spezialität: Betreuung frz. Unternehmen in Deutschland. (6 Eq.-Partner, 1 Sal.-Partner, 1 Counsel, 7 Associates)
Mandate: ● US-Metallrecyclingunternehmen bei Transaktion; niederl. Bank bei Rückkauf von Krediten von einer poln. Bank; Investmentgesellschaft bei Kapitalerhöhung u. Beteiligung an Biotechunternehmen; Energiedienstleister lfd. gesellschaftsrechtlich.

GLEISS LUTZ
Frankfurt

Bewertung: In Ffm. häufig empfohlene Kanzlei, die sich zuletzt an 2 zentralen Stellen entscheidend verstärkte. Im Bank- u. Finanzrecht landete Gleiss nach dem vorsichtigen Ausbau der Vorjahre nun einen echten Coup: Die Kreditfinanzierungsexpertin Dr. Eva Reudelhuber, die im Sommer 2015 von Linklaters kam, gilt gerade bei internat. Großbanken als hervorrag. vernetzt u. eröffnet der Gleiss-Praxis ganz neue Horizonte. Denn bislang war das Bank- u. Finanzrechtsteam deutl. im Schatten der Corporate-Praxis geblieben. Weiter verstärkt wurde auch der Compliance-Bereich, wohin Dr. Eike Bicker nach mehreren Jahren bei Pohlmann zurückkehrte. Herzstück des Frankfurter Standorts bleibt allerdings nach wie vor die Transaktionspraxis, die zuletzt bei einer ganzen Reihe anspruchsvoller Deals im Einsatz war, sowohl an der Seite von Großunternehmen (z.B. Alcoa, Dassault, TRW) als auch weiter zunehmend für Private-Equity-Investoren wie KKR oder Blackstone.

Stärken: Renommierte Praxen für Private Equity, Kartell- u. Arbeitsrecht.
Empfohlen für: ▶Anleihen; ▶Arbeitsrecht; ▶Börseneinführ. u. Kapitalerhöhung; ▶Compliance; ▶Gesellsch.recht; ▶Gesellschaftsrechtl. Streitigk.; ▶Handel u. Haftung; ▶Immobilien; ▶Kartellrecht; ▶Kredite u. Akqu.fin.; ▶M&A; ▶Nachfolge/Vermögen/Stiftungen; ▶ÖPP; ▶Private Equ. u. Vent. Capital; ▶Projekte/Anlagenbau; ▶Restrukturierung/Sanierung; ▶Steuer; ▶Unternehmensbez. Versichererberatung; ▶Vertrieb. (22 Partner, 7 Counsel, 37 Associates, 2 of Counsel)
Mandate: Siehe Fachkapitel.

GÖHMANN
Frankfurt

Bewertung: Empfohlene Kanzlei in Ffm., deren Schwerpunkte im Bank-, Gesellschafts- u. Immobilienrecht liegen. Mit dem Stiftungsrecht hat Göhmann in den vergangenen Jahren einen Spezialbereich aufgebaut, der nicht nur für ihre vorwiegend mittelständ. Mandanten interessant ist, sondern auch für Banken. Im klass. Bankrecht berät sie neben der Commerzbank nun auch die ING DiBa regelmäßig. Zu den Treibern des Geschäfts gehört weiterhin das Notariat. Im Sommer 2015 gewann die Kanzlei Dr. Michael Ott von hww Hermann Wienberg Wilhelm hinzu. Er übernimmt den Wiederaufbau des Wettbewerbsrechts in Ffm. u. verstärkt die Bereiche Insolvenz- u. Handelsrecht.

Kanzleitätigkeit: ▶Gesellsch.recht u. ▶M&A. Auch Bankrecht u. Konfliktlösung sowie Marken- u. Wettbewerbsrecht. (8 Partner, 12 Associates)
Mandate: ●● Commerzbank u. ING DiBa umf. prozessual (beides aus dem Markt bekannt); div. Volksbanken in Prozessen um geschlossene Fonds; jap. Versicherungskonzern lfd.; Mittelständler bei Verkauf an PE-Investor.

GÖRG
Frankfurt

Bewertung: Die in Ffm. empfohlene Kanzlei hat ihren Umbau weiter fortgesetzt. Nach dem Abschied älterer Partner in den Vorjahren gibt es jetzt auf einigen Feldern neue Ansprechpartner. Speziell

● Referenzmandate, umschrieben
●● Referenzmandate, namentlich

Anwaltszahlen: Angaben der Kanzleien zur Bürogröße vor Ort. Sie spiegeln nicht zwingend die Gesamtgröße einer Kanzlei wider.

REGION FRANKFURT UND HESSEN FRANKFURT

im Corporate/M&A-Bereich gelang es, mit renommierten Neuzugängen von Graf von Westphalen ein breiteres Fundament zu schaffen. Dr. Matthias Menke u. Florian Wolff brachten nicht nur Mandate etwa aus der Medienbranche mit. Sie eröffnen z.B. in Richtung China durch eine Muttersprachlerin als Associate auch neue Perspektiven. Da auch die Lücke im Notariat wieder besetzt wurde, ist Görg für den Wettbewerb zumindest gerüstet. Den Finanzstandort Ffm. bedient die Kanzlei in Nischen – bei Immobilienfinanzierungen u. -restrukturierungen sowie bei Projektfinanzierungen. V.a. bei Restrukturierungsmandaten bleibt die Verbindung zum Kölner Büro ausschlaggebend, die mittlerw. von 2 Anwälten hergestellt wird.

Stärken: Beratung im Vergaberecht u. bei ÖPP-Projekten; Energieprojektfinanzierung; Restrukturierung.

Empfohlen für: ▶Arbeitsrecht; ▶Bankrecht u. -aufsicht; ▶Gesellsch.recht; ▶IT; Konfliktlösung; ▶M&A; ▶ÖPP; ▶Vergabe. (10 Eq.-Partner, 4 Sal.-Partner, 14 Associates)

Mandate: Siehe Fachkapitel.

GRAF VON WESTPHALEN
Frankfurt

Bewertung: In Ffm. empfohlenes Büro, das zuletzt auch jenseits seiner Kernbereiche Gesellschafts- u. Immobilienrecht Erfolge verbuchte. Ein im Vorjahr von Buse Heberer Fromm gewechselter IT-Partner trieb die Entwicklung der aufstrebenden Praxis weiter voran. Hier gewann GvW mehrere namh. Mandanten hinzu u. schaffte den Sprung auf die Beraterliste eines gr. dt. Konzerns. Ihre vorwiegend mittelständ. Dauermandanten begleitet sie neben der gesellschaftsrechtl. Beratung immer häufiger bei Mid-Cap-Transaktionen mit Auslandsbezug. Mit Florian Wolff u. Dr. Matthias Menke verließen allerdings 2 transaktionserfahrene Partner die Kanzlei in Richtung Görg. Die Immobilienpraxis um David Wende begleitete zuletzt eine Reihe ausl. Investoren bei Zukäufen u. baut parallel ihre Beratung, etwa im Asset-Management, kontinuierl. aus.

Stärken: Immobilientransaktionen.

Empfohlen für: Arbeitsrecht; Bankrecht; ▶Gesellsch.recht; ▶IT; Kartellrecht; ▶M&A; ▶Projekte/Anlagenbau; Umwelt u. Planung. (13 Eq.-Partner, 3 Sal.-Partner, 11 Associates)

Mandate: Siehe Fachkapitel.

GREENFORT
Frankfurt

Bewertung: Die in Ffm. häufig empfohlene Kanzlei konnte ihren kontinuierl. Wachstumskurs fortsetzen. Der schon im Vorjahr hohe Anteil an internat. Mandaten nahm nochmals zu. Dabei profitiert die Kanzlei u.a. von ihrem Netzwerk mit anderen Spin-offs in zahlr. Ländern. Ihre Arbeit für Bertelsmann ist ein Beleg dafür, dass es der Kanzlei gelungen ist, auch gr. Unternehmen als Mandanten zu gewinnen. Die Arbeit an den teils komplexen M&A-Transaktionen bewältigt die Praxis mit einem verhältnismäßig kleinen Team. Für personelle Verstärkung sorgte der Zugang von Prof. Dr. Claus Pegatzky, der von Freshfields wechselte. Er deckt bei Greenfort das Öffentl. Wirtschaftsrecht ab.

Stärken: Sehr dyn., homogenes Team.

Entwicklungsmöglichkeiten: Über den Zugang des Quereinsteigers hinaus bietet es sich im Hinblick auf die zunehmende Auslastung an, Wachstum aus den eigenen Reihen zu schaffen.

Häufig empfohlen: Dr. Daniel Röder, Gunther Weiss, Andreas von Oppen („klare u. umsetzbare Empfehlungen", Mandant), Dr. Carsten Angersbach (alle Corporate), Dr. Mark Lembke (Arbeitsrecht)

Kanzleitätigkeit: Fokus auf ▶Gesellsch.recht, auch gesellschaftsrechtl. Prozessführung. Schwerpunkte zudem im Aktien-/Kapitalmarktrecht, ▶M&A, ▶Arbeitsrecht. Weiter zunehmende Beratung in Compliance sowie bei Schiedsverfahren. Mandanten: mittelständ. Unternehmen sowie kleine u. mittelgr. Investoren, auch international. (6 Eq.-Partner, 1 Sal.-Partner, 1 Counsel, 13 Associates)

Mandate: ●● Glatfelter bei Kauf der Spezialpapierfabrik Oberschmitten; Bertelsmann in Verbindung mit Verkauf des dt. Kalender- u. ital. Druckgeschäfts an Bavaria; Alpine Metal Tech bei Kauf aller Anteile an Koch H&K Industrieanlagen u. indirektem Kauf einer Beteiligung an Koch Industrieanlagen; Gega bei Erwerb aller Anteile an brasilian. Ziegelges.; Lifco Dental bei Verkauf von NETdental; Buzzi Unicem bei Spruchverf. Dyckerhoff nach Squeeze-out; Varta/Gopla bei 2 Spruchverf.; lfd. gesellschaftsrechtl. u.a. für CSL Behring, Houlihan Lockey, M5 Invest, M&C Energy, Skrill, Scodix, WinLocal, Ferrostaal; Celanese bei Produkthaftungsverf., Anlagenbauverf., kommerziellen Streitigkeiten, zu Konfliktprävention u. -management; Gigaset bei Überprüfung des Compliance-Systems u. der Compliance-Organisation.

GSK STOCKMANN + KOLLEGEN
Frankfurt

Bewertung: Empfohlene Kanzlei in Ffm., die weiterhin an ihrer praxisübergreifenden Zusammenarbeit feilt. Ein Bereich, in dem das bereits funktioniert, sind Immobilientransaktionen, wo sie regelm. mit einem interdisziplinären Team berät. Ihre Corporate-Praxis verstärkte GSK nach dem Wechsel von Partner Dr. Markus Rasner (in eigene Kanzlei) zuletzt mit Markus Söhnchen. Er kam als Partner von Curtis u. gilt v.a. im Medizinbereich als anerkannt. Positiv entwickelte sich die Compliance-Beratung, u.a. für Bank- u. Finanzdienstleister – ein Bereich, für den ein im Vorjahr von Clifford gewechselter Partner steht. Er fügt sich gut in die Aufstellung des Bankrechtsteams ein u. sorgt mit seiner Erfahrung für zusätzl. Schlagkraft etwa an der Schnittstelle zum Fonds- u. Derivatebereich.

Stärken: Immobilien- u. Baurecht.

Empfohlen für: Bank- u. Bankaufsichtsrecht; ▶Gesellsch.recht; ▶Immobilienrecht; ▶M&A; ▶Notariat; Private Equ. u. Vent. Capital; ▶Projekte/Anlagenbau; ▶Steuerrecht. (12 Eq.-Partner, 6 Sal.-Partner, 1 Counsel, 13 Associates, 4 of Counsel)

Mandate: Siehe Fachkapitel.

HENGELER MUELLER
Frankfurt

Bewertung: Eines der führenden Büros in Ffm., dessen Stärken traditionell im Bereich Gesellschaftsrecht/M&A sowie Bank- u. Finanzrecht liegen. So waren die Partner u.a. für Dürr bei der Übernahme der Homag-Anteile tätig u. berieten Adam Opel zur Übernahme der wirtschaftl. Verantwortung durch Opel für das Geschäft von Opel/Vauxhall in Europa. Als weiteres Standbein hat sich die Prozesspraxis um den renommierten Praxischef Dr. Markus Meier etabliert. Im vergangenen Jahr erschütterte die Durchsuchung aufgr. der Beratung im Kirch-Komplex den Standort. Die weiterhin hoch respektierte Praxis ist aber wie gehabt in komplexen Fällen u.a. in den umfangreichen Anlegerklagen gg. Porsche tätig u. Praxisgruppenchef Meier selbst häufiger in Schiedsfällen zu sehen.

Stärken: Herausragende Transaktions- u. lfd. Beratung im Gesellschafts- u. Finanzrecht; hervorrag. Verbindungen zu Dax-Konzernen; marktführende Bank-/Finanzrechts- u. Konfliktlösungspraxen.

Empfohlen für: ▶Anleihen; ▶Arbeitsrecht; ▶Bankrecht u. -aufsicht; ▶Börseneinführ. u. Kapitalerhöhung; ▶Compliance; ▶Gesellsch.recht; ▶Gesellschaftsrechtl. Streitigk.; ▶Gesundheit; ▶Handel u. Haftung; ▶Immobilien; ▶Investmentfonds; ▶Kredite u. Akqu.fin.; ▶M&A; ▶Marken u. Wettbewerb; ▶Nachfolge/Vermögen/Stiftungen; ▶Notare; ▶Private Equ. u. Vent. Capital; ▶Restrukturierung/Sanierung; ▶Steuer; ▶ÖPP; ▶Unternehmensbez. Versichererberatung. (39 Eq.-Partner, 6 Counsel, 51 Associates)

Mandate: Siehe Fachkapitel.

HERBERT SMITH FREEHILLS
Frankfurt

Bewertung: In Ffm. geschätzte Kanzlei, die auf dem Weg zur angestrebten Full-Service-Einheit ihr Beratungsangebot weiter abrundet. Für den Ausbau in Finanzierungsthemen holte sie Julia Müller von K&L Gates. Dr. Markus Lauer von Sullivan & Cromwell ergänzt die Corporate-Praxis mit wichtiger kapitalmarktrechtl. Erfahrung. Die inzw. erreichte inhaltl. u. personelle Breite versetzt das Büro nun zunehmend in die Lage, in bedeutenden Mandaten aus dem Netzwerk eine größere Rolle zu spielen, so v.a. beim Zusammenschluss der brit. Stammmandantin Tui Travel mit der Tui AG. Die Zusammenarbeit insbes. mit dem Londoner Büro ist eng, ebenso mit Paris u. Brüssel. Das in Dtl. akquirierte Geschäft ist noch vergleichsweise überschaubar ausgeprägt.

Stärken: Corporate/M&A u. Private Equity, Prozesse.

Entwicklungsmöglichkeiten: Zur weiteren Abrundung des Full-Service-Angebots wäre insbes. Erfahrung im Steuerrecht sinnvoll. Zudem gilt es nun, stärker das eigene Profil zu schärfen u. vermehrt originäres Geschäft zu entwickeln. Ausreichend erfahrene Anwälte dafür hat die Praxis jedenfalls in ihren Reihen.

Häufig empfohlen: Dr. Nico Abel, Dr. Mathias Wittinghofer, Dr. Michael Dietrich

Kanzleitätigkeit: Schwerpunkte in der Corporate/ ▶M&A-Arbeit, u.a. bei ▶Immobiliendeals. Zudem lfd. für Private-Equity-Häuser. Weiterer Schwerpunkt Prozesse. Daneben auch Finanzierungen, ▶Kartellrecht u. Arbeitsrecht; ▶Handel u. Haftung. (7 Partner, 15 Associates, 3 of Counsel)

Mandate: ●● Tui Travel bei Zusammenschluss mit Tui AG; Johnson Matthey bei Kauf der Energy-Storage-Sparte von Clariant; lfd. für Hidden Peak Capital bei Transaktionen, im Kartellrecht bei Zukauf; chin. Solarausrüster bei Kauf eines dt. Wettbewerbers; rhein. Kunststoffverarbeiter u.a. bei Kauf eines osteurop. Fensterprofilhändlers; Technologieausrüster bei gepl. Kauf eines Wettbewerbers.

HEUKING KÜHN LÜER WOJTEK
Frankfurt

Bewertung: Die in Ffm. empfohlene Kanzlei verfolgt weiter ihren Aufbaukurs: So kam zunächst

Christian Staps von Jones Day dazu, der die Restrukturierungspraxis stärkt, die bisher eher von München, D'dorf u. Köln aus agiert. Das türk. Geschäft – vorher ein Randgebiet bei Heuking – soll Corporate- u. M&A-Anwalt Dr. Ali Sahin ankurbeln, der von Paul Hastings wechselte. Allerdings verließ die Kanzlei auch ein bekannter Corporate-Partner: Adi Seffer machte sich selbstständig. In der bankaufsichtsrechtl. Praxis war der Zugang eines größeren Teams aus dem Vorjahr spürbar. V.a. Dr. Kai-Uwe Steck sorgte mit seinem Netzwerk für mehr Visibilität, wenngleich er vornehml. am Züricher Standort tätig war. Auch die IT-Praxis, ausgelastet u.a. mit dem ‚Herkules'-Projekt des Verteidigungsministeriums, baute erneut aus: Markus Lennartz kam von der Dt. Telekom.

Stärken: Große Bandbreite abgedeckter Rechtsgebiete.

Empfohlen für: ▶Arbeit; ▶Gesellsch.recht; ▶Gesundheit; ▶Handel u. Haftung; Immobilien; ▶Investmentfonds; ▶IT; ▶Kredite u. Akqu.fin.; ▶M&A; ▶Marken u. Wettbewerb; ▶Medienrecht; Pharmarecht; Restrukturierung u. Insolvenz; ▶Umwelt u. Planung; ▶Steuer; ▶Verkehr. (17 Eq.-Partner, 4 Sal.-Partner, 16 Associates)

Mandate: Siehe Fachkapitel.

HEYMANN & PARTNER
Frankfurt

Bewertung: Als Spezialistin für Technologietransaktionen hat sich die in Ffm. empfohlene Sozietät einen Namen gemacht. Zuletzt sorgte sie bspw. für Aufsehen mit der Beratung von Lufthansa bei der Abspaltung der Lufthansa Systems u. dem Outsourcing des Infrastrukturgeschäfts. Trotz seiner vergleichsweise geringen Größe schafft es das Team um Namenspartner Heymann immer wieder, sich solche hochvol. Outsourcings, die eher selten auf dem Markt sind, zu sichern. Neben der Schnittstelle M&A u. IT funktioniert ebenso die Zusammenarbeit mit der arbeitsrechtl. Praxis wie bspw. für Actuate beim Kauf von Legodo. Das Transaktionsgeschäft in der PE-Branche bleibt zudem eine wichtige Säule der Kanzlei.

Stärken: IT-Outsourcing; Private Equity u. Venture Capital.

Häufig empfohlen: Thomas Heymann (M&A/Private Equity), Dr. Katharina Scheja, Dr. Lars Lensdorf

Kanzleitätigkeit: Starker Fokus auf ▶IT-Outsourcing. Auch Restrukturierung/Sanierung, ▶Arbeitsrecht, ▶Gesellsch.recht, ▶Private Equ. u. Vent. Capital u. ▶M&A. (8 Partner, 1 Sal.-Partner, 1 Counsel, 6 Associates)

Mandate: ●● Lufthansa bei Aufspaltung von Lufthansa Systems u. IT-Outsourcing an IBM; Actuate bei Kauf der Legodo, auch arbeitsrechtl.; AstraZeneca bei Kauf der Almirall Sofotec; Dufry bei Kauf von World Duty Free; Jost Werke bei Kauf des Trailer Axle Systems von Daimler; Basler bei Restrukturierung der Finanzierung; Broadridge Financial Solutions zu Outsourcing mit Portigon Financial Service; E.on Business Service zu Neuverhandlung der Outsourcing-Verträge mit TSY u. HP, zu Einführung von Cloud-Technologie u. BPO; ZF Friedrichshafen IT-rechtl. zu Verkauf von ZF Lenksysteme.

HOGAN LOVELLS
Frankfurt

Bewertung: Das häufig empfohlene Büro in Ffm. nutzte nach einer langen, v.a. personell teils sehr bewegten Zeit das vergangene Jahr zur Trendwende. Eine größere Gruppe jüngerer Partner hatte schon zuvor das Ruder an sich genommen u. brachte den Standort wieder voran. Die Grabenkämpfe älterer Partner u. regelm. Partnerabgänge gehören seither der Vergangenheit an. Wie auch Associates zuletzt anmerkten, ist die Stimmung im Büro wieder positiv. Dies war sicherlich die Voraussetzung um wieder mit Quereinsteigern zu wachsen, die HL vielleicht zu lange abgelehnt hatte. Die im Vergleich zu London immer noch unterentwickelte Finanzierungspraxis stärkte sie mit dem Verbriefungsexperten Dr. Dietmar Helms von Baker & McKenzie. Die lange verwaiste Private-Equity-Praxis bekam zudem mit Verstärkung durch den Skadden-Partner Dr. Matthias Jaletzke. Die eigentl. Erfolgsgeschichte des Büros ist aber der erfolgr. Aufbau einer schlagkräftigen Praxis im Arbeitsrecht u. der Compliance-Beratung um Tim Wybitul. Besonders visibel bleibt das Büro bei der Betreuung von Finanzdienstleistern, wo sie mit den Abwicklungsanstalten FMS Wertmanagement u. EAA unter Führung von Dr. Tim Brandi 2 Mandanten begleiten, um die sie manche andere Frankfurter Praxis beneidet. Der Wechsel der Kapitalmarktpartnerin Dr. Susanne Schäfer zum Onlineschmuckhändler Elumeo schmerzt, muss sich aber nicht zwangsläufig als Schwächung erweisen.

Stärken: Bank- u. Finanzrecht.

Empfohlen für: ▶Arbeitsrecht; ▶Anleihen; ▶Bankrecht u. -aufsicht; ▶Börseneinführ. u. Kapitalerhöhung; ▶Compliance; ▶Energie; ▶Gesellsch.recht; ▶Gesellschaftsrechtl. Streitigkeiten; ▶Handel u. Haftung; ▶Immobilien; ▶Kredite u. Akqu.fin.; ▶M&A; ▶Marken u. Wettbewerb; ▶Notare; ▶ÖPP; ▶Private Equ. u. Vent. Capital; Steuerrecht; ▶Produkt u. Abfall; ▶Umwelt u. Planung; ▶Unternehmensbezogene Versichererberatung. (10 Eq.-Partner, 9 Sal.-Partner, 6 Counsel, 26 Associates, 2 of Counsel)

Mandate: Siehe Fachkapitel.

JONES DAY
Frankfurt

Kanzlei des Jahres
Frankfurt und Hessen

Bewertung: In Ffm. häufig empfohlene Kanzlei. Nach den zahlr. Zugängen der vergangenen Jahre hatten viele Wettbewerber gespannt beobachtet, wie schnell JD die personelle Verstärkung auch in zusätzl. Geschäft würde ummünzen können – bislang stand das Frankfurter Büro allen Erfolgen zum Trotz etwas im Schatten der Münchner Praxis. Mit der gepl. Übernahme von K+S durch Potash gelang dem Corporate-Team um Johannes Perlitt nun der Durchbruch: Dank der US-Kontakte der Kanzlei u. der gesellschaftsrechtl. Expertise in Dtl. setzte sich JD hier gg. sämtl. führenden Kanzleien durch. Die Bank- u. Finanzrechtspraxis hat sich im Markt inzw. ebenfalls etabliert, auch das Kreditfinanzierungsteam meldete nach längerer Aufwärmphase zuletzt einige Erfolge, darunter auf der SEB. Zugleich setzte JD ihren Expansionskurs fort u. verstärkte sich mit dem bekannten österr. Schieds- u. Kartellrechtler Dr. Johannes Willheim samt Team (von Willheim Müller), der umgehend an einigen anspruchsvollen Mandaten mitarbeitete. Der Restrukturierungsexperte Christian Staps dagegen wechselte zu Heuking, sein Teamkollege Dr. Volker Kammel schloss sich gemeins. mit dem Transaktionspartner Dr. Andreas Jürgens Reed Smith an.

Stärken: Grenzüberschr. M&A- u. Private-Equity-Transaktionen.

Empfohlen für: ▶Anleihen; ▶Energie; ▶Gesellsch.recht; ▶Immobilien; ▶IT; ▶Kartellrecht; ▶Kredite u. Akqu.fin.; ▶M&A; ▶Marken u. Wettbewerb; ▶Patent; ▶Private Equ. u. Vent. Capital; ▶Restrukturierung/Sanierung; Steuer; ▶Telekommunikation; Wirtschaftsstrafrecht. (23 Eq.-Partner, 3 of Counsel, 19 Associates)

Mandate: Siehe Fachkapitel.

K&L GATES
Frankfurt

Bewertung: Das in Ffm. empfohlene Büro profitierte vom Zuwachs an grenzüberschr. M&A-Arbeit, u. auch sein Private-Equity-Team gewann neue Mandanten. Es gilt nun als eines der dynamischen Mid-Cap-Teams in Ffm. mit Andreas Füchsel an der Spitze. Die Finanzrechtspraxis profitiert weiter von Dr. Frank Thomas, der der Kanzlei durch seine dominante Position im Eisenbahnfinanzierungsmarkt ein Alleinstellungsmerkmal beschert. Die Finanzrechtspraxis wurde indes durch den Wechsel von Julia Müller zu Herbert Smith verkleinert. Mit dem Zugang eines großen steuerrechtl. u. Fondsstrukturierungsteams von King & Wood wurde das Büro hingegen gestärkt – nicht zuletzt durch Karsten Seidel.

Empfohlen für: ▶Gesellsch.recht; ▶M&A; ▶Private Equ. u. Vent. Capital; Asset-Finance; jetzt auch Kredite u. Akqu.fin. Daneben ▶Steuer; Schiedsverfahren. (14 Partner, 11 Associates)

Mandate: Siehe Fachkapitel.

KAYE SCHOLER
Frankfurt

Bewertung: Die empfohlene Kanzlei in Ffm. ist eng mit ihrem internat. Netzwerk verwoben. Daraus bezieht sie regelm. Mandate, wie z.B. Uni-World Capital, Stammmandantin aus den USA, die beim Kauf eines ungar. Chemieherstellers auf die dt. Einheit setzte. Nach der Beratung von Activaero im vergangenen Jahr war Kaye Scholer somit im Life-Science-Bereich erneut visibel. Allerdings ist sie mehr als ein Außenposten des US-Standortes. So emanzipiert sich die Kartellrechtspraxis zunehmend von ihrer Rolle als Begleiterin internat. Transaktionen. V.a. bei der Individualverteidigung in Kartellbußgeldverfahren hat sich ein Partner inzw. einen Namen gemacht. Zudem wurde das Team zuletzt erstmals für eine große interne Ermittlung mandatiert. Für ihr ÖPP- u. Projektfinanzierungs-Know-how loben Wettbewerber auch zunehmend Kalisch u. Pfister.

Stärken: Patentprozesse, Kreditfinanzierung; Branchenschwerpunkt in Pharma.

Häufig empfohlen: Dr. Annette Bödeker (Corporate), Ingrid Kalisch, Sandra Pfister (beide Finanzierung), Wolfgang Leip (Patentrecht), Dr. Michael Weigel (Litigation)

Kanzleitätigkeit: Fokus auf Patentrecht, ▶Handel u. Haftung, Akquisitions- u. Projektfinanzierung (▶ÖPP). Zudem Steuer-, Gesellschaftsrecht, ▶M&A, Private Equity u. Venture Capital, Arbeits-, Pharma-, ▶Kartellrecht. Mandanten meist dt. mittelständ. u. gr. internat. Konzerne (Chemie-, Pharma-, IT-Branchen) u. internat. Großbanken. (11 Partner, 2 Counsel, 13 Associates)

Mandate: ●● Uni-World Capital u. VanDeMark Chemical bei Kauf von Framochem; Eigentümer der 328 Group bei Verkauf an Sierra Nevada Corp.;

REGION FRANKFURT UND HESSEN FRANKFURT

Onex Corp. bei Verkauf von The Warranty Group; Sodexo zu Kartellrecht u. Compliance.

KING & WOOD MALLESONS
Frankfurt

Bewertung: Das in Frankfurt häufig empfohlene Büro durchlief im Jahr 2 nach der Fusion mit der austral.-chin. Kanzlei KWM weiter eine Phase der Neuorientierung, in der sich der personelle Umbruch fortsetzte. Dabei verließen gleich 2 erfahrene Partner die Kanzlei, die angesehene Kapitalmarktexpertin Dr. Walburga Kullmann u. der erst im Vorjahr von Allen & Overy dazugestoßene Kartellrechtler Martin Bechtold. Aus der Steuerrechtspraxis, die ihre Ausrichtung seit dem Zusammenschluss so stark wandelte wie kaum eine andere u. v.a. transaktionsgetriebene Beratung in den Vordergrund rückt, ging der Vermögens- u. Nachfolgespezialist Karsten Seidel zu K&L Gates. Diese Weggänge machen klar: Nicht jeder kann oder will die veränderten Anforderungen an das Geschäft erfüllen, die nun immer deutlicher werden. Der internat. Anteil der Beratung steigt weiter, das Geschäft wird insges. tendenziell transaktionslastiger, u. Schritt für Schritt nutzt KWM ihr erweitertes asiat. Netzwerk besser.
Stärken: Private Equity.
Empfohlen für: ▶ Anleihen; ▶ Gesellsch.recht; ▶ Handel u. Haftung; ▶ Investmentfonds; Kartellrecht; ▶ Kredite u. Akqu.fin.; ▶ M&A; ▶ Medien; ▶ Nachfolge/Vermögen/Stiftungen; ▶ Private Equ. u. Vent. Capital; ▶ Steuer. (16 Partner, 5 Counsel, 15 Associates)
Mandate: Siehe Fachkapitel.

LACHNER WESTPHALEN SPAMER
Frankfurt

Bewertung: Die in Ffm. empfohlene Kanzlei war an einer beachtl. Zahl meist kleinerer Transaktionen beteiligt. Dabei bleibt der Fokus der kleinen Einheit auf der Beratung mittelständ. Unternehmen, aber auch Banken, v.a. Privatbanken, finden sich unter den Mandanten. Zudem vertritt die Kanzlei einen soliden Stamm an Privatpersonen u.a. bei Aktieneinsichtsverf., Kartellverf. u. Schadensersatzverfahren. Was den steigenden Beratungsbedarf im Zshg. mit der Vielzahl an Novellen im Bankenaufsichtsrecht betrifft, ist die Kanzlei mit Eichhorn gut aufgestellt.
Stärken: Bankaufsichts-/Investmentrecht; Betreuung mittelständ. u. internat. Unternehmen.
Häufig empfohlen: Dr. Jochen Eichhorn (Bankrecht)
Kanzleitätigkeit: M&A für Mittelständer, lfd. Gesellschaftsrecht u. Restrukturierung, Bankaufsichts-/Kapitalmarktrecht, Beratung von Venture-Capital-Fonds/-Investoren, Private Equity. Daneben Arbeits- u. Kartellrecht. (6 Partner, 2 Counsel, 4 Associates)
Mandate: ●● Waterleau bei Mehrheitserwerb des Konstruktions- u. Baugeschäfts von Stulz Planaqua; Wohnungsbauges. zu Bearbeitungsgebühren bei Verbraucherdarlehen; Hess, Modus Consult jew. beim Verkauf aller Aktien; Mittelständler bei beabsichtigter Beteiligung durch Großkonzern; Co-Investor lfd. bei Fondsstrukturierung; ING DiBa, Safra Sarrasin lfd. in div. Prozessen.

LATHAM & WATKINS
Frankfurt

Bewertung: Das in Ffm. häufig empfohlene Büro sorgte mit dem Zugängen der ehem. Clifford-Partner Oliver Felsenstein u. Alexandra Hagelüken zuletzt für Aufsehen. Damit stärkt Latham seine Praxis für Private Equity erhebl. u. ergänzt das renomm. Finanzierungsteam um Dr. Christina Ungeheuer. Dieses zählte mit seiner engen Anbindung an die Kapitalmarktspezialisten in München, London u. New York zwar bei Bank-Bond-Finanzierungen schon zu den Marktführern, war aber auf Bankenseite bisher etwas weniger präsent – hier bringt Hagelüken wertvolle Kontakte mit. Ein weiterer Trumpf des Büros ist das starke Bankaufsichtsrechtsteam, das trad. bei Prozessen, zuletzt aber auch verstärkt bei Transaktionen im Einsatz war. Ein Verlust ist der Wechsel Dr. Ulrich Wuermelings nach London. Der Datenschutzexperte ist dort Hochschullehrer u. schränkt seine Tätigkeit für L&W stark ein. Bei IT-bezogenen Transaktionen u. Datenschutz hinterlässt er eine Lücke.
Stärken: Bank- u. Finanzrecht, Private Equity.
Empfohlen für: ▶ Anleihen; Arbeitsrecht; ▶ Bankrecht u. -aufsicht; ▶ Börseneinführ. u. Kapitalerhöhung; Energie; ▶ Gesellsch.recht; ▶ Gesellschaftsrechtl. Streitigk.; ▶ Handel u. Haftung; ▶ IT; ▶ Kartellrecht; ▶ Kredite u. Akqu.fin.; ▶ M&A; ▶ ÖPP; ▶ Private Equ. u. Vent. Capital; ▶ Restrukturierung/Sanierung; ▶ Steuer. (16 Partner, 7 Counsel, 29 Associates)
Mandate: Siehe Fachkapitel.

LINKLATERS
Frankfurt

Bewertung: Eine führende Kanzlei in Ffm., die hier weiterhin klar auf 3 Kernbereiche fokussiert ist: Gesellschaftsrecht/M&A, Bank- u. Kapitalmarktrecht sowie Prozesse. Die Frankfurter Corporate-Praxis entwickelte sich nach dem Weggang ihres bekanntesten u. bei Konzernvorständen am besten vernetzten Partners im Vorjahr solide, stand aber erneut im Schatten der ausgesprochen starken Teams in München u. Düsseldorf. Etwas schmaler als bisher ist nun auch die Präsenz im Finanzierungs- und Restrukturierungsmarkt: Mit Dr. Eva Reudelhuber wechselte eine der führenden Kreditfinanzierungsspezialistinnen zu Gleiss Lutz, weitere erfahrene Anwälte schlossen sich Fried Frank u. Willkie Farr & Gallagher an – die entstandenen Lücken wird Linklaters zügig schließen müssen. Umso rosiger sah die Bilanz im Konfliktlösungs- u. Compliance-Bereich aus. Hier punktet die Kanzlei seit Jahren u. auch mit ihrer Finanzsektorexpertise u. setzte nun mit einer Partnerin von DLA Piper auch einen Fuß in den wachstumsträchtigen Markt der Patentprozesse.
Stärken: Anleihen; Bankrecht u. -aufsicht; Gesellsch.recht; Handel u. Haftung; Kredite u. Akqu.fin.; M&A.
Empfohlen für: ▶ Arbeitsrecht; ▶ Börseneinführ. u. Kapitalerhöhung; ▶ Compliance; ▶ Energie; ▶ Gesellschaftsrechtl. Streitigk.; ▶ Immobilien; ▶ Investmentfonds; Öffentl. Wirtschaftsrecht; ▶ ÖPP; ▶ Private Equ. u. Vent. Capital; ▶ Restrukturierung/Sanierung; ▶ Steuer; ▶ Unternehmensbez. Versichererberatung; Vertriebssysteme; ▶ Patent. (37 Partner, 7 Counsel, 105 Associates, 3 of Counsel)
Mandate: Siehe Fachkapitel.

LUTHER
Frankfurt

Bewertung: In Ffm. empfohlenes Büro, bei dem die Zeichen auf Integration der im Vorjahr gewonnenen Quereinsteiger im Bank- und Finanzrecht standen. Der Praxis gelang es, mit Lang & Schwarz sowie Crowdex für neue Mandanten tätig zu werden. Die Steuerrechtspraxis dagegen blickt auf ein schwieriges Jahr: Zum einen scheidet sie spätestens 2016 aus dem Taxand-Netzwerk aus, das ihr viele Transaktionen brachte, zum anderen machte sich mit dem Verrechnungspreis- u. Steuer-Compliance-Experten Christoph Kromer ein angesehener Partner selbstständig. Eine Stärkung dagegen dürfte das Notariat bedeuten, das Ulf Gibhardt aufbaut, der von Göring Schmiegelt & Fischer kam. Im M&A bewies Luther einmal mehr, dass sie über einen guten Ruf im Healthcare-Bereich verfügt, zuletzt mit der Mandatierung durch den Main-Taunus-Kreis beim Zusammenschluss von Kliniken.
Stärken: Steuerrecht.
Empfohlen für: ▶ Anleihen; ▶ Gesellsch.recht; ▶ Immobilien; ▶ IT; ▶ Gesundheit; Konfliktlösung; ▶ M&A; Marken- u. Wettbew.recht; Medizinrecht; Private Equ. u. Vent. Capital; Projektfinanzierung; ▶ Steuerrecht; Umwelt u. Planung. (15 Partner, 1 Counsel, 21 Associates, 7 of Counsel)
Mandate: Siehe Fachkapitel.

MANNHEIMER SWARTLING
Frankfurt

Bewertung: Die empfohlene Kanzlei in Ffm. berät ihre skand. Mandanten überwiegend in den Kernbereichen M&A, Arbeitsrecht u. Konfliktlösung. Zunehmend gelingt es ihr, Mandanten in andere Praxisgruppen zu transferieren. Ein Bsp. ist die schwed. Hotelkette Scandic, die MS im Immobilien- u. Arbeitsrecht berät u. zugleich zeigt, wie gut Ffm. u. Berlin zusammenarbeiten. Von bes. öffentl. Interesse ist die Beratung des Vattenfall-Konzerns vor dem ICSID-Schiedsgericht im Zshg. mit der Abschaltung 2er Atomkraftwerke.
Stärken: Dt.-skand. Rechtsverkehr; Betreuung internat. Inboundtransaktionen; Litigation.
Häufig empfohlen: Alexander Foerster (Bank- u. Finanzrecht, Prozesse, Schiedsverfahren), Oliver Cleblad („hohe fachl. u. persönl. Kompetenz", Wettbewerber)
Kanzleitätigkeit: Fokus auf Betreuung skand., v.a. schwed. Unternehmen u. Banken sowie ihrer Töchter in Dtl. bei Restrukturierungen u. im ▶ Gesellsch.recht sowie bei Unternehmenskäufen (▶ M&A). Weitere Schwerpunkte: Immobilientransaktionen, Prozesse u. Schiedsverfahren sowie Arbeitsrecht. Daneben auch Bank-, Kartell- u. Umweltrecht. (2 Eq.-Partner, 1 Sal.-Partner, 1 Counsel, 7 Associates)
Mandate: ●● Zobito bei Erwerb von Minderheitsbeteiligung; Hexagon bei Kauf Q-DAS-Gruppe; Langley bei Kauf Druck-Chemie-Gruppe; Hexpol bei Spartenzukauf; Duni lfd. im Gesellschaftsrecht; Vattenfall in Schiedsverf.; Scandic arbeitsrechtl.; Hemsö Dresden, Cityhold Propco jew. bei Restrukturierungen; internat. Technologiekonzern bei Kauf von dt. Firmengruppe.

MAYER BROWN
Frankfurt

Bewertung: Das in Ffm. häufig empfohlene Büro erfindet sich zz. neu. Nachdem die dt. Büros grünes Licht für größere Investitionen erhielten, begann Managing-Partner Dr. Guido Zeppenfeld mit der Umgestaltung der Praxis am Main, um das Büro bzgl. Ausrichtung u. Profitabilität mehr in Einklang

mit dem gesamten MB-Netzwerk zu bringen. Im Kern besteht sie unverändert aus der überaus erfolgr. Bank- u. Kapitalmarktpraxis von Dr. Jochen Seitz, einem kl. aber profilierten Corporate-Team sowie Zeppenfelds Arbeitsrechtspraxis. Doch der Weggang des ehem. Managing-Partners Dr. Jörg Wulfken zu PwC war ein schwerer Schlag, nicht zuletzt aufgr. seiner herausrag. Kontakte in die Frankfurter Finanzbranche. Bereits im Sommer 2014 hatte MB Kai Liebrich an Herbert Smith verloren, u. 2 weitere Partner in der Finanzrechtspraxis, Dirk-Peter Flor u. Dr. Simon Grieser, wechselten im Frühjahr 2015 zur US-Sozietät Reed Smith. Es gab jedoch nicht nur Abgänge. Dass MB den überaus angesehenen Cleary Gottlieb-Partner Dr. Klaus Riehmer für sich gewinnen konnte, verlieh der M&A-Praxis mächtig Auftrieb u. spricht dafür, welches Partnerkaliber die Kanzlei anziehen kann u. muss.
Stärken: Bank- u. Finanzrecht, v.a. Kapitalmarktrecht.
Empfohlen für: ▶Anleihen; ▶Arbeitsrecht; ▶Bankrecht u. -aufsicht; Compliance; ▶Gesellsch.recht; Gesundheit; ▶Immobilien; ▶Kredite u. Akqu.fin.; ▶M&A; ▶Notare; ▶Restrukturierung/Sanierung. (17 Partner, 10 Counsel, 28 Associates, 1 of Counsel)
Mandate: Siehe Fachkapitel.

MCDERMOTT WILL & EMERY
Frankfurt
Bewertung: Das in Ffm. geschätzte Büro machte v.a. mit Mandaten zur Kredit- u. Akquisitionsfinanzierung von sich reden. Ein Bsp. dafür ist die Beratung der CompuGroup Medical als Darlehensnehmer eines €400 Mio syndizierten Kredits. Christoph Coenen verstärkte zudem als neuer Partner die Finanzierungspraxis. Er war zuvor bei Clifford Chance u. bringt Erfahrung bei gr. Finanzierungen mit. Zudem treibt er die weitere Verzahnung mit anderen Praxisgruppen voran. So unterstützt er aus Ffm. heraus die D'dorfer Immobilienrechtler u. arbeitet gut mit der Münchner Private-Equity-Praxis zusammen.
Empfohlen für: Eigenkapitalmarktrecht; ▶Gesellsch.recht; ▶M&A; ▶Steuer; ▶Handel u. Haftung, Schiedsverfahren; ▶Immobilien. (7 Partner, 4 Associates)
Mandate: Siehe Fachkapitel.

METIS
Frankfurt
Bewertung: Die in Ffm. empfohlene Kanzlei ist v.a. für ihre Transaktions- u. gesellschaftsrechtl. Beratung im Markt bekannt. Ihr ohnehin starkes internat. Geschäft konnte sie durch weitere grenzüberschreitende Mandate noch steigern. Ein Beleg dafür ist ihre Arbeit für die arab. Adiuva Capital beim Kauf der Nahostaktivitäten von Maas & Roos. Sie berict sie in dt. Industrieunternehmen zu den Iransanktionen u. deren möglicher Aufhebung. Fortschritte machte die Litigation-Praxis, insbes. bei kapitalmarktrechtl. Streitigkeiten sowie Organhaftung u. Versicherungsdeckung.
Stärken: Internat. Geschäft.
Kanzleitätigkeit: Starker Schwerpunkt in Corporate/M&A. Weiterer Kernbereich: Arbeitsrecht. Zudem Finanzierungen, Kapitalmarktrecht, Litigation. (6 Partner, 1 Counsel, 4 Associates)
Mandate: ●● Adiuva Capital bei Kauf einer Beteiligung an Maas & Roos; Enertrag lfd. im Aktien- u. Konzernrecht; CABB, SEB, Pactiv, Cording Real Estate lfd. gesellschaftsrechtl.; Merck,

Putsch, SEB lfd. arbeitsrechtl.; Adtran, bd4 Travel lfd. arbeits-, gesellschafts- u. vertragsrechtl.; Equatex lfd. gesellschafts-, bankaufsichts- u. kapitalmarktrechtl.; Mediobanca bei Restrukturierung eines syndizierten Darlehens; The Korea Development Bank bei syndiziertem Darlehen.

MILBANK TWEED HADLEY & MCCLOY
Frankfurt
Bewertung: In Ffm. empfohlene Kanzlei, die so viel personelle Bewegung erlebte wie seit Jahren nicht: Mit Dr. Arndt Stengel, dem ehem. Leiter der Corporate-Praxis bei Clifford Chance, kam ein ausgewiesener Gesellschaftsrechtsexperte dazu, was den Horizont der Praxis deutl. erweitert – bisher standen hier v.a. mittelgr. Transaktionen im Vordergrund, für die Memminger sich inzw. einen guten Ruf erarbeitet hat. In der Kreditfinanzierungspraxis, die in Ffm. trad. eine tragende Rolle spielt, stand der Generationswechsel im Vordergrund: Mit Dr. Rainer Magold verabschiedete sich eine überragende Figur im gesamten Markt in den Ruhestand. Auch wenn Dr. Thomas Ingenhoven inzw. ebenfalls eine sehr gute Reputation hat u. Milbank postwendend einen neuen Finanzierungspartner ernannte, bleibt fragl., ob die Kanzlei im Markt auch weiterhin so präsent bleiben wird wie bisher.
Stärken: Renommierte Finanzierungspraxis, zunehmend auch komplexe M&A- u. Private-Equity-Transaktionen.
Empfohlen für: ▶Kredite u. Akqu.fin.; ▶Private Equ. u. Vent. Capital; ▶Gesellsch.recht; ▶M&A. (5 Partner, 8 Associates, 1 Counsel)
Mandate: Siehe Fachkapitel.

MORGAN LEWIS & BOCKIUS
Frankfurt
Bewertung: Die in Ffm. empfohlene Kanzlei ist seit der ww. Integration von rund 600 Anwälten der Wettbewerberin Bingham & McCutchen Teil einer noch größeren internat. Einheit. Im Frankfurter Büro kamen durch diesen Schritt zwar keine Anwälte hinzu, dennoch profitiert der Standort von dem erweiterten Netzwerk. Eine Schnittstelle ergibt sich v.a. mit der internat. Finanzierungspraxis, die durch den Zuwachs der ehem. Bingham-Anwälte gestärkt wurde u. auch der Praxisgruppe in Ffm. zusätzl. Geschäft verschafft. Einen Verlust musste das Büro hinnehmen, als der M&A- u. Gesellschaftsrechtler Nils Rahlf zu Norton Rose wechselte.
Stärken: Übernahmerecht, Kartellrecht.
Häufig empfohlen: Dr. Christian Zschocke (Kartellrecht u. Corporate), Dr. Jörg Siegels (Steuer-/Gesellschaftsrecht), Dr. Jürgen Beninca (Kartellrecht u. Prozessführung).
Kanzleitätigkeit: ▶M&A (v.a. im Netzwerk), umf. ▶Gesellsch.recht sowie Bank- u. Finanzrecht, ▶Kartellrecht, Arbeitsrecht, Steuerrecht, Prozesse. (7 Partner, 16 Associates, 2 of Counsel)
Mandate: ●● Octavian King Holdings bei Hotelverkäufen; UBS Real Estate bei Objektverkäufen; Dyckerhoff bei Abwehr von Schadensersatzklage; Dt. Börse im Kartellrecht; Schaefer Krusemark bei Silostellgebührverf.; IFM bei Verkauf der Zeilgalerie; Prime Office Germany bei Immobilienverkäufen u. Umstrukturierung.

NOERR
Frankfurt
Bewertung: Das häufig empfohlene Frankfurter Büro baute sein Team zuletzt kräftig aus: Während

der renommierte Dr. Lars Kutzner von PwC Legal als Eq.-Partner einstieg u. die Bereiche Steuer-Compliance sowie internat. Compliance vorantreiben soll, wuchs das Steuerteam von Dr. Oliver Trautmann um Katrin Gänsler, die von Allen & Overy kam. Mit dem Zugang von Dr. Sophia Habbe von Freshfields baut Noerr nun in Ffm. den Bereich Gesellschaftsrecht. Streitigkeiten auf, der bisher v.a. von D'dorf aus betreut wurde. Generell war das Corporate-Team erneut in attraktive Mandate eingebunden, so stand etwa Dr. Holger Alfes zusammen mit Immobilienrechtlern aus D'dorf an der Seite der Dt. Annington beim Kauf der Süddeutsche Wohnen.
Stärken: Gesellschaftsrecht.
Empfohlen für: ▶Arbeitsrecht; ▶Bankrecht u. -aufsicht; ▶Börseneinführ. u. Kapitalerhöhung; ▶Compliance; ▶Energie; ▶Gesellsch.recht; ▶Gesellschaftsrechtl. Streitigk.; ▶Handel u. Haftung; ▶Immobilien; ▶IT; ▶Kredite u. Akqu.fin.; ▶M&A; ▶Marken u. Wettbewerb; ▶Nachfolge/Vermögen/Stiftungen; ▶Restrukturierung/Sanierung; ▶Steuer; ▶Umwelt u. Planung; ▶Unternehmensbez. Versichererberatung; ▶Vertrieb; ▶Wirtschaftsstrafrecht. (18 Eq.-Partner, 15 Sal.-Partner, 1 Counsel, 34 Associates)
Mandate: Siehe Fachkapitel.

NORTON ROSE FULBRIGHT
Frankfurt
Bewertung: Die in Ffm. empfohlene Kanzlei expandierte weiter massiv mit Quereinsteigern. Für die Corporate-Praxis kam der M&A- u. Gesellschaftsrechtler Nils Rahlf von Morgan Lewis. Er erhöht die Kompetenz im klassischen M&A, aber auch bei öffentl. Übernahmen u. berät v.a. strateg. u. Finanzinvestoren. Das IP-Team verstärkte der Marken- u. Wettbewerbsrechtler Daniel Marschollek, der von Dentons kam. Mit dem Zugang des ehem. DLA-Piper-Prozessrechtlers Dr. Christian Wolf hat die Kanzlei zudem Kompetenz für den Bereich Banking Litigation gewonnen. Mit ihm konzentriert sich ein Partner ganz auf der Vertretung von Banken u. Finanzdienstleistern in Prozessen. Die bisher in HH u. München angesiedelte Steuerrechtspraxis erhielt durch Tino Duttiné von Baker & McKenzie Zuwachs. Sein Zugang schließt die Lücke, da es der Kanzlei an Dtl.s Finanzzentrum bisher an einem fachl. breit aufgestellten originären Steuerexperten fehlte. Nun kommt es darauf an, die zahlr. Zugänge nachhaltig zu integrieren. Einen Rückschlag stellt der Wechsel von Dr. Caroline Herkströter zur DekaBank dar. Sie war jahrelang die treibende Kraft im Investment- und Bankaufsichtsrecht. Durch ihren Weggang ist die Kanzlei in diesem Bereich nur noch sehr schmal aufgestellt.
Empfohlen für: ▶Anleihen; ▶Arbeit; ▶Börseneinführ. u. Kapitalerhöh.; ▶Energie; ▶Gesellsch.recht; ▶Handel u. Haftung; ▶Immobilien; Infrastrukturprojekte; ▶Investmentfonds; ▶Kredite u. Akqu.fin.; ▶M&A; ▶Marken u. Wettbewerb; ▶Private Equ. u. Vent. Capital; ▶Steuer; ▶Unternehmensbez. Versichererberatung. (16 Partner, 10 Counsel, 28 Associates, 1 of Counsel)
Mandate: Siehe Fachkapitel.

OTTO MITTAG FONTANE
Frankfurt
Bewertung: Die in Ffm. geschätzte Kanzlei genießt für die 2 Säulen der Praxis einen langjährigen guten Ruf. Die eine Hälfte der Kanzlei berät

REGION FRANKFURT UND HESSEN – FRANKFURT

weiterhin führende Finanzinstitute bei Fonds, OTC-Produkten u. strukturierten ▶Anleihen. Die andere Hälfte um die angesehenen Partner Otto u. Fontane hat einen erhebl. Aufschwung an kleinen bis mittelgr. ▶Private-Equity-Deals erlebt. Die beiden verfügen über einen bemerkenswerten langjährigen loyalen Mandantenstamm. Finatem war besonders aktiv; die engen Beziehungen zu Halder sind ebenfalls im Markt bekannt.
Stärken: Transaktionsberatung bei mittelgroßen Deals.
Häufig empfohlen: Dr. Hans-Jochen Otto, Dr. Gabriele Fontane
Kanzleitätigkeit: Transaktionsberatung vorwiegend für ▶Private-Equ.- u. Vent.-Capital-Investoren, manchmal auch Industriemandanten, inkl. Finanzierung und Steuerrecht. 2. Schwerpunkt ist die Beratung div. Großbanken bei Wertpapierprospekten. (6 Partner, 6 Associates)
Mandate: ●● Finatem bei Akquisition Oberndörfer, bei Verkauf J&S an Brockhaus PE u. bei Fusion Minigears u. Herzog; DDJ Capital bei Verkauf Beteiligung an Management. Auch langjährige Beziehung zu Halder; Citigroup lfd. bei Emission von Zertifikaten u. Optionsscheinen; Haspa lfd. bei Prospekten für Hypothekenpfandbriefe u. Schuldverschreibungen.

PAUL HASTINGS
Frankfurt
Bewertung: Die in Ffm. empfohlene Kanzlei ist v.a. bei komplexen Deals gefragt. Dies belegt z.B. die Arbeit für Capvis bei der Übernahme des Technologieunternehmens Rena. Ein Team arbeitete weiterhin an dem Mandat des frz. Rüstungskonzerns Nexter Systems zu dem geplanten Joint Venture mit KraussMaffei Wegmann. Dr. Christian Mock wurde zum Partner ernannt, der im Corporate-Bereich tätig ist. Die Kanzlei stärkt damit ihre traditionellen Kernbereiche. Der Transaktionsspezialist und Türkeiexperte Dr. Ali Sahin wechselte allerdings zu Heuking. Durch seinen Weggang wird die Riege marktbekannter Partner bei Paul Hastings weiter geschmälert.
Stärken: Distressed M&A; Asset-Finanzierung u. Infrastruktur.
Häufig empfohlen: Dr. Christopher Wolff (Corporate/Finance)
Kanzleitätigkeit: Gesellschaftsrecht, M&A, Private Equ. u. Vent. Capital, Strukturierte Finanzierung, Restrukturierung, Steuerrecht, Immobilienrecht, Bank- u. Finanzrecht (inkl. Projektfinanzierungen). (6 Partner, 1 Counsel, 9 Associates)
Mandate: ●● Capvis bei Übernahme von Rena; Nexter Systems bei geplantem JV mit KraussMaffei Wegmann; Ocean bei Kauf der DüsselHyp; Hatfield Philips bei Verkauf von Immobilienportfolios; Dt. Bank bei €600-Mio-Verbriefung von Gewerbeimmobilienportfolio der IVG; Citigroup, Raiffeisen Bank, Société Générale bei Electrica-IPO; Dt. Bank, Singapore, Standard Chartered Bank bei $350-Mio-Anleihe von GTX; Paragon Medical bei Erwerb der Medizintechniksparte von Michael Bubolz.

RITTERSHAUS
Frankfurt
Bewertung: In Ffm. geschätzte Kanzlei. Zwar bleibt Mannheim, insbes. im Gesellschaftsrecht, das Herzstück. Allerdings hat Rittershaus ihre standortübergreifende Arbeit zuletzt verbessert. So arbeiten die Büros etwa bei der Nachfolgeberatung enger zusammen als früher. Im Gesundheitswesen zahlt sich die vor Jahren angestoßene Branchenfokussierung immer mehr aus u. verschafft dem Frankfurter Büro regelm. neue Mandanten.
Kanzleitätigkeit: Schwerpunkt in ▶Gesellsch. recht, verstärkt Nachfolgefragen. Fokus auf Beratung von Biotech- u. Pharmaunternehmen (v.a. Heilmittelwerberecht, Lizenzen), zudem ▶Marken- u. Wettbewerbsrecht, IT- u. Telekommunikationsrecht sowie Arbeitsrecht. ▶Nachfolge/Vermögen/Stiftungen. 2 Notare (Immobilien- u. Gesellschaftsrecht). (9 Partner, 3 of Counsel, 2 Associates)
Mandate: ●● Arthur Weidenhammer bei Verkauf Firmenkonglomerat an amerikan. Investor; VR Bank Rhein-Neckar bei Anlageberatung; Dievini Hopp Biotech bei Aktienkauf; Rothenberger 4xS bei Unternehmensnachfolge; Europa-Park-Familie Mack zu Nachfolgethema; mittelständ. Industrieunternehmen bei Begebung einer Anleihe; Verlagserbin bei streitiger Auseinandersetzung.

SALGER
Frankfurt
Bewertung: Geschätzte Kanzlei in Ffm., die mittlerw. einen Schwerpunkt bei der Begleitung von Prozessen u. Schiedsverfahren hat. Im Sommer verließ Dr. Carsten Salger die Kanzlei u. ging zu Clouth. Damit verlor die Einheit zwar einen im lokalen Markt besonders anerkannten Anwalt. Jedoch hat auch Namenspartner Prof. Dr. Hanns-Christian Salger in diesem Bereich seinen Fokus, ebenso wie Neupartner Mielke, der zuvor bei Görg u. zuletzt in eigener Kanzlei tätig war. Im Gesellschaftsrecht berät die Kanzlei weiterhin v.a. mittelständ. Unternehmen, häufig mit internat. Bezug.
Häufig empfohlen: Prof. Dr. Hanns-Christian Salger („lösungsorientiert u. pragmatisch", Wettbewerber)
Kanzleitätigkeit: M&A sowie lfd. ▶gesellschaftsrechtl. u. kapitalmarktrechtl. Begleitung, oft für dt. Töchter von US-Unternehmen. Restrukturierungen, Schiedsverfahren, Compliance u. Bankrecht. Viel Prozesstätigkeit, v.a. auf Bankenseite, u.a. Abwehr von Anlegerklagen, Begleitung bei strittigen Finanzierungen. Zudem Arbeitsrecht u. IP/IT. (5 Eq.-Partner, 3 Associates, 1 of Counsel)
Mandate: ●● Lfd. für Standard & Poor's; M+C Schiffer, IMS Health.

SCHALAST & PARTNER
Frankfurt
Bewertung: Die in Ffm. empfohlene Einheit ist v.a. im Bank- u. Kapitalmarktrecht auf Wachstumskurs. Damit in Einklang steht auch die Partnerernennung von Dr. Andreas Walter, der die Praxisgruppe Bank- u. Kapitalmarktrecht leitet. Einen wichtigen Schritt hat die Kanzlei auch mit der Aufnahme in die Beraterliste der Commerzbank gemacht. Durch die Verzahnung der M&A- u. Finanzierungspraxis zur Schiedsgerichtsbarkeit kommt bei Post-Merger-Streitigkeiten u. Schalast zunehmend als Schiedsrichter zum Einsatz. Den steigenden Beratungsbedarf im Zshg. mit notleidenden Kreditportfolios an der Schnittstelle zur Prozessführung deckt die Praxis mit Frank Arretz ab.
Stärken: Betreuung des Kabelsektors.
Häufig empfohlen: Prof. Dr. Christoph Schalast („sehr kompetenter Kollege", Wettbewerber; Gesellschaftsrecht, Telekommunikation)
Kanzleitätigkeit: Schwerpunkt der Beratung in der Telekommunikationsbranche inkl. Transaktionen. Weiterer Schwerpunkt im ▶Gesellsch. recht/M&A, zudem Bank- u. Kapitalmarktrecht u. Non-Performing-Loans-Beratung. (6 Eq.-Partner, 6 Sal.-Partner, 1 Counsel, 15 Associates, 3 of Counsel)
Mandate: ●● Management von Duran, Management von Christ jew. bei MBO; Aufsichtsrat von Commerz Real Estate, Zarges, Yaveon, Solsacon jew. lfd.; Milch & Zucker, Docu jew. lfd. gesellschaftsrechtl.; Wikus Sägenfabrik lfd. gesellschafts- u. vertragsrechtl.; Delta Lloyd Real Estate bei Insolvenzverf. der Weltbild-Gruppe; div. Banken zu NPLs; Mylestone Equity bei Genussrechtsemission.

SCHIEDERMAIR
Frankfurt
Bewertung: Wichtiges Geschäftsfeld der empfohlenen Kanzlei in Ffm. bleibt das Gesellschaftsrecht, in dem sie weiter zahlr. namh. Mandanten betreut. Mit Friederike Schröder von Paul Hastings sowie Dr. Matthias Möller u. Dr. Tobias Riethmüller von GSK baute sie ihre Corporate-Praxis weiter aus. Traditionell zu den Kerngebieten von Schiedermair gehört auch das eng mit der Corporate-Praxis verbundene Immobilienwirtschaftsrecht. In diesem Bereich wechselte zunächst die gleichzeitig als Notarin qualifizierte Partnerin Waltraud Langenbruch zu Arnecke Sibeth Siebold. Die entstandene Lücke kompensierte die Kanzlei, indem sie Frank Endebrock von Mayer Brown gewann. Mit ihm stärkt die Sozietät wieder mehr die anwaltl. Aspekte des Immobilienwirtschaftsrechts u. fährt die notarielle Seite etwas zurück.
Stärken: Prozessvertretung, Nachfolge u. Vermögen, ▶Marken u. Wettbewerb, ▶Vertrieb.
Häufig empfohlen: Dr. Franz-Josef Kolb, (Gesellschaftsrecht), Christian Scholz („großes Vertrauen in seine Kompetenz", Mandant; Schiedsverfahren), Dr. Ulf Heil (Gewerbl. Rechtsschutz), Dr. Swen Vykydal (Gewerbl. Rechtsschutz)
Kanzleitätigkeit: Beratung in den Schwerpunkten Gesellschaftsrecht, Unternehmensnachfolge, Steuern, Immobilienrecht, Arbeitsrecht, IP u. IT. Zudem ▶Notariat. (17 Partner, 6 Sal.-Partner, 4 Associates)
Mandate: ●● ING bei Verkauf Logistikimmobilie; lfd. gesellschaftsrechtl. für Arjo Wiggins, Fotoco, ING Insurance, CBRE Global Investors, Unitymedia; FCA Germany lfd. aktien- u. kollektivarbeitsrechtl.; Stada im Steuerrecht; Radeberger im Gesellschaftsrecht; Juwi zivilprozessrechtlich.

SCHULTE RIESENKAMPFF
Frankfurt
Bewertung: V.a. die kartellrechtl. Praxis der empfohlenen Kanzlei in Ffm. erfuhr einen Schub, bspw. durch die Mandatierung von Applied Materials bei einem umfängl. fusionskontrollrechtl. Verfahren mit Tokyo Electron. Auch die andauernde Beratung von Werhahn in der Sektoruntersuchung Walzasphalt u. Transportbeton sorgte für Auslastung. Geschwächt wurde dagegen die Corporate-Praxis durch den Weggang von Dr. Andreas Lober zu Beiten Burkhardt, der mit seinem guten Netzwerk zu namh. Spieleanbietern auch für Transaktionsgeschäft sorgte u. überdies Kopf der IT-Praxis war. Gleichwohl vertrauen im Gesellschaftsrecht eine Reihe Stammmandanten schon

seit etl. Jahren auf das Know-how der Kanzlei, wie z.B. Faurecia u. Club Méditerranée.

Stärken: Gute Kontakte zur Autozulieferer-, Energieversorger- u. Baustoffbranche.

Häufig empfohlen: Dr. Josef Schulte, Dr. Christoph Peter, Christoph Just (Öffentl. Recht), Dr. Anne-Marie Peter, Petra Ostmann (Arbeitsrecht)

Kanzleitätigkeit: Deutl. Schwerpunkte u. umf. Beratung im ▶Kartellrecht, Gesellschafts- u. ▶Arbeitsrecht. Daneben Medien, IT-Recht u. Markenrecht, M&A. Zudem Energierecht (Vertretung kommunaler Anbieter) u. Öffentl. Recht (Vergabe, Arzneimittelzulassung). (8 Eq.-Partner, 1 Sal.-Partner, 10 Associates)

Mandate: ●● Faurecia, u.a. in gesellschaftsrechtl. Prozessführung u. bei Insolvenzen von nachgeordneten Unternehmen der Lieferkette; Club Méditerranée lfd.; kartellrechtl. Applied Materials bei Fusion mit Tokyo Electron, Werhahn-Gruppe bei Sektoruntersuchung Walzasphalt u. Transportbeton; lfd.: American Express, 1&1 Internet, Kommunalservice u. Stadtwerke Rüsselsheim, Faurecia, GBT III, Lavazza Dtl., GE.

SHEARMAN & STERLING
Frankfurt ☐☐☐☐☐☐☐☐

Bewertung: Die in Ffm. empfohlene Kanzlei hält an ihrem Kurs fest, indem sie sich weiter an den Bedürfnissen des ww. Netzwerks orientiert. Ein Bsp. für grenzüberschreitende Transaktionen ist die Beratung des Neumandanten L-GAM beim Kauf der Faist-ChemTec-Gruppe inkl. der Finanzierung der Akquisition. Auch darüber hinaus konnte die Sozietät neben der Fortführung langjähriger Beziehungen neue namhafte Mandanten gewinnen, wie bspw. die DBAG. Die Kapitalmarktpraxis musste mit dem Weggang von Marc Plepelits zu A&O einen Rückschlag hinnehmen. Die Verantwortung für das ECM-Team trägt seitdem ein Partner, der seine Zeit jedoch zw. M&A u. ECM aufteilt. Insbes. für die Corporate/M&A-Praxis ist Shearmans Galionsfigur Thoma weiterhin ein Kontaktbringer von großem Wert. Durch sein Mandat im Dt.-Bank-Aufsichtsrat ist er allerdings seit Längerem nur eingeschränkt operativ u. inzw. als of Counsel für S&S tätig.

Stärken: Enge Verbindungen von Thoma zu namh. Konzernen.

Häufig empfohlen: Dr. Alfred Kossmann, Dr. Thomas König, Dr. Esther Jansen, Winfried Carli, Georg Thoma

Kanzleitätigkeit: Schwerpunkte in ▶Börseneinführ. u. Kapitalerhöhung, im ▶M&A-Geschäft u. bei ▶Kredite u. Akqu.fin., zudem ▶Gesellsch. recht. (6 Partner, 6 Counsel, 18 Associates, 1 of Counsel)

Mandate: ●● Aareal lfd. aktien- u. aufsichtsrechtl.; DBAG bei Kauf von Pfaudler inkl. Finanzierung; L-GAM bei Kauf von Faist ChemTec inkl. Finanzierung; HeidelbergCement bei Verkauf des Bauproduktegeschäfts; Spheros bei US-Akquisition mit dt. Finanzierung; Mitsubishi Rayon bei Mehrheitsbeteiligung an Wethje; Ardagh, Allianz, Putzmeister, Sapinda, Sany Heavy Industry jew. lfd. gesellschaftsrechtl.; Avenue Capital bei Finanzierung des Kaufs von Duran durch One Equity Partners; BayernLB bei Finanzierung des Kaufs von Camano durch Afinum; LBBW, NordLB bei Finanzierung des Kaufs von Rameder durch Findos.

SIMMONS & SIMMONS
Frankfurt ☐☐☐☐☐☐☐☐

Bewertung: Der in Ffm. geschätzten Kanzlei gelang es zuletzt, v.a. ihrer Bank- u. Finanzrechtspraxis durch Quereinsteiger mehr Visibilität zu verleihen: Bspw. wechselte von Clifford Chance ein erfahrener Aufsichtsrechtler u. von Graf von Westphalen ein ehem. Partner als of Counsel. Rückenwind aus dem Ausland spürte der Standort – nicht zuletzt auch die steuerrechtl. Praxis – zudem durch das neu eröffnete Büro in Luxemburg, das mit einem Team von Quereinsteigern aus anerkannten Kanzleien an den Start ging. Die gesellschaftsrechtl. Praxis ist aber nach wie vor stärker in München u. D'dorf verortet. Die dortigen Gesellschaftsrechtler arbeiten zwar regelm. v.a. mit den Kapitalmarktrechtlern aus Ffm. zusammen, die gesellschaftsrechtl. Praxis dort agiert aber nach wie vor unauffälliger als z.B. die von vergleichbaren Wettbewerbern wie Paul Hastings.

Häufig empfohlen: Jochen Kindermann, Dr. Bernulph Frhr. von Crailsheim, Jochen Terpitz

Kanzleitätigkeit: Schwerpunkt in Bankrecht u. -aufsicht u. ▶Investmentfonds, daneben ▶Ge-

REGION FRANKFURT UND HESSEN FRANKFURT

sellsch.recht/ ▶M&A u. Immobilientransaktionen, auch ▶Steuer. Zudem ▶Energie. (10 Partner, 4 Counsel, 11 Associates, 1 of Counsel)
Mandate: ●● Hirtenberger sowie Ikea-Industry-Gruppe bei div. Transaktionen; Allianz Global Investors bei Konsolidierung der europ. OGAW- u. AIF-Management-Gesellschaften; aufsichtsrechtl. Brandywine Global Investment Management.

SKADDEN ARPS SLATE MEAGHER & FLOM
Frankfurt

Bewertung: Das häufig empfohlene Büro in Ffm. war v.a. im Kapitalmarktrecht u. bei M&A-Transaktionen sehr visibel. Die Kapitalmarktpraxis um Dr. Stephan Hutter u. Dr. Katja Kaulamo sorgte bspw. mit der Bankenberatung bei einer großvolumigen Kapitalerhöhung der Dt. Wohnen für Aufmerksamkeit. Bei M&A-Deals machte sich zudem ein Counsel mit der Beratung von Daimler im Zshg. mit dem Verkauf eigener Niederlassungen einen Namen. Dieses Mandat ist auch ein gutes Bsp. dafür, wie es der Kanzlei gelungen ist, die Beziehungen zu dt. Konzernen weiter zu intensivieren. Für eine Zuspitzung der personell ohnehin angespannten Situation sorgte allerdings der Wechsel des Transaktionsexperten Dr. Matthias Jaletzke mit einem Counsel zu Hogan Lovells.
Stärken: Private Equity, Restrukturierung, Finanzierung.
Empfohlen für: ▶Anleihen; ▶Börseneinführ. u. Kapitalerhöhung; ▶Gesellsch.recht; ▶Kartellrecht; ▶Kredite u. Akqu.fin.; ▶M&A; ▶Private Equ. u. Vent. Capital; ▶Steuer. (6 Partner, 2 Counsel, 13 Associates)
Mandate: Siehe Fachkapitel.

SKW SCHWARZ
Frankfurt

Bewertung: In Ffm. empfohlene Kanzlei, die stärker als früher standortübergr. ihren meist mittelständ. Mandanten zur Seite steht. Das beweisen Mandate bei der M&A-Praxis wie die Begleitung der ANWR beim Einstieg in die Schuh-und-Sport-Mücke-Gruppe, die der Standort am Main federführend leitete. Gleiches gilt auch für die IT-Praxis: Mittelständler, bspw. Brose im Datenschutz, aber auch immer mehr Konzerne setzen auf das Team, das regelm. Hand in Hand mit dem Münchner Standort agiert. Denn dort ist nach wie vor der Stammsitz von SKW verortet. Der Weggang von 2 Corporate-Partnern an der Isar ändert daran nichts.
Häufig empfohlen: Stefan Kridlo (Gesellschaftsrecht), Dr. Manfred Westpfahl (Gesellschaftsrecht), Dr. Oliver Bühr (IT)
Kanzleitätigkeit: Full-Service-Beratung mit Schwerpunkten im ▶Gesellsch.recht, ▶M&A, ▶IT, ▶Marken u. Wettbewerb, ▶Medien u. Arbeitsrecht; Notariat. (11 Partner, 5 Associates, 2 of Counsel)
Mandate: ●● ANWR bei Einstieg in die Schuh-u.-Sport-Mücke-Gruppe, Übernahme der Tom Holding, bei außerordentl. Gesellschafterversammlung; Salesheads u.a. bei Kapitalerhöhung; Sierra Nevada bei Erwerb 328-Gruppe; Familienholding im Bieterprozess bei Kauf einer Produktsparte eines Pharmakonzerns; Versicherungsholding bei Kauf von Lebens- und Sachversicherungsportfolios; Brose Fahrzeugteile u. Datenschutz; DEVnet zu Outsourcing; Finanz Informatik Technology Service zu Outsourcing; Items bei IT-Outsourcing mit öffentl. Auftraggebern; Krones zu Datenschutz u. B2B-Onlineshop.

SQUIRE PATTON BOGGS
Frankfurt

Bewertung: Markenzeichen der in Ffm. geschätzten Kanzlei bleibt der Gewerbl. Rechtsschutz, wo sie u.a. weiterhin den Feuerzeughersteller Zippo berät. Mit dem Luxusgüterkonzern Richemont als weiterem großen Mandanten für diesen Bereich hat sich der Zugang eines im Vorjahr gewonnenen Partners bezahlt gemacht. Für einen Schub in der Finanzierungspraxis sorgte Dr. Jens Rinze, der von Sidley Austin kam. Die Prozesspraxis entwickelte sich mit teils sehr umfangr. Kartellschadensersatz- u. Schiedsverf. ebenfalls positiv.
Häufig empfohlen: Dr. Andreas Fillmann (Bankrecht), Dr. Joachim Heine, Dr. Karl Walter (M&A, Dispute Resolution)
Kanzleitätigkeit: Gesellschaftsrecht/ ▶M&A, Marken- u. Wettbewerbsrecht, Konfliktlösung sowie Bank-, Finanz- u. Kapitalmarktrecht; auch Steuer-, Arbeits- u. Vertriebsrecht. (7 Eq.-Partner, 2 Sal.-Partner, 7 Associates)
Mandate: ●● LAN Airlines bei Kartellschadensersatzverf.; Arcoma bei internat. Schiedsverf.; Slowakei, Estland jew. bei Investitionsschiedsverf.; Tecumseh bei Kartellschadensersatzverf.; Zippo lfd. im Vertriebs-, Marken- u. Wettbewerbsrecht; Richemont lfd. im Marken- u. Wettbewerbsrecht; Murnauer, VOG lfd. in IP-Prozessen; Fitch Ratings bei €680-Mio-CMBS eines Portfolios der vormals insolventen IVG; Raiffeisenbank Internat. bei Handelsforderungen; Hatfield Philipps bei 2 CMBS Conduits.

SULLIVAN & CROMWELL
Frankfurt

Bewertung: Das häufig empfohlene, einzige dt. Büro der Kanzlei blickt auf ein außergewöhnl. erfolgr. Jahr zurück. Überragend war das Ergebnis im Eigenkapitalmarktrecht, wo es Partner Dr. Carsten Berrar gelang, die ohnehin beeindruckende Bilanz des Vorjahres noch einmal zu übertreffen. Die Arbeit an den wichtigsten Deals des Jahres pflastert den Weg von S&C, seien es die Beratung von Rocket Internet oder TLG bei deren IPOs oder der Banken beim Börsengang von Zalando. Daneben trumpfte das Büro auch bei M&A-Deals auf, etwa den öffentl. Übernahmen von Gagfah u. Alstria. Abgerundet wird der Erfolg durch die weiterhin sehr aktive Finanzierungspraxis.
Stärken: M&A u. Kapitalmarktrecht.
Entwicklungsmöglichkeiten: Der große Erfolg stellt die Praxis nach vor Probleme: Die außergewöhnl. hohe Auslastung sorgt für Kapazitätsengpässe. Der Weggang eines Counsels verschärfte diese Situation zuletzt noch. S&C steht deshalb vor der Herausforderung, das Team zu vergrößern u. gleichzeitig auch jüngere Anwälte noch stärker in die Verantwortung zu bringen.
Häufig empfohlen: Dr. Wolfgang Feuring, Dr. Konstantin Technau, Dr. Carsten Berrar (alle Corporate/M&A, Kapitalmarktrecht)
Kanzleitätigkeit: ▶M&A, Gesellschaftsrecht, Bank- u. Finanzrecht, ▶Börseneinführ. u. Kapitalerhöhung, Kredite u. Akquisitionsfinanzierung. (4 Partner, 13 Associates)
Mandate: ●● Dt. Annington bei Kauf von Gagfah, bei div. Kapitalerhöhungen; Oaktree/Dt. Office bei Verkauf von Dt. Office an Alstria; Dt. Wohnen bei gepl. Übernahme Conwert; ZF Friedrichshafen bei Kauf von TRW; Rocket Internet bei IPO, Credit Suisse, Morgan Stanley, Goldman Sachs bei IPO von Zalando; TLG Immobilien bei IPO, Sixt Leasing bei IPO; kommunaler Energieversorger bei div. gepl. Zukäufen.

SZA SCHILLING ZUTT & ANSCHÜTZ
Frankfurt

Bewertung: Das in Ffm. häufig empfohlene Büro ist insbes. bei M&A-Transaktionen sehr aktiv. Ein Bsp. ist die Beratung des Hauptaktionärs von Tom Tailor beim Verkauf eines Aktienpakets an den chin. Investor Fosun. Zudem betreut die Kanzlei eine Reihe weiterer Chinadeals. Zusätzl. gestärkt wird SZA durch 2 Zugänge von Clifford Chance. Markus Pfüller, der jahrelang die Kapitalmarktpraxis von CC leitete, ergänzt als Partner die aktien- u. gesellschaftsrechtl. Kompetenz. Der Zugang bedeutet eine Portfolioerweiterung für die Kanzlei, da sie bislang keinen originären Kapitalmarktrechtler in ihren Reihen hatte. Des Weiteren ernannte SZA die Arbeitsrechtlerin Katharina Steinbrück zur Partnerin. Sie arbeitet von Ffm. aus mit dem Mannheimer Arbeitsrechtsteam zusammen.
Stärken: Hervorragende Beziehungen zur dt. Großindustrie u. zu wichtigen Familienunternehmen.
Empfohlen für: ▶Arbeit; ▶Gesellsch.recht; ▶Gesellschaftsrechtl. Streitigk.; ▶Handel u. Haftung; ▶M&A; ▶Nachfolge/Vermögen/Stiftungen; ▶Steuer. (8 Partner, 2 Counsel, 11 Associates)
Mandate: Siehe Fachkapitel.

TAYLOR WESSING
Frankfurt

Bewertung: In Ffm. häufig empfohlenes Büro, welches inzw. ein Level an Stabilität erreicht hat, das in den Vorjahren nicht sichtbar war. Das spiegelt sich v.a. im Trackrecord in den Bereichen M&A u. Gesellschaftsrecht wider: So bildete sich eine äußerst erfolgr. Praxis für öffentl. Übernahmen heraus. Arrow vertraut zum wiederholten Male auf TW u. die Rolle der Beratung des Aufsichtsrats beim prom. C.A.T.-Oil-Deal war ein bedeutendes Highlight. Hier zeigt sich, wie die Seiteneinsteiger der vergangenen Jahre, v.a. Christoph Vaupel, das Frankfurter Büro gestärkt haben. Die Erweiterung um eine chin. Inboundpraxis als Pendant zum starken Münchner Outboundgeschäft ist eine weitere positive Entwicklung. Die Finanzrechtspraxis nimmt langsam aber sicher Fahrt auf, bleibt aber noch hinter ihren Wettbewerbern zurück.
Empfohlen für: ▶Börseneinführ. u. Kapitalerhöhung; ▶Gesellsch.recht; ▶Gesellschaftsrechtl. Streitigk.; ▶Gesundheit; ▶Handel u. Haftung; ▶Immobilien; ▶IT; ▶M&A; ▶Marken u. Wettbewerb; ▶Medizinrecht; ▶Nachfolge/Vermögen/Stiftungen; ▶Patentrecht; ▶Private Equ. u. Vent. Capital; ▶Steuer-/Steuerstrafrecht; ▶Umwelt u. Planung; ▶Vertrieb; ▶Versicherungsvertragsrecht. (17 Eq.-Partner, 7 Sal.-Partner, 4 Counsel, 24 Associates)
Mandate: Siehe Fachkapitel.

WALDECK
Frankfurt

Bewertung: Fokussiert auf M&A, Banking, Infrastruktur u. Outsourcings verfolgt die häufig empfohlene Kanzlei in Ffm. konsequent ihr Geschäft. Dass ihr Portfolio u.a. bei Transaktionen Früchte trägt, zeigt bspw. die erneute Mandatierung durch SMA, für die Waldeck schon in der Vergangenheit bei kleineren Transaktionen im Einsatz war. Auch das internat. Geschäft nahm mehr Raum ein: Für das chin. Unternehmen Ningbo Joyson war sie der dt. Brückenkopf beim Kauf von Quin. Als Treiber erwiesen sich zudem Prozesse: Mit der Vertretung

durch Hyrican im Streit um die Urheberrechtsabgaben für PCs berät sie zu einem für die Medienbranche relevanten Thema.
Häufig empfohlen: Dr. Claudius Dechamps (M&A), Thomas Fischer (IT), Laurenz Meckmann (M&A), Dr. Christian Faßbender (Prozesse)
Kanzleitätigkeit: ▶Gesellsch.recht, ▶M&A, Öffentl. Recht (Verkehrsinfrastruktur u. Entgeltregelungen), ▶IT/Outsourcing. Prozessführung, Bank- u. Kapitalmarktrecht. (15 Partner, 11 Associates)
Mandate: ●● Eurofins Genomics bei Spruchverfahren wg. Delisting 2er Tochtergesellschaften; IT-Unternehmen bei Umstrukturierung der Finanzierung; Preh bei Kauf von IMA Automation Amberg; SMA Solar Technology bei Kauf des europ. O&M-Geschäfts von Phoenix Solar; Ningbo Joyson Electronic bei Kauf von Anteilen an Quin; Family Office Mühleck bei Kauf von Strauss Innovation; Österr. Post bei Verkauf der Meillerghp; Telekommunikationsunternehmen bei Ausschreibungen u. Verträgen zum Breitbandausbau; Dt. Telekom bei IT-Outsourcings u. IT-Vergabeverfahren; Hyrican in Verfahren b. Verwertungsgesellschaften wg. Urheberrechtsabgabe für PCs.

WEIL GOTSHAL & MANGES
Frankfurt

Bewertung: Das in Ffm. häufig empfohlene Büro bleibt weiterhin eine der gesuchtesten Praxen für komplexe, oft restrukturierungsnahe Transaktionsberatung. Dieses Jahr hat die Praxis unter Prof. Dr. Gerhard Schmidt v.a bei der Beratung des neuen Mandanten Centerbridge beim Kauf von Senvion Schlagzeilen gemacht. Schmidt bleibt die überragende Figur im Büro, aber auch Dr. Christian Tappeiner hat eine solide Mid-Cap-Private-Equity-Praxis aufgebaut (u.a. dieses Jahr für Change Capital Partners). Im Vorjahr hatte die Kanzlei mit einem Seiteneinsteiger von einer Insolvenzkanzlei versucht, eine neue Treuhandgesellschaft aufzubauen. Aber dieser strategische Zug ist nicht aufgegangen. Dr. Thilo Hild verließ die Kanzlei bereits wieder (zu einem Unternehmen).
Stärken: M&A, Restrukturierung.
Empfohlen für: ▶Gesellsch.recht; ▶M&A; ▶Private Equ. u. Vent. Capital; ▶Restrukturierung/Sanierung; ▶Steuer. (7 Partner, 25 Associates)
Mandate: Siehe Fachkapitel.

WENDELSTEIN
Frankfurt

Bewertung: M&A ist das Herzstück in der Ffm. empfohlenen Kanzlei. Hier verzeichnete sie zuletzt einen weiter steigenden Trackrecord v.a. bei Immobilientransaktionen. Z.B. stand sie an der Seite von RWE bei Verkauf u. Wiederanmietung der Firmenzentrale u. beriet Morgan Stanley bei der Finanzierung des Kaufs der Millennium City. Aber auch ihr 2. Schwerpunkt, die gesellschaftsrechtl. Beratung, hat weiter angezogen, bspw. durch die Mandatierung von LEG u. Elster Messtechnik, für Letztere war sie sowohl in Transaktionen als auch im Gesellschaftsrecht im Einsatz. Mandanten loben das Team als „richtig klasse", Wettbewerber bezeichnen die Anwälte als „exzellente Juristen u. sympathisches Team" u. betonen ihre „Top-Qualität zu vernünftigen Preisen".
Kanzleitätigkeit: Schwerpunkt in Corporate/▶M&A. Auch Restrukturierungen und ▶Gesellsch.recht. Weitere Kernbereiche: Kapitalmarkt- u. Immobilienrecht sowie Prozesse. Zudem Steuern/Nachfolge. (7 Partner, 4 Associates)
Mandate: ●● RWE bei Verkauf u. Wiederanmietung der Firmenzentrale; Cleo Touristic Internat. bei Kauf sämtl. Anteile an Aldiana Holding; Morgan Stanley bei Kauf der Millennium City; Odyssey Music bei Beteiligung von Pro7Sat.1 an Deezer; LEG Standort u. Projektentwicklung Köln gesellschaftsrechtl., Imtech Dtl. gesellschaftsrechtl. bei lfd. Restrukturierung; Elster Messtechnik zu handelsrechtl. Verträgen; Energieunternehmen zu Venture-Capital- u. Joint-Venture-Beteiligungen.

WHITE & CASE
Frankfurt

Bewertung: Die in Ffm. häufig empfohlene Kanzlei hat den personellen Umbau weitgehend hinter sich u. zuletzt sichtbar Fahrt aufgenommen. Die Investition in den Ende 2014 von Allen & Overy geholten Kapitalmarktrechtler Gernot Wagner zahlte sich schnell aus, er brachte eine ganze Reihe Transaktionen in die Kanzlei, u.a. hoch profitables Geschäft mit Hochzinsanleihen. Fortschritte machte auch das M&A-Team, das u. a. seine Kontakte zu Dax-Konzernen vertiefte. Auch dass der langj. Deutschlandchef Markus Hauptmann nach Abgabe seiner Managementaufgaben mehr Raum für Mandatsarbeit hat, ist u.a. in Deals wie dem für die Commerzbank sichtbar. Mit der Ernennung von gleich 2 M&A-Partnern gab die Sozietät zudem ein Bekenntnis zum weiteren Ausbau ab. Dennoch bleibt v.a. der Abstand in der Zahl der Premiumdeals zu den Frankfurter Marktführern deutlich. Neben dem transaktionsgetriebenen Geschäft kam W&C auch in anderen Feldern voran, die sie sich auf ihrem angestrebten Weg in Richtung Marktspitze noch stärker auf die Fahnen geschrieben hat. Insbes. die Praxis für Gesellschaftsrechtl. Streitigkeiten unterstrich die eingeschlagene Marschrichtung. Zudem zeigte sich das Compliance-Team weiter stark.
Stärken: Bank- u. Finanzrecht, Corporate/M&A.
Empfohlen für: ▶Anleihen; ▶Arbeit; ▶Bankrecht u. -aufsicht; ▶Börseneinführ. u. Kapitalerhöhung; ▶Compliance; ▶Gesellsch.recht; ▶Gesellschaftsrechtl. Streitigk.; ▶Handel u. Haftung; ▶Immobilien; Investmentfonds; ▶IT; Kapitalanlageprozesse; ▶Kredite u. Akqu.fin.; ▶M&A; ▶Medien; Notare; ▶Private Equ. u. Vent. Capital; ▶Restrukturierung/Sanierung; ▶Steuer; ▶Telekommunikation; ▶Versicherungsvertragsrecht; ▶Wirtschaftsstrafrecht. (29 Eq.-Partner, 18 Sal.-Partner, 8 Counsel, 30 Associates)
Mandate: Siehe Fachkapitel.

WILLKIE FARR & GALLAGHER
Frankfurt

Bewertung: Die in Ffm. häufig empfohlene Kanzlei entwickelt sich zu einer der bedeutendsten Transaktionspraxen am Main. Seit Jahren ist sie für Mid-Cap- ▶Private-Equity bekannt u. dieser Bereich entwickelte sich dank der zunehmend visiblen jüngeren Partner im Jahr typischerweise herausragend. Reputation für die Transaktionsabwicklung weiter. Im vergangenen Jahr trat der erfahrene Linde bei einer bemerkenswerten Reihe an bedeut. M&A-Transaktionen auf, die ihren Höhepunkt im Hudson's Bay/Kaufhof-Deal fanden. Die Finanzrechtspraxis (▶Kredite u. Akqu.fin.) bleibt weiter klein, hat aber eine ausgezeichnete Reputation. Verstärkung von außen fand Willkie durch einen jungen Partner, der von Linklaters in ihre Restrukturierungspraxis wechselte. Doch nicht in allen Praxen sah es rosig aus. Überrascht zeigte sich der Markt von der Nachricht des Weggangs des etablierten Compliance-Partners Rolf Hünermann u. des jungen Dr. Octávio de Sousa zu Reed Smith. Vor dem Hintergrund, dass Willkie erstmals eine Phase der Stabilität genoss, war das ein enttäuschendes Zeichen.
Stärken: Private Equity, M&A.
Häufig empfohlen: Mario Schmidt, Georg Linde, Dr. Stefan Jörgens, Dr. Axel Wahl, Dr. Maximilian Schwab (alle M&A/Private Equity), Jan Wilms (Finanzierung)
Kanzleitätigkeit: Arbeitsrecht; ▶Gesellsch.recht; ▶Kredite u. Akqu.fin.; Litigation; ▶M&A; ▶Private Equ. u. Vent. Capital; ▶Restrukturierung/Sanierung; Steuer. (5 Eq.-Partner, 5 Sal.-Partner, 1 Counsel, 19 Associates)
Mandate: ●● Hudson's Bay bei Kauf von Galeria Kaufhof; Wendel bei Kauf von Constantia Flexibles; Archroma bei Kauf von BASFs ww. Textilchemiesparte; 3i bei Kauf von Christ Juweliere; IK Investment bei Kauf Sport Group sowie von Transnorm.

WILMERHALE
Frankfurt

Bewertung: Das Geschäft des in Ffm. geschätzten Büros fußt einmal mehr auf der Beratung von regulierten Branchen, ein Bsp. ist die vergaberechtl. Mandatierung durch den Flughafen Kassel. Im Marken- u. Wettbewerbsrecht dagegen sah es durchwachsener aus: Zott sorgte zwar weiter für Auslastung, allerdings wechselte Gesine Hild zur Mandantin Cosnova. Zudem fiel das viel beachtete Prozessmandat um den ‚Gold-Teddy' der langj. Mandantin Lindt weg. Dabei will sich WH zukünftig stärker entsprechend der Aufstellung in den USA auch in Dtl. auf Litigation u. Compliance konzentrieren. Spuren hinterließ dieser Kurs schon in der M&A-Praxis, denn die Transaktionsarbeit bleibt häufig ein Anhängsel der Kartellrechtler bzw. der Beratung Regulierter Industrien.
Stärken: Erfahrene Partner im IP und Vergabe-/Kartellrecht.
Entwicklungsmöglichkeiten: Der Weggang gleich mehrerer Associates u. Counsel offenbart, dass diese bei WH offenbar langfristig zu wenig Karriereperspektiven sehen. Dadurch läuft die Kanzlei Gefahr, dass es ihr an Schlagkraft fehlt, wenn es ihr nicht gelingt, auf diesen Ebenen wieder aufzustocken.
Häufig empfohlen: Reinhart Lange, Dr. Christofer Eggers (alle IP), Prof. Dr. Hans-Georg Kamann (Prozesse, Europarecht)
Kanzleitätigkeit: ▶Arbeit; Bankrecht u. -aufsicht; ▶Beihilfe; ▶Compliance; ▶Gesundheit; ▶Handel u. Haftung; ▶Kartellrecht; ▶M&A; ▶Marken u. Wettbewerb; ▶Gesellsch.recht; ▶IT; ▶Lebensmittel. (6 Partner, 4 Counsel, 7 Associates, 1 of Counsel)
Mandate: ●● Bindewald u. Gutting zu Kauf der PMG Mühlen einschl. fusionskontrollrechtl. Beratung; PMG Premium Mühlen bei Verkauf des Standortes Rüningen u. Verkauf des Hartweizengeschäftsbereiches an Goodmills; Flughafen Kassel vergaberechtl. zu Rechtmäßigkeit der Vergaben zum Bau des Flughafens Kassel-Calden; markenrechtl. u.a. lfd. Cosnova, Miele, Aareal Bank.

Hessen

Kanzlei	Standort	Stärken	Häufig empfohlen
Andreä & Partner	Wiesbaden	Arbeitsrecht; Notariat	Lutz Hoppe, Thomas Menzel
Helmut Bleier	Kronberg	▶Außenhandel	Helmut Bleier
Buschlinger Claus & Partner	Wiesbaden	Etabliertes Notariat; Gesellschaftsrecht	Reinhard Claus, Dr. Michael Magel, Friedel Maul
de Faria & Partner	Wiesbaden	Sehr etablierte arbeitsrechtl. Praxis; Gesellschaftsrecht/M&A; Notariat	Andreas Riedel, Silvia Schrade
Dierlamm	Wiesbaden	▶Wirtschaftsstrafrecht	Dr. Alfred Dierlamm, Niels Hoffmann, Eva Schrödel
Falk Berghäuser Albach Landzettel Wieland Berg und Kollegen	Darmstadt	Öffentl. Recht, Gesellschaftsrecht; starke forensische Ausrichtung (mit Schwerpunkt bei Versicherern)	Dr. Klaus Berghäuser
Fuhrmann Wallenfels	Wiesbaden	Gesellschaftsrecht, Arbeitsrecht; Urheber- u. Medienrecht	Dr. Stefan Rutkowsky, Dr. Tobias Stauder
Haas & Haas	Gießen u.a.	Starke steuerrechtl. Abteilung; M&A/Gesellschaftsrecht mit Schwerpunkten bei Umstrukturierungen u. Unternehmensnachfolgen (auch Steuerstrafrecht u. Insolvenzverwaltung)	Werner Otto, Johannes Haas
Dr. Kai Hart-Hönig	Frankfurt	▶Wirtschaftsstrafrecht	Dr. Kai Hart-Hönig
Hohmann & Partner	Büdingen	▶Außenhandel	Dr. Harald Hohmann
v. Keussler	Darmstadt	Umf. Beratung im Chemie- u. Biotechsektor u. von Industrieparks	Johann von Keussler (M&A), Nils Schmiedeknecht
Kipper + Durth	Darmstadt	▶Wirtschaftsstrafrecht	Dr. Oliver Kipper, Dr. Hanno Durth
Kleymann Karpenstein & Partner	Wetzlar	Gesellschaftsrecht inkl. Notariat; umf. für IT-Unternehmen; vermehrt für Kommunen	Berthold Jung, Jens-Oliver Müller
Knarr & Knopp Reitzlein Milde Netuschil Zimmer	Darmstadt, Frankfurt, Ober-Ramstadt, Griesheim	Gesellschaftsrecht (Notariat); Arbeitsrecht	Dr. Thomas Milde, Peter Netuschil
Kucera	Darmstadt	Schwerpunkt im ▶Immobilien-, Gesellschafts- u. Steuerrecht, auch umf. für internat. Investoren u. dt. Branchengrößen (insbes. Hotelbranche) tätig	Rolf Krauß, Dr. Stefan Kucera, Matthias Frank, Milena Vassilev
Meschkat & Nauert	Gießen	Versicherungsvertragsrecht	Norbert Meschkat, Ralf Nauert
Möller Theobald Jung Zenger	Gießen u.a.	Gesellschaftsrecht (Notariat); Bank- u. Versicherungsrecht; Immobilien- u. Priv. Baurecht (auch WP)	Karl Zenger, Dr. Wolfgang Theobald
Moog	Darmstadt	Gesellschafts- u. Steuerrecht; Arbeitsrecht sowie Wirtschaftsstrafrecht	Dr. Rüdiger Moog, Dirk Langner
Dr. Muth & Partner	Fulda u.a.	V.a. Gesellschafts-u. Steuerrecht; auch Baurecht; Arbeitsrecht	Ina Hüttig, Ralf Kammer, Roland Wolff
Ruhmann Peters Altmeyer	Wetzlar	Gesellschaftsrecht(inkl. Notariat); Arbeitsrecht	Dr. Ingo Peters, Ilja Borchers
Schütte & Kollegen	Wiesbaden	▶Arbeitsrecht (Arbeitnehmervertretung)	Reinhard Schütte
Unützer Wagner & Werding	Wetzlar u.a.	Gesellschaftsrecht; insbes. breite Tätigkeit im Sanierungs- u. Insolvenzbereich; Arbeitsrecht	Dr. Matthias Menger, Bernd Ache

Die hier getroffene Auswahl der Kanzleien ist das Ergebnis der auf zahlreichen Interviews basierenden Recherche der JUVE-Redaktion (s. Einleitung S. 20). Sie ist in 2erlei Hinsicht subjektiv: Sämtliche Aussagen der von JUVE-Redakteuren befragten Quellen sind subjektiv u. spiegeln deren eigene Wahrnehmungen, Erfahrungen u. Einschätzungen wider. Die Rechercheergebnisse werden von der JUVE-Redaktion unter Einbeziehung ihrer eigenen Marktkenntnis analysiert u. zusammengefasst. Der JUVE Verlag beabsichtigt mit dieser Tabelle keine allgemein gültige oder objektiv nachprüfbare Bewertung. Es ist möglich, dass eine andere Recherchemethode zu anderen Ergebnissen führen würde. Die Kanzleien sind alphabetisch geordnet.

MIT RECHT KARRIERE MACHEN

Nutze die bundesweiten JURAcon-Events, um unkompliziert mit interessanten Arbeitgebern Kontakt aufzunehmen, deren Angebote kennenzulernen und Bewerbungsgespräche zu führen.

Frankfurt
→ 12. November 2015
Commerzbank-Arena

München
→ 1. Dezember 2015
BMW Welt

Berlin
→ 8. Dezember 2015
Ludwig Erhard Haus

Bus-Shuttle-Angebot
Bequem und kostenfrei zu ausgewählten JURAcons anreisen!
www.juracon.de/busshuttle

Termin vormerken!
Rechtzeitig erinnern lassen:
www.juracon.de/eReminder

www.juracon.de   /juracon

Medienpartner:    Veranstalter:

Ansprechpartner für interessierte Kanzleien und Unternehmen: Susanne Glück · sg@iqb.de · 069 / 79 40 95-69

REGION SÜDWESTEN

Stuttgart 164
Baden-Württemberg (ohne Stuttgart) 169
Rheinland-Pfalz/Saarland 175

Region: Südwesten
(Stuttgart, Baden-Württemberg, Rheinland-Pfalz/Saarland)

Stuttgart: Heuking bläst zum Angriff

Der Anwaltsmarkt am Neckar gilt seit jeher als Festung, doch jenseits der Zinnen zieht Ungemach herauf für die Bewohner der Burg. Im Vergleich mit traditionell umkämpften Märkten wie Frankfurt ist deren Lage nach wie vor komfortabel: Mit großem Abstand dominieren **Gleiss Lutz** und **CMS Hasche Sigle** den Markt. Daneben lebt ein gutes Dutzend alteingesessener Regionalkanzleien bestens von ihren über Jahrzehnte eingespielten Beziehungen zur mittelständisch geprägten Unternehmerschaft. Stuttgart ist die größte deutsche Stadt, in der bisher keine angloamerikanische Sozietät Fuß gefasst hat – und das, obwohl die Region eine Dichte an zunehmend global agierenden und deshalb beratungshungrigen Unternehmen aufweist wie sonst nur die großen Metropolen.

Wohl auch deshalb geraten die Dinge in Bewegung. Bestes Beispiel: Zum Jahreswechsel sorgte **Heuking Kühn Lüer Wojtek** für einen Paukenschlag, indem die Kanzlei das Stuttgarter Büro von **GSK Stockmann + Kollegen** komplett übernahm. Gespannt verfolgen die Wettbewerber, ob es die alte Mannschaft mit einem wesentlich breiteren Beratungsangebot im Rücken nun schafft, ihren Marktanteil zu erhöhen. Vor allem zwei Entwicklungen sprechen dafür, dass dies gelingen könnte: Die Führung in den Unternehmen verjüngt sich, und damit können neue Akteure eher Fuß fassen als zu Zeiten, in denen kein Blatt zwischen Firmenpatriarchen und ihre angestammten Berater passte. Zudem wird Teilen des Kanzlei-Establishments eine gewisse Trägheit nachgesagt, die sich in den fetten Jahren eingeschlichen hat und den ungewohnten Umgang mit angriffslustigen Eindringlingen erschweren dürfte.

Auch abseits des Heuking-Coups bewegt sich der Markt. Die Corporate-Boutique **Reith Schick & Partner** wurde zu **Reith Neumahr**, weil ein früherer Namenspartner mit ehemaligen **Schaudt**-Anwälten die Kanzlei **Schick und Schaudt** gründete. Die Strafrechtskanzlei **Frick Quedenfeld** zerfiel in zwei Teile. Herausforderer wie **Heussen** und **BRP Renaud & Partner** verfolgen – die Erfolgsgeschichte von **Menold Bezler** im Blick – ehrgeizige Wachstumsziele. Auch MDP-Kanzleien wie **Ebner Stolz Mönning Bachem** und **Baker Tilly Roelfs** hegen Ambitionen, die weit über ihre angestammte Nische im Steuerrecht hinausreichen.

Vieles spricht dafür, dass der Markt schon bald mehr Erschütterungen erleben wird, denn es gibt weitere Großkanzleien, denen Begehrlichkeiten am Neckar nachgesagt werden. Ein Managing-Partner, der sich noch nicht aus der Deckung wagt, wittert in der Landeshauptstadt und ihrer Umgebung gar eine „Bonanza" für seine Sozietät.

Baden-Württemberg: Kampf um Märkte und kluge Köpfe

Selbst wenn die Kanzleilandschaft im Rest Baden-Württembergs verglichen mit Stuttgart im vergangenen Jahr ein Hort der Stabilität war, lassen sich auch hier Verschiebungen und Trends beobachten – nicht zuletzt, weil die Märkte in der Landeshauptstadt und im Rest des Landes immer stärker zusammenwachsen. Davon zeugt einer der wenigen Partnerwechsel: Die Stuttgarter Kanzlei **Kleiner** baute mit einem Quereinsteiger von **Schlatter** ihr Mannheimer Büro aus und unterstrich damit ihre Ambitionen, die Präsenz an beiden Wirtschaftsstandorten zu vergrößern. Zuvor hatte bereits die junge Stuttgarter Einheit **Würtenberger Winstel Kern Pawlik** ein Büro in Karlsruhe eröffnet, während die Karlsruher IT-Kanzlei **Bartsch** den umgekehrten Weg ging und in der Landeshauptstadt Fuß fasste.

Mehrere baden-württembergische Kanzleien zog es zudem in den vergangenen Jahren in die Finanzmetropole Frankfurt – mit unterschiedlichem Fortune: Während die Mannheimer Sozietäten **Rittershaus** und vor allem **SZA Schilling Zutt & Anschütz** dort längst etabliert sind und **Melchers** aus Heidelberg eine stabile Präsenz am Main vorweisen kann, musste **Friedrich Graf von Westphalen & Partner** zuletzt einen

Rückschlag hinnehmen. Die Freiburger hatten erst 2014 in Frankfurt eröffnet, allerdings verabschiedete sich einer der beiden Gründungspartner des Büros jüngst in Richtung der Arbeitsrechtskanzlei **Kliemt & Vollstädt**.

Auch untereinander wildern die Kanzleien im Südwesten munter in den angestammten Revieren ihrer Wettbewerber. So erscheint es kaum noch bemerkenswert, wenn eine badische Kanzlei wie **Bender Harrer Krevet** als Beraterin bei städtebaulichen Projekten in der Rhein-Neckar-Region mitmischt oder **Caemmerer Lenz** aus Karlsruhe im 200 Kilometer entfernten Bodensee-Vorposten Weingarten einen Krankenhausskandal rechtlich durchleuchtet.

Bei allen unterschiedlichen Schwerpunkten eint die meisten Kanzleien in Baden-Württemberg, dass ihr Geschäft sich im Windschatten der Mandantschaft zunehmend internationalisiert. Der daraus entstehende Wettbewerb um die besten Köpfe bleibt in einer Region, die weitgehend ohne die Reize von Wirtschaftsmetropolen auskommen muss, eine beständige Herausforderung. Kanzleien wie **Rittershaus** oder **Voelker & Partner** aus Reutlingen haben in dieser Hinsicht mit ausgeklügelten Nachwuchsprogrammen eine Vorreiterrolle im Markt eingenommen.

Rheinland-Pfalz/Saarland: Generationswechsel wird drängender

Auch Kanzleien in Rheinland-Pfalz und im Saarland kennen diese Herausforderung: Nur selten sind junge Juristen bereit, nach Koblenz, Mainz, Trier oder Saarbrücken zu ziehen – es sei denn, sie haben ihre Wurzeln hier. Um das Problem zu mildern, betonen die Kanzleien ihre Stärken: So können sie zwar bei den Gehältern meist nicht mit der Konkurrenz aus dem nahen Frankfurt mithalten, allerdings bieten sie anders als diese bessere Chancen auf Partnerschaft – und oft auch mehr Flexibilität für diejenigen, denen familienkompatible Arbeitsbedingungen wichtiger sind als der Partnerstatus. Einen anderen Ansatz verfolgt **Fromm** aus Koblenz. Die Kanzlei ist dabei, ihrem Kölner Büro mehr Leben einzuhauchen – wobei auch Recruiting-Gesichtspunkte eine wichtige Rolle spielen: Wer Köln statt Koblenz bietet, so die Idee, fischt bei der Nachwuchsgewinnung in einem größeren Teich.

Eng verbunden mit der Nachwuchsfrage ist das Thema Generationswechsel, das zahlreiche Kanzleien umtreibt. So versuchen die Marktführer **Martini Mogg Vogt** und **Bette Westenberger Brink** die Aufmerksamkeit auf jüngere Partner zu lenken. Es braucht allerdings noch Zeit, bis diese Bemühungen im Markt wirken. Ein ähnlicher Prozess steht in Koblenz **Klinge Hess** bevor. Auch bei **Heimes & Müller** und **Kropp Haag Hübinger** in Saarbrücken stellt sich für einige Praxen immer drängender die Frage, wer in die Fußstapfen der nach wie vor präsenten Seniorpartner treten soll.

Dass Personalprobleme mit Quereinsteigern gelöst werden, ist in den engen regionalen Märkten, anders als in Metropolen, eher selten. Nach dem Wechsel mehrerer Anwälte von **Kropp Haag Hübinger** zur lokalen Konkurrentin **Heimes & Müller**, der vor einigen Jahren für reichlich Gesprächsstoff in Saarbrücken gesorgt hatte, herrschte am Markt zuletzt weitgehend Ruhe. Fluktuation auf Partnerebene verzeichneten dagegen Kanzleien in Koblenz und Trier: **Dr. Caspers Mock & Partner** verlor mit dem Versicherungsrechtler Arno Schubach einen ihrer bekanntesten Partner an eine Boutique in Frankfurt. Bei **Neuhaus Partner** schied ein renommierter Partner aus und gründete eine eigene Kanzlei. Auch ein langjähriger Partner von **König** in Trier machte sich selbstständig.

Dynamisch zeigten sich viele Marktteilnehmer bei der Ausweitung ihres Geschäfts über die lokalen Grenzen hinaus: So eröffnete **Dornbach** in Mainz. Dass die Grenzen zwischen den lokalen Märkten durchlässiger geworden sind, zeigen auch Mandatsbeziehungen: Es kommt immer häufiger vor, dass Trierer Kanzleien im Saarland beraten oder Saarbrücker Kanzleien wie **Staab & Kollegen** bis tief in die Pfalz hinein Mandanten gewinnen.

Die folgenden Bewertungen behandeln Kanzleien, die nach der Recherche der JUVE-Redaktion in ihrer Region eine besondere Bedeutung und Reputation genießen. Diese Kanzleien bieten typischerweise Beratung und Vertretung in vielen Sparten des Wirtschaftsrechts. Bitte beachten Sie aber ggf. Verweise auf weitere Besprechungen in einem Rechtsgebietskapitel. Dort finden Sie auch jeweils weitere Referenzmandate.

JUVE KANZLEI DES JAHRES
SÜDWESTEN
KUNZ

Schritt für Schritt arbeitet sich Kunz an die Spitze des Marktes im Südwesten heran. Wie weit sie schon gekommen ist, beweist ihr Engagement bei der viel beachteten Fusion zweier lokaler Krankenhäuser zum größten Maximalversorger der Region. Hier beriet sie die Stadt Koblenz Seite an Seite mit Martini Mogg Vogt. Ebenso beachtlich: Bei Klagen gegen die politisch brisante Gebietsreform des Landes vertritt Kunz fast alle betroffenen Kommunen vor dem Verfassungsgericht Rheinland-Pfalz. Auch bei Transaktionen stößt das Team in neue Dimensionen vor. So begleitete Kunz etwa Rhenser Mineralbrunnen beim Erwerb von Neuselters Mineralquellen – ein wichtiger Deal für die Region. Dass die Kanzlei auch bei der Insolvenz des größten Burger-King-Franchisenehmers eine wichtige Rolle spielt – hier beriet sie Stammmandantin Meyer Quick Service Logistics als größte Gläubigerin des Verfahrens –, bescherte ihr ebenfalls reichlich Aufmerksamkeit im Markt. Dieser Erfolg wirkt anziehend: So konnte sie eine 2013 durch Weggänge entstandene Lücke im Bau- und Vergaberecht rasch wieder schließen, u.a. mit einem Frankfurter Vergaberechtler von Wollmann & Partner. In einer Region, in der viele Kanzleien händeringend nach personeller Verstärkung suchen, ist dieser schnelle Wiederaufbau ein weiterer Beweis für die Attraktivität und die starke Marktposition von Kunz.

Stuttgart

STUTTGART

CMS Hasche Sigle
Gleiss Lutz

Haver & Mailänder
Menold Bezler
Oppenländer

Binz & Partner
Hennerkes Kirchdörfer & Lorz
Heuking Kühn Lüer Wojtek
Kuhn Carl Norden Baum
Lehmann Neunhoeffer Sigel Schäfer
Thümmel Schütze & Partner

BRP Renaud & Partner
Kasper Knacke
Luther

Kleiner
Schelling & Partner

Diem & Partner
Heussen
Reith Neumahr
Würtenberger Winstel Kern Pawlik

Die hier getroffene Auswahl der Kanzleien ist das Ergebnis der auf zahlreichen Interviews basierenden Recherche der JUVE-Redaktion (s. Einleitung S. 20). Sie ist in 2erlei Hinsicht subjektiv: Sämtliche Aussagen der von JUVE-Redakteuren befragten Quellen sind subjektiv u. spiegeln deren eigene Wahrnehmungen, Erfahrungen u. Einschätzungen wider. Die Rechercheergebnisse werden von der JUVE-Redaktion unter Einbeziehung ihrer eigenen Marktkenntnis analysiert u. zusammengefasst. Der JUVE Verlag beabsichtigt mit dieser Tabelle keine allgemein gültige oder objektiv nachprüfbare Bewertung. Es ist möglich, dass eine andere Recherchemethode zu anderen Ergebnissen führen würde. Innerhalb der einzelnen Gruppen sind die Kanzleien alphabetisch geordnet.

BINZ & PARTNER
Stuttgart

Bewertung: In der häufig empfohlenen Stuttgarter Kanzlei dominiert seit einigen Jahren die gerichtl. Vertretung in Gesellschafterstreitigkeiten das öffentliche Bild. Dies liegt v.a. an der Mitwirkung in den Tönnies-Verfahren sowie dem lokalen Breuninger-Streit. Die Basis der Kanzleitätigkeit bildet jedoch von jeher die gesellschaftsrechtl. (Struktur-)Beratung in Familienunternehmen (für Mehrheits- u. Minderheitsgesellschafter), zuletzt etwa die SE-Umwandlung von Dachser. Die zentrale Rolle spielt der Namenspartner: Als einer der einflussreichsten dt. Anwälte für Familienunternehmen agiert er häufig auch als nicht nur juristischer Ratgeber u. Vertrauensperson für Familiengesellschafter. Das schlägt sich in den div. Aufsichts- u. Beiratssitzen nieder, die allerdings fast alle Partner innehaben und dem Konzept der Kanzlei entsprechen.
Stärken: Große Vertrauensstellung in bedeutenden Familienunternehmen.
Entwicklungsmöglichkeiten: Der Erfolg der Kanzlei fußt seit vielen Jahren auf den individuellen Beratungsleistungen der Partner, die alle zw. Anfang 50 u. Ende 60 Jahre alt sind. Diese Art der Beratung ist schwer auf ein Team umzulegen, sodass mit der begonnenen Verjüngung mittelfristig auch eine Neuausrichtung des Geschäftsmodells einhergehen müsste.
Häufig empfohlen: Prof. Dr. Mark Binz („setzt sich mit einer Begeisterung ein, als ginge es um sein Leben", „brillanter Kopf", Mandanten), Dr. Martin Sorg, Prof. Dr. Götz-Peter Freudenberg, Dr. Alexander Burger, Dr. Gerd Mayer („auch bei scharfer Auseinandersetzung kooperativ, konstruktiv u. kollegial", Wettbewerber)
Kanzleitätigkeit: Beratung von Familienunternehmen. Schwerpunkte in der ▶Unternehmensnachfolge, ▶Gesellsch.recht u. ▶M&A, ▶Handel u. Haftung (Lösung von Gesellschafterkonflikten), daneben Steuerrecht. Auch stiftungsrechtl. Expertise. (5 Partner, 1 Associate)
Mandate: ●● Eigentümerfamilien von Dachser bei Umwandlung in SE u. Neuaufsetzung des Gesellschaftsvertrags; geschäftsf. Gesellschafter von SEW Eurodrive bei Nachfolgeregelung u. gesellschaftsrechtl. Neuordnung; Robert Tönnies bei div. Auseinandersetzungen mit Mitgesellschafter; Wolfgang Blumers in Prozess um €220-Mio.-Beteiligungsanspruch am Textilhändler Breuninger. Aufsichtsrats-/Beiratsmandate: u.a. Fielmann, Wormland, Faber-Castell, Festo, Sick, Behr.

BRP RENAUD & PARTNER
Stuttgart

Bewertung: Die empfohlene Kanzlei gehört nach wie vor zu den dynamischsten Akteuren am Stuttgarter Markt. Ähnlich wie Menold Bezler hat sie sich in den vergangenen Jahren über Quereinsteiger neue Beratungsfelder erschlossen, z.B. Kartell- u. Öffentl. Recht. Auch die wachsende Riege von inzw. 6 Patentanwälten, die BRP eine Sonderstellung unter den breit aufgestellten mittelständ. orientierten Kanzleien verleiht, geht auf eine ambitionierte Ausbauentscheidung zurück. Im Markt wurde zuletzt v.a. die Entwicklung des Wirtschaftsstrafrechts registriert. Schork, der vor 3 Jahren als jüngerer Quereinsteiger Partner wurde u. die Praxis aufgebaut hat, macht sich zunehmend einen Namen als Individualverteidiger von Mitarbeitern auch großer Unternehmen wie EnBW. Er ist auch Teil des Compliance-Teams, das zuletzt mit der ehem. Compliance-Chefin von Bosch, Dr. Susanne Jochheim, und in Frankfurt mit dem früheren General Counsel der Zurich-Gruppe, Dr. Helmut Hoffmans, auf Partnerebene verstärkt wurde. Ein Bsp. für die zunehmende Vernetzung von Praxisgruppen ist die Umstrukturierung eines Autozulieferkonzerns, bei der Gesellschafts- u. Arbeitsrechtler eng zusammenarbeiten. Dass BRP weiter wachsen will, unterstrich sie zuletzt auch mit 4 Associate-Zugängen.
Stärken: ▶Patentanmeldungen.
Häufig empfohlen: Dr. Werner Renaud (Gesellschaftsrecht), Dr. Ulrich-Peter Kinzl (Gesellschaftsrecht, M&A), Dr. Martin Beutelmann („sehr erfahren, praxisgerechter Beratungsansatz", Wettbewerber; Kartellrecht), Dr. Alexander Schork („kluger Stratege", Wettbewerber; Wirtschaftsstrafrecht).
Kanzleitätigkeit: Schwerpunkte: Gesellschaftsrecht, Arbeitsrecht, ▶Patent-, Immobilien- u. Baurecht, Kartellrecht u. Wirtschaftsstrafrecht. Daneben u.a.: Medizin-, IT-, Versicherungs- u. Bankrecht. Notariat. (28 Eq.-Partner, davon 4 Patentanwälte, 3 Sal.-Partner, 11 Associates, davon 2 Patentanwälte, 1 of Counsel)
Mandate: ●● Ricoh Dtl. in Prozess gg. Commerzbank infolge eines Softwareprojekts; Festo lfd. gesellschaftsrechtl. (öffentl. bekannt); lfd. im Gewerbl. Rechtsschutz: Wörwag Pharma, DocMorris Kooperationen GmbH im Zshg. mit Markenlizenz- u. Kooperationsverträgen, Ehotel, Aquapurgo; Lady Gaga, Justin Timberlake u.a. zu Gemeinschaftsmarkenverwaltung; börsennot. Softwarehersteller bei Kapitalerhöhung.

CMS HASCHE SIGLE
Stuttgart

Bewertung: Die Kanzlei zählt zu den führenden in Stuttgart. Sie stellt an ihrem Heimatstandort das größte Anwaltsteam u. bietet in der Breite das umfassendste Beratungsangebot. Dies verschafft ihr v.a. beim gehobenen Mittelstand im Südwesten eine Marktdurchdringung, die die Stuttgarter Hauptwettbewerberin Gleiss Lutz nicht in dem Maße erreicht. Bei High-End-Mandaten wie großvol. Transaktionen hingegen ist unterm Strich nach wie vor Gleiss präsenter, allerdings macht CMS auch hier Fortschritte. So steuerte der renommierte Corporate-Partner Dr. Thomas Meyding von Stuttgart aus für Holtzbrinck einen der größten dt. Deals des vergangenen Jahres: den Zusammenschluss von Teilen des Verlags mit Springer Science+Business Media. Dass im gesamten Markt das Transaktionsgeschäft zuletzt angezogen hat, bedeutet auch eine Zunahme von Post-M&A-Streitigkeiten, für die CMS dank ihrer starken Konfliktlösungspraxis bestens positio-

niert ist. Zuletzt ernannte die Kanzlei in Stuttgart eine Partnerin im Energierecht.
Stärken: Sehr breite Corporate-Praxis; Konfliktlösung.
Empfohlen für: ▶Arbeitsrecht; ▶Börseneinführ. u. Kapitalerhöhung; ▶Compliance; ▶Energie; ▶Gesellsch.recht; ▶Gesellschaftsrechtl. Streitigk.; ▶Gesundheit; ▶Handel u. Haftung; ▶Immobilien; ▶IT; ▶Kartellrecht; ▶Kredite u. Akqu. fin.; ▶M&A; ▶Marken u. Wettbewerbsrecht; ▶Medien; ▶Nachfolge/Vermögen/Stiftungen; ▶Patent; ▶Presserecht; Priv. Baurecht; ▶Private Equ. & Vent. Capital; ▶Projektentwicklung/Anlagenbau; ▶Restrukturierung/Sanierung; ▶Steuer; ▶Umwelt u. Planung; ▶Vergabe; ▶Verkehr; ▶Vertrieb. (43 Partner, 9 Counsel, 65 Associates)
Mandate: Siehe Fachkapitel.

DIEM & PARTNER
Stuttgart

Bewertung: Die in Stuttgart geschätzte Kanzlei hat sich wie wenige Wettbewerber auf internat. Geschäft spezialisiert. Ihre Schwerpunkte liegen in der Beratung mit Bezügen zu Frankreich, der Türkei u. Nordafrika. Im Fokus steht die Beratung der vorwieg. mittelständ. Mandanten zu Investitionen dort sowie daraus erwachsende handelsrechtl. Streitigkeiten. Zunehmend an Profil gewinnt hier der jüngst zum Partner ernannte Dr. Daniel Smyrek, der von Mandanten insbes. bzgl. seiner Nordafrika-Expertise als „ruhig, professionell und hoch qualifiziert" gelobt wird. IT/IP-Rechtlerin Bettina Backes, ebenfalls Neupartnerin, gelang eine Ausweitung der Beratung im Gewerbl. Rechtsschutz. Der Wechsel des in der Start-up-Szene gut vernetzten ehem. Partners Dr. Carsten Ulbricht zur Wettbewerberin Bartsch konnte aber bisher nicht vollends kompensiert werden.
Stärken: Gute Verbindungen nach Frankreich, Nordafrika u. in die Türkei.
Entwicklungsmöglichkeiten: Die Kanzlei hat erkannt, dass die starke Fokussierung auf Namenspartner Frank Diem den Generationswechsel erschwert, u. hat die Partnerschaft erweitert. Bei der Profilierung jüngerer Partner im Markt hat die Kanzlei aber, obwohl es Fortschritte gibt, noch ein gutes Stück des Wegs vor sich.
Kanzleitätigkeit: Schwerpunkte: Gesellsch.recht inkl. Transaktionsbegleitung, Arbeits- u. Baurecht; IT/IP, auch Markenverwaltung; dt.-frz. u. dt.-türk. Rechtsverkehr, inkl. Beratung im türk. u. frz. Recht; v.a. Mittelständler bei Anlagenbau u. Banken, auch in Prozessen. Kooperationen mit Adamas in Frankreich u. div. internat. Netzwerken, Büro in Istanbul. (5 Eq.-Partner, 2 Sal.-Partner, 2 Counsel, 6 Associates)
Mandate: ● Patentkanzlei bei Umwandlung in PartGes mbB; internat. Spedition arbeitsrechtl. zu Mindestlohn; türk. Autozulieferer in wettbewerbsrechtl. Verfahren; frz. Möbelhersteller im Zshg. mit Marken- u. Urheberverletzung; dt. Investor bei Gründung eines med. Zentrums in Marokko mit 1.000 Betten; österr. Spezialfahrzeughersteller bei Produktions-Joint-Venture in Algerien; dt. Bank im frz. Recht, u.a. bei Immobilienfinanzierungen.

GLEISS LUTZ
Stuttgart

Bewertung: Weiterhin zählt die Kanzlei zu den führenden in Stuttgart. Hier schlägt das Herz der starken Corporate-Praxis, die erneut an einigen der größten dt. Transaktionen beteiligt war u. regelm.

Stuttgarter Kanzleien mit Besprechung nur in Rechtsgebieten

AFR Aigner Fischer	Nachfolge/Vermögen/Stiftungen
Baker Tilly Roelfs	Nachfolge/Vermögen/Stiftungen ▸ Steuer
Becker Büttner Held	Energie
Blumers & Partner	Steuer
Breyer	Priv. Baurecht
Deloitte Legal	Gesellsch.recht ▸ M&A ▸ Arbeit
Dolde Mayen & Partner	Umwelt u. Planung ▸ ÖPP ▸ Vergabe ▸ Energie ▸ Verkehr ▸ Verfassungs- u. Verwaltungsrecht
Dreiss	Patent
Ebner Stolz Mönning Bachem	Gesellsch.recht ▸ Nachfolge/Vermögen/Stiftungen ▸ Steuer
Eisenmann Wahle Birk & Weidner	Umwelt u. Planung ▸ Versicherungsvertragsrecht ▸ Wirtschaftsstrafrecht
Gleiss Große Schrell und Partner	Patent
Grub Brugger & Partner	Restrukturierung/Sanierung ▸ Insolvenzverw.
Hecker Werner Himmelreich	Priv. Baurecht
Hoeger Stellrecht & Partner	Patent
Illig Braun Kirschnek	Insolvenzverw.
KPMG Law	Arbeit ▸ Gesellsch.recht ▸ M&A
Lichtenstein Körner und Partner	Marken u. Wettbewerb
Lutz Abel	Priv. Baurecht
Naegele	Arbeit
PricewaterhouseCoopers Legal	Energie ▸ Gesellsch.recht ▸ M&A ▸ Vergabe
Quaas & Partner	Gesundheit ▸ Verfassungs- u. Verwaltungsrecht
Quedenfeld	Steuerstrafrecht ▸ Wirtschaftsstrafrecht
Rödl & Partner	M&A ▸ Nachfolge/Vermögen/Stiftungen
Ruff Wilhelm Beier Dauster & Partner	Patent
Schick und Schaudt	Gesundheit
Schultze & Braun	Insolvenzverw.
Stahl & Kessler	Notare
Witte Weller und Partner	Patent
Wohlfarth Dr. Gutmann Pitterle Zeller	Arbeit

Die hier getroffene Auswahl der Kanzleien ist das Ergebnis der auf zahlreichen Interviews basierenden Recherche der JUVE-Redaktion (siehe S. 20). Sie ist in 2erlei Hinsicht subjektiv: Sämtliche Aussagen der von JUVE-Redakteuren befragten Quellen sind subjektiv u. spiegeln deren eigene Wahrnehmungen, Erfahrungen u. Einschätzungen wider. Die Rechercheergebnisse werden von der JUVE-Redaktion unter Einbeziehung ihrer eigenen Marktkenntnis analysiert u. zusammengefasst. Der JUVE Verlag beabsichtigt mit dieser Tabelle keine allgemein gültige oder objektiv nachprüfbare Bewertung. Es ist möglich, dass eine andere Recherchemethode zu anderen Ergebnissen führen würde.

für „hohe fachl. Qualität" gelobt wird. Dass Gleiss hier neben prominenten M&A-Partnern wie Dr. Christian Cascante auch in der 2. Reihe über starke Nachwuchsanwälte verfügt, die bereits für Schlüsselmandanten tätig sind, unterstrich die Kanzlei mit zuletzt gleich 2 Partnerernennungen in der Stuttgarter Corporate-Praxis. Neupartner Dr. Adrian Bingel etwa gehörte zu dem Team, das beim grenzüberschr. Milliardendeal ZF/TRW beriet. Dass Stuttgart wg. des misslungenen EnBW-Deals u. seines rechtl. Nachspiels zugleich Schauplatz des unangenehmsten Kapitels der Kanzleigeschichte ist, konnte dem Renommee von Gleiss u. ihrer starken Stellung bei High-End-Mandaten bisher erstaunlich wenig anhaben.
Stärken: Herausragende Praxen im Arbeits- u. Kartellrecht, M&A u. Öffentl. Sektor.
Empfohlen für: ▶Arbeitsrecht; ▶Börseneinführ. u. Kapitalerhöhung; ▶Compliance; ▶Energie; ▶Erneuerb. Energien; ▶Gesellsch.recht; ▶Gesellschaftsrechtl. Streitigk.; ▶Gesundheit; ▶Handel u. Haftung; ▶Immobilien; ▶Kartellrecht; ▶Lebensmittel; ▶M&A; ▶Marken u. Wettbewerb; ▶Nachfolge/Vermögen/Stiftungen; ▶ÖPP; ▶Patent; ▶Private Equ. u. Vent. Capital; ▶Projektentwicklung/Anlagenbau; ▶Restrukturierung/Sanierung; ▶Steuer; ▶Umwelt u. Planung; ▶Unternehmensbez. Versichererberatung; ▶Verfassungs- u. Verwaltungsrecht; ▶Vergabe; ▶Vertrieb. (31 Partner, 6 Counsel, 64 Associates, 6 of Counsel)
Mandate: Siehe Fachkapitel.

HAVER & MAILÄNDER
Stuttgart

Bewertung: Die häufig empfohlene Stuttgarter Kanzlei pflegt traditionell enge Beziehungen zum regionalen Mittelstand. In Verbindung mit dem gut eingespielten internat. Netzwerk von Partnerkanzleien sorgen diese für einen steten Fluss an mittelgroßen Transaktionsmandaten. Bundesw. renommiert ist die Schiedspraxis von Gerstenmaier, Mailänder u. Winkler, wobei zuletzt erneut die Vertretung eines Oetker-Familienstamms in einem Schiedsverfahren großen Raum einnahm. Neben den Seniorpartnern, die in zahlr. internat. Verfahren involviert sind, ist zunehmend auch der jüngere Partner Brandner als Schiedsrichter tätig. Die Hoffnung, Beratungslücken im Vergabe- sowie im Bau- u. Immobilienrecht durch einen Neuzugang zu schließen, erfüllte sich indes nur kurz: Ein ehem. Bahn-Jurist mit Erfahrungen im Management großer Infrastrukturprojekte verließ die Kanzlei nach einem halben Jahr wieder in Richtung seines alten Arbeitgebers.
Stärken: Renommierte Schiedspraxis, gut gepflegte internat. Kontakte.

● Referenzmandate, umschrieben
●● Referenzmandate, namentlich

Anwaltszahlen: Angaben der Kanzleien zur Bürogröße vor Ort. Sie spiegeln nicht zwingend die Gesamtgröße einer Kanzlei wider.

REGION SÜDWESTEN STUTTGART

Entwicklungsmöglichkeiten: Die Kanzlei kommt beim Ausbau von Teilbereichen ihrer klass. Kerngebiete voran, etwa bei Organhaftungsfällen u. in der kartellrechtl. Compliance-Beratung. Um aber das Geschäft der Gesamtkanzlei auf breiter Basis langfristig weiterzuentwickeln, sollte einerseits die bereits begonnene stärkere Vernetzung einzelner Praxen vorangetrieben werden, zum anderen bedarf es personeller Verstärkungen. So klafft im Steuerrecht nach dem Abgang eines Salary-Partners im Vorjahr nach wie vor eine Lücke, Gleiches gilt für das Immobilien- u. Vergaberecht.

Häufig empfohlen: Prof. Dr. Peter Mailänder, Dr. Klaus Gerstenmaier („große Expertise", Wettbewerber), Dr. Rolf Winkler (alle v.a. Schiedsverfahren), Dr. Friedrich Bozenhardt (Bank- u. Kapitalmarktrecht), Dr. Gert Brandner (Gesellschaftsrecht, Schiedsverfahren), Dr. Peter Mailänder (Gesellschaftsrecht), Dr. Ulrich Schnelle („extrem heller Kopf", Wettbewerber; Kartellrecht).

Kanzleitätigkeit: Schwerpunkte im ▶Gesellsch.recht u. ▶Kartellrecht, bei Schiedsverfahren (▶Handel u. Haftung) sowie im Bank- u. Finanzrecht. Daneben Medien, ▶M&A, ▶Vergabe u. ▶Vertrieb. (10 Eq.-Partner, 9 Sal.-Partner, 7 Associates)

Mandate: ●● 3 Oetker-Erben in Schiedsverfahren u. gesellschaftsrechtl.; Tantalus Rare Earths, u.a. bei Kapitalerhöhungen; SZVG, u.a. zu Frauenquote im Südzucker-Aufsichtsrat; P3-Gruppe bei Umstrukturierung; IMR Automotive u.a. bei Kauf von FPK Peine aus Insolvenz; Schuler u.a. zu Joint Venture mit ungar. Produzenten; SI-Suites in Post-M&A-Streit; Aquafil bei Kauf eines Wettbewerbers; Finanzinvestor bei Kauf von Kfz-Niederlassungen. Lfd. Targobank, VfB Stuttgart; im Kartellrecht: Friedrich Scharr, Aurelius, div. Lottogesellschaften.

HENNERKES KIRCHDÖRFER & LORZ
Stuttgart ◻◻◻◻◻

Bewertung: Die in Stuttgart häufig empfohlene Kanzlei profitiert in ihrem Stammgebiet, der ▶Beratung zu Unternehmensnachfolgen, derzeit überdurchschnittl. von den Folgen des BVerfG-Urteil zur Erbschaftsteuer. Die künftig steuerl. erschwerte Übertragbarkeit größerer Vermögen hat in der Kanzlei einen regelrechten Nachfrage-Boom ausgelöst, um noch vor Wirkung eines neuen Erbschaftsteuergesetzes Unternehmensanteile zu übertragen. Auch wg. dieser Sonderkonjunktur sind dies gute Zeiten für Hennerkes, die sich mit einer weiteren Partnerernennung unmittelbar auch im Personalwachstum zeigen. Neben der spezifischen gesellschaftsrechtl. Nachfolgeberatung sowie Aufsichts- u. Beiratsarbeit bleiben gesellschaftsrechtl. Transaktionen wie Umstrukturierungen u. M&A für hochkarätige Mittelständler aus ganz Dtl. die Treiber des Geschäfts.

Stärken: Enge Verknüpfung von nachfolge- u. ▶gesellschaftsrechtl. Beratung. Tiefe Verwurzelung u. großes Netzwerk in die Szene familiengeführter Unternehmen.

Häufig empfohlen: Prof. Dr. Brun-Hagen Hennerkes, Rainer Kirchdörfer, Prof. Dr. Rainer Lorz („sensationell klug", „einer der erfahrensten Berater für Familienunternehmen", Wettbewerber), Prof. Dr. Andreas Wiedemann, Dr. Thomas Frohnmayer („zuverlässig, durchsetzungsstark", Wettbewerber).

Kanzleitätigkeit: Reine Beratung, Prozessvertretung nur mit Koop.partnern. ▶Gesellsch.recht (Umstrukturierung, auch Transaktionen), Stiftungsgründungen u. Unternehmensnachfolgen (▶Nachfolge/Vermögen/Stiftungen). Zudem: Optimierung der Finanzierung, Erb-, Steuerrecht sowie Kapitalmarkt- u. Aktienrecht. Eng kooperierend mit Family-Office-Dienstleister. (8 Partner, 6 Associates)

Mandate: ●● Geobra-Brandstätter (Playmobil) bei Errichtung einer Doppelstiftung u. Testamentsvollstreckung nach Tod des Unternehmenseigners; Wormland-Stiftung bei Verkauf von Wormland; GFT Technologies u. Jowat jew. bei Umwandlung in SE; Berner bei Verkauf des Krähe-Versands. Aufsichts-/Verwaltungs-/Beiratsmandate u.a. bei DVAG, Bauerfeind, Conrad Elektronik, Dussmann, Equinet, Uzin, Lamy, Bree, Hager, VBH Holding, S. Oliver, Internetstores, Wormland, GFT Technologies.

HEUKING KÜHN LÜER WOJTEK
Stuttgart ◻◻◻◻◻

Bewertung: Das Team um die prom. Partner Dr. Peter Ladwig u. Dr. Rainer Herschlein wechselte zum Jahreswechsel geschlossen von GSK zu Heuking u. gehört auch unter neuer Flagge zu den häufig empfohlenen Einheiten in Stuttgart. Schwerpunkte sind nach wie vor Mid-Cap-Transaktionen u. kapitalmarktrechtl. Fragen, zuletzt wurde in diesem Bereich eine weitere Sal.-Partnerin ernannt. Allerdings gibt es bereits Ansätze, die Beratung in Rechtsgebiete auszudehnen, die vor dem Wechsel in der breiter aufgestellten Heuking-Verbund nicht abgedeckt werden konnten. So sind inzw. regelm. 2 Partner aus München u. Frankfurt in Stuttgart, um perspektivisch eine Arbeitsrechtspraxis am Standort aufzubauen. Auch bei der Weiterentwicklung des Bank- u. Kapitalmarktrechts über die Achse Stuttgart-Frankfurt gibt es erste Ansätze. An der Marktwahrnehmung des Stuttgarter Teams hat sich durch den Wechsel in eine breiter aufgestellte Kanzlei allerdings bisher wenig geändert.

Stärken: M&A, Kapitalmarktrecht.

Empfohlen für: ▶M&A; ▶Gesellschaftsrecht; ▶Private Equ. u. Vent. Capital; ▶Anleihen; ▶Steuerrecht; ▶Immobilien; ▶Priv. Baurecht; ▶Umwelt u. Planung; ▶IT-Recht. (7 Eq.-Partner, 1 Sal.-Partner, 9 Associates, 1 of Counsel)

Mandate: Siehe Fachkapitel.

HEUSSEN
Stuttgart ◻◻◻◻◻

Bewertung: Die in Stuttgart geschätzte Kanzlei verfolgt ehrgeizige Ausbaupläne. Sie ist zuletzt mit 2 Zugängen auf Sal.-Partner-Ebene vorangekommen. Von der Heidelberger Kanzlei Melchers wechselte Axel Klasen nach Stuttgart u. stärkt dort insbes. das kollektive Arbeitsrecht. Über Geschäftsführer-Haftungsprozesse ergeben sich auch Anknüpfungspunkte zur gesellschaftsrechtl. Expertise Frühmorgens. Zudem kam von einer Münchner Kanzlei der IT-Rechtler Mark Münch, der sich auf die Schnittstelle zum Vergaberecht spezialisiert u. von Mandanten für „Vertragsprüfungen in Top-Qualität" gelobt wird. Zulegen konnte Heussen zuletzt im Immobilienrecht bei Transaktionen u. der Beratung von Projektentwicklern. Ein Rückschlag ist aber der Verlust von 4 Associates, der wg. der ohnehin geringen Leverage ins Gewicht fällt. Möglicherweise ist diese Fluktuation ein Grund dafür, warum sich Erfolge auf Mandatsebene bisher nur begrenzt in steigender Marktreputation niederschlagen.

Stärken: ▶Gesellsch.recht, Vertriebsrecht, Immobilienrecht.

Entwicklungsmöglichkeiten: Die Kanzlei konnte in personeller Hinsicht viel von dem umsetzen, was sie sich vorgenommen hatte. V.a. im Gewerbl. Rechtsschutz aber, wo sie im Vorjahr einen renommierten Partner verlor, ist es noch nicht gelungen, an die frühere Reputation anzuknüpfen – zumal das Team zuletzt auch Associate-Abgänge verzeichnete. Gewinnt Heussen auf diesem Gebiet wie jüngst im Arbeits- u. im IT-Recht einen Quereinsteiger, wäre dies nicht nur eine Stärkung eines für die Kernmandantschaft wichtigen Beratungssegments, sondern zugleich auch ein starkes Signal an den Markt, dass der Ausbau des Standorts mit Nachdruck betrieben wird.

Häufig empfohlen: Dr. Marcus Schriefers (Vertriebsrecht), Sven Hoffmann, Dr. Michael Frühmorgen (beide Gesellschaftsrecht), Dr. Wolfgang Bongen, Martina Bongen („seit Jahren zufrieden mit der Beratung", Mandant über beide; Immobilienrecht).

Kanzleitätigkeit: Breite Praxis für mittelständ. Mandanten in Stuttgart; Gesellschaftsrecht (inkl. Restrukturierung, Insolvenzrecht u. Gläubigerberatung), Arbeitsrecht, Immobilienrecht, Vertriebsrecht, IT-Recht, Gewerbl. Rechtsschutz. Enge Einbindung in das internat. Kanzleinetzwerk Multilaw. (3 Eq.-Partner, 7 Sal.-Partner, 4 of Counsel, 2 Associates)

Mandate: ●● Alfred Kärcher lfd., u.a. arbeitsrechtl. zu neuem Entgeltsystem u. Leasingkonzept, wettbewerbsrechtl. in Streitigkeiten u. bei F&E-Verträgen; Uni Hohenheim lfd. vergaberechtl.; Schwenkel bei Verkauf an Uvex; Code 3 bei Vergabeverfahren Feuerwehrsoftware; süddt. Chemieunternehmen bei Beteiligungen in China u. der Türkei (über Multilaw-Netzwerk); Verlagsgruppe bei Kauf einer Internet-Stellenbörse, inkl. IT-Due-Diligence; jap. Konzern bei Umstrukturierung der dt. Gruppe mit div. ausl. Töchtern.

KASPER KNACKE
Stuttgart ◻◻◻◻◻

Bewertung: Die empfohlene Kanzlei gehört insbes. dank ihrer Leuchtturmpraxen im Arbeits- u. Baurecht zu den angesehenen Adressen in Stuttgart. Dabei ist sie wie wenige Wettbewerber auf Prozessführung spezialisiert, was ihr im Markt den Ruf als unbequeme Gegnerin beschert. Stark beschäftigt die Anwälte nach wie vor das Großprojekt Stuttgart 21, wo sie die Dt. Bahn u.a. in div. zivilrechtl. Auseinandersetzungen vertreten. Über ihre tiefe Verwurzelung im Stuttgarter Markt gelingt es KK zudem, ihre Position im lukrativen Markt für Gesellschafterstreitigkeiten auszubauen, wobei sich Mandate häufig über die Schnittstellen zw. Gesellschaftsrecht u. den Spezialisierungen der Partner ergeben. V.a. Baurechtler Hospach u. Arbeitsrechtler Sitzenfrei begleiten zudem immer wieder auch größere mittelständ. Transaktionen, etwa für Family Offices bzgl. Portfoliounternehmen, allerdings konzentriert sich die Marktwahrnehmung weitgehend auf die Prozesstätigkeit der Kanzlei.

Stärken: ▶Arbeitsrecht, Öffentl. u. ▶Priv. Baurecht.

Häufig empfohlen: Dr. Wolfgang Hesse („hoch kompetenter, angenehmer Verhandlungspartner", Wettbewerber), Dr. Frank Hahn, Dr. Wolfram Sitzenfrei („uneitler, aber leidenschaftlicher Interessenvertreter", Wettbewerber; alle Arbeitsrecht),

Dr. Frank Hospach („heizt einem als Gegner gut ein", Wettbewerber; Bau- u. Architektenrecht)
Kanzleitätigkeit: Schwerpunkte: ▶Arbeitsrecht, ▶Priv. Baurecht, Öffentl. Wirtschaftsrecht u. Vergaberecht. Auch Gesellschaftsrecht, Gewerbl. Rechtsschutz, Bank- u. IT-Recht. Überwiegend mittelständ. Unternehmen, aber auch namh. Großunternehmen (z.B. Einzelhandel, Kfz-Industrie, IT- u. Baubranche). (11 Eq.-Partner, 2 Sal.-Partner, 2 Counsel, 6 Associates)
Mandate: ●● Wüstenrot & Württemberg. Versicherungen arbeitsrechtl. bei Konzernumstrukturierung; Lidl-Gesellschaften gg. Führungskräfte u. Lidl Pfaffenhofen bei Betriebsverlagerung; Dt. Bahn zu Stuttgart 21 im Öffentl. Recht, Bau- u. Vergaberecht (mit 2 weiteren Kanzleien, öffentl. bekannt); arbeitsrechtl. Vertretung von Führungskräften, u.a. gegen Airbus, Stuttgarter Zeitung, Alno, Südzucker; lfd. Kärcher-Betriebsrat.

KLEINER
Stuttgart □□□□■
Bewertung: Die in Stuttgart empfohlene Kanzlei mit den Paradedisziplinen Gewerbl. Rechtsschutz u. Gesundheitsrecht durchlebte personell zuletzt Höhen u. Tiefen. So verließen 2 Associates das Stuttgarter Büro, auch in Mannheim u. Düsseldorf gab es Abgänge. V.a. das Gesellschaftsrecht war davon betroffen. Dass Kleiner trotz solcher Rückschläge am gepl. standortübergr. Ausbau dieser Praxis festhält, zeigt der Zugang des ehem. Schlatter-Partners Jan Jonescheit, der mit einer Associate ins Mannheimer Büro wechselte. In ihren Kernbereichen konnte die Kanzlei ihr Geschäft ausweiten. So gewann Pannenbecker, der als Berater der Gesundheitsbranche überreg. renommiert ist, die med. Fachgesellschaft DGHO als Mandantin hinzu. Die Beziehung zur Naturkosmetikherstellr Und Gretel konnte v.a. Blind im Markenrecht intensivieren, einem weiteren Partner gelang dies mit Werner & Mertz, für die er inzw. in zahlr. markenrechtl. Streitigkeiten tätig ist. Im Baurecht holte Kleiner nach Quereinsteigerin Dr. Jutta Möller in Düsseldorf zuletzt einen Associate in Stuttgart.
Stärken: Arzneimittelrecht, Marken- u. Wettbewerbsrecht.
Entwicklungsmöglichkeiten: 3 Büros u. div. fachl. Schwerpunkte, zw. denen es teils wenig Berührungspunkte gibt: Sich damit als Einheit von überschaubarer Gesamtgröße nicht zu verzetteln, ist eine strateg. Herausforderung, der sich Kleiner aber stellt. Die überreg. Corporate-Praxis könnte als Klammer dienen, insofern erscheint es sinnvoll, deren bereits eingeleiteten Ausbau weiter voranzutreiben.
Häufig empfohlen: Dr. Christoph Kleiner (Gesellschaftsrecht, Gewerbl. Rechtsschutz), Dr. Julia Blind („pragmatisch u. lösungsorientiert", Wettbewerber; Marken- u. Wettbewerbsrecht), Dr. Arnd Pannenbecker („versiert u. engagiert", Wettbewerber; Pharma- u. Arzneimittelrecht), Kristian Gamer (Gesellschaftsrecht)
Kanzleitätigkeit: Kerngeschäft: ▶Marken u. Wettbewerb, Pharma- u. Arzneimittelrecht (▶Gesundheit). Zunehmend Gesellsch.recht/M&A, auch Prozesse. Daneben ▶Telekommunikations-, Arbeits- u. Baurecht. Mandanten: kleinere mittelständ. Unternehmen bis zu internat. agierenden Konzernen. Bundesweite, teils internat. Tätigkeit. Weitere Büros in D'dorf u. Mannheim. (7 Partner, 6 Associates)

Mandate: ●● Und Gretel, u.a. bei Finanzierungsrunde, Onlineshop im Markenrecht; Peter Ziegler in div. Prozessen wg. Hess-Insolvenz; DGHO zu Datenschutz, Compliance u. medizinrechtl.; DKMS, u.a. zu In-vitro-Diagnostika; Küchenring in wettbewerbsrechtl. Streit; Bad Dürrheimer Mineralbrunnen, u.a. bei Anmeldungen im Designrecht; Stefan Mappus datenschutzrechtl. in Prozess um E-Mails bzgl. Stuttgart-21-Polizeieinsatz; Bau-Arge in Prozessen zu Museumskomplex am Kölner Neumarkt (öffentl. bekannt).

KUHN CARL NORDEN BAUM
Stuttgart □□■□□□
Bewertung: Die in Stuttgart häufig empfohlene Kanzlei hält an ihrem vorsichtigen, aber stetigen Wachstumskurs fest. Zuletzt verstärkte sich auf Associate-Ebene mit einem Prozess- u. Vertriebsspezialisten, der zuvor als Salary-Partner bei Gleiss u.a. US-Banken in dt. Haftungsprozessen vertreten hat. Dieser Schritt ist Teil eines bereits eingeleiteten Generationswechsels: Seniorpartner Dr. Jens-Peter Carl, der mit seinen engen Beziehungen zu einer Landesbank den Ruf der Kanzlei als Spezialistin für Bankenprozesse geprägt hat, zieht sich schrittweise aus dem Geschäft zurück. Inzw. haben auch jüngere Partner wie Rudnau u. Baum längst ein eigenes Profil in diesem Bereich gewonnen. Herzstück der Kanzlei ist weiterhin die gesellschaftsrechtl. Beratung vorwiegend mittelständ. Mandanten, wobei das Transaktionsgeschäft zuletzt stark zugenommen hat. V.a. in der Automotive-Branche gelang es, bestehende Mandatsbeziehungen auszubauen.
Stärken: Prozessführung, v.a. für Banken u. bei Handelsstreitigkeiten. Starke M&A-Praxis.
Häufig empfohlen: Dr. Eberhard Norden, Dr. Marcus Baum, Michael Rudnau
Kanzleitätigkeit: Insbes. ▶M&A u. ▶Gesellschaftsrecht, dt. u. internat. Handelsrecht sowie Bank- u. Kapitalanlagerecht. Dabei hoher Prozessanteil, auch Schiedsrichtertätigkeit. Dauerberatung familiengeführter Mittelständler. Beratung zu Privatvermögen, Erbrecht, Unternehmensnachfolge u. Stiftungsrecht. (5 Partner, 4 Associates)
Mandate: ●● Travel Viva bei verschmelzungsrechtl. Squeeze-out u. HV; Familienunternehmen u. Gesellschafter zu Nachfolgefragen; Landesbank, u.a. in Prozessen wg. Kreditbearbeitungsgebühren; div. Maschinen- u. Anlagenbauer bei Firmenkäufen u. HVen; dt. Mittelständler bei Joint Venture in Italien.

LEHMANN NEUNHOEFFER SIGEL SCHÄFER
Stuttgart □□■□□□
Bewertung: Die häufig empfohlene Boutique gehört zu den feinen Adressen in Stuttgart, wenn es um gehobene gesellschaftsrechtl. Beratung geht. Zu ihrem hervorrag. Ruf trägt insbes. das Notariat Sigels bei, das sowohl M&A-Transaktionen als auch HVen begleitet. Schwerpunkte der Rechtsberatung sind Umstrukturierungen, häufig im Zuge von Nachfolgelösungen, u. streitige Verfahren. Neben Gesellschafterstreitigkeiten sind die Partner auch in Organhaftungsprozessen tätig. Die partnerzentrierte Beratung ist ein Grund für das hohe Ansehen der Kanzlei – und zugleich eine Herausforderung. Denn die bewusste Begrenzung auf einen einzigen Associate ist eng gesetzt u. tatsächl. gelingt, diesen als Nachfolger aufzubauen, sobald nach Dr. Michael Lehmann ein weiterer Senior-Partner kürzertritt.

Stärken: Gesellschaftsrechtl. Gestaltungen u. Streitverfahren; Nachfolgeregelungen u. Beratung von Unternehmern.
Häufig empfohlen: Dr. Fritz Neunhoeffer, Dr. Achim Schäfer („fachl. u. taktisch gut", Wettbewerber), Dr. Peter Sigel („pragmatisch, geduldig, hervorrag. Jurist", Wettbewerber)
Kanzleitätigkeit: ▶Gesellsch.recht einschl. M&A u. strateg. Nachfolgeplanung inkl. Erbrecht. Daneben Bank- u. Finanzrecht. Bei streitigen Mandaten auch Schiedsverfahren, teils als Schiedsrichter. ▶Notariat. (▶Handel u. Haftung). (4 Partner, 1 of Counsel, 1 Associate)
Mandate: ●● Ex-HRE-Aufsichtsrat Heintzeler als Nebenintervenient in KapMuG-Verfahren (öffentl. bekannt).

LUTHER
Stuttgart □□□■□□
Bewertung: Empfohlene Kanzlei in Stuttgart, die stark im Kartell-, Vertriebs- u. Gesellschaftsrecht positioniert ist, aber als Teil des Luther-Verbunds zu den Full-Service-Anbietern am Markt gehört. Nach Verstärkungen auf Partnerebene in den Vorjahren verzeichnete das Büro zuletzt mit dem Schiedsexperten Dr. René-Alexander Hirth einen prom. Abgang. Er will für Baker Tilly Roelfs von Stuttgart aus eine internat. Prozesspraxis aufbauen. Obwohl Hirths Geschäft mit dem Schwerpunkt Südostasien Anknüpfungspunkte innerhalb der Kanzlei bot, war es offenbar nicht gelungen, ihn eng in Luther-Netzwerk einzubinden. Dr. Axel Mühl hingegen, der zuletzt als Partner von der lokalen Wettbewerberin Haver & Mailänder kam, fügte sich mit seiner Beratung an der Schnittstelle von Gesellschafts- u. Steuerrecht rasch ein. So gelang es, die Beratung seiner Mandantin Stadtwerke Ulm um ein großes ÖPP-Bauprojekt zu erweitern, das vom Essener Büro aus betreut wird. Die wachsende Vernetzung insbes. mit den Standorten Frankfurt u. München kam zuletzt auch bei immobilien- u. steuerrechtl. Fragen im Zuge von Transaktionen zum Tragen.
Stärken: Kartellrecht, M&A.
Empfohlen für: ▶Arbeitsrecht; ▶Gesellsch. recht; ▶Vertrieb; IP/ ▶IT; ▶Kartellrecht; ▶M&A; Nachfolge/Vermögen/Stiftungen; Sanierungs- u. Insolvenzberatung. (10 Partner, 13 Associates)
Mandate: Siehe Fachkapitel.

MENOLD BEZLER
Stuttgart □■□□□□
Bewertung: Die häufig empfohlene Kanzlei setzt, was den Schwung ihrer Entwicklung angeht, seit Jahren Maßstäbe in Stuttgart. Sie gehört in der Region zu den Top-Adressen für den gehobenen Mittelstand u. findet sich zunehmend auch auf den Beraterlisten großer Unternehmen. Wie im Vorjahr trieb MB ihr Wachstum auch mit Quereinsteigern voran, zuletzt stieg der Insolvenzverwalter Jochen Sedlitz ein. Er verstärkt mit seinem Geschäft die Sanierungsberatung, die bereits in den vergangenen Jahren deutl. an Präsenz gewonnen hat. Über eine ausgegliederte Gesellschaft berät das Team Unternehmen auch betriebswirtschaftlich. Der Zugang gehört in eine Reihe strateg. wohlüberlegter Schritte. So haben sich auch die 2 ehem. Gleiss-Anwälte, die im Vorjahr als Partner dazustießen, gut integriert: Der IP-Spezialist Dr. Andreas Schabenberger etwa war für Daimler in einem wettbewerbsrechtl. Prozess vor dem BGH erfolgreich,

während M&A-Anwalt Dr. Andreas Wölfle das internat. Geschäft vorantreibt.
Stärken: Breite Aufstellung, anerkannte Praxen v.a. im Gesellschafts- u. Arbeitsrecht.
Empfohlen für: ▶ Arbeitsrecht; Bank- u. Kapitalmarktrecht; ▶ Gesellsch.recht; ▶ Marken u. Wettbewerb; Immobilien; IT; Kartellrecht; ▶ M&A; ▶ Nachfolge/Vermögen/Stiftungen; ▶ ÖPP; ▶ Restrukturierung/Sanierung; ▶ Vergabe. (29 Eq.-Partner, 9 Sal.-Partner, 47 Associates, 1 of Counsel)
Mandate: Siehe Fachkapitel.

OPPENLÄNDER
Stuttgart

Bewertung: Die häufig empfohlene Stuttgarter Kanzlei besinnt sich nach einem turbulenten Jahr auf ihre Stärken: die gehobene ▶ gesellschafts-, ▶ vergabe- u. ▶ kartellrechtl. Beratung vorwieg. größerer Unternehmen. Ende 2014 spaltete sich das Münchner Büro, das v.a. für die Beratung der Medienbranche stand, nach nur 3 Jahren wieder ab. Im Stammbüro dagegen stehen die Zeichen auf Wachstum. So stellte die Kanzlei erneut 5 Associates ein. Zwar bedeutet dieser Schritt keine Abkehr vom partnerzentrierten Ansatz, aber er steht dennoch für eine wichtige Entwicklung: Bei Bedarf lassen sich nun für arbeitsintensive Mandate auch größere Teams zusammenzustellen. So stemmten in einem Bieterverfahren Associates mehrerer Praxisgruppen gemeinsam die Due Diligence. Die gesellschaftsrechtl. Kerntätigkeit war geprägt von großen aktienrechtl. Mandaten wie dem Squeezeout bei WMF, Finanzierungsprojekten sowie zunehmend Organhaftungsprozessen.
Stärken: Anerkannte Gesellschafts- u. Kartellrechtspraxis.
Empfohlen für: ▶ Energie; ▶ Gesellsch.recht; ▶ Gesundheit; ▶ Kartellrecht; ▶ M&A; ▶ Marken u. Wettbewerb; ▶ Umwelt u. Planung; ▶ Verfassungs- u. Verwaltungsrecht; ▶ Vergabe; ▶ Verkehr. (17 Eq.-Partner, 5 Sal.-Partner, 13 Associates)
Mandate: Siehe Fachkapitel.

REITH NEUMAHR
Stuttgart

Bewertung: Für die geschätzte Stuttgarter Corporate-Boutique war das vergangene Jahr in mancher Hinsicht ein Neustart. Ex-Namenspartner Prof. Dr. Stefan Schick gründete eine neue Einheit. Damit geht nicht nur eine Umfirmierung einher, sondern auch der Verlust eines Schwerpunkts, den viele im Markt mit der Kanzlei verbanden: die Beratung von Akteuren der Gesundheitsbranche, für die Schick mit seinen Kontakten zu Stiftungen sowie kommunalen u. kirchl. Krankenhausträgern stand. Deutl. tritt damit zutage, dass es nie gelungen war, Schicks Geschäft mit der Arbeit der anderen Partner zu verknüpfen u. Synergien zu heben. Positiv gewendet bedeutet sein Wechsel eine Fokussierung auf Kernbereiche, die sich gut entwickeln. So gelang es Neumahr, die Schlagzahl bei kleinen bis mittleren M&A-Deals v.a. für produzierende Mittelständler zu erhöhen. Der jüngere Partner Lambrecht profiliert sich zunehmend an der Schnittstelle von Erb- u. Gesellschaftsrecht. In Verbindung mit Reiths Notariat macht das die Kanzlei zu einer festen Größe in der Nachfolgeberatung.
Stärken: Angesehenes Notariat.
Entwicklungsmöglichkeiten: Schicks Ausscheiden schwächt die Beratungspraxis, womit das Notariat im Kanzleigefüge weiter an Dominanz gewinnt. Personeller Aufbau bleibt daher ein wichtiges Thema.
Häufig empfohlen: Prof. Dr. Thomas Reith (Unternehmensnachfolge, Notariat), Dr. Axel Neumahr (Gesellschaftsrecht, M&A), Dr. Ulrich Lambrecht („hoch kompetent u. besonnen", „herausragende Expertise, pragmatisches Handeln", Wettbewerber; Gesellschaftsrecht, Erbrecht)
Kanzleitätigkeit: ▶ Gesellsch.recht; ▶ M&A; ▶ Nachfolge/Vermögen/Stiftungen; Steuerrecht. Mandanten: v.a. aus Süddtl., mittelständ., teils internat. tätige Unternehmen. (3 Partner, 3 Associates)
Mandate: ●● Eberspächer u.a. bei Verkauf von Elektroniktochter an Star Cooperation; Christoph Gärtner bei Kauf von Auktions- und Handelshäusern sowie Umstrukturierung der Unternehmensgruppe; Dietz & Strobel bei Verkauf an Strabag; Hobbybäcker GmbH bei Unternehmensverkauf; lfd.: europ. Handelskonzern, div. Autozulieferer u. Lebensmittelhersteller bei Zukäufen u. Joint-Venture-Gründungen; vermög. Privatpersonen bei Nachfolgeregelungen; Kommune bei Gesellschafterstreit mit Energieversorger.

SCHELLING & PARTNER
Stuttgart

Bewertung: Ungebrochen präsent ist die empfohlene Stuttgarter Kanzlei v.a. durch prom. Prozessmandate Holtermüllers, u.a. für Ex-Arcandor-Chef Middelhoff u. Ex-Porsche-CFO Härter. Daneben verfügt Schelling über einen stabilen Stamm vorwieg. mittelständ. Mandanten, für die sie als Rundumberaterin aktiv ist. An Bedeutung gewinnt die Beratung von Managern zu Haftungsfragen. Obwohl nach dem altersbedingten Ausscheiden mehrerer Seniorpartner jüngere Nachwuchsanwälte inzw. Fuß gefasst haben, bleibt der Generationswechsel ein Thema für die Kanzlei. Zuletzt ging Verwaltungsrechtler Dr. Rolf Büscher in den Ruhestand, ohne dass seine Nachfolge langfristig geplant worden war. Zudem verließ Dr. Tobias Kübler die Kanzlei, um sich als Notar selbstständig zu machen.
Stärken: Corporate Litigation.
Entwicklungsmöglichkeiten: Mit dem Zugang einer Associate im Öffentl. Recht zeigte die Kanzlei zuletzt erneut, dass sie sich dem Projekt Generationswechsel stellt. Allerdings sind andere hier deutl. weiter. Die Positionierung jüngerer Partner im Markt bleibt eine Herausforderung, da sich die öffentl. Wahrnehmung nach wie vor stark auf Holtermüller fokussiert.
Häufig empfohlen: Dr. Winfried Holtermüller („sehr kämpferisch u. rechtl. kreativ, gut u. giftig", Wettbewerber), Dr. Jürgen Reimer, Dr. Hans-Ulrich Eppinger („exzellenter Gesellschaftsrechtler", Wettbewerber), Dr. Franz-Xaver Wallner („sehr guter Arbeitsrechtler", Wettbewerber)
Kanzleitätigkeit: Schwerpunkt im ▶ Gesellsch.recht (insbes. für Personengesellschaften inkl. Nachfolgeregelungen u. Gesellschafterstreit, HV-Betreuung, Managerhaftung), auch M&A; Arbeitsrecht, Bau- u. Immobilienrecht sowie Bank- u. Kapitalmarktrecht. Zudem Gewerbl. Rechtsschutz. Notariat. (9 Partner, 3 Associates, 2 of Counsel)
Mandate: ●● Eheleute Middelhoff ggü. Initiatoren der Oppenheim-Esch-Fonds; Thomas Middelhoff bei Verfahren gg. Arcandor-Insolvenzverwalter u. in Strafverfahren wg. des Vorwurfs schwerer Untreue (Flugkostenverfahren) u. Steuerhinterziehung; ehem. Porsche-CFO Holger Härter gg. US-Hedgefonds wg. Schadensersatzansprüchen; div. BGB-Gesellschaften im Zshg. mit der Privatinsolvenz des Mitgesellschafters Willi Balz (Windreich); Rems, u.a. in IP-Prozessen; lfd. Lutro, Gesellschafter div. mittelständ. Maschinenbauer; lfd. im Arbeitsrecht LBBW (auch Bank- u. Kapitalmarktrecht), Bechtle, Schwäb. Tagblatt.

THÜMMEL SCHÜTZE & PARTNER
Stuttgart

Bewertung: Häufig empfohlene Stuttgarter Kanzlei, die durch ihre Leuchtturmpraxen bundesw. präsent ist. Dazu zählt die Konfliktlösung um Thümmel, der zu den angesehensten Schiedsrichtern zählt. Dass es bereits in Ansätzen gelingt, diese Reputation auf die nächste Generation überzuleiten, zeigt die erstmalige Benennung jüngerer Partner wie Haubold als Schiedsrichter. Auf Augenhöhe mit Großkanzleien bewegt sich TSP auch durch ihre Tätigkeit in D&O-Prozessen sowie als Vertreterin Banken u. Finanzdienstleister in Kapitalmarktstreitigkeiten. Die Bedeutung des Bankrechts spiegelt sich auch im personellen Wachstum auf Associate-Ebene, hinzu kommt die Ernennung eines Sal.-Partners. Daneben internationalisiert sich v.a. die gesellschaftsrechtl. Beratung in einem Maß, das auch Wettbewerber beeindruckt: So nimmt etwa die Beratung chin. Mandanten bei Zukäufen in Dtl. zu, das Team mit einer chin. Associate wurde zuletzt erweitert.
Stärken: Gr. Erfahrung mit D&O-Versicherungen; eine der führenden Schiedspraxen.
Häufig empfohlen: Dr. Roderich Thümmel („idealer Obmann in Schiedsverf.", Wettbewerber; D&O, Konfliktlösung, Gesellschaftsrecht), Dr. Franck Schmidt-Husson, Dr. Thomas Klötzel (beide Konfliktlösung), Dr. Hervé Edelmann („großer Organisator bei Masseverfahren", Wettbewerber; Bank- u. Kapitalmarktrecht), Jens Haubold („gut u. verschwiegen", Wettbewerber; D&O, Konfliktlösung, M&A), Severin Birkmann („exzellente Beratung, fairer Stundensatz", Mandant; Bau- u. Immobilienrecht)
Kanzleitätigkeit: Schwerpunkte: ▶ Gesellsch.recht, hier insbes. Aktienrecht; ▶ M&A; ▶ Versicherungsvertragsrecht bzgl. D&O-Haftung; ▶ Handel u. Haftung; Vertragsrecht; Öffentl. Wirtschaftsrecht u. Vergaberecht. Daneben Dauerberatung des regionalen Mittelstands, inkl. Immobilienrecht u. Arbeitsrecht. (17 Eq.-Partner, 10 Sal.-Partner, 13 Associates, 3 of Counsel)
Mandate: ●● Arcanum bei AG-Gründung u. Kapitalerhöhung; Willem van Agtmael in Prozess um Anteile an Breuninger; Freistaat Bayern bei Finanzierung von S-Bahn-Strecke; lfd. Trelleborg-Gruppe; chin. Familienunternehmen bei IPO in Hongkong bzgl. dt. Töchter; zahlr. D&O-Versicherer bzgl. Haftungsfällen.

WÜRTENBERGER WINSTEL KERN PAWLIK
Stuttgart

NOMINIERT
JUVE Awards 2015
Gründerzeit-Award

Bewertung: Der Ende 2013 gegründete Oppenländer-Spin-off gehört mittlerweile zu den geschätzten Kanzleien in Stuttgart. Mandanten loben die auf regulierte Branchen spezialisierte Einheit etwa für „hervorragende Branchenkenntnisse im Gesundheitssektor" u. das „starke Netzwerk". Überreg. präsent ist WWKP über kartellrechtl. Schadensersatzklagen, u.a. gg. Schienenhersteller. Zuletzt gewann sie den renommierten Staats- u. Ver-

waltungsrechtler Prof. Dr. Thomas Würtenberger, Vater des Namenspartners, als of Counsel. Seine Expertise kommt u.a. bei der staatl. Gewährung des Marktzugangs von Glücksspielanbietern wie Kernmandantin Tipico zum Tragen, die sowohl vergabe- als auch verfassungsrechtl. umstritten ist. Zudem rundete die Kanzlei ihr Beratungsspektrum mit dem Zugang eines IP-Rechtlers ab.
Stärken: Gutes Zusammenspiel bei der rechtsgebietsübergr. Beratung regulierter Branchen.
Entwicklungsmöglichkeiten: Dass die Kanzlei neben Stuttgart auch ein Büro in Karlsruhe unterhält, wird im Markt kaum wahrgenommen. Verstärkungen auf Partnerebene oder eine deutlichere regionale Profilierung könnten dazu beitragen, Sinn u. Sichtbarkeit des 2. Standorts zu erhöhen.
Häufig empfohlen: Dr. Hannes Kern („hervorragende Fachkenntnisse, einer der kommenden Anwälte im Vergaberecht", Wettbewerber; „schnell, präzise, innovativ", Mandant)
Kanzleitätigkeit: Schwerpunkt in der Beratung regulierter Branchen, v.a. Gesundheit, Verkehr, Glücksspiel, Energie; Gesellschaftsrecht inkl. Prozessführung; Vergaberecht u. Kartellrecht (insbes. Schadensersatzprozesse auf Klägerseite); Arbeits- u. Immobilienrecht, Gewerbl. Rechtsschutz, Compliance. Mandantschaft: Kommunen u. Verbände, öffentl. Unternehmen wie Stadtwerke, zunehmend Privatunternehmen. (4 Partner, 1 Counsel, 3 Associates, 1 of Counsel)
Mandate: ●● Stadtwerke München u. Stadtwerke Verkehrsgesellschaft Frankfurt, u.a. zu Schadensersatz ggü. ‚Schienenkartell'; Tipico, u.a. bei Vergabe der Sportwettkonzessionen; DocMorris bzgl. Marktzugang in Dtl.; Linde Gas Therapeutics in Vergabeverfahren ggü. Krankenhaus-Einkaufsverbund; Glux (China) in Prozess um LED-Lieferungen nach Dtl.; MVV Energie, Zweckverbände Landeswasserversorgung u. Bodensee-Wasserversorgung, u.a. zu Schadensersatz ggü. ‚Hydrantenkartell'; Chefärzte der Uniklinik Freiburg bei Ausgründung u. Joint Venture mit Medizintechnikherstellern; UST Global bei Outsourcing der IT-Sparte eines Logistikdienstleisters.

Baden-Württemberg (ohne Stuttgart)

ADJUGA
Baden-Württemberg (ohne Stuttgart)
Bewertung: Die geschätzte Heidelberger Kanzlei hat sich als ehem. Rechtsabteilung von Heidelberger Druckmaschinen inzw. zu einer mittelstandsfokussierten Einheit entwickelt, die zahlr. Unternehmen bei Investitionen u. vertriebsrechtl. Fragen berät, häufig mit Auslandsbezug. Ein Schwerpunkt sind Verträge zu Kooperationen, Lizenzen, Forschung u. Entwicklung. Auch bei Transaktionen ist Adjuga tätig, so begleitete sie zuletzt ein Technologieunternehmen beim Kauf eines Handelsunternehmens in Schweden. Die Erweiterung des Mandantenstamms ist ein wichtiger Schritt, denn die Kanzlei steht vor der Herausforderung, sich von ihrer langj. Kernmandantin Heideldruck zu emanzipieren. Diese baut derzeit wieder eine eigene Rechtsabteilung auf, und auch wenn Adjuga v.a. bei vielen Vertriebs- u. IT-Themen gesetzt bleibt, bricht perspektivisch ein Teil des Geschäfts weg. Dass es zuletzt u.a. gelang, über Kontakte zu ehem. Heideldruck-Mitarbeitern in weiteren Unternehmen Fuß zu fassen, ist daher ein wichtiger Schritt.
Stärken: Gute Kenntnis der Anlagen- u. Maschinenbaubranche.
Häufig empfohlen: Dr. Tilo Jung
Kanzleitätigkeit: Gesellschaftsrecht/M&A, Restrukturierung, Handels- u. Vertriebsrecht, Produkthaftungsrecht, Gewerbl. Rechtsschutz, Arbeitsrecht. Auch Prozessführung, inkl. Schiedsverfahren. (3 Eq.-Partner, 3 Sal.-Partner)
Mandate: ●● Lfd. Heidelberger Druckmaschinen; SDax-Unternehmen, u.a. bei Outsourcingvertrag für ww. Telekommunikations- u. Netzwerkdienstleistungen sowie Rahmenliefervertrag mit US-Hersteller; Maschinenbauer bei Entwicklungskooperation mit jap. Unternehmen; div. Mittelständler bei Vertriebsthemen im Ausland, auch Schiedsverfahren.

BARTSCH
Baden-Württemberg (ohne Stuttgart)
Bewertung: Die im Südwesten empfohlene Kanzlei mit Sitz in Karlsruhe baut zielstrebig das Geschäft um ihren IT-rechtl. Kern aus. So erwies sich ein Quereinsteiger, der im Vorjahr samt Team für Bartsch in Stuttgart eröffnet hat, als sinnvolle Ergänzung. Mit seiner Hilfe konnte u.a. die Tätigkeit für die langj. Bartsch-Mandantin PTV in den Bereichen Cloud Computing u. Big Data ausgeweitet werden. Zudem rundet das Stuttgarter Team die Expertise zu Social Media u. E-Commerce ab. Insges. ist die Kanzlei inzw. weitaus breiter aufgestellt, als die Fokussierung der öffentl. Wahrnehmung auf den renommierten IT-Spezialisten Bartsch vermuten lässt. So begleitet sie ihre technologieorientierten Kernmandanten auch bei Bau- u. Immobilienprojekten sowie Transaktionen, wo für den arbeitsrechtl. Teil ein Frankfurter Partner zunehmend an Renommee im Markt gewinnt. Daneben nimmt die Beratung von Unternehmen außerhalb der IT-Branche zu, auch Family Offices gehören zu den Mandanten.

BADEN-WÜRTTEMBERG (OHNE STUTTGART)

SZA Schilling Zutt & Anschütz	Mannheim
Friedrich Graf von Westphalen & Partner	Freiburg
Caemmerer Lenz	Karlsruhe
Rittershaus	Mannheim
Bender Harrer Krevet	Lörrach, Freiburg, Karlsruhe
Melchers	Heidelberg
Voelker & Partner	Reutlingen
Bartsch	Karlsruhe
Rowedder Zimmermann Hass	Mannheim
Tiefenbacher	Heidelberg
Kullen Müller Zinser	Sindelfingen
Ladenburger Neifeind Schmücker & Homann	Pforzheim
Nietzer & Häusler	Heilbronn
Nonnenmacher	Karlsruhe
Reeg	Mannheim
Schlatter	Heidelberg, Mannheim
ZinnBöcker	Mannheim
Adjuga	Heidelberg
Kuentzle	Karlsruhe

Die hier getroffene Auswahl der Kanzleien ist das Ergebnis der auf zahlreichen Interviews basierenden Recherche der JUVE-Redaktion (s. Einleitung S. 20). Sie ist in 2erlei Hinsicht subjektiv: Sämtliche Aussagen der von JUVE-Redakteuren befragten Quellen sind subjektiv u. spiegeln deren eigene Wahrnehmungen, Erfahrungen u. Einschätzungen wider. Die Rechercheergebnisse wurden von der JUVE-Redaktion unter Einbeziehung ihrer eigenen Marktkenntnis analysiert u. zusammengefasst. Der JUVE Verlag beabsichtigt mit dieser Tabelle keine allgemein gültige oder objektiv nachprüfbare Bewertung. Es ist möglich, dass eine andere Recherchemethode zu anderen Ergebnissen führen würde. Innerhalb der einzelnen Gruppen sind die Kanzleien alphabetisch geordnet.

Anwaltszahlen: Angaben der Kanzleien zur Bürogröße vor Ort. Sie spiegeln nicht zwingend die Gesamtgröße einer Kanzlei wider.

● Referenzmandate, umschrieben
●● Referenzmandate, namentlich

REGION SÜDWESTEN BADEN-WÜRTTEMBERG (OHNE STUTTGART)

Stärken: Branchenfokus auf IT-Unternehmen.
Häufig empfohlen: Prof. Dr. Michael Bartsch
Kanzleitätigkeit: Schwerpunkt im IT-Recht. Regional starke Praxen im Gesellschaftsrecht u. M&A, Arbeits- u. Priv. Baurecht. Auch Gewerbl. Rechtsschutz u. Erbrecht/Unternehmensnachfolge. Büros in Stuttgart u. Frankfurt. (5 Partner, 5 Associates – in Stuttgart: 4 RAe)
Mandate: ●● Swarco, u.a. immobilien- u. vertriebsrechtl.; Deutsche Bank bei Internetprojekt; BrandMaker bei Softwareverträgen; Haarslev Industries bei Abwehr von Schadensersatzforderungen; Duravit zu Social-Media-Präsenz; Max Grundig Klinik arbeitsrechtl.; Energiesoftwareunternehmen zu M2M-Diensten; Wärmetechnikanbieter bei Liefervertrag mit chin. Unternehmen; schwäb. Motorsägenhersteller zu Social Media; Privatperson zu Anspruch auf Löschung u. Schadensersatz gg. Google.

Führende Namen in Baden-Württemberg (ohne Stuttgart)

Name	Kanzlei	Fachgebiete
Rainer Dietmann (Rittershaus)		▶ Gesellschaftsrecht ▶ M&A
Dr. Marcus Grosch (Quinn Emanuel Urquhart Oliver & Hedges)		▶ Patentrecht
Hans-Joachim Hellmann (SZA Schilling Zutt & Anschütz)		▶ Kartellrecht
Prof. Dr. Christof Hettich (Rittershaus)		▶ Gesellschaftsrecht ▶ M&A
Dr. Georg Jaeger (SZA Schilling Zutt & Anschütz)		▶ Arbeitsrecht
Gerhard Manz (Friedrich Graf von Westphalen)		▶ Gesellschaftsrecht ▶ M&A
Dr. Eberhardt Meiringer (Caemmerer Lenz)		▶ Privates Baurecht
Dr. Michael Pap (Caemmerer Lenz)		▶ Bank- und Finanzrecht
Dr. Andreas Pentz (Rowedder Zimmermann Hass)		▶ Kapitalmarkt- u. Aktienrecht
Dr. Jochem Reichert (SZA Schilling Zutt & Anschütz)		▶ Gesellschaftsrecht

Die hier getroffene Auswahl an den Personen ist das Ergebnis der auf zahlreichen Interviews basierenden Recherche der JUVE-Redaktion (siehe S. 20). Sie ist in 2erlei Hinsicht subjektiv: Sämtliche Aussagen der von JUVE-Redakteuren befragten Quellen sind subjektiv u. spiegeln deren eigene Wahrnehmungen, Erfahrungen u. Einschätzungen wider. Die Rechercheergebnisse werden von der JUVE-Redaktion unter Einbeziehung ihrer eigenen Marktkenntnis analysiert u. zusammengefasst. Der JUVE Verlag beabsichtigt mit dieser Tabelle keine allgemein gültige oder objektiv nachprüfbare Bewertung. Es ist möglich, dass eine andere Recherchemethode zu anderen Ergebnissen führen würde.

BENDER HARRER KREVET
Baden-Württemberg (ohne Stuttgart)
Bewertung: Die im Südwesten häufig empfohlene Kanzlei gehört seit Jahren zu den dynamischeren Einheiten in der Region. Seit der Eröffnung des Karlsruher Büros deckt BHK Baden regional komplett ab u. wächst über ihre starken Wurzeln im regionalen Mittelstand um Lörrach u. Freiburg zunehmend hinaus. So ist die Kanzlei für Projektentwickler im Zshg. mit dem städtebaul. Großprojekt ‚Heidelberg-Bahnstadt' tätig u. führt für einen internat. Softwarekonzern u.a. Lizenzprozesse. Überreg. rückte BHK zudem durch den Deutsche-Bank-Prozess ins Blickfeld, in dem Strafrechtspartner Trüg den ehem. Vorstandschef Ackermann vertritt. Zudem gehört er zum Verteidigerteam des Steueranwalts Hanno Berger im Cum-Ex-Komplex. Ihre Ambitionen untermauerte BHK zuletzt auch in personeller Hinsicht: Sie ernannte 4 Partner u. stärkte damit v.a. das Arbeits- u. Gesellschaftsrecht – ein wichtiger Schritt für die Mittelstandsberatung an den Kernstandorten der Kanzlei. Zudem wechselte der Steuerrechtler Dr. Hellmut Götz als Quereinsteiger von der WP-Gesellschaft BDO ins Freiburger Büro.
Stärken: Geschäft mit internat. Bezug, IT-Recht.
Entwicklungsmöglichkeiten: Eine Kehrseite der stürmischen Entwicklung in den vergangenen Jahren ist ein etwas diffuses Marktbild. Wettbewerbern ist nicht immer ganz klar, wofür BHK steht. Die zuletzt auf- u. ausgebauten Praxen zu einem stimmigen Ganzen zusammenzufügen, bleibt eine Herausforderung.
Häufig empfohlen: Dr. Jochen Scholz („fachl. brillant", Wettbewerber; „vorausschauend, verlässlich, durchsetzungsstark", Mandant; IT-Recht), Dr. Gerson Trüg („hervorragender Jurist", Wettbewerber; Wirtschaftsstrafrecht), Dr. Jörg Vogel („sehr erfahren, unkompliziert und höchst effizient", Wettbewerber; Arbeitsrecht)
Kanzleitätigkeit: Schwerpunkte im internat. Vertragsrecht u. in der gesellschaftsrechtl. Dauerberatung (Umstrukturierungen, Unternehmensnachfolge, oft mit internat. Bezug) sowie Öffentl. Recht, IT/IP, Arbeitsrecht u. Steuerrecht. ▶ Wirtschaftsstrafrecht. Branchen: Kfz-Zulieferer, Messtechnik, Chipindustrie, Werkzeugmaschinen, IT, Medien, Pharma, Versicherer. Zahlr. Kommunen öffentl.-rechtlich. (26 Partner, 6 Counsel, 9 Associates)
Mandate: ● Josef Ackermann in Strafverfahren wg. Prozessbetrugsvorwurf; Hanno Berger in Cum-Ex-Komplex; Stadt Bad Herrenalb planungs- u. baurechtl. bei Gartenschau u. Stadtkernsanierung; Architekturbüro zu Finanzierung u. baurechtl. bei Projekt in Heidelberg; Zigarrenhersteller, u.a. arbeitsrechtl. bei Betriebsverlagerung u. in markenrechtl. EuGH-Verfahren; US-Technologieunternehmen in ICC-Schiedsverfahren über Lizenzforderung; Bäckereikonzern im gewerbl. Mietrecht; Softwarekonzern in Prozessen, u.a. zu Softwarevermessung u. Übernutzung.

CAEMMERER LENZ
Baden-Württemberg (ohne Stuttgart)
Bewertung: Die im Südwesten häufig empfohlene Kanzlei unterstrich zuletzt auf großer Bühne, dass sie nicht nur an ihrem Stammsitz Karlsruhe hohes Ansehen genießt. Ein Team von 5 Anwälten erstellte für die Stadt Weingarten im Südosten des Landes ein öffentl. breit diskutiertes Gutachten zu Haftungsfragen im Zshg. mit Missmanagement beim kommunalen Krankenhaus ‚14 Nothelfer'. Dass die Kanzlei sich in einem Pitch für die Schlüsselrolle in diesem polit. brisanten Komplex durchsetzte, ist kein Zufall, denn wie kaum eine Wettbewerberin in der Region ist sie an der Schnittstelle von Öffentl. u. Gesellschaftsrecht positioniert – auch wenn diese Spezialisierung im Markt weniger stark wahrgenommen wird als die Bankrechtspraxis um Pap. In dieser weitaus größten Praxisgruppe dominiert nach wie vor die Tätigkeit für zahlr. Kreditinstitute, darunter auch Landesbanken u. die dt. Tochter einer Schweizer Großbank, in Anlegerprozessen. Fritz, der im Vorjahr als Quereinsteiger von Kuentzle kam, hat sich rasch in das Team integriert. Zunehmend gelingt es, die Arbeit für Banken u. Sparkassen auf konzeptionelle Beratungsmandate auszuweiten – etwa zum Umgang mit übersparten Bausparverträgen angesichts extrem niedriger Zinsen.
Stärken: Prozesserfahrung, v.a. bei Massenverfahren im Bank- u. Kapitalmarktrecht.
Häufig empfohlen: Dr. Michael Pap („kompetent, engagiert, verlässlich, angenehm", Mandant; Bank- u. Kapitalmarktrecht), Dr. Oliver Melber (Gesellschaftsrecht), Dr. Eberhardt Meiringer („kompetent, zuverlässig", Wettbewerber über beide; Baurecht), Bernhard Fritz (Bankrecht)
Kanzleitätigkeit: Massenprozesse für Finanzdienstleister (▶ Handel u. Haftung). Bank- u. Kapitalmarktrecht, Gesellschaftsrecht (Restrukturierung, Umwandlung, Organhaftung, Unternehmensverkauf, Nachfolgeberatung, gesellschaftsrechtl. Streitigkeiten), Bau- u. Architektenrecht, Arbeitsrecht u. Öffentl. Recht. Zudem Medizin- u. Gesundheitsrecht, Krankenhausrecht, Gewerbl. Rechtsschutz. Mandanten: Kreditinstitute; Versicherer; Mittelständler, meist inhabergeführte Unternehmen, u.a. aus den Branchen Gesundheit, Immobilien, Handel u. Dienstleistungen, sowie Kommunen. Büros in Erfurt u. Basel. (11 Eq.-Partner, 1 Sal.-Partner, 21 Associates)
Mandate: ●● Stadt Weingarten zu haftungsrechtl. Aufarbeitung von Missmanagement beim kommun. Krankenhaus; Bausparkassen in OLG-Verf. um Kontogebühren; Landesbank bei Haftungsansprüchen gg. div. Kommanditisten bei Abwicklung eines Immobilienfonds; 2 Landesbanken zu Schadensersatzansprüchen wg. fehlerhafter Widerrufsbelehrungen ggü. ehem. Beratern von Medienfonds; zahlr. Banken u. Sparkassen bei Abwehr von Anlegerklagen, inkl. Massenverfahrenskomplexe.

FRIEDRICH GRAF VON WESTPHALEN & PARTNER
Baden-Württemberg (ohne Stuttgart)
Bewertung: Die Kanzlei zählt weiterhin zu den führenden im Südwesten. Bei M&A-Transaktionen dominiert sie die Region um Freiburg so klar, wie es wenigen mittelgroßen Kanzleien in ihren Heimatmarkt gelingt. Dies hat sie v.a. ihrer klaren Fokussierung auf internat. Mid-Cap-Deals zu verdanken. Über die Jahre verzeichnet FGvW hier eine Entwicklung zu immer attraktiverem Geschäft: So steigt der Anteil börsennot. Unternehmen unter den Mandanten. Zuletzt haben zahlr. kapitalmarktrechtl. Fragen im Nachgang zu 2 Transaktionen für AGen große Teams ausgelastet. Auch die voranschreitende Verzahnung zwischen Freiburg, Köln und dem noch jungen Frankfurter Büro trägt dazu bei, dass die Kanzlei immer stärker das Potenzial ausschöpft, das in ihrer besonderen Kombination aus betont internat. Ausrichtung u. Full-Service-Ansatz liegt. Der Wechsel von einem der beiden Frankfurter Partner zur Wettbewerberin Kliemt & Vollstädt bedeutet jedoch einen Rückschlag für diese Entwicklung.
Stärken: Starkes internat. Netzwerk.
Empfohlen für: Arbeitsrecht; ▶ Gesellsch.recht; ▶ M&A; ▶ Marken u. Wettbewerb; Priv. Baurecht; Steuerrecht; Verwaltungs- u. Vergaberecht. (16 Eq.-Partner, 2 Counsel, 20 Associates, 6 of Counsel)
Mandate: Siehe Fachkapitel.

KUENTZLE
Baden-Württemberg (ohne Stuttgart)
Bewertung: Die im Südwesten geschätzte Kanzlei wird im Markt nach wie vor v.a. für die Rundumbe-

ratung der Drogeriekette dm wahrgenommen. Doch es gelingt immer besser, sich abseits dieses Kernmandats neue Tätigkeitsfelder zu erschließen. Im Arbeitsrecht etwa verfügt Kuentzle über eines der größten Teams in Karlsruhe u. konnte zuletzt insbes. im kollektiven Arbeitnehmerrecht zulegen. So gewann die Kanzlei den größten Spartenbetriebsrat eines Energiekonzerns als Mandanten, den sie bei Umstrukturierungen im Zshg. mit der Energiewende vertritt. Auch ihre Kontakte in die Karlsruher IT-Gründerszene bescheren Kuentzle regelm. Beratungsmandate.

Entwicklungsmöglichkeiten: Bewusst hat die Kanzlei nach Abgängen im Vorjahr darauf verzichtet, weggebrochene Expertise im Bank- u. im Glücksspielrecht zu kompensieren. Stattdessen konzentriert sie sich beim Wiederaufbau auf Felder wie den Gewerbl. Rechtsschutz, mit denen sie etwa in der Start-up-Szene punkten kann. Das ist konsequent, allerdings könnten Verstärkungen im Gesellschaftsrecht das Angebot für die Kernmandantschaft sinnvoll abrunden.

Kanzleitätigkeit: Handels- u. Gesellschaftsrecht (auch M&A), Arbeitsrecht, Gewerbl. Rechtsschutz, IT-Recht, Öffentl. Recht u. Vergaberecht, Bau- u. Immobilienrecht, daneben Wirtschaftsstrafrecht, Medizinrecht u. Bank- u. Finanzrecht. (10 Partner, 10 Associates)

Mandate: ●● Lfd. dm-drogerie markt u. Konzerngesellschaften als externe Rechtsabteilung (aus dem Markt bekannt); Konzernbetriebsrat bei Sozialplanverhandlung mit AG; internat. Investitionsgüterhersteller bei Produktrückruf; landwirtsch. Informationsportal in verwaltungsrechtl. Verf. gg. Landesbehörde; Softwarehersteller bei Einführung von Vertriebskonzept; Insolvenzverwalter bei Durchsetzung von Haftungsansprüchen ggü. Geschäftsführer.

KULLEN MÜLLER ZINSER
Baden-Württemberg (ohne Stuttgart)

Bewertung: Die MDP-Kanzlei aus Sindelfingen wird im Südwesten v.a. für ihre steuer- u. wirtschaftsstrafrechtl. Expertise empfohlen. Neben Steuerverfahren beschert ihr diese Ausrichtung auch eine wachsende Zahl von Beratungsmandaten zu Nachfolgefragen – häufig deckt KMZ hier in Kooperation mit anderen Kanzleien den steuerrechtl. Teil ab. Ein weiterer Schwerpunkt ist die Tätigkeit für Mittelständler, denen KMZ neben dem Gesellschafts- u. Arbeitsrecht auch im Gewerbl. Rechtsschutz zur Seite steht. In diesem Bereich zog zuletzt ein jüngerer Partner Aufmerksamkeit auf sich: Er führt für die Tuning-Firma Techart zahlr. Prozesse gg. Porsche u. gewann zuletzt ein markenrechtl. Verf. vor dem BGH. Für KMZ sind solche Erfolge auch deshalb wichtig, weil sich die Marktwahrnehmung der Kanzlei stark auf das Steuerstrafrecht konzentriert – und dadurch die beabsichtigte personelle Verbreiterung des Zivilrechts erschwert wird.

Stärken: Steuerstrafrecht.

Kanzleitätigkeit: Schwerpunkte im ▶ Steuerstraf- u. Wirtschaftsstrafrecht, Steuerrecht. Auch Gesellschaftsrecht (Gesellschafterstreitigkeiten, Umwandlungen) u. M&A, zudem Arbeitsrecht, Marken- u. Wettbewerbs- sowie Bankrecht. Häufig Rundumbetreuung von Unternehmen. Mandanten: Mittelstand, u.a. aus den Branchen Automobilzulieferer, IT, Dienstleistungen; steuer- u. strafrechtl.: Manager u. Privatpersonen. (6 Eq.-Partner, 2 Sal.-Partner, 6 Associates)

Mandate: ●● Techart, u.a. bei markenrechtl. Streitigkeiten mit Porsche sowie wettbewerbsrechtl. im Streit über die Belieferung mit Originalteilen; Temco Distribution in wettbewerbsrechtl. Prozess gg. Autoteilehersteller; Lieferant der Dt. Bahn in Prozess wg. Korruptionsvorwürfen; 3 ehem. Vorstandsmitglieder einer AG in Steuerverfahren; Mineralölunternehmen, u.a. bei Abberufung des Geschäftsführers u. Geltendmachung von Schadensersatzansprüchen gg. EY wg. des Vorwurfs fehlerhafter Abschlussprüfung.

LADENBURGER NEIFEIND SCHMÜCKER & HOMANN
Baden-Württemberg (ohne Stuttgart)

Bewertung: Die Pforzheimer Kanzlei wird v.a. dank ihrer starken regionalen Verankerung in Ba.-Wü. empfohlen. Sie dient zahlr. Mittelständlern, v.a. aus den lokal starken Branchen Schmuck, Uhren, Kosmetik u. Versandhandel, als Rundumberaterin. Darüber hinaus verfügt sie durch ihre Dauertätigkeit für div. Betriebsräte u. Aufsichtsratsmitglieder des Porsche-Konzerns über eine Spezialisierung, die sie auch überreg. ins Blickfeld rückt. An der Schnittstelle von Arbeits- u. Gesellschaftsrecht gelang zuletzt 2 jüngeren Partnern ein Ausbau der Beratung öffentl.-rechtl. Körperschaften bei der sanierenden Übertragung defizitärer Geschäftsbetriebe. Dass die Kanzlei zuletzt 4 Associates einstellte, zeigt, dass sie sich dem Thema Generationswechsel stellt.

Stärken: Stark verwurzelt in der Region Pforzheim; Organberatung.

Entwicklungsmöglichkeiten: Ihre Ausnahmestellung als Organberaterin div. Porsche-Gremien verleiht der Kanzlei ein Renommee, das bisher nur punktuell in Mandate für Arbeitnehmervertreter anderer Unternehmen umgemünzt werden kann. Für jüngere Partner könnte die stärkere Positionierung auf diesem Gebiet ein lohnenswertes Ziel sein.

Häufig empfohlen: Dr. Clemens Ladenburger, Dr. Felix Ladenburger (beide Gesellschafts- u. Handelsrecht)

Baden-württembergische Kanzleien mit Besprechung nur in Rechtsgebieten

Anchor (Mannheim, Ulm)	Insolvenzverw.
Baas Overlack Witz (Mannheim)	Handel u. Haftung
BLD Bach Langheid Dallmayr (Karlsruhe)	Versicherungsvertragsrecht
Bornheim und Partner (Heidelberg)	Priv. Baurecht ▶ Sport
Compart & Schmidt (Mannheim)	Wirtschaftsstrafrecht
Deubner & Kirchberg (Karlsruhe)	Verfassungs- u. Verwaltungsrecht
EHZ Rechtsanwälte (Reutlingen)	Arbeit
Filzek (Reutlingen)	Arbeit
Flöther & Wissing (Mannheim)	Insolvenzverw.
Gillmeister Rode (Freiburg)	Wirtschaftsstrafrecht
Dr. Growe & Kollegen (Mannheim)	Arbeit
Grub Frank Bahmann Schickhardt Englert (Ludwigsburg)	Sport
Hoefer Schmidt-Thieme (Mannheim)	Insolvenzverw.
Isenbruck Bösl Hörschler (Mannheim)	Patent
Koeble Donus Fuhrmann Locher Schotten Zahn (Reutlingen)	Priv. Baurecht
Luther (Mannheim)	Gesell.recht ▶ M&A
Pluta (Ulm)	Insolvenzverw.
PricewaterhouseCoopers Legal (Mannheim)	M&A ▶ Verkehr
Quinn Emanuel Urquhart & Sullivan (Mannheim)	Patent
Ratajczak & Partner (Sindelfingen)	Gesundheit
RB Reiserer Biesinger (Heidelberg)	Arbeit
Reimann Osterrieth Köhler Haft (Mannheim)	Patent
Rospatt Osten Pross (Mannheim)	Patent
Schultze & Braun (Achern, Karlsruhe, Offenburg)	Insolvenzverw. ▶ Restrukturierung/Sanierung
Schulze-Hagen Horschitz Hauser (Mannheim)	Priv. Baurecht
SGP SchneiderGeiwitz (Ulm)	Kartell ▶ Vertrieb
Sparwasser & Heilshorn (Freiburg)	Umwelt u. Planung
Sprenger (Sinzing)	Versicherungsvertragsrecht
Stark Mayer Hehr und Kollegen (Ludwigsburg)	Arbeit
Stather Dr. Helmke Döther Hausmann Evisen (Heidelberg)	Arbeit
Tilp (Kirchentellinsfurt)	Handel u. Haftung
Vogel & Partner (Karlsruhe)	IT
Dr. Susanne Wagner (Mannheim)	Wirtschaftsstrafrecht
Wellensiek (Heidelberg)	Insolvenzverw. ▶ Restrukturierung/Sanierung
Westphal Mussgnug & Partner (Villingen-Schwenningen)	Patent

Die hier getroffene Auswahl der Kanzleien ist das Ergebnis der auf zahlreichen Interviews basierenden Recherche der JUVE-Redaktion (siehe S. 20). Sie ist in 2erlei Hinsicht subjektiv: Sämtliche Aussagen der von JUVE-Redakteuren befragten Quellen sind subjektiv u. spiegeln deren eigene Wahrnehmungen, Erfahrungen u. Einschätzungen wider. Die Rechercheergebnisse werden von der JUVE-Redaktion unter Einbeziehung ihrer eigenen Marktkenntnis analysiert u. zusammengefasst. Der JUVE Verlag beabsichtigt mit dieser Tabelle keine allgemein gültige oder objektiv nachprüfbare Bewertung. Es ist möglich, dass eine andere Recherchemethode zu anderen Ergebnissen führen würde.

● Referenzmandate, umschrieben
●● Referenzmandate, namentlich

Anwaltszahlen: Angaben der Kanzleien zur Bürogröße vor Ort. Sie spiegeln nicht zwingend die Gesamtgröße einer Kanzlei wider.

REGION SÜDWESTEN BADEN-WÜRTTEMBERG (OHNE STUTTGART)

Kanzleitätigkeit: Schwerpunkte: Gesellschaftsrecht/M&A, Öffentl. Recht, Familien- u. Erbrecht. Daneben Bau- u. Immobilienrecht, Gewerbl. Rechtsschutz, Arbeitsrecht, Wirtschaftsstraf- u. Bankrecht. Mandanten: div. Arbeitnehmergremien des Porsche-Konzerns; lokale Schmuck- u. Uhrenindustrie, Kosmetik, Versandhandel, Automobilzulieferer u. Feinmechanik, Kommunen u. Verbände. (13 Partner, 18 Associates)
Mandate: ●● Lfd.: Arbeitnehmerbanken der Porsche-SE-Aufsichtsräte, u.a. im Zshg. mit Investitionen; 6 ehem. Porsche-SE-Aufsichtsratsmitglieder in Strafverfahren wg. Vorwurf der Beihilfe zur Marktmanipulation; Konzernbetriebsrat der Porsche AG im Arbeitsrecht; SBS Software bei Verkauf an Wolters Kluwer; Schwerlasttransporter-Hersteller bei Zukauf in Indien; div. Kreditinstitute in der Region; div. Kommunen im Verwaltungsrecht.

MELCHERS
Baden-Württemberg (ohne Stuttgart)
Bewertung: Die häufig empfohlene Heidelberger Kanzlei ist eine feste Größe im Südwesten. Zuletzt löste sie die enge Verbindung mit einer WP/StB-Gesellschaft, um sich noch klarer als Anwaltskanzlei zu positionieren. Auch auf anderen Gebieten schärft Melchers ihr Profil: So engagiert sich die Baurechtspraxis um Wellensiek neben Prozessen zunehmend in der umf. Begleitung von Immobilienprojekten inkl. Generalplaner- u. Architektenverträgen. Ein Bsp. für diese Entwicklung ist die Beratung einer Architekten-Arge bei der Vertragsverhandlung für ein €520-Mio-ÖPP-Projekt. Die Gesellschaftsrechtler profitierten vom anziehenden Transaktionsgeschäft. Neben Masuch ist hier v.a. das intern. ausgerichtete Frankfurter Team aktiv. Es beriet etwa den US-türk. Karbonhersteller DowAksa beim Einstieg bei einem dt. Wettbewerber. Die Bedeutung des Glücksspielrechts um Hofmann zeigte sich zuletzt in der Ernennung eines Sal.-Partners. Im Arbeitsrecht verlor Melchers einen erfahrenen Associate, der bei Heussen als Partner einstieg, konnte diesen Abgang aber durch 2 Neuzugänge kompensieren.
Stärken: Großes Know-how im Baurecht u. im Glücksspielrecht.
Entwicklungsmöglichkeiten: Im Gesellschaftsrecht, nach wie vor das Rückgrat der Kanzlei, vollzieht sich ein Generationswechsel: Nach Dr. Rainer Sturies werden sich in den kommenden Jahren 2 weitere Seniorpartner zurückziehen. Zwar ist Masuch als Vertreter der nächsten Generation längst renommiert, doch bleibt es eine Herausforderung, weitere Gesellschaftsrechtler im Markt zu positionieren.
Häufig empfohlen: Dr. Norbert Stegemann (Wirtschafts- u. Steuerstrafrecht), Dr. Andreas Masuch („guter Verhandler", Wettbewerber, Gesellschaftsrecht), Dr. Jörg Hofmann (Glücksspielrecht), Tobias Wellensiek (Bau- u. Immobilienrecht).
Kanzleitätigkeit: Schwerpunkte: ▶Gesellschaftsrecht inkl. ▶M&A, Bau- u. Immobilienrecht, Arbeitsrecht, Nachfolgeplanung sowie Steuer- u. Steuerstrafrecht, Gewerbl. Rechtsschutz (Marken- u. Wettbewerbsrecht), Glücksspielrecht. Teilweise als ausgelagerte Rechtsabteilung tätig. Mandanten: internat. tätige Familienunternehmen, Bauunternehmen, Spielbanken u. internat. Wettspielanbieter. (11 Partner, 3 Sal.-Partner, 12 Associates)
Mandate: ●● Propapier PM2 u.a. in Verf. zu Liefer- u. Zahlungsansprüchen; Progroup u.a. bei Neugestaltung von Arbeitsverträgen; Architekten-Arge bei Vertrag zu ÖPP-Bauprojekt der Uniklinik Schleswig-Holstein; Pharmakonzern bei Logistik-Outsourcing; Gesellschafter Vanni-Didicher bei Unternehmensverkauf. Lfd. im Baurecht: Architekten Sander, Hofrichter & Partner, Entwicklungsgesellschaft Heidelberg, WeberHaus, dt. Baukonzerne bei Prozessen.

NIETZER & HÄUSLER
Baden-Württemberg (ohne Stuttgart)
Bewertung: Die in Ba.-Wü. empfohlene Kanzlei hebt sich durch ihre Erfahrung bei der Rechtsberatung mit US-Bezug unter den Regionalkanzleien hervor. 2 Anwälte sind am US Supreme Court zugelassen. Über diesen Schwerpunkt im US-Recht kommt die Kanzlei häufig zum Zuge, wenn dt. Firmen US-Töchter gründen, u.a. bei Produkthaftungsthemen im Zshg. mit dem US-Markteintritt. Immer wieder wird N&H dank dieser Expertise punktuell von ansonsten anderweitig beratenen Firmen mandatiert. Zunehmend entwickelt die Kanzlei weitere Schwerpunkte: So ist das Transaktionsgeschäft für Mittelständler aus dem südd. Raum inzw. eine weitere Säule, ebenso die Beratung dt. Mandanten bei Joint Ventures und Fragen des Gewerbl. Rechtsschutzes mit China-Bezug.
Stärken: Beratung mit US-Bezug, stark verwurzelt im regionalen Mittelstand.
Entwicklungsmöglichkeiten: Die ambitionierten personellen Ausbaupläne der Kanzlei scheiterten bisher u.a. an hoher Fluktuation. Diese könnte mit dem stark auf Namenspartner Nietzer zugeschnittenen Kanzleimodell zusammenhängen, in dem der dauerhafte Associate-Status der Regelfall ist. Eine Öffnung der Partnerschaft könnte Nachwuchsanwälten Perspektiven aufzeigen u. sie enger an die Kanzlei binden.
Häufig empfohlen: Prof. Dr. Wolf Nietzer
Kanzleitätigkeit: Ein großer Teil der Mandate hat US-Bezug. Zudem südd. Mittelstandsmandate in M&A sowie im Handels-, Gesellschafts- u. Vertragsrecht, teils als ausgelagerte Rechtsabteilung. Auch Gewerbl. Rechtsschutz u. Arbeitsrecht. Prozesstätigkeit, auch Schiedsverfahren. Notariat. Feste US-Kooperationen. Zunehmend China-Geschäft, hier in Koop. mit der chin. Kanzlei Co-effort Law Firm. (3 Partner, 7 Associates)
Mandate: ●● Wirthwein bei Unternehmenskauf im europ. Ausland; Landshuter Werkzeugbau, u.a. bei US-Firmengründung; Porsche Financial Services leasingrechtl. u. in Prozessen; Zukunftsfonds Heilbronn, u.a. bei Transaktionen bzgl. Portfoliounternehmen; Brammer, u.a. arbeitsrechtl.; lfd. im US-Recht: Tampoprint, Uzin Utz, Beyerdynamic.

NONNENMACHER
Baden-Württemberg (ohne Stuttgart)
Bewertung: Die empfohlene Karlsruher Kanzlei steht für die auf Dauer angelegte Rundumberatung vorwiegend mittelständ. Mandanten. Ein weiterer Schwerpunkt liegt im Öffentl. Recht, hier berät Nonnenmacher eine Vielzahl von Kommunen u.a. zu Bebauungsplänen. Eine neuere Entwicklung auf diesem Gebiet ist die Beratung von Forschungsinstitutionen bei internat. Kooperationsverträgen – neben der stark ausgebauten Tätigkeit für eine europaweit tätige Baumarktkette ein Treiber der zunehmenden Internationalisierung des Geschäfts. Ihrem partnerzentrierten Ansatz bleibt die Kanzlei treu, ohne den langfristigen Generationswechsel aus den Augen zu verlieren: So stellte sie 2 Associates ein u. ernannte zuletzt einen Insolvenz- u. einen Verwaltungsrechtler zu Vollpartnern.
Stärken: Schadensrecht.
Kanzleitätigkeit: Schwerpunkte im Handels- u. Gesellschafts-, Bau- u. Immobilienrecht sowie Öffentl. Recht. Daneben Arbeits- sowie Bank- u. Finanzrecht. Gewerbl. Rechtsschutz, Steuer-, Insolvenz-, zunehmend Wirtschaftsstrafrecht. Auch Familienrecht, Erbrecht. (10 Eq.-Partner, 1 Sal.-Partner, 4 Associates, 2 of Counsel)
Mandate: ● Europaweit tätige Baumarktkette lfd., u.a. steuer- u. baurechtl. sowie bei Produkthaftungsfragen; Finanzdienstleister kapitalmarktrechtl. zu Finanzprodukten; Wellnessproduktehersteller bei Umwandlung; Reinigungsmittelhersteller im Gewerbl. Rechtsschutz, u.a. Betreuung von Eigenmarken; Privatperson bei Verfassungsbeschwerde gg. LAG-Beschluss vor dem Staatsgerichtshof Ba.-Wü.

REEG
Baden-Württemberg (ohne Stuttgart)
Bewertung: Hinter der im Südwesten empfohlenen Kanzlei liegt ein Jahr mit Licht u. Schatten. Einerseits löst sie sich von der starken Fixierung auf Reeg selbst, der bis vor wenigen Jahren einziger Vollpartner war. Inzw. gewinnen auch 2 weitere Partner zunehmend eigene Mandanten, darunter einen Dax-Konzern, der mit Reeg als Dauerberaterin in operativen Fragen des Tagesgeschäfts zusammenarbeitet. Auf der anderen Seite musste die Kanzlei nach einer Phase des personellen Aufbaus schmerzhafte Abgänge hinnehmen. So verlor sie 3 Associates an Rechtsabteilungen, die für Bereiche standen, in denen Reeg wachsen will – v.a. Compliance u. IP/IT, die beide zu ihrer starken Position als Beraterin der Automobilbranche u. in der Konfliktlösung passen. Im Gewerbl. Rechtsschutz hat Reeg den Wiederaufbau mit einer Berufsanfängerin eingeleitet.
Stärken: Mandate mit Spanien-Bezug, handelsrechtl. Prozesse.
Häufig empfohlen: Dr. Axel Reeg
Kanzleitätigkeit: Im Schwerpunkt Gesellschaftsrecht u. M&A, zudem Arbeitsrecht u. handelsrechtl. Prozessse, inkl. Schiedsverfahren. Mandanten: v.a. Mittelständler bei Auslandsprojekten u. ausl. Unternehmen bei Aktivitäten in Dtl.; regionale Schwerpunkte: Spanien, Lateinamerika u. Südostasien. Reeg arbeitet internat. mit Partnerkanzleien zusammen, z.B. González-Cuéllar in Spanien, Raslan Loong in Malaysia u. Goodrich Riquelme in Mexiko. (3 Partner, 1 Counsel, 2 Associates)
Mandate: ●● Talgo Dtl., u.a. zu Compliance u. Haftungsfragen; Kunststoffhersteller, u.a. bei Kauf aus der Insolvenz; Medizintechnikunternehmen gg. Unterlassungsklage eines Wettbewerbers; span. Anlagenbauer bei Umstrukturierung; Logistikunternehmen im Arbeitsrecht; 3 internat. Verf. als Schiedsrichter.

RITTERSHAUS
Baden-Württemberg (ohne Stuttgart)
Bewertung: Die im Südwesten häufig empfohlene Kanzlei erntet zunehmend Früchte ihrer strateg. Weiterentwicklung. Im Transaktionsgeschäft gab es einen Schub, v.a. bei internat. Mandaten wachsen die Erfahrung u. Renommee der Anwälte. So setzte der SDax-Konzern Heidelberger Druckmaschinen erstmals bei 2 Transaktionen auf Rittershaus. Den Kauf der Vertriebsgesellschaft PSG koordi-

BADEN-WÜRTTEMBERG (OHNE STUTTGART) SÜDWESTEN REGION

nierte Eisenlohr von Mannheim aus in 5 Ländern. Dabei profitierte die Kanzlei von der wachsenden Integration in das internat. Netzwerk Legalink, über das sie auch für Zukäufe der chin. Zhongding-Gruppe in Dtl. mandatiert wurde. Ein wichtiger personeller Schritt gelang bei der Beratung von Mittelständlern zu Finanzierungen. In Frankfurt gewann Rittershaus die ehem. Boetticher-Partnerin Dr. Cornelia Summ als Quereinsteigerin, die auf die Beratung von Banken bei Kredittransaktionen spezialisiert ist u. zuletzt einen großen Mittelständler bei einer €500-Mio-Anleihe begleitet hat.

Stärken: Erfahrung bei mittelständ. Transaktionen; Gewerbl. Rechtsschutz (▶ Marken u. Wettbewerb), v.a. mit Bezug zur Life-Science-Branche.

Häufig empfohlen: Rainer Dietmann (Gesellschaftsrecht), Verena Eisenlohr („sehr effizient, sehr präsent", Mandant; Gesellschaftsrecht/M&A), Prof. Dr. Christof Hettich („herausragende Kompetenz", Wettbewerbrecht; Gesellschaftsrecht/M&A), Dr. Andreas Notz (Arbeitsrecht).

Kanzleitätigkeit: Schwerpunkte: ▶ Gesellsch. recht, ▶ M&A, ▶ Nachfolge/Vermögen/Stiftungen u. ▶ Marken u. Wettbewerb. Zunehmend Bank- u. Kapitalmarktrecht; Öffentl. Recht, Steuerrecht, daneben Bau- u. Immobilienrecht, Vergaberecht. Mandanten: mittelständ. u. größere Unternehmen aus dem gesamten Bundesgebiet, z.T. aus dem Ausland. Branchen: Life Science, Pharma, Gesundheitswesen. Daneben Nahrungsmittelindustrie, Maschinen-, Anlagenbau, Informationstechnologie, Entertainmentindustrie. Weiterhin Familienunternehmen in Nachfolgefragen. (14 Partner, 4 Counsel, 15 Associates)

Mandate: ●● Heidelberger Druckmaschinen bei Kauf bei niederl. PSG u. Verkauf einer Sparte an Müller Martini; Zhongding, u.a. bei Kauf von Kaco von der bras. Sabó-Gruppe; Brenner Holding bei Verkauf von Anteilen an BB Group; Curevac bei Einstieg von Bill & Melinda Gates-Foundation; Dievini Hopp, u.a. bei Kauf von LTS Lohmann u. bei Finanzierungsrunde von Immatics; Epple bei Kooperationsvertrag für Neubauprojekt; Fonds der Stadt Mannheim bei Beteiligungen an Start-ups.

ROWEDDER ZIMMERMANN HASS
Baden-Württemberg (ohne Stuttgart) ▪▪▪▫▫▫

Bewertung: Die im Südwesten empfohlene Traditionskanzlei ist als Beraterin in anspruchsvollen gesellschaftsrechtl. Mandanten über ihren Heimatmarkt Mannheim hinaus tätig. V.a. Pentz ist im Aktienrecht bundesw. renommiert, Gesellschafterstreitigkeiten u. die Beratung von Organen in Haftungsfragen bilden Schwerpunkte. Weitere Säulen der Kanzlei sind der Gewerbl. Rechtsschutz u. die Planung von Nachfolgeregelungen für vorwiegend mittelständ. Mandanten. Die betont konservative Haltung in Bezug auf Personalzuwachs macht den Generationswechsel innerhalb der nur 7-köpfigen Einheit zu einer besonderen Herausforderung, doch gelingt es allmählich, für die Kerngebiete der Seniorpartner jüngere Anwälte im Markt zu positionieren.

Stärken: Organberatung, Gesellschafterstreitigkeiten.

Häufig empfohlen: Dr. Andreas Pentz („verhandelt clever", Wettbewerber; Aktienrecht).

Kanzleitätigkeit: Schwerpunkte: ▶ Gesellsch. recht u. Gewerbl. Rechtsschutz. Gesellschaftsrechtl. Tätigkeit: Gründung, Umstrukturierung von Unternehmen (auch insolvenznah), M&A sowie Organberatung u. Streitigkeiten (Prozesse). Zudem Unternehmensnachfolge einschl. der steuerrechtl. Beratung u. Arbeitsrecht. Weiterhin Vertretung in aktienrechtl. Spruchstellenverfahren, meist für Antragsgegner. Mandanten: Unternehmen aus der chem. u. pharmazeut. Industrie, Anlagen- u. Maschinenbau, Automobilzulieferer sowie kommunale Betriebe. (3 Partner, 4 Associates)

Mandate: ●● Öffentl. bekannt: lfd. Roche Diagnostics im Patentrecht; MVV Energie u. ABB u.a. im Gesellschaftsrecht; Rudolf Wild u. BASF in div. Rechtsgebieten.

SCHLATTER
Baden-Württemberg (ohne Stuttgart) ▪▪▪▪▫▫

Bewertung: Die im Südwesten empfohlene Kanzlei mit Büros in Heidelberg u. Mannheim steht für die umf. Beratung v.a. mittelständ. Mandanten. Neben den klass. Schwerpunkten im Gesellschafts-, Steuer, Bau- u. Öffentl. Recht hat sich das Bank- u. Finanzrecht zur größten u. dynamischsten Praxisgruppe entwickelt. Ein Team vorwiegend jüngerer Partner hat sich auf die Beratung von Finanzvermittlern konzentriert u. erweitert die Mandantenbasis inzw. auf Banken. Diese vertritt Schlatter etwa bei Anlegerklagen im Zshg. mit Beratergebühren oder der vorzeitigen Kündigung von Darlehensverträgen. Zunehmend gelang dabei zuletzt die Ausweitung der Beratung auf Felder wie Arbeits- oder Gesellschaftsrecht. Neben dieser positiven Entwicklung musste die Kanzlei jedoch Rückschläge verkraften: Der Mannheimer Partner Jan Joneschelt, als Corporate-Anwalt ein wichtiger Teil der Transaktionspraxis, wechselte zur Wettbewerberin Kleiner. Zudem klafft nach dem Abgang eines erfahrenen Associate eine Lücke im Bereich IP/IT.

Stärken: Bank- u. kapitalmarktrechtl. Beratung von Finanzvermittlern.

Entwicklungsmöglichkeiten: In ihren klass. Kerndisziplinen ist Schlatter fester Bestandteil des regionalen Marktes. Die Altersstruktur der Partnerschaft lässt jedoch erkennen, dass sie sich mit dem anstehenden Generationswechsel befassen muss, damit das langfr. so bleibt. Sowohl Quereinsteiger wie auch die stärkere Positionierung jüngerer Partner im Markt könnten Wege sein, sich vorzubereiten.

Häufig empfohlen: Dr. Christian Albrecht (Steuern), Wolf Herzberger (Handels- u. Gesellschaftsrecht), Dr. Jörg Klingmann („sehr erfahrener Litigator, serviceorientiert", Wettbewerber).

Kanzleitätigkeit: Gesellschafts-, Arbeits-, Steuer-, Bank- u. Kapitalmarkt- sowie Bau- u. Immobilienrecht, häufig prozessual geprägt. Auch Öffentl. Recht, Gewerbl. Rechtsschutz, Produkthaftungsrecht, Wirtschaftsstrafrecht, Sanierungs- u. Krisenrecht. Branchenschwerpunkte: Energie, Maschinenbau, Bau, Chemie, Versicherer u. Finanzdienstleister. (12 Partner, 4 Associates, 2 of Counsel)

Mandate: ●● GGEW bei Kauf von 3 Energie-Projektgesellschaften; AFD bei Abwehr von Schadensersatzansprüchen aus Prospekthaftung; Reiseagentur zu Umsatzsteuer; Großforschungseinrichtung zur Strukturierung wirtschaftl. Betriebe; kommun. Verkehrsgesellschaft in Vergabeverfahren im Zshg. mit Immobilienprojekt; US-Halbleiterhersteller bei Erweiterung der dt. Niederlassung; div. Sparkassen u. Volksbanken im Bank- u. IT-Recht; Maschinenbauer bei arbeitsrechtl. Umstrukturierung.

SZA SCHILLING ZUTT & ANSCHÜTZ
Baden-Württemberg (ohne Stuttgart) ▪▪▪▪▪▫

Bewertung: Die Kanzlei gehört zu den führenden im Südwesten u. unterstrich zuletzt mit mehreren Neuzugängen, dass sie nicht bereit ist, sich auf ihren Lorbeeren auszuruhen. So gewann sie für das Frankfurter Büro die Clifford-Anwälte Markus Pflüller als Partner u. Philipp von Ploetz als Counsel. Damit flankiert SZA ihre bundesw. angesehene aktien- u. gesellschaftsrechtl. Praxis – strateg. ein wichtiger Schritt, denn bisher fehlten originäre Kapitalmarktrechtler in ihren Reihen. In Mannheim baut SZA zudem mit Thomas Oberle als Quereinsteiger von Wellensiek eine insolvenzrechtl. Praxis auf. Auch dies ist eine sinnvolle Abrundung des Beratungsangebots, bei dem nach wie vor die Corporate-Arbeit für Konzerngremien durch äußerst renommierte Partner wie Prof. Dr. Jochem Reichert hervorsticht.

Stärken: Gesellschaftsrechtl. Beratung in hochkarät. Mandanten, v.a. Organberatung. Daneben starke Praxisgruppen, etwa Arbeits- u. Kartellrecht.

Empfohlen für: ▶ Arbeitsrecht; ▶ Gesellsch. recht; ▶ Kartellrecht; ▶ M&A; ▶ Nachfolge/Vermögen/Stiftungen; auch ▶ Handel u. Haftung u. ▶ Gesellsch.rechtl. Streitig., u.a. Kapitalanlageprozesse; IT; Kapitalmarktrecht; Steuerrecht; Öffentl. Wirtschaftsrecht. (12 Eq.-Partner, 1 Sal.-Partner, 4 Counsel, 28 Associates, 3 of Counsel)

Mandate: Siehe Fachkapitel.

TIEFENBACHER
Baden-Württemberg (ohne Stuttgart) ▪▪▪▪▫▫

Bewertung: Die im Südwesten empfohlene Kanzlei konnte ihren Schwerpunkt im Leasingrecht zuletzt ausbauen. Sie verstärkte sich mit Wolfgang Ball als of Counsel, bis 2014 Vorsitzender des für Leasingfragen zuständigen BGH-Senats. Über ihr Know-how bei Finanzierungen und Großprojekten konnte Tiefenbacher zudem 2 namh. Neumandanten im Leasingrecht gewinnen u. die Beziehung zu ihrer Kernmandantin Südleasing vertiefen. Dass grenzüberschreitende Projekte für diese eine immer bedeutendere Rolle spielen, ist ein Grund für die wachsende Internationalisierung des Geschäfts der Kanzlei. Hinzu kommt, dass Tiefenbacher zunehmend von ihrer Einbindung in das Kanzleinetzwerk Alfa profitiert, die v.a. ein Sal.-Partner vorantreibt. So beriet die Kanzlei etwa den US-App-Entwickler Mandalay beim Kauf eines dt. Unternehmens. Zuletzt wechselte der renommierte Insolvenzrechtler Jürgen Dernbach aus Altersgründen in den Of-Counsel-Status. Dass die Kanzlei langfr. jedoch Wachstumspläne verfolgt, zeigt die Erweiterung der Associate-Riege um 3 Anwälte im vergangenen Jahr.

Stärken: Große Erfahrung in der Leasingbranche.

Kanzleitätigkeit: Gesellschaftsrecht/M&A, Bau- u. Immobilienrecht; Bank- u. Finanzrecht, hier insbes. Leasingrecht; Arbeitsrecht, v.a. Arbeitgeber; zunehmend Gewerblicher Rechtsschutz, auch Steuer-, Vertriebs- u. Energierecht. Prozessvertretung. Branchen: Energieversorger, Entsorger, Technologiedienstleister, Projektentwickler, Banken u. Versicherungen, Leasinggesellschaften. U.a. Mitgl. im Netzwerk Alfa International. (4 Partner, 1 Sal.-Partner, 2 Counsel, 13 Associates, 3 of Counsel)

Mandate: ●● Südleasing bei Großprojekten, u.a. finanzierungs- u. gesellschaftsrechtl.; Hochdorf bei Kauf einer Ölmühle; Mandalay Digital bei

REGION SÜDWESTEN BADEN-WÜRTTEMBERG (OHNE STUTTGART)

Kauf von Xyologic; Uni Heidelberg immobilienrechtl. zu Bauprojekt ‚Marsilius Arkaden'; BK Giulini/ICL Gruppe, u.a. im Baurecht u. zum Datenschutz; Family Office bei Immobilienkäufen in den Niederlanden; Schweizer Autozulieferer baurechtl. zu neuer Werkshalle.

VOELKER & PARTNER
Baden-Württemberg (ohne Stuttgart)

Bewertung: Die im Südwesten häufig empfohlene Reutlinger Kanzlei treibt den Ausbau ihrer Bankrechtspraxis weiter voran. Inzw. gehört dieser Bereich neben klass. Schwerpunkten wie Gesellschaftsrecht u. der Beratung im Gesundheitswesen zu den wichtigsten Standbeinen, was erneut zu Associate-Zugängen führte. Besonders dynamisch hat sich zuletzt die Arbeit für Banken bzgl. fehlerhafter Widerrufsbelehrungen in Kreditverträgen entwickelt. Die Einrichtung einer umf. Vertragsdatenbank ist ein Ausdruck der Expertise auf diesem Gebiet u. bescherte Voelker zahlr. Neumandanten, die sie bundesw. in Prozessen vertritt. Dass das Team um Linnebacher auch zu anspruchsvollen Fragen wie Bankenhaftung bei CHF-Swaps berät, zeugt von einem Know-how, das wenige Regionalkanzleien erreichen. Im Gesellschaftsrecht schreitet die Internationalisierung des Geschäfts voran. Hier beriet etwa Amann, der zunehmend auch bei Gesellschafterstreitigkeiten aktiv ist, einen Baukonzern aus dem Nahen Osten bei der Gründung einer dt. Tochter. Zuletzt ernannte Voelker den Unternehmensnachfolgespezialisten Dr. Stefan Seyfarth zum Partner.

Häufig empfohlen: Dr. Bernd Linnebacher (Bank- u. Finanzrecht), Dr. Karsten Amann (Gesellschaftsrecht), Dr. Christian Lindemann (Vertragsrecht)

Kanzleitätigkeit: Starke Praxen im Gesellschaftsrecht u. M&A sowie Bank- u. Finanzrecht, zunehmend Medizin- u. Krankenhausrecht (v.a. Krankenhausträger), weitere Schwerpunkte im Arbeits- u. Steuerrecht sowie Gewerbl. Rechtsschutz. Auch Stiftungs- u. Gemeinnützigkeitsrecht, Öffentl. Recht, Vergabe-, Bau- u. Immobilienrecht, Wirtschaftsstrafrecht, Insolvenz u. Sanierung. Eigenes Büro in Barcelona. (13 Eq.-Partner, 1 Sal.-Partner, 20 Associates, zzgl. 2 WP/StB)

Mandate: ●● Blansjaar-Gruppe bei Kauf von Staufen aus der Insolvenz; Schall-Gruppe lfd., u.a. steuerrechtl. u. bei Gesellschafterstreit; Krankenhaus ‚14 Nothelfer' in Prozess gg. ehem. Geschäftsführer; Traderfox im Bankaufsichtsrecht; Kreissparkasse Esslingen-Nürtingen in Prozess zu Anfechtungsrechten durch Insolvenzverwalter; div. dt. Mittelständler zu Lizenzverträgen, u.a. in Indien, China, Kanada; div. Sparkassen u. Volksbanken, v.a. in Kapitalanlageprozessen; Landesbank zu Haftung bei CHF-Swaps.

ZINNBÖCKER
Baden-Württemberg (ohne Stuttgart)

Bewertung: Die im Südwesten empfohlene Mannheimer Kanzlei hat sich eine Sonderstellung im Markt erarbeitet. Ähnlich wie die Wettbewerberin Reeg ist sie auf Mandate mit Spanien-Bezug spezialisiert. Allerdings ist ihr Geschäft stärker M&A-geprägt, hinzu kommt Rumänien als weiterer regionaler Schwerpunkt. Die Erholung der span. Wirtschaft schlägt sich für ZB in einer wachsenden Zahl von Transaktionen nieder, u.a. beriet Zinn einen dt. Konzern beim Verkauf einer span. Tochter. Daneben gewinnen Finanzierungen an der Seite von Mittelständlern an Gewicht – dieses Beratungsfeld hat sich das kleine, aber personell sehr stabile Team in den vergangenen Jahren neu erschlossen. Dass ZB durchaus auch internat. Kreditfinanzierungen stemmen kann, wird im Markt anerkennend registriert.

Häufig empfohlen: Dr. Philip-André Zinn („kompetent u. verlässlich", Wettbewerber), Dr. Christian Böcker („guter Verhandler", Wettbewerber)

Kanzleitätigkeit: Schwerpunkt Gesellschaftsrecht, M&A; Handels- u. Vertriebsrecht. Auch Arbeits- u. Schiedsrecht. Mandanten: internat. tätige Konzerne, z.B. bei Investitionen in Dtl., mittelständ. Unternehmen bei Auslandsaktivitäten; Länderschwerpunkte: Rumänien, Spanien. Feste Kooperationen mit Vera Abogados in Mexiko u. rumän. Kanzleien, daneben gute Kontakte zu weiteren ausl. Kanzleien. (3 Partner, 3 Associates)

Mandate: ● Dt. Dosiertechnikhersteller bei Kauf eines engl. Wettbewerbers; Maschinenbauer bei Umstrukturierung von Finanzierung; dt. Konzern bei Verkauf von span. Tochter; Automotivekonzern bei Gründung von Niederlassung in Rumänien; südamerik. Autozulieferer bei Verkauf dt. Töchter; Anlagenbauer bei Akquisitionsfinanzierung; dt. Tochter eines internat. Konzerns arbeitsrechtl. bei betriebl. Altersvorsorge.

Rheinland-Pfalz/Saarland

RHEINLAND-PFALZ/SAARLAND

	Bette Westenberger Brink	Mainz
	Martini Mogg Vogt	Koblenz
	Dr. Caspers Mock & Partner	Koblenz, Saarbrücken
	Heimes & Müller	Saarbrücken
	Kunz	Koblenz, Mainz
	König	Trier
	Kropp Haag Hübinger	Saarbrücken
	Rapräger Hoffmann und Partner	Saarbrücken
	Staab & Kollegen	Saarbrücken
	Diesel Schmitt Ammer	Trier
	Dornbach	Koblenz, Frankfurt-Hahn, Saarbrücken, Mainz
	Fromm	Koblenz
	Klinge Hess	Koblenz
	Neuhaus Partner	Koblenz
	Neussel Martin	Bad Kreuznach
	Rohwedder & Partner	Mainz
	Forkert Webeler Höfer	Koblenz
	Dr. Petereit Armbrüster & Partner	Mainz

Die hier getroffene Auswahl der Kanzleien ist das Ergebnis der auf zahlreichen Interviews basierenden Recherche der JUVE-Redaktion (s. Einleitung S. 20). Sie ist in 2erlei Hinsicht subjektiv: Sämtliche Aussagen der von JUVE-Redakteuren befragten Quellen sind subjektiv u. spiegeln deren eigene Wahrnehmungen, Erfahrungen u. Einschätzungen wider. Die Rechercheergebnisse werden von der JUVE-Redaktion unter Einbeziehung ihrer eigenen Marktkenntnis analysiert u. zusammengefasst. Der JUVE Verlag beabsichtigt mit dieser Tabelle keine allgemein gültige oder objektiv nachprüfbare Bewertung. Es ist möglich, dass eine andere Recherchemethode zu anderen Ergebnissen führen würde. Innerhalb der einzelnen Gruppen sind die Kanzleien alphabetisch geordnet.

BETTE WESTENBERGER BRINK
Rheinland-Pfalz/Saarland

Bewertung: Die Mainzer Kanzlei teilt sich mit Martini Mogg Vogt weiterhin die Position der führenden Kanzleien der Region. Damit das so bleibt, hat BWB ihre Praxisgruppen klarer strukturiert u. diese in diesem Zuge jeweils auch in die Verantwortung jüngerer Partner gegeben. Das stärkt das Profil der Kanzlei nach außen u. sorgte zuletzt bereits für starkes Mandatswachstum, v.a. im kommunalen Bereich kamen zahlr. neue Mandanten hinzu. So berät BWB etwa einen Landkreis bei der Strukturierung des Liegenschaftsmanagements. Traditionell stark ist die Full-Service-Kanzlei im Gesellschaftsrecht, wo der bekannteste Kopf von der Lühe auch als Geschäftsführer der Mainzer Aufbaugesellschaft agiert, was für kontinuierl. Geschäft im Immobilien- u. Gesellschaftsrecht sorgt. Doch auch die in der Kanzlei ohnehin starke Beratung mit internat. Bezug intensivierte sich einmal mehr durch die Frankreich-Expertise einer jüngeren Partnerin. Eine herausragende Stellung nimmt BWB im Bereich Factoring ein, wo sie bundesweit berät. Hier beriet die Kanzlei zuletzt vermehrt zu Fragen des Bankaufsichtsrechts.

Stärken: Beratung von Factoring-Instituten, Bank- u. Finanzrecht, M&A, ▶Gesellschaftsrecht.

Häufig empfohlen: Dr. Ulrich Brink (Bankrecht), Christian von der Lühe („erfahren u. verhandlungsstark", Wettbewerber; Gesellschaftsrecht), Dr. Norbert Westenberger (Medienrecht), Hans Hasemann-Trutzel (Verwaltungsrecht), Bengt Scheiner (Arbeitsrecht, Kapitalanlagerecht), Christian Faber

Kanzleitätigkeit: Ausschl. wirtschaftsrechtl. Beratungsspektrum mit deutl. Schwerpunkten im Bankrecht, insbes. Kreditsicherung u. Factoring, sowie Arbeits- u. Gesellschaftsrecht/M&A, daneben Gewerbl. Rechtsschutz sowie Abfallrecht. Mandantschaft: v.a. überreg. u. internat. Klientel (Frankreich-Desk). Eigene Büros in Erfurt und Berlin. (Mainz: 7 Partner, 2 of Counsel, 3 Associates)

Mandate: ●● Mainzer Aufbaugesellschaft bei Neustrukturierung; Landkreis bei Strukturberatung Liegenschaftsmanagement; Klimatechnikunternehmen bei Gesellschafterstreit; Stiftung bei Krankenhausverkauf; Unternehmen der Automotivebranche bei Factoring von US-Forderungen; Kabelmesstechnikunternehmen bei Know-how-Schutz; kreisfreie Stadt bei Bebauungsplan; Unternehmen aus Telematikbereich bei Aufbau internat. Vertriebsstruktur; frz. Softwarekonzern bei Entlassung leitender Mitarbeiter bei dt. Tochter; Aktiengess. bei Aufbau Beteiligungsstruktur u. Wachstumsfinanzierung.

DR. CASPERS MOCK & PARTNER
Rheinland-Pfalz/Saarland

Bewertung: Die Kanzlei wird in Rh.-Pf. häufig empfohlen, verlor jedoch 2014 mit dem Versicherungsrechtler Arno Schubach ihren bekanntesten Partner an eine Boutique in Ffm. Ein Anwalt, der von Bach Langheid kam, sowie ein weiterer erfahrener Associate sollen den Bereich nun weiterführen. Ohne das Renommee von Schubach dürfte es allerdings einige Zeit in Anspruch nehmen, bis die Praxis zu ihrer alten Schlagkraft zurückkehrt. Der Verlust trübt das Bild der Kanzlei im Markt allerdings kaum: Weiterhin gilt CM&P als größte u. bedeutendste Prozesskanzlei der Region, die etwa mit dem Arbeitsrechtler Bodenbach u. Immobilienrechtler Sprengart renommierte Anwälte zu ihren Partnern zählt. Beide Bereiche entwickelten sich zuletzt besonders kräftig u. auch im Gesellschaftsrecht konnte die Kanzlei mit ihrem Schwerpunkt in der Mittelstandsberatung zahlr. neue Mandanten – häufig auch mit Nachfolgebezug – gewinnen.

Stärken: Prozessrecht.

Häufig empfohlen: Horst-Walter Bodenbach (Arbeitsrecht), Peter Sprengart (Immobilienrecht), Dr. Wolfgang Weller (Baurecht)

Kanzleitätigkeit: Allgemeinkanzlei mit breitem wirtschaftsrechtl. Spektrum. Schwerpunkte im Arbeits-, Bank-, Bau-, Gesellschafts-, Versicherungsrecht, Wirtschaftsstraf- u. Öffentl. Recht. Mandantenschwerpunkte: Versicherer u. Speditionen, daneben Banken, IT-Unternehmen u. Verlage. Eigene Büros in Bonn, Köln u. Ffm. (Koblenz u. Saarbrücken: 9 Eq.-Partner, 2 Sal.-Partner, 43 Associates)

Mandate: ●● Zimmermann Recycling bei Kauf u. Entwicklung Kernkraftwerk Mülheim-Kärlich, ziviler Nachnutzung sowie gesellschaftsrechtl. Neustrukturierung; FOC Montabaur im Baurecht; öffentl. Hand bei baurechtl. Prozessen.

DIESEL SCHMITT AMMER
Rheinland-Pfalz/Saarland

Bewertung: Die in der Region empfohlene Kanzlei dominiert mit Wettbewerberin König den Markt in Trier. Anders als diese setzt sie jedoch stark auf einen partnerzentrierten Ansatz. Dass im Zuge des Ausscheidens von Namenspartner Hartmut Diesel überhaupt 2 Associates in ihren Reihen tätig sind, ist eine neuere Entwicklung. Der Generationswechsel wird im Markt überwiegend als gelungen wahrgenommen. V.a. ein jüngerer Arbeitsrechtler, der sich auf Insolvenz- u. Sanierungsberatung spezialisiert hat, gewinnt an Profil u. wird sowohl von Unternehmen als auch von Betriebsräten mandatiert. Nach außen prägt allerdings weiterhin Ammer, den Wettbewerber als „sehr verhandlungsstark" einschätzen, das Gesicht der Kanzlei. Neben seinem medizinrechtl. Schwerpunkt ist er stark als Verteidiger in Steuerstrafverfahren gefragt. Das Kerngeschäft von DSA jedoch ist die Rundumberatung vorwiegend mittelständ. Dauermandanten. Dass der regionale Fokus sich inzw. weitet, zeigt die Beratung einer Stiftung bei Kooperationsverträgen mit norddt. Einrichtungen.

Stärken: Medizin- u. Gesellschaftsrecht.

Häufig empfohlen: Dr. Andreas Ammer („extrem präsent", Wettbewerber)

Kanzleitätigkeit: Breites Beratungsspektrum mit Schwerpunkten im Gesellschafts-, Arbeits-, Bau-, Insolvenz-, Medizin- u. Krankenhausrecht sowie im Gewerbl. Rechtsschutz. Mandantschaft: Ärzte, Kommunen sowie mittelständ. Unternehmen. Kooperationen mit luxemb. Anwälten, 2 StB/WP-Gesellschaften (im Steuerrecht). (5 Partner, 2 Associates)

● Referenzmandate, umschrieben
●● Referenzmandate, namentlich

Anwaltszahlen: Angaben der Kanzleien zur Bürogröße vor Ort. Sie spiegeln nicht zwingend die Gesamtgröße einer Kanzlei wider.

Führende Partner in Rheinland-Pfalz/Saarland

Franz Abel (Abel und Kollegen)	Insolvenzverwaltung
Dr. Andreas Ammer (Diesel Schmitt Ammer)	Medizinrecht
Dr. Ulrich Brink (Bette Westenberger Brink)	Bank- und Finanzrecht, Steuerrecht
Dr. Frank Deller (KDU Krist Deller & Partner)	Privates Baurecht
Dr. Hans Eichele (Rohwedder & Partner)	▶Lebensmittelrecht
Kurt Haag (Kropp Haag Hübinger)	▶Versicherungsvertragsrecht und Arzthaftungsrecht
Dr. Curt Jeromin (Jeromin & Kerkmann)	Öffentliches Wirtschaftsrecht
Georg Kaiser (Neuhaus Partner)	Gesellschaftsrecht
Thomas Knierim (Knierim Huber)	▶Wirtschaftsstrafrecht
Dr. Matthias Krist (KDU Krist Deller & Partner)	Vergaberecht
Prof. Dr. Holger Kröninger (Raprägér Hoffmann und Partner)	Öffentliches Recht
Gerhard Leverkinck (Klinge Hess)	Gesellschaftsrecht
Christian von der Lühe (Bette Westenberger Brink)	Arbeitsrecht und ▶Gesellschaftsrecht
Dr. Bernd Luxenburger (Heimes & Müller)	▶Gesundheit
Dr. Ottmar Martini (Martini Mogg Vogt)	▶Gesellschaftsrecht und Steuerrecht
Dr. Axel Merz (Klinge Hess)	Privates Baurecht und Immobilienwirtschaftsrecht
Prof. Dr. Egon Müller (Heimes & Müller)	▶Wirtschaftsstrafrecht
Prof. Dr. Franz Salditt (Prof. Dr. Franz Salditt)	▶Steuerrecht und ▶Wirtschaftsstrafrecht
Prof. Dr. Dr. Thomas Schmidt (König)	Insolvenzverwaltung
Tim Schwarzburg (Neuhaus Partner)	▶Arbeitsrecht
Dr. Hans Vogt (Martini Mogg Vogt)	Steuerrecht
Dr. Norbert Westenberger (Bette Westenberger Brink)	Medienrecht

Die hier getroffene Auswahl der Personen ist das Ergebnis der auf zahlreichen Interviews basierenden Recherche der JUVE-Redaktion (siehe S. 20). Wie ist in 2erlei Hinsicht subjektiv: Sämtliche Aussagen der den JUVE-Redakteuren befragten Quellen sind subjektiv u. spiegeln deren eigene Wahrnehmungen, Erfahrungen u. Einschätzungen wider. Die Rechercheergebnisse werden von der JUVE-Redaktion unter Einbeziehung ihrer eigenen Marktkenntnis analysiert u. zusammengefasst. Der JUVE Verlag beabsichtigt mit dieser Tabelle keine allgemein gültige oder objektiv nachprüfbare Bewertung. Es ist möglich, dass eine andere Recherchemethode zu anderen Ergebnissen führen würde.

Mandate: ● Modeschmuckhersteller franchiserechtl.; Praxisverbünde, u.a. im Kassenarztrecht; Onlinehändler zu Vertriebsstruktur; Betriebsrat eines ÖPNV-Betreibers arbeitsrechtl.; Maschinenbauer bei Sanierung; internat. Hersteller von Handyhüllen im Marken-, Wettbewerbs- u. Urheberrecht.

DORNBACH
Rheinland-Pfalz/Saarland

Bewertung: Die in der Region empfohlene MDP-Kanzlei hat ihre Präsenz in Rh.-Pf. weiter verstärkt: Eine Partnerin mit Schwerpunkt Gesellschaftsrecht wechselte als erste Anwältin vom Koblenzer Büro an den Standort Mainz, wo bereits Steuerberater u. Wirtschaftsprüfer der Kanzlei vertreten waren. Wie an den bisherigen Standorten legt Dornbach ihren Fokus auch hier auf mittelständ. Mandanten, die sie vorwiegend im Gesellschafts-, Steuer- u. Arbeitsrecht berät, aber auch auf den Öffentl. Sektor, in dem sie zuletzt erneut beachtl. Mandate gewann. So beriet die Kanzlei etwa die Stadtwerke Speyer bei Rückforderungen wg. überhöhter Netzentgelte. Dass Dornbachs Stärke deutlicher als bei vielen anderen Kanzleien der Region im M&A-Geschäft liegt, unterstrich die Kanzlei erneut durch die Beteiligung an mehreren Transaktionen, so etwa bei der Fusion der Energieversorgung Mittelrhein AG u. Kevag.
Stärken: M&A, Steuer- u. Gesellschaftsrecht mit Mittelstandsbezug.
Häufig empfohlen: Ralf Wickert, Dr. Alexander Birkhahn
Kanzleitätigkeit: Schwerpunkte im Arbeits-, Gesellschafts-, Steuer-, Stiftungs-, Vergabe- sowie Öffentl. Recht. Mandantschaft: mittelständ. Unternehmen v.a. aus der Rhein-Main-Schiene. (5 Partner, 4 Associates)
Mandate: ●● Energieversorgung Mittelrhein AG bei Fusion mit Kevag; PD-Gruppe bei Kauf einer Tochtergesellschaft von Berkshire Hathaway; Becker Mining Systems bei Umstrukturierung bzgl. Betriebsübergang von Frankreich nach Deutschland; NewCo bei Erwerb des Geschäftsbetriebes eines Herstellers von Stahlschränken aus der Insolvenz; Stadtwerke Speyer bei Rückforderungen wg. überhöhter Netzentgelte; Klinik Öschelbrunn bei Vergabeverfahren.

FORKERT WEBELER HÖFER
Rheinland-Pfalz/Saarland

Bewertung: Die geschätzte Koblenzer Kanzlei hat sich auf Bauprozesse spezialisiert u. genießt über die Region hinaus einen guten Ruf. Das gilt insbes. für die Vertretung von Architekten u. Ingenieuren in Haftungsprozessen, häufig in Zusammenarbeit mit Versicherern. Dafür steht v.a. Forkert, dessen intensiver Einsatz für Mandanten auch Wettbewerbern auffällt. Strateg. erwies sich der Zugang eines 3-köpfigen Bau- u. Vergaberechtsteams um Webeler vor 2 Jahren als sinnvolle Ergänzung – auch wenn ein Associate inzwischen wieder zu seiner alten Kanzlei zurückgekehrt ist. Webeler ist vorwiegend für öffentliche Auftraggeber tätig u. steht für die Verknüpfung von Bau- u. Vergaberecht. Über die fachl. Spezialisierungen der Kanzlei gelingt es auch, in der Beratung immer größere Mandate zu gewinnen: Zuletzt etwa begleitete Forkert im Rahmen eines Schlichtungsauftrags die Neuverpachtung eines großen Hotels. Gesellschaftsrechtl. erschloss sich die Kanzlei zuletzt eine neue Nische: Sie berät Planungsbüros – im Baurecht ohnehin Stammmandanten – beim Rechtsformwechsel zur neuen Partnerschaftsgesellschaft mbB.
Stärken: Prozesse im Versicherungs- u. Baurecht.
Häufig empfohlen: Manfred Höfer, Dr. Meinhard Forkert („pragmatisch, selbstbewusst, kompetent"; Wettbewerber; beide Baurecht), Gerald Webeler
Kanzleitätigkeit: Fokus auf Bau-, Architekten- u. Vergaberecht, zudem Versicherungs- u. Haftpflichtrecht mit Schwerpunkt auf dem Bausektor (v.a. Architekten u. Ingenieure). Zahlr. öffentl. Auftraggeber. Auch überreg. Berufshaftpflicht für Anwälte, Notare u. WP. Für Dauermandanten zudem Fragen zu Gesellschafts- u. Verkehrsrecht. (3 Partner, 5 Associates)
Mandate: ●● VG Weißenthurm, Kreisverwaltung Montabaur, Wohnungsbaugesellschaft Ingelheim, u.a. bei Vergabeverf.; Landeskrankenhaus bei Regressabwickl. nach Wasserschaden.

FROMM
Rheinland-Pfalz/Saarland

Bewertung: Die Koblenzer Kanzlei wird vor allem für ihre Beratung zu steueroptimierten Nachfolgeregelungen empfohlen. Zuletzt verzeichnete sie auf diesem Gebiet regen Mandatszuwachs bei Testamentsvollstreckungen. Während beim angestrebten Ausbau des Gewerbl. Rechtsschutzes zu einem sichtbaren Schwerpunkt der Kanzlei bisher noch kein Durchbruch gelungen ist, kommt die Einheit beim Ausbau der Insolvenz- u. Sanierungsberatung voran – hier profitiert sie von der angeschlossenen Corporate-Finance-Gesellschaft, über die sie die juristische Beratung von Unternehmen mit betriebswirtschaftl. Know-how flankiert. Personell vollzieht Fromm derzeit einen Generationswechsel: Dr. Rüdiger Fromm, der einen Schwerpunkt bei der Beratung zu Stiftungsmodellen hat, zieht sich schrittweise in den Ruhestand zurück u. hat die Führung der Kanzlei an seine Söhne übergeben. Das kleine Kölner Büro ist inzw. mit einem Associate wieder dauerhaft besetzt.
Stärken: Steueroptimierte Vermögensstrukturierung, ▶Nachfolgeplanung.
Entwicklungsmöglichkeiten: Der Neustart des Kölner Büros erweitert nicht nur den Radius bei der Gewinnung von Mandanten, sondern könnte die Kanzlei auch für Nachwuchsjuristen attraktiver machen – angesichts ambitionierter Wachstumspläne geht Fromm hier also einen wichtigen Schritt.
Häufig empfohlen: Dr. Michael Fromm
Kanzleitätigkeit: Schwerpunkt bei Unternehmensnachfolgen inkl. Steuer-, Erb-, Gesellschaftsrecht u. M&A. Zudem Insolvenzberatung u. Sanierung, IT-Recht u. Gewerbl. Rechtsschutz. Mandantschaft: viele Handelsunternehmen, Privatpersonen u. Unternehmer bei Selbstanzeigen u. Gesellschafterstreitigkeiten. (3 Partner, 4 Associates, 1 of Counsel)
Mandate: ● Autounternehmen in Abfindungsrechtsstreit; Systemtechnikunternehmen bei Vergabeverf. in Belgien; div. Unternehmen bei Stiftungsgründung; Versicherungsmakler bei Einbringung in GmbH-Struktur.

HEIMES & MÜLLER
Rheinland-Pfalz/Saarland

Bewertung: Die häufig empfohlene Saarbrücker Kanzlei hat ihren lokalen Wettbewerbern in Bezug auf die bundesw. Präsenz einiges voraus – v.a. dank der Tätigkeit Gröners als Insolvenzverwalter der Praktiker AG u. ihrer Stärke im ▶Wirt-

RHEINLAND-PFALZ/SAARLAND SÜDWESTEN REGION

schaftsstrafrecht. Auch im Medizinrecht ist sie inzw. eindeutig der Platzhirsch: Der knapp 3 Jahre zurückliegende Wechsel Lichtschlag-Trauts von Kropp Haag Hübinger hat der Kanzlei einen designierten Nachfolger für den angesehenen Seniorpartner Luxenburger beschert. Zielstrebig wird der Bereich mit weiteren Praxen wie etwa dem ebenfalls expandierenden Arbeitsrecht verzahnt u. ausgebaut. So begleitete Lichtschlag-Traut eine Klinik bei der Reorganisation eines medizinischen Versorgungszentrums, woraus inzw. ein Dauerberatungsmandat geworden ist. Neben den bestehenden Leuchtturmpraxen ist die Kanzlei nach wie vor regelm. als Rundumberaterin für Mittelständler tätig.

Stärken: Insolvenz-, Arbeits-, u. Verwaltungsrecht; ▶Wirtschaftsstrafrecht; Betreuung von Versicherungen, Ärzten u. Gesundheitseinrichtungen.

Entwicklungsmöglichkeiten: Während das Medizinrecht und das Wirtschaftsstrafrecht Beispiele für einen geglückten Generationswechsel sind, reicht die Marktpräsenz jüngerer Anwälte im Insolvenz- u. Sanierungsbereich noch nicht an Gröner mit seinem Leuchtturmmandat Praktiker heran.

Häufig empfohlen: Dr. Manfred Birkenheier (Öffentl. Recht), Udo Gröner (Insolvenzrecht), Dr. Hans Ittenbach (Arbeitsrecht), Dr. Patrik Eckstein („sehr kompetent", Wettbewerber; Versicherungs-, Bank- u. Kapitalmarktrecht), Dr. Bernd Luxenburger (Medizinrecht), Sven Lichtschlag-Traut, Prof. Dr. Egon Müller („Strafrechtsgott", Wettbewerber), Dr. Jens Schmidt („sehr pragmatisch", Wettbewerber; Wirtschaftsstrafrecht)

Kanzleitätigkeit: Breites Beratungsspektrum. Schwerpunkte im ▶Wirtschaftsstraf- u. Insolvenzrecht sowie im Arbeits- u. Gesellschaftsrecht. Daneben Steuer-, Bank-, Erb-, Vergabe- u. Versicherungsrecht, Bau- u. Immobilienrecht u. IP/IT. Schwerpunkt im ▶Gesundheitswesen. (11 Partner, 6 Associates)

Mandate: ●● Praktiker AG zu Insolvenz; Medizinisches Versorgungszentrum Saarbrücken medizinrechtl. bei Übernahme durch Via Medis Nierenzentrum; Ministerialbeamter wg. des Vorwurfs der Vorteilsnahme; Großhändler arbeitsrechtl. bei Umstrukturierung; öffentl. Auftraggeber in Vergabenachprüfungsverfahren.

KLINGE HESS
Rheinland-Pfalz/Saarland ☐☐☐■☐

Bewertung: Die empfohlene Koblenzer Kanzlei gehört nach wie vor zu den fest etablierten Einheiten im Markt. Kern ihrer vorwiegend auf Mittelständler ausgerichteten Beratung ist das Gesellschaftsrecht, wo KH mit Leverkinck über einen der renommiertesten Spezialisten der Region verfügt. Erstmals begleitete dieser zuletzt 2 Transaktionen auf Käuferseite, ein weiteres großes Mandat war die Restrukturierung eines kommunalen Aufgabenträgers. Daneben gelang es Merz im Baurecht, die Zusammenarbeit mit Versicherern auszuweiten. Beim anstehenden Generationswechsel, seit Längerem ein Thema bei KH, ging die Kanzlei zuletzt mit der Ernennung 2er junger Anwälte zu Partnern einen wichtigen Schritt.

Stärken: Gesellschafts-, Öffentl. u. Privates Baurecht, Prozesse.

Entwicklungsmöglichkeiten: Die öffentliche Wahrnehmung konzentriert sich weiterhin stark auf Leverkinck. Angesichts der stark partnerlastigen Struktur sollte es aber möglich sein, weitere Anwälte im Markt sichtbarer zu positionieren.

Nur in Rechtsgebieten besprochene Kanzleien aus Rheinland-Pfalz und dem Saarland

Jeromin & Kerkmann (Andernach)	▶Umwelt u. Planung
KDU Krist Deller & Partner (Koblenz)	▶Vergabe
Knierim Huber (Mainz)	▶Compliance ▶Wirtschaftsstrafrecht
Lieser (Koblenz)	▶Insolvenzverw.
Roos (Mainz)	▶M&A ▶Priv. Equity & Venture Cap.
Prof. Dr. Franz Salditt (Neuwied)	▶Steuerstrafrecht ▶Wirtschaftsstrafrecht
Stather Dr. Helmke Döther Hausmann Evisen (Speyer)	▶Arbeit
TCI Rechtsanwälte (Mainz)	▶IT

Die hier getroffene Auswahl der Kanzleien ist das Ergebnis der auf zahlreichen Interviews basierenden Recherche der JUVE-Redaktion (siehe S. 20). Sie ist in 2erlei Hinsicht subjektiv: Sämtliche Aussagen der von JUVE-Redakteuren befragten Quellen sind subjektiv u. spiegeln deren eigene Wahrnehmungen, Erfahrungen u. Einschätzungen wider. Die Rechercheergebnisse werden von der JUVE-Redaktion unter Einbeziehung ihrer eigenen Marktkenntnis analysiert u. zusammengefasst. Die JUVE beabsichtigt mit dieser Tabelle keine allgemein gültige oder objektiv nachprüfbare Bewertung. Es ist möglich, dass eine andere Recherchemethode zu anderen Ergebnissen führen würde.

Häufig empfohlen: Gerhard Leverkinck („juristisch fundiert, prozesserfahren", Wettbewerber; Gesellschaftsrecht), Dr. Axel Merz („sehr kompetent", Wettbewerber; Baurecht), Wolfgang Gaube (Bau- u. Insolvenzrecht)

Kanzleitätigkeit: Breite Beratungspraxis mit Schwerpunkten im Arbeits-, Bank-, Bau-, Immobilien-, Gesellschafts- u. Medizinrecht. Wirtschaftsstrafrecht. Vorwiegend mittelständ. Mandanten. Einige überreg. Unternehmen bei Prozessen. (10 Vollpartner, 1 Associate)

Mandate: ●● Lohmann & Rauscher zu Lieferverträgen; Automobilclub in markenrechtl. Auseinandersetzung; div. Unternehmen der Kfz-Branche in wettbewerbsrechtl. Verf.; Betreiber von Kureinrichtungen bei Umstrukturierung u. Verkauf von Unternehmensteilen; Immobilienunternehmen bei Kauf von 80 Wohnungen.

KÖNIG
Rheinland-Pfalz/Saarland ☐☐☐■☐

Bewertung: Die in der Region häufig empfohlene Kanzlei durchlebt eine Phase des Wandels. Nachdem über Jahre v.a. die inzw. ausgegliederte Insolvenzverwaltung um Schmidt mit den Leuchtturmmandaten Nürburgring und Fuhrländer die öffentl. Wahrnehmung der Kanzlei geprägt hat, treten inzw. ihre Stärken in anderen Rechtsgebieten stärker zutage: Der Gesellschaftsrechtler Strotmann etwa begleitete den Immobilienentwickler Triwo erneut bei mehreren Projekten u. wird von Wettbewerbern als „super Verhandler" gelobt. Lambertz und Bergweiler gelingt es im Arbeitsrecht, das Geschäft mit internat. Bezügen auszubauen. Personell blickt König auf ein Jahr vergleichsweise hoher Fluktuation zurück. Der auf Bau- u. Architektenrecht spezialisierte Partner Dr. Paul Henseler verließ die Kanzlei mit einer Associate u. gründete eine eigene Kanzlei. Nun soll ein neu eingestellter Berufsanfänger den Bereich wieder aufbauen. Daneben verstärkte sich König zuletzt im Insolvenz- u. im Bankrecht mit 2 Associates.

Stärken: Arbeits-, Gesellschafts- u. Insolvenzrecht.

Häufig empfohlen: Gregor Lambertz, Alexander Bergweiler („forensisch sehr gut", Wettbewerber; beide Arbeitsrecht), Gerrit Strotmann, Prof. Dr. Dr. Thomas Schmidt (Insolvenzrecht)

Kanzleitätigkeit: Breites Spektrum wirtschaftsrechtl. Beratung mit Schwerpunkten Insolvenz-, Arbeits- u. Gesellschaftsrecht; auch Bank-, Steuer- u. Erbrecht. Mandantschaft: v.a. regionaler Mittelstand. Eigenes Büro in Luxemburg. (4 Partner, 11 Associates)

Mandate: ●● Nürburgring zu Insolvenz u. Baurecht; TBB AG zu Insolvenz; Triwo, u.a. bei Kauf von Immobilie aus Insolvenz; Fanuc Europe, u.a. zu Lieferverträgen u. zu Arbeitnehmerentsendung u. Fusion dt. Töchter; Mittelständler arbeitsrechtl. bei Umstrukturierung.

KROPP HAAG HÜBINGER
Rheinland-Pfalz/Saarland ☐☐☐■☐

Bewertung: Die in der Region häufig empfohlene Kanzlei ist zwar kleiner, aber deutl. internationaler ausgerichtet als ihre wichtigsten örtl. Wettbewerber. Nach einer turbulenten Phase, in der binnen 2 Jahren 3 Anwälte zur Wettbewerberin Heimes & Müller wechselten, steuerte KHH zuletzt personell wieder in ruhigeres Fahrwasser. Damit einher ging eine solide Entwicklung ihrer wichtigsten Beratungsschwerpunkte: Im Bankrecht profitierte die Kanzlei, ähnlich wie Wettbewerberin Staab, von der Klagewelle infolge eines Grundsatzurteils zu Widerrufsbelehrungen in Darlehensverträgen. Im Versicherungsrecht konnte neben den bekannten Großmandaten ein weiterer Versicherer hinzugewonnen werden. Im Bau- u. Vergaberecht gelang Zieres ein Ausbau des Geschäfts, so vertritt er mehrere Manager in einem großen Baurechtsprozess u. betreut div. öffentl. Auftraggeber bei Ausschreibungen. Ungelöst bleibt aber bisher das Problem, für die renommierten Partner Haag u. Hübinger marktpräsente Nachfolger aufzubauen, wie es im Versicherungsrecht mit Münkel längst gelungen ist.

Stärken: Prozessvertretung, ▶Versicherungs- u. Vergaberecht sowie Marken- u. Wettbewerbsrecht.

Häufig empfohlen: Kurt Haag, Dr. Thomas Münkel (beide Versicherungsrecht), Raimund Hübinger (Gesellschaftsrecht), Dr. Matthias Zieres (Gewerbl. Rechtsschutz/IT, Baurecht)

Kanzleitätigkeit: Breites wirtschaftsrechtl. Spektrum mit Schwerpunkten bei Produkthaftung, Arzthaftungs-, Vertragsarztrecht sowie im dt.-frz. Geschäft. Büros in D'dorf u. Brüssel. Mandantschaft: regionaler Mittelstand, viele Versicherer, Banken, internat. IT-Unternehmen u. öffentl. Hand. (5 Partner, 4 Associates, 1 of Counsel)

Mandate: ●● Hydac-Gruppe, u.a. bei Prozessen; Cosmos, R+V, Central Krankenversicherung, Kravag-Logistic, div. Tochtergesellschaften der Dt. Bahn lfd. in Prozessen; öffentl. Auftraggeber aus dem Gesundheitssektor bei div. EU-Ausschreibungsverfahren; saarl. Investitionskreditbank, div. saarl. Sparkassen u. Genossenschaftsbanken im Bankrecht u. bei Prozessen; div. öffentl. Auftraggeber vergabe- u. wettbewerbsrechtl., u.a. bei Bauprojekten.

● Referenzmandate, umschrieben
●● Referenzmandate, namentlich

Anwaltszahlen: Angaben der Kanzleien zur Bürogröße vor Ort. Sie spiegeln nicht zwingend die Gesamtgröße einer Kanzlei wider.

REGION SÜDWESTEN RHEINLAND-PFALZ/SAARLAND

KUNZ
Rheinland-Pfalz/Saarland

Kanzlei des Jahres Südwesten

Bewertung: Die in Rh.-Pf. häufig empfohlene Kanzlei hat ihre Position im Markt als Beraterin der öffentl. Hand weiter gefestigt. So beriet sie die Stadt Koblenz bei der viel beachteten Fusion 2er regionaler Krankenhäuser zum größten Maximalversorger der Region gemeinsam mit Wettbewerberin Martini Mogg Vogt. Zudem vertritt sie die meisten von der Gebietsreform in Rh.-Pf. betroffenen Kommunen bei einer Kommunalverfassungsbeschwerde. Gleichzeitig stemmte Kunz aber auch gesellschaftsrechtl. Mandate auf Unternehmensseite, die zeigen, dass die Kanzlei auch auf Augenhöhe mit überregionalen Kanzleien agiert. Ein Bsp. ist der Kauf von Neuselters Mineralquellen durch Rhenser Mineralbrunnen. Die Lücke, die der Abgang eines 3-köpfigen Bau- u. Vergaberechtsteams zu Forkert Webeler Höfler 2013 hinterlassen hatte, konnte die Kanzlei wieder schließen: In Koblenz kehrte ein Associate zurück u. in Mainz kam ein Vergaberechtler zusammen mit einem Associate von Wollmann & Partner, der als Sal.-Partner einstieg. Eine erfahrene Associate konnte zudem von einer Mainzer Kanzlei gewonnen werden. Damit ist Kunz auf den Wachstumspfad zurückgekehrt.

Stärken: Wirtschaftsstraf- u. Energierecht; Beratung der öffentl. Hand.

Häufig empfohlen: Eckhard Kunz (Strafrecht), Dr. Andreas Dazert (Öffentl. Recht), Dominic Steinborn („sehr guter Transport- u. Versicherungsrechtler", Mandant), Heinrich Rohde („hervorragender Jurist", Wettbewerber; Gesellschaftsrecht), Jochen Eberhard (Gesellschaftsrecht, Öffentl. Recht)

Kanzleitätigkeit: Allgemeinkanzlei mit Schwerpunkten im Arbeits-, Bau-, Gesellschafts-, Steuer-, Transport-, Vergabe-, Versicherungs-, Wirtschaftsstraf- u. Öffentl. Recht. Häufig für Mittelstand u. öffentl.-rechtl. Einrichtungen tätig. Kooperation mit der StB/WP-Gesellschaft Pütz & Kollegen. (5 Eq.-Partner, 1 Sal.-Partner, 22 Associates in Koblenz u. Mainz)

Mandate: ●● Meyer Quick Service Logistics, u.a. im Zshg. mit der Insolvenz des größten Burger-King-Franchisenehmers; Stadt Koblenz bei Klinikfusion; Gemeinde- u. Städtebund Rh.-Pf. bei Musterklageverfahren gg. das neue Landesfinanzausgleichsgesetz; DB Netz bei div. regulierungsrechtl. Prozessen; Rhenser Mineralbrunnen bei Kauf von Neuselters; Uniklinik Köln bei Beschaffung Patientendatenmanagementsystem; div. Kommunen bei Kommunalverfassungsbeschwerde gg. Gebietsreform; TX Logistik lfd. im Transport- u. Arbeitsrecht.

MARTINI MOGG VOGT
Rheinland-Pfalz/Saarland

Bewertung: Die Kanzlei, die in der Region weiterhin zu den führenden zählt, treibt ihren Generationswechsel weiter voran. Damit bereitet sie sehr langfristig das Ausscheiden ihres renommierten Partners Martini sowie weiterer älterer Partner vor. So war es Martinis designierter Nachfolger Moesta, der bei der viel beachteten Fusion 2er lokaler Krankenhäuser zum größten Maximalversorger der Region die Federführung innehatte. Hier beriet MMV Seite an Seite mit Kunz. Ebenfalls 2 jüngere Partner gründeten den Fachbereich Healthcare u. Pharmarecht, mit dem die Kanzlei Unternehmen der Gesundheitsbranche v.a. im nördl. Rh.-Pf. ansprechen will. Die Insolvenzberatung – hier kooperiert MMV nach dem Ende der Zusammenarbeit mit der Trierer Kanzlei König mit mehreren Wirtschaftsprüfungsgesellschaften – verantwortet ebenso ein jüngerer Partner. Zudem soll das Steuerrecht Anfang 2016 mit einer Sal.-Partnerin verstärkt u. verjüngt werden.

Stärken: Steuerrecht, ▶Gesellsch.recht sowie Transaktionsbegleitung für den Mittelstand (▶M&A).

Häufig empfohlen: Dr. Ottmar Martini („herausragender Jurist u. Anwalt", Wettbewerber; Gesellschaftsrecht), Dr. Hans Vogt (Steuerrecht), Arno Gerlach (Verwaltungsrecht), Dr. Thomas Brübach (Baurecht), Georg Moesta (Gesellschafts- u. Verwaltungsrecht), Dr. Heike Thomas-Blex (Arbeitsrecht)

Kanzleitätigkeit: Beratung für den Mittelstand: Gesellschaftsrecht u. M&A, Unternehmensnachfolge u. Steuerrecht; Verwaltungs- u. Vergaberecht; Arbeitsrecht; Bau- u. Immobilienrecht; Medizinrecht; Insolvenzen; Healthcare u. Pharmarecht. (9 Eq.-Partner, 2 Sal.-Partner, 10 Associates)

Mandate: ●● Stadt Koblenz bei Klinikfusion; Prozesse u. Schiedsverfahren für Beteiligungsges. eines MDAX-Unternehmens; IT-Dienstleister bei gesellschaftsrechtl. Auseinandersetzung; div. mittelständ. Unternehmen bei Transaktionen u. Nachfolge; div. Kommunen in Rh.-Pf. bei Vergabe von Konzessionen; div. Kreditinstitute bankrechtl.; div. Unternehmen baurechtl. bei Kraftwerksprojekten.

NEUHAUS PARTNER
Rheinland-Pfalz/Saarland

Bewertung: Die empfohlene Kanzlei aus Koblenz stützt sich weiterhin auf ihre Stärke im Arbeitsrecht. Hier hat sich Schwarzburg einen sehr guten Ruf bei der Beratung von Genossenschaftsbanken erarbeitet. Immer häufiger begleitet er diese auch bei Fusionen. Generell konnte die Kanzlei das Corporate-Geschäft zuletzt weiter ausweiten. So berät Kaiser seine Stammmandantschaft, aber auch neue Mandanten, zunehmend im Bereich gesellschaftsrechtl. Prozesse, gleichzeitig nahm die Zahl der Transaktionen zu. Jedoch musste die Kanzlei auch einen herben Verlust hinnehmen: Der bekannte Baurechtler Jörg Zeller verließ NP u. gründete eine eigene Kanzlei. Im Fachbereich verbleibt ein Partner, der das Baurecht wieder ausbauen will.

Stärken: ▶Arbeits- u. Gesellschaftsrecht.

Häufig empfohlen: Tim Schwarzburg (Arbeitsrecht), Georg Kaiser (Gesellschaftsrecht)

Kanzleitätigkeit: Breites Spektrum mit starken Schwerpunkten im Arbeits-, Gesellschafts-, Versicherungs- sowie Öffentl. Recht u. zu Unternehmensnachfolgen. Mandantschaft: im Arbeitsrecht Unternehmen, Individualpersonen u. Betriebsräte. Ansonsten Mittelstand. (8 Partner, 5 Associates)

Mandate: ●● Rontax P.O.S. Solutions bei Verkauf aus der Insolvenz; NHM bei Unternehmensverkauf; div. Volksbanken zu arbeitsrechtl. Restrukturierung u. bei Prozessen; ehem. Geschäftsführer Flughafen Frankfurt-Hahn gg. Dienstgeber wg. Tantiemezahlungen; Düpper bei Abspaltung bei Fusionsunternehmen; Lfd.: ERO-Weinbau, Eli-Gruppe, Eloxalwerke, div. Hilton-Hotels, Karl Heuft u. Armon arbeitsrechtl.; Nika Optics, u.a. bei europaw. Vertrieb.

NEUSSEL MARTIN
Rheinland-Pfalz/Saarland

Bewertung: Die empfohlene Kanzlei aus Bad Kreuznach hebt sich von ihren regionalen Wettbewerbern v.a. durch ihre starke Ausrichtung auf die Beratung von internat. Mandaten ab. So vertritt sie etwa SKG bei einem SCC-Schiedsverfahren in Stockholm. Zudem nahm die Beratung durch einen Counsel, der 2013 zu NM kam, bei Akkreditivfinanzierungen – sowohl auf Kreditnehmer als auch -geberseite – weiter zu. Das unterstreicht den internat. Ansatz der Kanzlei u. erweitert den Fokus der Kanzlei auf das M&A-Geschäft sinnvoll. Zweites Standbein ist das Immobilienrecht, wo NM zuletzt ein beachtl. Mandat mit politischem Bezug gewann, das ihr ein neues Beratungsfeld eröffnen könnte. Auch bei der Erweiterung des regionalen Mandantenstamms kam NM voran, hier standen ebenfalls internat. Themen im Vordergrund. Die wachsende Stärke der Praxis im gewerbl. Rechtsschutz könnte die Beratungstätigkeit in der Region weiter beflügeln.

Stärken: M&A, Gesellschafts- u. Immobilienrecht.

Entwicklungsmöglichkeiten: NM entwickelt sich kontinuierl. zu einer Full-Service-Kanzlei für den Mittelstand. Der personelle Ausbau, v.a. im Arbeitsrecht, wird in diesem Zuge dringender. Ein weiterer Standort, der für hochkarätige Nachwuchskräfte attraktiver ist als Bad Kreuznach, könnte die Suche nach Verstärkung möglicherweise erleichtern.

Häufig empfohlen: Dr. Walther Neussel (Gesellschaftsrecht), Dr. Helmut Martin (Immobilienrecht)

Kanzleitätigkeit: Starke Fokussierung auf Gesellschaftsrecht u. Transaktionen sowie das Immobilienrecht. Auch Teilschwerpunkt im Gewerbl. Rechtsschutz u. Öffentl. Recht. Mandantschaft: v.a. Mittelstand, Banken sowie dt. Töchter ausl. Unternehmen. Enge Zusammenarbeit mit KDU Krist Deller (Vergaberecht), Dierlamm & Traut (Wirtschaftsstrafrecht) u. Lieser (Insolvenzen). (3 Partner, 2 Counsel, 5 Associates, 1 of Counsel)

Mandate: ●● Kairos Grundbesitz bei Projektentwicklung; SKG Aufbereitungstechnik bei SCC-Schiedsgerichtsverfahren in Stockholm; Unternehmen der Solarbranche bei Abwehr von Post-Closing Claims; Kommune in Rh.-Pf. bei Sanierungsentwicklung histor. Stadtkern; Baustoffunternehmen bei Betriebskauf mit Weiterverkauf Teilbetrieb; IT-Unternehmen bei Vergabenachprüfungsverfahren; Getränkeveredler bei Erarbeitung u. Implementierung Compliance-System.

DR. PETEREIT ARMBRÜSTER & PARTNER
Rheinland-Pfalz/Saarland

Bewertung: Die in der Region geschätzte Kanzlei aus Mainz konnte ihre Expertise im Insolvenzrecht zuletzt erneut unterstreichen: Namenspartner Petereit wurde zum Insolvenzverwalter des Flughafens Zweibrücken bestellt, ein 2. Partner zum Zwangsverwalter einer gr. Gewerbeeinheit. Damit behauptet sich die Kanzlei im rückläufigen Umfeld der Insolvenzen beachtl. gut. Auch die 2. Säule der Kanzlei, das Bankrecht, entwickelte sich positiv. Hier konnten gleich mehrere Mittelstandsbanken als neue Mandanten gewonnen werden, die PA&P aber nicht nur im Bankrecht, sondern auch im Arbeits- u. Gesellschaftsrecht berät. Damit treibt die Kanzlei die noch neuere Rundumberatung des Mittelstands weiter voran. Einen bemerkenswerten

Erfolg erzielte die Kanzlei aufgrund einer guten Vernetzung in Polen: Eine polnische Behörde gab bei ihr ein Gutachten zur Auswirkung des dt. Mindestlohngesetzes auf die polnische Transportbranche in Auftrag.
Stärken: Insolvenz- u. Bankrecht.
Entwicklungsmöglichkeiten: Das stetige Wachstum aller Bereiche bringt die Kanzlei an Kapazitätsgrenzen. Verstärkung auf Associate-Ebene könnte für Entlastung u. gleichzeitig weiteres Wachstum sorgen.
Häufig empfohlen: Karl-Otto Armbrüster (Bankrecht), Dr. Wolfgang Petereit (Insolvenzen)
Kanzleitätigkeit: Allgemeinkanzlei mit wirtschaftsrechtl. Schwerpunkten im Insolvenz-, Gesellschafts- u. Bankrecht (einschl. Forderungsmanagement). Beratung im dt.-poln. Rechtsverkehr. Mandantschaft: Banken u. regionaler Mittelstand. Eigene Büros in Berlin, Leipzig u. Breslau. (Mainz: 4 Partner, 5 Associates)
Mandate: ●● Flugplatz Zweibrücken als Insolvenzverwalter; Gewerbeeinheit als Zwangsverwalter; Behörde bei Gutachten zum Mindestlohngesetz bzgl. Auswirkungen auf poln. Transportbranche; Bauträger bei Abwehr von Ansprüchen; Insolvenzverwalter eines österr. GU; div. Banken im Bank-, Gesellschafts- u. Arbeitsrecht sowie bei Prozessen.

RAPRÄGER HOFFMANN UND PARTNER
Rheinland-Pfalz/Saarland
Bewertung: Die häufig empfohlene Saarbrücker Kanzlei gehört v.a. im Versicherungs- u. im Öffentl. Recht zu den sichtbarsten Akteuren in der Region. Kröninger, der zahlr. Kommunen planungsrechtl. bei Energieprojekten berät, wird vermehrt in sensiblen Prozessen wie etwa Amtshaftungsverf. mandatiert. Im Versicherungsrecht gelang es dem Team um Wendt, über gute Kontakte zu div. Haftpflichtversicherern, die Vertretung von Anwälten und Steuerberatern in Berufshaftungsfällen auszubauen. Während in diesen Leuchtturmpraxen überwiegend jüngere Teams tätig sind, drängt sich im Gesellschaftsrecht die Frage auf, wer in die Fußstapfen des anerkannten Seniorpartners Hassel treten soll. Zwar spielt das Gesellschaftsrecht im saarl. Markt generell eine weniger zentrale Rolle als in anderen Regionen, allerdings könnte es sich mit Blick auf die Dauerberatung mittelständischer Mandanten rächen, dieses Gebiet nicht auf eine breitere Basis zu stellen.
Stärken: Arbeits-, ▶Versicherungs- u. Öffentl. Recht (insbes. Verwaltungsrecht).
Häufig empfohlen: Martin Wendt, Christian Funk, Thomas Berscheid (alle Versicherungsrecht), Prof. Dr. Holger Kröninger (Öffentl. Recht), Matthias Lippert (Arbeitsrecht), Franz Hassel (Gesellschaftsrecht)
Kanzleitätigkeit: Allgemeinkanzlei mit breitem wirtschaftsrechtl. Spektrum. Schwerpunkte im Versicherungsrecht sowie im Öffentl. Recht, daneben Arbeits-, Bank-, Bau-, Gesellschafts- u. Vergaberecht sowie Gewerbl. Rechtsschutz. Mandanten: v.a. Mittelständler, auch bei Insolvenzen u. Sanierung. Daneben saarl. Niederlassungen von Großbanken u. Versicherern. (8 Eq.-Partner, 5 Sal.-Partner, 4 Counsel, 2 of Counsel)
Mandate: ●● Lidl und Aldi Süd bei Ansiedlungen im Saarland; Gemeinden Weiskirchen, Nohfelden u. Nonnweiler zu Flächennutzungsplan Windenergie; Hafenbetriebe bei Abwehr von Schadensersatzansprüchen; Stahlunternehmen bei Klage über Rückgewährsversicherung; 23 dt. u. regionale Versicherer lfd. in Prozessen.

ROHWEDDER & PARTNER
Rheinland-Pfalz/Saarland
Bewertung: Die Mainzer Kanzlei wird in Rh.-Pf. empfohlen u. genießt durch ihre dtl.weite Beratung der Weinbranche einen sehr guten Ruf. So zählen beinahe alle großen dt. Kellereien zu Rohwedders Mandanten, bei kleineren gibt es unterdessen noch Wachstumspotenzial. Die tiefe Expertise im Lebensmittelrecht sowie im Gewerbl. Rechtsschutz, die die Kanzlei der Weinbranche anbietet, wird zunehmend auch von anderen Branchen nachgefragt. So berät sie nun auch einen Speiseölhersteller wg. gesundheitsbezogener Angaben. Bekanntester Kopf der Kanzlei bleibt Eichele, der in der Region auch für seine gesellschaftsrechtl. Beratung sehr geschätzt wird. Im Rahmen ihres Full-Service-Ansatzes treibt Rohwedder zudem den Ausbau ihrer weiteren Fachbereiche weiter voran, v.a. im Priv. Baurecht konnte sie zuletzt zahlr. neue Mandanten gewinnen – zunehmend auch in Kombination mit Vergaberecht.
Stärken: Rundumbetreuung der Weinbranche (▶Lebensmittelrecht), Prozesse.
Häufig empfohlen: Dr. Hans Eichele (Lebensmittel- u. Gesellschaftsrecht)
Kanzleitätigkeit: Wirtschaftsrechtl. Beratung u. Prozessführung mit Schwerpunkten im Arbeits-, Bau-, Gesellschafts-, ▶Lebensmittel-, Marken-, Medizin- u. Öffentl. Recht. Mandantschaft: deutl. überreg. Betreuung der Weinbranche, sonst viel Mittelstand u. öffentl. Auftraggeber. (9 Eq.-Partner, 2 Sal.-Partner, 1 Associate)
Mandate: ● Ausl. Modeunternehmen bei dt. Markteintritt; Weinmarketinggesellschaft bei Beratung Aufsichtsrat; öffentl. Hand baurechtl. bei Schadensersatzprozess; Krankenhaus lfd. bei Sanierungs- u. Neubauvorhaben; Speiseölhersteller lebensmittelrechtl. wg. gesundheitsbezogener Angaben; div. Weinkellereien lebensmittel- u. markenrechtl.; Versicherer, Sektkellerei lfd. vertriebsrechtlich.

STAAB & KOLLEGEN
Rheinland-Pfalz/Saarland
Bewertung: Die Saarbrücker Kanzlei wird v.a. dank ihrer starken Position im Insolvenzrecht in der Region häufig empfohlen. Dass sich das Geschäft gut entwickelt, hat auch damit zu tun, dass die Beratungsschwerpunkte gut aufeinander abgestimmt sind. Während Peter Staab zahlr. regionale Geldinstitute in Prozessen vertritt und die Kontakte zuletzt ausbauen konnte, sind häufig eben jene Banken u. Sparkassen als Gläubiger von Insolvenzen betroffen. Daher werden nicht selten aus Banken heraus auch Sanierungsmandate vergeben, für die wiederum das Team um Günter Staab v.a. dank seiner Expertise in Schutzschirmverfahren zu den ersten Adressen in der Region zählt. Zuletzt baute die Kanzlei den Bereich mit einem weiteren Anwalt aus, der von der lokalen Wettbewerberin Abegg kam. Mit nun 4 Insolvenzverwaltern stellt Staab auf diesem Gebiet die größte Einheit in Saarbrücken. Über die renommierten Arbeits- u. Gesellschaftsrechtler wird das Geschäft mit Firmensanierungen innerhalb der Kanzlei weitergetragen. Vor dem Hintergrund dieser Entwicklung kann es die Kanzlei gut verschmerzen, dass im Versicherungsrecht nach wie vor Wettbewerber wie Rapräger u. Kropp Haag Hübinger präsenter sind.
Stärken: Starke Insolvenz- u. Inkassoabteilung, Bank-, Gesellschafts- u. Versicherungsrecht.
Häufig empfohlen: Günter Staab („fundierte Fachkenntnisse", Wettbewerber; Insolvenzrecht) Wolfgang Luckas („findet gute wirtschaftliche Lösungen", Wettbewerber; Arbeitsrecht), Dr. Peter Staab („sehr guter Bankrechtler", Wettbewerber; Bankrecht, Gesellschaftsrecht)
Kanzleitätigkeit: Breites Beratungsspektrum mit Schwerpunkten im Insolvenz-, Bank-, Gesellschafts-, Arbeits-, u. Versicherungsrecht. Daneben Arzthaftungs-, Bau- u. Strafrecht. Prozesse u. Insolvenzverwaltung. Mandantschaft: viel Mittelstand, Versicherungen, Sparkassen u. Volksbanken. (7 Partner, 9 Associates, 3 of Counsel)
Mandate: ●● Insolvenzen: IDS Scheer Consulting, Fistec, Ecobioto, Mawag Bau, Künzer Metallrecycling. Vertretung von Spardabank, Bank 1 Saar, Levo Bank zum Widerruf von Darlehensverträgen; Versicherer bei Prozessen in Saarland u. Rh.-Pf., u.a. Cosmos Direkt (öffentl. bekannt).

● Referenzmandate, umschrieben
●● Referenzmandate, namentlich

Anwaltszahlen: Angaben der Kanzleien zur Bürogröße vor Ort. Sie spiegeln nicht zwingend die Gesamtgröße einer Kanzlei wider.

Region: Süden
(München, Bayern)

München 182
Bayern (ohne München) 196

München: Das Private-Equity-Geschäft sorgt für Bewegung

Der Münchner Markt hat ein starkes Jahr hinter sich. Volle Kassen bei strategischen Investoren und niedrige Zinsen für fremdfinanzierte Deals befeuerten den Transaktionsmarkt – und die süddeutschen Player konnten sich ein dickes Stück vom Kuchen abschneiden. Nicht nur Konzerne waren wieder auf Einkaufstour, auch die in München besonders stark vertretenen Family Offices sorgten bei vielen Kanzleien für ordentliches Geschäft. Vor allem aber kehrte der Private-Equity-Markt – eine klassische Domäne vieler Münchner Büros – zu alter Stärke zurück. Akteure wie **Freshfields Bruckhaus Deringer**, **Hengeler Mueller**, **Milbank Tweed Hadley & McCloy** und **Linklaters** sind hier ohnehin stark aufgestellt und profitierten entsprechend von der Konjunktur. Andere etablierte PE-Teams sortierten sich neu: **Latham & Watkins** holte einen jungen Partner von **Clifford Chance**, verlor dafür aber mit Dr. Jörg Kirchner ihren bekanntesten Transaktionsanwalt an **Kirkland & Ellis**. Ein weiterer PE-Experte ging von **Latham** zu **Weil Gotshal & Manges**.

Auch der Venture-Capital-Markt zog weiter an, wenngleich sich der Schwerpunkt alljährlich ein Stück weiter weg aus der traditionellen VC-Metropole München nach Berlin verlagert. Mit einem Quereinsteiger von **P+P Pöllath + Partners** verstärkte sich das aufstrebende VC-Team bei **Lutz Abel**, während die Aufsteigerin des Jahres im Münchner Markt, **GLNS**, gerade am oberen Ende des VC-Markts ihre größten Erfolge feierte: Stammmandantin Delivery Hero sorgte für eine ganze Reihe von Deals, und neben Unternehmen aus klassischen Branchen vertrauen auch immer mehr Start-ups auf die Kanzlei.

Neugründungen stärken München als wichtigen Kanzleistandort

Auch **Gütt Olk Feldhaus**, die mit ihrer Gründung in 2011 nur ein Jahr länger am Markt ist als **GLNS**, kann auf ein erfolgreiches Jahr zurückblicken. Sie partizipierte ebenfalls vom regen Transaktionsmarkt, begleitete zunehmend größere Deals und unterstrich damit, dass der Münchner Markt durchaus Platz für Neugründungen bietet. Ein Beispiel dafür ist auch **Pinsent Masons**, die 2012 ihr erstes deutsches Büro in der bayrischen Hauptstadt gegründet hatte und seitdem kräftig gewachsen ist. Nach mehreren Quereinsteigern im Vorjahr holte die Kanzlei nun einen angesehenen IP-Rechtler von **Clifford Chance** – eine wichtige Verstärkung in der Patentmetropole München. Auch das erst 2013 eröffnete **Simmons & Simmons**-Büro hat sich in der Landeshauptstadt bereits etabliert, da es sich mit seinen Schwerpunkten auf IP und Corporate für die Bedürfnisse des Münchner Marktes gut aufgestellt hat.

Und die Serie der Büroeröffnungen reißt nicht ab. Neu in der Stadt sind etwa die beiden Baurechtskanzleien **Leinemann & Partner** und **KNH Rechtsanwälte**, die beide ihren Ursprung in Berlin haben. Zwar dominieren in München eher kleine, regionale Baurechtskanzleien, doch die traditionell hohen Hürden für Neuankömmlinge scheinen in der aktuellen Boomphase der Immobilien- und Baubranche nicht mehr unüberwindlich. Dass der Durchbruch gelingen kann, zeigt etwa die Baurechtsboutique **Rembert**, die sich in München inzwischen einen guten Ruf erarbeitet hat. Neu am Markt ist auch **Stolzenberg**, die mit den Schwerpunkten Corporate, Mediensektor und Konfliktlösung antritt. Sie wurde zum Jahreswechsel 2014/2015 von sieben Anwälten von **Oppenländer** sowie aus anderen Münchner Kanzleien gegründet.

Eine andere Art der Integration vollzog unterdessen Heisse Kursawe, die die Fusionsverhandlungen mit ihrer Allianzkanzlei Eversheds im Frühsommer 2015 zum Abschluss brachte und nun unter **Eversheds** firmiert – ein weiterer Beleg für die Anziehungskraft des Standorts München auch für internationale Kanzleien.

Bayern: Das turbulenteste Jahr seit Langem

Außerhalb Münchens gilt der Anwaltsmarkt traditionell als ruhig und stabil, zuletzt jedoch war er so stark in Bewegung wie schon seit Jahren nicht mehr. Dafür sorgte vor allem die massive Schrumpfung von **Beiten Burkhardt** in Nürnberg: Der renommierte M&A-Spezialist Dr. Thomas Sacher, der seinerzeit das **Beiten Burkhardt**-Büro miteröffnet hatte, wechselte zusammen mit einem weiteren Partner zu **Ashurst** nach München. Bald darauf versetzte **Beiten Burkhardt** zwei weitere Nürnberger Partner in die Landeshauptstadt, während sich einige Salary-Partner und Associates nach Alternativen umsahen und unter anderem bei **Beisse & Rath**, **Rödl & Partner** und **KPMG Law** fündig wurden. Als bekannter Kopf im fränkischen Beiten-Büro verbleibt damit nur noch der Vergaberechtler Berthold Mitrenga, der 2016 die Altersgrenze der Partnerschaft erreichen wird. Mit **Beiten** verlässt eine Kanzlei die Stadt, die regelmäßig von Konzernen mit Sitz in Franken wie Siemens und Adidas, aber auch zahlreichen lokalen Mittelständlern mandatiert wird. Wettbewerber spekulieren bereits darauf, dass diese sich nun neu orientieren und künftig auf kleinere Kanzleien vor Ort vertrauen – also eben nicht mit ihrer Beraterin **Beiten Burkhardt** nach München gehen.

Mit den Umwälzungen bei **Beiten Burkhardt** verschwindet auch der einzige Konkurrent, der **Rödl & Partner** bisher die Marktführerschaft streitig machte. Dafür setzt **Sonntag & Partner** allmählich zur Aufholjagd an: Die Kanzlei verfolgt mit ihrer multidisziplinären Aufstellung prinzipiell einen ähnlichen Beratungsansatz wie die deutschen **Rödl & Partner**-Büros und will vor allem in München und an ihrem noch jungen Standort Ulm kräftig wachsen. Gehen diese Pläne auf, so könnte auf längere Sicht ein südbayrisch-schwäbisches Gegenstück zum nordbayrischen Platzhirsch **Rödl & Partner** entstehen.

Für weitere Bewegung im Markt sorgte der viel beachtete Wechsel eines anerkannten Gesellschafts- und Arbeitsrechtlers von **Fries** zu **Thorwart**, der bei **Fries** eine spürbare Lücke hinterlässt. Zugleich verlor **Rödl & Partner** einen bekannten Venture-Capital-Spezialisten an **PricewaterhouseCoopers Legal**. Nach einem Salary-Partner, der 2013 von **Beiten Burkhardt** zu **KPMG Law** ging, ist dies schon der zweite Nürnberger Corporate-Anwalt, der für einen Big-Four-Rechtsberatungsarm in der Stadt ein Büro aufbauen soll. Bislang haben diese Akteure hier aber noch keine spürbare Marktpräsenz erlangt.

Die folgenden Bewertungen behandeln Kanzleien, die nach der Recherche der JUVE-Redaktion in ihrer Region eine besondere Bedeutung und Reputation genießen. Diese Kanzleien bieten typischerweise Beratung und Vertretung in vielen Sparten des Wirtschaftsrechts. Bitte beachten Sie aber ggf. Verweise auf weitere Besprechungen in einem Rechtsgebietskapitel. Dort finden Sie auch jeweils weitere Referenzmandate.

JUVE KANZLEI DES JAHRES
SÜDEN
GLNS

Der Durchbruch ist geschafft: Nur drei Jahre nach ihrer Gründung hat sich GLNS fest am Münchner Markt etabliert. Dieser Erfolg spiegelt sich wider in einem beachtlichen Mandantenstamm, bei dem klangvolle Namen nicht fehlen. Bestes Beispiel ist Delivery Hero: Hier vertraut ein prominenter Akteur der VC-Szene auf die junge Kanzlei – und das nicht nur einmal. Deal um Deal steht GLNS an der Seite ihrer Mandantin, sowohl im In- als auch im Ausland. Mit diesem Erfolg in der Tasche gelingt es GLNS, den Markt der Start-ups weiter aufzurollen. Jüngst gewann sie etwa das junge Biotech-Unternehmen Dust BioSolutions als neue Mandantin. Gleichzeitig rückt GLNS immer näher an den süddeutschen Mittelstand heran, erstmals beriet sie zuletzt Zooplus im Gesellschafts- und Kapitalmarktrecht. Und auch Audi setzte in diesem Bereich auf das Team um **Dr. Tobias Nikoleyczik**, das kontinuierlich wächst: Nach der Gründung der Kanzlei durch vier ehemalige Associates von Milbank Tweed Hadley & McCloy kamen Anfang 2014 weitere vier Anwälte von Noerr sowie Latham & Watkins hinzu. Inzwischen agiert die junge Partnerriege als eingespieltes Team, sodass GLNS nun ihre Associate-Ebene aufbaut. Der Grundstein für weiteres Wachstum ist also gelegt.

München

ACURIS
München

Bewertung: Die in München geschätzte Kanzlei legt ihren Fokus auf die Corporate-Beratung inkl. Transaktionen gepaart mit Arbeits- sowie Kapitalmarktrecht. Diese Kombination ist gefragt, wie die große Zahl an Dauermandanten zeigt, zu denen namh. Mittelständler, mittelgroße AGen u. Familiy Offices gehören. Kontinuierl. gewinnt Acuris aber auch neue Mandanten in allen Fachbereichen hinzu, was die relativ kleine Einheit zuletzt nah an ihre Kapazitätsgrenze führte. Stark ausgelastet war das Team mit Transaktionen, aber auch im Arbeitsrecht, v.a. mit Betriebsschließungen.
Kanzleitätigkeit: Breites Beratungsspektrum in Gesellschafts- u. Handelsrecht/ ▶M&A, Corporate Finance u. Kapitalmarktrecht (v.a. Fonds), Arbeitsrecht (u.a. Restrukturierungen), Prozesse (u.a. D&O-Haftung), Steuerrecht sowie zu Unternehmens- u. Vermögensnachfolge. Beratung auch im österr. Recht. (5 Eq.-Partner, 1 Sal.-Partner, 1 Associate)
Mandate: ●● NTT Com Security bei Kapitalerhöhung (aus dem Markt bekannt); Dr. Hönle u. Blue Cap lfd. im Gesellschafts- u. Kapitalmarktrecht (auch HV); Vertilas u. Alrise Biosystems lfd. im Gesellschaftsrecht.

AFR AIGNER FISCHER
München

Bewertung: In München empfohlene Corporate- u. Steuerboutique mit ausgeprägtem Transaktionsschwerpunkt, die trad. v.a. für Beteiligungsgesellschaften u. Family Offices tätig ist. Zwar waren die Anwälte zuletzt wieder v.a. mit PE-Deals beschäftigt, doch gerade bei M&A-Transaktionen war das Jahr ein Meilenstein: Mit dem Trost-Verkauf begleitete AFR die größte Transaktion der Kanzleigeschichte. Zudem stellte sich die Kanzlei unterhalb der Partnerebene neu auf: Nachdem sich im Vorjahr sukzessive fast die gesamte Associate-Mannschaft verabschiedet hatte, gewann AFR nun mehrere erfahrene Anwälte aus anderen Kanzleien, die manche Deals fast eigenständig über die Bühne brachten. Für AFR bedeutet dies einen echten Fortschritt: Bisher wurde die Marktpräsenz meist vom Auslastungslimit der Partner begrenzt.
Stärken: Kombination aus Steuer-Know-how u. Transaktions- u. Investmentberatung.
Häufig empfohlen: Diethard Goerg (Steuerrecht, Vermögen), Florian Aigner, Dr. Roderich Fischer, Dr. Gabor Mues (alle Corporate/M&A)
Kanzleitätigkeit: Beratung von Finanzinvestoren u. ▶Private-Equ.-u. Vent.-Capital-Fonds in ▶M&A u. Steuern, zu Finanzierung u. im Gesellschaftsrecht (Managementbeteiligungen, LBO, Portfolioarbeit, Restrukturierungen). Zudem v.a. steuerl. Betreuung vermögender Privatpersonen (▶Nachfolge/Vermögen/Stiftungen). (5 Partner, 1 Counsel, 4 Associates)
Mandate: ●● Fam. Trost bei Verkauf der Trost SE; Komplett AS bei Mehrheitsbeteiligung an Comtech; Warburg Pincus Fonds bei grenzüberschr. Add-on-Akquisition; WHEB Partners bei Mehrheitsbeteiligung an Oxaion sowie bei Finanzierung des Kaufs von Dolan.

MÜNCHEN

- CMS Hasche Sigle
- Hengeler Mueller
- Hogan Lovells
- Linklaters
- Milbank Tweed Hadley & McCloy
- Noerr

- Freshfields Bruckhaus Deringer
- Gleiss Lutz
- P+P Pöllath + Partners

- Clifford Chance
- Kirkland & Ellis

- Allen & Overy
- Baker & McKenzie
- Eversheds
- Gibson Dunn & Crutcher
- GSK Stockmann + Kollegen
- Jones Day
- Latham & Watkins
- McDermott Will & Emery
- Norton Rose Fulbright
- Taylor Wessing
- Weil Gotshal & Manges

- Beiten Burkhardt
- Bird & Bird
- Dissmann Orth
- King & Wood Mallesons
- Sernetz Schäfer

- DLA Piper
- Heussen
- Honert + Partner
- Peters Schönberger & Partner
- Pinsent Masons

Fortsetzung nächste Seite

ALLEN & OVERY
München

Bewertung: Das Münchner Büro wird v.a. für seine Expertise im Steuerrecht häufig empfohlen, das Team um Praxischef Dr. Gottfried Breuninger ist bei Banken u. Versicherern sehr etabliert. Bei der Aufarbeitung von Cum-Ex-Strukturen gehörte es zu den Vorreitern im Markt, was der Kanzlei noch heute Compliance-Nachfolgemandate beschert. Und im wachsenden streitigen Steuerbereich hat sich die Kanzlei mit dem Zugang des langjährigen BFH-Richters Joachim Moritz weiter verstärkt. Dank des anziehenden M&A-Marktes war die Steuerrechtspraxis zunehmend in Transaktionen eingebunden, so etwa beim Zusammenschluss von Tui u. Tui Travel. Auch die Gesellschaftsrechtler begleiteten wieder einige große Deals. So standen Münchner Anwälte auf der Seite von The Riverside Company beim Beteiligungserwerb an Bike24, die alle wichtigen Transaktionsbereiche – Corporate, Tax, Finanzierung u. Arbeitsrecht – abdeckten. Unterdessen machte der Patentrechtler Dr. Joachim Feldges in einem Verfahren um Verletzungen des Second-Medical-Use-Patents an der Seite von Pfizer auf sich aufmerksam. Gut aufgestellt bleibt die Kanzlei auch bei Restrukturierungsthemen.
Stärken: Steuer- u. Restrukturierungspraxen.
Empfohlen für: ▶Gesellsch.recht; ▶Handel u. Haftung; ▶Kredite u. Akqu.fin.; ▶M&A; ▶Patent; ▶Restrukturierung/Sanierung; ▶Steuer. (RAe: 5 Partner, 3 Counsel, 15 Associates, inkl. StB)
Mandate: Siehe Fachkapitel.

ARNECKE SIBETH SIEBOLD
München

Bewertung: Die empfohlene Münchner Kanzlei, die aus der Fusion von Arnecke Siebold u. Sibeth entstand, genießt an der Isar einen hervorragenden Ruf bei der Beratung rund um die Immobilie. In München ist sie bei zahlr. Bau- u. Infrastrukturprojekten gesetzt, neu ist etwa die Bavaria Towers Projekt GmbH, die sie bei einem großen Immobilienprojekt begleitet. Bemerkenswert ist auch die umf. Beratung von Siemens, zudem kann sie zunehmend internat. Mandate gewinnen. Durch die Fusion – sie verfügt nun über Büros in Ffm. u. Berlin – hat die Kanzlei neben ihrer immobilienrechtl. Beratung v.a. die Corporate-Praxis personell deutl. gestärkt. Die neue Einheit strebt einen Full-Service-Ansatz an.

Entwicklungsmöglichkeiten: Nach der Fusion gilt es nun, die standortübergr. Arbeit zu optimieren. Gelingt die Integration, könnte AS ihre Marktposition aufgrund des verbreiterten Beratungsangebots auch in München weiter ausbauen.

Häufig empfohlen: Thomas Richter, Dr. Michael Grünwald

Kanzleitätigkeit: Immobilien, in Verbindung mit Gesellschaftsrecht/M&A/Finance, auch zu steuerrechtl. Themen. Außerdem Arbeits-, Marken- u. Wettbewerbsrecht sowie ▶Vergabe u. ▶Priv. Baurecht. Zunehmend internat. Beratung. (14 Eq.-, 5 Sal.-Partner, 20 Associates, 2 of Counsel)

Mandate: ●● ThyssenKrupp Elevator u.a. im Commercial-Bereich; Dax-Konzern umf. arbeitsrechtl. bei Umstrukturierung; Bavaria Towers Projekt GmbH/Bayernprojekt GmbH bei ‚Bavaria Towers, Blue Tower u. White Tower'; Siemens immobilienrechtl.; KGAL bei Erwerb Fachmarktzentrum Erding; Münchner Bank bei Finanzierungsrestrukturierung eines Wohnungsbauprojekts.

ASHURST
München

Bewertung: Die in München empfohlene Kanzlei hat ihre Corporate-Praxis wieder gestärkt: Von Beiten Burkhardt kam der renommierte Eq.-Partner Dr. Thomas Sacher, der seinen Fokus auf Industrieunternehmen legt, zusammen mit einem Counsel. Nach den schmerzhaften Abgängen eines Corporate-Partners (2013) u. des PE-Praxisgruppenleiters Dr. Nikolaus von Jacobs (2014) ist dies nun ein Zugang, der die Praxis wieder nach vorne treiben könnte. Über deutl. mehr Schlagkraft verfügt das Münchner Büro im Bereich Finanzierung sowie Restrukturierung, wo Ashurst zuletzt beachtl. Erfolge vorweisen konnte. Ein Dämpfer war hingegen der Abgang eines Counsels zu Noerr: Da er die kleine IP-Praxis von Ashurst leitete, klafft nun in diesem Bereich eine Lücke.

Stärken: Mid-Cap-Transaktionsberatung auf Finanzierungsseite, NPL-Portfoliotransaktionen.

Empfohlen für: ▶Gesellsch.recht; ▶Kartellrecht; ▶Kredite u. Akqu.fin.; ▶M&A; ▶Private Equity u. Venture Capital; ▶Restrukturierung/Sanierung. (2 Eq.-Partner, 3 Sal.-Partner, 3 Counsel, 7 Associates)

Mandate: Siehe Fachkapitel.

BAKER & MCKENZIE
München

Bewertung: Das häufig empfohlene Münchner Büro kann auf ein erfolgreiches Jahr zurückblicken. Die Corporate-Praxis begleitete erneut mit

---

MÜNCHEN Fortsetzung

AFR Aigner Fischer
Arnecke Sibeth Siebold
Ashurst
Bub Gauweiler & Partner
Dechert
GLNS
Gütt Olk Feldhaus
Heuking Kühn Lüer Wojtek
Kantenwein Zimmermann Fox Kröck & Partner
Lutz Abel
Reed Smith
Skadden Arps Slate Meagher & Flom
SKW Schwarz
Zirngibl Langwieser

Acuris
Baker Tilly Roelfs
Osborne Clarke
Seufert
SNP Schlawien
Wirsing Hass Zoller

von Boetticher
BTU Simon
Görg
Graf von Westphalen
LMR Lindemann Mentzel
Luther
Rödl & Partner
Simmons & Simmons
Watson Farley & Williams
Weitnauer

Die hier getroffene Auswahl der Kanzleien ist das Ergebnis der auf zahlreichen Interviews basierenden Recherche der JUVE-Redaktion (s. Einleitung S. 20). Sie ist in 2erlei Hinsicht subjektiv: Sämtliche Aussagen der von JUVE-Redakteuren befragten Quellen sind subjektiv u. spiegeln deren eigene Wahrnehmungen, Erfahrungen u. Einschätzungen wider. Die Rechercheergebnisse werden von der JUVE-Redaktion unter Einbeziehung ihrer eigenen Marktkenntnis analysiert u. zusammengefasst. Der JUVE Verlag beabsichtigt mit dieser Tabelle keine allgemein gültige oder objektiv nachprüfbare Bewertung. Es ist möglich, dass eine andere Recherchemethode zu anderen Ergebnissen führen würde. Innerhalb der einzelnen Gruppen sind die Kanzleien alphabetisch geordnet.

---

telgr. Transaktionen, so etwa den Erwerb einer Mehrheitsbeteiligung an der Großbäckerei Kamps durch den frz. Backwarenkonzern Groupe Le Duff. Unterdessen war die renommierte Compliance-Praxis, die ihr Kraftzentrum in München hat, immer häufiger bei der Beratung zu strateg. Themen gefragt. Besonders erfolgreich entwickelte sich zudem das Arbeitsrecht, das Dr. Burkard Göpfert weiter ausbaute. Trad. stark sind bei Baker in München die Praxisgruppen Vertriebsrecht u. IT, während sich der Bereich Patentprozesse noch im Aufbau befindet, aber bereits erste Erfolge vorweisen kann. Weiter gestärkt wurden die Bereiche Arbeitsrecht u. IT mit jeweils einer Partnerernennung.

Stärken: ▶Arbeitsrecht, ▶Compliance, ▶Vertrieb.

Empfohlen für: ▶Gesellsch.recht; ▶Gesundheit; ▶Handel u. Haftung; ▶Immobilien; ▶IT; ▶Kredite u. Akqu.fin.; ▶M&A; ▶Marken u. Wettbewerb; ▶Patent; ▶Private Equ. u. Vent. Capital; Restrukturierung/Sanierung; ▶Steuer. (11 Eq.-Partner, 13 Sal.-Partner, 1 Counsel, 27 Associates)

Mandate: Siehe Fachkapitel.

BAKER TILLY ROELFS
München

Bewertung: Die in München geschätzte MDP-Kanzlei zeichnet sich durch eine enge Verzahnung ihrer ▶gesellschafts- u. ▶steuerrechtl. Beratung aus u. blickt auf ein stabiles Jahr zurück. Das Team war erneut in zahlr. Transaktionen involviert, die immer wieder auch an der Schnittstelle zu Private Equity u. Venture Capital angesiedelt sind. So begleitete BTR etwa Römheld & Moelle beim Unternehmensverkauf an einen PE-Investor. Neben mittelständ. Unternehmen vertrauen regelm. auch Familiy Offices u. vermögende Privatpersonen auf die Kanzlei. Letztere kamen zuletzt mit zahlr. Selbstanzeigen auf BTR zu. Ein ausgeprägter Branchenfokus liegt weiterhin auf dem Healthcare-Sektor, zudem bleibt BTR stark in der Nachfolgeberatung.

Stärken: Integrierte gesellschafts- und steuerrechtl. Beratung.

Entwicklungsmöglichkeiten: Inzw. trägt der Anschluss der Kanzlei an das internat. Baker Tilly-Netzwerk erste Früchte, allerdings liegt hier noch viel ungenutztes Geschäftspotenzial.

● Referenzmandate, umschrieben
●● Referenzmandate, namentlich

Anwaltszahlen: Angaben der Kanzleien zur Bürogröße vor Ort. Sie spiegeln nicht zwingend die Gesamtgröße einer Kanzlei wider.

Häufig empfohlen: Wolfgang Richter, Dr. Jochen Busch
Kanzleitätigkeit: ▶ Gesellsch.recht, u.a. Restrukturierungen, ▶ M&A u. Finanzierungen umf. rechtl., steuerl. u. betriebswirtschaftlich, auch Arbeitsrecht, ▶ Nachfolge/Vermögen/Stiftungen, ▶ Steuer, ▶ Steuerstrafrecht u. Konfliktlösung. Mandanten: z.T. bedeutende mittelständ. u. börsennot. Unternehmen. Zudem Privatvermögende, institutionelle Investoren, Stiftungen/NPO u. Kliniken. (10 Eq.-Partner, 10 Sal.-Partner, 43 Associates)
Mandate: ●● Römheld & Moelle bei Verkauf an PE-Investor; lfd. FlixBus gesellschaftsrechtl.; Family Office bei Investment in E-Commerce-Startup; Medizintechnikunternehmen bei Erwerb u. Erweiterung von Produktionsanlagen in Polen; Onlineplattform bei Gesellschafterauseinandersetzung; ehem. Organmitglied bei Vermögensnachfolge.

BEITEN BURKHARDT
München

Bewertung: Das in München empfohlene Büro mit breitem Beratungsansatz sticht mit seiner herausragenden Expertise im Arbeitsrecht hervor. Aufgrund ihrer personellen Stärke u. der wachsenden standortübergr. Zusammenarbeit stemmt die Praxis inzw. problemlos gleich mehrere umfangreiche Projekte sowie die Dauerberatung für etwa Sky u. den Flughafen München. Ebenfalls stark bleibt der Bereich Litigation um Prof. Dr. Holger Peres: Gleich 3 Partnerernennungen in München u. der Zugang eines Sal.-Partners von Dechert, der den Bereich Gesellschaftsrechtl. Streitigkeiten verstärkt, unterstreichen den Erfolg der Praxisgruppe u. deren Bedeutung für die Gesamtkanzlei. Dem Münchner Gesellschaftsrechtsteam gelang es unterdessen, sich noch stärker bei Family Offices zu positionieren, neu ist etwa das Viehof-Family-Office. Im Vergleich mit Wettbewerbern ist die Praxis vor Ort jedoch zu klein, um im lokalen Markt ganz vorne mitzuspielen.
Stärken: ▶ Arbeitsrecht.
Empfohlen für: ▶ Energie; ▶ Gesellsch.recht; ▶ Handel u. Haftung; ▶ IT; ▶ Kartellrecht; ▶ M&A; ▶ Marken u. Wettbewerb; ▶ Medien; Restrukturierung u. Insolvenz; ▶ Vergabe; Vertrieb. (20 Eq.-Partner, 29 Sal.-Partner, 34 Associates, 5 of Counsel)
Mandate: Siehe Fachkapitel.

BIRD & BIRD
München

Bewertung: Das empfohlene Münchner Büro konnte zuletzt einen Erfolg im Marken- u. Wettbewerbsrecht feiern: Hier gewann die Kanzlei die Telekom als Mandantin zurück, nachdem diese bei ihrer Portfolioverwaltung jahrelang ausschließlich mit Hogan Lovells zusammengearbeitet hatte. Auch die lokale Corporate-Praxis verspürte Aufwind im Umfeld der anziehenden Transaktionsgeschäfts. Als neue Mandantin gewann B&B etwa das US-Nachrichtenportal Politico, das sie bei einem Joint Venture mit Axel Springer beriet. Stark bleibt das Münchner Büro auch im Bereich IT. Allerdings war der Standort zuletzt auch von personeller Unruhe geprägt: Ein 3-köpfiges Arbeitsrechtsteam verließ B&B u. machte sich selbstständig, dafür wurde der einzige verbleibende Arbeitsrechtler zum Partner ernannt. Auch an anderen Standorten kehrten Arbeitsrechtler der Kanzlei zuletzt den Rücken. Die angesehene Münchner Patentpraxis verlor zudem den in Mobilfunkklagen versierten Patentanwalt Dr. Friedrich Emmerling an Betten & Resch – eine Lücke, die wieder geschlossen werden muss.
Empfohlen für: ▶ Energie; ▶ M&A; ▶ Marken u. Wettbewerb; ▶ Medien; ▶ IT; ▶ Sport; ▶ Patent; Regulierte Industrien; ▶ Vergabe; Verkehr. (13 Partner, 8 Counsel, 3 of Counsel, 28 Associates)
Mandate: Siehe Fachkapitel.

VON BOETTICHER
München

Bewertung: Geschätzte Münchner Kanzlei, die im letzten Jahr mit mehreren Großprojekten auf sich aufmerksam machte. Am prominentesten war der Verkauf des Frankfurter Messeturms. Hier u. auch in ihren angestammten Schwerpunktbranchen Pharma/Gesundheit u. IT demonstrierte die Kanzlei immer wieder, dass sie qualitativ mit wesentl. größeren Einheiten mithal-

Münchner Kanzleien mit Besprechung nur in Rechtsgebieten

Abitz & Partner	▶ Patent
Aderhold	▶ Bankrecht u. -aufsicht
Altenburg	▶ Arbeitsrecht
Ampersand	▶ Gesundheit ▶ Patent
Anchor	▶ Insolvenzverw.
Dr. Peter Anton und Rainer Krick	▶ Notare
Arqis	▶ Gesellsch.recht ▶ M&A ▶ Private Equ. u. Vent. Capital
AssmannPeiffer	▶ Energie
Bardehle Pagenberg	▶ Marken u. Wettbewerb ▶ Patent
Dr. Basty und Haasen	▶ Notare
Dr. Beck & Partner	▶ Insolvenzverw.
Becker Büttner Held	▶ Energie
Betten & Resch	▶ Patent
BLD Bach Langheid Dallmayr	▶ Handel u. Haftung ▶ Versicherungsvertragsrecht ▶ Unternehmensbez. Versichererberatung
Boehmert & Boehmert	▶ Marken u. Wettbewerb ▶ Medien ▶ Patent
Bosch Jehle	▶ Patent
Brehm & v. Moers	▶ Medien ▶ Wirtschaftsstrafrecht
Buntscheck	▶ Kartellrecht
Dehmel & Bettenhausen	▶ Patent
Deloitte Legal	▶ M&A
df-mp Dörries Frank-Molnia & Pohlman	▶ Patent
Diehl & Partner	▶ Patent
dkm Rechtsanwälte	▶ Arbeitsrecht
Duvinage	▶ Sport
Eckstein & Kollegen	▶ Wirtschaftsstrafrecht
Ehlers Ehlers & Partner	▶ Gesundheit
Dr. Eick & Partner	▶ Versicherungsvertragsrecht
Epping Hermann Fischer	▶ Patent
E&Z Eickstädt & Zühlke	▶ Kartellrecht
Field Fisher Waterhouse	▶ Gesundheit
Flick Gocke Schaumburg	▶ M&A ▶ Nachfolge/Vermögen/Stiftungen ▶ Steuer
Dr. Susanne Frank Dr. Wolfram Schneeweiß	▶ Notare
Glawe Delfs Moll	▶ Patent
Glock Liphart Probst & Partner	▶ Umwelt u. Planung
Dr. Gronefeld Thoma & Kollegen	▶ Verkehr ▶ Vergabe
Grub Brugger & Partner	▶ Restrukturierung/Sanierung ▶ Insolvenzverw.
Grünecker	▶ Marken u. Wettbewerb ▶ Patent
Henkel Breuer & Partner	▶ Patent
Herzog Fiesser & Partner	▶ Patent
HFK Rechtsanwälte	▶ Priv. Baurecht ▶ Projekte/Anlagenbau
Hoffmann Eitle	▶ Marken u. Wettbewerb ▶ Patent
Hofstetter Schurack & Skora	
Horsch Oberhauser	▶ Priv. Baurecht
hww Hermann Wienberg Wilhelm	▶ Restrukturierung/Sanierung
Isarpatent	▶ Patent
Isenbruck Bösl Hörschler	▶ Patent
Jaffé	▶ Insolvenzverw.
Johannsen	▶ Versicherungsvertragsrecht

Fortsetzung nächste Seite

● Referenzmandate, umschrieben
●● Referenzmandate, namentlich

Anwaltszahlen: Angaben der Kanzleien zur Bürogröße vor Ort. Sie spiegeln nicht zwingend die Gesamtgröße einer Kanzlei wider.

MÜNCHEN SÜDEN REGION

ten kann. Die Marktpräsenz hat über die letzten Jahre allerdings unter einer ganzen Reihe von Abgängen gelitten. Seit der Schließung des Frankfurter Büros fehlt es zudem an bank- u. kapitalmarktrechtl. Expertise.

Entwicklungsmöglichkeiten: Um an die Erfolge der Vergangenheit anzuknüpfen, wäre eine größere Mannschaft nötig, sowohl auf Partner- als auch auf Associate-Ebene.

Häufig empfohlen: Dietrich von Boetticher, Dr. Stephan Rettenbeck, Jens Horstkotte (alle Gesellschaftsrecht), Dr. Claudia Böhm (v.a. Pharmarecht), Dr. Angelika Hoche (IT-Recht)

Kanzleitätigkeit: Breite Praxis in ▶Gesellschaftsrecht u. ▶M&A, mit gewissem Technologie-/ ▶IT-Fokus sowie trad. starker Immobilien(fonds)expertise. Eigenständige Pharmapraxis (▶Gesundheit). Starke Überschneidungen zum Marken-/Wettbewerbsrecht. Außerdem Handel u. Haftung, Arbeits-, Bankrecht. (8 Partner, 2 Associates)

Mandate: ●● KanAm bei Verkauf Frankfurter Messeturm; Staat Israel im Zshg. mit dt. Vertriebsorganisation für Staatsanleihen; Schloss Elmau zu G7-Gipfel; CellAct Pharma bei Finanzierungsrunde; AachenMünchener Versicherungen lfd. im Marken- u. Urheberrecht; lfd. Yahoo Dtl., Global Healthcare Exchange, Lumenis.

BTU SIMON
München

Bewertung: Die in München geschätzte MDP-Kanzlei berät ihre Stammmandantschaft weiterhin im Gesellschaftsrecht in Verbindung mit Steuer- u. WP-Expertise. Diese Stärke kann sie v.a. bei Transaktionen ausspielen. Auch an der Beratung im Bereich erneuerbare Energien hält BTU fest. Das zahlt sich aus, denn obwohl das Geschäft hier im Allgemeinen etwas nachließ, konnte sich BTU einige Mandate sichern. So beriet sie etwa ein Family Office bei der Geltendmachung von Ansprüchen im Zshg. mit zwei Fotovoltaikflächenanlagen. Statt ihren ursprüngl. Plan, sich verstärkt in der Compliance-Beratung zu engagieren, weiterzuverfolgen, baut BTU nun die Beratung im grenzüberschr. Arbeitsrecht auf. Hier hat eine Sal.-Partnerin das Ruder übernommen u. verzeichnet bereits erste Erfolge. Der Fokus liegt hier v.a. auf dem dt.-österr. Geschäft.

Stärken: ▶Steuerrechtl. u. tiefes betriebswirtschaftl. Know-how. Erfahrung bei Luftverkehr, Energie u. Non-Profit-Organisationen.

Häufig empfohlen: Eberhard Simon

Kanzleitätigkeit: ▶Steuer- u. WP-orientierte Rechtsberatung mit Schwerpunkt im Gesellschafts- u. Aktienrecht, v.a. bei ▶M&A, Restrukturierungen u. zu Unternehmensnachfolgen, außerdem für Privatvermögen u. Stiftungen/NPO. Arbeitsrecht. Internat. vernetzt im ww. Kanzleiverbund Polaris International. (2 Eq.-Partner, 3 Sal.-Partner, 7 Associates, plus WP/StB.)

Mandate: ● Bundesverband bei Energiesteuerbefreiung; Handelsunternehmen energierechtl. bei Fotovoltaikprojekten auf Verkaufshäusern; Family Office bei Geltendmachung von Ansprüchen bzgl. zweier Fotovoltaikflächenanlagen; kanad. Unternehmens zwecks dt. Niederlassung arbeitsrechtl.; österr. Unternehmen u.a. zu dt. Mindestlohngesetz.

BUB GAUWEILER & PARTNER
München

Bewertung: Die in München empfohlene Kanzlei ist im Markt v.a. für ihr hartes Vorgehen vor Gericht bekannt. Wettbewerber loben BGP als „echte Größe im Münchner Markt", denn für die Kirch-Erben etwa beendete sie den jahrelangen Streit gg. die Dt. Bank mit einem spektakulären Vergleich. Der Ruf hat ihr weitere namh. Mandanten eingebracht. So kämpft sie etwa wg. des gescheiterten EnBW-Deals an der Seite von Stefan Mappus gg. Gleiss Lutz-Anwälte. Personell verstärkte sich die Kanzlei im Bereich Gesellschaftsrechtl. Streitigkeiten mit einem erfahrenen Anwalt, während der Baurechtspartner Thomas van der Heide die Kanzlei in Richtung Rösler Rasch van der Heide verließ.

Häufig empfohlen: Franz Enderle

Kanzleitätigkeit: Breites zivil- u. strafrechtl. Spektrum, u.a. Gesellschafts- u. Aktien- sowie Bank-/Kapitalmarktrecht, Sanierungsberatung u. Arbeitsrecht. Auch Öffentl. Recht u. Steuerrecht. Viel Prozesstätigkeit (▶Handel u. Haftung). Man-

Münchner Kanzleien mit Besprechung nur in Rechtsgebieten Fortsetzung

Kaltwasser	Gesundheit
Kapellmann und Partner	▶Priv. Baurecht ▶Projekte/Anlagenbau ▶Verkehr
Keller Menz	Arbeit
Klaka	▶Marken u. Wettbewerb ▶Patent
KNH Rechtsanwälte	▶Priv. Baurecht
Köhler & Klett	Umwelt u. Planung
König Szynka Tilmann von Renesse	Patent
KPMG Law	▶Gesellsch.recht ▶M&A ▶Vergabe
Kraus Sienz & Partner	▶Priv. Baurecht ▶Vergabe
Kraus & Weisert	Patent
Kreuzer Pfister und Girshausen	Wirtschaftsstrafrecht
Küffner Maunz Langer Zugmaier	Steuer
Labbé & Partner	Umwelt u. Planung
Lausen	Medien
Lederer & Keller	Patent
Leinemann & Partner	▶Priv. Baurecht
Leisner Steckel Engler	Steuerstrafrecht
Leitner & Partner	Wirtschaftsstrafrecht
Lentze Stopper	Sport
Lohberger & Leipold	Wirtschaftsstrafrecht
Lorenz Seidler Gossel	▶Marken u. Wettbewerb ▶Patent
Maat	Arbeitsrecht
Maikowski & Ninnemann	Patent
Maiwald	Patent
Manitz Finsterwald & Partner	Patent
von Máriássy Dr. von Stetten	Wirtschaftsstrafrecht
Martens	Sport
Prof. Dr. Dieter Mayer	Notare
Mayrhofer & Partner	▶Anleihen ▶Börseneinführ. u. Kapitalerhöhung
Meidert & Kollegen	Umwelt u. Planung
Meissner Bolte & Partner	▶Marken u. Wettbewerb ▶Patent
Meisterernst	▶Gesundheit ▶Lebensmittel
MEK	Priv. Baurecht
Messerschmidt Dr. Niedermeier und Partner	Umwelt u. Planung
Meyer Rechtsanwälte	Lebensmittel
MFG Meyer-Wildhagen Meggle-Freund Gerhard	Patent
Michalski Hüttermann & Partner	Patent
Mitscherlich	Patent
Prof. Dr. Müller & Partner	Wirtschaftsstrafrecht
Müller-Boré & Partner	Patent
Müller Fottner Steinecke	Patent
Müller-Heydenreich Bierbach & Kollegen	Insolvenzverw.
Müller Schupfner &Partner	Patent
Nachmann	Sport
Olswang	Patent
Oppler Hering	▶Priv. Baurecht ▶Vergabe
Orrick Herrington & Sutcliffe	▶M&A ▶Private Equ. u. Vent. Capital
Pluta	Insolvenzverw.
Pöhlmann Früchtl Oppermann	Vertrieb
Pohlmann & Company	Compliance

Fortsetzung nächste Seite

● Referenzmandate, umschrieben
●● Referenzmandate, namentlich

Anwaltszahlen: Angaben der Kanzleien zur Bürogröße vor Ort. Sie spiegeln nicht zwingend die Gesamtgröße einer Kanzlei wider.

danten sind z.T. namh. Unternehmerpersönlichkeiten u. Mittelständler, v.a. aus Süddtl., aber auch AGen u. Konzerne. (4 Partner, 10 Associates, 1 of Counsel)
Mandate: ●● Ex-Ministerpräsident Stefan Mappus gg. Gleiss Lutz wg. EnBW-Deal; Rechtsnachfolger Leo Kirch gg. Dt. Bank (alle aus dem Markt bekannt).

CLIFFORD CHANCE
München

Bewertung: Häufig empfohlenes Münchner Büro, das trotz der zahlreichen Abgänge im Zuge der Kanzleiumstrukturierung mit mehreren Großeinsätzen auf sich aufmerksam machte: Bei der ersten Übernahme einer dt. Bank durch chin. Investoren (Fosun/Hauck & Aufhäuser) kam die starke Chinaexpertise des Corporate-Teams um Dr. Stefanie Tetz zum Tragen, regelm. waren auch die Finanzierungsanwälte an den bedeutendsten M&A- u. Private-Equity-Deals im Markt beteiligt. Doch zugleich führte die Umstrukturierung der dt. Praxis zu mehreren Abgängen, die den Münchner Standort nach dem Verlust eines bekannten Umwelt- u. Planungsrechtlers im Vorjahr ein weiteres Stück zurückwarfen u. die Marktpräsenz reduzieren: Der aufstrebende PE-Experte Burc Hesse ging zu Latham & Watkins, der ehem. Corporate-Leiter Dr. Arndt Stengel zu Milbank, u. aus der IP/IT-Praxis verabschiedete sich Marc Holtorf zu Pinsent Masons. Alle 3 hatte CC über die letzten Jahre aus anderen Büros nach München geschickt, um die Position des Standorts neben den größeren Büros in Ffm. u. D'dorf zu festigen.

Stärken: Eine der stärksten Finanzierungspraxen in München; langj. Chinabeziehungen.

Empfohlen für: ▶Energie; ▶Gesellsch.recht; ▶Gesellschaftsrechtl. Streitigk.; ▶Handel u. Haftung; ▶Immobilien; ▶Kredite u. Akqu.fin.; ▶M&A; ▶Private Equ. u. Vent. Capital; ▶Projekte/Anlagenbau; ▶Unternehmensbez. Versichererberatung; ▶Vertrieb. (9 Partner, 7 Counsel, 18 Associates, 1 of Counsel)

Mandate: Siehe Fachkapitel.

CMS HASCHE SIGLE
München

Bewertung: Eines der führenden Büros in München, das seine Marktposition über die Jahre immer weiter ausbauen konnte. Das ist der Kanzlei nicht nur durch ihre breite Aufstellung, sondern auch durch ihre feste Verankerung im Mittelstand bei gleichzeitig zunehmender Konzernberatung gelungen. Zuletzt fehlte dem Münchner Corporate-Team zwar ein echtes Highlight – im Vorjahr war es in die E-Plus-Übernahme durch Telefónica involviert gewesen –, jedoch begleitete es wieder zahlr., für die Kanzlei typische, mittelständ. Deals, häufig mit Biotechbezug. So stand CMS etwa an der Seite der Suppremol-Gesellschafter beim Verkauf ihres Unternehmens an Baxter. Die Stärke des Münchner Büros unterstrich mit dem Gewinn neuer Mandanten zuletzt erneut auch die Private-Equity- u. Venture-Capital-Praxis, die nicht nur an der Isar eine herausragende Stellung einnimmt. Die renommierte Prozesspraxis um Claus Thiery verzeichnete ebenfalls Highlights u. sorgte etwa mit der Vertretung von Prof. Roland Berger im Streit mit Thomas Middelhoff für Aufmerksamkeit.

Stärken: Für CMS typisch breite Praxis; eine marktführende Venture-Capital- u. Schiedspraxis.

Münchner Kanzleien mit Besprechung nur in Rechtsgebieten Fortsetzung	
Pohlmann Hofmann	Insolvenzverw.
Preu Bohlig & Partner	▶Marken u. Wettbewerb ▶Patent ▶Gesundheit
PricewaterhouseCoopers Legal	▶Gesellsch.recht ▶Steuerstrafrecht
Prinz & Partner	▶Patent ▶Marken u. Wettbewerb
Prüfer & Partner	▶Patent
Quinn Emanuel Urquhart & Sullivan	▶Patent
Ratajczak & Partner	▶Gesundheit
Rembert	▶Priv. Baurecht
Romatka & Collegen	▶Presse
Roxin	▶Wirtschaftsstrafrecht ▶Steuerstrafrecht
Samson & Partner	▶Patent
Dr. Bernhard Schaub	▶Notare
Schaumburg Thoenes Thurn Landskron Eckert	▶Patent
Dr. Till Schemmann u. Dr. Helene Ludewig	▶Notare
Prof. Schweizer	▶Medien ▶Presse
Seebacher Fleischmann Müller	▶Arbeit
SGP SchneiderGeiwitz	▶Kartellrecht ▶Vertrieb
Sonntag & Partner	▶Nachfolge/Vermögen/Stiftungen
Spoerer & Dr. Wicke	▶Notare
SSW Schneider Schiffer Weihermüller	▶IT
Staudacher	▶Arbeitsrecht
Stetter	▶Wirtschaftsstrafrecht
Stock Aders + Partner	▶Immobilien
Stolmár & Partner	▶Patent
Stolzenberg	▶Presse
Straßer Ventroni Deubzner Feyock & Jäger	▶Medien
Streck Mack Schwedhelm	▶Steuer ▶Steuerstrafrecht
TCI Rechtsanwälte	▶IT ▶Vertrieb
ter Meer Steinmeister & Partner	▶Patent
Uexküll & Stolberg	▶Patent
Ufer Knauer	▶Wirtschaftsstrafrecht
Vangard	▶Arbeit
Viering Jentschura & Partner	▶Patent
Prof. Dr. Klaus Volk	▶Wirtschaftsstrafrecht
Dr. Oliver Vossius und Dr. Thomas Engel	▶Notare
Vossius & Partner	▶Marken u. Wettbewerb ▶Patent
W&R Weigell	▶Steuerstrafrecht
Wach + Meckes	▶Handel u. Haftung
Wagensonner	▶Priv. Baurecht ▶Umwelt u. Planung
Wallinger Ricker Schlotter Tostmann	▶Patent
Dr. Robert Walz Dr. Hans-Joachim Vollrath	▶Notare
Wannemacher & Partner	▶Steuerstrafrecht ▶Wirtschaftsstrafrecht
Weickmann & Weickmann	▶Patent
Westphal Mussgnug & Partner	▶Patent
White & Case	▶Kredite u. Akqu.fin. ▶Gesellsch.recht ▶Handel u. Haftung ▶M&A ▶IT ▶Private Equ. u. Vent. Capital
Winter Brandl Fürniss Hübner Röss Kaiser Polte	▶Patent
Wolff Schultze Kieferle	▶Arbeitsrecht
Wragge Lawrence Graham & Co.	▶Lebensmittel ▶Patent
Wuesthoff & Wuesthoff	▶Patent
Zimmermann & Partner	▶Patent

Die hier getroffene Auswahl der Kanzleien ist das Ergebnis der auf zahlreichen Interviews basierenden Recherche der JUVE-Redaktion (siehe S. 20). Sie ist in 2erlei Hinsicht subjektiv: Sämtliche Aussagen der von JUVE-Redakteuren befragten Quellen sind subjektiv u. spiegeln ihre eigene Wahrnehmungen, Erfahrungen u. Einschätzungen wider. Die Rechercheergebnisse werden von der JUVE-Redaktion unter Einbeziehung ihrer eigenen Marktkenntnis analysiert u. zusammengefasst. Der JUVE Verlag beabsichtigt mit dieser Tabelle keine allgemein gültige oder objektiv nachprüfbare Bewertung. Es ist möglich, dass eine andere Recherchemethode zu anderen Ergebnissen führen würde.

Empfohlen für: ▶Arbeitsrecht; ▶Außenhandel; ▶Compliance; ▶Gesellsch.recht; ▶Gesellschaftsrechtl. Streitigk.; ▶Handel u. Haftung; ▶Immobilien; ▶IT; ▶M&A; ▶Nachfolge/Vermögen/Stiftungen; ▶Priv. Baurecht; ▶Private Equ. u. Vent. Capital; ▶Steuer; ▶Telekommunikation; ▶Vergabe; ▶Vertrieb. (27 Eq.-Partner, 1 Sal.-Partner, 13 Counsel, 37 Associates, 2 of Counsel)

Mandate: Siehe Fachkapitel.

● Referenzmandate, umschrieben
●● Referenzmandate, namentlich

Anwaltszahlen: Angaben der Kanzleien zur Bürogröße vor Ort. Sie spiegeln nicht zwingend die Gesamtgröße einer Kanzlei wider.

MÜNCHEN SÜDEN REGION

DECHERT
München

Bewertung: Die in München empfohlene Kanzlei begleitete mit der Nürburgring-Beteiligung durch GetSpeed zuletzt eine bes. prominente u. anspruchsvolle Transaktion. Parallel dazu waren die Anwälte sowohl für strateg. als auch für Finanzinvestoren tätig, meist bei mittelgr. Deals, häufig für Stammmandanten wie Heidelberg Capital. Im Venture-Capital-Markt gelang sogar ein bes. Höhepunkt: Für Lazada begleitete die Praxis eine der größten internat. VC-Finanzierungsrunden im Markt. Neben den zentralen Partnern Hummel u. Pappalardo tritt inzw. auch die jüngere Generation stärker in den Vordergrund, was für die bislang relativ schmale Präsenz im Markt nur positiv ist. Gleichzeitig baute insbes. Hummel zunehmend Kapitalmarktexpertise auf. Gut verzahnt sind die Münchner auch mit den Frankfurter Investmentfondsspezialisten, dem 2. wichtigen Standbein der Kanzlei im dt. Markt.
Stärken: ▶Investmentfonds; ▶Private Equity u. Venture Capital.
Häufig empfohlen: Federico Pappalardo („einer der besten Juristen u. Verhandler, die mir je begegnet sind", Mandant; „angenehm u. erfahren", Wettbewerber; Berthold Hummel („gut vernetzt", Mandant; beide M&A/PE/VC)
Kanzleitätigkeit: Trad. eine dealfokussierte Praxis: M&A, ▶Private Equ. u. Vent Capital. Daneben Aufsichtsrecht, Investmentfonds, Finanzierung. Auch starke Verbindungen nach Italien. (4 Eq.-Partner, 3 Sal.-Partner, 8 Associates)
Mandate: ●● Bravofly Rumbo Group bei Erwerb von Lastminute.com; GetSpeed bei Kauf u. Finanzierung der Formel-1-Rennstrecke Nürburgring; Lazada bei Fundraising durch Temasek sowie weitere Investoren; Voxeljet bei Registrierung u. Platzierung von neuen Aktien an der New York Stock Exchange; Barkawi Holding u.a. zu Buy-out von Gesellschaftsanteilen an der Teqport Services.

DISSMANN ORTH
München

Bewertung: Empfohlene Münchner Corporate- u. Steuerboutique, der ein ausgezeichneter Ruf als Begleiterin anspruchsvoller Projekte vorausgeht. Die Ausrichtung der Kanzlei spiegelt sich so deutl. in der Personalstruktur wider wie bei kaum einer Wettbewerberin: Das Team besteht fast ausschl. aus Partnern aller Altersstufen, die i.d.R. auch als StB qualifiziert sind. Besonders aufwendig war zuletzt die Entflechtung von Weltbild u. Hugendubel. Hinzu kamen zahlr. kleinere Transaktionen, häufig für Mittelständler, vermög. Privatpersonen u. kleine Private-Equity-Häuser, sowie verstärkt Konfliktlösungsmandate.
Stärken: Kombinierte, mittelstandsfokussierte Expertise; ▶Gesellsch.recht u. Aktienrecht; ▶Steuer; ▶Nachfolge/Vermögen/Stiftungen.
Häufig empfohlen: Dr. Hermann Orth, Dr. Armin Hergeth, Dr. Martin Lohse, Dr. Jochen Ettinger, Thomas Wieland
Kanzleitätigkeit: Steuerl. u. gesellschaftsrechtl. Beratung unternehmerischer u. familiärer Großvermögen, inkl. Aktienrecht, ▶M&A, Gesellschaftsrechtl. Streitigkeiten, Nachfolgeberatung. Mandanten: v.a. größere mittelständ. Unternehmen u. Unternehmer aus dem bayr. Raum, auch AGen (u.a. HVen), andere StB/WP. Über langj. Kontakte auch auslandsbezogene Beratung.
(7 Eq.-Partner, 1 Sal.-Partner, 1 Associate, 2 of Counsel)
Mandate: ●● Tolino Media bei Aufnahme von Thalia in Joint Venture; DBH/Hugendubel weiter im Zshg. mit Trennung von Weltbild; DPE bei Beteiligung an Webtrekk; Unternehmensgruppe steuerl. zu Managementbeteiligungen; div. vermög. Privatpersonen bei Investments.

DLA PIPER
München

Bewertung: Nachdem das empfohlene Münchner Büro im Vorjahr kräftig mit Quereinsteigern gewachsen war, erlebte es zuletzt ein personell ruhigeres Jahr. Gleichzeitig konnte DLA die ersten Früchte ihrer Neuzugänge ernten. So war es Florian Hirschmann – er war 2013 von White & Case gekommen –, der mit dem Erwerb einer Mehrheitsbeteiligung an Sonoma Internet für DLA die erste Transaktion an der Seite von ProSiebenSat.1 stemmte. Er ist auch eine wesentliche Verstärkung für die Private-Equity-Praxis, die zusätzl. durch die beiden PE-Partner, die Ende 2013 von Kirkland & Ellis kamen, Aufwind bei Mid-Cap-Deals erfuhr. Die rasante Entwicklung blieb auch bei Wettbewerbern nicht unbemerkt. Dem Erfolg steht der Abgang des anerkannten PE-Partners Dr. Matthias Lupp gegenüber, der sich selbstständig machte. Unterdessen gelang es der Patentpraxis sehr schnell, Quereinsteiger Dr. Markus Gampp, der Anfang 2014 von Freshfields kam u. erfahren in Mobilfunkklagen ist, zu integrieren. Unangefochten stark bleibt auch die IT-Praxis: Hier verfügt DLA mit Dr. Jan Meents über einen der visibelsten Partner im Markt.
Stärken: IT, insbes. Outsourcing. Versicherungsrecht.
Empfohlen für: ▶Arbeit; ▶Gesellsch.recht; ▶Handel u. Haftung; ▶Immobilien; ▶IT; ▶Medien; ▶Nachfolge/Vermögen/Stiftungen; ▶Private Equ. u. Vent. Capital; ▶Versicherungsvertragsrecht; ▶Vertrieb. (12 Partner, 7 Counsel, 18 Associates)
Mandate: Siehe Fachkapitel.

EVERSHEDS
München

Bewertung: Häufig empfohlene Münchner Kanzlei, die nach langwierigen Fusionsverhandlungen seit Sommer 2015 als voll integrierter Teil der brit. Full-Service-Kanzlei Eversheds agiert. Die Intensivierung der bereits langj. eingeübten Zusammenarbeit mit den ww. Büros der Gesamtkanzlei, insbes. in GB, USA u. Skandinavien, bietet für Mandanten u. Anwälte gleichermaßen reichl. Potenzial. Schon zu Heisse Kursawe-Zeiten hatte die Kanzlei intl. internat. Großunternehmen mit einem innovativen Konzept als Dauermandanten in Dtl. gewinnen können: Rundumbetreuung von Standardthemen zu günstigen Paketpreisen, gepaart mit renommierten Spezialisten in den wichtigsten Fachgebieten für anspruchsvollere Einsätze. Allerdings hatten sich auch zunehmend strukturelle Themen gestellt, von der aufwendigen internat. Mandantengewinnung bis zur zeitweise hohen Fluktuation gerade auf Associate-Ebene. Mit unmittelbarer Anbindung an Eversheds u. den organisator. Ressourcen der Gesamtkanzlei im Rücken können die Anwälte nun den südd., mittelständ. Großteil ihrer Mandanten auf internat. Bühne besser begleiten u. gezielter den strateg. Aufbau bislang schwächerer Bereiche wie Bank- u. Finanzrecht oder IP angehen.
Stärken: Konsequenter Full-Service-Ansatz; besonders stark bei Beratung mittelgr. AGen.
Häufig empfohlen: Dr. Matthias Heisse (Gesellschaftsrecht), Dr. Stefan Kursawe (Arbeitsrecht), Christof Lamberts (M&A), Axel Zimmermann (Marken- u. Wettbewerbsrecht)
Kanzleitätigkeit: Schwerpunkte im ▶Arbeitsrecht, ▶Gesellsch.recht, daneben ▶M&A, ▶Marken u. Wettbewerb, Private Equity, ▶Vertrieb, auch Kartell-, Steuer-, Bank- u. Finanzrecht, IT, Medien, Produkthaftung (▶Handel u. Haftung) u. Versicherungsrecht. (7 Eq.-Partner, 17 Sal.-Partner, 12 Counsel, 33 Associates)
Mandate: ●● GIG Grundbesitz bei Kauf eines Handelsimmobilienportfolios; Suzhou Fountain Construction Development bei Kauf von Kuttler Automation; United Faith Auto Engineering u.a. bei chin.-dt. Joint Venture; CeWe Stiftung im Zshg. mit Aktienplatzierung; Tyco zu IT-Outsourcing-Projekt; Messe München zu betriebl. Altersvorsorge; HSBC bei Immobilienportfoliorefinanzierung für Hansteen; Manitowoc Crane Group Germany lfd. im Gesellschaftsrecht; lfd. Burger King in Prozessen; US-Militärdienstleister bei Markteintritt in Deutschland.

FRESHFIELDS BRUCKHAUS DERINGER
München

Bewertung: Eines der führenden Büros in München, das bei Großkonzernen mit Sitz in der Region fest verankert ist. So berät etwa Dr. Wessel Heukamp, der besonders für seine Arbeit im Versicherungsbereich bekannt ist, den ADAC bei der Entwicklung eines umf. Compliance-Systems u. der Überprüfung seiner Vereinsstrukturen. Hier arbeitet er eng mit Partnern aus D'dorf zusammen. Ein weiteres Bsp. für die gute Verwurzelung von Freshfields im Süden ist Audi. Entsprechend der Ausrichtung der Gesamtkanzlei ist auch das Geschäft des Münchner Büros sehr internat. geprägt. Im Einklang mit der Gesamtstrategie von Freshfields betreut auch das Team an der Isar häufig sogar Transaktionen, deren Parteien gar nicht in Dtl. vertreten sind. Das zeigt etwa die Beratung des US-Chemiekonzerns FMC Corporation bei der Übernahme der dänischen Cheminova. Der renommierte Prof. Dr. Peter Chrocziel führt unterdessen weiterhin zahlr. Prozesse für Microsoft.
Stärken: Hervorragende Akquisitionsfinanzierungspraxis. Starke Patentspezialisten. Langj. China- u. Russlandkontakte.
Empfohlen für: ▶Anleihen; ▶Börseneinführ. u. Kapitalerhöhung; ▶Gesellsch.recht; ▶Handel u. Haftung; ▶Kredite u. Akqu.fin.; ▶M&A; ▶Patent; ▶Private Equ. u. Vent. Capital; ▶Steuer; ▶Unternehmensbez. Versichererberatung. (10 Partner, 4 Counsel, 34 Associates)
Mandate: Siehe Fachkapitel.

GIBSON DUNN & CRUTCHER
München

Bewertung: Die in München häufig empfohlene Kanzlei kann auf ein erfolgreiches Jahr zurückblicken: Die Integration von Englisch, der 2013 von Ashurst kam, ist mehr als geglückt, wie die Beratung von Bosch bei gleich vier für den Konzern strateg. wichtigen Transaktionen zeigt. Jüngstes Bsp. ist der Verkauf des Windgeschäfts von Bosch Rexroth an ZF Friedrichshafen. Ge-

nerell gelingt es GDC immer besser, dt. Unternehmen von sich zu überzeugen, wobei die starke ▶Compliance-Praxis regelm. als Türöffner fungiert. Das Team um Schwarz engagiert sich v.a. bei länderübergr. Untersuchungen, wobei dem Münchner Büro seine immer bessere Einbindung in das internat. Netzwerk zugutekommt. Ein Verlust ist der Abgang des Corporate-Anwalts Dr. Philip Martinius, der mit seiner Chinaexpertise gut zur internat. Aufstellung des dt. Büros passte.
Stärken: Sehr erfahren bei internen Ermittlungen. Auf ▶Gesellsch.recht u. ▶M&A fokussierte Kanzlei, insbes. strateg. Beteiligungen u. Übernahmen aus der Insolvenz.
Entwicklungsmöglichkeiten: Mit dem Verlust von Martinius ist es für das ohnehin kleine Team noch schwieriger geworden, seine Visibilität im Markt zu vergrößern. Der Zugang von Quereinsteigern könnte Abhilfe schaffen.
Häufig empfohlen: Dr. Benno Schwarz („hochintelligent, dabei sympathisch", „Russlandexpertise", Wettbewerber), Dr. Mark Zimmer, Dr. Lutz Englisch („große Dealerfahrung", Wettbewerber), Michael Walther, Dr. Jens-Olrik Murach („sehr erfahren", Wettbewerber; auch Brüssel).
Kanzleitätigkeit: Transaktionsbez. Kerngeschäft inkl. ▶Kartellrecht u. Steuerrecht, zunehmend Corporate-Prozesse u. ▶Compliance. Arbeitsrecht. (7 Eq.-Partner, 1 Sal.-Partner, 9 Associates, 2 of Counsel)
Mandate: ●● Bosch Rexroth bei Verkauf Windgeschäft an ZF Friedrichshafen; Dresser-Rand bei Übernahme durch Siemens; Intel bei Übernahme Lantiq; Transparency Internat. zu Corporate Governance; BRD zu ISAF-Mission in Afghanistan; Dax-Unternehmen bei interner Untersuchung in Schwellenländern.

GLEISS LUTZ
München

Bewertung: In München eine führende Kanzlei, die zuletzt weniger durch spektakuläre Personalien auf sich aufmerksam machte als durch stetige Aufwärtsentwicklung in den maßgebl. Praxisbereichen. Die Konfliktlösungspraxis hat nach dem unrühml. Ende der Kirch-Prozesse im Vorjahr offensichtl. keinen bleibenden Schaden davongetragen, wie sich im Streit zwischen HVB u. div. Investoren rund um Cum-Ex-Fälle zeigte: GL begleitete dieses äußerst prominente Verfahren auf Bankenseite bis zur Beilegung Ende 2014. Der jüngere Partner Dr. Jens Günther rückt allmähl. in eine zentrale Position innerhalb der dt. Arbeitsrechtspraxis vor, u. auch die neuen Rollen 2er Corporate-Partner zeigen die gute Einbindung der Münchner Anwälte in der Gesamtkanzlei: Dr. Ralf Morshäuser wurde Co-Leiter der M&A-Praxis, Dr. Jan Balssen Co-Leiter in Private Equity. Dass zum Jahreswechsel Dr. Rainer Loges nach 8 Jahren als dt. Managing-Partner abtritt, bedeutet für das Münchner Büro die Rückkehr eines echten Corporate-Rainmakers in die Mandatsarbeit.
Empfohlen für: ▶Arbeit; ▶Energie; ▶Gesellsch.recht; ▶Handel u. Haftung; ▶Kartellrecht; ▶Lebensmittel; ▶M&A; ▶Marken u. Wettbewerb; ▶Patent; ▶Private Equ. u. Vent. Capital; ▶Restrukturierung/Sanierung; ▶Unternehmensbez. Versichererberatung; ▶Vertrieb. (9 Partner, 3 Counsel, 26 Associates)
Mandate: Siehe Fachkapitel.

GLNS
München

Kanzlei des Jahres Süden

Gründerzeit-Award

Bewertung: Die empfohlene Münchner Kanzlei kann bereits 3 Jahre nach ihrer Gründung einen beachtl. Mandantenstamm vorweisen, der überw. mittelständ. geprägt ist. Bekannt ist GLNS v.a. für ihre umf. Beratung von Delivery Hero, zuletzt begleitete das Team die Mandantin bei gleich mehreren Transaktionen im In- u. Ausland. Ihre guten Kontakte in die VC-Szene brachten GLNS zuletzt aber auch neue Mandanten ein, etwa das junge Biotechnologieunternehmen Dust BioSolutions u. eine Onlinetourismusplattform. Gleichzeitig vertrauen börsennot. u. namh. Konzerne wie Audi auf die junge Kanzlei, bemerkenswert ist auch der Gewinn von Zooplus als neue Mandantin. GLNS verzahnt ihre gesellschafts- u. steuerrechtl. Beratung eng miteinander u. verfügt gleichzeitig im Bereich Prozesse über ein festes Standbein. Zuletzt verstärkte sich die Kanzlei, die immer häufiger auch in grenzüberschreitende Deals eingebunden ist, mit 2 jungen Anwälten u. startete damit den Aufbau einer Associate-Ebene.
Häufig empfohlen: Dr. Reinhard Ege, Dr. Matthias Mittermeier, Dr. Daniel Gubitz („nicht nur ein genialer Strukturierer, sondern auch ein herausragender Verhandler", Mandant; „pragmatisch, schnell, hoch qualifiziert", Wettbewerber), Dr. Tobias Nikoleyczik („hervorragender Gesellschaftsrechtler", Wettbewerber), Georg Lindner („sensationell mandantenorientiert, sehr tiefe Branchenkenntnisse, schnell, mitdenkend, lösungsorientiert", Mandant)
Kanzleitätigkeit: Gesellsch.recht u. M&A, auch in prozessrechtl. Hinsicht (insbes. Gesellschaftsrechtl. u. Post-M&A-Streitigkeiten). Starker steuerrechtl. Fokus, sowohl in Transaktionen als auch Konzern-/M&A-Steuerrecht; Branchenschwerpunkt: ▶Private Equ. u. Vent. Capital. Auch Kapitalmarkt- u. Arbeitsrecht. Spanish-Desk. (8 Partner, 2 Associates, 1 of Counsel)
Mandate: ●● Delivery Hero u.a. bei Übernahme von pizza.de; Zooplus bei Kapitalerhöhung; CGS bei Mehrheitsbeteiligung an Masa; Hoffmann Qualitätswerkzeuge u.a. zu Compliance; Management Sausalitos bei Unternehmensverkauf; Dust BioSolutions zu Seed-Finanzierung; lfd.: Audi, MorphoSys im Gesellschafts- u. Kapitalmarktrecht; Beteiligungsunternehmen bei Post-M&A-Streitigkeit; Unternehmer in DIS-Schiedsverfahren; span. Familienkonzern bei Markteintritt in Dtl.; Onlinetourismusplattform u.a. zu Finanzierungsrunde.

GÖRG
München

Bewertung: Das in München geschätzte Büro ist entsprechend der Aufstellung der Gesamtkanzlei besonders stark im Bereich Restrukturierung. Hier berät das Team um Dr. Michael Nienerza regelm. auch Seite an Seite mit der Finanzierungspraxis um Andreas Peter im Bereich Immobilien. Generell konnte das Büro im Immobilienwirtschaftsrecht entsprechend der positiven Marktentwicklung zulegen. So begleitete das Team um Prof. Dr. Frank Stellmann einige Mid-Cap-Transaktionen u. beriet attraktive Mietrechtsmandate. Auf die Insolvenzverwaltung verzichtet Görg an der Isar allerdings weiterhin. Stattdessen konzentriert sie sich auf die Beratung von süddt. Verwaltern sowie im Team mit Hamburger u. Kölner Partnern auf die Restrukturierung von Mittelstandsanleihen, wie z.B. der Mifa Fahrradwerke. Mit dem Zugang von Dr. Ulrich Fülbier als Sal.-Partner baut Görg nun auch am Standort München arbeitsrechtl. Expertise auf. Schmerzhaft ist unterdessen der Abgang des jungen Partners Dr. Wolfram Desch zu Graf von Westphalen. Er hatte bei Görg zuletzt eine Prozesspraxis im Zshg. mit krisennahen D&O-Haftungsfällen etabliert.
Stärken: ▶Restrukturierung/Sanierung, einschl. Gesellschaftsrecht u. Transaktionen.
Empfohlen für: ▶Arbeit; ▶IT; ▶Private Equ. u. Vent. Capital; ▶Immobilien; ▶Umwelt u. Planung. (10 Eq.-Partner, 6 Sal.-Partner, 10 Associates)
Mandate: Siehe Fachkapitel.

GRAF VON WESTPHALEN
München

Bewertung: Die in München geschätzte Kanzlei baute ihre Partnerriege zuletzt gleich an mehreren Stellen auf: Mit der Ernennung von Dr. Gökçe Uzar Schüller zur Sal.-Partnerin stärkt die Kanzlei ihre Beratung mit Bezug zum türkischen Markt, während die trad. starke immobilienrechtl. Praxis mit einer Eq.-Partner-Ernennung weiter ausgebaut wurde. Im Bereich Restrukturierung kam Dr. Wolfram Desch von Görg hinzu, u. auch in der Praxisgruppe Öffentl. Recht gab es eine Partnerernennung. In der Corporate-Praxis musste GvW unterdessen einen Rückschlag verkraften: Mit Robert Heym verlor sie ihren bekanntesten Kopf an der Isar, der v.a. für seine Beratung von US-Unternehmen bekannt ist, u. zu Olswang wechselte. Der Abgang hat das ohnehin kleine Corporate-Team weiter geschwächt. Die Stärkung der Partnerschaft in der Breite könnte – gerade nach dem Abgang von Heym – helfen, die Stellung der Kanzlei trotz ihrer kleinen Corporate-Mannschaft im Münchner Markt oberhalb des Radars zu halten.
Empfohlen für: Arbeitsrecht; ▶Gesellsch.recht; ▶IT; ▶M&A; ▶ÖPP; ▶Priv. Baurecht; ▶Vergabe. (9 Eq.-Partner, 4 Sal.-Partner, 6 Associates)
Mandate: Siehe Fachkapitel.

GSK STOCKMANN + KOLLEGEN
München

Bewertung: Das in München häufig empfohlene Büro ist v.a. bei bau- u. immobilienrechtl. Themen regelm. für bedeutende Projekte gesetzt. Dem trad. starken Immobilienteam gelingt es, sich immer enger mit der gesellschaftsrechtl. Praxis zu verzahnen, was ihr zunehmend auch komplexe Transaktionen einbringt. So begleitete GSK aus München heraus etwa Pembroke Real Estate beim Ankauf des ‚Northgate'-Portfolios im Wege eines Share-Deals einschl. Finanzierung u. gesellschaftsrechtl. Reorganisation. Auch die Anbindung des Immobilienteams an die Banking-Praxis um den renommierten Dr. Markus Escher nahm weiter zu. Weiteres Wachstumspotenzial liegt im internat. Netzwerk der Kanzlei, das sich mit der ‚Broadlaw Group' zuletzt unter ein gemeinsames Markendach stellte.
Stärken: ▶Immobilien; ▶Priv. Baurecht.
Empfohlen für: ▶Bankrecht u. -aufsicht; ▶Gesellsch.recht; ▶M&A; ▶Private Equ. u. Vent. Capital; ▶Projekte/Anlagenbau; ▶Umwelt

u. Planung. (15 Eq.-Partner, 7 Sal.-Partner, 1 Counsel, 17 Associates, 4 of Counsel)
Mandate: Siehe Fachkapitel.

GÜTT OLK FELDHAUS
München

Bewertung: Die in München empfohlene Kanzlei konnte ihre dyn. Entwicklung erfolgreich fortsetzen. Inzw. trauen bestehende u. neue Mandanten GOF Deals im 3-stell. Mio-€-Bereich zu, häufig auch mit internat. Bezug. Zudem schaffte die junge Kanzlei den Sprung auf die Beraterliste eines Pharmakonzerns. Während sich Olk unter Münchner Corporate-Anwälten einen guten Ruf erarbeitet hat, loben Wettbewerber Gütt für seine Expertise im Finanzierungsbereich. Hier konnte GOF zuletzt weitere attraktive neue Mandanten gewinnen, sowohl auf Kreditnehmer- als auch -geberseite. Nachdem GOF sich im Vorjahr mit einem Partner verstärkt hatte, baut sie nun ihre Associate-Ebene weiter aus. Das ist ein wichtiger Schritt, denn nur so kann GOF ihr wachsendes Geschäft langfristig stemmen.

Stärken: Aktien- u. Konzernrecht; M&A.

Häufig empfohlen: Dr. Sebastian Olk („sehr kompetent u. pragmatisch", Wettbewerber), Dr. Tilmann Gütt („Top-Anwälte, immer erreichbar", Wettbewerber), Attila Oldag, Dr. Heiner Feldhaus („sehr guter Jurist", Wettbewerber)

Kanzleitätigkeit: Gesellschaftsrecht (insbes. auch im Aktien- u. Konzernrecht), M&A, Finance, gesellschaftsrechtl. Prozesse. Kernmandanten sind mittelgroße Unternehmen u. Private-Equ.-u.-Vent.-Capital-Gesellschaften. (4 Partner, 3 Associates, 1 of Counsel)

Mandate: ●● Windeln.de bei Finanzierungsrunde; Gesellschafter der Media Group One bei Verkauf an Yahoo!; Gesellschafter von Mytheresa bei Verkauf sämtl. Geschäftsanteile; Ergon Capital Partners finanzrechtl. bei Kauf der Restaurantkette ‚Sausalitos'; Isar Kliniken bzgl. Squeeze-out; Naturwohl Pharma bei Verkauf des Bereichs Lactostop; lfd.: Escada, Garmin; internat. Luxusmodemarke bei Markteintritt in Dtl.; Family Office bei Beteiligung an AG.

HENGELER MUELLER
München

Bewertung: Eines der führenden Büros in München, das von Wettbewerbern regelm. für seine herausragende Corporate-Stärke gelobt wird. Hengeler besetzt hier mit Wettbewerbern wie Milbank u. Linklaters die Marktspitze an der Isar, wie sie durch ihre Beteiligung an hochkarätigen Deals erneut bewies. Dabei kann die Kanzlei immer wieder auch die Stärke ihrer Transaktionspraxis um den renommierten Prof. Dr. Hans-Jörg Ziegenhain ausspielen. Bestes Beispiel ist die Beratung von Siemens beim mrd-schweren Verkauf der Hörgerätesparte an die Investoren EQT u. Fam. Strüngmann. Entsprechend der Aufstellung der Gesamtkanzlei liegt der Fokus des Münchner Büros gerade eben auf solchen großvol. Deals sowie auf die gesellschaftsrechtl. Beratung von Konzernen, inkl. HV-Betreuung u. Streitigkeiten. So beriet Hengeler zuletzt etwa den Aufsichtsrat von Osram im Zshg. mit dem Ausscheiden u. dem Eintritt von Vorstandsmitgliedern.

Stärken: Starke Fokussierung auf M&A, Private Equity u. Gesellschaftsrecht.

Empfohlen für: ▶Börseneinführ. u. Kapitalerhöhung; ▶Compliance; ▶Gesellsch.recht; ▶Gesellschaftsrechtl. Streitigk.; ▶Handel u. Haftung; ▶M&A; ▶Nachfolge/Vermögen/Stiftungen; ▶Private Equ. u. Vent. Capital; Restrukturierung/Sanierung. (8 Partner, 1 Counsel, 17 Associates)
Mandate: Siehe Fachkapitel.

HEUKING KÜHN LÜER WOJTEK
München

Bewertung: Das in München empfohlene Büro hält an seinem breiten Beratungsansatz fest. Dabei sticht die Restrukturierungs- u. insolvenzrechtl. Praxis um Prof. Dr. Georg Streit hervor, die erneut attraktive neue Mandate gewinnen konnte. So beriet sie erstmals etwa Heidelberger Druckmaschinen beim Bieterwettbewerb um DC-Druck-Chemie-Gruppe vom Insolvenzverwalter der DC plus BeteiligungsGmbH. Zudem stärkte Heuking ihr Corporate-Team, das v.a. mittelständ. Unternehmen zu seinen Mandanten zählt u. auch standortübergreifend gut mit anderen Fachbereichen zusammenarbeitet, mit einer Eq.-Partner-Ernennung. Das anerkannte Immobilien- u. Baurechtsteam um Dr. Armin Frhr. von Grießenbeck konnte unterdessen vom anziehenden Transaktionsmarkt profitieren: Zuletzt war es zunehmend in Verkäufe von Immobilienportfolios eingebunden, dehnte gleichzeitig aber auch sein klass. Baugeschäft kräftig aus.

Stärken: Restrukturierungen u. Sanierungsberatung.

Empfohlen für: ▶Gesellsch.recht; ▶Handel u. Haftung; ▶Immobilien; ▶Kartellrecht; ▶M&A; ▶Marken u. Wettbewerb; ▶Nachfolge/Vermögen/Stiftungen; ▶Private Equ. u. Vent. Capital; ▶Priv. Baurecht (u.a. Projektentwicklung, Prozesse u. Schiedsverfahren); ▶Restrukturierung/Sanierung; ▶Steuer; ▶Umwelt u. Planung; ▶Vergabe; Unternehmensbez. Versichererberatung; ▶Vertrieb. (18 Eq.-Partner, 8 Sal.-Partner, 15 Associates)
Mandate: Siehe Fachkapitel.

HEUSSEN
München

Bewertung: Dass die in München empfohlene Kanzlei eine feste Größe am Markt ist, beweist sie immer wieder durch ihre starke Verankerung bei südd. Unternehmen sowie bei der öffentl. Hand. So konnte sie zuletzt etwa ihre vergaberechtl. Beratung an der Schnittstelle zur bekannten IT-Praxis für Stammmandantin Stadt München ausweiten u. gleichzeitig MAN hinzugewinnen. Während die standortübergr. Zusammenarbeit mit Stuttgart sich immer weiter intensiviert, ist die Kanzlei zunehmend auch in internat. Geschäft eingebunden. Beispielhaft agierte hier das starke Immobilienteam bei der Begleitung von Real IS bei einem Portfolioverkauf mit Objekten in Dtl., UK, Frankreich u. den Niederlanden. Ihre überw. mittelständ. Mandantschaft berät Heussen auch im Gesellschaftsrecht, wo die Kanzlei zuletzt erneut zahlr. Umstrukturierungen – auch internat. – begleitete.

Häufig empfohlen: Dr. Dirk von dem Knesebeck („pragmat. u. schnell", Wettbewerber; Gesellschafts- u. Kapitalmarktrecht), Dr. Ralf Busch (Arbeitsrecht), Jan Dittmann, Dr. Hermann Waldhauser („pragmatisch", Wettbewerber; IT)

Kanzleitätigkeit: Breites Spektrum in ▶Gesellsch.recht (Restrukturierungen), M&A u. Kapitalmarktrecht (u.a. Finanzierungen, Medien- u. Immobilienfonds), Arbeitsrecht, ▶Immobilien, ▶Medien, ▶IT, ▶Vergabe. Außerdem Handels- u. Wettbewerbsrecht, Öffentl. Recht (Umweltrecht), Insolvenzberatung. Eigene Steuerpraxis. (18 Eq.-Partner, 7 Sal.-Partner, 2 Counsel, 21 Associates, 6 of Counsel)

Mandate: ●● Stadt München bei EU-weiter Vergabe zur Beschaffung von IT-Hardware; MAN Truck & Bus in Vergabenachprüfungsverfahren zur EU-weiten Beschaffung von Stadtbussen; Real IS bei Portfolioverkauf; London + Capital u.a. bei Verkauf einer Logistikimmobilie; Matrix bei GU-Vertragsgestaltung; Almamet lfd. gesellschaftsrechtl.; Logistikunternehmen bei JV-Gründung; IT-Unternehmen arbeitsrechtl. bei ww. Restrukturierung mit umf. Personalabbau.

HOGAN LOVELLS
München

Bewertung: Eines der führenden Münchner Büros, das sich mit einem breiten Beratungsangebot an der Spitze des Marktes positioniert. Einen hervorragenden Ruf hat sich HL in den Bereichen Produkthaftung u. Prozesse sowie bei der Betreuung der Pharmabranche erarbeitet. So beriet das Münchner Team um Dr. Jörg Schickert etwa den US-Konzern Cormedix bei seiner strategischen Positionierung von Medizinprodukten im dt. Erstattungssystem. Daran zeigte sich auch die weiter wachsende Anbindung der dt. Büros an die US-amerikan. Anwälte, die für einen zunehmenden Mandatszustrom sorgen, wovon zuletzt auch die sehr erfolgreich agierende Vertriebsrechtspraxis um den renommierten Dr. Patrick Ayad profitierte. Das im Vergleich zu Wettbewerbern kleinere Corporate-Team platziert sich unterdessen zunehmend auch im VC-Bereich. Bestes Bsp. ist die viel beachtete Fusion der beiden Fernbus-Start-ups Flixbus u. MeinFernbus, die u.a. Unterstützung von PE-Investor General Atlantic erhielten. Immer besser im Markt positioniert sich auch die kleine Patentpraxis um Dr. Steffen Steininger.

Stärken: Marktführend in der Beratung der Life-Science-Branche sowie bei Prozessen u. Produkthaftung.

Empfohlen für: ▶Arbeitsrecht; ▶Außenhandel; ▶Börseneinführ. u. Kapitalerhöhung; ▶Compliance; ▶Gesellsch.recht; ▶Gesundheit; ▶Gesellschaftsrechtl. Streitigk.; ▶Handel u. Haftung; ▶Immobilien; ▶IT; ▶Kartellrecht; ▶M&A; ▶Marken u. Wettbewerb; ▶Patent; ▶Private Equ. u. Vent. Capital; ▶Produkt u. Abfall; ▶Restrukturierung/Sanierung; ▶Steuer; ▶Unternehmensbez. Versichererberatung; ▶Vertrieb. Stark in Automotive, Energie, Technologie, Pharma u. Biotech. (18 Eq.-, 5 Sal.-Partner, 17 Counsel, 74 Associates, 1 of Counsel)
Mandate: Siehe Fachkapitel.

HONERT + PARTNER
München

Bewertung: Die in München empfohlene Kanzlei zeichnet sich durch ihre starke Spezialisierung auf das ▶Gesellschafts- u. ▶Steuerrecht aus. Eine ähnl. Aufstellung haben in München nur Dissmann Orth, Peters Schönberger u. GLNS. H+P berät überw. Unternehmen des Mittelstands, aber auch kleinere Private-Equity-Häuser sowie Private Clients, die sie lfd. mit mittelgroßen Transaktionen auslasten. Zuletzt zeigte aber v.a. die Arbeit von Fritsche, dass die Kanzlei auch größere Deals stemmen kann. So beriet H+P etwa die Unternehmerfamilie Strüngmann bei der Übernahme der Siemens-Hörgerätesparte gemeinsam mit EQT. Regelm. begleitet die Kanzlei ihre Mandanten auch ins Ausland.

Stärken: Kombiniertes ▶Steuer- u. ▶Gesellsch. recht, stark im Private-Equity-Segment.
Häufig empfohlen: Dr. Jochen Neumayer („bewundernswerte Analyseschärfe", Wettbewerber), Dr. Jürgen Honert („ausgewiesene Experten", Wettbewerber über beide), Sven Fritsche („unkompliziert u. fachkundig, flexibel u. scharfsinnig", Wettbewerber), Dr. Harald Lindemann („fachlich sehr gut, persönlich angenehm", Wettbewerber)
Kanzleitätigkeit: Gestaltungsberatung im transaktionellen Umfeld, auch mit internat. Bezügen. Schwerpunkte im ▶Steuerrecht, ▶M&A sowie ▶Gesellsch.recht (Um- u. Restrukturierungen, Gesellschafterstreitigkeiten, lfd. (HV-)Betreuung). Daneben (steuerl.) Nachfolgegestaltungen sowie Prozesse. Mandanten: bedeutende Mittelständler, Private-Equity-Firmen u. Technologieunternehmen ebenso wie ausl. Konzerne. (4 Eq.-Partner, 2 Sal.-Partner, 5 Associates)
Mandate: ●● Unternehmerfamilie Strüngmann bei Co-Investment in Siemens Hörgeräte; Vincitag bei Erwerb Hochtief Property Management; Gesellschafter Suppremol bei Unternehmensverkauf; Zeppelin bei Joint-Venture-Gründung mit Ramirent; TecDax-Unternehmen bei Formwechsel in SE; Prime-Standard-Unternehmen bei Restrukturierung; div. Emissionshausgruppen bei Abwehr von Prospekthaftungsansprüchen; Fondsgesellschaften zu Sanierungen.

JONES DAY
München

Bewertung: In München häufig empfohlene Kanzlei, die sich unverändert stark in ihren angestammten Schwerpunktbereichen präsentiert. Die Gesellschaftsrechts- u. Transaktionspraxis war u.a. für Käuferin Mahle intensiv in die großvol. Übernahme des US-Autozulieferers Delphi eingebunden u. begleitete den Verkauf der DAB Bank an BNP – ein eindrucksvoller Ausweis der internat. vernetzten M&A-Expertise am bayr. Standort, auch wenn das größte Übernahmeprojekt (Potash/K+S) sein Zentrum in D'dorf u. Ffm. hatte. Die Patentrechtsexperten bauten unterdessen ihre bestehenden Mandatsbeziehungen aus u. gehören nach wie vor zur Marktspitze. Einen wesentl. Schritt nach vorn machte das Finanzrechtsteam: Die Mannschaft um Ulf Kreppel setzte an der Seite von Neumandantin VW Financial Services einen Fuß in den Autoverbriefungsmarkt u. festigte ihre Reputation auch auf Bankenseite.
Stärken: M&A u. Private Equity, Patentrecht, immer stärker Strukturierte Finanzierung.
Empfohlen für: ▶Anleihen; ▶Energie; ▶Immobilien; ▶IT; ▶Kredite u. Akqu.fin.; ▶M&A; Marken u. Wettbewerb; ▶Patent; ▶Private Equity u. Venture Capital; ▶Restrukturierung/Sanierung. (14 Partner, 1 Counsel, 15 Associates, 2 of Counsel)
Mandate: Siehe Fachkapitel.

KANTENWEIN ZIMMERMANN FOX KRÖCK & PARTNER
München

Bewertung: Die Kanzlei wird in München v.a. für ihre Expertise in den Bereichen Prozesse u. Schiedsverfahren sowie Steuern empfohlen. Beide Schwerpunkte konnte sie zuletzt weiter stärken: Von Weil Gotshal kam mit Sven Ceranowski ein ausgewiesener Transaktionssteuerspezialist, der auch bei Re- u. Neufinanzierungen berät u. damit die Schnittstelle zur wachsenden Finanzierungsberatung der MDP-Kanzlei vergrößert. Im Prozessbereich wurde unterdessen Kuhli zur Vollpartnerin ernannt. Sie gilt als Schiedsexpertin u. hat gleichzeitig einen Beratungsschwerpunkt im Bereich Stiftungen, wo sie zuletzt beachtl. neue Mandate gewinnen konnte. Verbunden mit der Steuerexpertise von KZFK ist eine starke Nachfolgeberatung, wo die Kanzlei zuletzt vermehrt zu Fragen der Übertragung von Industriegroßvermögen beriet. Zudem gelang es Widmayer erneut, umfangr. Gestaltungs- u. Begutachtungsmandate zu gewinnen. Die positive Entwicklung wurde aber auch getrübt: Aus dem Bereich Konfliktlösung verließen 2 Sal.-Partner die Kanzlei in Richtung Oppenhoff & Rädler bzw. Stadtwerke München. KZFK reagierte mit einer kräftigen Verstärkung auf Associate-Ebene.
Häufig empfohlen: Dr. Thomas Kantenwein („besonders stark bei BWL-lastigen Verfahren", Wettbewerber), Dr. Alexander Kröck („hervorragender Prozessrechtler mit großer Erfahrung trotz jungen Alters", Wettbewerber), Dr. Annett Kuhli („in der Schiedsszene gut vernetzt", Mandant über beide), Dr. Gerhard Widmayer („sehr zuverlässig u. präzise", Wettbewerber), Franz Willibald
Kanzleitätigkeit: ▶Steuer u. ▶Nachfolge/Vermögen/Stiftungen für vermögende Privatpersonen, mittelständ. u. Großunternehmen, diese wie auch (internat.) Banken u. Fonds zudem in Schiedsverfahren u. Prozessen (▶Handel u. Haftung). Auch Restrukturierungs- u. Sanierungsmandate, Kredite u. Akquisitionsfinanzierung. Daneben WP u. StB. (5 Eq.-Partner, 1 Counsel, 4 Associates)
Mandate: ● Handelsunternehmen steuerrechtl. bei Überprüfung der Konzernstruktur; Filmfonds, 2 Versicherungsfonds, Bank jeweils zu Prozessen u. lfd.; Gasversorgungsunternehmen in Schiedsverfahren bzgl. Preisanpassung im Rahmen eines langfr. Speichervertrages; Dax-Vorstand zu D&O-Thematik; Fondsverwaltung zu Schadensersatz wg. Insiderhandels.

KING & WOOD MALLESONS
München

Bewertung: Die in München empfohlene Kanzlei setzt ihre durch die Fusion vor 3 Jahren eingeschlagene Neuausrichtung weiter fort. Die Anbindung an das starke internat. Netzwerk sorgt für zusätzl. Inboundmandate in sämtl. Fachbereichen, häufig mit asiat. Bezug. Gleichzeitig treibt die Kanzlei ihr heimisches Geschäft voran. So gewann etwa die Münchner Corporate-Praxis, die häufig im Private-Equity-Umfeld agiert, eine Mediengruppe als neue Mandantin u. baute damit ihr Engagement für strateg. Investoren weiter aus. Generell ist K&W in immer größere Transaktionen involviert. Stark bleibt an der Isar die investmentrechtl. Beratung, die inzw. auch die Arbeit der Steuerpraxis bestimmt. Die Verstärkung dieser Schnittstelle mit einem Counsel von Weitnauer ist daher konsequent.
Stärken: Private-Equity-Beratung, Fondsstrukturierung.
Empfohlen für: ▶Anleihe; ▶Gesellsch.recht; ▶Investmentfonds; ▶Kartellrecht; ▶Kredite u. Akqu.fin.; ▶M&A; ▶Private Equ. u. Vent. Capital; ▶Steuer. (12 Partner, 7 Counsel, 17 Associates)
Mandate: Siehe Fachkapitel.

KIRKLAND & ELLIS
München

Bewertung: Die in München häufig empfohlene Kanzlei konnte sich zuletzt mit einem der bekanntesten Private-Equity-Partner Dtl.s verstärken: Von Latham & Watkins kam Dr. Jörg Kirchner, der über sehr gute Kontakte etwa zum PE-Haus Bain Capital sowie zu Siemens verfügt. Mit dem renommierten Zugang kann K&E den Abgang 2er PE-Partner zu DLA im Vorjahr ausgleichen, zumal auch ein junger Corporate-Anwalt zum Partner ernannt wurde. Gleichzeitig stockte das bislang einzige dt. Büro der brit. Kanzlei, das seinen Fokus deutl. auf die Bereiche Restrukturierung sowie Private Equity u. Venture Capital legt, seine Associate-Ebene kräftig auf u. erhöht damit seine Schlagkraft. Dieser Schritt war nötig, denn auch auf Mandatsebene verbuchte K&E ein durchaus erfolgreiches Jahr: Während die PE-Praxis Golden Gate Capital gleich bei mehreren hochvol. Deals zur Seite stand, konnte das Restrukturierungsteam Medienberichten zufolge ein Komitee von Anleihegläubigern der österr. HGAA-Nachfolgebank Heta für sich gewinnen.
Stärken: Private Equity u. Venture Capital, Restrukturierung/Sanierung.
Häufig empfohlen: Volker Kullmann (Private Equity/M&A), Dr. Bernd Meyer-Löwy, Dr. Leo Plank (beide Restrukturierung)
Kanzleitätigkeit: ▶Private Equ. u. Vent. Capital u. ▶M&A sowie ▶Restrukturierung/Sanierung. Mandanten: gr. internat. (meist US-)Private-Equity-Häuser. (14 Partner, 20 Associates)
Mandate: ●● Golden Gate Capital beim Erwerb der Angus Chemical Company u. beim Verkauf von Lantiq an Intel; Ontario Teachers' Pension Plan bei Akquisition von Bridon Limited; Ad-hoc-Komitee von Anleihegläubigern der österr. Heta Asset Resolution (aus dem Markt bekannt); Capital Stage als Bieter für insolvente Prokon; Syn-1-Kreditgeber der IVG Immobilien zur Restrukturierung.

LATHAM & WATKINS
München

Bewertung: Häufig empfohlenes Münchner Büro, das in der zentralen Transaktionspraxis einigen Wechsel erlebte. Von Clifford Chance kam der junge, bereits hoch angesehene Private-Equity-Spezialist Burc Hesse dazu, der bislang v.a. im Mid-Cap-Markt aktiv ist. Bald darauf allerdings nahmen 2 altgediente M&A- u. PE-Partner ihren Hut: Dr. Volkmar Bruckner wechselte zu Weil Gotshal & Manges, Dr. Jörg Kirchner zu Kirkland & Ellis. Insbes. der Verlust Kirchners ist für die Corporate-Praxis ein massiver Rückschlag. Der Anwalt hatte nicht nur den Münchner Standort mit aufgebaut, sondern L&W auch zu ihren ersten gr. Siemens-Mandaten verholfen u. bei dieser Beziehung eine zentrale Rolle gespielt. Zudem pflegte er gute Kontakte zum PE-Haus Bain. Ausgesprochen stabil zeigte sich hingegen die Finanzierungspraxis, die mit den eng vernetzten Kredit- u. Anleiheteams um Dr. Andreas Diem u. Dr. Rüdiger Malaun eine hervorrag. Bilanz vorlegte.
Stärken: Marktführende Praxen für Private Equity u. Hochzinsanleihen.
Empfohlen für: ▶Anleihen; ▶Arbeitsrecht; ▶Gesellsch.recht; ▶Handel u. Haftung; ▶Immobilien; ▶Kredite u. Akqu.fin.; ▶M&A; ▶Private Equ. u. Vent. Capital; ▶Restrukturierung/Sanierung; ▶Steuer. (10 Partner, 1 Counsel, 12 Associates)
Mandate: Siehe Fachkapitel.

MÜNCHEN SÜDEN REGION

LINKLATERS
München

Bewertung: Eines der führenden Büros in München u. dasjenige der Großkanzlei, das in den vergangenen Monaten die größten Veränderungen erlebte. Zunächst unterstrich die Kanzlei mit der Partnerernennung des bereits im Markt anerkannten Dr. Florian Harder den Aufstieg, den das Private-Equity-Team um Dr. Rainer Traugott seit einigen Jahren genommen hat. Auch die 2. von insges. 3 Partnerernennungen der Kanzlei in Dtl. gab es in München: Mit der Berufung der aus Ffm. gekommenen Kirstin Schwedt reagierte die Kanzlei schnell auf Lücken, die sich im Prozessteam nicht zuletzt durch die Trennung vom langj. Partner Laurenz Schmitt (nun selbstständig) auftaten. Schließlich bescherte die fast zeitgleich vollzogene Trennung von Steuerrechtspartner Dr. Thomas Elser (mit unbekanntem Verbleib) dem Team vor Ort zwar eine fachl. Schwächung, die jedoch für die insges. starke Steuertruppe vorübergehend verkraftbar erscheinet.
Stärken: Konfliktlösung (▶Handel u. Haftung), ▶Gesellschaftsrechtl. Streitig., ▶Steuer.
Empfohlen für: ▶Arbeit; ▶Gesellsch.recht; ▶Gesellschaftsrechtl. Streitig.; ▶Handel u. Haftung; ▶Investmentfonds; ▶Steuerrecht; ▶Kredite u. Akqu.fin.; ▶M&A; ▶Private Equ. u. Vent. Capital; ▶Unternehmensbez. Versichererberatung. (9 Partner, 4 Counsel, 1 of Counsel, 26 Associates)
Mandate: Siehe Fachkapitel.

LMR LINDEMANN MENTZEL
München

Bewertung: Die in München geschätzte Boutique fokussiert sich auf die Bereiche Corporate u. Kartellrecht. Dabei stützt sie sich auf einen festen Stamm an teils namh. Dauermandanten, die überw. im Münchner Großraum ansässig sind, darunter Intel u. Gigaset. Insgesamt setzt das kleine Team auf partnerzentrierte Beratung u. profitierte zuletzt vom anziehenden Transaktionsmarkt.
Häufig empfohlen: Dr. Ralph Mentzel
Kanzleitätigkeit: Gesellschaftsrecht, M&A, Kartellrecht, auch Steuer- u. Versicherungsaufsichtsrecht, v.a. für große u. mittelgroße Industrieunternehmen aus Süddtl. (3 Partner, 1 Associate)
Mandate: ●● Intel Mobile Communications zu Umstrukturierung nach UmwG; Gigaset im Aktien- u. Kapitalmarktrecht, HV; Epcos bei JV-Gründung im Hightechbereich; Automobilzulieferer wg. Fusionskontrolle.

LUTHER
München

Bewertung: Mit einer kräftigen Verstärkung auf Associate-Ebene hat das in München geschätzte Büro seine Schlagkraft zuletzt erhöht. In den Bereichen Gesellschafts- u. Steuerrecht besteht aber weiterhin Wachstumsbedarf, um mit lokalen Wettbewerbern konkurrieren zu können. Das Geschäft der Corporate-Praxis, die ihren Fokus auf mittelständ. Unternehmen sowie auf die Beratung von Geschäftsführern u. Vorständen legt, nahm unterdessen weiter zu, wobei das Team eng mit der steuerrechtl. Praxis um Peter Fabry zusammenarbeitet. Eine ganz besondere Stärke verfügt das Münchner Büro weiterhin im Bereich Wirtschaftsstrafrecht u. Compliance. Das Team um Dr. André Große Vorholt berät etwa die Hypo Real Estate in strafrechtl. Fragen u. wurde zuletzt auch zunehmend für interne Untersuchungen im Ausland mandatiert.
Stärken: Wirtschaftsstrafrecht, ▶Steuern.
Empfohlen für: ▶Außenhandel; ▶Gesellsch.recht; ▶M&A; Insolvenz u. Restrukturierung. (4 Eq.-Partner, 3 Sal.-Partner, 15 Associates)
Mandate: Siehe Fachkapitel.

LUTZ ABEL
München

Bewertung: Die empfohlene Münchner Kanzlei ist weiter auf Expansionskurs. Zusätzl. zu ihrem trad. v.a. im süddt. Mittelstand verankerten Rundumberatungsangebot verstärkt Lutz Abel seit einiger Zeit bestimmte Spezialgebiete. Dies gelang zuletzt v.a. der Immobilien- u. Baurechtspraxis, die inzw. auch über Süddtl. hinaus starke Präsenz zeigt, u. der aufstrebenden Venture-Capital-Praxis, die mit Eickmann einen angesehenen Nachwuchspartner von P+P Pöllath + Partners gewann. Die nächsten Schritte sind bereits vorgezeichnet: Mit einer Augsburger Anwältin von Sonntag & Partner holte die Kanzlei zusätzl. IP/IT-Expertise ins Haus. V.a. aber zeigt die Eröffnung eines Brüsseler Standorts sowie der Anschluss an das internat. Kanzleinetzwerk GGI, dass Lutz Abel ihren Beratungshorizont auch geograf. deutl. erweitern will. Nun wird es um zügige Vernetzung der zusätzl. Ressourcen gehen.
Häufig empfohlen: Dr. Reinhard Lutz (Gesellschaftsrecht), Dr. Wolfgang Abel (Bau- u. Immobilienrecht), Dr. Bernhard Noreisch, Dr. Marco Eickmann (beide PE/VC)
Kanzleitätigkeit: Schwerpunkt im ▶Priv. Baurecht u. Immobilienrecht, Beratung zu Bauplanung, Vergaberecht, Baubegleitung, Vermarktung u. Verwertung. 2. Schwerpunkt in ▶Gesellsch. recht, v.a. Personengesellschaften, Gesellschafterauseinandersetzungen, ▶Private Equ. u. Vent. Capital; Beratung von geschl. Fonds bei Strukturierung, Prospekterstellung, Litigation. (8 Eq.-Partner, 8 Sal.-Partner, 15 Associates)
Mandate: ●● Bau-Bietergesellschaft-A-94 bei Projektverträgen; Arge Tunnel Cannstatt, Wöhr + Bauer baubegl.; Bilfinger Hochbau bei Abwehr von Mängelansprüchen; BayBG bei Serie-A-Finanzierungsrunde bei Navvis; Lebensmittelunternehmen zu Umstrukturierung u. Mitarbeiterbeteiligungsmodell; Maschinenbauunternehmen in Gesellschafterauseinandersetzungen.

MCDERMOTT WILL & EMERY
München

Bewertung: Entsprechend der positiven Gesamtentwicklung der Kanzlei kann auch das häufig empfohlene Münchner Büro auf ein erfolgreiches Jahr zurückblicken. So baute Dr. Nikolaus von Jacobs, der Anfang 2014 von Ashurst kam, die Private-Equity-Praxis weiter aus: Immer häufiger vertrauen neben PE-Häusern nun auch Managementteams des zu veräußernden Unternehmens auf MWE, u. auch Transaktionen haben zunehmend PE-Bezug. Unterdessen sorgte die renommierte Medienpraxis um Dr. Wolfgang Frhr. Raitz von Frentz mit dem sog. ‚Adblock-Verfahren' für viel Aufmerksamkeit. Hier vertritt sie mit IP Deutschland bzw. RTL Interactive gleich 2 Player aus dem RTL-Umfeld, das MWE trad. stark besetzt. Gut aufgestellt bleibt das Büro auch im Bereich Steuern: Während sich der anerkannte Praxischef Dr. Dirk Pohl erneut in wichtigen Prozessen engagierte, war das Team auch in zahlr. Transaktionen eingebunden. So begleitete es an der Seite der Immobilienrechtler etwa Signa bei der Übernahme von Karstadt.
Stärken: Gute Verbindungen in die Medienbranche, Steuerrechtsprozesse.
Empfohlen für: ▶Arbeitsrecht; ▶Gesellsch.recht; ▶Handel u. Haftung; ▶Gesundheit; ▶Immobilien; ▶IT; ▶M&A; ▶Medien; ▶Private Equ. u. Vent. Capital; ▶Steuern; ▶Telekommunikation. (15 Partner, 2 Counsel, 9 Associates, 2 of Counsel)
Mandate: Siehe Fachkapitel.

MILBANK TWEED HADLEY & MCCLOY
München

Bewertung: Die Dealbilanz der Kanzlei, die in München zu den führenden zählt, ist beeindruckend. Die Anwälte waren nicht nur an der Seite von Häusern wie Goldman Sachs, Carlyle oder Advent an einigen der bedeutendsten Private-Equity-Transaktionen des Jahres beteiligt, sondern begleiteten auch treue Stammandanten wie Axel Springer u. relativ neue Eroberungen wie Douglas bei mehreren umfangr. Deals u. Joint Ventures. Hinzu kamen mit der SE-Umwandlung des ProSiebenSat.1-Konzerns u. dem Börsengang von Sixt Leasing 2 gesellschaftsrechtl. Flaggschiffmandate. Das starke Steuerrechtsteam wurde mit einer Partnerernennung aus den eigenen Reihen gestärkt – ein wichtiges Signal für die Bedeutung auch dieses Fachbereichs.
Empfohlen für: ▶Gesellsch.recht (Aktienrecht); ▶Kartellrecht; ▶M&A; ▶Private Equ. u. Vent. Capital; ▶Steuer. (9 Partner, 2 Counsel, 17 Associates)
Mandate: Siehe Fachkapitel.

NOERR
München

Bewertung: Eine in München führende Kanzlei, die trad. stark im süddt. Mittelstand verankert ist u. gleichzeitig Dax-Unternehmen berät. So begleitete sie etwa die Bayerische Beamten Lebensversicherung erstmals bei einer Transaktion. Dass Noerr im Gesellschaftsrecht an Stärke gewinnt, unterstreicht auch die Ablösung von Hengeler Mueller im Tönnies-Gesellschafterstreit im Oktober 2014. Hier hielt Co-Managing-Partner Dr. Tobias Bürgers die Fäden in der Hand. Unterdessen konnte die Prozesspraxis das viel beachtete Verfahren rund um die Kommunalen Wasserwerke Leipzig vor dem Londoner High Court erfolgreich abschließen. Hier spielte Christine Volohonsky eine entscheidende Rolle, die nun zur Eq.-Partnerin ernannt wurde. Den Nachwuchs im Blick hat auch die anerkannte IP-Praxis um Georg Jahn u. Dr. Christiane Zedelius, die mit dem Zugang eines Counsels von Ashurst, der als Sal.-Partner einstieg, auf den anstehenden Generationswechsel gut vorbereitet ist. Schmerzlich ist in diesem Zshg. der Wechsel von Dr. Martin Diesbach zu SKW Schwarz. Der junge Partner leitete bei Noerr die Praxisgruppe Medien.
Stärken: Umf. Beratungsangebot mit starken Verbindungen in die Chefetagen der süddt. Wirtschaft. Teils generationsübergreifende Begleitung von Unternehmen u. Unternehmerfamilien.
Empfohlen für: ▶Arbeitsrecht; ▶Außenhandel; ▶Bankrecht u. -aufsicht; ▶Beihilfe; ▶Compliance; ▶Gesellsch.recht; ▶Gesellschaftsrechtl. Streitig.; ▶Gesundheit; ▶Handel u. Haftung; ▶Immobilien; ▶IT; ▶Kartellrecht; ▶Kredite u. Akqu.fin.; ▶Lebensmittel; ▶M&A; ▶Marken u.

● Referenzmandate, umschrieben
●● Referenzmandate, namentlich

Anwaltszahlen: Angaben der Kanzleien zur Bürogröße vor Ort. Sie spiegeln nicht zwingend die Gesamtgröße einer Kanzlei wider.

REGION SÜDEN MÜNCHEN

Wettbewerb; ▶Medien; ▶Nachfolge/Vermögen/Stiftungen; ▶Steuerstrafrecht; ▶Patent; ▶Private Equ. u. Vent. Capital; ▶Produkt u. Abfall; ▶Projekte/Anlagenbau; ▶Restrukturierung/Sanierung; ▶Sport; ▶Steuer; ▶Telekommunikation; ▶Umwelt u. Planung; ▶Unternehmensbez. Versichererberatung; ▶Verfassungs- u. Verwaltungsrecht; ▶Vergabe; ▶Vertrieb; ▶Versicherungsvertragsrecht; ▶Wirtschaftsstrafrecht. (29 Eq.-Partner, 23 Sal.-Partner, 4 Counsel, 55 Associates, 5 of Counsel)
Mandate: Siehe Fachkapitel.

NORTON ROSE FULBRIGHT
München

Bewertung: Häufig empfohlene Münchner Praxis. Waren die Vorjahre noch v.a. durch die internat. Expansion der Gesamtkanzlei geprägt, machte sich NRF nun daran, die erweiterte Mandatsbasis zu konsolidieren u. endlich den seit Langem nötigen, konzertierten Vorstoß in die regelm. Beratung dt. Bluechips zu versuchen. Auch wenn dieser Anlauf gerade erst begonnen hat, spielt die Münchner Mannschaft dabei schon wg. ihrer Größe verglichen mit den übrigen dt. Standorten die bedeutendste Rolle. Zudem stehen hier mit anerkannten Branchenexperten wie Dr. Klaus Bader (Energie) u. Eva-Maria Barbosa (Versicherungen) einige bes. schlagkräftige NRF-Partner bereit. Größere Bedeutung als bisher könnte wg. seiner guten Kontakte zu div. großen Unternehmen gerade im Technologiesektor künftig auch dem Steuerrechtler Prof. Dr. Alexander Hemmelrath zukommen, der zuletzt eher unauffällig agierte. Wie mehrere andere Kanzleien wagte NRF zuletzt auch einen ersten Schritt in den gewinnträchtigen Patentprozessmarkt u. verstärkte sich hier mit Clemens Rübel von Bardehle Pagenberg.
Empfohlen für: ▶Arbeitsrecht; ▶Energie; ▶Gesellsch.recht; ▶Immobilien; ▶Kartellrecht; ▶Kredite u. Akqu.fin. (auch ▶ÖPP, Asset-Finanzierungen, u.a. in ÖPP); ▶Handel u. Haftung; ▶M&A; ▶Steuer; ▶Unternehmensbez. Versichererberatung; ▶Verkehr; außerdem Medien (Presse u. Verlage); Arbeitsrecht; Immobilienrecht. (16 Partner, 2 Counsel, 5 of Counsel, 49 Associates)
Mandate: Siehe Fachkapitel.

OSBORNE CLARKE
München

Bewertung: Das geschätzte Münchner Büro konnte sein Transaktionsgeschäft zuletzt ausweiten, wobei dem Team seine enge Anbindung an Fachbereiche wie IT, IP u. Venture Capital zugutekommt. So beriet die Praxis um Dr. Martin Sundermann etwa SES Platform Services zum ersten Mal bei einer M&A-Transaktion, während die Mandantin bereits seit mehreren Jahren von OC im IP-Recht beraten wird. Dass die Münchner auch eng mit anderen Standorten zusammenarbeiten, zeigt etwa Dr. Ulrich Baumgartner, der die neue Mandantin Netflix zusammen mit Kölner Anwälten im IT- u. Medienrecht berät. Mit ihrer trad. Stärke in den Bereichen Medien u. IT – hier nahm zuletzt die Beratung zu Datenschutzfragen weiter zu – sowie Venture Capital hat sich OC für die Bedürfnisse des Münchner Marktes gut aufgestellt. Jedoch gelingt es ihr immer noch nicht, vor Ort personell zu wachsen.
Stärken: Sektorenansatz mit tiefem Verständnis insbes. für IT u. Life Science.
Empfohlen für: ▶Gesellsch.recht; ▶M&A; ▶Marken u. Wettbewerb; ▶Medien; ▶IT; ▶Private Equ. u. Vent. Capital; ▶Vertrieb. (7 Partner, 13 Associates)
Mandate: Siehe Fachkapitel.

P+P PÖLLATH + PARTNERS
München

Bewertung: Eine führende Münchner Kanzlei, die in ihrem klass. Kernbereich Mid-Cap-Private-Equity u. -Venture-Capital stärker denn je die gesamte Wertschöpfungskette abdeckt. Die Unterspezialisierungen, die die Praxis über die Jahre ausgebildet hat, von Fondsstrukturierung u. Managementberatung bis zu Distressed-Deals, haben die Mandantenbasis immer breiter u. das Geschäft immer nachhaltiger gemacht, auch wenn die Kanzlei zuletzt mit Dr. Marco Eickmann einen anerkannten, jungen VC-Spezialisten an Lutz Abel verlor. Langfristig bedeutender ist aber, dass P+P über die Jahre mehrere sehr starke Bereiche aufgebaut hat, die auch eigenständig im Markt bestehen können. Die Steuerpraxis hat sich schon vom einstigen Anhängsel der Fonds- u. Transaktionsteams zu einer festen Größe im Markt entwickelt. Höchstes Lob aus Wettbewerberkreisen erhielt zuletzt aber v.a. die Gesellschaftsrechtspraxis um Dr. Wolfgang Grobecker, die in den letzten Jahren – u.a. dank der hervorrag. Vernetzung der Gesamtkanzlei bei versch. familiengeführten Konzernen – einen rasanten Aufstieg geschafft hat u. sich zuletzt mit einem Associate von Hengeler Mueller verstärkte.
Stärken: Enge Verbindungen zur Private-Equity-Branche, starke steuerrechtl. Praxis (inkl. Nachfolgeberatung).
Empfohlen für: ▶Gesellsch.recht; ▶M&A; ▶Immobilien; ▶Nachfolge/Vermögen/Stiftungen; ▶Private Equ. u. Vent. Capital; ▶Steuer. (18 Partner, 5 Counsel, 23 Associates, 3 of Counsel)
Mandate: Siehe Fachkapitel.

PETERS SCHÖNBERGER & PARTNER
München

Bewertung: Die empfohlene Münchner MDP-Kanzlei konnte ihr Beratungsangebot zuletzt weiter ausbauen: Von Mohren & Partner kam Dr. Thomas Fritz mit 2 Associates. Er stieg als Sal.-Partner bei PSP ein u. soll die Nachfolgeberatung, die zuletzt schon ein Wachstumsfeld der Kanzlei war, weiter stärken. Das ist sinnvoll, gehören doch zahlr. inhaber- u. familiengeführte Unternehmen zum Mandantenstamm der Kanzlei. Aber auch Private Clients sowie Private-Equity-Unternehmen berät PSP regelm., zuletzt profitierte die Kanzlei zudem von der allgemein höheren Aktivität der Family Offices. Im Compliance-Bereich stieg der Beratungsbedarf ebenfalls.
Häufig empfohlen: Christopher Schönberger („hohe Expertise bei Steuern, Gesellschaftsrecht u. Nachfolge", Mandant), Dr. Klaus Höfner (Nachfolge, M&A), Stefan Groß (Steuern), Roland Graf (Steuern), Dr. Hannspeter Riedel (Nachfolge)
Kanzleitätigkeit: Umf. ▶steuerl. u. rechtl. Transaktionsberatung, Restrukturierung u. Sanierung (inkl. betriebswirtschaftl. Spezialthemen u. WP-Expertise), ▶Gesellsch.recht, ▶Nachfolge/Vermögen/Stiftungen. Außerdem IP/IT, Medien, Arbeitsrecht. Mandanten: mittlere bis sehr gr., oft eignerdominierte Unternehmen versch. Branchen, private u. institutionelle Investoren, Stiftungen u. NPO. Für internat. Beratungsaspekte nutzt PSP das WP-Netzwerk DFK. (3 Eq.-Partner, 5 Sal.-Partner, 9 Associates, plus 32 StB/WP)
Mandate: ●● Sichuan Lihue Forging bei Erwerb Carl Mertens; lfd.: Eloma, Schlemmer, Nokia Solutions and Networks, Polytec, Heads!, Molkerei Gropper, Messe München, BTV Holding; div. Privatpersonen wg. Selbstanzeigen.

PINSENT MASONS
München

Bewertung: Die in München empfohlene Kanzlei hat ihr personelles Wachstum fortgesetzt u. ihr Team nicht nur auf Associate-Ebene, sondern erneut auch mit einem renommierten Münchner Anwalt gestärkt: Von Clifford Chance kam IP/IT-Rechtler Marc Holtorf, der auch in Patentprozessen aktiv ist. Damit hat das bislang einzige dt. Büro der britischen Kanzlei, das erst 2012 eröffnet wurde, eine Lücke in seinem Beratungsangebot geschlossen – gut auch für den wichtigen Patentstandort München gut aufgestellt. Unterdessen konnte die Kanzlei im Bereich Private Equity/Venture Capital sowie im Kartellrecht die ersten Früchte ihrer Zugänge von Arqis aus dem Vorjahr ernten, während die Corporate-Praxis, die Wettbewerber zuletzt zunehmend lobten, erneut eine Reihe internat. Mandanten gewinnen konnte. Hierbei profitiert PM auch von ihrem starken ww. Netzwerk. Dass die Etablierung von PM in Dtl. gelungen ist, unterstreicht die breite, dynamische Entwicklung, die nicht nur das personelle, sondern auch das Wachstum des Mandatsvolumens widerspiegelt. Die Ernennung eines Arbeitsrechtlers zum Eq.-Partner passt ebenfalls dazu.
Stärken: Grenzüberschr. M&A u. Venture Capital, Schiedsverfahren.
Entwicklungsmöglichkeiten: Sehr rasch hat die Kanzlei ein Team mit bekannten Münchner Anwälten u. einer starken Associate-Ebene aufgebaut. Der nächste Schritt wäre nun, ihre Visibilität dtl. weit weiter zu steigern.
Häufig empfohlen: Dr. Ulrich Lohmann, Dr. Nina Leonard (beide Litigation, Gesellschaftsrecht), Rainer Kreifels (Gesellschaftsrecht, Venture Capital), Dr. Florian von Baum (Informationstechnologie)
Kanzleitätigkeit: Breit aufgestellte Praxis, die den Full-Service-Ansatz des brit. Mutterhauses widerspiegelt. ▶IT; ▶M&A u. Gesellschaftsrecht inkl. Litigation, sowie ▶Private Equ. u. Venture Capital; IP, Arbeits-, Kartell- u. Steuerrecht. (13 Partner, 25 Associates, 4 Counsel, 1 of Counsel)
Mandate: ●● Redefine International bei Kauf von 56 Einzelhandelsimmobilien in Dtl.; Hitachi u.a. zu Produkthaftung u. Gewährleistung; eCapital Entrepreneurial Partners bei 7 VC-Transaktionen; Temicon bei Finanzierungsrunde; Boshoku Automotive Europe steuerrechtl. zu Verrechnungspreisen; Getty Images Dtl. gesellschaftl., u.a. zu konzerninternen Verschmelzungen; Gewofag im Arbeitsrecht; Katjes Fassin kartellrechtl.; Aventas Manufacturing bei Verkauf der Plastiksparte.

REED SMITH
München

Bewertung: Empfohlene Münchner Praxis der US-Kanzlei, die ihre dt. Präsenz im Sommer 2015 mit der Eröffnung in Ffm. auf breitere Beine gestellt hat. Bis RS am Main eine annähernd gleich große Mannschaft versammelt hat wie in München, dürften allerdings noch ein paar Jahre vergehen, u. auch an den Schwerpunkten der Münchner

MÜNCHEN SÜDEN REGION

Praxis soll sich zunächst nicht viel ändern. Diese liegen nach wie vor v.a. auf dem Medien- u. IT-Sektor sowie auf Private Equity u. insbes. Venture Capital. Die PE/VC-Praxis um Binder begleitete zuletzt neben Stammmandanten wie Target Partners auch erneut den Venture-Ableger des Siemens-Konzerns – eine noch frische, aber sehr vielversprechende Verbindung. Die Medienpraxis gewann über das internat. Netzwerk einen großen asiat. Technologiekonzern als Mandanten hinzu. Auch bei der prominenten Sonoco/Weidenhammer-Transaktion griffen internat. Mandantenbasis u. regionale Verankerung ineinander. Die Arbeitsrechtspraxis verstärkte sich mit Dr. Marc Spielberger von Beiten Burkhardt.
Häufig empfohlen: Dr. Justus Binder (Venture Capital/Private Equity), Dr. Alexander Klett (Medien)
Kanzleitätigkeit: Schwerpunkte in ▶Medien u. IP/ ▶IT, daneben Banking/Finance, ▶M&A, Handel u. Haftung, Gesellschaftsrecht, ▶Private Equ. u. Vent. Capital sowie Arbeitsrecht. (13 Partner, 1 Counsel, 20 Associates)
Mandate: ●● Sonoco bei Kauf von Weidenhammer; Internos Global Investors/BGP Investments bei Verkauf des MKV; Target Partners bei Verkauf von Cube Optics, bei Kooperation mit Homeserve, bei Fundraising sowie bei versch. Finanzierungsrunden; Wheb bei Finanzierung von Hoffmeister Leuchten; Yahoo u.a. bei Verfassungsbeschwerde gg. Leistungsschutzrecht; Also Dtl. in Verf. gg. ZPÜ wg. Gerätevergütung auf externe Festplatten; lfd. medienrechtl.: AMD, AXN, Last.fm, Bloomberg, Metro Goldwyn Mayer; lfd. Tibco Software, TomTom sowie Travix im IT-Recht (auch Prozesse).

RÖDL & PARTNER
München

Bewertung: Die in München geschätzte Kanzlei ist ebenso wie die Gesamtsozietät auf die Beratung von mittelständ. Unternehmen ausgerichtet, die sie regelm. auch ins Ausland begleitet. Mit diesem Fokus konnte das kleine Corporate-Team um Dr. Oliver Schmitt zuletzt wieder neue Mandanten gewinnen u. gleichzeitig auch sein Engagement im Bereich Private Equity/Venture Capital weiter ausbauen. Unterdessen hat Thomas Fräbel, der 2013 von Hengeler Mueller kam, zusammen mit einem Frankfurter Partner eine Finanzierungspraxis aufgebaut, die nicht nur Transaktionen begleitet, sondern immer häufiger auch eigenständ. Geschäft generiert. Im Steuerbereich besitzt das relativ kleine Münchner Büro mit Dr. Heidi Friedrich-Vache eine besondere Expertise im Umsatzsteuerrecht.
Empfohlen für: ▶Energie; ▶Gesellsch.recht; ▶M&A; ▶Nachfolge/Vermögen/Stiftungen; ▶Steuerrecht. (5 Partner, 1 Counsel, 6 Associates, plus StB u. WP)
Mandate: Siehe Fachkapitel.

SERNETZ SCHÄFER
München

Bewertung: Empfohlene Münchner Kanzlei, die bei streitigen Mandaten bank- u. kapitalmarktrechtl. Inhalts einen herausrag. Ruf genießt. Nach dem Ende des HRE-KapMuG-Verfahrens tat sich mit dem Heta-Komplex umgehend ein neuer Großprozess auf, parallel sind die Anwälte permanent für zahlr. namh. Finanzinstitute in Anlegerklagen aktiv. Organhaftungsfälle sind ein weiterer zentraler Schauplatz u. sorgen für gute Kontakte in die Vorstandsetagen versch. Konzerne. Dass die Kanzlei auch im weniger prozesslastigen Geschäft gut bestehen kann, zeigte das Team mit der Begleitung von Eurotours bei einem Joint Venture. Daneben ist Sernetz Schäfer auch für vermög. Privatpersonen tätig.
Stärken: Prozesse im Aktien- u. Bankrecht.
Häufig empfohlen: Dr. Wolf-Dieter von Gronau (Gesellschaftsrecht, Nachfolge), Dr. Helge Großerichter, Dr. Manfred Wolf, Dr. Ferdinand Kruis, Dr. Andreas Höder (alle Prozessführung)
Kanzleitätigkeit: Schwerpunkt auf Prozessen im ▶Gesellsch.recht, ▶Gesellschaftsrechtl. Streitigk. u. ▶Bankrecht u. -aufsicht für namh. Großbanken u. -unternehmen. Zudem umf. Beratung mittelständ. Unternehmen, auch im Bereich ▶Nachfolge/Vermögen/Stiftungen. Daneben M&A. (8 Partner, 4 Associates, 1 of Counsel)
Mandate: ●● FMSW in Verfahren um Heta-Anleihenrückzahlung; Eurotours bei Koop. mit Dt. Post; HVB in KapMuG-Verfahren u. Fondsklagen; Dt. Pfandbriefbank/HRE in KapMuG-Verfahren u. in Schadensersatzklagen gg. Ex-Vorstände; ehem. Sparkassenverwaltungsräte im Zshg. mit Compliance-Affäre.

SEUFERT
München

Bewertung: Die in München geschätzte Kanzlei wird von ihren Mandanten regelm. für ihr Knowhow u. ihre gute Vernetzung im Gesundheitsbereich gelobt. Wie stark das Büro an der Isar in dieser Branche verwurzelt ist, unterstrich zuletzt etwa die Beratung des Freistaats Bayern bei der Übernahmeprüfung des Klinikums Augsburg bzgl. dessen Umwandlung in eine Uniklinik. Zudem nahm die Beratung im Bereich Corporate Litigation zuletzt zu, so etwa für Stammmandantin Rhön. Dass Seufert zum Jahreswechsel ein 4-köpfiges Team an SNP Schlawien verlor, schwächte die Kanzlei zwar personell, verstärkte in München aber gleichzeitig ihre Außenwahrnehmung als Gesundheitsexpertin. Auf der anderen Seite kamen Öffentl.-Rechtler Dr. Martin Schröder von der Kanzlei Messerschmidt sowie Gesellschaftsrechtler Florian Roetzer von rwzh, der auch in Spanien als Anwalt zugelassen ist. Der Zugang von Roetzer zeigt, dass Seufert auch ihre grenzüberschr. Beratung intensivieren will.
Stärken: Beratung der Gesundheitswirtschaft (Krankenhaus- u. Arztrecht), Immobilien- u. Baurecht sowie Öffentl. Recht.
Häufig empfohlen: Dr. Bernhard Lambrecht
Kanzleitätigkeit: Kernbereiche: ▶Gesellsch.recht/M&A (inkl. Sanierungs- u. Nachfolgeberatung), ▶Gesundheit, Energiewirtschaft, ▶Umwelt u. Planung, Arbeitsrecht. (13 Partner, 10 Associates)
Mandate: ●● Aufsichtsrat des Rhön-Klinikums bei Anfechtungsverfahren gg. HV-Beschlüsse; Freistaat Bayern bei Übernahmeprüfung des Klinikums Augsburg; Uniklinikum Gießen u. Marburg, HCM lfd.; bayr. Immobiliengruppe bei Gesellschafterstreitigkeit u. Entflechtung; privater Träger bei Gründung einer Kette von OP-Zentren; Klinikum Stuttgart zu arbeitsrechtlichen Spezialfragen; div. Städte zu Erweiterung u. Betrieb des Frankfurter Flughafens.

SIMMONS & SIMMONS
München

Bewertung: Das in München geschätzte Büro hat sich 2 Jahre nach seiner Eröffnung gut für die Bedürfnisse des Münchner Marktes aufgestellt. Besonders stark ist die IP-Praxis, die in beachtl. Prozesse, insbes. aus der Pharmabranche, eingebunden ist. Unterdessen engagiert sich ein Corporate-Partner, der gute Kontakte nach London pflegt, aufgrund der allg. Marktentwicklung zunehmend bei Transaktionen mit Immobilienbezug, wobei er im Bereich Finanzierung eng mit dem Frankfurter Büro zusammenarbeitet. Schließlich hat sich ein Partner mit Chinaexpertise, der im Vorjahr samt Team zu S&S kam, sehr gut in das internat. Netzwerk der Kanzlei integriert, was sein Geschäft deutl. vorantreibt. An der Schnittstelle zu IT verstärkte sich die Kanzlei mit einem Counsel von DLA, der sowohl den IP- als auch den Corporate-Bereich sinnvoll ergänzt.
Stärken: IP, Transaktionen, China-Desk.
Entwicklungsmöglichkeiten: Am lokalen Markt ist S&S bislang wenig visibel. Eine stärkere Verankerung bei Unternehmen der Region sowie personelles Wachstum könnten das Büro weiter voranbringen.
Kanzleitätigkeit: Gesellschaftsrecht u. grenzüberschr. Transaktionen, häufig im Immobilienbereich, auch Gesellschaftsrechtl. Streitigkeiten. IP/Patente inkl. Patentprozesse, auch Marken- u. Wettbewerbsrecht sowie IT, vorw. für Banken u. Versicherungen. Beratung von PE-Fonds u. Family Offices. Branchenschwerpunkt: Pharma. (3 Partner, 1 Counsel, 3 Associates)
Mandate: ●● Round Hill Capital bei Verkauf eines Wohnungsportfolios an die Dt. Wohnen; lfd. 90 North Real Estate Partners.

SKADDEN ARPS SLATE MEAGHER & FLOM
München

Bewertung: In München empfohlene Kanzlei, die inzw. für ihre Arbeit in Compliance-Mandaten, insbes. bei internen Untersuchungen, genauso bekannt ist wie für ihre angestammte Domäne, die Private-Equity- u. M&A-Beratung. Auch im letzten Jahr war das Investigationsteam um Dr. Bernd Mayer mit einer ganzen Reihe anspruchsvoller Fälle beschäftigt – und das keineswegs mehr nur im Bankensektor, wo sich mit der Beratung des HVB-Aufsichtsrats zu Steuergeschäften das bislang bekannteste Mandat abspielte. Das über die letzten Jahre geschrumpfte Transaktionsteam um Dr. Lutz Zimmer arbeitete an einigen bedeut. Deals bspw. für Fresenius Kabi oder Halder mit, die Kontaktbasis der Praxis dürfte durch den Weggang eines zentralen M&A/PE-Partners in Ffm. aber etwas gelitten haben.
Stärken: M&A u. Private Equity; Beratung namh. Konzerne, u.a. in Compliance.
Empfohlen für: ▶Compliance; ▶Gesellsch.recht; ▶M&A; ▶Private Equ. u. Vent. Capital; transaktionsbegleitendes Gesellschaftsrecht mit Schwerpunkten in Private Equity u. der Industrie. (2 Partner, 1 Counsel, 6 Associates)
Mandate: Siehe Fachkapitel.

SKW SCHWARZ
München

Bewertung: Die in München empfohlene Kanzlei konnte ihre bundesw. bekannte Expertise im Medienbereich weiter stärken: Von Noerr gewann sie den Leiter der Noerr-Praxis Dr. Martin Diesbach, während sie allerdings den anerkannten IT- u. Medienpartner Dr. Daniel Kaboth an Ampersand verlor. Unterdessen sorgte im Transaktionsbereich zuletzt v.a. Morsch für Wachstum, der

REGION SÜDEN MÜNCHEN

Anfang 2014 von Linklaters kam u. wertvolle Kontakte mitbrachte. So begleitete SKW erstmals Robert Bosch bei einer Transaktion u. war zuletzt auch vermehrt im Bereich Private Equity, v.a. Finanzinvestoren, Fonds u. Family Offices, aktiv. Die positive Entwicklung wird allerdings durch den Abgang 2er Corporate-Partner getrübt: Die Eq.-Partnerin Dr. Andrea Geiger, die ihren Fokus auf das dt.-frz. Geschäft legte, gründete ihre eigene Kanzlei, während ein Sal.-Partner als General Counsel zur Mandantin Fidor Bank wechselte, SKW aber als of Counsel erhalten bleibt. Gleich 3 Partnerernennungen in den Bereichen Arbeitsrecht, IP sowie IT unterstreichen auf der anderen Seite die zentrale Bedeutung der Münchner Keimzelle von SKW.

Stärken: Traditionelle Schwerpunkte sind ▶ IT u. ▶ Medien (u.a. Filmfinanzierung, IT, ▶ Presse-/Verlagsrecht, Rundfunkrecht, Lizenzverträge).

Häufig empfohlen: Prof. Dr. Mathias Schwarz, Dr. Ulrich Fuchs, Dr. Andreas Peschel-Mehner (alle Medien), Dr. Christoph Haesner (Medien/M&A), Martin Schweinoch (IT), Dr. Sebastian Graf von Wallwitz („fairer Verhandlungspartner, unaufgeregt, guter Teamplayer", Wettbewerber; Gesellschaftsrecht/M&A), Dr. Stephan Morsch („pragmatischer Dealmaker, ausgesprochen sympathisch", Wettbewerber), Dr. Martin Diesbach

Kanzleitätigkeit: Im ▶ Medienbereich sehr breite Aufstellung, zudem große IT-Praxis (▶ IT). Darüber hinaus Beratung im ▶ Gesellsch.recht, ▶ M&A/Private Equity, außerdem Nachfolgeberatung, Arbeits-, Bank-, Kartell-, Sport-, Steuerrecht, ▶ Marken u. Wettbewerb. (18 Eq.-Partner, 9 Sal.-Partner, 7 Counsel, 14 Associates, 3 of Counsel)

Mandate: ●● Robert Bosch bei Anteilserwerb; Rohde & Schwarz bei Aktienerwerb; Fenix Outdoor bei zweiter Finanzierungsrunde; Telepool u.a. bei Umstrukturierung u. Kapitalerhöhung; Dt.-Logistik-Gesellschaft bei Umwandlung in GmbH; Netflix, Red Bull Media House im Medienrecht; SGL Carbon bei Einführung internationaler IT-Richtlinie.

SNP SCHLAWIEN
München

Bewertung: Die in München geschäftige Kanzlei zeigt sich nach dem Zugang eines 4-köpfigen Teams von Seufert Anfang 2015 sowie eines weiteren Gesellschaftsrechtlers aus einer lokalen Einheit deutl. gestärkt. Denn das Wachstum des Corporate-Bereichs um 2 Partner verleiht ihr Kapazitäten, mit denen sie mehrere Transaktionen parallel begleiten bzw. auch in Dealhochzeiten die Beratung ihrer v.a. mittelstandsorientierten Dauermandanten stemmen kann. Gleichzeitig erweitern die Zugänge das Beratungsangebot der ohnehin breit aufgestellten Kanzlei um das Vergabe- u. Verwaltungsrecht. Eine Partnerin stärkt zudem das Arbeitsrecht, das neben dem Gesellschafts- u. Immobilienrecht zu den Schwerpunkten des Büros zählt. Während die Neuzugänge zahlr. Mandantenkontakte mitbrachten, konnten auch bestehende Mandatsbeziehungen vertieft werden. Bestes Bsp. ist die Versicherungskammer Bayern, die SNP Schlawien nun nicht mehr nur in Süddtl., sondern auch in Berlin berät, v.a. im Arbeits-, aber auch im Gesellschaftsrecht.

Stärken: Arbeitsrecht.

Häufig empfohlen: Dr. Stefan Schlawien (Gesellschaftsrecht), Dr. Christian Ostermaier (Gesellschaftsrecht, Arbeitsrecht), Michael Schneider (Steuerrecht), Sascha Sormann (Immobilienwirtschaftsrecht), Dr. Stefan Dietlmeier („sehr erfahren, besonders verhandlungssicher", Mandant; Gesellschafts- u. Verwaltungsrecht).

Kanzleitätigkeit: Schwerpunkte im Immobilien- u. Baurecht, Arbeitsrecht sowie Gesellschaftsrecht. Mandanten sind v.a. Mittelständler aus Süddtl., im Baurecht Großunternehmen, Kommunen, Leasinggesellschaften u. Bauunternehmen. Im Gewerbl. Rechtsschutz, Steuerrecht u. in Prozessen auch internat. agierende Mittelständler u. ausl. Unternehmen. (23 Eq.-Partner, 1 Sal.-Partner, 14 Associates, 1 of Counsel)

Mandate: ●● Probiodrug bei Kapitalmaßnahmen; Pluradent lfd. im Gesellschaftsrecht; Versicherungskammer Bayern lfd. u.a. im Arbeitsrecht u. in Streitigkeiten mit Versicherungsvermittlern; Studentenwerk München lfd. mietrechtl.; WI Immogroup bei Projektplanung u. -begleitung; Pierre Cardin umf. bei Plagiatsbekämpfung.

TAYLOR WESSING
München

Bewertung: Das häufig empfohlene Münchner Büro verfügt über eine der stärksten dt.-chin. Praxen im Markt, für deren Erfolg maßgebl. Michael-Florian Ranft steht. Inzw. agieren auf diesem internat. Parkett aber auch zahlr. andere Partner – u. das nicht nur im Corporate-Bereich –, sodass sich die Chinaexpertise der Kanzlei kontinuierl. verbreitert. Das gleiche Modell hat TW in den vergangenen Jahren für Brasilien aufgebaut. Der Zugang eines Senior Foreign Counsels von Heuking Kühn Lüer Wojtek, der von Ffm. an den Brasilien-Desk von TW an die Isar wechselte, unterstreicht, dass die Kanzlei auch von München aus ihre internat. Entwicklung weiter vorantreibt. Daneben bleibt die Kanzlei in der Region verankert u. berät ihre überw. in der Industrie verwurzelten Mandanten auch bei innerdt. Geschäft. Die renommierte IP-Praxis stärkte sich in München mit einer Vollpartnerernennung. Bitter war hingegen der überraschende Tod des renommierten Arbeitsrechtlers Rüdiger Rau, auch wenn sein Partner Dennis Lüers zahlr. seiner Mandate übernommen hat.

Stärken: ▶ Gesundheit, ▶ Nachfolge/Vermögen/Stiftungen, ▶ Marken u. Wettbewerb u. ▶ Patent.

Empfohlen für: ▶ Arbeitsrecht; ▶ Börseneinführ. u. Kapitalerhöhung; ▶ Energie; ▶ Gesellsch.recht; ▶ Gesellschaftsrechtl. Streitigk.; ▶ Handel u. Haftung; ▶ IT, Kartellrecht; ▶ M&A; ▶ Medien; ▶ Patent; ▶ Private Equ. u. Vent. Capital; ▶ Projekte/Anlagenbau; ▶ Restrukturierung/Sanierung; ▶ Umwelt u. Planung; ▶ Unternehmensbez. Versichererberatung; ▶ Versicherungsvertragsrecht; ▶ Vertrieb. (31 Eq.-Partner, 11 Sal.-Partner, 3 Counsel, 38 Associates, 3 of Counsel)

Mandate: Siehe Fachkapitel.

WATSON FARLEY & WILLIAMS
München

Bewertung: Geschätzte Münchner Praxis, die v.a. für ihre gut etablierte Mid-Cap-Private-Equity-Praxis um Dr. Simon Preisenberger bekannt ist. Die Transaktionsanwälte begleiteten auch im letzten Jahr wieder eine Reihe von Deals für Häuser wie Equita und Riverside. Andere Praxen allerdings wurden durch Partnerabgänge geschwächt: Daniel Marhewka, der die Schnittstelle zw. Corporate u. Energierecht abgedeckt hatte, ging zu Field Fisher Waterhouse, der IP-Experte Marcus Nothelfer zu Arqis. Die Münchner Praxis ist damit stärker als bisher schon bei versch. Spezialthemen auf enge Kooperation mit den übrigen dt. Standorten angewiesen. Ausnahme ist das im Vorjahr verstärkte Arbeitsrecht.

Stärken: ▶ Private Equ. u. Vent. Capital.

Empfohlen für: Gesellschaftsrecht; ▶ M&A; Investmentaufsichtsrecht; ▶ Steuer. Auch ▶ Arbeitsrecht. (2 Eq.-Partner, 3 Sal.-Partner, 9 Associates, 1 of Counsel)

Mandate: Siehe Fachkapitel.

WEIL GOTSHAL & MANGES
München

Bewertung: Das in München häufig empfohlene Büro konnte seine Partnerriege zuletzt mit einem prominenten Quereinsteiger vergrößern: Von Latham & Watkins kam Dr. Volkmar Bruckner. Der Zugang stellt die Private-Equity-Praxis, die in ihrer Wahrnehmung weiterhin stark von Prof. Dr. Gerhard Schmidt in Ffm. dominiert wird, in München auf breitere Füße. Auch der Restrukturierungsbereich soll an der Isar personell wachsen, was nicht nur die Bedeutung der Praxis für die Kanzlei unterstreicht, sondern auch die Visibilität von WGM in München erhöhen könnte. Leuchtturmdeals wie die Beratung von Centerbridge beim Kauf von Senvion – hier arbeiteten Anwälte aus München u. Ffm. Hand in Hand – bestätigen, dass die Kanzlei bereits heute großvol. Transaktionen stemmen kann.

Empfohlen für: ▶ Gesellsch.recht; ▶ M&A; ▶ Private Equ. u. Vent. Capital; ▶ Restrukturierung/Sanierung; ▶ Steuer. (5 Partner, 20 Associates)

Mandate: Siehe Fachkapitel.

WEITNAUER
München

Bewertung: Geschätzte Münchner Kanzlei, die v.a. als Venture-Capital-Spezialistin bekannt ist, immer wieder aber auch klass. M&A-Transaktionen begleitet, zuletzt u.a. dank ihrer ausgewiesenen Branchenexpertise im Medizin- u. Gesundheitssektor für Merz Pharma. Die im Vorjahr weggebrochene Arbeitsrechtspraxis hat das Münchner Geschäft nicht nachhaltig beeinträchtigt, da die Kooperation mit den Spezialisten am Berliner Standort gut eingespielt ist. Nach dem Weggang eines Investmentrechts- u. Regulierungsexperten, der sich im Sommer 2014 zu King & Wood verabschiedete, fehlt der Kanzlei nun allerdings die fachl. Tiefe, um stärker auch in diesem Bereich beraten zu können.

Stärken: ▶ Private Equ. u. Vent. Capital, v.a. für Fonds mit Schwerpunkt im Öffentl. Sektor; Beratung von Technologieunternehmen.

Häufig empfohlen: Dr. Wolfgang Weitnauer

Kanzleitätigkeit: Stark branchenfokussierte, trad. internat. geprägte Beratung mit breitem Spektrum: Gesellschaftsrecht/M&A/Private Equity. Steuer- u. Immobilienrecht, zudem Stiftungs-, Kunstrecht, Betreuung vermög. Einzelpersonen, Anlegerschutzpraxis. (4 Eq.-Partner, 8 Sal.-Partner, 6 Associates)

Mandate: ●● Merz Pharma bei Verkauf von Merz Dental; Eigner HolidayInsider bei Verkauf an HRS; Constantia New Business u. dt. Beteiligungen; Fos4X zu Serie-B-Finanzierungsrunde; DBCE aufsichtsrechtl.; Boehringer Ingelheim vertragsrechtl.; lfd. BayBG, Bayern Kapital zu Beteiligungen.

WIRSING HASS ZOLLER
München

Bewertung: Die in München geschätzte Kanzlei konnte zuletzt gleich in mehreren Bereichen Erfolg verbuchen. Im Gesellschaftsrecht, wo der Fokus auf mittelständ. Unternehmen aller Branchen sowie Private Clients liegt, wuchs der Mandantenkreis deutl., v.a. die Beratung von Family Offices legte kräftig zu. Unterdessen genießt Namenspartner Zoller einen hervorragenden Ruf bei bank- u. kapitalmarktrechtl. Streitigkeiten. Seine dtl.weite Führungsposition bei der Vertretung von WP-Gesellschaften konnte er erneut verteidigen. Die IP-Praxis zeichnet sich ebenfalls durch Spezialwissen aus: Ihr Italienschwerpunkt brachte ihr zuletzt neue namh. Mandanten ein. Gleichzeitig war die ▶medienrechtl. Praxis, die auf die Vertretung von Verwertungsgesellschaften konzentriert ist, zuletzt so stark ausgelastet, dass sie sich gleich mit 5 weiteren Associates verstärkte. Im Arbeitsrecht ist eine Partnerin zudem nun auch als Mediatorin tätig. Aufgrund ihrer breiten Aufstellung u. der positiven Entwicklung sämtl. Fachbereiche wurde die Kanzlei zuletzt auch von lokalen Wettbewerbern verstärkt wahrgenommen.

Stärken: ▶Medien/Urheberrecht, IP/IT, vermög. Privatpersonen (inkl. Nachfolgefragen), bank- u. kapitalmarktrechtl. Streitigkeiten insbes. an der Seite von WP-Gesellschaften.

Häufig empfohlen: Dr. Claus Hass (Nachfolge), Dr. Michael Zoller (Bank- u. Kapitalmarktrecht), Dr. Elisabeth Frfr. von Weichs (Medienrecht), Dr. Andreas Vath („flexibel, fachl. sehr gut, tiefgehende Analyse u. Beratung", Mandant; Gesellschaftsrecht)

Kanzleitätigkeit: Breites Spektrum: Gesellschaftsrecht, M&A, Arbeitsrecht, IP, IT (v.a. Anwenderseite), Gewerbl. Mietrecht, ▶Nachfolge/Vermögen/Stiftungen, Erb- u. Familienrecht. Außerdem umfangr. Forderungsmanagement für namh. Großkunden. (5 Eq.-Partner, 6 Sal.-Partner, 16 Associates)

Mandate: ●● Lfd.: ZPÜ Zentralstelle für private Überspielungsrechte, Gema, IT4IPM GmbH, Tele-München-Gruppe, Roba-Gruppe (alle aus dem Markt bekannt); ADAC, UniCredit Bank umf. arbeitsrechtl.; WP-Gesellschaft im Kapitalmarktrecht wg. Masseschaden im Bereich geschlossener Beteiligung an Patentfonds; Vermögensverwalter wg. Implementierung eines Malta-Fonds nach KAGB.

ZIRNGIBL LANGWIESER
München

Bewertung: Die in München empfohlene Kanzlei ist als Mittelstandsberaterin fest im Markt etabliert u. konnte ihre Marktposition zuletzt weiter ausbauen. Bei ihrer trad. Stärke Immobilien- u. Baurecht gewann sie zahlr. neue Mandanten, darunter 2 internat. Baukonzerne. Das Beispiel zeigt, dass die Mandate immer häufiger internat. Bezug haben – eine Entwicklung, die sich auch im Gesellschaftsrecht beobachten lässt. Hier profitiert ZL von ihrem kleinen Wiener Büro, aber auch von ihren internat. Kontakten, die sich zuletzt intensivierten. Wichtiger Schwerpunkt im Gesellschaftsrecht ist die Beratung zu Compliance u. Haftungsthemen. Dass ZL jedes Jahr einige ihrer Associates auf die Partnerschaft vorbereitet, unterstreicht den Wachstumstrend der Kanzlei u. hebt gleichzeitig ihren verantwortungsvollen Umgang mit dem Thema Nachwuchs hervor. Hier agiert ZL wesentlich strategischer als viele ihrer lokalen Wettbewerber.

Stärken: ▶Priv. Baurecht u. Immobilienrecht. Aufstrebende Prozesspraxis, insbes. Organhaftung.

Häufig empfohlen: Dr. Thomas Zwissler, Dr. Dieter Lehner („intelligent, analytisch, sympathisch", Wettbewerber; beide Gesellschafts-, Bank- u. Kapitalmarktrecht), Dr. Axel Anker, Dr. Lars Adler („sehr gut", Wettbewerber; beide Immobilien- u. Baurecht), Dr. Johann Kurreck (Arbeitsrecht)

Kanzleitätigkeit: ▶Gesellsch.recht, Gesellschaftsrechtl. Streitigkeiten, M&A (Small-/Mid-Cap, oft mit internat. Bezug), Bank- u. Kapitalmarktrecht, ▶Arbeit, ▶Marken u. Wettbewerb. Kernklientel: Banken u. Finanzdienstleister, Klinikbetreiber, Hotelketten, vermögende Privatpersonen. Vernetzung durch Kanzleiallianz LawExchange. (13 Eq.-Partner, 3 Sal.-Partner, 20 Associates, 1 of Counsel)

Mandate: ●● Spezialmaschinenbauunternehmen bei Schadensersatzansprüchen gg. ehem. GF u. D&O-Versicherer; Family Office bei Erwerb eines Beteiligungsunternehmens aus Insolvenz, Nachfolgeplan u. -strukturierung; US-PE-Investor im Zshg. mit der Übernahme eines börsennot. Unternehmens; Modekette umf. bei Campuserweiterung; div. Kliniken baubegl.; 2 internat. Baukonzerne bei Prozessen; Hotel-Joint-Venture bei Entwicklung Markenhotelportfolio; Fondsanbieter bei Immobilienankäufen.

Bayern (ohne München)

BAYERN (OHNE MÜNCHEN)	
Rödl & Partner	Nürnberg, Bayreuth, Fürth, Hof
Beisse & Rath	Nürnberg
Bissel + Partner	Erlangen
Sonntag & Partner	Augsburg, Ulm
Bendel & Partner	Würzburg, Schweinfurt, Aschaffenburg
Fries	Nürnberg, Würzburg, Bamberg, Schweinfurt
Meinhardt Gieseler & Partner	Nürnberg
Scheidle & Partner	Augsburg
Thorwart	Nürnberg, Bayreuth, Regensburg
BNT Rechtsanwälte	Nürnberg
Lieb	Erlangen, Nürnberg
Meyerhuber	Gunzenhausen, Dinkelsbühl, Ansbach, Weißenburg, Feuchtwangen
Seitz Weckbach Fackler	Augsburg

Die hier getroffene Auswahl der Kanzleien ist das Ergebnis der auf zahlreichen Interviews basierenden Recherche der JUVE-Redaktion (s. Einleitung S. 20). Sie ist in 2erlei Hinsicht subjektiv: Sämtliche Aussagen der von JUVE-Redakteuren befragten Quellen sind subjektiv u. spiegeln deren eigene Wahrnehmungen, Erfahrungen u. Einschätzungen wider. Die Rechercheergebnisse werden von der JUVE-Redaktion unter Einbeziehung ihrer eigenen Marktkenntnis analysiert u. zusammengefasst. Der JUVE Verlag beabsichtigt mit dieser Tabelle keine allgemein gültige oder objektiv nachprüfbare Bewertung. Es ist möglich, dass eine andere Recherchemethode zu anderen Ergebnissen führen würde. Innerhalb der einzelnen Gruppen sind die Kanzleien alphabetisch geordnet.

BEISSE & RATH
Bayern (ohne München)
Bewertung: Die häufig empfohlene Nürnberger Kanzlei mit Beratungsschwerpunkt in Gesellschaftsrecht u. M&A profitierte von der Schrumpfung des örtl. Beiten-Büros: Von hier gewann sie mit Marc-Sebastian Pohl einen Sal.-Partner im Gesellschaftsrecht, der von Wettbewerbern als „starker Nachwuchsanwalt" gelobt wird. Auch im Immobilienrecht verstärkte sich B&R mit einem Sal.-Partner aus einer regionalen Kanzlei. Der Zugang von gleich 2 Quereinsteigern ist beachtlich, verfolgte die Kanzlei in den letzten Jahren doch eine sehr konservative Wachstumsstrategie. Da sich aber die bestehenden Mandate für zahlr. Großunternehmen der Region verbreitern u. die Anwälte ihre Stammklientel von vermögenden Privatpersonen immer häufiger auch bei Immobiliendeals beraten, kommt die Unterstützung zum richtigen Zeitpunkt. Für zusätzl. Auslastungsspitzen sorgten zuletzt zahlr. Selbstanzeigen, zudem bindet das viel beachtete Mandat rund um Quelle-Erbin Schickedanz gg. Sal. Oppenheim/Esch weiterhin viele Kapazitäten.
Häufig empfohlen: Peter Rath („hervorragender Anwalt", Wettbewerber), Dr. Felix Hechtel (beide Gesellschaftsrecht).
Entwicklungsmöglichkeiten: Die Kanzlei berät ergänzend zum Gesellschaftsrecht regelm. auch im Steuerrecht, stößt hier aber relativ schnell an ihre Kapazitätsgrenzen. Um diese lukrative Schnittstelle auszubauen, wäre Verstärkung sinnvoll.
Kanzleitätigkeit: Starke Kernkompetenz im Gesellschaftsrecht (u.a. Sanierungsberatung, ▶Nachfolge/Vermögen/Stiftungen, gelegentl. M&A aus der Dauerberatung), auch an der Schnittstelle zu Stiftungs-, Vertragsrecht, Steuerrecht, Erbrecht, Arbeitsrecht, Strukturierung von Großvermögen. Mandanten: Mittelständler, insbes. inhabergeführte Unternehmen. (6 Eq.-Partner, 4 Sal.-Partner, 1 Counsel, 1 Associate)
Mandate: ●● Öffentl. bekannt: Madeleine Schickedanz u. Familie umf. (u.a. in Schadensersatzklage); lfd. Semikron, Staedler-Stiftung u. Schöller-Stiftungen.

BENDEL & PARTNER
Bayern (ohne München)
Bewertung: Die in der Region empfohlene Kanzlei hat ihr 3. Büro eröffnet: In Aschaffenburg ist B&P mit zunächst 2 Anwälten vertreten u. setzt sich damit ein Stück weiter von ihren Würzburger Wettbewerbern ab. Als Stammberaterin des Wisag-Konzerns begleitete die Kanzlei zuletzt den Kauf von Eichler. Und auch bei Insolvenzen konnte B&P trotz der momentanen Flaute im Markt einen Erfolg erzielen: Ein Partner wurde zum vorläufigen Insolvenzverwalter der Deltoton GmbH bestellt, ein zusätzl. angestellter Anwalt soll die erhöhte Arbeitsbelastung in diesem Bereich abfedern.
Kanzleitätigkeit: Umf. Betreuung v.a. mittelständ. Mandanten u.a. bei Unternehmensgründungen u. -transaktionen, Umstrukturierungen u. Nachfolgeregelungen. Insges. breites Spektrum von Gesellschafts-, Arbeits-, Handels-, Prozessrecht, Vertragsgestaltung bis zur Insolvenzverwaltung. Daneben auch Binnenschiffahrts- u. Sportrecht. (6 Partner, 5 Counsel, 16 Associates, 2 of Counsel)
Mandate: ●● Deltoton bei Insolvenzverfahren; lfd. Wisag u.a. bei Transaktionen; Hersteller von Holzverarbeitungsanlagen in Schiedsverfahren.

BISSEL + PARTNER
Bayern (ohne München)
Bewertung: Die in der Region häufig empfohlene Kanzlei sticht mit der Qualität ihrer Mandate deutl. aus dem Erlanger Markt hervor. So zählt B+P zahlr. namh. Unternehmen aus der Region, teils auch dtl. weit zu ihren Mandanten, die u.a. im Bereich Compliance sowie im Gesellschafts- u. Immobilienrecht berät. Häufig ist sie in Mandaten aktiv, die auch überreg. Kanzleien gut zu Gesicht stehen würden. Zuletzt war die Kanzlei mit Transaktionen stark ausgelastet u. auch der Bereich Steuern entwickelt immer mehr eigenständiges Geschäft.
Häufig empfohlen: Dr. Frank Ebbing, Dr. Carsten Bissel (beide Gesellschaftsrecht/M&A), Dr. Michael Grüner (Immobilienrecht), Martin Reymann-Brauer („hoch kompetent u. gut vernetzt", Wettbewerber, Wirtschaftsstrafrecht).
Entwicklungsmöglichkeiten: Das kräftige Wachstum mit neuen u. bestehenden Mandanten erfordert nun kurzfristige Verstärkung auf Associate-Ebene in allen Fachbereichen. Auch der Zugang eines Partners im Gesellschaftsrecht könnte die Geschäftsentwicklung von B+P weiter beflügeln.
Kanzleitätigkeit: Schwerpunkte im Gesellschafts-, Bau- u. Immobilienrecht, Steuer-, Wirtschaftsstrafrecht u. zunehmend Compliance. Daneben öffentl. Wirtschafts- u. Vergaberecht, Arbeitsrecht sowie Sanierung. Außerdem Kooperation mit Pierer Consult. (9 Partner, 23 Associates, dazu StB)
Mandate: ●● Im Markt bekannt: Siemens bei Compliance-Fragen; lfd. Tucher-Stiftung.

BNT RECHTSANWÄLTE
Bayern (ohne München)
Bewertung: Die geschätzte Nürnberger Kanzlei zeichnet sich durch ihr stark internat. Geschäft aus. Der Fokus liegt auf der Beratung von westeurop. Mandanten, die in Mittel- u. Osteuropa investieren. Hier ist BNT mit 9 eigenen Standorten vertreten u. berät zunehmend auch dortige Mandanten bei ihren Geschäften in Dtl., so zuletzt etwa einen Möbelhersteller aus Litauen bei Lieferverträgen mit der dt. Möbelbranche. Um die Integration der einzelnen Standorte weiter zu stärken, baute die Kanzlei zuletzt ihre länderübergreifenden Praxisgruppen weiter aus.
Kanzleitätigkeit: Breites Spektrum aus Vertriebsrecht, M&A, Gesellschaftsrecht (Umstrukturierungen), Greenfield Investments; zudem u.a. Arbeitsrecht, Steuerrecht, Bau-/Immobilienrecht, Öffentl. Recht, Energierecht, Compliance. Dt. u. osteurop. Anwälte in Osteuropa, in Ländern ohne eigenen Standort Koop. mit Kanzleien vor Ort. (2 Partner, 4 Associates)
Mandate: ●● Auf osteurop. Märkten: Commerzbank bei Besicherung eines Konsortialvertrags; Fresenius u.a. bei Aktienerwerb u. Gesellschaftsübernahmen; Schmid Industrieholding u.a. bei Enteignungsverfahren.

FRIES
Bayern (ohne München)
Bewertung: Die empfohlene nordbayr. Rundumberaterin zählt v.a. große Mittelständler mit Sitz in der Region zu ihren Mandanten, gerade im Arbeitsrecht aber auch einige dt. Großkonzerne. Entgegen der Wahrnehmung im Markt hat Fries in Generationswechsel vorbereitet: Sowohl im Gesellschafts- als auch im Arbeits- u. Vertriebsrecht treten jüngere Partner in die Fußstapfen der renommierten älteren Partner. Ein personeller Ver-

● Referenzmandate, umschrieben
●● Referenzmandate, namentlich

Anwaltszahlen: Angaben der Kanzleien zur Bürogröße vor Ort. Sie spiegeln nicht zwingend die Gesamtgröße einer Kanzlei wider.

lust war allerdings der Abgang des Arbeits- u. Gesellschaftsrechtlers Prof. Dr. Rolf Seeling, der im Markt einen guten Ruf genießt u. zu Thorwart wechselte. An seine Stelle tritt ein Gesellschafts- u. Steuerrechtler aus Karlsruhe, der im nordbayr. Markt bislang allerdings deutl. weniger verankert ist. Der Würzburger Standort agiert weiterhin unabhängig von Nürnberg u. hat nach dem Abgang einer bekannten Arbeitsrechtlerin seinen Schwerpunkt im Baurecht.
Stärken: Arbeits- u. Gesellschaftsrecht, ▶ Vertrieb, Priv. Baurecht.
Entwicklungsmöglichkeiten: Nach wie vor sind die jüngeren Partner – abgesehen von Arbeitsrechtler Au – im regionalen Markt noch wenig visibel. Gerade im Kernbereich Gesellschaftsrecht wäre ihre stärkere Positionierung aber unabdingbar, um den guten Ruf der Kanzlei auch langfristig zu erhalten. Es liegt an den älteren Partnern, ihre Nachfolger in die erste Reihe treten zu lassen.
Häufig empfohlen: Dr. Klaus Otto („guter Jurist u. angenehm", Wettbewerber; Gesellschaftsrecht), Dr. Dieter Sziegoleit (Arbeitsrecht), Michael Au („sehr gute Kommunikation, schnelle u. präzise Hilfestellungen", Mandant)
Kanzleitätigkeit: Kernkompetenzen im Arbeits-, Steuer- u. Gesellschaftsrecht (u.a. Vertretung von Minderheitsaktionären), Transport- sowie ▶ Vertriebsrecht. Zudem Privates u. Öffentl. Bau- u. Immobilienrecht, auch Vergaberecht, Gewerbl. Mietrecht, unternehmerbezogenes Erb- u. Familienrecht sowie Produkthaftung. (16 Eq.-Partner, 2 Sal.-Partner, 13 Associates, 6 of Counsel)
Mandate: ●● Norma u. mehrere dt. Großkonzerne lfd. im Arbeitsrecht (aus dem Markt bekannt).

LIEB
Bayern (ohne München)
Bewertung: Die Erlanger Kanzlei wird in der Region geschätzt, u.a. für ihre Branchenschwerpunkte Medizin/Pharma sowie Touristik. Im Zentrum stehen hierbei Gewerbl. Rechtsschutz u. Gesellschaftsrecht, immer häufiger berät Lieb aber auch im Arbeits- u. IT-Recht. Die Einstellung eines Sal.-Partners (von Endress & Partner) für diese beiden Fachbereiche ist daher konsequent. Ein weiterer Quereinsteiger (aus eigener Kanzlei) soll unterdessen als Sal.-Partner das Vertriebsrecht verstärken; in diesem Bereich berät die Kanzlei bereits zahlr. namh. Touristikunternehmen.
Häufig empfohlen: Dr. Christopher Lieb (Gewerbl. Rechtsschutz/Gesellschaftsrecht)
Kanzleitätigkeit: Schwerpunkte in Gesellschaftsrecht, Gewerbl. Rechtsschutz, Medizinrecht (Kooperationen, Abrechnungsverträge, Haftungsrecht), Arbeitsrecht, Bau- u. Immobilienrecht, daneben auch Steuerrecht. Kooperation mit StB/WP Dr. Baumgartner u. Patentanwaltskanzlei Dr. Gosdin. (1 Eq.-Partner, 7 Sal.-Partner, 6 Associates)
Mandate: ●● Unister, Urlaubsplus kartellrechtl. u. in Prozessen; Defacto bei Transaktionen; Villa-Sana-Gruppe lfd. im Vertriebs- u. Gesellschaftsrecht; Vogel-Gruppe lfd. im Arbeitsrecht; russ. Investor bei Aufbau Unternehmensstruktur in der EU.

MEINHARDT GIESELER & PARTNER
Bayern (ohne München)
Bewertung: Die in der Region empfohlene Nürnberger Kanzlei hat ihre Expertise v.a. in den Bereichen Gesellschaftsrecht sowie Bank- u. Finanzrecht weiter vertieft. So erstritt Meinhardt in einem Swapverfahren vor dem BGH für die Sparkasse Nürnberg ein viel beachtetes Urteil u. gewann einige überregg. Banken als neue Mandanten. Der Zugang eines Associates schafft neue Kapazitäten für die stark ausgelastete Bankrechtspraxis. Im Gewerbl. Rechtsschutz bleibt Scholz-Recht eine anerkannte Größe, während im Arbeitsrecht Prauser an Visibilität gewinnt.
Stärken: Bank- u. Finanzrecht (insbes. Prozesse), Gewerbl. Rechtsschutz.
Häufig empfohlen: Nicola Scholz-Recht (Gewerbl. Rechtsschutz), Dr. Norbert Gieseler (Gesellschafts-/Steuerrecht), Johannes Meinhardt (Bankrecht), Christian Prauser („sehr kompetent, strategisch gut, schnelle Reaktion, flexibel", Mandant)
Kanzleitätigkeit: Schwerpunkte im Gewerbl. Rechtsschutz, Bankrecht (insbes. Prozesse, ausschl. bankenseitig), Gesellschafts- u. Steuer(straf-)recht, daneben Arbeitsrecht u. Nachfolge. Dauerhafte Beratung kleiner u. mittelständ. Unternehmen in Nordbayern sowie z.T. internat. tätiger Großunternehmen. (4 Eq.-Partner, 1 Counsel, 3 Associates, 1 of Counsel)
Mandate: ●● Sparkasse Nürnberg u.a. bei Swapverfahren vor BGH; VR Bank Nürnberg, Fürstlich Castell'sche Bank lfd.; Schema-Gruppe wettbewerbsrechtl.; Ingenieurbüro bei Unternehmensübertragung; Maschinenbauer bei Nachfolge; Nahrungsmittelhersteller arbeitsrechtlich.

MEYERHUBER
Bayern (ohne München)
Bewertung: Die Kanzlei im südl. Mittelfranken wird v.a. als Rundumberaterin für den regionalen Mittelstand u. die öffentl. Hand geschätzt. Da die überwiegend lfd. Beratung von Mandanten die Kanzlei zuletzt stark auslastete, verstärkte sie sich gleich mit 4 Associates. Besonders positiv entwickelten sich die Bereiche Bank-, Steuerstraf- u. Medizinrecht. Viel Aufmerksamkeit der Presse brachte der Kanzlei die Erstellung eines Gutachtens für die SPD-Landtagsfraktion im Rahmen der sog. Modellbauaffäre um die ehem. Staatsministerin Haderthauer.
Häufig empfohlen: Dr. Alfred Meyerhuber (Steuerrecht/Schiedsverfahren)
Kanzleitätigkeit: Schwerpunkte in Gesellschaftsrecht, Sanierung, Insolvenzrecht, vielfach an der Schnittstelle zum Arbeitsrecht (auch Betriebsräte), daneben Steuer-, Bank- u. Kapitalmarktrecht. Zunehmend Wirtschafts- u. Steuerstrafrecht. (8 Partner, 15 Associates)
Mandate: ●● SPD-Fraktion des Bayr. Landtags bei Gutachten; Rehart lfd. im Handels- u. Gesellschaftsrecht; Alfmeier Präzision lfd. u. bei Restrukturierung; Betriebsrat Avon Cosmetics lfd. im Arbeitsrecht.

RÖDL & PARTNER
Bayern (ohne München)
Bewertung: Die MDP-Kanzlei bleibt in der Region führend, und das nicht nur, weil sie über das größte Anwaltsteam Nordbayerns verfügt. Entscheidender ist die stetig steigende Mandatsqualität. So stemmte das M&A-Team erneut einige prominente Transaktionen, vorwiegend für mittelständ. Mandanten. Immer häufiger vertrauen aber auch große dt. Konzerne auf Rödl, wie erneut eine Reihe zusätzl. Platzierungen auf deren Beraterlisten u. erste daraus generierte Mandate zeigen. An der Schnittstelle von Gesellschafts- u. Steuerrecht hat sich Christian Rödl inzw. weit über Nordbayern hinaus einen Namen gemacht, gerade als Stammberater von Eignerfamilien bei Nachfolgeregelungen. Als nun alleiniger Marktführer der Region zog die Kanzlei aus der Schrumpfung des örtl. Beiten-Büros ihren Vorteil u. gewann von dort einen erfahrenen Anwalt. Ein Rückschlag war hingegen der Weggang von Gerhard Wacker zu PwC Legal. Die bislang von ihm dominierte Venture-Capital-Praxis zählt nun nur noch eine Sal.-Partnerin.
Stärken: Multidiszipl. Beratung, v.a. Kombination von Steuer- u. Gesellschaftsrecht. Große Zahl von Auslandsbüros.
Empfohlen für: ▶ Gesellsch.recht; ▶ M&A; ▶ Steuer; ▶ Nachfolge/Vermögen/Stiftungen; ▶ Verkehr; ▶ ÖPP. (Nürnberg: 15 Eq.-Partner, 22 Sal.-Partner, 2 Counsel, 36 Associates; Hof: 1 Sal.-Partner, 3 Associates; Bayreuth: 2 Sal.-Partner, Fürth: 1 Sal.-Partner, 1 Associate; dazu WP u. StB)
Mandate: Siehe Fachkapitel.

SCHEIDLE & PARTNER
Bayern (ohne München)
Bewertung: Die empfohlene Augsburger Kanzlei verfolgt ihren multidisziplinären Beratungsansatz erfolgreich weiter u. zählt v.a. mittelständ. Unternehmen aus der Region zu ihren Mandanten. Inzw. vertrauen aber auch immer mehr

---

Führende Namen in Bayern (ohne München)

Dr. Siegfried Beck (Dr. Beck & Partner)	Restrukturierung/Sanierung und ▶ Insolvenzverwaltung
Dr. Carsten Bissel (Bissel + Partner)	Gesellschaftsrecht
Dr. Konrad Kern (Sonntag & Partner)	Konfliktlösung – Dispute Resolution
Wolfgang Manske (Manske & Partner)	Arbeitsrecht
Berthold Mitrenga (Beiten Burkhardt)	▶ Vergaberecht
Dr. Klaus Otto (Fries)	Gesellschaftsrecht
Reinhold Preißler (Preißler Ohlmann & Partner)	Gesundheitswesen
Peter Rath (Beisse & Rath)	Gesellschaftsrecht
Prof. Dr. Christian Rödl (Rödl & Partner)	Gesellschaftsrecht/Steuerrecht
Nicola Scholz-Recht (Meinhardt Gieseler & Partner)	Gewerblicher Rechtsschutz
Dr. Dieter Sziegoleit (Fries)	Arbeitsrecht

Die hier getroffene Auswahl der Personen ist das Ergebnis der auf zahlreichen Interviews basierenden Recherche der JUVE-Redaktion (siehe S. 20). Sie ist in 2erlei Hinsicht subjektiv: Sämtliche Aussagen der von JUVE-Redakteuren befragten Quellen sind subjektiv u. spiegeln deren eigene Wahrnehmungen, Erfahrungen u. Einschätzungen wider. Die Rechercheergebnisse werden von der JUVE-Redaktion unter Einbeziehung ihrer eigenen Marktkenntnis analysiert u. zusammengefasst. Der JUVE Verlag beabsichtigt mit dieser Tabelle keine allgemein gültige oder objektiv nachprüfbare Bewertung. Es ist möglich, dass eine andere Recherchemethode zu anderen Ergebnissen führen würde.

● Referenzmandate, umschrieben
●● Referenzmandate, namentlich

Anwaltszahlen: Angaben der Kanzleien zur Bürogröße vor Ort. Sie spiegeln nicht zwingend die Gesamtgröße einer Kanzlei wider.

REGION SÜDEN BAYERN (OHNE MÜNCHEN)

Kommunen auf S&P, sodass der Bereich Verwaltungsrecht nach einer Partnerernennung im vorangegangenen Jahr mit einem Associate weiter gestärkt wurde. Das trad. starke Steuerteam beriet zuletzt viele Mandanten zur Erbschaftsteuer im Zuge der Unternehmensnachfolge sowie zu Selbstanzeigen.

Häufig empfohlen: Jens Goldschmidt (Arbeitsrecht), Carsten Roth (Gesellschaftsrecht)

Kanzleitätigkeit: Schwerpunkte bei Begleitung von Unternehmenstransaktionen, im Bilanzrecht, bei ▶ Steuern sowie bei Unternehmensnachfolgen, Rechtsformwahl größerer Privatvermögen; integrierte WP- u. StB-Praxis, auch für kleine u. mittlere Unternehmen. Zudem Arbeitsrecht, Baurecht, Gewerbl. Rechtsschutz, Familien- u. Erbrecht, Restrukturierung/Sanierung, Verwaltungs- u. Vergaberecht. Mandantschaft: v.a. mittelständ. Unternehmen in Südbayern, zudem Banken (insbes. Genossenschaftsbanken der Region). (8 Partner, 12 Associates, 2 of Counsel plus WP/StB)

Mandate: Keine Nennungen.

SEITZ WECKBACH FACKLER
Bayern (ohne München)

Bewertung: Die geschätzte Augsburger Kanzlei ist bei mittelständ. geprägten Unternehmen der Region stark verankert, gleichzeitig berät sie internat. Konzerne wie Cancom u. Al-Ko Kober. In beiden Mandantenkreisen gelang es ihr zuletzt, das Beratungsgeschäft auszuweiten. So berät die Kanzlei Al-Ko nicht nur bei Transaktionen, sondern auch im Arbeitsrecht. Wirtschaftsstrafrecht bleibt ein trad. Teilschwerpunkt der Kanzlei.

Häufig empfohlen: Nikolaus Fackler („hervorragender Steuerstrafrechtler", Wettbewerber)

Kanzleitätigkeit: Schwerpunkt im Gesellschafts- u. Steuerrecht, M&A, Umstrukturierungen, Nachfolge, v.a. für regionalen Mittelstand u. dt. Töchter internat. Unternehmen; Arbeitsrecht (häufig forens.). Starkes Standbein im Wirtschafts-/Steuerstrafrecht, Bankrecht (v.a. Anlegerprozesse), Bau-/Immobilienrecht. Daneben Gewerbl. Rechtsschutz, Öffentl. Wirtschafts- u. Vergaberecht, Erbrecht. (10 Partner, 12 Associates, 2 of Counsel plus WP/StB)

Mandate: ●● Cancom, Hosokawa Alpine, Al-Ko Kober lfd. im Gesellschaftsrecht; Unternehmerfamilie bei Mehrheitsbeteiligung; Energieversorger lfd. im Energie- u. Arbeitsrecht; regionale Banken sowie Großbank in Prozessen.

SONNTAG & PARTNER
Bayern (ohne München)

Bewertung: Die in der Region häufig empfohlene MDP-Kanzlei hat ihre Marktposition weiter gefestigt. Mit Ikea konnte S&P zuletzt einen internat. Konzern für die lfd. arbeitsrechtl. Beratung gewinnen. Damit unterstreicht die Kanzlei, dass ihr Radius inzwischen deutl. über die regionalen Grenzen hinausreicht. Wachstumstreiber waren zuletzt auch der M&A-Bereich, wo die Kanzlei bei einigen mittelgr. Transaktionen u.a. im Immobiliensektor zum Zug kam, sowie das Steuerrecht. Nach der Eröffnung des Ulmer Büros im Vorjahr stehen die Zeichen weiter auf Expansion, v.a. dort u. in München. Tatsächlich gelingt es S&P immer häufiger, Nachwuchs aus namh. Kanzleien zu gewinnen, zuletzt etwa einen Gesellschaftsrechtler von Görg.

Stärken: Beratung zu ▶ Nachfolge/Vermögen/Stiftungen, Vertretung von Anlegerforderungen. ▶ Steuerrecht u. betriebswirtschaftl. Know-how mit internat. Bezügen.

Häufig empfohlen: Dr. Konrad Kern (Prozessführung), Ulrich Derlien („guter u. vertrauenswürdiger Berater", Wettbewerber; Steuerrecht), Michael Wagner, Dr. Tobias Buchmann („schnell, fachlich sehr gut, menschlich angenehm", Mandant über beide), Dr. Klaus Leuthe (alle Gesellschaftsrecht)

Kanzleitätigkeit: Schwerpunkt auf Beratung mittelständ., insbes. inhabergeführter Unternehmen der Region im ▶ Steuer- u. Gesellschaftsrecht, M&A, Bau- u. Immobilienrecht, Arbeitsrecht, Erbrecht u. Unternehmensnachfolge. Daneben Energie- u. Infrastrukturberatung, Sportrecht, Versicherungsmaklerrecht. Family Office für Privatvermögen. (10 Eq.-Partner, 8 Sal.-Partner, 24 Associates, 5 Counsel, 2 of Counsel, dazu StB/WP)

Mandate: ●● Ikea lfd. arbeitsrechtl. inkl. Datenschutz; Patrizia Immobilien lfd. im Steuer-, Gesellschafts- u. Aktienrecht (auch HV) sowie bei Transaktionen; Aero Products Invest bei Übernahme u. Restrukturierung eines Zulieferers; Dt. Rückversicherung bei Immobilientransaktionen; internat. Konzern bei Unternehmenskauf; Mittelständler bei Aufbau Compliance-System.

THORWART
Bayern (ohne München)

Bewertung: Das Geschäft der in der Region empfohlenen Kanzlei liegt nach dem Tod von Namenspartner Carl-Otto Thorwart im Vorjahr nun in den Händen der jüngeren Generation. Der Zugang des anerkannten Arbeits- u. Gesellschaftrechtlers Seeling von Fries kommt zum richtigen Zeitpunkt, kann er doch der Kanzlei in dieser Situation Aufwind verleihen. Nach wie vor ist Thorwart bei einigen namh. nordbayr. Mittelständlern fest verankert u. konnte zuletzt auch weitere überreg. Mandanten gewinnen. Der eng mit Nürnberg verzahnte Geraer Standort ergänzt die Palette v.a. im Gewerbl. Rechtsschutz.

Häufig empfohlen: Alexander Frey, Prof. Dr. Rolf Seeling („sehr kompetenter Jurist", Wettbewerber; beide Gesellschaftsrecht)

Kanzleitätigkeit: Schwerpunkt im Gesellschaftsrecht (inkl. Nachfolgeberatung). Dazu insges. breites Spektrum, z.B. Marken-/Wettbewerbsrecht, Insolvenzverwaltung, M&A, Immobilien-, Vertriebsrecht u. IT. Mandantschaft: v.a. mittelständ. Unternehmen mit Schwerpunkt in Bayern, Thüringen u. Sachsen. Bewährte internat. Arbeit über das Netzwerk IAG. (Nürnberg: 7 Eq.-Partner, 1 Sal.-Partner, 16 Associates, dazu StB/WP)

Mandate: ●● Metasonic, Smart Commerce im Gewerbl. Rechtsschutz u. bei IT-Themen; A.T.U. u.a. im Wettbewerbsrecht; GVTS-Genossenschaftsverband Thüringen-Sachsen, Covermade, Tourevo Softwareentwicklung umf. im Marken- u. Urheberrecht.

Bayrische Kanzleien mit Besprechung nur in Rechtsgebieten:

AfA Rechtsanwälte (Nürnberg)	▶ Arbeit
Dr. Beck & Partner (Nürnberg)	▶ Insolvenzverw.
Domeier (Starnberg)	▶ Lebensmittel
Epping Hermann Fischer (Regensburg)	▶ Patent
Gaßner Groth Siederer & Coll. (Augsburg)	▶ Umwelt u. Planung
Jaffé (Nürnberg, Landshut u.a.)	▶ Insolvenzverw.
KPMG Law (Nürnberg)	▶ M&A ▶ Vergabe
Kuhnen & Wacker (Freising)	▶ Patent
Manske & Partner (Nürnberg)	▶ Arbeit
Meidert & Kollegen (Augsburg)	▶ Umwelt u. Planung
Pluta (Ulm)	▶ Insolvenzverw.
Preißler Ohlmann & Partner (Fürth)	▶ Gesundheit
Rau Schneck & Hübner (Nürnberg)	▶ Patent
Reckler & Horst (Nürnberg)	▶ Arbeit
Schaumburg Thoenes Thurn Landskron Eckert (Regensburg)	▶ Patent
Schindele Eisele Gerstner & Collegen (Landshut, Kempten)	
Schneider Geiwitz & Partner (Neu-Ulm, Augsburg)	▶ Insolvenzverw.
Schultze & Braun (Nürnberg)	▶ Restrukturierung/Sanierung ▶ Insolvenzverw.
Sprenger (Sinzig, Regensburg)	▶ Versicherungsvertragsrecht
Topjus Kupferschmid Englert Pichl Grauvogel & Partner (Pfaffenhofen a.d. Ilm)	▶ Priv. Baurecht
Winter Brandl Fürniss Hübner Röss Kaiser Polte (Freising)	▶ Patent
Zimmermann & Partner (Bamberg)	▶ Patent

Die hier getroffene Auswahl der Kanzleien ist das Ergebnis der auf zahlreichen Interviews basierenden Recherche der JUVE-Redaktion (siehe S. 20). Sie ist in 2erlei Hinsicht subjektiv: Sämtliche Aussagen der von JUVE-Redakteuren befragten Quellen sind subjektiv u. spiegeln deren eigene Wahrnehmungen, Erfahrungen u. Einschätzungen wider. Die Rechercheergebnisse werden von der JUVE-Redaktion unter Einbeziehung ihrer eigenen Marktkenntnis analysiert u. zusammengefasst. Der JUVE Verlag beabsichtigt mit dieser Tabelle keine allgemein gültige oder objektiv nachprüfbare Bewertung. Es ist möglich, dass eine andere Recherchemethode zu anderen Ergebnissen führen würde.

● Referenzmandate, umschrieben
●● Referenzmandate, namentlich

Anwaltszahlen: Angaben der Kanzleien zur Bürogröße vor Ort. Sie spiegeln nicht zwingend die Gesamtgröße einer Kanzlei wider.

Brüssel

Kommissionsinitiative zum digitalen Binnenmarkt bringt neue Themen auf

Auch wenn Griechenland die Schlagzeilen beherrschte, gab es zahlreiche Initiativen und Entscheidungen der neuen EU-Kommission, die neuen Beratungsbedarf mit sich brachten. Nach den ‚Luxleaks'-Enthüllungen gerieten einige multinationale Konzerne unter Druck, als schärfere beihilferechtliche Überprüfungen als Mittel gegen Steuerschlupflöcher diskutiert wurden. Mit ihrem EU-Missbrauchsverfahren gegen Google und der Offensive für einen digitalen Binnenmarkt brachte die Kommission zudem mehr Bewegung in die Themen Datenschutz und Onlinehandel. Anders als der Datenschutz, wo gerade US-Kanzleien wie **Hunton & Williams**, **Wilson Sonsini Goodrich & Rosati** oder **Covington & Burling** schon viel Erfahrung gesammelt haben, ist die Förderung des Onlinehandels mittels kartellrechtlicher Maßnahmen ein Thema, das stark vom deutschen Kartellamt getrieben worden ist. Dadurch haben die deutschen Anwälte dies schon stärker auf dem Radar. Die Verbindung von wettbewerbsrechtlichen Argumenten und wirtschaftspolitischen Positionen illustrieren auch die Patentstreitigkeiten um FRAND- und SEP-Grundsätze: Hier geht es um den richtigen Ausgleich zwischen den aus einem Patent resultierenden Exklusivitätsrechten und der Tendenz des Kartellrechts, Märkte offenzuhalten und Innovation keine Fesseln anzulegen.

Jones Day wächst, Latham & Watkins fordert die Marktspitze heraus

Zahlreiche Kanzleien haben ihre europarechtliche Beratungskompetenz in den letzten Jahren verbreitert. Europarechtliche Grundfreiheiten, Datenschutz und Beihilferecht haben sich einen festen Platz auf der Themenpalette der Kanzleien gesichert. Augenfällig wird dies etwa bei **Jones Day**. Die Kanzlei ist zuletzt stark gewachsen und holte sogar Quereinsteiger für Außenhandel und internationales Chemikalienrecht. Einige milliardenschwere Transaktionen haben aber auch die klassische Kompetenz für die Begleitung von Fusionskontrollverfahren der EU-Kommission in den Kanzleien wieder gefordert. Aufgrund der starken Präsenz deutscher Partner in ihrem Brüsseler Büro genießt **Freshfields Bruckhaus Deringer** eine etwas stärkere Visibilität im deutschen Markt als etwa **Cleary Gottlieb Steen & Hamilton**. Doch international agieren beide auf Augenhöhe und stehen sich etwa bei den hochkomplexen Fusionskontrollen für Holcim und Lafarge sowie Novartis und GlaxoSmithKline gegenüber. An beiden Fällen sind auch die jeweiligen deutschen Anwälte maßgeblich beteiligt. Nach einigen Partnerzugängen heftet sich aber auch **Latham & Watkins** an die Fersen der Marktführer. Die Kanzlei beriet im Tandem mit **Freshfields** verschiedene Geschäftsbereiche von Siemens beim Kauf von Dresser Rand, und beide erreichten sogar eine ungewöhnliche Phase-II-Freigabe ohne weitere Auflagen. Aufseiten von Dresser Rand hatte das erst vor zwei Jahren eröffnete Brüsseler Büro von **Baker Botts** einen prominenten Auftritt.

Während **McDermott Will & Emery** beide deutsche Partner, die für einen Generationswechsel in dem Büro stehen sollten, an Unilever und **Jones Day** verlor, ist dieser Prozess bei **White & Case** gut gelungen. Hier ist auch das deutsche Team inzwischen hervorragend positioniert. Die Auswahl des anerkannten Seniors Ian Forrester als einer der nächsten Richter am Europäischen Gerichtshof stellt keine Schwächung dar, sondern bringt vielmehr die Tradition des Büros in streitigen Fällen wieder in Erinnerung, die dort auch weiter gelebt wird.

Die folgenden Bewertungen behandeln Kanzleien, die in Brüssel, dem Ursprungsort des Europarechts, tätig sind und sich in dem dortigen internationalen Umfeld platzieren konnten. Dabei wird nicht nach deutschen und internationalen oder ausländischen Büros unterschieden. Als Kriterium für die erstellte Rangliste unter den zahlreichen Kanzleien gelten der Ruf und die Kompetenz vor Ort, das Vorhandensein deutschsprachiger Anwälte und/oder starke Beziehungen zum deutschen Rechtsmarkt. Lobbytätigkeit wird nur dann besprochen, wenn eine Kanzlei diese neben einem marktbekannten Schwerpunkt in der Rechtsberatung anbietet. Informationen über in Brüssel tätige Kanzleien finden sich außerdem v.a. in den Kapiteln ▶ Außenhandel, ▶ Beihilferecht und ▶ Kartellrecht.

Brüssel

ALLEN & OVERY
Brüssel

Bewertung: Empfohlenes Büro in Brüssel, für das aufgrund seiner internat. Zusammensetzung die Anbindung an die jew. nationalen Praxen wichtig ist. Der dt. Partner Jürgen Schindler war so in div. dtl.bezogene Transaktionen eingebunden, so etwa bei der Akquisition von Weener Plastic. Gerade er zeichnet sich dabei durch viel internat. Erfahrung aus u. konnte dies in der Beratung von Google erneut unter Beweis stellen. Indem kartellrechtl. Spezialisten in den Büros aus unterschiedl. Zeitzonen eng vernetzt arbeiten, kann das Team auch bei knappen Fristen agieren. Dennoch ist A&O im Brüsseler Markt hauptsächl. für ihre starke Corporate-Praxis bekannt, die EU-Kompetenz daneben stärker im Markt zu positionieren, bleibt also noch eine Herausforderung.

Stärken: Sehr angesehene Benelux-Praxis u. integrierte internat. Zusammenarbeit.

Empfohlen für: Europarecht mit Schwerpunkt auf ▶Kartellrecht. Zugleich namh., große belg. Präsenz. (3 (1 dt.) Partner, 15 (2 dt.) Associates, 1 of Counsel im EU-Rechtsteam; insges. ca. 55 Anwälte)

Mandate: ●● Google Europa in Beschwerdeverf. von FairSearch (Smartphone-Suche); regelm. Braskem, GE Capital; Novartis zu Verkauf der Beteiligung an LTS Lohmann Therapiesysteme; 3i zu Kauf Weener Plastic; NTT Communications zu Beteiligung an E-Shelter; The Depository Trust & Clearing Corp. in CDS-Untersuchung der Kommission.

BAKER BOTTS
Brüssel

Bewertung: Zwei Jahre nach seiner Gründung etabliert sich das in Brüssel geschätzte Team mit seiner v.a. fusionskartellrechtl. Arbeit für internat. Konzerne. Die Kanzlei ist in den USA auf dem Gebiet ebenfalls stark aufgestellt, u. erste Verweismandate wirken bzgl. der weiteren Vernetzung viel versprechend. Zumal BB einige namh. Brüsseler Partner für den Start gewann.

Häufig empfohlen: Dr. Georg Berrisch, Paul Lugard

Kanzleitätigkeit: Internat. Fusionskontrollen u. Beratung zu internat. Handels- u. Embargofragen. (3 Partner, 5 Associates)

Mandate: ●● Dresser Rand bei Kauf durch Siemens; MeadWestvaco-Gruppe bei Verkauf an AR Packaging; lfd. Ryanair (im Markt bekannt); A. Ternavsky zu Weißrussland-Sanktionen; antidumping-rechtl.: europ. Kerzenindustrie, europ. Nahtlose-Röhren-Industrie, europ. Bügelbrett-Industrie.

BEITEN BURKHARDT
Brüssel

Bewertung: Geschätztes Brüsseler Büro um die beiden europarechtl. erfahrenen Partner Dr. Dietmar Reich u. Prof. Dr. Rainer Bierwagen. Letzterer ist weiterhin sehr gefragt in beihilfe- u. außenhandelsrechtl. Themen, u. gewann erneut einige Mandanten neu dazu. Reich rückte im EuGH-Streit mit dem Land NRW um Holzlieferungen bzw. Schadensersatz an die Seite seiner langj. Mandantin Klausner. Ein Associate wechselte in die Rechtsabteilung von Benteler, die Reich ebenfalls regelm. berät.

Empfohlen für: Schwerpunkte sind ▶Kartellrecht u. ▶Beihilfe; ▶Außenhandel; Antidumping. (1 Eq.-Partner, 1 Sal.-Partner, 1 Associate)

Mandate: ●● Klausner Internat. in EuGH-Vorlageverfahren um Holzliefervertrag mit NRW; USB Umweltservice Bochum in Streit mit Remondis wg. Quersubventionen; Saint Gobain in EU-Streit um Textilienzölle u. Umgehungsvorwürfe; lfd. Rat der EU, u.a. zu Importen von Biodiesel bzw. nahtlosen Rohren u.a. aus Russland; Osram als Beigelad. zu Antidumpingfall um Einfuhr von Kompaktleuchtstofflampen aus Asien; Unternehmensgruppe in Zollstreit um Glasfasermatten u. beim Kampf gg. Betrug durch Drittlandseinfuhren; russ. Unternehmen zum Sanktionsrecht; kroat. Energieagentur zu Strommarkt.

BIRD & BIRD
Brüssel

Bewertung: Das empfohlene Brüsseler Büro mit internat. erfahrenen Partnern wird seit diesem Jahr von der dt. Kartellrechtspartnerin Anne Federle geleitet. Die aktuelle Marktlage, in der es viel Bewegung im Kfz-Zuliefererbereich gibt, spielte ihrem Branchenfokus im Technologiesektor in die Hände. So beriet sie etwa zusammen mit einem internat. Team Johnson Controls bei einem strateg. bedeutsamen Joint Venture in China. Der anerkannte globale Praxisleiter José Rivas baute die internat. Reichweite von B&B weiter aus, u.a. mit einem anerkannten Kartellrechtler von Taylor Wessing in China. So wirken die Brüsseler Anwälte stärker in die Kanzlei hinein als bei manchen anderen Kanzleien. Federle etwa ist oft in D'dorf präsent u. berät auch dt. Automobilmandanten.

Stärken: Internat. erfahrenes Partnerteam.

Empfohlen für: Schwerpunkt im ▶Kartellrecht u. Beihilferecht. Dazu auch belg. Full-Service-Praxis. ▶Vertrieb. (EU-Team: 3 (1 dt.) Partner, 4 (1 dt.) Associates, 1 of Counsel, insgesamt rund 30 Anwälte)

Mandate: ●● Regelm. Delphi zu Fusionskontrollen, u.a. zu Verkauf der Klimatechniksparte; ebenso Johnson Controls, u.a. zu Joint Venture mit Yanfeng Automotive Trim Systems; regelm. MasterCard Europe (u.a. EC-Cash-Verf.); Lantmännen

---

BRÜSSEL

- Cleary Gottlieb Steen & Hamilton
- Freshfields Bruckhaus Deringer

- Gleiss Lutz
- Hengeler Mueller
- Latham & Watkins
- Linklaters

- CMS Hasche Sigle
- Jones Day
- White & Case

- Allen & Overy
- Bird & Bird
- Mayer Brown
- Redeker Sellner Dahs

- Covington & Burling
- Gibson Dunn & Crutcher
- Norton Rose Fulbright
- Wilson Sonsini Goodrich & Rosati

- Baker Botts
- Beiten Burkhardt
- DLA Piper
- Kapellmann und Partner
- Luther
- Noerr
- SZA Schilling Zutt & Anschütz
- Van Bael & Bellis

Die hier getroffene Auswahl der Kanzleien ist das Ergebnis der auf zahlreichen Interviews basierenden Recherche der JUVE-Redaktion (s. Einleitung S. 20). Sie ist in 2erlei Hinsicht subjektiv: Sämtliche Aussagen der von JUVE-Redakteuren befragten Quellen sind subjektiv u. spiegeln deren eigene Wahrnehmungen, Erfahrungen u. Einschätzungen wider. Die Rechercheergebnisse werden von der JUVE-Redaktion unter Einbeziehung eigener Marktkenntnis analysiert u. zusammengefasst. Der JUVE Verlag beabsichtigt mit dieser Tabelle keine allgemein gültige oder objektiv nachprüfbare Bewertung. Es ist möglich, dass eine andere Recherchemethode zu anderen Ergebnissen führen würde. Innerhalb der einzelnen Gruppen sind die Kanzleien alphabetisch geordnet.

● Referenzmandate, umschrieben
●● Referenzmandate, namentlich

Anwaltszahlen: Angaben der Kanzleien zur Bürogröße vor Ort. Sie spiegeln nicht zwingend die Gesamtgröße einer Kanzlei wider.

zu Verkauf an Syngenta; jap. Beteiligter im EU-Kartellverf. ‚Kondensatoren'.

CLEARY GOTTLIEB STEEN & HAMILTON
Brüssel

Bewertung: Eines der führenden Büros in Brüssel, das auch weiterhin mit seiner Präsenz in internat. Transaktionen beeindruckt. In den 2 großen, globalen Deals im Zement- (für Lafarge) u. Pharmabereich (für Glaxo) stehen sich die Cleary- u. Freshfields-Teams gegenüber; beide genießen auf globaler Ebene bei kartellrechtl. Fällen einen exzellenten Ruf. Im Vergleich mit der Konkurrentin Freshfields hat Cleary allerdings etwas weniger dt. Präsenz, obwohl die Zusammenarbeit mit den Kölner Kartellrechtlern etabliert ist u. sich u.a. in wegweisenden Patentstreitigkeiten zeigt, nach Lundbeck nun auch für Huawei. Im Streit zwischen Google u. der EU-Kommission arbeitet ein Brüssel-London-Team eng zusammen. Eine weitere Kooperation dürfte sich daraus ergeben, dass Google die US-Praxis für den anstehenden Konzernumbau mandatiert hat. Als Of-Counsel schloss sich zum September Dr. Bernd Langeheine an, der bis letztes Jahr bei der EU-Kommission eine gehobene, kartellrechtl. Position hatte u. exzellente Kontakte mitbringt. Partner Dr. Stephan Barthelmeß wechselt Ende des Jahres in den Senior Counsel-Status, bleibt aber Teil des Cleary-Teams.
Stärken: Sehr etablierte europ. u. transatlant. Kompetenz.
Empfohlen für: ▶ Kartellrecht; ▶ Beihilfe; ▶ Außenhandel. Auch internat. Finanzierungs- u. Steuerexpertise. (17 (3 dt.) Partner, 1 Counsel, 85 (5 dt.) Associates)
Mandate: ●● Google in EU-Beschwerdeverf., u.a. der Dt. Zeitungs- u. Zeitschriftenverleger; Citigroup zu Libor-Verfahren; Huawei in EuGH-Patentstreit mit ZTE; Lundbeck in Streit um ‚Pay-for-Delay'-Patentvergleiche; Dt. Post in Speditionskartellverf.; NSK in Kartellverf. ‚Wälzlager'; Lafarge zu Fusion mit Holcim; SES Astra beihilferechtl. zu Digitaler Dividende; Biomet zu Fusion mit Zimmer Holdings; regelm. für Coca-Cola, Swissport, ArcelorMittal, GlaxoSmithKline, Asahi Kasei, LVMH.

CMS HASCHE SIGLE
Brüssel

Bewertung: Empfohlenes Brüsseler Büro, das mit Dr. Michael Bauer u. zunehmend auch Kai Neuhaus über 2 Partner verfügt, denen es gelingt, ihre Rolle auf dem internat. Parkett ebenso auszufüllen, wie im dt. Markt präsent zu sein. V.a. Bauer war dabei weiterhin stark durch die Arbeit für Telefónica gefordert, einer heiklen Fusionskontrolle, der im Mobilfunkmarkt viel Aufmerksamkeit sicher war. Für den Hafenbetreiber Trajektna begleitete er zusammen mit dem Büro Zagreb die erste Kartellrechtsbeschwerde eines kroat. Unternehmens. Neuhaus hat zudem erfolgr. die Mandatsbeziehung zum Maschinenhersteller Crown weiter ausgebaut, den er außenhandelsrechtl. berät. Eine ganze Reihe von Mandanten der dt. Büros beriet er zudem zu den Auswirkungen der Russland- u. Ukraineembargos. Aus dem Stuttgarter Büro wechselte ein Senior Associate zur Verstärkung des Teams nach Brüssel.
Stärken: Die Brüsseler Partner pflegen enge Verbindungen mit den dt. Büros.
Empfohlen für: ▶ Kartell- u. ▶ Beihilferecht; regelm. ▶ Außenhandels- u. ▶ Vertriebsfragen.

Brüsseler Kanzleien mit deutschen Anwälten und Besprechung nur in Rechtsgebieten

ALSchild	▶ Kartellrecht
Baker & McKenzie	▶ Kartellrecht
Becker Büttner Held	▶ Energie
Dechert	▶ Kartellrecht
Dentons	▶ Kartellrecht
Dierks + Bohle	▶ Gesundheit, Pharmarecht
E&Z Eickstädt & Zühlke	▶ Kartellrecht
Haver & Mailänder	▶ Kartellrecht
Kapellmann und Partner	▶ Kartellrecht, Europarecht, ▶ Verkehr
Krell Weyland Grube	▶ Lebensmittel
Lutz Abel	▶ Beihilfe
Reysen	▶ Kartellrecht
Dr. Michael Schütte	▶ Beihilfe
Skadden Arps Slate Meagher & Flom	▶ Kartellrecht
WilmerHale	▶ Kartellrecht, ▶ Gesundheit

Die hier getroffene Auswahl der Kanzleien ist das Ergebnis der auf zahlreichen Interviews basierenden Recherche der JUVE-Redaktion (siehe S. 20). Sie ist in 2erlei Hinsicht subjektiv: Sämtliche Aussagen der von JUVE-Redakteuren befragten Quellen sind subjektiv u. spiegeln deren eigene Wahrnehmungen, Erfahrungen u. Einschätzungen wider. Die Rechercheergebnisse werden von der JUVE-Redaktion unter Einbeziehung ihrer eigenen Marktkenntnis analysiert u. zusammengefasst. Der JUVE Verlag beabsichtigt mit dieser Tabelle keine allgemein gültige oder objektiv nachprüfbare Bewertung. Es ist möglich, dass eine andere Recherchemethode zu anderen Ergebnissen führen würde.

(2 dt. Partner, 5 dt. Associates, 1 of Counsel, dazu Anwälte der CMS-Partnerkanzleien)
Mandate: ●● Telefónica Dtl. zu gepl. Kauf von E-Plus; Fusionskontrolle Highland/Veja Mate; Fissler vertriebskartellrechtl. zu Plattformverbot, Trajektna in kartell- u. beihilferechtl. EU-Beschwerde; Mann+Hummel vertriebskartellrechtl. zu Exklusivitätsvereinbarungen in internat. Verträgen; Crown Equipment u. Wrigley in Antidumpingstreitigkeiten; regelm. Johnson & Johnson, u.a. in Kartellverf. ‚Drogerieartikel'.

COVINGTON & BURLING
Brüssel

Bewertung: Das in Brüssel empfohlene Büro zeichnet sich weiterhin durch einen deutl. Life-Science-Schwerpunkt u. auf diesem Gebiet sehr versierte Partner aus. Hier gibt es auch immer wieder Anknüpfungspunkte zur datenschutzrechtl. Praxis, die sich in div. internat. BCR-Projekten niederschlägt. Die enge Beziehung zu Samsung führte zudem nun zu div. Mandaten im aktuellen Bereich Kartellschadensersatz.
Entwicklungsmöglichkeiten: Nach dem starken personellen Umbruch vor 2 Jahren gilt es, frühere Fehler zu vermeiden u. durch eine stärkere Verzahnung der Fachbereiche sowie mehr Anbindung an die angesehene US-Praxis personelle Stabilität zu erreichen.
Häufig empfohlen: Dr. Dr. Adem Koyuncu („schnell u. hohe Qualität", Mandant), Peter Bogaert („ist sein Geld wert", Mandant), Dr. Peter Camesasca („kundenorientiert u. verlässlich", Mandant)
Kanzleitätigkeit: Regulator. Themen u. Kartellrecht (v.a. mit Technologiebezug) sowie IP u. Datenschutz. Regelm. Beratung zu Patenten, REACH u. Lizenzen. Internat. Prozessführung. Branchenschwerpunkte bei Software, Hightech, Pharma, IT u. Life Science. (7 Partner, 1 Counsel, 13 Associates, 2 of Counsel)
Mandate: ●● Regelm. Samsung, u.a. zu div. Schadensersatzklagen gg. Kartellanten (DRAM, LCD-Bildschirme u.a.); Roche-Gruppe in regulator. Ermittlungsverfahren zu EU-Penalties-Verordnung; AbbVie gg. EMA (EuGH) wg. Veröffentlichung von klin. Daten; Salix Pharmaceuticals zu Lizenzvertrag; mehrere Onlinereisevermittler bei EU-Beschwerde gg. Google; israel. App-Entwickler, Maschinenhersteller u. Pharmaunternehmen jew. zu Datenschutzprojekten.

DLA PIPER
Brüssel

Bewertung: Das geschätzte Brüsseler Büro der Kanzlei ist nicht nur im Kartell- u. Europarecht aktiv, sondern auch Teil der belg. DLA-Praxis. Dazu passt, dass auch das Kartellrechtsteam um den Managing-Partner des Büros, Dr. Bertold Bär-Bouyssière, fachl. breit aufgestellt ist. Das Team wurde im Frühjahr mit dem Zugang von Daniel Colgan verstärkt, einem deutschsprachigen u. brit. qualifizierten Kartellrechtler von Freshfields. Bär-Bouyssière selbst ist weiterhin intensiv für Merck tätig.
Empfohlen für: ▶ Kartellrecht. (EU-Team: 5 (2 dt.) Partner, 4 (1 dt.) Associates, insges. 75 Anwälte)
Mandate: ●● Regelm. für Merck, u.a. in Streit mit EU-Kommission um ‚Pay-for-Delay'-Vereinbarung einer früheren Tochter u. in BGH-Prozess um Lieferverträge; Audemas Piget in EU-Kartellverf. ‚Uhrenreparateure'.

FRESHFIELDS BRUCKHAUS DERINGER
Brüssel

NOMINIERT
JUVE Awards 2015
Kanzlei des Jahres für Kartellrecht

Bewertung: Eines der führenden Büros in Brüssel, das ein wesentl. Baustein der lfd. Internationalisierungsstrategie der Kanzlei ist. Das starke Kontingent dt. Kartellrechtsspezialisten hat einen eindrucksvollen Trackrecord bei heiklen Phase-II-Fusionskontrollen, so etwa für Siemens beim Zukauf der US-amerikan. Dresser-Rand. Hier waren Dr. Frank Montag u. der neu ernannte Partner Sascha Schubert neben Latham & Watkins mandatiert. Nicht weniger beeindruckend ist es, wie gerade Montag über die letzten Jahre eine Anzahl von heiklen Fusionskontrollen schon in der Phase I relativ geräuschlos durchbringen konnte. Holcim ist hier nur das jüngste Beispiel. Die europarechtl. Arbeit für Apple oder die Deutsche Kre-

● Referenzmandate, umschrieben
●● Referenzmandate, namentlich

Anwaltszahlen: Angaben der Kanzleien zur Bürogröße vor Ort. Sie spiegeln nicht zwingend die Gesamtgröße einer Kanzlei wider.

REGION BRÜSSEL

ditwirtschaft im Zshg. mit dem Hypo-Alpe-Adria-Streit steht dahinter nicht zurück u. erntete ebenfalls Lob von Mandanten.
Stärken: Exzellente Vernetzung mit den EU-Behörden, internat. sehr erfahrene Partner, auch kartellrechtlich.
Empfohlen für: ▶ Kartellrecht; ▶ Beihilfe; ▶ Verfassungs- u. Verwaltungsrecht. Außerdem Abteilung für Lobbying; dazu belg. M&A, Steuer- u. Immobilienrecht. (17 (4 dt.) Partner, 1 Counsel, 47 (6 dt.) Associates)
Mandate: ●● Holcim kartellrechtl. zu Fusion mit Lafarge; Novartis zu Joint Venture mit GSK u. Verkäufen an Eli Lilly im Zuge des Konzernumbaus; Hapag-Lloyd kartellrechtl. zu Fusion mit CSAV; Apple zu EU-Untersuchung der Steuerstruktur (aus dem Markt bekannt); BayernLB u. andere Banken wg. Hypo Alpe Adria; Hutchison bei Zukäufen im Mobilfunkmarkt; Siemens zu Kauf von Dresser-Rand (mit Latham); Griechenland zu Privatisierung Häfen u. Glücksspielmonopol; namh. internat. Bank im Verfahren ‚Credit-Default-Swaps'; mehrere IT-Unternehmen bzgl. EU-Untersuchung gg. Google.

GIBSON DUNN & CRUTCHER
Brüssel

Bewertung: Empfohlenes Brüsseler Büro, in dem seit rund einem Jahr mit Murach auch ein dt. Partner aktiv ist (vorm. Flick Gocke). U.a. gewann er die United-Internet-Tochter 1&1 als neue Mandantin, die er als Intervenientin gg. die Fusion Telefónica/E-Plus vertritt. Die Kanzlei hat in den USA eine der angesehensten Kartellrechtspraxen, wie die zentrale Einbindung in aktuelle Verfahren wie gg. die Libor-Absprachen oder aufseiten des IT-Verbands Icomp in Sachen Google belegt.
Häufig empfohlen: Dr. Jens-Olrik Murach („sehr kompetent", „äußerst vertrauenswürdig", Wettbewerber), David Wood
Kanzleitätigkeit: Schwerpunkt bei ▶ Kartellrecht, inkl. internat. Fusionskontrollen, EU-Beschwerden gg. Marktmissbrauch. Zudem Energieregulierungsfragen u. Beihilferecht. (5 (1 dt.) Partner, 1 Counsel, 10 Associates)
Mandate: ●● 1&1 Telecom bei Klage gg. die Fusionsfreigabe Telefónica/E-Plus; UBS in Libor-Verfahren; Icomp u. Mitglieder umf. bei EU-Beschwerde gg. Google; E.on beihilferechtlich.

GLEISS LUTZ
Brüssel

NOMINIERT
JUVE Awards 2015
Kanzlei des Jahres für Kartellrecht

Bewertung: In dem in Brüssel häufig empfohlenen Büro sticht Dr. Ulrich Soltész mit seinem exzellenten Ruf im Beihilferecht hervor. Ein Wettbewerber lobt ihn als „brillanten Juristen". Viel Aufmerksamkeit erhält das Büro stets für seine beihilferechtl. Arbeit. Zuletzt beriet das Team die österr. Bad Bank Heta zum Verkauf des Südosteuropanetzwerks der Hypo Alpe Adria. Darüber hinaus wachsen weitere Anwälte heran u. arbeiten sehr eng mit den Öffentlich- u. Kartellrechtlern in Deutschland. Ein neu ernannter Counsel berät zusammen mit den dt. Kartellrechtspartnern bei viel beachteten Fällen: So vertraten sie Evonik Degussa gg. die EU-Kommission in einem grundsätzl. Verfahren um die Veröffentlichung von Bußgeldentscheiden. Zudem erreichten sie für Sasol vor dem EuG eine Kartellbußgeldreduzierung.
Stärken: Eine der anerkanntesten beihilferechtl. Praxen.
Empfohlen für: ▶ Beihilfe- u. ▶ Kartellrecht; zudem EU-Recht; gute Verbindung zu namh. österr. u. osteurop. Unternehmen. (1 Eq.-Partner, 2 Sal.-Partner, 1 Counsel, 4 Associates)
Mandate: ●● Heta Resolution beihilferechtl. zum Verkauf des Südosteuropanetzwerks der Hypo-Alpe-Adria-Bank an Advent u. EBRD; Stadt Hamburg beihilfer. gg. Verband dt. Konzertdirektionen wg. Zulässigkeit öffentl. finanzierter Konzerte; Evonik Degussa gg. EU-Kommission wg. Veröffentlichung von Bußgeldentscheid (EuG); TRW Automotive kartellrechtl. bei Übernahme durch ZF Friedrichshafen; Sasol bei erfolgr. Kartellbußgeldreduzierung vor dem EuG; aus dem Markt bekannt: Federal-Mogul zu Freigabe der EU-Kommission für Kauf von Teilen von Honeywell Friction Materials.

HENGELER MUELLER
Brüssel

Bewertung: In Brüssel häufig empfohlenes Büro. Sehr nachdrückl. haben die Kartellrechtler ihre Position auf dem internat. Parkett ausgebaut. Während Dr. Hans-Jörg Niemeyer traditionell immer wieder österr. Unternehmen berät, u.a. im Streit von AUA/Lufthansa u. Niki, fiel Dr. Markus Röhrig verstärkt bei Fusionskontrollen mit US-Bezügen auf. Ww. in der Federführung war er zudem bei einem Deal für Bain Capital (v.a. Asien u. Südamerika). Beide dürften zudem durch die Zusammenarbeit mit Weil Gotshal für Betroffene der Kfz-Zulieferkartelluntersuchung auch Kritiker überzeugt haben, die bei HM beharrl. eine internat. Kompetenz anzweifeln.
Stärken: Trotz enger Anbindung an die dt. Büros sehr internat. Geschäft.
Empfohlen für: ▶ Kartellrecht; ▶ Beihilfe; Gesundheit. (2 Partner, 4 Associates, plus ca. 20 Anwälte aus internat. Koop.-Kanzleien)
Mandate: ●● RWE in EU-Missbrauchsverfahren gg. Gazprom (osteurop. Upstream-Gasbelieferung) u. in EuGH-Prozess um Zurechnung bei Kartellverfehlungen von Joint Ventures; Fusionskontrollen Astorg/Megadyne (mit Bonelli), Bain Capital/Wittur (ww. Federführung), Pentair/Innovia Group, Dentsu Aegis Network/Explido, for Technology Holdings; Regus Holdings zu Joint Venture; JC Flowers bei Klage gg. Beihilfegenehmigung für HSH Nordbank; jap. Beteiligte in internat. Kfz-Kartellverf. ‚Kondensatoren', ‚Auspuffe', ‚Heizungen', ‚Klimaanlagen' (mit Weil Gotshal); Unternehmen zu EU-Auskunftsersuchen bzgl. Holcim/Cemex West.

JONES DAY
Brüssel

Bewertung: Das in Brüssel empfohlene Büro setzt seinen Ausbaukurs fort. Erneut verbreiterte die Kanzlei ihre fachl. Kompetenz, indem sie von Van Bael & Bellis einen anerkannten WTO- u. Trade-Partner holte. Zur Verstärkung der dt. Kartell- u. Beihilferechtspraxis kam zudem von McDermott Philipp Werner als aufstrebender Partner dazu. Er bringt einige gute Verbindungen zum frz. Markt mit, was gut zu der dortigen, etablierten JD-Präsenz passt. Der Ausbau in Brüssel würde es der Kanzlei ermöglichen, nun mehr als bisher die Verbindungen auch zu den dt. Büros auszubauen. Anknüpfungspunkte gibt es immer mehr, je stärker sich auch die dt. Praxis entwickelt. Ein sehr großer Erfolg war in den letzten Jahren die zunehmende Einbindung der dt. Corporate-Praxis in die langjährig etablierte Mandatsbeziehung von Dr. Thomas Jestaedt zum IT-Riesen SAP. Beim Thema der internen Vernetzung lässt die Kanzlei derzeit aber sicher noch einige Chancen ungenutzt.
Stärken: Internat. starke Kartellrechtspraxis.
Empfohlen für: ▶ Kartellrecht; ▶ Beihilfe; europ. Umwelt- u. Chemikalienrecht; bekannt auch für IT- u. Telekommandanten. (13 (2 dt.) Partner, 3 Counsel, 25 (2 dt.) Associates)
Mandate: ●● SAP lfd. u. umf. im Kartellrecht, u.a. zu Kauf des US-Konkurrenten Concur u. zu Klage um Vorwürfe zu marktbeherrschender Stellung; Dt. Bank zu EU-Untersuchung ‚Credit-Default-Swaps'; Mastercard in Streit um Interbankenentgelte; Fusionskontrolle Schwan Stabilo/Maier Sports; griech. Alpha Bank zu Umstrukturierungsplan; @Leisure zu Kauf durch Axel Springer; div. Unternehmen zu EEG-Streit mit EU-Kommission; Unternehmen zu Steuerrisiken aus EU-Untersuchung u. EU-Antidumpingzöllen für Solarmodule; lfd. REACH-Konsortien ‚Styrene', ‚Gluconsäure', ‚TCCP', ‚CTAC'.

KAPELLMANN UND PARTNER
Brüssel

Bewertung: Die im Baurecht bekannte Kanzlei unterhält ein geschätztes Büro in Brüssel. Das Team um Dr. Robin van der Hout ist dabei sehr prozesserfahren u. tritt regelm. – z.B. für die BRD – vor den EU-Gerichten auf. Zudem ist Kartellrechtspartner u. Dr. Axel Kallmayer regelm. vor Ort. Kürzlich kam ein belg. Cleary-Associate dazu, mit dem van der Hout nun auch im belg. Kartellrecht berät. Die gute Vernetzung in Brüssel zeigt sich an Mandaten für die EU-Kommission u. die Europ. Agentur für die Lebensmittelsicherheit in Kartell- bzw. Akteneinsichtsfragen. Im Beihilferecht vertrat das Team zuletzt erfolgr. den 1. FC Kaiserslautern u. den Flughafen Saarbrücken ggü. der EU-Kommission. „Sie machen einen guten Job", loben auch Wettbewerber.
Empfohlen für: Beihilferecht; ▶ Kartellrecht; ▶ Verkehr. (1 Partner, 4 Associates)
Mandate: ●● Bundesregierung in 2. Vertragsverletzungsverf. zur Holdingstruktur der Dt. Bahn; EU-Kommission in Prozess zum Kartellverf. ‚Spannstahl'; Europ. Agentur für die Lebensmittelsicherheit in Prozess zu Akteneinsichtsrechten durch NGOs; 1. FC Kaiserslautern beihilferechtl. ggü. EU-Kommission wg. Pachtmodell für Stadion; Flughafen Saarbrücken beihilfer. in EU-Beihilfeverf.; 25 mittelstänl. Holzunternehmen aus NRW in Beihilfebeschwerde; Dax-Unternehmen zu kartellrechtl. Audits in Benelux; Onlinezahlungsanbieter kartellrechtl. u. in Gesetzgebungsverfahren zu Zahlungsdiensterichtlinie.

LATHAM & WATKINS
Brüssel

Bewertung: In Brüssel häufig empfohlenes Büro, das immer mehr zum Herausforderer der beiden marktführenden Büros von Freshfields u. Cleary wird. Sowohl Lars Kjølbye als auch Dr. Sven Völcker haben sich seit ihrem Zugang vor rd. 2 Jahren als Glücksgriff erwiesen. Kjølbye lobte ein Mandant für sein „sehr gutes Judiz, er weiß wie in der Kommission gedacht wird, kann es für den Mandanten einsetzen". Völcker übernahm zuletzt die Co-Führungsrolle in der internat. Kartellrechtspraxis u. heimste für seine Arbeit für Mandanten wie Siemens oder Apple viel Lob ein. Der Abschied von der Partnerin Susanne Zühlke, die sich mit einer früheren Latham-Anwältin selbstständig

● Referenzmandate, umschrieben
●● Referenzmandate, namentlich

machte (E&Z Eickstädt & Zühlke), ist insofern verkraftbar, aber doch ein deutl. Wermutstropfen in der ansonsten positiven Entwicklung. L&W pflegt auch weiterhin speziell mit Hamburg einen regelm. Austausch von Associates. Marc Hansen ist nach wie vor mit der exponierten Rolle für Sumitomo in der ww. Kfz-Zuliefererkartelluntersuchung stark ausgelastet.

Stärken: Internat. zusammengesetztes Team, etablierte Zusammenarbeit.

Empfohlen für: ▶ Kartellrecht; ▶ Außenhandel; die breite Praxis umfasst auch internat. kartellrechtl. Litigation. (7 (1 dt.) Partner, 1 Counsel, 13 (1 dt.) Associates)

Mandate: ●● Carlyle Group lfd. fusionskontrollrechtl., u.a. zu Verkauf von Veyance; Siemens zu Kauf von Dresser-Rand (mit Freshfields); Sumitomo Electric in zahlr. Ländern bzgl. Kfz-Zuliefererkartell (Kronzeuge); Fusionskontrollen Globe Specialty Metals/Ferro Atlántica, Thoma Bravo/Riverbed, Onex/SIG Holding; Eli Lilly zu Kauf eines Geschäftsbereichs von Novartis; Apple zu Marktmachtmissbrauchsverf. der EU-Kommission gg. Motorola u. Samsung (aus dem Markt bekannt); Singapore Airlines zu Schadensersatzklagen wg. Luftfrachtkartell; Groupement des Cartes Bancaires in EuGH-Streit mit Kommission; regelm. WhatsApp.

LINKLATERS
Brüssel

Bewertung: Häufig empfohlenes Büro in Brüssel. Dr. Wolfgang Deselaers beeindruckte erneut mit der Arbeit für die Dt. Bahn, indem er für das Unternehmen sowohl bei der Beilegung des Bahnstromstreits mit der EU-Kommission als auch im EuGH-Prozess um weitere Befugnisse bei Durchsuchungen zufriedenstellende Ergebnisse erreichte. Die mehrj. beihilferechtl. Begleitung der HRE mündete nun in der Einbindung in den IPO der Nachfolgerin pbb. Aufgr. der inzw. engen Beziehung zu einigen namh. Unternehmen, darunter auch Nestlé, ergibt sich eine stärkere Präsenz im dt. Markt, als dies bei anderen erfahrenen Brüsseler Partnern der Fall ist.

Empfohlen für: ▶ Kartellrecht; ▶ Beihilfe; Außenhandel. Namhafte Praxis. (EU-Kartellrecht: 6 (2 dt.) Partner, 4 (1 dt.) Counsel, 14 (3 dt.) Associates, insges. rund 100 Anwälte)

Mandate: ●● Dt. Bahn in EuGH-Prozess um Nachprüfung u. Zufallsfunde bei Durchsuchungen der EU-Kommission, ebenso bei Settlement im EU-Streit um Bahnstromrabatte; Goldman Sachs zu Geldbuße ‚Unterseekabel'; regelm. für Nestlé, Beiersdorf; Dt. Pfandbriefbank beihilferechtl. bei IPO; Beteiligte im Kartellverf. ‚Wurstwaren'; Richemont in EU-Kartellverf. ‚Uhrenreparateure'; fusionskontrollrechtl. für Tianqi, Saint Gobain.

LUTHER
Brüssel

Bewertung: Geschätztes Brüsseler Büro, das zuletzt eine Reihe von Krankenhauszusammenschlüssen begleitet hat, darunter die Freigabe für das Klinikum Friedrichshafen im Fusionskontrollverf. zum Kauf des Krankenhauses Tettnang. Ein weiterhin beherrschendes Thema war für Dr. Helmut Janssen zudem die Beihilfeverf. zum EEG, das er gemeinsam mit den dt. Büros für eine Reihe von Unternehmen bearbeitet. Daneben war er mit kartellrechtl. Mandaten zuletzt sehr präsent. Die erfolgr. Zusammenarbeit will die Kanzlei künftig nutzen, um auch das produktbez. Umweltrecht voranzutreiben. Aufbauen kann sie dabei auf der Erfahrung von Gabrielle Williamson in Produktsicherheitsfragen u. den zahlreichen Industriemandanten der Kanzlei.

Empfohlen für: ▶ Außenhandels- u. WTO-Recht; Exportkontrolle; ▶ Beihilfe; ▶ Kartellrecht; ▶ Umwelt u. Planung; ▶ Vertrieb. (2 Partner, 2 Associates)

Mandate: ●● ArcelorMittal, Dt. Edelstahlwerke, Saint Gobain u. andere in EU-Beihilfeverf. zu EEG-Umlage; Klinikum Friedrichshafen fusionskontrollrechtl. bei Kauf des Krankenhauses Tettnang; Immofinanz kartellrechtl. zu Kauf von Immobilienportfolio; ThyssenKrupp fusionskontrollrechtl. zu IT-Outsourcing; Berliner Verkehrsbetriebe u. Unitedprint im Vertriebskartellrecht; Briggs & Stratton u.a. im Kartellrecht u. zu Produktsicherheit; RWE Npower außenhandelsrechtl.; Navigations-App-Entwickler bei EU-Beschwerde gg. Google.

MAYER BROWN
Brüssel

Bewertung: In dem empfohlenen Brüsseler Büro profiliert sich u.a. Robert Klotz immer stärker mit seiner Fokussierung auf Regulierungsthemen in den Sektoren Energie u. Mobilfunk. Denn in beiden Bereichen gab es zuletzt durch die Telefónica-Fusionsentscheidung sowie das Augenmerk der Kommission auf Energiewende u. osteurop. Gasmärkte viel Bewegung u. damit Beratungsbedarf. Managing-Partner Dr. Jens Schmidt verzeichnete zudem in kartellrechtl. Hinsicht einige Erfolge, indem er MB bei namh. (auch dt.) Unternehmen positionieren konnte. Die Chinaverbindungen traten zuletzt weniger prominent hervor, doch ist die Trade- u. Zollpraxis weiterhin viel beschäftigt. Ein langj. Mandant lobte besonders eine „verlässl. hohe Qualität in allen Fachbereichen". Eine erfahrene Counsel wechselte als Partnerin zu Crowell & Moring.

Empfohlen für: ▶ Kartellrecht; Außenhandel; Beihilferecht. (8 (2 dt.) Partner, 3 Counsel, 5 (1 dt.) Associates)

Mandate: ●● Airdata zu Klage gg. Fusion Telefónica/E-Plus; Fusionskontrollen für Benteler, EPH (u.a. zu Kauf von ital. E.on-Kraftwerksanteilen), Solvay, Avedon, Bopp & Reuther; Verband VIK zu Beihilfeverf. um den EEG-Ausgleich; Albemarle zu internat. Chemie-Joint-Venture; Jordan Company zu Verkauf von Casco Automotive; Litauische Eisenbahn wg. Verdachts missbräuchl. Zugangsverweigerung zum Schienennetz; BDEW zu Freistellung des Strom- u. Gasvertriebs in Dtl. vom Vergaberecht; Wilmar zu Antidumpingzöllen für Biodiesel aus Indonesien; Gazprom zu WTO-Anfechtung des 3. EU-Energiepakets durch russ. Regierung; div. internat. Konzerne lfd. zu Zoll-Compliance in EU, Afrika u. Asien.

NOERR
Brüssel

JUVE AWARDS 2015
Kanzlei des Jahres für Kartellrecht

Bewertung: Geschätzte Kanzlei, die sich im Brüsseler Markt stärker etabliert. Obwohl erst im Vorjahr gestartet, besteht das Büro schon aus einem großen Team, vorwiegend von Anwälten, die aus den dt. Büros wechselten. Viele Mandanten aus dem dt. Netzwerk, wie etwa Kaufland, werden nun auch in Brüssel beraten. Dabei sind der Münchner Partner Dr. Alexander Birnstiel u. insbes. Quereinsteiger Alexander Israel (vorm. Wilmer) bestens in Brüssel vernetzt, wodurch Noerr auch vor Ort internat. Großkonzerne im Kartellrecht von sich überzeugen konnte. Ansonsten versucht das Team, seine Kompetenz bzgl. osteurop. EU-Mitgliedsstaaten für ein eigenes Profil im Brüsseler Markt zu nutzen. Es berät dabei v.a. Industrieunternehmen beihilferechtl. bei Investitionsvorhaben in Osteuropa. Hier sind aber auch andere Brüsseler Büros traditionell sehr aktiv, wie etwa CMS oder White & Case.

Empfohlen für: ▶ Kartellrecht; ▶ Beihilfe; ▶ Vertrieb. (2 Eq.-Partner, 3 Sal.-Partner, 2 Associates)

Mandate: ●● Sunflower Plastic Compound kartellrechtl. zu Joint Venture mit Cargill; Interfloat/Glasmanufaktur Brandenburg in Beschwerde gg. Beihilfen für Solarglas Ducatt; Vinnolit in EU-Beihilfeverf.; Kaufland im EU-Lebensmittelrecht; Stadt München beihilfe- u. kommunalrechtl. zu Sanierung der Kliniken; Landesvereinigung Milchwirtschaft Niedersachsen zu Milch- u. Fettgesetz.

NORTON ROSE FULBRIGHT
Brüssel

Bewertung: Empfohlenes Büro in Brüssel mit besonderer Stärke in den regulierten Branchen Energie u. Infrastruktur. Letztere ist ein Fokus der Praxen Vergabe- u. Beihilferecht, die die griech. Privatisierungsgesellschaft HRADF zum Verkauf von 14 Flughäfen an Fraport beraten haben. Das Team um Jürgen Werner u. Christian Filippitsch ist in Zusammenarbeit mit den Münchner Finanzierungsexperten daneben weiterhin gut beschäftigt mit ÖPP-Projekten, zuletzt auch bzgl. der Anpassung von Finanzierungsvereinbarungen. Gemeinsam mit den Hamburger Schifffahrtsexperten sind die Brüsseler zudem mit Sanktionsthemen befasst. Durch die Zusammenarbeit mit der dortigen Kartellrechtspraxis setzte NRF weitere Akzente.

Stärken: Schwerpunkt bei internat. Verkehrs-, ÖPP- u. Energieprojekten.

Empfohlen für: ▶ Kartellrecht; ▶ Beihilfe; ▶ ÖPP; ▶ Verkehr. Branchenerfahrung besteht auf den Gebieten ▶ Energie, Transport, Luftverkehr u. Infrastruktur. Zunehmend Außenhandel (Sanktionsrecht). (4 (2 dt.) Partner, 7 (2 dt.) Associates, 1 dt. of Counsel)

Mandate: ●● Aviko kartellrechtl. zu Einstieg bei Amberger; BMVerkehr/Deges vergaberechtl. zu EU-Projektanleihe für A7; HRADF vergabe- u. beihilferechtl. zu Verkauf von 14 Flughäfen an Fraport; Reckitt Benckiser kartellrechtl.; American Realty Capital kartellrechtl. zu Kauf des RWE-Sitzes; EU-Kommission zu TransTec-Korridor Ostsee; Bieterkonsortium in ÖPP-Ausschreibung für Sanierung u. Betrieb der Uniklinik Schl.-Holst.; EasyJet in EU-Beihilfeverfahren.

REDEKER SELLNER DAHS
Brüssel

NOMINIERT
JUVE Awards 2015
Kanzlei des Jahres für Kartellrecht

Bewertung: Das empfohlene Brüsseler Büro um Dr. Andreas Rosenfeld landete einen regelrechten Coup, als die Klage seiner Mandantin Dt. Bahn vor dem LG Köln öffentl. wurde: €1,2 Mrd verlangt das Unternehmen von den Luftfrachtkartellanten, die höchste Summe, die bisher

REGION BRÜSSEL

in Dtl. im Bereich Kartellschadensersatz gefordert wird. In der anerkannten beihilferechtl. Arbeit haben sich Umweltbeihilfen zu einer Spezialisierung entwickelt, was dem Team zuletzt auch Anfragen aus dem Hafensektor einbrachte. Durch das neue Bündnis Redekers mit der brit. Kanzlei Bond Dickinson könnte sich die Arbeit des Büros künftig stärker internationalisieren, da die Briten vor Ort bislang nicht vertreten sind u. Rosenfeld ins gemeinsame Management mit der Allianzkanzlei rückte. Schnittpunkte bieten das Kartell- u. Europarecht an.

Stärken: Gute Vernetzung vor Ort, gleichzeitig glaubwürdige Einbindung in die dt. Praxis, viel Erfahrung im Beihilferecht.

Empfohlen für: ▶ Beihilfe- u. ▶ Kartellrecht; ▶ Verfassungs- u. Verwaltungsrecht; ▶ Verkehr. (1 Eq.-Partner, 1 Sal.-Partner, 4 Associates)

Mandate: ●● Dt. Bahn in Schadensersatzklage gg. Luftfrachtkartell; Clean Energy Sourcing zu Einführung des Grünstrommarktmodells; Sparkasse zu Kapitalzufuhr; Gemeinde zu erfolgr. Beendigung von Flughafenbeihilfeverf.; slowak. Unternehmen bei Beschwerde wg. Investitionsbeihilfen für Wettbewerber.

SZA SCHILLING ZUTT & ANSCHÜTZ
Brüssel

Bewertung: Geschätztes Büro in Brüssel, das die Erwartungen der Kanzlei seit der Eröffnung erfüllt hat. Da das Team auch früher schon bei Shearman zusammengearbeitet hatte, fiel die Integration leicht. Die Brüsseler sind daher auch in div. Mandate der viel beschäftigten Mannheimer Praxis eng eingebunden u. bringen die internat. Erfahrung so auch für die dt. Mandanten ein. U.a. arbeitete man gemeinsam erfolgr. für Ostendorf im Kartellverf. um Plastikröhren, das jetzt von der EU-Kommission verfolgt wird. Silvio Cappellari konnte zudem aufgr. seines Trackrecords bei jap. Mandanten neue Verbindungen zu Mitsubishi Gas Chemical eröffnen u. so die internat. Glaubwürdigkeit von SZA untermauern.

Empfohlen für: ▶ Kartellrecht. (2 Partner, 3 Associates)

Mandate: ●● Hansa Armaturen zu Rechtsmittel im EuGH-Prozess um Kartell ‚Sanitär'; Erzquell Brauerei in Kartellverf. (OLG D'dorf); Gretsch Unitas u.a. zu Compliance; Mitsubishi Gas Chemical fusionskontrollrechtl.; Ostendorf-Gruppe zu EU-Kartellverf. ‚Plastikröhren'; Overgas (Bulgarien) bei einer EU-Beschwerde.

VAN BAEL & BELLIS
Brüssel

Bewertung: Geschätzte Kanzlei in Brüssel, die insbes. im EU-Außenhandels- u. Antisubventionsrecht traditionell einen festen Platz im Markt hat. Bei der Vertretung der argentin. Biodieselproduzenten vor dem EuG u. der WTO gg. Antidumpingmaßnahmen der EU kommen alle ihre Spezialisierungen zum Einsatz. Nach Hull im Vorjahr stärkte Van Bael den Bereich Kartellrecht u. IP mit Michael Clancy (ebenfalls von Covington). Die dt. Kartellrechtlerin Reinart betreute zuletzt eine Reihe von dt. Fusionskontrollen, z.B. für Renault u. Bolloré bei einem Joint Venture. Allerdings ging ein anerkannter Trade-Partner auch zu Jones Day.

Häufig empfohlen: Jean-Francois Bellis, Kris van Hove, Stephanie Reinart, David Hull (alle Kartellrecht)

Kanzleitätigkeit: Anwälte aus versch. Jurisdiktionen beraten in Kartellrecht u. Antidumping, ebenso zu Beihilferecht u. bei Compliance. Mandantenkreis: mittlere u. große Unternehmen, v.a. aus EU, USA u. Asien (z.B. Malaysia, Korea, Japan); zudem Verbände u. Regierungen. (20 Partner, 6 (1 dt.) Counsel, 34 (1 dt.) Associates)

Mandate: ●● Verband Carbio u. alle Biodieselproduzenten in Argentinien vor EuG u. WTO gg. Antidumpingmaßnahmen der EU; Japan in WTO-Streit mit Ukraine um Schutzmaßnahmen für die Pkw-Einfuhr; Renault u. Bolloré zu dt. Fusionskontrolle; Viscas in EU-Kartellbußgeldverf. Stromkabel; Veolia Umwelt in dt. Fusionskontrolle wg. Joint Venture mit Meinhardt; Siemens Windpower in Antisubventionsverf. bzgl. chin. Glasfaserfilamente; Canon lfd. zu EU-Umweltrecht (u.a. REACH, Ökodesign).

WHITE & CASE
Brüssel

Bewertung: Empfohlenes Brüsseler Büro. Die kanzleiweit verstärkte Ausrichtung auf mehr interne Vernetzung zeigt inzw. immer öfter Wirkung, etwa durch neue Mandanten wie Zimmer Holdings oder ASK Chemicals. Beide Unternehmen waren durch Quereinsteiger in den USA u. London zu W&C gekommen. Neu ergeben haben sich auch erste Verbindungen zu einem dt. Kfz-Zulieferer bei Zukäufen. Während der dt. Partner Axel Schulz oft Teil der internat. Fusionskontrollteams war, zeichnet sich Kai Struckmann durch eine Praxis aus, die sich an der Schnittstelle zum Beihilferecht bewegt. U.a. wurde er von der bulgar. Energiebehörde bzgl. Marktöffnungsthemen mandatiert. Das auch durch einige interne Sal.-Partner- u. Counsel-Ernennungen ausgebaute u. internat. zusammengesetzte Büro hat in den letzten Jahren einen spürbaren u. für die Kanzlei positiven Wandel durchlaufen. Der hoch anerkannte Senior Ian Forrester wechselt als Richter an den EuGH.

Stärken: Anerkannte Prozesserfahrung auf europ. Ebene. Starke Verbindung nach Ost- u. Nordeuropa.

Empfohlen für: ▶ Kartellrecht; Außenhandel; ▶ Beihilfe; Lobbying. (14 (2 dt.) Partner, 4 (1 dt.) Counsel, 25 Associates)

Mandate: ●● Zimmer Holdings zu Fusion mit Biomet; ASK Chemicals fusionskontrollrechtl. zum Kauf durch Rhône Capital; Fusionskontrolle Tractebel/Lahmeyer, IHI/Steinmüller, Nordic Capital/Vizrt, Toyota/Tailift; Toshiba in EuG-Klage gg. Bußgeld ‚Fernsehröhren'; Bulgarian Energy Holding in EU-Missbrauchsverf. bzgl. Strom- u. Gasinfrastruktur; Czech Airlines fusionskontrollrechtl.; Fairfield zu Joint Venture; europ. Medienunternehmen bei EU-Beschwerde gg. Schulbuchverstaatlichung in einem Mitgliedsstaat; slowen. Autozulieferer beihilferechtl. bei Restrukturierung.

WILSON SONSINI GOODRICH & ROSATI
Brüssel

Bewertung: Empfohlenes, im Brüsseler Markt bestens vernetztes Team, das mit der Arbeit für BMW u. K+S auch auf dem dt. Markt präsenter wird. Zudem gelingt es immer besser auch zentrale Mandanten der US-Praxis in EU-bezogenen Fällen zu beraten, so etwa Google. Im Datenschutz funktionierte dieser Transfer schon länger.

Häufig empfohlen: Götz Drauz, Dr. Michael Rosenthal („fachl. u. menschl. kompetent", Mandant), Christopher Kuner (internat. Datenschutz)

Kanzleitätigkeit: Breite ▶ kartellrechtliche Praxis, u.a. in den Branchen Luftverkehr, Energie, IT. Außerdem internat. Datenschutz. (2 (1 dt.) Partner, 5 (2 dt.) Associates, 4 (1 dt.) of Counsel)

Mandate: ●● BMW zu beihilferechtl. Klage gg. EU-Kommission wg. neuer Produktionsstätte für Elektrofahrzeuge in Leipzig; lfd. Air France, KLM, K+S, Chevron, SkyTeam; Mylan in patentbezogenen ‚Pay-for-Delay'-Prozessen; Google lfd. im Datenschutzrecht; Youtube/Google bei EU-Beschwerde gg. Musikdienst durch Impala; Hitachi Chemical in Kartellverf. ‚Kondensatoren'; Fusionskontrollen für Altera, Aruba Networks, Cypress, Dolby, Echelon, Fondo Strategico Italiano.

JUVE Handbuch 2015 | 2016

Rechtsgebiete

206	Arbeitsrecht		451	Öffentlicher Sektor
232	Bank- und Finanzrecht			Beihilferecht ... 453
	Anleihen und Strukturierte Finanzierung ... 234			Umwelt- und Planungsrecht ... 457
	Bank- und Bankaufsichtsrecht ... 242			Produkt- und Abfallrecht ... 470
	Börseneinführung und Kapitalerhöhung ... 248			Verfassungs- und Wirtschaftsverwaltungsrecht ... 473
	Investmentfonds und Assetmanagement ... 253			Vergaberecht ... 476
	Kredite und Akquisitionsfinanzierung ... 255			Umstrukturierungenm, ÖPP und Projektfinanzierung ... 487
261	Compliance-Untersuchungen		489	Patentrecht
272	Gesellschaftsrecht		509	Private Equity & Venture Capital
303	Notariat		526	Regulierte Industrien
307	Immobilien- und Baurecht			Energiewirtschaftsrecht ... 526
	Immobilienwirtschaftsrecht ... 307			Gesundheitswesen ... 537
	Projektentwicklung und Anlagenbau ... 318			Berater von Krankenhäusern ... 545
	Privates Baurecht ... 320			Lebensmittelrecht ... 548
330	Kartellrecht			Verkehrssektor ... 550
347	Konfliktlösung – Dispute Resolution		554	Restrukturierung und Insolvenz
	Handel und Haftung ... 347			Restrukturierung/Sanierung ... 556
	Häufig empfohlene BGH-Kanzleien ... 352			Insolvenzverwaltung ... 564
	Gesellschaftsrechtliche Streitigkeiten ... 361		573	Steuerrecht
366	M&A			Steuerstrafrecht ... 589
392	Marken- und Wettbewerbsrecht		592	Versicherungsrecht
412	Medien, Technologie und Kommunikation			Versicherungsvertragsrecht: Prozessvertretung und Beratung ... 594
	Medien ... 412			Unternehmensbezogene Beratung von Versicherern ... 602
	Presse- und Äußerungsrecht ... 424		606	Vertrieb/Handel/Logistik
	Informationstechnologie ... 428			Vertriebssysteme ... 606
	Telekommunikation ... 437			Außenhandel ... 615
	Sportrecht ... 439		619	Wirtschaftsstrafrecht
441	Nachfolge/Vermögen/Stiftungen			

Um Ihnen die Suche nach bestimmten rechtsgebietsbezogenen Kanzleiinformationen zu erleichtern, ist der folgende Abschnitt alphabetisch geordnet und berichtet über Kanzleien, die sich in einem bestimmten Rechtsgebiet einen besonderen Ruf erworben haben.

Die hier getroffene Auswahl der Kanzleien ist das Ergebnis der auf zahlreichen Interviews basierenden Recherche der JUVE-Redaktion. Sie ist in zweierlei Hinsicht subjektiv: Sämtliche Aussagen der von JUVE-Redakteuren befragten Quellen sind subjektiv u. spiegeln deren eigene Wahrnehmungen, Erfahrungen u. Einschätzungen wider. Die Rechercheergebnisse werden von der JUVE-Redaktion unter Einbeziehung ihrer eigenen Marktkenntnis analysiert u. zusammengefasst. Der JUVE-Verlag beabsichtigt mit diesen Tabellen keine allgemeingültige oder objektiv nachprüfbare Bewertung. Es ist möglich, dass eine andere Recherchemethode zu anderen Ergebnissen führen würde.

Freiwilligenprogramme als Alternative zum einseitigen Personalabbau?

von Dr. Wolfgang Lipinski, Beiten Burkhardt, München

Mit ca. 60 Arbeitsrechtlern verfügt die Praxisgruppe Arbeitsrecht der Wirtschaftskanzlei **Beiten Burkhardt** über eines der führenden Arbeitsrechtsteams im deutschen Anwaltsmarkt. Beiten Burkhardt berät bundesweit mit seinen fünf deutschen Büros in- und ausländische Unternehmen in allen Fragen des Arbeitsrechts.

Dr. Wolfgang Lipinski

Zu den Beratungsschwerpunkten von **Dr. Wolfgang Lipinski**, Fachanwalt für Arbeitsrecht und Partner bei Beiten Burkhardt, zählen neben dem AÜG die strategische Planung und Umsetzung von Restrukturierungsmaßnahmen (u. a. (Massen-)Personalabbau, Betriebsübergangs- und Outsourcingvorhaben). Ferner gehören zu seinen Spezialgebieten die Durchführung von tarifrechtlichen Projekten „aller Art" (u. a. Arbeitszeitflexibilisierung, Tarifwechsel, Haustarifverträge, Streikabwehr) sowie die Optimierung und Gestaltung von Vergütungs- und Arbeitszeitmodellen. Er führt regelmäßig die dazugehörigen Verhandlungen mit den Betriebsräten und/oder Gewerkschaften.

Weitere Informationen im Kanzleiprofil am Ende des Handbuchs.

Aus unterschiedlichsten Gründen können Unternehmen gezwungen sein, kurzfristig Personal abzubauen. Dies kann über den klassischen Weg der arbeitgeberseitigen betriebsbedingten Kündigung erfolgen oder durch einvernehmliche Aufhebungsverträge auf Basis sogenannter Freiwilligenprogramme. Welcher Weg im Einzelfall gegangen wird, sollte von Unternehmen nach umfassender Analyse der Ausgangssituation (vorhandene Beschäftigungssicherung, Image, Entscheidungsträger auf Betriebsrats-/Gewerkschaftsseite, wirtschaftliche Lage etc.) entschieden werden. Ziel dieses Beitrags ist es aufzuzeigen, dass und warum Freiwilligenprogramme eine echte Alternative zum einseitigen Personalabbau darstellen.

Wichtigste Vor- und Nachteile von Freiwilligenprogrammen

Freiwilligenprogramme sind schnell umsetzbar und führen dementsprechend zeitnah zu finanzieller Entlastung. Es kommt zu keinen Kündigungsschutzprozessen mit den dort vorhandenen Prozessrisiken, da rechtssichere Aufhebungsverträge abgeschlossen werden. Freiwilligenprogramme sind weniger öffentlichkeitswirksam und damit imageschonend. Bei ihnen ist keine Sozialauswahl erforderlich, d. h. ältere Mitarbeiter und Mitarbeiter mit Sonderkündigungsschutz etc. sind abbaubar. Eine gewünschte neue Altersstruktur kann so geschaffen werden. Dies führt häufig zur dauerhaften Senkung der Personalkosten, wenn ältere, regelmäßig teurere Mitarbeiter ausscheiden. Anders als bei einseitigem Personalabbau kommt es bei der Durchführung von Freiwilligenprogrammen regelmäßig zu keiner bzw. allenfalls geringer Streikaktivität durch ggf. im Betrieb vertretene Gewerkschaften.

Die Nachteile bei Freiwilligenprogrammen sind, dass diese häufig (sehr) teuer sind und ggf. ein nachteiliges Präjudiz für etwaige spätere Sozialpläne bei einseitigem Personalabbau bewirken. Sofern das Freiwilligenprogramm – aus Unternehmenssicht – falsch gestaltet ist, birgt es das Risiko, dass Leistungsträger, die das Unternehmen eigentlich halten will, mit einer hohen Abfindung ausscheiden und derartige Fachkräfte später vom Unternehmen wieder teuer eingekauft werden müssen.

Verhandlungen mit Betriebsrat

Freiwilligenprogramme sind in Betrieben mit und ohne Betriebsrat durchführbar. Ist ein Betriebsrat vorhanden, stellt das Freiwilligenprogramm eine mit dem Betriebsrat zu verhandelnde interessenausgleichs- und sozialplanpflichtige Maßnahme dar, sofern der geplante Personalabbau die Vorgaben des § 17 KSchG erfüllt. Die separat bestehende Problematik des Tarifsozialplans mit der Gewerkschaft spielt regelmäßig keine oder allenfalls eine untergeordnete Rolle, wenn das Freiwilligenprogramm vom Betriebsrat mitgetragen wird. Damit das Freiwilligenprogramm aus Unternehmenssicht ein Erfolg wird, sollte im Rahmen der Verhandlungen mit dem Betriebsrat insbesondere auf eine genaue Definition des Geltungsbereichs geachtet werden. Ferner sollte die Betriebsvereinbarung Freiwilligenprogramm die Regelung eines doppelten Freiwilligkeitsvorbehalts enthalten. Diese soll verhindern, dass Mitarbeiter mit Abfindungszahlungen ausscheiden, die aus Arbeitgebersicht Leistungsträger sind. Ferner müssen Verfahrensregelungen zur Ansprache der Mitarbeiter getroffen werden, die verhindern, dass am Freiwilligenprogramm interessierte Mitarbeiter verbrannt werden, weil das Unternehmen sie nicht verlieren will und es dementsprechend den Abschluss eines Aufhebungsvertrags ablehnt. Vorteilhaft ist des Weiteren eine klare Regelung der finanziellen Konditionen (z. B. Abfindungsformel mit Deckelung). Sehr empfehlenswert ist zudem die Vereinbarung einer Sprinterprämie, d. h. eine zusätzliche Zahlung für Mitarbeiter, die innerhalb einer sehr kurzen Zeitspanne (z. B. 10 bis 14 Kalendertage) den Aufhebungsvertrag unterschreiben. Zudem sollte eine Obergrenze der abzubauenden Mitarbeiter festgelegt werden, ferner Verfahrensregeln zu einem ggf. im Nachgang erforderlichen einseitigen Personalabbau. Dieser wird nach dem Freiwilligenprogramm notwendig, wenn die abzubauende Mitarbeiterzahl nicht erreicht wird. Eine derartige Verfahrensregelung bringt dem Unternehmen zeitliche Verlässlichkeit und damit Planbarkeit. Das spart Unternehmen regelmäßig viel Geld. Ein Freiwilligenprogramm läuft aus Unternehmenssicht erfahrungsgemäß dann besonders gut, wenn es gelingt, mit dem Betriebsrat so zu verhandeln, dass neben der Betriebsvereinbarung Freiwilligenprogramm bereits ein niedriger dotierter Sozialplan abgeschlossen vorliegt. Dieser kommt zur Anwendung, sollten die Abbauzahlen nach dem Freiwilligenprogramm nicht erreicht werden.

Sperrzeit und Massenentlassungsanzeige

Da im Rahmen von Freiwilligenprogrammen regelmäßig Abfindungen von mehr als 0,5 Monatsgehältern pro Beschäftigungsjahr bei Aufhebungsvertragsabschluss gezahlt werden, droht dem Arbeitnehmer eine Sperrzeit von zwölf Wochen beim Bezug von Arbeitslosengeld. Sofern das Unternehmen diese etwaigen Kosten nicht übernehmen will, sollten von diesem alle arbeits- und sozialversicherungsrechtlichen Register – teilweise im Zusammenwirken mit dem Betriebsrat – gezogen werden, um diese Sperrzeit zu verhindern (u. a. „Sammelentscheidung"). Da bei Freiwilligenprogrammen häufig innerhalb von 30 Kalendertagen eine die Vorgaben des § 17 KSchG übersteigende Anzahl von Aufhebungsverträgen geschlossen wird, ist vor Unterzeichnung der Aufhebungsverträge die Erstattung einer Massenentlassungsanzeige an die Agentur für Arbeit notwendig. Erfolgt dies nicht formell korrekt, sind die abgeschlossenen Aufhebungsverträge unwirksam. Da bei Freiwilligenprogrammen meistens Sprinterprämien gewährt werden, ist eine gestaltende Steuerung des Ablaufs, dass eine Massenentlassungsanzeige mangels Überschreitens der Schwellenwerte nicht notwendig wird, regelmäßig nicht erreichbar. Häufig wird in der Praxis dabei verkannt, dass bei den Schwellenwerten die außerhalb des Freiwilligenprogramms liegenden Beendigungstatbestände (z. B. betrieblich veranlasste Eigenkündigungen oder Änderungskündigungen) mitzuzählen sind.

Tatsächliche Umsetzung und Kommunikation

Das Freiwilligenprogramm sollte öffentlich vom Betriebsrat mitgetragen werden (z. B. in Betriebsversammlungen, gemeinsamen Erklärungen von Arbeitgeber und Betriebsrat an Mitarbeiter). Wesentliche Punkte, um das Wohlwollen des Betriebsrats zu erreichen, sind die Budgetierung des Freiwilligenprogramms sowie ein nachvollziehbares Restrukturierungskonzept des Arbeitgebers, welches möglichst von einem Sachverständigen des Betriebsrats bestätigt wird. Jedenfalls ist eine durchdachte und genauestens geplante arbeitgeberseitige Kommunikationsstrategie ein wesentlicher Erfolgsfaktor eines Freiwilligenprogramms. Hier sollten z. B. Zeitplan, Leitfaden für Trennungsgespräche, Erstellung Flugblätter, Aushänge, individuelle Mitarbeiteranschreiben in Betracht gezogen werden.

Fazit

Unternehmen, die Personal abbauen müssen, sollten sich intensiv mit den Vorteilen und Chancen der arbeitsrechtlichen Gestaltungsalternative Freiwilligenprogramm auseinandersetzen. Ob mit dem Gestaltungsmittel Freiwilligenprogramm arbeitgeberseitig bereits von Anfang an offen in die Interessenausgleichs-/Sozialplanverhandlungen mit dem Betriebsrat eingestiegen wird oder das Unternehmen zu anfangs bewusst klassisch einseitigen Personalabbau propagiert und erst vom Betriebsrat im Rahmen dieser Verhandlungen die Thematik (ggf. vorgeschaltetes) Freiwilligenprogramm entdeckt wird, ist jeweils eine Frage der Ausgangssituation und der gewählten arbeitgeberseitigen Verhandlungsstrategie. Unternehmen sollten den sich hier bietenden Gestaltungsspielraum sinnvoll ausnutzen. ∎

KERNAUSSAGEN

- Freiwilligenprogramme sind – ggf. in geschickter Kombination mit einem einseitigen Personalabbau und diesbezüglichen Verfahrens- bzw. Sozialplanregelungen – ein gut gangbarer Weg und eine echte Alternative zum einseitigen Personalabbau.

- Die Analyse der rechtlichen und tatsächlichen Ausgangssituation, gute Vorbereitung sowie eine durchdachte arbeitgeberseitige Verhandlungsstrategie sind wichtige Erfolgsfaktoren für das Gelingen eines Freiwilligenprogramms.

- Freiwilligenprogramme führen regelmäßig zum Erfolg, wenn sie vom Betriebsrat mitgetragen werden.

- Die frühzeitige Einbindung der Arbeitsrechtler spielt bei der erfolgreichen Umsetzung eines Freiwilligenprogramms eine ganz entscheidende Rolle.

- Freiwilligenprogramme bieten trotz hoher Kosten wesentliche Vorteile.

Aktuelle Entwicklungen im Überblick

Von Dr. Benjamin Ittmann und Lena-Marie Schauß, Küttner Rechtsanwälte, Köln

Die Kanzlei **Küttner Rechtsanwälte** ist seit mehr als 40 Jahren als eine der renommiertesten Spezialpraxen auf dem Gebiet des Arbeitsrechts tätig.

Dr. Benjamin Ittmann ist Rechtsanwalt und Fachanwalt für Arbeitsrecht. Er berät Unternehmen, Organe und Führungskräfte in allen Belangen des Arbeits-, Dienst- und Gesellschaftsrechts. Über besondere Expertise verfügt er in Restrukturierungen und Fragen der Bestellung, Abberufung und Haftung von Gesellschaftsorganen.

Lena-Marie Schauß ist Rechtsanwältin bei Küttner Rechtsanwälte. Sie berät Arbeitgeber und Führungskräfte in allen Fragen des Individual- und Kollektivarbeitsrechts. Ihr Tätigkeitsschwerpunkt liegt in der Vertragsgestaltung, in Restrukturierungen und in der Beratung von Geschäftsführern und Vorständen.

Weitere Informationen im Kanzleiprofil am Ende des Handbuchs.

Auch in den Jahren 2014 und 2015 stand das Arbeitsrecht nicht still. Der Gesetzgeber verabschiedete beachtliche, in der Öffentlichkeit teils intensiv diskutierte Gesetzesvorhaben, deren Auswirkungen auf die arbeitsrechtliche Praxis noch nicht vollends abzusehen sind. Zugleich traf das Bundesarbeitsgericht (BAG) mehrfach richtungsweisende Entscheidungen. Dieser Beitrag skizziert die wesentlichen gesetzlichen Neuerungen und Gerichtsentscheidungen.

Mindestlohngesetz

Am 01.01.2015 ist das Mindestlohngesetz (MiLoG) in Kraft getreten. Alle Arbeitnehmer haben einen Anspruch auf einen Stundenlohn von mindestens 8,50 EURO brutto. Neben Berechnungsfragen ist offen, ob der unabdingbare Anspruch der Wirksamkeit vorformulierter Ausschlussklauseln entgegensteht. Unklar ist auch, ob bei Einsätzen von Arbeitnehmern ausländischer Arbeitgeber in Deutschland – insbesondere in der Logistikbranche – das MiLoG gilt. Klar ist dagegen, dass der Mindestlohn an Teilzeit-, Vollzeit- und auch an geringfügig Beschäftigte („Mini-Jobber") zu zahlen ist. Die aktuelle Entgeltgrenze von 450 EURO lässt einen Arbeitsumfang von max. 52,9 Stunden im Monat zu. Bei Überschreiten droht nun – neben dem Wegfall der sozialversicherungsrechtlichen Privilegierung – eine Geldbuße von bis zu 500 Tsd. EURO (§§20 f. MiLoG).

Tarifeinheitsgesetz

Nachdem das BAG den Grundsatz der Tarifeinheit am 07.07.2010 (4 AZR 549/08) aufgegeben hatte, nahm die Verfolgung von Partikularinteressen durch Berufsgruppen- und Spartengewerkschaften mit Streikmaßnahmen in Schlüsselfunktionen zu. Dem soll das am 22.05.2015 verabschiedete Gesetz zur Tarifeinheit Einhalt gebieten (Gesetzesentwurf: BT-Drs. 18/4062). Die Tarifparteien sollen Kollisionen selbst vermeiden, indem sie ihre Zuständigkeiten abstimmen (gewillkürte Tarifpluralität) und Tarifverträge gemeinsam verhandeln. Gelingt dies nicht, kommt der in §4a TVG n.F. als nachrangige Kollisionsregel verankerte Grundsatz der Tarifeinheit zum Tragen. Danach ist nur der Tarifvertrag derjenigen Gewerkschaft anwendbar, die im Betrieb über die meisten Mitglieder verfügt. In der Literatur werden verfassungsrechtliche Bedenken geäußert und beanstandet, dass zahlreiche ungeklärte Rechtsfragen aufgeworfen und nicht unmittelbar das eigentliche Problem – das umfassende Streikrecht kleinerer Gewerkschaften – angegangen werde.

Teilhabe an Führungspositionen

Der Bundestag hat am 06.03.2015 trotz erheblicher Kritik das Gesetz zur gleichberechtigten Teilhabe von Frauen und Männern an Führungspositionen verabschiedet. Für Aufsichtsräte börsennotierter und paritätisch mitbestimmter Gesellschaften gilt ab 01.01.2016 eine Geschlechterquote von mindestens 30% (§96 Abs. 2 und 3 AktG n.F.). Dies gilt für den Aufsichtsrat als Gesamtorgan, sofern Anteilseigner und Arbeitnehmervertreter dem nicht vor der Wahl widersprechen. Im letzteren Fall hat jede Seite die Mindestquote gesondert zu erfüllen. Wird die Mindestquote nicht erfüllt, ist die Wahl nichtig, da die Posten des unzureichend vertretenen Geschlechts unbesetzt bleiben („Leerer Stuhl"). Unternehmen, die börsennotiert oder mitbestimmt sind, traf überdies die Verpflichtung, bis zum 30.09.2015 Zielgrößen zur Erhöhung des Frauenanteils in Aufsichtsräten, Vorständen und Management-Ebenen selbst festzulegen. Lag der Geschlechteranteil in einer Ebene bei unter 30%, durfte dieser nicht unterschritten werden. Die festgelegte Zielgröße ist bis zum 30.06.2017 zu erreichen. Sich anschließende Fristen dürfen einen Fünfjahreszeitraum nicht überschreiten.

Altersgrenzen in Versorgungsordnungen

Der Dritte Senat hat sich in der jüngeren Vergangenheit zweimal mit der Wirksamkeit von Altersgrenzen in betrieblichen Versorgungsordnungen befasst. Mit Urteil vom 12.11.2013 (3 AZR 356/12) entschied er, dass eine Regelung, wonach bei einem Arbeitsbeginn nach dem 50. Lebensjahr keine Rentenanwartschaft erworben wird, rechtswirksam ist. Die Ungleichbehandlung wegen des Alters sei nach §10 Sätze 1, 2 und 3 Nr. 4 AGG gerechtfertigt. Bei der Ausgestaltung einer Altersgrenze, die den Dotierungsrahmen bestimme, stehe dem Arbeitgeber ein Gestaltungs- und Ermessensspielraum zu. Den Beschäftigten bliebe im Laufe des Berufslebens noch hinreichend Zeit, ihre Altersversorgung sicherzustellen. Eine mittelbare Diskriminierung von Frauen scheide zudem aus, da mit einem Wiedereintritt in das Erwerbsleben nach Zeiten der Kindeserziehung typischerweise vor dem 50. Lebensjahr zu rechnen sei. Demgegenüber erachtete das BAG am 18.03.2014 (3 AZR 69/12) eine Regelung, die einen Anspruch auf Betriebsrente ausschließt, wenn der Arbeitnehmer bei Erfüllung einer zehnjährigen Wartezeit das 55. Lebensjahr vollendet hat, für unwirksam und gab hierdurch seine Rechtsprechung aus der Zeit vor Inkrafttreten des AGG auf. Die Altersgrenze sei nicht angemessen. Mit einer Bestimmung, die dazu führe, dass während eines beträchtlichen Teils eines Erwerbslebens keine hinreichenden Versorgungsanwartschaften erworben werden können, überschreite der Arbeitgeber seinen Spielraum.

Urlaubsrechtsprechung

Mit einer Altersdiskriminierungsfrage hatte sich auch der Neunte Senat in seinem Urteil vom 21.10.2014 (9 AZR 956/12) auseinanderzusetzen. Es ging darum, ob älteren Arbeitnehmern mehr Urlaub gewährt werden darf als jüngeren Arbeitnehmern. Ein Arbeitgeber hatte allen Mitarbeitern, die das 58. Lebensjahr vollendet hatten, über den arbeitsvertraglich vereinbarten Jahresurlaub von 34 Tagen freiwillig zwei weitere Urlaubstage gewährt. Der Neunte Senat hielt die Ungleichbehandlung aufgrund des gesteigerten Erholungsbedürfnisses der älteren Beschäftigten nach §10 Satz 3 Nr. 1 AGG für gerechtfertigt. Die Arbeitnehmer übten vorliegend belastende, körperlich ermüdende Berufe aus. Dem hieraus folgenden Erholungsbedarf habe der Arbeitgeber im Rahmen seines Beurteilungs- und Ermessensspielraums angemessen Rechnung getragen. Dass §3 BUrlG und Art. 7 der Richtlinie 2003/88/EG keine Altersstaffelungen enthalten, stehe nicht entgegen, da die Vorschriften allein die Dauer des Mindesturlaubs und damit das unterste Maß dessen beträfen, was unabhängig von individuellen Besonderheiten zur Erholung erforderlich sei.

Mit seiner Entscheidung vom 16.12.2014 (9 AZR 295/13) rückte der Neunte Senat von seiner früheren Rechtsprechung zu §6 Abs. 1 BUrlG ab. Nach dieser Norm besteht ein Anspruch auf Urlaub nicht, soweit für das laufende Kalenderjahr bereits von einem früheren Arbeitgeber Urlaub gewährt wurde. Entgegen früherer Rechtsprechung stelle die Regelung keine rechtshindernde Einwendung, sondern eine negative Anspruchsvoraussetzung dar. Einem neuen Arbeitgeber sei regelmäßig nicht bekannt, in welchem Umfang dem Arbeitnehmer im früheren Arbeitsverhältnis Urlaub gewährt worden ist. Daher obliege es im Ausgangspunkt dem Arbeitnehmer, darzulegen und ggf. zu beweisen, dass die Voraussetzungen einer Anrechnung von Urlaubstagen nicht vorliegen. Dies erfordere im Bestreitensfall einen substantiierten Sachvortrag. Ein taugliches Beweismittel liege in der vom früheren Arbeitgeber gemäß §6 Abs. 2 BUrlG auszustellenden Urlaubsbescheinigung.

Zulässigkeit von Stichtagsregelungen

Mit Urteilen vom 18.01.2012 (10 AZR 612/10) und 13.11.2013 (10 AZR 848/12) hat der Zehnte Senat seine Rechtsprechung zur Wirksamkeit von Stichtagsklauseln geändert. Eine vom Arbeitgeber vorformulierte Sonderzahlungsregelung mit Mischcharakter, die sowohl Betriebstreue honorieren als auch Arbeitsleistung vergüten soll, darf nicht mehr vom (ungekündigten) Bestand des Arbeitsverhältnisses abhängig gemacht werden. Der Arbeitnehmer habe mit seiner erbrachten Arbeitsleistung die Sonderzahlung bereits „verdient", unabhängig davon, ob der Stichtag innerhalb oder außerhalb des Bezugszeitraums liege. Eine entsprechende Klausel sei gemäß §307 Abs. 1 BGB unwirksam. Demgegenüber sind, wie das BAG am 22.07.2014 (9 AZR 981/12) entschieden hat, Stichtagsregelungen bei Sonderzahlungen, die ausschließlich Betriebstreue belohnen, nach wie vor zulässig. Eine solche Leistung kann sogar an das „ungekündigte" Bestehen des Arbeitsverhältnisses im Zeitpunkt der Auszahlung geknüpft werden. Ungeklärt ist allerdings der Umfang der zulässigen Bindungsdauer. So ist offen, ob das BAG an seiner Rechtsprechung festhalten wird, nach der die für Rückzahlungsklauseln maßgeblichen strengen Bindungsfristen nicht gelten.

Arbeitsgerichtsweg bei Klage des GmbH-Geschäftsführers

Mit Beschlüssen vom 22.10.2014 (10 AZB 46/14) und 03.12.2014 (10 AZB 98/14) hat der Zehnte Senat hinsichtlich der Zuständigkeit der Arbeitsgerichte bei Klagen des Geschäftsführers gegen die GmbH Rechtssicherheit geschaffen. Für die Zeit nach der Beendigung der Bestellung bejahte es die Zuständigkeit des Arbeitsgerichts bei Klageanträgen, deren Begründetheit das Bestehen eines Arbeitsverhältnisses voraussetzen („sic-non-Fälle"). Wurde aber bislang für die Frage, ob die Bestellung zum Organ der Zuständigkeit des Arbeitsgerichts entgegensteht oder nicht, auf den Zeitpunkt der Klagezustellung abgestellt, ist fortan auf den Zeitpunkt der Beendigung des Zuständigkeitsstreits abzustellen. Endet die Organstellung durch Abberufung oder Amtsniederlegung vor der rechtskräftigen Entscheidung im Zuständigkeitsverfahren, ist das Arbeitsgericht zuständig. ∎

KERNAUSSAGEN

- Das MiLoG gibt Arbeitnehmern Anspruch auf Stundenlohn in Höhe von 8,50 EURO. Zahlreiche Rechtsfragen sind ungeklärt.

- Für Aufsichtsräte börsennotierter und paritätisch mitbestimmter Gesellschaften gilt ab 01.01.2016 eine Geschlechterquote von mindestens 30%.

- Arbeitnehmer, deren Arbeitsverhältnis nach dem 50. Lebensjahr beginnt, können von einer betrieblichen Altersversorgung ausgenommen werden.

- Bei unterjährigem Arbeitgeberwechsel hat der Arbeitnehmer den nicht in Anspruch genommenen Urlaub darzulegen und ggf. zu beweisen.

- Stichtagsklauseln, die Sonderzahlungen mit Mischcharakter erfassen, sind regelmäßig unwirksam.

- Dem Geschäftsführer ist im „sic-non-Fall" der Rechtsweg zum Arbeitsgericht eröffnet, wenn seine Organstellung bis zum Abschluss des Zuständigkeitsstreits endet.

Aktuelle Entwicklungen bei der Anpassung von Betriebsrenten

Von Thomas Bader, Christian Betz-Rehm und Dr. Brigitte Huber, maat Rechtsanwälte, München

Thomas Bader

Christian Betz-Rehm

Dr. Brigitte Huber

maat Rechtsanwälte ist eine Fachkanzlei für Arbeitsrecht, Sozialrecht und betriebliche Altersversorgung mit Sitz in München, die seit 2008 vornehmlich in der Beratung und Vertretung von national und international tätigen Konzernen, mittelständischen Unternehmen sowie Organpersonen und Führungskräften bundesweit tätig ist.

Thomas Bader, **Christian Betz-Rehm** und **Dr. Brigitte Huber** sind Partner bei maat Rechtsanwälte und beraten langjährig zu allen Fragen des Arbeitsrechts mit einem besonderen Schwerpunkt auf dem Recht der betrieblichen Altersversorgung. Der Autor Betz-Rehm hat das im Beitrag vorgestellte Urteil vom 17.06.14 vor dem Bundesarbeitsgericht für den Arbeitgeber verhandelt.

Weitere Informationen im Kanzleiprofil am Ende des Handbuchs.

Die Pflicht des Arbeitgebers zur Anpassung der laufenden Betriebsrenten steht seit Jahren im Fokus arbeitsgerichtlicher Entscheidungen. Insbesondere in Konzernsachverhalten wirft die Rentenanpassung häufig Rechtsprobleme von erheblicher Komplexität auf. In zwei neueren Entscheidungen hat das Bundesarbeitsgericht einige für die Praxis höchst relevante Fragen entschieden – erfreulicherweise mit der Tendenz gewisser Erleichterungen für die Arbeitgeber.

Nach § 16 Betriebsrentengesetz (BetrAVG) hat der Arbeitgeber alle drei Jahre eine Anpassung der laufenden Leistungen der betrieblichen Altersversorgung zu prüfen und hierüber nach billigem Ermessen zu entscheiden. Zweck dieser Vorschrift ist es, der Entwertung der Betriebsrenten durch den Anstieg der Lebenshaltungskosten entgegenzuwirken. Bei der Entscheidung darüber, ob eine Erhöhung der Betriebsrente vorzunehmen ist, sind sowohl die Belange des Versorgungsempfängers als auch die wirtschaftliche Lage des Arbeitgebers zu berücksichtigen. Zu den Belangen des Versorgungsempfängers gehört in erster Linie sein Interesse an der Erhaltung der Kaufkraft seiner Betriebsrente. Auszugleichen ist deshalb grundsätzlich der volle Kaufkraftverlust vom Rentenbeginn bis zum Anpassungsstichtag, der anhand der Veränderungen des maßgeblichen Preisindexes – für Anpassungsstichtage ab dem 01.01.03 ist das der Verbraucherpreisindex für Deutschland – zu ermitteln ist. Der Arbeitgeber kann die Anpassung aber unterlassen, wenn und soweit seine wirtschaftliche Lage eine Anpassung nicht zulässt. Dies ist der Fall, wenn die Betriebsrentenanpassung das Unternehmen übermäßig belasten und seine Wettbewerbsfähigkeit gefährden würde. Die Wettbewerbsfähigkeit wird insbesondere dann gefährdet, wenn der Arbeitgeber keine angemessene Eigenkapitalverzinsung erwirtschaftet.

Kein automatischer Berechnungsdurchgriff bei Beherrschungsvertrag

Für die Frage, ob die wirtschaftliche Lage eine Anpassung der Renten zulässt, kommt es grundsätzlich auf die Verhältnisse bei demjenigen Unternehmen an, das die Versorgungszusage erteilt oder im Wege der Rechtsnachfolge übernommen hat. Dies gilt auch dann, wenn der Arbeitgeber in einen Konzern eingebunden ist. Etwas anderes gilt, wenn dem Versorgungsschuldner die günstige wirtschaftliche Lage eines anderen Konzernunternehmens im Wege des Berechnungsdurchgriffs zugerechnet wird. Der Berechnungsdurchgriff führt dazu, dass ein Unternehmen, das selbst wirtschaftlich nicht zur Anpassung der Betriebsrenten in der Lage ist, gleichwohl eine Anpassung vornehmen muss, wenn die wirtschaftliche Lage des anderen Konzernunternehmens dies zulässt.

Seit einem Urteil des Bundesarbeitsgerichts vom 26.05.09 (3 AZR 369/07) galt (anders als nach der früheren Rechtsprechung), dass das Bestehen eines Beherrschungsvertrags allein einen solchen Berechnungsdurchgriff rechtfertigt. Darauf, ob das herrschende Unternehmen seine Leitungsmacht tatsächlich in einer für das beherrschte Unternehmen nachteiligen Weise ausgeübt hatte, kam es nicht an.

Diese in der Literatur überwiegend kritisierte Rechtsprechung hat das Bundesarbeitsgericht mit Urteil vom 10.03.15 (3 AZR 739/13) wieder aufgegeben. Nunmehr gilt, dass auch bei Bestehen eines Beherrschungsvertrags ein Berechnungsdurchgriff auf die wirtschaftliche Lage des herrschenden Unternehmens nur dann erfolgen kann, wenn das herrschende Unternehmen auf die beherrschte Gesellschaft tatsächlich eine negative Einflussnahme ausgeübt hat.

Für die Verteilung der Darlegungs- und Beweislast gilt dabei Folgendes: Der Versorgungsempfänger muss zunächst darlegen und ggf. beweisen, dass ein Beherrschungsvertrag besteht. Weiter muss der Versorgungsempfänger darlegen, dass sich die dem Beherrschungsvertrag immanente Gefahrenlage verwirklicht hat. Hierfür reicht allerdings bereits die bloße Behauptung einer entsprechenden Gefahrverwirklichung aus. Der Arbeitgeber muss dann im Einzelnen darlegen, dass sich die im Beherrschungsvertrag angelegte Gefahrenlage nicht verwirklicht hat. Er kann hierzu geltend machen, dass sich infolge der erteilten

Weisungen des herrschenden Unternehmens die Gefahrenlage nicht verwirklicht oder seine wirtschaftliche Lage nicht maßgeblich verschlechtert hat. Er kann aber auch darlegen, dass er auch ohne Weisungen nicht leistungsfähig und damit zur Anpassung der Betriebsrente nicht verpflichtet wäre. In jedem Fall hat der Arbeitgeber im Einzelnen nachvollziehbar vorzutragen, welche Weisungen ihm erteilt wurden und wie sich diese auf sein Unternehmen wirtschaftlich ausgewirkt haben. Macht der Arbeitgeber geltend, die herrschende Gesellschaft habe ihm keine Weisungen erteilt, genügt er seiner Darlegungslast nur, wenn er nachvollziehbar erläutert, aus welchen Gründen der Beherrschungsvertrag geschlossen wurde, wie dieser in der Praxis gelebt wurde und welche wirtschaftlichen Auswirkungen er hatte.

In der Praxis bedeutet diese Rechtsprechungsänderung, dass sich der Arbeitnehmer bei Bestehen eines Beherrschungsvertrags zwar nach wie vor auf einen Berechnungsdurchgriff berufen kann, dem Arbeitgeber aber im Unterschied zur früheren Rechtslage die Möglichkeit offen steht, den Berechnungsdurchgriff durch den Nachweis des Fehlens einer negativen Einflussnahme durch das herrschende Unternehmen abzuwenden. Allerdings wird der Arbeitgeber hierzu angesichts der strengen Anforderungen an seinen Sachvortrag im Prozess häufig einen hohen Aufwand treiben und die Offenbarung konzerninterner Vorgänge in Kauf nehmen müssen.

Keine Kapitalausstattungspflicht bei durch Betriebsübergang entstandener Rentnergesellschaft

Ein weiteres Urteil des Bundesarbeitsgerichts von hoher praktischer Relevanz betrifft die Betriebsrentenanpassung bei sog. Rentnergesellschaften, also Gesellschaften, die kein operatives Geschäft (mehr) betreiben, sondern ausschließlich Pensionsverbindlichkeiten verwalten. Überträgt der Arbeitgeber Pensionsverpflichtungen auf eine Rentnergesellschaft im Wege der Ausgliederung nach dem Umwandlungsgesetz, hat er dabei nach einem Urteil des Bundesarbeitsgerichts vom 11.03.08 (3 AZR 358/06) strenge Anforderungen an die Kapitalausstattung der aufnehmenden Gesellschaft zu beachten. Die Ausstattung der Rentnergesellschaft muss langfristig nicht nur für die Erfüllung der zugesagten Betriebsrenten ausreichen, sondern auch für die Anpassungen nach § 16 BetrAVG. Bei der Ermittlung des Kapitalbedarfs der Rentnergesellschaft ist dabei nach dem Bundesarbeitsgericht eine äußerst vorsichtige Bewertung der Pensionsverpflichtungen erforderlich. So muss der Arbeitgeber unter anderem die Sterbetafeln der Versicherungswirtschaft und einen Zinssatz an der Untergrenze der kaufmännisch vernünftigen Bandbreite (heute dürfte der BilMoG-Zinssatz genügen) zugrunde legen. Diese Vorgaben führen in den meisten Fällen dazu, dass die erforderliche Kapitalausstattung der Rentnergesellschaft den bilanziellen Wert der Pensionsverpflichtungen deutlich übersteigt.

Das Bundesarbeitsgericht hat in einem Urteil vom 17.06.14 (3 AZR 298/13) nunmehr entschieden, dass diese Anforderungen an die Kapitalausstattung nicht gelten, wenn die Rentnergesellschaft dadurch entsteht, dass das gesamte operative Geschäft des Versorgungsschuldners im Wege des Betriebsübergangs nach § 613a BGB auf eine andere Gesellschaft übertragen wird. Das Bundesarbeitsgericht hat dies wie folgt begründet: Bei der Schaffung einer Rentnergesellschaft durch Ausgliederung nach dem Umwandlungsgesetz besteht die Gefahr, dass die Pensionsverpflichtungen auf einen nicht hinreichend solventen neuen Versorgungsschuldner übertragen werden. Diese Gefahr besteht bei der Entstehung durch Übertragung des operativen Geschäfts nicht, da der Versorgungsschuldner sich nicht ändert.

Damit kann bei der Schaffung von Rentnergesellschaften die Anwendung der strengen Kapitalausstattungserfordernisse vermieden werden, wenn nicht die Pensionsverpflichtungen ausgegliedert werden, sondern das operative Geschäft auf eine andere Gesellschaft übertragen wird. Die Entscheidung des Bundesarbeitsgerichts sollte aber nicht als Einladung dazu verstanden werden, die künftige Rentnergesellschaft vor der Übertragung des operativen Geschäfts „leer zu räumen". Ein solches Vorgehen würde von den Gerichten kaum akzeptiert werden.

Künftig sind auch unverfallbare Anwartschaften zu dynamisieren

Während die beiden oben dargestellten Entscheidungen des Bundesarbeitsgerichts Arbeitgebern bei der Anpassung von Betriebsrenten neue Spielräume verschaffen können, wird eine einschneidende Änderung des BetrAVG zu zusätzlichen Belastungen für die Arbeitgeber führen: Ab dem 01.01.18 werden Arbeitgeber grundsätzlich verpflichtet sein, nicht nur die laufenden Betriebsrenten zu dynamisieren, sondern auch unverfallbare Anwartschaften ausgeschiedener Mitarbeiter. Arbeitgeber sollten rechtzeitig die Auswirkungen dieser auf der Umsetzung der Europäischen Mobilitätsrichtlinie beruhenden Gesetzesänderung auf ihre Versorgungswerke prüfen und Möglichkeiten zur Begrenzung der finanziellen Belastung sondieren. ∎

KERNAUSSAGEN

- Die Betriebsrentenanpassung steht unverändert im Fokus der Rechtsprechung. Aktuelle Urteile des Bundesarbeitsgerichts eröffnen Arbeitgebern dabei gewisse neue Spielräume.

- Das Bestehen eines Beherrschungsvertrags rechtfertigt nach geänderter Rechtsprechung des Bundesarbeitsgerichts nicht mehr ohne weiteres einen Berechnungsdurchgriff auf das herrschende Unternehmen.

- Die strengen Anforderungen an die Kapitalausstattung von Rentnergesellschaften gelten nicht, wenn die Rentnergesellschaft dadurch entsteht, dass das operative Geschäft vollständig im Wege des Betriebsübergangs auf eine andere Gesellschaft übertragen wird.

- Ab dem 01.01.18 müssen grundsätzlich auch unverfallbare Anwartschaften dynamisiert werden. Arbeitgeber sollten die Auswirkungen dieser Gesetzesänderung frühzeitig prüfen.

Aktuelle Entwicklungen im Kündigungsschutz

Von Karl Geißler, T/S/C, Gütersloh

T/S/C gehört seit Jahren zu den bundesweit bekannten ausschließlich auf das Arbeitsrecht spezialisierten Boutiquen. Die Kanzlei begleitet ihre Mandanten in allen Bereichen des Arbeitsrechts, bei Restrukturierungen und bei sämtlichen betriebsverfassungsrechtlichen Fragestellungen. Besonders visibel ist sie im Bereich der betrieblichen Altersversorgung und bei der Begleitung von Top Executives.

Karl Geißler

Karl Geißler ist seit dem Jahre 2007 einer von mittlerweile fünf Partnern der Sozietät. Er bietet seinen Mandanten eine arbeitsrechtlich Full-Service Beratung und begleitet sie bei der Verhandlung von Betriebsvereinbarungen und Tarifverträgen. Er ist daneben Referent zahlreicher Fortbildungsveranstaltungen im gesamten Bundesgebiet.

Weitere Informationen im Kanzleiprofil am Ende des Handbuchs.

Zwar etabliert sich in zahlreichen Unternehmen eine Trennungskultur, die einvernehmlichen Lösungen den Boden bereitet. Dennoch bleibt der Kündigungsschutz einer der zentralen Bereiche des Arbeitsrechts, da die kündigungsschutzrechtlichen Rahmenbedingungen nicht nur in Fällen der streitigen Auseinandersetzung die Frage beantworten, ob eine Trennung möglich ist, sondern auch in Fällen des Einvernehmens den Preis für eine solche Trennung bestimmen.

Steigende Bedeutung des Kündigungsschutzes außerhalb des Kündigungsschutzgesetzes

Dabei ist festzustellen, dass der Kündigungsschutz außerhalb des Kündigungsschutzgesetzes insbesondere in Form des Diskriminierungsschutzes steigende Bedeutung erfährt. Nach der Beweislastregel des § 22 AGG genügt es dabei, dass der Arbeitnehmer Indizien vorträgt und ggf. beweist, die seine Benachteiligung vermuten lassen. Dies führt für Arbeitgeber, die Kündigungen verständnisvoll formulieren wollen, nicht selten zum sprichwörtlich bösen Erwachen. So hat das Bundesarbeitsgericht den Hinweis des Arbeitgebers, die betroffene Arbeitnehmerin sei im Gegensatz zu ihren Kollegen doch „inzwischen pensionsberechtigt", als Indiz für eine Diskriminierung ausreichen lassen. Auch der Arbeitgeber, der innerhalb der ersten sechs Monate des Arbeitsverhältnisses zur Begründung der Kündigung nicht etwa – was zulässig wäre – bloß subjektive, an Tatsachen nicht festzumachende Werturteile als Kündigungsgrund behauptete, sondern die Kündigung eines im Reinraum eines Arzneimittelproduzenten beschäftigten HIV-Infizierten mit den aus der Infektion resultierenden Gesundheitsgefahren begründete, musste erkennen, dass seine Offenheit mit der Feststellung der Unwirksamkeit der Kündigung bezahlt wurde. Nimmt man zusätzlich in den Blick, dass das BAG aus der bloß zeitlichen Nähe der Kündigung einer positiv beurteilten Mitarbeiterin zu einer von ihr angekündigten In-Vitro-Fertilisation ein Indiz für eine Geschlechterdiskriminierung abgeleitet hat, zeigt sich, wie wichtig es ist, über Timing und Begründung einer Kündigung eine sorgsam abgewogene, rechtlich geprüfte Entscheidung zu treffen.

Verhältnismäßigkeitsprinzip als tragender Gedanke – keine absoluten Kündigungsgründe

Innerhalb des Kündigungsschutzgesetzes betont das Bundesarbeitsgericht das Verhältnismäßigkeitsprinzip als tragenden Gedanken. Gerade im Bereich der verhaltensbedingten Kündigung wird es nicht müde zu betonen, dass es absolute Kündigungsgründe nicht gibt und die Rechtmäßigkeit einer Kündigung nicht erst seit der bereits diskutierten Emmely-Entscheidung im Wesentlichen von einer Abwägung der Interessen im Einzelfall abhängt. Während das BAG die Frage, ob ein bestimmtes Verhalten „an sich" als Kündigungsgrund geeignet ist, häufig mit dem Hinweis auf einen Verstoß gegen die Rücksichtnahmepflicht gem. § 241 BGB relativ unproblematisch bejaht, verschiebt sich der Kern der Prüfung auf die Frage der Interessenabwägung und der Notwendigkeit einer Abmahnung. Dies verlangt dem Arbeitgeber und seinem Vertreter Einiges ab. Es reicht nicht mehr aus, Sachverhalte unter eine ggf. aus der Fachliteratur ersichtliche Kasuistik zu subsumieren. Es geht vielmehr darum, ein Gesamtbild zu zeichnen, das die Gerichte davon überzeugt, dass auch und gerade im konkreten Fall ein Festhalten am Arbeitsverhältnis unzumutbar ist. Die Ergebnisse der Interessenabwägung sind – vorsichtig gesagt – für den Rechtsanwender teilweise durchaus überraschend. Wer hätte beispielsweise prognostiziert, dass eine nachgewiesene sexuelle Belästigung einer Arbeitnehmerin nach Abwägung der beidseitigen Interessen wegen eines entschuldigenden Nachtatverhaltens keine Kündigung trägt?

Kehrseite des sich in der Betonung des Verhältnismäßigkeitsgrundsatzes ausdrückenden Bemühens um materielle (Einzelfall-)Gerechtigkeit ist, dass formale Hürden in den Hintergrund zu treten scheinen. Versuchen der Literatur und der instanzgerichtlichen Rechtsprechung, bei der im Vorfeld einer Verdachtskündigung notwendigen Anhörung des Arbeitnehmers solche Hürden etwa dahingehend aufzubauen, dass dem Arbeitnehmer im Vorfeld der Anhörung deren Thema mitgeteilt werden muss, hat das BAG eine Absage erteilt. Zwar versetze die vorherige Themenbekanntgabe den Arbeitnehmer in die Lage, sich mental und inhaltlich vorzubereiten. Andererseits sei es ihm so aber möglich, die Tat zu verdunkeln und entziehe ihm auch die Möglichkeit, sich unbefangen zu äußern und sich dadurch womöglich bereits spontan zu entlasten. Auch die Gefahr, dass Arbeitnehmer vor der Anhörung in die Krankheit flüchten, um so den Arbeitgeber mit den Risiken bei der Einhaltung der zweiwöchigen Kündigungserklärungsfrist des § 626 Abs. 2 BGB zu konfrontieren, dürfte empirisch betrachtet nicht von der Hand zu weisen sein. Zwar bezieht sich das angesprochene BAG-Urteil ausdrücklich nur auf Auszubildende. Es dürfte, da es sich bei ihnen um besonders schutzwürdige Personen handelt, für Arbeitnehmer aber erst recht gelten.

bEM: Unerlässlich vor krankheitsbedingter Kündigung

Krankheitsbedingte Kündigungen sind unabhängig von im Rahmen der Gesundheitsprognose existierenden, medizinisch als juristisch zu beurteilenden Risiken ohne ein ordnungsgemäßes betriebliches Eingliederungsmanagement (bEM) kaum noch begründbar. Auch dies ist Ausdruck des Verhältnismäßigkeitsgrundsatzes. Dem Arbeitgeber steht zwar offen, die objektive Nutzlosigkeit eines bEM darzulegen. Dies dürfte, nachdem das BAG betont, dass der Arbeitgeber nicht nur die objektive Nutzlosigkeit arbeitsplatzbezogener Maßnahmen aufzeigen müsse, sondern auch darzutun habe, dass künftige Fehlzeiten durch gesetzlich vorgesehene Hilfen oder Leistungen der Rehabilitationsträger ja auch durch eine Änderung des Lebenswandels nicht hätten vermieden werden können, nahezu unmöglich sein.

Betriebsbedingte Kündigung: Unternehmerentscheidung frei, aber schwer begründbar

Die Befürchtung, das Bundesarbeitsgericht könne die Freiheit der unternehmerischen Entscheidung einschränken, scheint unbegründet. Erst jüngst hat das BAG im Fall der Vergabe von Aufgaben eines Arbeitnehmers an ein Drittunternehmen bestätigt, dass der Arbeitgeber bis zur Grenze der Willkür nicht gehindert sei, auch wirtschaftlich nicht zwingende Organisationsentscheidungen zu treffen. Es sei nicht Sache der Gerichte, ihm eine bessere oder richtigere betriebliche Organisationen vorzuschreiben. Insoweit komme es im Fall der Fremdvergabe auch grundsätzlich nicht darauf an, ob hierdurch Kosten gespart würden. Die Freiheit der unternehmerischen Entscheidung bleibt also unberührt, wenngleich es bei den hohen Anforderungen, die die Rechtsprechung für die Darlegung ihrer Durchführbarkeit definiert, bleibt.

Sozialauswahl - Ermessensspielraum nur bei der Anwendung verprobter Punkteschemata?

Schwieriger wird es aber im Bereich der Sozialauswahl. Zwar betont das BAG den Ermessenspielraum des Arbeitgebers bei der Gewichtung der Sozialkriterien. Gleichwohl stehe es ihm nicht frei, sie in ein beliebiges Verhältnis zu setzen. So soll eine um drei Jahre längere Betriebszugehörigkeit drei nachgewiesene Unterhaltspflichten jedenfalls dann nicht aufwiegen, wenn auch der kürzer beschäftigte Arbeitnehmer eine mindestens sechsjährige Betriebszugehörigkeit aufzuweisen hat. So wie bei der Unternehmerentscheidung deren Freiheit propagiert, über die Darlegungslast dem Arbeitgeber aber erhebliche Hemmnisse bei der Begründung der Kündigung entgegengesetzt werden, so gilt im Bereich der Sozialauswahl, dass der arbeitgeberseitige Ermessensspielraum zwar betont, Rechtssicherheit aber nur durch die Anwendung in der Rechtsprechung bereits verprobter Punkteschemata hergestellt werden dürfte.

Klarstellung bei den Kündigungsfristen

Bei alledem freut es, dass in einem Punkt nun Klarheit hergestellt ist. Es gehört zu den häufigsten Fragen des Praktikers, welche Kündigungsfrist bei der Konkurrenz einer vertraglichen (im vom BAG entschiedenen Fall sechs Monate zum 30.06. oder 31.12.) mit der geltenden gesetzlichen Kündigungsfrist (im Einzelfall sieben Monate zum Monatsende) Anwendung findet. Nicht neu ist, dass dabei die für den Arbeitnehmer günstigere Kündigungsfrist gilt und dass Kündigungsfrist (sechs bzw. sieben Monate) und Kündigungstermin (30.06 /31.12. bzw. Monatsende) nicht getrennt zu betrachten sind, sondern jeweils ein Ensemble bilden. Klargestellt ist nun der Zeitpunkt des Günstigkeitsvergleichs. Dies ist nicht der möglicherweise zufällige Ergebnisse liefernde Kündigungszugangszeitpunkt, sondern der Zeitpunkt der vertraglichen Abrede oder, wie das BAG zumindest andeutet, der Zeitpunkt, ab dem die vertragliche Kündigungsfrist mit einer aufgrund der Erfüllung von Beschäftigungszeiten dann geltenden, neuen längeren Kündigungsfrist aus dem Gesetz kollidiert. Für diesen Zeitpunkt ist dann zu fragen, welche der Kündigungsfristen günstiger ist, wobei die vertragliche Kündigungsfrist nach dem Gesetz eben (immer) „länger" und nicht nur „meistens" länger sein muss und nur dann günstiger ist, wenn sie immer und nicht nur an den meisten Tagen im Jahr zu einem späteren Beendigungstermin führt. ∎

KERNAUSSAGEN

- Der Kündigungsschutz außerhalb des Kündigungsschutzgesetzes, insbesondere in Form des Diskriminierungsschutzes, erlangt steigende Bedeutung.

- Die Betonung des Verhältnismäßigkeitsgrundsatzes und das Bemühen um Einzelfallgerechtigkeit macht die Beurteilung der Rechtswirksamkeit einer Kündigung unberechenbarer.

- Verhaltensbedingte Kündigungen verlangen weniger eine pauschale Subsumtion unter als „an sich" geeignet anerkannte Kündigungsgründe als vielmehr eine vertiefte Auseinandersetzung mit dem konkreten Einzelfall.

- Im Rahmen der betriebsbedingten Kündigung bestehenden unternehmerischen Freiheiten und Beurteilungsspielräumen stehen hohe Anforderungen an die Darlegungslast gegenüber.

- Die Auflösung des Konkurrenzverhältnisses zwischen vertraglicher und gesetzlicher Kündigungsfrist ist geklärt.

Arbeitsrecht

JUVE KANZLEI DES JAHRES
ARBEITSRECHT
SEITZ

Sport spielt seit jeher eine wichtige Rolle in der Arbeitsrechtspraxis bei Seitz. Doch zuletzt hat sich das Team mit einem extrem sportlichen Programm selbst übertroffen: Schon allein die Karstadt-Restrukturierung mit einem Personalabbau von mehreren Tausend Mitarbeitern an über 80 Standorten zog Hunderte Verfahren nach sich, hinzu kommen Verhandlungen über den Personalabbau und von Sanierungstarifverträgen. Ein einziges Projekt dieser Größe hätte andere Praxen längst an ihre Grenzen gebracht. Nicht so Seitz: Darüber hinaus managte die Kanzlei unter anderem noch den Carve-out bei Osram und eine bundesweite Restrukturierung bei Gothaer. „Sie haben wirklich einen Lauf", erkannten gleich mehrere Wettbewerber neidlos an. Möglich wurde dies, weil Seitz nun die Früchte einer jahrelangen Aufbauarbeit erntet. Sehr lange hing das Geschäft vom akquisestarken Namenspartner ab, jetzt treten die Jüngeren, allen voran **Dr. Joachim Trebeck** und der erst kürzlich zum Partner ernannte **Stefan von Broich** aus dem Schatten und übernehmen Führungsaufgaben. Mittlerweile hat Seitz auch eine personelle Größe und Qualität auf breiter Ebene erreicht, die eine Präsenz in mehreren parallelen Großprojekten ermöglicht. So kann sie es mit den führenden Arbeitsrechtspraxen aufnehmen. Damit ist die Kanzlei über das Image der Promikanzlei hinausgewachsen, das ihr aufgrund ihrer intensiven Beratung von prominenten Sportlern lange anhaftete: Ihre sportliche Ausdauer hat Seitz auf anderer Ebene unter Beweis gestellt.

Arbeitsrecht

Gesetzgeber hält Arbeitsrechtler weiter gut beschäftigt

Erneut war der Gesetzgeber auf dem Gebiet des Arbeitsrechts besonders fleißig: Neben dem gesetzlichen Mindestlohn (MiLoG) brachten auch die Änderungen in der Elternzeit und die ‚Rente mit 63' viel Beratungsbedarf mit sich, etwa bei Altersteilzeitvereinbarungen und -grenzen in Arbeits- und Tarifverträgen. Daneben hat das Bundesarbeitsgericht wieder Grundsatzentscheidungen zu Urlaub und Befristung gefällt. So ist eine weitere Flexibilisierung von Vergütung, Arbeitszeit und Arbeitsverhältnissen derzeit in aller Munde.

Das ruft zugleich arbeitsrechtliche Compliance-Experten auf den Plan, die etwa verstärkt bei der Überprüfung von Fremdpersonaleinsatz und Arbeitnehmerüberlassung im Konzern gefragt waren. Auch das MiLoG brachte hier einen Schub: So gab es große Unsicherheiten bei der Auftraggeberhaftung. Das Gesetz beschäftigt sogar die EU-Kommission, die sich an der ausnahmslosen Anwendung auch auf den Transitverkehr und den Dokumentations- und Meldepflichten stört. Sie hat ein Vertragsverletzungsverfahren gegen Deutschland angestrengt – hier ist das letzte Wort also noch nicht gesprochen.

Haftungsthemen spielen auch eine immer wichtigere Rolle, im Bereich der Führungskräfte und Organe. Sie werden stärker in die Pflicht genommen und ziehen bei Beginn wie der Beendigung von Dienstverträgen inzwischen regelmäßig Juristen hinzu. Neben Strafrechts- oder Versicherungsexperten, z.B. wenn es um die D&O-Versicherung geht, profitieren auch Arbeitsrechtler von den meist sehr lukrativen Mandaten.

Ebenfalls von großer finanzieller Bedeutung, sowohl, was das Anwaltshonorar angeht, vor allem aber in Transaktionen und den Unternehmensbilanzen, ist die betriebliche Altersversorgung (bAV). Angesichts anhaltender Niedrigzinsen und einer immer älter werdenden Gesellschaft gibt es dringenden Handlungsbedarf für die Arbeitgeber.

Etablierten Einheiten gelingt Generationswechsel, Boutiquen auf dem Vormarsch

Folgerichtig drängen neben der überschaubaren Zahl bereits etablierter Experten weitere Kanzleien in den bAV-Markt, wie zum Beispiel **DLA Piper**. Grundsätzlich verschob sich bei den Kräfteverhältnissen der Sozietäten aber nur wenig. Zwar schieden einige etablierte Seniorpartner aus oder treten kürzer, wie Dr. Alexius Leuchten (**Beiten Burkhardt**), Prof. Dr. Heinz Willemsen (**Freshfields Bruckhaus Deringer**) und Prof. Dr. Jobst-Hubertus Bauer (**Gleiss Lutz**), doch gerade diese 3 Kanzleien sind positive Beispiele dafür, dass es sich lohnt, Zeit in Management und Praxisstrukturierung zu stecken, damit die Generationenüberleitung gelingt.

Personelle Wechsel innerhalb der Großkanzleien waren selten. Wenn, dann zog es die Partner in Boutiquen, wie zum Beispiel Nicole Engesser Means, die von **Clifford Chance** zu **Schweibert Leßmann & Partner** wechselte. Unter diesem ungebrochenen Trend haben zuletzt **Bird & Bird** und **Taylor Wessing** besonders gelitten. Das zeigt: Nicht nur bei den Mandanten haben sich Boutiquen längst als Alternative etabliert, auch als Arbeitgeber gewinnen sie an Attraktivität – auch weil viele ihre internationale Vernetzung glaubhaft vorantreiben.

So wird es vor allem für nationale Full-Service-Einheiten wie **Noerr**, **Luther** oder **Seitz** eine Herausforderung, sich zu positionieren. Bisher punkten sie zumeist in Projekten, für die eine bundesweite Präsenz beziehungsweise praxisgruppenübergreifende Teams von Vorteil sind. Doch auch hier greifen Boutiquen wie **Altenburg** und **Vangard** an, die nicht nur Büros an mehreren Standorten haben, sondern regelmäßig z.B. mit reinen Corporate-Kanzleien eng kooperieren.

Die folgenden Bewertungen behandeln Kanzleien, die einen Schwerpunkt in der arbeitsrechtlichen Beratung von Unternehmen als Arbeitgeber haben. Ein Überblick der auf Arbeitnehmerberatung spezialisierten Kanzleien findet sich in der Tabelle ‚Besonders empfohlene Kanzleien für die Beratung von Betriebsräten, Gewerkschaften und Arbeitnehmern' auf Seite 222.

ARBEITSRECHT

ALLEN & OVERY
Arbeitsrecht

Bewertung: Eine der führenden Arbeitsrechtspraxen, die ein ausgesprochen gutes Jahr erlebte. Insbes. das starke Eigengeschäft ist kennzeichnend für die Praxis, wie etwa die Restrukturierung für Huntsman u. ihre Expertise im Tarifrecht zeigen. Zugleich treibt das Team die kanzleiinterne Vernetzung federführend voran: Mit dem Austausch u. der gemeinsamen Mandatsbearbeitung bei den angesichts der wirtschaftl. Situation stark unter Druck geratenen Systemen der betriebl. Altersversorgung an der Schnittstelle zum ▶ Versicherungsvertragsrecht punktet A&O schon länger. Daneben hat sich die Bearbeitung von Vergütungsthemen in einem praxisgruppenübergreifenden Arbeitskreis unter Leitung von Löw zu einer auffälligen Stärke der Kanzlei entwickelt. So wurde etwa ein internat. Großprojekt für die Dt. Telekom gestemmt. Auch die Beratung von Colfax ist dafür ein gutes Beispiel.
Stärken: Arbeitskampfrecht; Branchenspezialisierungen, u.a. bei Banken, Pharma.
Entwicklungsmöglichkeiten: Je besser die Einbindung der Praxis, desto mehr verschärft sich das Problem begrenzter Ressourcen, zumal mit Ubber auch noch ein zugkräftiger Arbeitsrechtler der Managing-Partner in Dtl. ist. Der Aufbau von Talenten wird daher weiter im Fokus stehen. Dass A&O dies erkannt hat, zeigt der Wechsel einer intern ernannten Counsel nach München, sodass nun in allen Büros arbeitsrechtl. Expertise vorhanden ist.
Häufig empfohlen: Thomas Ubber, Dr. Hans-Peter Löw („sehr stark bei der Überzeugung von Mandanten, fachl. exzellent, präzise im Ausdruck", Wettbewerber), Tobias Neufeld („sehr gut beim Thema betriebl. Altersversorgung", Wettbewerber)
Kanzleitätigkeit: Umf. Beratung z.T. sehr namh. internat. Unternehmen vielfach in (grenzüberschr.) Projekten (u.a. Restrukturierungen, Reorganisation, Vergütungssysteme). Neben Dauerberatung u. einer Vielzahl eigenständiger Mandate Transaktionsbegleitung (▶M&A), betriebl. Altersversorgung an der Schnittstelle zum ▶ Versicherungsvertragsrecht. (4 Partner, 1 Counsel, 13 Associates)
Mandate: ●● Dt. Bahn bei Tarifkonflikt mit GDL u. EVG; Dt. Telekom bei Einführung des neuen Konzernvergütungsprogramms; Restrukturierungen: Huntsman, Avaya, Autoliv, Soka-Bau; Sparda-Banken bei Tarifverhandlungen; Unilux zu Haustarifvertrag; Amazon ggü. Arbeitskampfmaßnahmen; lfd.: Allianz Dtl. (u.a. in Vergütungsklagen bis zum BAG), Colfax.

ALTENBURG
Arbeitsrecht

Bewertung: Mit neuen Mandanten wie Ergo, ResMed u. Swarco Traffic, die z.T. standortübergreifend betreut werden, verbreitert die im Arbeitsrecht empfohlene Kanzlei ihre Basis immer weiter. Doch ebenso wichtig wie der Ausbau mit neuen, ist für Altenburg der Erhalt wichtiger u. langj. Mandanten wie Popp-Feinkost oder BAP, bei denen die Kanzlei mit ihrer Expertise in tarifrechtl. Grundsatzfragen überzeugt. Mit dieser Entwicklung sowie der ersten internen Ernennung einer Sal.-Partnerin beweist sie mehr als 6 Jahre nach ihrer Gründung, dass sie für die Zukunft gut gewappnet ist. Die Partner sind im Markt gut vernetzt u. werden regelm. von anderen Kanzleien ohne arbeitsrechtl. Expertise bzw. Insolvenzverwaltern hinzugezogen. „Altenburg ist eine Erfolgsgeschichte", lobt ein Wettbewerber.

ARBEITSRECHT

Kanzlei	Standorte
Allen & Overy	Frankfurt, Düsseldorf, Hamburg
CMS Hasche Sigle	Köln, Düsseldorf, Stuttgart, München, Hamburg, Frankfurt u.a.
Freshfields Bruckhaus Deringer	Düsseldorf, Hamburg, Frankfurt, Köln
Gleiss Lutz	Stuttgart, Frankfurt, Düsseldorf, Berlin, München
Kliemt & Vollstädt	Düsseldorf, Berlin, Frankfurt
Baker & McKenzie	Frankfurt, München, Düsseldorf u.a.
Beiten Burkhardt	München, Frankfurt, Düsseldorf, Berlin
Küttner	Köln
Noerr	München, Düsseldorf, Berlin, Frankfurt
Seitz	Köln
Hogan Lovells	München, Hamburg, Frankfurt u.a.
Latham & Watkins	Hamburg, München
Luther	Köln, Berlin, Stuttgart, Düsseldorf, Hannover u.a.
DLA Piper	Hamburg, Frankfurt, Köln, München
Görg	Köln, Frankfurt, Berlin, München
Heuking Kühn Lüer Wojtek	Köln, Düsseldorf, Frankfurt, Hamburg
Justem	Frankfurt
Pusch Wahlig	Berlin, Düsseldorf
Clifford Chance	Düsseldorf u.a.
Greenfort	Frankfurt
Hengeler Mueller	Frankfurt
Laborius Schrader Siebert Thoms Klagges	Hannover
Linklaters	München, Frankfurt
Altenburg	München, Berlin, Hamburg
Schramm Meyer Kuhnke	Hamburg
Vangard	Hamburg, Düsseldorf, Berlin, München
Eversheds	München, Hamburg
Frings Partners	Düsseldorf
Mayer Brown	Frankfurt
Naegele	Stuttgart
Oppenhoff & Partner	Köln
McDermott Will & Emery	Düsseldorf, München
Raue	Berlin
Taylor Wessing	Düsseldorf, München, Hamburg u.a.
TSC	Gütersloh
CBH Rechtsanwälte	Köln
Norton Rose Fulbright	München, Hamburg, Frankfurt
Osborne Clarke	Köln, Hamburg
Ruge Krömer	Hamburg
Schweibert Leßmann & Partner	Frankfurt
SZA Schilling Zutt & Anschütz	Mannheim, Frankfurt
Watson Farley & Williams	Hamburg, München

Die hier getroffene Auswahl der Kanzleien ist das Ergebnis der auf zahlreichen Interviews basierenden Recherche der JUVE-Redaktion (s. Einleitung S. 20). Sie ist in 2erlei Hinsicht subjektiv: Sämtliche Aussagen der von JUVE-Redakteuren befragten Quellen sind subjektiv u. spiegeln deren eigene Wahrnehmungen, Erfahrungen u. Einschätzungen wider. Die Rechercheergebnisse werden von der JUVE-Redaktion unter Einbeziehung ihrer eigenen Marktkenntnis analysiert u. zusammengefasst. Der JUVE Verlag beabsichtigt mit dieser Tabelle keine allgemein gültige oder objektiv nachprüfbare Bewertung. Es ist möglich, dass eine andere Recherchemethode zu anderen Ergebnissen führen würde. Innerhalb der einzelnen Gruppen sind die Kanzleien alphabetisch geordnet.

▶▶▶▶ Bitte beachten Sie auch die Liste weiterer renommierter Kanzleien am Kapitelende. ◀◀◀

● Referenzmandate, umschrieben
●● Referenzmandate, namentlich

Anwaltszahlen: Angaben der Kanzleien, wie viele Anwälte zu mind. ca. 50 % in diesem Gebiet tätig sind. Sie spiegeln nicht zwingend die Gesamtgröße einer Kanzlei wider.

ARBEITSRECHT

Stärken: Sanierungs-/insolvenzbegl. Arbeitsrecht; arbeitsrechtl. Compliance.

Entwicklungsmöglichkeiten: Zwar wirkt der Erfolg der Praxis auf Berufseinsteiger u. sogar erfahrene Anwälte (u.a. von Gleiss Lutz, Luther u. Jaffé) anziehend, dennoch stellt sich für Altenburg die Frage, wie sie angesichts einer gewissen Fluktuation auf Associate-Ebene hier den Auswahlprozess verbessern und den Kontinuität gewährleisten kann.

Häufig empfohlen: Stephan Altenburg („professionell, echter Teamplayer", Wettbewerber), Dr. Anja Mengel („sehr fundiert, praxisnah", Wettbewerber), Andreas Ege („lösungsorientiert", Wettbewerber), Dr. Tobias Schommer („sehr erfahren u. kompetent", „Experte auch im Sozialrecht", Wettbewerber)

Kanzleitätigkeit: Umf. auf Arbeitgeberseite, u.a. bei Restrukturierungen u. Reorganisationen, auch transaktionsbegleitend für Kanzleien ohne arbeitsrechtl. Expertise u. Insolvenzverwalter tätig. Beratung u. Vertretung im indiv. u. kollektiven Arbeitsrecht, vielfach Tarifverträge. Zudem: Öffentl. Dienstrecht, Unternehmensmitbestimmung, Tarifrecht. Auch Datenschutz, arbeitsrechtl. Compliance u. betriebl. Altersversorgung. Gründungsmitglied der internat. Allianz Ellint. (5 Eq.-Partner, 1 Sal.-Partner, 11 Associates)

Mandate: ●● ADAC-Gruppe, u.a. bei Betriebsstilllegung inkl. Prozesse u. ggü. Manipulationsvorwürfen beim „Gelben Engel", Dax-Konzern zu bAV; lfd.: BAP (v.a. Verf. u. Tarifrecht), Ergo, Popp-Feinkost, Pro7Sat.1-Gruppe (u.a. bei Transaktionen), ResMed, Swarco Traffic, Rolls-Royce Power Systems (auch zu Compliance).

BAKER & McKENZIE
Arbeitsrecht

Bewertung: Nur wenige Arbeitsrechtspraxen können eine ähnl. gute internat. Vernetzung vorweisen wie diese im Arbeitsrecht häufig empfohlene Einheit. Die Koordination grenzüberschreitender Projekte gehört zum Arbeitsalltag fast aller Partner, bspw. zuletzt bei der Vereinheitlichung von Arbeitsverträgen oder Pensionszusagen. Gerade hier besitzt die Kanzlei Expertise durch Partner Scheuer, allerdings hatte in Berlin zuletzt eine erfahrene Anwältin mit bAV-Spezialisierung die Kanzlei Richtung Ogletree Deakins Nash Smoak & Stewart verlassen. In bAV-Fragen arbeiten die Anwälte ebenso praxisgruppenübergreifend wie bei Compliance- u. Datenschutzthemen – hier kann Baker ihre ganze Stärke einer Full-Service-Kanzlei ausspielen. Zu einem Zugpferd der Praxis hat sich das Münchner Büro entwickelt, nicht zuletzt durch den Zugang Göpferts im Vorjahr. Er brachte insbes. wertvolle Industriekontakte mit. Die Ernennung einer Sal.-Partnerin im 2. Jahr in Folge zeigt, dass Baker wie wenige andere Großkanzleien das Arbeitsrecht als strateg. wichtigen Bestandteil der Kanzleientwicklung begreift.

Stärken: Komplexe (internat.) ▶Restrukturierung/Sanierung, betriebl. Altersversorgung, internat. Arbeitsrecht.

Häufig empfohlen: Günther Heckelmann, Dr. Christian Reichel, Dr. Bernhard Trappehl („hochprofessionell u. serviceorientiert", Wettbewerber), Dr. Steffen Scheuer, Dr. Alexander Wolff, Dr. Burkard Göpfert („sehr erfahren, hands-on u. mit schnellen Antworten", Mandant)

Kanzleitätigkeit: Projektbezogene arbeitsrechtl. Betreuung auf Unternehmensseite, vielfach grenzüberschreitend (Re- u. Umstrukturierungen, Post-Merger-Integration), betriebl. Altersversorgung (speziell auch im internat. Kontext), ▶Compliance, Transaktionsbegleitung. (7 Eq.-Partner, 2 Sal.-Partner, 1 Counsel, 15 Associates)

Mandate: ●● Telefónica/E-Plus bei Post-M&A-Integration; Amos zu Insourcing von IT-Service, Fidelity zu bAV; Hochtief zu Restrukturierung CTA; Lanxess bei Stellenabbau; Osram zu Restrukturierung; R+V zu AGG-Klage; lfd.: GM/Opel (u.a. zu Werksschließung).

BEITEN BURKHARDT
Arbeitsrecht

Bewertung: Ungebrochen stark präsentiert sich diese im Arbeitsrecht häufig empfohlene Kanzlei. Dank der immer selbstverständlicheren standortübergreifenden Zusammenarbeit stemmt das personell zu den stärksten im Markt gehörende Team inzw. problemlos gleichzeitig mehrere aufwendige Projekte, z.B. für IDT u. Hugendubel, neben der Dauerberatung z.T. namh. Mandanten wie Sky u. Flughafen München. Damit verkürzt Beiten spürbar die Distanz zu führenden Wettbewerbern wie CMS oder Kliemt. Von ihrem Erfolg zeugt auch eine stärkere Präsenz in Ausschreibungen. Beitens Kernkompetenzen bleiben das Re- u. Umstrukturierungsgeschäft für eine Reihe personalstarker Mandanten sowie Tarifrecht. Daneben gibt es sichtbare Erfolge dank der immer stärker vorangetriebenen Herausbildung von Binnenspezialisierungen, z.B. im Gesundheitsbereich, wo Beiten neu für Regiomed Kliniken tätig ist, u. an der Schnittstelle zum Sozial- u. Steuerrecht. Hier wurde ein Anwalt zum Sal.-Partner, der u.a. zu Entsendungen berät.

Stärken: Komplexe Restrukturierungen. Betriebliche Altersversorgung. Branchenexpertise im Medien- u. Gesundheitsbereich.

Entwicklungsmöglichkeiten: Beiten intensiviert die praxisgruppenübergreifende Zusammenarbeit u. konnte zuletzt erfolgr. Kontakte aus dem Arbeitsrecht z.B. in die Vergaberecht oder die Medien-/IP-Praxis übertragen. Auch für die bisher vergleichsweise eigenständig agierende Arbeitsrechtspraxis eröffnen sich dadurch neue Möglichkeiten, Geschäft zu erschließen. Allerdings gelingt es Wettbewerbern wie Noerr oder CMS bisher deutlich besser, dieses Potenzial zu nutzen.

Häufig empfohlen: Dr. Hans-Peter Mechlem, Dr. Thomas Drosdeck, Dr. Christopher Melms („große Restrukturierungsexpertise", Mandant; „konstruktiv, lösungsorientiert", Wettbewerber), Dr. Wolfgang Lipinski („konstruktiv, gute Zeitplanung", Mandant; „hart aber fair in Verhandlungen", Wettbewerber), Dr. Thomas Barthel, Markus Künzel („kompetent u. lösungsorientiert", Wettbewerber), Marco Ferme („hohe Detailkenntnis, sehr guter Analytiker", Wettbewerber)

Kanzleitätigkeit: Auf Arbeitgeberseite umf. tätig (v.a. Restrukturierungen), viel Dauerberatung, Tarifvertragsrecht, Betriebsverfassungsrecht, Prozesse, betriebliche Altersversorgung. Branchenschwerpunkte: ▶Medien, Kliniken. Mehrere erfahrene Berater im Bereich Führungskräfte. (9 Eq.-Partner, 22 Sal.-Partner, 22 Associates, 1 of Counsel)

Mandate: ●● Regiomed Kliniken bei Umstrukturierung; IDT Biologika bei Verbandsaustritt u. Haustarifvertrag; Tranter bei Standortschließung u. Prozessen; Kontron bei Integration; lfd.: Adler Vetrieb (u.a. zu MiLoG), Sky Dtl., Asklepios, Charité, SAP (v.a. BetrVG), Coca-Cola, Dussmann-Gruppe, Flughafen München, Verizon, Abercrombie & Fitch (u.a. inkl. Betriebsverfassungsrecht, Prozesse), Vivantes, Media-Saturn/Media Markt, Hugendubel.

CBH RECHTSANWÄLTE
Arbeitsrecht

Bewertung: Die im Arbeitsrecht geschätzte Kölner Kanzlei genießt bundesweit insbes. für ihre Expertise im Personalvertretungsrecht einen guten Ruf u. zählt eine Reihe öffentl.-rechtl. Institutionen zu ihren langj. Mandanten. Zusätzl. kann das Team auf eine stabile Basis in der Dauerberatung bauen. Inhaltl. spielte zuletzt v.a. das Arbeitskampfrecht, wie z.B. Haustarifverhandlungen, eine große Rolle, aber auch eine spürbar stärkere Aktivität von Betriebsräten, die sich in div. Betriebsvereinbarungen, z.B. zum Einsatz technischer Einrichtungen, niederschlugen. Auch strateg. entwickelte sich die Praxis weiter. Sie punktet neben ihrer langj. Branchenfokussierung im Handelsbereich, wo sie neu für Dirk Rossmann tätig ist, mit einer fachgebietsübergreifenden Beratung im Gesundheitswesen: Konfessionelle Kliniken u. Medizintechnikunternehmen, die im Arbeitsrecht zu den langj. Mandanten gehören, berät CBH nun auch in anderen Bereichen.

Stärken: Personalvertretungsrecht.

Häufig empfohlen: Ernst Eisenbeis, Werner Mues („fachl. qualifiziert, menschl. angenehm", Wettbewerber)

Kanzleitätigkeit: Umf. kollektiv- u. individualarbeitsrechtl. Betreuung einer Reihe bedeut. Großunternehmen u. Konzerne sowie öffentl.-rechtl. Institutionen (u.a. Arztorganisationen). Auch Führungskräfte u. Personalvertretungsrecht. Arbeitnehmererfindungsrecht an der Schnittstelle zum ▶Patentrecht. Branchenexpertise bei Handelsuntern., Verlagen u. Healthcare. (5 Eq.-Partner, 1 Sal.-Partner, 4 Associates)

Mandate: ●● Autogrill umf., u.a. bei Haustarifvertrag; Music Store bei Umstellung von Verträgen mit freien Mitarbeitern; lfd.: Globetrotter Ausrüstung Köln (u.a. zu Entlohnung), Dirk Rossmann, Galeria Kaufhof, Kassenärztl. Bundesvereinigung, Bundesärztekammer, Maria-Hilf-Gruppe, Wolters Kluwer, Obi.

CLIFFORD CHANCE
Arbeitsrecht

Bewertung: Die Marktwahrnehmung dieser im Arbeitsrecht empfohlenen Kanzlei war zuletzt insbes. von personellen Veränderungen dominiert. Im Mai verließ die langj. Partnerin Nicole Engesser Means gemeinsam mit ihrem 2-köpf. Team den Frankfurter Standort u. schloss sich vor Ort der Boutique Schweibert Leßmann & Partner an. Daher wurde am Markt verstärkt die Frage nach dem Stellenwert des Arbeitsrechts in der Kanzlei diskutiert. Doch dass die Praxis in der kanzleiweiten Restrukturierung bisher außen vor blieb u. je ein Counsel in D'dorf u. Ffm. ernannt wurden, belegt die Bedeutung der Arbeitsrechtler für die Kanzlei. Eine ihrer Stärken ist das integrierte Arbeiten an den Schnittstellen zum ▶Gesellsch.-, ▶Steuer-, ▶Bankaufsichts- bzw. Wirtschaftsstrafrecht, womit sie zuletzt neben den prominenten Cum-Ex-Fällen u.a. zu Scheinselbstständigkeit gefragt war. Ein Erfolg ist die rein arbeitsrechtl. Beratung der Dt. Telekom beim Erwerb der Telekom Slowenije, bei der sich CC in einer Ausschreibung durchsetzte.

Stärken: Transaktionsbegl. Arbeitsrecht; Unternehmensmitbestimmung.

ARBEITSRECHT

Entwicklungsmöglichkeiten: Mit Engesser Means hat die Praxis ihre bekannteste u. erfahrenste Partnerin sowie ihr in internat. Mandaten besonders versiertes Team verloren. Das bietet zwar jüngeren Anwälten, v.a. den jüngst ernannten Counseln, Gelegenheit, als neue Generation das Profil der Praxis zu gestalten – ist aber angesichts des kanzleiweiten Effizienzkurses u. z.T. wenig wettbewerbsfähigen Stundensatzvorgaben im Arbeitsrecht eine durchaus gr. Herausforderung.
Kanzleitätigkeit: V.a. arbeitsrechtl. Begleitung von ▶M&A- u. ▶Private-Equ.-u.-Vent.-Capital-Transaktionen, ▶Restrukturierung/Sanierung, Privatisierungen. Expertise in internat. Projekten u. mehreren Jurisdiktionen, u.a. zu europ. Betriebsrat. Betriebl. Altersversorgung (v.a. in D'dorf) u. Vergütungsfragen. Auch Prozesse (▶Wirtschaftsstrafrecht). Zudem Führungskräfte, insbes. Organe. (1 Eq.-Partner, 2 Sal.-Partner, 2 Counsel, 9 Associates, 1 of Counsel)
Mandate: ●● Coca-Cola individual- u. kollektivrechtl.; Dt. Telekom bei Kauf von Telekom Slovenije; Zoetis bei Umstrukturierung; Amdocs, u.a. zu Mitbestimmung u. Datenschutz; BNP Paribas Securities bei Erwerb von Anteilen an der DAB Bank; ESG bei Verkauf von RTS Realtime Systems; Renesas Electronics Europe bei Verkauf der Displaysparte; lfd.: Visteon (zu bAV).

CMS HASCHE SIGLE
Arbeitsrecht

Bewertung: Mit ihrer personell großen Praxis u. einer Marktdurchdringung, wie sie in dieser Breite einzigartig ist, behauptet CMS ihren Platz als eine der führenden Kanzleien im Arbeitsrecht. Zudem setzt sie sich mit der Entwicklung innovativer Produkte von vielen Wettbewerbern ab. Bsp. sind Onlinetools zum Management maßgebl. arbeitsrechtl. Regelungen in den EU-Ländern u. zur Prüfung von Fremdpersonaleinsatz in Bezug auf Compliance-Anforderungen. Insbes. Letzteres überzeugte neben der Dt. Telekom weitere Unternehmen z.B. aus der Verlagsbranche. Die Teamgröße u. die in der CMS-Kultur verankerte, im Vergleich zu Wettbewerbern wie Freshfields oder Allen & Overy stärkere Freiheit hinsichtl. der Mandatsentwicklung, bringen etwa bei der Mandatsgewinnung viele Vorteile, z.B. weil Stundensätze flexibler gestaltet sind. Allerdings bergen sie auch die Gefahr einer größeren Heterogenität in der Bearbeitung. Umso höher sind die kontinuierl. Fortschritte zu bewerten, die CMS in der kanzleiweit vorbildhaft vorangetriebenen einheitl. Geschäftsentwicklung u. Umsetzung einer gemeinsamen Strategie hin zu qualitativ höherwertigem Geschäft macht: Erneut weist die Mandatsliste mehr länder- u. geschäftsbereichsübergreifende Arbeit auf, häufiger für (Dax-)Konzerne, darunter E.on, Procter & Gamble u. Boehringer Ingelheim. Solange es CMS daneben weiter gelingt, stetig zu wachsen, zuletzt erneut mit 2 internen Partnerernennungen, besteht an ihrer Position an der Marktspitze kein Zweifel.
Stärken: Breite Aufstellung, standortübergreifende umf. Beratung von hochwertigem Mandantenstamm, Führungskräfteberatung.
Häufig empfohlen: Prof. Dr. Björn Gaul („versiert, mit hohem Anspruch", Wettbewerber), Dr. Eckhard Schmid („seltene Kombination aus Kompetenz u. unprätentiösem Auftreten", „exzellent, sehr zuverlässig", Wettbewerber), Dr. Claudia Rid, Martina Hidalgo („fachl. gut, persönl. angenehm", Wettbewerber), Dr. Achim Lindemann, Dr. Antje Kathrin Uhl, Bernd Roock („kompetent u. durchsetzungsstark", Wettbewerber), Jürgen Siemers, Dr. Gerlind Wisskirchen, Yvonne Hoffmann, Dr. Björn Otto („sehr guter Anwalt", Wettbewerber), Thomas Glaesmann („erfahren", „hervorrag. Jurist", Wettbewerber), Dr. Werner Walk, Dr. Oliver Simon, Dr. Nina Hartmann („arbeitet sehr genau, zügig, überzeugend", „pragmat., sehr sehr engagiert", Wettbewerber).
Kanzleitätigkeit: Klassische, umf. Praxis auf Unternehmensseite (z.B. ▶Restrukturierung/Sanierung, strateg. Reorganisationen, Verschmelzungen, Tarifrecht), auch für kommunale Unternehmen (z.B. bei Umstrukturierungen) tätig. Breites Branchenspektrum u. zahlr. namh. Dauermandanten. Dazu Expertise im Bereich Vorstände u. Führungskräfte (Unternehmens-, seltener Managerseite), zudem Transaktionsbegleitung u. Insolvenzarbeitsrecht, auch betriebl. Altersversorgung, Vergütungsregelungen, ▶Compliance u. Arbeitnehmerdatenschutz. (28 Partner, 1 of Counsel, 13 Counsel, 53 Associates)
Mandate: ●● Dt. Telekom zu Fremdpersonaleinsatz; Mipa bei SE-Umwandlung; Westfleisch bei SCE-Umwandlung; Restrukturierung: Akzo No-

Führende Senior-Partner im Arbeitsrecht

Dr. Jobst-Hubertus Bauer	Gleiss Lutz
Nicole Engesser Means	Schweibert Leßmann & Partner
Günther Heckelmann	Baker & McKenzie
Dr. Klaus-Stefan Hohenstatt	Freshfields Bruckhaus Deringer
Dr. Hans-Peter Löw	Allen & Overy
Prof. Dr. Stefan Lunk	Latham & Watkins
Dr. Wilhelm Moll	Heuking Kühn Lüer Wojtek
Dr. Norbert Pflüger	Pflüger
Reinhard Schütte	Schütte & Kollegen
Lorenz Schwegler	Schwegler
Krikor Seebacher	Seebacher Fleischmann Müller
Dr. Uwe Silberberger	Silberberger Lorenz Towara
Dr. Robert von Steinau-Steinrück	Luther
Thomas Ubber	Allen & Overy

Führende Partner im Arbeitsrecht (41-50 Jahre)

Prof. Dr. Georg Annuß	Linklaters
Dr. Christian Arnold	Gleiss Lutz
Dr. René Döring	Freshfields Bruckhaus Deringer
Dr. Sebastian Frahm	Naegele
Prof. Dr. Björn Gaul	CMS Hasche Sigle
Dr. Burkard Göpfert	Baker & McKenzie
Prof. Dr. Michael Kliemt	Kliemt & Vollstädt
Dr. Steffen Krieger	Gleiss Lutz
Dr. Mark Lembke	Greenfort
Dr. Wolfgang Lipinski	Beiten Burkhardt
Jürgen Markowski	Manske & Partner
Dr. Christopher Melms	Beiten Burkhardt
Dr. Anja Mengel	Altenburg
Dr. Andrea Panzer-Heemeier	Arqis
Dr. Kara Preedy	Pusch Wahlig
Dr. Tobias Pusch	Kliemt & Vollstädt
Dr. Barbara Reinhard	Kliemt & Vollstädt
Dr. Nils Schramm	Schramm Meyer Kuhnke
Dr. Ulrike Schweibert	Schweibert Leßmann & Partner
Dr. Stefan Seitz	Seitz
Dr. Tim Wißmann	Küttner

Aufsteiger im Arbeitsrecht (bis einschl. 40 Jahre)

Dr. Frauke Biester-Junker	Vangard
Dr. Patrizia Chwalisz	Esche Schümann Commichau
Dr. Timon Grau	Freshfields Bruckhaus Deringer
Dr. Rüdiger Hopfe	Schweibert Leßmann & Partner
Thomas Niklas	Küttner
Dr. Marcus Richter	Görg
Dr. Joachim Trebeck	Seitz

Die hier getroffene Auswahl der Personen ist das Ergebnis der auf zahlreichen Interviews basierenden Recherche der JUVE-Redaktion (siehe S. 20). Sie ist in 2erlei Hinsicht subjektiv: Sämtliche Aussagen der von JUVE-Redakteuren befragten Quellen sind subjektiv u. spiegeln deren eigene Wahrnehmungen, Erfahrungen u. Einschätzungen wider. Die Rechercheergebnisse werden von der JUVE-Redaktion unter Einbeziehung ihrer eigenen Marktkenntnis analysiert u. zusammengefasst. Der JUVE Verlag beabsichtigt mit dieser Tabelle keine allgemein gültige oder objektiv nachprüfbare Bewertung. Es ist möglich, dass eine andere Recherchemethode zu anderen Ergebnissen führen würde.

● Referenzmandate, umschrieben
●● Referenzmandate, namentlich

Anwaltszahlen: Angaben der Kanzleien, wie viele Anwälte zu mind. ca. 50 % in diesem Gebiet tätig sind. Sie spiegeln nicht zwingend die Gesamtgröße einer Kanzlei wider.

ARBEITSRECHT

bel, Bruker; Fossil bei IT-Outsourcing; Paul Hartmann zu internat. Compliance; Kostal zu Gründung europ. BR; Almirall bei Spartenverkauf; lfd.: E.on u. Konzerngesellschaften, Boehringer Ingelheim, LBBW, Procter & Gamble, Siemens, K+S, Airbus, Telefónica (auch in Prozessen).

DLA PIPER
Arbeitsrecht

NOMINIERT JUVE Awards 2015 Kanzlei des Jahres für Arbeitsrecht

Bewertung: Viel Aufmerksamkeit erregte die im Arbeitsrecht empfohlene Praxis, als sie innerhalb kürzester Zeit gleich 2 Spezialisten für den Bereich betriebl. Altersversorgung als Partner bzw. Counsel in die Kanzlei holte. Damit gibt DLA ein klares Bekenntnis zu einem u.a. in Transaktionen immer wichtiger werdenden Beratungsfeld. Immer wieder beeindruckt die enge Einbindung der Arbeitsrechtspraxis in die Gesamtkanzlei: Zwar besitzen die Anwälte signifikantes eigenständiges Geschäft, sie werden jedoch immer wieder auch in internat. oder praxisgruppenübergreifende Projekte involviert. Langsam kommt dies auch im Markt an: Zwar reicht die Präsenz der Anwälte noch nicht an die von Gleiss Lutz, Freshfields oder CMS heran, doch hoben Wettbewerber zuletzt insbes. die jüngeren Partner hervor, darunter bspw. Bodenstedt, der kürzl. auch die Leitung der Praxisgruppe übernahm, da Borgmann ins Kanzleimanagement wechselte, was zukünftig einen Teil seiner Arbeitszeit in Anspruch nehmen dürfte.
Stärken: Internat. Vernetzung (europaw., USA).
Häufig empfohlen: Volker von Alvensleben („erfahren u. kompetent", Wettbewerber), Michael Magotsch, Dr. Bernd Borgmann, zunehmend Dr. Kai Bodenstedt („effizient, fachlich sehr gut, beeindruckendes Präsenzwissen", Wettbewerber), Dr. Jens Kirchner („gute Vertretung von Unternehmen", Wettbewerber)
Kanzleitätigkeit: Umf. Praxis im kollekt. u. indiv. Arbeitsrecht, Projekte (Umstrukturierungen), in Zusammenarbeit mit den Gesellschaftsrechtlern auch transaktionsbegleitend. Verstärkt betriebl. Altersversorgung. (8 Partner, 4 Counsel, 1 of Counsel, 17 Associates)
Mandate: ●● Malaysian Airline System Berhad bei Compliance-Untersuchung; AB Elektronik/TT Electronics bei Restrukturierung; Israel Chemicals bei Verkauf; BorgWarner, u.a. bei Restrukturierung; HCL bei Outsourcing; lfd.: Cisco, H&M, Levi Strauss (u.a. zu Umstrukturierung u. Outsourcing).

EVERSHEDS
Arbeitsrecht

Bewertung: Nach langem Ringen ist es soweit: Die im Arbeitsrecht empfohlene Praxis ist dank der Vollfusion mit Eversheds nun integriertes Mitglied einer internat. Kanzlei. Dies könnte sich auch für die Arbeitsrechtler positiv auswirken, besteht nun doch noch mehr die Möglichkeit, attraktives Netzwerkgeschäft nach Dtl. zu ziehen. Ein jüngerer Partner hat in der Vergangenheit schon einige Anknüpfungspunkte geschaffen u. soll dies weiter vorantreiben. Derzeit steht das Team v.a. für die Beratung des dt. Mittelstands bzw. sozialer u. kirchl. Organisationen sowie von Führungskräften.
Stärken: Internat. Vernetzung, Führungskräfteberatung.
Entwicklungsmöglichkeiten: Weiter ausgebaut werden soll zukünftig der Bereich bAV, ein Feld, das derzeit viele v.a. internat. Kanzleien bearbeiten möchten, u. das mit der starken Eversheds-Pensionspraxis in GB beste Voraussetzungen für den dt. Kanzleiteil bringt. Hier verzeichnete Eversheds mit der Beratung bspw. der Messe München schon erste Erfolge, Wettbewerber wie DLA Piper sind im Aufbau eines spezialisierten Teams allerdings schon weiter.
Häufig empfohlen: Dr. Stefan Kursawe, Dr. Susanne Giesecke
Kanzleitätigkeit: Umf. Beratung u. Vertretung im Individual- u. Kollektivarbeitsrecht (auch transaktionsbegl. u. Due Diligence). (3 Eq.-Partner, 5 Sal.-Partner, 6 Counsel, 10 Associates)
Mandate: ●● NTT Data Dtl. zu Datenschutz; Amadeus Dtl. zu Restrukturierung; Insight Technology Solutions, u.a. zu Arbeitszeit; Messe München zu bAV-Umstellung; Boeing Jeppesen bei Umstrukturierung; lfd.: Doncasters Precision Casting, Kopf-Gruppe, Weko, Alpha Form, div. Führungskräfte.

FRESHFIELDS BRUCKHAUS DERINGER
Arbeitsrecht

Bewertung: Nach der Umstrukturierung der vergangenen Jahre konzentrierte sich diese im Arbeitsrecht zu den führenden zählende Praxis wieder voll u. ganz auf das Mandatsgeschäft – u. das auf höchstem Niveau. Auffallend häufig war das Team zuletzt in Großprojekten zu sehen, die weniger das klass. Arbeitsrecht, als vielmehr Schnittstellenthemen, wie bspw. die großen Compliance-Untersuchungen, Vergütungsthemen im Zshg. mit der Regulierung im Finanzsektor oder die Strukturierung von betriebl. Altersversorgung oder bAV-Massenverf., beinhalten. Dies verstärkte bei einigen Wettbewerbern zuletzt den Eindruck, FBD stünde nicht mehr so sehr für das eigenständige Arbeitsrecht, wenngleich das Team weiterhin große Restrukturierungen, wie zuletzt bspw. bei Telefónica (gemeinsam mit Baker & McKenzie), begleitete. Immer häufiger spielt die Praxis dabei ihre internat. Einbindung aus, sowohl über die eigenen Büros, die zuletzt im Arbeitsrecht wie bspw. in den USA verstärkt wurden, als auch über ein Best-Friends-Netzwerk.
Stärken: Projektbezogene Gestaltung bei komplexen Transaktionen u. Restrukturierungen, SE-Unternehmensmitbestimmung, grenzüberschreitende Verschmelzung.
Häufig empfohlen: Prof. Dr. Heinz Josef Willemsen, Dr. Klaus-Stefan Hohenstatt, Dr. Thomas Müller-Bonanni, Dr. Elmar Schnitker, Dr. René Döring („auffallend gut im Kontext von Transaktionen", „einer der führenden Betriebsrentenrechtler", Wettbewerber), Dr. Timon Grau
Kanzleitätigkeit: Umf. Praxis mit spezifisch arbeitsrechtl. Beratung bedeutender dt. u. internat. Unternehmen in vielfach grenzüberschreitenden Projekten, Transaktionsbegleitung (▶M&A), betrieb. Altersversorgung. (7 Partner, 20 Associates)
Mandate: ●● Hochtief u. Rewe bei CTA; Aareal Bank zu CRD IV u. bei Erwerb Westimmo; Gagfah bei Zusammenschluss mit Dt. Annington; Funke Mediengruppe bei Teilbetriebsschließung; Telefónica bei Integration von E-Plus; HDI bei SE-Umwandlung; Novartis bei Portfoliotransformation; lfd.: Beiersdorf, Blohm + Voss, CSC Dtl., Mars, Smith & Nephew, Tyco, UPS, Weight Watchers.

FRINGS PARTNERS
Arbeitsrecht

Bewertung: Die empfohlene Kanzlei entstand im Frühjahr 2015 aus dem kompletten D'dorfer Arbeitsrechtsteam von Orrick, Herrington & Sutcliffe um den im Markt sehr etablierten Frings. Dass das Team nun in einer Boutique u. nicht mehr als Teil einer standortübergreifend tätigen Großkanzlei auftritt, hat der Wahrnehmung nicht geschadet. Im Gegenteil: Denn schon immer war die Praxis, in der zuletzt auch die jungen Partner, darunter Bogati, stärker ins Visier des Marktes gerückt sind, sehr eigenständig, nun wurde der Spin-off zum Stadtgespräch in D'dorf: „Sie werden nun sicher noch stärker werden", sagte ein Wettbewerber. Dass es nicht nur gelang, Mandate wie Coca-Cola oder Gothaer Systems mit in die neue Einheit zu überführen, sondern auch bspw. mit Grundfos neue Kontakte zu knüpfen, ist ein erstes Indiz dafür, dass diese Einschätzung stimmen könnte.
Häufig empfohlen: Dr. Arno Frings („qualitativ hochwertige Bearbeitung von wichtigen Trennungsfällen", Mandant; „sehr kompetent u. erfahren", Wettbewerber), Michael Bogati („sehr kompetent, praxisorientiert u. unideologisch," Wettbewerber)
Kanzleitätigkeit: Ausschl. im Arbeitsrecht tätige Kanzlei. Sehr erfahren bei Umstrukturierungen u. im Personalabbau, Interessenausgleich- u. in Sozialplanverhandlungen sowie Prozessen. Zudem lfd. arbeitsrechtl. Beratung. Auch, aber in geringerem Umfang, Führungskräfteberatung. (3 Partner, 1 Associate)
Mandate: ●● Schmolz & Dickenbach Distributions bei Personalabbau; Grundfos bei Standortschließungen; lfd.: Coca-Cola, Gothaer Systems u. Gothaer Versicherung

GLEISS LUTZ
Arbeitsrecht

Bewertung: Sehr deutl. zeigte sich zuletzt bei dieser im Arbeitsrecht zu den führenden zählenden Kanzlei, wie man sich auf hohem Niveau nochmals verbessern kann: Die gezielte standortübergreifende Zusammenarbeit u. die deutl. konsequenter vorangetriebene Spezialisierung der Anwälte sorgte zuletzt für noch größere Präsenz v.a. der jungen Generation. Ein Bsp. dafür ist das Münchner Büro: Hier zeigt sich ein junger Partner bestens integriert in die Gesamtkanzlei, was neben der Mandatsarbeit auch daran deutlich wird, dass er gemeinsam mit anderen der nächsten Generation zunehmend Managementaufgaben innerhalb der Praxis übernimmt. Dies ist auch Ausdruck dessen, wie gut die Einheit den anstehenden Generationswechsel im Griff hat, nachdem Bauer in den Of-Counsel-Status wechselte. Inhaltl. zeigten sich die Anwälte weiterhin in hochkarät. Mandaten präsent wie bspw. großen Re- u. Umstrukturierungen, sie werden jedoch auch häufig zu Gutachtertätigkeiten im Hintergrund hinzugezogen, was zeigt, wie sehr die wissenschaftl. Expertise des Teams respektiert ist.
Stärken: Führungskräfteberatung; umfangr. Re- u. Umstrukturierungen.
Entwicklungsmöglichkeiten: Gleiss hat in der jüngeren Vergangenheit viel für ihre interne Weiterentwicklung getan, doch der Weg ist noch nicht abgeschlossen: Wettbewerberinnen wie Freshfields oder Linklaters punkten mit sehr gut integrierten internat. Büros, auf nationaler Ebene liefert sich die Praxis einen Wettbewerb mit den weiter aufholenden Boutiquen, die v.a. in puncto Kostenstruktur im Vorteil sind. Gleiss muss in Zukunft großes Augenmerk darauf legen, die Trends im Arbeitsrecht frühzeitig zu erkennen. Die Grundlagen dafür hat sie durch die strukturellen

Maßnahmen der jüngeren Vergangenheit aber bereits geschaffen.

Häufig empfohlen: Dr. Jobst-Hubertus Bauer („guter Anwalt, gute Mandate u. gute Vorträge", Wettbewerber), Prof. Dr. Gerhard Röder („hoch kompetenter u. angenehmer Verhandlungspartner", Wettbewerber), Dr. Martin Diller („kompetent, ergebnisorientiert", Wettbewerber), Prof. Dr. Ulrich Baeck („zielorientiert, kompetent u. kollegial", Wettbewerber), Dr. Stefan Lingemann, Dr. Katrin Haußmann, Dr. Doris-Maria Schuster („ungewöhnl. gut in Verhandlungen", Wettbewerber), Dr. Frank Merten, Dr. Christian Arnold, Dr. Steffen Krieger („hohe Kompetenz, insbes. in Verbindung mit dem dt. Gesundheitswesen", Mandant; „sehr kompetent u. kollegial", Wettbewerber), Dr. Heinrich Klosterkemper, Dr. Thomas Winzer

Kanzleitätigkeit: Umf. tätige arbeitsrechtl. Praxis für eine große Zahl dt. u. internat. tätiger Top-Unternehmen, vielfach in komplexen Projekten, Spezialfragen oder Grundsatzentscheidungen, internat. Prozesse (USA). Intensive Lobbyarbeit, Referenten- u. Publikationstätigkeit. (10 Eq.-Partner, 5 Sal.-Partner, 2 Counsel, 2 of Counsel, 25 Associates)

Mandate: ●● Clifford Chance im Rechtsstreit mit ehem. Partner um Altersversorgung; Freistaat Bayern bei gepl. Umwandlung des Klinikums Augsburg; AR Tui bei Zusammenschluss mit Tui Travel; WMF bei Umstrukturierung; Avic bei Kauf von Kokinetics.

GÖRG
Arbeitsrecht

Bewertung: Die im Arbeitsrecht empfohlene Kanzlei war im Berichtszeitraum mit einigen anspruchsvollen Projekten beschäftigt: Die von umfangr. Streiks begleitete u. in den Medien viel beachtete Neuorganisation des Paketbereichs für die Dt. Post sowie die Gestaltung betriebsverfassungsrechtl. Strukturen bei A.T.U. sind nur einige Bsp. dafür, wie vielfältig die Praxis jenseits ihrer trad. Stärke in insolvenznahen Themen ist. Auch dass andere Insolvenzkanzleien regelm. auf diese Expertise zurückgreifen, z.B. bei Mifa, hat ihre Auslastung unabhängiger vom Auf u. Ab der hauseigenen Insolvenzverwaltung gemacht. Die von einem Görg-Partner verantwortete Eigenverwaltung des Marienhospitals Münsterland brachte kirchenarbeitsrechtl. Besonderheiten mit sich. Bemerkenswert ist zudem, wie sich das grenzüberschr. Geschäft auch ohne eigene Auslandsbüros entwickelt. U.a. koordinierte Görg von Köln aus die IT-Ausgliederung für Havi in div. europ. u. asiat. Ländern mit ihrem Netzwerk befreundeter Kanzleien. Positiv auswirken dürfte sich die Besetzung des Münchner Büros mit dem ehem. Orrick-Counsel Dr. Ulrich Fülbier zum Juli 2015. Der Standort war bisher v.a. von Ffm. u. Köln abgedeckt worden. Sorgenkind bleibt einzig das Büro in HH, wo weiterhin keine eigenständige arbeitsrechtl. Expertise vor Ort ist.

Stärken: Anerkannte ▶Restrukturierungs-/Sanierungspraxis. Beratung zum Öffentl. Dienstrecht.

Häufig empfohlen: Dr. Lars Nevian („verhandelt gut", Wettbewerber), Dr. Ralf Hottgenroth, Dr. Thomas Bezani, Dr. Marcus Richter („hohe Kompetenz, sehr kollegial", Wettbewerber über alle 3), Dr. Axel Dahms

Kanzleitätigkeit: Fachl. breite Betreuung von Unternehmen, speziell in der kollektivrechtl. Beratung. Bes. Expertise bei Umstrukturierung u. Sanierung, auch Beratung von Insolvenz- u. Organvertretern. Branchenschwerpunkte im Medienbereich, bei ehem. Staatsunternehmen (Post) u. im Kirchenarbeitsrecht. (6 Eq.-Partner, 1 Sal.-Partner, 1 Counsel, 7 Associates)

Mandate: ●● Dt. Post, u.a. bei Neuorganisation des Paketbereichs; Havi Logistics bei IT-Ausgliederung; Reorganisation: Aventics, König u. Bauer; Umstrukturierung: Mifa, De Mäkelbörger; Sig Sauer bei Restrukturierung; Marienhospital Münsterland bei Verkauf aus Insolvenz; lfd.: A.T.U., div. GEA- u. DHL-Gesellschaften.

GREENFORT
Arbeitsrecht

Bewertung: Die für Arbeitsrecht empfohlene Frankfurter Kanzlei hat ihre Stellung im Markt gut behauptet. Ein Plus ist das in den Anfangszeiten der Kanzlei auf Associate-Ebene von hoher Fluktuation gebeutelte, nunmehr seit Jahren personell stabile Team, in dem auch angestellte Anwälte zunehmend eigenständig agieren. Greenfort kann sich nicht zuletzt auf eine umfangr. Mandantenbasis verlassen, in denen sich aus einer lfd. Beratung heraus regelm. auch aufwendigere Projekte ergaben, z.B. an der Seite von Nintendo u. CSC. Auch über die zuletzt stärker nachgefragte Beratung von Führungskräften ergeben sich regelm. neue Kontakte wie zu KIC InnoEnergy. Die fachl. Breite, bei einem von Wettbewerbern regelm. besonders hervorgehobenen „hohen wissenschaftl. Niveau" ist ebenso beachtl. wie der Anteil internat. Arbeit dank gut gepflegter Best-Friends-Kontakte.

Stärken: Mandate mit US-Bezug, Zeitarbeit.

Häufig empfohlen: Dr. Mark Lembke („hohe jurist. Kompetenz verbunden mit wirtschaftl. Sachverstand", „sehr gut in Prozessen", Wettbewerber), Dr. Jens-Wilhelm Oberwinter („vertritt seine Mandanten sehr erfolgreich", Wettbewerber)

Kanzleitätigkeit: Umf. auf Arbeitgeberseite, u.a. transaktionsbegl. (▶M&A), individual- u. kollektivrechtl., tarifrechtl., betriebl. Altersversorgung/Pensionsverpflichtungen. Verstärkt Führungskräfteberatung. (2 Partner, 4 Associates)

Mandate: ●● Buchmann zu mögl. Ansprüchen nach dem AüG; lfd.: Nintendo (u.a. bei Reorganisation), CSL Behring (u.a. zu Vergütung), ING-Diba, CSC/CSC Dtl. Solutions (u.a. bei Verkauf iSoft Health), Hess (u.a. zu Tarifrecht), KIC InnoEnergy, Goodyear Dunlop, Pimco, Abbott, Flowserve.

HENGELER MUELLER
Arbeitsrecht

Bewertung: Wie sehr das im Arbeitsrecht empfohlene Team u.a. infolge der 3. Partnerernennung im Vorjahr an Schlagkraft gewonnen hat, zeigte sich im Berichtszeitraum: Angesichts eines deutl. anziehenden Dealmarkts verspürten die Arbeitsrechtler ein erhöhtes Aufkommen an transaktionsbegl. Arbeit, inkl. den finanziell immer bedeutsameren Fragen der bAV, wo sich ein Associate zunehmend spezialisiert. Dennoch war das Team in der Lage, z.T. parallel dazu mehrere interne Compliance-Untersuchungen zu begleiten, div. Banken zu Vergütungsstrukturen zu beraten u. komplexe Restrukturierungen zu stemmen, z.B. für Imtech u. Redknee. Die wohl bemerkenswerteste Entwicklung ist die Präsenz in Prozessen, sowohl infolge von Kündigungen als Ergebnis der internen Untersuchungen, als auch bei Bonusstreitigkeiten u. sogar im Nachgang von Restrukturierungen. Angesichts dieser Bandbreite an Standalone-Arbeitsrecht ist es erstaunl., dass Wettbewerber hartnäckig von der Praxis als einem Annex der renommierten ▶M&A- u. ▶Gesellschaftsrechtspraxen sprechen.

Stärken: Begleitung von Transaktionen, Beratung von Banken.

Entwicklungsmöglichkeit: Trotz beachtl. grenzüberschr. Mandate wie umf. Compliance-Untersuchungen taucht das Arbeitsrechtsteam in der Koordination internat. Projekte wie ww. Restrukturierungen dtl. seltener auf als z.B. CMS, Baker oder Allen & Overy. Auch wenn HM-Anwälte betonen, dass die Beziehungen zu den Best Friends von Jahr zu Jahr stärker werden, nehmen Druck u. Wettrüsten im Hinblick auf die internat. Vernetzung zu. Zusätzl. Konkurrenz kommt von Boutiquen wie Kliemt oder Pusch, die ebenfalls über feste internat. Allianzen verfügen. Darauf wird HM reagieren müssen, auch wenn das nicht zwangsläufig eine internat. Fusion bedeuten muss.

Häufig empfohlen: Dr. Hans-Joachim Liebers, Dr. Christian Hoefs („kompetent, fair, kollegial", „in Vergütungsthemen sehr präsent", Wettbewerber)

Kanzleitätigkeit: Ausschl. Beratung u. Vertretung von Unternehmen, v.a. unterstützend in den Kernbereichen der Kanzlei (▶Gesellsch.recht/ ▶M&A/ ▶Bankrecht u. -aufsicht). (3 Partner, 9 Associates)

Mandate: ●● Adam Opel bei Übernahme der wirtschaftl. Verantwortung als OEM für Geschäft von Opel/Vauxhall in Europe; Dt. Bank zu div. Untersuchungen inkl. Prozesse; Redknee bei Reorganisation; Imtech bei Neuorganisation; Eaton bei Interessenausgleich/Sozialplan; lfd.: BHF Bank, Blackrock, Morgan Stanley, JPMorgan.

HEUKING KÜHN LÜER WOJTEK
Arbeitsrecht

Bewertung: Die im Arbeitsrecht empfohlene Praxis trieb zuletzt ihre Weiterentwicklung voran: So leitete sie den mittelfristig anstehenden Generationswechsel schon jetzt dadurch ein, dass Moll die Praxisgruppenleitung mittlerw. an Dr. Andreas Walle u. Wellhöner abgegeben hat. Dass diese sich mit HH u. München an unterschiedl. Standorten befinden zeigt zudem, dass Heuking eine noch engere standortübergreifende Zusammenarbeit anstrebt. Ein Bsp. hierfür ist der Münchner Standort: Wellhöner betreut derzeit das noch junge Stuttgarter Büro gemeinsam mit einem Frankfurter Partner mit, was bereits zu ersten Mandatserfolgen wie bspw. der Beratung von Krones bei einem Unternehmenskauf führte. Ein Mandat, das über das Stuttgarter Büro kam. Zudem identifiziert die Praxis zunehmend Spezialisierungen wie bspw. im Sportarbeitsrecht, wo einige Fußballvereine zu den Mandanten zählen.

Stärken: Beratung an der Schnittstelle zu ▶Gesellsch.recht, ▶Restrukturierung/Sanierung u. ▶Vertrieb.

Entwicklungsmöglichkeiten: Die ersten Mandate haben gezeigt: In Stuttgart hat das Arbeitsrecht nicht zuletzt deshalb Potenzial, weil das ehem. GSK-Büro einen stabilen Mandantenstamm, bspw. im Gesellschaftsrecht, mitbrachte, im Arbeitsrecht jedoch bislang nicht präsent war. Hier könnte Heuking mittelfristig ein Team vor Ort aufbauen.

Häufig empfohlen: Dr. Wilhelm Moll („sehr guter Anwalt im Bereich Forensik", Mandant; „guter Anwalt, gute Mandate u. gute Vorträge", Wettbewerber), Dr. Ulrich Boudon, Prof. Dr. Martin Reufels, Christoph Hexel („präsent bei der Beratung von Vorständen u. Geschäftsführern", Wettbewerber), Bernd Weller („steht für die junge Generation

ARBEITSRECHT

engagierter Arbeitsrechtler bei Heuking", Wettbewerber), Dr. Frank Eckhoff, Astrid Wellhöner, Dr. Thorsten Leisbrock („sehr kompetent in Beratung u. Forensik", Mandant).
Kanzleitätigkeit: Praxis mit umf. arbeitsrechtl. Dauerberatung, Prozessen u. Projektgeschäft, auch transaktionsbegleitend. Außerdem Vertretung von Organen, Führungskräften u. ltd. Angestellten. (16 Eq.-Partner, 5 Sal.-Partner, 14 Associates)
Mandate: ●● Eurogate bei Gründung e. Gesamthafenbetriebsges.; Kaufland bei Second Opinion zu Massenentlassung; KDK Automotive bei Personalabbau; Rettenmeier bei Haustarifverhandlung; Krones bei Unternehmenskauf; RTL bei Umstrukturierung; lfd.: Hamburger SV, Hugendubel, Agfa.

HOGAN LOVELLS
Arbeitsrecht
Bewertung: Die im Arbeitsrecht häufig empfohlene Kanzlei kommt bei der internen Vernetzung sowohl versch. Praxisgruppen als auch ihrer internat. Büros weiter voran. Schon länger eingespielt ist die Zusammenarbeit innerhalb Europas, wie sich auch zuletzt z.B. in einem Restrukturierungsmandat für ein dt. Unternehmen zeigte, das über Kontakte der Madrider Arbeitsrechtspartnerin zur span. Muttergrs. zustande kam. Seit der Fusion vor 5 Jahren meistern es die Arbeitsrechtler zunehmend, die Achse zu ihren US-Büros zu intensivieren, was angesichts der trad. fachl. unterschiedl. Schwerpunkte keine leichte Aufgabe ist. So kamen zuletzt aus dem Netzwerk bspw. einige Mandate zur Erarbeitung von globalen Richtlinien für die Nutzung von IT am Arbeitsplatz u. auch grenzüberschr. Großtransaktionen wie die Beratung von LabCorp. Hier kann die Praxis regelm. mit ihrer bAV-Expertise u. Erfahrung bei Reorganisationen punkten. Dass mit Wybitul an der Schnittstelle zu ▶Compliance im 2. Jahr in Folge intern ein Partner ernannt wurde, unterstreicht die Rolle der Praxis in der Strategie von HL.
Stärken: Branchenspezialisierungen, u.a. bei Versicherungen, Banken, Pharma. Betriebl. Altersversorgung.
Entwicklungsmöglichkeiten: Bisher ist es noch nicht wie gewünscht gelungen, die Marktwahrnehmung jüngerer Partner bemerkenswert zu erhöhen. Wettbewerbern wie Noerr gelang dies zuletzt besser. Die Strukturen dafür hat HL allerdings mit einer stärkerer Ausbildung von Spezialisierungen, z.B. auf Branchen wie Finanzdienstleister oder Versicherungen bzw. fachl. Schwerpunkte wie Fremdpersonaleinsatz, SE-Umwandlungen oder (Arbeitnehmer-)Datenschutz, schon geschaffen.
Häufig empfohlen: Dr. Eckard Schwarz, Dr. Ingrid Ohmann-Sauer („extrem gute taktische Beraterin", Mandant), Bernd Klemm, Dr. Hendrik Kornbichler, Tim Wybitul („denkt bereichsübergreifend, kluge Beratung mit Blick fürs Wesentliche", Mandant; „sehr tiefe Kenntnis im Datenschutz u. dem Bereich interne Ermittlungen, kreativ, lösungsorientiert", Wettbewerber).
Kanzleitätigkeit: Klassisches Beratungsgeschäft z.T. sehr namh., internat. tätiger Unternehmen, auch in (grenzüberschr.) Projekten (u.a. ▶Restrukturierungen, Reorganisationen). Neben umf. Dauergeschäft u. einer Vielzahl eigenständ. Mandate Begleitung der ▶Gesellsch.rechts-/▶M&A-Praxis. Stark in betriebl. Altersversorgung. Bes. Expertise im Datenschutzrecht u. ▶Compliance. (7 Partner, 3 Counsel, 17 Associates)
Mandate: ●● Birkenstock in div. AGG-Verf. (z.T. bis zum BAG) u. Compliance-Richtlinie; E.V.A. Aachen, u.a. in BAG-Musterverf.; LabCorp bei Kauf von Covance (inkl. bAV); FlixBus bei Kauf von MeinFernbus; lfd.: Amazon, Honeywell, Basler Versicherungen (alle öffentl. bekannt); Untern. bei Restrukturierung.

JUSTEM
Arbeitsrecht
Bewertung: Es waren erneut die Banken, die diese im Arbeitsrecht empfohlene Kanzlei in Atem hielten: Regulator. Fragen dieser Kernklientel von Justem brachten auch eine Menge arbeitsrechtl. Fragen mit sich, insbes. da sich ein Großteil der Mandanten mit Hauptsitz im Ausland befindet. Auch Restrukturierungs- u. Personalabbaumaßnahmen bestimmten die Arbeit, wie bspw. bei der RBS. Ein interessanter Nebenaspekt zur Mindestlohndebatte beschäftigte v.a. Mahnhold: Die neue Regelung nahmen viele Unternehmen zum Anlass, ihre Beziehungen zu Dienstleistern einer Compliance-Überprüfung zu unterziehen.
Stärken: Beratung von Banken, insbes. aus dem Ausland.
Häufig empfohlen: Caroline Bitsch („eine Visionärin", Wettbewerber), Dr. Thilo Mahnhold („sehr gute u. angenehme Zusammenarbeit", Wettbewerber), Dr. Henning Reitz („hoch sympathisch u. kompetent", Wettbewerber).
Kanzleitätigkeit: Umf. arbeitsrechtl. Beratung ausschl. auf Unternehmensseite, u.a. zu Restrukturierungen, kollekt. u. indiv. Arbeitsrecht, Datenschutz u. Prozessführung. (4 Partner, 1 of Counsel, 6 Associates)
Mandate: ●● ABM Amro/Bethmann Bank bei Integration Privatkundengeschäft von Credit Suisse; RBS zu Reorganisation; Ericsson Telekommunikation bei Arbeitszeit; UPS bei Anfechtung BR-Wahl; lfd.: BBVA Banco Bilbao Vizcaya Argentaria Dtl.

KLIEMT & VOLLSTÄDT
Arbeitsrecht
Bewertung: Schon jetzt ist diese im Arbeitsrecht zu den führenden gehörende Boutique die personell größte in diesem Bereich, doch an ein Ende des Wachstums denkt K&V nicht: Mit dem Zugang des erfahrenen FGvW-Partners Dr. Philipp Wiesenecker u. einem Associate baute die Kanzlei ihren Frankfurter Standort zuletzt signifikant aus. Wettbewerber hoben dort zuletzt zudem insbes. Reinhard hervor, die sich neben dem Restrukturierungsgeschäft zunehmend in der Beratung zur betrieblichen Altersversorgung einen Namen macht. Auch in D'dorf wuchs das Team durch einen Rückkehrer von Mütze Korsch auf Partnerebene weiter. Inhaltl. waren es v.a. erneut Restrukturierungen wie bspw. bei Vodafone, Tom Taylor oder Hewlett-Packard, die das Team in Atem hielten.
Stärken: Restrukturierungen, Beratung von Banken.
Entwicklungsmöglichkeiten: Die Größe u. Präsenz von K&V sorgt vielerorts für ehrliche Bewunderung unter Wettbewerbern. Doch stellt die schiere Personalstärke große Anforderungen an die Qualitätssicherung. Schon jetzt bemerken einige Wettbewerber, dass das qualitative Gefälle insbes. zwischen den sehr renommierten etablierten Partnern u. der jüngeren Generation nicht hoch sei.
Häufig empfohlen: Prof. Dr. Michael Kliemt („kennt alles u. hat enorme Erfahrung", „durchsetzungsstark", Wettbewerber), Dr. Oliver Vollstädt, Dr. Markus Bohnau („guter Stratege", Wettbewer-

Führende Namen in Spezialbereichen: Führungskräfteberatung

Dr. Jobst-Hubertus Bauer	Gleiss Lutz
Dr. Ralf Busch	Heussen
Dr. Georg Jaeger	SZA Schilling Zutt & Anschütz
Jan Kern	Behrens & Partner
Prof. Dr. Michael Kliemt	Kliemt & Vollstädt
Dr. Stefan Kursawe	Eversheds
Prof. Dr. Stefan Lunk	Latham & Watkins
Dr. Wilhelm Moll	Heuking Kühn Lüer Wojtek
Dr. Knut Müller	dkm Rechtsanwälte
Prof. Dr. Stefan Nägele	Naegele
Dr. Stefan Röhrborn	Vangard
Peter Rölz	Ulrich Weber & Partner
Jan Ruge	Ruge Krömer
Peter Staudacher	Staudacher
Axel Weber	Factum

Gestaltung betrieblicher Altersversorgung

Christian Frhr. von Buddenbrock	Beiten Burkhardt
Dr. Martin Diller	Gleiss Lutz
Dr. René Döring	Freshfields Bruckhaus Deringer
Bernd Klemm	Hogan Lovells
Tobias Neufeld	Allen & Overy
Dr. Christian Reichel	Baker & McKenzie
Dr. Nicolas Rößler	Mayer Brown
Dr. Elmar Schnitker	Freshfields Bruckhaus Deringer

Die hier getroffene Auswahl der Personen ist das Ergebnis der auf zahlreichen Interviews basierenden Recherche der JUVE-Redaktion (siehe S. 20). Sie ist in 2erlei Hinsicht subjektiv: Sämtliche Aussagen der von JUVE-Redakteuren befragten Quellen sind subjektiv u. spiegeln deren eigene Wahrnehmungen, Erfahrungen u. Einschätzungen wider. Die Rechercheergebnisse werden von der JUVE-Redaktion unter Einbeziehung ihrer eigenen Marktkenntnis analysiert u. zusammengefasst. Der JUVE Verlag beabsichtigt mit dieser Tabelle keine allgemein gültige oder objektiv nachprüfbare Bewertung. Es ist möglich, dass eine andere Recherchemethode zu anderen Ergebnissen führen würde.

ARBEITSRECHT

ber), Dr. Alexander Ulrich ("schnell, präzise u. pragmatisch", Wettbewerber), Stefan Fischer ("Profi", Wettbewerber), Martin Wörle ("kluger, einfallsreicher Jurist", "hohe Kompetenz", Wettbewerber), Dr. Barbara Reinhard ("ein Glücksgriff", Mandant; "versierte u. lösungsorientierte Verhandlungsführerin", Wettbewerber)
Kanzleitätigkeit: Umf. Beratung u. Vertretung von Unternehmen, Vorständen, Geschäftsführern, Aufsichtsräten, Profisportlern, Behörden sowie gemeinnützigen Unternehmen u. Trägern zu Umstrukturierungen, Outsourcing, Haustarifen, betrieblicher Altersversorgung u. Auslandsentsendung (insbes. auch IT). Organhaftung. (15 Partner, 6 Counsel, 45 Associates)
Mandate: ●● Restrukturierungen bei Tom Tailor, Hewlett-Packard, Vodafone, Intersnack, Dt. Lufthansa, Dt. Bahn; lfd.: Santander, Axel Springer; zahlr. Führungskräfte.

KÜTTNER
Arbeitsrecht

Bewertung: Die im Arbeitsrecht häufig empfohlene Boutique erntet immer stärker die Früchte einer vor ein paar Jahren angegangenen Kanzleientwicklung, in deren Zentrum die Bündelung von Branchen-Know-how bzw. die Konzentration auf höherwertiges Geschäft stehen: So waren die Anwälte bei strateg. bedeutenden Themen wie Fremdpersonaleinsatz, z.B. bei Dt. Post/DHL u. Gothaer gefragt. Dabei zeigt sich, dass es Küttner immer besser gelingt, Konzernstrukturen zu durchdringen u. so ihre Mandatsbasis signifikant auszubauen. Zudem berieten die Anwälte im Berichtszeitraum gleich 3 Untern. der Pharmabranche bei umf. Restrukturierungen, darunter Janssen-Cilag. Die Mandantin gehört wie JTI u. QSC zu den Mandanten, die dem im Vorjahr von White & Case gewechselten Cohnen folgten. Es gehört zur Strategie von Küttner, dass auch angestellte Anwälte eigenständiger als bei Wettbewerbern wie z.B. Altenburg Mandate führen u. daher eine deutl. stärkere Marktwahrnehmung genießen. Eine logische Folge davon ist auch die interne Partnerernennung des schon zu Associate-Zeiten mehrfach von Mandanten gelobten Niklas.
Häufig empfohlen: Jürgen Röller, Dr. Wolfgang Rebel ("agiert ruhig u. überlegt", Mandant), Bernd Esser ("fachl. u. persönlich top, sehr erfahren", Wettbewerber), Dr. Tim Wißmann ("hervorrag. bei Restrukturierungen u. betriebl. Altersversorgung", Wettbewerber), Karl-Dietmar Cohnen ("langj., erfolgr. Zusammenarbeit", Mandant), Thomas Niklas ("kompetent", Wettbewerber), als Associates Dr. Benjamin Ittmann ("einsame Spitzenleistung", "gehört zur Elite der Arbeitsrechtler in Dtl.", Mandanten), Dr. Tilman Isenhardt ("angenehmer Gegner", Wettbewerber), zunehmend Thomas Faas ("kennen u. schätzen wir seit vielen Jahren", Mandant)
Kanzleitätigkeit: Breit aufgestellte kollektiv- u. individualrechtl. Arbeitsrechtspraxis auf Arbeitgeber- u. seltener Betriebsratsseite. Schwerpunkte in den Branchen Medien, Versicherungen, Automotive u. Pharma. Mandatiert bei strateg. Projekten, z.B. Restrukturierungen, Outsourcing. Auch betriebl. Altersversorgung u. Compliance. Beratung von Führungskräften, auch Organe. (10 Partner, 6 Associates)
Mandate: ●● Dt. Post/DHL, u.a. zu konzerninterner Überlassung; Commerzbank in BAG-Verf. zu bAV; Gothaer u. Zurich Dtl., u.a. zu Status Syndikusanwälte; Restrukturierungen: Janssen-Cilag,

Lekkerland; BR: RSA Royal & Sun Alliance; lfd.: ARD/ZDF, WDR, Deutz, Ford, Nissan, Versatel, Strabag, JTI Germany, QSC.

LABORIUS SCHRADER SIEBERT THOMS KLAGGES
Arbeitsrecht

Bewertung: Die im Arbeitsrecht empfohlene Hannoveraner Spezialkanzlei feilt weiter an ihrer Aufstellung. Dazu zählt auch die seit Juni 2015 enge Koop. mit der Münchner Arbeitsrechtsboutique Staudacher, u.a. mit dem Ziel, sich gegenseitig bei Gerichtsterminen zu vertreten. So sind beide Kanzleien z.B. regelm. für die VHV tätig. Neben ihrer trad. regen Prozesspraxis (regelm. bis zum BAG), z.B. für VW u. div. Beteiligungsges. sowie vielfach auch auf Seiten von Führungskräften, etabliert sich die Kanzlei stärker in Projekten u. ist im Markt z.B. bei Umstrukturierungen zunehmend visibel. Erstmals konnte auch die Zusammenarbeit mit einem of Counsel fruchtbar gemacht werden, der auch Inhaber der IPOS-Unternehmensberatung ist. Gemeinsam begleiten die Juristen die Stadtwerke Lengerich bei einer Umstrukturierung sämtl. Betriebsvereinbarungen u. Arbeitsverträge. Wichtigstes Standbein bleibt jedoch die Beratung des bemerkenswert umfangr. Stammes an hochkarätigen Dauermandanten.
Stärken: Betriebsverfassungsrecht, Prozesse.
Entwicklungsmöglichkeiten: Schrader bleibt weiterhin der sichtbarste Kopf der Kanzlei. Jedoch könnte eine stärkere Spezialisierung, z.B. einer jüngeren Partnerin auf die Bearbeitung internat. Mandate, dabei helfen, stärker aus seinem Schatten zu treten.
Häufig empfohlen: Dr. Peter Schrader ("sehr engagiert u. kompetent", Wettbewerber)
Kanzleitätigkeit: Überwiegend Dauerberatung, viel Prozessführung, Umstrukturierungen, Betriebsverfassungsrecht. Auch Begleitung von Transaktionen u. Reorganisationen. Betreut werden v.a. mittelständ. Unternehmen, auch Großunternehmen u. Konzerne, zudem Führungskräfte. Seltener Arbeitnehmer. (4 Partner, 3 Associates, 1 of Counsel)
Mandate: ●● Areva Wind bei Joint-Venture-Gründung; AutoVision zu Betriebsübergang; FS-ZM bei Personalabbau; Amcor Tobacco bei Betriebsschließung; Stadtwerke Lengerich umf. zu Betriebsvereinbarungen u. Arbeitsverträgen; lfd. (auch in Prozessen) VW, Bahlsen, Salamander, Arvato, Hersa Group, Allianz Dtl., VHV.

LATHAM & WATKINS
Arbeitsrecht

Bewertung: Mit Lunk u. Heins hat diese im Arbeitsrecht häufig empfohlene Praxis bereits seit Jahren etablierte Partner in ihren Reihen, zuletzt hoben Wettbewerber jedoch auch zunehmend Counsel Studt hervor, die insbes. für das Transaktionsgeschäft in der Kanzlei steht. Sie verfolgten zuletzt auch mit Interesse den Weggang 2er Associates aus dem Hamburger Büro (in eigene Kanzlei). Demggü. steht der Zugang eines Berufseinsteigers. Mit Blick auf den mittelfristig anstehenden Generationswechsel wäre hier personelle Stabilität sinnvoll. Während bedeutende Restrukturierungen weiter das Geschäft prägten, wie bspw. für KraussMaffei, gelang es zudem, bestehende Mandate wie für die Spiegel-Gruppe auch im Corporate-Bereich auszubauen.
Stärken: Transaktionsbegl. Arbeitsrecht; Vorstandsberatung.

Häufig empfohlen: Prof. Dr. Stefan Lunk, Claudia Heins, zunehmend Dr. Norma Studt ("herausragend qualifiziert, schnell u. verbindlich", Wettbewerber)
Kanzleitätigkeit: Breit aufgestellte Praxis mit Projekt- (v.a. Umstrukturierungen, Privatisierungen/Outsourcing, insbes. im Gesundheitswesen) u. Dauerberatung sowie Prozessführung für z.T. führende Unternehmen v.a. norddt. Herkunft, auch Betreuung von Führungskräften. (2 Partner, 2 Counsel, 5 Associates)
Mandate: ●● Merck bei globaler Restrukturierung; Siemens bei interner Reorganisation; KraussMaffei bei Restrukturierung; lfd.: Spiegel-Gruppe, Airbus, Ares, Danske Bank, Novartis.

LINKLATERS
Arbeitsrecht

Bewertung: Auch wenn Marktteilnehmer zuletzt v.a. wg. der hohen Fluktuation unter den jüngeren Anwälten gezweifelt hatten: Langsam, aber sicher entwickelt diese im Arbeitsrecht empfohlene Praxis ihr Profil weiter. Während sich ein Partner in Ffm. insbes. auf großvol. internat. Mandate u. Transaktionen konzentriert, steht Annuß mit seinem Team in München für komplexe arbeitsrechtl. Projekte wie Restrukturierungen, Vergütungsthemen oder Prozesse bspw. im Zshg. mit Schadensersatzforderungen. Allerdings ist die Marktwahrnehmung sehr auf Annuß zugeschnitten, v.a. in den kommenden Jahren wird die Praxis daran arbeiten müssen, ähnl. wie bspw. Freshfields, gezielt Spezialisierungen herauszuarbeiten, die dem Mittelbau der Praxis eine größere Marktpräsenz ermöglichen können.
Stärken: Transaktions- u. projektbezogene Praxis mit langj. Erfahrung in der Beratung ausl. Unternehmen (v.a. USA, GB) bzw. dt. Töchter, Koordination grenzüberschr. Projekte (z.B. SE-Gründungen).
Häufig empfohlen: Prof. Dr. Georg Annuß ("kreativ u. lösungsorientiert", Mandant; "fachl. einfach sehr gut", Wettbewerber)
Kanzleitätigkeit: ▶ Restrukturierung/Sanierung, grenzüberschreitende Projektsteuerung. (2 Partner, 1 Counsel, 8 Associates)
Mandate: ●● Adecco umf. u. insbes. hinsichtl. Vergütungsfragen; Novartis bei Verkäufen; Eden Springs bei Zukauf; Triton Managers III bei Kauf Logstor; lfd.: Balfour Beatty, Bregal Investments, Cargotec Oy, Harris Williams, Hertz, ITT, Morgan Stanley.

LUTHER
Arbeitsrecht

NOMINIERT
JUVE Awards 2015
Kanzlei des Jahres für Arbeitsrecht

Bewertung: Der für Arbeitsrecht häufig empfohlenen Praxis gelingt es zunehmend über ihren trad. Schwerpunkt im Mittelstand hinaus, Konzerne von sich zu überzeugen. Insbes. auf dem Feld der bundesw. Prozessvertretung, wo das Team unter Leitung eines koordinierenden Partners eine reibungslose Zusammenarbeit über die Standorte hinweg etabliert hat, konnte Luther die Mandatsbasis jenseits der Arbeit für Großmandantin Amazon noch einmal beträchtl. ausbauen. So führt die Kanzlei neben Berlin zunehmend auch in den Büros in Köln u. D'dorf Verf. für versch. Bayer-Sparten. Auch komplexe Restrukturierungen wie für Metro Cash & Carry bearbeiten mehrere Partner gemeinsam u. standortübergreifend, was die hohe Schlagkraft verdeut-

ARBEITSRECHT

licht, mit der Luther mittlerw. unterwegs ist. Eine Verbesserung der Praxisstruktur brachte die Ernennung von 2 Counseln. Während die Beratung auf Feldern wie Leiharbeit zunahm, fällt das Team im Markt weiterhin für seine Expertise im Handels- u. Gesundheitssektor sowie im Tarifrecht auf. Diese positive Entwicklung zieht auch qualifizierten Nachwuchs an, z.B. von Baker & McKenzie u. Brüggehagen & Kramer.

Stärken: Branchenexpertise bei Handelsunternehmen u. im Gesundheits-/ ▶Krankenhausbereich, insbes. bei Privatisierungen.

Häufig empfohlen: Dr. Robert von Steinau-Steinrück, Axel Braun, Michael Rinke („geschickt u. unnachgiebig in Verhandlungen", Wettbewerber), Stefanie Prehm, Dr. Gunnar Straube („sehr erfahren u. kompetent", Wettbewerber), Dr. Thomas Thees („sehr gut", Wettbewerber)

Kanzleitätigkeit: Breit aufgestellte Praxis auf Unternehmensseite mit sowohl projektbezogener Beratung in Transaktionen u. Restrukturierungen sowie Prozessführung als auch lfd. Komplettbetreuung großer, z.T. internat. Unternehmen in Funktion einer erweiterten Rechtsabteilung. Tarif- u. Streikrecht. Außerdem Führungskräfte. (14 Partner, 27 Associates, 1 of Counsel)

Mandate: ●● Restrukturierung: Ashland Group, ArjoHuntleigh, Primacom, Metro Cash & Carry; Haufe umf. zu Sparprogramm; OVAG zu bAV; lfd.: Amazon, Knauf Interfer, Bayer HealthCare, Lidl, Remondis, Deichmann; Kliniken in Tarif- u. Mitbestimmungsrecht; WP-Ges. bei Betriebsänderungen (inkl. Sozialplan); Personalvermittler bei Neuordnung arbeitsmedizin. Vorsorge.

MAYER BROWN
Arbeitsrecht

Bewertung: Für Arbeitsrecht empfohlene Kanzlei, die ihren Ausbaukurs erfolgr. fortsetzt. Dabei kam die Praxis sowohl beim Ausbau der Mandantenbasis als auch bestehender Mandate sichtbar voran. Dies gilt v.a. für das Kerngeschäft Restrukturierungen, wo MB z.B. ihre Arbeit für die Federal-Mogul-Gruppe signifikant erweitern konnte. Regelm. führen die z.T. langj. Kontakte der Arbeitsrechtler auch zu Geschäft in anderen Praxen, z.B. begleiteten die Gesellschaftsrechtler Celebi umwandlungsrechtlich. Anders als andere internat. Kanzleien wie Clifford Chance oder Linklaters gelingt es MB häufiger nach dem Abschluss derartiger Projekte weiterhin dauerhaft für ihre Mandanten tätig zu sein. Dies liegt auch daran, dass die Praxis nun eine ausgewogene Teamstruktur aufweist, in der nicht nur mehrere größere Projekte gleichzeitig gestemmt werden können, sondern auch das arbeitsrechtl. Tagesgeschäft profitabel bearbeitet werden kann. Gr. Schlagkraft entfaltet MB indes nach wie vor im Betriebsrentenrecht. Im Gegensatz zu anderen Praxen, wie z.B. Bank- u. Finanzrecht, ist das Team seit Jahren personell stabil. Dies spricht sich zunehmend unter Associates herum u. zog zuletzt einen Zugang von Clifford Chance nach sich.

Stärken: Ww. aufgestellt, u.a. stark in Asien. Betriebl. Altersversorgung.

Häufig empfohlen: Dr. Guido Zeppenfeld („bietet business-orientierte Lösungen an, denkt vom Operativen her", Mandant), Dr. Nicolas Rößler („äußerst versiert in Fragen der betriebl. Altersversorgung", Wettbewerber)

Kanzleitätigkeit: Zahlr. Branchenschwerpunkte, u.a. Automobil- u. Luftfahrtindustrie, Finanzsektor

Besonders empfohlene Kanzleien für die Beratung von Betriebsräten, Gewerkschaften und Arbeitnehmern

AfA Rechtsanwälte (Nürnberg)	Marc-Oliver Schulze, Seraphim Kim
Apitzsch Schmidt Klebe (Frankfurt)	Wolfgang Apitzsch, Prof. Dr. Marlene Schmidt
Arbeitsrechtskanzlei Hamburg (Hamburg)	Uwe Ewald, Carola Greiner-Mai
Bell & Windirsch (Düsseldorf)	Stefan Bell, Christopher Koll
Bertelsmann und Gäbert (Hamburg)	Dr. Klaus Bertelsmann, Jens Gäbert
Büdel Bender (Frankfurt)	Detlef Büdel
CNH Anwälte (Essen)	Gunnar Herget, Javier Davila-Cano
Decruppe & Kollegen (Köln)	Hans Decruppe
dka Rechtsanwälte (Berlin)	Dieter Hummel
EHZ Rechtsanwälte (Reutlingen)	Dirk Herfert, Dr. Jonas Zäh
Filzek (Reutlingen)	Johannes Filzek
Fischer (Frankfurt)	Burkhardt Fischer
Franzmann Geilen Brückmann (Frankfurt)	Armin Franzmann
Fricke & Klug (Hannover)	Detlef Fricke
Gaidies Heggemann & Partner (Hamburg)	Ignatz Heggemann, Carsten Lienau
Dr. Growe & Kollegen (Mannheim)	Dr. Dietrich Growe
LNS Rechtsanwälte (Bochum)	Ralf Scholten
Mansholt & Lodzik Klimaschewski Raane Cornelius (Darmstadt)	Werner Mansholt, Michael Lodzik, Catrin Raane
Manske & Partner (Nürnberg)	Jürgen Markowski, Beate Schoknecht
Meisterernst Düsing Manstetten (Münster)	Dietrich Manstetten
Müller-Knapp Hjort Wulff (Hamburg)	Klaus Müller-Knapp, Jens Hjort
Oberberg Hasche Dudda (Kiel, Lübeck)	Max Oberberg
Pflüger (Frankfurt)	Dr. Norbert Pflüger
Rohrbach & Partner (Köln)	Sebastian Rohrbach
RPO Ruttkamp Portz Oberthür (Köln)	Silke Ziai-Ruttkamp, Dr. Nathalie Oberthür (auch Arbeitgebervertretung)
Schindele Eisele Gerstner & Collegen (Dresden, Landshut, Kempten)	Friedrich Schindele, Hans-Günther Eisele, Jutta Gerstner
Schmidt-Westphal (Düsseldorf)	Dr. Oliver Schmidt-Westphal
Schütte & Kollegen (Wiesbaden)	Reinhard Schütte
Schwegler (Berlin, Düsseldorf, Frankfurt, Köln, Oldenburg)	Hajo Köhler, Lorenz Schwegler, Dr. Michael Schwegler
Seebacher Fleischmann Müller (München)	Krikor Seebacher, Michael Fleischmann, Andreas Müller
Silberberger Lorenz Towara (Düsseldorf)	Dr. Uwe Silberberger, Dr. Frank Lorenz
Stark Mayer Hehr und Kollegen (Ludwigsburg)	Günther Stark
Stather Dr. Helmke Döther Hausmann Evisen (Heidelberg, Speyer)	Dr. Mathias Helmke
Steiner Mittländer Fischer (Frankfurt)	Regina Steiner, Silvia Mittländer, Erika Fischer
SWP Rechtsanwälte (Düsseldorf)	Stephen Sunderdiek, Jörg Werth, Joachim Piezynski
Thür Werner Sontag (Köln)	Franz Thür, Frank Behler (auch Arbeitgebervertretung)
Uhlenbruch Vormbaum-Heinemann und Schabram (Köln)	Irma-Maria Vormbaum-Heinemann, Dirk Schabram
Ulrich Weber & Partner (Frankfurt, Köln)	Peter Rölz, Claudia Kothe-Heggemann, Dr. Martin Pröpper (beide stärkere Wahrnehmung für Arbeitgebervertretung)
Winter Dette Nacken Litzig Ögüt (Bremen)	Michael Nacken, Dr. Pelin Ögüt
Wohlfarth Dr. Gutmann Pitterle Zeller (Stuttgart)	Hans-Dieter Wohlfarth
Wurll + Kollegen (Düsseldorf)	Guido Wurll

Die hier getroffene Auswahl der Kanzleien ist das Ergebnis der auf zahlreichen Interviews basierenden Recherche der JUVE-Redaktion (siehe S. 20). Sie ist in 2erlei Hinsicht subjektiv: Sämtliche Aussagen der von JUVE-Redakteuren befragten Quellen sind subjektiv u. spiegeln deren eigene Wahrnehmungen, Erfahrungen u. Einschätzungen wider. Die Rechercheergebnisse werden von der JUVE-Redaktion unter Einbeziehung ihrer eigenen Marktkenntnis analysiert u. zusammengefasst. Der JUVE-Verlag beabsichtigt mit dieser Tabelle keine allgemein gültige oder objektiv nachprüfbare Bewertung. Es ist möglich, dass eine andere Recherchemethode zu anderen Ergebnissen führen würde.

● Referenzmandate, umschrieben
●● Referenzmandate, namentlich

Anwaltszahlen: Angaben der Kanzleien, wie viele Anwälte zu mind. ca. 50% in diesem Gebiet tätig sind. Sie spiegeln nicht zwingend die Gesamtgröße einer Kanzlei wider.

ARBEITSRECHT

(v.a. zu Vergütung). Gewisser Schwerpunkt bei dt. Töchtern internat. Konzerne. Restrukturierung u. Outsourcing, auch Transaktionsbegleitung (▶M&A). Stark in betriebl. Altersversorgung. Zudem: Compliance u. Datenschutz. (2 Partner, 2 Counsel, 4 Associates)
Mandate: ●● Celebi Cargo bei Zusammenschluss; OSI Foodworks bei Restrukturierung; Albemarle zu Datenschutz u. Compliance; Benteler bei Kauf aus der Insolvenz; lfd.: Federal Mogul (öffentl. bekannt), Goodyear, Dentsu Aegis Network, Wells Fargo, Macquarie Bank (inkl. Datenschutz), Ikano Bank; Betriebsrenten: Avaya, Hempel, Schott.

MCDERMOTT WILL & EMERY
Arbeitsrecht
Bewertung: Der im Arbeitsrecht empfohlenen Kanzlei ist es zuletzt auffällig gut gelungen, bestehende Mandatsbeziehungen auszubauen u. neue Mandanten zu gewinnen. Hintergrund ist ein zunehmender Beratungsbedarf, z.B. durch Internationalisierung wie bei DMG Mori Seiki, aber auch eine stärkere Durchdringung von Konzernstrukturen, z.B. bei Salzgitter. Dabei macht sich auch das innerhalb des personell stabilen Teams über die Jahre aufgebaute Know-how in Spezialfragen wie Arbeitnehmerentsendung u. Datenschutz bemerkbar. Für die Praxis bedeutet dies eine Absicherung ihrer Existenz abseits von krisennahen Themen, auch wenn ihre bekannte Expertise in Zusammenarbeit mit den ▶Restrukturierungs-/Sanierungsspezialisten in D'dorf weiter nachgefragt war u. teils durch verstärkte Transaktionsbegleitung abgelöst wurde.
Stärken: Beratung ausl. Unternehmen bzw. dt. Töchter. Restrukturierungen.
Entwicklungsmöglichkeiten: Auch 3 Jahre nach Eröffnung des Frankfurter Standorts ist arbeitsrechtl. Expertise vor Ort nicht vorhanden. Dabei dürfte die ▶Gesellsch.rechts- u./ ▶M&A-Praxis vor Ort eine solide Basis bieten.
Häufig empfohlen: Volker Teigelkötter („hohe Kompetenz", Wettbewerber), Dr. Paul Melot de Beauregard („pragmatisch, lösungsorientiert", Wettbewerber)
Kanzleitätigkeit: Beratung in Projekten, insbes. Restrukturierungen u. Personalanpassung auf Unternehmensseite, auch transaktionsbegleitend. Lfd. Beratung im Tarifrecht, zu Auslandsentsendung, Zeitarbeit u. Compliance. Auch Führungskräfteberatung. (4 Partner, 3 Associates)
Mandate: ●● Whitesell bei Restrukturierung von Ruia; Strauss Innovation, u.a. zu Sanierungstarifvertrag; Heckler & Koch bei internen Untersuchungen wg. angebl. Rüstungsskandals u. Kündigungsschutzprozessen; lfd. Trivago, Metro, Kia, DMG Mori Seiki, Oerlikon Leybold, Salzgitter Mannesmann Handel.

NAEGELE
Arbeitsrecht
Bewertung: Ungebrochen stark präsentierte sich diese im Arbeitsrecht empfohlene Boutique, die ein Wettbewerber zuletzt als „extrem starken Player am Stuttgarter Markt" wahrnahm. Über die engen Verbindungen zu Paragon gelingt es Frahm immer wieder, auch in den anschließenden Restrukturierungen tätig zu sein. Hier ging es zuletzt um eine Reihe Betriebsschließungen. Weiter ausgebaut wurde zudem die Führungskräfteberatung. Neben Altmeister Nägele u. Frahm ist hier auch Hahn sehr präsent. Die ehem. Bosch-Compliance-Chefin Dr. Susanne Jochheim hat die Kanzlei bereits wieder Richtung BRP Renaud verlassen.
Stärken: Führungskräfteberatung, Bühnenarbeitsrecht.
Häufig empfohlen: Prof. Dr. Stefan Nägele („harter Verhandler", „fachl. sehr gute Beratung", Wettbewerber), Dr. Sebastian Frahm („sehr engagiert, kompetent u. durchsetzungsstark", „hervorragende u. effiziente Beratung u. Vertretung von Führungskräften", Wettbewerber), Dr. Claudia Hahn („hat mich auf der Gegenseite überzeugt", Wettbewerber), Dr. Meike Kuckuk („im Tarifrecht des Öffentl. Dienstes eine ausgewiesene Spezialistin", Mandant)
Kanzleitätigkeit: Bundesweite Betreuung von Arbeitnehmern, v.a. Führungskräften sowie mittelständ. u. vereinzelt großen Unternehmen, zudem Re- u. Umstrukturierungen; regional auch Dauerberatung. Bühnen- u. Sportarbeitsrecht. (4 Partner, 2 Associates)
Mandate: ●● Trost Automotive in Einigungsstelle; Mapal zu Betriebsübergang; Läpple in Verhandlungen mit PSV um bAV; DTMS u. Lutz Fleischwaren zu Standortschließungen; lfd.: Datagroup, DHL Freight; div. Theater u. Landesverbände in individual- u. kollektivrechtl. Fragen.

NOERR
Arbeitsrecht
Bewertung: Die positive Entwicklung der im Arbeitsrecht häufig empfohlenen Kanzlei setzte sich weiter fort u. spiegelt sich nicht zuletzt in dem im Vergleich zum Vorjahr wirtschaftl. großen Erfolg der Praxis wider. Indem eine in Umstrukturierungen erfahrene Sal.-Partnerin (von CMS) kam, erhöhte Noerr einmal mehr ihre Schlagkraft in einer ihrer Paradedisziplinen. Schon jetzt stemmt die Praxis regelm. mehrere Projekte gleichzeitig. Dies ist auch mögl., weil die standortübergr. Zusammenarbeit immer reibungsloser funktioniert. Zudem gelingt es immer besser, das Thema internat. Umstrukturierungen Fuß zu fassen, z.B. für Nash u. Ucon. Dabei zahlt sich auch aus, dass Noerr dieses Thema mit einem fachbereichsübergr. Team angeht u. so z.B. aus arbeitsrechtl. Kontakten Geschäft für andere Bereiche generiert, wie Corporate u. Immobilien. Auch auf dem Feld Fremdpersonaleinsatz/Leiharbeit überzeugte Noerr wieder neue Mandanten von sich. Personell erlebte die Praxis mit dem Wechsel des Berliner Sal.-Partners Dr. Thomas Lambrich (zu Prinz Neidhardt Engelschall) allerdings einen Rückschlag.
Stärken: Branchenexpertise bei ▶Medien, Luftfahrt; Mittelstandsberatung. Umstrukturierungen.
Entwicklungsmöglichkeiten: Noerrs Fortschritte unter Praxisleiter Butz gerade in der Visibilität gr. Projekte sind unübersehbar. Ein Erfolg ist zudem, dass von nun auch jüngere Anwälte von Mandanten empfohlen werden. All dies zeigt, dass Noerr den Abstand zu führenden Wettbewerbern sichtbar verkürzt, allerdings hat sie – anders als z.B. Allen & Overy u. Gleiss Lutz – aufgrund ihrer gewachsenen Struktur mit einer größeren Heterogenität innerhalb des Teams zu kämpfen, die durch einige Neuzugänge zuletzt noch verstärkt wurde. Dies zu verändern, scheint auch eine Generationsfrage zu sein.
Häufig empfohlen: Dr. Hans-Christoph Schimmelpfennig („mandatieren wir seit Jahren in gr. Projekten u. sind sehr zufrieden", Mandant), Dr. Wolfgang Schelling („unser fester Berater", Mandant), Tillmann Hecht („sehr zufrieden mit der Zusammenarbeit in div. Projekten", Mandant), Dr. Andreas Butz („große Expertise bei Umstrukturierungen", Mandant), Daniel Happ („empfehlenswert", Mandant), Nicole Heider („mit ihr arbeiten wir sehr gerne zusammen", Mandant)
Kanzleitätigkeit: Breit aufgestellte Praxis in der Betreuung v.a. von Unternehmen in Projekten (u.a. Restrukturierung, Outsourcing), bei der Personalgestaltung (u.a. flexible Vergütungs-/Arbeitszeitmodelle) oder rechtl. Rahmenbedingungen (Tarifrecht). Seltener Organ- u. Führungskräfteberatung. (4 Eq.-Partner, 8 Sal.-Partner, 1 Counsel, 19 Associates, 1 of Counsel)
Mandate: ●● Restrukturierungen: Küppersbusch, SNT-Gruppe; Umstrukturierungen: Verlagsgruppe Passau, Nash, Globalfoundries, Ucon (u.a. zu Produktionsverlagerung nach Spanien); René Benko in Kaufhof-Bieterverf.; Dt. Bahn zu Compliance; lfd.: Air Berlin (u.a. bei Restrukturierung), HRS; Medienkonzern zu Arbeitnehmerüberlassung.

NORTON ROSE FULBRIGHT
Arbeitsrecht
Bewertung: Konsequent treibt die geschätzte Arbeitsrechtspraxis dieser Full-Service-Kanzlei ihre Weiterentwicklung voran u. lässt sich auch von personellen Umbrüchen nicht aufhalten: Nachdem im vergangenen Jahr ein Anwalt die Praxis verlassen hatte, verstärkte sich NRF nun mit einer erfahrenen Juristin von Bilfinger. Besonders beeindruckt, wie gut die dt. Büros mittlerw. zusammenarbeiten, bspw. bei der Neuausrichtung des Außendienstes von Daiichi Sankyo. Immer häufiger wird das Team um Marquardt (München) u. Weberndörfer (HH) auch bei der Koordination von grenzüberschr. Projekten hinzugezogen, bspw. bei Hexis Cyber Solutions. Zwar liegt die Praxis im Vergleich zu anderen Full-Service-Kanzleien wie TW oder Baker in der Marktwahrnehmung noch zurück, schafft es aber immer häufiger auf das Radar großer dt. Unternehmen wie Bilfinger.
Stärken: Internat. Integration, standortübergreifende Zusammenarbeit.
Häufig empfohlen: Dr. Cornelia Marquardt („Expertise für komplexe Situationen, exzellentes Relationship Management", „arbeitet um in unsere Ziele kompetenter u. mandantenorientierter ein als manch anderer", Mandanten), Dr. Frank Weberndörfer
Kanzleitätigkeit: Umf. im Arbeitsrecht tätige Kanzlei, häufig mit internat. Bezug. Koordination länderübergr. Projekte von Dtl. aus. V.a. kollektivrechtl. Expertise bspw. bei großen Umstrukturierungen oder Personalabbau. Auch Transaktionsbegleitung. (3 Partner, 8 Associates, 1 of Counsel)
Mandate: ●● Daiichi Sankyo bei Neuordnung Außendienst; Hexis Cyber Solutions bei Außendienststruktur, Bilfinger Scheven bei Restrukturierung u. Personalabbau; Wüstenrot & Württemberg. zu Institutsvergütungsverordnung; lfd.: Carl Hanser Verlag, AIG Europe.

OPPENHOFF & PARTNER
Arbeitsrecht
Bewertung: Empfohlene Kölner Arbeitsrechtspraxis, die sich gut entwickelte u. einige neue Mandantenkontakte knüpfen konnte. Regelm. ist sie mit der starken ▶Gesellsch.rechtspraxis in Mandate eingebunden. Zudem konnte sie bestehende Beratungsbeziehungen festigen: So ist es ihr z.B. bei einer Ausschreibung für die lfd. arbeitsrechtl.

ARBEITSRECHT

Beratung gelungen, einen langj., namh. Mandanten weiterhin von sich zu überzeugen. Ihren Erfolg untermauerte das Team – wie schon im Vorjahr – auch personell. Dass mit Isabel Hexel nach 2014 wieder eine interne Sal.-Partner-Ernennung im Arbeitsrecht erfolgte, zeigt, welche Bedeutung der Bereich auch künftig für die Kanzleientwicklung haben soll. Allerdings ist die Praxis bislang noch stärker auf einen Partner, in diesem Fall Wurth zugeschnitten, als bei Heuking oder Görg. Dass die jüngere Partnergeneration ihre Spezialisierung konsequent vorantreibt, z.B. auf Betriebsrentenrecht, Compliance oder betriebl. Eingliederungsmanagement, zeigt aber, dass die Praxis die strukturellen Voraussetzungen für eine stärkere Außenwahrnehmung geschaffen hat.

Stärken: Unternehmensmitbestimmung bei ausl. Firmenmüttern.

Häufig empfohlen: Dr. Gilbert Wurth („hervorrag. Jurist", Wettbewerber).

Kanzleitätigkeit: Umf. Beratung von vielfach dt. Töchtern internat. Unternehmen, Restrukturierungen, Tarifrecht. (1 Eq.-Partner, 4 Sal.-Partner, 2 Associates)

Mandate: ●● Douwe Egbert Master Blenders bei Joint Venture mit Mondelez (u.a. bei Betriebsstilllegung); Softwarehersteller bei Betriebsschließung; Exelis bei Kauf von Barco; lfd. Finanz Informatik, Johnson Controls, United Airlines, Caterpillar, Cotton On, Elekta, Redi (u.a. bei Restrukturierung).

OSBORNE CLARKE
Arbeitsrecht

Bewertung: Das geschätzte, an allen Standorten gleichermaßen präsente Arbeitsrechtsteam ist hervorragend in die Gesamtkanzlei integriert. Belege dafür sind die zahlr. grenzüberschreitenden Projekte, wie bspw. zuletzt erneut für Alegis oder für Dyson bei der Reorganisation der Callcenter. Auch die Spezialisierung auf Branchen u. einzelne Rechtsgebiete trieb die Praxis weiter voran, bspw. im Bereich Datenschutz oder bei Spezialthemen in der AN-Überlassung. Der Erfolg der Maßnahmen zeigt sich darin, dass die Anwälte in diesen Bereichen in grenzüberschreitenden Projekten tätig sind. Gelingt es nun, dass neben den etablierten Partnern Lehnen, Freckmann u. Plitt auch die weiteren Anwälte in der Marktwahrnehmung noch visibler werden, geht es für das sehr homogene Team sicher noch weiter nach vorn. Auffällig war allerdings die personelle Fluktuation: 4 Associate-Abgängen standen 3 Zugänge gegenüber.

Häufig empfohlen: Dr. David Plitt, Dr. Anke Freckmann, Annabel Lehnen

Kanzleitätigkeit: Breit aufgestellte Praxis mit häufig mittelständ. Klientel, aber auch internat. Ges. mit Präsenz in Deutschland. Sehr erfahren bei Umstrukturierungen u. in der Beratung zu Arbeitnehmerüberlassung. Gute Vernetzung nach Indien. (2 Eq.-Partner, 3 Sal.-Partner, 12 Associates)

Mandate: ●● Air Canada in Prozessen um Betriebsrentenanpassung; Allegis Group bei Managed-Service-Providing-Projekten; Dyson bei Reorganisation Callcenter; TechMahindra bei Transaktionen sowie Outsourcing; Wipro zu Outsourcing; VÖB Service zu ‚AGG-Hopping'; lfd.: TeeGschwendner, Lotto24, Monster Energy.

PUSCH WAHLIG
Arbeitsrecht

Bewertung: Die im Arbeitsrecht empfohlene Boutique bewies erneut, dass sie bei aktuellen Themen dabei ist: Arbeitnehmerüberlassung im Konzern, Begleitung von umf. Compliance-Untersuchungen, z.B. zu Scheinselbstständigkeit. Tarifverhandlungen. Das Spektrum der Mandatsliste belegt Tiefe u. Breite des arbeitsrechtl. Know-hows ebenso wie die Erfahrung in Projekten, z.B. bei Restrukturierungen, etwa für DGFP. Zudem hat sich PW mit Hilfe des von ihr mitbegründeten internat. Netzwerks L&E Global bemerkenswert gut bei der Begleitung von Konzernen wie Metro in internat. Themen positioniert, z.B. Entsendungen u. Vereinheitlichung von ww. Vergütungsstrukturen. Auch ihrem ambitionierten Ziel, noch mehr namhafte Mandanten über die rechtl. Problemlösung hinaus strateg. zu beraten, kommt PW näher. Wettbewerber bemerken: „Die Kanzlei ist derzeit sehr präsent."

Stärken: Unternehmensmitbestimmung, internat. kollektives Arbeitsrecht.

Entwicklungsmöglichkeiten: PWL hat zum Februar in D'dorf einen weiteren Standort eröffnet,

Anzeige

STUDIO LEGALE

MATERA · BONACCORSI · HEIN
& PARTNER

KOMPETENT, ERFAHREN, EFFIZIENT UND PERSÖNLICH - IN MAILAND

IHR ANSPRECHPARTNER FÜR UNTERNEHMENS- UND WIRTSCHAFTSRECHT IN ITALIEN

Die Kanzlei Matera Bonaccorsi Hein & Partner berät internationale Unternehmen und ihre italienischen Niederlassungen und Tochtergesellschaften auf den Gebieten des Arbeits-, Gesellschafts- und Handelsrechts.

Hoch qualifizierte, mit transnationalen Problematiken vertraute Anwälte sorgen für eine effiziente und zielorientierte Beratung, bei der sowohl das italienische Recht und die lokalen Besonderheiten als auch die maßgeblichen Vorschriften der Heimatrechtsordnung Berücksichtigung finden.

Alle Mandate werden streitwertunabhängig unter der Federführung eines der vier Kanzleipartner betreut, der dem Mandanten stets als Ansprechpartner zur Verfügung steht.

Besonders hervorzuheben ist die gezielte Beratung deutscher Mandanten durch das deutschsprachige Team des "German Desk" unter Leitung der Partnerin Susanne Hein.

Largo Donegani, 2
I- 20121 Milano
Tel. +39.02.29005476
Fax +39.02.29005470
info@mblegale.it
www.mblegale.it

● Referenzmandate, umschrieben
●● Referenzmandate, namentlich

Anwaltszahlen: Angaben der Kanzleien, wie viele Anwälte zu mind. ca. 50 % in diesem Gebiet tätig sind. Sie spiegeln nicht zwingend die Gesamtgröße einer Kanzlei wider.

an dem neben einem of Counsel v.a. die Berliner Partner Keilich u. Wahlig zeitweise vor Ort sind. Dass sie dort nicht mit einem externen Anwälten eröffnet hat, bietet jungen Juristen langfristig eine Partnerperspektive, denn um das Potenzial voll auszuschöpfen ist eine feste Präsenz vor Ort unumgänglich.

Häufig empfohlen: Dr. Tobias Pusch („Top-Verhandler", Wettbewerber), Thomas Wahlig („sehr pragmat., gute Lösungen", Wettbewerber), Dr. Kara Preedy („herausragend", Wettbewerber), Dr. Jochen Keilich („umsichtig", „präzise u. sehr kompetent", Wettbewerber), Dr. Falko Daub („fachl. sehr gut", Wettbewerber)

Kanzleitätigkeit: Schwerpunkt in arbeitsrechtl. Projekten, u.a. Restrukturierungen, Vereinheitlichung (internat.) Arbeitsverträge u. bei Unternehmensmitbestimmung, zudem transaktionsbegl. Beratung für andere Kanzleien. Expertise bei Zeitarbeit/Arbeitnehmerüberlassung u. Compliance. Schwerpunkt bei Führungskräften (Vorstände/Geschäftsführer, etwa zu Haftungsfragen). Gründungsmitglied der internat. Allianz L&E Global. (4 Eq.-, 2 Sal.-Partner, 1 Counsel, 11 Associates, 1 of Counsel)

Mandate: ●● DGFP zu Restrukturierung; lfd.: Metro (internat. Fragen) Dussmann-Gruppe, ACE European Group, Gartner, Imperial Tobacco/Reemtsma, Tüv Nord, Mainova, Vortex Energy Dtl., div. Ministerien.

RAUE
Arbeitsrecht

Bewertung: Weiterhin gehört die im Arbeitsrecht empfohlene Praxis in Berlin zu den sichtbarsten u. anerkanntesten Einheiten. Dafür sorgt neben der bekannten Prozesstätigkeit v.a. eine beständige Zahl an namh. Dauermandanten mit einem gewissen Schwerpunkt bei gr. öffentl. Arbeitgebern, wie den Berliner Verkehrs- bzw. Stadtreinigungsbetrieben. Inhaltl. war das Team im vergangenen Jahr mit komplexen Fragen zu Tarifwechseln betraut sowie vielfach in Tarif- u. Haustarifvertragsverhandlungen eingebunden. Hier hat es einige gr. Projekte betreut, z.B. für das DHZB Abschlüsse mit Verdi u. dem Marburger Bund. Daneben hatten Mandanten wie das DHZB u. die IHK Berlin verstärkten Beratungsbedarf zur betriebl. Altersversorgung. Hier positioniert sich Heyn immer besser.

Stärken: Unternehmensmitbestimmung, Prozessführung, Öffentl. Dienstrecht.

Häufig empfohlen: Dr. Gernod Meinel („stark in Verhandlungen", Wettbewerber), Prof. Dr. Sascha Herms („guter Stratege", Wettbewerber), Judith Heyn („kooperativ, sehr gute Anwältin", Wettbewerber)

Kanzleitätigkeit: Umf. Beratung u. Vertretung im indiv. u. kollektiven Arbeitsrecht, vielfach (Haus-)Tarifverträge, daneben Projekte u. Transaktionsbegleitung, auch im internat. Kontext. Zudem: Öffentl. Dienstrecht, kirchl. Arbeitsrecht, Unternehmensmitbestimmung, betriebl. Altersversorgung, Arbeitnehmerdatenschutz. Internat. kooperiert die Kanzlei auf Best-Friend-Basis. (3 Partner, 3 Associates)

Mandate: ●● Berliner Verkehrsbetriebe zu Schichtsystem; Dimension Data bundesw. in Prozessen; lfd.: Spitzke, Stiftung Berliner Philharmoniker, Stiftung DHZB (u.a. zu bAV, Tarifverhandlungen u. Haustarifvertrag), Berliner Stadtreinigung, Daimler (u.a. in Prozessen zu Vergütung), Intelsat (u.a. zu Compliance).

RUGE KRÖMER
Arbeitsrecht

Bewertung: Mit gleich 4 Partnerernennungen, davon einer mit einem Schwerpunkt im Arbeitsrecht Altersversorgung, setzte diese im Arbeitsrecht geschätzte Kanzlei zuletzt Zeichen in ihrer Entwicklung. Auch auf Associate-Ebene wuchs die Boutique weiter. Hintergrund für die personelle Weiterentwicklung ist die sehr gute Auslastung: So konnte die Kanzlei ihre Präsenz bei Versicherern durch einige umfangr. Neumandatierungen ausbauen, zudem kamen auch weitere Behörden hinzu, zuletzt insbes. auf Bundesebene. Die Kanzlei wird häufig für (potenziell) streitige Mandate u. Personalabbaumaßnahmen mit hohem Prozessaufkommen mandatiert, ist aber auch immer wieder gutachterl. tätig. „RK ist sehr angenehm u. kompetent in der Zusammenarbeit", lobte ein Mandant.

Stärken: Öffentliches Dienstrecht, Prozesse, Führungskräfteberatung.

Entwicklungsmöglichkeiten: Neben dem bekannten Führungskräfteberater Ruge stehen die anderen Anwälte in der Marktwahrnehmung noch etwas zurück. V.a. die Neupartner können ihre neue Stellung nun nutzen, am Markt noch visibler zu werden. Andere Kanzleien haben mit der Spezialisierung ihrer Partner schon Erfolge erreicht, RK baut demggü. noch sehr stark auf die umf. Tätigkeit der Anwälte im Arbeitsrecht.

Häufig empfohlen: Jan Ruge („guter u. engagierter Rechtsanwalt", Wettbewerber)

Kanzleitätigkeit: Umf. Beratung von Unternehmen, zudem viel ltd. Angestellte u. Organe. Schwerpunkt im Öffentl. Dienstrecht. (10 Partner, 12 Associates)

Mandate: ●● Staatl. Porzellanmanufaktur Meissen zu Kündigung des GF; lfd.: Scandlines, Huk-Coburg, Astra Zeneca, Dt. Postbank, VRR, HPA, HEK, Dataport, Sparkassenverband Westf.-Lippe.

SCHRAMM MEYER KUHNKE
Arbeitsrecht

Bewertung: Die empfohlene Hamburger Arbeitsrechtspraxis machte auch im vergangenen Jahr einen weiteren Schritt nach vorn: Häufig profitiert das Team der 3 Namenspartner dabei von seiner hervorragenden Vernetzung in die Hamburger Spin-off-Szene, was immer wieder für Mandate im Transaktions- u. Restrukturierungsbereich sorgt. Zugleich kann sich das Team auf eine sehr treue Mandantschaft in der Dauerberatung verlassen. Eine immer größere Rolle spielt auch die Führungskräfteberatung. Die gute Auslastung sorgte für weiteren Ausbau auf Associate-Ebene.

Stärken: Transaktionsbegleitung, Restrukturierung.

Häufig empfohlen: Dr. Nils Schramm („wir sind weiterhin begeistert von ihm", Mandant; „exzellenter Arbeitsrechtler", Wettbewerber), Dr. Holger Meyer („pragmatische Lösungen mit Tiefgang", Wettbewerber), Dr. Michael Kuhnke („sehr kompetent", Wettbewerber)

Kanzleitätigkeit: Neben der Dauerberatung kollektivrechtl. Projektgeschäft wie Restrukturierungen, Transaktionen u. Personalabbau. (3 Partner, 3 Associates)

Mandate: ●● Ardian beim Kauf von Schleich; Ergon Capital Partners beim Kauf von Sausalitos; div. Führungskräfte; lfd.: Bilfinger, Allianz Dtl., Amos, Berendsen, Colgate-Palmolive, Continental.

SCHWEIBERT LESSMANN & PARTNER
Arbeitsrecht

NOMINIERT
JUVE Awards 2015
Kanzlei des Jahres für Arbeitsrecht

NOMINIERT
JUVE Awards 2015
Gründerzeit-Award

Bewertung: Mittlerw. hat sich diese geschätzte Frankfurter Arbeitsrechtsboutique zu einer der präsentesten Spezialkanzleien bundesweit gemausert u. dies liegt nicht zuletzt am Zugang der bekannten ehem. Clifford-Partnerin Engesser Means. Sie brachte mit ihrem Team nicht nur einen Schwung neuer Kontakte, bspw. zu PE-Investoren, sondern auch eine Reihe hochkarätige, z.T. internat. Mandanten, u.a. aus der Bankenbranche mit. „Eine spannende Personalie", urteilten Wettbewerber. Doch auch ohne die personelle Erweiterung war die Kanzlei präsent: Weiterhin waren die Anwälte in größeren Restrukturierungen, bei Vergütungsfragen u. zunehmend in der Führungskräfteberatung visibel. Allerdings verließen einige Associates SL&P, u.a. in eigene Kanzlei bzw. in den Staatsdienst.

Stärken: Beratung von Banken.

Häufig empfohlen: Dr. Ulrike Schweibert („hervorrag. Expertise, fachlich u. persönlich überzeugend", Wettbewerber), Nicole Engesser Means („verhandlungsstark u. strateg. geschickt", Wettbewerber), Dr. Jochen Leßmann, zunehmend Dr. Rüdiger Hopfe („sehr unternehmerorientiert, schnelle Antworten u. hervorrag. fachliche Betreuung", Mandant)

Kanzleitätigkeit: Umf. im Arbeitsrecht tätig. Expertise bei der Beratung von Banken u. Instituten, bspw. zu Vergütungsfragen. Sehr transaktionserfahren. Zunehmend auch in der Führungskräfteberatung u. in Prozessen. (5 Partner, 1 Counsel, 3 Associates)

Mandate: ●● Nassauische Sparkasse zu Outsourcing; Aviation Passage bei Betriebsschließung; Dt. Druck- u. Verlagsges. zu MiLoG; lfd.: Credit Suisse, Fresenius, Nomura, SEB, Fresenius (u.a. zu Mitbestimmung u. Datenschutz), Globeground Berlin, Wisag.

SEITZ
Arbeitsrecht

Bewertung: Die im Arbeitsrecht häufig empfohlene Kanzlei war zuletzt in gleich mehreren arbeitsrechtl. Großprojekten präsent, was bei Wettbewerbern nicht unbemerkt blieb: „Die Kanzlei hat wirklich einen Lauf", lobte bspw. einer. Nicht zuletzt unterstrich eine interne Partnerernennung sowie der Zugang einer erfahrenen Anwältin von Kliemt & Vollstädt die gute Auslastung. Inhaltl. waren die Anwälte um den im Markt bekannten Seitz bspw. in der Sanierung von Karstadt ebenso präsent wie beim Carve-out von Osram, ein Mandat, bei dem nicht wenige Wettbewerber federführend Baker & McKenzie erwartet hatten. Doch hat die Praxis mittlerw. eine Größe u. eine Struktur erreicht, die es ihr erlauben, auch mehrere Großprojekte parallel zu steuern. Auffällig ist, wie eigenständig dabei das Arbeitsrechtsteam agiert: So ist die Kanzlei zwar auf der Beraterliste für Bayer in der Transaktionsbegleitung, ist jedoch ebenso häufig in Transaktionen für andere Mandanten an der Seite von Großkanzleien zu sehen.

ARBEITSRECHT

Stärken: Tarifrecht, Beratung prom. Personen, v.a. im Sport, Großprojekte.

Entwicklungsmöglichkeiten: Derzeit steuert die Kanzlei das komplette Geschäft von Köln aus, gerät bei der Fülle von Großprojekten, die häufig auch zahlr. Prozesse nach sich ziehen, jedoch logistisch u. personell an Grenzen. Andere Arbeitsrechtspraxen sowohl in Full-Service-Einheiten als auch in Boutiquen, sind derweil zunehmend mit weiteren Standorten präsent. Hier könnte Seitz durch mindestens ein weiteres Büro ihre Schlagkraft noch erhöhen, stünde dann jedoch vor der Herausforderung, entweder ein homogenes Team aufzuteilen oder neue Anwälte in eine sehr gut zusammenarbeitende Praxis zu integrieren.

Häufig empfohlen: Dr. Stefan Seitz („hervorragend vernetzt, der beste Akquisiteur der Stadt", „fachl. sehr gut", Wettbewerber), Dr. Thomas Kania („weitsichtiger, kluger, sehr zielorientierter u. stets angenehmer Verhandler", Wettbewerber), Dr. Marc Werner („sehr fundierte Kenntnisse u. verlässl. Zusammenarbeiten in schwierigen Situationen", Wettbewerber)

Kanzleitätigkeit: Eigenständig agierende arbeitsrechtl. Praxis v.a. mit Projektbetreuung, auch in Verbindung mit der steuer- u. gesellschaftsrechtl. Praxis der Kanzlei, auch Führungskräfteberatung. Mandantenkreis aus potenten mittelständ. Unternehmen u. internat. Konzernen, zudem Persönlichkeiten aus dem Sport. (4 Eq.-Partner, 9 Sal.-Partner, 8 Associates, 3 of Counsel)

Mandate: ●● Bayer lfd. u. zu Transaktionen; Karstadt bei Sanierung; Osram bei Carve-out; Sony lfd. u. bei Umstrukturierung; Esprit bei Restrukturierung; Gothaer bei dtl.-weiter Restrukturierung; Delivery Hero bei Kauf von pizza.de; Palero lfd. bei Transaktionen.

SZA SCHILLING ZUTT & ANSCHÜTZ
Arbeitsrecht

Bewertung: Die geschätzte Praxis um den im Markt nach wie vor insbes. für die Führungskräfteberatung anerkannten Jaeger feilte zuletzt an ihrer Struktur: So ernannte SZA eine erfahrene Anwältin zur Partnerin, die für das eigenständige Arbeitsrecht der Kanzlei steht, bspw. bei Umstrukturierungen oder Compliance-Untersuchungen. Sie hat zudem insbes. in der jüngeren Vergangenheit den Frankfurter Standort arbeitsrechtl. vorangebracht. Zwar ist die Kanzlei insges. sehr integriert, doch profitiert das Team von der örtl. Nähe zu dortigen Banken, die nun noch stärker auf SZA zurückgreifen. Ausgebaut werden konnte zudem die Beratung des Gesundheitssektors sowie die Führungskräfteberatung, wo neben der übl. Vertragsgestaltung v.a. auch Beratung u. Prozesse im Zshg. mit Organhaftung u. D&O-Versicherungen eine große Rolle spielten.

Stärken: Führungskräfteberatung (beide Seiten), Transaktionsarbeitsrecht, enge Integration in die Gesamtkanzlei.

Häufig empfohlen: Dr. Georg Jaeger („fachl. u. persönl. top", „sehr präsent im Südwesten", Wettbewerber)

Kanzleitätigkeit: Beratung in Projekten u. Transaktionen auf Unternehmensseite, daneben umf. Vorstände, Geschäftsführer u. Unternehmen zu Dienstverhältnissen von Führungskräften u. Beteiligungsmodellen, auch regelm. Prozesse. (2 Partner, 3 Associates)

Mandate: ●● FC Bayern München ggü. Schadensersatzforderungen von Luca Toni; Dow Chemical bei Spartenausgliederung u. Verkauf; Fehrer lfd. (u.a. Standortverlagerung); Brüggemann bei Trennung von Führungskräften u. zu Vergütungsstruktur; lfd. div. Führungskräfte.

TAYLOR WESSING
Arbeitsrecht

Bewertung: Empfohlene Arbeitsrechtspraxis, die nach beträchtl. personellem Aderlass – auch auf Partnerebene – in den vergangenen beiden Jahren ihren Aufbaukurs nun hartnäckig vorantreibt. Die Zugänge von Dr. Sebastian Buder u. eines Associates (beide von Squire Patton Boggs) zum August 2015 bedeuten die langersehnte arbeitsrechtl. Wiederbesetzung des Berliner Büros. Daneben weisen weitere Einstellungen eines Counsels in D'dorf (von Beiten Burkhardt) u. eines erfahrenen Associates in München (von Hogan Lovells) sowie die interne Ernennung eines Partners auf eine qualitative Stärkung des Unterbaus hin u. unterstreichen die Bedeutung des Rechtsgebiets als eine der wesentl. Säulen der Kanzlei. Inhaltl. betont die immer bessere Vernetzung, sowohl standort- als auch praxisgruppenübergreifend, die Entwicklung. Bsp. sind die Beratung des Klinikums Ffm.-Höchst oder USG People. Zudem gelang es über die anerkannte Expertise in der Arbeitnehmerüberlassung Unternehmen bei der Compliance-Prüfung zum Einsatz von Scheinselbstständigkeit von sich zu überzeugen.

Stärken: ▶ IT-Branche, Personaldienstleistungsbranche.

Entwicklungsmöglichkeiten: Die Stabilisierung der Partnerschaft u. der auch durch den überraschenden Tod des bekannten Münchner Partners Rüdiger Rau Ende 2014 beschleunigt eingeleitete Generationswechsel scheinen auf einem erfolgr. Weg. Eine Herausforderung der nächsten Jahre wird, weitere Namen u. jüngere Arbeitsrechtler am Markt zu platzieren, z.B. über die stärkere Ausbildung von Spezialisierungen. Hier sind Wettbewerber wie Noerr schon weiter.

Häufig empfohlen: Axel Filges, Jörg Bausch, Dr. Alexander Lentz

Kanzleitätigkeit: Breit aufgestellte Praxis v.a. für mittelgr., aber auch einige bedeut. Großunternehmen, inkl. internat. Arbeitsrecht (USA, Asien). Standortbezogene Know-how-Schwerpunkte der Praxis: grenzüberschr. Verschmelzungen, Unternehmensmitbestimmung, Restrukturierung, Compliance, Datenschutz (HH), Arbeitnehmerüberlassung, betriebl. Altersversorgung, Gesundheitsschutz (D'dorf), Reorganisation, Sanierung, Krankenhäuser (Ffm.), Tarifrecht, Restrukturierung (München). Auch Organe. (11 Partner, 3 Counsel, 14 Associates)

Mandate: ●● Also Logistik bei Reorganisation; OHB bei SE-Umwandlung; Epos Personaldienstleister bei Zukauf in Russland; Klinikum Ffm.-Höchst bei Fusion, Urano bei Restrukturierung; lfd.: Enterprise Autovermietung, D'dorfer Hypothekenbank, Hays, Lufthansa (in Prozessen), USG People.

TSC
Arbeitsrecht

Bewertung: Der empfohlenen Arbeitsrechtsboutique bescheinigen Wettbewerber, ihre interne Neustrukturierung nach dem altersbedingten Ausscheiden des Namenspartners Dr. Ulrich Tschöpe „reibungslos gemeistert" zu haben. Dabei kann sie sich auf einen treuen Stamm an Dauermandanten auch aus dem Mittelstand verlassen, die zuletzt etwa mit aktuellen Fragen, z.B. zur Flexibilisierung von Arbeitszeit, wieder verstärkt auf TSC zukamen. Daneben hat sich die Führungskräfteberatung nicht nur in Trennungsprozessen, sondern zunehmend auch zu Haftungsfragen inkl. entspr. Handlungsempfehlungen zu einem festen Standbein entwickelt. Hier genießen insbes. Clemenz sowie zunehmend auch Geißler einen exzellenten Ruf u. profitieren von ihren Kontakten, die bis in die höchste Ebene von (Dax-)Konzernen reichen. Für die Marktwahrnehmung ist zudem die überreg. bekannte Expertise im Betriebsrentenrecht prägend. Diese spielte angesichts der aktuellen Niedrigzinssituation z.B. bei Hauptversammlungen eine stärkere Rolle, wo TSC regelm. im Hintergrund berät.

Stärken: Betriebsverfassungs- u. -rentenrecht. Prozessführung.

Häufig empfohlen: Dr. Johannes Schipp („empfehlenswert für betriebl. Altersversorgung", Mandant), Dr. Susanne Clemenz („sehr versiert, fachl. breit aufgestellt", Wettbewerber), Karl Geißler

Kanzleitätigkeit: Umf. Praxis mit Full-Service-Geschäft auf Unternehmensseite u. verstärkt für Führungskräfte. Dauerhafte wie auch projektbezogene Beratung u. Vertretung v.a. mittelständ. u. einiger namh. Großunternehmen (betriebl. Altersversorgung, Restrukturierungen, Privatisierungen, Due Diligence), gute Kontakte zu Banken. (5 Partner, 2 Associates)

Mandate: ●● Lfd.: E-Plus Mobilfunk, Jil Sander, NDR, Canon, Westdt. Spielbanken, B. Braun, RAG/Dt. Steinkohle (v.a. in Prozessen), Pensionssicherungsverein, Evonik, Gaz de France, RWE (v.a. in Prozessen).

VANGARD
Arbeitsrecht

Bewertung: Die empfohlene Arbeitsrechtsboutique erhielt überdurchschnittl. viel Lob von Wettbewerbern u. Mandanten, u.a. für „herausragende Dienstleistung" u. „professionelle Arbeitsweise, angemessene Honorare u. pragmat. Lösungsansätze". Durch eine sichtbar intensivierte standortübergreifende Zusammenarbeit entwickelte sie dabei nicht nur bestehende Mandatsbeziehungen weiter, sondern gewann auch neue hinzu, z.B. Dachser. Mit den erfahrenen Zugängen aus renommierten Praxen wie Kliemt & Vollstädt verstärkte die Kanzlei erneut ihre Partnerriege u. erweiterte ihre Kompetenzfelder um Insolvenzarbeitsrecht wo Peter Hützen (von Bird & Bird) Expertise mitbringt. Eine gewisse fachl. Fokussierung der Partner gehört zu Vangards Geschäftsmodell. Das führt zu einer vergleichsweise starken Wahrnehmung einzelner Anwälte für gewisse Themen, z.B. Beratung der IT- oder Luftfahrtbranche, bringt die Kanzlei aber auch in umfangr. Mandate, z.B. SE-Gründungen.

Stärken: Führungskräfteberatung, Branchenexpertise bei IT-Unternehmen.

Häufig empfohlen: Dr. Stefan Röhrborn, Dr. Frauke Biester-Junker („hohe Fachkenntnisse, vertrauensvolle Zusammenarbeit, zuverlässig, schnell", „sehr kompetent in der Führungskräfteberatung", Wettbewerber), Dr. Thomas Griebe („kompetent, erfahren, innovativ, starker Kommunikator", „sachl., praxis- u. lösungsorientierter Arbeitsstil", Wettbewerber), Dr. Rajko Herrmann

ARBEITSRECHT

("sehr erfahren, schnell u. jurist. einwandfrei", Wettbewerber), Dr. Matthias Kast ("kluger Berater", Wettbewerber), Dr. Sebastian Maiß ("hervorrag., auch bei extrem komplexen Verträgen mit interdisziplinären Anforderungen", Mandant; "dyn., pragmat., effizient", Wettbewerber)
Kanzleitätigkeit: Neben der Dauerberatung, z.T. als ausgelagerte Personalabteilung, kollektivrechtl. Projektgeschäft wie Restrukturierungen, Outsourcing u. Personalabbau; Führungskräfte, seltener ltd. Angestellte. Auch Begleitung von Transaktionen u. SE-Umwandlungen. Know-how in Luftfahrt-, See- u. Kirchen- sowie neu Insolvenzarbeitsrecht; Branchenschwerpunkte bei IT-Unternehmen u. Krankenhäusern. (7 Eq.-Partner, 6 Sal.-Partner, 6 Associates)
Mandate: ●● Dachser SE bei Umstrukturierung; Restrukturierung: Cemec, Stage Entertainment; lfd.: Backwerk (u.a. zu MiLoG), EasyJet, Birkenstock (u.a. bei Restrukturierung u. AGG-Verf.), Cinemaxx, Qiagen, Sana Kliniken D'dorf, TomTom Internat., H.C. Starck, Wiley-Gruppe.

WATSON FARLEY & WILLIAMS
Arbeitsrecht

NOMINIERT
JUVE Awards 2015
Kanzlei des Jahres für Arbeitsrecht

Bewertung: Die geschätzte Arbeitsrechtspraxis zählt zu den Einheiten, die sich in den vergangenen 2 Jahren besonders dyn. entwickelt haben. Das Team hat durch die Einstellung eines erfahrenen Associates von Noerr in München sowie einer im Vergleich zu den Vorjahren größeren Stabilität auf Associate-Ebene weiter an Schlagkraft u. Visibilität gewonnen. Hinzu kommt die gelungene Integration des erfahrenen Beiten-Mitgründers Reissinger als of Counsel, der WFW Zugang zu größeren Restrukturierungsmandaten eröffnet. Damit gelang es wieder, neue Mandanten von sich zu überzeugen, z.B. Bentley u. Dimension Data. Bei Letzterem konnte man sich gemeinsam mit den Gesellschafts- u. ▶Steuerrechtlern in einer Ausschreibung durchsetzen. Ohnehin tritt die enge Zusammenarbeit über die Standorte u. Praxisgruppen hinweg immer deutlicher zutage, z.B. für Apple Retail. Die Aufbauleistung von Krienke nötigt auch Wettbewerbern aus den großen Kanzleien Respekt ab. (2 Partner, 7 Associates, 1 of Counsel)
Stärken: Restrukturierungen.
Häufig empfohlen: Dr. Nikolaus Krienke ("beachtl., was er auf die Beine gestellt hat", Wettbewerber), Dr. Anne Kleffmann ("geht strukturiert u. analyt. vor", Mandant), Dr. Frank-Peter Reissinger ("exzellente Kenntnisse, insbes. bei Restrukturierungen", "pragmat., zielorientiert", Mandanten)
Kanzleitätigkeit: Breit aufgestellte Praxis mit häufig mittelständ. Klientel. Neben lfd. Betreuung inkl. Prozessführung Schwerpunkt bei Restrukturierungen u. Reorganisationen, daneben v.a. in München Transaktionsbegleitung (▶Private Equ. u. Vent. Capital/ ▶M&A). Auch Organe u. Führungskräfte.
Mandate: ●● Dt. Annington; Dimension Data bei Reorganisation; Nussbaum Parking bei Neuausrichtung; Akro Plastic bei erstmaliger BR-Wahl; Autobahn Tank & Rast (u.a. in Prozessen); Bentley bei Verlagerung der Zentrale; lfd.: Apple Retail, VGRD/Audi Retail.

Weitere renommierte Kanzleien im Arbeitsrecht

NORDEN
Behrens & Partner	Hamburg
Brüggehagen + Kramer	Hannover
Deloitte Legal	Hannover, Hamburg
Esche Schümann Commichau	Hamburg
Graf von Westphalen	Hamburg
Jacobsen + Confurius	Hamburg
White & Case	Hamburg

OSTEN UND BERLIN
Battke Grünberg	Dresden
BMH Bräutigam & Partner	Berlin
Buse Heberer Fromm	Berlin

WESTEN
Arqis	Düsseldorf
Aulinger	Bochum
Avocado	Köln
Brandi	Bielefeld
Buse Heberer Fromm	Düsseldorf, Essen
Deloitte Legal	Düsseldorf
Flick Gocke Schaumburg	Bonn
Hoffmann Liebs Fritsch & Partner	Düsseldorf
KPMG Law	Düsseldorf
Kümmerlein	Essen
Loschelder	Köln
Meyer-Köring	Bonn
Michels pmks	Köln
Orth Kluth	Düsseldorf
Pauly & Partner	Bonn
Schmidt von der Osten & Huber	Essen
Simmons & Simmons	Düsseldorf

FRANKFURT UND HESSEN
AC Tischendorf	Frankfurt
Avocado	Frankfurt
Heymann & Partner	Frankfurt
KPMG Law	Frankfurt
Schulte Riesenkampff	Frankfurt
White & Case	Frankfurt
WilmerHale	Frankfurt

SÜDWESTEN
Deloitte Legal	Stuttgart
Kasper Knacke	Stuttgart
KPMG Law	Stuttgart
Menold Bezler	Stuttgart
Neuhaus Partner	Koblenz
RB Reiserer Biesinger	Heidelberg

SÜDEN
dkm Rechtsanwälte	München
Keller Menz	München
Maat	München
Reckler & Horst	Nürnberg
Staudacher	München
Wolff Schultze Kieferle	München
Zirngibl Langwieser	München

AC TISCHENDORF
Bewertung: Die ▶Frankfurter Kanzlei hat ein besonders erfolgr. Jahr hinter sich, wozu auch die Arbeitsrechtspraxis um Dr. Sven Tischendorf v.a. mit gr. Restrukturierungsmandaten, z.B. für Douglas u. Alpine, einen signifikanten Teil beitrug. Hinzu kommt eine stetige Erweiterung des Mandantenstamms, zuletzt v.a. um Private-Equity-Untern. bzw. deren Portfoliogesellschaften, die ACT regelm. auch zum ▶Gesellsch.- bzw. ▶Insolvenzrecht berät. Dabei gelingt es immer wieder, Mandanten, wie zuletzt z.B. Christ, aus der Projektbegleitung in die arbeitsrechtl. Dauerberatung zu überführen. (4 Eq.-Partner, 3 Sal.-Partner, 1 Associate)
Mandate: ●● Lfd.: Christ, Talis; umf. Krones (inkl. bAV), Ceva; Keymile bei Sanierung; Restrukturierung: Douglas, Alpine, Kinetics.

ARQIS
Bewertung: Die ▶D'dorfer Arbeitsrechtspraxis gewinnt immer mehr an Schlagkraft, auch weil sich neben der erfahrenen Dr. Andrea Panzer-Heemeier mit Dr. Tobias Brors, den ein Wettbewerber als "engagiert u. kompetent v.a. bei Datenschutz u. Mitbestimmung" hervorhebt, ein 2. Partner zunehmend etabliert. Im Zusammenspiel mit weiterem personellen Wachstum um einen Berufseinsteiger entwickelt sich Arqis zu einer echten Alternative für größere arbeitsrechtl. Projekte. Insbes. bei komplexen Tariffragen oder Umstrukturierungen, z.B. bei Pago, waren die Anwälte zuletzt gefragt. Für kontinuierl. Auslastung sorgen zudem ein treuer Mandantenstamm sowie die enge Integration in die Gesamtkanzlei – so gelingt es immer wieder neu auch im Arbeitsrecht für die bei Arqis trad. starke jap. Mandantschaft bzw. bei Transaktionen u. im Kontext von Sanierung u. Insolvenz tätig zu werden. (1 Eq.-Partner, 1 Sal.-Partner, 1 Counsel, 1 of Counsel, 5 Associates)
Mandate: ●● Lfd.: McKinsey, Advantek, Beeline; Einzelhandelskette bei Filialschließungen inkl. Interessenausgleich u. Sozialplan; Umstrukturierung: Pago Etikettiersysteme, Beschlägehersteller (auch tarifrechtl.); jap. Telekomm.untern. bei Trennung von Vorständen einer Tochterges.; jap. Minen- u. Metallerzeuger bei Schließung einer Tochtergesellschaft.

AULINGER
Bewertung: Im Ruhrgebiet hat sich die Arbeitsrechtspraxis mit ihrem breiten Beratungsansatz bei den Mittelständlern der Region hervorrag. platziert. Daneben werden immer häufiger Konzerne auf das Team um den anerkannten Dr. Achim Tem-

ARBEITSRECHT

pelmann aufmerksam, auch aus dem öffentl. bzw. halbstaatl. Bereich konnte sie erstmals für Unternehmen tätig werden. Die interne Ernennung eines 2. Eq.-Partners unterstreicht zudem den Stellenwert, den die Praxis innerhalb der Kanzlei inzw. hat. (2 Eq.-Partner, 1 Sal.-Partner, 2 Associates)
Mandate: ●● BGRCI bei Überleitung eines Eigenbetriebs in eine GmbH; lfd.: BP Europa SE (auch in Prozessen), Bogestra, Bäko West, Diakonie-Ruhr.

AVOCADO
Bewertung: Die Arbeitsrechtspraxis um den Frankfurter Partner Thomas Dick wird v.a. aufgrund ihrer großen Erfahrung bei Um- u. Restrukturierungen gelobt. Auf diesem Feld kann das Team sogar größeren Einheiten das Wasser reichen, wie Mandate für Dynatrace u. BNY Mellon belegen. In Köln wächst die Praxis um Dr. Norbert Windeln, den ein Mandant für sein Verhandlungsgeschick hervorhebt u. der neben dem MiLoG insbes. zur Arbeitszeitgestaltung gefragt war, v.a. innerhalb bestehender Mandatsbeziehungen. Zudem erwachsen neue Mandate regelm. durch die enge Vernetzung mit den angesehenen ▶Produkt- u. Abfallrechtlern. Zusätzl. Möglichkeiten bietet der Zugang von 2 auf dt.-frz. Wirtschaftsrecht spezialisierten Partnern in Ffm. Ihre Kontakte ins Arbeitsrecht müssen aber erst noch wachsen. (Kernteam: 2 Eq.-Partner, 1 Sal.-Partner, 2 Associates)
Mandate: ●● Dynatrace bei Umstrukturierung; Bank of New York Mellon bei Restrukturierung; lfd.: ISL-Chemie (u.a. Tarifrecht), Infineon.

BATTKE GRÜNBERG
Bewertung: Die ▶Dresdner Kanzlei konnte mit 2 neuen Anwälten u. der ersten Partnerernennung aus den eigenen Reihen im Arbeitsrecht ihre regionale Marktstellung weiter ausbauen – auch weil es ihr Jahr für Jahr gelingt, hier große Industrieuntern. für die lfd. Beratung zu gewinnen. Sie ist damit eine Ausnahmeerscheinung vor Ort u. gilt unter dortigen Wettbewerbern als „Maß aller Dinge". Der Erfolg im Arbeitsrecht strahlt noch auf alle anderen Beratungsfelder der Kanzlei aus, sodass BG zuletzt ein für die Region außergewöhnl. geschäftl. Wachstum verzeichnete. Schwerpunktbranchen bleiben priv. (Industrie-)Unternehmen sowie Kliniken u. kommunale Gesellschaften. (2 Partner, 5 Associates)
Mandate: ●● Lfd.: Herolé-Reisen, Microelectronic Packaging Dresden, Roland Assistance, Elbe Flugzeugwerke, Burgen u. Gärten Sachsen.

BEHRENS & PARTNER
Bewertung: Die Arbeitsrechtskanzlei um Jan Kern („sehr guter Verhandler mit großem wirtschaftlichen Verständnis fürs Mandat", Wettbewerber) entwickelt sich immer mehr zu einer der bestimmenden Beraterinnen für Führungskräfte in der Region Norddtl.: Hier sind neben Kern mittlerw. alle Partner signifikant tätig. Bei diesen Individualmandaten spielten zuletzt neben der übl. Vertragsgestaltung zunehmend Fragen rund um Haftung u. D&O-Versicherungen sowie Wettbewerbsverbote eine Rolle. Für steten Mandatszufluss sorgt dabei nicht zuletzt die gute Vernetzung mit großen HHer Einheiten, die B&P immer wieder in arbeitsrechtl. Mandate bringen. Kollektivrechtl. betreuen die Anwälte in der Regel mittelständ. Unternehmen oder Konzerntöchter. (3 Eq.-Partner, 1 Sal.-Partner)
Mandate: Keine Nennungen.

BMH BRÄUTIGAM & PARTNER
Bewertung: Die ▶Berliner Kanzlei kommt mit dem Aufbau einer visiblen Arbeitsrechtspraxis gut voran u. entwickelt sich immer mehr zu einer Konkurrentin für die etablierten Einheiten vor Ort, wie z.B. Raue oder Altenburg. Über den guten Ruf von Dr. Roland Gastell im Öffentl. Dienst- u. Berliner Personalvertretungsrecht bringt sie sich bei Hochschulen, kommunalen u. öffentl. Arbeitgebern ins Spiel u. ist neu etwa für die BVG tätig. Zudem liegt ein Schwerpunkt im Krankenhausrecht. (1 Eq.-Partner, 2 Sal.-Partner, 2 Associates)
Mandate: ●● DRK Kliniken Berlin bei Umstrukturierung; Restrukturierungen: Magdeburger Verlags- u. Druckhaus u. Vivantes; lfd.: BVG (u.a. in Prozessen), Coca-Cola Erfrischungsgetränke, GdF Suez.

BRANDI
Bewertung: Das v.a. in ▶Ostwestfalen etablierte u. zunehmend auch am Standort ▶Hannover visible Team kann sich auf seine stabile Mandatsbeziehungen zum vorwiegend regionalen Mittelstand verlassen. Dabei rückten zuletzt Fragen vom MiLoG verstärkt in den Fokus, aber auch unternehmensnahes Sozialversicherungsrecht, inkl. Statusfeststellungsverf., ist Teil der tägl. Beratungspraxis. Außergewöhnl. für eine Kanzlei dieser Größe ist die etablierte praxisgruppenübergreifende Zusammenarbeit, z.B. in Compliance-Fragen oder bei Transaktionen sowie im Wettbewerbsrecht, z.B. zu Arbeitnehmererfindungen u. vereinzelt auch im Medizinrecht, etwa für Kliniken. Regelm. gelingt es über diese enge Anbindung, Mandatsbeziehungen intern auszubauen. (9 Partner, 1 Associate)
Mandate: ●● Portland Zementwerke bei Umstrukturierung; lfd.: Gauselmann, MöllerGroup, Schüco, Claas, v. Bodelschwinghsche Anstalten.

BRÜGGEHAGEN + KRAMER
Bewertung: Insbes. Umstrukturierungen u. betriebsverfassungsrechtl. Fragen beschäftigten zuletzt die anerkannte Hannoveraner Arbeitsrechtskanzlei um Dr. Ferdinand Brüggehagen. Er genießt auch im Bereich der Führungskräfte einen guten Ruf. Die v.a. im niedersächs. Mittelstand präsente Einheit baute darüber hinaus ihren teils hochkarät. Mandantenstamm weiter bemerkenswert aus, u.a. im Gesundheitsbereich. Einen Verlust bedeutet der Wechsel einer berufserfahrenen Associate vor Ort zu Wettbewerberin Luther. (3 Partner, 1 Associate)
Mandate: ●● Lfd.: Tuifly, Tüv Nord, Dt. Hypo Bank, NordLB, Klinikum Region Hannover.

BUSE HEBERER FROMM
Bewertung: Nach einiger personeller Unruhe in der Vergangenheit zeigte sich die Arbeitsrechtspraxis zuletzt durchweg stabil u. verstärkte sich in ▶Berlin sowie ▶D'dorf auf Associate-Ebene. Stärker als bei Wettbewerbern wie Heuking oder Noerr ist eine individualist. Philosophie für die umf. Beratung der langj. Stammmandanten charakteristisch. Dies führt dazu, dass einzelne Anwälte wie der von Wettbewerbern für Restrukturierungen empfohlene Dr. Alexander Krol u. Jürgen Masling mit deren Standorten D'dorf u. Essen die Marktwahrnehmung dominieren. Allerdings machte sich der innerhalb der Gesamtkanzlei angestoßene Prozess einer stärkeren überörtl. Zusammenarbeit auch bei den Arbeitsrechtlern bemerkbar: So ist der akquisestarke Dr. Jan Lelley, der neu etwa BlackBerry nach einer erfolgr. Ausschreibung berät, neben Essen auch in Ffm. vor Ort. Zudem treibt Dr. Mathias Knorr nun von D'dorf aus als Teil eines fachübergreifenden Teams die Beratung des Healthcare-Sektors voran. (6 Eq.-Partner, 6 Sal.-Partner, 8 Associates, 1 of Counsel)
Mandate: ●● Restrukturierungen: ISS Facility Services, SAG; Mersen bei (Teil-)Betriebsschließung; lfd.: BlackBerry, Klinikum Westfalen, guenstiger.de.

DELOITTE LEGAL
Bewertung: Auch die bundesweit tätige Arbeitsrechtspraxis profitiert von der immer besseren Integration der Anwälte in die WP-Gesellschaft Deloitte. An der Schnittstelle zum Steuerrecht genießt das Team einen guten Ruf in Fragen zur Arbeitnehmerentsendung. Über den WP-Bereich ergeben sich immer wieder ausbaufähige Kontakte wie zuletzt zu einer Wohnungsbauges., die bei einem Personalabbau beraten wurde. Daneben waren es einige umfangr. neue Mandate, die der Praxis einen Schub gaben: So konnte sich das Team in einem Pitch Cura Maternus als Mandantin sichern. Ein Sal.-Partner mit Kontakten zu öffentl. Versorgern verstärkte die Praxis in ▶D'dorf (von PwC Legal). (2 Eq.-Partner, 2 Sal.-Partner, 14 Associates, 2 of Counsel)
Mandate: ●● Umstrukturierungen: Lupin Pharmaceuticals, Abfallzweckverband Augsburg; Kinderschutz e.V. zu bAV; lfd.: Cura Maternus (u.a. in Prozessen); Wohnungsbauges. bei Personalabbau.

DKM RECHTSANWÄLTE
Bewertung: Nachdem die Münchner Kanzlei um Dr. Knut Müller („sehr gutes Fachwissen" Mandant; „fachl. hervorragend", Wettbewerber) viele Jahre unter der hohen Fluktuation unter den Associates litt, bemerkten Wettbewerber zuletzt, dass sich das Team dank der Umstrukturierung, die mit der Einführung der Sal.-Partnerschaft einherging, deutl. stabilisiert habe. Ausdruck der erfolgr. Neuorientierung ist zudem, dass mittlerw. auch Anwälte neben Müller von Wettbewerbern hervorgehoben werden. So waren es wieder mehr als je zuvor strukturelle Fragen, mit denen die Kanzlei von sich reden machte: Immer stärker ist dkm auf BR- bzw. AN-Seite tätig. Dabei führt sie jedoch auch Prozesse auf Unternehmensseite, bspw. für ThyssenKrupp gg. den ehem. Bereichsvorstand Sehlbach. (1 Eq.-Partner, 2 Sal.-Partner, 6 Associates)
Mandate: ●● Öffentl. bekannt: ThyssenKrupp in Prozess gg. Ex-Bereichsvorstand Uwe Sehlbach.

ESCHE SCHÜMANN COMMICHAU
Bewertung: ▶Hamburger Praxis um Jan-Marcus Rossa u. Dr. Patrizia Chwalisz („hoch professionell u. bundesweit präsent", Wettbewerber) sowie den zuletzt besonders hervorgehobenen Dr. Hermann Haas. Mit ihm zeigte sich ein Mandant „unverändert sehr zufrieden" u. ein Wettbewerber bescheinigte ihm „hohe Fachkompetenz mit der Fähigkeit zu pragmatischen Lösungen". Die Anwälte sind dabei längst auch außerhalb Norddtl. tätig: So beraten sie bspw. mehrere im Ruhrgebiet oder in Ba.-Wü. angesiedelte Industrieunternehmen, u.a. zu

Restrukturierungen u. Auslagerungen. Das endgültige Ausscheiden des langj. Arbeitsrechtspartners Dr. Bernd Ohlendorf (nicht mehr als Anwalt tätig) konnte die Praxis gut auffangen. Früher als erwartet ergeben sich nun Möglichkeiten für die jungen Anwälte, sich für die Partnerschaft zu empfehlen. Hierfür wäre jedoch mehr personelle Stabilität auf Associate-Ebene hilfreich: Erneut standen 2 Abgängen 2 Zugänge gegenüber. (4 Partner, 6 Associates)

Mandate: ●● Restrukturierung: Gruner + Jahr u. Ohly; lfd.: Qype, Global Tech I Offshore Wind.

FLICK GOCKE SCHAUMBURG

Bewertung: Nicht zuletzt die interne Ernennung eines Sal.-Partners u. der Gewinn einer weiteren Associate unterstreichen, welche Stellung das Arbeitsrecht mittlerw. in der Kanzlei genießt. Immer häufiger gelingt es dem Team um Dr. Tobias Nießen, nicht nur von der renommierten ▶Steuerrechtspraxis zu profitieren, sondern eigene arbeitsrechtl. Mandate in andere Praxen zu transferieren, wie zuletzt bei einem Hersteller von Antriebs- u. Steuerungstechnik, oder aus einem Projektmandat eine dauerhafte Mandatsbeziehung zu entwickeln, wie bspw. bei Haribo. (1 Eq.-Partner, 3 Sal.-Partner, 3 Associates)

Mandate: ●● Lfd.: Hansewerk, Jenoptik, Viessmann, Western Digital, Haribo; Hersteller von Antriebs- u. Steuerungstechniken bei Personalabbau.

GRAF VON WESTPHALEN

Bewertung: Die Arbeitsrechtspraxis um Dr. Malte Evers („sehr kompetent u. außerordentl. freundlich", Mandant) in ▶HH u. Christof Kleinmann in ▶Ffm. entwickelte sich auch im vergangenen Jahr stetig weiter. So war das Team mit mehreren größeren Personalabbaumaßnahmen ebenso beschäftigt wie mit der stabilen Dauerberatung. Weiteres Wachstum auf Associate-Ebene war daher die Folge. Weiterhin unbesetzt bleibt bislang allerdings das noch junge ▶D'dorfer Büro – hier könnte ein Quereinsteiger mit Eigengeschäft das Team bundesweit noch visibler machen. (4 Eq.-Partner, 1 Sal.-Partner, 5 Associates)

Mandate: ●● VAC, Orica u. Equens jeweils bei Restrukturierung u. Personalabbau; Senvion zu Auseinandersetzungen mit BR; lfd.: Air China, CA Immo.

HEYMANN & PARTNER

Bewertung: Durchweg stabil präsentierte sich die kleine, aber fachl. breit aufgestellte Frankfurter Arbeitsrechtspraxis. V.a. Walter Born („fachl. exzellent, angenehm in Verhandlungen", Wettbewerber), der zunehmend auf beiden Seiten in der Führungskräfte- u. Organberatung visibel ist, genießt einen guten Ruf. Zudem ist das Team besonders anerkannt für seine Erfahrung an der Schnittstelle zu ▶IT-Themen, u. stemmt trotz seiner geringen Größe regelm. In- u. Outsourcings für Großkonzerne wie E.on. (1 Partner, 1 Associate)

Mandate: ●● E.on Business Services bei Rückführung von ehem. outgesourcten Teilfunktionen; lfd. Hewlett-Packard, Basler Fashion.

HOFFMANN LIEBS FRITSCH & PARTNER

Bewertung: Auch dank weiteren personellen Wachstums um eine berufserfahrene Associate (von Clifford Chance) zeigt sich die ▶D'dorfer Praxis um Wolfgang Bucksch u. Heiko Langer („arbeite sehr gern mit ihnen zusammen", Mandant) immer schlagkräftiger. So gelang es bestehende Mandatsbeziehungen weiter auszubauen u. bspw. auf Tochtergesellschaften auszudehnen. Dies führt auch dazu, dass die Praxis immer häufiger außerhalb der Rhein-Ruhr-Region zu sehen ist. Mandatszuwachs gab es zuletzt auch aufgr. von Empfehlungen ausl. Kanzleien oder Personalberatern für die Beratung dt. Tochterunter. internat. Konzerne. Zudem entwickelt sich z.T. über die Zusammenarbeit mit den ▶Öffentl.-Rechtlern, ein Schwerpunkt im Personalvertretungsrecht. (3 Partner, 4 Associates)

Mandate: ●● Veldhoven bei Standortverlagerung (inkl. Prozesse); lfd.: Oxea, CGI (u.a. zu Vergütung), NetCologne (u.a. Tarifrecht).

JACOBSEN + CONFURIUS

Bewertung: Abseits der Schlagzeilen verfolgt diese Hamburger Kanzlei ihren eigenen Ansatz konsequent weiter: Die Partner sind im Markt dafür bekannt, auch bei großen Restrukturierungsprozesse nach Möglichkeit zu vermeiden u. schon im Vorfeld strateg. zu beraten. Dadurch ist das sehr integriert arbeitende Team um Manfred Confurius unter Wettbewerbern zwar weniger visibel, viele Unternehmen, darunter eine Reihe namh. internat. Konzerne, vertrauen jedoch bereits seit Jahren auf die Hamburger Anwälte. Confurius ist darüber hinaus im Markt ein anerkannter Führungskräfteexperte, aber auch jüngere Anwälte wie Justus Leddin sind hier immer öfter tätig. (4 Partner, 2 Associates)

Mandate: Keine Nennungen.

KASPER KNACKE

Bewertung: Im Arbeitsrecht weiterhin fest im Sattel sitzt diese ▶Stuttgarter Kanzlei. Basis bleibt der regionale Mittelstand: Hier werden die Anwälte um die bekannten Partner Dr. Wolfgang Hesse („hoch kompetenter u. angenehmer Verhandlungspartner", Wettbewerber), Dr. Frank Hahn u. Dr. Wolfram Sitzenfrei („uneitler, aber leidenschaftlicher Interessenvertreter", Wettbewerber) v.a. dank ihrer enormen Prozesserfahrung u. an der Schnittstelle zum Gesellschaftsrecht mandatiert. Während Wettbewerber ähnl. Größe zuletzt starkes Augenmerk auf Spezialisierung gelegt haben, lässt KK ihren Anwälten trad. viel Freiheit, ihr Geschäft indiv. zu entwickeln. Inhaltl. waren es neben den Prozessen zuletzt v.a. Compliance-Fragen, die das Team in Atem hielten. (5 Partner, 3 Associates)

Mandate: ●● W&W-Konzern bei Umstrukturierung; Lidl, u.a. bei Betriebsverlagerung Pfaffenhofen; Solo Kleinmotoren, u.a. in Prozessen; lfd.: BR Kärcher, div. Führungskräfte, u.a. zu Verträgen.

KELLER MENZ

Bewertung: Das Münchner Team um Thomas Keller u. den 2014 von Linklaters zur Kanzlei gestoßenen Dr. Christian Ley erarbeitet sich zunehmend eine größere Marktpräsenz. Insbes. Ley, den ein Wettbewerber als „gut vernetzt, fachl. überlegen u. zupackend" beschreibt, hat die Visibilität der Praxis am Markt erhöht. Doch auch das Mandatsportfolio kann sich sehen lassen: So waren die Anwälte zuletzt u.a. für Finanz Informatik bei Betriebsübergängen oder für den Wort & Bild Verlag tätig. Auch Betriebsräte u. Führungskräfte gehören zu den Mandanten des Teams. (1 Eq.-Partner, 7 Sal.-Partner)

Mandate: ●● Finanz Informatik Technologie Service bei Betriebsübergängen; lfd.: Wort & Bild Verlag, Salus-Haus-Konzern, Agrolab-Gruppe, KMS-Gruppe.

KPMG LAW

Bewertung: Der rechtl. Arm des Big-Four-WP-Unternehmens kommt beim Aufbau einer visiblen Arbeitsrechtspraxis merkl. voran. Dabei profitiert KPMG Law weiter von der starken Kontaktbasis der nichtjuristischen Arme der WP-Ges., z.B. bei Restrukturierungen u. Entsendungen, wird aber entgegen tradierter Einschätzungen von Wettbewerbern regelm. auch unabhängig mandatiert. Hier hat v.a. Dr. Stefan Middendorf von D'dorf aus die Praxis weiter vorangebracht. Die Beratung einiger Dax-Konzerne zu Vorstandsvergütung sind hier ein erfolgr. Bsp. Der Unterschied zu anderen WP-nahen Kanzleien wird u.a. dadurch sichtbar, dass die Größe dem KPMG-Arbeitsrechtsteam eine ganz andere Durchschlagskraft verleiht u. auch die erneute Ernennung eines Sal.-Partners in Ffm. unterstreicht den Stellenwert der Praxis. (2 Eq.-Partner, 2 Sal.-Partner, 35 Associates)

Mandate: ●● Osram umf. zu Entsendung; Restrukturierung: Bielomatik Jagenberg, Colep-Gruppe; lfd.: GlobeGround; NordLB zu Institutsvergütungsverordnung.

KÜMMERLEIN

Bewertung: Ein Blick auf die Mandatsliste zeigt die ungebrochene Präsenz der ▶Ruhrgebietskanzlei um Dr. Martin Mönks u. Christian Althaus in arbeitsrechtl. Projekten wie Betriebsstilllegungen, z.B. für DB European Railservice, u. Restrukturierungen. Wie bei Ineos Solvents gelingt es ihr dabei immer wieder, sich in Ausschreibungen auch gg. weitaus größere Arbeitsrechtsteams durchzusetzen. Das macht sie interessant auch für Zugänge aus Großkanzleien, wie der Wechsel eines erfahrenen Associates von Bird & Bird in D'dorf zeigt. (3 Partner, 4 Associates)

Mandate: ●● DB European Railservice bei Betriebsstilllegung; Ineos Solvents bei Restrukturierung; lfd.: Flughafen D'dorf, Gate Gourmet, Uniklinik Essen, ifm-Gruppe.

LOSCHELDER

Bewertung: Die Arbeitsrechtspraxis der ▶Kölner Kanzlei um Dr. Detlef Grimm („kompetent u. lösungsorientiert", Wettbewerber) u. Dr. Martin Brock trieb auch zuletzt ihre Weiterentwicklung voran: So entwickeln die Anwälte immer deutl. Spezialisierungen, bspw. im Sportarbeitsrecht oder der betriebl. Altersversorgung. Dabei konzentrieren sie sich auf die kollektivrechtl. Beratung auf Unternehmensseite. Das Team ist insbes. im Rheinland präsent, jedoch zunehmend auch bundesweit aktiv. Immer wieder kommt auch attraktives Neugeschäft über das internat. Netzwerk Terralex. Verstärkt wahrgenommen wurde zuletzt auch der junge Partner Dr. Sebastian Pelzer als „harter, aber sehr verlässlicher Verhandler" (Wettbewerber). (3 Partner, 2 Associates)

Mandate: ●● Lfd.: Mazda, RWZ, Flughafen Köln/Bonn, Koelnmesse; Kölner Eishockeyclub Die Haie lfd. u. bei Trainerentlassung.

ARBEITSRECHT

MAAT
Bewertung: Nachdem die Münchner Arbeitsrechtskanzlei in den vergangenen Jahren v.a. auf Partnerebene wuchs u. dabei nicht zuletzt ihre Spezialisierung in der Beratung zur betriebl. Altersvorsorge stärkte, legte sie wieder Augenmerk auf den Ausbau auf Associate-Ebene. Wettbewerber hoben zuletzt v.a. Dr. Johannes Späth für seine „harte, aber faire Verhandlungsführung" sowie „praktikablen Lösungen" hervor. Dass die Strategie Früchte trägt, innerhalb einer Boutique mit mehreren Partnern einen Schwerpunkt in der bAV abzubilden, zeigt nicht zuletzt die Mandatierung durch namh. Unternehmen wie bspw. ZF Friedrichshafen. (9 Partner, 2 Associates)
Mandate: ●● Dt. Telekom in Berufungsverf.; ZF Friedrichshafen bei Betriebsrenten; lfd.: Iveco Magirus, PlanetHome.

MENOLD BEZLER
Bewertung: Die ▶Stuttgarter Praxis um Lars Kuchenbecker u. Ralf-Dietrich Tiesler („profunder Kenner des Arbeitsrechts mit effizienter Bearbeitungsweise u. breitem Erfahrungsschatz", Wettbewerber) ist v.a. bei regionalen Mittelständlern häufig gesetzt, aber mit ihren Spezialisierungen wie der Beratung von Unternehmen im ÖPNV oder Universitäten auch weit über den Südwesten hinaus präsent. Neben den Themen MiLoG, Befristung u. AÜG war es zuletzt auch die Beratung für u. gg. Führungskräfte, die das Team in Atem hielt. Erste Mandate kamen auch im restrukturierungs- u. insolvenznahen Bereich hinzu – hier hatte sich MB zuletzt mit einer Insolvenzrechtlerin verstärkt, das bereits gut in die Gesamtkanzlei integriert ist. (3 Partner, 4 Associates)
Mandate: ●● MWK Renningen bei Personalabbau (Sanierung in Eigenverwaltung); lfd.: Emag-Gruppe, Interflex Datensysteme.

MEYER-KÖRING
Bewertung: Die in Berlin unverändert für polit. Stiftungen u. Botschaften sowie in ▶Bonn für zahlr. Dauermandanten v.a. aus dem regionalen Mittelstand tätige Kanzlei kann sich auf einen stabilen Mandantenstamm verlassen. Einen guten Ruf genießt M-K auch in Spezialbereichen wie dem kirchl. Arbeitsrecht, dem Öffentl. Dienstrecht u. in der Beratung von Krankenhäusern. Wettbewerber hoben neben dem regelm. auch in Führungskräftemandaten visiblen Dr. Nicolai Besgen Ebba Herfs-Röttgen als „sachl. Verhandlungspartnerin" hervor. (3 Eq.-Partner, 1 Sal.-Partner, 2 Associates, 1 of Counsel)
Mandate: ●● Lfd.: Toys"R"Us (u.a. zu Betriebsverfassungsrecht), Stadtwerke Bonn, Postbank, Stadt Bonn (öffentl. bekannt).

MICHELS PMKS
Bewertung: Nur rund ein Jahr nach ihrer Abspaltung von Mütze Korsch sitzt diese Kölner Arbeitsrechtsboutique um Dr. Marcus Michels („fachl. hervorragender Anwalt", Wettbewerber) weiter fest im Sattel. Nicht nur sorgt die Spezialisierung mit Mitarbeiterentsenderecht (u.a. Mitglied im Netzwerk Visalaw) für stetigen Mandatszufluss, auch bestehende Mandatsbeziehungen konnten in die neue Einheit überführt u. tlw. auch ausgebaut werden, wie bspw. die Beratung von Kone oder Dachser. Trad. besitzt das Team auch einen Schwerpunkt in der Beratung von Krankenhäusern. (4 Partner, 1 Associate)
Mandate: ●● Lfd.: Kone, Dachser, Duisburger Hafen, Repucom Dtl., Uniklinik Köln.

NEUHAUS PARTNER
Bewertung: Die Arbeitsrechtspraxis ist trad. bedeutender Bestandteil der angesehenen ▶Koblenzer Full-Service-Kanzlei u. fungiert regelm. als Türöffner für Verweisgeschäft in andere Bereiche, z.B. bankrechtl. Prozesse u. M&A. Das Renommee gründet sich v.a. auf den langj. guten Ruf von Tim Schwarzburg in der Beratung von Genossenschaftsbanken im Konsolidierungsprozess. Wettbewerber loben ihn für „große Restrukturierungsexpertise". Daneben punktet das Team mit klaren Spezialisierungen auf Branchen wie Gesundheit, Gastronomie oder den Öffentl. Dienst. (4 Partner, 2 Associates)
Mandate: ●● Ev. Altenpflege NHM bei Verkauf; Ex-FFHG-Geschäftsführer in Prozessen; lfd.: APA, div. Hilton-Hotels; div. Volksbanken zu Restrukturierung.

ORTH KLUTH
Bewertung: Bei der ▶D'dorfer Arbeitsrechtspraxis um Dr. Guido Matthey, den ein Wettbewerber als „sehr kompetent u. zielstrebig" lobte, gesellten sich zuletzt neben der regelm. Betreuung langj. Mandanten wie QVC u. Bofrost aufwendige Großprojekte. V.a. mit der Beratung einer neuen ww. Konzernstruktur, die OK strateg. eng begleitete, stieß das Team hinsichtlich Auslastung u. Komplexität qualitativ in neue Dimensionen vor. Parallel dazu sorgte die arbeitsrechtl. Umsetzung internat. Konzerndatenschutzregeln bei Outokumpu (gemeinsam mit den IT-Rechtlern) für viel Arbeit. Weil die Arbeitsrechtspraxis so erfolgr. war, konnte sie mit einer erfahrenen Associate (von Orrick) wachsen. Die Herausforderung wird nun sein, das Team nach dem Ende der Großprojekte durch lfd. Mandatsarbeit auszulasten. (1 Eq.-Partner, 1 Sal.-Partner, 5 Associates)
Mandate: ●● Restrukturierung: Gea Food Solutions; lfd.: Bofrost, Gea (u.a. umf. bei neuer Konzernstruktur), Outokumpu, QVC, DFL.

PAULY & PARTNER
Bewertung: Dr. Stephan Pauly, Namenspartner der Bonner Arbeitsrechtspraxis, berät mit seinem Team nicht nur einen stabilen Stamm an regionalen Mittelständlern wie Bomag, sondern auch div. Verbände u. Vereine. Er ist zudem ein anerkannter Führungskräfteberater. Daneben gehören einige Betriebsräte zur Stammklientel, z.B. von Intersnack. Wachstum gab es zuletzt v.a. an der Schnittstelle zum Datenschutzrecht, wo Dr. Stefan Drewes auf Arbeitgeberseite bei div. Betriebsvereinbarungen, z.B. zu IT-Nutzung am Arbeitsplatz, involviert war. (3 Partner, 2 Associates)
Mandate: ●● Lfd.: DOM Sicherheitstechnik, Rentrop-Gruppe, FV Mittelrhein, Ideal Standard, Bomag, Mepa; KBR/GBR/BR: Intersnack.

RB REISERER BIESINGER
Bewertung: Weiterhin ist das Team um Dr. Kerstin Reiserer („erstklassige Expertise u. angenehme Zusammenarbeit", Wettbewerber), eine der präsentesten Einheiten im Rhein-Main-Gebiet. Neben einer Reihe treuer Mandanten gab es zuletzt auch eine Vielzahl neuer Kontakte, die das Team zu Fragen der MiLoG oder zu Scheinselbstständigkeit, aber auch zunehmend im Bereich bAV hinzuzogen. Nicht zuletzt deshalb konnte RB die Praxis um 2 Berufseinsteiger aufstocken. (4 Eq.-Partner, 4 Associates)
Mandate: ●● ASB Bayern zu bAV; Unternehmen bei Abwehr von Entschädigungsklage eines schwerbehinderten Bewerbers.

RECKLER & HORST
Bewertung: Arndt Reckler u. Henning Horst sind mit ihrer rein auf Arbeitsrecht spezialisierten Kanzlei nach wie vor weitgehend Exoten am Nürnberger Markt. Nicht zuletzt deshalb greifen regionale Mittelständler bzw. dort ansässige Konzerntöchter häufig auf sie zurück. Dass sich die noch junge Kanzlei mit einer Berufseinsteigerin verstärken konnte, unterstreicht die positive Entwicklung. (2 Partner, 1 Associate)
Mandate: ●● Ericsson Modem Nuremberg bei Standortschließung (inkl. Interessenausgleich u. Sozialplan), MAN Bus & Truck Nürnberg.

SCHMIDT VON DER OSTEN & HUBER
Bewertung: Die Marktwahrnehmung des Arbeitsrechtsteams um Dr. Till Wegmann der Essener Kanzlei (▶Ruhrgebiet) ist nach wie vor von ihrer starken Bekanntheit als Beraterin der Aldi-Gesellschaften dominiert. In der Tat sind die Arbeitsrechtler hier umf. bundesw. tätig. Darüber hinaus gelingt es ihnen, die Strukturen ihrer meist regionalen, mittelständ. Mandanten weiter zu durchdringen u. zuletzt v.a. in Zusammenarbeit mit den ▶Medizinrechtlern weitere Kliniken von ihrer Arbeit zu überzeugen. Dieses Wachstum ermöglichte die interne Ernennung eines Sal.-Partners. (4 Eq.-Partner, 1 Sal.-Partner, 1 Associate)
Mandate: ●● Lfd.: Aldi Nord u. Süd, Tüv Nord, RWTüv, Gelsenwasser, Eurovia, Alfried Krupp Krankenhaus, FC Schalke 04.

SCHULTE RIESENKAMPFF
Bewertung: Unverändert fußt die ▶Frankfurter Arbeitsrechtspraxis um Petra Ostmann auf der Begleitung eines stabilen Stamms von Dauermandanten im arbeitsrechtl. Tagesgeschäft sowie deren Projekte, zuletzt v.a. zu Restrukturierungen u. M&A-Deals, regelm. auch an der Seite der Gesellschaftsrechtler. Dauerthema bleibt zudem der Datenschutz, wo die Arbeitsrechtler häufig gemeinsam mit der renommierten ▶Kartellrechtspraxis auftreten, etwa wenn es um die Verwertung von Unterlagen im Zuge der Aufklärung kartellrechtl. Verstöße geht. (2 Partner, 3 Associates)
Mandate: ●● Lfd.: American Express, 1&1 Internet, Kommunalservice u. Stadtwerke Rüsselsheim, Faurecia, GBT III, Lavazza Dtl., GE.

SIMMONS & SIMMONS
Bewertung: Das in ▶D'dorf ansässige Arbeitsrechtsteam agiert tlw. noch unter dem Radar vieler Wettbewerber, doch genießt es etwa in der Beratung von ▶Finanzinstitutionen/Asset-Managern, v.a. Auslandsbanken, etwa zu Vergütungs- u. Bonusregelungen einen exzellenten Ruf u. konnte wieder neue Mandanten überzeugen. Hier steht es im direkten Wettbewerb mit renommierten Praxen wie Allen & Overy. Weitere Schwerpunkte sind die Beratung von internen Untersuchungen sowie eine zuletzt wachsende Zahl an Restrukturierungen,

u.a. auch im Industriesektor. Auch die aktuell gestiegene Bedeutung betriebsrentenrechtl. Themen kann das kl. Team bedienen. Hier spezialisiert sich ein Counsel. Personell kam der Aufbau allerdings bisher nicht wie gewünscht voran. So wurde der Abgang eines erfahrenen Associates (zum Bankhaus Lampe) zwar mit einer Berufseinsteigerin kompensiert, jedoch bleibt seniore Verstärkung, u.a. um das Potenzial in München zu nutzen, weiter eine Herausforderung. (1 Eq.-Partner, 1 Sal.-Partner, 1 Counsel, 3 Associates)
Mandate: ●● Allianz Global Investors bei grenzüberschr. Verschmelzung; Huawei zu Arbeitnehmerdatenschutz; lfd.: Electrolux, Jefferies, W.L. Gore, Visa Europe.

STAUDACHER
Bewertung: Womit sich Wettbewerber (etwa dkm) lange deutl. schwerer getan haben, nahm diese Münchner Arbeitsrechtskanzlei um den im Markt anerkannten Peter Staudacher („ein kompetenter, zäher Verhandlungspartner", Wettbewerber) nur 3 Jahre nach der Kanzleigründung in Angriff: Sie erweiterte ihre Führungsebene um 2 Sal.-Partner u. ging zudem eine überreg. Kooperation mit der renommierten Hannoveraner Kanzlei Laborius ein. Wettbewerber heben zudem immer wieder hervor, wie gut es der Kanzlei innerhalb kürzester Zeit gelungen ist, sich zu einer der präsentesten Einheiten Münchens zu entwickeln: „Er hat beim Aufbau seiner Kanzlei schon beeindruckende Erfolge erzielt", beobachtete ein Wettbewerber. Zahlr. Führungskräfte, die insbes. auf Staudacher vertrauen sowie hochkarät. Mandanten, u.a. aus der Versicherer- u. Bankenbranche, zeugen ebenfalls davon. „Wir haben eine jahrelange, sehr gute Zusammenarbeit mit der Kanzlei, alle sind Experten im Arbeitsrecht", lobte ein Mandant. (1 Eq.-Partner, 2 Sal.-Partner, 5 Associates)

Mandate: ●● Lfd.: VHV, Allianz Global Corporate & Specialty, FMS Wertmanagement; div. Führungskräfte.

WHITE & CASE
Bewertung: Nach einer turbulenten Zeit mit einer Reihe von Abgängen u. einer inhalt. Umstrukturierung hat sich das Team um den Frankfurter Partner Frank-Karl Heuchemer u. seinen Hamburger Kollegen Hendrik Röger („sehr guter Anwalt", Wettbewerber) wieder stabilisiert. Deutl. kleiner u. auf die Standorte ▶HH u. ▶Ffm. konzentriert, hat die Praxis auch ihre strateg. Ausrichtung auf die Begleitung großer, häufig grenzüberschr. Transaktionen sowie dem insolvenznahen Arbeitsrecht konzentriert. Daneben ist die Praxis weiterhin in großvol. Umstrukturierungen oder Projekten wie Compliance oder Fremdpersonaleinsatz zu sehen. Insbes. die Partnerabgänge in D'dorf u. HH aus dem vergangenen Jahr bieten dabei den jungen Anwälten die Chance, ein eigenes Profil am Markt zu entwickeln. (1 Eq.-Partner, 1 Sal.-Partner, 5 Associates)

Mandate: ●● Air Berlin, u.a. bei Umstrukturierungen; Sabic bei grenzüberschr. Restrukturierung; Whitesell bei Sanierung.

WILMERHALE
Bewertung: Da der ▶Frankfurter Partner Dr. Holger Thomas („sehr hohe Fachkenntnis, sehr gute Serviceeinstellung, sehr hoher Pragmatismus, sehr gute Business-Perspektive u. strateg. Input", Mandant; „guter Verhandler u. Mediator", Wettbewerber) einen starken Schwerpunkt im Bereich Systemgastronomie hat, spielten bei ihm zuletzt v.a. Fragen zur Entgeltstrukturierung im Zshg. mit dem MiLoG eine große Rolle. Nachdem der bislang einzige Associate zur Justiz wechselte, fängt die Praxis dies derzeit mit wissenschaftl. Mitarbeitern auf. Doch trotz der geringen Größe konnte das Team zuletzt bspw. eine größere Umstrukturierung für ein Bauunternehmen an Land ziehen. (1 Partner, 1 Counsel)

Mandate: ●● Bundesverband der Systemgastronomie bei Tarifverhandlungen; lfd.: Visory Partners, Ashfield Healthcare, Beam; Bauunternehmen bei Umstrukturierung.

WOLFF SCHULTZE KIEFERLE
Bewertung: Zwar wächst die Münchner Arbeitsrechtsboutique personell deutl. langsamer als bspw. ihre zur gleichen Zeit 2012 an den Start gegangene Wettbewerberin Staudacher, doch geht es für die Kanzlei stetig weiter nach oben: Mittlerw. beschäftigt WSK 5 Berufsträger. Basis bildet die Dauerberatung häufig mittelständ. Klientel. Neben Dr. Andreas Wolff wurden zuletzt auch Henning Schultze u. Oliver Kieferle zunehmend empfohlen. (3 Partner, 2 Associates)

Mandate: Keine Nennungen.

ZIRNGIBL LANGWIESER
Bewertung: In der v.a. am ▶Münchner Standort konzentrierten Arbeitsrechtspraxis dieser Full-Service-Kanzlei konzentriert sich Dr. Jan Küpperfahrenberg auf Mandanten aus der Dienstleistungs- u. Produktionsbranche, Dr. Johann Kurreck macht sich derweil immer mehr als Spezialist in der Beratung von Unternehmen aus dem Gesundheitssektor einen Namen, wo er auch weit über die Grenzen Münchens hinaus mandatiert wird. Hier spielten zuletzt insbes. Restrukturierungen eine Rolle. Weiterhin ausbaufähig bleibt die Präsenz in Berlin, wo sich ein jüngerer Anwalt jedoch langsam Renommee erarbeitet. (2 Eq.-Partner, 2 Sal.-Partner, 4 Associates)

Mandate: ●● Lfd.: BayWa, Osma-Aufzüge Albert Schenk, HoWe Wurstwaren, Casualfood; div. Kliniken lfd. u. bei Restrukturierungen.

Bank- und Kapitalmarktrecht – Aktuelle Entwicklung im Überblick

Von Dr. Heiko Hofstätter und Dr. Martin Andreas Duncker, Schlatter, Heidelberg

Schlatter zählt seit mehr als 60 Jahren zu den führenden Wirtschaftskanzleien im Rhein-Neckar-Raum. Mit über 20 Rechtsanwälten und Steuerberatern und Standorten in Mannheim und Heidelberg bietet die Kanzlei neben einer hohen fachlichen Kompetenz eine persönliche Betreuung. Ein Fokus der Kanzlei liegt auf der Unterstützung von Mandaten aus dem Bereich der Finanzdienstleistungen.

Dr. Heiko Hofstätter

Dr. Martin Andreas Duncker

Dr. Heiko Hofstätter und **Dr. Martin Andreas Duncker** betreuen Banken, Sparkassen und sonstige Finanzdienstleister, unter anderem bei der Begleitung aufsichtsrechtlicher Genehmigungsverfahren in den Bereichen Zahlungsverkehr, Darlehensrecht und Compliance sowie in der Abwehr unbegründeter Haftungsansprüche.

Weitere Informationen im Kanzleiprofil am Ende des Handbuchs.

Das letzte Jahr hat für Banken, Sparkassen und sonstige Finanzdienstleister wieder eine Vielzahl von Neuerungen gebracht. Sowohl in der Rechtsprechung als auch der Gesetzgebung gibt es seit April 2014 neue Leitlinien für die Anlageberatung und -vermittlung und die Bankenpraxis. Der 3. und 11. Senat des BGH haben zudem – neben einigen Entscheidungen zum Darlehensrecht – auch weitere Details für die Anlageberatung und Vermittlung festgelegt. Zudem wurde Mitte 2014 die „Honorar-Finanzanlagenberatung" eingeführt und im Sommer das sog. Kleinanlegerschutzgesetz vom Bundestag verabschiedet. Auch die bereits für 2011 geplante Aktienrechtsnovelle ist nach ihrem Scheitern erneut Gegenstand der Beratungen im Bundestag. Die Regulierung im Recht rund um die Finanzdienstleistungen schreitet also weiter fort.

Entwicklungen in der Rechtsprechung

Etliche Urteile des 3. und 11. BGH-Senats der letzten Monate haben Vorgaben zum Ausweis einzelner Prospektangaben und Aufklärungspflichten, zur Anrechnung von Steuervorteilen und zum Darlehensrecht näher konkretisiert. Klarstellend hat der BGH am 06.12.2014 (Az. III ZR 493/13) entschieden, dass der Begriff der Anlagevermittlung im Wertpapierhandelsgesetz (WpHG) und im Gesetz über das Kreditwesen (KWG) identisch auszulegen ist, aber vom Begriff im bürgerlich-rechtlichen Sinne zu unterscheiden ist. Im Urteil vom 05.12.2013 (Az. III ZR 73/12) hatte der dritte Senat bereits festgestellt, dass i.S.d. WpHG und des KWG jede „final auf den Abschluss von Geschäften über die Anschaffung und die Veräußerung von Finanzinstrumenten gerichtete Tätigkeit" eine Anlagevermittlung ist.

Der 3. Senat des BGH hat mit Urteilen vom 12.12.2013 (Az. III ZR 404/12) und vom 24.04.2014 (Az. III ZR 389/12) entschieden, dass Angaben zu Innenprovisionen in Prospekten auch unterhalb des Schwellenwerts von 15 % dem Umfang nach korrekt angegeben werden müssen. Selbst wenn Provisionen unterhalb der 15%-Schwelle angesiedelt seien, diese aber tatsächlich den angegebenen Wert überschreiten, sei dies aufklärungspflichtig. Nicht angegeben werden muss allerdings, aus welchen Quellen – etwa Agio oder sonstige angegebene Kosten der Eigenkapitalbeschaffung – Anlagevermittler ihre Provision beziehen. Der 3. Senat fordert damit zwar nicht, dass die angegebenen Weichkosten entgegen der (im Detail) angegebenen Verwendungszwecke vollständig frei anderweitig für Provisionen verwandt werden dürfen. Dennoch soll im Rahmen der im Einzelnen angegebenen Kostengruppen eine nicht aufklärungsbedürftige „Umverteilung" ohne näheren Hinweis möglich sein.

Der 11. Senat („Bankensenat") hat am 03.06.2014 (Az. XI ZR 147/12) zudem entschieden, dass Banken ab dem 01.08.2014 über Innenprovisionen unabhängig von deren Höhe aufzuklären haben. Hat die Bank vor dem 01.08.2014 eine Aufklärung unterlassen, handelte sie – so der 11. Senat – jedoch nicht schuldhaft. Bisher war nur entschieden worden, dass Berater über versteckte Innenprovisionen, die 15% des Anlagebetrags überschreiten, aufklären müssen (BGH Urteil vom 25.09.2007, Az. XI ZR 320/06). Dieses Urteil brachte zweifellos Rechtsklarheit, das Agieren des BGH als „Quasi-Gesetzgeber" wurde allerdings kontrovers diskutiert.

Im Urteil des BGH vom 24.04.2014 (Az. III ZR 389/12) stellt der 3. Senat ferner fest, dass die Anforderungen an die Angaben zur Fungibilität von Fonds-Anteilen nicht überspannt werden dürfen. Es genüge, dass der verständige Anleger nachvollziehen könne, dass Fonds-Anteile aufgrund eines fehlenden organisierten Marktes nur unter erschwerten Bedingungen veräußert werden können. Mit Urteil vom 10.01.2015 (Az. III ZR 82/14) hat der 3. Senat außerdem festgestellt, dass eine Begrenzung der Kommanditistenhaftung gem. §172 Abs. 4 HGB auf 10% des Anlagebetrags (Haftsumme) nicht dazu führt, dass über diese Haftung nicht mehr aufgeklärt werden müsse. Am

20.01.2015 hat der 11. Senat (Az. XI ZR 316/13) im Falle einer Beratung zu einem Cross-Currency-Swap-Vertrag entschieden, dass die beratende Bank nicht über den bei Vertragsbeginn vorliegenden negativen Marktwert aufklären muss, wenn sie selbst nicht Vertragspartnerin des Swaps ist.

Ein Güteantrag ohne ausreichend individualisierte Sachverhaltsdarstellung ist nicht geeignet, die Verjährung zu hemmen – dies hat der OLG Frankfurt a.M. am 13.12.2014 (Az. 19 U 2/14) und der BGH am 18.06.2015 (Az. III ZR 189/14) entschieden. In seiner Begründung stützt sich das Gericht u.a. auf die Rechtsprechung des BGH vom 22.10.2013 (Az. XI ZR 42/12), nach der sich eine Anlageberatung als einheitlicher Lebensvorgang darstellt, der gerade nicht beliebig auf einzelne Aufklärungs- und Beratungspflichtverletzungen aufgeteilt werden kann. Dieses Urteil ist gerade für die Abwehr unberechtigter Schadenersatzansprüche gegenüber Banken und sonstigen Finanzdienstleister interessant. Dort werden standardisierte, wenig individualisierte Güte- und Ombudsmannverfahrensanträge häufig vorgeschaltet, um den Verjährungseintritt hinauszuzögern.

Der 11. Senat des BGH hat am 28.10.2014 in zwei Fällen (Az. XI ZR 17/14 und Az. XI ZR 348/13) entschieden, dass die kenntnisabhängige Verjährungsfrist für Rückforderungsansprüche in Bezug auf Bearbeitungsentgelte bei Verbraucherkrediten mit Ende des Jahres 2011 zu laufen beginnt. Diesen Urteilen gingen die Entscheidungen vom 13.05.2014 (Az. XI ZR 405/12 und Az. XI ZR 170/13) voraus, mit denen die Vereinbarung von Bearbeitungsentgelten für Verbraucherkredite für unwirksam erklärt wurde. Die Entscheidung vom 28.10.2014 hat zu einem erfreulichen Rückgang der Flut von Kundenanschreiben zum Thema „Bearbeitungsentgelt" zum Jahresende 2015 geführt.

Stand der Gesetzgebung

Im Rahmen der Gesetzgebung stehen weiterhin der Anlegerschutz und die allgemeine Stärkung des Vertrauens in die Finanzmärkte im Fokus:

Mit dem Gesetz zur Förderung und Regulierung einer Honorarberatung über Finanzinstrumente (Honoraranlageberatungsgesetz) wurde in Abgrenzung zur Provisionsberatung (§34f GewO) der Tatbestand des Honorar-Finanzanlagenberaters (§34h GewO) geschaffen. Die Regelungen gelten seit dem 01.08.2014. Honorar-Finanzanlagenberater dürfen nicht zugleich im provisionsgebundenen Vertrieb (§34f GewO) tätig werden. Die Vermittler müssen sich nun generell zwischen Honorarberatung und provisionsgestützter Beratung entscheiden. Zweck dieser neuen Unterscheidung soll die bessere Erkennbarkeit von Interessenkonflikten für Anleger sein. Die Akzeptanz von Honoraranlageberatung ist allerdings weiterhin gering.

Der Referentenentwurf der sog. Aktienrechtsnovelle vom 08.05.2014 wurde vorgelegt; er entspricht weitgehend dem Entwurf der Aktienrechtsnovelle 2011/2012. Ziel ist die Weiterentwicklung des Aktienrechts und die Stärkung des Vertrauens in die Finanzmärkte. Der erste Entwurf musste aufgrund des Grundsatzes der Diskontinuität am 22.10.2013 verworfen werden, nachdem es zu Verzögerungen durch den Bundesrat aufgrund der geplanten Regelungen zu Vorstandsvergütungen gekommen war. Diese Regelung wurde im neuen Entwurf nun kurzerhand gestrichen. Mit dem Entwurf sollen u.a. der Nachweisstichtag für Namensaktien und Vereinfachungen im Hinblick auf die Finanzierung der AG (Vorzugsaktien ohne Nachzahlung, Umtauschrecht für Schuldner bei Wandelanleihen) eingeführt werden; nichtbörsennotierte Aktiengesellschaften sollen zu Sicherstellung der Transparenz der Beteiligungsverhältnisse nur dann Inhaberaktien ausstellen dürfen, wenn sie die Einzelverbriefungsrechte der Aktionäre ausschließen und eine Sammelurkunde bei einer Wertpapiersammelbank hinterlegen.

Mit dem verabschiedeten Kleinanlegerschutzgesetz soll der weitere Ausbau des Schutzes der Kleinanleger vorangebracht werden, u.a. durch Erweiterungen der Prospektpflichten. Daher fallen auch partiarische Darlehen, Nachrangdarlehen nach bestimmte Direktinvestments zukünftig unter die Prospektpflicht. Zudem ist die Werbung für Vermögensanlagen nur noch eingeschränkt möglich. Die Bundesanstalt für Finanzdienstleistungsaufsicht (BaFin) kann darüber hinaus nicht nur Anleger über Maßnahmen nach dem Gesetz über Vermögensanlagen (VermAnlG) informieren, sondern Produkte insgesamt verbieten (Produktintervention). ∎

KERNAUSSAGEN

- Im Bereich des Bank- und Kapitalmarktrechts sind die Entwicklungen in Gesetzgebung und Rechtsprechung weiterhin von dem Grundanliegen geprägt, den Anleger- und Verbraucherschutz weiter auszubauen.

- Die Regulierungsdichte nimmt auch im Bereich des vormals angeblich „grauen Kapitalmarkts" stetig zu.

- Die Rechtsprechung hat zu einigen Klarstellungen geführt.

- Auffällig ist die Tendenz der Rechtsprechung, einige Haftungstatbestände zeitlich zu begrenzen (z.B. Bearbeitungsgebühr) und einer Überdehnung der Aufklärungs- und Hinweispflichten entgegen zu wirken.

- Anleihen und Strukturierte Finanzierung 236
- Bank- und Bankaufsichtsrecht 242
- Börseneinführungen und Kapitalerhöhungen 248
- Investmentfonds und Asset-Management 253
- Kredite und Akquisitionsfinanzierung 255

JUVE KANZLEI DES JAHRES
BANK- UND FINANZRECHT
LATHAM & WATKINS

Es war eine echte Sensation, und der krönende Abschluss für das stärkste Jahr seit Langem: Mit **Alexandra Hagelüken** kam eine führende Kreditfinanzierungsanwältin von Clifford Chance zu L&W. Dabei war die Verstärkung keineswegs bitter nötig, wie die beeindruckende Dealbilanz zeigt. Für Private-Equity-Häuser wie EQT, Carlyle oder Equistone und Banken wie Barclays begleiteten **Dr. Christina Ungeheuer**, **Dr. Andreas Diem** und **Christian Jahn** einige der größten Deals des Jahres. Gerade im Gespann mit der Anleihenpraxis gelten die Kreditfinanzierer in Wettbewerberkreisen als „extrem stark". Den Kapitalmarktrechtler **Dr. Rüdiger Malaun** bezeichnen Mandanten und Wettbewerber inzwischen als „den High-Yield-Experten in Deutschland schlechthin". Ähnlich stark präsentierte sich Lathams Regulierungspraxis. Sie machte inhaltlich große Fortschritte und deckt nun deutlich mehr Themen ab als noch vor zwei Jahren, von Finanzprodukten bis zur Marktinfrastruktur. Beim milliardenschweren Rückkauf von Depfa-Anleihen durch FMS Wertmanagement spielte Latham auf Hedgefondsseite ihre kombinierte Regulierungs- und Transaktionsexpertise voll aus. Und neben dem zentralen Partner **Dr. Uwe Eyles** gewinnt nun auch Counsel **Frank Bierwirth** immer stärker an Statur – der Erfolg scheint auch in der nächsten Generation gesichert.

Bank- und Finanzrecht

Im Jahr eins unter dem Aufsichtsregime der EZB änderte sich im Finanzsektor alles – und auch wieder nichts. Die ungewohnte Zusammenarbeit mit den neuen Aufsehern und der immer stärkere Fokus auf den Standort Frankfurt setzte im Regulierungsbereich neue Akzente, und für die betroffenen Großbanken bedeutete die neue Aufsicht mehr Verwaltungs- und Kostenaufwand. Die L-Bank wehrte sich sogar per Klage am Gericht der Europäischen Union (EuG) gegen die Zuständigkeit der EZB. Doch insgesamt bedeutet die neue Bankenaufsicht keinen Bruch, sondern eine Fortsetzung der Entwicklung der letzten Jahre: mehr Regulierung, dadurch auch mehr Umstrukturierungen und Spartenverkäufe, und insgesamt mehr Beratungsbedarf.

Unterdessen florierte der Kreditfinanzierungsmarkt, und immer mehr Banken drängten als Kreditgeber in den Markt. Darüber hinaus kamen regelmäßig Private-Equity-Häuser, Versicherer und Pensionskassen mit eigenen Kreditfonds zum Zuge. Eine Mischung aus hohem Anlagedruck unter den Investoren und hohem Fremdkapitalanteil weckte allerdings auch die Befürchtung, die nächste Kreditkrise könnte vor der Tür stehen. Das Ankaufprogramm für Asset-Backed Securities (Asset-Backed Securities Purchase Programme, ABSPP) der EZB sorgte ebenfalls für Skepsis. Ein Anwalt kommentierte es mit dem Satz: „Die EZB macht im Grunde einen künstlichen Markt für ABS zur Beatmung der Kreditinstitute aus."

An der IPO-Front sah es zunächst richtig gut aus. Doch Mitte 2015 sorgten das sich zuspitzende Griechenland-Drama, die Turbulenzen am chinesischen Börsenmarkt und die ausstehende Leitzinsentscheidung der US-Notenbank dafür, dass mehrere Börsengänge bis auf Weiteres verschoben wurden. Die Pipeline war aber weiter gut gefüllt. Darüber hinaus sorgten einige schwergewichtige Kapitalerhöhungen für Aufsehen.

Der jüngste Markttrend hat sich im angelsächsischen Raum und Skandinavien schon durchgesetzt, gewinnt nun aber auch in Deutschland rapide an Bedeutung: Sogenannte Fintech-Unternehmen nutzen IT-Technologien, um Finanzdienstleistungen im E-Commerce, Mobile-Payment, Crowdlending oder Crowdinvesting anzubieten – potenziell eine grundlegende Bedrohung für das Privatkundengeschäft der etablierten Banken.

Anleihen und Strukturierte Finanzierung

Mittelstandsbonds am Ende, Hybrid- und Hochzinsanleihen im Aufwind

Was sich im Vorjahr schon zusammenbraute, spitzte sich 2015 noch zu: Der Markt für Mittelstandsanleihen brach in sich zusammen. Zahlreiche Ausfälle und Insolvenzen säumen den Weg des Niedergangs dieses vormals so angepriesenen Börsensegments. Was bleibt, sind Restrukturierungsfälle. Aufgrund des euphorischen Starts und der hohen Anzahl an Ausfällen gibt es bei der Restrukturierung der Anleihen einiges zu tun.

Darüber hinaus brummt der Markt für Hochzinsanleihen. So begab bspw. Schaeffler High-Yield-Anleihen im Gesamtvolumen von € 2 Mrd. Die Emissionen waren Bestandteil einer umfangreichen Teilrefinanzierung von Verbindlichkeiten auf Ebene der Holding. Auch zahlreiche andere Unternehmen wie TUI, Sunrise oder Hapag Lloyd platzierten hochverzinsliche Anleihen. Bei Anlegern waren die sogenannten Risikoanleihen hoch begehrt.

Eine weitere Entwicklung, die durch das anhaltende Niedrigzinsumfeld bedingt ist, war der Trend zur Emission von Hybridanleihen. Für Unternehmen haben sie unter anderem den Vorteil, dass sie zur Hälfte dem Eigenkapital zugerechnet werden und sie so ihr Rating verbessern können. Eine Sonderform der Hybridanleihen stellen die sogenannten Coco-Bonds dar, die aufgrund des Ausfallrisikos ebenfalls mit hohen Zinsen locken.

Bei strukturierten Finanzierungen behielten regulatorische Änderungen eine tragende Rolle. So löste Solvency II unter den Versicherungsunternehmen gegen Ende 2014 Tatendrang aus. Bei OTC-Derivaten sorgte die EMIR-Verordnung für anhaltenden Beratungsbedarf. Der Dauerbrenner Autoverbriefungen erzeugt zwar nach wie vor Massengeschäft und lockt mit großen Namen, steht aber weiter unter hohem Margendruck.

Marktentwicklungen und Quereinsteiger treiben das Geschäft

Vom Zusammenbruch des Markts für Mittelstandbonds betroffen waren v.a. Kanzleien, die auf diesem Gebiet einen Schwerpunkt hatten, wie bspw. **Mayrhofer & Partner** oder **Heuking Kühn Lüer Wojtek**. Sie sind nun gezwungen sich umzuorientieren und stützen sich dabei u.a. auf Wandel- oder Umtauschanleihen, die nach wie vor begeben werden. Ein anderes Betätigungsfeld bietet die Restrukturierung von Mittelstandsanleihen.

Zu den Gewinnern der aktuellen Entwicklungen gehören Kanzleien, die sich auf Hochzinsanleihen kapriziert haben. Neben **Latham & Watkins**, die schon lange in diesem Markt dominiert, gehört etwa **White & Case** zu den Aufsteigern auf diesem Gebiet. Einen Beitrag zum regen Geschäft mit High-Yield-Bonds bei **White & Case** leistete der Zugang eines erfolgreichen Partners von **Allen & Overy**. Letztere gewann dafür einen Partner von **Ashurst** hinzu. Mit ihm soll der lang ersehnte Aufbau der Anleihenprogrammarbeit umgesetzt werden. Dieses Geschäft fehlt **Ashurst** jetzt.

Latham & Watkins war auch bei Hybridanleihen stark nachgefragt, die sonst v.a. von den Marktführern **Freshfields Bruckhaus Deringer**, **Hengeler Mueller** und **Linklaters** begleitet wurden.

Bei einigen Kanzleien sorgten personelle Wechsel für Aufsehen. **Hogan Lovells** stärkte mit einem Partner von **Baker & McKenzie** die Verbriefungspraxis und betonte so ihre exponierte Position bei Autoverbriefungen. **Baker & McKenzie** verlor zwar einen wichtigen Partner, war aber ohnehin dabei, sich inhaltl. neu aufzustellen. In der Zertifikate- und Derivateberatung hat **King & Wood Mallesons** ihre bis dahin prägende Partnerin verloren. Die Weiterentwicklung des Geschäfts muss nun aus dem Münchner Büro heraus erfolgen. Bei regulatorischen Vorschriften im Bezug auf Derivate markierte **Freshfields Bruckhaus Deringer** eine Spitzenstellung. Daneben ist insbes. **King & Wood Mallesons** auf diesem Feld eine gefragte Kraft und auch **Mayer Brown** baute sich mit einem Quereinsteiger, der von **Allen & Overy** kam, ein Standbein bei der Beratung zu Fragen der Derivateregulierung auf.

Bei den folgenden Kanzleibewertungen wird die Rechtsberatung bei Anleihen sowie bei Strukturierten Finanzierungen (Verbriefungen, Derivate, notleidende Kredite) zusammengefasst. Beide Segmente weisen starke Überschneidungen auf; die Grenzen bei einigen Anleihenprodukten sowie Strukturierten Finanzierungen sind fließend. Nicht selten betreut eine Sozietät Mandanten in beiden Bereichen, jedoch betreiben nur wenige Kanzleien beide Bereiche in gleicher Intensität und sind für beide Segmente oft mit separaten Teams aufgestellt. Deshalb gibt es für Anleihen sowie Strukturierte Finanzierung jeweils eine eigene Rankingtabelle.

BANK- UND FINANZRECHT ANLEIHEN UND STRUKTURIERTE FINANZIERUNG

ALLEN & OVERY
Anleihen
Strukturierte Finanzierung

Bewertung: Kein anderes Team durchlief einen ähnl. einschneidenden personellen Umbruch wie diese für Anleihen u. Strukturierte Finanzierung empfohlene Praxis. Mit dem Weggang des erfahrenen, aber zuletzt wenig visiblen Anleihen- u. Verbriefungsexperten Dr. Berthold Kusserow (unbekanntes Ziel) u. dem Ausscheiden von 2 Counsel haben alle vor wenigen Jahren von Linklaters dazugestoßenen Anwälte A&O wieder verlassen. Die größten Auswirkungen auf das Geschäft der Praxis hatte indes der Verlust des aufstrebenden Gernot Wagner, der mit einem Team zu White & Case ging. Er sorgte in der lukrativen Arbeit mit High-Yield-Anleihen für einen regen Dealflow. Einen Teil der Lücke, die der Weggang riss, schloss A&O durch den österr. Partner Plepelits, der kurz darauf von Shearman kam. Er ist als US-Anwalt qualifiziert u. hat neben seiner Erfahrung im ECM einen hervorragenden Ruf als Anleihenexperte. Mit Christoph Enderstein kehrte zudem wenig später ein anerkannter Partner von Ashurst zurück, der durch seine Arbeit an Anleihenprogrammen wesentl. zum Aufstieg der Ashurst-Fremdkapitalmarktpraxis beigetragen hatte. Mit ihm unternimmt A&O nun einen neuen Anlauf, um im klassischen Anleihengeschäft die Marktspitze substanziell anzugreifen. Bei Strukturierten Finanzierungen setzt A&O auf jüngere Partner, die den Weg zum Aufstieg über ihre Arbeit bei Autoverbriefungen, CMBS-Transaktionen sowie im stark aufsichtsrechtl. getriebenen Geschäft mit verbrieften Derivaten ebnen sollen.

Entwicklungsmöglichkeiten: Für A&O ist die neue personelle Aufstellung eine Chance, im Fremdkapitalmarktrecht einen Schritt nach vorne zu machen. Das wird jedoch nur gelingen, wenn sie die Zugänge einbinden und so die gerade zurückgewonnene personelle Stabilität wahren kann.

Häufig empfohlen: Christoph Enderstein, Marc Plepelits

Kanzleitätigkeit: Anleihen: Beratung bei EMTN-/Debt-Issuance-Programmen sowie Pfandbrief- u. Schuldschein-/CP-Programmen. Auch Standalone-Bonds, häufig Equity-linked u. High Yield. Strukturierte Finanzierung: verbriefungsfähige Covered-Bond-Programme. Häufig Produkte mit derivativen Elementen. Bei Derivaten: Betreuung div. Zertifikateprogramme, auch Beratung bei Kreditderivaten. (Gesamtes Team: 6 Partner, 4 Counsel, 14 Associates)

Mandate: ●● Dt. Bank, Barclays Capital, Citigroup, Goldman Sachs, JPMorgan bei $7,5-Mrd-Yankee-Bond von Siemens; Commerzbank, DZ Bank, Dt. Zentral-Genossenschaftsbank, HSBC, UniCredit bei €300-Mio-Anleihe von Stada; Bankenkonsortium bei €5,5-Mrd-Anleihe von ZF Friedrichshafen; Merck bei 2 Hybridanleihen im Gesamtvolumen von €1,5 Mrd; Citigroup bei besicherter Refinanzierung der HSH Nordbank; Oesterr. Kontrollbank bei $1-Mrd-Anleihe; Schaeffler bei Anleihen im Gesamtwert von €1,5 Mrd; Société Générale bei €35-Mrd-Debt-Issuance-Programm der Erste Group Bank; dt. Kreditinstitut bei €700-Mio-Autoloan-Verbriefung; Credit Suisse bei strukturierter CLO-Transaktion; Daimler, KfW u. Dt. Bank jew. bei div. Schuldverschreibungen.

ANLEIHEN

Freshfields Bruckhaus Deringer	Frankfurt, München
Hengeler Mueller	Frankfurt
Linklaters	Frankfurt
Ashurst	Frankfurt
Clifford Chance	Frankfurt
Latham & Watkins	Frankfurt, München
White & Case	Frankfurt, Hamburg
Allen & Overy	Frankfurt
Hogan Lovells	Frankfurt
Mayer Brown	Frankfurt
Cleary Gottlieb Steen & Hamilton	Frankfurt
Skadden Arps Slate Meagher & Flom	Frankfurt
Heuking Kühn Lüer Wojtek	Köln
Mayrhofer & Partner	München
Norton Rose Fulbright	Frankfurt

Die hier getroffene Auswahl der Kanzleien ist das Ergebnis der auf zahlreichen Interviews basierenden Recherche der JUVE-Redaktion (s. Einleitung S. 20). Sie ist in 2erlei Hinsicht subjektiv: Sämtliche Aussagen der von JUVE-Redakteuren befragten Quellen sind subjektiv u. spiegeln deren eigene Wahrnehmungen, Erfahrungen u. Einschätzungen wider. Die Rechercheergebnisse werden von der JUVE-Redaktion unter Einbeziehung ihrer eigenen Marktkenntnis analysiert u. zusammengefasst. Der JUVE Verlag beabsichtigt mit dieser Tabelle keine allgemein gültige oder objektiv nachprüfbare Bewertung. Es ist möglich, dass eine andere Recherchemethode zu anderen Ergebnissen führen würde. Innerhalb der einzelnen Gruppen sind die Kanzleien alphabetisch geordnet.

ASHURST
Anleihen
Strukturierte Finanzierung

Bewertung: Durch ihre etablierte Beratung zu verbrieften Derivaten behauptet sich Ashurst in der Strukturierten Finanzierung weiter als empfohlene Praxis u. überzeugt u.a. durch die Neumandatierung von Barclays für ein Großprojekt. In der Anleihenberatung jedoch verlor sie durch den Weggang von Christoph Enderstein, der seine Arbeit an Programmen wesentl. zum Aufstieg der Praxis beigetragen hatte, einen wesentl. Teil ihres Geschäfts. In diesem Segment ist sie nun nur noch im Geschäft mit Standalone-Bonds vertreten, insbes. bei Equity-linked-Deals.

Entwicklungsmöglichkeiten: Nach dem Verlust von Enderstein steht die Kanzlei vor der Herausforderung, einen geeigneten Ersatz zu finden, will sie zu alter Stärke zurückkehren. Krug ist als Managing-Partner zwar in die Mandatsarbeit eingebunden, muss seine Kapazitäten aber aufteilen.

Häufig empfohlen: Dr. Tobias Krug

Kanzleitätigkeit: Beratung bei verbrieften Derivaten. Begleitung bei strukturierten Namensschuldverschreibungen u. Equity-linked-Schuldverschreibungen. Anleihen: Beratung bei Programmen: Debt Issuance, Commercial Paper. Ebenso Straight-Debt-Emissionen. (1 Partner, 3 Associates)

Mandate: ●● UBS bei Basisprospekten; DIC Asset bei €125-Mio-Anleihe; 3W Power bei Umstrukturierung von Anleihe; Stada bei Anleihe; Erste Group bei strukturierten Programmen; Daimler lfd. bei OTC-Derivaten; Bank Sarasin bei Netting Options; Patrimonium lfd. bei Debt-Fonds; Merrill Lynch Commodities bei Derivateverträgen; Jefferies lfd. bei dt. Derivateverträgen; Barclays bei Update u. Umstrukturierung sämtl. Basisprospekte unter dt. u. engl. Recht; Santander bei Musterprogramm für die Emission v. Schuldscheinen u. Namensschuldverschreibungen sowie lfd. Beratung bei der Emission unter dem Programm.

BAKER & MCKENZIE
Strukturierte Finanzierung

Bewertung: Das vergangene Jahr markierte in der für Strukturierte Finanzierung häufig empfohlenen Praxis eine deutl. Zäsur: Ihr bekanntester Partner u. Ex-Praxischef Dr. Dietmar Helms, der für die bisher sehr dominante Autoverbriefungspraxis stand, wechselte zu Hogan Lovells. Das Geschäft mit Autoverbriefungen spielt unterdessen weiter eine wichtige Rolle, Baker fokussiert sich in dem preisl. sehr umkämpften Markt auf ausgewählte Deals. Über das Geschäft mit Autoverbriefungen hinaus trieb die Kanzlei die angestrebte inhaltl. Verbreiterung voran u. verzeichnete bspw. durch die Arbeit für Banken bei größeren ABCP-Transaktionen mit Handelsforderungen wichtige Erfolge. Darüber hinaus beriet das Team u.a. bei der Verbriefung von Mikrokrediten u. NPLs.

Stärken: Autoverbriefungen.

Entwicklungsmöglichkeiten: Auf dem Weg zur inhaltl. Verbreiterung jenseits der Autoverbriefungen hat Baker Fortschritte gemacht. Um nach dem Weggang Helms nicht unter Druck zu geraten u. Kapazitäten für weiteres Neugeschäft zu haben, würde sich ein personeller Ausbau anbieten.

Häufig empfohlen: Dr. Martin Kaiser („machen seit Jahren gute Erfahrungen mit ihm", Mandant)

Kanzleitätigkeit: Schwerpunkt bei True Sales div. Asset-Klassen. Fokus auf Autodarlehen. Betreut werden sowohl Banken als auch (mittelständ.) Emittenten. Anleihen. (3 Partner, 6 Associates)

Mandate: ●● BMW bei Verbriefung von Autodarlehen; Citigroup bei Verbriefung von Autodarlehen der Toyota Kreditbank; Wilmington Trust SP Services u.a. lfd. bei Verbriefungstransaktionen u. anderen besicherten Finanzierungen; Portfolio Green German CMBS lfd. bei verbrieften Darlehen; Mercedes-Benz Bank bei ABS-Transaktion; GFKL Financial Services bei €1-Mrd-NPL-Verbriefung.

● Referenzmandate, umschrieben
●● Referenzmandate, namentlich

Anwaltszahlen: Angaben der Kanzleien, wie viele Anwälte zu mind. ca. 50% in diesem Gebiet tätig sind. Sie spiegeln nicht zwingend die Gesamtgröße einer Kanzlei wider.

ANLEIHEN UND STRUKTURIERTE FINANZIERUNG BANK- UND FINANZRECHT

CLEARY GOTTLIEB STEEN & HAMILTON
Anleihen

Bewertung: Für Anleihen empfohlene Kanzlei, die sich dank einer vermehrten Nachfrage nach Anleihen mit US-Bezug wieder besser in Szene setzen u. einen sichtbar stärkeren Dealflow als im Vorjahr vorweisen konnte. V.a. bei transatlantischen Bonds zählt CGSH bei den wichtigsten Banken zu den ersten Adressen. Ein Beispiel dafür ist die Beratung eines Konsortiums bei der Begebung einer $7-Mrd-Anleihe von Bayer nach Rule 144 A. Teil des Konsortiums war u.a. die Dt. Bank, zu der die Kanzlei schon seit jeher eine außerordentlich gute Beziehung pflegt. Auch bei Equity-linked-Bonds war CGSH wieder präsenter. So beriet sie Morgan Stanley im Zshg. mit dem Umtausch von Lufthansa-Anleihen in Stammaktien der JetBlue Airways Corporation.

Stärken: Equity-linked-Produkte (Wandel-, Umtauschanleihen). In Ffm. eine der führenden Adressen im US-dt. Rechtsverkehr.

Entwicklungsmöglichkeiten: Das Mandat um die Umtauschanleihe der Lufthansa ist ein guter Ansatzpunkt, um das Engagement bei Equity-linked-Bonds auszuweiten.

Häufig empfohlen: Dr. Gabriele Apfelbacher

Kanzleitätigkeit: Wandelanleihen u. Kernkapitalprodukte. Weniger Beratung bei High-Yield-Bonds, MTN- u. CP-Programmen. (Bank- u. Finanzrecht insges.: 4 Partner, 1 Counsel, 20 Associates)

Mandate: ●● Dt. Bank, Goldman Sachs, JPMorgan, Merill Lynch, Pierce, Fenner & Smith u.a. bei $7-Mrd-Anleihe von Bayer; BofA Merill Lynch, Crédit Agricole CIB, SEB bei SEC-registrierter $500-Mio-Umweltanleihe der Nordic Investment Bank; Dt. Bank bei SEC-registrierter $1,5-Mrd-Tier-1-Anleihe; Citigroup, Dt. Bank, Nomura, TD Securities, ANZ Securities, Credit Suisse, Standard Chartered Bank bei $1,25-Mrd-MTN-Programm der Nordic Investment Bank; Morgan Stanley im Zshg. mit dem Umtausch von Lufthansa-Anleihen in Stammaktien der JetBlue Airways Corporation.

CLIFFORD CHANCE
Anleihen
Strukturierte Finanzierung

Bewertung: Die Kanzlei gehört weiter zur Riege der führenden Adressen für Anleihen u. Strukturierte Finanzierung. Dies dokumentieren eine Reihe großvolumiger Transaktionen in beiden Segmenten. Bei Anleihen zählt sie z.B. durch umfassende Programmarbeit neben Hengeler Mueller zu den stärksten Praxen. Daneben ist sie auch immer wieder bei Standalone-Bonds mit bedeutenden Deals für namh. Emittenten tätig, zuletzt u.a. für Adidas u. Siemens. Dass der Kopf der DCM-Praxis Maerker nach dem Weggang des Chefs der Eigenkapitalmarktpraxis Markus Pflüller dort stärker eingebunden ist, dürfte sich zwar positiv auf die Präsenz bei Equity-linked-Bonds auswirken, bindet aber andererseits auch Kapazitäten. In der Praxis für Strukturierte Finanzierung setzt sich der Generationswechsel fort, nachdem nun auch Partnerin Kirti Vasu die Kanzlei verließ. Trotz sehr visibler u. angesehener Partner wie Klüwer u. Kronat fehlt jedoch die einstige Strahlkraft, auch wenn die Kanzlei weiter v.a. bei CMBS-Themen eine dominante Rolle spielt u. ebenso sehr aktiv bei Handelsforderungsverbriefungen ist.

Stärken: Breite Praxis mit einer gr. Mischung an Vermögenswerten, enge Verbindung zw. starken Securitisation- u. Derivatpraxen, herausragendes ▶ Immobilien-Know-how.

STRUKTURIERTE FINANZIERUNG

Clifford Chance	Frankfurt
Freshfields Bruckhaus Deringer	Frankfurt
Hengeler Mueller	Frankfurt
Linklaters	Frankfurt
Baker & McKenzie	Frankfurt
Mayer Brown	Frankfurt
Hogan Lovells	Frankfurt
White & Case	Frankfurt
Allen & Overy	Frankfurt
Ashurst	Frankfurt
Jones Day	Frankfurt, München
Latham & Watkins	Frankfurt
CMS Hasche Sigle	Frankfurt
DLA Piper	Frankfurt
Gleiss Lutz	Frankfurt
King & Wood Mallesons	Frankfurt, München
Luther	Frankfurt
Norton Rose Fulbright	Frankfurt
Otto Mittag Fontane	Frankfurt

Die hier getroffene Auswahl der Kanzleien ist das Ergebnis der auf zahlreichen Interviews basierenden Recherche der JUVE-Redaktion (s. Einleitung S. 20). Sie ist in 2erlei Hinsicht subjektiv: Sämtliche Aussagen der von JUVE-Redakteuren befragten Quellen sind subjektiv u. spiegeln deren eigene Wahrnehmungen, Erfahrungen u. Einschätzungen wider. Die Rechercheergebnisse werden von der JUVE-Redaktion unter Einbeziehung ihrer eigenen Marktkenntnis analysiert u. zusammengefasst. Der JUVE Verlag beabsichtigt mit dieser Tabelle keine allgemein gültige oder objektiv nachprüfbare Bewertung. Es ist möglich, dass eine andere Recherchemethode zu anderen Ergebnissen führen würde. Innerhalb der einzelnen Gruppen sind die Kanzleien alphabetisch geordnet.

Entwicklungsmöglichkeiten: Die Tatsache, dass Maerker stärker in der ECM-Praxis gefragt ist, bringt weitere Anwälte in Verantwortung und bietet ihnen Chancen, sich bei DCM-Themen zu engagieren. Auch in der Praxis für Strukturierte Finanzierung kommt es noch stärker auf die junge Generation an, diese gilt es gerade im derzeitigen Umbau der Kanzlei zu fördern.

Häufig empfohlen: Sebastian Maerker („sehr konstruktive Zusammenarbeit", Mandant), Dr. Gregor Evenkamp, Dr. Arne Klüwer, Dr. Oliver Kronat, Dr. Marc Benzler („unkomplizierte u. pragmatische Beratung", Mandant)

Kanzleitätigkeit: Anleihen: breite Praxis mit lfd. Programmarbeit (Updates) u. neuen EMTN- u. ECP-Programmen. Zudem Beratung bei Standalones, Equity-linked-Transaktionen. Zertifikate: Indexzertifikate, auch Anleihenrückkäufe. Derivatepraxis: OTC- u. börsengehandelte Produkte, viel Aktienderivate. Strukturierte Finanzierung: Beratung im gesamten Spektrum der Securitisation. (6 Partner, 4 Counsel, 10 Associates)

Mandate: ●● Siemens bei $7,5-Mrd-Yankee-Bond; Dt. Bank, HSBC, Helaba, UniCredit, WGZ und DekaBank bei €500-Mio-Ruhranleihe; VW bei $2,15-Mrd-Anleihe; Adidas bei 2 Anleihen im Gesamtvolumen von €1 Mrd; Merck bei $4-Mrd-Yankee-Bond; Bankenkonsortium unter Führung von Barclays, Citi, Dt. Bank, Goldman Sachs bei €2,75-Mrd-Anleihe von SAP; Bankenkonsortium unter Führung der Commerzbank bei €600-Mio-Anleihe von Pro7Sat.1; HSH Nordbank bei Verbriefung eines Forderungsportfolios; Hatfield Philips bei Restrukturierung eines verbrieften Immobilienkredits.

CMS HASCHE SIGLE
Strukturierte Finanzierung

Bewertung: Für Strukturierte Finanzierung geschätzte Kanzlei, die nach einem deutlichen Wachstumsschub im Vorjahr weitere Fortschritte gemacht hat. Neben ihrer Kompetenz bei strukturierten Produkten wie derivativen Elementen u. dem Clearing von Finanzinstrumenten sicherte sie sich nun Anteile im Anleihensegment, v.a. bei Namensschuldverschreibungen. Neben Telefónica griff auch Eurogrid bei ihrer Debüttransaktion auf die Praxis zurück. Neben der Emittentenberatung arbeitet die Kanzlei daran, ihre Bankenkontakte zu verbessern. Um – wie angestrebt – ein ausgewogenes Verhältnis von Banken- und Emittentenberatung zu erreichen, liegt allerdings noch ein gutes Stück Arbeit vor ihr.

Entwicklungsmöglichkeiten: Aufgrund der breiten Gesamtpraxis ergeben sich Anknüpfungspunkte, v.a. bei Anleihen. So würden sich wegen der insges. vielfältigen Kontakte zu Unternehmen z.B. Corporate- u. Equity-linked-Bonds anbieten, aber auch die Arbeit an der Schnittstelle zu Restrukturierung, etwa die Restrukturierung von Anleihen. Dieses Potenzial schöpft CMS noch nicht aus.

Häufig empfohlen: Oliver Dreher

Kanzleitätigkeit: Anleihen: Begleitung von Unternehmensanleihen sowie EMTN- u. CP-Programmen, Namensschuldverschreibungen u. Schuldscheindarlehen. Strukturierte Finanzierung: OTC-Derivate (auch bei Prozessen im Nachgang von Deals), Verbriefungen, z.B. Auto-ABS. Clearing von Finanzinstrumenten. (2 Partner, 4 Associates)

● Referenzmandate, umschrieben
●● Referenzmandate, namentlich

Anwaltszahlen: Angaben der Kanzleien, wie viele Anwälte zu mind. ca. 50 % in diesem Gebiet tätig sind. Sie spiegeln nicht zwingend die Gesamtgröße einer Kanzlei wider.

BANK- UND FINANZRECHT ANLEIHEN UND STRUKTURIERTE FINANZIERUNG

Mandate: ●● Telefónica Dtl. bei €300-Mio-Schuldschein- u. Namensschuldverschreibung; Eurogrid/50Hertz bei Namensschuldverschreibung; Capital Stage bei strateg. Partnerschaft mit Gothaer über €150-Mio-Genussrechte; Sausalitos bei Unitranche Anleihe; GFKL bei High-Yield-Anleihe.

DLA PIPER
Strukturierte Finanzierung

Bewertung: Für Anleihen u. Strukturierte Finanzierung geschätzte Praxis, die v.a. bei grenzüberschreitenden Mandaten u. Sonderlösungen zum Einsatz kommt. So stand die vom Berliner Büro aus arbeitende Dr. Nina-Luisa Siedler u.a. versch. Family Offices (v.a. transatlant.) bei komplexen Transaktionen zur Seite. Verstärkt war die Kanzlei an der Restrukturierung von verbrieften Darlehen u. NPLs sowie CMBS-Transaktionen beteiligt. Ferner begleitete sie u.a. Transaktionen mit besicherten Anleihen sowie Wandelanleihen.

Entwicklungsmöglichkeiten: Die Praxisgruppe arbeitet zum überwiegenden Teil aus dem Berliner Büro heraus. Um bei der angestrebten Beratung im Zusammenhang mit Structured-covered-Bonds besser ins Geschäft zu kommen, wäre mehr Präsenz am Frankfurter Standort förderlich.

Kanzleitätigkeit: Anleihebegleitung u. Beratung bei der Entwicklung innovativer Kapitalmarktstrukturen im Zshg. mit regulatorischen Vorgaben. Zudem weiter bei Herauslösung u. Restrukturierung bestehender Finanzierungen tätig. Auch Asset-based-Lending-Lösungen. Dabei Anbindung an Leveraged Finance. Mandanten v.a. internat. Banken u. Investoren. (2 Partner, 3 Counsel, 4 Associates)

Mandate: ●● UBM bei €160-Mio-Unternehmensanleihe u. Aufstockung der Anleihe um €40 Mio; Family Offices bei div. Transaktionen.

FRESHFIELDS BRUCKHAUS DERINGER
Anleihen
Strukturierte Finanzierung

Bewertung: Jahr für Jahr sichert sich die zu den führenden Adressen für Anleihen u. Strukturierte Finanzierung gehörende Kanzlei in beiden Segmenten zahlr. hochkarätige u. komplexe Transaktionen. So begleitete sie etwa mehrere mrd-schwere Emissionen von ZF zu Finanzierungen des Kaufs von TRW. Außergewöhnl. Schlagkraft entfaltete sie weiter bei kernkapitalgetriebenen Anleihen, wozu u.a. Hybridanleihen, die weiter zu den wichtigsten Produkten am Markt zählen. Ein Bsp. ist die Beratung von Bertelsmann bei einer Hybridanleihe oder die Bankenarbeit bei der Platzierung von Merck-Hybridanleihen. Auch die Praxis für Strukturierte Finanzierung genießt im Markt hohes Ansehen. V.a. bei derivativen Produkten ist sie in vorderster Front dabei, insbes. wenn es um Fragen zu den neuen regulatorischen Vorschriften geht. Bei Verbriefungen war sie v.a. bei der Restrukturierung von Verbriefungstransaktionen gefragt.

Stärken: Hybrid-/Kernkapitalprodukte. Liability Management. Internat. Aufstellung u. enge Vernetzung der einzelnen Kapitalmarktbereiche.

Häufig empfohlen: Dr. Christoph Gleske ("sehr passgenaue u. pragmatische Beratung", Mandant), Mark Strauch (US-Recht), Rick van Aerssen ("schnell u. smart", "lösungsorientiert", Wettbewerber), Andreas Bartsch, Bernhard Kaiser ("fachlich sehr gut u. sehr hohe Einsatzbereitschaft", Mandant)

Führende Namen bei Anleihenemissionen

Jochen Artzinger-Bolten	▸ White & Case
Dr. Christoph Gleske	▸ Freshfields Bruckhaus Deringer
Dr. Hendrik Haag	▸ Hengeler Mueller
Sebastian Maerker	▸ Clifford Chance
Dr. Rüdiger Malaun	▸ Latham & Watkins
Peter Waltz	▸ Linklaters

Führende Namen in der Strukturierten Finanzierung

Dr. Kurt Dittrich	▸ Linklaters
Bernhard Kaiser	▸ Freshfields Bruckhaus Deringer
Dr. Arne Klüwer	▸ Clifford Chance
Dr. Stefan Krauss	▸ Hengeler Mueller

Die hier getroffene Auswahl der Personen ist das Ergebnis der auf zahlreichen Interviews basierenden Recherche der JUVE-Redaktion (siehe S. 20). Sie ist in 2erlei Hinsicht subjektiv: Sämtliche Aussagen der von JUVE-Redakteuren befragten Quellen sind subjektiv u. spiegeln deren eigene Wahrnehmungen, Erfahrungen u. Einschätzungen wider. Die Rechercheergebnisse werden von der JUVE-Redaktion unter Einbeziehung ihrer eigenen Marktkenntnis analysiert u. zusammengefasst. Der JUVE Verlag beabsichtigt mit dieser Tabelle keine allgemein gültige oder objektiv nachprüfbare Bewertung. Es ist möglich, dass eine andere Recherchemethode zu anderen Ergebnissen führen würde.

Kanzleitätigkeit: Schwerpunkte bei strukturierten Produkten (Retail-Derivate), Hybrid- u. Wandelanleihen, Coco-Bonds. Bei Standalones überwiegt die Arbeit für Emittenten. Strukturierte Finanzierung: zuletzt viel Arbeit bei Bankenrestrukturierungen. Zudem klassische derivative Wertpapiere (Optionsscheine, Zertifikate), Repackagings, Swaps. (Anleihen: 4 Partner, 12 Associates; Verbriefungen u. strukturierte Produkte: 4 Partner, 1 Counsel, 8 Associates)

Mandate: ●● ZF Friedrichshafen bei 5 Anleihen ($6 Mrd) sowie bei Schuldscheindarlehen (€2,2 Mrd); Bertelsmann bei Hybridanleihen (€1,25 Mrd); DekaBank, Aareal Bank jew. bei Coco-Bonds; Bankenkonsortium bei Merck-Hybridanleihe (€1,5 Mrd); Eurogrid bei €500-Mio-Anleihe u. €5-Mrd-DIP; Infineon bei €800-Mio-Anleihe; Daimler Finance North America bei Schuldverschreibungen ($3 Mrd); SAP bei Eurobonds und DIP; Münchner Hypothekenbank bei €300-Mio-Pfandbriefen; JPMorgan, Morgan Stanley, BNP Paribas bei Umtauschanleihe von Immofinanz; Bank of Slovenia im Zshg. mit Bank-Bail-out-Verfahren; GMAC bei Refinanzierung einer Verbriefung von dt. u. frz. Vertragshändlerforderungen; Opel Bank bei Autoverbriefungen.

GLEISS LUTZ
Strukturierte Finanzierung

Bewertung: Für Anleihen u. Strukturierte Finanzierung geschätzte Kanzlei, deren Aufwärtstrend anhält. V.a. in restrukturierungsgetriebenen Mandaten hat sie weitere Marktanteile gewonnen. So etwa bei der Restrukturierung von Anleihen u.a. durch die Arbeit für Gläubiger der Wandelschuldverschreibung der IVG. Daneben hat sie durch 2 Anwälte, die von Sidley kamen, Erfahrung mit der Restrukturierung von CMBS-Portfolios hinzugewonnen u. ihr Spektrum so sinnvoll verbreitert. Durch die Zusammenarbeit mit US-Kanzleien wie Proskauer Rose oder Cravath, Swaine & Moore sichert sich Gleiss zudem inzw. regelm. den dt. Teil von High-Yield-Anleihen.

Entwicklungsmöglichkeiten: V.a. die Beratung bei der Restrukturierung von Mittelstandsanleihen bietet sich als Betätigungsfeld für die Kanzlei an. Beim Ausbau dieses Geschäfts ist die Vernetzung von ECM- und DCM-Praxis verstärkt gefragt.

Kanzleitätigkeit: Unternehmensanleihen, häufiger Equity-linked-, z.T. auch High-Yield-Anleihen (dt. Recht). Auch Restrukturierung von Bonds. Traditionell bei True-Sale-Verbriefungen über Conduits tätig. Arbeit an Verbriefungen von Handelsforderungen sowie CMBS-Krediten u. deren Restrukturierung. Mandanten häufiger börsennot. Unternehmen als Banken. (3 Partner, 1 Counsel, 6 Associates)

Mandate: ●● Wells Fargo Securities, Citigroup, Dt. Bank, Scotia Capital bei $900-Mio-Anleihe von Fresenius Medical Care; Concrete Investment II (vormals Anleihengläubiger-Ad-hoc-Gruppe) bei Restrukturierung von IVG; Pfleiderer bei Restrukturierung inkl. €322-Mio-High-Yield-Anleihe u. €60-Mio-Kreditlinie; Robert Bosch bei Anleihenemissionsprogramm; Novatec u. Rena Lange bei Restrukturierung einer Anleihe; Bank bei Abwicklung eines CMBS-Portfolios; Special Servicer bei Restrukturierung u. Abwicklung eines NPL-Portfolios; Special Servicer bei Restrukturierung u. Abwicklung eines CMBS-Portfolios.

HENGELER MUELLER
Anleihen
Strukturierte Finanzierung

Bewertung: Die Kanzlei gehört seit Langem fest zur Riege der führenden Adressen für Anleihen u. Strukturierte Finanzierung. Ihren Platz verteidigte sie zum einen mit ihrer weiter überragenden Marktstellung bei der Verwaltung von MTN-Programmen. Daneben ist sie immer wieder auch bei komplexen Standalones wie Hybridanleihen z.B. für VTG visibel, wenn auch weit weniger als z.B. Freshfields, die dies wesentl. fokussierter angeht. Bei Strukturierten Finanzierungen verfügt HM über einen Erfahrungsschatz wie nur wenige u. ist in zahlr. Asset-Klassen substanziell vertreten – von Leasingforderungen bis hin zu CMBS. Im Vergl. bemerken Wettbewerber jedoch, dass die Kanzlei nicht mehr die gleiche Dynamik wie etwa FBD und Linklaters an den Tag legt, die dieser Entwicklung mehr strategische Aufmerksamkeit zu schenken scheinen.

Stärken: Dominante Anleihenpraxis bei Programmen sowie große Verbriefungserfahrung. Exzellente Bankenkontakte, innovative Anwälte.

Entwicklungsmöglichkeiten: Bei Standalone-Anleihen schöpft die Top-Kanzlei ihr Potenzial weiter nicht aus. Eine gezieltere Nutzung der Corporate- u. Bankenkontakte könnte dies ändern.

Häufig empfohlen: Dr. Hendrik Haag, Dr. Stefan Krauss, Dr. Martin Geiger („äußerst sachlich, brillant", Mandant), Martin Peters, Dr. Dirk Bliesener
Kanzleitätigkeit: Anleihen: Standalone- u. Programmemissionen, Jumbo-Bonds, Hybrid-Anleihen. Intensive Beratung bei Equity-linked- u. Eigenkapitalanleihen. Strukturierte Finanzierung: weiterhin im Zshg. mit Bankenrestrukturierungen tätig. Traditionell alle Formen der Securitisation. Auch Derivate. (7 Partner, 1 Counsel, 15 Associates)
Mandate: ●● VTG bei €250-Mio-Hybridanleihe; UniCredit bei €12-Mrd-RMBS-Transaktion; Dt. Bank bei Solvency-II-kompatibler Hybridanleihe der Württembergische Lebensversicherung; IKB Leasing bei Verbriefung eines Leasingforderungsportfolios; Hochwald Milch bei Emissionsprogramm zur Platzierung von Genussscheinen; Lonestar bei Erwerb eines Immobilienkreditportfolios der Hypothekenbank Frankfurt; Wüstenrot & Württembergische bei Begebung von Additional-Tier-1-Anleihen; Finanzdienstleistungsinstitut bei Bieterverf. in Bezug auf ein Portfolio von NPLs, PLs u. REOs; niederl. Finanzinstitut bei Verbriefung von Zahnarztforderungen.

HEUKING KÜHN LÜER WOJTEK
Anleihen

Bewertung: Der Zusammenbruch ihres Schwerpunkts Mittelstandsbonds zwingt die für Anleihen geschätzte Praxis, ihre Ausrichtung anzupassen. Nennensw. Anleihengeschäft verzeichnet sie weiter bei klass. Unternehmensanleihen, dabei rückten v.a. Immobilienunternehmen, die sich über Mid-Cap-Anleihen finanzieren, als Mandanten in den Vordergrund. Zudem beriet sie im Zshg. mit Schuldverschreibungen. Mit Dr. Anne de Boer u. Dr. Peter Ladwig von GSK ist das Heuking-Team um 2 Partner in Stuttgart gewachsen. Die beiden neuen Partner beschäftigten sich bei GSK ebenfalls mit Mittelstandsbonds, brachten aber auch Geschäft mit Projektentwicklungsanleihen sowie u.a. das Bankhaus Gebr. Martin als neue Mandantin für die lfd. Beratung mit.
Entwicklungsmöglichkeiten: Bei der Neuorientierung jenseits des Geschäfts mit Mittelstandsanleihen bietet sich eine stärkere Ausrichtung auf Equity-linked-Bonds an, zumal sich HKLW in diesem Bereich bereits engagiert.
Kanzleitätigkeit: Beratung bei Anleihen mittelständ. Unternehmen. Zudem Wandelschuldverschreibungen. Vorw. Begleitung von Emittenten. Kombinierte eigen- u. fremdkapitalmarktrechtl. Praxis. (7 Partner, 7 Associates)
Mandate: ●● Fair Value REIT bei Wandelanleihe; BE Beteiligungen bei Genussschein; Bankhaus Gebr. Martin lfd. bei Zahlstellen- u. Abwicklungsfunktion; KSW Immobilien, Cloud No. 7, jew. lfd. zu (unter GSK) emittierter Projektentwicklungsanleihe; internat. Hedgefonds bei Erwerb von PL/NPL-Mortgage-Portfolios (abgebrochen).

HOGAN LOVELLS
Anleihen
Strukturierte Finanzierung

NOMINIERT
JUVE Awards 2015
Kanzlei des Jahres für Bank- und Finanzrecht

Bewertung: Die bei Strukturierten Finanzierungen u. Anleihen breit aufgestellte u. empfohlene Kanzlei stärkte zuletzt v.a. ihre zuvor bereits etablierte Marktstellung bei Autoverbriefungen. Durch den Wechsel von Helms (vorher Baker) kam der dafür bundesw. bekannteste Partner hinzu. Damit sichert sich HL eine exponierte Rolle in dem Feld, das zwar preisl. besonders umkämpft ist, aber viel nachgefragt wird u. als Türöffner für andere Mandatierungen dienen kann. Dauerbrenner, um die die Praxis bei Strukturierten Finanzierungen viele beneiden dürften, bleibt daneben die umfangr. Arbeit für die EAA und FMS. Demggü. hält die Schlagkraft bei Anleihen nicht ganz mit, trotz z.B. der DIP-Arbeit für die Abwicklungsanstalten u. v.a. einigen Equity-linked-Bonds. Das an der Schnittstelle von ECM u. DCM tätige Team um Partner Schlitt wurde indes zuletzt personell dezimiert, Partnerin Dr. Susanne Schäfer u. Counsel Dr. Christian Ries wechselten zu Elumeo bzw. HelloFresh.
Entwicklungsmöglichkeiten: Das Team um Schlitt benötigt nach den beiden Abgängen, mit denen er jahrelang eine schlagkräftige Einheit für die ECM- u. DCM-Praxis bildete, Verstärkung. Für die Praxis der Strukturierten Finanzierung ist bei Autoverbriefungen jetzt die Gelegenheit, die exponierte Stellung zu nutzen, um sich neben dem Standardgeschäft auch bei komplexeren Deals mehr Anteile zu sichern.
Häufig empfohlen: Dr. Sven Brandt („pragmatisch u. gut", Mandant), Prof. Dr. Michael Schlitt („extrem umtriebig", „fachlich exzellent u. dabei angenehm u. kollegial im persönlichen Umgang", Wettbewerber), Dr. Dietmar Helms („sein Wechsel zu HL rundete das Bild der Verbriefungspraxis gut ab", Mandant)
Kanzleitätigkeit: Beratung von Banken u. v.a. Originatoren bei Verbriefungen (u.a. Handels-, Leasing- u. Kreditkartenforderungen, aber auch neue Asset-Klassen). Autoverbriefungen. Begleitung öffentl.-rechtl. Abwicklungsanstalten bei Restrukturierung, u.a. auch Anleihenprogramme. Auch Equity-linked-Anleihen. Zudem Derivate. (5 Partner, 1 Counsel, 4 Associates)
Mandate: ●● Katjes bei €58,5-Mio-Anleihe; VW Financial Services bei Daueremissionen; FMS bei AU$300-Mio-Anleihe; VW Leasing bei Update von 2 Verbriefungsprogrammen im Gesamtvolumen v. €7 Mrd; GM Financial bei €10-Mrd-EMTN-Programm; Kreditech bei Verbriefung v. $200-Mio-Konsumentendarlehensforderungen; FMS Wertmanagement lfd. bei €65-Mrd-DIP-Programm; Commerzbank, Citigroup, IKB bei Wandelanleihe der SAF-Holland; Barclays, Citigroup, Dt. Bank, TD Securities bei $2-Mrd-Anleihe der Landwirtschaftl. Rentenbank; Banken bei Emissionen der Landwirtschaftl. Rentenbank unter dem EMTN-Programm.

JONES DAY
Strukturierte Finanzierung

NOMINIERT
JUVE Awards 2015
Kanzlei des Jahres für Bank- und Finanzrecht

Bewertung: Die Kanzlei gehört zu den für Strukturierte Finanzierung empfohlenen Adressen u. hat im vergangenen Jahr erneut an Visibilität gewonnen. Ein Grund dafür ist, dass JD neben Hogan Lovells u. Baker nun eine von 3 wesentl. Beraterinnen von VW ist, was für einen respektablen Dealflow sorgt. Nach außen weniger auffällig, aber gleichwohl wichtig ist der Ausbau der derivativen Arbeit durch Wittek, u.a. durch Rohstoffderivate. Daneben prägt traditionell die ABCP-Arbeit die Praxis. An der Bankenfront machte die Praxis ebenfalls Fortschritte. So konnte sie ihre Beziehungen zu Dt. Bank, UniCredit, Goldman Sachs u. Société Générale intensivieren.
Entwicklungsmöglichkeiten: Um sich bei Banken einen festen Platz zu sichern, bietet es sich an, Synergien mit angrenzenden internat. Praxisgruppen, wie z.B. des Pariser Büros, zu heben.
Häufig empfohlen: Ulf Kreppel, Dr. Nicolas Wittek
Kanzleitätigkeit: Beratung bei strukturierten Produkten, u.a. Derivaten. Zudem Verbriefungen, u.a. Autokredite u. Handelsforderungen. Auch CDO-Deals. Begleitung von Debt-Fonds. (2 Partner, 1 Counsel, 1 Associate)
Mandate: ●● VW Financial Services bei €10-Mrd-Autoverbriefungen; BNP Paribas bei Kauf eines €20-Mrd-Portfolios strukturierter Produkte u. Equity-Derivate der RBS; CMIS Investment lfd. bei dt. RMBS-Deals; VW Financial Services, Citigroup, Lloyds bei Autoverbriefungen.

KING & WOOD MALLESONS
Strukturierte Finanzierung

Bewertung: Die Kanzlei sichert sich bei Derivaten einen soliden Dealflow, z.B. durch Prospektaktualisierungen, u. zählt zu den geschätzten Adressen für Strukturierte Finanzierung. Außerdem ist sie bei der Beratung im Zusammenhang mit regulatorischen Änderungen (EMIR) u. deren Auswirkungen auf Derivate sowie bei strukturierten Wertpapieren (Zertifikaten) aktiv. Allerdings verlor sie die hoch angesehene Partnerin Dr. Walburga Kullmann, mit deren Namen die Praxis bisher im Wesentl. verbunden wurde. Sie verließ die Kanzlei u. ist jetzt in eigener Praxis tätig. Mit ihrem Weggang büßte die Praxis auch die Stellung als Schlüsselberaterin des Dt. Derivate Verbands (DDV) ein. Zudem verließ ein Counsel das Frankfurter Büro in Richtung Société Générale.
Stärken: Sehr spezialisierte Derivate-/Zertifikatepraxis.
Entwicklungsmöglichkeiten: Nach den Weggängen ist die Präsenz in Frankfurt auf 2 Associates geschrumpft. Will die Kanzlei dauerhaft eine wichtige Rolle spielen, führt am Wiederaufbau in der Finanzmetropole kein Weg vorbei. Quereinsteiger, die auch Erfahrung im Verbriefungsbereich mitbringen, könnten das verbliebene Team sinnvoll ergänzen.
Kanzleitätigkeit: Schwerpunkt bei Derivaten. Darin breites Beratungsspektrum (u.a. Zertifikate, Optionsscheine, Swaps, strukturierte Anleihen). In geringem Umfang auch Anleihen. (1 Partner, 1 Counsel, 2 Associates)
Mandate: ●● DekaBank Dt. Girozentrale bei Basisprospekt für Strukturierte Finanzierungen mit versch. Basiswerten u. Entwicklung von Vorlagen für Ziehungen unter dem Basisprospekt; Median Trust bei Schuldverschreibung mit Bezug auf einen dt. Immobilienfonds für ein dt. Versorgungswerk.

LATHAM & WATKINS
Anleihen
Strukturierte Finanzierung

Bewertung: Für Anleihen u. Strukturierte Finanzierung empfohlene Praxis, die erneut mit ihrem extrem hohen Marktanteil bei der Beratung zu Hochzinsanleihen bestach. Mit dem Team um Malaun nimmt die Kanzlei schon seit Längerem die dominante Position in diesem Segment ein. Im vergangenen Jahr gelang es, ihre Beteiligung an den von hoher Komplexität und Profitabilität gekennzeichneten Deals tatsächlich nochmals zu steigern. Zu den wichtigsten Mandanten zählt dabei die Dt. Bank, die L&W u.a. für eine sehr umfangreiche High-Yield-Transaktion von Schaeffler mandatierte. Darüber hinaus genießt die Kanzlei auch für ihre Arbeit bei Bank-Bond-Finanzierungen inkl. mit US-Komponente hohes Ansehen. Dabei ist es ihr auch gelungen, die einzelnen Praxisgruppen (ECM, DCM, HY, Bank-Bond) stärker zu vernetzen.

Häufig empfohlen: Dr. Rüdiger Malaun („der High-Yield-Experte in Dtl. schlechthin", Wettbewerber), Okko Behrends

Kanzleitätigkeit: Beratung insbes. bei High-Yield-Bonds, daneben auch weitere Standalone-Bonds sowie -Programme. Zudem Schuldverschreibungen u. Pfandbriefe. Strukturierte Finanzprodukte, v.a. Derivate. Klassisch eher für Banken tätig. Intensive Einbindung in die starke internat. Praxis. (4 Partner, 2 Counsel, 4 Associates)

Mandate: ●● Citigroup, JPMorgan, UniCredit bei €300-Mio-Anleihe von TUI; JPMorgan, UniCredit bei €600-Mio-Brückenfinanzierung u. €1,75-Mrd-revolvierender Kreditlinie von TUI; Dt. Bank, HSBC, Citigroup bei 3 High-Yield-Anleihen von Schaeffler im Gesamtvol. von €2 Mrd; Dt. Bank, Berenberg Bank bei €250-Mio-High-Yield-Anleihe von Hapag-Lloyd; Permira bei €365-Mio-High-Yield-Anleihe; Landesbank Hessen-Thüringen, Bayerische Landesbank bzgl. synthet. Verbriefungen v. Kreditrisiken.

LINKLATERS
Anleihen
Strukturierte Finanzierung

Bewertung: Die Kanzlei unterstrich sowohl durch Quantität wie auch Qualität ihrer Deals abermals ihre Position als eine der führenden Adressen für Anleihen u. Strukturierte Finanzierung. Dank ihres breiten Angebots auf beiden Gebieten konnte sie erneut zahlreiche Mandate für sich gewinnen. Dabei kam sie bei Fremdkapitalfinanzierungen häufiger als bisher auf Emittentenseite zum Zug. Ein Beispiel dafür ist die Beratung von JAB Holdings bei der Begebung ihrer Debütanleihe. Gewohnt stark vertreten war die Kanzlei bei Equity-linked-Transaktionen sowie Mandaten im Zshg. mit aufsichtsrechtl. Kapital von Banken. Bei strukturierten Finanzierungen waren es v.a. grenzüberschreitende Transaktionen mit hoher Komplexität, bei denen die Kanzlei ihre Kompetenz unter Beweis stellen konnte, wie bspw. die Beratung der RBS bei einer CMBS-Verbriefung zur Refinanzierung eines £400-Mio-Portfolios von internat. Immobilienfinanzierungen.

Stärken: MTN-Programme, strukturierte Produkte (u.a. Derivate), enge Verknüpfung der Kapitalmarktpraxen.

Häufig empfohlen: Peter Waltz, Dr. Laurenz Uhl („sehr gute Qualität der Arbeit, pragmatisch u. reaktionsschnell", Mandant), Dr. Kurt Dittrich („kundenorientiert, rund um die Uhr einsatzbereit, sehr erfahren, pragmatisch, fair, effizient, proaktiv", Mandant über Dittrich u. Uhl)

Kanzleitätigkeit: Breite Anleihenpraxis mit aktiver Programmarbeit (MTN, strukturierte Anlageprodukte) sowie Eigenkapital-, Equity-linked-Transaktionen, Anleihenrückkäufen u. großen Standalones. Gestaltung von SPV-Verpackungsplattformen. Gleichermaßen synthet. Transaktionen wie True Sales. Derivate: Structured-Notes-Programme, CLNs; OTC-Transaktionen. (4 Partner, 1 Counsel, 13 Associates)

Mandate: ●● JAB Holdings bei €750-Mio-Schuldverschreibungen; Royal Bank of Scotland bei CMBS-Verbriefung; BNP Paribas, Dt. Bank, HSBC bei €300-Mio-Additional-Tier-1-Schuldverschreibungen der Aareal Bank; Merrill Lynch, Commerzbank, Société Générale bei €400-Mio-Wandelanleihe von Fresenius Medical Care; Credit Agricole, BofA Merrill Lynch, Citigroup bei Verbriefung von dt. Automobildarlehen durch eine dt. Bank; Bank bei synthet. Verbriefung von Mittelstandsfinanzierungen; Bank bei Refinanzierung eines Portfolios von Flugzeugfinanzierungen.

LUTHER
Strukturierte Finanzierung

Bewertung: Für ihre Arbeit bei Strukturierten Finanzierungen geschätzte Praxis, die ihre Stellung im Markt behaupten konnte. Dabei ist es ihr gelungen, mit Lang & Schwarz sowie Crowdex neue Mandanten zu gewinnen. Zudem berät die Kanzlei inzw. die Commerzbank zu Differenzkontrakten. Die Diversifizierung ihrer Mandantschaft ist indes auch nötig, denn der Dealflow von der Hauptmandantin Société Générale hat abgenommen, v.a. weil diese mehr Aufgaben, die bisher Luther übernahm, nun inhouse abwickelt.

Entwicklungsmöglichkeiten: Für die bisher kleine Anleihenpraxis der Sozietät ergibt sich bei der Restrukturierung von Mittelstandsbonds Potenzial, da auf diesem Gebiet mit anhaltender Nachfrage zu rechnen ist. Die Entwicklung dieses Geschäfts hat sich Wegerich auf die Fahne geschrieben.

Häufig empfohlen: Ingo Wegerich

Kanzleitätigkeit: Begleitung bei Emissionen verbriefter Derivate u. strukturierter Produkte (Prospekte, Ziehungen, Dokumentation). In geringerem Umfang auch Anleihen. Fokus Mittelstand. (1 Partner, 4 Associates)

Mandate: ●● Commerzbank lfd. bei Differenzkontrakten; Société Générale lfd. bei verbrieften Derivaten u. strukturierten Produkten in Dtl., im Ausland bei Emission von Wertpapieren unter dt. DIP; Lang & Schwarz lfd. bei Zertifikaten; Crowdex bei Crowd Financing Project; Golfino, Duoro Cruiser lfd. bei Unternehmensanleihen; Ophirum lfd. bei Exchange Traded Products (ETP); Boerse Stuttgart lfd. bei dem von ihr emittierten Wertpapier Euwax Gold.

MAYER BROWN
Anleihen
Strukturierte Finanzierung

Bewertung: Für Anleihen u. Strukturierte Finanzierung häufig empfohlene Kanzlei, die v.a. bei verbrieften Derivaten eine starke Position im Markt hat. Praxischef Seitz hat sich u.a. bei internat. Banken einen guten Ruf erarbeitet, was für einen regelmäßigen Dealflow sorgt. So begleitet die Kanzlei u.a. Emissionen von Pfandbriefen u. Schuldverschreibungen der Raiffeisen Zentralbank Österreich. Auch die NRW.Bank setzte bei der Klage gegen die Heta wg. der unterlassenen Rückzahlung einer Inhaberschuldverschreibung auf die Kanzlei. Weiteren Schwung brachte Quereinsteiger Dr. Patrick Scholl, der im Herbst 2014 von Allen & Overy zu MB stieß. Durch ihn beriet die Kanzlei u.a. die LBBW bei OTC-Derivaten u. Clearing-Fragen. Auch die OTC-Beratung der DekaBank zählt zu den mitgebrachten Mandaten Scholls, der insbes. in Bezug auf Derivateregulierung (EMIR) aktiv ist. Für großes Aufsehen sorgte der Wechsel des ehemaligen Dtl.-Chefs Dr. Jörg Wulfken zu PWC Legal. Mit ihm ist die Praxis um einen sehr angesehenen Anwalt ärmer. Er begleitete v.a. Portfoliotransaktionen u. fehlt sowohl als Kompetenzträger als auch als Kontaktbringer bei MB.

Stärken: Riesige, ww. Praxis, enge Zusammenarbeit v.a. mit London u. Chicago. Retail-Produkte, u.a. verbriefte Derivate.

Entwicklungsmöglichkeiten: Der Erfolg, den der dominante Praxischef Seitz mit seinem Team einfährt, kann nicht über die personelle Unruhe hinwegtäuschen, die in der Gesamtkanzlei herrscht u. auch von Wettbewerbern kritisch kommentiert wird. Das schlägt auch auf das Team um Seitz durch. Um diesen Stimmen glaubhaft entgegenzutreten u. die Stabilität der Praxis zu erhalten, ist ein gemeinschaftliches Vorgehen gefragt.

Häufig empfohlen: Dr. Ralf Hesdahl, Dr. Jochen Seitz

Kanzleitätigkeit: Beratung v.a. bei Kreditportfoliodeals u. ▶Restrukturierungen. Traditionell bei True Sales. Regelm. Verbriefungen von Automobilforderungen. Zudem Beratung der Ratingagentur Fitch (bei True Sales u. synthet. Securitisations). Schwerpunkt bei strukturierten Produkten. V.a. Retail-Produkte (Zertifikate, Optionsscheine u. andere strukturierte Schuldverschreibungen, zudem OTC-Derivate). Daneben klassische Anleihen, u.a. lfd. Programmarbeit (EMTN u. ECP). (4 Partner, 2 Counsel, 7 Associates)

Mandate: ●● Raiffeisen Bank International bei €5-Mrd-DIP-Programm für die Raiffeisen Zentralbank Österreich; UniCredit Bank bei Update des €25-Mio-MTN-Programms der Berlin Hyp; Bayerische Landesbank lfd. bei Pfandbriefen, Standardschuldverschreibungen u. Zertifikaten; Commerzbank bei Update der DIP-Programme versch. Banken; HSH Nordbank, VW Financial Services jew. bei Update des DIP-Programms; Bank Julius Bär lfd. bei Zertifikaten u. strukturierten Produkten; Erste Group bei Zertifikaten u. Optionsscheinen; Lloyds Bank bei €340-Mio-Verbriefung v. dt. Autokrediten; BNP bei verbrieften Derivaten.

MAYRHOFER & PARTNER
Anleihen

Bewertung: Die für Anleihen geschätzte Münchner Sozietät ist insbes. bei kleineren Deals eine feste Größe im Markt. Nach dem Wegfall von Mittelstandsbonds, die zuletzt ein wesentl. Treiber der Praxis waren, blieb ihr das Geschäft bei Umtausch- u. Wandelanleihen. Darüber hinaus arbeite sie z.B. in geringem Umfang auch an der Restrukturierung von Anleihen.

Stärken: Hervorragend im mittelständ. Beratungssegment.

Häufig empfohlen: Thomas Mayrhofer

Kanzleitätigkeit: Beratung bei kleineren bis mittelgr. Anleihen. Mittelstandsanleihen u. Equity-linked-Bonds. (4 Eq.-Partner, 1 Sal.-Partner, 1 Associate)

Mandate: ●● KTG Agrar, Maritim Vertriebs GmbH jew. bei Umtauschanleihe; Bioma Energie bei Wandelanleihe.

NORTON ROSE FULBRIGHT
Anleihen
Strukturierte Finanzierung

Bewertung: Für Anleihen u. Strukturierte Finanzierung geschätzte Kanzlei, deren Anteil an internat. Arbeit weiter zunahm. Ein Beispiel dafür ist die Beratung der Royal Bank of Canada, die nach

● Referenzmandate, umschrieben
●● Referenzmandate, namentlich

ANLEIHEN UND STRUKTURIERTE FINANZIERUNG BANK- UND FINANZRECHT

der Programmarbeit für die DZ Bank den größten Raum einnimmt. Außerdem gewann sie bspw. das polnische Energieunternehmen Tauron als neuen Mandanten, dem sie bei Namensschuldverschreibungen zur Seite stand. Bei strukturierten Produkten konzentrierte sich die Praxis aufgrund ihres Branchenschwerpunkts bei Versicherungsunternehmen u. Fondsgesellschaften v.a. auf Maßnahmen im Zusammenhang mit Solvency II u. profitierte vom gestiegenen Beratungsbedarf der Branche. Insbes. bei der Gestaltung von Finanzprodukten mit Mezzanine-Charakter spielte dies eine wichtige Rolle. Ferner ist die Kanzlei eine der wenigen, die rechtl. Beratung in Bezug auf islamkonforme Finanzprodukte bietet.

Häufig empfohlen: Dr. Rüdiger Litten, Dr. Martin Krause

Entwicklungsmöglichkeiten: Weiter verbinden Wettbewerber die Praxis mit keinem klaren Profil. V.a. die Arbeit an der Schnittstelle zu bankaufsichtsrechtl. Themen bietet die Chance, stärkere Akzente zu setzen.

Kanzleitätigkeit: Anleihenprogrammarbeit. Zudem Einzelanleihen, regelm. im Mittelstandsmarkt. Strukturierte Produkte, häufig Emissionen mit derivativen Elementen. Auch NPL-Beratung u. hinsichtl. Islamic Finance. (Gesamtes Kapitalmarktteam: 5 Partner, 12 Associates)

Mandate: ●● Royal Bank of Canada u.a. bei Namensschuldverschreibungen, Zertifikaten u. Optionsscheinen; Wüstenrot + Württembergische, Interactive Brokers Financial Products jew. lfd. im Zshg. mit strukturierten Finanzierungen; Rickmers bei mehrf. Aufstockung ihrer Unternehmensanleihe; Tauron bei Namensschuldverschreibungen; Adler Real Estate bei Anleihe inkl. Aufstockung.

OTTO MITTAG FONTANE
Strukturierte Finanzierung

Bewertung: Die für Strukturierte Finanzierung geschätzte Kanzlei ist weiter v.a. auf verbriefte Derivate fokussiert u. arbeitet für ihren langj. Mandantenkreis aus Banken u. Finanzdienstleistern. Dabei berät sie auch im Zshg. mit bspw. Produktinformationsblättern. Darüber hinaus ist die Praxis bei Schuldscheindarlehen aktiv.

Stärken: Tiefgehendes Produktwissen, auch wirtschaftswissenschaftlich.

Häufig empfohlen: Dr. Jochen Mittag

Kanzleitätigkeit: Begleitung bei Wertpapierprospekten für Emissionen von EMTN, Anleihen, Derivaten (v.a. Zertifikate, Optionsscheine). Zudem Beratung bei Pfandbriefprospekten. (3 Partner, 2 Associates)

Mandate: ●● Citigroup lfd. bei Emission von Zertifikaten u. Optionsscheinen; Haspa lfd. bei Prospekten für Hypothekenpfandbriefe u. Schuldverschreibungen, strukturierten Produkten; Société Générale lfd. bei Namensschuldverschreibungen, Schuldscheindarlehen, Anleihen, Zertifikaten, EMTN, strukturierten Produkten, OTC-Finanztermingeschäften; Dt. Bank lfd. bei Prospekten für ETC.

SKADDEN ARPS SLATE MEAGHER & FLOM
Anleihen

Bewertung: Für Anleihen empfohlene Praxis, deren Geschäft weiter v.a. durch die Beratung im Zshg. mit klass. Equity-linked-Bonds geprägt ist. Doch verbreiterte sie zuletzt ihren Aktionsradius. Für besondere Aufmerksamkeit sorgte v.a. die Arbeit für JPMorgan bei der z.T. auch durch Anleihen finanzierten Gagfah-Übernahme durch die Dt. Annington. Außerdem arbeitet sie weiterhin an der Restrukturierung von Anleihen. Auf diesem Gebiet überraschte die Praxis schon im Vorjahr durch die guten Beziehungen von Hutter in Österreich mit einem bedeutenden Mandat. An diesem Erfolg konnte sie anknüpfen.

Stärken: Equity-linked-Bonds, Hochzinsanleihen.

Häufig empfohlen: Dr. Stephan Hutter, Dr. Katja Kaulamo

Kanzleitätigkeit: Starke Schwerpunkte bei Equity-linked-Bonds (Wandel- u. Umtauschanleihen), traditionell auch High-Yield-Bonds. Daneben klass. Standalones. Auch krisennahe Refinanzierung. (2 Partner, 8 Associates)

Mandate: ●● JPMorgan bei Finanz. der Gagfah-Übernahme durch Dt. Annington; Handels- und Dienstleistungsgesellschaft lfd. bei Emission von Genussscheinen; US-amerikanischer Finanzdienstleister bei Wandelanleihe.

WHITE & CASE
Anleihen
Strukturierte Finanzierung

Bewertung: Häufig empfohlene Kanzlei für Anleihen u. Strukturierte Finanzierung, die zuletzt neben ihrer traditionell ausgeprägten Programmarbeit v.a. bei Standalone-Bonds stark war. Einen wesentl. Beitrag zum Erfolg leistete der jüngere Partner Wagner, der Ende 2014 mit einem Team von Allen & Overy zu W&C kam u. sofort unter neuer Flagge zahlr. Transaktionen begleitete. Er ist insbes. bei High-Yield-Deals sehr aktiv u. verschaffte diesem Geschäft bei W&C einen Schub. Weniger auffällig, aber gleichfalls mit sehr ansehnl. Geschäft ausgestattet präsentierte sich das Team für Strukturierte Finanzierung. Es beriet v.a. im Zshg. mit NPLs u. Immobilienverbriefungen, so z.B. für die HSH Nordbank bei einer CMBS-Verbriefung. Darüber hinaus steht die Praxis auch Portfoliounternehmen gr. PE-Häuser bei Verhandlungen zu Derivat-Rahmenverträgen u. zugehöriger Dokumentation zur Seite.

Häufig empfohlen: Jochen Artzinger-Bolten, Dr. Dennis Heuer, Karsten Wöckener („sehr zufrieden mit seiner Arbeit", Mandant), Gernot Wagner („unglaublich umtriebig im Markt", „sehr engagiert", „macht einen sehr guten Job", Wettbewerber)

Kanzleitätigkeit: Beratung sowohl bei MTN-/CP-Programmen (Aufsetzen, Updates, Drawdowns) u. Standalones als auch bei strukturierten Schuldscheinen (insbes. Equity-, Index-, Credit-linked) sowie High-Yield-Bonds. Strukturierte Finanzierung: True-Sale-Securitisations (insbes. MBS) u. deren Umstrukturierung, zudem Beratung mit derivativem Einschlag (CDOs/CLOs; CLNs) sowie Energiederivate. Daneben Verbriefung von Leasingforderungen. (Anleihen: 3 Eq.-Partner, 2 Sal.-Partner, 1 Counsel, 5 Associates; Strukturierte Finanzierung: 2 Eq.-Partner, 3 Sal.-Partner, 1 Associate)

Mandate: ●● Bayer. Landesbank, Dt. Bank, JP-Morgan, Mizuho, UniCredit bei €1-Mrd-Anleihe von Adidas; Banken unter Führung v. Merrill Lynch, Citigroup bei €800-Mio-Anleihe von Infineon, Hapag Lloyd bei High-Yield-Bonds; Banken unter Führung v. Dt. Bank, UBS bei Hochzinsanleihe von Sunrise; Verbund bei Green Bond; HSH Nordbank bei CMBS; NordLB bei Tier-2-Anleihe; Evonik, Grenkeleasing, Würth Finance jew. lfd. bei DIP; Mahle Behr Verwaltung lfd. bei €1-Mrd-EMTN-Programm; TUI bei Hochzinsanleihe; Erste Group bei Schuldverschreibungen.

Bank- und Bankaufsichtsrecht

Banken stehen mit zentraler Aufsicht und Digitalisierung vor großen Aufgaben

Die Großbanken der Eurozone kommen nicht zur Ruhe: Nach dem letztjährigen Stresstest, bei dem neben der Eigenkapitalquote vor allem die Krisenanfälligkeit der Bankhäuser untersucht wurde, sind seit November 2014 120 relevante Banken der direkten Aufsicht der Europäischen Zentralbank (EZB) unterstellt. Für viele Institute bedeutet dies Mehraufwand an Verwaltung und Dokumentation und folglich steigende Kosten. Doch aus dem Lager der Kritiker tritt europaweit bislang nur die Förderbank L-Bank heraus. Sie klagt vor dem Europäischen Gericht gegen die direkte EZB-Aufsicht.

Die stärkere Regulierung, z.T. aber auch die beihilferechtlichen Vorgaben der EU-Kommission führten außerdem zu mehr grenzüberschreitenden Umstrukturierungen von Bankengruppen und M&A-Deals. So stellte die Deutsche Bank ihre Tochter Postbank zum Verkauf. Bei der Deutschen Pfandbriefbank entschied sich der Bund als Mehrheitseigner sogar für den Börsengang.

Mit dem Rückzug vieler Banken aus einer breiten Präsenz mit Geschäftsfilialen gewinnen neue Player im Privat- wie Geschäftskundensegment Marktanteile hinzu. In den Banken werden die Anbieter von elektronischen Finanzdienstleistungen wie Kreditech, Lendico oder Zenap – alles Vertreter der sogenannten Fintech-Branche – mittlerweile sehr ernstgenommen. Nun investieren Branchengrößen wie die Deutsche Bank selbst in Start-ups, um die Zukunft des Geschäfts nicht zu verschlafen.

Fintech-Aufbau und Regulierungszentrum Frankfurt prägen den Markt

Auch die Rechtsberater nehmen den Fintech-Sektor in den Blick. Führende Kanzleien wie **Freshfields Bruckhaus Deringer** oder **Linklaters** und Verfolger wie **Hogan Lovells**, die traditionell stark bei den etablierten Banken verankert sind, haben sich schon z.T. frühzeitig in diesem Marktsegment positioniert. Aktiv zeigten sich zuletzt aber auch und gerade Kanzleien, die den Aufstieg an die Marktspitze noch vor sich haben. **Aderhold** etwa profitierte bereits von ihrer starken Verankerung in Branchen abseits der Finanzindustrie, die über Zahlungsdienste- und Compliance-Themen immer häufiger ins Visier der Aufsicht geraten. Dass bei Fintech-Themen besonders diejenigen Praxen im Vorteil sind, die auf eine starke Berliner Präsenz und Kontakte zur örtlichen Gründerszene bauen können, zeigten etwa **Lindemann Schwennicke & Partner** und **Noerr**.

Schon weiter fortgeschritten ist der strategische Ausbau an einer anderen, ungleich zentraleren Stelle: Seit Einführung des EZB-Aufsichtsregimes verlagern viele Kanzleien Regulierungsexpertise aus ganz Europa nach Frankfurt und bemühen sich um intensiven Austausch mit den neuen Aufsehern. Hier tat sich zuletzt besonders **Freshfields** hervor, die einen Counsel an die EZB-Rechtsabteilung abgab – pikanterweise kurz nach seinem Einsatz im L-Bank-Prozessmandat gegen die europäische Bankenaufsicht, wie Wettbewerber teils bewundernd, teils kritisch anmerkten. Auch die bislang eher unauffälligen Rechtsberatungsarme der großen WP-Gesellschaften bauten ihre Bankrechtsteams aus und setzten dabei – anders als bisher – auf Anwälte, die im Markt bereits zu den profiliertesten Aufsichtsrechtlern zählten: Der ehemalige Managing Partner von **Mayer Brown**, Dr. Jörg Wulfken, wechselte zu **PricewaterhouseCoopers Legal**, und der bekannteste Regulierungsexperte von **DLA Piper**, Dr. Mathias Hanten, schloss sich **Deloitte Legal** an.

Die folgenden Bewertungen behandeln Kanzleien, die aufsichtsrechtliche Beratung von Banken ebenso abdecken wie die Beratung zu Finanzprodukten oder Transaktionen im Finanzsektor. Relevante Sachverhalte sind auch Gründungen von Niederlassungen, Richtlinien für Eigenkapital, Fragen der Liquidität, Anzeigepflichten sowie Erlaubniserteilungsverfahren bzw. deren Rücknahme. Im Zuge der stärkeren Regulierung seit der Finanzkrise spielen mittlerweile Kontakte zu nationalen wie EU-Institutionen eine tragende Rolle, sodass viele Bankenpraxen eng mit den öffentlich-rechtlichen Fachbereichen zusammenarbeiten. Außerdem wird bei einigen Kanzleien auf spezielle Prozesspraxen hingewiesen, soweit sich ein Branchenschwerpunkt bei Finanzinstituten ausgebildet hat. Insofern bestehen teilweise Überschneidungen zu Themen wie ▶Beihilfe, ▶Restrukturierung und Insolvenz sowie ▶Konfliktlösung.

BANK- UND BANKAUFSICHTSRECHT

Freshfields Bruckhaus Deringer	Frankfurt
Hengeler Mueller	Frankfurt, Düsseldorf
Linklaters	Frankfurt
Allen & Overy	Frankfurt
Latham & Watkins	Frankfurt, Hamburg
Hogan Lovells	Frankfurt, Düsseldorf
White & Case	Frankfurt, Hamburg, Berlin
Cleary Gottlieb Steen & Hamilton	Frankfurt
Clifford Chance	Frankfurt
CMS Hasche Sigle	Frankfurt, Hamburg, Berlin, Köln
GSK Stockmann + Kollegen	München, Frankfurt
Noerr	Berlin, Frankfurt, München, Düsseldorf
Aderhold	Dortmund, München
Lindemann Schwennicke & Partner	Berlin
Mayer Brown	Frankfurt
Sernetz Schäfer	Düsseldorf, München
Görg	Köln, Frankfurt
Lindenpartners	Berlin

Die hier getroffene Auswahl der Kanzleien ist das Ergebnis der auf zahlreichen Interviews basierenden Recherche der JUVE-Redaktion (s. Einleitung S. 20). Sie ist in 2erlei Hinsicht subjektiv: Sämtliche Aussagen der von JUVE-Redakteuren befragten Quellen sind subjektiv u. spiegeln deren eigene Wahrnehmungen, Erfahrungen u. Einschätzungen wider. Die Rechercheergebnisse werden von der JUVE-Redaktion unter Einbeziehung ihrer eigenen Marktkenntnis analysiert u. zusammengefasst. Der JUVE Verlag beabsichtigt mit dieser Tabelle keine allgemein gültige oder objektiv nachprüfbare Bewertung. Es ist möglich, dass eine andere Recherchemethode zu anderen Ergebnissen führen würde. Innerhalb der einzelnen Gruppen sind die Kanzleien alphabetisch geordnet.

ADERHOLD
Bank- und Bankaufsichtsrecht

Bewertung: Die im Bankaufsichtsrecht empfohlene Kanzlei setzt an ihren Standorten versch. Schwerpunkte. In Dortmund gewinnen Compliance-Mandate an Bedeutung, hier besteht zudem eine Schnittstelle zur anerkannten Restrukturierungspraxis in D'dorf. Im Aufsichtsrecht hinterlässt München den dynamischeren Eindruck. Das dortige Team beriet einen großen Verein bei der Neuvergabe seiner Vermögensverwaltung u. gewann namh. Mandanten im Payment- u. Fintech-Segment hinzu. In diesem beratungsintensiven Geschäftsfeld kann Aderhold bundesw. ggü. VC- u. IT-Praxen von Großkanzleien mithalten, etwa für einen internat. stark expansiven Gastrodienstleister. Hierbei sind insbes. die Kontakte eines Sal.-Partners zu dt. Start-ups gewinnbringend.

Stärken: Bankrechtl. Prozesse. Große Erfahrung im ZAG- u. Fintech-Bereich.

Häufig empfohlen: Peter Frey („gute Arbeit bei ZAG-Fragen", Wettbewerber)

Kanzleitätigkeit: Im Aufsichtsrecht insbes. Erlaubnis-, Finanzierungs- u. Kreditfragen. Auch Risikomanagement u. Compliance. Bundesw. Prozesse für Banken bei Haftungsabwehr u. in Aktivprozessen, v.a. Ansprüche aus Bürgschaften (▶ Handel u. Haftung). In München v.a. Vermögensverwaltung u. Zahlungsdienste. Mandanten: Hypotheken- u. Genossenschaftsbanken, Sparkassen, Zahlungsdienstleister, Vermögensverwalter, TK-/IT-Dienstleister für die Finanzbranche. (7 Partner, 6 Associates)

Mandate: ●● LBB in Prozessen; Einkaufsgenossenschaft bankrechtl. u. bei Prozessen; div. Sparkassen in Prozessen; Hypothekenbank bei Klagen bzgl. Immobilienfinanzierungen; Verein bzgl. Vermögensverwaltung; versch. Payment-Dienstleister im Erlaubnisverf. ggü. BaFin u. in SEPA-Fragen; Start-up wg. Zahlungsfunktion bei IT-Plattform; Modehersteller aufsichtsrechtl. wg. Gutscheinkarten; div. EC-Netzbetreiber wg. Vertragsmodell mit dt. Kreditwirtschaft.

ALLEN & OVERY
Bank- und Bankaufsichtsrecht

Bewertung: Die für Bank- u. Bankaufsichtsrecht häufig empfohlene Praxis zeichnet sich u.a. durch die institutionsspezif. Beratung u. die Begleitung von grenzüberschr. Verlagerung von Geschäftsaktivitäten aus. So gelang es dank Herrings langj. Kontakten, eine Bankengruppe bei einer komplexen Umstrukturierung in div. Jurisdiktionen zu begleiten. Daneben besetzt A&O die Themen MiFID II u. EMIR-Dokumentation so umf. wie nur wenige andere Bankpraxen u. generierte zahlr. Folge- u. Neumandate. Obgl. die Praxis beim Aufbau einer Crowdinvesting-Plattform für Immobilienfinanzierungen beriet, agiert A&O beim Trendthema Fintech zurückhaltender als direkte Wettbewerber – was Ausdruck einer weniger ausgeprägten Anbindung der Bankrechtler an die IT-Praxis ist, als sie z.B. Hogan Lovells hat. Counsel Geier genießt schon seit Jahren das Vertrauen der Mandanten u. erhält Projektverantwortung, daneben ernannte A&O Dr. Stefan Henkelmann zum Partner. Schmerzlich war allerdings der Weggang des häufig empfohlenen Counsel Dr. Detmar Loff zu Ashurst.

Stärken: Breites Spektrum von ▶ M&A-bezogener bis produktspezif. Beratung; hoher internat. Mandatsanteil.

Häufig empfohlen: Frank Herring („Experte in MiFID-Fragen", „souveräne Gesprächsführung", Wettbewerber), als Counsel Dr. Bernd Geier („anerkannter Fachmann", „sehr kenntnisreich, auch im Detail", Wettbewerber)

Kanzleitätigkeit: KAG-Transaktionen, Outsourcings, Gründung von Zweigniederlassungen, Investitionen in Dtl., M&A; integrierte fondsrechtl. Beratung (z.B. umf. bei hybriden u. Tier-1-Produkten). Auch Solvabilitätsverordnung u. Risikogewichtung, Internethandel. (4 Partner, 1 Counsel, 9 Associates)

Mandate: ●● Patrizia Alternative Investments im Aufsichtsrecht; lfd. Pimco zu Wertpapier- u. aufsichtsrechtl. Fragen; Eurex Clearing wg. Clearing-Modell; Areal Holding bei Privatplatzierung; Civum wg. Aufbau Crowdinvesting-Plattform; HETA im Prozess gg. BayernLB; öffentl. Hand bei Asset Quality Review; Bankengruppe wg. CRR u. Risikominimierung; dt. Bank wg. BRRD-Richtlinie; Kreditinstitut bei grenzüberschr. MiFID II-Projekt in Eurozone u. entspr. Drittstaatenregelung; versch. Banken, Finanzdienstleister u. Fonds zu EMIR-Dokumtention, MiFID II u. Solvency II.

CLEARY GOTTLIEB STEEN & HAMILTON
Bank- und Bankaufsichtsrecht

Bewertung: Im Bankaufsichtsrecht empfohlene Kanzlei, die weiter mit 2 zugkräftigen Spezialisierungen punkten kann: In Eigenkapitalfragen u. beim Thema OTC-Derivate sind die Anwälte regelm. für die größten dt. Bankhäuser im Einsatz, im letzten Jahr kam noch ein weiteres bedeut. Institut aus dem Ausland hinzu. Ausbaufähig bleibt dagegen die Compliance-nahe Beratung, die über anfängl. Erfolge bislang kaum hinauskam. Dass die deutsche Cleary-Mannschaft seit mehreren Jahren Stück für Stück abschmilzt, beeinträchtigt auch die Beratung des Finanzsektors: Mit Dr. Klaus Riehmer verabschiedete sich im Sommer 2015 einer der beiden federführenden Partner im FMSA/pbb-Mandat zu Mayer Brown.

Stärken: Hybride Eigenkapitalemissionen.

Häufig empfohlen: Dr. Gabriele Apfelbacher, Dr. Thomas Kopp

Kanzleitätigkeit: ▶ M&A, ▶ Beihilfe u. umf. Beratung ausl. Banken u. deren dt. Töchter. Strukturierung von Eigenkapitalinstrumenten für Banken u. hybride Kernkapitalinstrumente. (3 Partner, 1 Counsel, plus Associates)

Mandate: ●● FMSA zu Privatisierung der pbb; Tochter einer europ. Bankengruppe bei Umstrukturierung; Investmentfonds bei Strukturierung von Debt-Fonds.

CLIFFORD CHANCE
Bank- und Bankaufsichtsrecht

Bewertung: Im Aufsichtsrecht empfohlene Praxis, die erneut gemeinsam mit den Corporate-Spezialisten bei einer Reihe schlagzeilenträchtiger Übernahmen zum Zug kam. In der öffentl. Wahrnehmung standen diese Deals deutl. im Vordergrund. Allerdings setzt das Aufsichtsrechtsteam seinen Schwerpunkt nach wie vor auf der eigenständigen Beratung im gesamten Spektrum von Regulierungsfragen u. ist bei einer Reihe zentraler Akteure fest verankert – beste Bsp. sind das FIA-Mandat, aber auch die marktbekannte regelm. Tätigkeit für die EZB. Häufiger als bisher loben Wettbewerber, dass der zentrale Partner Benzler eine breite Riege guter jüngerer Anwälte um sich versammelt hat. Anders etwa bei Allen & Overy oder Linklaters ragen dabei allerdings keine einzelnen Namen heraus, die sich bereits ein besonderes Profil erarbeitet haben.

● Referenzmandate, umschrieben
●● Referenzmandate, namentlich

Anwaltszahlen: Angaben der Kanzleien, wie viele Anwälte zu mind. ca. 50 % in diesem Gebiet tätig sind. Sie spiegeln nicht zwingend die Gesamtgröße einer Kanzlei wider.

BANK- UND FINANZRECHT BANK- UND BANKAUFSICHTSRECHT

Stärken: Internat. Teamaufstellung. Schnittstelle zur Kapitalmarktpraxis.
Entwicklungsmöglichkeiten: Nach wie vor setzt die schmale Besetzung auf Partnerebene der Präsenz im Markt Grenzen. Wenn die Praxis künftig nicht nur als Ergänzung der – ihrerseits geschrumpften – Corporate-Praxis gelten soll, wird CC zügig weitere erfahrene Anwälte nach vorn bringen müssen.
Häufig empfohlen: Dr. Marc Benzler
Kanzleitätigkeit: Produktbez. Beratung, allg. Beratung bei Bankgründungen, Börsen u. bei Eigenkapitalfragen u. ▶ M&A-Transaktionen. Außerdem Beratung von Spezialkreditinstituten, ▶ Versicherern u. öffentl.-rechtl. Anstalten. Div. Investmentbanken zu Outsourcing u. Offshoring. Auch regelm. Banking Litigation (▶ Handel u. Haftung). ▶ Wirtschaftsstrafrecht. (2 Partner, 3 Counsel, 12 Associates)
Mandate: ●● Fosun bei Kauf von Hauck & Aufhäuser; BNP Paribas bei Mehrheitsbeteiligung an DAB Bank u. Direktanlage.at; Westimmo bei Übernahme durch Aareal Bank; JPMorgan bei Übernahmeangebot Dt. Annington an Gagfah; FIA gutachterl. zu CRR u. Clearing; regelm. EZB (aus dem Markt bekannt).

Führende Namen im Bank- und Bankaufsichtsrecht

Dr. Dirk Bliesener	▶ Hengeler Mueller
Dr. Uwe Eyles	▶ Latham & Watkins
Dr. Alexander Glos	▶ Freshfields Bruckhaus Deringer
Frank Herring	▶ Allen & Overy
Dr. Thomas Paul	▶ Hengeler Mueller
Prof. Dr. Frank Schäfer	▶ Sernetz Schäfer
Dr. Sven Schneider	▶ Hengeler Mueller
Dr. Gunnar Schuster	▶ Freshfields Bruckhaus Deringer
Dr. Jochen Seitz	▶ Mayer Brown
Andreas Steck	▶ Linklaters

Die hier getroffene Auswahl der Personen ist das Ergebnis der auf zahlreichen Interviews basierenden Recherche der JUVE-Redaktion (siehe S. 20). Sie ist in 2erlei Hinsicht subjektiv: Sämtliche Aussagen der von JUVE-Redakteuren befragten Quellen sind subjektiv u. spiegeln deren eigene Wahrnehmungen, Erfahrungen u. Einschätzungen wider. Die Rechercheergebnisse werden von der JUVE-Redaktion unter Einbeziehung ihrer eigenen Marktkenntnis analysiert u. zusammengefasst. Der JUVE Verlag beabsichtigt mit dieser Tabelle keine allgemein gültige oder objektiv nachprüfbare Bewertung. Es ist möglich, dass eine andere Recherchemethode zu anderen Ergebnissen führen würde.

CMS HASCHE SIGLE
Bank- und Bankaufsichtsrecht ☐☐☐☐■
Bewertung: Die im Aufsichtsrecht empfohlene Praxis setzt die Internationalisierung ihres Geschäfts fort. Das spiegelt die Zunahme von grenzüberschr. Projekten wider, zudem löst sich CMS seit dem Vorjahr von den Strukturen einer Praxisgruppe u. bindet wie angloamerikan. Wettbewerber Experten aus den Fonds-, Corporate-, Immobilien- u. IT-Bereich mit ein. Ein Bsp. für diese fachbereichsübergr. Zusammenarbeit ist die Begleitung von Savills beim mrd-schweren Kauf von SEB Asset Management. Die letztj. Bankgründung für den Maschinenbauer Trumpf, für die CMS viel Anerkennung im Markt erhielt, konnte die Praxis in weitere hochkarätige Industriemandate ummünzen. Über Kaetzler gelang zudem der Einstieg in höchst brisante KWG- u. WpHG-Komplexe, die noch vor wenigen Jahren automat. bei führenden Kanzleien gelandet wären.
Stärken: Compliance. Breit aufgestellte, zunehmend auf Industriemandate orientierte Praxis.
Entwicklungsmöglichkeiten: Innerhalb der Gesamtkanzlei arbeiten die Bankrechtler mit einer ungewöhnl. hohen Leverage. Um diese zu entzerren u. die Partner zu entlasten, müsste der Mittelbau mehr Führungsverantwortung erhalten, wie z.B. bei A&O. Falls es jedoch keine eigenen erfahrenen Associates gibt, könnte CMS im Aufsichtsrecht einen Seiteneinsteiger integrieren. Mit dieser Variante hat die Investmentpraxis zuletzt sehr gute Erfahrungen gemacht.
Häufig empfohlen: Dr. Christoph Schücking, Dr. Joachim Kaetzler („kompetent, zuverlässig, schnell", Mandant; „Kenner bei aufsichtsrechtl. Compliance-Fragen", Wettbewerber)
Kanzleitätigkeit: Lfd. dt. Banken u. Geschäftsleiter zu Erlaubnisfragen, ausl. Finanzhäuser bei Rechtsformänderungen, Bankerlaubnis u. grenzüberschr. Dienstleistung. Wiederholt im Zshg. mit ▶ Börseneinführ. u. Kapitalerhöhung. Regelm. auch ausl. Banken u. Investmentbanken. Zahlr. Prozesse für gr. dt. Genossenschafts-, Internet- u. Auslandsbanken. (Kernteam: 4 Partner, 11 Associates)
Mandate: ●● Cordea Savills aufsichtsrechtl. bei Kauf SEB Asset Management; weiter Matthias Graf von Krockow als ehem. Sal.-Oppenheim-Gesellschafter in Prozessen; Asset-Manager in Prozess wg. Sonderzahlung; dt. Tochter wg. Übernahme Mutterkonzern durch ausl. Bank; ausl. Tochter einer Privatbank wg. AIFMD-Umsetzung; weiter südd. Energieversorger in Derivatestreit; brit. Makler wg. grenzüberschr. Fondsgeschäften (mit CMS Cameron McKenna); div. Banken zu Corporate Governance u. CRD IV.

FRESHFIELDS BRUCKHAUS DERINGER
Bank- und Bankaufsichtsrecht ■■■☐☐
Bewertung: Eine führende Kanzlei im Aufsichtsrecht, die ein höchst erfolgr., aber personell bewegtes Jahr hinter sich hat. Schon im Vorjahr hatte die Praxis einen aufstrebenden Associate an Noerr verloren. Doch der Wechsel des v.a. im Zshg. mit SSM-Fragen anerkannten Counsel Dr. Klaus Lackhoff zur EZB, brachte das stark ausgelastete Team an seine Kapazitätsgrenzen u. machte eine Personalentscheidung erforderlich: Obwohl Emde wie geplant nach über 2 Jahrzehnten als Partner ausschied, steht er der Kanzlei mit seiner großen regulator. u. Compliance-Expertise weiter im bisherigen Umfang zur Verfügung. Dagegen gibt es im M&A-Bereich, wo Schuster den Verkauf der DAB Bank aufsichtsrechtl. begleitete, eine spürbare Verlagerung des Geschäfts auf jüngere Partner. So hat sich z.B. der Hamburger Corporate-Partner Cichy mit regelm. Mandaten für die Dt. Bank u. HSH Nordbank als dortiger Fixpunkt für die Kernpraxis in Ffm. etabliert. Neben der aufsichtsrechtl. Pflicht wie CRR, MiFID II u. grenzüberschr. Strukturmaßnahmen, legte FBD abermals eine Kür hin: Glos begleitet die L-Bank bei der europaw. ersten Klage gg. die direkte EZB-Aufsicht. Den Fintech-Trend hat die Bankpraxis, trotz gegenteiliger Meinung einiger Wettbewerber, keineswegs verschlafen. Hier haben erfahrene Associates fachbereichsübergr. eine Produktinitiative gestartet.
Stärken: Starke aufsichtsrechtl. Komponente; flexible u. homogene Zusammenarbeit mit anderen Fachbereichen, personell deutl. erweiterte Transaktionspraxis.
Häufig empfohlen: Dr. Thomas Emde („große Erfahrung", „eloquent, kennt die wichtigen Themen", Wettbewerber), Dr. Gunnar Schuster, Dr. Alexander Glos („bewundernswert, was sie leisten", „Top-Leute", Wettbewerber über beide), Dr. Benedikt Wolfers (Öffentl. Wirtschaftsrecht), Dr. Patrick Cichy (Corporate/M&A)
Kanzleitätigkeit: Umfangreiche u. breite Aufsichtsrechtspraxis: zahlr. Transaktionen, Beratung zu Eigenkapitalprodukten, Outsourcing, Bankgründungen, Zweigniederlassungen. Enge Verzahnung bei ▶ Compliance-Untersuchungen, ▶ Handel u. Haftung u. regierungs- u. institutionsnaher Beratung, an Bedeutung gewinnt ▶ Beihilferecht. Regelm. auch in ▶ M&A für Banken tätig. ▶ Steuerrecht. (Kernteam: 3 Partner, 2 Counsel, 6 Associates)
Mandate: ●● L-Bank bei Klage gg. EZB-Aufsicht (EuG); BayernLB gg. HETA wg. Eigenkapital; Commerzbank gg. HETA wg. Anleihen; HSH Nordbank bei EZB-Stresstest; UniCredit bei Verkauf DAB Bank an BNP Paribas; BdB/Einlagensicherungsfonds bei Stützungsaktion DüsselHyp; JPMorgan bei Kauf Octopus-Kreditportfolio; SEB bei Verkauf Asset-Management-Sparte an Savills; Dt. Bank zu MiFID II; Aareal Bank bei Emission CoCo-Bonds u. bei Kauf WestImmo; Close Brothers bei Verkauf Seydler Bank an Oddo; DekaBank bei Emission CoCo-Bonds; EVO Payment bei grenzüberschr. Aktivitäten in Polen u. Irland; Landesbank wg. EZB-Stresstest.

GÖRG
Bank- und Bankaufsichtsrecht ☐☐☐☐■
Bewertung: Die im Bank- und Bankaufsichtsrecht geschätzte Kanzlei baut weiter mit Hochdruck an einer wahrnehmbaren Praxis. Dafür bündelt sie nicht nur intensiver als bisher ihre regulator. Expertise. Gerade am wichtigsten dt. Bankenstandort Ffm. startet sie nach div. Weggängen von Anwälten einen weiteren Versuch Fuß zu fassen, was bisher aber noch zu wenig Resonanz im Markt geführt hat. Dennoch kann Hoffmann-Theinert, der seinen Schwerpunkt vor 2 Jahren an den Main verlagert hat, beachtl. Mandatserfolge vorweisen. Über seine Kontakte u. z.T. auch über das internat. Netzwerk ist Görg in brisante hochvolumige Streitigkeiten bzgl. einer Bankenabwicklung eingebunden. Wichtig bleibt daneben die umf. Prozessführung für Sparkassen u. Banken, insbes. in Köln und Berlin.
Stärken: Prozesse u. Bankinsolvenzen.
Häufig empfohlen: Dr. Yorick Ruland, Dr. Roland Hoffmann-Theinert
Kanzleitätigkeit: Schwerpunkte im klass. Aufsichtsrecht, daneben kanzleispezif. Stärke im Restrukturierungs- u. Insolvenzsegment. Auch ▶ M&A-Transaktionen, hoher prozessualer Anteil (▶ Handel u. Haftung). (12 Eq.-Partner, 3 Sal.-Partner, 3 Counsel, 8 Associates)
Mandate: ●● MPC Capital bei Sanierungsvereinbarung; Dexia Kommunalbank in Prozessen wg. Cross-Currency-Darlehensverträgen; lfd. Sparkasse KölnBonn u. DKB in Prozessen; Förderbank bei

GSK STOCKMANN + KOLLEGEN
Bank- und Bankaufsichtsrecht

NOMINIERT
JUVE Awards 2015
Kanzlei des Jahres für Bank- und Finanzrecht

Bewertung: Empfohlene Kanzlei für Bankaufsichtsrecht. Über die Jahre hat GSK die regulator. Beratung zunehmend als Kernstück ihrer Bank- u. Finanzrechtspraxis definiert u. Stück für Stück ausgebaut. Entspr. groß ist die themat. Bandbreite, in der GSK zahlr. Nichtbanken unterschiedlicher Größenordnung, zunehmend aber auch kleinere Banken berät. Dabei adressieren die Anwälte aktuelle Entwicklungen teils früher als einige größere Wettbewerber. So begleitete die Praxis bspw. im münsterländ. Regionalmarkt einen der ersten Banken-M&A-Deals unter dem EZB-Aufsichtsregime. Gleichzeitig war GSK bereits an mehreren Stellen im rasch wachsenden Fintech-Markt aktiv. Der im Vorjahr von Clifford Chance dazugekommene Peter Scherer hat sich gut in die Aufstellung des Teams eingefügt u. sorgt mit seiner Erfahrung für zusätzl. Kompetenz etwa an der Schnittstelle zum Fonds- u. Derivatebereich. Of Counsel Dr. Dirk Scherp, der die Schnittstelle zu Compliance u. Wirtschaftsstrafrecht bediente, wechselte im Herbst 2014 zu Gleiss Lutz.
Stärken: Breites aufsichtsrechtl. Know-how; Zahlungsdiensteaufsichtsgesetz.
Häufig empfohlen: Dr. Markus Escher, Peter Scherer
Kanzleitätigkeit: Breite aufsichtsrechtl. Beratung, u.a. Gründungen von Spezialbanken, transaktionsbegleitend (▶M&A), aufsichtsrechtl. Fragen zu KAGen, Wertpapierabwicklungsbanken u. Immobilienfonds (▶Immobilien) u. zu Electronic Banking (Zahlungssysteme, Near Banks). Außerdem starke Investmentfondspraxis. Kooperation mit internat. Broadlaw-Netzwerk. (4 Eq.-Partner, 3 Sal.-Partner, 9 Associates)
Mandate: ●● BB Beteiligungsges. bei Übernahme von Bankhaus Bauer; VR-Bank Westmünsterland bei Kauf von Münsterländ. Bank Thie & Co.; Bettervest zu Crowdinvesting-Plattform; Tesla bei BaFin-Registrierung von Leasinggesellschaft; IG Kreditkarten weiter zu europ. Gesetzgebungsvorhaben PSD2; marokkan. Bank im Zshg. mit gepl. Geschäft in Dtl.; Sparkasse bei Compliance-Sonderuntersuchung.

HENGELER MUELLER
Bank- und Bankaufsichtsrecht

Bewertung: Eine führende Praxis im Bankaufsichtsrecht, in der zunehmend jüngere Partner in Schlüsselmandate hineinwachsen. Diese Entwicklung hat sich insbes. seit 2 Jahren bei Schneider u. Rang abgezeichnet, die wichtige Themen wie die Libor-Untersuchungen u. Eigenkapitalfragen abdecken. Auch die Entscheidung für ein Büro in Shanghai sowie die engere Vernetzung mit ihren Best-Friends-Kanzleien zeigen Wirkung: Ein sprunghaft gestiegener Anteil internat. Mandate, viele mit asiat. Bezug u. damit ein kontinuierl. Gegengewicht zu den ehem. dominanten US-Kontakten von Paul. „Hengeler hat sich da neu erfunden", lobt ein anerkannter Wettbewerber. Daneben bewies Bliesener Geduld u. strateg. Geschick bei der HRE, zunächst im Depfa-Verkauf, später im monatelangen Dual-Track-Verf. zum Schicksal der Dt. Pfandbriefbank. So schaffte HM den bemerkenswerten Spagat, trotz stärkerem internat. Geschäft neben Freshfields u. Linklaters auch weiter die für den dt. Markt prägenden Mandate für sich zu beanspruchen.
Stärken: Produktspezif. Aufsichtsrecht. Koordination großer Restrukturierungen u. Transaktionen.
Entwicklungsmöglichkeiten: Wie viele Wettbewerber setzt auch Hengeler nun mehr auf die breiter angelegte Beratung der Bankenbranche. Ein wichtiges Signal ist die Ernennung einer jungen Berliner Datenschutzexpertin zur Partnerin. Künftig will die Praxis bei den Wachstumsgebieten Digitalisierung u. interne Untersuchungen ein größeres Stück vom Mandatskuchen abbekommen.
Häufig empfohlen: Dr. Dirk Bliesener („unaufgeregt, souveräner Auftritt", Wettbewerber), Dr. Thomas Paul (v.a. Transaktionen), Dr. Sven Schneider („Spitze", „gutes Standing bei Vorständen, trotz seines jungen Alters", Wettbewerber), Dr. Alexander Rang, zunehmend Dr. Christian Schmies („beeindruckende Arbeit", Wettbewerber über beide)
Kanzleitätigkeit: Hoch spezialisierte Produktberatung, v.a. bei Risikoabschirmungen. Auch transaktionsbezogen sowie genuin aufsichtsrechtl. tätig. Regelm. ▶Restrukturierung/Sanierung. Prozessführung für Banken (▶Handel u. Haftung), Schnittstellen zum Öffentl. Wirtschaftsrecht u. ▶Beihilfe, zu Compliance u. internen Untersuchungen. Erhebl. Investitionen mit ausl. Best-Friend-Kanzleien u. Büro in Schanghai (12 Partner, 1 Counsel, 12 Associates)
Mandate: ●● Dt. Bank bei internen Untersuchungen wg. Libor-Skandal u. arbeitsrechtl. Verfahren; regelm. HRE-Holding, u.a. bei Verkauf Depfa an FMS WM (mit Arthur Cox) u. im Dual-Track-Verf. bei gepl. Verkauf PBB u. Börsengang; Oddo & Cie beim Kauf Close Brothers Seydler Bank; ÖVAG im Aufsichtsrecht; Standard Chartered bei Verkauf Verbraucherdarlehengeschäft an Ikano; Erste Bank wg. CRR-konformer Kreditvorsicherung; Greenleasing wg. Tier-1-Kapital; europ. Kreditinstitut wg. EZB-Aufsicht.

HOGAN LOVELLS
Bank- und Bankaufsichtsrecht

NOMINIERT
JUVE Awards 2015
Kanzlei des Jahres für Bank- und Finanzrecht

Bewertung: Häufig empfohlene Bankaufsichtsrechtspraxis. Schon in den letzten Jahren konnten sich die Anwälte frühzeitig bei entsch. Trendthemen mit Wachstumspotenzial positionieren u. daraus umfangr. Mandate generieren, die z.T. jahrelang für gute Auslastung sorgten. So hat etwa kaum eine andere Kanzlei so enge Beziehungen zu beiden dt. Bad Banks, insbes. zu FMSWM, was zuletzt mit der Depfa-Übernahme zu einem besonderen Beratungshöhepunkt führte. Im Bereich Zahlungsdienste gehört Reimer seit Jahren zu den anerkanntesten Spezialisten, u. in letzter Zeit zeigte sich die Praxis auch im zukunftsträchtigen Fintech-Segment deutl. aktiver als viele Wettbewerber. An dieser Schnittstelle gelang mit dem EC-Netzbetreibermandat für Entgeltverhandlungen ein echter Coup. Schmerzlich ist hingegen der Verlust einer erfahrenen Nachwuchsanwältin, die zu einem Unternehmen wechselte.
Stärken: Bad-Bank-Thematik, ZAG-Fragen, Verbraucherkreditgeschäft.
Häufig empfohlen: Dr. Michael Leistikow, Dr. Tim Brandi, Dr. Richard Reimer („sehr gutes Problemverständnis, enorme Erfahrung", Mandant)
Kanzleitätigkeit: Breite aufsichtsrechtl. Tätigkeit, auch Outsourcing, Compliance u. Sanktionsausschussverfahren. Zudem krisenbedingte Beratung sowie zu Zahlungsstethemen u. zunehmend Fintech-Bereich. Auch Prozessführung. (3 Partner, 5 Associates)
Mandate: ●● FMSWM bei Übernahme der Depfa, Rückerwerb von Hybridanleihen sowie lfd.; Via Group in Bieterverfahren um SEE Holding; 14 Netzbetreiber u. Konzentratoren zu Verhandlungen mit Kreditwirtschaft um EC-Transaktionsentgelte; BVZI weiter in Zahlungsdienstefragen.

LATHAM & WATKINS
Bank- und Bankaufsichtsrecht

JUVE AWARDS 2015
Kanzlei des Jahres für Bank- und Finanzrecht

Bewertung: In dem aktuellen Marktumfeld spielt die im Bank- u. Bankaufsichtsrecht häufig empfohlene Praxis ihre Stärken voll aus. Weil der Schulterschluss mit ihrer renommierten Private-Equity-Praxis abermals gelang, konnte sich L&W für strateg. Investoren in div. M&A-Mandaten positionieren. Beim Rückkauf hybrider Anleihen der Depfa spielte L&W nicht nur ihre herausragende Expertise im Anleihenbereich aus, sondern nutzte auch die Erfahrung von Krueger und Eyles im Transaktions- u. Restrukturierungsbereich für sich. Auch wenn L&W bei Prozessen weniger Präsenz zeigt, ist die Praxis fachl. breiter aufgestellt als je zuvor. So bringt u.a. mit Bierwirth ein erfahrener Anwalt im Mittelbau der Praxis mehr Qualität für die Beratung bei EMIR-Fragen, wo L&W einen ausl. Industriekonzern als neuen Mandanten gewinnen konnte. Über den lfd. Austausch mit den US-Anwälten ist die Einheit zudem mit Fintech-Themen bestens vertraut; intern nutzen dies bereits div. Associates, um an ihrem Marktprofil zu arbeiten.
Stärken: Gute Position bei Branchenverbänden u. große Litigation-Erfahrung (▶Handel u. Haftung). Marktführende Praxis für ▶Private Equ. u. Vent. Capital.
Entwicklungsmöglichkeiten: Die personellen Entwicklungen bei direkten Wettbewerbern wie Clifford spielt L&W, die sich über die Jahre weiterentwickelt hat, in die Hände. Wenn es der Kanzlei nun gelingt, neben Eyles einen 2. starken Aufsichtsrechtler heranzuziehen, könnte die Lücke zu den führenden Kanzleien bald geschlossen sein.
Häufig empfohlen: Dr. Uwe Eyles („hoch erfahren, bissig" Wettbewerber), Okko Behrends, Dr. Markus Krüger („sehr angenehm in Transaktionen", Wettbewerber), als Counsel Frank Bierwirth
Kanzleitätigkeit: Regelm. in Bankeninsolvenzen, -restrukturierungen u. Outsourcings. Ausgeprägte Prozesspraxis. Zudem Kapitalmarktfragen. In Hamburg bankenbezogene Gesellschaftsrechtspraxis. Viel originäres Aufsichtsrecht. (Kernteam: 5 Partner, 2 Counsel, 8 Associates)
Mandate: ●● Lfd. BdB-Einlagensicherungsfonds, u.a. im Zshg. mit dem US-Insolvenzverf. Lehman Brothers Holding (mit New York); lfd. Apollo bei Unternehmenskäufen; Helaba u. BayernLB wg. synthet. Verbriefungen; Mak Severin bei Kauf offener Immobilienfonds i.L.; div. Unternehmen bei EMIR-Umsetzung; 23 dt. Banken bei Monitoring von Auslandssicherheiten wg. Eigenkapitalvorschriften.

LINDEMANN SCHWENNICKE & PARTNER
Bank- und Bankaufsichtsrecht

Bewertung: Empfohlene Kanzlei für Bank- u. Bankaufsichtsrecht, die von ihrem einzigen Stand-

BANK- UND FINANZRECHT BANK- UND BANKAUFSICHTSRECHT

ort Berlin aus einen breiten Mandantenkreis bedient u. regelm. Lob für fachl. Qualität u. guten Service erhält. Ihre engen Verbandskontakte konnten die Anwälte im letzten Jahr nochmals erweitern u. vertiefen, daneben setzte LSP bereits einen Fuß in den Wachstumssektor Fintech. Verstärkt kam das Team zudem bei Streitigkeiten mit den Aufsichtsbehörden zum Einsatz.
Stärken: Banking Litigation u. Finanzierungen.
Häufig empfohlen: Dr. Thomas Lindemann, Dr. Daniel Radig („zuverlässig, problemorientiert, pragmatisch, pünktlich", Mandant über beide), Dr. Till Brocker („echter ZAG-Fachmann", Wettbewerber)
Kanzleitätigkeit: Starker Prozessanteil aufseiten von Banken u. Initiatoren, insbes. bei Anlegerklagen, Massenverfahren (▶ Kapitalanlageprozesse). Inzw. gleich stark bei Beratung dt. u. ausl. Banken u. sonstiger Finanzdienstleister zu Gründung, Gestattungsverfahren, Compliance u. Corporate Governance, vereinzelt auch im Kapitalmarktrecht. (2 Partner, 4 Associates)
Mandate: ● Bankenverband zu Entgeltverhandlungen; Onlinehandelsplattform zu ZAG-Fragen; Verband lfd. u.a. zu Entgeltvereinbarungen u. EU-Kreditrichtlinien; Genossenschaftsbank zu Eigenkapitalthemen; Beteiligungsgesellschaft bei Fintec-Investments; Sparkasse zu mögl. BaFin-Maßnahmen nach MaRisk-Prüfung; Zahlungsdienstleister in Verfahren vor österr. Aufsicht.

LINDENPARTNERS
Bank- und Bankaufsichtsrecht □□□□□
Bewertung: Geschätzte Kanzlei für Bank- u. Bankaufsichtsrecht, die zuletzt neben ihrer bekannten Stärke bei streitigen Mandaten zunehmend auch als Compliance-Beraterin gefragt war. Erneut ergiebig zeigten sich die guten Kontakte zu Verbänden, die nicht nur selbst permanent für neue Projektmandate sorgen, sondern die Kanzlei immer häufiger auch bei institutsbez. Fragen ins Spiel bringen. Wettbewerber loben die Anwälte regelm. für „Sachkenntnis u. Engagement".
Stärken: Ausgeprägte Prozesspraxis (▶ Handel u. Haftung).
Häufig empfohlen: Dr. Lars Röh („kompetent u. zielstrebig", Wettbewerber), Dr. Frank Zingel
Kanzleitätigkeit: Gute Vernetzung in Sparkassen-, Genossenschafts- u. Landesbankensektor u. Verbänden. Beratung in KWG-, WpHG-, depot- u. bankaufsichtsrechtl. Fragen; zunehmend Fintech-Themen. Hoher Anteil an kapitalmarktbezogenen Mandaten, insbes. Emissionshäuser u. Fondsinitiatoren. Große Prozesserfahrung bei Abwehr von Anlegerklagen. (3 Partner plus Associates)
Mandate: ●● DSGV bei MiFID-II-/MiFIR-Umsetzung u. zu Sanierungs- u. Abwicklungsgesetz; NordLB u. Mittelbrandenburgische Sparkasse zu Anlegerklagen; Frankfurt-Trust zu Einlagensicherung; Hamburger Sparkasse zu Swapklagen sowie lfd. in Compliance-Fragen; lfd. Berliner Volksbank u. HSH Nordbank in Compliance-Fragen; BVR projektbez.; S-Kreditpartner; BÖAG; Sparkasse zu Swapklagen; Vermögensverwalter bei Abwehr von Kundenansprüchen.

LINKLATERS
Bank- und Bankaufsichtsrecht ■□□□□
Bewertung: Eine führende Bankaufsichtsrechtspraxis, die bei krisenbezogenen Themenkomplexen wie HSH Nordbank u. Großtransaktionen wie EAA/Westimmo unverändert präsent war. Großen Raum nehmen daneben interne Untersuchungen u. regulator. Dauerberatung bei bedeut. Instituten ein, auch im Fintech-Segment begleiteten die Anwälte einige anspruchsvolle Projekte. Auf lange Sicht bedeutender als die aktuellen Erfolge ist aber, dass neben dem zentralen Partner Steck auch die jüngeren Anwälte zunehmend auf sich aufmerksam machen. Neben Winter, der bes. an der Schnittstelle zum Versicherungsaufsichtsrecht aktiv war, trat beim Westimmo-Verkauf u. bei einem MiFID-II-Großprojekt eine Counsel in den Vordergrund. Auch eine Reihe von Associates wurden von Mandanten u. Wettbewerbern bereits gelobt, bes. häufig Dehio.
Stärken: Exzellentes Know-how im Aufsichtsrecht u. enge Anbindung an die marktführenden ▶ M&A- u. ▶ Restrukturierungspraxen.
Häufig empfohlen: Andreas Steck („für uns seit Jahren erste Wahl", Mandant; „hervorrag. Jurist, kluge Lösungsansätze", Wettbewerber), Dr. Frederik Winter („pragmatisch u. konstruktiv", Wettbewerber), Klaus Saffenreuther (v.a. Prozesse), als Associate Andreas Dehio
Kanzleitätigkeit: Lfd. Beratung ebenso wie projektweise Einbindung. Dabei ausgewogenes Verhältnis von instituts- (Gründung, Outsourcing, Compliance) u. produktbezogener Arbeit (Eigenmittelunterlegung, Hedgefonds, Credit-Default-Produkte), wo eine Schnittstelle zu ▶ Investmentfonds u. zur strukturierten Produktepraxis (▶ Anleihen) besteht. Zudem ▶ Beihilfe u. regierungsnahe Beratung. Auch Marktinfrastrukturfragen, Vertretung börsenstrafrechtl. Fälle u. ▶ Unternehmensbez. Versichererberatung. (Kernteam: 3 Partner, 2 Counsel, 7 Associates)
Mandate: ●● EAA bei Verkauf von Westimmo; Stadt Hamburg u. Land Schleswig-Holstein weiter zu Beteiligung an HSH Nordbank; RHJI/Kleinwort Benson bei Integration BHF-Bank u. Reorganisation; Dr. Bavaguthu Raghuram Shetty bei Kauf der Travelex-Gruppe (auch Inhaberkontrollverfahren).

MAYER BROWN
Bank- und Bankaufsichtsrecht □□□□□
Bewertung: Empfohlene Kanzlei für Bank- u. Bankaufsichtsrecht, die mit dem Streit um die Abwicklung der Hypo-Alpe-Adria-Bad-Bank HETA an der Seite der NRW.Bank einen der prominentesten Prozesse des Jahres ausficht. Daneben kamen die Anwälte erneut für zahlr. Stammmandanten in den derzeit bes. arbeitsintensiven Themenfeldern KAGB, EMIR u. verstärkt auch BRRD zum Einsatz. Allerdings erlebte die Praxis über die letzten Jahre einen veritablen Exodus erfahrener Anwälte: Nach 2 Abgängen im Vorjahr wechselte nun der ehem. Managing-Partner der Kanzlei, Dr. Jörg Wulfken, zu PwC. Zugleich schloss sich der junge Partner Dr. Simon Grieser mit einem Finanzierungskollegen Reed Smith an. MB verstärkte sich zwar kurz darauf mit Dr. Alexander Behrens von Freshfields, der als Partner kam. Das Team ist dennoch stärker denn je auf Seitz zugeschnitten.
Stärken: Erfahrung bei Marktinfrastruktur/Derivate-Clearing; Wertpapieraufsichtsrecht.
Häufig empfohlen: Dr. Jochen Seitz
Kanzleitätigkeit: Strukturierung von Transaktionen, Outsourcing. Teilschwerpunkt im Wertpapieraufsichtsrecht, Anleihen u. Fondsberatung. Auch NPL-Deals, Institutsgründung, Abwicklung, Compliance (▶ Gesellsch.recht), z.T. auch Prozessführung (▶ Handel u. Haftung). (3 Partner, 1 Counsel, plus Associates)
Mandate: ●● NRW.Bank in Klage um Rückzahlung von HETA-Schuldverschreibungen; AVS Valuation zu Haftung nach KAGB; Bank Julius Bär zu KAGB-Umsetzung sowie weiter zu OTC-Derivaten/EMIR; Leonteq Securities zu KAGB-Umsetzung; weiter KPMG im Zshg. mit Lehman-Brothers-Insolvenz gg. Einlagensicherungsfonds.

NOERR
Bank- und Bankaufsichtsrecht □□□□□
Bewertung: Im Aufsichtsrecht empfohlene Praxis, die neben Wettbewerbern wie Hogan Lovells u. Aderhold am stärksten von dem Trendthema Fintech profitiert. Noerr findet über ihre Berliner VC-Kontakte einen direkten Zugang zu Start-ups u. Crowdfunding-Plattformen. Zudem ist es dem letztj. Zugang von Freshfields, Kunz, auch bemerkenswert schnell gelungen, die vorhandene ZAG-Expertise aufzugreifen u. in weitere Mandate aufzufächern. Dies verschafft Fett, der die Compliance-Aktivitäten bei Noerr koordiniert, die notwendigen Freiräume, um eine ausl. Großbank in regulator. Fragen ggü. der BaFin zu begleiten. Dass kleinere dt. Wettbewerber Noerr als Vorbild für ihre eigene Entwicklung nennen, sollte die Kanzlei als großes Kompliment für ihre stringente Strategie verstehen.
Stärken: Bankprozesse, Beratung zu ZAG, standortübergr. Zusammenarbeit der Teams.
Häufig empfohlen: Hans Kirchner (v.a. Bankprozesse), Dr. Torsten Fett („gut im Umgang mit Management", Mandant), Dr. Jens Kunz („kluger Kopf, wird seinen Weg machen", Wettbewerber)
Kanzleitätigkeit: Breit aufgestellte Praxis u. umf. Tätigkeit in bankrechtl. Auseinandersetzungen (▶ Handel u. Haftung). Profitiert bei Fintech-Themen über die enge Anbindung im Berliner Büro. Spezialisierung bei Restrukturierung von Krediten sowie Finanzierungen (▶ Kredite u. Akqu.fin.). Erhebl. aufgewertet: bankrechtl. ▶ Compliance. Schnittstelle zu Corporate Finance u. Outsourcing. (9 Eq.-Partner, 8 Sal.-Partner, 1 Counsel, 27 Associates)
Mandate: ●● Oddo & Cie bei Kauf Meriten; Oberbank zu WpHG-Compliance; lfd. Deutsche Bank in Prozessen; Sal. Oppenheim bei Abwehr von Schadensersatz wg. geschlossener Immobilienfonds; Portigon bei Abwehr von Zinsswapklagen; ausl. Großbank bei WpHG-Compliance in BaFin-Verf.; Dienstleister wg. ZAG-Erlaubnis; Genossenschaftsbank umf. zur Wertpapieraufsicht; Zahlungsabwickler wg. ZAG-Erlaubnis; frz. Factoringinstitut im Aufsichtsrecht; lfd. div. Kreditvermittlungsplattformen im Vertrags- u. Aufsichtsrecht.

SERNETZ SCHÄFER
Bank- und Bankaufsichtsrecht □□□□□
Bewertung: Im Bankrecht empfohlene Praxis, die abseits der internat. Kanzleien sicher die meiste Expertise bei komplexen Streitigkeiten hat. Gerade um ihre Mannschaft aus erfahrenen Litigation-Partnern wie Großerichter wird Sernetz im Markt beneidet. Dass er im Duo mit Schäfer trotz aller Entwicklungen bei der HRE-Gruppe nun auch die Bad Bank FMSWM im Zshg. mit HETA-Anleihen begleitet, spricht für die Einheit. In diesem Mandat kann sich als jüngerer Partner Kruis auszeichnen, den zuletzt auffallend viele Wettbewerber wahrnahmen. Auch in D'dorf ist der Übergang auf eine jüngere Generation zu beobachten: Eckhold baut seinen Trackrecord im Aufsichtsrecht u. bei grenzüberschr. Transaktionen aus, ein Bsp. ist Attestor beim gepl. Kauf einer Bank.

● Referenzmandate, umschrieben
●● Referenzmandate, namentlich

Anwaltszahlen: Angaben der Kanzleien, wie viele Anwälte zu mind. ca. 50 % in diesem Gebiet tätig sind. Sie spiegeln nicht zwingend die Gesamtgröße einer Kanzlei wider.

Stärken: Komplexe Prozessführung u. hervorragende Branchenkontakte.
Häufig empfohlen: Prof. Dr. Frank Schäfer, Dr. Manfred Wolf, Dr. Helge Großerichter („große Kompetenz, hervorragende Qualifikation", Wettbewerber über beide), Dr. Thomas Eckhold („umf. Fachwissen gepaart mit guter BaFin-Vernetzung", Wettbewerber), Dr. Ferdinand Kruis
Kanzleitätigkeit: Schwerpunkte in Prozessen mit bankrechtl. Hintergrund u. Gutachtertätigkeit, zunehmend weitere Finanzdienstleister u. Industriekonzerne im Aufsichtsrecht. Starker Bezug zu ▶Gesellschaftsrechtl. Streitigk. (Bankrecht insges.: 10 Partner, 3 Associates)
Mandate: ●● FMSWM wg. Klage HETA-Anleihen; HRE in KapMuG-Verf. wg. angebl. falscher Ad-hoc-Meldungen (mit Gleiss Lutz); Dt. Pfandbriefbank wg. Klage gg. Ex-Vorstände; Attestor bei gepl. Kauf einer Bank; Kreditinstitut wg. Genussscheinen; Bank in KapMuG-Verf. wg. Fonds; div. Sparkassen, Raiffeisenbanken u. Bausparkassen in Prozessen.

WHITE & CASE
Bank- und Bankaufsichtsrecht
Bewertung: Häufig empfohlene Bankaufsichtsrechtspraxis, die mit der überraschenden Mehrfachmandatierung im HETA-Prozesskomplex großen Respekt von Wettbewerbern erntete. Doch auch abseits streitiger Fälle waren die Anwälte an einer ganzen Reihe anspruchsvoller Einsätze beteiligt, nicht nur dank ihres trad. Teilschwerpunkts auf Fragen der Instituts- u. Einlagensicherung, sondern auch etwa in Eigenkapitalfragen (z.B. Degussa Bank, Greensill Bank). Eine immer größere Rolle spielt daneben der Zahlungsdienste- u. Fintech-Bereich, in dem ein Hamburger Partner für Edeka ein Großprojekt begleitete. Weniger sichtbar, aber hinter den Kulissen recht aktiv war die Praxis im Banken-M&A-Markt.
Häufig empfohlen: Matthias Kasch, Dr. Henning Berger („sehr tüchtig", Wettbewerber), Markus Langen (v.a. Prozesse), Dr. Roger Kiem
Kanzleitätigkeit: Breite Praxis, insbes. auf Produktseite, auch Koordination ausl. Sicherheiten u. aktive Schnittstelle zu ▶Beihilfe u. ▶Handel u. Haftung. Corporate-Arbeit für Banken u. Finanzdienstleister mit aufsichtsrechtl. Beratung, auch NPL-Transaktionen. Zudem Outsourcingprojekte, Beratung bei Wertpapierabwicklungssystemen. Prozesse um Akkreditive, Prospekthaftung, Anlegerklagen. (7 Eq.-Partner, 7 Sal.-Partner, 2 Counsel, 3 Associates)
Mandate: ●● Helaba, HSH Nordbank, NordLB, Berlin Hyp, PBB in Klage um Rückzahlung von HETA-Anleihen; BVR zu Reform der Institutssicherung der dt. Genossenschaftsbanken; Commerzbank bei Verkauf von Commerz Japan Real Estate Finance; BdB zu Neuregelung Einlagensicherungsgesetz; Degussa Bank sowie Greensill Bank bei AT1-Emissionen; DZ Bank bei Kapitalerhöhung; Edeka zu Fintech-Projekt; dt. Großbank zu Verteidigungsmöglichkeiten gg. Ergebnis des EZB-Stresstest u. geforderte Eigenmittelerhöhung.

Anzeige

Ihr German Desk in Luxemburg für maßgeschneiderte, innovative Lösungen.

MOLITOR
Luxemburg

Der MOLITOR German Desk ist integraler Teil unserer Rechtsberatung in Luxemburg. Die Mitglieder des MOLITOR German Desk haben langjährige Erfahrung in der rechtlichen Beratung deutscher und deutschsprachiger Mandanten mit Geschäftsaktivitäten in Luxemburg.

Eine persönliche Betreuung sowie das geschäftliche Interesse unserer Mandanten stehen im Mittelpunkt unserer Rechtsberatung. Hervorragende juristische Fähigkeiten und ein exzellentes Verständnis für grenzübergreifende wirtschaftliche Zusammenhänge prägen unser Team.

Wir bieten Rechtsberatung in deutscher Sprache im gesamten Dienstleistungsspektrum der Kanzlei.

Ihre Ansprechpartner

Martina Huppertz
Partner
Banking & Finance, Investment Funds
Verantwortliche German Desk
martina.huppertz@molitorlegal.lu

Michel Molitor
Partner
Banking & Finance,
Business & Commercial
michel.molitor@molitorlegal.lu

Paulo Lopes da Silva
Partner
Litigation & Dispute Resolution,
Real Estate, Zoning & Environment,
Employment & Pensions
paulo.dasilva@molitorlegal.lu

"A cross-disciplinary team which 'performs as good as or better than many other big law firms'."
(Investment funds) *The Legal 500*

"MOLITOR provides 'superb, fast and top quality' service as well as 'valuable insights into the legal market', 'very good, professional firm'."
(Banking & Finance) *The Legal 500*

"MOLITOR has a creative attitude, is quick to respond and is business-oriented, direct and approachable."
(Real Estate) *Chambers Global*

"A Top Tier Dispute Resolution firm"
The Legal 500

"The firm has an excellent corporate practice, and advises on structures across Europe." *Chambers Global*

8, rue Sainte-Zithe Postfach 690 L-2016 Luxemburg T (+352) 297 298 1 F (+352) 297 299 E contact@molitorlegal.lu www.molitorlegal.lu

Börseneinführungen und Kapitalerhöhungen

Dunkle Wolken über dem Börsenhimmel

Während es 2014 mit acht Börsengängen am regulierten Markt in Deutschland noch recht ruhig zuging, wagten sich in der ersten Jahreshälfte 2015 schon fünf Unternehmen aufs Parkett. Doch gerade als viele glaubten, jetzt geht es richtig los, setzte die große Verunsicherung ein. Auslöser dafür war vor allem das sich zuspitzende Griechenland-Drama. Doch im Schatten dieser europäischen Problematik braute sich in Asien eine weitere Krise zusammen. Der zunächst stark boomende chinesische Börsenmarkt schlug um in abstürzende Kurse und verzweifelte Anleger. Es wurde klar, dass die tragische Entwicklung in der Volksrepublik weitaus schlimmere Folgen für die Welt und damit auch für die Finanzmärkte haben könnte als die Schuldenproblematik Griechenlands. Ungeachtet dieser beiden Krisenherde schwebte über dem deutschen Kapitalmarkt auch immer das gebannte Warten auf eine Leitzinsentscheidung der amerikanischen Notenbank. Für einige Börsenaspiranten war diese Gemengelage wohl zu viel. Als Erstes verschob das Berliner Immobilienunternehmen Ado Properties seinen für Ende Juni vorgesehen Börsengang bis auf Weiteres, um dann Ende Juli doch noch den Sprung zu wagen. Anfang Juli machten drei weitere Unternehmen einen Rückzieher. Einzig der Online-Schmuckspezialist Elumeo wagte sich zu diesem Zeitpunkt planmäßig aufs Parkett. Aber aufgeschoben ist (in den meisten Fällen) nicht aufgehoben. Zudem war die Pipeline für das zweite Halbjahr voll, unter anderem mit so großen Namen wie E.on und Bayer.

Verfolger aus dem Mittelfeld holen auf

Bei den Top-Deals, wie dem IPO von Zalando, Tele Columbus und TLG Immobilien, oder der Kapitalerhöhung der Commerzbank setzten sich überwiegend die Spitzenreiter **Sullivan & Cromwell**, **Freshfields Bruckhaus Deringer** und **Hengeler Mueller** durch. In der Riege der führenden Kanzleien ragte dabei ein Partner ganz besonders heraus: Dr. Carsten Berrar. Der junge Partner von **Sullivan & Cromwell** nahm in nahezu allen bedeutenden Transaktionen eine tragende Rolle ein. Wettbewerber zollten ihm dafür sowie für seine fachliche Kompetenz unisono Anerkennung. Bei den prestigeträchtigen Mandaten kamen in kleineren Rollen auch Kanzleien aus dem Mittelfeld zum Zug. Hier konnte sich beispielsweise **Noerr** gut entwickeln und mit ihrer Arbeit beim IPO von Rocket Internet und Zalando im Samwer-Beteiligungsimperium Fuß fassen. Am dichtesten an die Fersen der Marktführer hat sich – auch in der Wahrnehmung vieler Marktbegleiter – **Allen & Overy** gehängt. Zwar verlor die Kanzlei einen akquisestarken und umtriebigen Partner an **White & Case**, schaffte es aber schnell, sich personell wieder neu aufzustellen. Ebenfalls positiv aufgefallen ist **Latham & Watkins**, die Kanzlei konnte mit einem so guten Trackrecord wie lange nicht aufwarten. Dabei profitierte das deutsche ECM-Team unter anderem von der engen Vernetzung mit der US-Kapitalmarktpraxis der Kanzlei. Eine beachtliche Transaktionsbilanz legte auch **Hogan Lovells** hin. Dabei begleitete das ECM-Team der Praxis neben mehreren eher kleineren Deals auch einige großvolumige Transaktionen, wie beispielsweise im Falle der sogenannten ScripDividend der Deutschen Telekom, bei der sie im dritten Jahr in Folge die Citigroup beriet. Hinter ihren Möglichkeiten zurück blieb dagegen erneut **Cleary Gottlieb Steen & Hamilton**, die zwar hochkarätige, aber nur sehr wenige Transaktionen begleitete. An Boden verloren hat auch **Shearman & Sterling**, die Kanzlei musste den Verlust ihres wichtigsten ECM-Partners an **Allen & Overy** hinnehmen.

Die folgenden Bewertungen behandeln Kanzleien, die bei Aktienplatzierungen an deutschen und ausländischen Börsen beraten. Im Fokus der Anwaltstätigkeit steht die Begleitung von Emittenten während der verschiedenen Phasen dieses Prozesses ebenso wie der konsortialführenden Banken. Zu den Beratungsthemen zählen die Dokumentation, Prospekterstellung, Begleitung bei Anzeigepflichten u. andere das Wertpapierhandelsgesetz betreffende Aspekte. Häufig betreuen Kanzleien Unternehmen beim Börsengang und bei Kapitalerhöhungen, die sie bereits zuvor gesellschaftsrechtlich betreut haben.

BÖRSENEINFÜHRUNGEN UND KAPITALERHÖHUNGEN

Freshfields Bruckhaus Deringer	Frankfurt, München, Hamburg
Hengeler Mueller	Frankfurt, Düsseldorf, München
Sullivan & Cromwell	Frankfurt
Allen & Overy	Frankfurt
Linklaters	Frankfurt
Skadden Arps Slate Meagher & Flom	Frankfurt
Cleary Gottlieb Steen & Hamilton	Frankfurt
Clifford Chance	Frankfurt
CMS Hasche Sigle	Frankfurt, Stuttgart
Gleiss Lutz	Frankfurt, Stuttgart
Hogan Lovells	Frankfurt, München
Latham & Watkins	Frankfurt, Hamburg
White & Case	Frankfurt, Hamburg
Ashurst	Frankfurt
Noerr	Frankfurt
Norton Rose Fulbright	Frankfurt
Taylor Wessing	Frankfurt, München, Hamburg
Heuking Kühn Lüer Wojtek	Köln
Mayrhofer & Partner	München
Shearman & Sterling	Frankfurt

Die hier getroffene Auswahl der Kanzleien ist das Ergebnis der auf zahlreichen Interviews basierenden Recherche der JUVE-Redaktion (s. Einleitung S. 20). Sie ist in 2erlei Hinsicht subjektiv: Sämtliche Aussagen der von JUVE-Redakteuren befragten Quellen sind subjektiv u. spiegeln deren eigene Wahrnehmungen, Erfahrungen u. Einschätzungen wider. Die Rechercheergebnisse werden von der JUVE-Redaktion unter Einbeziehung ihrer eigenen Marktkenntnis analysiert u. zusammengefasst. Der JUVE Verlag beabsichtigt mit dieser Tabelle keine allgemein gültige oder objektiv nachprüfbare Bewertung. Es ist möglich, dass eine andere Recherchemethode zu anderen Ergebnissen führen würde. Innerhalb der einzelnen Gruppen sind die Kanzleien alphabetisch geordnet.

ALLEN & OVERY
Börseneinführung und Kapitalerhöhung

Bewertung: Die häufig empfohlene Kanzlei für Equity-Kapitalmarktrecht hat ein erfolgr. Jahr hinter sich. Das ECM-Team war an einigen bedeutenden Deals wie z.B. dem IPO von Rocket Internet beteiligt u. bei der Vergabe anderer wichtiger Mandate in der engen Auswahl. Auch deshalb sehen einige Konkurrenten die A&O-Praxis inzw. als diejenige, die zusammen mit Skadden am ehesten an die Top 3 heranreicht. Ein deutl. Verlust war indes der Weggang von Gernot Wagner, der als jüngerer Partner sehr viel Geschäft akquirierte u. Ende 2014 zu White & Case ging. A&O gewann aber zügig wieder einen anerkannten Partner dazu, von Shearman kam der ebenfalls als US-Anwalt qualifizierte Marc Plepelits. An die Präsenz, die Wagner zuletzt hatte, reicht Plepelits aber noch nicht heran.
Stärken: Hervorragende Kontakte zu Banken, v.a. international.
Entwicklungsmöglichkeiten: A&O hat aufgrund sehr starker Bankenkontakte u. einer guten Breite der Corporate-Praxis beste Voraussetzungen, näher an die Marktführer heranzurücken. Ob dies gelingt, hängt wesentl. davon ab, wie sehr sie es nun schafft, eine noch stärkere Beratungstätigkeit auf der Emittentenseite zu entwickeln.
Häufig empfohlen: Dr. Oliver Seiler („Teamplayer", „gehört zu den Besten seines Fachs", Wettbewerber), Marc Plepelits
Kanzleitätigkeit: IPOs, Bezugsrechtsemissionen, Zweitplatzierungen, Kapitalerhöhungen, Block Trades, Notierungen. (2 Partner, 1 Counsel, 8 Associates)
Mandate: ●● Morgan Stanley, JPMorgan, Berenberg Bank bei IPO von Rocket Internet; Morgan Stanley, JPMorgan, Berenberg Bank bei Kapitalerhöhung von Rocket Internet; Banken bei gepl. IPO einer Rocket-Beteiligung; Lone Star beim IPO von TLG; TUI bei Kapitalerhöhung; UBS bei Privatplatzierung von Hugo-Boss-Aktien; Alstria bei Kapitalerhöhung; Banken bei gepl. IPO von Aurelis; Hapag Lloyd bei gepl. IPO; Dt. Bank, Goldman Sachs bei gepl. IPO von CBR Fashion; Commerzbank, Kempen bei Kapitalerhöhung von LEG Immobilien.

ASHURST
Börseneinführung und Kapitalerhöhung

Bewertung: Die empfohlene Praxis für Equity-Kapitalmarktrecht kommt in ihrer Neuorientierung Schritt für Schritt voran. Nach dem marktbedingten u. wahrscheinl. dauerhaften Wegfall ihrer einstigen Säule, der Beratung bei China-IPOs, hat sie den im Vorjahr aufgebauten soliden Dealflow abseits dieses Geschäfts gestigt. So gelang es dem Team, mit WCM und 3W Power 2 neue Mandanten zu gewinnen und diese bei komplexen Kapitalerhöhungen zu beraten. Kleinere Fortschritte machte sie auch bei der Verbreiterung ihrer Bankenkontakte u. sicherte sich einen Platz auf der Beraterliste der Commerzbank. Das Team wurde um 2 Associates erweitert.
Entwicklungsmöglichkeiten: Die Praxis könnte sich noch deutl. stärker bei Emittenten als visible Kraft etablieren. Dafür würde es sich anbieten, die Kontakte des Corporate-Teams intensiver zu nutzen.
Häufig empfohlen: Matthias von Oppen
Kanzleitätigkeit: Unternehmen u. Banken bei IPOs u. z.T. komplexen Kapitalerhöhungen. (2 Partner, 2 Counsel, 4 Associates)
Mandate: ●● 3W Power bei Restrukturierung inkl. Barkapitalerhöhung; WCM bei Restrukturierung inkl. kombinierter Bar- und Sachkapitalerhöhung.

CLEARY GOTTLIEB STEEN & HAMILTON
Börseneinführung und Kapitalerhöhung

Bewertung: Die für Börseneinführungen u. Kapitalerhöhungen empfohlene Kanzlei genießt für die Qualität der Arbeit ihrer Anwälte durchweg hohes Ansehen, v.a. durch die enge Verquickung von dt. u. US-Recht. Am hiesigen Markt war die Praxis durch ihre Beteiligung am Siltronic-IPO bei einem wesentl. Deal dabei und zudem in einer Nebenrolle beim Börsengang der PBB mit von der Partie. Insgesamt hat die Kanzlei jedoch erneut an Visibilität u. Boden ggü. Wettbewerbern wie z.B. A&O u. Skadden verloren. Die Zeiten, in denen die Praxis mit ihrer Beteiligung an zahlr. größeren hiesigen Transaktionen den Markt mit geprägt hat, scheinen vorbei zu sein. Der Cleary-Anteil an solchen Mandaten jedenfalls sank weiter.
Stärken: Außergewöhnl. Erfahrung als Bankenberaterin, breite US-rechtl. Kompetenz.
Entwicklungsmöglichkeiten: Eine breitere Mandantenbasis wäre einer höheren Visibilität im Markt zuträglich. Dass auch die Kanzlei ohne ausgesprochen gute Kontakte jenseits von Banken die lukrativere Emittentenarbeit aufbauen kann, hat ein ehrgeiziger junger Partner von Sullivan & Cromwell erfolgr. vorgemacht.
Häufig empfohlen: Dr. Gabriele Apfelbacher, Hanno Sperlich
Kanzleitätigkeit: V.a. große Transaktionen, meist mit transatlant. Platzierung. (gesamtes Kapitalmarktteam: 3 Partner, 1 Counsel, 8 Associates)
Mandate: ●● FMSA bei IPO von PBB; Credit Suisse, Citigroup bei IPO von Siltronic; Zooplus bei Kapitalerhöhung; Dt. Bank lfd. bei Publizitätsanforderungen u. Zulassungspflichten an der New Yorker Börse; Commerzbank lfd. bei US-amerikanischen Aspekten versch. Transaktionen.

CLIFFORD CHANCE
Börseneinführung und Kapitalerhöhung

Bewertung: Die für Equity-Kapitalmarktrecht empfohlene Kanzlei verfügt weiter über einen soliden Mandatsfluss. Hacket war z.B. durch die Kapitalerhöhung der Telekom Austria abermals im dt.-österr. Geschäft prestigeträchtig vertreten. Neben ihm wirkt jetzt auch der hoch angesehene DCM-Partner Sebastian Maerker stärker in der ECM-Praxis mit. Nach dem Weggang ihres langjährigen Chefs Markus Pfüller zu SZA steht die Kanzlei jedoch geschwächt da. Ihr fehlt nun einer der erfahrensten dt. Kapitalmarktrechtler. Zudem ist CC von den großen Einheiten die Einzige, die derzeit keinen dt. Partner mit originärem ECM-Schwerpunkt in ihren Reihen hat. Hacket ist Österreicher u. zudem als US-Anwalt zugelassen, Maerker durch die DCM-Arbeit stark gebunden.
Entwicklungsmöglichkeiten: Will die Kanzlei dauerh. eine Rolle im dt. ECM-Geschäft spielen, kommt sie nicht umhin, die Praxis personell zu verstärken.
Häufig empfohlen: Dr. George Hacket („macht einen sehr guten Job", Wettbewerber)

● Referenzmandate, umschrieben
●● Referenzmandate, namentlich

Anwaltszahlen: Angaben der Kanzleien, wie viele Anwälte zu mind. ca. 50% in diesem Gebiet tätig sind. Sie spiegeln nicht zwingend die Gesamtgröße einer Kanzlei wider.

BANK- UND FINANZRECHT BÖRSENEINFÜHRUNGEN UND KAPITALERHÖHUNGEN

Kanzleitätigkeit: IPOs, Kapitalerhöhungen, Privatplatzierungen. In Frankfurt auch US-Expertise. (2 Partner, 2 Counsel, 4 Associates)
Mandate: ●● Ferratum bei IPO; Dt. Bank, Citigroup, Erste Group, Raiffeisen, UniCredit bei Kapitalerhöhung der Telekom Austria; Hamborner REIT bei Kapitalerhöhung; Emissionsbanken unter Führung von Kempen bei IPO von Probiodrug; Heidelberger Druckmaschinen bei Kapitalerhöhung der Gallus Holding; Gesellschafter bei gepl. IPO von Aurelis.

Führende Namen bei Börseneinführungen und Kapitalerhöhungen

Rick van Aerssen	▶ Freshfields Bruckhaus Deringer
Dr. Carsten Berrar	▶ Sullivan & Cromwell
Dr. Reinhold Ernst	▶ Hengeler Mueller
Dr. Christoph Gleske	▶ Freshfields Bruckhaus Deringer
Dr. Stephan Hutter	▶ Skadden Arps Slate Meagher & Flom

Die hier getroffene Auswahl der Personen ist das Ergebnis der auf zahlreichen Interviews basierenden Recherche der JUVE-Redaktion (siehe S. 20). Sie ist in 2erlei Hinsicht subjektiv: Sämtliche Aussagen der von JUVE-Redakteuren befragten Quellen sind subjektiv u. spiegeln deren eigene Wahrnehmungen, Erfahrungen u. Einschätzungen wider. Die Rechercheergebnisse wurden von der JUVE-Redaktion unter Einbeziehung ihrer eigenen Marktkenntnis analysiert u. zusammengefasst. Der JUVE Verlag beabsichtigt mit dieser Tabelle keine allgemein gültige oder objektiv nachprüfbare Bewertung. Es ist möglich, dass eine andere Recherchemethode zu anderen Ergebnissen führen würde.

CMS HASCHE SIGLE
Börseneinführung und Kapitalerhöhung ☐☐☐☐
Bewertung: Empfohlene Praxis für Equity-Kapitalmarktrecht, die ihre Position gut behaupten kann. Durch die mrd-schwere Kapitalerhöhung von Telefónica war sie in einem prestigeträchtigen Mandat gut beschäftigt. Mit der Arbeit am gepl. IPO von Chorus Clean Energy für Berenberg demonstrierte sie überdies Zugang zu einer Bank, die derzeit eine gute Rolle im Markt spielt. Zudem begleitet sie sowohl auf Emittenten- wie auch auf Bankenseite einige gepl. Börsengänge. Damit zeigt sie sich in der Emanzipation vom marktbedingt versiegten China-IPO-Geschäft im Vergleich zur Wettbewerberin Ashurst noch ein Stück weiter.
Entwicklungsmöglichkeiten: Um die nächsten Schritte zu gehen, gilt es, insbes. die Corporate- u. Private-Equity-Kontakte der Kanzlei noch besser anzuzapfen. Auch vorhandene Kontakte aus dem internat. CMS-Verbund bieten noch einige Möglichkeiten.
Häufig empfohlen: Dr. Andreas Zanner
Kanzleitätigkeit: Traditionell tätig für Banken, Emittenten u. Gesellschafter. (2 Partner, 1 Counsel, 4 Associates)
Mandate: ●● Telefónica Dtl. bei Kapitalerhöhung; Affimed Therapeutics bei IPO in USA; Berenberg Bank bei gepl. IPO von Chorus Clean Energy.

FRESHFIELDS BRUCKHAUS DERINGER
Börseneinführung und Kapitalerhöhung ☐☐☐☐
Bewertung: Die Kanzlei zieht souverän ihre Kreise als eine der führenden Adressen für Equity-Kapitalmarktrecht. Bei einem Großteil der wichtigsten Deals war sie beteiligt u. stach z.B. im Ringen um die Begleitung von Börsengängen mit teils komplexen Investorenstrukturen die Konkurrenz regelmäßig aus. Nicht nur Mandanten schätzen die Praxis für ihre hohe Kompetenz, auch Wettbewerber loben: „Wenn es richtig kompliziert wird, ist es eine Wohltat, wenn Freshfields auf der Gegenseite steht." Der Anteil der lukrativeren Emittentenarbeit bleibt unverändert hoch.
Stärken: Vielzahl starker Einzelanwälte mit breiter Kapitalmarkterfahrung. Eingespielte Teams.
Entwicklungsmöglichkeiten: Kurios, aber wahr: Die Stärke der eigenen Anwälte bringt die Praxis in Kapazitätsengpässe. Nach van Aerssens Berufung zum ww. Corporate-Chef sind die Kapazitäten des jungen Partners in der ECM-Praxis begrenzt. Dies könnte andererseits die Chance für weitere jüngere Anwälte bieten, sich stärker zu profilieren. Angesichts dessen, dass König sich bereits im Herbst seiner Karriere befindet, wäre dies auch im Hinblick auf einen langfr. Generationswechsel sinnvoll.
Häufig empfohlen: Rick van Aerssen („schnell und smart", „lösungsorientiert", Wettbewerber), Dr. Christoph Gleske, Dr. Andreas König, Mark Strauch

Kanzleitätigkeit: Oft Beratung von Corporate-Mandanten zu Börsengängen, Kapitalerhöhungen, daneben Hybridprodukte (▶ Anleihen). (5 Partner, 15 Associates)
Mandate: ●● Zalando bei IPO; Windeln.de bei IPO; Erste Group Bank, JPMorgan, Morgan Stanley bei IPO von FACC; Permira bei mehreren Platzierungen von Hugo-Boss-Aktien; Fresenius bei Aktienplatzierung; JPMorgan, UBS, Commerzbank, Kempen, HSBC bei IPO von TLG Immobilien, CVC bei Platzierung von Evonik-Aktien; JPMorgan beim Verkauf von TLG-Aktien, Ado bei IPO; Wacker bei Siltronic-IPO; Goldman Sachs, JPMorgan bei IPO-Vorbereitung von Douglas (in Verkauf gemündet); Commerzbank, HSBC, LBBW bei Kapitalerhöhung von SGL Carbon; SFC Energy bei Kapitalerhöhung.

GLEISS LUTZ
Börseneinführung und Kapitalerhöhung ☐☐☐☐
Bewertung: Die Praxis gehört mit ihrem soliden Geschäft weiter zu den für Equity-Kapitalmarktrecht empfohlenen Kanzleien. Ein Fortschritt ist indes der Ausbau der 2014 begonnenen Zusammenarbeit mit der US-Kanzlei Proskauer Rose, der GL mehr Geschäft bei grenzüberschreitenden Aktienplatzierungen bringt. Traditionell steht die Praxis im dt. Markt eher auf Emittentenseite. Mit der Beratung von Berenberg u. Baader bei der Kapitalerhöhung von Westgrund zeigte sie aber auch auf Bankenseite Flagge. Darüber hinaus arbeitet Gleiss für einige Emittenten an der Vorbereitung einiger gepl. IPOs.
Stärken: Starke Corporate-Tradition, Deals im Bereich erneuerbarer ▶ Energien.
Häufig empfohlen: Dr. Stephan Aubel („souverän, kreativ", Wettbewerber)
Kanzleitätigkeit: Schwerpunkt auf Emittentenberatung bei IPOs u. Kapitalerhöhungen, aber auch erfahren auf Bankenseite. (2 Partner, 6 Associates)
Mandate: ●● Berenberg Bank, Baader Bank bei Kapitalerhöhung von Westgrund; ausl. Unternehmen bei IPO u. Listing an der Börse Hongkong.

HENGELER MUELLER
Börseneinführung und Kapitalerhöhung ☐☐☐☐
Bewertung: Die Kanzlei gehört weiter unumstritten zu den führenden Adressen für Börsengänge u. Kapitalerhöhungen. Der IPO von Tele Columbus u. die Privatplatzierung von Hella sind nur 2 Bsp. dafür, wie es ihr stets gelingt, sich in beiden Feldern einen außergewöhnl. Dealflow zu sichern. Dies verdankt sie v.a. ihren breiten Kontakten zu Emittenten, aber auch etablierten Bankenbeziehungen, regelm. ist sie bei Premiummandaten vertreten. Dennoch verzeichneten die beiden stärksten Konkurrenten Freshfields u. Sullivan einen noch breiteren Trackrecord. Dass der bei vielen Wettbewerbern als stärkster dt. ECM-Anwalt schlechthin geltende Busch weniger aktiv ist, macht es HM im Wettbewerb mit den Erzrivalen künftig nicht leichter.
Entwicklungsmöglichkeiten: Um nicht im Zuge des Generationswechsels an Stärke einzubüßen, könnte es erforderlich sein, die Entwickl. der ECM-Praxis in feste Hände zu legen. Zwar hat HM eine Vielzahl anerkannter Partner in ihren Reihen, gleichwohl vermissten Mandanten wie Wettbewerber zuletzt zunehmend eine stärkere Fokussierung einzelner Partner. Insbes. Ernst wäre für eine solche Positionierung prädestiniert.
Häufig empfohlen: Dr. Torsten Busch, Dr. Reinhold Ernst, Dr. Wolfgang Groß
Kanzleitätigkeit: IPOs, Kapitalerhöhungen u. Equity-bezogene Produkte. (6 Partner, 2 Counsel, 8 Associates)
Mandate: ●● CBR Fashion bei gepl. IPO; Tele Columbus bei IPO; Hella bei Privatplatzierung; Siemens Audiology Solutions bei gepl. IPO (Dual Track); Investment AB Kinnevik bei IPO von Zalando; LEG Immobilien bei Kapitalerhöhung; VTG bei €100-Mio-Sachkapitalerhöhung; Wüstenrot & Württembergische bei Kapitalerhöhung; CMP Capital Management-Partners bei Kapitalerhöhung von Molda; Dt. Telekom bei Dividendenausschüttung in Aktien.

HEUKING KÜHN LÜER WOJTEK
Börseneinführung und Kapitalerhöhung ☐☐☐☐
Bewertung: Die für Equity-Kapitalmarktrecht geschätzte Kanzlei sichert sich Jahr für Jahr mit beständigem Mandatsfluss auf Emittentenseite. Dabei reicherte sie ihre traditionell eher durch kleinvolumige Mandate geprägte Bilanz zuletzt mit Transaktionen jenseits der €100-Mio-Grenze an, bspw. für Westgrund bei einer Kapitalerhöhung von €140 Millionen sowie Lloyd Fonds bei einem Re-IPO.
Entwicklungsmöglichkeiten: Zwar ist die Emittentenarbeit lukrativer, gleichwohl könnten verbesserte Bankenkontakte die Kanzlei im Streben nach weiteren höhervolumigen Deals weiterbringen. V.a. der Ausbau der Kontakte zu mittelgr. dt. Banken bietet sich an.
Kanzleitätigkeit: IPOs, Kapitalerhöhungen, Segmentwechsel u. Delistings. Häufig an Transaktionen v.a. jüngerer Unternehmen beteiligt. (7 Partner, 3 Sal.-Partner, 7 Associates)
Mandate: ●● Sygnis, StarDSL, Westgrund jew. bei Kapitalerhöhung; Seven Principles, Dt. Oel & Gas jew. bei Bezugsrechtskapitalerhöhung; Lloyd Fonds bei Re-IPO.

HOGAN LOVELLS
Börseneinführung und Kapitalerhöhung ☐☐☐☐

NOMINIERT
JUVE Awards 2015
Kanzlei des Jahres für Bank- und Finanzrecht

Bewertung: Das Markenzeichen der empfohlenen Praxis für Equity-Kapitalmarktrecht bleibt weiter die Bankenberatung. Praxischef

Schlitt verfügt seit Langem über hervorragende Kontakte zu zahlr. Häusern. Auch Wettbewerber registrierten zuletzt, „dass die Praxis derzeit einen guten Dealflow hat u. wieder deutl. sichtbarer geworden ist". Bei zumindest einem geplanten Börsengang hat sich die Kanzlei dabei auch auf Emittentenseite positioniert. Dennoch profitiert die Praxis bisher nur in überschaubarem Rahmen von den Kontakten des Corporate-Teams. Ein Einschnitt war indes im Sommer 2015 der Weggang von Partnerin Dr. Susanne Schäfer u. Counsel Dr. Christian Ries, die zu Elumeo bzw. HelloFresh wechselten. Dies stellt das Team, dessen stabile Zusammensetzung ein wichtiger Grundpfeiler des Erfolgs war, vor neue Herausforderungen. In einem ersten Schritt gewann HL sehr zügig einen erfahrenen Associate von Latham dazu.

Häufig empfohlen: Prof. Dr. Michael Schlitt („extrem umtriebig", „fachlich exzellent u. dabei angenehm u. kollegial im persönlichen Umgang", Wettbewerber)

Kanzleitätigkeit: Beratung bei IPOs, Kapitalerhöhungen, Sekundärplatzierungen. (3 Partner, 4 Associates)

Mandate: ●● Baader Bank und Société Générale bei IPO von Elumeo; Bankhaus Lampe, Dt. Bank bei Platzierung von Hella-Aktien; Bankhaus Lampe, Equinet Bank bei Kapitalerhöhung von Manz; Berenberg Bank bei Privatplatzierung von Aktien der Wüstenrot & Württembergischen; Hamborner REIT bei Bezugsrechtskapitalerhöhung; Citigroup bei Dividendenausschüttung v. Dt. Telekom in Aktien; German Startups Group bei gepl. IPO.

LATHAM & WATKINS
Börseneinführung und Kapitalerhöhung ▢▢▢▢■

Bewertung: Die seit Langem für Equity-Kapitalmarktrecht empfohlene Praxis kann auf ein erfolgreiches Jahr zurückblicken. Dazu trugen u.a. mehrere großvolumige und komplexe Kapitalerhöhungen bei. Eine neue Mandantin gewann die Praxis mit Sunrise, die sie bei ihrem Gang an die SIX Swiss Exchange begleitete, dem größten IPO in der Schweiz seit Jahren. Daneben war L&W hierzulande z.B. für die UBS bei der Telefónica-Kapitalerhöhung in einem viel beachteten Deal im Einsatz.

Entwicklungsmöglichkeiten: Der aktuelle Erfolg kann nicht verhelen, dass L&W das Potenzial, das z.B. durch die hervorragenden Investorenkontakte v.a. auf Emittentenseite besteht, nur bedingt ausnutzt. Dies liegt auch daran, dass Wettbewerber wie Mandanten die Praxis häufig nicht mit konkreten Persönlichkeiten in Verbindung bringen. Will L&W mehr Durchschlagskraft erzielen, gilt es für die Anwälte stärkere Spuren im Markt zu hinterlassen.

Häufig empfohlen: Dr. Roland Maaß

Kanzleitätigkeit: Auf Emittenten- u. Bankenseite bei IPOs u. Kapitalerhöhungen. Enge Vernetzung mit US-Kapitalmarktpraxis. (2 Partner, 4 Associates)

Mandate: ●● Sunrise Communications Group bei IPO; Dt. Bank bei Kapitalerhöhung von TUI; Citi, HSBC, Morgan Stanley, UBS bei Kapitalerhöhung von Telefónica Dtl.; Chorus Clean Energy bei gepl. IPO.

LINKLATERS
Börseneinführung und Kapitalerhöhung ▢■▢▢▢

Bewertung: Die für Equity-Kapitalmarktrecht häufig empfohlene Praxis stellte ihre Stärke im vergangenen Jahr v.a. im internationalen Geschäft unter Beweis. In Skandinavien, aber auch in London u. der Schweiz war sie an zahlr. IPOs beteiligt. Auch in Dtl. gewann die Praxis im Vergl. zum Vorjahr wieder an Präsenz u. konnte sich einige Spitzenmandate sichern. So gewann sie mit E.on u. Bayer 2 Mandanten, die mit sehr komplexen Transaktionen aufwarten. Einige Wettbewerber kommentierten unterdessen eine zuletzt sehr kompetitive Preispolitik der Praxis. Andererseits gilt v.a. die Arbeit von Harrer als sehr partnerzentriert.

Häufig empfohlen: Dr. Herbert Harrer, Marco Carbonare

Kanzleitätigkeit: Beratung sowohl von Banken als auch Emittenten. Enge Verbindung zur ▶ Anleihenpraxis. (6 Partner, 1 Counsel, 4 Associates)

Mandate: ●● Berenberg Bank, Commerzbank, Baader Bank bei IPO von Sixt Leasing; Bayer, Bayer Material Science bei IPO von Covestro (Kunststoffsparte); EQT u. XXL ASA bei IPO von XXL ASA; JPMorgan, UBS, Cowen, Bank am Bellevue bei IPO von Molecular Partners; E.on bei Abspaltung u. gepl. IPO der entstehenden NewCo; Steinhoff bei gepl. IPO; Bankenkonsortium bei IPO von Ado.

MAYRHOFER & PARTNER
Börseneinführung und Kapitalerhöhung ▢▢▢▢■

Bewertung: Die Münchner Kanzlei bleibt im Equity-Kapitalmarktrecht eine geschätzte Adresse. V.a. im südd. Raum ist die Praxis sehr gut vernetzt u. kommt bei Emittenten regelmäßig zum Zug. Die Arbeit ist von eher kleinvolumigen u. der Anzahl nach überschaubaren Mandaten geprägt, was zum Teil auch der Größe der Kanzlei geschuldet ist.

Stärken: Gut positioniert für IPOs im Entry Standard, u.a. durch enge Kontakte zu kleineren u. mittelgroßen Emissionshäusern.

Häufig empfohlen: Thomas Mayrhofer

Kanzleitätigkeit: V.a. kleinere u. mittelgroße Kapitalerhöhungen u. IPOs, insbes. im Entry Standard, auch Aktienplatzierungen. (3 Partner, 1 Associate)

Mandate: ●● Leephick Pharmaceutical bei gepl. IPO (abgebrochen); Eurographics bei IPO; österreichisches Produktionsunternehmen bei gepl. IPO.

NOERR
Börseneinführung und Kapitalerhöhung ▢▢▢▢■

Bewertung: Die für Equity-Kapitalmarktrecht empfohlene Kanzlei gewinnt weiter an Präsenz u. Ansehen. Auch Wettbewerber etwa kommentieren, dass Noerr „eine Schippe zugelegt hat". So verbesserte die Praxis ihre Beziehung zur Oddo Seydler Bank u. konnte wesentlich mehr Mandate für sich gewinnen als in der Vergangenheit. Nur ein Bsp. ist die Arbeit an der Bezugsrechtskapitalerhöhung von Borussia Dortmund. Ein weiterer Mosaikstein für die gewonnene Visibilität war die Mitarbeit an den beiden viel beachteten IPOs von Zalando und Rocket Internet – wenn auch nur in kleineren Rollen. In den hervorragenden Kontakten der Corporate-Praxis zur Fam. Samwer liegt zudem perspektivisch noch weiteres Potenzial, gelten doch mehrere Unternehmen aus dem Samwer-Imperium als Kapitalmarktkandidaten.

Entwicklungsmöglichkeiten: Abgesehen von den Fortschritten bei Oddo Seydler hat das ECM-Team bei der Bankenvernetzung noch deutl. Potenzial nach oben. V.a. bei dt. Banken scheint es angesichts der passenden Aufstellung realistisch, den Zugang zu verbessern.

Kanzleitätigkeit: Begleitung von IPOs, Kapitalerhöhungen. Schwerpunkt in der Emittentenberatung. Mandate entstehen regelm. aus der Corporate-Arbeit. (8 Partner, 1 Counsel, 8 Associates)

Mandate: ●● Rocket Internet bei IPO; Zalando bei IPO; Oddo Seydler Bank bei Bezugrechtskapitalerhöhung von Borussia Dortmund; Oddo Seydler Bank bei Restrukturierung der €100-Mio-Anleihe von 3W Power; CLIQ bei Kapitalerhöhung, Oddo Seydler, Berenberg Bank, Gossler bei Kapitalerhöhung der Adler Real Estate; Forward Pharma bei IPO in USA.

NORTON ROSE FULBRIGHT
Börseneinführung und Kapitalerhöhung ▢▢▢▢■

Bewertung: Die empfohlene Praxis für IPOs u. Kapitalerhöhungen drang zuletzt durch die Arbeit am hochvolumigen u. komplexen gepl. IPO von Bombardier Rail in ein bis dato von ihr nicht gekanntes Terrain vor. Doch auch abseits dieser besonderen Herausforderung konnte sie ihre Emittentenkontakte intensivieren, z.T. auch über die Kontakte zu Oddo Seydler. Der Arbeitsfluss von der Bank selbst, bis dato der wichtigste Dealgarant, ist anscheinend geringer geworden, nachdem diese offensichtl. beschlossen hat, Mandatierungen breiter zu streuen.

Kanzleitätigkeit: IPOs, Kapitalerhöhungen u. Aktienplatzierungen. Schwerpunkt im Mid-Cap-Bereich. Mandanten v.a. Banken. (2 Partner, 1 Counsel, 4 Associates)

Mandate: ●● Bombardier Rail bei gepl. IPO; H&R bei Kapitalerhöhung; Adler Real Estate bei Kapitalerhöhung; Berenberg Bank, Gossler, Hauck & Aufhäuser Privatbankiers bei Kapitalerhöhung von MagForce; dt. Modeunternehmen bei gepl. IPO.

SHEARMAN & STERLING
Börseneinführung und Kapitalerhöhung ▢▢▢▢■

Bewertung: Die für Equity-Kapitalmarktrecht geschätzte Praxis war zuletzt v.a. in grenzüberschreitender Arbeit u. verstärkt in Zusammenarbeit mit dem Londoner und New Yorker Büro aktiv. Im originären dt. Geschäft ist S&S mit der Arbeit für die HRE beim IPO von PBB in einem viel beachteten Komplex dabei, daneben blieb die Praxis aber sehr unauffällig. Mit dem Wechsel von Marc Plepelits zu A&O erlitt sie nach ihrem Wiederausbau durch den Einstieg eines Counsels im Vorjahr den 2. klaren Rückschlag binnen 3 Jahren. Der anerkannte, US-qualifizierte Partner galt als sichtbarste Kraft der Praxis. Die Verantwortung für das ECM-Team trägt nun Dr. Andreas Löhdefink, der jedoch seine Zeit zwischen M&A und ECM aufteilt.

Kanzleitätigkeit: V.a. größere IPOs, Kapitalerhöhungen, insbes. auch zu US-rechtl. Fragen. Regelm. auch in Österreich aktiv. Mandanten v.a. Banken. (1 Partner, 2 Counsel, 3 Associates)

Mandate: ●● HRE bei IPO von PBB; HeidelbergCement bei gepl. IPO von Tochter Hanson (Dual-Track, in Verkauf gemündet); US-Unternehmen bei Kapitalerhöhung.

SKADDEN ARPS SLATE MEAGHER & FLOM
Börseneinführung und Kapitalerhöhung ▢▢▢■▢

Bewertung: Die für Equity-Kapitalmarktrecht häufig empfohlene Kanzlei war zwar nicht ganz so präsent wie im Vorjahr, konnte dennoch einige bedeutende Mandate für sich beanspruchen. V.a.

BANK- UND FINANZRECHT BÖRSENEINFÜHRUNGEN UND KAPITALERHÖHUNGEN

Bankenberatung prägt traditionell das Geschäft, wie z.B. beim gepl. IPO von Jost. Ergänzt wird diese Arbeit durch einige Emittentenmandate, wie bspw. bei der Kapitalerhöhung von SGL. Ein Pfund, mit dem Skadden zudem wuchern kann, ist ihre Stärke bei grenzüberschreitenden Transaktionen; so ist sie durch Hutter u. Kaulamo auf dem österreichischen u. skandinavischen Markt sehr gefragt.

Stärken: Eingespieltes Team, große Erfahrung auch bei komplexen Deals. Hervorragende Bankenkontakte, zuletzt sehr aktiv in Skandinavien.

Häufig empfohlen: Dr. Stephan Hutter, Dr. Katja Kaulamo

Kanzleitätigkeit: IPOs, Kapitalerhöhungen, z.T. komplexe Transaktionen, auch zu US-rechtl. Fragen. Ebenso auch auf Österreich u. die Schweiz ausgerichtet. (2 Partner, 7 Associates)

Mandate: ●● SGL bei Bezugsrechtskapitalerhöhung; Dt. Bank, JPMorgan, Commerzbank bei gepl. IPO von Jost; FACC bei IPO; JPMorgan, Barclays bei Kapitalerhöhungen von Dt. Annington; Goldman Sachs, UBS, Dt. Bank bei Kapitalerhöhung von Dt. Wohnen.

SULLIVAN & CROMWELL
Börseneinführung und Kapitalerhöhung ■□□□□

NOMINIERT
JUVE Awards 2015
Kanzlei des Jahres für Bank- und Finanzrecht

Bewertung: Die zu den führenden Adressen für Equity-Kapitalmarktrecht gehörende Kanzlei steigerte ihre schon überragende Bilanz des Vorjahrs tatsächlich noch einmal. Bei fast allen Spitzendeals war S&C mit von der Partie. Besonders beeindrucken kann dabei Berrar, indem er seit Jahren die Emittentenkontakte der einst fast ausschl. auf Bankenseite tätigen Praxis kontinuierlich ausbaut. Durch die Vielzahl an Deals ist die Auslastung der Kanzlei seit längerer Zeit enorm hoch. Der Wechsel eines Counsel zu Herbert Smith Freehills spitzt diese Situation noch zu.

Stärken: Herausragende Reputation für Transaktionsmanagement u. Disclosure-Erfahrung. Bei integrierten 144a-Mandaten sehr stark.

Entwicklungsmöglichkeiten: Der eigene Erfolg bringt die Kanzlei an den Rand ihrer Kapazitätsgrenze. Den Nachwuchs bei den Mandaten zu positionieren u. für zukünftige Aufgaben in Stellung zu bringen, würde eine Entlastung darstellen u. die Praxis auf eine breitere personelle Basis stellen. In der Riege der Partner dominiert Berrar. Ein zweiter jüngerer Partner neben ihm würde sich anbieten.

Häufig empfohlen: Dr. Konstantin Technau, Dr. Wolfgang Feuring, Dr. Carsten Berrar („Top-Jurist", „absolut die Nr. 1 im Markt", „was er da aufgebaut hat, ist sehr beachtenswert", Wettbewerber)

Kanzleitätigkeit: Breite Palette an Equity-Produkten, v.a. Erfahrung bei SEC-registrierten Deals, 144a-Listings. (3 Partner, 9 Associates)

Mandate: ●● Rocket Internet bei IPO; Credit Suisse, Morgan Stanley, Goldman Sachs bei IPO von Zalando; Dt. Annington bei diversen Kapitalerhöhungen; Sixt Leasing bei IPO, Aurelis bei gepl. IPO; Goldman Sachs, Merrill Lynch, Dt. Bank bei IPO von Windeln.de; TLG Immobilien bei IPO; Goldman Sachs, JPMorgan, BofA, Berenberg Bank bei IPO von Tele Columbus; Banken bei gepl. IPO von Bombardier Rail; Dt. Wohnen bei Kapitalerhöhung; Rocket-Beteiligung bei gepl. IPO.

TAYLOR WESSING
Börseneinführung und Kapitalerhöhung ■□□□□

Bewertung: Die empfohlene Kanzlei für Börseneinführungen und Kapitalerhöhungen hat weiter am Ausbau ihrer Marktstellung gearbeitet. Dabei agiert sie in der Wahrnehmung der Wettbewerber eher unauffällig, macht aber mehr, als viele denken. Fortschritte erzielte sie bei der Stärkung ihrer Bankenkontakte, insbes. von Oddo Seydler konnte sie erste Mandate gewinnen. Mit ihrer Arbeit für das Biotechunternehmen Probiodrug begleitete sie den ersten Börsengang einer dt. Gesellschaft an der Euronext in Amsterdam. Bei 2 Immobilien-IPOs, die letztlich nicht zustande kamen, war sie ebenfalls beteiligt. Ihre Kompetenz bei komplexen Mandaten konnte die Kanzlei auch bei der Arbeit für den Pharmagroßhändler Linda unter Beweis stellen, die u.a. eine Kapitalerhöhung umfasste.

Häufig empfohlen: Christoph Vaupel („sehr souverän, sehr angenehm", Wettbewerber)

Kanzleitätigkeit: Begleitung von v.a. kleineren bis mittelgr. IPOs u. Kapitalerhöhungen. Arbeit bislang überw. für Emittenten. (gesamtes Kapitalmarktteam: 7 Partner, 5 Associates)

Mandate: ●● Probiodrug bei IPO; Linda bei Kapitalerhöhung; Vorstand bei Vorbereitung des IPOs von Elumeo; Immobilienunternehmen bei gepl. IPO, technisches Unternehmen bei gepl. IPO; in 2 Fällen Banken bei Vorbereitung von Kapitalerhöhungen börsennotierter Gesellschaften.

WHITE & CASE
Börseneinführung und Kapitalerhöhung ■■□□□

Bewertung: Der Zugang von Wagner verleiht der für Equity-Kapitalmarktrecht empfohlenen Kanzlei einen Schub. Der auch an der Schnittstelle zu Anleihen tätige Partner hatte sich bei Allen & Overy einen Namen gemacht u. mit einer beeindruckenden Mandatsliste Spuren im Markt hinterlassen. Sein Zugang ist für W&C umso wertvoller, weil zuvor James Black, der wie Wagner gleichzeitig eine US-Zulassung hat, nach Washington in eine andere Kanzlei gewechselt hatte. Zur Verstärkung brachte Wagner 3 Associates von A&O mit – 2 davon sind bei W&C jetzt Local-Partner. Neben der weiteren Arbeit für ihre Stammmandantin DMG Mori Seiki war die Kanzlei an zahlreichen grenzüberschreitenden IPOs und Kapitalerhöhungen beteiligt.

Stärken: Eine von wenigen internat. Equity-Praxen in Hamburg.

Häufig empfohlen: Dr. Lutz Krämer, Gernot Wagner („energetisch", Wettbewerber)

Kanzleitätigkeit: IPOs, Kapitalerhöhungen u. Aktienplatzierungen. Mandanten sowohl Emittenten als auch Banken. (3 Partner, 2 Local-Partner, 3 Associates)

Mandate: ●● DMG Mori Seiki bei Übernahme und Fortentwicklung des Cooperation Agreements; Triton bei 2 Block Trades von Stabilus-Aktien; Bankenkonsortium unter Führung von Dt. Bank, UBS bei Sunrise-IPO; Telekom Austria bei Kapitalerhöhung; Molecular Partners bei IPO; Dt. Bank, Goldman Sachs, Berenberg Bank bei gepl. IPO von Hapag-Lloyd.

Investmentfonds und Asset-Management

In diesem Unterkapitel geht es um Kanzleien, die insbesondere Kapitalverwaltungsgesellschaften (KVGen, früher Kapitalanlagegesellschaften – KAGen) bei Investmentaktivitäten in Deutschland beraten. Diese Beratung reicht von der Gründung bis zur (größtenteils aufsichtsrechtlich bedingten) laufenden Beratung u. umfasst außerdem Fondsaktivitäten, Fondsfusionen oder -konvertierungen, Global Custody, Marketing sowie Spezialfonds, die aber ebenfalls zunehmend reguliert werden. Die steuerspezifische Beratung und Gestaltung von Fonds ist regelmäßig bei den Spezialisten angesiedelt und wird daher im Kapitel ▶ Steuerrecht besprochen. Weitere Informationen finden sich auch in den Kapiteln ▶ Versicherungsrecht und ▶ Gesellschaftsrechtliche Streitigkeiten.

INVESTMENTFONDS UND ASSET-MANAGEMENT

Freshfields Bruckhaus Deringer	Frankfurt
Hengeler Mueller	Frankfurt
Linklaters	Frankfurt, München
Allen & Overy	Frankfurt
Clifford Chance	Frankfurt
Dechert	Frankfurt, München
P+P Pöllath + Partners	Frankfurt, Berlin
Baum	Hamburg
Heuking Kühn Lüer Wojtek	Frankfurt
King & Spalding	Frankfurt
King & Wood Mallesons	Frankfurt, München
Norton Rose Fulbright	Frankfurt
Simmons & Simmons	Frankfurt

Die hier getroffene Auswahl der Kanzleien ist das Ergebnis der auf zahlreichen Interviews basierenden Recherche der JUVE-Redaktion (s. Einleitung S. 20). Sie ist in 2erlei Hinsicht subjektiv: Sämtliche Aussagen der von JUVE-Redakteuren befragten Quellen sind subjektiv u. spiegeln deren eigene Wahrnehmungen, Erfahrungen u. Einschätzungen wider. Die Rechercheergebnisse werden von der JUVE-Redaktion unter Einbeziehung ihrer eigenen Marktkenntnis analysiert u. zusammengefasst. Der JUVE Verlag beabsichtigt mit dieser Tabelle keine allgemein gültige oder objektiv nachprüfbare Bewertung. Es ist möglich, dass eine andere Recherchemethode zu anderen Ergebnissen führen würde. Innerhalb der einzelnen Gruppen sind die Kanzleien alphabetisch geordnet.

ALLEN & OVERY
Investmentfonds und Asset-Management
Bewertung: Im Investmentrecht u. Asset-Management häufig empfohlene Praxis, die dank enger Vernetzung mit den hauseigenen Immobilien- u. Corporate-Spezialisten regelm. bei großvol. Portfoliotransaktionen zum Einsatz kommt. Wichtiger als diese publikumswirksamen Höhepunkte war zuletzt allerdings die aufsichtsrechtl. Begleitung zahlr. bedeut. Stammmandanten. Für zusätzl. Geschäft sorgt weiterhin das hauseigene Luxemburger Büro. Die schon bisher hochklassig, aber personell schmal besetzte Schnittstelle zum Steuerrecht verstärkt seit Jahreswechsel der angesehene Dr. Marcus Helios, der in Düsseldorf von KPMG kam. (1 Partner, 5 Associates)
Häufig empfohlen: Frank Herring („großartig", „hohe Qualität, serviceorientiert", Mandanten)
Mandate: ●● Patrizia Alternative Investments bei Kauf eines Fachmarktimmobilienportfolios u. aufsichtsrechtl. zu Immobilieninvestments; Hansainvest bei Aufsetzen von geschl. Investmentvermögen u. Investment-AGen; SEB bei Übertragung von Wertpapierfonds (€2,5 Mrd); lfd. Generali Investments Dtl., Pimco Deutschland.

BAUM
Investmentfonds und Asset-Management
Bewertung: Im Investmentrecht empfohlene Boutique, die im Markt als feste Größe gilt. Neben ihrem trad. Schwerpunkt bei der Beratung ausl. Fondshäuser in Dtl. waren die Anwälte zunehmend auch für dt. Mandanten bei der Registrierung im EU-Ausland im Einsatz. Die AIFM-Umsetzung sorgt weiterhin für reichl. Arbeit, hinzu kam zuletzt verstärkt die Strukturierung von Spezialfonds. Anders als viele Wettbewerber ist das Team zu einem bedeutenden Teil auch forens. tätig. (6 Anwälte, davon 2 of Counsel)
Häufig empfohlen: Roland Baum
Mandate: keine Nennungen

CLIFFORD CHANCE
Investmentfonds und Asset-Management
Bewertung: Für Investmentfonds u. Asset-Management häufig empfohlene Kanzlei, die nach wie vor eines der größten Teams im Markt aufbietet u. ihre jüngeren Partner deutlicher als andere Marktteilnehmer an den Schnittstellen zum Steuer-, Kapitalmarkt- u. Aufsichtsrecht positioniert hat. Bei der Entwicklung zukunftsträchtiger Produkte zählt Clifford weiterhin zu den ersten Adressen; bei Standardaufgaben kritisierten Mandanten zuletzt allerdings vereinzelt die Qualitätskontrolle. Dass sich der bislang zentrale, bestens vernetzte u. hoch angesehene Partner Zeller im Frühjahr 2015 auf eine Of-Counsel-Position zurückzog, schmälert Cliffords Präsenz etwas. Angesichts der Konjunktur alternativer Assets kommt auch der Wegfall großer Teile der hauseigenen Energierechtspraxis ungelegen. (5 Partner, 5 Counsel, 13 Associates, 1 of Counsel)
Häufig empfohlen: Dr. Josef Brinkhaus (Steuerrecht), Dr. Sven Zeller

Mandate: ●● Union Investment Real Estate bei Mehrheitsbeteiligung an Prager Einkaufszentrum; IVG Institutional Funds bei Kauf des Eurotower; Blackrock-Spezialfonds aufsichtsrechtl. zu Ankäufen in Japan u. Australien; DekaBank bei Kauf von Darlehen im Rahmen von Unterbeteiligungsstrukturen für Sondervermögen; Thomas Lloyd Global Asset Management bei Auflegung einer Luxemburger Fondsplattform; lfd. BNP Paribas Real Estate Investment Management Germany.

DECHERT
Investmentfonds und Asset-Management
Bewertung: Für Investmentfonds u. Asset-Management häufig empfohlene Kanzlei. Standen die letzten Jahre insges. im Zeichen des strateg. u. erfolgr. Wachstums, bremste zuletzt ein Weggang die Aufwärtstendenz: Mit Dr. Carsten Fischer verabschiedete sich Ende 2014 ein jüngerer Partner, der als Chefjurist zur Union Asset Management ging u. den Wettbewerber als vielversprechend ansahen. Die starke Stellung der Praxis im dt. Markt beeinträchtigt dieser Verlust dennoch kaum. Die relativ umfangr. Mannschaft ist nach wie vor auf großer fachl. Bandbreite aktiv u. profitiert regelm. auch von der massiven internat. Präsenz der Dechert-Fondsrechtler, insbes. in den USA. Auch nach der personellen Verstärkung an der Schnittstelle zum Steuerrecht im Vorjahr gilt hier die Verknüpfung der beiden Fachbereiche aber noch als ausbaufähig. (5 Eq.-Partner, 1 Sal.-Partner, 1 Counsel, 6 Associates)
Häufig empfohlen: Achim Pütz („hervorragend vernetzt", Wettbewerber)
Mandate: ●● KGAL-Flugzeugfonds US- u. steuerrechtl. bei Verkauf von 12 Airbus A319; StepStone Group bei Strukturierung AIFM-konf. Parallelfondsstruktur für europ. regulierte Investoren sowie bei Gründung dt. Niederlassung; Prime Capital bei Repackaging-Transaktion; AMP Capital zu Fondsvermarktung; lfd. Crédit Suisse.

FRESHFIELDS BRUCKHAUS DERINGER
Investmentfonds und Asset-Management
Bewertung: Eine führende Praxis für Investmentfonds und Asset-Management, die im letzten Jahr noch stärker als zuvor von der internat. Reichweite der Gesamtkanzlei u. der Attraktivität des dt. Markts für ausl. Investoren profitierte. Das Team konnte seinen ohnehin gr. Aktionsradius abermals erweitern u. eine ganze Reihe bedeut. Marktteilnehmer als Neumandanten gewinnen, besonders häufig in Vertriebs- u. ergänzenden aufsichtsrechtl. Fragen. Daneben gewann auch das Fondsstrukturierungsgeschäft weiter an Fahrt. Einen typischen Schwerpunkt bildeten Transaktionen (am prominentesten SEB) u. Umstrukturierungen, wobei sich die enge Vernetzung mit den hauseigenen Corporate-Spezialisten sowie den Bank- u. Versicherungsaufsichtsrechtlern erneut bewährte. (6 Partner, 1 Counsel plus Associates)
Häufig empfohlen: Dr. Thomas Emde, Dr. Konrad Schott, Dr. Alexandra Dreibus („hervorragend", Wettbewerber)
Mandate: ●● SEB bei Verkauf von SEB Asset Management u. SEB Investment; Hannover Leasing bei Strukturierung u. Auflegung eines geschlossenen Immobilienfonds; Blackstone zu Hedgefonds nach dt. Recht, Vertrieb von ausl. Fonds nach AIFM u. Investment dt. Spezial-AIF in irischen Debt-Fonds; Vontobel Fund zu Erwerbbarkeit eines Fonds für dt. Versicherungen; BofA zu Verwahrstellenfunktion; Blackrock lfd. zu ETF- u. ausl. Investmentfonds sowie aufsichtsrechtlich.

● Referenzmandate, umschrieben
●● Referenzmandate, namentlich

Anwaltszahlen: Angaben der Kanzleien, wie viele Anwälte zu mind. ca. 50 % in diesem Gebiet tätig sind. Sie spiegeln nicht zwingend die Gesamtgröße einer Kanzlei wider.

BANK- UND FINANZRECHT INVESTMENTFONDS UND ASSETMANAGEMENT

HENGELER MUELLER
Investmentfonds und Asset-Management

Bewertung: Eine führende Kanzlei für Investmentrecht u. Asset-Management. Wie keine andere Praxis im Markt hat es HM verstanden, neben ihrem dt. Mandantenstamm auch langj. Kontakte zur ersten Liga der brit. u. insbes. US-Finanzkanzleien zu kultivieren, die regelm. hochkarät. Mandate an die dt. Kanzlei verweisen. Dies sorgte auch im letzten Jahr für eine ergiebige Mischung aus schlagzeilenträchtigen Dealmandaten u. anspruchsvoller aufsichtsrechtl. Beratung. Selbst Wettbewerber betonen, dass die HM-Praxis inzw. auf allen Altersstufen Partner bietet, die im Markt zu den führenden zählen. Vereinzelt üben Mandanten allerdings Kritik am Engagement einzelner Anwälte. (4 Partner plus Associates)

Häufig empfohlen: Dr. Thomas Paul, Dr. Edgar Wallach („sehr gute Kombination aus Fach- u. Marktkenntnis", Wettbewerber), Dr. Christian Schmies („Top-Spezialist, hat sich bereits fest etabliert", Wettbewerber)

Mandate: ●● Apollo European Principal Finance Fund II bei Kauf europ. Immobilienportfolio; EDIF bei Kauf von EVG Thüringen-Sachsen; KKR bei Gründung von GEG German Estate Group.

HEUKING KÜHN LÜER WOJTEK
Investmentfonds und Asset-Management

Bewertung: Für Investmentfonds u. Asset-Management empfohlene Kanzlei, deren Mannschaft nach dem Zugang des umfangr. Teams um Steck vor 2 Jahren Stück für Stück zusammenwächst. Beriet die Praxis bisher v.a. geschl. Fonds, auch u. gerade mit Immobilienbezug, so kommt sie jetzt deutl. häufiger auch etwa auf Bankenseite u. für internat. Fondsmanager zum Zug. Dass Steck mit seiner eigh. Kanzlei an den umstrittenen Cum-Ex-Transaktionen beteiligt war, hat die Reputation des Teams offensichtl. nicht nachhaltig beschädigt. (9 Eq.-Partner, 2 Sal.-Partner, 3 Associates)

Häufig empfohlen: Dr. Kai-Uwe Steck

Mandate: ●● Alceda AM bei Restrukturierung von geschl. Publikumsfonds; BE Beteiligungen bei Strukturierung u. Implementierung eines Mezzanine-PE-Fonds; Wealth Management Capital Holding bei Strukturierung von geschlossenen Publikums- u. Spezial-AIFs; Arabesque Asset Management bei Aufsetzen einer internat. Fondsplattform; Neuberger Berman zu Vertriebsvereinbarung mit div. dt. Banken.

KING & SPALDING
Investmentfonds und Asset-Management

Bewertung: Für Investmentrecht u. Asset-Management empfohlene Kanzlei, die v.a. im Immobiliensektor eine ausgesprochen starke Marktposition besetzt – umso ergiebiger, als die Nachfrage in dieser Asset-Klasse ungebrochen ist. Die Kanzlei berät regelm. eine Vielzahl gr. dt. u. internat. KVGen, Fondsinitiatoren, Asset-Manager u. institutionelle Investoren auf der ganzen Bandbreite des Investmentrechts. Nach wie vor ist das Team zu einem bedeut. Teil mit aufsichtsrechtl. Beratung ausgelastet. (3 Partner, 3 Counsel, 4 Associates)

Häufig empfohlen: Mario Leißner („einer der Besten", Mandant)

Mandate: ●● Axa IM Dtl. weiter bei Restrukturierung u. Liquidation von Fonds; IVG Institutional Funds bei Kauf der Metro-Konzernzentrale sowie lfd. umf.; Caceis Bank Dtl. bei Geschäftsbereichsgründung; Doric Investments zu offenem Immobilien-Spezial-AIF; lfd. KanAm Grund, Union Investment, SEB Asset Management u. SEB Invest.

KING & WOOD MALLESONS
Investmentfonds und Asset-Management

Bewertung: Im Investmentrecht u. Asset-Management empfohlene Kanzlei, die von Wettbewerbern regelm. für „verlässlich hohe Qualität" gelobt wird. Gemeinsam mit der personell breiteren P+P-Praxis dominiert King & Wood trad. den Markt für kleinere dt. PE-Fonds, die angesichts der neuen regulator. Anforderungen deutl. erhöhten Beratungsbedarf haben. Daneben ist es dem Team gelungen, verstärkt auch für größere institutionelle Mandanten wie Arag u. ausl. Investoren tätig zu werden, etwa aus den USA oder Australien. Noch ausbaufähig sind dagegen die Kontakte zu fernöstl. Investoren, auch wenn K&W mit dem dt. Renminbi-Clearing-Hub ein chin. Flaggschiffmandat betreut. Die Lücke, die der Weggang eines renommierten Investmentsteuerrechtlers im Vorjahr sowohl fachl. als auch in puncto Vernetzung mit der Steuerpraxis hinterließ, ist nach wie vor nicht ganz gefüllt. (4 Partner, 1 Counsel, 3 Associates)

Häufig empfohlen: Dr. Henning Starke („gut u. etabliert", Wettbewerber), Dr. Hilger von Livonius

Mandate: ●● Bank of China zu Renminbi-Clearing in Dtl. u. Rahmenvertrag mit Banken; Paragon Partners bei Aufsetzen eines PE-Fonds; Pioneer Investments bei Umstellung von Altersvorsorge-Sondervermögen; lfd. Access Capital Partners, Arag, Art-Invest Real Estate Funds, Capital Dynamics, HarbourVest, LV1871, Orlando, Union Asset Management.

LINKLATERS
Investmentfonds und Asset-Management

Bewertung: Eine in der Beratung von Investmentfonds u. Asset-Management führende Kanzlei, die erneut bei mehreren Großtransaktionen mit investmentrechtl. Bezug zum Einsatz kam. Dabei standen wiederum Immobilienportfolios im Vordergrund, was den Linklaters-Investmentrechtlern Gelegenheit gab, ihre interne Vernetzung mit den Immobilienrechts-, Corporate- u. Steuerpraxen zu demonstrieren. Zugleich bildet Linklaters gemeinsam mit Freshfields, Clifford, A&O u. Hengeler Mueller den inneren Kreis derjenigen Investmentpraxen, die regelm. von großen internat. Investoren für die aufsichtsrechtl. Begleitung besonders innovativer Produkte angefordert werden. (2 Partner, 8 Associates)

Häufig empfohlen: Alexander Vogt, Markus Wollenhaupt

Mandate: ●● IVG, Internos u. DekaBank bei Immobilienportfolioverkauf; USAA bei Markteinstieg in Europa; Harrison Street u. GreenOak jeweils zu europ. Parallelfonds; AlpInvest zu Vertriebsfragen.

NORTON ROSE FULBRIGHT
Investmentfonds und Asset-Management

Bewertung: Für Investmentfonds u. Asset-Management empfohlene Kanzlei, die auf breitem fachl. Spektrum agiert u. nicht nur zahlr. dt. Stammmandanten berät, sondern dank ihres starken Londoner Büros häufiger als viele Wettbewerber auch für internat. Mandanten tätig ist. Daneben hat die Praxis eine Reihe von Teilspezialisierungen ausgebildet, so bspw. auf Fonds- u. Bankenseite in Anlegerprozessen oder am Hamburger Standort als Beraterin rund um Schiffs- u. andere Sachwertinvestments. Die Lücke, die der Weggang der angesehenen Partnerin Dr. Caroline Herkströter im Sommer 2014 zur DekaBank riss, wird die Kanzlei allerdings kaum kurzfristig schließen können. (2 Partner, 3 Counsel, 8 Associates)

Häufig empfohlen: Dr. Martin Krause

Mandate: ●● Lfd. BNP Paribas Securities Services, TIAA Henderson, DekaBank, Quoniam Asset Management, SEB Asset Management, Union Asset Management Holding; Vermögensverwalter bei Umstrukturierung von Fonds u. Mezzanine-Investments zu Spezial-AIF; Clearinggesellschaft bei Markteintritt in Dtl.; div. Banken u. Investmentgesellschaften zu Anlegerklagen.

P+P PÖLLATH + PARTNERS
Investmentfonds und Asset-Management

Bewertung: Für Investmentfonds u. Asset-Management häufig empfohlene Kanzlei. Als Stammberaterin zahlr. dt. PE- u. VC-Fonds war P+P in den letzten Jahren stärker als viele Wettbewerber darauf angewiesen, zusätzl. Expertise für das neue Regulierungsregime nach der AIFM-Umsetzung aufzubauen. Wie Marktteilnehmer betonen, hat die Kanzlei diese Aufgabe glänzend gemeistert – „sie haben sich bewundernswert qualifiziert", urteilt ein Wettbewerber. Auch der Trend zu alternativen Investments spielt P+P in die Hände. Zugleich ist das Team häufiger als zuvor auch auf internat. Bühne aktiv, sowohl bei Outboundinvestments als auch für ausl. Akteure, u. vollzieht damit einen allgemeinen Markttrend nach. Einen weiteren Trumpf hält die Kanzlei mit ihrer starken Investmentsteuerpraxis in der Hand. (7 Partner, 6 Counsel, 12 Associates)

Häufig empfohlen: Dr. Andreas Rodin, Patricia Volhard, Amos Veith, Uwe Bärenz

Mandate: ●● SwanCap bei Auflegung des Opportunities Fund II; Auctus u. Quantum bei Fondsstrukturierungen u. Fundraising; ECE Real Estate Partners bei Strukturierung u. Auflegung eines Managed Accounts für europ. Immobilieninvestments; WHEB Partners bei Strukturierung eines engl. PE-Fonds mit dt. Feeder; Golding Capital, Talanx Asset Management sowie Auda bei Fondsinvestments.

SIMMONS & SIMMONS
Investmentfonds und Asset-Management

Bewertung: Empfohlene Kanzlei für Investmentfonds u. Asset-Management, die ihr Team in den letzten Jahr an mehreren Fronten erweiterte: Ein erfahrener Aufsichtsrechtler stieß von Clifford Chance dazu, ein ehem. Graf von Westphalen-Partner kam als Counsel. Zusätzl. eröffnete Simmons in Luxemburg mit einem recht umfangr. Team von Quereinsteigern aus anerkannten Kanzleien. Dass die internat. Investmentfondspraxis (v.a. in London) gut etabliert ist u. etliche große Fondsmanager zu ihren Stammmandanten zählt, bedeutet für die dt. Praxis einerseits hohe Auslastung gerade bei Regulierungsthemen. Andererseits sind der Präsenz im dt. Markt damit gewisse Grenzen gesetzt, wie Wettbewerber betonen. (5 Partner plus Associates)

Häufig empfohlen: Jochen Kindermann, Dr. Harald Glander, Dr. Bernulph Frhr. von Crailsheim (Steuerrecht)

Mandate: ●● Allianz Global Investors weiter bei Konsolidierung der europ. OGAW- u. AIF-Managementgesellschaften; IC Green Energy bei Verkauf der Mehrheitsbeteiligung an Petrotec; Citadel im Zshg. mit Hochfrequenz- u. algorithm. Handel; ausl. Hedgefonds im Streit mit BZSt wg. Cum-Ex-Trades; Advent Capital Management lfd. aufsichtsrechtl.

● Referenzmandate, umschrieben
●● Referenzmandate, namentlich

Anwaltszahlen: Angaben der Kanzleien, wie viele Anwälte zu mind. ca. 50 % in diesem Gebiet tätig sind. Sie spiegeln nicht zwingend die Gesamtgröße einer Kanzlei wider.

Kredite und Akquisitionsfinanzierung

Niedrigzinsumfeld prägt den Markt

Die Wirtschaft brummt, die Assets gelten als solide – kein Wunder, dass trotz anhaltend niedriger Leitzinsen immer mehr Kreditgeber in den deutschen Markt drängen, sowohl für Akquisitions- als auch für Unternehmensfinanzierungen. Neben den einheimischen Platzhirschen bauten zuletzt auch ausländische Institute wie BNP Paribas, HSBC, ING oder SEB ihre Präsenz im deutschen Finanzierungsmarkt kräftig aus. Daneben haben Private-Equity- und Hedgefonds, Versicherer und Pensionskassen auf der Suche nach Rendite die Darlehensvergabe für sich entdeckt und eigene Kreditfonds aufgesetzt. Diese kommen regelmäßig ins Geschäft, wenn Banken aus regulatorischen Gründen oder bei bestimmten Investitionsobjekten ausfallen. Mit der Unitranche-Finanzierung ist hier bereits ein eigenes, von Fonds bevorzugtes Instrument für kleinere Transaktionen etabliert. Auch bei mittelgroßen Deals werden Finanzierungslücken immer häufiger von alternativen Darlehensgebern gefüllt. Bei großen Volumina gab 2014/15 dagegen, wie schon in den Vorjahren, vor allem der noch liquidere US-Kapitalmarkt den Ton an.

Die Kreditnehmer haben aus diesen Entwicklungen ihre eigenen Schlüsse gezogen: Finanzinvestoren, aber auch Unternehmens-Treasurer und CFOs beharren noch stärker als zuvor auf lockeren Konditionen, oft mit Erfolg. Hinzu kam, dass auch mittelmäßige Anlageobjekte oft enorme Preise erzielten, schließlich stehen die Investoren unter massivem Anlagedruck und können relativ leicht mit hohem Fremdkapitalanteil arbeiten. Etliche Anwälte sprachen darum von einer brisanten Mischung, die leicht in die nächste Kreditkrise führen könnte.

Aufschwung lockt neue Wettbewerber, Konkurrenz wird härter

Trotz dieser möglichen Risiken sorgte die auffrischende Konjunktur dafür, dass nicht nur die etablierten Kanzleien profitierten. Für viele kleinere Praxen zahlte sich die Aufbauarbeit der letzten Jahre aus, darunter **Norton Rose Fulbright**, **King & Wood Mallesons** oder **Jones Day**. Zum Aufstieg bereit machte sich nach jahrelangem Zögern nun endlich auch **Gleiss Lutz**: Sie holte mit Dr. Eva Reudelhuber von **Linklaters** eine der renommiertesten Finanzierungspartnerinnen in Deutschland. Für einen weiteren Paukenschlag sorgte **Latham & Watkins**, die die vormalige Leiterin der **Clifford Chance**-Praxis, Alexandra Hagelüken, gewann und damit zum Angriff auf die führenden Kanzleien blies.

Der Wettbewerb ist in letzter Zeit allerdings nicht einfacher geworden. Gerade Kanzleien mit einem starken Standbein in der Bankenberatung leiden unter massivem Preisdruck: Wie etliche Anwälte berichteten, ist das übliche Honorar pro Deal hier seit 2010 um mindestens 25 Prozent gesunken. Darum versuchten viele etablierte Praxen mit Bankenfokus zuletzt, sich stärker auch bei alternativen Kreditgebern, Unternehmen und Private-Equity-Sponsoren zu positionieren.

Genau diese Mischung haben aber auch einige neue Akteure im Visier: Ein weiterer **Linklaters**-Anwalt ging zu **Fried Frank Harris Shriver & Jacobson**, um dort eine Finanzierungspraxis aufzubauen. Mit ähnlichem Ziel nahm **Herbert Smith Freehills** eine erfahrene Partnerin von **K&L Gates** an Bord. **Reed Smith** unterdessen ergänzte ihr Team um einen Partner von **Mayer Brown** und **FPS Fritze Wicke Seelig** holte den zentralen Finanzierungspartner von **Taylor Wessing**. Diese Wechsel untermauerten ein weiteres Mal, dass ernst zu nehmende Finanzierungsexpertise für Transaktionskanzleien und Rundumberater heute unverzichtbar ist. Zugleich dürfte der Zustrom neuer Akteure allerdings dafür sorgen, dass die Konkurrenz auch abseits der Bankenberatung abermals härter wird.

Die folgenden Bewertungen behandeln Kanzleien, die Banken u. Unternehmen sowohl zu Darlehen als auch im Bereich der Akquisitionsfinanzierung beraten. Dabei geht es um die Beratung zu allen Formen der Fremdfinanzierung, z.B. in von Private-Equity-Häusern initiierten Transaktionen. Beratungsleistungen zu Immobilien-, Projekt- und Schiffsfinanzierungen sind gesondert in den Kapiteln ▶ Immobilienwirtschaftsrecht, ▶ Umstrukturierung, ÖPP und Projektfinanzierung, ▶ Energiewirtschaftsrecht und ▶ Maritimes Wirtschaftsrecht erfasst.

BANK- UND FINANZRECHT KREDITE UND AKQUISITIONSFINANZIERUNG

ALLEN & OVERY
Kredite und Akquisitionsfinanzierung ■□□□□

Bewertung: Eine führende Kredite- u. Akquisitionsfinanzierungspraxis, die von Wettbewerbern für ihre „perfekte Balance" aus Kreditgeber- u. -nehmerberatung gelobt wird und sich damit von den übrigen Top-Kanzleien abhebt. Entsprechend wirkten die Anwälte sowohl auf Banken- als auch auf Investorenseite an einigen der wichtigsten Übernahmen des Jahres mit (z.B. ZF/TRW, Dt. Annington/Gagfah). Der langen Liste namh. Stammmandanten für Unternehmensfinanzierungen fügte A&O abermals neue Adressen hinzu, z.B. Freudenberg. Längerfristig am bedeutsamsten ist allerdings, dass neben den etablierten Partnern um Weiand auch die jüngere Generation zunehmend in den Vordergrund tritt, allen voran Neubaum.

Stärken: Investment-Grade-Finanzierung (Kreditnehmer u. Banken), starkes Restrukturierungsteam auf Bankenseite.

Entwicklungsmöglichkeiten: An der Seite von Private-Equity-Investoren tritt A&O deutl. seltener auf als Wettbewerber wie bspw. Freshfields oder Latham. Hier böte sich gerade jüngeren Anwälten die Chance, eigenes Profil zu gewinnen.

Häufig empfohlen: Dr. Neil Weiand („führt die Praxis sehr strategisch", Wettbewerber), Dr. Peter Stenz („einfach top", Mandant), Dr. Walter Uebelhoer, Dr. Oliver Waldburg, Dr. Norbert Wiederholt, Thomas Neubaum, Counsel Filip Kurkowski („sehr erfahren u. pragmatisch", Wettbewerber).

Kanzleitätigkeit: Trad. regelm. großvol., syndiz. Darlehen, verteilt auf Kreditnehmer u. -geber. Weiterhin stark in ▶Restrukturierung/Sanierung. (10 Partner, 5 Counsel, 27 Associates)

Mandate: ●● Citigroup u. Dt. Bank bei Übernahme von TRW durch ZF; Merck bei Übernahme von Sigma Aldrich; Dt. Bank, Goldman Sachs u. UBS bei Kauf von Siemens Audiology Solutions durch EQT; SAP bei Kauf von Concur Technologies; Dt. Annington bei Übernahme von Gagfah; Tui bei Zusammenschluss mit Tui Travel; CVC bei gepl. Kauf von Constantia Flexibles; DBAG bei Übernahme von Cleanpart; Unternehmensfinanzierungen: ING u. HSBC bei Weber Automotive; RBS bei Thomas Cook; auch für Alpha Trains, 21st Century Fox, Schaeffler, Osram, Grünenthal Pharma, Freudenberg, Sartorius, Colfax.

ASHURST
Kredite und Akquisitionsfinanzierung □□□□□

Bewertung: Häufig empfohlene Kanzlei für Kredite u. Akquisitionsfinanzierung, die mit ihrer breiten Mannschaft erfahrener Partner erneut massive Präsenz bei kleinen bis mittelgr. Deals zeigte. Neben der trad. starken Verankerung bei Banken u. Private-Equity-Sponsoren zahlte sich dabei auch die frühzeitige Positionierung aufseiten alternat. Kreditgeber aus: Wettbewerber rechnen Ashurst neben Clifford Chance zu den Marktführern für Unitranche-Finanzierungen. Zusätzl. verstärkte Ashurst erneut ihren Mittelbau: Dass Counsel Tobias von Gostomski nach kaum einem Jahr zu Dentons zurückkehrte, kompensierte Ashurst schon bald darauf durch den Zugang 2er erfahrener Anwälte von Milbank u. Allen & Overy.

Stärken: Leveraged Finance für mittelgr. Buyouts. Gr. Anteil ▶Immobilienfinanzierungen.

Häufig empfohlen: Dr. Stephan Kock, Dr. Tom Beckerhoff, Anne Grewlich, Dr. Bernd Egbers, Sebastian Schoon, Derk Opitz.

KREDITE UND AKQUISITIONSFINANZIERUNG

Allen & Overy	Frankfurt, München
Clifford Chance	Frankfurt, München, Düsseldorf
Freshfields Bruckhaus Deringer	Frankfurt, München
Hengeler Mueller	Frankfurt
Ashurst	Frankfurt, München
Latham & Watkins	Frankfurt, Hamburg, München
Linklaters	Frankfurt, München
Gleiss Lutz	Frankfurt
Milbank Tweed Hadley & McCloy	Frankfurt
White & Case	Frankfurt, Hamburg, München
CMS Hasche Sigle	Berlin, Frankfurt, Hamburg, Stuttgart, Köln
Noerr	Frankfurt, München
Norton Rose Fulbright	Frankfurt, Hamburg, München
Hogan Lovells	Frankfurt
Jones Day	Düsseldorf, Frankfurt, München
King & Wood Mallesons	Frankfurt, München
Lindemann Schwennicke & Partner	Berlin
Shearman & Sterling	Frankfurt
Skadden Arps Slate Meagher & Flom	Frankfurt
Willkie Farr & Gallagher	Frankfurt
Baker & McKenzie	Frankfurt, München
DLA Piper	Frankfurt
Heuking Kühn Lüer Wojtek	Frankfurt, Düsseldorf
Mayer Brown	Frankfurt
Watson Farley & Williams	Hamburg

Die hier getroffene Auswahl der Kanzleien ist das Ergebnis der auf zahlreichen Interviews basierenden Recherche der JUVE-Redaktion (s. Einleitung S. 20). Sie ist in 2erlei Hinsicht subjektiv: Sämtliche Aussagen der von JUVE-Redakteuren befragten Quellen sind subjektiv u. spiegeln deren eigene Wahrnehmungen, Erfahrungen u. Einschätzungen wider. Die Rechercheergebnisse werden von der JUVE-Redaktion unter Einbeziehung ihrer eigenen Marktkenntnis analysiert u. zusammengefasst. Der JUVE Verlag beabsichtigt mit dieser Tabelle keine allgemein gültige oder objektiv nachprüfbare Bewertung. Es ist möglich, dass eine andere Recherchemethode zu anderen Ergebnissen führen würde. Innerhalb der einzelnen Gruppen sind die Kanzleien alphabetisch geordnet.

Kanzleitätigkeit: Trad. starke Betonung auf Leveraged Finance, daneben weiterhin Restrukturierung, Immobilien- u. Energieprojektfinanzierung, auch Unternehmensfinanzierung u. Kreditportfoliotransaktionen. (6 Partner, 4 Counsel, 7 Associates)

Mandate: ●● Commerzbank, ING, IKB u. Société Générale bei Kauf von Christ durch 3i; Commerzbank u. IKB bei Kauf von Compo Expert durch Xio; DPE bei Kauf von Ziegler; Cross u. Pinova bei Kauf von Rademacher; Ares bei Kauf von Polo Motorrad u. Sportswear durch Equistone; Berenberg Bank bei Kauf von Bike24 durch Riverside; Banken bei Refinanzierung von AHT Cooling Systems.

BAKER & MCKENZIE
Kredite und Akquisitionsfinanzierung □□□□□

Bewertung: Geschätzte Kanzlei für Kredite u. Akquisitionsfinanzierung, die sich im Markt immer stärker etabliert. Bester Beleg hierfür war zuletzt die geglückte Aufnahme in die Stammberaterliste einer bedeut. Bank, doch auch andere, oft internat. Großbanken greifen regelm. auf die dt. Baker-Anwälte zurück. Für zusätzl. Mandate sorgen daneben die Verbindungen zu den hauseigenen Praxen für Gesellschaftsrecht/M&A u. Strukturierte Finanzierung.

Entwicklungsmöglichkeiten: So ermutigend die erfolgr. vertieften Beziehungen zu versch. Banken auch sind – um im Markt tiefere Spuren zu hinterlassen, hätte Baker mehr ausgewiesene Leveraged-Spezialisten nötig.

Häufig empfohlen: Dr. Oliver Socher

Kanzleitätigkeit: Häufig für Banken tätig; neben mittelgr. Transaktionen weiterhin Restrukturierung. Auch Export- u. Flugzeugfinanzierung. (1 Eq.-Partner, 2 Sal.-Partner, 1 Counsel, 4 Associates)

Mandate: ●● ING bei Exportfinanzierung für Stadt Izmir/Türkei; Banken bei Refinanzierung von Baustoffhersteller; niederl. Bank zu Aufbau von Finanzierungsplattform für Autohändler.

CLIFFORD CHANCE
Kredite und Akquisitionsfinanzierung ■□□□□

Bewertung: Eine führende Kanzlei für Kredite und Akquisitionsfinanzierung. Jahr für Jahr betonen Wettbewerber die Allgegenwart der breiten Clifford-Praxis bei Deals aller Größenordnungen. Dass sich das Team nicht auf diesen Erfolgen ausruht, sondern neue Marktentwicklungen oft selbst mit anführt, zeigte zuletzt der Trend zu mehr Unitranche-Finanzierungen, einem Markt, den CC bereits gemeinsam mit Ashurst dominiert.

● Referenzmandate, umschrieben
●● Referenzmandate, namentlich

Anwaltszahlen: Angaben der Kanzleien, wie viele Anwälte zu mind. ca. 50 % in diesem Gebiet tätig sind. Sie spiegeln nicht zwingend die Gesamtgröße einer Kanzlei wider.

KREDITE UND AKQUISITIONSFINANZIERUNG BANK- UND FINANZRECHT

Der Weggang der Praxisleiterin Alexandra Hagelüken zu Latham & Watkins trifft das Team allerdings ins Mark. Mit ihr verliert CC nicht nur ihre präsenteste u. anerkannteste Finanzierungspartnerin, sondern auch eine wichtige Integrationsfigur, gerade angesichts der schmerzensreichen Restrukturierung der Gesamtkanzlei. Die zahlr. Partnerabgänge v.a. in den Corporate-, Private-Equity- u. Energierechtspraxen werfen die in den Vorjahren verstärkten Cross-Selling-Initiativen ohnehin ein Stück weit zurück.
Stärken: Exzellente Leveraged-Finance-Praxis für mittelgr. u. gr. Deals. Sehr erfahrene u. renommierte Partner. Starke grenzüberschr. Praxis in Ffm.
Entwicklungsmöglichkeiten: Bei Deals mit starkem US-Kapitalmarktbezug liegt CC noch deutl. hinter Wettbewerbern wie Latham & Watkins oder White & Case zurück – allen bisherigen Aufbaubemühungen zum Trotz. Hier müsste CC in London, v.a. aber in den USA weiter aufrüsten, wie es zuletzt etwa Freshfields vormachte.
Häufig empfohlen: Dr. Bettina Steinhauer, Barbara Mayer-Trautmann, Thomas Weitkamp („gute, eingespielte Zusammenarbeit", Mandant über beide).
Kanzleitätigkeit: Large- u. Mid-Cap-Akqu.-Fin. sowie klass. syndiz. Kredite für Banken u. Kreditnehmer, ▶Immobilienfinanzierung. Auch gr. engl.-rechtl. Team in Ffm. (4 Partner, 2 Counsel, plus Associates)
Mandate: ●● Triton bei Kauf des Wärmetauschergeschäfts von Alstom; 3i bei Kauf von Christ; Crédit Agricole bei Übernahme von Steag durch Stadtwerkekonsortium; SEB bei Kauf von Median Kliniken durch Waterland; Commerzbank u. LBBW bei Kauf von Ziegler durch DPE; Commerzbank bei Kauf von Rhodius durch Equistone; Banken bei Refinanzierung von Backwerk.

CMS HASCHE SIGLE
Kredite und Akquisitionsfinanzierung
Bewertung: Empfohlene Kanzlei für Kreditfinanzierungen, die erneut für eine große Bandbreite von Mandanten bei zahlr. kleineren bis mittelgroßen Transaktionen im Einsatz war. Im Bereich der Leveraged-Deals etablieren sich die Anwälte immer stärker bei bedeut. Bankhäusern u. Private-Equity-Sponsoren, auch bei Unternehmensfinanzierungen treten neben den breiten Mittelstandskontakten der Praxis immer häufiger internat. Kreditgeber in den Vordergrund. Für zusätzl. Geschäft sorgt daneben die Verbindung zur in den letzten Jahren deutl. verstärkten Fondspraxis.
Stärken: Starke Tradition in Hamburg (v.a. Schifffahrtsbranche u. geschl. Fonds, immer stärker erneuerbare ▶Energien). Kreditnehmerberatung bei LBOs.
Häufig empfohlen: Dr. Marc Riede, Dr. Jens Morath, Dr. Markus Pfaff, Dr. Peter Ruby
Kanzleitätigkeit: Breite Fremdfinanzierungspraxis: alle Bereiche der Akqu.-Fin., Asset-basierte Kredite (viel Flugzeug- u. Schiffsfinanzierung) sowie erneuerbare Energien. Weiterhin auch viel Restrukturierungsarbeit. Deutl. Nähe zu ▶Immobilien u. ▶Projekte/Anlagenbau. (10 Partner, plus Associates)
Mandate: ●● DMG Mori Seiki Co. im Zshg. mit gepl. Übernahme von DMG Mori Seiki AG (ehem. Gildemeister); Ludwig Beck bei Kauf von Wormland; Dea Dt. Erdöl im Zshg. mit Übernahme; Broetje Automation bei Kauf von Tec4Aero; IPPT bei Verkauf von FrymaKoruma.

DLA PIPER
Kredite und Akquisitionsfinanzierung
Bewertung: Geschätzte Kreditfinanzierungspraxis, die nach jahrelanger, geduldiger Aufbauarbeit zuletzt deutl. an Präsenz gewann. Stärker als die meisten Wettbewerber konzentriert sich DLA bisher auf die Beratung von Private-Equity-Sponsoren u. Kreditnehmern – ein Fokus, der aufgrund attraktiverer Margen auch für viele bankennahe Wettbewerber immer interessanter wird. Dass ohne regelm. Tätigkeit für Banken dem Dealflow u. damit der Marktpräsenz enge Grenzen gesetzt bleiben, ist die andere Seite der Medaille.
Stärken: Enge Verbindung zur aktiven ▶Immobilienpraxis.
Häufig empfohlen: Dr. Wolfram Distler
Kanzleitätigkeit: Begleitung von Private-Equity-Sponsoren bei kleinen bis mittelgr. Deals, Unternehmensfinanzierung, v.a. auf Kreditnehmerseite; großer Anteil Immobilien- u. immer wieder auch Projektfinanzierungen. (4 Partner, 1 Counsel, 7 Associates)
Mandate: ●● Blackstone bei Kauf von Logicor; Auctus bei Mehrheitsbeteiligung an Yes Pharma; Isoliertechnikproduzent bei Unternehmensfinanzierung.

FRESHFIELDS BRUCKHAUS DERINGER
Kredite und Akquisitionsfinanzierung
Bewertung: Eine führende Kanzlei für Kredite u. Akquisitionsfinanzierung. Qualitativ zählen Mandanten u. Wettbewerber die Freshfields-Praxis schon seit Langem zur Marktspitze, nicht zuletzt wg. der engen Zusammenarbeit mit den hauseigenen Kapitalmarktspezialisten. Über die letzten Jahre trat die Kanzlei aber auch immer visibler auf. Zum einen profitierten die Anwälte von einer Verschiebung im Markt: Immer mehr Wettbewerber nehmen verstärkt Kreditnehmer u. Sponsoren ins Visier – ein Markt, in dem Freshfields aufgrund langj. eigener Beziehungen, aber auch wg. der überrag. Corporate- u. Private-Equity-Praxen schon seit Jahren eine so starke Stellung hat wie sonst nur Hengeler Mueller. Zum anderen hat Freshfields ihre New Yorker u. Londoner Büros verstärkt u. qualifiziert sich damit zunehmend auch für Deals mit US-Kapitalmarktbezug. Dass die Zeichen auf Wachstum stehen, unterstrich die Praxis in Dtl. zusätzl. mit der 3. Partnerernennung innerhalb weniger Jahre.
Stärken: Sehr starke Kreditnehmerpraxis. Enge Verbindungen zu ▶Restrukturierung/Sanierung u. ▶Projekte/Anlagenbau sowie Immobilienfinanzierung.
Häufig empfohlen: Yorck Jetter („erfahren, souverän u. vielseitig", Mandant), Dr. Frank Laudenklos („Spitzenanwalt u. trotzdem unprätentiös", Mandant), Dr. Mario Hüther („einer der besten jüngeren Finanzierungspartner überhaupt", Mandant)
Kanzleitätigkeit: Sowohl Akquisitionsarbeit (für Banken, strateg. Investoren u. Private-Equity-Sponsoren) als auch Restrukturierungen u. Refinanzierungen. Stärkere Basis auf der Kreditnehmerseite. (7 Partner, 19 Associates)
Mandate: ●● Infineon bei Übernahme von Internat. Rectifier Corp.; ZF bei Kauf von TRW; Mahle bei Kauf der Wärmetauschersparte von Delphi; Advent u. Marcol im Zshg. mit Verkauf von Median Kliniken; One Equity Partners bei Kauf von Duran; EQT bei Restrukturierung von SAG; Dt. Bank bei Restrukturierung von Royal Imtech; Unternehmensfinanzierung: Commerzbank bei Kuka/Swisslog u. Wepa; Commerzbank u. UniCredit bei Coutinho/Ferrostaal; ING-DiBa bei GFKL Financial Services; auch für Fresenius, Jenoptik, Porsche Automobil Holding, Qiagen, Rewe Internat. Finance, Aenova, Ströer Media, Vossloh, Zalando, Unitymedia, Azelis, Sana Kliniken.

GLEISS LUTZ
Kredite und Akquisitionsfinanzierung
Bewertung: Häufig empfohlene Kanzlei für Kredite u. Akquisitionsfinanzierung. Aus der bislang schmalen Präsenz im Finanzierungsmarkt hatten viele Wettbewerber schon geschlossen, dass Gleiss an diesem Bereich nicht wirklich interessiert sei – trotz hervorrag. Kontakte der Corporate- u. Private-Equity-Praxen zu Großunternehmen u. Finanzinvestoren mit reichl. Beratungsbedarf u. obwohl

Führende Namen bei Krediten und Akquisitionsfinanzierung

Dr. Thomas Cron	Hengeler Mueller
Dr. Andreas Diem	Latham & Watkins
Alexandra Hagelüken	Latham & Watkins
Dr. Thomas Ingenhoven	Milbank Tweed Hadley & McCloy
Yorck Jetter	Freshfields Bruckhaus Deringer
Dr. Stephan Kock	Ashurst
Dr. Johannes Kremer	Skadden Arps Slate Meagher & Flom
Dr. Thomas Lindemann	Lindemann Schwennicke & Partner
Barbara Mayer-Trautmann	Clifford Chance
Dr. Eva Reudelhuber	Gleiss Lutz
Leila Röder	White & Case
Dr. Bettina Steinhauer	Clifford Chance
Dr. Johannes Tieves	Hengeler Mueller
Marc Trinkaus	Linklaters
Dr. Christina Ungeheuer	Latham & Watkins
Dr. Neil Weiand	Allen & Overy

Die hier getroffene Auswahl der Personen ist das Ergebnis der auf zahlreichen Interviews basierenden Recherche der JUVE-Redaktion (siehe S. 20). Sie ist in zweierlei Hinsicht subjektiv: Sämtliche Aussagen der von JUVE-Redakteuren befragten Quellen sind subjektiv u. spiegeln deren eigene Wahrnehmungen, Erfahrungen u. Einschätzungen wider. Die Rechercheergebnisse werden von der JUVE-Redaktion unter Einbeziehung ihrer eigenen Marktkenntnis analysiert u. zusammengefasst. Der JUVE Verlag beabsichtigt mit dieser Tabelle keine allgemein gültige oder objektiv nachprüfbare Bewertung. Es ist möglich, dass eine andere Recherchemethode zu anderen Ergebnissen führen würde.

● Referenzmandate, umschrieben
●● Referenzmandate, namentlich

Anwaltszahlen: Angaben der Kanzleien, wie viele Anwälte zu mind. ca. 50 % in diesem Gebiet tätig sind. Sie spiegeln nicht zwingend die Gesamtgröße einer Kanzlei wider.

BANK- UND FINANZRECHT KREDITE UND AKQUISITIONSFINANZIERUNG

Gleiss immer engere Verbindungen zu führenden brit. u. US-Finanzkanzleien unterhält. Doch nun meldete die Sozietät ihre Ambitionen mit einem veritablen Paukenschlag an: Der Zugang Reudelhubers von Linklaters bedeutet eine massive Verstärkung. Denn sie gehört seit Jahren zu den renommiertesten Partnerinnen im Markt u. unterhält gute Kontakte zu zahlr. führenden Bankhäusern. Für die bislang v.a. auf Kreditnehmer fokussierte Praxis tun sich damit ganz neue Horizonte auf, selbst wenn der Einstieg in die Bankenberatung auch für etablierte Akteure nicht zu den einfachsten Übungen gehört.
Stärken: Regelm. Begleitung von ▶Private-Equ.- u.-Vent.-Capital-Häusern u. Mittelstandsunternehmen als Kreditnehmer.
Entwicklungsmöglichkeiten: Um ihr neu gewonnenes Potenzial zu nutzen, wird Gleiss ihr Team schnell auch unterhalb der Partnerebene verstärken müssen, bspw. durch erfahrene Associates aus anderen namh. Kanzleien.
Häufig empfohlen: Dr. Eva Reudelhuber („gutes Einfühlungsvermögen in komplizierten Situationen, exzellente u. schnelle Arbeit", Wettbewerber), Dr. Burkhard Jäkel, Dr. Helge Kortz („kein einfacher Gegner, aber fachlich sehr gut u. pragmatisch", Mandant der Gegenseite), Frank Schlobach
Kanzleitätigkeit: Beratung von Kreditnehmern u. -gebern zur Fremdfinanzierung sowie zur Finanzierung hochwertiger Wirtschaftsgüter. Auch ▶Immobilienfinanzierung. (5 Eq.-Partner, 2 Sal.-Partner, 2 Counsel, plus Associates)
Mandate: ●● United Internet bei Kauf von Versatel u. Beteiligung an Rocket Internet; Eurazeo bei Restrukturierung u. Refinanzierung von Apcoa; BayernLB u. NordLB bei syndiz. Kredit für kommunale Verkehrsbetriebe; Refinanzierungen: SKW, Felix Schoeller Holding, VNG.

HENGELER MUELLER
Kredite und Akquisitionsfinanzierung
Bewertung: Eine führende Kanzlei für Kredite u. Akquisitionsfinanzierung. Aus der ersten Reihe der dt. Finanzierungspraxen ist HM nicht wegzudenken, wie auch führende Partner aus anderen Kanzleien unterstreichen. Die HM-Anwälte begleiteten erneut eine Vielzahl großvol. Deals u. Unternehmenskredite, darunter die wg. des IPO-Kontexts bes. komplexe Tele-Columbus-Refinanzierung. Neben der fachl. Qualität der Anwälte heben Wettbewerber v.a. die personelle Breite u. günstige Altersstruktur der Praxis hervor: Während die jüngere Partnergeneration etwa bei Allen & Overy oder Freshfields erst allmähl. aus dem Schatten ihrer älteren Kollegen heraustritt, hat HM mit Defren, Vieten u. Rang gleich 3 sehr anerkannte, junge Finanzierungspartner in ihren Reihen.
Stärken: Hervorrag. Verbindungen zu dt. Konzernen u. Banken. Exzellente Reputation der in diesem Bereich tätigen Partner mit breitem Tätigkeitsspektrum, inkl. Finanz- u. Kapitalmarktrecht.
Häufig empfohlen: Dr. Thomas Cron, Dr. Johannes Tieves („Top-Anwalt, sehr durchsetzungsstark", Wettbewerber), Heinrich Knepper („zupackend u. pragmatisch", Wettbewerber), Dr. Ralph Defren, Dr. Daniel Weiß, Dr. Nikolaus Vieten („gehört zu den stärksten jungen Partnern im Finanzierungsmarkt", Mandant), Dr. Alexander Rang
Kanzleitätigkeit: Sowohl für Kreditnehmer als auch -geber, häufig bei Großkrediten u. Bank-Bond-Finanzierungen. Weiterhin Arbeit in Akqu.-Fin., v.a. bei gr. Übernahmen. Zudem Restrukturierungen u. Refinanzierungen für Kreditnehmer. Auch ▶Immobilienfinanzierung. (11 Partner, 2 Counsel, plus Associates)
Mandate: ●● Dt. Bank, JPMorgan u. Société Générale bei Kauf von Sigma Aldrich durch Merck; Dt. Bank/Dt. Bank Luxemb. bei Kauf von Concur Technologies durch SAP; Ineos Holding bei Beteiligung an Styrolution; KKR bei Beteiligung an WMF; Stirling Square Capital Partners bei Kauf von Polytech-Domilens; Unternehmensfinanzierungen: Strabag, Carl Zeiss, Tele Columbus, Commerzbank bei Nordzucker, Dt. Bank u. Citigroup bei Schaeffler, Dt. Bank u.a. bei Freudenberg.

HEUKING KÜHN LÜER WOJTEK
Kredite und Akquisitionsfinanzierung
Bewertung: Geschätzte Kreditfinanzierungspraxis, die seit dem Zugang von Schrell im Vorjahr zunehmend auf den Radar auch der Wettbewerber kommt, bislang allerdings v.a. bei kleinen Transaktionsvolumina. Bereits länger etabliert ist die Immobilienfinanzierungspraxis am Düsseldorfer Standort.
Entwicklungsmöglichkeiten: Die breit gestreuten Unternehmenskontakte der Corporate-Praxis böten beachtl. Potenzial für die Kreditnehmerberatung. Aufgr. der individualist. Kanzleikultur bleibt dieses bislang weitgehend ungenutzt.
Häufig empfohlen: Thomas Schrell
Kanzleitätigkeit: Breites Spektrum v.a. kleinerer Akquisitions- u. Unternehmensfinanzierungen, daneben Immobilien- u. Projektfinanzierung. (4 Partner, 3 Associates)
Mandate: ●● Heleba bei Kauf von Lampenwelt durch Investoren u. bei Refinanzierung von QSIL; Fraspa u. Südwestbank bei Akquisitionsfinanzierungen; lfd. Feuer Powertrain.

HOGAN LOVELLS
Kredite und Akquisitionsfinanzierung
NOMINIERT JUVE Awards 2015 Kanzlei des Jahres für Bank- und Finanzrecht
Bewertung: Die empfohlene Kreditfinanzierungspraxis zeigte sich bei Leveraged-Deals zuletzt recht aktiv. Bedeutender ist allerdings die geglückte Platzierung auf mehreren bedeut. Bankenberaterlisten, die in Zukunft für zusätzl. Geschäft sorgen dürfte – angesichts des nach wie vor ausgeprägten Kreditgeberfokus ist dies ein wichtiger Schritt zur Verbreiterung der Praxis. Ein bedeutender Teil der Mandate entfällt weiterhin auf den ▶Immobilienbereich, wo die Praxis bereits gute Kontakte zu Debt Funds aufgebaut hat.
Stärken: Gute Verbindungen nach GB.
Entwicklungsmöglichkeiten: Um das Potenzial der starken Londoner Praxis zu nutzen, hätte das dt. Team deutl. mehr personelle Breite insbes. auf Partnerebene nötig.
Häufig empfohlen: Dr. Katlen Blöcker
Kanzleitätigkeit: Sowohl Banken- als auch Kreditnehmerarbeit bei Leveraged-Transaktionen u. (Re-)Finanzierungen, Immobilienfinanzierung; auch Restrukturierungen. (2 Partner, 1 Counsel, 5 Associates)
Mandate: ●● Rothschild u. Five Arrows bei Kauf von Prospitalia; KBC Bank bei Kauf von Rademacher durch Cross u. Pinova; DE Capital, u.a. bei Kauf von Waterlogic durch Castik Capital; Smurfit Kappa bei syndiz. Finanzierung.

JONES DAY
Kredite und Akquisitionsfinanzierung
NOMINIERT JUVE Awards 2015 Kanzlei des Jahres für Bank- und Finanzrecht
Bewertung: Empfohlene Kreditfinanzierungspraxis, die nach längerer Anlaufzeit zuletzt häufiger auf sich aufmerksam machte. Die Stammmandantin SEB forderte die Anwälte mehrfach für Unternehmensfinanzierungen an u. half damit, den bislang deutl. Fokus auf Industriemandanten aus dem JD-Netzwerk aufzubrechen. Hinzu kamen mit DBAG/Huhtamaki Films u. Xio/Compo Expert 2 Leveraged-Deals, die spürbar dazu beitrugen, JD als ernst zu nehmende Akteurin im Finanzierungsmarkt zu etablieren. Erstkontakte zu mehreren derzeit recht aktiven Banken runden das Bild vom allmähl. Aufstieg der Praxis ab.
Stärken: Starke Verankerung der ww. Corporate-Praxis bei internat. Großkonzernen (v.a. USA).
Häufig empfohlen: Annica Lindegren („ergebnisorientiert, keine Prinzipienreiterin", Mandant), Claudia Leyendecker
Kanzleitätigkeit: Akqu.-Fin. u. Unternehmenskredite, Begleitung von Private-Equity-Sponsoren, auch Immobilienfinanzierung u. Restrukturierungen. (4 Partner, 4 Counsel, plus Associates)
Mandate: ●● DBAG bei Beteiligung an Huhtamaki Films; SEB bei Kreditlinien für CompuGroup Medical u. syndiz. Kredit für Voestalpine; Xio bei Kauf von Compo Expert.

KING & WOOD MALLESONS
Kredite und Akquisitionsfinanzierung
Bewertung: Für Kredite u. Akquisitionsfinanzierung empfohlene Kanzlei. Schneller als Jones Day, die sich wie K&W 2013 mit mehreren erfahrenen Quereinsteigern von White & Case verstärkt hatte, konnte sich die Praxis sowohl kreditgeber- als auch -nehmerseitig als feste Adresse im Markt etablieren. Insbes. Schomaker wird von Wettbewerbern immer wieder für gute Kontakte etwa zur Dt. Bank u. EQT gelobt, die beide inzwischen regelm. auf K&W setzen. Auch Niedner gewinnt zunehm. an Profil. Für zusätzl. Geschäft sorgen abermals die Verbindungen der Private-Equity- u. Fondspraxis.
Stärken: Leveraged Finance im Mid-Cap-Bereich.
Häufig empfohlen: Sabine Schomaker („gute Kontakte, gute Arbeit", Wettbewerber), Clemens Niedner
Kanzleitätigkeit: Akqu.-Fin./Leveraged Finance, Immobilien-, Projektfinanzierung, Restrukturierungen. (3 Partner, 3 Associates)
Mandate: ●● Dt. Bank bei syndiz. Kreditfazilität für Trilux; EQT bei Kauf von E.I.S. Aircraft sowie bei Refinanzierung von Backwerk; TransDigm bei Kauf von Telair.

LATHAM & WATKINS
Kredite und Akquisitionsfinanzierung

Kanzlei des Jahres für Bank- und Finanzrecht

Bewertung: Häufig empfohlene Kreditfinanzierungspraxis. Der Trackrecord, den L&W im letzten Jahr als Begleiterin von Private-Equity-Investoren bei mittelgr. u. großvol. Deals vorlegte, ist schlicht beeindruckend. Bei mehreren Mrd.-Transaktionen stellte die Praxis einmal mehr unter Beweis, dass ihr bei Deals mit US-Kapitalmarktbezug kein Wettbewerber das Wasser reichen kann. Eine

KREDITE UND AKQUISITIONSFINANZIERUNG BANK- UND FINANZRECHT

massive zusätzl. Verstärkung bedeutet der Wechsel der vormaligen Leiterin der Clifford Chance-Praxis, Hagelüken. Mit den prominenten Zugängen in der Private-Equity-Praxis (ebenfalls von CC) hat sie bereits in der Vergangenheit intensiv zusammengearbeitet, zudem bringt sie hervorrag. Bankenkontakte mit – auf dieser Seite ist L&W bislang noch etwas seltener tätig. Als Beraterin von Debt Funds ist L&W dafür inzwischen eine feste Größe, wie die erneute Mandatierung durch Hayfin zeigte.

Stärken: Integrierte Kapitalmarkt- u. High-Yield-Expertise (▶ Anleihen; Akqu.-Fin., v.a. im Mid-Cap-Bereich für Banken; Sponsorenarbeit auch bei gr. Transaktionen; Restrukturierungen).

Häufig empfohlen: Dr. Christina Ungeheuer („kompetent, lösungsorientiert u. pragmatisch", Wettbewerber), Dr. Andreas Diem, Christian Jahn („hervorrag. Zusammenspiel mit der Kapitalmarktpraxis", Mandant über beide), Alexandra Hagelüken

Kanzleitätigkeit: Akqu.-Fin. für Banken u. Kreditnehmer; Corporate-Kredite u. ▶ Immobilienfinanzierung, vorwiegend in Hamburg. Standortübergr. integrierte Praxis. (4 Partner, 2 Counsel, 8 Associates)

Mandate: ●● EQT bei Kauf von Siemens Audiology Solutions; Onex bei Kauf von SIG Combibloc; Barclays u.a. bei Kauf der Kraftwerkszubehörsparte von Alstom durch Triton; Carlyle bei Kauf von Ortho Clinical Diagnostics; Equistone bei Beteiligung an Polo Motorrad u. Sportswear; Hayfin u.a. bei Finanzierung für Intergenia; One Equity Partners bei Kauf von Duran; Dt. Bank bei Refinanzierung von Pfleiderer; Claas bei Schuldscheindarlehen.

LINDEMANN SCHWENNICKE & PARTNER
Kredite und Akquisitionsfinanzierung ☐☐☐☐☐

Bewertung: Empfohlene Kanzlei für Kredite u. Akquisitionsfinanzierung. Im dt. Markt spielt LSP als reine Bank- u. Finanzrechtsboutique eine Sonderrolle, und sie spielt sie so gut, dass Mandanten u. Wettbewerber mit Lob nicht geizen. Dass LSP ausschl. von Berlin aus tätig ist, tut dem guten Ruf keinen Abbruch u. hat sich über die letzten Jahre sogar als echter Vorteil bei der Nachwuchsgewinnung erwiesen. Zuletzt weitete das Team seinen Mandantenstamm in Dtl., v.a. aber internat. aus, abermals aus. Als Vorteil erwies sich dabei auch die zunehmende kapitalmarktrechtl. Expertise.

Stärken: Hervorragende Reputation v.a. der Namenspartner.

Häufig empfohlen: Dr. Thomas Lindemann, Dr. Andreas Schwennicke, Dr. Ludwig von Moltke („sehr präzise", Wettbewerber)

Kanzleitätigkeit: Trad. Akquisitions- u. ▶ Immobilienfinanzierung; Schwerpunkt weiter auf Refinanzierungen u. Projektfinanzierung. (6 Partner, 6 Associates)

Mandate: ●● LBBW, Commerzbank u. Sparkasse Bodensee bei Unternehmensfinanzierungen; Kreditbank bei Konsortialfinanzierung; Holdinggesellschaft bei Kredit u. Schuldscheindarlehen; Landesbank bei Kreditportfolioübertragung.

LINKLATERS
Kredite und Akquisitionsfinanzierung ☐☐☐☐☐

Bewertung: Häufig empfohlene Kanzlei für Kredite u. Akquisitionsfinanzierung, die nach wie vor zu den ersten Adressen bei großvol. Finanzierungsmandaten zählt, insbes. auf Bankenseite. Personell steht die Praxis allerdings ein Stück schmaler da als noch vor Kurzem: Im Sommer 2015 verabschiedete sich nicht nur die renommierteste u. erfahrenste Partnerin im Team, Dr. Eva Reudelhuber, zu Gleiss Lutz. Zeitgleich verlor Linklaters auch Associate Steffen Schellschmidt, der sich im Markt bereits einen guten Ruf erarbeitet hatte, an Fried Frank. Umso bedeutender ist nun, dass die jüngeren Partner Trinkaus u. Zaich bereits auf eine starke Reputation bauen können. Die hervorrag. Kontakte der dt. u. brit. Linklaters-Anwälte bei Banken stehen in den Augen der meisten Wettbewerber ohnehin außer Frage. Dass das Team bei neuen Marktentwicklungen zu den Vorreitern gehört, demonstrierte es zuletzt u.a. an der Seite von Debt Funds.

Stärken: Sehr starke Kreditgeberpraxis mit guten Kontakten zu den meisten führenden Banken. Auch starkes, praxisübergr. Team bei ▶ Restrukturierung/Sanierung.

Entwicklungsmöglichkeiten: In den nächsten Jahren wird es darauf ankommen, die nun entstandene Lücke auf Partnerebene zu füllen. Wie erfahrene Associates zügig nach vorn gebracht werden können, hat vor wenigen Jahren die hauseigene Kapitalmarktpraxis vorgemacht.

Häufig empfohlen: Marc Trinkaus, Julian Zaich

Kanzleitätigkeit: Trad. Schwerpunkt auf syndiz. Krediten u. Kreditgeberberatung; viel Restrukturierung sowie Arbeit an Schnittstelle zu Projektfinanzierung. Auch ▶ Immobilienfinanzierung. (6 Partner, 1 Counsel, plus Associates)

Mandate: ●● JPMorgan u. Goldman Sachs bei Kauf von GHD Gesundheit durch Nordic Capital; LetterOne/Pamplona bei Kauf von RWE Dea; Banken bei Beteiligung an WMF durch KKR (aus dem Markt bekannt); Alcentra bei Unitranche-Finanzierung für Arwe Holding; Kartesia bei Kauf von Sausalitos durch Ergon.

MAYER BROWN
Kredite und Akquisitionsfinanzierung ☐☐☐☐☐

Bewertung: Geschätztes Kreditfinanzierungsteam, das mit enger Anbindung an die internat. Finanzierungspraxis punkten kann. Personell verkleinerte sich die Mannschaft allerdings erneut: Partner Dirk-Peter Flor, der seinen Schwerpunkt zuletzt auf Immobilienfinanzierungen gelegt hatte, ging im Sommer 2015 zu Reed Smith. MB bleibt damit stärker als bisher auf ihre angestammte Domäne der mittelgr. Private-Equity-Deals beschränkt.

Stärken: Gute Verbindungen zu mittelgr. Kreditgebern u. Private-Equity-Häusern.

Häufig empfohlen: Markus Strelow („hervorragender Anwalt, pragmatisch u. zielführend in Verhandlungen", Wettbewerber)

Kanzleitätigkeit: Beratung bei syndiz. Krediten u. anderen Kreditverträgen. Schwerpunkt auf Akqu.-Fin. für Banken u. Sponsoren, auch Umstrukturierungen bestehender Engagements. (2 Partner, 1 Counsel, 3 Associates)

Mandate: ●● Lfd. BHF-Bank, u.a. bei Kauf von Lichtbasis Meissner-Spahn durch Finatem; Halder bei Kauf von Prae Turbo; lfd. Equita, Indigo Capital.

MILBANK TWEED HADLEY & MCCLOY
Kredite und Akquisitionsfinanzierung ☐☐☐☐☐

Bewertung: Eine häufig empfohlene Kreditfinanzierungspraxis, die sich auf vorzügl. Verbindungen zu zahlr. maßgebl. Banken u. einer langen Reihe von Private-Equity-Investoren verlassen kann u. dadurch regelm. bei großvol. internat. Deals zum Einsatz kommt. Auch die engen Kontakte der Kanzlei zu dt. Großkonzernen sorgen immer wieder für anspruchsvolle Arbeit bei großvol. Finanzierungen. Allerdings ging für Milbank 2014 auch eine Ära zu Ende: Mit Dr. Rainer Magold verabschiedete sich der „Vater des dt. Kreditfinanzierungsmarkts", wie ein Wettbewerber formulierte, in den Ruhestand. Der Kanzlei dürfte es nach diesem Verlust schwerfallen, gerade bei mittelgr. Leveraged-Deals so präsent zu bleiben wie bisher.

Stärken: Starkes Corporate-Team, v.a. in München, das häufig Kreditnehmer berät.

Häufig empfohlen: Dr. Thomas Ingenhoven („unglaubl. guter Anwalt u. harter Arbeiter", „durchsetzungsstark, aber immer fair, sehr schnelle Auffassungsgabe", Wettbewerber).

Kanzleitätigkeit: Schwerpunkt nach wie vor Akqu.-Fin.; zunehmend auch Konzernfinanzierungen. (2 Partner, 4 Associates)

Mandate: ●● KSBG bei Übernahme der restl. Anteile an Steag; JPMorgan u. UniCredit bei Kauf von Constantia Flexibles durch Wendel; Goldman Sachs u. Nomura bei Kauf von Sebia durch Montagu u. Astorg Partners; Axel Springer zu Schuldscheintauschangebot; Triton bei Refinanzierung von Compo; Goldman Sachs bei Refinanzierung von Flint; Advent bei Refinanzierung von GFKL Financial Services; Commerzbank bei Konsortialkreditvertrag für Krones; Pro7Sat.1 Media lfd. zu Konzernfinanzierung.

NOERR
Kredite und Akquisitionsfinanzierung ☐☐☐☐☐

Bewertung: Die empfohlene Finanzierungspraxis kam erneut an mehreren Fronten voran. Die in den Vorjahren etablierten Kontakte zu bedeut. Kreditgebern, allen voran Dt. Bank u. Commerzbank, sorgen inzw. für regelm. Dealflow. Zugleich ist Noerr immer wieder an der Seite von Finanzinvestoren anzutreffen, am prominentesten zuletzt bei MPT/Median Kliniken. Dass die Expansion auch personell auf soliden Füßen ruht, untermauerte die Kanzlei durch die erneute Verstärkung ihres Mittelbaus: Von Freshfields u. Clifford Chance kamen erfahrene Associates dazu.

Stärken: ▶ Restrukturierung/Sanierung, ▶ Immobilienfinanzierung.

Häufig empfohlen: Sebastian Bock, Andreas Naujoks („aktiv u. kompetent", „sachlich, schnell u. clever", Mandanten).

Kanzleitätigkeit: Schwerpunkt auf Restrukturierungen u. ▶ Immobilienfinanzierung. Banken (internat. u. dt. Institute) vielfach über Kontakte mit ausl. Kanzleien. Auch Kreditnehmerberatung bei LBOs/MBOs. (4 Eq.-Partner, 3 Sal.-Partner, 9 Associates)

Mandate: ●● MPT bei Übernahme (gemeins. mit Waterland) von Median Kliniken; NordLB bei Kauf von Yes Pharma durch Auctus; Silverfleet bei Verkauf von Aesica; Victory Park Capital bei Investment in Kreditech; Commerzbank u. NordLB bei Konsortialkredit für SKW Metallurgie; Novelis bei ABL-Kreditlinie; Lendico umf.; lfd. Dt. Postbank.

NORTON ROSE FULBRIGHT
Kredite und Akquisitionsfinanzierung ☐☐☐☐☐

Bewertung: Empfohlene Kreditfinanzierungspraxis, die sich immer stärker als Beraterin von dt. Banken (z.B. Dt. Bank, BayernLB, HSBC) etabliert u. an deren Seite regelm. bei Transaktionen im Einsatz war, so etwa beim schlagzeilen-

BANK- UND FINANZRECHT KREDITE UND AKQUISITIONSFINANZIERUNG

trächtigen United Internet/Versatel-Deal. Zunehmend prominent tritt das Team auch bei Unternehmensfinanzierungen auf, hier zahlt sich das internat. Netzwerk der Kanzlei immer wieder durch Neumandate aus. Einen immer bedeutenderen Schwerpunkt bilden Exportfinanzierungen – ein Wachstumsbereich, der sich trefflich mit dem seit Langem etablierten Teilfokus auf Asset-Finanzierung ergänzt.

Stärken: Partnergeführte Beratung; breite Projektfinanzierungsexpertise am Hamburger Standort.

Häufig empfohlen: Dirk Trautmann, Dr. Oliver Sutter („erfahren u. gut", „Top-Jurist, beeindruckend souverän", Mandanten)

Kanzleitätigkeit: Beratung sowohl bei Akqu.-Fin. als auch für versch. internat. tätige Banken bei Co-Underwriting oder Beteiligung an syndiz. Krediten. Umfangr. Erfahrung in der ▶Projektfinanzierung; auch Immobilienfinanzierung. Eine ww. führende Kanzlei in der Schiffsfinanzierung. (7 Partner, 20 Associates)

Mandate: ●● BayernLB bei Kauf von Versatel durch United Internet; HSBC bei Finanzierungen für Grünenthal u. Dortmunder Stadtwerke; KWS Saat bei Refinanzierung; Joyou bei Bankkredit; DZ Bank bei Kredit für Dt. Milchkontor; Fixit-Gruppe bei revolv. Kredit; BNP Paribas bei Jolco-Finanzierung für Lufthansa.

SHEARMAN & STERLING
Kredite und Akquisitionsfinanzierung ☐☐☐☐☐

Bewertung: Eine empfohlene Kanzlei für Kredite u. Akquisitionsfinanzierung, die im letzten Jahr eine ganze Reihe mittelgr. Leveraged-Deals begleitete, darunter 2 der bisher größten Unitranche-Finanzierungen in Dtl. für Avenue Capital. Insbes. Carli kann in diesem Segment inzwischen einen respektablen Trackrecord vorweisen. Wettbewerber heben Shearman regelm. auch als eine von wenigen Kanzleien in Dtl. hervor, die ernsthaft integrierte US-Kapitalmarktexpertise anbieten. Allerdings litt gerade dieser Bereich zuletzt spürbar unter dem Weggang von Marc Plepelits, der Anfang 2015 zu Allen & Overy ging.

Häufig empfohlen: Winfried Carli („pragmatisch u. angenehm", Wettbewerber), Dr. Esther Jansen

Kanzleitätigkeit: Kreditgeber- u. -nehmerberatung bei Akquisitionen, internat. M&A-Transaktionen, Großkrediten u. Refinanzierungen, weiterhin auch Restrukturierung. (2 Partner, 2 Counsel, 3 Associates)

Mandate: ●● Avenue Capital bei Kauf von Duran durch One Equity Partners sowie bei Kauf von Rademacher durch Cross Equity Partners u. Pinova; DBAG bei Kauf von Pfaudler; BayernLB bei Kauf von Camano durch Afinum; LBBW u. NordLB bei Kauf von Rameder durch Findos; Banken bei gepl. Kauf von SIG Combibloc durch Partners Group; Silverfleet lfd. zu dt. Portfoliogesellschaften.

SKADDEN ARPS SLATE MEAGHER & FLOM
Kredite und Akquisitionsfinanzierung ☐☐☐☐☐

Bewertung: Empfohlene Kanzlei für Kredite u. Akquisitionsfinanzierung, die erneut v.a. für US-Banken, Private-Equity-Investoren u. eine überschaubare Zahl von dt. Großunternehmen zum Einsatz kam. Mit Dt. Annington/Gagfah begleitete das nach wie vor kleine Team im letzten Jahr einen der bedeutendsten Deals des Jahres, u. in puncto Qualität rechnen die meisten Wettbewerber insbes. Kremer zur Marktspitze.

Häufig empfohlen: Dr. Johannes Kremer („hervorrag. Experte", Wettbewerber)

Kanzleitätigkeit: V.a. Beratung von Kreditnehmern, auch in ▶Private Equ. u. Vent. Capital. Weiterhin großvol. Restrukturierungen. (2 Partner, 1 Counsel, 3 Associates)

Mandate: ●● JPMorgan bei Übernahme von Gagfah durch Dt. Annington; Quadriga bei Kauf von Ibis Acam sowie zu Finanzierung für Ipsen Internat.; Wells Fargo bei Finanzierung für Novelis; Agravis Raiffeisen bei Finanzierungsmaßnahmen; Doughty Hanson lfd. bei Finanzierungen.

WATSON FARLEY & WILLIAMS
Kredite und Akquisitionsfinanzierung ☐☐☐☐☐

Bewertung: Geschätzte Kreditfinanzierungspraxis, die immer wieder für Private-Equity-Investoren aktiv ist, ihren Schwerpunkt aber auf Projekt- u. Schiffsfinanzierungen legt. Fortschritte machten die Anwälte im letzten Jahr in der Unternehmensfinanzierung, daneben sorgte Stammmandantin NordLB für eine Reihe kleinerer Leveraged-Mandate.

Häufig empfohlen: Dr. Stefan Kilgus

Kanzleitätigkeit: Trad. Schwerpunkt auf Kreditnehmerberatung bei Private-Equity-Transaktionen. Umfangr. Erfahrung in der Projektfinanzierung (v.a. erneuerbare ▶Energie); eine ww. führende Kanzlei für Schiffsfinanzierungen. (6 Partner, 1 Counsel, 14 Associates)

Mandate: ●● Equita bei Mehrheitsbeteiligung an Windstar Medical u. bei Verkauf von Transnorm; NordLB bei Kauf von Engelmann Sensor durch Finanzinvestoren sowie bei Kauf von Syntela durch Caldec.

WHITE & CASE
Kredite und Akquisitionsfinanzierung ☐☐☐☐☐

Bewertung: Häufig empfohlene Kreditfinanzierungspraxis, die beim strukturellen Umbau der Gesamtkanzlei vorweg ging u. jetzt mit verschlankter Mannschaft u. stärkerem Fokus auf hochkarät., internat. Mandate arbeitet. Allmähl. erntet sie die Früchte dieses Wandels, wie mehrere große Unternehmensfinanzierungsmandate zeigten, z.B. HP Pelzer. Der Zugang eines bekannten Kapitalmarktpartners von Allen & Overy Ende 2014 bedeutete hier eine signifikante Verstärkung, hatte sich W&C doch schon in den letzten Jahren immer häufiger bei Finanzierungen mit US-Kapitalmarktbezug profiliert. Kehrseite der neuen Strategie ist eine spürbar reduzierte Marktdurchdringung bei mittelgr. Transaktionen, wie Wettbewerber feststellten.

Stärken: Integrierte ▶Anleihen- u. High-Yield-Expertise, enge Vernetzung mit London u. USA; hervorrag. Insolvenzpraxis (▶Restrukturierung/Sanierung).

Entwicklungsmöglichkeiten: Um wieder mehr Präsenz bei Leveraged-Deals gerade auf Bankenseite zu zeigen, wird W&C zusätzl. Partner mit klarem Akquisitionsfinanzierungsfokus nach vorn bringen müssen.

Häufig empfohlen: Dr. Tom Schorling, Leïla Röder („gute Zusammenarbeit", Wettbewerber)

Kanzleitätigkeit: Akqu.-Fin. u. Unternehmenskredite, v.a. auf Bankenseite, Restrukturierungen, ▶Immobilien- u. zunehmend Projektfinanzierung (insbes. ▶Energie). Finanzierungsteams in Ffm., Hamburg u. München. (4 Eq.-Partner, 6 Sal.-Partner, 4 Counsel, 8 Associates)

Mandate: ●● Commerzbank, HSH Nordbank, u.a. bei Kauf von ACC durch Spheros; HP Pelzer bei Finanzierung; BayernLB bei Konsortialfinanzierung für Wacker Chemie; Dt. Bank Luxemb., u.a. zu Finanzierung für Qiagen; Dt. Bank bei Finanzierung für Weber-Hydraulik; Commerzbank zu Akqu.-Fin. für Tyco Waterworks u. Raphael Valves; Fritz Dräxlmeier bei Refinanzierung; Banken lfd. bei Refinanzierung von Heidelberger Druckmaschinen.

WILLKIE FARR & GALLAGHER
Kredite und Akquisitionsfinanzierung ☐☐☐☐☐

Bewertung: Empfohlene Kreditfinanzierungspraxis, die nach wie vor regelm. bei prominenten Leveraged-Deals anzutreffen ist, häufig im Gespann mit der starken Private-Equity-Praxis. Wettbewerber sparen nicht mit Lob für Wilms. Den Verlust eines erst im Vorjahr hinzugekommenen Counsel, der auf eine Inhouse-Position wechselte, kompensierte Willkie durch einen Counsel-Zugang von Weil Gotshal.

Häufig empfohlen: Jan Wilms („hervorragender Jurist, unternehmerische Denke", Wettbewerber)

Kanzleitätigkeit: Schwerpunkt auf Beratung von Sponsoren bei LBOs, auch zunehmend Projektfinanzierung. (1 Eq.-Partner, 1 Counsel, 2 Associates)

Mandate: ●● 3i bei Kauf von Christ; IK Investment bei Kauf von Transnorm; Palamon bei Verkauf von Prospitalia; PAI bei gepl. Kauf von Median Kliniken (aus dem Markt bekannt).

Datenschutz im Betrieb. Welche Herausforderungen bringen neue Regelungen auf nationaler und europäischer Ebene?

Von Dr. Jürgen Höffler und Cornelia Badura, Caemmerer Lenz, Karlsruhe

Caemmerer Lenz ist eine überörtliche Sozietät und berät und begleitet vorwiegend mittelständische Unternehmen auf sämtlichen Gebieten des Wirtschaftsrechts.

Dr. Jürgen Höffler ist Rechtsanwalt bei Caemmerer Lenz und betreut den gewerblichen Rechtsschutz sowie das IT- und Datenschutzrecht. Er absolvierte 2011 die Prüfung zum externen Datenschutzbeauftragten (IHK). Seit 2012 ist er Fachanwalt für Informationstechnologierecht. Er publiziert und hält Vorträge auf dem Gebiet des Datenschutzrechts.

Cornelia Badura ist Rechtsanwältin bei Caemmerer Lenz und auf dem Gebiet des Arbeitsrechts tätig. Sie berät mittelständische Unternehmen in allen Fragen des Arbeitnehmerdatenschutzes. Seit 2013 ist sie Fachanwältin für Arbeitsrecht. Sie publiziert und hält Vorträge auf dem Gebiet des Arbeitsrechts.

Weitere Informationen im Kanzleiprofil am Ende des Handbuchs.

Am 25.01.2015 stellte die Europäische Kommission ihren Vorschlag für eine Verordnung des Europäischen Parlaments und des Rates zum Schutz natürlicher Personen bei der Verarbeitung personenbezogener Daten und zum freien Datenverkehr (im Folgenden: DS-GVO) vor[1]. Ziele der DS-GVO sind die Vereinheitlichung des Schutzes personenbezogener Daten sowie die Gewährleistung des freien Datenverkehrs in der Europäischen Union. Die derzeit noch laufenden Verhandlungen sollen nach Angabe des Vizepräsidenten der Europäischen Kommission Andrus Ansip und der Kommissarin Věra Jourová vor Ende 2015 abgeschlossen werden[2]. Tritt die DS-GVO in Kraft, ist sie von allen Mitgliedstaaten zwei Jahre später als verbindliches Recht anzuwenden. Sie löst dann die Richtlinie 95/46/EG sowie alle nationalen Datenschutzgesetze ab und stellt europäische Unternehmen vor neue Herausforderungen.

Was ändert sich?
Erhalt wesentlicher Grundsätze

Bei Durchsicht der DS-GVO lässt sich feststellen, dass wesentliche aus dem deutschen Datenschutzrecht (vor allem dem Bundesdatenschutzgesetz [BDSG]) bekannte Grundpfeiler erhalten geblieben sind. Dazu gehört die Ausgestaltung der Normen als grundsätzliches Verbot der Erhebung, Verarbeitung und Nutzung personenbezogener Daten mit Erlaubnisvorbehalt (Art. 6 DS-GVO). Weiterhin ist eine genau festgelegte, eindeutige und rechtmäßige Zweckbindung Voraussetzung für eine zulässige Datenverarbeitung (vgl. Art. 6 DS-GVO). Erhalten geblieben sind auch – als wesentliche Grundsätze für eine wirksame Einwilligung in eine Verarbeitung – die vorherige genaue Zweckfestlegung, die jederzeitige freie Widerrufbarkeit und die Freiwilligkeit einer solchen Einwilligungserklärung durch den Betroffenen (vgl. Art. 7 DS-GVO). Soweit nunmehr von „privacy by default" bzw. „privacy by design" im Zusammenhang mit Art. 23 DS-GVO gesprochen wird, verbergen sich dahinter, zumindest dem Grunde nach, die Grundsätze des bislang bekannten §9 BDSG, nämlich die Verpflichtung, im erforderlichen Maße technische und organisatorische Maßnahmen zu treffen, um eine angemessene und verhältnismäßige Datenschutzhöhe zu erreichen. Auch das „Recht auf Vergessenwerden" und auf Löschung, wie es jetzt in Art. 17 DS-GVO normiert ist, unterscheidet sich nicht grundsätzlich vom bisherigen Anspruch auf Löschung der personenbezogenen Daten für den Fall des Wegfalls der Grundlage einer rechtmäßigen Verarbeitung[3]. Zudem sind auch die Regelungen zur Auftragsdatenverarbeitung gemäß Art. 26 DS-GVO in weiten Teilen §11 BDSG nachgebildet[4]. Jedoch besteht insoweit eine Stärkung der betroffenen Rechte, da anders als nach der bisherigen nationalen Regelung nunmehr ein Auftragnehmer, der sich weisungswidrig verhält, ebenfalls als Verantwortlicher für die Verarbeitung gilt[5].

Neuerungen
- **Datenportabilität**

  Hinzukommen soll gemäß Art. 18 DS-GVO ein „Recht auf Datenübertragbarkeit", nach dem die betroffene Person das Recht haben soll, von dem für die Verarbeitung Verantwortlichen eine Kopie der verarbeiteten Daten in einem von ihr „weiter verwendbaren strukturierten gängigen elektronischen Format" zu verlangen. Gerade im Arbeitsverhältnis könnte daraus z.B. ein Anspruch des Arbeitnehmers entnommen werden, seine in ein Bewerbungssystem des Arbeitgebers eingegebenen Skill-Daten bei einem Wechsel zu einem anderen Arbeitgeber mitzunehmen[6].

---

1 Zum Text der DS-GVO und zum Verfahrensstand siehe http://eur-lex.europa.eu/procedure/DE/201286.
2 http://europa.eu/rapid/press-release_MEMO-15-3802_de.htm.
3 Giurgiu, Die Modernisierung des europäischen Datenschutzrechts – was Unternehmen erwartet, in CCZ, 2012, 228.
4 Spoerr in Beck'scher Online-Kommentar Datenschutzrecht, Wolff/Brink, 11. Edition, Stand 01.02.2015, § 11 BDSG Rn. 142.
5 vgl. hierzu auch Giurgiu, a.a.O., S. 228.
6 So z.B. Gola, Beschäftigtendatenschutz und EU-Datenschutz-Grundverordnung, in EuZW 2012, 332, 334; für die Anwendbarkeit im Arbeitnehmerverhältnis vgl. auch Giurgiu, a.a.O., S. 228.

- **Benachrichtigungsanspruch**
Verschärft worden sind auch die Handlungsverpflichtungen bei Datenschutz-Verletzungen. Art. 31 DS-GVO sieht nunmehr eine Frist von 24 Stunden für die Meldung einer qualifizierten Datenschutzverletzung an die Aufsichtsbehörde vor. Zwar kannte auch das bisherige Datenschutzrecht in §42a BDSG eine vom Grundsatz her vergleichbare Meldepflicht, allerdings normiert die DS-GVO bislang keinen entsprechenden Vorbehalt, dass es sich bei den verletzten Daten um besondere Arten personenbezogener Daten bzw. Daten zu Bank- bzw. Kreditkartenkonten handeln muss. Da die DS-GVO in Art. 9 aber besondere Kategorien von personenbezogenen Daten kennt, die aufgrund ihrer Sensibilität höheren Schutz genießen, hierauf aber in Art. 31 DS-GVO nicht Bezug genommen wird, erstreckt sich die Meldepflicht künftig auf erheblich mehr Datenschutzverletzungen.

- **Größere Transparenz**
Durch Art. 15 DS-GVO werden die Auskunftsrechte der Betroffenen im Gegensatz zur bisherigen Rechtslage nach §34 BDSG gestärkt. So ist der Betroffene auf Wunsch u.a. über die Dauer der über ihn gespeicherten personenbezogenen Daten wie auch bei profilbildenden Maßnahmen über die Tragweite der Verarbeitung und die mit ihr angestrebten Auswirkungen zu informieren.

- **Datenschutzbeauftragter**
Auch die neue DS-GVO kennt die Institution eines Datenschutzbeauftragten. Dieser ist gem. Art. 35 Nr.1 DS-GVO (größenunabhängig) von jeder Behörde oder öffentlichen Einrichtungen zu bestellen wie auch für jedes Unternehmen, soweit deren „Kerntätigkeit […] in der Durchführung von Verarbeitungsvorgängen besteht, welche aufgrund ihres Wesens, ihres Umfangs und/oder ihrer Zwecke eine regelmäßige und systematische Beobachtung von Personen erforderlich machen." Im Übrigen müssen nach bisherigem Vorschlag erst Unternehmen ab 250 Mitarbeitern einen Datenschutzbeauftragten bestellen. Ähnlich der aus dem BDSG bekannten Ausgestaltung soll der Datenschutzbeauftragte unmittelbar der Geschäftsleitung unterstellt sein, muss besondere Qualifikationsmerkmale erfüllen, genießt besonderen arbeitsrechtlichen Schutz und darf keinen Interessenkonflikten unterliegen. Auch kann er weiterhin intern oder extern bestellt werden (Art. 35 Nr.8 DS-GVO), wobei Art. 37 DS-GVO einen ausführlichen Mindest-Aufgabenkatalog vorsieht.

- **Enge Zusammenarbeit mit der Aufsichtsbehörde**
Unternehmen müssen künftig enger mit der Aufsichtsbehörde zusammenarbeiten. So sieht Art. 34 DS-GVO vor, dass bei gewissen Verarbeitungen der Rat der Aufsichtsbehörde einzuholen ist. Dies gilt insbesondere bei einer durchzuführenden „Datenschutz-Folgenabschätzung" (das Pendant zur Vorab-Kontrolle nach bisherigem Recht). Stellt die Aufsichtsbehörde dann fest, dass die geplante Verarbeitung nicht im Einklang mit der DS-GVO steht, kann diese die geplante Verarbeitung untersagen.

- **Schärfere Sanktionen**
Deutlich über das bisherige Maß hinaus sieht die DS-GVO bei Verstößen gestaffelt nun in Art. 79 DS-GVO Bußgelder bis zu einer 1 Mio. Euro bzw. bis in Höhe von 2 % des weltweiten Jahresumsatzes des Unternehmens vor, wobei der vorgenannte Rahmen beispielsweise dann gilt, wenn eine Verarbeitung ohne ausreichende Rechtsgrundlage bzw. fehlerhafte Einwilligung erfolgt ist, ein Widerspruchsrecht nicht beachtet wurde (z.B. Werbewiderspruch) oder keine internen Datenschutzstrategien festgelegt worden sind bzw. die Aufsichtsbehörde bei einer Verletzung nicht alarmiert wurde oder die betroffene Person nicht oder nicht rechtzeitig bzw. unvollständig von einer solchen Verletzung benachrichtigt worden ist.

Herausforderungen

Unternehmen werden sich zeitnah auf die DS-GVO einstellen müssen, um die drohenden Sanktionen und etwaige nachträglich nicht mehr zu beseitigende Reputationsschäden zu vermeiden. Hierzu ist in einem ersten Schritt eine Bestandsaufnahme zu den bisher bereits gelebten datenschutzrechtlichen Maßnahmen vorzunehmen. Viele Vorgaben der DS-GVO entsprechen dem noch geltenden nationalen Datenschutzrecht und sollten bereits umgesetzt sein. Dort, wo es noch an der Umsetzung fehlt oder Änderungen vorzunehmen sind, sind neue Prozesse zu implementieren.

Während bei den Auskunftsrechten oder dem Recht auf Datenübertragbarkeit noch die tatsächliche Ausübung der Rechte abgewartet werden kann, ist dies beispielsweise bei dem Benachrichtigungsanspruch nach Art. 31 DS-GVO nicht möglich. Die zeitlich enge Vorgabe der Meldefrist innerhalb von nur 24 Stunden erfordert im Voraus feststehende Handlungsabläufe.

Der Datenschutzbeauftragte bleibt die maßgebliche Institution, die im Unternehmen auf die Einhaltung des Datenschutzes hinzuwirken hat. Die Schwellenwerte sind für die gesetzlich notwendige Bestellung nach der DS-GVO im Vergleich zu den bisherigen nationalen Regelungen gestiegen. Die Aufgaben und Verpflichtungen des Unternehmens sind aber ebenfalls gewachsen, so dass im Ergebnis der tatsächlich zu betreibende Aufwand sogar noch zunehmen wird.

Eine besondere Herausforderung ist und bleibt der nicht kodifizierte Arbeitnehmerdatenschutz im Unternehmen. Die DS-GVO sieht in Art. 82 zwar vor, dass Mitgliedsstaaten in den Grenzen der DS-GVO per Gesetz die Verarbeitung personenbezogener Arbeitnehmerdaten im Beschäftigungskontext regeln können. Über ein spezifisches Arbeitnehmerdatenschutzgesetz konnte jedoch bislang auf nationaler Ebene noch keine Einigung erzielt werden. ■

KERNAUSSAGEN

- Die DS-GVO wird aufgrund der damit verbundenen Vollharmonisierung zu einer Ablösung der nationalen Datenschutzbestimmungen in absehbarer Zeit führen.

- Die Grundzüge des bekannten Datenschutzrechts bleiben bestehen.

- Die Betroffenenrechte werden erweitert und die Anforderungen an Unternehmen in datenschutzrechtlicher Hinsicht werden mit der DS-GVO steigen.

- Im Zuge der spürbaren Zunahme der Bedeutung des Arbeitnehmerdatenschutzes wird auch der Rahmen der Sanktionen bei Verletzungen der DS-GVO empfindlich angehoben.

Beschäftigtendatenschutz und Compliance

Von Walter Born, Heymann & Partner, Frankfurt am Main

Heymann & Partner ist eine unabhängige Kanzlei und wurde im April 2005 gegründet. Die Kerngebiete umfassen die Bereiche Mergers & Acquisitions, Private Equity und Gesellschaftsrecht, IT, Outsourcing und Intellectual Property sowie Restrukturierungen, Vergaberecht und Arbeitsrecht.

Walter Born

Walter Born ist Fachanwalt für Arbeitsrecht und Partner bei Heymann & Partner. Seine Praxis umfasst die gesamte Bandbreite arbeitsrechtlicher Fragestellungen, insbesondere bei gesellschaftsrechtlichen Transaktionen, Outsourcingmaßnahmen, Interessenausgleichs- und Sozialplanverhandlungen, Restrukturierungsmaßnahmen, Massenentlassungen und Kündigungsschutzverfahren. Daneben berät Walter Born Kapitalgesellschaften auch bzgl. der Bestellung und Abberufung von Organvertretern einschließlich der entsprechenden Vertragsdokumentation.

Weitere Informationen im Kanzleiprofil am Ende des Handbuchs.

In der Praxis zeigt sich zunehmend, dass es ein starkes Spannungsfeld zwischen datenschutzrechtlichen Aspekten im Arbeitsverhältnis auf der einen Seite und der Pflicht der Unternehmensleitung zur Umsetzung rechtlicher Vorgaben auf der anderen Seite gibt. Mittlerweile sind zwar einige Entscheidungen der Arbeitsgerichtsbarkeit ergangen, die dieses Spannungsfeld zwischen Beschäftigtendatenschutz und Compliance für einige Bereiche näher beleuchten. Viele praktisch relevante Fragen sind aber nach wie vor ungeklärt. In der Personalpraxis ist daher ausgehend von der bisherigen Rechtsprechung in jedem Einzelfall sorgfältig zu prüfen, ob die jeweils beabsichtigte Maßnahme rechtlich zulässig ist. Auf Unternehmensseite sind insbesondere die widerstreitenden Interessen sorgfältig gegeneinander abzuwägen, soll ein Scheitern beabsichtigter Personalmaßnahmen vermieden werden.

Compliance – Begriff und Bedeutung

Der aus dem Englischen stammende Begriff „Compliance" bedeutet allgemein „Übereinstimmung, Befolgung, Erfüllung oder Einhaltung" und im juristischen Kontext „mit oder von gesetzlichen oder unternehmenseigenen Geboten und Verboten". Seinen Ursprung findet dieser Begriff insbesondere im US-amerikanischen Sarbanes-Oxley Act von 2002. Das Gesetz enthält zahlreiche detaillierte Compliance-Regelungen. Hauptsächlich durch die US-amerikanische Gesetzgebung ist Druck auf Unternehmen ausgeübt worden, die Einhaltung von Rechtsregelungen zu überprüfen und durchzusetzen, da anderenfalls empfindliche Sanktionen drohen (im Wesentlichen Haftung der Verantwortlichen und strafrechtliche Folgen). Da auch deutsche Unternehmen von den US-amerikanischen Regelungen betroffen sind, ist der Druck, die Einhaltung von Rechtsregelungen zu überprüfen und für deren Durchsetzung zu sorgen, auch für deutsche Unternehmensleitungen erheblich gestiegen. In diesem Kontext geschaffene bzw. verwandte Begrifflichkeiten haben damit Eingang in den hiesigen Sprachgebrauch gefunden. Der Begriff Compliance hat keine deutsche Entsprechung und wird daher auch im Deutschen verwendet. Sein Inhalt wird zum Teil allerdings unterschiedlich verstanden. In betriebswirtschaftlichem Kontext und im Deutschen Corporate Governance Kodex (Ziffer 4.1.3) wird Compliance dahingehend definiert, dass die Unternehmensleitung für die Einhaltung der gesetzlichen Bestimmungen und der unternehmensinternen Richtlinien zu sorgen hat und auf deren Beachtung durch die Konzernunternehmen hinwirkt. In juristischer Hinsicht geht es allerdings weniger um die Frage, ob Gesetze und unternehmensinterne Richtlinien eingehalten werden, als vielmehr um die Frage, wie die Einhaltung von Gesetzen und Richtlinien tatsächlich und rechtlich zu erreichen ist. In Bezug auf Compliance stehen damit die Fragen im Mittelpunkt, ob in Unternehmen in präventiver Hinsicht die Pflicht zur Einhaltung von Rechtsnormen erfüllt wird und wie in repressiver Hinsicht darauf hingewirkt wird, dass gesetzliche Regelungen und unternehmensinterne Richtlinien auch tatsächlich eingehalten werden.

Compliance und Arbeitsrecht

Im Arbeitsrecht wird Compliance in allen Bereichen von der Anbahnung und Begründung über die Durchführung bis hin zur Beendigung von Arbeitsverhältnissen relevant. Auch im Betriebsverfassungs- und Tarifvertragsrecht sowie bezüglich der Arbeitssicherheit und des Arbeitsschutzes spielt Compliance eine Rolle. Insbesondere das Allgemeine Gleichbehandlungsgesetz (AGG) hat seit seinem Inkrafttreten am 18.08.2006 den unternehmerischen Pflichtenkatalog erheblich erweitert. Neben der bis dato bereits verbotenen Geschlechter- und Schwerbehindertendiskriminierung sind nach dem AGG sämtliche Prozesse von der Bewerbung über die Durchführung bis hin zur Beendigung des Arbeitsverhältnisses bezüglich aller geschützten Diskriminierungsmerkmale (Rasse, ethnische Herkunft, Geschlecht, Religion oder Weltanschauung, Behinderung, Alter, sexuelle Identität) diskriminierungsfrei zu gestalten. Unternehmen haben nach dem AGG darüber hinaus die Pflicht, Maßnahmen – auch vorbeugende – zum Schutz vor Diskriminierungen zu ergreifen. Der unternehmerische Pflichtenkatalog wird ständig erweitert, wie z.B. das jüngst in Kraft getretene Mindestlohngesetz zeigt. Danach ist beispielsweise der Einsatz eines Nachunternehmers, der den gesetzlichen Mindestlohn unterläuft, ordnungswidrig. Da bei Nichtbeachtung gesetzlicher Vorschriften zum Teil empfindliche Sanktionen drohen, sind Unternehmen gehalten, die zu beachtenden Rechtsnormen stets genau im Blick zu behalten, ihre internen Arbeitsprozesse an der jeweils aktuellen Rechtslage auszurichten und die für die Einhaltung derartiger Normen relevanten Mitarbeiter stets im notwendigen Umfang zu schulen.

Beschäftigtendatenschutz als limitierender Faktor von Compliance-Maßnahmen

Compliance-Maßnahmen, die der präventiven bzw. repressiven Kontrolle des Mitarbeiterverhaltens dienen, setzen zumeist voraus, dass personenbezogene Daten im Sinne des §3 Bundesdatenschutzgesetz (BDSG) erhoben, verarbeitet oder genutzt werden. Insoweit, als personenbezogene Daten für Compliance-Maßnahmen bedeutsam sind, ist die Compliance-Maßnahme ihrerseits daher nur rechtmäßig, wenn sie nach den für sie geltenden Rechtsnormen zulässig ist und insbesondere die Regelungen des Arbeitnehmerdatenschutzes beachtet. Die für ein Unternehmen handelnden Personen unterliegen daher sowohl der Pflicht zur Überprüfung und Durchsetzung rechtmäßigen Verhaltens ihrer Mitarbeiter als auch der Pflicht zur Beachtung von Beschäftigtendatenschutzvorschriften. Sie sind damit einer Pflichtenkollision ausgesetzt. In der Praxis besteht die Schwierigkeit, dass gesetzliche Pflichten, die für die auf Unternehmensseite Verantwortlichen zu einer Pflichtenkollision führen, nicht aufeinander abgestimmt sind. Der Verpflichtete hat daher in jedem Einzelfall abzuwägen, welche Maßnahmen er ergreift und welche er besser unterlässt. Der rechtlich begehbare Grat ist für Unternehmen im Hinblick auf Compliance-Maßnahmen daher bisweilen nur schwer bestimmbar und äußerst schmal.

System des Arbeitnehmerdatenschutzes

Das System des Arbeitnehmerdatenschutzes ist gemäß §4 Abs. 1 BDSG so ausgestaltet, dass die Erhebung, Verarbeitung und Nutzung personenbezogener Daten grundsätzlich unzulässig ist. Sie ist nur zulässig, soweit das Bundesdatenschutzgesetz oder eine andere Rechtsvorschrift dies erlaubt oder der betroffene Arbeitnehmer nach §4a BDSG eingewilligt hat. Es handelt sich rechtstechnisch daher um ein sog. Verbot mit Erlaubnisvorbehalt. Seit dem 01.09.2009 ist der neu geschaffene §32 BDSG zur Datenerhebung, -verarbeitung und -nutzung für Zwecke des Beschäftigungsverhältnisses zu beachten. Nach dessen Abs. 1 Satz 1 dürfen personenbezogene Daten eines Beschäftigten für Zwecke des Beschäftigungsverhältnisses nur dann erhoben, verarbeitet oder genutzt werden, wenn dies für die Begründung, Durchführung oder Beendigung eines Beschäftigungsverhältnisses erforderlich ist. Dies gilt auch dann, wenn eine solche Erhebung etc. nicht automatisiert erfolgt. Nach allgemeinem Verständnis ist eine Datennutzung erforderlich, wenn die berechtigten Interessen des Unternehmens auf andere Weise nicht oder nicht angemessen gewahrt werden können. Es geht damit um eine Abwägung der Interessen der Beteiligten. Nach §32 Abs. 1 Satz 2 BDSB dürfen zur Aufdeckung von Straftaten personenbezogene Daten eines Beschäftigten nur unter sehr engen Voraussetzungen erhoben, verarbeitet, oder genutzt werden. Die Vorschrift enthält eine Vielzahl von unbestimmten Rechtsbegriffen und schafft für den Rechtsanwender zahlreiche Hürden, um gesetzeskonform zu handeln. Die Verhinderung von Straftaten ist vom Wortlaut her nicht erfasst. Präventive Maßnahmen, wie z.B. Torkontrollen, lassen sich jedoch an §32 Abs. 1 Satz 1 BDSG messen (so im Ergebnis BAG Urteil v. 09.07.2013 – 1 ABR 2/13, im konkreten Fall jedoch unter Rückgriff auf eine Betriebsvereinbarung zu Torkontrollen als Rechtsgrundlage). Durch die Neuregelung des BDSG ist häufig unklar, auf welcher rechtlichen Grundlage einzelne Maßnahmen zu beurteilen sind. Vom Gesetzgeber wurde beispielsweise das Verhältnis von §32 BDSG zu §28 BDSG nicht geklärt. Zu einer Vielzahl von praktisch relevanten Fragestellungen existiert bislang keine Rechtsprechung.

Ausgewählte arbeitsrechtliche Einzelfälle

Bei einer Analyse der Rechtsprechung des Bundesarbeitsgerichts fällt auf, dass das Gericht sich oft nicht festlegt, ob bestimmte Sachverhalte von Regelungen des Bundesdatenschutzgesetzes erfasst werden. Das Gericht kommt häufig aufgrund einer allgemeinen Abwägung der widerstreitenden Arbeitgeber- und Arbeitnehmerinteressen auf der Basis einer Verhältnismäßigkeitsprüfung zu Einzelfallergebnissen (z.B. BAG Urteil vom 20.06.2013 – 2 AZR 546/12: Unzulässigkeit einer heimlichen Spindkontrolle und Verbot, derartig gewonnene Beweismittel prozessual zu verwerten; BAG Urteil vom 21.11.2013 – 2 AZR 797/11: Unzulässigkeit der verdeckten Videoüberwachung und der prozessualen Verwertung des hieraus gewonnenen Materials; BAG Urteil vom 19.02.2015 – 8 AZR 1007/13: Unzulässigkeit der Observation durch einen Detektiv mit heimlichen Videoaufnahmen). Aus den genannten Entscheidungen folgt allerdings nicht, dass derartige Maßnahmen generell unzulässig und prozessual nicht verwertbar wären: Es kommt vor allem darauf an, ob im Einzelfall gute Argumente für eine Verhältnismäßigkeit derartiger Maßnahmen gefunden werden können. Daraus folgt für die Praxis, dass Unternehmen vor der Durchführung interner Untersuchungen oder anderer Compliance-Maßnahmen sehr genau prüfen müssen, ob die einzelnen Maßnahmen im konkreten Fall zulässig und die hieraus gewonnenen Erkenntnisse prozessual verwertbar sind. ∎

KERNAUSSAGEN

- Das Spannungsfeld zwischen Beschäftigtendatenschutz und Compliance ist nach wie vor unzureichend durch Generalklauseln geregelt.

- Eine gesetzgeberische Konkretisierung dessen, welche Compliance-Maßnahmen in präventiver und repressiver Sicht unter welchen Voraussetzungen erlaubt sind, ist wünschenswert.

- Solange eine solche Konkretisierung unterbleibt, müssen Unternehmen im Hinblick auf die Rechtmäßigkeit von Compliance-Maßnahmen erhebliche Unsicherheiten in Kauf nehmen.

Compliance-Untersuchungen

Investigations sorgen für Schlagzeilen

Eine Reihe von Affären bei Finanzinstituten und Industrieunternehmen – darunter die Deutsche Bank, Salzgitter und Rheinmetall – beherrschten im vergangenen Jahr die Schlagzeilen. Die auf einen Skandal inzwischen fast automatisch folgende interne Untersuchung hat gerade in Korruptionsfällen und im Bankensektor fast immer eine internationale Reichweite. Die Kooperation der Ermittlungsbehörden wird daher immer besser: So schaltet sich die US-Börsenaufsicht SEC sogar teils in Vernehmungen der deutschen Staatsanwaltschaft ein, um Informationen zu gewinnen, an die sie sonst ohne Weiteres nicht herangekommen wäre. Rechtlich hat sich wenig bewegt: Ende 2014 setzte die ISO-Norm 19600 internationale Standards für die Compliance-Organisation und stellte so dem IDW-Standard der deutschen Wirtschaftsprüfer etwas entgegen. Die Wirtschaftsminister beschlossen die Einführung eines Korruptionsregisters – nach etlichen Jahren Diskussion. Und die Gesetzeslücke bei der strafrechtlichen Ahnung allzu großzügiger Zuwendungen der Pharmabranche an Mediziner wurde geschlossen. Der Beratungsbedarf der Unternehmen stieg dadurch sprunghaft an.

Personalkarussell nimmt stärker Fahrt auf

Aufgrund der steigenden Zahl von Untersuchungen in akuten Krisenfällen und dem geschärften Bewusstsein der Unternehmenslenker, dass sie sich selbst oder ihre Firma ohne ein funktionierendes Compliance-System einem erheblichen Risiko aussetzen, hatte der Beratermarkt reichlich Gelegenheit, sich strategisch zu positionieren: Eine Reihe von Großkanzleipraxen mit ausgeprägtem internationalen Netzwerk konzentriert sich auf internationale Untersuchungen – nicht zuletzt wegen attraktiver Stundensätze und hohem Personaleinsatz. Zu nennen sind etwa **Baker & McKenzie**, **White & Case**, **Freshfields Bruckhaus Deringer** und **Linklaters**. Einzige Ausnahme ist **Clifford Chance**, die zuletzt stärker auf die präventive, also nicht krisengetriebene Beratung setzte. Kleinere Einheiten behaupten ihre Stellung im Markt oft mit einem operativen Beratungsansatz, Flexibilität und überschaubaren Kosten: **AGS Acker Görling Schmalz** etwa feiert Erfolge mit ihren eigenen Research- und Forensikteams bei internen Untersuchungen. Und **Pohlmann & Company** wurde von Petrobas in Brasilien als Berater hinzugezogen. Das Russland-Embargo feuerte das Geschäft von Kanzleien mit starker Außenhandelspraxis wie **Oppenhoff & Partner** an, während es in der klassischen Compliance-Beratung mit Russland-Schwerpunkt bei **Gibson Dunn & Crutcher** etwas ruhiger zuging. Dass viele Kanzleien derzeit Compliance-Anwälte suchen, führt dazu, dass sich das Personalkarussell schneller dreht als in den Vorjahren: So verließen **Pohlmann & Company** gleich 2 Gründungspartner (zu einer Mandantin und zu **Gleiss Lutz**). **Gleiss Lutz** holte zudem einen weiteren Spezialisten von GSK Stockmann + Partner. Durch den Wechsel eines angesehenen Partners zu **Dentons** verlor **Mayer Brown** ihr bekanntestes Gesicht. Genauso erging es **Willkie Farr & Gallagher**: Deren Compliance-Kopf wurde einer der Gründungspartner des Frankfurter Büros von **Reed Smith**.

Die folgenden Bewertungen einzelner Kanzleien erfassen Kanzleien, die dieses Tätigkeitsfeld als fachübergreifende Beratung anbieten und sich präventiv mit der Überprüfung bzw. dem Aufbau von Compliance-Strukturen und akut mit konkreten Vorwürfen befasst haben. In einer separaten Übersicht werden zudem Kanzleien dargestellt, die sich vor allem in einem spezifischen Bereich der Compliance-Arbeit engagieren. Weitere Kanzleien, die sich mit einzelnen compliance-relevanten Themen befassen, finden sich unter ▶Wirtschaftsstrafrecht. Auch Kanzleien, die sich im Wesentlichen im Hinblick auf einzelne Fachgebiete wie ▶Kartellrecht, ▶Informationstechnologie (v.a. Datenschutz), ▶Vergabe- (v.a. drohende Vergabesperren), ▶Steuer-, ▶Gesellschafts- (u.a. Managerhaftung, Due Diligence), ▶Arbeits-, ▶Bank- und Finanz- und ▶Versicherungsrecht (v.a. Aufsichtsrecht) spezialisiert haben, beraten zu Compliance-Fragen.

JUVE KANZLEI DES JAHRES
COMPLIANCE-UNTERSUCHUNGEN
AGS ACKER GÖRLING SCHMALZ

Lange belächelt, heute hofiert – so ändern sich die Zeiten. Die Kanzlei liefert heute genau die Kompetenzen, die Mandanten suchen, und kaum ein anderes Team hat sein Mandantenportfolio zuletzt so stark erweitert wie dieses. Das eigenwillige Konzept von Namenspartner **Dr. Helmut Görling** geht jetzt erst richtig auf. Mit eigenen Research- und Forensikteams ist die Kanzlei für interne Untersuchungen und die Wiederbeschaffung verschwundenen Geldes bei Untreue, Betrug oder in Insolvenzfällen perfekt aufgestellt und inzwischen nicht nur dank der langjährigen Arbeit für Ford oder Microsoft international sattelfest. Wettbewerber hatten lange bezweifelt, dass das sogenannte Asset-Tracing ein echtes Geschäftsfeld sein kann, doch AGS hat sie eines Besseren belehrt. Gerade ihre Kompetenzmischung, gepaart mit moderatem Personaleinsatz, führte dazu, dass sich die Kanzlei gleich mehrfach bei Mandatsausschreibungen im international tätigen Mittelstand durchsetzte. Dabei suchen immer häufiger Unternehmen Rat, die unter Beschuss von Behörden, wie etwa dem Kartellamt, stehen. So mischt AGS auch abseits ihrer traditionellen Domäne, der Geschädigtenberatung, immer stärker im Markt mit. Noch ruht das Renommee stark auf dem Kanzleigründer, doch steht die nächste Generation bereits in den Startlöchern: So entwickeln sich **Dr. Dirk Seiler** und **Dr. Jan Kappel** zu einem guten Gespann, das zunehmend eigenes Geschäft akquiriert. Die zahlreichen Untersuchungen, bei denen AGS aktiv ist, werden ihnen reichlich Gelegenheit geben, ihre Marktposition zu festigen und auszubauen.

COMPLIANCE-UNTERSUCHUNGEN

AGS ACKER GÖRLING SCHMALZ
Compliance-Untersuchungen ■■■□□

JUVE AWARDS 2015 – Kanzlei des Jahres für Compliance-Untersuchungen

Bewertung: Die für Compliance empfohlene Kanzlei profitierte zuletzt v.a. von ihrer Kompetenz bei internen Untersuchungen – u. der Tatsache, dass Unternehmen mit immer mehr Kostenbewusstsein an derartige Projekte herangehen. Selbst Wettbewerber loben die Arbeit von AGS in diesem Bereich als „kosteneffizient", da sie mit einem eigenen kleinen Forensikteam agiert. Dies gepaart mit ihrer Kompetenz bei der Wiederbeschaffung u. mit der Prozessführung verschafft ihr zudem bei Wettbewerbern den Ruf als „Albtraum für Wirtschaftskriminelle". So überrascht es nicht, dass das Team eine Reihe neuer Mandanten gewann. Immer stärker positionieren sich dank großer Mandate wie etwa von Ford auch jüngere Anwälte im Markt, v.a. Seiler gewann zuletzt deutl. an Profil. Mit dem Zugang des an der Schnittstelle von Datenschutz- u. Arbeitsrecht erfahrenen Oliver Zöll (von Bird & Bird) im Herbst 2014 rundete die Kanzlei zudem ihre Kompetenz sinnvoll ab. Mit dem Neuzugang u. dank der Begleitung im Baukartell wird allmähl. eine engere Kooperation der versch. Praxen deutlich.

Stärken: Wiederbeschaffung, Investigations mit eigener IT-Forensikstruktur, Prozessführung, Arbeitsrecht.

Häufig empfohlen: Dr. Helmut Görling („kriminologische Kenntnis, gutes Netzwerk", Wettbewerber), Dr. Dirk Seiler („hartnäckig, gute Strategen", Wettbewerber über beide), Dr. Jan Kappel („liefert schnelle u. punktgenaue Analysen", Wettbewerber).

Kanzleitätigkeit: Etablierte wirtschaftsstrafrechtl. Erfahrung; Wiederbeschaffung u. Vollstreckung, auch internat.; sowohl präventiv/strukturell als auch akut tätig, zudem langj. Litigation-Erfahrung u. Arbeitsrecht. (3 Eq.-Partner, 4 Sal.-Partner, 6 Associates, zzgl. Forensik)

Mandate: ●● Ford-Werke in Betrugs- u. Korruptionsfällen; MDR in div. Betrugs- u. Korruptionsfällen; Pfizer in 2 Verf. um gefälschte Produkte; regelm. Gea Group, Ikea, Koelnmesse, Microsoft, Fresenius Kabi; Kabel Dtl. präventiv; Unternehmen in Baukartellverf.; gr. Privatbank als von Betrug Geschädigte; Bauunternehmen als Geschäd. durch Untreue, inkl. Anspruchsverfolgung; internat. tätiger Technologiekonzern, Druckmaschinen- u. Klebstoffhersteller bei Untersuchung u. Abwehr von Verrat von Betriebsgeheimnissen; Onlineportal als durch Untreue Geschädigtes, inkl. Anspruchsverfolgung; Investitionsbank wg. Subventionsbetrug; Insolvenzverwalter in versch. Verfahren, u.a. Comparex, WCCB.

ALLEN & OVERY
Compliance-Untersuchungen ■□□□□

Bewertung: Geschätzte Compliance-Praxis, die ihrer Linie treu bleibt u. den Beratungsbedarf bei Governance-Fragen bedient u. Manager in der Risikobewertung unterstützt. Regelm. ist sie mit Fragen der Managerhaftung befasst, begleitet aber auch internat. Untersuchungen. Im Fokus stehen dabei ▶Kartell-, ▶Gesellschafts- u. ▶Arbeitsrechtler, doch auch andere relevante Bereiche werden in die Beratung einbezogen. Aufgrund der Schließung des Mannheimer Büros verlor die Kanzlei einen langj. in Compliance-Fragen erfahrenen Unternehmensanwalt. Inzw. hat sich das Team jedoch fest genug etabliert, um diesen Verlust zu kompensieren. Zudem wurde der internat. Austausch intensiviert. Dass A&O zudem eine Reihe IT-gestützter Services anbietet, die teils im weiteren Sinne der Compliance zuzurechnen sind, dürfte v. a. die Kernklientel im Bankensektor zu schätzen wissen.

Entwicklungsmöglichkeiten: Nach wie vor gibt es aus Sicht des Markts den ein oder anderen blinden Fleck im Angebot, darunter etwa das Thema Datenschutz, das sich derzeit auf den ▶arbeitsrechtl. Teil beschränkt. Auch lässt A&O noch Chancen liegen, die ihr der Zugang zu Pharmaunternehmen (über ▶Patentrecht) u. insbes. ▶Versicherungen bieten könnte. Erste Ansätze, hier Geschäft zu generieren, blieben bislang Eintagsfliegen.

Kanzleitätigkeit: Internat. Praxisgruppe, u.a. GB u. USA. Breites Engagement, u.a. kartellrechtl., zu Vergütungsregeln, Haftung u. in Audits bestehender Systeme. Auch Beratung bei Aufbau von Compliance-Strukturen. (10 Partner, 3 Counsel, 9 Associates)

Mandate: ● Chemieunternehmen wg. Kooperation 2er Wettbewerber; Finanzdienstleister wg. Datenweitergabe durch Mitarbeiter; Elektrountern. wg. Datenüberlassung in 5 Staaten; internat. Finanzinstitut bei Aufbau einer Compliance-Organisation; ww. tätiger Finanzdienstleister bei Untersuchung wg. Mobbing- u. Diskriminierungsverdacht; Kfz-Zulieferer in Kartellermittlungen zu Compliance-Vorgaben; Immobilienuntern. wg. mögl. Vergabeverstöße; US-Tochteruntern. wg. Corp. Governance; 2 Industrieverbände im Zshg. mit Kartellermittlungen im Containersektor; div. Banken bei Umsetzung von Regulierungsvorgaben (u.a. CRD IV).

BAKER & MCKENZIE
Compliance-Untersuchungen ■□□□□

Bewertung: Die zu den führenden Praxen für Compliance zählende Einheit profitiert ähnl. wie Freshfields von ihrem ww. Netzwerk. Das hat ihr v.a. bei umfangr. Untersuchungen ein Mandantenportfolio beschert, das eine Reihe von Dax-Unternehmen u. größerer Mittelständler umfasst. Die dt. Praxis fungiert dabei häufig als Zentrum der EMEA-Region u. steuert nicht selten Untersuchungen in mehr als 50 Ländern. V.a. die Schnittstellen zum ▶Gesellschafts- u. ▶Kartellrecht erwiesen sich als Pluspunkt. Gerade Stammmandanten aus diesen Praxen griffen bei Fragen der Risikoanalyse auf die Compliance-Praxis zurück. Diese erstrecken sich ebenso auf Fragen des Exportkontrolle, die durch die EU-Sanktionen gg. Russland virulent wurden u. bisher nicht im Zentrum der Beratung standen. Dass sie keine einzelnen Partner im Markt als Compliance-Spezialisten platziert, sorgt zwar dafür, dass sie für Wettbewerber wenig sichtbar agiert, ihrem Geschäft tut das aber keinen Abbruch.

Stärken: Enge Zusammenarbeit mit US-Büros u. starke US-FCPA-Einheit.

COMPLIANCE-UNTERSUCHUNGEN

Kanzlei	Standorte
Baker & McKenzie	München u.a.
Freshfields Bruckhaus Deringer	Frankfurt, Köln, Düsseldorf u.a.
White & Case	Frankfurt, Berlin
Clifford Chance	Frankfurt, Düsseldorf
Hogan Lovells	Frankfurt, München, Düsseldorf u.a.
Noerr	München, Frankfurt, Berlin u.a.
AGS Acker Görling Schmalz	Frankfurt, Berlin
CMS Hasche Sigle	München, Stuttgart, Hamburg u.a.
DLA Piper	Frankfurt, Hamburg
Gleiss Lutz	Stuttgart, Frankfurt u.a.
Linklaters	Frankfurt
Pohlmann & Company	Frankfurt, München
Skadden Arps Slate Meagher & Flom	München
Allen & Overy	Frankfurt, Düsseldorf u.a.
Debevoise & Plimpton	Frankfurt
Gibson Dunn & Crutcher	München
Hengeler Mueller	Frankfurt, Düsseldorf, München
Reed Smith	Frankfurt
K&L Gates	Berlin
Knierim Huber	Mainz, Berlin
Oppenhoff & Partner	Köln
WilmerHale	Berlin

Die hier getroffene Auswahl der Kanzleien ist das Ergebnis der auf zahlreichen Interviews basierenden Recherche der JUVE-Redaktion (siehe S. 20). Sie ist in 2erlei Hinsicht subjektiv: Sämtliche Aussagen der von JUVE-Redakteuren befragten Quellen sind subjektiv u. spiegeln deren eigene Wahrnehmungen, Erfahrungen u. Einschätzungen wider. Die Rechercheergebnisse werden von der JUVE-Redaktion unter Einbeziehung ihrer eigenen Marktkenntnis analysiert u. zusammengefasst. Der JUVE Verlag beabsichtigt mit dieser Tabelle keine allgemein gültige oder objektiv nachprüfbare Bewertung. Es ist möglich, dass eine andere Recherchemethode zu anderen Ergebnissen führen würde.

● Referenzmandate, umschrieben
●● Referenzmandate, namentlich

Anwaltszahlen: Angaben der Kanzleien, wie viele Anwälte zu mind. ca. 50 % in diesem Gebiet tätig sind. Sie spiegeln nicht zwingend die Gesamtgröße einer Kanzlei wider.

COMPLIANCE-UNTERSUCHUNGEN

Entwicklungsmöglichkeiten: Die Beratung zur immer wichtiger werdenden Cybersecurity deckt Baker mit Hilfe einer starken ▶IT-Praxis ab. Der Verlust eines visiblen Partners im Vorjahr konnte aber noch nicht kompensiert werden. Hier auf längere Sicht wieder einen Markt sichtbaren Datenschutzexperten zu platzieren, könnte sich auszahlen.

Kanzleitätigkeit: Internat. Prägung, Aufbau von Strukturen, oft ww.; Organisationsfragen u. Entwicklung eigener Modelle; ausgewogene akute u. präventive Arbeit; umfangr. tätig bei Untersuchungen, sowohl Dax-Unternehmen als auch Mittelstand. (Kernteam: 9 Partner)

Mandate: ●● Regelm. Daimler; ausl. Finanzinstitut zu Verbandsgeldbuße; Dax-Unternehmen zu Compliance-Kosten als ertragsteuerl. Fragen; Pharmaunternehmen wg. mögl. Subventionsbetrug; Unternehmen zu Third-Party-Compliance; Logistikunternehmen bei kartellrechtl. Untersuchung; div. Unternehmen zu Auswirkungen des EU-Embargos gg. Russland; ww. tätiges Unternehmen zu Pflichtverletzung von Vorständen.

Führende Namen bei Compliance-Untersuchungen

Dr. Helmut Görling	AGS Acker Görling Schmalz
Dr. Christoph Hauschka	PwC AG
Rolf Hünermann	Reed Smith
Dr. Heiner Hugger	Clifford Chance
Dr. Jan Kappel	AGS Acker Görling Schmalz
Dr. Bernd Mayer	Skadden Arps Slate Meagher & Flom
Prof. Dr. Norbert Nolte	Freshfields Bruckhaus Deringer
Dr. Andreas Pohlmann	Pohlmann & Company
Dr. Thomas Schürrle	Debevoise & Plimpton
Prof. Dr. Jürgen Taschke	DLA Piper
Tim Wybitul	Hogan Lovells

Die hier getroffene Auswahl der Personen ist das Ergebnis der auf zahlreichen Interviews basierenden Recherche der JUVE-Redaktion (siehe S. 20). Sie ist in 2erlei Hinsicht subjektiv: Sämtliche Aussagen der von JUVE-Redakteuren befragten Quellen sind subjektiv u. spiegeln deren eigene Wahrnehmungen, Erfahrungen u. Einschätzungen wider. Die Rechercheergebnisse werden von der JUVE-Redaktion unter Einbeziehung ihrer eigenen Marktkenntnis analysiert u. zusammengefasst. Der JUVE Verlag beabsichtigt mit dieser Tabelle keine allgemein gültige oder objektiv nachprüfbare Bewertung. Es ist möglich, dass eine andere Recherchemethode zu anderen Ergebnissen führen würde.

CLIFFORD CHANCE
Compliance-Untersuchungen

Bewertung: Die für Compliance häufig empfohlene Praxis galt lange als Spezialistin für umfangr. interne Untersuchungen – nicht zuletzt durch die Mandatierung durch die Dt. Bank u. EADS. Allerdings ist es um sie auf diesem Feld ruhiger geworden, u.a. auch deswegen, weil z.B. Wettbewerberin Linklaters im Dt.-Bank-Mandat mehr Raum einnimmt. Im Gegenzug hat CC jedoch ihre Tätigkeit rund um die Organisation von Compliance – auch für Dax-Unternehmen – ausgebaut. Hier war sie bspw. für einige Pharmaunternehmen tätig. Gerade für diese Schnittstelle steht Dieners wie wenige im Markt, wohingegen Hugger das Thema aus Litigation-Sicht abdeckt. Gleichzeitig hat die Praxis ihre Tätigkeit bei Transaktionen, z.B. im Rahmen von Due Diligences, ausgebaut, was genau in die strateg. Zielvorgabe der Kanzlei passt, sich stärker rund um die Corporate- und M&A-Praxis im Markt zu platzieren.

Stärken: Ausgeprägtes Branchen-Know-how, v.a. bei Finanzinstituten u. in der Pharmaindustrie.

Entwicklungsmöglichkeiten: Wettbewerber wie Freshfields, Baker oder Linklaters legen ihren Fokus erklärtermaßen auf umfangr. Untersuchungen. Dass die präventive Compliance-Arbeit bei CC dagegen für regelm. Auslastung sorgt, ist deswegen eher ungewöhnlich. Dabei könnte sie sich gerade in der Pharmabranche, wo v.a. Dieners bestens vernetzt ist, deutlicher für interne Untersuchungen ins Spiel bringen. Ein engerer Schulterschluss beider Praxen – zumal auch die kartellrechtl. Praxis im Vergleich zu Wettbewerbern überschaubar ist – könnte sich lohnen.

Häufig empfohlen: Dr. Peter Dieners („sehr gut", Wettbewerber; Pharmarecht), Dr. Heiner Hugger (Strafrecht)

Kanzleitätigkeit: Internat. Praxis, in Dtl. koordiniert über ▶wirtschaftsstrafrecht. u. ▶gesundheits-/pharmarechtl. Partner sowie Litigation (▶Handel u. Haftung); auch ▶Steuerrecht, in London Forensic-Audit-Gruppe; inhaltl. breite Abdeckung, sowohl präventive als auch repressive Mandate. (2 Partner, 1 Counsel, 1 of Counsel, 9 Associates)

Mandate: ●● Dt. Bank bzgl. Vorwurf des Umsatzsteuerbetrugs beim Handel mit CO2-Zertifikaten; EADS wg. mögl. Schmiergeldzahlungen (beide aus dem Markt bekannt); mehrere Pharmaunternehmen, u.a. zu Corporate Governance u. kartellrechtl. Compliance bei Vertriebsvertrag eines kardiolog. Produkts; Compliance Due Diligence im Zshg. mit einem Unternehmenskauf.

CMS HASCHE SIGLE
Compliance-Untersuchungen

Bewertung: War es im Vorjahr die Beratung beim präventiven Aufbau von Compliance-Systemen, so hat sich die empfohlene Compliance-Praxis nun einen soliden Trackrecord bei internen Untersuchungen erarbeitet, so zuletzt etwa für das Augustinum. Der Beratungsansatz der Kanzlei gilt im Markt als praxisorientiert, als aktienrechtl. Organberaterin ist sie weniger gefragt. Ihr etabliertes internat. Netzwerk kommt ihr bei den Untersuchungen ebenso zugute wie ihr Full-Service-Ansatz u. die Tatsache, dass sie dank ihrer Größe bei Bedarf über eine beachtl. Manpower verfügt. Im Fokus steht ihre die produzierende Industrie – darunter zunehmend auch Konzerne –, die sie auch zu Geldwäschefragen berät. Banken bleiben im Mandantenportfolio eher die Ausnahme.

Stärken: Full-Service-Angebot, operativ orientierte Beratung.

Entwicklungsmöglichkeiten: Das vom ▶Arbeitsrecht getriebene Großmandat der Dt. Telekom hatte die Aufmerksamkeit des Markts stark auf die entsprechende Praxis gelegt. Umso überraschender ist es, dass CMS bislang nur begrenzt Folgegeschäft bei arbeitsrechtl. getriebenen Untersuchungen hat gewinnen können. Ausbaufähig bleibt auch die Organberatung. Hier setzt CMS gewisse Hoffnungen auf ihre jüngsten Quereinsteiger im ▶Gesellschaftsrecht, doch sind ihr in diesem Geschäftsfeld Kanzleien wie Freshfields weit voraus.

Kanzleitätigkeit: Beratung in gr. Umfang bei internat. internen Untersuchungen, auch im Organisationsaufbau; zudem Aufbau u. Betrieb von (internat.) Hotlines u. Untersuchungen. Breite Aufstellung, einschl. Geldwäsche u. ▶Außenhandel. (Kernteam: 13 Partner)

Mandate: ●● Untersuchung für Wohnstift Augustinum inkl. Vermögensrückgewinnung; Flughafen BER bei interner Untersuchung von Korruptionsverdacht; Paul Hartmann bei Compliance-Audit (Dtl., Frankreich, Spanien, Tschechien, Südafrika); regelm. Bastei Lübbe, auch bei Aufbau der Compliance-Organisation; Ombudsmann für Infineon, TransnetBW; Untersuchung für Immobilienfirma wg. Problemen bei beauftragtem Unternehmen; Ex-Vorstand HVB wg. Cum-Ex-Geschäften.

DEBEVOISE & PLIMPTON
Compliance-Untersuchungen

Bewertung: Auch noch Jahre nach den Korruptionsskandalen von Siemens u. Ferrostaal ist die geschätzte Compliance-Praxis untrennbar mit diesen Mandaten verbunden. Auf dieser Basis hat sich das kleine Team um Schürrle einen Ruf für Investigation erarbeitet, der ihm regelm. v.a. von der Industrie neue Mandate beschert. Dabei arbeitet es eng mit den ausl. Standorten zusammen, ist aber nicht auf deren Verweismandate angewiesen. Dass die Mandanten gerade die internat. Aufstellung schätzen, zeigt auch die Beratung von Media-Saturn, wo die Kanzlei zunächst in Dtl. tätig war, mittlerw. die Untersuchung aber auf das Ausland ausgedehnt hat. Die Beratung von Finanzinstituten nimmt demggü. weniger Raum ein. Für stabiles Grundrauschen sorgt dagegen die Compliance-Beratung an der Schnittstelle zu ▶M&A.

Stärken: Enge Kooperation mit dem US-Netzwerk.

Entwicklungsmöglichkeiten: Zuletzt verstärkte Debevoise ihre kartellrechtl. Praxis mit einer erfahrenen Associate. Wenn diese eng mit der Compliance-Praxis zusammenarbeitet, könnten sich gerade bzgl. Untersuchungen Synergien heben lassen.

Häufig empfohlen: Dr. Thomas Schürrle („hervorragende Fachkompetenz", Wettbewerber)

Kanzleitätigkeit: Internat. Untersuchungen, aber auch präventive/strukturelle Beratung; viel Industrie, vermehrt Handel u. Finanzdienstleister. Konzerne, aber auch Mittelstand, Due Diligence; starke US-Praxis. (1 Partner, 1 Counsel, 2 Associates)

Mandate: ●● Media-Saturn bei Bewertung seines Compliance-Management-Systems in Dtl. u. Italien.

DLA PIPER
Compliance-Untersuchungen

Bewertung: Empfohlene Compliance-Praxis, die im dt. Markt zwar weiterhin als stark ▶wirtschaftsstrafrechtl. orientiert gilt, längst jedoch v.a. beim Aufbau von Compliance-Systemen u. bei Untersuchungen mit globalen u. fachübergr. Teams agiert. Gerade bei solchen Projekten kann DLA ihr weit gespanntes internat. Netz sinnvoll nutzen. Ähnl. wie bei White & Case ist die Arbeit sowohl

● Referenzmandate, umschrieben
●● Referenzmandate, namentlich

Anwaltszahlen: Angaben der Kanzleien, wie viele Anwälte zu mind. ca. 50% in diesem Gebiet tätig sind. Sie spiegeln nicht zwingend die Gesamtgröße einer Kanzlei wider.

COMPLIANCE-UNTERSUCHUNGEN

bei akuten Fällen als auch in der Strukturberatung operativ u. weniger von Governance-Aspekten geprägt. Letzteres würde eine engere Anbindung der ▶gesellschaftsrechtl. Praxis erfordern. Diese spielt jedoch im Vergleich etwa mit der ▶Arbeitsrechts- oder ▶IT-Praxis in der Compliance-Arbeit nur eine Nebenrolle.

Stärken: Enge internat. Zusammenarbeit, v.a. im Hinblick auf ▶Wirtschaftsstrafrecht, anerkannte Praxis für ▶IT/Datenschutz.

Entwicklungsmöglichkeiten: Während die meisten Fachbereiche enger zusammenrücken u. sich einzelne Partner herauskristallisieren, die Compliance-Aspekte im Auge haben, bleibt die Corporate-Praxis weitgehend außen vor. Damit verschenkt DLA womöglich Marktanteile. V.a. wird es ohne die Gesellschaftsrechtler schwer, die Compliance-Kompetenz etwa bei Transaktionen zum Einsatz zu bringen.

Häufig empfohlen: Prof. Dr. Jürgen Taschke (Strafrecht)

Kanzleitätigkeit: Internat. Compliance-Gruppe inkl. USA u. Asien, in der in Dtl. die Strafrechtler die Schnittstelle bilden; v.a. akut, aber auch präventiv/strukturell tätig, Schwerpunkt bei Begleitung von lfd. Verfahren. (10 Partner, 2 Counsel, 6 Associates)

Mandate: ● Servicedienstleister wg. Korruptionsvorwürfen in USA; Halbleiterhersteller bei Entwicklung von Compliance-Programm; Pharmahersteller wg. Kartellverdacht; Energieunternehmen wg. mögl. fehlerhafter Vorstandsentscheidungen; Softwareunternehmen wg. Beratervertrag; HHLA wg. Ad-hoc-Publizität; internat. Großbank bei Umsetzung einer Whistleblower-Hotline; Dax-Unternehmen im Zshg. mit Korruption bei Joint-Venture-Partner; Turbinenhersteller, Textilunternehmen u. Rohstofflieferant bei Entwicklung ww. Compliance-Systeme.

FRESHFIELDS BRUCKHAUS DERINGER
Compliance-Untersuchungen ■■■□□

Bewertung: Zu den führenden zählende Compliance-Praxis, der es in den vergangenen Jahren gelungen ist, systematisch zu Wettbewerberinnen wie Baker aufzuschließen. Sich als feste Größe im Markt zu etablieren, war auch deswegen mögl., weil FBD über eine Reihe namh. Partner verfügt, die in ihren Praxen einen besonderen Ruf genießen u. sich darüber hinaus gezielt miteinander vernetzen, wie z.B. Fabritius im Gesellschaftsrecht/M&A u. Nolte im IT. Aber auch die kartellrechtl. u. vermehrt die steuerrechtl. Praxis trugen zuletzt einen maßgebl. Anteil zur Auslastung der Compliance-Praxis bei. In Kombination mit ihrem ww. Netzwerk war FBD deswegen gefragte Beraterin bei einer Reihe umfangr. Untersuchungen, wie bspw. für Airbus, für die sie gleich 3 Untersuchungen begleitete, u.a. in Dtl. u. Frankreich. Dass sie sich zudem neben Banken u. Versicherern bei immer mehr Pharmaunternehmen als Beraterin etabliert hat, zeigt, wie sie Schritt für Schritt in Kernbereiche von Wettbewerberinnen wie Clifford Chance vorzudringen vermag.

Stärken: Immer besser etablierte, enge Kooperation der ww. Büros.

Entwicklungsmöglichkeiten: Während FBD viel in die internat. Kooperation innerh. der Kanzlei investiert hat, ist die Zusammenarbeit etwa mit der SEC in den USA für sie ungleich schwerer als für Wettbewerber mit großer US-Tradition wie Debevoise oder Gibson Dunn. Hier nachhaltig Präsenz aufzubauen wird noch Zeit in Anspruch nehmen.

Für Teilbereiche empfohlene Kanzleien

Aderhold (Dortmund, München)	▶Bank- u. Bankaufsichtsrecht
Flick Gocke Schaumburg	▶Steuerrecht
Glade Michel Wirtz	▶Kartellrecht
Greenfort	▶Gesellschaftsrecht
Heuking Kühn Lüer Wojtek	Wirtschaftsstrafrecht
Dr. Kai Hart-Hönig (Frankfurt)	▶Wirtschaftsstrafrecht
Kapellmann	▶Kartellrecht
KNPZ (Hamburg)	IT
Justem (Frankfurt)	▶Arbeitsrecht
Lindenpartners (Berlin)	▶Bank- u. Bankaufsichtsrecht
Rödl (Nürnberg)	▶Steuerrecht
Roxin (Hamburg, München)	▶Wirtschaftsstrafrecht
Taylor Wessing (Hamburg)	▶IT
VBB Rechtsanwälte (Düsseldorf)	▶Wirtschaftsstrafrecht
Wessing & Partner (Düsseldorf)	▶Wirtschaftsstrafrecht

Die hier besprochenen Kanzleien sind in besonderem Maße für einen Spezialbereich innerhalb des breit gefächerten Beratungsfelds Compliance-Untersuchungen empfohlen. Die Auswahl der Kanzleien ist das Ergebnis der zahlreichen Interviews basierenden Recherche der JUVE-Redaktion (siehe S. 20). Sie ist in 2erlei Hinsicht subjektiv: Sämtliche Aussagen der von JUVE-Redakteuren befragten Quellen sind subjektiv u. spiegeln deren eigene Wahrnehmungen, Erfahrungen u. Einschätzungen wider. Die Rechercheergebnisse werden von der JUVE-Redaktion unter Einbeziehung ihrer eigenen Marktkenntnis analysiert u. zusammengefasst. Der JUVE-Verlag beabsichtigt mit dieser Tabelle keine allgemein gültige oder objektiv nachprüfbare Bewertung. Es ist möglich, dass eine andere Recherchemethode zu anderen Ergebnissen führen würde.

Häufig empfohlen: Prof. Dr. Norbert Nolte (Technologie), Dr. Andreas Fabritius (Gesellschaftsrecht)

Kanzleitätigkeit: Strukturelle Vernetzung der einzelnen Rechtsgebiete (u.a. ▶Kartellrecht u. ▶Vergabe sowie ▶M&A) u. ▶Handel u. Haftung, ▶Außenhandel, internat. Praxis mit einheitl. Leitung; Mandanten oft aus Bestand, zunehmend Dax-Unternehmen. (10 Partner)

Mandate: ●● Airbus bei div. internen Untersuchungen, u.a. zu Vorwürfen hinsichtl. Grenzsicherungsprojekten in Saudi-Arabien u. Rumänien; Rocket Internet zu Compliance-Organisation im Zshg. mit Börsengang; internat. Finanzkonzern bei interner Untersuchung im Zshg. mit Cross-Border-Geschäften mit USA; div. Kfz-Zulieferer in Kartellbußgeldverfahren; dt. Fluggesellschaft zu Compliance-Regularien; Medizinprodukthersteller zu Aufbau eines CMS; Pharmahersteller zu internat. Verträgen mit Geschäftspartnern einschl. FCPA u. UK Bribery Act.

GIBSON DUNN & CRUTCHER
Compliance-Untersuchungen ■■■■□

Bewertung: Mit ihren ausgeprägten US-Wurzeln hat sich die geschätzte Compliance-Praxis um Schwarz im dt. Markt etabliert. Gerade bei länderübergr. Untersuchungen bringt sie sich bei Konzernen damit immer wieder erfolgreich ins Spiel, wie zuletzt für einen jap. Hersteller von Stahlfabriken. Das gelingt zwar auch Wettbewerbern mit einem ähnl. Netzwerk, wie z.B. Debevoise, gleichwohl hat GD wesentl. stärker bei Mandaten mit osteurop. Prägung gesetzt u. baute bspw. ein Mandat für ein Dax-Unternehmen wesentl. aus. Gleichzeitig hat sich die Beratung zum Foreign Account Tax Compliance Act (FATCA) an der Schnittstelle zum Steuerrecht ausgeweitet. Hier vertrauen mittlerweile 2 Schweizer Banken auf die Praxis.

Stärken: Ausgeprägtes US-Netzwerk, langj. Erfahrung im Russland- u. Osteuropa-Geschäft.

Entwicklungsmöglichkeiten: Mit der langj. Russland-Erfahrung verfügt die Praxis über ein Alleinstellungsmerkmal ggü. Wettbewerbern. Nach dem Embargo ist das Russland-Geschäft allerdings eingebrochen u. diese Spezialisierung erweist sich als schwierig. Sich jenseits dieses Schwerpunkts bei internat. Untersuchungen breiter aufzustellen, ähnl. wie Wettbewerberin Debevoise, dürfte sich aufgr. der zahlreichen internat. Büros u. der guten internat. Vernetzung auszahlen.

Häufig empfohlen: Dr. Benno Schwarz

Kanzleitätigkeit: Fokus auf grenzüberschr. Arbeit in den Bereichen Prävention, Untersuchung u. FCPA, zudem Due Diligences im Rahmen von ▶M&A u. Beratung zu FATCA. Nahezu ausschl. Konzernberatung. (3 Partner, 5 Associates)

Mandate: ●● Transparency International zu Corporate Governance; BRD zu ISAF-Mission in Afghanistan; jap. Hersteller von Stahlfabriken zu Compliance-Risiken in Vergabeprozess; internat. Hard- u. Softwarehersteller bei interner Ermittlung in 7 Ländern; Dax-Unternehmen bei interner Untersuchung in Schwellenländern; Schweizer Bank zu FATCA.

GLEISS LUTZ
Compliance-Untersuchungen ■■□□□

Bewertung: Empfohlene Praxis für Compliance, die sich als Grenzgängerin zw. Compliance u. Governance versteht. Dieser Strategie folgend, hat sie den bislang schwächeren Bereich Compliance zuletzt sinnvoll ergänzt. Mit dem Zugang von Dr. Dirk Scherp (zuvor GSK Stockmann + Kollegen) intensivierte sie ihre strafrechtl. orientierte Beratungstätigkeit u. mit dem Gewinn von Dr. Eike Bicker (zuvor Pohlmann & Company) gewann sie einen an der Schnittstelle Corporate/Compliance erfahrenen Quereinsteiger. Zudem profitiert GL von ihrer breit gef. Erfahrung im ▶Kartell-, ▶Gesellsch.-, ▶Steuer- u. ▶Arbeitsrecht, ist aber auch dabei, für den Mittelstand neue Konzepte zu entwickeln. Ihr guter Zugang zur Automotivebranche brachte ihr zudem präventive Untersuchungsmandate mit Bezug zu China ein, die sie gemeinsam mit chin. Kooperationskanzleien abwickelte. Damit beweist GL einmal mehr, dass sie sich bei grenzüberschreitenden Mandaten etabliert hat, was ihr im Markt lange nicht zugetraut worden war.

Stärken: Breites fachl. Know-how.

Entwicklungsmöglichkeiten: GL gilt im Markt weiterhin primär als Industrieberaterin, nicht zu-

● Referenzmandate, umschrieben
●● Referenzmandate, namentlich

Anwaltszahlen: Angaben der Kanzleien, wie viele Anwälte zu mind. ca. 50 % in diesem Gebiet tätig sind. Sie spiegeln nicht zwingend die Gesamtgröße einer Kanzlei wider.

COMPLIANCE-UNTERSUCHUNGEN

letzt dank zahlr. mittelständ. Mandanten. Gerade in Branchen, die für die Zukunft großen Beratungsbedarf versprechen, ist sie derzeit jedoch noch wenig präsent. Dazu zählt etwa die Pharmabranche, die mit neuen Gesetzen konfrontiert ist und wo GL gerade ihre Erfahrungen aus dem Großmittelstand einbringen könnte.

Kanzleitätigkeit: Breit angelegt, vereinzelt Prävention u. Aufbau von Compliance-Strukturen, Schwerpunkt auf Untersuchung; Branchen gemäß der sonstigen Mandantenstruktur v.a. Industrie, in großem Umfang auch Mittelstand; traditionell kartellrechtl. Bezüge, auch Vertrieb/Außenhandel. (18 Partner, 1 of Counsel als Fokusgruppe)

Mandate: ● Div. Kfz-Zulieferer bei kartellrechtl., präventiven Untersuchungen in China; Metallwarenhersteller zu Iran- u. Russland-Embargos; div. Krankenkassen bei Schadensersatz wg. Silikonimplantaten; Elektronikhersteller bei Kartellrechts-Audit in 17 Staaten; Kfz-Zulieferer bei kartellrechtl. Risikoanalyse; Dax-Konzern wg. kartellrechtl. Verstöße (Europa, Südafrika); Kfz-Zulieferer wg. Rückrufmanagement; Druckerhersteller bei Aufbau von außenwirtschaftsrechtl. Compliance-System; Maschinenhersteller wg. Produktsicherheit.

HENGELER MUELLER
Compliance-Untersuchungen ☐☐☐☐

Bewertung: Geschätzte Compliance-Praxis, deren Geschäft sich in 1. Linie aus ihrer starken Stellung bei der Governance-Beratung von Konzernen generiert. Infolgedessen engagiert sie sich insbes. bei der Begleitung interner Untersuchungen u. bei Organhaftungsfragen sowie im Anschluss bei der präventiven Neujustierung. Dank der starken M&A-Praxis ist sie ebenso regelm. Teil der Due Diligence. Zwar überwiegt in der Außenwahrnehmung die Tätigkeit in diesen Bereichen, gleichwohl berät das Team u.a. zu Scheinselbstständigkeit, z.B. in der Medien- u. Baubranche. In Ermangelung eigener US-Standorte bedient sich HM eines festen Netzwerks von Best-Friend-Kanzleien.

Stärken: Starke ▶ gesellschaftsrechtl. Praxis.

Entwicklungsmöglichkeiten: Im Vergleich zu Wettbewerbern wie A&O geht HM das praxisübergreifende Produkt Compliance weniger strategisch an, sondern zieht ihre Mandate aus der Dominanz der gesellschaftsrechtl. Praxis. Demgegenüber stehen bspw. das Arbeitsrecht u. der Datenschutz – beide von großer Relevanz bei Untersuchungen – hinten an. Hier auszubauen, könnte die Visibilität steigern.

Kanzleitätigkeit: Praxis mit Fokus auf Governance-Beratung, Due Diligence im Rahmen von ▶ M&A, Fragen der Organhaftung, ▶ Kartellrecht, auch ▶ Steuerrecht, Beratung v.a. zu Untersuchungen bei Konzernen, in Folge auch Präventivberatung. Mandanten u.a. Banken, Technologie-, Bau- u. Medienbranche. (24 Partner)

Mandate: ●● Dt. Bank bei Untersuchungen zu Libor, Euribor, Ibor; Bertelsmann lfd. zu Compliance-Fragen; E.on zu Haftungsfragen; Kreditinstitute zu Cum-Ex u. interner Untersuchung wg. OFAC-Verstößen; Bauunternehmen zu Scheinselbstständigkeit.

HOGAN LOVELLS
Compliance-Untersuchungen ☐■☐☐☐

Bewertung: Häufig empfohlene Praxis für Compliance, die inzw. regelm. bei internat. internen Untersuchungen gefragt ist u. damit eines ihrer strateg. Ziele erreicht hat. Der Mandatszuwachs gerade bei Untersuchungen erklärt auch das rasante Wachstum des Teams, das sich allmähl. zu den größten u. themat. diversesten hierzulande zählen darf. Zudem festigte sich die Kooperation über Büro- u. Ländergrenzen hinweg. Diese neue Intensität führte letztl. auch dazu, dass die Strukturen der nationalen u. der globalen Teams in festere Formen gegossen wurden. Treiber des Erfolgs sind weiterhin die ▶ Prozessführungserfahrung (einschl. Produkthaftung u. D&O) u. der ▶ Datenschutz. Insges. profitiert das dt. Team zudem von regelm. einströmenden Verweismandaten, gerade im Bereich Untersuchungen.

Stärken: Breite Branchenabdeckung.

Entwicklungsmöglichkeiten: HL gilt im Markt als klass. Vertreterin der produzierenden Industrie. Dort verfügt sie über ein breites Mandantenspektrum, das vom Mittelständler bis zum Dax-Konzern reicht. Noch ist sie jedoch nur selten an der Seite von Finanzinstituten zu sehen, obwohl sie über ihre ▶ bankaufsichtsrechtl. Kompetenz hier durchaus Zugang finden können sollte. Hier hat sich Noerr im Lauf der Zeit eine etwas bessere Position erarbeitet.

Häufig empfohlen: Tim Wybitul („immer lösungsorientiert, kluge Beratung mit Blick fürs Wesentliche", Mandant, Arbeitsrecht, Datenschutz)

Kanzleitätigkeit: Interne Untersuchungen; auch präventiv/strukturell tätig; industriegeprägte US-Praxis; Beratung zur Abwehr von Organhaftungsansprüchen. (6 Partner, 3 Counsel, 9 Associates, zzgl. mehr als 10 weitere jurist. Mitarbeiter)

Mandate: ●● Verband BDSV zu Exportkontrolle; Birkenstock weiterhin wg. Diskriminierung; Eurasian Resources zu Exportkontrolle u. Sanktionen; Pierre-Fabre-Dermo-Kosmetik regelm. zu produktbezogenen Fragen; Pharmakonzern wg. Russland-Embargo; interne Untersuchung bei kanad. Unternehmen wg. Iran-Embargo.

K&L GATES
Compliance-Untersuchungen ☐☐☐☐

Bewertung: Geschätzte Praxis, die weiterhin in Compliance-Fragen stark von Verweismandaten aus anderen Büros der Kanzlei profitiert. V.a. die Verbindungen in die USA u. nach GB sind etabliert u. sorgen für Geschäft. Daneben intensivierte sich jedoch auch die Arbeit für dt. Mandanten, etwa in Embargofragen. Das vergleichsw. kleine Team ist breit aufgestellt u. will sein Spektrum durch den Zugang des Steuerrechtlers Karsten Seidel (von King & Wood Mallesons) noch einmal erweitern.

Stärken: Festes internat. Netzwerk.

Entwicklungsmöglichkeiten: Weiterhin fehlt es nach Markteinschätzungen an einem klaren Profil der Praxis. Dazu wäre v.a. das Herausbilden dezidierter Schwerpunkte erforderlich. Je stärker sich der Beratermarkt an der Spitze auszudifferenzieren beginnt, desto wichtiger wird eine solche Positionierung, um nicht in der Masse unterzugehen.

Kanzleitätigkeit: Eher lockere Einheit mit Fokus auf Untersuchungen, auch internat.; daneben präventiv tätig. Gemäß der Gesamtkanzlei viele Mandanten aus der Industrie u. Finanzindustrie. Enge Verzahnung mit der gesellschaftsrechtl. u. kartellrechtl. Praxis. (5 Partner, 5 Associates)

Mandate: ● Technologiekonzern nach anonym. Hinweis auf Verstöße; ausl. börsennot. Unternehmen bei europaw. Umsetzung von Untersuchungsergebnissen nach Korruption; Technologieunternehmen bei Untersuchung von öffentl. Auftrag; Lebensmittelgroßhändler im Zshg. mit Iran-Geschäften; Maschinenbauer bei exportrechtl. Fragen, u.a. Russland-Embargo; Softwarehersteller zu Dual Use u. US-Exportkontrolle; Metallindustrieunternehmen zu REACH-Compliance.

KNIERIM HUBER
Compliance-Untersuchungen ☐☐☐☐

Bewertung: Die in der Compliance-Beratung geschätzte Kanzlei machte zwar v.a. durch das Rheinmetall-Mandat wieder mit einer internen Untersuchung auf sich aufmerksam, deutl. stärker bleibt jedoch die Präsenz im ▶ Wirtschaftsstrafrecht. Tatsächl. haben die auf Mainz u. Berlin verteilten Anwälte jedoch eine Reihe interner Untersuchungen begleitet u. beraten einige Unternehmen regelm. in Compliance-Fragen. Im Markt genießt KH für solche Mandate einen soliden Ruf, auch wenn ihr Umgang mit Ermittlungsbehörden im Markt nicht unumstritten ist. Das Team blieb weitgehend stabil, beendet wurde ledigl. die Kooperation mit dem langj. Rechtspolitiker Jerzy Montag.

Stärken: Multidisziplinäres Netzwerk, langj. Erfahrung in der Individual- u. Unternehmensverteidigung.

Entwicklungsmöglichkeiten: Die beiden Standorte der Kanzlei scheinen auseinanderzudriften: Während Mainz mit seiner strafrechtl. Historie bei Wettbewerbern auch im Compliance-Bereich anerkannt ist, ist das Marktfeedback abseits davon eher verhalten. Dies zeigt, dass es bislang nur bedingt gelungen ist, die Fachkompetenz jenseits des Strafrechts im Markt glaubhaft zu positionieren. Ihren einstigen Erfahrungsvorsprung ggü. anderen Strafrechtsboutiquen, den sie aufgrund der frühen Positionierung etwa durch das MAN-Verf. hatte, büßt sie jedoch ein, da einige ihrer Wettbewerber aufholen. Mittelfristig wird KH daher ein neues Alleinstellungsmerkmal entwickeln müssen.

Häufig empfohlen: Thomas Knierim („guter Umgang mit großen Unternehmensstrukturen", Wettbewerber)

Kanzleitätigkeit: Beratung bei allg. Compliance-Themen u. internen Untersuchungen, auch mit Bezug zu US-Verf., zudem Zeugenbeistandschaft sowie Unternehmens- u. Individualverteidigung. (4 Partner, 1 Counsel, 7 Associates)

Mandate: ●● Rheinmetall Defence in interner Untersuchung wg. Korruption; Ombudsmann für EnBW u. ZDF; ww. tätiger Stahlproduzent bei interner Untersuchung; europaw. tätiger Einzelhändler u. ww. tätiger Maschinenbauer regelm. u. bei interner Untersuchung; Gesundheitsunternehmen bei interner Untersuchung u. ggü. Behörden; dt. Unternehmen wg. Ukraine-Sanktionen; Wohnungsbauer bei Aufarbeitung mögl. Betrügereien; regelm. dt. Landesbank, Energieversorger.

LINKLATERS
Compliance-Untersuchungen ☐☐☐■☐

Bewertung: Die Strategie der empfohlenen Compliance-Praxis, über ihre vorstandsnahe Beratung immer wieder umfangr. u. internat. Untersuchungsmandate an Land zu ziehen, ging erneut auf. So war sie gleich in mehreren Untersuchungen gemeinsam mit ihren ausl. Büros tätig u. konnte v.a. ihre Erfahrung mit US-Behörden in die Waagschale werfen. Treiber sind nicht selten die ▶ steuer- u. ▶ kartellsowie die ▶ gesellschaftsrechtl. Praxis, die eng miteinander verzahnt in Compliance-Fragen auftreten. Viel Raum nahm zuletzt auch die Beratung rund um REACH ein sowie öffentlichkeitswirksam die Beratung der Dt. Bank div. Verfahrenskomplexen.

● Referenzmandate, umschrieben
●● Referenzmandate, namentlich

Anwaltszahlen: Angaben der Kanzleien, wie viele Anwälte zu mind. ca. 50 % in diesem Gebiet tätig sind. Sie spiegeln nicht zwingend die Gesamtgröße einer Kanzlei wider.

COMPLIANCE-UNTERSUCHUNGEN

Laurenz Schmitt, der in der Vergangenheit besonders sichtbar im Markt war, machte sich indes unter eigener Flagge selbstständig.

Stärken: Viel Erfahrung bei internat. Untersuchungen.

Entwicklungsmöglichkeiten: Dass Schmitt der Kanzlei den Rücken kehrte, reißt in der öffentl. Präsenz durchaus eine Lücke. Umso wichtiger wird es sein, die Schlagkraft als geeintes Team nach außen zu transportieren. Wie das gelingen kann, hat Baker bereits vorgemacht.

Häufig empfohlen: Klaus Saffenreuther (Konfliktlösung)

Kanzleitätigkeit: Strukturierte Praxis mit Schwerpunkt auf ▶Handel u. Haftung, zudem ▶Kartellrecht, ▶Steuer- u. ▶Gesellsch.recht. Beratung v.a. zu Untersuchungen bei Konzernen. Mandanten u.a. Banken, Versicherungen u. Technologieunternehmen. (13 Partner)

Mandate: ●● Dt. Bank im Zshg. mit Kirch-Vergleich u. CO2-Handel; internat. Technikkonzern bei interner Untersuchung mit Fokus auf REACH; B/E Aerospace u. BayWa lfd.; Beiersdorf zu kartellrechtl. Compliance; Gesco zu Governance; Klöckner u. SGL Carbon lfd. zu Governance; internat. Geschäftsbank bei Untersuchung gg. ehem. Vorstandsmitglieder; IT-Unternehmen zu Korruption, Veruntreuung u. Steuerhinterziehung in mehreren Ländern; Chemiekonzern zu staatsanwaltl. Ermittlungen nach Chemieunfall.

NOERR
Compliance-Untersuchungen

Bewertung: Die häufig empfohlene Compliance-Praxis, bislang ähnl. wie Wettbewerberin CMS Hasche Sigle eher für die operative Begleitung der produzierenden Industrie bekannt, bekommt allmähl. den Fuß bei der Organberatung in die Tür. Allerdings ist diese Entwicklung noch ein zartes Pflänzchen. Das Team wuchs um den ▶wirtschaftsstrafrechtl. erfahrenen Quereinsteiger Dr. Lars Kutzner, der aus seiner Tätigkeit bei PwC Legal Erfahrung mit Tax Compliance u. mit der Prozessgestaltung mitbringt. Einer der größten Erfolge ist jedoch, dass sich Noerr bei der Ausschreibung einer internat. Implementierung eines Compliance-Systems gg. internat. Kanzleien durchsetzen konnte. Einmal mehr hat Noerr dadurch gezeigt, dass ihr etabliertes Netzwerk Lex Mundi ähnl. erfolgreich agieren kann wie eine integrierte Kanzlei.

Stärken: Klar definiertes Team u. einheitl. Koordination; starke Praxen für ▶Außenhandel, ▶Handel u. Haftung, ▶Kartellrecht u. ▶Datenschutz.

Entwicklungsmöglichkeiten: Auch einzelne Erfolge können nicht darüber hinwegtäuschen, dass es für Noerr u. ihr Netzwerk Lex Mundi komplizierter ist, internat. Mandate zu akquirieren als für integrierte Kanzleien, auch wenn tatsächl. Schwierigkeiten der Zusammenarbeit längst gelöst sind. Leichter täte sich die Kanzlei, wenn es gelänge ein glaubwürdiges Alleinstellungsmerkmal für das gesamte Netzwerk zu entwickeln.

Häufig empfohlen: Dr. Torsten Fett („absolut vorstandstauglich, exzellente Teamführung", Mandant), Dr. Christian Pelz („verlässliche, unaufgeregte Beratung", Mandant; Strafrecht), Prof. Dr. Thomas Klindt (Produkthaftung)

Kanzleitätigkeit: Klar definierte Gruppe, die alle wesentl. Bereiche abdeckt, einschl. etablierter ▶wirtschaftsstrafrechtl. u. haftungsrechtl. Erfahrung; Präventiv- u. Strukturberatung, auch Beglei-

tung in Ermittlungsverfahren u. Untersuchungen. (5 Eq.-Partner, 13 Sal.-Partner, zzgl. Associates)

Mandate: ●● Dt. Bahn in versch. Compliance-Fragen; BayWa bei Aufbau eines Compliance-Systems; Airbus Defence regelm. u. bei interner Untersuchung; ZF Friedrichshafen bei Prozessaufbau für Ausschreibungen u. wg. Geschäftspartnerbeziehungen; Vinnolit zu Kartellrechts-Compliance; dt. Maschinenhersteller bei Untersuchung von Provisionen in Nigeria-Geschäften; Versicherer bei Untersuchung von Vertriebsmodell; bayr. Sparkasse bei Compliance-Richtlinie; Kfz-Zulieferer bei Vertriebs-Compliance; Montagematerialhändler bei Prozessentwicklung hinsichtl. Produktsicherheit.

OPPENHOFF & PARTNER
Compliance-Untersuchungen

Bewertung: Mit ihrer ausgeprägten Schnittstellenberatung zur Exportkontrolle (▶Außenhandel) u. zum Datenschutz hat die geschätzte Compliance-Praxis eine Marktnische besetzt. Für Auslastung sorgt v.a. die Beratung beim Aufbau von Compliance-Strukturen, wo bspw. Arvin Meritor auf die kl. Einheit vertraute. Dabei gelingt es regelm., Stammmandantinnen anderer Praxisgruppen auch in Compliance-Fragen zu gewinnen. Interne Untersuchungen haben sich daneben zu einem festen Standbein der Praxis entwickelt, wie bspw. für ein dt. Industrieunternehmen.

Stärken: Exportkontrolle u. ▶IT.

Entwicklungsmöglichkeiten: Wettbewerber sind gerade bei Untersuchungen häufig stärker im Geschäft als Oppenhoff. Ein Grund dafür könnten die fehlenden Kapazitäten auf Associate-Ebene sein. Hier Lösungen zu finden, bspw. mithilfe von Projektanwälten oder Kooperationen mit anderen Einheiten, könnte sich langfristig lohnen.

Häufig empfohlen: Dr. Jürgen Hartung (IT)

Kanzleitätigkeit: Strukturierte Praxis, starker Fokus auf Datenschutz/IT, Exportkontrolle u. Kartellrecht. V.a. Beratung zur strategischen Analyse u. bei der Begleitung von Compliance-Programmen; breitere Aufstellung bei Untersuchungen; neben Konzernen v.a. im Mittelstand aktiv. (9 Partner)

Mandate: ●● Arvin Meritor bei Compliance-Programm, u.a. zu Antikorruption u. Exportkontrolle; internat. Elektronikhersteller akut bei Datenschutz-Compliance; Industriekonzern zu Compliance-Strukturen; dt. Industrieunternehmen bei interner Untersuchung.

POHLMANN & COMPANY
Compliance-Untersuchungen

Bewertung: Für Compliance-Untersuchungen empfohlene Kanzlei, die inzw. auch über ein Büro in Kanada verfügt, das von einem inhouse-erfahrenen dt. Compliance-Experten geleitet wird. Damit bleibt die Kanzlei ihrem bewährten Konzept treu, jurist. Rat u. die Beratung bei Entwicklung u. Umsetzung von Compliance-Programmen eng zu verzahnen. Zugleich ist es ein weiterer Schritt, um ihre internat. Kompetenz zu untermauern. Dass sie hier schon längst über umfangr. Erfahrung u. auch im Ausland über ein gutes Renommee verfügt, zeigen einmal mehr die aufsehenerregende Mandatierung durch den brasil. Konzern Petrobras, aber auch der griech. Consolidated Contractors. In Dtl. verstärkte sich die Kanzlei auf Counsel-Ebene mit einem erfahrenen Inhouse-Juristen, musste jedoch gleich 2 Gründungspartner ziehen lassen: Dr. Eike Bicker, einer der jüngeren aufstrebenden Anwälte, kehrte zu Gleiss Lutz zu-

rück, Dr. David Barst wechselte zur Mandantin Holcim.

Stärken: Umfangr. praktische Erfahrung, multidisziplinärer Ansatz.

Entwicklungsmöglichkeiten: Das Ausscheiden der beiden Gründungspartner führt dazu, dass sich die Aufmerksamkeit des Markts wieder stark auf Namenspartner Pohlmann konzentriert. Dies gilt umso mehr als sich etwa die öffentl.-rechtl. orientierte Compliance-Beratung noch nicht in dem Maße entwickelt hat, dass hier ein Gegengewicht entstanden wäre. Die internat. Expansion ist aufgrund der Kompetenzen konsequent, doch birgt sie in Kombination mit der fehlenden Marktpräsenz weiterer Anwälte das Risiko, dass die Kanzlei kaum mehr als Kanzlei, sondern primär als Unternehmensberatung wahrgenommen wird. Das muss geschäftl. kein Nachteil sein, bremst aber u.U. anwaltl. Ambitionen im Corporate-Bereich, v.a. bei Haftungsfragen.

Häufig empfohlen: Dr. Andreas Pohlmann, Thomas Lüthi

Kanzleitätigkeit: Breit angelegte Compliance-Unterstützung in rechtl., strateg. u. organisator. Hinsicht. Begleitung sowohl präventiv als auch in akuten Krisen. (2 Eq.-Partner, 2 Sal.-Partner, 4 Counsel, 6 Associates)

Mandate: ●● Petrobras bei Koordination interner Untersuchungen; Bilfinger u.a. bei Risikoanalyse; Bosch bei Überprüfung der Compliance-Organisation; SNC-Lavalin, u.a. bei Compliance-Integration nach Merger; Audi bei Geschäftspartner-Compliance u. Compliance Due Diligence; kanad. Pensionsfonds Omers bei Aufbau von Compliance-System; Benteler bei Risikoanalyse; lfd. Celanese, Carl Zeiss Meditec.

REED SMITH
Compliance-Untersuchungen

Bewertung: Geschätzte Praxis für Compliance, die zum Sommer 2015 in Frankfurt mit Hünermann als einem der Gründungspartner startete. Wie schon bei seiner Vorgängerkanzlei Willkie Farr & Gallagher verfolgt er, ähnl. wie Pohlmann, ungebrochen einen interdisziplinären Ansatz, der neben der jurist. auf die kaufmänn. Beratung setzt. Das hat ihm in den vergangenen Jahren v.a. bei Finanzinstituten, aber auch bei Industrieunternehmen, eine Reihe von Mandaten sowohl bei umfangr. internat. Ermittlungen als auch präventiv beschert.

Stärken: Multidisziplinärer Ansatz.

Entwicklungsmöglichkeiten: Bei Reed Smith trifft die Compliance-Praxis auf eine Plattform, die weniger stark von der Private-Equity-Praxis bestimmt ist als bei Willkie. Ob sich das vorhandene Know-how u.a. an den Schnittstellen zu Corporate u. Bank- u. Finanzrecht auszahlt, wird auch davon abhängen, wie gut die Neuorientierung gelingt. Wenn die Integration gelingt, könnten sich in Dtl. zudem mit dem guten Ruf, den die US-Mutter für Litigation genießt, Synergien heben lassen.

Häufig empfohlen: Rolf Hünermann („sehr kompetent u. lösungsorientiert", „sehr guter Überblick bei internat. Sachverhalten", Wettbewerber).

Kanzleitätigkeit: Beratung präventiv/strukturell, verstärkt akut bei internen Untersuchungen oder als Zeugenbeistand, regelm. Compliance Due Diligence im Rahmen von ▶M&A. Ausgeprägtes internat. Netzwerk. Mandantschaft: Industrieunternehmen, Finanzinstitute. (1 Partner, 1 Associates)

Mandate: ● Internat. Finanzinstitut bei Aufbau einer globalen Whistleblower-Hotline; internat. TK-Konzern bei interner Ermittlung in China; in-

COMPLIANCE-UNTERSUCHUNGEN

ternat. Bankinstitut im Zshg. mit OFAC Ermittlung; Private-Equity-Fonds zu Compliance Due Diligence bei M&A im Gesundheitssektor; Industriegashersteller zu kartellrechtl. Compliance; Laborunternehmen hinsichtl. Bilanzmanipulation.

SKADDEN ARPS SLATE MEAGHER & FLOM
Compliance-Untersuchungen

Bewertung: Empfohlene Compliance-Praxis, die den Fokus weiterhin auf die gremiennahe, corporate-orientierte Arbeit legt, die zunehmend von steuerrechtl. Themen flankiert wird. Wettbewerber bescheinigen dem Team um Mayer regelm., dass es v.a. bei Audits mit „viel Augenmaß" agiert. Mit der angesehenen Siemens-Litigation-Chefin Dr. Anke Sessler kam im Vorjahr prominente Verstärkung. Sie brachte nicht nur das bislang in Dtl. fehlende Know-how im internat. Prozessgeschäft ein, sondern auch den Inhouseblickwinkel. Auch wenn sich ihr Zugang noch nicht nachhaltig auf die Arbeit auswirkte, hat Skadden so doch ihre Position deutl. stärken können.

Stärken: Starke u. angesehene US-Praxis.

Entwicklungsmöglichkeiten: Zwar lebt das Team ausgezeichnet von selbst akquiriertem Geschäft, doch könnte sie aus der guten Positionierung der US-Praxis noch besser Kapital schlagen. New Yorker Anwälte u. das dt. Team arbeiten in versch. Mandaten zusammen, doch ist nicht zu erkennen, dass diese Zusammenarbeit strateg. für eine Positionierung der Praxis genutzt wird.

Häufig empfohlen: Dr. Bernd Mayer

Kanzleitätigkeit: Kleines Team, das sich u.a. bei Compliance Due Diligences u. in internat. Untersuchungen engagiert; Prävention spielt eine untergeordnete Rolle. (3 Partner, 10 Associates)

Mandate: ●● Aufsichtsrat von UniCredit wg. steuerl. motivierter Geschäfte; regelm. Daimler (aus dem Markt bekannt); Vorstand einer großen dt. Bank im Zshg. mit Geldwäschebekämpfung; Vorstand von Logistikunternehmen wg. Haftungsrisiken aus Korruption; Aufsichtsrat eines Pharmauntern. wg. Untersuchung SEC/DoJ; ausl. Bank wg. Steuerhinterziehung; Verpackungsunternehmen in div. Compliance-Fragen; Wertpapierhändler wg. BaFin-Untersuchung (internat. Kontext); Schweizer Banken wg. Fahndungen von US-Steuerbehörden.

WHITE & CASE
Compliance-Untersuchungen

Bewertung: Eine der führenden Compliance-Praxen, die sich rund um das anerkannte ▶wirtschaftsstrafrechtl. Team aufgebaut hat. Die Beratung ist deutl. operativer orientiert als etwa bei Clifford oder Skadden, deckt jedoch nahezu die gesamte Themenpalette ab. Besonders anerkannt ist die Arbeit im Datenschutz (▶IT) u. im Bankensektor (▶Bankrecht u. -aufsicht). Doch v.a. dank der strafrechtl. Kompetenz gewann das Team neue Mandanten nicht nur in der Bankenbranche sondern auch in der Industrie. Die internat. Zusammenarbeit innerhalb der Kanzlei, sei es mit den USA, sei es mit GB oder Russland, hat sich aufgr. gemeinsam bearbeiteter Mandate weiter stabilisiert, ohne dass das Potenzial jedoch vollständig ausgeschöpft würde.

Stärken: Enge internat. Kooperation, v.a. starke US-Präsenz, umfangr. Erfahrung im Bankensektor.

Entwicklungsmöglichkeiten: Die Compliance-Praxis ist geschäftl. zwar sehr erfolgreich, verschenkt jedoch einen Teil ihrer Möglichkeiten: So werden Synergien mit den respektablen Steuer- und Haftungspraxen nur in geringem Umfang gehoben. So entsteht der Eindruck, die Kanzlei habe Lücken im Beratungsangebot – Lücken, die sich jedoch durchaus schließen ließen.

Häufig empfohlen: Karl-Jörg Xylander, Jürgen Klengel (beide Wirtschaftsstrafrecht), Dr. Detlev Gabel („kompetent u. besonnen", „einer der Marktführer", Wettbewerber; Datenschutz), Dr. Lutz Krämer (▶Gesellsch.recht)

Kanzleitätigkeit: U.a. etablierte straf- u. ▶IT-rechtl. Praxen; zudem ▶Steuer; auch Mandate im ▶Gesellsch.recht. Präventiv/strukturell u. akut tätig; auch regelm. interne, oft grenzüberschr. Untersuchungen. (11 Eq.-Partner, 4 Sal.-Partner, 1 Counsel, 6 Associates)

Mandate: ●● LBBW in div. Aspekten (aus dem Markt bekannt); Bausanierer bei interner Untersuchung u. Prüfung des Compliance-Systems; Metallbauer bei interner Untersuchung u. als von Geheimnisverrat Geschädigter; ww. führender Kfz-Hersteller wg. internat. Korruption; Privatbank wg. mögl. Verstöße gg. Sanktionenrecht, FACTA-Regularien u. wg. Geldwäsche.

WILMERHALE
Compliance-Untersuchungen

Bewertung: Die für Compliance geschätzte Praxis setzte dank ihrer etablierten Zusammenarbeit mit der US-Praxis im wichtiger werden US-Sanktionenrecht Akzente: Binnen weniger Monate erreichte sie ein Delisting für die DF Deutsche Forfait. Immer wieder ist das dt. Team eng eingebunden in internat. Mandate, ist darauf jedoch nicht angewiesen. So suchten auch langj. dt. Mandanten Rat bei internen Untersuchungen oder griffen auf WH für eine regelm. Begleitung der Compliance-Arbeit zurück. Insgesamt, so der Eindruck von Wettbewerbern, war es jedoch ruhig um die Praxis, was auch darauf zurückzuführen sein dürfte, dass die Arbeit für Stammmandanten wie MAN nicht mehr so stark im Fokus stand wie in den Jahren zuvor.

Stärken: Enge Zusammenarbeit mit den US-Büros.

Häufig empfohlen: Dr. Roland Steinmeyer

Kanzleitätigkeit: Festes Kernteam, hauptsächlich aus Corporate, aber auch ▶Arbeitsrecht u. ▶Kartellrecht, ▶IT; starker US-Bezug; sowohl Prävention als auch Untersuchungen sowie Vorstandshaftung. (7 Partner, 4 Sal.-Partner, 8 Associates)

Mandate: ●● DF bei OFAC-Delisting-Verfahren; HSBC bei interner Untersuchung (öffentl. bekannt); Bilfinger Berger bei Untersuchung von Vorgängen in Österreich, Ungarn u. Slowakei; Medizinprodukteunternehmen bei Untersuchung wg. unangemessener Rabatte; Lebensmittelhersteller bei Untersuchung wg. Korruptionsverdacht u. Optimierung des Compliance-Systems; Maschinenbauer, u.a. bei Exportkontrolle; austral. Tunnelbauer wg. mögl. Fehlverhaltens eines Mitarbeiters; regelm. HSH, Scandlines, dt. Verband.

● Referenzmandate, umschrieben
●● Referenzmandate, namentlich

Anwaltszahlen: Angaben der Kanzleien, wie viele Anwälte zu mind. ca. 50 % in diesem Gebiet tätig sind. Sie spiegeln nicht zwingend die Gesamtgröße einer Kanzlei wider.

Persönliches Haftungsrisiko für GmbH-Geschäftsführer: Das Mindestlohngesetz

Von Dr. Markus Janko, KLIEMT & VOLLSTÄDT, Düsseldorf

Dr. Markus Janko

Dr. Markus Janko, Fachanwalt für Arbeitsrecht, Partner bei **KLIEMT & VOLLSTÄDT**. Er berät nationale und internationale Unternehmen im Arbeitsrecht. Schwerpunkt seiner Tätigkeit ist die strategische Begleitung von Umstrukturierungen. Besondere Expertise hat Herr Dr. Janko im Insolvenzarbeitsrecht u.a. durch die Beratung namhafter Insolvenzverwalter sowie von Unternehmen bei Unternehmenskäufen aus der Insolvenz.

Mit rund 60 ausschließlich im Arbeitsrecht tätigen Rechtsanwälten gehört Kliemt & Vollstädt zu den größten auf Arbeitsrecht spezialisierten Kanzleien Deutschlands und bietet Unternehmen eine umfassende und hochkarätige Beratung in allen Fragen des Arbeitsrechts. Mit Standorten in Düsseldorf, Frankfurt am Main und Berlin gilt Kliemt & Vollstädt als einer der Marktführer im Arbeitsrecht. Kliemt & Vollstädt ist das einzige deutsche Mitglied von IUS LABORIS, der weltweiten Allianz der führenden Arbeitsrechtskanzleien.

Weitere Informationen im Kanzleiprofil am Ende des Handbuchs.

Die Einführung des Mindestlohngesetzes (MiLoG) hat zahlreiche Pflichten mit sich gebracht. Diese treffen in der GmbH in der Regel den Geschäftsführer, da dieser gesetzliche Pflichten kraft seiner Stellung als vertretungsberechtigtes Organ der GmbH zu erfüllen hat.

Pflichten bei Eingehung von MiLoG-Arbeitsverhältnissen

Gemäß § 16 MiLoG muss der Arbeitgeber jeden Arbeitnehmer, der vom MiLoG erfasst ist, vor Beginn der Tätigkeit schriftlich in deutscher Sprache bei der Behörde der Zollverwaltung anmelden. Beigefügt werden müssen dabei sämtliche wesentlichen Angaben über den Arbeitnehmer, die der Behörde eine Überwachung ermöglichen. Dazu gehören alle persönlichen Angaben des Arbeitnehmers sowie Angaben zu Arbeitszeit, -ort und -dauer. Der Hintergrund der europarechtlich teils umstrittenen Dokumentationspflichten ist die vom Gesetzgeber angenommene Kurzfristigkeit von MiLoG-Arbeitsverhältnissen. Den Angaben bei der Anmeldung müssen Unternehmen zugleich eine Versicherung zur Einhaltung des gesetzlichen Mindestlohnes beifügen. Dies muss nicht durch eidesstattliche Versicherung erfolgen.

MiLoG-Arbeitszeitkonto

Weiter muss der Arbeitgeber nach § 17 MiLoG für jeden Arbeitnehmer, für den das MiLoG relevant ist, ein MiLoG-kompatibles Arbeitszeitkonto führen. Hierbei müssen Beginn, Ende und Dauer der täglichen Arbeitszeit spätestens nach einer Woche, beginnend mit dem Folgetag der Arbeitsleistung, aufgezeichnet und zwei Jahre aufbewahrt werden. Gleiches gilt für den Entleiher, dem der Verleiher einen Arbeitnehmer im Geltungsbereich des MiLoG überlässt.

Um eine Kontrolle dieser Verpflichtungen durch die Zollverwaltung zu ermöglichen, müssen diese Unterlagen im Inland in deutscher Sprache bis zu zwei Jahre bereitgehalten werden. Die Zollverwaltung kann ferner verlangen, dass die Bereithaltung der Unterlagen am Ort der Beschäftigung erfolgt.

Als heimtückisch kann sich die für Unternehmen und Geschäftsführer bestehende Möglichkeit erweisen, die teils umständliche Dokumentation der Arbeitszeiten dem Arbeitnehmer eigenverantwortlich zu überlassen. Dies ist grundsätzlich gesetzlich erlaubt, allerdings steht für Fehler der Arbeitgeber und damit der Geschäftsführer ein. Erlaubt das Unternehmen beispielsweise den Arbeitnehmern die Nutzung der vom Bundesministerium für Arbeit und Soziales (BMAS) für Smartphones kostenlos angebotene App „einfach erfasst", muss die korrekte Handhabung dennoch vom Unternehmen nachgehalten werden. Erfolgt dies nicht, drohen Sanktionen (siehe dazu unten).

Mitwirkungspflichten bei Kontrollen der Zollverwaltung

Nach § 15 MiLoG muss der Arbeitgeber bei einer Kontrolle der Zollverwaltung zur Einhaltung des Mindestlohnes mitwirken. Er muss hierbei den Behörden die Arbeitsverträge, die Niederschriften über das Arbeitsverhältnis und sämtliche andere Geschäftsunterlagen, die Auskunft über die Einhaltung des Mindestlohnes geben können, auf Verlangen vorlegen und die Prüfung insgesamt dulden. Dazu gehört auch die Duldung des Betretens des Betriebsgrundstücks und der Geschäftsräume.

Sanktionsrisiken

Bei einem Verstoß gegen die oben genannten Vorschriften sieht § 21 MiLoG bei vorsätzlichem oder fahrlässigem Handeln die Möglichkeit der Verhängung eines Bußgeldes vor. Ordnungswidriges Handeln kann insbesondere in folgenden Fällen vorliegen:

- Nichtduldung oder Nichtmitwirkung bei der Prüfung durch die Zollverwaltung;

- Nichtduldung des Betretens des Grundstücks bzw. der Geschäftsräume;

- nicht rechtzeitige, nicht vollständige oder nicht vorschriftsmäßige Übermittlung der Daten der Arbeitnehmer;

- nicht richtig, nicht vollständig, nicht rechtzeitig, nicht in der vorgeschriebenen Weise vorgelegte oder zugeleitete Anmeldung;

- nicht richtig, nicht vollständig, nicht in der vorgeschriebenen Weise oder nicht rechtzeitig erfolgte Änderungsmeldung;

- nicht richtig, nicht vollständig oder nicht rechtzeitige Erstellung der Arbeitszeitkonten oder Nichtaufbewahrung dieser Arbeitszeitkonten innerhalb der Zweijahresfrist;

- Unterschreitung oder verspätete Zahlung des Mindestlohns.

Die Verhängung eines Bußgeldes kommt auch dann in Betracht, wenn der Geschäftsführer durch Beauftragung eines anderen Unternehmers Werk- oder Dienstleistungen ausführen lässt, von dem er weiß bzw. fahrlässig nicht weiß, dass dieser oder ein von diesem beauftragter Nachunternehmer die Pflicht zur (rechtzeitigen) Zahlung des Mindestlohnes nicht erfüllt.

Der Geschäftsführer kann persönlich in Anspruch genommen werden, d.h. Bußgelder können gegen ihn persönlich verhängt werden. Hierbei drohen Bußgelder von bis zu 30.000 Euro, teilweise sogar bis zu 500.000 Euro.

Weitaus existenzbedrohender kann allerdings die Sanktion gemäß § 19 MiLoG sein, der für eine Vielzahl von Branchen gilt: Ausschluss von der Vergabe öffentlicher Aufträge. Ab einer Bußgeldhöhe von 2.500 Euro kann für eine angemessene Zeit bis zum Nachweis der Wiederherstellung der Zuverlässigkeit von der Teilnahme an einem Wettbewerb um Liefer-, Bau- oder Dienstleistungsaufträge öffentlicher Auftraggeber ausgeschlossen werden.

Das MiLoG kann aber auch in strafrechtlicher Hinsicht für den Geschäftsführer relevant werden. Wird z.B. der gesetzliche Mindestlohn unterschritten, so kann ein strafbares Vorenthalten von Sozialversicherungsbeiträgen vorliegen. Dies kann gemäß § 266a StGB mit Geldstrafe oder mit Freiheitsstrafe bis zu fünf Jahren, in besonders schweren Fällen sogar bis zu zehn Jahren bestraft werden. Auch hier kann eine persönliche Einstandspflicht des Geschäftsführers bestehen, da dieser nach der strafrechtlichen Zurechnungsnorm des § 14 Abs. 1 Nr. 1 StGB so behandelt wird, als sei er persönlich der Sozialversicherungsbeiträge vorenthaltende Arbeitgeber im Sinne des § 266a StGB.

Haftungsrisiken gegenüber der Gesellschaft

Zudem ist der Geschäftsführer gegenüber der Gesellschaft verpflichtet, die oben dargestellten Pflichten nach dem MiLoG zu erfüllen. Verletzt er die gesetzlichen Pflichten nach MiLoG, so verletzt er zugleich nach höchstrichterlicher Rechtsprechung seine Pflichten gegenüber der Gesellschaft und kann der Gesellschaft nach § 43 GmbHG für den entstandenen Schaden haften.

Fazit

Angesichts der hohen zivil- und strafrechtlichen Risiken sollten Geschäftsführer die Einhaltung des MiLoG überwachen und hierfür auch die intern zuständigen Abteilungen (z.B. HR) sensibilisieren. Dies kann z.B. durch Schulungen, die Einholung von Bestätigungen der MiLoG-Konformität bei Nachunternehmern, die Einführung einer MiLoG-kompatiblen Compliance und vor allem durch regelmäßige Kontrollen erfolgen. ∎

KERNAUSSAGEN

- Durch das MiLoG wurden zahlreiche neue gesetzliche Pflichten für Arbeitgeber eingeführt.

- Diese gesetzlichen Pflichten treffen (auch) den Geschäftsführer einer GmbH als vertretungsberechtigtes Organ.

- Die gesetzlichen Pflichten gemäß MiLoG lösen zahlreiche Sanktionsrisiken für GmbH-Geschäftsführer aus.

- Ab einer bestimmten Bußgeldhöhe können die gesetzlichen Sanktionsrisiken für bestimmte Branchen existenzbedrohend sein (drohender Ausschluss von der Vergabe öffentlicher Aufträge).

- Die gesetzlichen Pflichten gemäß MiLoG enthalten für den GmbH-Geschäftsführer ferner Haftungsrisiken gegenüber der Gesellschaft.

Gesellschaftsrecht

Gesellschaftsrecht wird zur Paradedisziplin

Der Beratungsbedarf bei Organhaftungsthemen wächst weiter rasant, die Schnittstelle zum Bereich ▶Compliance und Governance gewinnt eine immer zentralere Bedeutung. Nicht nur die Spitzenkanzleien haben erkannt, dass sich hohe Stundensätze erzielen lassen, wenn die Karriere eines Organmitglieds auf dem Spiel steht. Das gilt nun nicht mehr allein bei der Arbeit für börsennotierte Unternehmen, sondern auch im Mittelstand, der in den vergangenen Jahren nicht zuletzt deshalb für das Thema sensibilisiert wurde, weil er sich z.B. mit Schadensersatzansprüchen nach Kartellen konfrontiert sah. Die Neubürgerentscheidung des Bundesgerichtshofs ist inzwischen bei Managern hinreichend bekannt und es gibt kaum einen, der die Frage der Haftung nicht ernst nimmt.

Zudem führte die Rückkehr ehrgeiziger ▶M&A-Projekte zu einem erheblichen Volumen an hochkomplexer gesellschaftsrechtlicher Vorarbeit. Durch die stabile Wirtschaftslage konnten Konzerne zudem Pläne umsetzen, die eine Zeit lang auf Eis gelegen hatten, vor allem Carve-outs und die Verselbstständigung von Sparten. Die Carve-outs bei Bayer (der Sparte Material Science) und Osram sind hierzulande die prominentesten Beispiele hierfür.

Konzernrechtler nehmen Abschied von Clifford Chance

Das Ansehen der Gesellschaftsrechtler innerhalb der einzelnen Kanzleien hat sich durch die aktuellen Entwicklungen signifikant verändert. Vor nicht allzu langer Zeit betrachteten internationale Kanzleien das Traditionsmodell des Aktien- und Konzernrechtlers als überholt – praxisfremde Anwälte mit überzogenem wissenschaftlichen Anspruch, die nicht viel Umsatz generierten. Doch inzwischen setzt sich die Einsicht durch, dass Anwälte viel eher das Vertrauen von Vorständen und Aufsichtsräten für die (weiterhin hoch begehrte) Transaktionsarbeit erhalten, wenn dieselben Juristen auch haftungsbezogene Aspekte im Griff haben. Die Tage des reinen Transaktionsanwalts sind also gezählt, wie sich sogar bei einer so transaktionsbetonten Kanzlei wie **Linklaters** erkennen ließ: Die ehemals vor allem mit M&A-Arbeit verbundenen Anwälte betreuten zuletzt die Carve-outs bei Bayer und Osram sowie die Abspaltung bei E.on.

Daher überraschte es, dass **Clifford Chance** bei ihrer aktuellen Neuaufstellung ihre konzernrechtliche Abteilung relativ entbehrlich zu finden schien. Die Sozietät steht nach einigen Abgängen derzeit ohne bekannte und renommierte Konzern- oder Übernahmerechtler da – und das obwohl sie führende Konzerne im Bereich M&A berät. **Jones Day** hingegen, die im vergangenen Jahr eben einen dieser Clifford-Partner in ihren Reihen aufnahm, wittert Morgenluft: Die Mandatierung durch den kanadischen Konzern Potash bei der geplanten Übernahme von K+S ist ein enormer Schritt nach vorn. **CMS Hasche Sigle** als Stammberaterin von K+S übernahm die Abwehr – auch sie hatte sich im vergangenen Jahr mit einem renommierten Gesellschaftsrechtler von **Clifford Chance** verstärkt: Dr. Wolfgang Richter, der auch für seine enge Beziehung zu Volkswagen bekannt war. Das Wechslertrio komplett machte der ehemalige Leiter der Clifford-Corporate-Praxis, Dr. Arndt Stengel. Er wechselte in das Frankfurter Büro von **Milbank Tweed Hadley & McCloy** und kräftigte die konzernrechtliche Praxis erheblich, die bisher primär in München angesiedelt war.

JUVE KANZLEI DES JAHRES
GESELLSCHAFTSRECHT
LINKLATERS

Wenn es noch einen Beweis dafür gebraucht hätte, dass Linklaters aus der ersten Reihe der deutschen Corporate-Praxen nicht mehr wegzudenken ist – das letzte Jahr hätte ihn geliefert. Ob beim grundlegenden Umbau des E.on-Konzerns, bei der Abspaltung der Sparte Material Sciences von Bayer oder der Umstrukturierung von Osram: Immer wieder setzte sich Linklaters genau dort durch, wo noch vor wenigen Jahren Hengeler Mueller oder Freshfields Bruckhaus Deringer gesetzt gewesen wären. So groß ist der Erfolg bei konzernrechtlichen Themen, dass immer häufiger auch Corporate-Partner involviert sind, die eigentlich vor allem als M&A-Spezialisten gelten. Bei heiklen internen Untersuchungen spielt Linklaters heute ebenfalls ganz oben mit, etwa in mehreren, öffentlich bekannten Fällen bei der Deutschen Bank. Dieser endgültige Durchbruch ist keineswegs nur einigen wenigen Über-Partnern zu verdanken. Ganz gezielt bringt Linklaters die junge Partnergeneration nach vorne: Neben der seit Langem etablierte Garde um **Dr. Ralph Wollburg, Dr. Hans-Ulrich Wilsing** und **Achim Kirchfeld** treten nun immer deutlicher jüngere Leistungsträger wie **Dr. Nikolaos Paschos, Staffan Illert** und **Dr. Tim Johannsen-Roth**. Die Praxis dürfte eine glänzende Zukunft vor sich haben.

Die folgenden Bewertungen behandeln Kanzleien, die durch High-End-Arbeit einen nationalen oder internationalen Ruf gewonnen haben. Das Kapitel umfasst die Beratung großer Unternehmen und Konzerne inkl. Aktiengesellschaften und deren Vorstände und Aufsichtsräte u.a. bei Umstrukturierungen, Unternehmens-, Beherrschungsverträgen, Satzungsänderungen, Verschmelzungen und Ausgliederungen sowie Übernahmen nach dem WpÜG. Die rechtliche Beratung bei Akquisitionen wird im Kapitel ▶M&A betrachtet. Informationen enthalten auch die Kapitel ▶Restrukturierung u. Insolvenz, ▶Compliance-Untersuchungen sowie mit Blick auf Prozesse das Kapitel ▶Konfliktlösung. ▶Notarielle Beurkundungen spielen zudem eine wichtige Rolle in diesem Rechtsgebiet. Eine Übersicht empfohlener Notare findet sich am Ende des Kapitels.

GESELLSCHAFTSRECHT

ADERHOLD
Gesellschaftsrecht

Bewertung: Empfohlene Gesellschaftsrechtspraxis, deren Dortmunder Büro zu den stärksten in der Region zählt u. dort zahlr. bedeut. Unternehmen u. Konzerne berät. Dabei profitiert sie auch von ihrem starken Notariat. Traditionell legt die Praxis einen ausgeprägten Schwerpunkt auf Restrukturierungen, die sie oft gemeinsam mit dem D'dorfer Büro betreut, doch in den letzten 2 Jahren arbeitete sie auch verstärkt an Kapitalmarktmandaten. Das D'dorfer Büro verlor 2 jüngere Partner mit Transaktionsfokus, dafür tritt die Leipziger Mannschaft immer sichtbarer auf. V.a. der Namenspartner genießt weiterhin einen herausrag. Ruf in Schiedsverfahren.

Stärken: Begleitung mittelständ. Unternehmen bei Auslandsinvestitionen, sehr gute Industriekontakte.

Häufig empfohlen: Prof. Dr. Lutz Aderhold, Jürgen Schemann

Kanzleitätigkeit: Schwerpunkte bei Gründungs-, Strukturierungs- u. Finanzierungsfragen; bei Unternehmen in der Krise auch Sanierungs- u. Insolvenzberatung (▶ Restrukturierung/Sanierung). Mandanten aus Bauindustrie, Großhandel, Maschinenbau, Bergbauzulieferindustrie, Software u. Medien, zudem Investoren. (7 Eq.-Partner, 2 Sal.-Partner, 4 Associates)

Mandate: ●● Borussia Dortmund bei Kapitalerhöhung mit Einstieg von Evonik; Regionalbus Leipzig bei Neustrukturierung; Vorstand u. Aufsichtsrat von Schumag bei Übernahmeangebot eines chin. Investors; GBK Beteiligungen im Aktienrecht (auch HV); Hahn-Immobilien Beteiligung bei HV u. Delisting; Tatravagònka lfd. im Konzernrecht; mittelständ. IT-Dienstleister bei Joint Ventures zum Betrieb eines IT-Rechenzentrums.

ALLEN & OVERY
Gesellschaftsrecht

Bewertung: Im Gesellschaftsrecht häufig empfohlene Kanzlei, die den Schwung des Vorjahrs beibehielt. Die Anzahl prestigeträchtiger Mandate wie z.B der Begleitung von Tui bei deren hochkomplexem ww. Zusammenschluss mit Tui Travel, bei dem teils gesellschaftsrechtl. Neuland betreten wurde, steigt. Einen wesentl. Anteil daran hat Diekmann, u.a. mit der Beratung von Alstria bei der öffentl. Übernahme von Dt. Office. Endlich wird auch die Arbeit an der Schnittstelle zum Kapitalmarktrecht prominenter: Die Beratung von Evonik ist dafür ein Beispiel. Weiter deutl. ausbaufähig bleibt trotz Mandaten wie dem für die Heta indes die Verknüpfung mit dem Prozessteam.

Stärken: Aktien- u. Konzernrecht; eine der führenden übernahmerechtl. Praxen. Gute Kontakte zu namhaften Konzernen durch die Bankenpraxis (▶ Bankrecht u. -aufsicht, ▶ Börseneinführ. u. Kapitalerhöhung). Auch starke Verbindung zum ▶ Versicherungsvertragsrecht.

Entwicklungsmöglichkeiten: Im Vergleich zu führenden Wettbewerbern ist A&O weiterhin personell deutl. schlanker aufgestellt. Um ihre Möglichkeiten zu nutzen und die Marktspitze noch stärker anzugreifen, wären weitere Quereinsteiger nötig. Da der Austausch mit den Prozessexperten weiterhin vergleichsweise lose u. der Anteil der streitnahen Arbeit mithin ausbaufähig ist, wäre die Besetzung dieser Schnittstelle eine sinnvolle Erweiterung. Dass sich Synergien aber auch ohne externe Verstärkung heben lassen, zeigt inzw. die Zusammenarbeit mit dem Kapitalmarktteam.

GESELLSCHAFTSRECHT

Freshfields Bruckhaus Deringer	alle Standorte
Hengeler Mueller	alle Standorte
Linklaters	alle Standorte
Gleiss Lutz	alle Standorte
SZA Schilling Zutt & Anschütz	Frankfurt, Mannheim
Allen & Overy	alle Standorte
Clifford Chance	alle Standorte
CMS Hasche Sigle	alle Standorte
Hogan Lovells	alle Standorte
Milbank Tweed Hadley & McCloy	Frankfurt, München
Noerr	alle Standorte
White & Case	alle Standorte
Aulinger	Bochum, Essen
Baker & McKenzie	alle Standorte
Broich	Frankfurt
DLA Piper	Frankfurt, Köln, Hamburg, München
Flick Gocke Schaumburg	Bonn, Berlin
Glade Michel Wirtz	Düsseldorf
Heuking Kühn Lüer Wojtek	alle Standorte
Kümmerlein	Essen
Latham & Watkins	Frankfurt, Hamburg, München, Düsseldorf
Menold Bezler	Stuttgart
Norton Rose Fulbright	Frankfurt, München, Hamburg
Oppenhoff & Partner	Köln
Skadden Arps Slate Meagher & Flom	Frankfurt, München
Taylor Wessing	alle Standorte
Beiten Burkhardt	alle Standorte
Cleary Gottlieb Steen & Hamilton	Frankfurt, Köln
Deloitte Legal	alle Standorte
Dissmann Orth	München
Eversheds	München
Görg	Köln, Frankfurt, Berlin, Essen
Graf von Westphalen	alle Standorte
Friedrich Graf von Westphalen & Partner	Freiburg, Köln
Happ Luther	Hamburg
Jones Day	Frankfurt
K&L Gates	Berlin, Frankfurt
Luther	alle Standorte
McDermott Will & Emery	Düsseldorf, München
Oppenländer	Stuttgart
P+P Pöllath + Partners	Berlin, Frankfurt, München
Weil Gotshal & Manges	Frankfurt, München
Aderhold	Dortmund, Düsseldorf
Arnecke Sibeth Siebold	Frankfurt, Berlin
Arqis	Düsseldorf, München
Ashurst	Frankfurt, München
Bird & Bird	alle Standorte
Dentons	Berlin, Frankfurt
Esche Schümann Commichau	Hamburg
FPS Fritze Wicke Seelig	alle Standorte

Fortsetzung nächste Seite

● Referenzmandate, umschrieben
●● Referenzmandate, namentlich

Anwaltszahlen: Angaben der Kanzleien, wie viele Anwälte zu mind. ca. 50% in diesem Gebiet tätig sind. Sie spiegeln nicht zwingend die Gesamtgröße einer Kanzlei wider.

GESELLSCHAFTSRECHT

Häufig empfohlen: Dr. Hans-Christoph Ihrig, Dr. Helge Schäfer („tolle Zusammenarbeit, sehr kreativ", Mandant), Dr. Oliver Seiler (v.a. Kapitalmarktrecht), Dr. Hartmut Krause, Dr. Michael Ulmer, Dr. Alexander Veith, Dr. Christian Eichner, Dr. Jan Schröder, Dr. Hans Diekmann („sehr professionell u. erfahren", Mandant)
Kanzleitätigkeit: Aktienrecht für börsennot. Unternehmen, bei Mitarbeiterbeteiligungen, Kapitalerhöhungen, Umstrukturierungen, Rückkauf eigener Aktien, Vorstandspflichten, Vorstandsvergütung, HVen. Dabei Verbindung zur Kapitalmarktarbeit u. ▶Restrukturierung/Sanierung. Auch ▶Gesellschaftsrechtl. Streitig. u. Compliance. (Corporate insges.: 16 Partner, 2 Counsel, 40 Associates, 2 of Counsel)
Mandate: ●● Tui bei Zusammenschluss mit Tui Travel; Alstria bei Übernahme von Dt. Office; Corestate bei Gründung eines Joint Ventures mit Immobiliaria Espacio; Kendrion bei Umstrukturierung von Kuhnke; lfd. Alstria Office, Axel Springer, BHF-Bank, Bilfinger, Deichmann, Evonik, Elmos Semiconductor, Hapag-Lloyd, Heidelberg-Cement, Bayer, Dt. Telekom, IKB, RAG-Stiftung, MLP, SAP, Talanx, Schaeffler (teils auch zu Corporate-Governance-Fragen u. HV-Betreuung); div. Dax-Gesellschaften u.a. bei Bestellung u. Abberufung von Vorständen.

ARNECKE SIBETH SIEBOLD
Gesellschaftsrecht
Bewertung: Empfohlene Kanzlei im Gesellschaftsrecht, der es zuletzt gelang, insbes. Mandanten der anerkannten Transportrechtspraxis auch gesellschaftsrechtl. zu beraten, etwa bei Umstrukturierungen. Im Transaktionsbereich verschafften v.a. Small- u. Mid-Cap-Deals der Praxis eine solide Grundauslastung. Einen Schub könnte die Corporate-Praxis durch die Fusion mit Sibeth bekommen, weil sie dadurch Zugang zum attraktiven Münchner Markt bekommt. Das könnte auch den im Vorjahr gekommenen Anwälten helfen, ihre Marktpräsenz zu erweitern. Eher zäh gestaltet sich weiterhin der Wiederaufbau des einst renommierten Notariats. Zwar nahm die Kanzlei zum Jahresanfang eine Notarin von Schiedermair auf, doch ist diese vorwiegend im Immobilienrecht tätig.
Stärken: Begleitung der Transportbranche.
Häufig empfohlen: Dr. Wolfgang Scholl („der beste Verhandler, den ich kenne", Mandant)
Kanzleitätigkeit: Breite gesellschaftsrechtl. Tätigkeit für Unternehmen mit Schwerpunkt im internat. Rechtsverkehr (neben USA, GB auch Frankreich u. Skandinavien sowie zunehmend China). Große Erfahrung v.a. in der Transportbranche. (7 Partner, 5 Associates, 2 of Counsel)
Mandate: ●● Lfd. Prostrakan, Centerbridge, Brunswick, Brink's, Actuant, Juwi-Gruppe, PDI Property Development sowie Delta Airlines, Emirates u. weitere Airlines; Beijing West Industries in Zshg. mit IPO; FedEx in Prozessen.

ARQIS
Gesellschaftsrecht
Bewertung: Diese empfohlene Kanzlei hat nun dank des Wiederaufbaus der Münchner Praxis durch von Einem 2 aktive Standorte. Die engen Verbindungen des bayr. Büros zur Technologie- u. Start-up-Szene u. sein China-Desk ergänzen die marktführende dt.-jap. Praxis in D'dorf bestens. Letztere war wieder an den bedeutendsten Joint Ventures u. Investitionen für jap. Mandanten betei-

GESELLSCHAFTSRECHT Fortsetzung

Gibson Dunn & Crutcher	München
Göhmann	alle Standorte
Greenfort	Frankfurt
Grüter	Duisburg
GSK Stockmann + Kollegen	alle Standorte
Haver & Mailänder	Stuttgart
Hennerkes Kirchdörfer & Lorz	Stuttgart
Honert + Partner	München, Hamburg
King & Wood Mallesons	Frankfurt, München
Kuhn Carl Norden Baum	Stuttgart
Lehmann Neunhoeffer Sigel Schäfer	Stuttgart
Mayer Brown	Frankfurt, Düsseldorf
Morgan Lewis & Bockius	Frankfurt
Orth Kluth	Düsseldorf
Rödl & Partner	alle Standorte
Simmons & Simmons	Düsseldorf, Frankfurt
Spieker & Jaeger	Dortmund
Willkie Farr & Gallagher	Frankfurt
WilmerHale	Berlin, Frankfurt
Avocado	Köln, Frankfurt
Baker Tilly Roelfs	München
Binz & Partner	Stuttgart
Brandi	Bielefeld, Detmold, Gütersloh, Paderborn
BRL Boege Rohde Luebbehuesen	Hamburg, Berlin
Büsing Müffelmann & Theye	Bremen, Berlin
Buse Heberer Fromm	alle Standorte
CBH Rechtsanwälte	Köln
Ebner Stolz Mönning Bachem	Köln, Hamburg, Stuttgart, Kiel
Gobbers & Denk	Krefeld, Frankfurt
Godefroid & Pielorz	Düsseldorf
Heussen	Berlin, Frankfurt, Stuttgart, München
Hoffmann Liebs Fritsch & Partner	Düsseldorf
Huth Dietrich Hahn	Hamburg
Kapellmann und Partner	Düsseldorf
KPMG Law	alle Standorte
Leo Schmidt-Hollburg & Witte	Hamburg
Lindenpartners	Berlin
LLR Legerlotz Laschet	Köln
Loschelder	Köln
Osborne Clarke	Köln, München, Hamburg
PricewaterhouseCoopers Legal	Frankfurt, München, Stuttgart, Hannover
Raschke von Knobelsdorff Heiser	Hamburg
Raue	Berlin
Redeker Sellner Dahs	Bonn, Berlin, München, Leipzig
Rittershaus	Mannheim, Frankfurt
Schmidt von der Osten & Huber	Essen
Sernetz Schäfer	München, Düsseldorf
Shearman & Sterling	alle Standorte
Squire Patton Boggs	Berlin
Thümmel Schütze & Partner	Stuttgart, Frankfurt

Die hier getroffene Auswahl der Kanzleien ist das Ergebnis der auf zahlreichen Interviews basierenden Recherche der JUVE-Redaktion (s. Einleitung S. 20). Sie ist in 2erlei Hinsicht subjektiv: Sämtliche Aussagen der von JUVE-Redakteuren befragten Quellen sind subjektiv u. spiegeln deren eigene Wahrnehmungen, Erfahrungen u. Einschätzungen wider. Die Rechercheergebnisse werden von der JUVE-Redaktion unter Einbeziehung ihrer eigenen Marktkenntnis analysiert u. zusammengefasst. Der JUVE Verlag beabsichtigt mit dieser Tabelle keine allgemein gültige oder objektiv nachprüfbare Bewertung. Es ist möglich, dass eine andere Recherchemethode zu anderen Ergebnissen führen würde. Innerhalb der einzelnen Gruppen sind die Kanzleien alphabetisch geordnet.

▶▶▶ Bitte beachten Sie auch die Liste weiterer renommierter Kanzleien am Kapitelende. ◀◀◀

● Referenzmandate, umschrieben
●● Referenzmandate, namentlich

Anwaltszahlen: Angaben der Kanzleien, wie viele Anwälte zu mind. ca. 50 % in diesem Gebiet tätig sind. Sie spiegeln nicht zwingend die Gesamtgröße einer Kanzlei wider.

GESELLSCHAFTSRECHT

ligt u. hat mit inzw. 6 Berufsträgern eine beachtl. Größe erreicht. D'dorf erhielt zudem Verstärkung durch Cosima Preiss von Clifford Chance, die über umfangr. Erfahrung in der Energiebranche u. sehr gute Kontakte verfügt.
Stärken: Dt.-jap. Geschäft.
Häufig empfohlen: Dr. Shigeo Yamaguchi, Andreas Dietl, Dr. Jörn-Christian Schulze („hoch kompetent bei Joint Ventures, guter Marktzugang", Wettbewerber), Prof. Dr. Christoph von Einem, Johannes Landry, Dr. Mirjam Boche
Kanzleitätigkeit: Lfd. Beratung vieler ausl. Unternehmen (v.a. Japan in D'dorf, China in München); Aktien- u. Konzernrecht (u.a. Squeeze-outs u. Prozesse); Umstrukturierungen. Auch ▶M&A, insolvenznahe Beratung. (4 Eq.-Partner, 6 Sal.-Partner, 13 Associates)
Mandate: ●● OSI Europe Foodworks bei Gründung des Gemeinschaftsunternehmens Bayernfleisch mit Edeka Südbayern; börsennot. jap. Elektronikkonzern bei europ. Umstrukturierung; MVZ Radios bei Fusion mit radiolog. Einheit; Oranjewould Realisatie zur Schließung Gebr. Becker; Evobis u. F.u.n. Netzwerk Nordbayern bei Gründung von BayStartUP; lfd.: CRH Deutschland, Sumitomo Electric Industries, SchneiderGolling, Dentsu Inc., Toto Ltd., Alloheim, Blohm & Voss, Katjes International, Ubisense, EAM; Zurich als Underwriting Counsel bei M&A Versicherungen.

ASHURST
Gesellschaftsrecht
Bewertung: Die im Gesellschaftsrecht empfohlene Kanzlei hat eine größtenteils transaktionsorientierte Praxis, doch mit Eyring verfügt sie auch über einen starken Aktienrechtler, der inzw. mehrfach gezeigt hat, was die Kanzlei in Dtl. abseits von Transaktionen zu leisten vermag. Dank der kürzl. Fusion in Australien berät die Sozietät nun auch einen dt. Konzern bzgl. eines wichtigen Tochterunternehmens dort. Das Wachstum in der Region Asien/Pazifik bescherte auch der ▶M&A-Praxis Arbeit. Der Wechsel des renommierten Transaktionsexperten Dr. Thomas Sacher (von Beiten Burkhardt) im Sommer 2015 sorgte im zuvor unterdimensionierten Team in Dtl. endl. für Verstärkung, die mit Blick auf die neu gewonnene Präsenz in Fernost dringend geboten war.
Häufig empfohlen: Reinhard Eyring („sehr erfahren in den großen Mandaten, dazu auch sehr nett", Wettbewerber)
Kanzleitätigkeit: Gewisse Bandbreite an dt. Mandanten, darunter AGen; sehr aktive ▶Restrukturierungspraxis. (Corporate gesamt: 6 Partner, 4 Counsel, 13 Associates)
Mandate: ●● WCM bei Unternehmensreorganisation u. Corporate Governance; AVIC als Mehrheitsgesellschafter von KHD; lfd. Robert Bosch, Stada Arzneimittel, Biotest inkl. HV, Alno inkl. HV, International Management Group, X-Raid inkl. Joint Ventures.

AULINGER
Gesellschaftsrecht
Bewertung: Die im Gesellschaftsrecht häufig empfohlene Praxis profitiert von ihren stabilen Mandatsbeziehungen zu namh. mittelständ. Unternehmen. Ein Garant für diese Solidität ist dabei auch das angesehene gesellschaftsrechtl. Notariat. Darüber findet Aulinger regelm. Zugang zu Konzernen, bei denen es ihr inzw. auch gelingt, die Beratung auf andere Rechtsbereiche zu erweitern. So betreut sie etwa die RAG inzw. auch ▶vergaberechtlich. Bei ihrer mittelständ. Stammklientel punktet die Kanzlei gerade durch die Kombination anwaltl. u. notarieller Kompetenz insbes. bei Dauerthemen wie Unternehmensnachfolgen u. Umstrukturierungen. Daneben hält sie Spezialkompetenz an der Schnittstelle zum Gemeindewirtschaftsrecht vor.
Stärken: Tief im ▶Ruhrgebiet verwurzelt. Starkes gesellschaftsrechtl. Notariat.
Häufig empfohlen: Dr. Andreas Eickhoff, Dr. Martin Alberts, Prof. Dr. Karlheinz Lenkaitis, Dr. Markus Haggeney
Kanzleitätigkeit: Breite Mandantenbasis aus Ruhrgebietsindustrie u. gehobenem Mittelstand. Schwerpunkt bei umf. Dauerberatung, auch Nachfolgelösungen. Branchen: Maschinenbau/Anlagentechnik, Stahl- u. Lebensmittelindustrie, Automobilzulieferer, Mineralöl, Energieversorgung, Telekom. (5 Eq.-Partner, 3 Sal.-Partner, 2 Associates, 1 of Counsel)
Mandate: ●● Regionalgas Euskirchen bei Gründung einer Netzgesellschaft; E.on Bioerdgas umf. bei Beteiligung an Projektgesellschaft; RAG, DA Immobilien SE (ehemals Dt. Annington) u. BP Europa SE lfd. im gesellschaftsrechtl. Notariat; DVV Duisburger Versorgungs- u. Verkehrsges. vertragsrechtl. u. regelm. als ausgelagerte Rechtsabteilung; regelm. Stadtwerke Duisburg; Ex-ThyssenKrupp-Manager in Prozess gg. ThyssenKrupp; Kirchhoff-Gruppe bei Umstrukturierung; zahlr. Mittelständler zu Unternehmensnachfolge.

AVOCADO
Gesellschaftsrecht
Bewertung: Der geschätzten Kanzlei im Gesellschaftsrecht gelingt es, mit ihrer engen Kooperation an den Schnittstellen zum Arbeitsrecht u. IP/IT ihr Geschäft stetig zu verbreitern. Deutl. zeigte sich das auf internat. Ebene: So gewann der China-Desk erneut Mandate in Taiwan, z.B. von einem dortigen Unternehmen bei dessen Deutschlandaktivitäten. Das Wachstum im internat. Geschäft hat Avocado auch künftig im Visier: Von GGV kamen Dr. Arno Maier-Bridou u. Nathalie Maier-Bridou u. stärken den French-Desk mit einer Reihe von Mandaten. Darüber hinaus kam als 3. Neupartner Tarec Alio von Daimler.
Häufig empfohlen: Dr. Christian Berger
Kanzleitätigkeit: Schwerpunkt in der lfd. Beratung von mittelständ. Unternehmen (u.a. bei Umstrukturierungen, Umwandlungen, Joint Ventures, Kapitalerhöhungen); dazu Nachfolgelösungen u. Gesellschafterstreitigkeiten, inkl. Schiedsverfahren. Auch. (8 Partner, 2 Counsel, 5 Associates, 2 of Counsel)

Führende Senior-Partner im Gesellschaftsrecht

Dr. Andreas Austmann	Hengeler Mueller
Dr. Thomas Bücker	Freshfields Bruckhaus Deringer
Dr. Hans Diekmann	Allen & Overy
Dr. Daniela Favoccia	Hengeler Mueller
Dr. Karsten Heider	CMS Hasche Sigle
Dr. Matthias Hentzen	Hengeler Mueller
Prof. Dr. Michael Hoffmann-Becking	Hengeler Mueller
Dr. Hans-Christoph Ihrig	Allen & Overy
Dr. Rainer Krause	Hengeler Mueller
Prof. Dr. Gerd Krieger	Hengeler Mueller
Dr. Bernd Mayer	Skadden Arps Slate Meagher & Flom
Prof. Dr. Jochem Reichert	SZA Schilling Zutt & Anschütz
Dr. Norbert Rieger	Milbank Tweed Hadley & McCloy
Dr. Martin Schockenhoff	Gleiss Lutz
Dr. Hans-Ulrich Wilsing	Linklaters
Dr. Ralph Wollburg	Linklaters

Führende Partner im Gesellschaftsrecht (bis 50 Jahre)

Dr. Johannes Adolff	Hengeler Mueller
Dr. Michael Arnold	Gleiss Lutz
Dr. Tim Brandi	Hogan Lovells
Josef Broich	Broich
Dr. Christian Eichner	Allen & Overy
Dr. Marc Löbbe	SZA Schilling Zutt & Anschütz
Dr. Nikolaos Paschos	Linklaters
Dr. Wilhelm Reinhardt	Latham & Watkins
Dr. Carsten Schapmann	Hengeler Mueller
Prof. Dr. Christoph Seibt	Freshfields Bruckhaus Deringer
Prof. Dr. Stefan Simon	Flick Gocke Schaumburg
Dr. Marco Sustmann	Glade Michel Wirtz
Prof. Dr. Jochen Vetter	Hengeler Mueller
Dr. Stephan Waldhausen	Freshfields Bruckhaus Deringer

Die hier getroffene Auswahl der Personen ist das Ergebnis der auf zahlreichen Interviews basierenden Recherche der JUVE-Redaktion (siehe S. 20). Sie ist in 2erlei Hinsicht subjektiv: Sämtliche Aussagen der von JUVE-Redakteuren befragten Quellen sind subjektiv u. spiegeln deren eigene Wahrnehmungen, Erfahrungen u. Einschätzungen wider. Die Rechercheergebnisse werden von der JUVE-Redaktion unter Einbeziehung ihrer eigenen Marktkenntnis analysiert u. zusammengefasst. Der JUVE Verlag beabsichtigt mit dieser Tabelle keine allgemein gültige oder objektiv nachprüfbare Bewertung. Es ist möglich, dass eine andere Recherchemethode zu anderen Ergebnissen führen würde.

● Referenzmandate, umschrieben
●● Referenzmandate, namentlich

Anwaltszahlen: Angaben der Kanzleien, wie viele Anwälte zu mind. ca. 50% in diesem Gebiet tätig sind. Sie spiegeln nicht zwingend die Gesamtgröße einer Kanzlei wider.

GESELLSCHAFTSRECHT

Mandate: ●● Norwex bei Aufbau u. Betrieb eines Direktvertriebs; Adyton Real Estate bei Joint Venture für Klinikbetrieb; Best Gaming Technology bei Strukturierung der Tochtergesellschaften; Carlisle Holding bei Verschmelzung mit dt. Holding; taiwanes. Unternehmen bei Beteiligung an dt. Unternehmen.

BAKER & MCKENZIE
Gesellschaftsrecht

Bewertung: Der häufig empfohlenen Gesellschaftsrechtspraxis mangelte es – abseits von Restrukturierungen – noch vor Kurzem an einem klaren Fokus auf High-End-Corporate-Mandate. Das hat sich aber deutl. geändert: B&M hat nicht nur dank des D'dorfer Büros bei namh. Ruhrkonzernen Fuß gefasst, auch die Zusammenarbeit mit den Kartell- u. Arbeitsrechtsteams u. insbes. die Überschneidungen mit der marktführenden Compliance-Praxis bescherten Arbeit von bedeutenden neuen Mandanten (z.B. mittelgr. börsennotierter Unternehmen). Zudem rückt die jüngere Generation der engagierten Konzernrechtler immer stärker u. auf breiter Front in den Vordergrund, zuletzt etwa auch Dr. Christian Vocke in Ffm., der als Counsel von Gleiss Lutz wechselte u. im Markt nicht nur für das Dassault-Mandat Lob erhielt. Hier zeigt sich, dass B&M auch immer hochwertigerer Arbeit zu einer Sozietät geworden ist, die vielversprechende junge Gesellschaftsrechtler lockt. Lange hatte die dt. Corporate-Praxis kaum Berührungspunkte zum internat. Netzwerk der Kanzlei, doch B&M hat inzwischen verstanden, dass sie ihre globale Reichweite nur mit Tiefgang in der Corporate-Beratung voll ausspielen kann.
Stärken: Schnittstelle von Gesellschaftsrecht und Compliance.
Entwicklungsmöglichkeiten: Da nun auch das Kapitalmarktrechtsteam gut aufgestellt ist, gibt es nur noch wenige Lücken im Angebot von B&M. Eine davon ist eine starke Corporate-Litigation-Praxis, die die führenden Praxen im Markt alle aufweisen können.
Häufig empfohlen: Wilhelm Hebing, Dr. Manuel Lorenz, Dr. Sönke Becker, Dr. Andreas Lohner, Dr. Nikolaus Reinhuber, Dr. Ingo Strauss, Dr. Christian Vocke („sehr gute junge Gesellschaftsrechtler", Wettbewerber), Dr. Franz Leisch (v.a. Compliance), Dr. Dorothée Prosteder („fachlich top, pragmatisch, immer erreichbar, sehr umgänglich, schnell", Mandant).
Kanzleitätigkeit: Beratung bei gr., auch internat. Umstrukturierungen, Vorbereitung von HVen, Restrukturierungen sowie Refinanzierungen. Außerdem übernahmerechtl. Gesellschaftsrechtl. Prozesse u. ▶M&A-Transaktionen. Starke ▶Compliance-Praxis. (5 Eq.-Partner, 8 Sal.-Partner, 1 Counsel, 14 Associates)
Mandate: ●● KSPG bei Joint Venture mit Huayu Automotive; Dassault Systèmes bei verschmelzungsrechtl. Squeeze-out bei Realtime Technology; Giesecke & Devrient bei Joint Venture mit Bundesdruckerei; Meibah/Miaocheng Guo bei öffentl. Übernahme von Schumag; Agilent bei ww. Restrukturierung; Evonik bei Umstrukturierungsprojekt; Materali bei Pflichtangebot für GSG; Morgan Advanced Materials bei Umstrukturierung; internat. Pharmakonzern bei deutschrechtl. Aspekten einer internat. Restrukturierung; internat. Sicherheitstechnikkonzern bei 2 Umstrukturierungsprojekten; MDax-Unternehmen zu Aufsichtsrats- u. Vorstandsangelegenheiten; Aufsichtsrat eines ww. agierenden Großkonzerns bei Aufklärung von Pflichtverletzungen.

BAKER TILLY ROELFS
Gesellschaftsrecht

Bewertung: Die geschätzte Corporate-Praxis der MDP-Kanzlei ist eng mit den Steuerexperten der Kanzlei verzahnt u. v.a. in ▶München stark aufgestellt. Zuletzt feilte sie weiter an ihrer personellen Aufstellung. So wechselte ein Partner von München an den bislang nur schmal besetzten Standort D'dorf, um dort einen Quereinsteiger, der von KPMG kam, zu unterstützen. Unterdessen verließ in München ein Partner, der von Dentons gekommen war, die Kanzlei nach nur wenigen Monaten wieder.
Stärken: Verknüpfung mit steuerrechtl. Knowhow.
Entwicklungsmöglichkeiten: Im internationalen Baker Tilly-Netzwerk schlummert noch ungenutztes Potenzial, sowohl mit Blick auf interne Abläufe als auch mandatsbezogen. Der Ausbau der Corporate-Praxis, der sich als recht zäh erweist, könnte sich hier positiv auswirken.
Kanzleitätigkeit: Breite gesellschafts-, aktien- u. kapitalmarktrechtl. Beratung. Im Rahmen der Full-Service-Praxis eng mit der ▶Steuerpraxis verbunden. Vorwiegend mittelständ. Mandantschaft. (11 Partner, 3 Manager, 3 Associates)
Mandate: ●● Trifinance umf.; Onlineplattform bei Gesellschafterauseinandersetzung; süddt. Unternehmen bei Gründung Vertriebsgesellschaft; lfd: FlixBus, Truffls, Wichmann-Gruppe, WEG-Gruppe.

BEITEN BURKHARDT
Gesellschaftsrecht

Bewertung: Die im Gesellschaftsrecht empfohlene Kanzlei verfügt über ein sehr breites Beratungsangebot, das die Praxisgruppe im Vorjahr in 4 Untergruppen – Corporate, Restrukturierung, M&A u. Private Equity – aufteilte. In Nürnberg verließ mit Dr. Thomas Sacher jedoch einer der bekanntesten Köpfe der Praxis die Kanzlei u. ging zu Ashurst. Wichtige Mandanten in Franken wie Adidas u. Siemens, die v.a. durch ihn betreut wurden, verloren damit ihren Ansprechpartner vor Ort. Die übrigen Nürnberger Partner wechselten in das Münchner Büro oder zu lokalen Kanzleien, BB schloss Nürnberg. Auch im Berliner Team gab es Veränderungen: Während einige Sal.-Partner die Kanzlei verließen, stieß ein neuer im klass. Gesellschaftsrecht von Bird & Bird hinzu, ein weiterer kam von Luther u. brachte Venture-Capital-Expertise mit. Er könnte BB Zugang zum Berliner Start-up-Markt verschaffen. Im Übrigen verzeichnete BB zuletzt eine deutl. Zunahme des internat. Geschäfts, v.a. aus China. Daneben nahm auch die Auslastung der erfolgr. europ. Länder-Desks weiter zu, sodass ihre Zahl mit dem neuen French-Desk auf 4 erhöht wurde.
Stärken: Breite Branchenexpertise im Mittelstand, partnerzentrierte Beratung.
Häufig empfohlen: Dr. Guido Krüger, Dr. Axel Goetz, Roland Startz, Dr. Dirk Tuttlies, Dr. Holger Peres, Dr. Karl-Dieter Müller, Dr. Knut Schulte, Dr. Detlef Koch.
Kanzleitätigkeit: Beratung inkl. ▶Nachfolge/Vermögen/Stiftungen v.a. im industriellen Mittelstand, auch für Familiengesellschaften als Dauerberatung sowie für internat. Konzerne. Grenzüberschr. Mandate durch informelles Netzwerk sowie eigene osteurop. u. Asienbüros. Vielfach Konfliktlösung u. Prozessführung mit gesellschaftsrechtl. Bezügen. (▶Handel u. Haftung). (13 Eq.-Partner, 12 Sal.-Partner, 18 Associates, 3 of Counsel)
Mandate: ●● Comas bei Delisting-Streit vor BVerfG; ehem. Vorstandsmitglied BayernLB bei Rechtsstreit vor LG München; Viehof-Family-Office bei Umstrukturierungen; Zurmont Madison bei Squeeze-out; lfd: A&B Group, Design Hotels, Dreßler Bau, Heggemann, Leoni, Rhode & Schwarz, Tennis Point; Aufsichtsrat eines Entsorgungsbetriebs bzgl. GF-Handelns; Automobilzulieferer u.a. in Gesellschafterstreit, bei Anfechtungsklagen.

BINZ & PARTNER
Gesellschaftsrecht

Bewertung: Im Gesellschaftsrecht geschätzte Praxis, in der seit einigen Jahren die gerichtl. Vertretung in Gesellschafterstreitigkeiten wie die um Anteile am Kaufhaus Breuninger das öffentl. Bild dominiert. Die Basis der Tätigkeit bildet jedoch von jeher die gesellschaftsrechtl. (Struktur-)Beratung in Familienunternehmen (für Mehrheits- u. Minderheitsgesellschafter), zuletzt etwa die SE-Umwandlung von Dachser. Die zentrale Rolle spielt der Namenspartner: Als einer der einflussreichsten dt. Anwälte für Familienunternehmen ist er für viele Familiengesellschafter nicht nur anwaltl. Berater, sondern auch eine besondere Vertrauensperson.
Stärken: Große Vertrauensstellung in bedeutenden Familienunternehmen.
Entwicklungsmöglichkeiten: Der Erfolg der Kanzlei fußt auf den individuellen Beratungsleistungen der Partner, die alle zw. Anfang 50 u. Ende 60 Jahre alt sind. Diese Art der Beratung ist schwer auf ein Team umzulegen, sodass mit der begonnenen Verjüngung mittelfristig auch eine Neuausrichtung des Geschäftsmodells einhergehen müsste.
Häufig empfohlen: Prof. Dr. Mark Binz („setzt sich mit Begeisterung ein, als ginge es um sein Leben", „brillanter Kopf", Mandanten), Prof. Dr. Götz-Peter Freudenberg.
Kanzleitätigkeit: Beratung von Familienunternehmen. Schwerpunkte in gesellschaftsrechtl. Umstrukturierung für ▶Unternehmensnachfolgen (inkl.M&A) sowie Lösung von Gesellschafterkonflikten, daneben Steuerrecht. (5 Partner, 1 Associate)
Mandate: ●● Eigentümerfamilien von Dachser bei Umwandlung in SE u. Neuaufsetzung des Gesellschaftsvertrags; geschäftsführender Gesellschafter von SEW Eurodrive bei Nachfolgeregelung u. gesellschaftsrechtl. Neuordnung; Robert Tönnies bei div. Auseinandersetzungen mit Mitgesellschaftern; Wolfgang Blumers in Prozess um €220-Mio-Beteiligungsanspruch am Textilhändler Breuninger.

BIRD & BIRD
Gesellschaftsrecht

Bewertung: Die für Gesellschaftsrecht empfohlene Kanzlei wurde bei ihren Ausbaubemühungen zuletzt jäh zurückgeworfen. Die Probleme in HH waren eine große Ablenkung. Gleichwohl verfügt die Kanzlei auch weiterhin über sehr solides Geschäft insbes. in Düsseldorf, aber auch in München, v.a. durch die lfd. Beratung im Technologiesektor. Das Frankfurter Büro, in dessen Ausbau

GESELLSCHAFTSRECHT

B&B durch das Hinzuholen von 2 Partnern im vergangenen Jahr investiert hatte, kann mit diesen beiden Standorten nach wie vor nicht mithalten.
Stärken: Internat. koordinierte Branchenexpertise, v.a. im Technologiebereich.
Häufig empfohlen: Dr. Alexander Schröder-Frerkes, Dr. Jörg Paura, Dr. Stefan Gottgetreu, Dr. Christian Kessel
Kanzleitätigkeit: Gr. Bandbreite des Gesellschaftsrechts inkl. Prozesse. Starke internat. Mandantenbasis. Auch gesellschaftsrechtl. Beratung der öffentl. Hand. Sektorspezialisierungen u.a. in ▶Energie, Gesundheitswesen, ▶IT, ▶Telekomunikation, Automotive. (12 Partner, 6 Counsel, 14 Associates)
Mandate: ●● Lfd.: Entrade-Gruppe, Cummins, Become, Ceram, Dragon Rouge (dt. Tochter), Emsa, Krallmann, Leonidas; Fujifilm Europe, u.a. bei Umstrukturierungen; Dura Automotive lfd. u. bei Koordination der rechtl. Begleitung in Asien; Hach Lange, Kaz Europe jew. lfd. hinsichtl. europ. Aktivitäten.

BRANDI
Gesellschaftsrecht
Bewertung: Im Gesellschaftsrecht geschätzte Praxis, die den Generationswechsel erfolgr. hinter sich gebracht hat u. sich nun auf die Expansion ihres Geschäfts konzentriert. Eine strategisch wichtige Rolle u. zugleich eine exzellente Ausgangsbasis für die Weiterentwicklung der Praxis liefert das Notariat. Zur Genüge hat die Kanzlei damit ihrer mittelständ. Kernmandantschaft bewiesen, dass sie nicht nur strukturieren, sondern auch bei der Umsetzung beraten kann, z.B. bei Umstrukturierungen. Der Aktionsradius der Kanzlei hat sich mittlerw. über Ostwestfalen hinaus entwickelt. Das ist bedingt durch das Geschäftswachstum bei Mandanten, aber auch durch den Gewinn neuer Mandanten außerhalb der Kernregion.
Stärken: Sehr gut in Ostwestfalen (▶Ruhrgebiet/Westfalen) vernetzt, bekannt für ihre internat. Verbindungen.
Häufig empfohlen: Dr. Bernhard König, Dr. Franz Tepper, Dr. Oliver Knodel
Kanzleitätigkeit: Beratung zu Unternehmensnachfolge u. Strukturierung von Familienunternehmen. Auch kleinere Transaktionen im Rahmen der Betreuung der meist inhabergeführten, mittelständ. Klientel. (18 Partner, 3 Associates)
Mandate: ●● Lfd.: Wortmann, Claas-Gruppe, Porta Möbel, Weidmüller, Möller Group u. Gauselmann.

BRL BOEGE ROHDE LUEBBEHUESEN
Gesellschaftsrecht
Bewertung: Eine gr. Konstanz zeichnet die Mandantenstruktur der im Gesellschaftsrecht geschätzten Kanzlei aus. Seit Jahren beraten die ▶Hamburger insbes. mittelständ. Mandanten bei Umstrukturierungen, in lfd. gesellschaftsrechtl. Angelegenheiten u. Streitigkeiten sowie bei anfallenden ▶M&A-Transaktionen. Ihre engen Beziehungen verdankt sie v.a. auch ihrer multidisziplinären Aufstellung. Das nach wie vor im Aufbau befindl. Berliner Büro pflegt daneben auch Kontakte zu internat. Unternehmen bzw. deren dt. Töchtern.
Stärken: MDP-Ansatz mit integrierter steuerrechtl. Beratung.
Häufig empfohlen: Thilo Rohde, Dr. Oliver Tomat, Dr. Rüdiger Brock

Kanzleitätigkeit: Schwerpunkt in der lfd. Beratung u. bei Umstrukturierungen, oft in Zusammenarbeit mit der ▶Steuerpraxis. Regelm. auch in insolvenznahen Konstellationen. (5 Eq.-Partner, 2 Sal.-Partner, 5 Associates)
Mandate: ●● Handwerksgruppe Philip Mecklenburg lfd. u. bei Neufinanzierung; Werbeunternehmen bei Umstrukturierung im Gesellschafterkreis; ehem. Karstadt-CEO in Organstreitigkeit; lfd.: BKN Biostrom, Eckelmann-Gruppe, Avanca, CMC Capital, Schwanhäußer Industrie, Novum, NordLB, DG Hyp, Umicore, MIB Immobilien.

BROICH
Gesellschaftsrecht
Bewertung: Die häufig empfohlene Frankfurter Boutique bleibt im Markt dank ihrer gesellschaftsrechtl. Kompetenz u. ihrer guten Kontakte zu ww. führenden Hedgefonds eine Größe für sich. V.a. die Klage gg. Porsche u. versch. Fälle für Elliott sorgten für beachtl. Aufmerksamkeit. Zudem ist das Frankfurter Büro gemeinsam mit dem österr. Standort bei mehreren Restrukturierungen in Dtl. u. Österr. tätig. Auch die Arbeit als unabhängige Beraterin für versch. Organe u. Einzelpersonen aus bedeut. Konzernen nimmt zu. Hieran hat auch die immer bessere Marktposition der Juristengeneration hinter Broich u. von Rom einen erhebl. Anteil.
Stärken: Ausgezeichneter Ruf bei komplizierten gesellschaftsrechtl. Sachverhalten.
Häufig empfohlen: Josef Broich („hochintelligent, starker Stratege in der Prozessführung", Wettbewerber), Ferdinand von Rom („analytisch und sehr genau", Wettbewerber)
Kanzleitätigkeit: Spezialisierte Boutique, die Minderheitsaktionäre bei Übernahmen, Restrukturierungen u. gesellschaftsrechtl. Streitigkeiten berät. Mandantenstamm verteilt sich auf Konzerne, einzelne Vorstände u. Aufsichtsräte sowie Investoren (häufig Hedgefonds). (3 Partner, 3 Associates)
Mandate: ●● Öffentl. bekannt: Elliott bei Klage gegen Vodafone auf Herausgabe des Sonderberichts zur Übernahme von Kabel Dtl.; versch. Hedgefonds in Klage gg. Porsche wg. VW-Übernahme.

BÜSING MÜFFELMANN & THEYE
Gesellschaftsrecht
Bewertung: Die geschätzte gesellschaftsrechtl. Praxis ist eine der wesentl. Säulen, v.a. des ▶Bremer Büros. Kennzeichnend ist eine enge Verknüpfung mit der anerkannten steuerrechtl. Kompetenz. Diese Kombination war – befeuert durch das Erbschaftsteuerurteil des BVerfG – besonders bei komplexen Umstrukturierungen familiengeführter Unternehmen gefragt. Daneben zählen teils namh. Mittelständler u. Konzerne zur Kernklientel der Kanzlei. Enge Kontakte bestehen auch zur öffentl. Hand u. damit verbundenen Unternehmen, wie die Beratung von Gesundheit Nord untermauert. Das Frankfurter Büro stärkte BMT zuletzt durch den Zugang Phillipp von Ravens, der von Jones Day kam. Eine Zusammenarbeit mit dem Bremer Standort erfolgt punktuell, als wesentl. Klammer fungiert die steuerrechtl. Praxis.
Häufig empfohlen: Dr. Herbert Müffelmann, Dr. Monika Beckmann-Petey („kompetent u. ideenreich", Wettbewerber)
Kanzleitätigkeit: Mandanten sind u.a. Großkonzerne u. Banken sowie norddt. Mittelstand. Von Bremen aus zudem gute Verbindungen zur öffentl. Hand. (21 Partner, 7 Associates)

Mandate: ●● Ex-Siemens-Finanzvorstand gg. Siemens bei Vergleich in Schadensersatzprozess; Gesundheit Nord bei Verschmelzung von 4 kommunalen Kliniken; Logistikkonzern bei div. Umstrukturierungen.

BUSE HEBERER FROMM
Gesellschaftsrecht
Bewertung: Im Gesellschaftsrecht geschätzte Kanzlei, die allmähl. wieder in personell ruhigeres Fahrwasser zu kommen scheint. Die Sozietät kann sich nun wieder auf ihre Kernmandantschaft aus Familienunternehmen u. in Dtl. aktiven ausl. Investoren konzentrieren. Die D'dorfer u. Münchner Büros verfügen über gute Kontakte nach Fern- u. Nahost, v.a. das Japangeschäft von Quack ist hoch angesehen. In HH landete das Büro durch den Einstieg der Energierechtspartnerinnen Astrid Zielke u. Christina Monticelli, die aus einer Boutique wechselten, einen Coup.
Entwicklungsmöglichkeiten: Mit ihrer individualistischen Kanzleikultur u. der schlanken Kostenstruktur sollte BHF Anwälte aus größeren Kanzleien anziehen können. Eine derartige Verstärkung wäre ein wichtiger Schritt, um die Position als Mittelstandsberaterin u. bei internat. Konzernen abzusichern u. dem Standort Frankfurt wieder mehr Gewicht zu verleihen.
Häufig empfohlen: Dr. Florian Brem, Dr. Dagmar Waldzus (auch Compliance), Dr. Christian Quack
Kanzleitätigkeit: Breite Mandantenbasis, zunehmend grenzüberschr. tätig. V.a. mittelständ. Unternehmen aus div. Branchen, darunter Technologie, Automobil u. seit Neuestem Energie, Krankenhäuser, Immobilienwirtschaft, Chemie. (Corporate gesamt: 14 Partner plus Associates)
Mandate: ●● Reconcept bei Aufteilung eines Windparks in Finnland; gr. Immobiliengesellschaft bei grenzüberschr. Sitzverlegung; führendes jap. Handelshaus bei Stellungnahme zu mehrstufigen Beherrschungs- u. Gewinnabführungsverträgen; führendes jap. Handelshaus bei Umstrukturierung dt. Tochter; Masterfranchisenehmer eines frz. Luxushaarsalons bei Markteintritt in Dtl.; lfd.: Alexanderwerk, Bonusmagnet Networks, Krohne Messtechnik, MyTaxi, Obton, Schmid Industrie, Subway International, TSR Recycling, Unison Capital, Wood Group.

CBH RECHTSANWÄLTE
Gesellschaftsrecht
Bewertung: Geschätzte gesellschaftsrechtl. Praxis, die sich durch einen soliden Stamm von Dauermandanten auszeichnet. Immer stärker verlagert sich jedoch der Schwerpunkt der Tätigkeit in den forensischen Bereich. Dies liegt einerseits an der Nachfrage der mittelständ. u. inhabergeführten CBH-Mandanten, andererseits hat Ristelhuber gute Kontakte zu D&O-Versicherern aufgebaut u. positioniert sich so im attraktiven Geschäftsfeld Organhaftung. Parallel dazu entwickeln sich auch die weitgehend unabhängig agierenden Teams für M&A u. Venture Capital positiv.
Häufig empfohlen: Johannes Ristelhuber
Kanzleitätigkeit: Lfd. zu Gründungen, Umstrukturierung, Joint Ventures u. insolvenzrechtl. Beratung, spürbare Zunahme bei GF- u. Organhaftung. Gefragte Schiedspraxis bei Gesellschafterstreitigkeiten. Internat. Netzwerk IEurope u. nicht exklusive Zusammenarbeit mit US-Kanzlei Holland & Knight. (4 Eq.-Partner, 2 Associates)
Mandate: ●● Land Ba.-Wü. in ICC-Verf. gg. EdF wg. EnBW-Rückkauf; div. mittelständ. Unter-

● Referenzmandate, umschrieben
●● Referenzmandate, namentlich

Anwaltszahlen: Angaben der Kanzleien, wie viele Anwälte zu mind. ca. 50 % in diesem Gebiet tätig sind. Sie spiegeln nicht zwingend die Gesamtgröße einer Kanzlei wider.

GESELLSCHAFTSRECHT

nehmen wg. Nachfolgeregelung; internat. D&O-Versicherer u. div. Unternehmen wg. mögl. Organ- u. GF-Haftung.

CLEARY GOTTLIEB STEEN & HAMILTON
Gesellschaftsrecht

Bewertung: Im Gesellschaftsrecht empfohlene Kanzlei, die nach wie vor besonders als Beraterin internat. Konzerne bekannt ist, häufig im Nachgang von M&A-Transaktionen u. mit Kapitalmarktbezügen. Über die letzten Jahre versuchte Cleary wiederholt, ihre Praxis auch über diesen relativ volatilen Spezialbereich hinaus zu erweitern u. stärker in der Dauerberatung dt. Großunternehmen Fuß zu fassen – eine Umorientierung, die sie nach dem Weggang ihres prominentesten Transaktionsanwalts Dr. Klaus Riehmer zu Mayer Brown nun mit Nachdruck fortsetzen dürfte. Erfolge wie die lfd. Begleitung des LBBW-Aufsichtsrats in Compliance- u. Corporate-Governance-Themen können allerdings nicht darüber hinwegtäuschen, dass Wettbewerber wie etwa Skadden diesen Richtungswechsel zuletzt deutl. konsequenter vorantrieben u. auch an der Schnittstelle zu Konfliktlösung dynamischer agierten.

Stärken: Sehr gute Kapitalmarktpraxis, deren Partner häufig auch im Konzern- u. Aktienrecht beraten.

Häufig empfohlen: Dr. Gabriele Apfelbacher, Dr. Thomas Kopp, Dr. Oliver Schröder

Kanzleitätigkeit: Internat. sehr aktiv, u.a. für Dax-Unternehmen in den USA; enge Beziehungen zu Finanzberatern u. Investmentbanken. (5 Partner, 2 Counsel, 25 Associates)

Mandate: ●● Gazprom Germania bei Verschmelzung niederl. auf dt. Gesellschaft; Dt. Telekom bei Joint Ventures mit China Mobile; Publicis im Zshg. mit Beteiligung an Pixelpark; Westlake Chemical Corp. bei Integration von Vinnolit; ABB im Zshg. mit Kauf von Power-One; LBBW-Aufsichtsrat lfd. zu Corporate-Governance- u. Compliance-Themen; Agfa-Gevaert in Schiedsverfahren; Citi bei Übernahme von TRW durch ZF Friedrichshafen; lfd.: UTC zu dt. Töchtern, EDF, Gazprom, Mercer Internat., Maple Bank.

CLIFFORD CHANCE
Gesellschaftsrecht

Bewertung: Eine häufig empfohlene Kanzlei im Gesellschaftsrecht. Die dt. Büros von CC wurden im letzten Jahr kräftig durchgerüttelt, u. das Epizentrum des Bebens lag in der Gesellschaftsrechtspraxis. Nachdem das Team schon im Vorjahr 2 renommierte Partner verloren hatte, schrumpfte die Mannschaft nun abermals: Mit Oliver Felsenstein ging der bisherige Leiter der Corporate-Praxis zu Latham & Watkins, mit Dr. Wolfgang Richter wechselte der bislang maßgebl. Berater des VW-Konzerns zu CMS Hasche Sigle. Zudem verabschiedete sich der zentrale Gesellschaftsrechtler im Münchner Büro, Dr. Arndt Stengel, zu Milbank. Damit hat CC verglichen mit den übrigen Top-Kanzleien nur noch sehr wenige ausgewiesene Aktien- u. Übernahmerechtler in ihren Reihen. Die Abgänge sind auch nicht allein als unvermeidl. Nebenwirkung eines strateg. Verschlankungs- u. Verjüngungsprozesses zu betrachten, wie die umgehende Ernennung von 3 neuen Corporate-Partnern aus den eigenen Reihen nahelegen könnte. CC büßt – trotz einer insges. positiven ▶M&A-Bilanz – deutl. Marktpräsenz ein, zumal die jüngeren Partner erst dabei sind, sich einen eigenen Ruf im Gesellschaftsrecht zu erarbeiten. CC profitierte bei öffentl. Übernahmen so zuletzt nicht mehr denn je von ihrer ausgeprägten Stärke in bestimmten Branchen, etwa Immobilien oder immer häufiger Banken u. Finanzdienstleister. Geht es hingegen um die Positionierung als Stammberater von Dax-Konzernen u. internat. aktiven, großen Mittelstandsunternehmen, wird der Rückstand ggü. Freshfields oder Linklaters immer deutlicher. Und auch mit Blick auf die Branchenfokussierung, seit Jahren ein Markenzeichen der Kanzlei, bekam CC einen Dämpfer: Das anerkannte energierechtl. Team wechselte zu White & Case.

Stärken: Langj. anerkannte Branchenspezialisierung v.a. im ▶Immobilien-, ▶Gesundheits- oder Finanzsektor.

Entwicklungsmöglichkeiten: Die Lage bei CC erinnert an die Umstrukturierung bei Linklaters u. Freshfields vor einigen Jahren. Hier wie dort wurde zunächst die Corporate-Praxis kräftig ausgedünnt, um im Anschluss mit hochkarät. Quereinsteigern in

● Referenzmandate, umschrieben
●● Referenzmandate, namentlich

Anwaltszahlen: Angaben der Kanzleien, wie viele Anwälte zu mind. ca. 50 % in diesem Gebiet tätig sind. Sie spiegeln nicht zwingend die Gesamtgröße einer Kanzlei wider.

GESELLSCHAFTSRECHT

Spitzenmandate hineinzuwachsen. Gelingt es auch CC, bald die richtigen Köpfe für sich zu gewinnen, dürfte die Kanzlei früher oder später wieder den Anschluss an die Spitzengruppe schaffen – auch wenn bei Weitem nicht jeder Abgang der letzten 2 Jahre Teil der Kanzleistrategie war.
Häufig empfohlen: Dr. Thomas Stohlmeier, Dr. Jan Wrede, Dr. Christof-Ulrich Goldschmidt, Dr. Björn Heinlein, Christine Koziczinski, Dr. Thomas Krecek
Kanzleitätigkeit: Traditionell bei dt. Konzernen verankert; auch grenzüberschr. Betreuung von Großkonzernen mit Schwerpunkten in regulierten Branchen. Außerdem für Investmentbanken im Gesellschaftsrecht tätig. Auch ▶Handel u. Haftung. (21 Partner, 6 Counsel, 25 Associates, 1 of Counsel)
Mandate: ●● BNP Paribas bei Übernahme der DAB Bank; Goldman Sachs u. UBS Investment Bank zu Übernahmeangebot von Dt. Wohnen für Conwert; JPMorgan zu Übernahmeangebot von Dt. Annington für Gagfah; Aktionäre ZF Friedrichshafen bei Übernahme von TRW; Kuka bei Kaufangebot für Swisslog Holding; Grenzebach bei Verkauf d. Beteiligung an Kuka; Petrotec bei Übernahmeangebot von REG European Holdings; PMC bei Übernahme von Koninklijke Nedschroef Holding; Airbus bei Joint Venture mit Safran; Hg-Capital zu Squeeze-out bei P&I; Volkswagen weiter in Güteverfahren u. Wertpapierklagen im Zshg. mit Porsche-Übernahme.

CMS HASCHE SIGLE
Gesellschaftsrecht
Bewertung: Die Fortschritte, die diese im gesellschaftsrecht häufig empfohlene Kanzlei in den letzten Jahren gemacht hat, sind bemerkenswert: Trotz ihres eher konsens- als managementgetriebenen Ansatzes ist es CMS gelungen, stärkere Spezialisierungen zu etablieren u. die Aufgabe, die Praxis weiter voranzubringen, in die Hände der jüngeren Partnergeneration zu legen. Die umfangr. Mittelstandspraxis, de facto die Grundlage für den Erfolg der Kanzlei, steht bei CMS inzw. weniger im Mittelpunkt, gerade weil sie mit Deals wie Macmillan/Springer Science als Herausforderin zu Freshfields, Gleiss u.a. angesehen werden will. Im letzten Jahr zeigte sich, dass das Team mit den führenden Kanzleien inzw. auch in Bereichen wie öffentl. Übernahmen mithalten kann. Die Mandatierung von K+S bei der Abwehr des feindl. Angebots von Potash war ein beeindruckender Beleg. Der Wechsel eines so prom. Namens wie Dr. Wolfgang Richter von Clifford Chance, mit seinen guten Kontakten u. einem Trackrecord bei VW, Heidelberger Druck u. Merck, hat die High-End-konzern- u. aktienrechtl. Praxis weiter gestärkt. Dass CMS in der Lage ist, solche Schwergewichte des Anwaltsmarkts für sich zu gewinnen, ist der beste Beleg für die Ambitionen der Kanzlei – u. auch nötig, um diesen Ambitionen gerecht zu werden. Denn nach wie vor bieten die führenden Kanzleien deutl. homogenere Mannschaften auf als CMS. Das explosionsartige Nachfragewachstum in der High-End-Organberatung ist ein mögl. Türöffner, den die Kanzlei nutzen muss. Die weitere Bündelung von Knowhow- u. Fortbildungsressourcen in Unterbereichen des Gesellschaftsrechts (öffentl. Übernahmen, gesellschaftsrechtl. Strukturierung, europ. Gesellschaftsformen usw.) ist ein erster Schritt.
Stärken: Mandanten loben den unprätentiösen Ansatz u. die wettbewerbsorientierte Preisgestaltung der CMS-Anwälte. Inzw. starke aktien- u. konzernrechtl. Praxis.
Entwicklungsmöglichkeiten: Die Organisation einer so großen u. breit aufgestellten Praxis bildet für die Kanzlei eine Herausforderung. Nachdem das Management einige Jahre lang auf eine stärkere Spezialisierung auf einzelne gesellschaftsrechtl. Disziplinen gedrungen hatte, steht jetzt der nächste Entwicklungsschritt an. Denn für den Vormarsch an die Marktspitze wird CMS eine größere Zahl an visiblen Partnern brauchen, die im High-End-Gesellschaftsrecht (inkl. Organberatung) u. im Transaktionsmanagement zugleich versiert u. dementsprechend akquisestark sind. Im Moment trifft dies bei CMS nur auf eine Handvoll Partner zu.
Häufig empfohlen: Dr. Ludwig Linder, Dr. Karsten Heider, Dr. Christian von Lenthe, Dr. Axel Sigle, Prof. Dr. Martin Erker, Dr. Thomas Meyding, Dr. Jürgen Frodermann, Dr. Maximilian Grub, Dr. Heinz-Joachim Freund, Dr. Ralph Drouven („versierter Allrounder mit hohem Anspruch", Wettbewerber), Dr. Jochen Lamb, Dr. Dirk Jannott, Dr. Peter Baisch, Dr. Hendrik Schindler, Dr. Wolf-Georg Frhr. von Rechenberg („sehr versiert, fachl. hervorragend", Wettbewerber), Dr. Hilke Herchen („hoch qualifiziert", Wettbewerber), Dr. Martin Kolbinger, Dr. Henrik Drinkuth („sehr gewissenhaft und fachl. gut, versteht die Mandanten", Wettbewerber)
Kanzleitätigkeit: Spezialisierte Corporate-Praxis, die sowohl AGen als auch mittelständ. bzw. Familienunternehmen berät. Starker Trackrecord in Branchen wie Biotechnologie, ▶Energie, Hotels, ▶Telekommunikation, ▶Presse. Auch starkes ▶Notariat. (47 Partner plus Associates)
Mandate: ●● K+S bei Abwehr des feindl. Angebots von Potash; Holtzbrinck/Macmillan bei Joint Venture mit BC Partners/Springer Science+Business Media; DMG Mori Seki bei freiwilligen öffentl. Übernahmeangebot an DMG Mori Seki AAG (Gildemeister); Capital Stage bei Zahlung einer Aktiendividende u. Bezugsrechtsemission; FIBA Holding bei öffentl. Erwerbsangebot von Finedining an WMF; Lufthansa u.a. bei Umstrukturierungen nach Umwandlungsrecht; MIPA bei Umwandlung in SE; Hewlett-Packard bei europaw. Umstrukturierungen; EnBW bei der Gründung von 2 Gemeinschaftsunternehmen mit Stadtwerken Stuttgart; Energie Südwestfalen u. SMS Group in Corporate Governance; Telefónica Dtl. bei Sachkapitalerhöhung zum Kauf von E-Plus; CTS Eventim bei Joint Venture mit Stage Entertainment Group.

DELOITTE LEGAL
Gesellschaftsrecht
Bewertung: Die im Gesellschaftsrecht empfohlene Kanzlei ist inzw. weitestgehend in den Deloitte-Verbund integriert u. deshalb stark internat. tätig. Das zeigte sich zuletzt v.a. bei einer Vielzahl von grenzüberschreitenden Verschmelzungen u. Umstrukturierungen. Dass das Team aus D'dorf heraus seit 2 Jahren Henkel global bei Kapitalerhöhungen u. bei einer Umstrukturierung in 5 Ländern begleitet, zeigt, dass die Kanzlei dank ihres Netzwerkens bei dt. Corporates angekommen ist. Einen immer größeren Raum nehmen auch interdisziplinäre Projekte ein, in denen die ww. Deloitte Legal-Teams eng zusammenarbeiten. Personell verzichtete das Team zuletzt auf weitere Quereinsteiger u. beschränkte sich auf Ernennungen. Doch es bleibt eine wichtige Herausforderung, neben den starken Standorten D'dorf u. Hannover, die unterbesetzten Büros insbes. in München u. Frankfurt auszubauen. Denn an den beiden wettbewerbsintensiven Standorten ist Deloitte derzeit kaum in der Lage, Boden gutzumachen.
Stärken: Internat. Umstrukturierungen.
Häufig empfohlen: Georg Lehmann, Dr. Gregor Bender, Dr. Matthias Mielke, Dr. Harald Stang, Andreas Karpenstein, Dr. Michael von Rüden, Felix Felleisen
Kanzleitätigkeit: Schwerpunkt traditionell in D'dorf, Hannover u. HH. Zu den betreuten Branchen zählen Schwerindustrie, Chemie, Mode, Elektronik, Immobilien, Finanzsektor u. der Lebensmittelbereich. (9 Eq.-Partner, 12 Sal.-Partner, 32 Associates)
Mandate: ●● Henkel bei Umstrukturierungsprojekt inkl. Kapitalerhöhung in 5 Ländern; Euler Hermes bei Umstrukturierung, einschließlich Verschmelzung der dt. Tochter; DMK Dt. Milchkontor bei div. Konzernumstrukturierungen; dt. Medizinprodukteherstelller plus Töchter lfd. gesellschaftsrechtl.; belg. Chemiekonzern bei Umstrukturierung in Dtl.; TGE Marine u. Salzgitter Maschinenbau u.a. bei HV-Vorbereitung; lfd. Rezidor, Steinbeis Holding.

DENTONS
Gesellschaftsrecht
Bewertung: Die empfohlene Gesellschaftsrechtspraxis der Kanzlei kann sich v.a. in Berlin von jeher auf Umstrukturierungsmandate an der Schnittstelle zum Insolvenz- u. Steuerrecht verlassen. Nach den div. internat. Fusionen der vergangenen Jahre sind die Teams für Gesellschaftsrecht u. ▶M&A nun jedoch besonders gefordert, das Potenzial, das in der Globalisierung der Kanzlei liegt, zu nutzen. Paradebeispiel für derartige Chancen ist der Dax-Konzern FMC: Als Stammmandant der US-Praxis, die sich auf dem ww. Beraterpanel des Unternehmens befindet, rückte FMC nun auch in den Fokus der hiesigen Dentons-Praxis. Auch mit der Beratung eines chin. Nutzfahrzeugherstellers beim Markteintritt in Dtl. oder der Beratung von Innocoll in Richtung USA sind erste Schritte gemacht. Allerdings ist die Kanzlei in Sachen internat. integrierter Arbeit noch lange nicht so weit wie etwa Baker & McKenzie als ähnl. global aufgestellte Einheit oder die führenden gesellschaftsrechtl. Kanzleien. Fachl. verbreitete sich Dentons unterdessen in einem bislang in der Kanzlei unterbesetzten Feld: die gesellschaftsrechtl. Compliance. Mit Dr. Rainer Markfort u. Dr. Christian Schefold holte sie 2 erfahrene Experten von Mayer Brown.
Stärken: Beratung an der Schnittstelle von Gesellschaftsrecht, ▶Restrukturierung/Sanierung u. ▶Steuer.
Häufig empfohlen: Dr. Christoph Binge, Andreas Ziegenhagen (Gesellschaftsrecht/Restrukturierung), Dr. Stephan Busch (Gesellschafts-/Steuerrecht), Dr. Detlef Spranger (Gesellschaftsrecht/Real Estate)
Kanzleitätigkeit: Vorwiegend transaktions-, (▶M&A) u. sanierungsbezogene Mandate, sowie Umstrukturierungen zusammen mit der ▶Steuerpraxis, daneben Organberatung. Zunehmend Verweisgeschäft aus dem internat. Netzwerk. In Berlin auch China-Desk. (9 Partner, 3 Counsel, 2 of Counsel, 5 Associates)
Mandate: ●● Altran lfd.; Klinikverbund der gesetzl. Unfallversicherung bei Aufbau eines einheitl. Klinikkonzerns; Innocoll bei IPO an der Nasdaq; Investitionsbank Berlin bei rechtl., steuer- u. bilanz-

GESELLSCHAFTSRECHT

rechtl. Umstrukturierung von Töchtern; SuCo Holding bei Errichtung u. Verkauf von Projektgesellschaften in Dtl.; Sunlink PV bei der Errichtung von Projektgesellschaften in Dtl. u. Rumänien; chin. Nutzfahrzeughersteller bei dt. Markteintritt.

DISSMANN ORTH
Gesellschaftsrecht

Bewertung: Empfohlene Kanzlei für Gesellschaftsrecht, die von ihrem Münchner Sitz aus mit relativ kleiner, aber renommierter Mannschaft immer wieder in anspruchsvollen Projektmandaten gefragt ist. Dabei punkten die Anwälte regelm. mit ihrer anerkannten Expertise an den Schnittstellen zu Steuerrecht u. Nachfolgefragen. Für reichl. Arbeit sorgte zuletzt nochmals die Entflechtung von Weltbild u. Hugendubel. Hinzu kamen verstärkt Konfliktlösungsmandate, oft resultierend aus den guten Kontakten der Kanzlei zu div. Gesellschafterfamilien bedeut. Unternehmen.
Stärken: Beratung an der Schnittstelle zum ▶Steuerrecht sowie zu ▶Nachfolge/Vermögen/Stiftungen.
Häufig empfohlen: Dr. Armin Hergeth („fachlich souverän, persönlich angenehm", Wettbewerber), Dr. Martin Lohse, Dr. Hermann Orth, Dr. Jochen Ettinger, Thomas Wieland
Kanzleitätigkeit: Breite gesellschafts- u. aktienrechtl. Praxis (u.a. Umstrukturierungen, HV-Vorbereitungen, Kapitalmaßnahmen), auch u. internat. Aspekten u. mit starkem Transaktionsbezug (Strukturierung). Mandanten: div. börsennot. u. v.a. größere mittelständ. Unternehmen, außerdem vermögende Privatpersonen bei Beteiligungen u. Finanzinvestoren. (4 Eq.-Partner, 1 Sal.-Partner, 1 Associate, 1 of Counsel, plus Anwälte mit steuerrechtl. Fokus)
Mandate: ●● Tolino Media bei Aufnahme von Thalia in Joint Venture; DBH/Hugendubel weiter im Zshg. mit Trennung von Weltbild; Unternehmensgruppe bei Strukturierung von Managementbeteiligungen; vermögende Privatperson bei gepl. Rückabwicklung d. Kaufs einer Immobilien-GmbH.

DLA PIPER
Gesellschaftsrecht

Bewertung: Häufig empfohlene Kanzlei im Gesellschaftsrecht, die seit einigen Jahren einen Schwerpunkt in der Beratung börsennot. AGen hat. In diesem Segment genießen sowohl Schnabel als auch Meyer-Landrut den sehr guten Ruf. Die Stärke der Praxis ist trad. die transaktionsgetriebene Arbeit, doch wachsende Volumina u. grenzüberschr. Komplexität der Deals haben zu deutl. mehr gesellschaftsrechtl. High-End-Beratung geführt (z.B. Carve-outs). Ergänzt wurde das Spektrum seit dem Wechsel von Krause durch den Aufbau eines beachtl. Mandantenstamms an Familienunternehmen in HH. Noch wichtiger waren im letzten Jahr jedoch die ersten Anzeichen dafür, dass DLA bei signifikanter u. komplexer Arbeit an der Schnittstelle zum Corporate u. Compliance mit den Marktentwicklungen mithalten kann: Die Sozietät stand in 2 Fällen an der Seite von Bankvorständen.
Stärken: Hoch spezialisiertes Aktienrecht (Squeeze-out-Szenarien).
Entwicklungsmöglichkeiten: Die ersten Schritte in Richtung der Kombination von ▶Compliance (▶Wirtschaftsstrafrecht) mit Organberatung sind überaus vielversprechend u. zeigen, wie DLA sich auf Vorstandsebene als echte Wettbewerberin zu den führenden Kanzleien platziert. Um ihr Potenzial auszuschöpfen, müsste sie aber unbedingt ein Kapitalmarktrechtsteam sowohl für Transaktions- als auch für Beratungsarbeit aufbauen.
Häufig empfohlen: Dr. Andreas Meyer-Landrut, Kerstin Schnabel („sehr gute Zusammenarbeit, akribische, lösungsorientierte u. schnelle Behandlung unserer Fragen", Mandant), Dr. Nils Krause („reagiert immer sehr schnell", Mandant), Dr. Thomas Schmuck
Kanzleitätigkeit: Schwerpunkt im Aktien- u. Konzernrecht, Beratung speziell zu Umstrukturierungen, Rechtsformwechseln u. Verschmelzungen. Auch Organe zu Haftungsfragen, ▶Handel u. Haftung; Hauptversammlungen. (Corporate gesamt: 14 Partner, 8 Counsel, 19 Associates)
Mandate: ●● Gothaer Versicherungsgruppe bei Genussrechtsinvestment bei CSG IPP; Senvion bei Exit des Aktionärs Suzlon Energy und Change of Control; Steag bei Veränderungen der Gesellschafterstruktur; frz. Konzern bei grenzüberschr. Verschmelzungen u. Umstrukturierung; Landesbank bei Corporate Compliance, auch grenzüberschr.; chin. Konzern bei Struktur für Dtl.; gr. dt. Familienunternehmen bei grenzüberschr. Umstrukturierung; Fluglinie bei dt. Beteiligung; dt. Handelsunternehmen bei Ergebnis- u. Gewinnabführungs- sowie konzerninternen Verträgen; lfd. inkl. HV: Drägerwerk, QSC, Xing, DBAG, DIC Asset, Villeroy & Boch, Gelsenwasser, Realtech, Net Mobile, Matica Technologies, Nordzucker, BayernLB gg. ehem. Vorstands- u. Verwaltungsratsmitglieder wg. Hypo Alpe Adria.

EBNER STOLZ MÖNNING BACHEM
Gesellschaftsrecht

Bewertung: Die geschätzte Corporate-Praxis zeichnet sich durch ihren kapitalmarktnahen Schwerpunkt aus, wie bspw. ein Gutachten zum Anleihenumtausch bzgl. der Restrukturierung bei der Dt. Forfait erneut belegt. Dennoch hat der einstige Stammmandant Bastei Lübbe, zu dem auch über die WP-Gesellschaft langj. Beziehungen bestanden, im Zuge seiner Neuausrichtung Wettbewerber mandatiert. ESMB bleibt jedoch im westdt. Raum eine der ersten Adressen für mittelständ. Unternehmen. Da die Kanzlei ihren personellen Mittelbau mit großkanzleierfahrenen Anwälten erweiterte, konnten sich die Partner gerade bei dieser Klientel insbes. auf die Beratung zu Compliance-Systemen konzentrieren u. diese Tätigkeit ausbauen.
Stärken: Durch MDP-Ansatz ausgeprägte Kenntnisse im ▶Steuerrecht u. bei kapitalmarktnahen Fragen.
Häufig empfohlen: Dr. Dirk Janßen, Dr. Jörg Nickel
Kanzleitätigkeit: Schwerpunkt auf Umstrukturierungen u. Transaktionen sowie Nachfolgeberatung bei Familienunternehmen inkl. HV-Betreuung. Zudem Finanzierungsfragen u. Gesellschafterauseinandersetzungen. V.a. Dauermandate. (6 Partner, 5 Associates)
Mandate: ●● Lfd. CWS, u.a. zum Ausscheiden von Gesellschaftern u. zu Unternehmensnachfolge; SHD bei Gesellschafterwechsel; Elring Klinger bei Umstrukturierung u. Stiftungsgründung; gutachterl. zum Anleihenumtausch bei Restrukturierung Dt. Forfait; lfd. Enversum, Kamax, Pilot; div. mittelständ. Unternehmen bei Compliance.

ESCHE SCHÜMANN COMMICHAU
Gesellschaftsrecht

Bewertung: Im Gesellschaftsrecht empfohlene Kanzlei, deren Mandantenstruktur durch die in Hamburg stark vertretenen Familienunternehmen geprägt ist. Umstrukturierungen, Transaktionen, Fondslösungen, Kapitalerhöhungen u. Gesellschafterstreitigkeiten prägen deshalb weiterhin die gesellschaftsrechtl. Praxis. zwei der Partner haben zuletzt die Vertretung in Streitigkeiten stärker entwickelt u. gewannen mehrere Neumandate im Bereich von Organstreitigkeiten. ESC gelingt es dabei mit einer ausgewogenen Altersstruktur die oft langj. Mandatsbeziehungen dauerhaft zu halten. Während die Kanzlei früher einige junge Anwälte von anderen Kanzleien geholt hatte, unterstreicht sie nun mit einer internen Partnerernennung auch Nachwuchsarbeit.
Stärken: Eingespielte MDP-Kapazität, daher starke Bezüge zum ▶Steuerrecht. Sehr angesehen im Stiftungsrecht (▶Nachfolge/Vermögen/Stiftungen).
Häufig empfohlen: Dr. Georg Faerber, Dr. Klaus Kamlah, Dr. Stephan Bauer, Jakob Kleefass (v.a. Prozesse).
Kanzleitätigkeit: Betreuung von norddt. Familien- u. Mittelstandsunternehmen. Auch Kapitalerhöhungen, HV, Refinanzierung. Funktionierende internat. Kontakte. (8 Partner, 8 Associates)
Mandate: ●● Lfd. Diana Kliniken (auch HV), Körber Stiftung, Lippold, Rako Etiketten (u.a. Nachfolgelösung), Hamburger Sparkassen-Stiftung; Erben bei Auseinandersetzung von Private-Equity- u. Schiffsfonds; ehem. Organ (Luftfahrt) bei Organstreit mit früherem Vorstand; Gesellschafter eines IT-Unternehmens zu gesellschaftsrechtl. Vorbereitung von Börsengang oder alternativem Verkauf; Medizintechnikunternehmen (Entry Standard), u.a. zu HV u. Compliance.

EVERSHEDS
Gesellschaftsrecht

Bewertung: Im Gesellschaftsrecht empfohlene Kanzlei, die nach längeren Verhandlungen mit ihrer bisherigen brit. Netzwerkpartnerin Eversheds nun als dt. Teil einer integrierten Einheit an den Start geht. Von nochmals engerer Anbindung an die internat. Ressourcen der Gesamtkanzlei dürften gerade die größeren, internat. aktiven Unternehmen aus der trad. mittelständ. geprägten dt. Mandantschaft profitieren. Für die Kanzlei bietet zudem der erleichterte Zugang zum immensen ww. Eversheds-Mandantenstamm Perspektiven. Schon bisher ist die dt. Kanzlei als Dienstleister in gesellschaftsrechtl. Standardfragen feste Anlaufstelle für zahlr. internat. Großunternehmen, zunehmend auch an der Schnittstelle zu Compliance-Themen.
Stärken: Aktien- u. Konzernrecht. Große internat. Praxis, die oft für innovative Preisgestaltung hervorgehoben wird.
Häufig empfohlen: Dr. Matthias Heisse, Dr. Alexander Honrath, Dr. Stefan Diemer, Dr. Sebastian Zeeck, Christof Lamberts, Dr. Christophe Samson
Kanzleitätigkeit: Breite Tätigkeit im Gesellschafts- u. Kapitalmarktrecht (inkl. Steuern, Finanzierungen, auch Verfahren). Mandantenstamm: Mittelständler aus Süddtl., zunehmend börsennot. Unternehmen, darunter auch Dax- u. Fortune-500-Unternehmen. (2 Eq.-Partner, 6 Sal.-Partner, 4 Counsel, 8 Associates)
Mandate: ●● CeWe Stiftung im Zshg. mit Aktienplatzierung; Hörmann Holding bei Aktienkaufangebot für Funkwerk; Manitowoc Crane Group Germany lfd.; Münchner Trabrenn- u. Zuchtverein in Auseinandersetzung um Eigentum an Trabrennbahn Daglfing; US-Militärdienstleister bei Markt-

GESELLSCHAFTSRECHT

eintritt in Dtl.; inhabergeführtes Unternehmen zu Nachfolge, Pflichtteilsansprüchen, Stiftungslösung u. Verkauf von Immobilien.

FLICK GOCKE SCHAUMBURG
Gesellschaftsrecht

Bewertung: Häufig empfohlene Kanzlei im Gesellschaftsrecht, die ihre Praxis entlang der bekannten Stärken Organ- u. Umstrukturierungsberatung konsequent ausbaut. Ausgehend von der mittlerw. beeindruckend breiten Corporate-Governance- u. Vorstandsberatung für Industrieunternehmen u. Banken fasst das Team um Simon nun auch in Corporate-Compliance-Fragen Fuß. Hier werden derzeit Banken u. Versicherungen sowie ggf. deren Führungskräfte bei aufsichtsrechtl. Ermittlungen beraten. Wichtigste Säule der Gesellschaftsrechtspraxis bleiben Umstrukturierungen/Umwandlungen in der Energiebranche sowie in z.T. sehr großen familiengeführten Unternehmen, also der steuerrechtlichen Kernmandantschaft von FGS. Insbes. Erkens erweitert dort jedoch den Mandantenkreis stetig. Wehren musste sich die Kanzlei u. v.a. der angesehene Simon im Sommer 2015 unterdessen gg. Vorwürfe über angebl. Beratungsfehler, die der Gründer von Windreich ggü. seinem einst engen Berater öffentlichkeitswirksam erhob.

Stärken: Integrierter ▶steuer- u. konzern- bzw. umwandlungsrechtl. Ansatz.

Entwicklungsmöglichkeiten: Die Kanzlei verfügt mittlerw. über einen sehr ordentl. Trackrecord im Umwandlungsrecht sowie bei Umstrukturierungen. Jetzt wird sie zur Getriebenen ihres Erfolgs: Viel tiefer kann FGS in ihrer derzeitigen Aufstellung in das Feld kaum vordringen, große internat. Carve-outs, wie etwa bei Bayer die Abspaltung der Sparte Material Science, sind kaum abbildbar. Hier beriet die Kanzlei zwar im dt. Steuerrecht, jedoch weder im internat. Steuerrecht, geschweige denn im Gesellschaftsrecht. Insofern könnte die Aufnahme ins anerkannte internat. Steuernetzwerk Taxand auch für die Gesellschaftsrechtspraxis perspektivisch interessanter sein, als es auf den ersten Blick scheint.

Häufig empfohlen: Prof. Dr. Stefan Simon, Dr. Stephan Göckeler („fachl. sehr gut, angenehm im Umgang, pragmatisch", Wettbewerber), Dr. Martin Oltmanns, Dr. Lambertus Fuhrmann, Dr. Michael Erkens („berät pragmatisch, professionell u. interdisziplinär", Mandant), Dr. Dieter Leuering, Dr. Tobias Nießen (Arbeits-/Umwandlungsrecht).

Kanzleitätigkeit: Breite Praxis für Re- u. Umstrukturierungen, Umwandlungen, konzernrechtl. Beratung (Squeeze-outs, Verschmelzungen, HVen), ▶M&A, ▶Private Equ. u. Vent. Capital auch mit kapitalmarktrechtl. Bezügen; Prozesse (Anfechtungsklagen, Gesellschafterstreite), vermehrt Corporate-Compliance-Beratung. Mandantschaft: Großkonzerne u. Familien-/Mittelstandsunternehmen sowie Shareholder. Auch gemeinnütz. Organisationen sowie Banken u. Versicherungen. (Corporate insges.: 14 Eq.-Partner, 12 Sal.-Partner, rund 20 Associates)

Mandate: ●● Windreich bei strateg. Partnerschaft mit Deme Concessions Wind; Uniwheels bei AG-Umwandlung im Vorfeld des Börsengangs in Warschau; Vattenfall bei Umstrukturierung infolge des Verkaufs der Hamburger Energienetze an Hamburg. Lfd. u. umf.: Knorr-Bremse, Fränk. Rohrwerke Gebr. Kirchner, Gelsenwasser, Vattenfall Europe, EWE, Steag, Benteler.

FPS FRITZE WICKE SEELIG
Gesellschaftsrecht

Bewertung: Im Gesellschaftsrecht empfohlene Kanzlei, bei der sich allmähl. die Vorteile einer verstärkten Vernetzung der Standorte bemerkbar machen. Dank der Kombination aus der Aktienrechtsexpertise in D'dorf u. den versch. Branchenschwerpunkten (Immobilien, Automobilindustrie, Logistik) konnte FPS über die letzten Jahre bei div. Konzernen Fuß fassen. Gerade deswegen war der Weggang der Compliance-Expertin Dr. Susanne Rückert (zu Field Fisher) ein Rückschlag. Das größte Highlight war erneut die Vertretung von H.-G. Barlach in der lfd. Suhrkamp-Gesellschafterauseinandersetzung.

Stärken: Aktienrecht, Compliance.

Häufig empfohlen: Dr. Georg-Peter Kränzlin, Ingrid Burghardt-Richter, Prof. Dr. Stefan Reinhart, Dr. Heiko Giermann, Rouven Kober („absoluter Experte im Bereich Genossenschaftsrecht", Wettbewerber).

Kanzleitätigkeit: Traditionell breit gestreute Mittelstandsmandantschaft; auch starkes Standbein in der ▶Immobilienwirtschaft, v.a. Frankfurt. In D'dorf Schwerpunkt in Aktienrecht sowie Automobilindustrie. Zunehmend Beratung von Organmitgliedern, v.a. Aufsichtsräten. (11 Eq.-Partner, 4 Sal.-Partner, 7 Associates)

Mandate: ●● Hans-Georg Barlach in Gesellschafterauseinandersetzung bei Suhrkamp; RFR Holding bei Refinanzierung einer Objektgesellschaft sowie bei Joint Ventures; Artur Naumann Stahl Handel bei Umstrukturierung; Breeze Two Energy bei Abberufung GF u. Restrukturierung; CET bei Gesellschafterstreitigkeiten; Lfd.: Theolia, Axxiome, Betafence Deutschland, Scholpp Holding, SSN Deutschland.

FRESHFIELDS BRUCKHAUS DERINGER
Gesellschaftsrecht

Bewertung: Eine für Gesellschaftsrecht führende Kanzlei, die in nahezu allen entscheidenden Themen dieser Disziplin die Nase ggü. dem Großteil der Konkurrenz ein Stück vorn hat. Eines wird dabei von Jahr zu Jahr deutlicher: FBD legt den Fokus immer konsequenter auf High-End-Geschäft u. entwickelt sich zum Strategieberater in besonders komplexen Situationen. Dies zeigt sich u.a. in ihrer exponierten Stellung in der Organberatung, wo sie eine der ersten Anlaufadressen für Compliance-Themen u. Haftungsfragen ist. Die Kanzlei unterstreicht dabei fast durchweg, was sie ausmacht: das Aufspüren u. Antizipieren von Trends in rechtl. Entwicklungen. Ein fast mustergültiges Beispiel bleibt dabei die Arbeit im sanierungsbezogenenen Gesellschaftsrecht, wo sie an vorderster Linie zu neuen Strukturen berät, u.a. dank der Verquickung mit der starken Kapitalmarktpraxis.

Ihre außergewöhnl. Stärke verdankt FBD dabei einer generationsübergreifenden Vielzahl hoch angesehener Partner. Dass nun mit dem Frankfurter Kapitalmarktrechtler Rick van Aerssen einer aus der jungen Garde zum ww. Corporate-Chef aufstieg, spricht für sich. Dt. Partner sind zudem immer öfter bei großen grenzüberschr. Projekten in der Federführung zu sehen, wie z.B. bei der Aufgliederung von Hewlett-Packard.

Dass FBD trotz all ihrer Stärken zuletzt bei der Abspaltung von Bayer Material Science u. der Umstrukturierung bei E.on nicht zum Zuge kam, zeigt aber auch: Enge Wettbewerber wie Linklaters haben dem Erfahrungsvorsprung einiges entgegenzusetzen, neben ähnl. Kompetenz u.a. sehr ausgeklügelte Preiskalkulationen.

Stärken: Hervorragende Breite u. Tiefe der gesellschaftsrechtl. Praxis, die von einer relativ jungen Partnerriege gelenkt wird. Herausragende Expertise bei öffentl. Übernahmen u. Restrukturierungen. Europaw. sehr eng vernetzt; dt. Partner intensiv international tätig. Starke ▶Compliance-Praxis im Gesellschaftsrecht.

Häufig empfohlen: Dr. Christoph von Bülow, Prof. Dr. Christoph Seibt („enorm vielseitig, engagiert, kreativ, energetisch", Wettbewerber), Dr. Thomas Bücker, Dr. Stephan Waldhausen, Dr. Marius Berenbrok, Dr. Andreas Fabritius („professionell, fachl. exzellent u. kollegial", Wettbewerber), Dr. Matthias-Gabriel Kremer, Dr. Franz Aleth, Dr. Annedore Streyl, Dr. Kai Hasselbach, Dr. Arend von Riegen, Dr. Lars Westpfahl, Dr. Gregor von Bonin, Dr. Tobias Larisch, Dr. Christian Decher („gr. Expertise bei Spruchverfahren u. Bewertung", Wettbewerber).

Kanzleitätigkeit: An allen Standorten Beratung zur gesamten Bandbreite im Gesellschaftsrecht, inkl. Konzern- u. Aktienrecht (▶Börseneinführ. u. Kapitalerhöhung), etwas weniger Mittelstandsberatung. Starker Fokus auf ▶Gesellschaftsrechtl. Streitigk. u. Finanzierungslösungen für Corporate-Mandanten. ▶Restrukturierung/Sanierung ist ein wesentl. Bestandteil der Praxis. (Corporate insges.: 41 Partner, 2 Counsel, 126 Associates, 1 of Counsel)

Mandate: ●● Gagfah bei Zusammenschluss mit Dt. Annington; Hewlett-Packard bei Aufspaltung in 2 Unternehmen; IVG u.a aktien- u. kapitalmarktrechtl. bei Restrukturierung; Novartis bei Abspaltung u. Verkauf der Tiergesundheitssparte u. Einbringung der OTC-Sparte in Joint Venture mit GlaxoSmithKline; Vattenfall bei Carve-out im Rahmen des gepl. Verkaufs des Braunkohlegeschäfts; Archer Daniels Midland u.a. bei Delisting; Rocket Internet, Zalando, Ströer bei Umwandlung in SE; Tocos bei Übernahmeangebot an Hawesko; ADAC u.a. bei Prüfung der Vereinsstrukturen u. Entwicklung eines Compliance-Systems; FMC bei Vorbereitung des ww. Spin-offs des Mineralölgeschäfts; Generali bei Squeeze-out bei Generali Dtl.; Vattenfall bei Abspaltung des Braunkohlegeschäfts.

GIBSON DUNN & CRUTCHER
Gesellschaftsrecht

Bewertung: Die im Gesellschaftsrecht empfohlene Kanzlei befindet sich weiter im Aufwind. Durch ihre enge Einbindung in das internat. Netzwerk berät das Team kontinuierl. zahlr. namh. Unternehmen wie Hewlett-Packard u. Intel. Gleichzeitig positioniert sich GDC aber auch bei dt. Mandanten zunehmend deutlicher, was sie v.a. Englisch verdankt u. die durch ihn symbolisierte enge Verzahnung mit der Compliance-Beratung. Geschwächt wird das kleine Team allerdings durch den Abgang von Dr. Philip Martinius: Mit ihm verliert die Kanzlei einen renommierten Corporate-Partner, der mit seiner Chinaexpertise perfekt in das internat. Geschäftsmodell der Kanzlei passte.

Häufig empfohlen: Dr. Lutz Englisch („sehr fundiertes gesellschaftsrechtliches Wissen", Wettbewerber), Dr. Benno Schwarz (v.a. Compliance), Dr. Markus Nauheim (v.a. Litigation).

Kanzleitätigkeit: Beratung internat. u. dt. Mandanten bei gesellschaftsrechtl. Fragen (insbes. Umstrukturierungen, Joint Ventures), gesellschafts-

rechtl. Streitigkeiten u. ▶Compliance. (3 Partner, 9 Associates, 2 of Counsel)
Mandate: ●● Bosch Rexroth aktienrechtl.; Cycos bei Delisting; Icap in Rechtsstreit wg. Cum-Ex-Transaktionen.

GLADE MICHEL WIRTZ
Gesellschaftsrecht

Bewertung: Diese häufig empfohlene Kanzlei hat in nur 7 Jahren von D'dorf aus eine bemerkenswerte Praxis geschaffen. Als kleine, unabhängige Kanzlei, die gesellschaftsrechtl. Beratung im High-End-Segment mit Prozessrecht, Restrukturierung u. nun auch Kapitalmarkt- u. Übernahmerecht verbindet, ist sie beinahe einzigartig u. kommt immer häufiger bei prom. Mandaten, z.B. für die Dt. Bank, zum Einsatz. Der Wechsel von Merkner u. Sustmann vor ein paar Jahren hat der Kanzlei die nötige Bandbreite u. krit. Masse verliehen. Der erste aus den eigenen Reihen ernannte Corporate-Partner baut nun die Compliance-Beratung aus, die sich bislang v.a. auf Kartellrecht erstreckte. Ein solider mittelständ. Mandantenstamm rundet das Bild der strateg. Nachhaltigkeit ab.
Stärken: Aktien- u. Kapitalmarktrecht.
Häufig empfohlen: Dr. Achim Glade („heller Kopf und sehr guter Verhandler", Mandant), Dr. Arndt Michel, Dr. Marco Sustmann, Dr. Andreas Merkner, Dr. Jochen Markgraf
Kanzleitätigkeit: Dt. u. ausl. Unternehmen in der lfd. gesellschaftsrechtl. Beratung. Zudem Restrukturierungen, zunehmend gesellschaftsrechtl. Streitigkeiten. Zunehmend börsennot. Aktien- u. Kapitalmarktrecht. (Corporate ges.: 5 Partner, 1 Counsel, 5 Associates)
Mandate: ●● Haniel bei Auflösung Poolvertrag mit Fam. Schmidt-Ruthenbeck bzgl. Beteiligung an Metro; Elmos Semiconductor bei Zweitplatzierung von Aktien. Lfd.: Aufsichtsrat Dt. Bank, Caisse de dépôt et placement du Québec bei Investments in Dtl., Bose, dm-drogerie-markt, GEA sowie GFKL bei HV, L'Oréal Deutschland, QVC International Management.

GLEISS LUTZ
Gesellschaftsrecht

Bewertung: Eine im Gesellschaftsrecht führende Kanzlei. Bei anspruchsvollen Projekten berät sie sowohl regional verwurzelte Mittelstandsunternehmen als auch internat. Großkonzerne. Besondere Glanzlichter an beiden Enden des Mandantenspektrums waren zuletzt die aufwendige Zusammenführung der dt. u. brit. Aktivitäten des Tui-Konzerns sowie der Abwehrkampf des Gerätebauers R. Stahl. Der letztgenannte Fall steht zudem für eine deutl. höhere Auslastung durch mehr konfrontative Themen. Ein weiteres Bsp. war die Übernahmeschlacht um den Weinhändler Hawesko, die Gleiss aufseiten des Großaktionärs Margaritoff vom Hamburger Büro aus führte. Dies zeigt zugleich, dass die Kanzlei nach dem Ausstieg von Dr. Andreas Rittstieg im Vorjahr an ihrem norddt. Standort keineswegs nachhaltig geschwächt ist. Dennoch liegen die geogr. Schwerpunkte der Praxis weiterhin in Süd- u. Westdeutschland. Während die Stuttgarter Zentrale ihre langj. Beziehungen gerade im Maschinenbau- u. Automobilsektor abermals vertiefen konnte, wie u.a. die Aufnahme auf die neue Daimler-Stammberaterliste zeigte, fasste auch das D'dorfer Büro bei Großkonzernen an Rhein u. Ruhr weiter Fuß.
Stärken: Mandanten betonen stets ein ausgewogenes Preis-Leistungs-Verhältnis. Sehr erfahren bei streitigen HVen.
Entwicklungsmöglichkeiten: Die breite Gruppe jüngerer Gesellschaftsrechtspartner, die bei aller jurist. Exzellenz zugleich einen pragmat. Dienstleistungsansatz verinnerlicht haben, ist inzw. an der Spitze der Praxis angekommen – der beste Beleg für den langsamen, aber tiefgreifenden kulturellen Wandlungsprozess, den die Kanzlei über das letzte Jahrzehnt durchlaufen hat. Trotzdem wird Gleiss auch heute noch häufiger als ihre Wettbewerberkanzleien dafür kritisiert, dass einige Partner, mit den Worten eines Mandanten, „eine gewisse Praxisferne zelebrieren". Gleiss wird weiter daran arbeiten müssen, diese Kritik zu entkräften.
Häufig empfohlen: Dr. Gerhard Wirth, Dr. Martin Schockenhoff, Dr. Andreas Spahlinger, Dr. Fred Wendt, Dr. Stefan Mutter, Dr. Michael Arnold („lange Beziehung, qualitativ gute, pragmat. Beratung", Mandant), Dr. Detlef Bauer, Dr. Christian Cascante, Dr. Dirk Wasmann, Dr. Cornelius Götze,

Anzeige

GESELLSCHAFTSRECHT

Dr. Jörn Wöbke, Steffen Carl, Dr. Gabriele Roßkopf, Dr. Thomas Menke, Dr. Vera Rothenburg („sehr sorgfältig bis zur letzten Kommastelle", Mandant)
Kanzleitätigkeit: Sehr aktive konzern- u. aktienrechtl. Praxis (v.a. HVen u. Spruchstellenverfahren). Stark auch bei ▶Restrukturierung/Sanierung u. ▶Gesellschaftsrechtl. Streitigkeiten. (23 Eq.-Partner, 8 Sal.-Partner, 4 Counsel, 22 Associates, 4 of Counsel)
Mandate: ●● HeidelbergCement bei öffentl. Angebot für Italcementi; A. Margaritoff im Zshg. mit Übernahmeangebot von Tocos für Hawesko; Primacom bei gepl. Übernahme durch Tele Columbus; Kaba bei Zusammenschluss mit Dorma; MPC Capital bei Integration von Ahrenkiel Steamship u. Contchart; B. Braun Melsungen zu Aktienrückkauf von Rhön-Klinikum; R. Stahl bei Abwehr der feindl. Übernahme durch Weidmüller; Tui-Aufsichtsrat bei Zusammenschluss mit Tui Travel; Boursorama zu Squeeze-out bei OnVista; UniCredit im Zshg. mit Cum-Ex-Prozessen sowie bei Beschlussmängelverfahren im Zshg. mit Verkauf von Bank Austria; lfd. Daimler, Agco, Dekra, Frankfurter Sparkasse, Genetrix, GFT Technologies, HeidelbergCement, Hengst, KEBT, Kion (auch HV), LEG Immobilien (auch HV), Norma Group (auch HV), Patrizia Immobilien (auch HV), Phoenix Pharmahandel, Procter & Gamble, SKW Stahl-Metallurgie (auch HV), Thüga, Tui, Voestalpine, Würth, ZF Friedrichshafen.

GOBBERS & DENK
Gesellschaftsrecht ☐☐☐☐☐☐☐☐
Bewertung: Die Reputation der im Gesellschaftsrecht geschätzten Kanzlei beruht v.a. auf der Beratung familiengeführter Unternehmen. Einige exzellente Kontakte zu vermögenden Privatpersonen u. Family Offices, z.B. der Familie Quandt, sichern dabei eine regelm. Auslastung auch durch die lfd. Beratung von Beteiligungszu- u. verkäufen.
Entwicklungsmöglichkeiten: Die Kanzlei hegt weiter Wachstumspläne. Um die Art von Nachwuchs anzuziehen, die G&D für ihr hochkarätiges Geschäft benötigt u. den Generationswechsel einzuleiten, ist eine stärkere Investition in die Ausbildung von Associates unumgänglich.
Häufig empfohlen: Dr. Dieter Gobbers, Dr. Dirk Otto
Kanzleitätigkeit: Lfd. für Banken, Stiftungen, bundesweit tätige, z.T. große Unternehmen sowie Familienholdings unterschiedl. Branchen. Auch Notariat. (3 Eq.-Partner, 2 Sal.-Partner, 1 Counsel, 2 Associates, 1 of Counsel)
Mandate: ●● Öffentl. bekannt: langj. für Fam. Quandt; langj. für Delton; Aufsichtsratsvorsitz bei Equiton.

GODEFROID & PIELORZ
Gesellschaftsrecht ☐☐☐☐☐☐☐☐
Bewertung: Die im Gesellschaftsrecht geschätzte Kanzlei ist weiter mit ihren Seniorpartnern gut in der Industrie der Rhein-Ruhr-Region vernetzt. Hier betreut die kleine Einheit auffallend viele Konzerne u. ist v.a. für Vorstände u. Aufsichtsräte aktiv, zuletzt häufig in Haftungsfragen. Traditionell zählt auch ihre bekannte, prozessbetonte Arbeit für die Bankenbranche zu ihren Stärken, wobei sich zunehmend aufsichtsrechtl. u. Compliance-Mandate ergeben. Die übrigen Partner der Kanzlei sind dagegen kaum im Markt präsent. Allerdings hat die Einheit nun ein vorsichtiges Wachstum auf Associate-Ebene eingeläutet, um auf den bevorstehenden Generationswechsel hinzuarbeiten u. gleichzeitig wettbewerbsfähig für komplexere Transaktionen zu bleiben.
Stärken: Organhaftung u. Beratung von Vorständen u. Aufsichtsräten v.a. in der Rhein-Ruhr-Region (▶Düsseldorf).
Häufig empfohlen: Dr. Michael Pielorz
Kanzleitätigkeit: Beratung von Aufsichtsräten, Vorständen u. Gesellschaftern von AGen; bekannte Prozesstätigkeit (▶Handel u. Haftung). Großer Mandantenkreis bei Banken u. sonstigen Finanzdienstleistern, zudem Produktionsunternehmen. Auch M&A. (5 Partner, 3 Associates)
Mandate: ●● Targobank u.a. bei Abwehr von Anlageberaterhaftung u. Neuordnung der Geschäftsordnung des Vorstands (öffentl. bekannt); Großkonzern bei Prozess zur Abschlussprüferhaftung; Konzernvorstand eines Versicherers zu Risikomanagement bei Tochtergesellschaften; Konzernvorstand lfd. zu Compliance.

GÖHMANN
Gesellschaftsrecht ☐☐☐☐☐☐☐☐
Bewertung: Eine im Gesellschaftsrecht empfohlene Kanzlei. Neben der lfd. Arbeit für den Mittelstand u. Konzerngesellschaften macht Göhmann mit einigen anspruchsvollen Mandaten im Aktien- u. Konzernrecht auf sich aufmerksam, wie z.B. der Beratung einer SE bei der Sitzverlegung von London nach Hannover oder der Beurkundung der grenzüberschr. Verschmelzung von Tui Travel plc. auf die Tui AG. Zudem vertritt sie VW ggü. viel beachteten Schadensersatzklagen von Investoren. Nicht zuletzt aufgr. dieser Außenwirkung wird Göhmann im Gesellschaftsrecht von regionalen Wettbewerbern in Niedersachsen als „Platzhirsch" wahrgenommen. In Ffm. ist Göhmann ebenfalls vorwiegend für den Mittelstand tätig, allerdings ist die Arbeit stärker internat. geprägt. So berät sie z.B. Unternehmen aus den USA u. Frankreich.
Stärken: Starkes Notariat, Branchenschwerpunkt bei Banken u. Versicherern.
Häufig empfohlen: Dr. Jörg-Rainer Hens, Axel Müller-Eising, Sebastian Scherrer, Dr. Ulrich Haupt („mit ihm arbeiten wir seit Langem zusammen", Mandant), Dr. Dirk Beddies („kompetent", Wettbewerber)
Kanzleitätigkeit: V.a. Notariat u. lfd. Beratung. Regelm. Re- u. Umstrukturierungen. Mandanten sind einige AGen (v.a. in ▶Niedersachsen u. ▶Ffm.) sowie ein starker norddt. Stamm mittelständ. Unternehmen. (8 Partner, 7 Associates)
Mandate: ●● VW ggü. Schadensersatzklage von Investoren wg. der gescheiterten Übernahme von VW durch Porsche; Tui Travel plc. notariell bei grenzüberschr. Verschmelzung auf die Tui AG (aus dem Markt bekannt); SE bei Sitzverlegung von London nach Hannover; bundesw. StB-Gesellschaft bei Restrukturierung u. Trennung der Gesellschafterstämme; Konzerntochter bei Neustrukturierung eines Joint Ventures mit einer Kommune; Geschäftsreisekonzern bei konzerninternem Merger; Tui, Swiss Life, Concordia, Hannover Rück, VW, MAN, Salzgitter, Saaten-Union, KWS Saat, Nordzucker jeweils bei Beurkundung der HVen.

GÖRG
Gesellschaftsrecht ☐☐☐☐■☐☐☐
Bewertung: Für die im Gesellschaftsrecht empfohlene Kanzlei bedeutet das erfolgr. gestartete Hamburger Büro auch eine Erweiterung ihres gesellschaftsrechtl. Angebots. Zwar kann die von dort beratene Restrukturierung des Fußballvereins HSV kein neues Geschäftsmodell begründen. Doch das Mandat beweist, dass Görg als Marke dort mittlerweile etabliert ist. Zudem sind die Hamburger starke Förderer der standortübergreifenden Beratung – etwas, was der Kanzlei früher gefehlt hat. Die Wege führen dabei, auch in insolvenzbezogenen Fällen, immer wieder direkt von Hamburg nach München, ohne offensichtl. Beteiligung des Stammbüros Köln. Weitere Dynamik kommt ebenfalls nicht aus dem Rheinland, sondern aus Frankfurt: Hier gibt der Neuaufbau mit Quereinsteigern Anlass zur Hoffnung. Gerade die Gesellschaftsrechtler, die von Graf von Westphalen kamen, bringen solide Mandate mit, z. B. in der Verlagsbranche, die auf diese Weise dann auch wieder gut zu Köln passen.
Stärken: Verzahnung mit ▶Restrukturierung/Sanierung u. ▶Insolvenzverw.
Häufig empfohlen: Dr. Roland Hoffmann-Theinert, Dr. Martin Stockhausen, Dr. Mark Kersting, Dr. Oliver Wilken, Dr. Michael Dolfen, Dr. Bernt Paudtke
Kanzleitätigkeit: Lfd. Beratung zahlr. mittelständ. Unternehmen, auch zu Umstrukturierungen, Nachfolgeregelungen u. Prozessen (▶Handel u. Haftung). Gründungen, Vorbereitung von HVen u. Kapitalmaßnahmen für Industrie, Handel sowie für Investoren. Anerkannte ▶Notare in Berlin. (20 Eq.-Partner, 8 Sal.-Partner, 18 Associates)
Mandate: ●● HSV Hamburger Sport-Verein zu Restrukturierung u. Ausgliederung der Profimannschaft; Hines zu Joint Venture für Immobilienentwicklung in Berlin; Arab Investments als Mehrheitsgesellschafter zur Umstrukturierung Mall of Berlin; Solarworld zu sanierenden Kapitalmaßnahmen; M. DuMont Schauberg zu Restrukturierungsprogramm; lfd. Frankfurter Allg. Zeitung/Frankfurter Societät, Wilex, Morphosys, Medigene.

GRAF VON WESTPHALEN
Gesellschaftsrecht ☐☐☐☐☐☐☐☐
Bewertung: Für Gesellschaftsrecht empfohlene Praxis. Mit dem Ziel, noch fokussierter zu arbeiten, erfolgte jetzt eine Aufspaltung der Praxis in separate Teams für Gesellschaftsrecht u. M&A. Besonders visibel hat sich die Praxis bereits im dt.-chin. Geschäft entwickelt, daneben machte GvW beim Ausbau der Arbeit für kommunale Gesellschaften erste Schritte. In ihrem Veränderungsprozess musste GvW aber v.a. in Frankfurt einen spürbaren Rückschlag hinnehmen, denn der auch an der Schnittstelle zu Prozessen anerkannte Partner Dr. Matthias Menke ging mit Florian Wolff zu Görg. In München verließ zudem Robert Heym die Kanzlei, der bis dato visibelste Partner vor Ort, wenngleich dieser auch im internen Gefüge nicht die engsten Bindungen hatte.
Häufig empfohlen: Christian Mayer-Gießen, Dr. Klaus Landry
Kanzleitätigkeit: Schwerpunkt auf Unternehmen des gehobenen, internat. aktiven Mittelstands. Viel Dauerberatung. Zunehmend gesellschaftsrechtl. Streitigkeiten. Hoher Anteil an internat. Geschäft. (Corporate insges.: 15 Eq.-Partner, 3 Sal.-Partner, 8 Associates, 1 of Counsel)
Mandate: ●● HCI Hanseat. Capitalberatung bei Umstrukturierungen; Neckermann Strom u.a. bei Streitigkeiten im Gesellschafterkreis; Chenming Paper bei gesellschaftsrechtl. Aufarbeitung des u.a. durch Veruntreuung belasteten europ. Geschäftsaufbaus; lfd. für Accudyne Industries, Barceló Ho-

GESELLSCHAFTSRECHT

tels, Cornerstone Capital, HCI Capital, Joachim Herz Stiftung, Manpower, Penske Automotive, Stuffle, Triplan.

FRIEDRICH GRAF VON WESTPHALEN & PARTNER
Gesellschaftsrecht

Bewertung: Eine im Gesellschaftsrecht empfohlene Kanzlei. Neben ihrer regionalen Dominanz im Raum Freiburg gelingt es FGvW inzw. besser, sich auch als überreg. Akteurin zu positionieren. Ein Bsp. dafür, wie über die standortübergr. Zusammenarbeit auch neue Beratungsfelder erschlossen werden, ist die Tätigkeit für einen dt. Mandanten aus der Rüstungsbranche beim Kauf eines US-Unternehmens mit südamerikan. Töchtern. Partner aus Frankfurt u. Freiburg stemmten dabei gemeinsam eine Compliance-Due-Diligence. Das Mandat ist außerdem ein Bsp. für die ungewöhnl. international ausgerichtete Arbeit der Kanzlei. Außerdem haben sich v.a. Mayer u. Manz die Beratung von Unternehmen zur Organisationsstruktur ihrer internat. Töchter unter haftungsrechtl. Gesichtspunkten als Spezialgebiet erschlossen. Allerdings gelang es bisher nur punktuell, die Arbeit Göpperts, der vor 2 Jahren von Hogan Lovells kam, mit weiteren Praxisgruppen wie Immobilien- u. ▶Versicherungsrecht zu verzahnen.

Stärken: Sehr gutes internat. Netzwerk, anerkannte D&O-Praxis, langj. Erfahrung bei öffentl. Übernahmen.

Häufig empfohlen: Gerhard Manz („große aktienrechtl. Expertise", Wettbewerber), Dr. Barbara Mayer („schnell, pragmatisch, kompetent", Mandant), Dr. Hendrik Thies, Arnt Göppert

Kanzleitätigkeit: V.a. Beratung mittelständ., internat. aktiver Unternehmen. Starke Praxis für D&O/Managerhaftung. Auch Aktien- u. Kapitalmarktrecht, gesellschaftsrechtl. Streitigkeiten. (9 Partner, 14 Associates, 1 of Counsel)

Mandate: ●● Maquet Medical Systems u.a. bei Beherrschungsvertrag mit Pulsion SE, anschl. De-/Downlisting u. Vertretung in Spruchstellenverf. gg. ca. 70 Aktionäre; Intersolar u.a. bei Joint Ventures in Indien u. Brasilien; Festo zu Struktur internat. Tochtergesellschaften; Essilor bei Neustrukturierung dt. Beteiligungen; frz. Ausy-Gruppe u.a. bei HVen u. Verschmelzung dt. Konzerntöchter; Glatt-Gruppe u.a. bei Gründung von türk. Tochtergesellschaft; Freiburger Barockorchester rechtl. u. steuerl. bei Rechtsformwechsel.

GREENFORT
Gesellschaftsrecht

Bewertung: Die im Gesellschaftsrecht empfohlene Kanzlei setzt ihren Positivtrend fort. Dabei ist sie auf nahezu allen Feldern der gesellschaftsrechtl. Beratung vertreten u. agiert häufig an der Schnittstelle zu Compliance. Auch im Zshg. mit Restrukturierungen ist sie gefragt. Ein Bsp. dafür ist ihre Arbeit für Glatfelter Gernsbach, die sie nicht nur bei Handels- u. Gesellschaftsrecht, sondern auch bei der Restrukturierung des dt. Teilkonzerns beraten hat. Bei den oft mittelständ. Mandanten kommt Greenfort durch den persönl. Kontakt in die Führungsebene als umfassende Beraterin zum Einsatz.

Häufig empfohlen: Dr. Daniel Röder, Gunther Weiss, Dr. Carsten Angersbach, Andreas von Oppen („klare u. umsetzbare Empfehlungen", Mandant)

Kanzleitätigkeit: Gründungen u. Umstrukturierungen, Finanzierungsfragen u. an der Schnittstelle zum Kapitalmarktrecht; Vorbereitung u. Durchführung von HVen, Squeeze-outs, Kapitalmaßnahmen. Zudem Vorstände u. Gesellschafter. Auch Notariat. (4 Partner, 9 Associates)

Mandate: ●● Lfd. für CSL Behring, Houlihan Lockey, M5 Invest, M&C Energy, Skrill, Scodix, WinLocal, GeGa, Leopold; Buzzi Unicem bei Spruchverf.; Dyckerhoff nach Squeeze-out; Varta/Gopla bei 2 Spruchverf.; Celanese u.a. bei Konfliktprävention u. -management; Ferrostaal u.a. an der Schnittstelle zu Compliance; Glatfelter lfd. u. zu Restrukturierung.

GRÜTER
Gesellschaftsrecht

Bewertung: Im Gesellschaftsrecht empfohlene Kanzlei aus Duisburg, die ihren mittelständ. u. sehr loyalen Mandantenstamm umf. berät (auch im ▶M&A-Geschäft). Weil Grüter regelm. für hochkarätige Mandanten tätig ist, genießt sie auch überregional einen sehr guten Ruf. Das gilt insbes. für Böning u. Bischoff, die neben der gesellschaftsrechtl. Beratung oft in Schiedsverfahren zu sehen sind. Im Vergleich zu lokalen Wettbewerbern arbeitet Grüter häufiger mit internat. Bezügen. Zuletzt konnte sie – wie schon im Vorjahr mit Haniel – Rahmenvereinbarungen mit einem Papierhersteller u. einem internat. tätigen Anlagenbauer schließen, die auch dem Notariat mehr Geschäft bescheren.

Stärken: Langj., sehr gute Beziehungen zu namh. Unternehmen. Anerkannte Prozesspraxis.

Häufig empfohlen: Dr. Achim Bischoff, Dr. Ina-Maria Böning

Kanzleitätigkeit: Tätig für einige Großkonzerne (inkl. Tochter- u. Enkelunternehmen) u. regionalen Mittelstand (▶Ruhrgebiet/Westfalen). Oft mit Auslandsbezug, u.a. in Nordamerika u. Fernost. Anerkanntes Notariat. Zudem viele Schiedsverfahren (▶Handel u. Haftung). (4 Eq.-Partner, 2 Sal.-Partner)

Mandate: ●● Regelm. DGM Mori Seiki.

GSK STOCKMANN + KOLLEGEN
Gesellschaftsrecht

Bewertung: Die im Gesellschaftsrecht empfohlene Kanzlei verlor ihr komplettes Stuttgarter Team an Heuking Kühn Lüer Wojtek. Das Büro galt als Kraftzentrum der Corporate-Praxis, lebte jedoch überwiegend von eigenem Geschäft, was den Abgang beförderte. Dies zeigt, dass die Kanzlei ihr Denken in Standorten noch nicht ganz aufgelöst hat. Jedoch stärkte sich das verbleibende Team mit einer Partnerernennung sowie 2 neuen Partnern in HH u. Ffm., die von Brödermann Jahn bzw. Curtis Mallet kamen. Während der Zugang in HH die Kanzlei im Bereich Corporate Litigation kräftigt, steht der neue Partner in Ffm. für klass. Gesellschaftsrecht u. M&A, mit besonderer Expertise im Medizinsektor. Besonders positiv entwickelte sich zuletzt die Compliance-Beratung, auch an der Schnittstelle zum Banking.

Stärken: Stark im ▶Immobiliensektor, bei Banken u. erneuerbaren Energien. Spezialisiert auch im Kapitalmarktrecht für den Mittelstand.

Entwicklungsmöglichkeiten: Um dieses Ziel der Standortintegration zu erreichen, dürfte es hilfreich sein, dass GSK neben ihren traditionellen Branchenschwerpunkten Immobilien, Finanzdienstleister u. erneuerbare Energien nun auch weitere Branchen deutlicher in den Fokus rückt.

Häufig empfohlen: Dr. Rainer Stockmann, Dr. Gregor Seikel

Kanzleitätigkeit: Schwerpunkte der branchenfokussierten (Immobilien, Finanzen, erneuerbare Energien) Praxis sind Berlin, Ffm., München u. HH. Anerkannte ▶Notare in Ffm. u. Berlin. (11 Eq.-Partner, 6 Sal.-Partner, plus Associates)

Mandate: ●● Liegenschaftsfonds Berlin bei Fusion mit Berliner Immobilienmanagement; Tesla umf.; Delphi u.a. bei konzerninterner Strukturierung; Jensen Dental bei Restrukturierung dt. Tochterunternehmen; Adler Real Estate bei grenzüberschreitenden Formwechseln; Patron Capital Advisors bei Joint-Venture-Vertrag; Tobias Voss bei Gesellschafterstreitigkeiten; Aescuvest bei Strukturierung eines Beteiligungsmodells für Crowdinvesting-Plattform; Immobilienzweckges. der AFIAA im Zshg. mit Insolvenz Großmieter; GERI HDP bei Gründung dt. Niederlassung.

HAPP LUTHER
Gesellschaftsrecht

Bewertung: Empfohlene Praxis im Gesellschaftsrecht, die sich neben einer etablierten Steuerberateranbindung durch eine für eine Kanzlei dieser Größe ungewöhnl. breite gesellschaftsrechtl. Praxis auszeichnet. Zwei im Vorjahr neu ernannte Partner begleiteten an der Seite von Ludwig u. Oswald komplexe Mandate wie das Squeeze-out von VK Mühlen u. eine ländergrenzenübergreifende Sparkassenfusion. Die vor einigen Jahren erfolgte Verstärkung durch einige Spezialisten aus Großkanzleien hat die HL-Praxis deutl. vorangebracht. Viel beschäftigt ist auch weiterhin Hirschberger im Sanierungsbereich, u.a. bei notleidenden Fonds.

Stärken: Hervorrag. Kontakte v.a. zu norddt. Unternehmerfamilien (▶Hamburg) u. nach Skandinavien. Aktienrecht.

Häufig empfohlen: Rüdiger Ludwig („sehr zufrieden", Mandant), Dr. Sven Oswald, Dr. Tobias Möhrle („fachl. exzellent, stark in Verhandlungen", Wettbewerber), Dr. Helge Hirschberger, Dr. Wilhelm Happ

Kanzleitätigkeit: Langj. Beratung im Aktien- u. Konzernrecht; daneben Betreuung von Stifterfamilien, HVen, regelm. gesellschaftsrechtl. Prozesse, zudem Kapitalmarkt- u. Finanzierungsfragen u. Sanierungen. Mandanten aus den Branchen Pharma (▶Gesundheit), Versicherung, Medizinprodukte. MDP-Aufstellung über MDS-Möhrle-Gruppe. (6 Partner, 2 Associates, 1 of Counsel)

Mandate: ●● Inhaberfamilie Fischer zu Neuordnung der Beteiligungsstruktur u. Verkauf von Hansaton Akustik; VK Mühlen zu Squeeze-out bei Goodmills; Groth & Co. zu Umstrukturierung der Unternehmensgruppe u. Managementbeteiligung; Suhrkamp-Miteigentümer Barlach insolvenzrechtl. im Streit um Insolvenzplan; Unternehmen zur Abspaltung der Auslandshandelssparte mit pharmazeut. Wirkstoffen; Logistikgruppe bei Umstrukturierung; Reederei zu Umstrukturierung von Fondsgesellschaften; Hafencity Hamburg zu gesellschaftsrechtl. Struktur des Infrastrukturmanagements.

HAVER & MAILÄNDER
Gesellschaftsrecht

Bewertung: Die im Gesellschaftsrecht empfohlene ▶Stuttgarter Kanzlei berät schwerpunktmäßig internat. ausgerichtete Unternehmen des gehobe-

● Referenzmandate, umschrieben
●● Referenzmandate, namentlich

Anwaltszahlen: Angaben der Kanzleien, wie viele Anwälte zu mind. ca. 50 % in diesem Gebiet tätig sind. Sie spiegeln nicht zwingend die Gesamtgröße einer Kanzlei wider.

GESELLSCHAFTSRECHT

nen Mittelstands. Der Streit um den Einfluss versch. Gesellschafterstämme im Oetker-Konzern lastete dabei durch Mailänders Vertretung mehrerer Oetker-Erben zuletzt die renommierte Schiedspraxis stark aus. Daneben gewinnt ein jüngerer Partner zunehmend in Organhaftungsprozessen an Profil. Dies ist u.a. guten Beziehungen zu D&O-Versicherern zu verdanken.

Stärken: Auslandsbezogene Arbeit u. erfahrene Prozesspraxis, ▶Handel u. Haftung.

Häufig empfohlen: Prof. Dr. Peter Mailänder, Dr. Klaus Gerstenmaier, Dr. Friedrich Bozenhardt, Dr. Gert Brandner

Kanzleitätigkeit: Beratung von Kapitalgesellschaften bei Reorganisation u. Restrukturierung, auch lfd. Betreuung zu Corporate Governance sowie HVen. Zunehmend Organberatung in Prozessen. Daneben Vertretung in Spruchstellenverf. u. Anfechtungsklagen. Langj. Arbeit für US-Mandanten. (5 Eq.-Partner, 4 Sal.-Partner, 1 Associate)

Mandate: ●● Dr. Alfred, Ferdinand u. Julia Oetker als Gesellschafter der Oetker-Gruppe in Schiedsverf.; Tantalus Rare Earths, u.a. bei Kapitalerhöhungen; SZVG, u.a. zur Frauenquote im Südzucker-Aufsichtsrat; P3-Gruppe bei Umstrukturierung; lfd.: VfB Stuttgart, OEW, Brooks Automation, Konecranes, IST-Metz-Gruppe, Schnorr, Merz Reisen, Steelcase Werndl.

HENGELER MUELLER
Gesellschaftsrecht

Bewertung: Eine im Gesellschaftsrecht führende Kanzlei, die ihre Position seit Jahren dadurch behauptet, dass sie ihre hochkarätige deutschrechtl. Kompetenz u. zentrale Mandantenbeziehungen zu dt. Großkonzernen von einer Partnergeneration an die nächste weiterreicht. Entscheidend war im Lauf des letzten Jahres, wie sich die feste Position der Kanzlei bei dt. Konzernen zeigte: v.a. dass die Kanzlei von RWE für die Begleitung der Umstrukturierung ausgewählt wurde. Wettbewerber hatten schon eine Zäsur in der langj. Beziehung gearwöhnt, als die Kanzlei im vergangenen Jahr nicht auf der offiziellen Beraterliste stand. Außerdem kehrten z.B. Dürr u. Adam Opel nach einiger Zeit wieder zu HM zurück.

Zentral ist außerdem weiterhin die Fähigkeit der Kanzlei, an einigen der innovativsten gesellschaftsrechtl. Produkte mitzuwirken, etwa bei der Aktiendividende für Dt. Telekom. Daneben kann die Kanzlei auf einen soliden Stamm mittelständ. Mandanten bauen, der auch nötig ist, um die 50 Corporate-Partner mit Arbeit zu versorgen. Auch einige Anwälte der jüngeren Generation haben bei Familiengesellschaften inzw. eine starke Position aufgebaut.

Neu ist der Schwerpunkt auf Branchenpraxisgruppen (in typ. HM-Manier sind diese autonom u. verwalten sich selbst; im Markt weniger bekannt ist aber das Maß an Kooperation mit den internat. Kooperationskanzleien), um das Branchen-Know-how zu vertiefen u. auszuschöpfen. Einen schweren Schlag musste die Praxis allerdings verkraften. Einer der profiliertesten Frankfurter Partner, Dr. Klaus-Dieter Stephan, verließ die Kanzlei (eigene Kanzlei). Auch wenn er weiter enge Kontakte zu HM hat, entsteht so eine beträchtl. Lücke.

Stärken: Seit Jahrzehnten marktführende Position. Eine umfangr. Partnergruppe konzentriert sich auf nicht transaktionelle Beratung. Enge Zusammenarbeit mit der Finanzierungspraxis, auch starkes Restrukturierungsteam.

Entwicklungsmöglichkeiten: Erst wenige Jahre ist es her, dass das Konzept von Branchengruppen innerhalb der Corporate-Praxis unter HM-Anwälten verpönt war. Außerdem wäre es undenkbar gewesen, dass diese auf das gesamte europ. Best-Friend-Netzwerk ausgedehnt werden. Ihre Einrichtung ist nun eine offensichtl. u. lange fällige Antwort auf die komplexen grenzüberschr. Themen, die einige regulierte Branchen betreffen (z.B. Finanzdienstleister, Energie). Wie sehr sich das Denken bei HM geändert hat, zeigt auch die Tatsache, dass die Branchengruppen für den Automobilsektor, Chemie u. Gesundheit ebenfalls höchst aktiv sind. Ihr Erfolg wird nun davon abhängen, ob die Vernetzung über mehrere eigenständige Kanzleien hinweg gelingt. HM-Juristen beharren darauf, dass der unbürokratische Ad-hoc-Charakter solcher Gruppen vielmehr eine Stärke als ein Nachteil sei.

Häufig empfohlen: Prof. Dr. Michael Hoffmann-Becking, Prof. Dr. Gerd Krieger („unglaublich qualifiziert u. erfahren", Wettbewerber), Dr. Matthias Blaum, Dr. Maximilian Schiessl, Dr. Andreas Austmann, Dr. Matthias Hentzen, Dr. Rainer Krause, Dr. Daniela Favoccia, Dr. Reinhold Ernst („Prototyp des Wirtschaftsanwalts, herausragender Stratege", Wettbewerber), Dr. Wolfgang Groß, Dr. Daniel Wilm, Dr. Carsten Schapmann, Prof. Dr. Jochen Vetter („hervorragende, innovative Beratung", Mandant), Dr. Johannes Adolff, Dr. Karsten Schmidt-Hern, Dr. Dirk Bliesener, Dr. Georg Seyfarth („schnell, konstruktiv, angenehm", Wettbewerber)

Kanzleitätigkeit: Große Bandbreite an hochkarätiger konzernrechtl. Arbeit mit entspr. ▶Gesellschaftsrechtl. Streitigkeiten. Stark auch in ▶Restrukturierungen u. Kapitalmarktarbeit (▶Börseneinführ. u. Kapitalerhöhung). Seit Jahren auch rundum für prominente Familiengesellschaften tätig. Weiterhin große Praxis in der HV-Beratung, inkl. Spruchverfahren. Starkes ▶Notariat. (Corporate insges.: 52 Partner, 4 Counsel, 85 Associates)

Mandate: ●● RWE bei Umstrukturierung; Dt. Telekom bei Strukturierung u. Umsetzung der Aktiendividende; Axel Springer SE bei Vorbereitung der möglichen KGaA-Umwandlung; Tui bei Zusammenschluss mit Tui Travel; Dürr bei Übernahme der Homag-Anteile sowie Beherrschungs- u. Gewinnabführungsvertrag mit Homag; Aalberts Industries/GMT bei verschmelzungsrechtl. Squeeze-out bei Impregilon SE; Adam Opel bei Übernahme der wirtschaftl. Verantwortung als OEM für Geschäft von Opel/Vauxhall in Europa; VTG bei Kauf von AAE; MeinFernbus bei Zusammenschluss mit FlixBus; Rolls-Royce Group bei Integration von Rolls-Royce Power Systems; Lanxess bei Ausscheiden des Vorstandsvors.; Flughafen BER bei Prüfung der Haftung von Geschäftsführern u. Aufsichtsräten.

HENNERKES KIRCHDÖRFER & LORZ
Gesellschaftsrecht

Bewertung: Die ▶Stuttgarter Kanzlei wird im Gesellschaftsrecht v.a. wg. ihrer Kompetenz bei Umstrukturierungen in Familienunternehmen empfohlen. Insofern profitiert sie derzeit überdurchschnittl. in ihrem Stammgebiet, der ▶Nachfolgeberatung. Die künftig erbschaftsteuerl. erschwerte Übertragung größerer Vermögen hat ihr einen regelrechten Umstrukturierungsboom gebracht. Diese Sonderkonjunktur spiegelt sich auch in der Partnerernennung des vor einigen Jahren von Hengeler gekommenen Gesellschaftsrechtlers Dr. Michael Breyer wider.

Häufig empfohlen: Prof. Rainer Kirchdörfer, Prof. Dr. Rainer Lorz („sensationell klug", „einer der erfahrensten Berater für Familienunternehmen", Wettbewerber), Prof. Dr. Andreas Wiedemann

Kanzleitätigkeit: Breit aufgestellte Beratung (keine Prozessvertretung) unter Einbeziehung von Steuern u. Betriebswirtschaft. Mandanten v.a. inhabergeführte Familienunternehmen (Finanzierungen u. Restrukturierungen/Umwandlungen, Nachfolge, Unternehmensver- u. -ankäufe). (8 Partner, 6 Associates)

Mandate: ●● Geobra-Brandstätter (Playmobil) bei Errichtung einer Doppelstiftung nach Tod des Unternehmenseigners; GFT Technologies u. Jowat jew. bei Umwandlung in SE; Aufsichts-/Beiratsmandate u.a. bei DVAG, Bauerfeind, Conrad Elektronik, Dussmann, Equinet, Uzin, Lamy, Bree, Hager, VBH Holding, S. Oliver, Internetstores.

HEUKING KÜHN LÜER WOJTEK
Gesellschaftsrecht

Bewertung: Für die im Gesellschaftsrecht häufig empfohlene Praxis bildete der Anschluss des Stuttgarter GSK-Büros Ende 2014 eine sichtbare Verstärkung. Das für seine etablierte gesellschaftsrechtl. u. M&A-Arbeit bekannte Team brachte z.B. zügig Arbeit für Capiton ein. V.a. an der Schnittstelle zum Kapitalmarktrecht u. Finanzierungsfragen gewann Heuking Know-how dazu, das für die breite mittelständ. Kernklientel der Kanzlei eine wichtige Ergänzung darstellt. Wesentl. Treiber u. prägnante Schwerpunkte der Praxis bleiben aber v.a. die gesellschaftsrechtl. Begleitung in Restrukturierungssituationen, zuletzt z.B. für eine Reederei, sowie gesellschaftsrechtl. Streitigkeiten. Verstärkte Synergien ergeben sich zudem im Zusammenspiel mit der personell ausgebauten ▶Steuerpraxis, etwa bei Nachfolgen u. Transaktionen. In gesellschaftsrechtl. Compliance-Arbeit bleibt die Praxis dagegen wenig visibel.

Stärken: Partnerzentrierte Beratung. Anerkannte Prozess- u. Schiedspraxis (▶Handel u. Haftung).

Häufig empfohlen: Dr. Wolfgang Kühn, Dr. Hans Gummert, Dr. Andreas Urban, Dr. Mirko Sickinger, Prof. Dr. Georg Streit, Dr. Thorsten Kuthe, Ulrike Gantenberg, Dr. Günther Bredow

Kanzleitätigkeit: Schwerpunkte einzelner Büros: Versicherer, Technologie (Köln, D'dorf, München), Logistik u. Fonds (HH), ▶Restrukturierung/Sanierung (München, Köln), Energie/erneuerbare Energien (D'dorf, Ffm., HH), Immobilien (D'dorf, Chemnitz), Medien (D'dorf u. Ffm.), Schiedsverfahren (D'dorf). Aktienrechtl. Umstrukturierungen, Spruchstellenverfahren sowie zu Kapitalmaßnahmen (v.a. Köln, HH u. München). (Corporate insges.: 53 Eq.-Partner, 18 Sal.-Partner, 1 Counsel, 41 Associates)

Mandate: ●● Neuson Ecotec/Familienstamm Christian Wacker bei Besetzung des Aufsichtsrats von Wacker Neuson; Duisburger Hafen u.a. bei Joint Venture mit van Donge & de Roo; Gamestop Dtl. bei Umstrukturierung v.a. hinsichtl. Umwandlung in SE; Hoffmann Group bei Umstrukturierung von Töchtern; Tectum bei Umstrukturierung; Automotive Rentals bei Umstrukturierung der europ. Töchter; Cobe Graphics bei Sitzverlegung; FAS-Gruppe bei Zusammenschluss mit Back Office Center; Sanitec bei Umwandlung von Kera-

GESELLSCHAFTSRECHT

mag in GmbH; HVen: Jungheinrich, Lloyd Fonds, SMT Scharf; lfd. Areva Wind, Capiton, Datagroup, Datenlostsen Informationssysteme; Fair Value REIT, Girindus, Hako Holding, Netbid Industrieauktionen, Ökoworld, Possehl, Sauer Sohn, Westgrund.

HEUSSEN
Gesellschaftsrecht

Bewertung: Geschätzte Kanzlei für Gesellschaftsrecht, die für einen treuen Kreis großteils mittelständ. u. kommunaler Stammmandanten aktiv ist. Mandanten loben die „gute Expertise u. schnelle Verfügbarkeit". Dabei können die Anwälte gerade in München, Stuttgart u. Umland auf gute Kontakte bauen. Wie schon in den letzten Jahren standen auch zuletzt wieder Umstrukturierungen, teils steuerl. oder durch Nachfolgesituationen motiviert, sowie zunehmend streitige Mandate im Mittelpunkt. Daneben wurde die Kanzlei verstärkt auch von ausl. Unternehmen angefragt, etwa bei Post-M&A-Themen.

Häufig empfohlen: Dr. Dirk von dem Knesebeck, Dr. Christof Schmidt

Kanzleitätigkeit: Breit aufgestellte Beratung, inkl. Prozessvertretung. Starke Verankerung bei mittelständ. Unternehmen, insbes. in der Immobilien- u. Energiebranche, aber auch Autozulieferer-, Maschinenbau-, IT-, Life-Science- u. zunehmend auch Finanzbranche. (20 Partner, 10 Associates, 2 of Counsel)

Mandate: ● US-Autozulieferer zu Post-M&A-Fragen; Logistikunternehmen bei Joint Venture; jap. Konzern bei Umstrukturierung von dt. Gesellschaften; lfd. Metallproduzent.

HOFFMANN LIEBS FRITSCH & PARTNER
Gesellschaftsrecht

Bewertung: Im Gesellschaftsrecht geschätzte D'dorfer Kanzlei, die ein gutes Bsp. für eine mittelständ. Sozietät ist, die für ausl. Konzerne in Dtl. attraktiv geworden ist. Dazu kam es durch den schrittweisen Ausbau des China-Desks (dem wohl erfolgreichsten in D'dorf) sowie der zunehmenden Visibilität einer Gruppe jüngerer Partner mit internat. Erfahrung u. sich kontinuierl. erweiternden Kontakten. HLFP hebt sich von ähnl. Kanzleien auch durch ihre ausgereifte Kapitalmarktpraxis um Bröcker ab, die im Jahresverlauf an einigen komplexen Kapitalerhöhungen beteiligt war. Die PNE-Wind-Transaktion war ein besonderes Highlight.

Stärken: Breite Corporate-Kompetenz. Starke dt.-chin. Praxis.

Häufig empfohlen: Norbert Bröcker, Claus Eßers („auch für eher alltägliche Angelegenheiten immer gut erreichbar u. hat immer ein offenes Ohr", Mandant)

Kanzleitätigkeit: Breites Mandantenspektrum, v.a. in den Branchen Chemie, Metallverarbeitung, IT, Banken u. Automobilzulieferer. Stark internat. tätig (v.a. China und GB). Auch HVen u. Konfliktlösung. Kapitalmarktrecht. (13 Partner, 6 Associates)

Mandate: ●● PNE Wind bei Kapitalerhöhung u. Begebung einer Wandelanleihe; Funke Digital bei gesellschaftsrechtl. Gestaltung von Joblocal; Dr. Fooke-Achterrath Laboratorien bei Joint Venture mit HOB Ltd. China; Hi Way Pioneer bei Gründung in Dtl.; CDC Germany bei Joint Venture mit EBee smart; Aton bei Spruchverf. nach Squeeze-out bei W.O.M.; KFM Deutsche Mittelstand, GES eG, Harsco Corp., Brand Energy Services; OnVista bei Kapitalerhöhung, Delisting u. Squeeze-out.

HOGAN LOVELLS
Gesellschaftsrecht

Bewertung: Die häufig empfohlene Praxis im Gesellschaftsrecht genießt durch eine außergewöhnl. konsequente Branchenfokussierung einen durchweg hervorragenden Ruf in den Kernfeldern Energie, Finanzen, Versicherungen, Gesundheit u. Telekommunikation. Im Zshg. mit Bankenrestrukturierungen glänzt die Praxis v.a. durch Brandi u. ihre Arbeit für die Bad Banks EAA u. FMSA, wo ihre gesellschaftsrechtl. Beratung substanzieller Bestandteil neben den Schnittstellen M&A, Restrukturierung u. Bankaufsichtsrecht ist. In den anderen Sektoren punktet HL v.a. durch die Breite ihrer Kontakte u. die Internationalität der Arbeit mit dem ww. Netzwerk. Im Vgl. zu direkten Wettbewerbern auffällig ist die weit weniger ausgeprägte Vorstandsberatung. So ist sie in wichtigen Feldern wie Organhaftungsthemen u. Auseinandersetzun-

Anzeige

"We will either find a way, or make one!" — Hannibal, Karthago 218 B.C.

Nicht nur in der Antike kam es darauf an, unkonventionelle Wege zu beschreiten, um unlösbar scheinenden Problemen zu begegnen.

Eisenberger & Herzog – DIE österreichische Wirtschaftskanzlei
Praxisgruppe Corporate / M&A: a.ofenheimer@ehlaw.at, p.winkler@ehlaw.at

EISENBERGER & HERZOG — FINDING WAYS

● Referenzmandate, umschrieben
●● Referenzmandate, namentlich

Anwaltszahlen: Angaben der Kanzleien, wie viele Anwälte zu mind. ca. 50 % in diesem Gebiet tätig sind. Sie spiegeln nicht zwingend die Gesamtgröße einer Kanzlei wider.

GESELLSCHAFTSRECHT

gen weit weniger präsent, ebenso an der Schnittstelle zu Compliance.
Stärken: Erfolgreiche Branchenfokussierung, v.a. im Bereich ▶Unternehmensbez. Versichererberatung, ▶Gesundheit, ▶Energie u. Chemie, Finanzinstitute.
Häufig empfohlen: Dr. Lutz Angerer, Dr. Tim Brandi, Dr. Franz-Josef Schöne, Dr. Andreas Meyer, Dr. Alexander Loos, Dr. Christoph Louven, Jens Uhlendorf, Dr. Detlef Haß, Matthias Hirschmann
Kanzleitätigkeit: Starke grenzüberschr. Praxis. Hamburg: Schwerpunkt auf skand. Investoren, Energie u. Stahl. D'dorf: Banken/Versicherungen u. Chemie. München: Hightech u. Pharma. Ffm.: Finanzinstitute. (Corporate insges.: 18 Partner, 12 Counsel, 20 Associates)
Mandate: ●● Media-Saturn lfd., u.a. bei Gesellschafterstreit; Mitsubishi/GS Yuasa bei Joint Venture mit Bosch; Abusix bei Umstrukturierung; Adva Optical Networking lfd., u.a. bei HV; Bureau Veritas bei Squeeze-out nach Kauf von 7 Layers; Hitachi Power Europe, RA Rohstoffallianz lfd., u.a. bei Corporate Governance; Smurfit Kappa u.a. gesellschaftsrechtl. zu Finanzierung; Triton bei Umstrukturierung der Advisor-Gruppe; 2 Versicherer bei internat. Restrukturierung.

HONERT + PARTNER
Gesellschaftsrecht

Bewertung: Die im Gesellschaftsrecht empfohlene Kanzlei ist v.a. für die kombinierte Beratung im Gesellschafts- u. ▶Steuerrecht bekannt. Auch Wettbewerber loben regelm. „herausragende Arbeit". H+P zählt v.a. mittelständ. Unternehmen, aber auch kleinere Private-Equity-Häuser u. Vermögende zu ihren Mandanten, die sie regelm. auch ins Ausland begleitet. Dabei arbeiteten die Büros in HH u. München erneut erfolgreich zusammen, so etwa bei der Beratung eines E-Commerce-Unternehmens bei der Gründung eines Joint Ventures.
Stärken: Kombination von Gesellschafts- u. Steuerrecht.
Häufig empfohlen: Dr. Jochen Neumayer, Dr. Jürgen Honert („ausgewiesene Experten", Wettbewerber über beide), Sven Fritsche, Dr. Harald Lindemann, Dr. Peter Slabschi („exzellenter Gesellschaftsrechtler, transaktionsorientierter u. sehr erfahrener Verhandlungsführer", Wettbewerber), Dr. Sönke Friedrichsen („brillanter Gesellschaftsrechtler", Wettbewerber), Dr. Arnd Weisner („exzellenter Jurist, effektiv u. äußerst durchsetzungsstark", Mandant)
Kanzleitätigkeit: Schwerpunkt bei eignerdominierten Unternehmen, daneben Family Offices, in München auch börsennot. Gesellschaften: HV-Beratung, Um- u. Restrukturierungen, Gesellschafterstreitigkeiten; daneben Private-Equity-Beratung, (auch steuerl.) Nachfolgegestaltungen u. Prozesse. (10 Partner, 9 Associates)
Mandate: ●● E-Commerce-Unternehmen bei Joint-Venture-Gründung; TecDax-Unternehmen bei Formwechsel in SE; Prime-Standard-Unternehmen bei Restrukturierung; Gesellschafter bei HV; börsennot. Unternehmen bei Anleihebegebung; Zeppelin zu JV mit Ramirent; Fondsgesellschaften zu Sanierungen.

HUTH DIETRICH HAHN
Gesellschaftsrecht

Bewertung: Für Gesellschaftsrecht geschätzte Kanzlei. Bei HDH basiert das Geschäft auf der individuellen Vernetzung der Partner mit Unternehmerpersönlichkeiten u. vermögenden Privatpersonen. Diese reicht nicht nur bei Jacobs über Hamburg hinaus, sondern wird auch durch Mandate etwa im genossenschaftl. Bereich für eine südd. Winzergenossenschaft belegt. Dennoch steht die Arbeit für zahlr. mittelständ. Unternehmen im Mittelpunkt der ▶Hamburger Kanzlei.
Häufig empfohlen: Dr. Ralf Stucken („sehr pragmatisch u. lösungsorientiert", Mandant), Dr. Christian Jacobs
Kanzleitätigkeit: Lfd. Beratung von mittelständ., teils familiengeführten Unternehmen. Regelm. auch zu Nachfolgefragen sowie Transaktionen. Zunehmend Genossenschaften u. Vertretung in streitigen Auseinandersetzungen. (7 Partner, 2 Associates)
Mandate: ●● Lfd. Jacobs-Gruppe, Containerfonds der Schroeder-Gruppe, Tophi Warenhandel (u.a. Vorbereitung einer Umstrukturierung), Fintec-Holding (u.a. zu Ergebnisabführungsverträgen); Gesellschafter von Garpa Garten & Park Einrichtung bei Beteiligungsverkauf; Bottwartaler Winzer zu Verschmelzung 2er Genossenschaften; ehem. Vorstand einer börsennot. AG in Deckungsprozess gg. Chubb; gemeinnütz. Stiftung zu Satzungsanpassung.

JONES DAY
Gesellschaftsrecht

Bewertung: Empfohlene Gesellschaftsrechtspraxis, der nach langj. Dominanz des transaktionslastigen Münchner Büros nun auch in Frankfurt u. bei genuin gesellschaftsrechtl. Mandaten der Durchbruch gelang: Beim Gebot des kanad. Potash-Konzerns für K+S ergänzten sich die internat. Kontakte der Kanzlei u. die im Vorjahr mit Perlitt verstärkte übernahmerechtl. Expertise so gut, dass JD sich gg. sämtl. führende Kanzleien durchsetzen konnte. Als weiteres Bsp. für die erzielten Fortschritte kann das DAB-Mandat dienen – auch bei konfliktträchtigen Mandaten im Bankensektor wäre JD noch vor Kurzem kaum in die engere Auswahl gekommen. Hinzu kam ein verbesserter Zugang zu dt. Großkonzernen, der die trad. Stärke der Praxis als Begleiterin internat. Konzerne sehr gut ergänzte. Nach 2 personellen Abgängen in Frankfurt fehlt allerdings eine nennenswerte Schnittstelle zu Restrukturierungsthemen.
Häufig empfohlen: Ansgar Rempp, Dr. Ralf Ek, Dr. Karsten Müller-Eising, Johannes Perlitt
Kanzleitätigkeit: Schwerpunkt auf Beratung von Töchtern internat. Unternehmen in Deutschland. Zusätzl. auch dt. Mittelstandsunternehmen u. Konzerne. (16 Partner, 6 Counsel, 6 Associates, 3 of Counsel)
Mandate: ● Potash bei Übernahmeangebot für K+S; DAB Bank bei Squeeze-out; Riverside Dtl./Keymile bei Umstrukturierung sowie lfd.; Lindner Investment Management bei Joint Venture mit Versorgungswerk d. RAe/Berlin; Orad Hi-Tec Systems bei Delisting; La Poste Française/DPD GeoPost in Gerichts- u. Schiedsverfahren um Ausschluss von Minderheitsgesellschaften; lfd. A123 Systems, Becton Dickinson, Capital Safety EMEA, dt. Gesellschaften der Pandox-Gruppe, ENN Group Europe, Hein Gericke Europe, Lionbridge Technologies, Mitsui Chemicals/Heraeus Kulzer.

K&L GATES
Gesellschaftsrecht

Bewertung: Empfohlene Kanzlei im Gesellschaftsrecht, die in den Vorjahren an einer Reihe grenzüberschr. Umstrukturierungen u. Joint Ventures mitwirkte. Durch den lebhaften ▶M&A-Markt verlagerte sie nun Ressourcen hin zu internat. Deals. Der Mandantenstamm wächst aber, tlw. dank des Zugangs neuer Partner im Vorjahr, die Kontakte zu Konzernen wie EdF mitbrachte. Die Schnittstelle von Gesellschafts- u. Kapitalmarktrecht (bes. durch Kläsener) bleibt weiter stark.
Stärken: Grenzüberschr. Umstrukturierungen.
Häufig empfohlen: Boris Kläsener
Kanzleitätigkeit: Stark internat. aufgestellte Praxis mit Fokus auf gehobenen Mittelstand, zunehmend auch für dt. Konzerne tätig. (11 Partner, 12 Associates)
Mandate: ●● Dt. Rotes Kreuz bei Fundraising-Joint-Venture mit internat. Unternehmensgruppe; EdF bei Mehrheitsbeteiligung an Powernext durch Eurex; Lotto24 bei Barkapitalerhöhung; KKR bei Gründung der ELL-Gruppe; 100% RE IPP bei Einstieg von Versicherer als Kapitalgeber; Helaba bei Pilotprojekt mit Freistaat Bayern u. DB Regio in Schienenpersonennahverkehr. Lfd. 3D Systems Corporation, Duales System Holding, Magtech Europe, Verivox; Zeal Network SE (v.a. Kapitalmarktrecht).

KAPELLMANN UND PARTNER
Gesellschaftsrecht

Bewertung: Die im Gesellschaftsrecht geschätzte Kanzlei hat im Laufe der letzten Jahre in ihrem D'dorfer Büro – u.a. dank einiger junger Nachwuchspartner aus namhaften Sozietäten – ihre Praxis ausgebaut. Bei einer Serie von internat. Joint Ventures beriet das Team teils bedeut. Konzerne. Verwunderl. ist, dass das Corporate-Team so autonom ist, dass es sehr wenige Überschneidungen mit der immobilienrechtl. Praxis gibt – hier gäbe es sicherlich weiteres Potenzial zu heben. Dass die Partner selbstständig einen solchen Trackrecord aufbauen konnten, spricht aber Bände über die Mandantenzufriedenheit.
Kanzleitätigkeit: Restrukturierungen, Umwandlungen, Joint Ventures (v.a. im Ausland) sowie Gesellschafterauseinandersetzungen. In letzter Zeit auch mehr ▶M&A-Arbeit. Starke Zunahme in Compliance. (4 Partner, 5 Associates)
Mandate: ● Dralon bei Gründung von Joint Venture mit Cytec; SDax-Konzern bei Gründung eines strateg. Fertigungs-Joint-Ventures in Russland; Chemieunternehmen bei stiller Beteiligung mit Wandlungsrecht; mittelständ. Softwarehersteller bei Gesellschafterauseinandersetzung; mittelständ. Chemieproduzent bei 2 Joint Ventures; börsennot. Konzern bei Organhaftungsansprüchen; Handelskonzern im Agrarbereich bei strateg. Restrukturierung; C-m-p bei Verkauf von 50% des Unternehmens an DowAksa.

KING & WOOD MALLESONS
Gesellschaftsrecht

Bewertung: Empfohlene Kanzlei für Gesellschaftsrecht, die einen weiteren Schritt in Richtung mehr inhaltl. Breite gemacht hat, u.a. weil Lemor verstärkt eine Notariatspraxis aufbaut. Daneben emanzipierte sich KWM noch stärker von der langj. dominierenden gesellschaftsrechtl. Beratung von Private-Equity-Investoren u. deren Portfoliogesellschaften u. erhöhte den Anteil der Arbeit für klass. Industriemandanten. Einiges Gewicht kommt inzw. auch der Beratung bei Gesellschafterstreitigkeiten zu.
Häufig empfohlen: Dr. Julian Lemor

GESELLSCHAFTSRECHT

Entwicklungsmöglichkeiten: Von dem durch eine internat. Fusion erhebl. erweiterten Netzwerk profitiert die Praxis im Gesellschaftsrecht bisher noch wenig.
Kanzleitätigkeit: Lfd. gesellschaftsrechtl. Beratung mit starkem Bezug zur ▶Private-Equ.- u. Vent.-Capital- u. ▶Investmentbranche. Strukturmaßnahmen oft in Verbindung mit Steuerrecht u. Bank- u. Kapitalmarktrecht. Auch gesellschaftsrechtl. Streitigkeiten (▶Handel u. Haftung). (6 Partner, plus Associates)
Mandate: ●● Lfd. Koenig & Bauer, Blohm+Voss-Gruppe, Backwerk-Gruppe, Faist, Metallwarenfabrik Memmingen, ABL Technic Entlackung, Lux-Luxar, AVS-Gruppe; Falk&Ross-Gruppe, ICP-Gruppe; Thomas-Gruppe lfd. bei Strukturierungsmaßnahmen u. in Rechtsstreitigkeiten; Global Entertainment in Spruchverf. u. bei Squeeze-out bei Advanced Inflight Alliance, bei Koordinierung der europ. Expansion; E.I.S: Aircraft lfd., u.a. bei Refinanzierung; Jiantou Investment lfd. hinsichtl. der Pacoma-Gruppe.

KPMG LAW
Gesellschaftsrecht ◻◻◻◻◻◻■

Bewertung: Die im Gesellschaftsrecht geschätzte Praxis kann dank ihrer breit gefächerten Mandantenkontakte durch KPMG eine recht breite Betreuung bieten. So versorgt die Corporate-Praxis ihre Mandanten immer häufiger mit juristischen Beratungsprodukten, die u.a. an der Schnittstelle zw. lfd. gesellschaftsrechtl. Beratung u. der unternehmensinternen Prozessoptimierung liegen. Das führt oft zum Outsourcing eines Großteils der gesellschaftsrechtl. Standardarbeit an KPMG. Die Kanzlei hat zudem gezeigt, dass sie auch für Post-M&A-Mandate gut aufgestellt ist, auch wenn sie bei einem Deal nicht selbst federführend tätig war, zuletzt z.B. für einen börsennot. jap. Pharmakonzern. Im Gegensatz zur ▶M&A-Praxis verteilt sich das Team auf fast alle Büros: HH berät u.a. Beratung zahlr. Mittelstandsunternehmen, Dresden zählt sogar zu den führenden Praxen in der Region, u. D'dorf hat starke Verbindungen nach Asien.
Stärken: Grenzüberschr. Umstrukturierung gemeinsam mit KPMG-Wirtschaftsprüfern.
Häufig empfohlen: Maximilian Gröning, Dr. Nikolaus Manthey, Dr. Matthias Aldejohann ("hohe Fachkompetenz, sehr gründlich, zielorientiert", Wettbewerber)
Kanzleitätigkeit: Zusammenarbeit mit KPMG-WP bei großen, oft steuergetriebenen Umstrukturierungen, immer stärker auch Eigengeschäft. Überdurchschnittl. viele jap. Konzerne. (Corporate insges.: 12 Eq.-Partner, 17 Sal.-Partner, 38 Associates)
Mandate: ●● SGL Carbon bei internat. Beteiligungsmodellen; Beko Dtl. bei Umstrukturierung der Beko- u. Blomberg-Gruppe; Mahle zu Corporate Governance; Pickenpack Holding bei europ. Neuordnung; Auctionata bei grenzüberschr. Verschmelzung, börsennot. Pharmakonzern bei Integration nach M&A-Deal; lfd.: Peter Kölln, CinemaxX, Marc Cain, Apollo-Optik, Asahi-Lite Optical, TRI Europe, VK Mühlen, Alfred C. Toepfer, Peters & May, SPA SystemPartner, Renishaw, Fiat (FCA Services Germany)

KÜMMERLEIN
Gesellschaftsrecht ◻◻◻◻■◻◻

Bewertung: Häufig empfohlene Praxis im Gesellschaftsrecht, deren wesentl. Treiber nach wie vor das starke u. stabile ▶Notariat ist. Ein weiterer Corporate-Anwalt wurde zuletzt zum Notar bestellt. Allerdings ruht sich die Kanzlei nicht auf ihren Lorbeeren aus, sondern akquiriert zuletzt auch hier neue Mandanten. Das Überleiten notarieller Mandanten in die anwaltl. Beratung u. umgekehrt funktioniert in weiten Teilen, birgt aber noch Entwicklungspotenzial. Denn während Kümmerlein notariell auch viele Großkonzerne begleitet, konzentriert sich die anwaltl. Beratung bisher v.a. auf den Mittelstand.
Stärken: Enge, langj. Beziehungen zu einer Reihe hochkarät. Mandanten, auch Ruhrkonzerne (▶Ruhrgebiet). Anerkannte gesellschaftsrechtl. ▶Notare.
Häufig empfohlen: Michael Schacke, Dr. Ulrich Irriger, Dr. Joachim Gores
Kanzleitätigkeit: Breite Palette im Gesellschaftsrecht; z.T. jahrzehntelange Beratung einiger Ruhrkonzerne (Energieversorgung, Bergbau, Stahl, Mineralöl, Maschinenbau), inkl. HV-Protokollierung. Daneben Betreuung von dt. u. internat. tätigen Banken, Mobilfunkunternehmen, Verlagen u. Unternehmen der Getränkeindustrie. (14 Partner, 7 Associates)
Mandate: ●● Elaperm Coating u.a. zu Joint-Venture-Struktur; Immobilienunternehmen gesellschafts- u. handelsrechtl. sowie zu Einführung Compliance-System; Krankenhausträger in NRW notariell zu Fusion; ausl. Investor notariell bei Gesellschaftsgründung; Dax-Konzern prozessual; Baukonzern lfd. gesellschaftsrechtl.; Dax-Konzern notariell bei Transaktion u. Joint Venture; mittelständ. Medizinunternehmen lfd. im Gesellschafts- u. Handelsrecht; Energiehandelsunternehmen bei Restrukturierung.

KUHN CARL NORDEN BAUM
Gesellschaftsrecht ◻◻◻◻◻■◻

Bewertung: Die im Gesellschaftsrecht empfohlene ▶Stuttgarter Kanzlei ist v.a. durch die Kombination aus aktienrechtl. Expertise u. einer ausgeprägten Prozesserfahrung eine angesehene Beraterin bei Gesellschafter- u. Post-M&A-Streitigkeiten. Die stetige, aber nicht stürmische Ausweitung des Geschäfts über die Jahre spiegelt sich im Personalwachstum wider: Zuletzt gewann die Kanzlei einen ehem. Sal.-Partner von Gleiss Lutz, der auf Handels- u. Bankenprozesse spezialisiert ist. Dass Seniorpartner Dr. Jens-Peter Carl seine Tätigkeit inzw. zurückfährt, hat KCNB in den Vorjahren durch gezielte Verstärkungen gut vorbereitet.
Häufig empfohlen: Dr. Marcus Baum, Michael Rudnau
Kanzleitätigkeit: V.a. für lfd. aktien- u. konzernrechtl. Organberatung bekannt, aber auch stark im gehobenen regionalen Mittelstand verwurzelt. Auch ▶M&A. (5 Partner, 4 Associates)
Mandate: ●● Travel Viva bei verschmelzungsrechtl. Squeeze-out u. HV; Familienunternehmen u. Gesellschafter zu Nachfolgefragen; Anlagenbauer bei Umstrukturierung.

LATHAM & WATKINS
Gesellschaftsrecht ◻◻◻■◻◻◻

Bewertung: Im Gesellschaftsrecht häufig empfohlene Kanzlei, die nach den Zugängen der vergangenen Jahre zuletzt weniger durch spektakuläre Expansion als durch Stabilisierung des dazugewonnenen Geschäfts auf sich aufmerksam machte. Großprojekte wie die Fortsetzung der Rhön-Klinikum-Übernahmeschlacht oder die Arbeit am Toll-Collect-Joint-Venture für Daimler zeigten einerseits, wie tief die Kanzlei bereits in der dt. Konzernlandschaft verankert ist. Andererseits hat die Kanzlei mit dem Abgang des Transaktionsexperten Dr. Jörg Kirchner nun ausgerechnet den zentralen Partner für die Beziehung zu Siemens an Kirkland & Ellis verloren. Eine überraschend große Rolle spielte allerdings auch ein Bereich, dessen Reiz für viele Kanzleien neben der prestigeträchtigen, aber immer margenschwächeren Begleitung von Dax-Konzernen immer offensichtlicher wird: die Begleitung großer Mittelstandsunternehmen bei grundlegenden Neuorganisationen des operativen Geschäfts, Gesellschafterwechsel o.Ä. – bestes Bsp. war zuletzt Prym, für die L&W erstmals tätig war. Beträchtl. Synergien dürften sich künftig auch aus den prominenten Neuzugängen in der Private-Equity-Praxis ergeben. Schon jetzt ist L&W dank guter Kontakte zu div. Finanzinvestoren regelm. für eine Reihe von Portfoliounternehmen tätig.
Stärken: Internat. Aufstellung; tief verwurzelt in HH u. Norddtl.; einzelne Partner mit ausgeprägter Branchenfokussierung (z.B. Gesundheitswesen, Finanzdienstleister, erneuerbare Energien). Hervorrag. ▶Restrukturierungspraxis u. sehr transaktionserfahrene ▶Steuerpartner.
Entwicklungsmöglichkeiten: Wettbewerber wie Allen & Overy haben schon vor Jahren die Bedeutung von Finanzierungsmandaten für den Aufbau einer breiten Corporate-Kontaktbasis für sich entdeckt. Für L&W böten sich hier immense Chancen, schließlich gehört die Kreditfinanzierungs- u. Anleihenpraxis dank fast konkurrenzlos enger Vernetzung mit den US-Kollegen zu den ersten Adressen für Leveraged-Deals im Markt. Bei Unternehmensfinanzierungen dagegen ist die Kanzlei bislang vergleichsweise wenig präsent – ein Bereich, den L&W mit ihrem frisch verstärkten Team nun gezielt angehen müsste.
Häufig empfohlen: Dr. Wilhelm Reinhardt ("großer wirtschaftl. Sachverstand", Mandant), Dr. Hans-Jürgen Lütt, Dr. Dirk Oberbracht, Frank Grell, Dr. Henning Schneider, Dr. Stefan Widder, Dr. Harald Selzner ("qualitativ hochwertige Vertragsentwürfe, konstruktive Verhandlungsführung", Mandant), Rainer Wilke, Dr. Markus Rieder, Dr. Martin Neuhaus
Kanzleitätigkeit: Lfd. Beratung für Portfoliounternehmen von Private-Equity-Gesellschaften in beträchtl. Umfang, zunehmend Industriemandantschaft. Auch große Anzahl mittelständ. Mandanten, v.a. in Norddtl. (16 Partner, 3 Counsel, 34 Associates, 1 of Counsel)
Mandate: ●● Rhön-Klinikum zu Aktienrückkaufangebot u. in aktienrechtl. Anfechtungsverfahren; Daimler zu Joint-Venture-Beteiligung an Toll Collect; William Prym Holding bei Umstrukturierung; Corsair Capital zu Beteiligung an MPC; Dea Dt. Erdoel bei Verkauf der Anteile an RWE Dea durch RWE; Hellmann & Friedmann zu Strukturmaßnahmen bei Scout24-Gruppe; Tengelmann zu Joint Venture sowie lfd. zu Beteiligungen; Aabar Investments lfd. zu Beteiligung an Daimler; Klenk Holz aktien- u. umwandlungsrechtl.; Thalia Holding in Spruchstellenverfahren; lfd. Anheuser Busch, Corpus Sireo, Douglas-Gruppe, Hansestadt Lübeck zu städt. Beteiligungen, Medion (auch HV), Nestlé Dtl., Salesforce; gr. dt. Anwaltssozietät zu Organu. Berufshaftung.

GESELLSCHAFTSRECHT

LEHMANN NEUNHOEFFER SIGEL SCHÄFER
Gesellschaftsrecht

Bewertung: Die empfohlene Corporate-Boutique zählt im Gesellschaftsrecht zu den angesehenen Adressen in ▶ Stuttgart. Die Gestaltungsberatung für die vorwiegend mittelständ. Mandantschaft betrifft häufig Nachfolgeregelungen, wobei zuletzt ein Urteil des Verfassungsgerichts zur Erbschaftsteuer für reges Geschäft sorgte. Hier profitiert die Kanzlei auch vom hervorrag. Ruf Sigels als Notar. Ein wichtiges Feld sind zudem streitige Verfahren, in denen etwa Gesellschafterinteressen austariert werden, sowie D&O-Prozesse.
Häufig empfohlen: Dr. Fritz Neunhoeffer, Dr. Achim Schäfer, Dr. Peter Sigel („schnell, zuverlässig, hohe Qualität", Wettbewerber).
Kanzleitätigkeit: Schwerpunkt High-End-Beratung von Gesellschaftern u. Familienunternehmen; gelegentl. auch Transaktionsmandate, Prozesse u. Schiedsverfahren (▶Handel u. Haftung). Internat. Kontakte bestehen nach GB, USA u. Italien. Anerkanntes ▶Notariat. (4 Partner, 1 of Counsel, 1 Associate)
Mandate: ●● Ex-HRE-Aufsichtsrat Heintzeler als Nebenintervenient in KapMuG-Verfahren (öffentl. bekannt).

LEO SCHMIDT-HOLLBURG WITTE & FRANK
Gesellschaftsrecht

Bewertung: Neben der lfd. Beratung zahlreicher v.a. norddt. Familiengesellschaften u. Investoren entwickeln sich insbes. Prozessmandate zum Aushängeschild der im Gesellschaftsrecht geschätzten Kanzlei. Nachdem in den Vorjahren v.a. die Vertretung der Medienholding Winterthur im Suhrkamp-Streit für viel Arbeit gesorgt hatte, beschäftigten zuletzt andere Komplexe die Partner deutlich mehr.
Stärken: Gesellschaftsrechtl. Streitigkeiten von Familienunternehmen.
Häufig empfohlen: Hubertus Leo („erfahren u. pragmat.", Wettbewerber), Dr. Tom Frank, Dr. Andreas Witte, Dr. Thorben Rein
Kanzleitätigkeit: Tätigkeit auf gr. Bandbreite in gesellschaftsrechtl. Bereichen, inkl. Konzern- u. Aktienrecht. Erfahrung mit internat. Joint Ventures. (2 Partner, 2 Associates)
Mandate: ●● Medienholding Winterthur in gesellschaftsrechtl. Prozessen gg. Suhrkamp-Mitgesellschafter; Vivum bei Strukturierung eines Fonds; Inkassounternehmen in komplexer Schadensersatzfeststellungsklage; norddt. Werbemittelunternehmen bei Umstrukturierung; Vorstand einer börsennot. AG bei vorzeitiger Vertragsbeendigung; Hamburger Projektentwicklungsgesellschaft lfd. im Gesellschaftsrecht u. bei Umstrukturierungen.

LINDENPARTNERS
Gesellschaftsrecht

Bewertung: Im Gesellschaftsrecht geschätzte Kanzlei, die zuletzt ihre gesellschaftsrechtl. Kompetenz v.a mit ihrer breiten Litigation-Erfahrung zu verbinden weiß. Das ist hilfreich bei der Beratung von Organen u. in Compliance-Fragen. Als Berliner Kanzlei betreut sie lokale Mandanten wie Berlinovo u. andere Immobilienunternehmen, zudem ist sie in der Start-up-Szene aktiv, wenn auch weniger bekannt als andere lokale Wettbewerber. Lindenpartners hat aber auch vielzählige Kontakte über die Stadtgrenzen hinaus, insbes. bei Fondsinitiatoren u. in der Bankenszene.
Kanzleitätigkeit: Mittelständ. sowie internat. Mandantschaft bei allen gesellschaftsrechtl. Fragen, auch Restrukturierungen u. Kapitalmarktrecht; starker prozessrechtl. Einschlag (▶Handel u. Haftung) sowie steuerrechtl. Expertise. (5 Partner, 7 Associates)
Mandate: ●● Kowisa GmbH & Co. KG bei Umwandlung in GmbH; Berlinovo bei Immobilienprojektentwicklung u.a. gesellschaftsrechtl.; Energieunternehmen bei Umstrukturierungen; Gesellschafter eines Dresdner IT-/Media-Konzerns bei Gesellschafterstreit; Hamburger Fondsverwalter gesellschafts-, insolvenz- u. vertragsrechtl. u. bei Auseinandersetzungen mit Auftraggebern; Nürnberger Fondsverwalter im KAGB u. Gesellschaftsrecht, insbes. Umstrukturierungen; Unternehmerpersönlichkeit im Zshg. mit Familienholding; diverse Start-ups u.a. bei Mitarbeiterbeteiligungsprogrammen.

LINKLATERS
Gesellschaftsrecht

JUVE AWARDS 2015
Kanzlei des Jahres für Gesellschaftsrecht

Bewertung: Eine führende Kanzlei für Gesellschaftsrecht. Mit der Aufspaltung des E.on-Konzerns sicherte sich die Kanzlei ein Mandat, das noch vor wenigen Jahren so gut wie sicher an Freshfields oder Hengeler gegangen wäre. Dasselbe gilt für das Carve-out der Kunststoff- u. Chemiesparte von Bayer, wobei hier noch eine weitere, bemerkenswerte Entwicklung sichtbar wurde, die die Rolle der jüngeren Generation in den bedeutendsten Mandaten – und damit letztl. die Zukunft der Praxis – betraf: Zwar spielt Wollburg nach wie vor eine herausragende Rolle innerhalb der Praxis u. auch bei diesen beiden Großmandaten. An der Spitze des Teams für die Bayer-Umstrukturierung steht allerdings mit Paschos ein Partner der nächsten Generation. Das Gleiche gilt bei Illert in einem Großprojekt für die Dt. Börse. Ganz ähnl. sah es bei den wichtigsten Compliance-Mandaten aus: Bei den diversen Untersuchungen, die die Kanzlei bekanntermaßen innerhalb der Dt. Bank übernommen hat, etwa zum CO2-Zertifikatehandel oder zu Luxemburger Fondsstrukturen, sind neben Wilsing regelm. auch jüngere Corporate-Partner an zentraler Stelle involviert. Es passt ins Bild, dass bei der Osram-Umstrukturierung nicht allein Kirchfeld, sondern v.a. Dr. Rainer Traugott im Mittelpunkt steht – umso wichtiger, als Letzterer bisher eher durch Transaktionen als mit rein gesellschaftsrechtl. Mandaten aufgefallen war.
Stärken: Übergreifende Verknüpfung insbes. zu ▶Anleihen/ ▶Bankrecht u. -aufsicht u. ▶Steuer. Starke ▶Restrukturierung/Sanierungs- u. ▶M&A-Praxen sowie für ▶Gesellschaftsrechtl. Streitigkeiten.
Entwicklungsmöglichkeiten: Die dominante Rolle der Düsseldorfer Mannschaft bei den wichtigsten Mandaten der letzten Jahre ist schwer zu übersehen, auch wenn die Frankfurter u. Münchner Teams ebenfalls hoch respektable Mandantenkontakte etabliert haben. Hengeler u. Freshfields bieten insbes. in Frankfurt bekanntere Namen u. größere Teams mit klarem Gesellschaftsrechtsfokus auf. Linklaters hätte gerade wg. ihrer starken Verankerung im Finanzsektor Grund, es ihnen nachzutun.
Häufig empfohlen: Dr. Hans-Ulrich Wilsing („unser Stammberater, wir sind sehr zufrieden", Mandant), Dr. Ralph Wollburg, Achim Kirchfeld, Dr. Hans-Joachim Holzapfel, Stephan Oppenhoff, Dr. Nikolaos Paschos, Dr. Tim Johannsen-Roth, Dr. Wolfgang Krauel, Ulrich Wolff, Dr. Thomas Nießen, Staffan Illert („sehr gute Arbeit auf internat. Bühne", Mandant)
Kanzleitätigkeit: Beratung von Vorständen bei Organklagen, Restrukturierung u. Joint Ventures. Viel Aktien- u. Konzernrecht in D'dorf u. Ffm. (Formwechsel, HVen), regulierte Branchen in Berlin. Branchenschwerpunkte: Automobilindustrie, Chemie, Life Science, Konsumgüterindustrie, Finanzdienstleister. (25 Partner, 5 Counsel, 88 Associates, 3 of Counsel)
Mandate: ●● E.on bei Konzernaufspaltung; Bayer bei Abspaltung von Material-Science-Sparte (aus dem Markt bekannt); Osram bei Ausgliederung des Lampengeschäfts; McKesson bei Übernahme von Celesio, bei HV u. Integration sowie zu Auseinandersetzung mit Magnetar Capital; CSAV bei Zusammenschluss mit Hapag-Lloyd; Dt. Annington Immobilien zu Joint Venture mit B&O Service- und Messtechnik; Dt. Börse zu Kooperation Eurex Clearing mit div. Investmentbanken sowie lfd. (auch HV); Funke Mediengruppe bei Umstrukturierung sowie lfd.; Procter & Gamble bei Umstrukturierung; Flughafen Berlin-Brandenburg zu Corporate Governance; Weltbild weiter im Zshg. mit Sanierung u. Finanzierung; lfd. Dt. Bank, Porsche Automobil Holding/Porsche AG, Aufsichtsrat SAP aktienrechtl. (auch HV), Aufsichtsrat Volkswagen/MAN, BayWa (auch HV), Alba, Brenntag (auch HV), Fresenius Medical Care, IKB, Klöckner & Co., SGL Carbon (auch HV), Terra Firma/Tank & Rast, Wincor Nixdorf (auch HV).

LLR LEGERLOTZ LASCHET
Gesellschaftsrecht

Bewertung: Trotz ihrer überschaubaren Größe kann die im Gesellschaftsrecht geschätzte Praxis hochkomplexe Mandate vorweisen. LLR hat sich die strateg. Beratung von Aufsichtsräten auf die Fahnen geschrieben u. hat hierüber den Zugang zu Corporate-Governance- u. Compliance-Mandaten gefunden. Die Auslastung der Partner in diesem stark personenbezogenen Geschäftsfeld ist hoch, zumal ein im Markt anerkannter jüngerer Anwalt zur Dt. Postbank wechselte. Mit Markus Linnerz als neuem Partner kam von Flick Gocke eine erfahrene Verstärkung hinzu.
Stärken: Kapitalmarktrecht.
Häufig empfohlen: Prof. Dr. Stefan Siepelt, Michael Schwartzkopff
Kanzleitätigkeit: Breite Mandantenbasis, v.a. regional geprägt (▶Köln). HV-Betreuung u. Kapitalmarktrecht. Gestaltung von Joint Ventures u. Transaktionen, auch steuerrechtl. Begleitung. Mandantschaft: Mittelständler u. mittelgr. AGen. (3 Partner, 2 Associates)
Mandate: ●● Leoni zu Vergütungssystem u. Aufhebungsvertrag mit Vorstand; lfd. Deutz im Aktien- u. Kapitalmarktrecht; lfd. Arbeitskreis dt. Aufsichtsrat (AdAR) u. Betreuung von rd. 40 HVen; Dax-Konzern bei Umstrukturierung IT-Geschäftsbereich, Neustrukturierung Joint Venture im Zahldienstebereich.

LOSCHELDER
Gesellschaftsrecht

Bewertung: Die im Gesellschaftsrecht geschätzte Kanzlei ist auch überregional für ihre Tätigkeit im Zshg. mit aktienrechtl. Prozessen bekannt. Wäh-

● Referenzmandate, umschrieben
●● Referenzmandate, namentlich

Anwaltszahlen: Angaben der Kanzleien, wie viele Anwälte zu mind. ca. 50 % in diesem Gebiet tätig sind. Sie spiegeln nicht zwingend die Gesamtgröße einer Kanzlei wider.

GESELLSCHAFTSRECHT

rend sich v.a. größere Kanzleien aus Kostendruck aus diesem Geschäftsfeld zurückziehen, hat Loschelder eine feste Marktposition. Von ihrem konzernrechtl. Know-how profitiert die Kanzlei bei Organhaftungsfällen; zusätzlich bestehen gute Kontakte zu Industrieversicherungsmaklern. Zunehmend positiv entwickelt sich auch die Schnittstelle zum ▶Immobilienrecht.
Stärken: Aktienrechtl. Prozesse.
Häufig empfohlen: Dr. Ulrich von Schönfeld, Dr. Henning Wahlers
Kanzleitätigkeit: Schwerpunkte in lfd. Beratung, bei Konzernumstrukturierungen u. Transaktionen. Ausgeprägte Erfahrung bei aktienrechtl. Prozessen u. Gesellschafterstreitigkeiten, zudem Organ- u. D&O-Haftung. (5 Eq.-Partner, 1 Sal.-Partner, 4 Associates)
Mandate: ●● Unitechnik Cieplik & Poppek bei Umwandlung u. Ausgliederung; B. Braun Melsungen bei Spruchverfahren nach Squeeze-out bei Aesculap; lfd. Dt. Telekom, Strabag; Gesellschafter bei Durchsetzung von Vorkaufsrechten; skand. Konzern bei Umstrukturierung in Deutschland.

LUTHER
Gesellschaftsrecht

Bewertung: Empfohlene Kanzlei in Gesellschaftsrecht mit Fokus auf den Mittelstand u. die öffentl. Hand, sowie ein erfolgreicher Schwerpunkt im ▶Energierecht. Weiterhin arbeitet Luther daran, auch mehr für Großkonzerne tätig zu werden. Hier verbuchte die Kanzlei kleine Erfolge wie einen Platz auf der Beraterliste eines Chemiekonzerns u. das Umstrukturierungsmandat eines großen Energieversorgers. In Dresden wechselte der anerkannte Gesellschaftsrechtler Dr. Frank Lohse zu einem Unternehmen, wodurch das Büro mit dem deutl. größeren Büro in Leipzig fusioniert wurde. Ansonsten blieb es personell deutlich ruhiger als in den Vorjahren, sodass die Praxis mit geeinten Kräften weiterentwickelt wurde. Mithilfe des GSK-Teams, das im Vorjahr kam, gewann sie eine Reihe von gesellschaftsrechtl. Streitigkeiten dazu, z.B. die Vertretung eines ital. Stahlhandelsunternehmens im Streit mit dem Ex-Geschäftsführer um Verletzung seiner Pflichten. Allerdings gab es einen Verlust in Stuttgart: Dr. René-Alexander Hirth wechselte zu Baker Tilly.
Stärken: Tiefe Wurzeln im Mittelstand.
Häufig empfohlen: Dr. Axel Zitzmann, Dr. Arndt Begemann, Thomas Weidlich, Thomas Köhler, Dr. Jörgen Tielmann, Dr. Andreas Kloyer („erfahren, v.a. im internat. Kontext", Wettbewerber)
Kanzleitätigkeit: Federführende Standorte sind Köln, Essen u. Hamburg. D'dorf u. Stuttgart sind ebenfalls gesellschaftsrechtl. stark. Zudem Italien-Desk in D'dorf. Traditionell aktiv an der Schnittstelle zum öffentl. Recht, teils zum ▶Steuerrecht. Zudem in den Bereichen Kapitalmarktrecht u. Finanzierung tätig. Mandanten: v.a. größere mittelständ. Unternehmen u. öffentl. Hand. (21 Partner, 28 Associates)
Mandate: ●● Messe Essen gesellschafts- u. haftungsrechtl.; Liganova zu Konzernreorganisation; Essanelle Hair zu Squeeze-out u. Delisting; Intershop Communications bei Abwehr von Klage durch Ebay wg. Sonderprüfungsbeschluss; Nordea, Nordex, GAG Immobilien jew. lfd. zu HV; Wuhan Iron and Steel zu Integration von ThyssenKrupp-Sparte; Grossounion zu Fusion von Pressevertrieben Karl Crämer u. Schwarz; Optoelektronikkonzern zu Joint Ventures in chin. Flugzeugindustrie u. Kauf von chin. Messtechnikunternehmen; Chemiekonzern zu HV u. Neuordnung von Niederlassungen in 17 Ländern; Energieversorger zu Umstrukturierung von 4 Verteilnetzbetreibern.

MAYER BROWN
Gesellschaftsrecht

Bewertung: Der im Gesellschaftsrecht empfohlenen Praxis verlieh ein zunehmendes Inboundgeschäft aus den USA u. Asien Aufwind. Außerdem gelang umgekehrt der Verweis der Goodyear-Beziehung in die USA, sodass das Team in beträchtl. Maße an transkontinentalen Umstrukturierungen arbeitete. Der Wechsel Riehmers von Cleary Gottlieb, der als neuer Corporate-Praxisgruppenleiter im Herbst 2015 zu MB kam, gibt dem Team einen Schub in der Marktwahrnehmung, da er erhebl. Expertise bei öffentl. Übernahmen mitbringt. Allerdings wechselte gleichzeitig der ehem. Managing-Partner u. Finanzbranchenexperte Dr. Jörg Wulfken zu PwC Legal. Der ehem. Managing-Partner spielte eine zentrale Rolle für das Ansehen der Corporate-Praxis in dem Finanzsektor, auch wenn Binder schon lange bewiesen hat, dass sie das Lone-Star-/IKB-Mandat ohne ihn im Griff hat.
Stärken: Weltweit aufgestellt, u.a. stark in Asien. Ww. starke Praxis bei Finanzdienstleistern. Jetzt auch starke Mittelstandsfokussierung in D'dorf, v.a. für ▶Restrukturierung/Sanierung.
Häufig empfohlen: Dr. Ulrike Binder, Friedrich Merz, Dr. Klaus Riehmer, Dr. Marco Wilhelm
Kanzleitätigkeit: Zahlr. Branchenschwerpunkte, u.a. Chemie-, Pharma- u. Automobilindustrie, ▶Immobilien, Hotels, Medien/Entertainment. Internat. Praxis, geprägt von industriellem Mandantenstamm. Auch ▶M&A. (Corporate: 4 Partner, 2 Counsel, 2 of Counsel plus Associates)
Mandate: ●● Lone Star als Mehrheitsaktionär der IKB; Albemarle bei Joint Venture mit Wettbewerber; General LED bei Etablierung einer dt. Tochter; Smart Optics bei Etablierung einer US-Tochter; Avedon sowie Hanergy zu dt. Beteiligungsportfolio. Lfd.: Goodyear, Azkoyen, Benteler, Düsseldorfer Hypothekenbank, Klesch-Gruppe.

MCDERMOTT WILL & EMERY
Gesellschaftsrecht

Bewertung: Die im Gesellschaftsrecht empfohlene Praxis zeichnet sich durch ihre gute Verzahnung mit den Bereichen M&A, Finanzierung u. Immobilien aus. Unterstrichen wird dies durch den Zugang eines Finanzierungspartners von Clifford Chance in Ffm. sowie 2 Partnerernennungen in D'dorf. Einige durch einen im Vorjahr von Ashurst hinzugekommenen Private-Equity-Spezialisten hinzugewonnen Mandanten brachten auch gesellschaftsrechtl. Beratungsbedarf, etwa bei Managementteams von zu veräußernden Unternehmen oder wenn es etwa um Haftungsrisiken oder den Verbleib der Verkäufer im Unternehmen geht. Ein wichtiger Branchenschwerpunkt bleibt unterdessen der Gesundheitsbereich. Hier beriet Rau etwa einen Betreiber von Augenkliniken bei gesellschaftsrechtl. Auseinandersetzungen.
Stärken: Internat. ▶Restrukturierungen; ausgeprägte Branchenfokussierung auf ▶Immobilien, Healthcare, ▶Medien u. erneuerbare Energien.
Häufig empfohlen: Dr. Norbert Schulte, Christian von Sydow, Dr. Uwe Goetker, Dr. Stephan Rau, Dr. Sebastian von Lossow, Dr. Matthias Kampshoff (v.a. Restrukturierung), Philipp von Ilberg (v.a. Kapitalmarktrecht), Konstantin Günther, Dr. Dirk Pohl („große Expertise an der Schnittstelle von Steuer- u. Gesellschaftsrecht", Wettbewerber)
Kanzleitätigkeit: Lfd. Beratung sowohl von US-Unternehmen in Dtl. als auch eigener Mandanten, v.a. große Mittelständer. Vereinzelt auch Konzerne. An Bedeutung gewinnt Gesellschaftsrecht an der Schnittstelle zu ▶Restrukturierung/Sanierung (D'dorf), ▶Private Equ. u. Vent. Capital (München) sowie Bank- u. Kapitalmarktrecht, Letzteres in Ffm. Stark auch im ▶Arbeitsrecht. Branchen v.a. Gesundheit, Lebensmittel, Immobilien, Medien/Telekommunikation u. Energie. (22 Partner, 2 Counsel, 9 Associates)
Mandate: ●● Hauptgesellschafter von S1nn beim Verkauf an Harmann-Gruppe; lfd.: Intersnack, Labor Berlin, Dialyse Service, Eos, RealNetworks, United Research, Neways; Krankenhausträger bei mögl. Umstrukturierung; Gesellschafter einer Ingenieurges. in Haftungsprozess gg. beratenden Rechtsanwalt; Betreiber von Augenkliniken bei Gesellschafterstreit; US-Investor bei Hotelrefinanzierung; US Trust bei Trustauflösung.

MENOLD BEZLER
Gesellschaftsrecht

Bewertung: Die im Gesellschaftsrecht häufig empfohlene ▶Stuttgarter Kanzlei berät viele ihrer Dauermandanten aus dem gehobenen Mittelstand umfassend, etwa bei Umstrukturierungen, HVen oder Gesellschafterstreitigkeiten. In einigen Fällen zählen auch Konzerne zur Mandantschaft, u.a. der Energieversorger EnBW. Diesen begleitete Senior-Partner Bezler, Kopf des renommierten Notariats, bei der Strukturierung von Strom- u. Gasnetzgesellschaften. Über den Zugang des Insolvenzverwalters Jochen Sedlitz hat MB zudem die ohnehin expandierende Sanierungsberatung verstärkt. Erfolge wie die Sanierung der Aluminiumgießerei MWK Renningen in Eigenverwaltung zeigen, dass dieses Geschäft noch lange nicht ausgereizt ist.
Stärken: Mittelstandsberatung mit großem kapitalmarktrechtl. Wissen.
Häufig empfohlen: Rudolf Bezler („fachl. hervorragend, höchst präzise, extrem verlässlich", Wettbewerber), Dr. Beatrice Fabry (v.a. für öffentl. Unternehmen), Dr. Klaus-Dieter Rose, Jens Schmelt, Dr. Christoph Winkler, Hansjörg Frenz
Kanzleitätigkeit: V.a. lfd. Beratung des gehobenen Mittelstands. HVen, Kapitalerhöhungen, Gesellschafterstreitigkeiten. Zudem Führungskräfte (inkl. MBOs), Nachfolgeberatung. Notariat. (13 Eq.-Partner, 1 Sal.-Partner, 10 Associates)
Mandate: ●● Manz bei Kapitalerhöhung; AKE Knebel bei Umstrukturierung; EnBW bei Strukturierung von Tochtergesellschaften; Procato, u.a. bei Kapitalerhöhung u. Aufnahme weiterer Gesellschafter; ZU-Stiftung zum Vergütungssystem der Zeppelin-Uni; lfd. aktienrechtl. u. HV: Dinkelacker, Jetter, Leoni, Manz; lfd. gesellschaftsrechtl.: Seitenbau, Ritter-Gruppe, Patni-Gruppe, Stadt Stuttgart.

MILBANK TWEED HADLEY & MCCLOY
Gesellschaftsrecht

Bewertung: Im Gesellschaftsrecht häufig empfohlene Kanzlei. Nach einem Counsel-Zugang im Vorjahr kam in der Mainmetropole nun der ehem. Leiter der Corporate-Praxis von Clifford Chance, Stengel, an Bord. Damit eröffnet sich die Chance, zusätzl. zur starken Münchner Mannschaft eine ähnl. anerkannte Corporate-Präsenz am Main zu

GESELLSCHAFTSRECHT

etablieren – bislang standen dort eher Finanzierungsmandate im Vordergrund. Das Münchner Team brachte unterdessen für die langj. Stammmandanten ProSiebenSat.1 oder Sixt zwei bedeut. Großprojekte über die Bühne u. erntete dafür erneut Respekt von Wettbewerbern u. Mandanten.

Stärken: Hohe Reputation für Konzernrecht, öffentl. ▶M&A-Deals u. gesellschaftsrechtl. Prozesse. Starke ▶Private-Equ.- u. Vent.-Capital-Praxis.

Häufig empfohlen: Dr. Norbert Rieger („hervorrag. Eindruck", Mandant), Dr. Ulrike Friese-Dormann, Dr. Christoph Rothenfußer, Dr. Arndt Stengel

Kanzleitätigkeit: Restrukturierungsmaßnahmen, HV-Betreuung, gesellschaftsrechtl. Streitigkeiten, Spruch- u. Anfechtungsverfahren, lfd. Beratung von Vorständen u. Aufsichtsräten, öffentl. Übernahmen. (4 Partner, 8 Associates)

Mandate: Sixt zu Börsengang von Sixt Leasing sowie lfd. für Vorstand (auch HV); ProSiebenSat.1 Media u. KWS Saat jeweils bei SE-Umwandlung; Sky Dtl. im Zshg. mit Übernahme durch Sky German Holdings sowie lfd.; FC Bayern München bei Ausgliederung der Basketballprofiabteilung sowie lfd. für Vorstand; lfd. SHW (auch HV), Vorstand Axel Springer.

MORGAN LEWIS & BOCKIUS
Gesellschaftsrecht

Bewertung: Die im Gesellschaftsrecht empfohlene Kanzlei verfügt trotz kleinen Teams über einen recht ansehnl. Mandantenkreis. Entsprechend der fachl. breiten Ausrichtung der Partner betreut sie diese in einem weiten gesellschaftsrechtl. Spektrum, projektbezogen regelm. z.B. an Schnittstellen zu Transaktionsthemen, Finanz- u. Kartellrecht sowie Prozessen. Zum Mandantenstamm zählen neben Portfoliofirmen von Investoren auch Industriekonzerne wie Knorr-Bremse. Die Anbindung an die US-Praxis ist traditionell eng, durch den Anschluss der internat. Kanzlei Bingham dürfte dies noch intensivieren. Der Weggang des M&A-Partners Nils Rahlf (zu Norton Rose), zudem auch mit gesellschaftsrechtl. Schwerpunkt, wirkte sich nicht negativ aus.

Stärken: Prozessführung, u.a. im Übernahmerecht.

Häufig empfohlen: Dr. Christian Zschocke, Dr. Jörg Siegels, Dr. Marcus Herrmann

Kanzleitätigkeit: Traditioneller Fokus auf Industriemandanten u. internat. Konzerne. (4 Partner plus Associates, 1 of Counsel)

Mandate: ●● Sparkassenverbände NRW bei Übertragung von Assets der ehem. WestLB; lfd. Knorr-Bremse, Verpackungshersteller, Baukonzern, Klinikgruppe, Portfoliounternehmen von Private-Equity-Fonds.

NOERR
Gesellschaftsrecht

Bewertung: Die im Gesellschaftsrecht empfohlene Kanzlei erntet immer mehr den Erfolg einiger in den vergangenen Jahren konsequent entwickelter Spezialisierungen. So erhalten z.B. Alfes u. Fett v.a. für ihre Arbeit an der Schnittstelle zum Kapitalmarktrecht regelm. Lob. Viel beachtet war überdies, dass Noerr im Gesellschafterstreit um Tönnies Hengeler als Beraterin ablöste. Dieses Beispiel ist exemplarisch für die Verfestigung eines Trends aus dem Vorjahr: Noerr positioniert sich immer stärker als feste Alternative zu den führenden Praxen. Unterstrichen wird dies auch dadurch, dass sie zuletzt bei mehreren Dax-Konzernen auf die Beraterliste kam. Dass sie zudem beste Kontakte zu Rocket Internet hält, dürfte aufgr. deren div. vielversprechender Beteiligungen, die z.T. Kapitalmarktpläne hegen, ebenfalls noch für gesellschaftsrechtliches Geschäft sorgen, ebenso wie in der M&A-Praxis.

Stärken: ▶Restrukturierung/Sanierung, ▶Gesellschaftsrechtl. Streitigkeiten. Mit eigenen Büros in Osteuropa präsent. Viel Erfahrung bei internat. Joint Ventures.

Häufig empfohlen: Dr. Torsten Fett, Dr. Tobias Bürgers („liefern für hochkomplexe Sachverhalte maßgeschneiderte Lösungen", Mandant über beide), Dr. Gerald Reger, Dr. Dieter Schenk, Dr. Laurenz Wieneke, Dr. Thomas Schulz, Dr. Alexander Ritvay („sehr erfahren, v.a. in der Medienindustrie", Wettbewerber), Prof. Dr. Christian Pleister, Dr. Thomas Hoffmann, Dr. Holger Alfes, Dr. Thorsten Reinhard

Kanzleitätigkeit: Fokussierung auf einzelne Branchen (Regulierte Industrien, Automotive, ▶Gesundheit, ▶Medien, Bau, Finanzdienstleister). Auch sehr aktiv in ▶Gesellschaftsrechtl. Streitigkeiten. Stark positioniert an der Schnittstelle zu Restrukturierung/Sanierung. (Corporate: 35 Eq.-Partner, 14 Sal.-Partner, 56 Associates)

Mandate: ●● Rocket Internet, u.a. bei HV; Zalando lfd.; Global Fashion bei Bildung einer ww. Fashion-E-Commerce-Gruppe; Lazada bei Reorganisation; Clemens Tönnies in Gesellschafterstreit bei Fleischkonzern Tönnies; Adcuram bei öffentl. Übernahme von Bien-Zenker u. Verschmelzung; Freistaat Sachsen bei Umstrukturierung von Porzellanfabrik Meißen; Augusta Technologies bei verschmelzungsrechtl. Squeeze-out; Amiga Verwaltung, Custodio jew. bei Teil-Delisting; Augusta Technologies bei Squeeze-out; European Data Warehouse u.a. bei Umstrukturierung u. Corporate Governance; BBC Worldwide bei Umstrukturierung des dt. Joint Ventures mit IDTV Dtl.; Bayr. Versorgungskammer hinsichtl. Finanzierung des Leipziger-Platz-Quartiers.

NORTON ROSE FULBRIGHT
Gesellschaftsrecht

Bewertung: Häufig empfohlene Kanzlei im Gesellschaftsrecht, die sich nach mehreren Jahren spürbaren Wachstums u. der internat. Expansion festigt. U.a. konnte eine ganze Reihe relativ junger Mandantenkontakte gefestigt werden, so ist bspw. die Hamburger Mannschaft inzw. regelm. für internat. Großunternehmen wie Cosun oder GrainCorp aktiv. Außerdem wagt die Kanzlei nun einen konzertierten Vorstoß in die Corporate-Dauerberatung der dt. Großkonzerne, nachdem die entspr. Anläufe in den letzten Jahren eher zögerlich ausfielen. Dreh- u. Angelpunkt ist dabei die ursprüngl. von der internat. Mutterkanzlei vorangetriebene, in Dtl. mittlerweile gut etablierte Spezialisierung auf bestimmte Branchen. Besonders gut funktioniert dieser Ansatz bisher schon im Finanz- u. Energiesektor, während andere Bereiche noch Raum für Wachstum lassen, so etwa – abgesehen von der altbekannten BMW-Verbindung – die Automobil- u. Technologiebranche.

Stärken: Branchenfokussierung auf Finanzdienstleistung, Energie, ▶Versicherungsvertragsrecht (auch in ▶M&A), Rohstoff- u. Pharmaindustrie; internat. Konfliktlösung.

Entwicklungsmöglichkeiten: Während sich der Hamburger Standort über die letzten Jahre als besonders aktiver Brückenkopf für die Nutzung internat. Mandantenkontakte in Dtl. erwiesen hat, liegt in Frankfurt nach wie vor die Schwachstelle der dt. Corporate-Praxis, allein schon aufgr. der dünnen Personaldecke. Hier täte weiterer Ausbau mit schlagkräftigen Corporate-Quereinsteigern not.

Häufig empfohlen: Dr. Alexander von Bergwelt, Dr. Andreas Börner, Dr. Michael Malterer, Dr. Klaus von Gierke, Eva-Maria Barbosa

Kanzleitätigkeit: Ausgeprägt internat. tätig, v.a. in GB, Osteuropa u. Kanada; schnell wachsende Praxen in USA, Südafrika, Fernost u. Australien. (14 Partner, 55 Associates)

Mandate: ●● DNV GL zu internen Verschmelzungen u. Corporate Governance; Tenova bei Umstrukturierung in Dtl. sowie lfd.; Politico bei Joint Venture mit Axel Springer; Koninklijke Coöperatie Cosun/Nedalco um steuerl. Konsequenzen einer internen Umwandlung sowie lfd. zu dt. Gesellschaften; lfd. BMW (aus dem Markt bekannt), Paragon, Joyou, Voxx Internat., PV Crystalox Solar, Haikui Seafood, dt. Gesellschaften von GrainCorp.

OPPENHOFF & PARTNER
Gesellschaftsrecht

Bewertung: Eine für Gesellschaftsrecht häufig empfohlene Kanzlei, die v.a. für die Begleitung von komplexen Umstrukturierungen u. internat. Joint-Venture-Vereinbarungen anerkannt ist. Zuletzt sorgte insbes. die dt.-frz. Großfusion in der Rüstungsbranche, wo O&P die langj. Mandantin KraussMaffei Wegmann begleitete, für viel Arbeit. In diesem Projekt waren v.a. ihre anerkannten Senior-Partner wie Maier-Reimer eingebunden. Daneben gelingt es jüngeren Partnern, wie dem Finanzbranchenexperten Etzbach u. dem auf das Südamerikageschäft fokussierten Baars, innerhalb der gesellschaftsrechtl. Praxis ein eigenes Profil herauszubilden. O&P will diese Entwicklung fördern u. ernannte M&A-Expertin Schilling zur Voll- u. 2 langjährige Associates zu Sal.-Partnern. Jedoch müssen gerade jüngere Partner ihre Geschäftsfelder noch entwickeln – was im Gesellschaftsrecht angesichts so erfahrener Partner wie Maier-Reimer u. Gesell erhebl. schwieriger sein dürfte als etwa im M&A. Am Frankfurter Standort liegt kapitalmarktnahe Expertise, die etwa bei Strukturmaßnahmen wie z.B. für JAB zum Einsatz kommt.

Stärken: Langj. Reputation in aktien- u. konzernrechtl. Fragen u. bei Prozessen. Begleitung von ausl. Investoren.

Häufig empfohlen: Dr. Dr. Georg Maier-Reimer, Dr. Harald Gesell, Rolf Koerfer, Dr. Günter Seulen („blitzgescheit, sehr guter Jurist", Wettbewerber), Dr. Oliver Kessler (v.a. Finanzierungen), Myriam Schilling, Dr. Peter Etzbach, Alf Baars („guter internat. Überblick", Wettbewerber)

Kanzleitätigkeit: Gesellschaftsrechtl. Restrukturierungen u. Umwandlungen, insbes. grenzüberschreitend. Aktienrecht, gesellschaftsrechtl. Prozesse u. Schiedsverfahren. Enge Verzahnung mit ▶Steuerrecht. Zudem ▶Compliance u. Corporate Governance. Mandanten: überwiegend internat. Unternehmen, Family Offices, dt. Großindustrie u. mittelständ. Unternehmen, vereinzelt institutionelle Anteilseigner. (14 Eq.-Partner, 6 Sal.-Partner, 3 Associates)

Mandate: ●● KraussMaffei Wegmann bei Joint-Venture-Gründung u. Integration nach Fusion Nexter/Giat; lfs. Benckiser Holding, AKF, CNA Insurance, KMW, Hannover Rück, M. Du-

GESELLSCHAFTSRECHT

Mont Schauberg, Pfizer, NH Hotels, Generali; niederl. Investor bei Joint Venture bzgl. Immobilienfinanzierung.

OPPENLÄNDER
Gesellschaftsrecht

Bewertung: Die empfohlene Gesellschaftsrechtspraxis gilt als eine der ersten ▶ Stuttgarter Adressen, insbes. für die Beratung börsennot. Unternehmen u. für Gesellschafterstreitigkeiten. So beschäftigten den Aktienrechtler Born etwa das Squeeze-out-Verfahren im Nachgang der WMF-Übernahme durch KKR sowie der Beherrschungsvertrag zw. den Medizintechnikherstellern Pulsion u. Maquet. Daneben entwickelte sich zuletzt die Arbeit an der Schnittstelle von Gesellschaftsrecht u. Finanzierungen dynamisch, u.a. bei einigen Konsortialfinanzierungen. Auch die Beratung von Organmitgliedern nahm zu, v.a. in Haftungsprozessen. So vertritt Trölitzsch ein Vorstandsmitglied, das auf €90 Mio in Anspruch genommen wird. Während der auf die Medienbranche spezialisierte Partner Dr. Armin Maslo Oppenländer mit dem Münchner Büro verlassen hat, wuchs der Unterbau der Praxis über Associate-Zugänge erneut.

Stärken: Aktien- u. Konzernrecht, regulierte Branchen, Gesellschafterstreitigkeiten.

Häufig empfohlen: Dr. Thomas Trölitzsch („angenehm im Umgang", Wettbewerber), Dr. Rolf Leinekugel („extrem bissiger Verhandler", Wettbewerber), Dr. Felix Born („sehr kompetent", Wettbewerber)

Kanzleitätigkeit: Schwerpunkt auf Aktien- u. Konzernrecht; auch Transaktionen. Mandanten: Unternehmen aller Größen, Beratung bundesweit u. international. Branchen: insbes. Pharma (▶ Gesundheit), ▶ Energie, Medien/Presse. (5 Partner, 4 Associates)

Mandate: ●● WMF bei umwandlungsrechtl. Squeeze-out durch KKR; Pulsion Medical Systems bei HV zu Beherrschungsvertrag mit Maquet Medical Systems (aus dem Markt bekannt); Steag in gesellschaftsrechtl. Streit; Primion Technology bei Delisting; Südt. Verlag Fachinformationen u. Reutlinger Generalanzeiger in Gesellschafterstreit; Vorstandsmitglied eines Energieversorgers in D&O-Prozess; Entsorgungsunternehmen bei €111-Mio-Konsortialfinanzierung; AKW-Betreiber zu gesellschaftsrechtl. Fragen beim Rückbau.

ORTH KLUTH
Gesellschaftsrecht

Bewertung: Für Gesellschaftsrecht empfohlene Kanzlei, die eine Mischung aus mittelständ. Unternehmen u. Töchtern internat. Konzerne berät, meist schon seit Jahren. So heterogen dieser Mandantenstamm auch ist, so einig ist er sich in seinem Lob der Corporate-Praxis: „High-End-Beratung zu Mittelfeldpreisen", lautet ein typ. Kommentar. Ein weiterer ausl. Mandant lobte die „unglaubl. Mandantenorientierung – echtes praktisches Branchenverständnis u. zupackende Art". Die gesellschaftsrechtl. Beratung war eng mit allg. Vertragsmanagement verknüpft, doch im Laufe des letzten Jahres stieß Orth Kluth auch in die lukrativere Compliance-Arbeit vor, v.a. durch Meyer.

Stärken: Breit angelegte Beratung (Mittelstand wie Konzerne) mit moderater Kostenstruktur.

Häufig empfohlen: Dr. Robert Orth, Boris Körner, Dr. Marc Henze, Dr. Kai-Michael König, Dr. Christian Meyer

Kanzleitätigkeit: Schwerpunkt im Gesellschaftsrecht sowie im dt. u. internat. Vertragsrecht. Auch großvolumigere M&A-Deals. Mandantschaft: Mittelstand, regelm. auch dt. u. internat. Konzerne, Finanzinvestoren. (5 Eq.-Partner, 1 Sal.-Partner, 3 Associates)

Mandate: ●● Terex-Gruppe bei gruppeninterner Umstrukturierung, Transportunternehmen bei gesellschaftsrechtl. Strukturierung. lfd.: Outokumpu Oyi und Töchter in Dtl., Spheros, Stadtwerke Düsseldorf.

OSBORNE CLARKE
Gesellschaftsrecht

Bewertung: Geschätzte Kanzlei im Gesellschaftsrecht, die über eine Fokussierung auf Industriesektoren stark im IT-, aber auch zuletzt im Energiesektor, ihr Geschäft ausweitet. Deutl. wird dies bspw. bei der Beratung von First Solar, die OC sowohl IT-rechtl. als auch gesellschaftsrechtl. berät. Auch eine Reihe von Gamesunternehmen, ursprüngl. reine IT- u. Medienmandanten, vertrauen mittlerw. auch im Gesellschaftsrecht auf OC. Mit den Zugängen von Carsten Dau (von Baker & McKenzie) und Dr. Fabian Christoph (von Allen & Overy) hat sie sich zudem in Hamburg verstärkt, womit ein weiterer wichtiger Schritt in Sachen Wachstum getan ist.

Stärken: Marktführende Venture-Capital-Praxis (▶ Private Equ. u. Vent. Capital) mit ausgeprägtem Fokus auf Industriesektoren.

Häufig empfohlen: Rudolf Hübner, Dr. Martin Sundermann, Dr. Matthias Terlau (v.a. Bank- u. Kapitalmarktrecht), Matthias Elser, Nicolas Gabrysch (v.a. Venture Capital), Philip Meichssner

Kanzleitätigkeit: Fokus auf technologienahe Branchen, über HH Logistik u. erneuerbare Energien; Umstrukturierungen u. kapitalmarktrechtl. Aspekte; dazu lfd. Rundumbetreuung eines mittelständ. Mandantenstamms, inkl. ▶ M&A. Auch Beratung zu Nachfolgefragen, inkl. Steuerrecht. (12 Partner, 14 Associates)

Mandate: ●● Life Science Inkubator, u.a. zu Fondsmanagementtätigkeit; Grifols, u.a. zu Fremdfinanzierungsstruktur u. Collateral Securities in Zshg. mit Kauf von Talecris; Keen Games bei Umstrukturierung u. Neuausrichtung des Geschäftsmodells; Mentor Graphics, u.a. zu Umwandlung; NonStop Recruitment zu Markteintritt u. Gesellschaftsgründung; lfd. First Solar.

P+P PÖLLATH + PARTNERS
Gesellschaftsrecht

Bewertung: Empfohlene Gesellschaftsrechtspraxis, die sich über die Jahre als kleinere, aber umso schlagkräftigere Einheit neben den trad. zentralen Transaktions- u. Steuerpraxen der Kanzlei etabliert hat. Das Team um Grobecker u. Nase hat den gerade bei Eignerfamilien dt. Konzerne u. Finanzinvestoren hoch angesehenen Namen Pöllath geschickt genutzt, um sich im Markt als Alternative zu den Großkanzleien zu positionieren. Bei einer Klage bzgl. der Übernahme von Celesio durch McKesson demonstrierte das Team zuletzt auch ein weiteres Mal seine Expertise in streitigen Fällen. Die zunehmende Bedeutung der Praxis für die Gesamtkanzlei unterstrich P+P durch einen Counsel-Zugang von Hengeler Mueller.

Stärken: P+P hat durch die starken ▶ Nachfolge/Vermögen/Stiftungen- u. ▶ Steuerpraxen einen außerordentl. guten Zugang zu Eignerfamilien.

Häufig empfohlen: Dr. Wolfgang Grobecker, Prof. Dr. Reinhard Pöllath, Dr. Eva Nase

Kanzleitätigkeit: Traditionell gr. Anzahl an Familienunternehmen; dyn. Ausbau der Praxis in Richtung Aktien- u. Konzernrecht sowie Corporate Litigation. (3 Partner, 1 Counsel, 3 Associates)

Mandate: ●● Magnetar Capital zu Klagen im Zshg. mit Übernahme u. Integration von Celesio durch McKesson; Pioneer Europe bei Umstrukturierung; Data Modul bei Übernahme durch Arrow Electronics; Abeking & Rasmussen Schiffs- u. Yachtwerft bei SE-Gründung sowie lfd.; HeidelbergCapital zu Squeeze-out bei Nextevolution; Nanogate zu Gesellschafterstreit u. lfd.; Bayr. Gewerbebau bei HV; Dt. Sparkassen Leasing in Schadensersatzprozess gg. ehem. GF; Insolvenzverwalter Arcandor in Schadensersatzklage gg. ehem. Vorstände u. Aufsichtsräte.

PRICEWATERHOUSECOOPERS LEGAL
Gesellschaftsrecht

Bewertung: Die im Gesellschaftsrecht geschätzte Praxis der Big-Four-Prüfgesellschaft hat ihre im Vorjahr erstmals zutage getretene Spezialisierung der Post-Merger-Integration weiter ausbauen können. Mit Dax-Konzernen wie SAP oder Merck hat sie diesbzgl. Vorzeigemandanten, die sie nun bei entsprechenden Projekten begleitet. Auch die Beratung des dt. Mittelstands konnte sie im höherwertigen Gesellschaftsrecht nicht zuletzt aufgrund der Partnerzugänge von Dr. Steffen Schniepp in Stuttgart (kam von Beiten Burkhardt) u. Gerhard Wacker in Nürnberg (von Rödl & Partner) nochmals stärken. Mit dem im Frühjahr von Freshfields gekommenen Dr. Nikolaus Schrader will die Kanzlei nun auch ihre geografische Aufstellung an wichtigen Standorten in Dtl. stärken: Er soll ein Gesellschaftsrechtsteam in München aufbauen sowie das Büro in Hamburg weiter verstärken.

Stärken: Riesiges internat. Netzwerk.

Häufig empfohlen: Dr. Dirk Stiller

Kanzleitätigkeit: Breite Praxis für länderübergreifende Um- u. Restrukturierungen in der Kombination Gesellschafts- u. Steuerrecht (Carve-outs, Post-M&A-Integration), Joint Ventures, HV-Begleitung, ▶ M&A. Neben der Beratung von Großkonzernen viele Mittelständler u. dt. Töchter internat. Unternehmen. (Kern-Team Corporate/M&A: 7 Eq.-Partner, 3 Sal.-Partner, rund 40 Associates)

Mandate: ●● SAP bei Integration von Ariba u. SuccessFactors in 34 Ländern, sowie von Hybris in 16 Ländern; Merck KGaA bei Integration der AZ-Gruppe in 9 Ländern. Lfd.: Kaco.

RASCHKE VON KNOBELSDORFF HEISER
Gesellschaftsrecht

Bewertung: Die im Gesellschaftsrecht geschätzte ▶ Hamburger Boutique hat sich v.a. in der lfd. Beratung etabliert u. ist durch ihre Aktivität in einem prominenten Gesellschaftsrechtsstreit im Markt auch für ihre Prozesspraxis bekannt. Mehr getroffen von der Trennung eines Teams um den Namenspartner Dr. Ulf Renzenbrink (eigene Sozietät) wurde die M&A-Praxis. Durch den Zugang des Graf von Westphalen- u. M&A-Partners Dr. Dominik Ziegenhahn kamen aber auch interessante gesellschaftsrechtl. Mandate mit, wie etwa für Techniplas.

Häufig empfohlen: Dr. Kristian Heiser, Dr. Thorsten Raschke, Gilbert von Knobelsdorff („liefern alle vertrauensvolle Zusammenarbeit", Wettbewerber)

Kanzleitätigkeit: Lfd. Beratung im Gesellschaftsrecht, auch mit kapitalmarktrechtl. Bezügen. Zudem

GESELLSCHAFTSRECHT

oft in gesellschaftsrechtl. Streitigkeiten sowie bei Restrukturierungen aktiv. (5 Partner, 3 Associates)
Mandate: ●● Demire Dt. Mittelstand Real Estate u.a. bei HV u. div. Sachkapitalerhöhungen; lfd. Dt. Messe u.a. bei indones. Joint Venture; Thielert-Insolvenzverwalter in Prospekthaftungsklage; Elbstein bei Bar- u. Sachkapitalerhöhung; Techniplas/Dickten Mash Plastics zu Integration einer erworbenen Sparte; lfd. Vapiano.

RAUE
Gesellschaftsrecht

Bewertung: Im Gesellschaftsrecht geschätzte ▶Berliner Kanzlei, bei der sich die Beratung von Aktionären u. Organmitgliedern zuletzt noch einmal stark entwickelt hat. Zudem hat die Beratung zu Corporate-Governance- und Compliance-Fragen deutlich zugenommen, wie die Beispiele der Dauermandanten Gasag u. Storengy zeigen. Dabei ist das breite Beratungsangebot auch zu Joint Ventures u. gesellschaftsrechtl. Strukturmaßnahmen traditionell v.a. im ▶Medien- u. ▶Energiesektor besonders sichtbar.
Häufig empfohlen: Prof. Dr. Andreas Nelle, Dr. Jörg Jaecks, Dr. Justus Schmidt-Ott
Kanzleitätigkeit: Breite Praxis, zunehmend internat. Mandanten (oft in Koop. mit anderen Kanzleien) mit Schwerpunkten in bestimmten Branchen, v.a. ▶Energie, ▶Gesundheit u. IT/Telekom. (5 Partner, 6 Associates)
Mandate: ●● Alpiq bei Joint Ventures mit internat. Facility-Management-Gruppe; Unify bei der Restrukturierung des dt. u. internat. Geschäfts; Gasag lfd. u.a. bei Restrukturierungsmaßnahme nach UmwG u. Vorstand u. Aufsichtsrat in Corporate-Governance-Fragen; Storengy Dtl. u.a. zu Corporate Governance; Fitch Ratings insbes. zur Einführung von Corporate-Governance-Struktur für dt. Tochter; Sixt SE bei Joint Venture DriveNow mit BMW.

REDEKER SELLNER DAHS
Gesellschaftsrecht

Bewertung: Die im Gesellschaftsrecht geschätzte Kanzlei ist v.a. für die enge Schnittstelle zur öffentl.-rechtl. Praxis bekannt. Dabei standen zuletzt v.a. Neuordnungen bei dt. Töchtern internat. Konzerne im Vordergrund. Insofern ist es ein logischer Schritt, dass Redeker Ende 2014 die Zusammenarbeit mit der brit. Kanzlei Bond Dickinson institutionalisierte u. die Internationalisierung vorantreibt. Das v.a. in Bonn etablierte Team hat inzwischen eine Breite erlangt, die eine gewisse interne fachl. Aufgliederung ermöglicht, z.B. zu Insolvenz- u. Gemeinnützigkeitsrecht. Dies unterstreicht das Potenzial der Corporate-Praxis, wie auch die interne Counsel-Ernennung belegt.
Stärken: Schwerpunkt bei öffentl. Unternehmen.
Häufig empfohlen: Dr. Jürgen Lüders, Dr. Jakob Wulff
Kanzleitätigkeit: Neben Beratung gr. öffentl. Unternehmen (inkl. Verfassungs- u. Steuerrecht) z.B. Mandanten aus Gesundheitswesen, Energie-, Kredit- u. Versorgungsbranche. Auch Aktienrecht, Rechtsformwechsel u. Verschmelzungen. (5 Eq.-Partner, 1 Sal.-Partner, 6 Associates)
Mandate: ●● Öffentl. bekannt: lfd. div. Textron-Gesellschaften in Dtl. (u.a. Kautex), Malteser (u.a. zu Joint Venture), frz. Konzern mit dt. Töchtern; Automobilzulieferer bei Umwandlung einer Zwischenholding; brit. Unternehmen bei gepl. Verkauf der dt. Tochter; ital. Untern. bei Verschmelzung dt. Töchter.

RITTERSHAUS
Gesellschaftsrecht

Bewertung: Das Gesellschaftsrecht ist das Herzstück der geschätzten Kanzlei mit Stammsitz in Mannheim. Bei ihrem treuen mittelständ. Mandantenstamm überzeugt Rittershaus v.a. durch ihre Kompetenz bei Nachfolgethemen u. gesellschaftsrechtl. Umstrukturierungen. Mittlerw. berät sie aber auch eine Reihe von Industriekonzernen. Dabei zahlt sich die Fokussierung auf einzelne Produkte u. Branchen aus – ein Frankfurter Partner etwa ist erfahren in der Beratung der Gesundheitsbranche. Auf diese Weise holt das Frankfurter Büro langsam auf, auch wenn Mannheim weiterhin die mit Abstand höchste Marktpräsenz hat. Nachholbedarf hat Rittershaus weiterhin in München. Nach einer Partnerernennung im Vorjahr u. dem Zugang eines erfahrenen Associates aus einer anderen Kanzlei hat sie aber ein klares Bekenntnis zum Münchner Standort abgegeben.
Häufig empfohlen: Rainer Dietmann, Prof. Dr. Christof Hettich
Kanzleitätigkeit: Neben regionalem Geschäft (▶Baden-Württemberg) auch bundesweit u. zunehmend internat. tätig. Mandantschaft: gehobener Mittelstand internat. aus div. Branchen. Weiterhin Beratung zu Nachfolgefragen. Verbindung mit einer WP- u. Steuerberaterkanzlei. (12 Partner, 7 Associates)
Mandate: ●● CureVac zu Einstieg bei Bill & Melinda Gates Foundation u. Kapitalerhöhung; Beteiligungsfonds der Stadt Mannheim zu Fondsmanagement, Investments; Rothenberger 4 x S Vermögensverwaltung zu Unternehmens- u. Vermögensnachfolge; Familie Mack (Europa-Park) zu mediationsanaloger Nachfolgeberatung; mittelständ. Chemieunternehmen bei Gesellschafterstreit; mittelständ. Industrieunternehmen u.a. bei Umstrukturierungen von Tochtergesellschaften; prozessual: Medienunternehmen, Pharmaunternehmen.

RÖDL & PARTNER
Gesellschaftsrecht

Bewertung: Die im Gesellschaftsrecht empfohlene MDP-Kanzlei hat traditionell ein besonderes Standbein bei der Beratung zu Nachfolgethemen. Mandanten sind dabei überwiegend eignergeführte Unternehmen u. große, oft internat. aktive Mittelständler, die auch ihre ausgeprägte Expertise im Steuerrecht schätzen. Besonders viel Zuwachs verzeichnete zuletzt der Bereich Prozessführung, zudem werden die Anwälte immer häufiger auch in der Corporate-Governance-Beratung aktiv. Im klass. Gesellschaftsrecht konnte das Team zuletzt einige neue namh. Mandanten, darunter auch Dax-Konzerne, für sich gewinnen. Hier spielt der Kanzlei ihre internat. Aufstellung mit ihrem weit verzweigten Netzwerk in die Hände. V.a. mit Blick auf die Auslandsbüros bemängeln Wettbewerber allerdings immer wieder eine heterogene Qualität.
Stärken: Multidiszipl. Beratung, v.a. Kombination von Steuer- u. Gesellschaftsrecht. Große Zahl von Auslandsbüros.
Häufig empfohlen: Prof. Dr. Christian Rödl (auch Steuern), Stephan Schmitt, Dr. Dirk Halm, Horst Grätz
Kanzleitätigkeit: Schwerpunkt bei Unternehmensumstrukturierungen. Außerdem Fragen des internat. Steuerrechts, Finanzierungen u. Veräußerungen nach Akquisitionen, zudem Restrukturierungen (München), öffentl. Hand (Köln), Fonds u. Beteiligungsgesellschaften (Hamburg u. Berlin).

Vorstandsberatung. Zunehmend Compliance-Beratung. (20 Partner, 17 Counsel, 26 Associates, 1 of Counsel)
Mandate: ●● Sun Chemical bei Verschmelzungen u. Umstrukturierungen.

SCHMIDT VON DER OSTEN & HUBER
Gesellschaftsrecht

Bewertung: Die Gesellschaftsrechtspraxis der Essener Kanzlei (▶Ruhrgebiet) wird für die Beratung ihres treuen Mandantenstamms im Markt geschätzt. Auch wenn sie immer wieder für Konzerne tätig ist, liegt der klare Fokus auf der Beratung des Mittelstands. Eine exponierte Stellung nimmt dabei sicher die langj. Beziehung zu Aldi ein. Doch gerade jüngere Partner setzen parallel auch auf die Akquise neuer Mandanten. Zunehmend arbeitet die Kanzlei an ihrer internen Vernetzung u. konnte dadurch größere gesellschaftsrechtl. Mandanten zuletzt auch gesellschaftsrechtl. beraten.
Stärken: Beratung von familiengeführten Unternehmen. Tiefe Erfahrung in ▶Nachfolge/Vermögen/Stiftungen.
Häufig empfohlen: Dr. Ulf Rademacher, Dr. Rainer Burghardt
Kanzleitätigkeit: Hauskanzlei für einige namh. Unternehmen, v.a. inhabergeführt. Regelm. ausl. Unternehmen bei gesellschaftsrechtl. Fragen in Deutschland Strukturelle, steuergetriebene Gestaltungsberatung, daneben größere gesellschaftsrechtl. Streitigkeiten. Auch Notariat. Regionale Schwerpunkte in NRW sowie Benelux, Frankreich, Spanien, GB, Dänemark, Österreich. (8 Partner, 3 Associates, inkl. M&A)
Mandate: ●● Lfd.: Kötter, Aldi-Gruppe (Nord u. Süd) europaweit, Rhein-Ruhr Collin, Stewing-Gruppe, Heinz Nixdorf Stiftung u. Stiftung Westfalen.

SERNETZ SCHÄFER
Gesellschaftsrecht

Bewertung: Im Gesellschaftsrecht geschätzte Kanzlei, die trad. v.a. bei streitigen Mandaten auf sich aufmerksam macht. Nach dem Ende des umfangreichen HRE-KapMuG-Verfahrens tat sich mit dem Heta-Komplex postwendend ein neuer Schauplatz für Großprozesse auf. Gleichzeitig tritt insbes. die Münchner Mannschaft regelm. in Organhaftungsfällen auf u. wird hier von Wettbewerbern enthusiastisch gelobt. In der lfd. gesellschaftsrechtl. Beratung oder bei Post-M&A-Maßnahmen tat sich dagegen bisher v.a. der Düsseldorfer Standort hervor.
Stärken: Prozesse im Bankensektor.
Häufig empfohlen: Prof. Dr. Frank Schäfer, Dr. Ulrike Schäfer, Dr. Andreas Höder, Dr. Andreas Gätsch
Kanzleitätigkeit: Kernbereich ist die Betreuung namh. Großbanken, v.a. bei ▶gesellschaftsrechtl. sowie bank- u. kapitalmarktrechtl. Streitigkeiten, zudem Vertretung von Großgesellschaftern bei Unternehmensverkäufen. Mandanten: internat. u. mittelständ. Unternehmen, hier regelm. aufseiten vermögender Gesellschafterstämme. Zudem Spezialistin für Organhaftungsfragen. (Corporate insges.: 7 Eq.-Partner, 1 Sal.-Partner)
Mandate: ●● Grovepoint aktienrechtl. im Zshg. mit Beteiligung an Bank; FMSW in Verfahren um Heta-Anleihenrückzahlung; Dt. Pfandbriefbank/HRE in KapMuG-Verfahren u. in Schadensersatzklagen gg. Ex-Vorstände; Jades bei Errichtung u. Strukturierung des Onlinegeschäfts in Südkorea;

● Referenzmandate, umschrieben
●● Referenzmandate, namentlich

Anwaltszahlen: Angaben der Kanzleien, wie viele Anwälte zu mind. ca. 50 % in diesem Gebiet tätig sind. Sie spiegeln nicht zwingend die Gesamtgröße einer Kanzlei wider.

GESELLSCHAFTSRECHT

Eurotours bei Koop. mit Dt. Post; lfd. Unifa, Börse Düsseldorf; ehem. Sparkassenverwaltungsräte im Zshg. mit Compliance-Affäre; Venture-Capital-Investor in Post-M&A-Streitigkeiten.

SHEARMAN & STERLING
Gesellschaftsrecht

Bewertung: Die Arbeit der im Gesellschaftsrecht geschätzten Kanzlei ist weiter von der Betreuung langj. Mandanten wie Internat. Chemical Investors geprägt. Mit der Aareal Bank hat die Praxis eine neue Mandantin gewonnen, die sie u.a. zu Fragen der Corporate Governance sowie im Aktien- u. Wertpapierrecht berät. Andere große Namen sind dagegen – zumindest im Gesellschaftsrecht – von der Mandatsliste verschwunden. Das Zugpferd Thoma ist durch sein Mandat im Aufsichtsrat der Dt. Bank seit einigen Jahren stark gebunden, er bekleidet mittlerweile den Status eines of Counsels. Nichtsdestotrotz kommen der Kanzlei sein hervorragender Ruf u. seine vielfältigen Kontakte weiter zugute. Die angrenzende Kapitalmarktpraxis wurde durch den Wechsel von Marc Plepelits zu Allen & Overy geschwächt.
Häufig empfohlen: Georg Thoma, Dr. Alfred Kossmann
Kanzleitätigkeit: Aktien- u. Konzernrechtspraxis, ausgeprägter Industriefokus (Pharma, Automotive, Finanzdienstleister, Versicherung). (3 Partner, 1 of Counsel, 10 Associates)
Mandate: ●● Lfd. Sapinda, Internat. Chemical Investors, Ecopetrol, Aareal Bank lfd. u.a. aktienrechtl. u. zu Corporate Governance; div. Hedgefonds lfd. gesellschaftsrechtl. u. zu Corporate Governance.

SIMMONS & SIMMONS
Gesellschaftsrecht

Bewertung: Eine im Gesellschaftsrecht empfohlene Kanzlei mit trad. Fokus auf dem ▶Energiesektor u. Asset-Management. Über eine verbesserte Schnittstellenarbeit mit der ww. Praxis konnte sie nun mehr Arbeit aus dem Technologiesektor gewinnen. Sehr vielversprechend zeigte sich die Fernostpraxis: Schilmar in München hat mit seiner starken Chinapraxis u. Schritte nach vorn geschafft, in D'dorf gedeiht der Japan-Desk weiter. Sowohl Bormann als auch Ulrich sind die bekanntesten Partner. Anzeichen sprechen zudem dafür, dass die Zusammenarbeit mit Ffm. mehr Arbeit im Kapitalmarktbereich generiert.
Stärken: Kombination aus Compliance, Wirtschaftsstraf- u. Gesellschaftsrecht.
Entwicklungsmöglichkeiten: S&S berät in anderen Ländern viele namh. Pharmaunternehmen. Diesen Mandantenstamm nach Dtl. zu importieren, wäre ein offensichtliches Nahziel.
Häufig empfohlen: Dr. Michael Bormann, Dr. Stephan Ulrich, Dr. Dr. Boris Schilmar
Kanzleitätigkeit: Mischung aus lfd. Beratung von dt. Mittelständlern u. Konzernen, v.a. im Energiebereich; Mandanten aus Fernost (Japan, China, Indien). (Corporate: 6 Eq.-Partner, 4 Sal.-Partner, 6 Associates)
Mandate: ●● Ascendis Pharma bei dt.-rechtl. Aspekten des NASDAQ-Börsengangs; Henderson Global Investors bei Gründung von TIAA Henderson Real Estate; Allianz Global Investors bei Konsolidierung der europäischen OGAW- und AIF-Managementgesellschaften. Lfd.: Warsteiner International, IKEA Industry Gruppe u. Energie, Polaris-Gruppe.

SKADDEN ARPS SLATE MEAGHER & FLOM
Gesellschaftsrecht

Bewertung: Häufig empfohlene Gesellschaftsrechtspraxis, die sich über die letzten Jahre neben ihrer trad. Rolle bei internat. Großtransaktionen auch als Beraterin dt. Konzerne wie Merck oder Fresenius sowie im margenträchtigen Compliance-Bereich nachhaltig etabliert hat, Letzteres mit deutl. Fokus auf akuter Krisenbewältigung statt präventiver Beratung. An den fachl. Qualitäten der Skadden-Anwälte gibt es im Markt kaum Zweifel. Die Marktpräsenz leidet seit einer Weile allerdings darunter, dass die Partnerriege Stück für Stück abschmilzt: Nach einem Weggang im Vorjahr verabschiedete sich mit Dr. Matthias Jaletzke erneut ein langj. Partner der dt. Skadden-Praxis (zu Hogan Lovells).
Stärken: Übernahmerecht u. Restrukturierung, starke Compliance-Praxis. Herausragend für industrielle Mandanten in den USA.
Häufig empfohlen: Dr. Bernd Mayer, Dr. Matthias Horbach
Kanzleitätigkeit: V.a. transaktionsbezogene Beratung (auch Post-M&A-Streitigkeiten), viel ▶Compliance-Arbeit. Auch in einigem Umfang für Investmentbanken aktiv. (6 Partner, 3 Counsel, 11 Associates)
Mandate: ●● Blackrock im Zshg. mit dt. Gesellschaften; Fresenius Kabi bei gepl. Joint Venture in Russland; Merck im Zshg. mit Kauf von Sigma Aldrich; Ebay zu HV bei Intershop Communications; NTT Communications zu HV bei Integralis; Samsung Electronics zu dt. Gesellschaften. Lfd. (auch zu Corporate Governance): SGL Carbon, Zumtobel, Zürcher Kantonalbank. Unternehmer in Schiedsverfahren um Verkauf an Großkonzern; IT-Unternehmen in Anfechtungsklage gg. HV-Beschluss einer dt. Tochter.

SPIEKER & JAEGER
Gesellschaftsrecht

Bewertung: Die empfohlene Gesellschaftsrechtspraxis der ▶Ruhrgebietskanzlei pflegt seit Jahren stabile Beziehungen zum westfäl. Mittelstand. Ihr renommiertes Notariat gehört traditionell zu den Treibern des Geschäfts. Zuletzt konnte S&J seine Marktanteile hier erneut steigern. Darüber hinaus fasst die jüngere Partnerriege um Lorscheider u. Mätzig immer mehr im Markt Fuß. Letzterer begleitete kürzlich z.B. Ferchau beim Kauf einer Airbus-Tochter.
Stärken: Traditionsreiche Praxis inkl. Prozessführung, gesellschaftsrechtl. Notariat.
Häufig empfohlen: Dr. Jochen Berninghaus, Dr. Carsten Jaeger, Dr. Thorsten Mätzig, Dr. Steffen Lorscheider
Kanzleitätigkeit: Konzentration auf gehobenen Mittelstand, zunehmend überreg. tätig, auch internat. Geschäft (z.T. über Interlegal-Netzwerk). Zudem traditionell etliche Großunternehmen der Region. (7 Partner, 2 Associates)
Mandate: ●● Ferchau bei Kauf von Rostock System Technik; Anton Röhr bei Kauf von Rudolf Spitznagel-Gruppe; Homag Group bei Zusammenschluss mit Dürr; lfd. Privatbrauerei Herrenhausen u. weitere dt. Privatbrauereien, Dt. Mineralbrunnen, Elmos Semiconductor, Westfleisch, mehrere Fondsemissionshäuser, dt. Porzellanhersteller.

SQUIRE PATTON BOGGS
Gesellschaftsrecht

Bewertung: Die im Gesellschaftsrecht geschätzte Kanzlei verfügt insbes. in Berlin über einen Stamm größerer dt. u. internat. Unternehmen, die sie lfd. berät, allen voran die Dt. Wohnen. Zudem werden aus Berlin regelm. dt. u. europ. Unternehmen nach Fernost (Korea, China, Hongkong) begleitet, während in Frankfurt die Mitwirkung bei internat. Schiedsverfahren u.a. in gesellschaftsrechtl. Streitigkeiten eine immer prägnantere Rolle spielt.
Entwicklungsmöglichkeiten: Die internat. Fusion hat insbes. in Bezug auf Asien neue Möglichkeiten eröffnet. Allerdings bedarf es weiterer Integration, damit die dt. Büros auch im allg. Gesellschaftsrecht profitieren. Die starke Praxis im streitigen Bereich könnte hier den Weg ebnen.
Häufig empfohlen: Dr. Kai Mertens
Kanzleitätigkeit: Breite Praxis bei Umstrukturierungen, Joint Ventures, Organberatung, sowie ▶M&A- u. Immobilientransaktionen. Daneben gesellschaftsrechtl. Streitigkeiten (internat. Schiedsverfahren, Prozesse). (5 Partner, 6 Associates, 2 of Counsel)
Mandate: ●● Investitionsbank Berlin bei Streit um Gesellschaftervereinbarung zu Filmfonds; Arcoma Arabia in ICC-Schiedsverfahren. Lfd.: Dt. Wohnen, Live Nation, Keramag, Shred-It, Acorn Treppenlifte, Ceva Logistics, Höchster Porzellan Manufaktur, Impro Europe, Instinctiv Partners, Multi Packaging Solutions, Pegasystems, Pro Potsdam, Sanitec Group.

SZA SCHILLING ZUTT & ANSCHÜTZ
Gesellschaftsrecht

Bewertung: Eine führende Kanzlei im Gesellschaftsrecht u. eine der gefragtesten unabhängigen Beraterinnen für Vorstände u. Aufsichtsräte im Markt. Die prominente Beratung der Dt. Bank hat SZAs Ruf stark geprägt (v.a. den ihrer jüngeren Partner), u. es ergab sich eine Reihe ähnl. Mandate (oft vertraul. Beratung an der Schnittstelle von Gesellschaftsrecht/Organberatung/Compliance). Die Reputation von Reichert für hochkomplexe streitige Fälle ist herausragend: Dass Hengeler Mueller ihn wählte, um sich in einem Gerichtsverfahren mit einem Insolvenzverwalter vertreten zu lassen, spricht Bände. Die zunehmende Visibilität der jüngeren Generation, u.a. Thomsen u. Nolden, ist ein gutes Zeichen für die Zukunft. Die Sozietät holte aber auch erneut erfahrene Quereinsteiger: Thomas Oberle (kam von Wellensiek dazu) u. Marc-Philippe Hornung (von Clifford) decken nun die Schnittstelle zum Insolvenzrecht ab; Markus Pfüller (ebenso von Clifford) soll eine Kapitalmarktpraxis aufbauen.
Stärken: Große Tradition im Konzern- u. Aktienrecht. Sehr gute Verbindungen in die Vorstandsetagen einiger zentraler Mandanten. Besonders stark bei Prozessen.
Häufig empfohlen: Prof. Dr. Jochem Reichert, Dr. Stephan Harbarth („fairer Kollege mit exzellenten Rechtskenntnissen, verlässlich u. gut", Wettbewerber), Dr. Thomas Liebscher, Dr. Stephan Brandes, Dr. Marc Löbbe („hervorragender Aktienrechtler", Wettbewerber), Dr. Heino Rück, Christian Gehling, Ruth-Maria Thomsen, Dr. Christoph Nolden („schnelle, unproblematische Dienstleistung, sehr sorgfältig und schnell", Mandant).
Kanzleitätigkeit: Hochkarätige aktien- u. konzernrechtl. Praxis mit industriellem Fokus (v.a. Automotive, Pharma). Zunehmend als unabhängige Beraterin für Haftungsthemen gefragt (▶Gesellschaftsrechtl. Streitigkeiten). Integrierte Corporate- u. kapitalmarktrechtl. Beratung, Transaktionen (▶M&A). Auch Beratung in ▶Nachfolge/

GESELLSCHAFTSRECHT

Vermögen/Stiftungen. (11 Partner, 25 Associates, 1 of Counsel)
Mandate: ●● BayernLB bei Schadensersatzansprüchen gg. Verwaltungsratsmitglieder wg. Kauf der HGAA; Daimler bei Umstrukturierung Dasa/Dedalus im Zshg. mit Neuordnung von EADS sowie bei Abwehr Insiderstrafverfahren in Frankreich; Freudenberg bei Konzernumstrukturierung. Aus dem Markt bekannt: Aufsichtsrat der Dt. Bank bei Kirch-Folgethemen; Mektek Europe bei Umstrukturierung; Axel Springer bei Vergleich; Gebr. Röchling/Röchling Automotive bei Umwandlung in SE & Co. KG. Lfd.: Daimler, CropEnergies, Gehr Kunststoffwerk, Jakob Müller, JM Holding, Kieswerk Hardt, Kieswerk Salem, MetoKote, 20/10 Perfect Vision, Pfenning Logistics, Renolit, RKW, Südzucker AG, Trumpler, Dr. Eduard Wöllner Familienstiftung.

TAYLOR WESSING
Gesellschaftsrecht
Bewertung: Die im Gesellschaftsrecht häufig empfohlene Kanzlei verfügt seit einigen Jahren über eine der gefragtesten dt.-chin. Praxen im Markt. Neben Ranft sind heute in Dtl. u. Schanghai eine Anzahl weiterer Anwälte tätig. Dabei erlebte die Kanzlei im Einklang mit der konjunkturellen Entwicklung einen Anstieg an asiat. Inboundarbeit. Ein interessantes Pendant dazu entwickelt sich zudem in dt.-brasilian. Geschäft. Im Übrigen hat die gesellschaftsrechtl. Arbeit ihren Schwerpunkt im Mittelstandssegment. In Ffm. etabliert sich zunehmend eine Praxis für öffentl. Übernahmen, u.a. vertraute Arrow hier zum wiederholten Male auf TW. Daran zeigt sich, wie die Seiteneinsteiger der vergangenen Jahre (v.a. Vaupel) das Potenzial haben, TW auf die nächste Qualitätsebene zu heben.
Stärken: Anerkannte dt.-chin. Praxis. Umfangr. Technologieerfahrung in München u. Hamburg. Auch ▶Gesellschaftsrechtl. Streitigkeiten. Erfahrene kapitalmarktrechtl. und übernahmerechtl. Praxis in Frankfurt.
Entwicklungsmöglichkeiten: Das Corporate-Team ist hauptsächl. transaktionsgetrieben, u. das Potenzial, auch als unabhängiger Organberater aufzutreten, bleibt meist ungenutzt.
Häufig empfohlen: Dr. Peter Hellich, Dr. Ernst-Albrecht von Beauvais, Christoph Vaupel, Dr. Klaus Grossmann, Robert Wethmar, Stephan Heinemann, Dr. Frank Koch, Michael-Florian Ranft, Dr. Holger Schrewe, Roman Bärwaldt („kreativ, fachl. sehr sorgfältig", Wettbewerber), Dr. Hendrik Boss, Dr. Jan Riebeling („sehr kooperativ, fair, sehr guter Gesellschaftsrechtler", Wettbewerber), Dr. Christian Traichel („sachorientiert u. pragmatisch", Wettbewerber)
Kanzleitätigkeit: Breite Praxis, v.a. Mittelstands-, zunehmend auch Konzernberatung; umfangr. Restrukturierungstätigkeit sowie Prozessführung. Mandanten aus den Branchen Markenartikel, ▶Medien, ▶Gesundheit, Mode, Schifffahrt, Chemie u. ▶IT sowie Hightech. (Corporate insges.: 45 Partner, 30 Associates)
Mandate: ●● Arrow Electronics bei öffentl. Übernahme von Data Modul; Huayu bei Joint Venture mit KSPG (Rheinmetall); KPS bei Zusammenschluss mit Getit-Gruppe; Panasonic Europe bei Verschmelzung u. Integration der dt. Töchter; Aufsichtsrat von C.A.T. Oil bei öffentl. Übernahme durch Maurice Dijols/Joma; Dachser bei SE-Umwandlung; Vebego bei Beteiligung an Personalprofi; Freitag & Co. bei öffentl. Übernahmeangebot von KKR für WMF sowie von Dürr für Homag; Lintec, Rösler Oberflächentechnik sowie Neeb-Schuch bei Joint Ventures in Brasilien; Mitel Corp. bei europaweiter Reorganisation; OHB bei SE-Umwandlung; Turbina Energy bei Kapitalerhöhung unter Gewährung des Bezugsrechts an Altaktionäre.

THÜMMEL SCHÜTZE & PARTNER
Gesellschaftsrecht
Bewertung: Die geschätzte gesellschaftsrechtl. Praxis der ▶Stuttgarter Kanzlei wird in ihren Paradedisziplinen bundesw. wahrgenommen. Dies gilt insbes. für Schiedsverfahren u. die Vertretung von Organmitgliedern in Haftungsklagen. Daneben berät TSP aber auch einen stabilen Mandantenstamm an Familienunternehmen. Unverändert wächst die dt.-chin. Praxis (▶M&A). Nach dem altersbedingten Ausscheiden eines Seniorpartners hat TSP zuletzt einen Sal.-Partner ernannt.
Stärken: Gesellschaftsrechtl. Begleitung im Ausland, Schiedsverfahren.
Häufig empfohlen: Prof. Dr. Roderich Thümmel, Jens Haubold
Kanzleitätigkeit: Mittelstandsberatung; (internat.) Schiedsverfahren (▶Handel u. Haftung); starke D&O-Praxis; große Erfahrung bei Investitionen in Fernost. (7 Eq.-Partner, 4 Sal.-Partner, 4 Associates)
Mandate: ●● Arcanum bei AG-Gründung u. Sachkapitalerhöhung durch Einbringung eines Unternehmens; W. van Agtmael bei Streit um Anteile am Kaufhaus Breuninger; lfd. Ed. Züblin, Trelleborg-Gruppe, Herrenknecht, Nederman-Gruppe, DeOleo, Wörwag Pharma.

WEIL GOTSHAL & MANGES
Gesellschaftsrecht
Bewertung: Die für Gesellschaftsrecht empfohlene Praxis zeichnet sich weiter v.a. durch ihre außergewöhnl. Erfahrung in transaktionsnahen Fragen u. restrukturierungsgetriebenen Themen aus. Diese Stärken konnte sie zuletzt in Mandaten wie der Ausgliederung der dt. Tochter von Media Broadcast u. für DIC bei der Gründung einer gemeinsamen Plattform mit KKR ausspielen. Bemerkenswert war daneben, dass WGM nach der Übernahme der Mandantin Grohe durch Lixil sich an deren Seite die Arbeit an der Bündelung ihres ww. Sanitärgeschäfts sichern konnte.
Stärken: Große ▶Restrukturierung/Sanierungspraxis, ausgezeichnete Verbindungen zu internat. Investoren.
Häufig empfohlen: Dr. Uwe Hartmann, Prof. Dr. Gerhard Schmidt
Kanzleitätigkeit: Schwerpunkt auf Restrukturierungen; Prozessführung; auch vielfach im Umfeld von Transaktionen (▶M&A). (6 Partner, plus Associates)
Mandate: ●● Lfd.: Grohe AG, Ifco Systems, Ironman Germany, Lohmann Animal Health; TPG Capital bei Herauslösen von Media Broadcast aus TDF; DIC bei Aufbau einer gemeinsamen Immobilienplattform mit KKR; internat. Fonds zu Beteiligung in Dtl.; lfd. Biotechnologieunternehmen.

WHITE & CASE
Gesellschaftsrecht
Bewertung: Eine im Gesellschaftsrecht häufig empfohlene Kanzlei, in der sich der Trend des Vorjahrs verstetigte u. die Arbeit im Spannungsfeld von Vorstandsberatung, Organhaftungsfragen u. streitnahen Mandaten breiteren Raum einnahm, so z.B. in dem viel beachteten Übernahmekomplex um Hawesko. Einen deutl. Schub erfuhr die Praxis aber auch in ihrer wohl stärksten Kompetenz, der Verknüpfung von Gesellschaftsrecht u. Aktien- u. Kapitalmarktrecht. Vom Einstieg eines Kapitalmarktrechtlers von Allen & Overy profitierten zügig die Gesellschaftsrechtler. Auch der Zugang eines großen Energieteams von Clifford Chance war eine deutl. Verstärkung des ohnehin starken Energieschwerpunkts der Corporate-Praxis.
Stärken: Gute Verbindung mit der kapitalmarktrechtl. Praxis; starke ▶Restrukturierung/Sanierungspraxis; HV-Betreuung mittelgr. börsennot. Unternehmen.
Entwicklungsmöglichkeiten: In Düsseldorf ist ein erster wichtiger Schritt gemacht, der allerdings weniger die originär gesellschaftsrechtl. Beratung als die Transaktionsberatung berührt. Um dem eigenen Anspruch gerecht zu werden, braucht es auch hier externe Verstärkung. Fast noch drängender gilt dies ebenso für München, wo die Corporate-Praxis äußerst schmal bleibt.
Häufig empfohlen: Matthias Kasch, Dr. Jörg Kraffel, Markus Hauptmann, Dr. Lutz Krämer, Dr. Volker Land, Dr. Robert Weber, Prof. Dr. Roger Kiem
Kanzleitätigkeit: Breiter dt. Mandantenstamm, besonders aus dem Mittelstand. Branchenfokussierung auf Banken sowie Automobil- u. Einzelhandel. Auch ▶Gesellschaftsrechtl. Streitigk. u. ▶M&A. (9 Eq.-Partner, 6 Sal.-Partner, 1 Counsel, 3 Associates)
Mandate: ●● DMG Mori Seiki (ehem. Gildemeister) lfd., u.a. bei intensivierter Kooperation mit jap. DMG Mori Seiki (inkl. öffentl. Übernahme durch diese); Hawesko-Vorstand u.a. bei Übernahmeangebot durch Tocos u. Suche nach weißem Ritter; Korian-Medica bei verschmelzungsrechtl. Squeeze-out bei Curanum; KWS Saat bei Verschmelzung u. Umwandlung in SE; Otto-Gruppe bei Umwandlung von GSV GmbH in AG, bei Zusammenschluss mit C.J. Vogel; Johann Hay bei Umstrukturierung; Analytik Jena bei Delisting; C&F bei Umstrukturierung der Stahlhandelssparte; LBBW bei Verschmelzung der luxemb. Tochter auf Muttergesellschaft; lfd. für Asklepios, DMG Mori Seiki, GfK, Kontron, KWS Saat, Mediclin, Netto Marken-Discount, Telefunken.

WILLKIE FARR & GALLAGHER
Gesellschaftsrecht
Bewertung: Die im Gesellschaftsrecht empfohlene Kanzlei war zuletzt eher über die viel beschäftigte Transaktionspraxis bei gesellschaftsrechtl. Fragen aktiv. Das führte dazu, dass reine gesellschaftsrechtsmandate weniger im Vordergrund standen. Im Laufe der Jahre hat sich über Linde ein gewisser Branchenschwerpunkt in der Technologie-, Luft- u. Raumfahrtbranche herausgebildet. Einen Rückschlag musste die Sozietät verkraften, als die für Untersuchungen bekannte Compliance-Praxis um Rolf Hünermann im Sommer 2015 zu Reed Smith wechselte.
Häufig empfohlen: Georg Linde
Kanzleitätigkeit: Vorwiegend transaktionsbezogene Arbeit (▶Private Equ. u. ▶M&A), aber auch gesellschaftsrechtl. Projektarbeit. Auch bei grenzüberschr. Umstrukturierungen tätig. (5 Partner, 10 Associates)
Mandate: ●● Rockwood dt.-rechtl. bei Fusion mit Albermarle.

● Referenzmandate, umschrieben
●● Referenzmandate, namentlich

Anwaltszahlen: Angaben der Kanzleien, wie viele Anwälte zu mind. ca. 50 % in diesem Gebiet tätig sind. Sie spiegeln nicht zwingend die Gesamtgröße einer Kanzlei wider.

GESELLSCHAFTSRECHT

WILMERHALE
Gesellschaftsrecht

Bewertung: Empfohlene gesellschaftsrechtl. Praxis, deren Beratung an Schnittstellen – momentan v.a. zu Compliance-Fragen – sehr viel deutlicher hervorsticht als die allg. gesellschaftsrechtl. Beratung. Die Kanzlei pflegt eine große Zahl von Mandantenkontakten zu namh. Unternehmen. Doch die kann sie v.a. dort in Mandate überführen, wo eben diese Schnittstellenkompetenz etwa zum Kartellrecht, zu Compliance-Fragen oder zu streitigen Fällen besteht. Die lfd. gesellschaftsrechtl. Beratung tritt dahinter zurück, wobei Wilmer auch nach dem Wechsel von Notar u. Gesellschaftsrechtler Dr. Matthias Santelmann zu Dentons immer noch über ein beachtl. Notariat verfügt. Doch nach einer Reihe von Abgängen, auch im Mittelbau, sieht die Kanzlei selbst ihre Zukunft in anderen Bereichen, v.a. in einer stärkeren Fokussierung ihrer Litigation-Praxen.

Stärken: Beratung an der Schnittstelle zum ▶ Kartellrecht u. Öffentl. Recht sowie ▶ Compliance, insbes. für Unternehmen aus regulierten Branchen (u.a. Bankrecht u. -aufsicht, ▶ Energie).

Häufig empfohlen: Dr. Roland Steinmeyer (auch als Notar), Alexander Kollmorgen, Martin Seyfarth

Kanzleitätigkeit: Breite Praxis, Beratung u.a. im Aktienrecht/Organberatung, Hauptversammlungen, Umstrukturierungen, Compliance-Strukturen. Zudem beträchtl. Aufkommen an US-Inboundarbeit u. größeres Notariat in Berlin. (6 Eq.-Partner, 4 Sal.-Partner, 8 Associates, 4 of Counsel)

Mandate: ●● PMG Premium-Mühlen-Gruppe bei Umstrukturierungen; Cosnova bei Kauf u. Strukturierung einer Unternehmensbeteiligung; MAN-Aufsichtsrat zur Vorstandshaftung, insbes. wg. Mängeln der Compliance-Organisation. Lfd.: A Company Filmed Entertainment, Beam Dtl., Comerica Bank, DPG Deutsche Pfandsystem, Lekker Energie.

Weitere renommierte Kanzleien im Gesellschaftsrecht

NORDEN
Blaum Dettmers Rabstein	Bremen, Hamburg
Brock Müller Ziegenbein	Flensburg, Kiel, Lübeck
Brödermann & Jahn	Hamburg
Cornelius + Krage	Kiel
KSB Intax	Hannover, Celle
Lawentus	Hamburg
Lebuhn & Puchta	Hamburg
Renzenbrink & Partner	Hamburg
Dr. Schackow & Partner	Bremen, Hamburg
Schütte Richter & Partner	Bremen
SKW Schwarz	Hamburg
Voigt Wunsch Holler	Hamburg
Zenk	Hamburg

OSTEN UND BERLIN
BMH Bräutigam & Partner	Berlin
von Boetticher	Berlin
Greenberg Traurig	Berlin
Knauthe	Berlin
Mäger von Bernuth	Berlin
Mannheimer Swartling	Berlin
Zirngibl Langwieser	Berlin

WESTEN
LTS Rechtsanwälte Wirtschaftsprüfer Steuerberater	Herford, Gütersloh
Marccus Partners	Düsseldorf
Meilicke Hoffmann & Partner	Bonn
Orrick Herrington & Sutcliffe	Düsseldorf
Seitz	Köln

FRANKFURT
AC Tischendorf	Frankfurt
Debevoise & Plimpton	Frankfurt
Heymann & Partner	Frankfurt
Mannheimer Swartling	Frankfurt
Salger	Frankfurt
Schalast & Partner	Frankfurt
SKW Schwarz	Frankfurt
Waldeck	Frankfurt
Wendelstein	Frankfurt

SÜDWESTEN
Bette Westenberger Brink	Mainz
Martini Mogg Vogt	Koblenz
Melchers	Heidelberg
Reith Neumahr	Stuttgart
Rowedder Zimmermann Hass	Mannheim
Schelling & Partner	Stuttgart

SÜDEN
von Boetticher	München
Lutz Abel	München
Peters Schönberger & Partner	München
Seufert	München
SKW Schwarz	München
Wirsing Hass Zoller	München
Zirngibl Langwieser	München

AC TISCHENDORF

Bewertung: Die ▶ Frankfurter Kanzlei knüpfte nahtlos an ihr erfolgreiches Vorjahr an. V.a. ihre Erfahrung bei Restrukturierungen spielte sie aus. Entsprechend hoch waren der Mandatsfluss u. der Zuwachs an neuen Mandanten, darunter Gausepohl u. Keymile. Zugenommen hat die Tätigkeit als Sanierungsinvestor für in Not geratene Unternehmen. Diese Aktivitäten hat ACT in einer eigenständigen Gesellschaft gebündelt u. unterstreicht damit ihren unternehmerisch geprägten Beratungsansatz. Daneben fungiert ACT regelm. als ausgelagerte Rechtsabteilung ihrer Mandanten. Personell verstärkte sie sich mit einer M&A-Associate von Debevoise, die als Sal.-Partnerin einstieg. Es ist ein erster Schritt, um dem sich abzeichnenden Kapazitätsengpass entgegenzusteuern. (Corporate insges.: 5 Eq.-Partner, 1 Sal.-Partner, 1 Associate)

Mandate: ●● Sanierungsbegleitung: Keymile bei Verkauf von Geschäftsbereichen, Oystar bei Verkauf von Tochter, Gausepohl bei Verkauf an Westfleisch, Puccini u.a. bei Beteiligungsverkauf an Planet Sports; Tempton-Gruppe bei Sanierungsüberwachung; Arvos bei PE-Beteiligung; Arvos bei Post-Merger-Integration; Hotelgruppe bei Umstrukturierung; Mittelständler bei Unternehmensnachfolge.

BETTE WESTENBERGER BRINK

Bewertung: Das Corporate-Team der Kanzlei, das in ▶ Rheinland-Pfalz weiterhin zu den führenden zählt, konnte zuletzt die Beratung v. internat. Mandanten deutl. ausweiten. Grund dafür ist die Frankreichexpertise einer jüngeren Partnerin. Bekanntester Kopf der Praxis bleibt jedoch weiterhin Christian von der Lühe. (Kernteam: 4 Partner, 2 Associates)

Mandate: ●● Regelm. Mainzer Aufbaugesellschaft; AG bei Aufbau neuer Beteiligungsstruktur; Branchenverband bei Verschmelzung mit weiterem Verband; Unternehmen im Bereich Klimatechnik bei Gesellschafterstreit.

BLAUM DETTMERS RABSTEIN

Bewertung: Die gesellschaftsrechtl. Praxis der v.a. in ▶ Bremen hoch angesehenen Kanzlei ist auf die lfd. Beratung von Mittelständlern ausgelegt, vielfach mit Bezug zu den Branchen Transport u. maritime Wirtschaft. Die Transaktionsarbeit (▶ M&A) weist hingegen deutl. internat. Bezüge auf. V.a. aber im Gesellschaftsrecht verstärkte BDR die Zusammenarbeit zw. Bremen und dem Vorjahr deutl. gewachsenen HHer Büro deutlich. Synergien ergaben sich auch an der Schnittstelle zum Steuerrecht, etwa bei der zuletzt von ihr mittelständ. Kernklientel stark nachgefragten erbschaftsteuerl. Nachfolgegestaltung. (9 Partner, 3 Associates, 2 of Counsel)

Mandate: ●● Mitarbeiter u. Investoren zu MBO bei Karibu Holztechnik; Lohmann Animal Nutrition bei Kauf des Futtermittelgeschäfts von Eli Lilly/Elanco inkl. anschl. MBO (beide marktbekannt); Windenergieprojektierer lfd., u.a. zu Joint Venture in Polen; IT-Dienstleister lfd. zum frz. Gesellschaftsrecht.

BMH BRÄUTIGAM & PARTNER

Bewertung: Die Berliner Kanzlei hat ihre Beratungsleistung in den vergangenen Jahren sukzessive erweitert. So hat sie sich etwa mit dem Mandanten Herlitz/Pelikan über die Jahre angrenzende kapitalmarktrechtl. Themen erschlossen u. u.a. erstmals eine Börsentransaktion mit einer neuartigen Transaktionsstruktur beraten. Auch neue Mandanten wie etwa die Bremer Tageszeitung kommen nun aufgrund dieser Kompetenz zu ihr. Im Zuge derartiger Mandate positioniert sie sich auch immer besser in der Prozessführung, etwa bei Anfechtungsklagen. Flankiert wird diese Entwicklung von einem starken Notariat u. einer sehr guten Verankerung in der Berliner Venture-Capital- u. Start-up-Szene. (5 Eq.-Partner, 1 Sal.-Partner, 4 Associates)

Mandate: ●● Herlitz (künftige Pelikan AG) bei Kauf von Pelikan-Gesellschaften gg. Aktien

GESELLSCHAFTSRECHT

u. Börsenzulassung, Barkapitalerhöhung u. öffentliche Platzierung neuer Aktien, Betreuung der HV sowie Anfechtungsklagen u. Freigabeverfahren; Vorstand/Gesellschafterstamm der Bremer Tageszeitung wg. Abberufung, in div. Anfechtungs- u. Beschlussfeststellungsklagen; Hirschen bei der Gründung; Unternehmen bei Post-M&A-Streitigkeit über die Auslegung von Kaufpreisregelungen.

VON BOETTICHER

Bewertung: Von ihren beiden Standorten ▶München u. Berlin aus bedient die Kanzlei mit einer angesehenen Mannschaft einen weitgehend stabilen Mandantenkreis, häufig aus der ▶Gesundheits- u. Immobilienbranche, setzt dabei aber unterschiedl. Schwerpunkte. In München steht v.a. die Transaktionsberatung im Zentrum, in Berlin genießt Dr. Ulrich Block einen guten Ruf als Aktien- u. Übernahmerechtler. Seit der Schließung des Frankfurter Standorts ist die bank- u. kapitalmarktrechtl. Expertise allerdings schmaler geworden. (5 Partner, 4 Associates)

Mandate: ●● Access Microfinance Holding, Black River Asset Management, Humedics, MCS Conpharm, Shire Dtl. Investments jeweils im Aktien- bzw. Übernahmerecht; lfd. Global Healthcare Exchange, Lumenis, Komdat.com, Serenata Intraware; chin. Batteriehersteller zu Gesellschaftersicherheit u. Haftung europ. Vertriebspartner; Softwareunternehmen bei Umstrukturierung; Beratungsunternehmen bei SE-Gründung.

BROCK MÜLLER ZIEGENBEIN

Bewertung: Das Gesellschaftsrechtsteam aus Kieler u. Lübecker Anwälten ist eines der maßgeblichen in ▶Schleswig-Holstein. Erneut wuchs es personell, zuletzt um einen in der Corporate-Beratung erfahrenen Anwalt aus der HHer Kanzlei Renzenbrink. Die Stärken der Praxis bleiben die Begleitung von ▶Medienunternehmen zu gesellschaftsrechtl. Fragen u. Prozessen u. der gute Ruf ihrer Notare. Doch auch der Danish-Desk und mit ihm die Beratung skand. Unternehmen bei ihren dt. Aktivitäten entwickeln sich positiv. (10 Partner, 4 Associates)

Mandate: ●● Lfd. Regiocast-Gruppe zu Beteiligungen u. Joint Ventures, Virtual Minds, Ennit, Bockholt-Gruppe u. Lübecker Hafengesellschaft; Medienkonzern in Beschlussanfechtungsverfahren; norddt. Verlag zu Joint Venture.

BRÖDERMANN & JAHN

Bewertung: Kennzeichnend für die Kanzlei ist die langj. Erfahrung von Dr. Philipp von Dietze, Dr. Eckard Frhr. von Bodenhausen u. Prof. Dr. Eckart Brödermann bei internat. Joint-Venture-Gestaltungen. Über diese Spezialisierung haben die Anwälte der ▶Hamburger Kanzlei zudem viel Erfahrung mit grenzüberschreitenden Streitigkeiten u. Schiedsverfahren aufgebaut. (3 Partner, 5 Associates)

Mandate: ●● Lfd. CatCap; Dermalog Identification Systems zu Joint Ventures in Lateinamerika u. Afrika; Sashay zu 2. VC-Finanzierungsrunde; Dt. Immobilien GbR in Gesellschafterstreit; lfd. gesellschaftsrechtl. für norddt. Unternehmen (Textilhandel, Logistik); mittelständ. IT-Systemhaus bei Kauf eines Wettbewerbers.

CORNELIUS + KRAGE

Bewertung: Eines der dominierenden Corporate-Teams in ▶Schleswig-Holstein, das sich nach einer Phase der personellen Konsolidierung mit einem im Gesellschafts- u. Steuerrecht erfahrenen Senior Associate von Happ Luther stärkte. C+K bleibt eine der ersten Adressen im nördlichsten Bundesland, wenn es um komplizierte gesellschaftsrechtl. Fragen geht. Dies unterstreicht sie regelm. bei größeren regionalen Projekten im Banken- u. Energiebereich mit Bürgerbeteiligung. Zudem stellt sie ein äußerst renommiertes Notariat u. bleibt eine wichtige Anlaufstelle für skand. Unternehmen. (4 Eq.-Partner, 1 Sal.-Partner, 4 Associates)

Mandate: ●● Bürgerwindpark Reußenköge zu Änderung der Gesellschafterverträge u. Verschmelzung; Sparkasse Mittelholstein zu Kapitalerhöhung; lfd. GP Joule, medien holding:nord, Hoedtke, Stadtwerke Kiel, Ongoing Media, Swedmec u. Modehaus Bestseller; Beratung u. Prozesse für Remondis; regionaler Energieversorger zu Beteiligungen u. Wertpapierprospekt.

DEBEVOISE & PLIMPTON

Bewertung: Die Frankfurter Praxis profitiert im Gesellschaftsrecht wie auch in der M&A-Arbeit von ihren starken US-Wurzeln, die ihr einen steten Mandatsfluss bescheren. Das anziehende M&A-Geschäft mit Private-Equity-Investoren schlug sich u.a. in einer intensiveren Arbeit für Mantra Investissement nieder. Zudem versteht sie es, ihre Mandate an den Schnittstellen zur ▶Compliance-Praxis auszudehnen. Gerade diese gilt nach wie vor als Flaggschiff des dt. Teams. (1 Partner, 2 Counsel, 2 Associates)

Mandate: ●● Najafi Companies im Zshg. mit Restrukturierung des Cinram Internat. Income Fund; Mantra Investissement aktienrechtl.; Gigaset-Aufsichtsrat u.a. bei HV.

GREENBERG TRAURIG

Bewertung: Die M&A-Aktivitäten der Berliner Kanzlei stellten die Beratung im Gesellschaftsrecht zuletzt deutl. in den Schatten. Die meisten Mandanten in diesem Bereich begleitet die Kanzlei aus ihrer starken Stellung im ▶Medien- u. ▶Immobilienrecht heraus. Zuletzt hat sich zudem der Aufbau einer eigenen Insolvenz- u. Sanierungsberatung als richtiger Schritt erwiesen: Ihre Tätigkeit im Restrukturierungszusammenhang konnte die Kanzlei merklich ausbauen. Durch den Wechsel von Olswang zu GT im Sommer 2015 steht die Praxis nun aber vor der Herausforderung, sich schnell in das internat. Netzwerk des neuen Mutterhauses zu integrieren. (6 Partner, 2 Counsel, 16 Associates)

Mandate: ●● BMVerkehr bei Gestaltungsalternativen in der Zusammenarbeit zw. Bund u. Toll Collect; Dream Global Advisors u. Dupuis lfd. bei dt. Investitionen; LEG Immobilien bei Gründung von EnergieServicePlus gemeinsam mit RWE; Netbiscuits lfd.

HEYMANN & PARTNER

Bewertung: Die gesellschaftsrechtl. Beratung mit Transaktionsbezug prägte zuletzt die Arbeit der ▶Frankfurter Kanzlei. Als Spezialistin für umfangr. IT-Outsourcings profitiert sie nicht nur von ihrer Schnittstelle zu IT-Themen, sondern auch von guten Kontakten zu ▶Private-Equity-Mandanten. Ihnen steht sie häufig in der lfd. gesellschaftsrechtl. Begleitung von Portfoliofirmen oder im Zshg. mit Managementbeteiligungen wie bei Basler Fashion zur Seite. (3 Partner, 4 Associates, 1 Counsel)

Mandate: ●● Banijay Entertainment im Zshg. mit Beteiligung an Brainpool TV; Basler Fashion u. BC-Extrusion-Gruppe, u.a. bei Managementbeteilegung; lfd.: Dolby Laboratories, Jan Meiswinkel, Metaio, Mustang, Nero, Toshiba Global Commerce Solutions, Vectura.

KNAUTHE

Bewertung: Die Berliner Kanzlei und v.a. Namenspartner Dr. Karlheinz Knauthe zeichnen sich seit vielen Jahren durch gute Verbindungen zu wichtigen Immobilienunternehmen u. Berliner (Privat-)Investoren sowie Mittelständlern in der Stadt aus, die umf. betreut werden. Transaktionen finden häufig an der Schnittstelle zum Immobiliensektor statt. Gesellschafter u. Unternehmensorgane berät Knauthe etwa bei Umstrukturierungen oder gesellschaftsrechtl. Auseinandersetzungen. (3 Partner, 3 Associates)

Mandate: ●● Octavian King Holdings bei Verkauf des Hotels Atlantic an Asklepios; Nostro bei Unternehmensverkäufen nach Umstrukturierung.

KSB INTAX

Bewertung: Die etablierte MDP-Kanzlei aus ▶Niedersachsen zeichnet sich v.a. durch ein anerkanntes Notariat, ihre Expertise an der Schnittstelle von Gesellschafts- u. ▶Steuerrecht sowie einen kaufmänn. geprägten Beratungsstil aus. Damit ist sie v.a. im regionalen Mittelstand u. bei Konzerntöchtern fest verwurzelt. Viele von ihnen betreut KSB auf laufender Basis. Mit dem Zugang eines insolvenzrechtl. erfahrenen Associates (von Buchalik Brömmekamp) erweiterte sie zudem ihr Beratungsspektrum. (11 Partner, 11 Associates)

Mandate: ●● Aus dem Markt bekannt: VW bei Kauf des europ. Forschungs- u. Entwicklungszentrums von BlackBerry Dtl.; Hameln Group bei Verkauf von Hameln Pharma (€60 Mio); lfd. Lorenz Snack-World (öffentl. bekannt); Dienstleister bei Transaktionen.

LAWENTUS

Bewertung: Die Neugründung um die erfahrenen Corporate-Anwälte Dr. Tilman Rückert u. Dr. Steffen Leicht hat sich für ein MDP-betontes Konzept entschieden u. in den ersten eineinhalb Jahren ihre gute Vernetzung im HHer Markt unter Beweis gestellt. Die Anwälte werden von Wettbewerber als „engagiert u. erfahren" gelobt. Die feste Kooperation mit der südd. Beratungsgesellschaft Bay ist allerdings noch ausbaufähig. (4 Partner, 1 Associate)

Mandate: ●● Alstria Office-REIT zu Neufinanzierung von Immobilienpaket u. Sicherheiten; Agon Solutions zu Fusion mit S&N-Gruppe; Funa International zu Vertragsgestaltungen; Samova zu Joint Venture; lfd. Hansa Heemann, Lübecker Nachrichten.

LEBUHN & PUCHTA

Bewertung: Die gesellschaftsrechtl. Arbeit der ▶Hamburger Kanzlei ist durch eine tiefe schifffahrts- u. schiffsfinanzierungsrechtl. Spezialisierung geprägt. Mehrere Anwälte der Kanzlei sind

GESELLSCHAFTSRECHT

zugleich als Solicitor qualifiziert, doch auch die anderen sind bei internat. Vertragsgestaltungen geübt. Am bekanntesten ist weiterhin der erfahrene Dr. Heinrich-Werner Goltz. Die erneut mit Zugängen aus anderen Kanzleien erweiterte Riege der Nachwuchsanwälte entfaltet noch nicht dieselbe Präsenz. (3 Partner, 3 Associates)

Mandate: ●● Lfd. Treuenfels BMB, u.a. bei Auflösung von Joint Venture Trifinance; Maschinenbauunternehmen zu Buy-out u. Investorenbeteiligung; Schifffahrtsunternehmen bei Verhandlung von Joint Venture mit angloamerikan. Partner; dt. Reederei lfd. zu Poolverträgen; Schifffahrtsgesellschaft bei Gesellschafterwechsel; Reedereien zu Gestaltung von Poolverträgen; div. Reedereien (teils auch ausl.) zu Kauf u. Finanzierung von Schiffen, teils aus Insolvenz.

LTS RECHTSANWÄLTE WIRTSCHAFTSPRÜFER STEUERBERATER

Bewertung: Ostwestfäl. Kanzlei mit deutlichem Fokus auf steuer- u. gesellschaftsrechtl. Rundumbetreuung mittelständ., oft familiengeführter Unternehmen. Ähnlich wie bei Wettbewerberin PKF steht die steuerl. Gestaltungsberatung oft im Vordergrund, so bei Umstrukturierungen u. Nachfolgethemen. Zuletzt dehnte LTS ihre Beratung in Richtung Compliance aus u. berät aktuell einen langj. Mandanten zur Einführung eines Compliance-Managementsystems. (4 Partner, 3 Associates)

Mandate: ●● Beckhoff Automation zu Umstrukturierung; Papierhersteller zu Compliance; Avanco gesellschaftsrechtl. u. bei Transaktionen; lfd. Häcker Küchen, Messehallen Bad Salzuflen, Ehlebracht, Klingenthal-Gruppe (aus dem Markt bekannt).

LUTZ ABEL

Bewertung: Der Hauptfokus der ▶Münchner Corporate-Praxis liegt nach wie vor auf streitigen Mandanten, für deren Begleitung Dr. Reinhard Lutz gr. Renommee aufgebaut hat. Daneben berät das Team regelm. v.a. mittelständ. Mandanten bei Strukturmaßnahmen. (1 Eq.-Partner, 2 Sal.-Partner, 2 Associates)

Mandate: ●● Konzernbetriebsrat Sky Dtl. im Zshg. mit Übernahmeangebot u. Aufsichtsratsbildung; ehem. Vorstände Alpine Bau Dtl. in Prozessen gg. Insolvenzverwalter Alpine u. Treuhänder; Lebensmittelunternehmen zu Umstrukturierung u. Mitarbeiterbeteiligungsmodell; Energieunternehmen bei Aufnahme eines Investors; Maschinenbauunternehmen, Ingenieurbüro u. Medizintechnikunternehmen in Gesellschafterauseinandersetzungen.

MÄGER VON BERNUTH

Bewertung: Die ▶Berliner Corporate-Boutique pflegt v.a. in der Verlagsbranche u. im Gesundheitssektor einen treuen Mandantenstamm. Die 2 Partner überzeugen v.a. in der gesellschaftsrechtl. Strukturberatung u. bei Transaktionen. Der Anteil internat. Mandate ist dabei aufgrund eines etablierten Netzwerks an Kooperationskanzleien unvermindert hoch. (2 Partner, 3 Associates)

Mandate: ●● Nathalie Braun-Barends bei Schadensersatz wg. Vernichtung 2er Kunstprojekte in der Kunsthalle Mannheim; Cura Kurkliniken Seniorenwohn- u. Pflegeheime prozessrechtl.; Colloniel Salzenbrodt gesellschaftsrechtl.; Cornelsen Schulverlage bei Kauf von Kösel Schulbuch u. bei Vertriebs- u. Lizenzverträgen.

MANNHEIMER SWARTLING

Bewertung: Die kleine dt. Praxis berät ihre überwiegend aus Skandinavien kommenden Mandanten häufig bei Verschmelzungen u. Umstrukturierungen, regelm. in Zusammenarbeit mit den Bank- u. Arbeitsrechtlern der Kanzlei. Nachdem sie den schwed. Duni-Konzern 2014 bei einem Unternehmenskauf beriet, konnte sie das Mandat nun auch in die lfd. gesellschaftsrechtl. Beratung überführen. (3 Partner, 4 Associates)

Mandate: ●● Duni lfd. im Gesellschaftsrecht; internat. Finanzunternehmen bei grenzüberschr. Verschmelzung.

MARCCUS PARTNERS

Bewertung: Die Partner im D'dorfer Büro sind v.a. im Rheinland für ihren mittelständ. Mandantenstamm bekannt u. übernehmen auch Litigation- u. Transaktionsarbeit. Die Kanzlei ist internat. so aktiv wie sonst kaum eine mittelgr. Sozietät. Dr. Norbert Knüppel u. Dr. Norbert Knittlmayer sind seit Jahren angesehen. (4 Partner, 3 Associates)

Mandate: ● Unternehmen der Aluminiumindustrie bei Fusion mit Wettbewerber; mittelständ. Automobilzulieferer bei Beendigung eines Joint Ventures mit ind. Partner sowie bei Umstrukturierung der Beteiligungen in Brasilien; Family Office bei kapitalmarktrechtl. Beratung in USA; AG bei Durchsetzung von Schadensersatzansprüchen gegen Mitglieder des Vorstandes als Besonderer Vertreter.

MARTINI MOGG VOGT

Bewertung: Kaum eine andere Kanzlei in ▶Rheinland-Pfalz ist im Corporate-Bereich so gut aufgestellt wie die Koblenzer. Von Wettbewerbern auch in der weiteren Region wird Namenspartner Dr. Ottmar Martini regelm. als „herausragender Gesellschaftsrechtler" gelobt. MMV zählt v.a. den gehobenen Mittelstand, aber auch börsennot. Unternehmen zu ihren Mandanten u. berät diese in allen gesellschaftsrechtl. Fragen sowie ▶M&A-Transaktionen. (5 Eq.-Partner, 3 Sal.-Partner, 1 Associate)

Mandate: ● IT-Unternehmen bei gesellschaftsrechtl. Auseinandersetzung; div. mittelständ. Unternehmen im Erbrecht u. bei Unternehmensnachfolge.

MEILICKE HOFFMANN & PARTNER

Bewertung: Die Bonner Kanzlei berät traditionell mittelständ. Unternehmen u. dt. Töchter ausl. Konzerne an der Schnittstelle von Steuer- u. Gesellschaftsrecht. Ihr bundesw. bekanntes Aushängeschild ist jedoch die durch den renommierten Aktienrechtler Dr. Thomas Heidel geprägte Beratung u. Vertretung bei ▶streitigen gesellschaftsrechtl. Auseinandersetzungen. Insbes. seinen Ruf als Experte für die (seltene) Funktion des Besonderen Vertreters in AGen untermauerte Heidel nun erneut bei Strabag. Der Ruf der Kanzlei brachte ihr auch die Beratung eines lateinamerikan. Investors beim Einstieg u. anschl. Aufstockung seines Anteils an der börsennotierten IFA Hotel & Touristik ein. Allerdings warf der Weggang des aufstrebenden Partners Dr. Matthias Schatz (unbekanntes Ziel) das in den vergangenen Jahren verjüngte Team fachl. zurück. (6 Eq.-Partner, 1 Sal.-Partner, 1 Associate)

Mandate: ●● Strabag AG als Besonderer Vertreter bzgl. Ansprüchen ggü. Strabag SE; lateinamerikan. Investor bei Einstieg u. Anteilsaufstockung an IFA Hotel & Touristik; Easy Software bei Schadensersatzprozess gg. ehem. Vorstands- u. Aufsichtsratsmitglieder; Esch-Fondsgesellschaft bei Prozess gegen Deichmann. Lfd. (im Gesellschafts- u. Steuerrecht): Breuninger (u.a. bei Gesellschafterstreit Meilicke gg. Blumers), Falke, Ideal Standard, Miele, Time Magazine Europe, TNT, Blacksmith Fund.

MELCHERS

Bewertung: Die Heidelberger Kanzlei ist im ▶Südwesten eine feste Größe im Markt. Am Stammsitz berät sie im Gesellschaftsrecht v.a. mittelständ. geprägte Mandanten, häufig familiengeführte Unternehmen, bei Umstrukturierungen im Zuge von Nachfolgeregelungen. Das Frankfurter Büro dagegen konzentriert sich zunehmend auf internat., stärker transaktionsgetriebenes Geschäft, wie den Einstieg der US-türk. Dowaksa beim dt. Karbonfaserspezialisten CMP. (9 Partner, 7 Associates)

Mandate: ●● Dowaksa bei Beteiligung an CMP; US-Datendienstleister aus der Gesundheitsbranche bei Zukauf in Dtl.; europaweit tätiger dt. Franchisegeber bei HV; Gesellschafter Vanni-Didicher bei Unternehmensverkauf.

ORRICK HERRINGTON & SUTCLIFFE

Bewertung: Die Corporate-Praxis der US-Kanzlei konzentriert sich weiterhin auf Transaktionsarbeit u. unterhält in D'dorf ein etabliertes Streitbeilegungsteam (▶Handel und Haftung). Wie groß das Potenzial ist, das in der gr. ww. Praxis liegt, zeigt sie zudem eindrucksvoll bei der Arbeit für Cisco. Von der Schließung der Büros in Berlin u. Ffm. war das Gesellschaftsrechtsteam kaum betroffen. (5 Eq.-Partner, 2 Sal.-Partner, 4 Counsel, 5 Associates)

Mandate: ●● Cisco bei Joint Venture mit ABB u. Bosch; Twin Set/Simona Barbieri bei Aufbau Filialgeschäfte in Dtl.; Wickeder Westfalenstahl bei Restrukturierung eines Joint Ventures.

PETERS SCHÖNBERGER & PARTNER

Bewertung: Die MDP-Kanzlei aus ▶München profitierte von der allgemein höheren Aktivität der Family Offices. PSP berät diese Klientel u.a. zu ▶Nachfolgethemen, Stiftungen sowie im Bereich Erbschaftsteuerrecht. Daneben zählt die Kanzlei aber auch mittelständ. u. Private-Equity-Unternehmen zu ihren Mandanten. Das klass. Gesellschaftsrecht verstärkte PSP zuletzt mit einem Sal.-Partner (von Mohren & Partner), auch der Compliance-Bereich legte personell zu. (4 Partner, 1 Associate)

Mandate: ●● Sichuan Lihue Forging bei Kauf von Carl Mertens; lfd.: Eloma, Schlemmer, Nokia Solutions and Networks, Uhlmann Pac-Systeme, Malteurop Deutschland, Vetter Pharma-Fertigung, HTT High Tech Trade.

REITH NEUMAHR

Bewertung: Die ▶Stuttgarter Corporate-Boutique verfügt über einen stabilen Stamm mittel-

GESELLSCHAFTSRECHT

ständ. Unternehmen, den sie gesellschaftsrechtl. berät. Zudem beschäftigen Nachfolgethemen sowohl das renommierte Notariat wie auch einen jüngeren Partner, der an der Schnittstelle zum Gesellschaftsrecht tätig ist. Mit dem ehem. Namenspartner Prof. Dr. Stefan Schick, der eine neue Kanzlei gründete, verlor die Kanzlei allerdings ihre Schwerpunktkompetenzen im Bereich Stiftungen u. Krankenhausträger. (3 Partner, 3 Associates)

Mandate: ●● Lfd. Eberspächer, Handelskonzern, bundesw. tätiger Projektentwickler; Energie-Start-up bei Gründung u. Investoreneinstieg; chin. Technologiekonzern bei Aufbau einer Vertriebsorganisation für Großbatteriesysteme in Dtl.; Kommune in Gesellschafterstreit gegen Energieversorgungskonzern.

RENZENBRINK & PARTNER
Bewertung: Die Anfang 2015 neu aufgestellte ▶Hamburger Corporate-Boutique um den bekannten Corporate-Spezialisten Dr. Ulf Renzenbrink ist nach der Trennung von seinen früheren Partnern stärker denn je v. a. für ihre Arbeit in ▶M&A- u. ▶Private-Equity-Deals bekannt. Nach wie vor ist sie jedoch auch intensiv in die lfd. gesellschaftsrechtl. Beratung ihrer Mandanten einbezogen. Im Juni 2015 kam zudem ein Partner dazu, der zuvor als Associate bei Hengeler viel Erfahrung im Gesellschaftsrecht gesammelt hat. Ein weiterer Partner fokussiert sich daneben auf die Vertretung in gesellschaftsrechtl. Streitigkeiten. (3 Partner, 1 Associate)

Mandate: ●● Schleich u. Sausalitos u.a. bei Umstrukturierung u. Verschmelzung; MPC Capital bei Umstrukturierung; WWF bei Geschäftsbereichsneustrukturierung; lfd. Paribus Capital u. Vapiano; Windenergieanlagenhersteller in Prozess gg. schwed. Projektentwickler; Gesellschafter eines Family Offices bei Neufassung von Gesellschaftervereinbarung u. Satzung.

ROWEDDER ZIMMERMANN HASS
Bewertung: Die Gesellschaftsrechtspraxis der Traditionskanzlei aus dem ▶Südwesten legt einen Schwerpunkt in der Gremienberatung u. begleitet deren Mitglieder häufig zu komplexen Haftungsfragen u. aktienrechtl. Themen. Hier genießt Dr. Andreas Pentz auch überregional einen hervorragenden Ruf u. positioniert die Kanzlei so in einem potenziellen Wachstumsbereich. In großen Transaktionen ist die Kanzlei seltener zu sehen als örtliche, aber auch deutl. größere Wettbewerber wie z.B. Friedrich Graf von Westphalen. Allerdings profitiert RZH zunehmend von ihrem internat. Netzwerk Taglaw u. ist nun häufiger bei Käufern aus dem Ausland tätig. (2 Partner, 3 Associates)

Mandate: ●● Öffentl. bekannt: lfd. MVV Energie, ABB, Rudolf Wild, BASF; Aufsichtsräte div. AGen zu Umstrukturierungen u. Beratungsverträgen.

SALGER
Bewertung: Die Kanzlei aus ▶Frankfurt verlagert ihren Schwerpunkt im Gesellschaftsrecht immer mehr in Richtung Prozessbegleitung. Zwar verlor sie zuletzt mit dem Wechsel von Dr. Carsten Salger zu Clouth ihren visibelsten Anwalt in diesem Bereich. Allerdings legt auch Namenspartner Prof. Dr. Hanns-Christian Salger („lösungsorientiert u. pragmatisch", Wettbewerber) seinen Schwerpunkt in diesen Bereich. Zudem verstärkte sich die Kanzlei mit einem ehem. Görg-Partner, der zuletzt in eigener Kanzlei tätig war. Auch er berät im klass. Gesellschaftsrecht v.a. mittelständ. Mandanten u. ausl. Investoren, häufig mit internat. Bezügen. (4 Partner, 4 Associates)

Mandate: ●● Lfd.: M+C Schiffer, IMS Health, Kao Germany, YES Pharmaceutical, DS Smith; Tochter von AIG u.a. in Spruchverfahren gg. ehem. Aktionäre.

DR. SCHACKOW & PARTNER
Bewertung: V.a. in ▶Bremen erhält die Kanzlei viel Lob für ihr Notariat u. ist im Gesellschaftsrecht aktiv, wofür v.a. Tobias Haas („fachkundig, sachlich, unkompliziert", Wettbewerber) empfohlen wird. Schackow hat sich v.a. bei Reedereien, Handelsunternehmen, Werften u. Logistikern einen sehr guten Ruf für die Gestaltung von z.T. internat. Joint Ventures u. die Begleitung von M&A-Transaktionen im mittleren 2-stelligen Mio-€-Bereich, inkl. Kartellrecht, erworben. Zuletzt kamen verstärkt Compliance-Fälle hinzu. Die umf. Begleitung der maritimen Wirtschaft erfolgt regelm. in enger Verbindung mit dem Büro in HH. Für diese Branchenberatung werden Dr. Julius Drumm, Dr. Kai Busch, Dr. Thomas Brinkmann u. vermehrt Doris Kostka empfohlen. (6 Partner, 3 Associates)

Mandate: ●● OHB-Gruppe bei Umstrukturierung; Nordic Yards zu Offshoreprojekten (inkl. Finanzierung); lfd. Anheuser-Busch Inbev Holding, Sloman Neptun Schifffahrts-AG (öffentl. bekannt).

SCHALAST & PARTNER
Bewertung: Markenzeichen der ▶Frankfurter Sozietät bleibt die lfd. gesellschaftsrechtl. Beratung von Unternehmen der Kabelbranche. Daneben hat sie sich fest in der Beratung von Aufsichtsräten etabliert, hält u.a. ein Mandat für den Aufsichtsrat eines Automobilherstellers, den sie lfd. auch zum Aktienrecht berät. Daneben engagiert sich das Team aber auch in der gesellschaftsrechtl. Prozessführung. (4 Partner, 1 Associate)

Mandate: ●● Lfd. für Milch & Zucker, Docu, Wikus Sägenfabrik, Delta Lloyd; lfd. Aufsichtsräte von Commerz Real Estate, Zarges, Yaveon, Solsacon, First Climate u. einem Automobilhersteller.

SCHELLING & PARTNER
Bewertung: Aushängeschild der ▶Stuttgarter Kanzlei bleibt die Prozesstätigkeit Dr. Winfried Holtermüllers an der Seite prom. Mandanten wie Thomas Middelhoff. Stabiles Geschäft bringt daneben die Rundumberatung vorwiegend mittelständ. Dauermandanten. Aber auch Streitigkeiten um Managerhaftung gewinnen an Bedeutung, ein Bereich, in dem sich zunehmend auch jüngere Partner profilieren. Zuletzt verließ Dr. Tobias Kübler die Kanzlei, um sich als Notar selbstständig zu machen. (3 Partner, 1 Associate, 1 of Counsel)

Mandate: ●● Div. BGB-Gesellschaften im Zshg. mit der Privatinsolvenz des Mitgesellschafters Willi Balz (Windreich); lfd. Maschinenfabrik Berthold Hermle (u.a. HV-Betreuung), Lutro, Rems, Gesellschaftergruppe Dr. Dietrich Troeltsch; mittelständ. Gesellschafter, u.a. bei Streitigkeiten u. Beteiligungen.

SCHÜTTE RICHTER & PARTNER
Bewertung: Renommierte Boutique in ▶Bremen mit Stärken in der steuergetriebenen, gesellschaftsrechtl. Gestaltungsberatung. Viel Erfahrung besteht auch in der Beratung von Familiengesellschaften, für die sich Nachfolgefragen stellen, häufig im Zshg. mit der Errichtung von Stiftungen. Über das anerkannte Notariat reichen ihre Kontakte jedoch auch bis in die Spitze börsennotierter AGen. (4 Partner, 1 Associate)

Mandate: Keine Nennungen.

SEITZ
Bewertung: Über die Jahre hat sich die Praxis der Kölner Kanzlei inhaltl. ausdifferenziert. Ein Eq.-Partner treibt den Ausbau einer VC-Arbeit voran u. kann hier überregional Achtungserfolge vorweisen. Daneben haben das streitige Gesellschaftsrecht u. die Organhaftung immens an Bedeutung gewonnen, wobei die Corporate-Praxis Synergien mit ihren Arbeitsrechtlern deutl. besser nutzt. So begleitete das Team Intersport in der Auseinandersetzung mit einem Ex-Vorstand. Daneben zeichnet sich die Kanzlei durch die lfd. Beratung bei gesellschaftsrechtl. Umstrukturierungen aus, wo auch der Schwerpunkt des neuen Sal.-Partners Dr. Patrick Nordhues (von PwC Legal) liegt. (3 Eq.-Partner, 2 Sal.-Partner, 4 Associates)

Mandate: ●● Intersport beim Ausscheiden von Ex-Vorstand Jost; Insurance Innovation Campus/Axa bei Gründung Joint Venture; Yoursportswear bei Neustrukturierung; lfd. Franke-Gruppe, Xerox, Bertsch-Gruppe, IMG Santander.

SEUFERT
Bewertung: Die Kanzlei, die v.a. in ▶München u. mit einem kleinen Büro in Leipzig vertreten ist, zeichnet sich im Corporate-Bereich durch einen besonderen Schwerpunkt im ▶Gesundheitssektor aus. Hier berät sie kleinere med. Einheiten ebenso wie Universitätskliniken im klass. Gesellschaftsrecht u. bei Transaktionen. Zuletzt war die Kanzlei zunehmend in der gesellschaftsrechtl. Prozessführung gefragt, u.a. für Stammmandantin Rhön. Durch den Zugang eines Corporate-Partners von rwzh Rechtsanwälte mit Spanienschwerpunkt erweitert die Kanzlei auch ihr internat. Beratungsangebot. (4 Partner, zzgl. Associates)

Mandate: ●● Rhön-Klinikum u.a. bei Anfechtungsverfahren gg. HV-Beschlüsse u. bei Aktienrückkaufprogramm; Stiftung bei Satzung; HCM bei Bieterverfahren zur Veräußerung Kliniken Leipziger Land; bayr. Immobiliengruppe bei Gesellschafterstreit u. Entflechtung.

SKW SCHWARZ
Bewertung: Das Corporate-Team von SKW zeichnet sich durch seine ausgeprägte Erfahrung in der ▶Medien- u. IT-Branche aus, bleibt aber keinesfalls auf diese Bereiche begrenzt. So beriet SKW einen neuen Mandanten aus der Automobilbranche im Zshg. mit der Anteilsübertragung auf die nächste Generation wg. vorweggenommener Erbfolge. Zuletzt konnte die Praxis, die überw. Mittelständler berät, auch einige neue Mandate mit internat. Bezug gewinnen. Zugleich jedoch verließ eine Partnerin, die sich erfolgreich auf das dt.-frz. Geschäft fokussiert hatte, die Kanzlei. Wettbewerber loben v.a. Dr. Sebastian Graf von Wallwitz für seine „pragmatische Herangehensweise" bei Verhandlungen.

GESELLSCHAFTSRECHT

(Corporate insges.: 16 Partner, 12 Associates, 1 of Counsel)
Mandate: ●● Anwar Garant bei außerordentl. Gesellschafterversammlung; Fenix Outdoor bei zweiter Finanzierungsrunde u. Aktientausch; Salesheads u.a. bei Kapitalerhöhung; Dt. Logistikges. bei Umwandlung in GmbH; Telepool bei Umstrukturierung; Gesellschafter aus Automobilbranche bei Anteilsübertragung auf nächste Generation.

VOIGT WUNSCH HOLLER

Bewertung: Die ▶Hamburger Boutique fällt im Kreis ähnl. strukturierter Kanzleien durch ihre ausgenommen starke Praxis für Aktienrecht, inkl. Corporate-Governance-Fragen, öffentl. Übernahmen u. Prozessrecht auf. V.a. Dr. Hans-Christoph Voigt wird von Wettbewerbern häufig empfohlen, ebenso Dr. Lorenz Holler für gesellschaftsrechtl. Streitigkeiten. Die Kanzlei berät auch einige mittelgr. AGen lfd. bei strukturellen Maßnahmen. (3 Partner, 3 Associates)
Mandate: ●● DNV SE bei grenzüberschr. Corporate-Governance-Fragen; Veräußerer der Hatlapa-Gruppe bei gepl. Börsengang; Körber lfd. u. bei Insourcing-Projekt; UMS bei öffentl. Aktienrückkaufprogramm; Brinkmann & Partner bei Neustrukturierung der Kanzlei. Lfd. B.A.F. Group, Transtec, BKK Mobil Oil, Deutsche See, WERU, Krüll-Gruppe, MPC Capital, Viscom.

WALDECK

Bewertung: Die gesellschaftsrechtl. Praxis der ▶Frankfurter Kanzlei setzt ihren Wachstumskurs v.a. bei Streitigkeiten weiter fort, bspw. mit der Vertretung von Eurofins in der Beschwerdeinstanz eines Spruchverfahrens. Zuletzt vertrauten Waldeck zudem verstärkt chin. Unternehmen bei Zukäufen u. der Post-M&A-Beratung. Für ein stetiges Grundrauschen sorgen aber nach wie vor eine Reihe Stammmandanten. Diese setzen auch deswegen auf das Team, weil die praxisübergr. Zusammenarbeit v.a. mit der ▶IT-Praxis gelingt. (8 Partner, 3 Associates)
Mandate: ●● Eurofins Genomics in Spruchverfahren wegen Delisting 2er Tochtergesellschaften; lfd. Woco-Gruppe, Sorg-Gruppe; IT-Unternehmen bei Umstrukturierung der Finanzierung; Finanzunternehmen bei Hauptversammlung.

WENDELSTEIN

Bewertung: 4 Jahre nach ihrer Gründung hat sich die ▶Frankfurter Einheit v.a. im ▶M&A einen Namen gemacht, aber auch ihr 2. Standbein, die gesellschaftsrechtl. Beratung, weiter ausgebaut. Wettbewerber loben die ehem. Hengeler-Anwälte als „exzellente Juristen u. sympathisches Team", das „Top-Qualität zu vernünftigen Preisen" bietet. Ausgebaut hat die Kanzlei bspw. die Beratung von LEG, aber auch die Arbeit für Elster Messtechnik, die sie sowohl bei Transaktionen als auch im Gesellschaftsrecht berät. (7 Partner, 5 Associates)
Mandate: LEG Standort und Projektentwicklung Köln gesellschaftsrechtl.; Imtech Dtl. bei laufender Restrukturierung; Elster Messtechnik zu handelsrechtl. Verträgen; Energieunternehmen zu Venture-Capital- u. Joint-Venture-Beteiligungen.

WIRSING HASS ZOLLER

Bewertung: Die ▶Münchner Kanzlei zählt im Gesellschaftsrecht zahlr. hoch vermögende Unternehmerpersönlichkeiten, aber auch mittelständ. Unternehmen div. Branchen zu ihren Kernmandanten. Diese berät WHZ in allen gesellschaftsrechtl. Fragen sowie bei Transaktionen. Zuletzt nahm der Beratungsbedarf von Family Offices deutl. zu. Diese zeigen ebenso wie Private Clients weiterhin großes Interesse an Private-Equity-Beteiligungen. (2 Partner, 3 Associates)
Mandate: ●● Lfd.: Roba-Gruppe, Tele-München-Gruppe; Single-Family-Office bei Aufbau eines PE-Beteiligungsportfolios.

ZENK

Bewertung: Sehr stabil u. kontinuierl. ist v.a. das ▶Hamburger Büro der Kanzlei für einen langj. Mandantenstamm im Gesellschaftsrecht tätig. Neben Jan Dietze lobte zuletzt ein Mandant auch Dr. Bastian Schmidt-Vollmer für seine Expertise bei der Finanzstruktur von Beteiligungen. Einen besonderen Ruf hat Zenk v.a. für die Beratung von Emissionshäusern, hier nahm ihre Tätigkeit aufseiten der Fonds in Anlegerklagen zuletzt noch einmal deutl. zu. Ihre Bemühungen, gr. Mandanten ihrer renommierten ▶lebensmittelrechtl. Praxis auch im Gesellschaftsrecht zu beraten, tragen immer mehr Früchte. (5 Partner, 3 Associates, 2 Counsel)
Mandate: ●● Lfd. FischerAppelt; Villeroy & Boch u.a. bei Vertragsmanagement u. gesellschaftsrechtl. Einzelfragen; 2 bekannte Reedereien in Anlegerklagen; lfd. gr. Lebensmittelunternehmen.

ZIRNGIBL LANGWIESER

Bewertung: Die ▶Münchner Corporate-Praxis, v.a. bei der Beratung im Mittelstand fest etabliert, wächst kontinuierlich. An Bedeutung gewinnt die Beratung zu Compliance u. Haftungsthemen. So beriet die Kanzlei etwa einen Spezialmaschinenbauer bei Schadensersatzforderungen gg. den ehem. Geschäftsführer. Zudem begleitet ZL Transaktionen, v.a. aus der Beratung ihrer Dauermandanten heraus. Immer häufiger ist die Kanzlei aber auch in grenzüberschr. Transaktionen involviert. Dabei profitiert ZL von ihrem kleinen Wiener Büro, aber auch von ihren immer besser funktionierenden internat. Kontakten, die noch großes Potenzial bergen. (5 Eq.-Partner, 1 Sal.-Partner, 1 Associate)
Mandate: ●● Linder Beteiligungs GmbH in Spruchverfahren; Spezialmaschinenbauunternehmen bei Schadensersatzansprüchen gg. ehem. GF u. D&O-Versicherer; Klinikgesellschaft bzgl. fehlerhafter AR-Besetzung; Family Office bei Kauf eines Beteiligungsunternehmens aus Insolvenz, Nachfolgeplan u. -strukturierung; Softwareunternehmen bei Verkauf an strateg. Partner; Investor bei Erwerb Textilunternehmen u. Strukturierung des Investmentmodells; österr. Konzern bei Verkauf Immobiliengesellschaft; US-Private-Equity-Investor in Zshg. mit Übernahme eines börsennot. Unternehmens.

Notarkostenrecht – Durch intelligente Vertragsgestaltung Notarkosten sparen

Von Dr. Heiko Jäkel und Dr. Andreas Schrey, bhp Bögner Hensel & Partner, Frankfurt am Main

bhp Bögner Hensel & Partner ist eine Sozietät von Rechtsanwälten, Notaren und Steuerberatern mit Sitz in Frankfurt am Main. Kernbereiche der Beratung von Bögner Hensel & Partner sind das Immobilienrecht, das Wirtschafts- und Gesellschaftsrecht sowie das Steuerrecht. Ebenso ist das Notariat seit jeher ein wichtiges Leistungsfeld von bhp.

Dr. Heiko Jäkel

Dr. Heiko Jäkel ist Partner bei bhp Bögner Hensel & Partner. Als Rechtsanwalt und Notar berät und betreut er Immobiliengesellschaften, Projektentwickler, Bauträger, private Investoren etc. in allen Fragen des Immobilienwirtschaftsrechts. Der Schwerpunkt seiner Tätigkeit als Notar liegt in der immobilienrechtlichen Vertragsgestaltung, der Begleitung komplexer Bauträgerprojekte und Wohnungseigentumsstrukturen.

Dr. Andreas Schrey

Dr. Andreas Schrey ist Partner bei bhp Bögner Hensel & Partner. Im Rahmen des Immobilien- und Gesellschaftsrechts ist er für deutsche und internationale Mandanten tätig. Der Schwerpunkt seiner notariellen Tätigkeit liegt vor allem im Bereich des Umwandlungs- und Gesellschaftsrechts sowie im Immobilienrecht.

Weitere Informationen im Kanzleiprofil am Ende des Handbuchs.

Nachdem das neue Gerichts- und Notarkostengesetz (GNotKG) nun bereits seit dem 01.08.2013 in Kraft ist, stellen wir im Rahmen unserer notariellen Praxis immer wieder fest, dass das GNotKG selbst von erfahrenen Transaktionsanwälten immer noch als „Buch mit sieben Siegeln" und vor allen Dingen als Ursache einer „Kostenexplosion" wahrgenommen wird.

Schaut man etwas genauer hin, wird man feststellen, dass sich die Gebührensteigerungen in der Mehrzahl der Fälle allenfalls moderat auswirken und sich im Übrigen in vielen Fällen durch eine intelligente Gestaltung mit oft nur recht geringfügigen vertraglichen Anpassungen ein erhebliches Einsparungspotential bietet. Im Folgenden sollen einige Beispiele aufgeführt werden.

Klar definierte Vollzugs- und Betreuungsgebühren schaffen Transparenz und Gestaltungsspielraum

Das Herzstück des neu gefassten Kostenrechts beinhaltet einen umfangreichen Katalog der abrechenbaren Vollzugs- und Betreuungstätigkeiten des Notars.

Diese genaue Aufzählung der Tätigkeiten beseitigt den vergangenen Missstand des alten Kostenrechts, das hierzu keine klare Aussage getroffen hat. In der Folge gab es zahlreiche, regional unterschiedliche Abrechnungsmethoden, die bei dem rechtssuchenden Urkundsbeteiligten immer wieder Fragen aufgeworfen haben.

Werden diese klar definierten Vollzugs- und Betreuungsgebühren im Rahmen der Gestaltung der notariellen Urkunde beachtet, können erhebliche Gebühren eingespart werden.

Gestaltung von Urkundsvorgängen zur Reduzierung von Vollzugs- und Betreuungsgebühren

Die Vollzugs- und Betreuungsgebühren fallen insgesamt für jedes Geschäft nur einmal an, gleich wie viele Tätigkeiten aus dem Katalog des Gebührenverzeichnisses der Notar ausführt.

Es sollte also immer genau beachtet werden, ob Urkundsvorgänge zusammengeführt und ggf. auch getrennt werden können, weil allein dadurch erhebliche Vollzugs- und Betreuungsgebühren eingespart werden können.

Aufspaltung des Vertrages in Angebot und Annahme

Während eine Aufspaltung eines Vertrages in ein notarielles Angebot und eine spätere Annahme dieses Angebots nach früherer Rechtslage gebührentechnisch in Summe der Beurkundung eines Vertrages gleichkam, löst nach dem GNotKG bereits die Beurkundung des Angebots die gleiche (2,0-) Gebühr aus wie der beiderseits verbindliche Vertrag. Die weitere 0,5-Gebühr für die Annahme führt somit zu einer Erhöhung der Beurkundungsgebühr von 25%. Um dies zu vermeiden, sollte erwogen werden, ob nicht andere Mechanismen in Betracht kommen, die die Bindungswirkung hinsichtlich der „annehmenden" Partei hinauszögern, wie beispielsweise die Aufnahme von aufschiebenden Bedingungen, Rücktrittsrechten oder die Beurkundung mittels eines vollmachtlosen Vertreters.

Rechtswahlklausel

In sehr vielen Vertragsmustern – auch solchen für rein inländische Sachverhalte – findet sich die Klausel, dass auf den Vertrag deutsches materielles Recht Anwendung finden soll.

Während diese Klausel nach der alten Kostenordnung gebührentechnisch irrelevant war, ist sie nach dem neuen GNotKG als gegenstandsverschieden zu bewerten und erhöht den Gegenstandswert des Vertrages um 30%. Da sich die Anwendung deutschen materiellen Rechts in vielen Fällen auch ohne Rechtswahlklausel ergibt, ohne dass relevante Restrisiken der Anwendung fremden Rechts bestehen, sollte jeweils geprüft werden, ob die Klausel nicht verzichtbar ist oder diese allenfalls deklaratorisch vereinbart wird.

Umsatzsteueroption im Rahmen eines Grundstückskaufvertrages

Bei Grundstückskaufverträgen betreffend Gewerbeimmobilien wurde in der Vergangenheit in aller Regel eine vorsorgliche Umsatzsteueroption in die Urkunde aufgenommen, um für den Fall, dass die Finanzverwaltung keine „Geschäftsveräußerung im Ganzen" annahm, das gewünschte umsatzsteuerliche Ergebnis zu erreichen. Während diese Optionsausübung nach altem Recht für die Berechnung des Gegenstandswertes irrelevant war, erhöht sich der Gegenstandswert nunmehr um den Betrag der ggf. anfallenden Umsatzsteuer.

Beträgt der Kaufpreis 10 Mio. EURO und optiert der Käufer in voller Höhe zur Umsatzsteuer erhöht sich die Beurkundungsgebühr für den Kaufvertrag um 2.400 EURO und damit um mehr als 10%.

Es ist deshalb abzuwägen, ob in eindeutigen Fällen auf die vorsorgliche Aufnahme der Umsatzsteueroption verzichtet werden kann, zumal auch nachträglich – wenn auch nur konsensual und innerhalb recht enger zeitlicher Fristen – eine Optionsausübung möglich ist.

Beurkundung in fremder Sprache versus Hinzuziehung eines Dolmetschers

Werden die zu beurkundenden Erklärungen ohne Hinzuziehung eines Dolmetschers in einer fremden Sprache abgegeben, so erhöhen sich die Gebühren für das Beurkundungsverfahren um 30 %. Zu beachten ist hierbei, dass nicht, wie zum Beispiel bei der Umsatzsteueroption, der Gegenstandswert erhöht wird, der einer Degression sowie einer Kappungsgrenze unterliegt, sondern sich die absolute Beurkundungsgebühr erhöht.

Beurkundet der Notar hingegen in deutscher Sprache und wird der von ihm vorgelesene Text von einem Dolmetscher übersetzt, so erhöhen sich trotz des damit verbundenen zeitlichen Mehraufwandes die notariellen Gebühren nicht. Es kann sich also lohnen, einen Dolmetscher hinzuzuziehen.

Ist bloß eine Anlage des Vertrages fremdsprachlich, ist zu prüfen, ob die Anlage als nicht zu verlesende Anlage zu Beweiszwecken beigefügt werden kann, da dies allein keine Zusatzgebühr auslösen dürfte.

Nachträge zu notariellen Urkunden

Wird ein bereits beurkundeter Vertrag nachträglich durch einen notariellen Nachtrag geändert, löste dies nach früherer Rechtslage eine einfache Gebühr aus dem Gegenstandswert des nachträglich geänderten Gegenstandes bzw. einem Teilwert des ursprünglichen Gegenstandswertes aus. Im Rahmen des GNotKG ist die Privilegierung weggefallen, sodass nunmehr auch für den Nachtrag eine doppelte Gebühr, wenn auch weiterhin aus einem Teilwert bzw. dem von der Änderung erfassten Gegenstand, ausgelöst wird.

Die Rechtsprechung des Bundesgerichtshofs sieht Nachträge zu beurkundungspflichtigen Geschäften in verschiedenen Konstellationen als nicht beurkundungsbedürftig an (so bspw. der Verzicht auf aufschiebende Bedingungen des Übergangs von GmbH-Anteilen), sodass im Einzelfall abzuwägen ist, ob nicht auf eine Beurkundung des Nachtrages verzichtet werden kann.

Einholung von Löschungsunterlagen durch den Verkäufer

Ist im Rahmen einer Immobilientransaktion ein Grundpfandrecht zu löschen, müssen zur Herbeiführung der Kaufpreisfälligkeit die Löschungsunterlagen von der abzulösenden Bank des Verkäufers eingeholt werden. Nimmt diese Aufgabe der Notar wahr, fallen hierfür in der Regel zwei Gebühren an, die Treuhandgebühr und die Vollzugsgebühr. Bei einer zu löschenden Grundschuld in Höhe von 20 Mio. EURO betragen diese zusammen 17.385 EURO.

Der Verkäufer kann den Anfall dieser im Regelfall von ihm zu tragenden Gebühren reduzieren, indem im Vertrag nicht der Notar beauftragt wird, sondern er selbst seine Bank anschreibt und um Übersendung der Löschungsunterlagen an den Notar bittet. Im Interesse des Käufers sollte jedoch sichergestellt werden, dass der Notar doch tätig wird, sofern der Verkäufer dieser Aufgabe nicht bis zu einem bestimmten Zeitpunkt nachgekommen ist. Durch eine Verlagerung der Aufgabe auf den Verkäufer entfällt die Vollzugsgebühr, die Treuhandgebühr wird lediglich auf Grundlage des von der abzulösenden Bank tatsächlich verlangten Anteils am Kaufpreis, nicht aber aus dem ganzen Kaufpreis berechnet.

Gebührenoptimierte Gestaltung im Rahmen der Finanzierung des Kaufpreises

Im Zusammenhang mit der Grundschuldbestellung zur grundbuchlichen Sicherung der Kaufpreisfinanzierung wird der Notar von beteiligten Banken oftmals formularmäßig gebeten, „die Grundschuldurkunde im Hinblick auf §873 BGB für die Bank entgegenzunehmen". Dadurch tritt die Bindungswirkung – und damit auch der Schutz vor nachträglichen Verfügungsbeschränkungen (z.B. Insolvenz des Grundstückseigentümers) zu Gunsten der Bank – schon bei Beurkundung und nicht erst bei Übersendung der Ausfertigung an die Bank ein. Die hierfür anfallende zusätzliche Gebühr wurde durch das GNotKG spürbar aufgewertet, bei einer Grundschuld von 20 Mio. EURO beträgt sie 8.692 EURO anstelle von 4.098,50 EURO nach der Kostenordnung. Hier lohnt es durchaus, als Berater des Käufers auf die Streichung dieses Passus hinzuwirken, zumal die Bank regelmäßig ohnehin erst nach Erhalt der vollstreckbaren Ausfertigung der Grundschuldbestellungsurkunde auszahlt.

Vereinfacht und von Unschärfen befreit: Das neue Kostenrecht der Notare

Die sorgsame Gestaltung von notariellen Urkunden schützt vor der „Kostenexplosion". Durch die Beseitigung von Unschärfen des alten Kostenrechts, bietet sich die Möglichkeit, durch den Blick durch die „Kostenbrille" bares Geld zu sparen.

Der Urkundenbeteiligte sollte also von seinem Notar die gebührenoptimierte Gestaltung notarieller Urkunden und Geschäftsvorgänge einfordern. Diese Möglichkeit bietet das neue und klar gestaltete Kostenrecht.

Wird dieser Blick auf die Kosten beachtet, kann von einer „Kostenexplosion" nicht die Rede sein. ∎

KERNAUSSAGEN

- Notarkostenrecht – Durch intelligente Vertragsgestaltung Notarkosten sparen

- Klar definierte Vollzugs- und Betreuungsgebühren schaffen Transparenz und Gestaltungsspielraum

- Gestaltung und Trennung oder Zusammenfassung von Urkundsvorgängen kann vor der gefühlten Kostenexplosion schützen

- Das neue Kostenrecht der Notare ermöglicht die gebührenoptimierte Gestaltung notarieller Urkunden und Geschäftsvorgänge

Notariat

Notariate spielen eine bedeutende Rolle, selbst in Großkanzleien – wegen ihrer guten Vernetzung im Markt, aber auch als Abrundung des Beratungsangebots. Die folgende Tabelle versammelt Notariate, die von Unternehmen und Wirtschaftsanwälten besonders häufig empfohlen werden. Hintergrund einer positiven Bewertung ist oft auch das Backoffice, das es den Notaren ermöglicht, komplexe und fremdsprachliche Transaktionen abzuwickeln. Besonders oft sind Notare im ▶Immobilienwirtschaftsrecht und im ▶Gesellschaftsrecht gefragt, zudem bei gesellschaftsrechtlichen Nachfolgeregelungen (▶Nachfolge/Vermögen/Stiftungen).

Besonders empfohlene Notariate für Gesellschafts- und Immobilienrecht

NORDEN
Dr. Till Kleinstück und Dr. Marcus Reski	Hamburg
Notare an der Palmaille	Hamburg
Notariat am Alstertor	Hamburg
Notariat am Gänsemarkt	Hamburg
Notariat an den Alsterarkaden	Hamburg
Notariat Ballindamm	Hamburg
Notariat Bergstraße	Hamburg

OSTEN UND BERLIN
CMS Hasche Sigle	Berlin
Görg	Berlin
GSK Stockmann + Kollegen	Berlin
Heckschen & van de Loo	Dresden
Hengeler Mueller	Berlin
Sammler Usinger	Berlin
Taylor Wessing	Berlin

WESTEN
Dr. Florian Braunfels Dr. Rainer Oppermann	Düsseldorf
Dr. Wilhelm Droste und Dr. Hendryk Haibt	Düsseldorf
Dr. Hermanns & Dr. Schumacher	Köln
Dr. Marcus Kämpfer und Andrea Bergermann	Düsseldorf
Kümmerlein	Essen
Dr. Burkhard Pünder & Dr. Gerrit Wenz	Düsseldorf
Dr. Paul Rombach Dr. Claudie Rombach	Düsseldorf
Dr. Erich Schmitz u. Dr. Klaus Piehler	Köln
Dr. Georg Wochner und Dr. Jens Fleischhauer	Köln
Zimmermann Hauschild	Düsseldorf

FRANKFURT UND HESSEN
Bögner Hensel & Partner	Frankfurt
Clifford Chance	Frankfurt
CMS Hasche Sigle	Frankfurt
Faust Gerber	Frankfurt
Gamon	Frankfurt
Gerns & Partner	Frankfurt
Göring Schmiegelt & Fischer	Frankfurt
GSK Stockmann + Kollegen	Frankfurt
Hanf Obermann	Frankfurt
Hengeler Mueller	Frankfurt
Hogan Lovells	Frankfurt
Mayer Brown	Frankfurt
Mettenheim Gronstedt Meyding	Frankfurt
Schiedermair	Frankfurt
Wicker Schütz	Frankfurt

SÜDWESTEN
Lehmann Neunhoeffer Sigel Schäfer	Stuttgart
Stahl & Kessler	Stuttgart

SÜDEN
Dr. Peter Anton und Rainer Krick	München
Dr. Basty und Haasen	München
Dr. Susanne Frank Dr. Wolfram Schneeweiß	München
Prof. Dr. Dieter Mayer	München
Notariat Dr. Wicke & Herrler	München
Dr. Bernhard Schaub	München
Dr. Till Schemmann und Dr. Helene Ludewig	München
Dr. Oliver Vossius und Dr. Thomas Engel	München
Dr. Robert Walz Dr. Hans-Joachim Vollrath	München

DR. PETER ANTON UND RAINER KRICK
Empfohlen für: Gesellsch.recht
Häufig empfohlen: Dr. Peter Anton („gute Erreichbarkeit, sehr viel Erfahrung mit Hauptversammlungen")

DR. BASTY UND HAASEN
Empfohlen für: Gesellsch.recht, Immobilien
Häufig empfohlen: Dr. Gregor Basty („gute Organisation, immer erreichbar, hervorragende Abwicklung"), Thomas Haasen („hohe Kompetenz und Effizienz")

BÖGNER HENSEL & PARTNER
Empfohlen für: Immobilien
Häufig empfohlen: Dr. Heiko Jäkel („schlagkräftig, lösungsorientiert, hohes wirtschaftl. Verständnis"), Dr. Nikolaus Hensel („sehr erfahren")

DR. FLORIAN BRAUNFELS DR. RAINER OPPERMANN
Empfohlen für: Gesellsch.recht, Immobilien
Häufig empfohlen: Dr. Florian Braunfels („sehr gute Qualifikation, hervorragend organisiert", „kompetent und gründlich")

CLIFFORD CHANCE
Empfohlen für: ▶Immobilien
Häufig empfohlen: Dr. Klaus Minuth („sehr professionell", „fachlich exzellent", „macht jeden Deal möglich")

CMS HASCHE SIGLE
Empfohlen für: ▶Gesellsch.recht, ▶Immobilien
Häufig empfohlen: Dr. Jochen Schlotter („fachlich top, serviceorientiert"), Dr. Andreas Otto („Dienstleister durch u. durch")

DR. WILHELM DROSTE UND DR. HENDRYK HAIBT
Empfohlen für: Gesellsch.recht, Immobilien
Häufig empfohlen: Dr. Henryk Haibt („umfangreiche M&A-Erfahrung, juristisch genau, sehr zielorientiert", „schnell u. effizient"), Dr. Wilhelm Droste

FAUST GERBER
Empfohlen für: Gesellsch.recht, Immobilien
Häufig empfohlen: Dr. Sabine Funke, („proaktiv, lösungsorientiert, pragmatisch", „internat. sehr erfahren"), Dr. Olaf Gerber („äußerst kompetent, effizient u. dienstleistungsorientiert", „flexibel u. transaktionserfahren"), Dr. Alexander Haines

DR. SUSANNE FRANK DR. WOLFRAM SCHNEEWEISS
Empfohlen für: Gesellsch.recht, Immobilien
Häufig empfohlen: Dr. Susanne Frank, Dr. Wolfram Schneeweiß („hilfreich auch bei zeitkritischen Beurkundungen, hervorragendes Backoffice", „extrem versiert, Beurkundung in mehreren Sprachen" über beide)

GAMON
Empfohlen für: Immobilien, Gesellsch.recht
Häufig empfohlen: Dr. Peter Gamon („ausgesprochen kompetent, erfahren u. verlässlich"), Jan Sobotta („akribisch u. zuverlässig")

GERNS & PARTNER
Empfohlen für: Immobilien, Gesellsch.recht
Häufig empfohlen: Ronald Gerns („souverän"), Dr. Georg Scherl („zuverlässig, immer verfügbar, vorzügliches Backoffice")

GÖRG
Empfohlen für: ▶Immobilien
Häufig empfohlen: Jan Lindner-Figura („erfahren, kooperativ u. angenehm, lösungsorientiert", „gutes Backoffice")

GÖRING SCHMIEGELT & FISCHER
Empfohlen für: Immobilien, Gesellsch.recht
Häufig empfohlen: Dr. Karl-Heinz Schmiegelt („für große Transaktionen immer die erste Adresse"), Dr. Ulf Schuler („starke serviceorientierte Einheit, die immer wieder aufs Neue überzeugt")

GSK STOCKMANN + KOLLEGEN
Empfohlen für: ▶Gesellsch.recht, ▶Immobilien
Häufig empfohlen: Stefan Aldag („schnell u. pragmatisch", „kreative Lösungen"), Dr. Volker Rebmann („fachlich hochkompetent, behält den Überblick, sehr flexibel")

HANF OBERMANN
Empfohlen für: Immobilien, Gesellsch.recht
Häufig empfohlen: Wolfgang Hanf („erfahrener Notar mit starkem Unterbau"), Stefan Obermann („sehr kompetent, pragmatisch, flexibel, transaktionserfahren"), Johanna Masser

HECKSCHEN & VAN DE LOO
Empfohlen für: Gesellsch.recht, auch Immobilien
Häufig empfohlen: Prof. Dr. Heribert Heckschen („Fachkompetenz, schneller Service")

HENGELER MUELLER
Empfohlen für: ▶Immobilien, ▶Gesellsch.recht
Häufig empfohlen: John Flüh („serviceorientiert u. pragmatisch", „leistungsfähiges Notariat, schnelle Abwicklung"), Dr. Frank Burmeister („fachlich top, flexibel")

DR. HERMANNS & DR. SCHUMACHER
Empfohlen für: Gesellsch.recht, Immobilien
Häufig empfohlen: Dr. Marc Hermanns („fachlich überzeugend, sehr serviceorientiert", „unglaublich schnell"), Dr. Robert Schumacher

HOGAN LOVELLS
Empfohlen für: ▶Immobilien
Häufig empfohlen: Dr. Hinrich Thieme

DR. MARCUS KÄMPFER UND ANDREA BERGERMANN
Empfohlen für: Gesellsch.recht, auch Immobilien
Häufig empfohlen: Andrea Bergermann („pragmatisch, präzise u. schnell"), Dr. Marcus Kämpfer („gründlich, genau, kompetent", „guter Dienstleister")

DR. TILL KLEINSTÜCK UND DR. MARCUS RESKI
Empfohlen für: Gesellsch.recht
Häufig empfohlen: Dr. Till Kleinstück („sehr angenehmer, kompetenter Umgang"), Dr. Marcus Reski („sehr kompetent, engagiert, dienstleistungsorientiert")

KÜMMERLEIN
Empfohlen für: Immobilien, ▶Gesellsch.recht
Häufig empfohlen: Dr. Ulrich Irriger („kompetent u. gut eingebunden"), Dr. Christian Löhr („sehr kompetenter Notar")

LEHMANN NEUNHOEFFER SIGEL SCHÄFER
Empfohlen für: Gesellsch.recht
Häufig empfohlen: Dr. Peter Sigel („schnell, zuverlässig, hohe Qualität", „großes Detailwissen, hohe Verlässlichkeit", „pragmatisch, geduldig, hervorrag. Jurist")

PROF. DR. DIETER MAYER
Empfohlen für: Gesellsch.recht, Immobilien
Häufig empfohlen: Prof. Dr. Dieter Mayer („würden am liebsten mit niemandem sonst arbeiten")

MAYER BROWN
Empfohlen für: ▶Immobilien, Gesellsch.recht
Häufig empfohlen: Dr. Jörg Lang („international aufgestellt"), Dr. Hans Hofmann („Top-Qualität, Top-Service")

METTENHEIM GRONSTEDT MEYDING
Empfohlen für: Gesellsch.recht
Häufig empfohlen: Dr. Bernhard Meyding („absolut zuverlässig, schnell u. serviceorientiert"), Dr. Sebastian Gronstedt („professionell, schnell verfügbar, Transaktionserfahrung")

NOTARE AN DER PALMAILLE
Empfohlen für: Gesellsch.recht, Immobilien
Häufig empfohlen: Dr. Arnim Karthaus („schnell, flexibel u. belastbar")

NOTARIAT AM ALSTERTOR
Empfohlen für: Immobilen, Gesellsch.recht
Häufig empfohlen: Dr. Robert Diekgräf („kompetente Unterstützung, außerordentl. zuverlässig"), Dr. Arne Helms („sehr kompetent, lösungsorientiert, zuverlässig und schnell"), Dr. Michael von Hinden („einer der besten Notare in Hamburg"), Johann Jonetzki

NOTARIAT AM GÄNSEMARKT
Empfohlen für: Gesellsch.recht, Immobilien
Häufig empfohlen: Dr. Martin Mulert („sehr gut in gesellschaftsrechtlichen Fragen", „sehr angenehm in der Zusammenarbeit")

NOTARIAT AN DEN ALSTERARKADEN
Empfohlen für: Gesellsch.recht, Immobilien
Häufig empfohlen: Dr. Matthias Kleiser („sehr guter Service", „extrem versiert, Beurkundung in mehreren Sprachen"), Dr. Maximiliane Meyer-Rehfueß („bei größter Sorgfalt handhabbare Vorschläge, gute Konfliktlösung"), Dr. Markus Perz („unternehmerisch u. pragmatisch")

NOTARIAT BALLINDAMM
Empfohlen für: Gesellsch.recht, Immobilien
Häufig empfohlen: Dr. Florian Möhrle („sympathisch, effizient u. technisch perfekt"), Prof. Dr. Peter Rawert („sehr erfahren, souveräne Verhandlungsführung, ausgezeichnetes Backoffice"), Dr. Alexander Gebele („extrem versiert, etabliert sich stark bei vermögenden Privatpersonen"), Dr. Ralf Katschinski

NOTARIAT BERGSTRASSE
Empfohlen für: Gesellsch.recht, Immobilien
Häufig empfohlen: Dr. Jan Wolters („gute, sichere und schnelle Abwicklung", „fachl. exzellent"), Dr. Johannes Beil („hohes juristisches Niveau, zuverlässig", „sehr guter Jurist, sehr guter Service")

NOTARIAT DR. WICKE & HERRLER
Empfohlen für: Gesellsch.recht
Häufig empfohlen: Dr. Hartmut Wicke („hohe Expertise", „gute, sichere u. schnelle Abwicklung"), Sebastian Herrler („hoher Spezialisierungsgrad")

DR. BURKHARD PÜNDER & DR. GERRIT WENZ
Empfohlen für: Immobilien, Gesellsch.recht
Häufig empfohlen: Dr. Gerrit Wenz („Top-Service", „sehr guter Notar – fachlich und organisatorisch"), Dr. Burkhard Pünder

DR. PAUL ROMBACH DR. CLAUDIE ROMBACH
Empfohlen für: Gesellsch.recht
Häufig empfohlen: Dr. Paul Rombach („kooperativ, sehr fundiert u. kurzfristig flexibel", „immer verlässlich, schnelle Reaktionszeit", „sehr kompetent, insbes. bei Auslandsbezug")

SAMMLER USINGER
Empfohlen für: ▶Immobilien
Häufig empfohlen: Jens Bock

DR. BERNHARD SCHAUB
Empfohlen für: Immobilien, Gesellsch.recht
Häufig empfohlen: Dr. Bernhard Schaub („exzellent in allen gesellschaftsrechtlichen Angelegenheiten", „kooperativ, sehr fundiert, kurzfristig verfügbar")

DR. TILL SCHEMMANN UND DR. HELENE LUDEWIG
Empfohlen für: Gesellsch.recht
Häufig empfohlen: Dr. Till Schemmann („fachlich sehr gut, guter Service"), Dr. Helene Ludewig („hervorrag. Juristin")

SCHIEDERMAIR
Empfohlen für: Gesellsch.recht
Häufig empfohlen: Dr. Heinrich Geddert („solide u. sehr nett"), Dr. Annegret Bürkle, Dr. Klaus Müller („sehr kompetent, reaktionsschnell u. erfahren im internat. Rechtsverkehr")

DR. ERICH SCHMITZ U. DR. KLAUS PIEHLER
Empfohlen für: Gesellsch.recht, Immobilien
Häufig empfohlen: Dr. Erich Schmitz („sehr kompetent"), Dr. Klaus Piehler („sehr kurze Reaktionszeiten, sehr guter u. erfahrener Gesellschaftsrechtler")

STAHL & KESSLER
Empfohlen für: Gesellsch.recht, Immobilien
Häufig empfohlen: Dr. Thomas Kessler („sehr kompetent, schnell, souverän"), Prof. Dr. Bernhard Kunz

TAYLOR WESSING
Empfohlen für: ▶Immobilien, Gesellsch.recht
Häufig empfohlen: Roman Bärwaldt („insbes. im Umwandlungsrecht extrem routiniert", „einer der Besten in Berlin")

DR. OLIVER VOSSIUS UND DR. THOMAS ENGEL
Empfohlen für: Gesellsch.recht, Immobilien
Häufig empfohlen: Dr. Oliver Vossius („hervorrag. fachliche Qualifikation"), Dr. Thomas Engel

DR. ROBERT WALZ DR. HANS-JOACHIM VOLLRATH
Empfohlen für: Gesellsch.recht, Immobilien
Häufig empfohlen: Dr. Hans-Joachim Vollrath („kompetent u. kooperativ") Dr. Robert Walz („praxisorientierte, kreative Beratung" über beide)

WICKER SCHÜTZ
Empfohlen für: Immobilien
Häufig empfohlen: Dr. Bernhard Schütz („der Lionel Messi unter den Notaren, einfach genial"), Dr. Christian Wicker („großartiges Transaktionsmanagement, juristisch top, menschlich sehr angenehm")

DR. GEORG WOCHNER UND DR. JENS FLEISCHHAUER
Empfohlen für: Immobilien
Häufig empfohlen: Dr. Jens Fleischhauer („super"), Dr. Georg Wochner („kompetente u. zügige Bearbeitung von Beurkundungen")

ZIMMERMANN HAUSCHILD
Empfohlen für: Gesellsch.recht
Häufig empfohlen: Dr. Norbert Zimmermann („exzellentes Fachwissen, mehrsprachig"), Dr. Armin Hauschild („zuverlässig u. erfahren", „in jeder Hinsicht herausragend", „exzellent bei Hauptversammlungen" über beide)

Immobilien- und Baurecht

Immobilienwirtschaftsrecht

Immobilienwirtschaftsrecht	307
Projektentwicklung und Anlagenbau	318
Privates Baurecht	320
Privates Baurecht: Weitere empfohlene Spezialkanzleien	329

Investoren haben viel Geld, doch es fehlen die Assets

Investoren aus dem In- und Ausland stürzen sich auf Büros, Logistikflächen, Hotels und Wohnungen. Der Boom in der Immobilienbranche hält an. Waren es vor einem Jahr noch primär Einzelimmobilien, die für Käufer attraktiv waren, wechseln nun auch große Portfolios wieder regelmäßig den Eigentümer. Es ist sehr viel Geld im Markt, Investoren kaufen teuer ein und die Finanzierungen werden immer kreativer, wenngleich sie sich im Vergleich zu der Zeit vor der Finanzkrise noch in einem vernünftigen Rahmen bewegen. Weil gehobene Immobilien in Top-Lagen Mangelware sind, bewegen sich Investoren zunehmend seitwärts – raus aus den Metropolen, rein in kleinere Städte in der Peripherie. Auch Projektentwicklungen – vor einiger Zeit noch eine beliebte Alternative für eine auskömmliche Rendite – sind mittlerweile rar gesät. Deshalb werden immer häufiger und vor allem immer früher Immobilien gekauft, die noch gar nicht existieren. Die Wohnungsbranche nutzt den Boom und konsolidiert sich. Der große Player Deutsche Annington stärkte seine bundesweite Präsenz, indem er kleinere Unternehmen wie die Südewo übernahm oder sich mit Konkurrentin Gagfah zusammenschloss. Wiederum andere Marktteilnehmer nutzten die Gunst der Stunde, um sich von ihrem Immobiliengeschäft zu trennen und ordentlich Kasse zu machen.

Die jungen Immobilienpraxen rüsten weiter auf

Die Boomzeit der Immobilienbranche lässt das anwaltliche Beratungsgeschäft florieren. Jeder versucht, ein Stück vom Kuchen abzubekommen – mit ganz unterschiedlichen Ansätzen. Asiatische Investoren scheuen bisher Direktinvestments, sie suchen sich lieber einen lokalen Joint-Venture-Partner. Kanzleien wie **Ashurst** verfügen hier über gute Kontakte und konnten sich so erste Mandate sichern. **Hengeler Mueller** machte sich ihr Büro in Schanghai zunutze. Für amerikanische Fonds, die den regulatorischen Anforderungen des deutschen Marktes unterliegen, ist **King & Spalding** an der Schnittstelle zum Investment- und Aufsichtsrecht sehr gut aufgestellt.

Bei den Top-Deals waren nach wie vor etablierte Teams als Berater gesetzt. Allen voran **Freshfields Bruckhaus Deringer** oder **Clifford Chance**, die die Trianon-Transaktion abwickelten, sowie **Hengeler Mueller** und **Noerr**, die bei einem großen Wohnportfoliodeal die LEG beziehungsweise die Deutsche Annington berieten. Doch die jungen, aufstrebenden Praxen sind ihnen dicht auf den Fersen und rüsten auf. Hier konnte sich **DLA Piper** bei Blackstone nach einer Transaktion ein weiteres großes Mandat sichern. **McDermott Will & Emery** verkaufte ein großes Portfolio für die SEB und ergänzte ihre immobilienrechtliche Beratung um einen Öffentlichrechtler von **Gleiss Lutz**. **CMS Hasche Sigle** verstärkte sich im Bereich Fondsberatung mit einem ehemaligen Freshfields-Partner. Ins Spiel kommen die Kanzleien dadurch, dass viele Investoren ihr Beraterportfolio diversifizieren und auch dem Asset-Management mehr Bedeutung beimessen.

Während das Geschäft kräftig brummt, blieb es personell auf dem Immobilienmarkt relativ ruhig. Für großes Aufsehen sorgte allein der Wechsel des gesamten Berliner Büros um den renommierten Dr. Christian Schede von **Olswang** zu **Greenberg Traurig**. Jedoch: Das Team bleibt bestehen, ebenso die Strategie. Nur die Flagge ist eben eine andere.

Besprochen werden Kanzleien, die bei folgenden Themen beraten: Kauf, Verkauf und Finanzierung von Immobilien u. Portfolios; Strukturierung von Immobilienfonds (siehe auch ▶Investmentfonds und Asset-Management); Entwicklung von komplexen Immobilienprojekten sowie Industriearealen (siehe auch ▶Umwelt- u. Planungsrecht, ▶Projektentwicklung und Anlagenbau); Projekt- sowie Privatfinanzierung von öffentl. Immobilienprojekten u. Privatisierung (siehe auch ▶Umstrukturierung, ÖPP und Projektfinanzierung); Großvermietungen u. -verpachtungen gewerbl. Immobilien. Mandanten sind Fonds, institutionelle Anleger, Finanzierer, Investoren oder institutionelle Entwickler. Empfohlene immobilienrechtl. orientierte ▶Notare finden sich im Kapitel Gesellschaftsrecht.

JUVE KANZLEI DES JAHRES

IMMOBILIENWIRTSCHAFTSRECHT

McDERMOTT WILL & EMERY

Der Immobilienmarkt boomt und diese Immobilienpraxis mit ihm. Es gibt kaum einen wichtigen Player im Markt, der im Mandantenportfolio von McDermott fehlt. Dabei ist sie erst vor wenigen Jahren auf dem deutschlandweiten Radar aufgetaucht. Durch die Arbeit für Signa stieg ihre Marktpräsenz spürbar an. Nicht ohne Grund: Regelmäßig stellt sie hier ihre ausgezeichnete interdisziplinäre Zusammenarbeit unter Beweis, die wegen zunehmend komplexerer Deals immer wichtiger wird. Das lockte andere große Namen. Höhepunkt war zuletzt der Verkauf eines Milliarden-Portfolios für die SEB. Doch McDermott kann mehr als große Deals mit großen Namen. Die Praxis beherrscht die gesamte Palette von Asset-Management bis Projektentwicklung. Für eine gesunde Grundauslastung sorgen Family Offices und institutionelle Investoren. Das Gesicht der Praxis ist **Dr. Jens Ortmanns**, den Wettbewerber als „exzellenten Anwalt" und sein gesamtes Team als „ernst zu nehmende Wettbewerber" loben. Mandanten überschlagen sich geradezu und sprechen von „hervorragendem Preis-Leistungs-Verhältnis, hoher Einsatzbereitschaft und einem perfekt aufgestellten Team". Trotz ihrer fulminanten Entwicklung ist McDermott noch lange nicht fertig. Im Sommer ergänzte sie ihre immobilienrechtliche Kompetenz mit einem Öffentlichrechtler von Gleiss Lutz. Ihrem weiteren Aufstieg steht also nichts mehr im Weg.

IMMOBILIEN- UND BAURECHT IMMOBILIENWIRTSCHAFTSRECHT

ALLEN & OVERY
Immobilienwirtschaftsrecht
Immobilienfinanzierung

Bewertung: Die im Immobilienwirtschaftsrecht empfohlene Kanzlei profitierte zuletzt vom wachsenden Beratungsbedarf der Banken, die trad. zu ihrer Stammklientel gehören. Während hier zahlr. Kontakte ihren Ursprung im Londoner Team haben – hier ist die dt. Praxis gut vernetzt, was von Mandanten sehr geschätzt wird –, konnte A&O auch ihr Engagement für dt. Banken weiter ausweiten. Gleichzeitig war das Team bei der Übernahme der Gagfah durch die Dt. Annington erneut auf Kreditnehmerseite tätig – u. das bei der wichtigsten Wohnfusion des Jahres. Mit dieser Diversifizierung ihrer Mandanten stellt sich die Kanzlei breiter auf, was den Anforderungen des boomenden Immobilienmarkts mit seinen vielfältigen Akteuren entgegenkommt. Dazu passt der Zugang des Anleihespezialisten Christoph Enderstein von Ashurst, der das Beratungsangebot ebenfalls verbreitert. Neben der starken Finanzierungskompetenz fasst A&O zunehmend auch im klass. Immobilienrecht Fuß. Hier trägt der Zugang eines Immobilienrechtlers, der 2013 von Paul Hastings kam, Früchte. So gewann er gleich mehrere große Mietrechtsmandate, etwa für Pandora, stemmte Immobilientransaktionen u. Projektentwicklungen.
Stärken: Immobilien(re)finanzierung.
Entwicklungsmöglichkeiten: Im allgemeinen Aufwind des Immobilienmarktes ist es A&O gelungen, ihr Engagement für dt. Banken auszuweiten. Im derzeitigen Markt steckt aber v.a. in der Kreditnehmerberatung viel Potenzial. Ein unbeackertes, aber attraktives Feld bleibt auch die Begleitung von ▶ Versicherern als alternativen Geldgebern oder Investoren. Hier gelingt es dem Team bislang kaum, von der erstklassig aufgestellten Versicherungspraxis der Kanzlei zu profitieren.
Häufig empfohlen: Dr. Olaf Meisen („super", Mandant)
Kanzleitätigkeit: Beratung v.a. von Banken bei Transaktionen/Refinanzierung u. NPL; zunehmend Investoren. (Inkl. Corporate/Finance/Aufsichtsrecht: 13 Partner, 4 Counsel, 19 Associates)
Mandate: ●● Dt. Annington im Zshg. mit Übernahme Gagfah; Dt. Bank bei IVG-Refinanzierung; Citibank Internat. bei Finanzierung Logistikportfoliokauf; LaSalle zu Mezzanine-Fazilitäten für Kauf Rhein-Ruhr-EKZ; Gagfah Erste Grundbesitz im Zshg. mit Refinanzierung grundpfandrechtl. besicherter Darlehen; Patrizia Alternative bei Portfoliokauf von ca. 100 Fachmarktimmobilien; Pandora Dtl. mietrechtl. an 78 dt. Standorten; internat. Pensionsfonds bei EKZ-Portfolioverkauf; Patrizia bei Verkauf Südewo-Gruppe.

ASHURST
Immobilienwirtschaftsrecht
Immobilienfinanzierung

Bewertung: Im Immobilienwirtschaftsrecht empfohlene Kanzlei, die nahtlos an die erfolgr. Entwicklung des Vorjahres anknüpfte. Die wieder verstärkte Präsenz von Peter Junghänel im Markt (nach 4-jähriger Managementtätigkeit) verlieh der Praxis einen zusätzlichen Schub. Erneut waren ihre 3 Partner, die im Markt alle einen sehr guten Ruf genießen, an einer Reihe von Deals für Stammmandanten wie Warburg Henderson oder Cerberus beteiligt. Beim Kauf des Frankfurter Silberturms zeigte Ashurst, dass sie auch bei asiatischen Investoren, die sich langsam wieder auf den dt. Markt wagen, frühzeitig Marktanteile erobern kann. Regelm. beweist das breit aufgestellte Team ein Gespür für aktuelle Trends im Immobilienmarkt u. konnte sich so zuletzt auch bei Forward-Deals positionieren. Auch im Finanzierungsbereich war Ashurst zuletzt sehr präsent. Zudem ist es ihr gelungen, mit Opitz einen weiteren Partner neben dem sehr angesehenen Kock innerhalb relativ kurzer Zeit im Markt zu etablieren.
Häufig empfohlen: Peter Junghänel, Dr. Liane Muschter („ausgezeichnete Anwältin, sehr verlässlich", Wettbewerber), Dr. Stephan Kock („einer der besten Anwälte bei Immobilienfinanzierungen", Wettbewerber), Marc Bohne, zunehmend: Derk Opitz
Kanzleitätigkeit: Schwerpunkt: Transaktionen auf Investorenseite; zudem umfangr. Erfahrung bei Finanzierungen u. Refinanzierungen. (3 Partner, 8 Associates, zzgl. Paralegals u. Finanzierung)
Mandate: ●● Samsung SRA Asset Management bei Kauf von Silberturm in Ffm.; Far East Hospitality bei 50-Prozent-Beteiligung an Objektgesellschaft; RFR Holding bei Kauf von Geschäftshaus am Ku'damm, Berlin; WCM bei Kauf von Immobilienportfolio; IVG Institutional Funds bei Portfolioverkauf; Aberdeeen lfd., u.a. bei Kauf von Projektentwicklung; Deka Bank Dt. Girozentrale bei Immobilienfinanzierung; Warburg Henderson regelm. bei div. Transaktionen; Cerberus lfd., u.a. bei Kauf u. Finanzierung von 7 EKZ; HIH bei Kauf von Philips Deutschlandzentrale u. Siemens-Logistikzentrum; Dt. Pfandbriefbank bei Finanzierung von Kauf u. Neuentwicklung eines Gebäudekomplexes.

BERWIN LEIGHTON PAISNER
Immobilienwirtschaftsrecht

Bewertung: Geschätzte Praxis im Immobilienrecht mit Transaktionsfokus, die durch ihren interdisziplinären Ansatz besonders gut aufgestellt ist für die Anforderungen des Transaktionsmarktes. Zuletzt unterstrich BLP etwa mit dem Verkauf des Frankfurter Büroturms Pollux ihren Anspruch auf großvol. Deals. Erneut gelang es der Kanzlei, Mandanten hinzuzugewinnen u. ihr Portfolio zu diversifizieren. Neben klass. Investoren – z.B. aus Israel u. Asien, die BLP beim Eintritt in den dt. Markt beriet – zählen auch Banken, Projektentwickler u. Private-Equity-Fonds zu den Mandanten. Die gute Entwicklung des Teams untermauerte sie mit der Ernennung von Counsel Siebenhaar zur Partnerin, die außerdem Notarin ist.
Stärken: Immobilientransaktionen.
Häufig empfohlen: Roland Fabian, Hanns-William Mülsch, Dr. Fabian Hartwich („kompetent u. praxisorientiert", Wettbewerber)
Kanzleitätigkeit: Transaktionen, Restrukturierung u. (Re)Finanzierung von Immobilienportfolios. (5 Partner, 1 of Counsel, 7 Associates, zzgl. Finance)

IMMOBILIENWIRTSCHAFTSRECHT

Kanzlei	Standorte
Clifford Chance	Frankfurt, Düsseldorf, München
Freshfields Bruckhaus Deringer	Hamburg, Frankfurt u.a.
Greenberg Traurig	Berlin
Hengeler Mueller	Frankfurt, Berlin
Hogan Lovells	Frankfurt, Düsseldorf, München u.a.
Noerr	Düsseldorf, Frankfurt u.a.
CMS Hasche Sigle	Berlin, Stuttgart u.a.
P+P Pöllath + Partners	Berlin, München
Allen & Overy	Frankfurt, Hamburg
Ashurst	Frankfurt
DLA Piper	München, Köln, Frankfurt u.a.
Gleiss Lutz	Berlin, Frankfurt, Stuttgart
GSK Stockmann + Kollegen	München, Frankfurt, Berlin u.a.
Latham & Watkins	Hamburg
Görg	Berlin, Köln, München
Jebens Mensching	Hamburg
Taylor Wessing	Hamburg, Berlin u.a.
White & Case	Frankfurt, Berlin, Hamburg u.a.
Berwin Leighton Paisner	Frankfurt, Berlin
King & Spalding	Frankfurt
McDermott Will & Emery	Düsseldorf

Die hier getroffene Auswahl der Kanzleien ist das Ergebnis der auf zahlreichen Interviews basierenden Recherche der JUVE-Redaktion (s. Einleitung S. 20). Sie ist in 2erlei Hinsicht subjektiv: Sämtliche Aussagen der von JUVE-Redakteuren befragten Quellen sind subjektiv u. spiegeln deren eigene Wahrnehmungen, Erfahrungen u. Einschätzungen wider. Die Rechercheergebnisse werden von der JUVE-Redaktion unter Einbeziehung ihrer eigenen Marktkenntnis analysiert u. zusammengefasst. Der JUVE Verlag beabsichtigt mit dieser Tabelle keine allgemein gültige oder objektiv nachprüfbare Bewertung. Es ist möglich, dass eine andere Recherchemethode zu anderen Ergebnissen führen würde. Innerhalb der einzelnen Gruppen sind die Kanzleien alphabetisch geordnet.

▶▶▶ Bitte beachten Sie auch die Liste weiterer renommierter Kanzleien am Kapitelende. ◀◀◀

IMMOBILIENWIRTSCHAFTSRECHT IMMOBILIEN- UND BAURECHT

Mandate: ●● Aurec Capital bei Sale-and-lease-back-Transaktion; Konsortium aus Capital&Regional u. Ares Management bei Verkauf von Einzelhandelsportfolio; Nis Arb Edo bei Ankauf Stilwerk; Gazit Globe bei Verkauf Einzelhandelsportfolio; Joh. Berenberg Gossler bei Vermietung Bürogebäude ‚Hamburg Heights'; Pramerica/Union Investment bei Kauf Karstadt Sporthaus, HH; IVG Institutional Funds bei Verkauf Pollux-Turm; Credit Suisse Asset Management bei Verkauf Bürogebäude; Tristan/Episo 3 bei Kauf Westcenter, Köln.

CLIFFORD CHANCE
Immobilienwirtschaftsrecht
Immobilienfinanzierung

Bewertung: Führende Kanzlei im Immobilienwirtschaftsrecht, die ihre Position an der Marktspitze seit Jahren behauptet. Das verdankt sie dem exzellenten Ruf nahezu aller Immobilienpartner u. ihrem umfassenden Beratungsansatz. Wettbewerber loben das „hervorragende Team, das im Markt sehr präsent ist", einer bezeichnet Clifford gar als „das Maß aller Dinge im Immobilienrecht". Anders als viele internat. Wettbewerber mit Transaktionsfokus berät Clifford ihre Mandanten zu div. Aspekten des Immobilienrechts. Dadurch ist sie nicht – wie Hengeler und Freshfields – ausschließlich auf das High-End-Geschäft fokussiert, bei dem sie allerdings auch regelm. mitspielt. Bestes Beispiel ist der Verkauf des Frankfurter Silberturms. Vielmehr ist die Kanzlei an Mid-Cap-Transaktionen beteiligt u. sichert sich Marktanteile bei Projektentwicklungen (inkl. Forward-Deals) sowie im Asset-Management. Allerdings ruht sich Clifford darauf nicht aus. Sie begleitete zuletzt erstmals den US-Fondsmanager Northstar beim Markteintritt in Dtl. parallel bei 2 Transaktionen. Eine weitere Stärke der Praxis ist ihre Finanzierungskompetenz. Die gute Zusammenarbeit der beiden Bereiche stellte die Praxis zuletzt beim Hotel- u. Bürokomplex ‚The Squaire' unter Beweis. Nach dem gescheiterten Verkaufsprozess setzte Mandantin IVG auch bei der Vereinbarkeit einer neuen Kreditlinie auf die Kompetenz von Clifford.

Stärken: Langj. integrierte Beratung der Branche u. umfangr. Finanzierungserfahrung.

Entwicklungsmöglichkeiten: Allen Unkenrufen zum Trotz blieb die Immobilienpraxis bislang von den personellen Umwälzungen innerhalb der Gesamtkanzlei verschont. Obwohl Clifford die Abgänge von 2 wichtigen Partnern im Vorjahr verkraften musste, hat sie bisher nicht an Marktpräsenz eingebüßt. Die Herausforderung besteht nun darin, diese Position auch langfristig gg. Wettbewerber zu verteidigen, die mit wachsenden Teams an Visibilität zulegen u. sich ihre personelle Verstärkung häufig bei den Top-Teams holen.

Häufig empfohlen: Reinhard Scheer-Hennings („guter Anwalt", Wettbewerber), Cornelia Thaler („sehr gute Anwältin", „erfrischend pragmatisch", Wettbewerber), Dr. Christian Keilich („schon allein seinetwegen spielt Clifford in der ersten Liga", „fachlich einfach super", Mandanten; „kollegial, fokussiert, lösungsorientiert", Wettbewerber), Dr. Klaus Minuth („hervorragend", „Top-Qualität", Wettbewerber; als Notar), Dr. David Elshorst („erstklassig", Mandant), Thomas Reischauer („kompetent u. angenehm im Umgang", Wettbewerber), Dr. Gerold Jaeger („hervorragend", „toller Anwalt", Wettbewerber).

Kanzleitätigkeit: Schwerpunkte: (Portfolio-)Transaktionen, Beratung von Banken u. Investoren. ▶ Projekte/Anlagenbau u. Finanzierung, einschl. NPL u. Planungsvorhaben (▶ Umwelt u. Planungsrecht). Außerdem ▶ steuerrechtl. Strukturierungen (u.a. Fonds). ▶ Notariat in Ffm. (8 Eq.-Partner, 4 Counsel, 2 of Counsel, 19 Associates u. Transaction Lawyers, zzgl. Finance)

Mandate: ●● North Star bei Markteintritt in Dtl., u.a. bei Kauf von paneurop. Immobilienportfolio u. bei Kauf Trianon; Ventas bei Kauf von 40 Krankenhäusern; Allianz RE bei Kauf von ‚Isartor City', München; Amundi Real Estate bei Kauf von ‚Kühnehöfe', HH u. ‚Square 41', Frankfurt; BNP Paribas bei Kauf Art Déco Palais, München; IVG Institutional Funds bei Kauf von Eurotower u. Verkauf von Silberturm, Frankfurt; AEW bei div. Transaktionen; Freo umf. bei Transaktionen u. Asset-Management; Gothaer-Gruppe bei Sale-and-lease-back-Transaktion; Tristan regelm., u.a. bei Verkauf von ‚Dieterich Karree', D'dorf; UBS bei Verkauf Büroimmobilie ‚Atlantic Haus', HH; Union Investment Real Estate u.a. bei Verkauf ABC-Center; AM alpha bei Verkauf Lenbach-Gärten, München.

CMS HASCHE SIGLE
Immobilienwirtschaftsrecht
Immobilienfinanzierung

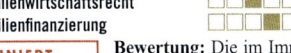

NOMINIERT
JUVE Awards 2015
Kanzlei des Jahres für Immobilien- und Baurecht

Bewertung: Die im Immobilienrecht häufig empfohlene Kanzlei konnte von dem florierenden Immobilienmarkt zuletzt stark profitieren. Dabei half CMS zum einen das inzw. geschärfte Profil ihrer großen Praxisgruppe, das sie durch eine klare Strukturierung u. eine deutlichere Spezialisierung ihrer Partner erreicht hat. Aber auch das Büro in Luxemburg brachte die Kanzlei voran. So konnte sie etwa die Bayr. Versorgungskammer als neue Mandantin gewinnen, die das D'dorfer Dieterich Karree im Rahmen eines Share-Deals kaufte, wobei die Zielgesellschaft luxemb. war. Während CMS Dauermandanten wie Cordea Savills bei gleich zahlr. Transaktionen begleitete, gewann sie auch einige ausl. Investoren, wie den schwed. Pensionsfonds Cityhold Property, neu. Auch die Commerzbank entschied sich erstmals für die internat. breit aufgestellte Praxis für den gepl. Verkauf eines hochvol. Portfolios mit Immobilien in 5 Ländern. Durch den Zugang des Vollpartners Heinz-Joachim Kummer von Freshfields vertiefte die Kanzlei zudem ihre Expertise im Bereich Fonds, der sich durch die enge Anbindung der Praxis an einen Aufsichtsrechtler zuletzt bereits gut entwickelt hatte. Auf Finanzierungsseite berät CMS auch klass. Banken.

Stärken: Beratung bei alternativen Finanzierungen.

Häufig empfohlen: Dr. Dirk Rodewoldt („sehr erfahren", Mandant), Dr. Matthias Kuß, Dr. Thomas Meyer („beste Wahl", Mandant), Dr. Hermann Stapenhorst, Dr. Thomas Seiffert, Dr. Volker Zerr, zunehmend Dorothée Janzen

Kanzleitätigkeit: Schwerpunkte: ▶ M&A, ▶ Projekte/Anlagenbau, ▶ Kredite u. Akqu.fin.. Auch Fondsauflage, Asset-Management u. Mietrecht. Objektschwerpunkte u.a. FOCs, Hotelketten, Windparks. Zudem ▶ Vergabe, ▶ Priv. Baurecht u.

IMMOBILIENFINANZIERUNG

Kanzlei	Standort
Allen & Overy	Frankfurt
Clifford Chance	Frankfurt
Freshfields Bruckhaus Deringer	Frankfurt
Ashurst	Frankfurt
Hengeler Mueller	Frankfurt
Greenberg Traurig	Berlin
Hogan Lovells	Frankfurt, Düsseldorf
White & Case	Frankfurt
CMS Hasche Sigle	Frankfurt u.a.
GSK Stockmann + Kollegen	Frankfurt, München u.a.
Noerr	Frankfurt
DLA Piper	Frankfurt
Linklaters	Frankfurt
Taylor Wessing	Frankfurt
Gleiss Lutz	Frankfurt, Hamburg
Jebens Mensching	Hamburg
Latham & Watkins	München, Hamburg
Lindemann Schwennicke & Partner	Berlin

Die hier getroffene Auswahl der Kanzleien ist das Ergebnis der auf zahlreichen Interviews basierenden Recherche der JUVE-Redaktion (s. Einleitung S. 20). Sie ist in 2erlei Hinsicht subjektiv: Sämtliche Aussagen der von JUVE-Redakteuren befragten Quellen sind subjektiv u. spiegeln deren eigene Wahrnehmungen, Erfahrungen u. Einschätzungen wider. Die Rechercheergebnisse werden von der JUVE-Redaktion unter Einbeziehung ihrer eigenen Marktkenntnis analysiert u. zusammengefasst. Der JUVE Verlag beabsichtigt mit dieser Tabelle keine allgemein gültige oder objektiv nachprüfbare Bewertung. Es ist möglich, dass eine andere Recherchemethode zu anderen Ergebnissen führen würde. Innerhalb der einzelnen Gruppen sind die Kanzleien alphabetisch geordnet.

▶▶▶ Bitte beachten Sie auch die Liste weiterer renommierter Kanzleien am Kapitelende. ◀◀◀

IMMOBILIEN- UND BAURECHT IMMOBILIENWIRTSCHAFTSRECHT

starkes ▶Notariat. (33 Partner, 58 Associates im ges. Fachbereich Real Estate & Public)
Mandate: ●● Allianz Real Estate bei Refinanzierung HHer Alsterarkaden; Art-Invest bei Erwerb Sofitel HH; Bayr. Versorgungskammer bei Ankauf Dieterich Karree D'dorf; Berlinovo bei Verkauf Wohnungsportfolio; BlackRock bei Verkauf Einzelhandelsportfolio; Cityhold Property bei Kauf Atlantik Haus; Cordea Savills, Publity bei div. Transaktionen; Union Investment bei Ankauf 'Das Es'; Allianz umf. miet- u. immobilienrechtl.; Commerzbank bei Verkauf von Immobilien in 5 Ländern; Credit Suisse lfd. zu Grundstücksrecht u. Asset-Management; Desigual mietrechtl.; Rreef bei Kauf Projektentwicklung; DIC Asset bei Erwerbsfinanzierung.

DLA PIPER
Immobilienwirtschaftsrecht
Immobilienfinanzierung

Bewertung: Empfohlene Kanzlei im Immobilienrecht, die ihre Marktposition erneut ausbauen konnte, indem sie nicht nur neue Mandanten von sich überzeugte, sondern auch erst im Vorjahr geknüpfte Beziehungen intensivierte. So mandatierte Blackstone DLA nicht nur für eine weitere Logistikportfoliotransaktion, sondern beauftragte das Team um Loll auch im Asset-Management. Durch die breite Aufstellung der Praxis ist die Kanzlei für sämtliche Anforderungen des Immobilienmarktes gut positioniert. Ein Bsp. ist die Projektentwicklungskompetenz, die sie bei den derzeit gefragten Forward-Deals ausspielt. Darüber hinaus schafft die Aufstellung Möglichkeiten für jüngere Anwälte, Nischen zu besetzen und sich ein eigenes Profil im Markt zu erarbeiten. Zuletzt gelang das etwa im Finanzierungsbereich, wo ein Counsel zum Partner ernannt wurde, der mit der Beratung der Aareal Bank dazu beitrug, dass DLA nun auch bei Immobilienfinanzierungen tiefer in den Markt vordringt. Auf die höhere Auslastung reagierte das Team mit kräftigem Zuwachs auf Associate-Ebene u. einer Counsel-Ernennung.
Stärken: Transaktionen, Projektentwicklungen.
Entwicklungsmöglichkeiten: Ihr Potenzial in den USA u. Asien schöpft DLA noch nicht hinreichend aus. Die Bemühungen etwa, die dt. stärker mit der US-Praxis zu verknüpfen, gehen nur langsam voran. Erste kleinere Erfolge sind dennoch erkennbar. So leistete das US-Büro beim Gewinn von Tishman Speyer in Dtl. mehr dt. Team Schützenhilfe. Allerdings steckt hier noch wesentlich mehr Potenzial für Verweisgeschäft, das der Praxis nochmal einen deutlichen Schub verleihen könnte. Und auch bei innerdt. Deals mit asiat. Beteiligung hat DLA noch Luft. Hier sind ihr Wettbewerber wie Clifford u. Ashurst einen Schritt voraus.
Häufig empfohlen: Dr. Carsten Loll („sehr umtriebig, kompetent", Mandant), Frank Schwem („sehr präsent im Markt", Wettbewerber; Finanzierung), Dr. Martin Haller, Fabian Mühlen („sehr umgänglich u. kompetent", „sehr gute Zusammenarbeit, lösungsorientiert", Wettbewerber).
Kanzleitätigkeit: Breit aufgestellte Praxis, vorwiegend Transaktionen, auch Asset-Management u. Finanzierung sowie ▶Projekte/Anlagenbau. (13 Partner, 7 Counsel, 18 Associates, inkl. Finance)
Mandate: ●● Tishman Speyer bei Verkauf Elisenhof; Blackstone bei Kauf eines europaweiten Logistikportfolios u. im Asset-Management; LBBW Real Estate bei Kauf von Büroportfolio; Wealthcap bei Forward-Deal; Cordea Savills bei Kauf Fachmarktzentrum; Catella bei div. Käufen u. im Asset-Management; DIC bei Projektentwicklungen u. im Asset-Management; Hahn bei Verkauf Fachmarktzentrum; Motel One bei Verkauf von 10 Hotels; IHG bei 2 Hotelentwicklungen; regelm.: Aareal Bank, Taurus, gr. dt. Landesbank bei Finanzierungen.

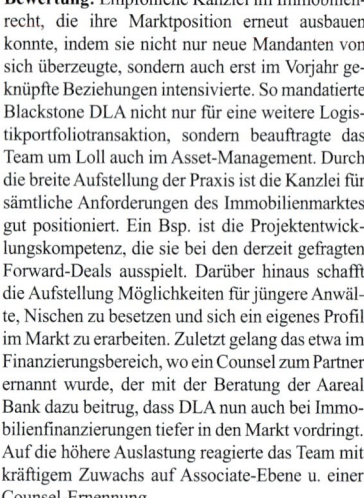

Führende Senior-Partner im Immobilienwirtschaftsrecht

Dr. Roland Bomhard	▶Hogan Lovells
Dr. Johannes Conradi	▶Freshfields Bruckhaus Deringer
Dr. Michael Eggersberger	▶GSK Stockmann + Kollegen
Prof. Dr. Alexander Goepfert	▶Noerr
Jan Lindner-Figura	▶Görg
Thomas Müller	▶Hengeler Mueller
Dr. Christian Schede	▶Greenberg Traurig
Reinhard Scheer-Hennings	▶Clifford Chance
Dr. Hinrich Thieme	▶Hogan Lovells
Dr. Rainer Werum	▶GSK Stockmann + Kollegen

Führende Partner im Immobilienwirtschaftsrecht (bis 50 Jahre)

Marc Bohne	▶Ashurst
Dr. Dirk Brückner	▶GSK Stockmann + Kollegen
Dr. Dirk Debald	▶Hogan Lovells
Dr. Matthias Durst	▶P+P Pöllath + Partners
Dr. Philipp Jebens	▶Jebens Mensching
Dr. Christian Keilich	▶Clifford Chance
Dr. Stefan Lebek	▶P+P Pöllath + Partners
Dr. Olaf Meisen	▶Allen & Overy
Dr. Johannes Niewerth	▶Gleiss Lutz
Dr. Jens Ortmanns	▶McDermott Will & Emery
Dr. Peter Schorling	▶Greenberg Traurig
Dr. Niko Schultz-Süchting	▶Freshfields Bruckhaus Deringer
Cornelia Thaler	▶Clifford Chance
Dr. Tim Weber	▶Gleiss Lutz
Marc Werner	▶Hogan Lovells

Die hier getroffene Auswahl der Personen ist das Ergebnis der auf zahlreichen Interviews basierenden Recherche der JUVE-Redaktion (siehe S. 20). Sie ist in 2erlei Hinsicht subjektiv: Sämtliche Aussagen der von JUVE-Redakteuren befragten Quellen sind subjektiv u. spiegeln deren eigene Wahrnehmungen, Erfahrungen u. Einschätzungen wider. Die Rechercheergebnisse werden von der JUVE-Redaktion unter Einbeziehung ihrer eigenen Marktkenntnis analysiert u. zusammengefasst. Der JUVE Verlag beabsichtigt mit dieser Tabelle keine allgemein gültige oder objektiv nachprüfbare Bewertung. Es ist möglich, dass eine andere Recherchemethode zu anderen Ergebnissen führen würde.

FRESHFIELDS BRUCKHAUS DERINGER
Immobilienwirtschaftsrecht
Immobilienfinanzierung

Bewertung: Die im Immobilienwirtschaftsrecht häufig empfohlene Kanzlei konnte sich im florierenden Transaktionsmarkt zuletzt zahlr. Sahnestücke sichern, so etwa den Kauf des 'Palais Quartiers' an der Seite von Dt. Asset & Wealth u. ECE sowie den Verkauf der 'Kö-Galerie' an der Seite von Blackstone. Freshfields ist inzw. nahezu ausschl. in hochvol. Deals involviert, weshalb der Markt sie inzw. weniger als typische Immobilienkanzlei wahrnimmt. Einzig das HHer Team um den renommierten Conradi gilt als im Markt verankert. Die Beratung bleibt aber keinesfalls auf Transaktionen begrenzt, vielmehr engagiert sich das Team auch bei einigen Projektentwicklungen, darunter der Axel Springer Medien Campus in Berlin. Traditionell eng verflochten ist die Immobilienpraxis mit den Bereichen Corporate u. Finance. So begleitete Freshfields die IVG bei ihrer viel beachteten mrd-schweren Refinanzierung. Den Vorteil ihrer internat. Aufstellung kann FBD bei der Begleitung von ausl. Investoren ausspielen, die verstärkt auf den dt. Immobilienmarkt drängen u. sich zunehmend in paneurop. Transaktionen engagieren. Ein prominentes Beispiel ist die norwegische Norges Bank, die die Münchner 'Lenbach-Gärten' erwarb. Mit ihrem Fokus auf hochkarätiges Geschäft hat sich die Kanzlei für die aktuelle Marktentwicklung, die viele hochvol. Transaktionen hervorbringt, gut aufgestellt. Gleichzeitig begrenzt Freshfields damit ihre Zielgruppe u. verfügt so über ein weniger breites Beratungsangebot als etwa Clifford Chance. Der Wechsel eines langj. Kölner Partners zu CMS beeinflusst das Kerngeschäft der Praxis wenig, vor Ort verbleibt ein Partner samt Team.
Stärken: Langj. branchenorientierte, integrierte Beratung; breite Finanzierungserfahrung.
Häufig empfohlen: Dr. Johannes Conradi („eine Institution", „super Beratertyp", Mandanten; „verhandelt clever, herausragender Immobilienrechtler", Wettbewerber), Dr. Niko Schultz-Süchting („richtig gut", „hat immer den Erfolg der Transaktion im Fokus", Wettbewerber), Dr. Friedrich Heilmann, Dr. Markus Fisseler, Dr. Timo Elsner („herausragend", Mandant).
Kanzleitätigkeit: Schwerpunkte: Transaktionen, Finanzierung (inkl. Fonds). Auch ▶Projekte/Anlagenbau, Öffentl. Wirtschaftsrecht, ▶Vergabe, ▶Anleihen, ▶Investmentfonds, ▶Kredite u. Akqu.fin.. Krisenbehaftete Immobilien u. Kredite. (7 Partner, 27 Associates)
Mandate: ●● Dt. Asset & Wealth u. ECE bei Kauf 'Palais Quartier'; Advent Internat. u. Marcol bei Verkauf Median-Kliniken; Credit Suisse Asset Management bei Verkauf 'Odin'-Portfolio; Canada Pension Plan Investment Board bei Einstieg neuer

● Referenzmandate, umschrieben
●● Referenzmandate, namentlich

Anwaltszahlen: Angaben der Kanzleien, wie viele Anwälte zu mind. ca. 50 % in diesem Gebiet tätig sind. Sie spiegeln nicht zwingend die Gesamtgröße einer Kanzlei wider.

IMMOBILIENWIRTSCHAFTSRECHT IMMOBILIEN- UND BAURECHT

JV-Partner für EKZ ‚Centro'; Blackstone bei Verkauf Shoppingcenter ‚Kö-Galerie'; Captiva Capital Partners bei Verkauf ‚Tonic'-Portfolio; Norges Bank bei Kauf ‚Lenbach-Gärten'; Hafencity Hamburg bei Kauf u. Einstieg Unibail-Rodamco als Investor Überseequartier; Axel Springer bei Teilverkauf Hamburger Verlagshaus u. Projektentwicklung Berliner Medien Campus; Frankonia Eurobau bei Entwicklung u. Verkauf ‚Burstah Offices'; IVG bei Refinanzierung; Blackstone bei Kauf notleidender Kreditportfolios; lfd. Axa u.a. im Asset-Management; Bard Engineering bei Vermietung u. Verkauf von Erbbaurechten für Betrieb von Offshorewindfarmen; Host Hotels bei Kauf Hotel Grand Esplanade von Blackstone; Orion Capital Partners bei Kauf Shoppingcenter ‚Lilien Carré'.

GLEISS LUTZ
Immobilienwirtschaftsrecht
Immobilienfinanzierung

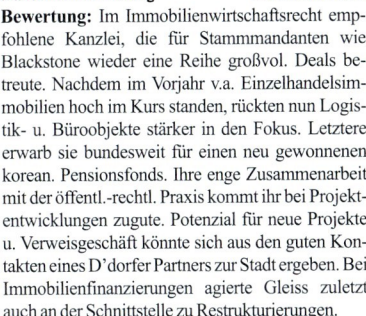

Bewertung: Im Immobilienwirtschaftsrecht empfohlene Kanzlei, die für Stammmandanten wie Blackstone wieder eine Reihe großvol. Deals betreute. Nachdem im Vorjahr v.a. Einzelhandelsimmobilien hoch im Kurs standen, rückten nun Logistik- u. Büroobjekte stärker in den Fokus. Letztere erwarb sie bundesweit für einen neu gewonnenen korean. Pensionsfonds. Ihre enge Zusammenarbeit mit der öffentl.-rechtl. Praxis kommt ihr bei Projektentwicklungen zugute. Potenzial für neue Projekte u. Verweisgeschäft könnte sich aus den guten Kontakten eines D'dorfer Partners zur Stadt ergeben. Bei Immobilienfinanzierungen agierte Gleiss zuletzt auch an der Schnittstelle zu Restrukturierungen.
Stärken: Transaktionen.
Häufig empfohlen: Dr. Tim Weber („sehr gut bei komplexen Transaktionen", Mandant; „stets kollegial u. zielorientiert", „junger dynamischer Anwalt", Wettbewerber), Dr. Johannes Niewerth, Dr. Bernhard Busch („guter Anwalt", Wettbewerber), Dr. Detlef Schmidt (v.a. als Notar)
Kanzleitätigkeit: Transaktionen u. ▶Projekte/Anlagenbau. Auch Finanzierung. In Berlin etabliertes Notariat. (10 Partner, 4 Sal.-Partner, 2 Counsel, 17 Associates, inkl. Finance/Tax/Corporate)
Mandate: ●● POBA bei JV-Gründung u. Kauf von 50-Prozent-Beteiligung an 7 Büroimmobilien; Blackstone bei Kauf von Logistikportfolio u. Erwerb von 3 Logistikimmobilien; GE Real Estate bei Verkauf eines Bürogebäudes u. eines Portfolios; Ikea bei Grundstückskauf; Aareal Bank bei Finanzierung des Millenium-City-Hochhauses in Österreich u. bei Akquisitionsfinanzierung in Warschau; Mutschler-Gruppe bei Verkauf von 50-Prozent-Beteiligung von FOC; BPD bei Verkauf von Verwaltungsgebäude; Rockspring u.a. bei Kauf von 23 Fachmarktzentren; Helaba bei Refinanzierung Trianon; Hornbach bei Entwicklung von Fachmärkten; Investa bei Projektentwicklung von gewerbl. Bauprojekt; Landeshauptstadt D'dorf bei Projektentwicklung.

GÖRG
Immobilienwirtschaftsrecht

Bewertung: Eine im Immobilienwirtschaftsrecht empfohlene Kanzlei, die vom florierenden Transaktionsgeschäft kräftig profitierte. Dass das Team seine Mandanten dabei teils sehr umf. berät, zeigt etwa die Begleitung von Arab Investments bei der Entwicklung des innerstädt. Shoppingcenters ‚Mall of Berlin' inkl. der Beratung zu Projektentwicklungen u. Langfristfinanzierung. Der hochvol. Verkauf des Treveria-Silo-E-Portfolios, bei dem Görg an der Seite von Insolvenzverwalter Ottmar Hermann stand, beweist unterdessen, wie stark Görg an der Schnittstelle zu Restrukturierung ist. Hier zahlte sich auch der Vorjahreszugang eines Immobilienfinanzierers aus, der Erfahrung aus dem Restrukturierungsbereich mitbrachte. Zuletzt stockte Görg ihre Praxis personell auf: In HH verstärkte sich das Team mit einem Eq.- u. einem Sal.-Partner, die zuvor Associates bei Freshfields waren, während mit einem Anwalt, der zuvor selbstständig war, die Notarexpertise in Ffm. wiederaufgebaut wurde.
Häufig empfohlen: Jan Lindner-Figura, Daniel Seibt („sehr gut, sehr erfahren", „starker Verhandler, verlässlich, angenehm", Wettbewerber), Dr. Achim Compes (Anlagenbau), Prof. Dr. Frank Stellmann
Kanzleitätigkeit: Breites Spektrum von Transaktionen bis Projektentwicklungen. Zudem ausgeprägt Gewerbl. Mietrecht (u.a. für Fonds). ▶Energierecht, auch Finanzierungen, ergänzend öffentl.-rechtl. Kompetenzen, klass. Priv. Baurecht u. ▶Notariat sowie ÖPP, etwa für Kliniken. (20 Eq.-Partner, 12 Sal.-Partner, 3 Counsel, 13 Associates, inkl. ▶Vergabe, ÖPP)
Mandate: ●● Arab Investments bei EKZ-Entwicklung ‚Mall of Berlin'; Hatfield Philips bei Verkauf Driver-Portfolio; Hines bei JV u. Finanzierung bzgl. Neubau am Ku'damm; Insolvenzverwalter Ottmar Hermann bei Verkauf Treveria-Silo-E-Portfolio; Talanx-Konzern bei Ankauf Büroprojektentwicklung ‚KVH'; WealthCap bei Ankauf Projekt ‚The Grid' inkl. Finanzierung; Captiva Capital Management mietrechtl.; Deka Immobilien bei Ankauf Neumarkt-Galerie Köln; Warburg Henderson mietrechtl. bei div. Gewerbeimmobilien.

GREENBERG TRAURIG
Immobilienwirtschaftsrecht
Immobilienfinanzierung

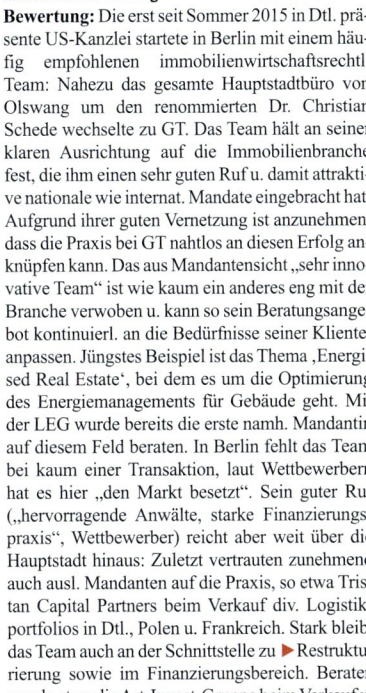

Bewertung: Die erst seit Sommer 2015 in Dtl. präsente US-Kanzlei startete in Berlin mit einem häufig empfohlenen immobilienwirtschaftsrechtl. Team: Nahezu das gesamte Hauptstadtbüro von Olswang um den renommierten Dr. Christian Schede wechselte zu GT. Das Team hält an seiner klaren Ausrichtung auf die Immobilienbranche fest, die ihm einen sehr guten Ruf u. damit attraktive nationale wie internat. Mandate eingebracht hat. Aufgrund ihrer guten Vernetzung ist anzunehmen, dass die Praxis bei GT nahtlos an diesen Erfolg anknüpfen kann. Das aus Mandantensicht „sehr innovative Team" ist wie kaum ein anderes eng mit der Branche verwoben u. kann so sein Beratungsangebot kontinuierl. an die Bedürfnisse seiner Klientel anpassen. Jüngstes Beispiel ist das Thema ‚Energised Real Estate', bei dem es um die Optimierung des Energiemanagements für Gebäude geht. Mit der LEG wurde bereits die erste namh. Mandantin auf diesem Feld beraten. In Berlin fehlt das Team bei kaum einer Transaktion, laut Wettbewerbern hat es hier „den Markt besetzt". Sein guter Ruf („hervorragende Anwälte, starke Finanzierungspraxis", Wettbewerber) reicht aber weit über die Hauptstadt hinaus: Zuletzt vertrauten zunehmend auch ausl. Mandanten auf die Praxis, so etwa Tristan Capital Partners beim Verkauf div. Logistikportfolios in Dtl., Polen u. Frankreich. Stark bleibt das Team auch an der Schnittstelle zu ▶Restrukturierung sowie im Finanzierungsbereich. Beraten wurde etwa die Art-Invest-Gruppe beim Verkauf u. der Refinanzierung des Dt.-Bank-Headquarters in Berlin.
Stärken: Transaktionen, Finanzierung.
Häufig empfohlen: Dr. Christian Schede („dealorientiert, zielstrebig, keine unnötige Selbstdarstellung", Mandant; „verlässlich, seriös", „tadellos", Wettbewerber), Claudia Hard, Dr. Peter Schorling („hart, aber konstruktiv u. fair bei Verhandlungen", Mandant), Dr. Florian Rösch, Dr. Henning-Wolfgang Sieber, Dr. Gordon Geiser („hervorragend", Wettbewerber)
Kanzleitätigkeit: Transaktionen, aber auch Projekte. Enge Verbindung mit Steuer-, ▶Gesellschafts- u. Finanzierungsrecht. Auch ▶Restrukturierung/Sanierung. Daneben ▶ÖPP u. ▶Vergaberecht. (9 Partner, 2 Counsel, 20 Associates, 1 of Counsel, inkl. Steuern, Corporate, Öffentl. Recht)
Mandate: ●● Westgrund u. Ffire bei Kauf u. Finanzierung Wohnimmobilienportfolio; Tristan Capital Partners bei Verkauf div. Logistikportfolios; In-West bei Kauf ‚Margaux'-Portfolio; LEG bei Gründung JV mit RWE für gesamte Energieversorgung der LEG-Wohnbestände; Activum bei Verkauf Accent Office Center; AEW bei Ankauf eines in Entstehung befindl. Bürogebäudes; Art-Invest bei Verkauf u. Refinanzierung Dt.-Bank-Headquarter, Berlin; Berlinovo bei Prüfung von Rückzahlungsansprüchen von Fondsgesellschaften gg. Wärmelieferanten; Degewo bei Neuausschreibung Rundfunk- u. Fernsehversorgung für 36.000 Wohnungen; Dt. Annington zu Kabelverträgen; Dream Global bei Ankauf u. Finanzierung ‚Köln Turm'; Peakside Capital bei doppelstöckigem JV zum Kauf u. Management eines Shoppingcenterportfolios; Perella Weinberg bei Kauf u. Entwicklung des Areals ‚Quartier am Tacheles'.

GSK STOCKMANN + KOLLEGEN
Immobilienwirtschaftsrecht
Immobilienfinanzierung

Bewertung: Die im Immobilienwirtschaftsrecht empfohlene Kanzlei knüpft an ihre positive Entwicklung des Vorjahres an. Die neue Managementstruktur hatte positive Auswirkungen: Ihre Praxisgruppen Immobilien- u. Gesellschaftsrecht hat sie inzw. so eng miteinander verzahnt, dass Share-Deals müheloser als früher gestemmt werden können. So begleitete GSK etwa Pembroke Real Estate beim Ankauf des ‚Northgate'-Portfolios im Wege eines mehrstöckigen Share-Deals einschl. Finanzierung u. gesellschaftsrechtl. Reorganisation. In diesem Rahmen agiert GSK bei Immobiliendeals immer häufiger auch an der Schnittstelle zum Banking-Bereich, der wiederum – über seine Stärke im Aufsichtsrecht – bereits immobilienrechtl. Mandate generieren konnte. Das Potenzial an dieser Schnittstelle ist gerade in Anbetracht des Zustroms ausl. Fonds aber noch nicht ausgeschöpft. Während sowohl die betreuten Dealvolumina als auch die Visibilität des Teams zulegten, verlor GSK ihr gesamtes Stuttgarter Büro an Heuking. Auf das Geschäft der Immobilienpraxis hatte dies jedoch bisher keine spürbaren Auswirkungen. Schwerer wiegt da der Verlust von Dr. Andreas May, der sich im Herbst in eigener Kanzlei selbstständig machte.
Stärken: Breiter Ansatz für immobilienrechtl. Rundumbetreuung.
Entwicklungsmöglichkeiten: GSK hat ihr internat. Netzwerk (‚Broadlaw Group') zuletzt unter ein gemeinsames Markendach gestellt. Damit könnte es ihr leichter gelingen, mit ihren Partner-

IMMOBILIEN- UND BAURECHT IMMOBILIENWIRTSCHAFTSRECHT

kanzleien internat. Ausschreibungen zu gewinnen. Da inzw. immer mehr ausl. Investoren auf den dt. Immobilienmarkt drängen, könnte GSK hier etwa von den Netzwerkkanzleien Rocka Junyent u. Lefèvre Pelletier, die sich bereits stark in China engagieren, profitieren.

Häufig empfohlen: Dr. Rainer Stockmann, Dr. Michael Eggersberger („Verhandlungen mit ihm machen Spaß", Wettbewerber), Dr. Lorenz Claussen („schnell, herausragend kompetent", Wettbewerber, v.a. Notariat), Dr. Rainer Werum („grundsolide", „guter Verhandler bei Transaktionen", „große Erfahrung im Logistikbereich", Wettbewerber), Dr. Stefan Koser, Dr. Dirk Brückner („sensationell", „Top-Qualität", Mandanten; Sascha Zentis, Dr. Michael Jani („guter Verhandlungspartner", Wettbewerber), Dr. Gregor Seikel, zunehmend Dr. Olaf Schmechel

Kanzleitätigkeit: Schwerpunkte: Projektbegleitung, Transaktionen. Auch Finanzierung/Fonds. Zudem: Gewerbl. Mietrecht, (geschlossene) Fonds. Kompetenzen in ▶Umwelt u. Planung, Projektentwicklung/Anlagenbau, ▶Priv. Baurecht u. ▶Notariat. (17 Eq.-Partner, 5 Sal.-Partner, 2 Counsel, zzgl. Associates, zzgl. Priv. Baurecht)

Mandate: ●● Hansainvest bei Kauf Bürokomplex 'Tanzende Türme'; Adler Real Estate bei div. Mehrheitsbeteiligungen an Wohnportfolios; Pembroke Real Estate umf. bei Kauf 'Northgate'-Portfolio; Jargonnant Partners bei Verkauf 'Lola'-Portfolio; IVG bzgl. Refinanzierung; Deka Immobilien bei div. Transaktionen; Howoge lfd. bei Strukturierung u. Begleitung von Wohnungsbauvorhaben; Brookfield Group umf. als Bieter für das sog. Interhotel-Portfolio; Zech Group bei Wohnbauprojekt mit KWK- u. Nahwärmekonzept; Peakside Group bei Kauf Gebäudekomplex; Cordea-Gruppe bei Neuauflage dt. offener Immobilienspezialfonds u. bei Finanzierung von Kauf internat. Logistikportfolio für diesen Fonds; Union Investment Real Estate bei Verkauf von 7 Gewerbeparks; DC Commercial bei Projektentwicklung in HH-Eppendorf; Tishman Speyer bei Verkauf Bürogebäude; Competo-Gruppe bei Projekt 'BayWa-Hochhaus'; Projektentwickler bei Grundstücksverkauf.

HENGELER MUELLER
Immobilienwirtschaftsrecht
Immobilienfinanzierung

Bewertung: Die im Immobilienwirtschaftsrecht häufig empfohlene Kanzlei fokussiert sich ähnlich wie Wettbewerberin Freshfields auf das High-End-Geschäft. Deshalb ist es nicht überraschend, dass HM zuletzt erneut bei zahlr. Großtransaktionen vertreten war – beim Verkauf des 'Palais Quartiers' sowie der Median-Kliniken übrigens auf der Gegenseite von Freshfields. Inzw. ist das Team um den renommierten Müller, der im Markt zuletzt deutl. an Visibilität gewann u. von zahlr. Wettbewerbern als „hervorragend" gelobt wird, immer häufiger bei Transaktionen von Einzelimmobilien zu sehen. Unverändert stark bleibt HM aber auch bei Portfoliodeals: Ihre Expertise bei Wohnimmobilien unterstrich die Kanzlei an der Seite der LEG mit dem Erwerb eines Portfolios von der Dt. Annington. Dass HM aber auch in anderen Asset-Klassen Top-Mandate berät, zeigt die Begleitung von KKR bei der Gründung der German Estate Group, die mrd.-schwere Investitionen in dt. Gewerbeimmobilien plant. Zudem bleibt die Kanzlei im Finanzierungsbereich stark u. profitierte zuletzt auch vom wachsenden Interesse asiat. Investoren am dt. Immobilienmarkt, wobei sie von ihrem Schanghaier Büro profitieren kann.

Stärken: Transaktionsmanagement (▶M&A).

Häufig empfohlen: Dr. Georg Frowein („angenehm u. kompetent", Mandant; „fachl. exzellent, pragmatisch, sympathisch", Wettbewerber), Dr. Martin Geiger, Dr. Daniel Kress („sehr kompetent, angenehme Zusammenarbeit", Wettbewerber; ▶Kredite u. Akqu.fin.), Thomas Müller („einfach super", Mandant; „hoch qualifiziert, immer pragmatisch, sehr angenehm", „sehr verbindlich, bringt einen Deal voran", Wettbewerber)

Kanzleitätigkeit: Schwerpunkt: Transaktionen, Corporate Real Estate (inkl. Fondsstrukturierung u. NPL-Transaktionen), Finanzierungen. Flankiert von ▶Notariat u. ▶Umwelt u. Planung. (6 Partner, 15 Associates)

Mandate: ●● Radobank Real Estate bei Verkauf 'Palais Quartier' an Dt. Asset & Wealth u. ECE; LEG Immobilien bei Portfolioerwerb von Dt. Annington; Blackstone bei Kauf MesseTurm Ffm.; Waterland Private Equity bei Kauf Median-Kliniken; KKR bei Gründung von GEG German Estate Group mit DIC; Merrill Lynch bei Kredit für 'The Squaire'; Morgan Stanley bei Refinanzierung 'Trianon'-Hochhaus durch Helaba; Lone Star bei Kauf Immobilienkreditportfolio in Spanien u. Portugal; Trei bei Verkauf von 10 Logistikimmobilien; Dt. Bank bei Erwerb DB Campus; Apollo European Principal Finance bei Kauf paneurop. Portfolio; Gagfah bei Kauf 'Vitex'-Portfolio; Benson Elliot Capital bei Zwangsvollstreckungsverkauf der insolventen Interhotel-Unternehmensgruppe; Dt. Annington im Zshg. mit Refinanzierung 'Vitus'-Portfolio; asiat. Versicherung bei Kauf Büroimmobilie.

HOGAN LOVELLS
Immobilienwirtschaftsrecht
Immobilienfinanzierung

Bewertung: Die im Immobilienwirtschaftsrecht häufig empfohlene Kanzlei konnte ihren Mandantenstamm zuletzt bemerkenswert ausweiten. So beriet sie erstmals Pramerica Real Estate bei dem Kauf eines großen Immobilienportfolios sowie das frz. Unternehmen Foncière des Murs beim Kauf von 10 Motel-One-Hotels in Deutschland. Hier konnte das Team seine besondere Expertise im Hotelbereich ausspielen u. zudem ihr noch junges Luxemburger Büro einbinden. Gleichzeitig verknüpfen sich die Immobilienrechtler immer stärker mit der Corporate-Praxis, was bei der steigenden Beliebtheit von Share-Deals von Vorteil ist. HL stemmte im Rahmen ihres Rundumberatungsansatzes zuletzt eine beacht. Zahl an Transaktionen u. Projektentwicklungen im Mid-Cap-Bereich, jedoch fehlen ihr weiterhin die Leuchtturmmandate, die im Markt für Aufmerksamkeit sorgen u. die Visibilität der Praxis steigern.

Stärken: Langj. Erfahrung auf der ganzen Breite der Immobilienbetreuung, auch div. Immobilienklassen, auch weiterhin Priv. Baurecht.

Entwicklungsmöglichkeiten: Durch ihre Fusion besitzt die Kanzlei eine feste Verbindung in die USA. Doch bislang ist es der dt. Immobilienpraxis nur in Ansätzen gelungen, das Potenzial dieser Achse auszuschöpfen. Dabei drängen gerade jetzt zunehmend US-Investoren, unter ihnen Private-Equity-Häuser, auf den dt. Immobilienmarkt, deren Beratungsaufträge für die Immobilienrechtler wichtiges Geschäft bringen würden.

Häufig empfohlen: Dr. Roland Bomhard („ein echter Name im Markt, fachlich ausgezeichnet", Wettbewerber), Dr. Hinrich Thieme (v.a. als Notar), Marc Werner („einer der besten Hotelanwälte Deutschlands", Wettbewerber), Sabine Reimann („kenntnisreich, kreativ, sehr serviceorientiert u. pragmatisch", Mandant; „hervorragendes Einfühlungsvermögen, hohe Expertise", Wettbewerber), Martin Günther, Dr. Dirk Debald

Kanzleitätigkeit: Kernbereiche: Transaktionen u. Entwicklung, auch Kredite u. Akquisitionsfinanzierung. Spezielle Expertise im Hotelbereich. Auch Asset-Management, ▶Projekte/Anlagenbau u. Offshorekompetenz. Angesehenes ▶Notariat in Ffm.; zudem Investmentrecht. (7 Partner, 5 Counsel, 23 Associates, zzgl. Finance)

Mandate: ●● Bankhaus Metzler bei Verkauf ehem. Stammsitz an Tishman Speyer; Susanne Klatten bei Kauf Projektentwicklung 'Winx' von DIC; Foncière des Murs bei Kauf div. Motel-One-Hotels in Dtl.; Pramerica Real Estate bei Kauf Immobilienportfolios; Union Investment bei Kauf 2er noch zu entwickelnder Hotels; Cityhold PropCo 10 bei Erwerb 'Burstah Offices' von Frankonia Eurobau; Moor Park Real Estate bei Verkauf von 86 Hotels in Dtl. u. den Niederlanden; Deka Immobilien bei Ankauf Adina Hotel von Projektentwickler; Portigon bei Verkauf von Schloss Krickenbeck; Ergo bei Finanzierung Schwabinger Tor München.

JEBENS MENSCHING
Immobilienwirtschaftsrecht
Immobilienfinanzierung

Bewertung: Die im Immobilienwirtschaftsrecht empfohlene Boutique hat sich für die Rundumberatung ihrer Mandanten gut aufgestellt. So berät sie nicht nur im klass. Immobilienrecht, sondern besitzt auch Fonds- u. Finanzierungsexpertise ebenso wie umf. steuerrechtl. Know-how. Diese speziell auf die Bedürfnisse von Immobilienakteuren zugeschnittene Aufstellung schätzen zunehmend auch ausl. Akteure. So gewann JM etwa einen Investor aus Israel, den sie beim Ankauf eines Einzelhandelsportfolios berät. Mit Douglas Graf von Rittberg ernannte die Kanzlei zudem einen neuen Partner, der im Markt bereits als Associate einen guten Ruf genoss. Auch der Unterbau wurde gleich mit mehreren Anwälten aufgestockt, um das kräftige Mandatswachstum abzufedern.

Stärken: Enge Verbindung steuerl. u. gesellschaftsrechtl. Kompetenz.

Häufig empfohlen: Dr. Philipp Jebens („herausragender Jurist", Wettbewerber), Heiko Petzold, Bendix Christians („sehr pragmatisch", Wettbewerber), zunehmend Hans-Thomas Nehlep

Kanzleitätigkeit: Transaktionen, (Re-)Finanzierungen. Zudem steuerrechtl. Kompetenz u. Fonds; Projektentwicklungen, Investmentrecht. (9 Partner, 2 Counsel, 10 Associates, zzgl. Steuern)

Mandate: ●● Momeni bei Verkauf Dreischeibenhaus (öffentl. bekannt); israel. Investor bei Ankauf Einzelhandelsportfolio.

KING & SPALDING
Immobilienwirtschaftsrecht

NOMINIERT
JUVE Awards 2015
Kanzlei des Jahres für Immobilien- und Baurecht

Bewertung: Die im Immobilienwirtschaftsrecht geschätzte Kanzlei war mit dem Kauf des Odin-Portfolios an der Seite von Orion Capital in einen der größten Deals des Jahres involviert – u. unterstreicht damit, dass ihr Beratungs-

● Referenzmandate, umschrieben
●● Referenzmandate, namentlich

Anwaltszahlen: Angaben der Kanzleien, wie viele Anwälte zu mind. ca. 50 % in diesem Gebiet tätig sind. Sie spiegeln nicht zwingend die Gesamtgröße einer Kanzlei wider.

spektrum längst über ihren angesehenen investmentrechtl. Schwerpunkt hinausgeht. Gleichzeitig baute das Team um Leißner die immobilienrechtl. Beratung mit Fondsbezug kräftig aus. So übertrugen ihr gleich mehrere Mandanten die komplette Fondsberatung inkl. Transaktionen, Aufsichtsrecht u. Rechtsstreitigkeiten. Regelm. begleitet die Kanzlei ihre Mandanten auch ins Ausland, etwa die Deka beim Kauf des New Yorker Marriott-Hotels. Umgekehrt gewinnt sie über ihr internat. Kanzleinetzwerk aber auch immer wieder Mandanten aus den USA. Die Beratung von dt. Banken bei Refinanzierung u. -strukturierung dehnte K&S ebenfalls aus.
Stärken: Investmentrecht, etabliertes internat. Netzwerk.
Häufig empfohlen: Mario Leißner („Best in Class", Mandant), Dr. Sebastian Kaufmann, Dr. Sven Wortberg („fachl. hervorragend, sachl. Verhandler", Mandant; „erfahren, mit Blick fürs Detail", Wettbewerber).
Kanzleitätigkeit: Beratung von Kapitalanlagegesellschaften, daneben auch Investoren. Schwerpunkte im Investmentrecht u. bei Transaktionen. Zudem Finanzierung, Restrukturierung. Komplementäre Kompetenz, u.a. im Steuerrecht. (4 Partner, 3 Counsel, 6 Associates, zzgl. Investmentrecht)
Mandate: ●● Orion Capital bei Kauf ‚Odin'-Portfolio; Deka bei Kauf Marriott-Hotel in NY; Axa bei Restrukturierung, Übertragung u. Liquidation 2er Publikumsfonds; Trockland Management bei Kauf Immobiliengesellschaft u. Forderung von Grundschulden; Atlantic Partners im Aufsichtsrecht; Aurec Capital u.a. im Asset-Management; Beos bei Strukturierung u. Auflage neuer Fonds; Dt. Pfandbriefbank bei Restrukturierung eines Darlehens zur Portfoliofinanzierung; Doric Investment bei Strukturierung, Auflage u. Vertrieb eines offenen Immobilien-Spezial-AIF; Kildare bei Akquisition eines Immobiliendarlehens; Münchener Hypothekenbank bei (Re-)Finanzierungen, Restrukturierungen u. Aufsichtsrecht; lfd. Deka Immobilien, Internos Global Investors, IVG, KanAm, SEB Asset Management u.a. bei div. Transaktionen.

LATHAM & WATKINS
Immobilienwirtschaftsrecht
Immobilienfinanzierung
Bewertung: Private-Equity-Investoren stehen nach wie vor im Fokus der im Immobilienwirtschaftsrecht empfohlenen Kanzlei. Und diesen Schwerpunkt baute sie weiter aus, etwa indem sie Mandanten wie Angelo Gordon nun regelm. bei Transaktionen berät. Parallel stellt Latham die Beratung langj. Mandanten wie Bouwfonds auf eine breitere Basis, da sie diese mittlerw. nicht mehr nur investmentrechtl., sondern auch bei div. An- u. Verkäufen berät. Bemerkenswert bleibt auch die interne – marktübliche – Aufstellung der Praxis, die maßgeblich durch ihre starke Counsel-Ebene geprägt ist. Erneut gelang es, 2 namh. Neumandanten zu gewinnen in den Bereichen Projektentwicklung u. Investment. Ihre Finanzierungspraxis verstärkte Latham zuletzt durch eine interne Ernennung eines Partners, der schwerpunktmäßig auf Kreditnehmerseite tätig ist – ein Bereich, in dem für Latham noch Entwicklungspotenzial steckt.
Stärken: Beratung von ▶ Private-Equ.- u. Vent.-Capital-Investoren.
Häufig empfohlen: Dr. Holger Iversen („bei uns als Berater gesetzt", Mandant), Dr. Christian Thiele, als Counsel: Annette Griesbach, Dr. Stefanie

Fuerst („vereint Qualität u. Dienstleistung", Mandant), Dr. Cord Lübke-Detring.
Kanzleitätigkeit: Schwerpunkt: Betreuung institutioneller u. Private-Equity-Investoren, Immobilienfinanzierung (überwiegend Investoren). Zudem Beratung v. Industrieunternehmen mit Immobilienbestand, auch im europ. Ausland. (2 Partner, 6 Counsel, 8 Associates, 1 of Counsel)
Mandate: ●● Patrizia investmentrechtl.; Panattoni bei Projektentwicklungen; Angelo Gordon bei div. Transaktionen; Ares Management u.a. bei Kauf u. Finanzierung von Wohn- u. Gewerbeportfolios in NRW; Corpus Sireo bei ‚Projekt Merkur' u. Verkauf an Swiss Life; Bouwfonds, u.a. bei Kauf u. Finanzierung von Parkhaus in Amsterdam; CBRE bei Kauf Stadtteilzentrum; Morgan Stanley bei Verkauf von Einzelhandelsportfolio; Hafencity Hamburg bei Entwicklung Hafencity; Morgan Stanley/Redos bei Kauf u. Finanzierung von Portfolios; Catella Real Estate investmentrechtl.; UBS Real Estate, u.a. mietrechtl. bei Logistikanlagen; Asklepios Kliniken im Baurecht (auch Vergabe); lfd. Riva Group, Stage Entertainment.

LINDEMANN SCHWENNICKE & PARTNER
Immobilienfinanzierung
Bewertung: Geschätzte Boutique aus Berlin, die sich im Immobilienrecht ausschließlich auf die Finanzierungsaspekte konzentriert. Dem zunehmenden Transaktionsaufkommen entsprechend stieg zuletzt auch der Anteil an immobiliengetriebenem Geschäft für die Gesamtkanzlei. Das führte dazu, dass sich die Kanzlei auf Associate-Ebene erneut verstärkte. Neben klass. Immobilienfinanzierungen engagiert sich LSP auch bei Refinanzierungen.
Stärken: Immobilienfinanzierungen.
Häufig empfohlen: Thomas Lindemann („zuverlässig, problemorientiert, gute Lösungsansätze", Mandant)
Kanzleitätigkeit: Akquisitions- u. Projektfinanzierungen, nicht nur auf Immobilien fokussiert. Auch Refinanzierungen u. Kredittransaktionen. Zudem Notariat. (Insges. 7 Partner, 12 Associates)
Mandate: ● Landesbank bei div. Immobilienfinanzierungen; Immobilienentwickler bei Refinanzierung; Unternehmen im Zshg. mit Portfoliokauf.

LINKLATERS
Immobilienfinanzierung
Bewertung: Die für Immobilienfinanzierungen geschätzte Kanzlei war sowohl auf Banken- als auch Investorenseite aktiv. Beziehungen zu namh. Mandanten wie ING baute sie aus u. beriet diese etwa zum Finanzierungserwerb des Frankfurter Silberturms. Ihre immobilienrechtl. Kompetenz hat die Kanzlei nach der Verkleinerung ihrer Praxis in einer Sektorgruppe gebündelt, zu der neben dem immobilienrechtl. Kernteam auch Gesellschafts- u. Steuerrechtler sowie Finanzierer gehören. Entsprechend der derzeitigen Marktentwicklung war Linklaters zuletzt auch wieder an klass. Immobilientransaktionen beteiligt. Wettbewerber reduzieren die Praxis allerdings weiterhin auf den Finanzierungsbereich.
Stärken: Immobilienfinanzierungen.
Häufig empfohlen: Michaela Sopp (Finanzierung)
Kanzleitätigkeit: Finanzierungen u. Refinanzierungen, oft grenzüberschreitend (London, Luxemburg), zudem Transaktionen, tlw. mit Private-Equity-Fokus. (Kernteam: 1 Partner, 1 Counsel, 8 Associates)
Mandate: ●● ING DiBa bei Akquisition Silberturm; CBRE Global Investors bei Kauf von Einkaufszentrum ‚Sevens'; Joint Venture aus Resolution Properties und LNC Properties bei Verkauf Shoppingcenter ‚Waterfront'; Barclays Bank u.a. bei Finanzierung zum Kauf von Vitus-Gruppe u. Vitus-Portfolio; IVG, Internos u. Deka bei Portfolioverkauf (paneurop.).

MCDERMOTT WILL & EMERY
Immobilienwirtschaftsrecht

Kanzlei des Jahres für Immobilienwirtschaftsrecht

Kanzlei des Jahres für Immobilien- und Baurecht

Bewertung: Geschätzte Kanzlei im Immobilienwirtschaftsrecht, die sich immer besser im Markt etabliert. Erneut gelang es dem Team um Ortmanns, eine Reihe namh. Mandanten wie Tristan, SEB u. Art Invest von sich zu überzeugen. Ein weiterer Beleg für die zunehmende Marktdurchdringung ist die Mandatierung durch US-Investor Blackstone, der beim Kauf des Büroturms Pollux in Ffm. erstmals auch bei einer Transaktion außerhalb des Hotelsektors auf McDermott setzte. Neben den großen Branchennamen sorgt auch die langjährige Tätigkeit für mehrere vermögende Family Offices u. im Asset-Management für eine gute Auslastung der Praxis: eine Aufstellung, auf die die Kanzlei auch in transaktionsärmeren Zeiten setzen kann. Parallel zum Geschäft wächst die Praxis personell kontinuierlich. Ihr noch junges Finanzierungsteam verstärkte sie mit einem Partner von Clifford Chance. Jüngster Partnerneuzugang ist ein ehem. Counsel von Gleiss Lutz, der die immobilienrechtl. Beratung durch seine Kompetenz im Öffentl. Recht abrunden soll.
Stärken: Transaktionen, Projektentwicklungen.
Häufig empfohlen: Dr. Jens Ortmanns („sehr erfahren, immer ansprechbar, fachl. hohe Qualität", „in seiner Altersklasse der führende Kopf", „praxisnaher ergebnisorientierter Verhandlungsstil", Mandanten; „exzellenter Anwalt", Wettbewerber)
Kanzleitätigkeit: Beratung von Immobilienfonds, Investmentbanken u. Immobilieninvestoren. Schwerpunkte bei grenzüberschreitenden Immobilienportfoliotransaktionen. (6 Partner, 4 Associates, inkl. Counsel)
Mandate: ●● SEB Asset Management bei Verkauf Europe-Portfolio; Tristan Capital Partners bei Verkauf von 3 Portfolios; Art Invest bei Kauf Allianz-Hauptverwaltung, Köln; Blackstone bei Kauf von Pollux-Büroturm, Ffm.; SVP u.a. bei Portfolioverkauf; Bruton Capital bei Portfoliokauf; Mitsubishi bei Kauf u. Entwicklung Konzernzentrale; Signa bei Verkauf von ‚Sevens' u. lfd. immobilienrechtl.; Mango mietrechtl.; Stable mietrechtl. bei 2 im Bau befindl. FOCs; US-Private-Equity-Investor bei Refinanzierung von Hotel; Versicherung bei Kauf von Einzelhandelsimmobilien; Asset-Manager bei Ankauf von Healthcare-Portfolio.

NOERR
Immobilienwirtschaftsrecht
Immobilienfinanzierung

NOMINIERT
JUVE Awards 2015
Kanzlei des Jahres für Immobilien- und Baurecht

Bewertung: Häufig empfohlene Kanzlei im Immobilienwirtschaftsrecht, die erneut unter Beweis stellte, dass sie ähnlich wie Henge-

IMMOBILIEN- UND BAURECHT — IMMOBILIENWIRTSCHAFTSRECHT

ler bei großen Immobilientransaktionen mittlerw. zum festen Beraterkreis gehört. So agierte Noerr etwa für Waterland beim Kauf der Median Kliniken sowie erneut für die Dt. Annington u.a. bei der Übernahme der Südewo. Bei Immobilienfinanzierungen zahlt sich der konsequente u. strateg. Aufbau des Bereichs nun aus. So beriet sie für ein Konsortium aus Bayr. Versorgungskammer u. Dt. Hypothekenbank eine der größten Immobilienfinanzierungen des Jahres für das Leipziger-Platz-Quartier in Berlin. War es in den ersten Jahren am Markt v.a. Goepfert, der das Bild der Praxis prägte, so gewinnen nun auch weitere Partner wie Brenzinger u. Naujoks an Profil. Zuletzt gewann Noerr mit Pospich außerdem eine Partnerin, die sich – insbes. im Bereich Asset-Management – bei Orrick bereits ein Profil im Markt erarbeitet hatte. Gleichzeitig erweiterte Noerr so ihr Beratungsangebot um einen Bereich, der auch in transaktionsärmeren Zeiten für eine Grundauslastung der Praxis sorgen kann.

Stärken: Transaktionen, Anlagenbau (einschl. erneuerbare Energien).

Häufig empfohlen: Prof. Dr. Alexander Goepfert („klasse Typ, fachl. sehr gut", „hohe Branchenkenntnis, gut vernetzt, Verhandlungsgeschick", Mandanten), Volker Bock, Christoph Brenzinger („kompetent u. angenehm", „mit ihm würden wir jederzeit jeden Deal machen", Wettbewerber), Andreas Naujoks („toller Anwalt, akquisestark", Wettbewerber; „sachlich, schnell u. clever", Mandant), Annette Pospich („sehr engagiert", „sehr professionelle u. lösungsorientierte Anwältin", Mandanten).

Kanzleitätigkeit: Schwerpunkt: Transaktionen u. Sale-and-lease-backs; Fondsberatung, Gewerbl. Mietrecht. Langj. Erfahrung in ▶Projekte/Anlagenbau. Ergänzung insbes. durch ▶Steuer u. ▶Kredite u. Akqu.fin. (13 Eq.-Partner, 8 Sal.-Partner, 1 Counsel, 14 Associates, Kernteam Immobilienrecht inkl. Finanzierung).

Mandate: ●● Dt. Annington bei Kauf von Südewo-Gruppe u. Verkauf von 9.600 Wohneinheiten an LEG inkl. Asset- u. Propertymanagement; Medical Properties Trust bei Übernahme Median Kliniken inkl. Finanzierung; BayernLB bei Restrukturierung IVG Immobilien; DIC bei Verkauf F1-Center Erfurt; BVK u. Dt. Hypothekenbank bei Finanzierung Leipziger-Platz-Quartier; Dt. Postbank bei div. (Re-)Finanzierungen u. Caleus Capital Investors bei Verkauf von 3 Wohnanlagen; Activum Capital Management bei Formart-Übernahme u. bei Verkauf von Bürogebäude in Leipzig; Bayer-Pensionskasse bei Kauf Embex-Haus in Freiburg; Siemens lfd. im Anlagenbau; Einzelhändler im Anlagenbau u. im Bauvertragsrecht; Büschl-Unternehmensgruppe lfd. im Baurecht.

P+P PÖLLATH + PARTNERS
Immobilienwirtschaftsrecht ☐☐☐■☐☐

Bewertung: Die Kanzlei wird im Immobilienrecht häufig empfohlen u. hat sich auf hohem Niveau weiterentwickelt: Während die einzelnen für den Immobiliensektor relevanten Praxen von P+P lange nur nebeneinander agierten, gelingt es nun zunehmend, diese miteinander zu verschränken, insbes. Immobilien, Steuern u. Finanzierung. Letztere intensivierte sich durch einen in 2013 gewonnenen Finanzierungspartner in Ffm. erhebl., sodass der Bereich zuletzt mit einem erfahrenen Associate von Ashurst weiter gestärkt wurde.

Stärken: Transaktionen.

Entwicklungsmöglichkeiten: Es ist mehr ein Kulturwandel als eine Strategie, der hinter dem intensivierten Verweisgeschäft bei P+P steckt. Koordiniert könnten die Synergien zw. den einzelnen Bereichen noch besser gehoben werden. Auch in der Verzahnung der Immobilienpraxis mit dem ▶Investmentrecht sowie dem Bereich ▶Private Equ. u. Vent. Capital steckt noch viel Potenzial.

Häufig empfohlen: Dr. Stefan Lebek („starker Verhandler", Mandant; „kompetent, pragmatisch, kollegial, zielorientiert", Wettbewerber), Dr. Carsten Führling („erstklassig", Wettbewerber über beide), Dr. Matthias Durst („sehr kompetent, pragmatisch, angenehmer Verhandlungspartner", Wettbewerber).

Kanzleitätigkeit: Praxis überwiegend transaktionsbezogen. Daneben Finanzierung (Borrower), Asset-Management u. Projektentwicklung. (4 Partner, 6 Counsel, 7 Associates)

Mandate: ●● Conren Land bei Objektverkauf in Stuttgart; Dell, Aviva Investors lfd. zu div. Projekten; Hudson Bay Übernahme Galeria Kaufhof (aus dem Markt bekannt).

TAYLOR WESSING
Immobilienwirtschaftsrecht ☐☐☐■☐☐
Immobilienfinanzierung ☐☐☐■☐☐

Bewertung: Empfohle Kanzlei im Immobilienwirtschaftsrecht, der es gelungen ist, in ein neues Mandantensegment vorzudringen u. die Marktwahrnehmung einzelner Partner zu verbessern. Namh. neue Mandanten wie Dt. Annington u. SEB, der Ausbau bestehender Beziehungen u. eine verbesserte Zusammenarbeit der einzelnen Praxisgruppen u. Standorte stehen für die gute Entwicklung der Praxis. Waren es im Vorjahr primär EKZ-Transaktionen, die der Kanzlei auch vereinzelt höhervol. Deals bescherten, schaffte sie es zuletzt auch in anderen Asset-Klassen, Marktanteile in einem höheren Preissegment zu erlangen. Im Finanzierungsbereich war TW zuletzt v.a. für die HSH Nordbank aktiv, konnte aber auch neue Mandanten gewinnen. Ein Wermutstropfen ist allerdings der Wechsel des Frankfurter Finanzrechtlers Prof. Dr. Jörg Kupjetz zu FPS. Ihre Kompetenz im Asset-Management sowie im Öffentl. u. Priv. Baurecht komplettieren den breiten Beratungsansatz.

Stärken: Breiter Ansatz für immobilienrechtl. Rundumbetreuung.

Entwicklungsmöglichkeiten: Das Frankfurter Büro bleibt ein Thema für die Immobilienpraxis. Zum Jahreswechsel verließ auch Sal.-Partnerin Dr. Anja Disput die Kanzlei. Zwar lag ihr Schwerpunkt im Asset-Management, aber es fehlt weiterhin ein Partner mit Transaktionserfahrung vor Ort. Vorbild könnte das Münchner Büro sein, das bis zum Wechsel von Dr. Adrian Birnbach (von Heisse Kursawe) ebenfalls schwächelte. Er wird im Markt inzw. zunehmend wahrgenommen.

Häufig empfohlen: Dr. Patrick Brock („professionell, harter, aber guter Verhandler", „super Jurist", Wettbewerber), Dr. Adrian Birnbach („sehr guter u. erfahrener Transaktionsanwalt", Wettbewerber).

Kanzleitätigkeit: Schwerpunkte: ▶M&A (Transaktionen), Gewerbl. Mietrecht, Management von Kredit- u. Immobilienportfolios. Zudem geschlossene Fonds, ▶Projekte/Anlagenbau u. Asset-Management, klass. Baubegleitung. Zudem ▶Notariat. (8 Eq.-Partner, 5 Sal.-Partner, 1 Counsel, 12 Associates, tlw. Überschneidung mit Baurecht)

Mandate: ●● Dt. Annington bei Kauf Franconia-Portfolio; ATP bei Kauf Einkaufszentrum ‚Waterfront'; SEB bei Transaktion; Netparx bei Entwicklung u. Verkauf Logistikpark; Tristan Capital Partners bei Share-Deal, Portfolioabverkauf; Peach Property u.a. bei Verkauf Leonardo Hotel; AFI bei strukt. Portfolio-Verkäufen; Dt. River bei Portfolioverkauf; Edinburgh House bei Verkauf von EKZ-Portfolio; IVG Garbe Development Fonds bei Ankauf versch. Logistikimmobilien; La Salle lfd. in Transaktionen u. Asset-Management; Dereco bei div. Transaktionen; HKM Management bei Entwicklung 2er EKZ; Projektentwickler bei Prozessen.

WHITE & CASE
Immobilienwirtschaftsrecht ☐☐☐☐■☐
Immobilienfinanzierung ☐☐☐■■☐

Bewertung: Die im Immobilienwirtschaftsrecht empfohlene Kanzlei konnte zuletzt neue namh. Mandanten gewinnen, darunter einige internat. Investoren wie Corestate. Damit unterstreicht W&C erneut ihren Anspruch auf grenzüberschreitende Deals. Ein Erfolg war auch die Ausweitung der Mandatsbeziehung zu Blackstone auf das gesamte dt. Portfolio, zudem war das Team um Praxischef Lettau mit dem Verkauf des südl. u. nördl. Überseequartiers an 2 viel beachteten Deals beteiligt. Stark bleibt die Praxis an der Schnittstelle zu ▶Restrukturierung/Sanierung, die durch eine Partnerernennung weiter gestärkt wurde. Trotz der stabilen Entwicklung wird W&C am Markt weiterhin kaum wahrgenommen.

Häufig empfohlen: Dr. Stefan Feuerriegel („gute Qualität", Mandant; „sehr gut", Wettbewerber), Endrik Lettau („sehr gut, sehr angenehm", Wettbewerber), Dr. Thomas Flatten.

Kanzleitätigkeit: Schwerpunkte: an der Schnittstelle zum ▶Gesellsch.recht, ▶Anleihen, ▶Kredite u. Akqu.fin. sowie Transaktionen, auch NPL u. ▶Projekte/Anlagenbau. ▶Restrukturierung/Sanierung, ▶Insolvenzverw., Notariat, in Berlin auch Privates Baurecht, ▶Umwelt u. Planung. (10 Partner, inkl. Sal.-Partner, 3 Counsel, 6 Associates, inkl. Finance)

Mandate: ●● Überseequartier Beteiligungs GmbH bei Verkauf des südl. u. nördl. Überseequartiers der Hafencity an Unibail Rodamco bzw. Hines (aus dem Markt bekannt); Edeka umf. bei geplantem Kauf von Tengelmann-Filialen; Corestate bei beabsichtigtem Kauf div. Shoppingcenter, Zentrum für Angewandte Luftfahrtforschung bzgl. Neubau Forschungszentrum; lfd. Tishman Speyer, Blackstone, Corpus Sireo, DIC, Fattal, Holmes Place Lifestyle Club.

Weitere renommierte Kanzleien im Immobilienwirtschaftsrecht

NORDEN

Appelhagen	Braunschweig
Huth Dietrich Hahn	Hamburg
Kruhl von Strenge	Hamburg
Trûon	Hamburg

OSTEN

Baker & McKenzie	Berlin
Dentons	Berlin
FPS Fritze Wicke Seelig	Berlin
Herbert Smith Freehills	Berlin
Heuking Kühn Lüer Wojtek	Chemnitz
K&L Gates	Berlin
Luther	Berlin, Leipzig
Sammler Usinger	Berlin

WESTEN

Baker & McKenzie	Düsseldorf
Heuking Kühn Lüer Wojtek	Düsseldorf
LLR Legerlotz Laschet	Köln
Loschelder	Köln
Luther	Essen, Köln
Mayer Brown	Düsseldorf

FRANKFURT UND HESSEN

Baker & McKenzie	Frankfurt
Dentons	Frankfurt
FPS Fritze Wicke Seelig	Frankfurt
HauckSchuchardt	Frankfurt
Herbert Smith Freehills	Frankfurt
Jones Day	Frankfurt
Kucera	Darmstadt
Luther	Frankfurt
Mayer Brown	Frankfurt
Norton Rose Fulbright	Frankfurt

SÜDEN

Baker & McKenzie	München
Heuking Kühn Lüer Wojtek	München
Heussen	München
Jones Day	München
Norton Rose Fulbright	München
Stock Aders + Partner	München

APPELHAGEN

Bewertung: Das Immobilienteam der Braunschweiger Kanzlei (▶Niedersachsen) hat ihren Schwerpunkt von der baurechtl. Rundumberatung auf das Immobilienrecht verschoben – ein Schritt, der nicht zuletzt darin begründet liegt, dass der überregional bekannte Baurechtspartner Dirk Bömelburg in die Privatwirtschaft wechselte. Er war in dem inzw. geschlossenen Magdeburger Büro der Kanzlei tätig, sodass sich das Team nun auf Braunschweig konzentriert, wo der Fokus schon immer auf kleinen u. mittleren Immobilientransaktionen u. der Projektentwicklung inkl. Finanzierung lag. Auch der Abgang des erfahrenen Baurechtlers Walther Leitzke in den Ruhestand ist ein Grund für die neue Ausrichtung von Appelhagen. (5 Partner, 3 Associates)

Mandate: ●● Neumarkter Sarl als finanzierende Bank bei Immobilien-Share-Deal; Volksbank eG Braunschweig-Wolfsburg bei Immobilienkauf; Vaerde Partners bei Immobilientransaktionen u. bei Prozessen; Privatinvestor bei Projektentwicklung.

BAKER & MCKENZIE

Bewertung: Die Praxis um den D'dorfer Partner Dr. Florian Thamm kam zuletzt auf gleich mehreren Ebenen voran. Während die Beratung von Fonds weiter zulegte, konnte das Team durch seine enge Anbindung an die Corporate-Praxis auch weitere Mandanten aus dem Immobilienbereich gewinnen, die die Kanzlei zuvor im gesellschaftsrechtl. Bereich betreut hatte, so etwa Serviceplan. Bei Finanzierungen konnte Baker ebenfalls zulegen u. ist hier zunehmend auch für asiat. Banken tätig. Mietrechtl. berät die Kanzlei einige namh. Retailer u. auch im Baurecht stemmt sie mit einigen hochvol. Anlagenbaustreitigkeiten beachtl. Mandate. Dennoch wird die Einheit auf dem Immobilienmarkt kaum wahrgenommen, zählt sie doch nur wenige klass. Immobilienakteure zu ihren Mandanten. (3 Eq.-Partner, 2 Sal.-Partner, 2 Counsel, 4 Associates)

Mandate: ●● Peakside/Red Square bei Verkauf Square 41; Daynamique Hotels Group bei Verkauf div. Hotels; Stryker bei Restrukturierung dt. Immobilienbestand; Twitter bei Anmietung neue Dtl.zentrale; Michael Kors mietrechtl. bei div. neuen Shops; Bank im Zshg. mit EKZ-Finanzierung; europ. Investor bei Refinanzierung u. Restrukturierung Immobilienportfolio; dt. Industrieunternehmen bei ICC-Schiedsverfahren im Anlagenbau; Flughafenbetreiber bei europ. Bauvorhaben, Kabelnetzbetreiber bei Breitbandausbau; Energieunternehmen in DIS-Schiedsverfahren wg. unterird. Gasspeichers; lfd.: Serviceplan, Abercrombie & Fitch, Body Shop.

DENTONS

Bewertung: Das Team um Dirk-Reiner Voß („sehr kompetent u. zuverlässig", Wettbewerber) profitierte zuletzt kräftig vom anziehenden Immobilienmarkt. So begleitete es Stammmandantin Ireit Global beim Erwerb mehrerer Telekom-Immobilien im 3-stell. Mio-€-Bereich. Dass Dentons inzw. immer häufiger großvol. Deals stemmt, zeigte auch die Beratung von CR Investment Management beim Kauf des Treveria-Portfolios mit 127 dt. Handelsimmobilien. Dabei bleibt die Kanzlei in Dtl. verwurzelt, agierte zuletzt aber auch immer intensiver im wachsenden internat. Netzwerk. Hier profitiert die dt. Immobilienpraxis etwa von der starken Präsenz der Kanzlei im Nahen Osten, von wo Investoren auf den boomenden dt. Markt drängen. So begleitete sie etwa einen israel. Investor beim Erwerb von div. Hotels in Deutschland. Mit dem Mandantenstamm wächst auch das Team, was eine stärkere Spezialisierung der einzelnen Partner zulässt. Damit wird sich auf Dauer die Visibilität der bislang eher unauffällig agierenden Kanzlei im Markt erhöhen können. (4 Eq.-Partner, 1 of Counsel, 9 Counsel, 4 Associates)

Mandate: ●● Ireit Global u.a. beim Kauf Telekom-Immobilien; CR Investment Management bei Kauf Treveria-Portfolio; Meininger Holding bei Partnership Agreement mit Foncière des Murs für künftige gemeins. Investments; Stadt u. Land Wohnbauten bei Wohnungskauf; KanAm bei Ankauf Komplex ‚Am Zirkus 1'; israel. Investor bei Kauf div. Hotels; HIH lfd. im Asset-Management.

FPS FRITZE WICKE SEELIG

Bewertung: Die Immobilienpraxis hat ihr Engagement bei Transaktionen u. Projektentwicklungen ausgebaut. Bei Letzteren nutzte sie insbes. die gute Anbindung an das Baurecht u. die öffentl.-rechtl. Praxis. Durch den Wechsel von Prof. Dr. Jörg Kupjetz von Taylor Wessing, hat FPS nun das Potenzial, bei Transaktionen auch die Finanzierungsseite mit abdecken zu können. Nach wie vor ist es v.a. der Frankfurter Markt, in dem das Team präsent ist. Obwohl FPS zuletzt auch verstärkt bundesw. aktiv war, etwa in München u. HH (Projektentwicklungen) u. in NRW (Transaktionen), agiert sie außerhalb von Ffm. häufig unter dem Radar ihrer Wettbewerber, was auch daran liegt, dass der Großteil der Projekte von örtlichen Kanzleien betreut wird. (Immobilien ges.: 17 Eq.-Partner, 7 Sal.-Partner, 1 of Counsel, 14 Associates)

Mandate: ●● Aedificia bei Kauf von ‚Service-Residenz Schloss Bensberg' u. Kauf von Pflegeheimportfolio; RFR Holding mietrechtl.; Catalyst Capital bei Kauf Warenhaus u. Fachmarktzentrum ‚Erft Karree'; Investor bei Kauf Nahversorgungszentrum.

HAUCKSCHUCHARDT

Bewertung: Die Frankfurter Kanzlei um Hans-Christian Hauck („professioneller Marktteilnehmer", „harter, aber guter Verhandler", „Dealmaker", Wettbewerber) hat das Immobilienrecht eng mit den Gesellschaftsrecht u. der Steuerexpertise der Kanzlei verzahnt. Dass das im Markt gut ankommt, zeigt die regelm. Beteiligung von HS an hochvol. Deals. So stand die Kanzlei beim mrd-schweren Verkauf des Odin-Portfolios zusammen mit anderen Kanzleien an der Seite von Käuferin Orion Capital. Ist HauckSchuchardt alleinige Beraterin bei einem Deal, befindet sich dieser meist im oberen 2-stell. Mio-Bereich. Beraten wird auch bei Projektentwicklungen sowie im Asset-Management. (2 Eq.-Partner, 2 Sal.-Partner, 10 Associates, 1 of Counsel, zzgl. Steuern)

Mandate: ●● Orion Capital bei Kauf Odin-Portfolio; Groß & Partner bei Verkauf Gebäude ‚Air-Plus Campus' in Neu-Isenburg; DIC bei Verkauf Gebäude ‚Opera Offices Neo' in HH; RFR bei Verkauf Eurotower.

HERBERT SMITH FREEHILLS

Bewertung: Die noch junge Immobilienrechtspraxis um Thomas Kessler („sehr nah an der Praxis", Mandant) verstärkte sich zuletzt kräftig auf Associate-Ebene. In Anbetracht ihrer namh. dt. sowie internat. Mandanten, für die sie hochvol. Transaktionen stemmt, ist das der richtige Schritt. Um sich ein beachtl. Stück vom anziehenden Transaktionsgeschäft sichern zu können u. somit seine Visibilität am Markt zu erhöhen, wird das Team aber weiter wachsen müssen. Unter den jüngsten Neuzugängen ist eine Anwältin mit chin. Sprachkenntnissen, die bei der Betreuung von asiat. Investoren hilf-

● Referenzmandate, umschrieben
●● Referenzmandate, namentlich

Anwaltszahlen: Angaben der Kanzleien, wie viele Anwälte zu mind. ca. 50 % in diesem Gebiet tätig sind. Sie spiegeln nicht zwingend die Gesamtgröße einer Kanzlei wider.

IMMOBILIEN- UND BAURECHT IMMOBILIENWIRTSCHAFTSRECHT

reich ist, sowie ein Baurechtler, der das Beratungsspektrum der Praxis um den Bereich Projektentwicklung erweitert. Bei Finanzierungen arbeitet das Team eng mit der Finanzierungspraxis zusammen, die ebenfalls auf Wachstumskurs ist. (1 Partner, 5 Associates, 2 of Counsel)

Mandate: ●● Art-Invest lfd. wg. Kö-Bogen; Modehändler bei Anmietung von Ladenflächen in Premiumlagen; Autobauer bei Retail Flagship-Store in München; Finanzierer bei Restrukturierung von verbrieften Immobiliendarlehen; internat. Bank als Darlehensgeber bei Portfoliotransaktion; Verkäuferin bei Veräußerung Immobilienportfolio; brit. Onlineversandhändler bei Ankäufen u. Anmietungen von Logistikimmobilien.

HEUKING KÜHN LÜER WOJTEK

Bewertung: Die Immobilienpraxis, die an der Schnittstelle zum Bau- u. Vergaberecht agiert u. auch bei Finanzierungen berät, hat erneut einen Schritt nach vorne getan. Personell gewann sie durch den Wechsel des Stuttgarter GSK-Teams Anfang 2015 2 neue Immobilien- u. Baurechtspartner hinzu u. deckt somit nun auch den wirtschaftsstarken Südwesten ab. Auf Mandatsseite konnte v.a. das D'dorfer Team („sehr professionelle u. lösungsorientierte Anwälte", Mandant), das 2013 von Orrick kam, wichtige neue Mandanten gewinnen. So beriet Heuking erstmals Blackstone mietrechtl. u. den Flughafen Leipzig Halle bei der Erweiterung des DHL-Hub. Das Münchner Team stemmte zuletzt zunehmend Verkäufe von Immobilienportfolios. Insbes. vor dem Hintergrund zunehmenden Geschäfts bleibt die Zusammenarbeit der einzelnen Standorte allerdings ausbaufähig. (11 Eq.- Partner, 1 Sal.-Partner, 5 Associates)

Mandate: ●● Bau- u. Liegenschaftsbetrieb NRW bei geplanter Veräußerung Vodafone-Komplex Düsseldorf; Blackstone mietrechtl.; Flughafen Leipzig Halle bei Erweiterung des DHL-Hub; Landesentwicklungsgesellschaft Thüringen bei Flächenerwerb am Hbf. Erfurt zur Realisierung der ICE-City Ost; Archon bei Portfoliotransaktionen; Ardstone Group bei Refinanzierung; Objektgesellschaft bei der Entwicklung von 2 Baufeldern in Hafencity HH.

HEUSSEN

Bewertung: Die im Immobilienrecht breit aufgestellte Kanzlei kam zuletzt auf mehreren Ebenen voran. Sie profitierte vom allgemein anziehenden Transaktionsgeschäft – hier begleitet sie v.a. Deals im Mid-Cap-Bereich – u. engagierte sich auch zunehmend bei Finanzierungen, v.a. bei Mezzanine. Das standortübergreifende Team mit seinem Kraftzentrum in München bleibt dabei nicht auf den südl. Raum begrenzt, sondern berät ihre überw. mittelständ. Klientel bundesw., zuletzt immer wieder auch grenzüberschreitend. So begleitete Heussen etwa Real IS bei einem Portfolioverkauf mit Objekten in Dtl., UK, Frankreich u. den Niederlanden. In Stuttgart legt Partner Marcel Mercadal sogar seinen Schwerpunkt auf die Beratung von dt.-span. Bauprojekten. Generell ergänzt die Beratung bei Projektentwicklungen sowie im Bau- u. Architektenrecht das Immobilienteam sinnvoll. (14 Partner, 2 Counsel, 9 Associates)

Mandate: ●● Bluerock Office bei Kauf ehem. RTL-Zentrale; Ehret+Klein bei Ankauf Wohnbauareal; London+Capital, Real IS, Industria bei Transaktionen; Family Office bei Hotel-Share-Deal; Matrix bei GU-Vertragsgestaltung; Stuttgarter Lebensversicherung lfd. bei mietrechtl. Streitigkeiten; Beteiligung des Freistaats Bayern bei Neubau Thermen-Hotel; Tochter einer süddt. Privatbank projektbegl. bei Revitalisierung Charlottenhochhaus.

HUTH DIETRICH HAHN

Bewertung: Das Immobilienteam der trad. Hamburger Kanzlei ist an der Elbe fest verankert. Hier kann sich HDH auf zahlr. Dauermandanten stützen, die kontinuierl. mit mittelgr. Deals versorgen. Daneben berät das Team um Dr. Jörg Strasburger im klass. Immobilienrecht. Die Mandatierung durch einen Projektentwickler für den Kernumbau eines denkmalgeschützten Bankgebäudes unterstreicht, dass die Kanzlei regelm. in große Hamburger Projekte involviert ist. Im Fondsbereich wird ebenfalls beraten. Zudem hat ein jüngerer Anwalt besondere Expertise im Immobilienvergaberecht ausgebildet. (2 Partner, 2 Associates)

Mandate: ●● Conergy i.L. wg. Schadensersatz aus Anlagenbau; Holdinggesellschaft eines Technologiekonzerns miet- u. baurechtl.; Energiedienstleister im Vergaberecht; Investor bei Wohngebäudeprojektentwicklung; Projektentwickler bei Kernumbau denkmalgeschütztes Bankgebäude.

JONES DAY

Bewertung: Das Immobilienteam um den Frankfurter Partner Dr. Lutz Hülsdunk („wunderbare Zusammenarbeit", Wettbewerber) baut seine Marktposition kontinuierlich aus. Zuletzt profitierte es v.a. von den regen Aktivitäten seiner Stammmandanten, zu denen u.a. Cordea Savills u. Hansteen gehören. Zum Jahresbeginn verstärkte sich das Team mit einer weiteren Immobilienpartnerin von Beiten Burkhardt, die Mandanten wie IVG Institutional Funds u. CBRE regelm. berät. Das D'dorfer Büro unterstrich mit 2 großen Hoteldeals für die Lindner-Gruppe seine Kompetenz in dieser Asset-Klasse. Die enge Zusammenarbeit mit den Bank- u. Finanzrechtlern sorgte dafür, dass das Mandantenportfolio aus dem Bereich Immobilienfinanzierungen zuletzt um mehrere bekannte Namen wuchs. (6 Partner, 3 Counsel, 2 Associates, inkl. Finanzierung)

Mandate: ●● Avignon Capital bei Kauf u. Finanzierung von Grundstück, Berlin; Lindner Investment Management bei Kauf von Ferien- u. Freizeitanlage u. bei Kauf von Hotelbetreibergesellschaft; Castlelake bei Kauf von Immobilienportfolio; CBRE regelm., u.a. bei Verkauf Büroobjekt, Ffm.; IVG Institutional Funds bei Transaktionen u. mietrechtl.; Mandarin Oriental bei Projektentwicklung u. Hotelneubau, München; BNP Paribas lfd. mietrechtl.; LaSalle bei Transaktion in UK sowie lfd.; Hansteen lfd. bei Transaktionen u. (Re-)Finanzierungen; Union Investment mietrechtlich.

K&L GATES

Bewertung: Das Berliner Immobilienteam berät seine Mandanten schwerpunktmäßig bei Transaktionen u. im Asset-Management. Zuletzt setzte es außerdem auf eine noch intensivere Zusammenarbeit mit den Praxisgruppen Finance, Corporate u. Steuerrecht. Das hat die Beratung dt. Mandanten bei ausl. Investments beflügelt. Auch der Ausbau der Beziehungen zu Bestandsmandanten sorgte zum Teil für neues Geschäft, etwa aus Asien. So berät K&L Gates nun auch einen von Dauermandant Rockspring gemanagten koreanischen Pensionsfonds bei Transaktionen. Obwohl die Kanzlei zunehmend bundesweit aktiv ist, beschränkt sich die Wahrnehmung bei Wettbewerbern meist auf den Berliner Markt. (8 Partner, 11 Associates, inkl. Öffentl. Recht)

Mandate: ●● Develica u.a. bei Entwicklung u. Verkauf von Logistikzentrum, Offenbach; Rockspring/National Pension Service bei Verkauf von EKZ, Stuttgart; Cornerstone bau- u. mietrechtl. bei Revitalisierung EKZ; Ashtoh Properties bei An- u. Verkauf sowie Verwaltung von Immobilien; internat. PE-Investor bei Kauf von 18 Einzelhandelsimmobilien; dt. Pensionsfonds zu 2 US-Investments; Familiy Office aus London bei Transaktionen, Finanzierung u. Asset-Management; lfd. Rockspring, Treveria.

KRUHL VON STRENGE

Bewertung: Das Team um Dr. Karsten Kruhl („sehr versiert u. gründl.", Wettbewerber) ist stark in der Region HH verankert u. eng mit der ▶öffentl.-rechtl. Praxis der Kanzlei verknüpft. Diese Aufstellung prädestiniert sie für Projektentwicklungen in der Hansestadt. So konnte sie etwa die Hamburg Port Authority als neue Mandantin gewinnen, die sie bei dem Projekt Kreuzfahrtterminal CC3 begleitet. Daneben berät die Kanzlei auch einige namh. Mandanten wie die UBS im Asset-Management u. Gewerbemietrecht. Zuletzt profitierte KvS, die Mandanten als „kleine, aber feine Kanzlei" bezeichnen, auch vom anziehenden Transaktionsgeschäft. So war sie in mehrere Grundstücksverkäufe involviert. (1 Partner, 4 Associates, 1 of Counsel)

Mandate: ●● Hamburg Port Authority im Zshg. mit Projekt Kreuzfahrtterminal CC3; Tom Tailor bei Projekt in HH; Aon bei Anmietung von Büroflächen in Ffm.; GlaxoSmithKline umf.; Family Office bei Projektentwicklung in Bremen; 2. Family Office bei Grundstückserwerb in HHer Innenstadt; UBS lfd. im Asset-Management; Hamburg Messe u. Congress GmbH lfd. im Zshg. mit der neuen Messe HH.

KUCERA

Bewertung: Die Darmstädter Kanzlei feilte zuletzt an ihrem Profil u. konzentriert sich künftig auf die Kernbereiche Transaktionen, Steuern, Prozesse u. Finanzierung. Letzteren Bereich hatte sie im Vorjahr mit dem Zugang von Oliver Platt aufgebaut. Mittlerw. verstärkte sich die Boutique um Namenspartner Dr. Stefan Kucera hier mit einem Associate, der ebenfalls Finanzierungserfahrung mitbringt. Einen Asset-Schwerpunkt hat die Boutique in der Beratung des Hotelsektors, wo sie so renommierte Mandanten wie Steigenberger seit vielen Jahren berät. Zuletzt erweiterte sie ihr Portfolio um 2 weitere bekannte Ketten. (5 Partner, 6 Associates)

Mandate: ●● Aberdeen bei Verkauf EKZ; Bauverein AG bei Verkauf eines Wohnimmobilienportfolios; Rreef steuerl.; lfd. Aldiana, Steigenberger Hotels; Abwicklungsanstalt bei Restrukturierung einer EKZ- u. einer Büroimmobilienfinanzierung; US-Unternehmen bei Verkauf eines Wohnimmobilienportfolios; dt. Hotelkette zu Pachtverträgen im Ausland; frz. Hotelkette bei Dtl.-Expansion; frz. Budget-Hotelkette regelm. bei Transaktionen.

IMMOBILIENWIRTSCHAFTSRECHT **IMMOBILIEN- UND BAURECHT**

LLR LEGERLOTZ LASCHET
Bewertung: Kölner Kanzlei, die ihre Mandanten rund um die Immobilie berät. Ihre Beteiligung an großen städt. Projektentwicklungen wie dem Rheinauhafen u. den Clouth-Werken hat sich im Markt herumgesprochen u. sorgt für einen kontinuierl. Zuwachs an neuen Mandanten. Parallel baut LLR ihre Kontakte zu langj. Mandanten wie Habitat weiter aus. Auf Dauer könnte die steigende Auslastung bei gleichbleibender Personalstruktur allerdings zu einem Kapazitätsengpass führen. (4 Partner, 1 Associate)
Mandate: ●● Habitat umf. immobilienrechtl.; IVG gutachterl.; Remex Mineralstoff baubegl. bei ‚Wehrhahnlinie Düsseldorf' u. in Schiedsverfahren; KZVK regelm. bei Transaktionen; Moderne Stadt, u.a. bei Entwicklung Clouth-Werke-Areal; regelm.: Hillebrand, Dt. Immobilien; RheinEnergie, Kölner Verkehrsbetriebe, Häfen u. Güter Köln in Prozessen.

LOSCHELDER
Bewertung: Die Kölner Immobilienpraxis blickt auf ein sehr erfolgreiches Jahr zurück, das insbes. vom wieder anziehenden Transaktionsmarkt geprägt war. Aktive Stammmandanten wie Signature Capital sorgten dabei für ein solides Grundrauschen. Parallel gewann Loschelder aber auch neue Mandanten wie AEW Europe hinzu u. vertiefte die Beziehungen zu Art-Invest, die sie bei einer Transaktion beriet. Ihre hervorragende Vernetzung mit der ▶Baurechtspraxis kommt den Immobilienrechtlern insbes. bei derzeit gefragten Forward-Deals zugute. Wettbewerber loben Dr. Stefan Stock für seine „Verhandlungsstärke u. Zuverlässigkeit", Mandanten schätzen ihn als „hervorragenden Berater". (4 Partner, 3 Associates, inkl. Baurecht)
Mandate: ●● DO Dt. Office AG bei Verkauf Westend Ensemble, Ffm.; AEW Europe bei Kauf der LBS Türme, Stuttgart; Signature Capital bei zahlr. Transaktionen, u.a. bei Kauf von Karstadt-Immobilie in München u. Umspannwerk in Berlin sowie bei Projektentwicklung in Wuppertal; Art-Invest bei Kauf von Büroentwicklung, Köln; Strabag Real Estate bei Verkauf Gebäudeensemble, Heidelberg; MSREF bei Revitalisierung von Trianon, Ffm.; Captiva bei Abverkauf von Büro- u. Logistikimmobilien.

LUTHER
Bewertung: Projektentwicklungen sind die Stärke der Kanzlei, weil sie hier durch ihre enge Anbindung an das ▶Priv. Baurecht u. ▶Umwelt- u. Planungsrecht breit aufgestellt ist u. Mandanten aus einer Hand beraten kann. Aber auch Transaktionen werden für die Praxis immer wichtiger. Hier verfügt Luther über gute Beziehungen zu Versorgungswerken, die zuletzt sehr aktiv am Markt waren. Mit Detlev Stoecker („erstklassig", Wettbewerber) hat sie einen akquisestarken Partner in Berlin, der zudem auch als Notar tätig ist. Die Verstärkung durch einen bei Hochschul- u. Uniklinikbauvorhaben erfahrenen of Counsel hat sich im Baurecht ausgezahlt. Nun holte Luther einen weiteren of Counsel hinzu, der in der Immobilienbranche über gute Kontakte zu Investoren verfügt u. dazu beitragen könnte, das Mandantenportfolio weiter zu diversifizieren. Bereits im vergangenen Herbst verstärkte sie sich am Standort D'dorf mit Partner Dr. Philipp Pröbsting, der von Kapellmann kam. (11 Partner, 1 Counsel, 19 Associates, 1 of Counsel, tlw. Überschneidungen mit Baurecht)
Mandate: ●● Ärzteversorgungen Niedersachsen, Sachsen-Anhalt, Meck.-Vorp. u. Tierärzteversorgung Niedersachsen bei Portfolioverkauf, München; MonArch-Gruppe bei Projektentwicklungen; Schöck Bauteile bei Ankauf Industriegrundstück; Julius Berger Internat. zu Investorenmodell; Lang & Cie. Rhein Ruhr bei Projektentwicklungen; Vivawest bei Transaktion; WvM Immobilien u.a. bei Projektgeschäft; div. Versorgungswerke bundesw. bei Transaktionen.

MAYER BROWN
Bewertung: Die Kanzlei berät im Immobilienrecht bei Transaktionen u. im Anlagenbau v.a. internat. Mandanten, die aus dem gut funktionierenden ww. Netzwerk kommen oder in dieses überführt werden können. Die Kehrseite dieser starken Fokussierung ist die geringe Visibilität im dt. Marktumfeld. Zuletzt gelang es MB aber mit Universal Investment, auch einen aktiven dt. Immobilienplayer als Mandanten zu gewinnen. Personell befindet sich die Praxis trotz Wachstumsabsichten eher auf Schrumpfkurs. Nachdem im Vorjahr ein junger Anwalt zur Mandantin Pramerica ging, wechselte nun Frank Endebrock zu Schiedermair. Finanzierer Dirk-Peter Flor, der eng mit den Immobilienrechtlern zusammenarbeitete, schloss sich dem neu gegründeten Büro von Reed Smith in Frankfurt an. Anerkanntes ▶Notariat. (3 Partner, 2 Counsel, 4 Associates, 1 of Counsel)
Mandate: ●● Universal-Investment-Gesellschaft bei Kauf von Fachmarktportfolio; Intermediate Capital Group bei Kauf von 2 Wohnportfolios inkl. neuer Finanzierungsstruktur; SEB Asset Management bei Verkauf Logistikportfolio; CitCor Residential bei Verkauf von Franconia-Portfolio; Goodyear bei Errichtung Logistikzentrum; Tristan Capital Partners bei Kauf von Logistikzentrum; Benteler, u.a. bei Bau US-Werk; Natixis bei Refinanzierung eines B&B-Hotelportfolios; Apollo bei Verkauf von Büroimmobilien u. im Asset-Management.

NORTON ROSE FULBRIGHT
Bewertung: Die Immobilienpraxis profitierte zuletzt stark vom anziehenden Transaktionsgeschäft u. war erneut in einige große Deals involviert. So beriet sie etwa beim Verkauf des RWE-Unternehmenssitzes in Essen an einen US-Immobilienfonds auf Käuferseite. Über ihre enge Anbindung an das internat. Kanzleinetzwerk berät das Team zudem immer häufiger asiat. Mandanten u. kann auch bei dt. Stammmandanten ihre internat. Kompetenz zunehmend ausspielen. Positiv entwickelten sich auch der Bereich Finanzierung, der im Vorjahr mit einer Partnerernennung gestärkt worden war, sowie das Asset-Management, das für eine gesunde Grundauslastung sorgt. Der Zugang eines Anwalts von Freshfields, der als of Counsel einsteigt – das entspricht in etwa dem Status eines Sal.-Partners in anderen Kanzleien –, unterstreicht die wachsende Bedeutung des Fachbereichs für die Kanzlei. (7 Partner, 12 Associates, 2 of Counsel, inkl. Steuern u. Finance)
Mandate: ●● Moor Park Capital Partners bei Kauf RWE-Konzernsitz; Accuracy u.a. wg. Maklerverträgen; BayernLB bei Finanzierung Ku'damm-Karree; BNP Paribas bei Finanzierung poln. Immobilie; SEB bei Finanzierung; Jurag Rottach-Egern bei Kauf Hotel Waltershof; Spheredesign mietrechtlich.

SAMMLER USINGER
Bewertung: Die Kanzlei aus Berlin nutzt ihre im Vorjahr wiedergewonnene Kompetenz im Steuerrecht regelm. auch in Immobilientransaktionen. Allerdings haben Kanzleien mit ähnlicher Aufstellung u. Größe bisher stärker vom steigenden Transaktionsaufkommen profitiert. Insbes. Wolfgang Usinger war im Markt sehr präsent, vorwiegend jedoch als ▶Notar. Dieses Amt hat er inzw. allerdings altersbedingt aufgegeben. Anerkannt ist neben ihm Jens Bock, den Wettbewerber ebenfalls als „unaufgeregt u. kompetent" bezeichnen. Jüngeren Partnern ist es in den vergangenen Jahren allerdings nicht gelungen, aus dem Schatten des Namenspartners zu treten u. im Markt einen eigenen Fußabdruck zu hinterlassen. (5 Partner, 5 Associates, zzgl. Öffentl. u. Vergaberecht)
Mandate: ●● Stadt Potsdam bei gr. Entwicklungsprojekt; Wohnungsinvestor bei div. Käufen; Hotelbetreiber bei Pachtverträgen; Kapitalanlagegesellschaft bei Kauf Logistikimmobilie; Bank bei Grundstücksverkauf; Investor bei Realteilung eines Frankfurter Büroturms; Immobiliendienstleister bei Finanzierungen; lfd. AMEC, Leipziger Messe (aus dem Markt bekannt).

STOCK ADERS + PARTNER
Bewertung: Die kleine Münchner Kanzlei hat neben ihrer umf. Fondsberatung den Schwerpunkt Asset-Management aufgebaut, wo sie inzw. einen soliden Stamm an Kapitalverwaltungsgesellschaften betreut u. ihr Geschäft zuletzt erneut ausweiten konnte. Im Fokus der Beratung standen Fragen zur AIFM-Richtlinie, Nachfragen zur Auflegung von Publikums- u. Spezial-AIF nahmen deutl. zu. Darüber hinaus ist die Kanzlei weiterhin stark in Transaktionen involviert u. konnte hier etwa Quadoro Doric Real Estate von sich überzeugen. (4 Partner, 1 Associate)
Mandate: ●● Quadoro Doric Real Estate u.a. bei Transaktionen; Catella Real Estate bei Portfoliotransaktionen für Immobiliensondervermögen; UBS Real Estate bei Transaktionen u. im Asset-Management; SachsenFonds Asset Management im Gewerbl. Mietrecht u. bei Kauf u. Verkauf von Immobilien(portfolios); BVT Holding bei Windparkprojekten; Invesco Real Estate bei Retail-Transaktionen; Blue Asset Management im Asset-Management.

TRÜON
Bewertung: Die Boutique ist am Hamburger Markt fest etabliert u. wird von Wettbewerbern als „feine Adresse" bezeichnet. Dabei ist es v.a. Gründungspartner Dr. Erwin von Bressensdorf („hervorragend", „fokussiert auf die wichtigen Dinge, bringt einen Deal voran", Wettbewerber), der die Wahrnehmung der Kanzlei bestimmt, aber auch jüngere Anwälte wie Dagmar Jonski u. Dr. Dirk Büllesfeld werden immer wieder von Wettbewerbern gelobt. Beraten wird bei Projektentwicklungen ebenso wie bei Transaktionen u. Finanzierungen. Zudem hat sich die Kanzlei im Öffentl. Recht gut positioniert (▶Umwelt u. Planung). (4 Partner, 1 Counsel, 3 Associates)
Mandate: Keine Nennungen.

● Referenzmandate, umschrieben
●● Referenzmandate, namentlich

Anwaltszahlen: Angaben der Kanzleien, wie viele Anwälte zu mind. ca. 50 % in diesem Gebiet tätig sind. Sie spiegeln nicht zwingend die Gesamtgröße einer Kanzlei wider.

Projektentwicklung und Anlagenbau

Im Bereich Anlagenbau und komplexe Projektentwicklungen engagieren sich sowohl Kanzleien mit ▶immobilienwirtschaftsrechtl. als auch ▶baurechtl. Schwerpunkt. Das Beratungsfeld bildet die Schnittstelle beider Praxisausrichtungen. Erfasst sind hier nur Kanzleien, die in einem der beiden Bereiche bundesweit präsent sind oder die durch eine ausgeprägte Spezialisierung auf spezifische Entwicklungsprojekte auffallen. Informationen zu angrenzenden Beratungsfeldern finden sich u.a. unter ▶Umstrukturierung, ÖPP und Projektfinanzierung.

NORDEN
Freshfields Bruckhaus Deringer	Hamburg
Graf von Westphalen	Hamburg
GSK Stockmann + Kollegen	Hamburg
HFK Rechtsanwälte	Hannover
Taylor Wessing	Hamburg
White & Case	Hamburg

OSTEN UND BERLIN
CMS Hasche Sigle	Berlin
DLA Piper	Berlin
FPS Fritze Wicke Seelig	Berlin
Gleiss Lutz	Berlin
Graf von Westphalen	Berlin
GSK Stockmann + Kollegen	Berlin
HFK Rechtsanwälte	Berlin
Kapellmann und Partner	Berlin
Müller-Wrede & Partner	Berlin
Noerr	Dresden, Berlin
Redeker Sellner Dahs	Berlin, Leipzig
Taylor Wessing	Berlin

WESTEN
CBH Rechtsanwälte	Köln
Clifford Chance	Düsseldorf
DLA Piper	Köln
FPS Fritze Wicke Seelig	Düsseldorf
Görg	Köln
Graf von Westphalen	Düsseldorf
Hogan Lovells	Düsseldorf
Kapellmann und Partner	Mönchengladbach, Düsseldorf
Luther	Köln, Essen
Redeker Sellner Dahs	Bonn
Taylor Wessing	Düsseldorf

FRANKFURT UND HESSEN
Clifford Chance	Frankfurt
DLA Piper	Frankfurt
FPS Fritze Wicke Seelig	Frankfurt
Gleiss Lutz	Frankfurt
Graf von Westphalen	Frankfurt
GSK Stockmann + Kollegen	Frankfurt
HFK Rechtsanwälte	Frankfurt
SMNG	Frankfurt

SÜDWESTEN
CMS Hasche Sigle	Stuttgart
Gleiss Lutz	Stuttgart

SÜDEN
Clifford Chance	München
GSK Stockmann + Kollegen	München
HFK Rechtsanwälte	München
Kapellmann und Partner	München
Noerr	München
Taylor Wessing	München

CBH RECHTSANWÄLTE
Bewertung: Anerkannte ▶baurechtl. orientierte Praxis; neben Projektentwicklungen v.a. Baubegleitung inkl. Prozessen u. in geringerem Umfang Anlagenbau, hier insbes. Pipelines. Auch Klinikbauten.
Mandate: ●● Amand-Gruppe bei ‚Prima Colonia'; Baucor bei Konversionsprojekt; FQ bei Neubau Friedrichstadt-Quartier; Verband bei Klinikneubau; Auftraggeber bei Hubschrauberbasisstation; Planergemeinschaft bei BER.

CLIFFORD CHANCE
Bewertung: Eine der Top-Kanzleien im ▶Immobilienwirtschaftsrecht, die in zahlr. Projektentwicklungen in den Bereichen Hotel, Wohnen, Büro u. Logistik involviert ist.
Mandate: ●● RFR bei Projektentwicklung ‚Upper West'; AEW bei Entwicklung Netparx; Ballwanz bei Projektentwicklung Rosenbaumhöfe; Crescendo Real Estate bei Grundstückskauf nebst Projektentwicklung.

CMS HASCHE SIGLE
Bewertung: Sehr große ▶bau- u. ▶immobilienrechtl. Praxis; neben Projektentwicklungen auch Anlagenbau inkl. Beratung bei Windparks.
Mandate: ●● Flughafen Berlin Brandenburg GmbH bei Infrastrukturprojekt; Cobra Instalaciones y Servicios bei Kraftwerksprojekt; GP Papenburg Hochbau bei ÖPP-Projekt Stadion Zwickau; Iberdrola bei Offshorewindpark ‚Wikinger'; Privatbrauereien Gebrüder Gaffel bei Brauereiproduktionsanlage.

DLA PIPER
Bewertung: Anerkannte ▶immobilienwirtschaftsrechtl. Praxis, die sich bei Projektentwicklungen engagiert. Zudem kann DLA auch Kompetenzen im Anlagenbau, v.a. im Energiesektor, vorweisen.
Mandate: ●● Wealthcap bei Forward-Deal; Resolution Property Fund bei Einstieg in Projektentwicklung als Joint-Venture-Partner; DIC u.a. bei Projektentwicklung ‚Netzwerk Sendling'; IHG bei Hotelbauten; Investor bei Kauf von Bürohaus aus Projektentwicklung; regelm. Cordea Savills, Alstom Power.

FPS FRITZE WICKE SEELIG
Bewertung: Breit aufgestellte, anerkannte ▶immobilienrechtl. Praxis; neben Projektentwicklungen auch Baubegleitung inkl. Prozesse.
Mandate: ●● Merz Immobilien bei Projektentwicklung Mayfarth-Quartier; Gsp Städtebau bei Entwicklung u. Bau von Wohnturm ‚Tower2'; regelm.: DIC bei Projektentwicklungen; Deka baubegl. bei Revitalisierungen; Freizeitparkbetreiber bei Errichtung von Freizeit- u. Themenpark in München; Wohnungsbauträger bei Wohnbauprojekt in Berlin.

FRESHFIELDS BRUCKHAUS DERINGER
Bewertung: Angesehene ▶immobilienwirtschaftsrechtl. Praxis, die ihre Kompetenz u.a. in Forward-Deals einbringt, sich aber auch in der Entwicklung engagiert; vielseitige energierechtl. Praxis, die auch erneuerbare Energien einschließt.
Mandate: ●● Axel Springer bei Entwicklung Medien Campus Berlin; HafenCity Hamburg bei Einstieg von Unibail-Rodamco als neuem Investor für Überseequartier; Frankonia Eurobau bei ‚Burstah Offices'.

GLEISS LUTZ
Bewertung: Angesehene ▶immobilienwirtschaftsrechtl. orientierte Praxis mit langj. Erfahrung im Anlagenbau, auch erneuerbare Energien; zudem Projektentwicklung u. Baubegleitung.
Mandate: ●● Hornbach regelm. bei Entwicklung von Fachmärkten; Investa bei Projektentwicklung von gewerbl. Bauprojekt; Stadt D'dorf bei Projektentwicklung; Investoren bei Erweiterung FOC.

GÖRG
Bewertung: Etablierte, breit aufgestellte ▶immobilienwirtschaftsrechtl. Praxis, die v.a. im Anlagenbau im Energiesektor eine feste Größe ist; zudem Projektentwicklung.
Mandate: ●● Trianel u.a. bei Offshorewindpark; Getränkehersteller bei Werkserweiterung für die Produktion von Lebensmitteln.

GRAF VON WESTPHALEN
Bewertung: Angesehene ▶baurechtl. Praxis mit starkem Fokus auf Projektberatung; klass. Baubegleitung u. zunehmende Beratung bei Energieprojekten.
Mandate: ●● R+S Stolze bei Neubau Zentralgebäude Uni Lüneburg; Prelios bei Projektentwicklung in D'dorf; Union Investment bei Entwicklung von EKZ u. Fachmarktzentrum; Moritz-Gruppe zu ‚The Squaire'; Uniklinik D'dorf bei Neubau Zentrum für synthet. Lebenswissenschaften; israel. In-

● Referenzmandate, umschrieben
●● Referenzmandate, namentlich

PROJEKTENTWICKLUNG UND ANLAGENBAU IMMOBILIEN- UND BAURECHT

vestor bei Erweiterung Wohnprojekt; Entwickler bei Wohn- u. Infrastrukturprojekt.

GSK STOCKMANN + KOLLEGEN
Bewertung: Sehr breit aufgestellte u. personalstarke Immobilienpraxis, die sowohl im ▶Immobilienwirtschafts- als auch im ▶Priv. Baurecht zu Hause ist. Ihr Schwerpunkt liegt eher in Projektentwicklungen, weniger im Anlagenbau. In geringerem Umfang Projekte des Bereichs erneuerbare Energien.
Mandate: ●● Howoge bei Wohnbauprojekt; MIB-Gruppe bei innerstädt. Entwicklungsprojekt; Erwin Mutschler bei Entwicklung der Fabrikverkäufe Geislingen zu Outlet-Center; Die Wohnkompanie bei ‚Max u. Moritz Quartier Friedrichshain'; Evoreal bei Neubauprojekt ‚park living'.

HFK RECHTSANWÄLTE
Bewertung: Angesehene ▶baurechtl. orientierte Praxis, v.a. auch bei Projektentwicklungen engagiert; Anlagenbau in geringerem Umfang, hier auch Prozesse.
Mandate: ●● Dt. Bahn bei Stuttgart 21 (öffentl. bekannt); Volker Wessels bei Netzanschlüssen; Fürst Developments umf. bei Projektentwicklungen.

HOGAN LOVELLS
Bewertung: Angesehene ▶immobilienwirtschaftsrechtl. Praxis, die sich aber auch im Priv. Baurecht engagiert; Projektentwicklungen, daneben ausgeprägter Schwerpunkt im internat. Anlagenbau, u.a. im Bereich erneuerbare Energien.
Mandate: ●● Aberdeen Asset Management bei Erwerb einer Projektentwicklung ‚Bona & Paula' für Wohn- u. Einzelhandelsflächen; ALP Wiesbaden bei Errichtung u. Vermietung Bürogebäude.

KAPELLMANN UND PARTNER
Bewertung: Hoch angesehene ▶baurechtl. orientierte Praxis, die sich in großem Umfang im Anlagenbau u. bei Projektentwicklungen engagiert; im Übrigen Baubegleitung, auch Prozesse u. Transaktionen.
Mandate: ●● Mfi bei ‚Überseequartier Hamburg'; Arge Tunnel Feuerbach bei Tunnelbau; Frankonia bei Andreasquartier; Klinikum Darmstadt bei Neubau; Arge Stadtbahntunnel Karlsruhe bei Tunnelneubau; EWE bei Alpha Ventus; Loscon bei Windpark Suckow; Riffgat u. Power@Sea bei Offshorewindparks; Van Oord bei Anbindung DanTysk; Kölbl-Kruse-Gruppe bei div. Entwicklungen; Value One bei Entwicklung Studentenwohnheime.

LUTHER
Bewertung: Dynamische ▶baurechtl. Praxis; klass. Baubegleitung inkl. Prozesse; auch Projektentwicklung u. Kraftwerksbau; zudem Schiedsrichtertätigkeit.
Mandate: ●● BMBF bei Neubau ‚Haus der Zukunft' in Berlin; Messe Essen bei Neubau Messegelände; Reinhard-Nieter-Krankenhaus bei Klinikneubau; Bauwens bei Errichtung EKZ.

MÜLLER-WREDE & PARTNER
Bewertung: V.a. für die Beratung mittelständ. Projektentwickler im Bereich erneuerbare Energien anerkanntes Team um Philipp von Tettau. Schwerpunkte bei Akquisitionen u. Eigenentwicklungen. Auch Beratung von Stadtwerken. Nach wie vor geringe Synergien mit der ▶baurechtl. Praxis.
Mandate: ●● Konsortium Dt. Bank, Ventotec bei Repowering-Projekt; div. Stadtwerke bei Energieprojekten.

NOERR
Bewertung: Anerkannte ▶immobilienrechtl. ausgerichtete Praxis mit langj. Erfahrung im Anlagenbau; zudem Projektentwicklung u. Baubegleitung inkl. Prozesse.
Mandate: ●● Zalando bei Entwicklung div. Logistikzentren; Siemens lfd. im Anlagenbau; Einzelhändler im Anlagenbau u. im Bauvertragsrecht; dt. Werkzeugmaschinenhersteller zu Fabrikneubau in Russland; Technologiekonzern beim Aufbau von 2 Produktionsstandorten in Rumänien.

REDEKER SELLNER DAHS
Bewertung: Angesehene ▶baurechtl. Praxis, die bei zahlr. Projektentwicklungen berät u. im Anlagen- u. Kraftwerksbau stark ist; klass. Baubegleitung inkl. Prozesse; auch ausgeprägte Schiedsrichtertätigkeit.
Mandate: ●● Hirmer Unternehmensgruppe bei Entwicklung von Hotelprojekt; Aurelis zu Umnutzung Hauptgüterbahnhof Hannover; ECE zu Wohnungsprojekt ‚Mitte-Altona' in Hamburg; IVG bei ‚The Squaire'; Bund bei ‚Neues Schiffshebewerk Niederfinow'; niederl. Energiekonzern baubegl. u. prozessual bei Kraftwerksneubauprojekt; öffentl. Hand bei Autobahnneubau; internat. Konsortium bei Errichtung Offshorewindanlagen.

SMNG
Bewertung: Sehr angesehene ▶baurechtl. orientierte Kanzlei mit langj. Erfahrung in der Projektentwicklung; in geringem Umfang auch Anlagenbau; im Übrigen Baubegleitung inkl. Prozesse.
Mandate: ● Investor bei Entwicklung exklusiver Wohn- u. Gewerbeflächen in Berlin; Objektgesellschaft bei innerstädt. Wohnprojekt; internat. Investor bei Hotelentwicklung.

TAYLOR WESSING
Bewertung: Die Kanzlei betreut im ▶Immobilienwirtschaftsrecht vielfältige Projektentwicklungen inkl. Anlagenbau u. Finanzierung, auch im Bereich erneuerbare Energien.
Mandate: ●● Netparx bei Entwicklung mehrerer Logistikimmobilien; Dereco regelm. bei Projektentwicklungen; DC Commercial bei Projektentwicklung in der Hafencity; Hkm bei EKZ-Entwicklung; Family Office bei Kauf einer Projektentwicklung; Maschinenbauer bei Errichtung von Fischverarbeitungsanlagen; Technologieunternehmen bei Errichtung einer Teeextraktionsanlage in Argentinien.

WHITE & CASE
Bewertung: ▶Immobilienrechtl. Praxis, die bei Projektentwicklungen berät; zudem Transaktionen u. Finanzierung von Projekten, auch von Wind- u. Solarparks.
Mandate: ●● Zentrum für angewandte Luftfahrtforschung bei Finanzierung u. Entwicklung Forschungszentrum.

Privates Baurecht

Niedrige Zinsen befeuern den Markt

Der aktuelle Kurs der Europäischen Zentralbank lässt die Herzen vieler Investoren höher schlagen: Dank historisch niedriger Zinsen brummt der deutsche Immobilienmarkt. Und weil nicht ausreichend Bestandsimmobilien in attraktiven Lagen vorhanden sind, wird vermehrt neu gebaut. Projektentwicklungen, vor allem im Wohnbereich, sind sehr gefragt und werden immer häufiger bereits vor ihrer Fertigstellung verkauft, zunehmend sogar dann, wenn mit dem Bau noch gar nicht begonnen wurde. Der Boom sorgt für eine rege Auslastung der Branche: Während Bauunternehmen noch vor ein paar Jahren um jeden Auftrag kämpften, sind die Auftragsbücher heute ordentlich gefüllt. Da der Markt floriert, wird inzwischen auch weniger gestritten, denn Prozesse erfordern Zeit, die die Akteure nicht haben. Außerdem ist genügend Geschäft für alle da, also verzichten Auftragnehmer auch schon einmal auf eine Nachforderung. Vergleiche werden schneller erzielt, denn das nächste gewinnbringende Projekt ist bereits in der Pipeline.

In dieses Umfeld drängt sich das Zukunftsthema BIM (Building Information Modeling), das künftige Projekte auf sichere Füße stellen soll: BIM ist eine 3-D-Planung, bei der alle am Projekt Beteiligten das Bauwerk planen, bevor der erste Spatenstich getan ist. So sollen Planungsfehler vermieden und die Gesamtkosten festgeschrieben werden. In den angloamerikanischen Ländern und in Skandinavien müssen öffentliche Auftraggeber ihre Vergabe bereits mit BIM verknüpfen. In Deutschland tasten sich die Marktteilnehmer erst an diese Entwicklung heran. Das Bundesministerium für Verkehr hat nun vier Pilotprojekte ausgewählt, bei denen der Einsatz von BIM getestet werden soll.

Neue Standorte, neue Branchen

Das florierende Geschäft im Bausektor sorgte auf dem sonst eher ruhigen Markt der Baurechtskanzleien für einige Bewegungen. Gleich 2 Sozietäten eröffneten ein neues Büro in München: So wagte die Boutique **KNH Rechtsanwälte** mit lokalen Anwälten von **Wendler Tremml** den Schritt an die Isar, während **Leinemann & Partner** mit 2 Quereinsteigern und einem erfahrenen Anwalt aus dem Berliner Büro ihren Fuß nach München setzte. Der Einstieg in den Münchner Markt ist allerdings nicht einfach, wird er doch von zahlreichen kleineren Kanzleien wie **Zirngibl Langwieser** oder **Kraus Sienz & Partner** dominiert. Ein ebenfalls starker Player im süddeutschen Raum ist Sibeth, die im Sommer 2015 mit Arnecke Siebold zu **Arnecke Sibeth Siebold** fusionierte und damit ihre nationale Präsenz wiederum nach Berlin ausweitete sowie ihr Team in Frankfurt verstärkte. Arnecke Siebold gewann durch den Zusammenschluss unterdessen den Standort München hinzu. Auch **AGS Acker Görling Schmalz** verstärkte sich kräftig: So schloss sich in Frankfurt der Namenspartner von **Lotz & Partner** zusammen mit einem Associate der Kanzlei an, zuvor hatte **AGS Acker Görling Schmalz** bereits mit einem 3-köpfigen Team von **HFK Rechtsanwälte** in Hamburg ein neues Büro eröffnet.

Die Kanzleien dehnen ihr Geschäft aber nicht nur durch Büroeröffnungen aus, sondern auch über die Verbreiterung ihres Beratungsangebots. So erschließen sie sich neue, lukrative Branchen. Zuletzt engagierten sich etwa immer mehr Kanzleien wie **Kapellmann und Partner**, **CBH Rechtsanwälte** und **Graf von Westphalen** im Gesundheitssektor. Auch **Luther** baute ihren Schwerpunkt im Klinikbaubereich weiter aus.

JUVE KANZLEI DES JAHRES
PRIVATES BAURECHT
LEINEMANN & PARTNER

Das leidenschaftliche Engagement für Auftragnehmer hat Leinemann groß und bekannt gemacht. Doch das Image der Kanzlei für Auftragnehmer passt nicht mehr: Inzwischen vertrauen immer häufiger auch Auftraggeber auf die Expertise von Leinemann. Mit dem renommierten Namenspartner **Prof. Dr. Ralf Leinemann** an der Spitze gelingt es der Kanzlei immer besser, ihr Beratungsfeld und damit ihren Mandantenkreis auszuweiten. Dass sie für ein Chemieunternehmen beim Bau einer milliardenschweren Großanlage zum Zug kommt, ist das beste Beispiel dafür. Auch die öffentliche Hand setzte zuletzt wiederholt auf Leinemann und die Zahl der internationalen Mandanten steigt stetig. Die Öffnung für die Investorenseite beflügelt auch die Beratung im Immobilienwirtschaftsrecht: Inzwischen hat Leinemann hier sogar eine eigene Praxisgruppe etabliert, die zuletzt durch einen Partnerzugang von SKW Schwarz gestärkt wurde. Auch die notarielle Arbeit überlässt die Kanzlei nicht ihren Wettbewerbern, sondern arbeitet am Aufbau eines Notariats in Berlin und Frankfurt. Und auch in schwierigen Zeiten weiß Leinemann sich zu helfen: Als das Büro in Frankfurt 2013 schwächelte, wechselte ein Berliner Partner an den Main und brachte dort neuen Schwung. Das Modell überträgt sie nun auf München: Hier hat ebenfalls ein Berliner Partner zusammen mit 2 Quereinsteigern ein Büro eröffnet. Die nächste Entwicklungsstufe auf dem Weg zu einer Kanzlei, die die Immobilien- und Baubranche umfassend berät, ist also eingeläutet.

Die folgenden Bewertungen behandeln Kanzleien, die sich mit dem klassischen Privaten Baurecht befassen. Hierzu zählen Bauvertrags-, Architekten- u. Ingenieursrecht samt Honorar- u. Haftungsfragen, Makler-, Miet- u. Pachtrecht. Auch die baubegleitende Beratung u. die gerichtl. sowie außergerichtl. Vertretung der Bauwirtschaft gehören hierher. Soweit die Tätigkeit einer Kanzlei diese Fragen zwar auch, aber im Schwerpunkt einen größeren Anteil Transaktionen und/oder Finanzierungen umfasst, ist sie unter ▶ Immobilienwirtschaftsrecht eingeordnet. Kanzleien, die sich auch mit komplexen Projektentwicklungen u. dem Anlagenbau befassen, sind zudem in der Übersicht ▶ Projektentwicklung/Anlagenbau erfasst. Kanzleien, die in einem Teilgebiet des Baurechts besonderes Ansehen erworben haben, sind am Ende des Kapitels unter ▶ Spezialkanzleien eingeordnet.

PRIVATES BAURECHT IMMOBILIEN- UND BAURECHT

BREYER
Privates Baurecht

Bewertung: Geschätzte Kanzlei im Priv. Baurecht, die an ihre dynamische Entwicklung aus dem Vorjahr anknüpfen konnte. Durch die Eröffnung des Frankfurter Büros gelang es der Stuttgarter Kanzlei, die Mandantenbasis zu verbreitern u. bestehende Beziehungen auszubauen. Früher traditionell auf GU-Seite tätig, verlagert sich der Schwerpunkt der Beratung mittlerw. auf die Auftraggeberseite. Auch wenn vereinzelt Interessenskonflikte drohen, konnte die Kanzlei namh. Mandanten von sich überzeugen, z.B. eine Rahmenvereinbarung mit einem Automobilhersteller für ww. Projekte treffen. Das Mandat ist zudem ein weiteres Indiz für die zunehmend internat. Tätigkeit der Kanzlei. Im Nahen Osten ist die Sozietät bereits vertreten. Dort brachte ihr ein Dubaier Mandat zuletzt einen Folgeauftrag in der Region. Zudem wurde Breyer im Juni in die Global Construction Infrastructure Legal Alliance aufgenommen, ein Netzwerk internat. tätiger Baurechtskanzleien. Diese Entwicklung bleibt auch Wettbewerbern nicht verborgen. „Eine sehr gute, umtriebige Kanzlei", lobt einer. Die parallel vorangetriebene bundesweite Präsenz in Dtl., auch bedingt durch den Frankfurter Standort, sorgt zudem dafür, dass neben Namenspartner Breyer langsam auch andere Anwälte im Markt an Profil gewinnen.

Entwicklungsmöglichkeiten: Behutsam streckt die Kanzlei auch die Fühler in Richtung Asset-Management aus, das z.B. von Immobilienentwicklern stärker nachgefragt wird. Das Engagement könnte sich als strategisch wichtiger Schritt erweisen, um sich langfristig auf Auftraggeber- u. Investorenseite zu positionieren.

Häufig empfohlen: Dr. Wolfgang Breyer („sehr guter Baurechtler, angenehmer Verhandlungspartner", Wettbewerber)

Kanzleitätigkeit: Umf. baubegl. Beratung, auch Prozesse. Architektenrecht. Projektbegleitung v.a. auf Auftragnehmerseite, insbes. GU-Beratung, häufig große Vorhaben. Zunehmend internat. Mandate. Vereinzelt Gewerbl. Mietrecht, Immobilienrecht, Vergaberecht. (6 Partner, 8 Associates, zzgl. Büros in Wien u. Bukarest)

Mandate: ●● WMF bei Umstrukturierung von Logistiksparte u. Grundstückskaufverträgen; Bundesgartenschau Heilbronn für Auftraggeber inkl. Vergaberecht; Automobilhersteller regelm. bei ww. Projekten; Planer bei U-Bahn-Los in Doha; Tüv Süd prozessual; Projektgesellschaft bei Erweiterung Neue Messe Stuttgart; Seo bei Pumpspeicherkraftwerk in Luxemb.; Züblin bei Los PFA 1.1 (Tiefbahnhof) bei Stuttgart 21; Arge bei ‚Das Gerber', Stuttgart; lfd. Leonhard Weiss, Strabag, Max Bögl, Baresel, Züblin.

CBH RECHTSANWÄLTE
Privates Baurecht

Bewertung: Im Baurecht geschätzte Kanzlei, die ihr Engagement im Gesundheitssektor weiter forciert u. zuletzt neue Mandanten gewann, die sie bei Klinikerweiterungen u. -neubauten berät. Anders als bspw. Luther konzentriert sich CBH nicht ausschließlich auf die Betreiber, vielmehr hat sie Architekten u. Ingenieurbüros im Visier, zumal Vogelheim für seine Kompetenz in diesem Bereich im Markt anerkannt ist. Traditionell stark ist die Praxis bei Projektentwicklungen, wo sie von der engen Zusammenarbeit mit den Immobilienrechtlern u. dem öffentl.-rechtl. Team (▶Umwelt- u. Planungsrecht)

PRIVATES BAURECHT

Kapellmann und Partner	Mönchengladbach, Düsseldorf, Berlin, München u.a.
Leinemann & Partner	Berlin, Düsseldorf, Hamburg, Frankfurt, München u.a.
Redeker Sellner Dahs	Bonn, Berlin, Leipzig
SMNG	Frankfurt, Köln
CMS Hasche Sigle	Berlin, Hamburg u.a.
GSK Stockmann + Kollegen	München, Berlin, Hamburg u.a.
Luther	Köln, Berlin, Essen u.a.
Graf von Westphalen	Hamburg, Berlin, München, Düsseldorf
HFK Rechtsanwälte	Frankfurt, Berlin, München u.a.
CBH Rechtsanwälte	Köln
FPS Fritze Wicke Seelig	Frankfurt, Hamburg
Heuking Kühn Lüer Wojtek	München, Düsseldorf, Chemnitz u.a.
Breyer	Stuttgart
KNH Rechtsanwälte	Berlin, Frankfurt, München u.a.
Kraus Sienz & Partner	München
Lutz Abel	Hamburg, München, Stuttgart

Die hier getroffene Auswahl der Kanzleien ist das Ergebnis der auf zahlreichen Interviews basierenden Recherche der JUVE-Redaktion (s. Einleitung S. 20). Sie ist in 2erlei Hinsicht subjektiv: Sämtliche Aussagen der von JUVE-Redakteuren befragten Quellen sind subjektiv u. spiegeln deren eigene Wahrnehmungen, Erfahrungen u. Einschätzungen wider. Die Rechercheergebnisse werden von der JUVE-Redaktion unter Einbeziehung ihrer eigenen Marktkenntnis analysiert u. zusammengefasst. Der JUVE Verlag beabsichtigt mit dieser Tabelle keine allgemein gültige oder objektiv nachprüfbare Bewertung. Es ist möglich, dass eine andere Recherchemethode zu anderen Ergebnissen führen würde. Innerhalb der einzelnen Gruppen sind die Kanzleien alphabetisch geordnet.

▶▶▶ Bitte beachten Sie auch die Liste weiterer renommierter Kanzleien am Kapitelende. ◀◀◀

profitiert. Im klass. Immobilienrecht intensivierte das Team die interdisziplinäre Zusammenarbeit mit den Steuerrechtlern sowie Finanzierern u. konnte so erste Neumandanten verzeichnen, die zur Diversifizierung des Mandantenportfolios beitragen.

Stärken: Infrastrukturprojekte, Spezialimmobilien (z.B. Kliniken).

Häufig empfohlen: Markus Vogelheim („sehr guter Anwalt", Wettbewerber), Dr. Joachim Strieder, Manfred Haesemann (vom Öffentl. Recht kommend), Arnd Holzapfel, Prof. Dr. Stefan Hertwig (auch Vergaberecht)

Kanzleitätigkeit: Integrierte Beratung Öffentl./Priv. Baurecht mit Schwerpunkten im (Spezial-) Tief- u. Klinik- sowie Anlagenbau. Beratung bei Entwicklung von Wohngebieten u. Innenstadtflächen. Umfangr. Erfahrung mit Prozessen u. ÖPP. Zudem Asset-Management/Facility-Management u. Schiedsverfahren. Traditionell öffentl. Körperschaften u. kirchl. Träger von Krankenhäusern. (10 Partner, 8 Associates, zzgl. Öffentl. u. Vergaberecht)

Mandate: ●● Generali Versicherung bei Schadensfall; KB MedPlan bei Klinikerweiterung; Ev. Klinik Bergisch Gladbach bei Klinikerweiterung; Ev. Klinik Niederrhein bei Sanierung; Absolut, u.a. bei Studentenwohnheimen u. bei Transaktionen; PGBBI wg. BER; Amand, u.a. bei Prima Colonia u. in Prozessen; Metropolpark Hansaline bei Vermarktung u. Bewirtschaftung; LVB bei Nord-Süd-Stadtbahn; Kadans bei Verkauf u. Entwicklung von Logistikimmobilien; Uniklinik Mainz in div. Prozessen nach Erweiterung; Zarinfar Baumanagement bei div. Vorhaben; Ev. Krankenhaus prozessual bzgl. Klinikumbau; Ingenieurbüro bei Erweiterung Klinikbau; mietrechtl. Adidas, PvH, Obi.

CMS HASCHE SIGLE
Privates Baurecht

NOMINIERT
JUVE Awards 2015
Kanzlei des Jahres für Immobilien- und Baurecht

Bewertung: Die Kanzlei wird im Priv. Baurecht häufig empfohlen u. treibt die Schärfung ihres Profils weiter voran. So baute die Praxisgruppe, die auch ▶Immobilienrecht u. das ▶ÖPP umfasst, zuletzt ihre internat. Beratung erneut aus u. beriet Atlas Copco Energas zu einem Geothermieprojekt in der Türkei. Damit einher geht auch das weiter wachsende Engagement im Bereich internat. Anlagenbau. Hier konnte CMS etwa den span. Stromkonzern Iberdrola als Mandantin gewinnen, der in Dtl. einen Offshorewindpark plant. Neben der klass. baurechtl. Beratung hat die Kanzlei somit 2 weitere Schwerpunkte geschaffen, die im Markt für eine differenziertere Wahrnehmung einer der größten Praxisgruppen sorgen. Gepaart mit ihrer außergewöhnl. Personalstärke hat sich die Kanzlei für Großprojekte nachhaltig gut aufgestellt.

Stärken: Anlagenbau, Projektentwicklungen.

Häufig empfohlen: Andreas Roquette, Prof. Dr. Hartmut Hamann, Dr. Andreas Otto, Dr. Stefan Höß, Dr. Hermann Stapenhorst („meisterhaft", Mandant), zunehmend Dr. Nicolai Ritter („hohe fachliche Kompetenz, genau, zuverlässig", Mandant)

Kanzleitätigkeit: Umf. baubegl. Betreuung, auch Prozesse u. Schiedsverfahren. Schwerpunkt: Bauverträge für Großbauvorhaben (auch in gr. Umfang Anlagenbau, u.a. Windparks); gr. Zahl mittelständ. Dauermandanten, auch Architekten u. Planer. Erfahrung mit Hotels u. FOCs. Auch ▶Vergaberecht

● Referenzmandate, umschrieben
●● Referenzmandate, namentlich

Anwaltszahlen: Angaben der Kanzleien, wie viele Anwälte zu mind. ca. 50 % in diesem Gebiet tätig sind. Sie spiegeln nicht zwingend die Gesamtgröße einer Kanzlei wider.

IMMOBILIEN- UND BAURECHT — PRIVATES BAURECHT

u. ▶ÖPP. (33 Partner, 58 Associates im gesamten Fachbereich Real Estate & Public)

Mandate: ●● Albert Speer & Partner bei div. Verträgen im Nahen Osten; Flughafen BER bei internen Ermittlungen; Arge NEL baubegl. bei Pipelineprojekt; Atlas Copco Energas bei Durchsetzung von Vergütungsansprüchen bzgl. Geothermiekraftwerke; Drees & Sommer bei Planer- u. Projektsteuerungsverträgen zu Markteintritt im Nahen Osten; EnBW bei Anteilsverkauf an Offshorewindpark; GP Papenburg bei ÖPP-Projekt Stadion Zwickau; Iberdrola umf. bei Liefer- u. Installationsverträgen für geplanten Offshorewindpark.

FPS FRITZE WICKE SEELIG
Privates Baurecht ▢▢▢▢▢

Bewertung: Im Baurecht geschätzte Kanzlei, die zuletzt von der regen Tätigkeit langj. Mandanten wie DIC profitiere u. so eine ganze Reihe neuer Projektentwicklungen hinzugewann. Hier profitiert das Team zudem von der verbesserten Vernetzung mit den ▶Immobilienrechtlern sowie mit dem Öffentl. Recht (▶Umwelt- u. Planung). Im Frankfurter Markt ist FPS schon sehr lange eine feste Größe u. auch weiterhin in nahezu alle wichtigen Bau-Projekten involviert. Zuletzt gelang es der Praxis aber auch in anderen Städten wie HH u. München, neues Geschäft zu generieren u. die Präsenz allmählich auszuweiten, indem sie etwa mit einem Berliner Team zur Errichtung eines Freizeitparks in München berät. Auch intern spiegelt sich die positive Entwicklung: FPS ernannte 1 Voll- u. 2 Sal.-Partner u. verstärkte sich zudem auf Associate-Ebene.

Stärken: Projektentwicklungen; erfahrene Prozesspraxis.

Entwicklungsmöglichkeiten: Die Bemühungen, auch an anderen Standorten mehr Marktpräsenz zu erlangen, tragen allmählich Früchte. Einzig das D'dorfer Büro bleibt hinter der guten Gesamtentwicklung zurück. Hier ist es FPS bisher nicht gelungen, einen erfahrenen Partner zu positionieren, der sich um den Aufbau eines schlagkräftigen Teams kümmern kann. Das wäre aber dringend nötig, um im lokalen Markt neben so starken Wettbewerbern wie Kapellmann bestehen zu können.

Häufig empfohlen: Stephan Jüngst

Kanzleitätigkeit: Schwerpunkt: projektbegleitende Beratung, v.a. für Auftraggeber, Entwickler u. Investoren, Baubegleitung. Sanierung (gemeinsam mit Energierechtlern). Engagierte Prozesspraxis, enge Verzahnung mit dem Öffentl. Baurecht. (4 Eq.-Partner, 5 Sal.-Partner, 8 Associates, zzgl. Immobilienwirtschaftsrecht)

Mandate: ●● Merz Immobilien bei Projektentwicklung Mayfarth Quartier; Gsp Städtebau bei Entwicklung u. Bau von Wohnturm Tower2; regelm.: DIC bei Projektentwicklungen, Deka baubegl. bei Revitalisierungen; Freizeitparkbetreiber bei Errichtung von Freizeit- u. Themenpark in München; Wohnungsbauträger bei Wohnbauprojekt in Berlin.

GRAF VON WESTPHALEN
Privates Baurecht ▢▢▢▢▢

Bewertung: Der im Baurecht empfohlenen Kanzlei gelingt es immer besser, langjährige Mandanten wie z.B. einen Möbelhersteller u. einen Projektentwickler auch in andere Praxisgruppen überzuleiten. Nachdem sie die Beratung von Union Investment im Vorjahr auf mehrere Bauprojekte ausdehnen konnte, berät GvW diese Mandantin nun auch im Öffentl. Recht. Durch die enge Zusammenarbeit der beiden Teams u. die immobilienrechtl. Kompetenz positioniert sich die Kanzlei außerdem immer besser bei Projektentwicklungen. Hier sticht nach wie vor das D'dorfer Büro heraus, das an einer Reihe von städt. Wohnbauprojekten beteiligt ist. Aber auch in Berlin u. Ffm. berät GvW zu mehreren Vorhaben. Die beste Marktpräsenz hat aber weiterhin das Hamburger Team um Theissen.

Entwicklungsmöglichkeiten: Um an die Visibilität von HH heranzureichen, könnten sich die übrigen Büros noch stärker einzelnen Branchen widmen. Eine Möglichkeit böte der Gesundheitssektor, gerade weil der Bereich den Baurechtlern nicht fremd ist. Ein Blick auf die Mandate der Vergaberechtspraxis zeigt außerdem, dass hier noch jede Menge Potenzial für Verweisgeschäft schlummert.

Häufig empfohlen: Dr. Robert Theissen, Dr. Lorenz Czajka (auch für Bank- u. Finanzrecht), David Wende („sehr guter Anwalt", Wettbewerber; Immobilien)

Kanzleitätigkeit: Umf. Beratungsansatz. Projektbegleitung sowohl für Auftragnehmer als auch -geber. Ausgeprägte Prozesspraxis, hier insbes. Auftragnehmer. Zudem internat. Projekte, Miete, Transaktionen. Ergänzend: ▶Vergaberecht, in München Bau-Owi-/Strafrecht. ▶Umwelt u. Planung, ▶Beihilferecht, Finanzierung. (9 Eq.-Partner, 3 Sal.-Partner, 4 Associates, zzgl. Immobilienwirtschaftsrecht)

Mandate: ●● Arge TGA zu Universitätsklinikum Jena; H-Hotels bei Transaktionen; Prelios bei Projektentwicklung in D'dorf; Union Investment bei div. Projekten; Moritz-Gruppe bei ‚The Square", Hochtief in Prozessen; Grafenthal bei Joint Venture für Entwicklung eines Büro-, Geschäfts- u. Wohnquartiers in D'dorf; Credit Suisse zu Baumängeln; Henderson Real Estate bei Transaktionen u. Finanzierung; Strabag, DIWI Germany u. Emirates lfd. bei infrastrukturprojekten; regelm. R+S Stolze, u.a. zu Neubau Universität Lüneburg; regelm. Imtech, u.a. zu Flughafen BER; umf. Uniklinikum D'dorf; internat. Hotelgruppe bei Portfolioverkauf.

GSK STOCKMANN + KOLLEGEN
Privates Baurecht ▢▢▢▢▢

Bewertung: Die im Priv. Baurecht häufig empfohlene Praxis ist eng mit dem ▶Immobilienwirtschaftsrecht verknüpft u. berät neben dem klass. Baurecht überwiegend bei Projektentwicklungen. Zuletzt war sie erneut in zahlr. Wohnungsbauprojekte involviert. Dabei profitierte sie etwa in Berlin von der politisch gewünschten Wohnraumschaffung, wo sie landeseigene Wohngesellschaften berät. Zuletzt konnte sie aber auch einige neue Bauträger gewinnen. Zudem ist sie in Ffm. mit dem Henninger Turm in ein großes Wohnprojekt eingebunden, während sie in München eine Tochtergesellschaft der LBBW bei der Entwicklung eines großen Wohnungsbauvorhabens begleitet. Die Ernennung eines Partners, der sich auf Projektentwicklungen fokussiert, unterstreicht erneut die Bedeutung dieses Bereichs. Daneben berät GSK immer wieder auch bei Projekten im Energiebereich.

Häufig empfohlen: Prof. Dr. Oliver Moufang („höchst kompetent u. gute Einschätzung der Rechtsposition", Wettbewerber), Dr. Dirk Oldigs, Dr. Lorenz Claussen, Lars Bollensen („engagiert u. kollegial", Wettbewerber), Holger Lampe

Kanzleitätigkeit: Schwerpunkt: Auftraggeber bei Bau-, Architekten- u. Ingenieurverträgen, Projektentwickler u. Banken baubegleitend u. bei ▶Projektentwicklungen. Auch Auftragnehmer u. Prozesspraxis. Ergänzende Kompetenzen im ▶Umwelt- u. Planungsrecht sowie im Vergaberecht. (15 Eq.-Partner, 4 Sal.-Partner, inkl. Öffentl. Recht, zzgl. Immobilienwirtschaftsrecht)

Mandate: ●● Actris bei Projekt Henninger Turm; Deka-Bankkonzern umf. bei Brandschutzsanierung Hochhausgebäude im lfd. Betrieb; ARB Asset Management bei 2 Projektentwicklungen in Berlin; Property Team bei Forward-Deal eines Fachmarktzentrums; RE Investment Services bei JV zwecks Errichtung u. Betrieb eines Museums; Planpark Architekten bei Verträgen; Lang & Cie bei GU-Vertrag; lfd. Projektgesellschaft Columbiadamm 37-43 im Bau-, Architekten- u. Mietrecht, Howoge.

HEUKING KÜHN LÜER WOJTEK
Privates Baurecht ▢▢▢▢▢

Bewertung: Die Praxis wird im Baurecht geschätzt u. agiert an der Schnittstelle zum ▶Immobilienwirtschaftsrecht. Im klass. Baurecht konnte Heuking ihr Geschäft zuletzt deutl. ausweiten. So folgte aus der bereits lang andauernden Beratung zum JadeWeserPort die Mandatierung durch Nie-

---

Führende Senior-Partner im Privaten Baurecht

Prof. Dr. Klaus Englert	▶Topjus Kupferschmid Englert Pichl Grauvogl & Partner
Dr. Klaus Eschenbruch	▶Kapellmann und Partner
Prof. Dr. Kai-Uwe Hunger	▶Kapellmann und Partner
Prof. Dr. Jürgen Knacke	▶Kasper Knacke
Bernd Knipp	▶HFK Rechtsanwälte
Prof. Dr. Werner Langen	▶Kapellmann und Partner
Prof. Dr. Ralf Leinemann	▶Leinemann & Partner
Prof. Dr. Burkhard Messerschmidt	▶Redeker Sellner Dahs
Prof. Christian Niemöller	▶SMNG
Peter Michael Oppler	▶Böck Oppler Hering
Dr. Eckart Putzier	▶Putzier
Rainer Schilling	▶SMNG
Dr. Alfons Schulze-Hagen	▶Schulze-Hagen Horschitz Hauser
Prof. Thomas Thierau	▶Redeker Sellner Dahs

Die hier getroffene Auswahl der Personen ist das Ergebnis der auf zahlreichen Interviews basierenden Recherche der JUVE-Redaktion (siehe S. 20). Sie ist in 2erlei Hinsicht subjektiv: Sämtliche Aussagen der von JUVE-Redakteuren befragten Quellen sind subjektiv u. spiegeln eine eigene Wahrnehmungen, Erfahrungen u. Einschätzungen wider. Die Rechercheergebnisse werden von der JUVE-Redaktion unter Einbeziehung ihrer eigenen Marktkenntnisse analysiert u. zusammengefasst. Der JUVE Verlag beabsichtigt mit dieser Tabelle keine allgemein gültige oder objektiv nachprüfbare Bewertung. Es ist möglich, dass eine andere Recherchemethode zu anderen Ergebnissen führen würde.

dersachsen Ports. Gleichzeitig konnte die Kanzlei ihre Beratung im Bereich Infrastruktur weiter ausbauen: Neben den Flughäfen München u. Berlin berät sie nun etwa auch den Flughafen Leipzig/Halle bei der Erweiterung des DHL-Hub.

Entwicklungsmöglichkeiten: Nach der erfolgreichen Integration des Teams, das 2013 von Orrick kam, steht nun die Eingliederung 2er weiterer Immobilien- u. Baurechtspartner an, die durch den Wechsel des Stuttgarter GSK-Büros zu Heuking kamen. Gelingt dies, könnte die Teamvergrößerung der Praxis weiteren Aufwind verleihen.

Häufig empfohlen: Dr. Armin Frhr. von Grießenbeck, Dr. Stefan Osing, Dr. Karsten Kühne („ausgezeichnete Transaktionsbegleitung", Wettbewerber)

Kanzleitätigkeit: Umf. baurechtl. Beratung u. Projektentwicklung. Zudem Öffentl. Recht, Mietrecht, Prozesse, Transaktionen. Auch Schiedsrichtertätigkeit. Stark im ▶ Vergaberecht. (10 Eq.-Partner, 3 Sal.-Partner, 5 Associates, zzgl. Immobilienwirtschaftsrecht)

Mandate: ●● Lufthansa Cargo bei Bauvorhaben ‚LCCneo'; Flughafen Leipzig/Halle bei Erweiterung des DHL-Hub; Obermeyer Planen + Beraten bei 2 Verfahren im Zshg. mit Kölner Archiveinsturz; Züblin bei Geltendmachung von Nachtragsansprüchen beim Bau Emmerauentunnel; Fritz Meyer bei FOC-Neubau; Niedersachsen Ports bei Sanierung Nesselander Schleuse; Portigon bei baubegl. Umbau Innenministerium NRW; Höffner umf. baurechtl.; JadeWeserPort Realisierungsgesellschaft umf.; Haniel & Cie. wg. ‚Bröselstein'.

HFK RECHTSANWÄLTE
Privates Baurecht ◼◼◼◼◻◻

Bewertung: Die im Baurecht empfohlene Kanzlei berät seit vielen Jahren eine ganze Reihe von namh. Dauermandanten u. ist regelm. in Großprojekten vertreten. Diese Stabilität, die sie trotz personell weiterhin schwieriger Zeiten beibehält, finden auch Wettbewerber „bemerkenswert". Es gelang HFK sogar, ihren Mandantenkreis zu erweitern. Hier profitierte sie u.a. von der Akquisestärke des im Vorjahr von Wollmann & Partner zurückgekehrten Sprajcar, der eine Reihe neuer Mandanten auf Bauträger- u. Investorenseite gewann. Intern hat sich HFK nach einem weiteren turbulenten Jahr neu aufgestellt: Neue Vergütungsstrukturen, klar definierte Karriereschritte u. eine verbreiterte Gesellschafterebene (von 6 auf 11 Sozien) sollen die personelle Situation dauerhaft entspannen. In München kehrte mit Dr. Florian Schrammel ein weiterer Anwalt von Wollmann zu HFK zurück, der ebenso wie Sprajcar zum Jahresanfang Vollpartner wurde. Gleichzeitig ernannte die Kanzlei im Baurecht 2 Sal.-Partner, um den Mittelbau zu stärken. Ein Wermutstropfen bleibt: Mit Daniel Dullenkopf verliert ein ambitionierter Partner, der auch im Markt zunehmend an Profil gewann, zur Dt. Bahn.

Stärken: Auftraggeberberatung, hohe Spezialisierung, insbes. Architektenrecht.

Entwicklungsmöglichkeiten: Die neuen Strukturen waren dringend nötig. Doch die Kurskorrektur allein wird nicht reichen. Nun muss HFK zeigen, dass sie es mit dem Kulturwandel ernst meint u. die neuen Strukturen konsequent durchsetzen.

Häufig empfohlen: Bernd Knipp („Experte im Architektenrecht", Wettbewerber), Dr. Christian Nunn, Ernst Wilhelm („sehr guter Anwalt", Wettbewerber)

Kanzleitätigkeit: Priv. u. Öffentl. Baurecht, einschl. der Prozessvertretung, sowie ▶ Vergaberecht. Auch: Immobilientransaktionen, Miete, Projektentwicklung, u.a. ÖPP-Modelle, öffentl.-rechtl. Versorgungsträger u. Investoren bei Infrastrukturprojekten. Knipp auch als Schiedsrichter, Erfahrung mit Mediation. (7 Eq.-Partner, 8 Sal.-Partner, 13 Associates, inkl. Immobilienwirtschaftsrecht)

Mandate: ●● Fürst Developments bei Bau neues Stadtquartier Stuttgart; Höhenpark Stuttgart-Killesberg Wohnbau in Prozess; Dt. Bahn bei Stuttgart 21 (aus dem Markt bekannt); Alpine Bau (Insolvenzverwalter) in div. Prozessen; Bülow bei Skyline Stuttgart; Aug. Prien in Prozess; Grundstein bei div. Projekten; Cells bei Tiefgarage; Züblin regelm. bei Bauvorhaben; Reif im Nachtragsmanagement; Senatsverwaltung Berlin bei Machbarkeitsstudie ‚Klimaneutrales Berlin'; M+W regelm.; Berlinovo baurechtl. bei Fondsimmobilien; Projektgesellschaft bei Neubau von Studentenwohnungen; NH Projektstadt bei Bauvorhaben in Frankfurt.

KAPELLMANN UND PARTNER
Privates Baurecht ◼◼◼◼◼◼

Bewertung: Eine führende Kanzlei im Baurecht, die seit Jahren ihre Position an der Marktspitze behauptet. In ihrem Kernbereich, der projektbegleitenden Beratung von Großbauvorhaben, ist sie in allen relevanten Projekten vertreten. Doch darauf ruht sich die Kanzlei nicht aus. Vielmehr versteht sie es, sich Branchenschwerpunkte zu erarbeiten. Zuletzt gelang das etwa im Gesundheitssektor, wo Fuchs eine Reihe von Kliniken berät. Darüber hinaus zeichnet sich Kapellmann durch ein gutes Gespür für Trendthemen aus, wie z.B. Building Information Modeling (BIM). Das zeigt auch der Gewinn einer Ausschreibung des BMVerkehr für die wissenschaftl. Begleitung von 4 BIM-Pilotprojekten. Dieser frühzeitige Ansatz bei Zukunftsthemen ist nur möglich, weil Kapellmann bei der Erweiterung ihrer Kompetenzen in anderen Rechtsgebieten auch immer einen Blick auf die Anforderungen der Baubranche hat. So spielt die jüngste Verstärkung im IT-Recht auch der Baurechtspraxis beim Thema BIM in die Hände. Und wie nur wenige Wettbewerber hat sie die Notwendigkeit einer Zusammenarbeit mit Ingenieurbüros frühzeitig erkannt u. bereits vor Jahren eine eigene Gesellschaft gegründet. Diese Voraussicht zahlt sich in Zeiten, in denen Mandanten die Beratung aus einer Hand verstärkt nachfragen, aus, wie die Mandatierung für den Bau der neuen Stadtbahnlinie in Ffm. zeigt.

Führende Partner im Privaten Baurecht (bis 50 Jahre)

Dr. Christian Bönker	Kapellmann und Partner
Dr. Birgit Franz	Leinemann & Partner
Dr. Heiko Fuchs	Kapellmann und Partner
Dr. Thomas Hildebrandt	Leinemann & Partner
Ralf Kemper	KNH Rechtsanwälte
Holger Lampe	GSK Stockmann + Kollegen
Achim Meier	Luther
Prof. Dr. Oliver Moufang	GSK Stockmann + Kollegen
Dr. Andreas Otto	CMS Hasche Sigle
Dr. Robert Theissen	Graf von Westphalen
Dr. Olrik Vogel	Kraus Sienz & Partner
Markus Vogelheim	CBH Rechtsanwälte

Die hier getroffene Auswahl der Personen ist das Ergebnis der auf zahlreichen Interviews basierenden Recherche der JUVE-Redaktion (siehe S. 20). Sie ist in 2erlei Hinsicht subjektiv: Sämtliche Aussagen der von JUVE-Redakteuren befragten Quellen sind subjektiv u. spiegeln deren eigene Wahrnehmungen, Erfahrungen u. Einschätzungen wider. Die Rechercheergebnisse werden von der JUVE-Redaktion unter Einbeziehung ihrer eigenen Marktkenntnis analysiert u. zusammengefasst. Der JUVE Verlag beabsichtigt mit dieser Tabelle keine allgemein gültige oder objektiv nachprüfbare Bewertung. Es ist möglich, dass eine andere Recherchemethode zu anderen Ergebnissen führen würde.

Stärken: Projektorientierte Spezialisierung.

Entwicklungsmöglichkeiten: Kapellmann fasst im Asset-Management immer besser Fuß, im klass. Transaktionsgeschäft tut sie sich hingegen trotz interdisziplinärer Aufstellung u. Kompetenzerweiterung weiter schwer. Eine Chance, tiefer in den Markt vorzudringen, bieten allerdings die zurzeit sehr gefragten Forward-Deals. Hier ist Kapellmann durch ihr breites Know-how im Baurecht u. bei Projektentwicklungen hervorragend aufgestellt. Außerdem könnten so bisher kaum vorhandene Kontakte zu wichtigen Marktteilnehmern wie Investoren geknüpft werden, für die diese Deals aus Mangel an attraktiven Bestandsimmobilien immer interessanter werden.

Häufig empfohlen: Prof. Dr. Werner Langen, Dr. Klaus Eschenbruch, Prof. Dr. Kai-Uwe Hunger, Dr. Ewald Hansen, Dr. Maximilian Lederer, Dr. Christian Bönker („kompetente u. sachl. Auseinandersetzung", Wettbewerber), Dr. Heiko Fuchs („einer der besten jüngeren Baurechtler", „sehr kompetent, startet durch", „fachl. hervorragend u. kollegial", Wettbewerber), Dr. Ralf Steding, Dr. Reinhard Lethert, Prof. Dr. Martin Havers, Dr. Martin Jung („sehr guter Anwalt", Wettbewerber), Dr. Guido Schulz („überzeugende Beratung u. Vertretung von Mandanten", Wettbewerber), Dr. Jochen Markus („echt guter Jurist", Wettbewerber; Tunnelbau)

Kanzleitätigkeit: Gr. Erfahrung im Vertrags-, Architekten-, Ingenieurs-, ▶ Vergabe- u. Öffentl. Wirtschaftsrecht. Starke Projektorientierung für div. Arten von Großprojekten. Auch Schlichtung u. Mediation, Mietrecht, Grundstücksfragen. Baubezogenes Straf- u. Beihilferecht. Kanzleigründer Kapellmann agiert als Schiedsrichter. (36 Partner, 50 Associates)

Mandate: ●● Stadtwerke Verkehrsgesellschaft Ffm. zu Neubau Stadtbahnlinie U 5; BMVerkehr zu 4 BIM-Pilotprojekten; Gemeinde Inzell zu Max Aichner Arena; Baresel bei Erneuerung Bahntunnel; Flughafen München bei Teilneubauten; Arge Tunnel Feuerbach im Zshg. mit Beauftragung durch Dt. Bahn im Rahmen von Stuttgart 21; Arge Atcost 21 bei Stuttgart 21; Mfi bei Entwicklung ‚Überseequartier' HH; Arge Stadtbahntunnel Karlsruhe bei Neubau Tunnel; BER in div. Teilprojekten; Frankonia bei Andreasquartier; Klinikum Darmstadt bei Neubau; ANregiomed bei Neubau/Umbau Klinikum Ansbach; Koelnmesse in Prozess; Klinik Herford bei Sanierung u. Neubau; ThyssenKrupp bei Standortmodernisierung; RWE

IMMOBILIEN- UND BAURECHT PRIVATES BAURECHT

Innogy in Schiedsverf.; Südlicht sowie Wust Wind u. Sonne bei div. Windparkprojekten; Kölbl-Kruse-Gruppe bei Forward-Deal; Berlinovo lfd. im Asset-Management.

KNH RECHTSANWÄLTE
Privates Baurecht

Bewertung: Die im Baurecht geschätzte Kanzlei wächst weiter über ihren Berliner Stammsitz hinaus: In München eröffnete sie ein neues Büro mit einem 3-köpfigen Team von Wendler Tremml, das die Expertise auch um die Bereiche Verwaltungs- u. Europarecht sowie erneuerbare Energien vergrößert. Die fachl. Erweiterung könnte beim Einstieg in den umkämpften Münchner Markt – auch Leinemann eröffnete hier zuletzt – hilfreich sein. Das Berliner Team um Gründungspartner Kemper konnte zuletzt ein neues Mandat rund um einen hochvol. Hochhausneubau gewinnen, während die Frankfurter mit der Neumandatierung durch eine Klinik-Gruppe für einen Neubau einen beachtl. Erfolg erzielten. Das Büro in Essen agiert unterdessen weiterhin relativ unabhängig.

Häufig empfohlen: Ralf Kemper („sehr gut u. angenehm", Wettbewerber), Dr. Steffen Hochstadt, Volker Nitschke, Dr. Alexander Wronna

Kanzleitätigkeit: Baubegl. Beratung u. Projektentwicklung, auch Architektenrecht. Zudem Prozesse, Transaktionen, Vergabe, Öffentl. Recht, Mietrecht. (6 Eq.-Partner, 4 Sal.-Partner, 5 Associates, 1 of Counsel, zzgl. Immobilien- u. Öffentl. Recht)

Mandate: ● Klinik-Gruppe bei Neubau; internat. Großbank baubegl. bei Umbau u. Sanierung eines Berliner Hochhauses; Fachhochschule bei Neubau Hochschulcampus; Bauherr bei städtebaul. Entwicklungsmaßnahme; Baukonzern lfd. baubegl. u. bei Prozessen; süddt. Stadtwerk lfd. prozessual; Architektengesellschaft lfd. projektbegl.; Family Office bei Kauf Logistikimmobilie; Unternehmen bei Entwicklung von Hotels in Ffm. u. HH.

KRAUS SIENZ & PARTNER
Privates Baurecht

Bewertung: Die im Baurecht geschätzte Kanzlei ist dank ihres Renommees weit über die Grenzen von München hinaus bekannt. Wettbewerber loben die „herausragende Expertise" des Teams, das v.a. im süddt. Raum, aber auch bundesw. berät. Dabei kann sich die Kanzlei auf eine breite Basis an Dauermandanten stützen, zu der Auftraggeber ebenso gehören wie Auftragnehmer. Zudem sorgen auch einige Haftpflichtversicherer für kontinuierl. Geschäft. Der Tod des renommierten Namenspartners Kraus hat auf diese Entwicklung keine Auswirkungen, hatte der Senior seine Mandate doch schon vor längerer Zeit auf die jüngeren Partner übertragen. Mit dem Zugang eines erfahrenen Associates von Noerr, der die Nische Bauträgerrecht besetzt, sowie eines weiteren angestellten Anwalts von der Koblenzer Kanzlei Kues & Partner hat die traditionell partnerlastige Sozietät nun ihre nächste Generation aufgestellt.

Häufig empfohlen: Christian Sienz, Dr. Olrik Vogel („hoch qualifiziert, kollegial, sympathisch", Wettbewerber), Dr. Claus Schmitz („hoch qualifiziert", Wettbewerber)

Kanzleitätigkeit: Baubegleitung, bes. Spezialisierung im Sicherheitenrecht. Zudem Schiedsverfahren, ▶Vergaberecht. (4 Partner, 3 Associates, zzgl. Vergaberecht)

Mandate: ●● Regelm. Waagner-Biro, Stadtwerke München, Heberger Bau; div. Bauträger, teils im Zshg. mit Insolvenzszenarien; div. Haftpflichtversicherer u. Kommunen.

LEINEMANN & PARTNER
Privates Baurecht

NOMINIERT
JUVE Awards 2015
Kanzlei des Jahres für Immobilien- und Baurecht

Bewertung: Eine der führenden Kanzleien im Priv. Baurecht. Immer besser gelingt es ihr, ihren Mandantenstamm, der traditionell auftragnehmerlastig ist, um Industriemandanten zu erweitern. So gewann sie zuletzt ein namh. Chemieunternehmen, das sie beim Bau einer mrd-schweren Anlage begleitet. Auch bei großen Infrastrukturprojekten steht das Team um den renommierten Namenspartner, das auch bei Bauvergaben gut aufgestellt ist, immer häufiger an der Seite von öffentl. Auftraggebern. Dazu passt, dass die Kanzlei zunehmend auch im Immobilienwirtschaftsrecht tätig wird. Während sich der Wechsel eines Partners von Berlin nach Ffm. im vergangenen Jahr auszahlt – das Team konnte hier zahlr. neue Mandate gewinnen –, wechselte nun ein Berliner Partner nach München, um hier zusammen mit 2 Quereinsteigern von Tandler & Partner sowie Werner Freund & Partner ein neues Büro zu eröffnen. Damit besetzt L&P nun auch den süddt. Raum, der allerdings mit vielen kleineren lokalen Kanzleien bereits gut besetzt ist.

Stärken: Auftragnehmerberatung, v.a. Argen.

Häufig empfohlen: Prof. Dr. Ralf Leinemann, Dr. Birgit Franz, Dr. Marc Hilgers, Dr. Thomas Hildebrandt, Jochen Lüders, Oliver Schoofs („besonnener Schlichter, kompetent u. durchsetzungsstark", Wettbewerber), Sebastian Thomas

Kanzleitätigkeit: Überw. Auftragnehmerberatung, hier die wichtige Bau-Argen, Architekten u. gr. Mittelständler. Zunehmend Auftraggeberseite, auch öffentl. Hand. Wesentlich zudem Prozesse (v.a. in Berlin), ▶Vergaberecht, Privatisierungen u. Öffentl. Baurecht, Mietrecht. Spezielle Erfahrung im Verkehrswegebau. (20 Eq.-Partner, 8 Sal.-Partner, 2 Counsel, 53 Associates, inkl. Immobilienwirtschaftsrecht)

Mandate: ●● Bilfinger bei Klimawindkanal Sindelfingen; Schälerbau Berlin baubegl. bei Stuttgart 21; Rafael Moneo bei Architektenverträgen zu Neubau Schinkelplatz; Arge Rohbau bei Neubau Sport- u. Freizeitbad; Mango Dtl. bei Umbaumaßnahmen; Feldhaus Montage- u. Tiefbau bei Eisenbahnneubaustrecke Nürnberg-Ebensfeld; ww. agierender Baukonzern zu Kartellrecht u. Compliance; Chemieunternehmen bei Anlagenbau; Auftraggeber baubegl. u. bei Geltendmachung von Mängelansprüchen; Energieunternehmen bei Kraftwerkturbinenschaden; div. Unternehmen zu Flughafen BER (öffentl. bekannt).

LUTHER
Privates Baurecht

Bewertung: Die Praxis um Achim Meier wird im Baurecht häufig empfohlen. Erneut gelang es Luther weitere Marktanteile im Gesundheitssektor zu erobern, indem sie Beziehungen zu Bestandsmandanten wie dem Klinikum Arnsberg vertiefte u. neue Mandanten hinzugewann. Hier hat sich auch der Vorjahreszugang von of Counsel Rubin ausgezahlt, der erfahren im Bereich Klinikbau ist. Hinzu kommt, dass etwa Klinikbetreiber, die bisher im Arbeits- u. Gesellschaftsrecht auf die Kanzlei setzen, nun auch die Baurechtler bei Neubau- oder Umbaumaßnahmen mandatieren. Parallel treibt Luther ihre beratende Arbeit im Anlagenbau voran, wo die Kanzlei bisher v.a. in Prozessen tätig war. Ein Erfolg ist dabei der Sprung auf die Beraterliste von E.on. Traditionell stark ist Luther bei Projektentwicklungen, wo sie ihre enge Anbindung an die Immobilienpraxis etwa bei Grundstücks- oder Projektverkäufen ausspielen kann.

Häufig empfohlen: Achim Meier, Jutta Wittler

Kanzleitätigkeit: Breite Aufstellung, inkl. ▶Beihilfe, ▶Umwelt u. Planung, ▶Vergaberecht, vielfach ÖPP, an der Schnittstelle zum Immobilienwirtschaftsrecht. Tendenziell eher Auftraggeberberatung; Anlagenbau, Schiedsverfahren. (7 Partner, 15 Associates, 1 of Counsel, zzgl. Immobilienwirtschafts- u. Öffentl. Recht)

Mandate: ●● E.on regelm. im Baurecht; Reinhard-Nieter-Krankenhaus bei Klinikneubau; Bauwens bei Errichtung EKZ; Uniklinik Münster bei Sanierung der Bettentürme; Messe Essen bei Neubau Messegelände; Klinikum Arnsberg, u.a. bei Sanierung u. Erweiterung von 3 Standorten; BMBF bei Neubau Hauptsitz; Bunge Dtl. bei Neubau von Produktionsanlage; Uniklinik Essen zu Neubau von multidisziplinärem Klinikgebäude; Uniklinik bei Neubau Verwaltung; Uni Mainz baubegl.; Danone bei Vorhaben in Fulda; Stadt Bad Mergentheim bei Bäderprojekt; GAG Immobilien als ausgelagerte Rechtsabteilung; Wohnungsbaugesellschaft bei Firmensitzerrichtung; Stahlkonstrukteur in internat. DIS-Schiedsverf. wg. Offshorewindpark.

LUTZ ABEL
Privates Baurecht

Bewertung: Das im Priv. Baurecht geschätzte Team um Dr. Wolfgang Abel, das Wettbewerber als „hoch qualifiziert" loben, berät breit aufgestellt u. ist im süddt. Raum fest verankert. So zählt es inzw. zahlr. Münchner Bauträger zu seinen Mandanten. Zuletzt konnte die Kanzlei etwa HI Wohnbau sowie das Bayr. Rote Kreuz von sich überzeugen. Doch nicht nur in München, auch in HH etablieren sich die Baurechtler der Kanzlei zunehmend, auch im Immobilienrecht. So begleiten sie die Stammmandantin Stadt Hamburg beim Kauf des Axel-Springer-Verlagsgebäudes. Regelm. arbeiten die beiden Standorte Hand in Hand, so auch bei der Beratung einiger neu gewonnener ÖPP-Projekte, bei denen LA traditionell stark ist. Mit dem Gewinn eines neuen Bahnprojekts unterstrich das Team zudem erneut seine Expertise für Auftragnehmer, die zum Teil im Stuttgarter Büro betreut werden. Mit nur einem Sal.-Partner bleibt dieses aber weiterhin klein u. damit wenig visibel. (4 Eq.-Partner, 5 Sal.-Partner, 8 Associates)

Stärken: ÖPP-Projekte.

Kanzleitätigkeit: Baubegleitung für Auftraggeber u. -nehmer, besonders häufig im Bereich Bahnprojekte. ÖPP, Projektentwicklung, Prozesse. Auch Immobilienwirtschaftsrecht, inkl. Transaktionen. Zudem Vergaberecht.

Mandate: ●● Bau-Bietergesellschaft-A-94 bei Projektverträgen; Arge A 7 Hamburg-Bordesholm, Arge Tunnel Cannstatt, Arge Tunnel Silberberg, Investa, Wöhr + Bauer baubegl.; Bilfinger Hochbau bei Abwehr von Mängelansprüchen; Stadt Hamburg bei Kauf des Axel-Springer-Verlagsgebäudes; HI Wohnbau bei div. Bauträgerobjekten; lfd.: BAM, Ed. Züblin, Baresel, Lindner Group;

PRIVATES BAURECHT IMMOBILIEN- UND BAURECHT

REDEKER SELLNER DAHS
Privates Baurecht ■□□□□

Bewertung: Die Kanzlei zählt im Baurecht zu den führenden Einheiten, weil sie seit Jahren regelm. an zahlr. wichtigen Projekten beteiligt ist u. ihre Partner im Markt einen exzellenten Ruf genießen. Hohe Kompetenz hat sie bei Projektentwicklungen. Hier profitiert die Baurechtspraxis einerseits von ihrer Stärke u. engen Anbindung an das Öffentl. Recht u. kann andererseits auch die immobilienrechtl. Kompetenz, etwa bei Grundstückskäufen, einbringen. Gut entwickelt sich auch der Spezialbereich Anlagen- u. Kraftwerksbau, wo Redeker erneut ein Mrd-Projekt gewann. Die Beratung in diesem Sektor hat Senior-Partner Messerschmidt etabliert, allerdings zeigen auch jüngere Anwälte dort zunehmend Profil. Diesem Umstand trägt die Kanzlei auch intern Rechnung u. ernannte Hummel zum Partner. Ein weiterer Neupartner, der gleichzeitig Notar ist, hat seinen Schwerpunkt im Immobilienrecht. Der renommierte Thierau treibt neben der klass. baubegl. Beratung sein Engagement in Schieds- u. Schlichtungsverfahren weiter voran, wo er zuletzt v.a. mit Auseinandersetzungen von Argen befasst war.

Stärken: Enge Verzahnung mit dem Öffentl. Wirtschaftsrecht; umfangr. Erfahrung mit Schiedsverfahren.

Häufig empfohlen: Prof. Dr. Burkhard Messerschmidt („hervorragender Baurechtler", „sehr angenehm", Wettbewerber), Prof. Thomas Thierau („schlauer Kopf", „als Schiedsrichter sehr geschätzt", Wettbewerber), Dr. Thomas Stickler, Ulrich Birnkraut, Philipp Hummel („aufstrebender junger Anwalt", „fachlich sehr gut", Wettbewerber)

Kanzleitätigkeit: Schwerpunkt: Projektentwicklungen insbes. für die öffentl. Hand, u.a. Bundesbehörden, auch an der Schnittstelle zum Immobilienwirtschaftsrecht. ▶Vergaberecht. Erfahrung mit Hotelbauten, Flughafenprojekten im Ausland u. gr. Sportstätten. Zudem: Projektfinanzierung, Anlagenbau. (8 Partner, 5 Associates, zzgl. Öffentl. u. Vergaberecht)

Mandate: ●● Hirmer Unternehmensgruppe bei Entwicklung von Hotelprojekt; Aurelis zu Umnutzung Hauptgüterbahnhof Hannover; ECE zu Wohnungsprojekt ‚Mitte-Altona' in Hamburg; IVG umf. baubegl. u. prozessual zu ‚The Squaire'; Bund bei ‚Neues Schiffshebewerk Niederfinow'; niederl. Energiekonzern baubegl. u. prozessual bei Kraftwerksneubauprojekt; internat. Konsortium bei Errichtung Offshorewindanlagen; Planer bei Neubau Hauptverwaltung BASF; Generalplaner bei Sanierung Leverkusener Brücke auf A 1; Projektentwickler bei Klinikneubau in Südtl.; 2 Energiekonzerne bei Kraftwerksneubau; internat. Anlagenbauer baubegl. bei Großölpresserei u. Schiedsverfahren; Baukonzern bei div. Klage- u. Schiedsverfahren; internat. Projektentwickler bei Kauf u. Entwicklung Neubau von Konzernzentrale.

SMNG
Privates Baurecht ■□□□□

Bewertung: Die Kanzlei ist im Baurecht eine der führenden, kann sie sich doch auf eine breite Basis an Dauermandanten stützen, die häufig die „herausragende Kompetenz" ihrer Berater loben. Bemerkenswert ist, dass SMNG bundesw. bei großen u. namh. Projektentwicklungen sowie regelm. auch bei Immobilientransaktionen berät, obwohl sie sich bislang nur auf einen Standort in Ffm. stützte. Diese Strategie hat sie nun aufgegeben: Mit der Rückkehr des Sal.-Partners Dr. Andreas Schmidt eröffnete sie in Köln im Frühjahr 2015 ihr 2. Büro. Die Expansion könnte sich lohnen, um die lokale Nähe für die Mandantengewinnung zu nutzen. Dass die Kanzlei an ihrer traditionellen Aufstellung rüttelt, passt auch zu ihrem Bemühen, eine jüngere Partnerriege im Markt zu positionieren. Bislang sind es aber immer noch v.a. die Namenspartner, die im Markt visibel sind.

Stärken: Hoher Spezialisierungsgrad, starkes architektenrechtl. Dezernat.

Häufig empfohlen: Rainer Schilling („herausragende Kompetenz u. Leistung", Mandant), Prof. Christian Niemöller („immer angenehm u. gut", Wettbewerber), Klaus Höflich („einfach richtig gut", Mandant), Alexander Dietrich („super", Mandant), Kay Wolter, Klaus-Peter Radermacher, Helwig Haase, Klaus Heinlein (beide Architektenrecht), Rafael Kurz

Kanzleitätigkeit: Baubegleitung für Auftraggeber wie -nehmer u. für Insolvenzverwalter; Mediation, u.a. außergerichtl. Streitbeilegung. Zudem Vergaberecht, branchenspezif. Arbeitsrecht. Forensik, auch Verbandsklagen. Für institutionelle Anleger Ankaufsprüfungen. Beratung von Architekten u. Ingenieuren, insbes. Probleme außerhalb der HOAI. Immobilientransaktionen/Due Diligences. (12 Eq.-Partner, 9 Sal.-Partner, 20 Associates)

Mandate: ● Investor bei Entwicklung von exkl. Wohn- u. Gewerbeflächen in Berlin; div. Landkreise u. Städte bei Großbauvorhaben; Planungsgemeinschaft gg. Dt. Bahn bei Projekt ‚Deutsche Einheit'; Auftraggeber bei Prüf- u. Brandschutzzentrum für Bauelemente; dt. Großbank bei Verkauf Büroimmobilien; internat. Investor bei Hotelentwicklung; Ingenieurgesellschaften zu Hbf-Umbau u. Flughafen BER; Bewerbergesellschaften bei ÖPP-Projekten; Bau-Argen prozessual im Zshg. mit Gebäudebau für Militärstreitkräfte; lfd. div. Verbände.

Weitere renommierte Kanzleien für Privates Baurecht

NORDEN
AGS Acker Görling Schmalz	Hamburg
Ahlers & Vogel	Bremen, Hamburg, Rostock
Bornheim und Partner	Hamburg
Ganten Hünecke Bieniek & Partner	Bremen
Rembert	Hamburg
Zenk	Hamburg

OSTEN UND BERLIN
AGS Acker Görling Schmalz	Berlin
Arnecke Sibeth Siebold	Berlin
Börgers	Berlin, Frankfurt/Oder, Dresden
Bornheim und Partner	Berlin
Busse & Miessen	Leipzig
Hecker Werner Himmelreich	Leipzig
Jakoby	Berlin
Maas	Leipzig
Müller-Wrede & Partner	Berlin
Pietschmann	Berlin
Putzier	Berlin

Stassen	Berlin
TSP Theißen Stollhoff & Partner	Berlin
Wagensonner	Berlin
Zenk	Berlin
Zirngibl Langwieser	Berlin

WESTEN
Bornheim und Partner	Düsseldorf
Busse & Miessen	Bonn
Hecker Werner Himmelreich	Köln, Düsseldorf
Heinemann & Partner	Essen
Loschelder	Köln
Orth Kluth	Düsseldorf

FRANKFURT
AGS Acker Görling Schmalz	Frankfurt
Arnecke Sibeth Siebold	Frankfurt
Bornheim und Partner	Frankfurt
MEK	Frankfurt

SÜDWESTEN
Bornheim und Partner	Heidelberg
Hecker Werner Himmelreich	Stuttgart
Kasper Knacke	Stuttgart
Schulze-Hagen Horschitz Hauser	Mannheim

SÜDEN
Arnecke Sibeth Siebold	München
Horsch Oberhauser	München
MEK	München
Oppler Hering	München
Rembert	München
Wagensonner	München
Zirngibl Langwieser	München

AGS ACKER GÖRLING SCHMALZ
Bewertung: Die Bau- u. Immobilienrechtspraxis um Wendelin Acker hat sich im vergangenen Jahr mit mehreren angesehenen Quereinsteigern verstärkt. In HH eröffnete ein 3-köpfiges Team von HFK das insges. 3. Büro für AGS. Es ist erfahren in großen Bau- u. Infrastrukturprojekten u. berät z.B. den Auftraggeber der Elbphilharmonie. In Ffm. schloss sich unterdessen der Gründungspartner der Boutique Lotz & Partner, Burkard Lotz („sehr gut", Wettbewerber), zusammen mit einem Associate der Kanzlei an. Er ist auf internat. Baurecht spezialisiert u. ergänzt mit seinem Engagement im Bereich Schiedsgerichtsbarkeit optimal den prozessualen Schwerpunkt von AGS. Beraten wird in

---

● Referenzmandate, umschrieben
●● Referenzmandate, namentlich

IMMOBILIEN- UND BAURECHT PRIVATES BAURECHT

allen Fragen des Priv. Baurechts inkl. Projektentwicklungen u. Anlagenbau sowie bei Transaktionen. Acker agiert zudem an der Schnittstelle zu Compliance. (8 Partner, 3 Associates)

Mandate: ●● ReGe Hamburg Projektrealisierungsgesellschaft bei Elbphilharmonie; Conergy bei Geltendmachung von Gewährleistungsansprüchen; DB Station&Service bei Bahnhof Siegburg/Bonn prozessual; Generaldirektion Wasserstraßen u. Schifffahrt Außenstelle Nord bei Eisenbahnhochbrücke Hochdonn; Hersteller u. Installateur von Offshorekabeln baubegl. bei div. Offshorewindparkprojekten; Imetas Property Services bei städtebaul. Projekt; Überseequartier Beteiligungs GmbH bzgl. Überseequartier Nord; Universitätsklinikum HH-Eppendorf bei Errichtung Blockheizkraftwerk.

AHLERS & VOGEL

Bewertung: Die Baurechtspraxis ist traditionell stark in ▶Bremen u. konnte zuletzt auch ihre Präsenz in HH weiter ausbauen. Hier steht sie v.a. an der Seite von öffentl. Auftraggebern, aber auch Auftragnehmern, u. berät Letztere immer häufiger auch an der Schnittstelle zum Vergaberecht, was zuvor ausschl. in Bremen geleistet wurde. Das Bremer Team um den erfahrenen Dr. Jan van Dyk („sehr gut u. sehr angenehm", Wettbewerber) profitiert stark von Kathrin Heerdt, die 2013 von Schultze & Braun kam; Wettbewerber bemerkten, die Sal.-Partnerin sei im Markt „sehr gut eingeschlagen". Unterdessen verabschiedeten sich mit Wolfgang Dierks u. Heiko Gottwald 2 erfahrene Baurechtler in den Ruhestand. (6 Partner, 5 Associates)

Mandate: ●● Arge JadeWeserPort bei Abwehr von Schadensersatzansprüchen (aus dem Markt bekannt); bundesweit tätiges Stahlbauunternehmen baubegl.; börsennot. Immobilieninvestor bei div. Projekten v.a. im Rheinland; div. öffentl. Auftraggeber bei Infrastrukturprojekten.

ARNECKE SIBETH SIEBOLD

Bewertung: Durch die Fusion von Sibeth u. Arnecke Siebold ist ein Baurechts- u. Immobilienteam entstanden, das über eine beachtl. Personalstärke sowohl in München als auch in Ffm. verfügt. Der Rundumberatungsansatz von Sibeth, die v.a. im Münchner Markt mit der Beratung großer Bauvorhaben eine etablierte Größe ist, paart sich nun mit der Immobilienexpertise von Arnecke Siebold in Ffm. u. Berlin, wo die Partner regelm. auch bei internat. Transaktionen beraten. Die Fusion kann also beiden Kanzleien helfen, ihr Spektrum zu erweitern. Ihre Stärke bei Projektentwicklungen könnte Arnecke Siebold nun auch in Berlin ausspielen, wo zurzeit der Wohnungsbau floriert. Auf internat. Ebene profitierte Sibeth zuletzt zunehmend von ihrem wachsenden Netzwerk u. Arnecke Siebold war ohnehin bereits stärker als andere mittelstand. Kanzleien internat. tätig. Beraten wird auch im ▶Vergaberecht. (19 Eq.-Partner, 3 Sal.-Partner, 16 Associates, 2 of Counsel, inkl. Immobilienrecht)

Mandate: ●● Accumulata Immobilien bei Projekt ‚Am Südpark'; Bavaria Towers Projekt bei ‚Bavaria Towers, Blue Tower u. White Tower'; Land Hessen bei Abwehr Werklohnanspruch prozessual; Siemens bei Claim-Management-Auslandsprojekt; Versicherungskammer Bayern bei Transaktionen; KGAL bei Erwerb Fachmarktzentrum Erding; Dt. Versicherungskonzern bei mietrechtl. Prozessen; Jost Hurler bei Projektfinanzierung; Münchner Bank bei Restrukturierung der Finanzierung Wohnungsbauprojekt; kanad. Immobilienfonds bei Verf. um Optionsrechte.

BÖRGERS

Bewertung: Die Boutique um Namenspartner Börgers („sehr gut", Wettbewerber) konnte zuletzt im Bereich internat. Baurecht weiter kräftig wachsen, sowohl mit neuen als auch bestehenden Mandanten. Dafür sorgte nicht zuletzt der Zugang eines erfahrenen Associates, der 2013 von Breyer kam. So berät die Kanzlei etwa ein Bundesamt bei einem Bauvorhaben in Irland. Positiv entwickelte sich auch der Kernbereich der Kanzlei, das Architekten- u. Ingenieursrecht, sowohl in der Beratung als auch bei Prozessen, ebenso wie das Priv. Baurecht. Mietrecht u. Vergaberecht runden das Profil der Kanzlei ab. (7 Partner, 4 Associates)

Mandate: ● Bundesamt zu Bauvorhaben in Irland; Bundesbehörden bei Auslandsprojekten; Ingenieurbüro bei Metro-Projekt in Saudi-Arabien; span. Investor bei Hotelneubau; Fassadenbauunternehmen bei Flughafenneubau; Planergemeinschaft bei ÖPP-Projekt Bundesautobahn; Planer bei Universitätsneubauten in Berlin u. Ffm.; Planer bei Sanierung Großstadtbahnhof.

BORNHEIM UND PARTNER

Bewertung: Auf Projektentwicklungen spezialisierte Heidelberger Praxis, die bei lokalen Großbauvorhaben zu den Stammberatern gehört. Die Arbeit ist geprägt durch langj. Beziehungen zu treuen Mandanten wie der Royal BAM Dtl. für die Namenspartner Dr. Helmerich Bornheim zuletzt beim ‚Haus der Zukunft' in Berlin tätig war. Allerdings ist diese Verbindung die einzige, die die Kanzlei bundesw. in Erscheinung treten lässt. So konzentriert sich die Marktwahrnehmung sehr auf das Heidelberger Team um den Namenspartner. (9 Partner, 19 Associates)

Mandate: ●● Regelm. Royal BAM Dtl., u.a. bei ‚Haus der Zukunft' in Berlin; Baukonsortium bei Renaturierung der Emscher; Fußballverein bei Stadionumbau; Projektentwickler, u.a. bei neuem Stadtviertel in Heidelberg (öffentl. bekannt).

BUSSE & MIESSEN

Bewertung: Die Kanzlei ist v.a. im ▶Rheinland aktiv, wo sie die öffentl. Hand in allen Fragen des Priv. Baurechts u. Prozessen ebenso berät wie größere Entwickler, Bauunternehmen u. Architekten. Das Team, das immer häufiger auch kleine Immobilientransaktionen begleitet, verstärkte sich zuletzt mit Christian Huhn von der Bonner Kanzlei Eimer Heuschmid Mehle. Zudem profitierte B&M von der wachsenden Verzahnung ihrer Praxisgruppen. So sorgte der Zugang eines Medizinrechtlers dafür, dass die Baurechtler gemeinsam mit Klinikbetreiber u. Krankenhausträger bei Neu- u. Umbauten beraten. Für die Bereiche Franchise- u. Baurecht zeichnet sich eine ähnliche Entwicklung ab. Nach dem Abgang 2er Associates zählt das Team nur noch Partner, mittelfristig soll der Unterbau aber wieder aufgebaut werden. (11 Partner)

Mandate: ●● Wasser- u. Schifffahrtsverwaltung des Bundes bei Streit um Nachtragsforderung; lfd.: Esch Wohnbau, MAG, Architekturbüro Schommer, Artos, Wierig, Stadt Niederkassel, Stadt Hennef; priv. Klinikbetreiber bei Neubau; Projektentwickler bei div. Wohnungsbauvorhaben.

GANTEN HÜNECKE BIENIEK & PARTNER

Bewertung: Das Team um Dr. Martin Vogelsang ist v.a. in Nordwestdtl. stark aufgestellt. Hier berät es zahlr. Auftraggeber der öffentl. Hand, aber auch Bauunternehmen sowie Investoren – Letztere immer wieder auch bei kleinen Immobilientransaktionen u. anderen immobilienrechtl. Fragestellungen. 2 Partnerernennungen unterstreichen erneut, dass sich die Kanzlei auf den schrittweisen Rückzug von Prof. Dr. Hans Ganten gut vorbereitet. (6 Partner, 2 Associates)

Mandate: ●● Europ. Hansemuseum Lübeck baubegl.; öffentl. Hafenges. bei Großschaden an Schleuse; Landesbank bei Neubau; Planungsgemeinschaft in Prozess zu Haftungsfragen; Investor bei Auseinandersetzung mit GU; Bauunternehmen bei Neugestaltung u. -strukturierung des Vertragswesens; Projektentwickler bei Verkauf einer Gesundheitsimmobilie; Projektentwickler bei Neustrukturierung der Finanzierung eines Immobilienengagements.

HECKER WERNER HIMMELREICH

Bewertung: Die Kanzlei ist im ▶Kölner Markt fest etabliert. Sie berät bei nahezu allen wichtigen städt. Projekten wie z.B. dem Neubau der Oper u. hat einen treuen Mandantenstamm in der Region. Intensiviert hat das Team sein Engagement im Immobilienwirtschaftsrecht, wo es einen frz. Immobilieninvestor mittlerw. regelm. bei Transaktionen berät. Zu den visibelsten Köpfen im Markt zählt Frank Siegburg, der insbes. für seine Kompetenz im Architektenrecht anerkannt ist u. zuletzt gleich mehrere Architekturbüros als Neumandanten gewann. In Berlin bleibt das Team mit nur einem Partner, der im Vorjahr aus Leipzig wechselte, klein u. wird wohl auch deshalb im Markt kaum wahrgenommen. (10 Eq.-Partner, 2 Sal.-Partner, 6 Associates)

Mandate: ●● Architekturbüro Paul Böhm bei Kölner Moscheebau (aus dem Markt bekannt); Universität Köln lfd. baubegl.; Bauträger bei Neubau Opernhaus Köln; Architekt bei Umbau Verwaltungsgebäude in Hotel- u. Bürokomplex; Architekt bei Neubau in Münster; bundesw. tätiges Haustechnikunternehmen im Bauvertragsrecht; Ingenieur bei Einsturz Kölner Stadtarchiv; öffentl. Auftraggeber mietrechtl.; Bauherren u. Architekten bei Musterverträgen wg. Novellierung HOAI; großes Ingenieurbüro prozessual.

HEINEMANN & PARTNER

Bewertung: Die traditionsreiche Essener Praxis um Jörn Bröker steht v.a. für die Beratung von Ingenieur- u. Architekturbüros, insbes. zu Honorarfragen. Parallel berät die Einheit außerdem eine Reihe langj. Dauermandanten in der klass. Baubegleitung, teils bei großen Vorhaben. Aber auch Prozesse spielen eine Rolle. (3 Partner, 1 Associate)

Mandate: ●● Stadtwerke Essen baubegl. bei versch. Projekten; Landesbetrieb Straßenbau NRW lfd.; GVE bei Mängelbeseitigung am Neubau Stadion Essen; irischer Investor baubegl.; mittelständ. Bauträger gerichtl. u. bei Abwicklung mehrerer Bauvorhaben; Ruhrgebietskommune prozessual; div. Ingenieur- u. Architekturbüros, u.a. im Forderungs- u. Nachtragsmanagement.

PRIVATES BAURECHT IMMOBILIEN- UND BAURECHT

HORSCH OBERHAUSER
Bewertung: Die Baurechtsboutique um Rainer Horsch u. Dr. Iris Oberhauser („DIE Baurechtlerin in München", Wettbewerber) genießt v.a. im südtdt. Raum einen hervorragenden Ruf. Dabei berät das kleine Team neben seiner Stammmandantschaft auf Auftragnehmerseite inzw. auch eine beachtl. Zahl an Investoren, zu denen klass. Bauträger ebenso gehören wie vermögende Privatpersonen. Im Fokus stehen große Projektentwicklungen, wo HO auch an der Schnittstelle zum Immobilienwirtschaftsrecht agiert. (2 Eq.-Partner, 1 Sal.-Partner, 1 Associate)
Mandate: Keine Nennungen.

JAKOBY
Bewertung: Die kleine Kanzlei aus Berlin um Namenspartner Dr. Markus Jakoby arbeitet kontinuierlich an der Erweiterung ihres Mandantenstamms. Neben 2 Bauunternehmen, die die klass. baubegleitende Beratung abfragen, kommen auch regelm. Mandanten im Mietrecht hinzu. Über das internat. Netzwerk Legalink betreut sie außerdem zunehmend Fälle mit internat. Bezügen. Im Immobilienrecht beschäftigten Jakoby zuletzt eine Reihe kleinerer Transaktionen. Gefragt ist sie hier v.a. aufgrund ihres angesehenen Notariats. (2 Partner, 3 Associates)
Mandate: ●● Kondor Wessels Bouw bei Wohnbauprojekt; Eosattol zu Bauvertrag u. in Prozess; Piffl Medien u. Wolf Kino im Gewerbl. Mietrecht; Mapas E Paises Investimentos notariell; Dragenopharm bei div. Objekten; Möckernkiez regelm., u.a. bei Bankverhandlungen; Edelstein Grundstücksges. in Auseinandersetzung wg. Architektenhaftung; regelm. Frizz20, Hausplus, Groth; NorthWest Value, Stahlunternehmen notariell.

KASPER KNACKE
Bewertung: Entsprechend der Ausrichtung der Gesamtkanzlei ist auch die Baurechtspraxis der ▶Stuttgarter Einheit stark prozessual geprägt. Hier ist KK v.a. auf Auftragnehmerseite tätig. In der klass. Baubegleitung, wo sie auch auf Auftraggeberseite agiert, bindet nach wie vor das Großprojekt Stuttgart 21 für die Dt. Bahn einen Großteil der Kapazitäten. Obwohl das Arbeitsaufkommen Jahr für Jahr durch Neumandanten steigt, bleibt die Kanzlei ihrem partnerfokussierten Beratungsansatz treu u. hält die Associate-Ebene schmal. (5 Partner, 2 Associates, 1 of Counsel)
Mandate: ●● Dt. Bahn bei Stuttgart 21 (öffentl. bekannt).

LOSCHELDER
Bewertung: Die ▶Kölner Kanzlei gehört im lokalen Markt längst zu den festen Größen. Das zeigen nicht nur öffentlichkeitswirksame Projekte wie der Moscheeneubau u. die Aufarbeitung des Stadtarchiveinsturzes, sondern auch die stabilen Beziehungen zu in der Region ansässigen Unternehmen. Aber auch über die Grenzen von NRW hinaus gewinnt Loschelder allmählich an Visibilität. Waren es bisher v.a. Spezialthemen, für die die Kanzlei vereinzelt auch bundesweit mandatiert wurde, berät sie in ganz Dtl. nun zunehmend bei klass. Bauvorhaben. Ein weiterer Entwicklungsschritt wäre der Ausbau der Zusammenarbeit mit den Immobilienrechtlern. Die funktioniert zwar schon, in puncto Synergien hat die Kanzlei ihr Potenzial aber noch nicht voll ausgeschöpft. Dr. Walter Klein wird für seine Prozessstärke gelobt. „Äußerst kompetent u. sehr souverän" finden Wettbewerber zudem Dr. Jürgen Lauer. (4 Partner, 3 Associates, zzgl. Immobilienwirtschaftsrecht)
Mandate: ●● Club L94 bei Honorarforderungen für Bischofssitz Limburg; in Prozessen: MedZech Ingenieure, Micon-Gruppe, Neucol; SMV Projektsteuerung zu Bauvorhaben Hackescher Markt, Berlin; Nkt Cables in Prozess gg. GU; Hochtief, u.a. bei 4Elements u. MaxCologne; Vanderlande bei Gepäckförderung BER; Zurich wg. Haftpflichtansprüchen bei Großbauvorhaben; Bayr. Versicherungskammer wg. Bürgschaften; Danpower bei Biogaspark Altmark; Held & Partner wg. Uniklinik Essen; Arge Nord-Süd-Bahn umf.; lfd.: Flughafen Köln/Bonn, Hahn-Gruppe, Bauwens, Kölner Zoo.

MAAS
Bewertung: Arndt Maas ist v.a. im Raum Leipzig aktiv u. hier bei zahlr. mittelständ. Unternehmen fest verankert. Er berät sowohl Auftragnehmer als auch -geber in allen Fragen des Priv. Baurechts sowie bei Prozessen. Zuletzt gewann Maas u.a. die Leipziger Projektgesellschaft Ad Fontes Musica als neue Mandantin, die er bei der Realisierung eines mio-schweren städtebaul. Projekts begleitet. (1 Partner)
Mandate: ●● Ad Fontes Musica Projektgesellschaft bei städtebaul. Projekt; Stadt Gera bei div. Projekten; GWG Wohnungsgesellschaft ggü. Architekten; regelm. Holl Flachdachbau, Strabag Direktion Sachsen, Global-Immobilien, L-Konzept u. Tochter, Umwelt 2000, Bauer Spezialtiefbau.

MEK
Bewertung: Die Kanzlei mit Büros in München u. Ffm. berät ihre Mandanten umf. im Priv. Baurecht sowie im Öffentl. u. Vergaberecht. Auf Mandantenseite ist die Kanzlei nicht festgelegt, berät vielmehr sämtliche Akteure der Immobilienbranche vom Architekten über den Bauherrn bis zum Projektentwickler. Allerdings ist es MEK bisher nicht gelungen, ihre Marktpräsenz über Ffm. hinaus signifikant zu steigern. (5 Partner, 2 Associates, 2 of Counsel, zzgl. Vergabe- u. Immobilienwirtschaftsrecht)
Mandate: Keine Nennungen.

MÜLLER-WREDE & PARTNER
Bewertung: Die Berliner Boutique berät rund um ihren starken Vergabebereich auch im Bau- sowie im Energierecht. Bei den Mandanten liegt der Schwerpunkt auf der öffentl. Hand. Folgerichtig ist die Baurechtspraxis um Dr. Carsten Bluhm v.a. in solche Mandate eingebunden, die zuvor vom Vergabeteam betreut wurden, darunter viele Großprojekte. Das energierechtl. Team spielt unterdessen zahlr. Energieprojekte (▶Projekte/Anlagenbau). Zuletzt nahm die Prozesstätigkeit der Praxis deutl. zu. (Kernteam: 1 Sal.-Partner, 3 Associates)
Mandate: ●● Bank baubegleitend bei Windpark; Land Berlin, u.a. bei Sanierung Staatsoper; Bund bei div. Projekten (öffentl. bekannt); Wasserbetriebe bei Klärwerkerweiterung; Stadtwerke bei Stadionbau; Bauunternehmen regelm. bei Prozessen; Versicherer in div. Haftpflichtprozessen.

OPPLER HERING
Bewertung: Die Kanzlei ist im Münchner Markt fest verankert. Neben der Beratung ihrer langj. u. treuen Stammandanten gelingt es der Kanzlei Jahr für Jahr, ihr Mandatenportfolio zu erweitern. In München gewann das Team um Sebastian Büchner („angenehmer Verhandlungspartner", Wettbewerber) u. Namenspartner Peter Oppler einen Bauträger hinzu, den sie bei einem größeren Wohn- u. Gewerbevorhaben berät, sowie gleich mehrere Planungsbüros. In HH, dem seit der Umstrukturierung im Vorjahr einzigen weiteren Büro, ist eine Partnerin v.a. für die öffentl. Hand tätig. Trotz ihres zunehmenden Geschäfts hält die Kanzlei an ihrem partnerfokussierten Beratungsansatz fest. Das wird mittelfristig zu Kapazitätsengpässen führen, zumal die Kanzlei nach dem Weggang von Partner Dr. Michael Scheffelt mit einem Anwalt weniger agiert. (6 Partner, 2 Associates)
Mandate: ● Bauträger bei gr. Wohn- u. Gewerbevorhaben.

ORTH KLUTH
Bewertung: Die ▶D'dorfer Praxis ist in der gesamten Breite des Baurechts tätig, mit Schwerpunkten im internat. Industrieanlagenbau sowie im Architekten- u. Ingenieursrecht. Für Letztere arbeitet sie insbes. bei Haftplichtstreitigkeiten eng mit Versicherern zusammen. Bei Projektentwicklungen sind die Baurechtler eng mit der Immobilienpraxis verknüpft, was ihr zuletzt v.a. bei Forward-Deals zugutekam. Bei der Schaffung von Baurecht zahlt sich die gute Verbindung zu den Öffentlichrechtlern aus. Schnittstellen ergeben sich daneben auch regelm. zum Gesellschaftsrecht, etwa bei der Gründung von Objektgesellschaften. Ihre Mandanten loben die „sehr gute Beratung u. Betreuung" durch das Team um Dr. Gary Klaft („sehr kompetent", „schnell, exzellent, loyal", Wettbewerber). Im Markt anerkannt sind zudem Dr. René Runte („hervorragende Zusammenarbeit", Wettbewerber) u. Dr. Hans-Gert Bovelett („verhandlungsstark", Wettbewerber). (1 Eq.-Partner, 4 Sal.-Partner, 3 Associates, zzgl. Immobilienwirtschaftsrecht)
Mandate: ●● HI-Plan in Prozess wg. mangelhafter Lüftungsplanung; Ingenieurgemeinschaft Nord-Süd-Stadtbahn in 2 Beweisverf. wg. Einsturz Stadtarchiv, Köln; QBE Insurance im Zshg. mit Inanspruchnahme von Mängelhaftungsbürgschaften; 6B47 bei Luxusneubauprojekt, Frankfurt; Roth & Rau in Prozess; Bilfinger Spezialtiefbau in Prozess; 741 Projektgesellschaft bei Revitalisierungsprojekt, D'dorf; Keller Grundbau umf. baurechtl., u.a. bei Erweiterung Bahnhof Dortmund; Lindner in Prozessen; Zurich lfd. in Prozessen im Zshg. mit Architekten- u. Ingenieurshaftung.

PIETSCHMANN
Bewertung: Die Berliner Baurechtsboutique um Namenspartner Rainer Pietschmann kann ihren Mandanten Projektberatung von rechtl. sowie techn. Seite anbieten. Denn früher als viele Wettbewerber setzte Pietschmann auf die enge Zusammenarbeit mit dem der Kanzlei angeschlossenen Ingenieurbüro. Das brachte ihr zuletzt neues Geschäft, auch in ihrem Spezialbereich Hotels, wo sie die Hagenauer-Gruppe als neue Mandantin gewann. Personell verstärkte sie sich nach dem Wechsel eines Partners (eigene Kanzlei) mit einem

---

● Referenzmandate, umschrieben
●● Referenzmandate, namentlich

Anwaltszahlen: Angaben der Kanzleien, wie viele Anwälte zu mind. ca. 50 % in diesem Gebiet tätig sind. Sie spiegeln nicht zwingend die Gesamtgröße einer Kanzlei wider.

IMMOBILIEN- UND BAURECHT PRIVATES BAURECHT

ehemaligen Berliner Baurichter. (6 Partner, 3 Associates)
Mandate: ●● Hagenauer-Gruppe baubegl. zu Riu-Hotel u. 25-hours-Hotel; gmp Architekten zu Bau Wohn- u. Geschäftshaus; Züblin zu Neubau Charité Berlin; Dorint-Hotels, u.a. im Pachtrecht; NH Hoteles u. prozessual; Schrobsdorff Bau lfd. in Verfahren u. bei Vertragsverhandlungen; Max Bögl lfd. baurechtl., u.a. bei Projektmanagement Flughafen BER u. bei Vertragsabwicklung zu Brückenbau in Schweden.

PUTZIER
Bewertung: Die Boutique um Namenspartner u. Notar Dr. Eckart Putzier („sehr praxisnah, gewissenhaft u. zielorientiert", Wettbewerber) verfügt über ein breites Beratungsspektrum, das die baubegl. Beratung, Architekten- u. Mietrecht sowie das Vergaberecht ebenso umfasst wie das Vergaberecht. Putzier berät überwiegend Auftragnehmer, regelm. aber auch Auftraggeber. Ein Partner, der erst im vergangenen Jahr zu Putzier kam u. das Angebot um Europarecht, ÖPP u. finanzaufsichtsrechtl. Themen erweitern sollte, verließ die Kanzlei wieder in Richtung Roewer Brönner Susat Mazars. Der 2. Quereinsteiger, der im vergangenen Jahr zu Putzier kam, hat sich unterdessen gut in die Kanzlei integriert u. das Verweisgeschäft zw. dem Bau- u. Architektenrecht, u. dem Notariat sowie dem Mietrecht intensiviert. (2 Partner, 1 Sal.-Partner, 2 Associates)
Mandate: Keine Nennungen.

REMBERT
Bewertung: Die Boutique, die das Priv. Baurecht stark mit dem Öffentl. sowie dem Vergaberecht verzahnt, ist im HHer Markt eine feste Größe. Hier berät sie Auftragnehmer ebenso wie -geber bei hochvol. Projekten u. vertritt diese in immer größeren Prozessen. Zuletzt war die Kanzlei zunehmend auch an außergerichtl. Lösungen beteiligt. Während sich das Team in HH mit einer Partnerernennung im Öffentl. Recht sowie dem Zugang eines Associates stärkte, erweiterte sich auch das bisher aus 2 Partnern bestehende Münchner Team um einen angestellten Anwalt im Bau- u. Vergaberecht. An der Isar hat sich v.a. Matthias Goede („sehr engagiert", Wettbewerber) einen guten Ruf erarbeitet. Er wird immer häufiger von der lokalen öffentl. Hand beauftragt. (8 Partner, 2 Associate)
Mandate: ●● Alstria Office Reit lfd. baubegl., vertragsrechtl. u. in Prozessen; VHH lfd. bei ZOB Bergedorf; Frank Beteiligungsgesellschaft umf.; lfd. div. Architekturbüros; div. Haftpflichtversicherungen in Prozessen.

SCHULZE-HAGEN HORSCHITZ HAUSER
Bewertung: Ein Jahr nach dem Zusammenschluss der Kanzleien Schulze-Hagen Horschitz u. Hauser agiert die Baurechtspraxis schon als einheitl. Team, was sich in der gemeinsamen Bearbeitung von größeren Mandaten, etwa bei einer Projektentwicklung, zeigt. Zudem hat sich durch die Fusion das Beratungsangebot erweitert: Neben dem Priv. Baurecht u. dem Vergaberecht wird nun auch im Gewerbl. Mietrecht beraten. Namenspartner Dr. Alfons Schulze-Hagen („ein toller Anwalt", Wettbewerber) engagiert sich unterdessen weiterhin zunehmend in Schiedsverfahren, der Fokus liegt hier auf dem Anlagenbau. Zu den Mandanten von HSHH gehören Auftragnehmer ebenso wie -geber, v.a. aus der Region Mannheim. (4 Eq.-Partner, 3 Associates)
Mandate: ● Auftragnehmer bei Klageverfahren; Wohnbauunternehmen bei Projektentwicklung; Auftraggeber bei Vertragsgestaltung; Stadt bei Schulsanierungen; Bauherr bei Neubau Logistikzentrum; Vorsitzender Schiedsrichter u. Parteienvertreter in div. Verfahren; ital. Betreiber eines Solarkraftwerks bei Durchsetzung von Mängel- und Bürgschaftsansprüchen.

STASSEN
Bewertung: Das Geschäft der Berliner Kanzlei um Namenspartner Prof. Dr. Dieter Stassen fußt auf der baubegl. Beratung im klass. Priv. Baurecht. Begünstigt durch den derzeit bauwilligen Berliner Markt gelingt es ihr, regelm. neue Mandanten zu gewinnen, zuletzt etwa einen großen Projektentwickler. Stark ist die Kanzlei außerdem im Architektenrecht, wo Wettbewerber die Kompetenz von Dr. Uwe Mehlitz als „erstklassig" loben. Ein weiterer Treiber ist das immobilienrechtl. Notariat, das insbes. im derzeit boomenden Transaktionsmarkt gut ausgelastet ist. (4 Partner, 3 Associates)
Mandate: ●● Stiftung Berliner Schloss/Humboldt-Forum baubegl.; Koninklijke Nedschroef, u.a. bei Verträgen; Grüntuch Ernst Architekten, u.a. zu Honorarfragen; Bundesbehörde in div. Prozessen; Bauunternehmen bei Neubauvorhaben; Architekten bei U-Bahn-Bau; lfd.: auf Seniorenimmobilien spezialisiertes Architektenbüro, bundesw. tätiger Projektentwickler.

TSP THEISSEN STOLLHOFF & PARTNER
Bewertung: Die Berliner Kanzlei um Dr. Rolf Theißen kann sich auf eine breite Basis an Dauermandanten stützen, zu der überwiegend Auftraggeber gehören. Die Beratungspalette reicht vom Priv. Baurecht über das Vergaberecht bis hin zu Transaktionen, die zuletzt weiter zunahmen. So begleitete TSP einige Portfoliotransaktionen mit 3-stelligen Wohneinheiten. Regelm. berät die Kanzlei auch an der Schnittstelle zum Energierecht, zuletzt zunehmend bei der Projektentwicklung von EEG-Anlagen. (4 Eq.-Partner, 1 Senior Counsel, 2 Counsel, 2 Associates)
Mandate: ●● Töchter der Dt. Bank, u.a. baubegleitend (öffentl. bekannt); kommunale Immobilienholding, institutionelle Anleger, Property-Management-Ges., Kommunen, Länder, Wohnungsbauges. projektbegleitend; Klinikbetreiber in Bauprozessen; Immobilienfonds zu Sanierungs- u. Mängelfragen; Investmentgesellschaften, institutionelle Anleger, Bankzentrale, div. Immobilienfonds bei Transaktionen; lfd. div. Tiefbauunternehmen.

WAGENSONNER
Bewertung: Die Kanzlei ist im Münchner Markt fest etabliert. Regelm. ist Wagensonner an wichtigen städt. Bauvorhaben u. Projektentwicklungen beteiligt. Bei Letzteren baute sie ihre Marktposition durch den Gewinn neuer Mandanten weiter aus. Parallel zum Baugeschäft treibt die Kanzlei ihre immobilienrechtl. Praxis weiter voran, wo insbes. Versicherungskammern, aber auch Investoren mittlerw. für ein konstantes Transaktionsaufkommen sorgen. Obwohl die Kanzlei bundesweit tätig ist u. auch ein Büro in Berlin hat, konzentriert sich die Marktwahrnehmung nach wie vor sehr stark auf das Münchner Team. Die bekanntesten Köpfe sind weiterhin Dr. Andreas Helm, Dr. Matthias Helm u. Dr. Götz Mezger. (10 Partner, 1 Sal.-Partner, 7 Associates, zzgl. Immobilien- u. Öffentl. Recht)
Mandate: ●● Fondara baurechtl. zu Hotelneubau u. Errichtung eines EKZ; Axa Investment Managers lfd. bau- u. mietrechtl.; Mandarin Oriental Munich GmbH baurechtl. zu Umbau der Lobby- u. Gastroflächen; Paulus Immobiliengruppe in Bieterverfahren; Wohnungsgenossenschaft München-West bei Projektentwicklung; Versicherungskammer Bayern lfd. immobilien- u. mietrechtl.; Rock Capital bei Transaktionen; Patrizia mietrechtl.; regelm. GBWAG, Südhausbau, Dax-Technologieunternehmen.

ZENK
Bewertung: Die Kanzlei hat sich v.a. im ▶HHer Markt gut etabliert u. sich konsequent zur immobilienrechtl. Rundumberaterin entwickelt. Florian Werner gelang es zuletzt, immer mehr Bauunternehmen von sich zu überzeugen, die er im klass. Baurecht in technisch komplexen Mandaten berät. Grund dafür ist seine Ingenieursexpertise, die im Anwaltsmarkt nur selten zu finden ist. Unterdessen begleitet Alexander Baden („kollegial u. effizient", Wettbewerber) v.a. Transaktionen, immer wieder auch im 3-stell. Mio.-Bereich. Da hier zunehmend Share-Deals gefragt sind, schöpft das Immobilienteam regelm. Associate-Kapazitäten aus der Gesellschaftsrechtspraxis ab. Mittelfristig ist deshalb eine Verstärkung des Unterbaus dringend erforderlich. (5 Partner, 6 Associates, inkl. Immobilienwirtschaftsrecht)
Mandate: ●● Beos AG, HBB-Gruppe, Hanseatische Immobilientreuhand, u.a. bei Transaktionen; Otto Group regelm. bei Transaktionen; Graft lfd. im Architektenrecht.

ZIRNGIBL LANGWIESER
Bewertung: Die Praxisgruppe um Dr. Lars Adler („sehr gut", Wettbewerber), die an der Schnittstelle zum Immobilienwirtschaftsrecht agiert, wird vom Markt v.a. im süddt. Raum wahrgenommen. Tatsächlich ist sie aber schon längst bundesw. aktiv u. konnte zuletzt auch 2 internat. Baukonzerne als neue Mandanten für Prozesse gewinnen. ZL begleitet sowohl Auftragnehmer als auch -geber bei teils hochvol. Projektentwicklungen. Ein Schwerpunkt liegt hier trad. auf der Beratung von Kliniken, zuletzt konnte die Kanzlei aber auch im Bereich Hotels wachsen. So berät sie ein Hotel-Joint-Venture bei der Entwicklung eines Markenhotelportfolios. Wegen des starken Mandatswachstums verstärkte sich ZL mit 3 Associates, ein Associate verließ die Kanzlei. (6 Eq.-Partner, 1 Sal.-Partner, 2 Counsel, 10 Associates, inkl. Immobilienrecht)
Mandate: ●● DB bei Stuttgart 21 (aus dem Markt bekannt); Modekette umf. bei Campuserweiterung; div. Kliniken baubegl.; Planungsbüro zu Vertragsgestaltung, Honorarfragen, Haftung; 2 internat. Baukonzerne bei Prozessen; Hotel-JV bei Entwicklung Markenhotelportfolio; Fondsanbieter bei Immobilienankäufen; Hotelbetreiber, u.a. bei Projektentwicklung.

Privates Baurecht: Weitere empfohlene Spezialkanzleien

Die hier besprochenen Kanzleien sind in besonderem Maße für einen Spezialbereich innerhalb des breit gefächerten Beratungsfelds Privates Baurecht bekannt. Dies hebt sie von anderen Boutiquen ab. Fast alle von ihnen beraten auch in anderen Bereichen des Privaten Baurechts.

OSTEN UND BERLIN		FRANKFURT		SÜDEN	
AKD Dittert Südhoff & Partner	Berlin, Leipzig	MGR Rechtsanwälte	Frankfurt	Topjus Kupferschmid Englert Pichl Grauvogl & Partner	Pfaffenhofen a.d. Ilm
Meincke Bienmüller	Berlin	Rath	Frankfurt		

WESTEN		SÜDWESTEN	
GTW Rechtsanwälte	Düsseldorf, Krefeld	Koeble Donus Fuhrmann Locher Schotten Zahn	
Prof. Stefan Leupertz	Essen		Reutlingen

AKD DITTERT SÜDHOFF & PARTNER
Bewertung: Die Berliner Kanzlei um Katrin Dittert ist v.a. für ihre Expertise im Miet- u. Maklerrecht bekannt, wobei zuletzt Fragen zu den Themen Mietpreisbremse u. Verbraucherrechterichtlinie im Vordergrund standen. In ihrem Spezialgebiet verlor die Kanzlei einen Counsel, dessen Abgang aber rasch mit dem erfahrenen Anwalt u. Notar Dr. Michael Gropp aus der Kanzlei Dr. Gropp & Dr. Rupietta ausgeglichen werden konnte, der im Gewerbl. Mietrecht u. Gesellschaftsrecht berät u. als Partner eingestiegen ist. Zudem kam eine weitere Counsel aus eigener Kanzlei zur Verstärkung der Bereiche Priv. u. Öffentl. Baurecht. Hier verfügt AKD über eine beachtl. Stellung bei der öffentl. Hand. (5 Partner, 3 Counsel, 1 Associate)
Stärken: Miet- und Maklerrecht.
Mandate: ●● Day Night Sports mietrechtl.; Berliner Wasserbetriebe bei städtebaul. Aspekten; lfd.: Land Berlin, Landesbezirksamt Lichtenau, Land Brandenburg, div. Bauträger im Baurecht.

GTW RECHTSANWÄLTE
Bewertung: Die Boutique aus D'dorf berät in allen Fragen des Priv. Baurechts inkl. Architektenrecht sowie auch im Immobilien- u. Vergaberecht. Bekannt ist sie allerdings v.a. für ihre Expertise im Gewerbl. Mietrecht u. in angrenzenden Beratungsfeldern. (6 Partner, 6 Associates)
Stärken: Mietrecht.
Mandate: Keine Nennungen.

KOEBLE DONUS FUHRMANN LOCHER SCHOTTEN ZAHN
Bewertung: Architekten- u. Ingenieursrecht ist die Domäne der Kanzlei, insbes. die Geltendmachung u. Abwehr von Honoraransprüchen. Hier berät sie zum überwiegenden Teil Dauermandanten u. genießt dafür ein hohes Ansehen im Markt. Im klass. Bauvertragsrecht ist die Sozietät auf mittelgroße Vorhaben fokussiert. Zum Jahresbeginn verlor sie mit Ralf Schotten ihren visibelsten Partner im Markt, der zu Inhouse wechselte. Eine erste Reaktion darauf war die Ernennung eines Salary-Partners zum Vollpartner. (5 Partner, 1 Associate)
Stärken: Architekten- u. Ingenieursrecht.
Mandate: ● Div. Architekturbüros lfd., u.a. zu Honorar- u. Haftungsfragen; Ingenieurbüro bei Honoraransprüchen im Rahmen eines Großprojekts.

PROF. STEFAN LEUPERTZ
Bewertung: Die Kanzlei des ehem. BGH-Richters Prof. Stefan Leupertz ist auf außergerichtliche Verfahren zur Streitvermeidung u. Streitlösung spezialisiert. Der anhaltende Trend zu dieser Form der Streitbelegung beflügelt auch sein Geschäft. Schon zu seinen BGH-Zeiten galt er als einer der profiliertesten Köpfe. Und auch als Schiedsrichter genießt Leupertz im Markt einen hervorragenden Ruf. „Einfach nur großartig", lobt ein Wettbewerber. Zuletzt verlegte er sein Büro aus privaten Gründen von Stuttgart nach Essen. (1 Partner)
Stärken: Streitschlichtung, Schiedsverfahren.
Mandate: Keine Nennungen.

MEINCKE BIENMÜLLER
Bewertung: Die Berliner Boutique um Klaus Bienmüller u. Prof. Dr. Jens Meincke („erstklassig", Wettbewerber) genießt im Gewerbl. Mietrecht einen besonders guten Ruf. Hier berät sie zahlr. namh. Mandanten sowohl auf Mieter- als auch auf Vermieterseite, konnte die Mandate zuletzt aber zunehmend auch auf das Priv. Baurecht ausdehnen. Zudem begleitet die Kanzlei immer häufiger auch Käufe u. Verkäufe, v.a. von Grundstücken, aber auch von Bestandsobjekten, etwa für div. ausl. Investoren. Beraten wird zudem auch im Vergaberecht. (3 Partner, 3 Associates)
Stärken: Mietrecht.
Mandate: ●● Corpus Sireo miet- u. baurechtl. u. im Zshg. mit Praktiker- u. Max-Bahr-Insolvenz; Celebrity News bei div. Mietverträgen; Silver Care (inzw. auch bei Transaktionen sowie im Bau- u. Architektenrecht); Acrest bei Asset-Management; Activum mietrechtl. sowie im Bau- u. Architektenrecht; Strellson, Tenkhoff; div. ausl. Investoren bei An- u. Verkäufen.

MGR RECHTSANWÄLTE
Bewertung: Internat. Baurecht ist die Stärke der Frankfurter Kanzlei um Manfred Müller. Für Auftraggeber u. Auftragnehmer gleichermaßen engagiert sie sich auch neben klass. Projekten im Hoch- u. Tiefbau auch im Spezial- u. Anlagenbau. Ergänzend dazu verfügt die Kanzlei über eine anerkannte ▶ Wirtschaftsstrafrechtspraxis. (2 Partner)
Stärken: Internat. Baurecht.
Mandate: ● Auftraggeber bei Bürokomplex in Frankfurt, Hotelprojekt in München; Auftragnehmer bei Straßenbauprojekt in Hessen, Flughafen in Rh.-Pf., Hotelneubau in Dubai, Sanierung Geschäftsgebäude.

RATH
Bewertung: Die kleine Kanzlei ist auf die Beratung im Architektenrecht spezialisiert. Sie berät die Branche umf. vom Vergabeverfahren bis zum Projektabschluss. Heike Rath ist hier eine der bekanntesten Anwältinnen. Die darüber hinausgehende Tätigkeit im klass. Baurecht, etwa im Zshg. mit Nachtragsforderungen bei größeren Projekten, wird im Markt hingegen kaum registriert. (2 Partner)
Stärken: Architektenrecht.
Mandate: ● Div. Architekten baubegleitend (u.a. Kliniken u. öffentl. Bauten); Versicherer im Zshg. mit Architektenhaftpflicht.

TOPJUS KUPFERSCHMID ENGLERT PICHL GRAUVOGL & PARTNER
Bewertung: Die Kanzlei ist bundesw. für ihre Expertise im Tiefbau bekannt. Zuletzt gewann sie erneut ein dt. Bauunternehmen sowie eine dt. Airline als Mandanten hinzu. Regelm. führen auch jüngere Partner die Mandate, was mittelfristig dazu führen wird, dass diese neben den etablierten Partner wie Josef Grauvogl u. Prof. Dr. Klaus Englert sichtbarer werden. Im Übrigen agiert die Kanzlei immer wieder auch grenzüberschreitend. (8 Partner, 6 Associates)
Stärken: Tiefbau.
Mandate: ● Dt. Airline bei Terminalneubau; dt.-österr. Baukonzern bei div. Projekten; Arge bei Infrastrukturmaßnahme; weitere Arge bau- u. vergaberechtl. bei Eisenbahnprojekt; dt. Baukonzern in internat. Schiedsgerichtsverfahren; dt. Baukonzern bei Markteintritt in USA; dt. Baukonzern bei div. Bau- u. Anlagenbauverträgen in Südamerika.

● Referenzmandate, umschrieben
●● Referenzmandate, namentlich

Anwaltszahlen: Angaben der Kanzleien, wie viele Anwälte zu mind. ca. 50 % in diesem Gebiet tätig sind. Sie spiegeln nicht zwingend die Gesamtgröße einer Kanzlei wider.

Aktuelles zum deutschen Kartellrecht

Von Dr. Martin Buntscheck, BUNTSCHECK Rechtsanwaltsgesellschaft, München

Dr. Martin Buntscheck ist Partner der im Jahr 2008 gegründeten **BUNTSCHECK Rechtsanwaltsgesellschaft mbH**, die zu den führenden Kartellrechtskanzleien in Deutschland zählt. Das hochspezialisierte Anwaltsteam von BUNTSCHECK berät Unternehmen in kartellrechtlichen Bußgeldverfahren gegenüber dem Bundeskartellamt und der Europäischen Kommission, in deutschen und europäischen Fusionskontrollverfahren, bei der Durchsetzung oder Abwehr kartellrechtlicher Schadensersatzforderungen sowie bei der kartellrechtskonformen Gestaltung von Vertriebssystemen, unternehmerischen Kooperationen, Gemeinschaftsunternehmen, etc. Zu den Mandanten der Kanzlei zählen führende Industrieunternehmen und Finanzinvestoren ebenso wie zahlreiche mittelständisch geprägte Unternehmen.

Weitere Informationen im Kanzleiprofil am Ende des Handbuchs.

Im vergangenen Jahr hat es sowohl im Bereich der Durchsetzung von Kartellschadensersatzansprüchen als auch im Bereich der Verfolgung von Kartellverstößen durch das Bundeskartellamt interessante Entwicklungen gegeben.

Kartellschadensersatz

Pauschalierter Schadensersatz

Die Schätzung des Schadens, der durch einen Kartellverstoß verursacht wurde, gehört zu den größten Schwierigkeiten, denen sich Schadensersatzkläger in Deutschland ausgesetzt sehen. Angesichts dieser Schwierigkeiten wird vielfach versucht, die Verpflichtung des Geschäftspartners zur Zahlung eines pauschalierten Schadensersatzes bei Kartellverstößen vertraglich zu regeln. Im Einzelfall können derartige Regelungen als Allgemeine Geschäftsbedingungen allerdings gegen §§ 307, 309 Nr. 5 BGB verstoßen und damit unwirksam sein, insbesondere dann, wenn der vertraglich vereinbarte Schadensersatz über das hinausgeht, was nach dem gewöhnlichen Lauf der Dinge in Kartellfällen zu erwarten ist. Wo hier die zulässige Grenze liegt, lässt sich nicht generell beurteilen. Während das OLG Karlsruhe im Fall „Löschfahrzeuge" die Vereinbarung einer Vertragsstrafe von 15% der Abrechnungssumme für zulässig angesehen hat (OLG Karlsruhe, 31.07.13 – Az. 6 U 51/12 (Kart.)), hat das LG Potsdam in einem anderen Fall die Vereinbarung einer Vertragsstrafe von 15% des Auftragswerts für unzulässig gehalten (LG Potsdam, 22.10.14 – Az. 2 O 29/14). Bei der Vereinbarung einer pauschalierten Schadensersatzpflicht bei Kartellverstößen sollte daher darauf geachtet werden, dass die Höhe der bei Kartellverstößen fälligen Vertragsstrafe nicht zu hoch angesetzt wird. In Branchen, in denen die Weitergabe eines möglichen Schadens an Dritte (sog. Pass-on) wahrscheinlich ist, sollte dies auch bei der Festsetzung der Höhe einer pauschalierten Vertragsstrafe berücksichtigt werden. Sonst besteht die Gefahr, dass die vertragliche Regelung ins Leere läuft.

Kostenrisiko bei Kartellschadensersatzklagen

Mit Urteil vom 18.02.15 (Az. VI-U (Kart) 3/14) hat das OLG Düsseldorf die Schadensersatzklagen der Cartel Damage Claims (CDC) im Fall „Grauzement" endgültig abgewiesen, nach fast 10-jähriger Verfahrensdauer. Die Dauer dieses Verfahrens und sein Ausgang sind sicher nicht geeignet, dem Gerichtsstandort Deutschland neue Impulse zu geben. Nachdenklich macht aber vor allem die Begründung, mit der CDC auf die Einlegung einer Nichtzulassungsbeschwerde zum BGH verzichtet hat: Angesichts der „unkalkulierbaren Gefahr weiterer Streitbeitritte" und der „daraus resultierenden wirtschaftlichen Risiken" habe man von diesem Schritt abgesehen. Und das, obwohl CDC nach eigenen Angaben bereits ca. 6 Mio. EURO in den Rechtsstreit investiert hatte. Diese Aussage lenkt den Blick auf ein Problem, das in der Praxis oft unterschätzt wird. In Kartellschadensersatzprozessen kommt es häufig vor, dass die verklagten Kartellanten anderen Unternehmen den Streit verkünden – insbesondere solchen Unternehmen, bei denen sie meinen, im Falle eines Unterliegens Regress nehmen zu können (z.B. anderen an dem Kartellverstoß beteiligten Unternehmen). Das Kostenrisiko des Streitverkünders ändert sich durch eine solche Maßnahme nicht. Für den Kläger allerdings können derartige Streitverkündungen das Kostenrisiko nachträglich explodieren lassen. Denn der Kläger hat im Falle eines Unterliegens nicht nur die Kosten des Beklagten zu tragen, sondern auch die Kosten aller Streithelfer, die dem Rechtsstreit auf Seiten des Beklagten beigetreten sind. Die Höhe dieser Kosten hängt entscheidend davon ab, welchen Streitwert das Gericht für die jeweilige Nebenintervention des Streithelfers ansetzt. Wird lediglich ein Bruchteil des Hauptsachstreitwerts angesetzt (wie vom OLG München in zwei Entscheidungen im Fall „TV-Werbezeiten" im Jahr 2012), wird das zusätzliche Kostenrisiko für den Kläger regelmäßig überschaubar bleiben. Wird aber – wie es das OLG Düsseldorf im Fall „Grauzement" gemacht hat – auch für die Nebenintervention der einzelnen Streithelfer jeweils der Streitwert der Hauptsache angesetzt, dann steigt das Kostenrisiko für den Kläger exponentiell. Problematisch dabei ist vor allem, dass sich bei Einreichung der Klage in aller Regel weder abschätzen lässt, mit wie vielen Streitverkündungen zu rechnen ist, noch wie das jeweilige Gericht den Streitwert in Bezug auf mögliche Nebeninterventionen festsetzen wird. Denn die Rechtsprechung der Oberlandesgerichte ist in diesem Punkt uneinheitlich und eine Klärung durch den BGH wird es mangels Zuständigkeit nicht geben.

Gesamtschuldnerische Bußgeldhaftung im Konzern

Die Europäische Kommission verhängt in Bußgeldverfahren wegen Kartellverstößen häufig sog. gesamtschuldnerische Geldbußen gegen mehrere am Kartell beteiligte Konzerngesellschaften, also z.B. gegen die aktiv am Kartell beteiligte Tochtergesellschaft und ihre Muttergesellschaft. Möglich ist das, weil nach europäischem Recht der Konzern bzw. das „Unternehmen" (im Sinne einer „wirtschaftlichen Einheit") für den Kartellverstoß haftet, also nicht nur die juristische Person, deren Mitarbeiter den Kartellverstoß begangen haben. Verhängt die Kommission gesamtschuldnerische Geldbußen gegen mehrere Konzerngesellschaften, kann sie von jeder dieser Konzerngesellschaften die Zahlung der gesamten Geldbuße fordern. Zahlt eine dieser Konzerngesellschaften die Geldbuße, hat sie ggf. ihrerseits Ausgleichsansprüche gegenüber den anderen Konzerngesellschaften, gegen die die gesamtschuldnerische Geldbuße verhängt wurde. Diese Frage wird in der Praxis vor allem dann relevant, wenn die ehemals miteinander verbundenen Konzerngesellschaften nicht mehr derselben Unternehmensgruppe angehören, z.B. weil die Tochtergesellschaft zwischenzeitlich veräußert wurde. Die Frage in solchen Regressfällen ist dann, nach welchen Maßstäben die betroffenen (aktuellen oder ehemaligen) Konzerngesellschaften im Innenverhältnis für die Geldbuße haften. Der BGH hat im Fall „Calciumcarbid II" nunmehr entschieden, dass (zumindest bei Anwendbarkeit deutschen Rechts) die Haftung im Innenverhältnis analog §254 BGB bestimmt werden muss, also entsprechend der relativen Schuld der betreffenden Konzerngesellschaften. Es gebe keine Grundregel, nach der im Zweifel die betroffene Muttergesellschaft alleine hafte.

Bußgeldverfahren

Zuletzt gab es immer wieder Berichte über Fälle, in denen Unternehmen versuchten, durch verschiedenste Umstrukturierungen einer Kartellgeldbuße zu entgehen. Eines der prominenteren Beispiele ist der Wurstfabrikant Clemens Tönnies, der laut Presseberichten Anfang 2015 durch Umstrukturierungsmaßnahmen versucht hat, Geldbußen in Höhe von ca. 120 Mio. Euro, die das Bundeskartellamt gegen zwei seiner Beteiligungsunternehmen wegen ihrer Teilnahme an einem Wurstkartell verhängt hatte, zu entgehen.

Dieses Thema ist eine deutsche Besonderheit. Bei Kartellverfahren der Europäischen Kommission helfen Umstrukturierungsmaßnahmen wenig. Wegen des wirtschaftlichen Unternehmensbegriffs des europäischen Rechts kann man durch derartige Umstrukturierungen einer Kartellgeldbuße in aller Regel nicht entkommen. Das deutsche Recht ist hier anfälliger, weil die Verantwortung für den Kartellverstoß nicht bei einem wirtschaftlich zu definierenden „Unternehmen" liegt, sondern bei der juristischen Person, deren Mitarbeiter den Verstoß begangen haben. Vor diesem Hintergrund hatte der BGH erstmals im Jahr 2011 entschieden, dass der am Sachversicherungskartell beteiligte Versicherer Gerling aufgrund seiner Fusion mit HDI nicht mehr für den festgestellten Kartellverstoß zur Rechenschaft gezogen werden konnte. Im selben Jahr entkam auch ein Transportbeton-Hersteller durch eine konzerninterne Umstrukturierungsmaßnahme einer Kartellgeldbuße durch das Bundeskartellamt.

Durch die 8. GWB-Novelle aus dem Jahr 2013 wurde die Umgehung von Kartellgeldbußen durch Umstrukturierungsmaßnahmen allerdings deutlich erschwert. Aufgrund des neu eingeführten §30 Abs. 2a OWiG ist es nunmehr in Fällen der Gesamtrechtsnachfolge bzw. der partiellen Gesamtrechtsnachfolge durch Aufspaltung (§123 Abs. 1 UmwG) möglich, die Geldbuße auch gegen den oder die Rechtsnachfolger festzusetzen. Danach wären Umstrukturierungslösungen wie im Fall „Gerling" oder „Transportbeton" nach aktuellem Recht nicht mehr vom Erfolg gekrönt. In der Theorie sind zwar immer noch Konstellationen denkbar, in denen die Regelung des §30 Abs. 2a OWiG unterlaufen und so die Verhängung von Geldbußen durch geschickte Umstrukturierungsmaßnahmen verhindert werden kann, z.B. weil §30 Abs. 2a OWiG Fälle der Einzelrechtsnachfolge bei der Übertragung von Unternehmen im Wege des Asset Deal nicht erfasst. Die Umsetzung solcher Maßnahmen wird in der Praxis allerdings häufig erhebliche Probleme aufwerfen, z.B. in steuerlicher, gesellschaftsrechtlicher oder insolvenzrechtlicher Hinsicht. Trotzdem wird das Thema „Umstrukturierung" bis auf Weiteres aktuell bleiben, wie der Fall Tönnies zeigt. ∎

KERNAUSSAGEN

- Die Vereinbarung pauschalierter Schadensersatzansprüche bei Kartellverstößen kann wegen Verstoßes gegen §§307, 309 BGB unwirksam sein, wenn die vereinbarte Vertragsstrafe zu hoch angesetzt wird.

- Das klägerische Kostenrisiko bei Kartellschadensersatzklagen lässt sich vor Klageerhebung mitunter nicht zuverlässig einschätzen, weil Streitverkündungen durch den Beklagten das klägerische Kostenrisiko explodieren lassen können.

- Die Verantwortlichkeit für Kartellverstöße verschiedener Konzerngesellschaften, gegen die die Europäische Kommission gesamtschuldnerische Geldbußen festgesetzt hat, richtet sich im Innenverhältnis grds. nach §254 BGB.

- Die Möglichkeiten für Unternehmen, sich der Verhängung von Geldbußen durch Umstrukturierungen zu entziehen, sind seit Inkrafttreten der 8. GWB-Novelle stark eingeschränkt.

Kartellrecht

Unternehmen streiten über Kartellrecht: mit Behörden, Kunden und untereinander

„Kartellrecht ist das neue Corporate", frohlockt der Seniorpartner einer starken Praxis. Was er meint: Die einstige Nischendisziplin dringt in immer weitere Bereiche des Wirtschaftslebens vor, Kartellrecht entscheidet mit über Geschäftsmodelle und Erfolgsgeschichten. 3 der wichtigsten Schlagwörter: Kartellschadensersatz, Internetvertrieb und Corporate Governance. Dass künftig mehr um Schadensersatz gestritten wird, ist bereits heute zu spüren. Allein rund 100 Unternehmen haben beim Kartellamt Akteneinsicht beantragt, um Ansprüche gegen das Zuckerkartell zu prüfen. Im Sommer machte der Bonbonhersteller Vivil den Auftakt vor Gericht, inzwischen klagen auch Giganten wie Nestlé auf Schadensersatz. Die Deutsche Bahn und andere fordern derweil die Rekordsumme von 3 Milliarden Euro Schadensersatz vom Luftfrachtkartell. Das inspiriert Nachahmer. Vor allem für prozessrechtlich versierte Anwälte tut sich hier ein riesiges Geschäftsfeld auf, das ganze Praxen umkrempelt. Auch Wettbewerbsökonomen spielen eine immer wichtigere Rolle, denn ohne sie lassen sich Kartellschäden kaum beziffern.

Ein Urteil des OLG Düsseldorf aus dem vergangenen Jahr schlägt die Brücke zu einem weiteren Großthema für Kartellrechtler: die Internetrevolution. Der Händler Reuter erstritt gegen den Armaturenhersteller Dornbracht Schadensersatz, weil dieser über sein Vertriebssystem den stationären Handel bevorzugt hatte – das erste derartige Urteil. Nach dem Kartellamt hat nun auch die EU-Kommission das Thema für sich entdeckt. Im Frühjahr leitete die rührige neue Wettbewerbskommissarin Margrethe Vestager eine Sektoruntersuchung zum elektronischen Handel ein.

Neue Geschäftsfelder und neue Akteure beleben den Beratermarkt

Die Konjunktur des Rechtsgebiets hat eine Reihe von Boutiquegründungen befördert. Anfang des Jahres schlossen sich 2 ehemalige Latham-Anwältinnen zu der Einheit **E&Z Eickstädt & Zühlke** zusammen. Kurz darauf verließ eine erfahrene Counsel **Cleary Gottlieb Steen & Hamilton** und gründete mit einem weiteren früheren Cleary-Anwalt **Heinz & Zagrosek**.

Beim Thema Schadensersatz haben Boutiquen gute Karten, weil große Praxen über die Bußgeldverfahren oft automatisch für die Verteidigerseite gesetzt sind. Praxen wie **Buntscheck** oder auch **SGP SchneiderGeiwitz** (ehemals PF&P) haben sich einen Namen als Klägervertreter gemacht. Ist der Fisch dick genug und kein Konflikt in Sicht, sind aber auch Großkanzleien zur Stelle: So begleitet **Linklaters** eine Klage von Nestlé gegen das Zuckerkartell, und **Gleiss Lutz** greift für BSH das Kühlkompressorenkartell an.

Auch gestiegene Ansprüche an Corporate Governance beleben auf Umwegen das Geschäft der Kartellrechtler. Da Unternehmenslenker zunehmend für Fehlentwicklungen in Haftung genommen werden, lassen sie sich in Kartellverfahren häufiger separat vertreten. Waren früher in einem Bußgeldverfahren ein oder zwei Kanzleien tätig, sind es heute mitunter ein halbes Dutzend. Das belebt den Beratermarkt, gerade auch kleinere Einheiten. Stark sind auf diesem Gebiet etwa **Aulinger**, **Hermanns Wagner Brück** oder **Bergmann**. So differenziert sich der Markt aus, wobei der Aufschwung des Rechtsgebiets zuletzt vielen Praxen – Marktführern und auch Newcomern – ein außerordentlich erfolgreiches Jahr bescherte.

+++ *Kurz vor Drucklegung wurde bekannt: Willkie Farr & Gallagher holt Susanne Zühlke aus der Kanzlei E&Z Eickstädt & Zühlke* +++

Die folgenden Bewertungen behandeln Kanzleien, die in ihrer kartellrechtlichen Beratung durchaus unterschiedliche Schwerpunkte und Schnittstellen pflegen. Das Kartellrecht ist gekennzeichnet durch eine enge Verbindung der zugrunde liegenden Sachverhalte und rechtlichen Vorschriften mit ▶ Vertrieb, ▶ Beihilfe, ▶ Vergabe und ▶ Compliance. Auch in den genannten Kapiteln finden sich daher relevante Informationen über versierte Kartellrechtsspezialisten. Das Gleiche gilt für die Branchenkapitel ▶ Medien, ▶ Telekommunikation, ▶ Gesundheit sowie ▶ Energie. Im Kapitel ▶ Brüssel finden Sie Kanzleien mit besonders internat. Ausrichtung.

JUVE KANZLEI DES JAHRES

KARTELLRECHT

NOERR

Gewagt, gewonnen – der Sprung nach Brüssel ist gelungen. Nicht einmal 2 Jahre sind seit dem Start von Noerr in Europas Kartellrechtsmetropole vergangen – und schon ist das Büro kaum noch wegzudenken. Im Rekordtempo erschloss sich das 6-köpfige Team um **Dr. Dominik Wendel** den dortigen Markt. Inzwischen werden mehrere namhafte Konzerne wie Johnson Controls von Brüssel aus beraten und auch für Daimler wurde zuletzt eine komplexe internationale Fusionskontrolle von dort gesteuert. Dass dabei auch jüngere Partner wie **Alexander Israel** eine bedeutende Rolle spielen, spricht Bände über die Nachhaltigkeit der Praxisentwicklung. Kein Wunder, dass das Team von Wettbewerbern als aufstrebend wahrgenommen wird – zumal die von **Dr. Alexander Birnstiel** geleitete Praxis sich auch unabhängig vom neuen Büro bestens entwickelt. Sie ist einer der wichtigsten Akteure, die das aktuell heiße Eisen Kartellschadensersatz anfassen und fehlt in kaum einem wichtigen Bußgeldverfahren. Ob Stahlkartell, Handelskartell oder die geplante Edeka/Tengelmann-Fusion: Noerr ist dabei. Auch intern gilt die Praxis als Wachstumstreiber: So beschäftigt das ursprünglich kartellrechtliche Mandat für das Industriekonsortium H2 Mobility inzwischen auch Gesellschafts- und Energierechtler in mehreren Büros. Es überrascht daher kaum, dass viele Mandanten bei Noerr besonders die gute interne Vernetzung loben.

KARTELLRECHT

ALLEN & OVERY
Kartellrecht

Bewertung: Das empfohlene Kartellrechtsteam ist an der Seite der Corporate-Praxis regelm. an großen internat. Transaktionen beteiligt. So beriet Braun den Pflanzenschutzmittelhersteller Cheminova fusionskontrollrechtl. beim Verkauf an FMC, der in den USA u. mehreren europ. Ländern angemeldet werden musste. Daneben baute die Praxis zuletzt ihre Präsenz in Bußgeldverf. u. kartellrechtl. Prozessen aus, zunehmend auch beim Schadensersatz. So steht sie CTS Eventim in einer Untersuchung des Kartellamts zum Ticketvertrieb zur Seite. Noch immer beschäftigt zudem der Wurstkartellant Bell das Team intensiv, da er eines der höchsten Bußgelder erhalten hatte u. nun dagegen klagt. Bei der Abwehr von Kartellschadensersatzansprüchen vertritt die Praxis auf internat. Ebene u.a. Samsung u. Procter & Gamble. Auf EU-Ebene ragt nach wie vor die Arbeit des ▶Brüsseler Partners Schindler für Google in einem Kommissionsverf. zu Android hervor.
Stärken: Enge internat. Vernetzung der Büros.
Entwicklungsmöglichkeiten: Die Praxis ist mit je einem Partner in Brüssel u. Hamburg personell überschaubar, was ihrer Weiterentwicklung im Vergleich zu vielen anderen Großkanzleien Grenzen setzt. Nachdem es sich als schwierig erwies, mit Quereinsteigern zu wachsen, wird es umso mehr auf eine konsequente Förderung der Nachwuchsriege ankommen.
Häufig empfohlen: Dr. Ellen Braun („sehr kompetent", Wettbewerber), Jürgen Schindler („gut bei komplexen Fusionskontrollen", Wettbewerber)
Kanzleitätigkeit: Breite Praxis. Fusionskontrollen, Bußgeld- u. Schadensersatzverfahren, Beratung zu Vertriebsstrukturen u. Compliance. (2 Partner, 6 Associates)
Mandate: ●● Bell/Coop bei Einspruch gg. Bußgeldbescheid ‚Wurst' (OLG); CTS Eventim in BKartA-Verf. ‚Ticketvertrieb'; Google Ireland, u.a. in EU-Beschwerdeverf. zu Google-Plattform; Bilfinger bei Verkauf der Infrastruktursparte an Porr; Samsung u. Procter & Gamble bei Abwehr von Schadensersatzansprüchen; Allergopharma bei Joint Venture zu mobilen Expositionskammern; Cheminova bei Verkauf an FMC; Enterhold bei Verkauf von IVC an Mohawk; Hypothekenbank Frankfurt bei Verkauf von Darlehenspaket an JPMorgan u. Lone Star; Novartis bei Verkauf der Beteiligung an LTS Lohmann an Dievini Hopp; Vermarkter von Webradiostationen bei BKartA-Beschwerde wg. Marktmachtmissbrauch im Radiowerbemarkt; 2 Verbände in Kartellverf. ‚Dieselpreisgleitklausel'.

BAKER & McKENZIE
Kartellrecht

Bewertung: Die im Kartellrecht empfohlene Kanzlei treibt den personellen Ausbau der Praxis weiter mit großem Elan voran u. forciert gleichzeitig die Spezialisierung ihrer Anwälte. So gewann sie mit Dr. Werner Berg von Crowell & Moring einen erfahrenen Fusionskontrollexperten für das Brüsseler Büro, in dem inzw. 4 dt. Anwälte tätig sind. Zudem wechselte der renommierte Pharmakartellrechtler Burholt als Partner ins Berliner Büro (von Dierks + Bohle). In D'dorf verstärkte sich Baker u.a. mit erfahrenen Associates von Freshfields u. Linklaters. Mit den Zugängen erweitert Baker ihre Branchenschwerpunkte, zugleich positioniert sie sich für das zukunftsträchtige Geschäft mit Kartellschadensersatzklagen. Meist ist die Praxis hier auf Verteidigerseite gesetzt, beim Zuckerkartell ist sie aber auch auf der Anspruchstellerseite tätig. Bei heiklen Fusionskontrollen wie Ingersoll Rand/Frigoblock erwies sich das angegliederte Team von Wettbewerbsökonomen zuletzt als wertvolle Ressource. Ein Bsp. für die wachsende interne Vernetzung der Praxis ist die Beratung von Daimler zu Compliance, an der unter Federführung von Horstkotte ww. mehrere Büros beteiligt waren.
Stärken: Großes internat. Netzwerk; eigene Wettbewerbsökonomen.
Entwicklungsmöglichkeiten: Die Praxis steht nach dem stürmischen Wachstum vor der Aufgabe, die Schwerpunkte ihrer Anwälte zu einem gut abgestimmten Ganzen zu formen. Chancen liegen u.a. darin, zw. D'dorf, Brüssel u. Berlin enger zusammenzuarbeiten sowie an den Branchenspezialisierungen zu feilen. Für Burholt ergeben sich etwa Anknüpfungspunkte an das große regulator. Know-how Kredels im Bereich Life Science u. die starke Berliner Vergaberechtspraxis mit ihrem Schwerpunkt in der Gesundheitsbranche.
Häufig empfohlen: Christian Horstkotte („kompetent, klar, pragmatisch", Mandant), Dr. Nicolas Kredel („absolut integer, schnelle, unkompliziert", Wettbewerber), Dr. Christian Burholt („exzellente Branchenkenntnisse", „führend im Gesundheits- u. Pharmakartellrecht", Wettbewerber)

KARTELLRECHT

Freshfields Bruckhaus Deringer	Düsseldorf, Köln, Berlin, Brüssel
Gleiss Lutz	Stuttgart, Frankfurt, München, Düsseldorf, Brüssel
Cleary Gottlieb Steen & Hamilton	Köln, Brüssel
Hengeler Mueller	Düsseldorf, Brüssel
Linklaters	Düsseldorf, Brüssel
Clifford Chance	Düsseldorf, Frankfurt
CMS Hasche Sigle	Stuttgart, Frankfurt, Düsseldorf, Hamburg, Brüssel
Hogan Lovells	Düsseldorf, München, Hamburg
Jones Day	Frankfurt, Düsseldorf, Brüssel
Latham & Watkins	Hamburg, Frankfurt, Brüssel
Noerr	Berlin, München, Brüssel
Oppenländer	Stuttgart
WilmerHale	Berlin, Frankfurt, Brüssel
Allen & Overy	Hamburg, Brüssel
Glade Michel Wirtz	Düsseldorf
Luther	Stuttgart, Düsseldorf, Brüssel
Milbank Tweed Hadley & McCloy	München
SZA Schilling Zutt & Anschütz	Mannheim, Brüssel
White & Case	Hamburg, Brüssel
Baker & McKenzie	Düsseldorf, Brüssel, Berlin
Bird & Bird	Düsseldorf, Brüssel
Commeo	Frankfurt
Hermanns Wagner Brück	Düsseldorf
Kapellmann und Partner	Mönchengladbach, Düsseldorf, Brüssel
Buntscheck	München
Dentons	Berlin, Brüssel
Haver & Mailänder	Stuttgart, Brüssel
Heuking Kühn Lüer Wojtek	Düsseldorf, München, Hamburg
King & Wood Mallesons	München
Mayer Brown	Brüssel
Norton Rose Fulbright	Brüssel, Hamburg, München
Osborne Clarke	Köln
Redeker Sellner Dahs	Brüssel, Bonn
Schulte Riesenkampff	Frankfurt

Die hier getroffene Auswahl der Kanzleien ist das Ergebnis der auf zahlreichen Interviews basierenden Recherche der JUVE-Redaktion (s. Einleitung S. 20). Sie ist in 2erlei Hinsicht subjektiv: Sämtliche Aussagen der von JUVE-Redakteuren befragten Quellen sind subjektiv u. spiegeln deren eigene Wahrnehmungen, Erfahrungen u. Einschätzungen wider. Die Rechercheergebnisse werden von der JUVE-Redaktion unter Einbeziehung ihrer eigenen Marktkenntnis analysiert u. zusammengefasst. Der JUVE Verlag beabsichtigt mit dieser Tabelle keine allgemein gültige oder objektiv nachprüfbare Bewertung. Es ist möglich, dass eine andere Recherchemethode zu anderen Ergebnissen führen würde. Innerhalb der einzelnen Gruppen sind die Kanzleien alphabetisch geordnet.

▶▶▶ Bitte beachten Sie auch die Liste weiterer renommierter Kanzleien am Kapitelende. ◀◀◀

● Referenzmandate, umschrieben
●● Referenzmandate, namentlich

Anwaltszahlen: Angaben der Kanzleien, wie viele Anwälte zu mind. ca. 50% in diesem Gebiet tätig sind. Sie spiegeln nicht zwingend die Gesamtgröße einer Kanzlei wider.

KARTELLRECHT

Kanzleitätigkeit: Schwerpunkt bei (internat.) Fusionskontrollen. Zudem Bußgeld- u. Missbrauchsverfahren. Viel ▶Vertriebskartellrecht. Auch ▶Compliance. Zunehmend Kartellschadensersatzverfahren. Eigenes Team von Wettbewerbsökonomen (4 Partner, 1 Counsel, 9 Associates; plus Vertriebskartellrecht: 1 Partner, 2 Associates)
Mandate: ●● Ideal Automotive in Kartellverfahren ‚Akustische Bauteile'; Asics in Missbrauchsverf. ‚Onlinehandel'; Carlsberg in OLG-Beschwerdeverfahren ‚Bierkartell'; Ingersoll Rand bei Kauf von Frigoblock; Telefónica bei Integration von E-Plus u. Verkauf von Yourfone an Drillisch; Emmi bei Mehrheitserwerb an Gläserne Molkerei; Knorr-Bremse bei Kauf von Selectron; Tessenderlo Chemie in Kartellverfahren ‚Plastikrohre'; Segafredo in Verf. ‚Außer-Haus-Kaffee' (OLG); Safthersteller bei Schadensersatzforderung gg. Zuckerkartell; Verbraucherelektronikhersteller in EU-Vertikalverfahren ‚Onlinehandel'; Logistikkonzern bei Kauf von Kfz-Systemgroßhändler.

BIRD & BIRD
Kartellrecht ☐☐☐☐◼

Bewertung: Die empfohlene Kartellrechtspraxis punktete zuletzt mit ihrem großen Know-how an der Schnittstelle von Kartell- u. Patentrecht, denn Witting war Teil des Teams, das Huawei gegen ZTE im EuGH-Streit über mögl. Marktmachtmissbrauch durch standardessenzielle Patente vertreten hat. Daneben erntet die Praxis die Früchte ihrer Beteiligung am Pilotverfahren des Kartellamts zum Onlinehandel (für Adidas): Sie berät zunehmend Markenhersteller wie den Kosmetikhersteller L'Occitane im Vertriebskartellrecht. Die Branchenexpertise der ▶Brüsseler Partnerin Federle bei Kfz-Zulieferern hat zuletzt erneut für hohe Auslastung bei internat. Fusionskontrollen gesorgt, etwa bei der Übernahme einer Sparte von Delphi durch Mahle. Federle steht zudem für die Schnittstelle zum ▶IT-Recht, während Witting stark in die Beratung von Mandanten der ▶Energie- bzw. Gesundheitsbranche eingebunden ist.
Stärken: Tiefe Expertise an der Schnittstelle zu ▶Patent- u. ▶Marken- und Wettbewerbsrecht.
Entwicklungsmöglichkeiten: Das über viele Jahre gesammelte Prozess-Know-how aus Patentstreitigkeiten bildet eine gute Grundlage auch für Kartellschadensersatzprozesse. V.a. die Klägerseite ist für B&B attraktiv, da sie im Vergleich zu anderen Praxen seltener in Bußgeldverfahren tätig ist u. daher weniger Mandatskonflikte hat. In einigen Fällen ist sie bereits aktiv, etwa für die Stadt Düsseldorf gg. das Aufzugskartell. Allerdings gelingt es Wettbewerbern wie Osborne Clarke oder Oppenländer bisher besser, von der heranrollenden Prozesswelle zu profitieren.
Häufig empfohlen: Dr. Jörg Witting („gründlich, findig, außergewöhnl. hohe Qualität", Mandant), Anne Federle
Kanzleitätigkeit: Schwerpunkt in marken- u. patentrechtsnahem Kartellrecht, inkl. Missbrauch, Lizenzen u. Vertrieb. Zudem Fusionskontrollen, Bußgeld- u. Kartellzivilverfahren, Beihilfe. Auch Compliance. (2 Partner, 1 Counsel, 2 Associates)
Mandate: ●● Huawei in EuGH-Vorlageverfahren zu standardessenziellen Patenten; Johnson Controls/Yanfeng Automotive Trim Systems zu Joint-Venture-Gründung; Delphi Automotive bei Abspaltung der Thermomanagementsparte; Acer kartellrechtl. in Patentverletzungsverfahren gg. OneRed; lfd. im Vertriebskartellrecht: Adidas, Lloyd Shoes, L'Occitane; Stadt D'dorf in Schadensersatzklage gg. Aufzugskartell; Auric in Schadensersatzklage gg. Bundesinnung der Hörgeräteakustiker; jap. Zulieferer in EU-Kartellverf. ‚Kondensatoren'; Krankenkassen kartellrechtl. in Musterverf. gg. Versorgungsanstalt Bund u. Länder (VBL).

BUNTSCHECK
Kartellrecht ☐☐☐☐◼

Bewertung: Die geschätzte Kartellrechtspraxis stemmt mit sehr kleinem Team eine außergewöhnl. Zahl prominenter Verfahren u. erntet dafür auch von Wettbewerbern großen Respekt. So begleitet Buntscheck Iveco im dt. Teil des EU-Bußgeldverfahrens ‚Lkw' an der Seite von Sullivan & Cromwell. Auch beim aktuellen Thema von möglichem Marktmachtmissbrauch durch Inhaber standardessenzieller Patente ist das Team präsent u. vertritt den Patentverwerter Unwired Planet bei Prozessen um Zwangslizenzen, die für die Mobilfunkbranche große Bedeutung haben. Daneben gelang es, die ohnehin starke Stellung bei Klagen auf Kartellschadensersatz auszubauen, u.a. gewann Buntscheck Geschädigte des Hydrantenkartells als Neumandanten.
Stärken: Kartellschadensersatzprozesse.
Entwicklungsmöglichkeiten: Die Kanzlei stößt erkennbar an Kapazitätsgrenzen. Perspektivisch liegt der Ausbau der Praxis durch Quereinsteiger oder weitere Associates nahe.
Häufig empfohlen: Dr. Martin Buntscheck („erfahren u. vielseitig", „argumentiert blitzsauber", Wettbewerber)

Führende Senior-Partner im Kartellrecht

Prof. Dr. Albrecht Bach	▶Oppenländer
Dr. Helmut Bergmann	▶Freshfields Bruckhaus Deringer
Dr. Wolfgang Bosch	▶Gleiss Lutz
Dr. Ellen Braun	▶Allen & Overy
Dr. Ingo Brinker	▶Gleiss Lutz
Dr. Wolfgang Deselaers	▶Linklaters
Dr. Michael Esser	▶Freshfields Bruckhaus Deringer
Hans-Joachim Hellmann	▶SZA Schilling Zutt & Anschütz
Dr. Thomas Jestaedt	▶Jones Day
Dr. Harald Kahlenberg	▶CMS Hasche Sigle
Dr. Frank Montag	▶Freshfields Bruckhaus Deringer
Dr. Hans-Jörg Niemeyer	▶Hengeler Mueller
Ulrich Quack	▶WilmerHale
Prof. Dr. Dirk Schroeder	▶Cleary Gottlieb Steen & Hamilton
Dr. Joachim Schütze	▶Clifford Chance
Dr. Christoph Stadler	▶Hengeler Mueller

Führende Partner im Kartellrecht (bis einschl. 50 Jahre)

Marc Besen	▶Clifford Chance
Dr. Ulrich Denzel	▶Gleiss Lutz
Dr. Tobias Klose	▶Freshfields Bruckhaus Deringer
Dr. Martin Klusmann	▶Freshfields Bruckhaus Deringer
Dr. Thorsten Mäger	▶Hengeler Mueller
Dr. Peter Niggemann	▶Freshfields Bruckhaus Deringer
Dr. Romina Polley	▶Cleary Gottlieb Steen & Hamilton
Dr. Tim Reher	▶CMS Hasche Sigle
Dr. Alexander Rinne	▶Milbank Tweed Hadley & McCloy
Dr. Daniela Seeliger	▶Linklaters
Dr. Christian Steinle	▶Gleiss Lutz
Dr. Martin Sura	▶Hogan Lovells
Prof. Dr. Sven Völcker	▶Latham & Watkins
Dr. Markus Wirtz	▶Glade Michel Wirtz

Anerkannte kleine Kanzleien und Neugründungen im Kartellrecht

ALSchild, Brüssel	Annette Schild
Bergmann, Köln	Dr. Bettina Bergmann
Buntscheck, München	Dr. Martin Buntscheck
E&Z Eickstädt & Zühlke, München, Brüssel	Gaby Eickstädt, Susanne Zühlke
Heinz & Zagrosek, Köln	Silke Heinz
Reysen, Frankfurt, Brüssel	Evelyn Niitväli, Dr. Marc Reysen
Wagner Legal, Hamburg	Eckart Wagner
WeitbrechtLaw, Bonn	Dr. Andreas Weitbrecht

Die hier getroffene Auswahl der Personen ist das Ergebnis der auf zahlreichen Interviews basierenden Recherche der JUVE-Redaktion (siehe S. 20). Sie ist in 2erlei Hinsicht subjektiv: Sämtliche Aussagen der von JUVE-Redakteuren befragten Quellen sind subjektiv u. spiegeln deren eigene Wahrnehmungen, Erfahrungen u. Einschätzungen wider. Die Rechercheergebnisse werden von der JUVE-Redaktion unter Einbeziehung ihrer eigenen Marktkenntnis analysiert u. zusammengefasst. Der JUVE Verlag beabsichtigt mit dieser Tabelle keine allgemein gültige u. objektiv nachprüfbare Bewertung. Es ist möglich, dass eine andere Recherchemethode zu anderen Ergebnissen führen würde.

● Referenzmandate, umschrieben
●● Referenzmandate, namentlich

Anwaltszahlen: Angaben der Kanzleien, wie viele Anwälte zu mind. ca. 50 % in diesem Gebiet tätig sind. Sie spiegeln nicht zwingend die Gesamtgröße einer Kanzlei wider.

KARTELLRECHT

Kanzleitätigkeit: Starkes Engagement in Bußgeldverfahren u. Prozessen; viel Prozesserfahrung, auch bei europ. Gerichten. Lfd. Fusionskontrollen für einige Finanzinvestoren. (1 Partner, 2 Associates)

Mandate: ●● Unwired Planet kartellrechtl. in Patentklage, u.a. gg. Google u. Samsung; Check24 in Kartellverwaltungsverf. ‚Bestpreisklauseln'; Iveco Magirus in EU-Bußgeldverf. ‚Lkw'; Keppel gg. Schadensersatzklage von Rewe bzgl. ‚Regalschalen'; HP Pelzer in Kartellverf. ‚Akustische Bauteile'; Bett.1 bei Schadensersatzklagen wg. Belieferungsstopp (Onlinehandel); lfd. zu Compliance: u.a. Drachen-Propangas, Orion Engineered Carbons; EU-Kommission in Kartellverf. ‚Fensterbeschläge' u. ‚Spannstahl'; Auctus Capital bei Fusionskontrollen; Geschädigte in den Fällen ‚Gasisolierte Schaltanlagen' u. ‚Hydranten'.

CLEARY GOTTLIEB STEEN & HAMILTON
Kartellrecht ◻◼◻◻◻

Bewertung: Die Praxis gehört im Kartellrecht zu den führenden u. sticht auch im Vergleich zu ebenfalls internat. aufgestellten Wettbewerbern bei der Begleitung großer internat. Transaktionen heraus. Ein mehrstufiger Mrd-€-Deal, mit dem die Pharmakonzerne GlaxoSmithKline u. Novartis ihr Geschäft neu ordnen, lastete bspw. wieder große Teams aus. Dass Cleary derartige Mandate stemmen kann, hat sie auch der engen Vernetzung ihrer ww. Büros zu verdanken, so wurden die zahlr. Anmeldungen zu Glaxo/Novartis von den Büros in Köln u. Washington gemeinsam koordiniert. Eine Kehrseite dieser Ausrichtung ist, dass Wettbewerber wie Gleiss oder Freshfields im dt. Markt etwas visibler sind. Allerdings hat Cleary über ihre starke Präsenz in Bußgeldverfahren gezielt die Verteidigung in Kartellschadensersatzklagen als Geschäftsfeld aufgebaut. Inzw. hat die Kanzlei mit Harms einen der angesehensten Spezialisten für die Abwehr kartellrechtl. Schadensersatzklagen in ihren Reihen u. tritt an der Seite von Aufzugs- u. Kühlkompressorenherstellern vor div. Gerichten auf. Das Renommee zeigt sich auch darin, dass die Kanzlei mit Dr. Bernd Langeheine einen kartellrechtl. sehr erfahrenen ehem. EU-Beamten als Berater gewinnen konnte. Doch personell musste Cleary zuletzt auch Rückschläge im Kölner Büro hinnehmen, als sich die erfahrene Counsel Silke Heinz mit einer Boutique selbstständig machte (Heinz & Zagrosek). Zuvor verließ ein erfahrener Associate, der sich in den Augen mancher Wettbewerber bereits einen Namen gemacht hatte, Cleary in Richtung Jones Day.

Stärken: Eine der am stärksten internat. integrierten Praxen. Eingespielte Teams hoch angesehener Kartellrechtler u.a. in ▶Brüssel, Italien, Frankreich u. den USA.

Häufig empfohlen: Prof. Dr. Dirk Schroeder („kompetent u. kollegial", Wettbewerber), Dr. Romina Polley („sehr stark, sehr präsent", Wettbewerber), Dr. Stephan Barthelmeß, Dr. Tilman Kuhn, Rüdiger Harms (Prozessführung)

Kanzleitätigkeit: Fusionskontrollen u. Kartellverfahren bilden den Schwerpunkt, regelm. dabei auch Prozesse. In Brüssel langj. Erfahrung mit ▶Beihilfemandaten. Etablierte Kartellrechtler auch in Paris, Rom u. den USA. (6 Partner, 2 Counsel, 17 Associates, 1 of Counsel)

Mandate: ●● GlaxoSmithKline bei Kauf u. Verkauf von Sparten sowie Joint Venture mit Novartis; Dt. Telekom bei Klage gg. EU-Bußgeldentscheidung zu Slovak Telekom (EuG); Huawei in EuGH-Grundsatzverfahren zu standardessenziellen Patenten; Value Retail in Prozess gg. BKartA-Entscheidung zu Radiusklausel; Lundbeck bei EuG-Klage gg. Kommissionsentscheidung ‚Pay for Delay'; ArcelorMittal in BKartA-Verf. ‚Stahl'; Haribo in BKartA-Verf. ‚Lebensmitteleinzelhandel'; Fusionskontrollen: u.a. ArcelorMittal/Euronimba, Asahi Kasei/Polypore, Dow Chemical/Univation, Henkel/Bergquist, Henry Schein/Animal Care Company, Westlake Chemical/Vinnolit; Fahrstuhlhersteller u. Kompressorenhersteller gg. div. Kartellschadensersatzklagen; lfd.: DuPont, Media-Saturn, Disney.

CLIFFORD CHANCE
Kartellrecht ◻◻◼◻◻

Bewertung: Die häufig empfohlene Kartellrechtspraxis bleibt ihrer Strategie treu, sich über ihre Branchenspezialisierung u. die strateg. Dauerberatung namh. Unternehmen für Großmandate zu positionieren. Auf diese Weise festigte sich zuletzt etwa die Beziehung zu Metro in dem bisher umfangreichsten Kartellamtsverfahren ‚Lebensmitteleinzelhandel' auf Clifford setzte. Charakteristisch für die Arbeit der Praxis ist ihre enge interne Vernetzung an den Schnittstellen zu branchenbezog. Beratungsfeldern wie Gesundheit und Energie. So beriet sie Bayer u.a. zur kartellrechtskonformen Gestaltung von Rabattsystemen u. KWS Saat zu div. Joint Ventures. Dass die Umstrukturierung von CC in Dtl., in deren Zuge mehrere Partner die Kanzlei verlassen mussten, bisher spurlos an der Kartellrechtspraxis vorbeigegangen ist, unterstreicht, dass sie keinesfalls überdimensioniert ist.

Stärken: Tiefe Branchenexpertise, v.a. im ▶Gesundheitssektor sowie ▶Energie, Handel, TK u. Automotive.

Entwicklungsmöglichkeiten: Clifford verfügt mit Besen u. Schütze über 2 im Markt angesehene Kartellrechtspartner. Allerdings registrieren Wettbewerber aufmerksam, dass die Praxis nach Großkanzleimaßstäben personell überschaubar ist – was umso schwerer wiegt, als CC beim Aufbau marktpräsenter Nachwuchskartellrechtler längst nicht so weit ist wie etwa Gleiss Lutz, Noerr oder Linklaters. Ein Schritt, damit sich diese Konstellation langfr. nicht zu einem Problem beim Generationswechsel entwickelt, könnte die Gewinnung von Quereinsteigern sein.

Häufig empfohlen: Dr. Joachim Schütze, Marc Besen („sehr kompetent", Wettbewerber)

Kanzleitätigkeit: Schwerpunkt bei Fusionskontrollen (▶M&A). Immer häufiger Kartellverfahren u. zivilgerichtliche Prozesse. Auch ▶Vertriebsstrukturierungen. Zunehmend ▶Compliance. Öffentl. Hand (Strukturförderung) ebenso wie private Investoren. (2 Partner, 1 Counsel, 6 Associates, 1 of Counsel)

Mandate: ●● Blackberry bei Kauf von Secusmart; CA Immo/O1 Group fusionskontrollrechtl. bei öffentl. Übernahme; Kone gg. Schadensersatzklagen wg. Aufzugskartell; Moravia gg. Schadensersatzklagen wg. Schienenkartell; Metro in BKartA-Verf. ‚Lebensmitteleinzelhandel'; 3i bei Verkauf von Azelis an Apax Partners; Betroffener im Kartellverf. ‚Baustoffe'; Betroffener im BKartA-Verf. ‚Agrarhandel'; lfd.: BASF, Bayer, Canon Europe, Dt. Telekom, Pfizer, Rockwood Lithium, Volkswagen, Zoetis.

CMS HASCHE SIGLE
Kartellrecht ◻◻◻◼◻

Bewertung: Die häufig empfohlene Kartellrechtspraxis spielt ihre engere interne Vernetzung zunehmend aus. Bei personalintensiven Compliance-Mandaten etwa kann sie große Teams bilden: So begleitete CMS über das Londoner Büro eine interne kartellrechtl. Untersuchung bei einer Reederei, für die aus Hamburg Spezialisten für Maritimes Recht hinzugezogen wurden. Daneben gelang es, den Branchenschwerpunkt Konsumgüter weiter auszubauen. So gewann Bauer den europ. Markenverband für ein strateg. Projekt, in das zahlr. europ. CMS-Büros eingebunden sind. Zudem vertritt er den dt. Markenverband zu Edeka/Tengelmann u. im Streit über Einkaufskonditionen. Auch Kahlenbergs Arbeit für das Land Baden-Württemberg im Zshg. mit der Holzvermarktung ist ein Bsp. für die Präsenz von CMS in Grundsatzverfahren. Daneben steht Kahlenberg für komplexe Fusionskontrollen. Bei Trost/W+M etwa wurde er eigens für eine heikle Phase-II-Prüfung des Kartellamts hinzugezogen. An Bedeutung gewinnt das Thema Kartellschadensersatz, bei dem Reher besonders viel Erfahrung mitbringt. Seine Spezialisierung ist ein Musterbeispiel für die schärfere Profilierung einzelner Partner, mit der CMS ihre Marktwahrnehmung verbessern will. Auch Schöners Schwerpunkte bei maritimen Themen u. Medien gehören zu den Markenzeichen des Teams. Es bleibt jedoch auffällig, dass CMS weniger marktpräsente Partner aufweist als nominell kleinere Praxen wie Hengeler, Linklaters oder Noerr.

Stärken: Stark im Vertriebskartellrecht u. in div. Konsumgüterbranchen.

Häufig empfohlen: Dr. Harald Kahlenberg, Dr. Tim Reher („fachl. u. taktisch meisterhaft", Mandant), Dr. Michael Bauer, Dr. Markus Schöner, Dr. Heinz-Joachim Freund

Kanzleitätigkeit: Breites kartellrechtl. Spektrum: Begleitung von Fusionen, Vertretung in Bußgeld- u. Kartellverfahren, stark im ▶Vertriebskartellrecht. Zunehmend Kartellschadensersatzprozesse. Stuttgart u.a. stark bei ▶Energie, dort sowie in Hamburg auch ▶Medien u. Schnittstelle zu IP, in ▶Brüssel dazu ▶Beihilferecht u. EU-Kartellrecht. (12 Partner, 2 Counsel, 20 Associates, 1 of Counsel)

Mandate: ●● Land Baden-Württemberg in BKartA-Verf. zu gemeinsamer Holzvermarktung; Porsche, u.a. in vertriebskartellrechtl. Prozess gg. Tuning-Unternehmen; Frankenthaler Pressevertrieb bei Zusammenschluss von Pressegrossisten; Travel24.com in Prozess gg. Air France wg. Behinderung von Flugticketvertrieb; Implenia bei Kauf der Bilfinger-Tiefbausparte; Scholz, u.a. zu Joint Venture mit Wettbewerber; Fusionskontrollen: Trost/W+M, Atlas Copco/Henrob, Rettenmeier/Cordes, DMG Mori Seiki/Gildemeister, Axpo/Volkswind, Steag/Repower (GuD-Kraftwerk), Westfleisch/Gausepohl; Cinestar/Cinemaxx zu Ticketvertrieb; Telefónica zu Auflagen nach Fusion mit E-Plus; Trajektna bei Klage gg. EU-Kommissionsentscheidung ‚Port Authority Split'; Mann+Hummel zu Exklusivitätsvereinbarungen, u.a. in China, USA, Dtl.; Energie SaarLorLux, u.a. ▶Fernwärme'; Entega in BKartA-Musterverf. zu Heizstrompreisen; Rossmann, Johnson & Johnson, u.a. in BKartA-Verf. ‚Lebensmitteleinzelhandel'; lfd.: K+S (Compliance), Akzo Nobel, Continental Foods, Hochwald, Kellogg's, Porsche.

● Referenzmandate, umschrieben
●● Referenzmandate, namentlich

Anwaltszahlen: Angaben der Kanzleien, wie viele Anwälte zu mind. ca. 50 % in diesem Gebiet tätig sind. Sie spiegeln nicht zwingend die Gesamtgröße einer Kanzlei wider.

KARTELLRECHT

COMMEO
Kartellrecht

Bewertung: Das empfohlene Team gilt als Pionier unter den Kartellrechtsboutiquen, gehört aber mit 9 Anwälten inzw. zu den größeren Einheiten im Markt. Auch bei den Mandanten bewegt sich die Praxis auf Augenhöhe mit Großkanzleien. So setzen etwa regelm. auch Konzerne wie Samsung u. Procter & Gamble auf Commeo. Zuletzt unterstrich sie an der Seite des Börsenvereins des Dt. Buchhandels ihre starke Stellung im Vertriebskartellrecht, die auch Wettbewerber einhellig betonen. Pautke berät den Verband im Zshg. mit dem EU-Verfahren zu Marktmachtmissbrauch durch Amazon, das grundsätzl. Fragen der Internetökonomie berührt. Daneben gewannen zuletzt Prozessvertretungen an Gewicht. So erreichte Wagener vor dem OLG eine deutl. Bußgeldreduzierung für den Flüssiggaskartellanten Westfalen. Auch Kartellschadensersatzprozesse sorgen für wachsende Auslastung, wobei die Praxis nach wie vor v.a. auf Verteidigerseite tätig ist.

Stärken: Vertriebskartellrecht. Eingespieltes Team, großes Netzwerk von Partnerkanzleien.

Häufig empfohlen: Dr. Jörg-Martin Schultze („fachl. u. menschl. kompetent", „absoluter Fachmann", Mandanten), Dr. Stephanie Pautke („pragmatisch, kompetent, schnell", Wettbewerber), Dr. Dominique Wagener, Dr. Johanna Kübler („schnelle, hochprofessionelle u. exzellente Beratung", Wettbewerber über beide)

Kanzleitätigkeit: Starker vertriebskartellrechtl. Schwerpunkt. Regelm. auch Fusionskontrolle sowie Kartellverfahren u. Schadensersatzfälle. Schwerpunkte in den Branchen Gesundheit, Medien, Kfz-Zulieferer, Konsumgüter. Auch Compliance. (4 Partner, 1 Counsel, 4 Associates)

Mandate: Börsenverein des Dt. Buchhandels in EU-Verfahren gg. Amazon; Magna regelm. fusionskontrollrechtl., u.a. bei Kauf von Getrag, zudem in Kartellverf. ‚Akustische Bauteile'; Telefónica bei Breitbandkooperation mit Dt. Telekom; Geschädigte des Zuckerkartells bei Schadensersatzklagen; Westfalen AG bei Klagen gg. Bußgeld im Flüssiggaskartell (inzw. BGH); Zeppelin bei Zukäufen u. Joint Venture; ARD-Tochter bei Vertriebsneustrukturierung; lfd. vertriebskartellrechtl.: Procter & Gamble, Uvex, SE Tylose; Samsung u. Vaillant zu Compliance; Beteiligte in Kartellverf. ‚Flüssiggas', ‚Baustoffe', ‚Asphaltmischgut' u. ‚Betonpflastersteine'.

DENTONS
Kartellrecht

Bewertung: Die im Kartellrecht geschätzte Kanzlei hat ein starkes Jahr hinter sich. Die Vielseitigkeit von Karenfort, die bisher ein scharfes Marktprofil erschwerte, führte nun gleich auf mehreren Strängen zu einer erfolgreichen Entwicklung. Seine Stärke an der Schnittstelle zu Regulierungsthemen ist als Vertreter von Gazprom in einer EU-Kartelluntersuchung gefragt. Beim Thema Kartellschadensersatz konnte er sich bei Daimler ins Gespräch bringen. Zuvor dominierte über längere Zeit ein zentrales Mandat der Dt. Kreditwirtschaft im Zshg. mit der Neuausrichtung des EC-Bezahlsystems. Folgerichtig baute Dentons das Team auch personell aus, eine erfahrene Associate von Freshfields aus Brüssel stieß in Berlin dazu.

Stärken: Branchenexpertise im Banken-, ▶Gesundheits-, ▶Energie- u. Kabelnetzsektor.

Entwicklungsmöglichkeiten: Die internat. Fusion bietet ebenso wie die jüngsten Akquiseerfolge gerade im Kartellrecht etl. Chancen. Für den Teamchef werden Managementaufgaben künftig mehr Raum einnehmen, was umgekehrt bedeutet, dass die Jüngeren stärker in die erste Reihe rücken müssen.

Häufig empfohlen: Dr. Jörg Karenfort („präziser u. schneller Rat", Mandant; „bietet zuverlässige Einschätzungen", „versiert, gewiefter Taktiker", „kennt sich im Mediensektor gut aus", „kompetent u. pragmatisch", Wettbewerber)

Kanzleitätigkeit: Breite kartellrechtl. Tätigkeit, national u. internat.: Fusionskontrollen, Bußgeldverfahren, Schadensersatzklagen. Viel Arbeit an Schnittstellen zu Beihilfe- u. Vergaberecht sowie Regulierungsthemen. Besondere Branchenerfahrung im Medien-/Kabelbereich. (1 Eq.-Partner, 1 Sal.-Partner, 4 Associates, 1 of Counsel)

Mandate: Daimler strategisch bzgl. Schadensersatzthemen; Gazprom in Kartell-/Missbrauchsverfahren der EU-Kommission; Fresenius Medical Care vertriebskartellrechtl.; Spitzenverbände der dt. Kreditwirtschaft, inkl. BdB, zu Kartellverf. ‚Electronic Cash' u. vertragl. Neustrukturierung des EC-Zahlungssytems; regelm. Coca-Cola, Chanel, Sana Kliniken, Berliner Apothekenverein, Liberty Global; Dt. Bahn zu Vermietung von Werbeflächen.

FRESHFIELDS BRUCKHAUS DERINGER
Kartellrecht

NOMINIERT
JUVE Awards 2015
Kanzlei des Jahres für Kartellrecht

Bewertung: Eine führende Kanzlei im Kartellrecht, deren Akteure im Markt eine andauernd hohe Wertschätzung genießen u. denen es immer wieder gelingt, gerade bei aktuellen Themen die Szene zu dominieren. So haben insbes. einige der Düsseldorfer Partner durch die enge Zusammenarbeit mit den Prozessspezialisten einen großen Erfahrungsschatz bei streitigen Auseinandersetzungen angesammelt, v.a. bei der Abwehr von Kartellschadensersatz. Für die Beratung im Zshg. mit dem heiklen u. noch neuen Thema des internen Ausgleichs unter Kartellbeteiligten erntete darüber hinaus der angesehene Praxischef Klusmann zuletzt Respekt. Beachtl. ist, wie es der Praxis gelingt, bei internat. Bußgeldverf. u. Zusammenschlüssen (etwa für Siemens beim Zukauf der US-amerikan. Dresser-Rand oder ww. Holcim) ebenso präsent zu sein wie bei dt. u. teils mittelständ. geprägten Kartellverfahren, so etwa in den Bereichen Asphalt, Fleischwaren oder Kfz-Zulieferer. Positive Marktrückmeldung gab es zudem für Röhling, der als junger Partner für die Beziehung zu Axel Springer verantwortl. zeichnet u. hier viel beschäftigt war. Das internat. erfahrene Brüsseler Team wurde zuletzt durch die Partnerernennung von Sascha Schubert aufgewertet. Im Markt bemerkt wurde, wie aufgr. des hohen Bedarfs der im Energiesektor erfahrene Partner Scholz seinen Schwerpunkt nun wieder auf andere Branchen verlagerte.

Stärken: Die im Markt wohl stärkste Kombination aus internat. Aufstellung u. großer, hoch angesehener dt. Praxis. Marktführendes ▶Brüsseler Büro.

Häufig empfohlen: Dr. Frank Montag („ein höchst geschätzter Berater, wirklich überall spitze u. internat. extrem gut vernetzt", Mandant; „auch auf internat. Ebene höchst anerkannt", Wettbewerber), Dr. Martin Klusmann („einer der Besten, berät absolut fundiert u. ist kein Schaumschläger", Mandant; „findet oft kreative Lösungen", Wettbewerber), Dr. Michael Esser, Dr. Helmut Bergmann („fachl. Tiefe, viel Erfahrung", Wettbewerber), Dr. Tobias Klose („hervorragende Expertise in Bußgeldfällen", Wettbewerber), Dr. Uta Itzen, Dr. Peter Niggemann, Dr. Thomas Lübbig („immer wieder zufrieden", Mandant; „respektiere ihn fachl. sehr", Wettbewerber), Dr. Frank Röhling („besonnen u. umsichtig", Wettbewerber), Dr. Thomas Wessely („sehr professionell u. strukturiert, gute Marktkenntnis im Kommunikationssektor", Mandant), Dr. Ulrich Scholz („verlässlich u. kollegial, hervorrag. Jurist", Wettbewerber)

Kanzleitätigkeit: Breite Praxis mit dt. u. europ. Fusionskontrolle für Industrieunternehmen u. Private-Equity-Fonds. Erfahrung in zahlr. Kronzeuganträgen bei den Kartellbehörden u. mit nachfolgenden Streitigkeiten um Schadensersatz. Stark auch an aktuellen Schnittstellen zu ▶Patent-, ▶Marken- u. Wettbewerbs- u. ▶Beihilferecht sowie ▶Compliance-Untersuchungen. Ausgeprägte Branchenkompetenzen in ▶Telekommunikation, ▶Energie, ▶Medien. (13 Partner, 1 Counsel, 36 Associates, 4 of Counsel)

Mandate: Rewe zu Edeka/Tengelmann; regelm. Axel Springer, u.a. zu Immowelt/Immonet u. Plattform mit Funke-Gruppe; Novartis zu Beteiligung an GSK Consumer Healthcare; Mars (Süßwaren), u. Inbev (Bier) in Kartellverf. ‚Lebensmittelhandel'; ThyssenKrupp GfT zu nachlfd. Strafverfahren wg. Schienenkartell (mit Strafrechtskanzlei) u. Abwehr von Schadensersatz; ebenso ThyssenKrupp-Elevator; Salzgitter Gas in Kartellverf. ‚Flüssiggas' (BGH); Pfeifer & Langen zu Abwehr von Klagen gg. Zuckerkartell (aus dem Markt bekannt); lfd. Holcim, u.a. zu Fusion mit Lafarge (ww. Koordination) u. zu Abwehr von Schadensersatz; Linpac als Kronzeuge in EU-Bußgeldverf. ‚Lebensmittelverpackungen'; Master Blenders zu internat. Joint Venture mit Mondelez; Fusionskontrollen: Continental/Veyance, Chiquita/Fyffes, Mars/P&G Tiernahrung; Beteiligter am Wälzlagerkartell zu Abwehr von Schadensersatz u. bei Gesamtschuldnerausgleich (aus dem Markt bekannt); lfd. Schaeffler, SGL Carbon, ABB, Ströer Media, ADAC, Continental; namh. Pharmaunternehmen zu ‚Pay for Delay'-Thematik;

GLADE MICHEL WIRTZ
Kartellrecht

Bewertung: Der empfohlenen Kartellrechtspraxis gelingt es immer wieder, durch Erfolge in komplexen kartellrechtl. Verfahren für Aufsehen zu sorgen. So gelang es Wirtz, die bereits genehmigte Fusion zwischen Liberty u. KabelBW gerichtl. zu stoppen, bis Liberty einen 3-stelligen Mio-€-Betrag zahlte, damit GMW-Mandantin Dt. Telekom ihre Beschwerde gg. den Deal zurückzog. Zudem erreichte die Kanzlei für das Medienhaus Lensing-Wolff vor dem Kartellamt die Freigabe für den Verkauf der Münsterschen Zeitung als eigenständigem Betriebsteil im Rahmen einer Sanierungsfusion. Erstmals akzeptierte das Bundeskartellamt dabei in dieser Branche die sog. Failing Division Defence, mit der sich fusionskontrollrechtl. Hürden bzgl. der Marktkonzentration überwinden lassen. Auch die Arbeit für Samsung in einem aktuellen Grundsatzstreit zu standardessenziellen Mobilfunkpatenten festigt den Ruf des von Wettbewerbern häufig als „innovativ" u. „aufstrebend" bezeichneten Teams. Per-

● Referenzmandate, umschrieben
●● Referenzmandate, namentlich

Anwaltszahlen: Angaben der Kanzleien, wie viele Anwälte zu mind. ca. 50 % in diesem Gebiet tätig sind. Sie spiegeln nicht zwingend die Gesamtgröße einer Kanzlei wider.

KARTELLRECHT

sonell entwickelte sich die Praxis mit der Ernennung eines Counsels zuletzt behutsam weiter. Zudem forciert sie die interne Vernetzung mit den Gesellschaftsrechtlern in Bezug auf Compliance-Mandate, deren Gewicht v.a. als Folge von Bußgeldverfahren stark zunimmt.

Häufig empfohlen: Dr. Markus Wirtz („fachl. kompetent u. menschl. angenehm", Wettbewerber), Dr. Silke Möller („dynamisches Team mit sehr hohen Qualitätsansprüchen", Wettbewerber über beide)

Kanzleitätigkeit: Schwerpunkt Fusionskontrollen u. Kartellverfahren; auch Compliance u. Erfahrung in komplexen, kartellrechtl. motivierten Prozessen. Zudem Vertriebskartellrecht u. Schnittstelle zu IP. (2 Partner, 1 Counsel, 4 Associates)

Mandate: ●● Samsung gg. Schadensersatzklage von Unwired Planet im Zshg. mit standardessenziellen Mobilfunkpatenten; Medienhaus Lensing-Wolff bei Verkauf der Münsterschen Zeitung (Sanierungsfusion); Dt.-Bank-Aufsichtsrat in aufsichtsrechtl. Verfahren u. Rechtsstreitigkeiten; Fashion Outlet Montabaur in BKartA-Verf. zu Radiusklauseln; Seaco bei Kauf von Cronos; IK Invest bei Kauf von Evac; United Internet bei Kauf von Versatel; ZF Friedrichshafen bei Verkauf von Joint-Venture-Anteilen an Bosch; Dt. Telekom in Beschwerde gg. Fusionsfreigabe Liberty/Kabel BW; Beteiligte in Kartellverf. ‚Lebensmitteleinzelhandel', ‚Sanitärgroßhandel' u.a.; Gleistechnikhersteller bei Abwehr von Schadensersatzansprüchen; Geschädigter des Luftfrachtkartells bei Geltendmachung von Schadensersatz.

GLEISS LUTZ
Kartellrecht

NOMINIERT JUVE Awards 2015 Kanzlei des Jahres für Kartellrecht

Bewertung: Die zu den fuhrenden zählende Kartellrechtspraxis ist an nahezu allen wichtigen Kartellverfahren in Dtl. beteiligt u. gehört auch auf EU-Ebene zu den präsentesten Einheiten. So vertritt Denzel etwa Daimler im großen Lkw-Verfahren der Kommission u. konnte für HeidelbergCement die Einstellung eines EU-Verfahrens erreichen. Dass die Kanzlei auch ohne eigene Auslandsbüros (abgesehen von Brüssel) dank ihres exzellenten Netzwerks über eine beachtl. internat. Schlagkraft verfügt, zeigt u.a. die Arbeit für den US-Konzern TRW bei der Übernahme durch ZF. Zudem agiert Gleiss in Zshg. mit Kfz-Zuliefererkartellen regelm. grenzüberschreitend u. hat bspw. einen Kronzeugenantrag in den USA eingereicht. Neben der Internationalisierung forciert die Praxis mit Blick auf den Boom bei Kartellschadensersatz die Schnittstelle zu Litigation: Mit Steinle, Denzel u. Bosch verfügt die Praxis über renommierte Verteidiger, während Linsmeier gemeinsam mit dem Prozessrechtler Dr. Luidger Röckrath für BSH auf Klägerseite (Kühlkompressoren) tätig ist. Obwohl die Praxis neben Freshfields in Dtl. mit Abstand über die meisten renommierten Partner verfügt, ernannte sie zuletzt in Stuttgart mit Dr. Moritz Holm-Hadulla einen Neupartner u. unterstrich damit, dass sie auch bei der nachhaltigen Praxisentwicklung eine führende Stellung einnimmt.

Stärken: Rundum hochkarätige Kartellrechtspraxis. Viel Erfahrung in Prozessen (auch mit eingespielten US-Beziehungen).

Häufig empfohlen: Dr. Ingo Brinker („sehr erfahren", Wettbewerber), Dr. Matthias Karl („qualitativ gute, pragmatische Beratung", Mandant), Dr. Wolfgang Bosch („absoluter Experte", Mandant; „brillant", Wettbewerber), Dr. Ulrich Soltész („pragmatisch, bringt komplexe Themen auch für Nicht-Juristen verständlich rüber", Mandant), Dr. Petra Linsmeier, Dr. Christian Steinle („zuverlässig, anerkannt, umfassende Marktkenntnis", Wettbewerber), Dr. Ulrich Denzel („starkes Judiz, gut unter Druck", Wettbewerber), Dr. Martin Raible („angenehme, zielführende Zusammenarbeit", Wettbewerber)

Kanzleitätigkeit: Umf. ausgerichtete Kartellpraxis mit Kompetenz in Fusionskontrollen, Bußgeld- u. Missbrauchsverfahren, Vertriebskartellrecht (▶Vertrieb). ▶Compliance-Untersuchungen. Starke Branchen: Automobil, Konsumgüter, ▶Gesundheit, ▶Medien, ▶Energie, Telekommunikation, ▶Beihilfe, insbes. im ▶Brüsseler Büro. (9 Eq.-Partner, 10 Sal.-Partner, 2 Counsel, 26 Associates, 1 of Counsel)

Mandate: ●● HeidelbergCement, u.a. in EU-Kartellverf. ‚Zement', in Schadensersatzprozess gg. CDC u. bei Kauf von Italcementi; AC-Treuhand in EuGH-Verf. zu Kartellunterstützern; Aldi u. Alfred Ritter in Kartellverf. ‚Lebensmitteleinzelhandel'; Daimler in EU-Kartellverf. ‚Lkw'; Dt. Telekom bei kartellrechtl. Klagen von Kabel Dtl. u. Unitymedia wg. Nutzungsentgelten; Grossoverband gg. Bauer zu Pressevertrieb (inzw. BGH); Evonik Degussa in EuGH-Verf. ‚Bleichmittel'; Heta Resolution bei Verkauf des Südosteuropa-Netzwerks an Advent u. EBRD; Sasol bei Anfechtung von Bußgeldbescheid ‚Paraffinwachs' (EuG); Voestalpine, u.a. in BKartA-Verf. ‚Stahl' u. bei Anfechtung von EU-Bußgeldbescheid ‚Spannstahl'; Bosch umf., u.a. bei Kauf von BSH-Anteilen von Siemens; Fusionskontrollen: Mahle/Delphi, Geberit/Sanitec, Goldman Sachs/Mister Spex, TRW/ZF Friedrichshafen.

HAVER & MAILÄNDER
Kartellrecht

Bewertung: Geschätzte Kartellrechtspraxis, die ihr Kerngeschäft an der Seite von Dauermandanten bei Fusionskontrollen u. im Vertriebskartellrecht zunehmend auf weitere Bereiche ausdehnt. So bildet sich ein Schwerpunkt bei der Geltendmachung von Kartellschadensersatz. Hier kann H&M auch deshalb punkten, weil sie selten in Bußgeldverf. tätig ist u. somit weniger Konfliktpotenzial hat als größere Praxen. Im Markt ist bekannt, dass sie bei Schadensersatzfällen mit der US-Klägerkanzlei Hausfeld kooperiert, die bisher kein dt. Büro hat. V.a. der Brüsseler Partner Soyez steht für das Thema Schadensersatz. Ihm gelang zudem eine Ausweitung der Compliance-Beratung.

Stärken: Versiert in kartellrechtl. Prozessen (auch ▶Handel u. Haftung).

Häufig empfohlen: Dr. Ulrich Schnelle („sehr klug, gut unterwegs bei Schadensersatz", Wettbewerber), Dr. Volker Soyez („angenehm, fair, sehr sachlich; kann emotional aufgeladene Verhandlungen gut abfedern", Mandant)

Kanzleitätigkeit: Schwerpunkt bei kartellrechtl. Prozessmandaten u. im ▶Vertriebskartellrecht. Häufig auch Compliance-Beratung. Zudem Fusionskontrolle. (2 Eq.-Partner, 1 Sal.-Partner, 2 Associates)

Mandate: ●● Hotelverband Dtl. als Beigeladener im Kartellverf. gg. Bestpreisklauseln bei Hotelbuchungen (gg. HRS u. Booking.com); Friedrich Scharr in Kartellverf. ‚Flüssiggas'; Konecranes u. MTD Products bei Fusionskontrollen u. im Vertriebskartellrecht; Targobank, Ing-Diba, VW-Bank im Streit mit Sparkassen wg. Abhebegebühren, lfd.: Aurelius, div. Lottogesellschaften zu kartellrechtl. Compliance, im Vertriebskartellrecht: Amann & Söhne, Dresser-Rand, Importhaus Wilms; div. Betroffene des Luftfrachtkartells bei Geltendmachung von Schadensersatz.

HENGELER MUELLER
Kartellrecht

Bewertung: Eine der führenden Kanzleien im Kartellrecht. Während sie die hervorragende Corporate-Praxis auf Augenhöhe unterstützt, hat die Kartellrechtspraxis darüber hinaus gezeigt, dass sie auch bei den zentralen Themen Onlinevertrieb u. Bestpreisklauseln mit zur Speerspitze gehört. Die in den letzten Jahren aufgebauten guten Beziehungen zu asiat. Unternehmen zeigten sich, als HM mehrere neue Mandanten im Zshg. mit einem groß angelegten Kartellverfahren im Bereich Kfz-Elektronik gewinnen konnte. Neben transaktionsbegleitende Fusionskontrollen trat zuletzt vermehrt die Begleitung im Zshg. mit Joint Ventures, z.B. für Regus, Pentair oder MVV Energie. HM ist auch beim Thema Kartellschadensersatz von einigen Unternehmen mandatiert, etwa bei der Abwehr von Klagen gg. das Luftfracht- oder das Schienenkartell. Im direkten Vergleich zu den führenden Konkurrentinnen wie Cleary u. Freshfields steht die Gebiete aber bisher weniger im strateg. Fokus.

Stärken: Exzellente Branchenkontakte (Energie, Kabel, Banken, Versicherer).

Häufig empfohlen: Dr. Christoph Stadler („sehr gut, sehr kompetent", Mandant), Dr. Thorsten Mäger („hohe fachl. Kompetenz, Erfahrung mit Fällen in der Medienlandschaft", „phantastisch, kurzer, vorstandstauglicher Rat auch in sehr komplexen Sachverhalt", Mandanten), Dr. Alf-Henrik Bischke („sehr erfahren und empfehlenswert", Wettbewerber), Dr. Hans-Jörg Niemeyer, Jochen Burrichter

Kanzleitätigkeit: Schwerpunkt bei Fusionskontrollen, mit Joint-Venture- ebenso wie Transaktionsbezug, Begleitung von Zusammenschlüssen u. Konzernumstrukturierungen. Kartellverfahren u. regelm. Prozesse (auch Abwehr von Schadensersatz). Starkes ▶Brüsseler Büro mit ▶beihilferechtl. Erfahrung. (5 Partner, 1 Counsel, 22 Associates, 1 of Counsel)

Mandate: ●● HRS als Beigel. in Kartellverf. gg. Bestpreisklauseln (u.a. Booking.com); RWE zu EU-Missbrauchsverf. gg. Gazprom; Nordzucker bzgl. Kartellverf. ‚Zucker'; MAN in EU-Kartellverf. ‚Lkw'; British Airways zu Schadensersatzklage von Luftfrachtkartellanten; MVV Energie, Baywa, u.a. zu Joint-Venture-Gründung (Beegy); DIC u. KKR zu Gründung von gemeinsamer Plattform für Gewerbeimmobilieninvestitionen; Intel als Beigel. zu Fusionskontrolle Tokyo Electron/Applied Materials; Coca-Cola Enterprises bei Zusammenlegung der europ. Abfüller (mit Koop.kanzleien); MeinFernbus bei Fusion mit Flixbus; First State Investments zu Kauf von ostdt. Gasnetzbetreiber; Fusionskontrollen: Northeast (Lingyun) zu Kauf einer Delphi-Sparte, Orpea/Celenus (mit BredinPrat); Fusionskontrollen für KKR, Bain Capital, Dong, Dürr, Dassault, Microsoft, Publicis, Rolls-Royce, Regus Holdings; Beteiligte in Kartellverf. ‚Kfz-Heizungen', ‚Kondensatoren', ‚Klimaanlagen', ‚Bergbau'.

● Referenzmandate, umschrieben
●● Referenzmandate, namentlich

Anwaltszahlen: Angaben der Kanzleien, wie viele Anwälte zu mind. ca. 50 % in diesem Gebiet tätig sind. Sie spiegeln nicht zwingend die Gesamtgröße einer Kanzlei wider.

KARTELLRECHT

HERMANNS WAGNER BRÜCK
Kartellrecht

Bewertung: Die empfohlene Kartellrechtsboutique ist häufig in prominenten Deals u. Kartellverfahren zu sehen. Zuletzt begleitete sie ihre Stammmandantin Tengelmann beim gepl. Verkauf an Edeka u. war zudem für Fressnapf im großen BKartA-Verfahren ‚Lebensmitteleinzelhandel' tätig. In einer Prozessserie gg. Porsche erreichte sie für Techart zuletzt einen Teilerfolg vor dem BGH. Wettbewerber loben regelm. die hohe Kompetenz des Teams. Neben Dauerberatung u. fusionskontrollrechtl. Arbeit für große Mandanten wie Agravis gewinnt die Vertretung persönl. Betroffener in Kartellverf. an Bedeutung. Zudem ist die Kanzlei mit Klagen gg. das Aufzugskartell (für Karstadt) u. die Arbeit für div. Geschädigte des Zuckerkartells gut beim Thema Schadensersatz positioniert. Mandanten schätzen die persönl. Beratung durch die Partner, allerdings setzt der bewusste Verzicht auf Associates dem Wachstum Grenzen.

Häufig empfohlen: Johann Brück, („unaufgeregt, kollegial", Mandant; „einer der besten persönl. Verteidiger in Kartellverfahren", Wettbewerber), Dr. Achim Wagner („hervorragend vernetzt, lösungsorientiert", Wettbewerber), Corinna Neunzig („exzellente Juristin, sehr prozesserfahren", Wettbewerber)

Kanzleitätigkeit: Fusionsanmeldungen, Vertretung vor dt. u. europ. Kartellbehörden, Prozesse um Bußgeldverfahren u. Schadensersatz. Mandantenkreis aus bekannten Namen ebenso wie mittelständ. Unternehmen. (3 Partner)

Mandate: ●● Tengelmann bei gepl. Fusion mit Edeka; Signa als Bieter für Kaufhof; Fressnapf in Kartellverf. ‚Lebensmitteleinzelhandel'; Danish Agro bei Kauf von Anteilen an Getreide AG; Wessels + Müller bei Kauf von Trost; Agravis bei div. Fusionskontrollen; Karstadt in Schadensersatzprozess gg. Aufzugskartell; lfd.: RWZ, Landgard, Dt. Sisiwerke, Techart.

HEUKING KÜHN LÜER WOJTEK
Kartellrecht

Bewertung: Die geschätzte Kartellrechtspraxis war zuletzt erneut v.a. durch die umfangreiche Tätigkeit Veltes für die Mediengruppe Funke stark ausgelastet. U.a. erreichte die Praxis in einem komplexen Phase-II-Verfahren beim BKartA die Freigabe für das Gemeinschaftsunternehmen Media Impact mit Axel Springer. Zunehmend gelingt es, die Marktwahrnehmung zu verbessern, indem einzelne Partner ihr Profil schärfen. So steht etwa der Münchner Partner Siegert für Expertise im Vertriebskartellrecht, während Wiemer in Hamburg zuletzt u.a. die Compliance-Beratung ausbauen konnte. U.a. gewann er British American Tobacco als Mandantin. In Brüssel verlor Heuking mit Simon Hirsbrunner jedoch zuletzt einen Partner. Vom wachsenden Gewicht der Streitigkeiten um Kartellschadensersatz konnte die Kanzlei sowohl als Verteidigerin (‚Spanplatten') wie auch auf Geschädigtenseite (u.a. ‚Wälzlager') zulegen. Nicht gelungen ist es dagegen, die Präsenz in Bußgeldverfahren zu steigern.

Stärken: Vertriebskartellrechtl. Expertise (Hamburg u. München).

Entwicklungsmöglichkeiten: Eine Stärkung des Unterbaus durch weitere Associates könnte innerhalb des stark partnerzentrierten Teams Ressourcen für die Praxisentwicklung freisetzen, etwa bei der Vernetzung untereinander u. mit anderen Praxisgruppen.

Häufig empfohlen: Dr. Rainer Velte, Dr. Frederik Wiemer („sehr kompetent", Wettbewerber über beide), Dr. Reinhard Siegert

Kanzleitätigkeit: Schwerpunkte im ▶ Vertriebskartellrecht u. bei Fusionskontrollen. Zunehmend auch Bußgeldverfahren, Compliance, Schadensersatzprozesse. (4 Eq.-Partner, 2 Sal.-Partner, 2 Associates)

Mandate: ●● Funke Mediengruppe, u.a. bei Gründung von Joint Venture Media Impact, Kauf von Anteilen am Medienhaus Dtl. u. Verkauf von Regionalausgaben an Lensing-Wolff; Bolten Brauerei im Bierkartell (OLG); British American Tobacco zu Compliance; EU-Kommission zu Kartellverf. ‚Fensterbeschläge' (EuG); Lloyd Fonds bei Umstrukturierung; Technische Werke Ludwigshafen bei Kauf von Ensys; VTG bei Kauf von AAE; lfd. Celanese, Sanofi-Aventis, Schunk; im Vertriebskartellrecht: Audi, AGCO; Beteiligte in Kartellverf. ‚Kartoffeln', ‚Betonpflastersteine', ‚Matratzen'.

Anzeige

Damit auch Ihre Elefantenhochzeit ein voller Erfolg wird!

Weil die richtige kartellrechtliche Beratung den entscheidenden Unterschied machen kann.

Eisenberger & Herzog – DIE österreichische Wirtschaftskanzlei
Praxisgruppe Kartellrecht: d.thalhammer@ehlaw.at, a.zellhofer@ehlaw.at

EISENBERGER & HERZOG
RECHTSANWALTS GMBH
FINDING WAYS

www.findingways.at

● Referenzmandate, umschrieben
●● Referenzmandate, namentlich

Anwaltszahlen: Angaben der Kanzleien, wie viele Anwälte zu mind. ca. 50 % in diesem Gebiet tätig sind. Sie spiegeln nicht zwingend die Gesamtgröße einer Kanzlei wider.

KARTELLRECHT

HOGAN LOVELLS
Kartellrecht

NOMINIERT
JUVE Awards 2015
Kanzlei des Jahres für Kartellrecht

Bewertung: Im Kartellrecht häufig empfohlene Praxis, deren erfahrenes Team sich zuletzt auch mit neuen Mandaten im bedeutsamen Bereich Kartellschadensersatz zeigte. So ist das Team aktuell von Ford mit der Durchsetzung von Ansprüchen gg. Mitglieder der div. Kfz-Zulieferkartelle mandatiert worden u. arbeitet hier mit den Prozessspezialisten sowie Büros in anderen Ländern zusammen. Ähnliches gilt bei der Vertretung von Air Canada. Durch die erfolgreiche Vertretung von ZTE im Patentstreit um Zwangslizenzen bewies sich HL zudem als eine der erfahrensten Kanzleien für die ebenfalls sehr aktuelle Schnittstelle von Kartellrecht u. IP. Ein besonders aufwendiges Mandat begleitete zudem Pallinger mit der nach einer Intervention des Kartellamts erforderlichen Anpassung von elektron. Bezahlmodellen. Hier vertrat sie zahlr. Netzbetreiber ggü. der Dt. Kreditwirtschaft. Der langj. Partner Dr. Eckhard Bremer, der viel Erfahrung in regulierungsnahen Branchen hat, wechselte zu der Berliner Kanzlei Wegner Ullrich.

Stärken: Expertise an den Schnittstelle zum Vergabe- u. ▶Patentrecht. Glaubwürdiger Ansatz bei der internat. Vernetzung.

Häufig empfohlen: Dr. Martin Sura („sehr angenehm u. professionell", „richtig guter Kartellrechtler", Wettbewerber), Dr. Kerstin Pallinger, Dr. Marc Schweda („sehr kompetent", Wettbewerber), Dr. Christoph Wünschmann („kompetent, klar u. pragmatisch", Mandant).

Kanzleitätigkeit: Dt. u. europ. Fusionsanmeldungen, daneben zu Unternehmenskooperationen, ▶Vertriebs- u. Lizenzverträge, Missbrauchs- u. Bußgeldverfahren, ▶Compliance; regelm. auch an den Schnittstellen zu ▶Vergabe- u. teils Beihilferecht (mit dem Brüsseler Büro). Branchen: Versicherer, ▶Gesundheit, ▶Energie, Medien, Verbände. (3 Partner, 3 Counsel, 7 Associates)

Mandate: ●● Air Canada bei Klage von Barnsdale/Dt. Bahn; Ebay lfd. zu vertriebsrechtl. Plattformverboten durch Markenherstellern, u.a. als Beigel. in Kartellverf. gg. Asics; ZTE zu SEP-Patentstreit um kartellrechtl. Zwangslizenzeinwand; Flixbus zu Fusion mit MeinFernbus; Tank & Rast zu Kooperation mit McDonald's; Steinhaus bzgl. Vorwürfen zu Beteiligung am Wurstkartell; Ford zu Durchsetzung von Schadensersatz gg. div. Kfz-Zuliefererkartelle; 14 Netzbetreiber (u.a. DB Vertrieb, Rewe Card Service, Telecash) zu Neugestaltung der Verträge mit Dt. Kreditwirtschaft (E-Bezahlung); Lego zu Neugestaltung des Konditionensystems; lfd.: FMS Wertmanagement, Danfoss, Hamburger Hafen und Logistik, Moët Hennessy, Peek & Cloppenburg, Pepsi. Fusionskontrollen für: Advent, Tank & Rast, Energy-from-Waste.

JONES DAY
Kartellrecht

Bewertung: Häufig empfohlene Kartellrechtspraxis, die zuletzt personell kräftig ausbaute u. ihre Ausrichtung auf die internat. Ebene weiter unterstreicht. Für eine Überraschung sorgte in Frankfurt etwa der Zugang des Wiener Kartellrechts- u. Schiedsverfahrensspezialisten Dr. Johannes Willheim, der zugleich mehrj. Erfahrung bei Brüsseler Kanzleien u. Kontakte zu Gazprom, Bauer-Verlag u. L'Oreal mitbringt. Eine deutl. Verstärkung für das Brüsseler Büro bedeutet der Zugang des jüngeren Partners Werner von McDermott. In D'dorf kam ein versierter Associate von Cleary Gottlieb dazu. Gerade die internat. Kompetenz von Gromotke zeigte sich in der Arbeit für Tokyo Electron bei einer Transaktion, die eine heikle chin. Anmeldung beinhaltete u. in Dtl. trotz einer besonders intensiven Phase-II-Prüfung am Ende freigegeben wurde.

Stärken: Internat. Fusionskontrollen. Angesehene europa- u. beihilferechtl. Praxis in ▶Brüssel; gute Beziehungen zur Top-US-Praxis.

Entwicklungsmöglichkeiten: Das Marktbild der JD-Praxis ist stark durch die Profile der einzelnen Partner gekennzeichnet. Dadurch stellt sich trotz der hervorrag. Mandate im Markt noch kaum das Bild einer schlagkräftigen Praxis ein.

Häufig empfohlen: Dr. Carsten Gromotke, Dr. Thomas Jestaedt („zählt zum Kreis der erfahrenen Spezialisten", Wettbewerber), Dr. Johannes Zöttl, Dr. Philipp Werner („angenehme, konstruktive Zusammenarbeit", „jung, energisch, engagiert, kreativ, mit enormem Intellekt", Wettbewerber)

Kanzleitätigkeit: Schwerpunkt bei Fusionskontrollen. Zudem Missbrauchsverfahren u. Beihilferecht. Außerdem branchenspezif. Compliance, u.a. bei Pharma/Biotech u. Luftfahrtunternehmen. (5 Partner, 7 Associates)

Mandate: ●● Lfd. SAP, u.a. zu Kauf des US-Konkurrenten Concur; AB Electrolux zu Kauf von GE Appliances; Tokyo Electron zu Kauf von Applied Materials; Cardinal Health bei Kauf einer Johnson-&-Johnson-Tochter; Xio zu Kauf von Compo; lfd. Boehringer Ingelheim, u.a. zu www. Kartellrechts-Compliance u. div. Beteiligungsvorhaben; lfd. Koelnmesse, u.a. bzgl. Art Cologne; lfd. Toyota Dtl. zu Compliance u. Vertrieb; DT Holding zu Joint Venture in China; namh. Automobilhersteller kartellrechtl.; private Investoren zu Kauf von Ferienwohnungsportal durch Axel Springer.

KAPELLMANN UND PARTNER
Kartellrecht

Bewertung: Die im Kartellrecht empfohlene Praxis ist erneut personell gewachsen u. konnte weitere Marktanteile erobern. Neue Mandaten gewann das Team etwa für Joint-Venture-Beratungen sowie im Vertriebskartellrecht. Die Erfahrung aus der nun schon einige Jahre währenden Beratung von ThyssenKrupp zu Compliance-Fragen nutzt das Team zunehmend auch für die ansonsten vielfach mittelständ. Klientel, so z.B. für Audits, Schulungen u. die Überprüfung von Verträgen.

Stärken: Beratung zu Compliance, v.a. durch ausgewiesene Expertise im Strafrecht. Gut vernetztes Büro mit dt. Partner in ▶Brüssel.

Entwicklungsmöglichkeiten: Je stärker die Kanzlei über ihren traditionellen Baufokus hinauswächst – dieses Jahr legte sie mit einem Quereinsteiger von Freshfields den Grundstein für eine IP-Praxis – desto weiter werden sich auch Managementherausforderungen bzgl. einer internen Verzahnung von Fachbereichen stellen. Bei einigen Mandaten ist dies mit der kleinen Vertriebsrechtspraxis der Kanzlei schon gelungen.

Häufig empfohlen: Dr. Axel Kallmayer („guter Pragmatiker, schnell u. effizient", Wettbewerber), Dr. Ivo du Mont („sehr guter Kartellrechtler", Wettbewerber)

Kanzleitätigkeit: Lfd. kartellrechtl. Beratung inkl. Vertragsgestaltung, Fusionskontrollen u. Compliance-Aufbau; auch anerkannte strafrechtl. Kompetenz. Dazu Vertretung in Kartellbußgeldfällen. (3 Eq.-Partner, 8 Associates)

Mandate: ●● BFM Business Fleet Management zu Joint Venture zw. Swisscom u. Sixt; ThyssenKrupp lfd. zu kartellrechtl. Compliance u. vertragl. Gestaltungen bei Einkauf u. Vertrieb; Sofort zu Veränderungen bei Kartenbezahlverfahren; Flughafen D'dorf zu Compliance; Gea in Kartellverf. ‚Hitzestabilisatoren'; Kfz-Zulieferer zu Kauf eines Wettbewerbers; Tierbedarfshändler zu Preisbindungsthemen u. Onlinevertrieb; internat. Maschinenbauer bei Aufarbeitung von Kartellfall, inkl. Bonusantrag; div. Möbelhändler zu Compliance u. Prüfung der Einkaufsverträge; Badezimmermöbelunternehmen zu Selektivvertrieb; Mineralölunternehmen zu Tankstellenvertrieb.

KING & WOOD MALLESONS
Kartellrecht

Bewertung: Die geschätzte Kartellrechtspraxis gewann zuletzt an Präsenz bei Kartellschadensersatz- u. Bußgeldverfahren. So vertritt sie Qantas im Luftfrachtkartell gg. die bisher größte dt. Schadensersatzklage. Dabei profitiert sie von ihrer engen Einbindung in das internat. Netzwerk der Kanzlei, denn auch in GB u. den Niederlanden sind Klagen anhängig. Neben die umf. Beratung von Expedia in Kartellverfahren zu Bestpreisklauseln, die inzw. mehrere europ. Länder betreffen, tritt zudem die Vertretung eines Beteiligten im aktuellen BKartA-Verf. ‚Agrarhandel'. Ein Rückschlag ist dagegen der Abgang des Fusionskontrollspezialisten Martin Bechtold, der erst im Vorjahr von Allen & Overy kam. So bleibt es weiterhin eine Aufgabe, die Praxis bei multinat. Transaktionen jenseits der regelm. Tätigkeit für eine Reihe von Private-Equity-Investoren weiterzuentwickeln.

Stärken: Große ▶Private-Equ.-u.-Vent.-Capital-Erfahrung. In London bestens angesehene Kartellrechtspraxis für Schadensersatzfälle.

Entwicklungsmöglichkeiten: Durch die internat. Fusion mit einer chin. Kanzlei ist KWM gut positioniert für dt.-chin. Deals. Dieses Potenzial entfaltet sich allerdings bisher nur punktuell, daher bleibt die stärkere Integration mit dem südostasiat. Teil der Kanzlei eine wichtige Baustelle.

Häufig empfohlen: Tilman Siebert

Kanzleitätigkeit: Fusionskontrollen, oft mit Private-Equity-Bezug. Erfahrung in kartellrechtl. Fragen zu Vertriebssystemen u. Prozessen. (1 Partner, 1 Counsel, 1 Associate)

Mandate: ●● Qantas gg. Schadensersatzklage von Barnsdale (u.a. Dt. Bahn) wg. Luftfrachtkartell; Expedia lfd. in Kartellverf. um Bestpreisklauseln u. bei Kauf von Orbitz; Broetje bei Kauf von Dürr-Sparte; China Automobile Development bei Kauf von Meta; Löwen Entertainment in div. Prozessen gg. Automatenaufsteller; Amazon vertriebskartellrechtl.; regelm. Fusionskontrolle, u.a. für Deutsche Beteiligungs AG, EQT, L-EA Private Equity; Autovermieter in frz. Kartellverf.; Beteiligter in Kartellverf. ‚Agrarhandel'.

LATHAM & WATKINS
Kartellrecht

Bewertung: Die im Kartellrecht häufig empfohlene Kanzlei zeigt sich nach der Erweiterung mit Völcker in ihrem Brüsseler Büro sehr präsent in internat. Fusionskontrollen, etwa für Siemens bei einem Zukauf in den USA. Er übernahm zuletzt die Co-Führungsrolle in der internat. Kartellrechtspra-

● Referenzmandate, umschrieben
●● Referenzmandate, namentlich

Anwaltszahlen: Angaben der Kanzleien, wie viele Anwälte zu mind. ca. 50 % in diesem Gebiet tätig sind. Sie spiegeln nicht zwingend die Gesamtgröße einer Kanzlei wider.

KARTELLRECHT

xis, was für einen Quereinsteiger ungewöhnl. ist. Ein Ergebnis der zuletzt enger geknüpften Verbindungen in die US-Westküstenbüros waren mehr Mandate aus der IT-Branche, so wurde etwa Weidenbach für WhatsApp tätig. Ein Bsp. für die gute Vernetzung u.a. Núñez Müllers auch bei norddt. Unternehmen bot die umf. Beratung der Reederei Schulte Group beim Verkauf einer Tochter. Der Abschied von der Partnerin Susanne Zühlke, die sich mit einer früheren Latham-Anwältin selbstständig machte (E&Z Eickstädt & Zühlke), ist verkraftbar, aber doch ein deutl. Wermutstropfen in der ansonsten positiven Entwicklung.

Stärken: Starke ▶Private-Equ.-u.-Vent.-Capital- u. Prozesspraxen (▶Handel u. Haftung). Breites Spektrum mit Schnittstellen zum Beihilfe- u. Europarecht. Starkes ▶Brüsseler Büro.

Entwicklungsmöglichkeiten: Das Wachstum der Kanzlei in Dtl. möchte LW auch im Kartellrecht fortschreiben. Doch abseits von Quereinsteigern muss der Ausbau eines versierten Associate-Teams ebenso hohe Priorität genießen. Nach dem Verlust des erfahrenen Litigation-Partners Dr. Ulrich Börger (an Harte Bavendamm) werden sich auch die internen Verbindungen zur Litigation-Praxis neu sortieren müssen. Dass LW am Thema Kartellschadensersatz strateg. interessiert ist u. auch mit internat. Kompetenz punkten will, zeigt der Wechsel einer US-Litigation-Partnerin ins Brüsseler Büro.

Häufig empfohlen: Dr. Marco Núñez Müller, Prof. Dr. Sven Völcker („sehr starker Kartellrechtler, gutes Team in Brüssel", Mandant; „hat sehr fundiertes Fachwissen", „zählt zu den führenden Spezialisten in Brüssel", Wettbewerber), Dr. Georg Weidenbach

Kanzleitätigkeit: Dt. u. EU-Kartellrecht sowie Fusionskontrollen bilden das Rückgrat der Praxis. Daneben auch regelm. in Kartelluntersuchungen u. zu Marktmissbrauchsvorwürfen tätig; ▶Beihilfe. Auch starke Washingtoner Praxis. (3 Partner, 8 Associates)

Mandate: ●● Regelm. Nestlé, u.a. zu Kartellverf. ‚Lebensmitteleinzelhandel' u. vertriebskartellrechtl.; Sumitomo Electric in zahlr. Ländern bzgl. Kfz-Zuliefererkartell (Kronzeuge); Clariant zu Verkauf von 50%-Joint-Venture-Anteil; Thyssen u. Industria de Nora zu Joint Venture; Hellmann & Friedman zu Verkauf von FriendScout24; Eli Lilly zu Kauf eines Novartis-Geschäftsbereichs; Schulte Group zu Verkauf von Reederei; Intenso zu Missbrauchsverf. gg. Gema; Mabanaft zu EU-Kartellverf. ‚Ölpreismarktindex'; Fusionskontrollen: Siemens/Dresser-Rand (mit Freshfields), Globe Specialty Metals/Ferro Atlantica; regelm. Fusionskontrollen für Carlyle, Onex, Paragon Partners; WhatsApp zu Kauf durch Facebook; Rolls-Royce vertriebskartellrechtl.; Singapore Airlines gg. Schadensersatzforderungen wg. Luftfrachtkartell; Stahlkonzern bzgl. Schadensersatzforderungen im Zshg. mit dem Schienenkartell.

LINKLATERS
Kartellrecht ▢▢▢▢▢

Bewertung: Das zu den führenden zählende Kartellrechtsteam gehört abseits seines Schwerpunkts der internat. Fusionskontrollen auch zu den visibelsten Akteuren bei Bußgeldverf. u. kartellrechtl. geprägten Prozessen. Besonders fiel in dieser Hinsicht zuletzt der Brüsseler Partner Deselaers auf, der für die Dt. Bahn vor dem EuGH einen Sieg gg. die Kommission erstritt. Zudem vertritt er Nestlé im Prozess um Schadensersatz gg. das Zuckerkartell, in diesem Fall ist Linklaters damit auf der Klägerseite tätig. Die Beispiele zeigen, dass die Zusammenarbeit zw. dt. Praxis u. Brüsseler Büro reibungsloser funktioniert als bei vielen Wettbewerbern. Zielstrebig wird zudem die Kooperation mit der chin. Praxis ausgebaut: Zuletzt koordinierte Linklaters die Anmeldungen für den Zusammenschluss 2er chin. Staatskonzerne zum wn. größten Zughersteller. Dabei nahm neben Grave ein Associate eine wichtige Rolle ein, der für ein halbes Jahr von D'dorf nach Peking wechselte. Ein weiterer Associate erntete zuletzt Anerkennung, weil er maßgebl. an komplexen u. letztl. erfolgreichen Phase-II-Verfahren im Mühlenbereich beteiligt war. Dass die Reihe von Nachwuchsanwälten hinter den renomm. Partnern inzw. präsenter wird, ist ein wichtiger Schritt für die Entwicklung der Praxis.

Stärken: Sehr dyn. ▶M&A- u. ▶Private-Equ.-u.-Vent.-Capital-Praxen, starkes ▶Brüsseler Büro.

Häufig empfohlen: Dr. Wolfgang Deselaers, Dr. Daniela Seeliger („pragmatisch u. kollegial, exzellente Zusammenarbeit", Wettbewerber), Dr. Carsten Grave („sehr angenehm u. im Mandat engagiert", Wettbewerber), Dr. Bernd Meyring

Kanzleitätigkeit: Im Mittelpunkt stehen dt. u. europ. Fusionskontrollen in enger Zusammenarbeit mit der M&A-Praxis. Auch Bußgeldverfahren u. multinat. Anmeldungen durch eingespielte Zusammenarbeit im europ. Linklaters-Netzwerk. Zudem ▶Beihilfe, kartellrechtl. Prozesse, zunehmend Schadensersatz. (5 Partner, 3 Counsel, 15 Associates, 1 of Counsel)

Mandate: ●● Dt. Bahn bei EuGH-Klage gg. Nachprüfungsentscheidungen der Kommission; Nestlé bei Schadensersatzklage gg. Zuckerkartell; Gigaset umf. im Calciumcarbidkartell, u.a. in BGH-Verf. zum Gesamtschuldnerinnenausgleich; CSAV zu Fusion mit Hapag-Lloyd; 360T bei Verkauf an Dt. Börse; Goodmills bei Kauf der Hartweizensparte u. Markenrechten von PMG; CSR u. CNR (China) bei Zugherstellerfusion; Goldman Sachs zu Geldbuße ‚Unterseekabel' (EuG); Tata Steel Dtl. lfd., u.a. zu Compliance; Tianqi bei Joint Venture mit Rockwood; FMC bei Kauf von Dialysezentrum; Nölke bei Kartellverf. ‚Wurst'; beteiligtes Unternehmen in BKartA-Verf. ‚Baustoffe'; Kfz-Zulieferer in EU-Bußgeldverfahren.

LUTHER
Kartellrecht ▢▢▢▢▢

Bewertung: Die empfohlene Kartellrechtspraxis unterstrich zuletzt mit mehreren öffentlichkeitswirksamen Mandaten, dass sie sich auch abseits ihrer Branchenschwerpunkte Automobil u. ▶Energie bewegen weiß. Der Brüsseler Partner Janssen etwa begleitete den Klinikzusammenschluss Friedrichshafen/Tettnang in einem langwierigen Fusionskontrollverfahren. Am Ende stand eine Freigabe des Amtes, das Fusionen benachbarter Kliniken sonst häufig untersagt. Ebenso große Beachtung fand im Markt Janssens Vertretung des Sanitärherstellers Dornbracht gg. eine Schadensersatzklage des Internethändlers Reuter. Hier profitierte die Praxis von ihrer großen Expertise an der Schnittstelle zum ▶Vertriebsrecht, für die auch die Düsseldorfer Partnerin Wegner steht. Zuletzt gewann Luther zudem an Präsenz in Bußgeldverfahren. Auch von Wettbewerbern erntete sie Lob auf diesem Feld. Indem sie für eine interne Untersuchung bei einem Kfz-Zulieferer ein Team aus mehreren Büros zusammenstellte, bewies die Praxis, dass sie trotz relativ geringer Leverage auch personalintensive Bußgeldverfahren bewältigen kann.

Stärken: Tiefe Branchenexpertise, v.a. Energie, Automotive u. Gesundheit.

Häufig empfohlen: Dr. Thomas Kapp, Dr. Helmut Janssen („stark bei kartellrechtl. Schadensersatzprozessen", Wettbewerber), Dr. Holger Stappert („sehr gut vernetzt, lösungsorientiert", Wettbewerber), Anne Wegner

Kanzleitätigkeit: Schwerpunkt in Stuttgart: Bußgeldverfahren, Fusionskontrollen u. Compliance, zunehmend Schadensersatzverfahren. D'dorf: ▶Energie, ▶ÖPP. In ▶Brüssel auch ▶Beihilfe. Branchen: u.a. Papiergroßhandel, Krankenhäuser, Straßenbau, Automotive. Internat. Fusionskontrollen in Koop. mit Netzwerkkanzleien. (6 Partner, 2 Counsel, 6 Associates)

Mandate: ●● Klinikum Friedrichshafen bei Kauf des Krankenhauses Tettnang; Dornbracht gg. Schadensersatzklage von Reuter (BGH) u. bei EuGH-Klage gegen EU-Bußgeldentscheidung; Carcoustics in Kartellverf. ‚Akustische Bauteile'; Verkehrsverband TBNE in BKartA-Verf. ‚Ticketvertrieb' gg. Dt. Bahn; ExtraHolding bei Kauf von IDB (Israel); Dt. Wurlitzer zu Schadensersatz gg. Industriegasehersteller; Adolf Würth vertriebskartellrechtl. bei Kauf von Deko-Light Vertrieb; lfd. im Vertriebskartellrecht: Harley Davidson, Brauerei Reissdorf, Fiat Dtl.; Dämmstoffhersteller in Kartellverf.; div. Sanitärgroßhändler in BKartA-Verfahren.

MAYER BROWN
Kartellrecht ▢▢▢▢▢

Bewertung: Geschätzte Kartellrechtspraxis, die aufgr. div. Umwälzungen in der dt. Praxis länger gebraucht hat, um sich von Brüssel aus auch bei dt. Konzernen mehr ins Gespräch zu bringen. Doch Schmidts Anstrengungen fruchteten, inzwischen konnte er das Team bei einigen von ihnen platzieren. Klotz ist aufgr. seiner Spezialisierung auf Energie- u. Telekommunikationsthemen auch internat. gefragt.

Stärken: Beratung an der Schnittstelle zu Regulierungsfragen.

Entwicklungsmöglichkeiten: Um weiter zu wachsen u. mehr Präsenz bei dt. Konzernen aufzubauen, wird es entscheidend auf die nächsten Schritte des dt. Managements ankommen. Dass die M&A-Praxis zum September mit einem anerkannten Quereinsteiger von Cleary ausgebaut wurde, dürfte auch den Kartellrechtlern Rückenwind geben.

Häufig empfohlen: Dr. Jens Schmidt, Robert Klotz („bin immer zufrieden", Mandant über beide)

Kanzleitätigkeit: Schwerpunkt bei Fusionskontrollen, Compliance u. Netzwirtschaftsfragen mit Schnittstelle zu Regulierung (u.a. Energie, Telekommunikation). (1 Eq.-Partner, 1 Sal.-Partner, 1 Associate)

Mandate: ●● 1&1 zu Klage gg. Fusion Telefónica/E-Plus (mit Gibson Dunn); Fusionskontrollen für Benteler, EPH (u.a. zu Kauf von ital. E.on-Kraftwerksanteilen), Solvay, Goodyear, Avedon, Bopp & Reuther; Albemarle zu internat. Chemie-Joint-Venture.

MILBANK TWEED HADLEY & MCCLOY
Kartellrecht ▢▢▢▢▢

Bewertung: Die empfohlene Kartellrechtspraxis ist im Markt bekannt dafür, dass sie mit einem relativ kleinen Team auch große Mandate stemmt. Häufig geschieht dies gemeinsam mit der Corporate-Praxis, etwa bei der fusionskontrollrechtl. Beratung von ProSiebenSat.1 oder General Atlantic. Daneben hat Rinne seit Langem einen Schwerpunkt bei prozesslastiger Arbeit. Damit gehört Milbank zu den Profiteuren des Trends zu mehr Schadensersatzstreitigkeiten, wobei sie auf beiden Seiten tätig ist. So vertritt die Praxis inzw. eine Reihe von Molkereien gg. das Zuckerkartell u. verteidigt Stammmandantin Dallmayr gg. Ansprüche von Geschädigten des Kaffeekartells. Auch Kartellverfahren sorgten zuletzt für eine hohe Auslastung, so war Milbank für mehrere Beteiligte in der großen Kartelluntersuchung ‚Lebensmitteleinzelhandel' tätig.

Entwicklungsmöglichkeiten: Ein Thema bleibt die Größe der Praxis: Zwar gibt es neben Rinne, auf den sich die Marktwahrnehmung nahezu ausschl. konzentriert, inzw. einen Sal.-Partner. Allerdings erscheinen Verstärkungen angesichts des hohen Mandatsaufkommens sinnvoll – zumal zuletzt ein erfahrener Associate die Praxis verließ, um Richter zu werden.

Häufig empfohlen: Dr. Alexander Rinne („effizient, kompetent", „kollegiale effektive Zusammenarbeit", Wettbewerber)

Kanzleitätigkeit: Breit gefächerte Praxis aus Fusionskontrolle, Prozessen, Kartellbußgeldverfahren. Auch Vertriebskartellrecht, zudem lfd. Compliance-Beratung. (1 Eq.-Partner, 1 Sal.-Partner, 3 Associates)

Mandate: ●● Brugg Kabel in EU-Kartellverf. ‚Starkstromkabel' (EuG), Dallmayr, u.a. bei Schadensersatzklagen wg. Kaffeekartell, bei Zusammenlegung des Kaffeegeschäfts von D.E. Master Blenders u. Mondelez sowie im Kartellverf. ‚Lebensmitteleinzelhandel'; Theo Müller, FrieslandCampina, DMK, u.a. bei Geltendmachung von Schadensersatz im Zuckerkartell; Advent/Douglas bei Verkauf von Christ u. Hussel; Aercap bei Kooperation mit Lufthansa Technik; General Atlantic, u.a. bei Kauf von MeinFernbus durch Flixbus; Goldman Sachs/Koch Industries bei Kauf von Flint; lfd.: Pro7Sat.1, Andechser, Danone, Gardena, Hipp, Telefónica Dtl., Universal Music.

NOERR
Kartellrecht

JUVE AWARDS 2015
Kanzlei des Jahres für Kartellrecht

Bewertung: Die Kartellrechtspraxis wird häufig empfohlen u. von vielen im Markt als aufstrebend wahrgenommen. Dazu trägt u.a. die starke Entwicklung des jungen Brüsseler Büros bei. Wettbewerber beeindruckt das Tempo, mit dem der Standort wächst u. auch jüngere Partner wie Alexander Israel an Renommee gewinnen. U.a. seinen Kontakten ist es zu verdanken, dass Noerr inzw. internat. Konzerne wie Johnson Controls aus Brüssel heraus berät. Zahlr. Mandate zeigen zudem, dass es der Kanzlei besser als vielen Wettbewerbern gelingt, Verweisgeschäft über Standorte u. Praxisgruppen hinweg zu generieren. So beschäftigt ein Wasserstoff-Joint-Venture großer Konzerne wie Daimler u. Linde, das die Kartellrechtler bei einer Mandatsausschreibung gewinnen konnten, inzw. auch Corporate-Anwälte u. Energierechtler der Kanzlei. Besonders stark entwickelte sich zuletzt die Arbeit im Zshg. mit Kartellschadensersatz. Birnstiel ist hier aufgr. seiner Tätigkeit für Huk im Autoglaskartell ein anerkannter Experte u. konnte zuletzt in weiteren Bereichen Mandate hinzugewinnen. Zudem ist im Markt bekannt, dass Westermann, die zuletzt als Verteidigerin von Cemex im CDC-Zementprozess erfolgreich war, die skand. Airline SAS gg. eine Mrd.-€-Schadensersatzklage der Dt. Bahn im Zshg. mit dem Luftfrachtkartell vertritt.

Stärken: Tiefe Expertise im ▶Medien- u. ▶Vertriebskartellrecht; enge Vernetzung mit Kartellrechtlern der osteurop. Büros.

Häufig empfohlen: Dr. Kathrin Westermann („fachl. kompetent u. persönlich angenehm", Mandant), Dr. Alexander Birnstiel („renommiert u. gut vernetzt", Mandant; „versiert, breit aufgestellt", Wettbewerber), Prof. Dr. Karsten Metzlaff („schnell, kompetent, Blick für wirtschaftliche Ziele u. Grenzen", Wettbewerber; Vertriebskartellrecht), Alexander Israel

Kanzleitätigkeit: Breite Praxis mit Schwerpunkt in kartell- u. vertriebsrechtl. Beratung. Außerdem Fusionskontrolle. Zunehmend Schadensersatzklagen u. Compliance. Branchenschwerpunkte: Automobilindustrie, Bauindustrie, ▶Medien, Bekleidung, Energie, Versicherung sowie zunehmend Gesundheit. Häufig für Mandanten, die auch von anderen Praxisgruppen der Kanzlei umf. betreut werden. Daneben ▶Vergabe- u. ▶Beihilferecht, u.a. in Zusammenarbeit mit der ▶Insolvenzverwalterpraxis. (4 Eq.-Partner, 6 Sal.-Partner, 11 Associates)

Mandate: ●● Daimler, u.a. bei Joint-Venture-Erweiterung mit Kamaz (Russland); Industriekonsortium H2 Mobility (u.a. Daimler, Linde, Shell) bei Wasserstofftankstellen-Joint-Venture; Rocket Internet/Bigfoot bei Zusammenlegung von 5 Internetmodeunternehmen zu einer globalen E-Commerce-Plattform; Kaufland in Kartellverf. ‚Lebensmitteleinzelhandel' u. als Beigeladene bei der gepl. Fusion Edeka/Tengelmann; ThyssenKrupp, u.a. in Kartellverf. ‚Autobleche' u. zu Compliance; Cemex gg. CDC-Schadensersatzklage ‚Zement' u. bei Asset-Tausch mit Holcim; Ardian bei Kauf von Anteilen an Serma; Huk-Coburg, LVM, WGV u. VHV bei Schadensersatzklagen gg. das Autoglaskartell; SKW in Grundsatzverfahren um Gesamtschuldnerinnenausgleich (Calciumcarbidkartell).

NORTON ROSE FULBRIGHT
Kartellrecht

Bewertung: Die im Kartellrecht geschätzte Praxis steckt in einem Veränderungsprozess – u. der lässt sich weiterhin positiv an. Durch den Zugang von Kleine im Vorjahr hat sie die Bekanntheit im dt. Markt deutl. erhöht. Ihm gelang es zudem ein attraktives Mandat zu akquirieren, das den Einsatz der ebenfalls deutl. erweiterten internat. Praxis möglich machte. Teils wurde auch das in ▶Brüssel ansässige Team mit eingebunden, obwohl dieses durch seine regulierungsnahen u. internat. ausgerichteten Schwerpunkte in den Sektoren Energie u. Verkehr ebenfalls gut im Geschäft ist. Der dortige Partner Werner unterstrich zudem seine Erfahrung bei der Beratung zur Einrichtung von innovativen Trading-Plattformen, u.a. für Derivate.

Stärken: Stark bei Verkehrs- u. Energieprojekten.

Entwicklungsmöglichkeiten: Da NRF kein besonders strenges Management kennt, wird die Weiterentwicklung der Praxis von den Partnern selbst getrieben werden müssen. Eine gemeinsame Stoßrichtung zu definieren wird die Praxis daher noch einige Zeit als Aufgabe begleiten. Denkbar wären weitere Entwicklungen z.B. zusammen mit den Prozessspezialisten beim Thema Kartellschadensersatz.

Häufig empfohlen: Jürgen Werner, Dr. Maxim Kleine („gute analytische Fähigkeiten", Mandant; „sehr engagiert u. mit Blick für das Wesentliche", Wettbewerber)

Kanzleitätigkeit: Regelm. Beratung in breitem kartellrechtl. Spektrum; Branchenerfahrung besteht auf den Gebieten Transport, Luftverkehr u. Infrastruktur (auch ▶Beihilfe). (3 Partner, 2 Counsel, 4 Associates)

Mandate: ●● Schreck-Mieves zu kartellrechtl. Schadensersatzforderungen durch Nahverkehrsunternehmen; Public Power (griech.) zu Verkauf von Beteiligungen; regelm. Envonos International, MSSL, Reckitt Benckiser, Chemson Polymer, Janssen-Cilag, Mitegro, Tommy Hilfiger, Toyota Tsusho zu Beteiligung in Dtl.; Hyperion Insurance zu Kauf von Sportmakler; Itochu zu Joint Venture mit Mitsui Shipping; Fht zu Kartellverf. ‚Flüssiggas'; Citibank zu Beteiligung an Derivateplattform; namh. Kfz-Hersteller zu Joint Venture in den Niederlanden.

OPPENLÄNDER
Kartellrecht

Bewertung: Die häufig empfohlene Kartellrechtspraxis steht wie kaum eine Einheit für die Geltendmachung von Kartellschadensersatz. Dass der prominente Prozess für CDC gg. das Zementkartell zuletzt mit 10 Jahren mit einer Niederlage endete, konnte dem Ruf der Kanzlei nichts anhaben. Denn Oppenländer zeigt in einer Reihe von Fällen, warum das Team von vielen Wettbewerbern als „juristisch herausragend" u. „innovativ" gelobt wird. So wehrte Bach für Israel Electric eine u.a. mit der Siemens einen 800-Mio-€-Schadensersatzprozess (gasisolierte Schaltanlagen) nach Dtl. ziehen wollte, um den strengeren israel. Regeln zu entgehen. Für EnBW geht die Kanzlei in Dtl. gg. das GIS-Kartell vor, zudem führt sie für Dutzende von Verkehrsunternehmen inzw. bundesw. Prozesse gg. das Schienenkartell. Doch lässt sich die Praxis nicht auf diesen Schwerpunkt reduzieren. Für die kartellrechtl. Dauermandantin Holtzbrinck etwa koordinierte sie ww. die Fusionskontrollen beim Joint Venture mit Springer Science + Business Media, einem der größten Mediendeals des Jahres. Hahn ist zudem für Bankenverbände u. Energieversorger in zahlr. Verf. tätig. Dass sich neben einer so präsenten Galionsfigur wie Bach inzw. alle Partner im Markt ein eigenes Profil erarbeitet haben, spricht für die Nachhaltigkeit der Praxisentwicklung.

Stärken: Viel Erfahrung in kartellrechtl. Schadensersatzklagen.

Häufig empfohlen: Prof. Dr. Albrecht Bach („juristisch brillant", Wettbewerber), Dr. Andreas Hahn („hohe Expertise in der Energiebranche, gute Qualität", Mandant), Dr. Ulrich Klumpp („zielorientiert, effizient, kreativ", Mandant), Dr. Matthias Ulshöfer

Kanzleitätigkeit: Vertretung in Fusionskontrollen u. Kartellverfahren. Erfahrung in kartellrechtl. Gerichtsverfahren, stark bei Follow-on-Klagen. Branchen: u.a. ▶Energie, Verlage (▶Medien), Kabelunternehmen, ▶Gesundheit. (4 Eq.-Partner, 3 Sal.-Partner, 3 Associates)

KARTELLRECHT

Mandate: ●● Holtzbrinck lfd., u.a. bei Gründung von Joint Venture mit Springer Science + Business Media; Israel Electric gg. Siemens in Schadensersatzprozess ‚Gasisolierte Schaltanlagen'; IK Investment bei Kauf von SVT; Getrag bei Verkauf an Magna; CDC in Schadensersatzprozess gg. Zementkartellanten; Kabel Dtl. als Beigeladene in OLG-Verf. zur Fusion Liberty/KabelBW; EnBW u. Energie Calw in Verf. zu Wasserpreisen (OLG, BGH); Emil Frey bei Kauf von Kath; Ergon Capital bei Kauf von Sausalitos; Hochtief-Tochter bei Verkauf von Anteilen an ÖPP-Projekt Autobahn A 4; lfd.: Aesculap, Emerson Electrics, Kermi, Steag; div. Nahverkehrsunternehmen in Schadensersatzklagen gg. Schienenkartell; dt. Autokonzern zu Schadensersatz gg. Wälzlagerkartell; Kfz-Zulieferer in EU-Verf. ‚Abgassysteme'; Baustoffhersteller in BKartA-Verf. ‚Fertiggaragen'.

OSBORNE CLARKE
Kartellrecht

Bewertung: Die geschätzte Kartellrechtspraxis zog zuletzt erneut v.a. durch die Arbeit an der Seite von CDC viel Aufmerksamkeit auf sich. Im Schadensersatzprozess gg. das Bleichmittelkartell erreichte Funke 2 wichtige Erfolge vor europ. Gerichten. Mit der Arbeit für Rewe ggü. div. Lebensmittelkartellanten u. für mehrere Geschädigte des Zuckerkartells konnte die Praxis ihre starke Position bei Zivilprozessen festigen. Auch die Einstellung von Kartellverfahren gg. die Mandanten Wolff & Müller (‚Walzasphalt') u. einen Zündtechnikhersteller (EU-Verfahren) bedeuten Erfolge für OC. Im Vertriebskartellrecht, v.a. in Bezug auf die Kfz-Branche ein weiterer Schwerpunkt, ist die Praxis ebenfalls vorangekommen. Carsten Dau, der im Vorjahr als Quereinsteiger von Baker ins Hamburger Büro wechselte, hat viele Mandanten mitgebracht. Die Zusammenarbeit zw. Dau u. dem Kölner Kartellrechtsteam ist allerdings noch ausbaufähig.

Häufig empfohlen: Dr. Thomas Funke („juristisch brillant", Wettbewerber)

Kanzleitätigkeit: Schwerpunkt bei Kartellschadensklagen; Prozessführung, u.a. in Grundsatzverfahren vor europ. Gerichten. Auch Bußgeld- u. Fusionskontrollverfahren; Branchenschwerpunkte: Kfz-Industrie, Lebensmittelhandel. Ausgeprägte Schnittstelle zum ▶Vertriebsrecht. (3 Partner, 5 Associates)

Mandate: ●● CDC Cartel Damage Claims in Schadensersatzverf. gg. Bleichmittelkartell, u.a. als Streithelfer beim EuG wg. ausführl. Fassung der Kommissionsentscheidung u. beim EuGH in Verf. zum Gerichtsstandort; Wolff & Müller bei Entflechtung nach ‚Walzasphalt'-Untersuchung des Kartellamts; Giropay, u.a. in Kartelluntersuchung zu Onlinebezahlverfahren; First Solar bei Kauf von Skytron Energy; Tech Mahindra bei Kauf einer BASF-Sparte; Rewe zu Schadensersatz bei div. Lebensmittelkartellen; Autozulieferer in EU-Kartellverfahren.

REDEKER SELLNER DAHS
Kartellrecht

NOMINIERT
JUVE Awards 2015
Kanzlei des Jahres für Kartellrecht

Bewertung: Die im Kartellrecht geschätzte Praxis trat durch die Vertretung der Dt. Bahn u. ihres Klagevehikels Barnsdale in der Milliardenklage gg. die Luftfrachtkartellanten äußerst prominent in Erscheinung. Rosenfeld baute u.a. auf der Erfahrung im Glücksspielbereich auf, wo er im Vorjahr für Fluxx bereits Schadensersatz erstreiten konnte. Inzw. haben sich auch Folgemandate anderer Unternehmen ergeben, sodass das Team auch bei Ansprüchen gg. die Kartelle Zucker u. Schienen sehr viel beschäftigt ist. Redeker hat als Antwort auf div. Weggänge von jüngeren Anwälten aus dem ▶Brüsseler Büro zuletzt Partner u. Associates aus den dt. Standorten stärker eingebunden. Das hat strateg. den Vorteil, dass die Vernetzung weitergetrieben wird u. Schnittstellen zu den hervorragend besetzten regulierungsnahen Themen u. weiteren prozesserfahrenen Anwälten ausgebaut werden. Die Luftfrachtklage begleitet etwa ein Team aus Berliner u. Brüsseler Anwälten.

Stärken: Prozesserfahrung.

Entwicklungsmöglichkeiten: Die jüngst etablierte Zusammenarbeit mit der brit. Kanzlei Bond Dickinson bietet weiteres Potenzial. Die fusionskontrollrechtl. Beratung eines Softwareunternehmens bei einem europ. Zukauf kam aber bspw. schon über die neue Verbindung.

Anzeige

JUVE Handbuch 2015|2016

ONLINE

▶ die Inhalte der aktuellen Printausgabe des JUVE Handbuch Wirtschaftskanzleien online

▶ alle Rankings und Einträge online durchsuchbar

▶ zusätzlich über 400 Anwaltportraits und 100 Kanzleiportraits verfügbar

www.juve.de/handbuch

● Referenzmandate, umschrieben
●● Referenzmandate, namentlich

Anwaltszahlen: Angaben der Kanzleien, wie viele Anwälte zu mind. ca. 50% in diesem Gebiet tätig sind. Sie spiegeln nicht zwingend die Gesamtgröße einer Kanzlei wider.

Häufig empfohlen: Dr. Andreas Rosenfeld („leistet mit seinem Team hervorragende Arbeit", Mandant)
Kanzleitätigkeit: Schwerpunkt bei kartellrechtl. Prozessen u. Bußgeldverfahren. Dazu Fusionskontrollen. Schnittstellen u.a. zu Regulierungsthemen in ▶Medien, Glücksspiel u. ▶Verkehr. Aktive ▶beihilferechtl. Praxis. (2 Partner, 3 Associates)
Mandate: ●● Dt. Bahn u. andere Unternehmen bei Schadensersatzklage gg. div. Airlines als Teilnehmer am Luftfrachtkartell (mit Kanzlei Raue); Tengelmann verfassungsrechtl. zu Fusionsuntersagung Edeka/Tengelmann (mit Hermanns Wagner Brück); Arte TV zu Klagen von Kabelnetzbetreibern wg. Einspeisevergütung; Lotto24 gg. Dt. Lotto- u. Totoblock; Fluxx zu Schadensersatz wg. Boykottaufruf (BGH); Fusionskontrollen für Kautex (aus dem Markt bekannt), Chevron Phillips Chemical, div. Sparkassen, brit. Softwareunternehmen, US-Maschinenbauer; Gleisbauer wg. Schadensersatzansprüchen gg. Schienenkartellanten; Beigeladener in Schadensersatzklage gg. Südzucker (Zuckerkartell, aus dem Markt bekannt).

SCHULTE RIESENKAMPFF
Kartellrecht
Bewertung: Im Kartellrecht geschätzte Praxis, die so intensiv wie kaum ein Wettbewerber das Thema Gemeinschaftsunternehmen im Baustoffsektor begleitet. Doch auch im Kfz-Zulieferbereich ist das Team sehr aktiv u. erreichte bspw. für die langj. Mandantin Faurecia eine Einstellung im ‚Akustische-Bauteile'-Verfahren. Ihre langj. Verbindung zur Dt. Bank brachte sie zuletzt außerdem in ein Mandat zur Unterstützung bei der Gründung des E-Bezahlsystems Paydirekt. Über die eingespielte Beziehung zu einigen internat. Kanzleien sind die Schulte-Kartellrechtler zudem immer wieder in Fusionskontrollen eingebunden, ein aktuelles u. besonders komplexes Bsp. bot die Beratung von Applied Materials beim gepl. Zusammenschluss mit Tokyo Electron. Typischer sind aber die zahlr. Fusionskontrollen für mittelständ. Unternehmen versch. Branchen.
Stärken: Expertise in den Branchen Baustoffe u. Finanzdienstleistungen.
Häufig empfohlen: Dr. Josef Schulte („angenehm u. konstruktiv", Wettbewerber), Dr. Christoph Peter („exzellent u. souverän", Wettbewerber)
Kanzleitätigkeit: Breites Spektrum kartellrechtl. Tätigkeit mit Fusionsanmeldungen, Vertrieb (u.a. Vertragsprüfungen oder Legalisierung von Kartellabsprachen); Compliance. Branchenschwerpunkte: Banken, Bauwirtschaft/Baustoffproduktion, Baustoffhandel. (3 Partner, 2 Associates)
Mandate: ●● Faurecia in Kartellbußgeldverf. ‚Akustische Kfz-Bauteile'; Applied Materials fusionskontrollrechtl. bei Kauf durch Tokyo Electron; Banken-Joint-Venture GIMB zu neuem dt. E-Bezahlverfahren Paydirekt (mit Kanzlei Sachse; beide aus dem Markt bekannt); Werhahn in Kartelluntersuchungen ‚Walzasphalt' u. ‚Transportbeton', inkl. Entflechtung; Hansen & Rosenthal im Kartellverfahren ‚Paraffinwachse' (EuG); Xella-Gruppe zu Gemeinschaftsunternehmen; Dt. Bank v.a. bei Kooperationen u. Vertrieb; dt. Fusionskontrolle Adobe/Fotolia; lfd.: Lavazza, Krones, Bian e.V., PKV-Verband.

SZA SCHILLING ZUTT & ANSCHÜTZ
Kartellrecht
Bewertung: Die im Kartellrecht empfohlene Praxis genießt hohes Ansehen für ihre Arbeit in Bußgeldverfahren. So war SZA an der Seite von Cleary für Haribo im Kartellverfahren ‚Lebensmitteleinzelhandel' tätig u. vertritt aktuell ZG Raiffeisen im Kartellverfahren ‚Agrarhandel'. Das Team hat den Ruf, Behörden durchaus kämpferisch gegenüberzutreten. So klagt SZA gg. die Bußgeldentscheidungen ‚Bier', ‚Wurst' u. ‚Badezimmerausstattungen' vor dt. u. europ. Gerichten. Für Vossloh führen die Kartellrechtler mit Hilfe eines Litigation-Partners u.a. einen großen Prozess gg. die Dt. Bahn um Schadensersatz aus dem Schienenkartell, während andere Beteiligte unter dem Druck der Bahn längst Vergleiche geschlossen haben. Auch für andere Mandanten ist SZA in Schadensersatzprozessen tätig, meist auf Verteidigerseite. Über die Kontakte von Cappellari aus dem jungen Brüsseler Büro erschließt sich SZA zudem zunehmend fusionskontrollrechtl. Mandate für internat. Konzerne wie Glatfelter u. Mitsubishi. Die Marktwahrnehmung der Praxis konzentriert sich allerdings nach wie vor stark auf Seniorpartner Hellmann.
Stärken: Kartellbußgeldverfahren.
Häufig empfohlen: Hans-Joachim Hellmann („engagierter Verteidiger in Bußgeldsachen", Wettbewerber), Silvio Cappellari, zunehmend Dr. Christina Malz („sehr gute Anwältin mit großem Wissensschatz", Wettbewerber)
Kanzleitätigkeit: Schwerpunkt bei Kartellbußgeldverf., verstärkt Follow-on-Klagen. Zudem Fusionskontrollmandate aus der M&A-Praxis. Zunehmend kartellrechtl. Litigation. (2 Partner, 2 Counsel, 3 Associates)
Mandate: ●● ZG Raiffeisen in BKartA-Verfahren ‚Agrarhandel'; Berding Beton in Kartellverf. ‚Betonrohr' (OLG) u. ‚Pflastersteine' u. bei Abwehr von Schadensersatzforderungen; Vossloh, u.a. gg. Schadensersatzforderungen der Dt. Bahn u. Nahverkehrsunternehmen (Schienenkartell); Hansa Metallwerke in EuGH-Prozess zum Sanitärkartell; Erzquell im Kartellverf. ‚Bier' (OLG); Reinert-Gruppe im Kartellverf. ‚Wurst' (OLG); lfd., u.a. zu Compliance u. Vertriebskartellrecht: Fuchs Petrolub, Gretsch Unitas, Mannheimer Versicherung, Nolte, Pepperl + Fuchs, Reinert, Renolit, Südzucker.

WHITE & CASE
Kartellrecht
Bewertung: Im Kartellrecht empfohlene Praxis. Dass die gepl. Übernahme von Tengelmann durch die W&C-Mandantin Edeka über Monate in den Schlagzeilen war, kann allzu leicht darüber hinwegtäuschen, wie gut sich das Team aus Hamburg u. ▶Brüssel auch in anderen Mandaten entwickelt hat. Denn die kanzleiweit verstärkte Ausrichtung auf mehr interne Vernetzung zeigt auch durch die Einbindung in Mandate der US-Praxis Wirkung (etwa Zimmer Holdings) oder die Begleitung von Daimler u. Nissan bei einem Joint Venture mit Anmeldeerfordernissen in Asien u. Lateinamerika.
Häufig empfohlen: Dr. Börries Ahrens, Dr. Justus Herrlinger („gute Qualität, sehr zufrieden", Mandant), Axel Schulz
Kanzleitätigkeit: Neben ▶M&A-begleitender Fusionskontrolle u. internat. Koordination weiterer Schwerpunkt in kartellrechtl. relevanten Vertragsgestaltungen. Auch Kartellbußgeldverfahren u. rege ▶Beihilfepraxis. (2 Eq.-Partner, 2 Sal.-Partner, 1 of Counsel, 3 Associates)
Mandate: ●● Edeka Zentrale zu Kauf von Tengelmann u. in div. Kartellverfahren; Daimler u. Nissan zu internat. Produktions-Joint-Venture; Zimmer Holdings zu Fusion mit Biomet; Vattenfall zu Verkauf von Entsorgungsbeteiligungen; Allianz-Fonds bei Energiebeteiligungen; Allianz C.P. zu Kauf von Tank & Rast; DMK-Humana zu Auseinandersetzung mit Joint-Venture-Partner; Fusionskontrollen: GdF/Tractebel, Super Group/In Time Logistics, Nidec/GPM, lfd. Wilmar, Bavaria Industries, ECE Projektmanagement, Nordic Capital; Samsung Electronics lfd. vertriebskartellrecht.; Hedwigsburger Okermühle in Kartellverf. ‚Mehlmühlen'; Toshiba in EuG-Klage gg. Bußgeld ‚Bildröhren'.

WILMERHALE
Kartellrecht
Bewertung: Die häufig empfohlene Kartellrechtspraxis ist aktuell an einigen der prominentesten kartellrechtl. Zivilprozessen beteiligt. So vertritt Kamann die Lufthansa gg. eine 3-Mrd-€-Schadensersatzklage der Dt. Bahn u. weiterer großer Unternehmen wg. ihrer Beteiligung am Luftfrachtkartell. In einem weiteren Prozess sind die Berliner Partner Quack u. Ohlhoff für die Dt. Bahn als Klägerin gg. Beteiligte des Schienenkartells aktiv. Zudem begleitet Ohlhoff erfolgreich die Dt. Telekom in komplexen Schadensersatzprozessen. Auch in große Kartellverfahren wie die EU-Untersuchung zu Credit Default Swaps ist WH eingebunden. Ein Grund für den Schwerpunkt bei Verfahren ist die vergleichsweise geringe Präsenz der Corporate-Anwälte bei großen Deals. Als Folge ist die Kartellrechtspraxis darin geübt, eigenes Geschäft zu generieren. Für ihre von vielen Wettbewerbern gelobte Qualität spricht, dass sie dennoch immer wieder komplexe Fusionsvorhaben stemmt. So wurde sie beim Zusammenschluss von Springer Science + Business Media mit Teilen von Holtzbrinck neben Freshfields separat im Kartellrecht mandatiert. Im Mühlenbereich erreichte Kamann mit Linklaters auf der Gegenseite die Freigabe in einem der komplexesten Prüfverfahren vor dem BKartA. Nach den Abgängen des vergangenen Jahres baut WH die Praxis behutsam wieder auf, u.a. ernannte sie erneut einen Sal.-Partner.
Stärken: Erprobte Zusammenarbeit mit der namh. US-Praxis, Schnittstellen zum Beihilfe- u. Europarecht. V.a. in Frankfurt u. Berlin viel Prozesserfahrung.
Entwicklungsmöglichkeiten: WH forciert die Zusammenarbeit im internat. Netzwerk. U.a. ging ein Associate aus Frankfurt vorübergehend nach Brüssel u. begleitete dort gemeinsam mit dem Washingtoner Büro für Baker Hughes die Fusionskontrolle bei einem 35-Mrd-$-US-Deal im Ölsektor. Diese Integrationsbemühungen voranzutreiben erscheint sinnvoll, denn für eine dt. Praxis mit individuell so starken Partnern liegt großes Potenzial darin, die Verbindungen ins internat. Netzwerk zu vertiefen.
Häufig empfohlen: Ulrich Quack („exzellentester Jurist, den ich kenne", Wettbewerber), Prof. Dr. Hans-Georg Kamann („extrem umtriebig u. klug", Wettbewerber), Dr. Stefan Ohlhoff, Dr. Jan Heithecker („angenehme, konstruktive Zusammenarbeit", Wettbewerber)
Kanzleitätigkeit: Umf. Praxis mit dt. u. europ. Fusionskontrolle sowie Missbrauchs- u. Bußgeldverfahren. Enge Verbindung zu regulator. geprägten Gebieten wie ▶Energie (v.a. in Berlin), Telekommunikation, ▶Lebensmittel (v.a. in Frankfurt), ▶Beihilfe. (4 Eq.-Partner, 2 Sal.-Partner, 1 Counsel, 6 Associates)

KARTELLRECHT

Mandate: ●● BC Partners bei Joint Venture von Springer Science + Business Media u. Holtzbrinck; PMG bei Verkauf von Hartweizensparte u. Markenrechten an Goodmills; Credit Suisse in EU-Untersuchung ‚CDS'; Dt. Bahn in Schadensersatzprozessen gg. Schienenkartellanten; Dt. Lufthansa gg. Schadensersatzklage von Barnsdale (u.a. Dt. Bahn) wg. Luftfrachtkartell; Baker Hughes bei Verkauf an Halliburton; Dt. Telekom in div. Schadensersatzprozessen wg. Preis-Kosten-Schere; Guardian Industries bei Klage gg. EU-Bußgeldentscheidung (EuGH); Lufthansa Technik bei Anteilskauf an AeroTurbine; Coop als Beigeladene bei gepl. Fusion Edeka/Tengelmann; lfd.: Tui, Danaher, DPG Dt. Pfandsystem, Wintershall, Syngenta; div. Lebensmittelhersteller bei Schadensersatz wg. Zuckerkartell.

Weitere renommierte Kanzleien im Kartellrecht

NORDEN
Beiten Burkhardt	Berlin
Corinius	Hamburg
Deloitte Legal	Hamburg
Field Fisher Waterhouse	Hamburg
Taylor Wessing	Hamburg
Wagner Legal	Hamburg

WESTEN
Aulinger	Essen
Bergmann	Köln
DLA Piper	Köln
Field Fisher Waterhouse	Düsseldorf
Taylor Wessing	Düsseldorf
WeitbrechtLaw	Bonn

FRANKFURT
DLA Piper	Frankfurt
Herbert Smith Freehills	Frankfurt
Kaye Scholer	Frankfurt
Morgan Lewis & Bockius	Frankfurt
Reysen	Frankfurt
Skadden Arps Slate Meagher & Flom	Frankfurt

SÜDEN
Ashurst	München
Beiten Burkhardt	München
E&Z Eickstädt & Zühlke	München
Gibson Dunn & Crutcher	München
SGP SchneiderGeiwitz	München, Ulm

BRÜSSEL
Beiten Burkhardt	Brüssel
Dechert	Brüssel
DLA Piper	Brüssel
E&Z Eickstädt & Zühlke	Brüssel
Gibson Dunn & Crutcher	Brüssel
Reysen	Brüssel
Skadden Arps Slate Meagher & Flom	Brüssel
Wilson Sonsini Goodrich & Rosati	Brüssel

ASHURST
Bewertung: Das Team um Ute Zinsmeister ist eng in die internat. Kartellrechtspraxis eingebunden u. berät vorwiegend im Zshg. mit Fusionskontrollen. So ist das Münchner Büro an der Arbeit für Eni beteiligt, die aus Brüssel gesteuert wird. Zuletzt gelang es, Macquarie in Dtl. erstmals im Kartellrecht zu beraten – Ashurst setzte sich bei einer Mandatsausschreibung für den Kauf von Anteilen am EnBW-Ostseewindpark Baltic 2 durch. In Bußgeld- u. Schadensersatzprozessen ist die dt. Praxis aber nach wie vor kaum vertreten. Um dies zu ändern und so auch die Marktpräsenz zu erhöhen, müsste das Team wachsen. (1 Partnerin, 1 Associate)
Mandate: ●● Sidel bei Technologie-Joint-Venture; GDF Suez, Mitsubishi u. NYK bei Joint Venture; Macquarie Capital bei Anteilskauf an Offshorewindpark Baltic 2 von EnBW; Hypothekenbank Frankfurt bei Verkauf von Darlehenspaket an Oaktree; Triumph bei Kauf von Hydraulic-Aviation-Sparte von General Electric in Dtl.; lfd.: Stada, Eni, Kinnevik, Marubeni; Wettbewerber in BKartA-Verf. ‚Ticketvertrieb' gg. Dt. Bahn.

AULINGER
Bewertung: Die Qualität des kleinen Teams zeigt sich darin, wie es ihm gelingt, sich in mehreren der aktuell bedeutsamen Themenkomplexe einzubinden. Respekt erarbeitete sich der erfahrene Partner Dr. Andreas Lotze mit der erfolgr. Vertretung eines ehem. Vorstandsmitglieds im millionenschweren Pilotstreit mit ThyssenKrupp um eine eventuelle Haftung für die durch die Schienenkartellbeteiligung entstandenen Schäden. Lotze zählt außerdem zu den ersten, die von den Unternehmen des Zuckerkartells Schadensersatz einklagen wollen. Damit ist die im ▶Ruhrgebiet hoch angesehene Kanzlei eine der wenigen mittelständ. ausgerichteten Sozietäten mit ausgeprägter kartellrechtl. Kompetenz. (2 Partner, 2 Associates)
Mandate: ●● Ex-ThyssenKrupp-Bereichsvorstand in kartellrechtl. Schadensersatzklage; Göbber bei Schadensersatzklage gg. Zuckerkartellanten; Cirkel zu Entflechtungsanordung für Baustoffwerke Münster-Osnabrück; HEAG Südhess. Energie im Wasserpreismissbrauchsverf. (Akteneinsicht); Open Grid Europe zu Joint-Venture-Gründung; Stadtwerke Essen zu Wasserpreiskontrolle; Ara vertriebskartellrechtl.; Gelsenwasser zu langfrist. Wasserlieferungsvertrag.

BEITEN BURKHARDT
Bewertung: Die BB-Kartellrechtler sind auf 3 Standorte verteilt, was die Wahrnehmung als Team traditionell erschwerte. Doch die Zahl der Marktempfehlungen u. einige neu hinzugewonnene Mandanten zeigen, dass es der Praxis gelingt, ihren Anteil am wachsenden Kartellrechtsmarkt zu vergrößern. Der im Vorjahr in Berlin als Quereinsteiger gekommene Uwe Wellmann („sehr kompetent, angenehme Zusammenarbeit", Wettbewerber) konnte einige namh. Mandanten wie Estée Lauder bzw. US-Unternehmen weiter begleiten. Der junge Partner Dr. Christian Heinichen wurde von namh. Wettbewerbern als „klug, engagiert u. stark vor Gericht" gelobt. Die erfahrene Münchner Partner Philipp Cotta ist zudem regelm. bei Compliance-Mandaten gefragt. Fachl. breiter aufgestellt, auch mit Bezügen zum ▶Beihilferecht ist der Brüsseler Partner Dr. Dietmar Reich („dynamisch u. pragmatisch, bringt Fälle voran", Wettbewerber). (2 Eq.-Partner, 4 Sal.-Partner, 2 Associates)
Mandate: ●● Klausner regelm. zu Holzlieferverträgen; BayWa gutachterl.; Tyczka Energie in Flüssiggaskartellverfahren (BGH); Drillisch zu Kauf von Phone House; Fresenius-Tochter Vamed bei Joint Venture für Sanierung u. Betrieb einer Uniklinik; Estée Lauder zu Selektiv- u. Onlinevertrieb; Fusionskontrollen für Veka (Dtl. u. Osteuropa), 3D Systems, Körber, Inteva, Total, Amphenol Corp.; AG Dt. Waldbesitzerverbände zu Holzvermarktung.

BERGMANN
Bewertung: Die angesehene u. erfahrene Dr. Bettina Bergmann konnte erneut zahlr. neue Mandanten hinzugewinnen. Sie ist eine der etabliertesten Einzelberaterinnen im Kartellrecht. Die Beratung im Wurstkartell, wo es gelang, ein festgesetztes Bußgeld gg. Böklunder im Nachhinein auszuhebeln, war einer ihrer prominenten Fälle. Größere Bedeutung hat aber zuletzt die Arbeit für einzelne Unternehmensverantwortliche gewonnen, die sie in mehreren Fällen sogar bei Bonusanträgen ggü. dem Kartellamt beriet. Als „pragmatische, lösungsorientierte Anwältin mit breiter Erfahrung und sicherer Einschätzung" schätzt sie ein Wettbewerber. Als Einzelanwältin arbeitet sie oft mit anderen Kanzleien zusammen, deren Rückmeldungen neben der fachl. Kompetenz stets eine angenehme Zusammenarbeit betonen. (1 Partnerin)
Mandate: ●● Zur-Mühlen-Gruppe in Kartellverf. ‚Wurst'; regelm. MMC-Filmstudio; Efama, u.a. in Streit mit Standard & Poor's wg. zögerl. Umsetzung von EU-Vorgaben in Sachen ISIN; regelm. Minimax Viking, Wocklum Chemie; LDF Leistungsschau Dentalfachhandel zu Dentalmessen; mittelständ. Unternehmen in komplexem Patentrechtsstreit; Geschäftsführer eines Baustoffunternehmens bei Kronzeugenantrag u. als Zeuge; Verband zu Normungen in der Lebensmittelindustrie; Handelskette lfd. bei Zukäufen.

CORINIUS
Bewertung: Die kleine Praxis ist weiterhin an der Schnittstelle von Energie- u. Kartellrecht aktiv. Lutz Becker begleitet hier u.a. einige langj. Prozesse von Industrieunternehmen in Streit um Gaslieferverträge. Während intern Sebastian Oppolzer zum Equity-Partner ernannt wurde, verlor die Kanzlei mit Dr. Arne Glöckner einen Nachwuchspartner an das Berliner Büro von Görg. Eine der Herausforderungen wird es sein, die Marktpräsenz wieder zu erhöhen, nachdem es in den letzten

KARTELLRECHT

Jahren einige personelle Umwälzungen gab. (2 Eq.-Partner, 3 Associates)
Mandate: ●● Compagnie de Saint-Gobain lfd. in kartellrechtl. Prozessen um Transportentgelte; Ferrostaal zu Joint Venture mit Haldor Topsoe; Hochtief zu Verkauf des Offshorewindgeschäfts; Lebensmittelhersteller in Bußgeldverfahren.

DECHERT
Bewertung: Mit der Ernennung von Clemens Graf York von Wartenburg zum Sal.-Partner unterstreicht die US-Kanzlei, dass sie den Aufbau von kartellrechtl. Kompetenz in Dtl. weiter vorantreiben will. Der junge Kartellrechtler zählte zu dem kleinen Team, das zusammen mit dem erfahrenen Prof. Dr. Hans Meyer-Lindemann von Shearman & Sterling zu Dechert gewechselt war. Beide arbeiten von Brüssel u. Frankfurt aus, um die Anbindung an die dt. Kollegen weiterzuentwickeln. Gemeinsame Mandate gab es etwa für den Reiseanbieter DER Touristik. (1 Eq.-Partner, 1 Sal.-Partner, 1 Counsel, 1 Associate)
Mandate: ●● GetSpeed zu Beteiligung an Nürburgring; Tönnies bei Zukäufen, u.a. Gausepohl; Crown Holdings bei Kartelldurchsuchung ‚Industrieverpackungen'; Zur-Mühlen-Gruppe lfd. kartellrechtl. u. zu Compliance; Versace zu Radiusklauselentscheidung des Kartellamts; regelm. Munksjö, u.a. Abwehr von Schadensersatzklagen wg. ‚Dekorpapiere'; regelm. Huhtamaki, u.a. zu internat. Deal u. bei EU-Kartellverf. ‚Verpackungsmaterial'; Fusionskontrollen für Continental, Equistone, Columna Capital, DER Touristik, Tech Mahindra. Regelm. Röder Präzision, Travelport.

DELOITTE LEGAL
Bewertung: Das Team um Felix Skala profitierte von der stärkeren Aktivität der Corporate-Praxis, indem es mehr fusionskontrollrechtl. Mandate begleitete. V.a. aber arbeitet er schon seit ein paar Jahren mit den Deloitte-Beratern in Compliance-Mandaten. Nach der offiziellen Fusion rückte Skala in die Verantwortung für den Ausbau der internat. Kartellrechtsgruppe u. entwickelte hier u.a. Preismodule. (1 Partner, 4 Associates)
Mandate: ●● Schmolz + Bickenbach zu Verkauf einiger Handelstöchter; Fusionskontrollen für Hannover Finanz, Trimet, Steinbeis Energie; Refresco Gerber fusionskontrollrechtl. zu Umsetzung von EU-Auflage; vertriebskartellrechtl. für Dt. Saatveredelung, Sartorius-Gruppe, Kfz-Unternehmen zu Händlervertriebssystem.

DLA PIPER
Bewertung: Mit geduldigem Aufbau hat sich das Team weiter im Kartellrecht etabliert. V.a. das Kölner Team um Dr. Jan Dreyer war sehr intensiv bei einer internen Untersuchung involviert, die letztl. zu einer Umstrukturierung des gewachsenen Vertriebssystems des Mandanten führte. Hier waren auch andere europ. Praxen eingebunden. Ein wichtiger Erfolg ist es, dass das Team durch die Arbeit in teils grenzüberschreitenden Deals, so etwa für Israel Chemicals oder Federal Mogul, ihr Profil schärfen konnte. Die Frankfurter Praxis um Dr. Michael Holzhäuser war ebenfalls in einigen Großprojekten gefragt, mit denen internat. Unternehmen ▶Compliance-Systeme entwickeln. Hier hat er auch mit entsprechenden IT-basierten Systemen Erfahrung gesammelt. (3 Partner, 1 Counsel, 4 Associates)
Mandate: ●● Merck in Prozess um langfr. Liefervertrag (BGH) u. in Prozess um Pharmapatente; EWE zu Anteilserhöhung an Leipziger Verbundnetz Gas/VNG; Federal Mogul zu Verkauf der Bremsbelagsparte als Auflage der EU-Kommission; Gesellschafter von Weidenhammer Packaging zu Verkauf an Sonoco; Israel Chemicals zu Verkauf der Geschäftsbereiche Aluminiumsalze, Papierchemikalien u. Wasserbehandlung, ebenso bei Zukäufen; Burda als Beigel. zu Fusion Springer/Funke; Klöckner Pentaplast lfd. zu Gestaltung von internat. Vertrieb; LBBW Immobilien bei Zukäufen; Fusionskontrollen Hain Celestial/Mona, Perrigo/Naturwohl Pharma, regelm. Samsung Semiconductor.

E&Z EICKSTÄDT & ZÜHLKE
+++Kurz vor Drucklegung wurde bekannt: Zühlke wechselt zu Willkie Farr & Gallagher+++
Bewertung: Die Boutique mit Standorten in München u. Brüssel entstand dieses Jahr durch den Zusammenschluss der Einzelanwältin Gaby Eickstädt („pragmatisch u. schnell", Wettbewerber) u. der Latham-Partnerin Susanne Zühlke. Auch Eickstädt war bis 2012 Counsel bei Latham, beide verfügen aus dieser Zeit über gute Kontakte zu großen Unternehmen. Dazu gehören Baywa oder auch Latham-Kernmandantin Carlyle, die Zühlke zuletzt beim Verkauf des Portfoliounternehmens Veyance an Continental beriet. Neben kartellrechtl. Dauerberatung, etwa zu Vertriebsthemen, liegt ein Schwerpunkt der Praxis auf Fusionskontrollen. (2 Partnerinnen)
Mandate: ●● Merck lfd. kartellrechtl.; Baywa, u.a. fusionskontrollrechtl.; Dt. Tiernahrung Cremer bei Kauf von Anteilen an Raiffeisen Kraftfutterwerke Süd; Steinhoff International bei Kauf von Pepkor; Private-Equity-Firma in Kartellbußgeldverf. gg. Tochtergesellschaft.

FIELD FISHER WATERHOUSE
Bewertung: Die Kartellrechtspraxis, die Field Fisher im Vorjahr durch den Zusammenschluss mit SBR Berger Bahr gewann, integriert sich zunehmend in die Kanzlei. Das D'dorfer Team um Dr. Christian Bahr u. Dr. Sascha Dethof, die beide von Wettbewerbern häufig empfohlen werden, konnte an seinen Schwerpunkt bei Kartellverfahren u. Compliance anknüpfen. U.a. gewann es unter neuer Flagge mehrere Beteiligte in aktuellen BKartA-Verfahren als Mandanten. In gerichtl. Verfahren profitierte die Kartellrechtspraxis von der Prozessexpertise anderer Anwälte in der Kanzlei, u.a. nahm sie einen Hamburger IP-Partner bei einer Kartellschadensersatzklage mit ins Mandat. Erste Erfolge gibt es auch beim Ausbau der Complianceberatung. Das internat. Netzwerk u. im Vergleich zu SBR höhere personelle Schlagkraft bieten hier sicherlich weiteres Potenzial. (3 Partner, 3 Associates)
Mandate: ●● Unternehmen und u. persönl. Betroffener im Kartellverf. ‚Schleppreedereien'; J.J. Darboven zu gepl. Fusion DEMB/Mondelez, Oxea, u.a. bei Gründung von Joint Venture u. zu Compliance; Carl Fuhr bei EuG-Klage gg. EU-Bußgeldbescheid; Olympus Dtl. lfd., u.a. im Vertriebskartellrecht; Verband forschender Arzneimittelhersteller zu kartellrechtl. Compliance.

GIBSON DUNN & CRUTCHER
Bewertung: Dass die Kanzlei in den USA u. auch in ihrem Brüsseler Büro eine sehr prominente Akteurin ist, ist im dt. Markt nur wenigen bekannt. Doch der langj. Partner Michael Walther u. sein eingespieltes Team haben viel Erfahrung mit komplexen ▶Compliance-Mandaten, in denen es auch um die kartellrechtl. Dimension geht. Zudem haben sich über die Corporate-Praxis einige vielversprechende Kontakte zu Robert Bosch ergeben. Dr. Jens-Olrik Murach, der bei Wettbewerbern einen guten Ruf genießt, konnte u.a. bei Facebook die Verbindung zu einem Kernmandanten der US-Praxis aufbauen. Gibson Dunn zählt zudem zu den Kanzleien, die sich auch auf dem Gebiet der Geltendmachung von Kartellschadensersatz positionieren. (2 Partner, 1 Counsel, 1 Associate)
Mandate: ●● 1&1 im Verfahren gg. Fusion Telefónica/E-Plus; Marburger Tapetenfabrik gg. Kartellbuße (OLG D'dorf); regelm. Krombacher Brauerei, u.a. fusionskontrollrechtlich u. zu Joint Venture; regelm. Stiebel Eltron; Robert Bosch zu Verkauf der BSH-Anteile; bekannt ist die regelm. Tätigkeit für Giesecke & Devrient; dt. Fusionskontrollen Hewlett-Packard/Aruba, St. Jude Medical/Thoratec; regelm. Facebook.

HERBERT SMITH FREEHILLS
Bewertung: Der Start von Dr. Michael Dietrich u. seinem Team gestaltet sich nach dem Wechsel von Taylor Wessing im Vorjahr vielversprechend. Wie sich zeigt, arbeitet Rewe auch weiterhin mit ihm zusammen; Gleiches galt für einige weitere Unternehmen. Eine zentrale Aufgabe wird nun eine engere Verschränkung mit den dt. u. internat. HSF-Mandanten sein. Im Fall von Arrow Electronics ist dies bereits gelungen, hier arbeiteten die Frankfurter u. das Brüsseler HSF-Team zusammen. Da HSF eine höchst anerkannte internat. Litigation-Praxis hat, ist zu erwarten, dass das Team sich auch das Thema Kartellschadensersatz erschließt. (1 Partner, 3 Associates)
Mandate: ●● Rewe in Kartellverf. ‚Lebensmittelhandel/vertikale Preisbindung'; ebenso als Beigel. im Verf. um Edeka-Konditionen (OLG); Johann Borgers in Kartellverf. ‚Kfz-Zulieferer'; Fusionskontrolle Arrow Electronics/Data Modul; lfd. brit. Bekleidungshersteller.

KAYE SCHOLER
Bewertung: Die Kartellrechtspraxis um den Frankfurter Partner Dr. Sebastian Jungermann betreut eine Reihe von internat. Mandanten der Kanzlei lfd. im Kartellrecht, v.a. bei Fusionskontrollen. Zunehmend entwickelt sie aber ein eigenes Profil. So gelang es der dt. Praxis, einen internat. Baustoffkonzern für 2 große interne Untersuchungen als Mandanten zu gewinnen. Zudem hat sich Jungermann, den Wettbewerber als „angenehm" u. „kundig" beschreiben, in ▶Frankfurt einen Namen als Einzelvertreter von kartellbeteiligten Managern gemacht. (2 Partner, 1 Counsel, 2 Associates)
Mandate: ●● Sodexo, u.a. zu kartellrechtl. Compliance; Onex/TWG bei Verkauf an TPG; Hastings Insurance bei EU-Fusionskontrolle bei Verkauf von 50% der Gruppe an Goldman Sachs; lfd. zu Compliance: Dimension Data, satis&fy, Zinsser; europ. Konzern bei internen kartellrechtl. Untersuchungen.

● Referenzmandate, umschrieben
●● Referenzmandate, namentlich

Anwaltszahlen: Angaben der Kanzleien, wie viele Anwälte zu mind. ca. 50% in diesem Gebiet tätig sind. Sie spiegeln nicht zwingend die Gesamtgröße einer Kanzlei wider.

KARTELLRECHT

MORGAN LEWIS & BOCKIUS

Bewertung: Die Kartellrechtspraxis um Dr. Jürgen Beninca konnte zuletzt Schlussstriche unter große, öffentlichkeitswirksame Mandate ziehen, die sie über Jahre stark beschäftigt haben. So bestätigte das EuG das von der Kommission verhängte Verbot einer Fusion von Dt. Börse u. NYSE Euronext, gg. das Morgan Lewis geklagt hatte. Einen Erfolg verzeichnete die Praxis hingegen bei der Abwehr einer Schadensersatzklage gg. ihre Dauermandantin Dyckerhoff: Die Klägerin CDC gab nach 10 Jahren ihren Kampf gg. das Zementkartell auf. Andere Kartellverf., v.a. im Zshg. mit Baustoffherstellern, beschäftigen das relativ kleine Team weiter. (2 Partner, 3 Associates)

Mandate: ●● Dyckerhoff gg. Schadensersatzklage von CDC; Dt. Börse bei Klage gg. Untersagung der gepl. Fusion mit NYSE; Schaefer Krusemark in Kartellverf. ‚Trockenmörtel'; regelm. Tetra Pak International; Dax-Konzern, u.a. bei Fusionskontrolle.

REYSEN

Bewertung: Die junge Boutique mit Standorten in Frankfurt u. Brüssel hat sich rasch einen Namen gemacht, was auch dem Renommee ihrer Gründungspartner Dr. Marc Reysen u. Evelyn Niitväli zu verdanken ist. Beide haben zuvor viel Erfahrung in internat. Großkanzleien gesammelt u. verfügen aus dieser Zeit über Kontakte, etwa zu Nestlé. Mandate kommen auch über Corporate-Kanzleien ohne eigene Kartellrechtler, die bei Fusionskontrollen Reysen einschalten. Ein Mandant lobt die „hochklassige Kartellberatung im kleinen Team, das schnell u. genau in Transaktionen einsteigt". Daneben berät die Kanzlei u.a. zu vertriebskartellrechtl. Fragen. (2 Partner)

Mandate: ●● Nestlé-Tochter Herta in Kartellverfahren ‚Wurst'; Airdata bei Beschwerde gg. Fusion von Telefónica/E-Plus; Alpine Metal Tech bei Kauf von Koch H&K Industrieanlagen; jap. Unternehmen bei Teilkauf eines dt. Maschinenbauers; Lebensmittelkonzern, u.a kartellrechtl. bei Einkaufskooperationen.

SGP SCHNEIDERGEIWITZ

Bewertung: Die Ulmer Kartellrechtspraxis, die bis zum Frühjahr unter PF&P firmierte, kann nach der Fusion mit den Anwälten des Insolvenzverwalters Arndt Geiwitz ihre Expertise im Kartellschadensersatz noch besser ausspielen, denn zunehmend müssen auch Verwalter Ansprüche verfolgen, wenn ein insolventes Unternehmen Opfer von Kartellen war. Dies ist v.a. im Zshg. mit dem von Geiwitz betreuten ehem. Handelsriesen Schlecker relevant. Daneben vertritt SGP inzw. zahlr. Geschädigte des Zuckerkartells. Dass die Praxis auch bei Bußgeldverfahren nach wie vor gefragt ist, zeigt ihre Mandatierung durch einen Großhändler im BKartA-Verfahren ‚Agrarhandel'. Im Vertriebskartellrecht arbeitet das Ulmer Team mit der Münchner ▶ Vertriebspraxis zusammen, etwa für den Möbelhersteller Ewald Schilling. Allerdings bleibt die Vernetzung dieser Praxen ausbaufähig. (2 Eq.-Partner, 4 Associates)

Mandate: ●● Agro Agrargroßhandel in BKartA-Verfahren ‚Agrarhandel'; Amo Debus u. Streicher in Entflechtungsverfahren des BKartA; Schwenk bei Verteidigung gg. Kartellschadensersatzansprüche (Zement); Betzler Eisenbahntechnik bei Verteidigung gg. Kartellschadensersatzansprüche (Schienen); Ewald Schilling vertriebskartellrechtl.; div. Lebensmittelhersteller bei Geltendmachung von Kartellschadensersatz gg. Südzucker.

SKADDEN ARPS SLATE MEAGHER & FLOM

Bewertung: Der mit multinat. Fusionskontrollen sehr erfahrene Horst Henschen arbeitet v.a. mit den ▶ M&A- u. ▶ Private-Equ.-u.-Vent.-Capital-Praxen der Kanzlei. Zuletzt war er aber auch stärker als bislang in internat. Kartellverfahren eingebunden. Da der Nukleus der fusionskontrollrechtl. Arbeit in Europa im internat. zusammengesetzten u. vor Ort angesehenen Skadden-Büro Brüssel liegt, ist er dort seit Langem eng eingebunden. Ein weiterer dt. Counsel wechselte jetzt von dort zur Verstärkung nach Frankfurt. (2 Counsel, plus internat. Team in Brüssel)

Mandate: ●● Merck zu Kauf von Sigma Aldrich; ADM zu Kauf von Wild Flavors; Nokia zu gepl. Kauf von Alcatel-Lucent; Nikkei zu FT-Kauf; Match.com zu Kauf von FriendScout24; regelm. Dürr, General Electric; ABB in Kartellverf. ‚Starkstromkabel'.

TAYLOR WESSING

Bewertung: TW ging den Wiederaufbau der Praxis nach einem Weggang im Vorjahr zügig an u. holte für D'dorfer Büro Manuel Nagel von Freshfields als Partner hinzu. Die Aufgabe wird nun sein, möglichst schnell den Anschluss an die div. Fachbereiche (u.a. ▶ Medien u. ▶ Gesundheitssektor) u. die Hamburger Praxis von Dr. Marco Hartmann-Rüppel sicherzustellen. Letzterer erhielt zuletzt wieder einiges Lob von Wettbewerbern als „sympathisch u. fachl. hoch kompetent". Neben Fusionskontrollen beriet er u.a. zu daten- u. ▶ IT-bezogenen ebenso wie zu aktuellen vertriebskartellrechtl. Themen. (2 Partner, 1 of Counsel, 3 Associates)

Mandate: ●● Fusionskontrolle Lagardère/Ufa Sports; WHEB Partners zu Kauf 2er Lenzing-Töchter; Melitta in Bußgeldverf. vor BGH; Huayu Automotive zu Joint Venture mit Rheinmetall; System Schiffahrtsunternehmen in Kartellverf. (Dtl. u. NL); Suzuki vertriebskartellrechtl.; Krankenkasse zu mögl. Kooperationen.

WAGNER LEGAL

Bewertung: Nach dem Prozesserfolg für Reuter, wo Eckart Wagner eins der ersten zusprechenden Urteile im Kartellschadensersatz erstritt, konnte er weitere Mandate von Onlinehändlern gg. Markenhersteller gewinnen. Eine „sehr ausdauernde u. hartnäckige Vertretung sowie bei Onlineplattformen Beratung auf höchstem Niveau", lobt etwa ein Wettbewerber. Das Team des großkanzleierfahrenen Kartellrechtlers ist im Markt gut vernetzt, u. wurde in einigen internat. Fusionskontrollfällen hinzugezogen. (1 Partner, 2 Associates)

Mandate: ●● Reuter lfd. vertriebskartellrechtl., in Schadensersatzprozess gg. Dornbracht u. Klagen gg. Hansgrohe u. Geberit; Bundesverband mittelständ. Mineralölunternehmen Uniti bei Neuverhandlung von Entgelten mit Banken u. EC-Kartenherausgebern; Hansa Heemann zu Forderungen ggü. Zuckerkartellanten; Ziegler bei Verkauf an DPE; regelm. Eni/Agip, British American Tobacco, Ages, Arbeitskreis der Belieferer der Bundesautobahntankstellen; asiat. Konzern zu SEP- Unterlassungsklage eines Patentportfolios.

WEITBRECHTLAW

Bewertung: Die kleine Praxis lebt weiterhin von der langj. Erfahrung von Dr. Andreas Weitbrecht. Neben einzelnen fusionskontrollrechtl. Beratungen gelang es ihm v.a., sich beim Thema Kartellschadensersatz weiter zu positionieren, zuletzt für die Verkehrsbetriebe Frankfurt. Aufgr. seiner Erfahrung dürfte er sich bei Einigungslösungen gut positionieren können. „Sehr angenehm, hat einen Blick für die wesentl. Fragen", sagt ein Wettbewerber. (1 Partner)

Mandate: ●● Muelles y Ballestas (Kfz-Zulieferer) als Beigel. bei Fusionskontrolle Hendrickson/Frauenthal; Renova lfd. fusionskontrollrechtl.; Dt. Bahn zu Schadensersatzansprüchen gg. Flüssiggaskartellanten; Nestlé im Kartellverf. ‚Lebensmittelhandel' (mit Latham & Watkins); Verkehrsgesellschaft Frankfurt bei Schadensersatzforderung gg. Schienenkartell; Beteiligte in Kartellverf. ‚Agrarhandel'.

WILSON SONSINI GOODRICH & ROSATI

Bewertung: Das kartellrechtl. Team um Dr. Michael Rosenthal zählt zu den in ▶ Brüssel sehr respektierten Akteuren. Die Beziehung zu K+S ist weiterhin stabil. Der weitere Ausbau der Präsenz auf dem deutschen Markt vollzieht sich inzwischen schrittweise, und dabei auf hohem Niveau, wie erste Mandate für BMW zeigen. Die große Stärke des Teams liegt weiterhin in der internat. Erfahrung, wie die Einbindung in EU-Fällen dokumentiert. Hier hat speziell Götz Drauz weiterhin einen hervorrag. Ruf. (1 Partner, 2 Associates, 1 of Counsel)

Mandate: ●● Lfd. Air France-KLM, u.a. zu Streit mit Unister u. geplanter Beteiligung an Alitalia; Mylan in patentbezogenen ‚Pay for Delay'-Prozessen; Fusionskontrollen für Altera, Aruba Networks, Chevron, Coherent, Cypress, Dolby, Echelon, Fondo Strategico Italiano; YouTube/Google bei EU-Beschwerde gg. Musikdienst durch Impala; Hitachi Chemical in Kartellverf. ‚Kondensatoren'; Spotify europarechtl.; Dt. Bank in EU-Kartellverf. ‚Devisenhandel'; Express-Interfracht/ÖBB in EU-Kartellverf. ‚Ganzzugladungen'; regelm. K+S.

● Referenzmandate, umschrieben
●● Referenzmandate, namentlich

Anwaltszahlen: Angaben der Kanzleien, wie viele Anwälte zu mind. ca. 50 % in diesem Gebiet tätig sind. Sie spiegeln nicht zwingend die Gesamtgröße einer Kanzlei wider.

Konfliktlösung – Dispute Resolution
(V.a. handels- und gesellschaftsrechtliche Zivilprozesse, Schiedsverfahren, Mediation, Produkthaftung)

Handel und Haftung 347
Häufig empfohlene BGH-Kanzleien 352
Gesellschaftsrechtliche Streitigkeiten................. 361

Handel und Haftung
Die prozessrechtliche Verwertungskette setzt sich fort

Wer dachte, die prozessuale Aufarbeitung der Finanzkrise habe ihren Höhepunkt erreicht, sah sich getäuscht. Auch wenn große D&O-Komplexe wie HSH, SachsenLB oder BayernLB weitgehend geklärt sind, nehmen andere Streitkomplexe erst an Fahrt auf, wie etwa grenzüberschreitenden Prozesse um die Hypo Alpe Adria (heute Heta) vor Gerichten in München, Frankfurt und Wien zeigt.

Das Neubürger-Urteil des Landgerichts München hat in vielen Unternehmen große Unsicherheit bei der Organisation einer Compliance-Struktur hinterlassen. Immer häufiger kommt zu vertraglichen Pflichtverletzungen von Organen nun die Prüfung einer möglichen Compliance-Verfehlung hinzu. Etwas an Bedeutung verloren hat das Nebeneinander von Straf- und Zivilverfahren, wenn es um Klagen gegen Ex-Vorständen und Aufsichtsratsmitglieder geht. Auffällig ist in diesem Zusammenhing allerdings das exponentielle Wachstum von Beratungshaftungsfällen gegen Steuerberater, Wirtschaftprüfer und Anwälte, die nicht nur in Sanierungsfällen, sondern auch im Nachgang zu Transaktionen in die Verantwortung genommen werden. Daneben bleibt der Investitionsschutz ein beherrschendes Thema – vor allem wegen der Diskussionen um das transatlantische Freihandelsabkommen TTIP.

Kanzleien strukturieren weiter um, Boutiquen im Aufwind

Die Konfliktlösungspraxen reagieren auf den aktuellen Markt mit zwei gegenläufigen Entwicklungen: Große Einheiten betonen praxisübergreifende Kompetenzen, um damit komplexe u. hochpreisige Fälle weiter kultivieren zu können. Kleine Einheiten verfolgen dagegen ein hoch spezialisiertes Geschäft und profitieren von wirtschaftlichen Interessenkonflikten der Großkanzleien.

Unter den Prozesspraxen der Großkanzleien sind **DLA Piper**, **Clifford Chance** und **Noerr** Vorreiter, wenn es um die Verzahnung von straf- und zivilrechtlicher Kompetenz geht. Auch **Freshfields Bruckhaus Deringer** gilt vielen als Vorbild, weil sie demonstriert, wie sich die strafrechtliche Kompetenz mit einem Seiteneinsteiger aus der Justiz in eine große Einheit integrieren lässt. Zudem machen sich weitere Kanzleien daran, ihre Praxen stärker zu fokussieren, wie es u.a. **Noerr** schon vollzogen hat: So straffen etwa **Luther** und **CMS Hasche Sigle** ihre zuvor recht verstreuten Kompetenzen in einer Praxis. Von den höheren Qualitätsanforderungen an die eigenen Anwälte erhoffen sich Kanzleien eine spezialisierte Praxis, die hochwertigeres Geschäft und höhere Honorare erwirtschaftet. Gleichzeitig schwingen sich Boutiquen wie **Hanefeld**, **Borris Hennecke Kneisel**, **Wach + Meckes** und **Schmitz & Partner** zu den Davids des Marktes auf: Klein, wendig und hoch spezialisiert haben sie deutlich Marktanteile gewonnen.

Bei den folgenden Kanzleibewertungen verwenden wir wie viele Kanzleien hier den Begriff Konfliktlösung. Er beschreibt die Arbeit der Anwälte, die nicht nur in der Vertretung in Prozessen u. Schiedsverfahren selbst, sondern v.a. auch in der außergerichtlichen Konfliktbeilegung besteht. Die Schwerpunkte der Praxisgruppen sind meist Gesellschafts- u. Handelsrecht sowie Kapitalmarktrecht (analog oft Corporate u. Commercial Litigation genannt), die auch den Fokus der Unterkapitel ▶ Handel und Haftung und ▶ Gesellschaftsrechtliche Streitigkeiten bilden. Außerdem zählen je nach Kanzlei Anwälte unterschiedlicher, stark forensisch geprägter Gebiete wie die Produkthaftung zu diesen Praxisgruppen. V.a. das Vertriebsrecht (▶ Vertrieb/Handel/Logistik) ist oft in die Litigation-Abteilung integriert, wird hier aber in einem eigenen Kapitel behandelt. Daneben vertreten alle Kanzleien ihre Mandanten auch vor Gericht. Das gilt insbes. für prozessual geprägte Materien wie ▶ Arbeitsrecht, ▶ Marken- u. Wettbewerbsrecht, ▶ Versicherungs- u. Haftungsrecht, ▶ Vergaberecht, ▶ Kartellrecht, u. ▶ Immobilien- u. Baurecht sowie ▶ Restrukturierung u. Insolvenz. Zur Vertretung vor den europäischen Gerichten finden sich auch Informationen in den Kapiteln ▶ Brüssel u. ▶ Außenhandel. Im folgenden Kapitel wird zudem auf eine Reihe von Juristen verwiesen, die sich im Schiedswesen einen Namen gemacht haben.

JUVE KANZLEI DES JAHRES
KONFLIKTLÖSUNG – DISPUTE RESOLUTION
HOGAN LOVELLS

Der Trend geht zu Kartellschadensersatzklagen? Hogan Lovells ist schon da. Sie punktet mit einigen neuen Großmandaten, weil sie Schnittstellen schon frühzeitig besetzt hat. So vertritt das Team Air Canada gegen das Klägervehikel DB Barnsdalc aufgrund des Luftfrachtkartells sowie Ford Motors wegen Schadensersatzansprüchen aus diversen Autozuliefererkartellen. Auch die Produkthaftungspraxis um **Ina Brock** gewann neue Mandate, in denen sie ihre Industrieexpertise und internationale Kompetenz unter Beweis stellte. Zudem erzielte sie einen Etappensieg in 2. Instanz für den Tüv Rheinland im europaweiten Silikonimplantateskandal. Vor allem die ausgefeilte Binnenspezialisierung der Praxis ist herausragend: Schon früh konzentrieren sich die Anwälte auf Themen oder Branchen. So deckt das Team um **Dr. Detlef Haß** von bank- u. versicherungsrechtlichen Streitigkeiten über Insolvenzanfechtungen bis hin zur hoch respektierten Schiedspraxis ein unglaubliches Spektrum auf hohem Niveau ab. Zudem findet die Praxis bei innovativen Themen immer wieder neue Lösungen wie aktuell an der Schnittstelle zur Datenschutzpraxis für Fälle des ‚Cyber Crime'.

KONFLIKTLÖSUNG – DISPUTE RESOLUTION HANDEL UND HAFTUNG

ALLEN & OVERY
Handel und Haftung: Prozesse
Schiedsverfahren/Mediation

NOMINIERT
JUVE Awards 2015
Kanzlei des Jahres
für Dispute Resolution

Bewertung: Die für Prozesse u. Schiedsverfahren häufig empfohlene Praxis ist der stärkste Wachstumsbereich bei A&O in Deutschland. Besondere Expertise hat A&O bei internen Untersuchungen, bankrechtl. Prozessen u. mittlerweile bei Schiedsverfahren. Letzteres ergab sich durch eine stärkere Umverteilung der Mandate. Der jüngere Partner Bussian übernahm neben diversen internen Untersuchungen bzgl. Cum-Ex-Deals die Federführung im Heta/Bayern-LB-Komplex. Das verschaffte Busse Freiräume, um sich nahezu vollständig auf die zahlr. neuen Mandate bei internat. Schiedsverfahren zu konzentrieren. Mit Counsel Jan-Erik Windthorst gewann die Kanzlei Anfang 2015 einen bereits im Markt anerkannten jüngeren Anwalt von Freshfields hinzu u. stärkte so den Mittelbau. Er fügt sich mit seiner Expertise bei gesellschafts- u. bankrechtl. Streitigkeiten gut in das Gesamtteam ein. Intensiver ist zudem der Austausch mit den Aktien- u. Kapitalmarktrechtlern bzgl. klass. aktienrechtlicher Klagen geworden. Insbes. für Zimmerling, der überwiegend D&O-Versicherer in Deckungsfragen u. Haftungsabwehr berät, ergeben sich so Kontakte zu den Unternehmen selbst.
Stärken: Bank- u. finanzrechtl. Streitigkeiten. Fachbereichsübergr. Sektor Versicherung.
Häufig empfohlen: Prof. Dr. Daniel Busse („umtriebig, internat. sehr gut postioniert", „sehe ihn momentan überall", Wettbewerber), Dr. Marc Zimmerling (v.a. Berufshaftung), Dr. Wolf Bussian („starke Performance, sehr verbindl. in Absprachen", Wettbewerber)
Kanzleitätigkeit: Schwerpunkte liegen bei bankrechtl. Auseinandersetzungen, Klagen wg. ▶Anleihen u. Strukt. Finanzierung, Streitigkeiten bzgl. Unternehmenskäufen u. Insolvenzen. Zudem Abwehr in ▶kartellrechtl. Schadensersatzklagen, ▶Patent, ▶Vergabe u. ▶Compliance-Beratung. In Schiedsverf. eher Parteivertretung. (7 Partner, 4 Counsel, 1 of Counsel, 31 Associates)
Mandate: ●● Republik Österreich/Heta gg. BayernLB wg. Darlehensrückzahlung (mit Fellner Wratzfeld); IKB bei Aufarbeitung Krise, Sonderprüfung u. Prozess gg. Ex-Vorstand; Walther Bau i.L. gg. Königreich Thailand wg. Vollstreckung Schiedsspruch; EZB in EuGH-Verf. gg. zypriot. Kläger wg. Schadensersatz nach Bail-in (öffentl. bekannt); D&O-Versicherer wg. Managerhaftung im Zshg. mit Unternehmensinsolvenz; versch. Investmentbanken bei internen Untersuchungen bzgl. Cum-Ex-Transaktionen; internat. Logistikunternehmen in div. ICC-Verf. wg. Streitigkeiten um Werftkauf; MDax-Konzern in div. SIAC-Verf., u.a. Post-M&A, Garantien u. Compliance.

BAKER & MCKENZIE
Handel und Haftung: Prozesse
Schiedsverfahren/Mediation
Produkthaftung

Bewertung: Die für Schiedsverfahren u. Prozesse häufig empfohlene Kanzlei zeigte ein deutl. stärkeres Engagement vor staatl. Gerichten als in früheren Jahren. Dafür sorgt v.a. Risse gesorgt, der nun für die Schnittstelle zw. Litigation u. Corporate besetzt u. einer der akquisestärksten Anwälte bei Baker ist. Er vertritt im Erbstreit beim Dussmann-Konzern die Interessen der Familienstiftung. Auch der junge Partner Haller konnte einen gr. IT-Dienstleister in einem streitigen Outsourcingprojekt erstmals in einem Prozess begleiten. In ihrer renommierten Schieds- und ADR-Praxis verzeichnete Baker div. neue Mandanten aus den Bereichen Logistik, erneuerbare Energien u. Pharma. Diese Unternehmen wandten sich in Ffm. an Pickrahn, die im ww. Kanzleinetzwerk weiter eine wichtige Koordinationsfunktion innehat, sowie an die D'dorfer Anwälte. Das Münchner Team war weiter durch große Compliance-Fälle u. interne Untersuchungen ausgelastet, wg. dieser wirtschaftl. erfolgreichen Entwicklung wurde Grützner zum Vollpartner ernannt.
Stärken: Erfahrene Schiedspraxis, zudem Leitung multinationaler Teams. Langjährige Erfahrung in Anlagenbau u. Infrastrukturprojekten.
Häufig empfohlen: Dr. Jörg Risse („macht für uns sehr viel Litigation, wir sind absolut zufrieden", Mandant; „strukturiert u. schnell als Schiedsrichter", „pragmat. mit viel Hirn zwischen den Ohren", Wettbewerber), Dr. Günter Pickrahn, Dr. Stephan Spehl („sehr guter Litigator", Mandant), Dr. Thomas Grützner (beide Compliance), Dr. Ragnar Harbst, Dr. Heiko Haller („sehr analytisch u. besonnen", Wettbewerber)
Kanzleitätigkeit: Umf. in gesellschafts- u. vertriebsrechtl. Auseinandersetzungen tätig, an Bedeutung gewinnen bankrechtl. Verfahren. Auch Gewerbl. Rechtsschutz, ▶Arbeitsrecht, ▶Compliance u. Produkthaftung. Deutl. Zunahme von internat. Schiedsverfahren (Anlagenbau, Lieferverträge, Infrastruktur u. Post-M&A), auch als Schiedsrichter. Zudem in Mediationen u. Adjudi-

HANDEL UND HAFTUNG: PROZESSE

Freshfields Bruckhaus Deringer	Frankfurt, Hamburg, Köln, Düsseldorf, München
Gleiss Lutz	Frankfurt, Stuttgart, München, Hamburg
Hengeler Mueller	Frankfurt, Berlin, München
Linklaters	Frankfurt, München
Allen & Overy	Frankfurt, Hamburg, München
Clifford Chance	Düsseldorf, Frankfurt, München
CMS Hasche Sigle	München, Stuttgart, Köln, Hamburg, Düsseldorf
Hogan Lovells	Düsseldorf, München, Hamburg, Frankfurt
Noerr	Berlin, Dresden, Düsseldorf, Frankfurt, München
White & Case	Berlin, Frankfurt, Hamburg, München, Düsseldorf
Baker & McKenzie	Düsseldorf, Frankfurt, München
DLA Piper	Köln, Frankfurt, München
Latham & Watkins	Frankfurt, Hamburg, München
SZA Schilling Zutt & Anschütz	Mannheim, Frankfurt
Wach + Meckes	München
Beiten Burkhardt	Düsseldorf, München
Heuking Kühn Lüer Wojtek	Düsseldorf, Hamburg, München, Frankfurt
Luther	Hamburg, Köln, Essen, Düsseldorf
Norton Rose Fulbright	München, Frankfurt, Hamburg
Schmitz & Partner	Frankfurt
Taylor Wessing	Hamburg, Düsseldorf, Frankfurt, München
Thümmel Schütze & Partner	Stuttgart
WilmerHale	Berlin, Frankfurt
Borris Hennecke Kneisel	Köln
Bub Gauweiler & Partner	München
Hanefeld	Hamburg
Haver & Mailänder	Stuttgart
Kantenwein Zimmermann Fox Kröck & Partner	München
Lindenpartners	Berlin

Die hier getroffene Auswahl der Kanzleien ist das Ergebnis der auf zahlreichen Interviews basierenden Recherche der JUVE-Redaktion (s. Einleitung S. 20). Sie ist in 2erlei Hinsicht subjektiv: Sämtliche Aussagen der von JUVE-Redakteuren befragten Quellen sind subjektiv u. spiegeln deren eigene Wahrnehmungen, Erfahrungen u. Einschätzungen wider. Die Rechercheergebnisse werden von der JUVE-Redaktion unter Einbeziehung ihrer eigenen Marktkenntnis analysiert u. zusammengefasst. Der JUVE Verlag beabsichtigt mit dieser Tabelle keine allgemein gültige oder objektiv nachprüfbare Bewertung. Es ist möglich, dass eine andere Recherchemethode zu anderen Ergebnissen führen würde. Innerhalb der einzelnen Gruppen sind die Kanzleien alphabetisch geordnet.

▶▶▶ Bitte beachten Sie auch die Liste weiterer renommierter Kanzleien am Kapitelende. ◀◀◀

● Referenzmandate, umschrieben
●● Referenzmandate, namentlich

Anwaltszahlen: Angaben der Kanzleien, wie viele Anwälte zu mind. ca. 50% in diesem Gebiet tätig sind. Sie spiegeln nicht zwingend die Gesamtgröße einer Kanzlei wider.

kationsverf. tätig. (7 Eq.-Partner, 4 Sal.-Partner, 1 Counsel, 13 Associates, 1 of Counsel)
Mandate: ●● Dussmann-Stiftung im erbrechtl. Streit (öffentl. bekannt); Siemens in Prozessen bzgl. Anlagenbau, Großprojekten, Unternehmenskäufen; Steag, EVN in ICC-Verf. wg. Verzögerung Kraftwerksbau Walsum 10; asiat. Industrieunternehmen in Post-M&A-Streit; Energieunternehmen in DIS-Verf. wg. Errichtung unterird. Gasspeichers; nordeurop. Pharmaunternehmen in CIETAC-Verf. wg. Kündigung eines Vertriebsvertrags; div. Schiedsrichter in DIS- u. ICC-Verfahren.

BEITEN BURKHARDT
Handel und Haftung: Prozesse
Schiedsverfahren/Mediation
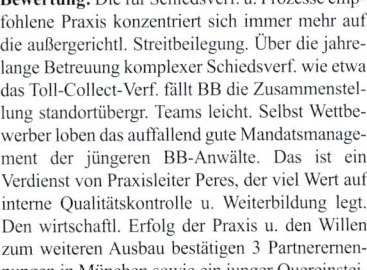
Bewertung: Die für Schiedsverf. u. Prozesse empfohlene Praxis konzentriert sich immer mehr auf die außergerichtl. Streitbeilegung. Über die jahrelange Betreuung komplexer Schiedsverf. wie etwa das Toll-Collect-Verf. fällt BB die Zusammenstellung standortübergr. Teams leicht. Selbst Wettbewerber loben das auffallend gute Mandatsmanagement der jüngeren BB-Anwälte. Das ist ein Verdienst von Praxisleiter Peres, der viel Wert auf interne Qualitätskontrolle u. Weiterbildung legt. Den wirtschaftl. Erfolg der Praxis u. den Willen zum weiteren Ausbau bestätigen 3 Partnerernennungen in München sowie ein junger Quereinsteiger von Dechert. Mit Dr. Michael Ultsch (zur Münchner Neugründung Stolzenberg) u. Dr. Denis Gebhardt (zu Jones Day) musste BB allerdings auch 2 Abgänge anerkannter Partner hinnehmen.
Entwicklungsmöglichkeiten: Der Weggang von Gebhardt zeigt, wie instabil die Praxis abseits der Kernpraxis in München ist, denn der dortige Partnerweggang ist angesichts der internen Ernennungen völlig anders zu bewerten. Eine stärkere standortübergr. Zusammenarbeit könnte Stabilität geben, setzt aber voraus, dass sich die Partner stärker untereinander vernetzen.
Häufig empfohlen: Dr. Holger Peres
Kanzleitätigkeit: Post- ▶M&A-Streitigkeiten, gesellschaftsrechtl. Streitigkeiten u. bankrechtl. Prozesse sowie insolvenznahe Litigation. Schiedsverf. v.a. im ▶Gesellsch.recht, zu Vertriebsverträgen u. Subcontracting, auch im Bausektor. Teilschwerpunkt Mediation, in D'dorf Schwerpunkt im Sportrecht. (2 Eq.-Partner, 8 Sal.-Partner, 9 Associates)
Mandate: ●● Bundesrepublik Dtl. in Schiedsverf. gg. Toll Collect, Daimler u. Dt. Telekom wg. Schadensersatz u. Vertragsstrafen (mit Linklaters); Fam. Benteler u. Ex-SGL-Carbon-Chef Robert Koehler in Schadensersatzklagen wg. Oppenheim-Esch-Fonds; Ex-BayernLB-Vorstand Theo Harnischmacher in Zivilverfahren; ww. Sportartikelhersteller in div. Prozessen u. DIS-Verf. wg. gescheiterter Immobilientransaktion.

BLD BACH LANGHEID DALLMAYR
Produkthaftung
Bewertung: Die geschätzte Prozesspraxis erregt mit der Mandatierung in einem besonders brisanten Mandat Aufmerksamkeit: Sie begleitet Germanwings bei der Regulierung des jüngsten Flugzeugabsturzes in den Alpen. Hier konnten sich die Haftungsexperten aufgr. ihrer Versicherungsexpertise u. Erfahrung mit der internat. Koordination von Schadensfällen gegü. div. Großkanzleien durchsetzen. Das Mandat spiegelt die Entwicklung wider, die Büsken u. Alexander seit Jahren vorantreiben. BLD wird immer häufiger von den Unternehmen selbst angesprochen u. nicht durch die Versicherer ins Boot geholt. Damit hat BLD den Druck auf die beiden deutl. breiter aufgestellten Marktführer in Produkthaftung Noerr und Hogan Lovells erhöht.
Stärken: Marktführende Praxis im ▶Versicherungsvertragsrecht.
Häufig empfohlen: Dr. Rainer Büsken, Dr. Martin Alexander (beide Produkthaftung), Bastian Finkel („effektive Verfahrensführung", Wettbewerber; v.a. D&O)
Kanzleitätigkeit: Umf. Prozessführung für Versicherer u. Unternehmen in haftpflichtrechtl. Streitigkeiten, auch D&O-Fälle. In Produkthaftung Begutachtung, Abwicklung von Schadensfällen (auch ww.), Rückrufe. Zunehmend Schiedsverfahren. (15 Partner, 36 Associates)
Mandate: ●● Germanwings wg. Flugzeugabsturz; frz. Baukonzern bei div. Prozessen wg. brasilian. WM-Stadien; frz. Kabelhersteller bei Abwehr Regress nach Pkw-Rückruf; internat. Produkthaftungsversicherer wg. kontaminiertem Pharmaprodukt; Haftpflichtversicherer wg. Zugunglück in GB; Industriehaftpflichtversicherer wg. AKW-Schadenfall; Industriehaftpflichtversicherer wg. Rückruf in Flugzeugindustrie.

BORRIS HENNECKE KNEISEL
Handel und Haftung: Prozesse
Schiedsverfahren/Mediation

Bewertung: Die in Schiedsverfahren und Prozessen geschätzte Kanzlei hat sich seit ihrer Abspaltung von Freshfields vor einem Jahr sehr gut am Markt positioniert. In der Anfangsphase half dabei sicherl. die Reputation von Borris als Schiedsrichter. In der Folge kamen aber auch die Kontakte der jüngeren Partner zum Tragen: So konnte BHK etwa die Tochter eines dt. Energiekonzerns in div. Schiedsverf. begleiten. In Prozessen liegt der Schwerpunkt auf Gesellschafterstreitigkeiten u. im einstweiligen Rechtsschutz. Wettbewerber vergleichen die Entwicklung mit Hanefeld aus HH u. heben hervor, dass BHK auch den jüngeren Partnern mehr Raum zur Entfaltung gibt.

SCHIEDSVERFAHREN/MEDIATION

Baker & McKenzie	Düsseldorf, Frankfurt, München
CMS Hasche Sigle	München, Stuttgart, Köln, Hamburg
Freshfields Bruckhaus Deringer	Frankfurt, Köln, München
Allen & Overy	Frankfurt
Gleiss Lutz	Frankfurt, Stuttgart, Hamburg, Düsseldorf
Hogan Lovells	Düsseldorf, München, Hamburg
Latham & Watkins	Hamburg, Frankfurt, München
DLA Piper	Köln, München
Haver & Mailänder	Stuttgart
Hengeler Mueller	Frankfurt, Berlin
Linklaters	Frankfurt
Clifford Chance	Frankfurt
Hanefeld	Hamburg
Heuking Kühn Lüer Wojtek	Düsseldorf, München, Hamburg
Luther	Hamburg, Köln
Noerr	Düsseldorf, Frankfurt, München
White & Case	Frankfurt, Berlin
WilmerHale	Frankfurt
Beiten Burkhardt	München, Berlin
Borris Hennecke Kneisel	Köln
Kantenwein Zimmermann Fox Kröck & Partner	München
Lindenpartners	Berlin
Norton Rose Fulbright	Frankfurt, München
Schmitz & Partner	Frankfurt
SZA Schilling Zutt & Anschütz	Mannheim, Frankfurt
Taylor Wessing	Düsseldorf, Hamburg, München
Thümmel Schütze & Partner	Stuttgart
Wach + Meckes	München

Die hier getroffene Auswahl der Kanzleien ist das Ergebnis der auf zahlreichen Interviews basierenden Recherche der JUVE-Redaktion (s. Einleitung S. 20). Sie ist in 2erlei Hinsicht subjektiv: Sämtliche Aussagen der von JUVE-Redakteuren befragten Quellen sind subjektiv u. spiegeln deren eigene Wahrnehmungen, Erfahrungen u. Einschätzungen wider. Die Rechercheergebnisse werden von der JUVE-Redaktion unter Einbeziehung ihrer eigenen Marktkenntnis analysiert u. zusammengefasst. Der JUVE Verlag beabsichtigt mit dieser Tabelle keine allgemein gültige oder objektiv nachprüfbare Bewertung. Es ist möglich, dass eine andere Recherchemethode zu anderen Ergebnissen führen würde. Innerhalb der einzelnen Gruppen sind die Kanzleien alphabetisch geordnet.

▶▶▶ Bitte beachten Sie auch die Liste weiterer renommierter Kanzleien am Kapitelende. ◀◀◀

● Referenzmandate, umschrieben
●● Referenzmandate, namentlich

Anwaltszahlen: Angaben der Kanzleien, wie viele Anwälte zu mind. ca. 50 % in diesem Gebiet tätig sind. Sie spiegeln nicht zwingend die Gesamtgröße einer Kanzlei wider.

Stärken: Hoher Spezialisierungsgrad, eingespieltes Team.
Häufig empfohlen: Dr. Christian Borris („gelassen, souverän", „guter, aufmerksamer Schiedsrichter", Wettbewerber), Rudolf Hennecke
Kanzleitätigkeit: In Prozessen regelm. Streitigkeiten zw. Gesellschaftern u. Joint-Venture-Partnern. Vereinzelt bei IP-Fragen, hier Kooperation mit anerkannter Patentrechtsboutique. Breit aufgestellt in Schiedsverfahren in den Branchen Energie, Unternehmensberatung, Technologie u. Handel. Große Erfahrung als Schiedsrichter. (3 Partner)
Mandate: ● Mittelgr. WP-Gesellschaft bei Auseinandersetzung mit Minderheitsgesellschafter; chin. Telekomkonzern bei Schiedsvereinbarung bzgl. FRAND-Regelungen (mit Patentkanzlei); internat. Medienkonzern gutachterl. zu Haftungsrisiken; Tochter eines Energiekonzerns in ICC-Verf. wg. Kündigung Stromliefervertrag; Erdölkonzern wg. Annullierung Schiedsspruch u. als Schiedsgutachter.

BUB GAUWEILER & PARTNER
Handel und Haftung: Prozesse
Bewertung: Eine für Prozesse u. Schiedsverfahren geschätzte Kanzlei. Spätestens nachdem sie den jahrelangen zähen Streit für die Kirch-Erben gg. die Deutsche Bank mit einem spektakulären Vergleich zu Ende gebracht hat, eilt ihr der Ruf einer beinharten Prozessvertreterin voraus. Ihre Gegner geht sie offensiv an, so zuletzt etwa die Anwälte von Gleiss Lutz, gg. die Bub-Mandant Stefan Mappus wg. des gescheiterten EnBW-Deals vorgeht. Solche prominenten Mandate ziehen neue Fälle an. Aber auch auf personeller Ebene konnte die Kanzlei ihre Kompetenz bei gesellschaftsrechtl. Streitigkeiten mit der Aufnahme eines erfahrenen Anwalts erweitern. Allerdings sehen Konkurrenten die enge Verbindung zu Politik u. Justiz, v.a. über den stellvertretenden CSU-Vorsitzenden Dr. Peter Gauweiler, als zuweilen kritisch. Vor dem Hintergrund politischer Verwebungen wird auch die Niederlegung des langjährigen Mandats für den Laborunternehmer Dr. Bernd Schottdorf gewertet.
Häufig empfohlen: Franz Enderle
Kanzleitätigkeit: Schwerpunkt liegt auf der Begleitung gesellschaftsrechtl. Streitigkeiten, oft mit Bezug zu kapitalmarktrechtl. Themen. Zudem Anfechtungs- u. Schadensersatzprozesse u. vertragsrechtl. Streitigkeiten.
Mandate: ●● Metro in Streitigkeiten um Media-Saturn, u.a. zur Geschäftsführerbestellung; Stefan Mappus gg. Gleiss Lutz u. deren Anwalt Dr. Martin Schockenhoff wg. des gescheiterten EnBW-Deals; aus dem Markt bekannt: Rhön-Klinikum bzgl. der Anfechtung von Hauptversammlungsbeschlüssen 2014; Max Aicher/Lech-Stahlwerke bzgl. Stromlieferverträgen von 2001 bis 2013.

CLIFFORD CHANCE
Handel und Haftung: Prozesse
Schiedsverfahren/Mediation
Bewertung: Die häufig empfohlene Prozess- u. Schiedspraxis wirkt angesichts der teils harten internen Umstrukturierungsmaßnahmen insgesamt geradezu stabil. Umso überraschter reagierten Wettbewerber auf den Wechsel des angesehenen Schiedsrechtlers Thomas Weimann, der sich mit einer Schiedsboutique selbstständig machte, denn im Markt gilt die Praxis als bestens positioniert u. zeichnete sich in der Vergangenheit durch Top-Mandate u. eine entsprechende Profitabilität aus. So sollte der Prozessbereich ein Fels sein, auf den die Kanzlei in unruhigen Zeiten bauen kann. Der feste Mandantenstamm spricht dafür, dass sich diese Einschätzung bewahrheitet. Im Markt fallen zudem junge Partner, die gerade von den Umstrukturierungen profitieren sollen, mehr u. mehr auf, wie etwa der Münchner Partner Schreiber. Intern ist der Blick derzeit allerdings stark auf den Wiederaufbau der Corporate-Praxis gerichtet.
Stärken: Grenzüberschr. Komplexe, gerade in ▶Bankrecht u. -aufsicht sowie ▶M&A. Integriertes ▶Wirtschaftsstrafrecht.
Häufig empfohlen: Uwe Hornung („brillant u. souverän", Wettbewerber), Burkhard Schneider („sehr gute Schriftsätze, gute Einschätzung der Rechtslage", Wettbewerber), Tim Schreiber, Dr. Michael Kremer („sehr erfahrener Schiedsrichter mit beeindruckendem Spezial-Know-how im Anlagenbau", Wettbewerber), Sebastian Rakob
Kanzleitätigkeit: Neben ▶gesellschaftsrechtl. Auseinandersetzungen u. Bankenvertretung außerdem ▶Immobilien- u. Baurecht, ▶Energie, Produkthaftung u. ▶Wirtschaftsstrafrecht. Weiter viele Post-M&A-Streitigkeiten, Organhaftung auf Unternehmensseite. In Schiedsverf. überw. Parteivertreter. (6 Partner, 3 Counsel, 17 Associates)
Mandate: ●● Metro im Streit um Media-Saturn; BayernLB bzgl. Schadensersatz gg. frühere Direktoren bzgl. Erwerb von ABS-Produkten; Energis plc in Berufungsverfahren vor HansOLG Hamburg gg. Alexander Falk; Freistaat Sachsen bei Geltendmachung von D&O-Versicherungsansprüchen gg. Chartis Europe; Gleiss Lutz bei der Abwehr der Klage von Stefan Mappus wg. angebl. Falschberatung; Kone bei Abwehr kartellrechtl. Schadensersatzklage wg. Fahrtreppenkartell; Symrise vor LG München in einstweiligen Verfügungsverfahren von Ritter Sport gg. Stiftung Warentest; Dr. Fr. Schoenfeld GmbH & Co. KG in Post-M&A-Schiedsverfahren nach Übertragung von Marken u. Markenrechten.

PRODUKTHAFTUNG

Hogan Lovells	München
Noerr	München
BLD Bach Langheid Dallmayr	Köln, München, Frankfurt, Berlin
CMS Hasche Sigle	München, Stuttgart, Frankfurt, Köln
Freshfields Bruckhaus Deringer	Düsseldorf, München
Friedrich Graf von Westphalen & Partner	Köln
Gleiss Lutz	Berlin, Stuttgart
Taylor Wessing	Frankfurt
Baker & McKenzie	Düsseldorf, Frankfurt
Linklaters	Frankfurt
Luther	Köln, Hannover

Die hier getroffene Auswahl der Kanzleien ist das Ergebnis der auf zahlreichen Interviews basierenden Recherche der JUVE-Redaktion (s. Einleitung S. 20). Sie ist in Zerlei Hinsicht subjektiv: Sämtliche Aussagen der von JUVE-Redakteuren befragten Quellen sind subjektiv u. spiegeln deren eigene Wahrnehmungen, Erfahrungen u. Einschätzungen wider. Die Rechercheergebnisse werden von der JUVE-Redaktion unter Einbeziehung ihrer eigenen Marktkenntnis analysiert u. zusammengefasst. Der JUVE Verlag beabsichtigt mit dieser Tabelle keine allgemein gültige oder objektiv nachprüfbare Bewertung. Es ist möglich, dass eine andere Recherchemethode zu anderen Ergebnissen führen würde.

▶▶▶ Bitte beachten Sie auch die Liste weiterer renommierter Kanzleien am Kapitelende. ◀◀◀

CMS HASCHE SIGLE
Handel und Haftung: Prozesse
Schiedsverfahren/Mediation
Produkthaftung

NOMINIERT
JUVE Awards 2015
Kanzlei des Jahres für Dispute Resolution

Bewertung: Eine für Schiedsverfahren u. Prozesse führende Praxis, die sich unverändert durch eine breite Schiedspraxis u. die Begleitung internat. Streitigkeiten auszeichnet. In nationalen Prozessen hinkt CMS noch ein Stück hinterher, denn wie in ihrer Corporate-Praxis war das Geschäft lange zu kleinteilig. Das seit 2 Jahren bestehende 2-köpfige Leitungsteam hat die Praxis abermals analysiert u. die Strukturen deutl. gestrafft. Im Gegensatz zu Noerr oder Heuking erhöhte CMS die Anforderungen, um dem Geschäftsfeld als Partner anzugehören. Dadurch ist der Kreis der Spezialisten deutl. kleiner geworden. Mehr Highlights wie Thierys Einsatz für Prof. Roland Berger im Streit mit Thomas Middelhoff werden mit der neuen Strategie nur einhergehen, wenn CMS-Anwälte die von Mandanten nachgefragten Spezialisierungen konsequent besetzen können. Diese ist bereits bei Joint-Venture-Streitigkeiten, Post-M&A-Fällen u. im Anlagenbau sowie im Trendthema Investitionsschutz der Fall. CMS kann sich zudem auf Schiedsexperten wie Ruckteschler u. Lörcher verlassen. Für seine regelm. Schiedsaktivitäten in Hongkong bekam Wiegand zuletzt viel Aufmerksamkeit.
Stärken: Auseinandersetzungen aus ▶M&A/Transaktionen u. im Anlagenbau. Marktführende Schiedspraxis, die die Internationalisierung vorantreibt.
Häufig empfohlen: Dr. Klaus Sachs („Deutschlands führender Schiedsrichter", „außergewöhnliche Erfahrung, internat. anerkannt", Wettbewerber), Dr. Dorothee Ruckteschler („sensationell vorbereitet, effektiv", Wettbewerber), Dr. Torsten Lörcher, Dr. Harald Potinecke (v.a. Produkthaftung/Compliance), Claus Thiery („kompetent u. umsichtig", Wettbewerber), Dr. Nicolas Wiegand („aufstrebend", Wettbewerber)

● Referenzmandate, umschrieben
●● Referenzmandate, namentlich

Anwaltszahlen: Angaben der Kanzleien, wie viele Anwälte zu mind. ca. 50% in diesem Gebiet tätig sind. Sie spiegeln nicht zwingend die Gesamtgröße einer Kanzlei wider.

HANDEL UND HAFTUNG KONFLIKTLÖSUNG – DISPUTE RESOLUTION

Kanzleitätigkeit: Neben handels- u. vertriebsrechtl. Streitigkeiten auch ▶gesellsch.rechtl. Auseinandersetzungen, Post-M&A u. Organhaftungsprozesse. Außerdem tätig u.a. im ▶Marken- u. Wettbewerbsrecht, ▶Arbeitsrecht, ▶Patentrecht, ▶kartellrechtl. Zivilverfahren, ▶Versicherungsvertragsrecht sowie im Anlagenbau u. Bankrecht. Im Schiedsbereich viele internat. Verfahren, häufig als Schiedsrichter. Zudem alternat. Streitbeilegung/Mediation. (Kernteam: 9 Partner, rund 30 Associates)

Mandate: ●● Prof. Dr. Roland Berger in versch. Streitigkeiten u. Mediation sowie Zwangsvollstreckung im Komplex Thomas Middelhoff; Matthias Graf v. Krockow als ehem. Sal.-Oppenheim-Gesellschafter bei Abwehr M.-Schickedanz-Klage; ehem. EnBW-Manager bei Abwehr Organhaftung; ehem. HRE-Vorstand in Anlegerklagen; Ex-Vorstand eines Beratungsunternehmens bei Abwehr von Schadensersatz von Ex-Partnern; öffentl. Auftraggeber bei Abwehr von Ansprüchen aus Bau einer Donaubrücke; Netzbetreiber bei Abwehr von insolvenzrechtl. Anfechtungsklagen; taiwanes. Photovoltaikunternehmen gg. dt. Solarunternehmen außergerichtl. zur Abwendung eines DIS-Schiedsverfahrens wg. Schadensersatzansprüchen; ICC-Verf. zw. Suzuki u. VW wg. Auflösung strateg. Partnerschaft; Schiedsrichter in ICSID-Aufhebungsverfahren TECO gg. Guatemala.

DLA PIPER

Handel und Haftung: Prozesse
Schiedsverfahren/Mediation

Bewertung: Eine häufig empfohlene Prozess- u. Schiedspraxis. Über 2 Hebel positionieren sich die Prozessanwälte in komplexen Mandaten. Zum einen nutzen sie die Schnittstellen zu anderen Fachbereichen, zum anderen profitieren sie vom internat. Umfeld u. sichern sich über die ww. Verbindungen der Kanzlei großvolumige Mandate, insbes. im Schiedsrecht. Hier vertritt die Kanzlei etwa eine internat. Handelsgesellschaft im Streit mit einem ind. Dienstleister in einem ICC-Verfahren. Eine heranwachsende Stärke ist zudem die Beratung zu Organhaftungsfällen, die v.a von D&O-Experte Gädtke vorangetrieben wird. Die Praxis ist zudem immer wieder in bank- und kapitalmarktrechtlichen Streitigkeiten, insbes. zu Prospekthaftung sowie in Berufshaftpflicht- u. Post-M&A-Fällen zu sehen. Aber auch die Verfolgung von Schadensersatzansprüchen im Zshg. mit Wirtschaftsstrafsachen spielt eine wichtige Rolle. So vertritt DLA bspw. Energis im Schadensersatzprozess gg. Alexander Falk, einem der größten Post-M&A-Betrugsfälle der letzten Jahre.

Stärken: Prozesse bzgl. regulierter Branchen u. D&O-Fälle. Zunehmend dt.-ind. Streitigkeiten.

Häufig empfohlen: Dr. Wolfgang Jäger („hartnäckig u. akribisch", Wettbewerber), Dr. Frank Roth, Dr. Thomas Gädtke, Dr. Daniel Sharma, Dr. Christian Schneider (v.a. D&O-Haftung)

Kanzleitätigkeit: Schwerpunkte in Prozessen bei handels- u. vertragsrechtl. Streitigkeiten, z.T. mit insolvenzrechtl. Bezug. Schnittstellen zum Umwelt- u. Planungsrecht, ▶Versicherungsprozessen, ▶Compliance u. Produkthaftung. Schiedsverf. regelm. mit Branchenbezug (▶Energie, internat. Handel, Logistik), über Brüssel u. Hamburg dt.-ind. Fälle. (8 Partner, 4 Counsel, 10 Associates, 1 of Counsel)

Mandate: ●● Wisag Aviation Service gg. Land Hessen bzgl. Aufhebung der Auswahlentscheidung zugunsten der Acciona Airport Services Frankfurt; BayernLB deckungsrechtl. in Organklagen wg. HGAA-Erwerb u. ABS-Geschäften; Energis gg. Alexander Falk (mit Clifford Chance); Unternehmen gg. Zahlungsklage eines E-Commerce-Herstellers; Nahrungs- u. Genussmittelkonzern bei der Geltendmachung von Schadensersatzansprüchen gg. Ex-Logistikdienstleister; internat. Handelsgesellschaft in Streit mit ind. Dienstleister u. Einleitung von ICC-Schiedsverfahren.

FRESHFIELDS BRUCKHAUS DERINGER

Handel und Haftung: Prozesse
Schiedsverfahren/Mediation
Produkthaftung

Bewertung: Eine führende Kanzlei für Schiedsverfahren u. Prozesse, deren Arbeit immer stärker durch jüngere Partner geprägt ist. Beginnend mit den Ernennungen von Kasolowsky u. Mallmann vor einigen Jahren hat FBD die Praxis inhaltl. nachhaltiger entwickelt als z.B. Hengeler oder Gleiss Lutz. Ihre seit 2010 ernannten Partner stehen für fachbereichsübergr. u. hoch profitable Dienstleistungen wie interne Untersuchungen, Kartellschadensersatz- u. internat. Prozesse: Zuletzt trat etwa Rohls prominent für die BayernLB im Heta-Streit gg. Österreich auf u. begleitete den Vergleich. Seit Rohls' Wechsel nach München 2011 hat der dortige Praxisteil einen immensen Auftrieb bekommen – gerade an der Isar hatte sich FBD zuvor ggü. starken Praxen wie CMS u. Hogan Lovells schwergetan. Zudem bündelt FBD in München ihre Expertise im Produkthaftungs-, Kartell- u. Handelsrecht, um künftig von hier aus Prozesse u. ADR bei Infrastrukturprojekten zu begleiten. Bei internen Untersuchungen, insbes. für ww. tätige Finanzdienstleister u. Versicherer, hat sich Ffm. als Brückenkopf in der Gesamtkanzlei etabliert. Um von dem Know-how der US-Anwälte bzgl. White-Collar Crime zu profitieren, entsendete FBD einen jungen Anwalt nach NYC; jedoch sind US-Kanzleien FBD auf ihrem Heimatmarkt deutl. voraus. Aufgr. geringer Partneraussichten verlor FBD wieder Nachwuchsanwälte, so wechselte z.B. der bereits im Markt anerkannte Jan-Erik Windthorst zu Allen & Overy.

Stärken: Inhaltl. breit aufgestellte Praxis mit internat. Schiedspraxis, gerade bei Investitionsschutz. Ww. Querschnittsgruppe für interne Untersuchungen (▶Compliance). Homogene Altersstruktur unter Partnern, fachl. exzellente Nachwuchsanwälte.

Entwicklungsmöglichkeiten: In Patentsachen setzen multinat. Konzerne zunehmend auf Schiedsverfahren. Wenn es FBD gelingen könnte, die Synergien mit ihrer IP-Praxis noch stärker zu heben, könnte sie erneut in einem Trendthema vorne dabei sein.

Häufig empfohlen: Dr. Christian Duve, Dr. Rolf Trittmann („verbindlich, aber in der Sache hart", „Spitzenarbeit als Schiedsrichter", Wettbewerber),

Führende Namen in Schiedsverfahren

Prof. Dr. Klaus Berger	Universität Köln
Prof. Dr. Karl-Heinz Böckstiegel	Universität Köln
Dr. Christian Borris	Borris Hennecke Kneisel
Prof. Dr. Daniel Busse	Allen & Overy
Prof. Dr. Siegfried Elsing	Orrick Herrington & Sutcliffe
Dr. Ulrike Gantenberg	Heuking Kühn Lüer Wojtek
Dr. Klaus Gerstenmaier	Haver & Mailänder
Prof. Dr. Mathias Habersack	Ludwig-Maximilians-Universität München
Dr. Inka Hanefeld	Hanefeld
Dr. Richard Happ	Luther
Dr. Peter Heckel	Hengeler Mueller
Dr. Boris Kasolowsky	Freshfields Bruckhaus Deringer
Dr. Stefan Kröll	Universität Köln
Dr. Wolfgang Kühn	Heuking Kühn Lüer Wojtek
Dr. Torsten Lörcher	CMS Hasche Sigle
Dr. Patricia Nacimiento	Norton Rose
Dr. Günter Pickrahn	Baker & McKenzie
Prof. Hilmar Raeschke-Kessler	Prof. Hilmar Raeschke-Kessler
Prof. Dr. Jochem Reichert	SZA Schilling Zutt & Anschütz
Dr. Jörg Risse	Baker & McKenzie
Dr. Dorothee Ruckteschler	CMS Hasche Sigle
Dr. Stefan Rützel	Gleiss Lutz
Dr. Klaus Sachs	CMS Hasche Sigle
Jan Schäfer	King & Spalding
Dr. Sebastian Seelmann-Eggebert	Latham & Watkins
Prof. Dr. Roderich Thümmel	Thümmel Schütze & Partner
Dr. Volker Triebel	Dr. Volker Triebel
Dr. Rolf Trittmann	Freshfields Bruckhaus Deringer
Dr. Stephan Wilske	Gleiss Lutz
Dr. Rolf Winkler	Haver & Mailänder

Die hier getroffene Auswahl der Personen ist das Ergebnis der auf zahlreichen Interviews basierenden Recherche der JUVE-Redaktion (siehe S. 20). Sie ist in 2erlei Hinsicht subjektiv: Sämtliche Aussagen der von JUVE-Redakteuren befragten Quellen sind subjektiv u. spiegeln deren eigene Wahrnehmungen, Erfahrungen u. Einschätzungen wider. Die Rechercheergebnisse werden von der JUVE-Redaktion unter Einbeziehung ihrer eigenen Marktkenntnis analysiert u. zusammengefasst. Der JUVE Verlag beabsichtigt mit dieser Tabelle keine allgemein gültige oder objektiv nachprüfbare Bewertung. Es ist möglich, dass eine andere Recherchemethode zu anderen Ergebnissen führen würde.

● Referenzmandate, umschrieben
●● Referenzmandate, namentlich

Anwaltszahlen: Angaben der Kanzleien, wie viele Anwälte zu mind. ca. 50 % in diesem Gebiet tätig sind. Sie spiegeln nicht zwingend die Gesamtgröße einer Kanzlei wider.

Häufig empfohlene BGH-Kanzleien

BGH-Kanzlei	BGH-Anwälte
Dr. Brunhilde Ackermann	Dr. Brunhilde Ackermann („fundierte Kenntnis im Markenrecht"; „bringt die Dinge auf den Punkt, gute Auffassungsgabe")
Baukelmann Tretter	Dr. Peter Baukelmann („stets angenehm kurze, aber prägnante Risikoeinschätzungen"; „immer auf dem neuesten Stand"; „gründliche und zuverlässige Arbeit") Norbert Tretter („hervorragender Kenner der Materie")
Engel & Rinkler	Friedrich-Wilhelm Engel („sachkundig, gründlich") Axel Rinkler („exzellente IP-Kenntnisse", „kompetent, uneitel, pragmatisch & innovativ")
von Gierke & Rohnke	Cornelie von Gierke („sehr hohe Fachkompetenz, sehr effiziente Korrespondenz") Prof. Dr. Christian Rohnke („einer der besten Markenrechtler Deutschlands"; „klug, mit allen Wasser gewaschen, internationale Erfahrung")
Gross & Wessels	Prof. Dr. Dr. Norbert Gross („hoch kompetent, sehr umgänglich, loyal, schnell") Dr. Peter Wessels („angenehmer und kluger Kollege")
Jordan & Hall	Dr. Reiner Hall „die Kapazität in Revisionen"; „sehr gute Schriftsätze, sehr dienstleistungsorientiert") Götz Jordan („kreative Ideen"; „exzellentes Auftreten in der mündlichen Verhandlung, sehr klar und präzise in den Ausführungen")
Keller & Mennemeyer	Hans-Eike Keller („profundes Wissen und bereit, ausgetretene Pfade zu verlassen") Dr. Siegfried Mennemeyer („Expertise im Gesundheitswesen, unkomplizierte reibungslose Zusammenarbeit")
Krämer Winter	Prof. Dr. Achim Krämer („hervorragende Kenntnisse des Bankrechts, kompakte und aussagekräftige Schriftsätze, angenehmer Kollege"; „exzellent, strategisch") Dr. Thomas Winter („ausgezeichneter Jurist"; „neue ernst zu nehmende Nachwuchskraft, auffällig gutes Netzwerk in der Branche")
Dr. Wendt Nassall	Dr. Wendt Nassall („juristisch ausgezeichnet, souveräne Prozessführung")
von Plehwe & Schäfer	Dr. Thomas von Plehwe („erste Wahl, einfach gut"; „erfolgreich, hohes Engagement") Gunhild Schäfer („fachlich hervorragend, sehr angenehm in der Zusammenarbeit"; „fokussiert, sehr gutes Judiz")
Scheuch & Lindner	Richard Lindner („sorgfältig, kollegial, exzellenter Fachmann"") Silke Scheuch („pragmatisch, erfahren")
Dr. Jörg Semmler	Dr. Jörg Semmler („präziser Denker mit prozesstaktischer Herangehensweise"; „höchst kompetent und akribisch")
Dr. Matthias Siegmann	Dr. Matthias Siegmann („Präzision in der Argumentation, unkomplizierte kollegiale Verfahrensübernahme u. -führung"; „Jurist mit Phantasie")
Toussaint & Schmitt	Dr. Guido Toussaint („kompetent, uneitel, sprachlich exzellent"; „fachlich absolut überzeugend und unkompliziert") Prof. Dr. Ralph Schmitt („kluger Kopf; sehr präzise mündliche und schriftliche Ausführungen; schnelle Auffassungsgabe"; „hervorragende, klare juristische Bewertung und Darstellung")
Vorwerk	Prof. Dr. Volkert Vorwerk („schnelle und juristisch brillante Arbeit bei schwierigen prozessualen Fragen"; „exzellent und angenehme Zusammenarbeit")
Dr. Achim von Winterfeld	Dr. Achim von Winterfeld („pragmatisch und kreativ"; „sehr kompetent, sehr kollegial und immer auf den Punkt")

Die hier getroffene Auswahl der Kanzleien u. Personen ist das Ergebnis einer JUVE-Umfrage unter deutschen Wirtschaftskanzleien. Sämtliche Aussagen der von JUVE-Redakteuren befragten Quellen u. spiegeln deren eigene Wahrnehmungen, Erfahrungen u. Einschätzungen wider. Zitate stammen ausschließlich von Instanzanwälten. Der JUVE Verlag beabsichtigt mit dieser Tabelle keine allgemein gültige oder objektiv nachprüfbare Bewertung. Es ist möglich, dass eine andere Recherchemethode zu anderen Ergebnissen führen würde. Die Kanzleien sind in alphabetischer Reihenfolge aufgeführt, Kanzleisitz ist jeweils Karlsruhe.

Dr. Thomas Kreifels, Dr. Boris Kasolowsky („Vorbild für internat. Teamarbeit", Wettbewerber), Dr. Michael Rohls („herausragender Intellekt", „man will ihn im Streit auf seiner Seite haben", Wettbewerber), Dr. Martina de Lind van Wijngaarden, Dr. Roman Mallmann, zunehmend Moritz Becker („herausragender Jurist u. besonders kreativ", Wettbewerber)

Kanzleitätigkeit: Vertretung in komplexen ▶gesellschaftsrechtl. Auseinandersetzungen: Post-▶M&A- u. Joint-Venture-Auseinandersetzungen. Im ▶Bankrecht u. zu Finanzprodukten (▶Anleihen) insbes. Prospekthaftung u. Abwehr von Anlegerklagen. Abwehr von ▶kartellrechtl. Schadensersatzklagen sowie Versicherungsrecht/D&O, ▶Vertriebsverträge u. im Zshg. mit Insolvenzen. Mittlerweile an allen Standorten Schiedsverfahren, u.a. in der ▶Energiebranche u. im Anlagenbau. Dort nun Bündelung Streitexpertise bei Großprojekten. (11 Partner, 3 Counsel, 46 Associates)

Mandate: ●● BayernLB gg. Republik Österreich wg. Darlehen u. Schuldverschreibungen bzgl. Heta (mit Wien) sowie Land Bayern bei Vergleich; RWE gg. Hessen wg. Biblis-Stilllegung; Holcim bei Abwehr Schadensersatz im Zementkartell; EnBW in Organhaftungsklagen; internat. Bank bei interner Untersuchung wg. grenzüberschr. Geschäft mit US-Bezügen; Versicherer wg. Korruptionsvorwürfen in Asien; dt. Nahrungsmittelkonzern bei Abwehr Kartellschadensersatz; Getränkehersteller bei internat. Produktrückruf; Medizinproduktehersteller wg. Haftung bzgl. defekter Elektronik; dt. Reederei bei Abwehr insolvenzrechtl. Ansprüche; Immobiliengesellschaft in Schiedsverf. wg. Gasspeicherkavernen; EVN in ICSIS-Klage gg. Bulgarien; dt. Kreditinstitut in gepl. ICSID-Klage gg. Spanien wg. Ökostromförderung.

FRIEDRICH GRAF VON WESTPHALEN & PARTNER
Produkthaftung ▪▪□□□

Bewertung: Die geschätzte Prozesspraxis zählt hierzulande zu den anerkanntesten D&O- u. Produkthaftungsspezialisten. In Managerhaftungsfällen in der Finanzkrise war FGvW in einige der größten Fälle involviert. Weil diese zum Großteil reguliert sind, kamen neue Organhaftungsklagen im Nachgang von Unternehmensinsolvenzen hinzu. Dafür setzt das Kölner Team um Lenz nun häufiger auf die eigene Restrukturierungspraxis. In der Produkthaftung sorgen Automotive, Medizinprodukte u. Umweltschäden für eine gleichbleibend hohe Auslastung der Partner. Dass FGvW auf wenige Köpfe zentriert ist, ist Folge div. Weggänge: Eine Gruppe um Wirtschaftsstrafrechtler Dr. Michael Tsambikakis spaltete sich ab; über Jahre war es beiden Seiten nicht gelungen, Synergien in gemeinsame Mandate umzumünzen. Zudem verließen 2 erfahrene Associates FGvW, u.a. zum Versicherungsmakler Ecclesia.

Stärken: Langj. Erfahrung mit Großschäden; Beratung u. bei D&O-Deckung u. -Haftung.

Entwicklungsmöglichkeiten: Die Verstärkung ihres Mittelbaus hat Priorität für die Praxis, wenn FGvW die Zukunft ihrer extrem erfolgreichen Praxis sichern will. Allerdings tut sich die Kanzlei bei der Suche schwer, weil geeignete Kandidaten in anderen Einheiten deutl. frühere u. bessere Partnerchancen sehen.

Häufig empfohlen: Prof. Dr. Tobias Lenz, Carsten Laschet (v.a. Produkthaftung), Björn Fiedler (D&O-Haftung)

Kanzleitätigkeit: In der Produkthaftung Schwerpunkte bei Rückrufen, auch international. QSV. Zunahme bei der Beratung von ▶Versicherern. Daneben ▶vertriebsrechtl. Streitigkeiten. (3 Partner, 4 Associates)

Mandate: ●● Regelm. AIG Europe in Produkthaftpflicht, Umwelthaftpflicht sowie in D&O-Fällen, Brenntag europaw. im Zshg. mit Silikonlieferung u. Abwehr Schadensersatz; Allianz bzgl. Unregelmäßigkeiten beim Verkauf von Schiffdieselmotoren; Elektrogerätehersteller bei ww. Rückruf; D&O-Versicherer wg. Insolvenzverschleppung; Schlauchhersteller wg. Korrosionsschäden; Haushaltsgerätehersteller bei Abwehr US-Schadensersatzklage.

GLEISS LUTZ

Handel und Haftung: Prozesse	▪□□□□
Schiedsverfahren/Mediation	▪▪□□□
Produkthaftung	▪▪▪□□

Bewertung: Eine der führenden Praxen für Prozesse u. Schiedsverfahren, in der sich die Aufbauarbeit der vergangenen Jahre auszahlt. Gerade bei Streitigkeiten im Finanzsektor betreut die Praxis

● Referenzmandate, umschrieben
●● Referenzmandate, namentlich

Anwaltszahlen: Angaben der Kanzleien, wie viele Anwälte zu mind. ca. 50 % in diesem Gebiet tätig sind. Sie spiegeln nicht zwingend die Gesamtgröße einer Kanzlei wider.

eine Vielzahl von Finanzdienstleistern, Private-Equity-Häusern, Family Offices u. Asset-Managern. Die Arbeit für die HVB in der Schadensersatzklage gegen den Ex-Investor Rajon u. div. marktbekannte Anwälte im Zshg. mit Cum-Ex-Geschäften wurde zuletzt durch einen Vergleich beendet. Im Markt wird zudem Gleiss' Expertise im Schiedswesen stark wahrgenommen. Neben Schiedsrichtermandaten konnte sie zuletzt auch große Parteivertretungen in internat. Schiedsverfahren gewinnen. Gleichzeitig baut ein Stuttgarter Partner das Geschäft mit Produkthaftungs- u. Rückrufällen merkl. aus u. nutzt dazu auch das internat. Netzwerk der Kanzlei. Und auch für die zu erwartende Welle an kartellrechtl. Schadensersatzklagen ist die Kanzlei gut aufgestellt, wie die Arbeit für BSH Hausgeräte in der Follow-on-Schadensersatzklage gg. die Beteiligten des Kühlkompressorenkartells zeigt.
Stärken: Kapitalmarkt- u. gesellschaftsrechtl. Streitigkeiten. Unternehmensinterne Untersuchungen. Abwehr kartellrechtl. Schadensersatzklagen.
Häufig empfohlen: Dr. Stefan Rützel („sehr guter Analytiker", Wettbewerber), Dr. Stephan Wilske, Dr. Wolf von Bernuth, Prof. Dr. Gerhard Wegen, Dr. Luidger Röckrath („tief im Sachverhalt, rechtlich auf den Punkt, starke Court Room Presence", Wettbewerber), Dr. Andrea Leufgen, Dr. David Quinke
Kanzleitätigkeit: ▶Gesellsch.recht, handels- u. kapitalmarktrechtl. sowie Vertriebsstreitigkeiten. Zusammen mit ▶Kartellrechtlern auch bei Haftungsklagen. Außerdem Produkthaftung, Freiberuflerhaftung sowie Organhaftung. Regelm. internat. Schiedsverf., zuletzt Schwerpunkte in Post-M&A, ▶Energie u. an Bedeutung gewinnend Investitionsschutz. Bei internen Untersuchungen Zusammenarbeit mit div. befreundeten Kanzleien. (7 Eq.-Partner, 3 Sal.-Partner, 2 Counsel, 20 Associates)
Mandate: ●● HRE in KapMuG-Verf. wg. angebl. falscher Kapitalmarktinformation u. gg. ehem. Vorstände; UniCredit Bank AG/HVB zu Zivilverfahren u. Steuerhaftungsverfahren wg. Cum-Ex-Transaktionen; Dt. Telekom gg. 2 Klagen der dt. Kabelnetzbetreiber bzgl. Nutzungsentgelten für Kabelkanalanlagen; BSH Hausgeräte in Follow-on-Schadensersatzklage gg. die Beteiligten des Kühlkompressorenkartells; ww. agierende Unternehmensgruppe für die Herstellung von Landmaschinen und Zubehörteilen bzgl. ww. Rückruf von berstenden Nutzfahrzeugreifen, bzgl. Schadensersatzansprüchen u. ggü. nationalen Behörden; Versandhandelsunternehmen bei Produktrückruf.

HANEFELD
Handel und Haftung: Prozesse
Schiedsverfahren/Mediation

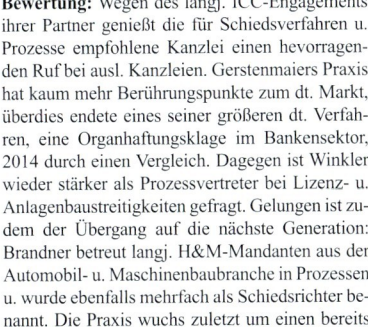

NOMINIERT
JUVE Awards 2015
Kanzlei des Jahres
für Dispute Resolution

Bewertung: Die empfohlene Schieds- u. Prozesspraxis spricht v.a. internat. Mandanten an, viele Komplexe haben keinen dt.-rechtl. Bezug. Insgesamt hat sich die Verantwortung spürbar auf mehrere Schultern verteilt. Im vergangenen Jahr gelang dem bereits im Markt bekannten jungen Partner Schmidt-Ahrendts mit versch. Schiedsrichtermandaten u. Prozessen bzgl. der Vollstreckung ausl. Schiedstitel der Durchbruch. Nedden ist zudem der Wechsel vom Parteivertreter zum Schiedsrichter gelungen. Viele deutl. ältere Anwälte schenken dem früheren ICC-Counsel in internat. Fällen ihr Vertrauen. Aufgr. der fachl. wie personellen Verbreiterung kann sich Hanefeld selbst nun auf eigene Mandate im Anlagenbau u. Energiebereich konzentrieren.
Stärken: Große Erfahrung in internat. Schiedsverfahren.
Häufig empfohlene Anwälte: Dr. Inka Hanefeld („absolut zuverlässig als Mitschiedsrichterin", „für ihre Generation prägend", Wettbewerber), Jan Nedden („herausragende Praxiserfahrung", Wettbewerber), Dr. Nils Schmidt-Ahrendts („Shooting-Star der Schiedsgerichtsbarkeit", Wettbewerber)
Kanzleitätigkeit: Ausschließliche Spezialisierung auf Konfliktlösung, besonders anerkannt für Parteivertretung in Schiedsverf. u. Schiedsrichtertätigkeit. Zudem Präventivberatung, ADR, Mediation u. Prozesse. Branchen: Maschinen-, Anlagenbau u. Infrastruktur, Finanzen, Energie, Medien. Gutes internat. Netzwerk zu Kanzleien u. Schiedsinstitutionen. (3 Partner, 3 Associates, 1 of Counsel)
Mandate: ● Parteibenannter Sachverständiger zum dt. Recht in US-Prozess.

HAVER & MAILÄNDER
Handel und Haftung: Prozesse
Schiedsverfahren/Mediation

Bewertung: Wegen des langj. ICC-Engagements ihrer Partner genießt die für Schiedsverfahren u. Prozesse empfohlene Kanzlei einen hervorragenden Ruf bei ausl. Kanzleien. Gerstenmaiers Praxis hat kaum mehr Berührungspunkte zum dt. Markt, überdies endete eine ihrer größeren dt. Verfahren, eine Organhaftungsklage im Bankensektor, 2014 durch einen Vergleich. Dagegen ist Winkler wieder stärker als Prozessvertreter bei Lizenz- u. Anlagenbaustreitigkeiten gefragt. Gelungen ist zudem der Übergang auf die nächste Generation: Brandner betreut langj. H&M-Mandanten aus der Automobil- u. Maschinenbaubranche in Prozessen u. wurde ebenfalls mehrfach als Schiedsrichter benannt. Die Praxis wuchs zuletzt um einen bereits auf Schiedsverf. spezialisierten Associate von Clifford Chance.
Stärken: Schiedsrichtertätigkeit in nat. u. internat. Verfahren.
Häufig empfohlen: Dr. Klaus Gerstenmaier („hands-on, sehr gut vernetzt, Mandant", „große Expertise", Wettbewerber), Dr. Rolf Winkler, Prof. Dr. Peter Mailänder, Dr. Gert Brandner
Kanzleitätigkeit: Regelm. durch die Senior-Partner in Schiedsverf. wg. Joint Venture oder Unternehmenskäufen. Daneben bank- u. kapitalanlagerechtl. Prozesse, v.a. Abwehr von Anlegerklagen. Außerdem Gesellschaftsrecht, Anlagenbau, zu Vertriebsverträgen u. Lizenzverträgen u. im ▶Kartellrecht, hier enge Abstimmung mit Büro in Brüssel. (Kernteam: 3 Eq.-Partner, 2 Sal.-Partner, 2 Associates)
Mandate: ●● Targobank in Massenverf. wg. Lehman-Zertifikaten; ehem. EnBW-Vorstand bei Abwehr Organhaftungsklage; lfd. Bosch, Porsche in Prozessen; Energieversorger in DIS-Verf. wg. Post-M&A-Streit; Schiedsrichter in DIS- u. ICC-Verfahren.

HENGELER MUELLER
Handel und Haftung: Prozesse
Schiedsverfahren/Mediation

Bewertung: Eine für Prozesse u. Schiedsverfahren führende Praxis. Im vergangenen Jahr spekulierten Wettbewerber häufig über den möglichen Reputationsverlust der Praxis, nachdem Meier u. Heckel aufgrund der Beratung der Dt. Bank im Kirch-Streit Ziel einer staatsanwaltschaftl. Untersuchung wurden. Auf Mandatsseite ist nun lediglich festzustellen, dass Meier heute stärker in Schiedsverfahren engagiert ist. Er führt allerdings auch weiterhin großvolumige Prozesse, wie etwa für Porsche die Abwehr von Anlegerklagen. Sein Frankfurter Team bleibt das Herz der Prozesspraxis. Von hier aus wird auch die Abwehr der zahlreichen Klagen gegen die Bank gesteuert. Aber auch an anderen Standorten werden Partner mit Schwerpunkten in der Prozessführung sichtbarer, wie etwa Bälz insbes. bei energierechtl. Schiedsverfahren. Bei den Klagen, die sich aus Kartellverstößen ergeben, gehen andere Wettbewerber momentan jedoch aktiver u. strategischer in den Markt. Dagegen ist Hengeler aufgrund ihrer hohen Kompetenz im Gesellschafts- u. Aktienrecht besonders gut positioniert, wenn sich das Thema Sammelklagen im europ. Verbraucherrecht sowie die erwartete steigende Aktivität von Minderheitsgesellschaftern realisieren sollte.
Stärken: Techn. Branchen (auch Militärsektor) u. im Markt führende Kontakte im ▶Bankrecht u. bzgl. Finanzprodukten (▶Anleihen). ▶Gesellschaftsrechtl. Streitigkeiten.
Häufig empfohlen: Dr. Peter Heckel (v.a. Schiedsverfahren), Dr. Markus Meier, Dr. Henning Bälz, Dr. Carsten van de Sande (v.a. Kapitalanlagen)
Kanzleitätigkeit: Über Konzernrecht u. Compliance Zugang zu Themen wie Organ- u. D&O-Haftung. Neben finanz- u. kapitalmarktnahen Verfahren weiterhin Post- ▶M&A-Streitigkeiten. ▶Kartellrechtl. Schadensersatzklagen. Streitigkeiten im Medien-, TK- u. Healthcare-Bereich. Regelm. Schiedsverfahren im Bereich Großtechnik u. Anlagenbau. Zudem Vorfeldberatung u. außergerichtl. Streitbeilegung sowie regelm. Corporate Governance. (16 Partner, 5 Counsel, bis zu 28 Associates)
Mandate: ●● Über in allen zivil-, verwaltungs- u. verfassungsrechtl. Streitigkeiten in Dtl.; Dt. Telekom bzgl. Toll-Collect-Schiedsverfahren zum Mautsystem; RWE bei Auseinandersetzung wg. gescheitertem Joint Venture mit russ. Energieversorger; Achmea in versch. Verfahren vor dem OLG FFM. u. BGH bzgl. Zuständigkeit des Schiedsgerichts u. Aufhebung eines Schiedsspruchs; British Airways bei Verteidigung gg. Schadensersatzansprüche wg. Luftfrachtkartell; JPMorgan gg. Ansprüche der Stadt Pforzheim bzgl. Derivattransaktionen; Sal. Oppenheim bei Abwehr der Schadensersatzklage von M. Schickedanz; Flughafen Berlin Brandenburg wg. mögl. Haftung GF u. AR bzgl. verschobener Eröffnung; Energieversorger in Schiedsverfahren nach dem gescheiterten Verkauf der Anteile an Gasunternehmen; versch. Unternehmen im Energiesektor in Schiedsverfahren.

HEUKING KÜHN LÜER WOJTEK
Handel und Haftung: Prozesse
Schiedsverfahren/Mediation

Bewertung: Mit ihrer personellen Breite bedient die in Prozessen u. Schiedsverfahren empfohlene Praxis v.a. die Bedürfnisse ihrer Kernmandanten aus dem Mittelstand. Bisweilen kann Heuking aber auch deutl. komplexere Mandate gewinnen. Insbes. das HHer Büro sorgte für Highlights: Ihre Anwälte begleiten den Insolvenzverwalter von Wölbern Invest gg. die früheren Berater des Bankhauses Bird & Bird. In dem brisanten Mandat

konnte sich Heuking positionieren, weil sie ihrerseits Emissionshäuser wie z.B. Llyod lfd. berät. Im Offshorebereich zeigte sich Umbeck offen für neue Streitlösungsmechanismen wie Adjudication Boards; nur wenige Litigation-Praxen, etwa Baker u. CMS, haben dies bislang in ihr Beratungsangebot integriert. In die D'dorfer Schiedspraxis von Kühn u. Gantenberg kam ein langj. ICC-Counsel als Associate; mit seiner Erfahrung könnte es Heuking künftig noch besser gelingen, größere Teams in Schiedsverf. zu koordinieren.
Stärken: Internat. erfahrene Schiedspraxis mit Spezialisierung bei Post- ▶M&A. Branchenschwerpunkte der versch. Standorte.
Häufig empfohlen: Dr. Wolfgang Kühn, Ulrike Gantenberg, Dr. Walter Eberl, Dr. Elke Umbeck („habe sehr gute Erfahrung mit ihr gemacht", Mandant), Dr. Thomas Wambach, Daniel Froesch („juristisch top, Querdenker", Wettbewerber)
Kanzleitätigkeit: Breite inhaltl. Aufstellung in Prozessen. Handelsvertreterfragen, ▶Versicherungsvertragsrecht u. Transportrecht. In D'dorf u. Hamburg ▶gesellschaftsrechtl. Prozesse. Daneben ▶Priv. Bau-, Architekten- u. Immobilienrecht, ▶Vertriebsrecht. Schiedsverf. um Unternehmenskäufe, Anlagenbau u. wg. Investitionsschutz, Rückversicherung u. ▶Energiesektor. Zuletzt deutl. Zunahme an Schiedsrichteraktivitäten. (30 Eq.-Partner, 10 Sal.-Partner, 27 Associates)
Mandate: ●● Insolvenzverwalter Wölbern Invest gg. Bird & Bird; Lloyd Fonds bei Abwehr von Anlegerklagen; Private-Equity-Gesellschaft wg. Organhaftungsansprüchen; Offshorewindpark bei Abwehr von Ansprüchen des Herstellers einer Offshore Accommodation Platform; Ex-Vorstand einer Sparkasse bei Abwehr einer Inanspruchnahme wg. Kreditausfällen; ARGE-Partner eines Offshorewindparks in DIS-Verf. wg. Verzögerungsschaden; dt. Hersteller von Offshorewindkraftanlagen vor Dispute Adjudication Board in versch. Verfahren; internat. Hersteller von Textilmaschinen in SCC-Schiedsverfahren gg. russ. Käufer.

HOGAN LOVELLS

Handel und Haftung: Prozesse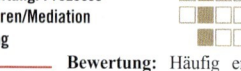
Schiedsverfahren/Mediation
Produkthaftung

Bewertung: Häufig empfohlene Kanzlei für Prozesse u. Schiedsverfahren, deren wesentl. Stärke in ihrer Nähe zum operativen Geschäft ihrer Mandanten liegt. Die breit aufgestellte Praxis kann die dominierenden Marktthemen problemlos abdecken, sei es an der Schnittstelle zum Produkthaftungsrecht, Kartellrecht oder im Schiedswesen. Das zeigt derzeit u.a. die Arbeit für Air Canada im Luftfahrtkartell. Besonders stark ist die Praxis da, wo sie auch das Branchen-Know-how der Gesamtkanzlei nutzen kann u. komplexe Regulierungsthemen zusätzlich in die Beratung hineinspielen, etwa wenn HL für Unternehmen aus dem Pharma- u. Medizinproduktebereich arbeitet, wie aktuell im P.I.P.-Fall. Aus ihrer Nähe zu den praktischen Problemen im Unternehmen heraus adaptiert die Praxis immer wieder neue Themen u. beschäftigt sich aktuell u.a. mit Cyber Crime. Zudem wird Pörnbacher von Wettbewerbern aufgrund seiner Kompetenz in (Schieds-)Verfahren im Energiesektor besonders hervorgehoben. Insgesamt fällt auf, dass die individuelle Leistung der Prozessexperten im Markt deutl. stärker wahrgenommen wird. Die von Wettbewerbern attestierte Lücke im Frankfurter Markt schließt die Kanzlei langsam, aber beharrlich durch internen Aufbau u. kultiviert hier zudem einen bankrechtl. Schwerpunkt.
Stärken: Internat. Produkthaftungspraxis. Breit aufgestelltes Team mit guter Branchenfokussierung.
Häufig empfohlen: Dr. Detlef Haß („Erfahrung in Massenverfahren", „eloquent, reaktionsschnell, verbindlich", Wettbewerber), Karl Pörnbacher („ausgezeichneter Jurist, immer sehr präzise", Wettbewerber), Ina Brock (Produkthaftung), Dr. Jürgen Witte (D&O-Deckung u. -Haftung), Dr. Sebastian Lach („sehr kompetent u. zielorientiert", Wettbewerber)
Kanzleitätigkeit: ▶Gesellschaftsrechtl. Streitig. u. Auseinandersetzungen im Anlagenbau u. ▶Immobiliensektor. Regelm. in ▶insolvenzrechtl. Streitigkeiten. ▶Compliance-Beratung. In Schiedsverf. als Parteivertreter oder Schiedsrichter tätig. Breites Spektrum in der Produkthaftung. (9 Partner, 5 Counsel, 1 of Counsel, 29 Associates sowie 18 Projektanwälte)
Mandate: ●● Air Canada gg. Klägervehikel DB Barnsdale wg. Schadensersatzansprüchen aufgrund eines Luftfrachtkartells als Gesamtschuldner; Ford Motors bei der Durchsetzung von Schadensersatzansprüchen gg. div. Autozulieferkartelle; Tüv Rheinland wg. internat. Abwehr von Ansprüchen bzgl. der Silikonimplantate von P.I.P.; Eurex Clearing wg. Inanspruchnahme durch den Lehman-Insolvenzverwalter.

KANTENWEIN ZIMMERMANN FOX KRÖCK & PARTNER

Handel und Haftung: Prozesse
Schiedsverfahren/Mediation

Bewertung: Eine für Prozesse u. Schiedsverfahren geschätzte Kanzlei, die ihre Marktposition v.a. in München ausgebaut hat. Eine Spezialität der MDP-Einheit sind dabei Fälle mit steuer- oder bilanzrechtl. Hintergrund. Auffallend hoch ist der Anteil an neuen Mandanten, die über das intensive Netzwerk der Anwälte zu Vorständen zustande kommen. So beriet Kröck einen Dax-Vorstand bzgl. möglicher Außen- u. Innenhaftung u. löste den Konflikt außergerichtlich. Daneben hat sich sein Schwerpunkt in Schiedsverf. deutl. auf Preisanpassungen in Gasspeicherverträgen verlagert, wobei die Schiedspraxis regelm. kartellrechtl. Spezialisierung zusätzl. an den Tag legt. Nachdem im Vorjahr ein Sal.-Partner zum BGH-Anwalt ernannt wurde, verließen 2 weitere junge Partner die Kanzlei (u.a. in Unternehmen). Die von Mandanten zunehmend gelobte Kuhli wurde allerdings zum Jahresbeginn zur Vollpartnerin ernannt.
Entwicklungsmöglichkeiten: Die aktuellen Mandate lassen sich auch ohne entsprechenden Unterbau steuern. Sollte die Kanzlei sich allerdings wieder mehr auf die Abwehr von Anlegerklagen fokussieren, wird sie nicht umhinkommen, zur Entlastung der Partner wieder Nachwuchsanwälte einzustellen.
Häufig empfohlen: Dr. Alexander Kröck („hervorragend, große Erfahrung", „strukturiert u. sorgfältig", Wettbewerber), Dr. Thomas Kantenwein („stark in betriebswirtschaftslastigen Verfahren", Wettbewerber), Marcus van Bevern, Dr. Annett Kuhli („gut vernetzt in der Schiedsszene", Mandant)

Kanzleitätigkeit: Durch MDP-Hintergrund viele finanz-, bilanz- u. ▶steuerrechtl. Auseinandersetzungen. Daneben gesellschaftsrechtl. Streitigkeiten (Post-M&A, Organhaftung), Prozesse aus Handels- u. Vertriebsverträgen u. Berufshaftung von Freiberuflern. Schiedsverfahren insbes. nach DIS u. ICC. (4 Eq.-Partner, 1 Sal.-Partner, 1 Associate)
Mandate: ● Dax-Vorstand wg. mögl. D&O- und Innenhaftung; Abwicklungsinstitut lfd. in Prozessen; Kreditinstitut wg. Ausgabe von Genussscheinen; Fondsverwaltung bei Abwehr Schadensersatz wg. Insiderhandel; Konzern in Swiss-Rules-Verf. im Zshg. mit erneuerbaren Energien; Gasversorger in Schiedsverf. wg. Preisanpassung Speichervertrag; Vorsitzende in DIS-Verf. wg. Garantieansprüchen.

LATHAM & WATKINS

Handel und Haftung: Prozesse
Schiedsverfahren/Mediation

Bewertung: Für Prozesse und Schiedsverfahren häufig empfohlene Kanzlei, die sich v.a. durch eine äußerst aktive Schiedspraxis u. langj. Erfahrung bei Bankprozessen auszeichnet. Bei Investitionsstreitigkeiten zählt L&W mit Seelmann-Eggebert u. Fällen für multinat. Konzerne wie Indorama zu den prägenden Einheiten im dt. Markt. Zudem macht neben dem Partner Baus mit Associate Spangenberg ein weiterer jüngerer Anwalt in der Schiedsszene auf sich aufmerksam. Prozessual hat sich die Schnittstelle zum Bankrecht in Ffm. hin zu insolvenzrechtl. Streitigkeiten, insbes. unter Einbindung der ▶Restrukturierungspraxis, nach HH verschoben; diese Entwicklung vollziehen allerdings ähnl. aufgestellte Wettbewerber wie CMS oder Noerr ebenfalls. In HH verließ Dr. Ulrich Börger L&W, er hatte die Praxis vor Ort lange Jahre mitgeprägt.
Stärken: Eng verzahnte Praxis bei bankrechtl. Prozessen. Dynamische, internat. Schiedspraxis.
Entwicklungsmöglichkeiten: Trotz langj. Begleitung des Bleichmittelkartell-Verfahrens scheint L&W in dem Geschäftsfeld kartellrechtl. Schadensersatzklagen den Anschluss an Cleary, Freshfields u. Noerr zu verlieren. Das liegt daran, dass diese Wettbewerber ihre Kartellrechtler enger einbeziehen als L&W.
Häufig empfohlen: Dr. Sebastian Seelmann-Eggebert („Speerspitze für internat. Ausrichtung", Wettbewerber), Dr. Finn Zeidler, Volker Schäfer, Christine Gärtner („Aufsteigerin, hinterlässt guten Eindruck", Wettbewerber), Dr. Christoph Baus („positiv überrascht, klare u. strukturierte Sätze", „sehr angenehm u. kollegial", Wettbewerber), zunehmend Jan Spangenberg („beeindruckte mich bei Zeugenbefragung, schon sehr abgeklärt u. routiniert", Wettbewerber)
Kanzleitätigkeit: Vorprozessuale Beratung für div. Banken u. Prozesse, hier regelm. Zusammenarbeit mit Büros in GB u. den USA. Im Außenhandel, bei Vertriebssystemen u. im ▶Beihilferecht. Vertretung in ▶gesellschaftsrechtl. (v.a. in HH) u. Post-M&A-Streitigkeiten. Prozesse in ▶Medien, ▶Kartellrecht u. ▶Arbeitsrecht. Schiedsverf. regelm. mit internat. Bezug, v.a. in HH. (8 Partner, 1 Counsel, 21 Associates)
Mandate: ●● Singapore Airlines bei Abwehr kartellrechtl. Schadensersatzklage (aus dem Markt bekannt); Clerical Medical bei Massenverf. wg. angebl. Falschberatung; Alno im Streit mit Ex-Vorstand; Kemira bei Abwehr kartellrechtl. Scha-

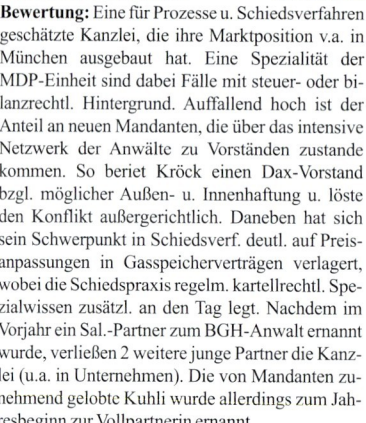

● Referenzmandate, umschrieben
●● Referenzmandate, namentlich

Anwaltszahlen: Angaben der Kanzleien, wie viele Anwälte zu mind. ca. 50 % in diesem Gebiet tätig sind. Sie spiegeln nicht zwingend die Gesamtgröße einer Kanzlei wider.

densersatzklage; Daimler Financial Services in Ad-hoc-Verf. wg. Einführung Toll Collect u. Widerklage wg. Vergütung gg. Bundesrepublik Dtl.; Indorama in ICSID-Verf. gg. Ägypten, Mazedonien in ICSID-Verf. gg. Fiduciary Trust; Karmer Mable in ICSID-Verf. gg. Georgien; Kroatien in ICSID-Verf. gg. van Riet (alle mit London); bekannter Bankierssohn in erbrechtl. Streit.

LINDENPARTNERS
Handel und Haftung: Prozesse
Schiedsverfahren/Mediation

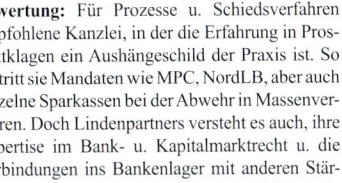

Bewertung: Für Prozesse u. Schiedsverfahren empfohlene Kanzlei, in der die Erfahrung in Prospektklagen ein Aushängeschild der Praxis ist. So vertritt sie Mandaten wie MPC, NordLB, aber auch einzelne Sparkassen bei der Abwehr in Massenverfahren. Doch Lindenpartners versteht es auch, ihre Expertise im Bank- u. Kapitalmarktrecht u. die Verbindungen ins Bankenlager mit anderen Stärken wie dem Aufsichtsrecht zu kombinieren. So berät sie etwa Sparkassen u. Banken bzgl. Bußgeldverfahren wg. Verstößen gg. WpHG-Vorschriften. Ein anhaltendes Highlight war zudem die Vertretung des Finanzunternehmens Rajon im Steuer- u. Zivilstreit um Cum-Ex-Transaktionen, bei der die Kanzlei eine außergerichtl. Einigung mit der HVB erzielte, wobei diese den Löwenanteil des Steuerschadens übernahm.
Häufig empfohlen: Dr. Lars Röh, Dr. Brigitta Varadinek, Dr. Jan Willisch
Kanzleitätigkeit: Abwehr kapitalmarktrechtl. Anlegerklagen, Prospekthaftungsklagen, Organhaftung sowie gesellschafts- u. vertragsrechtl. Streitigkeiten. Parteivertretungen in Schiedsverfahren. Mandanten: priv. u. öffentl. Kreditinstitute, Fondsinitiatoren u. Emittenten. (7 Partner, 10 Associates)
Mandate: ●● Rajon Financial Enterprises gg. HVB (zivilrechtl.) u. Finanzamt (steuerrechtl.) wg. Cum-Ex-Transaktionen; MPC in Massenklagen; NordLB bei Abwehr von Anlegerklagen zu geschlossenen Fonds; Hamburger Sparkasse bzgl. Swapklagen; Sparkasse Leverkusen bei Abwehr von Anlegerklagen wg. geschlossener Fonds; Sparkassen/Banken bzgl. Bußgeldverfahren wg. Verstößen gegen WpHG-Vorschriften; BayernInvest Kapitalverwaltungsgesellschaft u. Meriten Investment Management verwaltungsrechtl. gg. EdW/BaFin; Ex-Vorstand SachsenLB bzgl. bank- u. kapitalmarktrechtlicher Unterstützung der Strafverteidigung.

LINKLATERS
Handel und Haftung: Prozesse
Schiedsverfahren/Mediation
Produkthaftung

Bewertung: Eine für Prozesse und Schiedsverfahren führende Praxis, die regelm. in komplexen Fällen zu sehen ist. Die Kanzlei hat in den vergangenen Jahren deutl. an der Ausrichtung der Praxis geschraubt, sodass sie in puncto internat. Vernetzung nun den meisten Wettbewerbern eine Nasenlänge voraus ist. Ein Schwerpunkt liegt auf Bankenprozessen. So gilt u.a. die Einheit um Saffenreuther als besonders versiert bei der Abwehr von Anlegerklagen oder Ansprüchen von Anleihegläubigern u. verhalf zuletzt Barclays im KapMuG-Verfahren zum Sieg gg. den Musterkläger. Ein Highlight ist zudem die Führung des Schadensersatzprozesses für die BayernLB gg. Formel-1-Chef Bernie Ecclestone. An der Schnittstelle zum Aufsichtsrecht verfolgt die Praxis zudem eng die Entwicklung zu möglichen Schadensersatzprozessen. Wie schnell sich hier Geschäft entwickeln kann, zeigen Fälle, die auf kartellrechtl. Verfehlungen beruhen. So ist Linklaters derzeit etwa für Air France-KLM bei der Abwehr von Kartellschadensersatzansprüchen in div. Jurisdiktionen tätig. Stark internat. ausgerichtet ist auch die Schiedspraxis. Von Wettbewerbern wird Chatzinerantzis hoch gelobt, der u.a. in energierechtl. Verfahren zu sehen ist. Die Trennung von Laurenz Schmitt, der nach internen Querelen die Kanzlei verließ, ist fachl. ein Verlust, da er ein in Compliance- u. D&O-Haftungsfragen versierter Partner war. Linklaters reagierte darauf, indem sie eine frisch ernannte Frankfurter Partnerin nach München schickte.
Stärken: Intensive, fachbereichsübergreifende Zusammenarbeit, insbes. mit den ▶Restrukturierungs-, ▶Gesellschafts-, ▶Kartellrechts- u. Bank- u. Kapitalmarktrechtspraxen.
Häufig empfohlen: Klaus Saffenreuther, Alexandros Chatzinerantzis („auffallend guter Denker, argumentationsstark", Wettbewerber), Dr. Rupert Bellinghausen
Kanzleitätigkeit: Regelm. ▶gesellsch.rechtl. Auseinandersetzungen u. Post-▶M&A sowie im Anlagenbau u. um Vertriebsverträge. Insolvenzbedingte Streitigkeiten (auch Immobilien- u. Baurecht). Im Bankrecht insbes. Prospekthaftungs- u. Anlegerklagen. Deutl. zunehmend ▶energierechtl. u. regulator. Verfahren. Zudem ▶Kartellrecht u. Produkthaftung. (6 Partner, 23 Associates)
Mandate: ●● BayernLB gg. Formel-1-Chef Bernie Ecclestone u. Bambino Stiftung bzgl. Schadensersatz; Barclays in KapMuG-Verfahren wg. Zertifikaten des Ex-Hedgefonds-Managers Helmut Kiener; Air France-KLM bei der Abwehr von Kartellschadensersatzansprüchen in div. Jurisdiktionen; Flex-N-Gate bei Abwehr einer Schadensersatzklage nach gescheitertem Closing eines Unternehmenskaufvertrages; Bayer Crop Science in Vorlageverfahren vor dem EuGH; internat. Großbank bei der Abwehr von über 100 Klagen von Anleihegläubigern im Zshg. mit wirtschafts- u. insolvenzstrafrechtl. Vorwürfen.

LUTHER
Handel und Haftung: Prozesse
Schiedsverfahren/Mediation
Produkthaftung

Bewertung: Die für Prozesse u. Schiedsverfahren empfohlene Praxis zeichnet sich weiter durch ihre internat. Aufstellung u. ihre Expertise in Kapitalanlageprozessen aus. Luther wagte zuletzt ähnl. wie CMS einen Strategieschwenk: Unter Führung des Schiedsexperten Happ wird die Praxis verkleinert u. mit Budgetkompetenzen ausgestattet. Luther begleitet bereits Fiat, E.on u. weiterere Großkonzerne – mit dem Bündel von Spezialisierungen im streitigen Handels- u. Vertragsrecht könnte dies künftig regelm. der Fall sein. Der Weggang von Dr. René-Alexander Hirth zu Baker Tilly Roelfs hat kaum Auswirkungen auf das Geschäft der anerkannten Schiedspraxis. Deutl. verbessert hat sich die Qualität der Mandate im Produkthaftungsrecht durch die Aufnahme spezialisierter Anwälte in Hannover.
Stärken: Schiedsverf., insbes. mit Auslandsbezug. Anlagenbau, bankrechtl. Prozesse.
Häufig empfohlen: Dr. Ulrich Theune (v.a. Schiedsrichter), Dr. Richard Happ („hervorragender Schiedsrechtler", Wettbewerber), Dr. Stephan Bausch („gute Marktkenntnis, hat bei komplexen Streitigkeiten Blick für die Gesamtstrategie", Wettbewerber), Dr. Wilhelm Danelzik, Anne Wegner
Kanzleitätigkeit: Handels- u. gesellschaftsrechtl. Streitigkeiten, Post-M&A-Fälle sowie Anlagenbau u. Lieferverträge. In Köln u. HH Fokus auf Prozesse für Finanzdienstleister, in D'dorf starke Schnittstelle zu ▶Vertrieb. Internat. Schiedsverf. v.a. in HH u. D'dorf, in Köln Schnittstelle zu ▶Priv. Baurecht u. Immobilienrecht. (Kernteam: 15 Partner, 13 Associates, 2 of Counsel)
Mandate: ●● Vattenfall in ICSID-Verf. gg. Dtl. bzgl. Atomausstieg; E.on in ICSID-Verf. gg. Spanien wg. Kürzung Ökostromförderung; Familie Deichmann gg. Sal. Oppenheim, Oppenheim-Esch u. Sparkasse Köln/Bonn wg. Schadensersatz; Hauck & Aufhäuser bei Abwehr Privatanlegerklagen; Fiat bei Abwehr Klage Händlerverband; Bilfinger in Prozessen, Saint-Gobain, Tyco u. Same Deutz Dtl; dän. Großbank wg. Bankgarantie; Rüstungskonzern im Zshg. mit Ukraine-Krise; Hotelbuchungsportal in Grundsatzverf.; Maschinenbauer in div. CIETAC-Verf. wg. vertragsrechtl. Streitigkeiten.

NOERR
Handel und Haftung: Prozesse
Schiedsverfahren/Mediation
Produkthaftung

Bewertung: Die häufig empfohlene Praxis für Prozesse u. Schiedsverfahren hat ihre Durchschlagskraft im letzten Jahr noch einmal deutl. erhöht. Insbes. die Arbeit von Schiedsexpertin Meier findet großen Widerhall im Markt: „Eine der wenigen Deutschen, die internat. im Schiedsrecht ernst genommen werden", sagt ein Wettbewerber. Doch ist Noerr nicht nur im Schiedsbereich internat. sehr präsent, auch in anderen Fällen spielen die dt. Anwälte eine wichtige Rolle bei grenzüberschreitenden Konflikten. So beriet Noerr etwa KWL gg. UBS vor dem Londoner High Court of Justice im Streit um CDO-Geschäfte. Eine führende Rolle übernimmt sie ähnl. wie Wettbewerberin Hogan Lovells in Produkthaftungsfällen, bspw. für Boehringer Ingelheim oder Fresenius. Insgesamt wachsen Prozess- u. Regulierungsthemen in der Kanzlei immer stärker zusammen, was sich auch in Fällen an der Schnittstelle zum Kartellrecht ausdrückt. In Frankfurt baute die Kanzlei das Litigation-Team zuletzt noch mit Quereinsteigerin Dr. Julia Habbe von Freshfields aus u. stärkt damit den Standort, der in puncto Prozessführung den dominanten Praxen in München, D'dorf u. Berlin noch ein Stück weit hinterherhinkt.
Stärken: Starke fachbereichsübergreifende Arbeit mit den ▶Compliance-Spezialisten. Haftungsfragen aus Produkthaftung, Versicherungsrecht (insbes. Organhaftungsfälle), bank- u. kapitalmarktrechtl. Prozesse, auch Wirtschaftsstrafrecht für Unternehmen u. punktuell Organe.
Häufig empfohlen: Michael Molitoris („extrem durchsetzungsstark, geschickter Verhandler", Wettbewerber), Prof. Dr. Thomas Klindt, Dr. Oliver Sieg, Dr. Anke Meier („Top-Schiedsrechtlerin, sehr erfahren u. spezialisiert auf internat. Sachverhalte", Wettbewerber), Christian Kirchner, Helmut Katschthaler
Kanzleitätigkeit: Z.T. sehr standortspezif. Schwerpunkte auf ▶bankrechtl. Prozessen, Verf. im Zshg. mit D&O-Haftpflichtversicherungen bzw. Manager- u. Berufshaftung. Dort Schnittstelle zu Produkthaftung u. Produktrückrufen, einschl. internat. Koordination u. Durchsetzung von Re-

KONFLIKTLÖSUNG – DISPUTE RESOLUTION HANDEL UND HAFTUNG

gressen. ▶Gesellschaftsrechtl. Streitigk. inkl. Post-M&A-Fällen u. ▶Insolvenzverw., Compliance u. ▶wirtschaftsstrafrechtl. Beratung für Unternehmen, internat. Prozesse, ADR/Mediation u. nat. wie internat. Schiedsverfahren. (Kernteam: 12 Eq.-Partner, 7 Sal.-Partner, 2 Counsel, 17 Associates)

Mandate: ●● WestLB, EAA, Portigon in Streit um riskante Zinswetten mit Stadt Ennepetal; Kommunale Wasserwerke Leipzig bzgl. Zahlungsansprüchen aus CDO-Transaktionen u. Swapvertrag; Berliner Verkehrsbetriebe gg. JPMorgan u. Clifford Chance bei Vergleich in Streit um strukturierte Derivate u. Anwaltshaftung; Boehringer Ingelheim bei US-Vergleich wg. Arzneimittel Pradaxa; Dt. Bank lfd. in Gerichtsverfahren; Sal. Oppenheim bzgl. Schadensersatzklagen von Investoren wg. Anlageberatung zum Oppenheim-Esch-Fonds; DKB insbes. in Streitigkeiten zu Schrottimmobilien; Fresenius SE u. Fresenius Medical Care in div. Produkthaftungsverfahren in Europa u. den USA; lfd. Landesbank Berlin bankrechtl.; Cemex in Schadensersatzklage der CDC Cartel Damages Claims gg. Betonproduzenten; Volker Böhm als Insolvenzverwalter der Solar Millennium insbes. zu div. Schadensersatzansprüchen.

NORTON ROSE FULBRIGHT
Handel und Haftung: Prozesse
Schiedsverfahren/Mediation

Bewertung: Die empfohlene Schieds- u. Prozesspraxis macht Fortschritte bei der standortübergr. Zusammenarbeit. So nutzt ein Münchner Sal.-Partner die internat. Kontakte der Kanzlei, um in Dtl. erstmals ausl. Versicherer in Streitigkeiten zu beraten. Diese Entwicklung spielt sich v.a. zw. den Standorten München u. Ffm. ab. Auf dieser Schiene hat Nowak in einem letztjährigen Quereinsteiger von DLA einen guten Partner für finanz- u. produktbezogene Fälle, insbes. für eine skand. Großbank, gefunden. Diese Beziehung etabliert sich zur richtigen Zeit, da eine prozessaffine Bankrechtspartnerin als Chefjuristin zur Deka wechselte. In HH liegen die Schwerpunkte bei Streitigkeiten im Agrarsektor, in der maritimen Wirtschaft u. auf der Schnittstelle zur ebenfalls noch jungen dt. ▶Kartellrechtspraxis. Ihre kleine Schiedspraxis hat Nacimiento mittlerweile stark auf asiat. Fälle fokussiert, sodass kaum Berührungspunkte zum dt. Markt bestehen.

Stärken: Glaubwürdiges ww. Netzwerk.
Häufig empfohlen: Dr. Patricia Nacimiento, Jamie Nowak
Kanzleitätigkeit: Prozesse u. Schiedsverf. im ▶Gesellsch.recht u. Handelsrecht, ▶Investment- u. Bankrecht, Post-M&A u. Anlagenbau. In Schiedsverf. auch Investitionsschutz u. Völkerrecht, hier Schwerpunkte in Osteuropa, Russland u. Lateinamerika. (6 Eq.-Partner, 3 Sal.-Partner, 11 Associates, 1 of Counsel)

Mandate: ●● Balfour Beatty in kartellrechtl. Schadensersatzklagen; STV in EuGH-Verfahren; Koninklijke Coöperatie Cosun im Streit um Alkoholsteuer; Bank in Streitigkeiten innerhalb von Verbriefungsstrukturen gg. Klagen der Darlehensnehmer.

SCHMITZ & PARTNER
Handel und Haftung: Prozesse
Schiedsverfahren/Mediation

Bewertung: Die für Prozesse und Schiedsverfahren empfohlene Kanzlei verfügt über ein hervorragendes Netzwerk in die Vorstandsebenen großer deutscher Konzerne. Das kleine Team begleitete die Dt. Bank bei einer internen Untersuchung im Zshg. mit dem Kirch-Komplex. Doch es sind nicht nur die Kontakte von Namenspartner Schmitz, sondern der Wissensmix aus Litigation, Corporate Governance und Aktienrecht, die S&P für große Unternehmen interessant macht. Den Wettbewerbsdruck von anderen Boutiquen spürt S&P bezogen auf Verweismandate ausl. Kanzleien noch nicht. Anders sieht es in der Berufshaftpflicht – eine einstige Stärke von S&P – aus, wo andere Kanzleien hinzugewonnen haben.

Stärken: Kapitalmarktrechtl. Prozesse. Kaum potenzielle Interessenkonflikte.
Häufig empfohlene Anwälte: Dr. Bernd-Wilhelm Schmitz
Kanzleitätigkeit: Beratung v.a. zu Compliance u. Corporate Governance. Prozesse im Bank-, Kapitalanlagen- u. Wertpapier- u. Restitutionsrecht, zudem Gesellschaftsstreitigkeiten sowie Post-M&A. Abwehr von Berufshaftpflicht (RAe, StB, WP) u. D&O-Haftung, auch auf Unternehmensseite. Gutes internat. Netzwerk, insbes. US-Kanzleien. Mandanten: Finanzinstitute, Investoren, Industriekonzerne, große WP- u. StB-Gesellschaften. (3 Partner, 3 Associates, 2 of Counsel)

Mandate: ●● Dt. Telekom in weiterem KapMuG-Musterverf. (OLG Ffm.); Dt. Bank bei interner Untersuchung im Zshg. mit Kirch-Zivilprozess (öffentl. bekannt); internat. Finanzdienstleister gg. österr. Bank wg. Anlageprodukt; Co-Counsel für Investoren bei Aufhebung eines Schiedsspruches.

SZA SCHILLING ZUTT & ANSCHÜTZ
Handel und Haftung: Prozesse
Schiedsverfahren/Mediation

Bewertung: Die für Prozesse u. Schiedsverfahren empfohlene Praxis wird durch die Stärke der Kanzlei im Gesellschaftsrecht befeuert. Gerade in Schadensersatzprozessen, die sich aus der Organhaftung ergeben, hat sie daher einen guten Stand, ist sie doch in den dt. Führungsetagen von Vorstands- u. Aufsichtsratsebene gut verdrahtet. So vertritt sie bspw. Ex-RWE-Chef Großmann gg. Rustenburg wg. eines gescheiterten Joint Ventures oder die BayernLB zu Schadensersatzansprüchen gg. Ex-Verwaltungsräte wg. des HGAA-Kaufs. Als unabhängige dt. Kanzlei ist sie auch Anlaufstelle für die sich häufenden Fälle in der Beraterhaftung. So beriet SZA Hengeler Mueller bzgl. der Klage des Q-Cells-Insolvenzverwalters auf Rückzahlung von Honoraren. Aber auch bei klass. kommerziellen Themen ist die Kanzlei stark u. berät u.a. bei Auseinandersetzungen in längerfristigen Handels- u. Lieferverträgen, insbes. im Energiesektor oder Post-M&A-Streitigkeiten. Dabei ist auch die Schiedsexpertise von Reichert besonders gefragt. Zuletzt holte SZA den renommierten Gesellschaftsrechtler Prof. Dr. Harm Westermann als of Counsel, der über langj. Erfahrung als Schiedsrichter und Gutachter verfügt.

Häufig empfohlen: Dr. Thomas Liebscher, Prof. Dr. Jochem Reichert („exzellenter Forensiker", Wettbewerber), Dr. Marc Löbbe
Kanzleitätigkeit: Schwerpunkt liegt bei ▶gesellschaftsrechtl. Streitigkeiten inkl. Aktienrecht u. Compliance, hierüber auch Organhaftung. Zudem kapitalmarktrechtl. u. insolvenzrechtl. Streitigkeiten. Post-M&A-Auseinandersetzungen, insbes. bei Schiedsverfahren. (11 Partner, 1 Counsel, 25 Associates, 2 of Counsel)

Mandate: ●● BayernLB zu Schadensersatzansprüchen gg. Ex-Verwaltungsräte wg. HGAA-Kauf; Daimler zu Insiderstrafverfahren in Frankreich bzgl. Veräußerung EADS-Anteil; Dr. Jürgen Großmann gg. Klage von Rustenburg wg. gescheitertem Joint Venture mit RWE; ehem. Eigner bei Abwehr von Post-M&A-Ansprüchen nach Veräußerung der Adm Group; Warenhausgruppe im Zshg. mit dem Erwerb eines Standorts; Verkehrstechnologiekonzern bei Abwehr von Schadensersatzansprüchen der Dt. Bahn wg. Schienenkartell.

TAYLOR WESSING
Handel und Haftung: Prozesse
Schiedsverfahren/Mediation
Produkthaftung

Bewertung: Die für Prozesse u. Schiedsverfahren empfohlene Kanzlei ist dank ihrer breiten Aufstellung an den wichtigen Markttrends beteiligt. So spiegelt ein Highlight des vergangenen Jahres bspw. wider, wie stark derzeit die Zahl der Beraterhaftungsfälle ansteigt: TW vertrat den gerichtlich bestellten Verwalter von Q-Cells bei der Klage gg. Hengeler Mueller u. andere Berater auf Rückzahlung von Honoraren bzgl. der versuchten Sanierung. Hier zeigt sich, wie gut es die Kanzlei versteht, Wissen aus anderen starken Fachbereichen zu nutzen. Das Gleiche gilt etwa für die Schnittstelle zur ▶Kartellrechtspraxis, wo sie bspw. Melitta Europa gg. Norma in div. Kartellschadensersatzklagen vertritt. Stark bleibt zudem die Präsenz in Produkthaftungsfällen, was auch an Mandanten wie Grünenthal liegt. V.a. im Pharmabereich setzen hier große Konzerne auf TW. Zwar verzeichnet auch TW mehr u. mehr grenzüberschreitende Verfahren, doch ist diese Entwicklung noch viel kleinteiliger als bei ähnl. aufgestellten Wettbewerbern wie bspw. CMS.

Stärken: Prozesse in ▶Marken- u. Wettbewerbs- u. ▶Patentrecht. Internat. Schiedsverf. u. Mediation.
Häufig empfohlen: Dr. Wolfgang Gruber, Dr. Henning Moelle (Produkthaftung), Dr. Axel Bösch
Kanzleitätigkeit: ▶Gesellschaftsrechtl. Streitigkeiten; zudem Auseinandersetzungen um Unternehmenskäufe, Schadensersatz gg. Geschäftsführer u. handelsrechtl. Streitigkeiten. An allen Standorten Prozesse (u.a. im Versicherungs-, ▶Arbeits-, Schifffahrts- u. Vertriebsrecht). Produkthaftung, hier Schnittstelle zum ▶Gesundheitswesen. In Schiedsverf. sowohl Parteivertretung als auch Schiedsrichtertätigkeit. Verstärkte internat. Zusammenarbeit, u.a. mit Paris. (13 Partner, 16 Associates)

Mandate: ●● Verwalter von Q-Cells bei der Schadensersatzklage gg. Hengeler Mueller u. andere Berater bzgl. Rückzahlung von Honoraren; Grünenthal im Rahmen internat. Produkthaftungsprozesse wg. Thalidomid; Ex-Sal.-Oppenheim-Gesellschafter Friedrich Carl Jansen bei Abwehr Klage von Madeleine Schickedanz u. Klage des Insolvenzverwalters der Arcandor gg. 2 Ex-AR-Vorsitzende u. 6 Vorstandsmitglieder wg. Sonderboni u. Abfindungen; Pfleiderer als Klägerin in Organhaftungsstreit; Ex-Vorstand; Real-SB-Warenhaus gg. Globus wg. Ansprüchen aus Asset-Deal; Melitta Europa gg. Norma in div. Kartellschadensersatzklagen; Conergy lfd. in Verfahren zur Abwehr von Ansprüchen wegen Lieferung mangelhafter PV-Anlagen; internat. Pharmaunternehmen in internat. Produkthaftungsfall; Wölbern-Gruppe wg. Investorenforderungen.

HANDEL UND HAFTUNG KONFLIKTLÖSUNG – DISPUTE RESOLUTION

THÜMMEL SCHÜTZE & PARTNER
Handel und Haftung: Prozesse
Schiedsverfahren/Mediation

Bewertung: Eine empfohlene Kanzlei für Prozesse u. Schiedsverfahren, die von Stuttgart aus komplexe Fälle an sich zieht. Aktuell ist sie in einer Vielzahl teils großvolumiger Produkthaftungsfälle engagiert. Eine weitere Säule der Praxis ist die Betreuung von Massenverfahren für Banken. Viele Banken, Sparkassen u. Finanzdienstleister vertrauen bei der Abwehr von Anlegerklagen auf sie. Hier hat zuletzt Suchowerskyj an Profil gewonnen. Eine traditionelle Stärke der Praxis sind zudem Haftungsfälle, bei denen sie auch ausl. D&O-Versicherer vertritt. Zudem ist die Kanzlei im Schiedswesen sehr aktiv: Thümmel begleitet als Schiedsrichter v.a. Post-M&A-Verfahren, aber auch Streitigkeiten aus dem Energiesektor.

Häufig empfohlen: Prof. Dr. Roderich Thümmel („sehr gut u. verschwiegen", Wettbewerber), Dr. Thomas Klötzel, Dr. Hervé Edelmann, zunehmend Dr. Tanja Suchowerskyj („toughe Litigatorin mit enormem Spezialwissen", Wettbewerber)

Kanzleitätigkeit: Manager- sowie Anwalts- u. Notarhaftung u. allg. haftungsrechtl. Verfahren, Bankenvertretung bei Anlegerklagen. Zudem div. Versicherer bzw. für Vorstände u. Aufsichtsräte in D&O-Fällen. In Schiedsverf. gesellschaftsrechtl. Auseinandersetzungen, Anlagenbau u. Vertriebsrecht, regelm. mit asiat. Bezug. (8 Partner, 3 Sal.-Partner, 6 Associates)

Mandate: ●● Ex-Stiftungsvorstand Willem van Agtmael im Streit um die Eigentumsverhältnisse bei Breuninger; Commerzbank, Dt. Bank (aus dem Markt bekannt) sowie div. Banken, Sparkassen u. Volksbanken in Anlegerklagen.

WACH + MECKES
Handel und Haftung: Prozesse
Schiedsverfahren/Mediation

Bewertung: Die von Wettbewerbern hochgelobte Boutique gehört zu den empfohlenen Einheiten im Markt. Gerade ihre Stellung als unabhängige Spezialistin bringt ihr viele Verweismandate aus anderen Sozietäten. Allerdings ist das aufstrebende Team um Wach darauf keineswegs angewiesen. So hat die Kanzlei auf allen Ebenen Mandate hinzugewonnen. 2 weitere großvolumige M&A-Streitigkeiten halten das Team in Atem, bei energierechtl. Streitigkeiten vertritt die Kanzlei Versorger in Verfahren zu langfr. Lieferverträgen. Zudem ist Wach häufig als Schiedsrichter mandatiert. In der Beratung zur Organhaftung zahlt sich ihre unabhängige Stellung besonders aus. So vertritt die Kanzlei häufig ehem. Organmitglieder gg. die Inanspruchnahmen ihrer Ex-Unternehmen. Dabei kommt den Partnern v.a. ihre Expertise in M&A-Transaktionen u. zu Pflichten in Kapitalgesellschaften zugute.

Häufig empfohlen: Dr. Karl Wach („Kenner des Prozessrechts mit Auge für jedes Detail", Wettbewerber), Frank Meckes, Tom Petsch („sehr erfahren u. sehr angenehm im Umgang", Wettbewerber zu beiden)

Kanzleitätigkeit: Schwerpunkte bei Post-M&A u. im Gesellschafts-, Bank- u. Kapitalmarktrecht, Berater- u. Organhaftung sowie Kartellschadensersatz. Präventivberatung wie auch Prozess- u. Schiedsverfahren, hier auch Schiedsrichtermandate. (3 Eq.-Partner, 6 Associates)

Mandate: ●● Ex-BayernLB-Vorstand wg. Organhaftung bzgl. M&A-Transaktion u. Verluste im Wertpapiergeschäft; Ex-Vorstand der HRE als Nebenintervenient in KapMuG-Verfahren; saudiarabisches Import- u. Vertriebsunternehmen wg. Ansprüchen aus dem Verkauf von ausl. Terminbörsengeschäften; dt. Energieunternehmen in Preisanpassungsverfahren bzgl. langfristigem Stromliefervertrag; US-amerikanisches Private-Equity-Unternehmen u. Portfoliogesellschaft wg. Ansprüchen aus einer Unternehmenstransaktion; internat. Pharmaunternehmen in Schiedsverfahren (DIS) wg. Liefer- u. Servicevertrag; dt. Holdinggesellschaft als Erwerberin einer Handelsgesellschaft bzgl. Streit mit deren Management u. Lieferanten wg. gemeinschaftlicher Bilanzfälschungen; Depotbank zu zivilrechtl. Ansprüchen wg. durch Kunden der Bank durchgeführter Cum-Ex-Trades.

WHITE & CASE
Handel und Haftung: Prozesse
Schiedsverfahren/Mediation

Bewertung: Die für Prozesse und Schiedsverfahren empfohlene Praxis profitiert davon, dass es ihr immer besser gelingt, die vorhandenen Kräfte der einzelnen Praxisgruppen zu bündeln. Denn gerade in den Schnittstellenthemen liegt das maßgebl. Wachstumspotenzial. Besonders stark ist erneut Banking Litigation: Hier hat W&C in den vergangenen Jahren immer wieder komplexe Großverfahren an sich gezogen u. konnte mit der Vertretung der Dt. Pfandbriefbank u.a. in der Klage gg. Heta wg. Nichtrückzahlung einer Anleihe der früheren Hypo Alpe Adria noch einen Coup landen. Die Ausweitung des Teams nach D'dorf u. München erweist sich daher als ein strateg. richtiger Schritt, um die Vielzahl der derzeit lfd. Fälle bearbeiten zu können. Ungebrochen eng ist auch die Zusammenarbeit mit den der Kanzlei angeschlossenen Insolvenzverwaltern etwa im Großmandat Teldafax. Eine Besonderheit ist zudem die in Berlin ansässige strafrechtl. Praxis, die sowohl für die Prozessexperten als auch in der Compliance-Beratung interner Sparringspartner ist.

Stärken: Standortübergreifende Teams bei ▶bank- u. finanzrechtl. Massenverfahren. In ▶Brüssel kartellrechtl. Prozesse. ▶Insolvenzrechtl. Streitigkeiten.

Häufig empfohlen: Christian Wirth, Dr. Markus Burianski (Schiedsverf./Produkthaftung), Markus Langen, Dr. Gerd Lembke

Kanzleitätigkeit: Prozesstätigkeit mit versch. Schwerpunkten an den Standorten: Banken, ▶Versicherer, Automotive, Elektronik- u. TK-Unternehmen sowie Immobilienbranche. In Ffm. Schiedsverf. u. Produkthaftung. Auch ▶Gesellschaftsrechtl. Streitigkeiten. (4 Eq.-Partner, 3 Sal.-Partner, 4 Counsel, 17 Associates, 1 of Counsel)

Mandate: ●● Helaba, HSH Nordbank, NordLB, Berlin Hyp, Dt. Pfandbriefbank in Klage gg. Heta wg. Nichtrückzahlung einer Anleihe der früheren Hypo Alpe Adria; FMSA in Berufungsverfahren gg. Dr. Michael Frege als Liquidator von Lehman Brothers wg. Bankenabgabe 2011 u. 2012; Insolvenzverwalter Teldafax gg. Bayer 04 Leverkusen wg. Sponsoringvertrag; Landesbank bei Abwehr von Anlegerklagen bzgl. Wölbern-Fonds u. Innenausgleich Wölbern-Gruppe; NordLB gg. Global Tech wg. Erfüllungsanspruch; aus dem Markt bekannt: UniCredit, IKB und LBBW in Streitigkeiten über Derivate; KfW gg. Landessparkasse Oldenburg wg. direkten Zugangs zu den KfW-Investitions- u. -Infrastrukturprogrammen; Ex-GF gg. Vorwurf verbotener Zahlungen gemäß §64 GmbHG; Solarzellenhersteller in ICC-Schiedsverfahren bzgl. Erfüllungsansprüchen aus langfristigem Liefervertrag; ind. Unternehmen bzgl. Einfluss von Force Majeure auf die Erfüllung von Verbindlichkeiten aus Production Sharing Agreements im Jemen.

WILMERHALE
Handel und Haftung: Prozesse
Schiedsverfahren/Mediation

Bewertung: Empfohlene Prozess- u. Schiedspraxis, in der derzeit v.a. kartellrechtl. Verfahren eine große Rolle spielen. So betreut Wilmer etwa die Abwehr einer grenzüberschreitenden u. mrd.-schweren Follow-on-Klage gg. die Dt. Lufthansa. Für Katjes u. andere Lebensmittel- u. Getränkehersteller macht sie aber auch im Zshg. mit dem Zuckerkartell selbst Schadensersatzansprüche geltend. Eine weitere Stärke der Praxis sind Verfahren zwischen Zivilrecht u. Regulierung. So vertritt sie bspw. Facebook in mehreren Verfahren, die grundsätzliche dt. u. EU-rechtl. Fragen des Datenschutz-, Wettbewerbs- u. AGB-Rechts betreffen. Das Beispiel zeigt, dass die Kanzlei für ihre internat. Mandanten erste Anlaufstelle ist, wenn es um Regulierungsfragen hierzulande geht. Zudem verfügt Wilmer über eine internat. hervorragend aufgestellte Schiedspraxis, die u.a. für große Industriekonzerne tätig wird. Ihr Prozessteam in Dtl. will die Kanzlei in Zukunft noch erweitern, zuletzt wurden im Team 2 Counsel (Sal.-Partner) in London ernannt.

Stärken: ▶Kartellrechtl. Schadensersatzklagen, internat. Schiedsverfahren.

Kanzleitätigkeit: Prozesse regelm. in enger Teamaufstellung mit jeweiliger Fachpraxis. Neben Corporate v.a. bei ▶Compliance, Kartellrecht (Berlin), ▶Marken u. Wettbewerb, Bank- und Aufsichtsrecht u. Finanzrecht. Parteivertretung in internat. Schiedsverf.; hier dominiert die renommierte Praxis in London. Branchen: Logistik, Finanzsektor, Handel, Energie. (5 Eq.-Partner, 1 Counsel, 5 Sal.-Partner, 14 Associates, 1 of Counsel)

Mandate: ●● Dt. Lufthansa „Follow-on"-Schadensersatzklage gg. Barnsdale Cartel Damages Solutions bzgl. Ansprüchen von Luftfrachtspediteuren; Katjes Fassin bei Geltendmachung von kartellrechtl. Schadensersatz im Zshg. mit dem sog. Zuckerkartell; Dt. Bahn in Schadensersatzklagen im Zshg. mit Schienenkartell; Dt. Telekom bei Abwehr kartellrechtl. Schadensersatzklagen; EZB vor dem EuGH im Vorlageverfahren bzgl. des Kaufs von Staatsanleihen (OMT-Programm); Facebook in mehreren Verfahren zu Datenschutz, Wettbewerbs- u. AGB-Recht; Stiftung Preußischer Kulturbesitz bzgl. Kunstrestitutionsfall ‚Welfenschatz'.

KONFLIKTLÖSUNG – DISPUTE RESOLUTION HANDEL UND HAFTUNG

Weitere renommierte Kanzleien für Prozessführung

NORDEN

Ahlers & Vogel	Bremen
Corinius	Hamburg
Esche Schümann Commichau	Hamburg
Göhmann	Hannover
GSK Stockmann + Kollegen	Hamburg

OSTEN UND BERLIN

Görg	Berlin
Dr. Philipp K. Wagner	Berlin

WESTEN

Aderhold	Dortmund
Cleary Gottlieb Steen & Hamilton	Köln
Godefroid & Pielorz	Düsseldorf
Görg	Köln
Grüter	Duisburg
Jones Day	Düsseldorf
McDermott Will & Emery	Düsseldorf
Orrick Herrington & Sutcliffe	Düsseldorf
Orth Kluth	Düsseldorf

FRANKFURT

Cleary Gottlieb Steen & Hamilton	Frankfurt
Clouth & Partner	Frankfurt
Herbert Smith Freehills	Frankfurt
Kaye Scholer	Frankfurt
King & Spalding	Frankfurt
King & Wood Mallesons	Frankfurt
McDermott Will & Emery	Frankfurt
Nieding + Barth	Frankfurt

SÜDWESTEN

Baas Overlack Witz	Mannheim
Binz & Partner	Stuttgart
Caemmerer Lenz	Karlsruhe
Lehmann Neunhoeffer Sigel Schäfer	Stuttgart
Tilp	Kirchentellinsfurt

SÜDEN

Eversheds	München
McDermott Will & Emery	München

ADERHOLD

Bewertung: Die Dortmunder Kanzlei zeichnet sich durch einen Stamm an mittelständ. Mandanten aus. Sie loben Dr. Gunther Lehleiter für seine „pragmatische Lösungsorientierung". Er begleitet bundesw. Banken bei der Abwehr von Anlegerklagen u. wg. mögl. Beraterhaftung. Daneben verzeichnet die Praxis mehr Verf. im Zshg. mit misslungenen Sanierungen. Aufbauend auf seiner gesellschaftsrechtl. Kompetenz hat Prof. Dr. Lutz Aderhold eine florierende Schiedsrichterpraxis aufgebaut, die insbes. in der Rhein-Ruhr-Region anerkannt ist. (4 Partner, 10 Associates)
Mandate: ●● LBB in Prozessen; Einkaufsgenossenschaft bankrechtl. u. bei Prozessen; div. Sparkassen in Prozessen; Hypothekenbank bei Klagen bzgl. Immobilienfinanzierungen; internat. Konzern in Gesellschafterstreit; priv. Hochschule in Gesellschafterstreit; Schiedsrichter in DIS-Verf. wg. handelsrechtl. Streitigkeit u. Post-M&A.

AHLERS & VOGEL

Bewertung: Dank ihrer starken ▶Baurechtspraxis kam die Bremer Kanzlei zuletzt bei Projektentwickler u. die öffentl. Hand in versch. streitigen Mandaten bei Infrastrukturprojekten zum Zuge. Zudem ist das kleine bankrechtl. Dezernat mit der Abwehr von Prospekthaftungsklagen gut ausgelastet. (Kernteam: 4 Partner, 1 Associate)
Mandate: ● Div. Emissionshäuser bei Abwehr Prospekthaftungsklage u. bzgl. mögl. KapMuG-Klagen; RA-Sozietät bei Auseinandersetzung; öffentl. Hand wg. Infrastrukturprojekten, börsennot. Immobilienkonzern in Prozessen.

BAAS OVERLACK WITZ

Bewertung: In der kleinen Einheit haben einige der erfahrensten Schiedsexperten in Ba.-Wü. zusammengefunden. Zuletzt hat BOW etwas an Marktpräsenz eingebüßt. Dennoch wenden sich v.a. Familienunternehmen weiter an die erfahrenen Partner. Dr. Arndt Overlack legt Schwerpunkte auf Auseinandersetzungen zw. Gesellschaftern u. Post-M&A, darüber hinaus ist Dr. Wolfgang Witz auch bei Lizenz- u. IP-Themen als Parteivertreter u. Schiedsrichter aktiv. (4 Partner)
Mandate: ● Gesellschafter bei Anfechtung HV-Beschlüsse; Anwalt bei Ausscheiden aus mittelständ. Kanzlei; Beisitzer: ICC-Verf. wg. Differenzhaftung; DIS-Verf. wg. Grundstücksentwicklung; Vorsitzender in Post-M&A-Verfahren.

BINZ & PARTNER

Bewertung: Die Stärke der Kanzlei liegt traditionell in der Beratung von großen Familiengesellschaften u. beteiligten Familienstämmen. Aus der gesellschaftsrechtl. Beratung dieser Mandanten heraus, etwa zu Nachfolgeregelungen oder der Gestaltung von Führungsstrukturen im Unternehmen, ergibt sich dann auch das streitige Geschäft. Dieses Modell fußt v.a. auf den hervorragenden Kontakten von Namenspartner Prof. Dr. Mark Binz, der in zahlreichen Beiratsgremien großer Mittelständler sitzt. (6 Partner)
Mandate: ●● Robert Tönnies in Gesellschafterstreit um Fleischkonzern Tönnies; Wolfgang Blumers im Gesellschafterstreit um Modekonzern Breuninger; Mehrheitsgesellschafterfamilie in Streit um die Führung im Unternehmen; süddt. Lebensmittelhersteller u. Einzelhändler bei Gesellschafterstreit.

CAEMMERER LENZ

Bewertung: Im Südwesten u. damit abseits des Bankenzentrums Frankfurt ist das Karlsruher Team um den erfahrenen Dr. Michael Pap eine der ersten Adressen für Bausparkassen u. Kreditinstitute. Ein großer Erfolg sind die Mandatierungen durch div. Landesbanken, die u.a. eigene Ansprüche aus fehlerhaften Widerrufsbelehrungen prüfen. Zudem vertraute erstmals eine Schweizer Großbank im Zshg. mit Mezzanine-Finanzierungen auf das Know-how der Anwälte. (4 Partner, 9 Associates)
Mandate: ●● Badenia u. Helaba bei Abwehr von Anlegerklagen (öffentl. bekannt); div. Landesbanken gg. Fondsinitiatoren, u.a. wg. fehlerhaftem Widerruf u. Abwicklung Immobilienfonds; Schweizer Großbank, Verbraucherkreditbank, Bausparkasse, diverse Sparkassen u. Genossenschaftsbanken bei Abwehr Anlegerklagen (Immobilien-, Medien- u. Schiffsfonds; Zertifikate Immobilienfinanzierungen).

CLEARY GOTTLIEB STEEN & HAMILTON

Bewertung: Mit Rüdiger Harms hat Cleary einen der bundesw. angesehensten Experten für die Abwehr kartellrechtl. Schadensersatzklagen in ihren Reihen. Seine strateg. Vorarbeit u. Abstimmung mit der renommierten ▶Kartellpraxis, die z.B. für Cargolux im sog. Luftfrachtkartell sichtbar wird, loben Wettbeweber als vorbildhaft. Für das Mandat hat die US-Kanzlei entgegen ihrer sonstigen Entwicklung weitere Anwälte eingestellt. Während Cleary im Kartellrecht um die Top-Mandate mit Freshfields u. Linklaters buhlt, bleibt die Schiedspraxis nach Ansicht von Wettbewerbern auf einem niedrigem Niveau. Das liegt an der stark internat. Zusammensetzung der Schiedsteams wie z.B. im EnBW-Schiedsverf., womit die Präsenz dt. Anwälte zurückgeht. Zudem ist das Pariser Büro im Wachstumsbereich Investitionsschutz stärker in der Gesamtkanzlei etabliert. (6 Partner, 1 Counsel, 12 Associates)
Mandate: ●● Cargolux in Luftfrachtkartell; Pixelpark in Anfechtungsklagen; Griechenland in Prozessen wg. Staatsanleihen; Agfa-Gevaert in div. ICC-Verf. wg. gesellschafts- u. vertriebsrechtl. Streitigkeiten; EdF in ICC-Verf. gg. Ba.-Wü. wg. EnBW-Anteilskauf (mit Pariser Büro u. Shearman & Sterling).

CLOUTH & PARTNER

Bewertung: Eine insbes. auf komplexe Bankprozesse fokussierte Frankfurter Einheit. Ihr Knowhow stellt Clouth in der Begleitung der EAA bei div. Klagen um Derivateprodukte gg. Kommunen unter Beweis. In der Mandatsarbeit als auch in der Mandatsgewinnung bringen die Clouth-Anwälte ihre eigenen Erfahrungen aus ihrer langj. Inhousetätigkeit in der Bankenwirtschaft gewinnbringend ein. Über den Quereinsteiger Dr. Carsten Salger deckt sie ab Sommer 2015 auch gesellschafts- u. insolvenzrechtl. Prozesse ab.
Mandate: ●● Lfd. EAA wg. Derivatestreit, u.a. gg. Stadt Bad Münstereifel; Dt. Bank u. Commerzbank/Hypothekenbank Ffm. wg. Derivatestreit; Kreditinstitut wg. Abwehr von Massenklage; versch. Banken bei Abwehr Beraterhaftung.

CORINIUS

Bewertung: Das neu aufgestellte Kernteam hat in den vergangenen Monaten seine Schlagkraft unter Beweis gestellt. Viele neue Mandanten finden den Weg zu Corinius, weil die Litigation-Praxis im Markt einen sehr guten Ruf genießt u. über ein etabliertes Netzwerk, auch zu Großkanzleien, verfügt. V.a. die schiedsrechtl. Tätigkeit von Dr. Antje Baumann fällt Wettbewerbern vermehrt auf. Neu ist eine Reihe von Kapitalanlegerprozessen aufseiten der beklagten Finanzdienstleister – eine weitere Spezialität, die sich zu dem lfd. Geschäft mit M&A-Streitigkeiten u. Schadensersatzprozessen gesellt. Zudem hat Corinius es zuletzt auf die Prozessberaterliste von Siemens geschafft. (2 Partner, 4 Associates)

Mandate: ●● Versch. HCI-Gesellschaften gg. Prospekthaftungsklagen u. in internat. Post-M&A-Verfahren nach dem Verkauf der DIHAG Unternehmensgruppe; RA von Bird & Bird wegen angebl. Ansprüche aus deliktischem Verhalten und anwaltl. Fehlberatung in der ‚Wölbern-Affäre'; Beratung u. Vertretung eines Dax-Unternehmens in versch. Schiedsverfahren; Private-Equity-Investor bzgl. Vertragsstrafenforderung, Mängelansprüche und Erlösauskehrforderungen nach Kauf eines Containerportfolios.

ESCHE SCHÜMANN COMMICHAU

Bewertung: Dank ihrer etablierten gesellschaftsrechtl. Praxis u. entsprechender Verweismandate kann sich die Hamburger Kanzlei auch verstärkt im aktuellen Thema Organstreitigkeiten positionieren. Hier gelang es zuletzt Jakob Kleefass und Dr. Hans Hilling, mehrere Neumandate zu gewinnen. Bei handelsrechtl. u. Vertriebsauseinandersetzungen ist u.a. Dr. Andreas von Criegern regelm. zu sehen, ebenso bei Schiedsverfahren. (3 Partner, 4 Associates)

Mandate: ●● Lfd. Vitol Germany, Marquard & Bahls, Capol, B. Braun Melsungen; BRD bzgl. Hermes-Bürgschaften; IT-Unternehmen gg. Private-Equity-Investoren wg. Schadensersatz aus Loan-Market-Verträgen; Bankvorstand bei Abwehr Schadensersatz; Investmentfonds in Klage gg. frühere Organe; Abfallunternehmen in Post-M&A-Streit; Beteiligungsunternehmen in Schiedsverf. um M&A-Gewährleistungen.

EVERSHEDS

Bewertung: Ein prominentes Mandat der Münchner Praxis war die produktsicherheitsrechtl. Begleitung eines namh. dt. Haushaltsgeräteherstellers, wobei sich das Team durch Spezialwissen in den regulierten Branchen ggü. Wettbewerbern durchsetzen konnte. Für ihre langj. Mandantin Burger King leistet sie viel fachbereichsübergr. Arbeit, insbes. zum Arbeits- u. Franchiserecht. Zuletzt kam der Ex-Arqis-Partner Dr. Uwe Henkenborg hinzu, der gute Kontakte zur ING-Bankengruppe mitbrachte. (5 Partner, 8 Associates)

Mandate: ●● Burger King umf. bei Streit mit Franchisenehmer; ING Leasing gg. Deloitte wg. Regress aus Medienfinanzierung u. gg. Commerzbank; europ. Staat gg. EU-Kommission wg. Beihilfestreit um Kraftwerksbau; Haushaltsgerätehersteller umf. in Produktsicherheit u. in Prozessen wg. fehlerhaftem Gerät; Technologiekonzern bei Kartellschadensersatz gg. Bildröhrenhersteller; dt.-russ. Textilkonzern in SCC-Verf. wg. Lieferstreit.

GODEFROID & PIELORZ

Bewertung: Unverändert vertrauen v.a. Industrieunternehmen, Banken u. große Wirtschaftsprüfereinheiten in der Rhein-Ruhr-Region auf G&P. Ihre besondere Stärke bleiben Berufshaftungsfälle, in denen die Kanzlei ihre Marktposition ggü. ggf. die Großkanzleien u. Versicherungsboutiken in D'dorf behaupten kann, sowie vertriebsrechtl. Streitigkeiten. V.a. Dr. Christoph Godefroid genießt hier überregional einen guten Ruf. (5 Partner)

Mandate: ●● Targobank bei Abwehr Anlegerklagen, insbes. wg. Lehman-Zertifikaten; Kreditinstitute bei Abwehr Klagen (Immobiliendarlehen, Kapitalanlagen, Beratungsfehler); jap. Automobilimporteur in Prozessen; Versicherer deckungsrechtl. wg. WP-Haftung; div. Freiberufler (RAe, StB, WP) bei Abwehr Regress.

GÖHMANN

Bewertung: Viele Prozessmandate für den niedersächs. Mittelstand sowie für einige Großkonzerne erschließt sich die Hannoveraner Kanzlei über die lfd. gesellschaftsrechtl. Beratung. Daneben bilden Prozesse für Versicherer, die öffentl. Hand u. regionale Banken weitere Schwerpunkte in Hannover. Eine Spezialisierung ihres erfahrenen Partners Dr. Ulrich von Jeinsen bleibt das Opferrecht. Er vertritt bspw. Hinterbliebene nach dem Absturz einer Germanwings-Maschine. (6 Partner)

Mandate: ●● Div. Hinterbliebene der Opfer des Germanwings-Absturzes gg. Germanwings; Commerzbank umf. (aus dem Markt bekannt); Gebietskörperschaft bei Abwehr Zahlungsklage; Bank bei Abwehr Bürgschaftsforderung.

GÖRG

Bewertung: Görg hat viel später als andere Kanzleien ihre Kölner Kernpraxis, die auf vertriebs- u. handelsrechtl. Streitfälle fokussiert ist, ausgeweitet. Zuletzt generierten Prozess- u. Schiedsexperten aus dem Restrukturierungs-, Bank- u. Energiebereich div. Neumandate. Die Dexia Kommunalbank u. einen Heta-Gläubigerpool begleitet ein Team aus Ffm. und Köln bei einer milliardenschweren Klage gg. die Heta. (9 Partner, 2 Counsel, 2 Associates)

Mandate: ●● Hamon lfd. in 9 Anlagenbauprojekten; Sparkasse KölnBonn in Anlegerklagen wg. Oppenheim-Esch-Fonds; DKB Bank lfd. in Prozessen; Dexia Kommunalbank wg. Darlehensstreitigkeiten, Insolvenzverwalter Arcandor gg. ehem. Vorstände; Kraftwerksbetreiber in div. Schiedsverf. wg. Verzögerungsschäden u. Gewährleistungsansprüchen; ww. IT-Konzern in Schiedsverf. wg. Ansprüchen aus Servicevertrag.

GRÜTER

Bewertung: Das Team konnte seine fachl. Schwerpunkte auf Prozesse mit insolvenzrechtl. Bezug ausweiten. Hier profitiert die Kanzlei von ihren Kontakten zu Insolvenzverwaltern in der Rhein-Ruhr-Region. Ihre Schiedspraxis verzeichnete einen Anstieg bei Compliance-Fällen u. Joint-Venture-Streitigkeiten aus dem Bereich erneuerbare Energien. Ihre Kompetenz als Schiedsrichterin konnte Dr. Ina-Maria Böning wieder in einem prominenten Streit um Marketinggelder im Profifußball beweisen. (3 Partner, 2 Associates)

Mandate: ● Lfd. mittelständ. Anlagenbauer wg. Ansprüchen aus Lieferverträgen; Insolvenzverwalter von Textilkette wg. Anfechtungsansprüchen gg. ehem. GF, Gesellschafter u. Berater; Maschinenbauer wg. Ansprüchen aus Liefervertrag; Beisitzerin in DIS-Verf. zw. Fußball-Bundesligist u. internat. Vermarkter.

GSK STOCKMANN + KOLLEGEN

Bewertung: Die Prozesspraxis der Kanzlei hat zuletzt durch den Zugang eines Teams um Prozess- u Schiedsexperte Dr. Justus Jansen (von Brödermann Jahn) frischen Schub bekommen. Der neue Praxisgruppenleiter bringt viel Erfahrung in energierechtl. Schiedsverfahren mit u. soll die Aktivität der Prozessrechtler in den GSK-Büros nun stärker bündeln. Dort standen bislang Verfahren aus dem Immobilien- u. Planungsrecht sowie dem Gesellschafts- u. Wettbewerbsrecht im Vordergrund.

Mandate: ●● Umf. Prokon Pflanzenöl u.a. in Schiedsverfahren wg. mangelhaftem Anlagenbau u. in BGH-Verfahren bzgl. Zulässigkeit eines Schiedsverfahrens; Ryanair in Auseinandersetzungen wg. Schutz des Internetvertriebssystems (ScreenScraping); Barry Callebaut Cocoa gerichtl. u. außergerichtl. in div. gesellschafts- u. arbeitsrechtl. Themen.

HERBERT SMITH FREEHILLS

Bewertung: Nach knapp 2 Jahren ist die brit.-austral. Kanzlei unter Dr. Mathias Wittinghofer im dt. Litigation-Markt angekommen u. kann sich ggü. ähnl. aufgestellten Praxen wie King & Spalding oder King & Wood Mallesons gut behaupten. Das fachl. breit aufgestellte Team deckt Streitigkeiten in den Branchen Chemie, Handel, Finanz u. Energie ab; Verweismandate aus der renommierten ww. Litigation-Praxis kamen zuletzt v.a. über Moskau u. Paris nach Deutschland. Dank guter Kontakte eines Berliner Energierechtlers betreut die dt. Praxis zudem eine ICSID-Klage von Axos gg. den Kosovo. (1 Partner, 3 Associates)

Mandate: ●● LBBW gg. KWL wg. CDO-Swap-Transaktion; Axos Capital in ICSID-Verf. gg. Kosovo wg. TK-Privatisierung; ww. Erdölproduzenten im Streit wg. Schürfrechten in GUS-Staat (mit London u. New York); Chemiekonzern um Vertriebsstreit vor dt. Gericht u. in SIAC-Verf. (mit Singapur); Krankenkasse in DIS-Verf. wg. Joint-Venture-Vereinbarung; Logistiker in DIS-Verfahren.

JONES DAY

Bewertung: Jones Day hat sich mit dem Wiederaufbau ihrer Dispute Resolution Zeit gelassen. Dann folgten Zugänge in Ffm. u. D'dorf Schlag auf Schlag: Am Main fügt sich der österr. Kartell- u. Schiedsexperte Dr. Johannes Willheim mit seiner Expertise in Gaspreisanpassungsverf. u. Kontakten zu Gazprom nahtlos in die bisherige internat. Ausrichtung ein. In Düsseldorf ist Dr. Denis Gebhardt (von Beiten Burkhardt) die lange gesuchte Verstärkung, v.a. für die Begleitung des gehobenen dt. Mittelstands, die bisher in der Rhein-Ruhr-Schiene gefehlt hat. (3 Partner, 4 Associates, 1 of Counsel)

Mandate: ●● Gazprom, u.a. in Preisrevisionsverf. von Gaslieferverträgen (öffentl. bekannt); Thomas Haffa gg. Chubb; DPD Geo Post in Ad-hoc-Verf. wg. Ausschluss Minderheitsgesellschafter bei Vertriebsstreitigkeiten.

KAYE SCHOLER

Bewertung: Die Litigation-Praxis übezeugt mit komplexen Mandaten mit Berufshaftungs- u. Compliance-Bezug. So vertritt Dr. Michael Weigel die Kanzlei Bird & Bird bei der Abwehr der vielbeachteten Klage des Wölbern-Invest-Insolvenzverwalters. Daneben beriet Dr. Klaus Eyber Großkonzerne aus der Energie- u. IT-Branche wg. Rechtsverstößen von Ex-Mitarbeitern. Nach dem Weggang einer erfahrenen Associate ist die Arbeit noch partnerzentrierter geworden. Im Gegensatz zu div. Wettbewerbern in Ffm. hat KS jedoch nicht in den personellen Ausbau der Praxis investiert. (2 Partner, 1 Associate)

Mandate: ●● Bird & Bird bei Abwehr Klage Insolvenzverwalter Wölbern Invest; Knauf Gips bei

● Referenzmandate, umschrieben
●● Referenzmandate, namentlich

Anwaltszahlen: Angaben der Kanzleien, wie viele Anwälte zu mind. ca. 50% in diesem Gebiet tätig sind. Sie spiegeln nicht zwingend die Gesamtgröße einer Kanzlei wider.

KONFLIKTLÖSUNG – DISPUTE RESOLUTION HANDEL UND HAFTUNG

Abwehr einer US-Sammelklage wg. Produkthaftung (mit New York); internat. IT-Unternehmen wg. Streit aus Liefer- u. Wartungsvertrag; Windparkbetreiber wg. Projektrechten; versch. Banken bei Abwehr von Beraterhaftung; Unternehmensberater zivil- u. strafrechtl. im Streit mit Ex-Partner.

KING & SPALDING
Bewertung: Mit der ICSID-Klage div. Solarinvestoren gg. Spanien baut die kleine Frankfurter Praxis ihren Trackrecord im Investitionsschutz weiter aus. Jan Schäfer ist neben Anwälten von Luther, Latham u. McDermott ein besonders versierter Anwalt in dem Wachstumsfeld. Dabei hat sich die Praxis fachl. durch die bereits im Markt sehr präsenten Associates etabliert. Sie sind z.B. für div. Fonds bei der Abwehr von Forderungen institutioneller Anleger tätig, zudem begleitet ein US-dt. Team eine europ. Großbank bei einer internen Untersuchung durch US-Steuerbehörden. (1 Partner, 3 Associates)
Mandate: ●● Chevron in Investitionsstreit mit Ecuador (mit US-Büros); Gruppe dt. Solarinvestoren in ICSID-Klage gg. Spanien wg. Ökostromförderung; Großbank bei interner Untersuchung in USA; Chemiekonzern in DIS-Verf. wg. Lieferstreit; namh. dt. Versicherer in Ad-hoc-Verf. wg. Post-M&A-Streit; Schiedsrichter in Ad-hoc-, DIS- u. ICC-Verf. u.a. wg. Post-M&A, Liefer- u. Honorarstreit.

KING & WOOD MALLESONS
Bewertung: Mit großer Selbstverständlichkeit finden bei KWM nun die streitigen Mandate aus der ▶M&A- u. ▶Kartell-Praxis ihren Weg zu Francis Bellen. Der Litigation-Partner ist regelm. auch im Vorfeld von Transaktionen eingebunden. KWM gelingt gerade wg. ihrer überschaubaren Größe eine interne Abstimmung zwischen den Prozess- u. Kartellrechtlern, was versch. Wettbewerber v.a. in dem Quantas-Mandat in der Luftfrachtkartellklage bemerken. (1 Partner, 1 Counsel, 2 Associates)
Mandate: ●● Quantas bei Abwehr kartellrechtl. Schadensersatzklage von Barnsdale/Dt. Bahn; internat. Ratingagentur bei Klage dt. Bank vor US-Gericht (mit US-Kanzlei); Industriellenfamilie gg. Vermögensverwalter wg. Pflichtverletzung; Reederei bei Vergleich mit Insolvenzverwalter eines Zulieferers; div. Musikverlage in DIS-Verf. wg. Rückabwicklung Kauf.

LEHMANN NEUNHOEFFER SIGEL SCHÄFER
Bewertung: Mit ihrer partnerzentrierten Beratung ist die Stuttgarter Boutique bei Vorständen u. Gesellschaftern großer, familiengeführter Unternehmen sehr gefragt. Dadurch hat sie viel Erfahrung mit komplexen aktien- u. gesellschaftsrechtl. Streitigkeiten, über die enge Zusammenarbeit mit Strafverteidigern zudem auch zunehmend bei Organhaftungsfällen. Damit ist sie fachl. u. strukturell mit Haver Mailänder vergleichbar, jedoch ist diese ihr beim Aubau der kommenden Partnergeneration deutl. voraus. (5 Partner, 1 Associate)
Mandate: ●● Ex-HRE-Aufsichtsrat Heintzeler als Nebenintervenient in KapMuG-Verfahren (öffentl. bekannt).

MCDERMOTT WILL & EMERY
Bewertung: In D'dorf profitiert MWE von ihren guten Kontakten zur produzierenden Industrie u. Automobilbranche u. gewann so Organhaftungsfälle wg. fehlgeschlagener Auslandsprojekte u. Aktienverkäufen. Im Investitionsschutz haben sich Dr. Sabine Konrad u. ihr von Ffm. u. Washington aus operierendes Team eine sehr gute Ausgangsposition für weitere Großmandate geschaffen. Auch wenn Wettbewerber die Schiedsanwältin weiter als „couragierte Top-Expertin" beschreiben, sieht sich MWE deutl. mehr Konkurrenz durch andere internat. Kanzleien wie Allen & Overy, King & Spalding u. HSF ausgesetzt, die ihrerseits internat. integriert arbeiten. In München begleitet die Kanzlei v.a. Produkthaftungs- u. Versicherungsprozesse, häufig für langj. asiat. Mandanten wie Suzuki oder Tokia Marine. (4 Partner, 6 Associates)
Mandate: ●● Dtl. in ICSID-Verf. gg. Vattenfall; Fraport in ICSID-Verf. gg. Philippinen wg. Terminalbau; Suzuki in Produkthaftungsfällen; Toki Marine in Versicherungsfällen; Ex-Vorstand eines internat. Industriekonzerns bei Abwehr Organhaftung wg. Auslandsprojekt; AR-Vorsitzender bei Abwehr Klage wg. Aktienverkauf; irischer Finanzdienstleister wg. Provisionsansprüchen.

NIEDING + BARTH
Bewertung: Die Anwälte der Spezialkanzlei haben sich als Interessenvertreter für Anleger von Mittelstandsanleihen wie z.B. Mifa positioniert u. beschäftigen sich dem Markt folgend mit Insolvenzthemen. Im Vergleich zu ihrer Wettbewerberin Tilp ist N+B zwar weniger in KapMuG-Verf. Präsent, doch spielt Namenspartner Klaus Nieding regelm. eine prominente Rolle im Gläubigerausschuss wie bei Green Planet oder im Fall der Dt. Forfait auch als gemeinsamer Vertreter. Nur wenige Einheiten haben eine vergleichbare Erfahrung mit konfliktgeladenen Situationen, daher ist N+P über die Jahre inzw. auch interessanter für vermögende Privatpersonen u. institutionelle Investoren geworden. (4 Partner, 8 Associates)
Mandate: ●● Projekt WerkStadt gg. DZ Bank wg. Zinsswapprodukt; Anleihengläubiger bzgl. Green-Planet-Zertifikaten; Anleihengläubiger Dt. Forfait bzgl. Restrukturierung; Anleihengläubiger in Klagen wg. Mittelstandsanleihen, u.a. wg. Mifa, Golden Gate, MS Deutschland, MBB Clean Energy; KapMuG-Verf. bzgl. AHBR (Coreal Credit) u. P2 Value; Sammelklage gg. Barclays wg. Vertrieb K1-Zertifikate.

ORRICK HERRINGTON & SUTCLIFFE
Bewertung: Orrick durchläuft in Dtl. einen Restrukturierungsprozess, der auch ihre Dispute-Resolution-Praxis berührt. Mit der Schließung der Büros in Berlin u. Ffm. geht der Kanzlei Expertise insbes. im IP- u. Immobilienrecht verloren. Auf Letztere hatte Orrick in jüngerer Vergangenheit wiederholt bei Streitfällen im Anlagenbau zurückgegriffen. Mit Prof. Dr. Siegfried Elsing hat die Kanzlei jedoch weiterhin einen besonders renommierten Schiedsexperten in ihren Reihen. Für jüngere Anwälte war es in der Vergangenheit schwierig, neben ihrer starken Präsenz ein eigenes Profil zu entwickeln. Die Partnerernennung von Dr. Karsten Faulhaber gibt Anlass zur Hoffnung, dass Orrick bereits in die Zukunft der Praxis investiert hat. (4 Partner, 8 Associates, 1 of Counsel)
Mandate: ●● Familie Merckle gg. Porsche wg. kapitalmarktrechtl. Streitigkeiten; Steag im Zshg. mit Kraftwerksprojekt Walsum10; Sachverständiger für dt. Recht in Prozess zw. Bank (vor Gericht in GB) u. kommunalem Stadtwerk; Insolvenzverwalter Ringstmeier der Agfaphoto i.L. in div. ICC-Verf. gg. Agfa-Gevaert wg. Lieferungs- u. Leistungsansprüchen; dt. Fondsgesellschaft in ICSID-Klage gg. Spanien; Vorsitzender in ICSID-Verf. zw. RSM u. St. Lucia.

ORTH KLUTH
Bewertung: Die D'dorfer Kanzlei hat sich längst über ihren Schwerpunkt bei Haftungs- u. Versicherungsfällen hinaus entwickelt u. ist heute auch in handels- u. vertragsrechtl. Prozessen präsent. So vertritt sie bspw. eine steigende Zahl von Produkthaftungsfällen. Zuletzt feierte sie einen gr. Erfolg, als sie eine ganze Reihe von Verkehrsunternehmen in einem kartellrechtl. Schadensersatzprozess gg. die Dt. Bahn vertrat. Neben solch operativen Themen entwickelt sich die Praxis auch an der Schnittstelle zur Corporate-Praxis weiter, bspw. in D&O-Haftungsfällen. (4 Partner, 3 Sal.-Partner, 5 Associates)
Mandate: ●● Roth & Rau in Schadensersatzprozess u. bei Vergleich mit Conergy Solarmodule; versch. Schienenverkehrsunternehmen in kartellrechtl. Schadensersatzprozess gg die Dt. Bahn.

TILP
Bewertung: Die Kanzlei ist eine der anerkannten Einheiten bei Streitigkeiten im Kapitalanlagerecht. Insbes. mit den großen KapMuG-Verfahren konnte Tilp zuletzt Erfolge feiern. Neben der Massenverfahren hat sie aber auch guten Zugang zu institutionellen Anlegern, da sie es versteht, ihre klare Ausrichtung auf Kapitalanlageprodukte mit einer engen Kooperation mit ausl. Partnern u. Prozessfinanzierern zu verschränken. Aufgrund dieser Kompetenz übernahm Tilp im vergangenen Jahr auch die Vertretung der ARFB Anlegerschutz bei den Porsche-Schadensersatzklagen. (1 Partner, 9 Associates)
Mandate: ●● ARFB Anlegerschutz UG in Schadensersatzklage gg. Porsche u. VW; Effecten Spiegel gg. Porsche wg. fehlerhafter Kapitalmarktpublizität im Rahmen des gescheiterten Übernahmeversuchs im Jahr 2008; Musterkläger im KapMuG-Verfahren gg. die HRE; Musterkläger im KapMuG-Verfahren gg. Dt. Telekom im Fall DT3-Musterkläger gg. Barclays in KapMuG-Verfahren wg. Zertifikaten eines betrügerischen Ex-Hedgefonds-Managers; dt. kommunales Unternehmen gg. die Dt. Bank bzgl. Swapfall u. Schäden wegen Euribor-Manipulationen.

DR. PHILIPP K. WAGNER
Bewertung: Die kleine Berliner Kanzlei konzentriert sich auf das internat. Projektgeschäft u. Dispute Resolution. Diese Kombination erklärt den hohen Anteil an grenzüberschr. Fällen mit Immobilienbezug, in denen Dr. Philipp Wagner hinzugezogen wird. Die Boutique, die Gründung eines ehem. Weitnauer-Partners, verfolgt damit einen ähnl. Ansatz wie Hanefeld in HH oder Borris Hennecke Kneisel in Köln u. konnte ihren Bekanntheitsgrad weiter steigern. (1 Partner, 1 Associate, 1 of Counsel).
Mandate: ● Tochter von Dax-Konzern in immobilienrechtl. Prozess; arab. Investor in Post-M&A-Streit; austral. Konzern in Schiedsverf. gg. Tochter von Dax-Konzern; Schiedsrichter in Ad-hoc- u. DIS-Verf. wg. Gesellschafterstreit, Vertragsrecht, Anlagenbau (Branchen: Biotech, Energie, Schifffahrt).

Gesellschaftsrechtliche Streitigkeiten

Organhaftung bleibt dominierendes Thema

Die beherrschenden Fragen in der Beratung bei gesellschaftsrechtlichen Streitigkeiten sind seit einigen Jahren die Gleichen: Die Organhaftung bleibt ein allumfassendes Thema im Markt, zumal die Verbindungen zur Governance- u. Compliance-Beratung sehr eng sind und dazu auch Prozesserfahrung vonnöten ist. Doch in der Beratung zu Organklagen finden sich auch neue Elemente wieder, etwa in Fällen, in denen das Aufsichts- oder Kartellrecht eine Rolle spielen. Komplexe Schadensersatzfälle, die sich aktuell aus dem Schienen- oder Kfz-Zulieferkartell ergeben, zeigen derzeit, wohin die Reise geht, und lenken den Blick der Unternehmen auch wieder auf mögliche Verstöße ihrer Manager, wie etwa die Klage von ThyssenKrupp gegen einen Ex-Bereichsvorstand vor dem Arbeitsgericht zeigt. Schon seit einiger Zeit nehmen ähnlich komplexe Fälle, die sich aus Insolvenzsituationen ergeben, zu, da auch die Insolvenzverwalter zur Vergrößerung der Masse alle Klageregister ziehen.

Auch die Zahl prominenter Gesellschafterstreitigeiten wie etwa bei Tönnies reißt nicht ab – die Bereitschaft der Akteure zu klagen, scheint ungebrochen groß zu sein. Das zeigen auch langwierige Streitkomplexe wie etwa das Gerangel um die Media-Saturn-Gruppe. Deutlich geringer als noch vor Jahren ist die Zahl der Anfechtungsklagen gegen Beschlüsse über die Bestellung von Aufsichtsräten und Abschlussprüfern, gleichzeitig werden jedoch Spruchverfahren immer komplexer u. beschäftigen die Berater meist langfristig.

Große Einheiten prägen den Markt

Weiterhin sind Großkanzleien mit profilierten Corporate-Praxen die dominierenden Einheiten in diesem Markt. Sie beraten in der Breite und haben alle jahrelange Erfahrung mit Organberatung oder der Prozessführung im Anschluss von Strukturbeschlüssen zu Squeeze-outs oder Beherrschungsverträgen. So stehen traditionell **Freshfields Bruckhaus Deringer**, **Hengeler Mueller**, **Gleiss Lutz** und **Linklaters** an der Spitze dieses Feldes, wenn auch die Praxen bei **Gleiss Lutz** und **Linklaters** ein Stück weniger dynamisch wirkten. Zudem haben Kanzleien, die auf eine breitere, flächendeckende gesellschaftsrechtliche Beratung setzen und gleichzeitig über eine etablierte Prozesspraxis verfügen, immer mehr Zugriff auf solche Mandate. Zu ihnen gehören etwa **Noerr** oder **Hogan Lovells**.

Sie sind auch die Berater, die flexibler auf verschiedenen Mandantenseiten agieren und neben einer regen Tätigkeit für Unternehmer Organe und auch D&O-Versicherer vertreten. Bei Gesellschafterstreitigketen wie etwa dem Tauziehen um den Handelskonzern Metro sind zudem Kanzleien wie **CMS Hasche Sigle** gut positioniert.

Die folgenden Bewertungen behandeln Kanzleien, die gerichtliche Streitigkeiten zwischen Unternehmen als Gesellschaften auf der einen Seite sowie Investoren, Gesellschaften u. Einzelpersonen als Aktionäre auf der anderen Seite, etwa im Wege der Beschlussmängelklagen, beraten. Zudem geht es um gesellschaftsrechtliche Streitigkeiten zwischen Gesellschaftern untereinander sowie Fälle, in denen Organe einer Gesellschaft in Anspruch genommen werden – bezüglich der Vertretung von D&O-Versicherern oder bei Post-M&A-Streitigkeiten finden sich dagegen Informationen aufgrund der in der Regel anderen materiellen Rechtsgrundlagen im vorangehenden Unterkapitel ▶ Handel und Haftung. Auch im Kapitel ▶ Gesellschaftsrecht finden sich weitere Kanzleien mit Prozesserfahrung.

KONFLIKTLÖSUNG – DISPUTE RESOLUTION GESELLSCHAFTSRECHTLICHE STREITIGKEITEN

GESELLSCHAFTSRECHTLICHE STREITIGKEITEN

Freshfields Bruckhaus Deringer	Frankfurt, Düsseldorf, Hamburg, Köln
Hengeler Mueller	Düsseldorf, Frankfurt, Berlin, München
CMS Hasche Sigle	Köln, München, Stuttgart
Gleiss Lutz	Stuttgart, Frankfurt, Düsseldorf
Hogan Lovells	Düsseldorf, Frankfurt, München
Linklaters	Frankfurt, Düsseldorf, München, Berlin
Noerr	Düsseldorf, Frankfurt, München
Allen & Overy	Frankfurt, Düsseldorf
Clifford Chance	Frankfurt, Düsseldorf, München
White & Case	Frankfurt, Berlin, Düsseldorf
Latham & Watkins	Hamburg, Frankfurt
Sernetz Schäfer	München, Düsseldorf
SZA Schilling Zutt & Anschütz	Mannheim, Frankfurt
Taylor Wessing	Düsseldorf, Frankfurt, München, Berlin, Hamburg
Corinius	Hamburg
Meilicke Hoffmann & Partner	Bonn

Die hier getroffene Auswahl der Kanzleien ist das Ergebnis der auf zahlreichen Interviews basierenden Recherche der JUVE-Redaktion (s. Einleitung S. 20). Sie ist in 2erlei Hinsicht subjektiv: Sämtliche Aussagen der von JUVE-Redakteuren befragten Quellen sind subjektiv u. spiegeln deren eigene Wahrnehmungen, Erfahrungen u. Einschätzungen wider. Die Rechercheergebnisse werden von der JUVE-Redaktion unter Einbeziehung ihrer eigenen Marktkenntnis analysiert u. zusammengefasst. Der JUVE Verlag beabsichtigt mit dieser Tabelle keine allgemein gültige oder objektiv nachprüfbare Bewertung. Es ist möglich, dass eine andere Recherchemethode zu anderen Ergebnissen führen würde. Innerhalb der einzelnen Gruppen sind die Kanzleien alphabetisch geordnet.

ALLEN & OVERY
Gesellschaftsrechtliche Streitigkeiten

NOMINIERT JUVE Awards 2015 Kanzlei des Jahres für Dispute Resolution

Bewertung: Eine für gesellschaftsrechtl. Streitigkeiten häufig empfohlene Kanzlei, in der sich die versch. Schwerpunkte der Partner zunehmend zusammenfügen u. die damit höherwertigere Mandate generiert. So gelang es A&O erneut, überwiegend aktienrechtl. Mandate von Diekmann auf andere Praxisteile zu übertragen, insbes. unter Einbindung der ehem. Kernpraxis um Ihrig. Der v.a. für seine Kontakte zu MLP, Bilfinger u. Evonik bekannte Gesellschafts- u. Kapitalmarktexperte orientiert sich fachl. u. räuml. neu: Wg. der Schließung des Mannheimer Büros wechselten er u. sein Team im Frühsommer 2015 nach Ffm., dadurch ist der Austausch zur Litigation-Praxis nochmals intensiver geworden. Insbes. sein Zusammenspiel mit Zimmerling, dessen personell stark aufgestocktes Team in versch. deckungs- als auch haftungsrechtl. Streitigkeiten für D&O-Versicherer auftritt, wirkt sich für A&O positiv in Organhaftungsfällen aus. Die Nachfrage in dem Geschäftsfeld ist ungebrochen hoch, zugleich hat A&O ihren Marktanteil ggü. klassischen Konzernberatern wie Freshfields u. Hengeler sogar ausbauen können.
Stärken: Gute Vernetzung in das US-Büro in New York (insbes. SEC-Fragen) u. starke Stellung bei internat. tätigen Mittelstandsunternehmen.
Häufig empfohlen: Dr. Hans-Christoph Ihrig („abgeklärt, souveränes Auftreten", Wettbewerber), Dr. Marc Zimmerling („angenehmer Begleiter bei Haftungsabwehr", Wettbewerber), Dr. Hans Diekmann
Kanzleitätigkeit: Zunehmend Gesellschaften u. Organe zu Haftung u. ▶Compliance, nun auch ▶Versicherungsvertragsrecht bzgl. D&O; Vertretung der Unternehmen als Annex der aktienrechtl. Beratung, daher: Anfechtungsklagen, Freigabe- u. Spruchverf. nach Strukturmaßnahmen u. HV-Betreuung; Mandanten: starker Fokus auf börsennot. Gesellschaften, Banken u. Versicherungen. (Gesellschaftsrecht: 16 Partner, 2 Counsel, 40 Associates, 2 of Counsel; Konfliktlösung: 7 Partner, 4 Counsel, 30 Associates)
Mandate: ●● Heta Asset Resolution gg. BayernLB wg. Eigenkapital; AR IKB bzgl. Aufarbeitung der Krise, inkl. Sonderprüfung u. Auseinandersetzung mit Ex-Vorstand; ISRA Vision in Spruchverf. zu Parsytec; Axel Springer bei Anfechtungsklagen; lfd. div. WP-Gesellschaften wg. Berufshaftung, u.a. wg. Post-M&A u. aktienrechtl. Sonderprüfung.

CLIFFORD CHANCE
Gesellschaftsrechtliche Streitigkeiten

Bewertung: Häufig empfohlene Kanzlei für gesellschaftsrechtl. Streitigkeiten, die v.a. im Finanzsektor eine Vielzahl von Mandaten betreut. Das gilt insbes. für Banken u. Private-Equity-Häuser, die Clifford bei Anlegerklagen, aber auch anderen Streitigkeiten wie bspw. im Insolvenzszenario vertritt. Starker Zuwachs kommt daneben weiterhin aus dem Geschäft mit Organhaftungsfällen. In klass. Gesellschafterstreitigkeiten ist CC aber weniger oft zu sehen als etwa White & Case oder Hogan Lovells. Hier dürfte sie sich aufgrund des personellen Umbruchs in der Corporate-Praxis auch schwertun, schnell nachzuziehen.
Kanzleitätigkeit: Beratung bei ▶gesellschaftsrechtl. Anfechtungsklagen u. Beschlussmängelstreitigkeiten sowie in Gesellschafterstreitigkeiten, v.a. auch bei Umstrukturierungen u. mit Insolvenzverwaltern u. ▶Restrukturierungsrechtlern; vermehrt Organhaftungsstreitigkeiten im Zusammenspiel mit ▶Compliance-Beratung. (Gesellschaftsrecht: 21 Partner, 6 Counsel, 25 Associates, 1 of Counsel; Konfliktlösung: 6 Partner, 3 Counsel, 17 Associates)
Mandate: ●● Metro im Streit um Media-Saturn; BayernLB bzgl. Schadensersatz gg. frühere Direktoren. Erwerb von ABS-Produkten; Freistaat Sachsen bei Geltendmachung von D&O-Versicherungsansprüchen gg. Chartis Europe; Portigon gg. Anlegerklagen.

CMS HASCHE SIGLE
Gesellschaftsrechtliche Streitigkeiten

NOMINIERT JUVE Awards 2015 Kanzlei des Jahres für Dispute Resolution

Bewertung: Eine für gesellschaftsrechtliche Streitigkeiten häufig empfohlene Praxis, die spürbar von der kanzleiweiten Reorganisation nach Geschäftsbereichen profitiert. Die Kernpraxis um Lennarz wurde abermals genauer definiert u. mit weitergehenden Kompetenzen ausgestattet. Für die Mandate im Geschäftsfeld Organhaftung hat dies zur Folge, dass sich der strateg. Austausch zw. den Prozessrechtlern u. den Bereichen Corporate u. Compliance vertieft hat. Von dieser Aufstellung profitierte CMS in div. namh. Neumandaten, auch weil – wie andere Wettbewerber ebenfalls melden – wg. der sog. Neubürger-Entscheidung große Unsicherheit bei Vorständen u. GF herrscht u. viel Beratungsbedarf besteht. Inzwischen festigen sich auch Beziehungen zu Industriekonzernen u. Banken, hier vollziehen die Prozessexperten etwas verzögert die Entwicklung der Corporate-Praxis nach. In Streitigkeiten zw. Gesellschaftern profitiert CMS wie z.B. auch Freshfields von ihrer starken Schiedspraxis: Rucketeschler genießt bundesw. einen hervorragenden Ruf als Schlichterin u. gerade im südd. Raum empfehlen immer mehr Wettbewerber Lennarz.
Häufig empfohlen: Dr. Martin Kuhn, Dr. Karsten Heider (beide Aktienrecht), Dr. Dorothee Ruckteschler (Gesellschaftsrecht, Litigation), Dr. Torsten Lörcher, Claus Thiery, Dr. Thomas Lennarz („super, immer meine erste Wahl", „angenehm u. ausgeglichen", Wettbewerber; alle Litigation)
Kanzleitätigkeit: Vertretung von Unternehmen u. Organen in Organhaftungsfragen, Beschlussmängelklagen, Gesellschafterauseinandersetzungen; Präsenz bei Schiedsverfahren (▶Handel u. Haftung), zunehmend auch ADR/Mediation. (Gesellschaftsrecht: 47 Partner plus Associates; Konfliktlösung: 40 Partner, 38 Associates)
Mandate: ●● Frank Lamby in ca. 300 Kapitalanlegerverfahren bzgl. KapMuG-Verfahren HRE; Ex-GF der Atomtochter EnBW bei Abwehr Organhaftung; Ex-Vorstand HVB bei Abwehr Organhaftung; Sustainable BioEnergy bei Anfechtungs- u. Nichtigkeitsklage; kommunales Stadtwerk umf. bei Auseinandersetzung mit Joint-Venture-Partner; Ex-Vorstand eines Beratungsunternehmens bei Abwehr von Schadensersatz.

CORINIUS
Gesellschaftsrechtliche Streitigkeiten

Bewertung: Geschätzte Kanzlei für gesellschaftsrechtl. Streitigkeiten, die einen stetigen Zustrom neuer Mandanten verzeichnet. Auch intern hat sich viel getan, v.a. im Unterbau ist das Kernteam auf Associate-Ebene gewachsen, sodass die Vielzahl der Fälle auch zu bewältigen ist. Dazu gehören eine Reihe neuer Gesellschafterstreitigkeiten u. Anfechtungsklagen. Zuletzt schaffte es die Kanzlei zudem auf das Litigation-Panel von Siemens. Weiterhin ist sie zudem in Organhaftungsfällen gut positioniert. Besonders prominent ist aktuell der Fall Wölbern,

● Referenzmandate, umschrieben
●● Referenzmandate, namentlich

Anwaltszahlen: Angaben der Kanzleien, wie viele Anwälte zu mind. ca. 50% in diesem Gebiet tätig sind. Sie spiegeln nicht zwingend die Gesamtgröße einer Kanzlei wider.

GESELLSCHAFTSRECHTLICHE STREITIGKEITEN KONFLIKTLÖSUNG – DISPUTE RESOLUTION

in dem Corinius einen beklagten Bird & Bird-Anwalt vertritt, dem Fehlberatung vorgeworfen wird. Hier wurde die Kanzlei wegen ihrer Erfahrung bei gesellschaftsrechtl. Streitigkeiten ausgewählt.
Häufig empfohlen: Dr. Antje Baumann („exzellente Strategin u. herausragende Anwältin", Wettbewerber)
Kanzleitätigkeit: Schwerpunkt auf lfd. Beratung in Gesellschafts- u. ▶Handelsrecht inkl. spezialisierter Prozesspraxis mit aktien- u. kapitalmarktrechtl. Expertise. (Kernteam: 2 Partner, 4 Associates)
Mandate: ●● WindMW in Gesellschafterstreit u. Klage betreffend die Anfechtung von Gesellschafterbeschlüssen; Bird & Bird-Anwalt wg. angeblicher Ansprüche aus deliktischem Verhalten und anwaltlicher Fehlberatung in der „Wölbern-Affäre"; Publikumsfondsgesellschaft auf dem Sektor regenerativer Energien in Gesellschafterstreit.

FRESHFIELDS BRUCKHAUS DERINGER
Gesellschaftsrechtliche Streitigkeiten
Bewertung: Eine führende Kanzlei für gesellschaftsrechtl. Streitigkeiten, die alle wesentl. Themen auf breiter Front abdeckt. Seit Jahren steigt das Arbeitsaufkommen an der Schnittstelle von Organhaftungs- u. Compliance-Themen. Ähnl. wie Hengeler ist Freshfields auch bei klass. Themen wie Anfechtungs- u. Spruchverfahren eine der führenden Kanzleien, da ihre Corporate-Gruppe zahlreiche lfd. Mandate berät. Dass diese Fälle immer komplexer werden u. die Gegenseite juristisch hochrüstet, zeigt das Beispiel Celesio, die Freshfields in einer von Hedgefonds erhobenen Anfechtungsklage u. im Freigabeverfahren begleitete. Das Beispiel zeigt auch das Potenzial, das noch in Fällen mit aktiven Anteilseignern liegt, derzeit in Dtl., aber noch nicht in der Masse zu sehen ist. Eine Vielzahl von Verfahren führt die Kanzlei zudem vor dem Insolvenzhintergrund oder in Fällen, in denen ihr aufsichtsrechtl. Sachverstand gefragt ist.
Stärken: Exzellente aktien- u. kapitalmarktrechtl. Praxis; sehr integrierte u. standortübergreifende Zusammenarbeit insbes. mit den Prozessrechtlern (▶Handel u. Haftung); Unternehmensbewertung (im Kontext der Spruchverf.); Verfahren mit Auslandsbezug.
Häufig empfohlen: Dr. Thomas Bücker (Gesellschaftsrecht), Dr. Christian Duve (Litigation), Dr. Eberhard Seydel, Prof. Dr. Christoph Seibt, Dr. Andreas Fabritius, Dr. Christoph von Bülow, Dr. Marius Berenbrok (alle Gesellschaftsrecht)
Kanzleitätigkeit: Vertretung hochkarätiger Unternehmen, vielfach Dax-Konzerne; auch Personengesellschaften (v.a. in HH, auch D'dorf). (Gesellschaftsrecht: 41 Partner, 2 Counsel, 126 Associates, 1 of Counsel; Konfliktlösung: 12 Partner, 2 Counsel, 2 of Counsel, 46 Associates)
Mandate: ●● Celesio in einer von Hedgefonds erhobenen Anfechtungsklage gg. Beherrschungs- u. Gewinnabführungsvertrag zw. Celesio u. McKesson u. in Freigabeverfahren; Dt. Bahn in Spruchverfahren bzgl. Squeeze-out Stinnes; WP-Gesellschaft in der Verteidigung gg. 12 Schiedsklagen u. 2 arbeitsgerichtl. Klagen ehem. Partner auf Ausschüttung von Gewinnüberschüssen nach europ. Fusion.

GLEISS LUTZ
Gesellschaftsrechtliche Streitigkeiten
Bewertung: Für gesellschaftsrechtl. Streitigkeiten häufig empfohlene Kanzlei, deren Stärke im Gesellschaftsrecht wesentlich zum Erfolg bei dieser Art von Streitigkeiten beiträgt. Mandate wie die Vertretung von Kellerhals im Streit um Media-Saturn stehen für Gesellschafterstreitigkeiten, die in einer Corporate-Praxis wie dieser zum lfd. Geschäft gehören. Gleiss profitiert aber auch von den Kontakten eines breit aufgestellten Teams zu Vorständen und Aufsichtsräten insbes. in den andauernd vielfältigen Organhaftungsfällen. Wie viele große Praxen beschäftigt sie sich zudem verstärkt mit Haftungsfällen anderer Berater. Stark ist GL aber auch bei den klass. Themen wie Anfechtungs- u. Spruchverfahren. Trotzdem war die Kanzlei etwa im Vergleich zu Hengeler oder Freshfields zuletzt etwas weniger visibel im Markt.
Stärken: Hohe Reputation der Gesellschaftsrechtler. Marktführende Litigation-Praxis.
Häufig empfohlen: Dr. Dirk Wasmann, Dr. Michael Arnold, Dr. Stefan Rützel, Dr. Luidger Röckrath („tief im Sachverhalt, rechtlich auf den Punkt, starke Court Room Presence", Wettbewerber)
Kanzleitätigkeit: Beschlussmängelklagen, vielfach nach HVen bei starker konzern- u. aktienrechtl. Praxis. Zudem renommierte Gruppe für ▶handels- u. haftungsrechtl. Prozesse. (Gesellschaftsrecht: 23 Eq.-Partner, 8 Sal.-Partner, 4 Counsel, 22 Associates, 4 of Counsel; Konfliktlösung: 7 Eq.-Partner, 4 Sal.-Partner, 2 Counsel, 21 Associates)
Mandate: ●● Convergenta Invest/Erich Kellerhals bei Streit um Media-Saturn; Infineon Technologies gg. Klage des Insolvenzverwalters Jaffé bzgl. Qimonda-Insolvenz; Aleo Solar bei Abwehr von Anfechtungsklagen, Anträgen auf Sonderprüfung u. Bestellung eines besonderen Vertreters; Allianz Dtl. bei Spruchverf. zum Squeeze-out bei der Allianz Lebensversicherungs-AG; Daimler in Spruchverf. zur Verschmelzung; Siemens in Spruchverf. zu Beherrschungsvertrag u. Squeeze-out bei der IBS AG; UniCredit in Anfechtungsverf. bzgl. Verkauf Bank Austria.

HENGELER MUELLER
Gesellschaftsrechtliche Streitigkeiten
Bewertung: Eine der führenden Kanzleien in gesellschaftsrechtl. Streitigkeiten, die von ihrer klass. Stärke als gesetzte Beraterin bei vielen Unternehmen und einer mittlerw. deutl. differenzierten Herangehensweise an Prozessmandate profitiert. Aufgrund der Vielzahl von Gesellschaftsrechtlern hat die Kanzlei immer wieder Zugang zu neuen Mandanten, die sich oft aus bestehenden Mandatsverhältnissen ergeben. Parallel dazu hat sich Frankfurt als Zentrum der Prozessabteilung um Meier seit einigen Jahren etabliert u. lässt eine immer weitergehende Binnenspezialisierung zu. Marktentwicklungen wie bspw. die Tätigkeit an der Schnittstelle zum Insolvenzrecht kann die Praxis so besser für sich nutzen, wie das Beispiel CBRE Global Investors zeigt. Gleichzeitig sorgt ein Großmandat wie die umf. Vertretung von Porsche in zahlr. Schadensersatzprozessen für eine hohe Auslastung. Eine Stärke der Praxis ist die Begleitung von Organhaftungsfällen auf Unternehmensseite. So ist sie u.a. vom Flughafen Berlin Brandenburg bzgl. der Haftung von Geschäftsführern u. Aufsichtsräten wg. Verschiebungen der Termine für die Flughafeneröffnung mandatiert. Zudem betreut sie einige herausragenden Fällen für Familienunternehmen (z.B. Oetker, Dussmann), musste Ende 2014 allerdings die Vertretung von Clemens Tönnies im Streit mit seinem Neffen an Noerr abgeben.
Stärken: Starke aktien- u. kapitalmarktrechtl. Praxis mit Kontakten zu Bluechip-Mandanten.
Häufig empfohlen: Dr. Markus Meier, Prof. Dr. Gerd Krieger, Dr. Carsten van de Sande, Prof. Dr. Michael Hoffmann-Becking, Dr. Andreas Austmann, Dr. Stefan Richter, John Flüh
Kanzleitätigkeit: Regelm. aus der gesellschaftsrechtl. Praxis von Aufsichtsrat oder Vorstand mandatiert, aber auch bedeutenden Aktionäre mit bedeutenden Aktienpaketen (Private-Equity-Häuser); auch Familienstämme. Sehr renommierte Praxis auch in ▶handels- u. haftungsrechtl. Prozessen. (Gesellschaftsrecht: 52 Partner, 4 Counsel, 85 Associates; Konfliktlösung: 16 Partner, 5 Counsel, bis zu 28 Associates)
Mandate: ●● Metro bei Anfechtungsklage eines Aktionärs gg. Gewinnverwendungsbeschluss; Porsche bzgl. Anfechtung der HV-Beschlüsse 2013 u. 2014 u. Auskunftserzwingungsverfahren 2014; Flughafen BER bzgl. Haftung von GF u. AR wg. Verschiebung der Eröffnung u. bzgl. Beendigung des Anstellungsvertrags mit Ex-Flughafen-Mana-

---

Führende Namen in gesellschaftsrechtlichen Streitigkeiten

Dr. Michael Arnold	Gleiss Lutz
Dr. Rupert Bellinghausen	Linklaters
Dr. Christian Decher	Freshfields Bruckhaus Deringer
Dr. Christian Duve	Freshfields Bruckhaus Deringer
Prof. Dr. Michael Hoffmann-Becking	Hengeler Mueller
Dr. Hans-Christoph Ihrig	Allen & Overy
Dr. Thomas Liebscher	SZA Schilling Zutt & Anschütz
Dr. Dietrich Max	Taylor Wessing
Dr. Markus Meier	Hengeler Mueller
Dr. Jochem Reichert	SZA Schilling Zutt & Anschütz
Prof. Dr. Frank Schäfer	Sernetz Schäfer
Prof. Dr. Christoph Seibt	Freshfields Bruckhaus Deringer
Dr. Oliver Sieg	Noerr
Dr. Dirk Wasmann	Gleiss Lutz
Dr. Hans-Ulrich Wilsing	Linklaters
Dr. Gerhard Wirth	Gleiss Lutz

Die hier getroffene Auswahl der Personen ist das Ergebnis der auf zahlreichen Interviews basierenden Recherche der JUVE-Redaktion (siehe S. 20). Sie ist in 2erlei Hinsicht subjektiv: Sämtliche Aussagen der von JUVE-Redakteuren befragten Quellen sind subjektiv u. spiegeln deren eigene Wahrnehmungen, Erfahrungen u. Einschätzungen wider. Die Rechercheergebnisse werden von der JUVE-Redaktion unter Einbeziehung ihrer eigenen Marktkenntnis analysiert u. zusammengefasst. Der JUVE Verlag beabsichtigt mit dieser Tabelle keine allgemein gültige oder objektiv nachprüfbare Bewertung. Es ist möglich, dass eine andere Recherchemethode zu anderen Ergebnissen führen würde.

● Referenzmandate, umschrieben
●● Referenzmandate, namentlich

Anwaltszahlen: Angaben der Kanzleien, wie viele Anwälte zu mind. ca. 50 % in diesem Gebiet tätig sind. Sie spiegeln nicht zwingend die Gesamtgröße einer Kanzlei wider.

ger; Immobilienfonds von CBRE Global Investors zu Insolvenzrechtsstreitigkeiten; Kabel Dtl. bei Aktionärsklagen; Deutsche Bank bei Abwehr von Klagen im Zshg. mit dem Übernahmeangebot für die Postbank AG; Oetker-Familienstamm bei Streit um Unternehmensführung, inkl. Schiedsverfahren; Catherine von Fürstenberg-Dussmann bei Erben-Streit um Dussmann-Gesellschaftsanteile.

HOGAN LOVELLS
Gesellschaftsrechtliche Streitigkeiten

Bewertung: Häufig empfohlene Kanzlei für gesellschaftsrechtl. Streitigkeiten, die v.a. in Fällen rund um die Organhaftung gut zu tun hat, sei es für D&O-Versicherer oder auch auf Unternehmens-, seltener aber auf Vorstandsseite. Weil das Thema nun auch im von HL auf breiter Basis vertretenen Mittelstand stark angekommen ist, profitiert die Praxis weiter stark davon. Eine Vielzahl von langwierigen u. immer komplexeren Anfechtungs- u. Spruchverf. ergänzt diese volatilere Tätigeit um ein äußerst stabiles lfd. Geschäft. Das eigentl. Plus der Praxis liegt aber in ihrer Fähigkeit, Markttrends früh zu erkennen u. Schnittstellenthemen weiterzuentwickeln. Aktuell gilt das v.a. für die Entwicklung im Feld der Organhaftung u. Compliance, wo absehbar aufsichtsrechtl. Themen eine große Rolle spielen werden. Abgerundet wird das Profil der Praxis durch eine Vielzahl von Gesellschafterstreitigkeiten sowie insolvenznahen Prozessen.
Stärken: Starke Industrieschwerpunkte insbes. über div. Branchenfokussierungen.
Häufig empfohlen: Dr. Detlef Haß, Dr. Jürgen Witte, Dr. Olaf Gärtner, Dr. Kim Mehrbrey
Kanzleitätigkeit: Aktienrechtl. Streitigkeiten für einige namh. AGen, auch börsennotiert. Stark in Organstreitigkeiten unternehmensseitig, aber auch für Vorstände u. AR. Vielfach Gesellschafterstreitigkeiten. (Gesellschaftsrecht: 18 Partner, 12 Counsel, 20 Associates; Konfliktlösung: 9 Partner, 5 Counsel, 1 of Counsel, 29 Associates sowie 18 Projektanwälte)
Mandate: ●● Media-Saturn gg. div. Beschlussmängelklagen von Beiratsmitgliedern vor dem Hintergrund des Aktionärsstreit zw. Metro u. Minderheitsaktionären; RWZ Handels- u. Beteiligungs-GmbH bei der Durchsetzung ihrer Gesellschafterrechte.

LATHAM & WATKINS
Gesellschaftsrechtliche Streitigkeiten
Bewertung: Empfohlene Kanzlei für gesellschaftsrechtl. Streitigkeiten, die aufgr. ihrer Herangehensweise an die Prozessberatung im Geschäftsfeld Organberatung weniger wahrnehmbar ist als Wettbewerber wie CMS oder Hogan Lovells. L&W fehlt es hier manchmal noch an Trennschärfe, denn als US-Kanzlei ist sie bei Prozessen fachl. breiter aufgestellt als dt. Einheiten, zudem nutzt sie ihre Verzahnung zur Bank- u. zuletzt auch der marktführenden Private-Equity- u. Restrukturierungspraxis intensiv wie kaum eine zweite. L&W ist dadurch in Prozessen viel häufiger auf Aktiv- u. damit Unternehmensseite anzutreffen, was sich z.B. im Vorstandsstreit bei Alno oder auch bei klass. aktienrechtl. Verf. für Anheuser-Busch u. Lenovo zeigt. In HH bleiben Streitigkeiten zw. Gesellschafterstämmen eine Kerntätigkeit. Hier wird zunehmend die Schiedsexpertise von L&W angefragt, wo Baus neben seiner Litigation-Rolle in kapitalanlagerechtl. Streitigkeiten deutl. an Profil gewinnt. Mit Dr. Ulrich Börger verlor L&W einen Partner (zu Harte-Bavendamm), der die Praxis lange mitgeprägt hatte.
Stärken: Branchenspezialisierung auf Banken u. ▶Private Equ. u. Vent. Capital-Häuser, außerdem Familiengesellschaften.
Entwicklungsmöglichkeiten: Die Integration des jungen D'dorfer Büros ist schnell gelungen, dies bezeugen erste Mandate für Daimler. Dennoch müsste L&W ihre dortigen Kontakte zu Konzernen u. die Compliance-Expertise ihrer Partner noch mehr nutzen, um ihren Marktanteil bei Organhaftungsfällen zu vergrößern.
Häufig empfohlen: Dr. Christian Scharff, Dr. Uwe Eyles, Dr. Christoph Baus
Kanzleitätigkeit: In Hamburg traditioneller Fokus auf Familiengesellschaften, entsprechende Beratung in ▶Gesellschafterstreitigkeiten (regelm. durch Schiedsverfahren, ▶Handel u. Haftung); daneben reine Anfechtungsklagen, Freigabe- u. Spruchverf. für börsennot. u. nicht börsennot. Großkonzerne; zudem: Organmitglieder in Organhaftungsfällen, auch Führungskräfte u. ggf. Hedgefonds. (Gesellschaftsrecht: 19 Partner, 3 Counsel, 39 Associates, 1 of Counsel; Konfliktlösung: 8 Partner, 1 Counsel, 21 Associates)
Mandate: ●● Rhön-Klinikum aktien- u. kapitalmarktrechtl. u.a. bei HV inkl. Anfechtungsklagen bzgl. Transaktion mit Fresenius/Helios; Anheuser-Busch InBev bei Spruchverf.; Douglas bei Spruchverf. nach Squeeze-out der Douglas Holding; Thalia Holding bei Spruchverf. wg. Squeeze-out bei Buch.de; Kalina bei div. Spruchverf. wg. Delisting u. Squeeze-out; Lenovo bei Spruchverf. wg. Beherrschungsvertrag mit Medion; Großbank in versch. Anfechtungsklagen u. Spruchverf. in Dtl. u. Österreich nach Fusion.

LINKLATERS
Gesellschaftsrechtliche Streitigkeiten
Bewertung: Eine der häufig empfohenen Praxen für gesellschaftsrechtl. Streitigkeiten. Anders als Hengeler u. Freshfields ist Linklaters etwas stärker auf M&A und damit im Prozessgeschäft auf Post-M&A-Verfahren als auf das gesellschaftsrechtl. Geschäft konzentriert, aus dem sich die klass. Spruch- u. aktienrechtl. Verfahren ergeben. Deshalb ist in ihrer Praxis nicht der gleiche lfd. Mandatsfluss zu sehen wie bei den Wettbewerbern. Aber auch Linklaters ist in diesem Feld immer wieder in großen u. komplexen Klagen zu sehen, aktuell etwa für McKesson. Für die BayernLB war sie zudem in dem prominenten Verfahren gg. Formel-1-Chef Bernie Ecclestone aktiv. Gleichzeitig ist die Kanzlei auch in Organhaftungsfällen besonders gefragt, insbes. an der Schnittstelle zur Compliance-Beratung verfügt sie über große Kompetenz. Der Weggang von Laurenz Schmitt, der u. a. eines internen Zwists die Kanzlei verließ, ist jedoch ein Verlust für die Prozesspraxis, wenngleich sein Schwerpunkt zuletzt mehr auf klass. Haftungsfällen u. Compliance lag.
Stärken: Integrierte Zusammenarbeit der Prozess- u. Gesellschaftsrechtler, aber auch mit den Spezialgebieten (etwa Bankrecht), dementsprechend starke aktienrechtl. Praxis u. hervorrag. Kontakte zu Gerichten.
Häufig empfohlen: Dr. Hans-Ulrich Wilsing, Dr. Rupert Bellinghausen, Dr. Ralph Wollburg
Kanzleitätigkeit: Aktienrechtl. Streitigkeiten (Anfechtungsklagen, Freigabe- u. Spruchverf.), Organhaftungsklagen für Aufsichtsrat oder Vorstand, keine Vertretung ehem. Vorstände; auch Streitigkeiten von Gesellschaftern; zudem ▶handels- u. haftungsrechtl. Prozesse, ▶Gesellsch.recht, ▶M&A; Mandanten: vorwiegend börsennot. Unternehmen, einige Dax-Konzerne. (Gesellschaftsrecht: 25 Partner, 5 Counsel, 88 Associates, 3 of Counsel; Konfliktlösung: 5 Partner, 23 Associates)
Mandate: ●● BayernLB gg. Formel-1-Chef Bernie Ecclestone u. Bambino-Stiftung bzgl. Schadensersatz; Barclays in KapMuG-Verfahren wg. Zertifikaten eines betrügerischen Ex-Hedgefonds-Managers; McKesson bzgl. aktienrechtl. Klage wg. Eigenkapital sowie Spruchverf., Anfechtungsklagen u. Freigabeverf.; IKB u.a. bei der aktienrechtl. Sonderprüfung; Erwin Hymer Vermögensverwaltung beim Squeeze-out der Minderheitsaktionäre der Hymer AG u. anschl. Spruchverfahren; BayWa bei Renerco-Squeeze-out u. anschl. Spruchverfahren.

MEILICKE HOFFMANN & PARTNER
Gesellschaftsrechtliche Streitigkeiten
Bewertung: In gesellschaftsrechtlichen Streitigkeiten geschätzte Kanzlei, die sich über die Vertretung von Minderheitsaktionären einen Namen gemacht hat. Viele der großen Wettbewerberinnen erwarten, dass sich Klagen aus einer stärkeren Aktivität von Minderheitseignern in Zukunft häufen werden. Meilicke ist heute schon eine Kanzlei, die für dieses Thema als Gegenspielerin der etablierten Einheiten gut positioniert ist. Sie vertritt versch. instit. Investoren, aber auch vermögende Privatpersonen oder Familienstämme in aktienrechtl. Prozessen u. Spruchverfahren. Heidel selbst wird immer wieder auch als besonderer Vertreter bestellt, aktuell bspw. bei Strabag. Gleichzeitig kann die Kanzlei in Organhaftungsfällen recht frei auch gg. Unternehmen u. Versicherer aufseiten von Aufsichtsratsmitgliedern u. Ex-Vorständen aufspielen. Gleiches gilt für Beraterhaftungsfälle, in denen die Kanzlei ebenfalls oft zu sehen ist. Zuletzt verlor sie allerdings einen jüngeren u. in streitigen Verfahren versierten Partner.
Häufig empfohlen: Dr. Thomas Heidel
Kanzleitätigkeit: Aktienrechtl. Prozesse u. Spruchverfahren v.a. für Minderheitsgesellschafter, Familienunternehmen und vermögende Privatpersonen; kapitalmarktrechtl. Massenverfahren; auch insolvenzrechtl. Auseinandersetzungen u. Organhaftungsfälle.
Mandate: ●● Easy Software bzgl. Schadensersatzansprüchen gg. (Ex-)Vorstände- u. AR-Mitglieder; Wienand Meilicke in Gesellschaftsstreit um Breuninger; Esch-Fonds-Gesellschaft gg. Gesellschafter Deichmann; Insolvenzverwalter des MobilCom-Gründers Gerhard Schmid in div. Prozessen; Familienstamm in Konflikten um Stimmrechtspool u.a. auch bzgl. Bestellung eines besonderen Vertreters zur Geltendmachung von Schadensersatzansprüchen; 3 Ex-AR-Mitglieder einer AG in Organhaftungsprozess durch Insolvenzverwalter.

NOERR
Gesellschaftsrechtliche Streitigkeiten
Bewertung: Für gesellschaftsrechtl. Streitigkeiten eine der häufig empfohlenen Kanzleien. Über die Jahre hinweg hat Noerr das Prozessteam sukzessive von unten aufgebaut u. inhaltlich nachjustiert. Heute erreicht sie eine Breite in der Beratung, die nur bei wenigen Wettbewerbern vorhanden ist. Die Prozesspraxis ist sehr umtriebig, eine stärkere interne Spezialisierung voranzutreiben. Wie Hogan

GESELLSCHAFTSRECHTLICHE STREITIGKEITEN KONFLIKTLÖSUNG – DISPUTE RESOLUTION

Lovells ist auch Noerr stark im gehobenen Mittelstand engagiert. Aktienrecht. u. Spruchverf. sind ein Schwerpunkt des Düsseldorfer Teams um Sieg, das zudem für seine D&O-Spezialisierung bekannt ist. Allerdings ist Noerr in diesen Fällen keineswegs auf die Versichererseite festgelegt, sondern geht das Thema auch für Unternehmen u. Vorstände an. Die Kanzlei hat zudem viel Erfahrung mit Gesellschafterstreitigkeiten, wie z.B. die Übernahme des Tönnies-Mandats zeigt, sowie in Fällen mit insolvenzrechtl. Bezug.

Stärken: ▶Handel u. Haftung, D&O-Prozessvertretung (▶Versicherungsvertragsrecht); Managerhaftung, Organhaftung.

Häufig empfohlen: Dr. Oliver Sieg, Dr. Tobias Bürgers, Dr. Bertold Gaede, Dr. Laurenz Wieneke

Kanzleitätigkeit: Mandanten: Mittelständler etwa bei Gesellschafterstreitigkeiten sowie namh. gr. Konzerne, bei Kanzleiauseinandersetzungen, unternehmerisch tätige Aktionäre, etwa (internat.) Finanzinvestoren oder vermögende Privatpersonen (▶Nachfolge/Vermögen/Stiftungen). Zudem Prozessvertretung aus der gesellschafts- u. aktienrechtl. Beratung (Anfechtungsklagen etc. nach HVen), aus der Beratung im ▶Gesellsch.recht u. ▶M&A. Präventivberatung u. Vertretung von Organmitgliedern (mit den ▶Arbeitsrechtlern). (Gesellschaftsrecht: 35 Eq.-Partner, 14 Sal.-Partner, 56 Associates; Konfliktlösung: 12 Eq.-Partner, 7 Sal.-Partner, 2 Counsel, 17 Associates)

Mandate: ●● Clemens Tönnies im Gesellschafterstreit um den Fleischkonzern; Insolvenzverwalter der Solar Millennium zu Schadensersatzansprüchen; Weltmarktführer bei Entwicklung von Verbrennungsmaschinen wg. Schadensfall bei US-Tochter; engl. Hedgefonds bei Aktionärsstreit bzgl. Beteiligung an dt. Bank; D&O-Versicherer in Schadensersatzprozessen einer Sparkasse gg. Ex-Vorstände; D&O-Versicherer wg. Schadensersatzansprüchen einer Kreissparkasse gg. Ex-Vorstände u. Verwaltungsratsmitglieder; dt. Anlagenbauer wg. Schadensersatz gg. GF; Ex-Bankvorstand bzgl. Organhaftung wg. komplexer Derivategeschäfte; Ex-Verwaltungsrats- u. AR-Mitglied in div. Konzerngesellschaften wg. Inanspruchnahme durch Insolvenzverwalter.

SERNETZ SCHÄFER
Gesellschaftsrechtliche Streitigkeiten ☐☐☐☐

Bewertung: Eine in gesellschaftsrechtl. Streitigkeiten empfohlene Kanzlei, deren Praxis sich aus ihrer anerkannten Bankpraxis heraus entwickelt hat. Ähnl. wie SZA wird sie als unabhängige dt. Einheit wahrgenommen, die nicht die wirtschaftl. Interessenkonflikte einer Großkanzlei hat. Sernetz ist allerdings traditionell deutl. stärker in der Prozessvertretung von Banken verhaftet, etwa in verschiedenen KapMuG-Verfahren. Insbes. das Münchner Team geht aber auch klass. Gesellschafterstreitigkeiten stärker an. Hier spielen Managerhaftungsfälle eine wichtige Rolle, oft vertritt die Kanzlei zudem Minderheitsaktionäre in Verfahren.

Häufig empfohlen: Prof. Dr. Frank Schäfer, Dr. Manfred Wolf, Dr. Andreas Höder, Dr. Fabian Dietz-Vellmer

Kanzleitätigkeit: Aus der lfd. Beratung von namh. Personengesellschaften u. (Dax-)AGen (börsennot. u. nicht börsennot.) folgende Prozesstätigkeit. (Gesellschaftsrecht: 7 Eq.-Partner, 1 Sal.-Partner; Prozessführung: 3 Partner, 2 Counsel)

Mandate: ●● Hypo Real Estate/Dt. Pfandbriefbank in KapMuG-Verfahren wg. Ad-hoc-Mitteilungen; Dt. Pfandbriefbank gg. Ex-Vorstände; Venture-Capital-Investor in Prozess um Earn-out-Klausel mit Ex-Mitgesellschafter; Großinvestor in Prozess wg. Vorwurf des Insiderhandels; internat. Unternehmen für Sicherheitstechnologie gg. Ex-GF u. Gesellschafter; Luftfahrtunternehmen bei gesellschaftsrechtl. Auseinandersetzungen; Gesellschafter-GF eines bekannten Verlags bei Gesellschafterstreit.

SZA SCHILLING ZUTT & ANSCHÜTZ
Gesellschaftsrechtliche Streitigkeiten ☐☐☐☐

Bewertung: Für gesellschaftsrechtl. Streitigkeiten empfohlene Kanzlei. Insbes. in der Organhaftung u. im Compliance-Umfeld hat SZA in den vergangenen Jahren dank ihrer Vernetzung in dt. Konzerne vielfach Mandanten beraten. Häufig wird sie auch als unabhängige Stimme vom Aufsichtsrat hinzugezogen, etwa wenn es um Zweitmeinungen geht. In Organhaftungsfällen agiert sie recht flexibel zw. Mandaten für AR u. Unternehmen u. einzelnen (Ex-)Vorständen. Aktuell vertritt sie bspw. Dr. Jürgen Großmann gg. eine Klage von Rustenburg wg. eines gescheiterten Joint Ventures mit RWE. Zudem ist SZA eine gefragte Adresse, wenn es in Beratungsunternehmen zu Streitigkeiten kommt oder diese selbst in Haftung genommen werden.

Stärken: Hervorragende Kontakte zu Familienunternehmen; Aktien- u. Kapitalmarktrecht. Große Prozesserfahrung der ▶Gesellsch.rechtler.

Häufig empfohlen: Dr. Thomas Liebscher, Dr. Jochem Reichert, Dr. Marc Löbbe, Christian Gehling

Kanzleitätigkeit: Namh. Dax-Konzerne/börsennot. AGen in aktien- u. kapitalmarktrechtl. Streitigkeiten vielfach aus der lfd. Beratung; zudem Konfliktberatung in gr. mittelständ. Personen- u. Familiengesellschaften bei jeglichen gesellschafts- u. Gesellschafterstreitigkeiten. Auch ▶Handel u. Haftung. Mandanten: vielfach vermögende Privatpersonen (▶Nachfolge/Vermögen/Stiftungen). Zudem Beratung u. Vertretung von Organmitgliedern. (Konfliktlösung: 11 Partner, 1 Counsel, 25 Associates, 1 of Counsel)

Mandate: ●● BayernLB bei Klage gg. Ex-Verwaltungsratsvorsitzenden u. ex-stellvertretenden Verwaltungsratsvorsitzenden; Dr. Jürgen Großmann gg. Klage von Rustenburg wg. gescheitertem Joint Venture mit RWE; Ex-Vorstandsmitglied u. Ex-AR-Mitglied der HRE bei Abwehr von Schadensersatzklagen von Aktionären gg. die HRE u. evtl. Regressforderungen.

TAYLOR WESSING
Gesellschaftsrechtliche Streitigkeiten ☐☐☐☐

Bewertung: Für gesellschaftsrechtl. Streitigkeiten empfohlene Praxis. Wie viele ihrer Wettbewerber profitiert sie von der anhaltenden Vielzahl von Organhaftungsfällen. Mandate entwickeln sich zwar aufgrund der breiten Corporate-Praxis, deren traditionelle Stärken in der hohen Marktdurchdringung bei Familien(unternehmen) u. Private Clients liegen, doch die Marktwahrnehmung der Prozesspraxis ist geringer als etwa bei Noerr oder Hogan Lovells, die ähnl. breit aufgestellt sind, aber ihre Prozesspraxen im Markt deutl. stärker positioniert haben. Auf dem Weg zu einer höheren Marktwahrnehmung helfen TW Highlight-Mandate, wie etwa die Vertretung von Pfleiderer im Organhaftungsstreit gg. die Ex-Vorstände. Das Mandat kennzeichnet auch die Erfahrung mit Verfahren an der Schnittstelle zum Insolvenzrecht.

Stärken: Breite gesellschaftsrechtl. Praxis. Organhaftung.

Häufig empfohlen: Dr. Dietrich Max, Olaf Kranz, Dr. Dirk Lorenz

Kanzleitätigkeit: Breite Praxis: neben Prozessen zur ▶gesellsch.rechtl. Beratung (Anfechtungsklagen, Freigabe- u. Spruchverf.) namh. Familiengesellschaften, auch GmbHen u. zuletzt vermehrt Organmitglieder, in HH auch Mediation bei gesellschaftsrechtl. Streitigkeiten. Großvolumige Mandate in handels- u. haftungsrechtl. Streitigkeiten. (Gesellschaftsrecht: 45 Partner, 30 Associates; Konfliktlösung: 13 Partner, 16 Associates)

Mandate: ●● Ex-Sal.-Oppenheim-Gesellschafter bei Abwehr der Klage von Madeleine Schickedanz u. der Klage des Arcandor-Insolvenzverwalters. 2 Ex-AR-Vorsitzende u. 6 Vorstandsmitglieder wg. Sonderboni u. Abfindungen; Pfleiderer als Klägerin in Organhaftungsstreit gg. Ex-Vorstand; Wölbern Group bzgl. Forderungen von Investoren in 25 geschl. Immobilienfonds.

WHITE & CASE
Gesellschaftsrechtliche Streitigkeiten ☐☐☐☐

Bewertung: Häufig empfohlene Kanzlei für gesellschaftsrechtl. Streitigkeiten, deren Stärken immer wieder an den Schnittstellen der etablierten Litigation- u. Wirtschaftsstrafrechtspraxen zum Vorschein kommen. So spielt bspw. die ‚White Collar'-Praxis um die Berliner Strafrechtler u. die damit einhergehende Erfahrung in ▶Compliance eine wesentl. Rolle, wenn es um die Bearbeitung von Organhaftungsfällen geht, da diese oft entsprechende Berührungspunkte haben. Ein anderes Beispiel ist das Zusammenwirken von Prozess- u. Restrukturierungs-Know-how bei Klagen, die sich aus der Abwehr oder Durchsetzung von Ansprüchen aus der Insolvenz ergeben. Immer wieder kann die Praxis dabei ihre Erfahrung aus anderen Bereichen anbringen, bspw. wenn es um versicherungsrechtl. Fragen in solch komplexen Fällen geht. In Spruch- u. aktienrechtl. Verfahren ist die Kanzlei traditionell gut aufgestellt.

Stärken: Aktienrechtl. Know-how u. Positionierung im Mittelstand (MDax). Beratung im ▶Wirtschaftsstrafrecht.

Entwicklungsmöglichkeiten: Die Kanzlei verfügt neben einer breiten Prozesspraxis über einschlägiges Fachwissen im Finanzaufsichtsrecht. So hat sie gute Voraussetzungen, dieses Schnittstellenthema schnell weiterzuentwickeln, etwa in Bezug auf Organhaftungsfälle u. Kapitalmarkt-Compliance.

Häufig empfohlen: Dr. Lutz Krämer, Dr. Robert Weber, Dr. Markus Burianski, Dr. Alexander Kiefner

Kanzleitätigkeit: Vielfach mittelständ. Mandantenstamm, M-/S- u. TecDax; regelm. Tätigkeit für ▶Insolvenzverwalter; auch Organvertretung im Dax-Segment. (Gesellschaftsrecht: 9 Eq.-Partner, 6 Sal.-Partner, 1 Counsel, 3 Associates; Konfliktlösung: 4 Eq.-Partner, 3 Sal.-Partner, 4 Counsel, 17 Associates, 1 of Counsel)

Mandate: ●● Arcandor in einem von 3 Verfahren der Karstadt-Insolvenzverwaltung gg. Ex-Manager des Konzerns; Clariant im Spruchverf. bzgl. Squeeze-out Süd-Chemie; Versicherungsgruppe in Organstreitverf. gg. Ex-Finanzvorstand wg. Verstoß gg. regulator. Anforderungen; Vertretung von Biner Bähr als Insolvenzverwalter der TelDaFax in div. Anfechtungsklagen u. gg. Bayer 04 Leverkusen wg. Sponsoringvertrag.

● Referenzmandate, umschrieben
●● Referenzmandate, namentlich

Anwaltszahlen: Angaben der Kanzleien, wie viele Anwälte zu mind. ca. 50 % in diesem Gebiet tätig sind. Sie spiegeln nicht zwingend die Gesamtgröße einer Kanzlei wider.

MAC-Klauseln in Unternehmenskaufverträgen – Verhandlungsstrategien für Käufer und Veräußerer

Von Michael Rudnau und Dr. Alexander Henne M.Jur. (Oxford), Kuhn Carl Norden Baum, Stuttgart

Die Stuttgarter Sozietät **Kuhn Carl Norden Baum** berät seit über 40 Jahren große und sehr große mittelständische Unternehmen und deren Unternehmer, börsennotierte Gesellschaften sowie Banken und Finanzdienstleister. Sie begleitet ihre Mandanten von der Gründung des Unternehmens über Umwandlungen bis hin zu Börsengängen und bei M&A-Transaktionen. Der hervorragende Ruf der Sozietät basiert auch auf ihrer breiten Expertise in komplexen Fragestellungen des Gesellschafts-, Handels-, Immobilien-, Bank- und Vertragsrechts sowie in Gerichtsverfahren aller Art.

Michael Rudnau ist Partner der Sozietät. Seine Tätigkeitsschwerpunkte sind Unternehmenskauf, Handels- und Gesellschaftsrecht und Prospekthaftung.

Dr. Alexander Henne M. Jur. (Oxford) ist Rechtsanwalt in der Sozietät. Seine Tätigkeitsschwerpunkte sind Handels- und Gesellschaftsrecht und Prozessführung.

Weitere Informationen im Kanzleiprofil am Ende des Handbuchs.

Zahlreiche Unternehmenskaufverträge, insbesondere unter Beteiligung von Finanzinvestoren, enthalten heutzutage auf die anglo-amerikanische Vertragspraxis zurückgehende sog. Material Adverse Change-Klauseln (MAC-Klauseln). Solche Klauseln geben einer Partei (insbesondere dem Käufer) die Möglichkeit, sich vom Vertrag zu lösen bzw. von dessen Vollzug Abstand zu nehmen, falls zwischen Vertragsunterzeichnung und dinglichem Vollzug der Transaktion eine wesentliche nachteilige Veränderung bestimmter Umstände eintritt. Durch ihre Einbeziehung versucht der Käufer, das Risiko eines MAC auf den Vertragspartner zu verlagern. Darüber hinaus wird ein Gleichlauf mit den Akquisitionsfinanzierungsverträgen erreicht, bei denen MAC-Klauseln regelmäßig vorkommen. Dem Zweck von MAC-Klauseln und möglichen Strategien von Käufer und Verkäufer in der Verhandlungssituation gehen die folgenden Ausführungen nach.

Interessenlage der Parteien

Beim Unternehmenskauf fallen der Vertragsabschluss und der dingliche Vollzug des Kaufvertrags regelmäßig aufgrund unterschiedlicher Vollzugsbedingungen (insbesondere des Kartellvorbehalts) auseinander. Dieser Schwebezustand birgt für den Käufer ein Risiko, da er zwischen Vertragsabschluss und Vollzug noch keine Kontrolle über das gekaufte Unternehmen ausüben kann und darf, er aber andererseits an seine Erwerbsverpflichtung gebunden ist. Daher strebt der Käufer insbesondere bei komplexeren Akquisitionen danach, sich während des Schwebezustands vor bestimmten Entwicklungen mit wesentlichen nachteiligen Auswirkungen auf das Unternehmen zu schützen. Andererseits kann auch ein Interesse des Verkäufers an einer Absicherung bestehen, etwa im Hinblick auf unerwartete externe Einflüsse auf das Unternehmen in der Schwebephase, die Einfluss auf einen variablen Kaufpreis oder Garantieverpflichtungen des Verkäufers haben können.

Arten von MAC-Klauseln

Als grobe Richtlinie können unternehmensbezogene, gesamtwirtschaftliche und nichtwirtschaftliche MAC-Klauseln unterschieden werden. Die unternehmensbezogenen MAC-Klauseln beziehen sich auf interne nachteilige Veränderungen des zu verkaufenden Unternehmens. Anknüpfungspunkte sind etwa bestimmte Unternehmenskennzahlen, insbesondere ein Unterschreiten bestimmter Umsatz- und Ertragskennziffern der Zielgesellschaft. Die gesamtwirtschaftlichen MAC-Klauseln stellen auf externe Umstände und wirtschaftliche Gegebenheiten außerhalb des zu verkaufenden Unternehmens ab. Beispiele hierfür sind Börsen- oder Finanzkrisen sowie Konjunktureinbrüche. Die nicht-wirtschaftlichen MAC-Klauseln knüpfen schließlich an externe Ereignisse aufgrund höherer Gewalt (Force Majeure) an und erfassen beispielsweise Kriege, Terroranschläge oder Natur- und Umweltkatastrophen.

Auf Rechtsfolgenseite wird insbesondere ein Rücktrittsrecht des Berechtigten bei Eintritt eines MAC vorgesehen. Alternativ kann das Nichtvorliegen eines MAC auch als Vollzugsbedingung bzw. das Vorliegen als Vollzugshindernis vereinbart werden.

Strategien des Käufers

MAC-Klauseln stellen einen vertraglich geregelten Fall der Störung der Geschäftsgrundlage nach § 313 BGB dar. Im Vergleich zur gesetzlichen Regelung ermöglicht die Verwendung von MAC-Klauseln, den Tatbestand und die Rechtsfolgen präzise zu bestimmen und transaktionsspezifisch zu gestalten. Die genaue Ausgestaltung ist eine Frage der Perspektive und der Verhandlungsmacht. Im Grundsatz scheint es für den Käufer von Vorteil zu sein, die Definition des MAC möglichst weit zu ziehen, während der Verkäufer eine enge Definition bevorzugen wird. Angesichts der tatbestandlichen Unschärfe von zu weiten Definitionen und daraus resultierenden Unwägbarkeiten bei der Auslegung durch die Gerichte sollte jedoch auch der Käufer ein Interesse an einer möglichst präzisen Definition des MAC haben.

Das zentrale Element des Tatbestands einer MAC-Klausel ist die Definition der wesentlichen nachteiligen Veränderung. Da eine offene und rein abstrakte Definition aufgrund der damit verbundenen Rechtsunsicherheit den Interessen der Parteien in den meisten Fällen nicht gerecht wird, ist es für den Käufer empfehlenswert, so detailliert wie möglich beispielhaft Ereignisse und Umstände, sog. Inclusions, als Einzeltatbestände oder Regelbeispiele in die MAC-Klausel einzufügen. Je präziser die einzelnen Ereignisse im Vertrag gefasst sind, desto sicherer kann der Käufer später beurteilen, ob eine Berufung auf den MAC erfolgversprechend ist und desto geringer ist das Risiko, später wegen unberechtigter Geltendmachung der MAC-Klausel auf Schadensersatz in Anspruch genommen zu werden. Allerdings birgt ein detaillierter Katalog auch Risiken, da deutsche Gerichte, ähnlich wie die Rechtsprechung in den Vereinigten Staaten, bei der Auslegung geneigt sein können, nur solche Ereignisse als MAC anzuerkennen, die in dem Katalog als Regelbeispiele enthalten sind oder die den dort aufgeführten Beispielen zumindest stark ähneln.

Soweit ein Beispielkatalog zur Konkretisierung der wesentlichen nachteiligen Veränderungen aufgenommen wird, sollte aus Käufersicht ausdrücklich klargestellt werden, dass die Vorhersehbarkeit des Ereignisses die Berufung auf die MAC-Klausel nicht ausschließt. So kann vermieden werden, dass sich später befasste Gerichte bei der Auslegung an den bereits vor Schaffung des § 313 BGB entwickelten und weiterhin geltenden Grundsätzen zum Wegfall der Geschäftsgrundlage orientieren und das vertragliche Rücktrittsrecht aus der MAC-Klausel wegen Vorhersehbarkeit des Ereignisses ablehnen.

Strategien des Verkäufers

Für den Verkäufer ist es empfehlenswert, möglichst viele Vorfälle mit Hilfe sog. Carve-outs vom Anwendungsbereich der MAC-Klausel auszunehmen. Solche Carve-outs sind insbesondere bei all jenen Ereignissen sinnvoll, die außerhalb des Einflussbereichs des Verkäufers liegen. Dies trifft insbesondere auf Änderungen der konjunkturellen Rahmenbedingungen, einen Abschwung der Branche des Zielunternehmens oder auf Gesetzesänderungen zu. Häufig wird auf Verkäuferseite versucht, so viele Carve-outs wie möglich durchzusetzen, ohne dass der Ausschluss bestimmter Ereignisse im Vordergrund steht. Vielmehr geht es dem Verkäufer primär darum, für den Käufer die Subsumtion einer bestimmten Entwicklung unter die MAC-Klausel zu erschweren und so bei diesem für Rechtsunsicherheit zu sorgen. Dadurch erhöht er beim Käufer zugleich das Risiko von Schadensersatzforderungen, falls sich der Käufer später auf die MAC-Klausel beruft, ohne deren Voraussetzungen darlegen und beweisen zu können und schafft zugleich Spielraum für eine einvernehmliche Lösung zwischen den Parteien.

Ein weiterer Aspekt bei der Verhandlung von MAC-Klauseln aus Verkäufersicht betrifft Inhalt und Umfang der – namentlich im Rahmen einer Due Diligence – zur Verfügung gestellten Informationen. Je besser die informationelle Grundlage des Käufers war, desto eher kann der Verkäufer argumentieren, dass das Risiko dem Käufer bekannt und in den Kaufpreis eingepreist gewesen ist. Auch insoweit empfiehlt sich eine Regelung der Frage, ob bekannte und vorhersehbare Risiken den Rückgriff auf die MAC-Klausel ausschließen.

Weil durch MAC-Klauseln das Risiko bestimmter Entwicklungen auf den Verkäufer verlagert wird, hat dieser schließlich ein Interesse daran, den Zeitraum, in dem das Rücktrittsrecht ausgeübt werden kann, so kurz wie möglich zu halten. In der Praxis wird häufig als spätester Zeitpunkt für die Ausübung des Rücktrittsrechts der Zeitpunkt des Vollzugs der Transaktion gewählt. Im Einzelfall kann der Käufer, abhängig von seiner Verhandlungsmacht, auch einen längeren Ausübungszeitraum durchsetzen.

Streitbeilegungsverfahren für MAC-Klauseln im Interesse beider Parteien

Eine streitige Auseinandersetzung über das Vorliegen der Voraussetzungen einer MAC-Klausel hat schwerwiegende Konsequenzen für beide Vertragspartner. Bis zur verbindlichen Klärung dieser Streitfrage besteht Unsicherheit darüber, ob der Unternehmenskaufvertrag je nach Ausgestaltung dinglich vollzogen worden ist oder der Verkäufer darauf zumindest einen Anspruch hat. Damit einher geht der Umstand, dass die Leitungsmacht und Verantwortung für das Unternehmen nicht geklärt ist, was regelmäßig die Aufschiebung wichtiger Entscheidungen und Verunsicherung bei Kunden und Vertragspartnern zur Folge hat. Je länger diese Unsicherheit andauert, desto größer wird der daraus entstehende Schaden für das Unternehmen. Daher liegt eine effiziente und schnelle, rechtsverbindliche Klärung der Frage, ob die Voraussetzungen der MAC-Klausel gegeben sind oder nicht, im unmittelbaren Interesse beider Parteien. Dieser Interessenlage der Parteien trägt ein spezielles, ausschließlich auf Streitigkeiten im Zusammenhang mit der MAC-Klausel anwendbares sog. Fast-Track-Schiedsverfahren am besten Rechnung. Die staatlichen Gerichte stellen in solchen Fällen (trotz einstweiligen Rechtsschutzes) aufgrund der Verfahrensdauer und des Instanzenzugs keine sachgerechte Alternative dar. ∎

KERNAUSSAGEN

- Aufgrund der gravierenden Rechtsfolgen von MAC-Klauseln ist eine sorgfältige, auf den Einzelfall abstellende Verhandlung erforderlich.

- Trotz bestimmter Auslegungsnachteile ist aus Käufersicht ein möglichst präzise gefasster Beispielkatalog (Inclusions) empfehlenswert, der dem Käufer später mit einiger Sicherheit die Beurteilung erlaubt, ob eine Berufung auf die MAC-Klausel erfolgversprechend ist.

- Aus Verkäufersicht ist neben einem möglichst kurz bemessenen Ausübungszeitraum für das Rücktrittsrecht ein weitreichender, präzise gefasster Katalog von Carve-outs sinnvoll, der insbesondere Ereignisse außerhalb der Kontrolle des Verkäufers vom Anwendungsbereich der MAC-Klausel ausschließt.

- Für beide Parteien empfiehlt sich ein sog. Fast-Track-Schiedsverfahren zur Beilegung von Streitigkeiten über das Bestehen eines MAC.

M&A

Die guten Zeiten sind zurück

Die Stimmung im M&A-Markt kann schnell von einem Extrem ins andere umschlagen. Wo es vor nur einem Jahr ziemlich düster aussah und die Transaktionsanwälte jeweils für Monate kaum einen sicheren Deal in der Pipeline sahen, hat sich das Blatt zum Sommer 2015 gewendet: Der Markt war überaus aktiv und die meisten Kanzleien waren sehr gut ausgelastet. Es gab so viele öffentliche Übernahmen wie lange nicht und es lag durch das Angebot des kanadischen Konzerns Potash für K+S sogar die feindliche Übernahme eines Dax-Konzerns in der Luft. Ein solider Dealflow strömt aus Asien ein, auch wenn durch die schwierige Lage der chinesischen Wirtschaft die Investitionen von dort mit großer Wahrscheinlichkeit auf kurze Sicht gedämpft werden. Deutsche Unternehmen üben sich weiter in Zurückhaltung bei Zukäufen. „Das ist für uns als Dealanwälte enttäuschend, spiegelt aber die Stärke des deutschen Mittelstands wider: eine Sache wird nur dann angepackt, wenn sie sicher ist", so ein bekannter M&A-Anwalt.

Seit einigen Jahren werden M&A-Anwälte aber nicht allein an ihrer Leistung im inländischen Markt gemessen. Die Aktivität hiesiger Juristen bei M&A-Deals außerhalb Deutschlands, mitunter mit geringem oder sogar keinem Deutschland-Bezug, ist – zusammen mit dem Preisdruck durch Mandanten – der bedeutendste Trend, der sich seit der globalen Finanzkrise abzeichnet. Sozietäten wie **Freshfields Bruckhaus Deringer** haben ihre Praxen so umgestellt, dass Branchenerfahrung, kulturelle Kenntnisse, Transaktionsabwicklung und Verhandlungsgeschick der Transaktionsanwälte die bedeutendsten Faktoren beim Praxisaufbau sind. Beinahe jede führende Kanzlei gibt heute an, dass ein kleiner Teil ihrer Partnerriege Schlüsselmandanten auch außerhalb Deutschlands berät. Und dass grenzüberschreitende Deals in der Regel besser vergütet werden als inländische private M&A-Beratung, ist eine einleuchtende Erklärung.

Internationale Kanzleien lassen die Muskeln spielen

Beim aktuellen Aufkommen grenzüberschreitender Arbeit ist es keine Überraschung, dass internationale Kanzleien ihren Marktanteil aufstocken konnten. Das Potash-Mandat, das sich **Jones Day** sicherte, wäre vor wenigen Jahren wohl mit an Sicherheit grenzender Wahrscheinlichkeit an eine der fünf Spitzenkanzleien gegangen. **White & Case** ist ein weiteres Beispiel für eine Praxis, die von ihren Investitionen im Londoner Büro und der engeren Vernetzung in Europa profitiert.

In einem florierenden Markt ist zu erwarten, dass Kanzleien in neue Partner investieren. Einige Wettbewerber von **Clifford Chance** profitierten von deren Entscheidung, ihre Partnerriege zu verschlanken. Der Weggang eines Private-Equity-Experten zu **Latham & Watkins** war indes ein Schlag für die Kanzlei, der nicht auf dem Plan stand. **Mayer Brown** gewann den renommierten M&A-Partner Dr. Klaus Riehmer von **Cleary Gottlieb** für sich, während **Ashurst** ihr Team mit dem bekanntesten M&A-Experten von **Beiten Burkhardt**, Dr. Thomas Sacher, stärkte. Der Wechsel des Stuttgarter Büros von **GSK Stockmann** verleiht **Heuking** mit ihrer Mittelstandspraxis noch mehr Bandbreite. Für die künftige Kanzleienlandschaft noch signifikanter war aber wohl die Investition des Wirtschaftsprüfungsriesen **PricewaterhouseCoopers Legal**: Dort soll Freshfields-Partner Dr. Nikolaus Schrader den Ausbau der M&A-Arbeit vorantreiben.

Die folgenden Bewertungen behandeln Kanzleien, die der Recherche zufolge im Markt als führend betrachtet werden. Es handelt sich um rechtliche Beratung sowie Projekt- und Transaktionsmanagement bei Akquisitionen von Vermögenswerten eines Unternehmens (sog. Asset-Deals) oder Anteilen (sog. Share-Deals, egal ob mit Minderheits- oder Mehrheitsbeteiligung. Obwohl die ursprüngliche Bedeutung von M&A Fusionen (d.h. ‚Mergers') umfasst, rechnet ein Großteil der auf diesem Gebiet tätigen Anwälte die Begleitung derartiger Verschmelzungen eher in den Bereich der ▶ gesellschaftsrechtlichen Beratung. Die Tätigkeit für Private-Equity-Häuser bei Akquisitionen wird im Kapitel ▶ Private Equity und Venture Capital besprochen.

JUVE KANZLEI DES JAHRES
M&A
WILLKIE FARR & GALLAGHER

Es gibt eine weitere US-Kanzlei, die den führenden deutschen Praxen Konkurrenz für die Top-M&A-Mandate macht. Willkie Farr war bis jetzt für ihre Private-Equity-Praxis bekannt und hat insofern schon herausragende Transaktionsfertigkeiten gezeigt. Aber das letzte Jahr brachte den Durchbruch an der Seite von strategischen Investoren. **Georg Linde** u. **Mario Schmidt** gelten als zwei der dynamischsten Partner im Markt, die „zudem ein hervorragendes Team bilden"(Wettbewerber). Immer wieder loben Mandanten den hohen Einsatz im Transaktionsmanagement, der ihnen in Bieterverfahren bessere Chancen auf einen Abschluss verschafft. Zusammen mit dem Ruf der starken US-Praxis war das ein Grund für die Mandatierung für einen der prominentesten Deals im Markt, Hudson's Bays Erwerb von Kaufhof: ein Mandat, das in einem Bieterverfahren gegen führende deutsche Kanzleien gewonnen wurde. Daher wird Willkie inzwischen mit dem herausragenden Milbank-Team verglichen, auch dank der Fähigkeit, eine neue junge Partnerriege zu entwickeln: **Dr. Stefan Jörgens** verfügt über seine eigene Mid-Cap-Praxis und auch zwei weitere neue Partner werden immer wieder erwähnt. Es gelingt nicht jeder führenden US-Kanzlei, im M&A-Markt nachhaltig Fuß zu fassen. Trotz schlanker Aufstellung hat Willkie das ideale Verhältnis zwischen Eigengeschäft und US-Kontakten sowie Private-Equity- und industriellen Mandanten gefunden und wird den unterschiedlichen Anforderungen auf überzeugende Art und Weise gerecht.

AFR AIGNER FISCHER
M&A

Bewertung: Geschätzte Kanzlei für M&A, die als Transaktionsboutique sowohl Unternehmenskäufe durch Strategen als auch durch Beteiligungsgesellschaften oder Family Offices berät. Mit dem Trost-Verkauf begleitete AFR sogar die größte Transaktion der Kanzleigeschichte. Zudem arbeitete die Kanzlei notgedrungen, aber mit überzeugendem Resultat an ihrer personellen Aufstellung: Nachdem im Vorjahr fast alle Associates ausgestiegen waren, füllte AFR die Lücken mit mehreren erfahrenen Anwälten aus anderen Kanzleien.
Häufig empfohlen: Florian Aigner, Florian Fischer, Dr. Gabor Mues
Kanzleitätigkeit: Transaktionen für Unternehmer, Start-ups, ▶Private-Equ.-u.-Vent.-Capital-Gesellschaften; auch stark im Steuerrecht u. Beratung in ▶Nachfolge/Vermögen/Stiftungen. (4 Partner, 1 Counsel, 3 Associates)
Mandate: ●● Familie Trost bei Verkauf der Trost SE; Komplett AS bei Mehrheitsbeteiligung an Comtech.

ALLEN & OVERY
M&A

Bewertung: Die für M&A häufig empfohlene Praxis festigte ihre Position zuletzt nachhaltig. V.a. im grenzüberschreitenden Geschäft kommt A&O immer besser zum Zug. Ein Bsp. für ein besonders vielversprechendes Mandat ist die Arbeit für die Warren-Buffett-Gesellschaft Berkshire Hathaway bei deren erstem Direktinvestment in Dtl. Da Berkshire weitere Investments ankündigte, spricht viel dafür, dass A&O dafür in einer guten Position ist. Immer besser kommt A&O auch bei dt. Konzernen voran, so z.B. bei Merck u. Bayer. V.a. die Beziehung zu Bayer zeigt, wie A&O Vorstöße in das Terrain auch führender Praxen gelingen. Bei der Mandatsvergabe für die Abspaltung von Bayer MaterialScience unterlag sie zwar knapp Linklaters, kam aber an anderer Stelle für gepl. Deals schon zum Zug. Das führt auch dazu, dass der Stellenwert der Praxis im internen Gefüge steigt. Um allerdings näher an die führenden Wettbewerber zu rücken, braucht es vermutl. mehr ähnl. starke Branchenspezialisierungen, wie z.B. bei Versicherern u. im Immobiliensektor. Zudem scheint es, als ob diese ihr internat. Netzwerk stärker nutzen.
Stärken: Starke europ. Corporate-Praxis, v.a. in GB u. Benelux. Stark bei öffentl. Übernahmen. Bemerkenswerte Riege junger Partner.
Häufig empfohlen: Dr. Helge Schäfer, Dr. Hartmut Krause, Dr. Hans-Christoph Ihrig, Birgit Reese, Dr. Oliver Seiler, Dr. Hans Schoneweg („ruhig, abgeklärt, souverän", Wettbewerber), Dr. Michael Ulmer, Dr. Astrid Krüger, Dr. Christian Eichner, Dr. Jan Schröder, Dr. Michael Bernhardt („stark bei Immobiliendeals", Wettbewerber)
Kanzleitätigkeit: Häufig internat. Transaktionen, zunehmend auch große dt. Deals. Regelm. tätig im Immobilien-, Telekom-, Gesundheits- u. Bankensektor. Auch ▶Private Equ. u. Vent. Capital. (Corporate insges.: 16 Partner, 2 Counsel, 2 of Counsel, 40 Associates)
Mandate: ●● Berkshire Hathaway bei Kauf von Detlev Louis; Tui bei Zusammenschluss mit Tui Travel; Alstria bei Kauf von Dt. Office; Patrizia bei Verkauf von Südewo; Swiss Life bei Kauf von Corpus Sireo; Bilfinger bei Verkauf des Concessions-Portfolios, Evonik bei gepl. Verkauf; Geosea bei Kauf von Hochtief-Windsparte; Lei Shing Hong bei Kauf von 15 Daimler-Händlern; Andreas Goer bei Verkauf von Alstätter Eisenbahn Holding; NTT Communications bei Kauf von E-Shelter; Quantum Pacific bei Beteiligung an 6 Containerschiffneubauten; Assamer, u.a. bei Verkauf div. osteurop. Töchter.

M&A

	Freshfields Bruckhaus Deringer	alle Standorte
	Hengeler Mueller	alle Standorte
	Linklaters	alle Standorte
	Clifford Chance	alle Standorte
	CMS Hasche Sigle	alle Standorte
	Gleiss Lutz	alle Standorte
	Allen & Overy	alle Standorte
	Baker & McKenzie	alle Standorte
	Hogan Lovells	alle Standorte
	Latham & Watkins	Frankfurt, Hamburg, München, Düsseldorf
	Milbank Tweed Hadley & McCloy	München, Frankfurt
	Noerr	alle Standorte
	White & Case	alle Standorte
	Jones Day	Frankfurt, München, Düsseldorf
	Sullivan & Cromwell	Frankfurt
	Willkie Farr & Gallagher	Frankfurt
	DLA Piper	Köln, Frankfurt, Hamburg
	Heuking Kühn Lüer Wojtek	alle Standorte
	Norton Rose Fulbright	Frankfurt, München, Hamburg
	Taylor Wessing	alle Standorte
	Weil Gotshal & Manges	Frankfurt, München
	Ashurst	Frankfurt, München
	Cleary Gottlieb Steen & Hamilton	Frankfurt, Köln
	Flick Gocke Schaumburg	alle Standorte
	King & Wood Mallesons	alle Standorte
	McDermott Will & Emery	München, Düsseldorf, Frankfurt
	P+P Pöllath + Partners	Frankfurt, München, Berlin
	Skadden Arps Slate Meagher & Flom	Frankfurt
	SZA Schilling Zutt & Anschütz	Mannheim, Frankfurt
	Arqis	Düsseldorf, München
	Beiten Burkhardt	alle Standorte
	Dentons	Berlin, Frankfurt
	Friedrich Graf von Westphalen & Partner	Freiburg, Köln
	Gibson Dunn & Crutcher	München
	Glade Michel Wirtz	Düsseldorf
	Görg	Köln, Frankfurt, Berlin
	K&L Gates	Berlin, Frankfurt
	Kirkland & Ellis	München
	Luther	alle Standorte
	Mayer Brown	Frankfurt, Düsseldorf
	Menold Bezler	Stuttgart
	Oppenhoff & Partner	Köln
	Orrick Herrington & Sutcliffe	alle Standorte
	Shearman & Sterling	alle Standorte

Fortsetzung nächste Seite

ARQIS
M&A

Bewertung: Die für M&A empfohlene Praxis baute zuletzt kräftig sowohl auf Partner- als auch auf Associate-Ebene aus. Der Zugang von Einems verhalf dem Münchner Büro wieder zu einer gewissen

● Referenzmandate, umschrieben
●● Referenzmandate, namentlich

Anwaltszahlen: Angaben der Kanzleien, wie viele Anwälte zu mind. ca. 50% in diesem Gebiet tätig sind. Sie spiegeln nicht zwingend die Gesamtgröße einer Kanzlei wider.

M&A

Präsenz im Corporate-Markt. In D'dorf sorgte der Zugang von Cosima Preiss (von Clifford) mit ihrer Erfahrung in der Energiebranche für Aufwind. Auch die Associate-Riege wurde kräftig erweitert. An Lob von Wettbewerbern u. Mandanten mangelte es nicht: Die Kanzlei erarbeitet sich – v.a. in D'dorf – eine klare Rolle als Konkurrenz auch für internat. Großkanzleien.

Stärken: Transaktionen mit Japan-Bezug.

Häufig empfohlen: Dr. Shigeo Yamaguchi („sehr transaktionserfahren, unschlagbar im Japan-Geschäft", Wettbewerber), Dr. Jörn-Christian Schulze („sehr konstruktiv, schnelle Reaktion, professionell, budgetkonform", Mandant), Andreas Dietl, Prof. Dr. Christoph von Einem

Kanzleitätigkeit: Große Bandbreite an v.a. mittelgr. Transaktionen mit immer größeren Volumina, oft mit grenzüberschr. Aspekten. Zunehmend ▶Private Equ. u. Vent. Capital. Starke Japan-Spezialisierung auch dank Joint Venture mit Büro in Tokio. (4 Eq.-Partner, 6 Sal.-Partner, 13 Associates)

Mandate: ●● CRH bei Kauf von Assets von Lafarge u. Holcim; Minebea/Development Bank of Japan bei Kauf der Industrial-Technologies-Sparte von Sartorius; EAM bei Verkauf von 35,3% Prozent an versch. Städte u. Gemeinden; Shofu bei Kauf von Merz Dental; Linical bei Kauf von Nuvisan CDD Holding; Track Tec bei Kauf eines Geschäftszweigs von ThyssenKrupp GfT; Alloheim Senioren-Residenzen bei Kauf von Procon Trust Invest.

ASHURST
M&A

Bewertung: Die für M&A empfohlene Praxis hatte mit nur 4 Partnern bisher nicht die Kapazitäten, einen Trackrecord aufzubauen, der wesentl. über ihre Schlüsselmandanten hinausging. Dass die Commerzbank sich als besonders treue Mandantin erwiesen hat, spricht aber klar für die Qualität des Teams. Eine Serie von Inbounddeals aus Asien sowie ein erfreulicher Dealflow im Bereich ▶Private Equ.- u. Vent. Capital waren vielversprechende Entwicklungen. Die nötige Verstärkung des Münchner Teams brachte Dr. Thomas Sacher, der im Sommer 2015 von Beiten Burkhardt wechselte. Er bringt weitere starke Kontakte zu dt. Konzernen mit u. hat einen guten Ruf für internat. Mid-Cap-Arbeit.

Stärken: Zunehmend starke asiat. Praxis; enge Beziehung zu Commerzbank.

Entwicklungsmöglichkeiten: Die Corporate-Praxis profitiert kaum vom gr. Londoner Büro, was angesichts der dortigen starken Praxis sowohl überraschend als auch enttäuschend ist.

Häufig empfohlen: Reinhard Eyring, Dr. Benedikt Frhr. von Schorlemer, Dr. Thomas Sacher

Kanzleitätigkeit: Mittel- bis großvol. Transaktionen. (Corporate gesamt: 6 Partner, 2 Counsel, 16 Associates)

Mandate: ●● Macquarie bei Kauf von EnBW Baltic; Varian Medical bei öffentl. Übernahme von MeVis Medical Solutions; Hyundai Glovis bei Kauf von 70% an Adampol.

AULINGER
M&A

Bewertung: Die geschätzte M&A-Praxis der Kanzlei hat ihre Beziehungen zu langj. Mandanten wie Gelsenwasser vertieft u. auch neues Geschäft hinzugewonnen. Traditionell begleitet Aulinger v.a. mittelständ. Unternehmen aus dem Ruhrgebiet bei Transaktionen. Durch ihre Tätigkeit an der

---

M&A Fortsetzung

Bird & Bird	alle Standorte
BMH Bräutigam & Partner	Berlin
Dechert	Frankfurt
Deloitte Legal	alle Standorte
Dissmann Orth	München
Eversheds	München
FPS Fritze Wicke Seelig	Düsseldorf, Frankfurt
Graf von Westphalen	alle Standorte
Greenberg Traurig	Berlin
Greenfort	Frankfurt
GSK Stockmann + Kollegen	alle Standorte
Hoffmann Liebs Fritsch & Partner	Düsseldorf
KPMG Law	alle Standorte
Kümmerlein	Essen
Orth Kluth	Düsseldorf
Osborne Clarke	Köln, München, Hamburg
Redeker Sellner Dahs	Bonn, Berlin, München
Rödl & Partner	alle Standorte
Simmons & Simmons	Düsseldorf, Frankfurt, München
Watson Farley & Williams	Hamburg, München
AFR Aigner Fischer	München
Aulinger	Bochum, Essen
Baker Tilly Roelfs	München, Frankfurt
Brock Müller Ziegenbein	Flensburg, Kiel, Lübeck
Buse Heberer Fromm	alle Standorte
CBH Rechtsanwälte	Köln
Debevoise & Plimpton	Frankfurt
Esche Schümann Commichau	Hamburg
Göhmann	alle Standorte
Grüter	Duisburg
Haver & Mailänder	Stuttgart
Herbert Smith Freehills	Berlin, Frankfurt
Heymann & Partner	Frankfurt
Honert + Partner	München, Hamburg
Kuhn Carl Norden Baum	Stuttgart
Leo Schmidt-Hollburg Witte & Frank	Hamburg
Oppenländer	Stuttgart
PPR & Partner	Düsseldorf
PricewaterhouseCoopers Legal	alle Standorte
Raue	Berlin
Reed Smith	München
Renzenbrink & Partner	Hamburg
Seitz	Köln
SKW Schwarz	München
Squire Patton Boggs	Berlin, Frankfurt
Voigt Wunsch Holler	Hamburg
Waldeck	Frankfurt
Wendelstein	Frankfurt
WilmerHale	Berlin, Frankfurt

Die hier getroffene Auswahl der Kanzleien ist das Ergebnis der auf zahlreichen Interviews basierenden Recherche der JUVE-Redaktion (s. Einleitung S. 20). Sie ist in 2erlei Hinsicht subjektiv: Sämtliche Aussagen der von JUVE-Redakteuren befragten Quellen sind subjektiv u. spiegeln deren eigene Wahrnehmungen, Erfahrungen u. Einschätzungen wider. Die Rechercheergebnisse werden von der JUVE-Redaktion unter Einbeziehung ihrer eigenen Marktkenntnis analysiert u. zusammengefasst. Der JUVE Verlag beabsichtigt mit dieser Tabelle keine allgemein gültige oder objektiv nachprüfbare Bewertung. Es ist möglich, dass eine andere Recherchemethode zu anderen Ergebnissen führen würde. Innerhalb der einzelnen Gruppen sind die Kanzleien alphabetisch geordnet.

▶▶▶ **Bitte beachten Sie auch die Liste weiterer renommierter Kanzleien am Kapitelende.** ◀◀◀

● Referenzmandate, umschrieben
●● Referenzmandate, namentlich

Anwaltszahlen: Angaben der Kanzleien, wie viele Anwälte zu mind. ca. 50% in diesem Gebiet tätig sind. Sie spiegeln nicht zwingend die Gesamtgröße einer Kanzlei wider.

M&A

Schnittstelle zum Gemeindewirtschaftsrecht ist sie außerdem für Kommunen interessant, denn sie kann ihre Kompetenzen im Infrastruktur-, Vergabe- u. Energierecht geschickt verknüpfen, was ihr auch bundesweit mehr Visibilität verschafft. Jüngstes Beispiel: Die Begleitung der Stadt Stuttgart im Zshg. mit dem Rückkauf des dortigen Wassernetzes.
Stärken: Exzellente Vernetzung im ▶Ruhrgebiet; guter Ruf im ▶Gesellsch.recht.
Häufig empfohlen: Dr. Markus Haggeney
Kanzleitätigkeit: V.a. mittelständ. M&A, immer wieder auch für gr. Konzerne tätig. Auch ▶Kartellrecht. (5 Eq.-Partner, 3 Sal.-Partner, 2 Associates, 1 of Counsel)
Mandate: ●● Stadt Stuttgart, u.a. zu Übertragung von Wassernetz; Solarstrom AG bei (Rück-)Abwicklung von Share-Deals infolge von Insolvenz; Micram Microelectronics, Stadtwerke Duisburg zu Post-M&A-Fragen; Gelsenwasser regelm. bei Transaktionen; Familienunternehmen lfd. bei Beteiligungskäufen.

BAKER & MCKENZIE
M&A

Bewertung: Die häufig empfohlene M&A-Praxis wird immer stärker, sowohl aufgrund ihres beeindruckenden grenzüberschr. Dealflows als auch durch den zuletzt spürbar verbesserten Auftritt hierzulande. Eine Spitzenauslastung erlebte die dt.-chin. Praxis. Diese wurde in den letzten Jahren v.a. von Inboundtätigkeiten dominiert, für die Reinhuber steht, doch jetzt hat Atzler als junger Partner auch die Outboundpraxis von Gilles weiter gestärkt. Aber auch die inl. Praxis verzeichnet einige Fortschritte, nicht zuletzt durch einen verbesserten Teamansatz (wo Becker eine bedeut. Rolle spielte) u. zunehmend visiblere junge Partner wie Strauss. Der D'dorfer Partner Dr. Joachim Drude machte sich allerdings im Frühjahr 2015 selbstständig.
Stärken: Internat. Netzwerk u. Erfahrung bei grenzüberschr. Deals. Dt.-chin. Transaktionen.
Entwicklungsmöglichkeiten: Die dt. Praxis überflügelt allmähl. die anderen europ. Teams, nicht zuletzt, weil sie viel Zeit in die interne Vernetzung investierte. Dem neuen europ. Corporate-Leiter Becker muss nun in der EMEA-Region etwas Ähnliches gelingen.
Häufig empfohlen: Dr. Udo Henkel, Wilhelm Hebing, Dr. Nikolaus Reinhuber, Dr. Sönke Becker, Dr. Florian Kästle, Dr. Thorsten Seidel, Gerald Schumann, Dr. Thomas Gilles, Dr. Ingo Strauss, Christian Atzler
Kanzleitätigkeit: Düsseldorf: stark bei Industriekonzernen. Frankfurt: mit mehr als 80% Transaktionen bes. dealorientiert. Berlin: kleinere Praxis mit Schwerpunkt im ▶Gesundheitswesen. Weiterhin gr. Anteil an internat. Mandaten. (9 Eq.-Partner, 9 Sal.-Partner, 25 Associates)
Mandate: ●● ZF bei Kauf von Bosch Rexroth; Hochtief bei Verkauf des Property-Management-Geschäfts; Heidelberger Druck bei Verkauf des Postpress Packaging Business; Ingersoll Rand bei gepl. Kauf von Frigoblock; Clariant bei Verkauf des Energy-Storage-Geschäfts; Telefónica/E-Plus bei Verkauf von Yourfone; ADP bei Kauf von Perkura; Air Liquide bei Verkauf des Polymertechnologiegeschäfts u. Beteiligung an Optimal-Medical-Therapies-Gruppe; MAT Holdings bei Kauf der Fräger-Gruppe aus Insolvenz; Gruner + Jahr bei Verkauf von Entertainment Media.

Führende Senior-Partner in M&A

Peter Erbacher	Linklaters
Dr. Andreas Fabritius	Freshfields Bruckhaus Deringer
Dr. Daniela Favoccia	Hengeler Mueller
Dr. Matthias Hentzen	Hengeler Mueller
Dr. Klaus Hoenig	Linklaters
Dr. Christof Jäckle	Hengeler Mueller
Dr. Christian von Lenthe	CMS Hasche Sigle
Dr. Ludwig Leyendecker	Freshfields Bruckhaus Deringer
Dr. Thomas Meyding	CMS Hasche Sigle
Dr. Peter Nussbaum	Milbank Tweed Hadley & McCloy
Dr. Dirk Oberbracht	Latham & Watkins
Dr. Anselm Raddatz	Freshfields Bruckhaus Deringer
Ansgar Rempp	Jones Day
Dr. Norbert Rieger	Milbank Tweed Hadley & McCloy
Dr. Joachim Rosengarten	Hengeler Mueller
Dr. Maximilian Schiessl	Hengeler Mueller
Prof. Dr. Gerhard Schmidt	Weil Gotshal & Manges
Dr. Harald Selzner	Latham & Watkins
Dr. Ralph Wollburg	Linklaters
Dr. Hans-Jörg Ziegenhain	Hengeler Mueller

Führende Partner in M&A (bis 50 Jahre)

Dr. Jan Bauer	Gleiss Lutz
Dr. Carsten Berrar	Sullivan & Cromwell
Dr. Christian Cascante	Gleiss Lutz
Dr. Christof-Ulrich Goldschmidt	Clifford Chance
Matthias Hirschmann	Hogan Lovells
Dr. Christoph Holstein	Clifford Chance
Georg Linde	Willkie Farr & Gallagher
Thomas Meurer	Hengeler Mueller
Dr. Ralf Morshäuser	Gleiss Lutz
Dr. Benjamin Parameswaran	DLA Piper
Dr. Alexander Ritvay	Noerr
Prof. Dr. Christoph Seibt	Freshfields Bruckhaus Deringer
Dr. Emanuel Strehle	Hengeler Mueller
Dr. Stephan Waldhausen	Freshfields Bruckhaus Deringer

Die hier getroffene Auswahl der Personen ist das Ergebnis der auf zahlreichen Interviews basierenden Recherche der JUVE-Redaktion (siehe S. 20). Sie ist in 2erlei Hinsicht subjektiv: Sämtliche Aussagen der von JUVE-Redakteuren befragten Quellen sind subjektiv u. spiegeln deren eigene Wahrnehmungen, Erfahrungen u. Einschätzungen wider. Die Rechercheergebnisse werden von der JUVE-Redaktion unter Einbeziehung ihrer eigenen Marktkenntnis analysiert u. zusammengefasst. Der JUVE Verlag beabsichtigt mit dieser Tabelle keine allgemein gültige oder objektiv nachprüfbare Bewertung. Es ist möglich, dass eine andere Recherchemethode zu anderen Ergebnissen führen würde.

BAKER TILLY ROELFS
M&A

Bewertung: Die für M&A geschätzte MDP-Kanzlei blickt auf ein stabiles Transaktionsjahr zurück. Die Corporate-Praxis, die ihr Kraftzentrum weiterhin in ▶München hat, berät vorw. mittelständ. Unternehmen, aber auch zahlr. Family Offices u. immer wieder auch an der Schnittstelle zum Private-Equity- sowie Venture-Capital-Bereich. Ein wichtiger Beratungsschwerpunkt bleibt die Healthcare-Branche.
Kanzleitätigkeit: MDP-Ansatz, insbes. mit ▶steuerrechtl. Expertise, Schwerpunkt bei mittelgroßen u. Familienunternehmen, inkl. Beratung zu ▶Nachfolge/Vermögen/Stiftungen u. klass. Gesellschaftsrecht. Auch Immobiliendeals u. Distressed-M&A-Deals. (11 Partner, 10 Associates)
Mandate: ●● Römheld & Moelle bei Verkauf an Investor; Family Office bei Investment in E-Commerce-Start-up, Medizintechnikunternehmen bei Kauf u. Erweiterung von Produktionsanlagen in Polen.

BEITEN BURKHARDT
M&A

Bewertung: Die für M&A empfohlene Kanzlei ist mit ihrer tiefen Verwurzelung im Mittelstand stark aufgestellt. Hier zählen v.a. Industrieunternehmen zu ihren Mandanten. Zudem konnte sich Beiten zuletzt noch stärker bei Family Offices positionieren. Sie beriet etwa die Alleinerbin des Unternehmensgründers von Detlev Louis Motorrad-Vertrieb beim Firmenverkauf. Gleichzeitig zog das internat. Geschäft aus China an u. auch in Europa nahm die grenzüberschr. Beratung zu, sodass die Kanzlei ihre Länder-Desks um Frankreich erweiterte. Allerdings musste sie in personeller Hinsicht gleich mehrere Abgänge hinnehmen: Mit Dr. Thomas Sacher verließ der bekannteste Kopf der Corporate-Gruppe zusammen mit einem Sal.-Partner die Kanzlei Richtung Ashurst. Ebenfalls aus dem Nürnberger Büro wechselte ein Team um Dr. Steffen Schniepp zu PwC Legal nach Stuttgart. Sacher zählte einige Großkonzerne mit Stammsitz in Franken, wie Adidas u. Siemens, zu seinen Mandanten.

● Referenzmandate, umschrieben
●● Referenzmandate, namentlich

Anwaltszahlen: Angaben der Kanzleien, wie viele Anwälte zu mind. ca. 50 % in diesem Gebiet tätig sind. Sie spiegeln nicht zwingend die Gesamtgröße einer Kanzlei wider.

M&A

Stärken: Büros in Osteuropa u. Asien für Inboundgeschäft.
Häufig empfohlen: Dr. Christof Aha, Guido Krüger, Dr. Axel Goetz, Dr. Christian von Wistinghausen
Kanzleitätigkeit: Dt. u. grenzüberschr. Transaktionen für Mittelständler, Industriekonzerne, Finanzdienstleister u. vermögende Privatpersonen. Verzahnung mit ▶Nachfolge/Vermögen/Stiftungen, Restrukturierung/Sanierung, Banking u. ▶Medien, Informationstechnologie. (11 Eq.-Partner, 10 Sal.-Partner, 11 Associates, 1 of Counsel)
Mandate: ●● Alleinerbin bei Verkauf von Detlev Louis Motorrad-Vertrieb; KWD Automotive bei Verkauf von Waldaschaff Automotive an Lingyun Industrial Corp.; Kauri CAB Management bei Strukturierung u. Finanzierung von internat. Immobilien-Joint-Venture; Renewable Energy Group bei Zukauf; Deluxe Entertainment bei Beteiligung an Mediapeers.

BIRD & BIRD
M&A

Bewertung: Die für M&A empfohlene Kanzlei hat ein schwieriges Jahr hinter sich. Sie bleibt zwar v.a. durch ihr etabliertes Branchenwissen eine anerkannte Marktgröße u. begleitet in den Sektoren Technologie, Energie u. Life Science einen steten Dealflow, doch sie steht trotz einiger zuletzt recht visibler Partner, wie etwa Goebel, Münch (München) u. Gottgetreu (D'dorf), vor der drängenden Aufgabe eines Wiederausbaus. Trotz der Impulse 2er 2014 in Frankfurt hinzugeholter Partner tut sich die Praxis in personeller Hinsicht schwer. U.a. verließ Partner Dr. Wolfgang Hess das Frankfurter Büro (unbek. Ziel).
Stärken: Integrierte europ. Praxis, Schwerpunkt bei IP-Portfolios u. Technologie.
Entwicklungsmöglichkeiten: Es gilt nun v.a., der Praxis dauerh. personelle Stabilität zu verleihen. Dazu muss B&B die eigenen jüngeren Anwälte noch konsequenter in die Verantwortung bringen, denn die Zahl der im Markt visiblen Köpfe ist im Vergl. zu Wettbewerbern eher gering.
Häufig empfohlen: Dr. Ulrich Goebel, Dr. Stefan Gottgetreu, Stefan Münch, Dr. Jörg Paura, Dr. Alexander Schröder-Frerkes
Kanzleitätigkeit: Starke Mandantenbasis in Dtl., zunehmend grenzüberschr. Geschäft. Europaweit auf die Technologiebranche konzentriert, zudem Sektorfokus Energie, Life Science, Telekom, Automotive. (7 Partner, 5 Counsel, 7 Associates)
Mandate: ●● Omnicell bei Kauf von Mach4 Automatisierungstechnik; Armacell bei Kauf von Oneflex; Bio-Medical Research bei Verkauf der dt. Tochter; Become bei Verkauf dt. u. ital. Teile von Become Target; Lantmännen bei Verkauf des dt. u. poln. Winterweizen-Raps-Geschäfts; Eddie Bauer bei Kauf des Lizenznehmers Eddie Bauer GmbH; Entrade bei Kauf von Assets eines Anbieters erneuerbarer Energien; Radiomed-Service bei Kauf von Isoft Health.

BMH BRÄUTIGAM & PARTNER
M&A

Bewertung: Für M&A empfohlene Kanzlei, die ihre Arbeit für Dauermandanten noch einmal stark ausgeweitet hat. Die Arbeit für Herlitz beim Kauf der Pelikan-Gesellschaften war ein Highlight des vergangenen Jahres – bei dem sich auch dem M&A-Team eine facettenreiche Aufgabe stellte: Eine Börsentransaktion u. eine umf. gesellschaftsrechtl. Beratung inkl. Anfechtungsklagen schlossen sich an. Tendenziell wird die Beratung internationaler, woraufhin BMH ihre Kontakte zu ausl. Kanzleien verstärkt hat. Gleichzeitig hat sich die Aufbauarbeit in der Berliner Start-up-Szene gelohnt. Hohl ist bei Gründern gut vernetzt.
Häufig empfohlen: Dr. Johannes Meinel, Dr. Benedikt Bräutigam, Jan-Peter Heyer, Dr. Patrick Hohl („sehr intelligent u. schnell", Mandant), Dr. Andrea Reichert-Clauß („sehr engagiert, gutes Projektmanagement", Mandant).
Kanzleitätigkeit: Transaktionen für Konzerne, Start-ups u. Private-Equity-Gesellschaften. Auch ▶Gesellsch.recht u. M&A-erfahrenes Notariat. (3 Partner, 2 Sal.-Partner, 2 Associates)
Mandate: ●● Herlitz AG bei Kauf von Pelikan-Gesellschaften gg. Aktien, Erstellung des Börsenprospekts u. öffentl. Angebote; Crobo.de bei Kauf von Traffic Captain.

BROCK MÜLLER ZIEGENBEIN
M&A

Bewertung: Das geschätzte M&A-Team aus ▶Schleswig-Holstein um Dr. Ulrich Ziegenbein u. Dr. Hauke Thilow zeigte sich zuletzt wieder sehr präsent bei kleinen u. mittelgr. Transaktionen in der Medienbranche. Zugleich verstärkte es sich mit einem M&A-erfahrenen Anwalt von Renzenbrink (Dr. Martin Witt). Gleichzeitig professionalisierte BMZ auch seinen nichtanwaltl. Support-Bereich, um künftig auf Augenhöhe mit Hamburger Transaktionskanzleien agieren zu können.
Stärken: Medientransaktionen.
Häufig empfohlen: Dr. Ulrich Ziegenbein, Dr. Hauke Thilow
Kanzleitätigkeit: Aktiv für eine Vielzahl mittelständ. Unternehmen (v.a. aus Schl.-Holst.) oft auf Verkäuferseite. Intensive Tätigkeit für Verlage u. Radiosender sowie deren Beteiligungsgesellschaften (▶Medien) – auch ▶Gesellschaftsrecht u. großes Notariat. (6 Partner, 3 Associates)
Mandate: ●● Payone zu Einstieg Dt. Sparkassenverlag; Thomsen-Gruppe zu Einstieg von Tönnies; Management u. Gesellschafter Virtual Minds zu Mehrheitsbeteiligung durch ProSiebenSat.1; Dumrath & Fassnacht zu Kauf von Verlag u. Joint Venture; regelm. Regiocast zu Beteiligungen.

BUSE HEBERER FROMM
M&A

Bewertung: Für M&A geschätzte Kanzlei, die sich neu aufgestellt u. stärker standortübergr. vernetzt hat. Der Anteil von grenzüberschr. M&A-Arbeit ist solide, v.a. aus Fernost. Mit einem neuen Repräsentanzbüro in Dubai unternimmt die Kanzlei jedoch auch Versuche, das Geschäft dort auszuweiten. Überdies haben einzelne Partner gute Kontakte zu Family Offices, die für einen stetigen Fluss an kl. bis mittelgr. Transaktionen sorgen. In HH verstärkte sich die Kanzlei durch ein dyn. Energieteam.
Häufig empfohlen: Dr. Christian Quack, Renke Lührs („sehr gute Dienstleistung für günstigeren Preis als bei anderen Kanzleien", Mandant).
Kanzleitätigkeit: Große Bandbreite an Transaktionen mit Schwerpunkt im mittelständ. Bereich (inkl. Family Offices); zudem Beratung von Investoren aus Japan, Frankr., USA, Nahost, Australien u. GB. (Corporate gesamt: 14 Partner, plus Associates)
Mandate: ●● Columbus McKinnon bei Kauf von Stahlhammer Bommern; FCS Field Camp bei Ankauf u. Einziehung von Geschäftsanteilen; Jung von Matt bei Verkauf eines Aktienpakets; Mega-Watt bei Verkauf von Geschäftsanteilen; Unison Capital bei Investments in Dtl. u. Europa; Schweizer Family Office bei Kauf eines Buchverlags.

CBH RECHTSANWÄLTE
M&A

Bewertung: Die in M&A geschätzte Praxis zeichnet sich durch ein eingespieltes Team von Anwälten aus, das sich inhaltl. erweitert hat. In letztj. Zugang (von Cornelius + Krage) konnte zwar keine dauerhaften Kontakte zu norddt. Energieversorgern etablieren, jedoch baut er eine Venture-Capital-Praxis auf u. konnte auf Investorenseite namh. Unternehmen wie Metro von sich überzeugen. Die Beziehung zu Bastei Lübbe wurde durch div. Transaktionen gefestigt.
Stärken: Betreuung von Mid-Cap-Deals mit Auslandsbezug.
Häufig empfohlen: Dieter Korten
Kanzleitätigkeit: Dt. u. internat. Transaktionen sowohl für Mittelstand als auch für größere Konzerne (2- bis 3-stell. Mio.-€-Bereich). Auch Kartellrecht u. ▶Gesellsch.recht. Venture Capital im Aufbau. (4 Eq.-Partner, 1 Associate)
Mandate: ●● Bastei Lübbe in div. Transaktionen; Metro bei Beteiligung Emmas Enkel; Becker Eislebener bei Kauf Kelterei Knill; Fonds of Ventures bei Beteiligung Pommade Divine.

CLEARY GOTTLIEB STEEN & HAMILTON
M&A

Bewertung: Für M&A empfohlene Kanzlei, die alljährl. eine Reihe großvol. Transaktionen begleitet, oft in enger Zusammenarbeit mit den ww. Cleary-Büros (z.B. Lafarge u. FMSA). Dies entspricht allerdings schon nicht mehr ganz dem aktuellen Bild: Der hier maßgebl. involvierte, bekannteste M&A-Anwalt der dt. Cleary-Praxis, Riehmer, wechselte im Sommer 2015 zu Mayer Brown. Die verbleibenden Partner u. Counsel genießen nach wie vor einen hervorrag. Ruf für fachl. Breite u. hohe Qualität, was immerhin bedeutet, dass aus den personellen Verlusten keine inhaltl. Lücken im Angebot entstehen.
Stärken: Grenzüberschr. u. öffentl. M&A, eng verflochten mit Kapitalmarktrecht.
Häufig empfohlen: Dr. Gabriele Apfelbacher, Dr. Oliver Schröder
Kanzleitätigkeit: Starke grenzüberschr. Tätigkeit, v.a. bei großvol. Transaktionen. Auch stark im nicht öffentl. M&A. (6 Partner, 2 Counsel, plus Associates)
Mandate: ●● FMSA im Zshg. mit Privatisierung der PBB; Lafarge bei Verkauf des dt. Geschäfts u. Beteiligungsverkauf in Ecuador; Edenred bei Beteiligung an Union Tank Eckstein; Asahi Kasei bei Kauf von Polypore Internat. u. Weiterverkauf eines Geschäftsbereichs; lfd. UTC, u.a. bei Kauf von CIAT; Delphi bei gepl. Kauf von Hilite International.

CLIFFORD CHANCE
M&A

NOMINIERT
JUVE Awards 2015
Kanzlei des Jahres für M&A

Bewertung: Eine für M&A führende Kanzlei, die zuletzt mit einer ganzen Reihe von Partnerabgängen Schlagzeilen machte, zur

● Referenzmandate, umschrieben
●● Referenzmandate, namentlich

Anwaltszahlen: Angaben der Kanzleien, wie viele Anwälte zu mind. ca. 50 % in diesem Gebiet tätig sind. Sie spiegeln nicht zwingend die Gesamtgröße einer Kanzlei wider.

Verblüffung vieler Beobachter aber gleichzeitig einen so starken Trackrecord vorlegte wie seit Jahren nicht. Noch die kleinste Überraschung war, dass CC mehrere gr. Bankenübernahmen begleitete, darunter Fosun/Hauck & Aufhäuser – schon seit Jahren ist CC für ihre Arbeit im Finanzsektor sowie für China-M&A bekannt. Der Erstkontakt zu allen 3 dt. Automobilkonzernen, die anders als Stammmandantin VW bisher nicht auf CC gesetzt hatten, sorgte allerdings für Aufsehen, selbst wenn das Team um Englisch sich das Mandat mit Hogan Lovells teilen musste. Auch Holsteins erster Großeinsatz für Metro war ein Durchbruch u. zeigte, dass die jüngere Partnergeneration um den neuen Praxisleiter Krecek inzw. nicht nur die Schaltstellen der Praxis besetzt, sondern auch für Geschäft sorgt. Personell ist CC allerdings sichtl. geschwächt. Trotz 3er Partnerernennungen hat sie nun die kleinste Partnerriege im Kreis der führenden M&A-Praxen, denn die 2014 selbstverordnete Verschlankungs- u. Verjüngungskur hatte Nebenwirkungen: Nach 2 anerkannten Partnern im Vorjahr verabschiedeten sich nun mit Dr. Wolfgang Richter (zu CMS) und Dr. Arndt Stengel (zu Milbank) 2 erfahrene Corporate-Spezialisten sowie mit Oliver Felsenstein und Burc Hesse (zu Latham) 2 der stärksten Private-Equity-Partner.

Stärken: Starke Branchenfokussierung (z.B. ▶Gesundheit, Banken, Automotive, ▶Energie). Mandanten loben oft den pragmat. Ansatz.

Entwicklungsmöglichkeiten: Viele Beobachter sehen den Praxisumbau bei Linklaters vor mehreren Jahren als Vorbild für CC. Allerdings hängt viel davon ab, ob es gelingt, bald die passenden Quereinsteiger für höherwertiges Geschäft zu gewinnen. Die tiefen Einschnitte in der CC-Partnerschaft dürften dabei als Handicap wirken, schließlich gingen dadurch nicht nur Know-how u. Kontakte verloren, sondern auch Vertrauen in die Fähigkeit des CC-Managements, den Umbau mit Augenmaß zu steuern.

Häufig empfohlen: Dr. Jan Wrede, Dr. Christof-Ulrich Goldschmidt, Dr. Nicole Englisch, Dr. Thomas Krecek, Christopher Kellett, Dr. Christoph Holstein, Dr. Kerstin Kopp, Dr. Andreas Dietzel („wieder gut im Geschäft, sehr erfahren", Wettbewerber)

Kanzleitätigkeit: Großes Spektrum an Transaktionsvolumina, hoher Anteil an internat. Arbeit. Mehrere Branchengruppen, ergänzt von schwerpunktmäßig bilateral u. internat. arbeitenden Teams. (20 Partner, 9 Counsel, plus Associates)

Mandate: ●● Metro bei Verkauf von Galeria Kaufhof; Audi, BMW u. Daimler bei Kauf von Here; Fosun bei Kauf von Hauck & Aufhäuser; CRC u. La Rinascente bei Beteiligung an KS Premium Holding; Coca-Cola Co. bei Zusammenlegung europ. Abfüllunternehmen; Siemens bei Verkauf von HS; Dt. Telekom bei Kauf der restl. Anteile an Slovak Telekom u. Verkauf der Beteiligung an EE Ltd.; WestImmo bei Verkauf an Aareal; Spectrum Brands bei Kauf der europ. Procter-&-Gamble-Tiernahrungssparte; Airbus bei Kauf der restl. Anteile an Cassidian Optronics.

CMS HASCHE SIGLE
M&A

Bewertung: Eine führende M&A-Praxis, die inzw. Jahr für Jahr bei bedeut. Deals auftritt, zuletzt bspw. Macmillan/Springer Science. Zudem steigerte sie erneut ihren grenzüberschr. Dealflow, wie etwa bei Almirall/AstraZeneca zu sehen war. V.a. Letzteres beeindruckte, weil sich hier zeigt, dass CMS ebenso wie die Spitzenkanzleien nun Partner in ihren Reihen hat, die auch in Deals mit wenig Dtl.-Bezug als Transaktionsmanager auftreten können. Eben diese grenzüberschr. Arbeit u. Deals für namh. Unternehmen wie Hochtief, Thyssen-Krupp u. RAG bilden jetzt wie auch in Zukunft die Messlatte für CMS – auch wenn sie aufgrund der traditionell breiten Masse an mittelgr. Deals regelm. nach der Anzahl an der Marktspitze liegt. In den letzten 2 Jahren traten auch jüngere Partner mit vielversprechenden Deals aus dem Schatten ihrer Vorgänger heraus: Grub in Stuttgart, Siebert in HH u. Bruhns in Köln. Allerdings hat CMS mit Blick auf die Praxishomogenität verglichen mit den führenden Kanzleien noch einigen Nachholbedarf.

Stärken: Sehr große Praxis u. mit Abstand zahlenmäßig Marktführer bei mittelgr. Deals. Starke CMS-Büros in ganz Mittel- u. Osteuropa.

Entwicklungsmöglichkeiten: In der Bankenbranche liegt CMS am weitesten hinter ihren Wettbewerbern zurück. Eine entspr. Initiative leitet nun der führende Corporate-Partner der Kanzlei, Meyding. Allerdings ist es dabei ein Nachteil für CMS, dass die anderen führenden Kanzleien (z.B. Fresh-

● Referenzmandate, umschrieben
●● Referenzmandate, namentlich

Anwaltszahlen: Angaben der Kanzleien, wie viele Anwälte zu mind. ca. 50% in diesem Gebiet tätig sind. Sie spiegeln nicht zwingend die Gesamtgröße einer Kanzlei wider.

fields u. Clifford Chance) über ihre starken Londoner Praxen schon fest etablierte Mandantenbeziehungen haben.

Häufig empfohlen: Dr. Thomas Meyding, Dr. Christian von Lenthe, Dr. Udo Simmat („professionell u. kompetent", Wettbewerber), Dr. Jürgen Frodermann, Dr. Martin Bell, Klaus Jäger, Dr. Oliver Thurn („perfekte Dienstleistung: zeitnah, rechtlich präzise", Mandant), Dr. Jochen Lamb, Dr. Ralph Drouven, Dr. Martin Kuhn („praxisnah, guter Verhandler", Mandant), Dr. Henrik Drinkuth, Dr. Ernst-Markus Schuberth, Dr. Maximilian Grub, Alexander Ballmann, Dr. Joachim Dietrich, Dr. Ulrich Springer, Dr. Jacob Siebert, Dr. Malte Bruhns („kompetent, professionell, pragmatisch u. effizient", Mandant)

Kanzleitätigkeit: Breites Spektrum an M&A. Schwerpunkte in ▶Energie, ▶Gesundheit, ▶Medien, Finanzdienstleister, Automotive. (49 Partner in M&A, 120 Associates in Corporate insges.)

Mandate: ●● Holtzbrinck bei Zusammenschluss von Macmillan Science mit Springer Science+Business u. Verkauf der 50%-Beteiligung an Advo-Sansula; Almirall bei Verkauf des Atemwegserkrankungengeschäfts an AstraZeneca; Implenia bei Kauf der Infrastruktursparte von Bilfinger; ThyssenKrupp bei Kauf der Lift & Engineering Services von Cradley Heath; RAG-Stiftung bei Beteiligung an Hahn Automation; EnBW bei Verkauf von 49,89% an Offshorewindpark EnBW Baltic 2; Hochtief bei Verkauf von Formart; Savills bei Kauf von SEB Asset Management; Aurelius bei bei Kauf europ. Handarbeitssparte von Coats; Detlev Louis Motorrad-Vertrieb bei Verkauf an Berkshire Hathaway.

DEBEVOISE & PLIMPTON
M&A

Bewertung: Geschätzte Praxis für M&A. Ihre ausgeprägten US-Wurzeln sichern dem kleinen Team stabiles Geschäft. Bei Private-Equity-Investoren verzeichnete sie zuletzt einen steigenden Trackrecord, u.a. zeigt sich dies in der Beziehung zu Clayton Dubilier & Rice. Sie als verlängerten Arm der US-Kanzlei zu verstehen, greift aber zu kurz. Auch die Arbeit in den Branchen erneuerbare Energien u. Gesundheit erwies sich als Geschäftstreiber.

Stärken: Ausgeprägtes US-Netzwerk.

Häufig empfohlen: Dr. Thomas Schürrle

Kanzleitätigkeit: V.a. internat. M&A-Geschäft (insbes. mit starker kapitalmarktrechtl. Komponente). Branchen: u.a. Finanzdienstleister, Versicherer, Private Equity, Venture Capital, Industrie. Starker US-Rechtsanteil in ▶Frankfurt, auch Beratung von dt. Unternehmen in den USA. (1 Partner, 2 Counsel, 5 Associates)

Mandata: ●● Clayton Dubilier & Rice bei Kauf von Ashland Water Technologies; Morgan Stanley Investment Banking als Berater von Sigma-Aldrich bei öffentl. Übernahme durch Merck; Hanwha SolarOne bei Kauf von Hanwha Q Cells.

DECHERT
M&A

Bewertung: Empfohlene Kanzlei für M&A, die mit der Nürburgring-Beteiligung durch GetSpeed eine prominente Transaktion u. parallel dazu eine Reihe mittelgr. Deals begleitete. Dabei stehen in Frankfurt nach wie vor durch Schulte-Hillen die Verbindung nach Spanien u. Lateinamerika, durch Herrmann inzw. aber auch der Gesundheitssektor im Mittelpunkt, während die Münchner Mannschaft um Pappalardo zugleich in internat. Private-Equity-Markt präsent ist. Daneben treten auch die jüngeren Anwälte zunehmend in den Vordergrund, was der bislang relativ schmalen Präsenz im dt. Markt nur guttut.

Häufig empfohlen: Sven Schulte-Hillen, Federico Pappalardo („einer der besten Juristen u. Verhandler, die mir je begegnet sind", Mandant; „angenehm u. erfahren", Wettbewerber), Dr. Rüdiger Herrmann

Kanzleitätigkeit: Schwerpunkte auf ▶Private-Equ.-u.-Vent.-Capital-Deals, grenzüberschr. Transaktionen, Corporate Finance u. Restrukturierungen. Gute Kontakte nach Italien, Spanien u. Lateinamerika. (4 Eq.-Partner, 5 Sal.-Partner, 1 Counsel, 9 Associates)

Mandate: ●● GetSpeed bei Beteiligung an Nürburgring; Bravofly bei Kauf des operat. Geschäfts von Lastminute.com; Kofax bei Kauf von SoftPro; Abaxis bei Kauf von QCR u. Trio Diagnostics; Rewe/DER Touristik bei Verkauf von Hotels; UniQure bei Kauf von InoCard.

DELOITTE LEGAL
M&A

Bewertung: Die für M&A empfohlene Kanzlei fasst immer besser Tritt bei mittelgr. Transaktionen, die nicht selten grenzüberschreitenden Charakter haben. Das anerkannte Niederlande-Desk sorgt traditionell für Deals aus den Beneluxländern. Über die enge Zusammenarbeit mit der WP-Gesellschaft baut die M&A-Praxis aber auch die Aktivitäten in asiat. Schwellenländern wie Vietnam aus. Nach einem Weggang verstärkte die Kanzlei ihr Münchner Büro schnell wieder mit dem Transaktionsspezialisten Dr. Michael Fischer von Reed Smith u. weiteren Anwälten. Dennoch bleibt das Bild bestehen, dass das M&A-Team seine Stärken an den Standorten D'dorf, Hannover u. Hamburg hat, Frankfurt u. München aber personell ausbaufähig bleiben.

Stärken: Grenzüberschr. M&A. Über den WP-/StB-Arm der Deloitte ausgezeichnete Steuer- u. Due-Diligence-Betreuung.

Häufig empfohlen: Dr. Harald Stang, Felix Felleisen, Andreas Karpenstein, Dr. Michael von Rüden („sehr leistungsbereit u. faire Honorare", Mandant), Dr. Markus Schackmann

Kanzleitätigkeit: Beratung gr. dt. Mittelständler u. internat. Gruppen, die in Dtl. tätig werden. Großes StB/WP-Netzwerk von Deloitte. (11 Eq.-Partner, 13 Sal.-Partner, 24 Associates)

Mandate: ●● Eigner bei Verkauf von Immowelt an Axel Springer; Verlagsgruppe Dr. Ippen u. ProServ bei Kauf von markt.gruppe; Rhein.-Berg. Verlagsges. lfd. bei Transaktionen; Trimet Aluminium bei Kauf von Voerde Aluminium; Gesellschafter zu Verkauf von Thermoplast Composite an Bayer MaterialScience; RefrescoGerber zu Verkauf von Produktionsstätte.

DENTONS
M&A

Bewertung: In der für M&A empfohlenen Praxis stehen die Zeichen auf Expansion. Die internat. M&A-Arbeit ist ein Schlüssel, um das Potenzial der neuen globalen Aufstellung tatsächl. abzurufen. Personell hat Dentons dafür erste Weichen gestellt: Mit Dr. Matthias Santelmann holte sie in Berlin einen Partner von WilmerHale, der Erfahrung aus Transaktionen für strateg. u. Finanzinvestoren insbes. im Energiesektor u. bei Immobilientransaktionen mitbringt. In Frankfurt gewann Dentons von DLA Piper Dr. Christoph Papenheim. Bis dato dominieren in der Praxis Transaktionen, die aus der Restrukturierungsarbeit Ziegenhagens kommen.

Stärken: Renommierte ▶Restrukturierungs-/Sanierungspraxis, gestärktes internat. Netzwerk.

Häufig empfohlen: Andreas Ziegenhagen, Dr. Christoph Binge, Dr. Christof Kautzsch

Kanzleitätigkeit: Enge Verknüpfung zw. der Expertise in Restrukturierungen, ▶Steuer- u. Immobilienrecht u. der M&A-Praxis. Traditioneller Schwerpunkt bei Finanzinstituten u. ▶Gesundheit. Daneben zunehmend internat. Mandanten. (11 Partner, 4 Counsel, 2 of Counsel, 5 Associates)

Mandate: ●● Basler bei Verkauf an Tempus Capital sowie Gienanth bei Verkauf an DBAG (jew. aus doppelnütziger Treuhand); B+P Gerüstbau bei Verkauf an Aurelius; Insolvenzverwalter von ADAM Audio u. Domal Wittol jew. bei Verkäufen.

DISSMANN ORTH
M&A

Bewertung: Für M&A empfohlene Kanzlei, die mit relativ kleiner u. sehr partnerzentrierter Mannschaft einen ebenso treuen wie hochkarät. Stamm v.a. mittelstand. Mandanten bedient, regelm. aber auch für vermög. Privatpersonen u. kleine Beteiligungsgesellschaften im Einsatz ist. Dabei begleiten die Anwälte neben gesellschafts- u. steuerrechtl. Projekten regelm. auch M&A-Transaktionen.

Häufig empfohlen: Dr. Jochen Ettinger, Thomas Wieland, Dr. Arne Friese

Kanzleitätigkeit: Aus langj. Mandantenverbindungen vielfach ▶steuerrechtl. getriebene Transaktionen für Familienunternehmen (▶Nachfolge/Vermögen/Stiftungen) u. für Private-Equity-Häuser. (7 Eq.-Partner, 1 Sal.-Partner, 2 of Counsel)

Mandate: ●● Expertum Holding bei Kauf eines Wettbewerbers; dt. Familienunternehmen bei MBO des US-Geschäfts; mittelständ. Unternehmensgruppe bei Klinikzukäufen.

DLA PIPER
M&A

Bewertung: Die für M&A häufig empfohlene Kanzlei intensiviert ihre dt. Mandantenkontakte weiter u. speist inzw. so viel M&A-Arbeit ins Netzwerk wie sie daraus bezieht. Dazu trug Parameswaran als Managing-Partner maßgebl. bei, der von 2 der stärkeren M&A-Anwälte, Krause u. Girnth, unterstützt wird. Gemeinsam fingen sie an, Netzwerkmandate strategischer im Team zu nutzen. Die Beziehungen zu zentralen Mandanten wie Federal Mogul, Celesio u. Lufthansa konnten ausgebaut u. verbreitert werden. Inzw. wirken dt. Partner verstärkt an grenzüberschr. M&A-Arbeit mit, auch wenn sie nur wenig Bezug zum dt. Recht hat: Krause arbeitete bspw. an einigen Deals in Skandinavien. So befindet sich die Praxis derzeit in einem Umbau. Es wechselte nicht nur der erfahrene Corporate-Partner Sieger in den Of-Counsel-Status, einen Rückschlag musste DLA auch verkraften, als sich mit Dr. Matthias Lupp ein angesehener Partner entschied, eine eigene Boutique aufzubauen. Der ehem. Praxisleiter Dr. Christoph Papenheim wechselte zu Dentons.

Stärken: Gute internat. Vernetzung in Europa u. mit den USA. Dt.-ind. sowie dt.-israel. Transaktionen. Starke junge M&A-Partnerriege.

Häufig empfohlen: Dr. Benjamin Parameswaran, Dr. Kirsten Girnth („sehr pragmatisch, ruhig, strukturiert", Mandant), Dr. Nils Krause, Dr. Martin Schulte, Dr. Thomas Schmuck, Florian Hirschmann

Kanzleitätigkeit: Beratung grenzüberschr., meist mittelgr. Transaktionen, eingebettet in ein Full-Service-Konzept mit u.a. ▶Gesellsch.recht, ▶Arbeitsrecht u. ▶Kartellrecht, zunehmend Private Equity. (Corporate gesamt: 14 Partner, 8 Counsel, 19 Associates)

Mandate: ●● Gruner + Jahr bei Verkauf der NetworkPlay-Gruppe (Indien); Israel Chemicals bei Verkauf der Aluminiumsalze-, Papierchemikalien- u. Wasserbehandlungssparten; Senvion bei Veräußerung durch Suzlon; Gesellschafter Weidenhammer Packaging bei Verkauf der Anteile an Sonoco Products; Gehrlicher Solar bei Verkauf von Projektgesellschaften einer span. Tochter; EWE bei Beteiligung an VNG; Acturis bei Kauf von Nafi; Aperam bei gepl. Kauf von VDM Metals.

ESCHE SCHÜMANN COMMICHAU
M&A

Bewertung: Geschätzte Kanzlei für M&A, deren Praxis sich zuletzt auf breitere Basis stellte. Insbes. Bauer begleitete einige teils langj. Mandanten aus anderen Fachbereichen erstmals bei Transaktionen. Deals wie die Beratung eines Family Office beim Verkauf von Solarpark-Beteiligungen belegen dabei die enge Verbindung zu div. Hamburger Familienunternehmen; hier spielen oft auch die anerkannten ▶Steuer- u. ▶Arbeitsrechtler eine maßgebl. Rolle.

Stärken: MDP-Ansatz; integrierte steuerrechtl. Beratung.

Häufig empfohlen: Dr. Klaus Kamlah („kompetente Dealbetreuung", Wettbewerber), Dr. Georg Faerber, Dr. Götz Triebel, Dr. Stephan Bauer

Kanzleitätigkeit: Betreuung v.a. kleiner u. mittelgr. Transaktionen, oft auch mit internat. Bezug (v.a. Schweiz, NL u. Frankreich). (Corporate insges.: 8 Partner, 8 Associates)

Mandate: ●● Rako Etiketten bei Verkauf einer Tochter; Körber bei Immobilientransaktionen; franz., börsennot. Konzern zu Kauf eines Wäschereiunternehmens; Gesellschafter eines E-Commerce-Unternehmens bei Verkauf (strukturiertes Bieterverfahren); Käufer eines Papeterieunternehmens, inkl. tschech. Beteiligung.

EVERSHEDS
M&A

Bewertung: Empfohlene M&A-Praxis. Schon unter ihrer alten Firmierung Heisse Kursawe war die Kanzlei regelm. für internat. Konzerne im Einsatz, zuletzt verstärkt aus Asien. Durch die Fusion mit der Allianzpartnerin Eversheds dürfte die ww. Einbindung noch intensiver werden. Vielversprechend ist dies für die dt. Stammmandanten aus dem oft internat. engagierten Mittelstand. Auch personell ist der Abschluss der langwierigen Fusionsverhandlungen eine gute Nachricht: Zum einen blieb die Mannschaft bemerkenswert stabil, zum anderen stehen die wichtigsten Transaktionsspezialisten nun wieder uneingeschränkt für das Mandatsgeschäft zur Verfügung.

Stärken: Großes internat. Netzwerk.

Häufig empfohlen: Dr. Matthias Heisse, Christof Lamberts

Kanzleitätigkeit: Breiter Tätigkeitsbereich im Gesellschafts- u. Kapitalmarktrecht (inkl. Steuern, Finanzierungen). Zunehmend internat. Transaktionen. (3 Eq.-Partner, 5 Sal.-Partner, 3 Counsel, 4 Associates)

Mandate: ●● Suzhou Fountain Construction bei Kauf von KSL Kuttler Automation; BBA Aviation bei Verkauf von Skytanking; United Faith Auto Engineering, u.a. bei Beteiligung an dt. Unternehmen.

FLICK GOCKE SCHAUMBURG
M&A

Bewertung: In der für M&A empfohlenen Kanzlei spielt die z.T. großvolumige Transaktionsberatung von Familien- u. Energieunternehmen im Rahmen lfd. Umstrukturierungen nach wie vor die entscheidende Rolle. In klassischen M&A-Deals entwickelt FGS nur schwer ein eigenes Profil. Anders sieht es wieder bei Venture Capital u. Small- u. Mid-Cap-Private-Equity aus: Hier gehört das junge Berliner Team zu den Aufsteigern, mit Wirkung über die Stadtgrenzen hinaus. Schafft es die Kanzlei, hier kanzleiweit Kräfte zu bündeln, könnte sich auch für breiteres M&A-Geschäft Potenzial ergeben.

Stärken: Kombination von ▶Steuer- u. ▶Gesellsch.recht.

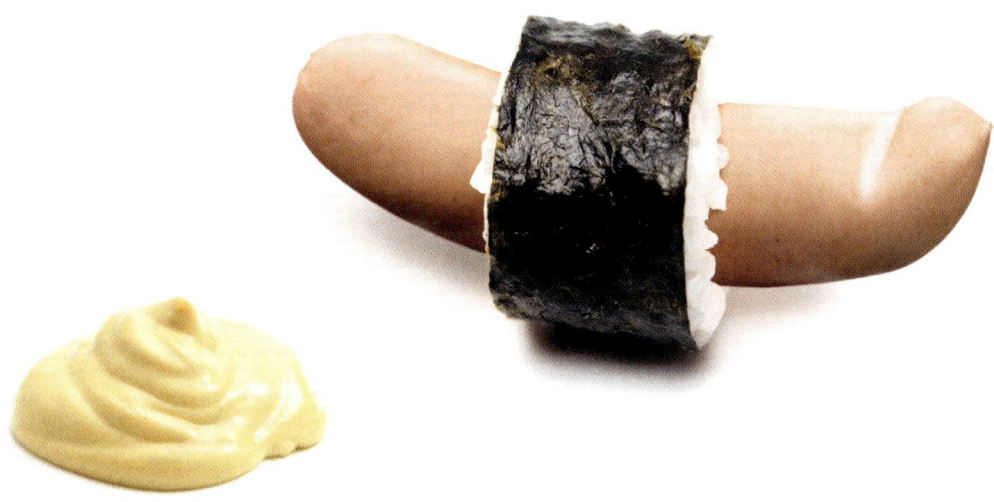

Sushi auf deutsch? Kann man so machen – schmeckt aber nicht. Die richtigen Zutaten für fachsichere Übersetzungen haben wir.
www.elativum.de

M&A

Häufig empfohlen: Prof. Dr. Stefan Simon, Dr. Stephan Göckeler („fachl. sehr gut, angenehm im Umgang, pragmatisch", Wettbewerber), Dr. Martin Oltmanns, Dr. Lambertus Fuhrmann, Dr. Michael Erkens („berät pragmatisch, professionell u. interdisziplinär", Mandant), Dr. Dieter Leuering
Kanzleitätigkeit: Public u. Private M&A, häufig mit steuerrechtl. Komponente. Stark für mittelständ. u. Familienunternehmen, Family Offices, auch ▶ Private Equ. u. Vent. Capital, v.a. in Berlin (für Investoren, Verkäufer u. Management). (14 Eq.-, 13 Sal.-Partner, rund 20 Associates)
Mandate: ● Hans R. Schmid Holding/Printus-Gruppe bei Kauf von Otto Office; Familie Ströher bei Beteiligung an Suhrkamp; Mehler bei Verkauf des Geschäftsbereichs Ballistik; Benteler lfd. bei M&A-Transaktionen.

FPS FRITZE WICKE SEELIG
M&A

Bewertung: Die für M&A empfohlene Praxis verfügt trad. über 2 separate Plattformen: ein starkes immobilienrechtl. Transaktionsteam in Ffm. u. eine mittelstandsorientierte Partnergruppe in D'dorf. Das Strabag-Mandat war für Praxisgruppenleiter Jakob ein echter Schritt nach vorn u. machte außerdem deutl., dass FPS nun auf breiterer Basis in der Immobilienbranche aktiv ist. Darüber hinaus sicherte sich das D'dorfer Büro einige komplexere Share-Deals im Immobilienbereich. Dies ist ein Erfolg der inzw. verbesserten Vernetzung der Standorte u. Praxisgruppen.
Stärken: Transaktionen im Immobiliensektor.
Häufig empfohlen: Dr. Holger Jakob („sehr versiert", Wettbewerber), Dr. Georg-Peter Kränzlin („sehr visibel, erfahrener Branchenkenner mit pragmat. Stil", Wettbewerber)
Kanzleitätigkeit: Mittelgr. Deals mit (in ▶ Frankfurt) hohem Anteil an ▶ Immobilientransaktionen). Mandanten: vielfach mittelständ., auch mit internat. Aspekten. (8 Eq.-Partner, 4 Sal.-Partner, 7 Associates)
Mandate: ●● Strabag PFS bei Kauf von DIW; AEG Power Solutions bei Verkauf von Skytron Energy; Stadtsparkasse D'dorf bei Verkauf von Corpus Sireo; Catalyst Capital bei Kauf von Fachmarktzentrum Erft Karree; Coresis Büroimmobilenholding bei Beteiligung an Immobiliengesellschaft.

FRESHFIELDS BRUCKHAUS DERINGER
M&A

Bewertung: Eine der führenden Kanzleien für M&A, die eine der dominierenden Kräfte bleibt. Sowohl nach Anzahl als auch Qualität der Mandate über div. Branchen hinweg kann es kaum eine Wettbewerberin mit ihr aufnehmen. V.a bei den hochkomplexen Transaktionen war ihr Marktanteil erneut außergewöhnlich, so durch Arbeit an öffentl. Übernahmen (Gagfah), nicht mit der Zielgesellschaft abgestimmten, potenziell feindl. Vorhaben (Tocos/Hawesko), v.a. aber einer Vielzahl von Deals über div. Ländergrenzen (FMC/Cheminova, BC Partners/Springer Science/Macmillan Science). FBD sticht hier v.a. durch die Begleitung von Deals aus Dtl. heraus, bei denen keine der beiden Firmen substanzielles Geschäft in Dtl. hat. Dies wird v.a. durch eine immer stärkere Branchenfokussierung getrieben – v.a. bei der jüngeren Partnergeneration, die im Markt besonders visibel ist. Daraus entsteht der fundamentale Unterschied zu den Hauptkonkurrenten Linklaters u. Hengeler. Verantwortung für hochkomplexe, grenzüberschr. Transaktionen wird viel früher auf die jüngeren FBD Partner verschoben. Wohl keine andere Kanzlei geht aber ähnl. strategisch in M&A-Themen u. an der Schnittstelle zum Gesellschaftsrecht vor. Das sieht man v.a. bei der zunehmenden Fokussierung auf die Beratung von Regulierten Industrien sowie den Anstrengungen, die zur Integration der internat. Corporate-Teams unternommen werden. Gleichwohl wird die Praxisgröße in den kommenden Jahren angesichts des weiter steigenden Profitabilitätsdrucks wohl allenfalls stagnieren. Dass mit Dr. Nikolaus Schrader (zu PwC) u. zuvor auch Dr. Dirk Hamann (zu Herbert Smith) 2 erfahrene Partner die Praxis verlassen haben, hat deren Visibilität keinen Abbruch getan.
Stärken: Konkurrenzlose fachl. Breite im obersten Marktsegment. Stark für dt. Konzerne, grenzüberschr. Mandate, ▶ Private Equ. u. Vent. Capital u. gehobenen Mittelstand. Internat. Kompetenz vieler Partner.
Entwicklungsmöglichkeiten: Durch den Gewinn eines hoch angesehenen Teams in den USA ergibt sich auch für die dt. Anwälte auf dieser Schiene noch weiteres Potenzial. Auch das Geschäft mit asiat. Investoren bleibt im Vergl. mit Wettbewerbern klar ausbaufähig. Hier gilt es die Kontakte Dr. Heiner Brauns nach dessen mehrj. Tätigkeit in Schanghai stärker zu nutzen.
Häufig empfohlen: Dr. Andreas Fabritius („hat die nötige Erfahrung für knifflige Deals", Wettbewerber), Dr. Anselm Raddatz, Dr. Michael Haidinger, Dr. Christoph von Bülow, Dr. Stephanie Hundertmark, Dr. Marius Berenbrok, Dr. Ludwig Leyendecker, Prof. Dr. Christoph Seibt („großes Wissen gepaart mit wirtschaftl. Verständnis u. Verhandlungsgeschick", Wettbewerber), Dr. Nils Matthias Koffka, Dr. Barbara Keil, Dr. Matthias-Gabriel Kremer, Dr. Christoph Nawroth, Dr. Stephan Waldhausen, Dr. Annedore Streyl, Dr. Hartmut Nitschke, Dr. Gregor von Bonin, Dr. Tobias Larisch („kann komplexe Projekte effizient koordinieren, hat trotzdem jedes Detail im Griff", Mandant), Dr. Wessel Heukamp
Kanzleitätigkeit: Herausragende Praxisbreite. Ffm., Rheinland u. mittlerweile auch HH sind die aktivsten Standorte; in München weiter überwiegend Private M&A. Berliner Schwerpunkt: regulierte Branchen. Auch große ▶ Private-Equ.-u.-Vent.-Capital-Praxis. (Corporate insges.: 50 Partner, 4 Counsel, 120 Associates, 1 of Counsel)
Mandate: ●● Gagfah bei öffentl. Übernahme durch Dt. Annington; Tocos bei öffentl. Übernahmeangebot für Hawesko; Aareal Bank bei Kauf der Westdt. Immobilienbank; FMC bei Kauf von Cheminova; Novartis bei Verkauf der Tiergesundheitssparte von Eli Lilly; Metro Cash & Carry bei Verkauf des Vietnam-Geschäfts; Eigentümer Meyer Werft bei Kauf von STX Finland; Alstom bei Verkauf von Arvos, ADAC bei Verkauf des Anteils am Fernbus-Joint-Venture mit Dt. Post; Berggruen bei Ausstieg aus Karstadt; C.A.T. Oil bei Übernahmeangebot durch Joma Industrial; E.on/VNG bei Verkauf der EVG-Anteile.

FRIEDRICH GRAF VON WESTPHALEN & PARTNER
M&A

Bewertung: Die empfohlene M&A-Praxis ist klar als Beraterin bei stark internat. geprägten Mid-Cap-Transaktionen positioniert. In ihrem Stammrevier in Südwestdtl. dominiert sie das Segment sogar. Neben Manz u. Mayer als führende Köpfe gewinnen zunehmend jüngere Partner Profil. So steht ein u.a. auch für insolvenzrechtl. Knowhow, das etwa beim Kauf von Scherer & Trier aus der Insolvenz durch einen indischen Autozulieferer zum Tragen kam. Der Ausbau im Kölner Büro, der vor 2 Jahren mit dem Zugang Göpperts begann, u. das junge Frankfurter Team erhöhen weiter die Sichtbarkeit für internat. Mandanten. Allerdings ist der Kölner Teil der Praxis immer noch zu dünn besetzt, um am Rhein eine stärkere eigene Marktgeltung zu entfalten.
Stärken: Grenzüberschr. Mid-Cap-Deals.
Häufig empfohlen: Gerhard Manz, Dr. Barbara Mayer, Arnt Göppert
Kanzleitätigkeit: Schwerpunkt im kleinen u. mittleren Segment für mittelständ. Mandanten. Viel Inboundarbeit, oft durch Kontakte aus dem eingespielten internat. Netzwerk. (7 Partner, 1 Counsel, 10 Associates)
Mandate: ●● GLL Holding bei Verkauf des Frankfurter Messeturms; Medical Maquet Medical Systems bei Beteiligung an Pulsion Medical; Endress+Hauser bei Beteiligung an Analytik Jena; Diethelm-Keller-Gruppe bei Kauf von Garpa; Samvardhana Motherson bei Kauf von Scherer & Trier aus der Insolvenz; Solarfabrik bei Kauf einer Centrosolar-Sparte aus der Insolvenz; Ruag (Schweiz) bei div. Unternehmenskäufen in Dtl.; JBT (USA) bei Kauf von Wolf-Tec.

GIBSON DUNN & CRUTCHER
M&A

Bewertung: Die für M&A empfohlene Kanzlei ist regelm. bei hochvol. Transaktionen beteiligt u. konnte ihr Engagement bei Dax-Konzernen zuletzt deutl. ausbauen. Dies gelang v.a. durch Englisch, der 2013 von Ashurst kam. So beriet das Team etwa Bosch bei gleich mehreren strateg. wichtigen Transaktionen. Gleichzeitig profitiert das Team weiter von dem starken internat. Netzwerk der Kanzlei, das ihr ww. namh. Konzernen wie Intel als Mandanten beschert. Ein Verlust ist hingegen der Abgang von Dr. Philip Martinius, der über eine starke China-Expertise verfügte (Ziel bei Redaktionsschluss unbekannt).
Stärken: Internat. Ausrichtung.
Häufig empfohlen: Dr. Benno Schwarz, Dr. Lutz Englisch („sorgfältig, sehr erfahren u. reaktionsschnell", Wettbewerber), Dr. Markus Nauheim
Kanzleitätigkeit: Viel internat. M&A-Arbeit. Gute Beziehungen zu russ. Investoren u. US- u. dt. Großunternehmen. (3 Partner, 9 Associates, 2 of Counsel)
Mandate: ●● Robert Bosch bei vollständ. Übernahme BSH Bosch Siemens Hausgeräte u. ZF Lenksysteme; Bosch Rexroth bei Verkauf des Windgeschäfts an ZF Friedrichshafen; Prosernat bei Kauf IST Reaktortechnik; Neenah Gessner bei Zukauf; Hewlett-Packard bei Kauf von Aruba Networks; Dresser-Rand bei Kauf durch Siemens; Intel bei Kauf von Lantiq.

GLADE MICHEL WIRTZ
M&A

Bewertung: Die empfohlene Kanzlei hat ein hervorragendes Jahr hinter sich. Hohes Ansehen genießt sie bereits für ihre gesellschaftsrechtl. Praxis. Doch ein bedeut. Deal für ZF sowie die Begleitung Haniels zeigen v.a. Glade als einen der renommiertesten M&A-Partner aus einer kl., unabh. Kanzlei. Dazu hat GMW eine konstant ausgelastete Mittelstands-M&A-Praxis.

Häufig empfohlen: Dr. Achim Glade, Dr. Andreas Merkner, Dr. Marco Sustmann
Kanzleitätigkeit: Beratung dt. u. internat. Unternehmen aller Branchen, zunehmend auch Dax-Konzerne. Enge Verbindung mit den ▶Gesellsch.rechts- u. ▶Kartellrechtspraxen. (Corporate insges.: 5 Partner, 1 Counsel, 9 Associates)
Mandate: ●● ZF Friedrichshafen bei Verkauf von Joint-Venture-Anteil an Robert Bosch sowie Kauf von Bosch-Rexroth; Julius Glatz bei Verkauf der Zigarettenpapierproduktion in Vietnam/Singapur; Qiagen bei Kauf von Adnagen; Gesellschafter von Eucon bei Eintritt von HgCapital.

GLEISS LUTZ
M&A

Bewertung: Eine führende Kanzlei für M&A. Erneut begleiteten die Anwälte eine Reihe internat. Großtransaktionen: ZF/TRW prägte das Jahr, Magna/Getrag versprach eine Wiederholung dieses Erfolgs, Alcoa/Tital u. HeidelbergCement/Italcementi rundeten das Bild ab. Bei Tele Columbus/Primacom zahlte sich eine Verbindung aus, die die Kanzlei urspr. mithilfe ihrer langj. anerkannten Spezialisierung auf M&A im Umfeld von Sanierungsszenarien geknüpft hatte. Für die weitere Entwicklung sehr wesentlich ist, dass sich die Kontakte zu den internat. Best-Friends-Kanzleien immer besser entwickeln. Sehr vielversprechend sind zudem einige Fortschritte, die gerade das Düsseldorfer Büro bei dt. Großkonzernen machte. Beide Aspekte wirkten bei einer Serie von Deals zusammen, die GL gemeins. mit Chiomenti in Italien für E.on begleitete. Hier stand mit Menke bereits ein Partner der jüngeren Generation im Mittelpunkt. Mit Morshäuser rückte ein weiterer Exponent dieser Gruppe als neuer Co-Leiter M&A neben Cascante in die Verantwortung. Mandanten bemerken diesen Generationswechsel u. loben gerade die jüngeren Anwälte für ihren „pragmatischen u. kommerziellen Ansatz" – ein Kompliment, das man noch vor einigen Jahren schwerlich mit GL verbunden hätte.
Stärken: Große Gruppe jüngerer Partner mit stark grenzüberschr. Tätigkeit. Öffentl. Übernahmen. Stark im insolvenznahen M&A.
Entwicklungsmöglichkeiten: Während der junge Hamburger Standort beweist, dass er auch mit kleiner Mannschaft bei bedeutenden Deals mitspielen kann, bietet sich in Berlin derzeit ein anderes Bild, weil die dortige Corporate-Praxis noch deutl. schmaler besetzt ist. Ohne Verstärkung aus anderen Büros oder durch Quereinsteiger wird sich hieran so schnell nichts ändern.
Häufig empfohlen: Prof. Dr. Gerhard Wegen, Dr. Detlef Bauer, Dr. Christian Cascante („1. Bundesliga, sehr starker Verhandler", Mandant; „gute Qualität, hohe Sozialkompetenz", Wettbewerber), Dr. Fred Wendt, Dr. Rainer Loges, Dr. Jan Bauer, Dr. Alexander Schwarz, Dr. Ralf Morshäuser („pragmatisch, praktisch, gut", Mandant), Dr. Patrick Kaffiné, Dr. Jörn Wöbke, Dr. Stefan Hoffmann, Martin Hitzer, Dr. Cornelia Topf, Dr. Jochen Tyrolt, Dr. Gabriele Roßkopf, Dr. Thomas Menke
Kanzleitätigkeit: Gr. Bandbreite an privaten u. öffentl. Deals. In allen wesentl. Wirtschaftszentren vertreten. Auch stark in ▶Private Equ. u. Vent. Capital u. Distressed M&A (▶Restrukturierung/Sanierung), ▶Energie, ▶Unternehmensbez. Versichererberatung. (35 Eq.-Partner, 13 Sal.-Partner, 5 Counsel, 48 Associates, 4 of Counsel)
Mandate: ●● TRW bei Kauf durch ZF u. Verkauf der Motorenteilesparte; Dt. Telekom bei Verkauf von T-Online; HeidelbergCement bei Beteiligung an Italcementi; Getrag bei gepl. Kauf durch Magna; Primacom bei gepl. Übernahme durch Tele Columbus; Alcoa bei Kauf von Tital; E.on bei Verkauf ital. Solaranlagen, Wasser-, Kohle- u. Gaskraftwerke; E.on Facility Management bei Verkauf von Evantec; Roche bei Kauf von Signature Diagnostics; L-3 Communications bei Verkauf von Marine Systems Internat.; Dassault Systèmes bei Kauf von Simpack; Trumpf bei Verkauf der Medizintechniksparte.

GÖHMANN
M&A

Bewertung: Die für M&A geschätzte Praxis generiert v.a. bei mittelständ. Unternehmen u. Konzerntöchtern immer wieder Transaktionsgeschäft. Die Kontakte kommen typischerweise über ihr starkes niedersächs. Gesellschaftsrechtsteam. Doch auch Kontakte anderer Praxen, z.B. der für Gewerbl. Rechtsschutz oder Öffentl. Recht, führten zuletzt

---

PRAG I BRÜNN I OSTRAVA I BRATISLAVA

Führende tschechische und slowakische Experten für Cross Border M&A
Tschechien & Slowakei

- Mehr als 180 Juristen; größte tschechisch-slowakische Anwaltskanzlei
- German Desk mit 21 Juristen
- Standorte in Prag, Brünn, Ostrava und Bratislava
- Führende tschechische Anwaltskanzlei
- Internationaler Qualitätsstandard, umfassendes Fachwissen und langjährige Transaktionserfahrung
- 1. Platz mit den meisten in der Tschechischen Republik realisierten Zusammenschlüssen und Akquisitionen 2009–2014
- Beratung in Deutsch, Englisch und 10 weiteren Sprachen

Umfassende juristische Beratung im Bereich M&A-Bereich, insb.:

- Akquisitionen und Unternehmensverkäufe
- Restrukturierung und Insolvenz
- Gesellschaftsrecht und Corporate Governance
- Private Equity / Venture Capital
- Unternehmenszusammenschlüsse
- Joint Ventures
- Projektfinanzierung
- Non Performing Loans
- Wettbewerbs- und Kartellrecht
- Steuerliche Strukturierung

Havel, Holásek & Partners s.r.o., Florentinum, Na Florenci 2116/15, Praha 1 – Nové Město, Tschechische Republik, Tel.: +420 255 000 111, office@havelholasek.cz, www.havelholasek.cz

● Referenzmandate, umschrieben
●● Referenzmandate, namentlich

zu M&A-Mandanten – dies sind Belege für eine aufgr. eines verstärkten fachl. u. standortübergr. Austauschs sichtbar verbesserte interne Vernetzung.

Stärken: Gute Vernetzung v.a. in Norddtl., starker Ruf im ▶Gesellsch.recht.

Kanzleitätigkeit: Aktiv für eine Reihe großer Unternehmen (v.a. in ▶Niedersachsen, Sachsen-Anhalt u. ▶Frankfurt) auch im Gesellschaftsrecht; starker Stamm an norddt. mittelständ. Unternehmen. In Ffm. besondere Expertise in grenzüberschr. M&A. (8 Partner, 7 Associates)

Mandate: ●● Hinrich Otte u. IBO bei Verkauf eines Ingenieurbüros; IT-Consultinguntern. bei Verkauf; Telekommunikationsuntern. bei Beteiligung a Kabelnetzbetreiber; österr. Hotelkette bei Zukauf in Dtl. (€100 Mio); Mittelständler bei Verkauf an Investor (€80 Mio).

GÖRG
M&A ▫▫▫▫▫▫▫▪

Bewertung: Die für M&A empfohlene Kanzlei kann wg. ihrer neuen u. ausgebauten Standorte flexibler als vor einigen Jahren Transaktionen unterschiedlichster Dimensionen begleiten. Eine wichtige Säule bleibt das insolvenzbezogene Geschäft, das neben Köln u. München nun auch von Hamburg aus federführend betreut werden kann, wie der Fall der insolventen Mifa Fahrradwerke zeigt. Die Frankfurter Neuzugänge von Graf von Westphalen konnten sich gleich mit einigen Deals aus dem Medienbereich sowie grenzüberschr. Zukäufen profilieren. Die Impulse, die für die Gesamtkanzlei damit endlich einmal nicht nur von Köln kommen, bringen Görg damit spürbar voran.

Häufig empfohlen: Dr. Roland Hoffmann-Theinert, Dr. Wolfgang König, Dr. Mark Kersting, Dr. Christian Becker

Kanzleitätigkeit: Dt. u. grenzüberschr. Transaktionsgeschäft etwa bei Asset-Verkäufen u. Beteiligungen für Unternehmen u. Insolvenzverwalter; ebenso bei Joint Ventures u. MBOs. Auch ▶Gesellsch.recht, ▶Arbeitsrecht u. steuerrechtl. Begleitung sowie Notariat in Berlin. (14 Eq.-Partner, 5 Sal.-Partner, 13 Associates)

Mandate: ●● Insolvenzverwalter Mifa Fahrradwerke (Flöther) zu Verkauf; MVV Energie zu Kauf der insolventen Windwärts Energie; Arab Investments Beteiligung an Mall of Berlin; M. DuMont Schauberg zu Transaktionen im Rahmen des Restrukturierungsprogramms; Insolvenzverwalter SAG Solarstrom (Görg) im Verkaufsprozess; KSBG Kommunale Beteiligungsgesellschaft zu Kauf der Steag (2. Tranche).

GRAF VON WESTPHALEN
M&A ▫▫▫▫▫▫▫▪

Bewertung: Für M&A empfohlene Praxis, die mit einigen Verstärkungen, aber z.T. auch Verlusten einen deutl. personellen Umbruch verkraften musste. Das M&A-Team, das jetzt organisatorisch vom Team für Gesellschaftsrecht getrennt ist, setzt jedoch seinen Kurs in Richtung noch stärkerer Spezialisierungen fort. V.a. der Ausbau der Kompetenzen im Energiesektor stand im Fokus. Gleich 3 Partner kamen dazu, in D'dorf Helmut Kempf (lange bei RWE u. zuletzt Partner bei Simmons & Simmons) u. in HH 2 Partner von Norton Rose. Parallel dazu spielte aber auch das Geschäft mit internat. Bezug weiter eine zentrale Rolle. Ihre zuletzt immer visibler gewordene dt.-chin. Praxis verstärkte GvW in Schanghai noch mit Dr. Oliver Maaz, der von Rödl kam. Andererseits verlor GvW aber auch einige internat. erfahrene Kräfte. In München ging der v.a. auf Arbeit für GB-/US-Mandanten spezialisierte Robert Heym zu Olswang u. in Hamburg entschied sich Dr. Dominik Ziegenhahn für die Corporate-Boutique Raschke von Knobelsdorff Heiser. In Frankfurt bedeutete der Weggang von Partner Dr. Matthias Menke einen deutl. Verlust, der zusammen mit Florian Wolff zu Görg ging.

Stärken: Mittelgroße Transaktionen, oft mit internat. Bezug.

Häufig empfohlen: Christian Mayer-Gießen

Kanzleitätigkeit: Schwerpunkt im Mid-Cap-M&A für mittelständ. Mandanten. Eigenes Büro in Schanghai, Koop.-Partner in der Türkei. (10 Eq.-Partner, 2 Sal.-Partner, 7 Associates, 1 of Counsel)

Mandate: ●● AAR bei Verkauf von Telair Cargo; Stuffle bei Beteiligung durch Immoscout24; McPhy Energy bei Eintritt in chin. Markt; Scienta Scientific bei Kauf von Omicron; Troy Cor. bei Kauf der Biozidesparte von Ashland; Venn Life bei Kauf von CRM Clinical Trials; Techniplas bei Kauf von Wicor Holding; Legrand bei Kauf von IME; Masterfreight Internat. Spedition bei Verkauf des Unternehmens.

GREENBERG TRAURIG
M&A ▫▫▫▫▫▫▫▪

Bewertung: Empfohlene Kanzlei für M&A, die seit der Abspaltung von Olswang nun unter neuem Namen agiert. Das vergangene Jahr prägten einige komplexe Transaktionen. Am auffälligsten war die Arbeit für Philippine Long Distance beim Investment in Rocket Internet. Weiterhin dominieren Deals aus dem Immobilien- und Mediensektor.

Häufig empfohlen: Dr. Peter Schorling, Dr. Christian Schede, Dr. Stefan Lütje

Kanzleitätigkeit: Schwerpunkte in den Branchen ▶Medien u. ▶Immobilien, zunehmend auch Energie. Fokus auf mittelgr. Transaktionen für meist mittelständ. Mandanten. Auch internat. Geschäft. (8 Partner, 2 Counsel, 18 Associates)

Mandate: ●● Philippine Long Distance Telephone Company bei Investment in die Rocket Internet AG; Tristan Capital Partners bei Verkauf von Logistikportfolios in Dtl., Polen u. Frankreich; Westgrund FFIRE Investment bei Kauf von Wohnimmobilienportfolio; In-West Partners bei Kauf des Margaux-Portfolios; Tristan-Fonds bei Kauf von Barthonia Forum.

GREENFORT
M&A ▫▫▫▫▫▫▫▪

Bewertung: Die für M&A empfohlene Praxis konnte ihre Transaktionsbilanz erneut steigern. Ein besonderer Erfolg ist der Gewinn einer so namh. Mandantin wie Bertelsmann, die sie beim Verkauf des dt. Kalender- u. ital. Druckgeschäfts beraten hat. Hier arbeitete das Team eng mit ital. Anwälten einer anderen Kanzlei zusammen u. konnte einmal mehr das hervorragende internat. Netzwerk nutzen. Zu den Mandanten zählen häufig Töchter internat. Konzerne.

Stärken: Junges, dynamisches Team.

Häufig empfohlen: Dr. Daniel Röder, Gunther Weiss, Dr. Carsten Angersbach, Andreas von Oppen („klare u. umsetzbare Empfehlungen", Mandant)

Kanzleitätigkeit: Begleitung v.a. mittelständ. Unternehmen bei Deals, regelm. aus der lfd. Beratung heraus. Viel grenzüberschr. Geschäft. (5 Partner, 8 Associates)

Mandate: ●● Glatfelter bei Kauf der Spezialpapierfabrik Oberschmitten; Bertelsmann bei Verkauf des dt. Kalender- u. ital. Druckgeschäfts an Bavaria; Alpine Metal Tech bei Kauf von Koch H&K Industrieanlagen Gega bei Zukauf in Brasilien; Lifco Dental bei Verkauf von NETdental.

GRÜTER
M&A ▫▫▫▫▫▫▫▪

Bewertung: Die geschätzte M&A-Praxis aus Duisburg wird für D'dorfer Großkanzleien immer mehr zu einer ernst zu nehmenden Konkurrenz. Diesen Anspruch unterstrich Grüter zuletzt, als sie aus einer Mandatsausschreibung an mehrere hochkarätige M&A-Teams als Siegerin hervorging. Zudem konnte sie ihrem treuen Mandantenstamm weitere Namen hinzufügen, wie z.B. Haniel.

Häufig empfohlen: Dr. Achim Bischoff, Dr. Ina-Maria Böning

Kanzleitätigkeit: Langj. Tradition in der Transaktionsberatung internat. Unternehmen u. des dt. Mittelstands, v.a. im ▶Ruhrgebiet/Westfalen. Immer wieder für Großkonzerne u. ihre Töchter aktiv. (4 Eq.-Partner, 1 Sal.-Partner)

Mandate: ●● Cundus bei Verkauf an PwC; DMG Mori Seiki bei öffentl. Übernahmeangebot durch Mori Seiki Co.; Standardkessel bei Verkauf an JFE Engineering.

GSK STOCKMANN + KOLLEGEN
M&A ▫▫▫▫▫▫▫▪

Bewertung: Die für M&A empfohlene Kanzlei befindet sich in einer Umstellungsphase. Nach der Abspaltung von D'dorf folgte vor rund einem Jahr noch der Wechsel des Stuttgarter Büros zu Heuking Kühn. Dennoch begleitete GSK für ihre überw. mittelständ. geprägte Mandantschaft weiterhin Transaktionen in den Branchenschwerpunkten Immobilien, Finanzdienstleister u. erneuerbare Energien. Weiteres Potenzial birgt auch das internat. Netzwerk der Kanzlei, das für immer mehr Geschäft aus dem Ausland sorgt (z.B. Hiscox). Dass das Team von den Weggängen weitgehend unbeeindruckt blieb, verdeutlicht die zuvor wenig ausgeprägte Integration, die die verbliebenen Partner stark vorantreiben wollen.

Stärken: Fokussierung auf mittelständ. Deals.

Häufig empfohlen: Dr. Andreas Bauer, Dr. Rainer Herschlein, Dr. Michael Stobbe

Kanzleitätigkeit: Lfd. Transaktionen in versch. Branchen, teils auch grenzüberschreitend. Besonders stark bei ▶Immobilien, Energie und Finanzdienstleistern. (6 Eq.-Partner, 5 Sal.-Partner, 6 Associates)

Mandate: ●● Adler Real Estate bei Kauf u. Finanzierung div. Wohnimmobilienportfolios; Mehrheitsgesellschafter von Seissenschmidt bei Aktienverkauf an Linamar; Rockspring bei Kauf von Einzelhandelsimmobilienportfolio; Augustin Quehenberger bei Kauf aus Insolvenz; Hiscox bei Beteiligung an dt. Assekuradeur.

HAVER & MAILÄNDER
M&A ▫▫▫▫▫▫▫▪

Bewertung: Die für M&A geschätzte Kanzlei ist in ▶Stuttgart eine feste Größe für mittelgroße Transaktionen. Zuletzt überwogen jedoch kleinere, nicht anmeldepflichtige Transaktionen, was die Synergien mit der renommierten ▶Kartellrechtspraxis begrenzte. Den Abgang eines Sal.-Partners im Vorjahr, der als einziger Transaktionsexperte auch an der Schnittstelle zum Steuerrecht

● Referenzmandate, umschrieben
●● Referenzmandate, namentlich

Anwaltszahlen: Angaben der Kanzleien, wie viele Anwälte zu mind. ca. 50% in diesem Gebiet tätig sind. Sie spiegeln nicht zwingend die Gesamtgröße einer Kanzlei wider.

tätig war, konnte die Kanzlei bisher nicht kompensieren.

Häufig empfohlen: Dr. Peter Mailänder
Kanzleitätigkeit: Begleitung der überwiegend mittelständ. Mandantschaft bei Zu- u. Verkäufen, im Ausland auch in Kooperation mit langj. Partnerkanzleien. Bei Familienunternehmen häufig Transaktionen im Umfeld von Umstrukturierungen im Gesellschafterkreis. (6 Eq.-Partner, 3 Sal.-Partner, 2 Associates)
Mandate: ●● IMR Automotive, u.a. bei Kauf von FPK Peine aus Insolvenz; Aquafil bei Kauf eines Wettbewerbers; Finanzinvestor bei Kauf von Kfz-Niederlassungen; Ingenieurgesellschaft bei Beteiligung an Dienstleister.

HENGELER MUELLER
M&A

Bewertung: Eine für M&A führende Kanzlei, die einmal mehr ihre Poleposition bei inl. M&A-Arbeit für führende Bluechip-Mandanten behaupten kann. Sei es für Siemens, Dürr oder Bertelsmann, es ist keine Überraschung, wenn HM als Beraterin bei den Top-Deals auftritt. Und kaum ein Wettbewerber bezweifelt, dass Hengeler diese Position auch mit der nächsten Anwaltsgeneration halten kann. Doch ist dies immer weniger der Maßstab für den Erfolg an der Marktspitze. Die Herausforderung besteht vielmehr darin, die Rolle von dt. Corporate-Anwälten inhaltlich zu erweitern, um auf die Tatsache zu reagieren, dass nationale Rechtsordnungen im internat. Markt nach u. nach an Bedeutung verlieren. Dies bedeutet, dass Hengeler sich das Image einer rein inl. Praxis nicht mehr leisten kann. Ohne Frage gibt die zentrale Rolle der dt. Wirtschaft innerhalb Europas bei dieser Verschiebung der Praxis Rückenwind. Aber genau wie bei Freshfields braucht es Transaktionsanwälte, die auf dem internat. Parkett zuhause sind u. Deals lenken können, die möglicherweise nur sehr wenig Bezug zum dt. Recht haben. Hengeler kennt im Vergleich zu anderen Kanzleien noch immer eher wenig Eingriffe des Managements, doch es sind die HM-Partner, die darauf reagiert haben. Dabei hat HM wie der Markt insgesamt von der Rückkehr US- u. asiat. Investoren in den dt. Markt profitiert. Jap. Mandanten waren besonders visibel u. das neue chin. Büro zeigt langsam Wirkung – interessanterweise outbound ebenso wie inbound. Signifikant ist aber eben v.a. die häufigere Begleitung dt. Unternehmen im Ausland. HM ist dabei auf neues Territorium vorgedrungen. Als letzten Puzzlestein baut HM gemeinsam mit ihren Best-Friend-Kanzleien gemeinsame Branchengruppen auf, die nicht nur Know-how austauschen, sondern sich aktiv vermarkten. In dieser Hinsicht ist die Sozietät durchaus vergleichbar mit einigen integrierten Kanzleien.
Stärken: Hervorrag. Partner, die eine Vielfalt an Spitzenmandaten, Asset-Klassen u. Transaktionsgrößen betreuen. Niedrige Leverage u. hoher Partnereinsatz. Mandanten betonten häufig ein gutes Preis-Leistungs-Verhältnis.
Entwicklungsmöglichkeiten: Die weiterreichende Vernetzung von HM u. ihren Best-Friend-Kanzleien im grenzüberschr. M&A-Markt wird der entscheidende Faktor dafür sein, welche Rolle Hengeler künftig spielt – wobei solche Verbindungen nicht unbedingt eine feste Form annehmen müssen. Vieles spricht dafür, dass für Mandanten die Art der Organisation nicht wichtig ist, solange die grenzüberschr. Zusammenarbeit funktioniert. Die Messlatte wird aber Jahr für Jahr höher gelegt u. HM muss beweisen, dass ihr unbürokrat. Ansatz für Mandanten weiterhin Vorteile hat.
Häufig empfohlen: Dr. Hans-Jörg Ziegenhain („ihn braucht man in schwierigen Verhandlungen, wenn es um viele widerstreitende Interessen geht", Mandant), Dr. Maximilian Schiessl („exzellenter Brückenkopf zu den Partnerkanzleien im Ausland", Mandant), Dr. Christof Jäckle („jetzt der Elder Statesman in Frankfurt", Wettbewerber), Dr. Reinhold Ernst, Dr. Matthias Hentzen, Thomas Müller („Top-Anwalt, insbes. für Deals mit Immobilienkomponenten, sehr zupackend", Mandant), Dr. Peter Weyland („sehr professionell, kennt jede Ecke des Dealablaufs", Mandant), Dr. Christian Möller, Prof. Dr. Jochen Vetter, Dr. Daniela Favoccia („harte, beeindruckende Verhandlerin", Wettbewerber), Dr. Emanuel Strehle („sympathisch, vielseitig u. sehr gut in München vernetzt", Wettbewerber), Dr. Albrecht Conrad, Dr. Joachim Rosengarten, Thomas Meurer, Dr. Bernd Wirbel, Dr. Karsten Schmidt-Hern, Dr. Daniel Wiegand („ausgewiesener Kenner des Markts u. neuester Entwicklungen", Wettbewerber), Dr. Johannes Adolff, Dr. Oliver Rieckers („pragmatisch u. lösungsorientiert", Wettbewerber), Dr. Georg Frowein („professionell, fachl. exzellent u. kollegial", Wettbewerber), Dr. Nicolas Böhm („hoch kompetent u. durchsetzungsstark", Wettbewerber)
Kanzleitätigkeit: Hochkarätige M&A-Arbeit, Konzentration auf dt. Bluechip-Firmen, aber auch starke internat. Verbindungen. Auch führend in ▶Gesellschaftsrecht. Untersch. Charaktere der Büros gleichen sich an (vorher D'dorf industriebezogen, Ffm. mit guten Kontakten zu Investmentbanken). (Corporate insges.: 52 Partner, 4 Counsel, 85 Associates)
Mandate: ●● VTG bei Kauf von AAE Ahaus Alstätter Eisenbahn Holding; Siemens bei Verkauf der Beteiligung an BSH Hausgeräte u. Verkauf Audiology Solutions; Bertelsmann bei vollst. Übernahme von Gruner + Jahr; Recruit bei Kauf von Quandoo; Dürr bei Beteiligung an Homag; IBM Dtl. bei Kauf des IT-Geschäftsbereichs von Lufthansa; KKR bei Verkauf der 74,9%igen Versatel-Beteiligung an United Internet; Ineos Holdings bei Beteiligung an Styrolution; Dong bei Verkauf von 50% an Gode Wind 2; RWE im Zshg. mit Verkauf von Dea.

HERBERT SMITH FREEHILLS
M&A

Bewertung: Die für M&A geschätzte Praxis machte im 2. vollen Jahr nach dem dt. Markteintritt weitere Schritte. Nach dem Zugang Hamanns von Freshfields kam im Mai 2015 aus dem angesehenen Team von Sullivan & Cromwell ein jüngerer Anwalt als Partner, der die bisherige Praxis durch wichtige Erfahrung an der Schnittstelle zum Kapitalmarktrecht ergänzt. Ein Höhepunkt war die Arbeit für Tui Travel, wo HSF eine Hauptrolle bei einem der komplexesten u. meistbeachteten Deals des Jahres spielte.
Häufig empfohlen: Dr. Nico Abel, Dr. Ralf Thaeter, Dr. Dirk Hamann
Kanzleitätigkeit: Schwerpunkte v.a. bei Immobiliendeals. Zudem lfd. für Private-Equity-Häuser. Überdies beriet das auf internat. Arbeit ausgerichtete Corporate-Team regelm. zusammen mit den Büros in Paris u. London. (4 Partner, 1 Counsel, 1 of Counsel, 7 Associates)
Mandate: ●● Tui Travel bei Zusammenschluss mit Tui AG; Johnson Matthey bei Kauf der Clariant-Energy-Storage-Sparte; chin. Solarausrüster bei Kauf eines dt. Wettbewerbers; rhein. Kunststoffverarbeiter, u.a. bei Kauf eines osteurop. Fensterprofilhändlers.

HEUKING KÜHN LÜER WOJTEK
M&A

Bewertung: Die für M&A häufig empfohlene Praxis gewann wie auch das Team für Gesellschaftsrecht an Schlagkraft. V.a. der Einstieg des Stuttgarter GSK-Teams, das auf beiden Feldern sehr aktiv ist, brachte neue Mandanten wie etwa Krones mit. Für das GSK-Team liegt der Gewinn neben weiteren Beziehungen zur klass. Heuking-Stammklientel v.a. in mehr Zugang zu kapitalmarktnahen Transaktionen u. weiteren Kontakten zu Investoren. Inzw. zahlen sich auch Investorenkontakte eines im Vorjahr von Weil Gotshal geholten Münchner Restrukturierungspartners aus. Transaktionen mit ▶Restrukturierungs-/Sanierungshintergrund bleiben weiter eine Säule der Praxis, ebenso Deals im ▶Energiesektor. In Frankfurt, einem der eher weniger visiblen Heuking-M&A-Standorte, holte sie für den Aufbau des dt.-türk. Geschäfts Dr. Ali Sahin von Paul Hastings. Dort ging indes auch ein Partner, der auf technologielastige Deals spezialisierte Adi Seffer.
Stärken: Vielfältige u. branchenorientierte Transaktionspraxis.
Häufig empfohlen: Dr. Hans Gummert, Dr. Andreas Urban, Dr. Mirko Sickinger, Dr. Wolfgang Kühn, Dr. Stefan Duhnkrack, Prof. Dr. Georg Streit, Dr. Pär Johansson, Boris Dürr, Dr. Günther Bredow
Kanzleitätigkeit: Transaktionsberatung v.a. für mittelständ. Unternehmen u. teils Konzerne, insbes. in den Branchen Transport u. Logistik, maritime Wirtschaft, Industrie (v.a. Anlagen- u. Maschinenbau), Automotive, Energie, Medien, Informationstechnologie, Private-Equity-Investoren. Innerh. des internat. Netzwerks World Services Group aktiv für in- u. ausl. Finanzinvestoren, daneben weitere nicht exklusive Kanzleikontakte. China-Desk in HH u. Brasilien-Desk in Ffm. (61 Eq.-Partner, 23 Sal.-Partner, 1 Counsel, 44 Associates)
Mandate: ●● Lloyd Fonds bei Kauf von 11 Schifffahrtsgesellschaften; Chorus bei Kauf der Onshorewindparks Kemberg III u. Sontra; Jungheinrich bei Kauf von Mias; Krones bei Kauf von Triacos Consulting; BSN Medical bei Kauf von Sorbion; Westgrund bei Kauf durch Adler Real Estate; Equity Consulting bei Verkauf von Rege; Odewald bei Murmann Beteiligungs GmbH bei Kauf von Profilator; Bezirksmolkerei Ansbach bei Beteiligung an Omira; Usu Software bei Kauf von Securintegration; Simpack-Gesellschafter bei Anteilsverkauf an Dassault.

HEYMANN & PARTNER
M&A

Bewertung: In der für M&A geschätzten Kanzlei lastete eine Reihe von Deals das kleine Team um den Namenspartner aus, wie etwa die Beratung von Actuate oder AstraZeneca. Die enge Zusammenarbeit mit dem ▶IT-Team prägt das Geschäft, so vertraute auch die Lufthansa mit der Aufspaltung von Lufthansa Systems auf sie. Mit diesem technolog. Know-how sichert sich die Kanzlei eine Nische, die nur wenige beherrschen.

M&A

Stärken: Jahrelanges Know-how bei Technologietransaktionen u. enge Verbindungen zu ▶Private-Equity-Gesellschaften.
Häufig empfohlen: Thomas Heymann, Dr. Henning Bloß
Kanzleitätigkeit: Vielfältige Praxis mit oft hohen Dealvolumina. (3 Partner, 1 Counsel, 3 Associates)
Mandate: ●● Lufthansa bei Aufspaltung von Lufthansa Systems; Actuate bei Kauf der Legogo; AstraZeneca bei Kauf von Almirall Sofotec; Dufry bei Kauf von World Duty Free; Jost Werke bei Kauf von Trailer Axle Systems von Daimler; Platform Specialty Products bei Kauf von Chemtura Agrosolutions.

HOFFMANN LIEBS FRITSCH & PARTNER
M&A

Bewertung: Empfohlene Kanzlei für M&A, die ihre Basis an Stammmandanten im Mittelstand vergrößern konnte. Auch die Inboundinvestitionen aus Fernost, v.a. aus China, haben angezogen, noch dazu schaffte es die Sozietät auf die Beraterlisten einiger Konzerne für Mid-Cap-Arbeit. Das zeigt, wie es HLFP langsam gelingt, bei Mandanten Fuß zu fassen, die ursprüngl. nur in anderen Praxisbereichen auf die Kanzlei setzten. Am wichtigsten ist jedoch, dass eine jüngere Partnergeneration mit internat. Kontakten in den Vordergrund rückt, allen voran Bergau, Neumeuer u. Kaiser.
Stärken: Grenzüberschr. Transaktionen, u.a. aus China u. GB. Kapitalmarkt- u. aktienrechtl. Expertise.
Häufig empfohlen: Dr. Torsten Bergau, Norbert Bröcker, Claus Eßers („absolut verlässlich u. sehr erfahren", Mandant), Dr. Björn Neumeuer, Daniel-Sebastian Kaiser („immer engagiert bei M&A-Projekten in Fernost", Mandant)
Kanzleitätigkeit: Mandantschaft v.a. aus den Branchen Chemie, Metallverarbeitung, IT, Banken u. Automobilzulieferer. Stetiger Fluss an kl. bis mittelgr. Deals. (7 Partner, 3 Associates)
Mandate: ●● Thermos u. King Warm Investments bei Kauf von Alfi; Dewi21 bei Kauf eines Windparkprojekts; RheinEnergie bei Kauf von Windpark; Funke Mediengruppe bei Kauf von Joblocal; Trum bei MBO-Verkauf einer Tochter; Paul Kauth bei Kauf von Mauro Automotive aus Insolvenz.

HOGAN LOVELLS
M&A

Bewertung: Nach den personell meist turbulenten Vorjahren kehrte bei der für M&A häufig empfohlenen Praxis Ruhe ein. HL hat sogar wieder zeigen können, dass sie auch attraktiv für prominente Seiteneinsteiger sein kann: der Wechsel des erfahrenen Transaktionsrechtlers Dr. Matthias Jaletzke von Skadden war daher signifikant. So konnte sich die Praxis mit voller Kraft dem weiteren Praxisausbau u. der Branchenfokussierung widmen. Besonders visibel bleibt HL im Finanzdienstleistungssektor, wo sie mit den beiden Abwicklungsanstalten FMS u. EAA unter Führung des für sie Arbeit von Wettbewerbern oft gelobten Partners Brandi Mandanten begleitet, um die sie manche Praxis beneidet. Sehr präsent war HL zudem in den Branchen Energie u. Versicherung. Im Vergleich mit Wettbewerbern auf Augenhöhe fällt jedoch insges. eines auf: Bei Premiumdeals namh. Unternehmen u. v.a. den prägenden Deals des Jahres ist der Anteil der Kanzlei weiter klein. Konkurrenten wie White & Case u. Allen & Overy entwickelten sich diesbzgl. zuletzt dynamischer.

Stärken: Branchenfokussierungen: ▶Unternehmensbez. Versichererberatung, ▶Gesundheit, ▶Energie u. Chemie. Europaweit eng vernetzte Corporate-Gruppe.
Häufig empfohlen: Dr. Andreas Meyer, Dr. Christoph Louven („behält stets den Überblick, ein Verhandlungsfuchs", Wettbewerber), Dr. Volker Geyrhalter, Dr. Tim Brandi („fachl. stark, angenehm im Umgang", Wettbewerber), Dr. Matthias Hirschmann („von seiner Klasse bräuchte es mehr", Wettbewerber), Dr. Nikolas Zirngibl, Jens Uhlendorf, Dr. Matthias Jaletzke
Kanzleitätigkeit: Hamburg: Schwerpunkt auf skand. Investitionen, Energie, Stahl u. Medien; D'dorf: Versicherer u. Chemie; München: Hightech u. Pharma; Frankfurt: Finanzinstitute. (Corporate insges.: 18 Partner, 12 Counsel, 20 Associates)
Mandate: ●● Dt. Telekom bei Kauf von Dt. Sportwetten; Dr. Quendt bei Kauf durch Lambertz; CNP Assurances bei Kauf von irischer Versicherungstochter von Banco Santander; EAA, u.a. bei Verkauf von Darlehensportfolios; FMS Wertmanagement bei Kauf von Depfa; Flixbus bei Fusion mit MeinFernbus; Immobilienscout24 bei Kauf von Stuffle; Kirkbi bei Beteiligung an Minimax; Mapfre bei Kauf von Direct Line Germany u. Italy; PKA (dän. Pensionsfonds) bei Beteiligung an Gode Wind 2; Danfoss bei Einstieg in Joint Venture mit Bosch.

HONERT + PARTNER
M&A

Bewertung: Für M&A geschätztes Team. Für ihre vorw. mittelständ. Klientel war die Kanzlei in gleich mehreren großen Transaktionen unterwegs (z.B. Unternehmerfamilie Strüngmann). Gleichzeitig stemmte H+P erneut zahlr. Transaktionen im Mid-Cap-Bereich, wobei die Teams aus ▶Hamburg u. ▶München eng zusammenarbeiten. So nutzt die Kanzlei ihre vernetzte Expertise im Gesellschafts- u. Steuerrecht optimal aus, wofür sie von Wettbewerbern zuletzt viel gelobt wurde.
Stärken: Kombinierte ▶Gesellsch.rechts- u. ▶Steuerkompetenz.
Häufig empfohlen: Dr. Jürgen Honert („fachl. fundiert, verhandlungssicher", Wettbewerber), Dr. Jochen Neumayer („durchsetzungsstark", Wettbewerber), Sven Fritsche, Dr. Peter Slabschi („erstklassig", Wettbewerber), Dr. Jan-Christian Heins („verhandlungsstark, hohes Verständnis für wirtschaftl. Belange des Mandanten, sehr guter Jurist", Wettbewerber), Dr. Arnd Weisner („geschätzter Transaktionsanwalt", Wettbewerber)
Kanzleitätigkeit: Kombinierte gesellschafts- u. steuerrechtl. Beratung großer Mittelständler oft mit internat. Themen. Auch Private-Equity-Häuser u. Fondsinitiatoren. (7 Partner, 7 Associates)
Mandate: ●● Unternehmerfamilie Strüngmann bei Coinvestment Siemens Hörgeräte; Vincitag bei Kauf von Hochtief Property Management; Gesellschafter Suppremol bei Unternehmensverkauf; Private-Equity-Fonds bei Verkauf; Reederei bei Verkauf von Tochterunternehmen.

JONES DAY
M&A

NOMINIERT
JUVE Awards 2015
Kanzlei des Jahres für M&A

Bewertung: Häufig empfohlene M&A-Praxis. Der erfolg. Ausbau der letzten Jahre hat sich gelohnt: Die gepl. Übernahme von K+S durch den kanad. Wettbewerber Potash hätte JD noch vor 2 Jahren kaum stemmen können. Nun kamen die dt. Anwälte dank einer Kombination aus guten US-Kontakten, der übernahmerechtl. Expertise insbes. Perlitts u. der Transaktionserfahrung des Teams um Ansgar Rempp in ein Mandat, das auch die führenden Corporate-Praxen geschmückt hätte. Beim Mahle-Delphi-Deal spielten ebenfalls JDs Erfahrung mit transatlant. Deals, aber auch die Teambreite in Dtl. eine Rolle. Zudem haben etl. Neuzugänge der letzten Jahre eigene Schwerpunkte entwickelt, so etwa Brauer in D'dorf mit Asien-Deals oder Grzimek in Ffm. im Private-Equity-nahen Bereich. Die Schnittstelle zu Restrukturierungen ist nach mehreren Partnerabgängen in Ffm. allerdings weitgehend verwaist.
Stärken: Globale Reichweite mit außergewöhnl. starker US-Praxis.
Häufig empfohlen: Ansgar Rempp, Sandra-Christine Kamper, Ivo Posluschny, Adriane Sturm, Dr. Ulrich Brauer, Johannes Perlitt, Dr. Philipp Grzimek
Kanzleitätigkeit: Viel grenzüberschr. Transaktionen, häufig mit US- u. Europa-, zunehmend auch Asien-Bezug; auch innerdt. Tätigkeit für dt. Konzerne. (16 Partner, 4 Counsel, 8 Associates, 5 of Counsel)
Mandate: ●● Potash bei Übernahmeangebot für K+S; Mahle bei Kauf von Delphi Thermal; DAB Bank bei Kauf durch BNP Paribas; Polypore bei Verkauf an Asahi Kasei; DPD GeoPost bei Kauf von DPD Systemlogistik; Orad Hi-Tec Systems bei Kauf durch Avid Technologies; Powerflute bei Kauf von Corenso; ENN bei Verkauf von Solarparks in Dtl., Italien u. USA; EdF bei strateg. Transaktion zu Kontrolle über Edison.

K&L GATES
M&A

Bewertung: Für M&A empfohlene Praxis, insbes. für Mid-Cap-Deals dt. Konzerne. Continental ist seit Jahren ein prom. Mandant, zuletzt kam auch mehr Geschäft aus dem breiten ww. Netzwerk. Die Deals für Microsoft bzw. Bill Gates aus dem starken Büro in Seattle waren ein wichtiger Schritt. Das Team hat inzw. eine so ausgewogene Altersstruktur, dass wenig Bedarf für Verstärkung auf Senior-Associate-Ebene oder durch jüngere Partner besteht. Die Entwicklung, die Banke seit seinem Wechsel von Cleary letztes Jahr gezeigt hat, ist eindrucksvoll. Kaum jemand hatte erwartet, dass er in der Lage sein würde, Mandanten wie EdF mitzunehmen.
Stärken: Grenzüberschr. Transaktionen; starke Büros an der Westküste der USA.
Häufig empfohlen: Dr. Thomas Lappe, Dr. Mathias Schulze-Steinen, Andreas Füchsel, Klaus Banke
Kanzleitätigkeit: Stark internat. aufgestellte Praxis mit Fokus auf Mid-Cap-Deals, auch etabliert bei einigen dt. Konzernen. (11 Partner, 12 Associates)
Mandate: ●● Microsoft bei Kauf von 6 Wunderkinder sowie von Codenauts; Bill & Melinda Gates-Foundation bei Kauf von CureVac (aus dem Markt bekannt); Verivox bei Kauf von Toptarif Internet von Holtzbrinck; Sulzer bei Kauf von aixfotec.

KING & WOOD MALLESONS
M&A

Bewertung: Für M&A empfohlene Praxis. Im Vordergrund steht derzeit der Ausbau grenzüberschreitender Arbeit, v.a. im asiat.-pazif. Geschäft. Entspr. dem hinzugewonnenen Netzwerk liegt aktuell ein Schwerpunkt auf dem Inboundgeschäft

● Referenzmandate, umschrieben
●● Referenzmandate, namentlich

Anwaltszahlen: Angaben der Kanzleien, wie viele Anwälte zu mind. ca. 50% in diesem Gebiet tätig sind. Sie spiegeln nicht zwingend die Gesamtgröße einer Kanzlei wider.

aus China. Daneben erweiterte KWM auch das Geschäft mit angloamerik. Mandanten, wie z.B. die erneute Mandatierung durch TransDigm unterstreicht. Demggü. verblasst in der Außenwirkung etwas das durchaus ansehnl. Geschäft im heimischen Markt, das u.a. durch den Gewinn einer Mediengruppe als neue Mandantin vorankam.

Stärken: Über die ▶Private-Equ.-u.-Vent.-Capital-Praxis guter Zugang zu strateg. Investoren. Hervorragendes asiat. Netzwerk.

Häufig empfohlen: Dr. Christoph Brenner, Dr. Julian Lemor

Kanzleitätigkeit: Mischung aus Beratung des dt. Mittelstands u. grenzüberschr. Deals für gr. Industrie- u. Dienstleistungsunternehmen. Starke asiat.-pazif. Achse. Daneben oft für Portfoliounternehmen von Private-Equity-Häusern tätig. (8 Partner, 3 Counsel, 8 Associates)

Mandate: ●● TransDigm bei Kauf von Telair; Monotype Imaging bei Kauf von Fontshop; Gesellschaft für Warenwirtschaftssysteme bei Kauf von Systemhaus; ABL-Technic bei Kauf von C&T Technics.

KIRKLAND & ELLIS
M&A

Bewertung: Für M&A empfohlene Kanzlei, die für strateg. Investoren ebenso wie für Private-Equity-Unternehmen tätig ist. Zuletzt war v.a. die Nachfrage der Strategen stärker v. die Münchener Anwälte arbeiteten zudem an den dt. Aspekten ww. Transaktionen. Einen echten inl. Corporate-Mandantenstamm hat K&E bisher kaum, doch das könnte sich mit dem Wechsel des renommierten Transaktionsanwalts Kirchner ändern (von Latham). Neben seinem exzellenten Private-Equity-Trackrecord beriet er auch Siemens bei einer Reihe von Transaktionen.

Stärken: Schnittstelle von ▶Restrukturierung/Sanierung u. M&A bei notleidenden Deals.

Häufig empfohlen: Volker Kullmann, Dr. Jörg Kirchner

Kanzleitätigkeit: Trad. starke ▶Private-Equity-Mandantenbasis, z.T. Beratung strateg. Investoren, häufig – bei Engagements ausl. Investoren in Dtl. – von der großen internat. Praxis vermittelt. (6 Partner, 8 Associates)

Mandate: ●● S.C. Johnson & Son bei Verkauf von Anteil am Joint Venture Cofresco Frischhalteprodukte; Taminco bei dt.-rechtl. Aspekten des Kaufs durch Eastman Chemical Company; Baxter Internat. bei Kauf von Suppremol; Pfizer bei dt.-rechtl. Aspekten des Kauf des Impfstoffportfolios von Baxter International.

KPMG LAW
M&A

Bewertung: Für M&A empfohlene Praxis, v.a. für Mid-Cap-Deals. Es fällt auf, dass die selbstakquirierten Deals der Partner immer prominenter werden – bislang ungenutztes Potenzial liegt überraschenderweise eher in der Vernetzung mit den anderen KPMG-Beratungsdisziplinen. KPMG hat sich entschlossen, organischer zu wachsen als die Rechtsberatungsarme der anderen WP-Gesellschaften u. glaubt fest an ihre eigene jüngere Generation. Dass der junge Partner Peschke mit seiner eigenen Branchenspezialisierung im Handelsbereich neben den etablierten Partnern immer visibler wird, ist darum ein wichtiger Schritt.

Stärken: Enge u. internat. Verbindung zu Steuer- u. weiteren Beratungsarmen der WP-Kanzlei.

Entwicklungsmöglichkeiten: Anders als ihre Wettbewerber darf KPMG aus regulator. Gründen keine Partnerkanzlei in den USA haben, was eine vernetzte transatlant. Praxis unmögl. macht. Einzelne Partner haben ihre eigenen Kontakte, doch das Fehlen institutioneller Verbindungen ist ein enormer Nachteil, v.a. in einem florierenden M&A-Markt.

Häufig empfohlen: Dr. Volker Balda, Maximilian Gröning, Dr. Thomas Peschke

Kanzleitätigkeit: Fokussierung auf mittelgr. M&A-Deals. Die Anwälte sind auf mehr als ein Dutzend Büros verteilt, Schwerpunkte der M&A-Praxis sind aber Ffm. u. D'dorf. (Corporate insges.: 12 Eq.-Partner, 17 Sal.-Partner, 38 Associates)

Mandate: ●● Modine Europe bei Verkauf des Betriebsteils Windkanal an Porsche; Hydro Systems bei gepl. Kauf eines brit. Unternehmens; Gesellschafter Maschinenbaubetriebe Neugersdorf bei Verkauf an Indus; Novoferm Europe bei Kauf von Alpha Deuren.

KÜMMERLEIN
M&A

Bewertung: Die empfohlene M&A-Praxis der Ruhrgebietskanzlei zeigte sich nach einem ruhigen Jahr zuletzt wieder dynamischer. Personelle Verstärkung kam mit einem Freshfields-Associate, der sogleich die belg. Etex-Gruppe als Mandantin gewann u. beim Verkauf einer dt. Tochter begleitete. Das zeigt auch, dass die Kanzlei ihrer jüngeren Anwaltsriege Raum lässt, um im Markt Fuß zu fassen. Ausgebaut hat sie die M&A-Beratung für den Hochtief-Konzern. Darüber hinaus konnte Kümmerlein einige lfd. Mandanten bei Transaktionen begleiten.

Stärken: Langj. Mandantenstamm im ▶Ruhrgebiet.

Kanzleitätigkeit: Beratung des Mittelstands, Konzerne bei mittelgr. Transaktionen u. zunehmend Transaktionen mit Auslandsbezug. (Corporate insges.: 14 Partner, 7 Associates)

Mandate: ●● Etex bei Verkauf von Eternit Flachdach; Hersteller von Fördersystemen bei Unternehmensverkauf; Zukäufe für Hochtief, Pensionskassen u. Versorgungswerke.

KUHN CARL NORDEN BAUM
M&A

Bewertung: Die für M&A geschätzte ▶Stuttgarter Kanzlei profitierte zuletzt wie viele Wettbewerber von anziehenden Transaktionsgeschäft. Zahlr. Mandanten aus dem gehobenen Mittelstand begleitete KCNB bei Zukäufen im Ausland – über ihr loses, aber eingespieltes Netzwerk mit ausl. Kanzleien. Zudem konnte sie die Beziehungen zu einigen Mandanten, v.a. aus der Automotivebranche vertiefen, die sie dank ihrer ausgewiesenen Prozessexpertise auch in Post-M&A-Streitigkeiten begleitet.

Häufig empfohlen: Dr. Marcus Baum

Kanzleitätigkeit: Starke Position im regionalen, oft grenzüberschr. tätigen Mittelstand. (5 Partner, 4 Associates)

Mandate: ● Div. Maschinen- u. Anlagenbauer bei Zukäufen; dt. Mittelständler bei Joint Venture in Italien; Familienunternehmen u. Gesellschafter zu Nachfolgefragen.

LATHAM & WATKINS
M&A

Bewertung: Häufig empfohlene M&A-Praxis, die mit Siemens/Dresser-Rand u. dem Delphi-Spartenverkauf 2 der bedeutendsten Transaktionen des Jahres begleitete. L&W demonstrierte zugleich, wie sehr die enge Zusammenarbeit mit den US-Büros zur Marktdurchdringung in Dtl. beiträgt. Zugleich verbreiterten gerade die D'dorfer ihre Industriekontakte u. kamen bei Akteuren wie Funke oder Tengelmann neu ins Mandat. Unter dem Strich steht das Team auch personell gestärkt da: Von Clifford Chance konnte L&W mit Felsenstein u. Hesse 2 prominente Private-Equity-Anwälte für sich gewinnen, die auch die Kapazitäten der M&A-Praxis wirkungsvoll ergänzen. Kurz darauf verabschiedete sich allerdings mit Dr. Jörg Kirchner einer der prominentesten Transaktionsspezialisten der dt. Praxis, der sich über die Jahre insbes. um die Siemens-Beziehung verdient gemacht hatte; er verstärkt nun das Münchner Büro von Kirkland & Ellis. Zu Weil Gotshal wechselte Dr. Volkmar Bruckner.

Stärken: Hervorragende Gruppe von Transaktionsanwälten, die häufig auch in Private Equity aktiv sind.

Entwicklungsmöglichkeiten: Die Zu- u. Abgänge der letzten Zeit hinterlassen einen zwiespältigen Eindruck. Zwar hat L&W gezeigt, dass sie – im Gegensatz zu manchen ihrer Wettbewerber – hochkarät. Quereinsteiger locken kann. Die Kanzlei wird allerdings abwägen müssen, ob sie auf dem Weg hin zu noch höherwertigem Geschäft ihre bisher von breitem Konsens geprägte Kultur zur Disposition stellen u. weitere Personalverluste riskieren will.

Häufig empfohlen: Dr. Dirk Oberbracht, Dr. Henning Schneider, Dr. Hans-Jürgen Lütt, Dr. Stefan Widder, Dr. Wilhelm Reinhardt, Rainer Wilke, Dr Harald Selzner, Dr. Martin Neuhaus, Dr. Holger Iversen, Oliver Felsenstein, Burc Hesse

Kanzleitätigkeit: Branchenschwerpunkte in ▶Gesundheit, bei Finanzdienstleistern, ▶Energie, Medien. Starke ▶Private-Equ.-u.-Vent.-Capital-Praxis. Tiefe Wurzeln im norddt. Markt. Das Münchner Büro ist neben Private Equity zunehmend auch für strateg. Mandanten aktiv. (19 Partner, 4 Counsel, 34 Associates, 1 of Counsel)

Mandate: ●● Siemens bei Kauf von Dresser-Rand; Tengelmann bei gepl. Verkauf von Kaiser's Tengelmann; Cerner bei Kauf der Health-Services-Sparte von Siemens; Delphi bei Verkauf von Delphi Thermal; Rhön-Klinikum zu Aktienrückkaufangebot; Fosun bei Beteiligung an Tom Tailor; Crédit Suisse zu Übernahmeangebot Dt. Annington für Gagfah; Frankfurter Sparkasse, Sparkasse KölnBonn u. Düsseldorf bei Verkauf von Corpus Sireo; Ampco Metal bei gepl. Kauf eines dt. Wettbewerbers.

LEO SCHMIDT-HOLLBURG WITTE & FRANK
M&A

Bewertung: Über ihre Kontakte zu v.a. ▶Hamburger Familienunternehmen u. Beteiligungsgesellschaften bringt sich die für M&A geschätzte Kanzlei bei kleinen u. mittelgr. Transaktionen ins Spiel. Besonders komplex war zuletzt die Tätigkeit für ein Medizintechnikunternehmen beim Ausstieg eines Dax-Unternehmens. Mit ihrem Boutiquenansatz positioniert sich die Kanzlei zudem oft als Beraterin des Managements bei MBOs u. Wiederbeteiligungen.

Stärken: Starke internat. Kontakte (GB, USA, Skandinavien).

Häufig empfohlen: Hubertus Leo („erfahren u. pragmat.", Wettbewerber), Dr. Andreas Witte, Dr.

M&A

Tom Frank („zuverlässig u. kompetent im M&A", Wettbewerber)
Kanzleitätigkeit: Schwerpunkt im Technologiesektor sowie in den Branchen Verlage u. Handel. Oft Beratung von Managern bei MBOs sowie bei Immobilien- u. Venture-Capital-Deals. Zudem arbeitsrechtl. Restrukturierungsberatung vor u. nach Transaktionen. (4 Partner, 1 Associate)
Mandate: ●● Gesellschafter von Polytech-Domilens zu Buy-out; Vivum bzgl. 2er neuer Projekte in Berlin; Medizintechnikunternehmen, u.a. bei Verkauf; dän. Logistikunternehmen bei MBO einer Tochter; Druck- u. Verlagshaus bei Kauf eines Wettbewerbers.

LINKLATERS
M&A

Bewertung: Eine führende M&A-Praxis, die erneut massive Präsenz bei großen u. komplexen, oft internat. Transaktionen zeigte. Dabei stand keineswegs mehr nur die seit Langem etablierte Generation um Wollburg, Hoenig u.a. im Vordergrund. Nach Traugotts Durchbruch mit den Siemens-Mandaten im Vorjahr stand nun Drebes beim Tank-&-Rast-Deal im Rampenlicht. An diesem Mandat ließ sich beobachten, wie gut die Verbindung zum Londoner Büro funktioniert – der Kontakt zur Verkäuferin Terra Firma wurde urspr. dort geknüpft. Paschos u. Illert brachten gleich mehrere Deals für Stammmandantin Dt. Börse über die Bühne u. sind nun auch bei Bayer u. E.on als zentrale Corporate-Partner etabliert. Insges. ist eine Verlagerung der zentralen Mandantenbeziehungen auf die jüngeren Partner spürbar, die von der Qualität dieser Generation zeugt, aber auch den strateg. Weitblick des Managements unterstreicht.
Stärken: Vernetzung von M&A u. Gesellschaftsrecht, viel Erfahrung mit öffentl. Übernahmen. Starke Präsenz in der Banken- u. Versicherungsbranche, guter Trackrecord in Infrastrukturdeals (▶Private Equ. u. Vent. Capital). Grenzüberschr. M&A-Arbeit, v.a. Inbound.
Entwicklungsmöglichkeiten: Bei US-Konzernen ist Linklaters bislang relativ wenig präsent, auch wenn einzelne Partner in den letzten Jahren transatlant. Deals begleiteten, etwa für Dt. Börse oder ThyssenKrupp. Ironischerweise machten zuletzt gerade Kanzleien wie Gleiss Lutz vor, wie sich teils über Best-Friend-Kanzleien, teils über Investmentbanken aufgebaute US-Kontakte für Großtransaktionen nutzen lassen. Freshfields verstärkte unterdessen ihre eigene US-Präsenz mit namh. Quereinsteigern. Linklaters hätte hier noch beachtl. Potenzial, einen stringenten, gemeins. Auftritt mit dem brit. Mutterhaus vorausgesetzt.
Häufig empfohlen: Dr. Ralph Wollburg, Wolfgang Sturm, Achim Kirchfeld, Dr. Nikolaos Paschos („technisch über jeden Zweifel erhaben, in Verhandlungen bestechend durch Ruhe, Kompetenz u. Sachlichkeit", Mandant über beide), Dr. Rainer Traugott („hervorragender Verhandler, sehr gute Truppe im Hintergrund, die schnell u. zuverlässig liefert", Mandant), Dr. Klaus Hoenig, Ulrich Wolff, Peter Erbacher, Dr. Rüdiger Thiele, Dr. Wolfgang Krauel („sehr hilfs- u. einsatzbereit im Deal, jederzeit erreichbar – ein Top-Dienstleister", „gut vernetzt mit Transaktionsanwälten in Ländern außerhalb EU", Mandanten), Dr. Thomas Nießen, Hans-Ulrich Wilsing, Dr. Tim Johannsen-Roth, Dr. Ralph Drebes, Staffan Illert („hat sich hervorragend bewährt", Mandant)
Kanzleitätigkeit: Stark auch in ▶Restrukturierung/Sanierung u. ▶Gesellsch.recht. Neben den bish. Schwerpunkt von Transaktionen für ausl. Investoren in Dtl. ist die Arbeit für einheim. Großmandanten getreten. Gewisser Branchenfokus auf ▶Energie, ▶Unternehmensbez. Versichererberatung, Automobil, Konsumgüter, Maschinenbau, Informationstechnologie u. Banken. (25 Partner, 5 Counsel, 78 Associates, 3 of Counsel)
Mandate: ●● Terra Firma u. Dt. Bank RREEF bei Verkauf von Tank & Rast; Dt. Börse bei Kauf von 360T, Stoxx u. Indexium; Holcim bei Asset-Tausch mit Cemex; Athene Holding bei Kauf des Dtl.geschäfts von Delta Lloyd; Suzlon Energy bei Verkauf von Senvion; LetterOne bei Kauf von RWE Dea; EAA bei Verkauf von Westimmo; Ajinomoto bei gepl. Kauf von Wild Flavors; GLS Dtl. bei Verkauf von DPD Systemlogistik; ThyssenKrupp zu Verkauf von US-Stahlwerk; Continental bei Kauf span. u. poln. Töchter von Mecaseat.

LUTHER
M&A

Bewertung: Die für M&A empfohlene Kanzlei ist bei Deals im Mid-Cap-Bereich u. im Gesundheitswesen fest im Sattel. Nach Jahren der personellen Veränderungen kehrte zuletzt Ruhe ein, sodass Raum für Integration blieb. Über Zugänge im D'dorfer Büro begleitete die Kanzlei Deals mit China-Bezug. Erste Erfolge (auch im ▶Gesellsch. recht) stellten sich auch bei neuen Mandanten ein, so setzte sich Luther auf die M&A-Beraterliste eines Onlinehandelskonzerns durch. Aufgr. ihrer günstigen Kostenstruktur könnten gerade Mid-Cap-Deals künftig der Schlüssel zu größeren Konzernen sein.
Stärken: Beratung der öffentl. Hand u. des Mittelstands, auch mit internat. Bezug.
Häufig empfohlen: Dr. Axel Zitzmann, Dr. Carsten Beisheim, Dr. Thomas Kuhnle, Dr. Thomas Halberkamp, Thomas Weidlich, Dr. Ulrich Philippi, Detlev Stoecker
Kanzleitätigkeit: In ▶Gesellsch.recht u. M&A wird an allen Standorten beraten, Fokus in D'dorf auf Energie, in Essen u. Stuttgart insbes. auf den Mittelstand. Auf internat. Ebene gute Zusammenarbeit mit eigenen Auslandsbüros (insbes. Singapur) u. mit befreundeten Kanzleien. (24 Partner, 33 Associates, 1 of Counsel)
Mandate: ●● Altice zu Kauf von SFR; ComCave zu Verkauf der Beteiligung an Gilde; Getreide-AG bei Verkauf des Landhandelsgeschäfts; Heinekingmedia zu Einstieg von Madsack; Alsco zu Kauf von Larosé; Equus Computer zu Kauf Rimage-Sparte; Transilwrap zu Kauf von MePro; Severn Glocon zu Kauf von A-T Armaturen-Technik u. HP Valve Engineering; Solvay zu Kauf von Flux; FLSmidth Wuppertal zu Kauf von Pfaff; MeBeMe zu Verkauf von AKM3.

MAYER BROWN
M&A

Bewertung: Für M&A empfohlene Kanzlei. Lange hatte MB in Dtl. nur wenig von den immensen US- u. Asien-Praxen profitiert. Dieses Jahr genoss sie jedoch mit Dow u. Fosun eine hohe Auslastung aus dem Netzwerk, hinzu kam die fortdauernde Arbeit für Lone Star. Die dt. Praxis ihrerseits gab ihre Goodyear-Beziehung in die USA weiter – ein wichtiges Zeichen ihrer zunehmenden Stärke. Eben diese bestätigte auch der Wechsel eines erstklass. Corporate-Anwalts in die MB-Riege: Riehmer von Cleary Gottlieb, der zugleich Christof Gaudig als Praxisgruppenleiter ablöste. Weitere Investitionen in Seiteneinsteiger sind zu erwarten, nachdem die dt. MB-Büros bewiesen haben, dass sie einen starken Beitrag zur ww. Praxis der Kanzlei leisten können. Doch es gab nicht nur gute Neuigkeiten. Der Wechsel von Dr. Jörg Wulfken zu PwC war weniger ein Einschnitt für die M&A-Praxis per se als der Verlust eines gut vernetzten Akteurs, der dem M&A-Team bspw. urspr. das Lone-Star-Mandat bescherte.
Stärken: Ww. Netzwerk mit eigenen Büros in Asien.
Häufig empfohlen: Dr. Klaus Riehmer, Dr. Marco Wilhelm (v.a. notleidende M&A)
Kanzleitätigkeit: Internat., vom industriellen Mandantenstamm geprägte Praxis. Schwerpunkt auf investierende ausl. Industriekonzerne. (Corporate: 4 Partner, 2 Counsel, 2 of Counsel, plus Associates)
Mandate: ●● Dow Chemical bei Verkauf von Angus Chemical u. des globalen Natriumborhydridgeschäfts; Fosun Pharma bei Beteiligung an Miacom Diagnostics; Valspar/EPS Europe bei Kauf von Posichem; Jasmar Resort Rügen bei Verkauf an Precise Hotel Collections; Goodyear bei div. Transaktionen.

MCDERMOTT WILL & EMERY
M&A

Bewertung: Die für M&A empfohlene Kanzlei ist für komplexe internat. Deals mit großen Volumina gut aufgestellt. Dass die standortübergreifende Zusammenarbeit inzwischen funktioniert zeigte sich zuletzt bei der Beratung von Signa beim Kauf von Karstadt. Charakteristisch bleibt ihr tiefes Know-how in den Branchen Gesundheit u. Immobilien sowie das Engagement bei grenzüberschr. Transaktionen, teils aus dem Netzwerk (US-Unternehmen in Dtl.) u. teils große Mittelständler aus dem eigenen Mandantenstamm. Zuletzt verstärkte sich die Zusammenarbeit mit dem Pariser Büro weiter, so etwa bei der Beratung des Immobilienunternehmens Colliers International beim Kauf des dt. Geschäftsbetriebs der frz. Aos-Gruppe.
Stärken: Starker Immobilienschwerpunkt in D'dorf, Gesundheitsschwerpunkt in München.
Häufig empfohlen: Dr. Norbert Schulte, Christian von Sydow, Dr. Stephan Rau („genau, schnell, sympathisch", Wettbewerber), Dr. Carsten Böhm, Joseph Marx, Dr. Nikolaus von Jacobs (v.a. Private Equity), Konstantin Günther, Dr. Matthias Kampshoff (v.a. Restrukturierung)
Kanzleitätigkeit: Großer Kreis von US-Mandanten mit Beteiligungen in Dtl., Branchenfokussierung v.a. in ▶Gesundheit, Medien u. ▶Immobilien. Zunehmend ▶Private Equ. u. Vent. Capital. (21 Partner, 2 Counsel, 11 Associates)
Mandate: ●● Signa bei Kauf der Mehrheit an Karstadt Premium u. Karstadt Sport; Mitsubishi Heavy Industries bei gepl. Kauf von Alstom zusammen mit Siemens; US-Automobilzulieferer bei Kauf aus Insolvenz; Strauss Innovation bei Unternehmensverkauf; Lichtbasis Meissner-Spahn bei Anteilsverkauf an Finatem sowie Reinvestition.

MENOLD BEZLER
M&A

Bewertung: Die empfohlene M&A-Praxis der ▶Stuttgarter Kanzlei baut ihre Rolle als Beraterin

● Referenzmandate, umschrieben
●● Referenzmandate, namentlich

M&A

v.a. des gehobenen Mittelstands mit beachtl. Trackrecord zielstrebig aus. Sie entwickelt dabei das internat. Netzwerk weiter u. berät inzw. einen konstanten Dealflow. Über Verbindungen zu Kanzleien in Indien kam z.B. einiges Inboundgeschäft. Immer öfter findet sich die Kanzlei auf Beraterlisten internat. Konzerne wieder. Daneben fasst Wölfle, der im Vorjahr von Gleiss kam, zunehmend Fuß in der Beratung von US-Mandanten. Auch die enge Verbindung zu der frz. Partnerkanzlei Valoris trägt Früchte, obwohl bisher sichtbar mehr Geschäft von Stuttgart aus über den Rhein wandert als von dort zurückkommt.

Stärken: Tief im Mittelstand verwurzelt; Kapitalmarktkompetenz. Gute Indien-Kontakte.

Häufig empfohlen: Dr. Michael Oltmanns („große Beraterpersönlichkeit, umfassendes Fachwissen", Wettbewerber), Dr. Christoph Winkler, Dr. Oliver Schmidt („sehr diplomatisch, guter Verhandler", Mandant), Dr. Andreas Wölfle

Kanzleitätigkeit: Beratung des mittleren bis gr. Mittelstands. Auch Führungskräfte u. Gründer (inkl. MBOs). Gute internat. Kontakte, v.a. nach Indien. (10 Partner, 4 Associates)

Mandate: ●● Manz bei Kauf von Zeiss-Tochter Kleo; BWK bei Kauf der Nestlé-Sparten Alete und Milasan; Meiden Corp. bei Kauf von Tridelta; Aquarion bei Kauf von Hager + Elsässer aus der Insolvenz; Leopold Fiebig bei Kauf einer Betriebsstätte u. Joint Venture; Evalueserve bei Kauf von Beyond Data; Medi1One bei Verkauf an Fresenius Kabi.

MILBANK TWEED HADLEY & MCCLOY
M&A

Bewertung: Häufig empfohlene M&A-Praxis. Axel Springer u. ProSiebenSat.1 sorgen alljährl. für eine Vielzahl von Deals, die häufig auch die hauseigenen Venture-Töchter involvieren. Wettbewerber beneiden Milbank um diese guten Konzernkontakte – Sixt u. FC Bayern sind weitere Bsp. – u. unterstreichen die herausrag. Qualität der Anwälte. Weil das Frankfurter Büro bisher meist im Schatten der Münchner gestanden hatte, war das personelle Wachstum dort besonders signifikant: Nach einer neuen Counsel im Vorjahr kam dort nun der ehem. Leiter der Corporate-Praxis von Clifford Chance, Stengel, dazu, der bereits aufseiten von Metro in die Galeria-Kaufhof-Transaktion eingebunden war. Eine größere Rolle für Corporate-Mandanten als bisher auch dürften künftig auch Kreditfinanzierungsmandate spielen: Ein frisch ernannter Partner ist als Konzernfinanzierungsexperte bekannt.

Stärken: Viel Erfahrung mit nicht öffentl. M&A u. öffentl. Übernahmen.

Häufig empfohlen: Dr. Norbert Rieger, Dr. Martin Erhardt, Peter Memminger, Dr. Christoph Rothenfußer (für öffentl. M&A), Dr. Peter Nussbaum, Dr. Arndt Stengel

Kanzleitätigkeit: Internat. u. dt. Mandanten in mittelgr. bis Big-Ticket-Transaktionen. Eingespielte Kooperation mit den hauseigenen ▶Steuer- u. ▶Kartellrechtspraxen. (5 Partner, 2 Counsel, 11 Associates)

Mandate: ●● Axel Springer bei Rückkauf von Anteilen an Axel Springer Digital Classifieds; ProSiebenSat.1 Media bei Beteiligung an Verivox u.a. Beteiligungen; Gesellschafter von Naturwohl Pharma bei Verkauf; Scheer Group bei Kauf von IDS Scheer Consulting; Qatar Solar bei Beteiligung an SolarWorld.

NOERR
M&A

Bewertung: Die für M&A häufig empfohlene Kanzlei behielt den Schwung des Vorjahrs bei. „Sie schneiden sich vom M&A-Kuchen der Top-Mandate immer mehr ab", konstatieren enge Wettbewerber etwas verärgert u. mit einigem Respekt. Besonders bemerkenswert ist der inzw. erzielte Anteil des internat. Geschäfts, wie etwa die Begleitung von Cemex bei einem Anteils- u. Asset-Tausch über 3 Länder hinweg demonstriert, aber auch die Begleitung angloamerik. Mandanten. Die Arbeit für Daimler u. die Platzierung auf Beraterlisten anderer Konzerne sind zudem Bsp. für die Positionierung in Dtl. Ein echtes Pfund, mit dem die Kanzlei wuchern kann, ist ihre Stärke bei Deals im Immobiliensektor, hier zählt mit der Dt. Annington der Marktführer zum Mandantenkreis. Ein Glücksfall ist gar die enge Beziehung zu Rocket Internet, die sich quasi zu einer Mandatsmaschine entwickelt hat.

Stärken: Erfolgr. Branchenfokussierung, etwa im Bereich Regulierte Industrien u. ▶Immobilien. Auch die erfolgr. ▶Restrukturierungs-/Sanierungspraxis sorgt regelm. für M&A-Geschäft. Starke osteurop. Praxis, über div. Länder-Desks in den BRIC-Staaten aktiv.

Häufig empfohlen: Dr. Alexander Ritvay, Dr. Tobias Bürgers, Dr. Dieter Schenk, Dr. Thomas Schulz, Prof. Dr. Christian Pleister, Dr. Alexander Hirsch, Dr. Holger Alfes, Dr. Thomas Hoffmann, Dr. Thorsten Reinhard, Dr. Till Kosche, Jens Gehlich, Dr. Sascha Leske, Dr. Gerald Reger, Dr. Florian Becker

Kanzleitätigkeit: Breite Praxis mit Branchenschwerpunkten auf Automotive, Chemie, ▶Medien, ▶IT, Dienstleistungen u. ▶Energie, ▶Gesundheit. Ausgezeichnete Verbindungen zu Insolvenzverwaltern. (Corporate: 35 Eq.-Partner, 14 Sal.-Partner, 56 Associates)

Mandate: ●● Dt. Annington bei Kauf von Südewo, Verkauf von Vitus-Immobilien an LEG; lfd. Rocket Internet, u.a. bei Verkauf von Global-Fashion-Anteilen, Beteiligung an Delivery Hero, Bündelung von Lazada-Beteiligungen; Signa bei Verkauf von Kaufhof; Sinocare als Bieter für das Bayer-Diabetesgeschäft; Medical Properties Trust bei Kauf der Median Kliniken; Daimler bei Beteiligung an Union Tank; Cemex bei Beteiligungstausch mit Holcim; Airbus bei Verkauf der Mehrheit an Cassidian Test & Services.

NORTON ROSE FULBRIGHT
M&A

Bewertung: Häufig empfohlene Kanzlei für M&A. Neben der weiterhin tragenden Rolle von Deals aus dem ww. Netzwerk machen auch die Bemühungen um einheimische Konzerne Fortschritte. Am weitesten fortgeschritten ist dies bei Versicherungen, aber auch etwa im Verkehrs-, Rohstoff- u. Energiesektor. Zwar schwächten zuletzt einige Partnerabgänge im Energie- u. Finanzaufsichtsrecht die Expertise gerade in regulierten Bereichen, doch insges. geht NRF strategischer u. intern vernetzter vor als noch vor wenigen Jahren. Beharrlich wächst etwa die Frankfurter Corporate-Präsenz, die rein dimensionsmäßig etwas im Schatten der Münchner Mannschaft steht. Nach einem Zugang im Vorjahr konnte NRF in der Bankenmetropole zuletzt mit Nils Rahlf von Morgan Lewis einen Anwalt gewinnen, der über etl. Jahre Erfahrung mit größeren Transaktionen auch auf internat. Bühne gesammelt hat u. das Team spürbar verstärkt.

Stärken: Ww. Anbindung, zunehmende Branchenspezialisierung, u.a. auf Finanzbranche (inkl. ▶Unternehmensbez. Versichererberatung), Rohstoff- u. Pharmaindustrie, ▶Verkehr/Transport u. ▶Energie.

Kanzleitätigkeit: Mittelgr. bis gr. Transaktionen v.a. für strateg. Investoren, oft grenzüberschr. in enger Koop. mit dem ww. Standortnetz der Kanzlei (v.a. GB, Osteuropa, Kanada). In Hamburg gute Verbindungen zum örtl. Mittelstand u. in die Schifffahrtsbranche. (13 Partner, 9 Counsel, 39 Associates)

Mandate: ●● NeXovation in Bieterverfahren um Nürburgring; Adler Real Estate bei Übernahmeangebot für Estavis; H&R bei Beteiligung an China-Geschäft von Hansen & Rosenthal; Howden Broking Group bei Beteiligung an Schouten Sicherheit International; Paragon bei Kauf von SphereDesign.

OPPENHOFF & PARTNER
M&A

Bewertung: Die im M&A empfohlene Praxis zeichnet sich durch eine Reihe von anerkannten, älteren Transaktionsexperten aus. Die teils jahrzehntelang gepflegten Beziehungen von Koerfer oder König bringen der Kanzlei weiterhin größere Mandate von Kernmandanten wie Balfour Beatty, JAB Holding oder Johnson Controls. Hinzu kommen lfd. Kontakte in die Rüstungsbranche. Der strukturelle Umbau, den O&P als Kanzlei durchläuft, äußert sich in der M&A-Praxis darin, dass einige jüngere Eq.-Partner, allen voran Schilling, zunehmend mehr Verbindungen zu Mandanten wie z.B. Dt. Post übernehmen. Ähnliches gilt für an der Schnittstelle zu IT- bei Transaktionen für RWE u. andere namh. Unternehmen.

Stärken: Grenzüberschr. Transaktionen, insbes. ausl. Investoren. Kontakte zu vermögenden Industriellenfamilien u. Rüstungsindustrie.

Entwicklungsmöglichkeiten: Die jüngeren Partner müssen noch den Beweis antreten, dass auch sie Geschäftsfelder entwickeln können, wie zuletzt Baars mit dem Südamerika-Desk. Für O&P hängt viel von diesem Innovationsgeist ab, denn ein vom Corporate-Finance getriebener Transaktionsfluss aus Frankfurt zeichnet sich nicht ab. Zudem buhlen internat. Kanzleien intensiv um langj. Kernmandanten.

Häufig empfohlen: Rolf Koerfer, Dr. Stephan König, Dr. Harald Gesell, Dr. Peter Etzbach, Michael Abels (v.a. Rüstungsindustrie), Ronald Meißner, Myriam Schilling („gehört zu unseren Stammberatern u. macht das sehr gut", Mandant; „stark, hat Biss", „angenehm u. kollegial", Wettbewerber), Alf Baars („guter internat. Überblick", Wettbewerber)

Kanzleitätigkeit: Lange Tradition in der Begleitung von ausl. Investoren bei dt. Aktivitäten. Zudem transaktionsbegleitend ▶Steuer-, Kartell- u. ▶Arbeitsrecht. Zuletzt deutl. mehr Netzwerkaktivität mit unabhängigen ausl. Kanzleien. (13 Eq.-Partner, 7 Sal.-Partner, 4 Associates)

Mandate: ●● Lfd. Dt. Post, u.a. bei Kauf der Direktvertriebssparte von Eurotour u. Kauf der ADAC-Anteile am Fernbus-Joint-Venture; Balfour Beatty bei Verkauf von europ. Schienengeschäft, US-Geschäft u. chilen. Tochter; RWE bei Verkauf slowak. IT-Tochter; KraussMaffei Wegmann bei Joint Venture mit Giat; Swarco bzgl. öffentl. Angebot an Aktionäre von Swarco Traffic;

M&A

OPPENLÄNDER
M&A

Bewertung: Geschätzte M&A-Praxis, die zuletzt v.a. bei der Übernahme von WMF durch Finanzvestoren u. das anschl. Squeeze-out-Verfahren überreg. sichtbar war. Auch weniger medienwirksame Mandate sorgen für eine gute Auslastung des Teams um Trölitzsch u. den im Markt immer präsenteren jüngeren Partner Born. Beide berieten etwa den Aufsichtsrat eines börsennot. Unternehmens bei der Abwehr einer feindl. Übernahme.
Stärken: Öffentl. M&A.
Häufig empfohlen: Dr. Thomas Trölitzsch, Dr. Felix Born („bringt den Deal über die Ziellinie", Wettbewerber)
Kanzleitätigkeit: Schwerpunkt auf Beratung von großen, oft börsennotierten Unternehmen: insbes. Pharma (▶Gesundheit), ▶Energie u. Presse. Sehr anerkannte ▶Kartellrechtspraxis. (4 Eq.-Partner, 4 Associates)
Mandate: ●● Emil Frey bei Kauf der Autohausgruppe Kath; WMF bei Übernahme durch KKR; Aufsichtsrat einer AG bei Abwehr von feindl. Übernahme; Institut Dr. Erdmann bei Verkauf an NSF; ausl. Family Office bei Beteiligung an Schweizer AG; Industrieunternehmen bei Umstrukturierung des China-Geschäfts.

ORRICK HERRINGTON & SUTCLIFFE
M&A

Bewertung: Für M&A empfohlene Kanzlei, deren Transaktionspraxis sich nun auf die Büros in D'dorf u. München konzentriert, nachdem sie die Schließung der Standorte Berlin u. Ffm. ankündigte. Auf die M&A-Praxis wirkt sich dies nur marginal aus, da die stärksten Partner in der Kanzlei bleiben: Die jüngeren Partner Duys u. Henrich genießen beide einen guten Ruf. Bis vor Kurzem hatten die dt. Partner autonome Praxen u. nur wenig mit dem Rest der Kanzlei zu tun. Doch nicht zuletzt durch Nolting-Hauff u. Duys besteht inzw. ein besserer Dealflow zw. den europ. Büros.
Häufig empfohlen: Dr. Stefan Weinheimer, Dr. Jörg Ritter („schnell u. klar", Wettbewerber), Dr. Wilhelm Nolting-Hauff, Dr. Oliver Duys, Dr. Kerstin Henrich
Kanzleitätigkeit: V.a. mittelgr. Transaktionen, trad. stark grenzüberschr. aktiv. (5 Eq.-Partner, 2 Sal.-Partner, 4 Counsel, 5 Associates)
Mandate: ●● Plastivaloire bei Kauf von Karl Heß; PHW bei Verkauf von Lohmann; TVM Capital, Wellington, u.a. bei Verkauf von Definiens; W.W. Grainger bei Expansion von Zoro Tools; Chaowei Power bei Kauf einer Beteiligung an Moll-Gruppe; SSI bei Verkauf an Howden/Hyperion.

ORTH KLUTH
M&A

Bewertung: Für M&A empfohlene Kanzlei, die ihre Corporate-Praxis schrittweise hin zu mehr Transaktionsarbeit ausweitet. Sie konnte sich bspw. für kl. bis mittelgr. Deals auf der Beraterliste eines namh. Konzerns platzieren. Auch ausl. Konzerne nutzen die Kanzlei, um ihre Töchter oder Portfoliounternehmen in Dtl. zu verwalten. Die Größe des Teams gerade auf Associate-Ebene steht einer komplexeren Tätigkeit zwar weiter im Weg, doch auf Verkäuferseite hat sie sich in D'dorf im Mid-Cap-Bereich zu einer anerkannten Akteurin entwickelt.
Stärken: Von Mandanten häufig gelobte, kostengünstige Alternative zu Großkanzleien.
Häufig empfohlen: Dr. Robert Orth, Dr. Kai-Michael König, Boris Körner
Kanzleitätigkeit: Schwerpunkt im ▶Gesellsch. recht sowie im dt. u. internat. Vertragsrecht. Mandantenkreis neben Mittelstand u. dt./internat. Konzernen zunehmend auch Finanzinvestoren. (5 Eq.-Partner, 1 Sal.-Partner, 3 Associates)
Mandate: ●● L.B. Foster bei Kauf des Bereichs Fahrwegoptimierung von Balfour Beatty; Tyrol Equity bei Verkauf von BBS; Gesellschafter von Peqlab bei Verkauf an VWR-Gruppe.

OSBORNE CLARKE
M&A

Bewertung: Die für M&A empfohlene Praxis baute ihre Transaktionsberatung erneut aus. V.a. im Small- u. Mid-Cap-Segment konnte sie zulegen. Bsp. dafür sind Mandatierungen durch SES Platform u. Mentor Graphics. Auch beim Finanzinvestor Indus Holding fasste sie stärker Fuß. Zudem agiert die M&A-Praxis eng mit den angesehenen IT-Rechtlern, wie die Beratung von Acision beim Kauf von MindMatics belegt. Zusätzl. kam mehr Geschäft im Energiesektor dazu (z.B. Wind Infrastructure). Den Hamburger Standort stärkte sie zuletzt personell mit dem Gewinn von Dr. Fabian Christoph, der von Allen & Overy kam.
Stärken: Gut vernetzt in der Technologiebranche. Aktive Indien-Praxis. Marktführende Venture-Capital-Praxis (▶Private Equ. u. Vent. Capital).
Häufig empfohlen: Rudolf Hübner, Dr. Martin Sundermann, Philip Meichssner, Matthias Elser, Nicolas Gabrysch (v.a. Venture Capital), Carsten Schneider
Kanzleitätigkeit: Branchenschwerpunkte in ▶IT, Automotive u. Biotech u. dank der internat. Verbindungen oft mit internat. Aspekten. Ausgeprägte Venture-Capital-Bezüge. (9 Partner, 11 Associates)
Mandate: ●● Indus Holding bei Beteiligung an MBN; Mentor Graphics bei Kauf von XS Embedded; Synchronite bei Verkauf an LivePerson; Wirecard bei Verkauf von Mikro Ödeme Sistemleri; Schliersee bei Kauf von eHealthOpen; Acision bei Kauf von MindMatics Secure Messaging; Wind Infrastructure Holding bei Kauf von Windparkportfolios in Frankreich.

P+P PÖLLATH + PARTNERS
M&A

Bewertung: Für M&A empfohlene Kanzlei. Den Löwenanteil des Transaktionsgeschäfts machen bei P+P traditionell Private-Equity-nahe Mandate aus, z.B. Zukäufe von Portfoliounternehmen u. Beteiligungsverkäufe. Das letzte Jahr war keine Ausnahme u. die Reihe der meist kleineren bis mittelgr. Deals, die P+P begleitete, war so lang wie achtbar. Im Distressed M&A gelang mit dem TGI-Verkauf ein prominenter Einsatz, allerdings schmerzt hier nach wie vor der Abgang eines Partners im Vorjahr, der von Frankfurt aus diesen Teilschwerpunkt abgedeckt hatte. Reichl. Arbeit lässt für die kommenden Jahre die tiefe Verankerung im Münchner u. zunehmend auch Berliner Venture-Capital-Markt erwarten.
Stärken: Gute Kontakte zu Familienunternehmen. Portfoliotransaktionen für Private-Equity-Häuser.
Häufig empfohlen: Dr. Matthias Bruse, Dr. Andrea von Drygalski, Philipp von Braunschweig, Otto Haberstock, Dr. Georg Greitemann
Kanzleitätigkeit: Transaktionsbegleitung für Käufer u. Verkäufer, insbes. im ▶Private-Equ.-u.-Vent.-Capital-Sektor, aber auch große Privatanleger, Anteilsinhaber, institutionelle Anleger (Versicherer, Stiftungen) u. Investmentbanken. Auch ▶Nachfolge/Vermögen/Stiftungen. (13 Partner, 8 Counsel, 18 Associates)
Mandate: ●● Gesellschafter von Pizza.de bei Verkauf; Geschäftsführer Mytheresa bei Verkauf; Insolvenzverwalter Technische Glaswerke Ilmenau bei Verkauf; Aducrum bei Verkauf von Duran; Oberberg-Klinikgruppe bei Beteiligung an Xenios Management; Management von ADA Cosmetic bei Verkauf.

PPR & PARTNER
M&A

Bewertung: Die für M&A geschätzte ▶D'dorfer Kanzlei kann einen bemerkensw. Trackrecord bei Inbound-M&A für strateg. Investoren vorweisen. Einer von div. treuen Mandanten lobte die „hervorragende Zusammenarbeit u. den hohen Einsatz für unser Unternehmen. Empfehlenswert ohne Einschränkung." Während Rauh und Hackenberg einen stark angelsächs. geprägten Mandantenstamm beraten, baute ein weiterer Partner eine Praxis für die Beratung chin. Investoren auf.
Stärken: Inbound-M&A.
Häufig empfohlen: Dr. Theo Rauh, Dr. Ulf Hackenberg
Kanzleitätigkeit: Langj. etablierte Praxis für ausl. Käufer in Dtl. In letzter Zeit auch dt. mittelständ. Unternehmen bei kleinen bis mittelgr. Deals. (2 Partner, 2 Associates)
Mandate: ●● Vogler bei Verkauf an Nanogate; Bejing Century Galaxy bei Kauf von Regumed; dt. Werkzeugmaschinenhersteller bei Verkauf einer Beteiligung an chin. Investor; dt. Stahlhandelsunternehmen bei Zukäufen in der Schweiz, Frankreich, Dtl.

PRICEWATERHOUSECOOPERS LEGAL
M&A

Bewertung: Die geschätzte M&A-Praxis ist anders als im ▶Gesellschaftsrecht bisher stärker mittelständisch geprägt (mit Highlights etwa für Gerry Weber). Doch die Praxis wächst u. wurde mit Dr. Steffen Schniepp in Stuttgart (kam von Beiten Burkhardt) u. Gerhard Wacker in Nürnberg (von Rödl & Partner) mit weiteren Partnern gestärkt. Mit dem Gewinn des langj. Freshfields-Partners Dr. Nikolaus Schrader im Frühjahr 2015 hat PwC Legal die nächste Ausbaustufe gezündet. Er soll nicht nur ein Münchner Corporate-Team auf- u. das Hamburger Büro ausbauen, sondern v.a. Türöffner bei den Konzernen u. Private-Equity-Gesellschaften werden.
Entwicklungsmöglichkeiten: Bislang spielen die Beratung dt. Konzerne u. internat. M&A-Deals eine untergeordnete Rolle. Während Schrader in Dtl. noch nicht viel mehr als ein Hoffnungswert ist, ist das Potenzial des Netzwerks schon konkreter, bedarf allerdings innerh. von PwC selbst noch einer besseren Integration.
Häufig empfohlen: Dr. Dirk Stiller
Kanzleitätigkeit: Prominenteste Praxen bislang in Ffm. u. Hannover, aber auch bundesweit aktiv. Auch an der Schnittstelle zum ▶Energiewirtschaftsrecht und in Distressed M&A tätig. Mandanten: sowohl Mittelstand als auch (internat.) Konzerne. (Kernteam Corp./M&A: 7 Eq.-Partner, 3 Sal.-Partner, rund 40 Associates)

● Referenzmandate, umschrieben
●● Referenzmandate, namentlich

Anwaltszahlen: Angaben der Kanzleien, wie viele Anwälte zu mind. ca. 50 % in diesem Gebiet tätig sind. Sie spiegeln nicht zwingend die Gesamtgröße einer Kanzlei wider.

M&A

Mandate: ●● JFE Engineering bei Kauf von Standardkessel Power Systems; Gerry Weber bei Kauf von Hallhuber; Wecken & Cie. als Mehrheitsgesellschafter von Westgrund bei gepl. Fusion mit Adler Real Estate; Montagu bei Kauf der MCS-Sparte Laborinformationssysteme; EEW Special Pipe Constructions bei Kauf von TAG aus engl. Insolvenzverfahren.

RAUE
M&A

Bewertung: Geschätzte Kanzlei für M&A, die v.a. kl. u. mittlere Transaktionen betreut. Insbes. in der Medien- u. Energiebranche ist sie gut vernetzt u. berät neben langj. Mandanten wie Gasag oder Sixt auch neue Mandanten (z.B. Alpiq u. KircherBurkhardt). Auch bei grenzüberschreitenden Deals ist sie bestens aufgestellt, denn Raue pflegt etablierte Kooperationen mit ausl. Kanzleien. Ein großes Plus ist zudem die bekannte Private-Equity-und-Venture-Capital-Praxis um Nelle, die auch von dem VC-Markt in Berlin profitiert.

Häufig empfohlen: Prof. Dr. Andreas Nelle, Dr. Jörg Jaecks, Dr. Justus Schmidt-Ott

Kanzleitätigkeit: V.a. Beratung von Mandanten aus den Bereichen ▶Medien, IT, Telekom, ▶Energie, Dienstleistungen u. Hotels. Auch ▶Private Equ. u. Vent. Capital. (5 Partner, 6 Associates)

Mandate: ●● Gasag u. NBB Netzgesellschaft Berlin-Brandenburg bzgl. Gaskonzessionsverfahren in Berlin; Foresee Equity Management beim Verkauf der CTG Corporate Transformation an KPMG; KircherBurkhardt bei Fusion mit Burda-Creative; Sixt Vermögensverwaltung bei Verkauf von Quandoo an Recruit Holdings; Unify bei Verkauf von Töchtern; Tevrao bei div. Zukäufen zum Aufbau eines Windparkportfolios in Dtl.

REDEKER SELLNER DAHS
M&A

Bewertung: Für M&A empfohlene Praxis, deren Arbeit sich weiterhin v.a. im Bonner Büro abspielt. Ihre ausgeprägte Erfahrung an der Schnittstelle zum Öffentl. Recht spielt das Team regelm. mit Partnern aus dem Bau-, Arbeitsrecht u. anderen Fachbereichen aus, bei Deals im Sparkassen- u. Krankenhaussektor aus. Ihr beachtl. Trackrecord bei Zukäufen bis €50 Mio für ausl. Unternehmen wird dagegen deutl. weniger wahrgenommen. Dabei konnte Redeker hier ihren Mandantenkreis zuletzt deutl. erweitern, v.a. um einige US-Unternehmen.

Stärken: Marktführende Expertise an der Schnittstelle zum Öffentl. Wirtschaftsrecht.

Häufig empfohlen: Dr. Jürgen Lüders

Kanzleitätigkeit: Neben Beratung gr. öffentl. Unternehmen z.B. Mandanten aus ▶Energie-, Banken-, Chemie-, Immobilien-, Versorgungs- u. Gesundheitssektor. Auch ▶Gesellsch.recht u. Prozessführung. (5 Eq.-Partner, 1 Sal.-Partner, 6 Associates)

Mandate: ●● Malteser-Holding u. Kautex/Textron lfd. bei Zukäufen (beide aus dem Markt bekannt); brit. Softwareuntern. bei Kauf eines dt. Wettbewerbers; US-Automobilzulieferer bei Zukauf in Dtl.; Gesellschafter eines Maschinenbauers bei Verkauf an US-Investor.

REED SMITH
M&A

Bewertung: Geschätzte M&A-Praxis, die bislang v.a. für ihre Verankerung im Medien- u. IT-Sektor sowie für ihre ▶Private-Equity-und-Venture-Capital-Erfahrung bekannt war. Doch mit dem Schritt auf den Frankfurter Markt sind neue Zeiten angebrochen: Zur Eröffnung ihres 2. dt. Standorts hat sich Reed Smith mit Anwälten aus versch. größeren Transaktionspraxen verstärkt, die dem Geschäft einen massiven Schub geben könnten. Von Willkie Farr kam de Sousa, der umfangr. Erfahrung mit intern. Deals mitbringt, ebenso wie Dr. Andreas Jürgens, der von Jones Day kam. Für die Schnittstelle zum Restrukturierungsmarkt steht Kammel, ebenfalls von Jones Day.

Stärken: Tiefe Verankerung in Medien- u. IT-Branche.

Häufig empfohlen: Dr. Justus Binder, Dr. Volker Kammel (v.a. Restrukturierung), Dr. Octávio de Sousa („sehr guter Netzwerk in dt. M&A-Szene", Wettbewerber)

Kanzleitätigkeit: Strateg. M&A mit kl. bis mittelgr. Volumina, oft für Mandanten aus dem internat. Netzwerk; in München starker Fokus auf Venture-Capital-Deals, in Frankfurt breit aufgestelltes Team mit Schnittstellen zu Distressed-, Immobilien- u. Private-Equity-Märkten. (8 Partner, 6 Associates)

Mandate: ●● Sonoco bei Kauf von Weidenhammer Packaging.

RENZENBRINK & PARTNER
M&A

Bewertung: Die Anfang 2015 gestartete und geschätzte Hamburger Corprorate-Boutique wird v.a. aufgr. der Arbeit des Namenspartners Renzenbrink im M&A geschätzt. Zum Startteam kam ein erfahrener Associate von Hengeler dazu, der nun v.a. bei Finanzierungsablösungsfragen im Zuge von Transaktionen das Angebot ergänzt. Als weiterer Partner kam zudem im Juni 2015 ein weiterer Hengeler-Anwalt hinzu, der Erfahrung mit Kapitalmarkttransaktionen mitbrachte.

Häufig empfohlen: Dr. Ulf Renzenbrink („auch nach Spin-off sehr vertrauensvolle Zusammenarbeit; sehr lösungsorientiert, fachl. hohe Expertise", Wettbewerber)

Kanzleitätigkeit: Große Bandbreite an Transaktionen, oft mit internat. Bezug. Zudem Prozessführung. Auch in Immobilien- u. ▶Private-Equity-und-Venture-Capital-Deals tätig. (2 Partner, 3 Associates)

Mandate: ●● Trakken Web Services bei Einstieg von Omnicom; Evac bei Kauf von Deerberg Systems; Hochtief bei Anteilsverkauf am ÖPP-Projekt A 4 an Meridiam; Siem Industries bei Kauf der Flensburger Schiffsbau-Gesellschaft; Captiva bei Verkauf eines Immobilienportfolios.

RÖDL & PARTNER
M&A

Bewertung: Die für M&A empfohlene MDP-Kanzlei ist wie kaum eine andere mittelständ. Sozietät mit außergewöhnl. vielen Standorten internat. vertreten. Der Fokus liegt auf der Beratung von dt. Mandanten, zu der v.a. internat. ausgerichtete Mittelständer zählen. Gleichzeitig steht die Transaktion für wachsende Arbeit bei Distressed M&A, die auf die guten Kontakte der Kanzlei zu Insolvenzverwaltern zurückzuführen ist. Zuletzt begleitete Rödl zunehmend auch Immobilientransaktionen.

Stärken: Eigene Büros in sehr vielen Ländern. Eingespielte, mittelständ. geprägte Steuerpraxis.

Häufig empfohlen: Prof. Dr. Christian Rödl (v.a. Steuern), Michael Wiehl, Dr. Oliver Schmitt

Kanzleitätigkeit: Kleine u. mittelgr. Transaktionen in Dtl. u. internat., dazu steuerrechtl. Beratung u. bei Umstrukturierungen. Netzwerk von Standorten in Europa u. bis nach Asien u. Amerika. (10 Partner, 10 Counsel, 15 Associates, 2 of Counsel)

Mandate: ●● Skyworth bei Kauf der TV-Sparte von Metz; RAG-Stiftung bei Kauf von Röder; Winkelmann bei Kauf von Sinus; Ringspann bei Kauf von PTY; Dr. Oetker bei Kauf der Backzutatensparte von Alex; Harvard Bioscience bei Kauf von Multi Channel Systems u. Heka Elektronik.

SEITZ
M&A

Bewertung: Eine Stärke des für M&A geschätzten Teams ist die Begleitung von Deals im Zshg. mit Umstrukturierungen. Die Corporate-Anwälte profitieren dort von der Vernetzung mit der sehr anerkannten ▶arbeitsrechtl. Praxis. Außerdem wertete die Kanzlei das M&A-Team mit dem erfahrenen Dr. Patrick Nordhues (von PwC Legal) auf. Dass die Kanzlei zu Recht ihren Platz auf der M&A-Beraterliste von Bayer hat, unterstreicht die lfd. Begleitung des Chemiekonzerns bei kleineren Deals.

Kanzleitätigkeit: Vorwiegend Mid-Cap-Deals, zunehmend aber auch Beratung von Start-ups u. Investoren. Regelm. Schnittstellen zu Restrukturierung. (3 Eq.-Partner, 2 Sal.-Partner, 3 Associates).

Mandate: ●● Lfd. Bayer u. Töchter, u.a. bei Kauf von Thermoplast; Gea bei Verkauf der Wärmetauschsparte; Actori bei Verkauf von B2Run; lfd. Palero Capital.

SHEARMAN & STERLING
M&A

Bewertung: Empfohlene Praxis für M&A. Grenzüberschr. Transaktionen mit Beteiligung u.a. aus dem Londoner oder New Yorker Büro bestimmen das Geschäft des Frankfurter Büros. Es bestehen aber weiterhin tiefe Kontakte zu der dt. Industrie, wie z.B. die Arbeit für HeidelbergCement oder die Internat. Chemical Investors belegt. Das langj. Aushängeschild Thoma ist inzw. of Counsel, einen wesentl. Teil seiner Zeit bindet das Mandat im Aufsichtsrat der Dt. Bank. Die Kanzlei profitiert jedoch weiter operativ wie auch durch seine Kontakte von ihm. Dr. Andreas Löhdefink, der einzige jüngere Partner im M&A-Team, teilt unterdessen seine Zeit seit dem Weggang des Kapitalmarktrechtlers Marc Plepelits zu Allen & Overy zw. M&A-Arbeit u. der im Kapitalmarktrecht auf.

Stärken: Hervorragende Kontakte u. Ruf von Thoma bei dt. Bluechips.

Häufig empfohlen: Georg Thoma, Dr. Alfred Kossmann, Dr. Thomas König

Kanzleitätigkeit: Hochkarät. Transaktionsarbeit mit stark industriellem Fokus, inzw. v.a. international. (3 Partner, 1 of Counsel, 10 Associates)

Mandate: ●● Internat. Chemical Investors bei Kauf div. Chlorvinylaktivitäten von Ineos; HeidelbergCement bei Verkauf des Bauproduktegeschäfts; Spheros bei US-Zukauf; Mitsubishi Rayon bei Beteiligung an Wethje; The Dow Chemical bei Verkauf des ww. Chlorine- und Epoxygeschäfts.

SIMMONS & SIMMONS
M&A

Bewertung: Die für M&A empfohlene Kanzlei hat in D'dorf eine solide Praxis, die v.a. für ihre Arbeit im Energiesektor bekannt ist. Dank des zunehmen-

---

● Referenzmandate, umschrieben
●● Referenzmandate, namentlich

den Arbeitsvolumens in der Finanzdienstleistungsbranche in Ffm. konnte sich Simmons vertieft Corporate-Arbeit für Mandanten wie Allianz Global Investors sichern (▶Gesellschaftsrecht). Eine stärkere Vernetzung mit der ww. Praxis brachte u.a. für Ulrich einige Deals aus dem Technologiesektor. Die größten Fortschritte machte allerdings München. Auch wenn das Büro noch keine 3 Jahre besteht, liegt hier mittlerw. der Wachstumsschwerpunkt der Praxis. Schilmar ist weiterhin sehr aktiv im China-Geschäft. Ähnl. beeindruckend ist die Auslastung eines Counsels durch div. jap. Mandanten.
Stärken: Energiebranche (v.a. erneuerbare Energien). Gute asiat. Verbindungen.
Häufig empfohlen: Dr. Stephan Ulrich, Dr. Michael Bormann, Dr. Dr. Boris Schilmar
Kanzleitätigkeit: Fokussierung auf 4 Branchen: Finanzinstitute, ▶Energie, Telekom/Medien, Life Science. (Corporate: 5 Partner, 6 Counsel, 7 Associates)
Mandate: ●● Hüttenes-Albertus Chem. Werke bei Beteiligung an ausl. Gesellschaft; Grünwerke bei Kauf eines Windparks; Hirtenberger sowie Ikea-Industry-Gruppe bei div. Deals; IC Green Energy bei Kauf der Mehrheit an Petrotec; Macquarie bei Beteiligung an Takeaway.com; dän. Investor bei Verkauf von Windpark.

SKADDEN ARPS SLATE MEAGHER & FLOM
M&A ▢▢▢▢▢▢▢

Bewertung: Für M&A empfohlene Kanzlei. Lob für die fachl. Qualität der Anwälte u. die Mitarbeit an internat. Großtransaktionen – der Trackrecord des letzten Jahres ist beeindruckend. Weniger offensichtl., aber ebenfalls beeindruckend ist die zunehmende Verankerung bei dt. Konzernen. U.a. gewann Skadden einen der begehrten Plätze auf der Beraterliste von Daimler u. konnte sich umgehend in einer Serie von Verkaufsmandaten beweisen. Hier stand erstmals Counsel Hofmeister im Vordergrund – eine wichtige Verstärkung für die inzw. sehr schmale Partnerriege. Der bislang letzte einer Reihe von Partnerabgängen war 2015 Dr. Matthias Jaletzke, der sich mit Team in Richtung Hogan Lovells verabschiedete.
Stärken: Öffentl. M&A, v.a. grenzüberschr. Corporate-Praxis in den USA; internat. einer der Marktführer.
Entwicklungsmöglichkeiten: Skadden stellt enorme Anforderungen an die Umsatzleistung ihrer Partner. Eine mögliche Verstärkung durch Quereinsteiger dürfte sich daher nicht einfach gestalten. Doch ein Dasein als Nischenpraxis für internat. Deals – eine mögliche Folge der geringen Größe – würde auch Risiken für die dauerhafte Marktpräsenz bergen.
Häufig empfohlen: Dr. Matthias Horbach, Dr. Lutz Zimmer, Counsel Dr. Holger Hofmeister
Kanzleitätigkeit: Schwerpunkt Private und Public M&A. (2 Partner, 2 Counsel, 9 Associates)
Mandate: ●● Merck bei Kauf von Sigma Aldrich; Daimler bei Verkauf von Niederlassungen; ADM bei Kauf von Wild Flavors; Gilead Sciences bei Kauf des Farnesoid-X-Rezeptor-Programms von Phenex Pharmaceuticals; Visteon bei Kauf des Automobilelektronikgeschäfts von Johnson Controls; Match.com/Meetic bei Kauf von FriendScout24.

SKW SCHWARZ
M&A ▢▢▢▢▢▢▢

Bewertung: Das Corporate-Team der für M&A geschätzten Kanzlei konnte im Transaktionsgeschäft gut vorankommen. Insbes. profitierte die Praxis von Impulsen durch einen Anfang 2014 von Linklaters in ▶München dazugestoßenen Anwalt, der einige wertvolle Kontakte mitbrachte. So beriet SKW erstmals Robert Bosch u. zwar bei dem Kauf sämtl. Geschäftsanteile an dem Softwareentwickler ProSyst Software. Gleichzeitig nahm auch die Beratung im Private-Equity-Bereich zu, wo Anwälte in München aktiv sind, und ebenso mit Partner in D'dorf u. Frankfurt, die 2013 u. 2014 von CMS Hasche Sigle bzw. Velten Sondermann kamen.
Kanzleitätigkeit: Traditionell stark in der ▶Medien- u. IT-Branche, zunehmend auch in zahlr. anderen Branchen, v.a. für mittelständ. Unternehmen. (Corporate insges.: 16 Partner, 12 Associates, 1 of Counsel)
Mandate: ●● Robert Bosch bei Anteilskauf; Rohde & Schwarz bei Kauf von Sirrix; Sierra Nevada bei Kauf der 328-Gruppe; Sensata Technologies bei Kauf von DeltaTech Controls; IT-/Medienunternehmen im Zshg. mit Verkauf der israel. Tochter; Fenix Outdoor bei 2. Finanzierungsrunde u. Aktientausch; Venture Capital Fonds u. Handelskonzern bei Kauf von E-Commerce-Unternehmen.

SQUIRE PATTON BOGGS
M&A ▢▢▢▢▢▢▢

Bewertung: Geschätzte Kanzlei für M&A, die v.a bei Transaktionen mit Bezug zu USA, GB u. China zugelegt hat. Von einigen internat. Fusionen der letzten Jahre profitiert das Frankfurter Büro indes mehr als Berlin, das ohnehin über einen gut eingeführten dt. u. internat. Mandantenstamm verfügt. Dort ist zudem der Bezug zu Immobilientransaktionen recht stark, Frankfurt begleitet oft Transaktionen mit Sanierungs-/Insolvenzhintergrund.
Häufig empfohlen: Dr. Kai Mertens
Kanzleitätigkeit: V.a. für Unternehmen u. strateg. Investoren tätig. In Berlin zuletzt viele Corporate-Immobilientransaktionen. (6 Partner, 6 Associates, 1 of Counsel)
Mandate: ●● Ashland bei Verkauf der Sparte industrielle Biozide an Troy; Coats bei Verkauf der europ. Handarbeitssparte; Pirtek Europe bei Verkauf an Halifax Capital; Altgesellschafter von Dilax bei Verkauf an 2 Investoren; Impro Precision bei div. Zukäufen in der Feinguss u. Kfz-Zulieferindustrie in Dtl.

SULLIVAN & CROMWELL
M&A ▢▢▢▢▢▢▢

NOMINIERT
JUVE Awards 2015
Kanzlei des Jahres für M&A

Bewertung: Die für M&A häufig empfohlene Praxis zeigte eine beeindruckende Präsenz im Immobiliensektor, wo das Team um Berrar seine Stärke v.a. im komplexen Geschäft mit öffentl. Übernahmen demonstrierte. Mit der Arbeit für die Dt. Annington beim Kauf von Gagfah war S&C gar bei einem der seltenen Share-for-Share-Deals dabei – ein Terrain, für das die Kanzlei mit ihrer außergewöhnl. Stärke im Kapitalmarktrecht u. der US-Kompetenz (▶Börseneinführungen u. Kapitalerhöhung) prädestiniert ist. Daneben können die dt. Anwälte auch andere Deals wie etwa den Kauf von TRW durch ZF Friedrichshafen vorweisen. Weniger bekannt ist, wie das Team auch schon länger einen regelm. Dealflow in der Energiebranche generiert.
Stärken: Spitzenpraxis in den USA mit kleinen, aber schlagkräftigen Büros in Europa.
Entwicklungsmöglichkeiten: Das Team, das auch stark im Kapitalmarktrecht tätig wird, stößt in beiden Gebieten an Kapazitätsgrenzen. Der Weggang eines erfahrenen Counsels zu Herbert Smith verstärkte dies noch. Es benötigt daher zwingend personellen Ausbau.
Häufig empfohlen: Dr. Carsten Berrar, Dr. Wolfgang Feuring, Dr. Konstantin Technau, Dr. York Schnorbus
Kanzleitätigkeit: Oft grenzüberschr. Deals. Zudem aufseiten von kommunalen Unternehmen regelm. in der Energiebranche tätig. (4 Partner, 4 Associates)
Mandate: ●● Dt. Annington bei Kauf von Gagfah; Oaktree/Dt. Office bei Verkauf von Dt. Office an Alstria; Dt. Wohnen bei gepl. Übernahme von Conwert; ZF Friedrichshafen bei Kauf von TRW; kommunaler Energieversorger bei div. gepl. Zukäufen.

SZA SCHILLING ZUTT & ANSCHÜTZ
M&A ▢▢▢▢▢▢▢

Bewertung: Für M&A empfohlene Kanzlei, deren Transaktionspraxis in der öffentl. Wahrnehmung zu Unrecht hinter die marktführende Gesellschaftsrechtspraxis tritt, denn über die marktbekannten Transaktionen hinaus arbeitete Hirschberger an einer Reihe chin. Inbounddeals u. Rück betreut regelm. Deals für ausl. Konzerne. Verstärkt wurde die Partnerriege durch Hornung, der von Wellensiek wechselte u. SZAs Kapazitäten für notleidende Deals aufstockt. Sehr positiv ist, dass auch jüngere Partner zuletzt regelm. von Mandanten empfohlen wurden, u.a. Nolden u. Thomsen.
Stärken: Gute Verbindungen in die Vorstandsetagen einiger namh. Konzerne. Herausragend im ▶Gesellsch.recht.
Häufig empfohlen: Prof. Dr. Jochem Reichert, Dr. Stephan Harbarth, Dr. Marc Löbbe, Dr. Max Hirschberger, Dr. Stephan Brandes, Ruth-Maria Thomsen, Marc-Philippe Hornung („sehr gute Kombination von rechtl. u. wirtschaftl. Sachverstand bei Distressed M&A", Wettbewerber), Dr. Christoph Nolden („uneingeschränkt zu empfehlen: belastbar, schnell u. sorgfältig", Mandant), Dr. Heino Rück
Kanzleitätigkeit: Hochkarät. aktien- u. konzernrechtl. Praxis mit industriellem Fokus (v.a. Automotive, Pharma). (11 Partner, 1 Counsel, 23 Associates)
Mandate: ●● Rena bei Verkauf an Capvis; Hauptaktionär von Tom Tailor bei Verkauf von Aktienpaket an Fosun; Juwi IPP bei Ausweitung des Investments der Gothaer Versicherung; Pfenning Logistics bei Transaktion mit Wirsol; Südzucker bei Kauf von Agrana-Anteilen; Wilhelm Müller Erfrischungsgetränke bei Kauf von Bürogebäude; dt. börsennot. Konzern bei internat. Zukäufen.

TAYLOR WESSING
M&A ▢▢▢▢▢▢▢

Bewertung: Die strateg. Ziele der für M&A häufig empfohlenen Kanzlei haben sich im Laufe der Jahre verschoben. Über den einstigen Schwerpunkt in der Technologiebranche hinaus ist TW dank einer Verstärkung des D'dorfer Büros sowie der starken Hamburger Praxis inzw. breit in der dt. Industrie verwurzelt. Einige der erfahreneren An-

● Referenzmandate, umschrieben
●● Referenzmandate, namentlich

wälte (z.B. Kloft in HH u. Schlieper in D'dorf) hatten neben dem verlässl. Grossmann ein erfolgr. Jahr. Die dt.-chin. Praxis ist eine der stärksten im Markt, auch wenn ihre Deals nur selten an die Öffentlichkeit dringen. Die vielversprechendste neue Entwicklung war die Rolle der Frankfurter Partner, v.a. Vaupel, bei einer Reihe öffentl. Übernahmen. Die Praxis hat zudem bewiesen, dass sie M&A-Arbeit von Mandanten (wie z.B. Rewe) erhält, die bereits in anderen Rechtsgebieten auf TW zurückgreifen.

Stärken: Starke Transaktionspraxen in Düsseldorf u. Hamburg. ▶Medien u. erneuerbare ▶Energie. Dt.-chin. Transaktionen.

Entwicklungsmöglichkeiten: Dass nach wie vor kaum Synergien mit der Londoner Praxis genutzt werden, enttäuscht u. ist im Markt ungewöhnlich. Dort hat sich in den letzten Jahren eine starke Praxis für vermögende Privatpersonen mit starken Verbindungen nach Nahost aufgebaut. Das könnte der Ausgangspunkt für eine Möglichkeit zur engeren Zusammenarbeit sein.

Häufig empfohlen: Dr. Peter Hellich, Dr. Ernst-Albrecht von Beauvais („zeitnahe Reaktion; guter Verhandler, juristisch präzise", Mandant), Dr. Klaus Grossmann, Bernhard Kloft, Robert Wethmar, Dr. Frank Koch, Hassan Sohbi, Christoph Vaupel, Dr. Lars-Gerrit Lüßmann, Gustaf-Rudolf Schlieper, Dr. Christian Kleeberg („guter Analyst, sehr starker Verhandler", Wettbewerber), Dr. Carsten Bartholl („genau u. effektiv arbeitend", Wettbewerber)

Kanzleitätigkeit: Schwerpunkte in Technologie u. Medien, auch Biotech, Life Science u. Medizintechnik, Finanzdienstleister u. Immobilien, überwiegend mit überdurchschnittl. grosser Deals. China-Praxis in München, die zunehmend für chin. Unternehmen in Dtl. tätig wird. Inboundarbeit aus USA. (Corporate insges.: 45 Partner, 30 Associates)

Mandate: ●● Rewe bei Kauf von Commercetools; Holtzbrinck Digital bei Verkauf von TopTarif; Melitta bei Kauf des Joint-Venture-Anteils von S.C. Johnson an Cofresco Frischhalteprodukte; Arrow Electronics bei öffentl. Übernahme von Data Modul; C.A. Picard bei Verkauf des Geschäftsbereichs Schneckenpressentechnik; Globetrotter bei Fusion mit Naturkompaniet (Schweden) u. Partioaitta (Finnland); BL Stream bei Beteiligung an Kupferwerk; Bonnier Business Press bei Beteiligung an Dt. Wirtschafts Nachrichten.

VOIGT WUNSCH HOLLER
M&A

Bewertung: Die für M&A geschätzte ▶Hamburger Boutique ist u.a. bei Mid-Cap-Transaktionen sehr versiert u. hat eine beachtl. grenzüberschr. M&A-Praxis aufgebaut. Die Arbeit für Dover Corp. war ein Highlight, nicht zuletzt weil VWH mit den besten US-Kanzleien um derartige Mandate in Dtl. konkurriert. Die Tiefe ihrer übernahmerechtl. Expertise ist für eine Corporate-Boutique außergewöhnlich.

Stärken: Öffentl. Übernahmen, zunehmend grenzüberschr. Deals.

Häufig empfohlen: Dr. Oliver Wunsch („pragmatischer Deal-Approach", Wettbewerber)

Kanzleitätigkeit: Schwerpunkt bei Mid-Cap-Transaktionen immer regelm. für AGen (daher Trackrecord in öffentl. Übernahmen); auch ▶Private Equity. (3 Partner, 3 Associates)

Mandate: ●● Danish Agro bei Kauf der Getreidehandelsaktivitäten von Getreide AG; Transtec bei gepl. Kauf eines niederl. Wettbewerbers; 2 Autohäuser bei gepl. Kauf von Daimler-Niederlassungen.

WALDECK
M&A

Bewertung: Für die in M&A geschätzte ▶Frankfurter Kanzlei bilden Transaktionen eine der wichtigsten Säulen – neben der Beratung zu Infrastruktur, Banking u. Outsourcing. Dass ihr Konzept Früchte trägt, zeigt bspw. die erneute Mandatierung durch SMA, die Waldeck schon früher bei kleineren Transaktionen beraten hatte. Auch chin. Unternehmen wendeten sich verstärkt an das Frankfurter Team.

Stärken: Enge Zusammenarbeit mit Investmentbanken u. M&A-Beratern.

Kanzleitätigkeit: Transaktionen ergeben sich aus guten Kontakten zu Investmentbanken u. zur öffentl. Hand sowie aus der Privatisierungspraxis u. dem Fokus auf Immobilienwirtschaft. (6 Partner, 3 Associates)

Mandate: ●● Preh bei Kauf von IMA Automation Amberg; SMA Solar Technology bei Kauf des europ. O&M-Geschäfts von Phoenix Solar; Ningbo Joyson Electronic bei Beteiligung an Quin; Family Office Mühleck bei Kauf von Strauss Innovation; Gesellschafterstamm Echo-Medien-Gruppe bei Verkauf an Verlagsgruppe Rhein-Main; Österr. Post bei Verkauf von Meillerghp.

WATSON FARLEY & WILLIAMS
M&A

Bewertung: Die für M&A empfohlene Kanzlei kommt v.a. in den Branchen Private Equity, Schifffahrt u. Energie regelm. zum Einsatz, oft mit internat. Bezug. Dieses Spezialwissen kam ihr zuletzt zugute, als sie einige Deals begleitete, bei denen PE-Investoren Schiffsflotten aufkauften. Auch bei Immobilientransaktionen machte WFW zuletzt Fortschritte u. gewann u.a. ein erstes Mandat von Unibail-Rodamco für ein Hamburger Großbauprojekt. Über die sektorspezifische M&A-Arbeit hinaus verbreitert WFW ihre Mandatsbasis langsam weiter u. betreute etwa Chemring beim Verkauf einer Geschäftssparte.

Stärken: Multidiszipl. Betreuung. Viel Erfahrung in den Branchen ▶Energie u. ▶Private Equ. u. Vent. Capital.

Häufig empfohlen: Dr. Simon Preisenberger („technisch extrem gut u. mittelstandstauglich, sehr auf unsere Bedürfnisse bedacht", Mandant), Dr. Malte Jordan („einer der besten für erneuerbare Energien", Mandant), Dr. Ulrich Wolf, Dr. Torsten Rosenboom („sehr hands-on u. effizient" Wettbewerber), Dr. Dirk Janssen („kompetent, angenehm u. erfahren", Wettbewerber)

Kanzleitätigkeit: Ww. starke Praxis im Bereich erneuerbarer Energien sowie Schifffahrtsindustrie (auch Hamburg), zudem Immobilientransaktionen u. Deals für Family Offices (▶Nachfolge/Vermögen/Stiftungen); auch empfohlene Private-Equity-Praxis. Multidiszipl. Aufstellung inkl. ▶Steuer. (10 Partner, 18 Associates)

Mandate: ●● Chemring bei Spartenverkauf an Drew Marine; PNE Wind bei Verkauf von Onshorewindpark an die Allianz; TAG Immobilien bei Kauf von Immobilienportfolio; Riverside bei Verkauf von Rameder Anhängerkupplungen u. Autoteile; Unibail Rodamco u. Mfi bei Kauf von Baugebiet/HafenCity.

WEIL GOTSHAL & MANGES
M&A

Bewertung: Die für M&A häufig empfohlene Kanzlei überzeugt regelm. in großen Käufen u. Verkäufen internat. Investoren, vorw. aus GB/USA. Gemessen an der Größe des Teams vereinigt sie seit Jahren einen überproportional hohen Dealanteil auf sich. Beachtl. ist dabei auch die Breite des Branchenspektrums, wobei strategische Investoren seltener Mandanten sind. Zuletzt begleitete die Kanzlei etwa Centerbridge bei deren bis dato größtem europ. Investment.

Stärken: Herausragender Ruf für Dealabwicklung. Auch ▶Private Equ. u. Vent. Capital u. ▶Restrukturierung/Sanierung.

Häufig empfohlen: Prof. Dr. Gerhard Schmidt, Stephan Grauke, Dr. Christian Tappeiner, Dr. Thomas Schmid, Dr. Heiner Drüke

Kanzleitätigkeit: Beratung zu komplexen Transaktionsstrukturen, etwa in der Finanzindustrie u. Technologiebranchen, häufig grenzüberschreitend, für ausl. Investoren u. dt. Konzerne. ▶Steuer; auch Immobilientransaktionen. (6 Partner, plus Associates)

Mandate: ●● Lone Star bei Verkauf von Düsselhyp; TDF-Gesellschafter (TPG, Charterhouse, Ardian) bei Herauslösen von Media Broadcast aus TDF; Change Capital bei Verkauf von Hallhuber; Petek bei Verkauf des Anteils an Nordic Paper; General Atlantic bei Verkauf der Anteile an Axel Springer Digital Classifieds.

WENDELSTEIN
M&A

Bewertung: Geschätzte Kanzlei für M&A, die sich 4 Jahre nach ihrer Gründung im Markt etabliert hat. Wettbewerber loben die ehem. Hengeler-Anwälte als „exzellente Juristen u. sympathisches Team" u. „Top-Qualität zu vernünftigen Preisen". Die Kanzlei stand zuletzt u.a. an der Seite von RWE beim Verkauf u. Wiederanmietung der Unternehmenszentrale u. beriet Morgan Stanley bei der Finanzierung des Kaufs der Millennium City.

Häufig empfohlen: Philipp von Bismarck

Kanzleitätigkeit: Oft für mittelständ., inhabergeführte Unternehmen tätig. Daneben über Kontakte zu internat. Kanzleien regelm. auch für ausl. Unternehmen bei Projekten; auch ▶Gesellschaftsrecht. (6 Partner, 7 Associates)

Mandate: ●● RWE bei Verkauf u. Wiederanmietung der Zentrale; Cleo Touristic Internat. bei Kauf von Aldiana Holding; Morgan Stanley bei Kauf der Millennium City; Odyssey Music bei Beteiligung Pro7Sat.1 an Deezer.

WHITE & CASE
M&A

NOMINIERT
JUVE Awards 2015
Kanzlei des Jahres für M&A

Bewertung: Die für M&A häufig empfohlene Praxis hat ihrem leichten Aufwärtstrend des Vorjahres mehr Schwung verliehen. Beispiele für engere Verbindungen bilden die Arbeit für Daimler u. Nestlé. Auch im internat. Geschäft legte W&C weiter zu, u.a. im Geschäft mit China u. Japan. Dabei wirkte sich auch hier ihre in den vergangenen Jahren vorangetriebene stärkere Bran-

M&A

chenspezialisierung aus, wie etwa im Automobilsektor. Dass der personelle Umbruch nun weitgehend abgeschlossen ist, dürfte die Praxis stabiler machen, auch 2 Partnerernennungen in Frankfurt dürften dazu beitragen. Einen echten Gewinn verbuchte W&C an ihrer langjährigen Baustelle Düsseldorf, wo sie an der strateg. wichtigen Schnittstelle von Energierecht u. Transaktionsarbeit ein sehr angesehenes Team gewann (von Clifford Chance).

Stärken: Grenzüberschr. M&A, v.a. in Osteuropa. Guter Trackrecord bei Einzelhandel, Finanzdienstleistungen u. Energie.

Entwicklungsmöglichkeiten: Dass die dt. Praxis in der Region EMEA aufgegangen ist, bietet die Chance, die Netzwerkkontakte noch stärker zu intensivieren u. auch bei großen u. komplexen internat. Deals regelm. Präsenz zu zeigen. Dass der Berliner Partner Kraffel zu einem von 2 europ. Chefs für M&A aufgestiegen ist, dürfte dabei helfen.

Häufig empfohlen: Markus Hauptmann, Dr. Jörg Kraffel („der richtige Mann, um die M&A-Praxis weiter nach vorne zu bringen", Wettbewerber), Matthias Kasch, Andreas Stilcken, Dr. Axel Pajunk, Dr. Tobias Heinrich, Prof. Dr. Roger Kiem

Kanzleitätigkeit: Transaktionspraxis an allen Standorten; mit Abstand die größten Teams in Ffm. u. Hamburg. Zunehmend grenzüberschr. Transaktionen. (13 Eq.-Partner, 2 Counsel, 11 Sal.-Partner, 7 Associates)

Mandate: ●● Edeka bei gepl. Kauf von Kaiser's Tengelmann; Coppenrath & Wiese bei Verkauf an Dr. Oetker; Daimler bei Kauf von Moovel (Mytaxi), Nestlé bei Verkauf von Alete u. Milasan; Nestlé Waters bei Verkauf des HOD-Geschäfts; Allianz Renewable Energy, u.a. bei Kauf dt. Onshorewindparkportfolios von DIF, bei Kauf der Sparte La Coste von Baywa; Commerzbank bei Verkauf der jap. Tochter; Nidec bei Kauf von Geräte u. Pumpenbau Dr. Eugen Schmidt; Vattenfall, u.a. bei Verkauf von VSG; DMG Mori Seiki Ltd. bei öffentl. Übernahme von DMG Mori Seiki Co.

WILLKIE FARR & GALLAGHER
M&A

Kanzlei des Jahres für M&A

Bewertung: Das für M&A häufig empfohlene Büro vergrößert seinen Marktanteil weiter u. zählt inzw. zu den meistbeschäftigten M&A-Praxen unter den US-Kanzleien. Linde u. Schmidt gelten als 2 der dynamischsten M&A-Partner im Markt, die laut Wettbewerbern „zudem ein hervorragendes Team bilden". Der bemerkensw. Erfolg beruht auf einem Ruf für besonders effizientes Transaktionsmanagement, was zuerst im Bereich ▶ Private Equ. u. Vent. Capital auffiel. Zusammen mit der Akquisestärke der beiden Partner bescherte dies Willkie einige großen Deals für europ. Industrieunternehmen u. immer häufiger auch für bedeut. US-Konzerne. Letzteres sah man auch daran, dass Linde für den Deal Hudson's Bay/Kaufhof bei der Vergabe des Mandats im Wettbewerb gg. führende dt. Kanzleien ausgewählt wurde. Diese Entwicklungen sind die Rechtfertigung dafür, dass Willkie inzw. gelegentl. mit dem herausrag. Milbank-Team verglichen wird. Das gilt auch in der Art und Weise wie das Team an bedeut. Deals arbeiten kann, bei denen spezif. Branchenkenntnisse (z.B. Immobilien bei Kaufhof-Deal) nötig sind. Willkie scheint ebenso in der Lage zu sein, den vermeintl. Nachteil ggü. Full-Service-Kanzleien mithilfe von Partnerkanzleien ausgleichen zu können.

Stärken: Guter Ruf für Transaktionsmanagement. Relativ junge Partnerschaft in Frankfurt. Integrierte Praxis mit New Yorker Büro.

Entwicklungsmöglichkeiten: Der Erfolg der 2 federführenden Partner ist bemerkenswert, doch andere US-Kanzleien zeigen wie sehr die Zukunft im dt. Markt von der Fähigkeit abhängt, jüngere Partner mit unabh. Praxen hervorzubringen. Hierin wird für die kommenden Jahre die größte Herausforderung liegen.

Häufig empfohlen: Mario Schmidt, Georg Linde („sehr erfahren, lösungsorientiert, denkt unternehmerisch", Wettbewerber), Dr. Stefan Jörgens („kluger Kopf", Wettbewerber).

Kanzleitätigkeit: Sehr aktive M&A-Praxis für industrielle Mandanten, zudem starke Fokussierung auf ▶ Private Equ. u. Vent. Capital (daher viel Exit-Arbeit). (5 Partner, 10 Associates)

Mandate: ●● Hudson's Bay bei Kauf von Galeria Kaufhof; Wendel bei Kauf von Constantia Flexibles; Archroma bei Kauf der BASF-Textilchemiesparte; Arkema bei Kauf von Bostik; Gesellschafter von Netbank bei Verkauf an Augsburger Aktienbank; ADA Cosmetics bei Zukäufen in GB u. Skandinavien; Technip bei Kauf von Zimmer Polymer Technology; Prevent bei Kauf von südamerik. Automobilzulieferer; Gesellschafter von Horizont bei Verkauf an Beta Systems; Motus bei Kauf des Johnson-Controls-Headliner- u. Sonnenblendengeschäfts; Riemser/Ardian bei Kauf von Keocyt; Ambassador Theatre Group bei Beteiligung an BB Group.

WILMERHALE
M&A

Bewertung: Geschätzte Kanzlei in M&A, deren Transaktionspraxis unter den personellen Verlusten der letzten Jahre gelitten hat. Zwar verfügt die Kanzlei über sehr gute Verbindungen zu den US-Standorten u. zu den dort etablierten Mandanten, doch wirken sich diese Mandantenkontakte in anderen Geschäftsfeldern deutl. stärker aus. Auch strategisch wendet sich Wilmer merkl. von dem Bereich ab u. setzt ihre Energie eher für die Weiterentwicklung in Deutschland etablierter Stärken wie etwa der Beratung zu ▶ Compliance-Fragen ein.

Häufig empfohlen: Dr. Christian Crones

Kanzleitätigkeit: Branchenschwerpunkte in ▶ Energie, IP/Biotech/Life Science, daneben Luftfahrt, ▶ IT/Telekommunikation u. Immobilien. China-Desk in Frankfurt. (3 Eq.-Partner, 3 Sal.-Partner, 5 Associates)

Mandate: ●● FMS Wertmanagement bei Verkauf der FMS Servicegesellschaft; Securitas Holding zu M&A-Transaktionen; Orderbird bei Series-B-Finanzierungsrunde mit in- u. ausl. Investoren.

M&A

Weitere renommierte Kanzleien für M&A

NORDEN

Blaum Dettmers Rabstein	Bremen, Hamburg
BRL Boege Rohde Luebbehuesen	Hamburg
Büsing Müffelmann & Theye	Bremen
Cornelius + Krage	Kiel
Corvel	Hamburg
Hoffmann & de Vries	Hamburg
Raschke von Knobelsdorff Heiser	Hamburg

OSTEN UND BERLIN

von Boetticher	Berlin
Lindenpartners	Berlin
Mannheimer Swartling	Berlin

WESTEN

Aderhold	Dortmund, Düsseldorf
Avocado	Köln
Brandi	Bielefeld, Detmold, Gütersloh, Paderborn
Classen Fuhrmanns & Partner	Köln
Ebner Stolz Mönning Bachem	Köln
Franz	Düsseldorf
Kapellmann und Partner	Düsseldorf
Loschelder	Köln
Schmidt von der Osten & Huber	Essen

FRANKFURT

Avocado	Frankfurt
Büsing Müffelmann & Theye	Frankfurt
Curtis Mallet-Prevost Colt & Mosle	Frankfurt
Kaye Scholer	Frankfurt
Mannheimer Swartling	Frankfurt
Morgan Lewis & Bockius	Frankfurt

SÜDWESTEN

Martini Mogg Vogt	Koblenz
Melchers	Heidelberg
Reith Neumahr	Stuttgart
Rittershaus	Mannheim
Roos	Mainz
Thümmel Schütze & Partner	Stuttgart

SÜDEN

Acuris	München
von Boetticher	München
BTU Simon	München
Pinsent Masons	München

ACURIS

Bewertung: Die kleine ▶Münchner Kanzlei begleitete zuletzt auffällig viele Joint-Venture-Transaktionen. Der Schwerpunkt liegt dabei weiterhin auf den Technologie- u. Life-Science-Branchen, zunehmend aber auch im generell florierenden Immobilienbereich. Acuris berät überw. mittelständ. Mandanten, aber auch börsennot. Gesellschaften u. viele Family Offices, v.a. aus dem süddt. Raum. (3 Partner, 1 Associate)
Mandate: Keine Nennungen.

ADERHOLD

Bewertung: Das D'dorfer Team um Dirk Lange hat einen guten Ruf für Transaktionsarbeit, insbes. in Kombination mit dem dortigen starken ▶Restrukturierungs-/Sanierungsteam. Der Verlust 2er junger Partner an Field Fisher war allerdings ein Rückschlag bei dem Vorhaben, die M&A-Praxis breiter aufzustellen. Dem Leipziger Büro kommt innerhalb der Praxis heute eine größere Bedeutung zu als noch vor wenigen Jahren. (1 Eq.-Partner, 2 Sal.-Partner, 2 Associates)
Mandate: ●● Von Nathusius bei Kauf von MIFA aus Insolvenz; Bergrohr bei Verkauf an EEW; NBHX-NaFaTec bei Einstieg von chin. Investor; Zollern-Gruppe bei Kauf aus Insolvenz.

AVOCADO

Bewertung: Das Frankfurter Team setzte zuletzt seine erfolgr. Strategie fort, über das internat. Netzwerk neue Mandanten zu gewinnen. V.a. das China-Desk fruchtete, so etwa bei dem dt. Unternehmenskauf durch einen taiwan. Konzern. Das Team wurde zuletzt sogar vergrößert. Tarec Alio wechselte aus einem Unternehmen ins Frankfurter Büro. Arno u. Nathalie Maier-Bridou kamen von GGV u. ergänzen das Frankreich-Desk an der Schnittstelle zum Arbeits- u. Gesellschaftsrecht. (8 Partner, 2 Counsel, 5 Associates, 2 of Counsel)
Mandate: ●● Imc Test & Measurement bei Beteiligung an Softwarehersteller; Trans World Corp. bei Beteiligung an Hotelgesellschaft; Bastei Lübbe lfd. bei Transaktionen.

BLAUM DETTMERS RABSTEIN

Bewertung: V.a. in ▶Bremen für ihre exzellenten Kontakte in die Branchen Schifffahrt u. Transport bekannt. Dabei präsentiert sie sich stärker als ihr Marktumfeld vor Ort aufseiten von internat. Investoren, v.a. bei grenzüberschr. Transaktionen. Wettbewerber betonen hier die „herausgehobene Stellung" von Dr. Götz Grevesmühl. (6 Partner, 3 Associates, 2 of Counsel)
Mandate: ●● Mitarbeiter u. Investoren zu MBO bei Karibu Holztechnik; Lohmann Animal Nutrition bei Kauf des Futtermittelgeschäfts von Eli Lilly/Elanco inkl. anschl. MBO (beide marktbekannt); Logistik-Joint-Venture bei Sale-and-lease-back einer Immobilie.

VON BOETTICHER

Bewertung: An den Standorten Berlin u. ▶München betreut die Kanzlei regelm. Transaktionen im Immobilien- u. immer wieder auch im Pharma- u. Technologiesektor. Der Verkauf des Frankfurter Messeturms bildete zuletzt einen besonderen Höhepunkt. Der Schwerpunkt für grenzüberschr. Projekte liegt in München, wo Jens Horstkotte bekannt u. angesehen ist. Das Berliner Büro ist stärker auf gesellschafts- u. insbes. übernahmerechtl. Fragen fokussiert. (5 Partner, 4 Associates)
Mandate: ●● KanAm bei Verkauf von Frankfurter Messeturm; dt. Privatbank bei Beteiligung an Finanzdienstleister; dt. Softwareunternehmen bei MBO; ital. Fahrzeughersteller bei Kauf eines Wettbewerbers.

BRANDI

Bewertung: Die Kanzlei aus Ostwestfalen (▶Ruhrgebiet/Westfalen) erntet langsam die Früchte ihrer Bemühungen, die Corporate-Praxis langfristig mit jüngeren Anwälten aus den eigenen Reihen auszubauen. Nach dem gelungenen Generationswechsel ist Brandi breiter aufgestellt u. war zuletzt verstärkt über ihre Kernregion hinaus tätig. So begleitete sie den Verkauf eines Unternehmens aus der Gesundheitsbranche in Hessen u. div. ihrer örtl. Mandanten bei Zukäufen in GB u. den USA. (18 Partner, 3 Associates)
Mandate: ●● KMG Kliniken bei Zukauf von Krankenhaus; Rolko Kohlgrüber bei Beteiligung durch Indus; BST Eltromat bei Zukauf; Beckhoff Automation bei Restrukturierung von Auslandsbeteiligung.

BRL BOEGE ROHDE LUEBBEHUESEN

Bewertung: Das ▶Hamburger Büro der MDP-Kanzlei gehört v.a. im norddt. Raum zu den bekannten Mittelstandsberatern, ist zuletzt aber auch verstärkt für internat. Mandanten tätig geworden. Bekannt ist v.a. das Team um Thilo Rohde. Daneben arbeitet BRL auch mit 2 Anwälten in Berlin bei Transaktionen u. verfügt hier über Kontakte in die Venture-Capital-Szene. Auch ▶Gesellsch.recht. (4 Eq.-Partner, 2 Sal.-Partner, 4 Associates)
Mandate: ●● Atkon-Vorstand bei Verkauf an FischerAppelt; Haspa BGM lfd. u. bei Beteiligung an mittelständ. Unternehmen; lfd. Handwerksgruppe Philip Mecklenburg, Novum, DG Hyp, Agrarfrost, CMC Capital, J.P. Bachem.

BTU SIMON

Bewertung: Das Team um Namenspartner Eberhard Simon besitzt eine besondere Expertise im Bereich Luftverkehr. Hier brachte BTU zuletzt etwa den Kauf einer regionalen Fluggesellschaft in Irland zum Abschluss, der viel Zeit u. Kapazitäten in Anspruch genommen hatte. Aber auch in der Energiebranche, berät die multidisziplinäre Einheit aus ▶München zu Transaktionen. (2 Eq.-Partner, 2 Sal.-Partner, 1 Associate)
Mandate: Keine Nennungen.

BÜSING MÜFFELMANN & THEYE

Bewertung: Für ihre M&A-Arbeit genießen v.a. die ▶Bremer Anwälte der Kanzlei einen ausgezeichneten Ruf. Sie beraten meist langj. Mandanten bei Transaktionen mittlerer Größe, zählen aber auch für (ausl.) Investoren zu den ersten Adressen vor Ort. Über ausgewiesene Expertise verfügt hier Dr. Monika Beckmann-Petey. In Frankfurt verstärkte ein ehem. Partner von Jones Day das Team. (7 Partner, 1 Associate)
Mandate: ● US-Fonds bei Kauf eines dt. Technologieunternehmens; Unternehmen der Baustoffindustrie bei Verkauf.

CLASSEN FUHRMANNS & PARTNER

Bewertung: Mit Reaktionsschnelligkeit u. ihrer Dealerfahrung hat sich CFP aus ▶Köln eine Reputation im mittleren Marktsegment erarbeitet. Für eine stetige Auslastung sorgt der Kernmandant Kajo Neukirchen, für den CFP lfd. Zukäufe prüft. Ein Highlight war die Begleitung eines großen westdt. Versorgers, der üblicherw. auf deutl. größere M&A-Praxen vertraut. Mit erfahrenen Zugän-

---

● Referenzmandate, umschrieben
●● Referenzmandate, namentlich

Anwaltszahlen: Angaben der Kanzleien, wie viele Anwälte zu mind. ca. 50 % in diesem Gebiet tätig sind. Sie spiegeln nicht zwingend die Gesamtgröße einer Kanzlei wider.

gen (u.a. von BDO) ist das Team zuletzt auch gewachsen. (3 Eq.-Partner, 1 Sal.-Partner, 3 Counsel, 4 Associates)
Mandate: ●● Regelm. Kajo Neukirchen, Baywa AG bei Transaktionen; Masa bei Verkauf an CGS; Chocri bei Verkauf an Riegelein; AVS/Steadfast Capital bei Kauf H& T Trimborn-AVE; Econdition bei Verkauf an Swegon.

CORNELIUS + KRAGE
Bewertung: C+K ist eine der ersten Anlaufstellen in ▶Schleswig-Holstein für Transaktionen, teils auch für skand. Unternehmen. Für die Larsen-Danish-Seafood-Gruppe zeigte sie zuletzt ihre Stärke im Zusammenwirken des Corporate-Teams mit den Insolvenzexperten. Darüber hinaus sind v.a. mittelgr. Transaktionen typisch, häufig mit Bezug zu erneuerbaren Energien. (4 Eq.-, 1 Sal.-Partner, 3 Associates)
Mandate: ●● Larsen Danish Seafood zu Einstieg von Christian i Grótinum; GP Joule lfd., u.a. zu Projektierung u. Finanzierung von Solarparks in Italien u. Frankreich; lfd. Flaschka, Hoedtke, Medien:holding Nord, Modehaus Bestseller.

CORVEL
Bewertung: Das ▶Hamburger Team zeigt sich mit zunehmend breiterem Profil. Zum angestammten Schwerpunkt im Erneuerbare-Energien-Sektor treten zuletzt mehr Transaktionen mit Insolvenz- oder Venture-Capital-Bezug (v.a. durch Dr. Philipp Jacobi u. Dr. Felix Brammer). Um sich im VC-Bereich stärker zu positionieren, eröffnete Corvel zuletzt auch ein kleines Berliner Büro. „Allesamt sehr erfahren, gerade bei internat. Deals", lobt ein Wettbewerber. (4 Partner, 1 Associate)
Mandate: ●● Droege Capital zu Kauf von Weltbild aus Insolvenz; Also zu Kauf der Weltbild-Logistiksparte; Management der Svt-Gruppe bei Einstieg von Investor; T-Venture u. andere Gesellschafter von Intelligent Apps/MyTaxi bei Verkauf an Daimler; Management der J&S-Gruppe zu Verkauf an Investor inkl. Rückbeteiligung; Tom Tailor bei kleineren Deals.

CURTIS MALLET-PREVOST COLT & MOSLE
Bewertung: Das Frankfurter Team der US-Kanzlei begleitet viel Verweisgeschäft aus dem US-Netzwerk, doch kommt der Löwenanteil der Transaktionen inzw. aus selbstakquirierten Kontakten. Ende 2014 verlor Curtis einen Corporate-Partner an GSK, dessen Weggang die Kanzlei aber gut verkraftete. Kernmandanten sind institutionelle Investoren u. kleinere bzw. mittlere Private-Equity-Fonds. (3 Partner, 4 Associates)
Mandate: ●● PDVSA lfd. in Europa; Epic, Eucon bei Anteilskauf an Joint Venture; Transaktionen für Feierabend AG u. Bahntechnikunternehmen.

EBNER STOLZ MÖNNING BACHEM
Bewertung: In der MDP-Kanzlei hat sich die ▶Kölner Praxis einige Jahre nach der Fusion von ESMB als Zentrum der Transaktionsberatung etabliert. Jüngstes Bsp. sind Mandate im Gesundheitssektor, die über Kontakte der Unternehmensberater aus Stuttgart zustande kamen. Traditionell hoch bleibt der Anteil bei Immobiliendeals, wo sich ESMB im Zshg. mit Erbbaurechten einen Ruf als Spezialistin erarbeitet hat. (6 Partner, 5 Associates)

Mandate: ●● Neways Electronics bei Kauf von BuS; Continuum Capital bei Kauf von Bürogebäude Tulpenfeld/Bonn; IT-Dienstleister bei Verkauf an PE-Investor; kommunales Krankenhaus bei Beteiligung durch arab. Investor; chin. Zulieferer bei Unternehmenskauf aus Insolvenz.

FRANZ
Bewertung: Die D'dorfer Kanzlei hat eine breite u. international ausgerichtete M&A-Praxis, die längst nicht mehr nur auf das bekannte Frankreich-Geschäft von Dr. Christian Franz fokussiert ist. Regelm. betreut das Team um Franz und Dr. André Kowalski auch großvolumige Deals für US- u. Schweizer Mandanten. (5 Partner, 4 Associates)
Mandate: ●● Surteco zu Umstrukturierung u. Post-M&A-Beratung; Zett-Gruppe zu Verkauf Star-Licht; Olin zu Verkauf Karibu Holztechnik; Re:Store zu Verkauf von Energy Net; lfd. US-Biotechunternehmen.

HOFFMANN & DE VRIES
Bewertung: Die Hamburger M&A-Anwälte Dr. Stefan Hoffmann u. Dr. Kolja de Vries haben eine gute Reputation u. viel Erfahrung dank ihrer Zeit bei Rittstieg u. Gleiss Lutz. Die engen Verbindungen zu United Internet generieren einen soliden Dealflow, wobei im Laufe der ersten 2 Jahre des Bestehens der Kanzlei die Arbeit zunehmend grenzüberschr. ist. Das zeigt etwa die Federführung bei Deals in Norwegen u. Kalifornien. (2 Partner)
Mandate: ●● United Internet bei Kauf der Versatel-Gruppe u. Beteiligung an Rocket Internet; Nemetschek bei Kauf von Bluebeam Software; Inhaberfamilie eines Handelshauses bei Verkauf.

KAPELLMANN UND PARTNER
Bewertung: Das D'dorfer Büro der Kanzlei, die v.a. für ihre Immobilienpraxis bekannt ist, hat im Laufe der letzten Jahre sein Corporate-Team erweitert u. ist nun neben seiner etablierteren ▶Gesellschaftsrechtspraxis auch stärker in Transaktionsarbeit aktiv (teils für Großkonzerne). Es bestehen jedoch bisher nur wenige Schnittstellen mit der Immobilienmandantschaft. (4 Partner, 5 Associates)
Mandate: ●● Preuss bei Verkauf an CBRE; US-Private-Equity-Investor bei Verkaufsprozess im Energiesektor; div. Gesellschafter eines IT-Unternehmens bei Verkauf von 5 Gesellschaften an Finanzinvestor.

KAYE SCHOLER
Bewertung: Das ▶Frankfurter Büro begleitet unter Einsatz des internat. Netzwerks einen steten Mandatsfluss von bzw. nach Dtl. Nach der Beratung von Activaero im Vorjahr machte Kaye Scholer so erneut im Life-Science-Bereich auf sich aufmerksam. Die Personaldecke ist aber noch zu dünn, um sich ggü. Wettbewerbern deutlicher zu positionieren. (3 Partner, 2 Associates)
Mandate: ●● Uni-World Capital u. VanDeMark Chemical bei Kauf von Framochem; Eigentümer der 328 Group bei Verkauf an Sierra Nevada Corp.; Onex bei Verkauf von The Warranty Group.

LINDENPARTNERS
Bewertung: ▶Berliner Kanzlei, die ihre Stärken v.a. in der Beratung bei Immobilienkäufen u. -verkäufen sowie in der Bankenszene hat. Zudem ist sie in der dortigen Start-up-Szene aktiv u. begleitet lfd. mittelständ. sowie internat. Mandanten, auch Fondshäuser u. Banken. Auch Immobiliendeals zogen zuletzt wieder an. (5 Partner, 7 Associates)
Mandate: ●● ADO Properties bei Kauf eines Wohnimmobilienportfolios; Gegenbauer bei Joint-Venture-Struktur als Bieter für FM-Gesellschaften; OneSubsea bei Sale-and-lease-back-Projekt mit der Commerzbank; brit. Investor bei gepl. Kauf einer Bioethanolanlage aus Insolvenz.

LOSCHELDER
Bewertung: Mit ihrer guten Entwicklung sticht die ▶Kölner Kanzlei unter vergleichbaren mittelgroßen Einheiten heraus. So gelang es dem ehem. Freshfields-Anwalt Dr. Sebastian Kalb einige Kontakte für Loschelder zu nutzen, u.a. zur Wild-Gruppe. Die Folge sind weitere Marktanteile im internat. orientierten Mittelstand, in dem die M&A-Praxis nun häufiger Private-Equity-Fonds begegnet. Ein starkes Jahr hatte die M&A-Praxis auch bei Immobiliendeals. (5 Eq.-Partner, 1 Sal.-Partner, 4 Associates)
Mandate: ●● Generali bei Verkauf Messeturm Frankfurt an Blackstone; Strabag bei Verkauf Tanzende Türme Hamburg an HansaInvest; Blackstone bei Verkauf Wohnimmobilien; Dt. Office bei Verkauf Westend-Ensemble; Sandvik bei Kauf von TechnoPartner Samtronic.

MANNHEIMER SWARTLING
Bewertung: Die dt. M&A-Praxis der schwed. Kanzlei ist nach einem eher durchschnittl. Jahr wieder gut im Geschäft. Zu ihrer Kerntätigkeit zählen Small- u. Mid-Cap-Transaktionen für überwiegend schwed. Unternehmen. Für ein kontinuierl. Grundrauschen sorgten langj. Mandanten wie Hexagon u. Langley, die wieder aktiver im Markt waren. Aber das Team um Oliver Cleblad konnte auch neue Mandanten von sich überzeugen, wie zuletzt die Zobito-Gruppe. (2 Partner, 4 Associates)
Mandate: ●● Zobito bei Kauf von Minderheitsbeteiligung; Hexagon bei Kauf der Q-DAS-Gruppe; Langley bei Kauf der Druck-Chemie-Gruppe; Hexpol bei Spartenzukauf; internat. Technologiekonzern bei Kauf von dt. Firmengruppe.

MARTINI MOGG VOGT
Bewertung: Bekanntester Kopf der Koblenzer Praxis u. weiterhin dominierender Corporate-Partner in ▶Rheinland-Pfalz ist Dr. Ottmar Martini. Zunehmend tritt aber auch Georg Moesta in den Vordergrund, etwa in federführender Rolle bei einer Fusion zum größten Krankenhaus mit Maximalversorgung der Region. (5 Eq.-Partner, 4 Sal.-Partner, 1 Associate)
Mandate: ●● Stadt Koblenz bei Klinikfusion; div. Unternehmen bei Käufen u. Verkäufen.

MELCHERS
Bewertung: Die Heidelberger Kanzlei begleitete regelm. v.a. Mid-Cap-Deals. Neben der Betreuung ihrer treuen Mandanten akquirierte sie auch neues Geschäft: Hier trat zuletzt das im Markt noch weniger visible Frankfurter Büro häufiger in Erscheinung. Ihre Kompetenz im Gesellschaftsrecht ermöglicht es Melchers, regelm. auch bei Post-M&A-Fragen zu beraten. (7 Partner, 6 Associates)

Mandate: ●● Clinipace bei Kauf von Accovion; Deals für Vanni Didicher u. DowAksa Advanced Composites.

MORGAN LEWIS & BOCKIUS
Bewertung: Weiterhin sichern viele US-Investoren einen regelm. Mandatsfluss in Dtl. u. auch Österreich. Z.T. auch wg. der geringen Teamgröße bleibt die Transaktionsbilanz dennoch verglw. überschaubar. Der Anschluss von Bingham dürfte sich neue Kontakte ergeben, aber auch über die Verbindungen von Stamford Law in Asien. Daneben gibt es auch einige originär dt. Verbindungen, doch Mandate wie die eines großen Optikanbieters sind eher die Ausnahme denn die Regel. (4 Partner, 1 Counsel, plus Associates)
Mandate: ●● Octavian King Holding bei Verkauf von Atlantic Kempinski; LTS Lohmann bei Verkauf an Dieveni Hopp; Technologieholding bei Verkauf einer Tochter; US-Investor bei Kauf eine med. Versorgungsanbieters; dt. Optikanbieter bei gepl. Kauf.

PINSENT MASONS
Bewertung: Die brit. Kanzlei mit Büro in ▶München befindet sich weiter auf Wachstumskurs. Zuletzt konnte die Corporate-Praxis um Rainer Kreifels eine Reihe internat. Mandanten gewinnen, teils auch über das kanzleiinterne Netzwerk. Traditionell stark ist PM bei Tech-M&A sowie im Bereich ▶Private Equity und Venture Capital. Letzterer profitiert inzw. stark von dem Zugang von Tobias Rodehau, der im Vorjahr von Arqis kam. Die überw. mittelgroßen Transaktionen sind auch immer häufiger immobilienbezogen. In diesem Zshg. hat PM beachtl. Know-how bei M&A-Versicherungen für Real Estate aufgebaut. (7 Partner, 2 Counsel, 6 Associates)
Mandate: ●● Aventas Manufacturing bei Verkauf der Plastiksparte an Schweizer. Konzern; Redefine Internat. bei Kauf von Einzelhandelsportfolio; Contigua bei Verkauf von Teilbetrieb; Aventas bei Verkauf von Polycasa; Gesellschafter der IST Reaktortechnik bei Verkauf von Geschäftsanteilen.

RASCHKE VON KNOBELSDORFF HEISER
Bewertung: Die ▶Hamburger Corporate-Boutique hat sich im M&A nach dem Weggang eines Teams um den anerkannten Partner Dr. Ulf Renzenbrink schnell wieder mit einem Transaktionsexperten verstärkt: Dr. Dominik Ziegenhahn kam von Graf von Westphalen u. brachte v.a. gute internat. Kontakte insbes. in Italien u. China mit. Der ebenfalls für seine M&A-Arbeit bekannte Partner Dr. Kristian Heiser fokussiert sich zunehmend auf Immobilientransaktionen u. Mandate mit kapitalmarktrechtl. Bezügen. (5 Partner, 2 Associates, 1 of Counsel)
Mandate: ●● Genui bei Beteiligung an Closed; Demire Dt. Mittelstand Real Estate bei Unternehmenskäufen; Vapiano bei Beteiligung an niederl. Vapiano-Restaurants.

REITH NEUMAHR
Bewertung: Die ▶Stuttgarter Corporate-Boutique begleitete im insges. anziehenden Transaktionsgeschäft eine Reihe kleiner u. mittlerer M&A-Deals. Ihr Schwerpunkt allerdings hat sich verlagert: Mit dem Ausscheiden des Gründungspartners Prof. Dr. Stefan Schick hat sie ihre Kontakte zu kommunalen u. kirchl. Krankenhausträgern weitgehend verloren, die ihr zuvor regelm. M&A-Mandate bescherten. Auf der anderen Seite gelang es den verbliebenen 3 Partnern, bei vorwiegend produzierenden Mittelständlern den Zugang zu Transaktionsmandaten zu verbessern. (3 Partner, 3 Associates)
Mandate: ●● Eberspächer bei Verkauf von Elektroniktochter; Christoph Gärtner bei Kauf von Auktions- und Handelshäusern; Dietz & Strobel bei Verkauf an Strabag; Hobbybäcker bei Unternehmensverkauf; Naumann Steppdeckenfabrik bei Verkauf an priv. Investoren.

RITTERSHAUS
Bewertung: Die M&A-Praxis der Kanzlei mit Stammsitz in Mannheim (▶Baden-Württemberg) war erneut mit kleineren u. mittleren Transaktionen sehr präsent. Zunehmend kommen außerdem über ihre Mitgliedschaft in internat. Netzwerken auch grenzüberschreitende Mandate u. einige neue Mandanten, z.B. die chin. Zhongding-Gruppe. Daneben sorgte ihre traditionell mittelständ. Mandantschaft für lfd. Geschäft in der M&A-Praxis. (12 Partner, 7 Associates)
Mandate: ●● Zhonding-Gruppe bei mehreren Transaktionen; Arthur Weidenhammer bei Verkauf Firmenkonglomerat; Heidelberger Druckmaschinen, u.a. Kauf von niederl. PSG Holding; Dievini Hopp, u.a. Beteiligung an LTS Lohmann Therapie-Systeme.

ROOS
Bewertung: Die Kanzlei ist eine der wenigen im Rhein-Main-Gebiet, die bei Small- bis Mid-Cap-Arbeit mit weitaus größeren Sozietäten Schritt halten kann. Namenspartner Dr. Michael Roos genießt einen guten Ruf, u. die schrittweise Verbreiterung des Angebots (seit einiger Zeit Steuerrecht u. nun auch Arbeitsrecht) ist der Transaktionsberatung zuträglich. Auch langj. Kontakte zu ▶Private-Equity-und-Venture-Capital-Häusern. (3 Partner, 2 Associates)
Mandate: ●● Brandmaker bei Kauf von Advertzoom; L&S Lauf & Sport bei Beteiligung an Planet Sports; Gesellschafter von Hagelschaden-Centrum Douteil bei Verkauf an Constellation Capital.

SCHMIDT VON DER OSTEN & HUBER
Bewertung: Die M&A-Praxis der etablierten Essener Kanzlei (▶Ruhrgebiet) begleitet ihren langj. Mandantenkreis regelm. bei Transaktionen im Small-u. Mid-Cap-Bereich. Parallel dazu knüpfen v.a. jüngere Anwälte Kontakte zu neuen Mandanten wie etwa PAI Partners. Das Mandat zeigt außerdem, dass die zuletzt verstärkt genutzten Synergien mit der renommierten Medizinpraxis (▶Gesundheit) noch nicht ausgeschöpft sind. (Corporate insges.: 8 Partner, 3 Associates)
Mandate: ●● PAI Partners bei Kauf der Median Kliniken (aus dem Markt bekannt); Kötter bei Kauf von OSD Schäfer; regelm. u.a. für Aldi-Gruppe (Nord u. Süd) europaweit.

THÜMMEL SCHÜTZE & PARTNER
Bewertung: Die M&A-Praxis ist neben ihrer Tätigkeit für vorwiegend mittelständ. Stammmandanten immer stärker internat. geprägt. V.a. die Zunahme des Inboundgeschäfts aus China beschäftigt ein Team, dem neben dem regelm. empfohlenen Partner Jens Haubold auch eine chin. Anwältin angehört. (4 Equity-Partner, 3 Sal.-Partner, 2 Associates)
Mandate: ●● M-Way Solutions bei Rückkauf von Geschäftsanteilen der dt. Tochter der Sirius XM; chin. Konzern bei Teilkauf eines dt. Entsorgers; chin. Investoren bei gepl. Kauf eines dt. Mittelständlers im Automotivesektor; Schweizer Konzern bei Kauf eines dt. Technologieunternehmens.

MARKEN- UND WETTBEWERBSRECHT CO-PUBLISHING / ANZEIGE

ICANN's New gTLD Programm: Neue Rechtsschutzverfahren für Markeninhaber

Von Dr. Torsten Bettinger und Martin Müller, Bettinger Scheffelt Kobiako von Gamm Partnerschaft mbB, München

Bettinger Scheffelt Kobiako von Gamm Partnerschaft mbB ist ein Zusammenschluss aus Rechts- und Patentanwälten mit Tätigkeitsschwerpunkten in den Bereichen Gewerblicher Rechtsschutz, IT- und Medienrecht sowie Bau- und Technikrecht. Die Kanzlei berät und vertritt internationale Großunternehmen ebenso wie mittelständische, insbesondere technologieorientierte Unternehmen, sowie Start-ups und Einzelerfinder.

Dr. Torsten Bettinger

Die anwaltliche Praxis von **Dr. Torsten Bettinger** umfasst die Prozessvertretung und Beratung im IT- und Medienrecht sowie gewerblichen Rechtsschutz. Der Schwerpunkt seiner Beratungstätigkeit liegt gegenwärtig bei der Unterstützung von Markenunternehmen hinsichtlich des Schutzes gegen Kennzeichenmissbrauch im Internet, einschließlich der Unterstützung bei der Entwicklung geeigneter Domain-Management-Systeme, Brand Monitoring Maßnahmen und Domainanmeldestrategien. Er ist Leiter des ICANN Task Force Committee der AIPPI und vertritt die AIPPI in der Intellectual Property Constituency (IPC) der ICANN.

Martin Müller

Die Tätigkeit von Rechtsanwalt **Martin Müller** umfasst die Beratung und Prozessvertretung im gesamten Bereich des geistigen Eigentums. Zu seinen Mandanten zählen renommierte mittelständische Unternehmen ebenso wie junge Start-ups, insbesondere aus den Branchen Technologie, IT, Lebensmittel sowie Sport und Freizeit.

Weitere Informationen im Kanzleiprofil am Ende des Handbuchs.

Die für die Koordination des Domain-Name-Systems zuständige Internet Corporation for Assigned Names and Numbers (ICANN) hat am 11.01.12 nach langwierigen und kontroversen Diskussionen mit allen Interessengruppen der globalen Internet Community (technische Community, Zivilgesellschaft, Privatwirtschaft und Regierungen) die finale Fassung der Ausschreibungsregeln (Applicant Guidebook) für die Registrierung neuer Top Level Domains (new gTLDs) verabschiedet.

Die neuen gTLDs

Im Bewerbungszeitraum vom 12.01. - 12.04.12 wurden insgesamt 1.930 Bewerbungen für 1.409 unterschiedliche TLD-Strings eingereicht. Die Bewerbungsverfahren sind zwischenzeitlich fast alle abgeschlossen. Über 500 neue gTLD sind bereits in die DNS-Rootzone eingetragen.

Die größte Zahl der new gTLD Bewerbungen betrifft gTLDs, die aus Allgemeinbegriffen bestehen und entweder der Allgemeinheit oder einem beschränkten Nutzerkreis zur Registrierung offen stehen (open generic TLDs).

Über 600 sog. Brand gTLDs werden von großen Markenunternehmen ausschließlich zu unternehmenseigenen Zwecken verwendet.

Hinter den Bewerbungen stehen in vielen Fällen Venture Capitalists wie der US-amerikanische Domaininvestor Donuts Inc. (307 Bewerbungen), in Off-Shore Regionen ansässige Investorengruppen oder mächtige Konzerne wie der Suchmaschinenbetreiber Google Inc. (101 Bewerbungen, überwiegend für generische Begriffe wie .app, .book, .blog, .family, etc.) und der Online-Händler Amazon (75 Bewerbungen ebenfalls für generische gTLDs wie .music, .movie, .author, .cloud etc.).

All dies weckt wenig Vertrauen in die zukünftigen Entwicklungen. Es steht zu befürchten, dass die Delegierung offener gTLDs an die neuen Registry-Betreiber in großer Zahl zur missbräuchlichen Registrierung fremder Kennzeichen als Domainname (sog. Cybersquatting) führen wird. Die Markenverbände, allen voran die INTA, hatten das ICANN Board daher bereits im Vorfeld der Diskussionen um das New gTLD Program aufgefordert, die Markeninhaber durch Einführung zusätzlicher Rights Protection Mechanisms gegen missbräuchliche Domainregistrierungen zu schützen.

Schutz gegen die Zulassung und Nutzung einer neuen Top-Level-Domain: Merck KGaA v. Merck & Co.

Das Applicant Guidebook sieht vor, dass die Inhaber von Markenrechten nach Veröffentlichung der Bewerbungen durch die ICANN berechtigt sind, in einem außergerichtlichen Streitbeilegungsverfahren, der sog. Legal Rights Objection (LRO) Beschwerde gegen die Zuteilung einer gTLD einzulegen, wenn die mögliche Nutzung der beantragten gTLD durch den Bewerber

1. die Unterscheidungskraft oder die Wertschätzung einer eingetragenen oder nicht-eingetragenen Marke ausnutzt; oder
2. die Unterscheidungskraft oder die Wertschätzung einer eingetragenen oder nicht-eingetragenen Marke in nicht gerechtfertigter Weise beeinträchtigt; oder
3. in sonstiger Weise eine unzulässige Verwechslungsgefahr zwischen der beantragten gTLD und der Einspruchsmarke begründet.

Zuständig für die administrative Abwicklung der Verfahren und Ernennung der Experten-Panel war das WIPO Arbitration and Mediation Center. Eine Berufung gegen die LRO-Entscheidungen sah das Applicant Guidebook nicht vor, jedoch bestand die Möglichkeit, LRO-Entscheidungen zum Gegenstand einer Überprüfung durch die ICANN (Request for Reconsideration) zu machen oder durch Einleitung eines Independent Review Process beim International Centre for Dispute Resolution (ICDR) durch ein unabhängiges Schiedsgericht überprüfen zu lassen (Accountability Process) Der Umfang der Überprüfung beschränkte sich in beiden Verfahren allerdings darauf festzustellen, ob die ICANN bei der Anerkennung der Experten-Entscheidung gegen ihre eigenen Grundsätze und Richtlinien verstoßen hat. Es handelte sich daher nicht um Verfahren zur umfassenden Überprüfung der Sachentscheidung des LRO-Panels („no mechanism for direct, de novo appeal of decisions").

Insgesamt wurden über 71 Beschwerden gegen TLD-Bewerbungen eingereicht, die nur in vier Fällen erfolgreich waren. Der aus Sicht des Markenrechts komplexeste und spektakulärste Konflikt wegen der Zuteilung neuer Top-Level-Domains war der Streit zwischen dem deutschen Pharmaunternehmen Merck KGaA und dem US-amerikanischen Unternehmen Merck & Co. um die TLD <.merck>. Die Merck KGaA besitzt die globalen Rechte am Namen und der Marke MERCK außer in Nordamerika, wo Merck KGaA unter der Marke EMD auftritt. Merck & Co., ein ehemaliges Tochterunternehmen der Merck KGaA, das sich zwischenzeitlich ebenfalls zu einem internationalen Pharmakonzerne entwickelt hat, hält die Rechte an dem Namen und der Marke MERCK in Nordamerika und ist im Rest der Welt unter MSD, MERCK SHARP & DOHME oder MSD SHARP & DOHME tätig.

Während die deutsche Merck KGaA in ihren Bewerbungen im Nutzungskonzept klarstellte, dass sie die Rechte der amerikanischen Merck & Co. an der Marke MERCK in Nordamerika beachten und mittels „Geotargeting" sicherstellen werde, dass Nutzer aus Nordamerika vom Abruf der Top-Level-Domain <.merck> ausgeschlossen werden, strebte die amerikanische Merck & Co. in ihrem Bewerbungskonzept eine weltweite Nutzung der TLD <.merck> an.

Die Beschwerde der Merck & Co. gegen die Bewerbung der Merck KGaA für .merck wurde abgewiesen und ist zwischenzeitlich rechtskräftig. Auch die Beschwerde der Merck KGaA gegen die Bewerbung der Merck & Co. für .merck wurde abgewiesen. Das gegen die Entscheidungen der Legal Rights Objection von der Merck KGaA beim International Center for Dispute Resolution (ICDR) eingeleitete Independent Review Verfahren ist noch anhängig. Zu beantworten steht unter anderem die auch im nationalen Recht noch ungeklärte Frage, ob und unter welchen Voraussetzungen im Falle territorial koexistierenden Markenrechte der Betreiber einer neuen gTLD im Wege des Geotargeting sicherstellen muss, dass durch deren Nutzung Schutzrechtsverletzungen nach Möglichkeit vermieden werden. Sofern die Beschwerde der Merck KGaA abgewiesen wird, erfolgt die Zuteilung der TLD <.merck> nach Durchführung eines Auktionsverfahrens an den Meistbietenden.

Insgesamt betrachtet hat der Markenkonflikt der beiden Pharmaunternehmen gezeigt, dass das von ICANN etablierte alternative Streitbeilegungsverfahren zur Entscheidung komplexer Markenkonflikte nicht geeignet ist. Als größtes Defizit hat sich der Umstand erwiesen, dass das LRO-Verfahren und die Accountability-Verfahren gegen ICANN weder mündliche Anhörungen noch Beweiserhebungen vorsehen und eine umfassende Überprüfung der Experten-Entscheidungen im Wege der Berufung nicht besteht. Die ICANN wird daher sowohl Streitbeilegungsverfahren als auch ihre eigenen Accountability-Prozesse grundlegend reformieren müssen, bevor die für das Jahr 2018 angekündigte zweite new gTLD-Bewerbungsrunde beginnt.

Neues ADR-Verfahren gegen die missbräuchliche Registrierung von Second-Level-Domains

Eines der wichtigsten Schutzinstrumente neben der Verpflichtung der Betreiber der neuen gTLDs zur Einrichtung eines Trademark Claims-Service und Sunrise-Service, stellt die Schaffung eines Uniform Rapid Suspension Systems (URS) dar, das in Ergänzung zur Uniform Domain Name Dispute Resolution Policy (UDRP) die Suspendierung der unter einem bösgläubig registriert und benutzten Domainnamen („registered and used in bad faith") abrufbaren Inhalte ermöglichen soll.

Evidenter Vorteil des URS gegenüber der UDRP sind die konzeptionell kürzere Verfahrensdauer (bei normalem Verlauf lediglich drei Wochen) sowie die deutlich geringeren Verfahrenskosten (US$ 300 statt US$ 1.500). Auch die sich im Verletzungsfall ergebende Sanktion der Suspendierung der unter dem Domainnamen abrufbaren Website statt der Übertragung des Domainnamens kann für die Markeninhaber in vielen Fällen Vorteile bieten, da hierdurch umfangreiche Defensivregistrierungen von Domainnamen vermieden werden. Ein wichtiger Unterschied zwischen der UDRP und dem URS besteht insoweit, als eine URS-Beschwerde nur auf Wortmarken gestützt werden kann, die zum Zeitpunkt der Einreichung der Beschwerde benutzt werden. Ausdrücklich strenge Anforderungen werden an den Nachweis der Bösgläubigkeit gestellt. Erforderlich ist, dass klare und überzeugende Nachweise („clear and convincing evidence") vorgelegt werden, aus denen sich die Bösgläubigkeit ergibt. Aufgrund der sehr beschränkten Möglichkeit der Sachverhaltsaufklärung und mangels Durchführung einer mündlichen Verhandlung ist das URS-Verfahren zur Entscheidung von Streitigkeiten mit komplexem und strittigem Sachverhalt nicht geeignet. ∎

KERNAUSSAGEN

- Im Zuge der Einführung neuer Top-Level-Domains wurden von ICANN neue Rechtsschutzverfahren etabliert, die sowohl Schulz gegen die Zuteilung potentiell markenrechtsverletzender TLDs als auch gegen die bösgläubige Registrierung und Benutzung von Second-Level-Domains bieten sollen.

- Das von der ICANN etablierte außergerichtliche Streitbeilegungsverfahren gegen die Zuteilung neuer Top-Level-Domains (Legal Rights Objection) ist verfahrensrechtlich unzureichend. Insbesondere fehlt die Möglichkeit zur umfassenden Überprüfung der Experten-Entscheidungen. Vor der geplanten 2. new gTLD-Bewerbungsrunde im Jahre 2018 sind die von ICANN etablierten Rechtsschutzsysteme grundlegend zu reformieren.

- Das von der ICANN neu eingeführte Uniform Rapid Suspension System (URS) ermöglicht die kostengünstige und schnelle Suspendierung der unter einem missbräuchlich registrierten Domainnamen abrufbaren Inhalte in eindeutigen Fällen des Cybersquatting. Für Domainstreitigkeiten mit komplexem und strittigem Sachverhalt ist das Verfahren nicht geeignet.

Aktuelle Fragen zur Reform des Gesetzes gegen den unlauteren Wettbewerb (UWG)

Von Dr. Mirko Möller, SCHLÜTER GRAF, Dortmund

Dr. Mirko Möller

Dr. Mirko Möller LL.M. ist Fachanwalt für Gewerblichen Rechtsschutz und Fachanwalt für Handels- und Gesellschaftsrecht. Er ist zudem Partner der Kanzlei SCHLÜTER GRAF Rechtsanwälte PartG mbB. Er ist Verfasser zahlreicher Veröffentlichungen, Vorsitzender des Fachausschusses für Gewerblichen Rechtsschutz der Rechtsanwaltskammer Hamm und Mitglied des gleichnamigen Ausschusses der Bundesrechtsanwaltskammer. An der erwähnten Stellungnahme der BRAK hat er als Berichterstatter mitgewirkt. Im Jahr 2013 war er im Rahmen der Anhörung zum Gesetz gegen unseriöse Geschäftspraktiken Sachverständiger im Rechtsausschuss des Deutschen Bundestages.

Die heute als **SCHLÜTER GRAF Rechtsanwälte PartG mbB** firmierende Kanzlei wurde im Jahr 1946 gegründet und versteht sich als wirtschaftsberatende Full-Service-Kanzlei. Die Kanzlei berät und vertritt sowohl mittelständische Unternehmen aus der Region Rhein/Ruhr als auch als überregional und international tätige Großunternehmen. Seit über zwanzig Jahren verfügt die Kanzlei über ein eigenes Büro in den Vereinigten Arabischen Emiraten.

Das bis 2004 geltende UWG aus dem Jahr 1909, das im Wesentlichen durch seine beiden Generalklauseln geprägt war, sah sich immer wieder dem Vorwurf ausgesetzt, dass die Rechtslage nicht unmittelbar aus dem Gesetz abzuleiten ist, sondern nur unter Hinzuziehung der in der Rechtsprechung entwickelten Fallgruppen beurteilt werden konnte. Der Gesetzgeber ist daher im Jahr 2004 angetreten, für mehr Transparenz im Lauterkeitsrecht zu sorgen (vgl. BT-Drs. 15/1487 S. 13). Hierzu hat er ein neues UWG geschaffen, welches neben Generalklauseln – auf die nicht verzichtet werden sollte – auch zahlreiche Beispieltatbestände für unlauteres Handeln enthielt. Dieses Vorhaben schien dem Gesetzgeber auch zunächst gelungen. Die Generalklausel des § 3 UWG 2004 musste sich unter dem Aspekt der Lesbarkeit und Verständlichkeit nicht hinter der früheren „großen" Generalklausel des § 1 UWG 1909 verstecken:

§ 1 UWG 1909
Wer im geschäftlichen Verkehre zu Zwecken des Wettbewerbes Handlungen vornimmt, die gegen die guten Sitten verstoßen, kann auf Unterlassung und Schadensersatz in Anspruch genommen werden.

§ 3 UWG 2004
Unlautere Wettbewerbshandlungen, die geeignet sind, den Wettbewerb zum Nachteil der Mitbewerber, der Verbraucher oder der sonstigen Marktteilnehmer nicht nur unerheblich zu beeinträchtigen, sind unzulässig.

Anders als im UWG 1909 wurde dann aber noch in mehreren Beispieltatbeständen erläutert, was unter unlauteren Wettbewerbshandlungen zu verstehen war. Was der Gesetzgeber des UWG 2004 nicht geändert hat, ist die Einheitlichkeit des Lauterkeitsrechts. Weder das alte noch das neue UWG unterschieden danach, ob eine Wettbewerbshandlung bzw. eine geschäftliche Handlung im Verhältnis zwischen Unternehmern (B2B) oder im Verhältnis zwischen Unternehmer und Verbraucher (B2C) erfolgt.

Die Umsetzung der UGP-Richtlinie

Bereits wenige Jahre nach dem Inkrafttreten des UWG 2004 hat der Gesetzgeber damit begonnen, die neu geschaffene Transparenz wieder zu demontieren. Anlass war die bereits abgelaufene Umsetzungsfrist der Richtlinie 2005/29/EG (UGP-RL). Die Richtlinie bezweckte eine Vollharmonisierung des Lauterkeitsrechts im B2C-Bereich. Da eine Differenzierung zwischen B2C und B2B in der Systematik des UWG nicht vorgesehen war, stellte sich die Umsetzung der Richtlinie als ausgesprochen komplexe Aufgabe heraus. Es wurden sogar Rufe laut, das neue UWG jedenfalls für den B2C-Bereich außer Kraft zu setzen und die UGP-Richtlinie „eins-zu-eins" in nationales Recht umzusetzen. Bei der Implementierung der Richtlinienvorgaben in das UWG trat noch ein weiteres Problem zutage: Die Systematik der UGP-Richtlinie ist wenig konsistent und hat Fragen aufgeworfen, die erst heute – in Folge verschiedener EuGH-Entscheidungen – geklärt sind.

Die zentrale Norm der UGP-RL ist Art. 5. Während der erste Absatz dieser Regelung unlautere Geschäftspraktiken kurz und knapp für verboten erklärt, definieren die weiteren Absätze den Begriff der Unlauterkeit, wobei die Definitionen der einzelnen Absätze nicht aufeinander abgestimmt sind.

In dem Sachverhalt der EuGH-Entscheidung „CHS Tour Services"[1] ging es darum, dass ein Urlaubsanbieter mit bestimmten Hotels – durch Vertragsstrafeversprechen abgesicherte – Exklusivitätsvereinbarungen getroffen und in seiner Werbung als „exklusiv" bezeichnet hat. Später stellte sich heraus, dass die Hotelbetreiber – vertragswidrig – auch einem Wettbewerber Kontingente zur Verfügung gestellt haben. Der östOGH

Weitere Informationen im Kanzleiprofil am Ende des Handbuchs.

1 ECLI:EU:C:2013:574 = GRUR 2013, 1157
2 ECLI:EU:C:2015:225 = GRUR 2015, 600.
3 EUCLI:EU:C:2009:244 = GRUR 2009, 599
4 EUCLI:EU:C:2010:660 = GRUR 2011, 76
5 EUCLI:EU:C:2010:12 = GRUR 2010, 244
6 BRAK-Stellungnahme Nr. 44/2014 zum RefE eines 2. Gesetzes zur Änderung des Gesetzes gegen den unlauteren Wettbewerb, Nov. 2014, abrufbar unter www.brak.de

sah hier zwar eine irreführende Handlung im Sinne des Art. 6 UGP-RL jedoch keine Verletzung der beruflichen Sorgfalt im Sinne des Art. 5 Abs. 2 UGP-RL. Er legte die Sache daher dem EuGH mit der Frage vor, ob im Falle irreführender Geschäftspraktiken im Sinne des Art. 5 Abs. 4 der RL eine gesonderte Prüfung der Kriterien des Art. 5 Abs. 2 lit. a der RL (Verstoß gegen berufliche Sorgfaltspflicht) unzulässig ist. Der EuGH hat diese Frage bejaht. In der Entscheidung „UPC Magyarország"[2] hat der EuGH diese Auffassung noch einmal bestätigt.

Die Entscheidungen machen deutlich, dass man – was jedoch immer wieder so vertreten wird – nicht von einem Stufenverhältnis der einzelnen Absätze des Art. 5 UGP-RL ausgehen kann, sondern dass hier nebeneinander stehende – nicht miteinander verzahnte – Tatbestände den Begriff der Unlauterkeit definieren.

Bei der Umsetzung der UGP-RL im Jahr 2008 wurde im Rahmen der nunmehr erforderlich werdenden Differenzierung zwischen B2C und B2B zunächst die Generalklausel des § 3 UWG 2004 geopfert und durch ein aus drei Absätzen und einem Anhang bestehendes Regelungsungetüm ersetzt. Das Verhältnis der einzelnen Absätze zueinander ist bis zum heutigen Tage umstritten. Die sich auf Art. 5 UGP-RL beziehenden Entscheidungen des EuGH bringen hier wenig Klarheit, da § 3 UWG keine wortlautgemäße Umsetzung darstellt.

Reparaturversuch 2015

Noch vor dem Inkrafttreten des UWG 2008 wurden erste Stimmen laut, die Umsetzungsdefizite aufzeigten und Nachbesserung verlangten. Heute steht der Gesetzgeber erneut unter Zugzwang. Mit dem derzeit im Gesetzgebungsverfahren befindlichen Reparaturgesetz wird indes das fortgesetzt, was 2008 begonnen wurde, nämlich der Abbau der erst 2004 geschaffenen Transparenz. Von einer verständlichen und nachvollziehbaren Systematik kann keine Rede mehr sein. Die einst aus einem Satz bestehende Regelung des § 3 wird nunmehr auf fünf Absätze und einen Anhang anschwellen, wobei die Absätze teilweise das in Abs. 1 enthaltene Merkmal der Unlauterkeit definieren (Abs. 2 und Abs. 3), teilweise aber auch unmittelbar die Unzulässigkeit als Rechtsfolge aussprechen (Abs. 4). In den folgenden Regelungen der §§ 4 ff. finden sich dann einerseits weitere Definitionen des Merkmals der Unlauterkeit (§§ 4a, 5, 5a und 6), andererseits aber auch als Beispiele bezeichnete Vermutungsregelungen für Verstöße gegen die fachliche Sorgfalt (§ 4). Das Gesetz wird damit allenfalls noch für die Fachkreise verständlich sein.

Ausblick

Fast schon will man sagen, dass es konsequent sein kann, eine in systematischer Hinsicht defizitäre Richtlinie auch ebenso umzusetzen. Allerdings ist die UGP-RL im Jahr 2015 bei weitem nicht mehr so schlecht wie im Jahr 2008. Nicht, dass sich der Richtlinientext geändert hätte, jedoch hat der EuGH zumindest einige Fragen zur Systematik beantwortet. Hierzu gehören neben den bereits erwähnten Entscheidungen vor allem die Entscheidungen VTB-VAB und Galatea[3], Mediaprint Zeitungs- und Zeitschriftenverlag[4] und Plus Warenhandelsgesellschaft[5]. In diesen Entscheidungen hat der EuGH klargestellt, dass es den Mitgliedstaaten nicht zusteht, im Anwendungsbereich der UGP-RL in dieser nicht aufgeführte Verbote zu schaffen, wenn nicht zugleich eine Prüfung der Merkmale des Art. 5 Abs. 2 lit. a und lit. b der RL vorgesehen wird.

In der Entscheidung Plus Warenhandelsgesellschaft ging es um das in § 4 Nr. 6 UWG vorgesehene Koppelungsverbot, wonach grundsätzlich unlauter handelte, wer die Teilnahme von Verbrauchern an einem Preisausschreiben oder Gewinnspiel von dem Erwerb einer Ware abhängig machte. Der EuGH sieht hier keinen Raum für ein Verbot, welches außerhalb der Merkmale des Art. 5 Abs. 2 lit. a und lit. b UGP-RL eine bestimmte Geschäftspraxis für unlauter erklärt.

Der Gesetzgeber hat leider die Gelegenheit versäumt, dem UWG wieder eine auch für das nicht täglich mit dem Lauterkeitsrecht befasste Fachpublikum erkennbare Struktur zu geben. Diesem ist nämlich nicht geholfen, wenn § 3 Abs. 1 UWG-E in anordnet, dass unlautere geschäftliche Handlungen „unzulässig" sind, wenn sodann in Absatz 4 derselben Norm geregelt wird, dass die im Anhang des Gesetzes aufgeführten geschäftlichen Handlungen „*stets* unzulässig" sind. Dies führt allenfalls zu der Frage, ob es einen Unterschied zwischen „unzulässig" und „*stets* unzulässig" gibt. Die Antwort auf diese Frage wiederum liefert nicht das Gesetz, sondern der EuGH: „Nein, gibt es nicht!" Dem Verständnis abträglich ist es auch, wenn der Begriff der Unlauterkeit dann einerseits noch in § 3 UWG-E (Abs. 2 und 3), andererseits dann aber auch an ganz anderer Stelle, nämlich in den §§ 4a, 5, 5a und 6 UWG-E definiert wird und zu allem Überfluss hinsichtlich eines Tatbestandsmerkmals mit Vermutungen gearbeitet wird (§ 4 UWG-E).

Der Gesetzgeber wäre gut beraten, wenn er nach dem Reparaturgesetz 2015 eine echte UWG-Reform anstoßen und sich dabei auch seiner Ziele aus dem Jahr 2004 entsinnen würde. Transparenz ist heute sicherlich dringender erforderlich als damals. Gewiss sind die Dinge heute nicht mehr so einfach wie vor Jahren, aber da entscheidende Zweifelsfragen zur Systematik der UGP-RL durch den EuGH geklärt wurden, bestünde die einmalige Chance, ein richtlinienkonformes Gesetz zu schaffen, welches verständlicher und besser ist als die zu Grunde liegende Richtlinie. Wie dies aussehen kann, hat die Bundesrechtsanwaltskammer aufgezeigt[6]. ■

KERNAUSSAGEN

- Der Gesetzgeber wollte 2004 mehr Transparenz im Lauterkeitsrecht schaffen, indem er neben einer übersichtlichen Generalklausel auch Beispielstatbestände für unlauteres Verhalten in das Gesetz geschrieben hat.

- Bei der Umsetzung der UGP-Richtlinie im Jahr 2008 wurde die Transparenz erheblich beeinträchtigt. Grund war zum einen die wenig konsistente Systematik der Richtlinie, zum anderen das Bestreben des Gesetzgebers die RL innerhalb der Systematik des UWG umzusetzen und die Einheitlichkeit des Lauterkeitsrechts nicht aufzugeben.

- Der Gesetzgeber sieht sich heute im Zugzwang, die unzureichende Umsetzung der Richtlinie nachzubessern. Das Ergebnis ist ein in systematischer Hinsicht kaum noch nachvollziehbares Gesetz.

- Der Gesetzgeber versäumt die Gelegenheit, die Klärung der Systematik zur UGP-RL durch den EuGH aufzugreifen und zu Gunsten einer nachvollziehbaren Systematik in das UWG einfließen zu lassen.

Marken- und Wettbewerbsrecht

EU-Gesetzgebung beeinflusst Arbeit der Juristen

Häufig waren es in Deutschland zuletzt die Gerichte, die mit ihren Entscheidungen den Marken- u. Wettbewerbsrechtlern viel Arbeit machten: Mit Unmut wurde bspw. das ‚Keksstangen-Urteil' des Bundesgerichtshofes (BGH) aufgenommen: Die Entscheidung erschwert die Handhabe gegen Verletzer auf Messen, da demnach eine Produktpräsentation nicht unbedingt eine Vertriebsabsicht darstellt. Marken- und Wettbewerbsrecht ist jedoch vor allem auch internationales Recht – und dies spiegelt sich auch in der Weiterentwicklung des Gebietes wider. Erneut waren es die Harmonisierungsbemühungen auf europäischer Ebene, die ihre Schatten vorauswarfen: So steht nicht nur die Überarbeitung der Gemeinschaftsmarkenverordnung sowie der -richtlinie in den Startlöchern, auch die Vereinheitlichung des Know-how-Schutzes sorgt für viel Beratungsbedarf. Seit 2014 ist zudem die Verbraucherrechterichtlinie in Kraft, deren Umsetzung insbesondere bei Konsumgüterunternehmen im Onlinehandel viel Arbeit brachte.

Feld der internationalen Kanzleien dünnt sich aus

Einige haben es ja schon vor Jahren prophezeit: Immer mehr internationale Großkanzleien werden sich entweder ganz vom Soft-IP verabschieden oder es zumindest nur auf sehr kleiner Flamme weiterbetreiben – ganz im Gegensatz zum Patentrecht, wo die Kanzleien mit einer höheren Profitabilität rechnen. Nachdem im Vorjahr **White & Case** mehrere Abgänge verzeichnet hatte und dem auch nichts entgegengesetzt hat, traf es zuletzt **Clifford Chance**. Auch hier gingen in Frankfurt und München IP-Rechtler. Von Eindampfen kann bei **Hogan Lovells** natürlich keine Rede sein, aber als Folge ihrer aktuellen strategischen Ausrichtung verlor sie in Alicante mit Dr. Verena von Bomhard eine ihrer bekanntesten Partnerinnen. Sie wagte den Schritt in die Selbstständigkeit, wie bereits viele Markenrechtler vor ihr. Dass man in Alicante nicht nur Briefkästen aufhängen, sondern richtige und erfolgreiche Praxen betreiben kann, bewies zuletzt **Noerr**. Die deutsche Kanzlei ist dort seit wenigen Jahren präsent und konnte nun mit einer Equity-Partnerernennung ihre ernsthaften Absichten am HABM-Standort unter Beweis stellen. Eine Ausnahme gegen den Abschmelzprozess bildete auch **Taylor Wessing**, die ihre Partnerriege ebenfalls erweiterte und die immer besser ihr europäisches Netzwerk ausspielen kann.

Die deutschen Soft-IP-Boutiquen sind indes nicht weniger erfolgreich, auch wenn nicht alle personell so ein starkes Wachstumstempo vorlegen wie **Harte-Bavendamm** aus Hamburg. Während allerdings mit **Reimann Osterrieth Köhler Haft** bereits eine erste Patentspezialkanzlei mit **Hoyng Monegier** eine internationale Fusion beschloss und sich so für das kommende EU-Patent wappnet, bleiben die Marken- und Wettbewerbsrechtler bislang noch für sich. Das könnte sich vielleicht ändern, wenn Hoyng ROKH Monegier auch außerhalb des Patentrechts von ihrer neuen Partnerschaft profitiert und so eine Vorbildfunktion für Boutiquen im Soft-IP übernehmen könnte. Denn der fortschreitenden Internationalisierung des Rechtsgebiets kommt die Fusion allemal entgegen.

Bei den folgenden Bewertungen werden Marken-, Design- u. Wettbewerbsrecht gemeinsam behandelt. Denn in den spezialisierten Kanzleien gibt es meist starke Überschneidungen in personeller u. inhaltl. Hinsicht, oft werden Mandanten von einer Kanzlei in beiden Bereichen betreut. Die Schwerpunkte sind jedoch zum Teil sehr unterschiedlich, auch gibt es Bereiche wie die Betreuung von Marketingmaßnahmen oder Portfoliomanagement, die weniger Berührungspunkte zeigen. Da dementsprechend auch die Wahrnehmung u. Position der Kanzleien im Markt verschieden ausfallen, gibt es für das Marken- u. das Wettbewerbsrecht je eine Tabelle. In Bezug auf Marken sind auch zahlreiche sog. ‚gemischte' Kanzleien aus Patent- und Rechtsanwälten tätig; eine Besprechung in diesem Kapitel erfolgt aber nur, sofern die dort tätigen Rechtsanwälte auch intensiv in zivilrechtl. Prozessen tätig u. im Markt dafür bekannt sind. Marken- u. wettbewerbsrechtl. Aspekte sind zudem oft bei Vertriebssystemen (▶Vertrieb/Handel/Logistik) wichtig. Bitte beachten Sie auch die Kapitel ▶Lebensmittelrecht und ▶Gesundheitswesen. Urheberrechtl. Expertise wird wg. der engen Verknüpfung mit den Branchen TV/Film/Entertainment und Verlage im Kapitel ▶Medien besprochen.

JUVE KANZLEI DES JAHRES
MARKEN- UND WETTBEWERBSRECHT
NOERR

Sie hat an den richtigen Schrauben gedreht: Schon länger hat sich Noerr im Gewerblichen Rechtsschutz und insbesondere im Marken- und Wettbewerbsrecht eine klare Ausbaustrategie verordnet. Nicht wenige Marktteilnehmer haben an den Erfolgschancen gezweifelt. Heute zeigt sich: Sie lagen falsch. Beispiel Alicante: Als sich fast der gesamte Markt dort bereits zurückgezogen hatte, eröffnete Noerr ein Büro mit Hogan Lovells-Anwälten und bündelte erfolgreich das Gemeinschaftsmarkengeschäft vor Ort. Dass nun zum Jahreswechsel mit **Dr. Tobias Dolde** ein Anwalt zum Equity-Partner ernannt wurde, unterstreicht die starke Entwicklung des Büros. Auch in München blieb das Team um den bekannten Partner **Georg Jahn** und die etablierte Vertriebsrechtlerin und Praxisgruppenleiterin **Dr. Christiane Zedelius** nicht untätig: Den mittelfristig anstehenden Generationswechsel hat die Kanzlei durch den Zugang des ehemaligen Ashurst-Counsels **Dr. Christoph Rieken** im Blick. Von der Personalie profitieren übrigens auch die Berliner: Da Rieken viel Transaktionserfahrung mitbringt, die nun bei ihm konzentriert wird, können sich die Berliner Prozessspezialisten um **Sandra Redeker** mehr auf Verfahren konzentrieren. Das zahlt sich aus: Dank einer konsequenten Branchenfokussierung kamen zuletzt namhafte Mandanten wie das Lebensmittelunternehmen TSI hinzu.

BAKER & MCKENZIE
Marken- und Designrecht
Wettbewerbsrecht

Bewertung: Kaum eine Praxis ist derart innovativ, wenn es um die Standardisierung von Arbeitsprozessen geht, wie das im Marken- u. Wettbewerbsrecht häufig empfohlene Team um die bekannten Frankfurter Partner Fammler u. Niebel. Bereits seit Jahren koordiniert Baker die Markenverwaltung über ihr Offshoremodell. Zuletzt standardisierte das Team zudem das stetig wachsende Feld der Grenzbeschlagnahme. Dadurch ist die Kanzlei in der Lage, ihren Mandanten einen Full Service im IP anzubieten, von dem sich andere Großkanzleien aus Profitabilitätsgründen z.T. bereits verabschiedet haben. Davon profitiert auch die Prozesspraxis, stark gewachsen ist zudem der Bereich Geheimnisverrat/Know-how-Schutz. Nach einigen Weggängen, zuletzt wechselte Sal.-Partnerin Dr. Andrea Schmoll zu Osborne Clarke, ist in D'dorf kein Marken- u. Wettbewerbsrechtler mehr vertreten. Die Praxis konzentriert sich zukünftig auf die Standorte Ffm. u. München.

Stärken: Internat. Markenstrategien, Lizenzverträge sowie Prozesse für Großunternehmen.

Entwicklungsmöglichkeiten: Nach wie vor ragen die beiden Equity-Partner in der Marktwahrnehmung heraus. Nicht zuletzt nach dem Weggang von Schmoll stellt sich die Herausforderung für die Praxis, für junge Anwälte weiterhin attraktiv zu bleiben. Hierzu gehört auch eine Partnerperspektive u. die Möglichkeit, Visibilität bspw. durch Prozessgeschäft zu gewinnen.

Häufig empfohlen: Dr. Michael Fammler („kann ich empfehlen", „schwieriger, aber sehr fairer Gegner", Wettbewerber), Dr. Rembert Niebel, als junger Anwalt Dr. Benjamin Koch („profunde Kenntnis, fairer Gegner", Wettbewerber)

Kanzleitätigkeit: Umf. zu Fragen in IP u. Wettbewerbsrecht inkl. Urheberrecht u. zu Lizenzverträgen. Internat. Portfoliomanagement sowie Beratung zu Rebrandings, Merchandisingstrategien u. Franchisesystemen (▶Vertriebsrecht). Neben Betreuung von Grenzbeschlagnahmeverfahren auch prozessual tätig, etwa bei Verfolgung von Produktpiraterie u. Parallelimporten sowie in Domainstreitigkeiten. (2 Eq.-Partner, 2 Sal.-Partner, 1 Counsel, 7 Associates)

Mandate: ●● MHCS/Moët Hennessy in Markenverletzungsprozessen; Calvin Klein zu Produktpiraterie u. Parallelimporten; SAP umf. im IP; Desigual lfd. im Marken- u. Designrecht; Roca Sanitario im Designrecht; Dt. Markenanmeldungen für Apple (öffentl. bekannt).

BARDEHLE PAGENBERG
Marken- und Designrecht
Wettbewerbsrecht

Bewertung: Weiterhin gehört die häufig empfohlene Kanzlei im Marken- u. Wettbewerbsrecht zu den Dickschiffen im Markt. Dabei ist das Potenzial noch keineswegs ausgeschöpft. Doch v.a. beeindruckt, wie das Team geschickt seine internat. Einbindung ausspielt. So sorgt der italienische Standort für reges Verweisgeschäft dortiger Konsumgüterhersteller nach Deutschland. Nach der Rückkehr eines erfahrenen Associates von Klaka besetzt die Kanzlei nun Schnittstellenthemen wie Domainrecht wieder stärker. Zu einem Aushängeschild der Praxis hat sich mittlerweile das Designrecht entwickelt: Schneller als andere Wettbewerber erkannte Hartwig hier das Potenzial des Schutzrechtes. Davon profitiert auch die renommierte ▶Patentpraxis, die das Team immer wieder flankierend in Designfragen einbeziehen kann.

Stärken: Prozesse, formelles Markenrecht, Designschutz, internat. Ausrichtung.

Entwicklungsmöglichkeiten: Auch wenn das

MARKEN- UND DESIGNRECHT

CMS Hasche Sigle	Hamburg, Köln, Stuttgart, Düsseldorf, Leipzig
Gleiss Lutz	Stuttgart, Berlin, München
Harmsen Utescher	Hamburg
Hogan Lovells	Hamburg, Düsseldorf, Frankfurt, München
Lorenz Seidler Gossel	München
Taylor Wessing	Hamburg, München, Düsseldorf, Frankfurt
Bardehle Pagenberg	München
Bird & Bird	Düsseldorf, München
FPS Fritze Wicke Seelig	Frankfurt, Hamburg, Berlin
Grünecker	München
Harte-Bavendamm	Hamburg
Klaka	München
Baker & McKenzie	Frankfurt, München
Boehmert & Boehmert	Berlin, München, Bremen
Jonas	Köln
Lubberger Lehment	Berlin, Hamburg
Noerr	München, Frankfurt, Berlin
Preu Bohlig & Partner	Berlin, Hamburg, München
Beiten Burkhardt	München, Berlin, Frankfurt
Bock Legal	Frankfurt
CBH Rechtsanwälte	Köln
Freshfields Bruckhaus Deringer	Düsseldorf, Köln
Friedrich Graf von Westphalen & Partner	Freiburg
Heuking Kühn Lüer Wojtek	Köln, Frankfurt, Hamburg, Düsseldorf, München
KNPZ Rechtsanwälte	Hamburg
Lichtenstein Körner und Partner	Stuttgart
Loschelder	Köln
Schultz-Süchting	Hamburg
SKW Schwarz	München, Frankfurt, Berlin
DLA Piper	Köln, Frankfurt, Hamburg
Eisenführ Speiser	Bremen, Hamburg
Eversheds	München
Hertin	Berlin
Hoffmann Eitle	München
Luther	Düsseldorf, Köln, Hamburg
Menold Bezler	Stuttgart
Oppenländer	Stuttgart
Osborne Clarke	Köln, München
Reimann Osterrieth Köhler Haft	Düsseldorf
Rospatt Osten Pross	Düsseldorf
Schiedermair	Frankfurt
Vossius & Partner	München
Weber & Sauberschwarz	Düsseldorf
WilmerHale	Frankfurt, Berlin

Die hier getroffene Auswahl der Kanzleien ist das Ergebnis der auf zahlreichen Interviews basierenden Recherche der JUVE-Redaktion (s. Einleitung S. 20). Sie ist in 2erlei Hinsicht subjektiv: Sämtliche Aussagen der von JUVE-Redakteuren befragten Quellen sind subjektiv u. spiegeln deren eigene Wahrnehmungen, Erfahrungen u. Einschätzungen wider. Die Rechercheergebnisse werden von der JUVE-Redaktion unter Einbeziehung ihrer eigenen Marktkenntnis analysiert u. zusammengefasst. Der JUVE Verlag beabsichtigt mit dieser Tabelle keine allgemein gültige oder objektiv nachprüfbare Bewertung. Es ist möglich, dass eine andere Recherchemethode zu anderen Ergebnissen führen würde. Innerhalb der einzelnen Gruppen sind die Kanzleien alphabetisch geordnet.

▶▶▶ Bitte beachten Sie auch die Liste weiterer renommierter Kanzleien am Kapitelende. ◀◀◀

● Referenzmandate, umschrieben
●● Referenzmandate, namentlich

Anwaltszahlen: Angaben der Kanzleien, wie viele Anwälte zu mind. ca. 50 % in diesem Gebiet tätig sind. Sie spiegeln nicht zwingend die Gesamtgröße einer Kanzlei wider.

MARKEN- UND WETTBEWERBSRECHT

Team schon große Schritte gemacht hat, bislang gilt die Kanzlei weiterhin v.a. bei internat. Mandanten als gesetzt. Noch mehr Direktkontakte in dt. Unternehmen können die Schlagkraft der Praxis weiter erhöhen u. Bardehle unabhängiger vom Verweisgeschäft anderer Kanzleien machen.

Häufig empfohlen: Dr. Alexander v. Mühlendahl, Dr. Henning Hartwig, Claus Eckhartt

Kanzleitätigkeit: Umf. Prozessvertretung u. -beratung im Marken- u. Designrecht sowie im UWG, daneben gr. Markenanmelde- u. -verwaltungspraxis. Zudem im Werberecht u. bei Produkteinführungen tätig. Eigene Büros in Paris, Mailand u. Barcelona. (2 Partner, 2 Counsel, 4 Associates, 2 of Counsel)

Mandate: ●● Australian Gold zu Löschung der Marke ‚Hot'; Galana um ‚Champagner Sorbet'; Industex SL umf. im Soft-IP; Neuhaus in designrechtl. Prozess; Sigg in UWG-Prozessen; Air Liquide zu Markenverwaltung; Campari in Markenverwaltung u. -beratung; Castel-Frères in Markenprozessen; Coca-Cola u.a. zu Markenanmeldung; GlaxoSmithKline im Markenrecht; Garmin in Designprozessen u. zu Grenzbeschlagnahme.

BEITEN BURKHARDT
Marken- und Designrecht ☐☐☐☐☐

Bewertung: Die im Marken- u. Wettbewerbsrecht geschätzte Praxis verstärkte sich zuletzt auf Partnerebene mit dem Zugang von Dr. Andreas Lober mit Team von Schulte Riesenkampff. Von Haus aus zwar stark für die Gamesbranche aktiv, brachte dieser jedoch auch eine Reihe von IP-Mandaten mit, bspw. die Vertretung von Bandai Namco Entertainment Germany rund um die Marke ‚Pac Man'. Durch diese Personalie bekommt das Team, das bislang in der Marktwahrnehmung sehr von München geprägt wurde, nun ein stärkeres Standing in Ffm. München bleibt gleichwohl präsent: Bundesweites Aufsehen erregte das mit Vehemenz geführte Verfahren um die Marke ‚DFB-Adler'. Dass es außerdem gelang, dort durch eine interne Partnerernennung weiter zu wachsen, zeugt von der intakten Struktur der Praxis.

Entwicklungsmöglichkeiten: Der Generationswechsel ist vollzogen, die Praxis wächst überwiegend organisch: beste Voraussetzungen für die jüngeren Anwälte hinter den etablierten Partnern, ihre Marktwahrnehmung noch weiter zu stärken.

Häufig empfohlen: Angelica von der Decken, Dr. Joachim Wessel

Kanzleitätigkeit: Insbes. strateg. Beratung u. Prozessvertretung im Marken- u. Wettbewerbsrecht. In München konzentriert umfangr. Portfoliomanagement. In Berlin v.a. an der Schnittstelle zum Urheberrecht. In Ffm. insbes. Unterhaltungselektronik, Versandhandel u. zahlr. mittelständ. Unternehmen. (5 Eq.-Partner, 6 Sal.-Partner, 3 Associates, 1 of Counsel)

Mandate: ●● Inbus bei Kauf u. Durchsetzung der Marke ‚Inbus'; DFB lfd. u. im Verfahren um ‚DFB-Adler'; Bandai Namco Entertainment Germany u.a. um ‚Pac Man'; Holi Concept im UWG; Mediengruppe Straubinger Tagblatt bei Übernahme Münchner Abendzeitung; Incubes zu Kennzeichenrechten; Netjobs Germany im UWG u. bei Entwicklung einer internat. Markenstrategie; Schufa-Holding im Markenrecht; FC Bayern München, Vogel-Verlagsgruppe, Jako u. Vitra bei Markenverwaltung.

WETTBEWERBSRECHT

CMS Hasche Sigle	Hamburg, Stuttgart, Köln, Berlin, Leipzig
Hogan Lovells	Düsseldorf, Hamburg, München
Gleiss Lutz	Stuttgart, Berlin, München
Harmsen Utescher	Hamburg
Harte-Bavendamm	Hamburg
Klaka	München
Lorenz Seidler Gossel	München
Lubberger Lehment	Berlin, Hamburg
Taylor Wessing	Hamburg, München, Düsseldorf, Frankfurt, Berlin
Danckelmann und Kerst	Frankfurt
FPS Fritze Wicke Seelig	Frankfurt, Hamburg, Berlin
JBB Rechtsanwälte	Berlin
Jonas	Köln
KNPZ Rechtsanwälte	Hamburg
Loschelder	Köln
Noerr	München, Berlin
Oppenländer	Stuttgart
Schultz-Süchting	Hamburg
Weber & Sauberschwarz	Düsseldorf
Baker & McKenzie	Frankfurt
Bird & Bird	Düsseldorf, München, Hamburg
Bock Legal	Frankfurt
CBH Rechtsanwälte	Köln
Freshfields Bruckhaus Deringer	Düsseldorf, Köln
Heuking Kühn Lüer Wojtek	Köln, Frankfurt, Hamburg
Lichtenstein Körner und Partner	Stuttgart
Schiedermair	Frankfurt
SKW Schwarz	Frankfurt, München, Berlin
WilmerHale	Frankfurt, Berlin
Bardehle Pagenberg	München
Boehmert & Boehmert	München, Berlin, Potsdam
DLA Piper	Köln, Frankfurt, Hamburg
Eversheds	München
Friedrich Graf von Westphalen & Partner	Freiburg
Grünecker	München
Hertin	Berlin
Luther	Düsseldorf, Köln, Hamburg
Menold Bezler	Stuttgart
Osborne Clarke	Köln, München
Preu Bohlig & Partner	Berlin, Hamburg, München
Reimann Osterrieth Köhler Haft	Düsseldorf
Rospatt Osten Pross	Düsseldorf

Die hier getroffene Auswahl der Kanzleien ist das Ergebnis der auf zahlreichen Interviews basierenden Recherche der JUVE-Redaktion (s. Einleitung S. 20). Sie ist in 2erlei Hinsicht subjektiv: Sämtliche Aussagen der von JUVE-Redakteuren befragten Quellen sind subjektiv u. spiegeln deren eigene Wahrnehmungen, Erfahrungen u. Einschätzungen wider. Die Rechercheergebnisse werden von der JUVE-Redaktion unter Einbeziehung ihrer eigenen Marktkenntnis analysiert u. zusammengefasst. Der JUVE Verlag beabsichtigt mit dieser Tabelle keine allgemein gültige oder objektiv nachprüfbare Bewertung. Es ist möglich, dass eine andere Recherchemethode zu anderen Ergebnissen führen würde. Innerhalb der einzelnen Gruppen sind die Kanzleien alphabetisch geordnet.

▶▶▶ **Bitte beachten Sie auch die Liste weiterer renommierter Kanzleien am Kapitelende.** ◀◀◀

BIRD & BIRD
Marken- und Designrecht ☐☐☐☐☐
Wettbewerbsrecht ☐☐☐☐☐

Bewertung: Die häufig empfohlene Marken- u. Wettbewerbsrechtspraxis setzte zuletzt ein Ausrufezeichen, als es gelang, nach mehreren Jahren, in denen die Portfolioverwaltung der Telekom einzig bei Hogan Lovells angesiedelt war, dort wieder tlw. Fuß zu fassen. Zudem besitzt die Praxis besondere Expertise im Bereich Farbmarkenrecht sowie Pro-

● Referenzmandate, umschrieben
●● Referenzmandate, namentlich

Anwaltszahlen: Angaben der Kanzleien, wie viele Anwälte zu mind. ca. 50 % in diesem Gebiet tätig sind. Sie spiegeln nicht zwingend die Gesamtgröße einer Kanzlei wider.

duktpiraterie, was Lüken u. Dissmann in zahlr. Prozessen bspw. für den DSGV um die Farbmarke ‚Rot' unter Beweis stellen. Im Bereich Produktpiraterie kamen zuletzt namh. Mandanten wie Diesel hinzu. Allerdings ist das Hamburger Team um den im Markt sehr bekannten Dr. Stefan Engels weiterhin kaum in die Gesamtkanzlei integriert.

Stärken: Markenstrateg. Beratung, Prozesse (u.a. wg. Farbmarken).

Häufig empfohlen: Dr. Joseph Fesenmair („versiert u. erfahren, insbes. im Marken- u. Lizenzbereich", Wettbewerber), Dr. Uwe Lüken, Dr. Markus Körner, Dr. Susanne Koch, Dr. Richard Dissmann („sehr reaktionsschnell, sehr wirtschaftl. denkend", „sehr präzise Arbeit, angenehm im Umgang", Wettbewerber)

Kanzleitätigkeit: Umf. Beratung von v.a. Großunternehmen bei Entwicklung von Markenstrategien u. Vertretung in Markenverletzungsprozessen sowie formelles Markenrecht. Im UWG neben Prozessen insbes. strateg. Beratung. (7 Eq.-Partner, 6 Counsel, 22 Associates, 3 of Counsel)

Mandate: ●● Dt. Telekom im Markenrecht; Diesel bei Produktpiraterie; DSGV zur Farbmarke ‚Rot' u. Portfolioverwaltung; Audi im Marken-, Designrecht u. L'Oréal Dtl. u.a. im UWG; Adidas u.a. bei Kennzeichenrechten in sozialen Netzwerken; Teva/Ratiopharm in UWG-Fällen gg. Originatoren; Infosys umf. im Markenrecht; lfd.: Lloyd-Schuhe, Lexmark.

BOCK LEGAL
Marken- und Designrecht
Wettbewerbsrecht

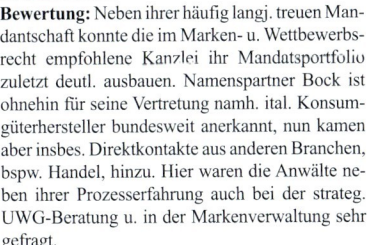

Bewertung: Neben ihrer häufig langj. treuen Mandantschaft konnte die im Marken- u. Wettbewerbsrecht empfohlene Kanzlei ihr Mandatsportfolio zuletzt deutl. ausbauen. Namenspartner Bock ist ohnehin für seine Vertretung namh. ital. Konsumgüterhersteller bundesweit anerkannt, nun kamen aber insbes. Direktkontakte aus anderen Branchen, bspw. Handel, hinzu. Hier waren die Anwälte neben ihrer Prozesserfahrung auch bei der strateg. UWG-Beratung u. in der Markenverwaltung sehr gefragt.

Stärken: Prozesse, Produktpiraterie. Betreuung ital. Mandanten, Designrecht.

Häufig empfohlen: Dr. Andreas Bock, Michael Fügen, Dr. Jan Müller-Broich

Kanzleitätigkeit: IP als ein Kanzleischwerpunkt. Oft umf. Betreuung in Fragen des Marken-, Design- u. Wettbewerbsrechts. Zu 70% prozessual tätig, daneben auch formelles Markenrecht. Außerdem Patentrecht. (4 Eq.-Partner, 2 Sal.-Partner, 3 Associates)

Mandate: ●● Swatch; Guccio Gucci; Ferrari u. Bottega Veneta im Marken- u. Designrecht; Tod's wg. Produktpiraterie u. Markenschutz; Beem u. Vodafone im UWG; Rothenberger umf. im IP; Compo im Markenrecht u. UWG; umf. ital. Möbelhersteller.

BOEHMERT & BOEHMERT
Marken- und Designrecht
Wettbewerbsrecht

Bewertung: Dass diese im Marken- u. Wettbewerbsrecht empfohlene Kanzlei weiter seit jeher zu den fleißigsten Anmeldern vor den Ämtern gehört, hat sie auch im vergangenen Jahr unterstrichen. So kamen eine Reihe Portfolios bspw. das des Staatl. Hofbräuhauses dazu, zudem berät Boehmert regelm. umf. bei der Einführung von Marken in den dt. Markt. Beeindruckt hat zuletzt jedoch auch die Prozesspräsenz der Anwälte, die in zahlr. höchstrichterlichen Verfahren vor den europ. u. dt. Gerichten zu sehen waren. Dabei ist das Team immer wieder auch in Grundsatzfragen wie Ein-Buchstaben-Marken für Smartisan Technology gg. die Dt. Telekom oder für Qoros um den Buchstaben ‚Q' gg. Audi aktiv. Weiterhin läuft zudem der hartnäckige Streit für Asos gg. Anson's (öffentl. bekannt), bei dem mehrere Standorte zusammenarbeiten.

Stärken: Umfangr. formelle Markenpraxis, internat. Ausrichtung (u.a. USA u. Asien), Urheberrecht (▶ Medien u. Informationstechnologie, Produktpiraterie).

Entwicklungsmöglichkeiten: Gleich 2 Anwälte ernannte Boehmert zuletzt zu Equity-Partnern, allerdings haben beide einen Schwerpunkt im Patentrecht. Aber auch im Marken- u. Wettbewerbsrecht bestehen Chancen für die jungen Anwälte, ihre Marktwahrnehmung zu steigern u. sich für die Partnerschaft zu empfehlen.

Häufig empfohlen: Dr. Volker Schmitz-Fohrmann, Prof. Dr. Jan Nordemann, Wilhelm Stahlberg („zügige, rechtl. fundierte u. zielorientierte Stellungnahmen", Mandant), Dr. Martin Wirtz, Dr. Christian Czychowski („umfassend versiert u. sehr responsive", Wettbewerber), Prof. Dr. Axel Nordemann („hohe Kompetenz im IP", „schätzen wir sehr", Wettbewerber)

Kanzleitätigkeit: Umf. Beratung im Marken- u. Wettbewerbsrecht. Zu 50% internat. Mandanten. In Bremen traditionell starke Anmeldepraxis, in Berlin u. v.a. München ausgeprägte Prozesspraxis, häufig mit Bezügen zum Urheber- u. Kartellrecht, insbes. bei der Verfolgung von Produktpiraterie. Eigene Präsenzen in Alicante u. Paris sowie Liaisonbüro in Schanghai. (Kanzlei insgesamt: 39 Rechtsanwälte, 45 Patentanwälte)

Mandate: ●● Smartisan Technology gg. Dt. Telekom um Buchstabe ‚T'; Qoros gg. Audi um Buchstabe ‚Q'; Staatl. Hofbräuhaus ,Q' im Markenrecht inkl. Verwaltung; Commerzbank u. Schiesser in Markenverwaltung, strateg. Beratung u. Prozessen; Realchemie Nederland in Streit um Parallelimport; Media-Saturn-Holding in Schiedsverfahren; öffentl. bekannt: Asos in Prozess gg. Anson's.

CBH RECHTSANWÄLTE
Marken- und Designrecht
Wettbewerbsrecht

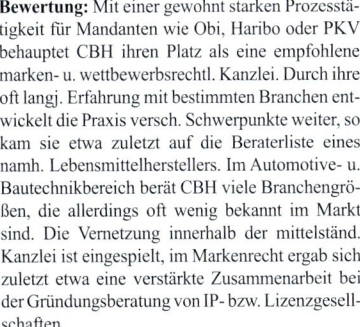

Bewertung: Mit einer gewohnt starken Prozesstätigkeit für Mandanten wie Obi, Haribo oder PKV behauptet CBH ihren Platz als eine empfohlene marken- u. wettbewerbsrechtl. Kanzlei. Durch ihre oft langj. Erfahrung mit bestimmten Branchen entwickelt die Praxis versch. Schwerpunkte weiter, so kam sie etwa zuletzt auf die Beraterliste eines namh. Lebensmittelherstellers. Im Automotive- u. Bautechnikbereich berät CBH viele Branchengrößen, die allerdings oft wenig bekannt im Markt sind. Die Vernetzung innerhalb der mittelständ. Kanzlei ist eingespielt, im Markenrecht ergab sich zuletzt etwa eine verstärkte Zusammenarbeit bei der Gründungsberatung von IP- bzw. Lizenzgesellschaften.

Stärken: UWG-Beratung mit Bezug zum Glücksspielrecht.

Häufig empfohlen: Dr. Manfred Hecker („kompetente u. geschickte Verhandlungsführung, sehr höflich u. angenehm, dennoch durchschlagend", Mandant), Dr. Ingo Jung, Nadja Siebertz („sehr

---

Führende Namen im Markenrecht

Andreas Bothe	Hogan Lovells
Angelica von der Decken	Beiten Burkhardt
Dr. Michael Fammler	Baker & McKenzie
Dr. Ralf Hackbarth	Klaka
Prof. Dr. Henning Harte-Bavendamm	Harte-Bavendamm
Prof. Dr. Gordian Hasselblatt	CMS Hasche Sigle
Prof. Dr. Reinhard Ingerl	Lorenz Seidler Gossel
Dr. Siegfried Jackermeier	Lorenz Seidler Gossel
Rainer Kaase	Harmsen Utescher
Prof. Dr. Maximilian Kinkeldey	Grünecker
Prof. Dr. Michael Loschelder	Loschelder
Dr. Andreas Lubberger	Lubberger Lehment
Dr. Stefan Völker	Gleiss Lutz
Dr. Matthias Wolter	Harmsen Utescher

Führende Namen im Wettbewerbsrecht

Dr. Andreas Bock	Bock Legal
Prof. Dr. Henning Harte-Bavendamm	Harte-Bavendamm
Dr. Martin Jaschinski	JBB Rechtsanwälte
Dr. Erhard Keller	Hogan Lovells
Dr. Lars Kröner	Schultz-Süchting
Dr. Andreas Lubberger	Lubberger Lehment
Nikolaus Rehart	Danckelmann und Kerst
Dr. Thomas Schulte-Beckhausen	Loschelder
Dr. Matthias Wolter	Harmsen Utescher

Die hier getroffene Auswahl der Personen ist das Ergebnis der auf zahlreichen Interviews basierenden Recherche der JUVE-Redaktion (siehe S. 20). Sie ist in 2erlei Hinsicht subjektiv: Sämtliche Aussagen der von JUVE-Redakteuren befragten Quellen sind subjektiv u. spiegeln ihre eigene Wahrnehmung, Erfahrungen u. Einschätzungen wider. Die Rechercheergebnisse werden von der JUVE-Redaktion unter Einbeziehung ihrer eigenen Marktkenntnis analysiert u. zusammengefasst. Der JUVE Verlag beabsichtigt mit dieser Tabelle keine allgemein gültige oder objektiv nachprüfbare Bewertung. Es ist möglich, dass eine andere Recherchemethode zu anderen Ergebnissen führen würde.

MARKEN- UND WETTBEWERBSRECHT

hohe nationale u. internat. Kompetenz im Markenrecht, sehr genau u. stets auf das Kosten-Nutzen-Verhältnis bedacht", Mandant), Prof. Dr. Markus Ruttig („exzellent u. praxisnah im IP", Mandant)
Kanzleitätigkeit: Beratung u. Vertretung vor vorwiegend dt. Mandanten (u.a. Start-up-Unternehmen) im Marken- u. Wettbewerbsrecht, oft auch strateg. im Vorfeld u. bei Werbekampagnen. Grenzüberschreitende Tätigkeit, insbes. bei der Beratung u. Vertretung bzgl. Glücksspielrecht. Daneben auch formelles Markenrecht v.a. für mittelständ. Mandanten. (6 Eq.-Partner, 7 Associates, 2 of Counsel)
Mandate: ●● Adelheid („Glückspilz') u.a. in Prozess vor BGH bzgl. Löschung des Markenportfolios; BauUnion 1905 in markenrechtl. Prozess gg. Braun; Haribo u.a. in Grundsatzverfahren gg. Lindt & Sprüngli im ‚Goldbären'-Streit; Donaldson Filtration im Markenrecht; Douwe Egberts im UWG zu Produktverpackungen; PKV in UWG-Prozessserie. Wettbewerber; Bastei-Lübbe im Markenrecht; Maxim bei Markenverwaltung u. UWG-Prozessen; Mam u. Obi im UWG u. Markenrecht; Gesellschaften des Dt. Lotto- u. Toto-Blocks u.a. in div. Verfahren.

CMS HASCHE SIGLE
Marken- und Designrecht
Wettbewerbsrecht

Bewertung: Kaum eine Kanzlei leistet sich im IP eine derart große Praxis wie diese im Marken- u. Wettbewerbsrecht zu den führenden zählende Sozietät. Während viele internat. Kanzleien mit deutl. schlankerer Struktur auftreten, gehört IP bei CMS weiterhin zu den treibenden Geschäftsfeldern der Kanzlei. Traditionell ist das Team in der Marktwahrnehmung sehr heterogen, geprägt von Standorten oder Partnern. Doch hat die Praxis in der jüngeren Vergangenheit große Anstrengungen unternommen, dieser hartnäckigen, aber nicht unbegründeten Meinung entgegenzutreten. So organisierte sie sich intern neu u. ordnete einige Anwälte neuen Geschäftsbereichen zu. Zudem verstärkte sie die Bemühungen, z.T. auch praxisgruppenübergreifende Produkte zu entwickeln, bspw. an der Schnittstelle zu Datenschutz u. IT. So gelingt bislang der Spagat, den Partnern größtmögliche Freiheit zu lassen, aber gleichzeitig mehr Management walten zu lassen. Dies ist besonders für die Geschäftsentwicklung jüngerer Anwälte von großer Bedeutung. Allerdings verließ ein erfahrener Anwalt aus dem Kölner Büro die Kanzlei Richtung Friedrich Graf von Westphalen.
Stärken: Prozesse, Anmeldepraxis. Besondere Expertise für die Branchen ▶Medien u. Verlage, Lebensmittel sowie Pharma (▶Gesundheit).
Häufig empfohlen: Dr. Klaus Ikas, Prof. Dr. Matthias Eck, Dr. Heidi Wrage-Molkenthin, Dr. Tim Reher, Prof. Dr. Gordian Hasselblatt („eloquent u. immer auf dem aktuellsten Stand", Wettbewerber), Dr. Florian Bauer, Philipp Lotze, Prof. Dr. Winfried Bullinger, Dr. Alexander von Bossel, Dr. Jens Wagner, Dr. Torsten Sill („versiert u. zielstrebig, guter Teamarbeiter", Wettbewerber), Dr. Thomas Manderla, Ilse Rohr, Thomas Melchert, Dr. Ulrich Külper („langjährige Erfahrung, sehr kompetent", Wettbewerber), Alexander Späth, Dr. Carsten Menebröcker, Dr. Heike Blank
Kanzleitätigkeit: Breit aufgestellte IP-Praxis mit starker Branchenfokussierung, umfangr. Markenverwaltungsabteilung u. markenrechtl. Prozesstätigkeit sowie Beratung, daneben Transaktionsbegleitung im Wettbewerbsrecht, ebenfalls viele Prozesse sowie Beratung im Vorfeld von Werbekampagnen u. bei Produkteinführungen. (IP insges.: 34 Partner, 55 Associates, 1 of Counsel)
Mandate: ●● 1. FC Köln lfd. im Markenrecht; Dt. Sportlotterie im Markenrecht; Porsche im Vertriebs- u. Markenrecht; Eli Lilly u.a. bei Produktpiraterie; Huawei lfd. im Markenrecht; Lieken Brotu. Backwaren bei Markenverwaltung; Pomellato zu Designverletzung; Unister im UWG u. Markenrecht; Albwerk im UWG, u.a. zu Promotionsaktionen; Rimowa bei Markenverletzung; The Pokémon Company im Markenrecht; lfd.: Europcar, Germanwings, Leifheit, Ecolab.

DANCKELMANN UND KERST
Wettbewerbsrecht

Bewertung: Als langj. Vertreterin der Dt. Telekom, für die sie viele UWG-Verfahren mit grundsätzl. Charakter führt, ist diese im Wettbewerbsrecht empfohlene Kanzlei im Markt eine feste Größe. Daneben kann DuK auch mit einem gr. Branchenwissen bei der Vertretung von Energieversorgern aufwarten. Hier ist sie seit Längerem für namh. Mandanten tätig u. erweiterte diesen Kreis zuletzt wieder. Immer besser fasst der Kanzlei zudem in der Beratung von Versicherern Fuß, wo sie ihre Beziehungen zu einem namh. Konzern deutl. ausbauen konnte. Die hohe Auslastung der Partner spiegelte sich im vergangenen Jahr auch personell wider: Das IP-Team wuchs um gleich 2 Associates.
Stärken: Prozessvertretung, Betreuung von TK-Unternehmen.
Häufig empfohlen: Nikolaus Rehart („exzellenter Wettbewerbsrechtler", Wettbewerber), Dr. Jan-Felix Isele („kompetent u. erfahren", Wettbewerber), Dr. Hans-Jürgen Ruhl („angenehmer u. guter Wettbewerbsrechtler, der weiß, was er tut", Wettbewerber)
Kanzleitätigkeit: Im Wettbewerbsrecht stark in Prozessen, aber auch beratend im Vorfeld von Streitigkeiten tätig. Besondere Branchenexpertise: Telekommunikation, Arzneimittel, Energieversorger u. Versicherungen. Oft auch an der Schnittstelle zum TK-, Patent-, Kartell- u. Urheberrecht. Zudem Markenrecht v.a. für mittelständ. Mandanten. (3 Partner, 5 Associates)
Mandate: ●● Dt. Telekom in zahlr. UWG-Prozessen u.a. zur Zurückweisung von Portierungsaufträgen bei Anbieterwechsel u. zu Werbung für glasfaserbasierte Angebote; Stadtwerke Kiel im UWG, Wiener Feinbäckerei im UWG u. Markenrecht; Wettbewerbszentrale in Prozessen v.a. im Apotheken-/Arzneimittelbereich; Born in der Wetterau umf. (inkl. Markenverwaltung); lfd. im UWG: Tüv Hessen, Avis.

DLA PIPER
Marken- und Designrecht
Wettbewerbsrecht

Bewertung: Die geschätzte marken- u. wettbewerbsrechtl. Praxis hat zuletzt ihren sehr internat. geprägten Mandantenkreis noch einmal deutl. erweitert. So kamen etwa Bacardi u. Avon neu dazu, ebenso Gucci, die den Branchenschwerpunkt Mode der Kölner noch einmal verstärkte. Ihre guten Kontakte zu Procter & Gamble erweiterten sich zuletzt auch: DLA übernahm einen Teil der Markenverlängerungen u. Widerspruchsverfahren für den Konzern u. wurde auch für die Tochterfirma Braun tätig. Ein Teil dieser Beratungserfolge geht auf das internat. Netzwerk von DLA zurück, das aber nicht die Basis der Praxis bildet. Vielmehr bauen die 3 jungen Partner engagiert ihr Geschäft auf u. auch die guten Kontakte eines erfahrenen of Counsels tragen immer mehr Früchte.
Entwicklungsmöglichkeiten: Der Weggang einer IP-Partnerin in Ffm. traf in erster Linie die Patentpraxis. Aber auch im Soft-IP ist das Team letztlich noch zu klein u. die Namen der Partner im Markt noch nicht bekannt genug, um die Wettbewerber herauszufordern.
Kanzleitätigkeit: Prozessvertretung sowie Beratung im Marken- u. Wettbewerbsrecht. In Hamburg oft auch mit Bezügen zum Äußerungsrecht. Insbes. in Köln Spezialisierung auf die Branchen ▶Medien u. Mode. (3 Partner, 4 Counsel, 6 Associates, 1 of Counsel)
Mandate: ●● Avon in internat. markenrechtl. Prozess; Bacardi-Martini zu internat. Werbemaßnahmen; Procter & Gamble, Braun u. Guccio Gucci in Markenverletzungsprozessen; Mapa im Markenrecht; Harman Kardon in UWG-Prozessen; Nike in markenrechtl. Prozessen u.a. Wettbewerber; Spin Master zu Produktpiraterie u. Grenzbeschlagnahme; lfd. im UWG für Bosch, Amazon, EasyJet, Mondelez, Levi Strauss, Polo Ralph Lauren.

EISENFÜHR SPEISER
Marken- und Designrecht

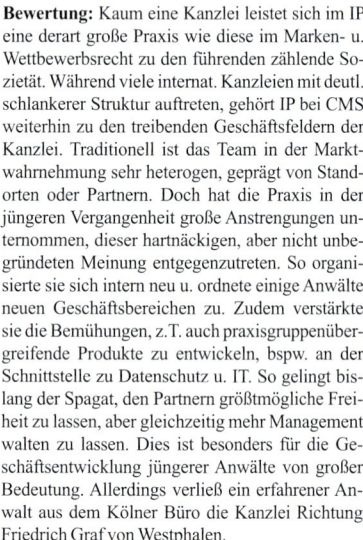
NOMINIERT JUVE Awards 2015 Kanzlei des Jahres für IP

Bewertung: Die gemischte Kanzlei kommt neben ihrem trad. Schwerpunkt im ▶Patentrecht auch im Marken- u. Wettbewerbsrecht voran u. gehört hier zu den empfohlenen Kanzleien. Stärker als etwa bei Uexküll & Stolberg stehen die Rechtsanwälte von Eisenführ für eine schlagkräftige u. visible Prozesspraxis. So übernahmen sie etwa die Vertretung von Lindt in dem grundsätzl. Markenstreit um den ‚Gold-Teddy' im vergangenen Jahr vollständig. Ausgewogen ist auch die Mandatsstruktur: Neben internat. Unternehmen zählen auch viele Mittelständler zur Klientel. Dass die Rechtsanwälte kein Annex zu den Patentanwälten sind, spiegelt sich Eisenführ seit Ende 2014 auch in ihren Managementstrukturen wider: Erstmals gehört mit Eberhardt ein Rechtsanwalt zum Führungsduo der Kanzlei.
Stärken: Formmarken.
Häufig empfohlen: Günther Eisenführ (Patentanwalt), Rainer Böhm, Dr. Julian Eberhardt, Ulrich Sander
Kanzleitätigkeit: Umf. im Gewerbl. Rechtsschutz tätig. Umfangr. Markenverwaltungspraxis, aber auch stark in Prozessen tätig. Zudem Verfolgung von Produktpiraterie u. Betreuung von Grenzbeschlagnahme. (4 Partner, 1 of Counsel, 7 Associates)
Mandate: ●● Bullerjan in Prozessen gg. Wettbewerber wg. Auslobung von Öfen; Lindt & Sprüngli in markenrechtl. Prozess um ‚Gold-Teddy' gg. Haribo; Agrarfrost lfd. zu Marketingkampagnen; Cloer zu Produktschutz; Stiebel Eltron umf. im Marken- u. Wettbewerbsrecht; Tui/Robinson Club in Markenprozessen; Cewe Stiftung umf. im IP, u.a. bei UWG-Prozessserie.

EVERSHEDS
Marken- und Designrecht
Wettbewerbsrecht

Bewertung: Nachdem die im Marken- u. Wettbewerbsrecht geschätzte Praxis in der jüngeren Vergangenheit v.a. durch personelle Turbulenzen im Markt für Gesprächsstoff sorgte, hat sich das Team zuletzt wieder ausgeglichen. Zwar verließ mit Dr. Alexandra Bergmann eine erfahrene Sal.-

Partnerin das Team in Richtung Hupe Gantenberg, doch gleich 3 neue Associates füllten die Lücken, darunter auch einige erfahrene IP-Rechtler. Verstärkt war die Praxis zuletzt in internat. Mandaten zu sehen. Galt v.a. Zimmermann mit seinem Geschäft als sehr national, kamen zuletzt bspw. Unternehmen wie Otsuka Novel Products hinzu, die sie länderübergreifend berät. Hier sind auch zunehmend die jüngeren Anwälte am Zug.

Entwicklungsmöglichkeiten: Nach den v.a. personell schwierigen Jahren muss die Kanzlei nun zeigen, dass sie es im IP ernst meint mit einer starken Marktpräsenz. Dafür ist es v.a. entscheidend, dass es gelingt, die Neuzugänge zu halten u. perspektivisch aufzubauen. Hier kann die inzw. vollzogene Vollfusion mit Eversheds helfen.

Häufig empfohlen: Axel Zimmermann
Kanzleitätigkeit: Neben markenrechtl. Beratung u. Lizenzverträgen auch in Prozessen tätig mit Bezügen zum IT-, Urheber- u. Designrecht. Häufig Betreuung von Medienunternehmen (auch im Äußerungsrecht) u. Werbeagenturen im IP. Im Wettbewerbsrecht oft Prozessvertretung zu Abwerbung von Mitarbeitern. (1 Eq.-Partner, 3 Sal.-Partner, 6 Associates)
Mandate: ●● Otsuka Novel Products zu Werbemaßnahmen; Goldbach Media Group umf. im IP; Charles Vögele zu Gewinnspiel; Verlag C.H. Beck in Prozess gg. Sachocki; Wolford zu europaweiter Abmahnung; Lucky Bike – Radlbauer u.a. im UWG; Etienne Aigner umf. im IP; Tyco zu Markenverwaltung.

FPS FRITZE WICKE SEELIG
Marken- und Designrecht
Wettbewerbsrecht

Bewertung: Nicht viele Wettbewerber sind in den vergangenen Jahren so kontinuierl. gewachsen wie diese im Marken- u. Wettbewerbsrecht häufig empfohlene Kanzlei. Das unterstrichen zuletzt die Ernennung 2er Voll- u. eines Salary-Partners in Ffm. u. Berlin. Das liegt v.a. auch daran, dass junge Partner bei FPS innerhalb der IP-Praxis ihre Spezialisierungen ausbilden u. aufbauen können. Zuletzt waren dies die strafrechtl. Expertise im IP-Bereich, die insbes. im Microsoft-Mandat zum Einsatz kam u. die dt.-israel. Praxis. Auch auf Associate-Ebene legte FPS deutl. zu u. schaffte so die überfällig gewordene Verstärkung des Unterbaus in HH. Neben ihrer ausgeprägten Vertretung in Produktpiraterieverfahren baute die Kanzlei bestehende Mandate aus u. übernahm zuletzt auch umfangr. Grenzbeschlagnahmeverfahren, etwa für Microsoft u. einen Elektrogerätehersteller. Zudem gelang es ihr, wichtige neue Mandatsbeziehungen zu knüpfen, darunter ein Arzneimittelhersteller.
Stärken: Prozesse, Bekämpfung von Produktpiraterie für Luxusgüterhersteller u. IT-Unternehmen (▶IT).

Häufig empfohlen: Dr. Christoph Holzbach, Eckart Haag („zielorientierte u. kompetente IP-Rechtler", Wettbewerber über beide), Dr. Oliver Wolff-Rojczyk, Bettina Komarnicki, Christian Hertz-Eichenrode, Dr. Carsten Albrecht („angenehmer u. pragmat. Markenrechtler", „wir schätzen ihn", Wettbewerber), Dr. Andreas Freitag, Dr. Frank Hagemann, Dr. Askan Deutsch („harter Kämpfer", Wettbewerber)
Kanzleitätigkeit: Umf. im Marken- u. Wettbewerbsrecht tätig. Markenanmeldepraxis u. Vertretung von Markenartiklern bei Bekämpfung von Produktpiraterie, dabei insbes. in HH Betreuung von Unternehmen der frz. Luxusgüterindustrie. In Ffm. oft für südkorean. u. vereinzelt taiwan. Mandanten. Dort zudem Vertretung in patentrechtl. Prozessen. Im Wettbewerbsrecht neben Prozessvertretung werberechtl. Beratung im Vorfeld, zudem Vertragsrecht. (13 Eq.-Partner, 5 Sal.-Partner, 7 Associates, 1 of Counsel)
Mandate: ●● Apassionata zu Markenlizenzen; Microsoft umf. zu Produktpiraterie u. in markenstrafrechtl. Prozessen sowie zu Grenzbeschlagnahme; Symantec u.a. in Prozess zu gebrauchter Software; Harald Glööckler umf. im IP; Stadt Ffm. im Wettbewerbsrecht; Suprema in designrechtl. Prozess; Universal Power Group zu Produktnachahmungen; Urimat regelm. in IP-Prozessen; Allianz zu Markenstrategie u. -prozessen; Chanel u. Interparfums u.a. bei Grenzbeschlagnahme; Richemont wg. Produktpiraterie; lfd. für JalouCity.

MARKEN- UND WETTBEWERBSRECHT

FRESHFIELDS BRUCKHAUS DERINGER
Marken- und Designrecht
Wettbewerbsrecht

Bewertung: Knapp zwei Jahre nach der formellen Auflösung der IP-Praxis ist das im Marken- u. Wettbewerbsrecht empfohlene Team in der Praxis weit davon entfernt, Auflösungserscheinungen zu zeigen. Zwar bemerkten Wettbewerber, die Anwälte seien weniger visibel als früher, u. tatsächl. war es nach den öffentlichkeitswirksamen Designprozessen von Apple gg. Samsung in diesem Bereich zuletzt ruhiger geworden. Doch tat dies der Auslastung keinen Abbruch. Vielmehr nutzen die Anwälte die neuen Schnittstellen immer stärker aus, bspw. wenn es darum geht, bei Mandanten wie der Associated British Foods auch regulator. Fragen abzudecken. Allerdings verließ ein erfahrener Associate die Kanzlei in Richtung Kapellmann, ein Berufseinsteiger komplettierte die Mannstärke wieder.

Stärken: Strateg. Beratung mit internat. Bezug. Begleitung IP-lastiger Transaktionen; Designrecht.

Entwicklungsmöglichkeiten: Im Patentrecht ernannte FBD kürzlich einen Partner – eine überfällige Entwicklung. Das verringert die Chancen, dass im Marken- u. Wettbewerbsrecht schnell ein weiterer Partner folgen wird. Nun gilt es, die jüngeren Anwälte trotzdem im Team zu halten.

Häufig empfohlen: Dr. Andrea Lensing-Kramer, Matthias Koch, Dr. Jochen Dieselhorst, Prof. Dr. Peter Chrocziel.

Kanzleitätigkeit: Umf. marken- u. wettbewerbsrechtl. Beratung sowie Prozessvertretung v.a. in D'dorf u. Köln. Häufig strateg. Beratung auf internat. Ebene sowie transaktionsbegl. u. zu Markenlizenzverträgen. Beratung oft an der Schnittstelle zu ▶Vertriebs- u. ▶IT-Recht. (4 Partner, 12 Associates)

Mandate: ●● Associated British Foods im UWG; Borealis in UWG-Prozess; Ewe, Mars u. Harley-Davidson lfd. im Marken- u. Wettbewerbsrecht; 3M umf. u.a. zum Schutz der Marke ‚Post it' u. zu Farbmarke; Ahlers zu Lizenzen; Grohe bei Einführung eines globalen Werbeslogans; Seat Dtl. bei Marketingprojekten; UPS umf. u.a. bei Agentur- u. Lizenzvertrag in Europa.

GLEISS LUTZ
Marken- und Designrecht
Wettbewerbsrecht

Bewertung: Eine im Marken- u. Wettbewerbsrecht führende Kanzlei, die den Weggang ihres im Markt sehr bekannten Stuttgarter Partners Dr. Andreas Schabenberger (im Vorjahr zu Menold Bezler) gut verkraftet hat. So ist das Stuttgarter Büro durch hochkarät. Prozesse wie dem Streit um das ‚Nivea-Blau' für Beiersdorf oder für Merck KgaA gg. Merck Inc., USA in dem internat. viel beachteten Prozess um die Kennzeichenrechte an Merck viel beschäftigt. In München sorgte Wehlau weiterhin für Highlights mit seiner Vertretung von Ritter gg. die Stiftung Warentest sowie Philip Morris gg. das Landratsamt München bei der Kampagne ‚Maybe'. Besonders auffällig war jedoch, dass der Berliner Partner Weidert mit einer Reihe Neumandatierungen auf sich aufmerksam machen konnte. Er besetzt insbes. die Schnittstelle zu IT-Themen u. liegt damit voll im Trend bei seiner Mandantschaft, die immer häufiger Rat bspw. im Bereich E-Commerce oder Domainrecht sucht.

Stärken: Strateg. Beratung u. Prozessvertretung. Betreuung der Branchen Pharma (▶Gesundheit), Kfz, Telekommunikation, ▶IT u. ▶Lebensmittel.

Entwicklungsmöglichkeiten: Stuttgart, München, Berlin: Neben den drei etablierten Standorten im Marken- u. Wettbewerbsrecht bleibt die D'dorfer Präsenz ausbaufähig. Der dortige Partner Dr. Matthias Sonntag betreut Mandanten zwar auch im Soft-IP, hat jedoch einen Schwerpunkt im ▶Patentrecht.

Häufig empfohlen: Dr. Stefan Völker („gute Zusammenarbeit", Wettbewerber), Dr. Andreas Wehlau, Dr. Lilo Schlarmann, Dr. Stefan Weidert („kompetent u. gut vernetzt im Ausland", Wettbewerber), Dr. Matthias Sonntag.

Kanzleitätigkeit: Umfangr. formelle Markenrechtsabteilung sowie Prozesse u. strateg. Beratung; auch Verfolgung von Produktpiraterie u. Domaingrabbing. In München Beratung an der Schnittstelle zum Lebensmittelrecht. Im Wettbewerbsrecht enge Bezüge zum ▶Kartellrecht, Betreuung in Prozessen sowie strateg. Werbe- u. Produktberatung. (4 Eq.-Partner, 3 Sal.-Partner, 15 Associates)

Mandate: ●● Merck KgaA in Prozess gg. Merck Inc. um Kennzeichenrechte; Alfred Ritter lfd. u.a. in Prozess gg. Stiftung Warentest um Testergebnisse; Beiersdorf gg. Unilever um Farbmarke ‚Nivea-Blau'; Blizzard Entertainment zu Onlinespielen; Tigercat Industries gg. Caterpillar um Marke ‚Tigercat'; AOK Sachsen-Anhalt zu Werbekampagne; Ares im Markenrecht; Daikin Industries zu Markenlizenzverträgen; Enterprise u. Europcar zu Markenlöschung; lfd.: Adam Opel, Stihl, Daimler, Belkin, Carl Zeiss.

FRIEDRICH GRAF VON WESTPHALEN & PARTNER
Marken- und Designrecht
Wettbewerbsrecht

Bewertung: Ungebrochen stark präsentierte sich diese in Marken- u. Wettbewerbsrecht empfohlene Freiburger Praxis. Insbes. in ihren Kernkompetenzen formelles Markenrecht sowie Prozesse an der Schnittstelle zum HWG zeigte das Team Flagge. So hält z.B. ein langj. Prozess um Claims bei Nassrasierern für Wilkinson Sword die Anwälte ebenso in Atem wie mehrere Verfahren für die Apothekerkammer Nordrhein oder DocMorris. Besser als in vielen anderen Kanzleien funktioniert bei FGvW zudem die Anbindung an das erfolgreiche Corporate-Team. Während der Generationswechsel in der Partnerschaft sehr gut funktioniert, musste FGvW zuletzt den Abgang eines Associates hinnehmen, im schwierigen Freiburger Markt eine durchaus gewichtige Personalie. Dass es nun endlich gelang, das bislang im Soft-IP verwaiste Kölner Büro mit einem Zugang von CMS Hasche Sigle als Partner zu besetzen, kann die Schlagkraft des Teams perspektivisch erheblich erhöhen.

Stärken: Formelles Markenrecht, Betreuung der Pharma-, Apotheken- u. Verlagsbranche.

Häufig empfohlen: Norbert Hebeis, Dr. Wolfgang Schmid, Dr. Hans-Georg Riegger, Dr. Morton Douglas.

Kanzleitätigkeit: Oft umf. Betreuung im Markenrecht inkl. Portfoliomanagement. Im Wettbewerbsrecht häufig Bezüge zum HWG v.a. bei der Betreuung von gr. Pharmamandanten. Weitere Branchen: Apotheken, Konsumgüter, Lebensmittel, Energie u. Verlage (oft auch im Urheberrecht). Daneben auch zahlr. Start-ups aus der Region. Präsenz in Alicante. (4 Partner, 1 Counsel, 2 Associates, 1 of Counsel)

Mandate: ●● Wilkinson Sword umf. im IP inkl. Markenverwaltung u.a. weiterhin in Prozessen gg. Procter & Gamble zu Werbung mit Testergebnis u. Feuchtigkeitsclaims; Apothekerkammer Nordrhein in Prozess gg. DocMorris; Zentrale zur Bekämpfung unlauteren Wettbewerbs in Prozessen gg. Kosmetikunternehmen wg. nicht zugelassenen Arzneimittels; Gloster Furniture umf. im Soft-IP; BBraun Melsungen in UWG/HWG-Prozessen; Essilor im UWG/HWG; Markenverwaltung u. -prozesse für Bellybutton u. Tetra.

GRÜNECKER
Marken- und Designrecht
Wettbewerbsrecht

Bewertung: Ungebrochen präsent war diese im Marken- u. Wettbewerbsrecht häufig empfohlene Kanzlei, die ihr Know-how zuletzt gleich an mehreren Stellen unter Beweis stellte: So gelang es ihr, z.T. langj. Mandatsbeziehungen weiter auszubauen, insbes. in das streitige Geschäft. Grünecker kann dabei eine gesunde Mischung aus Netzwerk- u. Direktgeschäft aufweisen. So profitiert sie immer wieder von lukrativem Verweisgeschäft v.a. aus den USA u. Asien, aber auch Italien. Zunehmend wird sie jedoch – u. hier insbes. die jüngeren Partner – direkt von Unternehmen mandatiert. Weiter verstärkt hat sich der Beratungsbedarf der Mandanten an der Schnittstelle zum IT. Hier baut die Kanzlei auf einen erfahrenen Anwalt mit Programmiererfahrung in ihren Reihen, der Bereich soll jedoch perspektivisch noch weiter ausgebaut werden.

Stärken: Designrecht, formelles Markenrecht.

Häufig empfohlen: Prof. Dr. Maximilian Kinkeldey („angenehme Zusammenarbeit, sehr reaktionsschnell", „guter Markenrechtler", Wettbewerber), Dr. Nicolás Schmitz („eine sichere Bank im materiellen Markenrecht ebenso wie in Verfahrensfragen", Wettbewerber)

Kanzleitätigkeit: Kanzlei mit umfangr. IP-Tätigkeit, insbes. im ▶Patentrecht, daneben im Marken-, Design- sowie Wettbewerbsrecht. Markenprozesse sowie umf. Anmelde- u. Beratungstätigkeit für dt. u. sehr viele internat. Mandanten (insbes. USA u. Asien) sowie gesamtstrateg. Beratung. (5 Eq.-Partner, 1 Sal.-Partner, 29 Associates, 1 of Counsel)

Mandate: ●● Bavarian House gg. Shopwings um Kennzeichnung von Lebensmitteln im Onlineversand.

HARMSEN UTESCHER
Marken- und Designrecht
Wettbewerbsrecht

Bewertung: Weiterhin sehr präsent zeigte sich diese im Marken- u. Wettbewerbsrecht zu den führenden zählende Kanzlei: Die zweite interne Partnerernennung innerhalb von nur 2 Jahren zeigt, dass auch junge Anwälte zu Trägern des Erfolgs geworden sind. Diese machen auch immer wieder in großen Mandaten von sich reden. Beeindruckend ist dabei, wie es der jungen Generation gelingt, Schnittstellenthemen zu besetzen. Neben der immer weiter ausgebauten Beratung u. Prozessvertretung für Intersnack oder Jack Wolfskin zeigte sich das Team zuletzt auch insbes. bei Grundsatzfragen präsent: So prozessierten die Anwälte bspw. für BAT British American Tobacco in 2 zentralen Verfahren.

Stärken: Umfangr. formelle Markenpraxis. Prozessvertretung, Betreuung in Handels-, Medien-, ▶Lebensmittel-, Arzneimittel- u. Kosmetikbranche (▶Gesundheit).

Häufig empfohlen: Rainer Kaase („erfahrener Praktiker", Wettbewerber), Dr. Matthias Wolter, Dr. Karin Sandberg, Dr. Martin Kefferpütz („schnell u. kompetent", Wettbewerber), Dr. Christoph Schumann („kollegial, lösungsorientiert u. fachl. hervorragend", Wettbewerber), Till Lampel („hohe Fachkenntnis u. Erfahrung", Wettbewerber), Dr. John-Christian Plate („großer Erfahrungsschatz, guter Prozessanwalt", „guter Verhandlungspartner, sehr kompetent", Wettbewerber), Dr. Jan Heidenreich

Kanzleitätigkeit: Konzentration auf Gewerbl. Rechtsschutz (inkl. ▶Patent-), Wettbewerbs- (inkl. HWG), Kartell- u. Urheberrecht sowie angrenzende Gebiete wie ▶Vertriebsrecht. Umfangr. formelle Markenpraxis. Neben Prozessen auch sehr branchenbezogen beratend tätig. (10 Partner, 3 Counsel, 6 Associates)

Mandate: ●● BAT British American Tobacco in Grundsatzverfahren; Metro umf. im IP, u.a. in markenrechtl. Prozessen; Formula One Licensing in Grundsatzverfahren um die Marke F1 (öffentl. bekannt).

HARTE-BAVENDAMM
Marken- und Designrecht
Wettbewerbsrecht

Bewertung: Diese im Marken- u. Wettbewerbsrecht häufig empfohlene Kanzlei gehört zu den gesetzten Größen im Markt u. hat ihr dyn. Wachstumstempo beibehalten. Zuletzt kam mit dem Wettbewerbs- u. Kartellrechtler Dr. Ulrich Börger ein weiterer Partner von Latham & Watkins hinzu, der nicht nur die Alterslücke zw. Namenspartner Harte-Bavendamm u. den jüngeren Partnern schloss, sondern auch namh. Mandanten mitbrachte: Öffentl. bekannt ist etwa, dass H-B seither in wachsendem Umfang für Amazon in Prozessen auftritt. Darüber hinaus kamen zuletzt noch einige weitere US-Mandanten dazu, darunter eine gr. Hotelgruppe. Ungebrochen intensiv in Prozessen ist H-B aber für ihre teils langj. Mandanten tätig. So kamen insbes. für Levi Strauss u. Hummel eine immense Zahl neuer Verfahrensfälle hinzu.

Stärken: Prozessvertretung, Gutachten.

Entwicklungsmöglichkeiten: Der Kanzlei gelingt es gut, Quereinsteiger zu integrieren. Um auch langfristig eine ausgewogene Altersstruktur zu haben, wird sie auch auf Associate-Ebene weiter wachsen müssen.

Häufig empfohlen: Prof. Dr. Henning Harte-Bavendamm, Dr. Karolina Schöler („zuverlässig, schnell u. gut", Wettbewerber), Dr. Michael Goldmann („sehr kompetenter Markenrechtler", „vernünftige Lösungen", Wettbewerber), Dr. Andrea Jaeger-Lenz („zielorientiert u. pragmat.", Wettbewerber), Dr. Frederik Thiering, Marion Jacob, Dr. Arne Lambrecht („pragmat., schnell u. urteilssicher, Spezialist für komplizierte Sachverhalte v.a. im HWG", Wettbewerber)

Kanzleitätigkeit: Konzentration auf Beratung u. Prozessvertretung im Marken-, UWG-/HWG-, Design- u. Urheberrecht sowie ▶Vertriebs- u. Kartellrecht. Zudem Markenverwaltungspraxis. Daneben auch Betreuung von Medienunternehmen, auch in Schiedsverfahren. (9 Partner, 4 Associates)

Mandate: ●● Viagogo in div. Prozessen um den Weiterverkauf von Eintrittskarten; Avira Operations lfd. im UWG; Parship in Prozessen v.a. zu Keyword Advertising; Gruner + Jahr in der Markenverwaltung u. bei Prozessen; Boehringer Ingelheim in UWG- u. HWG-Prozessen; FC St. Pauli in Prozess gg. Upsolut Merchandising; Nestlé lfd. in Marken- u. UWG-Prozessen u. bei europ. Markenanmeldungen; Levi Strauss in Prozess zu Positionsmarken; Hummel zu Markenverletzungen von Winkelzeichen; Volkswagen u. QSC im Markenrecht.

HERTIN
Marken- und Designrecht
Wettbewerbsrecht

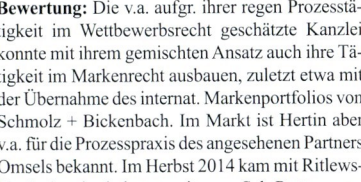

Bewertung: Die v.a. aufgr. ihrer regen Prozesstätigkeit im Wettbewerbsrecht geschätzte Kanzlei konnte mit ihrem gemischten Ansatz auch ihre Tätigkeit im Markenrecht ausbauen, zuletzt etwa mit der Übernahme des internat. Markenportfolios von Schmolz + Bickenbach. Im Markt ist Hertin aber v.a. für die Prozesspraxis des angesehenen Partners Omsels bekannt. Im Herbst 2014 kam mit Ritlewski ein bereits bekannter junger Sal.-Partner von Harte-Bavendamm dazu, der u.a. den Tüv Rheinland als Mandantin mitbrachte u. diese in einem grundsätzl. Prozess zu Gütesiegeln vertritt.

Entwicklungsmöglichkeiten: Die Patentanwaltspraxis hat gute Kontakte in die Life-Science-Branche. Durch eine engere Vernetzung könnten die Rechtsanwälte hier künftig noch stärker in HWG-Prozessen tätig werden.

Häufig empfohlen: Hermann-Josef Omsels, Dr. Kristoff Ritlewski

Kanzleitätigkeit: Wettbewerbs- u. markenrechtl. Prozessvertretung u. Beratung. Neben Medien auch umfangr. für Versicherer-, Pharma- u. Zeitarbeitsunternehmen sowie Onlinehändler tätig. Beratung von Werbeagenturen u. mittelständ. Unternehmen bei Marketingaktionen u. Werbekampagnen. 3 Patentanwälte betreuen Markenanmeldungen. (2 Eq.-Partner, 1 Sal.-Partner, 1 Associate)

Mandate: ●● HUK-Coburg u. Versicherungsvertreter bzgl. kartellrechtl. Anspruch auf kostenlose Eintragung in Telefonverzeichnisse; Bild in Verfahren zur Eintragungsfähigkeit von Markenfamilien; Schmolz + Bickenbach zu Portfoliomanagement; Tüv Rheinland in Prozess zu Prüfzeichen; Schebo Biotech in UWG-/HWG-Prozess; Klebefieber.de umf. im Wettbewerbsrecht.

HEUKING KÜHN LÜER WOJTEK
Marken- und Designrecht
Wettbewerbsrecht

Bewertung: Dank ihrer großen Bekanntheit in der Branche ist die im Marken- u. Wettbewerbsrecht empfohlene Praxis bei internat. Modeunternehmen gesetzt. So gehört bspw. Hilfiger zu den langj. Mandanten des Teams, eine Beziehung, die zuletzt noch vertieft werden konnte. Auch gelang es den Anwälten, bei nationalen, mittelständ. Unternehmen verstärkt Fuß zu fassen, bspw. bei dem Kosmetikhersteller Dr. Förster. Hier zeigt sich auch die immer besser werdende interne Vernetzung, denn häufig gelingt es, bereits bestehende Heuking-Mandate auf das IP-Recht auszudehnen. Geschickt besetzt die Praxis auch Schnittstellenthemen zum IT-Recht, so u.a. bei Open-Source-Projekten oder im E-Commerce-Bereich. Dass es trotz der noch jungen Partnerschaft gelang, erneut einen Anwalt zum Sal.-Partner zu ernennen u. weiter auf Associate-Ebene zu wachsen, unterstreicht die Entwicklung des Teams. In München verstärkt mittlerweile eine erfahrene Anwältin von Taylor Wessing die Praxis, doch besteht dort weiterhin Ausbaupotenzial.

Stärken: Prozessvertretung, Produktpirateriebekämpfung für Modeunternehmen; Designrecht (v.a. in HH).

Häufig empfohlen: Thorsten Wieland, Dr. Sören Pietzcker, Dominik Eickemeier, Dr. Verena Hoene („pragmatisch u. aufmerksam", Wettbewerber), Kai Runkel, Christian Spintig, Prof. Dr. Rainer Jacobs, Rudolf du Mesnil de Rochemont, Dr. Georg Jacobs („gute Expertise, fairer Verhandlungspartner", „hart aber fair", Wettbewerber)

Kanzleitätigkeit: Branchenorientierte Prozessvertretung sowie Beratung im Wettbewerbs- u. Markenrecht. Schwerpunkte: in HH neben Transport u. Logistik auch Transaktionsbegleitung, in Köln u.a. Betreuung von Verlagen, Handelskonzernen, Telekommunikation u. Kfz, in D'dorf IT u. ▶Medien sowie Transaktionsbegleitung, in Ffm. Mode sowie Medien u. Pharma, in München u.a. bekannte Sportler im Markenrecht u. bei Werbeverträgen. Formelle Markenpraxis an allen Standorten. (8 Eq.-Partner, 8 Sal.-Partner, 7 Associates)

Mandate: ●● Blackhawk/Retailo umf. im IP; Messe Ffm. als ‚anwaltl. Notdienst' bei Messen; Michelin im Marken- u. Wettbewerbsrecht; Stagecoach Group u.a. in UWG-Prozessen; Taschen Verlag im Urheberrecht u. in Prozessen; Tommy Hilfiger umf. im IP; Dr. Förster im Markenrecht; A1 Sportsbrands in Prozess; Betty Barclay umf. im IP; BZT Fashion im Markenrecht; Cirque du Soleil u.a. zu Gewinnspielen; Dreiturm u.a. bei Markenverwaltung; Marek Lieberberg in Prozess um ‚Rock am Ring'.

HOFFMANN EITLE
Marken- und Designrecht

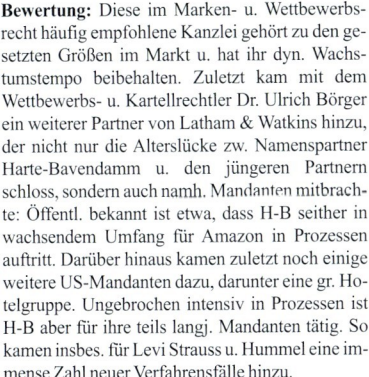

Bewertung: Kontinuierl. u. strategisch baut diese im Marken- u. Wettbewerbsrecht geschätzte Kanzlei ihre Präsenz weiter aus. So optimierte sie technisch ihre Abläufe im wichtigen Geschäftsbereich Markenverwaltung weiter u. kann so auf die Konkurrenz der Inhouseabteilungen u. nichtanwaltlicher Anbieter reagieren. Hier profitiert das Team auch von der wieder wachsenden Wirtschaftskraft des für die Kanzlei wichtigen jap. Marktes, was zu einer hohen strateg. Beratungs- u. Recherchemandate im Vorfeld von Produkteinführungen führte. Die US-Mandanten beschäftigten HE derweil v.a. im Designrecht. Die gute Auslastung der Praxis führte zur Einstellung einer jungen Anwältin, die bereits etwas Erfahrung im IP mitbringt. Der ital. u. europ. Patentanwalt, der bislang auch im Münchner Büro tätig war, ist inzw. fest ins Mailänder Büro gewechselt u. baut dort zunehmend das Markengeschäft aus.

Stärken: Markenverwaltung, namh. internat. Mandantenstamm (v.a. Japan, USA, GB); Designrecht.

Häufig empfohlen: Wedig Baron von der Osten-Sacken

Kanzleitätigkeit: Traditionell gr. formelle Markenpraxis, häufig mit Folgeprozessen. Umf. Betreuung in Markenangelegenheiten durch Rechtsanwälte, daneben auch UWG. Beratung bei Due Diligences für M&A-Kanzleien. Sehr anerkannte ▶Patentpraxis. Eigenes Büro in London. (1 Eq.-Partner, 3 Sal.-Partner, 3 Associates)

Mandate: ●● Drax-Mühle im Markenrecht; Stussy in Markenverletzungsfällen; Wavin im Marken- u. Designrecht; Thonet u.a. zu Markenverwaltung u. -durchsetzung; Geox bei Markendurchsetzung.

MARKEN- UND WETTBEWERBSRECHT

HOGAN LOVELLS
Marken- und Designrecht
Wettbewerbsrecht

Bewertung: Weiterhin gehört die Praxis in Marken- u. Wettbewerbsrecht zu den führenden, wenngleich der Weggang der bekannten Partnerin Dr. Verena von Bomhard mit einigen Associates aus dem Büro in Alicante (in eigene Kanzlei) für sehr viel Aufmerksamkeit im Markt gesorgt hat. Zwar gingen damit einige Mandanten in der Gemeinschaftsmarkenrecht verloren, konnten jedoch in den anderen marken- u. wettbewerbsrechtl. Themen gehalten werden. Allerdings musste das Team hinnehmen, dass die Dt. Telekom, einer ihrer Schlüsselmandanten, die Arbeit mittlerweile auf weitere Kanzleien aufteilt, auch wenn Hogan Lovells soweit derzeit bekannt den Großteil der Arbeit bei sich behalten konnte. Davon unbeirrt feilte die Praxis weiter an ihrer internen Aufstellung: Sie stellte das IP-Team kw. komplett neu auf, mit dem Hamburger Partner Petersenn als Leiter der europ. Gruppe – eine Personalie, die einmal mehr die Bedeutung der dt. IP-Praxis unterstreicht. Die neue Struktur treibt die interne Vernetzung auf allen Hierarchieebenen des Teams voran u. bildet sowohl Industrie- als auch Themenschwerpunkte internat. ab. Neben den strateg. Überlegungen waren die Anwälte auch mit Mandatsarbeit bestens ausgelastet: Dass das Team für die komplexen Fragen weiterhin bei vielen Unternehmen gesetzt ist, zeigt exemplarisch die Arbeit für Merck & Co. (USA) im Streit mit der dt. Merck KgaA um die Benutzung des Zeichens ‚Merck'.

Stärken: Formelles Markenrecht, anerkanntes Büro in Alicante; häufig Koordination internat. Prozesse; IP-rechtl. Betreuung mit Branchenfokussierung. Designrecht. Medien. ▶Gesundheit, oft mit Bezügen zum ▶Vertriebsrecht.

Entwicklungsmöglichkeiten: Die interne Vernetzung kam seit der Fusion insbes. mit den US-amerikan. Büros schon gut voran. In Bezug auf Asien gibt es noch Potenzial, das noch nicht ausgeschöpft ist. Dass die etablierten Partner zunehmend in Managementaufgaben gebunden sind, ermöglicht zugleich den Jüngeren Möglichkeiten, die Struktur zu nutzen, um eine tragende Rolle einzunehmen.

Häufig empfohlen: Andreas Bothe („großartiger Kämpfer", „guter Markenrechtler", „fair u. gut", Wettbewerber), Dr. Erhard Keller, Dr. Burkhart Goebel („ein super Anwalt u. richtig gut", Wettbewerber; HH/Madrid), Dr. Matthias Koch, Susanne Karow, Dr. Leopold von Gerlach, Dr. Morten Petersenn, Thomas Salomon, Yvonne Draheim („hart aber kollegial", Wettbewerber), Dr. Nils Rauer („kenntnisreich, harter Gegner", Wettbewerber)

Kanzleitätigkeit: Umf. im Markenrecht tätig, mit guter internat. Vernetzung. Markenrechtl. Arbeit an allen Standorten, deutl. Zentrum jedoch in Hamburg. In München v.a. Beratung der Telekom- u. IT-Branche sowie Pharma, in Ffm. oft transaktionsbegleitend. Im Wettbewerbsrecht neben Prozessen auch Beratung im Vorfeld von Werbeaktionen. (Inkl. Alicante: 13 Partner, 4 Counsel, 40 Associates)

Mandate: ●● Merck & Co. im Streit mit Merck KgaA; Mars umf. im Markenrecht; Tchibo im Markenrecht; BayWa bei Markenanmeldungen; All Star Dach u. Converse in Markenverletzungsverfahren; Billabong u.a. in Widerspruchsverfahren; Jako-O in Designverfahren; Peek & Cloppenburg HH in zahlr. Verfahren gg. namensgleiches Unternehmen; Skoda zu Werbung; Texas Instruments im Marken- u. Wettbewerbsrecht; öffentl. bekannt: Dt. Telekom (u.a. ww. Portfoliomanagement u. Markenprozesse).

JBB RECHTSANWÄLTE
Wettbewerbsrecht

Bewertung: Die v.a. im Wettbewerbsrecht häufig empfohlene Kanzlei betreut einen stabilen Stamm namh. Unternehmen u. schafft es daneben zunehmend auf das Radar großer Konzerne, zuletzt etwa aus der ▶Medienbranche. Weiterhin umfangr. ist die Arbeit für Sky, die JBB IT-unterstützt immer effizienter organisiert. Gut eingespielt ist die Vernetzung mit ihrer angesehenen IT-Praxis, über diese Schiene kam etwa ein bereits etabliertes, größeres Start-up als Mandantin dazu. Doch v.a. ihre intensive Prozesstätigkeit lässt die Bekanntheit von JBB stetig steigen, so gehörte etwa Jaschinski zu den am häufigsten empfohlenen Wettbewerbsrechtlern im Markt. Engagiert arbeitet JBB daneben auch am Ausbau ihrer markenrechtl. Praxis.

Stärken: Prozessvertretung von TK- sowie Direktmarketingunternehmen im UWG. Beratung an der Schnittstelle zum Datenschutz u. ▶IT.

Entwicklungsmöglichkeiten: Das im Vorjahr eingeführte u. elektron. unterstützte Markenanmeldegeschäft ist insbes. hinsichtl. US-Anmeldungen gut angelaufen. Um im Markt im Markenrecht aber bekannter zu werden, ist JBB bislang zu wenig in Markenverletzungsprozessen sichtbar.

Häufig empfohlen: Dr. Martin Jaschinski („kreativ u. hoch kompetent im UWG", „ausgesprochen einfallsreich u. sehr präzise", Wettbewerber), Oliver Brexl, Sebastian Biere, Thomas Nuthmann

Kanzleitätigkeit: Neben Prozessen u. Beratung im Wettbewerbsrecht auch im Marken-, Äußerungs- u. ▶IT-Recht tätig. Zudem Spezialisierung bei der Beratung zu Gewinn- u. Glücksspielen. (4 Partner, 6 Associates)

Mandate: ●● Citrix Online u. Dt. Fachverlag im Marken- u. Wettbewerbsrecht; Klarmobil im Wettbewerbsrecht; Sky Dtl. zu Geltendmachung von Unterlassungsansprüchen; lfd. v.a. im UWG: Finanzen.de, Mobilcom-Debitel, Iden-Gruppe, Bridgestone, Scholz & Friends, Freenet, Lotto24, Strato, Starbett.

JONAS
Marken- und Designrecht
Wettbewerbsrecht

Bewertung: Einmal mehr unterstrich die Kölner Kanzlei, dass sie im Marken- u. Wettbewerbsrecht zu den häufig empfohlenen Kanzleien gehört. Neben der trad. Stärke im formellen Markenrecht werden die Anwälte in komplexen u. öffentlichkeitswirksamen Prozessen hinzugezogen, wie zuletzt bspw. für den Nürburgring in Verfahren um die Namensrechte an einem Musikfestival. Weiterhin sehr präsent ist die Kanzlei zudem im transaktionsbegleitenden IP-Geschäft, hier profitiert Jonas nicht nur von ihren hervorragenden Kontakten zu einer internat. Großkanzlei, sondern wird verstärkt auch von Boutiquen ohne eigene IP-Expertise hinzugezogen. Weber ist zudem zunehmend im Patentrecht tätig, nicht zuletzt dadurch deckt Jonas wichtige Schnittstellen ab. Wieder schwächer besetzt ist jedoch das Kartellteam. Hier hatte sich Jonas im vergangenen Jahr mit einem Anwalt von Hogan Lovells verstärkt, der die Kanzlei jedoch wieder Richtung Linklaters verlassen hat. Stattdessen kam ein Berufseinsteiger dazu.

Stärken: Formelles Markenrecht.

Häufig empfohlen: Dr. Martin Viefhues („gut u. nett", Wettbewerber), Karl Hamacher, Dr. Nils Weber („ein erstklassiger Anwalt", Mandant)

Kanzleitätigkeit: Im Markenrecht umfangr. Verwaltungspraxis. Daneben auch oft UWG-, marken- sowie zunehmend designrechtl. Prozesse sowie Vertretung in Produktnachahmungs- u. Grenzbeschlagnahmeverfahren. Insges. viele ausl. Mandanten (v.a. USA u. GB) sowie Pharma-, ▶Sport- u. Versicherungsbranche. Oft Bezüge zum ▶Vertriebs- u. Medienrecht. Zudem IP-Begleitung gr. Transaktionen für andere Kanzleien. (3 Eq.-Partner, 1 Sal.-Partner, 1 Counsel, 5 Associates)

Mandate: ●● Nürburgring im Verfahren um ‚Rock am Ring'; Axel Springer bei Markenverwaltung u. in Prozessen; Dt. Post im Marken- u. Wettbewerbsrecht sowie DHL bei Nachahmungen; Universal Music in Verfahren in DACH sowie bei Einführung einer Marke in der EU; Sony zu Grenzbeschlagnahme; lfd.: Arla Food, Viacom, Eintracht Frankfurt, Beeline, Fourseasons, Toyota Deutschland.

KLAKA
Marken- und Designrecht
Wettbewerbsrecht

Bewertung: Die häufig empfohlene Praxis für Marken- u. Wettbewerbsrecht zeigte sich einmal mehr als Spezialistin für die komplizierten Fälle: sei es in Grundsatzprozessen für BMW, bspw. zu Markennutzung bei Kfz-Ersatzteilen, oder in Fragen zum Schutzumfang für geograf. Herkunftsangaben für den Champagnerverband: Immer wieder sind die Anwälte der Münchner Traditionsboutique vor den höchsten dt. u. europ. Gerichten zu sehen. Während das D'dorfer Team durch den Zugang eines erfahrenen Marken- u. Wettbewerbsrechtlers im vergangenen Jahr wuchs, verließ ein Münchner Anwalt das Team nach nur kurzer Zeit zurück zu Bardehle.

Stärken: Prozessvertretung.

Entwicklungsmöglichkeiten: Nach dem Weggang des Associates in München ist hier weiterer Ausbau nötig, um der hohen Auslastung der Partner Rechnung zu tragen.

Häufig empfohlen: Dr. Michael Nieder, Dr. Andreas Schulz („fachkundig, erfahren", Wettbewerber), Dr. Ralf Hackbarth („sehr kompetent", Wettbewerber), Dr. Wolfgang Straub, Dr. Wolfgang Götz („hervorragender Prozessrechtler", Wettbewerber), Dr. Stefan Eck („fachkundig, erfahren", Wettbewerber), Dr. Stefan Abel, Oliver Rauscher („harter Gegner", Wettbewerber)

Kanzleitätigkeit: Markenrechtl. Beratung u. Prozessvertretung sowie umfangr. Anmelde- u. Verwaltungspraxis (insbes. für Modehersteller u. Banken). Im Wettbewerbsrecht v.a. Prozesse, häufig an der Schnittstelle zu Lebensmittelrecht u. HWG. Renommierte Praxis in ▶Patentprozessen. (7 Partner, 4 Associates)

Mandate: ●● BMW in Prozessen; Longchamp lfd.; Nestlé Dtl. in Prozessen; Völkl-Gruppe in markenrechtl. Verfahren; DFB lfd. im Markenrecht; Adelholzener Alpenquellen in Prozessen; Comité Interprofessionnel du Vin de Champagne in Prozessen.

KNPZ RECHTSANWÄLTE
Marken- und Designrecht
Wettbewerbsrecht

Bewertung: Über ihre engen Beziehungen zu großen Markenartiklern wie Colgate-Palmolive u. Bahlsen hält die im Marken- u. Wettbewerbsrecht

● Referenzmandate, umschrieben
●● Referenzmandate, namentlich

Anwaltszahlen: Angaben der Kanzleien, wie viele Anwälte zu mind. ca. 50 % in diesem Gebiet tätig sind. Sie spiegeln nicht zwingend die Gesamtgröße einer Kanzlei wider.

häufig empfohlene Kanzlei ihre Präsenz im Markt hoch. Insbes. durch die Tätigkeit für Colgate hat KNPZ zudem auch ein solides internat. Netzwerk aufbauen können. Im Aufschwung ist zudem weiter die designrechtl. Praxis, für die v.a. Klawitter steht. Nicht zuletzt durch den Großkanzleihintergrund der Partner sind die Branchenfokussierung u. die Zusammenarbeit untereinander sowie mit Corporate-Spin-offs in HH recht ausgeprägt. Verstärkt wird KNPZ dabei nach transaktionsbegl. Arbeit auch für die Unternehmen im IP tätig, zuletzt etwa für einen Medizinproduktehersteller. Personell wuchs die Kanzlei erneut um einen Associate.

Stärken: Stark integrierter Beratungsansatz. Designrecht.

Häufig empfohlen: Prof. Christian Klawitter ("äußerst sachl., kompetent u. kollegial", "freundl. Umgangston, aber hart in der Sache", Wettbewerber), Dr. Gerald Neben ("hohes Verständnis für geschäftliche Tätigkeit, rechtl. Beratung stets mit Blick auf Praktikabilität, ehrliche Risikoabschätzung, zudem sprachl. Brillanz u. Präzision in allen Schriftsätzen", Mandant), Dr. Kai-Uwe Plath ("transaktionserfahren u. pragmat., schnell u. effizient", Wettbewerber), Dr. Mathias Zintler ("gewohnt gute Qualität", Wettbewerber über beide)

Kanzleitätigkeit: Fokussiert auf IP, ▶Vertriebsrecht, ▶Medien u. Informationstechnologie sowie zunehmend auch an der Schnittstelle zum Datenschutz. Im Marken-, Design- u. Wettbewerbsrecht neben Beratung u. Prozessvertretung auch Beratung bei Lizenzverträgen. Transaktionsbegleitend in Zusammenarbeit mit anderen Kanzleien sowie auch Portfoliomanagement. (4 Partner, 9 Associates)

Mandate: ●● Bauer Verlag lfd. zuletzt umf. im IP zur Digitalstrategie; Deichtorhallen HH im Marken-, Wettbewerbs- u. Urheberrecht; Charles & Alive im Markenrecht; Chessbase u.a. in Prozess wg. Markenname; Nobel Biocare im Marken- u. Wettbewerbsrecht; Bristol-Myers-Squibb zu marken- u. zollrechtl. Fragen; Fresenius ww. markenrechtl. Vertretung u. Koordinierung; Flintab im Designrecht. Lfd. für Colgate-Palmolive, Gaba, DAK (v.a. UWG), Euler Hermes, Bahlsen, Grundig.

LICHTENSTEIN KÖRNER UND PARTNER
Marken- und Designrecht
Wettbewerbsrecht

Bewertung: Ein sehr stabiles Jahr erlebte diese im Marken- u. Wettbewerbsrecht empfohlene Kanzlei. Erneut waren die Anwälte in einigen grundsätzl. Verfahren wie für Dauermandantin Porsche gg. die EU-Marke ‚Carrera' für elektron. Geräte oder die Ethical Coffee Company im Löschungsverfahren um die 3-D-Marke für Kaffeekapseln aktiv. Großen Raum nimmt trad. auch das formelle Markenrecht ein, hier begleiteten die Anwälte größere Markeneinführungen mit umfangr. Beratungen u. Recherchen. Dabei beeindruckt die nach wie vor sehr enge Beziehung zu US-Mandanten, die der Kanzlei schon langj. die Treue halten. Aber auch viele regionale Mittelständler vertrauen auf die Kanzlei.

Stärken: Prozesse (häufig mit grundsätzl. Bedeutung), Markenmanagement, junge Anwälte in Mandatsverantwortung.

Häufig empfohlen: Prof. Dr. Thomas Sambuc, Dr. Kerstin Gründig-Schnelle, Dr. Ekkehard Stolz

Kanzleitätigkeit: Neben Beratung u. Prozessführung in allen IP-Bereichen (auch Patentrecht) auch ww. Markenanmeldepraxis. Häufig Betreuung internat. Konzerne (v.a. aus USA) bei Marken- sowie Domainstreitigkeiten in Deutschland. Im Wettbewerbsrecht zu gleichen Teilen Beratung u. Prozessvertretung. Besonders spezialisiert auf Fälle der unlauteren Nachahmung. (7 Partner, 2 Associates)

Mandate: ●● Adam Wieland Metallwerkstatt in Markenverletzungsverfahren; Ethical Coffee Company zu 3-D-Marke; Porsche umf. in Markenverwaltung u. Prozessen; Intel bei Markenverwaltung u. -verteidigung; Garmo in Marken- u. UWG-Prozessen; Polyconcept in Prozessen. Öffentl. bekannt: Markenanmeldungen für Amazon, Avon, EnBW, Hengstenberg.

LORENZ SEIDLER GOSSEL
Marken- und Designrecht
Wettbewerbsrecht

Bewertung: Zuverlässig wie ein Uhrwerk behauptet die im Marken- u. Wettbewerbsrecht zu den führenden gehörende Kanzlei ihre Stellung am Markt. Dabei spielt LSG auf der gesamten Klaviatur des Gewerbl. Rechtsschutzes. Geachtet u. gefürchtet sind die Anwälte jedoch aufgr. ihrer enormen Prozesspräsenz aufseiten namh. Markeninhaber wie Adidas bspw. zuletzt gg. Nike um irreführende Werbung in Bezug auf Fußballschuhe. Während die Partner bereits häufig seit Jahren auf ihre treue Mandantschaft bauen können u. durch die Prozesse sehr visibel sind, können die Associates ihre Präsenz noch weiter steigern.

Stärken: Prozesse; markenrechtl. Gutachten. Äußerst stabile Mandantenstruktur.

Häufig empfohlen: Prof. Dr. Reinhard Ingerl ("guter Prozessanwalt", Wettbewerber), Dr. Siegfried Jackermeier ("hervorragender Prozessrechtler", Wettbewerber), Dr. Philipp Neuwald, Dr. Christian Rassmann, Dr. Paul Schäuble

Kanzleitätigkeit: Umf. im IP u. dabei zu gleichen Teilen im ▶Patent-, Marken- u. Wettbewerbsrecht tätig. Formelles Markenrecht durch Patent- u. Rechtsanwälte. Beratung u. Vertretung auch in urheberrechtl. Fragen u. bei Produktnachahmungen. (5 Partner, 6 Associates)

Mandate: ●● Öffentl. bekannt: Inlingua in Prozessen; Willy Bogner in Verf. wg. Verletzung des ‚Bogner-B'; Pro7Sat.1 u.a. bei Portfoliomanagement für Sat.1-Marken u. in Prozessen; Street One umf. im Markenrecht; OC Oerlikon bei Rebranding; Adidas (v.a. wg. 3-Streifen-Kennzeichnung); Allianz zum Firmennamen; Dt. Apothekerverband zu rotem Apotheken-A; Ford u.a. zu Domains.

LOSCHELDER
Marken- und Designrecht
Wettbewerbsrecht

Bewertung: Immer wieder spielt die im Marken- u. Wettbewerbsrecht häufig empfohlene Praxis ihre ganze Stärke in Prozessen aus, häufig vor den höchsten dt. u. europ. Gerichten. So waren die Anwälte bspw. für einen Schweizer Luxusuhrenhersteller im Fall ‚Google-Markenbeschwerde' ebenso aktiv wie für einen Augenarzt um die Frage der Zulässigkeit eines kostenlosen Fahrdienstes. Eine weitere Stärke der Praxis ist die intensive Zusammenarbeit insbes. Maaßens mit den internen Arbeitsrechtlern zum Know-how-Schutz, einem derzeit sehr aktuellen Thema.

Stärken: Prozesse. Beratung zu geograf. Herkunftsangaben bzw. Gütezeichen.

Entwicklungsmöglichkeiten: Weiterhin bleibt die gemessen an der Präsenz der Praxis vergleichsweise geringe Personalstärke die Achillesferse des Teams, insbes. nachdem ein erfahrener Anwalt die Kanzlei in ein Unternehmen verlassen hat. Loschelder hat in der jüngeren Vergangenheit viel in die Nachwuchsgewinnung investiert, bislang profitierten davon aber v.a. andere Praxen wie Arbeits- u. Gesellschaftsrecht.

Häufig empfohlen: Prof. Dr. Michael Loschelder ("führender Experte zu geograf. Herkunftsangaben", Wettbewerber), Dr. Thomas Schulte-Beckhausen ("sehr kompetent u. kollegial", Wettbewerber), Dr. Stefan Maaßen, als junger Anwalt Dr. Volker Schoene

Kanzleitätigkeit: V.a. Beratung, aber auch Prozessführung im Wettbewerbs- sowie Marken- u. Designrecht (Anmeldung bis Prozessführung). Begleitung von Herstellerverbänden im Zshg. mit Gütesiegeln, häufig mit kartellrechtl. Bezügen. Beratung von Handelsunternehmen an der Schnittstelle zum Lebensmittel- bzw. Etikettierungs-, Wein- u. Agrarrecht. Mitglied des Netzwerkes Terralex. (3 Eq.-Partner, 2 Associates)

Mandate: ●● Culinaria Delikatessen in Grundsatzverfahren zu zusammengesetzten Marken; Henkel in UWG- u. Markenverfahren; Klosterfrau umf. im Markenrecht inkl. Verwaltung; 1&1 zu Werbung um Telefontarife; QVC in UWG- u. Markenprozessen; Augenarzt zur Zulässigkeit eines kostenlosen Fahrdienstes; Schweizer Luxusuhrenhersteller in UWG-Grundsatzverfahren; Anlagenhersteller in Prozess zu Geheimnisverrat.

LUBBERGER LEHMENT
Marken- und Designrecht
Wettbewerbsrecht

Bewertung: Kontinuierl. verbreitert sich der Wirkungskreis dieser im Marken- u. Wettbewerbsrecht häufig empfohlenen Kanzlei: Über ihre Erfahrung bei der Überwachung u. ihr Vorgehen gg. große Internethandelsplattformen, vertritt LL immer mehr Markenartikler, neu kam etwa Leifheit hinzu. Neue Mandanten bescherten ihr auch die teils gute internat. Kontakte der Partner. Daneben entfaltet LL weiterhin v.a. durch die umf. Vertretung der Kosmetikbranche große Präsenz im Markt u. ist bei vielen grundsätzl. Prozessen mit dabei, zuletzt etwa für Axel Springer an der Schnittstelle zum Medienrecht bei der Vertretung im viel beachteten Adblocker-Prozess. Zudem baut LL auch zunehmend Kontakte in die Berliner Start-up-Szene auf.

Stärken: Betreuung der Kosmetikbranche, Verfahren gg. Internethandelsplattformen.

Entwicklungsmöglichkeiten: Der Hamburger Standort, wo Lehment seit 2013 vor Ort ist, wird weiterhin im Markt eher als Satellitenbüro der Berliner wahrgenommen. Das ließe sich ändern, wenn LL die Präsenz nutzt, um ihre Kontakte zu norddt. Unternehmen auszubauen.

Häufig empfohlen: Dr. Andreas Lubberger ("fundiert, kreativ, angenehmer kollegialer Austausch", Wettbewerber), Dr. Cornelis Lehment ("sehr kompetenter Markenrechtler", Wettbewerber), Martin Fiebig ("kollegial, angenehmer Verhandlungspartner", Wettbewerber), Dr. Ulrich Hildebrandt, Dr. Bernd Weichhaus, Dr. Kai Schmidt-Hern ("zuverlässig u. kompetent im IP", Mandant)

Kanzleitätigkeit: Umf. marken- u. wettbewerbsrechtl. Betreuung der Kosmetikbranche inkl. Mar-

MARKEN- UND WETTBEWERBSRECHT

kenanmeldung, Bekämpfung von Parallelimporten u. Nachahmerprodukten. Daneben auch Strukturierung u. Verteidigung von ▶Vertriebssystemen. Zudem Medienunternehmen mit Berührungspunkten zum Urheber- u. Presserecht sowie Konsumgüterhersteller. (6 Partner, 7 Associates)

Mandate: ●● Coty umf. im IP, u.a. in Prozessen gg. Amazon u. Google wg. Bilderverwendung; Axel Springer Verlag u.a. in Prozess bzgl. Adblocker; Dt. Bahn (UWG u. Markenverwaltung); Deag in Prozess gg. Capricorn Nürburgring wg. Festival; Margarete Steiff umf. im Markenrecht; Leifheit bzgl. Alibaba-Überwachung; Oru Kayaks im Designrecht; Ortlieb im Marken- u. Vertriebsrecht; Schott Bros. im Markenrecht; regelm. L'Oréal, Clarins, Beauté Prestige.

LUTHER
Marken- und Designrecht
Wettbewerbsrecht

Bewertung: Was die Mandate angeht, gehört diese im Marken- u. Wettbewerbsrecht geschätzte Praxis unverändert zu den Konstanten am Markt: Die meisten Unternehmen wie Reemtsma oder Fiege vertrauen schon seit Jahren auf die Anwälte sowohl in der Beratung inkl. Verwaltung, als auch in Prozessen. Zuletzt bekam das Team auch verstärkt bei Investoren den Fuß in die Tür, was zu attraktivem Folgegeschäft bspw. im Anschluss an Transaktionen führte. Dabei deckt die Praxis auch die relevanten Schnittstellen wie Patent-, IT- oder Vertriebsrecht ab. Weniger konstant zeigte sich das Team jedoch personell: Gleich 3 erfahrene Anwälte aus Essen u. Köln wechselten zu Wettbewerbern bzw. in Unternehmen.

Stärken: Betreuung von Handelsunternehmen.
Häufig empfohlen: Dr. Detlef Mäder, Dr. Geert-Johann Seelig („sehr effiziente Prozessführung mit strateg. Weitblick", „hohe Expertise in Markensachen", Wettbewerber).
Kanzleitätigkeit: Umf. Beratung u. Vertretung im Markenrecht (inkl. Markenverwaltung) u. UWG. Häufig an der Schnittstelle zu ▶IT tätig. (7 Partner, 19 Associates)
Mandate: ●● Reemtsma, Fiege, Hyundai, Matratzen Direct, Edco lfd. im Markenrecht; Harley-Davidson lfd. im Zshg. mit Vertriebsnetz; Saint Gobain Glas in Markenverfahren; Unitymedia zu E-Commerce; Kiggi zu Internetauftritt.

MENOLD BEZLER
Marken- und Designrecht
Wettbewerbsrecht

Bewertung: Nicht zuletzt durch den im Markt viel beachteten Zugang von Schabenberger (kam von Gleiss Lutz) im Vorjahr machte die im Marken- u. Wettbewerbsrecht geschätzte Praxis um die regional bereits zuvor bekannten Hammer u. Schröder erneut einen Schritt nach vorn. Seit Jahren hat die Kanzlei stabile Mandatsbeziehungen im regionalen Mittelstand u. konnte dies zuletzt durch Mandanten wie bspw. Rieker (kam über Schabenberger) weiter ausbauen. Hinzu kamen Kontakte zu Konzernen wie Daimler, die das Team in einem viel beachteten Prozess um die Kennzeichnung von CO2-Werten hinzuzogen. Weiteres personelles Wachstum auf Associate-Ebene durch eine erfahrene Anwältin von Gleiss Lutz war die Folge.

Häufig empfohlen: Dr. Andreas Schabenberger, Manfred Hammer („große Prozesserfahrung", „fundierter Kenner der Materie", Wettbewerber), Dr. Matthias Schröder („hohe juristische Qualität", Wettbewerber).
Kanzleitätigkeit: Umf. im Marken- u. Wettbewerbsrecht tätig, sehr häufig auch zu Designs. Prozesserfahrene Anwälte mit starker Verwurzelung im dt. Mittelstand. Dazu Markenverwaltung u. Amtsverfahren. (3 Partner, 4 Associates)
Mandate: ●● Rieker u.a. zu Designs; Alete umf. im Markenrecht; Daimler zu CO2-Werten; lfd.: Stiehl, Datev, Frutarom Savory Solutions, Ivoclar, Zentrale zur Bekämpfung unlauteren Wettbewerbs im OLG-Bezirk Stuttgart.

NOERR
Marken- und Designrecht
Wettbewerbsrecht

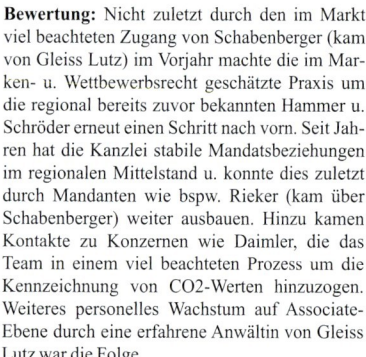

Bewertung: Nach langen Bemühungen erntet diese im Marken- u. Wettbewerbsrecht endlich die Früchte: Hatten Marktteilnehmer die Gründung des Büros in Alicante 2011 noch mit Kopfschütteln quittiert, gelang es Noerr nun, dort einen jungen Anwalt zum Equity-Partner zu ernennen. Das Büro entwickelt sich auch weiter zum Mandatsbringer im Gemeinschaftsmarkengeschäft, zuletzt durch die Mandatierung von FIA. Auch in München nahm das Team die Vorbereitungen für den anstehenden Generationswechsel in Angriff u. gewann Dr. Christoph Rieken von Ashurst als Sal.-Partner-Ebene. Er verstärkt das Team neben der originären Beratung insbes. auch in der stetig ansteigenden Transaktionsbegleitung, sodass sich die prozesserfahrenen Partner wie Redeker weiter auf das Prozessgeschäft für namh. Neumandanten, darunter das Lebensmittelunternehmen TSI, konzentrieren können.

Stärken: Betreuung von ▶Medien-, ▶IT- u. ▶TK-Unternehmen, auch im Urheberrecht, sowie der Lebensmittelbranche im UWG.
Häufig empfohlen: Sandra Redeker
Kanzleitätigkeit: Umf. Beratung im Marken- u. Designrecht, neben Portfoliomanagement sowie strateg. Beratung v.a. zu Produktpiraterie u. Markenentwicklung auch prozessual tätig. Berührungspunkte zur ▶vertriebsrechtl. Praxis. Im Wettbewerbsrecht branchenorientierte Betreuung, häufig an der Schnittstelle zu Produkthaftung (▶Handel u. Haftung). (3 Eq.-Partner, 5 Sal.-Partner, 10 Associates)
Mandate: ●● Langenscheidt um die Farbmarke ‚Gelb'; FIA zum europ. Markenportfolio; Karstadt in Auseinandersetzung mit Galeria Kaufhof im UWG; TSI im Marken- u. Wettbewerbsrecht; BH Stores in Prozessen; Degussa Goldhandel in Grenzbeschlagnahme- u. Verletzungsverfahren; 4Care umf. im Markenrecht; Abercrombie & Fitch Europe im Markenrecht; Actelion Pharmaceuticals u. BASF in Amtsverfahren.

OPPENLÄNDER
Marken- und Designrecht
Wettbewerbsrecht

Bewertung: Erneut spielte die im Marken- u. Wettbewerbsrecht empfohlene Praxis ihre ganze Prozesserfahrung aus – häufig an der Schnittstelle zum Pharmarecht, bspw. die umf. Verteidigung zahlr. Apotheken in einer Abmahnwelle zu Internetauftritten. Ausgeweitet hat sich zudem die Beratung von Dauermandant GSK, wo Oppenländer nun nicht mehr nur bei Produkten der Mundhygiene, sondern zunehmend auch in anderen Bereichen gesetzte Beraterin ist. Ein Associate der Praxis entwickelte sich in den Energierechtsbereich – ein weiteres wichtiges Standbein von Partner Köhler. Die dadurch entstandene Vakanz konnte jedoch durch den Zugang eines Berufseinsteigers ausgeglichen werden. Die Kanzlei ist zudem intern so gut vernetzt, dass sie Mandatsspitzen auch mit Anwälten anderer Praxen ausgleichen kann, insbes. wenn inhaltl. ohnehin Überschneidungen gibt: Bei den Abmahnverfahren zog das Team Anwälte aus der Pharmapraxis hinzu, bei einer wichtigen Klage gg. den Bayr. Rundfunk um Frequenztausch einen Kartellrechtler.

Stärken: Prozesse, Betreuung von Pharma- (▶Gesundheit) u. ▶Energieunternehmen.
Häufig empfohlen: Prof. Dr. Markus Köhler, Dr. Christina Koppe-Zagouras, Dr. Timo Kieser („guter Prozessanwalt", Wettbewerber).
Kanzleitätigkeit: Im Wettbewerbsrecht strateg. Beratung bei Produktentwicklungen u. Werbekampagnen sowie Prozesse. Im Markenrecht überwiegend strateg. Beratung. Keine Markenanmeldung, hier Zusammenarbeit mit Patentanwaltskanzleien. (3 Partner, 2 Associates)
Mandate: ●● Zahlr. Apotheken bei Abmahnverfahren um Internetauftritt; Antenne Bayern u. andere Privatsender bei Klage gg. Bayr. Rundfunk wg. Frequenztausch; Reckitt Benckiser in UWG u. Prozessen; GlaxoSmithKline im UWG u. in Verträgen; Bayer Vital wettbewerbsrechtl. im Zshg. mit Tierarzneimitteln; EnBW umf. im UWG.

OSBORNE CLARKE
Marken- und Designrecht
Wettbewerbsrecht

Bewertung: Die v.a. im Wettbewerbsrecht geschätzte Kanzlei fasst immer besser Fuß im Markt. Mit dem Zugang von Schmoll, die stark zu F&E-Verträgen berät, etablierte OC auch in Köln einen Branchenschwerpunkt im Pharma-/Life-Science-Bereich, in dem bislang v.a. das Münchner Team aktiv ist. Zudem brachte die ehem. Baker-Partnerin auch namh. Mandanten etwa aus der Modebranche mit. Das Team um Sacré ist v. a. an der Schnittstelle zur renommierten ▶Vertriebsrechtspraxis exzellent im Kfz-Teilemarkt verdrahtet u. hier oft auch in grundsätzl. Auseinandersetzungen aktiv.

Entwicklungsmöglichkeiten: In HH holte OC den Verlagsspezialisten Dr. Martin Soppe von Gruner + Jahr dazu, der zwar selbst nicht im Marken- u. Wettbewerbsrecht tätig ist, aber den IP-Aufbau vor Ort steuern soll. Mit wachsendem Team stellt sich den IP-Rechtlern zudem die Herausforderung, eine bundesweit einheitliche u. integrierte Praxis zu formen.

Häufig empfohlen: Marcus Sacré, Dr. Tim Reinhard („guter u. pragmat. Wettbewerbsrechtler", Wettbewerber), Dr. Andrea Schmoll.
Kanzleitätigkeit: Neben Beratung u. Prozessvertretung im Wettbewerbs- u. Markenrecht oft auch Verhandlung umfangr. Kooperations- u. F&E-Verträge. In München auch im Patentrecht tätig, in HH v.a. Verlags- u. Urheberrecht. (4 Partner, 9 Associates)
Mandate: ●● Geberit in UWG-Prozessen gg. Onlinehändler; Gesamtverband Autoteile Handel in UWG-Musterprozess gg. Kia zur Herausgabe

techn. Informationen; Sprd.net in markenrechtl. Prozessen; ATU lfd. im IP; Eventpeppers in markenrechtl. Prozess gg. Lady Gaga; UWG-Beratung für Geox; Harmony Cosmetics bei Produktlaunch; Weight Watchers bei Produkteinführungen.

PREU BOHLIG & PARTNER
Marken- und Designrecht
Wettbewerbsrecht

Bewertung: Die im Marken- u. Wettbewerbsrecht empfohlene Kanzlei setzte ihren strategischen Kurs konsequent fort: Dieser beinhaltet u.a., Mandate aus der renommierten Patentpraxis noch stärker auch auf andere IP-Bereiche auszuweiten, was zuletzt bei einigen der wichtigen Mandanten gelang. Zudem verstärkte Preu Bohlig insbes. ihre Kontakte nach Frankreich: Zum Jahreswechsel wird die Kanzlei dort ein Büro eröffnen. Dabei berät das Team nicht nur zu klassischen IP-Fragen u. in Prozessen, sondern auch zu strateg. Themen wie der steuerl. Behandlung von Marken. Weiter auf Wachstumskurs befindet sich derweil das Hamburger Büro: Gleich 2 Associates verstärkten dort das Team, davon einer an der Schnittstelle zum Medienrecht. Einen herben Rückschlag verzeichnete die Kanzlei jedoch in D´dorf: Das IP-Team an diesem auch für Marken- u. Wettbewerbsrecht wichtigen Standort spaltet sich zum Jahreswechsel als Kather Augenstein ab. Zwar ist das Team v.a. für Patentrecht renommiert, waren jedoch gerade zuletzt häufig auch im Soft-IP visibel.
Häufig empfohlen: Dr. Detlef von Schultz, Prof. Dr. Christian Donle („harter, aber fairer Verhandlungspartner", Wettbewerber), Dr. Ludwig von Zumbusch, Sebastian Eble.
Kanzleitätigkeit: Umf. marken- u. designrechtl. Beratung, häufig an der Schnittstelle zum Wettbewerbs-, ▶ Patent- u. Pharmarecht (▶ Gesundheitsrecht), sowie formelle Markenpraxis. Insbes. Bekämpfung von Plagiaten u. Grenzbeschlagnahmeverfahren. In HH starker Bezug zu frz. Unternehmer. Betreuung mittelständ. Werbeagenturen. (13 Partner, 10 Associates)
Mandate: ●● Lfd. Louis Vuitton; Swatch u.a. zu Grenzbeschlagnahme; Imperial Oel Import in Schadensersatzprozess wg. Verletzung Geschäftsbezeichnung; Aygün gg. Aesculap u. Nachahmung; Céline u.a. zu Grenzbeschlagnahme; Dutta Modevertrieb bei Markenverletzung; Engel & Völkers bei ww. Markenverletzung; ExtraEnergie im UWG; lfd. Fossil.

REIMANN OSTERRIETH KÖHLER HAFT
Marken- und Designrecht
Wettbewerbsrecht

Bewertung: Die im Marken- u. Wettbewerbsrecht geschätzte D'dorfer Praxis spielte zuletzt einmal mehr ihre Prozesserfahrung aus, bspw. bei der Vertretung von Dr. Kurt Wolff gg. Henkel um rufausbeutende Nachahmung. Häufig sind die Anwälte auch an der Schnittstelle zum HWG u. Medizinprodukterecht tätig. Personelle Fluktuation junger Anwälte begleitet die Kanzlei schon seit einigen Jahren. Auch im vergangenen Jahr standen einem Abgang auf Associate-Ebene 2 Zugänge gegenüber, darunter ein Anwalt von Allen & Overy. Außer Schmitz sind die weiteren Anwälte der Kanzlei v.a. für die renommierte Patentrechtspraxis tätig. Einen deutl. Schritt nach vorn machte sich durch den bis zum Jahresende 2015 geplanten Zusammenschluss mit der renommierten niederl. Kanzlei Hoyng Monegier zu Hoyng ROKH Monegier.

Auch wenn dies eher patentrechtl. motiviert sein dürfte, will sie davon auch im Marken- u. Wettbewerbsrecht profitieren.
Häufig empfohlen: Thomas Schmitz
Kanzleitätigkeit: Im Marken- u. Designrecht neben Prozessvertretung v.a. strateg. Beratung, begleitend auch Markenanmeldungen. Im UWG häufig Prozessvertretung der Werkzeugbranche. Sehr renommiert im ▶ Patentrecht. (2 Partner, 4 Associates)
Mandate: ●● Dr. Kurt Wolff in Prozess gg. Henkel um rufausbeutende Nachahmung; R. Schmidtmeister u. Habitat im Marken- u. Wettbewerbsrecht; Katjes umf. im UWG u. Markenrecht (inkl. Markenverwaltung); Mepa u. Xeo International in Design- u. Wettbewerbsrechtsprozessen; Opi Products in Markenverfahren.

ROSPATT OSTEN PROSS
Marken- und Designrecht
Wettbewerbsrecht

Bewertung: Die geschätzte Marken- u. Wettbewerbsrechtspraxis um von Petersdorff-Campen steht zwar im Schatten der anerkannten ▶ Patentpraxis, doch unterstrich sie zuletzt erneut, dass sie sich dahinter nicht verstecken muss: Neben Dauermandant Ferrari waren es auch Unternehmen wie Paul Green, die ROP im Marken- u. Wettbewerbsrecht, aber v.a. auch in Designfragen hinzuzogen. Anders als bspw. Krieger Mes ist ROP zudem in der Portfolioverwaltung u. -beratung tätig. Dass die Kanzlei zudem den Generationenwechsel gut im Griff hat, zeigte eine interne Partnerernennung, die auf das Ausscheiden des Patentrechtlers u. Kanzleiurgesteins Dr. Ulrich Pross folgte. Ein weiterer Associate verstärkte die Kanzlei.
Kanzleitätigkeit: Ausschl. auf IP u. angrenzende Rechtsgebiete spezialisiert. Neben Marken-, Design- u. UWG-Prozessen auch Beratung im Zshg. mit Lizenzvertretungen u. Markenbewertung. (Gesamtkanzlei: 7 Partner, 5 Associates)
Mandate: ●● Ferrari lfd. u. bei Grundsatzverfahren zu Markenzeichen auf Spielzeugmodellen; Paul Green in Prozessen im Marken- u. Designrecht; Reuter in Prozessen; Samsung Electronics in Prozessen gg. Dyson.

SCHIEDERMAIR
Marken- und Designrecht
Wettbewerbsrecht

Bewertung: Die im Marken- u. Wettbewerbsrecht empfohlene Kanzlei konnte sich auch im vergangenen Jahr auf ihre Mandantschaft verlassen, die dem Team häufig bereits seit Jahren die Treue hält. Dazu gehört bspw. Ferrero, für die Heil häufig vor den dt. Gerichten aktiv ist. Allerdings ging die Prozessaktivität ihrer Mandanten zuletzt etwas zurück, wodurch sich das Geschäft noch mehr in die Beratung verlagerte. In der Betreuung ihrer Mandanten ist Schiedermair traditionell sehr partnerorientiert – weiterhin arbeiten keine Associates für die Praxis.
Stärken: Enge Verzahnung mit Beratung im ▶ Vertriebsrecht.
Häufig empfohlen: Dr. Swen Vykydal, Dr. Ulf Heil
Kanzleitätigkeit: Umf. Beratung u. Prozessvertretung im Wettbewerbs- u. Markenrecht, inkl. Portfolio- u. Domainverwaltung. Daneben auch im Domain-, Urheber-, u. Designrecht sowie im Heilmittelwerberecht tätig. (3 Eq.-Partner, 2 Sal.-Partner)
Mandate: ●● Ferrero bei Plagiatsverfolgung u. Markenverletzungen; Galderma im UWG/HWG;

ServicePlan, Fiat u. Fotoco umf. im IP inkl. Markenverwaltung; UWG-Beratung für: Varta Consumer Batteries, Coca-Cola (u.a. zu Werbekampagnen), Mattel, Hertz. Umf.: Apollo-Optik, Les Grands Chais de France, Mastercard, Portas.

SCHULTZ-SÜCHTING
Marken- und Designrecht
Wettbewerbsrecht

Bewertung: Insbes. durch ihre im Markt anerkannte Expertise u. Präsenz bei Prozessen beeindruckt diese im Marken- u. Wettbewerbsrecht häufig empfohlene IP-Boutique. Zwar wächst sie deutl. langsamer als etwa Harte-Bavendamm, aber im Renommee stehen sich die beiden Hamburger IP-Boutiquen in nichts nach. Neben zahlr. Einzelprozessmandaten sorgt v.a. die Arbeit für Beiersdorf, H&M u. div. namh. Pharmaunternehmen für eine hohe Auslastung der Partner. Daneben baut v.a. Spiegelhalder die Markenberatungs- u. -verwaltungspraxis behutsam weiter auf. Mit der Begleitung diverser Unternehmen – oft auch aus der Pharmabranche – hinsichtl. der Gestaltung von Apps erschließt sich die Kanzlei derzeit ein neues Geschäftsfeld an der Schnittstelle zum Datenschutz.
Stärken: Prozesse, Vertretung von Medien- u. Pharmaunternehmen (▶ Gesundheit).
Häufig empfohlen: Dr. Rolf Schultz-Süchting, Dr. Lars Kröner („sehr guter Wettbewerbsrechtler, v.a. im Pharmasektor", „prima Schriftsätze u. Prozessstaktik", Wettbewerber), Dr. Dirk Bruhn („exzellenter Wettbewerbsrechtler", „angenehm u. kompetent", Wettbewerber), Dr. Torsten Spiegelhalder
Kanzleitätigkeit: Umf. im Marken- u. Wettbewerbsrecht, daneben Markenverwaltung. Beratung gr. Pharmakonzerne u. mittelständ. Medizinprodukteherstellers, oft auch im ▶ Patentrecht u. HWG. Außerdem IP- u. Pressevertriebsberatung von Verlagen. Zunehmend Beratung zur Gestaltung von Apps. (3 Eq.-Partner, 1 of Counsel, 1 Counsel, 1 Associate)
Mandate: ●● Hanseat. Rechtsanwaltskammer in eV-Verfahren gg. Werbung für Second-Opinion-Plattform; Beiersdorf u.a. in div. Prozessen um Spitzenstellungsaussagen bei Kosmetika; H&M in Prozess zu Verwechslungsgefahr sowie zu Logoverwendung im Internet; Jenapharm, Bayer u. Novartis umf. im UWG u. HWG; Axel Springer u.a. in Prozess zu Bundesligastecktabelle; Hauck u. Schüco umf. im IP.

SKW SCHWARZ
Marken- und Designrecht
Wettbewerbsrecht

Bewertung: Konsequent treibt diese im Marken- u. Wettbewerbsrecht empfohlene Praxis ihre interne Aufstellung weiter voran – u. dies mit beachtl. Erfolgen: Hatte das Team schon immer erfahrene u. im Markt bekannte Partner, gelang es nun, diese Kapazitäten zu bündeln u. in neue Mandatsbeziehungen umzumünzen, bspw. durch die standortübergreifende Teilnahme an Ausschreibungen im Bereich Produktpiraterie. Immer engere Anknüpfungspunkte gibt es auch mit der Arbeitsrechtspraxis im Bereich Know-how-Schutz. Dass zudem mit Markus von Fuchs ein IP-Rechtler ins Management der Kanzlei aufgestiegen ist, zeigt, welche Bedeutung SKW dem Rechtsgebiet zumisst. Allerdings geht damit auch Kapazität für die Mandatsarbeit verloren. Die Weggänge der Hamburger Partnerin Dr. Claudia

MARKEN- UND WETTBEWERBSRECHT

Böckmann (in eigene Kanzlei) und des bekannten Medienrechtlers Dr. Daniel Kaboth (zu Ampersand), der auch im IP tätig war, hinterließen schmerzhafte Lücken, in München konnte dies jedoch durch eine interne Partnerernennung ausgeglichen werden.
Stärken: Betreuung von ▶Medienunternehmen.
Entwicklungsmöglichkeiten: In München, Ffm. u. Berlin ist SKW bereits mit starken Teams präsent. Am wichtigen IP-Standort D'dorf, aber auch in HH, hat sie jedoch noch Ausbaupotenzial.
Häufig empfohlen: Dr. Magnus Hirsch („verhandlungsstarker, aber auch fairer Prozessanwalt", Wettbewerber), Stefan Kridlo
Kanzleitätigkeit: Umf. Betreuung im Marken- u. Wettbewerbsrecht inkl. Verwaltungspraxis. Grenzbeschlagnahme u. Produktpirateriebekämpfung u.a. für Modeunternehmen, daneben Design-, Wettbewerbs- u. Werberecht. In Berlin div. Verbände. (13 Partner, 9 Associates)
Mandate: ●● Akris zu Anmeldestrategie; DVAG im UWG u. Markenverwaltung; Formula 1 Licensing zu Markenlöschung; Dt. Tierschutzbund zu bundesweitem Tierschutzlabel; Beats Electronics zu Markenverletzung; Feinkost Käfer zu Markenportfolio; Metropole Gestion zu Marken- u. Kennzeichenrecht; Herrnhuter Sterne umf. im IP.

TAYLOR WESSING
Marken- und Designrecht
Wettbewerbsrecht

Bewertung: Eine führende Kanzlei im Marken- u. Wettbewerbsrecht, der es immer besser gelingt, wichtige Mandanten europaweit zu betreuen. Zuletzt etwa intensivierte sich die Arbeit für American Airlines deutl., u. für Mandanten wie BSH koordiniert TW das parallele Vorgehen gg. Wettbewerber in europ. Ländern. Insbes. Gillert, der seit Herbst 2014 die internat. Markenpraxis leitet, treibt diese Entwicklung stark voran. Dyn. zeigt sich die Praxis auch immer wieder dabei, neue Mandanten zu gewinnen: So kam neben BSH etwa AstraZeneca dazu. Mit Bauer u. Wieddekind ernannte TW zuletzt 2 Vollpartner aus den eigenen Reihen – u. ist damit schließlich eine der wenigen internat. Kanzleien, die im Soft-IP derzeit Partner ernennt.
Stärken: Prozesse, Betreuung der Branchen Lebensmittel, Mode, ▶Medien, ▶Telekommunikation, ▶IT, Pharma u. Kosmetik (▶Gesundheit).
Entwicklungsmöglichkeiten: TW will noch stärker für US- u. asiat. Mandanten tätig werden. Die Zusammenarbeit mit den 2 im Herbst 2014 in den USA eröffneten Präsenzbüros sowie mit ihrer Singapurpraxis ist bislang aber noch punktuell u. bietet ihr viel Potenzial.
Häufig empfohlen: Dr. Andreas Meissner, Dr. Sabine Rojahn, Thomas Raab („blitzsaubere Schriftsätze im Pharma-Markenrecht", Wettbewerber), Dr. Julia Wulf, Dr. Wiebke Baars („argumentativ beeindruckend", Wettbewerber), Olaf Gillert, Marcus Hartmann, Andreas Bauer („eloquent, harter Gegner", „tritt oft für Vergleichsportale auf", Wettbewerber), Dr. Dirk Wieddekind

Kanzleitätigkeit: Im Marken- u. Wettbewerbsrecht umfangr. Prozessvertretung u. strateg. Beratung. V.a. in HH u. München starke Betreuung von Medienunternehmen, auch an der Schnittstelle zum Urheberrecht. (8 Eq.-Partner, 2 Sal.-Partner, 2 Counsel, 12 Associates)
Mandate: ●● AstraZeneca im Markenrecht; American Airlines umf. im IP für Europa; Bosch Siemens Hausgeräte in Prozess gg. Dyson wg. EU-Energielabel; Nike lfd. u.a. zu Werbung u. Sportmarketing. UWG-Verfahren; New Yorker Jeans in Prozess gg. Levi Strauss wg. Ziernähten; Alois Dallmayr umf. im IP; Ado Goldkante in Markenprozess. Lfd.: Mizuno Sport, FC Bayern (Produktpiraterie), Pernod Ricard, Villeroy & Boch, W.L. Gore (inkl. Grenzbeschlagnahme u. Produktpiraterie).

VOSSIUS & PARTNER
Marken- und Designrecht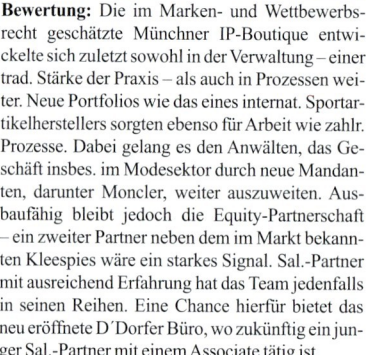

Bewertung: Die im Marken- und Wettbewerbsrecht geschätzte Münchner IP-Boutique entwickelte sich zuletzt sowohl in der Verwaltung – einer trad. Stärke der Praxis – als auch in Prozessen weiter. Neue Portfolios wie das eines internat. Sportartikelherstellers sorgten ebenso für Arbeit wie zahlr. Prozesse. Dabei gelang es den Anwälten, das Geschäft insbes. im Modesektor durch neue Mandanten, darunter Moncler, weiter auszuweiten. Ausbaufähig bleibt jedoch die Equity-Partnerschaft – ein zweiter Partner neben dem im Markt bekannten Kleespies wäre ein starkes Signal. Sal.-Partner mit ausreichender Erfahrung hat das Team jedenfalls in seinen Reihen. Eine Chance hierfür bietet das neu eröffnete D'Dorfer Büro, wo zukünftig ein junger Sal.-Partner mit einem Associate tätig ist.
Stärken: Designschutz, Portfolioverwaltung.
Häufig empfohlen: Dr. Mathias Kleespies („sehr erfahren in Gerichtsstreitigkeiten", Wettbewerber)
Kanzleitätigkeit: Umf. Portfoliomanagement, darüber hinaus Prozesse v.a. im Markenrecht (inkl. Design). Auch Lizenzverträge u. Gutachtertätigkeit. Mandanten häufig aus dem Technologiebereich, enge Anknüpfung an die ▶Patentpraxis. (1 Eq.-Partner, 4 Sal.-Partner, 4 Associates, 1 of Counsel)
Mandate: ●● Schöffel in eV-Verfahren um die Marke ‚Venturi' u. in Markenberatung; Makino Europe zu Designverletzung; MAN Bus & Truck in Prozessen; internat. Sportartikelhersteller u.a. zu Markenverwaltung.

WEBER & SAUBERSCHWARZ
Marken- und Designrecht
Wettbewerbsrecht

Bewertung: Nicht zuletzt dank der jahrzehntelangen Treue vieler ihrer Mandanten bleibt diese Kanzlei im Marken- u. Wettbewerbsrecht empfohlen. Dabei gelingt es den Partnern, neben einer Reihe namh. Neumandatierungen insbes., diese langj. Beziehungen auszubauen u. auf Schnittstellenthemen wie Kartell- u. Vertriebsrecht zu erweitern. Da die Kanzlei häufig Unternehmen aus dem Handel- u. Kfz-Bereich vertritt, spielten erneut Themen rund um die neue Verbraucherrechterichtlinie sowie Kennzeichnungspflichten eine große Rolle. Den Weggang eines Associates im vergangenen Jahr (zu einem Gericht) glich die Kanzlei mit dem Einstieg eines Berufseinsteigers zeitnah wieder aus.
Stärken: Prozesse, Vertretung der Branchen Handel, Kfz u. Möbel.
Häufig empfohlen: Hans Prange, Dr. Lambert Pechan („wirtschaftl. orientiert, sehr realistisch", Mandant), Dr. Claudia Pappas
Kanzleitätigkeit: Wettbewerbsrechtl. Tätigkeitsschwerpunkt, daneben Markenrecht (inkl. Portfoliomanagement) sowie Medien-, Kartell- u. Arbeitsrecht. Beratung von werbestarken Unternehmen u. Agenturen bei gr. Werbekampagnen. (7 Partner, 2 Associates)
Mandate: ●● Affilias im Markenrecht; S-Broker im Marken- u. Wettbewerbsrecht; Begros im UWG, Hünnebeck im Marken- u. Wettbewerbsrecht. Öffentl. bekannt: Markenanmeldungen u.a. für PV Automotive, Hein Gericke, Landskron, Polo, KiK.

WILMERHALE
Marken- und Designrecht
Wettbewerbsrecht

Bewertung: Ein eher durchwachsenes Jahr liegt hinter der im Marken- u. Wettbewerbsrecht geschätzten Kanzlei. Im Herbst 2014 verlor sie zunächst mit Gesine Hild ihre bekannte Nachwuchspartnerin an den Mandanten Cosnova, ein erfahrener Associate wechselte ebenfalls zu einem Unternehmen. Doch auch wenn auch neue Mandanten dazukamen, ist die Liste der im Soft-IP betreuten Unternehmen weiterhin gut gefüllt. So waren die Frankfurter etwa für Zott in der ww. Markenberatung sehr aktiv. Für Aufsehen im Markt sorgte allerdings, dass WH das viel beachtete Prozessmandat um den ‚Gold-Teddy' für die langj. u. wichtige Mandantin Lindt seit Herbst 2014 nicht mehr weiterführt. Dementsprechend weniger stark wurde Lange zuletzt für seine Prozesstätigkeit wahrgenommen.
Stärken: Betreuung der Lebensmittelbranche.
Entwicklungsmöglichkeiten: Die IP-Praxis wird immer kleiner. Durch die Weggänge in Ffm. ist dort nun zudem der Mittelbau geschwächt. Dieser wäre aber nötig, um die Praxis nachhaltig zu festigen, insbes. angesichts des mittelfristig anstehenden Generationswechsels.
Häufig empfohlen: Reinhart Lange, Dr. Christofer Eggers
Kanzleitätigkeit: Neben Beratung u. Prozessvertretung im Markenrecht auch Portfoliomanagement. Im Wettbewerbsrecht häufig starke Berührungspunkte zum ▶Lebensmittelrecht. (3 Partner, 1 Counsel, 4 Associates)
Mandate: ●● Schutzverband der Spirituosenindustrie in Prozess bzgl. ‚Wodka Energy'; Cosnova umf. im IP (inkl. Markenverwaltung); Basler Fashion, Toni Gard Fashion, Aareal Bank, Dt. Bank, Springer Science + Business Media, Karlsberg Brauerei, Zott umf. im IP; Schweppes in Prozessen; Miele lfd. im UWG u. Kartellrecht. V.a. im UWG: Schwälbchen Molkerei, Underberg, Krombacher, Campari.

● Referenzmandate, umschrieben
●● Referenzmandate, namentlich

Anwaltszahlen: Angaben der Kanzleien, wie viele Anwälte zu mind. ca. 50% in diesem Gebiet tätig sind. Sie spiegeln nicht zwingend die Gesamtgröße einer Kanzlei wider.

MARKEN- UND WETTBEWERBSRECHT

Weitere renommierte Kanzleien im Marken- und Wettbewerbsrecht

NORDEN

Esche Schümann Commichau	Hamburg
Fechner	Hamburg
Field Fisher Waterhouse	Hamburg
Göhmann	Hannover, Braunschweig, Bremen
Hauck	Hamburg
Heissner & Struck	Hamburg
Krohn	Hamburg
Leo Schmidt-Hollburg Witte & Frank	Hamburg
Meissner Bolte & Partner	Bremen
Nesselhauf	Hamburg
Uexküll & Stolberg	Hamburg
Zenk	Hamburg

OSTEN UND BERLIN

Irle Moser	Berlin

WESTEN

Allen & Overy	Düsseldorf
Arnold Ruess	Düsseldorf
Cohausz & Florack	Düsseldorf
Hengeler Mueller	Düsseldorf
Krieger Mes Graf v. der Groeben	Düsseldorf
LLR Legerlotz Laschet	Köln
Löffel Abrar	Düsseldorf
Wildanger Kehrwald Graf v. Schwerin & Partner	Düsseldorf

FRANKFURT

Heinrich Erb Partner	Frankfurt
Hengeler Mueller	Frankfurt
Keil & Schaafhausen	Frankfurt
Norton Rose Fulbright	Frankfurt
Rittershaus	Frankfurt

SÜDWESTEN

Kleiner	Stuttgart
Rittershaus	Mannheim

SÜDEN

Meissner Bolte & Partner	München
Prinz & Partner	München
Zirngibl Langwieser	München

ALLEN & OVERY
Bewertung: Vom Markt nahezu unbemerkt hat das kleine D'dorfer Team um den ehemal. Linklaters-Partner Dr. Jens Matthes eine schlagkräftige Praxis aufgebaut. Naturgemäß spielt die Transaktionsbegleitung sowie Vertragsgestaltung eine große Rolle, bspw. bei der Neufassung ww. Lizenzverträge. Regelm. werden diese Mandate aus Dtl. heraus koordiniert. Doch ist das Team auch immer häufiger forensisch tätig, so zuletzt für Premier Cercle. Gelingt es nun, das Inboundgeschäft zu verbessern, könnte die Praxis ihre Visibilität noch steigern. (1 Partner, 2 Associates)
Mandate: ●● Premier Cercle in Prozess; SC Johnson zu Rahmenwerk für Werbung u. PR sowie gg. Werner & Mertz um Designs; Shure in Prozess um Produktkennzeichung; Pandora zu Lizenzen; Nikon im Markenrecht.

ARNOLD RUESS
Bewertung: Die kleine D'dorfer Praxis um Prof. Dr. Peter Ruess („versierter Berater mit guter Detailkenntnis", Wettbewerber) zeigte sich zuletzt immer präsenter im Markt. Neben der lfd. Beratung langj. Mandanten wie Nordsee wird das Team immer wieder in strateg. bedeutsamen Mandaten hinzugezogen, bspw. in einem UWG-Prozess für Surfactor oder der Neuordnung des Markenportfolios für den Johanniterorden. Dabei gelingt es Ruess auch verstärkt, die anderen Anwälte an vorderster Front der Mandatsführung zu platzieren. (1 Partner, 1 Counsel, 1 of Counsel, 2 Associates)
Mandate: ●● Sony Computer Entertainment Europe zu Marken u. Designs; Doob Group zu ww. Markenstrategie; Ammann Group im Marken- u. Wettbewerbsrecht; Johanniterorden zu Neuordnung Markenportfolio; Nordsee im Markenrecht u. UWG; lfd. Surfactor.

COHAUSZ & FLORACK
Bewertung: An der Seite ihrer renommierten ▸Patentrechtspraxis entwickelt sich das kl. Team um Ulrike Ulrich im Marken- u. Wettbewerbsrecht kontinuierl. weiter. Basis bleiben die oft schon langj. treuen Mandanten, die das Team sowohl in der Markenverwaltung, bspw. zu globalen Markeneinführungen, als auch in Prozessen u. Amtsverfahren hinzuziehen. (4 Rechtsanwälte)

Mandate: ●● Assa Abloy zu Verwaltung, Prozessen u. Grenzbeschlagnahme; Bugatti u.a. in Prozessen u. zu Grenzbeschlagnahme; Harley Davidson u.a. in Prozessen; LG Electronics zu Markenanmeldungen; Philips in Marken- u. Designrecht; ThyssenKrupp zu Markenverwaltung.

ESCHE SCHÜMANN COMMICHAU
Bewertung: Neben ihrer marken- u. wettbewerbsrechtl. Tätigkeit hat die IP-Praxis insbes. ihre Aktivitäten im Designrecht deutl. verstärkt. So übernahm sie etwa die gesamte europ. Designverwaltung für einen bekannten Schmuckhersteller. Im Markt bekannt sind seit Längerem Dr. Dirk Meinhold-Heerlein u. Dr. Christoph Cordes, zuletzt wurde als junger Anwalt Dr. Ralf Möller von einem Mandanten als „harter Verhandler u. erfahrener Prozessrechtler" gelobt. Enge Bezüge gibt es zum Presse- u. Lebensmittelrecht. Innerhalb der Kanzlei bemühen sich die IP-Rechtler umeinen breiter angelegten Mandatsaustausch, was insbes. mit den ▸Arbeitsrechtlern gut funktioniere. (2 Eq.-Partner, 1 Sal.-Partner, 3 Associates)
Mandate: ●● TP Vision Europe in Prozess zur Verwendung von Produktabbildungen; Bocci umf. im Designrecht; Bacardi lfd. im UWG u. Lebensmittelrecht; Stadlbauer in UWG- u. markenrechtl. Prozessen; internat. Schmuckhersteller lfd. im IP inkl. Designverwaltung; JRR Tolkien Estate u.a. im Markenrecht.

FECHNER
Bewertung: Durch ihre ausgezeichneten Kontakte zu mehreren gr. Agenturen hat sich die IP-Boutique um Namenspartner Georg Fechner einen festen Platz als wettbewerbsrechtl. Beraterin bei Werbekampagnen erarbeitet. Nach dem Verlust des 2. Partners im Vorjahr verstärkte sich die Kanzlei mit 2 IP- u. Wettbewerbsrechtlerinnen: Dr. Birte Lorenzen kam von Corinius als Partnerin u. brachte etwa SES als Mandant mit. „Die Kanzlei hat dadurch an Präsenz u. Beratungsvielfalt gewonnen", lobt ein Wettbewerber. Zudem ist sie auch stark prozessual sowie im Sortenschutzrecht tätig. Als of Counsel schloss sich zudem Britta Klingberg von Harmsen Utescher an, die allerdings noch gleichzeitig bei Tom Tailor arbeitet. (2 Partner, 3 Associates, 1 of Counsel)

Mandate: ●● SES in markenrechtl. Prozessen u. zu internat. Markenstrategie; VGH Versicherungen zu Markenstrategie u. -verwaltung; HanseYachts im IP u. UWG; Commerzbank im Wettbewerbsrecht; Markenberatung u. -verwaltung für Veltins (auch in Prozessen); Jung von Matt im Werberecht.

FIELD FISHER WATERHOUSE
Bewertung: Die v.a. in HH tätige Praxis um Prof. Dr. Alexandra von Bismarck u. Matthias Berger zeigte sich zuletzt sowohl internat. als auch national präsent. Weiter ausgebaut wurde bspw. die Zusammenarbeit mit den internat. Büros, so u.a. in der grenzüberschreitenden Beratung von One Way Sport. Immer wieder ergeben sich auch Anknüpfungspunkte zum Lebensmittel- u. Pharmarecht, das in München angesiedelt ist. Im wieder eröffneten D'dorfer Büro ist derzeit noch kein reiner IP-Rechtler tätig. (2 Partner, 1 Sal.-Partner, 2 Associates)
Mandate: ●● Claire's in UWG-Prozess; One Way Sport u.a. zu ww. IP-Strategie; Olympus Europe in Prozessen u. zu Parallelimporten; Burgerista Operations + Holding u.a. zu ww. Markenstrategie; Sharadha Terry zu Gemeinschaftsmarken; Keek im Markenrecht.

GÖHMANN
Bewertung: Durch die konstante Vertretung namh. Unternehmen wie Puma u. Sony Mobile Communications ist v.a. das Hannoveraner Team um Dr. Maximilian Schunke im Markt präsent. Über ihre engen Kontakte zu Puma konnte Göhmann zuletzt auch ihre Portfoliomanagementaktivitäten weiterentwickeln. In Braunschweig u. Berlin waren die IP-Spezialisten zuletzt viel mit der Vertretung gesetzl. Krankenkassen in UWG-Streitigkeiten befasst. Auch in Ffm. baut Göhmann wieder eine IP-Praxis auf: Dafür gewann sie einen Wettbewerbsrechtler von hww Hermann Wienberg, der an der Schnittstelle zum Insolvenzrecht tätig ist. (5 Partner, 4 Associates)
Mandate: ●● Puma in zahlr. IP-Prozessen; Sony Mobile Communications zu Marken- u. Designrechtsverletzungen; BCD Travel bei Markenanmeldungen u. -verletzungsverfahren; Reifenhersteller u. Reisekonzern im UWG.

● Referenzmandate, umschrieben
●● Referenzmandate, namentlich

Anwaltszahlen: Angaben der Kanzleien, wie viele Anwälte zu mind. ca. 50 % in diesem Gebiet tätig sind. Sie spiegeln nicht zwingend die Gesamtgröße einer Kanzlei wider.

MARKEN- UND WETTBEWERBSRECHT

HAUCK
Bewertung: Die gemischte Kanzlei betreut einen sehr treuen Mandantenstamm v.a. hinsichtl. Markenstrategie u. -anmeldungen. Die Prozesstätigkeit der beiden Rechtsanwälte ist v.a. von eV-Verfahren geprägt, intensiv zuletzt etwa um die Wiesenhof-Marke ‚Bruzzler'. Im Markt ist hier v.a. Dirk Pahl bekannt. Einer der ▶Patentanwälte ist insbes. auf Designanmeldungen spezialisiert, sodass sich die Zusammenarbeit nicht nur auf das Markenrecht beschränkt. In geringerem Umfang betreut Hauck auch UWG-Prozesse. (2 Rechtsanwälte, 3 Patentanwälte)

Mandate: ●● Lfd. im Markenrecht (inkl. Markenverwaltung): Störtebeker Braumanufaktur, Naturavetal, Edding, Mapa, GoodMills Innovation, Wiesenhof, Nordex, Lohmann Animal Health, Wienerberger.

HEINRICH ERB PARTNER
Bewertung: Das kleine Team der Frankfurter IP-Boutique ist mittlerweile überwiegend beratend tätig, führt daneben aber auch Prozesse, die teils grundsätzl. Charakter haben. Zuletzt etwa für Fatboy gg. Amazon, wo es um die Frage nach der Ergebnisliste bei der Suche von markenrechtl. geschützten Begriffen geht. Während früher ihre Tätigkeit für die Tuningbranche prägend für die Praxis war, ist HEP heute für einen breiteren Kreis von Mandanten tätig. (2 Partner, 2 Associates)

Mandate: ●● Fatboy the Original u.a. in Prozess gg. Amazon zu Suchsoftware; Baustoffhersteller zu Markenlizenzrecht. Lfd. im IP: skand. Möbelhersteller, Reifenhersteller, Unternehmen der optischen Industrie, sauerl. Tuningunternehmen.

HEISSNER & STRUCK
Bewertung: V.a. viele mittelständ. Mandanten aus Norddtl. setzen im Marken- u. Wettbewerbsrecht auf H&S, wobei insbes. Dr. Christian Lemke für seine Tätigkeit an der Schnittstelle zum IT-Recht bekannt ist. Der jüngere Partner Dr. Fabian Ropohl etabliert sich immer mehr im klassischen IP, ein Wettbewerber lobte ihn zuletzt als „anständigen Gegner". Besondere Expertise im Design- u. Urheberrecht steuert der ehem. LG-Richter u. of Counsel Bolko Rachow bei. (2 Partner, 1 Associate, 1 of Counsel)

Mandate: ●● Elgato u. Intersoft umf. im IP/IT; Artemide umf., v.a. zu Plagiaten; Bundesverband Musikindustrie im Markenrecht; lfd. für Nissens, Kölla, Flexi-Gruppe; Partnervermittlung in UWG-Prozessen gg. Wettbewerber.

HENGELER MUELLER
Bewertung: Mit der Beratung von Uber bei der Markteinführung in Dtl. setzte die v.a. in D'dorf u. Ffm. präsente Praxis ein Ausrufezeichen. Während Dr. Wolfgang Kellenter nur noch punktuell im Soft-IP tätig ist, stoßen die jüngeren Anwälte wie Dr. Andrea Schlaffge („gute Schriftsätze", Wettbewerber) u. die im Uber-Verfahren bundesweit bekannt gewordene Litigation-Counsel Dr. Vanessa Wettner in Ffm. nun vor. Gelingt es HM, diesen Weg weiter fortzusetzen, könnte die Praxis ihren Ruf als rein transaktionsbegleitendes Team abstreifen. Dass HM gleich zwei weitere Anwälte zu Counseln ernannte, ist ein Indiz, dass sie – anders als andere Großkanzleien – auch in Zukunft auf den Gewerblichen Rechtsschutz setzt. (4 Partner, 6 Counsel)

Mandate: ●● Uber bei Markteinführung in Dtl.; Gea bei Verkauf Heat Exchangers; Neiman-Marcus-Gruppe bei Kauf mytheresa.com; Brita im Designrecht; lfd: Burberry, Hugo Boss, Lekkerland, Lilly Dtl.

IRLE MOSER
Bewertung: Neben dem ▶Presserecht betreut die Berliner Kanzlei eine steigende Zahl von Mandanten im Marken- u. Wettbewerbsrecht. Für diesen 2. Schwerpunkt steht v.a. Dr. Ben Irle, der z.T. umf. Mandanten wie Amplifo, Mister Spex u. Home24 betreut. Durch den Zusammenschluss mit dem 2. Namenspartner u. Medienrechtler Christian-Oliver Moser im Herbst 2013 kamen aber auch einige IP-Mandanten wie etwa Heidi Klum mit. (2 Eq.-Partner, 1 Sal.-Partner, 6 Associates)

Mandate: ●● Bundesdruckerei bei strateg. Markenberatung; Kein und Aber im UWG; Heidi Klum im Marken- u. Lizenzrecht; GPRA, Home 24, Amplifon Dtl., My Private Boutique, Peter Jäckel Produktsysteme umf. im IP.

KEIL & SCHAAFHAUSEN
Bewertung: Die gemischte Kanzlei verstärkte ihre Aktivitäten v.a. im Marken- u. Designrecht zuletzt erheblich. In der rechtsanwaltl. Praxis etabliert sich neben dem erfahrenen IP-Rechtler Dr. Johann-Christoph Gaedertz, den ein Wettbewerber zuletzt als „sehr kompetent u. professionell im Markenrecht" lobte, zunehmend eine jüngere Partnerin. Inhaltl. bedeutete aber v.a. die Mandatierung durch einen namh. Telekommunikationskonzern einen gr. Fortschritt. Neben wettbewerbsrechtl. Prozessen betreut K&S ihre Mandanten auch zunehmend in Patentverletzungsfällen. (1 Eq.-Partner, 1 Sal.-Partner, 1 Associate)

Mandate: ●● Samsung bei Produktpirateriefällen; Techem im UWG; Vapiano lfd. im IP; Fuchs Petrolub umf. auch zu Produktpiraterie; lfd. für Aegis, Verpoorten, Stabila, RAL, Delta Pronatura (u.a. in italien. Farbmarkenprozess).

KLEINER
Bewertung: Die Praxis um Dr. Julia Blind („scharfsinnig u. kreativ", Wettbewerber) u. den mittlerweile auch stark im Patentrecht tätigen Stefan Michel gehört zu den stabilen Größen im baden-württembergischen Markt. Basis bleibt die Markenverwaltung. Immer wieder gelingt es, daraus Geschäft auch für andere Praxen zu generieren, bspw. zuletzt für Mühlen Sohn im Vertriebsrecht. Die gute Auslastung ermöglichte die Einstellung eines Berufseinsteigers, der zusätzlich im Gesellschaftsrecht tätig ist. Nach dem Weggang einer Anwältin im vergangenen Jahr konzentriert sich die Praxis ausschl. auf Stuttgart. (4 Partner, 2 Associates)

Mandate: ●● Der Küchenring in UWG-Verfahren; Und Gretel Naturkosmetik umf. im Marken- u. Wettbewerbsrecht; Atera u. MedSource Europe zu ergänzenden wettbewerbsrechtl. Leistungsschutz; AVM Computersysteme im Markenrecht; Mühlen Sohn zu Markenverwaltung.

KRIEGER MES GRAF V. DER GROEBEN
Bewertung: Gewohnt prozesslastig zeigte sich das Geschäft dieser D'dorfer Kanzlei. Immer wieder ist das Team um Dr. Jochen Bühling u. Dr. Michael Bergermann für seine häufig mittelständ. Dauermandantschaft, zu der bspw. Melitta, Dornbracht oder Bega gehören, in Prozessen vor den dt. u. europ. Gerichten tätig. Ähnl. wie im vergangenen Jahr waren es v.a. Designprozesse, aber auch UWG-Streitigkeiten, die das Team beschäftigten. Weiterhin präsenter ist jedoch das ▶Patentrecht, viele Mandate kommen auch ursprüngl. aus diesem Bereich. (Gesamtkanzlei: 8 Partner, 4 Associates)

Mandate: ●● Dornbracht u. Bega in Prozessen; Casco in UWG-Streit wg. Helmdesign; Bette in UWG-Streit wg. techn. Angabe; lfd. Melitta.

KROHN
Bewertung: Bei der v.a. für ihren Schwerpunkt im ▶Lebensmittelrecht bekannten Kanzlei sind die beiden erfahrenen Partner Dr. Carl von Jagow u. Prof. Dr. Wolfgang Berlit für ihre Tätigkeit im Marken- u. Wettbewerbsrecht bekannt. Insbes. Berlit zeigte dabei eine größere Branchenbandbreite u. vertrat diese zuletzt verstärkt in Prozessen. Eine jüngere Anwältin widmet sich zunehmend der Markenverwaltungspraxis u. Amtsverfahren. (2 Partner, 2 Associates)

Mandate: ●● Wettbewerbszentrale in Prozessen; Spiegel Verlag u. Manager Magazin im Markenrecht. Öffentl. bekannt: Markenanmeldungen u.a. für Gebr. Heinemann, Dt. Milchkontor, Beate Uhse; österr. App-Anbieter in Prozess zu Titelschutz; Lebensmittelspezialitätenhersteller in div. UWG-Prozessen.

LEO SCHMIDT-HOLLBURG WITTE & FRANK
Bewertung: In der v.a. für ihre Arbeit im Gesellschaftsrecht bekannten Kanzlei hat Dr. Hartwig Schmidt-Hollburg eine marken- u. wettbewerbsrechtl. Praxis aufgebaut. Neue Mandanten kamen zuletzt v.a. durch seine guten Kontakte zu anderen Boutiquen u. internat. Kanzleien dazu, so etwa ein werbeintensives Internetunternehmen. Neben seinem treuen Mandantenstamm beriet Schmidt-Hollburg zuletzt auch einige Werbeagenturen im IP. (1 Partner, 2 Associates)

Mandate: ●● Orlebar Brown im Marken- u. Wettbewerbsrecht; Stokke in Prozessen gg. Ebay; namh. Markenlizenzunternehmen in div. Prozessen gg. Wettbewerber, Designer u. Händler; frz. Büromaschinenhersteller in div. UWG-Prozessen; öffentl. bekannt: Markenanmeldungen für Strellson (Joop!).

LLR LEGERLOTZ LASCHET
Bewertung: Die kleine Kölner Praxis um Moritz Vohwinkel („verlässl. u. kompetent", Wettbewerber) zeigt sich grundsolide u. konnte sich einmal mehr auf ihre Dauermandantschaft verlassen, die das Team sowohl forensisch als auch in der Markenverwaltung hinzuzieht. Allerdings verließ neben Partnerin Jennifer Hort-Boutouil auch eine v.a. im Patent- u. formellen Markenrecht erfahrene Associate die Kanzlei nach nur kurzer Zeit wieder. Der personelle Engpass wurde durch eine interne Umbesetzung vorübergehend aufgefangen. (1 Partner, 1 Associate)

Mandate: ●● Medion umf. in IP-Prozessen; Meissen Keramik in Streitserie um die Marke ‚Meissen'; Olami umf. im IP; D.velop zu Neustrukturierung Markenportfolio; Nardi zu Produktpiraterie; Automobilkonzern bei Beratung u. Vertragsgestaltung im Urheber- u. Werberecht.

LÖFFEL ABRAR
Bewertung: Die kleine D'dorfer Kanzlei um Oliver Löffel („innovativ", Wettbewerber) u. Dr. Sascha Abrar („sehr präzise Arbeit, angenehm im Umgang", Wettbewerber) war Anfang 2013 aus einer Abspaltung von Siebeke Lange Wilbert entstanden u. hat sich seitdem Schritt für Schritt wachsende Marktpräsenz erarbeitet. Neben dem langj. u. schon zu Siebeke-Zeiten von den Anwälten betreuten Mandanten Takko kommen auch immer wieder neue Unternehmen, häufig aus dem europ. Ausland, hinzu. Eine enge Kooperation mit der Essener Patentanwaltskanzlei Zenz rundet das Full-Service-Angebot im IP ab. (2 Partner)
Mandate: ●● Takko umf. im Marken- u. Wettbewerbsrecht (inkl. Verwaltung); Lilly im Markenrecht; Rubie's Dtl. im Marken- u. Wettbewerbsrecht sowie E-Commerce.

MEISSNER BOLTE & PARTNER
Bewertung: Trad. ist diese v.a. in Bremen u. München renommierte Marken- u. Wettbewerbsrechtspraxis im formellen Markenrecht u. Designrecht bei Markeninhabern gesetzt. Sie zählt eine gesunde Mischung aus mittelständ. Unternehmen u. internat. Konzernen zu ihrer Mandantschaft. So ist MBP unabhängiger vom Verweisgeschäft aus dem Ausland. Viele Mandanten werden auch von der renommierten ▶Patentpraxis betreut. (3 Partner, 6 Associates)
Mandate: ●● Cybex, Dt. Museum umf. im Markenrecht; Knauf Gips in Portfolioverwaltung; Mammut Sports Group in Markenverletzung; Wolf bei Markenverletzung u. Portfolioverwaltung.

NESSELHAUF
Bewertung: Der kleinen Praxis gelingt es immer wieder, die ausgezeichneten Kontakte der Kanzlei im ▶Presserecht zu nutzen u. so auch für Mandanten im Marken- u. Wettbewerbsrecht tätig zu werden. Doch die eigentl. Basis bilden v.a. die guten Beziehungen von Dr. Volker Knies zur Mode-, Kosmetik- u. Verlagsbranche sowie zu internat. Kanzleien. Dazu kam zuletzt ein deutl. anziehendes Prozessgeschäft. Den Weggang eines erfahrenen Anwalts (inhouse) konnte durch die Verpflichtung eines Associates von SKW wieder ausgeglichen werden. (1 Partner, 1 Associate)
Mandate: ●● Gong Verlag/Für-mich-Verlag in Titelstreitigkeiten gg. Bauer Verlag; Tapetenfabrik Gebr. Rasch bei Lizenzvertrag mit Etro; Mars MGM im Markenrecht; MR Textilhandel in Marken- u. Wettbewerbsrecht inkl. Portfoliomanagement; lfd. für Poburski Futura, Witty Knitters, Studio IP, Lifebrands Natural Food, NeedforSeat, Jette Joop.

NORTON ROSE FULBRIGHT
Bewertung: Viel investiert hat NRF zuletzt in ihre IP-Praxis. Insbes. der Zugang des im Markt bekannten Prozessrechtlers Daniel Marschollek („wir fühlen uns seit Jahren bei ihm gut aufgehoben", Mandant; „hervorragende Markenpraxis, große Erfahrung bei Grenzbeschlagnahme", Wettbewerber), der im vergangenen Jahr von Dentons kam, rückte NRF mit einem Schlag ins Blickfeld der Wettbewerber. In München bietet die Kanzlei dank des Wechsels eines Ex-Bardehle-Anwalts zudem Patentrecht an. Mit den Zugängen schließt NRF in Dtl. eine Lücke, hat sie doch ww. eine ernst zu nehmende IP-Praxis. V.a. dieses internat. Geschäft eröffnet ihr in Dtl. nun zusätzliche Möglichkeiten. Der Hamburger Partner Dr. Klaus von Gierke besitzt bes. Expertise im Sortenschutzrecht. (2 Partner, 1 of Counsel, 3 Associates)
Mandate: ●● Saatgut Treuhandsverwaltungs-GmbH in Prozessen; Berenberg Bank in UWG-Prozess; Bundesverband Dt. Sortenschützer im Sortenschutzrecht; Breitling bei Grenzbeschlagnahme; Nike bei Grenzbeschlagnahme.

PRINZ & PARTNER
Bewertung: Lange galt diese Münchner IP-Kanzlei v.a. im Patentrecht als gesetzt, nur selten nahm der Markt wahr, dass sie auch eine veritable Marken- u. Wettbewerbsrechtspraxis vorweisen kann. Diese ist weit mehr als eine reine Anmeldepraxis, sondern für ihre häufig schon langj. treue Mandantschaft wie Volvo auch immer wieder in Verfahren u. Verletzungsprozessen tätig. Wettbewerber hoben zuletzt v.a. Dr. Alexander González Hähnlein hervor, den sie als „kollegial u. kompetent" sowie als „guten Markenrechtler" bewerten. (3 Partner, 2 Associates)
Mandate: ●● Volvo Trademark Holding umf. im Markenrecht u. u.a. bei Messebeschlagnahmungen; Dt. Institut für Normung in Widerspruchsverfahren; Samsung Electronics im Designrecht; Hornschuh im Marken-, Wettbewerbs- u. Urheberrecht.

RITTERSHAUS
Bewertung: Die Mannheimer Praxis ist v.a. für ihre Beratung u. Vertretung an der Schnittstelle zum HWG im Markt bekannt – hier hat sich insbes. Partner Dr. Wolf-Henrik Friedrich einen Namen gemacht. Dr. Daniel Weisert hat demggü. seinen Schwerpunkt mittlerweile stark in Richtung Patentrecht verlagert, sodass die Praxis ihre Mandanten nun umf. im IP betreuen kann. (2 Partner, 2 Associates)
Mandate: ●● Öffentl. bekannt: Markenanmeldungen für Union Investment.

UEXKÜLL & STOLBERG
Bewertung: Mit ihrem gemischten Ansatz betreut die Hamburger Kanzlei v.a. im Markenrecht gleichermaßen internat. Mandanten sowie namh. norddt. Mittelständler. 4 Patentanwälte sind im Pharma- u. Chemiebereich intensiv in Widerspruchsverfahren tätig, daneben betreuen 2 Rechtsanwälte v.a. eV-Verfahren. Ein Wettbewerber lobte Dr. Frank Dettmann als „super Markenrechtler". (6 Partner, davon 2 Rechtsanwälte, 4 Patentanwälte)
Mandate: ●● Dekra u. Asics umf. im Markenrecht; lfd. v.a. in Anmeldungen u. Widerspruchsverfahren: Medac, Darboven, Tiffany (auch Grenzbeschlagnahme), GeVeMa („Kleiner Feigling"), Helm.

WILDANGER KEHRWALD GRAF V. SCHWERIN & PARTNER
Bewertung: Die neben der renommierten ▶Patentpraxis ebenfalls im Marken- u. Wettbewerbsrecht bekannte Kanzlei um Jörg Schmidt ist v.a. in Prozessen erfahren. Dabei zählen zahlr. renommierte Markenunternehmen zu den Mandanten, die tlw. umf. im IP, aber häufig auch eigenständig im Soft-IP betreut werden. Auch die weiteren Partner der Kanzlei sind immer wieder in Marken- u. Wettbewerbsrechtsmandaten zu sehen, ihr Schwerpunkt liegt jedoch deutl. im Patentrecht. (1 Partner)
Mandate: ● Öffentl. bekannt: Hersteller von Uhren sowie Messerware zu Grenzbeschlagnahmen u. im UWG.

ZENK
Bewertung: Der Einstieg in die marken- u. wettbewerbsrechtl. Beratung erfolgt bei Zenk oft über ihre ausgezeichneten u. langj. Kontakte zur ▶Lebensmittelbranche. Doch insbes. was Unilever betrifft, umfasst die Tätigkeit auch Produkte außerhalb dieser Spezialisierung. Unter Wettbewerbern ist durch ihre starke Prozesstätigkeit v.a. Dr. Stefanie Hartwig bekannt, die ein Mandant zudem als „sehr gute Wettbewerbsrechtlerin u. lösungsorientiert" sowie für ihre „klare Ausdrucksweise" lobte. Ihre Markenverwaltungspraxis baute Zenk zuletzt durch die Übernahme eines weiteren Lebensmittelherstellerportfolios deutl. aus. (3 Partner, 3 Associates, 1 of Counsel)
Mandate: ●● Unilever in UWG-Prozessen u. zu Werbestrategien u. Produktaufmachungen; Tabakunternehmen in markenrechtl. Prozess. Im UWG: Iglo, Zertus, Südzucker, CFP Brands, Peter Kölln.

ZIRNGIBL LANGWIESER
Bewertung: Die v.a. in München bekannte Praxis konnte zuletzt ihre internat. Mandantschaft über das Netzwerk Law Exchange weiter ausbauen, bspw. durch ein Lebensmittelunternehmen, das über einen Referenzkontakt zu ZL kam. Inhaltlich waren es zuletzt neben den klassischen IP-Fragen wie bspw. Schutzrechte für die SNC Sierra Nevada Corp. auch aktuelle Themen wie Know-how-Schutz, die das Team um Jan Krekel („erfahren u. kompetent, sehr angenehm u. professionell im Umgang", Wettbewerber) u. Dr. Martin Gebhardt auslasteten. Hier kann die Kanzlei auch ihren Full-Service-Ansatz ausspielen. Gelingt es den jüngeren Anwälten, diese Chancen an den Schnittstellen für sich zu nutzen, kann ZL ihre Schlagkraft noch erhöhen. (2 Partner, 4 Associates)
Mandate: ●● SNC Sierra Nevada Corp. im Markenrecht; Constantin Medien lfd. im Markenrecht inkl. Verwaltung; Artemed im Markenrecht; Lebensmittelunternehmen bei Markteintritt; Brillenhersteller im Marken- u. Wettbewerbsrecht.

Medien	412
Presse- und Äußerungsrecht	424
Informationstechnologie	428
Telekommunikation	437
Sportrecht	439

JUVE KANZLEI DES JAHRES

MEDIEN UND TECHNOLOGIE

TAYLOR WESSING

Mit ihr ist auf globaler Ebene zu rechnen: Die anerkannte Medienpraxis von Taylor Wessing zeigte zuletzt deutlich wie nie, dass ihr die internationale Zusammenarbeit immer besser gelingt. Vor allem in der Gamesbranche begleitete sie Mandanten wie Wargaming.net, Nexon Europe u. Activision über Ländergrenzen hinweg. Aber auch an der Seite einer namhaften Internetplattform, die schon seit Langem zu ihren Mandanten zählt, standen zuletzt deutsche u. österreichische Medienpartner gemeinsam, als es um Fragen der Buchpreisbindung ging. Bemerkenswert schnell nutzte das Team die neue Achse in die USA: Im Herbst 2014 eröffnete die Kanzlei dort zwei Repräsentanzen und begleitete schon bald einige neue Mandanten bei ihrem europäischen Markteintritt. Das liegt nicht nur daran, dass mit dem IT-Spezialisten **Dr. Kai Westerwelle** ein deutscher Partner dauerhaft vor Ort ist, auch andere Mitglieder der Praxis wie der Münchner **Dr. Christian Frank** nutzen die sich nun bietenden Möglichkeiten intensiv. Daneben schaffte es das von **Dr. Axel Frhr. von dem Bussche** geleitete Team, das durch die Vertretung von Google bereits seit Längerem sehr präsent im Markt ist, zuletzt noch einmal wichtige neue Mandanten wie etwa den Streaming-Dienstleister YouNow als Mandantin zu gewinnen. Hinzu kam auch ein namhafter Fernsehsender.

Medien, Technologie und Kommunikation

Die unterschiedl. Themen u. Sektoren wie Breitband- u. Satellitenübertragung von Inhalten, Telekommunikation sowie Produktionsverträge für Film u. TV, der Musik- u. Sportbranche sowie die Beratung von Printmedien wurden bewusst in einem Kapitel Medien zusammengefasst. Mit dieser Bündelung wird den Überschneidungen der Märkte Rechnung getragen. Weil durch die Verlagerung der Medien ins Internet auch immer engere Schnittstellen zum Bereich Informationstechnologie entstehen, ist das Kapitel ebenfalls hier eingegliedert. Durch die Gliederung des gesamten Gebiets in 5 Unterkapitel werden jedoch die unterschiedl. Kanzleischwerpunkte berücksichtigt.

Medien

Medienkonvergenz nimmt weiter Fahrt auf

Das Thema Netzneutralität erhitzt noch immer die Gemüter. Während in den USA die Regulierungsbehörde FCC dafür sorgte, dass Internetprovider niemanden bevorzugen oder blockieren dürfen, diskutiert Europa noch auf anderer Ebene. In Deutschland etwa stand im Sommer 2015 der Umgang der Verbreiter mit dem gerade gestarteten Streaming-Dienst Netflix zur Debatte. Die Chefs von Vodafone und Liberty Global scheuten sich nicht zuzugeben, dass sie die Daten von Netflix auf ihrer Datenautobahn bevorzugt behandeln würden – gegen entsprechendes Entgelt, versteht sich. Für eine gesetzliche Verankerung der Netzneutralität sprach sich dagegen der Petitionsausschuss im Bundestag aus. Die Diskussion, nicht zuletzt auf EU-Ebene, wird noch andauern und die Medienanwälte weiter beschäftigen: Denn Video-on-Demand-Plattformen wie Netflix sind zwar nicht neu, längst buhlen schon Wettbewerber wie Watchever, Maxdome, T-Entertain und Amazons Prime Instant Video um Kunden. Aber letztlich kämpfen diese Anbieter mit den gleichen Problemen, die vor Jahren schon die Musikindustrie beschäftigten. Als Streaming-Dienst Napster den Markt aufmischte und einen kostengünstigeren Zugang zu vielen Liedern bot, hat sich die Musikbranche schwergetan, auf die neuen Gegebenheiten zu reagieren und sich daraus zu finanzieren. Damit das nicht auch der Film- und TV-Branche passiert, spielen die Anwälte das Medienrecht in vielen Facetten aus: Neben den üblichen Lizenzierungsfragen geht es vermehrt um die Schnittstelle Telekommunikation bei den Verträgen mit den Infrastrukturanbietern, um die Schnittstelle IT bei Fragen des Datenschutzes und um regulatorische Fragen rund um den Jugendschutz.

Einem Flickenteppich aus Urheber-, Rundfunk- und Kartellrecht gleicht auch die Beratung rund um die noch immer schwelende Problematik der Einspeiseentgelte. Der BGH sollte im Sommer 2015 eine Grundsatzentscheidung treffen, von dem rund 18 Millionen Kabel-TV-Haushalte betroffen gewesen wären. Doch er hob die Urteile im Streit zwischen Kabel Deutschland und dem Bayerischen Rundfunk sowie dem Südwestrundfunk (SWR) auf und verwies sie an die Vorinstanzen zurück. Allerdings kam das nicht überraschend, denn gerade bei Grundsatzfragen der Branche ist das nicht unüblich.

Auch in der seit Längerem geführten Diskussion um das Leistungsschutzrecht ist keine gütliche Einigung in Sicht. Mancher Anwalt zeigt sich von der augenblicklichen Gesetzeslage enttäuscht: „Das Leistungsschutzrecht war ja mal viel umfangreicher angedacht, jetzt ist es nur noch ein Bettvorleger", stellt einer resigniert fest. Das Gesetz war im Frühjahr 2013 verabschiedet worden. Ein Jahr später klagte die VG Media gegen Google bei der Schiedsstelle für Urheberrechtsangelegenheiten beim Deutschen Patent- und Markenamt, um Google dazu zu zwingen, für Inhalte von Presseverlagen zu zahlen. Die Rede war von sechs Prozent des in Deutschland erzielten Umsatzes von Google. Ebenso waren Klagen gegen Yahoo, die Deutsche Telekom und 1&1 anhängig. Das Urteil, für den Spätsommer 2015 angekündigt, lag bei Redaktionsschluss aber noch nicht vor.

Auch auf anderer Ebene werden die Verteilungskämpfe hart geführt: Mehrere ‚Bestsellerverfahren' beschäftigen weiter die Gerichte. Nachdem eine Reihe von Autoren fiktionaler Geschichten vor Gericht ging, hat die Welle nun auch dokumentarische Werke erfasst.

Kurzum: die Konvergenz der Medien geht weiter – und zwar in alle Richtungen. Glich sie früher einer Einbahnstraße, auf der die klassischen Medien ins Internet strebten, ist mittlerweile auch der umgekehrte Weg üblich, beispielsweise wenn YouTube-Akteure Kinofilme drehen. Doch der Gesetzgeber hinkt der Verschmelzung der Medien hinterher. Bestes Beispiel: die Diskussion um die Ausstrahlung der regionalen Werbung in bundesweit ausgestrahlten TV-Programmen, die das Bundesverwaltungsgericht Leipzig Ende 2014 zugelassen und im Rundfunkstaatsvertrag verankert hat. Dass über diese Form der in Maßen personalisierten Werbung derart gerungen wird, zaubert den Betreibern von Internetunternehmen, die schon seit Jahren speziell auf den Nutzer abgestimmte Werbung einblenden, allenfalls ein müdes Lächeln auf die Lippen.

Medienrecht alleine reicht längst nicht mehr

Ein sehr viel freudigeres Lächeln entlockt den Anwälten dafür das immer noch boomende Thema Datenschutz, denn Schnittstellenkompetenz ist der Mehrwert, mit dem Kanzleien häufig bei Mandaten punkten können, die am Puls der Zeit spielen. Für Streaming-Dienste mit komplexen Fragestellungen waren das zuletzt vor allem **Taylor Wessing**, **SKW Schwarz**, **Noerr**, **Osborne Clarke** u. **Morrison & Foerster** – nicht zuletzt weil sie über stark integrierte Praxen und jahrelanges IT-Know-how verfügen.

Das Know-how an der Schnittstelle zum Kartellrecht steht dagegen stärker bei der Frage der Einspeiseentgelte im Mittelpunkt. Hier punkteten vor allem **Noerr**, genauso wie **Hengeler Mueller**, **White & Case**, **Loschelder**, **McDermott Will & Emery** und **Redeker Sellner Dahs**.

Das Urheberrecht als Kern des Medienrechts dagegen bestimmt die Diskussion um das Leistungsschutzrecht. Besonders visibel waren nach wie vor **Raue** aufseiten der VG Media, aber auch **Reed Smith** für Yahoo sowie **Taylor Wessing** und **Hengeler Mueller** für Google, aber auch **Klinkert** – ursprünglich eher im Musikrecht zu Hause – zeigte für 1&1 Flagge. **Bird & Bird** dagegen stand erneut für eine starke Beratung an der Schnittstelle zum Wettbewerbs- u. Öffentlichem Medienrecht. Die Änderung des Rundfunkstaatsvertrages dürfte regulatorisch für die Werbeindustrie bzw. die Verbreiter durchaus ein Meilenstein sein.

SKW Schwarz sorgte gleich zweimal für Schlagzeilen: Dr. Martin Diesbach, Spezialist in der Filmbranche und ein Aushängeschild von **Noerr**, wechselte zu SKW. Dr. Daniel Kaboth kehrte dagegen **SKW Schwarz** und damit den Strukturen einer größeren Einheit den Rücken und ging zur IP-Boutique **Ampersand**. Unter gänzlich neuer Flagge agiert nun auch das Medienteam von **Olswang**: Im Oktober 2015 spaltete sich das Berliner Büro ab und eröffnete den ersten deutschen Standort für **Greenberg Traurig**.

Die folgenden Bewertungen behandeln Kanzleien, die einen Schwerpunkt in der Beratung der Film-, TV-, Entertainment- u. Verlagsbranche haben. Um die unterschiedlichen Beratungsschwerpunkte zu verdeutlichen, gibt es separate Rankingtabellen für einzelne Bereiche: für die Vertragsgestaltung innerhalb der Branchen, etwa zwischen Produktionsfirmen, Sendern und Künstlern oder Tonträgerherstellern u. Vermarktungsgesellschaften, sowie deren urheberrechtliche Belange. Eine weitere hebt die Spezialisierung in der Medienregulierung hervor, eine dritte bildet die in der Transaktionsbegleitung besonders aktiven Medienpraxen ab. Die Beratung zu Äußerungsrechten auf der einen und äußerungsrechtlicher Krisenkommunikationsberatung betroffener Unternehmen auf der anderen Seite wird im Kapitel ▶Presse u. Äußerungsrecht dargestellt, die Beratung mit dem Branchenschwerpunkt Sport, z.B. zur Vermarktung und Rechteverwertung, zum Sponsoring oder auch zu Regelwerken, im Kapitel ▶Sportrecht. Kanzleien mit einem Schwerpunkt in der Beratung der Telekommunikationsbranche, die enge Bezüge zur Medienberatung aufweist, finden ihren Niederschlag im Kapitel ▶Telekommunikation.

MEDIEN, TECHNOLOGIE UND KOMMUNIKATION MEDIEN

BEITEN BURKHARDT
Medien: Vertrags- und Urheberrecht

NOMINIERT JUVE Awards 2015 Kanzlei des Jahres für Medien und Technologie

Bewertung: Die empfohlene Medienpraxis hat ihre Entwicklung zuletzt durch Quereinsteiger vorangetrieben. Von Schulte Riesenkampff wechselte ein Team um den renommierten Gamesspezialisten Lober u. Sal.-Partner Tim Caesar ins Frankfurter Büro. Damit unterstreicht BB eine strateg. Weiterentwicklung, die zuvor bereits Weimann u. von Walter angestoßen hatten: Neben den traditionellen Schwerpunkten in der Rundfunk- u. Verlagsbranche erschließt sich die Praxis zunehmend die Online- u. Gamesbranche als Beratungsfeld. Daraus ergeben sich arbeits- u. steuerrechtl. Themen, sodass BB auch für andere Praxisgruppen Verweisgeschäft aus originären Medienmandaten generiert. Ein Indiz dafür, dass die Dynamik des Teams im Markt wahrgenommen wird, ist die Rückkehr 2er Verlage als Mandantinnen, die BB vor einigen Jahren im Zuge mehrerer Partnerabgänge den Rücken gekehrt hatten.

Stärken: Ehrgeiziges Team, tiefe Expertise in der Gamesbranche.

Entwicklungsmöglichkeiten: Mit dem Zugang Lobers hat die Praxis ihre Position als Beraterin von Onlinegamesanbietern verstärkt. Obwohl diese Unternehmen expandieren, bleibt ihr Geschäft insgesamt aber eine Nische. Viel wird für die Entwicklung der Praxisgruppe davon abhängen, wie es ihr gelingt, ihr Know-how in diesem Sektor auf breiterer Basis gewinnbringend einzusetzen – etwa bei der Entwicklung neuer Geschäftsmodelle im Bereich E-Commerce.

Häufig empfohlen: Dr. Holger Weimann, Dr. Axel von Walter („zuverlässig; kompetent", Mandant), Dr. Andreas Lober

Kanzleitätigkeit: Schwerpunkte in der Beratung von priv. Radiosendern, Verlagen (auch äußerungsrechtl.) der Online- u. Gamesbranche, zudem aktiv im Bereich E-Commerce/Internetportale. Außerdem zu Gewinnspielen u. IP. Auch im ▶Gesellschaftsrecht/ ▶M&A. (2 Eq.-Partner, 2 Sal.-Partner, 4 Associates)

Mandate: ●● Bandai Namco urheber- u. markenrechtl. v.a. zu Pac-Man; Market Tech bei Übernahme von Glispa-Anteilen; lfd. Münchner Abendzeitung presse-, urheber- u. wettbewerbsrechtl.; lfd. Zenimax, Antenne Bayern, BB Radio, Dt. Fachverlag, DFB, E.M.P. Merchandise, Kaisergames, neu.de, Schufa.

BIRD & BIRD
Medien: Vertrags- und Urheberrecht
Medien: Regulierung

Bewertung: Die häufig empfohlene Medienpraxis deckt die medienrechtl. Beratung in ganzer Breite ab. Ein Standbein des Teams ist das ▶Presse- u. Äußerungsrecht, wo v.a. Engels Branchengrößen wie ProSiebenSat.1 u. Bauer regelm. vertritt. Zudem steht er für die intensive Schnittstellenberatung zum ▶Marken- u. Wettbewerbsrecht. Hier beschäftigte bspw. das von ihm für ProSiebenSat.1 geführte Verfahren zur Produktplatzierung ‚Hasseröder Männercamp' das BVerwG. Ebenfalls relevant für die Werbe- u. Medienbranche sind die regulator. Verfahren, mit denen sich Stulz-Herrnstadt einen außerordentl. Ruf erarbeitet hat – zuletzt bspw. in der Frage um die Zulässigkeit regionaler Werbung im bundesweiten Programm u. in den Prozessen um Drittsendezeiten.

Stärken: Besondere Expertise in Medienregulierung u. eine der führenden presse- u. äußerungsrechtl. Praxen.

Häufig empfohlen: Dr. Michael Stulz-Herrnstadt („exzellenter Stratege, kreativ u. engagiert", Mandant), Dr. Stefan Engels („technisch versiert, gute Schriftsätze", Mandant), Dr. Fabian Niemann

Kanzleitätigkeit: Beratung u. Prozesse zu medienregulator. Themen (Drittsendezeiten, Jugendschutz, Gewinnabschöpfung). Zudem Urheber- u. Wettbewerbsrecht, verstärkt bei Onlinemedien. Daneben Beratung u. Prozesse im Äußerungsrecht sowie zu Krisenkommunikation. Zudem Glücksspielthemen über Senderberatung. Mandantschaft: überw. Verlage, TV-Sender, Onlineunternehmen u. div. Medienkonzerne. (IP/Medien: 6 Partner, 4 Counsel, 19 Associates, 3 of Counsel)

Mandate: ●● Bitkom, Lenovo u. Western Digital in 3 BGH-Verfahren um Urheberrechtsabgabe; Bauer Media gg. diverse Filesharing-Anbieter zu urheberrechtl. Störerhaftung von E-Books; Pro7Sat.1 Digital vor BVerwG wg. Untersagung von Teletextseiten durch Medienaufsicht, wg. Zulässigkeit regionaler Werbung im dtl.weiten Programm, im Revisionsverfahren wg. Produktplatzierung, im Verfahren gg. AdBlock; lfd. Kabel 1, Pabel Moewig, Heinrich Bauer.

MEDIEN: VERTRAGS- UND URHEBERRECHT

Kanzlei	Standorte
CMS Hasche Sigle	Berlin, Köln, Hamburg
Noerr	München, Berlin
SKW Schwarz	München, Frankfurt
Greenberg Traurig	Berlin
Raue	Berlin
Taylor Wessing	Hamburg, München, Berlin, Düsseldorf
Bird & Bird	Hamburg, Frankfurt, München
Boehmert & Boehmert	Berlin, München, Potsdam
Freshfields Bruckhaus Deringer	Köln, Düsseldorf, Hamburg
K&L Gates	Berlin
Lausen	München, Köln
McDermott Will & Emery	München
Hengeler Mueller	Berlin
Morrison & Foerster	Berlin
Osborne Clarke	Köln, München, Hamburg
Straßer Ventroni Deubzer Freytag & Jäger	München
Beiten Burkhardt	München, Berlin, Frankfurt
Brehm & v. Moers	Berlin, Frankfurt, München
DLA Piper	Köln, München
Heuking Kühn Lüer Wojtek	Düsseldorf
Heussen	München, Berlin
King & Wood Mallesons	Frankfurt
KNPZ Rechtsanwälte	Hamburg
Prof. Schweizer	München
Unverzagt von Have	Hamburg, Berlin, Köln
White & Case	Berlin, Frankfurt
Brock Müller Ziegenbein	Kiel
CBH Rechtsanwälte	Köln
Frey	Köln
Graef	Hamburg
Hertin & Partner	Berlin
JBB Rechtsanwälte	Berlin
Klinkert	Frankfurt
KVLegal	Berlin
Reed Smith	München
Wirsing Hass Zoller	München

Die hier getroffene Auswahl der Kanzleien ist das Ergebnis der auf zahlreichen Interviews basierenden Recherche der JUVE-Redaktion (s. Einleitung S. 20). Sie ist in 2erlei Hinsicht subjektiv: Sämtliche Aussagen der von JUVE-Redakteuren befragten Quellen sind subjektiv u. spiegeln deren eigene Wahrnehmungen, Erfahrungen u. Einschätzungen wider. Die Rechercheergebnisse werden von der JUVE-Redaktion unter Einbeziehung ihrer eigenen Marktkenntnis analysiert u. zusammengefasst. Der JUVE Verlag beabsichtigt mit dieser Tabelle keine allgemein gültige oder objektiv nachprüfbare Bewertung. Es ist möglich, dass eine andere Recherchemethode zu anderen Ergebnissen führen würde. Innerhalb der einzelnen Gruppen sind die Kanzleien alphabetisch geordnet.

● Referenzmandate, umschrieben
●● Referenzmandate, namentlich

Anwaltszahlen: Angaben der Kanzleien, wie viele Anwälte zu mind. ca. 50 % in diesem Gebiet tätig sind. Sie spiegeln nicht zwingend die Gesamtgröße einer Kanzlei wider.

MEDIEN MEDIEN, TECHNOLOGIE UND KOMMUNIKATION

BOEHMERT & BOEHMERT
Medien: Vertrags- und Urheberrecht

NOMINIERT
JUVE Awards 2015
Kanzlei des Jahres für Medien und Technologie

Bewertung: Wie breit diese empfohlene Medienpraxis in ihrer Paradedisziplin Urheberrecht aufgestellt ist, untermauerte sie zuletzt wieder durch ihre Beratung hochkarät. branchenfremder Mandanten, dt. Verbände sowie internat. Mediengrößen, v.a. aus den USA. Ihr exzellentes internat. Netzwerk sorgt seit Jahren für gefestigte Kontakte zu gr. Filmproduzenten u. brachte ihr zuletzt die Neumandatierung durch einen namh. Elektronikhersteller ein. Die Zusammenarbeit mit der anerkannten Markenrechtspraxis ist seit Längerem sehr eng, doch B&B gelingt es immer wieder neue Beratungsschnittstellen auszuloten, z. B. für einen Luxusgüterhersteller zum Thema 3-D-Druck. Neuerdings hebt sie zudem verstärkt Synergien mit den Patentanwälten, etwa in einem Grundsatzverfahren zu Mediensoftware.
Stärken: Langj. Expertise im Urheber- sowie ▶ Marken u. Wettbewerbsrecht.
Häufig empfohlen: Prof. Dr. Jan Nordemann, Dr. Martin Schaefer („ausgezeichneter Musikrechtler", Wettbewerber), Dr. Christian Czychowski
Kanzleitätigkeit: Urheberrechtl. Betreuung von Verwertern u. Urhebern aus den Bereichen Musik, Film, Foto, Bühne u. Verlage. Schwerpunkt: Verfolgung von Rechtsverletzungen im Internet, u.a. auch für gr. US-Filmstudios. Zudem Beratung von Verwertungsgesellschaften u. Verbänden sowie Begleitung von Gesetzgebungsprozessen, häufig an der Schnittstelle zu IP-, IT- u. Kartellrecht. (8 Partner, 6 Associates)
Mandate: ●● Div. Verbande, u.a. Zentralverband der dt. Werbewirtschaft, Allianz Dt. Produzenten Film & Fernsehen, Börsenverein des dt. Buchhandels kartell- u. urheberrechtl. sowie vor Bundeskartellamt wg. Selbstregulierung Werbung auf strukturell urheberrechtsverletzenden Webseiten; Verband Dt. Lokalzeitungen im Urheberrecht; namh. Sportverband u.a. in Prozess wg. illegaler Live-Signale; bekanntes US-Filmstudio im Urheberrecht; Luxusgüterhersteller zu Schutz vor illegalem 3-D-Druck.

BREHM & V. MOERS
Medien: Vertrags- und Urheberrecht
Medien: Transaktionen und Finanzierung

Bewertung: Die für Medienrecht empfohlene Kanzlei erweitert ihre Bandbreite neben ihrem stabilen Kerngeschäft, der Beratung von Filmproduktionsunternehmen, stetig. Aufgr. der Neumandatierung durch eine dt. Großbank für komplexe Finanzierungen internat. Koproduktionen wird BvM nun – ähnl. wie Unverzagt von Have – verstärkt auf Bankenseite tätig. Zudem untermauerte im Frühjahr 2015 die Ernennung Bodensieks zum Justiziar des Game Bundesverbandes (zusätzl. zu seiner Kanzleitätigkeit), wie gut sie mittlerw. auch in diesem Bereich angekommen ist. Bei ihrem personellen Wachstum setzt die Kanzlei bewusst nicht auf Quereinsteiger, sondern auf junge Associates. Hier kamen im vergangenen Jahr 2 neue dazu, davon einer mit Inhouse-Erfahrung u. guten Kontakten zu Start-ups.
Stärken: Langj. u. umfassendes Know-how in der Filmbranche.
Entwicklungsmöglichkeiten: Ein standortübergr. Team der Medienpraxis engagiert sich derzeit stark, um bei den Start-up-Unternehmen aus der Branche mehr Fuß zu fassen. Gelingt ihr das, könnte BvM im Onlinebereich noch deutl. visibler werden.
Häufig empfohlen: Wolfgang Brehm, Stefan v. Moers, Guido Hettinger, Kai Bodensiek, Prof. Dr. Oliver Castendyk, Bettina-Axenia Bugus („kompetente Medienarbeitsrechtlerin, sehr engagiert u. flexibel, gr. Verständnis für wirtschaftl. Zusammenhänge, psycholog. Gespür", Mandant)
Kanzleitätigkeit: Umf. Betreuung von Produktionsfirmen v.a. für Spiel- u. TV-Filme, zunehmend auch zur transmedialen Verwertung, sowie Werbe- u. Multimediaagenturen, auch gerichtlich. Begleitung in Insolvenz. Außerdem zu Firmenneugründungen u. -finanzierungen, Filmfinanzierung (v.a. internat. Koproduktionen) u. Games, gelegentl. Transaktionen u. Gesellschaftsrecht, v.a. Due Diligence. Zudem zu Internetplattformen an der Schnittstelle zu IT, auch Presse- u. Äußerungsrecht. (8 Partner, 5 Associates)
Mandate: ●● Zero One 24 zu Projekt 24h Jerusalem; Chimera Entertainment u.a. zu Erweiterungen u. Nachfolgetiteln von ‚Angry Birds Epic'; Werk1 u.a. bei Gründung der Förderinitiative ‚Games Bavaria'; Gamigo zu Lizenzvertrag um Browsergamesrechten; Bumm Game zu Computerspielrechten für ‚Bernd das Brot'; German Brass u.a. im Urheberrecht; Mehr! Entertainment bei exkl. Ticketingvertrag mit Ticketmaster; dt. Großbank bei Finanzierung internat. Koproduktionen; Landesmedienanstalt in Grundsatzverfahren zu Kabelweitersendung.

BROCK MÜLLER ZIEGENBEIN
Medien: Vertrags- und Urheberrecht
Medien: Regulierung

Bewertung: Die geschätzte Medienpraxis ist eingebettet in eine mittelständ. orientierte norddt. Kanzlei, insofern ist ihr Spezialwissen im Rundfunksektor für die Region ein Alleinstellungsmerkmal. V.a. über die Kernmandantin Regiocast, die in ganz Dtl. an div. priv. Radiosendern beteiligt ist, ergeben sich immer wieder Tätigkeiten auch auf jungen Feldern des Medienrechts. Neben Projekten zur Verzahnung von Rundfunk u. Internet sowie Social-Media-Beratung gehört dazu auch die intensive Begleitung neuer Geschäftsmodelle. So beschäftigte BMZ zuletzt erneut ein von ihr mit aufgesetzter Vermarktungspool, über den Medienunternehmen Werbezeit gg. Start-up-Anteile tauschen. Insges. verlagert sich der Fokus der Praxis zunehmend auf die Schnittstelle zum IT-Recht, wofür v.a. ein jüngerer Partner steht.
Stärken: Regulator. Know-how im Rundfunkbereich.
Kanzleitätigkeit: Betreuung von priv. Radiosendern, neben Öffentl. Medienrecht u. Urheberrecht vermehrt Bezüge zu IT- u. TK-Recht. Stark im Gesellschaftsrecht, inkl. medienbezogenen M&A-Transaktionen. Zudem Lizenzverträge. (4 Partner, 2 Associates)
Mandate: ●● Stadt Kiel in OLG-Verf. gg. Gema; Dumrath & Fassnacht, u.a. bei Unternehmenskauf; Regiocast umf., u.a. zu Website, Gewinnspielen, ‚Media for Equity'-Transaktionen; Virtual Minds, u.a. IT- u. urheberrechtl.; Landeswelle Thüringen ggü. LMA bei Lizenzerteilung.

CBH RECHTSANWÄLTE
Medien: Vertrags- und Urheberrecht

Bewertung: Eng verwoben mit der anerkannten IP-Praxis kann das Medienteam dieser geschätzten Kanzlei oft Kontakte nutzen, um auch im Urheberrecht für branchenfremde Mandanten verstärkt tätig zu werden. Daneben sorgten nicht zuletzt ihre guten Verbindungen insbes. im Rheinland für regelm. Arbeit etwa für SK Stiftung Kultur oder auch neue Mandanten wie zuletzt die Rhein. Redaktionsgemeinschaft. Am bekanntesten ist CBH im Markt jedoch für ihre anerkannte glücksspielrechtl. Praxis aufseiten von staatl. Gesellschaften. Aufgr. der zunehmend themat. Verlagerung ins Verwaltungsrecht ist allerdings Ruttig mehr im Presse- u. Äußerungsrecht tätig.
Stärken: Eine der Top-Adressen im Glücksspielrecht.
Häufig empfohlen: Dr. Manfred Hecker, Prof. Dr. Markus Ruttig
Kanzleitätigkeit: Schwerpunkt bei Verträgen u. im Urheberrecht. Häufig Betreuung u.a. von Wer-

---

MEDIEN: REGULIERUNG

Bird & Bird	Hamburg
Freshfields Bruckhaus Deringer	Köln, Düsseldorf
Hengeler Mueller	Berlin
Noerr	München, Berlin
Greenberg Traurig	Berlin
Loschelder	Köln
McDermott Will & Emery	München
Morrison & Foerster	Berlin
Redeker Sellner Dahs	Bonn
White & Case	Berlin, München
Brock Müller Ziegenbein	Kiel
CMS Hasche Sigle	Köln, Hamburg, Berlin
Heuking Kühn Lüer Wojtek	Düsseldorf
Wirsing Hass Zoller	München

Die hier getroffene Auswahl der Kanzleien ist das Ergebnis der auf zahlreichen Interviews basierenden Recherche der JUVE-Redaktion (s. Einleitung S. 20). Sie ist in 2erlei Hinsicht subjektiv: Sämtliche Aussagen der von JUVE-Redakteuren befragten Quellen sind subjektiv u. spiegeln deren eigene Wahrnehmungen, Erfahrungen u. Einschätzungen wider. Die Rechercheergebnisse werden von der JUVE-Redaktion unter Einbeziehung ihrer eigenen Marktkenntnis analysiert u. zusammengefasst. Der JUVE Verlag beabsichtigt mit dieser Tabelle keine allgemein gültige oder objektiv nachprüfbare Bewertung. Es ist möglich, dass eine andere Recherchemethode zu anderen Ergebnissen führen würde. Innerhalb der einzelnen Gruppen sind die Kanzleien alphabetisch geordnet.

● Referenzmandate, umschrieben
●● Referenzmandate, namentlich

Anwaltszahlen: Angaben der Kanzleien, wie viele Anwälte zu mind. ca. 50 % in diesem Gebiet tätig sind. Sie spiegeln nicht zwingend die Gesamtgröße einer Kanzlei wider.

beaktivitäten sowie Lizenzvereinbarungen, auch bei digitalen Verwertungsformen, E-Commerce. Großer Schwerpunkt: glücksspielrechtl. Prozesse. Mandantschaft: überw. Werbetreibende u. Produktionsfirmen, Entertainmentunternehmen sowie auf staatl. Seite im Glücksspielrecht. Zudem IT-Recht, auch ▶Presse- u. Äußerungsrecht. Traditionell an der Schnittstelle zu ▶Marken- u. Wettbewerbsrecht. (4 Partner, 2 Associates, 2 of Counsel)

Mandate: ●● Arge TP 21 (Tüv/Dekra) zu urheberrechtl. Nutzungsbefugnissen für die bundeseinheitl. Fahrschulprüfung; Rheinische Redaktionsgemeinschaft u.a. in Prozess bzgl. Journalistenvergütung; Stadtwerke Bonn in urheberrechtl. Prozess um Werbekampagne; i&u Information und Unterhaltung lfd. im Urheber- u. Äußerungsrecht; Westdt. Lotterie u.a. gg. Digibet in EuGH-Verfahren; lfd. Obi Group urheberrechtl., zuletzt u.a. zu Social-Media-Marketing; SK Stiftung Kultur u.a. zur Übertragung von Nutzungsrechten; lfd. div. staatl. Glücksspielanbieter, u.a. Lotto Hamburg, Lotto Rheinland-Pfalz.

CMS HASCHE SIGLE
Medien: Vertrags- und Urheberrecht
Medien: Regulierung
Medien: Transaktionen und Finanzierung

Bewertung: Die wichtigste Entwicklung dieser häufig empfohlenen u. breit aufgestellten Medienpraxis ist die zunehmende Internationalisierung ihrer Mandate. Innerhalb ihres Netzwerks arbeitete sie zuletzt u.a. intensiv mit der brit. Praxis zusammen, etwa für die ARD. Auch bei den für die Branche wichtigen Adblock-Verfahren, die CMS für den Anbieter Eyeo führt, begleitet sie ihre Mandantin nun auch im Ausland. Mit Viewster begleitet CMS zudem eine der wichtigeren VoD-Plattformen – ein Mandat, bei dem ihre zunehmende Internationalisierung stark gefragt ist. Doch tendenziell positioniert sich CMS weiterhin v.a. auf der Seite der Rechteinhaber u. zeigt hier etwa mit der Vertretung in grundsätzl. Prozessen rund um das Thema Content-Verwertung Flagge, u.a. für Ebook.de. Eine wichtige wirtschaftl. Säule bilden jedoch v.a. branchenfremde Unternehmen, die CMS schon seit Langem bei der Digitalisierung berät. Hier sind auch etl. Partner der gr. Praxis aktiv, die ihren Schwerpunkt eher im klassischen ▶Marken- u. Wettbewerbsrecht oder ▶IT-Recht haben.

Stärken: Eine der am deutlichsten auf die Digitalisierung zugeschnittenen Praxen.

Häufig empfohlen: Dr. Pietro Graf Fringuelli, Prof. Dr. Winfried Bullinger, Dr. Ole Jani, Florian Dietrich („sehr fundiertes Fachwissen, sehr flexibel u. praxisorientiert", Mandant; Schnittstelle IT), Dr. Harald Kahlenberg (Kartellrecht)

Kanzleitätigkeit: Beratung in div. Medienbranchen mit dem Schwerpunkt digitale Verbreitung audiovisueller Inhalte. Mandantschaft: soziale Netzwerke, Technologieanbieter, div. Internetplattformen, Verbände. Klärung von Rechten, viel VoD u. E-Commerce. Daneben für TV-Produktionen, auch insolvenzrechtl., Filmproduzenten, Künstler, Musiker. Zudem für Werbe- u. Medienagenturen sowie Kreative. Häufig auf polit. Ebene aktiv. Daneben auch oft branchenfremde Unternehmen zu Medienthemen. Außerdem ▶Sport, ▶Presse sowie ▶Kartellrecht. (Medien/IT/IP: 19 Partner, 37 Associates, 1 of Counsel)

Mandate: ●● ARD rundfunkrechtl. zu Lizenzmodell; Ebay bei Mobile Marketing Agreement mit Trademob; Eyeo in Prozessserie zu Werbeblocker gg. zahlr. Verlage u. Privatsender sowie bei Verträgen u.a. mit Google; Internat. Federation of the Phonographic Industry (IFPI) im Urheberrecht; Viewster umf. u.a. in Prozessen mit Verwertungsgesellschaften; Ebook.de in Grundsatzprozess gg. Verbraucherzentrale zu E-Book-Nutzung; DIN Dt. Institut für Normung lfd. im Urheber- u. Vertragsrecht; 20th Century Fox urheberrechtl. u.a. wg. Filmrechten.

DLA PIPER
Medien: Vertrags- und Urheberrecht
Medien: Transaktionen und Finanzierung

Bewertung: Die für Medien geschätzte Kanzlei arbeitet zunehmend enger mit der ▶IT-Praxis zusammen, so gelang es ihr etwa auch erstmals für Pro7Sat.1 in einem kleinen M&A-Deal tätig zu werden (aus dem Markt bekannt). Neben der trad. starken Tätigkeit für TV-Produktionsfirmen legte DLA zuletzt v.a. im Spielebereich zu, wo zahlr. neue Mandanten dazukamen. Durch ihre Kontakte im ▶Marken- u. Wettbewerbsrecht gelingt es dem Team zudem auch für branchenfremde Unternehmen wie Procter & Gamble in medienrechtl. Fragen tätig zu werden. Intensiv spielt DLA zuletzt auch im Glücksspielsektor mit, ein neu ernannter Counsel in München verließ die Kanzlei aber im Sommer 2015 (zu Lupp).

Stärken: Starkes internat. Netzwerk u. gutes IT-Know-how.

Entwicklungsmöglichkeiten: Die Verzahnung mit den IT-Rechtlern funktioniert immer besser. Um die Aufstellung der Praxis aber abzurunden, fehlt ihnen bislang ein ausgewiesener Regulierer. Auch ein auf die Medienbranche spezialisierter Corporate-Partner könnte die Sichtbarkeit von DLA künftig nicht mehr erhöhen.

Häufig empfohlen: Dr. Kai Tumbrägel

Kanzleitätigkeit: Beratung von TV-, Film- u. Musikproduktionsfirmen, Rechteverwerter zu Urheber-, Lizenz-, Gesellschafts- u. Wettbewerbsrecht. Häufig an der Schnittstelle zum ▶Marken u. Wettbewerbs- sowie Äußerungsrecht. Kontinuierl. Ausbau im Glücksspielsektor, v.a. ausl. Anbieter, auch Banken zu Finanzierung. Bei Onlinegaming, E-Commerce, oft an der Schnittstelle zu ▶IT (Datenschutz) u. TK. Zudem Transaktionen. (Medien gesamt: 3 Partner, 3 Counsel, 3 Associates)

Mandate: ●● Agence France Presse u.a. im Urheberrecht; Al Jazeera in medienrechtl.- u. regulator. Fragen; National Basketball Association zu Fragen der virtuellen Werbung; Pro7Sat.1 bei Erwerb der Plattform Amorelie; Sportingbet/GVC lfd. im Glücksspielrecht; Procter & Gamble in urheberrechtl. Verletzungsprozess; AOL in medienrechtl. Fragen; Samsung u.a. medienrechtl. zu Online-Content; Walt Disney lfd. zu Internetauftritt u. Werbeaktionen; Juni TV bei TV-Produktionsverträgen.

FRESHFIELDS BRUCKHAUS DERINGER
Medien: Vertrags- und Urheberrecht
Medien: Regulierung
Medien: Transaktionen und Finanzierung

Bewertung: Die häufig empfohlene Medienpraxis berät u.a. zu regulator. Fragen, die die Branche prägen. Mit MediaBroadcast vertraute sie ihre Mandantin in einem umfangr. Regulierungsverfahren um UKW-Hörfunksignale auf sie. Das beweist einmal mehr das große regulator. Know-how im Radiobereich, gleichzeitig zeugt diese Mandatierung – genauso wie die Beratung von Stammmandantin Liberty Global – davon, welche Rolle gerade die Beratung an der Schnittstelle zu TK in der Praxis spielt. Ein mindestens genauso wichtiges Standbein für die transaktionsgetriebene Kanzlei ist die medienrechtl. Beratung bei Transaktionen, wie ihre Tätigkeit für BC Partners u. Springer Science+Business sowie für Axel Springer bei der Gründung 2er Joint Ventures zeigt. Bei Letzterem kommt zudem ihre ebenso ausgeprägte Schnittstel-

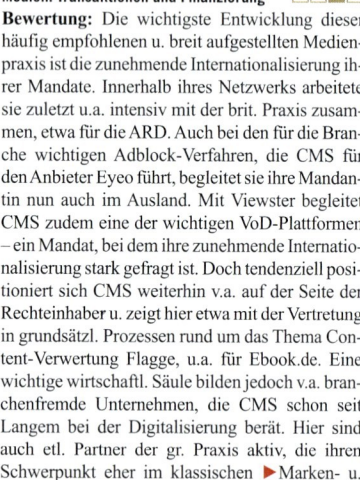

MEDIEN: TRANSAKTIONEN UND FINANZIERUNG

Kanzlei	Standorte
Freshfields Bruckhaus Deringer	Hamburg, Düsseldorf, Köln
Hengeler Mueller	Berlin
Noerr	München, Berlin
Greenberg Traurig	Berlin
Morrison & Foerster	Berlin
Osborne Clarke	Köln
Taylor Wessing	München, Düsseldorf, Berlin, Hamburg
CMS Hasche Sigle	Köln, München, Berlin
McDermott Will & Emery	München
SKW Schwarz	München, Berlin, Frankfurt
White & Case	Berlin, München
Brehm & v. Moers	München, Berlin, Frankfurt
DLA Piper	Köln
Heussen	München
K&L Gates	Berlin
Straßer Ventroni Deubzer Freytag & Jäger	München
Unverzagt von Have	Hamburg

Die hier getroffene Auswahl der Kanzleien ist das Ergebnis der auf zahlreichen Interviews basierenden Recherche der JUVE-Redaktion (s. Einleitung S. 20). Sie ist in 2erlei Hinsicht subjektiv: Sämtliche Aussagen der von JUVE-Redakteuren befragten Quellen sind subjektiv u. spiegeln deren eigene Wahrnehmungen, Erfahrungen u. Einschätzungen wider. Die Rechercheergebnisse werden von der JUVE-Redaktion unter Einbeziehung ihrer eigenen Marktkenntnis analysiert u. zusammengefasst. Der JUVE Verlag beabsichtigt mit dieser Tabelle keine allgemein gültige oder objektiv nachprüfbare Bewertung. Es ist möglich, dass eine andere Recherchemethode zu anderen Ergebnissen führen würde. Innerhalb der einzelnen Gruppen sind die Kanzleien alphabetisch geordnet.

● Referenzmandate, umschrieben
●● Referenzmandate, namentlich

Anwaltszahlen: Angaben der Kanzleien, wie viele Anwälte zu mind. ca. 50% in diesem Gebiet tätig sind. Sie spiegeln nicht zwingend die Gesamtgröße einer Kanzlei wider.

le zum Kartellrecht zum Tragen. Jenseits dessen fehlt aber auch die klass. Medienberatung von TV-Sendern nicht: Bei CME spielt sie ihr internat. Netzwerk gekonnt aus, zudem sorgt ihre Tätigkeit für RTL2 für ein stetes Grundrauschen.
Stärken: Breit aufgestelltes Team mit Knowhow an der Schnittstelle zu M&A, Kartellrecht, IT u. TK.
Häufig empfohlen: Klaus Beucher, Dr. Michael Esser, Dr. Frank Röhling (beide Kartellrecht)
Kanzleitätigkeit: Schwerpunkte sind für den TV-Sektor relevante Themen (Öffentl. Medienrecht, auch im Ausland). Sehr häufig im ▶Kartellrecht u. an der Schnittstelle zu ▶Telekommunikation, häufig Transaktionsbegleitung. Zudem Urheberrecht, Lizenzen, Vermarktung, E-Commerce sowie ▶IT. Auch im Radio- u. Verlagssektor tätig. (TMT gesamt: 8 Partner, 1 Counsel, 7 Associates)
Mandate: ●● MediaBroadcast im Marktanalyse- u. Entgeltregulierungsverfahren auf dem Markt für analoge UKW-Hörfunksignale; CME Central European Media Enterprises umf., u.a. zu Lizenzpaket von Sony, Kabeleinspeiseentgelte, Werbezeitenverkaufsmodellen; BC Partners u. Springer Science+Business Media zu Joint Venture; Axel Springer zu 2 Joint Ventures u. fusionskontrollrechtl. zu Zusammenschluss von Immowelt u. Immonet; RTL2 lfd., u.a. zu diversen Auftragsproduktionsverträgen.

FREY
Medien: Vertrags- und Urheberrecht ☐☐☐☐☐
Bewertung: Mit der Vertretung der Dt. Telekom in dem von VG Media eingeleiteten urheberrechtl. Schiedsstellenverfahren zum Leistungsschutzrecht beweist die für Medien geschätzte Boutique, dass sie bei wichtigen Mandaten der Branche mitspielt. Daneben prägten zuletzt insbes. Mandate mit sportrechtl. Bezügen die Praxis. Bsp. dafür ist etwa VLN, wo auch das beihilferechtl. Know-how des Namenspartners gefragt war. Personell gab es zuletzt auf der Associate-Seite Bewegung: 2 Weggänge glich Frey mit 2 Zugängen wieder aus.
Kanzleitätigkeit: Schwerpunkt im Bereich der digitalen Medien, auch an der Schnittstelle zum Kartellrecht. Im Sportsektor viel zum Rechteerwerb u. Lizenzfragen. Zudem oft in Gutachten tätig. Auch Äußerungs- u. Beihilferecht. (2 Partner, 2 Associates, 1 of Counsel)
Mandate: ●● Dt. Telekom in urheberrechtl. Schiedsstellenverfahren zu Leistungsschutzrecht; Dt. Welle u.a. bei Erwerb von Fußballbundesligarechten; Bastei-Lübbe zu Jugendschutzrecht; Veranstaltergemeinschaft Langstreckenmeisterschaft Nürburgring bei Neustrukturierung der Rennserie; DOSB New Media zu Rundfunklizenzantrag; Henkel im Medienrecht; Dividib in Prozess gg. Börsenverein u. Ulmer Verlag; ekz.bibliotheksservice bzgl. E-Learning-Plattform.

GRAEF
Medien: Vertrags- und Urheberrecht ☐☐☐☐☐
Bewertung: Die geschätzte Medienboutique mit Büros in Hamburg u. Berlin deckt eine große urheberrechtl. Bandbreite ab. Neben den klass. Schwerpunkten in der Film- u. Verlagsbranche, für die v.a. der Namenspartner steht, begleitet die Kanzlei zunehmend Unternehmen bei der Entwicklung digitaler Geschäftsmodelle. So gewann sie zuletzt den Online-TV-Sender Tube One als Mandantin hinzu. Personell verstärkte sie sich mit dem Presserechtler Alexander Graf von Kalckreuth, der als of Counsel

Führende Namen im Urheberrecht	
Prof. Dr. Winfried Bullinger	CMS Hasche Sigle
Dr. Martin Diesbach	SKW Schwarz
Prof. Dr. Jan Hegemann	Raue
Prof. Dr. Johannes Kreile	Noerr
Dr. Matthias Lausen	Lausen
Prof. Dr. Jan Nordemann	Boehmert & Boehmert
Dr. Gernot Schulze	Schulze Küster Müller Mueller
Prof. Dr. Mathias Schwarz	SKW Schwarz
Prof. Dr. Robert Schweizer	Prof. Schweizer
Dr. Stefan Ventroni	Straßer Ventroni Deubzer Freytag & Jäger
Jörg Wimmers	Taylor Wessing

Führende Namen im Games-Sektor	
Konstantin Ewald	Osborne Clarke
Dr. Stefan Krüger	King & Wood Mallesons
Dr. Andreas Lober	Beiten Burkhardt
Claas Oehler	Ihde & Partner
Dr. Andreas Peschel-Mehner	SKW Schwarz

Führende Namen im Medienkartellrecht	
Prof. Dr. Albrecht Bach	Oppenländer
Dr. Alexander Birnstiel	Noerr
Dr. Ulrich Denzel	Gleiss Lutz
Dr. Christoph Enaux	Greenberg Traurig
Dr. Michael Esser	Freshfields Bruckhaus Deringer
Dr. Andreas Grünwald	Morrison & Foerster
Dr. Harald Kahlenberg	CMS Hasche Sigle
Dr. Jörg Karenfort	Dentons
Dr. Frank Röhling	Freshfields Bruckhaus Deringer
Dr. Christoph Stadler	Hengeler Mueller
Dr. Kathrin Westermann	Noerr

Die hier getroffene Auswahl der Personen ist das Ergebnis der auf zahlreichen Interviews basierenden Recherche der JUVE-Redaktion (siehe S. 20). Sie ist in 2erlei Hinsicht subjektiv: Sämtliche Aussagen von der JUVE-Redakteuren befragten Quellen sind subjektiv u. spiegeln deren eigene Wahrnehmungen, Erfahrungen u. Einschätzungen wider. Die Rechercheergebnisse werden von der JUVE-Redaktion unter Einbeziehung ihrer eigenen Marktkenntnis analysiert u. zusammengefasst. Der JUVE Verlag beabsichtigt mit dieser Tabelle keine allgemein gültige oder objektiv nachprüfbare Bewertung. Es ist möglich, dass eine andere Recherchemethode zu anderen Ergebnissen führen würde.

strateg. im Hintergrund agiert. Als Berater der Gamesbranche gewinnt ein Partner an Profil, der von Mandanten für seinen breiten Ansatz an der Schnittstelle zum IP/IT-Recht gelobt wird.
Stärken: Begleitung von TV- u. Filmproduktionen.
Kanzleitätigkeit: Schwerpunkt in der Beratung von Film- u. TV-Unternehmen, Verlagen u. der Gamesbranche. Urheberrecht, Lizenzen u. Vermarktung, v.a. für Filmproduktionen, Spieleentwickler u. Künstler, daneben presserechtl. Beratung von Unternehmen u. Institutionen. Regelm. zu Konvergenzthemen wie E-Commerce u. Datenschutz; Künstler u. Rechteinhaber im Urheberrecht, auch in Prozessen. Medienrechtl. Begleitung von Transaktionen. (2 Partner, 4 Associates, 1 of Counsel)
Mandate: ●● Arte bei Ausgründung des ‚arte Magazin' mit Axel-Springer- u. Zeitverlag; Yellow Bird filmrechtl. bei Koproduktionen in Dtl., inkl. Lizenzverträgen; Artnet, u.a. in Prozess wg. Fotografenvergütung; St. Pauli Theater u. Udo Lindenberg in Bestsellerverf. gg. Klage eines Drehbuchautors; Scott Rudin bei Relaunch eines US-Musicals; Mehr Entertainment u.a. urheber- u. titelrechtl. bei Produktion von Musical-Parodie ‚50 Shades'; AVE bei Filmproduktionen, u.a. ‚Meine Tochter Anne Frank'; BBC bei div. Produktionen; Erbengemeinschaft Astrid Lindgren bei Filmverträgen u. in div. urheberrechtl. Verfahren.

GREENBERG TRAURIG
Medien: Vertrags- und Urheberrecht
Medien: Regulierung
Medien: Transaktionen und Finanzierung
Bewertung: Die häufig empfohlene Medienpraxis, die sich zum Oktober 2015 von Olswang abspaltete u. für Greenberg Traurig das erste dt. Büro eröffnete, deckt wichtige strateg. Marktthemen ab. Die Basis bildet die Beratung im klass. Filmrecht, wo sie eine Reihe namh. Mandanten betreut. Von grundsätzl. Bedeutung für den Markt ist ihre Tätigkeit für die FFA im Verfahren um die Filmförderabgabe. Neben ihrer starken kartellrechtl. Schnittstelle, die z.B. bei MediaBroadcast zum Tragen kam, kristallisiert sich immer mehr ihr technolog. Know-how heraus. Charakteristisch dafür ist etwa die Mandatierung durch mehrere Verlagsgrößen – u.a. Axel Springer u. Burda – als Beschwerdeführer vor der EU-Kommission gg. Google, aber auch die Beratung mehrerer Mandanten hinsichtl. der Weiterleitung von Filmen im Internet. Neben den visiblen Partnern Lütje u. Enaux in regulator. Fragen hat sich Bensinger einen Namen in dem wachsenden Bereich FinTech gemacht, wo begehrte Mandanten wie Paypal auf sie vertrauen.
Häufig empfohlen: Dr. Stefan Lütje („tiefes Knowhow", Wettbewerber), Dr. Viola Bensinger („ausgewiesene Spezialistin", Wettbewerber), Dr. Christoph Enaux, als Associate: Dr. Thomas Höppner

Kanzleitätigkeit: (Film-)Finanzierungsberatung, insbes. aufseiten der Banken, Studios u. Lizenzgeber. Eng an der Schnittstelle zum Steuerrecht. Darüber hinaus Betreuung von dt. u. internat. Filmproduktionen u. Beratung zu Lizenzen u. Vertrieb in der Film-, TV- u. Musikbranche. Stark in Kabelweitersendethemen aktiv, im Filmbereich regelm. an der Schnittstelle zu öffentl.-rechtl. Themen. Zunehmend zu Onlineplattformen. Stark in kartellrechtl. Fragen (u.a. im Verlagssektor) u. aktiv an der Schnittstelle zu TK. Zudem Corporate-Beratung der Branche. (7 Partner, 20 Associates, 1 of Counsel)
Mandate: ●● BDZV, VDZ, Visual Meta, CEPIC, OIP als Beschwerdeführer vor der EU-Kommission gg. Google; HBO medienrechtl.; MediaBroadcast zu digitaler Vermarktungsplattform für digitales terrestrisches TV im DVB-T2-Standard u. zu Sendeverträgen u.a. mit RTL u. Pro7Sat.1; Sophisticated Film, u.a. zu Produktion eines USD Dokumentarfilms; Arts Alliance Media, lfd., u.a. zu Digitalisierung von Kinoleinwänden; MGM zu Murphy-Rechtsprechung; Joiz, u.a. zu Rundfunkrecht u. Onlinegewinnspiel; Axel Springer medienrechtl.; lfd. Ebay, Egmont Ehapa Verlag, Elite Film, Eventbrite, FFA, Microsoft, MTV, NBC Universal, Paypal, Pro7Sat.1, Sony Pictures, Walt Disney.

HENGELER MUELLER
Medien: Vertrags- und Urheberrecht
Medien: Regulierung
Medien: Transaktionen und Finanzierung
Bewertung: Die häufig empfohlene Medienpraxis hat zuletzt zentrale Mandate weiter ausbauen u. festigen können. So ist sie weiterhin sehr umfangr. an der Schnittstelle zum ▶Telekommunikationsrecht für KDG tätig, die sie neben dem wichtigen Prozess um Einspeiseentgelte weiter in mehreren neuen medienrechtl. Mandaten berät – hier hatten sich zuletzt viele Wettbewerber Chancen ausgerechnet. Auch die jüngere Mandatsbeziehung zu Google intensivierte sich zuletzt, neben der Beratung u. Vertretung zum Leistungsschutzrecht wird HM für den Branchenriesen nun auch in weiteren Verfahren aktiv. Innerhalb ihres Teams wurde durch die Ernennung einer Partnerin in D'dorf v.a. die Schnittstelle zum Datenschutz u. Öffentl. Recht weiter gestärkt. „Sehr dyn. Praxis u. breites Mandatsspektrum im Urheberrecht", lobt ein Wettbewerber.
Stärken: Eng vernetztes u. eingespieltes Team, große Erfahrung zu Verbreitungsfragen.
Entwicklungsmöglichkeiten: Die gute Mandatsbasis der Gesamtkanzlei prädestiniert die Praxis dafür, künftig auch verstärkt branchenfremde Unternehmen zur Digitalisierung zu beraten. Andere Medienpraxen wie CMS oder Taylor Wessing sind hier nicht zuletzt aufgr. ihrer stärkeren Aufstellung im IT-Recht schon weiter.
Häufig empfohlen: Prof. Dr. Wolfgang Spoerr, Dr. Albrecht Conrad, Dr. Christoph Stadler (Kartellrecht)
Kanzleitätigkeit: Schwerpunkt TV-Verbreitung aufseiten der Netzbetreiber (eng an der Schnittstelle zu Öffentl. Medienrecht inkl. Digitalisierung), stark im ▶Kartellrecht u. im kollektiven Urheberrecht (v.a. auf der Seite von Internetplattformen) sowie Begleitung großvol. Transaktionen. Zudem datenschutzrechtl. u. Verlagsberatung. Daneben oft in hochinstanzl. Prozessen, regelm. insbes. auch in Gesamtvertragsverfahren tätig. (9 Partner (davon 2 TMT, 2 M&A, 3 Kartellrecht, 2 Datenschutz), 2 Counsel, 14 Associates)

Mandate: ●● Google umf. zum Leistungsschutzrecht u.a. vor der Schiedsstelle des DPMA gg. VG Media; YouTube in Prozess gg. Gema zu Lizenzpflichtigkeit von UGC-Plattformen; KDG lfd., gg. öffentl.-rechtl. Sender in Grundsatzstreit über Kabeleinspeiseentgelte sowie zu Ausspeisung ARD Alpha; Bundesvereinigung der Musikveranstalter u.a. in Gesamtvertragsverfahren gg. GVL bis vor BGH; British Sky Broadcasting bei Übernahme von Sky Dtl.; Wild Bunch bei Zusammenschluss mit Senator; Wolters Kluwer zu Datenschutz.

HERTIN & PARTNER
Medien: Vertrags- und Urheberrecht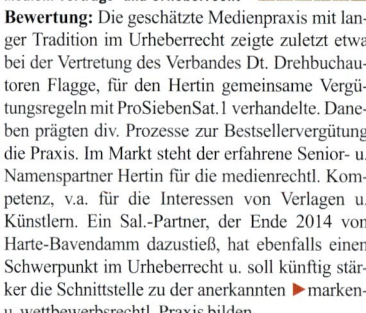
Bewertung: Die geschätzte Medienpraxis mit langer Tradition im Urheberrecht zeigte zuletzt etwa bei der Vertretung des Verbandes Dt. Drehbuchautoren Flagge, für den Hertin gemeinsame Vergütungsregeln mit ProSiebenSat.1 verhandelte. Daneben prägten die Praxis Prozesse zur Bestsellervergütung. Im Markt steht der erfahrene Senior- u. Namenspartner Hertin für die medienrechtl. Kompetenz, v.a. für die Interessen von Verlagen u. Künstlern. Ein Sal.-Partner, der Ende 2014 von Harte-Bavendamm dazustieß, hat ebenfalls einen Schwerpunkt im Urheberrecht u. soll künftig stärker die Schnittstelle zu der anerkannten ▶marken- u. wettbewerbsrechtl. Praxis bilden.
Entwicklungsmöglichkeiten: Die Praxis steht vor der Herausforderung, auch die jüngeren Anwälte im Markt bekannter zu machen, u. den bevorstehenden Generationswechsel gut zu meistern.
Häufig empfohlen: Prof. Dr. Paul Hertin
Kanzleitätigkeit: Urheber- u. medienrechtl. Vertretung von Verlagen, Autoren sowie Synchronsprechern u. Künstlern, oft zu Vergütungsthemen. Zudem urheberrechtl. Beratung von Start-up-Unternehmen. (1 Eq.-Partner, 1 Sal.-Partner, 1 Associate)
Mandate: ●● Verlag Esterbauer in Prozess gg. Freistaat Bayern zu Karteninformationen vor EuGH; Sins in Concert in urheber- u. markenrechtl. Streit bzgl. dt. Doppelgänger-Show gg. Blues Brothers; div. Komponisten u. Musikverlag in Nichtigkeitsklage gg. Gema-Verteilungsplan; Verband Dt. Drehbuchautoren (Mitglieder- u. Vorstandsberatung); Chrome Dreams bei Gutachten zur Verwertung von US-Radiosendungen.

HEUKING KÜHN LÜER WOJTEK
Medien: Vertrags- und Urheberrecht
Medien: Regulierung
Bewertung: Die Medienpraxis, bei Heuking gemeinsam mit ▶TK- u. ▶IT-Recht Teil einer größeren Einheit, gehört zu den empfohlenen Akteuren im Markt. Über ihre breite Aufstellung ist sie gut positioniert für technologiegetriebene Konvergenzthemen der Medienbranche. So begleitet das Team um Schmittmann einen großen Zeitschriftenverlag beim Aufbau eines Internet-TV-Angebots u. flankiert damit v.a. im Urheber- u. Vertragsrecht den Sprung ins digitale Zeitalter. U.a. mit der langj. Arbeit für den IPTV-Branchenprimus Zattoo hat Heuking bewiesen, dass sie derartige Projekte stemmen kann. Daneben verfügt die Praxis über etablierte Schwerpunkte wie die Beratung von Verlagen im Presse- u. Äußerungsrecht, für die eine Kölner Partnerin steht, u. Schmittmanns Vertretung div. Privatsender ggü. Verwertungsgesellschaften.
Stärken: Ausgeprägte Schnittstelle zum TK-Recht.

Häufig empfohlen: Michael Schmittmann („erfahren u. kompetent", Wettbewerber)
Kanzleitätigkeit: Satelliten- u. Kabelverbreitung von TV-Programmen. Auch ▶Kartellrecht und ▶IT. Regelm. zu Konvergenzthemen (z.B. IPTV), zunehmend urheberrechtl. Onlineportale sowie urheberrechtl. Haftung bei Satelliteneinspeisung. Mandantschaft: internat. Unternehmen, Satellitenbetreiber, TV-Mehrwertdiensteanbieter, Verlage u. zunehmend ausl. Glücksspielanbieter im Internet. Zudem Presse- u. Äußerungsrecht. (3 Eq.-Partner, 2 Sal.-Partner, 7 Associates)
Mandate: ●● Airweb bei Umstrukturierung; Eutelsat u.a. bei Verkauf der Kabelkiosk-Plattform; M7 Dtl. bei Umstrukturierung u. Neuverträgen; Zattoo u.a. zum Leistungsschutzrecht; Privatsender in rundfunkrechtl. Konkurrentenklage; Anixe HD TV regulator. zu Vertrieb über DVB-T/Satellit/Kabel; lfd. zu Urheberrecht u. Distribution: Al Jazeera, Bloomberg TV, Discovery, Euronews, Eurosport, iMusic1.

HEUSSEN
Medien: Vertrags- und Urheberrecht
Medien: Transaktionen und Finanzierung
Bewertung: Für die empfohlene Praxis für Medien spielt die Digitalisierung der Medien eine zunehmend größere Rolle: Wie Unverzagt von Have berät auch sie YouTuber sowie bspw. die Frankfurter Klasse bei ihrem Social-Media-Auftritt. Auch Werbeagenturen – z.B. We Do – wandten sich mit dieser Thematik an Hotze. Gleichzeitig bleiben TV-Mandanten, v.a. mit regulator. Fragestellungen, ein wichtiges Geschäftsfeld von Heussen. Am KG-Hamburg-1-Mandat zeigt sich zudem, dass das Verweisgeschäft sowohl zur ▶gesellschaftsrechtl. als auch zur arbeitsrechtl. Praxis zunehmend gelingt. In München gewann die Kanzlei zudem eine of Counsel, die das Filmgeschäft eines im vergangenen Jahr gewonnenen of Counsels unterstützt.
Häufig empfohlen: Dr. Hermann Waldhauser („pragmatisch", Wettbewerber), Marcus Hotze („denkt strategisch, verhandlungsstark u. hat ein gutes Gefühl für wirtschaftl. Interessen", Mandant)
Kanzleitätigkeit: Beratung von Internetportalen, zunehmend außerhalb der klass. Medienbranche im Bereich Social Media; branchenbezogene Finanzierung (v.a. Gamesfonds) u. M&A., v.a. in Berlin Medienregulierung (Verbreitungsfragen, Medienkonzentrationsrecht), auch Urheber- u. Vertragsrecht für Sender, Film, Hörfunk u. Verbände sowie Presse- u. Äußerungsrecht. (TMT-Team: 4 Eq.-Partner, 1 Sal.-Partner, 2 Associates, 7 of Counsel)
Mandate: ●● Aristo TV zu Zulassung eines Teleshoppingsenders; KG Hamburg 1 u.a. zur Begleitung von Anzeigenverfahren bzgl. Beteiligungsveränderungen; Frank Otto Medien zu digitalem Hörfunk; Doctopia zu Lizenzverträgen von Webvideos; We Do Communication zu Social Media; The Digitale u. Nicko Tours medienrechtl.; Frankfurter Klasse zu Social-Media-Auftritt.

JBB RECHTSANWÄLTE
Medien: Vertrags- und Urheberrecht
Bewertung: Die geschätzte Medienpraxis bedient ähnl. wie Wettbewerberin KNPZ medienrechtl. v.a. die Verlage u. Content-Anbieter u. berät regelm. an den Schnittstellen zu ▶IT, aber auch zum Presserecht. Hier setzt bspw. der Dt. Fachverlag oder auch Springer Science+Media auf das Team um Feldmann. Auch die urheberrechtl. Beratung

MEDIEN MEDIEN, TECHNOLOGIE UND KOMMUNIKATION

sichert einen steten Mandatsfluss: z.B. die Mandatierung durch Kulturprojekte Berlin rund um die Feierlichkeiten zum 25. Jubiläum des Mauerfalls. In größeren Verfahren war JBB allerdings zuletzt weniger sichtbar als in den Vorjahren.
Häufig empfohlen: Thorsten Feldmann („viel Erfahrung im Medienrecht u. Datenschutz", Wettbewerber)
Kanzleitätigkeit: Schwerpunkt in der Beratung von Verlagen, Urheberrecht u. Gewerbl. Rechtsschutz, auch Presserecht. Zudem an der Schnittstelle zu IT, Datenschutz u. bei kl. Transaktionen. Mandantschaft: v.a. Medienunternehmen, Verlage, Fernsehsender, Internetplattformen. (3 Partner, 5 Associates)
Mandate: ●● Kulturprojekte Berlin medien- u. urheberrechtl. zu Feier des 25. Mauerfalljubiläums; ‚Taz' medienrechtl.; Netzpolitik.org zu IFG-Verfahren gg. Bundesministerien; ‚Spiegel Online' urheberrechtl. gg. Grünen-Abgeordneten; Dt. Fachverlag lfd. medienrechtl. u. zu Datenschutz; Celebrity News zu Neustrukturierung der Verträge mit Bild- u. Videoagenturen.

K&L GATES
Medien: Vertrags- und Urheberrecht ◻◻◻■◻◻
Medien: Transaktionen und Finanzierung ◻◻◻◻■◻
Bewertung: Durch ihre umfangr. Betreuung von Stammmandantin VG Media ist diese empfohlene Medienpraxis weiterhin sehr präsent im Markt. Zudem gelingt es K&L Gates insbes. über ihre intensive Tätigkeit für den VPRT, ihren Mandantenkreis kontinuierl. zu erweitern. So kam zuletzt etwa die Beratung eines priv. Radiosenders zu Webradiofragen dazu. Die gute Vernetzung von von Albrecht u. seine ausgewiesene Expertise im Urheberrecht sorgten zudem dafür, dass ein namh. Medienkonzern sie für diesen Bereich neu beauftragte. Daneben nahm die Bedeutung von Mandaten mit Bezügen zum Datenschutz weiter zu. Mit dem Wechsel des v.a. im IT- u. TK-Recht bekannten Dr. Tobias Bosch zu Noerr verlor K&L aber einen von 2 Partnern der Praxis.
Stärken: Breit angelegte Beratung der Branche, tiefes urheberrechtl. Know-how für Verwertungsgesellschaften.
Entwicklungsmöglichkeiten: Je stärker K&L Gates im Datenschutz tätig ist, desto wichtiger wird es hier sein, den Verlust von Bosch wieder auszugleichen.
Häufig empfohlen: Dr. Martin von Albrecht („sehr kompetenter Medienrechtler", Wettbewerber)
Kanzleitätigkeit: Schwerpunkt im Recht der Verwertungsgesellschaften sowie im Bereich der Kabelweitersendung (v.a. urheber-, TK- u. kartellrechtlich). Dabei umf. Beratung div. Unternehmen im Bereich Film u. TV, insbes. Sender u. Verlage, auch Start-ups u. mehrere Verbände. Vereinzelt Transaktionen. Zudem im Sport- u. Glücksspielrecht sowie solide Kunstrechtspraxis. (1 Partner, 1 Counsel, 5 Associates)
Mandate: ●● VG Media lfd., u.a. zu Leistungsschutzrecht u. Tariffragen, gg. BestMedia wg. der Beteiligung von Sendern an Privatkopievergütung, bei Vergleich mit Kabel Dtl. zur Kabelweitersendevergütung, als Streitverkündete in Prozess zur Zulässigkeit von Onlinevideorekordern; VPRT lfd., u.a. bei Gesamtvertrag mit Gema über Einheitstarif mit öffentl.-rechtl. Rundfunk (Bereiche Hörfunk u. TV); Goldbach Germany zu datenschutzrechtl. Zulässigkeit von Smart-TV-Werbevideos; Viacom, u.a. urheberrechtl. u. zu Musiklizenzen; MyVideo Broadband, Clipfish u. Ampya bei Musikverträgen mit Gema u. anderen Rechteinhabern.

KING & WOOD MALLESONS
Medien: Vertrags- und Urheberrecht ◻◻◻◻■◻
Bewertung: Für ihre langj. Expertise im Gamessektor ist die geschätzte Praxis für Medien im Markt bekannt. Neben ihrer umfassenden Beratung von Stammmandantin Nintendo machte sie zuletzt Schlagzeilen mit der gerichtl. Vertretung gg. Betreiber von Bots – ein wichtiges Thema für die Gamesbranche – bei dem Activision Blizzard auf das kleine Team um Krüger setzte. Neben ihrem Steckenpferd Games hat sich die Praxis aber zusehends diversifiziert: So nimmt die medienrechtl. Beratung bei Transaktionen immer mehr Raum ein, gleichzeitig bindet das Medienteam auch andere Praxen ein, bspw. im Kartellrecht. Und auch die Fusion der Gesamtkanzlei trägt bereits Früchte: China Southern Airlines ist ein Verweismandat aus China.
Stärken: Gut vernetzt im Gamessektor.
Häufig empfohlen: Dr. Stefan Krüger
Kanzleitätigkeit: Schwerpunkt im Gamessektor, v.a. im Bereich interaktive Medien u. Konsolen. Daneben im Onlinesektor (Games u. Portale), v.a. zu urheber-, lizenz- u. haftungsrechtl. Fragen sowie Jugend- u. zunehmend Datenschutz. Häufig an der Schnittstelle zu IP. Auch Kartellrecht. (3 Partner, 2 Counsel, 2 Associates)
Mandate: ●● Activision Blizzard in mehreren Verfahren gg. Vertreiber von Bots; Blizzard Entertainment in urheberrechtl. Verfahren gg. Bossland; China Southern Airlines zu Website u. Onlinebuchungssystem; Nintendo, u.a. zu Urheberrecht von Inhalten bei Videospielen vor OLG; Monotype Imaging medienrechtl. bei Kauf der FontFont-Schriftenbibliothek; PlayNext medienrechtl. bei Verkauf des PC-Gamesgeschäfts; Blizzard umf., u.a. zu Diablo III.

KLINKERT
Medien: Vertrags- und Urheberrecht ◻◻◻◻■◻
Bewertung: Das Musikrecht ist die Nische, die die geschätzte Kanzlei für Medien seit Jahren erfolgreich besetzt, besonders das Urheberrecht. Bubenzer steht für Mandate wie Rhapsody International, u. Deezer griff im urheberrechtl. Verfahren um den Ideenschutz des preisgekrönten Werbespots ‚Nutjobs' auf ihn zurück. Mit 1&1 Mail & Media vertritt die Praxis zudem einen Player vor der DPMA-Schiedsstelle in Sachen Leistungsschutzrecht. Ebenso bekannt ist Klinkert zudem für ihre langj. Expertise im ▶Sportrecht.
Häufig empfohlen: Piet Bubenzer („exzellent integrierbar, sehr erfahren u. pragmatisch", Wettbewerber)
Kanzleitätigkeit: Beratungsschwerpunkt bei der Lizenzierung von Inhalten, auch über den Musikbereich hinaus. Häufig im Zshg. mit der Auswertung mobiler Inhalte. Auch an der Schnittstelle zum Wettbewerbsrecht. Verstärkt gerichtlich in Fragen zu Geräteabgaben. Mandanten: Verlage, Musikbranche, TK- u. IT-Unternehmen, Fußballvereine. (3 Partner, 2 Associates)
Mandate: ●● Deezer/Odysee Music Group urheberrechtl. u. vor Gericht zum Ideenschutz für Werbespots; 1&1 Mail & Media vor der DPMA-Schiedsstelle zum Leistungsschutzrecht; Refinery29 zu Lizenzierung von Inhalten u. medienrechtl. bei Transaktion; DFV-Mediengruppe urheberrechtl.; Freenet in Schiedsstellenverfahren über Geräteabgaben.

KNPZ RECHTSANWÄLTE
Medien: Vertrags- und Urheberrecht ◻◻◻◻■◻
Bewertung: Die empfohlene Boutique ist v.a. durch die Beratung ihrer Stammmandantinnen Axel Springer u. Bauer visibel, da diese eine Reihe von Verfahren vor diversen Gerichten sowohl medienrechtl. als auch im ▶Presse- u. Äußerungsrecht führen. So war das kleine Team um Neben zuletzt bspw. für Axel Springer in einem urheberrechtl. Verfahren um die Verwertung von geschützten Inhalten gefragt. Dass sie ihre Mandanten auch im Zuge der Digitalisierung begleitet, zeigt ihre jüngste Tätigkeit für Bauer bei der Umsetzung der Digitalstrategie, u.a. beim Aufbau eines Onlinekiosks. Sie profitieren dabei von ihrer IT-Schnittstelle, die ähnl. ausgeprägt ist wie bei JBB.
Häufig empfohlen: Dr. Gerald Neben („viel Verständnis u. Interesse für Geschäft u. Ziele, sprachl. brillant u. präzise in Schriftsätzen", Mandant)
Kanzleitätigkeit: Umf. Verlagsberatung hinsichtl. Urheber-, Wettbewerbs- u. ▶Presserecht; Beratung zu Werbevermarktungsverträgen u. lizenzrechtl. Fragen; v.a. an der Schnittstelle zum IT-Recht. (2 Partner, 5 Associates)
Mandate: ●● Bauer Media zu Digitalstrategie, u.a. zu Vertriebsmodellen über Onlinekiosk; Axel Springer urheberrechtl. wg. Schadensersatz für unberechtigte Verwertung u. in mehreren kostenrechtl. Auseinandersetzungen wg. Rückforderung überhöhter Anwaltsgebühren; Conflutainment zu Entwicklung u. Vertrieb von Games; Medienholding medienrechtl. bei mehreren Transaktionen.

KVLEGAL
Medien: Vertrags- und Urheberrecht ◻◻◻◻◻■
Bewertung: Immer mehr entwickelt sich die Tätigkeit im IT-Recht zu einer wichtigen Säule der für die Medienberatung geschätzten Kanzlei. Zuletzt kam etwa ein börsennot. Softwareanbieter als Mandant dazu, zudem wird die Vertretung u. Beratung um das Thema urheberrechtl. Geräteabgaben immer bedeutender. Sehr konstant fließen weiterhin über ihre Tätigkeit für die beiden gr. Verbände AGD u. AGDok Mandate in die Kanzlei. Die Verbandsberatung ist zwar recht kleinteilig, wird aber von der Kanzlei sehr effizient organisiert u. sorgt für ein Grundrauschen.
Entwicklungsmöglichkeiten: Aufgrund der allg. wirtschaftl. Situation der Branche u. der gefestigten Mandatsbeziehungen bei Wettbewerbern ist es für KVLegal im Film- u. Musikbereich schwer, große Mandate zu bekommen. Ausgleichen könnte sie das durch eine noch stärkere Beratung der IT-Branche rund um das Thema Geräteabgaben, hier bietet sich der Kanzlei noch viel Potenzial.
Häufig empfohlen: Christlieb Klages, Dr. Urs Verweyen („starke u. sichere Vertretung im Urheberrecht", Mandant)
Kanzleitätigkeit: Urheberrechtl. Beratung, v.a. im Zshg. mit Geräteabgaben u. Haftung von Videoportalen, starke Schnittstelle zu IT- u. Internetrecht, zudem oft gerichtl. Vertretung; Mandanten: Verbände, Onlineplattformen u. (Drehbuch-)Autoren. Vertretung von Künstlern, Journalisten u. Unternehmen im Presse- u. Äußerungsrecht. (2 Partner, 4 Associates)
Mandate: ●● AGD Allianz Dt. Designer umf. (Mitglieder sowie Verband); AGDok lfd. in Verfahren gg. Verwertungsgesellschaften u. Sender; ZitCo. umf. u.a. bei Gesamtverträgen mit Gema, VG Wort u. VG Bild-Kunst über Geräteabgaben; gr. Softwareanbieter u.a. zu Datenschutz; Drehbuchautor in Prozessen gg. Sat.1 sowie Sky wg.

MEDIEN, TECHNOLOGIE UND KOMMUNIKATION MEDIEN

Nachvergütung; IT-Unternehmen in Prozess gg. ZPÜ, VG Wort u. VG Bild-Kunst in Verfahren vor dem BGH wg. Urheberrechtsabgabe.

LAUSEN
Medien: Vertrags- und Urheberrecht

Bewertung: Die Münchner Kanzlei wird v.a. für ihre Expertise im Urheberrecht häufig empfohlen, ein Wettbewerber nennt sie „die Nr. eins unter den Medienboutiquen". Wie wenigen gelingt Lausen der Know-how-Transfer zw. unterschiedl. Zweigen der Medienbranche. So nutzt sie ihr Wissen über die Musikindustrie, die bei Digitalisierungsproblemen wie Piraterie u. der Umwälzung von Geschäftsmodellen am weitesten ist, auch für die Beratung von Verlagen u. Filmunternehmen gewinnbringend. Nur ein Bsp. für diese Verzahnung ist ein branchenübergreifendes Verfahren, in dem Film- u. Musikunternehmen gemeinsam mit Buchverlagen Schadensersatz vom größten Sharehoster Uploaded verlangen. Rasch an Profil gewinnt ein Associate, der sich auf Live-Entertainment spezialisiert: Er beriet Neumandantin Stage u.a. bei ihrer ersten großen Eigenproduktion. Dass Medienthemen auch für Industrieunternehmen an Relevanz gewinnen, ist eine Chance für vielseitige Medienspezialisten wie Lausen. Das zeigen erste Erfolge bei der Beratung branchenfremder Akteure etwa zur Musiknutzung in Werbekampagnen. Am meisten Aufmerksamkeit, auch auf internat. Ebene, beschert der Kanzlei nach wie vor das Verfahren, das Lausen u. Bäcker für die Gema gg. die Google-Tochter YouTube führt.
Stärken: Tiefes Know-how aufseiten der Rechteverwerter bei Internetpiraterie.
Häufig empfohlen: Dr. Matthias Lausen („im Bereich Internetpiraterie eine feste Größe", Wettbewerber), Dr. Martin Schippan („schnell u. pragmatisch", Wettbewerber), Dr. Ursula Feindor-Schmidt, Dr. Kerstin Bäcker („profund u. ergebnisorientiert", Wettbewerber), Dr. Richard Hahn
Kanzleitätigkeit: Häufig zu Internetpiraterie klar aufseiten der Rechteverwerter, zunehmend strateg. Beratung zu Rechtemanagement, regelm. im internat. Kontext sowie Lobbyarbeit. Beratung von Filmrechtehändlern, Filmverleihern bei der Lizenzierung von Film- u. TV-Produktionen. Auch Produktionsfirmen, Service- u. Content-Anbieter sowie Softwarehäuser u. zunehmend Verlage im Urheber- (Lizenz-) sowie im Äußerungsrecht. Zudem Arbeitsrecht. (6 Partner, 7 Associates)
Mandate: Gema u.a. in Verf. gg. YouTube wg. Haftung u. Schadensersatz; div. Verlage u. Unternehmen der Film- u. Musikindustrie in branchenübergreifendem Schadensersatzverf. gg. Sharehoster Uploaded; Stage Entertainment u.a. zur Eigenproduktion ‚Das Wunder von Bern'; SZ in Verf. gg. Eyeo/AdBlock plus; FAZ in Verf. gg. buch.de wg. Schutzfähigkeit von Rezensionsauszügen.

LOSCHELDER
Medien: Regulierung

Bewertung: Die im Medienrecht geschätzte Kanzlei war zuletzt erneut stark ausgelastet durch das Grundsatzverfahren um Einspeiseentgelte, bei dem sie die ARD-Rundfunkanstalten gg. die Kabelnetzbetreiber Unitymedia u. Kabel Dtl. vertritt. Zudem gelang es, ein weiteres Prozessmandat aus dem ARD-Umfeld zu gewinnen: Schütz vertritt den Bayer. Rundfunk gegen eine Klage von 40 Radiosendern, die gg. die geänderte Nutzung einer Analogfrequenz vorgehen. Neben dem Öffentl. Rundfunkrecht als Kernbereich bleibt die Tätigkeit für div. Verlage im Presse- u. Äußerungsrecht eine stabile Säule des Geschäfts.
Stärken: Anerkanntes, regulator. Know-how, v.a. an der Schnittstelle zum ▶TK-Recht.
Entwicklungsmöglichkeiten: Die Verfahrenswelle rund um den Streit zu Einspeiseentgelten dürfte mit dem BGH-Urteil im vergangenen Juni ihren Höhepunkt erreicht haben. Damit eröffnen sich Chancen, freiwerdende Kapazitäten für die Erschließung neuer Felder zu nutzen.
Häufig empfohlen: Dr. Raimund Schütz
Kanzleitätigkeit: Schwerpunkt in der Medienregulierung, v.a. im Senderbereich (öffentl.-rechtl. u. Spartensender). Beratung zu Jugendschutz, Kabelverbreitung, Kabelbelegung u. Gebühren. Auch Urheber- u. Äußerungsrecht sowie Datenschutz. (2 Partner, 3 Associates)
Mandate: ARD-Rundfunkanstalten gg. Kabel Dtl. u. Unitymedia wg. Einspeiseverträgen vor div. LG u. OLG, Verwaltungsgerichten sowie BGH; QVC Dtl. zu Kabeleinspeiseverträgen; Bayer. Rundfunk gg. Klage von 40 Radiosendern auf Unterlassung eines Frequenzwechsels; WDR im Rundfunk- u. Äußerungsrecht; presserechtl.: DuMont Schauberg, Rheinische Post u. Axel Springer.

MCDERMOTT WILL & EMERY
Medien: Vertrags- und Urheberrecht
Medien: Regulierung
Medien: Transaktionen und Finanzierung

Bewertung: Die häufig empfohlene Praxis berät als integriertes TMT-Team. Die Beratung an den Schnittstellen zu ▶IT u. ▶Telekommunikation sind so ausgeprägt, dass die Grenzen zum Medienrecht kaum trennscharf zu ziehen sind. Dieser integrierte Zuschnitt kommt ihr gleich in mehreren Verfahren zugute: V.a. mit dem von der Branche scharf beobachteten ‚Adblock-Verfahren', wo sie mit IP Deutschland bzw. RTL interactive gleich 2 Player aus dem RTL-Umfeld vertritt, zog die Praxis um von Frentz Aufmerksamkeit auf sich. Hier kann sie mit ihren Pfunden – der langj. medienrechtl. Tätigkeit für RTL u. ihrem technolog. Know-how – wuchern. Stärker an der Schnittstelle zu TK spielt die langj. Beratung von RTL in so wichtigen Verfahren wie dem Streit über Onlinevideorekorder bzw. von ProSiebenSat.1 in der Frage um Kabelweitersendungsrechte. M&A-Deals, im Vorjahr geprägt durch die Begleitung von Telefónica, nahmen zuletzt einen kleineren Raum ein als früher.
Stärken: Tiefes branchenbezogenes Know-how.
Häufig empfohlen: Dr. Wolfgang Freiherr Raitz von Frentz („pragmatisch, starker Verhandler", Wettbewerber), Dr. Ralf Weisser, Dr. Vincent Schröder
Kanzleitätigkeit: Beratung in allen medienrelevanten Fragen: Urheberrecht im Umfeld der Digitalisierung, Regulierung, Lizenzen, Vermarktung, Finanzierung. Zudem ▶IT u. stark an der Schnittstelle zum TK-Recht (insbes. zu Verbreitungsfragen aufseiten der Sender). Mandantschaft: Privatsender, zudem Studios u. Unternehmen an der Schnittstelle Internet/TK/Rundfunk. Auch Transaktionen u. branchenbezogenes Kartellrecht. (TMT: 4 Partner, 3 Associates)
Mandate: IP Dtl./RTL interactive gg. Eyeo im Verfahren um ‚Adblock'; Dt. Telekom, u.a. in Urheber- u. Vertragsrecht bei Content-Fragen im Zshg. mit TV-Plattform ‚Entertain'; Deutschlandradio zu Zahlungsklagen bzgl. Kabeleinspeiseentgelte am OLG Karlsruhe u. Düsseldorf; Yep TV bei Kooperationsvertrag mit Pro7Sat.1 zu Kinderprogramm von ProSiebenMaxx.

MORRISON & FOERSTER
Medien: Vertrags- und Urheberrecht
Medien: Regulierung
Medien: Transaktionen und Finanzierung

Bewertung: Knapp 2 Jahre nach der Eröffnung ihres ersten dt. Büros in Berlin war die im Medienrecht häufig empfohlene Praxis zuletzt gleich in mehreren Medientransaktionen sichtbar: Z.B. war sie neben anderen Kanzleien ebenfalls Berater beim Verkauf von Sky Dtl. u. Sky Italia durch Stammmandantin 21st Century Fox u. beriet DEAG beim Joint Venture mit ProSiebenSat.1 u. Bild. Visibler Mittelpunkt des Teams ist Wagner, dessen Team nicht nur auf seine guten Kontakte im US-Markt baut, sondern das neue Netzwerk nutzt u. eine Reihe US-Mandanten zum dt. Markteintritt berät. Daneben bleibt die regulator. Beratung, v.a. mit kartellrechtl. Schwerpunkt, im Fokus des Geschäfts, wovon bspw. die Tätigkeit für die DEAG zeugt. Auch das klass. Medien- bzw. Filmrecht deckt M&F ab: So zählt die Praxis eine Reihe von Hollywood-Studios zu ihren Mandanten.
Stärken: Sektorbezogene gesellschafts-, kartell- u. medienrechtl. Beratung.
Häufig empfohlen: Dr. Christoph Wagner, Dr. Andreas Grünwald, Christiane Stützle
Kanzleitätigkeit: Beratung privater TV-Sender (auch Radio) inkl. Rundfunkrecht sowie Filmstudios u. -produzenten, auch bei Transaktionen u. Finanzierung. Content-Anbieter inkl. elektron. Spiele sowie vermehrt Musikverlage. Kennzeichnend ist die Arbeit an der Schnittstelle zu TK- u. Kartellrecht. (2 Partner, 2 Counsel, 6 Associates)
Mandate: 21st Century Fox bei Verkauf von Sky Dtl. u. Sky Italia an BSkyB; Anschutz Entertainment zu strateg. Partnerschaft mit Mercedes Benz; Axel Springer zu strateg. Investments bei US-Internetunternehmen, u.a. bei Ozy Media; DEAG Dt. Entertainment zu Gründung von MyTicket.de u. Joint Venture mit Pro7Sat.1 u. Bild; lfd. medienrechtl. Sky Dtl. u. Sony Music Entertainment.

NOERR
Medien: Vertrags- und Urheberrecht
Medien: Regulierung
Medien: Transaktionen und Finanzierung

Bewertung: Die Kanzlei gehört weiterhin zu den führenden im Medienrecht. Allerdings musste sie mit dem Wechsel Dr. Martin Diesbachs zur Wettbewerberin SKW Schwarz einen herben Verlust einstecken. Zwar gewann die Medienpraxis zuletzt den renommierten ehem. K&L Gates-Partner Bosch als Quereinsteiger, zudem kann Noerr Diesbachs Schwerpunkte Prozessführung (v.a. in sog. Bestsellerverfahren, u.a. für das ZDF) u. die Beratung zu Filmproduktionen durch die renommierte Partner Michel u. Radau weiterhin auf hohem Niveau anbieten, was für die Qualität der Praxis spricht. Dennoch ist die Frage, warum die Kanzlei einen derart anerkannten jungen Partner nicht halten konnte, ein Thema im Markt. Dass der Abgang das Team jedoch selbst in den Augen von Wettbewerbern nicht im Kern erschüttert, ergibt sich aus einer Sonderstellung im Markt: Kaum eine Großkanzlei kann eine ähnl. große, breit aufgestellte Medienpraxis vorweisen. Entspr. stark positioniert ist das Team an Schnittstellen zu ▶IT-, ▶Kartell-, ▶Telekommunikations- u. ▶Gesellschaftsrecht, die nur wenige Medienpraxen in diesem Umfang im eigenen Haus abdecken können. Beispielhaft zeigt sich die mit großem Aufwand forcierte Vernetzung des Medienrechts mit angrenzenden Pra-

● Referenzmandate, umschrieben
●● Referenzmandate, namentlich

MEDIEN MEDIEN, TECHNOLOGIE UND KOMMUNIKATION

xisgruppen in der Beratung eines Konsortiums von Industrieunternehmen beim Aufbau eines Industrie-4.0-Standards, über den Maschinen digital vernetzt werden, um Produktionsprozesse zu optimieren. An dem Großprojekt sind neben Michel, Diesbachs Nachfolger als Leiter der Medienpraxis, auch IT-, Gesellschafts-, Kartell- u. Steuerrechtler beteiligt. Dass Noerr daneben weiterhin in nahezu allen Bereichen des klass. Medienrechts zu den führenden Beraterinnen zählt u. ihre Anwälte zahlr. richtungsweisenden Fällen beteiligt sind, verdankt die Kanzlei auch ihren guten Drähten in die Politik, für die v.a. Kreile steht.

Stärken: Sinnvoller Mix aus Spitzenberatung u. Brot-u.-Butter-Geschäft, an vielen relevanten Themen beteiligt, stark an den Schnittstellen zu ▶IT- u. ▶Kartellrecht.

Entwicklungsmöglichkeiten: Kaum eine Medienpraxis hat sich so systematisch mit ihrer Vernetzung innerhalb der eigenen Kanzlei u. daraus entstehenden Möglichkeiten beschäftigt. Um diesen fachl. Vorteil optimal zu nutzen, braucht es jedoch starke junge Partner. Findet die Kanzlei Wege, diese künftig enger an sich zu binden, könnte sich Diesbachs Weggang im Nachhinein als heilsamer Weckruf erweisen.

Häufig empfohlen: Prof. Dr. Johannes Kreile, Dr. Hans Joachim Radau, Prof. Dr. Ulrich Michel („angenehm u. kompetent", Wettbewerber), Dr. Tobias Bosch, Prof. Dr. Christian Pleister („sehr präsent bei M&A im Medienbereich", Wettbewerber), Dr. Alexander Ritvay (beide Corp./M&A), Dr. Tobias Frevert, Dr. Alexander Birnstiel, Dr. Kathrin Westermann (beide Kartellrecht)

Kanzleitätigkeit: Umfangr. Beratung im Film-, TV-, Entertainment- u. Verlagssektor (u.a. Lizenzverträge, Medienregulierung, Urheber-, Gesellschaftsrecht, Titelschutz, Transaktionen, Finanzierung u. Verbreitungsfragen). Stark im ▶Kartellrecht. Zudem anerkannte ▶Sportrechtspraxis u. an der Schnittstelle zu ▶TK u. ▶IT. Aktiv im Zshg. mit Digitalisierung für klass. Medienunternehmen, zunehmend originäre Internetunternehmen. Mandantschaft: TV-Sender (v.a. öffentl.-rechtl.), Filmstudios, Produktionsfirmen, Kreative der Musikbranche u. Agenturen. Filmfinanzierung (u.a. für Banken u. Leasinggesellschaften, Einzelinvestoren u. Studios), Filmförderung. Auch Glücksspielrecht, Verwertungsgesellschaften sowie Äußerungsrecht (v.a. Unternehmen). Medienpolit. sehr aktiv, insbes. aufseiten der Produzenten durch Kreiles geschäftsführende Tätigkeit in der Produzentenallianz. (6 Partner, 7 Associates)

Mandate: ●● BBC Worldwide bei Restrukturierung eines Joint Venture mit IDTV Dtl./All3Media; Walt Disney/Marvel bei Koproduktion von ‚Captain America 3' mit Studio Babelsberg; ZDF/Novafilm in Bestsellerverf.; ZDF in Verf. zu Kabeleinspeiseentgelten; Spotify u.a. zu Newsletter; Anixe HD in Schadensersatzprozess wg. HD-Aufspielung; GFM Films u.a. zu brit.-dt. Koproduktion; Lionsgate bei US-dt. Koproduktion u. Finanzierung von ‚Die Tribute von Panem 4'; Sport1 in div. Verf., u.a. wg. Kanalbelegungsbescheid der LfM NRW; Regierung von Oberbayern zu Leitfaden Presse- u. Urheberrecht; Constantin Medien lfd. im Glücksspielrecht; Europapark Rust zu Gema-Tariffragen; Autokonzern zu Abrechnung von Werbezeiten durch Werbeagentur; Konsortium bei Kauf eines priv. TV-Senders in Osteuropa.

OSBORNE CLARKE
Medien: Vertrags- und Urheberrecht ☐☐☐■☐
Medien: Transaktionen und Finanzierung

NOMINIERT
JUVE Awards 2015
Kanzlei des Jahres für Medien und Technologie

Bewertung: Die häufig empfohlene Medienpraxis hat zuletzt wichtige Schritte im klass. Verlagsgeschäft gemacht. Der Zugang von Dr. Martin Soppe, der von Gruner + Jahr kam, öffnete Türen bei anderen Verlagshäusern, die nun auf OC v.a. in digitalen Fragen vertrauen. Das ist umso bemerkenswerter, weil sich die Mandatierungspraxis der Branchenriesen von TV-Sendern u. Verlagen nur selten verändert. Möglich wurde dieser Schritt auch deshalb, weil OC mit einer ausgeprägten Schnittstellenexpertise zum IT punkten kann, die E-Commerce u. datenschutzrechtl. Fragen abdeckt. Der Zugang eines Partners mit IT-Schwerpunkt im Hamburger Büro in den vergangenen Jahr trägt hier mittlerw. Früchte. Wichtiges Fundament der Praxis bleibt aber die Beratung der Gamesbranche, für die Konstantin Ewald steht wie nur wenige im Markt. Sein ohnehin schon umfangreiches Mandatsportfolio – u.a. Electronic Arts u. Wooga – konnte er zuletzt erneut ausbauen. OCs Marktposition in der Berliner Start-up-Szene sichert ihr regelm. Geschäft, das nicht zuletzt auf ihrer engen Zusammenarbeit mit den Praxen für ▶Venture Capital u. ▶M&A fußt.

Stärken: Jahrelange Erfahrung in der Gamesbranche u. ausgeprägte ▶IT-Schnittstelle.

Entwicklungsmöglichkeiten: Der Ausbau des Hamburger Büros ging relativ schleppend voran, macht aber durch den Gewinn eines Corporate-Partners Fortschritte. Die praxis- u. standortübergreifende Zusammenarbeit mit Köln bzw. München ist aber die Voraussetzung dafür, dass auch die Medienpraxis vom Zugang, z.B. bei Transaktionen, profitieren kann.

Häufig empfohlen: Konstantin Ewald („pragmatisch, immer am Business orientiert", Mandant; „hervorragender Jurist", „jahrelange Erfahrung in der Gamesbranche", Wettbewerber)

Kanzleitätigkeit: Schwerpunkt in der Betreuung von Games-Publishern u. -entwicklern, viel Onlinerecht. Schwerpunkt in vertragsrechtlichen Fragen, im Jugend- u. Datenschutz sowie bei Finanzierungen. Vermehrt in Prozessen. Daneben Internetportale, u.a. in Haftungsfragen. Häufig im Schulterschluss mit IT u. Private Equity u. Venture Capital tätig. (Medien im engeren Sinn: 3 Partner, 6 Associates)

Mandate: ●● Facebook zu E-Commerce, Datenschutz u. Verbraucherschutz; GoPro zu Website-Launch u. E-Commerce; lfd. medienrechtl. Gruner + Jahr; Flaconi, Amorelie zu Transaktionen; regelm. Bundesverband Interaktive Unterhaltungssoftware u. Square Enix medienrechtl.; lfd. 6 Wunderkinder, Airbnb, Amazon, Electronic Arts, GameGenetics, Keen Games; Koch Media in Prozessen zum Jugendschutz; RadiumOne bei Eintritt in dt. Markt; Teradata zu Digital Marketing.

RAUE
Medien: Vertrags- und Urheberrecht ☐■☐☐☐

Bewertung: Systematisch verbreitert die häufig empfohlene Kanzlei für Medien ihr Geschäft. Herausragend bleibt Hegemann, der u.a. durch seine ▶Presse- u. äußerungsrechtl. Beratung von Axel Springer dauerpräsent ist. Gleichzeitig gelingt es Raue wie nur wenigen, ihre Alterspyramide konsequent aufzubauen, sodass auch jüngere Anwälte wie z.B. Heine immer mehr an Profil gewinnen. So verfügt die Berliner Einheit über eine Aufstellung, die den Markt in vielerlei Hinsicht abdeckt: Im Leistungsschutzrecht vertraut eine zentrale Mandantin wie die VG Media auf sie, Ebay kam zuletzt verstärkt mit Vermarktungsthemen, u. mit dem Medienportal Buzzfeed setzte ein UK-Unternehmen für seinen Markteintritt in Dtl. auf Raue.

Stärken: Jahrelange Erfahrung im Leistungsschutzrecht; starke Schnittstelle zum Presserecht.

Häufig empfohlen: Prof. Dr. Jan Hegemann, Prof. Dr. Peter Raue, Dr. Markus Plesser („große Einsatzbereitschaft für die Mandanten", „sehr versierter Jurist", Wettbewerber), Dr. Robert Heine

Kanzleitätigkeit: Urheberrecht. Beratung, Presse- u. Rundfunkrecht, Titelschutzrecht, Medienkartellrecht, meist auf Verlagsseite, auch für Onlinemedien. Zudem Künstler u. Kulturverbände. Mandanten: Verlage, Fernsehsender u. Internetunternehmen, Künstler u. vereinzelt prom. Einzelpersonen. Zudem polit. Engagement im Zshg. mit dem Leistungsschutzrecht für Verlage. (5 Eq.-Partner, 1 Sal.-Partner, 4 Associates)

Mandate: ●● VG Media zum Leistungsschutzrecht gg. Google vor dem DPMA; VDZ u. BDZV zu Leistungsschutzrecht; Ebay UK u. Ebay Advertising Group zu Plattformvermarktung; WeltN24/Axel Springer medienrechtl. im Zshg. mit Fusion; Buzzfeed medienrechtl. zum Aufbau der Plattform in Dtl.; Gema gg. YouTube wg. Videosperrtafeln; Viewster zu VoD-Plattform; lfd. Autobutler, Axel Springer.

REDEKER SELLNER DAHS
Medien: Regulierung ☐☐☐■☐

Bewertung: Die Beratung zur Medienregulierung in nahezu sämtl. Spielarten zeichnet die empfohlene Medienpraxis aus. So machte sie bspw. wieder im Verfahren um die Tagesschau-App von sich reden – ein Thema mit weitreichenden Folgen für die Aktivitäten im Netz von Sendern u. Verlagen. Ebenso beschäftigte sie das Verfahren für die LKM weiter zum Vorwurf der Schleichwerbung gg. Sat.1, was ebenfalls sowohl die Vermarktungsmöglichkeit von Unternehmen wie auch die Herangehensweise der Sender mit Einnahmequellen zukünftig beeinflussen wird. Wichtige Schnittstelle in der regulator. Beratung ist die anerkannte öffentl.-rechtl. Expertise der Gesamtkanzlei, die sie von ihren Wettbewerbern unterscheidet. Die Ernennung von gleich 2 Anwälten zu Partnern – einer von ihnen ist Mensching, der sich neben Lehr in den vergangenen Jahren auch im Presse- u. Äußerungsrecht einen Namen im Markt gemacht hat – zeugt vom Wachstum der Praxis.

Stärken: Beratung zur Medienregulierung in ihrer ganzen Bandbreite.

Häufig empfohlen: Gernot Lehr, Christian Mensching

Kanzleitätigkeit: Div. (Grundsatz-)Verfahren im Öffentl. Medienrecht, u.a. zu Drittsendezeiten u. Kabeleinspeisung u. zu Befugnissen öffentl.-rechtl. Sender im Netz. Zudem Glücksspielrecht, an der Schnittstelle zum Beihilfe-, Verwaltungs- u. Verfassungsrecht. 2. Standbein der Praxis ist das ▶Presserecht. (3 Eq.-Partner, 1 Sal.-Partner, 1 Associate, 1 of Counsel)

Mandate: ●● Landeszentrale für Medien u. Kommunikation Rheinland-Pfalz (LKM) bei Verfassungsbeschwerde gg. Sat.1 um den Vorwurf der Schleichwerbung; Arte in mehreren Klageverfahren bzgl. Kabeleinspeisung; ARD/NDR im Prozess um Tagesschau-App; Landeszentrale für Me-

MEDIEN, TECHNOLOGIE UND KOMMUNIKATION MEDIEN

dien und Kommunikation zu Drittsendezeiten u. Lizenzverlängerung; lfd. medienrechtl.: Landesanstalt für Medien NRW; Dt. Bundestag beim BVerG zu IFG-Ansprüchen.

REED SMITH
Medien: Vertrags- und Urheberrecht

Bewertung: Die geschätzte Medienpraxis entwickelt ihre Schwerpunkte im Urheberrecht behutsam weiter. Während ein Partner v.a. für medienbezogene Transaktionen steht, konzentriert sich Klett auf digitale Vertriebsformen von Inhalten u. damit verbundene Rechtsfragen. Zuletzt gewann die dt. Praxis über das Internet. Netzwerk einen großen asiat. Technologiekonzern als Mandanten hinzu. Neben der regulator. Beratung ausl. TV-Anbieter sticht die Arbeit für große Hersteller u.a. von Smartphones und Festplatten hervor, die Klett im Streit mit Rechteverwertern um Geräteabgaben vertritt.
Stärken: Enge Einbindung ins internat. Netzwerk.
Entwicklungsmöglichkeiten: Das globale Management verfolgt ehrgeizige Ziele beim Ausbau der ww. Praxisgruppe Entertainment u. Medien. Personell soll sich das Team von derzeit 60 Anwälten in den nächsten Jahren nahezu verdoppeln. Für das Wachstum der Praxis am wichtigsten europ. Medienstandort Dtl. verspricht das Rückenwind, den es für die Ausweitung des Geschäfts zu nutzen gilt.
Häufig empfohlen: Dr. Alexander Klett („besonnen u. fair", Wettbewerber).
Kanzleitätigkeit: Schwerpunkte in der Betreuung von ausl. TV-Sendern (Sendergründung, regulator. Beratung, Content-Verbreitung, vermehrt auch Gesellschaftsrecht/M&A) sowie zu urheberrechtl. Geräteabgaben. Zudem in den Bereichen Games u. Social Media, auch für branchenfremde Unternehmen. Häufig an der Schnittstelle zu IT und IP. (2 Partner, 4 Associates)
Mandate: ●● Yahoo u.a. bei Verfassungsbeschwerde gg. Leistungsschutzrecht; Also Dtl. in Verf. gg. ZPÜ wg. Gerätevergütung auf externe Festplatten; AMC zu dt. Tochtergesellschaft nach Kauf von Kinowelt; lfd. medienrechtl.: AMD, AXN, Last.fm, Bloomberg, Metro Goldwyn Mayer; div. Hersteller in Prozessen zu urheberrechtl. Geräteabgaben.

PROF. SCHWEIZER
Medien: Vertrags- und Urheberrecht

Bewertung: Die für Medienrecht empfohlene Kanzlei verfolgt schon seit Jahren als ausgelagerte Rechtsabteilung des Burda-Verlages ein eigenes Geschäftsmodell. Diese Hauptmandantin berät sie traditionell in nahezu allen Rechtsfragen. Daran hat sich auch nach dem Einstieg von Dr. Andreas Rittsteig in den Vorstand kaum etwas geändert – auch wenn Wettbewerber das gemutmaßt hatten. Neben einer Vielzahl von Fragen zum ▶ Presse- u. Äußerungsrecht vollzieht die Kanzlei mit ihrer Mandantin den Wandel hin zur Digitalisierung, z.B. bei der Beratung zu Apps wie ‚TV Spielfilm Live' u. ‚myKidio' oder für Holiday-Check bei der Frage nach Vorabprüfungen von Nutzerbewertungen – einer Frage von grundsätzl. Bedeutung für Portale.
Entwicklungsmöglichkeiten: Zwar sitzt die Kanzlei medienrechtl. bei Burda zuletzt dank des angesehenen Söder fest im Sattel, doch wird es auf lange Sicht darauf ankommen, diesen Status auch bspw. im M&A zu erreichen. Die Medienrechtspraxis müsste dabei die Rolle des Zugpferdes übernehmen.
Häufig empfohlen: Dr. Stefan Söder, Prof. Dr. Robert Schweizer
Kanzleitätigkeit: Umf. Beratung aller Burda-Gesellschaften zu medienrechtl. Fragen (u.a. Künstlerverträge, Produktionsverträge, Kooperationsvereinbarungen, Urheber- u. Markenrecht, Sponsoring, Lizenzverträge u. Finanzierungsbegleitung, Zulassungsfragen), bei TV-Formaten der div. Zeitschriften sowie im Zuge der Digitalisierung, vermehrt an der Schnittstelle zu IT. Auch medienrechtspolit. aktiv. Schwerpunkt im Äußerungsrecht. Zudem Prozessvertretung, Gesellschaftsrecht sowie Verwaltung u. Verteidigung der Burda-Marken. (12 Anwälte)
Mandate: ●● TV Spielfilm Verlag zu Verträgen mit Zattoo für App TV Spielfilm Live u. myKidio; HolidayCheck im BGH-Verfahren zur Vorabprüfung von Bewertungen; Jameda im BGH-Verfahren zum Anspruch auf Löschung von Bewertungen; Focus TV Productions zu Drittsendezeiten; Kinderzeitschriftenverlag bei urheberrechtl. Auseinandersetzung; TV Spielfilm Verlag, u.a. bei Auseinandersetzung mit TV-Sendern.

SKW SCHWARZ
Medien: Vertrags- und Urheberrecht
Medien: Transaktionen und Finanzierung

NOMINIERT
JUVE Awards 2015
Kanzlei des Jahres für Medien und Technologie

Bewertung: In nahezu sämtl. Facetten deckt die häufig empfohlene Praxis das Medienrecht ab u. verfügt über eine Reihe visibler Partner: Namenspartner Schwarz, einer der Grandseigneure des Filmrechts, war erneut ein gefragter Berater für die Produzentenallianz, für deren Sektion Kino er die Geschäfte führt. In dieser Funktion entwickelte er eine einheitl. Verbandsposition zur viel diskutierten FFG, zu TTIP sowie zur Lizenzvergabe von VoD-Angeboten. Die größten Fortschritte gelangen SKW aber rund um die Beratung zur Digitalisierung. So ist es kein Wunder, dass sich die begehrte Mandantin Netflix mit einer Vielzahl an Themen an das Team wandte. Zudem ist an diesem Mandat auch sichtbar, dass SKW mehr als früher praxisübergreifend agiert. Dass sie daraus Synergien hebt, zeigen zudem mehr Transaktionen unter der Federführung eines ehemaligen Linklaters-Partners, der im vergangenen Jahr am Münchner Standort einstieg. Mit Peschel-Mehner verfügt die Kanzlei zudem über einen visiblen Partner, der die Schnittstelle zum IT verkörpert u. auch das Geschäft u.a. im Gamesbereich ausbaute, bspw. für Sony Computer Entertainment. Einen zusätzl. Schub verlieh der Praxis zudem der Gewinn von dem im Markt sehr anerkannten Diesbach, der von Wettbewerbern Noerr kam. Unter seiner Regie laufen eine Reihe wichtiger Prozesse, u.a. Bestsellerverfahren zur Frage der Vergütung. Ein Verlust ist allerdings der Weggang von Dr. Daniel Kaboth, der bei Ampersand einstieg.
Stärken: Mehrere visible Partner mit unterschiedl. Schwerpunkten.
Häufig empfohlen: Prof. Dr. Mathias Schwarz, Dr. Christoph Haesner, Dr. Andreas Peschel-Mehner, Dr. Konstantin Wegner, Dr. Ulrich Fuchs, Norbert Klingner, Georg Wallraf, Dr. Martin Diesbach („kompetent u. pragmatisch", Wettbewerber).
Kanzleitätigkeit: Stark in der Beratung von Filmproduktionen, Filmfinanzierungsfragen, Private-Equity- bzw. VC-Mandantschaft. Überwiegend Produktionsges., auch Banken u. Versicherer. Zudem Restrukturierung/Insolvenzrecht u. Transaktionen. Beratung von Werbe- u. Multimediaagenturen sowie stark in der Verlagsszene u. IT-Unternehmen. Auch im Kartellrecht. Stark im Gamessektor (v.a. internat. Mandanten). Daneben Musik (u.a. Produzenten, Künstler u. Orchester), immer häufiger Internetplattformen (VoD, Piraterie). Regelm. Lobbyarbeit, v.a. aufseiten der Produzenten durch geschäftsführende Tätigkeit des Namenspartners bei der Produzentenallianz. (Medien insges.: 14 Partner, 1 of Counsel, 13 Associates)
Mandate: ●● Prorom Media-Trade medienrechtl. bei Kauf von Media Pro Distribution; WDR, ZDF, Bavaria Film, Sat.1, Sony, Degeto Film in Verfahren zu Bestsellervergütung; Verlagsgruppe Random House in diversen Verfahren zu ‚Fifty Shades of Grey'; Swisscom Broadcast urheber- u. rundfunkrechtl. zu Betrieb von OTT-Plattform; Kinostar Filmverleih zu Entwicklung, Finanzierung u. Vertrieb; Produzentenallianz in Verhandlung mit ARD u. ZDF, u.a. zu kommerziellen VoD-Rechten, Pay-TV; Netflix; Red Bull Media House.

STRASSER VENTRONI DEUBZER FREYTAG & JÄGER
Medien: Vertrags- und Urheberrecht
Medien: Transaktionen und Finanzierung

Bewertung: Die für Medienrecht empfohlene Kanzlei lebt von den guten Verbindungen einzelner Partner in die Medienbranche. Im Urheberrecht decken sie eine große Bandbreite ab u. bauten ihre Schwerpunkte zuletzt aus: Ventroni und Deubzer etwa, die v.a. für die Film- u. Musikbranche tätig sind, beschäftigen sich zunehmend mit Geschäftsmodellen jenseits der klass. Verwertungsketten. So konnten sie die Beratung zu Kooperationen mit teils branchenfremden Akteuren deutl. ausweiten. Freytag gewann neben seinem Schwerpunkt in der Verlagsbranche zuletzt mehrere internetbasierte Dienste als Mandanten, die er zu E-Commerce-Fragen berät. Obwohl es insges. Fortschritte bei der Verzahnung des Geschäfts gibt, gelingt es nach allgemeiner Marktwahrnehmung Wettbewerbern wie Lausen jedoch besser, die Schwerpunkte ihrer Partner zu einem Gesamtpaket zu schnüren, das die Kanzlei über die Reputation einzelner Anwälte hinaus deutlich sichtbar in der Branche positioniert.
Stärken: Urheberrecht, insbes. zur Rechteverwertung.
Häufig empfohlen: Dr. Stefan Ventroni („fachl. versiert", Wettbewerber), Dr. Stefan Freytag („strikt lösungsorientiert u. kreativ", Wettbewerber), Wolfgang Deubzer
Kanzleitätigkeit: Schwerpunkte in der Auswertung von Musik- u. Filmrechten (inkl. Lizenzierung), oft bzgl. digitaler Medien. Internat. Filmfinanzierung, Vertriebs- u. Lizenzrecht (immer häufiger für branchenfremde Unternehmen). Zunehmend für Werbeagenturen u. im Äußerungsrecht. Auch Medienarbeitsrecht. Mandanten: Produzentenseite in Film, Musik sowie TV, Filmvertrieb u. Medienfonds; Verlage, Kreative u. Onlineplattformen (E-Commerce, Start-ups); Werbeagenturen u. Fußballvereine. (6 Partner, 2 Associates)
Mandate: ●● Condé Nast u.a. im Urheber- u. Presserecht, auch in Prozessen; Wolters Kluwer Dtl. im Urheber- u. Verlagsrecht; Pro7Sat.1 im Urheber- u. Wettbewerbsrecht, u.a. zu Musikstreamingtochter Magic Internet Musik; FC Bayern München, u.a. zu Werbevermarktung; Apptus, eGym, Golocal im E-Commerce-Recht; lfd. Dt. Telekom, Sony Music Entertainment, Gutefrage.net, Motor-Talk, 24-7 Entertainment, Neos Film, Tansit Film, Tresor TV, Karl-May-Stiftung.

● Referenzmandate, umschrieben
●● Referenzmandate, namentlich

Anwaltszahlen: Angaben der Kanzleien, wie viele Anwälte zu mind. ca. 50 % in diesem Gebiet tätig sind. Sie spiegeln nicht zwingend die Gesamtgröße einer Kanzlei wider.

TAYLOR WESSING
Medien: Vertrags- und Urheberrecht ■□□□□
Medien: Transaktionen und Finanzierung ■■□□□

Kanzlei des Jahres für Medien und Technologie

Bewertung: V.a. der deutl. Ausbau ihrer internat. Arbeit hat das vergangene Jahr dieser für Medien häufig empfohlenen Praxis geprägt. Mit der Eröffnung 2er eigener Repräsentanzen in den USA im Herbst 2014 wechselte mit Dr. Kai Westerwelle auch ein dt. IT-Rechtspartner an die Westküste. Seither konnte TW bereits einige neue Mandanten bei ihrem europ. Markteintritt begleiten u. bestehende Beziehungen v.a. zu US-Softwarehäusern intensivieren. Daneben ist TW im Markt weiterhin v.a. für ihre intensive Vertretung von Google in Dtl. bekannt. Ihre beeindruckende Mandatsliste komplettieren sie mit einer bekannten Onlineplattform. Zuletzt gelang es der Praxis, einen der begehrten Plätze auf dem Panel eines gr. Medienkonzerns für digitale Themen zu ergattern, was auch bereits erste Mandate nach sich zog. Über ihre guten Kontakte in die Branche kam zudem mit YouNow ein bek. US-Streaming-Dienst neu hinzu. Immer mehr fasst TW zudem in der Gamesbranche Fuß u. kann hier auch am besten ihr internat. Netzwerk ausspielen. So werden etwa bei der Beratung von Wargaming regelm. ausl. TW-Büros mit einbezogen.
Stärken: Ausgeprägtes Know-how in der Technologiebranche; gute Kontakte zu US-Unternehmen.
Entwicklungsmöglichkeiten: Über ihre neuen Repräsentanzen in den USA kann die Medienpraxis bestehende Mandatsbeziehungen, v.a. zu IT-nahen Unternehmen, besser pflegen. Die Herausforderung wird es aber sein, über ihre eigenen US-Büros neue Mandanten von sich zu überzeugen.
Häufig empfohlen: Jörg Wimmers („toller Anwalt mit viel Erfahrung u. Persönlichkeit", Wettbewerber), Dr. Gregor Schmid, Dr. Axel Frhr. von dem Bussche („sehr fundiert u. flexibel, außerordentl. Verhandlungsgeschick", Mandant), Dr. Sibylle Gierschmann
Kanzleitätigkeit: Umf. Beratung div. Unternehmen im Bereich Onlineplattformen, Film u. TV; Verlage bei neuen Geschäftsmodellen, Beratung zu Filmfinanzierung u. bei Transaktionen; außerdem eng an den Schnittstellen zu IP (▶Marken- u. Wettbewerbsrecht), Äußerungsrecht, ▶IT u. Datenschutz sowie ▶Sport. Insbes. im Gamessektor sehr internat. übergreifend tätig. In HH Gewinn- u. Glücksspielthemen. Zudem oft Zusammenarbeit mit der Venture-Capital-Praxis bei der Beratung von Start-ups, v.a. auf Investorenseite. (TMT: 12 Partner, 19 Associates, 1 of Counsel)
Mandate: ●● Google lfd. in div. urheberrechtl. Grundsatzverfahren (aus dem Markt bekannt); Sky im Urheberrecht zu Verwertungsverträgen im Sportbereich; weiterhin Valve in Prozess gg. Vzbv im Zshg. mit Übertragung der Usedsoft-Entscheidung; Bertelsmann u. Töchter (u.a. Arvato) lfd. im Urheber- u. Medienrecht; Soundcloud u.a. zu Urheber- u. Haftungsrecht; AlternativaPlatform zu E-Commerce u. europ. Rollout; lfd. für Nexon, u.a. bei Zukauf in Österreich; 888, GKL, ODS Oddset u. Lotto Hessen im Glücksspielrecht; Buch.de in Prozess um preisbindungsrechtl. Zulässigkeit drittfinanzierter Gutscheine; lfd. Wargaming; namh. Medienkonzern zu digitalen Sachverhalten; Onlineplattform umf. u.a. im Urheber-, Verlags- u. Wettbewerbsrecht.

UNVERZAGT VON HAVE
Medien: Vertrags- und Urheberrecht ■■■□□
Medien: Transaktionen und Finanzierung ■■■■□

Bewertung: Die geschätzte Kanzlei für Medien hat sich auf die Beratung der Filmbranche samt ihrer Wertschöpfungskette fokussiert. V.a. begleitet sie ihre Mandanten, eine Reihe von Filmstudios u. -produktionsfirmen, bei der grenzüberschreitenden Finanzierung. Außerdem berät sie zur Medienkonvergenz, z.B. YouTuber, die Kinofilme produzieren. Zum wichtigen Geschäftsfeld hat sich zudem die anschließende Content-Vermarktung entwickelt. Darüber hinaus ist es ihr durch die starke Schnittstelle zum IT-Recht gelungen, bei Digitalisierungsfragen regelm. mandatiert zu werden. Für diesen Bereich steht Eickmeier genauso visibel wie von Have für die Filmbranche.
Stärken: Bestens vernetzt in der Filmbranche.
Häufig empfohlen: Harro von Have, Dr. Andreas Pense, Dr. Frank Eickmeier
Kanzleitätigkeit: Umf. Betreuung deutscher u. internat. Produktionsgesellschaften aus der Kino-, TV-, Film- u. Musikbranche, insbes. zu Entwicklung, Strukturierung, Produktion u. Verwertung von Filmprojekten. Daneben Beratung zu Finanzierungsfragen, vermehrt europ. Filmbonds. Weitere Mandantschaft: Banken (zu Filmfinanzierung), Werbeagenturen u. TV-Sender zu Vertragsgestaltung u. im Wettbewerbs-, Urheberrecht. Zunehmend tätig zu Onlineplattformen, auch Datenschutz u. Social Media, Vertretung von kleineren Unternehmen u. Verbänden. (6 Eq.-Partner, 4 Associates, 1 of Counsel)
Mandate: ●● Terra Mater Factual Studios zu Finanzierung u. Auswertung von Filmproduktionen; All-In-Production, Screentime, Gebrüder Beetz Film, Broadview TV zu Entwicklung, Herstellung u. Auswertung von Filmproduktionen, lfd. RTL zu TV-Produktionen.

WHITE & CASE
Medien: Vertrags- und Urheberrecht ■■□□□
Medien: Regulierung ■■□□
Medien: Transaktionen und Finanzierung ■■□□□

Bewertung: Die v.a. im Öffentl. Medienrecht häufig empfohlene Kanzlei hat zuletzt v.a. bestehende Mandatsbeziehungen vertiefen können u. wurde bspw. verstärkt für Primacom u. einen internat. Breitbandanbieter aktiv. Die Praxis ist stark geprägt durch ihre Arbeit für TK-Unternehmen, allen voran Unitymedia KabelBW, der größte Mandant der Medien- u. ▶Telekommunikationspraxis. Neben der Prozessvertretung in dem wichtigen Komplex um Einspeiseentgelte wird das Team um Wimmer für diesen Mandanten auch in zentralen Fragen tätig. Da sich W&C weniger auf die klassischen Medienbranchen denn auf Technologieindustrien fokussiert, beschränkt ihre Marktwahrnehmung sehr auf den TK-Sektor. Um hier auch stärker im Transaktionsgeschäft mitzumischen, soll sich künftig ein Hamburger M&A-Partner um den Ausbau der Corporate-Arbeit im TMT-Sektor kümmern.
Stärken: Große Expertise an der Schnittstelle zu Telekommunikation.
Entwicklungsmöglichkeiten: Strateg. Fokus der Praxis ist es, sich noch stärker auf die Beratung internat. Gerätehersteller u. Technologieanbieter zu konzentrieren. Damit das gelingt, fehlt der Praxis aber derzeit ein reiner Urheberrechtler.
Häufig empfohlen: Prof. Dr. Norbert Wimmer
Kanzleitätigkeit: Beratung zu Regulierungsthemen u. Auseinandersetzungen (zu Kabelverbreitung u. Vergütung von Senderechten, Einspeiseentgelten), Medienaufsichtsrecht, Jugendschutz, auch ▶Compliance. Außerdem eng an der Schnittstelle zu TK u. ▶IT sowie Kartellrecht. Zudem Glücksspielrecht, Presserecht u. vereinzelt Transaktionsbegleitung. (Medien im weiteren Sinn: 5 Eq.-Partner, 5 Sal.-Partner, 1 Counsel, 4 Associates)
Mandate: ●● Unitymedia KabelBW in zahlr. Verfahren gg. öffentl.-rechtl. Rundfunkanstalten zu Einspeiseentgelten; Facebook u.a. zu Datenschutz u. im Äußerungsrecht sowie in zahlr. Verfahren in Dtl., Österreich u. Schweiz; Bauer Digital bei Kauf von Onlineautobörse; Bundeskanzleramt u. BMWi in verwaltungsrechtl. Streit zu Auskunftsansprüchen (aus dem Markt bekannt); Daimler zu Lizenzverträgen für Content für mobile Car-Applikationen; lfd. Tom Tailor, Primacom, National Public Radio, FAZ; internat. Medienkonzern u.a. zu kartell- u. medienkonzentrationsrechtl. Fragen bei gepl. Einstieg bei börsennot. dt. Medienhaus.

WIRSING HASS ZOLLER
Medien: Vertrags- und Urheberrecht ■■■□□
Medien: Regulierung ■■□□

Bewertung: Die Münchner Medienpraxis um von Weichs wird v.a. für ihre Tätigkeit an der Seite von Verwertungsgesellschaften geschätzt. Diese vertritt sie u.a. in zahlr. Prozessen gg. Hersteller u. Importeure von Medien wie Smartphones u. Festplatten. Im Markt ist bekannt, dass sie im Namen ihrer Kernmandantin ZPÜ mit Konzernen wie Apple oder Samsung um urheberrechtl. Abgaben ringt – ein sehr spezielles Feld, auf dem das Ausmaß der Streitigkeiten weiter zunimmt. Indem die Praxis zuletzt auf einen Schlag ihr Associate-Team auf nun 10 Anwälte verdoppelte, unterstrich sie ihre Ambition, auf diesem Feld weiterhin den Wettbewerb zu dominieren.
Stärken: Vertretung von Rechteverwertern gg. Gerätehersteller.
Entwicklungsmöglichkeiten: Die klare Fokussierung auf eine medienrechtl. Nische könnte den Ausbau weiterer Beratungsfelder etwa an der Schnittstelle zum IT-Recht hemmen. Dabei zeigen bestehende Mandate etwa im Zshg. mit Datenschutz oder Softwarelizenzierung, dass hier weiteres Potenzial liegt.
Häufig empfohlen: Dr. Elisabeth Frfr. von Weichs („kämpft hart in der Sache, aber immer fair", Wettbewerber)
Kanzleitätigkeit: Schwerpunkt in der Tätigkeit für Verwertungsgesellschaften, u.a. zu Umsetzung Urheberrechtsreform. Zudem Betreuung mehrerer dt. u. ausl. Sender u. Filmproduktionsgesellschaften, auch Pay-TV-Sektor. Auch im ▶Gesellschaftsrecht u. Arbeitsrecht. Zudem zunehmend zu IT-Fragen. (4 Partner, 10 Associates)
Mandate: ●● Öffentl. bekannt: ZPÜ bei Umsetzung der neuen Rechtsprechung des EuGH, BVerfG, BGH im Bereich Privatkopie u. in Verfahren vor DPMA u. ordentl. Gerichten, bei Umsetzung letzter Urheberrechtsreform (einschl. Prozesse), in Gesamtvertragsverfahren vor DPMA u. ordentl. Gerichten; öffentl. bekannt: Gema im Urheber- u. IT-Recht; lfd. Gute Laune TV, Tele-München-Gruppe (TM-TV/Tele 5, Concorde Filmverleih, Concorde Home Entertainment, CTM, ATV).

● Referenzmandate, umschrieben
●● Referenzmandate, namentlich

Anwaltszahlen: Angaben der Kanzleien, wie viele Anwälte zu mind. ca. 50 % in diesem Gebiet tätig sind. Sie spiegeln nicht zwingend die Gesamtgröße einer Kanzlei wider.

Presse- und Äußerungsrecht

Gerichte stärken weiter die Verlage

Je höher die Instanzen, desto eher schlug zuletzt das Pendel der Rechtsprechung zugunsten der Verlage aus. So entschied der EGMR, dass der Axel Springer Verlag zu Recht über das Gazprom-Engagement von Gerhard Schröder berichtete. Und laut eines BGH-Urteils musste der Spiegel im Rahmen einer Verdachtsberichterstattung lediglich einen Nachtrag drucken, nicht aber eine nachträgliche Berichtigung. Die Betroffenen, beispielsweise Kachelmann, reagieren mit Geldentschädigungsforderungen in Rekordhöhe. Zwei Pole prägen den Markt: Die Verlage vertrauen seit Jahren ihren angestammten Beratern. Entsprechend sichtbar in den Verfahren waren **Raue** für Springer und **Prof. Schweizer** für Burda. Für Kanzleien dieses Zuschnitts spielt die Krisenkommunikation aufseiten der Unternehmen eine untergeordnete Rolle. Ganz anders Kanzleien, die sich auf Betroffenenseite positionieren: Sie satteln bei diesem Thema auf. V.a. Kanzleien wie **Schertz Bergmann** und **Redeker Sellner Dahs** gewannen eine Reihe namhafter Unternehmen hinzu. **Höcker** machte Schlagzeilen zum Thema Geldentschädigung. Der Spagat zwischen Verlagsberatung und Vertretung von Betroffenen gelingt einigen Kanzleien weiterhin: Zu ihnen zählt das Team um Dr. Stefan Engels von **Bird & Bird**.

PRESSE- UND ÄUSSERUNGSRECHT

Kanzlei	Standort
Bird & Bird	Hamburg
Damm & Mann	Hamburg
KNPZ Rechtsanwälte	Hamburg
Raue	Berlin
Prof. Schweizer	München
Höcker	Köln
Prinz Neidhardt Engelschall	Hamburg, Berlin
Schertz Bergmann	Berlin
CMS Hasche Sigle	Hamburg, Köln, Stuttgart, Berlin
Nesselhauf	Hamburg
Redeker Sellner Dahs	Bonn
Romatka & Collegen	München
Irion	Hamburg
Irle Moser	Berlin
Schwenn & Krüger	Hamburg
SKW Schwarz	München
CBH Rechtsanwälte	Köln
Frömming Mundt & Partner	Hamburg
Gabler & Franz	Berlin
Graf von Westphalen	Hamburg
Jonas	Köln
Rosenberger & Koch	Dresden
Schultz-Süchting	Hamburg
Stolzenberg	München

Die hier getroffene Auswahl der Kanzleien ist das Ergebnis der auf zahlreichen Interviews basierenden Recherche der JUVE-Redaktion (s. Einleitung S. 20). Sie ist in zweierlei Hinsicht subjektiv: Sämtliche Aussagen der von JUVE-Redakteuren befragten Quellen sind subjektiv u. spiegeln deren eigene Wahrnehmungen, Erfahrungen u. Einschätzungen wider. Die Rechercheergebnisse werden von der JUVE-Redaktion unter Einbeziehung ihrer eigenen Marktkenntnis analysiert u. zusammengefasst. Der JUVE Verlag beabsichtigt mit dieser Tabelle keine allgemein gültige oder objektiv nachprüfbare Bewertung. Es ist möglich, dass eine andere Recherchemethode zu anderen Ergebnissen führen würde. Innerhalb der einzelnen Gruppen sind die Kanzleien alphabetisch geordnet.

Die folgenden Bewertungen behandeln Kanzleien, die sich auf die Beratung im Äußerungsrecht (auch Verlage) und auf die äußerungsrechtliche Krisenkommunikation betroffener Unternehmen konzentrieren. Für die Bewertung nicht relevant ist die Arbeit bei der äußerungsrechtlichen Vertretung von Einzelpersonen.

PRESSE- UND ÄUSSERUNGSRECHT MEDIEN, TECHNOLOGIE UND KOMMUNIKATION

BIRD & BIRD
Presse- und Äußerungsrecht

Bewertung: Eins der führenden Teams im Presserecht, das die ganze Bandbreite abdeckt: Neben ProSiebenSat.1 mit ihren Töchtern vertrauen auch Bauer u. N24 seit Jahren auf die Einheit, sowohl in streitigen Fällen als auch im klass. Medien- bzw. an der Schnittstelle zum Wettbewerbsrecht. Wettbewerber loben Engels als „exzellenten Strategen mit jahrelanger Erfahrung". Ähnl. wie bspw. KNPZ baut die Praxis dabei gleichzeitig das Geschäft zur Krisenkommunikation aus. Eine immer größere Rolle spielt bei der presserechtl. Beratung das Internet. Eine Reihe von Unternehmen wendet sich an die Kanzlei wg. kritischer Berichte bspw. in Blogs. Allerdings gilt das Team nach wie vor als wenig integriert. Nur mit einer intensiveren Vernetzung wird sich weiteres Wachstum erschließen lassen. (Medien ges.: 6 Partner, 4 Counsel, 17 Associates)
Mandate: ●● Niedersachsen presserechtl. gg. Verlag J. Hoffmann wg. ‚Die Harke'; lfd. Pro-7Sat.1, Pabel-Moewig, Bauer presserechtl. zu Wort- u. Bildberichterstattung.

CBH RECHTSANWÄLTE
Presse- und Äußerungsrecht

Bewertung: Die geschätzte Praxis im Presse- u. Äußerungsrecht profitiert ähnl. wie Jonas von einem funktionierenden Verweisgeschäft aus Praxen wie dem ▶Marken- u. Wettbewerbsrecht, aber auch dem ▶Gesellsch.recht. Dabei blieb dem Markt nicht verborgen, dass es CBH versteht, das Geschäft eines of Counsels stetig auf die jüngere Generation überzuleiten. So loben Wettbewerber Prof. Dr. Markus Ruttig als „bedächtig, aber schnell u. scharf, wenn es sein muss". Neben der Betroffenenseite vertritt CBH Verlage – diese allerdings mehr zu urheberrechtl. Fragen über ihre ▶Medienpraxis. (Medienteam ges.: 4 Partner, 2 Associates, 2 of Counsel)
Mandate: ●● Die Höhner presserechtl. gg. NPD Thüringen wg. Liednutzung zur Wahlwerbung; i&u Information u. Unterhaltung für Stern TV, Günther Jauch, Das Quiz in äußerungsrechtl. Fragen; Bayer Leverkusen lfd. presserechtl., u.a. in Verfahren gg. Teldafax; FLE presserechtl. gg. Onlineportal.

CMS HASCHE SIGLE
Presse- und Äußerungsrecht

Bewertung: Als Teil der großen Medienpraxis tritt die empfohlene Praxis für Presse- u. Äußerungsrecht auf. Allen voran ist Michael Fricke durch die intensive Prozesstätigkeit für Stammmandantin NDR, u.a. gg. Heidemark, sichtbar. Die dahinterstehende Frage der Rechercheanforderung für Journalisten wird aus Sicht der Experten die Branche beeinflussen. Wettbewerber loben Fricke für seinen „kühlen Kopf" u. beschreiben ihn als „sehr professionell". Auch Branchenriese Gruner + Jahr vertraut seit Langem auf CMS, was die Arbeit im Rahmen der Cum-Ex-Berichterstattung zeigt. Die regelm. Beratung von Unternehmen auf Betroffenenseite gewinnt aufgr. der deutl. Positionierung auf Verlagsseite aber keine besondere Relevanz. (Medienteam ges.: 8 Partner, 1 Associate, 1 of Counsel)
Mandate: ●● Gruner + Jahr lfd., u.a. im Rahmen der Cum-Ex-Berichterstattung; Morgenpost lfd. gg. mehrere Prominente; NDR lfd., u.a. gg. Unternehmen im Zshg. mit Überschreitung von Strahlenschutzwerten; Joker Productions zu Auseinandersetzung mit Soap-Protagonisten; Porsche gg. Äußerungen in Blogs; lfd. Alles Gute Verlag, HR, WDR im Prozess wg. krit. Wirtschaftsberichterstattung.

DAMM & MANN
Presse- und Äußerungsrecht

Bewertung: Als Spezialistin für komplizierte Fälle hat sich die Hamburger Einheit als eine der führenden Kanzleien für Presse- u. Äußerungsrecht positioniert. Wie nur wenige andere loben Wettbewerber Dr. Roger Mann für seine „sachl. Art" u. sein „tiefes Know-how". Einer ist sogar überzeugt: „schon seit Jahren der Beste". Fest auf Verlagsseite positioniert, war die Kanzlei zuletzt wieder in mehreren Grundsatzverfahren sichtbar, bspw. für Random House in der Frage um Ghostwriter oder für die FAZ beim Streit um die Erstattungsfähigkeit von Rechtsverfolgungskosten. Dass D&M die Beratung u.a. bei der wichtigen Mandantin ZDF ausbauen konnte, zeigt, wie es ihr gelingt, immer mehr der begehrten Schwergewichte der Branche zu gewinnen. (2 Eq.-Partner, 1 Sal.-Partner, 1 Associate)
Mandate: ●● Random House gg. Helmut Kohl wg. Stellung von Ghostwritern; Stiftung Warentest gg. Fairvesta-Gruppe wg. Berichterstattung; FAZ im Streit um Erstattungsfähigkeit von Rechtsverfolgungskosten; BZ Ullstein um Berichterstattung über Bildmanipulation; ZDF zu Berichterstattung über Anbieter von Pferdewetten; stern.de wg. Berichterstattung über Fondsmodell der Klägerin.

FRÖMMING MUNDT & PARTNER
Presse- und Äußerungsrecht

Bewertung: Eine stabile Runde an Stammmandanten berät diese geschätzte Kanzlei im Presse- u. Äußerungsrecht. Dr. Endress Wanckel pflegt weiterhin sein Steckenpferd Fotorecht u. hat sich klar aufseiten der betroffenen Unternehmen spezialisiert. Auch wenn seine Arbeit wenig öffentlichkeitswirksam ist, hat er sich bei Krisenkommunikationen einen Namen gemacht. (2 Partner)
Mandate: ●● Lfd. VHW, Kentano, MedienKontor, ActorsConnection; Krankenkasse wg. Verdachtsberichterstattung gg. Spiegel Online.

GABLER & FRANZ
Presse- und Äußerungsrecht

Bewertung: Die im Presse- u. Äußerungsrecht geschätzte Praxis betreibt allein über ihre Arbeit für die Stiftung Warentest ein sehr stabiles Geschäft. Daran ändert die neue Konstellation unterm gemeinsamen Dach mit Dr. Thomas Gabler nichts. Namenspartner Dr. Ulrich Franz, von Wettbewerbern als „erstklassig" u. mit „großer Prozesserfahrung" gelobt, steht fest an der Seite seiner Hauptmandantin Stiftung Warentest, die ihn stark auslastet u. immer wieder auch Schnittstellenkompetenz zum Lebensmittelrecht von ihm fordert. (1 Partner, 1 Associate)
Mandate: ●● Stiftung Warentest umf., u.a. im Pressevertriebs- u. Äußerungsrecht, gg. Ritter Sport wg. Aromenbezeichnung; umf. Filmförderungsanstalt; div. Verlage zu Verlagsrecht.

GRAF VON WESTPHALEN
Presse- und Äußerungsrecht

Bewertung: Konsequent auf Betroffenenseite hat sich die geschätzte Praxis im Presse- u. Äußerungsrecht positioniert. An der Schnittstelle zum Lebensmittelrecht u. vermehrt zu ▶IT vertritt die Praxis um Dr. Walter Scheuerl regelm. Unternehmen zur Krisenkommunikation. V.a. Geflügelproduzenten, Kliniken u. zuletzt auch ein Reinigungsunternehmen sorgten für regelm. Mandate. Eine Partnererneinerung – selten in dieser Marktnische – belegt die Relevanz im Gesamtgefüge der Kanzlei. (3 Partner)
Mandate: ●● Burger King Dtl. gg. Burger King Europe medienrechtl. im Marken- u. Insolvenzstreit; Reinigungsunternehmen u. Kliniken bei Krisenkommunikation; Geflügelproduzent u. -verband gg. Sender u. Zeitschriften wg. Berichterstattung.

HÖCKER
Presse- und Äußerungsrecht

Bewertung: In den letzten Jahren hat sich die für Presse- u. Äußerungsrecht häufig empfohlene Kanzlei für die Verteidigung von Unternehmen in Kommunikationskrisen einen Namen gemacht. Wettbewerber loben Prof. Dr. Ralf Höcker als „sehr fundiertes Wissen" sowie als „verlässlich" u. „effektiv bei der Durchsetzung von Interessen". Kontinuierl. verbreitet sich der Mandantenstamm der Kanzlei, zuletzt bspw. durch Katjes Fassin. Für Aufsehen sorgte aber v.a. das Verfahren für den Stammandanten Kachelmann in einer der höchsten Geldentschädigungsklagen gg. Burda u. Axel Springer. Und mit der Vertretung eines Politikers gg. Axel Springer wg. Verdachtsberichterstattung in einem Teaser war sie in einem der wichtigsten Verfahren der Branche tätig. (2 Eq.-Partner, 1 Sal.-Partner, 2 Counsel, 6 Associates)
Mandate: ●● Katjes Fassin presserechtl.; Jörg Kachelmann in Geldentschädigungsklage gg. Burda u. Springer; Daniel Mack im Verfahren wg. Verdachtsberichterstattung mit Bezahlschranke gg. Axel Springer; Tutogen Medical presserechtl. gg. WDR-Reportage; lfd. Sparkasse KölnBonn.

IRION
Presse- und Äußerungsrecht

Bewertung: Namenspartnerin Tanja Irion hat sich mit ihrer im Presse- u. Äußerungsrecht geschätzten Kanzlei als feste Größe auf der Seite der Betroffenen etabliert. Seit Jahren vertritt sie Max Mosley gg. Google in einer Reihe von Verfahren. Ihr Netzwerk zu PR-Agenturen sorgt außerdem dafür, dass sich regelm. Unternehmen zu Litigation-PR an sie wenden. Neben dem Josef-Esch-Fonds gehören dazu Banken u. Versicherungen. Wettbewerber loben sie für ihr „fundiertes Wissen". (1 Partner, 2 Associates)
Mandate: ●● Lfd. presserechtl. Max Mosley; Josef Esch Fondsprojekt; lfd. mehrere Banken u. Dienstleistungsunternehmen.

IRLE MOSER
Presse- und Äußerungsrecht

Bewertung: Nach dem personellen Umbruch im Vorjahr, als sich beide Namenspartner zu einer neuen Einheit zusammenfanden, hat sich die für Presse- u. Äußerungsrecht geschätzte Kanzlei um Dr. Ben Irle u. Christian-Oliver Moser in ihrer neuen Konstellation im Markt etabliert. Von Wettbewerbern zunächst durchaus kritisch beäugt, loben sie inzw. beide als „gutes Team", Irle gilt bei ihnen zudem als „professionell u. einfallsreich" u. als „einer, der die Sprache der Branche versteht". Positiv wirkte sich der Zusammenschluss hinsichtl. des Mandantenstamms aus: So sorgt u.a. die Zusammenarbeit mit einem Verband von PR-Agenturen für regelm. Mandate, sodass sich eine Reihe von

● Referenzmandate, umschrieben
●● Referenzmandate, namentlich

MEDIEN, TECHNOLOGIE UND KOMMUNIKATION PRESSE- UND ÄUSSERUNGSRECHT

Unternehmen zur Krisenkommunikation an das Team wandte. (3 Partner, 6 Associates)
Mandate: ●● Kein und Aber umf. presserechtl.; Hapag-Lloyd Kreuzfahrten äußerungsrechtl.; Tui Group Services umf. medienrechtl.; Surgical Intelligence Holding; Oil & Gas Invest zu Krisenkommunikation.

JONAS
Presse- und Äußerungsrecht
Bewertung: Der im Presse- u. Äußerungsrecht geschätzten Kanzlei gelingt schon seit Jahren die auf den ersten Blick widersprüchl. Vertretung von betroffenen Unternehmen einerseits u. Verlagen andererseits. Ersterer Bereich legte zuletzt allerdings stärker zu. Prominentes Bsp. ist die Vertretung von Rewe im Verfahren gg. Ökotest. Hier profitiert das Team um Karl Hamacher ähnl. wie Wettbewerberin CBH von seiner engen Kooperation mit der anerkannten Praxis für ▶Marken- u. Wettbewerbsrecht. Für Auslastung sorgen zudem eine Reihe von Stammandanten aus der Versicherungsbranche sowie aus dem ▶Sportsektor. (2 Eq.-Partner, 1 Sal.-Partner, 1 Associate)
Mandate: ●● Lfd. presserechtl. Rewe Group, u.a. gg. Öko-Test wg. Testergebnissen; Axel Springer, Dt. Postbank, Dt. Post, HUK-Coburg, DEVK lfd.

KNPZ RECHTSANWÄLTE
Presse- und Äußerungsrecht
Bewertung: Der im Presse- u. Äußerungsrecht zu den führenden zählenden Kanzlei gelingt es wie nur wenigen mit Bauer u. Axel Springer 2 Schwergewichte der Verlagsbranche zu vertreten u. gleichzeitig den Mandantenstamm aufseiten betroffener Unternehmen kontinuierl. auszubauen. Für Aufsehen sorgte die Verlesung einer Gegendarstellung während einer Günther-Jauch-Sendung, die das Hamburger Team für Closer durchsetzte. Bei der Beratung von Verlagen u. betroffenen Unternehmen profitiert sie zudem von ihrem Know-how in Digitalisierungsfragen. Mandanten heben bei Dr. Gerald Nebens „hohes Verständnis fürs Geschäft" u. die „sprachl. Brillanz u. Präzision in Schriftsätzen" hervor. Bei Wettbewerbern gilt er als „sehr kompetent". (2 Partner, 5 Associates)
Mandate: ●● Chefredakteur von Closer im Verfahren gg. NDR wg. Ausstrahlung von Gegendarstellung bei Günther Jauch; Bauer Media bei Schmerzensgeldklage von Peter-Alexander-Nachfahren; lfd. Axel Springer presserechtl.; internat. Prüfinstitut presserechtl.; internat. NGO im Zshg. mit Korruptionsvorwürfen; Pharmaunternehmen wg. kritischer Berichterstattung.

NESSELHAUF
Presse- und Äußerungsrecht
Bewertung: Einen besonders guten Ruf genießt die empfohlene Kanzlei für Presse- u. Äußerungsrecht für die Vertretung von Einzelpersonen. Inzwischen ebenso relevant für die Kanzlei ist aber die Vertretung von Unternehmen in Krisensituationen. Namenspartner Michael Nesselhauf, der von Wettbewerbern als „exzellent vernetzt, kompetent u. erfahren" beschrieben wird, ist es dabei wie nur wenigen gelungen, jüngere Anwälte wie Dr. Stephanie Vendt, aber auch immer mehr Dr. Till Dunckel als feste Größen im Markt zu etablieren. Vendt loben Wettbewerber als „schnell, kämpferisch u. gut", Dunckel als „effektiv, sehr engagiert u. kreativ". Die Kanzlei agiert weitgehend ohne großes Aufsehen, ähnlich wie Romatka. Sie scheut sich

Presserecht: Führende Namen in der Vertretung geschädigter Unternehmen

Prof. Dr. Gero Himmelsbach	▶Romatka & Collegen
Prof. Dr. Ralf Höcker	▶Höcker
Gernot Lehr	▶Redeker Sellner Dahs
Michael Nesselhauf	▶Nesselhauf
Prof. Dr. Matthias Prinz	▶Prinz Neidhardt Engelschall
Prof. Dr. Christian Schertz	▶Schertz Bergmann
Dr. Stephanie Vendt	▶Nesselhauf

Presserecht: Führende Namen in der Verlagsvertretung

Dr. Stefan Engels	▶Bird & Bird
Prof. Dr. Jan Hegemann	▶Raue
Dr. Roger Mann	▶Damm & Mann
Dr. Gerald Neben	▶KNPZ Rechtsanwälte
Prof. Dr. Robert Schweizer	▶Prof. Schweizer
Dr. Stefan Söder	▶Prof. Schweizer

Die hier getroffene Auswahl der Personen ist das Ergebnis der auf zahlreichen Interviews basierenden Recherche der JUVE-Redaktion (siehe S. 20). Sie ist in 2erlei Hinsicht subjektiv: Sämtliche Aussagen von JUVE-Redakteuren befragten Quellen sind subjektiv u. spiegeln deren eigene Wahrnehmungen, Erfahrungen u. Einschätzungen wider. Die Rechercheergebnisse werden von der JUVE-Redaktion unter Einbeziehung ihrer eigenen Marktkenntnis analysiert u. zusammengefasst. Der JUVE Verlag beabsichtigt mit dieser Tabelle keine allgemein gültige oder objektiv nachprüfbare Bewertung. Es ist möglich, dass eine andere Recherchemethode zu anderen Ergebnissen führen würde.

dabei aber nicht, Verfahren bis in die obersten Instanzen zu führen, wie z.B. die Vertretung von Bundesministerin Schwesig gg. die NPD. Ihre Reputation sorgt regelm. für Empfehlungen aus dem Markt. (3 Partner, 1 Counsel, 2 Associates)
Mandate: ●● Bundesministerin Manuela Schwesig gg. NPD vor Bundesverfassungsgericht (aus dem Markt bekannt); lfd. Versicherer, Pharmaunternehmen, Werbeagenturen, Banken, Fußballvereine.

PRINZ NEIDHARDT ENGELSCHALL
Presse- und Äußerungsrecht
Bewertung: Im Presse- u. Äußerungsrecht gehört die Kanzlei von Namenspartner Prof. Dr. Matthias Prinz zu den häufig empfohlenen. Das Image des Betroffenenanwalts v.a. für Adelige wird ihrem Gesamtgeschäft aber keineswegs gerecht, vielmehr zählt eine Reihe von Dax-Unternehmen zu den langj. Mandanten. Der gute Ruf der Kanzlei basiert zwar auf der Präsenz des Namenspartners, umfasst aber mittlerw. das gesamte Team. So gelang eine Ausweitung des Geschäfts, auch wenn Prinz zwischenzeitl. kürzertreten musste. Zuletzt wendeten sich etwa verstärkt Finanz- u. Versicherungsunternehmen an die Hamburger Einheit. (10 Anwälte)
Mandate: ●● Lfd. presserechtl. Porsche, Dt. Bank, Hasso Plattner Capital, Roland Berger Strategy, VfB Stuttgart, Merck Finck & Co., Hauck & Aufhäuser, Verband der privaten Krankenversicherungen, SAP, Creditreform, Alte Leipziger, Hallesche-Konzern, Signal Iduna.

RAUE
Presse- und Äußerungsrecht
Bewertung: Eine der führenden Praxen im Presse- u. Äußerungsrecht, die ihren hohen Ruf v.a. aus dem guten Ruf Prof. Dr. Jan Hegemanns speist. Wettbewerber loben ihn als „gründl. sachl. u. zielorientiert", einer sogar als „absolut einzigartig". Als Teil des breit aufgestellten ▶Medienteams ist er, aber auch jüngere Anwälte wie Dr. Ulrich Amelung, regelm. in Grundsatzverfahren aktiv, so bspw. aufseiten der Stammandantin Axel Springer im BGH-Verfahren gg. Ex-Minister Speer. Für Schlagzeilen sorgte auch der Prozess gg. Kachelmann, in dem es um eine der höchsten geforderten Geldentschädigungssummen ging. Obwohl klar aufseiten von Verlagen positioniert, gelingt es der Praxis gleichzeitig für Unternehmen zur Krisenkommunikation tätig zu werden. Die Ernennung eines Anwalts zum Partner stärkt die Praxis zusätzlich. (6 Partner, 4 Associates)
Mandate: ●● Axel Springer lfd., u.a. presserechtl. gg. Rainer Speer u. Jörg Kachelmann; Groth-Gruppe im Zshg. mit Berichterstattung Berliner Mauerpark; Buzzfeed zu äußerungsrechtl. Fragen in der deutschsprachigen Ausgabe; lfd. Bloomberg; Suhrkamp u. mehrere Künstler presserechtlich.

REDEKER SELLNER DAHS
Presse- und Äußerungsrecht
Bewertung: Deutl. aufseiten von Betroffenen positioniert hat die im Presse- u. Äußerungsrecht empfohlene Praxis ihren Mandantenstamm weiterhin ausgebaut, z.B. Bayer HealthCare. V.a. ihre Tätigkeit für Debeka hatte Aufsehen erregt, zumal sie hier von ihrer Schnittstellenexpertise zum Datenschutz profitiert. Gernot Lehr loben Wettbewerber als „herausragenden Experten" u. Dr. Christian Mensching als „extrem schnell, sehr zuverlässig". Beide sind im Öffentl. ▶Medienrecht regelm. aufseiten von Sendern aktiv. Mit der Mandatierung durch das ZDF im Falle der Schumacher-Fotos gelang es, für eine zentrale Mandantin wieder in einem öffentlichkeitswirksamen Fall tätig zu sein. Die Ernennung eines Associates zum Sal.-Partner sowie eines Sal.-Partner zum Eq.-Partner (Dr. Christian Mensching) belegen die Relevanz der Praxis für die Kanzlei. (3 Eq.-Partner, 1 Sal.-Partner, 1 Associate, 1 of Counsel)
Mandate: ●● Bayer HealthCare presserechtl.; Debeka presserechtl. bei Vorwürfen zu Datenschutzverstößen; ZDF presserechtl. zur Veröffentlichung von Bildaufnahmen von Schumacher; Bundesanstalt für Immobilienaufgaben zu landespressegesetzl. Auskunftsansprüchen; Bundestag zur Frage von IFG-Ansprüchen; presserechtl. div. Bundesministerien, -behörden u. Politiker.

ROMATKA & COLLEGEN
Presse- und Äußerungsrecht
Bewertung: Die empfohlene Kanzlei verdankt ihre Bekanntheit in erster Linie der hervorragenden Re-

PRESSE- UND ÄUSSERUNGSRECHT MEDIEN, TECHNOLOGIE UND KOMMUNIKATION

putation von Prof. Dr. Gero Himmelsbach. Wettbewerber loben ihn für sein „tiefes Know-how" u. die „unaufgeregte Art", mit der er seine Mandate bearbeitet. Sie nehmen ihn als „bestens vernetzt u. feste Größe im Markt" wahr. Stärker als früher beschäftigten ihn zuletzt presserechtl. Verfahren zu Geldentschädigungen. Die Schnittstellen zum Marken- u. Arbeitsrecht machten sich ein weiteres Mal beim Bayernkurier bezahlt, der bei seinem Relaunch auf Magazinformat u. Internetangebote umf. auf das Münchner Team setzte. (3 Partner, 1 Associate)

Mandate: ●● Funke in mehreren Verfahren zur Geldentschädigung; ADAC presserechtl. (aus dem Markt bekannt); Bayernkurier medienrechtl. zu Relaunch.

ROSENBERGER & KOCH
Presse- und Äußerungsrecht

Bewertung: Mit Axel Springer berät die geschätzte Kanzlei für Presse- u. Äußerungsrecht einen Verlag, den sie nicht selten in Verfahren von grundsätzl. Natur bis in die höchsten Instanzen begleitet. Das kleine Team um Spyros Aroukatos war bspw. in mehreren Fällen involviert, als es um die Berichterstattung über Strafverfahren ging, etwa im Fall ‚Yagmur' und ‚Porsch'. Umfangr. ist nach wie vor die Vertretung von Springer gg. Kachelmann, die zudem Fälle wie Alice Schwarzer bzw. den Emma-Verlag nach sich zog. (1 Partner, 3 Associates)

Mandate: ●● Axel Springer mit Bild, Bild.de, Welt, u.a. zur Einschränkung der Berichterstattung über Strafverfahren sowie vor BGH im ‚Porsch-Fall'; Alice Schwarzer u. Emma-Verlag presserechtl.; Hamburger Abendblatt u. Dresdner Druck- u. Verlagshaus lfd. presserechtlich.

SCHERTZ BERGMANN
Presse- und Äußerungsrecht

Bewertung: Die häufig empfohlene Kanzlei für Presse- u. Äußerungsrecht steht ähnl. wie Wettbewerberin Höcker regelm. selbst im Fokus der Öffentlichkeit. Dies geschieht durch die Vertretung von prominenten Einzelpersonen. Weniger bekannt ist die Berliner Einheit jedoch dafür, dass sie mittlerw. ähnl. wie die Kanzlei Prinz einen erhebl. u. zunehmenden Teil ihres Geschäfts aus der Mandatierung durch Unternehmen verschiedener Branchen u. Größen generiert. Dass Namenspartner Prof. Dr. Christian Schertz sich vehement für seine Mandanten einsetzt, polarisiert zwar im Markt seit Jahren, doch immer mehr Wettbewerber loben ihn z.B. als „konsequent u. lösungsorientiert". Auch sein Team erntet Wettbewerberlob: „Top-Leute". Der Zugang einer Associate, die mehrere Jahre bei Prinz war, verstärkte das Team sichtbar. (3 Partner, 8 Associates, 1 of Counsel)

Mandate: ●● Lfd. DFB, Daimler, mehrere Sparkassen, Senatsverwaltung Berlin für Arbeit, Allianz, Flughafen Berlin Brandenburg, Zalando, LVM, Maredo, Der Tagesspiegel.

SCHULTZ-SÜCHTING
Presse- und Äußerungsrecht

Bewertung: Die geschätzte Praxis für Presse- u. Äußerungsrecht war zuletzt in mehreren Verfahren präsent, die sie für ihre Stammmandantin ‚Der Spiegel' bis in die obersten Instanzen führt. Ein Bsp., das das Presserecht nachhaltig beeinflussen wird, ist das Verfahren um Richtigstellungsansprüche bei Verdachtsberichterstattung. Allerdings ist die Kanzlei ähnl. wie Jonas nicht eindeutig auf Verlagsseite positioniert, sondern berät regelm. Unternehmen zur Krisenkommunikation. Nicht selten stammt diese Klientel aus der Konsumgüterindustrie, die auch im ▶Markenrecht auf die Kanzlei vertraut. Wettbewerber loben Dr. Lars Kröner für seine „sehr gute Expertise". (3 Partner, 1 Associate)

Mandate: ●● ‚Der Spiegel' vor BGH um Richtigstellungsansprüche bei Verdachtsberichterstattung; Manager Magazin gg. Marseille Kliniken u. gg. Ergo-Versicherung; Verlag in EGMR-Verfahren um Onlinearchive.

PROF. SCHWEIZER
Presse- und Äußerungsrecht

Bewertung: Die zu den führenden Kanzleien für Presse- u. Äußerungsrecht zählende Einheit unterscheidet sich als ausgelagerte Rechtsabteilung des Burda-Verlages von sämtl. Wettbewerbern. Anders als im Markt spekuliert, hat der Zugang von Dr. Andreas Rittstieg als Verantwortlichem für Recht im Verlag daran bisher kaum etwas geändert. So steht Dr. Stefan Söder als Aushängeschild der Kanzlei u. designierter Nachfolger von Prof. Dr. Robert Schweizer an der Seite von Burda in sämtl. presse- u. äußerungsrechtl. Fragen, bspw. in der Geldentschädigungsklage gg. Kachelmann oder gg. Gabriel um die Rechtmäßigkeit von Veröffentlichung von privaten Politikerfotos. Mehrere Wettbewerber halten ihn für „einen der Besten im Markt". (1 Partner, 11 Associates)

Mandate: ●● Umf. Burda-Konzern, u.a. Bunte, Focus, Tomorrow Focus gg. Kachelmann; Bunte gg. Sigmar Gabriel wg. Veröffentlichung von Privatfotos; lfd. Elle, FitforFun, Freundin, TV Spielfilm.

SCHWENN & KRÜGER
Presse- und Äußerungsrecht

Bewertung: Ein fester Stamm von Verlagen vertraut der geschätzten Kanzlei für Presse- u. Äußerungsrecht. Daneben baute das kleine Team um Dr. Sven Krüger, der von Wettbewerbern als „exzellent" gelobt wird, seinen Mandantenstamm v.a. aufseiten von Unternehmen in Fragen der Krisenkommunikation aus. Neben Mandanten aus der Gesundheitsbranche wandten sich v.a. mittelständ. Unternehmen unterschiedl. Branchen verstärkt an die Kanzlei. Die enge Zusammenarbeit mit Strafrechtler Johann Schwenn ist dabei oft vorteilhaft. (1 Partner, 2 Associates)

Mandate: ●● Lfd. ‚Die Zeit', Ullstein Buchverlage, Kiepenheuer & Witsch, Bonnier Media, Rogner & Bernhard Verlag, Thienemann Verlag, Verlag Haffmanns & Tolkemitt, Marseille-Kliniken.

SKW SCHWARZ
Presse- und Äußerungsrecht

NOMINIERT
JUVE Awards 2015
Kanzlei des Jahres für Medien und Technologie

Bewertung: Als Teil einer stark aufgestellten ▶Medienpraxis agiert die geschätzte Praxis für Presse- u. Äußerungsrecht. V.a. Dr. Konstantin Wegner ist im Markt bekannt, u. Mandanten bezeichnen ihn als „führenden Buchverlagsexperten in Dtl.". Neben seiner Stammmandantin Random House, wo der Bestseller ‚50 Shades of Grey' nach wie vor für presserechtl. Arbeit sorgt, zog zudem die Beratung für das Handelsblatt an. (3 Partner, 1 Associate, 1 of Counsel)

Mandate: ●● Random House, u.a. zu ‚50 Shades of Grey'; lfd. Manager Magazin (aus dem Markt bekannt); Handelsblatt wg. Herausgabeanspruch eines Strafurteils; Münchner Verlagsgruppe presserechtl. wg. Biografien; lfd. Droemer-Verlagsgruppe, Spiegel Verlag, Constantin Entertainment.

STOLZENBERG
Presse- und Äußerungsrecht

Bewertung: Unter neuer Flagge agiert die geschätzte Praxis für Presse- u. Äußerungsrecht, die bis Ende 2014 für das Münchner Oppenländer-Büro tätig war. Kopf des Teams bleibt Raymund Brehmenkamp, der von jeher fest auf Verlagsseite verankert ist. Die zentrale Mandantin Südwestdeutsche Medienholding sorgt dabei für Auslastung. Nicht zuletzt das Verfahren für die Süddt. Zeitung, bei dem es um die Identifizierbarkeit von Kindern in einem Sorgerechtsstreit ging, war für die Bildberichterstattung von grundsätzl. Bedeutung. Die Insolvenz der langj. Mandantin Abendzeitung hat allerdings eine Lücke hinterlassen. (Medien ges.: 3 Partner)

Mandate: ●● Verlag des SZ-Magazins presserechtl. im Verfahren zur Identifizierbarkeit von betroffenen Kindern in einem Sorgerechtsverfahren; Süddt. Zeitung gg. mehrere Spitzensportler; lfd. presserechtl. Stuttgarter Nachrichten.

● Referenzmandate, umschrieben
●● Referenzmandate, namentlich

Anwaltszahlen: Angaben der Kanzleien, wie viele Anwälte zu mind. ca. 50% in diesem Gebiet tätig sind. Sie spiegeln nicht zwingend die Gesamtgröße einer Kanzlei wider.

Informationstechnologie

Der Umgang mit Daten beherrscht die Beratung

„Daten sind das neue Öl." So fasste ein IT-Anwalt die Relevanz des Themas zusammen, das sämtliche IT-Praxen im Kern beschäftigt. Denn die Entwicklungen im Datenschutz nehmen sowohl bei Boutiquen als auch bei transaktionsgetriebenen Großkanzleien immer mehr Raum ein. Der wichtigste Schritt zu einer Vereinheitlichung der europäischen Datenschutzgesetze dürfte die Datenschutzgrundverordnung sein, die Ende 2015 nach etlichen Jahren Diskussionen Wirklichkeit werden soll. Aufgrund der darin verankerten hohen Strafen sind Unternehmen zunehmend bereit, in den richtigen Umgang mit ihren Daten zu investieren. Das umfasst aber nicht nur deren Sicherheit, sondern auch die Frage, wie man mit Big Data wiederum Geld verdienen kann. Um Daten und den transparenten Umgang damit geht es auch beim IT-Sicherheitsgesetz, das das Bundeskabinett Ende 2014 beschlossen hat und das alle Branchen der Grundversorgung betreffen soll. IT-Prozesse nehmen zwar für die meisten Kanzleien im Vergleich zum Datenschutz eine untergeordnete Rolle ein, allerdings gewinnen auch sie an Bedeutung. „Die Streitwerte sind hoch", begründet ein IT-Anwalt diese Entwicklung. Auf gleichem Niveau wie im Vorjahr verharrte dagegen zuletzt das Geschäft mit Outsourcings.

IT-Praxen erfüllen in den Kanzleien unterschiedliche Funktionen

Der Markt hat sich diversifiziert: Zu den transaktionsgetriebene Großkanzleien, die auf IT-spezifisches Know-how gerade bei technologielastigen Käufen und Verkäufen keinesfalls verzichten können, gehören **Freshfields Bruckhaus Deringer**, **Clifford Chance** und **Latham & Watkins**. Sie berichten von einer Zunahme solcher Transaktionen, positionieren ihre IT-Praxen aber auf unterschiedliche Art im Kanzleigesamtgefüge: **Freshfields** splittete ihre IT-Praxis schon 2013 in Corporate bzw. Litigation auf, die IT-Praxis von **Latham & Watkins** steht nach dem Rückzug Dr. Ulrich Wuermelings ohne IT-Partner da, während Clifford weiterhin auf eine eigene IT-Praxis setzt. Eine zentralere und eigenständigere Rolle nehmen dagegen die IT-Praxen von solchen Kanzleien ein, die vor allem der Technologiebranchenbezug auszeichnet, wie **Noerr**, **Baker & McKenzie**, **Bird & Bird**, **Osborne Clarke** und **Taylor Wessing**. Sie profitieren neben ihrer teils jahrelangen Erfahrung im Datenschutz von ihrem branchenspezifischen Know-how bei Themen wie Big Data und E-Commerce. Die IT-Praxen von **Taylor Wessing**, **DLA Piper** und allen voran **White & Case** fielen zuletzt auch deswegen ins Auge, weil sie es besser als in der Vergangenheit geschafft haben, Synergien aus ihren internationalen Netzwerken zu schöpfen. Von der steigenden Prozessbereitschaft profitierten indes Einheiten wie **Gleiss Lutz**, **Reed Smith** oder auch **TCI Rechtsanwälte**. Letztere bieten ebenso wie **SSW Schneider Schiffer Weihermüller** und **Vogel & Partner** als spezialisierte Boutiquen den großen Einheiten in ihren Nischen erfolgreich die Stirn. Das gelingt mit einem ausgeprägten Know-how an den Schnittstellen. Für sehr spezielle Fragestellungen, die aber keine großen Teams in der Beratung erfordern, sind sie damit prädestiniert.

JUVE KANZLEI DES JAHRES
INFORMATIONSTECHNOLOGIE
WHITE & CASE

Internationaler denn je – keine IT-Praxis nutzt ihr weltweites Netzwerk so gekonnt wie White & Case. Traditionell als feste Größe für Outsourcings im Markt verankert, spielt sie mittlerweile die gesamte Klaviatur des IT-Rechts: Zum einen steigerte sie das Mandatsaufkommen bei internationalen Transaktionen, jüngstes Beispiel ist die Beratung von ABB, wo die Praxis für 12 Länder die IT-Verträge beim Verkauf des Full-Service-Departments an Nordic Capital verhandelte. Gleichzeitig ist W&C nicht zuletzt durch die Präsenz von **Dr. Detlev Gabel** fest im Datenschutz verankert. So vertrat er beispielsweise Voss & Partner gegen den Landesbeauftragten für Datenschutz zu Überwachungskameras sowie Facebook gegen eine österreichische Sammelklage. Dass die Praxis Teil eines internationalen Teams ist, hat sich im vergangenen Jahr auch personell eindrucksvoll niedergeschlagen. So verantwortet Gabel die globale Gruppe der Kanzlei für Datenschutz und -sicherheit. Jungpartner **Dr. Philip Trillmich**, der sich in Deutschland mittlerweile einen guten Ruf für Technologietransaktionen erarbeitet hat, wechselte als IT-Leiter zum Londoner Standort und stärkt so die Achse nach Frankfurt. Auch die Partnerernennungen sprechen eine deutliche Sprache: Dr. Philip Trillmich wurde Equity-Partner, **Dr. Thomas Feiler** und **Dr. Susanne Weckbach** Salary-Partner. Wettbewerber sehen den Erfolg von White & Case: Sie loben Gabel gemeinsam mit **Dr. Jost Kotthoff**, der als Kopf der Praxis für umfangreiche Outsourcings steht, als „Marktführer" und „unschlagbares Team".

Die folgenden Bewertungen behandeln einerseits Kanzleien, die im klassischen EDV-Recht, bestehend aus Verträgen und Prozessen (Systemimplementierungen, Softwarelizenz- u. -entwicklungsverträge sowie Vertriebs-, Kartell- u. Wettbewerbsrecht) beraten, bei denen aber auch die Themen Datenschutz, IT-Sicherheit und Compliance und IT-Vergabe eine Rolle spielen. Andererseits bildet das transaktionsgetriebene Geschäft, wozu Outsourcingdeals, die Auslagerung von einzelnen Geschäftsprozessen (sog. Business Process Outsourcing) sowie die Begleitung von Transaktionen zählen, einen zentralen Bereich des Kapitels. Die in klassisches (Verträge und Prozesse) und transaktionsgetriebenes Geschäft (inklusive Outsourcing) unterteilten Rankings verdeutlichen die Positionierung der jeweiligen Kanzleien. Da im Zusammenhang mit den hier behandelten Themen regelmäßig Fragen des ▶Marken- und Wettbewerbsrechts und ▶Vertriebsrechts auftauchen, sollten auch diese Kapitel konsultiert werden. In Büros mit Schwerpunkt in der ▶Medienbranche gehört die Beratung an der Schnittstelle zu Medien u. Telekommunikation, v.a. im Zshg. mit dem Internet u. dem Zusammenwachsen von Inhalten u. Technologie, zum Tagesgeschäft. Eine Übersicht zu Kanzleien, die mit fachübergreifenden Teams bei aktuellen Untersuchungen/internen Ermittlungen beraten und Unternehmen beim strukturellen Aufbau von Compliance begleiten, findet sich unter ▶Compliance.

INFORMATIONSTECHNOLOGIE MEDIEN, TECHNOLOGIE UND KOMMUNIKATION

AVOCADO
IT: Verträge/Prozesse ▢▢▢▢▪

Bewertung: Anwender- wie anbieterseitig baut die geschätzte IT-Praxis ihren Mandantenstamm kontinuierl. aus. Die Beratung der Neumandantin DFL nahm zuletzt peu à peu mehr Raum ein, etwa mit Projekten wie einer Plattform für den Ticketzweitmarkt u. zu IT-Verträgen. Gleichzeitig war die Praxis erneut anbieterseitig für einen internat. Softwarekonzern im stetig wachsenden Bereich Datenschutz aktiv. Im Rahmen eines umfangr. IT-Vergabeverfahrens demonstrierte sie, dass die praxis- u. standortübergreifende Zusammenarbeit über die Achse Frankfurt u. Berlin funktioniert. Outsourcings dagegen beanspruchten das Team zuletzt weniger, auch die Beratung zu streitigen Verfahren ging zurück. So waren Wettbewerber wie z.B. von Boetticher stärker in Prozessen involviert.

Häufig empfohlen: Jan Voß („zuverlässig u. gut", Wettbewerber)

Kanzleitätigkeit: Full-Service-Ansatz mit Schwerpunkt im klass. IT-Recht: v.a. IT-Vertragsrecht, auch an der Schnittstelle zu TK u. prozessual. BPOs u. Outsourcings. Daneben vermehrt projektbezogen internat. Unternehmen zu Markteintritt, Datenschutz. Auch Transaktionen. Mandantschaft: Hard- u. Softwarehäuser, IT-Dienstleister u. vermehrt Anwender. (4 Eq.-Partner, 2 Counsel, 3 of Counsel, 2 Associates)

Mandate: ●● DFL zu Plattform für Ticketzweitmarkt, zu digitalem Framework u. mehreren IT-Verträgen; Heraeus Holding zum Aufsetzen einer E-Bidding- u. E-Auction-Plattform; Körperschaft des öffentl. Rechts zu IT-Vergabeverfahren; lfd. B+S Card Service, Bastei Lübbe, Best Gaming.

BAKER & MCKENZIE
IT: Verträge/Prozesse ▢▪▢▢▢
IT: Transaktionen/Outsourcing ▢▢▪▢▢

Bewertung: Mehr als in den Vorjahren war die häufig empfohlene Praxis für IT auf Anbieterseite tätig. Bspw. mandatierte sie ein Outsourcinganbieter im Zshg. mit einem gescheiterten IT-Outsourcing gg. ein Finanzinstitut. Gleichwohl bleiben die Anwender – v.a. aus der Industrie – wichtigster Mandantenstamm. Speziell bei grenzüberschr. Projekten spielt Baker das umfangr. internat. Netzwerk aus, wie das Team zuletzt beim Mandat eines Autoherstellers mit mehr als 30 betroffenen Ländern bewies. Welche Relevanz dem Datenschutz kanzleiintern beigemessen wird, zeigt eine Partnerernennung in diesem Bereich.

Stärken: Internat. sehr gut vernetzt.

Entwicklungsmöglichkeiten: München wurde durch den Tod des visiblen Partners Dr. Christoph Rittweger geschwächt. Baker nimmt zwar regelm. IT-Anwälte in die Reihen der Partner auf, für kurzfristige Kompensation sorgt das allerdings nicht. Hier könnte der Gewinn eines Quereinsteigers eine Lösung bieten.

Häufig empfohlen: Dr. Matthias Scholz, Dr. Michael Schmidl

Kanzleitätigkeit: Schwerpunkte im Outsourcing, auch Unterstützung bei M&A-Transaktionen, dazu Datenschutz, IT-Sicherheit u. IT-Verträge, oft mit internat. Bezügen, Prozesse, auch ▶Vertriebssysteme; Mandanten: namh. Anwender, v.a. Banken, Technologie- u. TK-Unternehmen u. Outsourcinganbieter; Hard- u. Softwarehersteller, Kontaktnetzwerke im Internet. (5 Partner, 9 Associates)

Mandate: ●● Telefónica datenschutzrechtl. bei Integration von E-Plus; PlanetHome zu Outsourcing; Automobilzulieferer zu Outsourcing; Autohersteller umf., u.a. zu vernetztem Auto u. Datenschutz; IT-Outsourcinganbieter bei Streit bzgl. gescheitertem Outsourcingprojekt.

BEITEN BURKHARDT
IT: Verträge/Prozesse ▢▢▢▢▢

NOMINIERT
JUVE Awards 2015
Kanzlei des Jahres für Medien und Technologie

Bewertung: Wichtiges Standbein der geschätzten Kanzlei für IT ist die stark nachgefragte Beratung zum Datenschutz, wo Beiten auch an der Schnittstelle zum ▶Arbeitsrecht gut aufgestellt ist. Regelm. finden Verweismandate ihren Weg: So beriet die IT-Praxis mit Rogers einen Mandanten, der zuvor schon arbeitsrechtl. auf die Kanzlei vertraute. Gleichzeitig sorgten Onlineplattformen für Geschäft, z.B. FriendScout24. Einen Schub erfuhr die Praxis an der Schnittstelle zum ▶Medienrecht. Mit Dr. Andreas Lober u. Tim Caesar, die von Schulte Riesenkampff kamen, gewann Beiten eine Reihe von Mandanten aus der Gamesbranche.

Häufig empfohlen: Sven Schlotzhauer („konstruktiver Verhandler", Wettbewerber), Dr. Andreas Lober, Dr. Axel von Walter („sehr gut u. konstruktiv", Mandant)

INFORMATIONSTECHNOLOGIE: VERTRÄGE/PROZESSE

Noerr	München, Frankfurt
SSW Schneider Schiffer Weihermüller	München
Baker & McKenzie	München, Frankfurt
Bird & Bird	München, Düsseldorf, Frankfurt
CMS Hasche Sigle	Hamburg, München, Stuttgart, Köln
SKW Schwarz	München, Frankfurt
Taylor Wessing	Düsseldorf, Frankfurt, München, Hamburg
White & Case	Frankfurt, Hamburg, München
DLA Piper	München, Köln
Freshfields Bruckhaus Deringer	Düsseldorf, Frankfurt, Hamburg, Köln
Heymann & Partner	Frankfurt
Hogan Lovells	München, Düsseldorf
Gleiss Lutz	Berlin
JBB Rechtsanwälte	Berlin
Oppenhoff & Partner	Köln
Osborne Clarke	Köln, München, Hamburg
von Boetticher	München, Berlin
Clifford Chance	Frankfurt, Düsseldorf
FPS Fritze Wicke Seelig	Frankfurt, Hamburg
Heuking Kühn Lüer Wojtek	Frankfurt, Köln, Düsseldorf
Heussen	München
Jones Day	München, Frankfurt
Latham & Watkins	Frankfurt, Hamburg
Luther	Hamburg, Köln, Essen, Frankfurt, Stuttgart
McDermott Will & Emery	München
Vogel & Partner	Karlsruhe
Avocado	Frankfurt, Köln
Beiten Burkhardt	München, Frankfurt, Düsseldorf
Görg	Berlin, Köln, Frankfurt, München
Graf von Westphalen	Frankfurt, München
Pinsent Masons	München
Reed Smith	München
TCI Rechtsanwälte	München, Berlin, Mainz
Waldeck	Frankfurt
WilmerHale	Frankfurt

Die hier getroffene Auswahl der Kanzleien ist das Ergebnis der auf zahlreichen Interviews basierenden Recherche der JUVE-Redaktion (s. Einleitung S. 20). Sie ist in 2erlei Hinsicht subjektiv: Sämtliche Aussagen der von JUVE-Redakteuren befragten Quellen sind subjektiv u. spiegeln deren eigene Wahrnehmungen, Erfahrungen u. Einschätzungen wider. Die Rechercheergebnisse werden von der JUVE-Redaktion unter Einbeziehung ihrer eigenen Marktkenntnis analysiert u. zusammengefasst. Der JUVE-Verlag beabsichtigt mit dieser Tabelle keine allgemein gültige oder objektiv nachprüfbare Bewertung. Es ist möglich, dass eine andere Recherchemethode zu anderen Ergebnissen führen würde. Innerhalb der einzelnen Gruppen sind die Kanzleien alphabetisch geordnet.

● Referenzmandate, umschrieben
●● Referenzmandate, namentlich

Anwaltszahlen: Angaben der Kanzleien, wie viele Anwälte zu mind. ca. 50 % in diesem Gebiet tätig sind. Sie spiegeln nicht zwingend die Gesamtgröße einer Kanzlei wider.

Kanzleitätigkeit: Schwerpunkte im Datenschutz, Onlineplattformen u. E-Commerce, auch Softwareverträge u. Outsourcings. Mandanten: viel Mittelstand, Softwarehäuser, Banken, Onlineportale, Spieleentwickler u. öffentl. Hand. (7 Partner, 3 Associates)

Mandate: ●● FriendScout24 datenschutzrechtl., Rogers zu Cloud-Lösung; A.T. Kearney zu Lizenzen; Amadeus Data Processing, u.a. zu IT-Einkauf; Bandai Namco umf., u.a. zu Datenschutz; Market Tech bei Mehrheitsbeteiligung an Glispa; Schufa gerichtl. bei Ansprüchen gg. Rechteverletzer.

BIRD & BIRD
IT: Verträge/Prozesse
IT: Transaktionen/Outsourcing

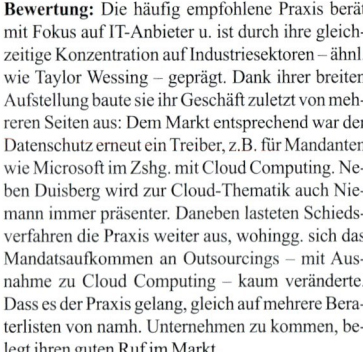

Bewertung: Die häufig empfohlene Praxis berät mit Fokus auf IT-Anbieter u. ist durch ihre gleichzeitige Konzentration auf Industriesektoren – ähnl. wie Taylor Wessing – geprägt. Dank ihrer breiten Aufstellung baute sie ihr Geschäft zuletzt von mehreren Seiten aus: Dem Markt entsprechend war der Datenschutz erneut ein Treiber, z.B. für Mandanten wie Microsoft im Zshg. mit Cloud Computing. Neben Duisberg wird zur Cloud-Thematik auch Niemann immer präsenter. Daneben lasteten Schiedsverfahren die Praxis weiter aus, wohingg. sich das Mandatsaufkommen an Outsourcings – mit Ausnahme zu Cloud Computing – kaum veränderte. Dass es der Praxis gelang, gleich auf mehrere Beraterlisten von namh. Unternehmen zu kommen, belegt ihren guten Ruf im Markt.

Stärken: Ausgeprägte Fokussierung auf Industriesektoren.

Häufig empfohlen: Dr. Alexander Duisberg, Jörg-Alexander Paul, Dr. Fabian Niemann („fachl. u. menschl. kompetent", Mandant; „strukturiert u. fokussiert", „sehr kompetent", „guter Praktiker, sehr zielorientiert", „unschlagbar", Wettbewerber)

Kanzleitätigkeit: Beratung zu Outsourcing (IT u. BPO), IT-Projekten u. IT-Prozessen, Datenschutz u. -sicherheit; Open Source, Konvergenzthemen u. E-Commerce an der Schnittstelle zum Urheberrecht, regelm. Schiedsverfahren. Auch ▶Vertriebssysteme; Mandanten: Anwender u. Anbieter, vereinzelt öffentl. Hand. Häufig für US- u. brit. Unternehmen. (8 Partner, 1 Counsel, 11 Associates)

Mandate: ●● ADAC zu IT-Projektverträgen; Airwave Solution zu Vergabeverfahren im Digitalfunk; Kaspersky Labs in Schiedsverfahren gg. frz. u. afrikan. Lieferanten; Lexmark zu Cloud-Verträgen; Blackboard zu Datenschutz; Microsoft zu Cloud Computing; lfd. Lenovo.

VON BOETTICHER
IT: Verträge/Prozesse

Bewertung: Die steigende Relevanz des Datenschutzes beschert der für IT geschätzten Kanzlei viel Geschäft. V.a. die langj. Erfahrung Brandi-Dohrns sorgt für einen steten Mandatsfluss. Anbieterseitig setzte zuletzt verstärkt ein ww. tätiges IT-Unternehmen u.a. bei Projekten in Schieflage auf die Praxis. Daneben gelingt es ihr, sich immer mehr als strateg. Beraterin für neue Geschäftsmodelle zu etablieren, so z.B. vom YouTube-Netzwerk Allyance hinsichtl. des Plattformaufbaus u. der -vermarktung.

Häufig empfohlen: Dr. Anselm Brandi-Dohrn („viel Erfahrung, sehr kompetent", Wettbewerber)

INFORMATIONSTECHNOLOGIE: TRANSAKTIONEN/OUTSOURCING

Kanzlei	Standorte
Heymann & Partner	Frankfurt
Noerr	München, Frankfurt
White & Case	Frankfurt, Hamburg, München
Baker & McKenzie	München, Frankfurt
Bird & Bird	München, Düsseldorf, Frankfurt
DLA Piper	München, Köln
Freshfields Bruckhaus Deringer	Düsseldorf, Frankfurt, Hamburg, Köln
Taylor Wessing	Düsseldorf, Frankfurt, München, Hamburg
CMS Hasche Sigle	Hamburg, München, Stuttgart, Köln
Hogan Lovells	München, Düsseldorf
Latham & Watkins	Frankfurt, Hamburg
Oppenhoff & Partner	Köln
Osborne Clarke	Köln, München, Hamburg
Clifford Chance	Frankfurt, Düsseldorf
Gleiss Lutz	Berlin
Görg	Berlin, Köln, Frankfurt, München
Jones Day	München, Frankfurt
McDermott Will & Emery	München
Reed Smith	München
Waldeck	Frankfurt

Die hier getroffene Auswahl der Kanzleien ist das Ergebnis der auf zahlreichen Interviews basierenden Recherche der JUVE-Redaktion (s. Einleitung S. 20). Sie ist in 2erlei Hinsicht subjektiv: Sämtliche Aussagen der von JUVE-Redakteuren befragten Quellen sind subjektiv u. spiegeln deren eigene Wahrnehmungen, Erfahrungen u. Einschätzungen wider. Die Rechercheergebnisse werden von der JUVE-Redaktion unter Einbeziehung ihrer eigenen Marktkenntnis analysiert u. zusammengefasst. Der JUVE-Verlag beabsichtigt mit dieser Tabelle keine allgemein gültige oder objektiv nachprüfbare Bewertung. Es ist möglich, dass eine andere Recherchemethode zu anderen Ergebnissen führen würde. Innerhalb der einzelnen Gruppen sind die Kanzleien alphabetisch geordnet.

Kanzleitätigkeit: Schwerpunkt: Softwareverträge, daneben auch projektbezogen, bei Implementierungen, auch an der Schnittstelle zum Gewerbl. Rechtsschutz u. in Rechtsstreitigkeiten. Verstärkt Datenschutz. Auch Finanzierungen, M&A, Beratung im Spielesektor. Mandantschaft: namh. Soft- u. Hardwarehersteller, zunehmend Anwender, auch im Bereich Life Science. (4 Partner, 3 Associates)

Mandate: ●● IDGPS Media Network zu Aufbau u. Vermarktung des YouTube-Netzwerks Allyance; Posteo zu Transparenzbericht; Paperless zu Datenschutz in der Bank- u. Versicherungsbranche; Yahoo Dtl. zu Internetrecht; ww. tätiges IT-Unternehmen zu lfd. u. gescheiterten IT-Projekten; Medizinproduktekonzern zu Datenschutzaudit.

CLIFFORD CHANCE
IT: Verträge/Prozesse
IT: Transaktionen/Outsourcing

Bewertung: Transaktionen standen zuletzt im Fokus des Geschäfts der geschätzten IT-Praxis: So flankierte sie bspw. die M&A-Praxis an der Seite der Software AG beim Kauf einer Beteiligung an Traxpay. Denn v.a. bei Unternehmenskäufen bzw. -verkäufen mit starkem Technologiebezug spielt sie ihre Schnittstellenkompetenz an der Grenze von M&A u. IT aus. Durch Cliffords starke Stellung im Finanzrecht gilt die IT-Praxis bei einer Reihe von Finanzinstituten als gesetzt, wie z.B. bei der Commerzbank u. der FMS. Die Schnittstelle zu IP ist dagegen durch den Weggang eines IP-Partners u. einer Counsel in München weggefallen.

Stärken: Langjährige Branchenfokussierung, v.a. Pharmaindustrie u. Bankensektor.

Entwicklungsmöglichkeiten: Ziel des selbstverordneten Schrumpfkurses der Kanzlei ist eine noch stärkere Fokussierung auf Transaktionen. Eine Orientierung an der Strategie von Freshfields könnte auch für Clifford von Vorteil sein. Freshfields ließ die IT-Praxis ganz in die Corporate- bzw. Litigation-Praxis aufgehen, sodass die Zusammenarbeit heute noch enger ist als früher.

Kanzleitätigkeit: Schwerpunkte: Outsourcingprojekte inkl. BPO, häufig grenzüberschreitend, u. Technologietransaktionen, auch Cloud Computing, Datenschutz u. IT-Compliance. Mandanten: Anwender, Outsourcinganbieter, v.a. Banken u. IT-Unternehmen. (3 Partner, 2 Counsel, 9 Associates)

Mandate: ●● Software AG IT-rechtl. bei Kauf einer Beteiligung an Traxpay; Blackberry IT-rechtl. bei Verkauf des Forschungszentrums an VW Infotainment; Commerzbank bzgl. Transitional Service Agreement für IT-Leistungen; Siemens IT-rechtl. bei Verkauf der Krankenhausinformationssysteme; FMS zu Outsourcing.

CMS HASCHE SIGLE
IT: Verträge/Prozesse
IT: Transaktionen/Outsourcing

Bewertung: Mit einem der größten Teams im Markt agiert die häufig empfohlene IT-Praxis als integrierter Teil der TMT-Gruppe. Die Digitalisierung hat sich mit E-Commerce entsprechend auf die Beratung der IT-Praxis niedergeschlagen, wie z.B. ihre Tätigkeit für Ebay zeigt. Ein stabiles Beratungsfeld sind auch technologiegetriebene Transaktionen, wo die Praxis für Hochtief tätig war. Wie gut die praxisübergr. Zusammenarbeit funktioniert, zeigt das Mandat von Bosch Soft-

● Referenzmandate, umschrieben
●● Referenzmandate, namentlich

Anwaltszahlen: Angaben der Kanzleien, wie viele Anwälte zu mind. ca. 50 % in diesem Gebiet tätig sind. Sie spiegeln nicht zwingend die Gesamtgröße einer Kanzlei wider.

INFORMATIONSTECHNOLOGIE MEDIEN, TECHNOLOGIE UND KOMMUNIKATION

ware, in dem die IT-Rechtler im Schulterschluss mit den ▶Kartellrechtlern aktiv waren u. mit der Beratung zu einer Smartphone-App für Elektroautos zu einem derzeit relevanten Thema berieten. Obwohl ihr Einsatz häufiger als früher bei grenzüberschr. Mandaten gefragt ist, kann sie diesbzgl. mit Wettbewerbern mit starkem internat. Netzwerk noch nicht mithalten.

Stärken: Langj. Erfahrung bei Outsourcing.

Häufig empfohlen: Dr. Axel Funk („fachl. sehr gut", Wettbewerber), Dr. Malte Grützmacher („kluger Kopf", „sehr kompetent", Wettbewerber), Dr. Sebastian Cording („fundiertes Fachwissen, pragmatisch", Wettbewerber) Philipp Lotze, Dr. Markus Häuser, Christian Runte („guter Verhandler, behält bei komplexen Verhandlungen immer die Übersicht", Wettbewerber), Florian Dietrich („sehr fundiertes Fachwissen, sehr flexibel u. praxisorientiert", Mandant)

Kanzleitätigkeit: Schwerpunkt im Outsourcing inkl. BPO, daneben große Softwareprojekte, auch zu Schieflagen. Zudem Vertragsgestaltung u. Lizenzierung. Datenschutz, IT-Compliance u. -Sicherheit. Außerdem digitale Vermarktung von ▶Medieninhalten (TV, Film & Entertainment, E-Commerce, E-Mobility, E-Metering). Mandanten: IT- u. auch TK-Unternehmen, Content- u. Serviceprovider. Auch Anwender (u.a. Finanzdienstleister, Medien- u. Automobilunternehmen) u. öffentl. Hand. (16 Partner, 1 Counsel, 32 Associates)

Mandate: ●● Allianz Managed Operations and Services zu internat. Outsourcing; Bosch Software Innovations zu E-Mobility; Ebay zu globalem Mobilmarketing; Hochtief IT-rechtl.; Unify zu IT-Outsourcing; Dt. Börse zu digitaler Lernplattform; Gothaer Systems, u.a. datenschutzrechtl.; Echo-Medien IT-rechtl. bei Verkauf an Rhein Main.

DLA PIPER
IT: Verträge/Prozesse ☐☐☐■☐
IT: Transaktionen/Outsourcing ☐☐■☐☐

Bewertung: Empfohlene Kanzlei für IT, bei der die Beratung zu Outsourcings ein wichtiges Standbein bleibt. U.a. sorgt ein ww. tätiger IT-Dienstleister, der zu den Stammmandanten zählt, diesbzgl. für regelm. Geschäft. Dabei gehört das internat. Netzwerk zu den Stärken der Praxis, weswegen Konzerne wie Apple zunehmend auf DLA setzen. Ihr gelingt es dabei zudem internat. v.a. anbieterseitig regelm. auf Beraterlisten zu gelangen, wie bspw. bei Atos. Wesentl. Bestandteil der Beratung ist häufig der Datenschutz, der v.a. bei Cloud Computing eine große Rolle spielt. Mit Meents verfügt DLA über einen der visibelsten Partner im Markt, der sich nach seiner Managementaufgabe wieder voll seinem Geschäft widmen kann.

Stärken: Starke internat. Wurzeln u. ein Team mit langj. Erfahrung im Cloud Computing.

Häufig empfohlen: Dr. Thomas Jansen, Dr. Jan Meents, Jan Pohle („herausragendes Fachwissen, hervorragender Verhandler", Wettbewerber), Britta Hinzpeter

Kanzleitätigkeit: IT-Implementierung, Outsourcingverträge inkl. BPO, zunehmend grenzüberschreitend, u. Cloud Computing. Daneben Datenschutz, ▶Compliance, IT-Sicherheit sowie E-Commerce u. IT-Prozesse. Mandantschaft: vorwiegend Outsourcingdienstleister, auch deren Kunden, zunehmend Anwender u. größerer Mittelstand. (3 Partner, 5 Counsel, 4 Associates)

Mandate: ●● Lanxess zu Standortvernetzung in 29 Ländern; Pro7Sat.1 IT-rechtl. bei Kauf von Anteilen an Sonoma Internet; IT-Dienstleister lfd. zu mehreren Outsourcings; Atos zu IT-Transaktionen; Apple, Alcatel-Lucent, Siemens, Fresenius, Fujitsu Technology & Solutions, Unify zu IT-rechtl. Fragen; Versicherungsgruppe zu IT-Outsourcing.

FPS FRITZE WICKE SEELIG
IT: Verträge/Prozesse ☐☐☐☐■

Bewertung: Die geschätzte IT-Praxis ist nicht zuletzt durch Stammmandantin Microsoft als anbieterseitige Beraterin bekannt. Dass der Konzern in so wichtigen Fragen wie IT-Compliance auf FPS zurückgreift, zeugt von der Position, die sie dort innehat. Beschäftigt Microsoft in 1. Linie das Hamburger u. Frankfurter Büro, zeichnete sich der Berliner Standort zuletzt v.a. durch die Beratung zu Internetplattformen aus. In diesem Bereich, der sich gut entwickelt, beriet das Team bspw. Athlin beim Aufsetzen einer Buchungsplattform. Zum festen Standbein hat sich darüber hinaus die Beratung von Mittelständlern wie Maxon entwickelt, sodass auch die Tätigkeit auf Anwenderseite mehr Raum einnimmt. Die Ernennung von 2 Anwälten zu Vollpartnern unterstreicht zwar die Absicht der Praxis, wachsen zu wollen, allerdings verlor sie auch einen Partner: Dr. Lutz Schreiber wechselte zu Norton Rose.

Stärken: Viel Erfahrung bei anbieterseitiger Beratung.

Häufig empfohlen: Bettina Komarnicki („äußerst kompetent", Wettbewerber), Dr. Oliver Wolff-Rojczyk

Kanzleitätigkeit: Schwerpunkte: Lizenzen u. Softwareerstellung, IT-Verträge, E-Business, Datenschutz u. IT-Compliance, auch Cloud Computing. Daneben Fragen der Softwarepiraterie u. IT-Vergabe. Zudem Prozesse bei Projektschieflagen. Mandantschaft: namh. Softwareunternehmen, Mittelständler, vermehrt Anwender. (7 Eq.-Partner, 3 Sal.-Partner, 7 Associates)

Mandate: ●● BSA u. Microsoft gerichtl. zu IT-Compliance gg. Verpackungshersteller; Massine-Boecker zu Internetvideoplattform; Microsoft umf., u.a. zu Volumenlizenz-, Cloud- u. Procurement-Verträgen; Athlin zu Internetbuchungsplattform; Maxon zu IT-Verträgen mit Softwarehersteller.

FRESHFIELDS BRUCKHAUS DERINGER
IT: Verträge/Prozesse ☐☐☐■☐
IT: Transaktionen/Outsourcing ☐☐■☐☐

Bewertung: Für IT häufig empfohlene Kanzlei, die als gefragte Beraterin bei umfangr. IT-Outsourcings v.a. bei Finanzinstituten gilt sie dabei – ähnl. wie Clifford Chance u. White & Case – als gesetzt. Doch auch im E-Commerce baute sie ihre Visibilität aus: So mandatierte Puma die IT-Praxis beim Relaunch des Onlineshops für die E-Commerce- u. Logistik-Outsourcingverträge. Mit Wettbewerbern wie CMS kann sie in diesem Marktsegment aber noch nicht auf Augenhöhe agieren. Mehr Raum nahm zudem die Beratung zum mobilen Bezahlen ein, ein Thema, das zurzeit einige Wettbewerber beschäftigt. Hier ist die Tätigkeit für Lendico ein Beispiel. Das virulente Thema Datenschutz spielt bei FBD dagegen v.a. in Deals oder an der Schnittstelle zu Compliance eine Rolle. Mit Nolte verfügt die Kanzlei dabei über einen Anwalt, der IT u. Compliance gleichermaßen beraten kann.

Stärken: Viel Erfahrung bei umfangr. IT-Outsourcings u. ausgeprägte Compliance-Schnittstelle.

Häufig empfohlen: Dr. Jochen Dieselhorst, Prof. Dr. Norbert Nolte, Dr. Torsten Schreier

Kanzleitätigkeit: Schwerpunkt bei Outsourcings, BPO u. Offshore. Daneben transaktionsbez. Beratung. Datenschutz u. ▶Compliance. Zudem klass. IT-Projekte u. Vertragsrecht. Außerdem an den Schnittstellen IT/ ▶Kartellrecht u. IT/ ▶Medien/ ▶Telekommunikation. Mandanten: große Softwareanbieter, IT-Dienstleister, ebenso Anwender (v.a. Banken u. Industrieunternehmen). (IP/IT: 5 Partner, 16 Associates)

Mandate: ●● AstraZeneca IT-rechtl. bei Kauf von Definiens; Preef Management zu BPO; Peek & Cloppenburg zu SAP-Implementierung; Puma zu E-Commerce u. Logistik-Outsourcingverträgen; Hewlett-Packard IT-rechtl. zu ww. Spin-off; Lendico IT-rechtl. zu FinTech-Plattform; RTL2 lfd. zu Datenschutz; IT-rechtl. Siemens.

Führende Namen im Datenschutz

Dr. Martin Braun	WilmerHale
Isabell Conrad	SSW Schneider Schiffer Weihermüller
Dr. Detlev Gabel	White & Case
Dr. Sibylle Gierschmann	Taylor Wessing
Dr. Jan Meents	DLA Piper
Dr. Flemming Moos	Osborne Clarke
Tim Wybitul	Hogan Lovells

Führende Namen bei Outsourcingdeals

Dr. Peter Bräutigam	Noerr
Thomas Heymann	Heymann & Partner
Dr. Jost Kotthoff	White & Case
Dr. Lars Lensdorf	Heymann & Partner
Prof. Dr. Norbert Nolte	Freshfields Bruckhaus Deringer
Jörg-Alexander Paul	Bird & Bird
Dr. Florian Schmitz	Görg
Prof. Dr. Joachim Schrey	Noerr

Die hier getroffene Auswahl der Personen ist das Ergebnis der auf zahlreichen Interviews basierenden Recherche der JUVE-Redaktion (siehe S. 20). Sie ist in 2erlei Hinsicht subjektiv: Sämtliche Aussagen der von JUVE-Redakteuren befragten Quellen sind subjektiv u. spiegeln deren eigene Wahrnehmungen, Erfahrungen u. Einschätzungen wider. Die Rechercheergebnisse werden von der JUVE-Redaktion unter Einbeziehung ihrer eigenen Medienkenntnis analysiert u. zusammengefasst. Der JUVE-Verlag beabsichtigt mit dieser Tabelle keine allgemein gültige oder objektiv nachprüfbare Bewertung. Es ist möglich, dass eine andere Recherchemethode zu anderen Ergebnissen führen würde.

● Referenzmandate, umschrieben
●● Referenzmandate, namentlich

Anwaltszahlen: Angaben der Kanzleien, wie viele Anwälte zu mind. ca. 50 % in diesem Gebiet tätig sind. Sie spiegeln nicht zwingend die Gesamtgröße einer Kanzlei wider.

MEDIEN, TECHNOLOGIE UND KOMMUNIKATION INFORMATIONSTECHNOLOGIE

GLEISS LUTZ
IT: Verträge/Prozesse
IT: Transaktionen/Outsourcing

Bewertung: Die für IT empfohlene Kanzlei machte zuletzt deutl. Fortschritte bei der Beratung von IT-Projekten in Schieflage sowie bei gerichtl. Prozessen. Bspw. vertrat sie mehrere gesetzl. Krankenkassen in Schiedsverfahren gg. Hausärzteverbände u. damit eine Klientel, die GL traditionell im Pharmarecht berät. Anwenderseitig positioniert steht sie auch immer wieder an der Seite der ▶M&A-Praxis. Ein Bsp. ist das Mandat von Goldman Sachs beim Kauf einer Beteiligung an Mister Spex. Während IT-Outsourcings die Praxis eher auf stabilem Niveau auslasteten, nahm die Beratung zum Datenschutz weiter an Fahrt auf.
Häufig empfohlen: Dr. Stefan Weidert („sehr versiert", „viel Erfahrung", Wettbewerber).
Kanzleitätigkeit: Schwerpunkt: M&A-Transaktionen mit Technologiefokus, auch IT-Outsourcings u. BPOs. Zudem klass. IT-Projekte, forens. zu Schieflagen. Daneben zunehmend Datenschutz, Compliance u. IT-Vergaben. Mandanten: Anwender (Finanz-, Automobil- u. Gesundheitsbranche), öffentl. Hand, IT-Dienstleister. (3 Partner, 3 Counsel, 10 Associates)
Mandate: ●● Shopkick datenschutzrechtl. u. zu E-Commerce beim Markteintritt in Europa; AOK gerichtl. zu Onlinebewertungsportalen; Gema IT-rechtl. bei Gründung eines Joint Ventures; Goldman Sachs IT-rechtl. bei Beteiligung an Mister Spex; gesetzl. Krankenkassen datenschutzrechtl. in Schiedsverfahren.

GÖRG
IT: Verträge/Prozesse
IT: Transaktionen/Outsourcing

Bewertung: Das Frankfurter Büro der geschätzten Kanzlei für IT machte zuletzt v.a. durch die Beratung der Bankenbranche auf sich aufmerksam, wo sie teils bei strateg. wichtigen Projekten im Einsatz war. Gleichzeitig sorgte Stammmandantin Dt. Telekom erneut für gute Auslastung, nicht zuletzt durch den Aufbau einer MVNE-Plattform. Hier zeigt sich zudem, dass die standortübergr. Zusammenarbeit zw. Ffm., München, Köln u. Berlin bei einzelnen Mandaten gelingen kann. Allerdings bleibt die Schnittstellenberatung an den jeweiligen Standorten unterschiedl. ausgeprägt: In Berlin spielt die Schnittstelle zum IT- ▶Vergaberecht eine größere Rolle, in Köln die zur ▶Restrukturierung/Sanierungs- u. in München die zur ▶gesellschaftsrechtl. Praxis.
Entwicklungsmöglichkeiten: Zwar berät die Praxis regelm. zu datenschutzrechtl. Fragen, allerdings verfügt sie über keinen Partner, der im Markt explizit für dieses Thema steht. Um den Marktanschluss bei diesem immer wichtigeren Thema nicht zu verlieren, könnte es sich lohnen, diesbzgl. visibler aufzutreten.
Häufig empfohlen: Dr. Florian Schmitz („analyt. Denker", Wettbewerber), Dr. Axel Czarnetzki („immer präsenter am Markt", Wettbewerber).
Kanzleitätigkeit: Klass. IT-Geschäft: Softwareprojekte u. -verträge, auch mit internat. Bezug. E-Commerce, E-Invoicing u. Escrow-Verträge. Outsourcing u. Datenschutz, auch Prozessführung. Mandanten: Anwender (u.a. Medien-, Finanz- u. Gesundheitsbranche, Bistümer, öffentl. Hand). Vereinzelt Anbieter. (5 Eq.-Partner, 4 Sal.-Partner, 3 Associates)
Mandate: ●● AGF zu Vertrag für die Mobilforschung von Bewegtbildern; Dt. Telekom zu MV-NE-Plattform; Myunidays IT-rechtl. zu Eintritt in dt. Markt; Samsung, u.a. zu Apps u. Onlineservices; Richter + Frenzel zur Erzeugung virtueller 3-D-Planungen für Fachhandelspartner; Frankfurter Volksbank zu IT-Outsourcings.

GRAF VON WESTPHALEN
IT: Verträge/Prozesse

Bewertung: Die geschätzte Kanzlei für IT ist anwender- wie anbieterseitig tätig, baute zuletzt ihren Mandantenstamm aber eher anwenderseitig aus. U.a. schaffte sie den Sprung auf die Beraterliste 2er Industrieunternehmen. Die Arbeit des Teams um Menzemer, der v.a. für die Beratung im Datenschutz steht, war zudem durch die Tätigkeit an der Schnittstelle zum ▶Vergaberecht geprägt – bspw. durch die Beratung von Zweckverbänden für Rettungsdienste u. Feuerwehren.
Häufig empfohlen: Stephan Menzemer
Kanzleitätigkeit: Schwerpunkt im klass. IT-Recht, v.a. Systemimplementierungen, Softwarelizenz- u. -entwicklungsverträge; Datenschutz; auch Schnittstelle IT-Vergabe der öffentl. Hand, daneben Outsourcings u. BPOs; Mandanten anbieter- wie anwenderseitig. (5 Partner, 3 Associates)
Mandate: ●● Affilinet IT-rechtl. zu internat. AGB; mehrere Zweckverbände für Rettungsdienste u. Feuerwehralarmierung zu IT-Vergabe; Nordcapital zu ERP-Einführung; Mischkonzern zu globalem ITSM-System; russ. TK-Unternehmen bei Markteintritt in Deutschland.

HEUKING KÜHN LÜER WOJTEK
IT: Verträge/Prozesse

Bewertung: Die geschätzte IT-Praxis ist Teil einer integrierten TMT-Gruppe. Wie bei McDermott gehört die Beratung an den Schnittstellen zu ▶Medien u. ▶Telekommunikation zum tägl. Geschäft. Prom. Bsp. ist die Tätigkeit für Stammmandantin Eutelsat, die sich zuletzt bis in die ▶gesellschaftsrechtl. Praxis ausdehnte beim Verkauf der Kabel-Kiosk-Plattform. Das Team um Witteler war neben der umfassenden Beratung im Rahmen des Herkules-Projekts des BMVerteidigung verstärkt bei der IT-rechtl. Beratung von umfangr. Logistikprojekten involviert, z.B. für Lufthansa Cargo u. in der Folge für Finnair Cargo. Dass sie es immer besser schafft, sich bei Konzernen zu platzieren, zeigt zudem die Mandatierung durch Panasonic, wo sie für strateg. wichtige Themen wie M2M hinzugezogen wurde.
Häufig empfohlen: Dr. Stephan Witteler
Kanzleitätigkeit: Schwerpunkt: Implementierung von IT-Projekten, Datenschutz, IT-Compliance, Cloud Computing, auch E-Commerce. Mandanten: anbieter- und anwenderseitige Beratung, u.a. Softwareentwickler, Handel, Banken, TK- u. Medienunternehmen. Enge Zusammenarbeit mit den ▶Vergabe-, ▶Medien- u. ▶Telekommunikationspraxen. (TMT gesamt: 9 Eq.-Partner, 8 Sal.-Partner, 9 Associates)
Mandate: ●● Douglas zur Neuausrichtung der internen IT; Finnair Cargo IT-rechtl. zu Logistiksystem u. Implementierung eines CMS-Systems; Lufthansa Cargo IT-rechtl. zu Logistiksystem; Panasonic Europe zu Einführung von M2M; BMVerteidigung zu IT-Kooperationsprojekt Herkules; Autobahn Tank & Rast zu IT- u. Datenschutzrecht; Eutelsat IT-rechtl. bei Verkauf der KabelKiosk-Plattform an M7.

HEUSSEN
IT: Verträge/Prozesse

Bewertung: Die geschätzte Praxis für IT ist Teil einer integrierten TMT-Gruppe, die v.a. mit dem ▶Medienrechtsteam eng zusammenarbeitet. Sowohl Waldhauser, der Kopf des Teams, als auch ein Berliner Medienanwalt beraten häufig an der gemeinsamen Schnittstelle sowohl anwender- als auch anbieterseitig. Bsp. für die enge Kooperation beider Praxen ist die Beratung von The Digitale, für die Heussen medien- u. IT-rechtl. im Einsatz ist. Hier zeigt sich zudem die gestärkte Achse zw. München u. Stuttgart: Das schwäb. Büro gewann Mark Münch (von IT-Rechtkanzlei). Gleichzeitig ist er an der Schnittstelle zum Vergaberecht tätig. Durch die Beratung eines Museums zu einem IT-Erstellungsvertrag konnte er das Geschäft weiterentwickeln.
Häufig empfohlen: Dr. Hermann Waldhauser („gute Expertise u. schnell verfügbar", Mandant; „pragmatisch", „verlässlich u. zielorientiert", Wettbewerber).
Kanzleitätigkeit: Umf. im EDV- u. Internetrecht. Schwerpunkt Vertragsgestaltung bei Softwareprojekten (verstärkt Embedded-Software-Projekte) u. Outsourcing. Zunehmend Datenschutz u. IT-Compliance im Zshg. mit Cloud Computing sowie Internet u. E-Commerce. Eng an der Schnittstelle zu ▶Medien. Mandanten: v.a. Anwender, einige Anbieter. (Gesamtes Medien/IT-Team: 8 Partner, 4 Associates, 3 of Counsel)
Mandate: ●● Bayr. Börse zu IT-Projekt; The Digitale zu IT-Projektverträgen; E-Commerce-Händler gerichtl. wg. Open-Source-Lizenz; Hersteller von Managed-Services-Software, u.a. zu Datenschutz; Museum zu IT-Erstellungsvertrag.

HEYMANN & PARTNER
IT: Verträge/Prozesse
IT: Transaktionen/Outsourcing

Bewertung: Als Teil einer transaktionsgetriebenen Kanzlei behauptet sich die häufig empfohlene IT-Praxis wie nur wenige im Wettbewerb mit Großkanzleien. V.a. bei den selten gewordenen umfangr. Outsourcings sichert sie sich regelm. ein großes Stück vom Kuchen. Zudem greifen bei Neuverhandlungen von Outsourcingverträgen Stammmandanten wie E.on regelm. auf das Team um Namenspartner Heymann zurück. Dies prägt neben seiner Tätigkeit im ▶M&A sowie im ▶Private Equ. u. Vent. Capital das Geschäft. Aber auch Scheja u. Lensdorf, Letzterer v.a. im Datenschutz, sind längst als feste Größen im Markt etabliert. Die ohnehin nicht üppige Personaldecke auf Associate-Ebene ist allerdings zuletzt erneut dünner geworden.
Stärken: Viel Erfahrung mit umfangr. Outsourcings.
Häufig empfohlen: Thomas Heymann, Dr. Katharina Scheja, Dr. Lars Lensdorf („tiefes rechtl. Know-how, die Praxis immer im Blick", „praxisnahe Lösungen", „kompetent", Wettbewerber).
Kanzleitätigkeit: Schwerpunkt im Outsourcing, v.a. für Anwender, auch Datenschutz. Außerdem Betreuung von Softwarehäusern bei Lizenzverträgen u. an der Schnittstelle zum Gewerbl. Rechtsschutz. Mandanten sind aufgr. starker Private-Equity-Praxis häufig Banken u. Versicherer sowie Industrieunternehmen. (4 Partner, 3 Associates)
Mandate: ●● Dt. Lufthansa bei Aufspaltung von Lufthansa Systems u. Outsourcing an IBM; Broadridge Financial Solutions zu Outsourcing mit der Portigon Financial Service; E.on Business Service

zu Neuverhandlung der Outsourcingverträge mit TSY u. HP, zu Einführung von Cloud-Technologie u. BPO.

HOGAN LOVELLS
IT: Verträge/Prozesse
IT: Transaktionen/Outsourcing

Bewertung: Die häufig empfohlene Praxis für IT war ähnl. wie White & Case zuletzt verstärkt auf internat. Parkett unterwegs. V.a. zum Thema IT-Sicherheit – ein Beratungsfeld, das im Markt zuletzt spürbar anzog – arbeitete sie eng mit ihren internat. Büros zusammen. Mit ihrem Fokus auf Industriesektoren konnte sie sich bspw. in der Automobilbranche zu Zukunftsthemen wie Industrie 4.0 platzieren. Besonders sichtbar bleibt sie aber um Wybitul, der zudem zum Partner ernannt wurde, an der Schnittstelle zum ▶Arbeitsrecht sowie zu ▶Compliance. Er gilt als besonders gut vernetzt im Datenschutz, wo die Kanzlei mehrere namh. Unternehmen vertritt.
Häufig empfohlen: Dr. Stefan Schuppert, Tim Wybitul („Experte im Arbeitnehmerdatenschutz", „absoluter Datenschutzexperte", Wettbewerber), Dr. Marcus Schreibauer
Kanzleitätigkeit: Outsourcing u. BPOs sowie Transaktionen mit Technologiebezug. Im klass. IT-Bereich umf. zu EDV- u. Internetrecht inkl. E-Commerce, stark an der Schnittstelle zu IP. Regelm. Datenschutz u. IT- ▶Compliance, Mandantschaft: Hard- u. Softwareanbieter, Anwender u. Investoren, Banken. (IP/Medien ges.: 5 Partner, 2 Counsel, 11 Associates, 1 of Counsel)
Mandate: ●● Axa zu Vorratsdatenspeicherung; Mapfre, u.a. datenschutzrechtl. bei Kauf der dt. Direct-Line-Tochtergesellschaft; Splunk u. Zoll Medical, u.a. datenschutzrechtl. bei Datenübermittlung in die USA.

JBB RECHTSANWÄLTE
IT: Verträge/Prozesse

Bewertung: Empfohlene Kanzlei für IT, die ihr Geschäft auf mehreren Grundpfeilern aufgebaut hat: Zum einen steht Jaeger wie nur wenige im Markt für die Beratung zu Open-Source-Themen, bei denen er bspw. von der Fraunhofer-Gesellschaft mandatiert wird. Zum anderen hat sich Feldmann als Experte für Datenschutz ein gutes Renommee im Markt erarbeitet. Da er zugleich in der Medienszene als gut verdrahtet gilt, ist es nur schlüssig, dass zentrale Medienmandanten wie Axel Springer auch in datenschutzrechtl. Belangen auf sein Know-how zurückgreifen. Umfangr. Datenschutzverfahren wie in der Vergangenheit für Mobilcom suchte man zuletzt jedoch vergebens.
Stärken: Dyn. Team mit viel Erfahrung in Open Source u. an der Schnittstelle zu Medien.
Häufig empfohlen: Dr. Till Jaeger („im Open Source ganz vorne", Wettbewerber), Thorsten Feldmann („stets erreichbar, kreativ, einer der Besten seines Fachs", Mandant; „Spezialist im Datenschutz", Wettbewerber)
Kanzleitätigkeit: Schwerpunkt im Vertragsrecht u. an Schnittstellen zu ▶Medien-, Urheberrecht u. Gewerbl. Rechtsschutz. Viel Datenschutz u. kl. Transaktionen, E-Commerce. Escrow-Beratung u. Web-2.0-Themen wie Apps. Spezialisierung im Open-Source-Bereich. Mandantschaft: v.a. Anbieter, IT-, TK-und Medienunternehmen, auch öffentl. Hand. (3 Partner, 4 Associates)
Mandate: ●● Hellwig vor LG Hamburg gg. VMWare zu Open-Source-Compliance; Axel Springer zu Datenschutz u. in Verfahren gg. ehem. Kooperationspartner; Fraunhofer Gesellschaft zu Open Source; OSADL zu OSS Supplier Licence Compliant Audit; Trimble Navigation zu IT-Projekten.

JONES DAY
IT: Verträge/Prozesse
IT: Transaktionen/Outsourcing

Bewertung: Der stark nachgefragte Datenschutz hat sich für die geschätzte IT-Praxis zum Geschäftstreiber entwickelt. Hier macht sich v.a. von Diemar einen Namen, die die europ. JD-Datenschutzpraxis koordiniert u. bspw. bei der Akquisition von Cordis durch Cardinal Health die IT-rechtl. Beratung übernommen hat. Dieses gemeinsam mit den US-Büros betreute Mandat ist zudem ein gutes Bsp. dafür, wie gut das Verweisgeschäft in beide Richtungen funktioniert. Aber auch in Dtl. ist das Team längst eigenständig. Neben ihrer umfangr. Beratung von Icann zeigt sie sich durch die Mandatierung z.B. durch Salesforce, dass sie beim Thema Cloud Computing über einen guten Ruf verfügt.
Stärken: Ausgeprägte US-Wurzeln.
Häufig empfohlen: Prof. Dr. Wolfgang Büchner, Dr. Undine Frfr. von Diemar, Ted-Philip Kroke
Kanzleitätigkeit: IT-Outsourcings, häufig grenzüberschr.; Schwerpunkt: Cloud Computing, Datenschutz, auch zu Datentransfer ins Ausland. Mandanten: Anbieter wie Anwender, häufig mit US-Bezug, auch an der Schnittstelle ▶Telekommunikations- und Medienrecht. (2 Partner, 1 Counsel, 1 of Counsel, 2 Associates)
Mandate: ●● Cardinal Health datenschutzrechtl. bei Kauf von Cordis; Cray UK in IT-Vergabeverfahren; Salesforce bei IT-Vertragsverhandlungen, Datenschutz u. regulator. Fragen; Icann, u.a. im Datenschutz.

LATHAM & WATKINS
IT: Verträge/Prozesse
IT: Transaktionen/Outsourcing

Bewertung: Die empfohlene IT-Praxis war zuletzt gemäß ihrem Transaktionsfokus in mehrere Unternehmenskäufe u. -verkäufe eingebunden, in denen sie eng mit der M&A-Praxis arbeitete. Bspw. beriet sie Cerner beim Kauf des ww. Geschäfts für Krankenhausinformationssysteme. Nicht zuletzt aufgr. der jahrelangen Erfahrung Dr. Ulrich Wuermelings im Datenschutz beschäftigten die Praxis weiter BGH-Verhandlungen, u.a. für die Telekom u. die Schufa, sowie reine Datenschutzmandate von Unternehmen wie der DZ Bank. Umso schwerer trifft es L&W, dass er zukünftig nur sehr eingeschränkt als of Counsel zur Verfügung steht u. sich stattdessen von London aus der Forschung widmet.
Stärken: Starke Schnittstelle zu ▶M&A.
Entwicklungsmöglichkeiten: Der Rückzug Wuermelings hinterlässt bei L&W eine Lücke u. lässt die Praxis erstmalig ohne Partner dastehen. Diese aus eigener Kraft kurzfristig zu füllen, dürfte schwierig werden. Da Datenschutz bei Transaktionen eine immer größere Rolle einnimmt, wäre der Gewinn eines bekannten Quereinsteigers ein wichtiger Entwicklungsschritt.
Kanzleitätigkeit: Schwerpunkt: komplexe Vertragsgestaltungen, Outsourcing (auch BPO), Datenschutz. Transaktionen im IT- u. TK-Bereich. Internat. Beratung an der Schnittstelle zu IP u. Litigation. Mandanten: Anwender (Großunternehmen, Banken, Finanzdienstleister, auch internat.), vereinzelt öffentl. Hand. (3 Counsel, 3 Associates, 1 of Counsel)
Mandate: ●● Cerner Corp. bei Kauf des ww. Geschäfts für Krankenhausinformationssysteme; Dt. Telekom vor BGH bzgl. der Speicherung von IP-Adressen; Schufa Holding vor BGH bzgl. Auskunftsansprüche; IMS Health zu Datenschutz im Gesundheitswesen.

LUTHER
IT: Verträge/Prozesse

Bewertung: Die geschätzte IT-Praxis ist als Beraterin des Mittelstands bekannt, baute zuletzt aber ihre Visibilität auch bei Konzernen aus. Das gelang u.a. durch ihre Tätigkeit für ThyssenKrupp bei einem internat. Outsourcing, mit dem sie sich vermehrt als Beraterin von Dax-Unternehmen ins Gespräch brachte. Dass sie zudem über jahrelange Erfahrung im Datenschutz verfügt, hat sich einmal mehr als Türöffner erwiesen. Hier vertraut mittlerw. eine Reihe Mandanten auf das Team, u.a. Degussa. Mehr als in den Vorjahren kam die IT-Praxis auch bei Transaktionen zum Zug. Die Beratung gemeinsam mit ▶M&A kam bspw. bei Fico zum Tragen.
Stärken: Tiefes Know-how in der Mittelstandsberatung.
Entwicklungsmöglichkeiten: Genau wie in der IT-Praxis zeichnet sich auch in der M&A-Praxis ein Trend ab, sich immer stärker neben der Mittelstandsberatung auch für das Transaktionsgeschäft von Konzernen zu empfehlen. Ein noch engerer Schulterschluss zwischen beiden Praxen dürfte sich lohnen, gerade wenn der Datenschutz ein wichtiger Bestandteil der Transaktion ist.
Häufig empfohlen: Dr. Wulff-Axel Schmidt, Dr. Michael Rath
Kanzleitätigkeit: Klass. IT-Recht, z.B. Service-, Wartungs- u. Lizenzverträge; verstärkt Datenschutz u. IT-Compliance, auch Prozesse; Internetrecht, v.a. E-Commerce; internat. u. dt. IT-Outsourcings; Mandanten: Mittelstand, zunehmend Konzerne, auch Dax-Unternehmen. (8 Partner, 1 Counsel, 8 Associates)
Mandate: ●● ThyssenKrupp u. Konzerngesellschaften bei ww. IT-Infrastrukturkonsolidierung; Fico IT-rechtl. bei Kauf von Tonbeller; Procter & Gamble datenschutzrechtl. u. zu E-Commerce; Evonik zu IT-Compliance; Degussa zu Datenschutz.

MCDERMOTT WILL & EMERY
IT: Verträge/Prozesse
IT: Transaktionen/Outsourcing

Bewertung: In engem Verbund mit ▶Medien u. ▶Telekommunikation agiert die geschätzte IT-Praxis. Dies ist auch der Grund, warum Stammmandanten wie die Dt. Telekom auf das Team vertrauen. Die erneute Mandatierung durch Cataneo spricht ebenfalls für die Aufstellung: Das Softwarehaus setzte auf McD bei ihrem ASP-Vertrag mit einem Fernsehsender. Neben IT-Verträgen gehört die Tätigkeit in Prozessen weiterhin zum regelm. Geschäft. Im vergangenen Jahr setzte die Praxis bspw. ein Ausrufezeichen mit dem Vergleich, den sie für Infineon im jahrelangen Streit mit Qimonda erzielte: Die Frage des Fortbestands von Lizenzen bei Insolvenzen gehört im Markt zu den Präzedenzfällen.
Stärken: Eng kooperierende TMT-Praxis.
Häufig empfohlen: Dr. Ralf Weisser

Kanzleitätigkeit: Schwerpunkt: Vertragsgestaltung, insbes. bei komplexen Projekten, auch an der Schnittstelle zu ▶Medien u. ▶Telekommunikation. Zudem IT-Outsourcings, Softwarelizenzverträge, E-Commerce-Fragestellungen, Datenschutz u. Prozesse. Mandantschaft: Systemhäuser, Provider, Soft- u. Hardwarehäuser, Industrieverbände, Medienunternehmen. (TMT ges.: 4 Partner, 3 Associates)

Mandate: ●● Cataneo zu Application-Serviceprovider-Vertrag mit NBC Universal; Infineon Technologies zu Fortbestand von Lizenzen an Qimonda-Patenten; 1&1 zu Kundenlastschriftmandaten im Zshg. mit Sepa-Standard.

NOERR

IT: Verträge/Prozesse
IT: Transaktionen/Outsourcing

Bewertung: Das breit aufgestellte Team zählt zu den führenden IT-Praxen u. behauptet seine Marktstellung in vielerlei Hinsicht: So war das Frankfurter Team in mehreren Outsourcings gefragt, u.a. für Hapag-Lloyd, Aricent Technologies u. Nash Technologies. Gleichzeitig hat sich die Praxis bei IT-Prozessen einen Namen gemacht, u.a. wenn IT-Outsourcings rückabgewickelt werden müssen. Dieses Geschäftsfeld aufzubauen, schaffte Noerr in den vergangenen Jahren besser als die meisten Wettbewerber. Dass die praxisübergr. Zusammenarbeit gelingt, beweisen u. a. die Mandatierungen im digitalen Bereich. Zum Eintritt in den dt. Markt berieten die IT-Anwälte gemeinsam mit ▶Arbeits-, ▶Vertriebs- u. ▶Gesellschaftsrechtlern ein Onlineportal. Der Gewinn von Dr. Tobias Bosch (von K&L Gates) u. die Ernennung eines Anwalts zum Vollpartner stärken die Praxis einmal mehr.

Stärken: Langj. Erfahrung bei Outsourcings u. im Datenschutz.

Häufig empfohlen: Dr. Peter Bräutigam („sehr bewandert", Wettbewerber), Prof. Dr. Joachim Schrey, Dr. Daniel Rücker, Dr. Thomas Thalhofer

Kanzleitätigkeit: Schwerpunkte bei Outsourcing-/Offshoretransaktionen u. gr. Implementierungsprojekten (u.a. Gesundheits-, Versicherungs-, Automobil-, Energie- u. Verlagsbranche). Daneben Grundsatzprozesse u. Schiedsverfahren. Außerdem Lizenz- u. Überlassungsverträge, Internetrecht u. E-Commerce, Open Source sowie Datenschutz u. IT-Compliance. Auch IT-Restrukturierungen bei Fusionen. (7 Eq.-Partner, 3 Sal.-Partner, 2 Counsel, 9 Associates, 1 of Counsel)

Mandate: ●● Aricent Technologies zu Anwendungsentwicklung für TK-Technologie; Hapag-Lloyd zu ww. IT-Outsourcing; Nash Technologies zu Verlängerung eines Outsourcingvertrags; Spotify umf., u.a. zu E-Commerce, Datenschutz; Siemens datenschutzrechtl. zu indischem Schiedsverfahren; Tüv Süd zu IT-Beschaffungsverträgen; Bethmann Bank zu Migration des Dtl.-Geschäfts der Credit Suisse; Maquet zu Lizenzaudit; Oakley Capital IT-rechtl. beim Kauf einer Mehrheitsbeteiligung von Damovo; Bekleidungsunternehmen zu Onlineshop; Industrieunternehmen zu SAP-Rollout; Onlineportal bei Eintritt in dt. Markt.

OPPENHOFF & PARTNER

IT: Verträge/Prozesse
IT: Transaktionen/Outsourcing

Bewertung: Die empfohlene Kanzlei für IT hat sich v.a. durch ihre langj. Erfahrung im Datenschutz etabliert. Das beschert ihr darüber hinaus regelm. Mandate an der Schnittstelle zu Compliance. Datenschutz kristallisiert sich zudem immer stärker als Türöffner für internat. Mandate heraus, z.B. für ein Unternehmen aus Singapur, das auf das Team um Hartung zurückgriff. Auch die Beratung von ZapFi zu Big Data basiert letztlich auf dieser Expertise. Neben Konzernen wie Sony u. Coca-Cola bleibt ihr weiterhin ein Stamm mittelständ. Mandanten treu. Outsourcings – wenn auch in überschaubarer Größenordnung – sorgen ebenso für stetes Geschäft.

Stärken: Langj. Know-how in Wehrtechnologie u. Datenschutz.

Häufig empfohlen: Michael Abels, Dr. Jürgen Hartung, Dr. Marc Hilber

Kanzleitätigkeit: Outsourcings, BPOs, Transaktionsbegleitung, Datenschutz u. IT- ▶Compliance i.V.m. ▶Gesellsch.recht u. ▶Arbeitsrecht. Mandanten: hauptsächl. Anwender, u.a. Versicherungs-, Logistik-, Pharma-, TK- u. Rüstungsunternehmen, WP-Gesellschaften sowie Luft- u. Raumfahrtbranche. (4 Partner, 3 Associates)

Mandate: ●● Generali datenschutzrechtl. zu Data Lifecycle Management; Lyoness Europe, u.a. zu Onlinemarketing, Datenschutz, E-Commerce; Coca-Cola zu Datenschutz; Zurich Deutschland zu Cloud Computing; Automobilzulieferer zu Outsourcing; ZapFi International zu Big Data; Sony zu Datenschutz.

OSBORNE CLARKE

IT: Verträge/Prozesse
IT: Transaktionen/Outsourcing

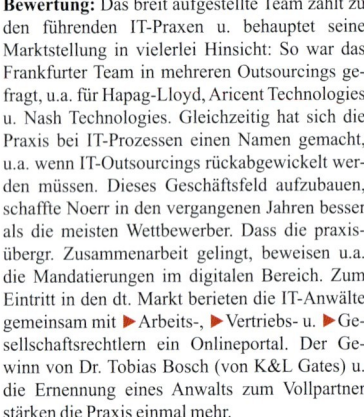

NOMINIERT
JUVE Awards 2015
Kanzlei des Jahres für Medien und Technologie

Bewertung: Das Fundament der empfohlenen Kanzlei für IT-Recht besteht aus mehreren Schichten: Ein Teil ist die IT-rechtl. Beratung bei M&A-Deals, die zuletzt anzog. Allerdings beschränkt sich die IT-Praxis nicht auf eine Support-Funktion. Vielmehr transferiert sie Mandanten wie First Solar regelm. in andere Praxisgruppen, sodass sich das Geschäft der IT-Praxis auf weitere Praxen ausdehnt. Einen weiteren Teil macht der anziehende Beratungsbedarf zum Datenschutz aus. Mit Moos, der im vergangenen Jahr zum Hamburger Büro stieß, erhöhte sie ihre Visibilität u. ist nun für ein ww. tätiges Pharmaunternehmen in strateg. Datenschutzfragen im Einsatz. Und schließlich: Auch an der Schnittstelle zum Kartellrecht zeigte sie bei einem gerichtl. Verfahren Flagge. Wie sehr die Praxis zu relevanten Marktthemen aktiv ist, beweist zudem ihre Tätigkeit für Stammmandantin Giropay, die sie zu regulator. Fragen mit IT u. Datenschutz berät.

Stärken: Enge Zusammenarbeit mit ▶Medien, M&A u. Private Equity.

Häufig empfohlen: Konstantin Ewald („pragmatisch, immer am Business orientiert", Mandant; „hervorragender Jurist", Wettbewerber), Ulrich Bäumer („versteht das Geschäft exzellent u. berät auf den Punkt", „hohes fachl. Verständnis", „hervorragende Kenntnisse u. schnelle Reaktionszeiten", Mandanten), Dr. Ulrich Baumgartner („sehr kompetent", Wettbewerber), Dr. Flemming Moos („fachl. versiert, setzt sich für seine Mandanten ein", Wettbewerber)

Kanzleitätigkeit: Schwerpunkt Vertragsberatung (Outsourcing, BPO, Cloud Computing u. Systemverträge), daneben Projektbegleitung, Prozesse, zunehmend Datenschutz u. IT-Sicherheit. Beratung der Computerspielbranche. Schwerpunkt bei Anbietern. Anwender: v.a. Mittelständler u. Kommunen. (6 Partner, 11 Associates)

Mandate: ●● Acision IT-rechtl. bei Kauf der MindMatics Secure Messaging; Ferrero lfd. u.a. zu Datenschutz, SAP-Vertrag, Einführung eines videobasierten Trackingsystems in Supermärkten; First-Solar-Gruppe IT-rechtl.; TK-Unternehmen, u.a. zu konzerninterner Datenübermittlung; Facebook zu Datenschutz; lfd. Linde, MAN, Motorola Solutions, Unify.

PINSENT MASONS

IT: Verträge/Prozesse

Bewertung: 3 Jahre nach Kanzleieröffnung in Dtl. hat sich die geschätzte IT-Praxis im Markt etabliert. Das gelang nicht zuletzt durch die Beratung einer Reihe namh. Mandanten, u.a. Audi u. Telefónica. Letztere setzte bspw. beim Kauf von E-Plus auf das IT-rechtl. Know-how der Münchner Einheit. Aber auch ihr Branchenwissen, u.a. in der Automobil- u. Automobilzulieferindustrie, garantiert ihr mittlerw. einen regelm. Mandatsfluss. Hinzu kommen Stammmandanten des brit. Mutterhauses, die zuletzt vermehrt in Dtl. auf die Kanzlei setzten. Ein Bsp. dafür ist die Tätigkeit für ein ww. tätiges Technologieunternehmen. Die Ernennung eines IT-Anwalts zum Partner untermauert die Relevanz der Praxis.

Häufig empfohlen: Dr. Florian von Baum

Kanzleitätigkeit: Beratung zu Cloud Computing, Big Data, E-Commerce, Open Source u. Datenschutz sowie Outsourcing u. BPO. Mandanten: Anbieter u. Anwender, v.a. Automobil- und Zulieferindustrie, Telekommunikationsunternehmen u. Softwarehäuser. Regelm. Zusammenarbeit mit M&A. (2 Eq.-Partner, 1 Sal.-Partner, 6 Associates)

Mandate: ●● Audi zu Datenschutz, insbes. zu Connected Car u. zu IT-Projekten; Telefónica IT-rechtl. bei Kauf von E-Plus; Unitymedia, u.a. zu IT-Outsourcing; Autohersteller zu Big Data; lfd. Analog Devices.

REED SMITH

IT: Verträge/Prozesse
IT: Transaktionen/Outsourcing

Bewertung: Durch die Vertretung von Mandanten wie Travix in IT-Prozessen gewann die geschätzte Praxis für IT erneut an Gewicht. Das für die Reisebranche relevante Urteil untermauert die feste Position, die die Praxis mittlerw. in diesem Bereich genießt. U.a. vertritt sie Aeroflot in streitigen Verfahren. Jenseits der Netzwerkmandanten u. ihrer Prozesswurzeln, für die auch die US-Mutter bekannt ist, baut sie zunehmend bereits bestehende Mandate in Dtl. aus, z.B. die Beratung eines Industrieunternehmens hinsichtl. Embedded Software u. Open Source.

Stärken: Ausgeprägte US-Wurzeln.

Kanzleitätigkeit: IT-Outsourcings u. BPO; zunehmend Datenschutz u. aufgr. ihrer US-Wurzeln regelm. IT-Compliance; auch klass. IT-Recht wie Systemimplementierungen, Softwarelizenzverträge, E-Commerce; regelmäßig Prozesse. Mandanten: verstärkt anwenderseitig, v.a. Flugbranche, aber auch Softwarehäuser. (2 Partner, 1 Counsel, 3 Associates)

Mandate: ●● CheapTickets.de im OLG-Verfahren gg. Ryanair wg. angebl. Datenbankrechtsverletzung; Aeroflot zu BPO; umf. Tibco, u.a. zu Cloud, Datenschutz u. Lizenzen; TomTom zur Verfolgung von Softwarerechtsverletzungen.

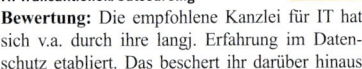

● Referenzmandate, umschrieben
●● Referenzmandate, namentlich

SKW SCHWARZ
IT: Verträge/Prozesse

NOMINIERT
JUVE Awards 2015
Kanzlei des Jahres für Medien und Technologie

Bewertung: Ein enges Gespann bildet die häufig empfohlene IT-Praxis mit der ▶Medienpraxis. Das schlug sich zuletzt im Gewinn der begehrten Mandatin Netflix nieder, ein Mandat, in dem beide Praxisgruppen eng kooperieren. V.a. Peschel-Mehner agiert wie nur wenige im Markt als visibler Partner an dieser Schnittstelle, die gerade bei Digitalisierungsfragen von Bedeutung ist. Grundlegend in diesem Zshg. ist zudem das Know-how im Datenschutz. SKW hat sich diesbzgl. gerade bei ihrer mittelständ. Klientel einen guten Ruf erarbeitet, sodass nun auch z.B. Brose die Praxis mandatiert. Datenschutz spielt auch dann eine wichtige Rolle, wenn die IT-Rechtler in M&A-Transaktionen involviert sind, wie für Sierra Nevada beim Kauf der 328-Gruppe. Personell gab es Veränderungen: der langj. Partner Dr. Daniel Kaboth wechselte zu Ampersand. Für langfristiges Wachstum stehen dafür 2 Partnerernennungen.
Stärken: Integrierte TMT-Praxis.
Häufig empfohlen: Dr. Matthias Nordmann, Martin Schweinoch, Dr. Andreas Peschel-Mehner, Dr. Oliver Hornung („beeindruckende fachl. u. wirtschaftl. Detailkenntnisse", Wettbewerber), Dr. Oliver Bühr, Stefan Schicker („sehr schnelle u. praxisnahe Lösungen", Wettbewerber)
Kanzleitätigkeit: Schwerpunkt bei Softwareprojekten, auch Outsourcing, Softwarelizenzrecht u. Open Source. Stark in E-Business- u. Internetfragen. Daneben IT-Sicherheit u. zunehmend Datenschutz. Zudem Verträge mit der öffentl. Hand (auch IT-Vergaben). Mandantschaft: Internetunternehmen, Softwareanbieter, daneben Anwender u. Verbände. (18 Partner, 2 Counsel, 9 Associates, 3 of Counsel)
Mandate: ●● Brose Fahrzeugteile zu Datenschutz; DEVnet zu Outsourcing; Finanz Informatik Technology Service zu Outsourcing; FMS Wertmanagement zu Ausschreibung für Outsourcing; Items bei IT-Outsourcing mit öffentl. Auftraggebern; Krones zu Datenschutz u. B2B-Onlineshop; umf. Netflix; SGL Carbon zu IT-Richtlinien u. -Sicherheit; Sierra Nevada bei Kauf der 328-Gruppe.

SSW SCHNEIDER SCHIFFER WEIHERMÜLLER
IT: Verträge/Prozesse

Bewertung: Die zu den führenden zählende IT-Boutique setzt ähnl. wie Vogel ganz auf das IT-Recht u. vermag so schon seit Jahren, Großkanzleien ein Stück vom Kuchen abzunehmen. Mandanten loben das Team für „große Sachlichkeit u. hohe Fachkompetenz". Sie erfasst wie nur wenige Wettbewerber die Beratungsthematik in voller Breite mit einer Reihe von Schnittstellen, z.B. zum Arbeits-, Vergabe- u. Steuerrecht. An der Schnittstelle zum Vergaberecht gehört Bischof zu einer festen Größe im Markt, zuletzt wendete sich bspw. ein Ministerium an die Praxis. Genauso visibel ist Conrad mit ihrem jahrelangen Know-how im Datenschutz, zu deren Stammandanten u.a. ein internat. tätiger IT-Dienstleister gehört, für den SSW auch im Arbeitsrecht aktiv ist. Neben Outsourcings, die das angesehene Team regelm. auslasten, gehören zudem Schiedsverfahren zum festen Bestandteil des Mandatsportfolios. Schneider, den Wettbewerber als „Institution" im Markt bezeichnen, verfügt hier über einen Erfahrungsschatz, der seinesgleichen sucht.
Stärken: Breit aufgestelltes Team mit Know-how in der Beratung von Schnittstellenthemen.
Häufig empfohlen: Prof. Dr. Jochen Schneider („eine Institution", Wettbewerber), Michaela Witzel („kompetent", Mandant), Frieder Backu („viel Wissen im IT-Recht", Wettbewerber), Isabell Conrad („sehr gut u. erfahren", „Expertin im Datenschutz", Wettbewerber), Elke Bischof („viel Erfahrung, im Markt etabliert", Wettbewerber).
Kanzleitätigkeit: Klass. Softwareprojekte für Anwender u. Anbieter, Gestaltung von Vertriebsmodellen, E-Commerce. Kleine Outsourcings u. Umstrukturierungen, aber auch Steuer- u. Arbeitsrecht mit IT-Bezug u. FuE-Verträge. Außerdem Datenschutz, Compliance sowie IT-Vergabe. Mandantschaft: Anwender wie Anbieter. (7 Partner, 4 Counsel, 3 Associates)
Mandate: ● Ministerium zu Vergabe von IT-Leistungen; Küchenhersteller zu gescheitertem IT-Projekt u. IT-Verträgen; ERP-Anbieter zu Softwareverträgen; Eventagentur, u.a. zu E-Commerce; Softwarehersteller zu Open Source; Bank zu mehreren IT-Projekten; Industrieunternehmen zu Whistleblowing-System; Pharmahersteller zu Datenschutz.

TAYLOR WESSING
IT: Verträge/Prozesse
IT: Transaktionen/Outsourcing

Kanzlei des Jahres für Medien und Technologie

Bewertung: Die häufig empfohlene Praxis für IT tritt als eines der größten Teams im Markt auf u. deckt eine umfangr. themat. Spannweite ab. V.a. von dem Bussche u. Gierschmann sind im Datenschutz visibel u. für gleich mehrere Konzerne gefragte Berater. Ihre Expertise ist deswegen auch verstärkt bei Compliance-Mandaten im Fokus, wie bspw. für Mitsui bei der Implementierung von Cyber-Security-Maßnahmen u. Softwareanwendungen in 25 Ländern. Gleichzeitig gehören Outsourcings sowie IT-rechtl. Prozesse zu den Schwerpunkten der Praxis. Prozessual ist TW immer wieder durch die Vertretung von Google präsent, sie vertritt aber z.B. auch Suzuki im Streit über ein gescheitertes Softwareprojekt. Der Wechsel Dr. Kai Westerwelles nach Palo Alto verstärkt zudem die internat. Anbindung der dt. IT-Praxis.
Stärken: Breit aufgestelltes Team mit Branchenerfahrung.
Häufig empfohlen: Dr. Christian Frank, Axel Frhr. von dem Bussche („souverän, konstruktiver Verhandlungspartner", Wettbewerber), Jörg Wimmers, Detlef Klett, Dr. Kai Westerwelle, Dr. Sibylle Gierschmann („sehr fundiertes Wissen, große Flexibilität u. außerordentliches Verhandlungsgeschick", Mandant über alle)
Kanzleitätigkeit: Breit aufgestellte Praxis mit Schwerpunkten bei IT-Projekten u. Lizenzierungen, Outsourcing u. Transaktionen, auch Cloud Computing, zudem Internet u. E-Commerce auch an der ▶Medienschnittstelle. Daneben IT-Vergabe (Öffentl. Sektor), Datenschutz u. Prozesse. Mandantschaft: vorw. Anbieterseite (auch internat.), auch Anwender, viel im Gesundheitssektor. (11 Partner, 15 Associates, 1 of Counsel)
Mandate: ●● Mitsui zu Cyber-Security-Maßnahmen in 25 Ländern; Fujitsu gerichtl. zu Urheberrecht für PC-Abgaben; Atos zu IT-Projekten; Jive Software zu IT-Projekten u. Datenschutz; Metro zu WLAN-Hotspots; Telenav u. Werum IT Solution IT-rechtl. bei Post-Merger-Integration; Ebay u. Xing datenschutzrechtl.; Suzuki gerichtl. wg. gescheitertem IT-Projekt.

TCI RECHTSANWÄLTE
IT: Verträge/Prozesse

Bewertung: Die geschätzte Kanzlei für IT hat sich v.a. durch die Vertretung von Oracle im viel beachteten Verfahren um gebrauchte Software im Markt etabliert. Ihr guter Ruf sorgt auch außerhalb ihrer Tätigkeit vor Gericht für einen steten Mandatsfluss: So hat TCI z.B. ein Dax-Unternehmen u.a. bei einem Outsourcing beraten. Neben ihrer anbieterseitigen Mandantschaft wie Oracle hat zuletzt am Münchner Standort v.a. die Beratung in der Finanz- u. Versicherungsbranche mehr Raum eingenommen. Das Berliner Büro dagegen ist in 1. Linie für seine starke Schnittstelle zur öffentl. Hand bekannt, Mainz für den Datenschutz.
Stärken: Gut vernetzt in der Technologiebranche, viel Erfahrung in IT-Litigation.
Entwicklungsmöglichkeiten: Zwar fungiert die stark nachgefragte Datenschutzberatung aus Mainz heraus als Klammer für die anderen Standorte, gleichwohl könnte sich TCI v.a. bei Transaktionen eine größere Visibilität verschaffen, wenn sie deutlicher standortübergr. u. somit mit mehr Manpower agieren würde.
Häufig empfohlen: Dr. Thomas Stögmüller („tiefes IT-Know-how", „pragmatisch u. unkompliziert", Wettbewerber), Dr. Truiken Heydn, Dr. Michael Karger („sehr fachkundig u. kompetent", Wettbewerber), Dr. Andreas Stadler, Markus Schmidt („großes techn. Hintergrundwissen u. sehr praxisorientiert", „sehr fundiertes Wissen", „sorgfältig u. kompetent", Wettbewerber)
Kanzleitätigkeit: Schwerpunkt: IT-Lizenz-, -Projekt- u. -Wartungsverträge sowie Outsourcings, IT-Sicherheit u. Datenschutz, daneben IT-Prozesse. Schnittstellenberatung zu Vergaberecht u. TK sowie Urheber- u. Medienrecht. Mandantschaft: Mittelstand u. Konzerne, überw. anbieterseitig, auch Onlineunternehmen u. öffentl. Hand. (10 Partner, 2 of Counsel, 1 Associate)
Mandate: ●● ISE Information Systems Engineering umf. IT-rechtl.; EgoSecure umf., u.a. zu Festplattenverschlüsselung; Innowerk-IT zu Datenschutz; Dax-Unternehmen, u.a. zu Outsourcing; US-Softwareanbieter IT-rechtl. zu Kauf eines dt. Softwareunternehmens.

VOGEL & PARTNER
IT: Verträge/Prozesse

Bewertung: Die für IT geschätzte Boutique hat sich im Markt durch ihre klare Fokussierung auf das IT-Recht sowie die Beratung an den Schnittstellen zu Arbeitsrecht bzw. IP einen guten Ruf erarbeitet. Dieser führte dazu, dass auch internat. Konzerne auf die Einheit aufmerksam werden, sodass sie sich ggü. größeren Wettbewerbern immer besser behaupten kann. Gleichzeitig bleiben ihr die mittelständ. Stammandanten treu, die zudem Namenspartner Vogel regelm. in Schiedsverfahren hinzuziehen. Der Gewinn eines IP-Rechtlers in Stuttgart stärkt zudem die Achse nach Karlsruhe.
Stärken: Viel Erfahrung in der dt.-frz. Beratung.
Häufig empfohlen: Prof. Dr. Rupert Vogel
Kanzleitätigkeit: Schwerpunkte im klass. IT-Recht u. Internetrecht, v.a. Vertragsgestaltung,

auch gerichtl., (Patienten-)Datenschutz u. E-Commerce, Urheber- u. Datenbankrecht, Beratung an der Schnittstelle zum Patent- u. Arbeitsrecht, Open Source, kleine Outsourcings. Mandantschaft: v.a. Softwarehäuser, Internetanbieter u. Netzbetreiber, Multimedia- u. Industrieunternehmen. (7 Partner, 2 Counsel, 2 Associates)

Mandate: ● Bank zu Erstellung einer Onlineplattform mit agiler Projektmethodik; Softwareunternehmen bei Vertragsverhandlungen mit einer Bank zu Softwarelösung zur Betrugsprävention; Personalvermittler zu Datenschutz; internat. Pharmaunternehmen zu Implementierung einer Marketingplattform.

WALDECK
IT: Verträge/Prozesse
IT: Transaktionen/Outsourcing

Bewertung: Als Spezialistin für IT-Prozesse ist die geschätzte IT-Praxis eine feste Größe u. baut hier ihr Geschäft weiterhin aus. So begleitet sie bspw. Hyrican im Streit um die Urheberrechtsabgaben für PCs – ein Thema, das die Branche schon seit Jahren beschäftigt u. zwischenzeitl. vor dem BGH verhandelt wurde. Daneben sorgt die ausgeprägte Beratung an der Schnittstelle zum Vergaberecht, wie etwa für die Dt. Telekom, für steten Mandatsfluss. Die Partnerernennung eines IT-Anwalts gehört zu den wenigen im Markt u. unterstreicht die Bedeutung der Praxis für das Gesamtgefüge der Kanzlei.

Häufig empfohlen: Thomas Fischer („guter Outsourcingexperte", Wettbewerber)

Kanzleitätigkeit: Outsourcingtransaktionen u. BPOs, Datenschutz u. IT-Vergabe der öffentl. Hand; v.a. anwenderseitige Mandanten; Banken u. Finanzsektor; Telekommunikationsunternehmen, zunehmend bei Prozessen. (4 Partner, 2 Associates)

Mandate: ●● Hyrican in Verfahren gg. Verwertungsgesellschaften wg. Urheberrechtsabgabe für PCs; Telekommunikationsunternehmen bei Ausschreibungen u. Verträgen zum Breitbandausbau; Dt. Telekom bei IT-Outsourcings u. IT-Vergabeverfahren.

WHITE & CASE
IT: Verträge/Prozesse
IT: Transaktionen/Outsourcing

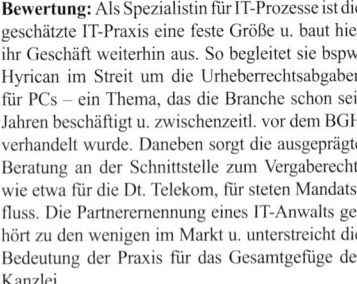

Kanzlei des Jahres für Informationstechnologie

Bewertung: Die häufig empfohlene Kanzlei für IT versteht es wie nur wenige im Markt, ihr internat. Netzwerk für sich zu nutzen. Traditionell stark auf Outsourcings ausgerichtet, spielt sie mittlerw. die gesamte Klaviatur des IT-Rechts: Die IT-rechtl. Beratung von internat. Transaktionen bleibt ein wichtiges Geschäftsfeld, wie z.B. zuletzt für ABB in 12 Ländern. Einen Schub verlieh der Praxis zudem der Wechsel von Dr. Philip Trillmich nach London als Kopf der IT-Praxis. Gleichzeitig ist W&C durch die Präsenz Gabels fest im Datenschutz verankert, wie die Vertretung von Facebook gg. die österr. Sammelklage zeigt. Dass er mittlerw. die globale Datenschutzgruppe verantwortet, unterstreicht den Stellenwert im Kanzleigefüge. Ebenso sprechen die Partnerernennungen für sich: 1 Anwalt wurde Eq.-Partner, 2 Sal.-Partner. Das sind deutl. mehr Ernennungen als bei den Wettbewerbern.

Stärken: Viel grenzüberschreitendes Geschäft.

Häufig empfohlen: Dr. Jost Kotthoff, Dr. Detlev Gabel („kompetent u. besonnen", Wettbewerber; „Marktführer", Wettbewerber über beide), Dr. Martin Munz

Kanzleitätigkeit: Transaktionen, vorw. Outsourcing u. Technologietransaktionen. Im klass. IT-Bereich hauptsächl. Systemimplementierungen u. Lizenzierung. Verstärkt Internet- u. Datenschutzrecht, regelm. grenzüberschreitend. Auch an der Schnittstelle zu ▶Medien u. ▶Öffentl. Recht. Mandantschaft: überw. Anwender. Daneben Onlineunternehmen u. Softwareanbieter. (5 Eq.-Partner, 2 Sal.-Partner, 1 Counsel, 5 Associates)

Mandate: ●● ABB zu IT-Verträgen in 12 Jurisdiktionen bei Verkauf des Full-Service-Departments an Nordic Capital; Voss & Partner datenschutzrechtl. vor Gericht wg. Überwachungskameras; Facebook im Verfahren gg. Sammelklage aus Österreich; Verwaltung bei BPO.

WILMERHALE
IT: Verträge/Prozesse

Bewertung: Geschätzte IT-Praxis, die mit Braun einen visiblen Anwalt in ihren Reihen hat. Seine langj. Beratung u. gerichtl. Vertretung der Stammandantin Facebook in so wichtigen Themen wie Datenschutz sichert WH viel Aufmerksamkeit. Hier agiert die IT-Praxis an der Seite der Litigation-Praxis. Gleichzeitig war das jahrelange Know-how im Datenschutz auch die Ursache dafür, dass sich das Mandat eines Pharmaunternehmens zuletzt in diese Richtung ausweitete. Die Größe des Teams bleibt hingegen überschaubar, sodass eine Ausweitung des Geschäfts schwierig bleibt.

Stärken: US-Wurzeln u. viel Branchen-Knowhow in der Pharmaindustrie.

Häufig empfohlen: Dr. Martin Braun („sehr kompetent, insbes. bei IT-Fragen im Pharmabereich", Wettbewerber)

Kanzleitätigkeit: Outsourcings, IT-Beratung bei Transaktionen u. BPOs, auch internat.; Datenschutz lfd. u. regelm. vor Gericht; zudem klass. IT-Recht wie Softwarelizenzen, -verträge u. Systemimplementierungen. Internetrecht u. E-Commerce. Mandanten: Anwender wie Anbieter, Dax-Unternehmen, Pharmabranche, Softwareunternehmen. (2 Partner, 4 Associates)

Mandate: ●● Facebook zu Datenschutz u. vor Gericht in mehreren Verfahren, u.a. zu Freundefinder (BGH) u. Fanseiten (BVerfG); McDonald's zu Datenschutz; Pharmaunternehmen zu Outsourcing, Datenschutz u. Cloud Computing.

Telekommunikation

Telekommunikation meint in diesem Kapitel die Branche und nicht ein Rechtsgebiet, sodass hier nicht allein die Vertretung in Regulierungsverfahren, sondern auch die Begleitung von Transaktionen sowie die vertragsrechtliche Beratung beschrieben werden.

Besonders empfohlene Berater für Telekommunikation

NORDEN		WESTEN		FRANKFURT UND HESSEN	
Freshfields Bruckhaus Deringer	Hamburg	CMS Hasche Sigle	Köln	Baker & McKenzie	Frankfurt
Taylor Wessing	Hamburg	Dolde Mayen & Partner	Bonn	Bird & Bird	Frankfurt
White & Case	Hamburg	Freshfields Bruckhaus Deringer	Düsseldorf, Köln	Freshfields Bruckhaus Deringer	Frankfurt
		Heuking Kühn Lüer Wojtek	Köln	Jones Day	Frankfurt
		Juconomy	Düsseldorf	White & Case	Frankfurt
		Kleiner	Düsseldorf		
		Loschelder	Köln		

OSTEN UND BERLIN				SÜDEN	
Hengeler Mueller	Berlin			CMS Hasche Sigle	München
Morrison & Foerster	Berlin			McDermott Will & Emery	München
Noerr	Berlin			Noerr	München
Greenberg Traurig	Berlin				
Raue	Berlin				
White & Case	Berlin				

BAKER & McKENZIE
Bewertung: Das Team um den renommierten Partner Prof. Dr. Joachim Scherer, den ein Wettbewerber als „Institution im TK-Recht" bezeichnet, profitiert v.a. bei der Beratung ww. operierender TK-Konzerne von seiner engen Einbindung ins internat. Baker-Netzwerk. Strateg. konzentriert sich die Praxis auf neue Geschäftsmodelle rund um das sog. Internet der Dinge, z.B. regulator. u. datenschutzrechtl. Fragen der Machine-to-Machine-Communication (M2M). In diesem Bereich gelang es zuletzt, insbes. Autohersteller bei großen Projekten zu vernetzten Fahrzeugen zu beraten (Kernteam: 1 Partner, 1 Counsel, 2 Associates)
Mandate: ●● Telefónica/E-Plus bei Verkauf von yourfone an Drillisch; E-Plus in div. Verf. u.a. zu Terminierungsentgelten; US-Autohersteller regulierungsrechtl. bei Einführung eines „Connected-Car"-Dienstes in Dtl. u. 37 Ländern inkl. Vertretung ggü. BNetzA.

BIRD & BIRD
Bewertung: Die TK-Praxis um Sven-Erik Heun zählt zu den präsentesten Einheiten im Markt. Auch dank der ausgewiesenen ▶IT-Expertise von Bird & Bird ist das Team für zahlr. ww. operierende Konzerne tätig. Mandanten loben v.a. Heun für „exzellentes technisches Verständnis" und „profunde Kenntnisse der sich abzeichnenden regulatorischen Trends". Diese kommen – ähnlich wie bei Baker – zunehmend bei Schnittstellenthemen wie dem Internet der Dinge und E-Commerce-Diensten zum Tragen. Die Übernahme von E-Plus durch Telefónica beschäftigt die TK-Praxis weiter – sie führt im Nachgang des Zusammenschlusses mehrere Verfahren gegen die BNetzA. (3 Partner, 1 Counsel, 3 Associates)
Mandate: ●● Mobile One zu MVNE-Plattform-Vertrag mit Dt. Telekom; Autozulieferer TK- u. IT-rechtl. zu B2B-Gesellschaft; TK-Konzern zu M2M-Diensten.

CMS HASCHE SIGLE
Bewertung: Auch im 2. Jahr nach der Transaktion beschäftigt CMS die Übernahme von E-Plus durch ihre Mandantin Telefónica. Inzw. stehen die fusionskontrollrechtl. Auflagen der EU im Mittelpunkt. Die TK-Praxis arbeitet dabei eng mit den ▶Kartellrechtlern zusammen. Im Kernbereich TK-Regulierung, für den vor allem der renommierte Partner Dr. Jens Neitzel steht, gelang es zuletzt, Versatel als Mandantin zu gewinnen u. die Beziehung zu Ewe Tel zu vertiefen, die nun auch beim Layer-2-Bitstrom-Zugang beraten wird. (2 Partner, 1 Counsel, 2 Associates)
Mandate: ●● Telefónica Dtl. u.a. zu TK-rechtl. Auflagen nach der Übernahme von E-Plus; Kabel Dtl. bei Klage gg. Dt. Telekom wg. des Vorwurfs überhöhter Entgelte für Kabelschachtnutzung; Versatel in div. Verf. um TAL-Entgelte; Ewe Tel u.a. in Regulierungsverf. zu Vectoring.

DOLDE MAYEN & PARTNER
Bewertung: Die angesehene Praxis um Prof. Dr. Thomas Mayen und Dr. Frank Hölscher ist über ihre enge Beziehung zum Branchenprimus Dt. Telekom an nahezu allen TK-rechtlichen Grundsatzverfahren beteiligt. Die traditionell große regulierungsrechtl. Expertise wird zunehmend flankiert durch Beratung an der Schnittstelle zum Datenschutz. U.a. konnten in diesem Bereich eine Landesbank u. eine Versicherungsgruppe als Mandanten gewonnen werden. Personell spiegelt sich der Zuwachs in der Ernennung einer Datenschutzexpertin zum Salary-Partner. (4 Eq.-Partner, 1 Sal.-Partner)
Mandate: ●● Dt. Telekom in zahlr. BNetzA-Verf. u.a. zu Regulierungsverfügungen u. Entgelten sowie vor Verwaltungsgerichten; Versicherung u. div. Banken zu datenschutzrechtl. Fragen.

FRESHFIELDS BRUCKHAUS DERINGER
Bewertung: Die TK-Praxis um den renommierten Partner Dr. Thomas Tschentscher sticht durch ihre starke Branchenexpertise und die enge Vernetzung mit angrenzenden Rechtsgebieten hervor. Insbes. die Schnittstellen zu ▶Medien-, ▶Kartell- u. ▶IT-Recht sind prominent besetzt. So positioniert sich Freshfields auch für komplexe ▶M&A-Mandate mit regulierungsrechtl. Bezügen wie z.B. die Übernahme von KabelBW durch Liberty Global. Dabei stand Kartellrechtler Dr. Michael Esser dem Konzern gg. Widerstand von Wettbewerbern zur Seite. (TMT: 5 Partner, 1 Counsel, 7 Associates)
Mandate: ●● Vodafone bei Fusion Telefónica/E-Plus u. in zahlr. Verfahren, u.a. zu Mobilfunkterminierungsentgelten; MediaBroadcast bei Marktanalyse- u. Entgeltregulierungsverf. UKW-Hörfunk; Avanade regulator. bei Einführung von B2B-Produkt in Dtl., Frankr., GB u. USA; China Mobile bei Joint Venture mit Dt. Telekom zu vernetzten Autos; Liberty Global lfd., u.a. in Verf. um kartellrechtl. Freigabe der Fusion mit KabelBW.

GREENBERG TRAURIG
Bewertung: Die ehem. TK-Praxis von Olswang ist als Teil des Berliner Büros zu der US-Kanzlei Greenberg Traurig gewechselt. Wettbewerber verfolgen gespannt, wie schnell es bei diesem Neustart gelingt, an die gute Entwicklung des vergangenen Jahres anzuknüpfen. Das Team um Dr. Christoph Enaux hatte seine Expertise bei der Beratung großer Wohnungsunternehmen im Zshg. mit der Kabelversorgung zielstrebig ausgebaut. Dabei beriet es die Gesellschaften nicht nur in Verhandlungen mit Netzbetreibern, sondern auch zu neuen Geschäftsmodellen. Mandanten u. Wettbewerber loben Enaux für sein Know-how der Kabelbranche. Über ihre ▶Medien- u. ▶Immobilienexpertise waren die TK-Anwälte immer wieder auch in Transaktionen eingebunden, zuletzt etwa beim Einstieg von PLDT bei Rocket Internet. (Kernteam: 2 Partner, 2 Associates)
Mandate: ●● Howoge in Verf. gg. Kabelnetzbetreiber; Media Broadcast zu Vermarktungsplattform bei DVB-T2-Umstellung; PLDT u.a. beim Kauf von Anteilen an Rocket Internet; Belgacom u.a. zu Mobilfunkterminierungsentgelten; Dt. Annington u.a. bei Verhandlungen mit Kabelnetzbetreibern.

HENGELER MUELLER
Bewertung: Zentrale Mandantin der TK-Praxis um die Partner Dr. Albrecht Conrad und Prof. Dr. Wolfgang Spoerr ist noch immer Kabel Dtl., hier blieb die Kanzlei auch nach der Übernahme durch Vodafone fest im Sattel. Das für die Branche wichtige Verf. zu Einspeiseentgelten gg. die öffentl.-rechtl. Sender hat der BGH in Juni zurück an die Vorinstanzen verwiesen – ein Teilerfolg für Hengeler. Daneben sorgen auch Transaktionen im TK-

● Referenzmandate, umschrieben
●● Referenzmandate, namentlich

MEDIEN, TECHNOLOGIE UND KOMMUNIKATION TELEKOMMUNIKATION

Sektor für Highlights der Praxis, zuletzt etwa beriet die Kanzlei KKR bei dem Verkauf einer milliardenschweren Versatel-Beteiligung an United Internet. (TMT: 2 Partner, 1 Counsel, 6 Associates)
Mandate: ●● Kabel Dtl. u.a. in div. Verf. zu Einspeiseentgelten; Dt. Telekom u. Toll Collect in Schiedsverf. zur Lkw-Maut; Uber u. Wolters Kluwer datenschutzrechtl.; Kohlberg Kravis Roberts bei Verkauf von Versatel-Beteiligung an United Internet.

HEUKING KÜHN LÜER WOJTEK
Bewertung: Die TK-Praxis ist breit aufgestellt u. an den Schnittstellen zu ▶Medien u. ▶IT gut vernetzt, was z.B. bei der Tätigkeit für Dauermandantin Eutelsat zum Tragen kommt. Zugenommen hat zuletzt die Beratung von Kommunen beim Breitbandausbau, für die v.a. der aus der IT-Beratung kommende Dr. Stephan Witteler steht. (3 Eq.-Partner, 2 Sal.-Partner, 5 Associates)
Mandate: ●● Eutelsat umf., u.a. zu regulator. Fragen bei neuen Produkten u. in ICC-Verfahren; Net Mobile bei Übernahme eines Inhabers div. Rufnummern sowie ggü. BNetzA zu regulator. Zulässigkeit; lfd.: First Communication, Der heisse Draht, Signalhorn.

JONES DAY
Bewertung: Die TK-Praxis tritt insbes. in Regulierungs- u. Verwaltungsgerichtsverfahren häufig an der Seite namh. Mandanten in Erscheinung. Kopf des Teams ist der Frankfurter Partner Dr. Holger Neumann, dem Mandanten regelm. „praxisnahe Beratung" und „gute Marktkenntnis" bescheinigen. Zuletzt hat sich die Vertretung von TK-Dienstleistern ggü. der BNetzA im Streit über Zusammenschaltungsentgelte zunehmend zu einem Schwerpunkt entwickelt. Personell hat Jones Day den Aufbau der Praxis über längere Zeit forciert, allerdings wechselte zuletzt der Partner Prof. Dr. Wolfgang Büchner in den Of-Counsel-Status. (3 Partner, 3 Associates, 1 of Counsel)
Mandate: ●● Liquid Broadband bei Klage gg. Mobilfunkfrequenzvergabe der BNetzA; TK-Dienstleister bei Geltendmachung von Ansprüchen aus Service-Provider-Vertrag ggü. Vodafone; Tele 2 u. div. TK-Dienstleister in Klageverf. zu Zusammenschaltungsentgelten gegen BNetzA; Verizon lfd. in Regulierungs- u. Verwaltungsgerichtsverfahren.

JUCONOMY
Bewertung: Die auf die Branche spezialisierte Boutique rundet ihre tiefe Expertise zielstrebig in Richtung angrenzender Rechtsgebiete ab. Neben Datenschutz u. IT gilt das v.a. fürs Kartell- u. Wettbewerbsrecht. Über die Begleitung heikler Fusionen wie Telefónica/E-Plus und Liberty Global/KabelBW rückten v.a. Dr. Martin Geppert, Dr. Marc Schütze u. Dr. Jens Schulze zur Wiesche ins Rampenlicht. (5 Partner)
Mandate: ●● Drillisch bei Kauf von Teilen des Telefónica-Netzes; NetCologne in BGH-Verf. zur Fusion von Liberty Global/KabelBW sowie bei Klage gg. ZDF u.a. wg. Einspeiseentgelten; Wilhelm.tel bei Klage wg. Verpflichtung zur Datenlieferung zum Infrastrukturatlas; Lycamobile Dtl. bei Verhandlung mit Dt. Telekom, u.a. wg. Zusammenschaltung u. Entgelten, Datenschutz.

KLEINER
Bewertung: Die TK-Praxis genießt v.a. bei Fragen der Frequenzregulierung dank der Expertise der Partnerin Dr. Grace Nacimiento hohes Ansehen. Wettbewerber loben sie als „sehr kollegiale Spezialistin". (1 Partner)
Mandate: ●● Aus dem Markt bekannt: Airdata u. Media Broadcast regulator. u. im Frequenzrecht; Netzbetreiber in Verf. wg. abgelehnter Nummernzuteilung durch BNetzA.

LOSCHELDER
Bewertung: Die TK-Praxis um den Regulierungsexperten Dr. Raimund Schütz ist häufig an der Schnittstelle zum ▶Medienrecht tätig. Ein Schwerpunkt sind streitige Verf. um Einspeiseentgelte, in denen Loschelder v.a. an der Seite der ARD tätig ist. (1 Partner, 2 Associates)
Mandate: ●● ARD-Rundfunkanstalten in Verf. u.a. gg. Kabel Dtl., Unitymedia KabelBW wg. gekündigter Einspeiseverträge; QVC Dtl. zu Kabeleinspeiseverträgen; Vodafone datenschutzrechtl. in Grundsatzverfahren.

MCDERMOTT WILL & EMERY
Bewertung: Das TK-Kernteam um Dr. Ralf Weisser u. Dr. Wolfgang Frhr. Raitz von Frentz wird von Wettbewerbern als „branchenerfahren" u. „fachl. sehr gut" gelobt. Dass alle Partner zugleich ausgewiesene ▶Medien- u. ▶IT-Experten sind, erweist sich bei Schnittstellenmandaten wie dem Kampf von Sendern gg. Onlinevideorekorder regelm. als Vorteil. (TMT: 4 Partner, 3 Associates)
Mandate: ●● Dt. Telekom umf., u.a. bei Rahmenverträgen zu M2M-Kommunikation; Pro7Sat.1 in Verf. um Kabelweitersenderechte; Tele Columbus in EV-Verf. zur Nutzung von Kabelleitungen gg. Howoge; RTL in div. Verf. gg. Anbieter von Onlinevideorekordern.

MORRISON & FOERSTER
Bewertung: Die TK-Praxis um die anerkannten Partner Dr. Andreas Grünwald und Dr. Christoph Wagner genießt im Markt v.a. für ihre Arbeit an der Schnittstelle zum ▶Medienrecht hohes Ansehen. Neben der operativen Beratung von Unternehmen der Kabelbranche u. streitigen Verfahren hat die Praxis auch ihre medienkartellrechtl. Expertise einen Schwerpunkt bei der Begleitung von Fusionskontrollen. (2 Partner, 3 Associates)
Mandate: ●● Unify zu Cloud-basierten Produkten; Tele Columbus u. Primacom TK-, kartell- u. vertragsrechtlich.

NOERR
Bewertung: Das TK-Team gehört über seine Verzahnung mit den starken Praxen für ▶Medien-, ▶Kartell- u. ▶IT-Recht zu den rührigsten Einheiten im Markt, wenn es um strateg. Beratung zu Geschäftsmodellen u. Transaktionen im TK-Umfeld geht. Streitige Regulierungsverf. stehen dafür weniger als bei vielen Wettbewerbern im Vordergrund. Besonders renommiert ist der Berliner Partner Dr. Tobias Frevert, dem Mandanten „exzellentes techn. Sachverständnis" und „sehr gute Vernetzung in der Branche" bescheinigen. (TK-Kernteam: 2 Partner, 2 Associates)
Mandate: ●● Gema in Verf. zu Kabelweitersendevergütung; Stadtwerke Weimar u.a. bei Breitband- u. WLAN-Hotspot-Ausbau; Cemex bei wechselseitigen TK-Leistungen mit Holcim nach Beteiligungstausch; G3 Comms zu VoIP-AGB; OnePhone bei MVNO-Vertrag.

RAUE
Bewertung: Bei streitigen Regulierungsverf. ist Dr. Kornelius Kleinlein eine feste Größe im Markt. V.a. die Vertretung von Vodafone in zahlr. Klagen gg. Beschlüsse der BNetzA, etwa zu TAL-Überlassungsentgelten, lastet die kleine Praxis aus. (1 Partner, 1 Associate)
Mandate: ●● Vodafone lfd. in div. Regulierungsverfahren; Paragon Partners TK-rechtl. bei Kauf von dtms.

TAYLOR WESSING
Bewertung: Die TK-Arbeit bei TW ist eingebettet in die großen ▶IT- u. ▶Medienpraxen – entsprechend häufig sind die Anwälte bei Schnittstellenthemen im Einsatz. Den Metro-Konzern etwa berät Dr. Axel Frhr. von dem Bussche beim Aufbau eines ww. WLAN-Hotspot-Netzes zum TK-Datenschutz. Für branchenbezogene Transaktionserfahrung steht v.a. Corporate-Partner Dr. Mark Hoenike. (TMT: 11 Partner, 16 Associates, 1 of Counsel)
Mandate: ●● Metro bei ww. Aufbau von WLAN-Hotspots; Bundesinnenministerium TK-rechtl.; Global Connect regulator. bei Ausgliederung des dt. Glasfasernetzes; Trajet in Streit mit Dt. Telekom über M2M-Kommunikation.

WHITE & CASE
Bewertung: Die klar auf der Seite von Kabelnetzbetreibern positionierte TK-Praxis um Prof. Dr. Norbert Wimmer ist im Markt v.a. durch ihre weiterhin umfangr. Prozessvertretung von Unitymedia im Streit um die Einspeiseentgelte präsent. Daneben intensivierte sich zuletzt ihre Beratungstätigkeit für diesen Mandantenkreis, zuletzt etwa für Primacom. Über ihre ▶IT-Praxis wird W&C zudem für Industriemandanten wie Daimler tätig, die sich künftig zunehmend mit TK-rechtlichen Fragen beschäftigen müssen. (3 Partner, 2 Sal.-Partner, 3 Associates)
Mandate: ●● Unitymedia KabelBW in div. Verf. zu Einspeiseentgelten gg. öffentl.-rechtl. Rundfunkanstalten; Bauer Digital bei Kauf von Autobörse gebrauchtwagen.de; Primacom bei Fusionskontrolle nach Kauf von DTK; aus dem Markt bekannt: KabelBW in Verf. u.a. zu Frequenzzuteilungen für Mobilfunkanbieter; KfW bei Outsourcing-Projekten.

Sportrecht

Hier finden sich Sozietäten, die im Sport einen Branchenschwerpunkt haben und in mehr als einem Rechtsgebiet tätig sind. Begleitet werden Sportler, Vereine und Verbände, aber regelmäßig auch Inhaber sowie Verwerter von Rechten. Schwerpunkte der Beratung liegen klassischerweise in Fragen zum Regelwerk (auch Sportgerichtsbarkeit) sowie auf Vermarktungs- und Sponsoringthemen. Die Betreuung im Hinblick auf Lizenz- und Medienrechte gehört in dem Zusammenhang zu den wichtigsten Gebieten, weshalb sich enge Schnittstellen zu ▶ Medien ergeben.

Besonders empfohlene Berater im Sportrecht

NORDEN
von Appen Jens	Hamburg
CMS Hasche Sigle	Hamburg
Heuking Kühn Lüer Wojtek	Hamburg
Taylor Wessing	Hamburg

OSTEN UND BERLIN
Bornheim und Partner	Berlin
Schertz Bergmann	Berlin

WESTEN
Bird & Bird	Düsseldorf
CMS Hasche Sigle	Köln
Jonas	Köln

FRANKFURT UND HESSEN
Arnecke Sibeth Siebold	Frankfurt
Klinkert	Frankfurt

SÜDWESTEN
Bornheim und Partner	Heidelberg
Grub Frank Bahmann Schickhardt Englert	Ludwigsburg

SÜDEN
Bird & Bird	München
Duvinage	München
Lentze Stopper	München
Martens	München
Nachmann	München
Noerr	München

VON APPEN JENS
Bewertung: Die Hamburger Sozietät ist eine von wenigen ausschl. auf die Beratung rund um den Sport spezialisierten Kanzleien mit bundesw. Ansehen und deckt ein außergewöhnl. breites Spektrum ab. Im Mittelpunkt stehen v.a. Vermarktungen u. Sponsorings, der Ein- u. Verkauf von Produktionsrechten u. Spielertransfers. Visibel war die Praxis u.a. durch umfangr. Arbeit für den HSV, u.a. hinsichtl. der Stadionrückbenennung. Eine Besonderheit ist die Begleitung von Start-ups. (2 Partner, 1 Associate)
Mandate: ●● Hamburger SV, u.a. bei allen Transfers u. Vermarktungsthemen, Rückführung des Stadionnamensrechts; UFA Sports bei Ein- u. Verkauf von Medienrechten; Sponsors Verlag bei Gründung der Sponsors Sports Business Academy; Bor. Dortmund, u.a. bei Verwertung von Medienrechten; lfd. u.a. DTB, Rot-Weiss Essen.

ARNECKE SIBETH SIEBOLD
Bewertung: Auch nach der Fusion von Arnecke Sibeth u. Siebold bleibt die v.a. durch Begleitung von Sponsoring- u. Testimonialverträgen geprägte sportrechtl. Arbeit von Michael Siebold eine Konstante der Kanzlei. Zudem ist der Fokus auf Beratung zu Ausgliederungen u. Verschmelzungen z.B. von Vereinen sowie Bau, Finanzierung u. Management von Sportstätten gerichtet. Von Klinkert kam Dr. Thomas Körber als Partner, der IP-Erfahrung in der Branche mitbringt. (2 Partner, 1 Associate)
Mandate: ●● DFL bei Nutzung von Gruppenvermarktungsrechten in Zeitschriften u. Games; Getgoods bei Sponsoringvertrag mit Dt. Handball-Nationalmannschaft; Energiekonzern bei Sponsoringengagement.

BIRD & BIRD
Bewertung: Nur wenige Kanzleien haben ähnl. viele sportrechtl. etablierte Anwälte wie Bird & Bird. Die 2 Münchner Partner Dr. Joseph Fesenmair u. Dr. Markus Körner beraten v.a. bei Sponsorings u. Vermarktungen, der auch in der Schiedsgerichtsbarkeit aktive Düsseldorfer of Counsel Prof. Dr. Martin Schimke begleitet Sportler, Vereine u. Verbände zudem arbeitsrechtl. (2 Partner, 1 of Counsel)
Mandate: ● Dt. Autohersteller bei Sportsponsoringverträgen; dt. Sportliga bei Hauptsponsoringvertrag u. hinsichtl. Zulässigkeit der Werbung von Sportwettenanbietern; Investor eines Bundesligavereins, u.a. hinsichtl. lizenzrechtl. Fragen; Sportrechteagentur bei Lizenzverträgen.

BORNHEIM UND PARTNER
Bewertung: Der hervorragende Ruf von Partner Dr. Michael Lehner begründet sich v.a. auf dessen Begleitung doping-verdächtiger Athleten. Daneben berät er Sportler u.a. auch zu Verträgen, Veranstalter zu Sponsoring u. Vereine bei Stadionprojekten. (1 Partner)
Mandate: ●● Fußballprofi von Rot-Weiss Essen (Cebio Soukou); Ex-Dreispringer Charles Friedek in Schadensersatzprozess wg. Nichtnominierung für Olympia 2008.

CMS HASCHE SIGLE
Bewertung: Die sportrechtl. Praxis um den Hamburger Partner Dr. Sebastian Cording zeichnet sich durch große Erfahrung in der Begleitung von Verträgen für Sportevents u. Vermarktungen aus, v.a. im Fußball u. Boxen. Diese Stärke, gepaart mit der von Köln aus bedienten Schnittstelle zum Medienrecht, brachte CMS zuletzt z.B. das Mandat zum Verkauf der BBL-Medienrechte. (2 Partner)
Mandate: ●● BBL bei Verkauf der Medienrechte; europ. Sportverband bei Prüfung der Rechtslage in div. Mitgliedsländern für Großprojekt (Dtl. als Musterlösung).

DUVINAGE
Bewertung: Charakteristisch für die Münchner Kanzlei um Prof. Dr. Peter Duvinage sind die Beratung an der Schnittstelle von Sport- u. Medienrecht sowie die regelm. Betreuung der Mandanten auch über rein juristische Themen hinaus. Zum Angebotsspektrum gehören Verträge zu TV-Rechten, Vermarktungen u. Lizenzen sowie Start-up-Beratung. (2 Partner)
Mandate: ●● Lfd. Profile Partner, Bayer 04 Leverkusen, FIBA Europe, Mehmet Scholl, Forum Club Handball, u.a. bei Klage gg. IHF.

GRUB FRANK BAHMANN SCHICKHARDT ENGLERT
Bewertung: Seine Arbeit für fast alle Fußballclubs der 1. u. 2. Liga, Spieler u. auch Trainer vor dem DFB-Sportgericht hat Christoph Schickhardt zum Ruf des wohl renommiertesten deutschen Sportrechtlers verholfen. Neben ihm hat sich in den vergangenen Jahren auch Dr. Joachim Rain immer mehr Ansehen erarbeitet u. beriet zuletzt z.B. Jérôme Boateng. Neben der Arbeit in Verfahren begleitet die Kanzlei regelm. auch Arbeits- u. Sponsoringverträge, neben Fußball v.a. im Boxsport. (2 Partner)
Mandate: ●● Lfd. u.a. Hertha BSC, Eintracht Frankfurt, 1. FC Nürnberg; RB Leipzig wg. mögl. Wiederholungsspiel gg. Osnabrück; Jérôme Boateng in Streit mit Ex-Berater um Provisionen, vor DFB-Sportgericht um Dauer einer Spielsperre; Joachim Löw zu Verträgen mit DFB u. Sponsoren; lfd. Arthur Abraham im Sponsoring; Evi Sachenbacher-Stehle wg. Dauer ihrer Dopingsperre vor CAS.

HEUKING KÜHN LÜER WOJTEK
Bewertung: Die sportrechtl. Praxis der Kanzlei machte zuletzt durch einige arbeitsrechtl. Mandate im Fußball auf sich aufmerksam, u.a. an der Seite der DFL u. des HSV. Durch die Mandatierung des FSV Mainz im Streit mit dessen Ex-Torwart Müller ist die Praxis zudem in einen Fall mit grundsätzl. Bedeutung involviert, der Signalwirkung für befristete Arbeitsverträge im Profisport haben könnte. (2 Partner, 1 Associate)
Mandate: ●● DFL lfd. arbeitsrechtl., u.a. zu Musterspielervertrag; HSV, Werder Bremen, NADA lfd. arbeitsrechtl.; FSV Mainz in Berufungsinstanz im Streit mit Ex-Torwart Müller um Befristung des Vertrags.

● Referenzmandate, umschrieben
●● Referenzmandate, namentlich

Anwaltszahlen: Angaben der Kanzleien, wie viele Anwälte zu mind. ca. 50% in diesem Gebiet tätig sind. Sie spiegeln nicht zwingend die Gesamtgröße einer Kanzlei wider.

JONAS

Bewertung: In der Praxis von Partner Karl Hamacher stehen Beratung von Konzernen bei Sponsorings im Vordergrund sowie markenrechtl. Begleitung, z.B. von Ligen, Vereinen u. z.T. Sportstars. Neben Anmeldungen u. Verwaltungen von Marken ist er auch in streitigen Auseinandersetzungen aktiv. (1 Partner)

Mandate: ●● Lfd. DFL, Toyota Dtl., Axel Springer, Nürburgring GmbH, Dt. Post, Dt. Postbank, Eintracht Frankfurt.

KLINKERT

Bewertung: Dr. Hermann Schlindwein zählt zu den arriviertesten Namen für Sponsoring- u. Vermarktungsthemen u. begleitete zuletzt z.B. den FSV Mainz bei dessen €250 Mio schweren Vertrag mit dem Vermarkter Infront. Ebenfalls viel Ansehen genießt er für seine Begleitung von Rechteinhabern, z.B. zur Verwertung von Medienrechten sowie die Beratung von Spielervermittlern. (1 Partner, 1 Associate)

Mandate: ●● DFL, u.a. bei Auslandsvermarktung; FSV Mainz bei Vermarktungsvertrag mit Infront; Rogon Sportmanagement, u.a. bei Spielertransfers (z.B. Roberto Firmino) u. vor Sportgerichten; FC Schalke 04 bei dt. u. internat. Spielertransfers; Stada, u.a. bei Sponsoringvertrag mit VFL Wolfsburg u. Infront.

LENTZE STOPPER

Bewertung: Die Münchner Kanzlei ist eine von wenigen rein auf sportrechtl. Beratung konzentrierte Adresse mit höchstem Renommee. Das Hauptaugenmerk liegt auf Vermarktungen, v.a. von Verwertungsrechten an Sportveranstaltungen, deren Ausschreibung u. Organisation. Verbände wie die FIFA u. der DSV vertrauen ihr seit Langem, auch bei namh. Vereinen genießt sie viel Ansehen. Das Team wuchs nun durch einen jungen Anwalt, der u.a. Erfahrung bei sportbezogenen Finanzierungen u. im Pferdesport einbringt. (2 Eq.-Partner, 1 Sal.-Partner, 3 Associates)

Mandate: ●● FIFA bei Erstellung der Bewerbungs- u. Ausrichterverträge für WM 2026, bei Ticketing für WM 2018 u. Antischwarzmarktstrategie; DFB lfd., u.a. bei Lizenzgeschäften; DSV bei Vermarktung von Medienrechten; Bayer Leverkusen bei Ticketing.

MARTENS

Bewertung: Einen exzellenten Ruf hat die Praxis um Dr. Dirk-Reiner Martens für die Beratung in Fragen zu Regelwerken u. in der Schiedsgerichtsbarkeit an der Seite div. Vereine u. Verbände. Regelm., wenn auch in geringerem Umfang, wird sie bei Sponsorings, Vermarktungen u. Transfers aktiv, wie z.B. dem von Arturo Vidal zum FC Bayern. (1 Partner, 3 Associates)

Mandate: ●● ISU in Schadensersatzstreit mit Claudia Pechstein wg. Dopingsperre; Franz Beckenbauer vor FIFA-Instanzen wg. angebl. Regelverstöße bei Vergabe von WM 2018, 2022; BAT Basketball Arbitral Tribunal lfd. bei Verfahren; Fiba Fédération Internationale de Basketball lfd.; lfd. Schiedsrichtertätigkeit vor CAS; Xabi Alonso, Arturo Vidal jew. bei Wechseln zum FC Bayern.

NACHMANN

Bewertung: Dr. Thomas Summerer gilt als exzellenter Kenner von Regelwerken u. landete für seine Mandantin Claudia Pechstein vor dem Münchner OLG einen spektakulären Erfolg gg. die ISU, der die Unantastbarkeit des CAS angreift u. an der gesamten Sportgerichtsbarkeit rüttelt. Einige Erfahrung hat Summerer zudem an der Schnittstelle zum Medienrecht, z.B. bei Lizenz- u. Produktionsverträgen sowie Rechtevermarktungen. (1 Partner)

Mandate: ●● Claudia Pechstein bei Schadensersatzklage gg. DESG u. ISU wg. Dopingsperre.

NOERR

Bewertung: Die sportrechtl. Praxis der Kanzlei zählt v.a. durch das Engagement des Münchner Partners Prof. Dr. Alexander Liegl zu den traditionsreichsten u. etabliertesten bezogen auf medialen Rechtehandel u. Vermarktungsmodelle. V.a. im Fußball ist Noerr bei Rechteagenturen u. -inhabern gefragt, zudem berät die Sozietät rund um Sportevents, Merchandising u. Sponsoring, wie z.B. Olympia 2018 u. die Fußball-WM 2018. Typisch ist die regelm. Arbeit an der Schnittstelle zu Medien- u. Kartellrecht. (1 Partner)

Mandate: ●● Sport 1 u.a. in Prozess über Werbung für Sportwettenanbieter, Medienunternehmen bei Kauf von Rechten an europ. Sportliga; Liga kartellrechtl. bei Ausschreibung von Medienrechten.

SCHERTZ BERGMANN

Bewertung: Die Berliner Kanzlei hat sich der Betreuung von Aktiven verschrieben, wobei die Begleitung im Presse- u. Persönlichkeitsrecht im Mittelpunkt steht. Zuletzt deckte Partner Simon Bergmann diesen Part für Claudia Pechstein in deren aufsehenerregenden Prozess gg. den ISU ab. Weitere Schwerpunkte sind Vertragsstreitigkeiten u. im Arbeitsrecht. (1 Partner)

Mandate: ●● Claudia Pechstein presse- u. persönlichkeitsrechtl. in Prozess gg. ISU; DFB im Presserecht; lfd. 1. FC Union Berlin.

TAYLOR WESSING

Bewertung: Kerntätigkeit des Teams von Taylor Wessing ist die Beratung von Vermarktern u. branchenfremden Investoren bei deren Engagements im Sport, so z.B. für Sportfive u. KKR. Die Praxis um den Hamburger Partner Dr. Frank Koch ist dabei regelm. an der Schnittstelle zu Gesellschaftsrecht/M&A aktiv, v.a. im Fußball. Zudem berät sie markenrechtl., v.a. Spieler u. Vereine. Auch in Prozessen ist TW regelm. tätig. (3 Partner)

Mandate: ●● Sportfive, Anschutz Entertainment, Füchse Berlin; Bayern München lfd., u.a. in Produktpirateriebekämpfung; Dt. Handballbund u.a. bei Sportrechtevermarktung; Vierschanzentournee u.a. bei Verteidigung der Marke.

Aktuelle Entwicklungen und Reformansätze in der Erbschaft- und Schenkungsteuer

Von Dr. Gerhard Widmayer und Dr. Martin Raßhofer, Kantenwein Zimmermann Fox Kröck & Partner, München

Kantenwein Zimmermann Fox Kröck & Partner ist eine multidisziplinäre Kanzlei aus Rechtsanwälten, Steuerberatern und Wirtschaftsprüfern. Einen Schwerpunkt ihrer Tätigkeit hat die Kanzlei im Bereich der steuerlichen Beratung für Unternehmen und Unternehmer sowie vermögende Privatpersonen. Die steuerliche Beratung umfasst insbesondere die steuerliche Gestaltungsberatung, die Begleitung von Betriebsprüfungen und Finanzgerichtsverfahren.

Dr. Gerhard Widmayer ist Steuerberater und Partner bei Kantenwein Zimmermann Fox Kröck & Partner. Er ist spezialisiert auf nationales und internationales Steuerrecht, insbesondere Konzernsteuerrecht, die steuerliche Beratung bei Restrukturierungen sowie auf steuerliche Fragestellungen rund um Immobilien.

Dr. Martin Raßhofer ist Steuerberater und Salary Partner bei Kantenwein Zimmermann Fox Kröck & Partner. Er ist spezialisiert auf nationales und internationales Steuerrecht, Unternehmensteuerrecht und Umwandlungssteuerrecht.

Weitere Informationen im Kanzleiprofil am Ende des Handbuchs.

Verfassungswidrigkeit der Begünstigungsregelung für Betriebsvermögen

Mit Urteil vom 17.12.14 - 1 BvL 21/12 - (BGBl. I 2015, 4) hat das Bundesverfassungsgericht die derzeit geltende Verschonung von der Erbschaft- und Schenkungsteuer beim Übergang betrieblichen Vermögens nach den §§ 13a und 13b ErbStG grundsätzlich für geeignet und erforderlich beurteilt, aber die konkrete Ausgestaltung wegen eines Verstoßes gegen Art. 3 GG (Gleichheitssatz) für verfassungswidrig erklärt. Das Bundesverfassungsgericht hat dem Gesetzgeber Frist für eine Neuregelung bis zum 30.06.16 gesetzt. Die geltenden Regelungen sind bis zu einer Neuregelung weiter anwendbar.

Wesentliche Kritikpunkte des Bundesverfassungsgerichts sind:

- Die Begünstigung gem. §§ 13a und 13b ErbStG tritt auch ein, wenn das nicht als begünstigungswürdig angesehene sog. Verwaltungsvermögen einen Anteil von bis zu 50 Prozent erreicht.

- Betriebe mit bis zu 20 Beschäftigten sind unabhängig von ihrer Art und Größe von der Lohnsummenregelung gänzlich ausgenommen.

- Die Begünstigung tritt unabhängig davon ein, ob der Erwerber von großen Betriebsvermögen nachgewiesen hat, dass es einer Verschonung bedarf (keine Bedürfnisprüfung).

- Die derzeitige Ausgestaltung lässt Gestaltungen zu, mit denen nicht zu rechtfertigende Steuerentlastungen erzielt werden können.

Am 08.07.15 hat das Bundeskabinett einen Regierungsentwurf eines „Gesetzes zur Anpassung des Erbschaftsteuer- und Schenkungsteuergesetzes an die Rechtsprechung des Bundesverfassungsgerichts" (nachfolgend kurz ErbStG-E) beschlossen. Daneben werden derzeit verschiedene Varianten für eine verfassungskonforme Ausgestaltung der Begünstigung diskutiert.

Begünstigtes Vermögen und Verwaltungsvermögen

Das begünstigte Vermögen ist bisher im Wesentlichen dadurch bestimmt, dass im Sinne einer Negativdefinition das nicht begünstigte Vermögen, das sog. Verwaltungsvermögen, definiert wird (§ 13b Abs. 2 ErbStG). Das Vermögen insgesamt bleibt dann von der Verschonung ausgenommen, wenn es zu mehr als 50% (im Fall der Optionsverschonung zu mehr als 10%) aus Verwaltungsvermögen besteht. Im Umkehrschluss ist das Vermögen insgesamt (d.h. auch der Anteil des Verwaltungsvermögens) bis zu diesen Grenzwerten begünstigt. Dieses „Alles-oder-Nichts-Prinzip" ist nach Ansicht des Bundesverfassungsgerichts nicht mit Art. 3 Abs. 1 GG vereinbar. Ein tragfähiger Rechtfertigungsgrund für eine derart umfangreiche Einbeziehung von Vermögensbestandteilen, die das Gesetz eigentlich nicht als förderungswürdig ansieht, sei nicht erkennbar.

Nach den aktuellen Reformansätzen im ErbStG-E wird das begünstigte Vermögen selbst definiert. Demnach soll dasjenige Vermögen begünstigt werden, das seinem Hauptzweck nach überwiegend einer originär land- und forstwirtschaftlichen, gewerblichen oder freiberuflichen Tätigkeit dient. Nicht dem Hauptzweck dienen diejenigen Teile des begünstigungsfähigen Vermögens, die ohne die eigentliche betriebliche Tätigkeit zu beeinträchtigen aus dem Betriebsvermögen herausgelöst werden können (§ 13b Abs. 3 ErbStG-E). Das nach dieser Aufteilung verbleibende begünstigte Unternehmensvermögen vermindert sich nach dem de lege lata bereits anzuwendenden sog. Finanzmitteltest. Anschließend werden die nach dem Finanzmitteltest verbleibenden Schulden quotal dem begünstigten und dem nicht begünstigten Vermögen zugeordnet (§ 13b Abs. 5 ErbStG-E). Um eine gewisse Flexibilität in der Kapitalstärke zu erhalten, wird grundsätzlich ein Teil des so ermittelten sog. Nettowerts des nicht begünstigten Vermögens (wertmäßig in Höhe von 10%

des begünstigten Nettovermögens) wie begünstigtes Vermögen behandelt. Das begünstigte Nettovermögen wird bei Konzernstrukturen konsolidiert im Rahmen einer sog. Verbundvermögensaufstellung ermittelt. Hierbei sind anstelle von Beteiligungen an Personengesellschaften oder Anteilen an Kapitalgesellschaften die anteiligen gemeinen Werte des begünstigten und nicht begünstigten Vermögens und der Schulden auszuweisen (§ 13b Abs. 7 ErbStG-E). Dadurch sollen Verzerrungen aufgrund von Kaskadeneffekten vermieden werden.

Lohnsummenregelung

Betriebe mit bis zu 20 Beschäftigten können die Verschonung nach aktuellem Recht unabhängig davon in Anspruch nehmen, ob in Zukunft die Lohnsummenvoraussetzungen gem. § 13a Abs. 1 ErbStG eingehalten und somit Arbeitsplätze erhalten werden.

Der aktuelle ErbStG-E sieht vor, dass die Lohnsummenvoraussetzungen grundsätzlich von allen Betrieben mit mehr als drei Beschäftigten einzuhalten sind. Bei Betrieben mit vier bis zehn Beschäftigten ist eine reduzierte Lohnsumme von 250% (Regelverschonung) bzw. 500% (Optionsverschonung) und bei Betrieben mit elf bis 15 Beschäftigten eine Lohnsumme von 300% bzw. 565% vorgesehen (§ 13a Abs. 3 ErbStG-E). Gestaltungen bei der Lohnsummenregelung durch Aufspaltung von Betrieben soll durch Zusammenrechnung der Beschäftigtenzahl und der Lohnsumme entgegengewirkt werden.

Änderungen für Großunternehmen

Kritikpunkt des Bundesverfassungsgerichts an der derzeitigen Ausgestaltung der Verschonungsregelung ist insbesondere, dass Unternehmen unabhängig von ihrer Größe und unabhängig von einer Bedürfnisprüfung im Einzelfall in die Verschonungsmöglichkeit einbezogen werden. Von Seiten der Wirtschaft wurde hierzu bereits vorgeschlagen, der besonderen Bedeutung und Schutzwürdigkeit von Familienunternehmen durch ein sog. „2-Stufen-Modell" gerecht zu werden. Hierzu soll die nicht vorhandene Kapitalmarktorientierung und damit einhergehende Finanzierungsmöglichkeit als erstes Kriterium und Indiz für ein verschonungswürdiges Familienunternehmen dienen. Auf zweiter Stufe wäre bei kapitalmarktorientierten Unternehmen die Vergleichbarkeit mit einem Familienunternehmen anhand konkreter qualitativer und/oder quantitativer Kriterien zu überprüfen.

Die Bedürfnisprüfung in dem ErbStG-E sieht vor, dass die Verschonungsregelungen grundsätzlich nur noch Anwendung finden, wenn das begünstigte Vermögen 26 Mio. Euro nicht übersteigt (§ 13a Abs. 9 ErbStG-E). Diese Grenze soll nicht für jeden Erwerb neu gelten, sondern zeitraumbezogen nur einmal für alle Erwerbe innerhalb von zehn Jahren Anwendung finden. Die Grenze von 26 Mio. Euro erhöht sich auf 52 Mio. Euro, wenn im Gesellschaftsvertrag innerhalb von zehn Jahren vor und 30 Jahren nach dem Übertragungsstichtag bestimmte Entnahme-, Abfindungs- und Verfügungsbeschränkungen enthalten sind. In diesem Fall endet die Festsetzungsfrist für die Steuer nicht vor dem Ablauf des vierten Jahres, nachdem das Finanzamt von der schädlichen Änderung der gesellschaftsvertraglichen Regelungen Kenntnis erlangt.

Beträgt das begünstigte Vermögen mehr als 26 Mio. Euro und höchstens 116 Mio. Euro, erhält der Erwerber auf Antrag trotz Überschreitens der Freigrenze grundsätzlich einen Verschonungsabschlag. Der Verschonungsabschlag von 85% (Regelverschonung) bzw. 100% (Optionsverschonung) verringert sich jedoch für um jeweils ein Prozentpunkt für jede volle 1,5 Mio. Euro, die der Wert des begünstigten Vermögens den Betrag von 26 Mio. Euro übersteigt (§ 13c Abs. 1 ErbStG-E). Ab einem begünstigten Vermögen von 116 Mio. Euro verringert sich der Verschonungsabschlag nicht weiter. Ab dieser Grenze wird auf Antrag ein einheitlicher Verschonungsabschlag von 20% (Regelverschonung) bzw. 35% (Optionsverschonung) gewährt.

Alternativ zu der Abschmelzung des Verschonungsabschlags kann der Erwerber den Erlass der auf das begünstigte Unternehmensvermögen entfallenden Steuer beantragen, soweit er nachweist, dass er persönlich nicht in der Lage ist, die Steuer aus seinem verfügbaren Vermögen zu begleichen (§ 28a ErbStG-E). Soweit die Steuer aus dem verfügbaren Vermögen beglichen werden kann, wird die Steuer demzufolge nicht erlassen, kann jedoch bis zu sechs Monate gestundet werden (§ 28a Abs. 3 ErbStG-E). Zu dem verfügbaren Vermögen gehören 50% der Summe der gemeinen Werte des mit der Erbschaft oder Schenkung zugleich übergegangenen Vermögens und des im Übertragungszeitpunkt beim Erwerber vorhandenen Vermögens (§ 28a Abs. 2 ErbStG-E). Nicht zum verfügbaren Vermögen gehört in beiden Fällen begünstigtes Unternehmensvermögen selbst. Wird diese Alternative gewählt, steht der Erlass der Steuer unter der auflösenden Bedingung, dass der Erwerber die gleichen Lohnsummen- und Behaltensregelungen einhält, wie sie im Rahmen der Optionsverschonung Anwendung finden (700% Lohnsumme, sieben Jahre Behaltensfrist). Zudem kann sich das verfügbare Vermögen nachträglich um Vermögen erhöhen, das innerhalb von zehn Jahren nach der Übertragung auf den Erwerber aus anderen Erbschaften und Schenkungen zufließt, und rückwirkend die Höhe der erlassenen Steuer mindern (§ 28a Abs. 4 ErbStG-E).

Offene Fragen und Kritik

Insbesondere scheint eine Anwendung der Bedürfnisprüfung für Großunternehmen aufwendig und überschießend (z.B. Erfordernis und Vorschriften zur Bewertung auch des im Übertragungszeitpunkt beim Erwerber bereits vorhandenen Vermögens). Kritik wird auch daran geäußert, dass die Definition des verfügbaren Vermögens in § 28a ErbStG-E Privatvermögen einbeziehe und keine Unterscheidung zwischen liquidem und illiquidem Vermögen getroffen wird. Fraglich ist auch, ob die abgeschwächte Lohnsumme für Betriebe mit 4-15 Beschäftigten verfassungsrechtlichen Vorgaben standhalten kann. ■

KERNAUSSAGEN

- Nach dem Urteil des Bundesverfassungsgerichts vom 17.12.14 hat der Gesetzgeber eine Frist bis zum 30.06.16 für eine Neufassung der betroffenen Regelungen erhalten.

- Das zunächst vom Bundesministerium der Finanzen angestrebte Ziel eines „minimalinvasiven" Lösungsansatzes kann insbesondere für Großunternehmen nicht als erreicht angesehen werden.

- Die Bedürfnisprüfung für Großunternehmen erscheint äußerst aufwendig und überschießend. Die Einbeziehung dauerhafter gesellschaftsvertraglicher Regelungen in die Beurteilung der Verschonungshöhe dürfte jedoch auch dem Mittelstand erhebliche Planungsschwierigkeiten bereiten.

- Der vorliegende Gesetzentwurf ist bereits von Anfang an der Kritik ausgesetzt. Wie sich die Bundesländer im Rahmen der Stellungnahme des Bundesrats zu dem Gesetzentwurf stellen werden, bleibt abzuwarten.

Nachfolge/Vermögen/Stiftungen

Erbschaftsteuerurteil schafft Sonderkonjunktur für Berater

Endlich Klarheit – das erhofften sich alle in der Nachfolgeberatung tätigen Experten von dem lange erwarteten Urteil des Bundesverfassungsgerichts (BVerfG) im Dezember 2014. Die Hoffnung wurde enttäuscht. Umso überraschender waren und sind aber für die Berater die Konsequenzen, die das Bundesfinanzministerium (BMF) aus dem viel diskutierten Urteil zog. Mit einer strengen Linie nicht nur gegenüber kleinen Firmen (die das BVerfG vorgegeben hatte), sondern vor allem auch gegenüber Großvermögen hat sich das BMF den Zorn fast der gesamten Beraterschaft zugezogen. Insbesondere die wohl neu kommende sog. Bedürfnisprüfung stößt auf Unverständnis. Die Prüfung wird zentral, um weiter Steuervergünstigungen über der ebenfalls neu angedachten Vermögensgrenze von 26 Mio Euro zu erreichen. Fraglich ist aber, wie viele Großvermögende sich dieser Prüfung überhaupt unterziehen werden. Bereits absehbar: Wenn, dann wird sie wohl strategisch eingesetzt, um eine zielgerichtete Aufspaltung von Betriebsvermögen (mit ‚positiver' Bedürfnisprüfung) und Privatvermögen (zu versteuern, aber dafür liquide) vorzunehmen. „Das ist der Kollateralschaden eines schlechten Gesetzes", so ein Berater.

Angesichts der Gesetzespläne boomen noch mögliche Übertragungen der alten Rechtslage. Viele Unternehmer übertragen plötzlich auf sehr junge Familienmitglieder oder auf Stiftungen (Familien- bzw. Doppelstiftungen), um die Vorteile der jetzigen Regelung noch voll zu nutzen.

Bequemer Stillstand dank hoher Auslastung

Die durch die Gesetzespläne ausgelöste Welle an Nachfragen zu Vermögensstrukturierungen führt in den Kanzleien zu der Situation, dass diese voll ausgelastet sind. Alle Berater – ob diejenigen, die Vermögen im einstelligen Mio-€-Bereich betreuen, oder diejenigen, die im Mrd-€-Bereich beraten – sind gleichermaßen gefordert. Das führt in gewisser Weise zu einem komfortablen Stillstand in der Branche. So bleibt es dabei, dass **Flick Gocke Schaumburg** (überdies mit neuem Büro in Hamburg) und **P+P Pöllath + Partners** (mit intensiverer Vernetzung ihrer Fachbereiche) den Markt weiter dominieren. Und die Boutiquen, deren Fokus in der Nachfolgeberatung liegt (etwa **Hennerkes Kirchdörfer & Lorz** oder **S&P Söffing**), erleben eine Sonderkonjunktur. In den vergangenen Jahren merklich angewachsen ist auch die forensische Tätigkeit für vermögende Privatkunden in Erbrechts- oder Gesellschafterauseinandersetzungen. In Großverfahren, etwa den Auseinandersetzungen der Fleischfabrikanten Tönnies und der Berliner Familie Dussmann beim Kaufhaus Breuninger, oder der Aldi-Erbin Babette Albrecht gegen Kunstberater Helge Achenbach, brillieren neben Nachfolgeboutiquen wie **Binz & Partner** auch Großkanzleien mit starker Prozessabteilung wie **Hengeler Mueller**, **Heuking Kühn Lüer Wojtek**, **Gleiss Lutz** oder **Noerr**.

Aus der Nachfolgegestaltung in Familienunternehmen (einschl. Unternehmensverkäufen) entstehen oft substanzielle Privatvermögen, deren Eigner hier als High Net Worth Individuals (HNI) oder Ultra High Net Worth Individuals (UHNI, bei Vermögen ab €100 Mio) bezeichnet werden. Das Vermögen muss strukturiert, reinvestiert, gesichert u. weitergegeben werden, häufig unter Einsatz von Stiftungslösungen. Immer mehr Kanzleien beraten auch vermögende angestellte Privatpersonen in ihrem beruflichen Umfeld (etwa Manager, Sportler), was jedoch nur als Annexkompetenz Erwähnung findet. Zentral bleibt das ▶Steuerrecht (inkl. Steuerforensik, betriebs- u. finanzwirtschaftl. Beratung), hinzu kommen ▶Gesellschaftsrecht u. Transaktionsarbeit (▶M&A, ▶Private Equity), Erb-, Familien- u. Kunstrecht, Stiftungsrecht u. Testamentsvollstreckung.

JUVE KANZLEI DES JAHRES
NACHFOLGE/VERMÖGEN/STIFTUNGEN
SEITZ

Die Praxis für Nachfolge und Vermögensfragen von Seitz hat verstanden, was ihre Mandanten wollen: Diese loben sie als „ideenreich, innovativ und unternehmerisch" und schätzen die „zuverlässige, zielführende und serviceorientierte" Beratung. Bestes Beispiel dafür ist das Ende 2014 geschaffene ‚Unternehmer-Office', das ihr schnell neues Geschäft brachte. Der Name ist Programm und steht für den Ansatz, ihre Stammklientel möglichst ganzheitlich und eng angebunden an die Steuerberatung zu beraten, beispielsweise auch in der Liquiditätsplanung und kaufmännischen Vermögensbetreuung. Mit **Thomas Schäfer**, der von der Oppenheim Vermögenstreuhand kam, gewann die Praxis einen Experten, der wichtige Erfahrung bei der Analyse von Vermögensstrukturen und diverse neue Mandatsbeziehungen wie die zu einem großen Multi-Family-Office mitbrachte. Damit knüpft Seitz konsequent dort an, wo der von Mandanten als „pragmatisch und effizient" beschriebene junge Partner **Nils Kröber** die Geschäftsentwicklung seit einigen Jahren hingeführt hat: zur Arbeit für die nächste Generation in Familiengesellschaften. Nur ein Beispiel dafür ist der Gründersohn des Außenwerbers Ströer, Dirk Ströer.

NACHFOLGE/VERMÖGEN/STIFTUNGEN

BAKER TILLY ROELFS
Nachfolge/Vermögen/Stiftungen ☐☐☐☐■☐☐

Bewertung: Die für Nachfolge-, Vermögens- u. Stiftungsberatung häufig empfohlene Kanzlei hat ihre Marktstellung weiter gefestigt. Sie schöpfte v.a. dank Lehmann ihr internat. Netzwerk noch besser aus u. gewann so v.a. grenzüberschr. Geschäft, sowohl für ausl. Mandanten bei Vermögensfragen hierzulande als auch bei internat. Themen für dt. Privatkunden. Bei diesen – meist Familienunternehmern – verzeichnete sie überdies Zuwächse durch ihr Vermögenscontrolling u. Multi-Family-Office. Eine Besonderheit ist zudem die Beratung von Lebensversicherern in Bezug auf die steuerl. Vorschriften bei Vertragsgestaltungen.

Häufig empfohlen: Wolfgang Richter, Ursula Augsten (Stiftungen), Dr. Daniel Lehmann, Dr. Jochen Busch

Kanzleitätigkeit: MDP-Beratung familiengeführter Unternehmen mit ausgeprägtem Steuerrecht sowie ▶gesellsch.rechtl. Ergänzung. Strukturierung großer Vermögen, auch grenzüberschr., Nachfolgeplanung sowohl in steuerrechtl. u. zivilrechtl. Hinsicht. In Stuttgart mit Schwerpunkt Stiftungsrecht/Non-Profit-Organisationen. Innovativ in der Beratung bei Finanzplanung u. Vermögenscontrolling (IT-gestützt). Zudem Selbstanzeigen inkl. ▶Steuerstrafrecht. (7 Partner, 2 Sal.-Partner u. div. Associates)

Mandate: ● Großes Single-Family-Office bei Umstrukturierung der Beteiligungsgesellschaft; umf. Nachfolgeplanung für grenzüberschr. 3-stell. Mio-€-Vermögen; Nachlassabwicklung unter Erbeinsetzung eines Trusts; umf. Nachfolgeplanung in familiengeführtem Konzern (3-stell. Mio-€-Vermögen); Umstrukturierung u. Nachfolge für familiengeführten Konzern (Unternehmenswert €1 Mrd); Adelsfamilie hinsichtl. Immobilien von Ausländern in der Schweiz; Ehepaar bei kanad.-dt. Nachfolgeplanung.

BEITEN BURKHARDT
Nachfolge/Vermögen/Stiftungen ☐☐☐☐■☐☐

Bewertung: Die Kanzlei wird für Nachfolgegestaltungen u. die Beratung von Stiftungen häufig empfohlen u. gehört in dem Segment zu den dynamischsten Einheiten. Mit der erst im vergangenen Jahr begonnenen umf. Verwaltung von Bankstiftungen stieß BB offensichtl. in eine Marktlücke. Die Kanzlei stockte nun das Team deutl. auf, v.a. durch Nichtberufsträger. Mit den verknüpften ▶gesellschaftsrechtl. u. ▶steuerrechtl. Praxen, die stark auf familiengeführte Unternehmen u. deren Eigner ausgerichtet sind, punktet BB zudem in der lfd. Beratung zu Nachfolgen u. einhergehenden Unternehmensumstrukturierungen.

Stärken: Langj. Beziehungen zu mittelständ. Unternehmen u. Schweizer Banken; große Stiftungs- u. Gemeinnützigkeitsrechtskompetenz.

Häufig empfohlen: Rudolf Herfurth, Dr. Guido Krüger, Dr. Gerrit Ponath („versierter Experte für Nachfolgefragen u. Stiftungen", Wettbewerber)

Kanzleitätigkeit: Beratung von Erben u. Familienunternehmen – weiter wachsend – von Stiftungen/gemeinnützigen/kirchl. Organisationen. Daneben Family Offices zu Unternehmensnachfolge, Vermögensplanung u. Erbauseinandersetzungen sowie ▶Steuergestaltung, Steuerstrafrecht/Compliance. Auch Transaktionen u. ▶M&A, ▶Gesellsch.recht). (7 Eq.-Partner, 1 Sal.-Partner, 3 Associates, 2 of Counsel)

Mandate: ●● Ute Louis als Alleinerbin von Detlev Louis Motorrad-Vertrieb bei Nachfolgelösung u. Unternehmensverkauf an Berkshire Hathaway; Stiftungsberatung: Dt. Gesellschaft für Qualität; Else-Kröner-Fresenius-Stiftung (Vorstand; zudem u.a. steuerl., gemeinnütz., Erbverfahren); Familie Schambach; Gesellschaft von Freunden u. Förderern der Uni D'dorf; Goethe-Uni Ffm. u. Helga Ravenstein Stiftung; Stiftung Adel; Weisser Ring; Glasmeister Heinz Familienstiftung (u.a. bei Doppelstiftungsmodell).

BINZ & PARTNER
Nachfolge/Vermögen/Stiftungen ☐☐☐☐■☐

Bewertung: In der für Nachfolge- u. Vermögensberatung empfohlenen Kanzlei dominiert seit einigen Jahren die gerichtl. Vertretung in Gesellschafterstreitigkeiten das öffentliche Bild. Dies liegt v.a. an der Mitwirkung in den Tönnies-Verfahren. Die Basis der Kanzleitätigkeit bildet jedoch von jeher die gesellschaftsrechtl. (Struktur-)Beratung in Familienunternehmen, wie zuletzt z.B. die SE-Umwandlung von Dachser. Die zentrale Rolle spielt der Namenspartner: Als einer der einflussreichsten dt. Anwälte für Familienunternehmen agiert er häufig auch über den juristischen Rat hinaus, ist Vertrauensperson für Familiengesellschafter. Diese Stellung schlägt sich in den div. Aufsichts- u. Beiratssitzen nieder, die fast alle Partner innehaben.

Stärken: Große Vertrauensstellung in bedeutenden Familienunternehmen.

Entwicklungsmöglichkeiten: Der Erfolg der Kanzlei fußt seit vielen Jahren auf individuellen Leistungen der Partner, die alle zw. Anfang 50 u. Ende 60 Jahre alt sind. Diese Art der Beratung ist schwer auf ein Team umzulegen, sodass mit der begonnenen Verjüngung mittelfristig auch eine Neuausrichtung des Geschäftsmodells einhergehen müsste.

Häufig empfohlen: Prof. Dr. Mark Binz („setzt sich mit einer Begeisterung ein, als ginge es um sein Leben", „brillanter Kopf", Mandanten), Dr. Martin Sorg, Prof. Dr. Götz-Peter Freudenberg, Dr. Alexander Burger, Dr. Gerd Mayer („auch bei scharfer Auseinandersetzung kooperativ, konstruktiv u. kollegial", Wettbewerber)

Kanzleitätigkeit: Beratung von Familienunternehmen. Schwerpunkte in Unternehmensnachfolge, ▶Gesellsch.recht u. Steuerrecht sowie Lösung von ▶Gesellschafterkonflikten. Auch stiftungsrechtl. Expertise. (5 Partner, 1 Associate)

NACHFOLGE/VERMÖGEN/STIFTUNGEN	
Flick Gocke Schaumburg	Bonn, Frankfurt, Hamburg, München
P+P Pöllath + Partners	Berlin, München
CMS Hasche Sigle	Stuttgart, Hamburg, Berlin, Frankfurt u.a.
Hennerkes Kirchdörfer & Lorz	Stuttgart
Noerr	München, Düsseldorf, Frankfurt, Berlin
Baker Tilly Roelfs	München, Stuttgart
Beiten Burkhardt	Frankfurt, Düsseldorf
Freshfields Bruckhaus Deringer	Düsseldorf, Hamburg u.a.
Hengeler Mueller	Düsseldorf, München, Frankfurt, Berlin
SZA Schilling Zutt & Anschütz	Mannheim, Frankfurt
Taylor Wessing	München, Frankfurt, Düsseldorf, Hamburg, Berlin
Binz & Partner	Stuttgart
Gleiss Lutz	Stuttgart, Hamburg, Frankfurt
Peters Schönberger & Partner	München
Rödl & Partner	Nürnberg, Stuttgart, München, Köln u.a.
S&P Söffing	Düsseldorf, Zürich
Dissmann Orth	München
DLA Piper	Hamburg u.a.
dtb Decker + Schmidt-Thomé	Berlin
Ebner Stolz Mönning Bachem	Stuttgart, Hamburg, Köln, Leipzig u.a.
Esche Schümann Commichau	Hamburg
Heuking Kühn Lüer Wojtek	Düsseldorf, München, Zürich
Oppenhoff & Partner	Köln
Rittershaus	Mannheim, Frankfurt
Seitz	Köln

Die hier getroffene Auswahl der Kanzleien ist das Ergebnis der auf zahlreichen Interviews basierenden Recherche der JUVE-Redaktion (s. Einleitung S. 20). Sie ist in zweierlei Hinsicht subjektiv: Sämtliche Aussagen der von JUVE-Redakteuren befragten Quellen sind subjektiv u. spiegeln deren eigene Wahrnehmungen, Erfahrungen u. Einschätzungen wider. Die Rechercheergebnisse werden von der JUVE-Redaktion unter Einbeziehung ihrer eigenen Marktkenntnis analysiert u. zusammengefasst. Der JUVE Verlag beabsichtigt mit dieser Tabelle keine allgemein gültige oder objektiv nachprüfbare Bewertung. Es ist möglich, dass eine andere Recherchemethode zu anderen Ergebnissen führen würde. Innerhalb der einzelnen Gruppen sind die Kanzleien alphabetisch geordnet.

▶▶▶ **Bitte beachten Sie auch die Liste weiterer renommierter Kanzleien am Kapitelende.** ◀◀◀

● Referenzmandate, umschrieben
●● Referenzmandate, namentlich

Anwaltszahlen: Angaben der Kanzleien, wie viele Anwälte zu mind. ca. 50 % in diesem Gebiet tätig sind. Sie spiegeln nicht zwingend die Gesamtgröße einer Kanzlei wider.

NACHFOLGE/VERMÖGEN/STIFTUNGEN

Mandate: ●● Eigentümerfamilien von Dachser bei Umwandlung in SE u. Neuaufsetzung des Gesellschaftsvertrags; geschäftsführender Gesellschafter von SEW Eurodrive bei Nachfolge u. gesellschaftsrechtl. Neuordnung; Robert Tönnies bei div. Auseinandersetzungen mit Mitgesellschafter; Wolfgang Blumers in Prozess um €220-Mio-Beteiligungsanspruch an Breuninger. Aufsichtsrats-/ Beiratsmandate: u.a. Fielmann, Wormland, Faber-Castell, Festo, Sick, Behr.

CMS HASCHE SIGLE
Nachfolge/Vermögen/Stiftungen ☐☐■☐☐☐
Bewertung: Eine der führenden Kanzleien für Nachfolge- u. Stiftungsberatung. Sie geht den Weg, den sie in den vergangenen Jahren eingeschlagen hat, mit großer Kraft weiter, mit dem Ziel, ihre gesamte fachl. u. internat. Breite für Familienvermögen einzusetzen. Wie bei anderen breit aufgestellten Kanzleien auch, ist dieser Industriegruppenansatz nicht von heute auf morgen umsetzbar, ihre Ausgangslage hat CMS mit der Erweiterung ihres Kernteams jedoch nochmals verbessert. Prestigeerfolge wie die Beratung des Kunstmuseums Bern bei der Annahme der umstrittenen Gurlitt-Erbschaft, die Kunst-, Erb- u. Steuerrecht in Dtl., der Schweiz u. Österreich miteinander verbunden hat, weisen den Weg.
Besondere Stärken: Erfahrenes Team im Dreieck Dtl.-Schweiz-Österreich (inkl. Liechtenstein).
Häufig empfohlen: Christian Blum, Dr. Björn Demuth, Thomas Gerdel, Dr. Thomas Meyer („in taktischer u. fachl. Hinsicht meisterhaft", Mandant), Dr. Christian von Lenthe (Transaktionen), Dr. Wolf-Georg Frhr. von Rechenberg
Kanzleitätigkeit: Fachübergr. Beratung von z.T. traditionsreichen Unternehmern u. deren Familien, vereinzelt Vorstände börsennot. Gesellschaften, zu ▶steuer-, ▶gesellschafts- sowie erb- u. familienrechtl. Fragen der Nachfolge (inkl. Stiftungen). Zudem Transaktionen für u. regulator. Beratung von Family Offices u. HNI (▶M&A, ▶Private Equ. u. Vent. Capital, Immobilienrecht u. Finanzierungen sowie Investmentrecht). Daneben Prozesse. Auch Testamentsvollstreckung u. Notariat. (16 Partner, 4 Counsel, 22 Associates, 3 of Counsel)
Mandate: ●● Kunstmuseum Bern bei Annahme des Gurlitt-Erbes; Testamentsvollstrecker von Detlev Louis Motorrad-Vertrieb bei Erbauseinandersetzung u. Verkauf an Berkshire Hathaway; Modehaus Ludwig Beck bei Kauf von Wormland; Heinrich Becker in Gesellschafterstreit der Kölner Privatbrauerei Gaffel.

DISSMANN ORTH
Nachfolge/Vermögen/Stiftungen ☐☐☐☐☐
Bewertung: Die geschätzte Nachfolgepraxis gehört zu den gefragtesten Adressen in München, v.a. aufgr. ihrer langj. Verbindungen zu zahlr. süddt. Familienunternehmen u. Individuen. Punkten kann das sehr partnerzentrierte Team auch mit seiner umf. Erfahrung an der Schnittstelle von ▶Steuer u. ▶Gesellsch.recht. Diese brachte sie zuletzt häufig im Zshg. mit steuerl. getriebenen Nachfolgestrukturierungen ein, regelm. aber auch bei Transaktionen.
Häufig empfohlen: Dr. Armin Hergeth, Dr. Martin Lohse, Dr. Hermann Orth, Dr. Jochen Ettinger, Thomas Wieland
Kanzleitätigkeit: Auf mittelständ. Unternehmerfamilien ausgerichtete Beratung bei Nachfolgeregelungen, Testamentsvollstreckungen u. Vermögensstrukturierungen (Legalisierung von Auslandsvermögen, Wegzüge, (internat.) Steuerrecht). (7 Eq.-Partner, 1 Counsel)
Mandate: ●● DBH/Fam. Hugendubel in Zshg. mit Weltbild-Insolvenz; HNI wg. komplexer u. internat. Vermögensnachfolge; mittelständ. Unternehmerfamilie bei Vermögensnachfolge über Beteiligungen.

DLA PIPER
Nachfolge/Vermögen/Stiftungen ☐☐☐☐☐
Bewertung: Die Arbeit der für Nachfolge-, Vermögens- u. Stiftungsberatung geschätzten Kanzlei wies immer enge Bezüge zum chin. Markt aus. Die größten Mandate der Praxis stellen Outbound-, aber auch Inboundinvestitionen dt. u. chin. UHNI dar. Das bestätigt das in den vergangenen Jahren aufgebaute internat. Transaktionsprofil der Praxis. Zugleich zeigt die lfd. Betreuung einer Vielzahl gemeinnütz. Hamburger Institutionen, dass das dortige Kernbüro auch seine lokale Aufstellung pflegt. In München dagegen steht das Team nach dem Weggang von Dr. Matthias Lupps (selbstständig) vor einem Neuaufbau.
Stärken: Internat. Investments.
Häufig empfohlen: Dr. Nils Krause
Kanzleitätigkeit: Umf. Beratung dt. u. ausl. HNI, UHNI u. Familienunternehmen zu Nachfolgegestaltungen (u.a. Beratung zu Testamenten, Truststrukturen) u. Vermögensstrukturierung (internat. Investments) sowie – v.a. in HH – Stiftungen (u.a. Gemeinnützigkeit, US-Foundations) jew. mit Bezug zum Steuer- u. ▶Gesellsch.recht (u.a. Gesellschafterstreitigkeiten). Notariat in Berlin. (4 Partner, 1 Counsel, 3 Associates, 4 of Counsel)
Mandate: ●● Internat. Schule Hamburg bei Neustrukturierung. Lfd.: Internat. Foundation for the Laws of the Sea; Seerechtsstiftung HH; Evangelische Stiftung HH-Alsterdorf; Anni u. Walter Robinsohn Stiftung, Plan Stiftungen; bedeutende dt. UHNI bei Agrarinvestments; chin. UHNI bei Investitionen in Dtl.; dt. Unternehmerfamilie bei Investitionen in China.

DTB DECKER + SCHMIDT-THOMÉ
Nachfolge/Vermögen/Stiftungen ☐☐☐☐☐
Bewertung: Die noch recht junge Berliner Boutique hat v.a. im Stiftungs- u. Kunstsegment ein ordentl. Mandatsaufkommen entwickelt u. wird auch für Nachfolge- u. Vermögensstrukturierungen geschätzt. Als Spezialkanzlei steht sie u.a. für innovative gemeinnütz. Investitionsvehikel, etwa sog. Social-Fundraising-Strukturen.
Stärken: Stiftungsfinanzierung, Kunstrecht.
Kanzleitätigkeit: Umf. Beratung zu Nachfolge (inkl. Testamentsvollstreckung) u. Vermögen mit Schwerpunkten im Stiftungsrecht (inkl. Aufsichts- u. Gesellschaftsrecht, häufig auch als externe Rechtsabteilung) u. Kunstrecht (Kunsthandel, -ausstellungen, Kunstprojekte, Lizenzen, Restitutionsrecht). (2 Partner, 4 Associates)
Mandate: ● Bundesw. tätige Stiftung bei Aufbau einer Holdingstruktur mit operativen Untergesellschaften; chin. Künstler bei Gesellschaftsgründung für Kunstprojekte; finnisches Zulieferunternehmen bei Nachfolge, u.a. im europ. Erbrecht.

EBNER STOLZ MÖNNING BACHEM
Nachfolge/Vermögen/Stiftungen ☐☐☐☐☐
Bewertung: Die für Unternehmensnachfolgen u. Vermögensstrukturierung geschätzte Kanzlei profitiert aufgr. ihrer sehr guten Verwurzelung im regionalen Mittelstand u. ihrer steuerrechtl. Ausrichtung von den Folgen des Erbschaftsteuerurteils des BVerfG. Die ohnehin rege Nachfolgeberatung hat insoweit ein außergewöhnl. hohes Niveau erreicht u. stellte die lfd. Beratung von HNI, etwa bei Investitionen u. Transaktionen, die v.a. in Stuttgart eine große Rolle spielt, zuletzt in den Schatten. In Köln u. Hamburg bleibt zudem die kombinierte steuer- u. gesellschaftsrechtl. Beratung von Gesellschaftern zentral.
Stärken: Gemeinnützigkeits- u. (Unternehmens-) Steuerrecht.
Häufig empfohlen: Prof. Dr. Klaus Weber
Kanzleitätigkeit: Umf., vielfach ▶steuerrechtl. Beratung von HNI, UHNI u. Familienunternehmen

---

Führende Berater von Unternehmern und vermögenden Privatpersonen

Prof. Dr. Mark Binz	▶ Binz & Partner
Dr. Björn Demuth	▶ CMS Hasche Sigle
Dr. Bertold Gaede	▶ Noerr
Prof. Dr. Frank Hannes	▶ Flick Gocke Schaumburg
Prof. Dr. Brun-Hagen Hennerkes	▶ Hennerkes Kirchdörfer & Lorz
Prof. Dr. Carl-Heinz Heuer	▶ Feddersen Heuer & Partner
Prof. Dr. Michael Hoffmann-Becking	▶ Hengeler Mueller
Dr. Christian von Lenthe	▶ CMS Hasche Sigle
Prof. Dr. Rainer Lorz	▶ Hennerkes Kirchdörfer & Lorz
Dr. Christian von Oertzen	▶ Flick Gocke Schaumburg
Prof. Dr. Reinhard Pöllath	▶ P+P Pöllath + Partners
Dr. Wolf-Georg Frhr. von Rechenberg	▶ CMS Hasche Sigle
Dr. Andreas Richter	▶ P+P Pöllath + Partners
Wolfgang Richter	▶ Baker Tilly Roelfs
Dr. Stephan Scherer	▶ SZA Schilling Zutt & Anschütz
Peter Schulz	▶ WTS Legal
Prof. Dr. Andreas Söffing	▶ Flick Gocke Schaumburg
Dr. Michael Sommer	▶ Taylor Wessing
Dr. Wolfram Theiss	▶ Noerr

Die hier getroffene Auswahl der Personen ist das Ergebnis der auf zahlreichen Interviews basierenden Recherche der JUVE-Redaktion (siehe S. 20). Sie ist in 2erlei Hinsicht subjektiv: Sämtliche Aussagen der von JUVE-Redakteuren befragten Quellen sind subjektiv u. spiegeln deren eigene Wahrnehmungen, Erfahrungen u. Einschätzungen wider. Die Rechercheergebnisse werden von der JUVE-Redaktion unter Einbeziehung ihrer eigenen Marktkenntnis analysiert u. zusammengefasst. Der JUVE Verlag beabsichtigt mit dieser Tabelle keine allgemein gültige oder objektiv nachprüfbare Bewertung. Es ist möglich, dass eine andere Recherchemethode zu anderen Ergebnissen führen würde.

● Referenzmandate, umschrieben
●● Referenzmandate, namentlich

Anwaltszahlen: Angaben der Kanzleien, wie viele Anwälte zu mind. ca. 50% in diesem Gebiet tätig sind. Sie spiegeln nicht zwingend die Gesamtgröße einer Kanzlei wider.

NACHFOLGE/VERMÖGEN/STIFTUNGEN

zu Nachfolgegestaltungen (inkl. Unternehmensumstrukturierungen), Erbauseinandersetzungen u. Familienverfassungen, Vermögensstrukturierung. Zudem umf. u. bundesw. gemeinnütz. Unternehmen u. Stiftungen. (rund 20 Berufsträger)
Mandate: ●● Cathargo Reisemobilbau bei Umstrukturierung u. Errichtung von Familienstiftung; BWK/Horst Jostok (steuerrechtl.) bei Kauf von Alete und Milasan. Lfd. im Gemeinnützigkeitsrecht: Björn Steiger Stiftung, Vector Stiftung u. Familienstiftung, DRK Hamburg, Uni Hamburg.

ESCHE SCHÜMANN COMMICHAU
Nachfolge/Vermögen/Stiftungen
Bewertung: Für Nachfolge u. Stiftungen geschätzte Praxis, die im familiengeführten Hamburger Mittelstand seit Langem eine herausragende Rolle spielt. Die lfd. Betreuung im ▶Steuerrecht, insbes. bei Deklarationen, ist für das Team Nährboden u. Einfallstor für neue Mandate. Seit einiger Zeit ist ESC bemüht, auch den präventiv-steuerstrafrechtl. Blick zu schärfen. Hier hat sich Kemcke in HH einen guten Namen erarbeitet.
Stärken: ▶Steuer- u. Stiftungsrecht.
Häufig empfohlen: Tom Kemcke („sehr unaufgeregt u. routiniert, hervorragendes Verständnis für das Zusammenspiel zw. Steuerrecht und Strafrecht", Wettbewerber), Jürgen Milatz, Dr. Robert Schütz („guter Steuerrechtler, auf Zuruf bereit", Wettbewerber)
Kanzleitätigkeit: Rechtl., steuergestaltende u. kaufmännische Beratung (inkl. Steuerstreit, Deklarationen) zu Nachfolgefragen u. Erbrecht, Familien-, Kunstrecht, Immobilien. Auch Testamentsvollstreckungen. Mandanten: bedeutende dt. Privatvermögen u. Stiftungen (gemeinnütz. Familienstiftungen). Auch zu Transaktionen u./unternehmerischen Beteiligungen (▶Gesellsch.recht, ▶M&A). (5 Eq.-Partner, 11 Associates)
Mandate: ● Dt. UHNI-Großfamilie mit internat. bekannter Kunstsammlung bei ErbschSt-Verfahren; traditionell ausgerichtete Familie bei Strukturierung in- u. ausl. Beteiligungsgesellschaften.

FLICK GOCKE SCHAUMBURG
Nachfolge/Vermögen/Stiftungen
Bewertung: Die Kanzlei bleibt in der Nachfolge-, Stiftungs- u. Vermögensberatung als eine der führenden Kanzleien das Maß aller Dinge. Sie zählt zu einer kleinen Gruppe von Kanzleien, die Trends früher erkennen als die meisten Wettbewerber, zuletzt in Themen wie Verbrauchsstiftungen oder Kulturgüter. Das gelingt dort auch mit enormer fachl. Breite u. Tiefe, die FGS nun auch im Hamburger Wirtschaftsraum zu nutzen sucht: Dort verantwortet ein erst 2013 ernannter Eq.-Partner den Aufbau der Praxis. In kürzester Zeit verschärfte die Kanzlei den dortigen regionalen Wettbewerb. Dagegen dürften die Effekte des internat. Taxand-StB-Netzwerkes, dem FGS offiziell Anfang 2016 beitritt, anders als bei den Unternehmenssteuerrechtlern zunächst überschaubar bleiben.
Stärken: ▶Steuer-, ▶Steuerstrafrecht sowie Betreuung gemeinnütziger/steuerbefreiter Organisationen.
Häufig empfohlen: Dr. Christian von Oertzen („kompetent u. konstruktiv", Wettbewerber), Prof. Dr. Andreas Söffing, Dr. Stephan Schauhoff („hohe fachl. Kompetenz", Mandant; Gemeinnützigkeitsrecht/Stiftungen), Dr. Marc Jülicher, Dr. Bernd Noll, Prof. Dr. Frank Hannes, Dr. Wolf Wassermeyer

Führende Namen in der Beratung zu Stiftungen

Dr. Björn Demuth	▶CMS Hasche Sigle
Joachim Doppstadt (WP/StB)	▶Peters Schönberger & Partner
Prof. Dr. Carl-Heinz Heuer	▶Feddersen Heuer & Partner
Tom Kemcke	▶Esche Schümann Commichau
Dr. Guido Krüger	▶Beiten Burkhardt
Dr. Christian von Löwe	▶Noerr
Prof. Dr. Peter Rawert	▶Notariat Ballindamm
Dr. Stephan Schauhoff	▶Flick Gocke Schaumburg
Dr. Robert Schütz	▶Esche Schümann Commichau

Die hier getroffene Auswahl der Personen ist das Ergebnis der auf zahlreichen Interviews basierenden Recherche der JUVE-Redaktion (siehe S. 20). Sie ist in 2erlei Hinsicht subjektiv: Sämtliche Aussagen der von JUVE-Redakteuren befragten Quellen sind subjektiv u. spiegeln deren eigene Wahrnehmungen, Erfahrungen u. Einschätzungen wider. Die Rechercheergebnisse werden von der JUVE-Redaktion unter Einbeziehung ihrer eigenen Marktkenntnis analysiert u. zusammengefasst. Der JUVE Verlag beabsichtigt mit dieser Tabelle keine allgemein gültige oder objektiv nachprüfbare Bewertung. Es ist möglich, dass eine andere Recherchemethode zu anderen Ergebnissen führen würde.

Kanzleitätigkeit: Umf. Gestaltungs- (dt. u. internat. Erb- u. Nachfolgeregelungen, Eheverträge, Scheidungsvereinbarungen, Weg- u. Zuzug) u. Verwaltungsdienstleistungen (Steuererklärungen, verbindl. Auskünfte, Überprüfung von Kapitaleinkünften, Vermögensbewertung) sowie Testamentsvollstreckung u. Beratung im Gemeinnützigkeitsrecht. Daneben Betriebsprüfungen, Unternehmensbewertung (über WP-Achse in Bonn), Steuerstreit- u. Steuerstrafrecht. Mandanten: private u. unternehmerische Vermögensinhaber (v.a. Familienunternehmer, Manager), Altvermögen (dt. u. österr. Hochadel, Kunstsammler), Family Offices, öffentl. u. private Stiftungen. (8 Eq.-Partner, 8 Sal.-Partner, 13 Associates)
Mandate: ●● Fam. Ströher bei Erwerb einer Beteiligung an Suhrkamp; Wella-Erben lfd.; 2 Mitgl. einer Milliardärsfamilie bei Schenkung von Todes wegen; großes Familienunternehmen bei Aufbau einer geschäftsführenden Holding; Gesellschafter einer bekannten Familiengesellschaft bei Nachfolgeplanung (inkl. gemeinnütz. Stiftung); Stifter wg. USt-Befreiung für Museumssätze einer gemeinnütz. Kunststiftung; milliardenschwerer Hauptaktionär einer börsennot. AG bei Nachfolge; Inhaber einer Oldtimersammlung bei Kulturgüterbefreiung; HNI bei dt.-chin. Ehevertrag.

FRESHFIELDS BRUCKHAUS DERINGER
Nachfolge/Vermögen/Stiftungen
Bewertung: Häufig empfohlene Großsozietät für Nachfolge u. Vermögen, die ihren bekannten Ansatz fachübergreifender, grenzüberschr. Beratung von familiengeführten Unternehmen u. Großvermögen konsequent verfolgt. Standen dabei lange v.a. europ. HNI u. solche aus dem arab. Raum im Mittelpunkt, geraten nun auch zunehmend chin. u. indische HNI in den Fokus, die FBD bei dt. Struktur- u. Governance-Fragen berät. Zudem verzeichnete FBD einen Anstieg bei der Rückzugsplanung nach Dtl. aus steuerl. vorteilhaften Regionen wie Malta oder London. Gleichzeitig betreuen v.a. die Partner in HH, aber auch in München, einen soliden Stamm regionaler Familienunternehmer u. HNI.
Stärken: Exzellente, internat. vernetzte Praxen in ▶Gesellsch.recht, ▶M&A, ▶Private Equ. u. Vent. Capital, ▶Investmentfonds u. ▶Steuer.
Häufig empfohlen: Dr. Marius Berenbrok (Gesellschaftsrecht), Prof. Dr. Jochen Lüdicke (Steuerrecht), Prof. Dr. Christoph Seibt (Gesellschafts-/Steuerrecht)
Kanzleitätigkeit: V.a. Beratung internat. aufgestellter inhabergeführter Unternehmen u. börsennot. Gesellschaften in Familienbesitz u. deren Eigner sowie versch. großer Family Offices (inkl. ▶Bankaufsichtsrecht) u. ww. Privatvermögen. Im Mittelpunkt stets Gesellschaftsrecht (Umstrukturierungen, Corporate Governance, Ausscheiden von Gesellschaftern u. Leitungsübergabe, Testamente, Nachlassplanung, Stiftungen) u. Steuerrecht (Reorganisationen, Erbschaftsteuer, steueroptimierte Finanzprodukte/Fonds, Weg-/Rückzug, Steuerstreit), auch bei Investitionen. (Kernteam: rd. 20 Partner; plus weitere Partner u. Associates anderer Praxen)
Mandate: ●● Fam. Mast (Jägermeister) bei Verkauf von Hauck & Aufhäuser; Fam. Meyer (Meyer Werft) bei Kauf von STX. Lfd.: Fam. Porsche (aus dem Markt bekannt).

GLEISS LUTZ
Nachfolge/Vermögen/Stiftungen
Bewertung: Die für Nachfolge-, Vermögens- u. Stiftungsfragen empfohlene Kanzlei zeichnet sich durch fachübergreifende Arbeit für familiengeführte dt. (Groß-)Unternehmen aus. Dabei überzeugt sie mit Breite in der Beratung, insbes. über Dannecker im Steuer- und Stiftungs-/Gemeinnützigkeitsrecht, auch mit besonderer fachl. Tiefe. So profitierte sie besonders von der Sonderkonjunktur nach dem ErbschSt-Urteil des BVerfG. Zudem blieb die Arbeit für Familienunternehmen bei Transaktionen u. Prozessen/Schiedsverfahren auf hohem Niveau. Diese Fragen sind zwar nicht Kern der Nachfolge- u. Vermögensberatung, unterstreichen aber die enge Verknüpfung mit der Klientel, die GL immer wieder mit spektakulären Mandaten betraut, zuletzt etwa Kühne bei der Fusion von Hapag-Lloyd und CSAV oder Kellerhals im Streit um Media-Saturn mit Metro.
Häufig empfohlen: Dr. Achim Dannecker, Dr. Alexander Werder (beide Steuerrecht), Dr. Martin Schockenhoff (Gesellschaftsrecht)
Kanzleitätigkeit: Beratung von Gesellschaftern z.T. sehr bedeutender Familienunternehmen, Family Offices u. einzelnen Familienmitgliedern zu Nachfolgegestaltungen jew. an der Schnittstelle zum ▶Steuer- u. ▶Gesellsch.recht (inkl. Transaktionen, Umstrukturierungen, Weg-/Hinzug) sowie Stiftungen. (12 Partner, 1 Counsel, 2 of Counsel, 11 Associates)
Mandate: ●● Fam. Danzer bei ww. Umstrukturierung des Stiftungsunternehmens u. zu Beiratsvorsitz der Danzer GmbH & Co. KG; Dürr Familienstiftung/Fam. Dürr zur Stiftungserrichtung u. Vermögensausstattung; Klaus-Michael Kühne, Stadt HH u.a. bei Zusammenschluss von Hapag-Lloyd mit CSAV; Suhrkamp bei Formwechsel u.

● Referenzmandate, umschrieben
●● Referenzmandate, namentlich

Anwaltszahlen: Angaben der Kanzleien, wie viele Anwälte zu mind. ca. 50 % in diesem Gebiet tätig sind. Sie spiegeln nicht zwingend die Gesamtgröße einer Kanzlei wider.

NACHFOLGE/VERMÖGEN/STIFTUNGEN

Übertragung der Mehrheit an die Siegfried und Ulla Unseld Familienstiftung; Kellerhals/Convergenta umf. gesellschaftsrechtl., u.a. zu Streit mit Metro; Würth (Fam. u. Stiftungen) lfd. zu Nachfolge- u. Konzernstruktur.

HENGELER MUELLER
Nachfolge/Vermögen/Stiftungen

Bewertung: Häufig empfohlene Kanzlei für Nachfolgethemen, die sich insbes. im Zshg. mit Firmenumstrukturierungen stellen. Hier spielt HM ihre klassische gesellschaftsrechtl. Stärke auch an der Schnittstelle zu Finanzierungen u. Kapitalmarktrecht voll aus. Besonders innovativ strukturiert war zuletzt der mit 2 Platzierungschritten versehene Börsengang von Hella, der Vorbildfunktion haben könnte. Daneben bleiben die gesellschaftsrechtl. Streitigkeiten innerh. des Familienkreises zentral, wo die Kanzlei bei div. herausragenden Fällen (z.B. Oetker, Dussmann) vertreten ist, auch wenn sie Ende 2014 das Mandat von Clemens Tönnies im Streit mit seinem Neffen an Noerr verlor. Auch ihre eigene Generationsfrage hat HM überwunden: Neben Grandseigneur Hoffmann-Becking u. dem erfahrenen Blaum hat sich mittlerw. eine Riege jüngerer Partner wie Scholz etabliert, die für die Kontinuität des Geschäfts steht.

Stärken: Herausragende Gesellschaftsrechtspraxis, ▶M&A, daneben ▶Steuerrecht.

Häufig empfohlen: Prof. Dr. Michael Hoffmann-Becking, Dr. Matthias Blaum, Dr. Stefanie Beinert (Steuerrecht), Dr. Kai-Steffen Scholz („vertrauen ihm bei komplizierteren Transaktionen", Mandant)

Kanzleitätigkeit: Langj. unternehmensbez. Beratung (inkl. Beiratstätigkeit) mit klass. Schwerpunkt im ▶Gesellsch.recht u. Aktienrecht sowie ▶Steuerrecht für bedeutende Familien der dt. Wirtschaft bzw. ihre Unternehmen in Transaktionen (inkl. ▶Bank- u. ▶Kapitalmarktrecht, ▶Gesellschaftsrechtl. Streitigk.) sowie der Strukturierung von Nachfolgelösungen (Unterbeteiligungen, Stiftungen, auch SEen), Testamentserstellung u. -vollstreckung, auch Erb- u. Familienrecht (Ehe-, Güterverträge). (Kernbereich: 10 Partner, 15 Associates)

Mandate: ●● Hella bei IPO unter Wahrung des Familieneinflusses; Phoenix Contact bei Nachfolgegestaltung; Zur-Mühlen-Gruppe bei Neuordnung; Oetker-Familienstamm bei Streit um Unternehmensführung, inkl. Schiedsverfahren; Catherine von Fürstenberg-Dussmann bei Erbenstreit um Dussmann-Gesellschaftsanteile; Wirtgen bei Mehrheitserwerb von Benninghofen. Lfd. im Gesellschaftsrecht: Hartmut Haubrich/ElectronicPartner, Viessmann, Otto Fuchs/Schüco, Stihl Holding, Merck, Henkel, Heraeus, Burda, Vaillant, Hella, Grünenthal, Felix Schöller, Werhahn, Prym, Gerry Weber.

HENNERKES KIRCHDÖRFER & LORZ
Nachfolge/Vermögen/Stiftungen

Bewertung: Als eine der führenden Kanzleien in der Nachfolgeberatung profitiert Hennerkes überdurchschnittl. von den Folgen des BVerfG-Urteils zur Erbschaftsteuer. Insbes. große Familienunternehmen, die wohl wichtigste Klientel der Kanzlei, suchten Rat. Neben der spezifischen gesellschaftsrechtl. Nachfolgeberatung sowie Aufsichts- u. Beiratsarbeit bleiben Umstrukturierungen u. M&A die Treiber des Geschäfts. Dass die Kanzlei reüssiert, untermauert auch eine weitere Partnerernennung. Allerdings bleibt Hennerkes in der Gruppe der führenden Nachfolgepraxen auch diejenige mit dem engsten Fokus u. damit der geringsten fachl. Breite.

Stärken: Enge Verknüpfung von Nachfolge- u. ▶gesellsch.rechtl. Beratung.

Häufig empfohlen: Prof. Dr. Brun-Hagen Hennerkes, Rainer Kirchdörfer, Prof. Dr. Rainer Lorz („sensationell klug", „einer der erfahrensten Berater für Familienunternehmen", Wettbewerber), Prof. Dr. Andreas Wiedemann, Dr. Thomas Frohnmayer („zuverlässig, durchsetzungsstark", Wettbewerber)

Kanzleitätigkeit: V.a. ▶gesellschaftsrechtl. Beratung (Prozesse nur mit Koop.-Kanzleien) mit steuerrechtl. Gestaltungen. Inhabergeführte Firmen u. ehem. Unternehmer zu Nachfolgelösungen, Finanzierungen, M&A u. Restrukturierungen/Umwandlungen sowie Testamentsvollstreckung, Eheverträge. Zur Umsetzung von Nachfolgestrukturen regelm. Mitgliedschaften in Aufsichtsorganen von Familienunternehmen, auch Moderation von Familienkonflikten. Im angeschl. Family Office Fontis Vermögensstrukturierung, -controlling, Risikoplanung u. Beratung zu Vermögensverwaltern sowie Asset-Allocation. (8 Partner, 6 Associates)

Mandate: ●● Geobra-Brandstätter (Playmobil) bei Errichtung einer Doppelstiftung u. Testamentsvollstreckung nach Tod des Eigners; Wormland-Stiftung bei Verkauf von Wormland; GFT Technologies u. Jowat bei Umwandlungen in SE; Berner bei Verkauf des Krähe-Versands. Aufsichts-/Verwaltungs-/Beiratsmandate u.a. bei DVAG, Bauerfeind, Conrad Elektronik, Dussmann, Hager, S. Oliver, Internetstores, Wormland, GFT Technologies.

HEUKING KÜHN LÜER WOJTEK
Nachfolge/Vermögen/Stiftungen

Bewertung: Die für Nachfolge- u. Vermögensberatung geschätzte Kanzlei betreibt im Mittelstandssegment eine der breitesten Praxen hierzulande, die mit dem neuen Büro in Stuttgart nochmals wuchs. Zentrum der Praxis bleibt neben D'dorf das Züricher Büro. Dieses hat sich über die Vielzahl von Selbstanzeigen zum Zentrum der Kanzlei für internat. Vermögen u. Vermögensverwalter entwickelt. Hier wie auch in den dt. Büros spielt heute zudem die Rück- bzw. Hinzugsberatung nach Dtl. eine größere Rolle als je zuvor. Schließlich nimmt auch die zivilprozessuale Vertretung von HNI mittlerw. eine wichtige Rolle ein.

Häufig empfohlen: Gerd Kostrzewa, Dr. Dieter Bohnert

Kanzleitätigkeit: Partnerzentrierte ▶Steuerrechts- u. Nachfolgeplanungen für Unternehmerfamilien u. vermögende Privatpersonen: Unternehmensnachfolgen gesellschaftsrechtl. (inkl. ▶M&A), Testamente, Familienverfassungen, Erbverträge, Stiftungen, „auch Eheverträge u. Scheidungen bzw. Pflichtteilsrecht. Nachdeklarationen bzw. Selbstanzeigeberatung/ ▶Steuerstrafrecht mit Bezug zur Schweiz. (17 Eq.-Partner, 2 Sal.-Partner, 8 Associates im Kernteam)

Mandate: ●● Dussmann-Tochter Angela Göthert bei Erbenstreit um Gesellschaftsanteile; Babette Albrecht (Aldi) bei Schadensersatzprozess gg. Kunstberater Helge Achenbach; Fam. Mankel/Dorma bei Fusion mit Kaba; Gesellschafter der Simpack-Gruppe bei Verkauf.

NOERR
Nachfolge/Vermögen/Stiftungen

Bewertung: Die Kanzlei geht die Nachfolge-, Vermögens- u. Stiftungsberatung ganzheitl. an u. bleibt so eine der führenden Adressen. Sie verzahnt ihr breites Angebot noch stärker, insbes. Kompetenzen aus Gesellschafts- u. Steuerrecht sowie ▶Wirtschaftsstrafrecht. So trägt sie weiter wachsendem Gestaltungsbedarf ihres Mandantenstamms, u. zahlr. hoch vermögende südd. Familien, Rechnung. u. behauptet sich zudem im Wettbewerb mit anderen Großkanzleien wie Taylor Wessing, die die Beratung für diese Klientel ebenfalls konsequenter zuschneiden. Eine besondere Facette der Praxis ist die psycholog. Konfliktlösung für Familiengesellschafter.

Häufig empfohlen: Dr. Bertold Gaede, Dr. Wolfram Theiss, Dr. Christian von Löwe, Dr. Lutz Schmidt

Kanzleitätigkeit: Beratung u. Vertretung aktiver unternehmerischer Familien- u. Einzelgesellschafter v.a. in der Nachfolgeplanung/Erbschaftsteuer mit Bezügen zum ▶Gesellsch.recht (u.a. Umstrukturierungen, Transaktionen) u. ▶Steuerrecht (u.a. Erbschaftsteuer, Gemeinnützigkeitsrecht). Daneben Adelige, Manager/Vorstände, Künstler umf. zu Eheverträgen, Testamenten, Wegzugsbesteuerung (insbes. nach A, CH u. GB), punktuell Steuererklärungen u. ▶Steuerstrafrecht (Selbstanzeigen). Ebenfalls Testamentsvollstreckung u. Stiftungen, oft inkl. Beirats- oder Kuratoriumsfunktionen. Enge Verbindungen zu Privatbanken u. Family Offices. (11 Eq.-Partner, 2 Sal.-Partner, 15 Associates)

Mandate: ● Erbe hinsichtl. Schachtelnachlasses bei Auseinandersetzung mit Miterben nach Aushöhlung des Nachlasses; div. Privatpersonen bei Nachfolgegestaltung von Todes wegen; Süßwarenhersteller im Hinblick auf den Unternehmensübergang bei Dauertestamentsvollstreckung.

OPPENHOFF & PARTNER
Nachfolge/Vermögen/Stiftungen

Bewertung: Der geschätzten Praxis gelingt es immer besser, Profil in der Nachfolge- u. Vermögensberatung über die langjährigen, häufig ursprüngl. gesellschaftsrechtl. Stammandanten der Kanzlei hinaus zu entwickeln. Verantwortl. dafür zeichnet v.a. ein 2015 zum Sal.-Partner ernannter Anwalt, der ein solides Netzwerk von Privatbanken u. ausl. Kanzleien aufgebaut hat. Zwar bilden die von Altpartnern gepflegten Mandanten weiter den Maßstab, doch insbes. in der häufig internat. Nachfolgeberatung gewann O&P eine beeindruckende Anzahl von Neumandaten. Hierfür hilfreich ist auch der Gewinn einer langj., im Erbschaftsteuerrecht versierten Finanzrichterin als Associate.

Stärken: Schnittstelle zu ▶Gesellsch.recht u. ▶Steuerrecht.

Häufig empfohlen: Dr. Dr. Georg Maier-Reimer, Dr. Harald Gesell (beide Gesellschaftsrecht), Dr. Axel Bödefeld (Steuerrecht)

Kanzleitätigkeit: Umf. Beratung dt. u. internat. Unternehmerfamilien, Familienstämme u. HNI bei Unternehmens- u. Vermögensnachfolgen (Erb-, Eheverträge, Testamente) im Steuer- sowie Gesellsch.recht (u.a. Satzungen, Gesellschafterstreitigkeiten). Vermehrt Gemeinnützigkeits- u. Stiftungsrecht. (5 Eq.-Partner, 2 Sal.-Partner, 3 Associates)

Mandate: ●● Benckiser Stiftung zu Social Impact Bonds für gemeinnütz. Projekte; Rhein-Chemotechnik zu Unternehmensnachfolge. Umf.: Fam. Reimann/Benckiser-Erben in Erb-, Familien-, Gesellschafts- u. Stiftungsrecht; Teile von Fam. Neven DuMont; Sebastian Vettel (jew. aus dem Markt bekannt).

● Referenzmandate, umschrieben
●● Referenzmandate, namentlich

Anwaltszahlen: Angaben der Kanzleien, wie viele Anwälte zu mind. ca. 50 % in diesem Gebiet tätig sind. Sie spiegeln nicht zwingend die Gesamtgröße einer Kanzlei wider.

NACHFOLGE/VERMÖGEN/STIFTUNGEN

P+P PÖLLATH + PARTNERS
Nachfolge/Vermögen/Stiftungen

Bewertung: Die Kanzlei, eine der führenden für Nachfolge-, Vermögens- u. Stiftungsstrukturierung, ist dabei, ihre Stärken bei HNI/Familien, Steuern u. Gesellschaftsrecht noch stärker zu integrieren. Sie bricht so zwar etwas ihren traditionell auf den Einzelpartner fokussierten Ansatz auf, doch der Erfolg ist schon sichtbar: Die jüngere, vernetzter denkende Partner- u. Counsel-Generation beriet eine Vielzahl familiengeführter Konzerne bei Umstrukturierungen auf Gesellschafter- wie auf Unternehmensebene u. kann dabei auf ihre kontinuierlich stärker werdende Gesellschaftsrechtspraxis setzen. Angesichts der ohnehin hohen Qualität in den einzelnen Disziplinen ist die weitere Integration ein Schlüssel, um die Spitzenposition der Private-Client-Praxis zu verteidigen. Ein anderer ist die weitere Internationalisierung der Arbeit: Hierfür intensiviert P+P ihre sehr engen Beziehungen zu Spitzensteuer- u. Private-Client-Praxen in London, der Schweiz, Österreich u. den USA kontinuierlich u. schafft sich so ein Alleinstellungsmerkmal in der Gruppe unabhängiger dt. Kanzleien.

Stärken: Jahrzehntelange Beziehungen zu den größten dt. Vermögen u. wichtigen Familienunternehmen; ▶Steuer-, ▶Investment- u. ▶Gesellsch. recht sowie ▶Private Equ. u. Vent. Capital.

Häufig empfohlen: Prof. Dr. Reinhard Pöllath, Dr. Andreas Richter („sehr gut vernetzt bei wichtigen Familien", Wettbewerber), Dr. Stephan Viskorf (Steuerrecht), Dr. Andreas Rodin („herausragende Expertise u. Service", Mandant; Fonds), Dr. Matthias Bruse, Dr. Wolfgang Grobecker (beide Gesellschaftsrecht).

Kanzleitätigkeit: Nachfolgeplanung in Familienunternehmen, inkl. Aufsetzen von Governance-Strukturen, Moderation von Gesellschafterstreitigkeiten, Testamentsvollstreckung. Vermögensgestaltung für UHNI u. HNI, zudem Strukturierung von deren Family Offices. Internat. Steuerrecht (Wegzug, grenzüberschr. Vermögensallokation), Stiftungsrecht (Familienstiftungen u. Non-Profit-Organisationen, Aufsichtsrecht). Zudem kapitalmarktbez. Steuergestaltungen u. Finanzprodukte, ▶M&A. (4 Partner, 4 Counsel, 4 Associates, 2 of Counsel im Kernteam)

Mandate: ●● Fam. Kreke bei Verkauf von Douglas an CVC; Fam. Hecktor u. Varitronix bei Verkauf von Datamodul. Lfd.: Inhaber von Eckes, Wolfgang u. Michael Herz (Tchibo, Beiersdorf), Liz Mohn (Bertelsmann), Bertelsmann-Stiftung, Fam. Rausing (Tetra Pak), Harald Quandt Holding, Exzellenz-Stiftung zur Förderung der Max-Planck-Gesellschaft, Phineo (alle aus dem Markt bekannt). Aufsichtsratsmandate u.a. bei Maxingvest, Beiersdorf, Tchibo, Wanzl. Familiengeführter Dax-Konzern bei Neustrukturierung zwecks Nachfolge; sehr großes Familienunternehmen bei Aufsetzen von Stiftungsstruktur; Family Office mit Mehrheit an börsennot. AG bei Neuordnung Corporate Governance u. Nachfolgestruktur.

PETERS SCHÖNBERGER & PARTNER
Nachfolge/Vermögen/Stiftungen

Bewertung: Die für Nachfolge-, Vermögens- u. Stiftungsberatung empfohlene Kanzlei gehörte wieder zu den Treibern der Gesamtkanzlei. Eine wichtige Triebfeder war die wachsende Nachfrage bei Nachfolgeregelungen vor dem Hintergrund der anstehenden Erbschaftsteuerreform. Für den weiteren Ausbau der Beratung holte die Kanzlei von Dr. Mohren & Partner ein kleines Team um Dr. Thomas Fritz dazu.

Häufig empfohlen: Christopher Schönberger („hohe Expertise bei Steuern, Gesellschaftsrecht und Nachfolge", Mandant), Maik Paukstadt, Dr. Hannspeter Riedel, Dr. Jasper von Hoerner

Kanzleitätigkeit: Umf. rechtl. u. ▶steuerl. Betreuung inhabergeführter Unternehmen u. privater Großvermögen (insbes. Erben) im PSP Family Office, u.a. Vermögensstrukturierung, Anlagestrategie, Reporting u. Controlling, Steuerplanung u. -beratung sowie Immobilientransaktionen. Außerdem Nachfolgeberatung (Testamente, Erbschaftsteuer) sowie Betreuung von Stiftungen u. gemeinnütz. Einrichtungen. Betriebs- u. finanzwirtschaftl. Know-how. (5 Eq.-Partner, 4 Sal.-Partner, 3 Associates)

Mandate: ●● Lfd. für Giesecke & Devrient Stiftung, Aventis Foundation, Stiftung Kath. Familien- u. Altenpflegewerk.

RITTERSHAUS
Nachfolge/Vermögen/Stiftungen

Bewertung: Die Kanzlei hat sich in der Nachfolgeberatung inzwischen unter den geschätzten Adressen etabliert u. sich bei ihrer Kernklientel – Familienunternehmen u. deren Inhabern – einen ansehnl. Mandantenkreis erschlossen, darunter die hinter dem Europa-Park stehende Familie Mack. Durch Mandate wie dieses ist die Praxis inzw. in eine neue Größenordnung vorgestoßen: Neu dazugekommen ist z.B. eine milliardenschwere u. in div. europ. Ländern aktive Unternehmensgruppe. Ungewöhnl. ist das breite Mediations- u. Coachingwissen des Teams.

Stärken: Mediationserfahrung.

Häufig empfohlen: Dr. Werner Born („hoch kompetent u. angenehm im Umgang", Wettbewerber)

Kanzleitätigkeit: Umf. Beratung v.a. inhabergeführter Unternehmen bei deren Nachfolge. Integrierte Steuer- u. rechtl. Beratung, darüber hinaus Coaching u. mediationsgestützte Begleitung zur Etablierung von Familienverfassungen. (5 Partner, 3 Associates)

Mandate: ●● Arthur Weidenhammer bei Verkauf der Firmengruppe u. vorweggenommener Erbfolge; Rothenberger 4xS Vermögensverwaltung bei Nachfolge; Familie Mack (Europa-Park) zu vorweggenommener Erbfolge inkl. neuer Familienverfassung; HNI aus der Mathias-Stinnes-Dynastie (lfd.); Erbin einer Frankfurter Familie bei Streit gg. dt. José Carreras Leukämie Stiftung vor OLG Frankfurt; Inhaber eines großen dt. Familienunternehmens bei Nachfolgegestaltung, inkl. Stiftungslösungen; Ex-Vorstandssprecher einer Bank bei priv. Vermögensnachfolge.

RÖDL & PARTNER
Nachfolge/Vermögen/Stiftungen

Bewertung: In der für Nachfolge-, Vermögens- u. Stiftungsberatung empfohlenen MDP-Kanzlei ist der Themenkreis in der Breite wie auch der Tiefe v.a. in der Nürnberger Zentrale u. dem gewachsenen Standort in Stuttgart fest verankert. Zuletzt wurde die gemeinsame Mandatsarbeit mit spezialisierten Büros wie Bayreuth (für Familienrecht), Regensburg (für Steuerreports) oder Köln (für HNI-Vermögensanlagen) intensiviert. In der Kanzlei ist – dem Markttrend folgend – zudem ein Nürnberger Team im Aufbau, das sich schwerpunktmäßig mit den zunehmenden Erbauseinandersetzungen befassen soll.

Kanzleitätigkeit: Umf. Beratung. Neben Transaktionen für Familienunternehmer v.a. ▶gesellsch. rechtl. u. ▶steuerrechtl. Begleitung von Unternehmensnachfolgen (inkl. Stiftungen, Testamente, Übertragung von Privatvermögen, Verlagerung unternehmer. Verantwortung, Gesellschafterstreitigkeiten), Vermögensstrukturierung (inkl. Controlling, Steuererklärungen), Erbschaftsteuer, Wegzugsbesteuerung, auch Ehe-, Güter- u. Pflegschaftsrecht. Betreute Vermögen im 2-stell. Mio-€-bis in den Mrd-€-Bereich. (12 Eq.-Partner, 6 Sal.-Partner, 5 Associates, 1 of Counsel)

Mandate: ●● Norma-Gruppe lfd. bei Unternehmensnachfolge durch Stiftungsmodell; DZ Privatbank bei Transparenzbericht des Stiftungsfonds; Bank Gutmann bei jährl. Steuerreports; familiengeführter Nahrungsmittelhersteller bei steuerl. optimiertem Exit u. Nachfolgegestaltung.

S&P SÖFFING
Nachfolge/Vermögen/Stiftungen

Bewertung: Die für Nachfolge- u. Vermögensberatung empfohlene Kanzlei ist weiter auf Erfolgskurs. Auch die Vielzahl von Selbstanzeigemandaten der vergangenen Jahre hat dazu geführt, dass die Beratung bei der Überführung der Vermögen in die Legalität erneut stark zunahm. Diese Klienten ergänzen die ohnehin gute Basis an lfd. beratenen Unternehmern u. HNI, sodass die Kanzlei nun in der Lage ist, bislang untypische Mandate für sich zu erschließen, z.B. die Beratung einer Stiftung bei einem Joint Venture mit einer Hochschule.

Häufig empfohlen: Dr. Matthias Söffing („fachl. hoch kompetent im Steuerrecht", Wettbewerber), Susanne Thonemann-Micker („mittlerw. ein echter Name im Markt, bringt die Dinge auf den Punkt", Wettbewerber)

Kanzleitätigkeit: Beratung von Familienunternehmern (v.a. in NRW, Niedersachsen, Hessen) in Nachfolge- (Erbschaftsteuer, Erbrecht, Testamente) u. Vermögensstrukturierung (inkl. Kunst, Oldtimer u.Ä.), Wegzugsberatung, Stiftungen/gemeinnütz. Einrichtungen sowie Familienrecht (Eheverträge, Güterrecht). Daneben Steuerverfahren. (2 Eq.-Partner, 1 Sal.-Partner, 3 Associates)

Mandate: ● HNI bei Strukturierung von Oldtimervermögen zur Nachfolge; US-Familie mit dt. Stamm bei Nachfolgeplanung; gemeinnütz. Stiftung bei Joint Venture mit Hochschule; Industrieunternehmen bei Strukturierung von Spenden- u. Sponsoringpraxis.

SEITZ
Nachfolge/Vermögen/Stiftungen

JUVE AWARDS 2015
Kanzlei des Jahres für Nachfolge/Vermögen/Stiftungen

Bewertung: Die Kanzlei hat ihre Mandantenbasis in Nachfolge- u. Vermögensthemen erneut verbreitert u. sich so als eine der geschätzten in dem Segment positioniert. Dabei profitierte sie auch von dem Ende 2014 eröffneten ‚Unternehmer-Office', für das der von der Oppenheim Vermögenstreuhand dazugestoßene Thomas Schäfer steht. Mit ihm gewann die Praxis wichtige Erfahrung bei der Analyse von Vermögensstrukturen dazu sowie div. neue Mandatsbeziehungen, z.B. ein großes Multi-Family-Office. Langfristig dürfte sich das erweiterte Angebot sogar noch stärker auszahlen, denn in der Verquickung mit der dyn. ▶Steuerpraxis u. der Beratung im ▶Gesellschaftsrecht liegt einiges Potenzial. Neben traditi-

● Referenzmandate, umschrieben
●● Referenzmandate, namentlich

NACHFOLGE/VERMÖGEN/STIFTUNGEN

onsreichen Mittelständlern gehören v.a. Vertreter der jüngeren Unternehmergeneration zur Kernklientel.
Häufig empfohlen: Nils Kröber
Kanzleitätigkeit: Steuerl. u. rechtl. Beratung eignerbestimmter Unternehmen, vermög. Unternehmerfamilien u. HNI zu Weg-/Zuzug (insbes. Schweiz), Nachfolgefragen (inkl. Gestaltungen mit dt./ausl. Stiftungen/Trusts), Prozesse. (2 Eq.-Partner, 3 Sal.-Partner, 5 Associates)
Mandate: ●● Fam. Hammer (Hammer Spedition) bei Vermögensnachfolge, Weber-Gruppe bei Unternehmensnachfolge u. Konzernumstrukturierung. Lfd.: Gesellschafter der Karl-Storz-Gruppe (u.a. zu Nachfolgefragen), Ströer-Gruppe/Dirk Ströer, Bertsch-Gruppe (Christoph Bertsch), Laufenberg-Gruppe; Medizintechnikanbieter in Streit um Schenkungsteuer bei Vermögensnachfolge; Möbelunternehmer bei Übergang ins Privatleben nach Firmenverkauf; im Aufbau befindl. Single-Family-Office mit Vermögensstruktur über €500 Mio.

SZA SCHILLING ZUTT & ANSCHÜTZ
Nachfolge/Vermögen/Stiftungen
Bewertung: Die für Nachfolge-, Vermögens- u. Stiftungsberatung häufig empfohlene Praxis behauptet ihre Marktposition souverän. Ein hochkarätiger Stamm vermögender Familien bzw. Familienzweige ist ihr seit Jahren treu. Der maßgebl. darauf fußende hervorragende Ruf bringt der Kanzlei bundesw. u. z.T. internat. komplexe Mandate. Eine besondere Bedeutung kommt in der Praxis der Beratung von Familien- u. gemeinnütz. Stiftungen zu. Auf diesem Feld spielt v.a. Scherer dtl.weit eine herausragende Rolle.
Stärken: Langj. Erfahrung in der Nachfolgeplanung u. bei Wegzugsfragen, Stiftungen, Betreuung vermögender Großfamilien u. Familienstämme.
Häufig empfohlen: Dr. Stephan Scherer („ klug u. ausgewogen", Wettbewerber), Dr. Martin Feick („ausgewiesener Experte", Wettbewerber)
Kanzleitätigkeit: Umf. Nachfolge- (Erb- u. Erbschaftsteuerrecht, Eheverträge, jew. auch internat. Fragen) u. Vermögensplanung (Vermögensverwaltungsverträge, Familienvermögensverwaltungsges., Investments, Wegzugsbesteuerung) sowie weitreichende Stiftungsexpertise (Familien-, Doppelstiftungen), traditionell in unternehm. Kontext u. verknüpft mit starker ▶gesellsch. rechtl. sowie ▶steuerrechtl. Praxis. Auch bei ▶M&A-Transaktionen, daneben Kunstrecht, Testamentsvollstreckung, Prozesse, Selbstanzeigen. (2 Partner, 3 Associates, plus ggf. div. RAe im Gesellschafts- u. Steuerrecht)
Mandate: ●● Div. Freudenberg-Gesellschafter bei Nachfolgeplanung u. Eheverträgen; Voith-Gesellschafter u.a. bei Strukturierung der Familiengesellschaft, u. lfd. Nachfolgeberatung. Lfd.: Stämme von Wella-Teilerben, Gesellschafter von Renolit, dm, Alnatura. Aufsichtsrat bei Vapiano.

TAYLOR WESSING
Nachfolge/Vermögen/Stiftungen
Bewertung: Die für Nachfolge, Vermögen u. Stiftungen häufig empfohlene Kanzlei erobert stetig mehr Terrain, was nicht zuletzt daher rührt, dass sie das Beratungsfeld strateg. erweitert hat: Die Kanzlei hat nun eine fachübergr. Industriegruppe etabliert, der neben Experten aus den Kerngebieten Private Client u. Steuern z.B. auch M&A- u. Immobilienspezialisten angehören u. die in das internat. Team eingebettet ist. Die internat. Karte spielte die Praxis zuletzt auch durch die Beratung von Family Offices in der Schweiz u. London u. für arab. Investoren aus, für die Investitionen im Vordergrund stehen. Den Löwenanteil der Arbeit macht indes die Nachfolgeberatung von Familienunternehmen aus. Durch den von Raupach als Partner gewechselten Prof. Dr. Dr. Christoph Stumpf hat TW nun auch einen Experten für gemeinnütz. Stiftungen in ihren Reihen.
Häufig empfohlen: Dr. Michael Sommer, Michael Spring, Dr. Wolfgang Galonska, Dr. Axel Godron
Kanzleitätigkeit: Full-Service-Beratung (▶Gesellsch.recht), M&A, Steuern (in München insbes. Erbschaftsteuer), Steuerstrafrecht (Selbstanzeigen, Nachdeklarationen), Erb- u. Familienrecht, Testamentsvollstreckungen, Kunstrecht, ▶Immobilien sowie Stiftungen (u.a. Familienstiftungen) u. Prozesse (▶Gesellschaftsrechtl. Streitigk.). Zudem spezialisiertes Notariat in Frankfurt. (10 Eq.-Partner, 1 Counsel, 7 Associates)
Mandate: ● Dt. Unternehmerfamilie (Chemie) bei Vermögensnachfolge mit Auslandsbezügen, u.a. USA; dt. Unternehmerfamilie (Baubranche) umf. bei Nachfolgeplanung; dt. Unternehmerfamilie (Genussmittel) bei Strukturierung von Nachlassvermögen über Holding in Dtl. u. Dubai; dt. Unternehmerfamilie bei Auseinandersetzung um Nachlass; div. US- u. brit. Mandanten bei der Abwicklung von Nachlassvermögen in Deutschland.

Weitere renommierte Kanzleien für Nachfolge/Vermögen/Stiftungen

NORDEN		FRANKFURT		SÜDEN	
Kapp Ebeling & Partner	Hannover	Feddersen Heuer & Partner	Frankfurt	AFR Aigner Fischer	München
Watson Farley & Williams	Hamburg	Winheller	Frankfurt	Beisse & Rath	Nürnberg
				Kantenwein Zimmermann Fox Kröck & Partner	München
WESTEN		**SÜDWESTEN**		Sernetz Schäfer	München
Meilicke Hoffmann & Partner	Bonn	AFR Aigner Fischer	Stuttgart	Sonntag & Partner	Augsburg, München
Schmidt von der Osten & Huber	Essen	Fromm	Koblenz	Wirsing Hass Zoller	München
Sernetz Schäfer	Düsseldorf	Menold Bezler	Stuttgart		
Streck Mack Schwedhelm	Köln	Reith Neumahr	Stuttgart		

AFR AIGNER FISCHER
Bewertung: Bekannt ist die Münchner Kanzlei v.a. für Vermögensstrukturierungen. Die Verknüpfung ihrer großen Erfahrung bei komplexen Finanz- u. Steuerprodukten im ▶Private-Equ.-u.-Vent.-Capital-Segment prädestiniert sie v.a. für die Beratung von HNI u. Family Offices als Investoren. Mandate entstehen dabei regelm. über enge Kontakte zu zahlr. Banken. Neben Dauermandanten aus dem produzierenden Mittelstand gewinnt AFR dabei regelm. Klientel, deren Vermögen nicht mehr unternehmerisch gebunden ist. (3 Partner)
Mandate: Keine Nennungen.

BEISSE & RATH
Bewertung: Die seit Langem zu den etablierten Nachfolgeberaterinnen in Franken gehörende Kanzlei hat sich zuletzt in ihren Beratungsschwerpunkten Gesellschaftsrecht u. M&A mit 2 Quereinsteigern (von Beiten Burkhardt u. einer regionalen Kanzlei) verstärkt. Die Zugänge haben unmittelbare Auswirkungen auf die Arbeit für die Stammklientel vermögender Privatpersonen, denn diese werden immer häufiger auch bei z.T. grenzüberschr. Immobiliendeals, etwa aus der Schweiz oder nach Spanien, beraten. Für zusätzl. Auslastung sorgten abermals zahlr. Selbstanzeigen. (1 Partner)
Mandate: ●● Öffentl. bekannt: Madeleine Schickedanz u. Familie umf. (u.a. in Schadensersatzklage gg. Sal. Oppenheim). Lfd.: Semikron, Staedtler-Stiftung, Schöller-Stiftungen.

FEDDERSEN HEUER & PARTNER
Bewertung: Das Aushängeschild der seit Langem in der in Vermögens-, Nachfolge- u. Stiftungsfragen etablierten Frankfurter Kanzlei bleibt das Kunstrecht, wo Prof. Dr. Carl-Heinz Heuer eine der bundesw. führenden Größen ist. Entspr. zählte die Kanzlei zuletzt zu den ersten Anlaufadressen bei Fragen im Zshg. mit dem gepl. Kulturgutschutzgesetz. Daneben sorgten Nachlassverwaltungen u. Testamentsvollstreckungen für die Kernmandantschaft von Unternehmer- u. Adelsfamilien mit Traditionsvermögen aus Forst- u. Landwirtschaft sowie Private Clients aus dem Finanzsektor u. der Vermögensverwaltung für Arbeit. Weitere Schwerpunkte bleiben Stiftungs- u. klassische Vermögensberatung. (2 Partner, 1 Associate, 1 of Counsel)
Mandate: ●● Lfd.: KfW bei gemeinnütz. Stiftung für CSR-Aktivitäten, Hertie-Stiftung, von Rautenkranz Family Office, Christie's (Global Art Law Panel). Gremien- u. Organsitze: u.a. Städelsches Kunstinstitut (Frankfurt), Kunsthalle Emden, Warburg & Co.

FROMM
Bewertung: Wirtschaftsrechtl. breit aufgestellte Koblenzer Kanzlei, deren Kernkompetenz in der Beratung von (z.T. ehem.) Unternehmern aus der Region mit zumeist ein- bis 2-stelligen Mio-€-Vermögen bei Unternehmensnachfolgen sowie im Erbschafts- u. Erbschaftsteuerrecht liegt. Mit dem Übergang des Geschäfts auf die 2 Söhne des

● Referenzmandate, umschrieben
●● Referenzmandate, namentlich

NACHFOLGE/VERMÖGEN/STIFTUNGEN

Kanzleigründers ging eine inhaltl. Verbreiterung u. Internationalisierung der Beratung einher. Zugenommen haben überdies Auseinandersetzungen mit der Finanzverwaltung, Testamentsvollstreckungen sowie die Beratung an der Schnittstelle zu Sanierungsfragen. (3 Partner, 1 Associate)

Mandate: ● Auslandsdeutsche bei internat. Nachlassberatung; Produktionsunternehmen bei Gründung einer firmentragenden Familienstiftung; bekannter Künstlernachlass bei Testamentsvollstreckung.

KANTENWEIN ZIMMERMANN FOX KRÖCK & PARTNER

Bewertung: Seit Langem steht die Münchner Kanzlei in der Nachfolge- u. Vermögensberatung für die Begleitung inhabergeführter Unternehmen u. den dahinter stehenden Familien. Dabei legte sie zuletzt vor allem in der Stiftungsbegleitung weiter zu. Einen wesentl. Beitrag dazu leistete Dr. Annett Kuhli, die nun in die Equity-Partnerriege aufstieg. Maßgebl. geprägt wird das Ansehen der Praxis aber v.a. durch Namenspartner Dr. Thomas Kantenwein, der neben der gestalterischen Nachfolge- u. Vermögensberatung auch über große Erfahrung als Moderator u. Schiedsrichter bei Gesellschafterkonflikten verfügt. (2 Eq.-Partner)

Mandate: ●● Eleonore-Beck-Stiftung (lfd.); Vorstand der Zoolog. Gesellschaft Ffm. u. der Stiftung für die bedrohte Tierwelt; HNI zu Stiftungsfragen; €30-Mio-Stiftung bei Restrukturierung; Medienunternehmen bei Gestaltung gemeinnütz. Strukturen.

KAPP EBELING & PARTNER

Bewertung: Die auf Vermögens- u. Unternehmensnachfolge fokussierte Hannoveraner Kanzlei gehört in Niedersachsen zu den spezialisiertesten Einheiten. Sie ist ausschl. im Dreiklang Steuer-, Gesellschafts- u. Erbrecht tätig, was sie mit reger Prozessarbeit vor Finanz- u. Zivilgerichten sowie einem (auch immobilienrechtl.) Notariat verbindet. (7 Eq.-Partner, 1 Sal.-Partner)

Mandate: Keine Nennungen.

MEILICKE HOFFMANN & PARTNER

Bewertung: Bonner Kanzlei, die seit Jahrzehnten einen festen Stamm z.T. sehr bekannter mittelständ. Unternehmer u. ihrer Gesellschaften (v.a. aus NRW) umf. im ▶Gesellschafts- u. ▶Steuerrecht berät, sodass Nachfolgegestaltung ein natürl. Bestandteil der Arbeit ist. Regelm. auch bei ▶Gesellschafterstreitigkeiten tätig. (1 Eq.-Partner, 1 Sal.-Partner)

Mandate: ●● Lfd.: E. Breuninger, z.B. bei Gesellschafterstreit zw. W. Meilicke u. W. Blumers; Falke.

MENOLD BEZLER

Bewertung: Stuttgarter Kanzlei, die umf. mittelständ. Unternehmen u. ihre Eigner berät. Ein wesentl. Aspekt dabei ist die Vermögens- u. Nachfolgestrukturierung (inkl. Testamentsvollstreckung u. Stiftungslösungen). In der Nachfolgepraxis überwiegt die Begleitung noch aktiver Unternehmer aus Ba.-Wü., die vielfach auf langj. Kontakte von Namenspartner Rudolf Bezler zurückgehen. Dieser berät, obwohl nicht zum Kernteam zählend, nach wie vor auch bei Nachfolgefragen. (3 Eq.-Partner, 1 Sal.-Partner)

Mandate: ●● Albert Knebel Holding bei Unternehmensnachfolge, inkl. Umstrukturierung; ZU-Stiftung gutachterl. zu Zulässigkeit des leistungsorientierten Vergütungssystems der Zeppelin Universität gemeinnützige GmbH. Lfd.: u.a. Calwer-Verlag-Stiftung, Elisabeth-Rukwid-Stiftung, Gretel-Nusser-Stiftung.

REITH NEUMAHR

Bewertung: Auch nach der Trennung von Namenspartner Prof. Dr. Stefan Schick bleibt das Team in Stuttgart eine feste Größe in der Nachfolgeberatung. V.a. dem jüngeren Partner Dr. Ulrich Lambrecht gelang es, sich an der Schnittstelle von Erb- u. Gesellschaftsrecht zu etablieren. Zudem verbleiben in der jetzigen Kanzlei Reiths gut eingeführtes Notariat u. dessen Verbindungen zu z.T. mrd-€-schweren Familien der Region. Die Beratung im Gemeinnützigkeitsrecht u. von kommunalen u. kirchl. Krankenhausträgern entfiel mit dem Weggang Schicks weitgehend. (2 Partner, 6 Associates)

Mandate: ● Lfd.: Eignerfamilie eines europ. Handelskonzerns in Nachfolgefragen; vermögende Familie aus Osteuropa bei Nachfolgeplanung.

SCHMIDT VON DER OSTEN & HUBER

Bewertung: Alteingesessene Essener Kanzlei mit langj. Schwerpunkt in der Stiftungs- u. Nachfolgeberatung, der sich z.T. auch aus der Kombination der anerkannten Praxen im ▶Gesellsch.recht u. ▶M&A, ▶Arbeits- u. Steuerrecht speist. Dauermandantin Aldi wurde nunmehr faktisch in die nächste Anwaltsgeneration überführt, womit eine zentrale Säule des Geschäfts gesichert ist. (4 Partner, 1 Associate)

Mandate: ●● Lfd.: Familienstiftung Aldi Süd im Stiftungs- u. Gesellschaftsrecht; Aldi Nord im Gesellschaftsrecht; Heinz Nixdorf Stiftung, Stiftung Westfalen (beide lfd., inkl. Vorstandstätigkeit), Rhein-Ruhr-Collin- u. Stewing-Gruppe (beide im Gesellschaftsrecht).

SERNETZ SCHÄFER

Bewertung: Die Beratung bei Unternehmensnachfolgen sowie im Erbschafts- u. Erbschaftsteuerrecht sind Kerngebiete der Gesamtkanzlei, in München noch stärker als in D'dorf. In München, wo v.a. mittelständ. Unternehmen u. oft deren Gründergeneration zur Mandantschaft gehören, nahm die Arbeit mit ▶steuerrechtl. Hintergrund viel Raum ein. Bedeutend ist vor Ort zudem die Arbeit als Testamentsvollstrecker, u.a. bei Dr. Wolf-Dieter von Gronau. In D'dorf steht Dr. Hans-Michael Pott weiter an der Seite von Familienunternehmen, beide Praxen agieren aber weitgehend autark. (3 Partner, 1 of Counsel).

Mandate: ●● Testamentsvollstrecker von Michael Ende.

SONNTAG & PARTNER

Bewertung: Augsburger MDP mit Stärken im ▶Steuerrecht. Sie gehört zu den aktivsten Kanzleien in der Strukturierung von Vermögensübertragungen in Bayern. Dafür ist nicht zuletzt das hauseigene Multi-Family-Office verantwortl., das die Kanzlei zur umf. Betreuung vermögender Privatkunden nutzt. Auch zuletzt spielte die Legalisierung von Vermögen eine herausgehobene Rolle für das Neugeschäft der Kanzlei, wobei auch die steuerstrafrechtl. Individualverteidigung weiter zu den Treibern zählt. Recht jung ist der Ausbau der Stiftungsberatung, die sich ein Sal.-Partner auf die Fahnen geschrieben hat. (5 Partner, 1 Sal.-Partner plus 4 Geschäftsführer/Prokuristen im kanzleieigenen Family Office)

Mandate: ●● Lfd. Patrizia Kinderhaus Stiftung.

STRECK MACK SCHWEDHELM

Bewertung: Die Beratung bei Nachfolge- u. Vermögensplanungen tritt in der Kanzlei Schritt für Schritt neben die bekannte forensische Tätigkeit im ▶Steuerrecht u. ▶Steuerstrafrecht. Aus diesen Feldern, z.B. Selbstanzeigen, entwickeln sich vermehrt auch Strukturierungsmandate, v.a. zu vorweggenommener Erbfolge u. Testamentsgestaltungen. Kontakte zu den v.a. mittelständisch geprägten Familienunternehmern kommen dabei regelm. über StB zustande. (12 Partner, 14 Associates in ges. Kanzlei)

Mandate: Keine Nennungen.

WATSON FARLEY & WILLIAMS

Bewertung: Im Hamburger Büro der brit. Kanzlei gehört die Beratung von HNI zu den jüngeren Disziplinen. Neben der Beratung ortsansässiger vermögender Privatkunden steht in der Kanzleistrategie v.a. die Betreuung internat. HNI im Vordergrund. Diese werden vielfach bei Investitionen bzw. der Suche nach Anlagemöglichkeiten in Dtl. beraten, zuletzt HNI aus Australien u. den USA. Dabei baut die Kanzlei auch auf die Beratung im ▶Steuerrecht, ▶M&A u. ▶Private Equity. (1 Partner, 1 Associate im Kernteam)

Mandate: Keine Nennungen.

WINHELLER

Bewertung: Die Frankfurter Kanzlei besetzt mit ihrer Arbeit für gemeinnütz. Träger u. Non-Profit-Organisationen eine ungewöhnl. Nische. Innerh. ihres Spektrums erweitert sie ihren Mandantenkreis stetig, etwa im Bereich kirchl. Auftraggeber, insbes. islam. Gemeinschaften. Doch auch die Beziehungen zu HNI in Bezug auf deren gemeinnützige Aktivitäten baute die Einheit um Namensgeber Stefan Winheller kontinuierl. aus. Eine besondere Stärke bleibt ihre Erfahrung im Fundraising nach US-Vorbild. Neben Struktur- und stiftungsaufsichtsrechtl. Beratung betreut die Praxis vielfach auch Steuererklärungen u. Jahresabschlüsse. (1 Eq.-Partner, 1 Sal.-Partner, 1 of Counsel, 2 Associates)

Mandate: ●● Rudolf Walther (Gründer u. Ex-Gesellschafter von Möbel Walther) bei Streit mit von ihm gegründete Stiftungen; Attac-Trägerverein bei Streit mit Finanzbehörden wg. Entzugs der Gemeinnützigkeit. Lfd. im Gemeinnützigkeitsrecht: Haus & Grund, Islamic Relief.

WIRSING HASS ZOLLER

Bewertung: Die Nachfolge- u. Vermögensbegleitung von Private Clients nimmt in der Münchner Kanzlei immer mehr Raum ein. Ein erhebl. Anteil der Arbeit für die überw. süddt. Mandantschaft entfällt wie eh u. je auf die Beratung an der Schnittstelle zu Transaktionen u. dem Gesellschaftsrecht. Als eine der spezialisierten Praxen verzichtet WHZ dabei konsequent auf eigene steuerrechtl. Kompetenz. (3 Partner, 2 Associates)

Mandate: ●● Lfd.: Wilhelm von Finck jun., Familienzweig der Flicks, Medienunternehmer Herbert Kloiber.

Gesamtlärmbelastung von Grundstücken – Neues zu einem alten Problem

von Dr. Martin Schröder, SEUFERT RECHTSANWÄLTE Partnerschaft, München

SEUFERT RECHTSANWÄLTE (München, Leipzig) kombiniert ein breites Spektrum wirtschaftsrechtlicher Kompetenz mit hochspezifischer Branchenexpertise und einer ausgewiesenen Stärke im öffentlichen Recht. Mittelständische Unternehmen ebenso wie börsennotierte Gesellschaften vertrauen der Kanzlei seit Jahrzehnten im unternehmerischen Tagesgeschäft, bei der Realisierung von Projekten und der Durchführung von Transaktionen.

Dr. Martin Schröder

Dr. Martin Schröder ist Partner von SEUFERT RECHTSANWÄLTE. Er ist seit 1999 als Rechtsanwalt in München tätig. Er berät und vertritt insbesondere Kommunen und Unternehmen im Fachplanungsrecht, Umweltrecht und Baurecht. Er ist Mitglied des Umweltrechtsausschusses des Deutschen Anwaltvereins und Lehrbeauftragter der Universität Regensburg."

Weitere Informationen im Kanzleiprofil am Ende des Handbuchs.

Die Bundesrepublik Deutschland ist technisch hoch entwickelt. Dieser Entwicklungsstand geht einher mit der Existenz zahlreicher und z.T. sehr starker Schallemittenten. Straßen- und Schienenwege, Flughäfen und Industrieanlagen, Sportstätten und Nachbarschaft erzeugen Lärm. Insbesondere in Verdichtungsräumen, zunehmend aber auch im ländlichen Raum sind Grundstücke nicht nur dem Lärm aus einer Quelle (z.B. dem Lärm einer Straße), sondern dem Lärm aus mehreren, verschiedenen Quellen (z.B. Straßen- und Bahnlärm) ausgesetzt. Der Lärm aus unterschiedlichen Quellen wird üblicherweise als „Gesamtlärm" bezeichnet. Obwohl zahllose Grundstücke in der Realität solcher Mehrfachbelastung ausgesetzt sind und ihre Nutzbarkeit und ihr Wert dadurch wesentlich beeinträchtigt werden, standen bisher nicht einmal brauchbare Instrumente zur Beschreibung der Gesamtlärmbelastung zur Verfügung. Der Verein Deutscher Ingenieure (VDI) bietet mit seiner Richtlinie 3722-2 (Mai 2013) Grundstückseigentümern, Investoren und Behörden erstmals ein Instrumentarium an, das die Ermittlung des Gesamtlärms aus Straßen-, Schienen- und Fluglärm erlaubt.

Geltendes Recht: Segmentierung der Lärmquellen

Das deutsche Lärmschutzrecht ist zersplittert. Prägendes Strukturelement ist die Segmentierung der Lärmquellen. Die einschlägigen Rechtsvorschriften (16. BImSchV – Verkehrslärmschutzverordnung, Fluglärmgesetz mit Fluglärmschutzverordnungen, 18. BImSchV – Sportanlagenlärmschutzverordnung usw.) regeln jeweils isoliert einzelne Lärmarten und Lärmquellen.

Das Bundesverwaltungsgericht akzeptiert es, dass die einzelnen Regelwerke keine summierende Gesamtbetrachtung aller Lärmquellen vorsehen. Es hält eine Ermittlung der Lärmbeeinträchtigung nach Maßgabe eines Summenpegels allenfalls dann für geboten, wenn eine Lärmbelastung in Rede steht, die mit Gesundheitsgefahren oder einem Eingriff in die Substanz des Eigentums verbunden ist (BVerwG, Beschluss vom 25.06.13, 4 BN 21.13, juris, Rn. 3). Abgesehen von jenen Fällen, in denen die Gesamtlärmbelastung die Schwelle der verfassungsrechtlichen Unzumutbarkeit überschreitet, hält das Bundesverwaltungsgericht die Bildung eines Gesamtbeurteilungspegels für unzulässig, denn die jeweils isolierte, lärmquellen- und projektspezifische Lärmermittlung entspricht nach dieser Auffassung dem Regelungsplan des Gesetz- und Verordnungsgebers, der damit der Komplexität der unterschiedlichen Fälle von Vorbelastung, den Fragen der kostenmäßigen Zuordnung und damit der Verteilungsgerechtigkeit Genüge tun wollte (so zur Frage der Einbeziehung des Lärms vorhandener Verkehrswege in den Beurteilungspegel nach Anlage 1 der 16. BImSchV das grundlegende Urteil des BVerwG vom 01.03.96, 4 C 9/95, juris, Rn. 25 ff. – Eschenrieder Spange).

Immerhin sehen manche Regelwerke wenigstens die Summierung der Immissionsbeiträge von Anlagen in ihrem eigenen Geltungsbereich vor. So sind nach §2 Abs. 1 der 18. BImSchV Sportanlagen so zu errichten und zu betreiben, dass die einschlägigen Immissionsrichtwerte unter Einrechnung der Geräuschimmissionen anderer Sportanlagen nicht überschritten werden. Nach Ziffer 2.4, Abs. 3 der TA Lärm 1998 wird die Gesamtbelastung im Sinn der TA Lärm definiert als die Belastung eines Immissionsortes, die von allen Anlagen hervorgerufen wird, für die die TA Lärm gilt.

In der 16. BImSchV, die für Straßen- und Schienenwege gilt, ist die Bildung von Summenpegeln jedoch weder für den Lärm aus verschiedenen Straßen oder verschiedenen Schienenwegen noch für den Lärm aus Straßen- und Schienenwegen vorgesehen. CDU/CSU und SPD haben sich allerdings vorgenommen, in der laufenden Legislaturperiode eine Regelung zustande zu bringen, wonach der Gesamtlärm von Straße und Schiene als Grundlage für Lärmschutzmaßnahmen herangezogen werden muss (Koalitionsvertrag zwischen CDU, CSU und SPD für die 18. Legislaturperiode, Seite 41).

Unterschiedliche Wirkung des Lärms aus verschiedenen Quellen

Lärm ist ein komplexes und vielgestaltiges Phänomen. Zeitliche Struktur und Frequenzzusammensetzung unterscheiden sich wesentlich, je nachdem, aus welcher Quelle die Geräusche stammen. Von diesen Eigenschaften wiederum hängt die Störwirkung der Geräusche ab, die je nach Lärmquelle ebenfalls stark variiert. Dieser Befund sei an zwei akustischen Eigenschaften von Geräuschen illustriert:

- Dominieren in Geräuschen eine oder mehrere Frequenzen, sodass ein oder mehrere Töne hervortreten, spricht man von Tonhaltigkeit. Die TA Lärm 1968 (Ziff. 2.422.3) beschrieb die hervortretenden Einzeltöne plastisch als brummende, heulende, singende, kreischende oder pfeifende Töne. Tonhaltigkeit erhöht die Störwirkung des Geräusches, weshalb die TA Lärm 1998 für derartige Geräusche einen Zuschlag vorsieht (Ziffer A.2.5.2 TA Lärm 1998).

- Wesentlich ist auch, ob Einzelgeräusche – wie etwa bei stark befahrenen Straßen zur Tagzeit – zu einem einheitlichen Geräusch verschmelzen, dessen Maximalpegel nur wenig um den Mittelungspegel schwanken, oder ob ein Geräusch – wie Schienen- oder Fluglärm – aus für das Ohr ohne Weiteres unterscheidbaren Einzelgeräuschen besteht, die über den Hintergrundpegel hinauswachsen und nach einer bestimmten Zeit wieder hinter ihn zurückfallen. Der intermittierende Charakter von Schienen- und Fluglärm (auch von Straßenlärm, wenn zur Nachtzeit Bewegungszahlen und Hintergrundpegel geringe Werte annehmen) erhöht die Störwirkung.

Die rein physikalische, energetische Addition von Einzelpegeln aus unterschiedlichen Quellen ergibt zwar einen Gesamtlärmpegel. Sie ignoriert aber die spezifische Störwirkung der verschiedenen Geräusche, die nicht nur von ihrem Schalldruck in dB(A), sondern auch von ihrer Zeit- und Frequenzstruktur abhängt. Die schlichte energetische Addition von Pegeln führt damit zu einem Einzahlwert, der hinsichtlich der Lärmwirkung und damit für den Schutz von Leben, Gesundheit und Eigentum nicht aussagekräftig ist.

Der Segmentierung des deutschen Lärmschutzrechts liegt u.a.die Überzeugung zugrunde, physikalische Struktur und Wirkung von Geräuschen aus verschiedenen Quellen seien derart unterschiedlich, dass man sie nicht vergleichen und erst recht keine wirkungsadäquaten Summenpegel bilden könne.

Lösungsansatz der Richtlinie VDI 3722-2

Die Richtlinie VDI 3722-2 (Mai 2013) enthält ein Verfahren zur wirkungsbezogenen Summenbetrachtung von Straßen-, Schienen- und Fluglärm. Ausgangspunkt sind Dosis-Wirkungs-Beziehungen für diese drei Geräuschquellen, die von der European Environment Agency (EEA) in ihrem Technical Report Nr. 11/2010 veröffentlicht worden sind. Anhand dieser Dosis-Wirkungs-Beziehungen wird in einem ersten Schritt bestimmt, welche Wirkung ein konkreter Pegel des Schienen- oder des Flugverkehrs hat. Im nächsten Schritt wird ermittelt, welcher Straßenverkehrspegel die für den konkreten Pegel des Schienen- oder des Flugverkehrs ermittelte Wirkung hervorgerufen hätte. In schlichten Worten ausgedrückt: Über die Wirkung werden die Schienen- und Fluglärmpegel in Straßenverkehrspegel umgerechnet. Die auf den Straßenverkehr umgerechneten Pegel für den Schienen- und den Flugverkehr werden schließlich mit dem Pegel des Straßenverkehrs energetisch zu einem Gesamtpegel addiert.

Ihre Autoren sehen die VDI-Richtlinie 3722-2 ausdrücklich als Vorschlag für die Ermittlung von Kenngrößen zur Bewertung bei Einwirkung unterschiedlicher Geräuschquellenarten. Das skizzierte Verfahren bezeichnen sie als ein bloßes Hilfsmittel und sie erkennen auch, dass weitere Forschung zur Ableitung von Expositions-Wirkungsbeziehungen bei Einwirkung mehrerer Quellenarten dringend erforderlich ist. Dies gilt bereits für die Verkehrsgeräusche (Straßen-, Schienen- und Fluglärm), die Gegenstand der VDI-Richtlinie 3722-2 sind. Dies gilt umso mehr für die von der Richtlinie noch nicht erfassten weiteren, großen Quellkategorien der gewerblichen Anlagen nach der TA Lärm 1998, für den Sportanlagen- und den Nachbarschaftslärm, für die die Lärmwirkungsforschung erst noch tragfähige Dosis-Wirkungs-Beziehungen zur Verfügung stellen muss, bevor das oben beschriebene Verfahren zu Bildung eines Gesamtlärmpegels zum Einsatz kommen kann.

Ausblick

Zwar ist die Richtlinie VDI 3722-2 nicht der Weisheit letzter Schluss. Doch sie zeigt einen Weg, der zu plausiblen Gesamtlärmpegeln führt. Die Prämisse des deutschen Lärmschutzrechts, wonach Lärmimmissionen verschiedener Quellen nicht miteinander verglichen oder zu einem Gesamtpegel addiert werden können, verliert mit dem Fortschritt der Lärmwirkungsforschung an Überzeugungskraft. Die Richtlinie VDI 3722-2 ermöglicht für den Verkehrslärm eine Gesamtlärmermittlung und -bewertung, die bei Verträgen und bei der staatlichen und gemeindlichen Planung verwendet werden kann. Auch der Gesetzgeber kann diesen Fortschritt zur Formulierung von Regelungen für die Gesamtbetrachtung des Verkehrslärms nutzen. Die von der Großen Koalition angestrebte gemeinsame Betrachtung von Schienen- und Straßenverkehrslärm wäre dafür ein erster Schritt. ∎

KERNAUSSAGEN

- Zahllose Grundstücke sind in Deutschland dem Lärm mehrerer verschiedener Lärmquellen (Gesamtlärm) ausgesetzt, der ihre Nutzbarkeit und ihren Wert beeinträchtigt.

- Die VDI-Richtlinie 3722-2 (Mai 2013) stellt erstmals ein Verfahren zur Verfügung, das die Bildung von plausiblen Gesamtlärmpegeln für Straßen-, Schienen- und Fluglärm ermöglicht.

- Das Verfahren der VDI 3722-2 kann schon heute bei Verträgen und bei der staatlichen und gemeindlichen Planung verwendet werden.

Öffentlicher Sektor

Die Energiewende bleibt eins der beherrschenden Themen: Der Bau neuer Anlagen und der Netzausbau bergen dabei jede Menge Konfliktpotenzial, das über das Umwelt- und Planungsrecht ausgetragen wird. Nicht nur im Energiesektor, sondern auch bei Banken und Versicherern nimmt dabei der Einfluss des Europarechts stetig zu. Das Gleiche gilt im Bereich von öffentlichen Ausschreibungen, denn neben der anstehenden Umsetzung einer neuen EU-Richtlinie spielen hier zunehmend beihilferechtliche Überprüfungen hinein. Tatsächlich gibt es noch weitaus mehr Schnittstellen, an denen das Beihilferecht zum Tragen kommt. Das liegt in erster Linie daran, dass es sich von einer rein europarechtlich geprägten Materie zu einem eigenständigen Rechtsgebiet entwickelt hat. Mit dem Wandel der im öffentlichen Sektor relevanten politischen und rechtlichen Fragen ist dabei auch ein schrittweiser, aber spürbarer Generationswechsel bei den öffentlich-rechtlich spezialisierten Anwälten im Gang.

Beihilferecht	453
Umwelt- und Planungsrecht	457
Produkt- und Abfallrecht	470
Verfassungs- und Wirtschaftsverwaltungsrecht	473
Vergaberecht	476
Umstrukturierungen, ÖPP und Projektfinanzierung	487

Beihilferecht

Steuerstrukturen und EEG-Umlage – die EU-Kommission setzt den Hebel des Beihilferechts an

Eine Privatisierung könnte das letzte Kapitel im rechtlichen Grundsatzstreit um staatliche Zuwendungen für den Zweckverband Tierkörperbeseitigung in Rheinland-Pfalz sein: Denn der Zweckverband muss nicht nur liquidiert werden, weil er Beihilfen nicht zurückzahlen kann. Auch eine kommunale Auffanglösung genügte der EU-Kommission nicht, die vielmehr eine Neuausschreibung verlangt. Der Fall gilt als Musterfall und weckte bei Städten und Kreisen mehr Aufmerksamkeit dafür, unter welchen Bedingungen öffentliche Aufgabenträger als „Unternehmen" zu werten sind, zumal auch aktuelle Stadtwerkeinsolvenzen neue Zuwendungsthemen aufwerfen. Die seit Mitte 2014 geltende Freistellung unterhalb bestimmter Schwellenwerte sorgte andererseits für etwas Entwarnung. In diesem Umfeld beraten oft Kanzleien, die beihilferechtliche Fragen vom Öffentlichen Recht oder vom Vergaberecht her erschließen. Beispiele sind etwa **CBH Rechtsanwälte** oder auch **Heuking Kühn Lüer Wojtek**. Ein bedeutendes EuG-Urteil erstritt allerdings auch **Latham & Watkins** als Vertreterin von Lübeck, welches der Stadt Handlungsfreiheit bei der Gestaltung ihrer Flughafengebührenordnung zurückgab.

Für Schlagzeilen sorgten auf europäischer Ebene auch die Aktivitäten der EU-Kommission in den Bereichen Steuern und Energiewende – im Zentrum stehen politisch brisante Fragestellungen, mit denen EU-Kommission und Mitgliedsstaaten auch um wirtschaftspolitische Kompetenzen ringen. Nur ein Beispiel bildet der Streit um die EEG-Umlage. Über das Tor des Beihilferechts können Rückzahlungsrisiken entstehen, die noch vor Kurzem für fernliegend gehalten wurden. In einigen großen Kanzleien wie z.B. **Freshfields Bruckhaus Deringer** oder **Jones Day** rückten deshalb die Steuer- und die Beihilferechtspraxen enger zusammen.

Eine heikle Frage zur möglichen vertragsvernichtenden Wirkung von beihilferechtlichen Verstößen bietet aktuell der Prozess zwischen dem Land NRW und dem Holz-Imperium Klausner. Der EuGH soll entscheiden, ob ein rechtskräftiges deutsches Urteil über das Europarecht ausgehebelt werden kann. Diesen Streit tragen **Beiten Burkhardt** und **Graf von Westphalen** für ihre Mandanten aus.

Die folgenden Bewertungen behandeln Kanzleien, unter denen sich wegen des stark europarechtlichen Einschlags häufig ▶Brüsseler Anwälte finden. Oft arbeiten zudem ▶kartell- oder öffentlich-rechtlich spezialisierte Anwälte im Beihilferecht. Weil sich bei Finanzierung, Bau und Betrieb von Infrastruktureinrichtungen oft subventionsrechtliche Fragen stellen, finden sich Informationen zu dem Bereich auch in den weiteren Kapiteln ▶Energierecht, ▶Verkehrssektor und ▶Vergaberecht.

ÖFFENTLICHER SEKTOR BEIHILFERECHT

BEITEN BURKHARDT
Beihilferecht

Bewertung: Empfohlene Beihilfepraxis um die beiden europarechtl. erfahrenen Partner des ▶Brüsseler Büros Dr. Dietmar Reich u. Prof. Dr. Rainer Bierwagen. Reich ist weiterhin im Abfallsektor u.a. für USB bei Auseinandersetzungen mit Remondis tätig. Seine langj. Mandantin Klausner zog ihn in dem Streit um Holzlieferungen bzw. Schadensersatz vor dem EuGH hinzu, nachdem das Land NRW die Verträge mit beihilferechtl. Argumenten angreift. Beide Partner berieten zudem erneut Unternehmen förderrechtl. bei Investitionsvorhaben in osteurop. Ländern wie Ungarn, Griechenland oder Kroatien.

Mandate: ●● Klausner Internat. in EuGH-Vorlageverfahren um Holzliefervertrag NRW; EU-Kommission lfd. in beihilferechtl. Prozessen; USB Umweltservice Bochum in Streit mit Remondis wg. Quersubventionen; Rau bei EU-Beschwerde von Remondis wg. Wertstofftonne; Unternehmen zu Beihilfen für Kraftwerk in Kroatien.

CBH RECHTSANWÄLTE
Beihilferecht

Bewertung: Im Beihilferecht geschätzte Praxis, in der das Team um Prof. Dr. Stefan Hertwig v.a. die Positionierung in wegweisenden ▶Vergaberechts- u. öffentl.-rechtl. Mandaten (▶Umwelt u. Planung) kreativ zu nutzen weiß. Dabei hat CBH auch Erfahrung mit beihilferechtl. Beschwerden. Meist aufseiten der öffentl. Hand tätig, zeigte sich die gute Marktposition zuletzt auch in der Mandatierung durch Rh.-Pf.: Dr. Jochen Hentschel ist nun Liquidator eines Zweckverbands, der Beihilfen nicht zurückzahlen konnte. Prominent war auch die Einbindung durch das Land Ba.-Wü. in die Affäre um den Rückkauf der EnBW-Anteile.

Mandate: ●● Umweltministerium Rh.-Pf. zu Beihilfeverf. gg. Zweckverband Tierkörperbeseitigung u. Liquidation; Stadt Köln in Streit um Esch-Fonds u. Mietvertrag für Messehallen; Abfallverband zu drohender Rückforderung von Zuwendungen; Ba.-Wü. (Neckarpri) umf. zu EnBW-Verkauf u. Streit mit EdF.

CLEARY GOTTLIEB STEEN & HAMILTON
Beihilferecht

Bewertung: Die häufig empfohlene beihilferechtl. Praxis zeichnet sich durch ein Team aus erfahrenen u. eingespielten Partnern aus, die in Europa durch Dr. Till Müller-Ibold (▶Brüssel) koordiniert werden. Entsprechend der Ausrichtung der Kanzlei ist der Fokus sehr international geprägt. So ist Cleary im dt. Markt nicht jedem bekannt, doch zählt sie zu den wenigen Kanzleien, die europ. Teams aus beihilferechtl. spezialisierten Anwälten aufbieten.

Mandate: ●● EdF in Streit mit Land Ba.-Wü. um Beihilfeelemente des Kaufpreises für EnBW-Anteile; 5 europ. Regionalflughäfen zu Umsetzung der neuen Leitlinien zu Luftfahrtbeihilfen; SES Astra beihilferechtl. zu Digitaler Dividende.

CMS HASCHE SIGLE
Beihilferecht

Bewertung: Im Beihilferecht häufig empfohlene Kanzlei. Kopf der Praxis ist der ▶Brüsseler Partner Dr. Michael Bauer, der viel Erfahrung an der Schnittstelle zum Öffentl. Recht (▶Umwelt u. Planung) u. Finanzierungsrecht hat. Auch in Ffm. hält CMS beihilferechtl. Kompetenz im Finanzsektor vor, das Büro berät z.B. eine Landesbank zu einem Förderprogramm im Luftverkehr. Gemeinsam mit den Stuttgarter Energierechtlern berät Bauers Team div. Industrieunternehmen zum EEG-Beihilfeverfahren. Für den kroat. Fährhafenbetreiber Trajektna begleitet es einen ähnl. gelagerten Fall: In der dort angegriffenen Beihilfe geht es nicht um direkte staatl. Gelder, sondern eine staatl. angewiesene Vorteilsgewährung bei den Hafengebühren.

Mandate: ●● Trajektna in Beschwerde u. Klage vor EuG wg. indirekter Beihilfen für kroat. Fährbetreiber; regelm. Kfw Ipex u. Honeywell; div. Banken zu Landesbürgschaften im Schiffsbau bei drohender Insolvenz; Förderbank in Beihilfeverf. um FuE-Projekte; Windparkbetreiber zu EU-Förderung; Bundesligafußballklub zu Finanzierung von Stadionbau.

FRESHFIELDS BRUCKHAUS DERINGER
Beihilferecht

Bewertung: Eine der führenden Kanzleien im Beihilferecht, die sich mit brisanten Mandaten an der aktuellen Schnittstelle von Beihilfe- u. Steuerrecht erneut als eine der ersten Adressen beweisen konnte: so etwa bei der bekannt gewordenen Arbeit für Apple in Bezug auf die entsprechende EU-Untersuchung (durch Dr. Andreas von Bonin aus ▶Brüssel u. Steuerpartner aus versch. europ. Ländern). Auch die Arbeit im Bankenbereich, für die HSH, BayernLB, Aareal Bank sowie griech. Banken bleibt ein zentraler Pfeiler, bei dem immer wieder Partner unterschiedl. Fachbereiche zusammenarbeiten. Die vielfältige Mandatsliste ist dabei ein Ausweis dafür, wie die Kanzlei die strateg. Bedeutung beihilferechtl. Themen frühzeitig antizipiert hat. Der im Markt fachl. sehr anerkannte Dr. Thomas Lübbig aus ▶Berlin vertritt die Bundesregierung bei ihrer Klage gg. die Einstufung der EEG-Umlage als Beihilfe.

Mandate: ●● Griech. Nationalbank zu Restrukturierung; LBBW-Eigner zu Garantien u. steuerl. Absetzbarkeit von Bankenabgaben;; Apple zu EU-Untersuchung der Steuerstruktur (aus dem Markt bekannt); BayernLB zu Restrukturierungsplan u. wg. Hypo Alpe Adria; Finanzministerium NRW bzgl. Provinzial-Privatisierung; HGV zu Kauf des Hamburger Stromnetzes; Siemens zu mögl. Konkurrentenbeschwerde wg. belg. Bahnförderung; HSH Nordbank zu Umsetzung des Restrukturierungsplans nach EU-Vorgaben; US-Logistikunternehmen zu belg. Excess-Profit-System.

GLEISS LUTZ
Beihilferecht

Bewertung: Eine der führenden Beihilfepraxen. Kennzeichnend ist, dass sie die Beratung sowohl

---

BEIHILFERECHT

Freshfields Bruckhaus Deringer	Brüssel, Berlin
Gleiss Lutz	Brüssel, Düsseldorf
Hengeler Mueller	Brüssel, Berlin
Latham & Watkins	Hamburg, Brüssel
Cleary Gottlieb Steen & Hamilton	Brüssel
CMS Hasche Sigle	Brüssel, Frankfurt
Linklaters	Düsseldorf, Berlin, Brüssel
Lutz Abel	Brüssel
Müller-Wrede & Partner	Berlin
Norton Rose Fulbright	Brüssel
Redeker Sellner Dahs	Brüssel, Berlin
White & Case	Berlin, Brüssel
WilmerHale	Frankfurt, Berlin
Beiten Burkhardt	Brüssel
Graf von Westphalen	Hamburg
Jones Day	Brüssel
Luther	Brüssel
Noerr	Brüssel, München
Taylor Wessing	Düsseldorf, Hamburg, Berlin
CBH Rechtsanwälte	Köln
Heuking Kühn Lüer Wojtek	Düsseldorf, Brüssel
Hogan Lovells	Hamburg
Oppenhoff & Partner	Frankfurt
PricewaterhouseCoopers Legal	Hamburg, Berlin
Dr. Michael Schütte	Brüssel, São Paulo

Die hier getroffene Auswahl der Kanzleien ist das Ergebnis der auf zahlreichen Interviews basierenden Recherche der JUVE-Redaktion (s. Einleitung S. 20). Sie ist in 2erlei Hinsicht subjektiv: Sämtliche Aussagen der von JUVE-Redakteuren befragten Quellen sind subjektiv u. spiegeln deren eigene Wahrnehmungen, Erfahrungen u. Einschätzungen wider. Die Rechercheergebnisse werden von der JUVE-Redaktion unter Einbeziehung ihrer eigenen Marktkenntnis analysiert u. zusammengefasst. Der JUVE Verlag beabsichtigt mit dieser Tabelle keine allgemein gültige oder objektiv nachprüfbare Bewertung. Es ist möglich, dass eine andere Recherchemethode zu anderen Ergebnissen führen würde. Innerhalb der einzelnen Gruppen sind die Kanzleien alphabetisch geordnet.

● Referenzmandate, umschrieben
●● Referenzmandate, namentlich

Anwaltszahlen: Angaben der Kanzleien, wie viele Anwälte zu mind. ca. 50% in diesem Gebiet tätig sind. Sie spiegeln nicht zwingend die Gesamtgröße einer Kanzlei wider.

aus dem Kartell- als auch Öffentl. Recht heraus angeht, entsprechend gut vernetzt sind die Beihilferechtler aus ▶Brüssel u. ▶D'dorf kanzleiintern. Der exzellente Ruf von Dr. Ulrich Soltész führt regelm. dazu, dass nebst der öffentl. Hand auch internat. Unternehmen auf das Team zurückgreifen. Für die österr. Bad Bank Heta betreute es etwa den Verkauf des südosteurop. Netzwerks der Hypo Alpe Adria. Der D'dorfer Partner Dr. Burghard Hildebrandt steht für Fragen des öffentl. Förderrechts u. betreut z.B. Abu Dhabi Future Energy. Mandanten loben beide regelm. als „sehr erfahren" u. „gut vernetzt".

Mandate: ●● Heta Resolution beihilferechtl. zu Verkauf von Teilen der Hypo Alpe Adria an Advent u. EBRD; Abu Dhabi Future Energy förderrechtl.; Stadt Hamburg erfolgr. gg. Verband dt. Konzertdirektionen in Streit um öffentl. finanzierte Konzerte; Bundesverband Glas zu EEG; Alcoa förder- u. beihilferechtl. zu Kauf von Tital; Dt. Krebsforschungszentrum zu FuE-Beihilfen.

GRAF VON WESTPHALEN
Beihilferecht ☐☐☐☐☐

Bewertung: Empfohlene Beihilfepraxis, in der Dr. Gerd Schwendinger zusammen mit den Prozessspezialisten das Land NRW in einem Streit um Holzlieferungen nun auch vor dem EuGH vertritt. Beihilferechtl. Mandate sind dabei oft mit Anknüpfungspunkten in die ▶Vergabe-, Immobilien- und ▶außenhandelsrechtl. Teams verbunden. Bsp. bilden etwa die Beratung von SNP oder öffentl. bzw. private Immobilieninvestoren.

Mandate: ●● Land NRW in Streit mit Klausner um Holzlieferungen (EuGH); RWTH Aachen lfd. zu Dienstleistungen, Auftragsforschung u. Kooperationen; Veolia/Transdev zu öffentl. Förderung; SNP-Gruppe als Bieter für Tierkörperbeseitigungsleistungen; Melasse-Extraktion Frellstedt zu Umstrukturierungsbeihilfen; Bundesamt für Ausfuhrkontrolle wg. Befreiung einiger Arzneimittelhersteller von Zwangsabschlägen zugunsten von Krankenversicherungen; Großmarktbetreiber zu Refinanzierung einer Markthalle.

HENGELER MUELLER
Beihilferecht ☐☐☐☐☐

Bewertung: Mit dem sehr erfahrenen Dr. Hans-Jörg Niemeyer u. dem jüngeren, vom Öffentl. Recht her kommenden Berliner Partner Dr. Jan Bonhage zählt Hengeler zu den im Beihilferecht führenden Praxen. Beide erreichten für den Papierhersteller Progroup, dass Hilfen für das Werk in Eisenhüttenstadt fließen konnten. Niemeyer (▶Brüssel) besetzt im Bankenbereich die aufsichts- u. europarechtl. Schnittstelle. Im Vergleich dazu ist Bonhage öfter in Mandaten mit ▶Restrukturierungs- u. Sanierungshintergrund eingebunden.

Mandate: ●● Progroup in Streit um mögliche Beihilfe durch gebührenfinanzierte Infrastruktur bei Errichtung einer Papierfabrik; lfd. SFF (isl. Bankenverband) in EFTA-Klage um Social Housing Fund; Bawag zu Kapitalzufuhr als Restrukturierungsbeihilfe; HSH Investment Holdings (JC Flowers) bei Klage gg. Kommissionsentscheidung bzgl. ihrer HSH-Nordbank-Beteiligung u. Berechnung von Garantien; Portigon zu Umsetzung der Neustrukturierung u. Erfüllung von Auflagen; Verband der dt. Automatenindustrie zu unterschiedl. Besteuerung von Slotspielen in staatl. Kasinos bzw. Kneipen/Spielhallen.

HEUKING KÜHN LÜER WOJTEK
Beihilferecht ☐☐☐☐☐

Bewertung: Geschätzte Praxis für Beihilferecht. Das Team um die D'dorfer ▶Vergaberechtlerin Dr. Ute Jasper berät derzeit das bad.-württ. Verkehrsministerium zur Vergabe von Verkehrsverträgen u. Entwicklung von Fahrzeugfinanzierungsmodellen (▶Verkehr). Hier ist auch der beihilferechtl. erfahrene Simon Hirsbrunner (Brüssel) eingebunden, der aber zuletzt die Kanzlei verließ und zu der US-Kanzlei Steptoe & Johnson ging. Das Frankfurter Büro beschäftigt sich mit der Beratung der FMSA zur Depfa Bank.

Mandate: ●● Verkehrsministerium Ba.-Wü. zu Vergabe von Verkehrsverträgen u. Entwicklung von Fahrzeugfinanzierungsmodellen; FMSA zu Übertragung der Depfa auf FMS Wertmanagement; Area & Clavis zu Verkauf von städt. Grundstücken; Fachklinik Hornheide vergaberechtl.; Landkreis Rottweil zu Breitbandausbau; Unternehmen für Hochschul-IT in EU-Beschwerde.

HOGAN LOVELLS
Beihilferecht ☐☐☐☐☐

Bewertung: Eine geschätzte Beihilferechtspraxis. Der auch im Kartell- u. ▶Vergaberecht tätige Hamburger Partner Dr. Marc Schweda kann in letzter Zeit immer öfter auch dort, wo im Rahmen von banken- oder transaktionsbezogenen Mandaten beihilferechtl. Bedarf entsteht, seine Erfahrung ausspielen. Die Arbeit im Zshg. mit der Depfa Bank bildet dabei nur ein Beispiel.

Mandate: ●● BMVerteidigung/gebb zu Neugestaltung der Beschaffung von Kleidung u. anderer nicht militär. Ausrüstung; EAA lfd., u.a. zu Verkauf von Basinghall Finance; FMS Wertmanagement zu Übernahme der Depfa Bank u. Kauf hybrider Anleihen von div. Gläubigern; GFKL Financial Services in steuerrechtl. Streit mit EU-Kommission um Sanierungsklausel.

JONES DAY
Beihilferecht ☐☐☐☐☐

Bewertung: Die empfohlene Beihilfepraxis zeichnet sich durch 2 sehr erfahrene u. bestens vernetzte dt. Spezialisten in ihrem ▶Brüsseler Büro aus. Dementsprechend früh gelang es Dr. Thomas Jestaedt zusammen mit seinem Seniorpartner, die heiklen Themen aus den Lux-Leaks-Untersuchungen aufzugreifen. Indem von McDermott der im Beihilferecht versierte Dr. Philipp Werner dazukam, verfügt JD nun über viel Expertise auf diesem Gebiet. Auch Werner, den ein Wettbewerber als „zuverlässigen u. hervorragenden Juristen" lobt, kommt dabei vom Kartell- u. Europarecht her.

Mandate: ●● Div. dt. Städte (Wiesbaden, Bad König, Bad Soden) zu Betrauung von Privaten mit Aufgaben von allg. wirtschaftl. Interesse; griech. Alpha Bank zu Umstrukturierungsplan u. Umsetzung; div. Unternehmen zu EEG-Streit mit EU-Kommission; Flughafen Dortmund u. Niederrhein in Beihilfeverfahren; Unternehmen zu Steuerrisiken aus der EU-Untersuchung.

LATHAM & WATKINS
Beihilferecht ☐☐☐☐☐

Bewertung: Häufig empfohlene Beihilferechtspraxis, deren langj. Arbeit für die Stadt Lübeck im vergangenen Jahr in der viel beachteten EuG-Entscheidung zu Flughafenentgelten mündete. Der Hamburger Partner Dr. Marco Núñez Müller zählt zum Kreis der erfahrensten Beihilferechtsspezialisten u. pflegt dabei enge Verbindungen zur span. Praxis u. Anwälten des ▶Brüsseler Büros. Kennzeichnend ist insgesamt eine breite europarechtl. Ausrichtung. Ein Wermutstropfen waren allerdings einige personelle Weggänge, durch die Núñez zwischenzeitl. stärker in der ▶Kartellrechtspraxis gebraucht wurde. (1 Partner, 2 Associates)

Mandate: ●● Lfd. Flughafen u. Stadt Lübeck; Flughafen Leipzig/Halle, JadeWeserPort Realisierung; Ludwig-Bölkow-Systemtechnik in Streit um Rückforderung von Beihilfen; Riva Stahl zu EEG-Umlage; Daimler Financial Services zu Fragen um Toll Collect; Stadt Bremen zu ÖPNV-Investitionen; Mead Park Management LLC/CarVal Investors zu EU-Beschwerde wg. Depfa-Privatisierung.

LINKLATERS
Beihilferecht ☐☐☐☐☐

Bewertung: Im Beihilferecht häufig empfohlene Praxis, die v.a. im Bankensektor präsent ist. Für die HRE betreute sie die turbulente Abwicklung der Depfa, nahtlos schließt sich jetzt die Betreuung der Bank bei der Privatisierung der PBB an. Daneben beriet Linklaters die EAA noch zu dem langwierigen Verkauf der WestImmo. Gefragt ist dabei immer wieder die Kompetenz der anerkannten Spezialisten Dr. Jan Endler („konstruktiv u. zielorientiert", Mandant), Dr. Wolfgang Deselaers u. Daniel von Brevern. Während so die Schnittstellen zum ▶Vergabe- u. ▶Kartellrecht gut abgedeckt sind, ist die Schnittstelle zur ▶Energieregulierung derweil noch ein zartes Pflänzchen.

Mandate: ●● HRE zu Verkauf der Depfa, Privatisierung der PBB u. in Beihilfeverfahren; EAA zu Verkauf der WestImmo; LBBW, Sumitomo Mitsui, SEB, KfW bei ÖPP-Finanzierung zur Sanierung der Uniklinik Schl.-Holst.; RWE Innogy zu Verkauf von Windparkanteilen ‚Nordsee One'; HSH Finanzfonds zu Stützungsmaßnahmen, v.a. zu Bilanzprüfung durch die EZB.

LUTHER
Beihilferecht ☐☐☐☐☐

Bewertung: Empfohlene Beihilfepraxis, deren Kernkompetenzen Dr. Helmut Janssen aus ▶Brüssel u. Ulf-Dieter Pape aus Hannover sind. Gemeinsam betreuen beide z.B. ein kommunales Wohnbauunternehmen zu Beihilfe-Compliance. Weiterhin gut beschäftigt sind Luther-Anwälte mehrerer Bereiche mit der Beratung von Industrieunternehmen zum Thema EEG-Umlage. Ein Wettbewerber lobt insbes. Janssen aufgr. seiner Leistung auf dem Feld als „einen der Top-Beihilferechtler".

Mandate: ●● ArcelorMittal, Dt. Edelstahlwerke, Saint-Gobain u. andere in EU-Beihilfeverfahren zur EEG-Umlage; kommunales Wohnungsbauunternehmen zu Beihilfe-Compliance; Getränkehändler gg. Landesbauentwickler wg. Rückzahlungsforderung.

LUTZ ABEL
Beihilferecht ☐☐☐☐☐

Bewertung: Seine schon bisher ausgeprägten Beziehungen nach Süddtl. erklären den Schritt des häufig empfohlenen Brüsseler Beihilfespezialisten Dr. Andreas Bartosch, sich Lutz Abel anzuschließen (vorm. Kemmler Rapp). Seit Anfang 2015 erweitert er die vergabe- u. öffentl.-rechtl. Arbeit der Kanzlei um eine hochaktuelle Facette. Er bringt viel Erfahrung u.a. in EU-Prüfverfahren mit, ist aber auch in Mandaten um neue Regeln für Forschungs- u. Entwicklungsmandate positioniert. Nun muss es gelingen, eine gemeinsame Geschäftsentwicklung einzuleiten. Die Vergaberechtler unterhalten etwa Kontakte im Bau- u. Gesundheitsbereich sowie zur öffentl. Hand.

Mandate: ●● Lfd. Flughafen München; Brodosplit Shipyard zu EU-Restrukturierungsbeihilfen; Landesministerium zu EEG-Umlage, Förderung von Fernwärme u. Pumpspeicherwerken, Milch- u. Fettgesetz; Uniklinikum zu FuE-Investition in Pharmafilteranlage; BMJustiz bzgl. Verbraucherschutz; Bayr. Hotel- u. Gaststättenverband zu Kongresszentrum Ingolstadt.

MÜLLER-WREDE & PARTNER
Beihilferecht

Bewertung: Das im Beihilferecht häufig empfohlene Team sitzt zwar in Berlin, besticht aber durch seine guten europ. Kontakte u. Vernetzung in der Szene. Christoph von Donat u. Gabriele Quardt („sehr erfahren u. kompetent", Wettbewerber) verteidigen aktuell die EU-Kommission im Streit um das ‚alte' EEG. Ein Schwerpunkt der Arbeit war zuletzt zudem das Förderungsrecht, darüber hinaus kam die Kanzlei an der Schnittstelle zum ▶Vergaberecht für eine Investitionsbank zum Einsatz.

Mandate: ●● EU-Kommission zu Klagen gg. ihren Beschluss zum EEG; Investitionsbank vergabe- u. beihilferechtl. zu Risikokapitalfonds; Landschaftspflegeverband zu Kooperationsvorhaben; Energieversorger; Nahverkehrsgesellschaften zu Infrastrukturfinanzierung.

NOERR
Beihilferecht

Bewertung: Im Beihilferecht empfohlene Praxis. Durch die traditionell starke Aufstellung in Osteuropa haben Dr. Alexander Birnstiel u. Helge Heinrich besondere Expertise in Fragen bzgl. der neuen EU-Mitgliedsstaaten aufgebaut. So kommt Noerr oft für Industrieunternehmen bei Investitionsvorhaben in Osteuropa zum Einsatz, auch bei strateg. Fragen. Am Bsp. der kartellrechtl. Dauermandantin Vinnolit, die nun auch beihilferechtl. beraten wurde, zeigt sich das weitere Ausbaupotenzial, zumal die Beihilferechtler auch stark in die Entwicklung des ▶Brüsseler Büros eingebunden sind.

Mandate: ●● Vinnolit zu Beihilfeverf. wg. EEG-Umlage; Stadt München beihilfe- u. kommunalrechtl. zu Sanierung der Kliniken; H2 Mobility Konsortium (Air Liquide, Daimler, Linde, OMV Dtl., Shell, Total) beihilfe- u. kartellrechtl. zu Aufbau Wasserstofftankstelleninfrastruktur in Dtl.; Global Safety Textiles zu Erweiterung einer Produktionsstätte in Rumänien; Landesvereinigung Milchwirtschaft Niedersachsen zu Milch- u. Fettgesetz.

NORTON ROSE FULBRIGHT
Beihilferecht

Bewertung: Häufig empfohlene Praxis im Beihilferecht mit Fokus auf dem Infrastruktur- u. dem ▶Verkehrssektor. Die etablierte Praxis um Jürgen Werner (▶Brüssel) betreute zuletzt die griech. Privatisierungsgesellschaft beim gepl. Verkauf von Regionalflughäfen an Fraport. In München baut Counsel Dr. Matthias Nordmann die Beihilferechtl. Beratung auf. Prominent ist die Betreuung von Nexovation, die als Bieterin um den Nürburgring ausschied, sich aber nun in das EU-Beihilfeverfahren einbringt.

Mandate: ●● Nexovation in Beihilfeverfahren um Nürburgring; HRADF zu Verkauf von 14 griech. Flughäfen an Fraport; EasyJet in EU-Beihilfeverf.; priv. Klinikgruppe gg. Beihilfen für kommunale Krankenhäuser; Fluglinie zu Marketingvereinbarung mit Flughafen; Bank zu Eigenkapitalerhöhung; Energiehandelsfirma zu vergünstigten Stromeinkaufspreisen.

OPPENHOFF & PARTNER
Beihilferecht

Bewertung: Geschätzte Praxis im Beihilferecht um Dr. Andrés Martin-Ehlers. Sie ist v.a. bekannt für ihre Beratung im Luftfahrtsektor, Vorzeigemandat ist der Prozess für Lufthansa gg. den Flughafen Hahn. Mit einer Partnerernennung im Kartellrecht stärkte Oppenhoff auch beihilferechtl. den Fokus im Luftverkehrsbereich u. wertete die Beratung bzgl. FuE-Beihilfen auf.

Mandate: ●● Lufthansa in Prozess gg. Flughafen Hahn wg. Beihilfen an Ryanair (BGH, EuGH); lfd. Dt. Zentrum für Luft- u. Raumfahrt; Fluglinien gg. Beihilfeentscheidungen der EU-Kommission.

PRICEWATERHOUSECOOPERS LEGAL
Beihilferecht

Bewertung: Das im Beihilferecht geschätzte Team um Stephan Naumann hat sich im ersten Jahr nach dem Wechsel von EY Law schnell mit dem öffentl.-rechtl. Team vernetzt. Viel Erfahrung haben die Beihilferechtler bei Verkehrs- u. Infrastrukturprojekten u. Finanzierungsfragen, wovon etwa die Arbeit im Zshg. mit Rückforderungen an das Land bzgl. des Flughafens Zweibrücken zeigt. Auch im ▶Vergaberecht angesehen.

Mandate: ●● Rheinl.-pfälz. Innenministerium zu Umsetzung der Kommissionsentscheidung Zweibrücken; Kaiserslautern bzgl. Pachtvertrag für Fußballstadion; Freiburg zu Finanzierungskonzept für Stadion; Lübeck zu Infrastrukturfinanzierung; Zoo Leipzig zu Kongresshallensanierung; Kfz-Hersteller zu Erweiterungsinvestitionen einer ungar. Tochter.

REDEKER SELLNER DAHS
Beihilferecht

Bewertung: Häufig empfohlene Beihilfepraxis mit Dr. Ulrich Karpenstein u. Dr. Andreas Rosenfeld, die ein Wettbewerber für ihre „sehr hohe Fachkompetenz u. angenehme Zusammenarbeit" lobt. Herausragend ist ihre Erfahrung entsprechend der Ausrichtung der Gesamtkanzlei an der Schnittstelle zum ▶Umwelt- sowie auch zum ▶Energierecht. Ein neues Thema war zuletzt die Beratung zur Entwicklung des sog. Grünstrommarktmodells als alternative Direktvermarktung für Strom aus erneuerbaren Energien. Auch beihilferechtl. Fragen im Hafensektor haben an Bedeutung zugenommen.

Mandate: ●● Clean Energy Sourcing zu Einführung des Grünstrommarktmodells; Saria im Streit um Tierkörperbeseitigung (BVerwG u. EuGH); Vattenfall, Hydro Aluminium u. andere in EEG-Fragen; Sparkasse zu Kapitalzufuhr; Gemeinde bei erfolgr. Beendigung von Flughafenbeihilfeverfahren; slowak. Unternehmen bei Beschwerde wg. Investitionsbeihilfen für Konkurrenten.

DR. MICHAEL SCHÜTTE
Beihilferecht

Bewertung: Aufgrund der langen Erfahrung u. intensiven Vernetzung wird Dr. Michael Schütte auch weiterhin in beihilferechtl. Mandaten geschätzt, auch als strateg. Berater. Dabei berät er verstärkt zusammen mit Brüsseler Anwälten aus anderen Kanzleien, wie Jones Day, Wilson Sonsini oder Reysen.

Mandate: ●● ArcelorMittal zu Stromlieferverträgen mit Hidroelectrica (Rumänien); BMW in EuG-Prozess um Investitionsbeihilfen für Elektrofahrzeugeproduktion in Leipzig; Land Meck.-Vorp. zu Rettungsbeihilfe für P+S-Werften.

TAYLOR WESSING
Beihilferecht

Bewertung: Empfohlene beihilferechtl. Praxis um den D'dorfer Partner Andreas Haak. Sie pflegt eine enge Verbindung zur ▶Vergaberechtspraxis, durch die sich z.B. ein gemeinsamer Schwerpunkt im Gesundheitssektor ergibt. Ein weiterer wichtiger Beratungsbereich ist der Infrastruktursektor, dabei gewinnen Mandate von Häfen immer mehr an Bedeutung. So berät das Team beihilfe- u. vergaberechtl. zur Finanzierung des Zugangs zum Seehafen Brake.

Mandate: ●● Insolvenzverwalter des Flughafens Zweibrücken zu Beihilferückforderung; J. Müller AG/Seehafen Brake beihilfe- u. vergaberechtl. zu Finanzierung des Hafenzugangs; Afinum bei Kauf von Camano zu Regionalförderung; Bavaria Electrodes zu EEG-Beihilfeverf.; russ. Industrieller zu Verträgen mit WestLB.

WHITE & CASE
Beihilferecht

Bewertung: Häufig empfohlene Beihilfepraxis um Christoph Arhold u. Kai Struckmann. „Interessante, oft internat. Mandate" bescheinigen ihnen auch namh. Wettbewerber. So hat das Team für das slowak. Chemieunternehmen Fortischem Klage gg. eine Beihilferückforderung eingereicht, von der es als neuer Eigner nach Kauf eines Unternehmens aus Insolvenz betroffen ist. Arhold gehört zum Zirkel der umtriebigsten Berater für Fragen bzgl. des EEG-Beihilfeverfahrens.

Mandate: ●● Fortischem (slowak.) gg. Beihilferückforderung nach Insolvenzkauf; VCI, Verband dt. Papierfabriken, Verein Dt. Zementwerke, Verband der Dt. Kalkindustrie u. 16 dt. Chemieunternehmen zu EEG-Beihilfeverf.; Allianz Renewable bei Kauf von Solarprojekten; Saarema wg. Beihilfen im Wettbewerber; Autobauer zu mögl. Regionalbeihilfe für neue Sprinter-Generation.

WILMERHALE
Beihilferecht

Bewertung: Im Beihilferecht häufig empfohlene Praxis, mit regelm. starkem Bezug zum Vergaberecht u. Infrastruktursektor, was sich an der für die Praxis wichtigen Arbeit für das Land Hessen zeigt: Das Team um Prof. Dr. Hans-Georg Kamann („absoluter Experte", Wettbewerber) u. Dr. Jan Heithecker („sehr angenehm", Wettbewerber) berät u. a. bei der Privatisierung des Flughafens Ffm.-Hahn. Die Arbeit für die European Gaming & Betting Association bildet ein Bsp. für die Kompetenz an der Schnittstelle zum Steuerrecht.

Mandate: ●● Hessen zu Verkauf von Flughafen Ffm.-Hahn, zu Finanzierung des Flughafens Kassel-Calden u. Eigenkapitalmaßnahme für Staatsweingüter; European Gaming & Betting Association vor EuGH wg. dänischer Onlineglücksspielsteuer; Rh.-Pf. zu Tourismusförderung; Flensburger Autobusgesellschaft beihilferechtl. zu ÖPNV-Vergaben; Pharmaverband BPI zu Beihilfeverfahren wg. Rabattpflichtbefreiungen; lfd. Dt. Post.

● Referenzmandate, umschrieben
●● Referenzmandate, namentlich

Anwaltszahlen: Angaben der Kanzleien, wie viele Anwälte zu mind. ca. 50 % in diesem Gebiet tätig sind. Sie spiegeln nicht zwingend die Gesamtgröße einer Kanzlei wider.

Umwelt- und Planungsrecht

Windparks sorgen für Konflikte

Die Energiewende ist in vollem Gange und bildet auch im Umwelt- und Planungsrecht weiter ein zentrales Thema. Gerade beim Bau neuer Anlagen ist das Konfliktpotenzial hoch, denn für Flugsicherung, Militär und Wetterdienst ergeben sich durch viele Windparkprojekte Konflikte mit den eigenen Anlagen. Probleme aufgrund der zunehmenden Verdichtung gibt es auch in den Großstädten, wo Gewerbe und Industrie immer näher aneinanderrücken und Immissionsschutzfragen verschärfen. Zugleich werden die Großstädte bei der Schaffung von Wohnraum kreativer und treiben etwa Flächensanierungen voran. Insbesondere in Berlin spielt der soziale Wohnungsbau eine wichtige Rolle und stellt Investoren, Bauherren, aber auch Kommunen zunehmend vor Herausforderungen. Die absehbare Einflussnahme der EU auf Großbauprojekte zeichnet sich im Ikea-Verfahren in Brüssel ab, aber auch an den Fällen Waldschlößchenbrücke und Weservertiefung.

Energiewende erleichtert Kanzleien den Generationswechsel

Für Kanzleien bietet die Energiewende ein breites Betätigungsfeld, in das jüngere Anwälte gut hineinwachsen können. **Clifford Chance** und **Linklaters** etwa haben die Gunst der Stunde genutzt, um jüngere Anwälte über das Thema Netzausbau im Markt zu installieren. Auch deutsche Einheiten wie **Dolde Mayen & Partner**, **Gaßner Groth Siederer & Coll.** und **Redeker Sellner Dahs** beschäftigt der Generationswechsel intern. Den ersten Schritt – die Ernennung jüngerer Anwälte zu Partnern – sind diese Kanzleien schon gegangen. Bei Schritt zwei – der Etablierung dieser Partner im Markt – sind sie noch nicht so weit. Oft sind es hier noch ihre renommierten Vorgänger, die bei wichtigen Mandaten die Federführung haben.

Auch thematisch hält die Energiewende einiges für die Kanzleien bereit. Top-Umweltpraxen wie bei **Freshfields Bruckhaus Deringer**, **Gleiss Lutz**, **Redeker** und **Dolde** sind gesetzte Berater der Energieversorger in den Auseinandersetzungen rund um den Atomausstieg. Aber auch kleinere Kanzleien wie **Heinemann & Partner** platzieren sich geschickt aufseiten des Bundes. Mit Spezialwissen bei Infrastrukturprojekten dringt **CBH** tiefer in den Markt, ähnlich etabliert sich **Luther** beim Thema EEG.

Die folgenden Bewertungen behandeln Kanzleien, die im Umwelt- und Planungsrecht aktiv sind. Das Öffentliche Bau- u. Planungsrecht umfasst neben genehmigungsrechtlichen Fragen viele umweltrechtliche Aspekte. Schnittstellen ergeben sich zu den Gebieten ▶Umstrukturierung, ÖPP und Projektfinanzierung, ▶Vergaberecht sowie ▶Baurecht. Beim laufenden Betrieb von etwa Kraftwerken u. Immobilien spielt das Umweltrecht ebenfalls eine wichtige Rolle, z.B. wenn es um den Naturschutz, Ressourceneffizienz u. Emissionshandel (Schnittstelle ▶Energiewirtschaftsrecht) oder einen Verkauf der Anlagen geht (Schnittstelle ▶M&A).

Kanzleien, die im ▶Produkt- und Abfallrecht überdurchschnittlich erfahren sind, werden gesondert besprochen. Eine Reihe renommierter Umwelt- u. Planungsrechtler hat zudem eine besondere Expertise im ▶Verfassungs- und Verwaltungsrecht herausgebildet. Im Kapitel ▶Verkehr finden sich Kanzleien, die einen besonderen Fokus auf Infrastrukturprojekten und Regulierungsfragen aus dem Luftverkehrs- u. SPNV-Sektor haben.

JUVE KANZLEI DES JAHRES
UMWELT- UND PLANUNGSRECHT
LENZ UND JOHLEN

Die Ausbaustrategie der Kölner Kanzlei ist voll aufgegangen: Gleich mehrere neue Praxisgruppen hat sie erfolgreich etabliert. Ihre hervorragenden, von Mandanten gelobten Kontakte zur öffentlichen Hand nutzte sie, um den Bereich der erneuerbaren Energien zu erschließen. Nun berät sie Kommunen zu Hochspannungsleitungen und das Land Mecklenburg-Vorpommern zu einem Windparkprojekt. Aus der Beratung zu Grundstücksvergaben baute Lenz und Johlen eine Vergaberechtspraxis auf und erschließt sogar die hochaktuelle Schnittstelle zum Beihilferecht. Doch damit nicht genug: Auch der Luftverkehrsbereich stand auf ihrer Agenda. Wettbewerbern ist das erfolgreiche Engagement des zuständigen Partners **Dr. Christian Giesecke** dort nicht entgangen. Parallel hatte die Kanzlei noch Energie für die Weiterentwicklung ihrer schon etablierten Praxen. Die Kompetenz bei Einzelhandelsansiedlungen macht sie zur idealen Beraterin für komplexe Fälle, z.B. für Ikea im EU-Vertragsverletzungsverfahren zur Niederlassungsfreiheit. Diese Entwicklungen sind das Ergebnis einer nachhaltigen und soliden Personalpolitik: Lenz und Johlen ist in den vergangenen Jahren durch regelmäßige Partnerernennungen stetig gewachsen. Ein Ausbau des Karriereprogramms für Praktikanten, Referendare und Berufseinsteiger soll als i-Tüpfelchen noch folgen.

ÖFFENTLICHER SEKTOR UMWELT- UND PLANUNGSRECHT

AVOCADO
Umwelt- und Planungsrecht

Bewertung: Die geschätzte Kanzlei im Umwelt- u. Planungsrecht berät ihre Mandanten, die überwiegend aus der Entsorgungsbranche kommen, umfassend. Stärker noch als im Vorjahr war sie mit den Auswirkungen der Umweltinspektionen beschäftigt. Dabei spielten Compliance-Themen eine Rolle, v.a. aber die sanktionsbegleitende Beratung. Als weiterer wichtiger Bereich entwickelte sich zuletzt die Beratung mehrerer Stadtwerke im Fachplanungs- u. Anlagenrecht im Zshg. mit dem Betrieb von Verbrennungsanlagen u. Kraftwerken.
Stärken: Umweltrecht, v.a. Abfallrecht.
Häufig empfohlen: Markus Figgen, Dr. Thomas Gerhold („kompetent, angenehme Zusammenarbeit", „souveräner Berater mit exzellenten Kenntnissen", Wettbewerber), Dr. Ralf Kaminski
Kanzleitätigkeit: Schwerpunkt im Umweltrecht (v.a. Immissionen, Altlasten, Bodenschutz, CO2-Handel, umweltbez. Gebührenrecht). Branchenschwerpunkte: Entsorgung (Industrieverbandsnähe), chem. Industrie, Kraftwerke, Energie- u. Mineralstoffgewinnung u. Papierindustrie. Zudem Öffentl. Bau- u. Planungsrecht, Umweltstrafrecht u. Vergaberecht. Beihilferecht, häufig an der Schnittstelle zum Kartellrecht. (4 Eq.-Partner, 4 Sal.-Partner, 2 Counsel, 3 Associates, 2 of Counsel)
Mandate: ●● Bauer Umwelt/Ecosoil Süd u. Rheinkalk lfd. umweltrechtl.; Projektentwickler zu Erschließung von EKZ; Recyclingunternehmen zu Compliance; zahlr. Unternehmen zu IED-Kontrollen, insbes. bzgl. Sanktionen; Abfallentsorger bei Deponieerweiterung; div. Kraftwerke u. Industrieanlagen zu Emissionshandel; ausl. Fluglinie zu Ausbau eines dt. Flughafens u. CO2-Handel; Kraftwerksbetreiber bei Klagen gg. Kohlekraftwerksgenehmigung; Stadtwerke wasserrechtl. zu Pumpspeicherkraftwerksbau, div. Stadtwerke zu Betrieb von Verbrennungsanlagen u. Kraftwerken.

BAUMEISTER
Umwelt- und Planungsrecht

Bewertung: Die im Umwelt- u. Planungsrecht häufig empfohlene Kanzlei berät weiterhin sehr aktiv im Bereich Tierhaltungs- u. Biogasanlagen. Hier erzielte der renommierte Partner Beckmann („immer eine gute Adresse", Wettbewerber) zum Jahresanfang einen Teilerfolg für mehrere Brütereien vor dem VG Minden. Er berät darüber hinaus mehrere Unternehmen zu den Folgen der Einstellung des Bergbaus. Die Auswirkungen der IED u. damit zusammenhängende grundsätzl. Fragestellungen für betroffene Unternehmen beschäftigen die Praxis fortlaufend. Ihre planungsrechtl. Kompetenz sorgt zudem dafür, dass Baumeister im EKZ-Bereich immer mehr Fuß fasst u. dabei sowohl auf Kommunen- als auch auf Unternehmensseite tätig ist.
Stärken: Eng verzahnte Beratung im Öffentl. Bau- u. Umweltrecht.
Häufig empfohlen: Prof. Dr. Martin Beckmann („sehr konzentriert mit einem sehr guten Team", „kompetente u. kreative Vertretung von Mandanten", Wettbewerber), Dr. Klaus Grünewald, Dr. Georg Hünnekens („sehr kompetent u. gut vernetzt", Wettbewerber), Dr. Andreas Kersting, Dr. André Unland
Kanzleitätigkeit: Schwerpunkte im Öffentl. Bau- u. Planungsrecht (Energieprojekte, EKZ-Ansiedlungen, Bergrecht) u. Umweltrecht (Immissionen, Altlasten, Wasser). Klass. Verwaltungsrecht, v.a. Gebühren u. politiknahe Beratung. ▶ Vergaberecht u. Privatisierungen. Zudem ▶ Produkt- u. Abfallrecht. (9 Eq.-Partner, 4 Sal.-Partner, 3 Associates)
Mandate: ●● Kreise Borken, Coesfeld, Steinfurt u. Warendorf gutachterl. zu Intensivtierhaltung; 11 NRW-Brütereien bei Klage gg. tierschutzrechtl. Untersagung/Einschränkung; Fiege u.a. im Bauleit- u. Genehmigungsverf. für Logistikcenter; Evonik Real Estate u.a. zu Bauleitplanverf. für Chemieparks; Stadt Münster lfd. kommunal- u. planungsrechtl., auch zur Erweiterung Preußen Stadion; Nord LB zu rechtl. Risiken bei Windparkprojekten; RWE Innogy u. BP planungs- u. immissionsschutzrechtl.; Zurbrüggen regelm. zur Entwicklung von Möbelhausstandorten; Stadt Datteln u. Land NRW zu E.on-Kraftwerk Datteln; Amprion zu Planfeststellungsverf. für Höchstspannungsleitung; Projektentwickler u. Betreiber Biogasanlage immissionsschutzrechtlich.

UMWELT- UND PLANUNGSRECHT

Kanzlei	Standorte
Dolde Mayen & Partner	Stuttgart, Bonn
Freshfields Bruckhaus Deringer	Berlin, Düsseldorf, Frankfurt, Hamburg, Köln
Gleiss Lutz	Berlin, Stuttgart, Düsseldorf
CMS Hasche Sigle	Hamburg, Berlin, Köln, Stuttgart
Noerr	Berlin, Dresden, Frankfurt, München
CBH Rechtsanwälte	Köln
Hengeler Mueller	Berlin, Düsseldorf
Lenz und Johlen	Köln
Luther	Berlin, Düsseldorf, Essen, Hamburg, Brüssel
Redeker Sellner Dahs	Berlin, Bonn
Baumeister	Münster
Linklaters	Berlin
Taylor Wessing	Düsseldorf, Hamburg, München
Brandi	Paderborn, Minden
Clifford Chance	Düsseldorf, Frankfurt
Gaßner Groth Siederer & Coll.	Berlin, Augsburg
Görg	Berlin, Hamburg, Köln, München
Graf von Westphalen	Hamburg, Düsseldorf
GSK Stockmann + Kollegen	München, Berlin, Hamburg
Hogan Lovells	Frankfurt, Düsseldorf
White & Case	Berlin
Wolter Hoppenberg	Hamm, Münster
Avocado	Köln
Eisenmann Wahle Birk & Weidner	Stuttgart
Köchling & Krahnefeld	Hamburg
Köhler & Klett	Köln, München
Raue	Berlin
Weissleder Ewer	Kiel
Zenk	Hamburg, Berlin

Die hier getroffene Auswahl der Kanzleien ist das Ergebnis der auf zahlreichen Interviews basierenden Recherche der JUVE-Redaktion (s. Einleitung S. 20). Sie ist in 2erlei Hinsicht subjektiv: Sämtliche Aussagen der von JUVE-Redakteuren befragten Quellen sind subjektiv u. spiegeln deren eigene Wahrnehmungen, Erfahrungen u. Einschätzungen wider. Die Rechercheergebnisse werden von der JUVE-Redaktion unter Einbeziehung ihrer eigenen Marktkenntnis analysiert u. zusammengefasst. Der JUVE Verlag beabsichtigt mit dieser Tabelle keine allgemein gültige oder objektiv nachprüfbare Bewertung. Es ist möglich, dass eine andere Recherchemethode zu anderen Ergebnissen führen würde. Innerhalb der einzelnen Gruppen sind die Kanzleien alphabetisch geordnet.

▶▶▶ Bitte beachten Sie auch die Liste weiterer renommierter Kanzleien am Kapitelende. ◀◀◀

BRANDI
Umwelt- und Planungsrecht

Bewertung: Im Umwelt- u. Planungsrecht empfohlene Kanzlei, die zuletzt eine Reihe neuer Mandanten gewann. So begleitet sie einen bekannten dt. Feinkosthersteller bei der Sicherung eines Produktionsstandorts. Durch die Zusammenarbeit mit den Strafrechtlern aus dem noch recht jungen Büro in Hannover beriet das Team zuletzt verstärkt in Umweltstrafverfahren. Daneben beschäftigen Brandi abfallrechtl. Fragen (▶ Produkt- u. Abfallrecht). Der angesehene Paderborner Partner Dippel arbeitet auch im Energierecht, das immer mehr an Profil gewinnt. Zuletzt beriet er hier erstmals einen Hersteller von Schiffstechniksystemen zu neuartigen genehmigungsrechtl. Fragen für ein Kraftwerksschiff.
Stärken: Hohe Spezialisierung im Bau-, Planungs- u. Immissionsschutzrecht.
Häufig empfohlen: Prof. Dr. Martin Dippel („an-

● Referenzmandate, umschrieben
●● Referenzmandate, namentlich

Anwaltszahlen: Angaben der Kanzleien, wie viele Anwälte zu mind. ca. 50 % in diesem Gebiet tätig sind. Sie spiegeln nicht zwingend die Gesamtgröße einer Kanzlei wider.

UMWELT- UND PLANUNGSRECHT ÖFFENTLICHER SEKTOR

genehmer Anwalt", „kreativ u. engagiert", Wettbewerber), Dr. Nils Gronemeyer
Kanzleitätigkeit: Bauordnungs- u. Bauplanungsrecht (u.a. Ansiedlungen im Einzelhandel), umweltrechtl. Schwerpunkte im Immissionsschutz-, Altlasten- u. Abgrabungsrecht sowie CO_2-Handel. Zunehmend ▶Produkt- u. Abfallrecht. Daneben Energie-, Vergabe- u. Baurecht. V.a. mittelständ. Mandanten, daneben Großkonzerne u. Kommunen. (7 Partner, 4 Associates)
Mandate: ●● Benteler Steel u. internat. Papierhersteller zu wasserrechtl.; internat. Entsorgungsunternehmen zu BImSchG-Verf.; Feinkosthersteller zu Standortsicherung; Claas Guss zu Brandschutz; Dyckerhoff zu BImSchG-Verf. u. regelm. umwelt- u. planungsrechtl.; Südzucker zu Genehmigungs- u. Bauleitplanverf. für neue Fabrik; Pfeifer & Langen lfd. umwelt- u. planungsrechtl.; Fleischverarbeiter bei Standortsicherung gg. Bürger- u. Umweltverbände; Brauerei ggü. Behörden zu Legionellenbelastung in Kläranlage; div. Kommunen bau- u. immissionsschutzrechtl. zu Logistikzentrum u. zu Konzentrationsflächen für Windenergieanlagen.

Führende Namen im Umwelt- und Planungsrecht

Prof. Dr. Martin Beckmann	Baumeister
Prof. Dr. Hans-Jörg Birk	Eisenmann Wahle Birk & Weidner
Dr. Markus Deutsch	Dolde Mayen & Partner
Prof. Dr. Klaus-Peter Dolde	Dolde Mayen & Partner
Prof. Dr. Wolfgang Ewer	Weissleder Ewer
Hartmut Gaßner	Gaßner Groth Siederer & Coll.
Dr. Thomas Gerhold	Avocado
Dr. Klaus-Martin Groth	Gaßner Groth Siederer & Coll.
Dr. Fritz von Hammerstein	CMS Hasche Sigle
Prof. Dr. Heribert Johlen	Lenz und Johlen
Herbert Kaltenegger	Labbé & Partner
Dr. Andreas Kersting	Baumeister
Prof. Dr. Wolfgang Kuhla	Raue
Prof. Dr. Christoph Moench	Gleiss Lutz
Dr. Herbert Posser	Freshfields Bruckhaus Deringer
Prof. Dr. Olaf Reidt	Redeker Sellner Dahs
Dr. Wolf Spieth	Freshfields Bruckhaus Deringer
Prof. Dr. Michael Uechtritz	Gleiss Lutz
Prof. Dr. Clemens Weidemann	Gleiss Lutz

Die hier getroffene Auswahl der Personen ist das Ergebnis der auf zahlreichen Interviews basierenden Recherche der JUVE-Redaktion (siehe S. 20). Sie ist in 2erlei Hinsicht subjektiv: Sämtliche Aussagen der von JUVE-Redakteuren befragten Quellen sind subjektiv u. spiegeln deren eigene Wahrnehmungen, Erfahrungen u. Einschätzungen wider. Die Rechercheergebnisse werden von der JUVE-Redaktion unter Einbeziehung ihrer eigenen Marktkenntnis analysiert u. zusammengefasst. Der JUVE Verlag beabsichtigt mit dieser Tabelle keine allgemein gültige oder objektiv nachprüfbare Bewertung. Es ist möglich, dass eine andere Recherchemethode zu anderen Ergebnissen führen würde.

CBH RECHTSANWÄLTE
Umwelt- und Planungsrecht

Bewertung: Im Umwelt- u. Planungsrecht häufig empfohlene Kanzlei. Traditionell stark ist CBH in der klass. Bauleitplanung, wo sie v.a. in NRW auf kommunaler Ebene ausgezeichnet vernetzt ist. Hier konnte sie zuletzt z.B. Aurelis Real Estate von sich überzeugen. Ihren Schwerpunkt bei Infrastrukturprojekten, insbes. bei erneuerbaren Energien, hat sie zuletzt ausgebaut u. ist immer häufiger in Ausschreibungen siegreich. Dabei ist sie aufgrund der engen Zusammenarbeit mit renommierten Planungsbüros erfolgreich. Nachdem sie 2014 die BNetzA als Mandantin gewann, schaffte sie es nun auch auf die Beraterliste eines großen Netzbetreibers, den sie bei Projekten außerhalb der Bundesfachplanung begleitet. Intern hat die Gruppe gleichzeitig an ihrer Aufstellung gefeilt u. arbeitet bei Vorhaben noch intensiver mit den ▶Priv. Baurechtlern u. Finanzierern zusammen.

Stärken: Beratung zu Gasleitungsbauvorhaben, umf. projektbegleitende Beratung im ▶Priv. Baurecht u. Immobilienrecht.

Häufig empfohlen: Manfred Haesemann, Stefan Rappen

Kanzleitätigkeit: Schwerpunkt im Öffentl. Baurecht. Projektentwicklungen (inkl. Planfeststellungsverf.) u. Umweltrecht (Immission, Altlasten, Abfall, Wasserrecht, Bodenschutz). Zudem ▶Vergabe-, ▶Beihilfe-, Energierecht sowie ▶Verfassungs- u. Verwaltungsrecht. (7 Partner, 10 Associates)

Mandate: ●● Aurelis Real Estate u.a. zu Wohnprojekt in Köln; Regierungspräsidium Kassel als Projektmanager nach § 43g EnWG; Bauwens u. Dt. Wohnkompanie zu Projekt Dt. Welle; Creos zu Ausbau u. Erneuerung Gasnetz; Ikea umwelt- u. planungsrechtl.; BNetzA umf. zur Bundesfachplanung von Stromtrassenkorridoren; Werhahn bauplanungsrechtl. zu Büroprojekten in Köln u. im Neusser Hafen; NewPark umweltrechtl. u. bauleitplanerisch zu Industrieareal in Datteln; Gasunie, Opal Nel, E.on Ruhrgas, Gascade Transport jew. zu Energiepipelines; Stadt Kaarst zu Bau von Ikea-EKZ; Netzbetreiber lfd. zu Netzausbauprojekten.

CLIFFORD CHANCE
Umwelt- und Planungsrecht

Bewertung: Empfohlene Kanzlei im Umwelt- u. Planungsrecht. In Ffm. ist die Arbeit des Teams um Elshorst in erster Linie geprägt durch die enge Zusammenarbeit mit den Transaktionspraxen. Originär umweltrechtl. Geschäft spielt dort eine untergeordnete Rolle. Anders in D'dorf, wo Neupartner Elspaß den Netzbetreiber Amprion im Zshg. mit der Bundesfachplanung begleitet. Sein Engagement in diesem Bereich registrieren auch Wettbewerber.

Stärken: Internat. Beratung, CO_2-Handel, Nähe zu ▶Gesellsch.recht u. zur starken Bank- u. Finanzrechtspraxis (▶Anleihen, ▶Kredite u. Akqu.fin.).

Entwicklungsmöglichkeiten: Seit dem Weggang eines renommierten Partners in München befand sich das Umweltrechtsteam in einer sensiblen Findungsphase, die durch den Weggang eines angesehenen Energierechtsteams kompliziert wurde. Gerade Elspaß arbeitete eng mit diesem Team zusammen. Seine Partnerernennung war daher ein richtiger, aber auch dringend notwendiger Schritt. Seine Bundesfachplanungsprojekte sind eine gute Möglichkeit, sich selbst u. der öffentl.-rechtl. Praxis ein eigenes bzw. neues Profil im Markt zu verschaffen.

Häufig empfohlen: Dr. Manfred Rebentisch, Dr. David Elshorst, zunehmend auch Dr. Mathias Elspaß („gehört zur nachwachsenden Generation an Top-Umweltrechtlern", Wettbewerber)

Kanzleitätigkeit: Beratung im Öffentl. Bau- u. Planungsrecht, Umweltrecht u. industrieparkspezif. Fragen. Zudem M&A-Unterstützung, ▶ÖPP u. ▶Vergabe. Enge Verbindungen zu den Praxen ▶Immobilien-, ▶Energie- u. ▶Wirtschaftsstrafrecht. Zudem Produkt- u. Abfallrecht. (2 Partner, 9 Associates, 1 of Counsel)

Mandate: ●● Amprion in Planfeststellungsverfahren für Freileitungen u. bei Genehmigung neuer Stromleitungen; Basell immissionsschutzrechtl. zu Anlagengenehmigung; EnBW öffentl.-rechtl. zu Windparkkauf; Bankenkonsortium bei Windparkfinanzierung.

CMS HASCHE SIGLE
Umwelt- und Planungsrecht

Bewertung: Die Kanzlei zählt zu den führenden im Umwelt- u. Planungsrecht. Das verdankt sie in erster Linie dem hohen Ansehen des Hamburger Partners Dr. Fritz Frhr. von Hammerstein, den Wettbewerber als „herausragend" im Markt, aber auch im internen CMS-Vergleich loben. Einen wesentl. Schwerpunkt der Praxis bilden Genehmigungs- u. Planfeststellungsverfahren, die die Partner häufig vor Gericht durchfechten, zuletzt für Infraserv. Daneben profitierte die Praxis vom erhöhten Beratungsbedarf bei UVP-pflichtigen Vorhaben. Auch wenn die Öffentlrechtler regelm. in Transaktionen u. Projektberatung mit anderen Praxisgruppen zusammenarbeiten, legen sie ihren Fokus mehr als viele vergleichbare Wettbewerber auf das originäre Geschäft. Das hängt nicht zuletzt mit der Größe der Praxisgruppe zusammen, zu der auch die ▶Immobilien- u. ▶Baurechtler zählen, die regelm. Schnittstellen bedienen oder Verweisgeschäft liefern. Die Ernennung einer Counsel zur Partnerin unterstreicht die Nachhaltigkeit der Praxis.

Stärken: Planfeststellungs- u. Genehmigungsverfahren; an der Schnittstelle zum Energierecht; Transaktionsbegleitung.

Entwicklungsmöglichkeiten: Während die Zusammenarbeit der Öffentlichrechtler mit den Bau- u. Immobilienrechtlern sehr gut funktioniert, ist CMS beim Ausbau des Energierechts in NRW kaum vorangekommen. Synergien zwischen den Teams in D'dorf (Energierecht) u. Köln (Öffentl. Recht) gibt es kaum. Hier sind Wettbewerber wie Noerr einen Schritt voraus.

Häufig empfohlen: Dr. Fritz von Hammerstein („hoch kompetent, effizient u. sehr gute Marktkenntnisse", Mandant), Dr. Christian Scherer-Leydecker („immer freundlich u. kollegial", Wettbewerber), Dr. Dirk Rodewoldt

---

● Referenzmandate, umschrieben
●● Referenzmandate, namentlich

Anwaltszahlen: Angaben der Kanzleien, wie viele Anwälte zu mind. ca. 50 % in diesem Gebiet tätig sind. Sie spiegeln nicht zwingend die Gesamtgröße einer Kanzlei wider.

ÖFFENTLICHER SEKTOR UMWELT- UND PLANUNGSRECHT

Kanzleitätigkeit: Von Berlin aus v.a. Beratung im Öffentl. Bau- u. Planungsrecht mit Annexgebieten (▶Immobilien- u. ▶Priv. Baurecht); in HH hochkarätige Kompetenz im Umwelt- u. Energierecht mit enger Verknüpfung zum Priv. Bau- sowie Kartellrecht; in Stuttgart v.a. Energierecht. Kanzleiweit Beratung von Infrastrukturprojekten (▶Energie, ▶Verkehr), im Umweltrecht (Altlasten, Produkt- u. Abfallrecht), im ▶Vergabe- u. ▶Beihilferecht. Zudem Transaktionsbegleitung sowie Verfassungs- u. Verwaltungsrecht. (9 Partner, 1 Counsel, 20 Associates; teilw. inkl. Vergaberecht)

Mandate: ●● Infraserv bei Bau von EBS-Kraftwerk; Stadt Frankfurt planungsrechtl.; Femern Bælt zu Planfeststellungsverf. für Fehmarnbeltquerung; K+S zu Planfeststellungsverf. für Kaliwerke, regelm. auch prozessual; Hamburger Wasserwerke im Wasserrecht; EnBW, Aberdeen Asset Management bei Transaktionen; Häfen- u. Güterverkehr Köln vor BVerwG zum Hafenausbau; S Immo planungsrechtl. zu Projektentwicklungen in Berlin; Energieversorger, Industrieunternehmen in Prozessen; Industrieunternehmen zu Altlastenfällen; Reedereien zu unions- u. völkerrechtl. Anforderungen an das Abwracken von Schiffen.

DOLDE MAYEN & PARTNER
Umwelt- und Planungsrecht ■■■■□□

Bewertung: Die öffentl.-rechtl. Boutique zählt zu den führenden im Umwelt- u. Planungsrecht, weil ihre Arbeit häufig von komplexen u. grundsätzl. Themen geprägt ist. Immer wieder haben ihre Mandate daher polit. Brisanz. Jüngstes Beispiel: die Vertretung von EnBW in der Amtshaftungsklage wg. des Atommoratoriums, in dem es neben Schadensersatzforderungen auch um grundsätzl. atomrechtl. Fragen im Planungsrecht u. bei erneuerbaren Energien geht. Die Kanzlei gewann zuletzt hochkarät. Mandanten hinzu, darunter einen Immobilienfonds u. div. Betreiber von Windkraftanlagen. Die hohe Reputation ihrer Partner („eine tolle Kanzlei", „Anwälte sind echte Könner", Wettbewerber) sorgte außerdem dafür, dass DMP von Stuttgart aus nun auch in München tätig ist, wo der Markt traditionell eher auf die lokalen Platzhirsche setzt. Ihren exzellenten Ruf wollen die Partner auch in die nächste Generation tragen. Ein erster Schritt war die Ernennung von 2 neuen Partnern zum Jahresbeginn, die vorwiegend im Umwelt- u. Planungsrecht tätig sind, aber auch verfassungs- u. verwaltungsrechtl. Kompetenz mitbringen. Anders als Co-Marktführerin Gleiss fährt Dolde traditionell einen partnerbezogenen Ansatz mit einer schmalen Associate-Ebene.

Stärken: Hohe Reputation im Öffentl. Recht, insbes. im Verfassungsrecht u. hohe Kompetenz in brisanten verwaltungsrechtl. Streitigkeiten.

Häufig empfohlen: Prof. Dr. Klaus-Peter Dolde („begnadeter Jurist", „hohe fachl. Kompetenz", „sehr scharfsinnig", Wettbewerber), Dr. Markus Deutsch („fachl. brillant", Wettbewerber), Dr. Rainard Menke, Dr. Winfried Porsch

Kanzleitätigkeit: Breite Abdeckung des Öffentl. Umwelt- u. Planungsrechts: Kraftwerksprojekte (Geothermie, Wasserkraft, Pumpspeicher), EKZ-Ansiedlungen, Innenstadtplanung (auch strateg. Beratung), ▶Verkehr (z.B. Straßen, Flughäfen, Schienenverkehr), Industriestandorte. Im Umweltrecht v.a. Natur- u. Artenschutz, Altlasten, Wasserrecht, Bodenschutz- u. Abfallrecht; Schnittstellen zu ▶Verfassungs- u. Verwaltungsrecht, ▶Vergabe u. ÖPP-Fragen. (7 Eq.-Partner, 2 Sal.-Partner, 3 Associates)

Kanzleien mit Schwerpunkt bei Projekteinwendungen

Baumann	Würzburg
Geulen & Klinger	Berlin
Günther	Hamburg
Mohr	Hamburg
Philipp-Gerlach Teßmer	Frankfurt
Schotten Fridrich Bannasch	Freiburg

Die hier getroffene Auswahl der Kanzleien ist das Ergebnis der auf zahlreichen Interviews basierenden Recherche der JUVE-Redaktion (siehe S. 20). Sie ist in 2erlei Hinsicht subjektiv: Sämtliche Aussagen der von JUVE-Redakteuren befragten Quellen sind subjektiv u. spiegeln deren eigene Wahrnehmungen, Erfahrungen u. Einschätzungen wider. Die Rechercheergebnisse werden von der JUVE-Redaktion unter Einbeziehung ihrer eigenen Marktkenntnis analysiert u. zusammengefasst. Der JUVE-Verlag beabsichtigt mit dieser Tabelle keine allgemein gültige oder objektiv nachprüfbare Bewertung. Es ist möglich, dass eine andere Recherchemethode zu anderen Ergebnissen führen würde.

Mandate: ●● EnBW u.a. bei €260-Mio-Amtshaftungsklage wg. Atommoratorium; Energiedienst gutachterl. zu Wasserkraftwerk; Flughafen Stuttgart umf. planungsrechtl. im Zshg. mit Stuttgart 21; Land Brandenburg prozessual u.a. zu Flughafen BER; Kaufland bundesweit lfd. zu Einzelhandelsprojekten; Großkraftwerk Mannheim zu Stilllegung nach § 13a EnWG; MVV Energie zu Immissionsschutz, Planungsrecht u. in Prozessen im Zshg. mit Windenergieanlagen; Schluchseewerk wasser- u. naturschutzrechtl. zu Pumpspeicherkraftwerk; Vorhabenträger planungsrechtl. u. in Prozessen.

EISENMANN WAHLE BIRK & WEIDNER
Umwelt- und Planungsrecht ■■■□□□

Bewertung: Im Umwelt- u. Planungsrecht geschätzte Kanzlei. Die Arbeit von Birk aufseiten der Kommunen bei der Ansiedlung von Einzelhandelsstandorten ist bundesweit bekannt. Die Kanzlei berät zudem aufseiten von Unternehmen, z.B. Bauhaus bei einem Drive-in-Konzept. Obwohl Wettbewerber immer wieder über das Prinzip dieser beidseitigen Beratung diskutieren, hält die Kanzlei daran fest. Eisenmann arbeitet ähnl. wie andere öffentl.-rechtl. Boutiquen sehr partnerbezogen. Nach dem Weggang einer Partnerin im Vorjahr nahm die Kanzlei nun einen jüngeren Anwalt von Luther auf, der im Planungs- u. Kommunalrecht erfahren ist.

Häufig empfohlen: Prof. Dr. Hans-Jörg Birk („sehr renommierter Planungsrechtler", Wettbewerber), Dr. Judith Schaupp-Haag, Prof. Dr. Hans Büchner („sehr angenehm", Wettbewerber)

Kanzleitätigkeit: Öffentl. Bau- u. Planungsrecht, Umweltrecht, Staatshaftung. Sehr gut vernetzt auf kommunaler Seite. Daneben anerkannte Praxis im ▶Wirtschaftsstrafrecht, zu der es Schnittstellen im Umweltrecht gibt. (5 Partner)

Mandate: ●● Gemeinde Grenzach-Wyhlen bei Verteidigung von Veränderungssperre über BASF-Areal; Gemeinde Aichwald gg. Windkraftprojekt; Stadt Neumünster zu Einzelhandelskonzept; Stadt Reutlingen in Streit mit Dt. Umwelthilfe um Feinstaub- u. Stickstoffdioxidgrenzwerte; Gemeinde Schömberg zu Einzelhandelsprojekt ‚Neue Mitte'; Stadt Metzingen in Raumordnungsverf. für Hugo-Boss-Outlet; Kruck u. Zeag jew. zu Windkraftanlagen; Bauhaus zu B-Plan für Drive-in-Standort inkl. Seveso-II-Fragen; Wild Group Heidelberg/Eppelheim zu Abwasserbeseitigungskonzept; Landesbauernverband bei Verfassungsklage gg. Landeswassergesetz.

FRESHFIELDS BRUCKHAUS DERINGER
Umwelt- und Planungsrecht ■■■■■□

Bewertung: Eine der führenden Praxen im Umwelt- u. Planungsrecht, die viel grundsätzl., polit. u. internat. tätig ist. Aktuell vertritt sie alle 4 EVU ggü. dem Bund zu den Konsequenzen aus der Aufhebung der Laufzeitverlängerung von Atomkraftwerken. Aus Polen gewann das Team ein Mandat zur Einschätzung der europ. Reform zum CO_2-Handel. Nebst der fachl. Anerkennung erlaubt es ihre personelle Stärke außerdem, den vielbeachteten u. hochkomplexen Ausstieg von Vattenfall aus dem Braunkohlegeschäft zu betreuen. Indessen ist mit der zunehmenden Komplexität des Netzausbaus auch dieses Beratungsfeld lukrativer geworden. Hier gewann die Praxis nun Amprion als neue Mandantin.

Stärken: Sehr hoher Spezialisierungsgrad, enge Vernetzung der öffentl.-rechtl. Partner, auch mit anderen Praxisgruppen.

Entwicklungsmöglichkeiten: Mit der Ernennung eines Partners in Wien beendete FBD eine langjährige Wartezeit im Öffentl. Recht. Dr. Stephan Denk arbeitet im Vergabe- u. Verfassungsrecht mit den dt. Anwälten eng zusammen. In Dtl. gab es im Öffentl. Recht allerdings seit 8 Jahren keine Partnerernennung mehr. Dabei bietet das produktbez. Umweltrecht, das FBD stetig ausbaut, Aufstiegspotenzial für den Nachwuchs. Und auch für die um rund 10 Anwälte deutlich erweiterte Associate-Ebene wäre das ein wichtiges Signal.

Häufig empfohlen: Dr. Wolf Spieth („auch in schwierigen Verhandlungssituationen sehr fair", Wettbewerber), Dr. Herbert Posser, Dr. Juliane Hilf, Dr. Michael Schäfer

Kanzleitätigkeit: Im Kern 2 gr. Beratungsfelder: Öffentl. Bau- u. Planungsrecht, inkl. Industrie- u. Planungsrisiken, u. besondere Kompetenz bei Infrastrukturprojekten (inkl. öffentl. Finanzierung) u. regulator. Beratung, die teils in separaten Praxisgruppen abgebildet wird (▶Verkehr, ▶Energie, ▶Gesundheit). Zudem hohe Expertise im Umweltrecht (Informationsrecht, Immissionsschutz-, CO_2-Handelsrecht, Wasserrecht, ▶Produkt- u. Abfallrecht), bei Transaktionsbegleitung u. im Gebührenrecht. Ergänzend: ▶Beihilferecht, Public Affairs, Europa-, ▶Verwaltungs- u. Verfassungsrecht (z.B. Glücksspiel). U.a. Schnittstelle zu ▶Vergaberecht. Beratung zu ▶ÖPP. (8 Partner, 4 Counsel, 40 Associates, 4 of Counsel)

Mandate: ●● E.on, RWE, Vattenfall, EnBW zu Folgen der Aufhebung der AKW-Laufzeitverlängerung für Vertragsverhältnis mit Bund; Vattenfall zu Braunkohleausstieg; Amprion bei Bundesfachplanung für Konverterstandort; Axel Springer zu Verkauf Hamburger Standort; Gea vor BVerwG wg. Begrenzung der bergrechtl. Nachsorgehaftung; Wirtschaftsministerium von Georgien zu Vergabe u. Planung von Tiefseewasserhafen; Polski Komitet zu europ. Reform des CO_2-Handels; lfd. Bayer, Holcim, Airbus; Dong zu Netzanbin-

UMWELT- UND PLANUNGSRECHT ÖFFENTLICHER SEKTOR

dung von Offshorewindparks; Bayr. Staatsforsten in Streit u.a. mit Greenpeace um Umweltinformationen; Wilhelmshavener Raffineriegesellschaft zu Erweiterung des Terminalbetriebs.

GASSNER GROTH SIEDERER & COLL.
Umwelt- und Planungsrecht

Bewertung: Empfohlene Kanzlei im Umwelt- u. Planungsrecht mit sehr gutem Stand bei der öffentl. Hand. Diese berät sie zu Fragen rd. um Industrieanlagen (z.B. Deponien) u. zu Energieprojekten (v.a. Geothermie u. Wind). Nicht selten betreut sie Mandanten bei polit. heiklen Themen, insbes. im Atomrecht. Aktuell steht sie etwa an der Seite des Landes Ba.-Wü. in der EnBW-Schadensersatzklage wg. des Atommoratoriums. Im Bauplanungsrecht forciert GGSC die Erweiterung des Mandantenkreises um Unternehmen. Nun gewann sie Axel Springer als Mandantin, die sie bei einem städtebaul. Projekt berät.

Stärken: In Dtl. weitreichende Vernetzung aufseiten von Kommunen u. Ministerien; besonders bekannt für abfall- u. altlastenrechtl. Arbeit.

Entwicklungsmöglichkeiten: GGSC haftet noch stark das Image einer inhabergeführten Kanzlei an. Insbes. ein Nachfolger für den anerkannten Planungsrechtler Groth wurde im Markt bisher nicht gesichtet. Die Kanzlei hat mit der Ernennung einer Reihe von Sal.-Partnern zuletzt aber begonnen, die Nachwuchsebene zu stärken.

Häufig empfohlen: Hartmut Gaßner, Dr. Klaus-Martin Groth („besondere Kenntnisse im Atomrecht", Wettbewerber), Wolfgang Siederer

Kanzleitätigkeit: Neben Immobilien- u. Baurecht (inkl. Öffentl. Bau- u. Planungsrecht) zu 2/3 im Umweltrecht. Schwerpunkte: ▶Produkt- u. Abfallrecht (inkl. ▶Vergabe), Altlasten/Bodenschutz, Energierecht; Bergrecht; Finanzierungsrecht u. umweltbezogenes Gebührenrecht, zunehmend Beihilferecht; Verfassungsrecht. (9 Eq.-Partner, 9 Sal.-Partner, 14 Associates)

Mandate: ●● Land Ba.-Wü. in Schadensersatzklage von EnBW wg. Atommoratorium; Axel Springer zu Büroneubau in Berlin; Linden Energy zu Entwicklung u. Übernahme von Windparkprojekten; Sparkasse Osnabrück umwelt- u. planungsrechtl. zu Windparkfinanzierung; Westfalenwind zu Kompensation für Eingriff durch Windparks; Maruhn/Profi Partner zu Wohnbauprojekt; BfS u.a. zu Endlagern Asse, Morsleben u. Konrad; Gemeinde Pullach u. andere zu Geothermieprojekten; Umweltministerium Niedersachsen zu Frackingvorschriften; DEHSt lfd. vor EuGH u. BVerwG; Kommunen u. Deponiebetreiber zu Erweiterung von Deponien für mineral. Abfälle.

GLEISS LUTZ
Umwelt- und Planungsrecht

Bewertung: Die Kanzlei zählt im Umwelt- u. Planungsrecht zu den führenden, weil ihre Arbeit wie bei nur wenigen Wettbewerbern von Grundsatzfragen in diesem Rechtsgebiet geprägt ist. Zuletzt beschäftigten die Praxis v.a. Fragen zur UVP im Bauplanungsrecht u. zum Immissionsschutz. Der Stuttgarter Partner Weidemann schloss hier nach 10 Jahren ein Verfahren für Merck im Zshg. mit Seveso-Richtlinie erfolgreich vor dem VGH Kassel ab. Von hohem öffentl. Interesse ist außerdem die Vertretung von E.on im Amtshaftungsprozess wg. des Atommoratoriums. Zudem beriet die Praxis verstärkt umweltrechtl. zu Transaktionen – ein Bereich, in dem der D'dorfer Partner Hildebrandt aktiv ist. Daneben hat er seine im Vorjahr begonnene Arbeit für die Stadt D'dorf vertieft u. ist so im Markt zunehmend visibler. Im Sommer verließ in Stuttgart ein Counsel die Klanzlei in Richtung McDermott, in D'dorf wechselte ein of Counsel zu Luther.

Stärken: Sehr prozessstark, v.a. in Normenkontroll-, Zulassungs- u. Genehmigungsverfahren. Zudem im Vgl. zu Wettbewerbern viele renommierte Beraterpersönlichkeiten.

Entwicklungsmöglichkeiten: Mit Hildebrandt gewinnt auch ein jüngerer Partner zunehmend an Profil. Allerdings sind es nach wie vor v.a. Uechtritz, Moench u. Weidemann, die für das große Renommee der Praxis stehen. Um den (langfristig) geplanten Generationswechsel glaubhaft umzusetzen, werden dem D'dorfer Partner weitere folgen müssen.

Häufig empfohlen: Prof. Dr. Michael Uechtritz („exzellenter Kenner der Materie, sehr angenehmer Verhandlungspartner", Wettbewerber), Prof. Dr. Christoph Moench, Prof. Dr. Clemens Weidemann, Dr. Burghard Hildebrandt („hervorragende Arbeit, sehr professionell", Mandant)

Kanzleitätigkeit: Alle Bereiche des Öffentl. Wirtschaftsrechts: Planungsrecht, v.a. bei ▶Energie- u. ▶Immobilienprojekten. Anerkannte Praxis für ▶Vergabe, zudem ▶Verfassungs- u. Verwaltungsrecht (z.B. Glücksspiel) u. tätig im ▶Gesundheits-, Verkehrs- u. Abfallsektor. (9 Eq.-Partner, 4 Sal.-Partner, 4 Counsel, 15 Associates, 3 of Counsel)

Mandate: ●● E.on in €380-Mio-Amtshaftungsklage wg. Atommoratorium; BMUmwelt gutachterl. zu UVP-Änderungsrichtlinie im Bauplanungsrecht; Bundesverband Windenergie immissionsschutzrechtl. zu § 18a LuftVG; Landeshauptstadt D'dorf u.a. bei Neuvergabe der Konzessionsverträge für Strom u. Gas; Merck vor VGH Kassel im Zshg. mit Seveso-Richtlinie; Alcoa Inc., Daikin Industries, Syngenta Int. u. weitere öffentl.-rechtl. bei Transaktionen; Ikea in EU-Vertragsverletzungsverf. zur Niederlassungsfreiheit u. bei Planung von Einrichtungshäusern; Stadt Datteln zu Steinkohlekraftwerk; führendes dt. Industrieunternehmen bei Errichtung eines Güterverkehrsterminals; Hornbach bei div. Neuansiedlungs- u. Erweiterungsvorhaben; div. Konzerne bei umweltrechtl. Compliance; zahlr. Kommunen baubegleitend.

GÖRG
Umwelt- und Planungsrecht

Bewertung: Empfohlene Kanzlei im Umwelt- u. Planungsrecht mit einem Schwerpunkt bei Kraftwerksprojekten. Zuletzt stieß sie in den Offshorebereich weiter vor, wo sie mithilfe des umtriebigen Counsel Prof. Dr. Ulrich Ramsauer an ein wichtiges Mandat kam: Aufseiten des Bundesamts für Seeschifffahrt betreut sie den umweltschadensrechtl. Streit um den Windpark Butendiek. Zudem unterstützen die Öffentl.-Rechtler das Insolvenzteam bei der Abwicklung der BARD-Gruppe.

Stärken: Projektmanagement bei Kraftwerksbauten.

Entwicklungsmöglichkeiten: Das Verweisegeschäft zwischen den Büros beginnt sich zwar langsam zu entwickeln, doch das Standortdenken ist in der Kanzlei noch stark ausgeprägt. Um den Anschluss nicht zu verlieren, wird es darauf ankommen, dass die Öffentl.-Rechtler die Barrieren schnell aufheben können.

Häufig empfohlen: Dr. Kersten Wagner-Cardenal, Prof. Dr. Ferdinand Kuchler

Kanzleitätigkeit: Schwerpunkte im Planfeststellungsrecht, v.a. im Kraftwerksbau zur Anlagengenehmigung (Steinkohle, GuD, Wasserspeicher, Offshorewindkraft), auch zu Energielieferleistungen/-durchleitung. Umweltrecht bei Restrukturierung, Sanierung, zudem Schnittstellen zum ▶Vergaberecht u. ▶ÖPP. (7 Eq.-Partner, 5 Sal.-Partner, 2 Counsel, 6 Associates)

Mandate: ●● Bundesamt für Seeschifffahrt u. Hydrographie im umweltschadensrechtl. Streit mit Umweltverband um Windpark Butendiek; BARD-Gruppe zu Bau u. Betrieb von Windparks; Energieagentur zu Beschleunigung von Planfeststellungsverf. für Hochspannungsleitungen; AC Biogas bauplanungsrechtl. zu Biogasanlagen; Otto Dörner zu Grundstücksentwässerung; Stadt Jülich zu Einzelhandelsansiedlung; Zweckverbände Landeswasserversorgung u. Bodensee-Wasserversorgung im Streit zw. Stuttgart u. EnBW über Herausgabe von Wasserversorgungsanlagen; Baukonzern zu Bau von Pumpspeicherkraftwerken.

GRAF VON WESTPHALEN
Umwelt- und Planungsrecht

Bewertung: Empfohlene Kanzlei im Umwelt- u. Planungsrecht, die ihr Geschäft weiter ausbauen konnte. Dabei standen planungsrechtl. Fragen zu Infrastruktur-, Wohnbau- u. EKZ-Projekten im Fokus der Beratung. So begleitet GvW den Landesbetrieb Straßenbau u. Verkehr in Schl.-Holst. zum Ausbau der A 20. Die enge Zusammenarbeit mit den Bau- u. Immobilienrechtlern zahlt sich nun aus. Bestes Bsp. dafür ist die Beratung von Dauermandantin Union Investment mittlerw. auch zu planungsrechtl. Fragen. Im Umweltrecht sorgen v.a. Verfahren für div. Tierhaltungsbetriebe, bei denen es u.a. um die BauGB-Novelle für gewerbl. Tierhaltungsanlagen u. das Verbandsklagerecht geht, für ein solides Grundrauschen. In HH spielte daneben der Denkmalschutz zunehmend eine Rolle.

Entwicklungsmöglichkeiten: Während sich das D'dorfer Büro sehr erfolgreich entwickelt u. im Markt zunehmend an Visibilität gewinnt, stagniert der Ausbau des Öffentl. Rechts in München noch, einem Markt, der traditionell von lokalen Wettbewerbern dominiert wird.

Häufig empfohlen: Dr. Carsten Bittner, Dr. Ronald Steiling

Kanzleitätigkeit: Öffentl. Bau- u. Planungsrecht (inkl. Luftverkehrsrecht) v.a. von HH u. D'dorf aus u. Umwelt- (Immissionsschutz), Genehmigungsrecht; Naturschutzrecht; Infrastruktur, ▶Vergaberecht (München u. D'dorf). Daneben Beihilfe-, ▶Verwaltungs- u. Verfassungsrecht. (7 Eq.-Partner, 1 Sal.-Partner, 4 Associates, 2 of Counsel)

Mandate: ●● Landesbetrieb Straßenbau u. Verkehr Schl.-Holst. bei Ausbau A 20 u. in Verf. zu Betrieb Flughafen Westerland; Alfa Group bei Bauvorhaben in Berlin; HBI Hausbau Immobiliengesellschaft zu B-Plan; Union Investment bei div. Projekten zu Planungsrecht u. Denkmalschutz; Brack Capital Real Estate bei Wohnbau- u. EKZ-Projekten; Prelios Immobilien Management zu Projektentwicklung; Bürgerinitiative Lichtenrade zu Planfeststellung; lfd.: Otto Wulff Bauunternehmung u.a. bei Housing Improvement Districts; Moritz-Gruppe u.a. bei Arealentwicklung; Ikea zu planungsrechtl. Vorgaben für Möbelhaus in Innenstadt u. prozessual (öffentl. bekannt); Tierhalter in NRW u.a. zu BauGB-Novelle.

● Referenzmandate, umschrieben
●● Referenzmandate, namentlich

Anwaltszahlen: Angaben der Kanzleien, wie viele Anwälte zu mind. ca. 50% in diesem Gebiet tätig sind. Sie spiegeln nicht zwingend die Gesamtgröße einer Kanzlei wider.

Was wäre Ihr Sportstättenprojekt ohne Bewilligung?

Niederhuber & Partner Rechtsanwälte begleiten Ihr Projekt von der Idee bis zur erfolgreichen Realisierung. Mit umfassendem Know-how im Wirtschaftsrecht und unserem Spezialgebiet, dem Umweltrecht, unterstützen wir Sie bei der Umsetzung von Industrieanlagen, Energieprojekten, Infrastruktur-Maßnahmen, Leitungsprojekten oder Sportstätten. Unser Team mit 35 MitarbeiterInnen in Wien und Salzburg und unsere Partnerkanzleien in Prag, Bratislava und Bukarest bieten Ihnen Service vor Ort und ein ausgezeichnetes Netzwerk. www.nhp.eu

Niederhuber & Partner

UMWELT- UND PLANUNGSRECHT ÖFFENTLICHER SEKTOR

GSK STOCKMANN + KOLLEGEN
Umwelt- und Planungsrecht

Bewertung: Die empfohlene umwelt- u. planungsrechtl. Praxis ist v.a. in München aktiv, daneben aber auch in HH u. Berlin. Im Fokus stehen nach wie vor Projektentwicklungen, bei denen GSK durch die enge Zusammenarbeit mit der ▶Immobilienpraxis aus dem Vollen schöpfen kann. In ihrem Spezialbereich EKZ gewann das Team zuletzt mit Ikea ein echtes Branchenschwergewicht als Mandanten. Das Mandat kam über einen Berliner Partner zustande, der seit seinem Zugang im Vorjahr dem Standort Auftrieb verleiht. Die Weiterentwicklung der Praxis in der Hauptstadt als Ergänzung zu München gewann zuletzt noch mehr an Bedeutung, nachdem das Stuttgarter Büro von GSK zu Heuking wechselte u. die dortige öffentl.-rechtl. Kompetenz insbes. an der Schnittstelle zu Immobilienrecht weggefallen ist.

Stärken: Umfangr. Erfahrung im Fachplanungsrecht für Vorhabenträger (bei z.T. sehr gr. Projekten). Charakteristisch ist die Einbettung der Kompetenz in den angestammten Schwerpunkt im ▶Immobilienrecht.

Häufig empfohlen: Dr. Mark Butt, Dr. Andreas Geiger („umf. Erfahrung in komplexen Planfeststellungsverfahren", Wettbewerber), Dr. Wolfgang Würfel

Kanzleitätigkeit: Mit Schwerpunkt im Öffentl. Bau- u. Planungsrecht ist GSK aktiv in der Fachplanung, im Städtebau, bei Einzelhandels- u. Infrastrukturprojekten (Energienetze, Straßen, Häfen u. Flughäfen). Neben damit verbundenem umweltrechtl. Beratungsbedarf v.a. Naturschutz- (FFH) u. Vergaberecht. Zunehmend Beihilferecht. (5 Partner, 9 Associates)

Mandate: ●● Ikea zu Projektentwicklung für Einrichtungshaus in Karlsruhe; CG-Gruppe bei Quartiersentwicklung; Tropical Islands Holding bei Entwicklung einer ehem. militär. Konversionsfläche; Dt. Bahn zu Verkehrsprojekt ‚Dt. Einheit' u. Rückgriffsansprüchen wg. Altlasten auf Ex-Bahnflächen; Projektentwicklung bei Hochtief (‚Hamburg Heights'); Bayern zu Ausbau 3. Start-/Landebahn in München; Meck.-Vorp. zu Erdgasleitung Nord Stream, Norddt. Erdgasleitung, Ostseepipelineanbindung; Rohde & Schwarz zu Standortentwicklung.

HENGELER MUELLER
Umwelt- und Planungsrecht

Bewertung: Im Umwelt- u. Planungsrecht häufig empfohlene Kanzlei, die stark praxisübergreifend arbeitet. Eine der Gesamtkanzlei entsprechende Rolle spielt die Transaktionsbegleitung für Mandanten wie Blackstone, Gagfah u. LEG. Immer häufiger ergeben sich daraus auch rein öffentl.-rechtl. Folgemandate, die bspw. genehmigungsrechtl. Themen oder Fragen im Zshg. mit der IED aufwerfen. Darüber hinaus war das Team zuletzt verstärkt mit Compliance-Themen befasst. Die Bedeutung der öffentl.-rechtl. Praxis für die Gesamtkanzlei wollen Wettbewerber ihr teilw. noch immer absprechen. Doch Hengeler stärkte ihr Kernteam – im Gegensatz zu Freshfields, wo es seit 8 Jahren keine Partnerernennung in Dtl. mehr gab – mit einer neuen Partnerin u. mehreren Associate-Zugängen.

Stärken: Spezialisiert auf Klärung grundsätzl. Fragen, enge Vernetzung mit anderen Praxisgruppen.

Häufig empfohlen: Dr. Wolfgang Spoerr („begnadeter Regulierungsrechtler", Wettbewerber), Dr. Thomas Schmidt-Kötters, Dr. Dirk Uwer („sehr kompetente, schnelle u. mandantenorientierte Beratung", Wettbewerber).

Kanzleitätigkeit: Schwerpunkte im Umweltrecht u. ▶ÖPP (Umstrukturierungen/Projektfinanzierung), v.a. Kapitalmarktregulierung. Auch ▶Produkt- u. Abfallrecht sowie ▶Verwaltungs- u. Verfassungsrecht. In Einzelfällen auch gr. Projekte im Öffentl. Bau- u. Planungsrecht, Vergabe u. ▶Beihilferecht, transaktionsbegleitend v.a. auch Berührung zu ▶M&A u. Immobilienrecht. Zudem: Regulierungsberatung im ▶Gesundheitswesen, ▶Medien u. ▶Telekommunikation. (5 Partner, 1 Counsel, 19 Associates)

Mandate: ●● Blackstone, Gagfah, LEG, Rabobank öffentl.-rechtl. bei Transaktionen; Archroma Management baurechtl. nach Kauf von Industriegrundstück; Cooper Standard Automotive umweltrechtl.; Eáton Industries in mehreren Umweltverfahren; BorgWarner u. Weichai Power zu Umweltansprüchen aus Unternehmenskauf; C. Thywissen bauplanungs- u. bauordnungsrechtl.; Dong u.a. immissionsschutzrechtl. u. bei Beteiligungen an Windparks.

HOGAN LOVELLS
Umwelt- und Planungsrecht

Bewertung: Die Kanzlei wird im Umwelt- u. Planungsrecht empfohlen. Traditionell stark ist sie im Bauplanungs- u. Bauordnungsrecht, wo insbes. der Praxisgruppenleiter seine enge Anbindung an die ▶Immobilienpraxis ausspielen kann. Verstärkt waren die Öffentlichrechtler auch bei Transaktionen zu sehen. Der D'dorfer Partner Dünchheim steht nach wie vor bei Kommunen hoch im Kurs, die er umf. zu umwelt- u. planungsrechtl. Themen berät. Immer häufiger tritt die öffentl. Hand auch mit Spezialthemen an der Schnittstelle zum Verfassungs- u. Verwaltungsorganisationsrecht an ihn heran.

Stärken: Beraterin für ausl. Mandanten u. in internat. Projekten. Guter Draht zur öffentl. Hand.

Häufig empfohlen: Dr. Thomas Dünchheim

Kanzleitätigkeit: Öffentl. Umwelt- u. Planungsrecht in enger Zusammenarbeit mit den ▶Priv. Baurechtlern, dementsprechend v.a. in Ffm. auch Beratung zu ▶ÖPP u. Privatisierungen. Zudem ▶Produkt- u. Abfallrecht u. Verfassungs- u. Verwaltungsrecht. (5 Partner, 4 Counsel, 9 Associates)

Mandate: ●● Flix Bus, LabCorp umweltrechtl. bei Transaktionen; Stadt Bergisch Gladbach umf. zu Neuordnung der Energieversorgung; Hamburger Rennclub verw.rechtl. im Zshg. mit Glücksspielrecht; Autobahn Tank & Rast lfd. öffentl.-rechtl., insbes. im Planungsrecht; Freizeitparkbetreiber, Stadt Ratingen beide lfd., v.a. im Öffentl. Baurecht; Recyclingunternehmen immissionsschutzrechtl.; Zweckverband zu Erschließungsfragen.

KÖCHLING & KRAHNEFELD
Umwelt- und Planungsrecht

Bewertung: Geschätzte Boutique für Umwelt- u. Planungsrecht. Sie hat an ihrem einzigen Standort in Hamburg eine geballte Kompetenz in beiden Beratungsfeldern vor u. setzt im Gegensatz zu vielen fachl. vergleichbaren Boutiquen auf eine ausgeglichene Leverage. Eine Reihe von Großkonzernen wie Vattenfall, E.on u. Holcim vertrauen bundesw. auf das Team. Nach den EnLAG-Projekten für Amprion übernahm es nun auch für Tennet die Planfeststellungsverf. 2er Höchstspannungsleitungen. Das aufstrebende Dezernat für CO2-Handel von Ehrmann beschäftigte sich zuletzt auch mit speziellen Fragen der Luftverkehrsbranche.

Häufig empfohlen: Dr. Lutz Krahnefeld („exzellent", „kompetent, schnell u. zuverlässig", Wettbewerber), Dr. Markus Ehrmann („gehört zur kommenden Generation der Top-Umweltrechtler", Wettbewerber)

Kanzleitätigkeit: Konzentrierte Beratung im Umwelt- u. Planungsrecht, planungsrechtl. Erfahrung mit konventionellen Energieprojekten, zunehmend auch mit Erneuerbare-Energien-Projekten u. Energieinfrastruktur. Zudem Emissionshandels- u. Abfallrecht, daneben EEG-Fragen (hier auch Schnittstelle zu Beihilferecht). Gute Kontakte zu Ingenieuren u. Genehmigungsabteilungen von Unternehmen. (4 Partner, 3 Associates)

Mandate: ●● Tennet in Planfeststellungsverf. für Höchstspannungsleitungen; Amprion zu versch. EnLAG-Verf.; Air Moldova u. Private Wings zu CO2-Handel; Holcim zu Verfüllung von Kiesgrube mit mineral. Abfällen; Vattenfall zu CO2-Handel, vor BVerwG u. EU-Kommission wg. wasserrechtl. Erlaubnis für Kohlekraftwerk Moorburg; E.on immissionsschutzrechtl. zu Kraftwerk Datteln; Stadt Königs Wusterhausen zu Sanierung Gaswerkstandort; BGH Edelstahlwerke gg. BAFA wg. Rücknahmebescheiden nach EEG-Beihilfeverf.; Stromnetz Hamburg zu Ladeinfrastruktur für Elektromobilität; Stahlwerk Thüringen in Prozess um Anerkennung von Standardkohlenstoffwert für Stahlschrott im CO2-Handel; Bauverein zu Erschließungsbeitrag für Wohnanlage; Landwirte bei Planfeststellung für Umgehungsstraße.

KÖHLER & KLETT
Umwelt- und Planungsrecht

Bewertung: Im Umwelt- u. Planungsrecht geschätzte Kanzlei, die regelm. Industriekonzerne wie Voestalpine in Fragen rd. um ihre Standorte berät, insbes. das Münchner Büro betreut auch Immobilienprojektentwicklungen. Zuletzt bewies die Kanzlei wieder ihre Kompetenz im Umweltrecht, indem sie in mehrere prominente Müllskandale in Niedersachsen u. Sachsen-Anhalt involviert wurde. Hohes Renommee genießt die Kanzlei außerdem für ihre Erfahrung im Abfallrecht, wo sie zuletzt mit Dr. Markus Pauly allerdings einen ihrer visibelsten Köpfe verlor.

Stärken: Umwelt- u. Technikrecht inkl. Beratung zum Umweltmanagement u. Umweltstrafrecht.

Entwicklungsmöglichkeiten: Während der Aufbau des Münchner Standorts gelungen ist u. das Büro integriert mit dem Kölner Stammsitz zusammenarbeitet, agieren die Berliner Wasserrechtler noch zu autark. Zudem blieb seit dem Weggang eines Öffentl.-Rechtlers der Wiederaufbau bislang aus. Gerade aufgr. der verbandsnahen Arbeit der Kanzlei ist die bessere Integration u. Stärkung des Hauptstadtbüros jedoch essenziell.

Häufig empfohlen: Prof. Dr. Wolfgang Klett, Dr. Anno Oexle („kompetent u. kollegial", Wettbewerber)

Kanzleitätigkeit: Öffentl. Bau- u. Planungsrecht, deutl. Schwerpunkt auf abfallnahen Projekten (Biogas, Müllverbrennung, Deponien). Umweltrecht: besonders hohe fachl. Anerkennung im ▶Produkt u. Abfallrecht, zudem Immissions-, Bodenschutzrecht, Altlasten, (Ab-)Wasserabgaben, Umweltstrafrecht (inkl. OWiG), umweltrechtl. Fragen bei Transaktionen u. bei Erstattungsansprüchen. Beachtl. Mandantenmix aus Mittelständlern,

● Referenzmandate, umschrieben
●● Referenzmandate, namentlich

Anwaltszahlen: Angaben der Kanzleien, wie viele Anwälte zu mind. ca. 50 % in diesem Gebiet tätig sind. Sie spiegeln nicht zwingend die Gesamtgröße einer Kanzlei wider.

ÖFFENTLICHER SEKTOR UMWELT- UND PLANUNGSRECHT

Großkonzernen u. internat. Mandanten. Schnittstellen zu Exportrecht u. ▶Vergabe. (4 Eq.-Partner, 3 Sal.-Partner, 7 Associates, 3 of Counsel)
Mandate: ●● Marktbekannt: Krüger wasserrechtl. zu Milchwerken; Mondi umwelt- u. planungsrechtl.; BImA berg- u. planungsrechtl. bzgl. Areal in Brandenburg zur Windenergienutzung; Voestalpine bodenschutzrechtl.; BP umweltrechtl.; Betreiber von Lösemittelaufbereitungsanlage in Niedersachsen umwelt- u. strafrechtl. wg. Explosion; Entsorger zu Abwehr von Sanierungsmaßnahmen wg. Verfüllung von Tongruben mit Abfällen in Sachsen-Anhalt.

LENZ UND JOHLEN
Umwelt- und Planungsrecht

Bewertung: Häufig empfohlene Kanzlei im Umwelt- u. Planungsrecht, die von ihrer starken Marktposition aus weitere Entwicklungsschritte macht. Ihre Erfahrung bei Einzelhandelsansiedlungen ist zunehmend in komplizierteren Fällen gefragt, z.B. für Ikea im EU-Vertragsverletzungsverf. zur Niederlassungsfreiheit, das auf das Planungsrecht in einzelnen Bundesländern zurückgeht. Ausl. Investoren wie Blackrock u. Morgan Stanley greifen jetzt bei ihren Immobilienbeständen auf die öffentl.-rechtl. Expertise der Kölner zurück. Zugleich konnte die Kanzlei ihre Kontakte zur Bundesregierung ausbauen, die sie nun im Verf. um das Endlager Gorleben vertritt. Erfolgreich verläuft ebenso der Ausbau der Arbeit im Bereich der erneuerbaren Energien. So beraten die Anwälte das Land Meck.-Vorp. u. einen großen Entwickler zu Windparkprojekten.
Stärken: Einzelhandelsansiedlungen, Prozesserfahrung.
Häufig empfohlen: Prof. Dr. Heribert Johlen, Dr. Thomas Lüttgau („sehr stark bei Einzelhandelsbauprojekten", „sehr erfahren, schnell u. pragmatisch", Wettbewerber), Dr. Rainer Voß, Dr. Michael Oerder („fachkundig u. angenehm", Wettbewerber).
Kanzleitätigkeit: Schwerpunkt im Öffentl. Bau- u. Planungsrecht, v.a. für Unternehmen, auch ÖPP-Know-how. Daneben Beratung im Umweltrecht (Wasser-, Abfall-, Immissionsschutz-, CO2-Handelsrecht, Gebühren, Atomrecht), zunehmend vergabe- u. energierechtl. Fragen. Öffentl.-rechtl. Due Diligence bei Transaktionen. Mandanten sind häufig Kommunen u. Ministerien, zudem Branchenfokus auf Luftverkehr. (18 Partner, 9 Associates)
Mandate: ●● Bundesregierung in Prozess wg. Endlager Gorleben; Ikea in EU-Vertragsverletzungsverf. wg. Planungsrecht in Ba.-Wü. u. NRW; Blackrock u. WealthCap jew. öffentl.-rechtl. zu Immobilienbeständen; Morgan Stanley zu Kauf u. Revitalisierung von Fachmarkt; Stadt Gevelsberg in Streit um Bau von Edeka-Markt; Anwohner erfolgr. vor BVerwG zu Aufhebung des Planfeststellungsbeschlusses für Erweiterung des Hafens Köln-Godorf; Länder NRW u. Meck.-Vorp. zu Windenergie in Wäldern; u.a. Edeka, Lidl, Ikea, Globus, Aldi Süd, Bauhaus, Tengelmann, Globus, Tedi, Trinkgut zu Ansiedlungen; Kommunen zu Windenergieflächenausweisung u. Hochspannungsleitungen.

LINKLATERS
Umwelt- und Planungsrecht

Bewertung: Häufig empfohlene Kanzlei, die im Umwelt- u. Planungsrecht immer präsenter wird. Die Kompetenz des jungen Partners Appel im Bereich Offshorewindparks bescherte der Praxis zuletzt 2 weitere namh. Mandanten. Im Markt wahrgenommen wird er bisher v.a. für seine Beratung von Tennet bei der Bundesfachplanung, die das kl. Team weiterhin auf Trab hält. Parallel treibt es die Diversifizierung seiner öffentl.-rechtl. Beratung voran. Eine Associate etwa berät zunehmend zu Fragen des produktbez. Umweltrechts. Ein wichtiges Standbein der Praxis bleibt die ergänzende öffentl.-rechtl. Transaktionsbegleitung z.B. bei der Trennung des Chemiekonzerns Bayer von seiner Kunststoffsparte MaterialScience. Ein großer Erfolg war zudem der Sprung auf die Beraterliste des Energiekonzerns E.on, von dem auch die Umweltrechtler profitieren. Durch die Etablierung von Appel wurde es Dr. Jan Endler möglich, sich vermehrt auf grundsätzl. u. politiknahe Beratung jenseits des Umweltrechts zu fokussieren.
Stärken: Integrierte internat. Beratung auf hohem Niveau, gute Kontakte zu Banken u. in die Energiebranche.
Häufig empfohlen: Dr. Markus Appel („zählt zu den kommenden Top-Umweltrechtlern", Wettbewerber)
Kanzleitätigkeit: Von Berlin aus stark transaktionsbezogene Beratung u. Konzentration auf ▶Energie, aber auch Gesundheit u. Verkehr. Dort auch häufig Anknüpfungspunkte an das Projektfinanzierungsteam (▶Kredite u. Akqu.fin.). Zudem Beratung zu ▶Beihilfen u. ▶Vergaben u. zunehmend im ▶Verfassungs- u. Verwaltungsrecht. (1 Partner, 3 Associates)
Mandate: ●● E.on regelm. umweltrechtl., u.a. bei Ausstieg aus Geschäft mit konventioneller Energie; Allianz Global Investors umweltrechtl. zu Erwerb Solarpark; Bayer umweltrechtl. bei Abspaltung Kunststoffsparte MaterialScience; Athene Holding bei Übernahme des Dtl.geschäfts von Delta Lloyd; Tennet bei Bundesfachplanungsverf.; OWP Butendiek zu Bau von Offshorewindpark; Letter One umweltrechtl. zu Kauf von RWE Dea; Triton umweltrechtl. bei Verkauf der Profisparte Expert; 2 Offshorewindparkbetreiber zu naturschutz- u. genehm.rechtl. Themen im Zshg. mit Windparkzulassung; US-Unternehmen im Chemikalienrecht.

LUTHER
Umwelt- und Planungsrecht

Bewertung: Häufig empfohlene Kanzlei im Umwelt- u. Planungsrecht, die sich stark weiterentwickelt hat. Sie schaffte es für umweltrechtl. Fragen auf die Beraterliste von E.on u. weitete das Thema EEG zu einem ähnl. großen Beratungsfeld aus wie bereits den CO2-Handel. Auch im Staatsrecht zeigt das Team Flagge. Es beriet Rheinmetall staats- u. verwaltungsrechtl. zum Widerruf ihrer Ausfuhrgenehmigung für ein Gefechtsübungszentrum an die russische Armee. In Berlin verstärkte sich Luther mit Dr. Martin Fleckenstein u. 1 weiteren Partnerin von Sammler Usinger. Ein of Counsel von Gleiss Lutz in D´dorf mit langj. Inhouseerfahrung soll die Beratung in atomrechtl. Fragen vorantreiben.
Stärken: Industrieanlagen, v.a. Emissionshandelsrecht.
Entwicklungsmöglichkeiten: Die nächsten Schritte hat Luther bereits fest im Blick: Sie will das produktbez. Umweltrecht vorantreiben. Dabei wird sie auf die bewährte standortübergreifende Zusammenarbeit u. das große Netz an Industriemandanten aufbauen können. Als nationale Kanzlei steht sie aber trotz ihrer internat. Erfahrung in Produktsicherheitsfragen vor der Herausforderung, Mandanten davon zu überzeugen, dass sie bspw. bei Produktrückrufen auch grenzüberschreitend schnell reagieren kann.
Häufig empfohlen: Dr. Stefan Kobes, Dr. Stefan Altenschmidt
Kanzleitätigkeit: Schwerpunkt im Öffentl. Bau- u. Planungsrecht sowie Umweltrecht (B-Planung, Raumordnung, Immissionsschutzrecht, Bergrecht, Anlagenzulassung, Kraftwerksbau). Sehr erfahren im CO2-Handel, daneben Umweltinformationsansprüche, Verfassungs- u. Verwaltungsrecht, Abfall- u. produktbez. Umweltrecht (ElektroG, WEEE, Rohs, Reach, Sicherheit), ▶ÖPP sowie ▶Beihilfe- u. ▶Vergaberecht. (5 Partner, 9 Associates)
Mandate: ●● E.on u.a. vor OVG wg. CO2-Handel; Rheinmetall u.a. staats- u. verwaltungsrechtl. wg. Widerruf von Ausfuhrgenehmigung für Gefechtsübungszentrum an Russland; ExxonMobil, HeidelbergCement, Evonik, Smurfit Kappa, BP zu CO2-Handel; PA Resources UK berg- u. umweltrechtl. zu Erdölaufsuchungsvorhaben in der Nordsee; Hüttenwerke Krupp Mannesmann in Genehmigungsverf. für Gasometer; Infraserv störfallrechtl.; u.a. ThyssenKrupp u. Salzgitter in Prozess gg. Benchmark-Emissionswerte der EU; Toyota Boshoku altlastenrechtl. zu Standort; Vascory in Altlastenverf.; Zurich Versicherung zu Immobilientransaktionen; ArcelorMittal, Dt. Edelstahlwerke, Saint-Gobain u. andere wg. EU-Beihilfeverf. zur EEG-Umlage; Vattenfall zu Informationszugang bzgl. Atomausstieg.

NOERR
Umwelt- und Planungsrecht

Bewertung: Eine der führenden Kanzleien im Umwelt- u. Planungsrecht, die durch ihre bundesw. Reichweite in marktbestimmenden Themen u. sehr gute interne Vernetzung, z.B. zur Energiepraxis, besticht. Derzeit berät das Team das Umweltministerium Ba.-Wü. zum Konflikt zw. Wetterradarstationen u. Windparks, wurde aber dank ihres Spezialwissens auch für die EU-Kommission in Fragen der Luftverkehrsemissionen aktiv. Das lfd. Geschäft ist daneben geprägt von der Unterstützung bei Transaktionen sowie der Betreuung langj. u. umtriebiger Mandanten wie McDonald's.
Stärken: Breite u. zugleich hoch spezialisierte Tätigkeit mit oft starken internat. Bezügen.
Entwicklungsmöglichkeiten: Jüngere Partner wie Federwisch u. Schmitz erhalten zunehmend fachl. Anerkennung im Markt – was Noerr nun für den Aufbau einer öffentl.-rechtl. Praxis in D'dorf nutzt. Dort warten allerdings starke Platzhirsche wie Freshfields u. Taylor Wessing. Die gute Verbindung zum dortigen Immobilienrechtsteam könnte sich als hilfreich erweisen.
Häufig empfohlen: Dr. Peter Bachmann, Christof Federwisch, Robert Matthes, Dr. Holger Schmitz („sehr guter Jurist", Wettbewerber)
Kanzleitätigkeit: Schwerpunkte im Öffentl. Bau- u. Planungsrecht. Ansiedlung u. Standortsicherung, Konversion, daneben häufig ÖPP. Im Umweltrecht v.a. Immissions- u. Bodenschutz, Altlastensanierungen u. CO2-Handel. Zudem ▶Produkt- u. Abfallrecht. Investoren im Zshg. mit erneuerbaren Energien, daneben M&A-Support u. Privatisierungen, Projektfinanzierung. Politikberatung, Kommunalabgabenrecht, ▶Beihilfe- u.

▶Vergaberecht sowie ▶Verfassungs- u. Verwaltungsrecht u. Luftverkehrsrecht. (5 Eq.-Partner, 4 Sal.-Partner, 15 Associates)
Mandate: ●● McDonald's zu Entwicklung u. Sicherung von Gewerbestandorten; EU-Kommission bei Studie zur Regulierung der Luftverkehrsemissionen; Umweltministerium Ba.-Wü. in Konflikt zw. Wetterradstationen u. Windparks; NRW in Verfahrensrügen zum Einzelhandelentwicklungsplan; Medical Properties zu Kauf der Median-Kliniken; A+E Fischer-Chemie zu Altlastenverdacht auf Ex-Betriebsgrundstück u. städtebaul. Vertrag mit Wiesbaden; Avic zu Kauf von Hilite; Menarini Von Heyden bei Abwehr von Wohnprojekt in Nachbarschaft zu Produktionsanlage; Sachsenmilch Leppersdorf zu wasserrechtl. Genehmigungen; Hermann Trollius vor ECHA u. EuG wg. KMU-Status; UAB Turto Garantas bauplanungsrechtl. zu Immobilienentwicklung; lfd. Iberdrola; Offshorewindparkentwickler genehmigungsrechtl.; Entwicklungsträger Potsdam GmbH zu Kasernenbau; Industrieanlagenbetreiber in Streit mit Bund um Finanzierung von Anlagenrückbau.

RAUE
Umwelt- und Planungsrecht

Bewertung: Geschätzte Kanzlei im Umwelt- u. Planungsrecht. Sie berät zu großen Bauprojekten in Berlin u. Umgebung u. hat bspw. die Umgestaltung des Flughafens Berlin-Tegel zu einem Industriestandort übernommen. Hinzu kommen Wohnbauvorhaben, durch die sie mittlerw. Erfahrung im Landessozialrecht gesammelt hat. Aufgrund ihrer Beratung zu grundsätzl. Fragen, v.a. an der Schnittstelle zu Energie- u. Verwaltungsrecht, hat sie allerdings bundesw. Strahlkraft. Das Team berät z.B. Trianel in CO2-Handelsfragen u. Ubitricity zum neuartigen Ansatz, Stromtankstellen an Lichtmasten anzubringen.
Häufig empfohlen: Christian von Hammerstein, Dr. Wolfram Hertel, Prof. Dr. Wolfgang Kuhla
Kanzleitätigkeit: Öffentl. Bau- u. Planungsrecht (Immobilien, Infrastruktur, teils gr. Projekte) u. Umweltrecht (CO2-Handel, Lärm- u. Klimaschutz). Schnittstelle zu Völkerrecht, ▶Verfassungs- u. Verwaltungsrecht. (4 Partner, 2 Associates)
Mandate: ●● Tegel Projekt GmbH zu Umgestaltung des Flughafens Berlin-Tegel; Ubitricity zu Einbau von Stromtankstellen an Lichtmasten; Trianel Kohlekraftwerk Lünen zu CO2-Handel; Umweltministerium Brandenburg in Verf. zu Nationalpark ‚Unteres Odertal'; IBI Group zu Entwicklung von Wohnbauvorhaben in Berlin-Köpenick; Cavere Estate zu Wohnbauvorhaben in Berlin; GDF Suez zu Neugenehmigung für Steinkohlekraftwerk Zolling.

REDEKER SELLNER DAHS
Umwelt- und Planungsrecht

Bewertung: Häufig empfohlene Kanzlei im Umwelt- u. Planungsrecht. Auf den Tischen der renommierten Anwälte finden sich bekannte Bauprojekte wie die Elbvertiefung u. SuedLink. Wettbewerber beäugen den Generationswechsel sehr kritisch, allerdings ist mit Dr. Frank Fellenberg gerade ein jüngerer Partner mit dem Windpark Butendiek u. der Waldschlößchenbrücke befasst – zwei Renommiermandate der Kanzlei. Auch im produktbez. Umweltrecht (▶Produkt- u. Abfallrecht) baut die Kanzlei erfolgr. einen jüngeren Partner auf.
Stärken: Verfassungsrecht, Bauplanungsrecht (v.a. Prozesse).
Entwicklungsmöglichkeiten: Redeker unternimmt erste Schritte, um ihre öffentl.-rechtl. Praxis weiterzuentwickeln. Zum einen soll die Zusammenarbeit mit der brit. Kanzlei Bond Dickinson dabei helfen, die Beratung zu internationalisieren – ein strateg. wichtiges u. überfälliges Thema. Im Auge hat Redeker dabei die umf. Betreuung größerer Offshorewindparkprojekte, mit denen die Briten schon erfahren sind. Zugleich lässt sich Redeker von Oppenländers abgebrochener Expansion in München nicht abschrecken. Die anvisierten Mandate aus dem Bereich der regionalen Windparkplanung konnte sie aber noch nicht gewinnen.
Häufig empfohlen: Dr. Stephan Gerstner, Dr. Tobias Masing, Prof. Dr. Olaf Reidt („einer der besten Öffentlichrechtler in Dtl.", Wettbewerber), Dr. Kay Pape, Dr. Ulrich Karpenstein („eine Rakete im Öffentl. Recht", Wettbewerber), Dr. Dieter Sellner
Kanzleitätigkeit: Gesamte Bandbreite des Öffentl. Rechts. Im Umweltrecht insbes. Immissionsschutz- u. Atomrecht. Im Öffentl. Bau- u. Planungsrecht v.a. Raumordnung, Regionalplanung, Bauleitplanung, Planung von Infrastruktur im ▶Verkehrssektor. Zudem Bergrecht, Umweltabgabenrecht sowie ▶Produkt u. Abfall. Darüber hinaus ▶Energie, ▶Verfassungs- u. Verwaltungsrecht, ▶ÖPP, EU-, ▶Beihilfe- u. ▶Vergaberecht. (11 Partner, 4 Counsel, 5 Associates)
Mandate: ●● TransnetBW zu NABEG-Bundesfachplanung (v.a. Ultranet u. SuedLink); Land Sachsen zu Waldschlößchenbrücke u. Überschwemmungsgebieten; Stadt Hamburg vor BVerwG wg. Elbvertiefung u. bei Klagen gg. A-7-Ausbau; BfN umweltrechtl. in Prozess wg. Offshorewindpark Butendiek; Dt. Flugsicherung in Streit um immissionsschutzrechtl. Genehmigung von Windenergieanlagen im Schutzbereich von Drehfunkfeuern; Vattenfall in Klagen gg. Genehmigung für Heizkraftwerk Wedel; Länder Berlin u. Brandenburg in Braunkohleplanverf. Welzow-Süd; RWE Power zu Nachnutzung Kraftwerksstandort u. in zahlr. Klagen wg. Grundabtretungsentschädigung; Hamburger Senat in Klage gg. Luftreinhalteplan; Raffinerie Heide gg. EuG-Urteil zur CO2-Härtefallzuteilung; ECE zu Wohnbauprojekt in Hamburg; Contargo zu Ausbau des Güterverkehrszentrums am Hauptbahnhof Hof.

TAYLOR WESSING
Umwelt- und Planungsrecht

Bewertung: Die Kanzlei zählt im Umwelt- u. Planungsrecht zu den häufig empfohlenen u. treibt die Entwicklung ihrer 3 Kernbereiche weiter. Große Sprünge machte sie im EKZ-Sektor, wo TW die Beziehungen zu den erst im Vorjahr akquirierten Discountern vertiefte u. mehrere neue Projekte an Land zog. Im Markt genießt immer noch Senior-Partner Mampel „einen Ruf wie Donnerhall" (Mandant), obwohl auch ein jüngerer Partner in diesem Bereich sehr aktiv ist. Auch bei städtebaul.- u. Wohnungsprojekten zeigte sich die Praxis dynamisch. Hier ist es v.a. van Jeger, der neue Mandanten hinzugewinnt u. dessen Engagement auch Wettbewerber registrieren. Etwas dahinter zurück bleibt das 3. Beratungsstandbein – die erneuerbaren Energien. Die Öffentlichrechtler sind zwar vereinzelt in Windparktransaktionen u. -finanzierungen eingebunden, insgesamt könnte die Praxis hier aber noch mehr Synergien heben.
Häufig empfohlen: Dr. Torsten van Jeger („sehr kompetent im Öffentl. Recht", Wettbewerber), Prof. Dr. Norbert Kämper („große Erfahrung", Wettbewerber), Dietmar Mampel („sehr hartnäckig, sehr versiert", Mandant), Dr. Walter Potthast, Dr. Oliver Klöck.
Kanzleitätigkeit: An der Schnittstelle zum ▶Immobilien- u. Baurecht: Öffentl. Bau- u. Planungsrecht, Bergrecht u. Umweltrecht, v.a. zu Deponien, Altlasten, Produkt- u. Abfallrecht, (Ab-)Wasserrecht, Immissionen, bei Anlagen (Genehmigungsverf., Nutzungsänderungen) u. bei Verkehrsinfrastruktur. Öffentl.-rechtl. Beratung bei Unternehmenskäufen u. Privatisierungen, Umstrukturierungen (ÖPP-Modelle), ▶Vergabe, Projektfinanzierung u. Luftverkehrsregulierung. (6 Eq.-Partner, 1 Sal.-Partner, 1 Counsel, 5 Associates)
Mandate: ● Investor bauplanungsrechtl. bei Neubauprojekt; FOC-Betreiber bauplanungsrechtl. bei Erweiterung Outlet; Discounter lfd., u.a. bei gerichtl. Durchsetzung von Einzelhandelsprojekten u. Markterweiterungen; Projektentwickler planungsrechtl.; div. Investoren öffentl.-rechtl. bei Erwerb von Windparks; Kommunen prozessual im Bauplanungsrecht; umweltrechtl. Mineralölkonzern; div. Entsorger im Abfallrecht.

WEISSLEDER EWER
Umwelt- und Planungsrecht

Bewertung: Geschätzte Kanzlei im Umwelt- u. Planungsrecht, insbes. Ewer genießt ein hohes fachl. Renommee. Aktuell setzte er in 1. Instanz erfolgr. durch, dass das Bundesaufsichtsamt für Flugsicherung nicht gg. immissionsschutzrechtl. Genehmigungen einer anderen Behörde für Windparks klagen darf – ein grundsätzl. Thema, das die Gerichte weiterhin beschäftigen wird. Bedeutende Projekte wie Elbvertiefung u. Eurogate betreut die Kanzlei daneben weiter. Auch personell zeigt sie sich konstant.
Häufig empfohlen: Prof. Dr. Wolfgang Ewer („Grandseigneur des Öffentl. Rechts", „souverän", Wettbewerber)
Kanzleitätigkeit: Öffentl. Baurecht (Infrastruktur- u. Einzelhandelsprojekte), Atom- u. Umweltrecht (Naturschutzfragen, Altlastenfragen, Abfallrecht). Mandanten v.a. aus dem Öffentl. Sektor (sehr gute polit. Kontakte), aber auch Unternehmen. (4 Partner, 12 Associates)
Mandate: ●● Windpark Neuratjensdorf in Grundsatzverf. um Klagen des Bundesaufsichtsamts für Flugsicherung gg. Windparkgenehmigungen; Land Schl.-Holst. zu Konsequenzen des OVG-Urteils gg. Regionalpläne Windenergie; BRD vor BVerwG gg. Naturschutzverband wg. Elbvertiefung u. Weservertiefung; Hamburg Port Authority zu Westerweiterung Eurogate (marktbekannt); Stadt Lübeck in Normenkontrollverf. wg. Ikea-Ansiedlung gg. Einwender; NRW-Behörde zu Schließung von Abfalldeponie.

WHITE & CASE
Umwelt- und Planungsrecht

Bewertung: Die im Umwelt- u. Planungsrecht empfohlene Kanzlei baute zuletzt v.a. ihren Schwerpunkt bei Infrastrukturthemen weiter aus. So setzte sie sich in einer Ausschreibung des Landes Ba.-Wü. durch, das sie nun zur Finanzierung von Stuttgart 21 berät. Daneben konzentriert sich das Team v.a. auf große Transaktionen. Im Energierecht begleitet W&C neu den Netzbetreiber 50 Hertz bei einer geplanten Gleichstromleitung von Sachsen-Anhalt nach Bayern. Der Zugang eines renommierten Energierechtsteams von Clifford Chance in D'dorf bietet der Umwelt- u. Planungspraxis Entwicklungsmög-

ÖFFENTLICHER SEKTOR UMWELT- UND PLANUNGSRECHT

lichkeiten, auch bzgl. der Gesamtstrategie des Teams, sich stärker als bislang in Mandaten von grundsätzl. Bedeutung zu positionieren.
Stärken: Sehr erfahren im Umfeld der Regierungsberatung, breite Kenntnis im Energie- u. Verkehrssektor.
Häufig empfohlen: Dr. Henning Berger, Prof. Dr. Norbert Wimmer („kooperativ, fachl. sehr gut", Wettbewerber)
Kanzleitätigkeit: Kompetenz im Umwelt- u. Planungsrecht im Bereich Altlasten, ▶Energie- u. ▶Verkehrsinfrastruktur. Beratung bei Transaktionen u. an der Schnittstelle zu Vergaberecht, ÖPP, inkl. Projektfinanzierung. Zudem ▶Verfassungs- u. Verwaltungsrecht. (2 Eq.-Partner, 2 Sal.-Partner, 2 Associates, 1 of Counsel)
Mandate: ●● 50 Hertz zu Gleichstrompassage (aus dem Markt bekannt); Vattenfall bei Veräußerung Müllverbrennungsanlage; Bund zu Besitzeinweisungsverfahren u. prozessual; Daimler wg. Kältemittelstreit; Bund gg. RWE nach UIG wg. 13. AtG-Novelle u. u. Förderung von Klimaschutzprojekten, immsionsschutzrechtl.; Rexam (beides aus dem Markt bekannt); Land Berlin zu Ausbau A 100; Kaffeeproduzent gg. städt. Wasserbetriebe wg. Grenzwerten für Abwassereinleitung; Bankenkonsortium bei Finanzierung von Kauf der EVG inkl. Gasnetze; internat. Hersteller von E-Zigaretten zu Zulässigkeit.

WOLTER HOPPENBERG
Umwelt- und Planungsrecht

Bewertung: Die empfohlene Kanzlei im Umwelt- u. Planungsrecht sticht v.a. durch ihre internat. Beratungsarbeit zu Produktionsanlagen heraus. Insbes. mittelständ. Unternehmen vertrauen umf. auf das Team um Namenspartner Hoppenberg. Sehr bezeichnend für die Kanzlei ist, dass sie ihre Praxen ständig weiterentwickelt. So hat sie von der Emschergenossenschaft mehrere Mandate gewonnen, die nebst Umweltrecht auch den Praxen M&A u. Baurecht Auftrieb verleihen.
Stärken: Viel Erfahrung mit dem Bau von Industrieanlagen im Ausland, inkl. Sicherung der Rohstoffströme.
Häufig empfohlen: Michael Hoppenberg, Thomas Tyczewski
Kanzleitätigkeit: Breite öffentl.-rechtl. Praxis im Umwelt- u. Planungsrecht, v.a. Energie-, Abfall- u. Wasserrecht. Regelm. Projektbegleitung im Ausland, zudem Transaktionserfahrung. Daneben Kommunal(finanzierungs)recht u. ÖPP. (3 Eq.-Partner, 1 Sal.-Partner, 1 Counsel, 13 Associates)
Mandate: ●● Emschergenossenschaft zu Kauf eines Servicebetriebs, bei Planfeststellungsverf. für Abwasserkanal, Sanierung von Klärschlammlagerplätzen; Stadt D'dorf zu Steuerung des Einzelhandels u. der Spielhallen; Landesjagdverband NRW zu Neubau von Schießanlagen; Lore Spickermann berg- u. wasserrechtl.; 8 Kommunen zu Übernahme der Strom- u. Gasnetze gemeinsam mit Gelsenwasser.

ZENK
Umwelt- und Planungsrecht

Bewertung: Die Kanzlei wird im Umwelt- u. Planungsrecht für ihre Kompetenz bei der Beratung von Großprojekten geschätzt. Hier ist es v.a. das HHer Büro, das umf. zu atom-, immissions- u. energierechtl. Fragen berät. Zugenommen hat zuletzt die Beratung im Bereich der erneuerbaren Energien, wo das Team nicht nur Mandate, sondern auch einen Mandanten hinzugewann. Um den Bereich langfristig auf eine breitere Basis zu stellen, forcieren die Öffentlichrechtler gemeinsam mit der Immobilienpraxis seit einiger Zeit den Ausbau im Öffentl. Baurecht. Erste Mandatserfolge zeichnen sich bereits ab, wie die Tätigkeit für mehrere Immobilienentwickler zeigt. Wettbewerber nehmen diese Neuausrichtung allerdings noch kaum wahr.
Stärken: Erfahrung bei Kraftwerksprojekten.
Häufig empfohlen: Dr. Ralf Hüting, Dr. Martin Düwel („fachl. gut, kommt zu praktikablen Ergebnissen", Wettbewerber)
Kanzleitätigkeit: In Berlin u. HH Umweltrecht, u.a. Abfall, Wasser, Altlasten, Immissions- u. Bodenschutz, Naturschutz. In HH Schnittstelle zu Lebensmittelrecht u. Öffentl. Bau- u. Planungsrecht (v.a. Energieprojekte). Auch Gebühren- u. Vergaberecht, v.a. in Berlin Kommunalberatung. Transaktionserfahrung. (3 Partner, 1 Counsel, 1 Associate)
Mandate: ●● Lettwo-Vorbeck-Viertel GmbH raumordnungs- u. planungsrechtl. bei Konversionsprojekt; Achim Griese Treuhand bauplanungs- u. kommunalrechtl. bei Quartiersentwicklung; HPA Hamburg Port Authority prozessual zu Planfeststellungsbeschluss; Gemeinde Wustermark zu Entwicklung des ehem. Olympischen Dorfes; EWE/Stadtwerke Bremen bei Windparkprojekten; Eurogate in Planfeststellungsverf. für Containerterminalerweiterung; DESY/XFEL bei Bau von Forschungsanlage (Vol. €1,1 Mrd); Stadt HH prozessual wg. Airbus-Werkserweiterung.

Weitere renommierte Kanzleien im Umwelt- und Planungsrecht

NORDEN
BBG und Partner	Bremen
HFK Rechtsanwälte	Hamburg
Kruhl von Strenge	Hamburg
Trüon	Hamburg
Prof. Versteyl	Burgwedel, Hannover

OSTEN UND BERLIN
Dombert	Potsdam
Götze	Leipzig
Kopp-Assenmacher	Berlin
Malmendier Hellriegel	Berlin
Müller-Wrede & Partner	Berlin
Andrea Versteyl	Berlin

WESTEN
Grooterhorst & Partner	Düsseldorf
Heinemann & Partner	Essen
Held Jaguttis	Köln
Heuking Kühn Lüer Wojtek	Düsseldorf
Hoffmann Liebs Fritsch & Partner	Düsseldorf
Kümmerlein	Essen
Loschelder	Köln

FRANKFURT
Allen & Overy	Frankfurt
FPS Fritze Wicke Seelig	Frankfurt
Heuking Kühn Lüer Wojtek	Frankfurt

SÜDWESTEN
Heuking Kühn Lüer Wojtek	Stuttgart
Jeromin & Kerkmann	Andernach
Oppenländer	Stuttgart
Sparwasser & Heilshorn	Freiburg

SÜDEN
Glock Liphart Probst & Partner	München
Heuking Kühn Lüer Wojtek	München
Labbé & Partner	München
Meidert & Kollegen	München, Augsburg
Messerschmidt Dr. Niedermeier und Partner	München
Seufert	München
Wagensonner	München

ALLEN & OVERY
Bewertung: Die Praxis ist im Umwelt- u. Planungsrecht nach wie vor für Kommunen beim Thema Städtebau aktiv. Häufig gelingt der Einstieg über das ▶Vergaberecht, in dem der Frankfurter Partner Dr. Olaf Otting einen sehr guten Ruf genießt. Eine zentrale Rolle spielt die Zusammenarbeit mit den Transaktions- u. Finanzierungsteams. Das originäre Umwelt- u. Planungsrecht überwiegt zwar in der Praxis, wurde aber nach dem Weggang einer erfahrenen Counsel (in eigene Kanzlei) geschwächt. (1 Partner, 6 Associates)
Mandate: ●● Stadt Hanau umf. zu Konversionsmaßnahme; Stadt Friedrichsdorf zu Entwicklung eines Wohngebiets; Stadt Stuttgart in Verf. wg. Herausgabe von Umweltinformationen; IMI umweltrechtl. zu Unternehmenskauf; dt. Bauunternehmen prozessual; dt. Grundstücksgesellschaft bei Einwendungen gg. B-Plan; hess. Kommune vergaberechtl. zu Erschließungsmaßnahme.

BBG UND PARTNER
Bewertung: Anerkannte Bremer Kanzlei, die insbesondere für ihre vergaberechtl. u. regulator. Beratung im ▶Verkehrssektor bekannt ist. Darüber hinaus berät sie bundesw. im Umwelt- u. Planungsrecht, z.B. ein norddt. Bundesland zum Ausbau einer Autobahn u. einen Übertragungsnetzbetreiber in einem Gutachten zu Planfeststellungsverfahren. Besonders prestigeträchtig ist der Gewinn des Bundesumweltministeriums als Mandantin, das sie zur Ausschreibung von Förderungen für Solarfreiflächenanlagen berät. (2 Partner, 5 Associates)
Mandate: ●● BMUmwelt zu Förderung von Solarfreiflächenanlagen; PQ Energy umwelt- u. genehmigungsrechtl. zu 3 Gaskraftwerksprojekten; Bundesland zu Ausbau von Autobahn; Übertragungsnetzbetreiber in Gutachten zu Planfeststellungsverfahren; Windparkentwickler in Verf. zu Netzanschluss für Offshorewindpark.

UMWELT- UND PLANUNGSRECHT ÖFFENTLICHER SEKTOR

DOMBERT
Bewertung: Die öffentl.-rechtl. Boutique aus Potsdam profiliert sich v.a. über das Immissionsschutzrecht. Die Kanzlei berät zudem den regionalen Planungsverband Vorpommern zur Bürgerbeteiligung bei der Ausweisung von Flächen für Windkraftanlagen, was als Pilotprojekt gilt. Empfehlungen von Wettbewerbern erhalten v.a. Prof. Dr. Matthias Dombert („bedenkt jeden Zug wie ein Schachspieler") u. Dr. Margarete Mühl-Jäckel, die auch als versiert im Hochschulrecht gilt – nebst kommunalen Finanzierungsfragen einer der Schwerpunkte der verfassungs- u. verwaltungsrechtl. Praxis. (6 Partner, 15 Associates, 1 of Counsel)
Mandate: ●● Regionaler Planungsverband Vorpommern zu Ausweisung von Flächen für Windkraft; Stadt Dahme/Mark u. 15 weitere Gemeinden in Klagen gg. Landesentwicklungsplan Berlin-Brandenburg; Plukon Food planungsrechtl. zu Geflügelschlachthof; Akzo Nobel u. Danpower lfd. immissionsschutzrechtl.; US-Unternehmen zu Bau von Stahlwerk; Universitäten bauplanungs- u. straßenrechtlich.

FPS FRITZE WICKE SEELIG
Bewertung: Das Öffentl. Baurecht steht nicht zuletzt wegen der engen Verknüpfung zum ▶Priv. Baurecht im Fokus der öffentl.-rechtl. Praxis von FPS. Präsent ist v.a. das Frankfurter Team, dem es zuletzt gelang, eine Reihe neuer Mandanten zu gewinnen. U.a. begleitet es für Merz Immobilien die Entwicklung des Mayfarth Quartiers, eines der derzeit größten Projekte in Ffm. Wettbewerber loben Dr. Anne Voigtländer als „kompetent u. kreativ". (9 Partner, 5 Associates)
Mandate: ●● Merz Immobilien bei Entwicklung Mayfarth Quartier; Gsp Städtebau bei Entwicklung u. Bau ‚Tower 2' in Ffm.; Stadt Rosbach v.d. Höhe bei Entwicklung von neuem Baugebiet; internat. Immobilienunternehmen bei Ankauf innerstädt. Areal; Stadt Würzburg zu Bürgerentscheid gg. Ausbau A 3; VGF Verkehrsbetriebe Frankfurt prozessual wg. Lärmschutz.

GLOCK LIPHART PROBST & PARTNER
Bewertung: Die Kanzlei zählt im Umwelt- u. Planungsrecht in München zu den lokalen Platzhirschen. Ihre Partner gehören zu den Stammberatern bei sehr vielen prominenten Großprojekten in u. um München. Dazu zählen der Neubau eines Sportzentrums für den FC Bayern u. die Erweiterung des Luxushotels Mandarin Oriental in der Innenstadt. Auch beim zentralen Thema Wohnungsbau spielt Glock Liphart Probst eine wichtige Rolle u. gewann zuletzt 2 neue Projektentwickler als Mandanten hinzu. Fachl. sehr angesehen sind Dr. Peter Eichhorn u. Rudolf Häusler. (5 Partner, 1 Associate)
Mandate: ●● ABG Projekte, Demos/Wowobau bei Wohnbauprojekten; MAN Truck & Bus u.a. zu Errichtung einer Lackieranlage; FC Bayern München zu Erweiterung der Allianz Arena u. Neubau von Sportzentrum; Stadtwerke München u.a. zu Wassergewinnungsanlage; Wöhr+Bauer lfd., u.a. bei Erweiterung Mandarin Oriental; Paulaner umf. bei Braueireneubau; regelm. Büschl Unternehmensgruppe bauplanungsrechtl.; Stadt Rosenheim bei Stadtentwicklung inkl. Grundstücksverkauf; Grundstückseigentümer zu städtebaul. Entwicklung am Ostbahnhof.

GÖTZE
Bewertung: Die Leipziger Kanzlei ist überregional im Umwelt- u. Planungsrecht tätig, Schwerpunkte bilden dabei Einzelhandel u. erneuerbare Energien. Das Team um Dr. Roman Götze ist auch bei konventionellen Energieprojekten gefragt. So berät es den Planungsträger zur Erweiterung von Vattenfalls Braunkohletagebau Nochten. (2 Partner, 4 Associates)
Mandate: ●● Regionaler Planungsverband Oberlausitz-Niederschlesien u.a. gg. BUND wg. Braunkohleplan für Vattenfall-Tagebau Nochten; Uhlig Präzisionsfertigung bei Standortsicherung; Stadt Ostritz bei Abwehr von Normenkontrolle gg. B-Plan; AER GmbH zu Standortsicherung für Biogasanlage.

GROOTERHORST & PARTNER
Bewertung: Die D'dorfer Kanzlei ist v.a. im Planungsrecht aktiv, z.B. bei Einzelhandelsprojekten. Dabei wagt sie den Spagat, in diversen Streitigkeiten für Investoren u. auch für die öffentl. Hand u. Projektgegner aufzutreten. So steht sie dem Verein Handel u. Handwerk u. einem Anwohner jew. bei der Abwehr von Einzelhandelsansiedlungen zur Seite. Das Team um Dr. Johannes Grooterhorst u. Marc Schwencke ist zudem bei Immissionsschutz- u. Altlastenfragen erfahren. Ein 3. Partner wandte sich zuletzt mehr der Beratung im Kommunalfinanz- u. Verfassungsrecht zu. (2 Partner, 6 Associates)
Mandate: ●● Handel und Handwerk e.V. gg. Baugenehmigung für Kaufland in Holtern; Anwohner bei Abwehr von Einzelhandelsprojekt wg. Immissionen; städt. Entwicklungsgesellschaft bauccchtl. zu neuem Stadtquartier; Immobilienfonds zu Erweiterung von Fachmarktzentrum; Großkonzern bei Abwehr von Stadtquartier in Nachbarschaft zu Produktionsstandort.

HEINEMANN & PARTNER
Bewertung: Traditionsreiche Essener Kanzlei, die über das Ruhrgebiet hinaus an Präsenz gewinnt. Das liegt v.a. an der prestigeträchtigen Beratung des BMUmwelt zum Atomausstieg. Partner Gregor Franßen vertritt das Ministerium nun auch in den Amtshaftungsklagen der Energiekonzerne gg. das Atommoratorium, bei denen es um mehrere Millionen Euro geht. Daneben berät das Team zu aktuellen Umweltthemen wie der IED u. im Immissionsschutz. Das zunehmende Engagement im Abfallrecht, wo die Kanzlei regelm. neue Mandanten (vorwiegend Deponiebetreiber) hinzugewinnt, bleibt auch Wettbewerbern nicht verborgen. (3 Partner, 1 Counsel, 3 Associates)
Mandate: ●● BMUmwelt in 3 Amtshaftungsklagen gg. Atommoratorium; Bezirksregierung in Eilverfahren wg. IED-Kontrolle; Gelsenwasser im Bergrecht; Kreis Recklinghausen abfallrechtl.; Awista prozessual wg. Anfechtung Deponieerweiterung; Westdt. Metall-Handel umwelt- u. immissionsschutzrechtl.; Emschergenossenschaft Essen u.a. zu Abwasserrecht; Michelin Reifenwerke abfallrechtl.; Adam Opel wasserrechtl.; div. Deponiebetreiber im Umwelt- u. Abfallrecht.

HELD JAGUTTIS
Bewertung: Die öffentl.-rechtl. Boutique aus Köln um die Namenspartner Dr. Simeon Held u. Dr. Malte Jaguttis hat innerhalb von nur 2 Jahren am Markt schon einen beachtl. Fußabdruck hinterlassen. Die Ex-Hengeler-Anwälte haben sich mit anderen Spin-offs wie Glade Michel Wirtz vernetzt u. berieten gemeinsam ZF Friedrichshafen beim Verkauf einer Tochtergesellschaft. Daneben berät das Team lfd. zu klass. umweltrechtl. Fragen, sowie zum produktbez. Umweltrecht. Im streitigen Bereich agiert es außerdem an der Schnittstelle zum Verfassungsrecht. Ein Wettbewerber lobt die Partner als „fachl. exzellent u. sehr engagiert", ein anderer hebt die „mandantenorientierte Beratung" hervor. (2 Partner)
Mandate: ●● ZF Friedrichshafen, Arcus Capital u.a. öffentl.-rechtl. bei Transaktionen; Bund bei Revisionsnichtzulassungsbeschwerde vor BVerwG zu Ausbildungsförderungsrecht; Dt. Rockwool verfassungs- u. europarechtl. sowie lfd. zu Bauprodukterecht; Zapp bei Verf. vor BNetzA; internat. Baustoffkonzern umweltrechtl.; Fußballverein lfd. öffentl.-rechtlich.

HEUKING KÜHN LÜER WOJTEK
Bewertung: Im Umwelt- u. Planungsrecht berät das Team um Heuking-Partner Dr. Thomas Nickel v.a. zu Industriestandorten u. Immobilienentwicklungen. Letzteres baute die Kanzlei durch den Gewinn des Stuttgarter Büros von GSK aus, das ein eingespieltes Team aus Öffentl.- u. Immobilienrechtlern umfasst. So brachte Quereinsteiger Dr. Wolfram Sandner die langj. Mandantin Allianz Real Estate mit bundesw. Bauprojekten mit. In D'dorf entsteht jedoch durch den Weggang von Andreas Berstermann (eigene Kanzlei) eine Lücke im Umweltrecht, es verbleibt Dr. Peter Kamphausen („sehr umsichtig u. kollegial", Wettbewerber) mit seiner Expertise bei Bauleitplanungen. (8 Partner, 4 Associates)
Mandate: ●● Allianz Real Estate zu Gewerbe- u. Wohnbauprojekt in Hamburg, Büroprojektbau in Köln; Markt Feucht zu Entwicklung von Seniorenheimwohnanlage in Bayern; dt. Tochter von US-Mischkonzern zu BImSch-Genehmigung für Standorterweiterung; Lohnfertiger umweltstrafrechtl. im Abwasserbereich; Klinik zu Kernsanierung u. Erweiterung.

HFK RECHTSANWÄLTE
Bewertung: Die Kanzlei hat ihren Beratungsschwerpunkt im Laufe des vergangenen Jahres auf das Planungsrecht gelegt. Hier ist es v.a. das HHer Büro um Partner Wulf Clausen, das in einige größere Projekte wie die Fehmarnbeltquerung involviert ist. Mit dem Wechsel von Dr. Jens Nusser zu Kopp-Assenmacher verlor das Büro allerdings seine wesentl. umwelt- u. abfallrechtl. Kompetenz. (1 Partner, 4 Counsel, 4 Associates)
Mandate: ●● Femern A/S im Eisenbahnfachplanungsrecht u. bei Planfeststellung für Feste Fehmarnbeltquerung; BMUmwelt in Gutachten zu Konzept für Klimaschutzziele der Bundesregierung; Studierendenwerk Vorderpfalz gutachterl. zu Wärmelieferverträgen; Kommune bei Aufstellung FNP; Behörde bei Genehmigungsverfahren für Windenergieanlage; InnoZ zu intelligenten Energieversorgungskonzepten.

HOFFMANN LIEBS FRITSCH & PARTNER
Bewertung: Die D'dorfer Kanzlei überzeugt mit ihrer Erfahrung bei Altlastenthemen u. ihrem regelm. Einsatz bei Transaktionen. Zuletzt nahmen

ÖFFENTLICHER SEKTOR UMWELT- UND PLANUNGSRECHT

immissionsschutzrechtl. Fragen zu. Besonders anerkannt ist Partner Klaus Fritsch, der im ▶Produkt- u. Abfallrecht sowie bei Altlastenthemen erfahren ist. Bei Letzterem kommt es regelm. zu Berührungspunkten mit den Praxen im Planungs- u. Immobilienrecht. Das Team arbeitet daran, nebst ihrem Mandantenkreis aus vornehml. Industrieunternehmen auch bei der öffentl. Hand Fuß zu fassen. Dabei könnten die Kontakte der Immobilien- u. Gesellschaftsrechtler helfen. (4 Partner, 2 Associates, 2 of Counsel)

Mandate: ●● Thermos zu umweltrechtl. Due Diligence bei Kauf von Alfi; Metallveredlungsunternehmen zu Verkauf von kontaminiertem Industriegrundstück; div. Chemieunternehmen bei Abwehr von Ausgleichsansprüchen nach BBodSchG u. Erwerb von Produktionsanlagen (v.a. zu Umwelthaftungsklausel); Beteiligungsgesellschaft bei Kauf von Windparkprojekt; Kunststoffkonzern zu öffentl.-rechtl. Vertrag über Grundwassersanierung; Tanklagergesellschaft immissionsschutzrechtl. (inkl. Störfallfragen u. Genehmigungsverf.) zu Großtanklagern; Windparkbetreiber in Streit mit Gemeinde um Kompensationszahlung.

JEROMIN & KERKMANN
Bewertung: Die Boutique aus Andernach betreut die öffentl. Hand u. Unternehmen regelm. in umwelt- u. planungsrechtl. Fragen. Die Namenspartner Dr. Jochen Kerkmann u. Dr. Curt Jeromin („zuverlässig u. gut", Wettbewerber über beide) sind aufgr. ihrer Kontakte zur öffentl. Hand u. Unternehmen in erster Linie regionale Größen, aber auch darüber hinaus tätig. Immer wieder vertritt das Team auch Projekteinwender. (2 Partner, 1 Counsel, 5 Associates)

Mandate: ● Anwohnerin gg. Baugenehmigung für Fachmarktzentrum ‚Stadt-Galerie' in Wiesloch.

KOPP-ASSENMACHER
Bewertung: Die Berliner Kanzlei ist auf die Beratung im Umwelt- u. Planungsrecht (inkl. produktbez. Umweltrecht u. Abfallrecht) sowie im Energierecht spezialisiert. Insbes. Namenspartner Stefan Kopp-Assenmacher steht dabei für die Begleitung von Industriemandanten, u.a. aus den Branchen Chemie, Pharma, Glas u. Zement. Dr. Jens Nusser („guter junger Umweltrechtler", Wettbewerber), der als Partner von HFK kam, berät v.a. im klass. aber auch im produktbez. Umweltrecht. In die neue Einheit brachte er einen Dax-Konzern mit. Gleichzeitig gewann die Kanzlei Merck als neue Mandantin. (2 Partner, 4 Associates)

Mandate: ●● Merck umweltrechtl. im Boden- u. Immissionsschutz; großer Industriepark in Europa zu BImSchG-Genehmigungsverf.; Dax-Konzern lfd. zum klass. u. produktbez. Umweltrecht; internat. Zementkonzern zu Standorterweiterung; Forum City Mühlheim wasserrechtl.; zahlr. mittelständ. Unternehmen zu gewerbl. Sammlungen.

KRUHL VON STRENGE
Bewertung: Die Boutique aus Hamburg zeigte sich zuletzt sehr dynamisch u. gewann eine Reihe neuer Mandanten hinzu. So berät sie neu etwa eine Raffineriegesellschaft zu einem Tanklager umweltrechtlich. Zudem wurde sie von internat. Kanzleien bei hochvol. Transaktionen vermehrt hinzugezogen. Daneben berät das Team berg- u. wasserrechtl. im Zshg. mit Frackingthemen, bei ÖPP-Projekten u. zunehmend im produktbez. Umweltrecht (Biozidfragen, Reach). Im Markt anerkannt sind Dr. Nikolaus von Strenge („hoher Qualitätsstandard", Mandant; „exzellent", „sehr schnell u. dabei sehr genau", „engagiert u. lösungsorientiert", Wettbewerber) u. Dr. Klaas Kruhl („sehr versierter u. gründlicher Anwalt", Wettbewerber). (2 Partner, 1 Associate)

Mandate: ●● Wilhelmshavener Raffineriegesellschaft zu genehmigungs- u. umweltrechtl. Fragen; Familiy Office u. Staufen Invest umwelt- u. planungsrechtl. bei Veräußerung Ziegler Gruppe; Unternehmen aus der Automobilindustrie umweltrechtl.; US-Energieunternehmen zu Fracking; lfd. Chemische Fabrik Dr. Weigert; H&R Ölwerke Schindler zu Reach.

KÜMMERLEIN
Bewertung: Die Essener Praxis hat ihren Schwerpunkt im Umwelt- u. Planungsrecht bei Infrastrukturprojekten u. im Anlagenzulassungsrecht. Aber auch beim Thema Netzausbau kommt Kümmerlein voran. So berät sie Amprion u. einen weiteren Betreiber strategisch zur Öffentlichkeitsbeteiligung bei mehreren Vorhaben. Ausgebaut hat die Praxis zudem ihre Beratung im Immissionsschutzrecht, wo sie zuletzt die Beratung von ArcelorMittal auf mehrere Tochtergesellschaften ausdehnte. Im Markt anerkannt sind Frank-Jochen Scheuten („hervorragende fachl. Kompetenz", Wettbewerber) u. Dr. Bettina Keienburg („sehr gut, angenehme Zusammenarbeit", Wettbewerber). (4 Partner, 2 Associates, 1 of Counsel)

Mandate: ●● Amprion zu Öffentlichkeitsbeteiligung; ArcelorMittal Bremen u. Bottrop zu BImSch-Anlagen; Land NRW zu CO-Rohrfernleitung; Land Hessen zu salzhaltigem Abwasser aus Kalibergbau; RAG umf. im Öffentl. Recht; GDF Suez lfd., u.a. zu Erdöl-/Gasförderung; ArcelorMittal zu Kokereigaskraftwerk; jew. bergrechtl. RWE Dea, E.on, Evonik.

LABBÉ & PARTNER
Bewertung: Im Umwelt- u. Planungsrecht höchst anerkannte Kanzlei aus München. Das Team berät v.a. im Öffentl. Baurecht, hier ist es für eine Reihe von Immobilienunternehmen u. Einzelhändlern wie Conrad tätig. Zuletzt wurde Labbé im Zshg. mit Autobahnausbauprojekten von betroffenen Grundstückseigentümern in Entschädigungsfragen hinzugezogen. Fachl. anerkannt sind neben Herbert Kaltenegger auch Dr. Wolfgang Leitner („sehr erfahren, schnell u. pragmatisch", Wettbewerber) u. Johannes Mohr („sehr erfahren u. pragmatisch", Wettbewerber über beide). (4 Partner, 4 Associates)

Mandate: ●● Conrad Electronic zu Ansiedlungsprojekt bau- u. erschließungsrechtl.; Bögl bau-, immissionsschutz- u. wasserrechtl. zu Bau von Einkaufszentrum; Gärtnerei Knauf zu Projektentwicklung im Umfeld einer Flughafenplanung; Grundstückseigentümer zu Planfestellung u. Entschädigung bzgl. A 44; Weinbaubetriebe in Rh.-Pf. zu Entschädigung für B 271; div. Gemeinden in Planfeststellungsverf. für A 8.

LOSCHELDER
Bewertung: Die Kölner Kanzlei berät ihre Mandanten umf. im Umwelt- u. Planungsrecht. Zur Kernkompetenz von Partner Dr. Cedric Meyer zählt das Wasserrecht. Hier berät er div. Bauunternehmen u. einen Gewerbeparkbetreiber. Bei brandschutzrechtl. Themen arbeitet das kleine Team eng mit den Immobilien- u. Baurechtlern zusammen. (1 Partner, 1 Associate)

Mandate: ● Mehrere Großunternehmen der Bauindustrie in wasserrechtl. Owi-Verfahren; Gewerbeparkbetreiber wasserrechtl.; Unternehmen bodenschutzrechtl.; großer Komposthersteller zu großflächigen Verunreinigungen von Ackerflächen; Sportverein bauplanungs- u. naturschutzrechtl.; Verband abfallrechtlich.

MALMENDIER HELLRIEGEL
Bewertung: Das Team um um Dr. Mathias Hellriegel („sehr gut", Wettbewerber) kann auf sehr aktive Stammmandanten wie HGHI setzen, u. gewann zuletzt auch neue Mandanten wie NCC u. Oakland hinzu, die sie zu Wohnbauprojekten in Berlin berät. Immer häufiger spielt berlintypisch das Sozialrecht in die öffentl. Bauprojekte hinein, was die Kanzlei im Rahmen ihrer Projektfinanzierungsberatung abdecken kann. Der Schwerpunkt der umwelt- u. planungsrechtl. Arbeit liegt in Berlin, allerdings reicht die Aktivität auch darüber hinaus. So wird seit Jahren VW bei der bundesw. Ansiedlung von Autohäusern betreut. (2 Eq.-Partner, 1 Sal.-Partner, 4 Associates)

Mandate: ●● HGHI u.a. zu Revitalisierung des Karstadt-Areals am Kudamm u. bei Entwicklung ‚Mall of Berlin'; NCC Dtl., Oakland, H'Group u. Artprojekt jew. zu Wohnbauprojekten; VW Immobilien zur bundesw. Ansiedlung von Autohäusern; Nicolas Berggruen zu Entwicklung von Wohn-/Gewerbequartier in Berlin-Mitte; Land Berlin zu kooperativer Baulandentwicklung; Kondor Wessels zu Entwicklung Triade II; GSW lfd. planungsrechtlich.

MEIDERT & KOLLEGEN
Bewertung: Anerkannte bayr. Kanzlei für Umwelt- u. Planungsrecht. Den Schwerpunkt der Beratung bilden öffentl. Bauprojekte aus den Bereichen erneuerbare Energien, Infrastruktur u. Einzelhandel. Zuletzt kamen einige Mandate hinzu, die die Überplanung von Werksgeländen u. innerstädt. Arealen betrafen. Zum Mandantenkreis gehören Stadtwerke, mittelständ. Einzelhändler u. Großkonzerne. Empfohlen wird v.a. Dr. Nikolaus Birkl. (3 Partner, 2 Associates, 2 Counsel)

Mandate: Keine Nennungen.

MESSERSCHMIDT DR. NIEDERMEIER UND PARTNER
Bewertung: Die Münchner Kanzlei ist mit ihren Anwälten um Ulrich Numberger u. Dr. Wilfried Niedermeier v.a. regional anerkannt für ihre Arbeit im Umwelt- u. Planungsrecht. Mittlerweile hat die Boutique begonnen, ähnlich wie Wettbewerberin Seufert eine Associate-Ebene aufzubauen. An Seufert verlor Messerschmidt allerdings einen Partner, der rd. 2 Jahre zuvor von Noerr gekommen war u. Expertise im Luftverkehrs- u. Energierecht mitbrachte. (7 Partner, 2 Associates)

Mandate: ●● Stadt Augsburg bei Normenkontrollklage gg. MAN-Spange; Gemeinde Schondorf vor VGH wg. B-Plan für Ammersee-Areal; Rohrdorfer zu Kiesabbau in Otterfing; Anwohner bei Normenkontrollklage gg. Fachmarktzentrum in Kaufbeuren.

UMWELT- UND PLANUNGSRECHT ÖFFENTLICHER SEKTOR

MÜLLER-WREDE & PARTNER
Bewertung: Im Umwelt- u. Planungsrecht berät die Boutique aus Berlin ihre Mandanten umf. zu Vorhaben der erneuerbaren Energien. Hier überzeugt sie insbes. durch ihre eng verknüpften Kompetenzen im Energie-, ▶Vergabe- u. Öffentl. Recht. Zuletzt gelang es, ihren Mandantenstamm auf große Projektentwickler u. Stadtwerke auszudehnen. Letztere berät MWP sowohl beim Ankauf schlüsselfertiger Windparks als auch bei der Entwicklung entspr. Vorhaben. Darüber hinaus versteht es die Kanzlei, bestehende Mandanten an sich zu binden: Das Konsortium aus Dt. Bank u. Ventotec berät MWP nun auch beim Verkauf des 1. Bauabschnitts eines Windenergie-Repowering-Projekts. (1 Eq.-Partner, 2 Sal.-Partner, 2 Associates)
Mandate: ●● Gasag, Stadtwerke Kassel u.a. bei Vorhaben der erneuerbaren Energien; Dt. Bank/Ventotec u.a. bei Verkauf 1. Bauabschnitt von Windenergie-Repowering-Projekt; Projektentwickler aus dem Bereich Photovoltaik bei Ausschreibungsverf. zu Stromvergütung; mittelständ. Projektentwickler bei KAGB; Projektentwickler zu naturschutzrechtl. u. luftverkehrsrechtl. Fragen in Leitverf. vor BVerfG.

OPPENLÄNDER
Bewertung: Die Stuttgarter Kanzlei ist im Umwelt- u. Planungsrecht eine regionale Größe, Kopf der Praxis ist der angesehene Verwaltungsrechtler Prof. Dr. Christofer Lenz. Sie ist insbes. erfahren mit Einzelhandelsprojekten u. Industriestandorten. Dr. Jens Kaltenborn, der aus dem inzw. geschlossenen Münchner Büro an den Stuttgarter Stammsitz zurückkehrte, betreut nun eine Reihe von Mandaten außerhalb von Ba.-Wü., z.B. einen Autohändler zu einem komplexen Altlastenfall in Norddeutschland. (3 Partner, 1 Associate)
Mandate: ●● Multi Channel Systems umwelt- u. beihilferechtl. zu Erwerb durch Harvard Bioscience; Autohändler zu Altlastenfall; Projektentwickler zu Erschließung von Wohngebiet; Energieversorger zu erdgebundenen Leitungen; Verlag zu Umnutzung von Geschäftsgebäude in Mannheim; lfd. Breuninger.

SEUFERT
Bewertung: Im Öffentl. Recht anerkanntes Team aus München um Josef Geislinger („konstruktiv, zuverlässig, fairer Verhandlungspartner", Wettbewerber). Allerdings hat die Kanzlei einige Umwälzungen erlebt, die auch das öffentl.-rechtl. Team berührten. Nachdem im Vorjahr ein Öffentl.-Rechtler, der an der Schnittstelle zum ▶Gesellsch. recht erfahren war, zu SNP Schlawien gewechselt war, holte die Kanzlei einen Quereinsteiger von Messerschmidt. Dieser hat einen deutlichen Fokus auf Umwelt- sowie Planungsrecht u. berät nun bei Seufert u.a. die Stadt Mainz zum Ausbau des Frankfurter Flughafens. (7 Partner, 1 Associate)
Mandate: ●● Städte Mainz, Flörsheim, Hattersheim, Hochheim zu Erweiterung des Flughafens in Ffm.; Vi Vadi zu Genehmigung von Hotelprojekt in München; Gemeinde Holzheim u. Freudlsperger jew. zu Deponieplanfeststellung; Landesforstamt naturschutzrechtl.; Immobilienunternehmen bei Umwidmung von Bürogebäude in Wohnraum; div. Industrieunternehmen zu bergrechtl. Betriebsplanzulassung u. Regress nach BBodSchG; Kraftwerksbetreiber zu Entschädigungsverhandlung u. Neubau von Wasserkraftwerk.

SPARWASSER & HEILSHORN
Bewertung: Die Boutique für Umwelt- u. Planungsrecht aus Freiburg hat zuletzt viele Streitigkeiten begleitet, regional bedeutsam war etwa die Vertretung der Gemeinde Grenzach-Wyhlen, die sich gg. den Sanierungsplan für eine Kesslergrube der BASF wehrt. In der Regel berät das Team um Prof. Dr. Reinhard Sparwasser u. Dr. Torsten Heilshorn zu Bauprojekten, v.a. an der Seite von Kommunen u. Bauträgern aus der Region. (2 Partner, 4 Associates)
Mandate: ●● Gemeinde Grenzach-Wyhlen bei Widerspruch gg. Sanierungsplan der BASF für Kesslergrube; Bad Dürrheim in Verf. wg. Erweiterung von Schweinezuchtanlage; SWEG zu Bau von Eisenbahnwerkshalle; Stadt Vogtsburg zu B-Plan für Weingüter im Kaiserstuhl; Ceraline zu B-Plan für Wohnbau.

TRÖON
Bewertung: Die Boutique ist im Hamburger Markt für die Verknüpfung ihrer Kompetenzen im Öffentl. u. ▶Immobilienrecht bekannt. Die Schwerpunkte im Umwelt- u. Planungsrecht liegen u.a. in der Beratung bei Projektentwicklungen u. Genehmigungsverfahren. Aber auch transaktionsbegleitende Beratung macht einen wesentl. Teil ihrer Arbeit aus. Durch den Weggang von Dr. Nina Koch verlor Tröon zuletzt allerdings eine angesehene Partnerin. Die öffentl.-rechtl. Kompetenz liegt nun allein bei Dr. Dirk Büllesfeld („sehr kompetent", Wettbewerber). (1 Partner, 1 Associate)
Mandate: ● Pharma- u. Lebensmittelunternehmen jew. umweltrechtl. zu Industrieanlagen.

ANDREA VERSTEYL
Bewertung: Boutique für Umwelt- u. Planungsrecht, die besonders erfahren mit sensiblen Situationen wie Öffentlichkeitsbeteiligungen ist. Prominent war die Vertretung des umstrittenen Schweinezüchters Straathof, dem die Tierhaltung bundesw. untersagt wurde. Das Team ist traditionell auch in Augsburg aktiv, so einst die Kooperation mit Puhle scheiterte. Nun ging die Kanzlei eine neue Kooperation mit der dortigen Kanzlei Sonntag & Partner im Immobilienrecht ein. Fachl. Anerkennung genießt Namenspartnerin Prof. Dr. Andrea Versteyl („hoch kompetent u. durchsetzungsstark", Wettbewerber), eine Erweiterung der Partnerschaft neben ihr lässt allerdings noch auf sich warten. (1 Partner, 4 Associates, 2 of Counsel)
Mandate: ●● Straathof umf., u.a. in Klage gg. Tierhaltungsverbot; Energieallianz Bayern/Max Aicher zu Pumpspeicherwerk; Allgäu Airport Memmingen zu Altlastensanierung; Stadtwerke Emden u. Entwässerungsverband zu Genehmigungsbescheid für Windkraftanlagen u. Anfechtung durch Dt. Wetterdienst; Isorec zu immissionsschutzrechtl. Genehmigung für Recyclinganlage; Kelheim Fibres zu Sanierung Luftreinhaltung; Rösl planungsrechtl. zu Boden- u. Bauschuttdeponien; Lech-Stahlwerke zu CO_2-Handel.

PROF. VERSTEYL
Bewertung: Viele Jahre war die Kanzlei aufgr. der Leistung ihres Namenspartners Prof. Dr. Ludger-Anselm Versteyl v.a. als Abfallrechtsboutique bekannt. Inzwischen hat der etablierte Partner Dr. Holger Jacobj („sehr kompetent u. zielorientiert", Wettbewerber) dieses Beratungsfeld mehr u. mehr übernommen. Darüber hinaus erweiterte sich die Kanzlei zuletzt thematisch immer mehr um das Planungsrecht. So berät Jacobj Städte zum Entwicklungsprogramm für Windenergie u. Einzelhandel. (3 Partner, 4 Counsel, 2 Associates, 2 of Counsel)
Mandate: ●● Umweltbetrieb Bremen deponierechtl.; Norgam zu Änderung einer Deponie; Umweltschutz Nord zu Sicherheitsleistung für Abfallentsorgungsanlage; Avista in Klage gg. Altöllieferanten; Großstadt zu Immissionskonflikt wg. Baugebiet an Bahnlinie; Landkreis in Raumordnungsprogramm für Windenergie u. Einzelhandel; Gasgewinnungsunternehmen bei Abwehr von Bebauung nahe Gasleitung; Baustoffunternehmen immissionsschutzrechtl. zu Anlagenerweiterung.

WAGENSONNER
Bewertung: Die Münchener Kanzlei ist im regionalen Markt für ihre Kompetenz im Umwelt- u. Planungsrecht bekannt. Ein Schwerpunkt liegt dabei im Planungsrecht, wo die Öffentlichrechtler häufig mit den Priv. Baurechtlern zusammenarbeiten. Regelm. ist Wagensonner an großen Projektentwicklungen beteiligt, wie aktuell am Münchner Ostbahnhof, wo ein neues städtisches Quartier entstehen soll. Zu ihren Mandanten zählen mittelständ. Unternehmen u. Projektentwickler, vereinzelt auch Großkonzerne. Regelm. begleitet die Praxis außerdem Immobilien- u. Energieprojekte (z.B. aus dem Bereich Windenergie). Zuletzt verstärkte sie sich intern durch einen Salary-Partner. (5 Partner, 1 Sal.-Partner, 5 Associates)
Mandate: ●● Dt. Telekom in B-Planverf. für Immobilienprojekte in München; Fondara Unternehmensgruppe in B-Planverf. für innerstädt. EKZ; Grundstückseigentümer zu städtebaul. Entwicklung am Ostbahnhof (aus dem Markt bekannt).

● Referenzmandate, umschrieben
●● Referenzmandate, namentlich

Anwaltszahlen: Angaben der Kanzleien, wie viele Anwälte zu mind. ca. 50 % in diesem Gebiet tätig sind. Sie spiegeln nicht zwingend die Gesamtgröße einer Kanzlei wider.

Produkt- und Abfallrecht

Streitigkeiten um Äußerungen zu Produkten

Bei Produkten sind äußerungsrechtliche Streitigkeiten zuletzt sehr prominent gewesen, beispielsweise der Streit zwischen Ritter Sport und Stiftung Warentest. Auch andere Unternehmen überlegen, gegen Berichte von Warentestern oder Äußerungen diverser Institutionen vorzugehen. Hier spielen aber nicht nur presse-, sondern auch produktrechtliche Themen eine Rolle, häufig im Zusammenhang mit Grundsatzfragen. Bei der Produktsicherheit werden Compliance-Themen immer wichtiger. Das hohe Maß an Standards stellt viele Unternehmen, gerade wenn sie grenzüberschreitend tätig sind, vor ständig neue Herausforderungen – vor allem im Zusammenhang mit Produktinhalten.

Abfallrechtsboutiquen verbreiten sich

Im Abfallrecht ist der Markt klar aufgeteilt zwischen den Beratern der Kommunen (vornehmlich **Gaßner Groth Siederer & Coll.**) u. Beratern der privaten Entsorger. Hier sind **Avocado**, **Köhler & Klett**, und auch **Freshfields Bruckhaus Deringer** aktiv. Einige Abfallrechtsboutiquen versuchen, ihre Expertise auch auf Einzelhandelsunternehmen und Bekleidungs- oder Lebensmittelhersteller zu übertragen. Gerade Einzelhändler sind verunsichert, weil sie nach der ElektroG-Novelle bei der Rücknahme von Elektroaltgeräten in die Pflicht genommen werden sollen. Nachwuchs-Umweltrechtlern bietet das produktbezogene Abfallrecht eine Chance, sich im Markt zu positionieren, etwa bei **Hoffmann Liebs Fritsch & Partner** oder **Redeker Sellner Dahs**. Personell gab es kaum Veränderungen. Einzig **Köhler & Klett** verlor mit Dr. Markus Pauly einen wichtigen Kopf, der künftig unter **Pauly** in eigener Einheit tätig ist.

PRODUKT- UND ABFALLRECHT

Baker & McKenzie	Frankfurt
Freshfields Bruckhaus Deringer	Berlin, Düsseldorf, Köln
Redeker Sellner Dahs	Berlin, Bonn
DLA Piper	Köln
Avocado	Köln
Gaßner Groth Siederer & Coll.	Berlin
Hogan Lovells	Frankfurt, München
Köhler & Klett	Köln
Noerr	Dresden, München
Baumeister	Münster
Hengeler Mueller	Düsseldorf
Hoffmann Liebs Fritsch & Partner	Düsseldorf
Brandi	Paderborn
Esche Schümann Commichau	Hamburg

Die hier getroffene Auswahl der Kanzleien ist das Ergebnis der auf zahlreichen Interviews basierenden Recherche der JUVE-Redaktion (s. Einleitung S. 20). Sie ist in 2erlei Hinsicht subjektiv: Sämtliche Aussagen der von JUVE-Redakteuren befragten Quellen sind subjektiv u. spiegeln deren eigene Wahrnehmungen, Erfahrungen u. Einschätzungen wider. Die Rechercheergebnisse werden von der JUVE-Redaktion unter Einbeziehung ihrer eigenen Marktkenntnis analysiert u. zusammengefasst. Der JUVE Verlag beabsichtigt mit dieser Tabelle keine allgemein gültige oder objektiv nachprüfbare Bewertung. Es ist möglich, dass eine andere Recherchemethode zu anderen Ergebnissen führen würde. Innerhalb der einzelnen Gruppen sind die Kanzleien alphabetisch geordnet.

Die folgenden Bewertungen behandeln Kanzleien, die im produktbezogenen Umweltrecht und im Abfallrecht überdurchschnittlich hohe Expertise herausgebildet haben. Thematisch umfasst das Kapitel den gesamten Kreislauf eines Produkts aus umweltrechtlicher Sicht: von der Herstellung, der Zulassung über Transport u. Handel bis hin zur Entsorgung sowie Wiederverwertung. Überschneidungen gibt es häufig zu ▶Lebensmittelrecht, Produktsicherheit (▶Handel und Haftung), ▶Außenhandel u. speziell im Entsorgungsbereich zum ▶Vergaberecht.

PRODUKT- UND ABFALLRECHT ÖFFENTLICHER SEKTOR

AVOCADO
Produkt- und Abfallrecht

Bewertung: Im Produkt- u. Abfallrecht, insbes. aufgr. ihrer breiten Tätigkeit im Abfallsektor, häufig empfohlene Kanzlei. Dort war sie zuletzt verstärkt mit der Beratung der abfallerzeugenden Seite befasst u. gewann z.B. die RWTH Aachen als neue Mandantin. Im Zshg. mit dem Abfallgesetz beriet Dr. Ralf Kaminski produzierende Unternehmen zuletzt vermehrt an der Schnittstelle zwischen Produkt- u. Abfallrecht, teilw. auch zu grenzüberschreitenden Fragen. Weitere Schwerpunkte sind BattG, ElektroG, VerpackV/WertstoffG, Abfalltransport, Abfallverwertung, Entsorgungsverträge, Abfallgebühren u. elektron. NachweisV. Im produktbezog. Umweltrecht berät die Kanzlei u.a. zum Chemikalienrecht (REACH), aber auch zur neuen EU-KosmetikV. Im Markt anerkannt sind Dr. Thomas Gerhold u. Markus Figgen („kompetent, angenehme Zusammenarbeit", Wettbewerber über beide).

Mandate: ●● RWTH Aachen abfallrechtl.; GMVA abfall- u. gebührenrechtl. in Prozessen (öffentl. bekannt); Remondis (aus dem Markt bekannt) u. div. andere Entsorgungsunternehmen zu gewerbl. u. gemeinnützigen Sammlungen; Bauer Umwelt/Ecosoil Süd abfallrechtl.; BDE Bundesverband Dt. Entsorgungswirtschaft umf. abfall-, steuer- u. verpackungsrechtl. (z.B. EU-Beschwerde wg. gewerbl. Sammlungen, DSD-Ausschreibungen, Abfallgesetznovelle u. tauschähnl. Umsätzen in der Entsorgungswirtschaft); div. Entsorger u. produzierende Unternehmen lfd. im Abfallrecht.

BAKER & McKENZIE
Produkt- und Abfallrecht

Bewertung: Eine im Produkt- u. Abfallrecht führende Kanzlei, die regelm. zu aktuellen Themen berät. Zuletzt war Baker mit dem Aufsetzen von Compliance-Strategien im Zshg. mit Produktsicherheit befasst. Ein Highlight war zudem die Beratung der UEFA zur Einführung des Schiedsrichtersprays bei Fußballspielen. Stark ist die Kanzlei außerdem bei Produktrückrufen. Zu ihren Kernmandanten zählen viele internat. Unternehmen, bei deren Beratung Baker von ihrem ww. Netzwerk profitiert. Das heben Mandanten immer wieder hervor. Weitere Schwerpunkte der Praxis sind Chemikalienrecht (REACH, Klassifizierung/Transport/Zulassung) u. umweltrechtl. Kennzeichnungspflichten. Im Markt anerkannt sind Prof. Dr. Ulrich Ellinghaus u. Prof. Dr. Joachim Scherer. Die umweltrechtl. Kompetenz von Dr. Frank-Rainer Töpfer kommt insbes. bei Infrastrukturprojekten zum Tragen.

Mandate: ●● Union des Associations Européennes de Football zu Einführung Schiedsrichterspray bei europ. Fußballturnieren; HP lfd. (EMEA-weite Beratung zu allen produktbezogenen regulator. Fragen); internat. Telekommunikationsunternehmen bei Produkteinführung („Connected Car Services"); global tätiger Spielwarenhersteller zu Compliance-Strategie; regionales Entsorgungsunternehmen in Grundsatzverfahren zu Abfallgebührenberechnung; ww. Onlineversandhändler zu Gefahrguttransportrecht; Sportgerätehersteller zu ww. Produktrückruf; Elektronikhersteller zu Kennzeichnungsvorschriften.

BAUMEISTER
Produkt- und Abfallrecht

Bewertung: Empfohlene Kanzlei, die im Produkt- u. Abfallrecht schwerpunktmäßig im Abfallsektor berät. Themen sind hier v.a. VerpackV/WertstoffG, ElektroG, Anzeigepflichten u. Entsorgungsverträge. Darüber hinaus agiert die Kanzlei immer häufiger an der Schnittstelle zum ▶ Vergaberecht, etwa bei der Umstrukturierung einer Müllverbrennungsanlage in vergabe-, preis- u. gebührenrechtl. Hinsicht. Obwohl Wettbewerber regelm. darüber diskutieren, hält Baumeister im Bereich der gewerbl. Sammlungen an ihrem Beratungsansatz fest: Während der renommierte Partner Prof. Dr. Martin Beckmann („kompetent u. kollegial", Wettbewerber) vorwiegend auf Unternehmerseite tätig ist, vertritt der ebenfalls hoch angesehene Dr. Andreas Kersting („sehr angenehme Zusammenarbeit", Wettbewerber) in der Regel Kommunen.

Mandate: ●● Remondis lfd. zu gewerbl. Sammlungen/Abfallrecht, auch prozessual; lfd. Stenau Entsorgung, AWG Kreis Warendorf; Unternehmen im Abfallrecht; Müllverbrennungsanlage bei Umstrukturierung; Landkreis abfallrechtlich.

BRANDI
Produkt- und Abfallrecht

Bewertung: Geschätzte Kanzlei im Produkt- u. Abfallrecht, die hier anders als im ▶ Umwelt- u. Planungsrecht klar aufseiten der Unternehmen positioniert ist. Hier beriet sie zuletzt verstärkt zur Neuordnung der Verpackungsströme (Wertstofftonne/VerpackungsV), im Chemikalienrecht (REACH) u. zu Abgrenzungsfragen (Abfall vs. Nebenprodukt u. Schnittstelle Lebensmittelrecht). Außerdem ist das Team um Prof. Dr. Martin Dippel mittlerw. bundesweit für zahlr. Mittelständler bzgl. der Anzeige ihrer gewerbl. Sammlung tätig.

Mandate: ●● Südzucker lfd. zu REACH; Stratmann, Zimmermann, Gemeinschaftskraftwerk Veltheim jew. lfd. abfallrechtl.; Landkreis Osnabrück lfd., u.a. abfall- u. gebührenrechtl.; Zuckerhersteller zu Abgrenzung Abfall/Nebenprodukt; zahlr. Entsorger aus NRW, Niedersachsen, Hessen u. Sachsen ggü. Behörden wg. angezeigter gewerbl. Sammlungen, auch gg. Untersagungen.

DLA PIPER
Produkt- und Abfallrecht

Bewertung: Häufig empfohlene Kanzlei im Produkt- u. Abfallrecht, die beide Beratungsfelder sehr umf. erschlossen hat. Das Team um Dr. Ludger Giesberts unterhält ähnlich wie Baker & McKenzie aufgr. eines weltumspannenden Kanzleinetzwerks sehr gute Kontakte zu internat. Konzernen aus den Branchen Industrie, Elektronik, Pharma, Lebensmittel u. Bekleidung. Es berät sie z.B. zu Produktrückrufen (▶ Handel u. Haftung), Kennzeichnungspflichten u. im Chemikalienrecht (REACH, Außenhandel). Im Abfallrecht kam die Praxis über ihre polit. Erfahrung an eine Reihe neuer Mandate, z.B. berät sie einen Elektronikkonzern zum aktuellen Thema der Altgeräterücknahme sowie Entsorger zum WertstoffG/VerpackV. Zudem ist DLA erfahren mit Fragen rd. um WEEE, Entsorgungsverträge u. Abfalltransport. Die umweltrechtl. Kompetenz kommt auch bei Industrieanlagen u. Infrastrukturprojekten (▶ Verkehrssektor) zum Tragen.

Mandate: ●● Airties Kablosuz zu produktsicherheitsrechtl. Kennzeichnungspflichten; Bacardi-Martini zu lebensmittelrechtl. Kennzeichnungspflichten; GE Healthcare u.a. arztrechtl. zu Vertrieb medizintechn. Geräte; Kopfhörerhersteller zu umf. Compliance-Prüfung (u.a. Verpackungsdesign u. Abfallrecht); Intelligent Energy produktrechtl. zu Bedienungsanleitungen; Line 6 UK lfd. zu WEEE; West Pharmaceutical chemikalienrechtl.; Elektronikkonzern zu Altgeräterücknahme; Finanzinvestor zu Kauf von Verpackungshersteller (v.a. zu EU-Tabakverordnung).

ESCHE SCHÜMANN COMMICHAU
Produkt- und Abfallrecht

Bewertung: Eine im Produkt- u. Abfallrecht geschätzte Kanzlei, deren Schwerpunkt klar im Abfallsektor liegt. Das kleine Team vertritt div. Unternehmen aus der Entsorgungsbranche – vom Konzern bis zum Mittelständler, aber auch öffentl.-rechtl. Entsorgungsträger. Diese berät sie umf. zu allen abfallrechtl. Themen (u.a. VerpackV/WertstoffG u. Entsorgungsverträge), aber auch zu branchenspezif. Rechtsfragen, häufig an der Schnittstelle zum ▶ Vergaberecht. Im Markt angesehen ist Dr. Martin Dieckmann.

Mandate: ●● Veolia lfd. abfallrechtlich.

FRESHFIELDS BRUCKHAUS DERINGER
Produkt- und Abfallrecht

Bewertung: Im Produkt- u. Abfallrecht eine der führenden Kanzleien. Zuletzt betreute FBD die Dualen Systeme bei der viel beachteten Finanzierungssicherung. Dr. Herbert Posser aus D'dorf u. Dr. Juliane Hilf aus Köln stehen für die Kompetenz im Abfallrecht (ElektroG, BattG, WEEE, VerpackV/WertstoffG, Duale Systeme). Neben ihnen erhält mittlerw. auch ein jüngerer Anwalt fachl. Anerkennung von Wettbewerbern in diesem Bereich. Das produktbez. Umweltrecht baut FBD stetig aus, was Aufstiegspotenzial für den Nachwuchs bieten könnte. Zudem ist das Team um Prof. Dr. Marcel Kaufmann in die Sektoren Industrie, Lebensmittel, Pharma sowie Bekleidung vorgedrungen. Es berät hauptsächl. zu Produktsicherheit, Chemikalienrecht (REACH), (Gefahrgut-)Transporten, Gentechnik u. Verbraucherschutz.

Mandate: ●● Gemeinsame Stelle Dualer Systeme Dtl. zu Finanzierungssicherung für Erfassung von Verpackungsabfällen; Genomic Health zu produkt- u. erstattungsrechtl. Einordnung von Genexpressionstests; BellandVision zu Mengenclearing der Dualen-System-Betreiber; Airbus zu REACH; Ass. British Foods in internat. Produktfragen; Stiftung Elektro-Altgeräte-Register zu WEEE-Novelle, Gebührenrecht u. in zahlr. Klageverf.; Getränkehersteller zu Produktrückruf; Bekleidungskette zu Produktsicherheit u. -haftung; Medizintechnikunternehmen zu Schadensersatzansprüchen von Patienten wg. Hüftimplantaten.

GASSNER GROTH SIEDERER & COLL.
Produkt- und Abfallrecht

Bewertung: Häufig empfohlene Kanzlei im Produkt- u. Abfallrecht mit starker Positionierung aufseiten von Kommunen. Diese berät das Team um Hartmut Gaßner („echte Größe im Abfallrecht", Wettbewerber) bundesw. zu gewerbl. Sammlungen, Entsorgungsverträgen (▶ Vergaberecht) sowie zur Wertstofftonne u. VerpackV. Die Gemeinschaftsinitiative zur Ablösung Dualer Systeme betreute GGSC zuletzt zudem bei einer Kompromisslösung bzgl. der Zuständigkeit der priv. u. öffentl. Hand für die Wertstofftonne. Im produktbezog. Umweltrecht hat GGSC spezielle Erfahrung mit Chemikalienrecht, Gefahrguttransporten u. Gentechnik. Zudem hat sich ein Schwerpunkt auf taiwanes. Unternehmen entwickelt, die sie in Dtl. zu Produktzulassungen berät.

Mandate: ●● Gemeinschaftsinitiative zur Ablösung Dualer Systeme bei Kompromissmodell für WertstoffG; Zentrale Abfallwirtschaft Kaiserslau-

ÖFFENTLICHER SEKTOR PRODUKT- UND ABFALLRECHT

tern u. Prepaid-Deponie; Bundesamt für Naturschutz/BMUmwelt zu Anbauverbot für gentechn. veränderte Pflanzen; div. taiwanes. Solarzellenhersteller vor LG Ffm. in Streit um Produktqualität; Landkreis Karlsruhe u. andere zu Wertstofftonne; Kommunen zu VerpackV u. Verträgen mit Systembetreibern; Land NRW zu Gutachten für Abfallwirtschaftsplan; über 30 Kommunen bei Abwehr gewerbl. Sammlungen.

HENGELER MUELLER
Produkt- und Abfallrecht

Bewertung: Die im Produkt- u. Abfallrecht empfohlene Kanzlei machte zuletzt von sich reden, als sie für Mandantin Dt. Rockwool einen Durchbruch in der Auseinandersetzung um die CE-Kennzeichnung von Bauprodukten erzielte. Der D'dorfer Partner Dr. Thomas Schmidt-Kötters genießt in diesem Bereich einen sehr guten Ruf. Stark ist Hengeler zudem im Bereich Produktsicherheit. Daneben beriet die Praxis zuletzt zu REACH-Fragen u. zum Getränkepfandrecht.

Mandate: ●● BHJ Corporate Finance zu Getränkepfandrecht; Saint Gobain, Knauf u. FMI umf. produktrechtl., in Grundsatzverfahren zu EU-BauproduktenV; Dt. Rockwool zu REACH u. umf. produktrechtlich.

HOFFMANN LIEBS FRITSCH & PARTNER
Produkt- und Abfallrecht

Bewertung: Empfohlene Kanzlei im Produkt- u. Abfallrecht mit hervorragenden Kontakten zu Industrieunternehmen u. Geräteherstellern. Ihre Mandanten berät sie hauptsächl. zu Produktsicherheit, Produktkennzeichnung u. im Chemikalienrecht (REACH, RoHS). Zuletzt kam eine neue Facette hinzu: Das Team betreute ein Agrarunternehmen beim Vorgehen gg. produktbez. Äußerungen einer Handelskammer u. einen Maschinenbauer beim Umgang mit einem negativen Bericht der Stiftung Warentest. Fachl. Anerkennung genießt Klaus Fritsch. Die Kanzlei arbeitet allerdings kontinuierlich am Generationswechsel, sodass einige Mandate auf jüngere Partner übergeleitet wurden.

Mandate: ● Maschinenbauer zu Umgang mit negativem Bericht von Stiftung Warentest u. Registrierung als Hersteller nach ElektroG; Agrarunternehmen pflanzenschutz- u. düngemittelrechtl.; Stromgerätehersteller in Produkthaftungsfall; Kühltechnikhersteller zu Produktfehlern in Kühlschränken u. bei Steckern für Ambulanzfahrzeuge; Gerätehersteller für Medizindiagnostik zu VerpackV u. Dualem System; Armaturenhersteller zu Produktkennzeichnung; Kunstlederhersteller zu stoffrechtl. Anforderungen für Lebensmittelbedarfsgegenstände; US-Konsumgüterkonzern zu VerpackV, Dualem System u. Wertstoffgesetz.

HOGAN LOVELLS
Produkt- und Abfallrecht

Bewertung: Im Produkt- u. Abfallrecht häufig empfohlenes Team, das eng mit den Praxen ▶ Vertrieb- u. Produkthaftungsrecht (▶ Handel u. Haftung) verwoben ist. Diese Zusammenarbeit sorgt regelm. für internes Verweisgeschäft: Zuletzt gewannen die Produktrechtler über das Münchner Vertriebsrechtsteam einen globalen Technologiekonzern u. einen dt. Automobilhersteller als neue Mandanten hinzu. Schwerpunkte der Beratung sind Chemikalien (REACH, RoHS), Entsorgung (WEEE, VerpackV/WertstoffG) u. Produktsicherheit. Zudem arbeitet die Praxis regelm. mit Öffentlichrechtlern aus den USA zusammen.

Mandate: ●● ZF Friedrichshafen, Siemens, Nintendo, Honeywell, Conergy in div. Fragen im Produktrecht; dt. Automobilhersteller zu abfallrechtl. Compliance; globaler Technologiekonzern zu umweltrechtl. Anforderungen an Produktverpackungen; Automobilhersteller EU-rechtl. zu Einführung Reifendrucküberwachungssystem; ww. Technologiekonzern zu regulator. Anforderungen beim Online-Produktvertrieb; Chemieunternehmen zu REACH.

KÖHLER & KLETT
Produkt- und Abfallrecht

Bewertung: Häufig empfohlene Kanzlei im Produkt- u. Abfallrecht. Primär ist sie bekannt für ihre Kompetenz im Abfallrecht u. ihre entspr. Tätigkeit für Abfallverbände. Allerdings hat es die Kanzlei in den vergangenen Jahren geschafft, in Entsorgungsfragen erste Ansprechpartnerin für Unternehmen verschiedenster Branchen zu werden, darunter H&M, Gaffel, Krüger, Holcim, Osram u. Industrieverbände. Insbes. zur ElektroG-Novelle berät das Team um Dr. Anno Oexle („umfassender Überblick über das komplexe Rechtsgebiet", Wettbewerber) nun auch Einzelhändler. Durch diese umf. Abdeckung ist die Kanzlei gut positioniert. Allerdings verlor sie im Sommer mit Dr. Markus Pauly einen ihrer visibelsten Köpfe. Weitere Schwerpunkte sind VerpackV/WertstoffG u. Abfalltransport (Schnittstelle Exportkontrolle/Compliance) sowie das produktbez. Umweltrecht, bspw. Chemikalien (REACH, GHS, Pflanzenschutz) u. der TrinkwasserV.

Mandate: ●● Veolia, BDE, BDSV u. Industrieverbände lfd. abfallrechtl.; marktbekannt: Krüger u. Holcim in Entsorgungsfragen; Gaffel zu produktbez. Umweltrecht; CWS Boco zu ElektroG; Osram zu Rücknahmesystem für Lampen; H&M zu Rücknahmesystem für gebrauchte Kleidung; Nahrungsmittelkonzern zu Entsorgung von Kaffeekapsel-Verpackungen; div. Einzelhändler zu Rücknahmepflicht nach ElektroG-Novelle; Sekundärrohstoffhändler zu Exportkontroll-Compliance; div. priv. Abfallsammler (Altkleider, Schrott, Papier, Sperrmüll) in mehr als 100 Verf. wg. Untersagung der gewerbl. Sammlung.

NOERR
Produkt- und Abfallrecht

Bewertung: Häufig empfohlene Kanzlei im Produkt- u. Abfallrecht, deren starke Fokussierung auf das produktbez. Umweltrecht auch Wettbewerber loben. Zuletzt war ihr Know-how beim Kauf einer Chemtura-Sparte durch Platform Specialty Products gefragt. Zudem transferierte das Team erfolgr. 2 Lebensmittelhandelskonzerne, die bereits Mandanten der Kanzlei waren, in das Umweltrecht (u.a. bzgl. Altgeräterücknahme). Handelsunternehmen betreut es schon regelm. im Abfallrecht (ElektroG, BattG, VerpackV/WertstoffG, Abfalltransport, -verträge u. -gebühren), daneben Industrieunternehmen im Chemikalienrecht (REACH, RoHS, BiozidV, DetergenzenV). Martin Ahlhaus ist zudem sehr erfahren mit ECHA-Prozessen. Empfohlen werden auch Robert Matthes u. Prof. Dr. Thomas Klindt.

Mandate: ●● Platform Specialty Products u.a. zu REACH wg. Kauf der Agro-Chemical-Sparte von der Chemtura; div. Lebensmittelkonzerne zu Offenlegungspflichten bzgl. Lieferkette, im Abfallrecht, zu Altgeräterücknahme, Pfandpflicht, gefahrstoffrechtl. Kennzeichnung u. Lizenzierung von Verpackungen für Obst-/Gemüselieferungen; Elektronikhersteller zu Kennzeichnungspflicht für Kopfhörer; Drucksystemhersteller zu RoHS, Explosionsschutz u. Gestaltung von Lebensmittelverpackungen; div. Chemieunternehmen zu PFOA-Beschränkung, Kunststoffrecycling u. in EU-Vertragsverletzungsverf. wg. dt. ChemVerbotsVO.

REDEKER SELLNER DAHS
Produkt- und Abfallrecht

Bewertung: Eine der führenden Kanzleien im Produkt- u. Abfallrecht, die regelm. zu grundsätzlichen Fragen berät. Der in der politiknahen Beratung erfahrene Dr. Ulrich Karpenstein erstellte für das BMUmwelt Gutachten zum aktuellen Thema der Altgeräterücknahme durch Einzelhändler. Zugleich pflegt Redeker über Dr. Alexander Schink Kontakte zu den Abfallbranchenverbänden. Im produktbez. Umweltrecht spielten zuletzt Sicherheitsfragen eine wichtige Rolle. So begleitet das Team das BMWi im Streit mit der EU-Kommission um ‚Gift in Spielzeug', zudem beriet es einen Verpackungshersteller beim Rückruf von Gefahrgutbehältern. Ein prominentes Verf. betreute Dr. Michael Winkelmüller: Für einen E-Zigarettenhersteller verhinderte er die Apothekenpflicht. Weitere Schwerpunkte bei Redeker sind dementsprechend Verbraucherschutz, Arzneimittelrecht u. Produktkennzeichnung. Der Berliner Partner Hartmut Scheidmann steht für das Chemikalienrecht (ECHA-Verf., REACH, Pflanzenschutz).

Mandate: ●● BMUmwelt in Gutachten zu Altgeräterücknahme durch Einzelhändler; Snoke erfolgr. vor BVerwG gg. Land NRW im Streit um Apothekenpflicht für E-Zigaretten; BMWi im Streit mit EU-Kommission um ‚Gift in Spielzeug'; Carglass zu Ausgabe von Feinstaub-/Umweltplaketten beim Austausch von Windschutzscheiben; Verpackungshersteller zu Produktsicherheit inkl. Rückruf von Gefahrgutbehältern; Verbraucherprodukthersteller zu Beschränkungen der REACH-Verordnung für Nickel; Gerätehersteller trinkwasserrechtl. bei Produktentwicklung.

Führende Namen im Produkt- und Abfallrecht:

Klaus Fritsch	▶ Hoffmann Liebs Fritsch & Partner
Hartmut Gaßner	▶ Gaßner Groth Siederer & Coll.
Dr. Ludger Giesberts	▶ DLA Piper
Dr. Juliane Hilf	▶ Freshfields Bruckhaus Deringer
Dr. Ralf Kaminski	▶ Avocado
Prof. Dr. Wolfgang Klett	▶ Köhler & Klett

Die hier getroffene Auswahl der Personen ist das Ergebnis der auf zahlreichen Interviews basierenden Recherche der JUVE-Redaktion (siehe S. 20). Sie ist in 2erlei Hinsicht subjektiv: Sämtliche Aussagen der von JUVE-Redakteuren befragten Quellen sind subjektiv u. spiegeln deren eigene Wahrnehmungen, Erfahrungen u. Einschätzungen wider. Die Rechercheergebnisse wurden von der JUVE-Redaktion unter Einbeziehung ihrer eigenen Marktkenntnis analysiert u. zusammengefasst. Der JUVE Verlag beabsichtigt mit dieser Tabelle keine allgemein gültige od. objektiv nachprüfbare Bewertung. Es ist möglich, dass eine andere Recherchemethode zu anderen Ergebnissen führen würde.

● Referenzmandate, umschrieben
●● Referenzmandate, namentlich

Anwaltszahlen: Angaben der Kanzleien, wie viele Anwälte zu mind. ca. 50 % in diesem Gebiet tätig sind. Sie spiegeln nicht zwingend die Gesamtgröße einer Kanzlei wider.

Verfassungs- und Wirtschaftsverwaltungsrecht

Schärfere Regulierung und neue Gesetze

Große und wichtige Märkte wie der Energie- und Bankensektor verändern sich seit einigen Jahren grundlegend. Hintergrund sind weiterhin vor allem neue Gesetzgebungen und Regulierungsmaßnahmen im Nachgang der Finanzkrise sowie ein Umdenken in der Umweltpolitik. Beides sorgt letztlich für einen erhöhten Bedarf an verfassungs- und verwaltungsrechtlicher Beratung. So beschäftigen sich die Anwälte mit den Konsequenzen des Atomausstiegs, Fragen der EEG-Umlage und des CO_2-Handels für bestimmte Branchen wie den Luftverkehr, der zuletzt mit einer eigenen Steuer belegt wurde. Im Bankensektor führte der Staat eine Bankenabgabe ein, und auch im Glücksspielsektor werden vermehrt grundsätzliche Steuerfragen aufgeworfen. Hintergrund sind neue Steuerregularien in dieser Branche.

Klare Aufteilung des Beratermarkts

Freshfields Bruckhaus Deringer ist insbesondere im Energie- und Bankensektor durch Mandate marktprägend, bei denen sie häufig mehrere Unternehmen vertritt. In den virulenten Steuer- und Abgabenfragen hält sie besondere Erfahrung vor, allerdings hat sich **Noerr** bei diesen Themen langsam an ihre Fersen geheftet. Die deutschen Kanzleien **Deubner & Kirchberg**, **Redeker Sellner Dahs** oder **Oppenländer** fallen dagegen eher mit ihrer forensischen Arbeit vor den höchsten deutschen Gerichten und dem Europäischen Gerichtshof auf. Aufgrund ihrer personell geringeren Schlagkraft betreuen sie eine andere Art von Mandaten und stehen deshalb selten mit den Großkanzleien in Konkurrenz, sondern viel häufiger mit Staatsrechtsprofessoren.

VERFASSUNGS- UND WIRTSCHAFTSVERWALTUNGSRECHT

Freshfields Bruckhaus Deringer	Berlin, Brüssel, Düsseldorf, Hamburg, Köln
Gleiss Lutz	Berlin, Stuttgart, Düsseldorf
Redeker Sellner Dahs	Berlin, Bonn, Brüssel
Deubner & Kirchberg	Karlsruhe
Dolde Mayen & Partner	Bonn, Stuttgart
Hengeler Mueller	Berlin, Düsseldorf
Oppenländer	Stuttgart
CBH Rechtsanwälte	Köln
Linklaters	Berlin
Noerr	Berlin, Dresden
White & Case	Berlin
Graf von Westphalen	Hamburg
Quaas & Partner	Stuttgart
Raue	Berlin

Die hier getroffene Auswahl der Kanzleien ist das Ergebnis der auf zahlreichen Interviews basierenden Recherche der JUVE-Redaktion (s. Einleitung S. 20). Sie ist in 2erlei Hinsicht subjektiv: Sämtliche Aussagen der von JUVE-Redakteuren befragten Quellen sind subjektiv u. spiegeln deren eigene Wahrnehmungen, Erfahrungen u. Einschätzungen wider. Die Rechercheergebnisse werden von der JUVE-Redaktion unter Einbeziehung ihrer eigenen Marktkenntnis analysiert u. zusammengefasst. Der JUVE Verlag beabsichtigt mit dieser Tabelle keine allgemein gültige oder objektiv nachprüfbare Bewertung. Es ist möglich, dass eine andere Recherchemethode zu anderen Ergebnissen führen würde.

Die folgenden Bewertungen behandeln Kanzleien, die im Verfassungs- und Verwaltungsrecht überdurchschnittlich hohe Expertise herausgebildet haben. Das Kapitel umfasst die Beratung und Vertretung in Fragen der Staatsorganisation und Grundrechte. Zudem behandelt es viel beachtete wirtschaftsverwaltungsrechtliche Fälle. Dazu gehören wichtige Prozesse vor dem Bundesverwaltungsgericht, bei denen es etwa um Staatshaftung geht. Beachtet werden teilweise auch bedeutende Fälle aus dem Beamten- und Kommunalrecht. Häufig ergeben sich durch den Grundsatzcharakter Schnittstellen zum EU- und Völkerrecht. Viele der anerkannten Anwälte kommen ursprünglich aus dem Bereich ▶Öffentliches Umwelt- und Planungsrecht. Lobbytätigkeit wird nur dann besprochen, wenn eine Kanzlei diese neben einem marktbekannten Schwerpunkt in der Rechtsberatung anbietet.

ÖFFENTLICHER SEKTOR VERFASSUNGS- UND WIRTSCHAFTSVERWALTUNGSRECHT

CBH RECHTSANWÄLTE
Verfassungs- und Verwaltungsrecht

Bewertung: Die Kanzlei wird im Verfassungs- u. Verwaltungsrecht empfohlen. Dr. Jochen Hentschel gewann zuletzt ein Mandat für das Umweltministerium Rh.-Pf., bei dem er die Liquidation einer öffent.-rechtl. Einrichtung betreut – ein Mandat, das an der Schnittstelle seiner Kernbereiche Umwelt- u. Staatsorganisationsrecht sowie des ▶Beihilfe- u. ▶Vergaberechts liegt. Weitere Schwerpunkte der Praxis sind das Anstalts- (z.B. Bildungssektor, öffentl. Banken) u. das Glücksspielrecht (Schnittstelle ▶Medien). Das Team um Dr. Manfred Hecker u. Dr. Martin Pagenkopf ist aufseiten von staatl. Glücksspielanbietern in wichtigen Verfahren tätig.

Mandate: ●● Umweltministerium Rh.-Pf. zu Liquidation Zweckverband; Landkreis Südl. Weinstraße u. Stadt Pirmasens in Streit um Landesfinanzausgleichsgesetz in Rh.-Pf.; Land Ba.-Wü. zu Schadensersatzansprüchen wg. EnBW-Einstieg, in Verfassungsbeschwerde gg. SpielhallenG.

DEUBNER & KIRCHBERG
Verfassungs- und Verwaltungsrecht

Bewertung: Im Verfassungs- u. Verwaltungsrecht häufig empfohlene Kanzlei, die regelm. vor dem BVerfG auftritt, wenn es um die Klärung grundsätzl. Fragen geht. Besonders erfahren ist sie im Kommunal-, Finanz-, Glücksspiel- u. Patentrecht. Aufmerksamkeit brachte ihr zuletzt eine Verfassungsklage für Mundipharma ein, die sich gg. die Einspruchsentscheidungen des Europ. Patentamts richtet. Der renommierte Namenspartner Prof. Dr. Christian Kirchberg („kompetent", Wettbewerber) ist zudem regelm. Vertreter von Bundesrichtern in Konkurrentenstreitverfahren. Ein weiterer Schwerpunkt der Kanzlei ist die Beratung im Umwelt- u. Planungsrecht, oft mit kommunalpolit. Bedeutung. (3 Partner)

Mandate: ●● Mundipharma bei Verfassungsklage gg. Einspruchsentscheidungen des EPA; Stadt Pforzheim bei Vergleich mit JPMorgan wg. Derivate-Verlusten; Karlsruher Schieneninfrastrukturgesellschaft zu Gemeindeverkehrsfinanzierungsgesetz; Stadt Bretten zu Umwandlung von Gewerbe- in Wohngebiet.

DOLDE MAYEN & PARTNER
Verfassungs- und Verwaltungsrecht

Bewertung: Die Kanzlei zählt im Verfassungs- u. Verwaltungsrecht v.a. aufgr. ihrer Prozessstärke zu den häufig empfohlenen. Jüngstes Beispiel ist die Vertretung von EnBW im Amtshaftungsprozess wg. des Atom-Moratoriums durch Prof. Dr. Klaus-Peter Dolde („hohe fachl. Kompetenz", Wettbewerber). Regelm. tritt sie zudem in Grundsatzverfahren auf. Stark ist die Einheit im Bereich ▶Umwelt- u. Planung, ▶Telekommunikation u. ▶Energie. Zuletzt vertrat der renommierte Prof. Dr. Thomas Mayen („ausgezeichneter Verfassungs- u. Verwaltungsrechtler", Mandant; „einer der besten Öffentlich-Rechtler in Dtl.", Wettbewerber) einen Veranstalter von regionalen TV-Programmen in einem rundfunkrechtl. Grundsatzverfahren gg. ProSiebenSat.1.

Mandate: ●● TV IIIa in rundfunkrechtl. Grundsatzverfahren u.a. vor OVG Schleswig; Dt. Post in Musterklageverfahren zu Lenk- u. RuhezeitenVO; BMArbeit in verfassungsrechtl. Streit; Land NRW zu Konnexitätsprinzip vor VGH; Land Rh.-Pf. beihilferechtl.; Landkreise in verwaltungsgerichtl. Verfahren.

Führende Namen im Verfassungs- und Wirtschaftsverwaltungsrecht

Prof. Dr. Klaus-Peter Dolde	▶Dolde Mayen & Partner
Dr. Ulrich Karpenstein	▶Redeker Sellner Dahs
Prof. Dr. Christofer Lenz	▶Oppenländer
Prof. Dr. Thomas Mayen	▶Dolde Mayen & Partner
Prof. Dr. Christoph Moench	▶Gleiss Lutz
Dr. Dirk Uwer	▶Hengeler Mueller
Dr. Benedikt Wolfers	▶Freshfields Bruckhaus Deringer

Die hier getroffene Auswahl der Personen ist das Ergebnis der auf zahlreichen Interviews basierenden Recherche der JUVE-Redaktion (siehe S. 20). Sie ist in 2erlei Hinsicht subjektiv: Sämtliche Aussagen der von JUVE-Redakteuren befragten Quellen sind subjektiv u. spiegeln deren eigene Wahrnehmungen, Erfahrungen u. Einschätzungen. Die Rechercheergebnisse werden von der JUVE-Redaktion unter Einbeziehung ihrer eigenen Marktkenntnis analysiert u. zusammengefasst. Der JUVE Verlag beabsichtigt mit dieser Tabelle keine allgemein gültige oder objektiv nachprüfbare Bewertung. Es ist möglich, dass eine andere Recherchemethode zu anderen Ergebnissen führen würde.

FRESHFIELDS BRUCKHAUS DERINGER
Verfassungs- und Verwaltungsrecht

Bewertung: Eine der führenden Praxen im Verfassungs- u. Verwaltungsrecht. Sie ist aufgr. ihrer guten polit. Vernetzung, personeller Schlagkraft u. internat. Ausrichtung insbes. dann gefragt, wenn sich für Staaten, Unternehmen oder ganze Branchen existenzielle Rechtsfragen auftun (Energiewende, Banken- u. Versicherungsregulierung). Zuletzt war der Bankensektor prägend: So ficht das Team um Dr. Benedikt Wolfers vor der EU-Kommission für die Dt. Kreditwirtschaft das Hypo-Sondergesetz von Österreich an. Zudem ist es für die Londoner Börse im Streit um die Zulässigkeit von Euro-Clearing außerhalb der Euro-Zone tätig u. beriet zur Schaffung der europ. Bankenabgabe. Gerade die Kompetenz in Abgaben-/Steuerfragen in regulierten Industrien ist eine Besonderheit von Freshfields, die zuletzt auch den Glücksspielsektor abfragte. Für die Beratung von priv. Glücksspielanbietern steht Öffentl.-Rechtlerin Dr. Juliane Hilf („schätze ihren Überblick u. ihre Strategie", Wettbewerber). Im ▶Umwelt-, Planungs- u. ▶Energierecht genießt Dr. Herbert Posser fachl. Anerkennung. Auch Anbindung zur ▶Beihilferechtspraxis.

Mandate: ●● Dt. Kreditwirtschaft vor EU-Kommission gg. Hypo-Sondergesetz von Österreich; LCH Clearnet/Londoner Börse in Verf. GB gg. EZB zur Zulässigkeit von Euro-Clearing außerhalb der Euro-Zone; LBS West bei Fusion mit LBS Bremen; EQT glücksspielrechtl. bei Einstieg in Sportradar; Stadtsparkasse D'dorf in Streit zw. Vorstand u. Oberbürgermeister über Jahresabschluss; RWE in Umweltinformationsprozess wg. 13. AtG-Novelle; BayernLB gg. HGAA wg. verweigerter Rückzahlung von Mrd-Darlehen; BWB u. WSW kartellrechtl. wg. Wasserpreisen; Energieversorger zu Förderfondsbeiträgen; div. Banken zu EZB-Stresstest u. europ. Bankenabgabe.

GLEISS LUTZ
Verfassungs- und Verwaltungsrecht

Bewertung: Eine im Verfassungs- u. Verwaltungsrecht führende Kanzlei, die häufig in Grundsatzfragen involviert ist, regelm. auch vor dem BVerfG. Viel beachtet sind derzeit die Klagen rund um den Atomausstieg. Prof. Dr. Christoph Moench vertritt E.on dabei mittlerw. auch in der Amtshaftungsklage bzgl. einer Entschädigung i.H.v. €380 Mio. Der Stuttgarter Partner Prof. Dr. Clemens Weidemann erzielte zuletzt nach 10-jähr. Verfahrensdauer einen Erfolg für Merck im Zshg. mit der Seveso-II-Richtlinie. Bei ihm ist zudem die Kompetenz im Glücksspielrecht angesiedelt. Im Markt hoch angesehen ist darüber hinaus Prof. Dr. Michael Uechtritz.

Mandate: ●● E.on bei Amtshaftungsklage auf SE i.H.v. €380 Mio u. Verfassungsbeschwerde gg. 13. AtG-Novelle; Merck zuletzt vor VGH Kassel wg. Seveso-II-Richtlinie; Suhrkamp vor BVerfG; AOK Sachsen-Anhalt u. BKK Diakonie bei Grundsatzstreit zu Rabattkonditionen für Arzneimittel; Springer lfd. glücksspielrechtl.; Gauselmann u. andere bei Verteidigung des Automatenspiels.

GRAF VON WESTPHALEN
Verfassungs- und Verwaltungsrecht

Bewertung: Geschätzte Kanzlei im Verfassungs- u. Verwaltungsrecht, die regelm. bei Fragen im Zshg. mit Wahlverfahren tätig ist. Hier wurde sie etwa von der CDU-Fraktion Hannover zur Überprüfung der Regionspräsidentenwahl herangezogen. Regelm. vertritt GvW außerdem die Hamburger Bürgerschaft. Vermehrt beschäftigten das Team zuletzt auch Amtshaftungsklagen. Erfahrung hat die Kanzlei zudem im EU- u. Lebensmittelrecht sowie ▶Umwelt- u. Planungsrecht. Häufig empfohlen werden Prof. Dr. Christian Winterhoff u. Dr. Ronald Steiling.

Mandate: ●● CDU-Fraktion Hannover zu Regionspräsidentenwahl; Hamburger Bürgerschaft regelm. zu Fragen im Zshg. mit Wahlrecht; Handelskammer HH prozessual; Yorck Kino bei Widerspruchsverfahren; 21 Gemeinden in Verfassungsbeschwerde gg. Gemeindegebietsreform in Sachsen-Anhalt.

HENGELER MUELLER
Verfassungs- und Verwaltungsrecht

Bewertung: Die häufig empfohlene Kanzlei berät im Verfassungs- u. Verwaltungsrecht regelm. zu aktuell relevanten Grundsatzthemen u. Fragen von hohem öffentl. Interesse. Prominentestes Beispiel ist derzeit die Beratung u. Vertretung des US-Fahrdienstvermittlers Uber, dessen Markteintritt in Dtl. heftig bekämpft wird. Im Glücksspielrecht tritt der D'dorfer Partner Dr. Dirk Uwer („sehr kompetente, schnelle u. mandantenorientierte Beratung", Wettbewerber) häufig in Prozessen vor dem BVerfG auf. Anerkannt ist auch Öffentl.-Rechtler Prof. Dr. Wolfgang Spoerr (mit Schnittstelle zur ▶Medienpraxis).

Mandate: ●● Uber regulator. u. prozessual zu geplantem Markteintritt in Dtl.; Städte Essen, Dortmund, Wuppertal, Solingen, Herne u. Remscheid zu Begebung einer kommunalen Anleihe; Philip Morris europarechtl. zu Tabakprodukt-RiLi; ungar. Regierung zu EU-Fördermitteln; Dachverband Dt. Automatenwirtschaft u. Mitgl. vor BVerfG u. verfassungs-, verwaltungs- u. europarechtl. zu GlüStV u. LandesspielhallenG; Toll Collect vor OVG u. BVerwG zu Maut; Faber vor VG zu GlüStV.

VERFASSUNGS- UND WIRTSCHAFTSVERWALTUNGSRECHT ÖFFENTLICHER SEKTOR

LINKLATERS
Verfassungs- und Verwaltungsrecht
Bewertung: Die Kanzlei wird im Verfassungs- u. Verwaltungsrecht empfohlen, weil sie über ausgezeichnete Kontakte zur öffentl. Hand verfügt u. einige hochkarät. Mandate betreut. Das gilt insbes. für den öffentl. Bankensektor, wo der anerkannte Partner Dr. Jan Endler etwa die HSH Nordbank berät. Er agiert darüber hinaus regelm. an der Schnittstelle zu ▶Vergabe- u. Behilferecht u. berät bei Infrastrukturprojekten.
Mandate: ●● Letter One u.a. europarechtl. bei Bieterverfahren für RWE-Tochter; Hamburg u. Schl.-Holst. zu HSH-Beteiligung (u.a. bankaufsichts-, gesellschafts-, verfassungs- u. haushaltsrechtl.); Bund in Schiedsverfahren zu Lkw-Maut; Bundesdruckerei lfd. verfassungs- u. vergaberechtl.

NOERR
Verfassungs- und Verwaltungsrecht
Bewertung: Im Verfassungs- u. Verwaltungsrecht empfohlene Kanzlei. Zuletzt betreute sie einige Mandate, die in der Öffentlichkeit ethische Fragen aufwarfen, darunter die Verteidigung des sog. Menschenmuseums in Berlin. Traditionelle Schwerpunkte bilden das Anstaltsrecht (Versorgungsbetriebe, Banken, Bildungssektor), Kommunalverfassungsrecht u. Glücksspielrecht. Daneben spezielles Know-how zu Ladenöffnungszeiten, im ▶Umwelt- u. Planungsrecht. Zunehmend agiert Noerr ähnl. wie Freshfields an der Schnittstelle zu Abgaben/Steuern (v.a. in den Sektoren Luftverkehr u. Energie (▶Beihilfe). Im Markt Anerkennung genießen Robert Matthes u. Dr. Holger Schmitz („sehr guter Jurist", Wettbewerber).
Mandate: ●● Arts & Sciences GmbH vor Verwaltungsgerichten zum ‚Menschenmuseum'; Airlines for America, US Airways, Delta Airlines, United Airlines in Prozess wg. dt. Luftverkehrsteuer; Biogasrat in Gesetzgebungsverf. zum EEG 2014; Stadt Potsdam in Verf. wg. Sonntagsöffnungen; Constantin Medien u. Möbel Mahler lfd. glücksspielrechtl.; Sächs. Staatskanzlei zur Verbesserung der regionalen Wirtschaftsstruktur; div. Banken in 30 Verf. wg. EdW-Beiträgen (u.a. Verfassungsmäßigkeit der Sonderabgabe); Infrastrukturunternehmen verwaltungs- u. verfassungsrechtl. bei Klage wg. Stromsteuer.

OPPENLÄNDER
Verfassungs- und Verwaltungsrecht
Bewertung: Im Verfassungs- u. Verwaltungsrecht häufig empfohlene Kanzlei. Prof. Dr. Christofer Lenz genießt im Markt einen herausragenden Ruf als Verfassungsrechtler, weshalb er sowohl bei polit. Parteien als auch internat. Unternehmen gefragt ist, sobald es um grundsätzl. Rechtsfragen geht. Ähnl. wie Deubner & Kirchberg wird Oppenländer gerne für Verfassungsbeschwerden mandatiert, auch bei selteneren Themen wie Steuerrecht. Kompetent ist das Team auch an den Schnittstellen zwischen Verwaltungsrecht und Gesellschafts-, Banken- u. Glücksspielrecht.
Mandate: ●● Bitkom verfassungsrechtl. zu Hinterlegungspflicht für Vergütungsansprüche; Landtag Ba.-Wü. im Zshg. mit parlament. Untersuchung des EnBW-Deals; FDP, CSU, CDU jew. zu Parteienfinanzierungsrecht; internat. Industrieunternehmen bei Verfassungsbeschwerde in steuerrechtl. Verfahren; US-Investmentfonds atomrechtl. zu Umgestaltung des E.on-Konzerns; Gemeindeverband in Rheinland-Pfalz zu Gebietsreform; Gemeinsame Klassenlotterie ggü. Aufsichtsbehörde Hamburg.

QUAAS & PARTNER
Verfassungs- und Verwaltungsrecht
Bewertung: Geschätzte Kanzlei im Verfassungs- u. Verwaltungsrecht. Der hoch angesehene Prof. Dr. Michael Quaas („kreativ, präzise", Wettbewerber) ist regelm. als Gutachter u. bei Verfassungsbeschwerden gefragt. Aktuell steht er einer Gruppe Jugendlicher zur Seite, die sich vor dem BVerfG gg. das Mindestwahlalter bei der Bundestagswahl 2013 wehren. Weitere Schwerpunkte sind Umwelt- u. Planungsrecht sowie das ▶Gesundheitswesen. (2 Partner, 2 Associates)
Mandate: ●● Land Berlin in Streit mit Jüdischer Gemeinde um Zuschüsse; Dt. Verband unabhängiger Prüflaboratorien in Gutachten zur Gebührenordnung des Akkreditierungsstellen-Gesetzes; Stadt Isny in Verf. gg. Krankenhausschließung durch Landkreis; Gruppe von 15 Jugendlichen bei Beschwerde vor BVerfG wg. Mindestwahlalter; Gemeinden zu Abwehr von Enteignung wg. Ethylen-Pipeline.

RAUE
Verfassungs- und Verwaltungsrecht
Bewertung: Im Verwaltungs- u. Verfassungsrecht geschätzte Kanzlei aus Berlin, die regelm. polit. Sensibilität unter Beweis stellt. Besondere Aufmerksamkeit verschaffte ihr zuletzt die Vertretung der Länder Bayern u. Hessen gg. die EnBW-Amtshaftungsklage im Zshg. mit dem Atom-Moratorium. Seit Jahren steht sie außerdem Industrie- u. Handelskammern in grundsätzl. Fragen ihrer Aufgabenwahrnehmung zur Seite, oft in Verfahren gg. Mitglieder. Ihre Expertise im Stiftungs- u. Hochschulrecht zeigt sich bei der Beratung des Dt. Herzzentrums zur Fusion mit einem Bereich der Charité. Erfahren ist das Team um Dr. Wolfram Hertel auch in Fragen des Mautsystems u. von Transparenzpflichten.
Mandate: ●● Länder Bayern u. Hessen in EnBW-Amtshaftungsklage wg. Atommoratorium; Industrie- u. Handelskammern bzw. Dachverband regelm. zu Vereinsrecht; Dt. Herzzentrum Berlin zu Fusion mit herzmed. Einrichtung der Charité; lfd. DAkkS Deutsche Akkreditierungsstelle.

REDEKER SELLNER DAHS
Verfassungs- und Verwaltungsrecht
Bewertung: Im Verfassungs- u. Verwaltungsrecht eine der führenden Einheiten. An vorderster Front steht Dr. Ulrich Karpenstein, der den Generationswechsel der Praxis repräsentiert u. den Wettbewerber in höchsten Tönen loben („ein unglaublich brillanter Jurist, ihn hätten wir auch gerne in der Kanzlei", Wettbewerber). Befasst war er zuletzt z.B. mit den zentralen Themen Energiewende, Finanzmarktregulierung u. grundsätzl. Urheberrechtsfragen. Zudem hat sich die lfd. Klage zahlr. priv. Krankenkassen zur Durchsetzung des Arzneimittelrabattgesetzes um weitere Kläger erweitert. Im Verfassungs- u. Verwaltungsrecht beraten häufig auch Dr. Ronald Reichert (Schnittstelle Glücksspiel), Gernot Lehr (Schnittstelle ▶Medien u. ▶Presserecht) sowie Dr. Christian Bracher (Beamtenrecht).
Mandate: ●● BMInnern vor BVerwG wg. Altersdiskriminierung durch Gehaltsstufen bei Beamtenbesoldung; Land Bayern zu Urheberrechtsschutz von Landkarten vor EuGH; Eugen Ulmer vor EuGH wg. Digitalisierung von Leseplätzen; Digibet vor BGH u. EuGH wg. Einschränkungen im Online-Glücksspiel; Hessen Lotto wg. Werbebeschränkung in Lotteriegenehmigung; Hamburger Automatenverband zu Verfassungswidrigkeit des Hamburger Spielhallengesetzes; Betkick in Verf. zur Vergabe von Sportwettenkonzessionen; ca. 30 priv. Krankenkassen bei Klagen gg. Pharmakonzerne zur Durchsetzung des Arzneimittelrabattgesetzes; ESM lfd. verfassungs-, völker- u. europarechtl.

WHITE & CASE
Verfassungs- und Verwaltungsrecht
Bewertung: Die Kanzlei wird im Verfassungs- u. Verwaltungsrecht empfohlen, weil sie regelm. auf Bund- u. Länderebene Mandate betreut, die eine hohe polit. Relevanz haben oder von öffentl. Interesse sind. So berät das Team um Dr. Henning Berger u. Prof. Dr. Norbert Wimmer („gute fachl. Zusammenarbeit", Wettbewerber) nun das Land Ba.-Wü. zur Finanzierung von Stuttgart 21. Daneben werden sie im Markt v.a. im Zshg. mit ▶Umwelt- u. Planungsfragen, der Beratung des Finanzsektors sowie im Bereich ▶Medien u. Gesundheit wahrgenommen.
Mandate: ●● Land Ba-Wü. zu Finanzierung von Stuttgart 21; Bund in Verfahren gg. RWE nach Umweltinformationsgesetz wg. 13. AtG-Novelle u. Förderung von Klimaschutzprojekten nach Kommunalrichtlinie (aus dem Markt bekannt); Unitymedia NRW u. Hessen, KabelBW verwaltungsrechtl. zu Änderung Kooperationsmodell, ggü. BNetzA in Verwaltungsverf. zu LTE-Standard; Entschädigungseinrichtung der Wertpapierhandelsunternehmen vor OVG Berlin-Brandenburg u. BVerwG wg. Verfassungsmäßigkeit von Beiträgen zu Finanzierung der Entschädigungseinrichtung; Investitionsbank Berlin bei Umstrukturierung.

ÖFFENTLICHER SEKTOR VERGABERECHT

Vergaberecht

Wie die neuen Vergaberichtlinien den Markt verändern

Mit Spannung erwarteten die Vergaberechtler, wie die neue EU-Vergaberichtlinie ins deutsche Recht umgesetzt wird. Dabei findet im Markt z.B. die Aufwertung sozialer Aspekte, wie Mindestlohn oder Frauenquote, Beachtung. Andere Entscheidungskriterien neben dem Preis werden dadurch wichtiger und Vergabeverfahren können zu anderen Ergebnissen kommen als bislang. Auch für die interkommunale Zusammenarbeit werden neue Regeln gelten, insbesondere wird mit der Innovationspartnerschaft eine neue Verfahrensart eingeführt, die bei den Beteiligten Beratungsbedarf wecken wird. Daneben ändern sich auch die Regeln für Konzessionen, die sicherlich vermehrt Nachprüfungsverfahren nach sich ziehen.

Einzug in die vergaberechtliche Beratung fand der umstrittene No-spy-Erlass des Bundesinnenministeriums. So beraten z.B. **Baker & McKenzie** und **Orrick Herrington & Sutcliffe** Unternehmen zur Eigenerklärung, die nun von Bietern bei der Zuverlässigkeitsprüfung verlangt werden kann. Dabei müssen Unternehmen mögliche Verpflichtungen, Informationen an Nachrichtendienste weiterzugeben, offenlegen.

Der Kostendruck wächst, doch die Teams bleiben stabil

Kanzleien, die für öffentliche Auftraggeber tätig werden, spüren immer wieder den Druck auf ihre Stundensätze. Da der Wettbewerb um die Mandanten – auch durch die zunehmende Präsenz der Rechtsberatungsarme der Big Four, wie **KPMG Law** und **PwC Legal** stärker wird, kehren einige Kanzleien der öffentlichen Hand inzwischen den Rücken. So fokussiert sich z.B. **KDU Krist Deller & Partner** zunehmend auf Bieterseite. Um sich von der Masse der Vergaberechtler abzusetzen und sich somit einen Wettbewerbsvorteil zu sichern, bilden immer mehr Vergabeteams Branchenschwerpunkte. Damit setzen sie den Trend der Vorjahre fort, sich auf bestimmte Sektoren und Mandantengruppen zu spezialisieren. Manche, wie **CMS Hasche Sigle**, verankern den Branchenfokus bei den einzelnen Partnern ihres Vergabeteams. Andere, so etwa **Gleiss Lutz** im Gesundheitswesen und **Heuking Kühn Lüer Wojtek** im Verkehrssektor, stehen mit ihrer kompletten Praxis für eine bestimmte Branche. **Kapellmann und Partner** zeigt hingegen, dass eine ausgewiesene Stärke auch auf weitere Branchen erweitert werden kann. So hat das Team, das der Kanzleistruktur entsprechend stark in Bauvergaben ist, sich neue Mandate im Verkehrssektor und im Bereich Bahnstrom erschlossen.

Auf personeller Ebene gab es bei den Vergabeteams zuletzt einige Veränderungen. Das Vergabeteam von **Orrick** um Wolfram Krohn in Berlin und Peter Braun in Frankfurt wechselte zum Oktober zu **Dentons**, die bisher weniger Profil in diesem Bereich hatten. Bewegung gab es bei der angesehenen Praxis von **Bird & Bird**: 3 Counsel verließen die Kanzlei, gleichzeitig wurde der renommierte Partner Dr. Jan Byok Teil des 3-köpfigen Managementteams der Kanzlei, womit die Bedeutung der Vergabepraxis für die Gesamtkanzlei deutlich wird. Zudem stockte **KPMG Law** ihr Team in Berlin kräftig auf: Von **Taylor Wessing** kamen zwei Equity-Partner, von **HFK Rechtsanwälte** ein Salary-Partner.

Außerdem wurde der Fachanwalt für Vergaberecht eingeführt. Dabei erwarten Experten, dass der Titel v.a. von öffentlichen Auftraggebern bald als formales Kriterium für die Mandatierung verlangt wird. Deswegen streben viele Anwälte diesen Titel an, auch wenn sich der Nutzen der Fortbildung, v.a. für erfahrene Anwälte in Grenzen halten dürfte.

Die folgenden Bewertungen behandeln Kanzleien, die in vergaberechtlichen Fragen für Auftraggeber und/oder Bieter tätig werden. Viele Anwälte kommen aus dem Bausektor, wo traditionell bei Aufträgen für die öffentliche Hand das Vergaberecht eine wichtige Rolle spielt. Andere entwickeln ihre Expertise aus einer Spezialisierung im Öffentlichen Recht oder in bestimmten regulierten Branchen, v.a. dem Wasser-/Abfallsektor. Es empfiehlt sich daher, auch die Kapitel ▶Immobilien- und ▶Baurecht, ▶Regulierte Industrien sowie ▶Umstrukturierung, ÖPP und Projektfinanzierung zu konsultieren.

JUVE KANZLEI DES JAHRES

VERGABERECHT

KAPELLMANN UND PARTNER

Kapellmann rastet nicht. Wie kaum eine andere Vergaberechtspraxis erschließt sie sich kontinuierlich neue Beratungsfelder. Nach dem erfolgreichen Ausbau im Gesundheitsbereich, engagiert sich Kapellmann nun in einem brandneuen Vergabebereich: An der Seite von Keolis nahm sie an der Ausschreibung von Bahnstrom teil. Hier ist besondere Expertise gefragt, wurde der Markt für Bahnstrom doch erst im Sommer 2014 geöffnet. Kapellmann ist für diese Anforderungen bestens aufgestellt, denn mit **Dr. Marc Opitz** hat sie seit einem Jahr einen ehem. Inhousejuristen der Deutschen Bahn in ihren Reihen. Das Team wächst stetig, aber nachhaltig, was für die weitere Entwicklung der Praxis sehr vielversprechend ist. Schon jetzt sorgen nicht nur das Renommee der Partner, allen voran **Dr. Hans-Peter Kulartz** und **Dr. Hendrik Röwekamp**, sondern auch die enorme Personalstärke dafür, dass Kapellmann bei attraktiven Mandaten gesetzt ist. Das gilt v.a. für ihr stärkstes Beratungsfeld, die Bauvergaben. Bestes Beispiel ist die Neumandatierung durch die Stadtwerke Verkehrsgesellschaft Frankfurt, die Kapellmann beim Bau der Stadtbahnlinie U5 ins Europaviertel begleitet.

VERGABERECHT ÖFFENTLICHER SEKTOR

VERGABERECHT

Bird & Bird	Düsseldorf, Frankfurt, München
Freshfields Bruckhaus Deringer	Berlin
Heuking Kühn Lüer Wojtek	Düsseldorf, Hamburg, Chemnitz, München
Allen & Overy	Frankfurt
Gleiss Lutz	Berlin, Stuttgart
Görg	Frankfurt, Hamburg, Berlin
Baker & McKenzie	Berlin, Düsseldorf
Boesen	Bonn
CBH Rechtsanwälte	Köln
Kapellmann und Partner	Düsseldorf, Mönchengladbach, Berlin u.a.
Leinemann & Partner	Berlin, Köln, Düsseldorf, Hamburg
Müller-Wrede & Partner	Berlin
CMS Hasche Sigle	Frankfurt, Stuttgart, München, Berlin, Köln u.a.
Dentons	Berlin, Frankfurt
Hogan Lovells	Hamburg
PricewaterhouseCoopers Legal	Düsseldorf, Berlin, Hamburg, Frankfurt, Stuttgart
Graf von Westphalen	München, Hamburg, Düsseldorf
Luther	Hannover, Essen, Leipzig, Hamburg
Noerr	Berlin, München
Redeker Sellner Dahs	Bonn, Berlin, Leipzig
FPS Fritze Wicke Seelig	Frankfurt
HFK Rechtsanwälte	Frankfurt, Berlin
RWP Rechtsanwälte	Düsseldorf
Taylor Wessing	Hamburg, Düsseldorf
BBG und Partner	Bremen
Beiten Burkhardt	Nürnberg, Berlin, München, Düsseldorf
Dolde Mayen & Partner	Stuttgart
Esche Schümann Commichau	Hamburg
Gaßner Groth Siederer & Coll.	Berlin
Heussen	München, Frankfurt
K&L Gates	Berlin
Menold Bezler	Stuttgart
Clifford Chance	Frankfurt
KPMG Law	Nürnberg, Berlin, München u.a.
Linklaters	Berlin
Oppenländer	Stuttgart
Osborne Clarke	Köln

Die hier getroffene Auswahl der Kanzleien ist das Ergebnis der auf zahlreichen Interviews basierenden Recherche der JUVE-Redaktion (s. Einleitung S. 20). Sie ist in 2erlei Hinsicht subjektiv: Sämtliche Aussagen der von JUVE-Redakteuren befragten Quellen sind subjektiv u. spiegeln deren eigene Wahrnehmungen, Erfahrungen u. Einschätzungen wider. Die Rechercheergebnisse werden von der JUVE-Redaktion unter Einbeziehung ihrer eigenen Marktkenntnis analysiert u. zusammengefasst. Der JUVE Verlag beabsichtigt mit dieser Tabelle keine allgemein gültige oder objektiv nachprüfbare Bewertung. Es ist möglich, dass eine andere Recherchemethode zu anderen Ergebnissen führen würde. Innerhalb der einzelnen Gruppen sind die Kanzleien alphabetisch geordnet.

▶▶▶ Bitte beachten Sie auch die Liste weiterer renommierter Kanzleien am Kapitelende. ◀◀◀

ALLEN & OVERY
Vergaberecht

Bewertung: Die häufig empfohlene Vergabepraxis ist intensiv bei der Projektentwicklung für Städte, z.B. Hanau, tätig. Dabei berät sie häufig zu Finanzierung, was auch die Schnittstelle zur Zusammenarbeit mit den Immobilienrechtlern ist. Zudem ist das Vergabeteam in Unternehmenstransaktionen, insbes. bei Privatisierungen und Rekommunalisierungen eingebunden. Daraus ergeben sich Folgemandate, z.B. die Konzessionsvergabe für das Stromnetz HH. Daneben ist die Praxis gefragt bei Verkehrsunternehmen.
Stärken: Sehr erfahren im ▶Verkehrssektor u. bei städtebaul. Großprojekten.
Häufig empfohlen: Dr. Olaf Otting („behält in komplexen Strukturen die Übersicht", Wettbewerber)
Kanzleitätigkeit: Bieter- u. Auftraggeberberatung, v.a. bei komplexen Vergaben. Branchen: ▶Verkehr, Städtebau, ▶Energie, Verteidigung/Sicherheit. Auch Rekommunalisierungen, Privatisierungen, Umstrukturierungen. Beratung auch an der Schnittstelle zu ▶Umwelt u. Planung. (1 Partner, 5 Associates)
Mandate: Regelm. DB Regio (aus dem Markt bekannt); Friedrichsdorf zu priv. Investor für Ökosiedlung; Stromnetz HH zu Konzessionsvergabe; Nidderau zu Investorenprojekt; Hanau umf. zu Konversionsfläche.

BAKER & MCKENZIE
Vergaberecht

Bewertung: Die im Vergaberecht häufig empfohlene Praxis um Gabriel ist personell weiter gewachsen. Die gute Zusammenarbeit des im Vorjahr erweiterten Teams zeigt sich in gewonnenen Mandaten, z.B. zur No-spy-Erklärung bei Vergaben des Bundes für US- u. europ. Unternehmen. Durch die 2014 hinzugekommene Sal.-Partnerin Mertens gewinnt die Praxis an Kompetenz zu Infrastruktur- u. Bauprojekten. Die Arbeit in einem Großprojekt von T-Systems zu Telemedizin beweist ihre starke Präsenz in IT-Vergaben u. belegt ein Zukunftsthema im Gesundheitswesen. In diesem Sektor genießt Gabriel einen guten Ruf u. ist z.B. für Novartis tätig ist. Mit dem Zugang eines Partners einer führenden Gesundheitsboutique eröffnet sich das Team die Schnittstelle zum Kartellrecht.
Stärken: Große Erfahrung in ▶Gesundheitswesen u. Infrastruktur.
Häufig empfohlen: Dr. Marc Gabriel, Dr. Susanne Mertens („hartnäckig", Wettbewerber)
Kanzleitätigkeit: Vorwiegend Bieterberatung mit Schwerpunkten in den Branchen Gesundheit, militär. Beschaffung, zunehmend ▶IT u. TK. Außerdem Infrastrukturprojekte u. Bauvergaben, auch für öffentl. Auftraggeber. (1 Eq.-Partner, 1 Sal.-Partner, 2 Counsel, 6 Associates)
Mandate: ●● Lfd. Novartis-Konzern; Colt Group in IKT-Vergaben; T-Systems umf. zu Aufbau telemed. Plattform; Bundesamt für Bauwesen u. Raumordnung zu Sanierung Museumsinsel Berlin; Giesecke u. Devrient zu Joint Venture mit Bundesdruckerei; Flughafen BER zu Drittabfertigung u. gg. Schadensersatzansprüche im Zshg. mit Vergaben wg. Verschiebung der Eröffnung; US-Pharmaunternehmen zu Rabatten gg. AOK; US- u. europ. Unternehmen zur No-spy-Eigenerklärung bei Vergaben; Kabelnetzbetreiber zum Breitbandausbau; Technologiekonzern in S-Bahn-Vergabe; militär. Flugzeughersteller zu Selbstreinigung; Rüstungsunternehmen in Vergaben.

BBG UND PARTNER
Vergaberecht

Bewertung: Das Vergaberechtsteam wird v.a. für seine Expertise im Verkehrssektor, vornehml. aufseiten der öffentl. Hand, geschätzt. So begleitet die Kanzlei Berlin/Brandenburg bei der Vergabe des S-Bahn-Verkehrs u. gewann daneben weitere Verkehrsmandate, wie die Vergabe von E-Ladestationen u. die Beschaffung von Straßenbahnen in Bremen. BBG berät auch Bieter bei Vergaben in den Bereichen Energie, IT, Gesundheit, Kampfmittelräumung u. Konzessionen.
Stärken: Große Erfahrung bei Ausschreibungen im ▶Verkehrssektor.
Häufig empfohlen: Dr. Niels Griem, Dr. Malte Linnemeyer

● Referenzmandate, umschrieben
●● Referenzmandate, namentlich

Anwaltszahlen: Angaben der Kanzleien, wie viele Anwälte zu mind. ca. 50% in diesem Gebiet tätig sind. Sie spiegeln nicht zwingend die Gesamtgröße einer Kanzlei wider.

ÖFFENTLICHER SEKTOR VERGABERECHT

Kanzleitätigkeit: Schwerpunkt bei ÖPNV-/SPNV-Vergaben, hier i.d.R. aufseiten der öffentl. Hand. Auf Bieterseite v.a. Telekommunikation, IT, Gesundheit, Energie. (3 Partner, 4 Associates)
Mandate: ●● Berlin/Brandenburg bei S-Bahn-Vergabe; Zweckverband Verkehrsverbund Bremen/Niedersachsen zu Ladestationen für E-Autos; Bremer Straßenbahn zu Fahrzeugbeschaffung; Regiobahn bei Beschaffung von Videoüberwachungssystem; Wirtschaftsförderungsgesellschaft Vorpommern zur Rückforderung von EFRE-Mitteln; Bayr. Eisenbahngesellschaft zu S-Bahn München u. SPNV, u.a. Dieselnetz Augsburg; Hill-Rom zu Unimedizin Rostock; Landkreise Tübingen, Kitzingen, Mainz-Bingen u.a. zu Regionalbusverkehr; Kreis Pinneberg, Landkreis Augsburg u. div. Verkehrsges. zu freigestelltem Schülerverkehr; Dienstleister zu Kampfmittelräumleistungen.

BEITEN BURKHARDT
Vergaberecht ☐☐☐☐☐☐
Bewertung: Die im Vergaberecht geschätzte Kanzlei ist bei der öffentl. Hand fest verankert. Diese vertraut regelm. auf die ausgeprägte Expertise von Beiten im Bereich IT- u. verwaltungsbezogene Vergaben. So berät das Team, das standortübergreifend sehr gut zusammenarbeitet, etwa die Länder Sachsen u. Sachsen-Anhalt bei der Vergabe eines Verwaltungsdaten- u. -sprachnetzes. Zudem konnte sie zuletzt eine Betriebskrankenkasse neu gewinnen u. bei einem komplexen IT-Projekt begleiten. Im Bereich ÖPNV, den v.a. das D'dorfer Team zuletzt beachtl. ausbauen konnte, berät Beiten auch auf Bieterseite. Bei diesen Großprojekten übernehmen inzw. vorwiegend jüngere Partner die Mandatsführung u. treten damit aus dem Schatten des renommierten Seniorpartners Mitrenga, der 2016 die Altersgrenze für Beiten-Partner erreichen wird, deutl. heraus.
Stärken: Komplexe Vergaben im IT-Bereich.
Häufig empfohlen: Berthold Mitrenga, Stephan Rechten, Julian Polster, Michael Brückner
Kanzleitätigkeit: Überwiegend aufseiten der öffentl. Hand bei Großprojekten; Arbeit häufig an der Schnittstelle zum öffentl. Recht (u.a. Preis-, Verwaltungs- u. Verfassungsrecht). Etablierte interdiszipl. Arbeit mit ökonom. u. techn. Beratern. (4 Eq.-Partner, 11 Sal.-Partner, 1 Counsel, 10 Associates, inkl. Öffentl. Recht)
Mandate: ●● Sachsen, Sachsen-Anhalt bei Konzeption u. Vergabe von Verwaltungsdaten- u. -sprachnetz; BMVerkehr im Zshg. Lkw-Maut; Landeskriminalamt bei Beschaffung von DNA-Analysen; BKK zu IT-Projekt; Großstadt in NRW bei ÖPNV-Neuvergabe; Polizeipräsidium bei Dienstleistungsvergabe; Mülheim an der Ruhr bei NP-Verfahren zu Entsorgungsleistungen.

BIRD & BIRD
Vergaberecht ■☐☐☐☐☐☐
Bewertung: Eines der führende Vergabeteams mit großer Bedeutung für die Gesamtkanzlei, wie der Eintritt des renommierten Vergabepartners Byok in das 3-köpf. dt. Management unterstreicht. Neben ihm tragen aber noch 4 weitere Partner die Praxis, wobei insbes. der junge Partner Csaki am Markt für seine Expertise im Gesundheitswesen bekannt ist. Nach Ernennungen 2er Eq.-Partner im vergangen Jahr, haben 3 Counsel die Kanzlei verlassen (zu Aulinger, Sibeth u. in eigene Kanzlei). Trotz der Abgänge ist das Team weiterhin schlagkräftig, zumal die Partner sich auf versch. Sektoren im Vergaberecht konzentrieren u. sich dadurch von Wettbewerbern abheben können.
Stärken: Große Erfahrung in der Steuerung komplexer Vergaben.
Häufig empfohlen: Dr. Jan Byok („sehr erfahrener, angenehmer Verhandlungspartner", Wettbewerber), Prof. Dr. Heiko Höfler, Dr. Alexander Csaki
Kanzleitätigkeit: Für Bieter wie Auftraggeber tätig. Schwerpunkte: Gesundheit, ▶IT, ▶Telekommunikation, ▶Energie, Infrastrukturprojekte (ÖPNV/SPNV, Häfen, Verkehrswege, Ver- u. Entsorgung), zunehmend Sicherheit/Verteidigung. (5 Eq.-Partner, 1 Counsel, 12 Associates)
Mandate: ●● DAK zu Open-House-Vergaben (EuGH, aus dem Markt bekannt); Gesellschaft zu elektr. Gesundheitskarte u. Telematikinfrastruktur; Pharmakonzern in Verfassungsbeschwerde gg. Preismoratorium; Pharmakonzern in Vergabe von Pregabalin; GKV zu Ausschreibung von patentgeschützten Arzneimitteln u. Blutzuckerteststreifen; Pharmakonzern zu Ausschreibung von patentgeschützten Arzneimitteln; GKV zu IT-Beschaffung; Impfstoffhersteller in Vergaben; Pharmakonzern in NP zu Bietergemeinschaften; IT-Unternehmen zu Software für Bundesverwaltung; Entsorgungsunternehmen zu Rekommunalisierung u. interkommunaler Zusammenarbeit; Landesfinanzministerium in IT-Vergabe; mehrere Energieversorger zu Konzessionen u. Netzübernahmen; Stahlkonzern in Offshoreprojekt.

BOESEN
Vergaberecht ☐☐☐■☐☐☐
Bewertung: Die im Vergaberecht häufig empfohlene Kanzlei pflegt langjährige Kontakte zu Auftraggebern und Bietern in Infrastruktur- u. Verteidigungsgroßprojekten. Sie gewinnt neue Mandate v.a. in großen Projekten, z.B. für Bundesbehörden. Das traditionelle, stabile Team erfahrener Anwälte um den Namenspartner ist typischerweise in Top-Mandaten für die öffentliche Hand tätig – und berät dabei derzeit häufig im Hintergrund. Zudem ist die Kanzlei bei Vergaben in NRW gefragt.
Stärken: Langj. Erfahrung mit Großprojekten. Sehr gute Kontakte zu Bundeseinrichtungen.
Häufig empfohlen: Arnold Boesen, Martin Upleger
Kanzleitätigkeit: Beratung von Auftraggebern u. Bietern. Auch Nachprüfungsverfahren. Viel Arbeit v.a. in Dauermandaten aus Bau, IT, Verkehr, Verteidigung, Entsorgung. Mandanten: Ministerien auf Bundes- u. Länderebene, gr. Bundes- u. Landesbehörden, Kommunen u. Großstädte, v.a. in NRW; Großkonzerne, Spitzenverbände. (1 Partner, 8 Associates)
Mandate: ●● Lfd. Stadt D'dorf, Bundesbehörden, Landkreise, Abfallzweckverbände, Unis, NRW-Städte zu div. Beschaffungen.

CBH RECHTSANWÄLTE
Vergaberecht ☐☐■☐☐☐☐
Bewertung: Die häufig empfohlene Vergaberechtspraxis konnte zuletzt einige beachtl. Mandate gewinnen. So beriet sie die Nationale Doping Agentur Dtl. bei der Vergabe von Dopingkontrollen. Zudem profitiert die Kanzlei im Umfeld von zunehmenden Zuwendungsrückforderungen von ihrer ohnehin starken Beratung an der Schnittstelle zum Beihilferecht, v.a. Praxisleiter Hertwig genießt auf diesem Feld einen guten Ruf. Traditionell steht CBH v.a. auf der Seite von Auftraggebern, zuletzt gehörten aber auch immer mehr Bieter zu ihren Mandanten, die das Team bei Bau- u. Gebäudedienstleistungen begleitete. Neu gewann CBH etwa die Landmarken AG, die sie u.a. bei der Ausschreibung zur Errichtung u. Vermietung des Polizeipräsidiums Aachen beriet.
Stärken: Enge Kooperation mit den Praxen für ▶Priv. Baurecht u. ▶Umwelt u. Planung.
Häufig empfohlen: Prof. Dr. Stefan Hertwig („fachl. beeindruckend", Wettbewerber)
Kanzleitätigkeit: Schwerpunkt bei Auftraggeberberatung u. -vertretung. Felder: Bau, ÖPNV, Entsorgung, IT-Dienstleistung, Gesundheitssektor, Rüstung/Sicherheitstechnologie. Auch ▶Beihilferecht. (2 Partner, 3 Associates)
Mandate: ●● Hess. Innenministerium zu Sportwettenkonzessionen; Nationale Anti Doping Agentur Dtl. zu Dopingkontrollen; BonnNetz bei Neubau von Verwaltungsgebäude; Dirk Müller Gebäudedienste, u.a. in Nachprüfungsverfahren;

Führende Namen im Vergaberecht

Arnold Boesen	Boesen
Dr. Jan Byok	Bird & Bird
Dr. Marc Gabriel	Baker & McKenzie
Dr. Friedrich Hausmann	PricewaterhouseCoopers Legal
Prof. Dr. Stefan Hertwig	CBH Rechtsanwälte
Prof. Dr. Heiko Höfler	Bird & Bird
Dr. Lutz Horn	Görg
Dr. Ute Jasper	Heuking Kühn Lüer Wojtek
Dr. Wolfram Krohn	Dentons
Dr. Hans-Peter Kulartz	Kapellmann und Partner
Prof. Dr. Ralf Leinemann	Leinemann & Partner
Malte Müller-Wrede	Müller-Wrede & Partner
Dr. Andreas Neun	Gleiss Lutz
Dr. Olaf Otting	Allen & Overy
Dr. Hans-Joachim Prieß	Freshfields Bruckhaus Deringer
Dr. Hendrik Röwekamp	Kapellmann und Partner

Die getroffene Auswahl der Personen ist das Ergebnis der auf zahlreichen Interviews basierenden Recherche der JUVE-Redaktion (siehe S. 20). Sie ist in 2erlei Hinsicht subjektiv: Sämtliche Aussagen der von JUVE-Redakteuren befragten Quellen sind subjektiv u. spiegeln deren eigene Wahrnehmungen, Erfahrungen u. Einschätzungen wider. Die Rechercheergebnisse werden von der JUVE-Redaktion unter Einbeziehung ihrer eigenen Marktkenntnis analysiert u. zusammengefasst. Der JUVE Verlag beabsichtigt mit dieser Tabelle keine allgemein gültige oder objektiv nachprüfbare Bewertung. Es ist möglich, dass eine andere Recherchemethode zu anderen Ergebnissen führen würde.

● Referenzmandate, umschrieben
●● Referenzmandate, namentlich

Anwaltszahlen: Angaben der Kanzleien, wie viele Anwälte zu mind. ca. 50 % in diesem Gebiet tätig sind. Sie spiegeln nicht zwingend die Gesamtgröße einer Kanzlei wider.

VERGABERECHT ÖFFENTLICHER SEKTOR

Landmarken AG, u.a. bei Ausschreibung zu Errichtung u. Vermietung Polizeipräsidium Aachen; Dortmund bzgl. EU-Projekt; Stadt bzgl. Widerruf von Fördermitteln; Hilfswerk zu Vergabe von Fahr- u. Rettungsdienst; Pharmaunternehmen im Zshg. mit Arzneimittelrabattausschreibungen.

CLIFFORD CHANCE
Vergaberecht

Bewertung: Mit seiner im Markt geschätzten Vergaberechtspraxis hat Amelung sich einen guten Namen in der Gesundheitsbranche erarbeitet, v.a. für die Vertretung von Pharmaunternehmen bei Ausschreibungen und Nachprüfungsverfahren gg. Krankenkassen. Durch die intensive Vernetzung innerhalb der Kanzlei, u.a. mit den Transaktionsexperten, berät er auch Mandanten aus anderen Branchen zu vergaberechtl. Fragen, z.B. Airbus beim Joint Venture mit Safran.
Stärken: Große Erfahrung im ▶Gesundheitssektor.
Häufig empfohlen: Steffen Amelung
Kanzleitätigkeit: Überwiegend Bieterberatung. Mandanten u.a. aus den Branchen: Pharma, Energie, Immobilien, ÖPNV. Zudem Prozessvertretung u. NP-Verfahren. Vereinzelt Kommunen u. Zweckgesellschaften; auch ÖPP-Erfahrung. (1 Counsel)
Mandate: ●● Airbus bei Joint Venture mit Safran; FMS Wertmanagement bei Outsourcing; Bayer in NP-Verfahren gg. AOK Nordost zu Kontrastmitteln; Astellas Pharma lfd. zu Arzneimittelrabattverträgen u. in NP-Verfahren; Bayer Vital in NP-Verf. zu patentgeschützten Arzneimitteln u. Rabattverträgen; GlaxoSmithKline in NP-Verf. gg. Barmer GEK zu saisonalen Grippeimpfstoffen; Pfizer Pharma in NP-Verf. u. zu teilw. patentgeschützten Arzneimitteln; Teva/Ratiopharm als Beigeladene in div. NP-Verf.; Beratung E.on Mitte bei Ausschreibungen, u.a. von IT-, Netzwirtschaft- u. Personaldienstleistungen.

CMS HASCHE SIGLE
Vergaberecht

Bewertung: Die empfohlene Praxis ist bundesw. an 8 Standorten strateg. mit Partnern im Vergaberecht präsent. Damit hat CMS einen engen Draht zu regionalen Auftraggebern, v.a. bei Bauvergaben. Gleichzeitig kann das große Team auch die für die Kanzlei strukturell typischen Branchenspezialisierungen der Partner herausbilden und sich damit gut einfügen. Dabei konnte das Vergabeteam 2 Unternehmen, bei denen CMS bereits auf der Beraterliste steht, nun auch als Mandanten in Gesundheitsausschreibungen gewinnen. Ein Mandant lobte die „unschlagbare Reaktionszeit" des Teams und die Zusammenarbeit der einzelnen Standorte im Vergaberecht. Die Bedeutung des Vergabeteams unterstreicht die Ernennung einer weiteren Partnerin, die an der Schnittstelle zum Umweltrecht tätig ist.
Stärken: Betreuung zahlr. langfristig angelegter u. umfangr. Großprojekte.
Häufig empfohlen: Dr. Klaus Heuvels, Dr. Volkmar Wagner, Dr. Christian Scherer-Leydecker
Kanzleitätigkeit: Sehr breite Praxis, Bieter- u. Auftraggeberberatung. Schwerpunkte: IT, Gesundheit, Verteidigung, Erfahrung in ÖPP-Projekten, Entsorgung, ÖPNV/SPNV, Bau. Enge Anbindung an Teams ▶Immobilien- u. ▶Priv. Baurecht, ▶ÖPP u. Infrastruktur sowie ▶Umwelt u. Planung. (9 Partner, 1 Counsel, 14 Associates)

Mandate: ●● Alliander zu E-Ladesäulen in Berlin; Bankenkonsortium um NordLB zur Finanzierung von Schienenfahrzeugen; Bayernets zu Ferngasleitungen; BER Flughafen zu Korruptionsaffäre; Johnson & Johnson Medical zu Medizinprodukten, insbes. ggü. AOK Hessen; Land Schleswig-Holstein zu Immobilien-ÖPP Uniklinik; Ffm., u.a. zu Werbekonzessionsvertrag; Berlin Partner, u.a. zu Olympia-Bewerbung; GKV zum Verwaltungsbau; lfd. IHK Heilbronn-Franken.

DENTONS
Vergaberecht

Bewertung: Das empfohlene Vergabeteam von Orrick wechselte im Oktober 2015 zu Dentons. Die Praxis berät im Vergleich zu vielen Wettbewerbern sehr internat., u.a. im viel beachteten EuGH-Verfahren zum NRW-Mindestlohn oder zu Vergabesperren vor der Weltbank. Daher bieten sich bei Dentons für das Team internat. vielversprechende Anknüpfungspunkte, v.a. wenn die Verbindung zum großen regulator. US-Team genutzt wird. In der dt. Praxis bieten sich zudem Schnittstellen zum Gesundheitssektor und bei IT. So berät das Team bereits ein IT-Unternehmen zum neuen Thema No Spy. Es ist zu erwarten, dass Kernmandate wie die Dt. Post u. die Dt. Bahn dem Team auch nach dem Wechsel treu bleiben. Dentons konnte durch den Zugang eine Lücke schließen, da das Vergaberecht bisher nur mit Associates aus dem Team des Kartellexperten Dr. Jörg Karenfort und einer Counsel abgedeckt wurde.
Stärken: Breite Branchenerfahrung.
Häufig empfohlen: Dr. Wolfram Krohn
Kanzleitätigkeit: V.a. Bieter-, aber auch Auftraggeberberatung. Hohe Branchenvielfalt, u.a. Verkehr, IT, (Sicherheits-)Technologie, Gesundheit, Entsorgung u. Bau. (2 Partner, 2 Associates)
Mandate: ●● Noch bei Orrick: Roche in Nachprüfungsverfahren gg. AOK Hessen; Dt. Bahn/DB Regio zu RRX-Vorlaufbetrieb; Hochschule Bonn-Rhein-Sieg zu Bauprojekt; IT-Anbieter zu No spy; Uni Marburg in NP-Verf. gg. Datenlotsen; Dt. Bahn in NP-Verfahren gg. Telekom; Finanzministerium Sachsen-Anhalt zu IBG Beteiligungsgesellschaft Sachsen-Anhalt; lfd. Bundesdruckerei, u.a. zu NRW-Mindestlohn (EuGH); lfd. Wisag zu Bodenabfertigungsdienstleistungen; lfd. Dt. Post, u.a. zu NRW-Mindestlohn (EuGH); dt. Unternehmen zu Vergabesperre vor Weltbank.

DOLDE MAYEN & PARTNER
Vergaberecht

Bewertung: Die geschätzte vergaberechtl. Praxis steht überwiegend auf der Seite von Auftraggebern u. ist v.a. im Abfallrecht stark aufgestellt. Hier lotete Vetter zuletzt in gleich mehreren Fällen die Möglichkeiten einer vergaberechtsfreien interkommunalen Zusammenarbeit aus – ein Thema, das im Rahmen der aktuellen Tendenz zur Rekommunalisierung vermehrt nachgefragt wird. Bergmann verzeichnete unterdessen eine deutl. Zunahme bei Projektvergaben im Bausektor. Zuwachs erfuhr in diesem Zshg. auch die Beratung zu Projektförderzuwendungen.
Stärken: Renommierte Praxis im ▶Umwelt- u. Planungsrecht. Langjährige Erfahrung im Abfallsektor.
Häufig empfohlen: Dr. Tina Bergmann, Dr. Andrea Vetter
Kanzleitätigkeit: Schwerpunkt Auftraggeberberatung, aber auch für Bieter tätig. V.a. Bau u. Entsorgung, auch ▶Verkehr, IT u. Technik. Zudem ▶ÖPP-Expertise. (2 Partnerinnen)
Mandate: ●● Schwäbisch-Gmünd im Zshg. mit Verwendungsnachweis für Projektförderzuwendungen; Zweckverband Wasserversorgung ‚Mittlere Tauber' bei Neukonzeption der Wasserversorgung; Projektgesellschaft Neue Messe bei Bauvergaben; div. öffentl.-rechtl. Entsorgungsträger zu Möglichkeit einer vergaberechtsfreien interkommunalen Zusammenarbeit; Aufgabenträger im ÖPNV wg. reg. Expressbuslinien.

ESCHE SCHÜMANN COMMICHAU
Vergaberecht

Bewertung: Die Vergabepraxis von Dieckmann wird v.a. für ihre Tätigkeit für öffentl. Auftraggeber u. -nehmer in der Abfallwirtschaft geschätzt. Die kanzleiinterne Zusammenarbeit, insbes. mit den Vertrags- u. Gesellschaftsrechtlern ist gefestigt. U.a. beraten sie gemeinsam die für die Kanzlei wichtige Mandantin Veolia. Neben ihrer Beratung von Stammmandanten gewann das Team auch neue umfangreiche Aufträge bei Ausschreibungen hinzu.
Stärken: Große Erfahrung u. hohes Renommee in der Entsorgungswirtschaft.
Häufig empfohlen: Dr. Martin Dieckmann („guter Kämpfer in Nachprüfungsverfahren", Wettbewerber)
Kanzleitätigkeit: Beratung u. Vertretung von Bietern u. Auftraggebern. Branchenschwerpunkt: Entsorgung (▶produktbez. Umweltrecht), aber auch Dienstleistungen, Telekommunikation, Bausektor. Erfahrung in ÖPP. (1 Partner, 1 Associate)
Mandate: ●● Lfd. Veolia in Vergabe- u. NP-Verfahren; Entsorgungsunternehmen in Vergabe- und NP-Verfahren zu Abfallabfuhr; Landkreise zu Abfallwirtschaft u. in NP-Verfahren.

FPS FRITZE WICKE SEELIG
Vergaberecht

Bewertung: Die empfohlene Vergabepraxis kann die ersten Früchte ihrer Neuaufstellung vom Vorjahr ernten. Damals wechselte eine erfahrene Associate in die Hauptstadt, um Kontakte zu Ministerien zu intensivieren. Die Mandatierung durch einen Bundesverband zur Neufassung von Musterverträgen im Bereich des Luftverkehrs – hier ist auch ein Bundesministerium involviert – kann als Erfolg gewertet werden. In Ffm. bleibt das Team stark in den Bereichen Sicherheit u. Verteidigung, Bau sowie Entsorgung. So begleitet FPS etwa einen Flughafenbetreiber bei der Neuausschreibung seines Abfallmanagements.
Stärken: Hervorragend vernetzte ▶Priv. Baurechtspraxis, langj. Erfahrung bei ▶IT-Vergaben.
Häufig empfohlen: Dr. Annette Rosenkötter („sehr gut, lösungsorientiert, effizient", Wettbewerber)
Kanzleitätigkeit: Auftraggeber- wie Bieterberatung u. -vertretung. Branchen: Bau, IT, Gesundheitswesen, Verkehr, ▶Energie, Entsorgung, Verteidigung/Sicherheitstechnologie. Auch Erfahrung mit Umstrukturierungen im Öffentl. Sektor u. ÖPP. (1 Partner, 4 Associates)
Mandate: ●● Jobcenter Ffm. bei Ausschreibung von Unternehmensberatung; Bundesverband bei Neufassung von Mustervertrag; Flughafenbetreiber bei Neuausschreibung von Abfallmanagement; Gesundheitsunternehmen bzgl. der Ausschreibung

● Referenzmandate, umschrieben
●● Referenzmandate, namentlich

Anwaltszahlen: Angaben der Kanzleien, wie viele Anwälte zu mind. ca. 50% in diesem Gebiet tätig sind. Sie spiegeln nicht zwingend die Gesamtgröße einer Kanzlei wider.

ÖFFENTLICHER SEKTOR VERGABERECHT

niedermolekularer Heparine; Immobilienunternehmen bei Bahnhofsareal Tübingen; Projektentwickler bzgl. Realisierung von Konversionsprojekt.

FRESHFIELDS BRUCKHAUS DERINGER
Vergaberecht

Bewertung: Eine der führenden Praxen im Vergaberecht mit strateg. Bedeutung für die Kanzlei. Die Anwälte um den renommierten u. erfahrenen Partner Prieß sind wie kaum ein anderes Team im Markt internat. aufgestellt. So wenden sich Unternehmen zu EU-Vergaben u. Fragen der Selbstreinigung sowie Ausschlussverfahren der Weltbank regelm. an die Kanzlei. Außerdem gewann FBD bspw. das Mandat des Auswärtigen Amtes zur Ausschreibung des neuen Dt. Hauses in Ho-Chi-Minh-Stadt. Der aufstrebende Counsel Dr. Roland Stein übernimmt in diesen Mandaten nun häufiger die Federführung.
Stärken: Erhebl. Erfahrung mit vergaberechtl. ▶ Compliance- u. FCPA-Verfahren.
Häufig empfohlen: Dr. Hans-Joachim Prieß („immer ein Vordenker", „kann richtig gut kämpfen", Wettbewerber)
Kanzleitätigkeit: Überwiegend Großunternehmen div. Branchen sowie gr. Auftraggeber. Auch in EuGH-Prozessen. Zudem Regierungen zur Öffnung nationaler Beschaffungsmärkte. Vergaberechtl. Compliance u. Vertretung vor Vergabekammern u. anderen dt. u. internat. staatl. Stellen. (1 Partner, 1 Counsel, 4 Associates, 1 of Counsel)
Mandate: ●● Auswärtiges Amt zu Bau u. Betrieb des Dt. Haus in Ho-Chi-Minh-Stadt; Darley in Beschwerde bei EU-Komm. wg. Konzessionen in Polen; serbische Energoprojekt in Ausschlussverfahren der Weltbank; BASF in NP-Verf.; Bristol-Myers Squibb in Rabattausschreibungen; Niton zu UN-Vergabe; regelm. Hochtief, Juris, Siemens, Thermo Fisher.

GASSNER GROTH SIEDERER & COLL.
Vergaberecht

Bewertung: Die im Vergaberecht geschätzte Kanzlei legt ihren Fokus auf den Abfallsektor. Dabei berät sie Kommunen bei der Absicherung der Inhousefähigkeit bei ihren Beteiligungsgesellschaften. In die Öffentl.-Rechtl. Praxis ist auch die Beratung zu strukturellen Fragen bei Rekommunalisierung u. kommunaler Zusammenarbeit gut integriert.
Stärken: Breit angelegte Beratung im Öffentl. Recht, v.a. ▶ Umwelt u. Planung.
Häufig empfohlen: Hartmut Gaßner
Kanzleitätigkeit: Starke Stellung im Entsorgungsbereich (▶ produktbez. Umweltrecht), vorwiegend für Auftraggeber. Zunehmend ▶ Energie, Bau, Erschließungen, Verkehr. Auch ÖPP u. Kommunalberatung, Rekommunalisierung. (4 Eq.-Partner, 3 Sal.-Partner, 8 Associates)
Mandate: ●● Landkreis Nordsachsen, Abfallwirtschaftsverband Chemnitz, Ilm-Kreis, Bitterfelder Entsorgungsgesellschaft, Reg. Abfallentsorgungsverband Oberlausitz zu Inhousefähigkeit; Landkreis Mittelsachsen zu Abfall; Landkreis Mecklenburg. Seenplatte zu Abfalllogistik als ÖPP-Modell; Landkreis Rostock, KWB Goslar, Cottbus, Rhein-Erft-Kreis zu Abfallentsorgung; Vogtlandkreis zu Deponiebau, Abfallwirtschaftsverband Starnberg u. Landkreis Traunstein zu Altpapierverwertung; Umweltministerium Ba.-Wü. zu Sachverständigendienstleistungen bzgl. AKW-Störfallmeldung; Geovol Unterföhring zu Bohrdublette für Geothermievorhaben.

GLEISS LUTZ
Vergaberecht

Bewertung: Die häufig empfohlene Vergabepraxis ist v.a. durch ihre Vertretung der AOKen bekannt. Dabei entwickelt das Team für die AOKen veränderte, z.B. wirkstoffbezogene Ausschreibungen. Ihre innovativen Ideen verteidigt die Kanzlei häufig in Nachprüfungsverfahren. Besonders der Berliner Partner Neun hat einen Namen im Gesundheitswesen. Er ist sehr gut bei den gesetzl. Krankenkassen vernetzt, wie Wettbewerber anerkennen. Im Markt noch weniger bekannt ist, dass die Praxis sich durch Mandate in anderen Branchen, wie Konzessionsvergaben für Städte u. die Bietervertretung im Verteidigungssektor, vergrößert. Auch die Beratung zur Selbstreinigung für die Teilnahme an öffentl. Vergaben baut das Team aus.

Anzeige

IHR ANSPRECHPARTNER IN POLEN

SDZLEGAL SCHINDHELM

■ **Breslau/Wrocław**
Plac Solny 16
50-062 Wrocław
Tel.: 0048 71 326 51 40
Fax: 0048 71 326 51 41
wroclaw@sdzlegal.pl

■ **Warschau/Warszawa**
ul. Rzymowskiego 31
02-697 Warszawa
Tel.: 0048 22 697 77 40
Fax: 0048 22 697 77 41
warszawa@sdzlegal.pl

■ **Kontaktperson**
RA Konrad Schampera
Mob.: 0048502227310
ks@sdzlegal.pl

AUSTRIA BELGIUM CHINA CZECH REPUBLIC GERMANY
HUNGARY POLAND ROMANIA SLOVAKIA TURKEY

● Referenzmandate, umschrieben
●● Referenzmandate, namentlich

Anwaltszahlen: Angaben der Kanzleien, wie viele Anwälte zu mind. ca. 50 % in diesem Gebiet tätig sind. Sie spiegeln nicht zwingend die Gesamtgröße einer Kanzlei wider.

VERGABERECHT ÖFFENTLICHER SEKTOR

Stärken: Spitzenpraxis im Gesundheitssektor.
Häufig empfohlen: Dr. Andreas Neun („ausgewiesener Kenner des Gesundheitswesens", Wettbewerber)
Kanzleitätigkeit: Regelm. Projektbetreuung, oft im Zshg. mit Grundsatzfragen. Auftraggeberberatung bei komplexen Vergaben. Starke Prozesstätigkeit für Bieter wie Auftraggeber. Schwerpunkte: ▶Gesundheit, ▶Energie u. Verkehr. Expertise auch bei ▶ÖPP (Umstrukturierungen im Öffentl. Sektor). (2 Eq.-Partner, 2 Sal.-Partner, 1 Counsel, 6 Associates)
Mandate: ●● Umweltministerium Ba.-Wü. zu Dienstleistungsaufträgen; AOK Ba.-Wü. zu patentgeschützten Arzneimittel; GKV-Verbände in Ba.-Wü. zu Impfstoffrabattverträgen; AOK Bundesverband u. div. AOKen in NP-Verfahren zu TNF-alpha-Inhibitoren; AOK Nordost, u.a. in NP-Verf. zu indikationsbezogener Ausschreibung von Kontrastmitteln; AOKen zu Generikarabattverträgen u. NP-Verfahren, Rabatten aus Verträgen u. Schadensersatz wg. Lieferausfällen; Postbeamtenkrankenkasse zu Hilfsmitteln; LBBW Immobilien zu Ökosiedlung Friedrichsdorf; D'dorf bei Wasser-, Strom-, Gas- u. Fernwärmekonzessionsvergaben; Telefunken zu Nachtsichtbrillen für Bundeswehr.

GÖRG
Vergaberecht
Bewertung: Die im Vergaberecht häufig empfohlene Kanzlei kann an ihre Erfolge aus dem vergangenen Jahr anknüpfen. So gewann das Team nach der Beratung div. Städte bei Außenwerbung nun auch die Stadt Augsburg in diesem Bereich. Zudem konnte Görg ihr Leuchtturmprojekt rund um die Uniklinik Schleswig-Holstein erfolgreich abschließen, womit sie nicht nur erneut unterstreicht, dass sie zu den Vorreitern bei ÖPP-Projekten zählt, sondern auch, dass die standortübergreifende Zusammenarbeit zw. HH, Ffm. u. Berlin reibungslos funktioniert.
Stärken: Sehr erfahren bei Umstrukturierungen im Öffentl. Sektor u. ▶ÖPP.
Entwicklungsmöglichkeiten: Schmerzlich ist der Wechsel eines HHer Sal.-Partners zur Stammmandantin K+S. Görg würde es guttun, die Lücke in der Beraterriege mittelfristig wieder zu schließen, um die Schlagkraft des Teams auf hohem Niveau zu halten.
Häufig empfohlen: Dr. Lutz Horn („ÖPP-Spezialist", Wettbewerber), Dr. Kersten Wagner-Cardenal („geschickter Verhandlungsführer", Wettbewerber), Dr. Kai-Uwe Schneevogl („sehr angenehm", Wettbewerber), Dr. Jan Scharf
Kanzleitätigkeit: Überwiegend Auftraggeberberatung, ÖPP-Projekte. Schwerpunkte: Hochbau, dazu VOF- u. VOL-Vergaben, IT, Kraftwerke, ÖPNV, Energie, Entsorgung, Gesundheit. (5 Eq.-Partner, 2 Sal.-Partner, 1 of Counsel, 6 Associates)
Mandate: ●● Breitband Main-Kinzig umf.; Uniklinik Schl.-Holst. bei ÖPP-Bauvorhaben; Köln bei Dienstleistungskonzessionen bzgl. Außenwerbung; Mainz bei Konzessionsvergabe Weihnachtsmarkt; Hessen bei Beschaffung einer IT-Landeslizenz; Gemeinde Helgoland im Zshg. mit Neubau mit Heliport; Eigenbetrieb Abfallwirtschaft des Rheingau-Taunus-Kreises bei Entsorgungsvertrag; lfd. European XFEL; Krankenkassenverbund bei Ausschreibung von Forschungsdienstleistungen.

GRAF VON WESTPHALEN
Vergaberecht
Bewertung: Die im Vergaberecht empfohlene Kanzlei verzeichnete im vergangenen Jahr einen besonders kräftigen Mandatszuwachs. Zu verdanken ist dies v.a. ihrer starken Spezialisierung, die im Markt inzw. deutlicher wahrgenommen wird. So konzentriert sich Reichling auf IT-Vergaben, bspw. beriet sie zahlr. Zweckverbände bei der Beschaffung von Digitalfunkgeräten. Unterdessen konnte eine Partnerin, die 2013 zu GvW kam, ihren Spezialbereich Gesundheit mit dem Gewinn 2er Unikliniken weiter stärken. Während 2 Partnerernennungen in den genannten Bereichen den Erfolg der Praxis unterstreichen, weitet das Team seine Expertise Zug um Zug weiter aus: Mit dem Zugang einer erfahrenen Associate von Rödl & Partner will GvW an ihre letztjährigen Erfolge im ÖPNV-Bereich anknüpfen.
Stärken: Gute Zusammenarbeit zw. den Praxisgruppen.
Häufig empfohlen: Dr. Ingrid Reichling, Dr. Cornelia Erdl-Heyer („sehr gut vernetzt, sehr erfahren", Wettbewerber)
Kanzleitätigkeit: Bieter u. Auftraggeber, Branchen v.a. Baubereich, Gesundheit (u.a. Kliniken, Rettungsdienste), Verteidigung u. Sicherheit, große Erfahrung in IT, Entsorgung; zunehmend Verkehr. (8 Eq.-Partner, 2 Sal.-Partner, 2 Associates)
Mandate: ●● Div. bay. Zweckverbände bei Beschaffung von BOS-Digitalfunkgeräte; Rheinbahn/KVB bei Beschaffung von Straßenbahnfahrzeugen; Uniklinik Regensburg bei Beschaffung von Medizinprodukte; Uniklinik D'dorf, u.a. bei Neubau; Max-Planck-Gesellschaft, u.a. bei IT-Vergaben; Tourismusverband Ostbayern, u.a. bei EU-Vergaben; Klinik Neustadt/Aisch bei Ausschreibung von Architektenleistungen.

HEUKING KÜHN LÜER WOJTEK
Vergaberecht
Bewertung: Die Kanzlei bleibt im Vergaberecht führend, wird sie doch immer wieder sowohl von Wettbewerbern als auch von Mandanten für ihre herausragende Expertise im Bereich Verkehr gelobt. Kein Wunder also, dass sie zuletzt vom Auftraggeber eines großen Infrastrukturprojekts in München mandatiert wurde. Zudem schloss das D'dorfer Team um Jasper zuletzt das viel beachtete Megaprojekt RRX-Ausschreibung für den Verkehrsverbund VRR erfolgreich ab. In Ba.-Wü. gelang es Heuking unterdessen, die Mandatsbeziehung zum Land deutl. auszubauen. So prüft sie nun für das dortige Verkehrsministerium den Verkehrsvertrag von 2003 mit der DB Regio. Das erst 2014 eröffnete Stuttgarter Büro könnte helfen, dieses Geschäft noch zu vertiefen. Unterdessen sind 2 Partner in HH u. München mit dem Herkules-Folgeprojekt der Bundeswehr stark ausgelastet, Einstellungen auf Associate-Ebene sollen für Entlastung sorgen.
Stärken: Große Erfahrung in der Strukturierung von Ausschreibungen u. bei polit. sensiblen Mandaten.
Häufig empfohlen: Dr. Ute Jasper („hervorragend", Mandant; „gute Zusammenarbeit, hohe Fachkenntnis", Wettbewerber), Dr. Daniela Hattenhauer, Ulf Christiani, Dr. Martin Schellenberg („kreative Lösungen, viel Erfahrung", Wettbewerber), Dr. Kristina Neven-Daroussis
Kanzleitätigkeit: Viel ▶ÖPP-Projekte, viel Erfahrung bei großvolumigen SPNV-Vergaben, auch NP-Verfahren. Bereiche: v.a. ▶Priv. Baurecht, ▶Verkehr), aber auch Abfallwirtschaft, Wasser/Abwasser, Dienstleistungen, Verteidigungswesen, Krankenhausbereich, IT u. Telekommunikation. Hauptsächl. Auftraggeberberatung, auf Bundes-, Landes- u. kommunaler Ebene; auch Bieterberatung. (8 Eq.-Partner, 4 Sal.-Partner, 7 Associates)
Mandate: ●● Kreis Recklinghausen bei Projekt ‚NewPark'; IDR wg. Asylbewerberunterkünften; Verkehrsministerium Ba.-Wü. bei Prüfung von Verkehrsvertrag mit DB Regio; Verkehrsverbund Rhein-Ruhr bei Umsetzung des RRX-Modells; BMVerteidigung bei Herkules-Folgeprojekt; Machbarkeitsstudie ‚Deutschlandtakt' für BMVerkehr u. IGES Institut; Bundesanstalt für Wasserbau bei Softwareentwicklung; Verkehrsverbund Mittelsachsen bei SPNV-Leistungsausschreibung; Lufthansa Cargo bei Bauvorhaben Elbarkaden; Stadt Remscheid bei Neuvergabe der Gas-, Strom-, Wasser- u. Fernwärmekonzessionen; Auftraggeber bei Infrastrukturprojekt.

HEUSSEN
Vergaberecht
Bewertung: Der im Vergaberecht geschätzte Kanzlei ist es über die Jahre gelungen, ihr Beratungsangebot deutl. zu verbreitern: Während der Fokus ursprüngl. auf Bauvergaben lag, berät Heussen inzw. etwa auch bei zahlr. IT-Vergaben. Der Zugang eines Sal.-Partners mit IT-Schwerpunkt in Stuttgart ist daher konsequent u. weitet das Vergabeteam auf einen weiteren Standort aus. Intensiviert hat sich auch die Beratung an der Schnittstelle zum Beihilferecht, für den ein Partner in Ffm. steht. Generell berät Heussen überwiegend aufseiten der öffentl. Hand. Hier konnte sie zuletzt ihre Mandatsbeziehung zur Stammmandantin Stadt München weiter ausbauen. Gleichzeitig begleitet die Kanzlei immer wieder auch Bieter, hier konnte sie mit MAN eine namh. neue Mandantin gewinnen.
Stärken: Gut in Bayern u. Hessen vernetzt.
Häufig empfohlen: Uwe-Carsten Völlink
Kanzleitätigkeit: Vorwiegend Beratung der öffentl. Hand u. ihrer Beteiligungsgesellschaften, auf allen Ebenen (Kommune bis Bund), Schwerpunkt liegt auf mittelgroßen Vergaben. Starke ▶Immobilienpraxis. (3 Eq.-Partner, 1 Sal.-Partner, 2 Associates)
Mandate: ●● Stadt München bei IT-Vergabe; MAN bei Nachprüfverfahren zu EU-weiter Beschaffung von Stadtbussen; Stadt Königstein bei Ausschreibung von Müllentsorgung; Stadt Fürth/SpVgg. Greuther Fürth beihilfe- u. vergaberechtl. bei Stadionumbau; Landkreis Gießen beihilfe- u. vergaberechtl. in Zshg. mit Abfallentsorgung; lfd. süddt. Abwicklungsanstalt, Helmholtz Zentrum München, Goethe-Institut, ESG Elektroniksystem- u. Logistik-GmbH, Unify, Uni Hohenheim.

HFK RECHTSANWÄLTE
Vergaberecht
Bewertung: Nach einigen Abgängen konnte die im Vergaberecht empfohlene Kanzlei ihr Team zuletzt wieder stärken: Dr. Jörg Stoye (Ffm.) kehrte zusammen mit dem Baurechtler Dr. Florian Schrammel (München) von Wollmann & Partner zu HFK zurück. Das eingespielte Team hatte zuvor beispielw. das Projekt Stuttgart 21 gemeinsam beraten u. steht damit für die Stärke der Kanzlei in Großprojekten. Durch die enge Verknüpfung der Bereiche Bau u. Vergabe ist HFK generell stark in Bauvergaben, berät aber auch in den Bereichen IT

u. Gesundheit. So begleitet sie etwa den Freistaat Thüringen bei der Ausschreibung des Betriebs seiner Datennetze u. Kommunikationsinfrastrukturen. Im Febr. verstärkte sich HFK zusätzl. mit einem erfahrenen Associate von Heussen, was die Praxis an diesem Standort wieder auf breitere Füße stellt. Unterdessen verließ in Berlin ein Sal.-Partner die Kanzlei in Richtung KPMG Law, so dass hier zurzeit nur noch 2 Associates im Vergaberecht tätig sind.
Stärken: Begleitung von Bau- u. Infrastrukturprojekten.
Häufig empfohlen: Prof. Dr. Horst Franke
Kanzleitätigkeit: V.a. ▶Priv. Baurecht u. Infrastruktur (Flughäfen, Häfen, Schienenverkehr), IT u. Telekom. Zunehmend allg. Beschaffungen, Dienstleistungen, Entsorgung, Energie-Contracting, Gesundheitswesen. Regelm. gutachterl. Tätigkeiten. (2 Eq.-Partner, 2 Sal.-Partner, 2 Counsel, 4 Associates)
Mandate: ●● BMVerkehr zu Klinikbau für US-Streitkräfte; RTW Planungsgesellschaft bei SPNV Regionaltangente West; Freistaat Thüringen bei Ausschreibung des Betriebs von Datennetzen u. Kommunikationsinfrastrukturen; Fritsch Hoch- u. Tiefbau, u.a. bei Rügeverfahren; Städt. Klinikum Karlsruhe bei Neu- u. Umbau.

HOGAN LOVELLS
Vergaberecht
Bewertung: Die empfohlene Vergaberechtspraxis ist bekannt für ihre etablierte Zusammenarbeit mit Kartellrechtlern sowie den Beihilferechtlern des Brüsseler Büros. So fragen Mandanten, wie die Erste Abwicklungsanstalt, etwa die Schnittstelle zum EU-Beihilferecht nach. Daneben hat die Kanzlei neue Mandate gewonnen, u.a. im Gesundheits- und Energiesektor. Der langjährige Partner Dr. Eckhard Bremer wechselte im Juli zu Wegner Ullrich.
Häufig empfohlen: Dr. Marc Schweda
Kanzleitätigkeit: Schwerpunkt bei Bieterberatung in den Bereichen Verkehr/Infrastruktur, Gesundheit u. Energie. In geringerem Umfang auch Auftraggeberberatung. Personell enge Anbindung an die Teams in ▶Kartellrecht u. Beihilferecht. (3 Partner, 2 Counsel, 6 Associates)
Mandate: ●● Tank & Rast, u.a. bei Konzessionsvergabe; Philips zu Patientenmonitoren für Uniklinik Regensburg; Bädergesellschaft Bergisch Gladbach zu strateg. Partnerschaft u. in NP-Verfahren; Baxter lfd. in GKV-Ausschreibungen, u.a. zu Impfstoffrabattverträgen; Landkreistag Ba.-Wü. zu Forstwirtschaft; Senvion zu Turbinen für EnBW-Offshorewindpark; Stadt Bergisch Gladbach zu Konzessionen; Union Investment vergaberechtl. zu Immobilienkauf; lfd. Erste Abwicklungsanstalt; Pentax lfd. in Ausschreibungen öffentl. Krankenhäuser.

K&L GATES
Vergaberecht
Bewertung: Nach dem Wechsel eines Teils des Teams 2014 galt die Aufmerksamkeit dem Aufbau der Praxis, der im Vergaberecht geschätzten Kanzlei. Die anerkannte Partnerin Mutschler-Siebert gewann einige neue Mandate hinzu, sowohl bieterseitig als auch von Auftraggebern, z.B. für Ministerien. Der Ausbau dieser neuen Mandatsbeziehungen würde die Bedeutung des noch kleinen Teams weiter stärken.
Häufig empfohlen: Dr. Annette Mutschler-Siebert

Kanzleitätigkeit: Schwerpunkte in den Branchen Gesundheit, Verkehr, Energie. Dazu auch kartellrechtl. Kompetenz. (1 Partner, 2 Associates)
Mandate: ●● Telio Communications bei Konzessionsvergaben; Aliud Pharma zu Rabattverträgen; BMWirtschaft in Forschungsprojekt zu elektron. Vergabestatistik; Rüstungsunternehmen in Vergabeverf.; SWU Verkehr zu Beschaffung von Straßenbahnen; Contipark zu Parkhausbau; NRW-Wirtschaftsministerium zu Tariftreue- u. Vergabegesetz NRW; Capco lfd. zu Vergaben; Erzbistum Köln zu Architektenvereinbarung.

KAPELLMANN UND PARTNER
Vergaberecht

Bewertung: Die für Vergaberecht häufig empfohlene Kanzlei platzierte sich zuletzt in gleich mehreren beachtl. Mandaten, wobei ihr Schwerpunkt auf der Vergabe von Bau- u. Planungsleistungen liegt. So berät sie etwa den Flughafen München bei der Optimierung des Terminals 1. Zudem gewann sie die Stadtwerke Verkehrsgesellschaft Ffm. als neue Mandantin u. berät diese beim Neubau der Stadtbahnlinie U5 ins Europaviertel. Bei einem ähnl. Projekt steht die Kanzlei bereits an der Seite der Berliner Verkehrsbetriebe. Dass Kapellmann ihre Kompetenz inzw. weit über ihre traditionelle Stärke in Bauvergaben ausgeweitet hat, zeigt die Mandatierung durch Keolis bzgl. der Ausschreibung von Bahnstrom: Hier positioniert sich K&P in einem neuen Vergabefeld, das durch die Marktöffnung für Bahnstrom Mitte 2014 entstanden ist. Gelungen ist dies durch Dr. Marc Opitz, der 2014 von der Dt. Bahn kam u. auch bei IT-Vergaben stark ist.
Stärken: Herausragende Kompetenz im ▶Priv. Baurecht.
Häufig empfohlen: Dr. Hans-Peter Kulartz, („gute Expertise", Wettbewerber), Dr. Hendrik Röwekamp („fachlich fundiert, gewissenhaft, pragmatisch", Wettbewerber).
Kanzleitätigkeit: Dtl.weite Tätigkeit, insbes. in Bauvergaben. Auftraggeberberatung überwiegt. Branchen: Bau, Verkehrsinfrastruktur (Häfen, Flughäfen, Straßen), IT, Entsorgung, Gesundheit. Auch Hochbau-ÖPP. (9 Eq.- Partner, 2 Sal.-Partner, 10 Associates)
Mandate: ●● Flughafen München bei Terminal-1-Optimierung; Keolis bei Bahnstromausschreibung; ReGe HH Projekt-Realisierungsgesellschaft bei Vergabe für Messe- u. Kongresszentrum; Stadtwerke Verkehrsgesellschaft Ffm. bei Neubau Stadtbahnlinie U5; BVG bei div. Vergaben zum U-Bahn-Bau; Ages lfd. im Zshg. mit Lkw-Maut; Einkaufsgemeinschaft von Krankenhäusern bei Beschaffung von med. Verbrauchs- u. Investitionsgütern; GlobalTech 1 bei Ökomonitoring; Stadtwerke bei Kraftwerksneubau; Gemeinde bei Errichtung von Windpark.

KPMG LAW
Vergaberecht
Bewertung: Die im Vergaberecht geschätzte Praxis steht v.a. auf der Seite von öffentl. Auftraggebern. Darunter sind auch mehrere Bundesministerien, für die sie ihr Engagement weiter ausbauen will. Der Zugang der beiden Berliner Eq.-Partner Dr. Mario Ohle u. Dr. Burkhard Frisch von Taylor Wessing ist daher konsequent: Sie arbeiteten mit KPMG bereits bei mehreren Projekten von Bundesministerien zusammen. So erstellten beide Kanzleien etwa gemeinsam ein Gutachten für das Bundesverteidigungsministerium zu zentralen Rüstungsprojekten der Bundeswehr (öffentl. bekannt). Weitere Verstärkung für das Berliner Büro kam mit dem Sal.-Partner Henrik Baumann von HFK. Damit ist das Vergaberechtsteam in der Hauptstadt nun ähnl. stark aufgestellt wie das Team um Praxisleiter Mathias Oberndörfer in Nürnberg. Während die Vergaberechtspraxis eigenständiges Geschäft generiert, ist sie gleichzeitig eng mit der Corporate-Praxis verknüpft.
Stärken: Besondere Expertise im Finanzsektor.
Entwicklungsmöglichkeiten: Das Cross-Selling birgt für KPMG Law noch erhebl. Wachstumspotenzial, setzt aber voraus, dass das Management dies ebenso wie die einzelnen Anwälte selbst deutl. vorantreibt.
Kanzleitätigkeit: Schwerpunkt auf Auftraggeberseite, hier Bundes- u. Landesministerien sowie Kommunen; vereinzelt Bieter im Entsorgungssektor. Branchen: Verteidigung u. Sicherheit, Bau u. Planung, Energie, Finanzen u. Versicherungen; zunehmend SPNV/ÖPNV. Außerdem Vertretung in NP-Verfahren. (4 Eq.-Partner, 9 Sal.-Partner, 16 Associates)
Mandate: ●● Reformkommission des BMVerkehr für Großprojektebau; Gutachten für BMVerteidigung zu zentralen Rüstungsprojekte der Bundeswehr (öffentl. bekannt); ViP Verkehrsbetrieb Potsdam bei Neuvergabe von Subunternehmerleistungen im Linien- u. Sonderlinienverkehr; lfd. Innovations für High Performance Microelectronics.

LEINEMANN & PARTNER
Vergaberecht
Bewertung: Eine im Vergaberecht häufig empfohlene Kanzlei, die trad. häufig auf der Seite von Bietern steht, wenn es um Vergaben im ▶Bausektor geht. Gleichzeitig berät Leinemann aber auch regelm. öffentl. Auftraggeber u. begleitet diese bei div. Beschaffungen, beispielsw. die Förderbank bei div. Vergaben im Dienstleistungsbereich. Ein weiterer Schwerpunkt hat sich bei der Beratung von Krankenhäusern herausgebildet, den die Kanzlei mit dem Gewinn von Prospitalia als neue Mandantin weiter vertiefen konnte. Die Eröffnung eines Büros in München dehnt auch die Vergabepraxis bundesw. aus. Hierdurch kann sie sich möglicherw. zusammen mit ihrem starken Baurechtsteam bei Mandanten aus dem südtl. Raum besser platzieren.
Stärken: Große Erfahrung in einer Vielzahl von NP-Verfahren.
Häufig empfohlen: Dr. Eva-Dorothee Leinemann, Prof. Dr. Ralf Leinemann („hoch angesehen", Mandant; „Premiumberater", Wettbewerber)
Kanzleitätigkeit: Schwerpunkt Bauvergaben, v.a. bieterseitig. Auch ÖPP-Betreuung. Zunehmend Gesundheitssektor u. IT, hier auch für öffentl. Auftraggeber. Infrastruktur. (10 Eq.-Partner, 4 Sal.-Partner, 10 Associates)
Mandate: ●● Bilfinger Construction bei Nachprüfungsverfahren U-Bahn-Linie 3 Nürnberg; Prospitalia bei Beschaffung für öffentl. Krankenhäuser; Hafen Spelle-Venhaus bei Bauvergabe; THG Baugesellschaft bei div. Vergaben der Dt. Bahn;

Fachhochschule D'dorf bei Vergabe von IT-Netzwerk u. Infrastruktur; Amprion bei Vergabe von Hochspannungsgleichstromverbindung; Förderbank bei div. Dienstleistungsvergaben; Landesbehörde bei ÖPP-Verfahren im Bundesfernstraßenbau.

LINKLATERS
Vergaberecht

Bewertung: Die im Vergaberecht geschätzte Praxis betreut überwiegend eigenständige Leuchtturmmandate bei namhaften Großprojekten, u.a. bei Autobahnausschreibungen. Der vielseitig versierte Partner Endler ist bekannt für seine Aufstellung an Schnittstellen mit der er die transaktions- u. finanzierungsgetriebene Kanzlei unterstützt. So beriet er beihilferechtl. die Erste Abwicklungsanstalt beim Verkauf der Westdeutschen ImmobilienBank. Profil gewinnt sein Team zunehmend im ▶ Umwelt- und Planungsrecht, u.a. durch die Mandate zum Ausbau der Stromtrassen. Im Zuge der bevorstehenden Vergaben von Windparks könnte die Zusammenarbeit mit dem bei Offshorethemen schon stark aufstellten Energieteam wieder intensiver werden.
Stärken: Sehr integrierte Beratung mit anderen Praxen.
Häufig empfohlen: Dr. Jan Endler („deckt ein breites Spektrum ab", Wettbewerber)
Kanzleitätigkeit: V.a. Großprojekte aus Infrastruktur u. regulierten Märkten, etwa ▶ Energie u. Gesundheit. Neben Bietern auch Banken u. Auftraggeber. Hoher Anteil an internat. Geschäften. (1 Partner, 5 Associates)
Mandate: ●● HRE zum Verkauf Depfa u. Pbb; Bilfinger Berger/Johann Bunte zu Verfügbarkeitsmodell A 7; Landesbank Ba.-Wü., Sumitomo Mitsui Banking Corporation Europe, SEB u. KfW IPEX Bank zu ÖPP-Finanzierung Uniklinik Schl.-Holst.; Institut für das Entgeltwesen im Krankenhaus lfd. bei Ausschreibungen.

LUTHER
Vergaberecht

Bewertung: Für die im Vergaberecht empfohlene Kanzlei bot die erfolgr. Arbeit für die Berliner Verkehrsbetriebe zur Ausschreibung von Straßen- u. U-Bahnen das Sprungbrett, um die Beratung auf das Vertragsrecht auszuweiten. Nun will die Kanzlei insgesamt stärker im Berliner Markt angreifen u. holte zur Jahresmitte 2015 Dr. Rut Herten-Koch als Quereinsteigerin von Sammler Usinger für das Vergaberecht ins Berliner Büro. Gleichzeitig zielt Luther verstärkt auf Mandate zur U- u. S-Bahn-Ausschreibung auch in anderen Regionen bundesweit ab. Bei ÖPP-Projekten ist das Essener Büro stark aufgestellt u. beriet z.B. zur Sanierung des Bundesgesundheitsministeriums.
Kanzleitätigkeit: Überwiegend Auftraggeber-, aber auch Bieterberatung u. -vertretung, v.a. Hochbau (▶ Priv. Baurecht), hier weiterhin gr. Anteil an ÖPP-Arbeit für die öffentl. Hand, daneben Verteidigung, Verkehr u. ▶ Energie, Gesundheitseinrichtungen, Entsorgung, Wasser/Abwasser. (5 Partner, 2 Counsel, 3 Associates, 2 of Counsel)
Mandate: ●● Berliner Verkehrsbetriebe zu Straßen- u. U-Bahn; Stadt Wolfsburg zu E-Mobilitätsinfrastruktur; Messe Essen zu Investorenmodell bei Neubau; Uniklinik Jena zu Neubau; AWO Gesundheitszentrum Calbe bei Bieterverfahren; IHK Hannover zu EDV-gestützten Wahlen; OFP beim Breitbandausbau; Berliner Senatsverwaltung für Wirtschaft bei Vergabeprüfung von EU-Projekt; Stadt Oranienburg zu Schul- u. Kitaessen; lfd. Zoo Hannover; Verbands-Energie-Werk zu Windparks; NRW zum Investorenmodell für Gerichtsbau; BM-Gesundheit zur Gebäudegeneralsanierung als ÖPP; BMBildung u. Forschung zum ‚Haus der Zukunft' als ÖPP; LNVG zur Reaktivierung von Bahnstrecken u. lfd. zu Fahrzeugmanagement; lfd. GAG Immobilien, Laser-Centrum Hannover, Ingolstädter Verkehrsgesellschaft.

MENOLD BEZLER
Vergaberecht

Bewertung: Die im Vergaberecht geschätzte Kanzlei ist im südd. Raum bei Landkreisen u. Kommunen stark aufgestellt, berät aber auch wiederholt das Bundesforschungsministerium bei der Beschaffung von Forschungsschiffen. Hier überzeugte MB mit ihrem kombinierten Vergabeverfahren ‚Planen u. Bauen', dem Auftraggeber im Vorfeld einen festen Projektpreis zusichert. So gewann die Kanzlei, die v.a. auf Auftraggeberseite berät, zuletzt auch das Dt. Institut für Ärztliche Mission, das sie beim Bau einer Tropenklinik berät. Ihren Schwerpunkt legt die Praxis auf die strateg. Beratung, wobei eine enge Zusammenarbeit zw. dem Vergabeteam u. anderen Fachbereichen, etwa Corporate, erfordert.
Stärken: Gute Vernetzung mit anderen Praxisgruppen der Kanzlei.
Häufig empfohlen: Dr. Frank Meininger, Dr. Beatrice Fabry („fachlich exzellent", Mandant)
Kanzleitätigkeit: Überwiegend Auftraggeberberatung u. -vertretung. Expertise im Öffentl. Wirtschaftsrecht u. zu ▶ ÖPP. Branchen v.a. Hochbau, Entsorgung, Verkehr, Energie. Auch IT u. Gesundheitswesen. (2 Eq.-Partner, 1 Sal.-Partner, 5 Associates)
Mandate: ●● BMBildung u. Forschung bei Forschungsschiffen; Dt. Institut für Ärztliche Mission bei komb. Vergabeverfahren für Tropenklinik; Stadt Leonberg bei Rathausneubau; Landkreis bei div. Nachprüfungsverfahren bzgl. Schülerbeförderungsleistungen; Unternehmen bei Realisierung Bioabfallvergärungsanlage als ÖPP.

MÜLLER-WREDE & PARTNER
Vergaberecht

Bewertung: Die im Vergaberecht häufig empfohlene Kanzlei agiert an den Schnittstellen zum ▶ Bau- u. Energierecht, eine sinnvolle Ergänzung des Beratungsangebots u. die beihilferechtl. Spezialisierung. Dass die Fachbereiche voneinander profitieren, zeigt sich u.a. in Beispielen, wie Mandate nach der Ausschreibung regelm. an die kanzleiinternen Baurechtler weitergereicht werden, darunter häufig auch Großprojekte aus dem ▶ Anlagenbau. Die Verzahnung zahlte sich auch bei der extern. Ausschreibung der Bundesnetzagentur von Vergütungen für einzuspeisenden Strom aus: Hier begleiteten die Vergabe- u. Energierechtler gemeinsam gleich mehrere Unternehmen der Photovoltaikbranche. Im Markt bekannt ist MW&P v.a. durch ihre umf. Beratung des Landes Berlin, für das sie nun mit der Vergabe der Glücksspielkonzession erneut ein beachtl. Mandat betreut.
Stärken: Anerkannte Praxis im ▶ Beihilferecht. Starke Vernetzung mit Energie- u. Baurecht.
Häufig empfohlen: Malte Müller-Wrede („ausgewiesener Experte", Wettbewerber)
Kanzleitätigkeit: Prozessual u. beratend überwiegend für Auftraggeber, aber auch bieterseitig tätig. Branchen: öffentl. Verwaltung (Kommunen, Großstädte, Landes- u. Bundesbehörden), Bauwirtschaft (▶ Priv. Baurecht), Verkehr, IT, Energieversorger, auch ÖPP. (1 Eq.-Partner, 2 Sal.-Partner, 3 Associates)
Mandate: ●● Land Berlin zu Glücksspielkonzession; Bundesministerium bei Konzeption div. Vergabeverfahren im Bereich Münzwesen; Bundesanstalt bei Immobilienverkauf für Wohnanlagen; IT-Unternehmen lfd. bei Bieterverfahren; div. Stadtwerke bei Projektentwicklung Windparks; Photovoltaikprojektentwickler zur Vergütung für einzuspeisenden Strom; Londoner Architekturbüro bei Nachprüfungsverfahren zum Neubau Sächs. Aufbaubank.

NOERR
Vergaberecht

Bewertung: Die im Vergaberecht empfohlene Kanzlei zeichnet sich durch die Fokussierung ihres renommierten Berliner Partners Wagner auf den Gesundheitsbereich aus. Hier ist er regelm. in Transaktionen eingebunden, berät an dieser Schnittstelle aber auch etwa die Hochtaunus-Kliniken beim Gesundheitscampus Bad Homburg. Weitere Schwerpunkte entwickelte die Praxis in den Bereichen IT, Verkehr u. Energie. Allerdings verlor die Praxis zuletzt gleich 2 erfahrene Associates (an BDO Legal u. ein SPNV-Unternehmen).
Stärken: Große Erfahrung im Gesundheitssektor.
Entwicklungsmöglichkeiten: Einer der ausgeschiedenen Associates hatte sich zuletzt Expertise in den Bereichen IT, Forschung u. Technologie erarbeitet. Will das Team die Branchenspezialisierung vorantreiben, muss die entstandene Lücke wieder geschlossen werden.
Häufig empfohlen: Dr. Olav Wagner
Kanzleitätigkeit: Bieter- wie Auftraggeberberatung. Kernbranchen: Gesundheit, IT, Verkehr. Daneben ▶ Energie u. Verteidigung. Auch Umstrukturierungen im Öffentl. Sektor, ÖPP u. Projektfinanzierung. (1 Eq.-Partner, 4 Associates)
Mandate: ●● ISS Facility Services bei Vergabe von Facility-Services-Vertrag für alle dt. Vattenfall-Standorte; Gemeinde Bad Wiessee zu Baukonzessionsvergabe; Hochtaunus-Kliniken bei Realisierung des Gesundheitscampus Bad Homburg; IABG bei Rückbau der Transrapid-Versuchsstrecke Emsland; Labor Berlin Charité Vivantes u.a. bei Ausschreibung von Reagenzien.

OPPENLÄNDER
Vergaberecht

Bewertung: Eine im Vergaberecht geschätzte Kanzlei, die ihre Beratung eng mit dem Kartellrecht verknüpft. An dieser Schnittstelle vertritt sie etwa Dr. Falk Pharma bzgl. Open-House-Ausschreibungen vor dem EuGH u. sorgt damit für viel Aufmerksamkeit, die ihr einige neue Mandanten beschert. Neben dem Schwerpunkt Gesundheit wuchs die Kanzlei zuletzt auch im Bereich SNPV weiter. Hier hat sie sich in kurzer Zeit einen guten Ruf erarbeitet. Nach dem Abgang eines Sal.-Partners vor 2 Jahren steht das kl. Team mit dem Zugang eines weiteren Associates nun wieder auf sicheren Füßen.
Stärken: Ausschreibungen im Gesundheitssektor.
Häufig empfohlen: Dr. Matthias Ulshöfer
Kanzleitätigkeit: Bieter wie Auftraggeber. Branchenschwerpunkte: Gesundheit, Verkehr, Energie. Enge Anbindung ans ▶ Kartellrecht. (1 Partner, 2 Associates)

ÖFFENTLICHER SEKTOR VERGABERECHT

Mandate: ●● Dr. Falk Pharma bei Open-House-Ausschreibungen vor EuGH; Bayer Vital bei Grundsatzverfahren zur Ausschreibung integrierter Versorgungsleistungen; Elabo Trainingssysteme bei div. Verfahren vor VK Ba.-Wü.; Süßen bei Vergabe von Gaskonzessionen; Jenapharm, u.a. bei Rabattvertragsausschreibungen; lfd.: Umwelttechnik Ba.-Wü.; SWEG.

OSBORNE CLARKE
Vergaberecht

Bewertung: Das Team der geschätzten Vergabepraxis ist stark im Spezialbereich der Rettungsdienstvergaben, v.a. auf Auftraggeberseite. Mit bisher weit weniger Marktresonanz beriet die Praxis zudem bei Medizinprodukte- oder Arzneimittelausschreibungen u. zuletzt wieder bei Rabattverträgen. Um die Beratung im Gesundheitswesen auszubauen verstärkte sich die Praxis mit einer Associate, die langj. Erfahrung bei einem Verband hat. Die Beratung bei IT-Ausschreibungen konnte die Praxis zuletzt ausbauen, da bestehende Mandanten derzeit vermehrt Software kaufen.
Stärken: Sehr erfahren im Gesundheitssektor, auch Rettungsdienste.
Häufig empfohlen: Dr. Oliver Esch („hohe Spezialkenntnisse", Wettbewerber)
Kanzleitätigkeit: Bieter- wie Auftraggeberberatung, Branchen: Gesundheitswesen, Rettungsdienste (hier v.a. Städte u. Kommunen), IT. (1 Partner, 5 Associates)
Mandate: ● Landkreis, div. Städte, Rettungsorganisation zu Rettungsdiensten; Pharmaunternehmen zu Rabattverträgen; Landkreis in NP-Verfahren; lfd. eine GKV u. Medizinproduktehersteller.

PRICEWATERHOUSECOOPERS LEGAL
Vergaberecht

Bewertung: Die empfohlene Vergabepraxis hat ein großes Team an vielen Standorten mit guten Kontakten zu Kommunen, v.a. Stadtwerken, die sich auch aus den Synergien mit Wirtschaftsprüfern u. StB. ergeben. Diese Verbindungen ergänzen sich gut mit der Erfahrung des bekannten Partners Hausmann bei ÖPP-Projekten. So berät das Team an der Seite ihrer Dauermandantin ÖPP Dtl. u. den Bund beim Museum der Moderne Berlin. Auch eine HHer Sal.-Partnerin führt mit dem Bau an der Uniklinik Schl.-Holst. ein gr. ÖPP-Projekt. Die Gruppe der Vergaberechtler arbeitet gut mit dem im ▶Beihilferecht neu gewonnen Team von EY Law zusammen.
Entwicklungsmöglichkeiten: Wie Hausmann mit seinen 2014 zu PwC gewechselten Anwälten u. der bestehenden Vergabepraxis ein kulturell u. qualitativ einheitliches, schlagkräftiges Team formt, wird im Markt viel diskutiert.
Häufig empfohlen: Dr. Friedrich Hausmann
Kanzleitätigkeit: Überwiegend Auftraggeberberatung in den Branchen: Wasserversorgung, Gebäudemanagement, Verkehr, Abfall. Auch Umstrukturierungen unter vergaberechtl. Aspekten. (3 Eq.-Partner, 9 Sal.-Partner, 5 Associates)
Mandate: ●● BAM PPP Dtl. zu ÖPP an Uniklinik Schl.-Holst.; Hochtief PPP Solutions, Dutch Infrastructure Fund u. Kemna Bau zu A 7; Bremenports zu Offshoreterminal Bremerhaven; Bund zu ÖPP Museum der Moderne Berlin; Chem. Veterinäruntersuchungsamt Rheinl. zu Neubau; NRW-Umweltministerium zu EnergieAgentur NRW; lfd. ÖPP Dtl.; Stadt Leverkusen zu Neubau von Rettungswache, Strom- u. Gasbeschaffung; Stadtwerke Mainz zu Geothermieprojekt.

REDEKER SELLNER DAHS
Vergaberecht

Bewertung: Die empfohlene Vergaberechtspraxis hat ihre Spezialisierung in den Bereichen Wasser u. Abfall, SPNV sowie Infrastrukturanlagen weiter vertieft. So begleiteten Reidt u. Stickler einen Fernwärmeversorger in einem Prozess zur Übertragung eines mrd-schweren Fernwärmenetzes. Glahs gewann unterdessen KED Kommunale Entsorgungsdienste als neue Mandantin, für die sie ein Gutachten zur Ermittlung des Rückkaufpreises für Kläranlagen u. Kanalnetz erstellte. Konsequent ist die Einstellung von 2 Associates, die sich auf die Schnittstelle von Vergabe- sowie Wasser- u. Abfallrecht konzentrieren u. damit die Spezialisierung der Praxis weiter vertiefen.
Stärken: Viel Erfahrung im Verkehrs- u. Entsorgungssektor.
Entwicklungsmöglichkeiten: Auch auf dem internat. Parkett tat Redeker einen Schritt nach vorn: Dank der noch jungen Kooperation mit der brit. Kanzlei Bond Dickinson berät sie bereits erste ausl. Unternehmen in dt. Vergabeverfahren. In dieser Kooperation schlummert noch erhebl. Geschäftspotenzial.
Häufig empfohlen: Prof. Dr. Olaf Reidt, Dr. Heike Glahs, Dr. Thomas Stickler („sehr kompetent", Wettbewerber)
Kanzleitätigkeit: Schwerpunkt liegt auf Auftraggeberberatung. Stark in den Branchen ▶Verkehr, Bau u. Wasser/Abfall, daneben Gesundheitswesen u. IT. Beratung auch im ▶Beihilferecht. (4 Partner, 5 Associates)
Mandate: ●● Remondis, u.a. bzgl. der Übertragung der Wasserversorgung an einen Dritten; DB Regio lfd. zu SPNV-Verträgen; Stadt Bonn zu Errichtung von Festspielhaus; KED Kommunale Entsorgungsdienste wg. Ermittlung von Rückkaufpreis für Kläranlagen u. Kanalnetz; Forschungszentrum wg. Rückforderung von EU-Zuwendungen; Bundesministerium in Nachprüfungsverfahren wg. Vergabe der Öffentlichkeitsarbeit; Landkreis bei Vergabe von Digitalfunknetz.

RWP RECHTSANWÄLTE
Vergaberecht

Bewertung: Die im Vergaberecht empfohlene Kanzlei positioniert sich im Markt bei Streitigkeiten. Dabei rückt der Schwerpunkt immer mehr zu Vergaben im Verkehrssektor. Dabei wird Antweiler von seinen Mandanten gerne mit streitigen Auseinandersetzungen beauftragt. So griff er in diesem Jahr einen gemeinsamen Beschaffungszuschlag der Rheinbahn u. KVB an Bombardier für ein Konsortium aus Siemens u. Vossloh an. Auch in Grundsatzfragen, wie Verfassungsbeschwerden gg. das Tariftreue- u. Vergabegesetz NRW, ist das Team gefragt.
Häufig empfohlen: Dr. Clemens Antweiler
Kanzleitätigkeit: Schwerpunkt Bieterberatung u. -vertretung, auch für Auftraggeber tätig. Branchenschwerpunkt: ÖPNV/SPNV, auch Immobilien, v.a. zu Großbauvorhaben im Einzelhandelssektor, Entsorgung, Energie u. IT, Rettungsdienste. (1 Eq.-Partner, 1 Sal.-Partner, 1 Associate)
Mandate: ●● Siemens und Vossloh Kiepe gg. Vergabe für Fahrzeugbeschaffung durch Rheinbahn u. KVB (aus dem Markt bekannt); Verband nordrhein-westfälischer Busunternehmen in Klage gg. Rechtsverordnung zum Tariftreue- u. Vergabegesetz NRW; Gebäudedienstleister in NP-Verfahren; Polizeipräsidium/Landesinnenministerium in NP-Verf.; Stadtwerke zu Versorgungsleitungen; Einzelhandelsunternehmen zu kommunalen Grundstücken; Wohlfahrtsverband zu Integrationshilfe (SGB XII); Projektentwickler u. Verkehrsbetriebe in Verfassungsbeschwerden gg. Tariftreue- u. Vergabegesetz NRW, Rettungsdienstleister in Vergabe- u. NP-Verf.

TAYLOR WESSING
Vergaberecht

Bewertung: Die empfohlene Vergaberechtspraxis ist stark in der Beratung im Gesundheitswesen, was sie mit der Vertretung von Kohlpharma zu Open-House-Verträgen unterstreicht. Auf Auftraggeberseite will sich das Team Mandate von Bundesbehörden erschließen. So sind IT-Vergaben für das Bundesinnenministerium seit mehreren Jahren ein wichtiges Standbein der Kanzlei. Daneben baute sie ihre Mandate für öffentl. Auftraggeber im Bankensektor aus. Allerdings verlor die Kanzlei im Berliner Büro 2 Anwälte des Öffentl. Sektors an KPMG Law, die jedoch nur wenig an die Vergabepraxis angebunden waren.
Stärken: Sehr erfahren bei IT-Vergaben.
Häufig empfohlen: Dr. Klaus Willenbruch („gutes Gespür in Verhandlungen", Wettbewerber)
Kanzleitätigkeit: Branchen v.a. ▶IT, ▶Gesundheit, ▶Telekommunikation, Bau, Dienstleistungen u. Infrastruktur. Auch an der Schnittstelle zum ▶Beihilfe- u. Kartellrecht tätig. (2 Eq.-Partner, 2 Sal.-Partner, 4 Associates)
Mandate: ●● J. Müller zu Seehafen Brake; BMInneres zu IT-Infrastruktur; Dell zu IT; Kohlpharma zu Open-House-Verträgen (EuGH-Vorabentscheidungsverf.); Uniklinik Eppendorf zur Organisation von Vergaben; Bundesamt für Digitalfunk in Ausschreibungen und Schiedsverfahren.

VERGABERECHT ÖFFENTLICHER SEKTOR

Weitere renommierte Kanzleien im Vergaberecht

NORDEN
Ganten Hünecke Bieniek & Partner	Bremen
Kruhl von Strenge	Hamburg
Oppler Hering	Hamburg

OSTEN UND BERLIN
Arnecke Sibeth Siebold	Berlin
Braun & Zwetkow	Leipzig
GSK Stockmann + Kollegen	Berlin
Kiermeier Haselier Grosse	Dresden
MD Rechtsanwälte	Potsdam
SKW Schwarz	Berlin

WESTEN
Arnecke Sibeth Siebold	Frankfurt
Aulinger	Essen, Bochum
Baumeister	Münster
DLA Piper	Köln
Köhler & Klett	Köln
Oppler Hering	Unkel bei Bonn
Soudry & Soudry	Düsseldorf
Wolter Hoppenberg	Hamm

SÜDWESTEN
Haver & Mailänder	Stuttgart
KDU Krist Deller & Partner	Koblenz

SÜDEN
Arnecke Sibeth Siebold	München
Dr. Gronefeld Thoma & Kollegen	München
GSK Stockmann + Kollegen	München
Kraus Sienz & Partner	München
Oppler Hering	München

ARNECKE SIBETH SIEBOLD
Bewertung: Dem Frankfurter Vergabeteam um Prof. Dr. Antje Boldt („sehr kompetent", Mandant; „erfasst zügig Sachverhalte u. findet eine sachgerechte Lösung", Wettbewerber) gelingt es immer besser, sich lokal zu verankern. Das zeigen gleich mehrere neu gewonnene Mandate. Bei einer Vertreterin der öffentl. Hand gelang sogar eine erhebl. Ausweitung der Mandatsbeziehung. In München waren die Vergaberechtler im vergangenen Jahr ähnlich erfolgreich, wobei die beiden Teams weiterhin relativ unabhängig voneinander agieren. Durch die Fusion von Sibeth u. Arnecke Siebold im Sommer 2015 gewinnen die Vergaberechtler mögl. Entwicklungspotenzial im Berliner Markt. Ein deutl. Schwerpunkt des Teams liegt auf der Beratung bei Bauvergaben, v.a. für Kliniken. (4 Partner, 4 Associates)
Mandate: ●● St.-Vinzenz-Krankenhaus Hanau wg. Klinikneubau; Flughafendienstleister bei NP-Verf. bzgl. Passagier- u. Gepäckabfertigung; Jugendsozialwerk bei Neubau von Jugendwohnheim; Dienstleister bei bei NP-Verf. bzgl. Rabattvertrag zu patentgeschützten Medikament.

AULINGER
Bewertung: Die Vergabepraxis verstärkte sich mit der erfahrenen Sal.-Partnerin Dr. Nicola Ohrtmann, die zum Kernteam der im Vergaberecht führenden Kanzlei Bird & Bird gehörte. Sie ergänzt die Praxis um Dr. Stefan Mager mit ihren Kontakten zu Stadtwerken gut, auf die Aulinger einen Fokus legt. Mit dem Zugang unterstreicht die Kanzlei auch ihren Anspruch zunehmend überregional zu beraten. So gewann Aulinger neue Mandate, z.B. den IT- u. Softwareanbieter Asknet, u. setzte sich in Mandatsvergaben gg. Mitbewerber durch. Daneben ist das Team weiterhin im ▶Ruhrgebiet sehr präsent, wie Stammmandanten, z.B. die RAG u. neu gewonnene Mandate, wie den Deichverband Orsoy, zeigen. (2 Eq.-Partner, 1 Sal.-Partner, 4 Associates)
Mandate: ●● Sharp Dtl. zu Drucksystemen, u.a. ggü. Städten Bonn u. Gütersloh; Asknet ggü. Unis etc.; Stadtmarketing Karlsruhe zum Stadtjubiläum; Berufsgenossenschaft Rohstoffe u. chem. Industrie in NP-Verfahren; Stadt Düren zu Rathaussanierung; Deichverband Orsoy zu Sanierung in Rheinberg; Stiftung Zollverein lfd., z.B. zu Stromlieferung; lfd. Stadtwerke Essen zu Kanalbau; lfd. umf. RAG; Medlog24 in NP-Verf. gg. Charité; Mineralölkonzern zur vergaberechtl. Neuaufstellung.

BAUMEISTER
Bewertung: Das Team um Dr. Stefan Gesterkamp und Dr. Andreas Kersting berät seine Stammmandanten aus der Abfallwirtschaft zunehmend auch vergaberechtlich. Dabei spielt die Schnittstelle zum Beihilferecht eine wichtige Rolle, welche die im Öffentl. Recht umf. aufgestellte u. angesehene Kanzlei auch auf Partnerebene besetzt (▶Produkt u. Abfall, ▶Umwelt- u. Planung). (2 Eq.-Partner, 3 Sal.-Partner)
Mandate: ●● Winterberg Touristik zu Marketing u. Werbung; MVA zu Umstrukturierung; Stadt zu Bau u. Betrieb Schwimmbad; Verkehrsunternehmen zu SPNV; lfd. Landschaftsverband Westfalen-Lippe, EW Eichsfeldwerke, AML Kreis Minden-Lübbecke, AWG Kreis Warendorf, Abfallbetrieb Kreis Viersen, Schüchtermann-Kliniken zu Krankenhausbau u. GKV.

BRAUN & ZWETKOW
Bewertung: Die Boutique um Dr. Christian Braun mit vergaberechtl. Schwerpunkt berät häufig zu Rettungsdienstkonzessionen, z.B. für Dauermandanten der Falck-Gruppe. Daneben gewann sie auch neue Mandanten wie den Neckar-Odenwald-Kreis zur Vergabe der flächendeckenden Breitbandversorgung. (2 Partner, 2 Associates)
Mandate: ●● GSI Helmholtzzentrum zum Bau Teilchenbeschleuniger; Neckar-Odenwald-Kreis zu Breitbandversorgung; IBA Entertainment zu Sportwetten; Goldbeck-Gruppe zu Baukonzessionen; NGA-Netz Darmstadt-Dieburg zu Breitband; lfd. Eins Energie Sachsen, Falck Dtl., Falck A/S, Krankentransport Herzig, Promedica Rettungsdienst.

DLA PIPER
Bewertung: Die Vergaberechtspraxis um Dr. Frank Roth berät Auftragnehmer u. -geber u. hat ihre Spezialisierungen in den Bereichen IT, Gesundheit u. Infrastruktur weiter vertieft. Durch ihre gute Anbindung an das internat. Netzwerk gewann sie ein ww. agierendes Beratungsunternehmen, das sie bei einer Ausschreibung einer Krankenkasse in der Zshg. mit deren Kundenkommunikation berät. An der Schnittstelle zum IT-Vertragsrecht nahm zuletzt die Bedeutung der preisrechtl. Beratung zu, wie etwa die Begleitung eines internat. IT-Dienstleistungsanbieters im Zshg. mit Consulting-Aufträgen der Bundeswehr zeigt. (1 Partner, 1 Counsel)
Mandate: ●● Wisag Aviation Service gg. Hessen wg. Bodenabfertigungsdienste am Flughafen Ffm.; internat. Anbieter von IT-Leistungen umf. preisrechtl. bei Aufarbeitung Consulting-Aufträge Bundeswehr; Beratungsunternehmen bei Ausschreibung bzgl. Kundenkommunikation; Betreiber öffentl. Seehäfen bei Konzession.

GANTEN HÜNECKE BIENIEK & PARTNER
Bewertung: Das versierte Vergaberechtsteam wird für Neubauprojekte in Nordwestdtl. (▶Priv. Baurecht) häufig von öffentl. Auftraggebern mandatiert. Sehr etabliert ist insbes. Dr. Martin Vogelsang, daneben baut die Kanzlei auch jüngere Anwälte auf. Die Kanzlei weitet ihre Mandantenstruktur bundesweit aus, so gewann sie eine Wohnungsbaugesellschaft zu einem Konversionsprojekt. (3 Partner, 1 Associate)
Mandate: ●● Europ. Hansemuseum zu Neubau; lfd. Land Bremen, u.a. zu Museumsneubau; Krankenhaus zu Klinikneubau; hess. Wohnungsbaugesellschaft zu Konversionsprojekt.

DR. GRONEFELD THOMA & KOLLEGEN
Bewertung: In der Verkehrsboutique vertritt Dr. Alexander Herrmann seine Stammmandanten im Straßenbau und zu A-Modellen. Im Markt bekannt ist v.a. seine Arbeit für die Autobahndirektion Südbayern. Außerdem ist der Vergaberechtler gefragt bei öffentl. Auftraggebern für NP-Verfahren. Er gewann auch von einer Stadt ein erstes Mandat zur Vergabe von Stromkonzessionen. (1 Partner)
Mandate: ●● Aus dem Markt bekannt: regelm. Autobahndirektion Südbayern in NP-Verfahren, BRD, u.a. zu NP-Verfahren A 94; Bundesland bei IT-Vergabe; Bundesland in NP-Verf., u.a. zu Verpflegung von Asylbewerbern; Stadt zu Stromkonzessionen.

GSK STOCKMANN + KOLLEGEN
Bewertung: Das Vergabeteam ist entsprechend der Ausrichtung der Gesamtkanzlei sehr aktiv im ▶Bau- u. ▶Immobiliensektor u. agiert regelm. an der Schnittstelle zum Beihilferecht. So steht GSK in Berlin regelm. an der Seite des Landes bzw. begleitet im derzeit florierenden Berliner Wohnungsmarkt dessen Wohnungsbaugesellschaften. Ein Beispiel dafür ist die Beratung des Liegenschaftsfonds Berlin beim Verkauf des Hochhauses Steglitzer Kreisel. Immer wieder berät GSK aber auch in anderen Branchen. So begleiten Münchner Partner etwa Vodafone in einem Nachprüfungsverfahren zur Vergabe der Bereitstellung von Mobilfunkleistungen für Sprach- u. Datenkarten in Dtl. Mit dem Zugang 2er Politiker als of Counsel unterstreicht GSK erneut ihre strateg. Verzahnung mit der Politik. (3 Partner, 1 Counsel, 4 Associates, 2 of Counsel)

● Referenzmandate, umschrieben
●● Referenzmandate, namentlich

Anwaltszahlen: Angaben der Kanzleien, wie viele Anwälte zu mind. ca. 50 % in diesem Gebiet tätig sind. Sie spiegeln nicht zwingend die Gesamtgröße einer Kanzlei wider.

ÖFFENTLICHER SEKTOR VERGABERECHT

Mandate: ●● Liegenschaftsfonds Berlin bei Verkauf von Hochhaus Steglitzer Kreisel; Berliner Immobilienmanagement wg. neuen Laborgebäudes; Vodafone prozessual wg. Vergabe der Bereitstellung von Mobilfunkleistungen; Hochtief in NP-Verf. zu Tunnelrohbauarbeiten für U-Bahnbau; Insolvenzverwalter Stadtwerke Gera, Jaffé, zu Betriebsführungsvertrag.

HAVER & MAILÄNDER
Bewertung: Die Stuttgarter Vergabepraxis um Dr. Alexander Hübner konnte zuletzt die Beratung an der Schnittstelle zum Beihilferecht weiter ausbauen. Grund dafür ist die zunehmende Fokussierung der Länderzuwendungsstellen auf Rückforderungen bei Verstößen gg. das Vergaberecht. Ein Beispiel für dieses Tätigkeitsfeld ist die Beratung eines M-Dax-Unternehmens bei einem Logistikneubau bzgl. regionaler Wirtschaftsförderung. Als Mitglied einer Expertengruppe berät Hübner zudem weiterhin die EU-Kommission zu den neuen Vergaberichtlinien. Bundesw. bekannt ist HM für ihre Beratung bei Kunsttransporten. (1 Eq.-Partner, 1 Sal.-Partner, 1 Associate)

Mandate: ●● EU-Kommission, u.a. zu Richtlinien des EU-Vergaberechts; litauische staatl. Förderbank in Rechtsstreit über Vergabepflicht; Feuerwehrgerätehersteller bei Ausschreibung von Feuerwehrhelmen; lfd. Remondis, Land Ba.-Wü./Staatsgalerie Stuttgart, Stadt Kornwestheim; M-Dax-Unternehmen bei Logistikneubau.

KDU KRIST DELLER & PARTNER
Bewertung: Das Koblenzer Team um Dr. Matthias Krist („sehr engagiert, sehr erfahren", Wettbewerber) berät über klass. Bauvergaben hinaus immer häufiger auch in anderen Branchen. Neu ist etwa ein Mandat aus dem Bereich Verteidigung u. Sicherheit, zudem berät KDU lfd. div. Hersteller u. Lieferanten von Heimbeatmung- u. Narkosegeräten. Generell konzentriert sich die Kanzlei strateg. immer stärker auf die Beratung von Bietern. (1 Partner, 2 Associates)

Mandate: ● Mobilfunkkonzern zum BOS-Digitalfunknetz; Unternehmen der Straßenausstatterbranche, u.a. in Beschwerde vor EU-Kommission; Straßenbauunternehmen zu Autobahnausbau; div. Hersteller u. Lieferanten von Heimbeatmungsgeräten u. klinischen Narkosegeräten umf. bei Nachprüfungsverfahren bzgl. Ausschreibungen von Krankenkassen.

KIERMEIER HASELIER GROSSE
Bewertung: Die Vergaberechtler der angesehenen Dresdner Kanzlei sind meist aufseiten der öffentl. Auftraggeber tätig. Dabei sind sie gefragte Berater sächsischer Städte u. konnten ihre Arbeit für die Stadt Dresden mit dem neuen Mandat für die Bäder sogar noch ausbauen. Zudem agiert die Kanzlei für einige Kommunen mittlerw. als ausgelagerte Vergabestelle. Durch den Weggang eines Partners schrumpfte das Team zwar, doch das Vergaberecht wird für die Kanzlei im sich abzeichnenden Generationswechsel wichtiger. So hat sich der Vergabe- und Baurechtler Dr. Tobias Hänsel zum zentralen Partner neben den Namensgebern entwickelt. (2 Partner, 2 Associates)

Mandate: ●● Zwickau zum Horch-Hochbaus-Umbau, Sanierung Gewandhaus u. Neubau Archiv; Dresden zu Kulturpalast, Bau 2er Schulen u. Gründung von Wohnungsbaugesellschaft; Stadtwerke Dresden zu Heizkraftwerk; Dresdner Bäder zu Bau von Schwimmhalle u. Beschaffung Kassensystem; Zweckverband Abfallwirtschaft Oberes Elstal zu Restabfallentsorgung; Leipzig zu Bau; PostModern zu Briefdienstleistungen.

KÖHLER & KLETT
Bewertung: Die für Abfallrecht bekannte Kanzlei ist auch im Vergaberecht insbes. für Entsorgungsunternehmen tätig. Dabei beriet sie zuletzt u.a. zu interkommunalen Kooperationen, zu Schwellenwertberechnung u. zu Dienstleistungskonzessionen für Alttextilunternehmen. Das Team wird auch zu SPNV/ÖPNV u. Laborbedarf mandatiert. (1 Partner, 1 Associate)

Mandate: ● Entsorgungsunternehmen u. Landkreis in Niedersachsen zu interkommunaler Kooperation; hess. Kommune zu Außenwerberecht; hess. Großstadt zu Catering für Fußballstadium; rheinl.-pfälz. Landkreis zu Lkw-Beschaffung; Bieter bei Uniausschreibung von Laborbedarf u. Chemikalien; Landkreis zu Reaktivierung Bahnstrecke; Unternehmen zu Munitionsentsorgung; lfd. div. Entsorgungsunternehmen.

KRAUS SIENZ & PARTNER
Bewertung: Das kleine Münchner Team um Bernhard Stolz („fachlich gut, immer angenehm", „sehr bissig u. ausdauernd", Wettbewerber) genießt im Markt einen sehr guten Ruf. Selbst das Ausscheiden des renommierten Partners Thomas Schabel, der aus Altersgründen ging u. nun als of Counsel für die Energieboutique Assmann Peiffer tätig ist, konnte hieran nichts ändern, da sein Abgang gut vorbereitet war. Das Team ist eng mit der ▶Baurechtspraxis der Kanzlei verknüpft u. ist demzufolge oft bei Vergaben im Bausektor tätig. Ebenso oft berät sie aber auch bei Konzessionsvergaben sowie im Entsorgungsbereich u. zuletzt vermehrt bei IT-Vergaben. Ihre v.a. süddt., aber auch überreg. Mandanten sind überwiegend in öffentl. Hand, in Nachprüfungsverfahren steht KS aber auch häufig auf Bieterseite. (1 Partner, 1 Associate)

Mandate: Keine Nennungen.

KRUHL VON STRENGE
Bewertung: Die Boutique ist bekannt für ihre Bieterberatung bei div. A-Modellen. Vergaberechtler Dr. Nikolas von Strenge berät weitere Bieter z.B. im Gesundheitssektor, vorwiegend in HH. Er wird von Wettbewerbern als „kompetent und lösungsorientiert" geschätzt. (1 Partner)

Mandate: ●● Azv Südholstein zu Privatisierung Breitbandsparte; Pilot HH, u.a. zu Krankenkassenausschreibungen; lfd. Abwasser Zweckverband Pinneberg; lfd. Eppendorf.

MD RECHTSANWÄLTE
Bewertung: Die Vergaberechtler um Dr. Thomas Mestwerdt sind umfangreich in Vergabeprüfungen bei EFRE-Empfängern für die Investitionsbank Brandenb. tätig. Zudem beraten sie umf. weitere Landesgesellschaften in Brandenb. u. Sachsen-Anhalt. (1 Partner, 3 Associates)

Mandate: ●● Vergabeprüfungen bei EFRE-Empfängern für Investitionsbank Brandenb.; umf. Lottogesellschaft Sachsen-Anhalt; Landesvermessung u. Geobasisinformation Brandenburg.

OPPLER HERING
Bewertung: Die Vergaberechtspraxis um Dr. Rainer Noch begleitet zahlr. öffentl. Auftraggeber. Beraten wird etwa zu BOS-Ausschreibungen u. zur Vergabe von Laborausstattungen für Landeskliniken. Da die Kanzlei auch über eine starke Praxis im ▶Priv. Baurecht verfügt, begleitet sie die öffentl. Hand regelm. auch bei Bauvergaben. Ein erfahrener Münchner Partner machte sich selbstständig. Um genügend Kapazitäten für Wachstum vorhalten zu können, muss die traditionell partnerlastige Kanzlei ihr Personal mittelfristig wieder aufstocken, da sie ihren Mandantenkreis immer weiter ausdehnt. (3 Partner)

Mandate: Keine Nennungen.

SKW SCHWARZ
Bewertung: Das Team berät v.a. zu Rettungsdienstevergaben, sowohl Bieter als auch Auftraggeber. René Kieselmann wurde Anfang 2015 zum Partner ernannt. Damit schließt die Kanzlei intern die Lücke nach dem Tod des Vergabepartners im Jahr 2013. Kieselmann baut der Mandate an der Schnittstelle zu IT konsequent aus u. gewann eine Bank u. einen Zahlungsdienstleister. (1 Partner, 2 Associate)

Mandate: ●● Rettungszweckverband Südwestsachsen zu Rettungsdiensten; Bayr. Rotes Kreuz in Klage gg. Krankenkasse; Bank, u.a. zu IT-Rahmenvertrag; div. Hilfsorganisation zu Rettungsdiensten; Landkreis zu Rettungsdiensten u. in EU-Beihilfeverfahren; Wohnungsbaugesellschaft zu Beschaffung; Wohnungswirtschaftsunternehmen zu IT-Dienstleistungen; Hilfsorganisation zu GKV-Entgeltverhandlungen; Landkreis in Klage gg. Krankenkasse; Rhein-Sieg-Kreis zu Rettungsdiensten.

SOUDRY & SOUDRY
Bewertung: Die Boutique kann 2 Jahre nach ihrer Gründung beachtl. Mandate vorweisen. So begleitete sie etwa das Logistik Zentrum Niedersachsen bei der Vergabe von Postdienstleistungen für 2.300 Dienststellen u. bewies damit, dass sie mit ihrem kleinen Team auch große Mandate stemmen kann. Beraten werden überw. Auftraggeber, aber auch Bieter in den Bereichen Verteidigung u. Sicherheit, Reinigungsdienste, maritime Wirtschaft sowie Postdienstleistungen. Eine besondere Expertise hat sich Namenspartner Dr. Daniel Soudry, den Wettbewerber als „jungen engagierten u. dynamischen Kollegen mit kenntnisreicher u. professioneller Interessenwahrnehmung" loben, bei der Beratung von Jobcentern aufgebaut. (2 Partner)

Mandate: ●● Logistik Zentrum Niedersachsen bei Vergabe von Postdienstleistungen; Jobcenter Köln lfd. bei div. Ausschreibungen; Unternehmen der maritimen Wirtschaft bei Ausschreibung über Kampfschiffumbau.

WOLTER HOPPENBERG
Bewertung: Die Vergabepraxis berät Kommunen u. wird v.a. für Bauprojekte mandatiert. Insgesamt rückt die Kanzlei von ihrer traditionellen Fokussierung auf Auftraggeber ab und wird mehr auf Bieterseite tätig. (1 Partner, 2 Associates)

Mandate: ●● Stadt Hamm zu Flüchtlingsunterkunft; Dortmund zu Straßenbeleuchtung; HWK Ostwestfalen-Lippe zum Campusneubau.

Umstrukturierungen, ÖPP und Projektfinanzierung

Hier sind Kanzleien aufgeführt, die besondere Expertise bei der Beratung von Transaktionen im Öffentlichen Sektor haben – seien es Umstrukturierungen öffentlicher Gesellschaften, Rekommunalisierungen, Privatisierungen, Teilprivatisierungen oder auch die als ÖPP bekannten Beteiligungsmodelle, die v.a. im Hoch- und Tiefbau eingesetzt werden. Die Beratung umfasst in der Regel sowohl gesellschaftsrechtliche als auch regulatorische Aspekte. Gefragt ist dabei insbesondere öffentlich-rechtliches sowie beihilfe- und vergaberechtliches Know-how. Auch vertiefte Branchenkenntnisse der beratenden Kanzleien sind von Vorteil. Wegen der unterschiedlichen Anforderungen je nach Projekt sollten Leser deshalb auch die Kapitel ▶Gesellschaftsrecht und ▶M&A, ▶Beihilferecht, ▶Vergaberecht, ▶Verkehrssektor, ▶Energiewirtschaftsrecht, ▶Gesundheitswesen, ▶Immobilien- u. Baurecht, ▶Arbeitsrecht und ▶Steuerrecht sowie – im Zusammenhang mit dem öffentlichen Bankensektor – ▶Bank- und Bankaufsichtsrecht konsultieren.

NORDEN

CMS Hasche Sigle	Hamburg
Freshfields Bruckhaus Deringer	Hamburg
Gleiss Lutz	Hamburg
Görg	Hamburg
Graf von Westphalen	Hamburg
Heuking Kühn Lüer Wojtek	Hamburg
Hogan Lovells	Hamburg
Kruhl von Strenge	Hamburg
Latham & Watkins	Hamburg
Norton Rose Fulbright	Hamburg

OSTEN UND BERLIN

Freshfields Bruckhaus Deringer	Berlin
Gleiss Lutz	Berlin
Greenberg Traurig	Berlin
Hengeler Mueller	Berlin
Linklaters	Berlin
PricewaterhouseCoopers Legal	Berlin

WESTEN

Bird & Bird	Düsseldorf
CMS Hasche Sigle	Köln
Dolde Mayen & Partner	Bonn
Heuking Kühn Lüer Wojtek	Düsseldorf
Kapellmann und Partner	Düsseldorf, Mönchengladbach
Luther	Köln, Essen
Mütze Korsch	Düsseldorf

FRANKFURT UND HESSEN

Allen & Overy	Frankfurt
Bird & Bird	Frankfurt
Clifford Chance	Frankfurt
Freshfields Bruckhaus Deringer	Frankfurt
Gleiss Lutz	Frankfurt
Görg	Frankfurt
Hengeler Mueller	Frankfurt
Hogan Lovells	Frankfurt
Kaye Scholer	Frankfurt
Latham & Watkins	Frankfurt
Linklaters	Frankfurt
Luther	Frankfurt

SÜDWESTEN

Dolde Mayen & Partner	Stuttgart
Gleiss Lutz	Stuttgart
Menold Bezler	Stuttgart

SÜDEN

Graf von Westphalen	München
Norton Rose Fulbright	München
Rödl & Partner	Nürnberg

BRÜSSEL

Norton Rose Fulbright	Brüssel

ALLEN & OVERY
Bewertung: Das Team um ▶Vergaberechtler Dr. Olaf Otting ist sehr erfahren mit komplexen Umstrukturierungen im Öffentl. Sektor. Außerdem hält die Kanzlei erhebl. Projektfinanzierungsexpertise vor.
Mandate: ● Entsorgungsunternehmen zu mögl. ÖPP-Projekten; Bieterkonsortium zu Finanzierung einer dt. Autobahn; Verkehrsverbund zur Ausschreibung von Verkehrsdienstleistungen; Bank zu Autobahnfinanzierungsprojekt.

BIRD & BIRD
Bewertung: Das Team um die ▶Vergaberechtler Dr. Jan Byok u. Prof. Dr. Heiko Höfler ist sehr erfahren bei (Teil-)Privatisierungen, Rekommunalisierungen u. ÖPP-Projekten.
Mandate: ● Eisenbahnunternehmen zu div. Ausschreibungen, u.a. RRX u. Stuttgarter Netze; Entsorger zu Rekommunalisierung; Landeshauptstadt vergabe- u. kommunalrechtl. zu Übertragung von IT-Dienstleistungen; mehrere Gasversorger prozessual gg. Kommune zur Vermeidung der Konzessionsvergabe an Wettbewerber.

CLIFFORD CHANCE
Bewertung: Traditionell eine der größten u. renommiertesten Finanzierungspraxen im Markt, stark etwa im ▶Energiesektor. V.a. auf Banken- u. Bieterseite tätig.
Mandate: ●● EAM bei Umstrukturierung; internat. Bankenkonsortium bei Finanzierung von Offshorewindpark; EnBW beim Kauf des Offshorewindparkprojekts Albatros; Bankenkonsortium bei Ruhranleihe.

CMS HASCHE SIGLE
Bewertung: Insbes. Dr. Christian Scherer-Leydecker („immer freundlich, immer kollegial", Wettbewerber) hat große Erfahrung bei ÖPP-Projekten im Hoch- u. Tiefbau, bei Privatisierungen u. Umstrukturierungen. Für Finanzierungsfragen wird der Hamburger Partner Dr. Marc Riede regelm. von Wettbewerbern empfohlen.
Mandate: ●● EnBW u.a. bei Verkauf von Anteilen an Offshorewindpark; Netze BW prozessual wg. Stromkonzessionen; Land Schl.-Hol. bei ÖPP-Projekt; Stadt Meckenheim bei ÖPP-Neubau Rathaus; Banken bei Projektfinanzierungen für Windparks.

DOLDE MAYEN & PARTNER
Bewertung: Die Boutique berät vorwiegend die öffentl. Hand (Städte, Landes- u. Bundesministerien) u. deren Unternehmen zu Strukturfragen. Großes Renommee im ▶Verfassungs- u. Verwaltungsrecht, auch anerkannte ▶vergaberechtl. Kompetenz.
Mandate: ●● Land NRW in Kommunalverfassungsbeschwerde gg. 14 Städte u. Kreise; Landkreis Breisgau-Hochschwarzwald in Prozess zur Neuordnung von Berufsschulen.

FRESHFIELDS BRUCKHAUS DERINGER
Bewertung: Hohes Renommee bei (Teil-)Privatisierungen u. Umstrukturierungen öffentl. Beteiligungen, v.a. im Landesbankensektor (insbes. durch Dr. Benedikt Wolfers) unter Beweis gestellt. Auch stark in den Branchen Wasser/Abfall, Energie u. ▶Verkehr. Hohe Kompetenz im ▶Beihilfe- sowie im ▶Verfassungs- u. Verwaltungsrecht.
Mandate: ●● Stadt Hamburg zu Übertragung des Überseequartiers an neuen Investor; Hochtief-Konsortium zu Bieterverf. für Ausbau A7; Landesbank zur Schaffung einer neuen Abwicklungsanstalt; LBS West bei Fusion mit LBS Bremen; Stadtreinigung HH bei Kauf von 2 Müllverbrennungsanlagen.

GLEISS LUTZ
Bewertung: Über die hochkarätige Praxis im ▶Gesellschaftsrecht regelm. bei Umstrukturierungen u. (Teil-)Privatisierungen mit von der Partie. Branchenschwerpunkte: Banken, ▶Energie, ▶Gesundheit, Wasser/Abfall. Renommiert in den Rechtsgebieten ▶Beihilfe, ▶Umwelt u. Planung u. ▶Vergabe.
Mandate: ●● Freistaat Bayern zu Umwandlung Klinikum Augsburg in Uniklinik; Landesbank Berlin bei Umstrukturierung; Landeshauptstadt D'dorf bei Neuvergabe der Strom- u. Gaskonzessionen.

GÖRG
Bewertung: Der Hamburger Partner Dr. Kersten Wagner-Cardenal gilt als sehr kompetent bei ÖPP-Projekten. Gemeinsam mit der seit Jahren anerkannten Frankfurter Praxis um ▶Vergaberechtler Dr. Lutz Horn ist das Team regelm. an großen ÖPP-Vorhaben beteiligt.

● Referenzmandate, umschrieben
●● Referenzmandate, namentlich

Anwaltszahlen: Angaben der Kanzleien, wie viele Anwälte zu mind. ca. 50 % in diesem Gebiet tätig sind. Sie spiegeln nicht zwingend die Gesamtgröße einer Kanzlei wider.

ÖFFENTLICHER SEKTOR UMSTRUKTURIERUNGEN, ÖPP UND PROJEKTFINANZIERUNG

Mandate: ●● Landeshauptstadt Wiesbaden bei ÖPP-Hochbauprojekt; Uniklinik Schl.-Hol. (UKSH) zu gr. Krankenhaus-ÖPP; Stadt Hamburg vergaberechtl. zu ÖPP-Projekt im Schulbereich; Kliniken des Main-Taunus-Kreises GmbH zu ÖPP-Klinikneubau (aus dem Markt bekannt).

GRAF VON WESTPHALEN
Bewertung: Das Hamburger Büro der Kanzlei vereint hochkarätige Spezialexpertise für die Beratung von öffentl. Hand u. Privatunternehmen. Henrich Heggemann ist sehr erfahren bei nationalen u. internat. ÖPP-Projekten v.a. im Verkehrssektor. Dr. Dietrich Drömann ist im Markt bekannt als Spezialist für Bundesfernstraßen (Bau, Finanzierung, Betreibermodelle).
Mandate: ●● HID Steilshoop zu Housing Improvement Districts; Otto Wulff Bauunternehmung zu div. Projekten; Gemeinde Halstenbeck zu Neubau von Gymnasium.

GREENBERG TRAURIG
Bewertung: Dr. Dieter Neumann (ÖPP, Öffentl. Wirtschaftsrecht) ist bekannt für seine hohe Kompetenz zu Fragen der (Maut-)Finanzierung von Verkehrsinfrastrukturprojekten.
Mandate: ●● BMVerkehr zu Lkw-Maut 2015, zu Gestaltungsalternativen für das Zusammenwirken zw. Bund u. Toll Collect.

HENGELER MUELLER
Bewertung: Über die hochkarätige ▶Gesellschaftsrechtspraxis ist Hengeler regelm. auch bei Umstrukturierungen u. Transaktionen im Öffentl. Sektor gesetzt. Hier berät sie v.a. öffentl. Auftraggeber u. Industriemandanten. Branchenschwerpunkte: Finanzen, Verkehr, Energie.
Mandate: ●● Städte Dortmund, Wuppertal, Essen, Solingen, Herne u. Remscheid zu Begebung von Kommunalanleihe (€500 Mio); Dt. Telekom lfd. zu ÖPP-Verträgen der Toll Collect; Dong Energy kommunalrechtlich, JCDecaux zu Konzessionen für Werberechte auf öffentl. Flächen.

HEUKING KÜHN LÜER WOJTEK
Bewertung: Die renommierte ▶vergaberechtl. Praxis um Dr. Ute Jasper ist Nukleus der anerkannten ÖPP-Arbeit dieser Kanzlei. Schwerpunkte sind Rekommunalisierungen, (Teil-)Privatisierungen, öffentl.-private Kooperationen sowie Hoch- u. Tiefbauprojekte.
Mandate: ●● VRR zu neuem Fahrzeugfinanzierungsmodell (RRX); zahlr. Städte, Kreise u. Gemeinden zu Konzessionsvergaben; BMVerteidigung zu IT-Projekt ‚Herkules' (ÖPP); div. Verkehrsverbünde zu Entwicklung eines Finanzierungsmodells.

HOGAN LOVELLS
Bewertung: Anerkannte Praxis für Projektfinanzierungen. Im Bereich Rekommunalisierung genießt der Düsseldorfer Partner Dr. Thomas Dünchheim einen guten Ruf.
Mandate: ●● Landkreistag Ba.-Wü. zu Reorganisation der staatl. Forstverwaltung; Stadtwerke Aachen kommunalrechtl.; Stadt Bad Oeynhausen bei Rekommunalisierung der Energienetze; Autobahn Tank & Rast zu ÖPP-Betreibermodellen.

KAPELLMANN UND PARTNER
Bewertung: Aus der renommierten Praxis für ▶Priv. Baurecht u. der anerkannten Kompetenz im ▶Vergaberecht ergeben sich immer wieder hochkarätige Beratungsmandate zu ÖPP-Projekten, häufig im ▶Verkehrssektor.
Mandate: ●● Ages Mautsystem zu Pkw- u. Lkw-Maut sowie zum europ. Mautsystem; Klinikum Darmstadt zu Neubau; Kreis vergaberechtl. zu Berufskolleg; Stadtwerke Frankfurt zu Neubau U-Bahn-Linie.

KAYE SCHOLER
Bewertung: Ingrid Kalisch u. Sandra Pfister werden von Wettbewerbern regelm. für ihr Know-how für ÖPP u. Projektfinanzierung hervorgehoben. Ansonsten agiert die Kanzlei jedoch eher unauffällig. Mandanten i.d.R. Banken.
Mandate: ●● Regelm. NIBC.

KRUHL VON STRENGE
Bewertung: Die kleine Hamburger Boutique ist regelm. in großvol. ÖPP-Projekte eingebunden (v.a. Verkehrsinfrastruktur). Wettbewerber heben insbes. die Kompetenz von Dr. Klaas Kruhl u. Dr. Nikolas von Strenge („kompetent u. lösungsorientiert", Wettbewerber) hervor.
Mandate: ●● Bieterkonsortium zu A-Modell A6 u. A94; AZV Südholstein zu Privatisierung eines Breitbandkabelnetzes, Via Solutions Südwest zu Konzessionsvertrag für A-Modell.

LATHAM & WATKINS
Bewertung: Mit Dr. Henning Schneider (Gesellschaftsrecht/M&A) hat die Kanzlei einen bekannten Experten für Transaktionen im ▶Gesundheitswesen in ihren Reihen. Tätig v.a. für Bieter, seltener für öffentl. Aufgabenträger. Gute Kontakte zu Banken u. ▶Private-Equity-Häusern.
Mandate: ●● Daimler Financial Services in Schiedsverf. gg. Bund im Zshg. mit Lkw-Maut; Rhön-Klinikum zu Aktienrückkauf.

LINKLATERS
Bewertung: Die Kanzlei verknüpft ihre öffentl.-rechtl. u. Finanzierungskompetenz vorbildlich. Zuletzt stand v.a. die Beratung im Landesbankensektor im Vordergrund der Tätigkeit des Regulierungsexperten Dr. Jan Endler (▶Vergaberecht).
Mandate: ●● Erste Abwicklungsanstalt (EAA) umf. zu Umstrukturierungen; A1 mobil zu Betreibermodell BAB A1; Syndikatsbanken zu ÖPP-Finanzierung Uniklinikum Schl.-Hol.; Bilfinger zu Vergabe des Verfügbarkeitsmodells A7; HRE bei Verkauf Pbb.

LUTHER
Bewertung: Sehr angesehen für Rekommunalisierungen, (Teil-)Privatisierungen, Fusionen u. Umstrukturierungen. Beratung meist aufseiten der öffentl. Hand. Branchenschwerpunkte im ▶Gesundheitswesen sowie im Wasser-/Abfall-Sektor u. ÖPP.
Mandate: ●● Bundesland bei Umstrukturierung von öffentl. Unternehmen; Stadt in NRW zu Neuorganisation des ÖPNV; BM für Bildung u. Forschung zu ÖPP-Neubau ‚Haus der Zukunft'.

MENOLD BEZLER
Bewertung: Starke Position in Süddtl., wo das Team um Dr. Beatrice Fabry u. Dr. Frank Meininger (beide ▶Vergaberecht) die öffentl. Hand auf Landes- u. kommunaler Ebene regelm. zu Rechtsformwechseln, (Teil-)Privatisierungen, Umstrukturierungen u. Rekommunalisierungen berät.
Mandate: ● Süddt. Stadtwerk zu Reorganisation Stadtverkehr; kommunaler Entsorger zu Bioabfallvergärungsanlage (ÖPP).

MÜTZE KORSCH
Bewertung: Matthias Berger (Vergaberecht) gilt als sehr erfahren bei mittelgroßen Hochbau-ÖPP-Projekten (Schul-/Verwaltungsgebäude, Gesundheitseinrichtungen, Bäder). Sowohl auf Auftraggeber- als auch Bieterseite tätig, auch in internat. Projekten.
Mandate: ●● Stadt Köln zu ÖPP-Schulprojekt; Universitäten zu ÖPP-Projekt.

NORTON ROSE FULBRIGHT
Bewertung: Dirk Trautmann (Projektfinanzierung) u. Jürgen Werner (ÖPP, Beihilfe-, Vergaberecht) sind im Markt für ihre Kompetenz sehr angesehen. Große Erfahrung im Hochbau u. Verkehrssektor, hier neben Straßenbau auch Häfen u. Flughäfen. Enge Zusammenarbeit mit dem ▶Brüsseler Büro bei Projekten im Ausland.
Mandate: ●● BMVerkehr u. Deges zu A-Modell A7 u. zu A94; SCNF in Privatisierungsverfahren des griech. Bahnbetreibers Trainose; Hellenic Fund vergaberechtl. zu Konzessionen für griech. Regionalflughäfen, KfW u. Ipex-Bank zu Projektfinanzierungen für Windparks.

PRICEWATERHOUSECOOPERS LEGAL
Bewertung: ▶Vergaberechtler Dr. Friedrich Hausmann hat viel Erfahrung mit hochvol. ÖPP-Geschäft. Sein Schwerpunkt liegt im Verkehrssektor. Dort berät er auch immer häufiger an der Schnittstelle zum Beihilferecht.
Mandate: ●● Bund bei ÖPP-Vorhaben Museum der Moderne; Umweltministerium NRW bei Neustrukturierung der Energieagentur NRW als ÖPP; BAM PPP zu Uniklinikum Schl.-Holst.; Bieterkonsortium um Hochtief PPP Solutions zu A-Modell A7; asiat. Bauunternehmen bei Autobahn-Konzessionsmodell in Südosteuropa.

RÖDL & PARTNER
Bewertung: Die Kanzlei berät v.a. Kommunen u. kommunale Unternehmen bei Umstrukturierungen u. Transaktionen. Kombination von ▶M&A, ▶Gesellschaftsrecht u. ▶Steuerrecht für die öffentl. Hand. Auch Erfahrung bei Finanzierungsfragen u. im Beihilferecht.
Mandate: ●● Stadt Paderborn zu Re-Privatisierung des kommunalen Verkehrsunternehmens; AK Bahnpolitik Revisionsgutachten bei öffentl. Finanzierung des SPNV/ÖPNV; Veolia zu Rekommunalisierung von Gesellschaftsanteilen an Verkehrsunternehmen.

● Referenzmandate, umschrieben
●● Referenzmandate, namentlich

Anwaltszahlen: Angaben der Kanzleien, wie viele Anwälte zu mind. ca. 50 % in diesem Gebiet tätig sind. Sie spiegeln nicht zwingend die Gesamtgröße einer Kanzlei wider.

Strategiebetrachtungen im Hinblick auf das zukünftige europäische „Einheitspatentsystem"

Von Thomas Schachl, Philipp Neels und Michael Platzöder, Wallinger Ricker Schlotter Tostmann, München

Thomas Schachl ist Rechtsanwalt und Fachanwalt für gewerblichen Rechtsschutz. Er ist Partner und spezialisiert auf nationale und internationale Patentverletzungsprozesse und berät u.a. bei IP-Transaktionen und im Arbeitnehmererfinderrecht.

Philipp Neels ist Rechtsanwalt, Partner und spezialisiert auf Patentverletzungsverfahren. Seine Expertise umfasst insbesondere auch die strategische Beratung und Koordination internationaler Streitigkeiten.

Michael Platzöder ist Patentanwalt, Partner und u.a. spezialisiert auf die strategische Entwicklung von Patentportfolios sowie Patentstreitverfahren, v.a. für Elektronik, ITC-Technologien, Software und physikalische Systeme.

Wallinger Ricker Schlotter Tostmann berät in allen Bereichen des gewerblichen Rechtsschutzes und ist insbesondere spezialisiert auf Patent-Prosecution und streitige Patentverfahren vor Ämtern und Gerichten.

Weitere Informationen im Kanzleiprofil am Ende des Handbuchs.

Nach gegenwärtigem Stand der – noch nicht abgeschlossenen – Vorbereitungen wird allgemein erwartet, dass das neue europäische Patentsystem, welches „Europäische Patente mit einheitlicher Wirkung" (Einheitspatente) und ein einheitliches Patentgericht (EPG) einführen soll, schon bald – voraussichtlich ab 2017 – in Kraft gesetzt werden könnte.

In Anbetracht des noch unsicheren Beginns und der fehlenden gefestigten Auslegung der Normen verhalten sich viele Nutzer des bisherigen europäischen Patentsystems für klassische „EP-Patente" bislang eher abwartend oder gar uninteressiert. Gleichwohl ist es sinnvoll, sich bereits jetzt mit den Details des neuen Systems vertraut zu machen, denn eine proaktive Strategie kann signifikante Vorteile liefern bzw. Nachteile vermeiden. Bereits die Entscheidung über Art und Umfang der Patentanmeldungen sowie der weitere Umgang mit bereits anhängigen Anmeldungen oder Erteilungen vor dem Inkrafttreten des Einheitspatentsystems können dafür entscheidend sein.

Vorbereitende Strategien

Grundsätzlich wird das EPG nicht nur für alle Einheitspatente, sondern auch für alle bei Inkrafttreten des Einheitspatentsystems lebenden sowie spätere klassischen EP-Patente, EP-Anmeldungen und abgelaufenen EP-Patente zuständig sein. Es besteht aber während einer Übergangsphase von wenigstens sieben Jahren für den Inhaber die Möglichkeit des sog. Opt-out, d.h. der Entscheidung, dass für bestimmte EP-Patente oder Anmeldungen weiterhin das nationale System anwendbar sein soll. Ein Opt-out ist jedoch nur möglich, wenn in Bezug auf das betroffene EP-Schutzrecht vor dem EPG noch kein Streitverfahren eingeleitet wurde, was insbesondere auch durch Dritte erfolgen könnte, z.B. ein Nichtigkeitsverfahren oder eine negative Feststellungsklage. Spiegelbildlich dazu ist ein späterer Widerruf des Opt-out (Opt-in) nur möglich, wenn in Bezug auf das betroffene EP-Patent noch kein nationales Streitverfahren anhängig gemacht wurde.

Daher kann es – gerade für besonders wichtige EP-Patente oder Anmeldungen – entscheidend sein, dass man das Wahlrecht zwischen beiden Systemen frei ausüben kann, ohne durch eine zeitlich frühere Klageerhebung Dritter gebunden zu sein. Für dann bereits existierende EP-Patente und veröffentlichte EP-Anmeldungen kann der Inhaber diesen „Wettlauf" aufgrund einer Sonderregelung (Sunrise Period) für sich entscheiden, denn ein bis zu einem noch festzulegenden Stichtag beantragtes Opt-out wird mit Inkrafttreten des neuen Systems registriert und damit sofort wirksam, ohne dass Dritte diesem zuvor kommen können. Danach steht diese Sonderregelung jedoch nicht mehr zur Verfügung, mit der Konsequenz, dass ein Opt-out nicht bereits mit dem Antrag, sondern erst dann wirksam wird, wenn es vom Amt ins Register eingetragen wurde.

Erscheint ein Opt-Out sinnvoll, so sollten Schutzrechtsinhaber schon frühzeitig die dafür in Frage kommenden EP-Patentschutzrechte identifizieren, was eine Portfolioanalyse auch in dieser Hinsicht erfordert. Dabei ist zu beachten, dass Kosten (nach derzeitiger Planung i.H.v. 80 Euro pro Patent) für ein Opt-out anfallen.

Da ein Opt-out nur durch den Patentinhaber möglich ist, sollten zudem insbesondere im Falle von Mitinhaberschaften, Entwicklungskooperationen und Lizenzen frühzeitig vertragliche Regelungen dazu angestrebt bzw. angepasst werden. Auch Gerichtsstandvereinbarungen können hier hilfreich sein.

Wenn dagegen für eine bereits vor dem EPA laufende Anmeldung ein Einheitspatent gewünscht ist, sollte das Erteilungsverfahren zeitlich so gestaltet werden, dass die Patenterteilung erst nach Inkrafttreten des neuen Systems erfolgt, da bei zu früher Erteilung der Weg zum Einheitspatent versperrt ist. Auch kann ein späterer Erteilungszeitpunkt im Hinblick auf Schutzerlangung in erst nach Inkrafttreten des Systems ratifizierenden Ländern vorteilhaft sein.

Strategische Aspekte im Hinblick auf das EPG-Verfahren

Das Streitverfahren vor dem EPG weist zahlreiche Ähnlichkeiten mit dem deutschen Prozessrecht auf. Es ist aber nicht zu erwarten, dass die Rechtsanwendung beim EPG von jeder einzelnen seiner Kammern identisch erfolgen wird. Zahlreiche Vorschriften räumen den Richtern ein Ermessen ein und es kann damit gerechnet werden, dass diese Ermessensentscheidungen an die jeweilige Tradition des Rechtssystems angelehnt sind, aus dem die jeweiligen Richter stammen. Diese Rechtssysteme haben das Werteempfinden der Richter geprägt und werden aller Wahrscheinlichkeit nach auch in Zukunft Einfluss auf die Rechtsanwendung haben. Dies dürfte vor allem bei den Kammern in Erscheinung treten, die mehrheitlich mit Richtern derselben Nationalität besetzt sind, also bei Lokalkammern mit durchschnittlich mehr als 50 Fällen pro Jahr.

Beispielhaft für die Erwartung unterschiedlicher Rechtsprechung kann das einstweilige Verfügungsverfahren genannt werden, in welchem eine Entscheidung nach dem Ermessen des Gerichts mit oder ohne Anhörung des Gegners erlassen werden kann. Die bisherigen Rechtstraditionen gehen in diesem Punkt auseinander, da in manchen europäischen Ländern solche Entscheidungen ohne Anhörung des Gegners bislang nicht erlassen werden. Auch die Rechtsfigur der französischen Saisie Contrefaçon, welche eine Beweissicherung bereits bei einer reduzierten Verletzungswahrscheinlichkeit zulässt, ist im Prozessrecht für das EPG grundsätzlich angelegt, könnte aber von Richtern ohne diese französische Rechtstradition abweichend gehandhabt werden.

Ein weiterer wichtiger Gesichtspunkt ist der Unterlassungsanspruch und seine Vollstreckung. Ob bei festgestellter Patentverletzung die Ausurteilung eines Unterlassungsanspruchs aufgrund Unverhältnismäßigkeit verweigert werden darf, wird von den Gerichten Kontinentaleuropas und dem Vereinigten Königreich nicht einheitlich beurteilt. Nur im englischen Common Law System ist nach bisherigem Recht die Unterlassungsanordnung eine Equitable Remedy: die Gewährung und der Umfang stehen dabei im Ermessen des Gerichts – nicht so in der kontinentaleuropäischen Rechtsprechung. Im EPG-System *kann* ein Gericht die Unterlassung verfügen. Der Wortlaut lässt die Unterlassungsverfügung demnach als Ermessensentscheidung erscheinen, so dass auch hier Raum für unterschiedliche Einflüsse in der Rechtsprechung bleibt.

Auch beim Schadensersatzanspruch erscheinen unterschiedliche Handhabungen der einzelnen Kammern möglich. Neben zahlreichen Aspekten der Schadensberechnung sieht das neue System auch den – im deutschen Recht nicht zu berücksichtigenden – immateriellen Schaden als einen zu berücksichtigenden Faktor an. Danach erscheint es zumindest möglich, dass EPG-Kammern zu höheren Schadensersatzansprüchen gelangen, als bei einer Anwendung der bisherigen nationalen Praxis.

Schließlich ist die Kostenerstattung in den Verfahren vor dem EPG an den tatsächlichen Kosten der Parteien orientiert. Aus deutscher Sicht ist damit für die obsiegende Partei eine Besserstellung zu erwarten. Andererseits erhöht sich das Kostenrisiko jeder Partei, da der Streitwert schon im Hinblick auf die räumliche Urteilswirkung höher anzusetzen sein wird als bei einer nationalen Klage. Daher dürfte auch die vorgesehene Begrenzung auf Maximalbeträge, die in Abhängigkeit vom Streitwert erfolgt, diesem Risiko nur teilweise entgegenstehen können.

Die Rechtsanwendung wird sich mit steigender Anzahl an Berufungsentscheidungen harmonisieren, jedoch dürften gewisse Unterschiede erhalten bleiben. In Anbetracht der Tatsache, dass bereits die deutschen Patentstreitkammern bestimmte Rechts- und Prozessfragen unterschiedlich handhaben (z.B. Äquivalenzfragen oder die Anforderungen an den Rechtsbestand in einstweiligen Verfügungsverfahren), wäre eine solche unterschiedliche Entscheidungspraxis beim EPG nicht ungewöhnlich und prozessual zulässig. Damit wird das „Forum-Shopping" sowohl für Kläger als auch für Beklagte (z.B. Wahl des Gerichts für Nichtigkeitsklagen oder negativen Feststellungsklagen) weiterhin Bedeutung haben.

Aus strategischer Sicht wird es wichtig sein, nicht nur die EPG-Rechtsprechung insgesamt, sondern auch deren Zuordnung zu den einzelnen Kammern zu verfolgen. In diesem Zusammenhang dürfte es hilfreich sein, dass bestimmte Lokalkammern eine konstante Besetzung aufweisen und nicht aufgrund einer einzelfallbezogenen Auswahl aus dem Richterpool bestückt werden. Ist einem Kläger die Besetzung der Kammer bekannt, können daraus konkretere Schlüsse auf die Rechtsanwendung gezogen werden.

Insgesamt kann davon ausgegangen werden, dass das EPG grundsätzlich klägerfreundlich ausgerichtet sein wird, da die Gerichtsstandorte untereinander im Wettbewerb um Klageverfahren stehen. Sollte beispielsweise die Fallzahl einer Lokalkammer unter 50 pro Jahr fallen, könnte zur Diskussion stehen, ob diese Kammer weiterhin benötigt wird. Obwohl bisher nicht bekannt ist, ob die Gerichte von der Option Gebrauch machen, per Widerklage erhobene Nichtigkeitsangriffe isoliert an die Zentralkammer zu verweisen, könnte gerade dieser Wettbewerb Einfluss auf solche Verweisungsentscheidungen haben, da damit die – für Kläger regelmäßig wichtige – Verfahrenslaufzeit voraussichtlich verkürzt werden kann. ∎

KERNAUSSAGEN

- Wenngleich noch etwas Zeit vergehen wird bis das neue europäische Einheitspatentsystem in Kraft tritt, sollten bereits jetzt Strategie und Entwicklung von Patent- und Vertragsportfolios vor diesem Hintergrund optimiert werden.

- Die für das deutsche Rechtsverständnis neuen rechtlichen Konzepte des EPG-Systems (z.B. der vollstreckbare Unterlassungsanspruch unter Ermessensvorbehalt) erfordern insbesondere auch eine inhaltliche, an den jeweiligen Schutzrechtszielen orientierte Abwägung zwischen den Systemen.

- Bisherige nationale Besonderheiten werden bei der individuellen Rechtsanwendung der einzelnen Kammern im EPG-System erhalten bleiben, so dass ein Verfolgen der Entscheidungspraxis jedes einzelnen Gerichtsstandorts des EPG ratsam ist.

Patentrecht

Künftig drei parallele Patentsysteme in Europa

Das neue europäische Patentsystem, bestehend aus EU-Patent und zentralem Patentgericht, kurz UPC für Unified Patent Court, soll bis 2017 kommen, so die Verantwortlichen. Die Ratifizierung der UPC-Verträge steht in einigen Ländern zwar noch als finaler Akt aus, aber nur wenige Experten glauben, dass dieser Prozess noch scheitern könnte. Wichtige Details sind inzwischen geklärt: Mit Düsseldorf, Hamburg, Mannheim und München stehen die deutschen Lokalkammern fest. Die Jahresgebühren fallen ebenso wie die Opt-out-Gebühr niedrig und damit attraktiv für Unternehmen aus. Auswahl und Ausbildung qualifizierter Richter schreiten voran. Die Verfahrensordnung für das UPC wird voraussichtlich im Oktober verabschiedet. Immer intensiver befassen sich Unternehmensexperten und Anwälte daher mit dem neuen System, das neben den nationalen Patentsystemen und dem sogenannten europäischen Bündelpatent im Rahmen des EPÜ-Abkommens bestehen wird. Europa wird somit patentrechtlich zwar komplizierter, es bietet aber prozessual viele taktische Chancen. Inzwischen gehen die Experten auch davon aus, dass das neue Gerichtssystem schnell mit Fällen versorgt wird. Chemie-, Konsumgüter- und Pharmakonzerne gelten als potenzielle Nutzer. Vor allem für Patentverwerter gilt es wegen der Möglichkeit eines europaweiten Unterlassungsanspruchs als sehr attraktiv. Weil ihnen derzeit vor US-Gerichten ein rauer Wind entgegen bläst, weichen sie zunehmend auf die als klägerfreundlich bekannten deutschen Gerichte aus. Große Prozessserien führen hierzulande etwa Marathon, Saint Lawrence Communications und Unwired Planet – mit zum Teil vorzeigbaren Erfolgen. Ihre Aktivitäten werden sich mit dem Start des UPC noch deutlich steigern.

Erhebliche Missstände im EPA

Im neuen europäischen Patentsystem soll das Europäische Patentamt (EPA) eine zentrale Rolle übernehmen. Doch zuletzt sorgte das Amt unter seinem Präsidenten Benoît Battistelli für viel Aufregung. Die Amtsführung und Teile der Belegschaft gelten als heillos zerstritten. Schwer wiegt zudem eine Debatte um eine fehlende Unabhängigkeit der Beschwerdekammern. Inzwischen liegt ein Reformvorschlag des EPA auf dem Tisch, dessen Umsetzung bis zum Jahreswechsel sich jedoch verzögert.

EU-Patent: Mehr Wettbewerb für deutsche Kanzleien

Noch im Jahresverlauf 2015 werden sich die beiden Patentschwergewichte **Hoyng Monegier** (Niederlande, Frankreich, Spanien) und **Reimann Osterrieth Köhler Haft** (Deutschland) zusammenschließen. Mit Hoyng ROKH Monegier entsteht ein 100 Anwälte starkes IP-Schwergewicht, dessen Anwälte vor zentralen UPC-Gerichtsstandorten eine bedeutende Rolle spielen können. Von erheblicher Bedeutung war zudem die Abspaltung des kompletten D'dorfer IP-Teams von **Preu Bohlig & Partner**. Es ist eines der schlagkräftigen Prozessteams auf rechtsanwaltlicher Seite und macht sich im Januar 2016 als Kather Augenstein selbstständig. Beide Ereignisse sind nur die eindrücklichsten Beispiele für die Dynamik mit der sich deutsche Patentkanzleien immer aktiver auf das neue Patentsystem und seine Herausforderungen durch den europaweiten Wettbewerb vorbereiten: Hierauf reagieren sie zahlreich mit Büroeröffnungen, Partnerzugängen, Vergrößerung der Teams oder Ausbau weiterer technischer Bereiche (▶Der UPC und seine Folgen, Seite 497).

Die folgenden Bewertungen behandeln nur in Deutschland aktive Kanzleien, die zu technischen Schutzrechten aktiv sind. Patente und Gebrauchsmuster sind für Unternehmen von immenser Bedeutung. 2 Berufsgruppen beraten hierzu: Patentanwälte erledigen die sog. Patentprosecution: Sie melden Patente und Gebrauchsmuster an und führen die Amtsverfahren. Rechtsanwälten obliegt die Führung in Verletzungsprozessen. Beide Berufsgruppen begleiten Nichtigkeitsverfahren u. beraten Schutzrechtsstrategien oder Erfinderrechte. Hilfreiche Informationen zur Arbeit von Kanzleien finden sich ggf. auch in den Fachkapiteln ▶Kartell- bzw. ▶Marken- und Wettbew.recht.

JUVE KANZLEI DES JAHRES
PATENTRECHT
ROSPATT OSTEN PROSS

Ihr gelang das Comeback des Jahres. Noch vor 2 Jahren schien es, dass die Düsseldorfer IP-Boutique bei Mobilfunkklagen den Anschluss an die Marktspitze verloren hatten. Doch dann meldeten sich die Prozessanwälte an der Seite von LG fulminant zurück. Sie vertraten ihre Stammmandantin in den Schlachten gegen die Patentverwerter Unwired Planet und SLC. In Pharmaprozessen gehört ROP seit Jahren zur ersten Garde und behauptete ihre Position mit Mandaten wie Novartis souverän. Dass diese Erfolge nachhaltig sind, garantiert heute eine ganze Riege leistungsstarker jüngerer Partner, denn ROP hat den Generationswechsel früher als viele ihrer Wettbewerber abgeschlossen. Mit **Dr. Ulrich Pross** schied nun der letzte noch aktive Seniorpartner aus. Mit im Markt sehr präsenten Partnern wie **Max von Rospatt**, **Thomas Musmann** und **Dr. Henrik Timmann** steht eine leistungsstarke Nachfolgegeneration jedoch längst parat. Und hinter ihnen gewinnt bereits die nächste Generation junger Prozessanwälte Kontur. Die international erfahrene und gut vernetzte Kanzlei hat im Hinblick auf den Start des neuen europäischen Patentgerichts somit wichtige Hausaufgaben bereits erledigt.

PATENTRECHT

ALLEN & OVERY
Patentprozesse/Rechtsanwälte

Bewertung: Nach ihrem gelungenen Wiedereinstieg (2012) in das dt. Patentrecht wuchs die geschätzte Praxis zuletzt auf Associate-Ebene. Dabei agiert der junge Prozessanwalt Cepl von D'dorf aus immer präsenter. Altmeister Feldges ist nun wieder in zentralen Pharmaschlachten visibel, etwa für Stammmandantin Pfizer einen einem Verfügungsverfahren um das Präparat Lyrica. Er hat zudem einen exzellenten Ruf für Schiedsverfahren mit IP-Bezug. Mit dem wieder erstarkten dt. Team ist die europ. Patentgruppe mit weiterer Expertise in London u. Paris gut für den Start des UPC-Systems gerüstet.

Stärken: Prozesse mit Bezug zu Biotech- u. Pharmapatenten; Schiedsverfahren.

Entwicklungsmöglichkeiten: Die geringe Präsenz des dt. Patentteams bei Mobilfunkklagen bleibt ein Handicap, will A&O eine bedeutende Rolle im Rahmen des UPC erreichen. Der geduldige Aufbau Cepls hierfür oder die Verstärkung durch einen hier erfahrenen Quereinsteiger sind 2 mögliche Lösungswege.

Häufig empfohlen: Dr. Joachim Feldges, Dr. Philipp Cepl

Kanzleitätigkeit: Breite IP-Tätigkeit mit deutl. Schwerpunkt bei techn. Schutzrechten. Ausschl. Einsprüche, Nichtigkeits- u. Verletzungsklagen mit starken Schwerpunkten bei Biotech u. Pharma. Daneben zu Elektronik u. Mechanik. Schiedsverfahren, Transaktionen, strateg. Beratung u. Lizenzen. (Kernteam: 1 Partner, 4 Associates)

Mandate: ●● Pfizer in EV-Verfahren um Lyrica; Borealis u. Uber im Zshg. mit Verletzungsklagen; Prozesse für Hoffmann-La Roche; Schiedsverfahren für Turbinenhersteller.

ANDREJEWSKI HONKE
Patentanmeldungen
Patentprozesse/Patentanwälte

Bewertung: Die im Patentrecht v.a. für ihre Anmeldetätigkeit geschätzte Ruhrgebietskanzlei verbreiterte sich mit etwas Verzögerung personell im Hinblick auf das UPC: Nachdem im Vorjahr ein Weggang zu beklagen war, stärkte sie zuletzt mit einem Patentanwalt aus dem eigenen Nachwuchs ihre Schwerpunkte Mechanik, Maschinenbau u. Elektronik. Aufgrund der Marktpräsenz einiger ihrer Partner wie Albrecht sowie die langjährigen Beziehungen zu vielen namhaften Mittelständlern u. einigen Konzernen aus Westdtl. ist sie inzw. zur Nummer eins an der Ruhr aufgestiegen. Begünstigt wurde das auch durch ihre deutl. stabilere Entwicklung im Vergleich zu ihren Essener Hauptwettbewerbern. In Westdtl. insges. hat sie aber etwa in Cohausz & Florak einen starken Konkurrenten, da die AH-Patentanwälte bei Weitem nicht so präsent in Prozessen agieren.

Stärken: Patentprosecution mit techn. Expertise im Maschinenbau.

Häufig empfohlen: Dr. Rainer Albrecht, Dr. Andreas von den Borne, Dr. Jörg Nunnenkamp (alle Patentanwälte)

Kanzleitätigkeit: Deutl. Schwerpunkt bei Patentprosecution: Anmeldungen mit breiter techn. Expertise. Einspruchs- u. Nichtigkeitsklagen. Einige wenige Verletzungsprozesse für Stammmandanten, i.d.R. mit externen Rechtsanwälten. (Kernteam: 7 Patentanwälte)

Mandate: ●● Öffentl. bekannt: viele Anmeldungen für Aldi, Hochtief, TI Automotive, Kaldewei, Novoferm, Mondi, Simonswerk, Thyssen-Krupp u. Vorwerk.

ARNOLD RUESS
Patentprozesse/Rechtsanwälte

NOMINIERT
JUVE Awards 2015
Kanzlei des Jahres für IP

Bewertung: Die im Patentrecht empfohlene IP-Boutique um die jungen Prozessanwälte Arnold u. Tellmann-Schumacher ist längst vom Geheimtipp zu einem etablierten u. sehr präsenten Prozessteam am wichtigen D'dorfer Prozessstandort avanciert, denn die Patentprozessrechtler der erst 2010 gegründeten Kanzlei haben schnell eine Praxis mit internat. Kontakten u. substanziellem Eigengeschäft entwickelt. Mandate wie Sisvel oder eine Prozessserie für Max Sound auf Aktivseite wären noch vor Jahresfrist an AR vorbeigegangen. Die Vertretung von Max Sound unterstreicht eco auch, dass der Weg in den Patentmarkt für junge Kanzleien über die Vertretung von Patentverwertern führen kann. Konsequenterweise verstärkte sich AR um den in Mobilfunkprozessen erfahren Freshfields-Anwalt Riße als Counsel. Ihr Erfolg basiert zugleich auf der Vertretung von Industriemandaten wie OrbusNeich u. ECC.

Besondere Stärken: Prozesse zu Pharma-, Medizintechnik- u. Mobilfunkpatenten.

Patentanmeldungen

Kanzlei	Standorte
Boehmert & Boehmert	München u.a.
Grünecker	München, Berlin, Köln
Hoffmann Eitle	München, Düsseldorf, Hamburg
Manitz Finsterwald & Partner	München
Vossius & Partner	München, Düsseldorf, Berlin
Bardehle Pagenberg	München, Düsseldorf
Cohausz & Florack	Düsseldorf
Dreiss	Stuttgart
Eisenführ Speiser	Bremen u.a.
Meissner Bolte & Partner	München u.a.
Wuesthoff & Wuesthoff	München
Andrejewski Honke	Essen
Epping Hermann Fischer	München, Regensburg
Glawe Delfs Moll	Hamburg, München
Hauck	Hamburg, Düsseldorf
Hoeger Stellrecht & Partner	Stuttgart
Isenbruck Bösl Hörschler	Mannheim, München, Düsseldorf
Jones Day	Frankfurt, München
von Kreisler Selting Werner	Köln
Lorenz Seidler Gossel	München
Maiwald	München, Hamburg, Düsseldorf
Michalski Hüttermann & Partner	Düsseldorf, München
Prinz & Partner	München, Hamburg, Berlin
Ter Meer Steinmeister & Partner	München, Bielefeld
Uexküll & Stolberg	Hamburg, München
Viering Jentschura & Partner	München, Düsseldorf u.a.
Wallinger Ricker Schlotter Tostmann	München
Weickmann & Weickmann	München
Witte Weller & Partner	Stuttgart u.a.
BRP Renaud & Partner	Stuttgart
Gulde & Partner	Berlin u.a.
Keil & Schaafhausen	Frankfurt
Maikowski & Ninnemann	Berlin, Leipzig, München
Prüfer & Partner	München
Rau Schneck & Hübner	Nürnberg
von Rohr	Essen

Die hier getroffene Auswahl der Kanzleien ist das Ergebnis der auf zahlreichen Interviews basierenden Recherche der JUVE-Redaktion (s. Einleitung S. 20). Sie schließt auch die Anzahl der beim DPMA und EPA veröffentlichten Patentanmeldungen seit Juli 2011 ein. Diese sind aber nur ein Teil der Recherche. Diese ist in zerlei Hinsicht subjektiv: Sämtliche Aussagen der von JUVE-Redakteuren befragten Quellen sind subjektiv u. spiegeln deren eigene Wahrnehmungen, Erfahrungen u. Einschätzungen wider. Die Rechercheergebnisse werden von der JUVE-Redaktion unter Einbeziehung ihrer eigenen Marktkenntnis analysiert u. zusammengefasst. Der JUVE Verlag beabsichtigt mit dieser Tabelle keine allgemein gültige oder objektiv nachprüfbare Bewertung. Es ist möglich, dass eine andere Recherchemethode zu anderen Ergebnissen führen würde. Innerhalb der einzelnen Gruppen sind die Kanzleien alphabetisch geordnet.

▶▶▶ Bitte beachten Sie auch die Liste der ebenfalls in bestimmten technischen Bereichen empfohlenen Kanzleien auf S. 498 ◀◀◀

● Referenzmandate, umschrieben
●● Referenzmandate, namentlich

Anwaltszahlen: Angaben der Kanzleien, wie viele Anwälte zu mind. ca. 50 % in diesem Gebiet tätig sind. Sie spiegeln nicht zwingend die Gesamtgröße einer Kanzlei wider.

PATENTRECHT

Häufig empfohlen: Dr. Bernhard Arnold („exzellenter Anwalt, ein richtiger Technikversteher", Mandant), Cordula Tellmann-Schumacher, Dr. Arno Riße
Kanzleitätigkeit: Ausschl. Tätigkeit im IP mit starken Schwerpunkten bei Patentprozessen u. im ▶ Marken- u. Wettbewerbsrecht. (Kernteam: 2 Partner, 1 Counsel, 3 Associates)
Mandate: ●● Max Sound gg. Google, YouTube, u.a. um Videocodierung; Sisvel um UMTS; Mobilelron um Mobile Device Management; Glatz um Zigarettenpapier; OrbusNeich um Stents; Ethical Coffee Company (ECC) um Kaffeekapseln.

BARDEHLE PAGENBERG
Patentanmeldungen
Patentprozesse/Patentanwälte
Patentprozesse/Rechtsanwälte

Bewertung: Die im Patentrecht v.a. wegen ihrer starken Präsenz bei Prozessen zu den führenden Praxen zählende Kanzlei war zuletzt wieder in einer Vielzahl von Verfahren präsent – auch wenn die Mobilfunkschlachten für Apple u. Microsoft an Bedeutung verloren haben. Dafür stritt sie intensiver an der Seite von Stammmandanten wie Adidas u. Cisco. Immerhin war das Team an der Seite der Streithelferin Amazon gg. SLC in einem der großen Mobilfunkprozesse zugegen. Mit ihrer Aufstellung u. ihren Büros in Mailand u. Paris braucht sie den Wettbewerb im neuen UPC-System nicht zu scheuen, zumal sie beide Auslandsstandorte mit weiteren Patentexperten stärkte. Der wachsenden Konkurrenz um ihre starke US-Klientel durch brit. Kanzleien begegnet Bardehle selbstbewusst mit intensiven Kontakten in die US-Industrie. Eine Lücke besteht aber weiterhin in der Betreuung von Life-Science-Patenten. Damit die stark prozesslastige Kanzlei über das Prosecutiongeschäft in hochkarätige Pharmaprozesse vorstoßen kann, die sie bislang v.a. den D'dorfer Prozesspraxen u. Münchner Konkurrenten wie Hoffmann Eitle überlassen musste, wird sie sich zunächst mit Patentanwälten verstärken müssen.
Stärken: Patentprosecution u. gemischte Prozesspraxis v.a. für Mobilfunk- u. Softwarepatente. Starke europ. Präsenz u. exzellente US-Kontakte.
Häufig empfohlen: Johannes Heselberger, Dr. Tilman Müller-Stoy („junger Anwalt mit enormer Prozesserfahrung", Wettbewerber), Patentanwälte: Peter Hess, Dr. Christof Karl, Johannes Lang, Dr. Hans Wegner
Kanzleitätigkeit: Umfangr. IP-Tätigkeit mit deutl. Schwerpunkt bei techn. Schutzrechten. Anmeldungen mit breitem techn. Spektrum. Einspruchs-, Nichtigkeits- u. Verletzungsverfahren. Viel Prozesskoordination u. strateg. Beratung. Viele Industriekontakte. Starke internat. Klientel. (Kernteam: 26 Patent-, 18 Rechtsanwälte)
Mandate: ●● Öffentl. bekannt: Amazon gg. SLC um Mobilfunkpatente; Vestel um Monitore; Adidas um Sportschuhe; Microsoft um Smartphones; regelm. Prozesse für Cisco, Nintendo, Amer Sports; Anmeldungen für Adidas, Apple, Dell, Mitsubishi Heavy Industries, Nintendo, Qualcomm, Wago.

BETTEN & RESCH
Patentprozesse/Patentanwälte

Bewertung: Die im Patentrecht geschätzte Kanzlei um den sehr erfahrenen Patentanwalt Esslinger machte zuletzt durch den Zugang des in Mobilfunkklagen erfahrenen Patentanwalts Emmerling auf sich aufmerksam. Er brachte von Bird & Bird einen Associate sowie gute Beziehungen zu Huawei mit. Die Kanzlei hatte in den letzten Jahren ihre Aktivitäten im Mobilfunksektor ohnehin kontinuierl. ausgebaut, hierfür steht zuletzt eine verstärkte Prosecutionarbeit für Google. Ihre techn. Expertise ist aber deutl. weiter als Mobilfunk gefasst.
Stärken: Elektronik-, TK-, Software-, Medizintechnikpatente; Prozesse.
Häufig empfohlen: Dr. Alexander Esslinger, Dr. Friedrich Emmerling
Kanzleitätigkeit: Umf. Anmeldetätigkeit mit techn. Schwerpunkten bei Mechanik, Elektronik, IT/TK/Software u. Medizintechnik. Einspruchs- u. Nichtigkeitsverfahren. Patentprozesse an der Seite externer Kanzleien. Auch Marken- u. Wettbewerbsrecht sowie Urheberrecht. (Kernteam: 10 Patentanwälte)
Mandate: ●● Huawei, Gore u. TrekStor in Prozessen; Anmeldungen für Etri, Google, NEC, Hyundai Heavy Industries, Open Text Corporation.

BIRD & BIRD
Patentprozesse/Patentanwälte
Patentprozesse/Rechtsanwälte

Bewertung: Erneut bewies diese im Patentrecht zu den führenden zählende Prozesspraxis ihre enorme Präsenz in Pharma- u. Mobilfunkfällen, etwa an der Seite von Nokia, Microsoft u. Huawei. Im Mobilfunksektor ist B&B bzw. regelm. auch für Patentverwerter unterwegs. Seine enorme Schlagkraft beweist das Team allerdings v.a. durch das techn. breite Spektrum an Fällen, wie die Verfahren für Canon um Druckertechnik bzw. Acer um DVD-Technologie zeigen. Deutl. häufiger als zuletzt waren zudem Jüngst u. Wolters-Höhne in Pharmafällen – sowohl auf Originatoren- als auch auf Generikaseite – tätig.

Patentprozesse/Patentanwälte

Kanzlei	Standort
Bardehle Pagenberg	München, Düsseldorf
Cohausz & Florack	Düsseldorf
Hoffmann Eitle	München, Düsseldorf, Hamburg
König Szynka Tilmann von Renesse	Düsseldorf, München
Maikowski & Ninnemann	Berlin, Leipzig, München
Boehmert & Boehmert	München u.a.
Eisenführ Speiser	Bremen u.a.
Grünecker	München, Berlin, Köln
Maiwald	München, Hamburg, Düsseldorf
Samson & Partner	München
Vossius & Partner	München, Düsseldorf, Berlin
df-mp Dörries Frank-Molnia & Pohlman	München
Dreiss	Stuttgart
Jones Day	Frankfurt, München
Meissner Bolte & Partner	München u.a.
Uexküll & Stolberg	Hamburg, München
Wallinger Ricker Schlotter Tostmann	München
Wuesthoff & Wuesthoff	München
Andrejewski Honke	Essen
Betten & Resch	München
Bird & Bird	München
Glawe Delfs Moll	Hamburg, München
Gulde & Partner	Berlin u.a.
Lorenz Seidler Gossel	München
Prinz & Partner	München, Hamburg, Berlin
Ter Meer Steinmeister & Partner	München, Bielefeld
Zimmermann & Partner	München, Bamberg, Berlin
Keil & Schaafhausen	Frankfurt
von Rohr	Essen
Weickmann & Weickmann	München
Witte Weller & Partner	Stuttgart u.a.

Die hier getroffene Auswahl der Kanzleien ist das Ergebnis der auf zahlreichen Interviews basierenden Recherche der JUVE-Redaktion (s. Einleitung S. 20). Sie ist in 2erlei Hinsicht subjektiv: Sämtliche Aussagen der von JUVE-Redakteuren befragten Quellen sind subjektiv u. spiegeln deren eigene Wahrnehmungen, Erfahrungen u. Einschätzungen wider. Die Rechercheergebnisse werden von der JUVE-Redaktion unter Einbeziehung ihrer eigenen Marktkenntnis analysiert u. zusammengefasst. Der JUVE Verlag beabsichtigt mit dieser Tabelle keine allgemein gültige oder objektiv nachprüfbare Bewertung. Es ist möglich, dass eine andere Recherchemethode zu anderen Ergebnissen führen würde. Innerhalb der einzelnen Gruppen sind die Kanzleien alphabetisch geordnet.

▶▶▶ Bitte beachten Sie auch die Liste der ebenfalls in bestimmten technischen Bereichen empfohlenen Kanzleien auf S. 498 ◀◀◀

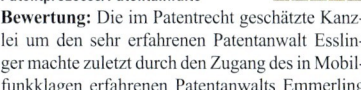

● Referenzmandate, umschrieben
●● Referenzmandate, namentlich

Anwaltszahlen: Angaben der Kanzleien, wie viele Anwälte zu mind. ca. 50 % in diesem Gebiet tätig sind. Sie spiegeln nicht zwingend die Gesamtgröße einer Kanzlei wider.

PATENTRECHT

Insofern konnte das Team den Weggang der Pharmaexpertin Dr. Ina vom Feld zu Simmons & Simmons kompensieren. Eine deutl. Lücke riss dagegen der überraschende Weggang des in Mobilfunkklagen versierten Patentanwalts Dr. Friedrich Emmerling zu Betten & Resch. Obschon es nun gilt diese Lücke zu schließen, bleibt B&B ein positives Bsp. für den Aufbau einer gut positionierten patentanwaltl. Praxis durch eine Rechtsanwaltskanzlei.

Stärken: Prozesse v.a. mit Pharma- u. TK-Bezug mit gem. Teams, starke europ. IP-Praxis, viele internat. Industriekontakte.

Entwicklungsmöglichkeiten: Mit Blick auf das UPC ist B&B aufgrund der Patentexpertise an allen wichtigen UPC-Lokalkammern u. dem gemischten Prozessteam einerseits gut gerüstet. Andererseits ist das länderübergreifend positionierte Prozessteam wegen der enormen Teamgröße auch der Gefahr von Spannungen zw. den Ländergruppen ausgesetzt, denn durch die absehbare Konzentration auf hochkarät. Fällen vor dem UPC könnten v.a. ihre kleineren europ. Büros u. weniger profitable Partner unter Druck geraten.

Häufig empfohlen: Christian Harmsen, Oliver Jüngst, Felix Rödiger, Dr. Matthias Meyer, Boris Kreye, Dr. Anna Wolters-Höhne, Patentanwälte: Dr. Daniela Kinkeldey, Dr. Michael Alt

Kanzleitätigkeit: Im IP mehr Anteil im Patentrecht, als im ▶ Marken- u. Wettbewerbsrecht. Starke Prozesspraxis durch gemischte Teams. Branchenschwerpunkte in Gesundheit, Biotech, Chemie, Elektronik u. TK. Beratung zu Patentstrategien, Lizenzen u. an der Schnittstelle zum ▶ Kartellrecht. Patentanmeldungen in Einzelfällen. (Kernteam: 9 Eq.-, 7 Sal.-Partner, 24 Associates, einschl. 10 Patentanwälte)

Mandate: ●● Actavis gg. Eli Lilly um Alimta; Nektar um Blutgerinnung; Canon um Druckertechnik; Huawei um Mobilfunk bis vor EuGH; Nokia u. Microsoft um Mobilfunkpatente; Rovi um EPG u. Smart-TV; Acer um DVD- u. WiFi-Patente; regelm. Prozesse für Baxter, Edwards Lifescience, Sanofi, Teva.

BOEHMERT & BOEHMERT
Patentanmeldungen
Patentprozesse/Patentanwälte
Patentprozesse/Rechtsanwälte

Bewertung: Die im Patentrecht zu den führenden zählende Kanzlei ist mit ihren gemischten Teams immer aktiver in Prozessen. Z.B. klagt die Praxis für Aeritas gg. Lufthansa wg. Patenten zum mobilen Boarding. Außerdem springen die Patent- u. Rechtsanwälte auf den Trend der in Dtl. stärker in den Markt drängenden Patentverwerter auf u. vertreten Marathon Patent in mehreren Verfahren. Für das UPC ist die Kanzlei mit Büros in Paris u. München gerüstet. Den D'dorfer Gerichtsstandort will sie weiter nur mit Rechtsanwälten von München aus bedienen – eine aus heutiger Sicht mutige Strategie. Das traditionell starke Anmeldegeschäft wächst v.a. im Bereich Elektronik.

Stärken: Patentprosecution mit renommierten techn. Schwerpunkten in Elektronik, Chemie, Pharma u. Biotech. Prozesse mit Pharmabezug. Lizenzverträge.

Häufig empfohlen: Prof. Dr. Heinz Goddar („ausgewiesener Spezialist", Wettbewerber), Dr. Jan Krauss, Christian Appelt, Dr. Thomas Bittner, Dr. Markus Engelhard, Dr. Klaus-Dieter Langfinger, Dr. Stefan Schohe, Dr. Karl-Heinz Metten (alle Patentanwälte)

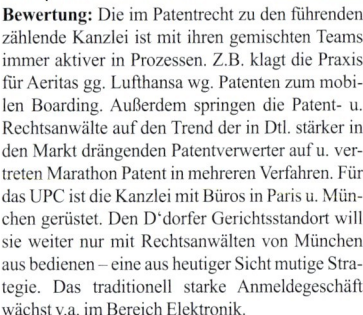

Patentprozesse/Rechtsanwälte

Kanzlei	Standort
Bird & Bird	Düsseldorf, München
Hogan Lovells	Düsseldorf, Hamburg, München
Krieger Mes Graf v. der Groeben	Düsseldorf
Quinn Emanuel Urquhart & Sullivan	Hamburg, Mannheim, München
Reimann Osterrieth Köhler Haft	Düsseldorf, Mannheim
Rospatt Osten Pross	Düsseldorf, Mannheim
Wildanger Kehrwald Graf v. Schwerin & Partner	Düsseldorf
Bardehle Pagenberg	München
Freshfields Bruckhaus Deringer	Düsseldorf, München
Preu Bohlig & Partner	Düsseldorf, München, Berlin
Gleiss Lutz	Düsseldorf, Stuttgart, München
Hoffmann Eitle	München
Klaka	Düsseldorf, München
Taylor Wessing	München, Düsseldorf
Arnold Ruess	Düsseldorf
CMS Hasche Sigle	Stuttgart, Düsseldorf, Hamburg,
Grünecker	München
Hengeler Mueller	Düsseldorf
Meissner Bolte & Partner	München
Simmons & Simmons	Düsseldorf, München
Vossius & Partner	München, Düsseldorf
Allen & Overy	München
Boehmert & Boehmert	München
Harmsen Utescher	Hamburg
Jones Day	München, Frankfurt, Düsseldorf
Lorenz Seidler Gossel	München
Noerr	München

Die hier getroffene Auswahl der Kanzleien ist das Ergebnis der auf zahlreichen Interviews basierenden Recherche der JUVE-Redaktion (s. Einleitung S. 20). Sie ist in 2erlei Hinsicht subjektiv: Sämtliche Aussagen der von JUVE-Redakteuren befragten Quellen sind subjektiv u. spiegeln deren eigene Wahrnehmungen, Erfahrungen u. Einschätzungen wider. Die Rechercheergebnisse werden von der JUVE-Redaktion unter Einbeziehung ihrer eigenen Marktkenntnis analysiert u. zusammengefasst. Der JUVE Verlag beabsichtigt mit dieser Tabelle keine allgemein gültige oder objektiv nachprüfbare Bewertung. Es ist möglich, dass eine andere Recherchemethode zu anderen Ergebnissen führen würde. Innerhalb der einzelnen Gruppen sind die Kanzleien alphabetisch geordnet.

▶▶▶ **Bitte beachten Sie auch die Liste weiterer renommierter Kanzleien am Kapitelende.** ◀◀◀

Kanzleitätigkeit: Umfangr. IP-Tätigkeit inkl. ▶Marken u. Wettbewerbs- sowie Urheberrecht (▶Medien). Im Patentrecht Schwerpunkt bei Patentprosecution: gr. Anmeldepraxis mit breiter techn. Expertise; Einspruchs-, Nichtigkeits- u. Verletzungsklagen. Ausgeprägte internat. Klientel. 9 dt. u. 3 internat. Standorte. (Kernteam: 45 Patent-, 3 Rechtsanwälte)

Mandate: ●● Zhejiang Medicine zu Coenzym Q10; JVC Kenwood um DVDs u. Videosoftware; Joyetech zu E-Zigaretten; Beauty Union Global zu ww. Patentstrategie; Marathon Patent zu Kyphoplastie. Öffentl.: bekannt: Aeritas zum mobilen Check-in; Anmeldungen für: Novartis, Novo Nordisk, Immatics, Rittal, AiCuris.

BRP RENAUD & PARTNER
Patentanmeldungen

Bewertung: Die für Patentanmeldungen geschätzte Kanzlei ist im regionalen Mittelstand verwurzelt. Sie profitiert davon, dass einige Stammmandanten, insbes. Automobilzulieferer, ihre Patente nicht nur zahlenmäßig sehr intensiv anmelden, sondern zunehmend auch in Streitigkeiten verteidigen. Als Prozessspezialisten haben sich die Anwälte aber bislang noch keinen Namen gemacht.

Stärken: Patentprosecution mit techn. Schwerpunkten bei Kfz-Technik u. Maschinenbau.

Kanzleitätigkeit: Gemischte IP-Praxis mit deutl. Schwerpunkt bei Patentprosecution. Starke Konzentration auf Mechanik u. Maschinenbaupatente. Daneben auch Nichtigkeitsklagen u. Verletzungsprozesse durch eigene Patent- u. Rechtsanwälte. (Kernteam: 6 Patent-, 3 Rechtsanwälte)

Mandate: ●● Öffentl. bekannt: Anmeldungen für WMF, Mahle, Eberspächer.

CMS HASCHE SIGLE
Patentprozesse/Rechtsanwälte

Bewertung: Die im Patentrecht empfohlene Kanzlei hat eine sehr breite Prozesspraxis u. vertritt Mandanten, v.a. aus dem Mittelstand. Sie erschließt sich aufwendige Verfahren, z.B. für Syngenta Participations zu patentverletzenden Importen von Pflanzenschutzmitteln. Die Praxis berät bereits Mandanten länderübergreifend im internationalen CMS-Verbund u. ist an allen wichtigen

● Referenzmandate, umschrieben
●● Referenzmandate, namentlich

Anwaltszahlen: Angaben der Kanzleien, wie viele Anwälte zu mind. ca. 50 % in diesem Gebiet tätig sind. Sie spiegeln nicht zwingend die Gesamtgröße einer Kanzlei wider.

PATENTRECHT

UPC-Lokalkammern mit Büros präsent. Vom internat. Netzwerk profitiert das dt. Team aktuell auch bei erfolgr. gemeinsamen Ausschreibungen. Daneben verfolgen die dt., brit. u. frz. CMS-Partner die besondere Strategie, im gemeinsamen Peking-Büro techn. Expertise aufzubauen, um sie ww. einsetzen zu können.

Stärken: Prozesse mit breitem techn. Spektrum.
Häufig empfohlen: Dr. Matthias Eck, Markus Deck
Kanzleitätigkeit: Große IP-Gruppe mit Schwerpunkt im ▶Marken- u. Wettbewerbsrecht. Im Patentrecht unterschiedl. Schwerpunkte an den Standorten: in D'dorf Prozesse u. Beratung; in HH Prozesse zu Pharma- u. Medizinprodukten (▶Gesundheit); in Stuttgart Prozesse, FuE-Kooperationen, Lizenzen u. Biotech. (Kernteam: 8 Partner, 22 Associates)
Mandate: ●● Syngenta Participations zu Pflanzenschutzmitteln; Eli Lilly zu Fälschungen u. Parallelimporten; Kienle & Spiess um Windanlagen; Schock zu Lizenzvertrag; regelm. Prozesse für Stanley Black & Decker, Fein, Leifheit, Trumpf-Gruppe, Erbe Elektromedizin.

COHAUSZ & FLORACK
Patentanmeldungen ▯▯▯▯
Patentprozesse/Patentanwälte ▮▯▯▯

Bewertung: Die zu den führenden zählende D'dorfer IP-Boutique arbeitet nach wie vor im Patentrecht ausschl. mit Patentanwälten. Ihre Prosecutionpraxis gehört zu den präsentesten in Westdeutschland. Besonders bekannt sind die Patentanwälte für ihre Prozessarbeit v.a. in Mobilfunkklagen, etwa an der Seite von France Brevets u. Nokia. Über die letzten Jahre hat sich die Praxis insbes. eine starke Position bei der Betreuung industrienaher Patentverwerter erarbeitet. Immer wieder spielt sie diese Erfahrung auch in der Vertretung von produzierenden Unternehmen aus. Durch die Präsenz bei Verwertern ist sie mit Blick auf das UPC-System gut aufgestellt – denn es wird erwartet, dass das neue Gericht insbes. für diese Klientel attraktiv sein wird.

Stärken: Patentanmeldungen mit techn. Schwerpunkten in Maschinenbau, Software u. Elektronik. Prozesse mit Software-, Elektronik- u. Mobilfunkbezug.
Häufig empfohlen: Gottfried Schüll („sehr prozesserfahren", Wettbewerber), Dr. Arwed Burrichter, Dr. Ralph Schippan, Dr. Ralph Minderop (alle Patentanwälte)
Kanzleitätigkeit: Umfangr. Tätigkeit im IP einschl. ▶Marken u. Wettbewerb. Starke Schwerpunkte bei Patentprosecution mit breitem techn. Spektrum. Einspruchs- u. Nichtigkeitsverfahren. Verletzungsprozesse mit externen Anwälten. Mandantschaft: überw. dt. Mittelstand, einige Konzerne sowie Patentverwerter. (Kernteam: 21 Patentanwälte)
Mandate: ●● Öffentl. bekannt: France Brevets, u.a. um NFC-Patente; Topfield um TV-Technologie; Nokia zu Mobilfunkverfahren; Anmeldungen für Bombardier, Dt. Post, Fritz Egger, LG, RWE, Schmitz Cargobull, SIG, Signotech, ThyssenKrupp.

DF-MP DÖRRIES FRANK-MOLNIA & POHLMAN
Patentprozesse/Patentanwälte ▮▯▯▯

Bewertung: Die geschätzte Patentanwaltskanzlei ist mit ihrem stark auf streitiges Geschäft ausgerichteten Ansatz sehr präsent. Anders als viele Wettbewerber auf patentanwalt. Seite ist sie gleichermaßen in Pharma- u. Mobilfunkklagen aktiv. Mit diesem Ansatz kann sie auch im UPC-System eine Rolle spielen. Bei Pharmaprozessen stritten die Patentanwälte gewohnt intensiv in Einsprüchen u. Nichtigkeitsklagen für Generikahersteller u. auch Originatoren. Sie sind zudem in Verletzungsverfahren bspw. für Teva um Drospirenon präsent. Sehr aktiv war auch das IT-/TK-Team um Molnia an der Seite von Patentverwertern – zuletzt deutl. intensiver für Unwired Planet als für IPCom. Ungeachtet des Weggangs eines Sal.-Partners zu einem Münchner Wettbewerber bleibt eine in München gut positionierte u. techn. breit aufgestellte Anmeldepraxis Basis der exzellenten Prozessarbeit. Unter dem Strich wuchs diese sogar personell.

Stärken: Prosecution u. Prozesse für Pharma- u. TK-Patente.
Häufig empfohlen: Dr. Hans Dörries, David Molnia
Kanzleitätigkeit: Patentprosecution mit 2 deutl. Schwerpunkten bei Pharma-/Medizintechnik bzw. Elektronik/TK. Umfangr. Einsprüche, Nichtigkeits- u. Verletzungsprozesse. (Kernteam: 19 Patentanwälte)

Führende Senior-Partner unter Prozessanwälten im Patentrecht

Dr. Thomas Bopp	▶ Gleiss Lutz
Olaf Giebe	▶ Klaka
Johannes Heselberger	▶ Bardehle Pagenberg
Dr. Frank-Erich Hufnagel	▶ Freshfields Bruckhaus Deringer
Dr. Peter Kather	▶ Preu Bohlig & Partner (ab Januar 2016 Kather Augenstein)
Dr. Roland Kehrwald	▶ Wildanger Kehrwald Graf v. Schwerin & Partner
Thomas Musmann	▶ Rospatt Osten Pross
Dr. Thomas Reimann	▶ Reimann Osterrieth Köhler Haft
Dr. Sabine Rojahn	▶ Taylor Wessing
Max von Rospatt	▶ Rospatt Osten Pross
Wolf Graf von Schwerin	▶ Wildanger Kehrwald Graf v. Schwerin & Partner

Führende Partner (bis 50 Jahre) unter Prozessanwälten im Patentrecht

Dr. Martin Chakraborty	▶ Hogan Lovells
Dr. Andreas von Falck	▶ Hogan Lovells
Eva Geschke	▶ Wildanger Kehrwald Graf v. Schwerin & Partner
Dr. Marcus Grosch	▶ Quinn Emanuel Urquhart & Sullivan
Klaus Haft	▶ Reimann Osterrieth Köhler Haft
Christian Harmsen	▶ Bird & Bird
Oliver Jüngst	▶ Bird & Bird
Dr. Martin Köhler	▶ Reimann Osterrieth Köhler Haft
Dr. Henrik Timmann	▶ Rospatt Osten Pross
Axel Verhauwen	▶ Krieger Mes Graf v. der Groeben
Peter-Michael Weisse	▶ Wildanger Kehrwald Graf v. Schwerin & Partner
Dr. Anna Wolters-Höhne	▶ Bird & Bird

Führende Namen unter Patentanwälten mit empfohlenem technischen Schwerpunkt

Dr. Gunnar Baumgärtel	Maikowski & Ninnemann	(Mechanik/TK)
Dr. Thorsten Bausch	Hoffmann Eitle	(Chemie/Pharma)
Dr. Arwed Burrichter	Cohausz & Florack	(Chemie)
Jochen Ehlers	Eisenführ Speiser	(IT/Software)
Prof. Dr. Heinz Goddar	Boehmert & Boehmert	(Physik)
Dr. Hans-Rainer Jaenichen	Vossius & Partner	(Biotech/Pharma)
Axel Katérle	Wuesthoff & Wuesthoff	(Elektronik)
Dr. Christof Keussen	Glawe Delfs Moll	(Chemie)
Gregor König	König Szynka Tilmann von Renesse	(Biotech/Pharma)
Dr. Jan Krauss	Boehmert & Boehmert	(Pharma)
Dr. Dieter Laufhütte	Lorenz Seidler Gossel	(Chemie)
Dr. Hajo Otten	Witte Weller & Partner	(Pharma)
Dr. Leo Polz	Hoffmann Eitle	(Chemie/Pharma)
Dr. Eugen Popp	Meissner Bolte & Partner	(Maschinenbau)
Gottfried Schüll	Cohausz & Florack	(TK/Software)
Dr. Dirk Schulz	Michalski Hüttermann & Partner	(TK/Software)

Die hier getroffene Auswahl der Personen ist das Ergebnis der auf zahlreichen Interviews basierenden Recherche der JUVE-Redaktion (siehe S. 20). Sie ist in 2erlei Hinsicht subjektiv: Sämtliche Aussagen der von JUVE-Redakteuren befragten Quellen sind subjektiv u. spiegeln deren eigene Wahrnehmungen, Erfahrungen u. Einschätzungen wider. Die Rechercheergebnisse werden von der JUVE-Redaktion unter Einbeziehung ihrer eigenen Marktkenntnis analysiert u. zusammengefasst. Der JUVE Verlag beabsichtigt mit dieser Tabelle keine allgemein gültige oder objektiv nachprüfbare Bewertung. Es ist möglich, dass eine andere Recherchemethode zu anderen Ergebnissen führen würde.

● Referenzmandate, umschrieben
●● Referenzmandate, namentlich

Anwaltszahlen: Angaben der Kanzleien, wie viele Anwälte zu mind. ca. 50 % in diesem Gebiet tätig sind. Sie spiegeln nicht zwingend die Gesamtgröße einer Kanzlei wider.

PATENTRECHT

Mandate: ●● Mobilfunkprozesse für IPCom u. Unwired Planet; Biogen um Tecfidera; Teva, u.a. gg. Bayer um Drospirenon; div. Einsprüche u. Nichtigkeiten für Maylan, Fresenius Medical Care; Anmeldungen für Amgen, Biogen, Ebay, Krones.

DREISS
Patentanmeldungen ▢▢▢▢
Patentprozesse/Patentanwälte ▢▢▢▢

Bewertung: Die für Patentanmeldungen häufig empfohlene Kanzlei hat in diesem Jahr erstaunlich viele neue Mandanten hinzugewonnen. Dadurch legt die alteingesessene Stuttgarter IP-Boutique in ihrer ohnehin starken Anmeldepraxis ein Stück zu. Für den neuen Mandanten Innowatech übernahm sie nicht nur das Patentportfolio, sondern stieg auch gleich in ein umfangr. Einspruchsverfahren beim EPA mit ein. In Verletzungsprozessen vertritt die Kanzlei nicht nur ihre mittelständ. baden-württembergischen Stammmandanten, häufig an der Seite von externen Prozessanwälten, sondern kommt über diese auch in andere Verfahren. Nach dem Ausscheiden 2er älterer Partner verstärkte sich die Kanzlei direkt mit 2 erfahrenen Associates, davon einer mit langjähriger Tätigkeit beim Mandanten Alcatel.

Stärken: Patentprosecution u. Prozesse zu Maschinenbau, Mechanik u. Elektronik.

Häufig empfohlen: Dr. Thomas Knapp, Wolfgang Schäfer, Prof. Dr. Alexander Bulling („kompetent und gründlich", Wettbewerber; alle Patentanwälte)

Kanzleitätigkeit: Umfangr. IP-Tätigkeit m. deutl. Schwerpunkt bei Patentprosecution: Anmeldungen mit breiter techn. Expertise. Einspruchs- u. Nichtigkeitsverfahren. Verletzungsprozesse mit externen Rechtsanwälten, die eigenen Rechtsanwälte sind ausschl. im Marken- u. Wettbewerbsrecht tätig. (Kernteam: 15 Patentanwälte, 3 Rechtsanwälte)

Mandate: ●● Fashy in Nichtigkeitsverfahren; Hyundai u. Rupes in Verletzungs- u. Nichtigkeitsverfahren; Anmeldungen für Alstom, Automotive Lighting, LG Innotek, Arvos Technology, BOA Balg- u. Kompensatoren-Technologie, Cyclo Toolmakers, Ejot, Ipro, Innowatech, SilverSan.

EISENFÜHR SPEISER
Patentanmeldungen ▢▢▢▢
Patentprozesse/Patentanwälte ▢▢▢▢

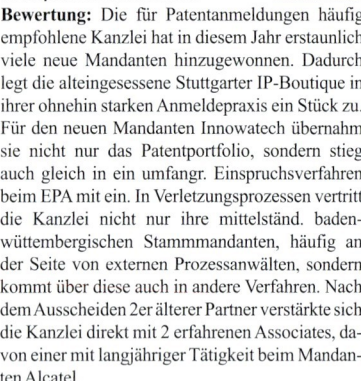

NOMINIERT
JUVE Awards 2015
Kanzlei des Jahres für IP

Bewertung: Diese im Patentrecht zu den führenden zählende Kanzlei gehört aufgrund der zahlr. Einsprüche u. Nichtigkeitsklagen, die v.a. Patentanwälte wie Ehlers u. Göken sehr umfangreich führen, zu den herausragenden Patentprozesskanzleien. Ihre Patentanwälte gelten zudem als äußerst streiterfahren in Verletzungsprozessen, die sie umfangr. etwa für Enercon, Philips u. Nordson führen. Dabei sind sie trad. auch ww. tätig, zuletzt für Enercon in einem richtungsweisenden Schiedsverfahren in Indien. In einigen prominenten Verfahren, wie Sisvel, arbeiten die Patentanwälte mit externen Prozessrechtlern zusammen. Immer konsequenter führen sie die Verfahren jedoch mit den eigenen Rechtsanwälten. Mandatsmäßig stabil entwickelte sich ihre starke Prosecutionpraxis. Sie musste aber den Weggang eines Partners in München zu Prüfer & Partner hinnehmen.

Stärken: Patentprosecution u. Prozesse zu Elektronik, Chemie, Software u. erneuerbaren Energien. Vertretung von Patentverwertern.

Häufig empfohlen: Rainer Böhm, Patentanwälte Jochen Ehlers, Klaus Göken, Joachim von Oppen

Kanzleitätigkeit: Umf. Tätigkeit im IP mit deutl. Schwerpunkt bei Patentprosecution u. breitem techn. Spektrum. Einspruchs-, Nichtigkeits-, Verletzungsklagen sowie Schiedsverfahren. Beratung bei Transaktionen, Lizenzen u. Schutzrechtsbewertung. (Kernteam: 32 Patent-, 4 Rechtsanwälte)

Mandate: ●● Enercon in Prozessen um Windanlagen (u.a. zu Schiedsverfahren in Indien); Sisvel um TV-Patente; Nordson um Pulversprühvorrichtung; Arcument um Schraubensysteme; SPC Sunflower zu ww. Patentlizenzsystem; umfangr. für BASF, Centirion, CeWe Stiftung, Philips, Sennheiser, Panasonic, Evonik.

EPPING HERMANN FISCHER
Patentanmeldungen ▢▢▢▢

Bewertung: Die im Patentrecht geschätzte Münchner Kanzlei gehört zu den anmeldestärksten Einheiten in Dtl. Aufgrund der überdurchschnittl. vielen dt. u. europ. Anmeldungen u. der schieren Zahl an Berufsträgern – sie wuchs zuletzt erneut um 2 Patentanwälte – ist sie v.a. bei Elektronik- u. IT-Patenten präsent. Hier vertritt sie oftmals eine internat. Klientel. Wichtige Mandanten sind etwa Fujitsu, Huawei u. einige ehem. Siemens-Töchter. Prozesse spielen nur punktuell für Stammmandanten eine Rolle.

Stärken: Prosecution zu Halbleiter-, IT- u. Optoelektronikpatenten.

Häufig empfohlen: Frank Heidrich, Richard Schachtner

Kanzleitätigkeit: Im IP mit starkem Schwerpunkt auf techn. Schutzrechten. Patentprosecution mit 4 Schwerpunkten bei Physik, IT/TK, Mechanik/Maschinenbau, einschl. Medizintechnik u. Autoelektronik, sowie Chemie/Pharma/Biotech. (Kernteam: 38 Patentanwälte, 1 Rechtsanwalt)

Mandate: ●● Öffentlich bekannt: Anmeldungen für Ams AG, Fujitsu, Huawei, Osram, TDK.

FRESHFIELDS BRUCKHAUS DERINGER
Patentprozesse/Rechtsanwälte ▢▢▢▢

NOMINIERT
JUVE Awards 2015
Kanzlei des Jahres für IP

Bewertung: Die im Patentrecht zu den führenden zählende Kanzlei zeigte ihre Stärke in großen Verfahren. So gewann sie Sony als neue Mandantin in SEP-Verfahren gg. den Patentverwerter Saint Lawrence. Von der Klagefreudigkeit der Patentverwerter profitiert FBD zudem, da eine weitere Prozessserie von TLI gg. Stammmandantin Apple anläuft. Mit ihrem 2. wichtigen Standbein, dem Pharmasektor, war die Praxis im Rahmen bestehender Beziehungen, etwa zum Novartis-Konzern, präsent. Personell musste FBD in diesem Jahr erneut einen profilierten Counsel ziehen lassen. Dr. Arno Riße wechselte zum Freshfields-Spin-off Arnold Ruess. Entscheider für die Entwicklung der Praxis war jedoch die Partnerernennung von Prinz zu Waldeck und Pyrmont, der sich durch die Prozessvertretung von Apple bereits einen Namen gemacht hatte. Auch mit Blick auf das UPC muss das Team nun wieder erfahrene Junganwälte vom Format Rißes und Prinz zu Waldeck u. Pyrmonts aufbauen, um weiter komplexe Verfahren stemmen zu können. Nicht allen Talenten wird sie aber in den nächsten Jahren eine Partnerperspektive bieten können.

Stärken: Prozesse, v.a. mit Pharma- u. TK-Bezug, Lizenzverträge an der Schnittstelle zu IT, Beratung an der Schnittstelle zum Kartellrecht.

Entwicklungsmöglichkeit: Mit den Büros in London, Amsterdam, D'dorf u. München ist FBD an wichtigen UPC-Lokalkammern bereits gut aufgestellt. Mit einem Ausbau des Pariser Büros würde die Prozesspraxis eine bestehende Lücke schließen.

Häufig empfohlen: Prof. Dr. Peter Chrocziel, Dr. Frank-Erich Hufnagel („hervorragender Prozessanwalt", Wettbewerber), Wolrad Prinz zu Waldeck und Pyrmont („präzise bis ins Detail", Wettbewerber)

Kanzleitätigkeit: Patentrechtl. Schwerpunkt in D'dorf u. München bei Prozessen, daneben Transaktionsbegleitung u. Lizenzrecht. In HH Lizenzen u. Beratung der Biotechbranche. Überw. Betreuung von Pharma-, TK- u. Automotiveunternehmen. Enge Zusammenarbeit mit den Praxisgruppen ▶Kartellrecht u. ▶Handel u. Haftung. (Kernteam: 3 Partner, 7 Associates)

Mandate: ●● Sony Mobile gg. Saint Lawrence um Mobilfunk; Continental um Autoreifen; Audi beim Kauf Patentportfolios für Brennstoffzellen; Novartis, u.a. um Rivastigim; Hexal um Pregabalin; Hexal/Sandoz um Gemcitabin; Microsoft, u.a. zu SEPs; Apple um Mobilfunkpatente (öffentl. bekannt).

GLAWE DELFS MOLL
Patentanmeldungen ▢▢▢▢
Patentprozesse/Patentanwälte ▢▢▢▢

Bewertung: Die geschätzte Patentanwaltskanzlei entfaltet dank Keussen bundesw. eine starke Präsenz – auch bei Prozessen auf patentanwaltl. Seite. Für ihre zumeist sehr treue mittelständ. Klientel betreut sie oftmals ww. große Portfolios, einschl. der gerichtl. Durchsetzung. Für einige Konzerne u. ausl. Unternehmen wie Sanyo u. NEC betreut sie europaw. ebenfalls gr. Portfolios. Verletzungsprozesse führt GDM zwar nur in geringer Zahl, aber anders als ihre nordd. Wettbewerber meist mit einem eigenen Prozessanwalt.

Stärken: Patentprosecution u. Prozesse mit Bezug zu Elektronik, Mechanik u. Maschinenbau.

Häufig empfohlen: Dr. Christof Keussen

Kanzleitätigkeit: Umfangr. IP-Tätigkeit. 2/3 im Patentrecht mit starker Tätigkeit bei Patentprosecution u. breitem techn. Spektrum. Patentprozesse überw. mit eigenem Rechtsanwalt. 50% dt. Mittelstand, 50% internat. Klientel (v.a. USA u. Japan). (Kernteam: 10 Patentanwälte, 1 Rechtsanwalt)

Mandate: ●● Prof. Wolter gg. Synthes um Knochenschrauben bis vor BGH; Öffentl. bekannt: Anmeldungen für E.on, Link-Gruppe, Lufthansa Technik, NEC, Sanyo, Senvion, Rensas Electronics.

GLEISS LUTZ
Patentprozesse/Rechtsanwälte ▢▢▢▢

Bewertung: Das im Patentrecht häufig empfohlene Prozessteam bleibt mit einer breiten Branchenausrichtung u. einem etablierten Team eine feste Größe im D'dorfer Patentmarkt. Ihr Aushängeschild sind Pharmaprozesse. Hier gehört Bopp bundesw. zu den herausragenden Akteuren. In seiner Person manifestiert sich aber auch der personelle Umbruch der Praxis. Bopp wechselte kürzlich in den Of-Counsel-Status u. konzentriert sich nun ausschl. auf die Prozessführung. Die Leitung des Teams übernahm der junge u. gut im

● Referenzmandate, umschrieben
●● Referenzmandate, namentlich

PATENTRECHT

Markt etablierten Partner Sonntag. Gleiss regelt damit – für viele Wettbewerber überraschend früh – den Generationswechsel. Allerdings geht sie diesen auch zu einer Zeit an, in der dem Team hinter Sonntag ein visibler Unterbau fehlt. Um aber künftig für mehrere komplexe Verfahren, insbes. bei Mobilfunkklagen, konkurrenzfähig zu sein, wird Gleiss das Team ausbauen müssen. Derzeit würde es mit mehreren Großverfahren des Kalibers vom Rivastigmin-Streit an seine Grenzen stoßen.

Stärken: Prozesse zu Pharma- u. TK-Patenten.
Entwicklungsmöglichkeiten: Mit Blick auf das UPC wird sich das Patentteam auch um seine europ. Kooperationspartner an anderen wichtigen UPC-Standorten kümmern müssen. Exklusive Verbindungen scheinen aufgrund der bisherigen Kanzleipolitik für das Patentteam fast ausgeschlossen. Auch deshalb wäre wegen ihres starken Pharmaschwerpunktes eine eigene Präsenz in London ein konsequenter Schritt.
Häufig empfohlen: Dr. Thomas Bopp, Dr. Matthias Sonntag („hartnäckiger Widersacher", Wettbewerber), Dr. Herwig Lux
Kanzleitätigkeit: Umf. im IP, v.a. im ▶Marken- u. Wettbewerbsrecht u. bei Patentprozessen. Schwerpunkte bei Nichtigkeits- u. Verletzungsklagen. Arbeitnehmererfinderrecht, FuE-Kooperationen, Lizenzen u. M&A-Transaktionen. (Kernteam: 2 Partner, 2 Counsel, 1 of Counsel, 4 Associates)
Mandate: ●● Acino, u.a. um Rivastigmin; Syngenta zum Sortenschutz von Winterweizen; regelm. Prozesse für Actavis, Kärcher, Robert Bosch, Procter & Gamble, TomTom, Viewsonic.

GRÜNECKER

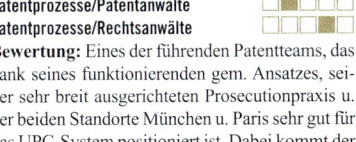

Patentanmeldungen
Patentprozesse/Patentanwälte
Patentprozesse/Rechtsanwälte

Bewertung: Eines der führenden Patentteams, das dank seines funktionierenden gem. Ansatzes, seiner sehr breit ausgerichteten Prosecutionpraxis u. der beiden Standorte München u. Paris sehr gut für das UPC-System positioniert ist. Dabei kommt der Kanzlei zusätzl. die ungewöhnlich breite techn. Expertise ihrer Patentanwälte zugute, einschl. deren Prozesserfahrung für Elektronik- u. TK-Patente. Auch ihre Rechtsanwälte sind in einer Vielzahl von Verfahren mit breitem techn. Hintergrund aktiv, etwa für Välinge um Laminatfußböden u. Doco Korea um Rasierklingen. Zudem öffnet sich Grünecker stetig der Vertretung von Patentverwertern, sodass hier bald mehr Prozesse um Mobilfunkpatente zu erwarten sind. Ihre Präsenz bei Pharmaprozessen bleibt dagegen ausbaufähig, etwa durch erfahrene Quereinsteiger. Denn auch ihre Pharmaprosecutionpraxis ist im Marktvergleich weiterhin zu klein.

Stärken: Patentprosecution u. Prozesse zu Elektronik, Mechanik u. Software.
Häufig empfohlen: Gerhard Barth, Dr. Ulrich Blumenröder, Dr. Bernd Allekotte, Patentanwälte: Martin Aufenanger, Hans Hilgers, Reinhard Knauer, Thomas Schuster, Dr. Heike Vogelsang-Wenke
Kanzleitätigkeit: Umf. IP-Tätigkeit. Urheberrecht, ▶Marken u. Wettbewerb. Deutl. Schwerpunkt bei techn. Schutzrechten. Große Prosecutionpraxis mit breitem techn. Spektrum. Einspruchs-, Nichtigkeits- u. Verletzungsverfahren. Eigenes Büro in Paris. (Kernteam: 70 Patent-, 14 Rechtsanwälte)
Mandate: ●● Öffentl. bekannt: Anmeldungen für Harman Becker, Lear Corp., Microsoft, Nissan, Panasonic, Samsung, Yamaha, Xerox. Dorco Korea um Rasierklingen; Samsung um Staubsauger; Välinge um Laminate; Virtual Paper um Notebooks; Kyowa Hakko um Coenzym Q10.

GULDE & PARTNER

Patentanmeldungen
Patentprozesse/Patentanwälte

Bewertung: Mittlerweile ist die geschätzte Berliner IP-Kanzlei mit ihrer Prosecution- u. Prozessarbeit gleichermaßen präsent. Sie ist eine der stärksten ostdt. Anmeldepraxen. Ihre traditionell guten Verbindungen nach Asien (eigenes Büro in Peking sowie jap. u. korean. Patentanwälte) nutzt sie zudem geschickt, um für in erster Linie chin. Mandanten wie ZTE, Hisense u. Haier Prozesse zu begleiten. Dabei haben die Verfahren oft einen Mobilfunkbezug. Die starke Präsenz im Asien-Geschäft u. die Ausweitung ihrer Prozessaktivitäten ist eine gute Basis für eine aktive Rolle im UPC-System.

Stärken: Patentprosecution u. Prozesse mit Bezug zu Elektronik- u. TK-Patenten. Starke Präsenz bei asiat. Unternehmen.
Häufig empfohlen: Jürgen Hengelhaupt
Kanzleitätigkeit: Umfangr. IP-Tätigkeit mit starkem Schwerpunkt bei Patenten. Intensiv Patentprosecution mit 2 Schwerpunkten bei Chemie u. Pharma bzw. Physik u. Elektronik/IT. Nichtigkeits- u. Verletzungsprozesse. (Kernteam: 17 Patent-, 3 Rechtsanwälte)
Mandate: ●● Patentprosecution für Bundesdruckerei, Robert Bosch, Coty, Samsung, Siemens, Volkswagen, Fontem. Verletzungs- u. Nichtigkeitsklagen für ZTE (u.a. gg. High Point), Hisense u. Haier (beide gg. Sisvel).

DER UPC UND SEINE FOLGEN

Das neue europäische Patentgericht (Unified Patent Court, UPC) wird für die deutschen Patentkanzleien einen europaweiten Wettbewerb mit sich bringen. Hierauf reagieren sie mit unterschiedlichen Strategien:

- **Prozessteams in international fusionierten Full-Service-Kanzleien** wie Bird & Bird oder Hogan Lovells: Aufbau gemischter Prozessexpertise ggf. durch Aufnahme von Patentanwälten; Erschließung des US-Markts, um eigene Kontakte zu US-Unternehmen abzusichern; Ausgleich der Interessen zwischen den starken nationalen Patentteams, v.a. zwischen Großbritannien und Deutschland.

- **Prozessteams national eigenständiger Boutiquen** wie Rospatt Osten Pross oder Wildanger Kehrwald Graf v. Schwerin & Partner: Aufbau gemischter Prozessexpertise, ggf. engere Kooperationen mit Patentanwälten; Kooperationen mit Prozessteams an andern europäischen Standorten, v.a. Amsterdam, London und Paris; Ausbau der direkten Beziehungen zu asiatischen und US-Unternehmen; Vergrößerung der Teams für technisch und zeitlich komplexe UPC-Prozesse.

- **Prozessteams national eigenständiger Full-Service-Kanzleien** wie Gleiss Lutz oder Hengeler Mueller: Aufbau gemischter Prozessexpertise, ggf. engere Kooperationen mit Patentanwälten; Kooperationen mit Prozessteams an anderen europäischen Standorten, v.a. Amsterdam, London und Paris; Vergrößerung der Teams mit Blick auf Großverfahren vor dem UPC; Durchsetzung der eigenen strategischen Ziele in einer Full-Service-Partnerschaft.

- **Große gemischte Kanzleien mit starkem Patentanwaltsarm** wie Vossius & Partner oder Hoffmann Eitle: Aufbau visibler Prozessexpertise in mehreren technischen Bereichen; Vergrößerung der Teams mit Blick auf Großverfahren vor dem UPC; Erschließung weiterer deutscher Standorte; Erschließung ausländischer Märkte durch eigene Büros oder enge Kooperationen vor Ort.

- **Reine Patentanwaltskanzleien** wie Manitz Finsterwald & Partner oder Betten & Resch: Aufbau gemischter Prozessexpertise, ggf. engere Kooperationen mit Prozesskanzleien; Kooperationen mit Patentkanzleien an andern europäischen Standorten, v.a. Amsterdam, London und Paris.

Zudem stellt das neue System allen Patentkanzleien in Europa vor die Aufgabe, ihre Sprachkompetenzen für auf Englisch geführte Verfahren aufzubessern, ihr Dienstleistungsangebot zu erweitern und ihr Kostenmodell anzupassen, denn künftig werden sich im UPC die verschiedenen europäischen Modelle angleichen – mit Vor- und Nachteilen für jedes Land.

HARMSEN UTESCHER

Patentprozesse/Rechtsanwälte

Bewertung: Die für Patentprozesse geschätzte Kanzlei ist eine feste Größe im Hamburger Markt. Kontinuierl. schafft es das kleine Team um Königer, bestehende Mandanten der IP-Boutique auch im Patentrecht zu beraten. Allerdings nutzt sie dabei nicht die Synergien des Prozess- u. Anmeldegeschäftes, da die Rechts- u. Patentanwälte ihre Mandanten intern kaum verzahnen. Die Rechtsanwälte werden jedoch regelm. von externen Patentanwälten bei Prozessen hinzugezogen. Dabei vertreten sie bundesweit v.a. Beklagte unterschiedlicher Branchen wie dem Gesundheits- oder Lebensmittelsektor.

Stärken: Prozessvertretung.
Häufig empfohlen: Rainer Kaase, Dr. Karsten Königer
Kanzleitätigkeit: Sehr breite Tätigkeit im IP u. in angrenzenden Rechtsgebieten wie ▶Gesundheit u. ▶Lebensmittelrecht. Starke Praxis im ▶Marken- u. Wettbewerbsrecht. Im Patentrecht zu gleichen Teilen Prozesse u. Beratung. Patentmeldungen v.a. im Rahmen bestehender Mandatsverhältnisse. (Kernteam: 3 Rechts-, 2 Patentanwälte)
Mandate: ●● Neuraxpharm um Rivastigmin-Pflaster. Öffentl. bekannt: Anmeldungen für Jack Wolfskin u. Bode Chemie, Lidl in Patentprozessen, Iglo um Gewinnspielcodes.

HAUCK

Patentanmeldungen

Bewertung: Die geschätzte, in Bezug auf die Berufsträgerzahl recht kleine Patentanwaltspraxis ist eine der visibelsten norddt. Anmeldekanzleien.

● Referenzmandate, umschrieben
●● Referenzmandate, namentlich

Anwaltszahlen: Angaben der Kanzleien, wie viele Anwälte zu mind. ca. 50% in diesem Gebiet tätig sind. Sie spiegeln nicht zwingend die Gesamtgröße einer Kanzlei wider.

PATENTRECHT

Weitere für ihre Expertise in bestimmten technischen Bereichen renommierte Patentanwaltspraxen

Kanzlei	Ort	Besonders renommierte technische Expertise für	Praxisstärke
Abitz & Partner	München	Chemie-, Pharmapatente; Prozesse	7 Patentanwälte
Becker & Müller	Ratingen	Prozesse; Mechanikpatente	5 Patentanwälte
Bosch Jehle	München	Halbleiter-, Softwarepatente; Prozesse in Zusammenarbeit mit Noerr	8 Patentanwälte
Dehmel & Bettenhausen	München	Biotech- u. Pharmapatente	6 Patentanwälte, 1 Rechtsanwalt
Diehl & Partner	München	Pharma-, TK-Patente; Prozesse	5 Patentanwälte
Freischem	Köln	Chemie-, Software-, Maschinenbaupatente	5 Patentanwälte
Gleiss Große Schrell und Partner	Stuttgart	Pharma-, Biotech-, Medizintechnikpatente	9 Patent-, 2 Rechtsanwälte
Gramm Lins & Partner	Braunschweig, Hannover	Maschinenbaupatente	12 Patent-, 4 Rechtsanwälte
Henkel Breuer & Partner	München	Chemie-, Pharmapatente; Prozesse	7 Patentanwälte
Herzog Fiesser & Partner	Düsseldorf, München u.a.	Chemie-, Pharmapatente	20 Patentanwälte
Hössle	Stuttgart	Software-Patente	4 Patentanwälte
Hofstetter Schurack & Skora	München	Elektronik-, Mechanikpatente	12 Patentanwälte, 1 Rechtsanwalt
Isarpatent	München, Cottbus	Elektronikpatente	20 Patent-, 2 Rechtsanwälte
KNH Kahlhöfer Neumann Rößler Heine	Düsseldorf	Elektronik-, TK-Patente	10 Patentanwälte
Kraus & Weisert	München	IT-/TK- bzw. Pharma-/Chemiepatente; Prozesse	15 Patentanwälte, 1 Rechtsanwalt
Kuhnen & Wacker	Freising	Chemie-, Elektronik-, Mechanikpatente	14 Patent-, 5 Rechtsanwälte
Kutzenberger Wolff & Partner	Köln	Chemie-, Pharma- u. Mechanikpatente; Prozesse	7 Patentanwälte
Lederer & Keller	München	Pharma-, Biotech-, Chemiepatente; Prozesse	5 Patentanwälte
Leifert & Steffan	Düsseldorf	Chemiepatente	3 Patentanwälte
Lippert Stachow & Partner	Bergisch Gladbach u.a.	Elektronik-, Maschinenbaupatente	16 Patent-, 5 Rechtsanwälte
MFG Meyer-Wildhagen Meggle-Freund Gerhard	München	Informationstechnologiepatente	4 Patentanwälte
Mitscherlich	München	Elektronik- u. Softwarepatente	21 Patentanwälte, 2 Rechtsanwälte
Müller-Boré & Partner	München	Mechanik-, Biotech-, Pharma-, Medizintechnikpatente	21 Patentanwälte, 3 Rechtsanwälte
Müller Fottner Steinecke	München, Jülich	Medizintechnik-, Pharma-, TK-Patente; Prozesse	3 Patent-, 4 Rechtsanwälte
Müller Schupfner & Partner	München, Hamburg	Chemie-, Medizintechnikpatente	8 Patentanwälte
Richter · Gerbaulet · Thielemann · Hofmann	Hamburg, München, Berlin	Maschinenbaupatente	9 Patentanwälte
Ruff Wilhelm Beier Dauster & Partner	Stuttgart	Chemie-, Pharma-, Elektronik-, Maschinenbaupatente; Prozesse	11 Patentanwälte
Schaumburg Thoenes Thurn Landskron Eckert	München, Regensburg	Elektronik-, Optik-, Mechanikpatente	6 Patentanwälte
Schneiders & Behrendt	Bochum u.a.	Maschinenbau-, Medizintechnikpatente	8 Patent-, 11 Rechtsanwälte
Stolmár & Partner	Düsseldorf, München u.a.	Chemiepatente	11 Patentanwälte, 1 Rechtsanwalt
Westphal Mussgnug & Partner	Villingen-Schwenningen, München	Elektronik-, Mechanikpatente	12 Patentanwälte
Winter Brandl Fürniss Hübner Röss Kaiser Polte	München, Freising	Elektronik-, Maschinenbaupatente	20 Patentanwälte

Die hier getroffene Auswahl der Kanzleien ist das Ergebnis der auf zahlreichen Interviews basierenden Recherche der JUVE-Redaktion (s. Einleitung S.20). Sie ist in 2erlei Hinsicht subjektiv: Sämtliche Aussagen der von JUVE-Redakteuren befragten Quellen sind subjektiv u. spiegeln deren eigene Wahrnehmungen, Erfahrungen u. Einschätzungen wider. Die Rechercheergebnisse werden von der JUVE-Redaktion unter Einbeziehung ihrer eigenen Marktkenntnis analysiert u. zusammengefasst. Der JUVE Verlag beabsichtigt mit dieser Tabelle keine allgemein gültige oder objektiv nachprüfbare Bewertung. Es ist möglich, dass eine andere Recherchemethode zu anderen Ergebnissen führen würde. Die Kanzleien sind alphabetisch geordnet.

Dank ihrer hohen Schlagzahl, mit der sie dt. u. v.a. europ. Patente anmeldet, bietet sie deutl. größeren Einheiten wie Eisenführ oder Glawe die Stirn. Zudem entwickelt sie sich über Jahre hinweg personell äußerst stabil. Zuletzt war Mönkemeyer recht präsent. In streit. Verfahren sind die Patentanwälte i.d.R. jedoch nur punktuell für Stammmandanten u. dann meist an der Seite von externen Rechtsanwälten tätig.
Stärken: Prosecution mit techn. Schwerpunkt bei Maschinenbaupatenten.
Häufig empfohlen: Philipp Mönkemeyer
Kanzleitätigkeit: Deutl. Schwerpunkt bei Patentprosecution mit techn. Stärken in Elektronik, Maschinenbau, Mechanik, Medizin-, Verfahrens- u. Energietechnik. Patentprozesse i.d.R. mit externen Rechtsanwälten. Mandantschaft: viele namh. norddt. Unternehmen u. einige Weltkonzerne. (Kernteam: 6 Patentanwälte)
Mandate: ●● Regelm. Anmeldungen für Eppendorf, Fette, ITW, Jungheinrich, Mapa, Nordex, Nordic Yards.

HENGELER MUELLER
Patentprozesse/Rechtsanwälte □□□■□

Bewertung: Das empfohlene Patentprozessteam streitet weiter prominent für Patentverwerter wie IPCom u. Sisvel in Prozessserien um Mobilfunk- u. Elektronikpatente. Es aber ausschl. auf die Vertretung von Patentverwertern zu reduzieren, wäre zu kurz gegriffen. Zu seinen Mandanten zählt das kleine Team auch Hengeler-typische Industriemandanten wie Samsung u. AstraZeneca. Derzeit liegen damit die techn. Schwerpunkte der Prozesspraxis auf Mobilfunk- u. Pharmapatenten. Allerdings wächst das Team personell u. auch auf Mandatsebene kaum. Dass es ihm derzeit nicht gelingt, sich entscheidend in weiteren gr. Prozessserien zu positionieren, liegt auch daran, dass es mit Kellenter als einzigem Partner zu schmal aufgestellt ist. Immerhin ernannte Hengeler zuletzt eine weitere Counsel im IP. Eine zusätzl. Partnerernennung kommt somit langsam in Sichtweite.
Häufig empfohlen: Dr. Wolfgang Kellenter
Entwicklungsmöglichkeiten: Seine geringe Größe könnte die Möglichkeiten des Teams im Rahmen des UPC-Systems limitieren. Es wird sich zudem intensiv um seine europ. Kooperationspartner

● Referenzmandate, umschrieben
●● Referenzmandate, namentlich

Anwaltszahlen: Angaben der Kanzleien, wie viele Anwälte zu mind. ca. 50 % in diesem Gebiet tätig sind. Sie spiegeln nicht zwingend die Gesamtgröße einer Kanzlei wider.

an den anderen wichtigen UPC-Standorten kümmern müssen. Als Teil einer nationalen Full-Service-Kanzlei wird es dem Team aber schwerfallen, exklusivere Verbindungen einzugehen.
Kanzleitätigkeit: Umf. IP-Tätigkeit mit deutl. Schwerpunkt im Patentrecht: überw. Prozessvertretung. Daneben strateg. Beratung, Bewertung techn. Schutzrechte u. Transaktionen. ▶ Marken u. Wettbewerb. (Kernteam: 1 Partner, 1 Counsel, 3 Associates)
Mandate: ●● IPCom um GSM-Patente; Sisvel um TV-Patente; Samsung um UMTS-Patente; AstraZeneca um Seroquel.

HOEGER STELLRECHT & PARTNER
Patentanmeldungen

Bewertung: Die geschätzte Stuttgarter Patentanwaltskanzlei ist bei Mittelständlern im mittleren Neckarraum tief verwurzelt. Mit ihrem reinen Patentanwaltsteam betreut sie ihre oftmals hochkarätige Stammmandantschaft, wie den Reinigungsgerätehersteller Alfred Kärcher v.a. bei Anmeldungen u. aufkommenden Streitigkeiten. Diese führt sie dann mit externen Prozessanwälten. Werden die langj. Mandanten mit internationaler Anmeldestrategie langfristig in Streitigkeiten vor das UPC gezogen, ist fraglich, ob sie ihren Patentanwälten treu bleiben. Dafür spricht allerdings, dass die Zusammenarbeit der Patentanwälte z.B. mit renommierten D'dorfer Kanzleien in Prozessen erprobt ist.
Stärken: Patentprosecution für Mechanik- u. Medizintechnikpatente.
Häufig empfohlen: Jürgen Beck („ausgewiesener Fachmann", Wettbewerber), Dr. Thomas Regelmann („sehr gründlich, v.a. in Anmeldeverfahren", Wettbewerber)
Kanzleitätigkeit: Patentanmeldungen für innovative Mittelständler mit Schwerpunkt Chemie-, Mechanik- u. Elektronikpatente. Nichtigkeitsklagen u. Einsprüche. Verletzungsprozesse mit externen Rechtsanwälten. (Kernteam: 10 Patentanwälte)
Mandate: ●● Öffentl. bekannt: Anmeldungen für Aesculap, Alfred Kärcher, Blanco, Balluff, DLR.

HOFFMANN EITLE
Patentanmeldungen
Patentprozesse/Patentanwälte
Patentprozesse/Rechtsanwälte

Bewertung: Die Kanzlei zählt weiter zu den im Patentrecht führenden Praxen u. hat schon früh v.a. auf patentanwaltl. Seite eine exzellente Aufstellung für das UPC gefunden. HE betreibt eine der gr. europ. Prosecutionpraxen mit extrem starker Position bei jap. Unternehmen in der Pharmabranche. Auch bei Mobilfunk- u. Elektronikpatenten ist sie gut positioniert. Gemeinsam mit Bardehle hat sie aber auch eines der aktiven gemischten Prozessteams mit gewohnt starker Präsenz in Pharmaprozessen. Hier haben insbes. Patentanwälte wie Klusmann einen exzellenten Ruf. Weniger präsent war HE dagegen zuletzt in Mobilfunkverfahren. Kaum Raum für Kritik lässt allerdings ihre internat. Positionierung, denn wegen ihres starken Pharmaschwerpunkts ist HE schon lange mit einem Büro in London präsent. Ihre Standorte Mailand u. Madrid sind aber noch nicht auf dem Niveau von London angelangt. Auch ihre beiden jüngsten Büros in Hamburg u. D'dorf sind trotz Verstärkung mit weiteren Patentanwälten entwicklungsfähig, auch wenn sie kontinuierl. ihre Mandatsbasis erweitern – von D'dorf aus arbeitet HE mit niederl. Patentanwälten, von Hamburg hat sie die skand. Länder fest im Blick. Der Erfolg von HE vor dem UPC wird aber auch davon abhängen, wie gut ihre starke asiat. Klientel das neue System annimmt.
Stärken: Patentprosecution u. Prozesse mit techn. Expertise in Pharma, TK, Chemie, Lebensmittelchemie, Mechanik u. Elektronik.
Häufig empfohlen: Dr. Niels Hölder, Dr. Dirk Schüssler-Langeheine, Dr. Clemens Steins, Patentanwälte: Dr. Thorsten Bausch, Dr. Leo Polz, Dr. Matthias Kindler, Dr. Peter Klusmann, Dr. Peter Schweighart, Dr. Joseph Taormino
Kanzleitätigkeit: Umfangr. IP-Tätigkeit. Rund 75% der Kanzleitätigkeit im Patentrecht mit Schwerpunkt bei Patentprosecution mit sehr breiter techn. Expertise. Einspruchs-, Nichtigkeits- u. Verletzungsverfahren sowie ww. Prozesskoordination. ▶ Marken u. Wettbewerb. (Kernteam in Dtl.: 94 Patent-, 11 Rechtsanwälte)
Mandate: ●● Öffentl. bekannt: Asus um LED-Patent; Kaneka um Coenzyms Q10; AstraZeneca um Seroquel; Boehringer Ingelheim um Repaglinid; regelm. Prozesse für: Astellas, Lundbeck, NTT DoCoMo, Recordati, Seiko Epson u. Toshiba; Anmeldungen für Mitsubishi, Seiko Epson, NTT DoCoMo.

HOGAN LOVELLS
Patentprozesse/Rechtsanwälte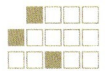

Bewertung: Im Hinblick auf das UPC stellte die zu den führenden zählende dt. Patentprozesspraxis zuletzt eine weitere Weiche. Erneut wuchs sie um eine Partnerin aus der eigenen Reihen u. unterstreicht damit auch innerhalb des europaw. stark aufgestellten Teams ihre Führungsrolle. Zudem gelingt es HL immer besser, die noch kleine US-Patentpraxis in Mandate der ww. Praxis zu integrieren, v.a. bei Mobilfunkunternehmen, bei denen das europ. Team stark vertreten ist. Hier stemmte das dt. Team mehrere gr. Verfahren gleichzeitig: Ob für HTC gg. Patentverwerter wie IPCom u. SLC oder für ZTE gg. Huawei vor dem EuGH, Hogan Lovells war hier nahezu omnipräsent. Erneut waren die Hogan-Lovells-Partner auch an zentralen Pharmaschlachten, etwa für die Stammmandantin Eli Lilly gg. Actavis aktiv. Die Tiefe mit der die Praxis inzw. beide Branchen durchdringt, führt dazu, dass sie sich ganz auf bestimmte Schlüsselmandanten fixiert, in der Pharmabranche etwa auf ausgewählte Originatoren.
Stärken: Starke internat. Klientel, gr. europ. IP-Gruppe, grenzüberschr. Prozesse, v.a. mit Pharma- u. TK-Bezug.
Entwicklungsmöglichkeiten: Die europ. Patentpraxis scheint ideal für das UPC gerüstet. Das zahlenmäßig sehr große europaw. Team könnte sich aber durch eine Verbesserung seiner länderübergreifenden Teamstrukturen u. die Homogenisierung des Geschäfts der einzelnen Partner u. damit ihrer Umsätze in eine bessere Startposition versetzen, v.a. um Konkurrenz zw. den Ländergruppen um gemeinsame Mandate zu vermeiden. Der Ausbau ihrer direkten Beziehungen zu US-Unternehmen ist einer weiterer Schlüssel zum Erfolg vor dem UPC.
Häufig empfohlen: Dr. Andreas von Falck („hervorragende Pharmakompetenz", Mandant), Dr. Martin Fähndrich („seine kombinierte techn. u. prozessuale Expertise beeindruckt", Mandant), Dr. Martin Chakraborty („erstklassiger Prozessanwalt", Wettbewerber), Christian Stoll, Dr. Steffen Steininger, Dr. Clemens Plassmann

Kanzleitätigkeit: Zu etwa gleichen Teilen Prozesse u. strateg. Beratung, einschl. Lizenzen, Arbeitnehmererfinderrecht u. Transaktionen. Branchenschwerpunkte sind ▶ Gesundheit, Medizintechnik, Elektronik, TK, Maschinenbau u. Automobil. Daneben ▶ Marken- u. Wettbewerbsrecht. (Kernteam: 8 Partner, 6 Counsel, 17 Associates)
Mandate: ●● HTC um Mobilfunkpatente; ZTE um LTE-Patente bis vor EuGH; Eli Lilly gg. Orifarm u. Actavis um Alimta; Astronics gg. Lufthansa Technik um Flugzeugtechnik; Dell u. Toshiba um TV-Monitore; regelm. Prozesse für BlackBerry, Baxter, Honeywell, Medinol, Merck, Qiagen, Shimano, Tyco.

ISENBRUCK BÖSL HÖRSCHLER
Patentanmeldungen

Bewertung: Die geschätzte Patentanwaltskanzlei stärkte zuletzt mit 3 Patentanwälten auf Associate- bzw. Sal.-Partner-Ebene, u.a. aus der Industrie oder von Wettbewerbern, ihren deutl. Schwerpunkt in der Betreuung der Chemie- u. Pharmabranche. Die Anwälte werden meist an der Seite von Stammmandanten wie BASF u. Roche Diagnostics gesehen u. haben folgl. einen sehr guten Ruf für die Anmeldungen von Chemie- u. Pharmapatenten. Prozessual treten sie trad. eher selten u. wenn, dann meist nur für Pharmaunternehmen in oft grenzüberschr. Klagen auf. Hier arbeiten sie stets mit externen Rechtsanwälten zusammen.
Stärken: Patentprosecution mit exzellentem Ruf in Chemie, Pharma u. Biotech.
Häufig empfohlen: Dr. Raphael Bösl, Wolfram Hörschler, Dr. Stefan Féaux de Lacroix, Dr. Fritz Lahrtz (alle Patentanwälte)
Kanzleitätigkeit: Schwerpunkt im IP bei Patentprosecution: Anmeldungen mit techn. Schwerpunkten in Biotech/Pharma, Chemie, Elektronik, IT, Mechanik u. Medizintechnik. Nichtigkeits- u. Einspruchsverfahren. (Kernteam: 29 Patentanwälte)
Mandate: ●● Öffentl. bekannt: Sanofi-Gruppe zu Einsprüchen; Anmeldungen für BASF, Robert Bosch, Roche Diagnostics.

JONES DAY
Patentanmeldungen
Patentprozesse/Patentanwälte
Patentprozesse/Rechtsanwälte

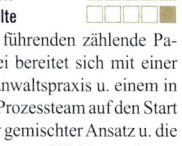

Bewertung: Die zu den führenden zählende Patentpraxis der US-Kanzlei bereitet sich mit einer gut positionierten Patentanwaltspraxis u. einem in München fest etablierten Prozessteam auf den Start des UPC-Systems vor. Ihr gemischter Ansatz u. die exzellenten Verbindungen zu US-Unternehmen sind hierfür eine hervorragende Basis. Die dt. Patentpraxis wächst seit einiger Zeit v.a. im Rahmen der bestehenden Mandatsbeziehungen. So führt das Prozessteam etwa eine Reihe großer Verfahren für Pharma-, Biotech- u. Medizinproduktehersteller – etwa einen wirtschaftl. bedeutenden Prozess für Identix. Etwas geringer ausgeprägt ist seine Arbeit für Automobilhersteller, Chemie- u. Luftverkehrsunternehmen. Kaum präsent ist JD dagegen in Mobilfunkklagen.
Stärken: Patentprosecution mit techn. Expertise zu Pharma, Biotech u. Automotive. Pharmaprozesse. Sehr starke US-Praxis.
Entwicklungsmöglichkeiten: Um als Prozessteam mit dem Marktführern auf Augenhöhe zu agieren, wird es für JD zentral sein, das D'dorfer Büro u. ihre Präsenz in Mobilfunkklagen erhebl. zu erweitern. Das wäre auch mit Blick auf das UPC

PATENTRECHT

wichtig. Zudem ist hier die Präsenz in Paris u. London ausbaufähig.
Häufig empfohlen: Gerd Jaekel, Dr. Christian Paul, Patentanwälte: Dr. Martin Weber, Dr. Dorothée Weber-Bruls
Kanzleitätigkeit: Umf. IP-Tätigkeit mit Schwerpunkt bei techn. Schutzrechten. Prosecutionpraxis mit breiter techn. Expertise. Einspruchs-, Nichtigkeits- u. Verletzungsprozesse. Lizenzverträge, Transaktionen u. Strategieberatung. (Kernteam: 14 Patent- u. 4 Rechtsanwälte)
Mandate: ●● Identix um Hepatitis-C-Arznei; Philips um LED-Leuchten; Gillette um Nassrasierer; Lufthansa Technik um Flugzeugelektronik; SMI um selbstlöschendes Zigarettenpapier; umf. Celera, Celgene, Rational, SMR Automotive, Sunrise Medical, Woco.

KEIL & SCHAAFHAUSEN
Patentanmeldungen
Patentprozesse/Patentanwälte

Bewertung: Die geschätzte gemischte IP-Kanzlei hat aufgrund ihrer starken Position bei Mechanikpatenten trad. eine dominierende Stellung in der Patentanwaltschaft der Rhein-Main-Region. Auch ihre Prosecutionarbeit zu Chemiepatenten ist anerkannt. Für eine Reihe von mittelständ. Unternehmen u. einigen Konzernen wie Sanofi-Aventis sind die Patentanwälte auch in Prozessen aktiv. Im Hinblick auf das UPC baut K&S mit einigem Erfolg eine eigene Prozesspraxis mit Rechtsanwälten auf.
Stärken: Chemie-, Mechanikpatente; Prozesse.
Häufig empfohlen: Nanno Lenz, Ludwig Schaafhausen (beide Patentanwälte)
Kanzleitätigkeit: Umfangr. IP-Tätigkeit mit deutl. Schwerpunkt bei Patentprosecution: techn. Schwerpunkte in Chemie, Elektronik, Maschinenbau, Pharma u. Verfahrenstechnik. Einspruchs-, Nichtigkeits- u. Verletzungsprozesse, ▶ Marken- u. Wettbewerbsrecht. (Kernteam: 7 Patent-, 2 Rechtsanwälte)
Mandate: ●● Rodgauer Baustoffwerke um Bogenbeton; Klann um Spezialwerkzeuge; regelm. Portfoliomanagement u. Prozesse für Sanofi-Aventis; Anmeldungen für Air Liquid, Bundesdruckerei, Lurgi, Outotec u. Sorg.

KLAKA
Patentprozesse/Rechtsanwälte

Bewertung: Mit Blick auf das UPC nimmt die für Patentprozesse häufig empfohlene Traditionsboutique in sehr kleinen Schritten Abschied von ihrem partnerzentrierten Ansatz, um mit größeren Teams auf komplexere Verfahren reagieren zu können. Diese führt das D'dorfer Büro immer umfangreicher u. wuchs infolge mit einem Associate. Schon vorher hatten die Partner aus München u. D'dorf regelm. standortübergreifend in Verfahren zusammengearbeitet. Die Betreuung von 3M zeigt auch, wie gut Klaka inzw. in D'dorf etabliert ist, denn das Unternehmen war lange fest mit einer örtlichen Kanzlei verbunden. Allerdings konnte Giebe seine Präsenz in Mobilfunkklagen, nach der erfolgr. Vertretung von ZTE gg. Smartphone Technologies, zuletzt nicht weiter ausbauen.
Stärken: Prozessvertretung mit Bezug zu Pharma u. Mechanik.
Entwicklungsmöglichkeiten: Dank ihrer Präsenz an den beiden wichtigen Gerichten München u. D'dorf ist Klaka für das UPC breiter aufgestellt als manch eine der D'dorfer Prozessboutiquen. Klaka wird dennoch ihre Anbindung an ihre europ. Partnerkanzleien intensivieren müssen, um ihre Optionen für strateg. Allianzen zu wahren. Der Kreis der potenziellen ausl. Kooperationspartner ist jedoch gering. Auch hier steht Klaka im Wettbewerb mit anderen dt. Prozesskanzleien.
Häufig empfohlen: Olaf Giebe, Dr. Michael Nieder, Dr. Wolfgang Götz, Dr. Stefan Eck
Kanzleitätigkeit: Starker Schwerpunkt im Patentrecht: ausschl. Prozesse u. Beratung. Daneben ▶ Marken- u. Wettbewerb. Ausgeprägte Verbindungen zu Konzernen u. dt. Patentanwälten. (Kernteam: 5 Partner, 1 Associate)
Mandate: ●● ZTE um Mobilfunkpatent; Sram um Fahrradkomponenten (tlw. bis vor BGH); 3M, u.a. um Zahntechnik u. Sprühpistolen; Tyco Fire & Security um Sicherheitstechnik; Fischerwerke um Befestigungsvorrichtungen; Big Ben um Computerspiele; AVM um TK-Technologie.

KÖNIG SZYNKA TILMANN VON RENESSE
Patentprozesse/Patentanwälte

Bewertung: Die empfohlene D'dorfer Kanzlei war auch zuletzt wieder eine der aktivsten dt. Patentanwaltseinheiten bei Prozessen. Für die Bayer-Teilkonzerne, Eli Lilly oder Amgen ist Königs u. von Renesses Beteiligung an wichtigen Verletzungs- u. Nichtigkeitsverfahren bzw. Einsprüchen mit Pharmabezug ein gewohntes Bild. Aktiver als zuvor stritten sie allerdings für Medizinproduktehersteller bzw. zu Konsumgütern, weil die beiden Prozessserien für OrbusNeich um Stents bzw. für ECC um Espressokapseln deutl. belebt wurden. Dabei arbeitet KSTVR nach wie vor ausschl. mit externen Rechtsanwälten zusammen. Dank der herausragenden Prozessexpertise u. des ausgeprägten Branchen-Know-hows ihrer Partner positioniert sich die kleine Kanzlei auch ohne internat. Büros exzellent für das UPC.
Stärken: Prozesse durch Patentanwälte, oftmals mit Grundsatzcharakter v.a. für Biotech- u. Pharmaunternehmen; Mechanikpatente.
Häufig empfohlen: Gregor König („denkt immer ‚out of the Box'", Wettbewerber), Dr. Dirk Szynka, Max Tilmann („guter Prozessstratege", Wettbewerber), Dr. Dorothea von Renesse (alle Patentanwälte)
Kanzleitätigkeit: Ausschl. Tätigkeit im IP mit deutl. Schwerpunkt bei Patenten. Anmeldungen mit breitem techn. Spektrum. Sehr umfangr. Prozessarbeit gemeinsam mit externen Anwälten. Zudem Patentbewertungen u. Lizenzverträge. (Kernteam: 13 Patentanwälte)
Mandate: ●● Öffentl. bekannt: BayerPharma, u.a. um Drospirenon; Amgen u. Eli Lilly in div. Prozessen; OrbusNeich um Stents; Ethical Coffee Company (ECC) um Kaffeekapseln; regelm. in Prozessen: Geberit u. Shimano; Anmeldungen für Orthogen, Osram, Paion, Qiagen, Takeda.

VON KREISLER SELTING WERNER
Patentanmeldungen

Bewertung: Die Patentanwälte der geschätzten Kölner IP-Kanzlei haben v.a. für ihre Prosecutionarbeit einen guten Ruf. Hierbei ist sie eine der visibelsten Einheiten für chem. Patente mit einer ebenfalls starken Position für die Betreuung der Pharmabranche. Hier treten sie gelegentlich gemeinsam mit externen Rechtsanwälten in Prozessen auf. Aufgrund ihrer geschäftl. stabilen Entwicklung im Rahmen langj. Mandatsbeziehungen verstärkte sich KSW mit einer Patentanwältin mit techn. Expertise bei Chemiepatenten.
Stärken: Patentanmeldungen mit Pharma-, Biotech- u. Chemiebezug.
Häufig empfohlen: Dr. Hans-Peter Jönsson, Dr. Jörg Helbing, Jochen Hilleringmann (alle Patentanwälte)
Kanzleitätigkeit: Umfangr. IP-Tätigkeit mit Schwerpunkt bei Patentanmeldungen mit breitem techn. Spektrum. Einspruchs- u. Nichtigkeitsklagen. Verletzungsprozesse mit externen, Marken- u. Wettbewerbsrecht durch eigene Rechtsanwälte. Zahlr. internat. Konzerne (USA u. Asien). (Kernteam: 15 Patentanwälte)
Mandate: ●● Öffentl. bekannt: Anmeldungen für DLR, Oerlikon, Becton Dickinson; Prozesse für Apex um Medizinprodukte u. LED-Hersteller.

KRIEGER MES GRAF V. DER GROEBEN
Patentprozesse/Rechtsanwälte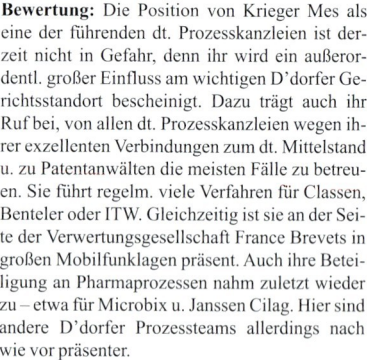

Bewertung: Die Position von Krieger Mes als eine der führenden dt. Prozesskanzleien ist derzeit nicht in Gefahr, denn ihr wird ein außerordentl. großer Einfluss am wichtigen D'dorfer Gerichtsstandort bescheinigt. Dazu trägt auch ihr Ruf bei, von allen dt. Prozesskanzleien wegen ihrer exzellenten Verbindungen zum dt. Mittelstand u. zu Patentanwälten die meisten Fälle zu betreuen. Sie führt regelm. viele Verfahren für Classen, Benteler oder ITW. Gleichzeitig ist sie an der Seite der Verwertungsgesellschaft France Brevets in großen Mobilfunklagen präsent. Auch ihre Beteiligung an Pharmaprozessen nahm zuletzt wieder zu – etwa für Microbix u. Janssen Cilag. Hier sind andere D'dorfer Prozessteams allerdings nach wie vor präsenter.
Stärken: Verletzungsprozesse, v.a. in D'dorf u. mit TK- u. Softwarebezug. Vertretung von Patentverwertern. Arbeitnehmererfinderrecht.
Entwicklungsmöglichkeiten: Mit Blick auf das neue UPC-System kommt Krieger Mes nach wie vor seltener als Wettbewerber wie Hogan Lovells u. ROKH zum Zug, wenn Unternehmen Verfahren mit großen Teams führen. Ihr partnerzentrierter Ansatz setzt ihr hier Grenzen. Außerdem verkleinern Zusammenschlüsse à la Hoyng ROKH Monegier den Kreis hochkarätiger Kooperationspartner u. damit die Möglichkeiten an den zentralen Verfahren unter dem UPC-Regime teilnehmen zu können. Krieger Mes schließt eine europaw. Fusion aber aus. Vor dem UPC wird sie daher v.a. auf den herausragenden Ruf einzelner Anwälte setzen müssen, den derzeit aber nur Verhauwen u. Bühling genießen.
Häufig empfohlen: Prof. Dr. Peter Mes, Axel Verhauwen, Dr. Jochen Bühling, Gereon Rother, Dr. Michael Bergermann
Kanzleitätigkeit: Umfangr. Tätigkeit im IP mit Schwerpunkt bei Patentprozessen. Arbeitnehmererfinderrecht. Ebenfalls Prozesse im ▶ Marken- u. Wettbewerbsrecht. (Kernteam: 8 Partner, 4 Associates)
Mandate: ●● France Brevets um NFT-Patente; Ansaldo zu Schiedsverfahren um Anlagenbau; Medtronic um Stents; Janssen Cilag gg. Abbvie um Blockbuster; Microbix gg. Novartis um Impfstoff; regelm. Prozesse für Classen, Melitta/Swirl, Benteler, ITW.

LORENZ SEIDLER GOSSEL
Patentanmeldungen
Patentprozesse/Patentanwälte
Patentprozesse/Rechtsanwälte

Bewertung: Eine im Patentrecht führende Münchener IP-Boutique um Laufhütte, die umf. zu Patentanmeldungen u. Patentprozessen berät. Dabei

● Referenzmandate, umschrieben
●● Referenzmandate, namentlich

PATENTRECHT

zeichnet sich die Praxis durch die enge Zusammenarbeit zwischen Patent- u. Rechtsanwälten aus, fiel aber im letzten Jahr bei großen Verletzungsprozessen nicht auf. Das starke Anmeldegeschäft hat dagegen weiter zugelegt, wobei LSG viel für den baden-württembergischen u. bayr. Mittelstand tätig ist. Internat. baut LSG neben den bereits guten Direktkontakten in Japan nun ihr China-Geschäft aus. Eine Patentanwältin absolvierte die chin. Patentanwaltsausbildung u. gewann v.a. Anmeldegeschäft. Ein dauerhaft starkes Asien-Geschäft würde LSG v.a. im neuen europ. Patentsystem Chancen bieten, sich weiter als unabh. Prozessteam zu positionieren. Beim Start des UPC wird sich herausstellen, ob das Netzwerk zu europ. Kanzleien Mandanten überzeugt, die Kanzlei in den zu erwartenden komplexen Prozessen zu beauftragen.

Stärken: Patentprosecution mit techn. Expertise in Maschinenbau u. Mechanik. Prozesse.
Häufig empfohlen: Dr. Dieter Laufhütte
Kanzleitätigkeit: Umfassende IP-Tätigkeit. Im Patentrecht Schwerpunkte bei Patentprosecution mit breitem techn. Spektrum sowie Einspruchs-, Nichtigkeitsverfahren u. Verletzungsprozesse in gemischten Teams. (Kernteam: 8 Patent-, 2 Rechtsanwälte)
Mandate: ●● Öffentl. bekannt: Liebherr um Kühlschränke sowie bei Anmeldungen; Julius Blum um Möbelbeschläge; Geox um Schuhe; viele Anmeldungen für Fresenius Medical Care, Ford, Mazda u. Faun.

MAIKOWSKI & NINNEMANN
Patentanmeldungen
Patentprozesse/Patentanwälte

Bewertung: Die häufig empfohlene Kanzlei ist nicht nur eine der visibelsten Prosecutionpraxen außerhalb Münchens, sie ist zudem eine der ersten Adressen, wenn es um die Prozessarbeit auf patentwaltl. Seite in Mobilfunkklagen geht. Sie ist hier in fast allen aktuell wichtigen Prozesskomplexen zugegen. Dabei baut M&N auch im Hinblick auf das UPC-System u. trotz der Fusion von ROKH mit Hoyng Monegier auf gute Verbindungen zu einigen Rechtsanwaltskanzleien wie ROKH u. Hogan Lovells. Gleichzeitig setzt M&N auf die herausragende Prozessexpertise einzelner Anwälte wie Baumgärtel u. auf ihr autarkes patentanwalt. Geschäft sowie intensive Direktverbindungen zu Technologiekonzernen, darunter Infineon oder ein korean. Mischkonzern. Ihre unabhängige Position könnte M&N aber durch deutl. mehr Pharmaprozesse weiter stärken.
Stärken: Techn. Expertise in TK, Halbleiter- u. Maschinenbau. Prozesse mit TK-Bezug.
Häufig empfohlen: Dr. Gunnar Baumgärtel, Dr. Wolfram Müller, Prof. Dr. Felix Gross (alle Patentanwälte)
Kanzleitätigkeit: Umfangr. IP-Tätigkeit mit starkem Schwerpunkt bei Patentprosecution u. breiter techn. Expertise. Betreuung ihrer überw. mittelständ. Klientel sehr häufig von der Anmeldung bis hin zu Prozessen. Ca. 30% ausl. Unternehmen. (Kernteam: 15 Patentanwälte)

Mandate: ●● HTC u. Vringo um Mobilfunkpatente; Anmeldungen für Biomet, Fresenius Kabi, Lenovo, Phoenix Contact, Takata; umf. zu Patenten: Arnold & Richter, Brose, Heidenhain, Infineon, Teles.

MAIWALD
Patentanmeldungen
Patentprozesse/Patentanwälte

Bewertung: Die im Patentrecht häufig empfohlene Kanzlei hat v.a. bei der Betreuung der Pharmabranche – sowohl zur Prosecution als auch bei Prozessen – einen guten Namen. Zuletzt war das Prozessteam deutl. aktiver, auch weil bspw. Stief prominent im Markt agiert. Maiwald allerdings ausschl. auf eine Pharmakanzlei zu reduzieren, wäre zu kurz gegriffen, denn die Patent- u. Rechtsanwälte betreuen ein breiteres techn. Spektrum – etwa Automotive, Flugzeugbau u. Medizintechnik. In Mobilfunkverfahren fiel die Kanzlei dagegen bislang nicht auf.
Stärken: Patentprosecution u. -prozesse mit techn. Expertise in Biotech, Pharma u. Chemie. Exzellente US-Kontakte.
Entwicklungsmöglichkeiten: Mit Blick auf das UPC scheint Maiwald v.a. wg. ihrer gemischten Prozesskompetenz u. exzellenter Kontakte zu US-Unternehmen gut gerüstet. Diese wird sie allerdings gg. das Werben brit. Kanzleien verteidigen müssen. Aufgrund des starken Pharma- u. Chemiegeschäfts bleibt ein Büro bzw. eine enge Kooperation in London eine ungelöste Aufgabe.

Anzeige

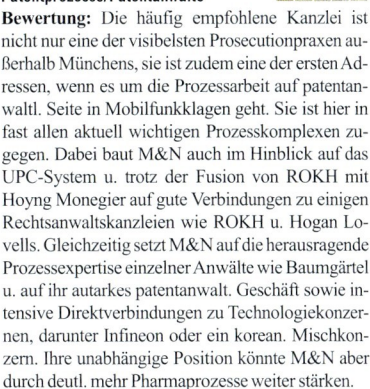

CHANDRAKANT M. JOSHI
Führende indische IPR Anwaltskanzlei

5th & 6th Floor, Vishwananak, Chakala Road,
Andheri (East), Mumbai – 400 099, **INDIA**

INDIEN

Phones: +91-22-28380848, 28205425, 28324920
Telefax: +91-22-28380737, 28389839
Email: cmjoshi@bom3.vsnl.net.in
chandrakantmjoshi@vsnl.net
chandrakantjoshi@vsnl.net
Website: www.cmjoshi.us

WEITERE BÜROS IN INDIEN:
New Delhi, Kolkata, Ahmedabad, Hyderabad und Chennai

MITGLIED VON:
IPR Professional Associations U.S.A., U.K., Deutschland, Japan, Frankreich et al.

KONTAKT PERSON:
Herr Hiral Chandrakant Joshi

SPRACHEN: Englisch, Französisch, Deutsch und Italienisch

Die Kanzlei bietet ihrer globalen Mandantschaft professionelle Recherche, Anmeldung und Registrierung von Patenten, Marken, Design und Urheberrecht für die Länder Indien, Pakistan, Bangladesh, Sri Lanka, Nepal und den Malediven.

● Referenzmandate, umschrieben
●● Referenzmandate, namentlich

Anwaltszahlen: Angaben der Kanzleien, wie viele Anwälte zu mind. ca. 50 % in diesem Gebiet tätig sind. Sie spiegeln nicht zwingend die Gesamtgröße einer Kanzlei wider.

PATENTRECHT

Häufig empfohlen: Marco Stief, Patentanwälte: Dr. Volker Hamm, Dr. Regina Neuefeind
Kanzleitätigkeit: Umfangr. Tätigkeit im IP mit deutl. Schwerpunkt bei Patentprosecution. Breites techn. Spektrum mit gr. Pharma- u. Chemiepraxis. Einspruchs- u. Nichtigkeitsverfahren. Verletzungsprozesse mit gemischten Teams. Eigenes Büro in Zürich. (Kernteam: 48 Patent-, 6 Rechtsanwälte)
Mandate: ●● Airbus bis vor BGH; Mundipharma u. Purdue zu Verfassungsklage gg. EPA; regelm. Prozesse für Stada (öffentl. bekannt) u. Fresenius Kabi; Prosecution für Airbus, Alere, Bausch & Lomb, Robert Bosch, Borealis, Purdue.

MANITZ FINSTERWALD & PARTNER
Patentanmeldungen
Bewertung: Gewohnt anmeldestark zeigte sich die empfohlene Münchner IP-Kanzlei auch im vergangenen Jahr. Traditionell gehört sie u.a. wegen ihrer exzellenten Verbindungen zu General Motors vor dem DPMA zu den äußerst aktiven Anmeldern. Hierher rührt auch ihr exzellenter Ruf für die Betreuung von Automotivepatenten. Dass die Kanzlei zuletzt aber deutl. um 3 Patentanwälte wuchs, ist auch auf neue Patentportfolios etwa der schweiz. Sulzer AG zurückzuführen. Streitig sind die Patentanwälte v.a. in Einsprüchen vor dem EPA u. bei Nichtigkeitsklagen zugegen, zuletzt etwa für einen chin. Mobilfunkanbieter. In Verletzungsprozessen dagegen sind sie weiterhin nur begrenzt präsent, auch weil die starke Automobilklientel u. ihre vielen mittelständ. Mandanten selten vor Gericht ziehen.
Stärken: Patentprosecution mit techn. Expertise für Automobilindustrie.
Kanzleitätigkeit: Im IP starker Schwerpunkt bei Patentprosecution mit starken techn. Bereichen bei Mechanik u. Physik, daneben Chemie, Pharma, Elektronik, u. TK. Viele Einspruchs- u. Nichtigkeitsklagen, seltener Verletzungsprozesse mit externen Prozessanwälten. (Kernteam: 26 Patentanwälte)
Mandate: ●● Öffentl. bekannt: viele Anmeldungen (tlw. einschl. Einsprüche u. Nichtigkeitsklagen) für Abus, Delphi, General Motors, Schneider Electric, Sulzer-Gruppe, Sumitomo.

MEISSNER BOLTE & PARTNER
Patentanmeldungen
Patentprozesse/Patentanwälte
Patentprozesse/Rechtsanwälte
Bewertung: Die im Patentrecht zu den führenden zählende Kanzlei hat neben ihrer gut positionierten Prosecutionpraxis inzw. auch ein präsentes Prozessteam um Wuttke. Dieses führt eine Vielzahl von Prozessen für mittelständ. Unternehmen. Zuletzt gelang es aber auch, Konzerne wie die Dt. Telekom u. einen dt. Chemiehersteller zu gewinnen. Dass das Team bei der Vertretung von Facebook, in einer Klage durch den Patentverwerter Marathon bislang nicht zum Zuge kam, obwohl die Patentanwälte die europ. Prosecution begleiten, war ein Wermutstropfen. Dennoch ist der kontinuierl. Aufbau des Prozessteams der eigentl. Erfolg der Kanzleiarbeit der letzten 4 Jahre, denn er befeuerte die nunmehr vollständige Integration aller 9 dt. Standorte. Büroübergreifend arbeiten die Patentanwälte immer intensiver mit dem eigenen Prozessteam zusammen. Diese Entwicklungen sind entscheidend, damit sich die Kanzlei auch im UPC-System bewähren kann.
Stärken: Patentprosecution mit techn. Expertise in Chemie u. Maschinenbau. Prozesse.

Häufig empfohlen: Dr. Tobias Wuttke („top bei grenzüberschreitenden Verfahren", Wettbewerber), Patentanwälte: Dr. Eugen Popp, Kay Rupprecht
Kanzleitätigkeit: Umfangr. IP-Tätigkeit überw. für mittelständ. Unternehmen. Ca. 50% im Patentrecht mit deutl. Schwerpunkt bei Patentprosecution: Anmeldungen mit breiter techn. Expertise. Einspruchs-, Nichtigkeits- u. Patentverletzungsverfahren. Arbeitnehmererfinderrecht. Die übrigen 50% in ▶ Marken- u. Wettbewerbsrecht. (Kernteam: 53 Patent-, 9 Rechtsanwälte)
Mandate: ●● Dt. Telekom um Mobilfunkpatente; Cybex um Kindersitze; Greif um Industrieverschlüsse; dt. Chemiekonzern zu Verletzungsstreit. Öffentl. bekannt: Anmeldungen für Facebook, Electrolux, ITW, Johnson Controls, Mammut Sports, Pioneer, Villeroy & Boch.

MICHALSKI HÜTTERMANN & PARTNER
Patentanmeldungen
Bewertung: Wie schon in den Jahren zuvor zeigte sich die für ihre Prosecutionarbeit geschätzte Patentanwaltskanzlei wieder dynamisch. Die Patentanwälte melden nicht nur für einige Stammmandanten umfangr. als zuvor an, sondern verbuchten auch einige neue Mandanten. So betreuen sie immer umfangr. Vorwerk. Die Kanzlei wächst aber insbes. bei asiat. Unternehmen. Recht aktiv ist MH&P auch in der IP-bezogenen Due-Diligence-Arbeit etwa beim IPO von Molecular Partners u. dem Verkauf von Sorbion an BSN Medical. Ihre Patentanwälte treten inzw. regelm. in Verletzungsprozessen auf.
Stärken: Prosecution mit techn. Schwerpunkten bei Chemie-, Maschinenbau- u. TK-Patenten.
Häufig empfohlen: Dr. Stefan Michalski, Dr. Aloys Hüttermann („sehr zufrieden mit seiner Prozessarbeit", Mandant), Dr. Dirk Schulz, Guido Quiram, Dr. Uwe Albersmeyer (alle Patentanwälte)
Kanzleitätigkeit: Im IP deutl. Schwerpunkt auf Patentprosecution mit breitem techn. Spektrum. Einsprüche u. Nichtigkeitsklagen. Verletzungsprozesse mit externen Rechtsanwälten. Daneben Transaktionsbegleitung. (Kernteam: 24 Patentanwälte)
Mandate: ●● Gesellschafter von Sorbion zu Verkauf an BSN Medical; Molecular Partners zu IPO; Skylotech um Schutzausrüstung; Classen um Lizenzen; Anmeldungen für ABB, Acer, Oerlikon Balzers, Phoenix Contact, Gigaset, SMK, Vorwerk.

NOERR
Patentprozesse/Rechtsanwälte

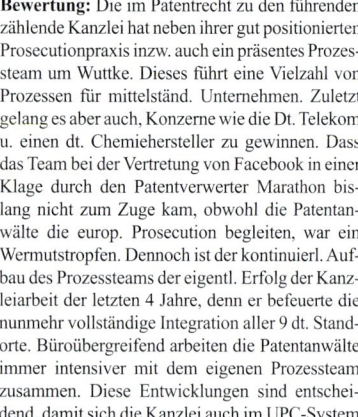

Kanzlei des Jahres für IP

Bewertung: Das für seine Patentprozessarbeit geschätzte Münchner Team setzt seinen Weg hin zu einer bundesw. präsenten Praxis fort. Dieser führt derzeit v.a. über die Vertretung von Patentverwertern wie TLI in Mobilfunkklagen bzw. MedTech um Medizintechnik. Hinter den beiden Unternehmen steht die Marathon-Gruppe. In den meisten Klagen treten die Noerr-Anwälte gemeinsam mit den Patentanwälten vom Kooperationspartner Bosch Jehle auf. Die Vertretung von Patentverwertern macht derzeit gut 60% des Prozessgeschäfts aus. Der Rest entfällt auf Industrieunternehmen wie 2 gr. dt. Automobilhersteller, die Noerr bei strateg. Projekten oder Lizenzverträgen begleitet. Erneut wuchs das Team, zuletzt mit einem Mobilfunkklagen erfahren Bardehle-Anwalt als Sal.-Partner.
Stärken: Prozesse für Patentverwerter, v.a. im Mobilfunk.
Häufig empfohlen: Dr. Ralph Nack
Kanzleitätigkeit: Umf. im IP (▶ Marken- u. Wettbewerbsrecht) mit deutl. Schwerpunkt bei Patentprozessen. 2 Schwerpunkte bei Vertragsgestaltung, Lizenzen, strateg. Beratung u. Transaktionen. Enge Kooperation mit den Patentanwälten von Bosch Jehle. (Kernteam: 2 Eq.-, 2 Sal.-Partner, 4 Associates)
Mandate: ●● MedTech um Medizintechnik; TLI Communications um Bildspeicherverfahren; Bridgestone um Reifendruckkontrollsysteme; dt. Automobilhersteller zu Lizenzsystem.

PREU BOHLIG & PARTNER
Patentprozesse/Rechtsanwälte
Bewertung: Die im Patentrecht zu den führenden zählende Prozesskanzlei steht für eine rege Prozesstätigkeit mit einem breiten techn. Spektrum. Ihr zuletzt beeindruckender Weg an die Marktspitze wurde jedoch in diesem Jahr abrupt gestört, denn die D'dorfer IP-Rechtler um Kather u. Augenstein spalten sich Ende 2015 ab. Insges. verlassen ca. 10 Anwälte das D'dorfer Büro u. gründen Kather Augenstein. Zuletzt waren sie insbes. extrem präsent in Mobilfunkklagen, etwa für HTC. Mit Kather verliert Preu Bohlig sogar einen der Stars der D'dorfer Patentszene, der zudem sehr stabile Mandatsbeziehungen pflegt. Unverändert agieren künftig die Büros in München, HH u. Berlin weiter als Preu Bohlig in Patentprozessen. Hier haben die Anwälte stabile Mandatsbeziehungen in die Bereiche Medizintechnik u. Elektronik, z.B. zu Avago. Sie profitierten zuletzt auch von mehr Streitigkeiten im Chemiesektor. Bei Mobilfunkklagen wird sich das Augenmerk künftig stärker auf Berlin konzentrieren, denn hier ist Donle aktuell für Huawei in einer großen Klage gg. Unwired Planet aktiv. Während die Kanzlei nach der Abspaltung, so der Kenntnisstand zum Zeitpunkt des Redaktionsschlusses, in D'dorf ohne IP-Expertise sein wird, eröffnet sie mit Blick auf das UPC Ende 2014 ein Associate ein Büro in Paris, dem Standort des UPC-Zentralgerichts. Ihr kleines Berliner Büro erweiterte sie durch den Zugang des of Counsels Prof. Dr. Theo Bodewig, der bisher an der Berliner Humboldt-Universität zum Patentrecht gelehrt hat.
Stärken: Prozessvertretung, u.a. mit Bezug zum Pharmarecht.
Entwicklungsmöglichkeiten: Angesichts der Veränderungen in D'dorf erscheint die Büroeröffnung in Paris als bloß ein kleiner Schritt. Auch mit Blick auf das UPC wird die Kanzlei den Wiederaufbau in D'dorf mit Nachdruck betreiben müssen, denn die dortigen Gerichte haben mittelfristig weiter eine starke Bedeutung. Die Abspaltung des D'dorfer Patentteams offenbarte zudem den losen Verbund der einzelnen Standorte, die bisher kaum in Mandaten zusammenarbeiten. Lösen die Partner in Berlin, HH u. München dieses Problem, haben sie bessere Chancen ein schlagkräftiges Teams für UPC-Verfahren aufzustellen.
Häufig empfohlen: Dr. Peter Kather („beste Qualität", Mandant), Dr. Stephan Gruber, Dr. Ludwig von Zumbusch, Prof. Dr. Christian Donle, Dr. Christof Augenstein

● Referenzmandate, umschrieben
●● Referenzmandate, namentlich

PATENTRECHT

Kanzleitätigkeit: Full-Service-Kanzlei mit überw. Tätigkeit im IP. Neben dem Patentrecht auch ▶Marken- u. Wettbewerbsrecht u. Pharmarecht (▶Gesundheit). Überwiegend Prozesse. Viele dt. Mandanten, einige Direktkontakte zu Konzernen. (Kernteam: 12 Partner, 8 Associates)
Mandate: ●● Öffentl. bekannt: Prozesse für Ericsson u. Vodafone um Mobilfunk, Huawei gg. Unwired Planet um LTE; HTC um Betriebssystem, Coloplast um Harnkatheter; lfd. Knorr Bremse, Manroland Sheetfed, Audi, Boston Scientific, VW, MAN Truck & Bus.

PRINZ & PARTNER
Patentanmeldungen
Patentprozesse/Patentanwälte
Bewertung: Die im Patentrecht geschätzte Kanzlei entwickelte ihre Prosecutionarbeit zuletzt im Rahmen bestehender Mandatsverhältnisse. Die zahlenmäßig starke Anmeldepraxis vor dem DPMA u. EPA ist die Basis ihrer Prozessarbeit. Hier glänzte sie wie schon in den Vorjahren an der Seite von Nike gg. Adidas. Inges. recht aktiv waren die Patentanwälte in Nichtigkeits- u. Verletzungsklagen – stets an der Seite externer Rechtsanwälte – v.a. für Autohersteller u. -zulieferer. Nach personell konstanten Jahren musste die Kanzlei zuletzt 2 angestellte Patentanwälte aus der Mechanik zu kleineren Wettbewerbern ziehen lassen.

Stärken: Anmeldungen u. Prozesse zu Maschinenbau-, Elektronikpatenten. Starke Position bei Automotive.
Häufig empfohlen: Jochen Sties
Kanzleitätigkeit: Im IP überw. zu Patenten. Anmeldungen mit breitem techn. Spektrum. Einspruchs- u. Nichtigkeitsverfahren. Verletzungsprozesse mit externen Rechtsanwälten. Markenprozesse mit eigenen Rechtsanwälten. (Kernteam: 9 Patentanwälte)
Mandate: ●● Nike um Laufschuh; Meritor Braking um Bremsbeläge; Patentprosecution für: BMW, Faurecia, Gore, Rational, Reemtsma, Shimano, TRW.

PRÜFER & PARTNER
Patentanmeldungen
Bewertung: Dass es diese geschätzte u. von Patentanwälten dominierte Kanzlei ernst mit dem Aufbau eines gemischten Prozessteams meint, unterstrich sie zuletzt durch die erstmalige Aufnahme eines Rechtsanwaltes in die Partnerschaft. Auch auf patentanwaltl. Seite holte sie zuletzt einen bei Elektronikpatenten erfahrenen Eisenführ-Partner. Somit bleibt Prüfer eine der dynamischsten Einheiten in München. Als Prosecutionpraxis ist sie exzellent positioniert. Um aber ihre Präsenz als Prozesseinheit zu steigern, könnte sie die in Dtl. aufflammenden Aktivitäten von Patentverwertern für sich nutzen. Bislang ist Prüfer in Verfahren für Stammmandanten wie Brother u. Sandos-Hexal präsent.

Stärken: Patentprosecution mit techn. Expertise in Elektronik, Mechanik, Pharma.
Kanzleitätigkeit: Starker Schwerpunkt bei Patentprosecution, v.a. mit Bezug zu Pharma, Medizintechnik, Elektronik u. klass. Maschinenbau. Nichtigkeits- u. Einspruchsverfahren. Zunehmend Verletzungsprozesse mit integrierten Teams. Daneben Marken- u. Wettbewerbsrecht. (Kernteam: 15 Patent-, 2 Rechtsanwälte)
Mandate: ●● Cateye um Fahrradleuchten; Patentprosecution u. Prozesse für Brother u. Sandoz-Hexal; Anmeldungen für Eos, Lek, Nidek, Mizuno, Mitsubishi Denki, Trumpf, Voestalpine.

QUINN EMANUEL URQUHART & SULLIVAN
Patentprozesse/Rechtsanwälte
Bewertung: Das starke dt. Prozessteam der US-Kanzlei ist aufgrund der sehr engen Beziehungen zu Google äußerst präsent u. zählt somit weiter zu den führenden dt. Prozesspraxen. Dabei kommt ihm zugute, dass Google in nahezu allen Mobilfunkverfahren derzeit entweder als Beklagte oder Streithelferin beteiligt ist – so auch in den Massenklagen von Marathon u. Unwired Planet. Deutl. unterentwickelt bleibt allerdings die Präsenz des Teams in Pharmaverfahren. Die 2. Partnerernennung aus den eigenen Reihen nach ihrem Markteintritt in Dtl. in 2011 ist jedoch der Grundstein, um die Lücke bei Pharmaverfahren zu schließen. Außerdem dürfte es dem Team damit leichter fallen, weiter die hohe Qualität in der Beratung zu halten.

Anzeige

Established in 1962 by Dr. Yitzhak Hess, the firm is one of the oldest and most highly respected IP practices in Israel.

The firm's activities comprise, inter alia:

- filing of patent, design, and trademark applications in Israel, the West Bank, and the Gaza District on behalf of both local and foreign clientele;
- drafting patent specifications in various technological fields;
- prosecution of patent, design, and trademark applications in relevant countries, with providing full assistance to the clients in examination;
- performing searches for patents, designs, and trademarks;
- participation in Industrial Property litigation and other Intellectual Property concerns.

Fields of the technological expertise of the firm:

- Chemistry
- Biochemistry
- Biology
- Biotechnology
- Genetic Engineering
- Green technologies
- Physics
- Electric Engineering
- Electronic Engineering
- Mechanical Engineering
- Optics
- Computerized systems
- Computers
- Telecommunications

The Firm's contact details are as follows:
Dr. Yitzhak Hess & Partners
35 Jabotinsky Street, Ramat-Gan 5251108, Israel
Telephone: 972-3-6042715
Fax: 972-3-5468038
E-mail: hess@hess.co.il
Website: http://www.hess.co.il

PATENTRECHT

Hier hatte es im Vorjahr aufgrund des enormen personellen Wachstums Kritik von Wettbewerbern gegeben. Diese verstummte zuletzt aber wieder.
Stärken: Prozesse mit TK-Bezug sowie an der Schnittstelle zum Kartellrecht. Starke US-Praxis.
Entwicklungsmöglichkeiten: Mit Blick auf das UPC wird QE nicht auf ein Büro in Paris u. weitere Patentexperten im Londoner Büro verzichten können, denn nur für eine Übergangsphase wird es helfen, dass das dt. Team sehr erfahren im Umgang mit internat. besetzten Gerichten ist u. so die übrigen UPC-Standorte aus den dt. Büros heraus bedienen könnte. Die Rechtsanwälte führen, anders als viele Prozesskanzleien, neben Verletzungs- auch intensiv Löschungs- u. Beschwerdeverfahren vor den internat. besetzten EPA-Beschwerdekammern.
Häufig empfohlen: Dr. Marcus Grosch, Dr. Nadine Herrmann, Dr. Johannes Bukow
Kanzleitätigkeit: In den USA ausschl. Prozesstätigkeit mit starkem Schwerpunkt in IP. In Dtl. überw. Betreuung in IP mit sehr deutl. Schwerpunkt bei Patentprozessen. In Hamburg Soft-IP sowie Kartellrecht an der Schnittstelle zu Patenten. (Kernteam: 3 Partner, 2 Counsel, 14 Associates)
Mandate: ●● Google, Samsung u. IPCom in div. Mobilfunkklagen; Eurofilters um Staubsaugerbeutel; regelm. Prozesse für Sanyo, Saint-Gobain, Sisvel, Carl Freudenberg.

RAU SCHNECK & HÜBNER
Patentanmeldungen □□□
Bewertung: Die v.a. für Patentanmeldungen geschätzte Nürnberger Kanzlei ist verwurzelt im nordbayr. Mittelstand. Ihre Stammmandanten, darunter Uvex u. Coperion, beraten die Patentanwälte v.a. in Anmeldungen. In gemischten Teams vertreten sie diese gelegentlich auch in Streitigkeiten. Die Kernexpertise der Anmeldepraxis liegt im Maschinenbau.
Stärken: Prosecution u. Prozesse mit techn. Expertise in Maschinenbau u. Elektronik.
Häufig empfohlen: Dr. Manfred Rau
Kanzleitätigkeit: Ausschl. Tätigkeit im IP mit deutl. Schwerpunkten bei Patentprosecution mit breitem techn. Spektrum. Kaum organ. Chemie u. Pharma. Einspruchs-, Nichtigkeits- u. Verletzungsklagen. Daneben Marken- u. Wettbewerbs- u. Geschmacksmusterrecht. (Kernteam: 9 Patentanwälte, 1 Rechtsanwalt)
Mandate: ●● Patentanmeldungen, -prozesse u. -beratung für Uvex u. Coperion; Anmeldungen (öffentl. bekannt) für Carl Zeiss, Sumitomo (SHI) Demag.

REIMANN OSTERRIETH KÖHLER HAFT
Patentprozesse/Rechtsanwälte ●□□□
Bewertung: Aufgrund ihrer breiten Prozessarbeit u. der Vielzahl im Markt präsenter Partner gehört ROKH ungefochten zu den führenden Patentprozesspraxen in Dtl. Inzw. enteilt die Boutique auch aufgrund ihrer Größe ihre Wettbewerbern am D'dorfer Standort. Zuletzt ernannte sie einen weiteren Partner aus den eigenen Reihen. Grundlage der Entwicklung bleibt eine enorme Präsenz bei Prozessen aus verschiedenen techn. Bereichen, wie sie in dieser Breite nur noch Krieger Mes aufweist. Deutl. früher als die Wettbewerber ging ROHK zuletzt in Bezug auf das UPC in die Offensive: Als Hoyng ROKH Monegier kommen 2 europ. IP-Schwergewichte mit einer starken Präsenz bei Mobilfunk- u. Pharmafällen zusammen. Bis zum Jahresende 2015 will ROKH den Zusammenschluss mit Hoyng Monegier vollenden. Die genauen Strukturen legen die Parteien noch fest, eine Vollfusion halten Beobachter eher für unwahrscheinlich. Einerseits macht die neue kontinentaleurop. Kanzlei mit 100 IP-Anwälten u. 5 Standorten – darunter Amsterdam, Brüssel, D'dorf und Paris – den starken IP-Einheiten in Großkanzleien wie Hogan Lovells u. Bird & Bird erhebl. Konkurrenz. Andererseits stehen nun die europaw. führenden IP-Boutiquen unter Zugzwang, denn mit jeder weiteren Fusion verlieren sie weitere potenzielle Allianzpartner. Die Fusion setzt die Konkurrenz aber nur dann unter Zugzwang, wenn beide Teile ihre Strukturen vereinheitl. u. konsequent gemeinsam Geschäft entwickeln. Einen ersten Hinweis hierauf gibt die Entscheidung, künftig nun noch Originatoren in Pharmaprozessen zu vertreten. ROHK hatte bislang eine starke Präsenz bei Generikaherstellern. Vor diesem Hintergrund fragen sich allerdings Marktteilnehmer, ob die Fusion ohne eigene Präsenz in London wirklich sinnvoll ist.
Stärken: Prozessvertretung mit Spezialisierung auf Pharma-, Elektronik- u. TK-Patente.
Häufig empfohlen: Dr. Thomas Reimann, Klaus Haft, Prof. Dr. Christian Osterrieth, Dr. Martin Köhler („erstklassig", Wettbewerber), Kay Kasper, Dr. Christine Kanz, Dr. Mirko Weinert, Dr. Tobias Hahn
Kanzleitätigkeit: Umfangr. IP-Tätigkeit mit Schwerpunkt bei Patentverletzungs- u. Nichtigkeitsverfahren. Daneben Lizenzen, FuE-Kooperationen u. Transaktionen. Zudem ▶ Marken u. Wettbewerb. Starke internat. Klientel. (Kernteam: 9 Partner, 11 Associates)
Mandate: ●● Öffentl. bekannt: Dt. Telekom gg. SLC, Vringo gg. ZTE bzw. Samsung gg. Unwired Planet (alle um Mobilfunkpatente); Gilead um Hepatitis-C-Präparat Sovaldi; regelm. Prozesse für Alcatel Lucent, Carl Zeiss, Energizer, Teva, Willkinson, frz. Pharmakonzern u. US-Chiphersteller.

VON ROHR
Patentanmeldungen □□□
Patentprozesse/Patentanwälte □□□
Bewertung: Die für Anmeldungen u. ihre Prozessarbeit geschätzte, reine Patentanwaltskanzlei sticht unter den Praxen im Ruhrgebiet heraus. Die Kanzlei hat es nach der Aufspaltung von Gesthuysen und Partner geschafft, unter ihrem Namenspartner von Rohr eine Reihe junger Patentanwälte zunehmend präsenter im Markt zu positionieren. Ihre Ausrichtung hat sich vom Maschinenbau hin zu deutl. mehr Arbeit zu Chemie-, Life-Science- u. Elektrotechnikpatenten verschoben. Dabei betreut die Kanzlei Unternehmen unterschiedlicher Größe aus der Region. Sie wird von Wettbewerbern für ihr „Augenmaß bei Rechnungen für kleine Mandanten" gelobt. In Prozessen arbeitet sie mit externen Rechtsanwälten zusammen. Einige ihrer Partner haben aber auch selbst einen guten Ruf für Prozesse auf patentanwaltl. Seite.
Stärken: Elektronikpatente, Prozesse.
Häufig empfohlen: Hans von Rohr (Patentanwalt)
Kanzleitätigkeit: Schwerpunkt bei Patentanmeldungen in Chemie, Life Science, Elektrotechnik u. Maschinenbau, aber auch in Prozessen für Mittelständler aus dem Ruhrgebiet. (Kernteam: 10 Patentanwälte)
Mandate: ●● Öffentl. bekannt: Anmeldungen für Boehringer Ingelheim, Hülsta-Werke, ELG Carbon Fibre.

ROSPATT OSTEN PROSS
Patentprozesse/Rechtsanwälte ●□□□

Bewertung: Diese traditionsreiche D'dorfer IP-Kanzlei gehört weiter zum Kreis der führenden dt. Patentprozesspraxen mit einer starken Präsenz vor den D'dorfer Gerichten. Schien es noch vor 2 Jahren, dass sie in Mobilfunkklagen den Anschluss zur Marktspitze verliert, hat sie mit der Vertretung von LG gg. Unwired Planet bzw. SLC das Comeback geschafft. In Pharmaprozessen gehörte sie stets zur ersten Garde. Früher als die übrigen Boutiquen hat Rospatt den Generationswechsel vollzogen, nachdem mit Dr. Ulrich Pross nunmehr der letzte Seniorpartner ausgeschieden ist. Die Praxis trägt inzw. eine leistungsstarke Riege im Markt sehr präsenter junger Partner wie Max von Rospatt, Musmann, u. Timmann. Dahinter formiert sich bereits die nächste Generation junger Prozessanwälte. Die Kanzlei hat mit Blick auf das UPC daher wichtige Hausaufgaben bereits erledigt.
Stärken: Prozessvertretung, starke internat. Kontakte.
Entwicklungsmöglichkeiten: Mit Blick auf das UPC könnte sich die fehlende Präsenz im Londoner Markt, als künftiges Kompetenzzentrum des Zentralgerichts für Pharmasachen, als das einzige Problem herausstellen. Die Kanzlei pflegt zwar intensive Beziehungen zu brit. Kanzleien wie Bristows u. Powell Gilbert, ein Zusammenschluss scheint aber allein wegen der Größenunterschiede unwahrscheinlich.
Häufig empfohlen: Max von Rospatt, Thomas Musmann, Dr. Henrik Timmann, Stephan von Petersdorff-Campen
Kanzleitätigkeit: Überwiegend prozessuale u. beratende Tätigkeit im IP u. in angrenzenden Rechtsgebieten wie HWG u. Kartellrecht. Deutl. Schwerpunkt bei Patentverletzungsprozessen. Breites Branchenspektrum, v.a. aber bei Pharma, Medizintechnik, TK u. Automobil. ▶ Marken u. Wettbewerb. (Kernteam: 6 Partner, 2 Associates)
Mandate: ●● Samsung gg. Dyson um Staubsauger; LG gg. Unwired Planet bzw. Saint Lawrence (SLC) um Mobilfunk (öffentl. bekannt); Lucas Industries um Automobiltechnik; Novartis Vaccines um Impfstoff; Osram um Lichttechnik.

SAMSON & PARTNER
Patentprozesse/Patentanwälte ●□□□
Bewertung: Die geschätzte IP-Kanzlei gilt weiter v.a. in Mobilfunkklagen als Top-Adresse auf patentanwaltl. Seite. Weil ihre wichtigste Mandantin Nokia zuletzt seltener vor Gericht gezogen wurde bzw. selbst klagte, nahm der Anteil an Mobilfunkprozessen allerdings ab. Dafür trat ihre Prozesserfahrung bei Elektronik- u. Mechanikpatenten deutl. zutage. Die derzeitige Ruhephase bei Mobilfunkklagen könnte S&P nutzen, um ihre bereits gut eingeführten jüngeren Prozessanwälte deutl. im Markt zu positionieren. Neben dem starken Prozessgeschäft betreibt die Kanzlei eine florierende, techn. breit ausgerichtete Anmeldepraxis. Zuletzt wuchs sie um 3 Patentanwälte.
Stärken: Prosecution u. Prozesse mit Bezug zu Elektronik, Software, IT u. Mechanik.

PATENTRECHT

Häufig empfohlen: Michael Turi, Dr. Wolfgang Lippich, Friedrich von Samson-Himmelstjerna, Dr. Tobias Stammberger (alle Patentanwälte)
Kanzleitätigkeit: Ausschl. im IP mit starkem Schwerpunkt bei techn. Schutzrechten tätig. Jeweils zur Hälfte Patentanmeldungen mit breitem techn. Spektrum u. streitige Auseinandersetzungen: Einspruchs-, Nichtigkeits- u. Verletzungsklagen. Letztere ausschl. mit externen Anwälten. (Kernteam: 14 Patentanwälte)
Mandate: ●● Öffentl. bekannt: Everlight um LED-Leuchten; Vringo gg. ZTE um Mobilfunk; Nokia/Microsoft um Mobilfunk; Carl Zeiss um Augenlinsen; Anmeldungen für Amadeus, Heckler & Koch, Vestas.

SIMMONS & SIMMONS
Patentprozesse/Rechtsanwälte

Bewertung: Diese im Patentrecht empfohlene Kanzlei baut mit Nachdruck ein schlagkräftiges Prozessteam in Dtl. auf. Inzw. fest etabliert ist die vor gut 3 Jahren gegründete Münchner Einheit um Adam. In D'dorf ist das Team um Meyer eine ernst zu nehmende Herausforderin der Platzhirsche geworden. Dazu trug auch die Verstärkung durch vom Feld bei. Sie stärkte, im Spätsommer 2014 von Bird & Bird kommend, den ohnehin starken Schwerpunkt der Praxis bei der Betreuung von Arzneimittelherstellern. Schon lange bekannt ist die Arbeit für Bayer. Hinzu kamen nun Boehringer Ingelheim u. andere Pharmahersteller. Deutl. seltener prozessiert das dt. Team zu Mobilfunkpatenten. Zudem wuchs es zuletzt nicht mehr auf Associate-Ebene.
Stärken: Prozesse mit Pharmabezug. Grenzüberschreitende Zusammenarbeit mit Amsterdam u. London.
Entwicklungsmöglichkeit: S&S schickt sich an, europw. ein maßgebl. Prozessteam zu werden. Noch immer schwach ist dessen Präsenz in Paris. Das dt. Team muss zudem auf Associate-Ebene wachsen, um ein stärkeres Gewicht bei Mobilfunkklagen spielen zu können – v.a. im Hinblick auf die zu erwartenden komplexen UPC-Verfahren.
Häufig empfohlen: Dr. Peter Meyer, Dr. Thomas Adam, Dr. Ina vom Feld
Kanzleitätigkeit: Deutl. Schwerpunkt bei Beratung u. Prozessvertretung. Schnittstellenkompetenz zum Kartellrecht. Branchenschwerpunkte: viel Pharma, daneben bei Elektronik, Medizinprodukten, TK. (Kernteam: 3 Partner, 1 Counsel, 2 Associates)
Mandate: ●● Bayer Pharma zu EV-Verfahren um Drospirenon sowie weitere Bayer-Töchter (öffentl. bekannt); Fontem Ventures um E-Zigarette; Boehringer Ingelheim zu Prozessen; Einsprüche für Rüstungskonzern; Chiphersteller um NFC-Technologie.

TAYLOR WESSING
Patentprozesse/Rechtsanwälte

Bewertung: Das im Patentrecht häufig empfohlene D'dorf-Münchner Prozessteam hat mit zusätzl. Expertise in Amsterdam u. London eine gute Startposition für das europ. Patentsystem. In dt. Patentprozessen überzeugt es seit jeher zu Pharmapatenten. Es führt darüber hinaus Prozesse in einem breiten techn. Spektrum. TWs Beteiligung bei Mobilfunkklagen schwankte über die letzten Jahre allerdings. Hier war TW für Ericsson u. Hisense präsent. In gr. Schlachten der Branche bleibt dem Team aber immer wieder nur die Zuschauerrolle – selbst wenn Stammmandantin Ericsson beteiligt ist. Auch war TW nicht in den großen Verfahren durch Patentverwerter zugegen. Dies liegt u.a. auch an dem im Vergleich zu Wettbewerbern weniger präsenten D'dorfer Büro.
Stärken: Prozesse mit Pharma- u. TK-Bezug. Großes europ. Patentteam. Gute Kontakte nach China u. Japan.
Entwicklungsmöglichkeiten: Mit Blick auf das UPC scheinen die internen Verhältnisse zwischen der starken dt. u. brit. Patentgruppe klar abgesteckt. Während die dt. Gruppe exzellente Kontakte nach China u. Japan hat, steht London für die Verbindung zum US-Markt. Ihre noch jungen Büros in Silicon Valley u. New York nutzt das Patentteam noch zu wenig. Zudem werden die dt. Partner künftig darauf achten müssen, dass sich die Kontakte zu US-Unternehmen aufgrund des Sprachvorteils nicht zu sehr auf das Londoner Büro fokussieren.
Häufig empfohlen: Dr. Sabine Rojahn, Dr. Michael Samer, Christoph de Coster, Dr. Klaus Kupka, Dr. Christian Lederer, Dr. Dietrich Kamlah, Dr. Gisbert Hohagen

Anzeige

● Referenzmandate, umschrieben
●● Referenzmandate, namentlich

Anwaltszahlen: Angaben der Kanzleien, wie viele Anwälte zu mind. ca. 50 % in diesem Gebiet tätig sind. Sie spiegeln nicht zwingend die Gesamtgröße einer Kanzlei wider.

PATENTRECHT

Kanzleitätigkeit: Umf. Tätigkeit im IP. Im Patentrecht mit Schwerpunkt bei Verletzungsprozessen. Sehr enge Zusammenarbeit mit dem europ. Patentteam sowie der internat. Life-Science-Gruppe (▶ Gesundheit). Daneben Lizenz- u. Kooperationsverträge. (Kernteam: 9 Eq.-Partner, 3 Sal.-Partner, 10 Associates)
Mandate: ●● Hisense gg. Sisvel um Mobilfunk; Ericsson um UMTS; Sandoz/Hexal um Seroquel; Nichia um weiße LEDs; Gore um Stents; Agfa Graphics um Druckplatten; Prozesse für Fraunhofer-Gesellschaft, FSA, Hospira u. ThyssenKrupp.

TER MEER STEINMEISTER & PARTNER
Patentanmeldungen
Patentprozesse/Patentanwälte

Bewertung: Ihren Ruf für die Begleitung von Chemie- u. Pharmapatenten unterstrichen die Patentanwälte dieser geschätzten IP-Kanzlei zuletzt durch die Begleitung von Hexal in 2 wichtigen Prozessen. Die Patentanwälte sind besonders präsent in Verletzungs- u. Nichtigkeitsklagen an der Seite von Generikaunternehmen. Sie begleiten darüber hinaus auch die Anmeldung u. Amtsverfahren für verschiedene Branchen. Der 2. Schwerpunkt der Praxis sind Elektronikpatente, die sie bspw. intensiv für asiat. Konzerne wie LG anmelden.
Stärken: Patentprosecution u. Prozesse mit Bezug zu Chemie, Pharma u. Elektronik.
Kanzleitätigkeit: Im IP mit Schwerpunkt bei techn. Schutzrechten zu Chemie/Pharma/Medizin u. Biotech, Fahrzeugbau/Mechanik sowie Elektronik/TK. Patentanmeldungen, Einspruchs-, Nichtigkeits- u. Verletzungsklagen mit externen Anwälten. (Kernteam: 15 Patentanwälte)
Mandate: ●● Hexal u. Accord um Seroquel bzw. gg. Bayer um Yas/Yasmin; Anmeldungen für Doosan Heavy Industries, Hexal, LG-Gruppe, Mitsubishi, Ratiopharm.

UEXKÜLL & STOLBERG
Patentanmeldungen
Patentprozesse/Patentanwälte

Bewertung: Die im Patentrecht häufig empfohlene Hamburger IP-Boutique ist im Unterschied zu vielen Patentanwaltskanzleien nicht nur auf Anmeldungen, sondern vornehml. auf Prozesse ausgerichtet. Diese führen sie in Zusammenarbeit mit externen Rechtsanwälten. Ihre Patentanwälte sind selbst intensiv für Stammmandanten wie Exxon Mobil in vielen Einspruchsverfahren aktiv. Auch der Landwirtschaftskonzern Monsanto bringt viel streitiges Geschäft, u.a. zu Pflanzenzüchtungen, zu der Kanzlei. International beraten die Patentanwälte überwiegend US-Mandanten, die sie direkt mandatieren u. der Einheit tlw. seit Jahrzehnten verbunden sind. Daneben gewann die Kanzlei z.B. mit Presspart, dem Werkzeugbauer für Pharmaunternehmen, auch neue Mandanten hinzu. Wenn nach der Einführung des UPC in großen Verfahren prozesserfahrene Patentanwälte gesucht werden, kann U&S profitieren. Allerdings werden ihre Kontakte zu externen Rechtsanwälten u. zu internationalen Partnern, v.a. ihre US-Kontakte durch den Wettbewerb mit brit. Kanzleien, auf die Probe gestellt. Ein eigenes Büro in London könnte daher eine Option sein.
Stärken: Patentprozesse mit techn. Schwerpunkt in Pharma, Biotech u. Chemie.
Häufig empfohlen: Albrecht von Menges, Peter Franck, Dr. Ulrich-Maria Gross, Dr. Heinz-Peter Muth („lange Prozesserfahrung", Wettbewerber; alle Patentanwälte)
Kanzleitätigkeit: Umfangr. IP-Praxis mit Schwerpunkt bei Patentprosecution mit breiter techn. Expertise. Regelm. Prozesse, häufig gemeinsam mit externen Prozessanwälten. Daneben ▶ Marken- u. Wettbewerbsrecht. Überwiegend internat. Klientel. (Kernteam: 19 Patentanwälte)
Mandate: ●● Öffentl. bekannt: lfd. Anmeldungen u. Einsprüche für: ExxonMobil, Ivoclar, KRKA, Monsanto, Black & Decker, W. R. Grace, Airbus; Johnson & Johnson u. Janssen Pharmaceutical zu Einsprüchen; Sealed Air zu Einsprüchen, Anmeldungen für Helmholtz-Zentrum Geesthacht u. Presspart.

VIERING JENTSCHURA & PARTNER
Patentanmeldungen

Bewertung: Als eine der personell gr. u. anmeldestärksten Einheiten ist die geschätzte IP-Kanzlei nach wie vor äußerst präsent als Prosecutioneinheit. Für ihre starke asiat. Klientel meldet sie v.a. vor dem DPMA an. Sie betreut aber auch umfangr. europ. Patente, etwa für US-Mandanten i. dt. Elektronik-, IT- u. TK-Unternehmen. Bekannt sind bspw. die guten Beziehungen zu Osram u. Infineon. In Verletzungsprozessen treten die Patentanwälte kaum in Erscheinung. Die eigenen Rechtsanwälte führen überw. Markenprozesse.
Stärken: Prosecution für Elektronik-, IT- u. Maschinenbaupatente.
Kanzleitätigkeit: Im IP mit Schwerpunkt bei techn. Schutzrechten. Starker Anteil Patentprosecution mit breitem techn. Spektrum. Daneben Einspruchs-, Nichtigkeitsklagen. (Kernteam: 24 Patentanwälte)
Mandate: ●● Öffentl. bekannt: viele Anmeldungen für Hyundai, Infineon, Intel, LG Display, Osram.

VOSSIUS & PARTNER
Patentanmeldungen
Patentprozesse/Patentanwälte
Patentprozesse/Rechtsanwälte

Bewertung: Auf der Basis ihrer exzellent positionierten Prosecutionpraxis feilte diese im Patentrecht zu den führenden zählende Kanzlei an der Aufstellung ihres Prozessteams. So verstärkte sie die rechtsanwaltl. Seite mit 2 Berufseinsteigern u. ernannte einen erfahrenen Prozessanwalt zum Sal.-Partner. Das Prozessteam hat in München bereits eine exzellente Position, im November 2015 eröffnete sie zusätzl. ein Büro in D'dorf mit einem gemischten Prozessteam aus eigenen Patentanwälten u. einem erfahrenen Quereinsteiger. Somit strebt Vossius immer deutlicher mit einem starken gemischten Ansatz in das UPC-System, um etwa ihrer starken US-Klientel Service aus einer Hand bieten zu können. Schon jetzt agieren die Patentanwälte konsequenter als zuvor an der Seite der Prozessspezialisten. V.a. bei Pharmaprozessen ist Vossius gut positioniert. Sie betreut aber auch regelm. asiat. Unternehmen vor dt. Gerichten. Mit der Büroeröffnung in D'dorf hat Vossius somit auch die starke asiat. Klientel im Rheinland fest im Blick.
Stärken: Patentprosecution u. Prozesse zu Pharma-, Biotech- u. Chemiepatenten.
Entwicklungsmöglichkeiten: Mit Blick auf das UPC-System bleibt die im Vergleich zu ihren Hauptkonkurrenten Bardehle u. Hoffmann Eitle geringere europaw. Präsenz die Achillesferse von Vossius. V.a. aufgrund des starken Pharmaschwerpunktes scheint ein Büro in London bzw. enge Kooperationen vor Ort sinnvoll.
Häufig empfohlen: Dr. Johann Pitz, Dr. Thure Schubert, Patentanwälte: Dr. Hans-Rainer Jaenichen, Dr. Alexa von Uexküll, Elard Frhr. von Schenck zu Schweinsberg
Kanzleitätigkeit: Umf. IP-Tätigkeit. Ca. 80% der Kanzleitätigkeit bei techn. Schutzrechten. Starke Patentprosecutionabt. mit 3 techn. Praxisgruppen: Chemie, Life Science u. Technik. Prozesse mit integrierten Teams. Lizenzverträge u. strateg. Beratung. Daneben ▶ Marken u. Wettbewerb. (Kernteam: 50 Patent-, 11 Rechtsanwälte)
Mandate: ●● Israel zu Beschwerde beim EPA um Pflanzenpatent; Shenzhen Geniatech um MPEG2; ResMed um Medizinprodukte; LabPMM um biotech. Diagnoseverfahren; umfangr. zu Patenten: Boston Scientific, 3M, IMC-Gruppe, LG, NEC, Smith & Nephew, Sumitomo.

WALLINGER RICKER SCHLOTTER TOSTMANN
Patentanmeldungen
Patentprozesse/Patentanwälte

Bewertung: Die im Patentrecht empfohlene, gemischte Kanzlei ist auf stabil hohem Niveau v.a. in streitigen Verfahren präsent. So gewann sie neue Mandate u. vertritt z.B. Macronix in Verletzungsprozessen. Eine gute Basis für die starke Prozesspraxis bietet das stabile Anmeldegeschäft für den Mittelstand. Daneben betreut die Kanzlei auch große Anmelder wie BMW. Insges. hat sie einen starken Ruf für die Betreuung der Automobilbranche. Nach den Abgängen 2er erfahrener Patentanwälte im letzten Jahr ernannte sie nun einen Patentanwalt aus den eigenen Reihen zum Partner.
Stärken: Pharmapatente sowie Prozesse v.a. für die Automobilbranche.
Häufig empfohlen: Dr. Mathias Ricker („guter Prozessanwalt", Wettbewerber), Michael Wallinger (beide Patentanwälte)
Kanzleitätigkeit: IP-Kanzlei mit starkem Schwerpunkt bei Patenten. Viele Prozesse, Lizenzen, IP-Transaktionen u. IP-Management. Mittelgroße Anmeldepraxis mit techn. Schwerpunkten bei Chemie, Pharma, Biotech, Elektronik u. Maschinenbau. Verletzungsprozesse überw. mit eigenen Rechtsanwälten. (Kernteam: 20 Patent-, 4 Rechtsanwälte)
Mandate: ●● Fresenius Medical Care, AVL, Macronix in Verletzungsprozessen (alle öffentl. bekannt); Anmeldung u. Prozesse für: Eppendorf, Kuka, Merz u. MTU; Anmeldungen u. Einsprüche für Eastman, Merck KGaA, Kärcher North America; Anmeldungen für BMW, Archroma.

WEICKMANN & WEICKMANN
Patentanmeldungen
Patentprozesse/Patentanwälte

Bewertung: Die Stärke der im Patentrecht geschätzten Münchener Kanzlei ist das Portfoliomanagement. Daneben entwickeln die Patentanwälte stetig Prozessgeschäft für Mandanten, u.a. in Pharma u. Mechanik. Zudem gewannen sie neu einen Pharmamandanten u. einen Aluminiumkonzern hinzu. Anfang 2015 gliederte W&W die 9 Anwälte starke Kanzlei Hansmann & Vogeser ein, womit allerdings nur ein Patentanwalt auf Partnerebene einstieg. Wenige Monate zuvor hatte sich ein Team um den empfohlenen Patentanwalt u. Maschinenbauingenieur Dr. Hans-Jürgen Trossin abgespalten u. die neue Kanzlei Ruttensperger Lachnit Trossin Gomoll gegründet. Das neu hinzugewonnene Team hatte bisher kaum Präsenz im Markt. Bei

PATENTRECHT

Prozessen arbeitet die Kanzlei weiterhin nur mit externen Rechtsanwälten zusammen.
Stärken: Patentprosecution mit techn. Bezug zu Chemie, Pharma u. Mechanik. Prozesse.
Häufig empfohlen: Dr. Volker Jordan, Dr. Jörg Prechtel, Dr. Horst Liska, Dr. Wolfgang Weiß (alle Patentanwälte)
Kanzleitätigkeit: Umfangr. IP-Tätigkeit mit Schwerpunkt im Patentrecht. Patentprosecution mit breitem techn. Spektrum. Regelm. Nichtigkeits- u. Einspruchsprozesse. Verletzungsprozesse gemeinsam mit externen, Markenrecht u. UWG durch eigene Rechtsanwälte. (Kernteam: 24 Patentanwälte)
Mandate: ●● Öffentl. bekannt: Anmeldungen für Jungheinrich, Sanofi-Aventis, Hoffmann-La Roche, Honda, Novelis, Forward Pharma.

WILDANGER KEHRWALD GRAF V. SCHWERIN & PARTNER
Patentprozesse/Rechtsanwälte

Bewertung: Als eine der führenden D'dorfer Patentprozesskanzleien deckt sie mit ihren im Markt zahlreich präsenten Partnern ein breites techn. Spektrum von Elektronik, Mechanik- u. Pharmapatenten ab. Nach wie vor sind sie häufig an der Seite von Industrieunternehmen wie BSH u. LG zu sehen. In Mobilfunkklagen holte Wildanger im Vergleich zu anderen Marktführern auf u. vertritt den Patentverwerter Saint Lawrence in einer der umfangreichsten Mobilfunkklagen des Jahres gg. die Dt. Telekom.
Stärken: Prozesse mit Bezug zu Elektronik, Mechanik u. Pharma.
Entwicklungsmöglichkeiten: Personell wächst Wildanger kontinuierlich auf Associate-Ebene. Ob das Wachstum mit Blick auf das UPC-System ausreicht, hängt davon ab, wie gut die Kanzlei mit ihrem partnerzentrierten Ansatz in kanzleiübergreifenden Teams große Klagen meistert, denn im Gegensatz zu den Prozessteams in internat. fusionierten Sozietäten ist die Zusammenarbeit unter den Wildanger-Partnern ausbaufähig.
Häufig empfohlen: Dr. Roland Kehrwald („hervorragender Prozessanwalt", Wettbewerber), Wolf Graf von Schwerin, Peter-Michael Weisse, Eva Geschke („starke Kämpferin", Wettbewerber)
Kanzleitätigkeit: Ausschl. Prozessvertretung u. Beratung im IP mit deutl. Schwerpunkt bei Patenten. Renommierte, aber kleine Prozesspraxis im

Marken- u. Wettbewerbsrecht. Mandatsträger: viele direkte Kontakte zur dt. Industrie (viel Mittelstand) u. zu Patentanwälten. Internat. Klientel mit Schwerpunkt bei asiat. Elektronikherstellern. (Kernteam: 6 Partner, 3 Associates)
Mandate: ●● Saint Lawrence zu Sprachübertragung für Smartphones; regelm. Prozesse für BSH, LG, Actega (alle öffentl. bekannt), lfd. Beratung für Henkel.

WITTE WELLER & PARTNER
Patentanmeldungen
Patentprozesse/Patentanwälte

Bewertung: Die Stuttgarter Patentanwaltskanzlei ist geschätzt für ihre Patentanmeldepraxis. Dabei ist sie im Vergleich zu anderen schwäb. Kanzleien bes. für große Konzerne wie Boing, Sony oder Carl Zeiss tätig. Ihr Wachstum leistet sie aus eigener Kraft. Sie bildet gezielt aus u. führt Patentanwälte an die Partnerschaft heran, auch wenn sie in diesem Jahr keinen Partner ernannte. Das qualitativ homogene Team führt auch Prozesse mit externen Rechtsanwälten.
Stärken: Patentprosecution in Elektronik, Mechanik, Biotech u. Chemie. Prozesse.
Häufig empfohlen: Dr. Hajo Otten, Christian Steil, Dr. Volker Heuckeroth („schnell u. kompetent", Wettbewerber; alle Patentanwälte)
Kanzleitätigkeit: Ausschl. IP-Tätigkeit, zu 80% im Patentrecht. Anmeldepraxis mit starken Schwerpunkten in Mechanik u. Elektronik. Einspruchs- u. Nichtigkeitsklagen, Verletzungsprozesse mit externen Anwälten. Viel dt. Mittelstand u. einige internat. Konzerne. (Kernteam: 18 Patentanwälte)
Mandate: ●● Öffentl. bekannt: Anmeldungen für Sony, C&E Fein, Boeing, Carl Zeiss, Karl Storz, Getrag, Universität Tübingen.

WUESTHOFF & WUESTHOFF
Patentanmeldungen
Patentprozesse/Patentanwälte

Bewertung: Die sowohl bei Anmeldungen als auch in Prozessen häufig empfohlene Münchner Patentanwaltskanzlei hat es bei einem groß angelegten Auswahlprozess auf die Beraterliste von Google geschafft u. meldet für den Konzern nun Patente an. Ihre Präsenz erlangt die Kanzlei u.a. über vermehrte Prozesse im Life-Science-Bereich, in der sie als Teil internat. Teams arbeitet. Um das

hohe Mandatsaufkommen weiterhin zu stemmen, muss die Kanzlei eine passende Wachstumsstrategie finden. Sollte ihr dies gelingen, können sich einige ihrer Patentanwälte, etwa Katérle, als Prozessspezialisten für die zu erwartenden Großverfahren vor dem UPC empfehlen.
Stärken: Patentprosecution mit techn. Expertise in Mechanik, Elektronik u. Biotech. Sortenschutz.
Häufig empfohlen: Bernhard Thum, Axel Katérle, Dr. Axel von Hellfeld, Dr. Hendrik Wichmann (alle Patentanwälte)
Kanzleitätigkeit: Umfangr. IP-Tätigkeit mit Marken- u. Wettbewerbsrecht durch eigene Rechtsanwälte. Patentprosecution mit breitem techn. Spektrum. Nichtigkeits-, Einspruchs- u. Verletzungsverfahren. Mandantschaft: viele Direktkontakte zu internat. Unternehmen. (Kernteam: 30 Patentanwälte)
Mandate: ●● LG Electronics in Prozessen u. bei Anmeldungen; Polymedicure in Prozessserie; SRAM um Fahrradkomponenten; Valeo gg. Mitsubishi Electric; Patentanmeldungen, Einsprüche u. Verletzungen für Olympus, Airbus, Scania, Fanuc; Patentanmeldungen für Google.

ZIMMERMANN & PARTNER
Patentprozesse/Patentanwälte

Bewertung: Die Patentanwälte der Münchner IP-Kanzlei werden v.a. für die Arbeit in Patentprozessen geschätzt. Hier arbeiten sie stets an der Seite von externen Rechtsanwälten. So sind sie regelm. mit von der Partie, wenn ihre Stammandantin Samsung vor dt. Gerichten zugegen ist. Obschon die Prozesse um die Smartphones der Koreaner abgeschlossen sind, profitiert die Kanzlei von der Aufstellung Samsungs als Mischkonzern u. prozessiert immer wieder auch um andere Technologien. Einige Mandanten, wie GE Wind, betreut Z&P überwiegend prozessual, andere, wie Medtronic, umf. vom Portfoliomanagement bis zu Prozessen.
Stärken: Prozesse zu TK- u. Elektronikpatenten.
Häufig empfohlen: Dr. Joel Nägerl
Kanzleitätigkeit: Im IP mit deutl. Schwerpunkt auf techn. Schutzrechten: Patentprosecution mit breitem techn. Spektrum, Einspruchs-, Nichtigkeits- u. Verletzungsverfahren. (Kernteam: 20 Patentanwälte)
Mandate: ●● Öffentl. bekannt: Samsung, u.a. gg. Unwired Planet um Smartphones; Anmeldungen für Applied Materials, GE Wind, Medtronic.

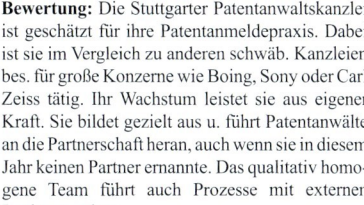

Weitere renommierte Rechtsanwaltskanzleien im Patentrecht

NORDEN	
Schultz-Süchting	Hamburg
White & Case	Hamburg

WESTEN	
CBH Rechtsanwälte	Köln
Clifford Chance	Düsseldorf
DLA Piper	Köln
Heuking Kühn Lüer Wojtek	Düsseldorf, Köln

FRANKFURT UND HESSEN	
Baker & McKenzie	Frankfurt
DLA Piper	Frankfurt
Linklaters	Frankfurt

SÜDEN	
Ampersand	München
Baker & McKenzie	München
DLA Piper	München
Olswang	München
Wragge Lawrence Graham & Co.	München

AMPERSAND
Bewertung: Mit dem Großmandat Unwired Planet gg. Google u. andere Mobilfunkhersteller hat Hosea Haag auch andere Unternehmen auf sich aufmerksam gemacht. So vertritt er, von Wettbewerbern als „Kämpfer" gelobt, auf Beklagtenseite inzw. in div. Branchen u.a. den Medizintechnikhersteller BMC Medical. Es wäre ungewöhnlich, wenn er in einer kleinen Einheit weitere große Prozessserien führen würde. Im UPC könnte er sich allerdings als dt. Kooperationspartner für andere europ. eigenständige Prozesskanzleien empfehlen. (Kernteam: 1 Partner)
Mandate: ●● Unwired Planet gg. mehrere Android-Hersteller; Prozesse für BMC Medical, Vestel Dis Ticaret.

BAKER & MCKENZIE
Bewertung: Die internat. Kanzlei hat ein anerkanntes Prozessteam mit 2 Standbeinen. Von München aus ist Dr. Dr. Jochen Herr in Patent-

● Referenzmandate, umschrieben
●● Referenzmandate, namentlich

Anwaltszahlen: Angaben der Kanzleien, wie viele Anwälte zu mind. ca. 50% in diesem Gebiet tätig sind. Sie spiegeln nicht zwingend die Gesamtgröße einer Kanzlei wider.

PATENTRECHT

verletzungsprozessen u. Nichtigkeitsklagen präsent, auch weil ihm zunehmend Mandate aus dem internat. Netzwerk angetragen werden. In Ffm. wird Dr. Günter Pickrahn v.a. für seine Arbeit in patentrechtl. Schiedsverfahren von Wettbewerbern gelobt. Das Frankfurter Team berät zudem bei Transaktionen, FuE- u. Lizenzverträgen. (Kernteam: 1 Eq.-Partner, 1 Sal.-Partner, 5 Associates)
Mandate: ●● Regelm. Prozesse für Osram (öffentl. bekannt), Pelikan um Druckerpatronen, Becton Dickinson um Medizinprodukte, türk. Hersteller von Hausgeräten.

CBH RECHTSANWÄLTE
Bewertung: Im Arbeitnehmererfinderrecht betreut die IP-Praxis um Prof. Dr. Kurt Bartenbach, Jens Kunzmann u. Dr. Martin Quodbach zahlr. Größen der internat. Wirtschaft. Immer häufiger werden v.a. Kunzmann u. Quodbach in streitigen Verfahren (v.a. in Vindikationsklagen für Autohersteller) gesehen. Verletzungsverfahren in der Intensität D'dorfer Boutiquen kann das Team allerdings nicht vorweisen. Daneben berät CBH intensiv zu Lizenzen u. FuE-Verträgen. (2 Eq.-, 2 Sal.-Partner, 2 Associates)
Mandate: ●● Bayer regelm. zum Patent- u. Erfinderrecht; Ford u. Siemens regelm. zum Erfinderrecht; Eberspächer zu Verletzungsprozessen; US-Pharmakonzern zu Einspruchsverfahren.

CLIFFORD CHANCE
Bewertung: Das Prozessteam um Dr. Claudia Milbradt gehört zum starken Gesundheitsteam der Kanzlei. Mit dem Wechsel des erfahrenen Partners Thorsten Vormann zu K&L Gates verlor die Kanzlei allerdings an Präsenz. Nun bündelt sie ihre verbleibenden patentrechtl. Kapazitäten in D'dorf u. will mit einem erfahrenen Associate Mandate im Elektroniksektor ausbauen. (Kernteam: 1 Partner, 1 Counsel, 7 Associates)
Mandate: ●● Prozesse für Pfizer (einschl. Beratung), Linde Gas (häufig auch mit HWG-Bezug), B. Braun Melsungen; KWS Saat zu Joint Ventures, Lizenz-, F&E- sowie MTA-Verträgen; Autohersteller in Verletzungsverfahren.

DLA PIPER
Bewertung: Das v.a. in Süddtl. präsente Team hat mit Dr. Markus Gampp einen in Mobilfunkklagen erfahrenen Partner. Seine Integration in die Kanzlei gelang nach seinem Wechsel 2014 recht schnell u. dass, obwohl das Team im Herbst 2014 den Weggang ihrer bis dato bekanntesten Anwältin Dr. Julia Schönbohm zu Linklaters verkraften musste. Seither spielen Pharmaprozesse nicht mehr die zentrale Rolle wie zuvor. Neben Verletzungsprozessen auch Nichtigkeitsverfahren mit breitem techn. Spektrum u. Transaktionsbegleitung. (2 Partner, 1 Counsel, 4 Associates)
Mandate: ●● Robert Bosch um Automobilzubehör; British Airways um mobilen Boardingservice; Nike um Sportbekleidung; Covidian zu EV-Verfahren um Medizinprodukt.

HEUKING KÜHN LÜER WOJTEK
Bewertung: Das kleine, aber schlagkräftige Team gehört zu den in D'dorf anerkannten Prozesspraxen. Inzw. ist es häufiger als zuvor auf Klägerseite, u. hier v.a. für dt. Mittelständler in Verletzungs- u. Nichtigkeitsklagen aktiv. Deutl. aktiver war das Team um Dr. Anton Horn zudem auch für ausl. Mandanten wie Allied Mineral oder das dän. Unternehmen Brodrene Hartmann. Dabei profitiert es von seinem guten Netzwerk zu dt. Patentanwälten u. internat. Kanzleien. Zuletzt verließ eine Sal.-Partnerin das Team zu einem rhein. Pharmakonzern. (1 Partner, 3 Associates)
Mandate: ●● Allied Mineral um feuerfeste Stoffe; Becker Marine Systems um Schiffsantriebs- u. Steuertechnik; Brodrene Hartmann um Eierverpackungen; Fritz Egger um Laminate bis vor BGH; Topfield um TV-Empfangsgeräte.

LINKLATERS
Bewertung: Der v.a. transaktionsgetriebenen Kanzlei gelang mit der Verpflichtung der bekannten Patentprozessrechtlerin Dr. Julia Schönbohm von DLA Piper ein viel beachteter Wiedereinstieg in das dt. IP-Prozessgeschäft, aus dem sie sich vor gut 10 Jahren verabschiedet hatte. Dieses belebt sie nun aber im Rahmen ihrer allg. Prozesspraxis u. will sich mit Blick auf das UPC auf hochkarät. Patentprozesse konzentrieren, denn Linklaters hat in London u. Paris bereits bekannte Patentexperten. Insgesamt überwiegt die Betreuung der Life-Science-Branche. (Kernteam: 1 Partner, 2 Associates)
Mandate: ●● Bayer CropSciences um ergänzendes Schutzzertifikat; Epcos um Ventilsteuerung; europ. Pharmakonzern um Blockbuster-Wirkstoff.

OLSWANG
Bewertung: Ungeachtet des Verlusts des Berliner Büros floriert die dt. Patentpraxis der brit. Kanzlei, denn sie konzentriert sich mit gemischtem Ansatz von Beginn an in München u. war zuletzt in Mobilfunkklagen auf Beklagtenseite präsent, etwa für ZTE oder Facebook. Der Ausbau der eigenen Patentanwaltspraxis stagnierte jedoch: Zwar ernannte Olswang einen Patentanwalt aus den eigenen Reihen zum Partner, ein anderer verließ die Kanzlei jedoch nach nur einem Jahr wieder. Das Prosecutionteam berät dennoch mit techn. Schwerpunkten bei Pharma-, Mechanik- u. TK-Patenten. (Kernteam: 5 Rechts-, 5 Patentanwälte)
Mandate: ●● Öffentl. bekannt: ZTE u. Facebook um Mobilfunkpatente; Patentprosecution für Cambridge Silicon Radio u. Microsoft.

SCHULTZ-SÜCHTING
Bewertung: Die Hamburger IP-Boutique ist traditionell stark in Prozessen vor den örtl. Gerichten präsent. Neben dem Fokus im ▶Marken- u. Wettbewerbsrecht und im Heilmittelwerberecht nutzt der junge Partner Dr. Lars Kröner seine Kontakte in der ▶Gesundheitsbranche u. führt z.B. Patentprozesse für Medizintechnikunternehmen. Zudem verteidigt er ungebrochen häufig für die Stammmandantin Beiersdorf Kosmetikpatente. Daneben prozessiert der 2. Patentpartner Dr. Torsten Spiegelhalder um mechanische Patente, z.B. für Hauck zu Kindersitzen. (Kernteam: 2 Partner, 1 of Counsel)
Mandate: ●● Prozesse für Beiersdorf, Hauck um Kindersitze, Waldemar Link, Schüco u. Orgavia.

WHITE & CASE
Bewertung: Der junge Prozessanwalt Daniel Hoppe-Jänisch nutzte zuletzt seine Arbeit für Hewlett-Packard gg. Qimonda, um ein eigenes Profil als Patentprozessexperte aufzubauen. Dabei halfen ihm auch die guten Verbindungen der Kanzlei zu US-Unternehmen. Inzw. ist das kl. W&C-Team fest vor dem Hamburger Gericht etabliert. Schwerpunkte im Patentrecht neben Verletzungsprozessen im Arbeitnehmererfinderrecht, bei Transaktionen u. Know-how-Schutz. (Kernteam: 1 Sal.-Partner, 1 Associate)
Mandate: ●● Hewlett-Packard gg. Qimonda um Insolvenzfestigkeit von Patentlizenzen; Hersteller von Mineralölen um E10-Kraftstoff; dt. Medizinproduktehersteller um Dialysefilter.

WRAGGE LAWRENCE GRAHAM & CO.
Bewertung: Die kleine Münchner Praxis um Dr. Michael Schneider u. den erfahrenen Dr. Richard Schlötter könnte Anfang 2016 durch die Fusion mit der kanad. IP-Kanzlei Graham zu Gowling WLG einen Schub bekommen. Das dt. Patentteam ist v.a. in Prozessen aktiv u. kann dort namh. Mandanten wie Dyson u. Nike vorweisen. Daneben rundet Wragge ihr Angebot durch die Beratung im Marken- u. Wettbewerbsrecht sowie an der Schnittstelle zum Life-Science-Sektor ab. (Kernteam: 2 Partner, 3 Associates)
Mandate: ●● Link Systems um Chiptechnologie; Neovasc Tiara um Herzklappen; Nike vor BPatG um Laufschuh; Dyson um Staubsauger.

Corporate Venture Capital – Gestaltungsmöglichkeiten für Unternehmen auf der Suche nach Innovation

Von Dr. Patrick Flesner MBA (INSEAD) LL.M. oec., CBH Rechtsanwälte, Köln

Die Sozietät **Cornelius, Bartenbach, Haesemann & Partner Partnerschaft von Rechtsanwälten mbB** gehört mit rund 70 Rechtsanwältinnen und Rechtsanwälten zu den führenden Wirtschaftskanzleien Deutschlands. Einen Beratungsschwerpunkt bildet dabei die Beratung von strategischen Investoren, Finanzinvestoren, Start-ups und Gründern in Zusammenhang mit M&A- und Venture-Capital-Transaktionen.

Dr. Patrick Flesner

Dr. Patrick Flesner MBA LL.M. oec. ist Fachanwalt für Handels- und Gesellschaftsrecht, Notar a.D. und Partner von CBH Rechtsanwälte. Er berät Mandanten bei allen Arten von M&A- und Venture Capital-Transaktionen. Sein Beratungsspektrum umfasst den gesamten Lebenszyklus einer Beteiligung, von der Gründung bzw. dem Erwerb der Beteiligung über Managementbeteiligungen, Restrukturierungen und Finanzierungsrunden bis hin zum Exit.

Weitere Informationen im Kanzleiprofil am Ende des Handbuchs.

Viele Unternehmen beleben das Unternehmertum innerhalb ihrer Organisation, um neue Produkte und Geschäftsfelder zu entwickeln, Marktentwicklungen zu antizipieren und insbesondere den Herausforderungen des E-Commerce-Wettbewerbs und des Multi-Channel-Vertriebs gerecht zu werden. Dieses Corporate Entrepreneurship wird häufig ergänzt durch Corporate Venturing Aktivitäten. Beim Corporate Venturing beteiligen sich etablierte Unternehmen an jungen innovativen Unternehmen und stellen ihnen Eigenkapital und Mezzaninekapital zur Verfügung, um von diesen Unternehmen wertvolle Informationen über neue Technologien, alternative Vertriebswege und innovative Geschäftsmodelle zu erhalten.

Unternehmen, die diesen strategisch wichtigen Schritt des Corporate Venturings noch nicht gegangen sind, stellen sich oft die Fragen, welche Organisationsmöglichkeiten insoweit bestehen und welche Grundsätze dabei generell zu beachten sind.

Organisationsmöglichkeiten

Everyday Corporate Entrepreneurship
Eine unternehmensinterne Lösung besteht darin, dass eine Unternehmenskultur geschaffen wird, die das Unternehmertum täglich fördert. Das wohl bekannteste Beispiel hierfür ist Google. Den Mitarbeitern wird es ermöglicht, eine bestimmte Prozentzahl ihrer Arbeitszeit für unternehmerische Projekte zu verwenden und andere Mitarbeiter von ihren unternehmerischen Ideen zu überzeugen. Die entsprechenden Teams können ihre Ideen einem Komitee vorstellen. Wird das Komitee von der Geschäftsidee überzeugt, kann es dem Team das notwendige Kapital zur Umsetzung der Unternehmung zur Verfügung stellen. Die Verwirklichung dieser Lösung ist allerdings schwierig, wenn die Unternehmenskultur nicht bereits durchweg von Unternehmertum beherrscht wird und sich die Angestellten nicht bereits als „angestellte Unternehmer" fühlen.

Separate Venture-Capital-Einheiten
Vor dem Hintergrund dieser Umsetzungsschwierigkeiten schaffen einige Unternehmen stattdessen eine separate Business Unit, die sich dem Corporate Venturing widmet. Während die etablierten Einheiten sich mit „kleineren" (Weiter-)Entwicklungen befassen, sind die neuen Venture-Capital-Einheiten regelmäßig mit fundamentalen Innovationen beschäftigt. Ein Vorteil dieser Organisationform besteht darin, dass die Unternehmenskultur im Grundsatz unverändert bleiben kann. Die Strukturen und Prozesse der neuen Venture-Capital-Einheit müssen allerdings mit den bereits existierenden Einheiten harmonisiert werden. Harmonisierungsbedarf ergibt sich beispielsweise aus systematischen Unterschieden:

- Während das Kerngeschäft mit ruhiger Hand weiterentwickelt werden soll, sollen Venture-Capital-Einheiten das bestehende Geschäftsmodell hinterfragen und marktverändernde Entwicklungen antizipieren.

- Während etablierte Unternehmen oftmals durch langwierige Abstimmungsprozesse gekennzeichnet sind, benötigen Venture-Capital-Einheiten schnelle Entscheidungen.

- Während in etablierten Unternehmen oft starre Gehaltsgefüge vorherrschen, können Mitarbeiter mit Venture-Capital-Hintergrund zumeist nur dann gewonnen werden, wenn starke finanzielle Anreize gewährt werden.

- Während bei etablierten Unternehmen oftmals risikoabgeneigte Entscheidungskulturen bestehen, stehen Venture-Capital-Einheiten für eine fehlertolerante Kultur.

Venture-Capital-Tochtergesellschaft
Statt einer unternehmensinternen separaten Business Unit wählen viele Unternehmen auch eine Organisationsform, in der die Venture-Capital-Einheit innerhalb einer neu gegründeten Tochtergesellschaft tätig wird. Diese formal-organisatorischen Trennung der Venture-Capital-Einheit vom Kernge-

schäft erleichtert den Aufbau separater Prozesse und Strukturen. Bei der Ausgestaltung dieser Lösung besteht wiederum viel Spielraum. Das Management kann einerseits in die typischen konzerninternen Entscheidungsprozesse eingebunden sein. Andererseits kann die Tochtergesellschaft auch mit so viel Kapital und Freizügigkeit ausgestaltet werden, dass keine Zustimmung und keine zusätzliche Kapitalzufuhr erforderlich sind.

Konzerninkubatoren

Bei Konzerninkubatoren handelt es sich um unternehmensinterne Gründerzentren, die Unternehmer bei der Gründung ihrer Unternehmen unterstützen. Diese Unterstützung kann in Form einer monatlichen Vergütung, in Form von Sachmitteln, wie Arbeitsplatz und Büroausstattung, oder in Form von Dienstleistungen, wie Mentoring und Networking, erfolgen. Gegebenenfalls erfolgt auch eine Finanzierung des Start-ups. Externe Start-ups können sich bei diesen Konzerninkubatoren zumeist ebenso bewerben wie Mitarbeiter des Konzerns, die innovative Geschäftsideen verfolgen.

Organisationsformübergreifend zu beachtende Aspekte

Bei der Wahl der passenden Organisationsform gibt es keine „richtige" Organisationsform für alle Unternehmen. Vielmehr hängt die Wahl der Organisation von den Besonderheiten des jeweiligen Unternehmens ab und muss das Ergebnis einer umfassenden Analyse des Unternehmens und der Unternehmenskultur sein. Grundsätzlich können die vorstehend überblickhaft dargestellten Organisationsformen auch beliebig kombiniert werden. Die nachfolgenden Aspekte sollten allerdings stets beachtet werden:

Organisationsübergreifend abgestimmte Ziele schaffen

Die Corporate Governance der neuen Venture-Capital-Einheit muss so gestaltet sein, dass nur in solche Projekte und Unternehmen investiert wird, welche die strategischen Ziele des Unternehmens fördern. Gleichzeitig muss dem Management dabei aber genügend Freiraum belassen werden, damit auch in nicht naheliegende Geschäftsmodelle investiert wird.

Entscheidungsprozesse vereinfachen

Im Rahmen der vorstehend geschilderten Corporate Governance Vorgaben sollte die Venture-Capital-Einheit über Zustimmungs- und Finanzierungsprozesse verfügen, die schnelle Entscheidungen ermöglichen.

Wertvollen Informationstransfer ermöglichen

Wertvolle Informationen fließen nicht von selbst von den Start-ups zum Top-Management des Konzerns. Der Informationstransfer muss vielmehr aktiv gestaltet werden, indem entsprechende Regelungen in das Venture-Capital-Vertragswerk aufgenommen werden. Zusätzlich sollten operative Verknüpfungen zwischen dem Start-up und dem investierenden Konzern erfolgen, beispielsweise durch gemeinsame R&D-Tätigkeiten oder Liefer- und Dienstverträge.

Meilenstein-Finanzierung vereinbaren

Die Finanzierung sollte möglichst in Form einer Meilenstein-Finanzierung erfolgen, bei der dem Start-up nur dann zusätzliche Liquidität zur Verfügung gestellt wird, wenn bestimmte Ziele (Kundenzahlen, EBITDA-Kennzahlen etc.) erreicht werden. Diese Meilenstein-Finanzierung minimiert das finanzielle Risiko des investierenden Konzerns und dient zugleich als Anreizkomponente für die Gründer.

Langfristige Eingliederung in den Konzern ermöglichen

Für den Fall, dass sich das junge Unternehmen am Markt etabliert, sollte das Venture-Capital-Vertragswerk eine vollständige Eingliederung des jungen Unternehmens in den investierenden Konzern ermöglichen (z.B. über Call-Optionen).

Fehlertoleranz und leichte Exit-Möglichkeiten schaffen

Der Venture-Capital-Einheit müssen für die Venture-Capital-Branche übliche Erfolgskennzahlen ermöglicht werden. Diese fehlertolerante Kultur muss zusätzlich im Rahmen des Venture-Capital-Vertragswerks durch Exit-Möglichkeiten für den Fall ergänzt werden, dass das Start-up scheitert (z.B. über Put-Optionen).

Starke Anreizsysteme schaffen

Für die Mitarbeiter sollten für die Venture-Capital-Branche übliche Anreizsysteme geschaffen werden.

Tone from the top

Wegen der vorstehend aufgezeigten unterschiedlichen Prozesse, Strukturen und Kulturen zwischen dem etablierten Unternehmen und der neuen Venture-Capital-Einheit sowie dem Start-up bedarf die neue Venture-Capital-Einheit der uneingeschränkten Unterstützung vom Top-Management. Ohne einen entsprechenden „Tone from the top" ist die strategisch unerlässliche Professionalisierung des Corporate Venturings von Beginn an zum Scheitern verurteilt.

Venture-Capital-Vertragswerk und Corporate Governance aufeinander abstimmen

Das Corporate Venture-Capital-Vertragswerk unterscheidet sich von dem typischen Venture-Capital-Vertragswerk eines Venture-Capital-Fonds in vielen Facetten. Insbesondere die vorstehend dargelegten organisationsübergreifend zu beachtenden Aspekte müssen Eingang finden in die Corporate Governance der Venture-Capital-Einheit und das Venture-Capital-Vertragswerk. Nur auf allen Ebenen aufeinander abgestimmte Regelungen ermöglichen ein erfolgreiches Corporate Venturing und eine erfolgreiche Suche nach Innovation. ∎

KERNAUSSAGEN

- Über die Gründung von konzerneigenen Venture-Capital-Einheiten und die damit verbundene Beteiligung an jungen innovativen Unternehmen können wertvolle Informationen über neue Technologien, alternative Vertriebswege und innovative Geschäftsmodelle gewonnen werden.

- Die Wahl der passenden Organisationsform hat unternehmensspezifisch zu erfolgen.

- Gleichwohl gibt es einige Aspekte, deren organisationsübergreifende Beachtung die Wahrscheinlichkeit eines erfolgreichen Corporate Venturings signifikant erhöht.

- Diese Aspekte sollten unbedingt Eingang in die Corporate Governance der Venture-Capital-Einheit und das Venture-Capital-Vertragswerk finden.

ANZEIGE / CO-PUBLISHING PRIVATE EQUITY & VENTURE CAPITAL

Private Equity Fondsinvestments von Family Offices – Aktuelles zu Recht und Steuern

Von Ronald Buge und Tarek Mardini, P+P Pöllath und Partners, Berlin

Ronald Buge

Tarek Mardini

Ronald Buge ist Partner, **Tarek Mardini**, LL.M. (UConn) ist Counsel bei P+P Pöllath + Partners Berlin im Bereich Private Funds. Beide beraten Versicherungen, Family Offices und andere institutionelle Investoren hinsichtlich Fondsbeteiligungen und sonstigen alternativen Anlageformen zu rechtlichen, regulatorischen und steuerlichen Aspekten. Sie beraten auch Manager bei der Konzeption und Umsetzung von Fonds sowie Beteiligungsplattformen.

P+P Pöllath + Partners ist einer der Marktführer für die Strukturierung und Errichtung von alternativen Investmentfonds. Mehr als 25 hochqualifizierte Experten bilden eines der größten und erfahrensten Teams für Fondsstrukturierung in Kontinentaleuropa. P+P erstellt innovative, praxisgerechte Lösungen für komplexe rechtliche, steuerliche und regulatorische Anforderungen an Initiatoren, Manager und Investoren.

Weitere Informationen im Kanzleiprofil am Ende des Handbuchs.

Private Großvermögen bedienen sich zunehmend eines Family Offices als Organisationsform der Vermögensverwaltung. Im aktuellen Niedrigzinsumfeld wächst die Nachfrage nach Private Equity Fonds (PE-Fonds) und anderen alternativen Investments, nicht zuletzt auch bei Family Offices. Aktuelle Entwicklungen im regulatorischen und steuerlichen Umfeld erfordern Umsicht bei der Strukturierung des Family Office einerseits und erhöhen den Aufwand für Vorerwerbsprüfung (Due Diligence) sowie Verhandlung der Fondsbeteiligungen andererseits. Zugleich wachsen die Anforderungen an die ordnungsgemäße Verwaltung des Vermögens und regelkonformes Verhalten (Compliance) im Hinblick auf Fondsinvestments.

Begriff und Erscheinungsformen

Der Begriff „Family Office" ist kein Rechtsbegriff. Damit wird die (bankenunabhängige) Verwaltung von großen privaten Vermögen unabhängig von der jeweiligen Rechtsform bezeichnet. Man unterscheidet zwischen Single Family Offices, die das Vermögen einer einzelnen Familie verwalten, und Multi Family Offices, die als externe Dienstleister mehrere Familien betreuen. Es gibt auch bankinterne Einheiten, die ähnliche Dienste anbieten.

Die organisatorische Bündelung und institutionalisierte Anlage der Vermögenswerte von Familienmitgliedern muss unterschiedlichen Anforderungen der Beteiligten gerecht werden. Entsprechend vielfältig sind Erscheinungsformen, Ausgestaltung und verbundene Dienstleistungen von Family Offices. Zu den üblichen Gestaltungen zählen insbes. in- und ausländische Kapitalgesellschaften, vermögensverwaltende oder gewerbliche Personengesellschaften, Fondsvehikel und Treuhandstrukturen.

BaFin-Merkblatt

Bei der Strukturierung von Family Offices sind neben steuer-, gesellschafts-, und erbrechtlichen Aspekten zunehmend auch finanzaufsichtsrechtliche Anforderungen zu beachten.

Vermögensverwaltung durch Family Offices kann im Einzelfall einer Erlaubnis durch die Bundesanstalt für Finanzdienstleistungsaufsicht (BaFin) nach dem Kapitalanlagegesetzbuch (KAGB) oder dem Kreditwesengesetz (KWG) bedürfen. Eine generelle Bereichsausnahme von der Erlaubnispflicht für Family Offices ist nicht vorgesehen. Nach dem Willen des Gesetzgebers sollen Family Offices aber nicht vom KAGB erfasst sein. Um Family Offices über etwaige Erlaubnispflichten nach KAGB und KWG zu informieren, hat die BaFin 2014 ein neues Merkblatt herausgegeben, welches das bisherige Merkblatt von 2009 aktualisiert und um Hinweise zum KAGB erweitert. Danach müssen Single Family Offices in der Regel keine Erlaubnis nach dem KAGB einholen. Vielmehr handelt es sich bei den Tätigkeiten regelmäßig um erlaubnisfreie Vermögensverwaltung, insbes. wenn die Dienste nicht am Markt angeboten werden, sondern sich, wie üblich, auf den Kreis der nahen Familienangehörigen beschränken (kein „Einsammeln" von Kapital am Markt). Eine Erlaubnispflicht nach dem KWG sollten Single Family Offices hingegen im Einzelfall genau prüfen. Das KWG regelt die Erlaubnispflicht des gewerbsmäßigen Betreibens von Bank- und Finanzdienstleistungsgeschäfte im Zusammenhang mit Finanzinstrumenten. Bei der Vermögensverwaltung geht es u. a. um Erwerb, Halten und Veräußern von Finanzinstrumenten, zu denen auch Wertpapiere und Fondsbeteiligungen zählen. Je nach Gestaltung (insbes. bei der Frage des Entscheidungsspielraums bei der Vermögensanlage) ist es möglich, dass keine Bank- und Finanzdienstleistungsgeschäfte getätigt werden oder dass eine Ausnahmevorschrift (insbes. Eigengeschäfte oder Konzern-Privileg) eingreift. Zudem besteht die Möglichkeit, bei der BaFin eine Freistellung zu beantragen, wenn die Einzelfallumstände nahelegen, dass es wegen der Art der betriebenen Geschäfte keiner Aufsicht bedarf. Die vorstehenden Grundsätze lassen sich auf Multi Family Offices nur zum Teil übertragen. In jedem Fall sollten die Umstände des Einzelfalles eingehend geprüft und die Abstimmung mit der BaFin fachkundig begleitet werden, da Verstöße gegen die Erlaubnispflicht strafbewehrt sind.

Investorenstatus nach KAGB

Auch beim Vertrieb in- und ausländischer Fondsanteile an Family Offices stellen sich aufsichtsrechtliche Fragen. Aus Sicht des Family Office sind diese spätestens beim Ausfüllen der Zeichnungsunterlagen für die Fondsbeteiligung relevant. Aufgrund der Vertriebsbeschränkungen des KAGB steht Investoren typischerweise nur dann eine Beteiligung an PE-Fonds und anderen geschlossenen alternativen Investmentfonds offen, wenn es sich bei ihnen um professionelle (bzw. mit Einschränkungen semi-professionelle) Anleger handelt. Hingegen ist eine Beteiligung von Privatanlegern nur sehr eingeschränkt möglich. Family Offices erfüllen üblicherweise die Anforderungen an professionelle Anleger, sodass der Zugang zu attraktiven Fondsbeteiligungen offen steht. Allerdings sind die Voraussetzungen immer im Einzelfall zu prüfen. Vor allem bei kleinen Family Offices und Treuhand-Gestaltungen ist Vorsicht geboten.

Fondsbeteiligungen

Fondsbeteiligungen haben bei vielen Family Offices eine lange Tradition. Umfragen zufolge beträgt deren Anteil bis zu 30 % des Gesamtvermögens von Family Offices. In Zeiten niedriger Zinsen wächst die Nachfrage nach PE-Fonds auch bei denjenigen Family Offices, die sich bislang nur zurückhaltend in dieser Anlageklasse engagiert haben.

Rechtliche Vorerwerbsprüfung

Sind aufsichtsrechtliche Hürden aus dem Weg geräumt, beginnt die rechtliche Vorerwerbsprüfung der Fondsbeteiligung (Legal Due Diligence). Die Vertragsbedingungen werden auf wichtige Aspekte (z. B. Haftungsbeschränkung) sowie Marktüblichkeit geprüft (Term Review). Daran schließen sich Verhandlungen zu vertraglichen Punkten an, die nachbesserungsbedürftig sind. In einem Side Letter werden vertragliche Nebenabreden fixiert, zu denen insbes. die Meistbegünstigungsklausel sowie Investorenbesonderheiten (z. B. Reporting, Informationsoffenlegung gegenüber Behörden, Steuern) zählen.

Steuerliche Vorerwerbsprüfung

Für die Tax Due Diligence spielen vor allem die aus einem PE-Fonds zu erwartenden Einkünfte und deren Steuerbelastung eine Rolle.

Seit der Einführung der Abgeltungsteuer haben sich die Unterschiede zwischen Betriebs- und Privatvermögen relativiert. Es ist daher auch im Family Office Bereich ein Trend zu gewerblichen Fondsstrukturen zu beobachten. Aus Sicht der Tax Due Diligence ist damit eine gewisse Vereinfachung verbunden. Die steuerliche Umsetzung der AIFM-Richtlinie hat hingegen nur wenige, z. T. aber gravierende Änderungen gebracht. Positiv ist, dass nun Rechtssicherheit dahingehend herrscht, dass PE-Fonds in aller Regel keine Investmentfonds sind. Für PE-Fonds in der Rechtsform einer Kapitalgesellschaft (z. B. luxemburgische SICAV) oder eines Sondervermögens ergeben sich hingegen erhebliche Nachteile. Auch für Spezialfonds als Investoren ergeben sich nach neuem Recht Nachteile, weil diese nur noch sehr eingeschränkt PE-Fonds erwerben können. Für die sog. „Millionärsfonds", die beim Übergang zur Abgeltungsteuer aufgelegt wurden, können sich hieraus mittelfristig Probleme ergeben.

Und es zeichnen sich neue Gesetzgebungsvorhaben ab:
- Die Abschaffung der Körperschaftsteuerbefreiung für Veräußerungsgewinne aus Streubesitzbeteiligungen (weniger als 10 %) wird seit Jahren mit großem politischem Druck gefordert.
- Unter dem Stichwort „Große Investmentsteuerreform" sind weitere Einschnitte bei der Investmentbesteuerung zu erwarten.

Tax Compliance

Ein Bereich, der ebenfalls stark gewachsen ist, ist die sog. Tax Compliance. Obwohl sie an sich erst nach der Investmententscheidung relevant wird, ist es notwendig, sich im Vorfeld, z. B. im Wege eines Side Letter, die Unterstützung des Fondsmanagements dafür einzuholen. Tax Compliance beginnt damit bereits vor dem Investment und ist Bestandteil der Tax Due Diligence.

Zu den wesentlichen steuerlichen Pflichten bei Beteiligungen an PE-Fonds gehören (ohne Anspruch auf Vollständigkeit):
- Meldung von Beteiligungen an ausländischen Personengesellschaften innerhalb von fünf Monaten nach Ablauf des Kalenderjahres (§138 Abs. 2 AO). Die verspätete Abgabe der Meldung ist bußgeldbewehrt.
- Gesonderte und einheitliche Feststellung von Besteuerungsgrundlagen (ggf. einschließlich Hinzurechnungsbesteuerung), wenn an einer ausländischen Personengesellschaft mindestens zwei in Deutschland steuerpflichtige Personen beteiligt sind (§§179, 180 AO; §18 AStG).
- Gesonderte Feststellung der Einlagenrückgewähr bei EU-Körperschaften (§27 Abs. 8 KStG). Wird dieses Verfahren nicht durchlaufen, könnten Kapitalrückzahlungen von EU-Körperschaften als steuerpflichtige Dividende behandelt werden.

Daneben sind mittlerweile weitgehende steuerliche Informationspflichten zu beachten (insbes. FATCA und sog. Common Reporting Standard). Diese betreffen Family Offices gleich doppelt. Zum einen müssen sie ggf. wirtschaftlich Berechtigte gegenüber dem PE-Fonds offenlegen. Sie müssen sich aber – abhängig von der konkreten Struktur des Family Office – auch fragen, inwieweit sie selbst Pflichten nach diesen Bestimmungen unterliegen. Schließlich ist zu konstatieren, dass das Thema PE-Fonds auch in der steuerlichen Betriebsprüfung verstärkt aufgegriffen und hinterfragt wird. ■

KERNAUSSAGEN

- Bei der Ausgestaltung von Family Offices ist verstärkt Augenmerk auf aufsichtsrechtliche Aspekte zu legen, um Erlaubnispflichten zu vermeiden. Im Einzelfall kann es angebracht sein, bei der BaFin einen Freistellungsantrag zu stellen.

- Family Offices sind üblicherweise professionelle (bzw. semi-professionelle) Anleger im Sinne des KAGB. Damit stehen ihnen Fondsbeteiligungen offen.

- Durch die gestiegenen Anforderungen an Family Offices kommt der Vorerwerbsprüfung und dem Verhandeln von Side Lettern eine wachsende Bedeutung zu.

- Compliance beginnt vor dem Investment. Sie umfasst Legal und Tax Compliance.

- Das steuerliche Umfeld ändert sich im Laufe einer Fondsbeteiligung. Umso wichtiger ist es, dass Family Offices insbes. zum steuerlichen Berichtswesen robuste Informationen vom Fonds erhalten.

Private Equity und Venture Capital

Starker Large-Cap-Markt bringt Personalkarussell in Schwung

Anwälte im hart umkämpften Large-Cap-Markt freuen sich über das arbeitsreichste Jahr seit Langem. An spektakulären Deals wie GFKL oder Douglas herrschte kein Mangel, dabei dominierten allerdings Secondary Deals – völlig neue Investitionsobjekte sind schon seit Jahren eine Seltenheit. Der Aufschwung bedeutet, dass Kanzleien sich strategisch platzieren müssen, um ihre Mandantenbeziehungen zu festigen. Darin lag auch der Grund für die zahlreichen Wechsel, an erster Stelle Oliver Felsensteins Weggang von **Clifford Chance** zum globalen Private-Equity-Powerhaus **Latham & Watkins**. Diese Personalie untermauerte **Lathams** Entschlossenheit, in Deutschland dem Londoner Vorbild zu folgen und keine Kosten zu scheuen, um die stärksten Akteure für sich zu gewinnen. Dieser Wechsel schlug aber auch kanzleiintern Wellen: Bald darauf verließ Dr. Jörg Kirchner, **Lathams** führender PE-Anwalt in München und die Schlüsselfigur in der Beziehung zu Bain, die Praxis und schloss sich Bains US-Hauskanzlei **Kirkland & Ellis** an. Viele Beobachter nahmen an, dass **Clifford** es nach Felsensteins Weggang schwer haben würde. Doch der Kanzlei gelang es, sich einen stetigen Fluss an bedeutenden Deals zu sichern, was belegt, dass eine starke Marke im PE-Markt einen eigenen Stellenwert hat. Darauf kann ganz besonders **Freshfields Bruckhaus Deringer** bauen. Sie gilt nun erstmals als alleinige Marktführerin mit herausragenden institutionellen Beziehungen (z.B. Permira und CVC) sowie einer Vielzahl jüngerer PE-Top-Berater.

Im Mid-Cap-Markt kämpfen zwar viele Fonds um zu wenige Targets, doch die Anzahl der Deals ist dennoch wesentlich größer als vor fünf Jahren. Auch Kanzleien wie **Hengeler Mueller** und **Linklaters** wollen sich ihr Stück von diesem Kuchen, und damit stetigen Dealflow, sichern. **White & Case** hat währenddessen in London aufgestockt, um besseren Zugang zu den dortigen Private-Equity-Häusern zu bekommen. Zugleich erweiterte **Hogan Lovells** ihre Praxis mit einem erfahrenen Anwalt von **Skadden Arps Slate Meagher & Flom**, Dr. Matthias Jaletzke.

Venture-Capital-Boom eröffnet neue Chancen in Berlin und international

Auch Venture-Capital-Anwälte profitieren vom lukrativsten VC-Markt aller Zeiten, nicht zuletzt, weil eine Reihe prominenter Exits bewiesen hat, dass der Markt durchaus nachhaltig ist. Dadurch strömen wiederum neue Mittel ein und Anwälte erleben eine enorme Nachfrage sowohl durch Investoren als auch durch Gründer, vor allem in Berlin. Mittlerweile ist es kaum noch möglich, im Bereich Venture Capital ohne starke Präsenz in der Hauptstadt eine führende Position einzunehmen. War der dortige Markt einst klar von **Noerr** dominiert, so hat sich heute eine recht breite Gruppe fest etabliert. Hier hebt sich vor allem **Vogel Heerma Waitz** ab, die sich in nur zwei Jahren einen Platz im Spitzenfeld erarbeitet hat. Ein bedeutender neuer Trend zeichnet sich aber ab, der sie ausbremsen könnte: internationale Vernetzung. Büros in London und den USA sowie Kontakte in Israel werden immer wichtiger. So sind Kanzleien wie **Noerr** in New York aktiver, und es zeigte sich, dass die Silicon-Valley-Standorte von **Taylor Wessing** und **Osborne Clarke** ein echter Vorteil sind, um US-Investoren bei ihren Aktivitäten in Deutschland für sich zu gewinnen.

Private Equity umfasst alle Arten von Aktivitäten im Bereich Venture Capital oder Risikokapital, sei es die Beratung von Private-Equity-Gesellschaften oder Kapitalbeteiligungsgesellschaften zur Beratung bei großvolumigen (Large-Cap-) oder mittelgroßen (Mid-Cap-)Transaktionen. Kanzleien beraten entweder das Private-Equity-Haus, das zu kaufende Unternehmen oder seine Aktionäre und sind M&A-Deals ähnlich. Aufgrund der stärkeren Marktsegmentierung finden sich nun zwei unterschiedliche Rankings jeweils zu Mid- und Large-Cap-Transaktionen. Als Venture Capital (VC) bezeichnet man i.d.R. die frühe Investition zu Beginn einer Unternehmensentwicklung (Start-up- oder Seed-Kapital). Private Equity (PE) hingegen bezieht sich auf größere Deals, einschließlich solcher mit einem großen Anteil an Fremdfinanzierung (Leveraged-Buy-out oder LBO).

JUVE KANZLEI DES JAHRES
PRIVATE EQUITY UND VENTURE CAPITAL
VOGEL HEERMA WAITZ

Dass sich der Spin-off von SJ Berwin in den ersten zwei Jahren nach seiner Gründung im Berliner VC-Markt gut schlagen werde, war zu erwarten. Doch kaum jemand rechnete damit, dass sich der Marktanteil der Kanzlei so rasch vergrößern und sie so schnell zum Prototyp einer Sozietät werden würde, die Investoren- und Gründerberatung in sich vereint. Durch das Loslösen von einer großen Organisation konnte **Dr. Frank Vogel** seinen Investorenmandantenstamm über Earlybird und Peppermint hinaus vergrößern; die beiden bleiben indes die mit Neid beäugten Eckpfeiler der Praxis. Der Erfolg der Kanzlei fußt allerdings nicht allein auf Vogels Arbeit, vielmehr beruht er auf einer nachhaltigen strategischen Aufstellung. Dazu gehört die breit gefächerte IT- und Technologieexpertise von **Dr. Jan Heerma**, ebenso wie die Verankerung des ehemaligen Morrison & Foerster-Counsels **Dr. Clemens Waitz** in der Gründerszene. So legte VHW einen Auftakt nach Maß hin und bewies sofort mit prominenten Exits wie ‚6Wunderkinder' für Earlybird und regelmäßigen Aktivitäten bei großen Finanzierungsrunden ihre Marktstellung. VHW präsentiert sich dadurch als ernst zu nehmende Wettbewerberin für die länger etablierten Großkanzleien. Auch die zwei jüngeren Associates finden bereits Beachtung. Es sieht alles danach aus, dass VHW eine solide Basis für künftigen Erfolg gelegt hat.

PRIVATE EQUITY & VENTURE CAPITAL

AFR AIGNER FISCHER
Private-Equity-Transaktionen (Mid-Cap)
Venture Capital

Bewertung: Für PE geschätzte u. VC empfohlene Kanzlei, die abermals an einer ganzen Reihe kl. bis mittelgr. Deals mitarbeitete, sowohl für Stammmandanten wie Aurelius als auch für Neueroberungen wie Warburg Pincus oder WHEB. Wettbewerber lobten die Anwälte für einen „beeindruckenden Trackrecord u. gute Arbeit". Nach einer personell unruhigen Phase steht AFR nun deutl. breiter u. v.a. solider da als zuvor: Nachdem sich im Vorjahr fast die gesamte Associate-Mannschaft verabschiedet hatte, füllte AFR die Lücken mit mehreren erfahrenen Anwälten aus anderen Kanzleien, die manche Deals weitgehend eigenständig über die Bühne brachten – ein bedeut. Fortschritt, wurde die Marktpräsenz doch bisher meist vom Auslastungslimit der Partner bestimmt.
Stärken: Starke steuerrechtl. Praxis; herausragende Partner.
Häufig empfohlen: Florian Aigner, Dr. Gabor Mues („stark im VC-Markt verankert", Wettbewerber), Florian Fischer
Kanzleitätigkeit: V.a. kl. bis mittelgr. Transaktionen; sowohl Buy-outs als auch VC. Starke Beziehung zu Family Offices. (3 Partner, 1 Counsel, 2 Associates)
Mandate: ●● Warburg Pincus Fonds bei grenzüberschr. Add-on-Akquisition; WHEB Partners bei Mehrheitsbeteiligung an Oxaion sowie bei Finanzierung des Kaufs von Dolan; Lead Equity bei Verkauf von Weidinger; Aheim bei Kauf der HLS-Gruppe.

ALLEN & OVERY
Private-Equity-Transaktionen (Large-Cap)
Private-Equity-Transaktionen (Mid-Cap)

Bewertung: Häufig empfohlene Kanzlei für PE, die mit Bernhardt über einen der aktivsten PE-Anwälte in Frankfurt verfügt. Er hat neben seiner Stammmandantin Patrizia neue Beziehungen zu ECM und CVC knüpfen können. Ab und zu kommen auch Transaktionen mit dem Londoner Büro zustande (v.a. für Charterhouse), aber zum gr. Teil bleibt die dt. Praxis unabhängig. Die Ernennung eines weiteren Partners war wichtig, denn die Nachfrage für die A&O-PE-Praxis steigt jedes Jahr.
Stärken: Hervorragende Finanzrechtspraxis. Junge PE-Partner mit starken Verbindungen zu Investmentbanken.
Häufig empfohlen: Dr. Michael Bernhardt („sehr starker Netzwerker und sehr fleißig", Wettbewerber)
Kanzleitätigkeit: Mittelgr. bis gr. Buy-outs. Traditionell stark in ▶Kredite u. Akqu.-Fin. (5 Partner plus Associates)
Mandate: ●● Charterhouse bei Verkauf der DEB Group; CVC bei gepl. Kauf von Constantia Flexibles; DBAG bei Übernahme einer Mehrheit an der Cleanpart-Gruppe; ECM bei Verkauf ihrer Beteiligung an Kamps sowie beim Kauf von Leitner; Patrizia Alternative Investments bei Kauf von 107 Fachmarktimmobilien; Management von Weru bei Verkauf durch Triton an H.I.G.

ARQIS
Private-Equity-Transaktionen (Mid-Cap)
Venture Capital

Bewertung: Die Praxis dieser v.a. für Mid-Cap-PE geschätzten u. für VC empfohlenen Kanzlei ruht auf 2 Säulen: In D'dorf berät Schulze bei Small- bis Mid-Cap-Buy-outs mit Healthcare-Schwerpunkt. Carlyle/Alloheim hat sich hier als treuer Mandant erwiesen. In München zeigt von Einem weiterhin, dass er mit langj. Erfahrung zu den bedeutenden Akteuren der VC-Szene an der Isar zählt. Bisher gab es kaum Synergien zw. den Büros, obwohl dieses Jahr erstmals Anzeichen dafür sprachen, dass der bekannte Japan-Desk der Kanzlei (▶M&A) Zugang zu Finanzinvestoren aus Fernost hatte.
Häufig empfohlen: Dr. Jörn-Christian Schulze („verhandlungsstark, ergebnisorientiert", Wettbewerber), Prof. Dr. Christoph von Einem („einer der First Movers in VC in Dtl.", Wettbewerber)
Kanzleitätigkeit: Mid-Cap-Deals in Düsseldorf, seit 2014 auch VC-Praxis mit erfahrenen Anwälten in München. Schwerpunkt v.a. im Gesundheitswesen. (2 Eq.-Partner, 3 Sal.-Partner, 3 Associates)
Mandate: ●● Alloheim/Carlyle bei Kauf von Procon Trust Invest; VC: Dynamify bei 2 Finanz.-Runde; Macadoo bei 2. Finanz.-Runde; Gründer von Pamono bei Einbringung in L'ArcoBaleno; Recruit Holdings bei A-Finanz.-Runde für trip.me; RGIP bei 5. Finanz.-Runde bei Quandoo; Tado u. Gründer bei Finanz.-Runde; VC-Haus in Streit um Dividendenausschüttung im Zshg. mit Liquidationspräferenzen.

ASHURST
Private-Equity-Transaktionen (Mid-Cap)

Bewertung: Diese empfohlene Kanzlei konnte ihre PE-Praxis im letzten Jahr beachtl. erweitern. Auch wenn das Team nicht besonders groß ist, sicherte es sich dennoch seinen ersten Deal für Macquarie u. Oakley Capital u. genoss weiterhin einen stetigen Dealflow von ihren treuen Mandanten Equistone u. Castlelake. Jessen zählt in München zu den bekanntesten Anwälten für NPL-Deals u. ist in dieser Marktnische unverändert erfolgr., während von Schorlemer nach wie vor regelm. für Equistone zum Einsatz kommt. Der unbeständige Dealflow der Vorjahre hatte jüngeren Anwälten kaum Gelegenheit zur Profilierung geboten; dies änderte sich nun, u. umgehend traten 2 Counsel deutl. visibler auf.
Stärken: Starkes Team für ▶Kredite u. Akqu.-Fin., gute Integration mit der Corporate-Praxis.
Entwicklungsmöglichkeiten: Die fehlende Vernetzung mit der Londoner Praxis, die vormals zu den Marktführern zählte, bleibt ein Problem. Die dt. Partner generieren allerdings auch eigenständig ausreichenden Dealflow – sogar so viel, dass sie inzw. Arbeit nach London exportieren.
Häufig empfohlen: Dr. Benedikt Frhr. von Schorlemer, Lars Jessen („gut u. vielseitig, von MBOs bis zu Distressed-Deals", Wettbewerber)
Kanzleitätigkeit: Schwerpunkt weiterhin auf Buy-outs; in München Fokus auf NPL-Arbeit. (2 Partner, 2 Counsel, 7 Associates)
Mandate: ●● Macquarie bei Kauf von 49,9% an Offshorewindpark EnBW Baltic 2; Oakley Capital bei Kauf von Parship; Equistone bei Kauf der Rhodius-Gruppe; Ardian/Novacap bei Kauf von Chemie Uetikon. Auch div. Deals für Castlelake.

BMH BRÄUTIGAM & PARTNER
Private-Equity-Transaktionen (Mid-Cap)
Venture Capital

Bewertung: Die für PE empfohlene u. für VC häufig empfohlene Berliner Kanzlei hat mit ihren 4 Partnern eine der größten Praxen in der Hauptstadt u. ist, geführt von Heyer, der bereits seit Jahren regelm. Capiton berät, relativ breit aufgestellt. Er

---

PRIVATE-EQUITY-TRANSAKTIONEN (LARGE-CAP)

Freshfields Bruckhaus Deringer	alle Standorte
Clifford Chance	Düsseldorf, Frankfurt, München
Hengeler Mueller	alle Standorte
Latham & Watkins	alle Standorte
Linklaters	Frankfurt, München
Milbank Tweed Hadley & McCloy	Frankfurt, München
Allen & Overy	Frankfurt, Hamburg
CMS Hasche Sigle	alle Standorte
Gleiss Lutz	alle Standorte
Kirkland & Ellis	München
Weil Gotshal & Manges	Frankfurt, München
Hogan Lovells	alle Standorte
White & Case	Berlin, Hamburg, Frankfurt
Willkie Farr & Gallagher	Frankfurt
Jones Day	Frankfurt, München
Noerr	alle Standorte
Skadden Arps Slate Meagher & Flom	Frankfurt, München

Die hier getroffene Auswahl der Kanzleien ist das Ergebnis der auf zahlreichen Interviews basierenden Recherche der JUVE-Redaktion (s. Einleitung S. 20). Sie ist in 2erlei Hinsicht subjektiv: Sämtliche Aussagen der von JUVE-Redakteuren befragten Quellen sind subjektiv u. spiegeln deren eigene Wahrnehmungen, Erfahrungen u. Einschätzungen wider. Die Rechercheergebnisse werden von der JUVE-Redaktion unter Einbeziehung ihrer eigenen Marktkenntnis analysiert u. zusammengefasst. Der JUVE Verlag beabsichtigt mit dieser Tabelle keine allgemein gültige oder objektiv nachprüfbare Bewertung. Es ist möglich, dass eine andere Recherchemethode zu anderen Ergebnissen führen würde. Innerhalb der einzelnen Gruppen sind die Kanzleien alphabetisch geordnet.

▶▶▶ Bitte beachten Sie auch die Liste weiterer renommierter Kanzleien am Kapitelende. ◀◀◀

● Referenzmandate, umschrieben
●● Referenzmandate, namentlich

Anwaltszahlen: Angaben der Kanzleien, wie viele Anwälte zu mind. ca. 50% in diesem Gebiet tätig sind. Sie spiegeln nicht zwingend die Gesamtgröße einer Kanzlei wider.

verfügt zudem über besonders enge Verbindungen zu frz. PE-Häusern, die zunehmend in Dtl. investieren. Das VC-Team um Hohl setzte sich besser im Markt durch u. hat inzw. eine gute Balance zw. Investoren- u. Gründerberatung gefunden; im letzten Jahr kamen 2 Inkubatoren als Mandanten hinzu. Im Wettbewerberkreis ist BMH erstaunlicherweise nicht so bekannt, wie es ihr Trackrecord erwarten ließe. Doch die Mandanten halten ihr die Treue u. loben sie überschwängl., u.a. für ihr „ausgezeichnetes Kanzleinetzwerk für internat. Arbeit".
Stärken: Mittelgr. PE-Deals, Rundumberatung für VC-Start-ups.
Häufig empfohlen: Jan-Peter Heyer, Dr. Patrick Hohl („sehr intelligent und schnell", Mandant), Dr. Andrea Reichert-Clauß („sehr engagiert, gutes Projektmanagement", Mandant)
Kanzleitätigkeit: Langj. Erfahrung sowohl in PE als auch in VC. Enge Kontakte zu einigen Häusern. Schwerpunkt auch bei Immobilientransaktionen. (4 Eq.-Partner, 1 Sal.-Partner, 3 Associates)
Mandate: ●● Capiton bei Verkauf von Lahmeyer u. Beteiligung an Trioptics; Omnes Capital u. Ventech bei Beteiligung an European Games Group; ConCardis bei Einstieg bei Orderbird; Berliner AdTech-Start-up bei A-Finanz.-Runde; Ventech bei Beteiligung an Speexx; Business Angel Marcus Seidel bei Einstieg von Zentek in Entsorgung.de; Covus bei Einstieg bei PixLic u. Domtain sowie Kooperation zw. Ocono u. Chip.de; Inkubator bei Einstieg bei YourPainting, Fahrschulvergleich u. Fitnestio; Glossybox, Startupbootcamp, Foundation Point.

CLIFFORD CHANCE
Private-Equity-Transaktionen (Large-Cap)
Private-Equity-Transaktionen (Mid-Cap)
Bewertung: Eine führende PE-Praxis, für die das vergangene Jahr eine Zäsur bedeutete. Nach dem Wechsel der zentralen Partner Oliver Felsenstein u. Burc Hesse zu Latham & Watkins Anfang 2015 galt CC in der Außenwahrnehmung als massiv geschwächt, selbst was zentrale Beziehungen wie zu Permira betraf. Noch dazu erlitt auch die Londoner Zentrale ähnl. schwerwiegende Verluste. Doch das Jahr verlief ganz anders als von Wettbewerbern prophezeit. Die Praxis zeigte zum einen, wie belastbar die Marke CC ist, zum anderen, wie gut sich die jüngere Generation in Ffm. entwickelt hat. Diese zog umgehend selbst eine Reihe bedeut. Deals an Land: Hasselbach für Cinven, Muhs für KKR u. im Infrastrukturbereich, Krecek in der Finanzdienstleistungsbranche. Zudem begleitete Kellett, dem es in den letzten Jahren etwas an Visibilität gemangelt hatte, einige nicht abgeschl. Deals für Mandanten wie Advent, Alpha u. SVP. Die Herausforderung besteht nun darin, die Stärke der Nachwuchspartner dauerhaft unter Beweis zu stellen.
Stärken: Hoch spezialisiertes Team mit starker zusätzl. Branchenfokussierung (z.B. Infrastruktur, Banken), dadurch immer häufiger auch Einsätze außerhalb Dtl.s. Hervorragende ww. Praxis mit außergewöhnl. guten Verbindungen zu führenden Häusern. Eine führende ▶Kreditfinanzierungspraxis.
Entwicklungsmöglichkeiten: Die Weggänge betrafen nicht nur die Partnerebene. Auch einige Counsel u. Associates verließen die Kanzlei u. müssen nun ersetzt werden, v.a. zur Sicherung des Transaktionsmanagements.
Häufig empfohlen: Christopher Kellett („sehr erfahren; bringt immer viel, ihn bei einem Deal dabei zu haben", Wettbewerber), Dr. Thomas Krecek,

PRIVATE-EQUITY-TRANSAKTIONEN (MID-CAP)

Freshfields Bruckhaus Deringer	alle Standorte
Hengeler Mueller	alle Standorte
P+P Pöllath + Partners	Berlin, Frankfurt, München
Willkie Farr & Gallagher	Frankfurt
Clifford Chance	Düsseldorf, Frankfurt, München
CMS Hasche Sigle	alle Standorte
Gleiss Lutz	alle Standorte
Latham & Watkins	alle Standorte
Linklaters	Frankfurt, München
Milbank Tweed Hadley & McCloy	Frankfurt, München
Noerr	Berlin, Düsseldorf, München
White & Case	Berlin, Hamburg, Frankfurt
Allen & Overy	Frankfurt, Hamburg
Hogan Lovells	alle Standorte
Jones Day	Frankfurt, München
King & Wood Mallesons	Berlin, Frankfurt, München
Kirkland & Ellis	München
Taylor Wessing	alle Standorte
Watson Farley & Williams	Hamburg, München
Weil Gotshal & Manges	Frankfurt, München
Ashurst	Frankfurt, München
BMH Bräutigam & Partner	Berlin
Heuking Kühn Lüer Wojtek	Düsseldorf, Köln, Hamburg, München
Skadden Arps Slate Meagher & Flom	Frankfurt, München
AFR Aigner Fischer	München
Arqis	Düsseldorf, München
Dechert	München
DLA Piper	München
Greenberg Traurig	Berlin
K&L Gates	Berlin, Frankfurt
McDermott Will & Emery	Düsseldorf, München
Norton Rose Fulbright	Frankfurt
Otto Mittag Fontane	Frankfurt
Raue	Berlin
Roos	Mainz
Shearman & Sterling	Frankfurt

Die hier getroffene Auswahl der Kanzleien ist das Ergebnis der auf zahlreichen Interviews basierenden Recherche der JUVE-Redaktion (s. Einleitung S. 20). Sie ist in 2erlei Hinsicht subjektiv: Sämtliche Aussagen der von JUVE-Redakteuren befragten Quellen sind subjektiv u. spiegeln deren eigene Wahrnehmungen, Erfahrungen u. Einschätzungen wider. Die Rechercheergebnisse werden von der JUVE-Redaktion unter Einbeziehung ihrer eigenen Marktkenntnis analysiert u. zusammengefasst. Der JUVE Verlag beabsichtigt mit dieser Tabelle keine allgemein gültige oder objektiv nachprüfbare Bewertung. Es ist möglich, dass eine andere Recherchemethode zu anderen Ergebnissen führen würde. Innerhalb der einzelnen Gruppen sind die Kanzleien alphabetisch geordnet.

▶▶▶ Bitte beachten Sie auch die Liste weiterer renommierter Kanzleien am Kapitelende. ◀◀◀

Joachim Hasselbach („der nächste Star aus dem Clifford-Stall: sehr proaktiv u. auf Abschluss fokussiert", Wettbewerber), Markus Muhs („echter Infrastrukturexperte", Wettbewerber)
Kanzleitätigkeit: Schwerpunkt v.a. auf größerer Buy-out-Arbeit, daneben weiter Zunahme an Mid-Cap-Arbeit. (5 Partner, 2 Counsel, 5 Associates)
Mandate: ●● Cinven bei Kauf von Synlab; KKR bei Kauf Dt. Glasfaser; EQT Infrastructure bei gepl. Kauf der Indaver-Gruppe; Palero Invest bei Kauf von Evantec, Felina u. Krähe-Versand sowie bei Exit von Bandfix Holding; 3i bei Verkauf von Azelis; 3i Infrastructure bei Beteiligung an Oiltanking Ghent; Clayton Dubilier & Rice/SBR Europe bei Mehrheitsbeteiligung an J.A. Woll; Grove bei Beteiligung an Aurelis Real Estate; Investa Holding/Abry Partners bei Verkauf von e-shelter; KKR zu Aktionärsfragen bei Verkauf von Wild Flavors.

CMS HASCHE SIGLE
Private-Equity-Transaktionen (Large-Cap)
Private-Equity-Transaktionen (Mid-Cap)
Venture Capital
Bewertung: Für PE häufig empfohlen, in VC eine führende Kanzlei, die weiter mit der breitesten

● Referenzmandate, umschrieben
●● Referenzmandate, namentlich

Anwaltszahlen: Angaben der Kanzleien, wie viele Anwälte zu mind. ca. 50 % in diesem Gebiet tätig sind. Sie spiegeln nicht zwingend die Gesamtgröße einer Kanzlei wider.

PRIVATE EQUITY & VENTURE CAPITAL

Praxis im Markt antritt. Im Laufe der letzten Jahre fielen v.a. Fortschritte im Mid-Cap-Sektor auf, die Large-Cap-Tätigkeit wurde dagegen allzu stark von der Beziehung zu BC Partners u. insbes. von Simmats Aktivität dominiert. 2014/15 war es umgekehrt: Auch wenn der Großteil des Synlab-Mandats – enttäuschenderweise für CMS – an Latham ging, blieb der massive Arbeitsanteil von CMS nicht unbemerkt. Wichtiger noch war der Beginn einer Beziehung zu KKR. Hier zahlten sich die – allerdings überfälligen – Bemühungen zur Vernetzung der internat. PE-Praxis aus. Die Londoner Praxis unterhält auch gute Kontakte zu Häusern wie Advent u. Cinven. Im Gegensatz dazu ging es bei der Mid-Cap-Praxis, gemessen an ihren eigenen Maßstäben, ruhiger zu. Bell ist jedoch weiterhin ein wichtiger Akteur im Markt, v.a. für Equistone u. H.I.G., u. die Beziehungen jüngerer Partner zu DBAG u. Halder spielen für die Zukunft eine bedeut. Rolle. Das VC-Team hingegen behielt seine marktführende Position. Müller spielt in der Biotech- u. Medizintechnikszene weiter eine zentrale Rolle, während Zätzsch vom anhaltenden VC-Boom in Berlin profitierte. CMS zählt außerdem zu den wenigen VC-Praxen, die in Sachsen vertreten ist.

Stärken: Eine der breitesten Praxen im Markt. Fast alle Büros sind in PE/VC tätig. Sehr starke VC-Tradition mit Schwerpunkt auf Life Science.

Entwicklungsmöglichkeiten: Seit geraumer Zeit dominieren die dienstälteren Partner die Außenwahrnehmung der Kanzlei sowohl in PE als auch in VC. Anderen führenden Kanzleien ist es besser gelungen, prominente jüngere Kollegen nach vorn zu bringen. V.a. die Zukunft des Large-Cap-Bereichs wird davon abhängen, ob der Generationswechsel gelingt.

Häufig empfohlen: Dr. Udo Simmat, Dr. Martin Bell, Stefan-Ulrich Müller („immer ruhig und angenehm; alle Seiten mögen es, wenn er dabei ist", Wettbewerber), Dr. Ulrich Springer („sehr pragmatisch u. kommerziell denkend, langer VC-Trackrecord", Mandant), Dr. Jörg Zätzsch, Dr. Peter Baisch, Dr. Annett Grigoleit („bei immer größeren Deals dabei", Wettbewerber), Dr. Jacob Siebert („wird voraussichtl. einiges bei den großen Deals bewegen können", Wettbewerber), Dr. Hendrik Hirsch

Kanzleitätigkeit: Große Bandbreite an Transaktionen, von Start-ups bis zu gr. Buy-outs. Außerdem an vielen Standorten regelm. VC-Arbeit (v.a. München). (ca. 15 Partner plus Associates)

Mandate: ●● BWK bei Verkauf von 24% an Andernacher LTS Lohmann Therapie-Systeme; Aurelius bei Verkauf der Beteiligung an Framochem; SüdBG bei Beteiligung an HAP; DBAG/Romaco bei Kauf von Innojet; Laidlaw Capital bei Kauf von Windpark Veja Mate; ProXes/DBAG bei Beteiligung an FrymaKoruma; Seafort Advisors bei Kauf der Emder Werft- und Dockbetriebe von ThyssenKrupp. VC: Outfittery bei Wachstumsfinanzierung durch Northzone, BayernKapital, BioMedInvest u.a bei Verkauf von Suppremol; BC Brandenburg Capital bei Investments in New Swedish Design u. Andrenomed; Absolventa bei Verkauf an Funke Mediengruppe; OrbiMed bei Investment in Pieris u. Ethris; Gilde Healthcare bei Verkauf von Definiens; Curetis bei B-Finanz.-Runde; EGym bei Finanzierung durch Highland Capital Partners; Evolution Internet Fund bei Beteiligung von SevenVentures; Forbion/Sunstone Life Science Ventures bei Investment in Rigontec.

VENTURE CAPITAL

CMS Hasche Sigle	Berlin, München, Stuttgart
Hogan Lovells	Düsseldorf, München
Noerr	Berlin, München
Osborne Clarke	Berlin, Köln, München
Taylor Wessing	Düsseldorf, Frankfurt, München
Vogel Heerma Waitz	Berlin
BMH Bräutigam & Partner	Berlin
Flick Gocke Schaumburg	Berlin
Lacore	Berlin
Lambsdorff	Berlin
P+P Pöllath + Partners	München, Berlin
Raue	Berlin
Reed Smith	München
Willkie Farr & Gallagher	Frankfurt
Dechert	München
Görg	München
Heuking Kühn Lüer Wojtek	Hamburg, Köln, München
Jones Day	München
AFR Aigner Fischer	München
Arqis	München
Gleiss Lutz	Frankfurt
Greenberg Traurig	Berlin
Hengeler Mueller	Berlin
Lutz Abel	München
Weitnauer	München

Die hier getroffene Auswahl der Kanzleien ist das Ergebnis der auf zahlreichen Interviews basierenden Recherche der JUVE-Redaktion (s. Einleitung S. 20). Sie ist in 2erlei Hinsicht subjektiv: Sämtliche Aussagen der von JUVE-Redakteuren befragten Quellen sind subjektiv u. spiegeln deren eigene Wahrnehmungen, Erfahrungen u. Einschätzungen wider. Die Rechercheergebnisse werden von der JUVE-Redaktion unter Einbeziehung ihrer eigenen Marktkenntnis analysiert u. zusammengefasst. Der JUVE Verlag beabsichtigt mit dieser Tabelle keine allgemein gültige oder objektiv nachprüfbare Bewertung. Es ist möglich, dass eine andere Recherchemethode zu anderen Ergebnissen führen würde. Innerhalb der einzelnen Gruppen sind die Kanzleien alphabetisch geordnet.

▶▶▶ Bitte beachten Sie auch die Liste weiterer renommierter Kanzleien am Kapitelende. ◀◀◀

DECHERT

Private-Equity-Transaktionen (Mid-Cap) ☐☐☐☐■
Venture Capital ☐☐☐☐■

Bewertung: Für PE geschätzte u. für VC empfohlene Kanzlei, die erneut eine Reihe mittelgroßer Private-Equity-Deals bei Stammandanten wie Heidelberg Capital begleitete, v.a. aber im VC-Markt von sich reden machte: Für Lazada begleitete die Praxis eine der größten internat. VC-Finanzierungsrunden im Markt. Neben den zentralen Partnern Hummel u. Pappalardo tritt inzw. auch die jüngere Generation stärker in den Vordergrund – eine bedeut. Entwicklung: Bislang setzt die Teamgröße der Marktpräsenz enge Grenzen, zumal die meisten Anwälte nicht ausschl. in PE/VC tätig sind.

Stärken: Breit gefächerte Erfahrung (VC u. gr. LBOs, aber auch Portfoliotransaktionen) u. gute Kontakte zu Family Offices.

Häufig empfohlen: Federico Pappalardo („einer der besten Juristen u. Verhandler, die mir je begegnet sind", Mandant; „angenehm u. erfahren", Wettbewerber), Berthold Hummel

Kanzleitätigkeit: Gr. Bandbreite von VC, Managementberatung, LBOs u. Portfoliotransaktionen. (4 Eq.-, 3 Sal.-Partner, 1 Counsel, 9 Associates)

Mandate: ●● Gimv bei Beteiligung an Mackevision Medien Design; Heidelberg Capital/Creathor Venture bei Verkauf von Accovion; Lazada Group bei Finanzierungsrunde; M1 Fashion u. L Capital Asia bei Kauf von Pepe Jeans; Verlinvest bei Investition in Zalando.

DLA PIPER

Private-Equity-Transaktionen (Mid-Cap) ☐☐☐☐■

Bewertung: Geschätzte Kanzlei in PE, die nach der Rekrutierung mehrerer jüngerer Partner von Kirkland u. White & Case nun ein solides Fundament gelegt hat, um einen gezielten Angriff auf den Mid-Cap-Markt zu wagen. Dass Summit den Partnern Schinköth u. Stühler zu DLA gefolgt ist, ist ein gutes Zeichen für die Zukunft, u. die Auslastung im ersten Jahr war gut, wenn auch bislang ohne großen Dealerfolg. Die andere tragende Säule ist die Arbeit für chin. Staatsfonds im Rahmen der China-Praxis im Münchner Büro.

Häufig empfohlen: Dr. Jan Schinköth, Dominik Stühler

Kanzleitätigkeit: PE-Praxis mit Schwerpunkt in München, großteils Mid-Cap-Arbeit, u.a. für einige US-Fonds, zunehmend auch chin. Staatsfonds. (3 Partner, 3 Associates)

Mandate: ●● Summit Partners bei Reorganisation von Global Fashion Group; Summit/Acturis beim Kauf von Nafi u. Kapitalerhöhung der

● Referenzmandate, umschrieben
●● Referenzmandate, namentlich

Anwaltszahlen: Angaben der Kanzleien, wie viele Anwälte zu mind. ca. 50% in diesem Gebiet tätig sind. Sie spiegeln nicht zwingend die Gesamtgröße einer Kanzlei wider.

PRIVATE EQUITY & VENTURE CAPITAL

Westwing Germany; H.I.G. bei Kauf der M.J.-Maillis-Gruppe; Mobile Ventures bei Bridge-Finanzierung von PipesBox.

FLICK GOCKE SCHAUMBURG
Venture Capital

NOMINIERT
JUVE Awards 2015
Kanzlei des Jahres für Private Equity & Venture Capital

Bewertung: Häufig empfohlene Kanzlei für VC, deren Berliner Büro v.a. für seine intensive Begleitung der Investoren Lakestar u. Project A bekannt ist, was für einen beachtl. Dealflow (auch für Anwälte außerhalb der Hauptstadt) sorgt. Dadurch konnte FGS, u. insbes. Möllmann, mit den Mandanten mitwachsen u. zu noch größeren Investitionsvol. beraten. Die Vernetzung innerhalb der Berliner Szene hat sich ebenfalls stark verbessert. FGS zählt zu den Kanzleien, die von der neuen Generation ehem. Gründer profitiert (z.B. Project A), die nun selbst über erhebl. Kapital für Investitionen verfügt. Dieses Jahr arbeitete die Kanzlei auch an einer Handvoll abgeschl. Mid-Cap-Deals in PE, einem Bereich, der sich dank FGSs marktführender ▶Steuerpraxis als immer attraktiver erweist. Die VC-Praxis dürfte fast von selber weiterwachsen; um diese Entwicklung auch in PE nachzuvollziehen, müsste in mehr Kapazitäten investiert werden.

Stärken: Integration von steuerrechtl. Fondsstrukturierungs- u. Transaktionsarbeit.
Häufig empfohlen: Dr. Peter Möllmann („einer der Aufsteiger im Markt; hat schon vieles in Berlin bewegt", Wettbewerber)
Kanzleitätigkeit: Erhebl. Umfang an Fondsstrukturierung u. Investorenberatung, starker Fluss an VC-Transaktionen. Schwerpunkt auf Fondsseite, aber auch für Gründer aktiv. Kooperation in den USA mit Goodwin Proctor. (4 Partner, 5 Associates)
Mandate: ●● Capiton, L-EA bei Verkauf von Koki Transmission; VR Equity Partners bei Kauf der Weisshaar-Gruppe; E.ventures, Lakestar u. Ströer bei VC-Investments; DailySecret bei Kauf von SugarHigh; Black River Ventures bei Investment bei Wine in Black, SavingGlobal, Priori Data, Kiwi.ki, Contorion, ParStream, Minubo; Adsquare; Data Artisans bei Finanz.-Runden.

FRESHFIELDS BRUCKHAUS DERINGER
Private-Equity-Transaktionen (Large-Cap)
Private-Equity-Transaktionen (Mid-Cap)
Bewertung: Eine führende Kanzlei für PE, die schon lange kurz davor stand, sich von ihren Hauptwettbewerbern abzusetzen. Diese befanden sich nun, jede auf ihre Weise, im Umbruch – und FBD nutzte die Gelegenheit, sich im Large-Cap-Segment durchzusetzen. Die Praxis begleitete die meisten bedeut. Deals, u. sämtl. führenden Partner genießen eine herausrag. Reputation auch über die Grenzen Dtl.s hinaus. Insges. kann kein Wettbewerber mit der profunden Qualität mithalten, die FBD erreicht hat. Heute überrascht es niemanden mehr, wenn die Kanzlei für Permira, BC Partners, CVC oder Cinven in schlagzeilenträchtigen Deals auftritt, doch abgesehen davon verfügt FBD auch über ein solides Fundament aus Mid-Cap-Arbeit. Sehr wichtig ist auch, dass es neben Nawroth in D'dorf eine ebenso starke Nachwuchsgeneration in HH u. Ffm. gibt, die bewiesen hat, dass sie sich ihren eigenen Weg bahnen kann u. Dolls Entwicklung in HH ist besonders zukunftsweisend: Analog zu den Entwicklungen im Bereich ▶M&A ist sie ein Bsp. dafür, wie dt. Anwälte bei Transaktionen außerhalb ihres Heimatlandes aktiv sein können, in ihrem Fall in Osteuropa. FBD zeigte erstmals auch etwas Interesse am boomenden VC-Markt, der sein Zentrum in Berlin hat. Dass Mandanten FBD-Stundensätze für Standard-VC-Arbeit bezahlen, dürfte nicht ausgeschlossen sein, doch dieses Jahr arbeitete die Kanzlei zum ersten Mal an Deals im Wachstumskapitalbereich. Tatsächl. bewegt sich ein Teil des VC-Markts durch Exits u. großvol. spätere Finanzierungsrunden in höherpreisigen Regionen – u.U. ein Zukunftsmarkt auch für FBD.

Stärken: Gr. u. konsequent gemanagtes Team mit zahlr. bekannten Anwälten. Breit aufgestellte Praxis mit umf. Erfahrung (z.B. ▶Restrukturierung/Sanierung, ▶Immobilien). Neuerdings starke Vernetzung mit Finanzpraxen in Ffm. u. London.
Entwicklungsmöglichkeiten: Das Fehlen einer wirkl. aktiven Münchner Praxis passt bei FBD nicht ins Gesamtbild. Auch wenn sich der Schwerpunkt des Marktes im Laufe der letzten Jahre von der bayr. Landeshauptstadt wegbewegt hat, so spiegelt die Schwäche des PE-Teams von FBD an der Isar doch den Status des Gesamtbüros wider.
Häufig empfohlen: Dr. Anselm Raddatz („in PE genau so stark wie als Berater von Großkonzernen", Wettbewerber), Dr. Markus Paul („immer besonnen, sehr intelligent", Wettbewerber), Dr. Nils Koffka („beeindruckender Experte, sehr erfahrener Verhandler", Wettbewerber), Dr. Stephanie Hundertmark („hat viel gesehen, sehr gute Teamplayerin", Wettbewerber), Dr. Ludwig Leyendecker, Dr. Oliver von Rosenberg, Dr. Christoph Nawroth, Dr. Lars Westpfahl („u.a. Restrukturierung), Dr. Natascha Doll („schon heute eine starke Akquisiteurin", Wettbewerber), Dr. Arend von Riegen
Kanzleitätigkeit: Einheitl. ww. Praxis für Finanzinvestoren (LBO-, Infrastruktur- u. Staatsfonds). In Dtl. ausgeprägte LBO-Praxis, aber zunehmend auch Infrastrukturdeals; enge Zusammenarbeit mit der ▶Immobilienpraxis u. anderen Branchengruppen. PE von allen Standorten aus. Auch aktiv im mittleren Marktsegment. (15 Partner, 30 Associates)

Führende Namen in Private-Equity-Transaktionen

Dr. Jan Bauer	Gleiss Lutz
Dr. Martin Bell	CMS Hasche Sigle
Dr. Andrea von Drygalski	P+P Pöllath + Partners
Oliver Felsenstein	Latham & Watkins
Burc Hesse	Latham & Watkins
Dr. Jörg Kirchner	Kirkland & Ellis
Dr. Nils Koffka	Freshfields Bruckhaus Deringer
Dr. Ludwig Leyendecker	Freshfields Bruckhaus Deringer
Dr. Peter Nussbaum	Milbank Tweed Hadley & McCloy
Dr. Markus Paul	Freshfields Bruckhaus Deringer
Dr. Norbert Rieger	Milbank Tweed Hadley & McCloy
Dr. Maximilian Schiessl	Hengeler Mueller
Prof. Dr. Gerhard Schmidt	Weil Gotshal & Manges
Mario Schmidt	Willkie Farr & Gallagher
Dr. Emanuel Strehle	Hengeler Mueller
Dr. Rainer Traugott	Linklaters
Dr. Peter Weyland	Hengeler Mueller
Dr. Hans-Jörg Ziegenhain	Hengeler Mueller

Die hier getroffene Auswahl der Personen ist das Ergebnis der auf zahlreichen Interviews basierenden Recherche der JUVE-Redaktion (siehe S. 20). Sie ist in 2erlei Hinsicht subjektiv: Sämtliche Aussagen der von JUVE-Redakteuren befragten Quellen sind subjektiv u. spiegeln deren eigene Wahrnehmungen, Erfahrungen u. Einschätzungen wider. Die Rechercheergebnisse werden von der JUVE-Redaktion unter Einbeziehung ihrer eigenen Marktkenntnis analysiert u. zusammengefasst. Der JUVE Verlag beabsichtigt mit dieser Tabelle keine allgemein gültige oder objektiv nachprüfbare Bewertung. Es ist möglich, dass eine andere Recherchemethode zu anderen Ergebnissen führen würde.

Mandate: ●● CVC bei Kauf von Douglas; EQT bei Kauf von Siemens Audiology; Permira bei Kauf von GFKL; BC Partners bei Zusammenschluss von Springer Science+Business Media mit Macmillan; Cinven/Host Europe Group bei Übernahme von Intergenia; OEP bei Verkauf von Constantia Flexibles u. Kauf von Duran; Temasek bei Beteiligung an Lazada; Triton bei Kauf von GEA Heat Exchangers; KKR bei Verkauf von Wild Flavors; Advent bei Verkauf der Median Kliniken; DBAG bei Kauf von Gienanth u. Verkauf von Homag; Warburg Pincus bei Investment in Blue Yonder u. Kauf von Intellectual Property Associates Network.

GLEISS LUTZ
Private-Equity-Transaktionen (Large-Cap)
Private-Equity-Transaktionen (Mid-Cap)
Venture Capital

Bewertung: Für PE häufig empfohlene, für VC empfohlene Kanzlei, die zuletzt an beiden Fronten Fortschritte machte. Besonders deutl. fiel der Aufwärtstrend im VC-Markt aus, wo GL bis jetzt wenig sichtbar war. Mit dem Verkauf von Yemeksepeti begleiteten die Anwälte nun einen der größten u. prominentesten Exits im Markt, dazu kamen eine Reihe bedeut. Finanzierungsrunden an der Seite namh. Neumandanten wie Goldman Sachs oder Bauer Venture Partners. Insges. hat sich die Praxis leicht verbreitert. Bei gr. PE-Häusern u. Investmentbanken ist das Team besser etabliert denn je: Blackstone ist der Kanzlei seit Jahren eng verbunden, seit etwa 2013 war GL immer öfter auch für KKR tätig. Daneben fasst GL auch zunehmend bei Akteuren Fuß, die regelm. kleinere bis mittelgr. Deals stemmen. Die PE- u. M&A-Praxen wurden durch eine neue Leitungsstruktur – die Corporate-Praxis hat nun mehrere Untergruppen – klarer voneinander abgesetzt. Dass nun ein junger Partner mit an der Spitze des PE-Teams steht, zeigt auch, dass die Kanzlei bemüht ist, neben Bauer weitere PE-Experten nach vorn zu bringen. Der parallele Ausbau der Kreditfinanzierungspraxis – dort setzte GL mit dem Zugang einer angesehenen Partnerin von Linklaters ein Ausrufezeichen – erweitert die po-

● Referenzmandate, umschrieben
●● Referenzmandate, namentlich

Anwaltszahlen: Angaben der Kanzleien, wie viele Anwälte zu mind. ca. 50 % in diesem Gebiet tätig sind. Sie spiegeln nicht zwingend die Gesamtgröße einer Kanzlei wider.

PRIVATE EQUITY & VENTURE CAPITAL

tenziellen Anknüpfungspunkte für Finanzinvestoren deutlich.
Stärken: Breite Erfahrung mit umfangr. Buy-outs dank guter Verbindungen zu US-Häusern, z.B. Blackstone, Lindsay Goldberg u. immer stärker auch KKR. Starker Trackrecord im Immobilienrecht.
Häufig empfohlen: Dr. Christian Cascante, Dr. Jan Bauer („souverän, pragmatisch, lösungsorientiert", Wettbewerber), Dr. Fred Wendt, Dr. Jörn Wöbke
Kanzleitätigkeit: Schwerpunkt bei größeren u. mittleren Buy-out-Transaktionen. (Kernteam: 10 Partner, 16 Associates)
Mandate: ●● KKR bei Kauf von Bayer Diabetes Care; Apax bei gepl. Kauf von Azelis; General Atlantic u.a. bei Verkauf von Yemeksepeti; Blackstone Real Estate Partners bei Kauf von Logistikimmobilien in Dtl.; Blackstone bei gepl. Kauf von Constantia Packaging; Goldman Sachs bei Beteiligung an Windeln.de sowie an Mister Spex; Wynnchurch Capital bei Kauf des ww. Bremsen- u. Dichtungsgeschäfts von Material Sciences Corp.; Värde Partners bei Serie-B-Finanzierungsrunde für Kreditech; Bauer Venture Partners bei Beteiligung an Navabi; Neuhaus Partners u.a. bei Verkauf von Newtention; Macquarie weiter bei Refinanzierung von Tank & Rast.

GÖRG
Venture Capital
Bewertung: Für VC geschätzte Kanzlei, die in Köln u. München unterschiedl. Schwerpunkte setzt. Am Rhein ist Görg seit Jahren bei einigen Restrukturierungssituationen erste Wahl für PE-Häuser u. Hedgefonds. Die Entwicklung in München mit Paudtke an der Spitze ist nachhaltiger. Ein Mandant war besonders begeistert u. lobte die „hervorrag. Betreuung – das ganze Team trägt maßgebl. dazu bei, dass die Leistung stimmt." Das VC-Team ist allerdings weiterhin recht klein.
Häufig empfohlen: Dr. Bernt Paudtke („sehr überzeugende Fachkenntnis, Pragmatismus mit exzellentem Service u. Verhandlungsfähigkeiten", Mandant)
Kanzleitätigkeit: Weitgehend eigenständige Praxen in Köln u. München, Erstere mit umfangr. Restrukturierungserfahrung. München zunehmend aktiv in VC. (4 Partner mit Associates)
Mandate: ●● Centerbridge bei Restrukturierung von ATU; lfd. MVP Strategic Partnership; div. Start-ups u. Investoren bei Finanz.-Runden.

GREENBERG TRAURIG
Private-Equity-Transaktionen (Mid-Cap)
Venture Capital
Bewertung: Diese für PE geschätzte u. VC empfohlene Kanzlei, deren Team aus nahezu dem ges. ehem. Berliner Olswang-Büro besteht, hat weiterhin 2 Hauptschwerpunkte: Die immobilienrechtl. Praxis bedient zahlr. PE-Mandanten, ergänzt durch eine VC-Praxis, deren Schwerpunkt v.a. auf den Branchen Medien u. Technologie liegt. Der Wechsel zu GT hat die Praxis kaum berührt, doch bietet die neue Einheit beachtl. Potenzial im Technologiebereich, insbes. dank der starken GT-Praxen an der US-Westküste, in London u. Tel Aviv.
Stärken: Immobiliendeals.
Kanzleitätigkeit: Streng nach Branchenschwerpunkten organisiert: Immobilienrecht u. Technologie, in letzter Zeit auch Greentech. VC-Praxis, die Fonds u. Gründer berät. (3 Partner, 6 Associates)

Führende Namen in Venture Capital

Dr. Justus Binder	Reed Smith
Felix Blobel	Noerr
André Eggert	Lacore
Nicolas Gabrysch	Osborne Clarke
Dr. Patrick Hohl	BMH Bräutigam & Partner
Dr. Sascha Leske	Noerr
Dr. Peter Möllmann	Flick Gocke Schaumburg
Stefan-Ulrich Müller	CMS Hasche Sigle
Prof. Dr. Andreas Nelle	Raue
Christian Tönies	P+P Pöllath + Partners
Dr. Frank Vogel	Vogel Heerma Waitz
Dr. Clemens Waitz	Vogel Heerma Waitz
Dr. Jens Wolf	Taylor Wessing
Dr. Jörg Zätzsch	CMS Hasche Sigle
Dr. Nikolas Zirngibl	Hogan Lovells

Die hier getroffene Auswahl der Personen ist das Ergebnis der auf zahlreichen Interviews basierenden Recherche der JUVE-Redaktion (siehe S. 20). Sie ist in 2erlei Hinsicht subjektiv: Sämtliche Aussagen der von JUVE-Redakteuren befragten Quellen sind subjektiv u. spiegeln deren eigene Wahrnehmungen, Erfahrungen u. Einschätzungen wider. Die Rechercheergebnisse werden von der JUVE-Redaktion unter Einbeziehung ihrer eigenen Marktkenntnis analysiert u. zusammengefasst. Der JUVE Verlag beabsichtigt mit dieser Tabelle keine allgemein gültige oder objektiv nachprüfbare Bewertung. Es ist möglich, dass eine andere Recherchemethode zu anderen Ergebnissen führen würde.

Mandate: ●● Tristan Capital Partners bei Verkauf mehrerer Logistikportfolios; Peakside Capital bei Joint Venture zum Kauf eines Einkaufszentrenportfolios mit 72 Einheiten; auch Netbiscuits bei Finanzierung.

HENGELER MUELLER
Private-Equity-Transaktionen (Large-Cap)
Private-Equity-Transaktionen (Mid-Cap)
Venture Capital
Bewertung: Eine in PE führende u. für VC empfohlene Kanzlei, die im Large-Cap-Bereich einen hervorrag. Ruf hat, da einige Partner regelm. – wenngleich nicht allzu häufig – für gr. Häuser wie KKR, Bain oder Advent auftreten. Das prägt den Eindruck, den Mandanten von der Kanzlei haben: herausrag. Persönlichkeiten, die am besten für die größten u. komplexesten Deals geeignet sind. Dennoch unternahm HM in den vergangenen Jahren auch gr. Anstrengungen, sich in Richtung Mid-Cap-Markt u. auch zum oberen Ende des VC-Markts hin zu diversifizieren. Interessanterweise traten einige der bekanntesten Partner auch bei mittelgr. Deals auf, bei denen noch vor wenigen Jahren niemand mit HM gerechnet hätte. V.a. begleiten sie aber die regulat. anspruchsvolleren, mittelgr. Deals, etwa Waterland im Healthcare-Bereich. In typ. HM-Manier hat der jüngere Partner Nolte diesen Bereich aufgebaut. Er trat bei einer ganzen Serie von Deals für Waterland auf, eine eher neue Beziehung für HM. Das Berliner Büro engagiert sich weiterhin im VC-Markt, auch wenn Wettbewerber darüber nur den Kopf schütteln – das hier übl. Honorarniveau dürfte tatsächl. in den seltensten Fällen zu HMs Gepflogenheiten passen. Doch am Ende könnte HM Recht behalten, denn der Trend im VC-Markt geht hin zu High-End-Beratung u. größeren Exits.
Stärken: Hervorrag. Reputation der einzelnen Partner, die inzw. in enger Abstimmung agieren. Starke Praxis in allen Büros einschl. London mit langj. Erfahrung bei Immobiliendeals.
Häufig empfohlen: Dr. Christof Jäckle, Dr. Maximilian Schiessl („wann immer er PE macht, eine Bereicherung", Wettbewerber), Dr. Hans-Jörg Ziegenhain („der beste Anwalt auf Verkäuferseite im Markt, ohne Zweifel", Wettbewerber), Dr. Emanuel Strehle („das neue Gesicht von Hengeler-PE, strategisch denkender Kopf", Wettbewerber), Dr. Peter Weyland, Thomas Müller, Dr. Bernd Wirbel („inzw. der stärkste PE-Anwalt bei Hengeler in Düsseldorf", Wettbewerber), Dr. Frank Burmeister, Dr. Alexander Nolte
Kanzleitätigkeit: Vorwiegend großvol. Buy-outs, aber mit wachsender Praxis im Mid-Cap-Bereich. (13 Partner plus Associates)
Mandate: ●● KKR bei Verkauf der Versatel-Mehrheitsbeteiligung an United Internet u. bei Beteiligung an Arago Institut; Advent bei Verkauf von Douglas; Lone Star bei Kauf eines gewerbl. Immobilienkreditportfolios in Spanien u. Portugal; EQT bei gepl. Kauf von Synlab; Oaktree bei Kauf eines Kreditportfolios der Hypothekenbank Frankfurt; Waterland bei Kauf der Median Kliniken; Bain bei Kauf von Wittur; Blackstone bei Kauf des Messeturms Frankfurt; KPS Capital/American & Efird bei Kauf der Gütermann-Gruppe; Five Arrows bei Kauf von Prospitalia; Neiman Marcus bei Kauf von Mytheresa u. des Flagship Stores; Recruit Holdings bei Kauf von Quandoo.

HEUKING KÜHN LÜER WOJTEK
Private-Equity-Transaktionen (Mid-Cap)
Venture Capital
Bewertung: Die für PE u. VC empfohlene Praxis hat sich im Laufe der Jahre kontinuierl. durch Seiteneinsteiger vergrößert, ausgehend von ihrem Standort in Köln u. engen Beziehungen zu Odewald. Heute verfügt sie auch über starke Mid-Cap-Praxen in HH u. München, die durch den Neuzugang von Herschlein von GSK in Stuttgart einen weiteren Schub erhielten. Jedes Büro hat seine eigenen langj. Beziehungen zu bestimmten Mid-Cap-Häusern (z.B. DPE in HH, Capiton in Stuttgart, Auctus in München). Der Dealflow war stetig u. umfasste auch einige beachtl. Highlights in diesem Marktsegment, z.B. Johanssons Rolle als Berater von Oakley beim Verkauf von Host Europe. Heuking verfügt inzw. über eine der am breitesten gefächerten Praxen im Markt u. wird weitaus stärker von Wettbewerbern wahrgenommen als früher. In typ. Heuking-Manier bleiben die einzelnen Büros relativ autonom. Solange die Kanzlei keinen konzertierten Vorstoß ins Large-

Cap-Segment plant, sollte das aber kein Problem sein.
Stärken: Etablierte Mid-Cap-Praxis an vielen Standorten, mit zunehmender Spezialisierung im Bereich VC mit integrierten kapitalmarktrechtl. Kapazitäten.
Entwicklungsmöglichkeiten: Das eher lockere Praxismanagement hatte wichtige Folgen für die Entwicklung der VC-Praxis: Während sich Köln u. München einen beachtl. Anteil der Arbeit in dem Sektor sichern, fehlt es an Präsenz im wichtigen Berliner Markt.
Häufig empfohlen: Boris Dürr („viel Expertise in der Gesundheitsbranche", Wettbewerber), Dr. Pär Johansson, Dr. Jörg aus der Fünten (VC), Dr. Peter-Christian Schmidt („guter, zuverlässiger Verhandler", Wettbewerber), Dr. Rainer Herschlein („hoch kompetent u. zuverlässig", Mandant)
Kanzleitätigkeit: Breite Praxis inzw. an fast allen Standorten, mit Fokussierung auf Mid-cap-Arbeit. V.a. in Köln auch VC. Akqu.-Fin. in Frankfurt. (6 Eq.-Partner, 3 Sal.-Partner, 6 Associates)
Mandate: ●● Oakley Capital/Bellaxa bei Verkauf von Intergenia; Oakley bei Kauf von Elitepartner u. Parship; CoBe Capital bei Verkauf der PSG-Gruppe; DPE bei Kauf von Interschalt Maritime Systems, Speer Gebäudetechnik, Terwa, Elektro Decker u. August Truss; Granville/Baird Capital bei Verkauf von Amoena; Odewald KMU bei Verkauf von Polytech-Domilens u. Kauf von 7days; VR Equitypartner/Vohtec Rissprüfung bei Kauf von Vohtec Labor. VC: Customized Drinks/Pure Flavour bei Finanz.-Runde; Iris Capital bei Investition in Studitemps.

HOGAN LOVELLS
Private-Equity-Transaktionen (Large-Cap)
Private-Equity-Transaktionen (Mid-Cap)
Venture Capital

Bewertung: Die empfohlene PE-Praxis ist im Bereich VC führend u. hat eine der stärksten VC-Praxen in München. Schlagzeilen machte HL dieses Jahr allerdings v.a. in PE. Seit geraumer Zeit war die Entwicklung ins Stocken geraten, da Kapazitäten anderweitig eingesetzt wurden, etwa durch Habethas wachsendes Notariat in Ffm. Deshalb sorgte der Wechsel eines der erfahrensten PE-Partner im Markt, Jaletzke von Skadden Arps, für einen enormen Schub. Seine Ausrichtung u. sein Mandantenstamm entsprechen ziemlich genau dem ergiebigsten Schwerpunkt der internat. HL-Praxis: dem Mid-Cap-Markt. Für die bestehende Praxis stand das Jahr im Zeichen vielverspr. Mandatierungen durch namh. Häuser, auch wenn sich kein Deal ergab. Erstmals erhielt das Team auch ein Verweismandat aus der US-Praxis für das PE-Haus Five Arrows. Die VC-Praxis wächst weiter: Zirngibl zählt nun zu den führenden Anwälten in diesem Bereich u. wirkte bei der Fusion von FlixBus/MeinFernbus mit, einem der größten Deals des Jahres. HL zählt überdies seit Langem zu den führenden Beraterinnen von Corporate-VC-Häusern. Die Arbeit für Holtzbrinck u. Dt. Telekom setzt mit ihrem äußerst starken Dealflow im Markt weiterhin Maßstäbe.
Stärken: Eines der stärksten VC-Teams im Münchner Markt sowie in den USA. Gute transatlant. Vernetzung. Starke Branchenfokussierung, die für Portfolioarbeit besonders attraktiv ist, v.a. im Life-Science- u. Chemiebereich.
Entwicklungsmöglichkeiten: HL zählte einst zu den Pionieren im dt. VC-Markt, doch durch das Wachstum anderer Akteure, v.a. in Berlin, hat sich der Markt massiv verbreitert. Die fehlende Präsenz in der Hauptstadt hindert die Kanzlei an einer weitergehenden Marktdurchdringung, und da Zirngibl der einzige Partner ist, der sich ganz VC widmet, fehlt es HL vergl. mit einigen ihrer Hauptwettbewerber an Bandbreite.
Häufig empfohlen: Dr. Matthias Jaletzke („tolle Ergänzung für die Praxis, ein echtes Schwergewicht", Wettbewerber), Dr. Joachim Habetha, Dr. Volker Geyrhalter, Dr. Nikolas Zirngibl („exzellentes Verständnis der VC-Branche in Deutschland", Mandant der Gegenseite)
Kanzleitätigkeit: Buy-outs in Ffm.; eigene Praxis für Immobiliendeals in Ffm., D'dorf, München. VC-Arbeit nur in München. (6 Partner, 4 Counsel, 7 Associates)
Mandate: ●● Five Arrows bei Kauf von Prospitalia; GI Partners bei Verkauf eines Immobilienportfolios; Pamplona bei gepl. Kauf von Mauser; Nordic Capital bei gepl. Kauf von Sebia. VC: FlixBus bei Zusammenschluss mit MeinFernbus; Dreamlines bei Finanz.-Runde durch Altpoint, Target, Holtzbrinck; Holtzbrinck Ventures, Dt. Telekom Ventures u. a. bei Verkauf von Boku; Holtzbrinck Ventures bei Finanz.-Runde für ZenGuard; Otto Capital bei Finanz.-Runden bei Thermondo, Endore.me, Amorelie.de, Termine24, atira; OPG Online Personals Group bei Media-for-Equity-Transaktion mit Seven Ventures; Scout24 bei Investment in Stuffle sowie AI Incube; Finanz.-Runden bei ADB Analytic Dashboards, BonusBox, Gini, Navinos, Springlane, TouGas Oilfield Solutions.

JONES DAY
Private-Equity-Transaktionen (Large-Cap)
Private-Equity-Transaktionen (Mid-Cap)
Venture Capital

Bewertung: Empfohlene PE- u. VC-Praxis, die sich immer fester im Markt etabliert, sowohl über Kontakte aus dem internat. Netzwerk – am prominentesten zuletzt Xio – als auch über den stetigen Ausbau der Beziehungen zu dt. Häusern im mittleren Marktsegment, bspw. DBAG. Hier tat sich abermals in Dr. Grzimek hervor, den der Markt zusehends an Statur gewinnt. Daneben dürfte die Praxis auch vom Ausbau des Frankfurter Corporate-Teams profitieren: Dort sorgte ein Quereinsteiger von Clifford Chance für deutl. mehr aktien- u. übernahmerechtl. Schlagkraft. Dass mit Dr. Andreas Jürgens ein erfahrener Partner zu Reed Smith wechselte, schwächt die Praxis darum nicht entscheidend.
Stärken: Corporate-Anwälte mit gr. Bandbreite. Beträchtl. Erfahrung in der Automobilbranche. Immense US-Praxis.
Entwicklungsmöglichkeiten: Verglichen mit anderen Praxen arbeitet JD mit extrem niedriger Leverage. Gelänge es der Kanzlei, ihre Associate-Mannschaft deutl. zu vergrößern, dürfte sich dies auch in entsprechende Marktpräsenz umsetzen lassen.
Häufig empfohlen: Ansgar Rempp, Ivo Posluschny, Dr. Philipp Grzimek.
Kanzleitätigkeit: Mischung aus großvol. Mandaten, häufig bei Distressed-Deals, u. eher konventioneller Mid-Cap-Arbeit. Zunehmend VC. (9 Partner, 4 Counsel, 1 Associate)
Mandate: ●● DBAG bei Beteiligung an Huhtamaki Films; Findos Investor bei Kauf des Rhenoflex-Geschäftsbereichs von ICL; Xio bei Kauf von Compo Expert; Signature Capital bei Verkauf der Neumarkt Galerie in Köln; Entrepreneurs Fund Management/Heliocentris Energy bei Kauf von FutureE Fuel Cell Solutions; Seventure Partners bei VC-Investments; Riverside lfd., u.a. bei Verkauf von Orth-Dynamics; Frankfurter Beteiligungsberatung lfd., u.a. bei Verkauf von Technical Plastic Systems.

K&L GATES
Private-Equity-Transaktionen (Mid-Cap)

Bewertung: Die für PE geschätzte Kanzlei bedient einen v.a. dt. Mid-Cap-Mandantenstamm. Erstmals zeigte sich nun, dass die US-Praxis für grenzübergr. Deals sorgen kann, wenn auch bislang keiner zum Abschluss kam. Die Berliner Praxis partizipiert zwar trad. kaum am heimischen VC-Markt, war aber erstmals an größeren u. späteren Finanzierungsrunden für ein dt. Technologieunternehmen beteiligt.
Häufig empfohlen: Andreas Füchsel („ein Aufsteiger in Frankfurt", Wettbewerber)
Kanzleitätigkeit: Fokus auf kleine bis mittelgr. Transaktionen. Ww. Praxis, mit gr. Team in den USA, das v.a. im Mid-Cap-Bereich stark ist. (4 Partner plus Associates)
Mandate: ●● Silver Investment Partners bei Herauskauf des Mehrheitsgesellschafters von Sauerländer Landbäckerei; dt. PE-Haus bei gepl. Kauf von Thalia Holding u. bei gepl. Kauf der europ. Handarbeitssparte von Coats.

KING & WOOD MALLESONS
Private-Equity-Transaktionen (Mid-Cap)

Bewertung: Für PE empfohlene Kanzlei, die über 2 bekannte M&A-Partner sowie eine führende Fondsstrukturierungspraxis verfügt. KWM blickt auf eine jahrzehntelange PE-Tradition u. genießt eine starke Reputation. Sowohl Lemor als auch Brenner hatten einen kräftigen Dealflow im Mid-Cap-Markt u. zeigten zudem, dass sie mit diesen Mandanten auch an noch größeren Transaktionen mitwirken können. Zwar treten in Ffm. wie auch in München jüngere Partner langsam in Erscheinung, vergl. mit einigen Hauptwettbewerbern sticht bei KWM aber noch keine jüngere Partnerriege mit starken Mandantenbeziehungen hervor. Die Dominanz von Pauls im dt. Fondsmarkt bestimmt noch immer auf bemerkensw. Weise ihre Reputation, genauso die kontinuierl. paneurop. Vernetzung. Von den Weggängen im Londoner Büro in den letzten Jahren blieb der Fondsteil der Praxis unbeeinträchtigt.
Stärken: Rundumberatung der PE-Branche in Dtl. sowie länderübergreifend, z.B. mit starken Praxen in GB, Frankreich u. Spanien. Sehr stark im ▶ Steuerrecht sowie in Fondsstrukturierung.
Häufig empfohlen: Dr. Christoph Brenner („hohes juristisches Niveau, sehr guter Service, lösungsorientiert und wirtschaftlich denkend", Mandant), Dr. Julian Lemor, Sonya Pauls (Fonds)
Kanzleitätigkeit: Fokussierung auf Mid-Cap-Deals, aber zunehmende Dealvolumina. Fondsstrukturierung bis hin zu allen Aspekten der Fondsbetreuung. (Deals: 7 Partner, 3 Counsel, 8 Associates; Fonds: 2 Partner, 2 Counsel, 7 Associates)
Mandate: ●● EQT bei Kauf der E.I.S.-Aircraft-Gruppe u. Verkauf der Beteiligung an Sausalitos; Management Alstom Heat Exchanger bei Verkauf an Triton; Jiantou Investment bei Kauf der Pacoma-Gruppe; Quantum Capital bei gepl.

PRIVATE EQUITY & VENTURE CAPITAL

Kauf der Hansa-Gruppe aus Insolvenz; Triodos Organic Growth Fund bei Beteiligung an Triaz. Fondsstrukturierung u.a. für Alstin (C. Maschmeyer), Odewald, Holtzbrinck, TVM China, Dt. Telekom, Equita, Montana Capital Partners, EMH Capital.

KIRKLAND & ELLIS

Private-Equity-Transaktionen (Large-Cap)
Private-Equity-Transaktionen (Mid-Cap)
Bewertung: Eine häufig empfohlene Kanzlei für PE, die seit vielen Jahren internat. Stammmandanten wie Bain u. Golden Gate berät, oft zu dt.-rechtl. Aspekten grenzüberschr. Deals. Im letzten Jahr trat sie auch für einige dt. Mid-Cap-Fonds auf, ohne aber an abgeschl. Deals mitzuwirken. Von außen hatte es zuletzt den Anschein, als verlöre K&E in Dtl. an Boden, da Bain immer häufiger Hengeler u. Latham mandatierte. Umso bemerkenswerter war der Coup, der K&E im Sommer 2015 mit dem Zugang eines der dt. Bain-Stammberater, Kirchner (von Latham), gelang. Er bringt umfangr. Buy-out-Erfahrung mit, u. viele Marktbeobachter erwarten, dass K&E mit ihm die Beziehungen zu div. Schlüsselmandanten stärken kann.
Stärken: Ww. starke PE-Praxis; in Dtl. sehr starkes ▶ Restrukturierungsteam.
Häufig empfohlen: Dr. Jörg Kirchner („herausragender PE-Anwalt, der die Praxis massiv verstärkt", Wettbewerber), Volker Kullmann, Dr. Leo Plank (insbes. Restrukturierung)
Kanzleitätigkeit: V.a. großvolumig. Buy-outs u. Restrukturierung. Außerdem Fondsstrukturierungen, v.a. Errichtung von Parallelfonds. (6 Partner, 8 Associates)
Mandate: ●● Water Street Healthcare Partners bei Kauf von Orgentec Diagnostika; Golden Gate dt.-rechtl. bei Kauf von Angus Chemical Co. u. bei Verkauf von Lantiq; Bain bei Management-Equity-Programm bei Wittur bei Verkauf an Triton; Apollo, Tower Brook u.a. bei Refinanzierung von Braas Monier; Ontario Teachers' bei dt.-rechtl. Aspekten der Kauf von Bridon.

LACORE

Venture Capital
Bewertung: Diese häufig empfohlene VC-Kanzlei in Berlin gilt seit einigen Jahren als eine der innovativsten Gründerberaterinnen. Viele Wettbewerber hatten die Kanzlei u. ihren bekannten VC-Partner Eggert daher ausschl. in diesem Bereich verortet. Doch die Arbeit in diesem Marktsegment zahlt sich nun aus: Lacore hat inzw. auch einige Exits (z.B. Readmill) begleitet, außerdem verbreitete sie ihren Mandantenstamm um Investoren u. Accelerators. Die Praxis ist noch immer stark auf Eggert konzentriert, doch die zunehmende Breite des Geschäfts könnte es auch jüngeren Anwälten ermöglichen, in den Vordergrund zu treten.
Stärken: Beratung von Gründern und Unternehmen.
Häufig empfohlen: André Eggert („sehr gut in der Gründerszene vernetzt", Wettbewerber)
Kanzleitätigkeit: Seit einigen Jahren Beratung v.a. von Start-ups im Berliner Umfeld. Auch lfd. Beratung beim Wachstum; zunehmend Beratung von Fonds in VC. (2 Partner, 5 Associates)
Mandate: ●● Sunstone Funds bei A-Runde mit Memorado sowie Crate; Allianz Digital Accelerator bei Aufbau; Atlantic Internet bei Seed-Runden für 15 Berliner Start-ups; Ubitricity bei Finanz.-Runde sowie Joint Venture mit EdF; Amen, Camfoo, Gidsy, Massivkonzept, Readmill bei Exit; Brille24, Contentful bei weiteren Finanzierungsrunden.

LAMBSDORFF

Venture Capital
Bewertung: Häufig empfohlene Kanzlei für VC, die vormals v.a. für ihre Gründerberatung bekannt war, nun ihren Radius aber ausgeweitet hat u. auch für prominente Fonds (z.B. Earlybird) tätig ist. Das Mitwirken an bedeut. Finanzierungsrunden (z.B. Dawanda mit Insight) u. eine wachsende Zahl an Exits zeigten ihre gute Vernetzung innerhalb der Szene. Mit einem starken Mandantenstamm in Dresden u. einer festen Marktposition im Hightechbereich ist Lambdsorff unter den wichtigeren VC-Praxen ein Exot. Besonders breit gefächert ist die Arbeit für das Dresdner Zentrum Mikroelektronik. Dies bedeutet aber auch, dass die Kanzlei in Richtung IP/IT zusätzl. Expertise aufbauen müsste.
Stärken: Langj. Erfahrung, auch an der Schnittstelle zum Steuerrecht.
Häufig empfohlen: Dr. Pablo Rüdiger Sebastián de Erice („sehr angenehm, kooperativ", Wettbewerber), Konstantin Graf Lambsdorff
Kanzleitätigkeit: In gleichem Umfang Investoren- u. Start-up-Beratung zu Finanzierungsrunden aller Art, inkl. Wandeldarlehen u. Fremdfinanzierung. (3 Partner, 2 Associates)
Mandate: ●● Burgberg Investment bei Verkauf der Beteiligung an MeinFernbus; DaWanda bei Finanz.-Runde mit Insight; Earlybird bei versch. Beteiligungen, u.a. bei SimScale; IBB, T-Ventures u.a bei Verkauf eines E-Commerce-Unternehmens; Lesson Nine, New Store, Quandoo, Scarosso, Tape.tv bei Finanz.-Runden; YOC bei Verkauf von Belboon an Arcus Capital; Zentrum Mikroelektronik Dresden umf. inkl. Exit-Vorbereitung.

LATHAM & WATKINS

Private-Equity-Transaktionen (Large-Cap)
Private-Equity-Transaktionen (Mid-Cap)
Bewertung: Eine führende PE-Praxis, die ein personell turbulentes Jahr hinter sich hat: Von Clifford Chance stießen mit Felsenstein u. Hesse 2 der prominentesten PE-Spezialisten im Markt dazu. Felsenstein, der die Frankfurter Mannschaft verstärkt, zählt bei Mid- u. Large-Cap-Deals zu den zentralen Akteuren in Dtl., Hesse hat sich im Münchner Büro als einer der stärksten jüngeren Partner im Mid-Cap-Markt durchgesetzt. Allerdings verabschiedeten sich bald darauf 2 langj. Partner: Kirchner ging zu Kirkland & Ellis, Bruckner zu Weil Gotshal. Insbes. Kirchners Ausstieg bedeutet einen herben Verlust für L&W – der Anwalt stand u.a. für die Verbindung zu Bain. Dennoch steht die Latham-Praxis unter dem Strich gestärkt da. Die Neuzugänge wurden bereits für Neumandanten wie HgCapital u. Antin tätig, während die bestehende Mannschaft an einigen der bedeutendsten Deals des Jahres mitarbeitete (z.B. Synlab). Für weiteres Potenzial sorgte der Zugang einer führenden Kreditfinanzierungsspezialistin, ebenfalls von CC. Allerdings führten die Abgänge dazu, dass zwischen den Standorten in PE ein neues Ungleichgewicht herrscht – in München fehlt nun ein Rainmaker vom Kaliber Kirchners.
Stärken: Ausgezeichneter Ruf der führenden Partner u. gr. Team. Hervorrag. PE-Praxis in den USA, Frankreich u. zunehmend GB. Kaum eine andere Kanzlei bietet im dt. Markt so eine breite Expertise (z.B. öffentl. Übernahmen, integrierte Londoner Finanzpraxis, Branchenexpertise).
Häufig empfohlen: Dr. Dirk Oberbracht, Dr. Hans-Jürgen Lütt, Oliver Felsenstein, Dr. Christian Edye, Dr. Kilian Helmreich, Burc Hesse, Dr. Martin Neuhaus, Gregor Klenk
Kanzleitätigkeit: Breite Praxis bei div. Asset-Klassen in allen Büros vertreten. Sehr stark in den USA und zunehmend in London. (11 Partner, 13 Associates)
Mandate: ●● BC Partners bei Verkauf der Mehrheit an Synlab; Bain bei gepl. Kauf der Kraftwerkszubehörsparte von Alstom; Onex im Zshg. m. Kauf von SIG Combibloc; Paragon bei Kauf von Polo Motorrad und Sportswear sowie von ICL Israel Chemicals; Luxor bei Beteiligung an Delivery Hero; Antin Infrastructure Partners bei Mehrheitsbeteiligung an Amedes; HgCapital bei Beteiligung an Eucon; VR Equitypartner, Süd Beteiligungen u.a. bei Verkauf vo Clean Car; VR Equitypartner bei Mehrheitsbeteiligung an Dilax Intelcom.

LINKLATERS

Private-Equity-Transaktionen (Large-Cap)
Private-Equity-Transaktionen (Mid-Cap)

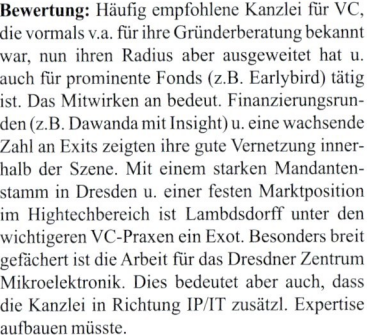

NOMINIERT JUVE Awards 2015
Kanzlei des Jahres für Private Equity & Venture Capital

Bewertung: Eine führende PE-Kanzlei, die erneut bewiesen hat, dass sie mit den Marktführern im Wettbewerb steht – nicht mehr nur im Large-Cap-Bereich, sondern immer stärker auch im Mid-Cap-Segment. Der Dealflow war das ganze Jahr über stark u. umfasste zahlr. Portfolio-Add-on-Deals. Noch dazu konnte die Kanzlei bei den Mandanten anderer Sozietäten Fuß fassen (z.B. HgCapital, Apax). Traugott gilt nun als Schwergewicht im Markt, der Linklaters zu einem ernst zu nehmenden Akteur in Private Equity gemacht hat. Höhepunkt des Jahres war zweifelsohne der Tank-&-Rast-Deal im Sommer 2015. Er festigte nicht nur Drebes' Reputation, sondern zeigte auch, dass zumind. in der PE-Praxis London u. Dtl. mittlerw. gut vernetzt agieren. Das Team ist im Vergleich zu denen bei Freshfields oder Clifford eher klein, weshalb die Ernennung Harders – der bereits als Associate empfohlen wurde – zum Partner eine bedeut. Entwickl. war. Das gibt der Kanzlei die personelle Breite, um den Mid-Cap-Markt energischer zu erschließen.
Stärken: Breit aufgestelltes Team. Besonders stark im Steuerrecht u. mit marktführender Finanzpraxis. Exzellenter Trackrecord bei Infrastrukturdeals.
Entwicklungsmöglichkeiten: Andere bedeutende Praxen nehmen verstärkt das obere Ende des VC-Markts ins Visier. Von daher war das Mandat für Ontario Teachers/Global Fashion Group interessant – und könnte der Beginn verstärkter Aktivitäten in diesem Bereich sein.
Häufig empfohlen: Dr. Rainer Traugott („erfahren, pragmatisch, kompetent", Wettbewerber), Dr. Ralph Drebes („führt komplexe Deals mit ruhiger Hand; immer eine Bank", Wettbewerber), Ulrich Wolff, Dr. Florian Harder („sehr vielversprechend, immer visibler in Münchner Büro", Wettbewerber)
Kanzleitätigkeit: Buy-outs, Fondsstrukturierungen sowie Corporate-Arbeit für Fonds. Die Praxis ist v.a. in Ffm. u. München konzentriert. (4 Partner, 1 Counsel, 9 Associates)
Mandate: ●● Terra Firma/RREFF bei Verkauf von Tank & Rast an Allianz; Triton bei Verkauf von Wittur an Bain; Triton/Compo bei Verkauf des Ex-

● Referenzmandate, umschrieben
●● Referenzmandate, namentlich

Anwaltszahlen: Angaben der Kanzleien, wie viele Anwälte zu mind. ca. 50 % in diesem Gebiet tätig sind. Sie spiegeln nicht zwingend die Gesamtgröße einer Kanzlei wider.

pert-Geschäfts; IK Investment Partners bei Kauf der Transnorm Gruppe; HgCapital beim Verkauf von SimonsVoss; Caisse de dépôt et placement du Québec/Ivanhoe bei Kauf von Bürogebäuden in Frankfurt; Ontario Teachers bei Investment in Global Fashion Group; DBAG/Heytex bei Add-on-Akquisition von Bondcote; Apax/Unilabs bei gepl. Kauf von Synlab; Montagu bei gepl. Kauf von Trumpf-Gruppe u. Coppenrath & Wiese; Gores/Hay Holding bei Kauf von Metaco Union; Macquarie/Open Grid in Bieterverfahren für EVG; Rhone Capital/Eden Springs bei dt.-rechtl. Aspekten des Kaufs von Nestlé Waters.

LUTZ ABEL
Venture Capital

Bewertung: Empfohlene VC-Praxis, die im Frühjahr 2015 ihren bisher größten Schritt nach vorn machte: Von P+P Pöllath + Partners kam als Sal.-Partner Eickmann dazu, der sich im Markt bereits einen guten Ruf erarbeitet hat. Die bestehende Mannschaft um Noreisch war unterdessen mehrfach für Neumandantin BayBG tätig. Gute Kontakte zu div. Family Offices sorgten für kleinere Deals u. rundeten die positive Jahresbilanz ab.
Häufig empfohlen: Dr. Bernhard Noreisch („richtig gut u. dabei ganz bodenständig", Wettbewerber), Dr. Marco Eickmann („denkt wirtschaftlich u. lösungsorientiert", Wettbewerber)
Kanzleitätigkeit: Transaktions-, Finanzierungs- u. lfd. Beratung für private u. öffentl., auch ausl. VC-Investoren. Schnittstelle zu anerkannter Gesellschaftsrechtspraxis, insbes. bei Gesellschafterwechseln, in Nachfolgesituationen u. für Family Offices. (1 Eq.-Partner, 3 Sal.-Partner, 1 Associate)
Mandate: ●● BayBG bei Serie-A-Finanz.-Runde für Navvis u. div. Beteiligungen; MIG-Fonds bei Verkauf der Beteiligung an Suppremol; The Visual Shopping Company bei Verkauf an Burda; Gimv bei gepl. Beteiligung; Woont bei Debt-Equity-Swap, Finanzierung u. Einstieg neuer Gesellschafter.

MCDERMOTT WILL & EMERY
Private-Equity-Transaktionen (Mid-Cap)

Bewertung: Für PE geschätzte Kanzlei, die nach der Rekrutierung von Seiteneinsteigern im Vorjahr gut ausgelastet war, auch wenn etliche Deals nicht zum Abschluss kamen. Neben Rau, einem der anerkanntesten Healthcare-Anwälte im Markt, bescherte von Jacobs mit seinen breit gefächerten Kontakten für PE bedeut. Häuser wie Apax sowie für Staatsfonds aus Fernost. Zu den ▶Immobilien-Mandanten des D'dorfer Büros zählen weiterhin einige führende PE-Häuser. Nun greift die Kanzlei den VC-Markt sowohl in München als auch in D'dorf an, mit besonderem Fokus auf dem Medizintechniksektor.
Stärken: Healthcare u. Immobiliendeals.
Häufig empfohlen: Dr. Stephan Rau („ein führender PE-Anwalt für die Gesundheitsbranche", Wettbewerber), Dr. Carsten Böhm, Dr. Nikolaus von Jacobs, Dr. Jens Ortmanns (für Immobilien)
Kanzleitätigkeit: Mischung aus Buy-outs, VC u. Immobilienmandanten. Schwerpunkte sind in Düsseldorf Restrukturierungen u. Immobilien, in München Gesundheit. (5 Partner, 1 Counsel, 2 Associates)
Mandate: ●● Gründer u. Gesellschafter von LichtBasis bei Exit an Finatem; Union Park Capital bei Kauf von CMC Kuhnke; Apax u. H.I.G. bei div. gepl. Investitionen im Gesundheitsbereich; Bon Venture bei div. Portfolioinvestitionen; Social Venture Fund bei div. VC-Investitionen; Vilitas bei div. Finanz.-Runden von Start-up-Unternehmen; Waymate bei 1. u. 2. Finanz.-Runde.

MILBANK TWEED HADLEY & MCCLOY
Private-Equity-Transaktionen (Large-Cap)
Private-Equity-Transaktionen (Mid-Cap)

Bewertung: Eine führende PE-Kanzlei, die alljährl. eine respektable Mischung aus großvol. u. mittelgr. Transaktionen begleitet, darunter zuletzt mit Flint u. GFKL 2 der bedeutendsten Leveraged-Deals des Jahres. Hier sind nach wie vor die angesehenen u. langj. erfahrenen Münchner Partner Rieger u. Nussbaum zentral. Die größten Fortschritte machte die Kanzlei zuletzt aber am Frankfurter Standort: Memminger hat sich hier im Marktsegment der mittelgr. Deals etabliert u. zu Vitruvian u.a. jüngeren Akteuren Kontakte geknüpft. Erfahrung bei Infrastrukturinvestments u. Beziehungen zu Macquarie u. HgCapital bringt am Main nun auch der ehem. Leiter der Corporate-Praxis von Clifford Chance ein, der 2015 zu Milbank wechselte.
Stärken: Erfahrene Partner mit engen Mandantenkontakten u. einem Ruf für höchste Qualität.
Häufig empfohlen: Dr. Peter Nussbaum, Dr. Norbert Rieger, Peter Memminger
Kanzleitätigkeit: Konzentration auf großvol. Buy-outs; 2 jüngere Partner bewegen sich zunehmend im Mid-Cap-Bereich. (3 Partner, 1 Counsel, 8 Associates)
Mandate: ●● Goldman Sachs bei Kauf (gemeinsam m. Koch Equity Development) von Flint; Advent bei Verkauf von GFKL; General Atlantic bei Zusammenschluss von FlixBus u. MeinFernbus; Carlyle bei gepl. Kauf von Synlab (aus dem Markt bekannt); Acton Capital Partners u. C+S Botschen bei Verkauf von Mytheresa; Douglas Holding bei Verkauf von Christ; Vitruvian Partners bei Kauf von Fazmed/Linimed; Holtzbrinck Ventures u.a. bei Verkauf von Quandoo; Apax-Portfoliogesellschaft bei gepl. Kauf von Tow Bar Holding sowie von Trost Auto Service Technik.

NOERR
Private-Equity-Transaktionen (Large-Cap)
Private-Equity-Transaktionen (Mid-Cap)
Venture Capital

Bewertung: Die für PE häufig empfohlene u. für VC führende Kanzlei genießt weiterhin eine bemerkenswerte Reputation für ihre Tätigkeit für Rocket. Die Frequenz u. Vielfalt an Transaktionen steigerte sich u. umfasste auch sehr große, mehrere Jurisdiktionen umspannende Deals. Für Wettbewerber ist es bei VC-Mandaten fast unmögl., für Rocket zum Zuge zu kommen. Die Verbreiterung der Berliner Praxis schritt ebenso voran: Blobel wird nun immer visibler in Mid-Cap-PE-Arbeit (z.B. für Scottish Equity). Die Buy-out-Praxis hat sich sonst weiterhin aus ihrem ehem. Mid-Cap-Schwerpunkt heraus entwickelt: Die langj. Beziehung zu Apollo ist durch die Präsenz von Schulz in London noch gestärkt worden. Doch auch im ▶Immobiliensektor hat die Kanzlei viel für Finanzinvestoren zu tun.
Stärken: Rundumberatung von Fondsgesellschaften, inkl. Fondsstrukturierung; beachtl. Erfahrung im Distressed-Bereich sowie bei Immobilien. In Berlin eine der führenden VC-Praxen.
Entwicklungsmöglichkeiten: Eine der wenigen Lücken in Noerrs VC-Praxis ist regelm. Arbeit für US-Investoren. Das mag z.T. mit der Dominanz der Rocket-Beziehung in den Augen Außenstehender zusammenhängen, doch ein erneuter Vorstoß in den US-Markt durch Leske sollte Früchte tragen.
Häufig empfohlen: Dr. Thomas Schulz, Dr. Georg Schneider, Dr. Sascha Leske („jetzt schon fast eine Legende; was er alles bei Rocket bewegt hat, ist unglaublich", Wettbewerber), Felix Blobel („nicht nur auf VC beschränkt; guter, vielseitiger Anwalt", Wettbewerber)
Kanzleitätigkeit: Rundumberatung von VC- u. PE-Gesellschaften, von Strukturierung u. Errichtung bis zu Exits; auch für Banken u. Gründer sowie vermög. Privatpersonen tätig, v.a. in München u. Berlin. (9 Eq.-Partner, 7 Sal.-Partner, 13 Associates)
Mandate: ●● Oakley bei Kauf von Damovo; Silverfleet bei Verkauf von Aesica Pharmaceuticals; Zurmont Madison bei Verkauf der Mehrheit an Röder Zeltsysteme; Lone Star bei Beteiligung an Globe Trade Center; Orlando bei Kauf von 60% an Nordic Paper; C5 Capital bei Investition in BalaBit (Ungarn); Deutsche Invest Equity Partners beim Kauf einer Beteiligung an PlanetHome; Global Fashion Holding bei Aufbau mit Kinnevik u. Rocket Internet; Lazada Group/Rocket bei €200-Mio-Finanz.-Runde mit Temasek; Foodpanda/Rocket bei Serie von Käufen u. Verkäufen mit Delivery Hero; Eventerprise bei Finanz.-Runden; Gründer Audibene bei Verkauf an EQT; Hello Fresh bei Finanz.-Runde; Scottish Equity Partners bei Series-C-Runde für Babbel.

NORTON ROSE FULBRIGHT
Private-Equity-Transaktionen (Mid-Cap)

Bewertung: Diese geschätzte Kanzlei begann im letzten Jahr mit dem Wechsel Scheers den Wiederaufbau ihrer PE-Praxis. Die bisherigen Anzeichen sind ermutigend: NRF bemüht sich, die europ. Praxen zu vernetzen, u. ist trad. stark in den Sektoren Infrastruktur u. erneuerbare Energien. Die Sozietät arbeitete an einer Reihe von Deals für L-EA u. seit einigen Jahren werden mehrere Finanzinvestoren bei Energiedeals in München beraten. Die breit aufgestellte Praxis wurde durch VC-Mandate abgerundet, darunter mit Flaregames eine der größten VC-Finanzierungen des Jahres 2014.
Stärken: Beratung von Finanzinvestoren bei Energie-/Infrastrukturdeals.
Häufig empfohlen: Holger Scheer
Kanzleitätigkeit: Breite Praxis aus Mid-Cap-Buy-outs, Infrastrukturinvestments (v.a. Energie) u. Venture Capital. (4 Partner, 4 Associates)
Mandate: ●● BayernLB Capital Partner bei Mezzanine-Finanzierung der Härter-Gruppe; VTC Partners bei Verkauf der Silbitz-Gruppe an DBAG; L-EA Private Equity bei Finanzierung von Trufa u. bei Übernahme der SeeTec-Gruppe; Management der Oskar-Nolte-Gruppe bei MBO durch Ambienta; Flaregames bei B-Finanz.-Runde.

OSBORNE CLARKE
Venture Capital

Bewertung: Eine führende VC-Praxis, die jahrelang deutl. stärker als Beraterin von Start-ups aktiv war als die meisten anderen Sozietäten. Diese Strategie zahlt sich nun aus, etwa mit dem Turtle-Verkauf, einem der visibelsten im Markt. Zudem konnte OC dank des internat. Netzwerks ihren Investoren-Mandantenstamm ausbauen: V.a. die Benelux-Büros spielten eine gr. Rolle dabei, dass

PRIVATE EQUITY & VENTURE CAPITAL

OC einen ordentl. Anteil an Investoren aus dieser Region gewann. Gabrysch treibt die Praxis weiter voran, doch aufgr. des immer größeren Bedarfs widmen sich nun auch andere Partner verstärkt diesem Bereich, v.a. Sundermann. Ein weiterer Ausbau der Praxen in Berlin u. HH ist geplant und u.a. deshalb wichtig, weil OC immer mehr Corporate-VC-Arbeit hat. Die Kanzlei zählte hier zu den Pionieren u. baute ihren Mandantenstamm weiter aus.
Stärken: Stark integriert mit der europaw. angesehenen ▶IT-Praxis u. dem Games-Bereich (▶Medien). Rundumberatung von Wachstumsunternehmen v.a. in der Technologiebranche.
Häufig empfohlen: Nicolas Gabrysch („sehr kollegial, sehr präsent im VC-Bereich", Wettbewerber), Dr. Martin Sundermann,
Kanzleitätigkeit: VC-Schwerpunkt in Köln, München u. jetzt auch Berlin, für Investoren u. Unternehmen gleichermaßen. (5 Partner, 8 Associates)
Mandate: ●● ESL bei Verkauf einer Mehrheit an Turtle; Flaconi bei Verkauf an ProSiebenSat.1 Commerce; Kathrein-Werke bei div. VC-Investments; 42reports bei Finanz.-Runde mit Tengelmann Ventures u. IBB; Limburgse Investeringsmaatschappij bei Investment in Silicon Line; Somona Internet bei Übernahme durch ProSiebenSat.1 Commerce; Akom360 bei Verkauf an Starcom MediaVest; Life Science Inkubator bei div. Investments; Media Investment bei Investition in Familonet; Finanz.-Runden für Ampido, Autoaid, Comnovo, Enercast, Fodjan, Implisense, Medigo, OneShore Energy.

OTTO MITTAG FONTANE
Private-Equity-Transaktionen (Mid-Cap)
Bewertung: Diese geschätzte PE-Praxis ist eine der stabilsten für Small- bis Mid-Cap-Arbeit mit langj. Beziehungen zu PE-Häusern. Im letzten Jahr verstärkte sich der Dealflow, v.a. dank Mandantin Finatem. Ebenfalls im Markt bekannt ist die Beziehung zu Halder. Die Akquise von DDJ, einem neuen US-Mandanten, war ein weiteres Plus.
Häufig empfohlen: Dr. Hans-Jochen Otto, Dr. Gabriele Fontane
Kanzleitätigkeit: Beratung bei kleinen bis mittelgr. Buy-outs, auch im Finanzrecht. Expertise im Steuer- u. Finanzrecht sowie in M&A. (2 Partner, 3 Associates)
Mandate: ●● Finatem bei Kauf von Oberndörfer, bei Verkauf J&S bei Brockhaus PE u. bei Fusion Minigears u. Herzog; DDJ Capital bei Verkaufsbeteiligung an Management; regelm. Halder (aus dem Markt bekannt).

P+P PÖLLATH + PARTNERS
Private-Equity-Transaktionen (Mid-Cap)
Venture Capital
Bewertung: Für PE führende u. für VC häufig empfohlene Kanzlei, die bei kleinen bis mittelgr. Dealvolumina eine so breite Riege anerkannter Partner aller Altersstufen aufbietet wie nur wenige Wettbewerber. P+P begleitet mit diesem Team einen treuen Kreis namh. Mid-Cap-Häuser, den die Anwälte stetig ausweiten, zuletzt etwa mit Adcuram. Als eine der am längsten etablierten Praxen im Markt hat P+P ihr Geschäft recht deutl. ausdifferenziert: So sind einige Anwälte, insbes. Hohaus, regelm. als Berater des Managements von Zielunternehmen im Einsatz, zuletzt am prominentesten bei Scout24 u. Prospitalia. Das Team um Rodin besetzt beim Thema Fondsstrukturierung ohnehin gemeinsam mit King & Wood die Marktspitze. Auch im VC-Markt fällt die Bilanz positiv aus – P+P war nicht nur an einer langen Reihe bedeut. Finanz.-Runden beteiligt, sondern sicherte sich mit dem JPMorgan/Dalcor-Mandat auch einen prestigereichen Einsatz am oberen Ende des VC-Markts. Doch sind die personellen Kapazitäten etwas geschmälert: Mit Dr. Marco Eickmann wechselte der bekannteste Nachwuchsanwalt der VC-Praxis zu Lutz Abel – ein Rückschlag insbes. für die Berliner Präsenz der Kanzlei, die sich nach wie vor im Aufbau befindet.
Stärken: Sehr gute Verbindungen zu führenden Fonds, v.a. im Mid-Cap-Bereich. Hervorrag. Ruf für Managementberatung u. Fondsstrukturierung.
Häufig empfohlen: Dr. Matthias Bruse („sehr starke Leistung", Wettbewerber), Dr. Andrea von Drygalski („engagiert u. präzise", Wettbewerber), Otto Haberstock, Philipp von Braunschweig, Dr. Michael Inhester („erste Liga", Wettbewerber), Dr. Andreas Rodin („herausrag. Expertise u. Servicequalität", Mandant), Dr. Benedikt Hohaus, Christian Tönies („gut u. fair", Wettbewerber)
Kanzleitätigkeit: Breites Spektrum mit Fondsstrukturierungen, Buy-outs, VC sowie Beratung von Kleinaktionären u. Management. (Gesamtgruppe: 13 Partner, 7 Counsel, 18 Associates, 1 of Counsel)
Mandate: ●● EQT bei Kauf (gemeinsam m. Santo Holding) von Siemens Audiology Solutions u. bei Kauf von E.I.S. Aircraft; Brockhaus PE bei Mehrheitsbeteiligung an J&S Automotive Technology; Equistone bei Kauf von Polo Motorrad u. Sportswear; Adcuram bei Verkauf von Duran; Heidelberger Capital bei Kauf (gemeinsam m. Auda) von Nextevolution, Mobile City u. Snom Technology; Findos Investor bei Kauf von Rhenoflex; DPE bei Mehrheitsbeteiligung an Ziegler; Wittur bei Verkauf durch Triton; Management Scout24 bei Mehrheitsbeteiligung durch H&F; Management Prospitalia bei Einstieg von Five Arrows; Finanz.-Runden: Mister Spex, Kreditech; Dt.-Bank-Fonds u. DN Capital bei Windeln.de; SMS Investments bei Promethera Biosciences; Cadila Healthcare bei Pieris.

RAUE
Private-Equity-Transaktionen (Mid-Cap)
Venture Capital
Bewertung: Die v.a. für PE geschätzte u. VC häufig empfohlene Kanzlei zählt zu den Praxen, die am meisten vom Boom in Berlin profitierten, wobei Nelle eine zentrale Rolle spielte. Demgegenüber trat die Arbeit im Mid-Cap-PE-Segment (v.a. für Paragon) immer mehr in den Hintergrund. Trotzdem war Raue an einigen prominenten Deals beteiligt, z.B. Chal-Tec u. Thermondo. Zudem bleibt die Beziehung zu Sixt Venture stark. Allmähl. treten auch jüngere Anwälte aus dem Schatten Nelles, auch wenn andere Kanzleien es schneller geschafft haben, sich breiter aufzustellen. Auf Associate-Ebene gab es Verluste, die Raue nun kompensieren muss.
Stärken: VC für die Berliner Gründerszene.
Häufig empfohlen: Prof. Dr. Andreas Nelle („angenehm, sehr kompetent, auf Vollendung der Transaktion fokussiert", Wettbewerber)
Kanzleitätigkeit: Mischung von Mid-Cap-PE-Transaktionen u. breiter VC-Praxis mit Fokussierung auf Berliner Gründerszene. (2 Partner, 4 Associates)

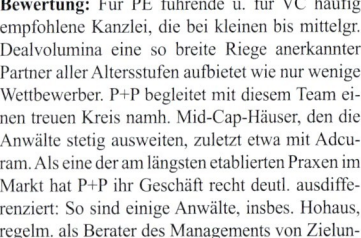

Mandate: ●● Thermondo beim Einstieg von Rocket Internet u. Holtzbrinck Ventures; Schober Investment Group bei Verkauf von Nexiga; Makerist bei Finanz.-Runde mit OZ Verlag; Sixt e-ventures bei Verkauf der Beteiligung an Preis24; Gründer von Mediapeers bei Verkauf an Deluxe Entertainment; Flaconi bei Exit-Vereinbarung mit 7Ventures; Stendel Beteiligung bei Verkauf von Zweimaleins; KRW Schindler Investments bei Finanz.-Runde für Komoot.

REED SMITH
Venture Capital
Bewertung: Der Fokus der Praxis liegt nach wie vor auf VC, wofür sie häufig empfohlen wird. Mandanten wie Target oder Wheb halten ihr seit Jahren die Treue. Vielversprechend ist insbes., dass das Team erneut für den VC-Ableger des Siemens-Konzerns zum Einsatz kam. Doch mit der Eröffnung des Frankfurter Standorts im Sommer 2015 tun sich nun ganz neue Horizonte auf. Unter den Neuzugängen ist mit Dr. Octávio de Sousa ein junger Partner, der bei Willkie Farr & Gallagher Erfahrung im größervol. PE-Markt sammeln konnte, u.a. für 3i. Deutl. stärker als bisher steht die Kanzlei dank 2er Zugänge von Mayer Brown auch in Finanzierungsfragen da. Diese Stärken mit dem internat. Netzwerk zu verknüpfen, wird die Aufgabe der nächsten Jahre sein.
Stärken: Langj. VC-Erfahrung.
Häufig empfohlen: Dr. Justus Binder („hat guten Kompromiss verhandelt", Mandant; „sehr erfahren", „guter Verhandler", Wettbewerber)
Kanzleitätigkeit: Hauptsächl. VC, mit viel Nicht-Corporate-Arbeit für Portfoliounternehmen. Steuerrecht im Münchner Büro. Auch Buy-outs. (3 Partner, 4 Associates)
Mandate: ●● Target Partners bei Verkauf von Cube Optics, bei Kooperation mit Homeserve, bei Fundraising sowie bei div. Finanzierungsrunden; Astutia Equity Partners bei Verkauf von Flaconi sowie von Sonoma; Wheb bei Finanzierung von Hoffmeister Leuchten sowie bei Add-on-Akquisition durch Resysta; Siemens.

ROOS
Private-Equity-Transaktionen (Mid-Cap)
Bewertung: Diese geschätzte Kanzlei hat von Mainz aus einen beachtl. Mandantenstamm für Small- bis Mid-Cap-Buy-outs aufgebaut u. arbeitete jüngst auch an einigen VC-Mandaten. Abgerundet wird die Praxis durch gelegentl. Managementberatung. Senior-Partner Roos genießt dank langj. Erfahrung einen herausrag. Ruf. In den vergangenen 2 Jahren stießen auch jüngere Anwälte aus Großkanzleien zur Kanzlei. Die Sozietät kann im Small- bis Mid-Cap-Markt nun sehr gut mithalten.
Häufig empfohlen: Dr. Michael Roos
Kanzleitätigkeit: Vorwiegend Small- bis Mid-Cap-Buy-outs. (2 Partner, 1 Associate)
Mandate: ● Nord Holding u. Pinova bei Kauf einer Mehrheit in Human Solutions; Oxid Sales bei Finanz.-Runde; Sirius Venture bei Investment in Skill Software; Management von Ziegler bei MBO durch DPE; Pinova bei Kauf von Rademacher Holding; Viewpoint bei Verkauf von Brandmaker an L-EA u. Pinova.

SHEARMAN & STERLING
Private-Equity-Transaktionen (Mid-Cap)
Bewertung: Geschätzte Kanzlei für PE, die nach dem Umbruch in Dtl. vor 2 Jahren wieder eine PE-

Praxis aufgebaut hat. Besonders beeindruckend sind die neuen Mandantenbeziehungen zu DBAG sowie L-GAM. Auch Shearman hat von einer verstärkten Praxis in London profitiert (ein bekannter Partner wechselte von Weil Gotshal). Mit nur 2 Partnern gibt es beschränkte Kapazitäten, aber v.a. König wird oft empfohlen. Die ▶Finanzierungspraxis hat zudem einen bemerkenswerten Kreditnehmermandantenstamm aufgebaut.

Häufig empfohlen: Dr. Thomas König

Kanzleitätigkeit: Vorwiegend Mid-Cap-Praxis, aber mit langjährigen Beziehungen im Chemiesektor. Solide Finanzierungspraxis sowohl in Dtl. und London. (2 Partner plus Associates)

Mandate: ●● DBAG bei Erwerb von Pfaudler; L-GAM bei Erwerb von Faist ChemTec; Centre Lane Partners bei Verkauf einer Mehrheit an einem im Freiverkehr börslich gehandelten Unternehmen; International Chemical Investors bei Erwerb verschiedener Chlorvinyl-Aktivitäten von INEOS.

SKADDEN ARPS SLATE MEAGHER & FLOM

Private-Equity-Transaktionen (Large-Cap) ●●○○○
Private-Equity-Transaktionen (Mid-Cap) ●●○○○

Bewertung: Empfohlene Kanzlei für PE. Nach dem Ausstieg eines langj. Partners im Vorjahr erlitt die Skadden-Praxis im Frühjahr 2015 den nächsten Rückschlag: Dass Dr. Matthias Jaletzke mit Team zu Hogan Lovells wechselte, schmälerte die ohnehin knappen Ressourcen des PE-Teams um ein Drittel. Noch dazu galt Jaletzke als maßgebl. für die Beziehung zur bisherigen Stammmandantin Odewald. Zwar verfügt die Kanzlei mit Zimmer über einen angesehenen Partner, hinzu kommen aufstrebende Counsel. Zu Halder, Bregal u. div. weiteren bestehen gute Verbindungen, u. das internat. Netzwerk sorgt regelm. für große Transaktionen. Dennoch wird sich Skadden dringend personell verstärken müssen.

Stärken: Langj. PE-Erfahrung. Gr. US-Praxis mit breit gestreuten Kontakten zu US-PE-Gesellschaften.

Häufig empfohlen: Dr. Lutz Zimmer

Kanzleitätigkeit: V.a. gr. Buy-outs, München etwas öfter für Mid-Cap-Häuser tätig. (1 Partner, 2 Counsel, 3 Associates)

Mandate: ●● Halder bei Kauf von Amoena; Odewald bei Verkauf der Mehrheit an Oystar; Match.com/Meetic bei Kauf von Friendscout24; Bregal/ProAlpha bei Kauf von Alpha Business Solutions.

TAYLOR WESSING

Private-Equity-Transaktionen (Mid-Cap) ●●○○○
Venture Capital ●○○○○

Bewertung: Die für PE empfohlene Kanzlei ist zudem im Bereich VC führend. Der Wechsel Henles von Skadden im letzten Jahr verstärkte den Schwerpunkt auf Mid-Cap-Arbeit, u. er war – trotz der Skepsis einiger Wettbewerber – in der Lage, seine ausgezeichneten Kontakte z.B. zu Equistone fruchtbar zu machen. Der Sockel, auf dem die PE-Praxis steht, ist zweifellos solider als noch vor wenigen Jahren. Die VC-Praxis machte in den letzten Jahr besondere Fortschritte. Sie verlagerte ihren Schwerpunkt nicht nur weg von der Tätigkeit in Frühstadien (HTGF war jahrel. Stammmandant) hin zu komplexeren u. größervol. Investitionen in späteren Stadien, sondern auch den längst fälligen Schritt hin zu Corporate-VC (z.B. Rewe). Besonders bedeutend ist zudem, dass TW zu den wenigen Kanzleien zählt, die die Achse Silicon Valley–London–Berlin allein mit ihren eigenen Büros bedienen kann. Auch darum ist die Ernennung eines spezialisierten VC-Partners in Berlin eine wichtige Entwicklung. Durch den Weggang des zentralen Kreditfinanzierungspartners ist TW an der Schnittstelle zu diesem Bereich allerdings geschwächt.

Stärken: Integrierte Technologiepraxis sowohl für PE als auch VC. Integrierte Praxis in Silicon Valley, London und Dtl.

Häufig empfohlen: Dr. Ernst-Albrecht von Beauvais („perfekte Dienstleistung: zeitnah, rechtlich präzise, praxisnah, gute Verhandler", Mandant), Maria Weiers, Dr. Jens Wolf („bewegt viel von Hamburg aus in Berlin", Wettbewerber), Dr. Walter Henle („herausragende Kontakte, die er bei TW gut einbringen kann", Wettbewerber), Stefan Kroeker

Kanzleitätigkeit: Breite VC-Praxis (v.a. Düsseldorf, Hamburg, München); mittelgr. Buy-outs in Düsseldorf, München u. Frankfurt. (8 Partner, 8 Associates)

Mandate: ●● PE: Equistone bei Kauf von Sport Group; Afinum bei Kauf von Camano sowie der MeridianSpa-Gruppe; Management von Huhtamaki Films bei MBO durch DBAG; Hearst Ventures bei Einstieg durch C-Runde bei Auctionata; Holtzbrinck Digital bei Verkauf von Parship sowie von TopTarif; Iris Capital/Capnamic Ventures bei Beteiligung an Mediakraft Networks; Rewe Digital bei Kauf von Commercetools u. ZooRoyal; WKDA Holding Series D-Runde; Triginta Capital/Arwe bei Kauf von Car24h.

VOGEL HEERMA WAITZ

Venture Capital ●○○○○

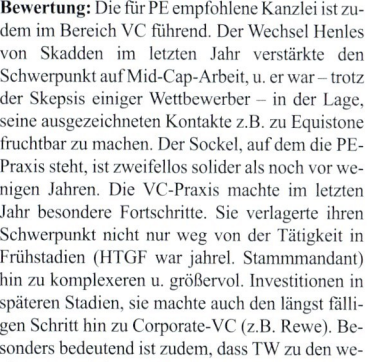

Kanzlei des Jahres für Private Equity & Venture Capital

NOMINIERT
JUVE Awards 2015
Gründerzeit-Award

Bewertung: Diese Boutique besteht erst im 2. Jahr, hat sich in Berlin aber bereits als eine führende Kanzlei für VC etabliert. Das Team um Vogel hielt seine langj. Beziehungen zu wichtigen Akteuren wie Earlybird u. Peppermint aufrecht. VHW hat nun aber auch eine breitere gründer- u. unternehmenbezogene Praxis dank Waitz u. jüngeren Associates, die im Markt bereits Beachtung finden. Der Start der Kanzlei war fulminant: Sie war an einigen der prominentesten Exits beteiligt („6Wunderkinder" für Earlybird) sowie an großen Finanz.-Runden. Mit der Abrundung durch die IT- u. Wirtschaftsberatung eines weiteren Partners erreicht die Kanzlei ein Full-Service-Angebot im VC-Bereich. Nur ein weiterer Ausbau in Richtung Datenschutzrecht wäre noch eine sinnvolle Ergänzung.

Stärken: Langj. Erfahrung und starke Fokussierung der Partner auf VC. Ausgez. Kontakte in Berlin.

Häufig empfohlen: Dr. Frank Vogel („wohl der erfahrenste VC-Anwalt in Berlin", Wettbewerber), Dr. Clemens Waitz („sehr aktiv, besonders schnell an Profil gewonnen", Wettbewerber)

Kanzleitätigkeit: VC für Investoren und Unternehmen/Gründer, Medien- u. Technologiebranche inkl. Gewerbl. Rechtsschutz. (3 Partner, 2 Associates)

Mandate: ●● Earlybird bei Verkauf von ‚6Wunderkinder' an Microsoft; SalonMeister bei Verkauf von Wahanda; BO4 bei Exits von Snom Technology, Nextevolution, Mobile City, otherland co-production; Leverton bei €5-Mio-Serie-A-Finanzierung; Smava bei $16-Mio-Finanz.-Runde; Earlybird bei Finanz.-Runden für Papayer/Number26, Traxpay; Peppermint, Seventure Partners u.a. bei Finanz.-Runde für Humedics; Axel Springer Plug & Play bei div. Start-ups; NRW Bank bei 2 Finanz.-Runden für Protagen; u.a. Rigontec, Ayoxxa, Blogfoster, Cash Payment Solutions, Wine in Black bei div. Finanz.-Runden.

WATSON FARLEY & WILLIAMS

Private-Equity-Transaktionen (Mid-Cap) ●●○○○

Bewertung: Für PE empfohlene Kanzlei, die meist v.a. für ihre gut etablierte Münchner Mid-Cap-Praxis gelobt wird u. sich dort auf gute Kontakte zu Häusern wie Equita oder Riverside verlassen kann. Doch im Sommer 2015 stand die Kanzlei auch beim größten Deal des Jahres im Rampenlicht: als Beraterin des Zielobjekts Tank & Rast beim Verkauf durch Terra Firma u. RREEF an ACP. Dieser Achtungserfolg kann zwar nicht darüber hinwegtäuschen, dass WFW noch einen weiten Weg vor sich hat, bis sie regelm. im Kreis der Large-Cap-Berater mitspielt, dennoch bedeutete das Mandat einen weiteren Schub für die Praxis, die ihre Eignung für Großtransaktionen schon bei div. Shipping-Deals demonstriert hatte – in HH wie auch internat. ein klass. WFW-Schwerpunktbereich.

Stärken: Mid-Cap-Buy-outs; in Hamburg starke Praxis in alternat. Energien u. Schifffahrt.

Häufig empfohlen: Dr. Simon Preisenberger („sehr erfahren u. professionell", Wettbewerber), Dr. Dirk Janssen

Kanzleitätigkeit: V.a. Mid-Cap- u. Asset-based-Transaktionen in München; auch Steuerrecht u. Finanzierung in HH. Starke Fokussierung auf Schifffahrt u. Cleantech in HH. (3 Partner plus Associates)

Mandate: ●● Tank & Rast bei Verkauf an Allianz Capital Partners; Equita bei Mehrheitsbeteiligung an Windstar Medical u. bei Verkauf von Transnorm; Riverside bei Verkauf der Beteiligung an Rameder; Hohnhaus & Jansenberger bei Kauf von SG Stahl Großküchen; Lampe Equity Management bei Kauf von Tanklager.

WEIL GOTSHAL & MANGES

Private-Equity-Transaktionen (Large-Cap) ●●○○○
Private-Equity-Transaktionen (Mid-Cap) ●●○○○

NOMINIERT
JUVE Awards 2015
Kanzlei des Jahres für
Private Equity & Venture Capital

Bewertung: Die für PE häufig empfohlene Kanzlei genießt weiterhin v.a. wg. der bemerkensw. Praxis von Schmidt einen hervorrag. Ruf. Über das letzte Jahr machte er Mandantin Centerbridge zu einem wichtigen Pfeiler der Praxis: Der Kauf von Senvion war die der signifikantesten Transaktionen des Jahres. Schmidt bleibt die überrag. Figur im Büro, aber auch Tappeiner hat eine Mid-Cap-PE-Praxis aufgebaut (u.a. dieses Jahr für Change Capital Partners). Seit dem Einstieg des erfahrenen Latham-Partners Bruckner in München ist die Partnerschaft nun breit genug, um weitere Neumandaten in regelm. Dealflow verwandeln zu können: WGM ist inzw. zunehmend auch für Advent u. Gores tätig.

Stärken: Herausrag. Trackrecord bei notleidenden Transaktionen (▶Restrukturierung/Sanierung) sowie in der Finanzbranche; zunehmend stark koordinierter Ansatz in Dtl. sowie weltweit.

Häufig empfohlen: Prof. Dr. Gerhard Schmidt („einmaliger Anwalt, erfasst jeden Teil der Trans-

aktion", Wettbewerber), Dr. Uwe Hartmann, Dr. Christian Tappeiner, Dr. Volkmar Bruckner ("sehr fleißig, positiver Schritt für Weil", Wettbewerber)
Kanzleitätigkeit: Fokus auf Big-Ticket-Transaktionen u. Restrukturierungen. (5 Partner plus Associates)
Mandate: ●● Centerbridge bei Kauf von Senvion SE von der Suzlon Energy; General Atlantic Verkauf von 15% an Axel Springer Digital Classifieds an Axel Springer SE; Change Capital Partners bei Verkauf von Hallhuber; TPG, Charterhouse u. Ardian bei Carve-out u. Verkauf von Media Broadcast von TDF; Blackstone, Cinven u. Canada Pension Plan im Bieterverfahren für Zementwerke von Lafarge und Holcim.

WEITNAUER
Venture Capital ☐☐☐☐
Bewertung: Empfohlene VC-Praxis, die trad. v.a. für Gründer u. Seed-Finanzierer zum Einsatz kommt u. hier einen guten Ruf auch über die reine Transaktions- u. Finanzierungsberatung hinaus genießt, nicht zuletzt wg. etablierter Branchenspezialisierungen etwa im Biotechsektor. Nach dem Weggang eines Investmentrechts- u. Regulierungsexperten, der sich im Sommer 2014 zu King & Wood verabschiedete, fehlt der Kanzlei nun allerdings die fachl. Tiefe, um stärker auch auf Fondsebene beraten zu können.
Stärken: Technologiebezogenes VC.
Häufig empfohlen: Dr. Wolfgang Weitnauer, Dr. Nikolaus Uhl, Prof. Dr. Hans-Eric Rasmussen-Bonne
Kanzleitätigkeit: VC-Praxen in München u. Berlin sowie in Heidelberg. Gestaltung von Seed-Fonds, Betreuung von Beteiligungen u. Portfoliounternehmen mit Schwerpunkt auf Technologie- u. Biotechbranche. (3 Eq.-Partner, 2 Sal.-Partner, 2 Associates)
Mandate: ●● Constantia New Business zu dt. Beteiligungen; Fos4X zu Serie-B-Finanz.-Runde; lfd. BayBG, Bayern Kapital, IBG Sachsen-Anhalt.

WHITE & CASE
Private-Equity-Transaktionen (Large-Cap) ☐☐☐☐
Private-Equity-Transaktionen (Mid-Cap) ☐☐☐☐

Bewertung: Die für PE häufig empfohlene Kanzlei entwickelte sich zuletzt sehr positiv. Besonders weitreichend war die Rekrutierung führender PE-Experten im Londoner Büro, die den Büros in Kontinentaleuropa umgehend besseren Zugang zu Large-Cap-Mandanten verschaffte. Mit W&Cs Stärke in Osteuropa u. Skandinavien war London ein wichtiges noch fehlendes Puzzleteil, u. auch die dt. Büros profitierten dank der breiter aufgestellten PE-Praxis mit ausgeprägter Spezialisierung, die sich seit dem Einstieg von Koch vor 2 Jahren etabliert hat. Die Erweiterung um eine leistungsfähige ▶Anleihenpraxis war eine weitere sinnvolle Abrundung. Neben der lfd. Tätigkeit für Nordic Capital war das größte Highlight aber die Beratung des Allianz-Konsortiums für den Kauf von Tank & Rast: eine bahnbrechende Mandatierung, dank der W&C nun unmittelbar im Wettbewerb mit den Marktführern steht.
Stärken: Langj. Beziehungen zu skand. PE-Häusern. Internat. stark aufgestellt in ▶Kredite u. Akqu.fin. u. ▶Anleihen.
Entwicklungsmöglichkeiten: Die Rekrutierung auf Associate-Ebene hält nicht mit dem Wachstum der Partnerriege Schritt. Da nun ein beachtl. Dealflow vorhanden ist, müsste W&C möglichst bald den Unterbau stärken.
Häufig empfohlen: Andreas Stilcken ("erfahren und vielseitig", Wettbewerber), Dr. Stefan Koch ("guter, unaufgeregter Berater; hat schon viel gesehen", Wettbewerber), Dr. Tim Arndt
Kanzleitätigkeit: Buy-out-Mandate i.d.R. in Frankfurt. Außerdem Beratung von PE-Häusern zu lfd. Corporate-Angelegenheiten. (4 Eq.-Partner, 3 Sal.-Partner plus Associates)
Mandate: ●● Allianz-Konsortium bei gepl. Kauf von Tank & Rast (im Markt bekannt); Nordic Capital bei Mehrheitsbeteiligung an GHD Gesundheit Dtl. u. bei Mehrheitsbeteiligung an Lindorff; Bridgepoint/Infinitas Learning bei Verkauf von Digital Spirit; Halder bei Kauf von Prae Turbo; TopWerk/CGS PE bei Zusammenschluss mit Hess-Gruppe; CEE Management bei Kauf von 3 frz. Solarparks.

WILLKIE FARR & GALLAGHER
Private-Equity-Transaktionen (Large-Cap) ☐☐☐☐
Private-Equity-Transaktionen (Mid-Cap) ☐☐☐☐
Venture Capital ☐☐☐☐
Bewertung: Diese für PE führende, für VC häufig empfohlene Kanzlei setzt ihre bemerkenswerte Entwicklung fort. Nur wenige Kanzleien können mit Willkies Dealflow Schritt halten. Aufbauend auf der regelm. Arbeit für Stammmandanten wie Ardian u. 3i hat das Team sich beharrlich auch ins Large-Cap-Segment vorgearbeitet. Die regelm. Tätigkeit für PAI ist ein Beleg dafür u. zeigt, dass die Zusammenarbeit mit dem Pariser Büro zu den effektivsten im dt.-frz. Markt zählt. Die Kanzlei wirkte an mehreren Deals für Insight mit, ebenso für Bloomberg. Schmidts u. Jörgens' Reputation für Transaktionsmanagement sucht im PE-Markt ihresgleichen. Mandanten loben ihre Reaktionsschnelligkeit u. ihren Einsatz als entscheidende Wettbewerbsfaktoren in Bieterverfahren. Nun wird sich Willkie daranmachen müssen, diese Marktdurchdringung auch für die nächste Generation zu sichern. Wahl u. Schwab werden bereits empfohlen, doch wenn Willkie wirkl. mit den Marktführern mithalten will, müssten sie sich in der ersten Reihe etablieren.
Stärken: Starke Praxen auch in Frankreich u. den USA. Besonderer Ruf der Partner für „hohen persönl. Einsatz u. innovative Beratung" (Mandant). Starke ▶Finanzierungspraxis.
Entwicklungsmöglichkeiten: Dass Willkie dafür bekannt ist, mit hohem Einsatz Deals zum Abschluss zu führen, beruht auch auf dem Engagement der Associates. Um diese bei der Stange zu halten, müsste Willkie die Arbeitslast auf ein größeres Team verteilen.
Häufig empfohlen: Mario Schmidt ("unglaubliches Pensum, einer der besten Dealmanager im Markt", Wettbewerber), Dr. Stefan Jörgens ("schon heute ein sehr erfahrener Verhandler", Wettbewerber), Georg Linde ("Ausnahmeanwalt: brillianter Jurist und sehr pragmatisch", Wettbewerber), zunehmend auch: Dr. Axel Wahl, Dr. Maximilian Schwab ("vielversprechend: hat einen Deal schon von seinen Partnern übernommen und gut zu Ende gebracht", Wettbewerber)
Kanzleitätigkeit: V.a. mittelgr., zunehmend auch großvol. Buy-outs. Auch Beratung von Management bei LBOs. (5 Partner, 11 Associates)
Mandate: ●● SK Capital/Archroma bei Kauf der ww. Textilchemiesparte von BASF; 3i bei Kauf von Christ; IK Investment bei Kauf von Sport Group u. Transnorm; PAI Partners bei gepl. Kauf von Median Kliniken; Ardian bei Kauf von ADA Cosmetics u. von Scandinavian Amenities; Palamon bei Verkauf von Prospitalia u. Polikum-Gruppe; Waterland bei Beteiligung an Premium-Gruppe; Novum Capital bei Verkauf der Mehrheit an ES Plastics; EQT Expansion Capital bei Verkauf einer Minderheit an Sportradar; Friendscout24-Management bei Verkauf an Match.com. VC: Insight Venture bei Investment in Delivery Hero u. anschließende Beteiligung von Rocket Internet u. Einbringung von Auslandsbeteiligungen sowie bei Investment in HelloFresh u. DaWanda; Bloomberg Philanthropies bei Investment in LittleSun.

PRIVATE EQUITY & VENTURE CAPITAL

Weitere renommierte Kanzleien für Private Equity und Venture Capital

NORDEN
GSK Stockmann + Kollegen	Hamburg
Renzenbrink & Partner	Hamburg
Voigt Wunsch Holler	Hamburg

WESTEN
Oppenhoff & Partner	Köln
Orrick Herrington & Sutcliffe	Düsseldorf

FRANKFURT UND HESSEN
Baker & McKenzie	Frankfurt
Dentons	Frankfurt
Heymann & Partner	Frankfurt
Schadbach	Frankfurt

SÜDEN
Baker & McKenzie	München
GLNS	München
GSK Stockmann + Kollegen	München
Gütt Olk Feldhaus	München
Orrick Herrington & Sutcliffe	München
Pinsent Masons	München

BAKER & MCKENZIE
Bewertung: Die Transaktionspraxis konzentriert sich auf strateg. ▶M&A, u. durch den Erfolg in diesem Bereich in den letzten Jahren gab es nur unzureichende Kapazitäten, um einen regelm. PE-Trackrecord aufzubauen. Der Wechsel des Jungpartners Gerald Schumann nach München ist hier ein hilfreicher Schritt. (2 Eq.-Partner, 3 Sal.-Partner plus Associates)
Mandate: ●● Materali bei Pflichtgebot für GSG Group; Montagu bei Verkauf von Euromedic.

DENTONS
Bewertung: V.a. das Frankfurter Büro verfügt über eine Small- bis Mid-Cap-Praxis, die dt. PE-Häuser berät. Robert Bastian hat in diesem Bereich beachtl. Erfahrung. Es steht zu erwarten, dass die Fusion mit der großen chin. Sozietät Dacheng neue Möglichkeiten für Inboundarbeit von Staatsfonds eröffnet. (2 Partner, 2 Counsel)
Mandate: ●● Cross/Pinova bei Kauf der Rademacher-Gruppe; Finatem bei Kauf von LichtBasis.

GLNS
Bewertung: Die Münchner Boutique ist v.a. für die Beratung von Delivery Hero bekannt, was auch zu Transaktionen im In- u. Ausland geführt hat. Der Anteil junger Technologieunternehmen ist über das letzte Jahr gestiegen. Dr. Daniel Gubitz wird von Mandanten als „genialer Strukturierer u. herausragender Verhandler" gelobt. (4 Partner)
Mandate: ●● Delivery Hero bei Übernahme von pizza.de u. beim Einstieg von Rocket Internet; CGS bei Kauf einer Mehrheit an Masa; Maxburg Capital bei Kauf einer Beteiligung an Zooplus; Dust BioSolutions bei Seed-Finanzierung durch HTGF.

GSK STOCKMANN + KOLLEGEN
Bewertung: Der Schwerpunkt liegt weiterhin auf PE mit Immobilienbezug. Doch seit dem Zugang von Max Wilmanns in HH betritt GSK dort erstmals auch den VC-Markt. Die PE-Gesamtpraxis musste durch den Weggang des ges. Stuttgarter Büros zu Heuking allerdings einen schweren Schlag verkraften. (3 Partner plus Associates)
Mandate: ●● Patron bei Beteiligung an Büroparks in München, Equivation, Ey Ventures; VICI Ventures bei div. Investments; Management von ATT Systems bei Verkauf.

GÜTT OLK FELDHAUS
Bewertung: Die Münchner Boutique ist im dortigen Markt bestens vernetzt, v.a. Dr. Sebastian Olk wird öfter empfohlen. Die Kanzlei verfügt über einen Mandantenstamm aus kleineren bis mittelgr. PE-Fonds, ist aber am besten bekannt v.a. für die laufende Beratung von Windeln.de. (3 Partner)
Mandate: ●● Windeln.de bei €45-Mio-Finanz.-Runde u. bei div. Add-on-Akquisitionen; Gesellschafter von Media-Group-One-Gruppe bei Verkauf; Arcus Capital bei Kauf von Belboon sowie bei Kauf einer Mehrheit an Kama; EMH European Media Holding bei Investment in Silvertree Internet Holdings.

HEYMANN & PARTNER
Bewertung: Namenspartner Thomas Heymann ist einer der bekanntesten und vielseitigsten Transaktionsanwälte im Markt. Der Dealflow in PE hängt stets von den Aktivitäten der langj. Mandanten wie Alpha Partners ab. (2 Partner, 2 Associates)
Mandate: ●● Atlantic Bridge lfd. bei Investments; Westcott bei gepl. Investment in dt. Start-up.

OPPENHOFF & PARTNER
Bewertung: Die Kölner Kanzlei bezieht ihre VC-Arbeit aus div. Quellen u. wird im rheinl. Markt immer prominenter. Langj. Verbindungen zu Konzernen sorgen für eine beachtl. Menge von Corporate-VC-Arbeit, v.a. durch Myriam Schilling, während Alf Baars mehrere Gründer im Rocket-Umfeld beriet u. mit der Beratung expansiver dt. Start-ups im wachsenden lateinamerik. Markt eine interessante Nische gefunden hat. Zu guter Letzt sorgten auch Kontakte zu prominenten Family Offices für VC-Arbeit. (2 Partner, 2 Associates)
Mandate: ●● Gründer von Dafiti bei Bündelung in Global Fashion Holding; Benckiser-Stiftung bei Social Impact Bonds; Dt. Post bei div. Transaktionen im IT-/Online-Segment; div. VC-Gründer bei Investitionen durch Rocket Internet.

ORRICK HERRINGTON & SUTCLIFFE
Bewertung: In D'dorf u. München besteht seit einigen Jahren eine Mid-Cap-Praxis, allerdings mit Partnern, die auf breiterer Basis auch in ▶M&A aktiv sind. Es fällt auf, dass das Team um Dr. Oliver Duys den Dealflow dank immer vielfältigerer Kontakte in die PE-Szene u. Mandantenbeziehungen aus der gr. US-Westküstenbüros verbesserte. (3 Partner plus Associates)
Mandate: ●● Findos bei Kauf von Rameder; Northzone bei VC-Finanzierung für Outfittery; Anterra Capital bei Einstieg in LemnaTec; TVM Life Science bei Finanz.-Runde bei Pritidenta u. bei Leon Nanodrugs.

PINSENT MASONS
Bewertung: Das VC-Team der Münchner Kanzlei steht deutl. fokussierter da als noch vor 2 Jahren u. Tobias Rodehau übernahm die Leitung der Praxisgruppe u. war umgehend bei einer ganzen Reihe von Deals im Einsatz. (2 Partner, 2 Associates)
Mandate: ●● Ecapital Entrepreneurial Partners bei VC-Transaktionen; Prosol bei Beteiligung an Sonnenbatterie; Finanzierungsrunden: Crossvertise, Fazua, Temicon.

RENZENBRINK & PARTNER
Bewertung: Im Mittelpunkt der neu formierten Hamburger Boutique steht mit Dr. Ulf Renzenbrink einer der renommiertesten Transaktionsanwälte in der Hansestadt. Zusammen mit Steuerrechtler Marc-Holger Kotyrba berät er weiter PE-Häuser, mit denen er schon in der Vergangenheit häufiger zusammengearbeitet hatte (z.B. Ardian u. IK Investment). Der Einstieg eines jungen Finanzierungsspezialisten von Hengeler Mueller rundete die Praxis ab. (2 Partner)
Mandate: ●● IK Investment Partners bei Kauf von Deerberg Systems u. von svt-Gruppe; Ardian lfd. zu Schleich; Adiuva Capital bei Aufnahme eines neuen Investors bei der Ascopharm-Gruppe.

SCHADBACH
Bewertung: Die Frankfurter Boutique blickt auf eine lange Tradition in der Transaktionsberatung zurück u. war zuletzt im VC-Markt besonders aktiv. Kai Schadbach gilt Wettbewerbern als „erfahrener Dealmacher". Mitte 2015 stockte die Kanzlei ihr bis dato kleines Team deutl. auf: 2 Partner kamen von PwC bzw. Nachmann. (4 Partner, 4 Associates)
Mandate: ●● Sirius eEducation bei Kauf von 50% von LO Lehrer-Online sowie bei Eintritt Vilitas, Fritz von Waldow u.a.; Forum Kiedrich bei Crowdfunding; Ticketsprinter bei Kapitalerhöhung durch Angel-Investoren.

VOIGT WUNSCH HOLLER
Bewertung: Die Hamburger Boutique baut ihre Mid-Cap-PE-Praxis weiter aus u. gewann mit H.I.G. eine prominente Mandantin. Die Praxis betreut regelm. Deals im Small- bis Mid-Cap-Segment (einschl. VC). Dr. Oliver Wunsch wird weiterhin empfohlen. (2 Partner, 1 Associate)
Mandate: ●● Adiuva Capital bei Beteiligungskauf an Maas & Roos; H.I.G. bei div. Beteiligungskäufen; Sofatutor bei Finanz.-Runde; Acton Capital Partners bei div. Finanzierungsrunden.

● Referenzmandate, umschrieben
●● Referenzmandate, namentlich

Anwaltszahlen: Angaben der Kanzleien, wie viele Anwälte zu mind. ca. 50% in diesem Gebiet tätig sind. Sie spiegeln nicht zwingend die Gesamtgröße einer Kanzlei wider.

Regulierte Industrien

Energiewirtschaftsrecht 526
Gesundheitswesen 537
Ausgewiesene Berater von
Krankenhäusern, MVZ oder Apotheken 545
Lebensmittelrecht 548
Verkehrssektor 550

Dieses Kapitel umfasst Industriezweige, die besonderer staatlicher Regulierung unterliegen und den geschützten Bereich der Daseinsvorsorge umfassen. V.a. die Energiewirtschaft, das Gesundheitswesen, die Lebensmittelbranche und der Verkehrssektor. Auch andere Branchen können unter besonderer staatlicher Regulierung stehen, sind dann aber staatsferner organisiert, als die hier aufgeführten – vergleichen Sie hierzu die Kapitel ▶Bank- und Bankaufsichtsrecht, ▶Versicherungsrecht und Telekommunikation (▶Medien).

Energiewirtschaftsrecht

Hochkomplex und hochreguliert

Die Herausforderungen im Energiemarkt bleiben vielfältig. Die rechtliche Aufarbeitung des Atomausstiegs schreitet voran und während sich auch in Karlsruhe der Beginn des Verfahrens um die Verfassungsmäßigkeit des Atomausstiegs langsam abzeichnet, sind die Amtshaftungsverfahren gegen die Länder wegen der Abschaltung der deutschen Atommeiler schon in vollem Gange.

Ende 2014 wurden zudem vor dem OLG einige wesentliche Regulierungsfragen entschieden, wie bspw. zur BNetzA-Festlegung zum Redispatch.

Gegenüber den vielfältigen Herausforderungen in der Regulierung läuft das M&A-Geschäft eher ruhig – große Deals wie Netzverkäufe blieben in diesem Jahr aus. Die großen Energiekonzerne sind mehr mit der Umstrukturierung und – ähnlich wie die Stadtwerke – mit der Neuausrichtung ihrer Portfolios insbesondere im Erneuerbare-Energien-Bereich beschäftigt. Durch die Verabschiedung des EEG 2014 ist es Ende 2014 zu einer Rallye im Hinblick auf die Inbetriebnahme von Projekten gekommen. Bspw. wechseln im Offshorebereich Projekte ihre Besitzer. An der Schnittstelle zur Restrukturierung gibt es ebenfalls viel zu tun, wie das Beispiel der Prokon-Umwandlung zeigt.

Zeitenwende in den Kanzleien

15 Jahre ging im deutschen Beratermarkt nichts ohne das Team von **Clifford Chance** – die Praxis gehörte zu den Pionieren des Energierechts. Diese Zeiten sind vorbei. Der Wechsel des äußerst angesehenen Teams um Dr. Peter Rosin und Thomas Burmeister zu **White & Case** wirft ein Schlaglicht auf die Trendwende, die sich derzeit bei den Beratern vollzieht. Auch die Aufspaltung der Partnerschaft bei **Scholtka & Partner** in Richtung **PwC Legal** bzw. **Beiten Burkhardt** ist in diesem Zusammenhang zu lesen: Die Regulierungsberatung ist stark unter Druck gekommen, Teams in Großkanzleien müssen ihr Geschäftsmodell neu justieren. Das Rosin-Team war zwar bei **Clifford Chance** dabei, diesen Wechsel zu vollziehen – entschied sich jetzt aber in anderen Konstellationen zu einem Neuanfang. Für **White & Case** bedeutet der Zugang eine Riesenchance – schließt die Kanzlei so doch eine schmerzliche Lücke im Energierecht u. im D'dorfer Büro. Doch die Aufgabenstellung bleibt auch hier die gleiche: das M&A-Geschäft u. die Regulierungsberatung auf hochklassige Mandate zu trimmen. **Freshfields**, **Linklaters** & Co. stehen bzw. standen vor der gleichen Herausforderung – wobei beide ihre Hausaufgaben gut gemacht haben. **Linklaters** hat sich mit der Umstrukturierung bei E.on ein Leuchtturmprojekt gesichert. Es beinhaltet alles, was für Kanzleien diesen Zuschnitts als lukrativ gilt: komplexe Fragen im Gesellschaftsrecht u. in zahlreichen anderen Rechtsgebieten, absolute Aufmerksamkeit von Vorstand u. Aufsichtsrat und hoher Zeitdruck. **Freshfields**, die das Mandat ihrer Stammmandantin sicher auch gerne übernommen hätte, streckt gleichzeitig die Fühler recht erfolgreich auf mehr internationales Geschäft aus. Beide Strategien bringen derzeit sehr attraktive Mandate.

Die folgenden Bewertungen behandeln Kanzleien, die Beratungsleistungen für die Energiewirtschaft auf mehr als einem relevanten Rechtsgebiet (▶Gesellschaftsrecht, ▶M&A, ▶Bank- u. Finanzrecht, ▶Kartellrecht, ▶Öffentl. Sektor, ▶Projektentwicklung/Anlagenbau) in signifikantem Umfang anbieten.

JUVE KANZLEI DES JAHRES

ENERGIEWIRTSCHAFTSRECHT

CMS HASCHE SIGLE

Der Ausbaukurs zahlt sich aus. Die Praxis um Leiter **Dr. Christian Haellmigk** hat sich in ein höherklassigeres Beratungssegment vorgearbeitet. Dabei kann sie sich auf bekannte Stärken verlassen, die sich im aktuellen Marktumfeld zu voller Blüte entfalten, allen voran die respektierte u. viel beschäftigte Hamburger Offshorepraxis um **Dr. Fritz Frhr. von Hammerstein** u. **Dr. Holger Kraft**. Neu ist etwa die Arbeit für Iberdrola bei Liefer- und Installationsverträgen für einen geplanten Offshorewindpark. Doch auch in anderen Bereichen gehört CMS zu den Profiteuren des derzeit ausgeprägten Wettbewerbs und ist für die neuen thematischen Anforderungen des Markts sehr gut positioniert. So begleitete die Kanzlei mit der EnBW-Offerte an die Prokon-Gläubiger auch ein viel beachtetes Projekt mit Restrukturierungshintergrund. Für EnBW ist die Kanzlei ohnehin nun häufiger zu sehen, bspw. auch beim Verkauf von Baltic 2-Anteilen. Das CMS-Team ist zudem personell in den vergangenen Jahren teils mit erfahrenen Quereinsteigern gewachsen u. hat sich intern stärker vernetzt. So ist die Kanzlei auch in wichtigen Regulierungsfragen als Beraterin gefragt, unter anderem für die Stadtwerke München beim Redispatch-Verfahren vor dem OLG Düsseldorf. Aufgrund seiner fachlichen Breite kann das Team auch neue, innovative Themen entwickeln, etwa bzgl. der Elektromobilität.

ENERGIEWIRTSCHAFTSRECHT REGULIERTE INDUSTRIEN

ALLEN & OVERY
Energie: Transaktionen/Finanzierung ☐☐☐■☐

Bewertung: Geschätzte Kanzlei im Energierecht, die v.a. bei Projekten der erneuerbaren Energien Deals u. Finanzierungen betreut. Dabei stehen momentan On- und Offshoreprojekte im Fokus. A&O betreute u.a. eine komplexe u. mrd-schwere Finanzierungstransaktion für einen Offshorewindpark in Europa u. ist für ausl. Unternehmen auch stark im Offshoresektor engagiert. Zuletzt war das Hamburger Kernteam auch wieder im lokalen Markt sehr präsent, als es die Stromnetz Hamburg bzgl. der Stromnetzkonzession im Vergabeverfahren betreute. Zudem konnte das Team den Rückkauf der Hamburger Strom-, Fern- u. Gasleitungsnetze gemäß des Volksentscheids im September 2013 nun abschließen. Zwar sind die Öffentlichrechtler in anderen Kanzleien im Energiesektor sichtbarer als das Team bei A&O. Doch rücken die Prozessrechtler un Dr. Daniel Busse mehr u. mehr in das Thema vor u. runden insbes. bei Schiedsverfahren das Profil der Praxis ab.

Kanzleitätigkeit: Projektfinanzierung für Banken, Investoren u. Projektierer; starke Bankrechtspraxis, u.a. für ▶Anleihen u. erneuerbare Energien. (Kernteam: 6 Partner, 11 Associates)

Mandate: ●● ABN Amro, The Bank of Tokyo-Mitsubishi, BNP Paribas u.a. als Darlehensgeberkonsortium bei Finanzierungstransaktion für Offshorewindpark in Europa (Projekt Gemini); Gamesa Corporación Tecnológica bei der Gründung eines Joint Ventures mit Areva für den gemeinsamen Betrieb ihrer Offshoreaktivitäten in Spanien, Großbritannien, Dtl. u. Frankreich; HGV bzgl. Kaufoption auf Fernwärmegeschäft Hamburg u. beim Kauf der Stromnetz Hamburg; Stromnetz Hamburg in Vergabeverfahren zur Stromnetzkonzession; kommunales Versorgungsunternehmen bei Finanzierung eines Gaskraftwerks.

BECKER BÜTTNER HELD
Energie: Regulierung ☐☐■■☐
Energie: Transaktionen/Finanzierung ☐☐☐■☐

Bewertung: Eine häufig empfohlene Kanzlei im Energierecht, die angesichts ihrer Größe u. enormen Durchschlagskraft im Markt als Fachboutique in diesem Sektor nur unzureichend beschrieben ist. Wettbewerber haben Respekt vor der Art u. Weise, wie BBH den Energiemarkt sowohl auf rechtl. als auch auf polit. Ebene immer wieder aufrollt u. Mandanten an sich bindet. Ein Highlight war zuletzt das sehr aktive Vorgehen gg. die europ. Beihilfen für das brit. Atomkraftwerk Hinkley Point, das von einer Brüsseler Partnerin gesteuert wurde. Zuletzt beriet BBH zudem auch eine Reihe von Unternehmen bzgl. der Besonderen Ausgleichsregelung (BesAR) im EEG. Viele bemängeln allerdings auch die unterschiedl. Qualität der Großboutique. Während etwa die Gutachtertätigkeit für das BMWi als sehr positiv wahrgenommen wurde, sehen Wettbewerber die Leistung im Berliner Vergabeverfahren eher kritisch, da die Durchführung und die Kriterien des Verfahrens derzeit auch vor Gericht überprüft werden. Für eine Vielzahl von Kommunen u. Stadtwerken bleibt sie aber die erste Adresse, wenn es um Beratung in Energiefragen geht – auch wenn gerade im Massengeschäft die Konkurrenz von WP-Kanzleien wie PwC oder KPMG größer wird, die wie BBH neben rechtl. Know-how auch WP- u. Steuerexpertise anbieten.

Stärken: Hervorragende Vernetzung im Kommunalbereich u. hohe Marktdurchdringung.

ENERGIEWIRTSCHAFTSRECHT: REGULIERUNG

Kanzlei	Standorte
Freshfields Bruckhaus Deringer	Berlin, Düsseldorf, Frankfurt, Köln, Hamburg
CMS Hasche Sigle	Hamburg, Stuttgart, Köln
Luther	Düsseldorf, Essen, Berlin, Köln, Hannover
White & Case	Düsseldorf, Berlin
Becker Büttner Held	Berlin, München, Köln, Stuttgart, Brüssel, Hamburg
Linklaters	Berlin, Frankfurt
Raue	Berlin
Gleiss Lutz	Berlin, München, Stuttgart
Hengeler Mueller	Düsseldorf
Hogan Lovells	Düsseldorf, Hamburg
PricewaterhouseCoopers Legal	Düsseldorf, Frankfurt, Stuttgart, Berlin, Hamburg
Ritter Gent Collegen	Hannover
Beiten Burkhardt	München, Berlin, Frankfurt
Bird & Bird	Düsseldorf, München
DLA Piper	Köln, Hamburg, Frankfurt
Dolde Mayen & Partner	Bonn, Stuttgart
Görg	Köln, Berlin
Heuking Kühn Lüer Wojtek	Düsseldorf, Hamburg
Noerr	Frankfurt, Berlin, Dresden
Clifford Chance	Düsseldorf, Frankfurt, München
KPMG Law	Düsseldorf

Die hier getroffene Auswahl der Kanzleien ist das Ergebnis der auf zahlreichen Interviews basierenden Recherche der JUVE-Redaktion (s. Einleitung S. 20). Sie ist in 2erlei Hinsicht subjektiv: Sämtliche Aussagen der von JUVE-Redakteuren befragten Quellen sind subjektiv u. spiegeln deren eigene Wahrnehmungen, Erfahrungen u. Einschätzungen wider. Die Rechercheergebnisse werden von der JUVE-Redaktion unter Einbeziehung ihrer eigenen Marktkenntnis analysiert u. zusammengefasst. Der JUVE Verlag beabsichtigt mit dieser Tabelle keine allgemein gültige o. objektiv nachprüfbare Bewertung. Es ist möglich, dass eine andere Recherchemethode zu anderen Ergebnissen führen würde. Innerhalb der einzelnen Gruppen sind die Kanzleien alphabetisch geordnet.

▶▶▶ Bitte beachten Sie auch die Liste weiterer renommierter Kanzleien am Kapitelende. ◀◀◀

Häufig empfohlen: Dr. Peter Becker, Dr. Christian Theobald, Dr. Ines Zenke, Dr. Ursula Prall

Kanzleitätigkeit: Energievertrags- u. -kartellrecht, Schiedsverf. zw. Stadtwerken u. Regionalversorgern, Beratung zu Emissions- u. Energiehandel (BaFin-Verf.), Kraftwerksprojekten, zu Projekten im Bereich erneuerbarer Energien, Gasspeicherung. Auch Gesellschafts- u. Energiesteuerrecht. Häufig als ausgelagerte Rechtsabteilung für Stadtwerke. MDP-Angebot für Stadtwerke, Banken, Börsen, ausl. Energieunternehmen u. Investoren. (17 Eq.-Partner, 10 Sal.-Partner, 39 Counsel, 81 Associates, 2 of Counsel)

Mandate: ●● Greenpeace Energy u.a. bei Nichtigkeitsklage vor dem EuGH wg. Beihilfen für das brit. Atomkraftwerk Hinkley Point C; BMWi bzgl. Gutachten zur finanziellen Vorsorge der Kernkraftwerksbetreiber beim Atomausstieg u. zur Versorgungssicherheit Gasspeicherregulierung; Land Berlin bei Neuvergabe der Konzessionen Strom, Gas u. Fernwärme sowie bei Vergabe der Ladeinfrastruktur für Elektromobile; rund 109 Kommunen bei Kauf von 35 Prozent an der EAM; Land Niedersachsen bei Amtshaftungsklage von E.on wg. Atommoratorium; ca. 23 Stadtwerke in Beschwerde gg. die Festlegung GABi Gas 2.0 vor OLG D'dorf; BMF bzgl. Kernbrennstoffsteuerverfahren; mehr als 30 Industrieunternehmen der Metall-, Kunststoff- u. Lebensmittelbranche wg. Teilrückforderungen des BAFA bzgl. BesAR für die Jahre 2013 u. 2014.

BEITEN BURKHARDT
Energie: Regulierung ☐☐☐☐■
Energie: Transaktionen/Finanzierung ☐☐☐☐■

Bewertung: Im Energiewirtschaftsrecht geschätzte Praxis, die in den vergangenen 2 Jahren wieder in den Teamaufbau investierte u. damit ihre fachl. Kompetenzen erweitert hat. So gelang es etwa einem Quereinsteiger aus dem vergangenen Jahr, die Tätigkeit bzgl. Offshorewindparks noch auszubauen. Zudem gewann die Kanzlei eine Reihe von Industrieunternehmen als neue Mandanten, die Rat zur Vertragsgestaltung bzgl. des neuen EEG suchten, sowie einige energierechtl. Umstrukturierungsmandate. Die wichtigste Veränderung ist aber der massive Ausbau in Berlin: Dort nahm Beiten gleich ein 6-köpfiges Team um äußerst angesehene Partner von Scholtka & Partner auf. Mit Dr. Dominik Greinacher, Antje Baumbach, Toralf Baumann und Guido Brucker sowie 2 Associates verdoppelt sich fast die Kapazität der Kernmannschaft, gleichzeitig gewinnt Beiten deutl. Regulierungskompetenz. So bringen die neuen Partner auch sektorenspezifisches Fachwissen im Öffentl., Vergabe-, Kartell- u. Wettbewerbsrecht sowie v.a. bei energierechtl. Streitigkeiten mit.

Häufig empfohlen: Dr. Christof Aha, Dr. Maximilian Elspas, Dr. Dominik Greinacher, Antje Baumbach

Entwicklungsmöglichkeiten: Die neuen Partner in Berlin bringen nicht nur hohe Regulierungs-

---

● Referenzmandate, umschrieben
●● Referenzmandate, namentlich

Anwaltszahlen: Angaben der Kanzleien, wie viele Anwälte zu mind. ca. 50% in diesem Gebiet tätig sind. Sie spiegeln nicht zwingend die Gesamtgröße einer Kanzlei wider.

REGULIERTE INDUSTRIEN ENERGIEWIRTSCHAFTSRECHT

kompetenz ins Haus. Sie verfügen in diesem Bereich auch über lfd. Mandatsbeziehungen, die gepaart mit der vorhandenen M&A-Kompetenz Tore zu ganz neuen Mandaten öffnen könnten.
Kanzleitätigkeit: Für Energieversorger u. -erzeuger, Netzbetreiber, Energiehändler u. Anlagenbetreiber, insbes. im Bereich erneuerbare Energien vertragsrechtl., regulator., in Projekten u. bei Deals. (3 Eq.-Partner, 7 Sal.-Partner, 7 Associates)
Mandate: ●● Stadtwerke Heidenheim beim Kauf eines Solarparks von der spanischen DTL Corporación u. Kauf eines Windparks in Meck.-Vorp.; Energievertriebsunternehmen energievertragsrechtl.; Gasunternehmen bzgl. Strom- u. Energiesteuerrecht.

BIRD & BIRD
Energie: Regulierung
Energie: Transaktionen/Finanzierung

Bewertung: Empfohlene Kanzlei für Energiewirtschaftsrecht, deren Fokus bei Erneuerbare-Energien-Projekten liegt. Neben der hier traditionell starken M&A- u. vertragsrechtl. Praxis hat das Team aber auch immer mehr Beratungsmandate, die eher im Regulierungsrecht bzw. Öffentlichen Recht liegen. So ist Lang etwa für Amprion im Planfeststellungsverfahren für Höchstspannungsleitungen tätig. Auch z.T. ausl. Investoren vertrauen ihr bei komplexen neuen Fragen, wie die Arbeit für Zechstein Gas bei der Entwicklung des neuen Geschäftsbereichs „Gas Processing" zeigt. Das Team schrumpfte allerdings zuletzt, als u.a. 2 Counsel im Öffentl. Recht die Kanzlei verließen. Wettbewerber nehmen die Praxis, trotz ihrer strukturellen Verstärkung mit dem bekannten Manfred Ungemach vor 3 Jahren, im Markt nicht stark wahr, weil der D'dorfer Standort bislang nicht in massgebl. Mandaten zu sehen war.
Häufig empfohlen: Dr. René Voigtländer, Dr. Matthias Lang, Dr. Christian Kessel
Kanzleitätigkeit: Regulierung insbes. zu Konzessionsverträgen, M&A u. Energievertragsrecht sowie energiekartellrechtl. Beratung; im Anlagenbau an der Schnittstelle zum Öffentl. Recht; zu erneuerbaren Energien stark in der Projektentwicklung bei PV- u. Windenergieanlagen, Vertrags- u. ▶Vertriebsrecht im Offshoremarkt. (9 Eq.-Partner, 4 Counsel, 4 Associates, 1 of Counsel)
Mandate: ●● Amprion in Planfeststellungsverfahren für Höchstspannungsleitung; Zechstein Gas bei der Entwicklung eines neuen Geschäftsbereichs; Bahnunternehmen bzgl. Zugang zum Bahnstromnetz in Österreich; Biomassestromerzeuger in Schiedsverfahren mit Clearingstelle EEG; Gasversorger bzgl. Strom- u. Gaskonzessionsvergaben; internat. Energieversorger bzgl. dt. u. europ. Energie-, Beihilfe-, Kartell- u. Vertragsrecht sowie DIS-Schiedsverfahren; Branchenvereinigung bzgl. Einführung REMIT-Reporting-Regime in Österreich; Aluminiumunternehmen u. Wirtschaftsverband bzgl. Netzentgelten.

CLIFFORD CHANCE
Energie: Regulierung
Energie: Transaktionen/Finanzierung

Bewertung: Geschätzte Kanzlei im Energierecht, die ihre bislang marktführende Stellung einbüßte, nachdem ein größeres Team um die sehr bekannten Partner Dr. Peter Rosin u. Thomas Burmeister die Kanzlei im Frühjahr 2015 in Richtung White & Case verlassen hat. Der Wechsel ist ein schwerer

---

ENERGIESEKTOR: TRANSAKTIONEN/FINANZIERUNG

Kanzlei	Standorte
Freshfields Bruckhaus Deringer	Berlin, Düsseldorf, Frankfurt, Hamburg, Köln
Hengeler Mueller	Düsseldorf
Linklaters	Berlin, Frankfurt
Gleiss Lutz	Berlin, München, Stuttgart
Hogan Lovells	Düsseldorf, Hamburg, Frankfurt
Watson Farley & Williams	Hamburg, Frankfurt, München
Allen & Overy	Hamburg, Frankfurt
Bird & Bird	Düsseldorf, München
Clifford Chance	Düsseldorf, Frankfurt, München
CMS Hasche Sigle	Hamburg, Stuttgart, Köln
Luther	Düsseldorf, Essen, Berlin, Köln, Hannover
Noerr	Frankfurt, Berlin, Dresden
White & Case	Düsseldorf, Berlin
Beiten Burkhardt	München, Berlin, Frankfurt
Norton Rose Fulbright	Hamburg, Frankfurt, München
Taylor Wessing	Hamburg, Berlin, München
Becker Büttner Held	Berlin, München, Köln, Stuttgart, Brüssel, Hamburg
Görg	Köln, Berlin
Heuking Kühn Lüer Wojtek	Düsseldorf, Hamburg
Rödl & Partner	München, Köln

Die hier getroffene Auswahl der Kanzleien ist das Ergebnis der auf zahlreichen Interviews basierenden Recherche der JUVE-Redaktion (s. Einleitung S. 20). Sie ist in 2erlei Hinsicht subjektiv: Sämtliche Aussagen der von JUVE-Redakteuren befragten Quellen sind subjektiv u. spiegeln deren eigene Wahrnehmungen, Erfahrungen u. Einschätzungen wider. Die Rechercheergebnisse werden von der JUVE-Redaktion unter Einbeziehung ihrer eigenen Marktkenntnis analysiert u. zusammengefasst. Der JUVE Verlag beabsichtigt mit dieser Tabelle keine allgemein gültige o. objektiv nachprüfbare Bewertung. Es ist möglich, dass eine andere Recherchemethode zu anderen Ergebnissen führen würde. Innerhalb der einzelnen Gruppen sind die Kanzleien alphabetisch geordnet.

▶▶▶ Bitte beachten Sie auch die Liste weiterer renommierter Kanzleien am Kapitelende. ◀◀◀

Schlag für die Kanzlei, zumal zuvor auch bereits die Corporate-Praxis z.T. um just die Partner u. Counsel geschrumpft war, die eng mit dem Energieteam zusammengearbeitet hatten. Die Branchenexpertise, für die Clifford lange exemplarisch stand, ist damit deutl. kleiner geworden. Nun steht die Kanzlei vor der Herausforderung, ihren bekannten Branchenschwerpunkt unter der Führung von Heinlein mit neuem Leben zu füllen. Dabei ist absehbar, dass sich die Ausrichtung der Praxis in Zukunft stark auf (Projekt-)Finanzierungen u. M&A-Arbeit konzentrieren wird, so wie sie Wettbewerber wie Allen & Overy anbieten. Daneben steht zudem ein junges Team um einen neu ernannten Partner, das sich in den vergangenen Jahren einen Namen im Öffentl. Recht gemacht hat u. die Infrastrukturberatung abrundet.
Häufig empfohlen: Dr. Björn Heinlein
Kanzleitätigkeit: V.a. ▶M&A u. energierechtl. Beratung, auch Kraftwerksprojekte. Schnittstellen zum Bank- u. Finanzrecht, u.a. ▶Anleihen, ▶Kredite u. Akqu.fin., ▶ÖPP, ▶Kartellrecht, ▶Umwelt u. Planung. (5 Partner, 7 Associates, 1 of Counsel)
Mandate: ●● EQT Infrastructure II beim Kauf des E.on-Anteils an EEW Energy from Waste; Enel Green Power bei der Finanzierung des Gibson Bay Windparks in Südafrika mit der KfW-IPEX Bank; Bankenkonsortium bei Finanzierung des Windparks Nordsee One; RheinEnergie bei Projektverträgen u. Finanzierung des GuD-Kraftwerks im Niehler Hafen, Köln; Amprion u.a. in Planfeststellungsverfahren Rommerskirchen-Sechtem zur Freileitung.

CMS HASCHE SIGLE
Energie: Regulierung
Energie: Transaktionen/Finanzierung

Kanzlei des Jahres für Energiewirtschaftsrecht

NOMINIERT
JUVE Awards 2015
Kanzlei des Jahres für Regulierte Industrien

Bewertung: Im Energierecht häufig empfohlene Kanzlei, die zu den Profiteuren des derzeitigen Marktumfelds gehört. Denn es sind Kanzleien wie CMS u. Luther, die verstärkt auf die Beraterlisten der großen Energieunternehmen drängen. Das CMS-Team ist in den letzten Jahren gewachsen u. hat sich intern stärker vernetzt – nun zeigt sich an den Mandatsgewinnen, wie sich diese Fokussierung auszahlt. So ist die Kanzlei in einer Vielzahl von Projekten für EnBW zu sehen u.a. bei der Offerte an die Prokon-Gläubiger oder beim Anteilsverkauf an Baltic 2. Neu ist die Arbeit für Mandantin Iberdrola bei Liefer- u. Installationsverträgen für einen geplanten Offshorewindpark. Das Projekt steht beispielhaft für die langj. Kompetenz des Teams um die Hamburger Partner Hammerstein u. Kraft, sowohl was die öffentl.-rechtl. als auch die vertragsrechtl. Seite angeht. Auch in wichtigen Regulierungsfragen ist sie dabei, u.a. für die Stadtwerke München beim Redispatch-Verfahren vor dem OLG D'dorf. Aufgrund seiner fachl. Breite kann das Team auch Schnittstellenthemen, etwa zur Elektromobilität, erfolgreich besetzen.

● Referenzmandate, umschrieben
●● Referenzmandate, namentlich

Anwaltszahlen: Angaben der Kanzleien, wie viele Anwälte zu mind. ca. 50 % in diesem Gebiet tätig sind. Sie spiegeln nicht zwingend die Gesamtgröße einer Kanzlei wider.

ENERGIEWIRTSCHAFTSRECHT REGULIERTE INDUSTRIEN

Stärken: Hohe Expertise in Regulierungsfragen, ▶Gesellsch.recht, ▶Kartellrecht u. Bergrecht (▶Umwelt u. Planung).
Häufig empfohlen: Dr. Fritz von Hammerstein, Dr. Christian Haellmigk (Kartellrecht), Shaghayegh Smousavi, Dr. Thomas Brunn, Dr. Holger Kraft, Dr. Jochen Lamb (Gesellschaftsrecht),
Kanzleitätigkeit: Breites Beratungsportfolio: ▶M&A-Transaktionen, insbes. zu erneuerbaren Energien; Umstrukturierung von kommunalen Energieversorgern, auch Konzessionsverträge. Prozessführung zu Kartellrecht u. Regulierung, Contracting, Unbundling, Gasspeicher- u. Kraftwerksprojekte, Energie- u. Emissionshandel, Bank- u. Finanzrecht (▶Kredite u. Akqu.fin., ▶ÖPP u. Projektfinanzierung). Mandantschaft: ausl. Energieversorger, auch erneuerbare Energien. Verbundunternehmen, Kommunen, Stadtwerke, Energieabnehmer, Stromhändler. Daneben Pipelinebetreiber u. energieintensive Industrie. (Kernteam: 14 Partner, 14 Associates)
Mandate: ●● Highland bzgl. der Finanzierung des Windparks Veja Mate; EnBW u.a. bei Verkauf von Anteilen am Offshorewindpark Baltic 2 an Macquarie Capital u. beim Kaufangebot an die Gläubiger der insolventen Prokon; EWE Gasspeicher bei Beschwerdeverfahren vor OLG D'dorf gg. die BEATE-Festlegung der BNetzA; Stadtwerke München vor OLG D'dorf wg. Redispatch-Festlegungen; Iberdrola bei Liefer- u. Installationsverträgen für den geplanten Offshorewindpark ‚Wikinger'; Netze BW in versch. Verfügungsverfahren wg. Konzessionsvergabeverfahren Strom und Gas; Northland Power (Kanada) bei Mehrheitsbeteiligung an versch. Offshorewindparks von RWE Innogy; TransnetBW als Beigeladene in Musterbeschwerde von EnBW gg. BNetzA wg. Ausweisung von Kraftwerksblöcken in Marbach und Walheim als systemrelevant u. im Verfahren vor LG u. OLG Hamburg gg. Care Energy wg. Nichtzahlung der EEG-Umlage.; Alliander bzgl. Ausschreibung zu Elektroautoladesäulen in Berlin; Bosch Software Innovations bzgl. E-Mobilität.

DLA PIPER
Energie: Regulierung ▭▭▭▭▣
Bewertung: Die im Energierecht geschätzte Kanzlei ist v.a. im Energievertrags- u. Energiehandelsrecht sowie im Projektgeschäft stark. Ein Highlight der Beratung war zuletzt die Arbeit für EWE, die DLA u.a. beim Anteilskauf an der VNG Verbundnetz Gas von Wintershall beriet. Das Mandat steht auch für die Transaktionskompetenz der Kanzlei, die sich durch einen Quereinsteiger von White & Case im vergangenen Jahr erhöht hat u. in neuen Mandaten auszahlt. Besonderes Know-how hat das Team zudem im Energiehandelsrecht. So wurde Cieslarczyk u.a. zum German Counsel der European Federation of Energy Traders berufen, um zu den Auswirkungen u. Risiken von politischen Sanktionsmechanismen auf Energiehandelsgeschäfte zu beraten. Seit Jahren betreut DLA zudem große Streitigkeiten etwa im Gasmarkt.
Häufig empfohlen: Michael Cieslarczyk, Dr. Stefan Schröder
Kanzleitätigkeit: Energie- u. Emissionshandel, auch in Prozessen u. Schiedsverfahren. Daneben erneuerbare Energien, Energievertragsrecht, u.a. Gasbezugs-, Gasimport- sowie Stromlieferverträge. Auch Regulierungsfragen. Mandantschaft:

Führende Namen im Regulierungsrecht

Dr. Kai Gent	▶ Ritter Gent Collegen
Christian von Hammerstein	▶ Raue
Dr. Thomas Höch	▶ Höch und Partner
Dr. Cornelia Kermel	▶ Noerr
Dr. Peter Rosin	▶ White & Case
Dr. Boris Scholtka	▶ PricewaterhouseCoopers Legal
Dr. Ulrich Scholz	▶ Freshfields Bruckhaus Deringer
Dr. Holger Stappert	▶ Luther
Dr. Christian Theobald	▶ Becker Büttner Held

Führende Namen bei Energietransaktionen und -finanzierungen für erneuerbare Energien

Dr. Nicolas Böhm	▶ Hengeler Mueller
Thomas Burmeister	▶ White & Case
Matthias Hirschmann	▶ Hogan Lovells
Dr. Malte Jordan	▶ Watson Farley & Williams
Dr. Kai Uwe Pritzsche	▶ Linklaters
Dr. Anselm Raddatz	▶ Freshfields Bruckhaus Deringer

Die hier getroffene Auswahl der Personen ist das Ergebnis der auf zahlreichen Interviews basierenden Recherche der JUVE-Redaktion (siehe S. 20). Sie ist in 2erlei Hinsicht subjektiv: Sämtliche Aussagen der von JUVE-Redakteuren befragten Quellen sind subjektiv u. spiegeln deren eigene Wahrnehmungen, Erfahrungen u. Einschätzungen wider. Die Rechercheergebnisse werden von der JUVE-Redaktion unter Einbeziehung ihrer eigenen Marktkenntnis analysiert u. zusammengefasst. Der JUVE Verlag beabsichtigt mit dieser Tabelle keine allgemein gültige oder objektiv nachprüfbare Bewertung. Es ist möglich, dass eine andere Recherchemethode zu anderen Ergebnissen führen würde.

Banken, u.a. amerikan. Investoren, Töchter großer Energieversorger (v.a. Gasbranche). (4 Partner, 7 Associates)
Mandate: ●● EWE umf. regulator. u. beim Anteilskauf an VNG Verbundnetz Gas von Wintershall; European Federation of Energy Traders (EFET) bzgl. Sanktionsmechanismen auf Energiehandelsgeschäfte; Gothaer Versicherungsgruppe zu Genussrechtsinvestment bei RE IPP u. bei CSG IPP.

DOLDE MAYEN & PARTNER
Energie: Regulierung ▭▭▭▭▣
Bewertung: Eine im Energierecht geschätzte Boutique, die in vielen Verfahren zu sehen ist, in denen sie mit ihrem Regulierungswissen glänzen kann. So war sie etwa für die Stadtwerke Hannover in Beschwerdeverfahren vor dem BNetzA dabei. Neu ist die Vertretung der EnBW, die wegen der Folgen des Atommoratoriums Schadensersatz vom Land Ba.-Wü. u. der BRD wg. der Stilllegung der Kernkraftwerke Neckarwestheim I u. Philippsburg I fordert. Strukturell gibt es in dem angesehenen Team keine Veränderungen, insbes. Hölscher gilt unter den Wettbewerbern als Experte, was die Energiebranche angeht.
Häufig empfohlen: Prof. Dr. Thomas Mayen, Dr. Frank Hölscher
Kanzleitätigkeit: Regulierungsberatung von Energieversorgern (u.a. zu Investitionsbudgets, Erlösobergrenzen u. Regulierungsfreistellung). Schnittstellen zum ▶Umwelt- u. Planungsrecht. (6 Eq.-Partner, 1 Sal.-Partner)
Mandate: ●● EnBW in Schadensersatzklage gg. Land Ba.-Wü. u. BRD wg. Stilllegung Kernkraftwerke Neckarwestheim I u. Philippsburg I; Enercity Netz in Beschwerdeverfahren vor OLG D'dorf gg. Beschluss der BNetzA; Kraftwerk Reckingen zur Neuerteilung einer wasserrechtl. Bewilligung für ein Flusskraftwerk; Stadtwerke Hannover in Beschwerdeverfahren zum Redispatch; Automobilhersteller in Beschwerdeverfahren bei OLG D'dorf gg. BNetzA wg. Pooling.

FRESHFIELDS BRUCKHAUS DERINGER
Energie: Regulierung ▭▭▭▭▣
Energie: Transaktionen/Finanzierung ▭▭▭▭▣
Bewertung: Eine der führenden Kanzleien im Energierecht, die sowohl in der Regulierungsberatung als auch bei M&A u. Finanzierungen stark ist. FBD gehört zu der ‚alten Garde' der Kanzleien, die seit über 15 Jahren mit energierechtl. Fokus beraten. So ist es keine Überraschung, sie bei den einschlägigen regulator. Verfahren prominent zu sehen, etwa für E.on, RWE, Mibrag bzgl. des Verfahrens zu Redispatch-Festlegungen der BNetzA. Mit den anderen renommierten Einheiten, die dort beraten, teilt sie aber das gleiche Problem: In einem immer diverseren u. satteren Beratermarkt müssen sich die Schwergewichte unter den (Regulierungs-)Praxen einem immer härter werdenden Verdrängungswettbewerb stellen. FBD nimmt das erfolgreich in Angriff, indem sie noch konsequenter die Verbindung unter ihren Praxisgruppen sucht. Kaum eine andere Kanzlei verfügt etwa im Öffentl. Recht über eine in diesem Sektor so profilierte Gruppe, die sowohl zu Infrastruktur- u. Kraftwerksprojekten berät, aber auch bei grundsätzl. Fragen rund um den Atomausstieg involviert ist. Ihre Beratung ist zudem konsequent auch auf den europ. Markt gerichtet, wie die Beratung der Polski Komitet Energii Elektrycznej (PKEE) zur Reform des Emissionshandels auf europ. Ebene exemplar. zeigt. Gleichzeitig ist FBD auch bei großen Deals gut platziert, sei es im konventionellen oder im Erneuerbare-Energien-Bereich: So berät sie zuletzt etwa BARD beim Verkauf von Veja Mate oder E.on sowie VNG beim Verkauf von Anteilen an EVG. Bei der großen Umstrukturierung von Stammmandantin E.on kam allerdings Wettbewerberin Linklaters zum Zuge.
Stärken: Enges Zusammenspiel von ▶Gesellsch.recht u. Regulierungsrecht auf hohem Niveau.
Häufig empfohlen: Dr. Ulrich Scholz (Energierecht, Kartellrecht), Dr. Anselm Raddatz, Dr. Herbert Posser, Dr. Stefan Tüngler, Dr. Tobias Larisch

● Referenzmandate, umschrieben
●● Referenzmandate, namentlich

Anwaltszahlen: Angaben der Kanzleien, wie viele Anwälte zu mind. ca. 50 % in diesem Gebiet tätig sind. Sie spiegeln nicht zwingend die Gesamtgröße einer Kanzlei wider.

REGULIERTE INDUSTRIEN ENERGIEWIRTSCHAFTSRECHT

Kanzleitätigkeit: Säulen der Praxis: Kartell- u. ziviles Vertragsrecht einschl. zunehmend Schiedsgerichtsverfahren (▶Handel u. Haftung), Gesellschaftsrecht, ▶M&A sowie Öffentl. Recht. Mandanten aus der Strom- (Produzenten), Gas- (Importeure) u. Wasserbranche bis hin zu Bergbau u. Kernenergie. Beratung zu Energie-, Emissionshandel u. erneuerbaren Energien. (20 Partner, 3 Counsel)

Mandate: ●● BARD-Gruppe bei Verkauf von Offshorewindpark Veja Mate an Laidlaw Capital; Dong Energy bei Kauf der Projektrechte für Windpark Borkum Riffgrund West 2 u. bzgl. Netzanbindung u. Genehmigung für Gode Wind u. Borkum Riffgrund; Polski Komitet Energii Elektrycznej (PKEE) zur Reform des Emissionshandels auf europ. Ebene; E.on, RWE, Mibrag bzgl. Redispatch-Festlegungen der BNetzA; Westfalen Weser Netz in Beschwerdeverfahren gg. die Festlegung der Erlösobergrenze Gas; RWE bei Klagen gg. die Kernbrennstoffsteuer u. bzgl. Offenlegung der Akten des Bundeskanzleramtes zur 13. AtG-Novelle; E.on u. VNG beim Verkauf der jeweiligen 50 Prozentanteile an der Erdgasversorgungsgesellschaft Thüringen-Sachsen (EVG); Evonik Industries beim Verkauf der 49 Prozent an Steag; HanseWerk bzgl. Call-Option über 74,9% der Anteile an der Hamburg Netz; Amprion bzgl. Bundesfachplanung bzgl. Konverterstandort; Baltic Eagle im Planfeststellungsverfahren u. bei Netzanbindung; Alstom beim Verkauf des Zubehörgeschäfts für thermische Kraftwerke an Triton; Stadtreinigung Hamburg bei Kauf der Geschäftsanteile der Müllverwertung Borsigstraße von Vattenfall u. EEW.

GLEISS LUTZ
Energie: Regulierung
Energie: Transaktionen/Finanzierung

Bewertung: Häufig empfohlene Praxis im Energiewirtschaftsrecht, die zuletzt v.a. ihre Arbeit im Energie-M&A noch ausgeweitet hat. So gehört etwa Investor Blackstone zu den Stammmandanten u. für E.on war Gleiss in einigen Verkaufsprozessen involviert, insbes. bzgl. der ital. Gesellschaften. Dabei kam ihr v.a. ihre enge Beziehung zur Partnerkanzlei Chiomenti zugute. Zu E.on unterhält die Kanzlei eine enge Mandatsbeziehung, die sie damit noch ausweiten konnte. Der Berliner Partner Moench vertritt das Unternehmen seit einiger Zeit u.a. in der Verfassungsklage gegen die 13. Atomgesetznovelle. Traditionell ist die Kanzlei stark bei Erneuerbare-Energien-Projekten u. betreute in diesem Segment zuletzt u.a. Global Tech I in von EnBW angestrengten Eilverfahren wg. Kapazitätszuweisung für Offshorewindparks. In den klass. Regulierungsfragen ist sie dagegen deutl. seltener zu sehen gewesen als etwa Freshfields. Mit der Wettbewerberin gemein hat sie ihre starke öffentl.-rechtl. Praxis, die allerdings nicht vergleichbar stark auf den europ. Markt u. die komplexen Zwischenthemen im Energiemarkt ausgerichtet ist.

Stärken: Starke öffentl.-rechtl. Praxis.
Häufig empfohlen: Prof. Dr. Christoph Moench, Dr. Martin Raible, Dr. Tim Weber
Kanzleitätigkeit: Arbeit im branchenbez. ▶Kartellrecht, M&A insbes. in Bezug auf erneuerbare Energien, auch gesellschafts- u. steuerrechtlich. Ebenso im Energiehandel, Öffentl. Recht, u.a. Atomrecht. Breite Mandantschaft, auch gr. EVUs, daneben internat. sowie ausl. strateg. Investoren. (16 Partner, 15 Associates)

Mandate: ●● E.on bei Verkauf der ital. Kohle- u. Gaserzeugung an EPH u. ital. PV-Anlagen an F2i u. im Verfassungsbeschwerdeverfahren gg. forcierten Atomausstieg durch die 13. Atomgesetznovelle sowie Schadensersatzklage wg. Stilllegung von Kernkraftwerken; Global Tech I in von EnBW angestrengten Eilverfahren wg. Kapazitätszuweisung für Offshorewindparks; Hornbach Baumarkt zum EEG 2014 insbes. zur Errichtung von KWK- u. PV-Anlagen; Stadt D'dorf bei Neuvergabe der Wegenutzungsverträge für Strom und Gas; Stadt Datteln bzgl. Bebauungsplan für E.on-Steinkohlekraftwerk.

GÖRG
Energie: Regulierung
Energie: Transaktionen/Finanzierung

Bewertung: Geschätzte Kanzlei im Energiewirtschaftsrecht. Für Trianel u. Steag betreut die Kanzlei seit Jahren große Projekte. Neu ist die Arbeit für Allianz Capital Partners, die Görg zuletzt bei einem Kauf von 2 Windparkprojektgesellschaften von PNE Wind beriet. Das Mandat zeigt auch, dass die Kanzlei nun noch stärker bei Projekten der erneuerbaren Energien platziert ist. Auf personeller Ebene gab es zuletzt Verschiebungen: Dr. Sabine Schulte-Beckhausen, die v.a. die regulator. Beratung voranbringen sollte, verließ die Kanzlei nach kurzer Zeit wieder u. ging zurück zu White & Case. Von dort kam Dr. Alexander Reuter, der an der Schnittstelle von Gesellschaftsrecht u. Finanzierung nun als Sparringspartner der Energierechtler im Transaktionsgeschäft fungieren soll. In Berlin stärkte sich die Kanzlei zuletzt mit Dr. Arne Glöckner (von Corinius), der zu vertrags- u. energierechtl. Fragen berät. Am Standort ist das Team bisher insbes. für Investoren bei Erneuerbare-Energien-Projekten sowie bei der Errichtung von konventionellen Kraftwerken, Gasspeichern u. Hochspannungsfreileitungen tätig.

Häufig empfohlen: Dr. Achim Compes, Dr. Christoph Riese

Kanzleitätigkeit: Schwerpunkt in Kraftwerksprojekten aller Erzeugungsarten, zu Entwicklung, Errichtung u. Betrieb (einschl. Netzfragen u.Ä.). Zudem Stadtwerke, u.a. zu Beteiligungen, vereinzelt zu Netzentgelten. Mandantschaft: hauptsächl. ausl. Energieversorger, Investoren u. Industrie sowie Stadtwerke. (Kernteam: 8 Eq.-Partner, 6 Sal.-Partner, 6 Associates)

Mandate: ●● Allianz Capital Partners bei Kauf von 2 Windparkprojektgesellschaften von PNE Wind; MVV Energie bei Kauf des operativen Geschäftsvermögens der (insolventen) Windwärts Energie; Kommunales Stadtwerkekonsortium Rhein-Ruhr zum Steag-Kauf; Offshorewindpark Borkum bzgl. Borkum West II u.a. in Kapazitätszuweisungsverfahren bei der BNetzA; Trianel Windpark Borkum bei Errichtung, Betrieb u. Finanzierung des Offshorewindparks Borkum West II.

HENGELER MUELLER
Energie: Regulierung
Energie: Transaktionen/Finanzierung

Bewertung: Im Energiewirtschaftsrecht häufig empfohlene Kanzlei, die sich in den letzten Jahren auch für ihre Regulierungsarbeit viel Respekt im Markt erarbeitet hat. Die sehr umfangr. Tätigkeit für Tennet verschafft ihr dabei eine gr. Marktwahrnehmung v.a. im Offshorebereich, wo Hengeler für den Übertragungsnetzbetreiber einige knifflige Themen bearbeitet, etwa wenn es um den (verspäteten) Anschluss von Offshorewindparks oder den Streit um Netzentgelte geht. Wettbewerbern fallen dabei auch die in D'dorf tätigen Counsel positiv auf. Traditionell stark ist die Kanzlei im Energie-M&A. dort häufig die Beraterin für komplexe Fälle wie u.a. der schwierige Verkauf der RWE Dea zeigt. Zudem ist die Kanzlei in einer ganzen Reihe von Schiedsverfahren mit energierechtl. Bezug tätig, bspw. für ein Gasspeicherunternehmen wg. Ansprüchen aus einem Kavernenmietvertrag.

Häufig empfohlen: Dr. Dirk Uwer („große Fachkenntnis u. Überblick", Wettbewerber), Dr. Nicolas Böhm

Kanzleitätigkeit: ▶Gesellsch.recht u. ▶M&A als Motor der Praxis, ▶Kartellrecht u. Beratung zu Unbundling als Schwerpunkte, auch Emissionshandels- u. Bergrecht sowie Beratung in Windenergie- u. Solarfragen, Expertise in EEG-, KWK-, Netzzugangsfragen. (15 Partner, 2 Counsel, 10 Associates in unterschiedl. Intensität.)

Mandate: ●● Umf. Tennet, u.a. in Grundsatzverfahren zur Netzanbindung von Offshorewindparks bzgl. Beschwerdeverfahren der Nördlicher Grund gg. BNetzA, bei der Zuweisung von Anbindungskapazitäten für Offshorewindparks in Nord- u. Ostsee, bei Joint Venture Interkonnektor NordLink mit Statnett u. KfW, bzgl. Beschwerde gg. BNetzA-Beschlüsse zur Befreiung von Netzentgelten sowie gg. Trianel Windkraft Borkum wg. vermeintlicher Schadensersatzansprüche bzgl. verzögerter Offshorenetzanbindung DolWin1; Dong bei Verkauf 50%iger Beteiligung an Offshorewindpark Gode Wind 2; First State Investments (EDIF) bei Kauf der EVG-Anteile von E.on u. VNG; RWE bei Verkauf der RWE Dea an LetterOne; RWE in gg. Gazprom gerichteten EU-Missbrauchsverfahren; versch. Gesellschaften eines dt. Energiekonzerns in nat. u. internat. Schiedsverfahren wg. Gaspreisanpassung; Gasspeicherunternehmen wg. Ansprüchen aus Kavernenmietvertrag; Energieversorger in Schiedsverfahren nach dem gescheiterten Verkauf der Anteile an Gasunternehmen.

HEUKING KÜHN LÜER WOJTEK
Energie: Regulierung
Energie: Transaktionen/Finanzierung

Bewertung: Im Energiewirtschaftsrecht geschätzte Kanzlei, deren Team – ähnl. wie bei Wettbewerberin Beiten – zuletzt rapide gewachsen ist. Bei Heuking kam Verstärkung aus dem Stuttgarter Büro von GSK, von wo aus u.a. Dr. Peter Ladwig bspw. EnBW berät. So wurde die Begleitung des Anteilskaufs von Eni für den Energiekonzern noch unter GSK-Flagge begonnen. Heuking dehnt die Kapazitäten des Teams zudem deutl. aus, kann damit die steigende Zahl von prozessualen Verfahren u. Projekten zur Errichtung dezentraler Kraftwerke ebenso bewältigen wie eine Reihe von Deals aus dem Bereich der erneuerbaren Energien, wo v.a. in Hamburg viel Erfahrung mit Offshoreprojekten vorhanden ist. Auch hier kam mit Dr. Marco Garbers (von RWE) personelle Verstärkung hinzu. Zudem betreut die Kanzlei regelm. Konzessionsvergaben, zumeist auf kommunaler Seite. Zuletzt war Heuking zudem grenzüberschreitend für ein Mineralölhandelsunternehmen bzgl. der europ. Energieeffizienzrichtlinie tätig.

Häufig empfohlen: Dr. Stefan Bretthauer, Marc Baltus

Kanzleitätigkeit: Schwerpunkt bei Projekten der erneuerbaren Energien: ▶gesellsch.rechtl., finanzierungs- u. vertragsrechtl. u. in regulator. Fragen v.a. zu PV- u. Onshorewindprojekten. Daneben zu Gas- u. Strompreisfragen, Konzessionen sowie Zugangs-, Nutzungs- u. Contracting-Fragen. Auch Energiehandel u. Schiedsverfahren. Tätig an den Schnittstellen von ▶Vergabe- u. ▶Kartellrecht. (24 Partner, 6 Sal.-Partner, 7 Associates)

Mandate: ●● Chorus-Gruppe bei Kauf von Onshorewindparkprojekten Kemberg III u. Sontra von PNE Wind; EnBW bei Anteilskauf von Eni an Joint Venture im Gasbereich; lfd. KTG Energie u. S.A.G. Solarstrom insbes. aktien- u. kapitalmarktrechtlich Mineralölhandelsunternehmen bzgl. europ. Energieeffizienzrichtlinie; versch. Industrieunternehmen bei Projekten zur Errichtung dezentraler Kraftwerke.

HOGAN LOVELLS
Energie: Regulierung
Energie: Transaktionen/Finanzierung

Bewertung: Häufig empfohlene Kanzlei im Energiewirtschaftsrecht, die von dem steigenden Projektierungs- u. Transaktionsdruck, den die EEG-Neuerungen in den Offshorebereich tragen, profitiert. Im Hamburger Kernteam, das in diesem Bereich seit Jahren besonders viele Projekte begleitet, war die Auslastung entsprechend hoch. So begleitete HoLo u.a. ein Konsortium mehrerer dän. Pensionsfonds beim Kauf einer Beteiligung an Gode Wind 2 u. die Volkswind-Gesellschafter beim Verkauf ihrer Anteile an die Schweizer Axpo. Gleichzeitig fällt die starke internat. Ausrichtung des Teams auf: So waren die Anwälte etwa für Mitsubishi Heavy Industries bei einem globalen Joint Venture mit Siemens engagiert. Das Düsseldorfer Team um Dr. Thomas Dünchheim ist zudem in der Stadtwerkeberatung gut positioniert, etwa wenn es um die Neuvergabe von Konzessionsverträgen geht. Bekannt ist zudem die umfangr. Tätigkeit von Karl Pörnbacher in Schiedsverfahren mit energierechtl. Einschlag.

Häufig empfohlen: Matthias Hirschmann („sehr pragmat. u. lösungsorientiert", Wettbewerber), Karl Pörnbacher (Schiedsverfahren)

Kanzleitätigkeit: ▶M&A-Transaktionen, Projektentwicklung u. -finanzierung häufiger im Gasbereich u. Kraftwerksbau u. erneuerbare Energien, insbes. Wind u. Geothermie. Emissions- u. Energiehandel. Regulator. Tätigkeit, auch in grenzüberschr. Verfahren u. Konfliktlösung. Mandantschaft: Energieunternehmen, Anlagenbauer, Finanzinvestoren u. Stadtwerke. (10 Partner, 8 Counsel, 6 Associates)

Mandate: ●● Gesellschafter des Windparkentwicklers Volkswind beim Anteilsverkauf an die Schweizer Axpo; Mitsubishi Heavy Industries bei globalem Joint Venture mit Siemens; Konsortium mehrerer dän. Pensionsfonds bei Kauf einer 50%-Beteiligung an Offshorewindparkprojekt Gode Wind 2; Marquard & Bahls bei internat. Transaktion mit der Aircraft Service Internat. Group (ASIG); Stawag bei Verkauf von Beteiligungen an einem Solarpark; Repower bei Beteiligungsverkauf an Steag.

KPMG LAW
Energie: Regulierung

Bewertung: Geschätzte Kanzlei im Energierecht, die ähnl. wie andere multidisziplinär aufgestellte Wettbewerber einen am operativen Geschäft ausgerichteten Beratungsansatz pflegt. Dabei steht v.a. die regulierungsrechtl. Arbeit im Vordergrund. Das Beratungsspektrum umfasst die umf. Begleitung von Stadtwerken bei energie-, vertrags- oder gesellschaftsrechtl. Fragen. Daneben berät die Kanzlei u.a. Industriemandanten, etwa bzgl. des EEG oder beim Aufbau von Eigenstromerzeugung.

Kanzleitätigkeit: Umf. in der Regulierung gegenüber den Regulierungsbehörden, lfd. energievertragsrechtl., zu Umstrukturierungen u. bei Projektentwicklungen an der Schnittstelle zum Öffentl. Recht. v.a. für Stadtwerke u. große Industriekunden, aktuell auch zum EEG oder Direktvermarktung; vergaberechtl. zu Konzessionen. (3 Partner, 5 Sal.-Partner, 3 Associates)

Mandate: ● Regulierungsbehörde bzgl. Unbundling-Fragen; gr. ostdt. Stadt bei der Etablierung einer Eigenstromversorgung (Pachtscheibenmodell); gr. dt. Gashändler in Prozess gg. Verteilnetzbetreiber wegen verzögertem Anschluss einer Biogasanlage; 10 gr.dt. Industrieunternehmen vor dem EuG wg. Nichtigkeitsklagen gg. das Beihilfeprüfverfahren bzgl. EEG 2012.

REGULIERTE INDUSTRIEN ENERGIEWIRTSCHAFTSRECHT

LINKLATERS
Energie: Regulierung
Energie: Transaktionen/Finanzierung

Bewertung: Eine im Energiewirtschaftsrecht häufig empfohlene Kanzlei, die im vergangenen Jahr die mit Abstand erfolgreichste Transaktions- u. Umstrukturierungsberaterin gewesen ist. So ist es Linklaters u. nicht Freshfields, die E.on beim Herkulesprojekt der Aufspaltung des Konzerns behilflich ist. Das Leuchtturmmandat wird von einem D'dorfer Top-Corporate-Partner geführt, bindet aber auch im energierechtl. Kernteam in Berlin entsprechend Kräfte. Über die Jahre hat Linklaters es zudem geschafft, ihre Kontakte zu Finanzinvestoren gezielt auszubauen, sodass sie bei den maßgebl. Deals zum Zuge kommt. Besonders beeindruckend ist dabei der Trackrecord bei Offshorewindkraftprojekten. Beim auch polit. komplexen Verkauf von RWE Dea war sie für den Erwerber LetterOne engagiert. Zur Leistung des Teams gehörten neben der Corporate-Stärke, in den letzten Jahren auch vertieftes Regulierungswissen sowie Spezial-Know-how für Infrastrukturprojekte an der Schnittstelle zum ▶Umwelt- u. Planungsrecht strategisch entwickelt zu haben. So ist das Profil der Praxis heute runder als noch vor einigen Jahren.
Häufig empfohlen: Dr. Kai Uwe Pritzsche, Thomas Schulz, Dr. Detlev Schuster, Alexandros Chatzinerantzis
Kanzleitätigkeit: In- u. ausl. EVUs, Industriekunden u. auch Finanzunternehmen in ihren energierechtl. Belangen (Strom, Gas, Öl, Fernwärme u. erneuerbare Energien, insbes. bei Offshorewindprojekten). ▶M&A u. ▶gesellschaftsrechtl. Arbeit, etwa Umstrukturierungen, z.B. Unbundling. Vertragsrecht u. Handel, auch energiebezogenes Steuerrecht. Große Privatisierungsexpertise, Erfahrung in Projektfinanzierung (▶ÖPP). Klass. Energiewirtschaftsrecht, ▶Kartellrecht, Prozessführung u. schiedsgerichtl. Tätigkeit (▶Gesellschaftsrechtl. Streitigk.). (9 Eq.-Partner, 3 Counsel, 9 Managing-Associates, 1 of Counsel)
Mandate: ●● E.on bei der Neustrukturierung des Konzerns in zwei separate börsennot. Gesellschaften (aus dem Markt bekannt); Allianz Global Investors (AGI) bei Kauf der Solarparks Green Tower II u. III über ihr Fondsvehikel für erneuerbare Energien; Nordsee One (RWE Innogy, Northland Power) bei Verkauf einer 85-prozentigen Beteiligung an Offshorewindpark Nordsee One; EEX, Powernext, Tennet u. Elia als Common Draftsman bzgl. der Integration der Energiebörsen Epex Spot u. APX; LetterOne bei Erwerb der RWE-Tochter Dea; Open Grid Europe im Bieterverfahren für EVG.

LUTHER
Energie: Regulierung
Energie: Transaktionen/Finanzierung

Bewertung: Im Energiewirtschaftsrecht häufig empfohlene Kanzlei, die den Marktführern dicht auf den Fersen ist. Im Ausschreibungsprozess von E.on in versch. Rechtsgebieten ausgewählt zu werden, ist für die Kanzlei ein großer Schritt. Aus dieser nun formalisierten Zusammenarbeit ergibt sich schon in der Anlaufphase ein Strom von Mandaten. Ggü. Großkanzleikonkurrentinnen wie Freshfields hat eine mittelgroße Einheit wie Luther dabei v.a. auf Kostenseite ein schlagendes Argument. Zudem kann die Energiepraxis in solchen Auswahlprozessen mit ihrer Regulierungsexpertise u. der großen Erfahrung in Schiedsverfahren sowie bei konventionellen u. Erneuerbaren-Energien-Projekten wuchern. Doch die breite Praxis ist auch abseits dieses großen Mandatsgewinns wieder äußerst aktiv gewesen. So beriet Luther etwa Gas Union Transport u. Pension Denmark im Bieterverfahren zum Erwerb der EVG Thüringen Sachsen von den durch Freshfields beratenen Unternehmen E.on u. VNG. Zudem war sie häufig in maßgebl. Prozessen zu sehen sowohl in klass. Regulierungsfragen wie zur Festlegung der BNetzA zu § 19 StromNEV oder im EuGH-Verfahren zum EEG.
Stärken: Hohe Prozessführungskompetenz u. operatives Branchen-Know-how.
Häufig empfohlen: Dr. Holger Stappert, Dr. Stefan Altenschmidt, Dr. Guido Jansen, Dr. Stefan Kobes
Kanzleitätigkeit: Transaktionen u. Projektgeschäft, auch Emissions- u. Energiehandel. Daneben Energievertragsrecht u. Regulierungsfragen (v.a. Zugangsregulierung u. Netzentgelte), auch zum Unbundling u. ▶Kartellrecht. Mandanten: große Energieversorger, Verbundunternehmen, auch Stadtwerke u. Investoren. (20 Partner, 21 Associates)
Mandate: ●● E.on im Beschwerdeverfahren der EnBW Hohe See sowie Northern Energy OWP Albatros gg. BNetzA wg. Festlegung zur Zuweisung von Offshoreanbindungskapazitäten; Pension Denmark im Bieterverfahren zum Erwerb der EVG; Vattenfall in ICSID-Schiedsverfahren gg. BRD nach dem Energiechartavertrag wg. Atomausstieg; ArcelorMittal, Dt. Edelstahlwerke, Saint-Gobain u.a. in EEG-Beihilfeverfahren der EU; Besonderer Vertreter des ehem. Großaktionärs eines großen dt. Energieversorgers in Klage aus Umwandlungsvertrag zur Wiedereinrichtung von Stammhausgesellschaften.

NOERR
Energie: Regulierung
Energie: Transaktionen/Finanzierung

Bewertung: Im Energierecht geschätzte Kanzlei, deren Stärken traditionell v.a. im Energie-M&A liegen. Der Gewinn einer Regulierungsexpertin von Sammler Usinger im vergangenen Jahr zahlt sich aber bereits in beide Richtungen aus. So konnte Noerr einige ihrer Stammmandanten bereits im M&A begleiten u. ihr besonderes Know-how auch schon für Bestandsmandanten einsetzen. Zudem gewinnt die Kanzlei auch auf dieser breiteren Aufstellung neue Mandanten wie Gaspool Balancing hinzu, die sie bzgl. Forderungen aus Minder- u. Mehrmengenabrechnungen ggü. Ausspeisenetzbetreibern berät. Ihren personellen Aufbaukurs setzt die Kanzlei auch ungebremst fort u. holte zuletzt Dr. Maurice Séché von Hengeler Mueller als Salary-Partner hinzu. Der Corporate-Anwalt verstärkt das D'dorfer Büro u. bringt Erfahrung aus komplexen Transaktionen in das Energieteam.
Kanzleitätigkeit: Breit aufgestelltes Team, Beratung bei M&A- u. Private-Equity-Transaktionen, vertragsrechtl., bei Projekten u. deren Finanzierung insbes. aus dem Bereich erneuerbarer Energien (inkl. WP- u. StB-Know-how), aber auch regulator. im Energierecht, zudem Stärke im Bau- u. Umweltrecht. (9 Partner, 8 Sal.-Partner, 9 Associates, 1 of Counsel)
Mandate: ●● Gaspool Balancing Services bzgl. Forderungen aus Minder- u. Mehrmengenabrechnungen ggü. Ausspeisenetzbetreibern; Iberdrola Renovables Offshore Deutschland gg. BNetzA bzgl. begrenzter Netzanschlusskapazitäten u. in versch. Verfahren vor OLG D'dorf; ISS Facility Services beim Zuschlag für die Facility-Services-Dienstleistungen der Vattenfall u. Übernahme der Vattenfall-eigenen Facility-Services-Gesellschaft VSG; IVG AG, IVG Caverns bei Verkauf u. Reorganisation; Umweltministerium Ba.-Wü. gutachterl. zu Windkraftanlagen u. Wetterradarstationen; Quirin Bank bei der Platzierung einer Anleihe von German Pellets u.a. zur Begrenzung der EEG-Umlage; EU-Kommission in Anfechtungsklage der Brugg Kabel u. der Kabelwerke Brugg gg. Bußgeldentscheidung wg. Beteiligung an Hochspannungskabelkartell.

NORTON ROSE FULBRIGHT
Energie: Transaktionen/Finanzierung

Bewertung: Im Energiewirtschaftsrecht geschätzte Kanzlei, die sich nach einigen Abgängen nun noch klarer auf ihre Rolle als M&A-Beraterin konzentriert. Besonders aktiv ist die Praxis stets für ausl. Investoren u. Energieunternehmen sowie bei grenzüberschr. Deals. Aber auch in der Finanzierung bspw. von Offshorewindparks mischt sie bankenseitig immer wieder mit. Allerdings verlor die Kanzlei auch zuletzt wieder Partner, die auf den Energiesektor fokussiert waren: In Hamburg gingen Jens Suhrbier u. Dr. Ulf Liebelt-Westphal zu Graf von Westphalen.
Kanzleitätigkeit: Insbes. ▶M&A-Transaktionen sowie (Projekt-) ▶Finanzierung von Kraftwerken mit Schwerpunkt bei erneuerbaren Energien, auch ▶Kartellrecht sowie lizenz- u. vertriebsrechtl. Beratung sowie zum Energiehandel. (7 Partner, 2 of Counsel, 5 Associates)
Mandate: ●● KfW Ipex-Bank bei der Projektfinanzierung von Offshorewindfarm Nordergründe; EU-Kommission bzgl. Studie zur EU-weiten Umsetzung der europ. Entflechtungsvorschriften; Public Power Corporation kartell- u. fusionskontrollrechtl. sowie EU-regulator. beim Verkauf der Mehrheitsbeteiligung an Elektrizitätsfernleitungsunternehmen; Itochu Corp. fusionskontrollrechtl. bei der Gründung eines Joint Ventures mit der Mitsui-Shipping-Gruppe bzgl. Vercharterung von LNG-Tankern an E.on.

PRICEWATERHOUSECOOPERS LEGAL
Energie: Regulierung

Bewertung: Der im Energierecht häufig empfohlenen Kanzlei ist in diesem Jahr auf personeller Ebene ein besonderer Coup gelungen: Sie holte Scholtka als Partner. Der renommierte Regulierungsrechtler gibt dafür seine Selbstständigkeit auf. PwC sichert sich mit diesem Schritt nicht nur enormes Fachwissen, sondern v.a. Kredibilität in komplexer Beratung u. Vertretung energierechtl. Themen. Bislang galt die Kanzlei v.a. als eine Instanz in Massenverfahren u. -themen. So hat sie in den vergangenen Jahren sehr geschickt ihre gute Ausgangsposition in der Stadtwerkeberatung genutzt u. ihren kombinierten WP- u. StB-Ansatz vermarktet. Damit setzte sie u.a. Wettbewerber wie BBH, die in ähnl. Segmenten stark sind, unter Druck. So war sie u.a. bei Konzessionsvergaben tätig, aber auch für versch. Unternehmen bzgl. der Umsetzung des EEG 2014.
Stärken: Nahtlose Zusammenarbeit mit den Wirtschaftsprüfern.
Entwicklungsmöglichkeiten: Der Zugang von Scholtka bietet die Möglichkeit, sich in einem höherklassigen Beratungssegment als bisher zu

etablieren. Allerdings dürfte der erfahrene Regulierungsrechtler bei PwC aufgrund der Prüfungsmandate der WP-Kollegen auch auf einige Konfliktthemen stoßen u. Mandate abgeben müssen.
Häufig empfohlen: Dr. Boris Scholtka, Peter Mussaeus, Dr. Sven-Joachim Otto
Kanzleitätigkeit: Breite Tätigkeit mit Schwerpunkten in der Regulierung; auch M&A u. Energiekartellrecht, Rückforderungsmanagement von Netznutzungsentgelten; Anlagenbau an der Schnittstelle zum Öffentl. Recht, u.a. zu Kraftwerksprojekten; Finanzierungen v.a. bei Netzkäufen; umf. in Prozessen, zu erneuerbaren Energien, u.a. zu EEG-Umlage, Contracting, Preismodellgestaltung. (4 Eq.-Partner, 13 Sal.-Partner, 30 Associates)
Mandate: ●● Stadtwerke Stuttgart bei Kauf des Strom- u. Gasnetzes in Stuttgart u. Kooperation mit EnBW; Senatsverwaltung für Stadtentwicklung u. Umwelt Berlin bei der Bewerbung um die Gas- u. Stromkonzession im Land Berlin; Enervie bei Neuausrichtung der Netzgesellschaft u. mehrfacher Umstrukturierung des Konzerns auch steuerl.; Flabeg in Antragsverfahren auf Reduzierung der EEG-Umlage; Sona BLW Präzisionsschmiede bei Umstrukturierung unter Berücksichtigung der energiewirtschaftlichen Rahmenbedingungen; JFE Engineering Corporation (JFEE) bei Kauf der Standardkessel Power Systems Holding; mehrere große Energieversorger bei Beschwerde gg. Erlösobergrenzen für die 2. Regulierungsperiode der Anreizregulierung; mehrere Kraftwerksbetreiber bei Beschwerde gg. Redispatch-Festlegungen der BNetzA.

RAUE
Energie: Regulierung
Bewertung: Eine für ihr Regulierungs-Know-how im Energiewirtschaftsrecht häufig empfohlene Kanzlei. Raue ist regelm. in komplexen, oft auch polit. gelagerten Beratungsmandaten mit hohem Prozessanteil zu sehen. So berät die Kanzlei in Berlin die beiden Konzessionsinhaber Gasag u. NBB im auch polit. heiß umkämpften Gaskonzessionsverfahren. Neuerdings mischt die Kanzlei auch bei der Aufarbeitung des Atommoratoriums mit. Den Freistaat Bayern u. das Land Hessen vertritt das Team in den Schadensersatzprozessen wg. der vorläufigen Betriebseinstellung der Kernkraftwerke Biblis A u. B sowie Isar 1. Beide Länder sind ebenso neue Mandanten wie der Schweizer Energiekonzern Alpiq, für den die Energierechtler ein innovatives Beteiligungsmodell ausloten. Das Mandat zeigt auch, wie gut die Strategie aufgeht, ausl. Versorger auf dem dt. Markt u. bei grenzüberschr. Transaktionen zu begleiten. Weiterhin betreut die Kanzlei zudem eine Reihe von Industrieunternehmen etwa bei Fragen zum neuen EEG.
Häufig empfohlen: Christian v. Hammerstein, Dr. Bernd Beckmann, Dr. Stephan Koch
Kanzleitätigkeit: Expertise zu Regulierung, Energie-, Emissionshandel- u. Kyoto-Protokoll-getriebenem Geschäft. Projektexpertise für Gasspeicher-, Pipeline- u. Kraftwerke, auch erneuerbare Energien, zunehmend für Stadtwerke, u.a. konzessionsrechtlich. (5 Partner, 6 Associates)
Mandate: ●● Freistaat Bayern gg. die Klage von E.on sowie Land Hessen gg. Klage der RWE auf Schadensersatz wg. vorläufiger Einstellung des Betriebs von Kernkraftwerken; Gasag Berliner Gaswerke, NBB bzgl. Gaskonzessionsverfahren des Landes Berlin; Alpiq bei Joint Ventures mit einer internat. Facility-Management-Gruppe zur gemeinsamen Vermarktung von Strom; Global Tech I Offshore Wind zur EEG-Vermarktung; Tevaro bei versch. Akquisitionen zum Aufbau eines größeren Windparkportfolios in Dtl.; Trianel gg. Redispatch-Festlegungen der BNetzA.

RITTER GENT COLLEGEN
Energie: Regulierung
Bewertung: Eine für Energieregulierung häufig empfohlene Kanzlei, die mit ihrem Ansatz als Industrieberaterin großen Erfolg hat. Ritter Gent legt bewusst einen Fokus auf die Beratung von energieintensiven Unternehmen, Industrieparkbetreibern, kommunalen Unternehmen und EEG/KWK-Kraftwerksbetreibern sowie Interessenverbänden u. gewinnt mit diesem Schwerpunkt Jahr für Jahr eine Vielzahl von Neumandaten. Dabei ist sie v.a. auch in knifflig streitigen Fällen tätig, etwa wenn es um die Erhöhung von Netzentgelten geht. Im aktuellen Marktumfeld war zudem die Umsetzung des EEG 2014 ein Schwerpunkt, wobei das Team v.a. zur BesAR, zur Eigenversorgung u. zu neuen EEG-Anlagen beriet. Daneben wächst auch der Beratungsbedarf zur energierechtl. Compliance.
Häufig empfohlen: Dr. Kai Gent, Dr. Eike Brodt
Kanzleitätigkeit: Regulierungs- u. vertragsrechtl. sowie zu Energiesteuer- u. -kartellrecht, Emissionshandel u. EEG v.a. für mittelständische u. gr. Unternehmen aus energieintensiven Branchen, auch öffentl.-rechtl. Unternehmen sowie Kraftwerks- u. EEG-Anlagenbetreiber, Projektierer u. Arealnetzbetreiber. (4 Partner, 5 Associates)
Mandate: ●● 94 Unternehmen u. Verbände (u.a. 4 Konzernunternehmen von ThyssenKrupp, Stora-Enso, Schmiedag, Seissenschmidt u. Wirtschaftsverband Stahl- u. Metallverarbeitung) gg. Netzgelterhöhung von Enervie; rd. 60 Abnahmestellen bei Antrag im Rahmen der BesAR des EEG beim BAFA; ca. 40 Unternehmen, z.B. Merck, Goldene Mühle, Widi Energie bzgl. Kraftwerksprojekten zur EEG-Eigenversorgung u. EEG-/KWKG-Einspeisung; ca. 40 Unternehmen, z.B. Agravis, Ahlstrom; Kämmerer zur Einführung eines Energiemanagementsystems.

RÖDL & PARTNER
Energie: Transaktionen/Finanzierung
Bewertung: Geschätzte Kanzlei im Energierecht, die sich v.a. in der Beratung von Stadtwerken über Jahre hinweg einen Namen gemacht hat u. damit den alteingesessenen Beratern von BBH u. PwC ordentl. Konkurrenz macht. Ähnl. wie den beiden Wettbewerbern kommt ihr dabei der multidisziplinäre Beratungsansatz zugute. Dabei ist das große Team bei Joint Ventures im M&A besonders stark. So half es etwa den Stadtwerken Tübingen, ihr Portfolio im Bereich der erneuerbaren Energien mit Zukäufen im PV- u. Onshorewindsektor zu erweitern. Auch Städte u. Gemeinden gehören zum etablierten Mandantenkreis. U.a. beriet Rödl die Städte Gerlingen u. Korntal-Münchingen bei der Umsetzung einer Kooperation im Bereich Strom und Gas mit EnBW.
Kanzleitätigkeit: Neben kommunalen Versorgern, Städten u. Gemeinden, sowie Energieanlagenherstellern u. -betreibern auch Unternehmen der Privatwirtschaft regulator. bei Energie-M&A sowie gesellschafts-, vertrags- u. kartellrechtl.; insbes. auch zu erneuerbaren Energien. (3 Eq.-Partner, 3 Sal.-Partner, 7 Associates)
Mandate: ●● EVO, Stadtwerke Dietzenbach zu Kooperation im Bereich Strom, Gas, Wasser, Fernwärme; Stadtwerke Tübingen bei Übernahme des dt. Solarparkportfolios von Belectric u. Windpark Oberkochen von Juwi; Stadt Gerlingen, Stadt Korntal-Münchingen bei Kooperation im Bereich Strom u. Gas mit EnBW; Stadtwerke Aalen bei Übernahme des Stromversorgungsnetzes der Stadt Aalen; Stadtwerke Ulm bei der Vergabe der Strom- u. Gaskonzession der Stadt Gersthofen; Banco de Desarrollo de América Latina (CAF), KfW bzgl. Konzept für einen Förderfonds für Tiefengeothermieprojekte in Südamerika.

TAYLOR WESSING
Energie: Transaktionen/Finanzierung
Bewertung: Die im Energierecht empfohlene Kanzlei etabliert sich im Markt immer besser. Die beiden Teams in Hamburg u. Berlin arbeiten eng zusammen u. entwickeln die Praxis gemeinsam weiter. Dabei stehen v.a. die zusammen betreuten Transaktionen im Vordergrund, die häufig einen grenzüberschreitenden Einschlag haben. So beriet TW etwa den CIS-Solarmodulhersteller Avancis beim Verkauf der Geschäftsaktivitäten an den chin. Baustoff- u. Glaskonzern CNBM. Die Kanzlei ist auch insbes. für versch. Banken u. Projektentwickler im Bereich erneuerbare Energien aktiv u. konnte Mandatsbeziehungen in diesem Segment noch ausbauen. Ein Highlight war zudem die Arbeit für die HSH Nordbank bei der Finanzierung des Rückerwerbs des Stromnetzes in Hamburg.
Häufig empfohlen: Dr. Tim Heitling („sehr kollegial u. pragmatisch", Wettbewerber).
Kanzleitätigkeit: Beratung im Energievertragsrecht sowie zu M&A u. Finanzierung sowohl bei erneuerbaren Energien wie auch bei konventionellen Assets; Vertretung in Prozessen und Schiedsverfahren; Regulierungsberatung, z.B. zu Entflechtung u. Netzzugang, Energiekartellrecht, Beratung zu Kraftwerksprojekten u. Projektfinanzierung, auch zu Konzessionen u. (Re-)Kommunalisierung. (15 Partner, 2 Counsel, 5 Associates)
Mandate: ●● HSH Nordbank bei der Finanzierung für den vollständigen Rückkauf des Hamburger Stromnetzes von Vattenfall; Nordex bei Kooperation mit Carbon Rotec; Vattenfall Europe Business Services, Vattenfall Europe Sales bzgl. Zahlungsverweigerung eines Stromkunden; Vattenfall beim Verkauf der VPC-Gruppe an Palero Capital; Avancis beim Verkauf ihrer Geschäftsaktivitäten an CNBM; Conergy u.a. bzgl. neuer Geschäftsmodelle, in UK bei M&A-Aktivitäten, Projektentwicklung u. EPC-Verträgen; Projektwickler, Anlagenbetreiber in 2 Normenkontrollverfahren gg. Flächennutzungs- u. Bebauungsplan bzgl. Konzentrationszonen für Windkraftanlagen.

WATSON FARLEY & WILLIAMS
Energie: Transaktionen/Finanzierung
Bewertung: Der Name der im Energiewirtschaftsrecht häufig empfohlenen Kanzlei ist eng mit ihrer Beratung rund um On- u. Offshorewindparks verknüpft. WFW ist v.a. auf Bankenseite eine Instanz bei der Begleitung der Finanzierung von Projekten. Dabei ist ihre Arbeit häufig grenzüberschr. ausgerichtet. Derzeit ist die Praxis in Energieprojekten in Frankreich, Italien, UK/Irland u. Skandinavien sehr aktiv. Zuletzt begleitet sie etwa die HSH Nordbank bei der Finanzierung 2er frz. PV-Park-Portfolios. Regelm. begleitet sie auch Investoren in diesem Segment u. baute zuletzt ihre Tätigkeit bei der Strukturierung von offenen u. geschlossenen AIF bzw. alternativen Finanzierungsstrukturen über

● Referenzmandate, umschrieben
●● Referenzmandate, namentlich

REGULIERTE INDUSTRIEN ENERGIEWIRTSCHAFTSRECHT

Anleihen oder Schuldverschreibungen aus. 2 Partnerernennungen markieren zudem das stetige Wachstum des Teams, auch in Rechtsgebieten, die die vorhandene Expertise noch erweitern, wie dem Öffentl. Recht. So begleitet die Praxis mehrere dt. Offshorewindparks zu regulierungs- u. genehmigungsrechtl. Aspekten u. berät zu Direktvermarktung, Netzentgelten u. EEG-Umlage.

Stärken: Große Erfahrung bei Windprojekten.
Häufig empfohlen: Dr. Malte Jordan, Thomas Hollenhorst
Kanzleitätigkeit: Beratung von Banken u. Investoren bzgl. Offshorewindprojekten, zuletzt auch für Projektierer; Erfahrung bei Fotovoltaik- u. Onshorewindprojekten. Auch ▶Private Equ. u. Vent. Capital. (14 Partner, 22 Associates)
Mandate: ●● HSH Nordbank bei der Finanzierung 2er frz. PV-Park-Portfolios; Strabag OW EVS bei Joint Venture zw. Strabag AG u. Norderland-Gruppe bzgl. Verkauf des Offshorewindparkprojekts Albatros an EnBW; Ewz u. Aquila Capital bei der Finanzierung des Kaufs von 29 Windkraftanlagen in Schweden; Dutch Infrastructure Fund (DIF) bei Verkauf von 9 Onshorewindparks an Allianz Renewable Energy Fund; Bankenkonsortium bei Finanzierung von Windpark Veja Mate.

WHITE & CASE
Energie: Regulierung
Energie: Transaktionen/Finanzierung

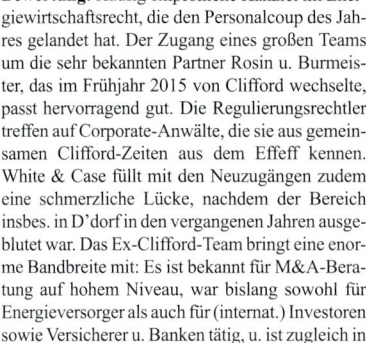

Bewertung: Häufig empfohlene Kanzlei im Energiewirtschaftsrecht, die den Personalcoup des Jahres gelandet hat. Der Zugang eines großen Teams um die sehr bekannten Partner Rosin u. Burmeister, das im Frühjahr 2015 von Clifford wechselte, passt hervorragend gut. Die Regulierungsrechtler treffen auf Corporate-Anwälte, die sie aus gemeinsamen Clifford-Zeiten aus dem Effeff kennen. White & Case füllt mit den Neuzugängen zudem eine schmerzliche Lücke, nachdem der Bereich insbes. in D'dorf in den vergangenen Jahren ausgeblutet war. Das Ex-Clifford-Team bringt eine enorme Bandbreite mit: Es ist bekannt für M&A-Beratung auf hohem Niveau, war bislang sowohl für Energieversorger als auch für (internat.) Investoren sowie Versicherer u. Banken tätig, u. ist zugleich in der Regulierung hoch geachtet. Bevor das Team in D'dorf hinzukam, kehrte auch Dr. Sabine Schulte-Beckhausen (von Görg) in die Kanzlei zurück, während Dr. Florian-Alexander Wesche zu Deloitte wechselte.

Stärken: Sehr erfahrenes Regulierungsteam, erstklassiges Netzwerk in der Energiewirtschaft.
Entwicklungsmöglichkeiten: Im Energie-M&A spielte das D'dorfer Team zu Clifford-Zeiten auf Augenhöhe mit Freshfields, Hengeler u. Linklaters. Nun liegt es bei der neuen Kombination mit den Gesellschaftsrechtlern um Kraffel, diese Marktposition wieder zu erreichen u. sich gemeinsam dem immer härteren Wettbewerb in diesem Feld zu stellen.
Häufig empfohlen: Dr. Peter Rosin, Thomas Burmeister, Dr. Jörg Kraffel
Kanzleitätigkeit: 2 starke Standbeine in der M&A- sowie Regulierungsberatung. Viel Forensik. Unbundling u. Fernwärmefragen, Gutachten u. Lobbying. Expertise auch im Emissions- u. Energiehandel, sowie Kraftwerksprojekte. Expertise auch in ▶Steuer- u. ▶Kartellrecht. Mandanten: in- u. ausl. Unternehmen, Gas- u. Elektrizitätswirtschaft, industrielle Energieverbraucher u. Kraftwerksbetreiber. (6 Eq.-Partner, 4 Sal.-Partner, 2 Counsel, 4 Associates)
Mandate: ●● Bankenkonsortium (u.a. CIBC, Crédit Agricole CIB, ING Bank, SEB, Scotiabank) als Arrangeur der Finanzierung des Kaufs der EVG von E.on u. VNG; Vattenfall Europe New Energy bei Verkauf ihrer 85,5%-Beteiligung an der Müllverwertung Borsigstraße in Hamburg; Verbund bei Begebung Green Bond eines österr. Unternehmens.

Weitere renommierte Kanzleien im Energiewirtschaftsrecht

NORDEN
Deloitte Legal	Hamburg
Graf von Westphalen	Hamburg
KEE Otto Feustel Libal Schumacher	Hamburg
Latham & Watkins	Hamburg
Osborne Clarke	Hamburg

OSTEN
Boos Hummel & Wegerich	Berlin
Dentons	Berlin
FPS Fritze Wicke Seelig	Berlin
Gaßner Groth Siederer & Coll.	Berlin
Redeker Sellner Dahs	Berlin
WilmerHale	Berlin

WESTEN
Aulinger	Essen, Bochum
Deloitte Legal	Düsseldorf
Graf von Westphalen	Düsseldorf
Höch und Partner	Dortmund
Latham & Watkins	Düsseldorf
Loschelder	Köln
Osborne Clarke	Köln
Simmons & Simmons	Düsseldorf

FRANKFURT UND HESSEN
Baker & McKenzie	Frankfurt
Dentons	Frankfurt
FPS Fritze Wicke Seelig	Frankfurt
Jones Day	Frankfurt
Simmons & Simmons	Frankfurt

SÜDWESTEN
Oppenländer	Stuttgart

SÜDEN
AssmannPeiffer	München
Jones Day	München

ASSMANNPEIFFER
Bewertung: Die Münchner Boutique hat sich wenige Jahre nach der Gründung ein gesundes Mandantenportfolio im südtl. Raum erarbeitet. Dabei setzt sie auf die Beratung komplexer Projekte kleiner u. mittelgr. Energieversorger sowie Anlagenbauer u. Projektentwickler u. Energiehändler. Neben besonderem Know-how im Gasbereich bietet die Kanzlei v.a. Regulierungskompetenz sowie Beratung zu M&A u. Prozessen. Zuletzt erweiterte noch der Counsel Thomas Schabel (von Kraus Sienz) das Team, der v.a. die Schnittstelle zum Vergaberecht besetzt, etwa was die Vergabe von Netzkonzessionen, Energiebeschaffung für öffentliche Auftraggeber u. Ausschreibungen nach dem neuen EEG angeht. (2 Partner, 1 Associate, 1 of Counsel)
Mandate: ●● Polarstern bei Finanzierungsrunde u. Verkauf von 20% der Anteile an die Energie 360 Grad; EWP Investment & Management u. Black Bear Fund bei Gründung u. Aufbau eines virtuellen Kraftwerks im dt. Strommarkt; VPP Energy bei Gründung; internat. Projektentwickler (Biomethan) in Berufungsverfahren vor OLG Brandenburg bzgl. Schadensersatz gg. Netzbetreiber wg. Verweigerung des Gasnetzzugangs; Gasunternehmen bei Restrukturierung im Bereich Biomethan, u.a. auch außergerichtl. Einigung in lfd. Schiedsverfahren zur Anpassung von Energielieferpreisen; Hersteller von Heizungsanlagen bei Implementierung Power-to-Gas-Projekt.

AULINGER
Bewertung: Das Team um Dr. Christian Stenneken ist immer wieder aufseiten namhafter Energieunternehmen zu sehen. So beriet es zuletzt Open Grid Europe bei der Rückforderung von Netzentgelten durch den TelDaFax-Insolvenzverwalter u. Amprion bei der Durchsetzung von Leitungsrechten für große Stromtrassen. Auch was die Beratung zu Leitungsbauprojekten angeht, ist die Kanzlei gut positioniert, wie die Arbeit für Nowega zeigt. (3 Partner, 1 Associate)
Mandate: ●● Amprion bei Durchsetzung von Leitungsrechten für große Stromtrassen; Open Grid Europe bei Rückforderung von Netzentgelten durch TelDaFax-Insolvenzverwalter; Regionalgas Euskirchen bei Gründung einer Netzgesellschaft nach dem Gewinn einer Stromkonzession; Geomin Erzgebirgische Kalkwerke bei Stilllegungskonzept u. Altlastenproblematik; Nowega bei Durchsetzung einer Gastrasse; E.on Bioerdgas in Schiedsverfahren wg. Preisanpassung für Bioerdgaslieferungen.

BAKER & McKENZIE
Bewertung: Das breit aufgestellte Team kann sowohl zu Deals als auch zu Regulierungsthemen beraten. Im Vgl. zu anderen internat. aufgestellten Kanzleien mit Regulierungsfokus fehlt ihr allerdings ein Partner, der sich speziell dieser Branche widmet u. das Profil der Praxis schärft. Der hervorstechende Partner Prof. Dr. Joachim Scherer ist dafür zu sehr auch in anderen Gebieten, etwa der Telekommunikation, tätig. So sind die Mandate gewohnt hochklassig aber auch divers. Besonders auffällig ist die rege Tätigkeit in Schiedsverfahren. (10 Eq.-Partner, 3 Sal.-Partner, 3 Counsel, 17 Associates)
Mandate: ●● Land Mecklenburg-Vorpommern zur Planfeststellung versch. Offshorenetzanbin-

● Referenzmandate, umschrieben
●● Referenzmandate, namentlich

Anwaltszahlen: Angaben der Kanzleien, wie viele Anwälte zu mind. ca. 50 % in diesem Gebiet tätig sind. Sie spiegeln nicht zwingend die Gesamtgröße einer Kanzlei wider.

dungen; RWE bei Verteidigung der Klage von Sintez wg. gescheitertem Joint Venture im russ. Energiemarkt; Gasunie bei Festlegung der Eigenkapitalverzinsung für die erste u. 2. Regulierungsperiode der Anreizregulierung; US-Weltmarktführer im Verteidigungs- u. Sicherheitsbereich bei EPC-Vertrag zur Errichtung einer Biomasseanlage in NRW; Hersteller in versch. Streitigkeiten bzgl. Konstruktion von Offshorewindparks u. Netzbindungsleitungen in der Nordsee, u.a. ICC- u. DIS-Schiedsverfahren.

BOOS HUMMEL & WEGERICH

Bewertung: Die Berliner Energierechtsboutique berät v.a. Stadtwerke u. Kommunen u. ist häufig in Verfahren zu sehen, die energieregulator. Fachwissen erfordern. So begleitet sie etwa einen kommunalen Energieversorger bei der Beschwerde gg. die BNetzA-Festlegung zur §19-StromNEV-Umlage bis zum BGH. Auch die Arbeit für die Stadt Springe ist ein solches Musterverfahren, bei dem es um den Umfang der Datenmitteilung nach § 46 Abs. 3 EnWG geht. Die fachl. Kompetenz der Praxis ist allerdings deutl. breiter gefasst. So berät BHW auch zahlreiche Stadtwerke u. Kommunen zu Netzübernahmen u. Konzessionsvergaben. (7 Partner)

Mandate: ●● Stadt Springe in BGH-Verfahren wg. Mitteilung kalkulator. Restwerte für Konzessionsverfahren; Stadtwerke Wolfhagen bzgl. mit Bundesmitteln finanziertem Forschungsprojekt zum Demand-Side-Management; kommunales Energieversorgungsunternehmen bei Beschwerde gg. BNetzA-Festlegung zur §19-StromNEV-Umlage.

DELOITTE LEGAL

Bewertung: Mit Neupartner Dr. Florian-Alexander Wesche u. Dr. Tobias Woltering hat die Kanzlei ein im Energiemarkt anerkanntes Team von White & Case geholt, das nun die Tätigkeit in diesem Markt bündelt u. forciert. Neben großer Erfahrung mit Regulierungsthemen bspw. der Beratung zum neuen EEG bringen die Anwälte auch Transaktions-Know-how mit. In D'dorf docken die Anwälte damit an die Corporate-Praxis um Dr. Markus Schackmann u. Christofer Mellert an. Zuvor war im Hamburger Büro bereits Dr. Michael Stopper als Senior-Manager (entspricht dem Status eines Sal.-Partners) eingestiegen u. komplettiert dort die Aufstellung des neuen Teams. Schwerpunkte der Arbeit sollen sowohl bei Mandanten aus der Energiewirtschaft als auch in der Beratung der energieintensiven Industrien liegen. (1 Partner, 1 Sal.-Partner, 4 Associates)

Mandate: ● Energie- u. Wasserversorger gg. großes EVU wg. Gasbeschaffungsverträgen; versch. Unternehmen bei der EEG-Optimierung; Stadtwerke gutachterl. zur Umstrukturierung des Konzerns.

DENTONS

Bewertung: Ein Team um Dr. Peter Mayer in Berlin hat sich v.a. auf erneuerbare Energien insbes. auf PV- u. Windenergie spezialisiert u. bekam zuletzt noch M&A-Unterstützung durch Dr. Matthias Santelmann (von Wilmer). Der Gesellschaftsrechtler bringt auch Erfahrung bei Deals in Regulierten Industrien mit. Die Praxis berät aber auch Netzbetreiber sowie Unternehmen aus den Bereichen Öl u. Gas sowie Atomenergie u. ist u.a. für Gazprom im EU-Missbrauchsverfahren aktiv. Dabei sind die Deutschen auch eng in das internat. Netzwerk der Kanzlei eingebunden. (Kernteam: 3 Eq.-Partner, 2 Sal.-Partner)

Mandate: ●● Gazprom im Kartell- u. Missbrauchsverfahren der EU; NEIF Merinda Windpark bei der Refinanzierung ihres Windparkportfolios; SuCo bei Verkauf von Projektgesellschaften in Dtl. u. zu Fragen des EEG; SunLink PV bei der Errichtung von Projektgesellschaften in Dtl. u. Rumänien; Solarwatt bei Kauf der Vertriebsstruktur von Centrosolar.

FPS FRITZE WICKE SEELIG

Bewertung: Das Team um Dr. Hans-Christoph Thomale kommt bei der Beratung der Energieversorgerseite u. setzt inhaltl. Schwerpunkte bei Vertriebs- u. Vertragsthemen sowie der Regulierungsberatung. Dabei sind die Berater nah am operativen Geschäft der Mandanten u. kooperieren regelm. mit techn. Dienstleistern. Aktuell sind v.a. Konzessionsverfahren, Mandate im Bereich erneuerbarer Energien u. dezentraler Erzeugung neben dem Spezial-Know-how im Wärmemarkt dominierend. An den Schnittstellen zum Vergabe- u. Kartellrecht baut die Kanzlei zudem die interne Zusammenarbeit u. damit die Fokussierung auf die Energiebranche aus. (Kernteam: 1 Partner, 3 Associates, 1 of Counsel)

Mandate: ● Energieversorger bzgl. Verpachtung einer Kraftwerksscheibe zum Zwecke der Eigenstromerzeugung; Stadt bei der Anpassung der Konzessionsverträge Strom u. Gas; Energieversorger kartellrechtl. bei Anmeldung eines Zusammenschlussvorhabens bzgl. Minderheitsbeteiligung an einem Gasversorger; großes niedersächs. Stadtwerk bei der Auseinandersetzung mit der Stadt Langenhagen u. Entflechtung des Straßenbeleuchtungsnetzes vom Stromversorgungsnetz.

GASSNER GROTH SIEDERER & COLL.

Bewertung: Eine Kanzlei mit ‚grün'-ökolog. Grundhaltung, die v.a. in Projekten der erneuerbaren Energien zu sehen ist. Neben Geothermieprojekten begleitet sie auch Offshore- u. Onshorewindparks sowie PV-Unternehmen, auch bei Klagen. Ihre 2. Stärke sind polit. brisante Themen. So begleitet die Kanzlei u.a. seit Jahren das BfS bei der Suche nach atomaren Endlagern. Namenspartner Hartmut Gaßner ist nun auch Mitglied in der von Bundestag u. Bundesrat berufenen Endlagerkommission. u. wurde u.a. vom Bundestag als Experte zur Frage eines Fonds für Atomrückstellungen gehört. Neuerdings verteidigt die Kanzlei zudem das Land Ba.-Wü. gg. die Schadensersatzklage von EnBW wg. des Abschaltens von Atommeilern. (3 Partner, 6 Associates)

Mandate: ●● Land Ba.-Wü. in Schadensersatzklage von EnBW wg. Atommoratorium; BfS u.a. zu Endlagern Asse, Morsleben u. Konrad; Linden Energy zu Entwicklung u. Übernahme von Windparkprojekten; Bundesverband Solarwirtschaft bei der Unterstützung neuer Geschäftsmodelle; Sparkasse Osnabrück umwelt- u. planungsrechtl. zu Windparkfinanzierung; Gemeinde Pullach u. andere zu Geothermieprojekten, taiwanes. PV-Unternehmen in Verfahren wg. Minderungs- u. Schadensersatzklagen.

GRAF VON WESTPHALEN

Bewertung: Die Kanzlei hat zuletzt kräftig in den Aufbau eines Energie- u. Corporate-Teams investiert. In Hamburg kamen Jens Suhrbier u. Dr. Ulf Liebelt-Westphal, die zuvor bei Norton Rose Fulbright vorwiegend zu M&A-Transaktionen bzgl. erneuerbarer Energien berieten. Neben einer guten Vernetzung im dt. Mittelstand bringen sie auch internat. Kompetenz mit. Zu ihren Mandanten zählen Entwickler, Banken, Bauunternehmen und Investoren. Von Simmons & Simmons war zuvor bereits Helmut Kempf in D'dorf hinzugestoßen. GvW verfügt zudem bereits über eine sehr etablierte Praxis an der Schnittstelle zum Öffentl. Recht, die vorwiegend zu Infrastrukturprojekten berät u. auch schon vor den Zugängen Erfahrung im Energie-M&A u. bei Finanzierungen gesammelt hat. (Kernteam: 3 Partner)

Mandate: Keine Nennungen.

HÖCH UND PARTNER

Bewertung: Die Boutique ist stärker als andere Spezialisten auf im Kern energierechtl. Themen konzentriert u. berät v.a. zu Fragen im Energieliefer- u. Vertriebsrecht sowie zu Netzanschlussthemen. Namenspartner Dr. Thomas Höch gilt als etablierter Berater bei großen Stadtwerken u. versch. Übertragungs- u. Verteilnetzbetreibern. Dabei steht die Kanzlei v.a. für einen unternehmerisch-pragmatischen Beratungsansatz. (4 Partner, 3 Associates, 2 of Counsel)

Mandate: ● Übertragungsnetzbetreiber in Beschwerdeverfahren zur Ausweisung systemrelevanter Gaskraftwerke; Wasser- u. Energiedienstleister bzgl. Glasfaserausbau; Tochter eines Energieunternehmens bzgl. Schadensersatzanspruch nach Errichtung einer EEG-Anlage; Strom- u. Gasversorger bei Durchsetzung der Grundversorgereigenschaft; Energieversorger bei Durchsetzung des gesetzl. Anspruchs im KWK-Wälzungsmechanismus.

JONES DAY

Bewertung: Die Kanzlei ist im Markt v.a. als Transaktionsberaterin u. zunehmend bei streitigen Auseinandersetzungen gefragt. Zuletzt kam mit Dr. Johannes Willheim (aus eigener Kanzlei Willheim Müller) ein Partner hinzu, der sowohl große Erfahrung in Schieds- u. Gerichtsverfahren als auch im Energiesektor mitbringt. Die Kanzlei arbeitet für einige der großen Namen in der Branche, jedoch bleibt ihre Marktpräsenz unter dem Radar der Wettbewerber, weil sie keinen so stark ausgeprägten sektorspezifischen Fokus hat. (5 Partner, 1 Counsel, 2 Associates)

Mandate: ●● Entrepreneurs Fund Management bei Beteiligungstausch; ENN Group Europe gesellschaftsrechtl. u. bei M&A, insbes. Kauf u. Verkauf von PV-Parks.

KEE OTTO FEUSTEL LIBAL SCHUMACHER

Bewertung: Die Spezialisten für Erneuerbare-Energien-Projekte haben es zuletzt geschafft, ihr Geschäft von den PV-Projekten, die sie anfangs betreuten, in den Bereich Windenergie zu verlagern. Dort beraten sie sowohl Entwickler als auch Investoren. Gleichzeitig sind sie weiterhin in Streitigkeiten zu Gewährleistungsfällen insbes. wg. fehlerhafter Solarmodule engagiert. Derzeit lotet die kleine Einheit die Möglichkeiten aus, sich noch

REGULIERTE INDUSTRIEN ENERGIEWIRTSCHAFTSRECHT

stärker in angrenzende Beratungsgebiete etwa in den Infrastruktursektor zu entwickeln. (4 Partner)
Mandate: Keine Nennungen.

LATHAM & WATKINS
Bewertung: Die Kanzlei ist v.a. bei Transaktionen u. Finanzierungen eine gesetzte Beraterin, auch in der Energiebranche. So besteht in D'dorf eine Mandatsbeziehung zu einem großen Energieversorger, in Hamburg u. München haben sich Anwälte v.a. in Erneuerbare-Energien-Projekten einen Namen gemacht. Allerdings ist ihre spezifische Branchenexpertise nicht so ausgeprägt wie bei Wettbewerbern, bei denen sich Anwälte stärker auf die Branche fokussieren, auch wenn Latham flankierend im Energiekartellrecht sowie öffentl.-rechtl. im Kraftwerks- u. Anlagenbau berät. (Kernteam: 4 Partner, 5 Associates)
Mandate: ●● Windparkbetreiber Chorus Clean Energy bei IPO; Siemens bei der Übernahme des US-Öl- und Gastechnikspezialisten Dresser-Rand; RWE Dea bei Verkauf an Investmentfonds LetterOne.

LOSCHELDER
Bewertung: Das Geschäftsmodell der hoch spezialisierten Regulierungspraxis um Dr. Raimund Schütz ist simpel u. erfolgreich: Das Team ist sehr umf. für die BNetzA in einer Reihe von Beschwerdeverfahren tätig. Das lastet die Gruppe gut aus, daneben besteht aber auch der Freiraum, das Fachwissen aufseiten von Ministerien weiter zu nutzen. (1 Partner, 2 Associates)
Mandate: ●● BNetzA in IFG-Klage bzgl. Erlösobergrenzenfestlegung u. in 7 Beschwerden gg. BNetzA-Festlegung der Erlösobergrenzen bzgl. Anreizregulierung; 9 Rechtsbeschwerden vor dem BGH; Bayr. Wirtschaftsministerium, u.a. gg. Festlegungen der Erlösobergrenzen zur Anreizregulierung (inkl. BGH); BNetzA, Wirtschaftsministerium Rh.-Pf. in Beschwerdeverfahren gg. Festlegungen der Erlösobergrenzen im Bereich der Anreizregulierung u. versch. Beschwerdeverfahren gg. die Festlegung der Verlustenergiekosten als volatile Kosten.

OPPENLÄNDER
Bewertung: Die Stuttgarter Kanzlei ist immer wieder aufseiten großer Marktteilnehmer zu sehen. Aktuell zählen v.a. Mandate mit ▶kartellrechtl. Einschlag zu den Highlights. Das Team um Prof. Dr. Markus Köhler ist aber breit aufgestellt u. berät zu regulierungsrechtl. Themen ebenso wie zu Konzessionsvergaben u. streitigen Auseinandersetzungen. (3 Eq.-Partner, 1 Sal.-Partner, 2 Associates)
Mandate: ●● DB Energie wg. Schadensersatzansprüchen einer Vielzahl von Eisenbahnverkehrsunternehmen wg. Bahnstrom; Steag fusionskontrollrechtl. beim Erwerb des Kraftwerks Bexbach von EnBW; Gasversorgung Süddtl. gutachterl. zur Verwendung der Ausschüttungen aus dem Regel- u. Ausgleichsenergieumlagekonto Gas der beiden Marktgebietsverantwortlichen; Netze BW gg. Netze Mittelbaden in Musterprozess zu den Voraussetzungen des Pooling nach dem neuen §17 Abs. 2a StromNEV.

OSBORNE CLARKE
Bewertung: Das umtriebige Team hat es im vergangenen Jahr verstanden, seine Marktposition auszubauen. Hier zeigt sich, dass auch die personelle Erweiterung der letzten Jahre Früchte trägt. So macht OC nun mehr aus bestehenden Mandatsverhältnissen, kann sich aber auch bei vielen neuen Mandanten ins Spiel bringen. Dabei macht sie sowohl im M&A als auch bei der Vertretung in streitigen Verfahren einen Sprung. Der auffälligste Zuwachs passiert aber im Kernbereich: der Begleitung von Projekten der erneuerbaren Energien, sei es bei der Finanzierung oder beim Kauf u. Verkauf wie etwa bei der Arbeit für Neumandant Chorus Cleantech zeigt. Zudem entwickelt die Kanzlei auch innovative Themen u. beschäftigt sich u.a. intensiv mit der Schnittstelle zum IT, etwa wenn es um Smart-Energy-Fragen geht. (6 Partner, 4 Associates)
Mandate: ●● BKW Energie auf dem dt. Energiemarkt; Eltel Networks bei Kauf aller Anteile an Edi.Son Energietechnik; Chorus Cleantech bei Kauf eines Windparks in Rh.-Pf.; First Solar in Streitigkeiten bzgl. LPM-Modulen; Next Kraftwerke u.a. bei regionaler Direktvermarktung von Strom aus EEG-Anlagen u. Erstellung von Musterverträgen; Onshore Energy bei HTGF-Finanzierungsrunde.

REDEKER SELLNER DAHS
Bewertung: Die Kanzlei mit einem exzellenten Ruf im ▶Öffentl. Recht geht auch die energierechtl. Beratung von dieser Seite an. So berät sie oft bei Kraftwerks- u. Infrastrukturprojekten umwelt- u. planungsrechtlich. Sie ist bspw. für Transnet in versch. Verfahren zur Bundesfachplanung nach dem NABEG, insbes. bzgl. Ultranet u. Südlink, involviert. Aber auch die prozessrechtl. Erfahrung der Kanzlei ist groß u. so ist sie auch als Vertreterin bei Schiedsverfahren u. Streitigkeiten häufig zu sehen. (9 Partner, 1 Counsel, 1 Associate)
Mandate: ●● Transnet in versch. Verfahren zur Bundesfachplanung nach dem NABEG, insbes. Ultranet und Südlink; 50 Hertz Transmission in versch. Prozessen zur Systemsicherheit; E.on Energy Trading in Schiedsverfahren zum internat. Stromhandel; großer Energie- und Fernwärmeversorger in Klage auf Verpflichtung zur Übertragung der Fernwärmeversorgungsanlagen an die öffentl. Hand zur Neuvergabe einer Dienstleistungskonzession; großes EVU in versch. Klagen im In- u. Ausland bzgl. Erweiterung eines Großkraftwerks; großes EVU in Klagen bzgl. Errichtung 2er neuer Steinkohleblöcke.

SIMMONS & SIMMONS
Bewertung: Die Kanzlei berät v.a. zu Finanzierungen, insbes. im Erneuerbare-Energien-Bereich. Ein Highlight der Praxis war zuletzt etwa die Begleitung von Grünwerke beim Erwerb eines Windparks gemeinsam mit Neue Energien Hilden. Daneben berät S&S aber auch im Restrukturierungszusammenhang oder an der Schnittstelle zum Finanzaufsichtsrecht. Doch nach dem Weggang von Corporate-Partner Helmut Kempf (zu GvW) u. dem Regulierungsexperten Jochen Terpitz ist das Team deutl. geschwächt. (1 Partner, 1 Counsel, 1 of Counsel, 4 Associates)
Mandate: ●● Grünwerke beim Erwerb eines Windparks gemeinsam mit Neue Energien Hilden; IC Green Energy beim Verkauf der Mehrheitsbeteiligung an Petrotec; dän. Investor beim Verkauf eines Windparks.

WILMERHALE
Bewertung: Das große ▶kartellrechtl. Knowhow steht im Zentrum der energierechtl. Praxis. Die Kanzlei steht zudem für ihre Erfahrung in regulator. u. polit. komplexen Mandaten v.a. in Regulierten Industrien, u. verfügt in Dtl. zudem über enge Kontakte zu Branchengrößen. Für diese ist sie immer wieder in sehr umf. Mandaten gefordert, bspw. bzgl. Umstrukturierungen, bei denen auch die Gesellschaftsrechtler einbezogen sind, oder in großen Schiedsverfahren. Um im umkämpften Markt größere Spuren zu hinterlassen, ist das Team trotz bester Voraussetzungen u. langj. Erfahrung derzeit jedoch zu klein. (Kernteam: 2 Partner, 1 Counsel, 1 Associate)
Mandate: ●● Opal Gastransport regulator. u.a. bzgl. Vergleich mit Gazprom u. BNetzA bzgl. Befreiung von der Regulierung gemäß §28a EnWG; EnBW bzgl. strateg. Partnerschaft mit EWE; Wintershall Holding fusionskontrollrechtl. bei Asset-Tausch mit Gazprom.

Gesundheitswesen

Mit dem Antikorruptionsgesetz steigt der Druck

Mit dem bevorstehenden „Gesetz zur Bekämpfung von Korruption im Gesundheitswesen" wächst der Druck auf die Branche, ihre Compliance-Regeln auf den Prüfstand zu stellen. Der Beratungsbedarf steigt merklich an. Mit der geplanten Einführung eines Straftatbestandes der Bestechung und Bestechlichkeit im Gesundheitswesen reagiert die Bundesregierung auf ein Urteil des Bundesgerichtshofes aus dem Jahr 2012, dass Korruption von niedergelassenen Ärzten und Apothekern bisher nicht strafbar ist. Nun wird sich zeigen, welche Kanzleien, die bisher zu Compliance im Gesundheitswesen berieten, auch an der Schnittstelle zum Strafrecht gut aufgestellt sind.

Das Thema Transparenz hatte durch den FSA-Kodex schon länger an Bedeutung gewonnen. 2016 wird es auch bei dieser freiwilligen Verpflichtung der Branche ernst: Dann muss die Zusammenarbeit zwischen Ärzten und Pharmaunternehmen erstmals im Internet veröffentlicht werden. Schon 2015 gewann mit der Erhebung der Daten bereits das Thema Datenschutz erheblich an Bedeutung.

Dieses wird für Pharmaunternehmen und Medizinprodukteherstellter auch aus einem anderen Blickwinkel immer wichtiger: Gesundheits-Apps ziehen in den Markt ein. Dabei spielen Zulassungs- und Abgrenzungsfragen eine wichtige Rolle.

Kleine spezialisierte Einheiten dringen in den Markt

Zu diesen und anderen Themen versuchen Kanzleien verstärkt Medizinproduktehersteller als Mandanten zu gewinnen – eine Branche, die sich noch nicht so stark aufgeteilt hat wie die der Pharmaunternehmen.

Für alle gilt jedoch: Kompetenzen jenseits des klassischen Pharmarechts werden immer wichtiger, um sich im Beratermarkt zu behaupten. Besonders vorausschauend agierte etwa **Dierks + Bohle**, die sich schon früh mit einem eigenen Strafrechtler für das Korruptionsthema gerüstet hat.

Bei den zahllosen Ausschreibungen der Krankenkassen wiederum punkten vor allem Kanzleien, die stark an der Schnittstelle zum Vergaberecht aufgestellt sind.

Auch Kompetenzen im Gesellschaftsrecht sind, v.a. im stationären und ambulanten Versorgungssektor, stärker gefragt. Transaktionen und Umstrukturierungen, insbesondere von Medizinischen Versorgungszentren (MVZ), werden künftig häufiger werden. Damit wird das Geschäft auch für Großkanzleien wie **Hengeler Mueller**, aber auch für spezialisierte Boutiquen wie **Möller & Partner** interessanter.

Der Wandel in den Beratungsbedürfnissen der Gesundheitsbranche ist eine Herausforderung für alle hier beratenden Kanzleien. Einige spezialisierte Boutiquen haben die Schnittstellen noch nicht besetzt, einige Großkanzleien wiederum müssten ihre branchenspezifischen Kompetenzen erweitern. Bestens gerüstet sind unter anderem die spezialisierten Einheiten **Sträter** oder auch **Dierks + Bohle** sowie Großkanzleien wie **Baker & McKenzie** und **Gleiss Lutz**. Kleinere Einheiten wie **Ampersand**, **Wachenhausen** und **Meisterernst** punkten hingegen mit Spezialkompetenzen, die von Wettbewerbern teils neidisch beobachtet werden.

Die folgenden Bewertungen behandeln Kanzleien, die im deutschen Gesundheitswesen beraten. Durch die massive Veränderung dieses Gebiets stellt sich eine Herausforderung an alle Akteure dieser Branche: In die Beratungstätigkeit spielen immer mehr Rechtsgebiete hinein. Die Rechtsberatung von Arzneimittel- und Medizinprodukteherstellern – und damit regulatorische sowie sozial- und wettbewerbsrechtliche Fragen – stehen allerdings nach wie vor im Fokus und bilden üblicherweise einen wichtigen Teil des Renommees der in diesem Segment tätigen Kanzleien. Auch die Expertise im ▶Patent-, ▶Kartell- und ▶Vergaberecht spielt immer wieder eine entscheidende Rolle. Daneben lohnt sich ein Blick in die Kapitel ▶Konfliktlösung (Produkthaftung), ▶Vertriebs-, ▶Marken- und Wettbewerbs- sowie ▶Lebensmittelrecht. Einen tieferen Einblick in die Beratungsvielfalt bieten das transaktionsbezogene Kanzleiranking und eine Auswahl an weiteren Beratern mit Spezialisierung in Gebieten wie dem Krankenhaus-, Apotheken- oder Arztrecht am Ende des Kapitels (▶Gesundheitswesen Branchenberater).

Ausgewiesene Berater von
Krankenhäusern, MVZ oder Apotheken 545

JUVE KANZLEI DES JAHRES
GESUNDHEITSWESEN
GLEISS LUTZ

Gleiss Lutz ist derzeit in aller Munde, denn sie ist „omnipräsent bei Krankenkassen", wie ein Wettbewerber anerkennt. Besondere Beachtung bei der Beratung von Krankenkassen bekommen die innovativen Vergabeverfahren, die **Dr. Andreas Neun** und **Dr. Marco König** vor allem für die AOKen entwickeln und immer wieder in Prozessen verteidigen. Aber nicht nur die im Gesundheitswesen wichtiger werdenden rechtlichen Schnittstellen besetzt die Kanzlei prominent, sondern auch das Regulierungsteam um **Dr. Reimar Buchner** ist immer wieder in Grundsatzverfahren, etwa um Retaxationen für Krankenkassen, zu sehen. Dabei vertritt die Kanzlei diese Mandanten sehr umfassend, nicht nur gegenüber Pharmaunternehmen, sondern auch gegenüber Versandapotheken und Krankenhäusern. Doch Gleiss Lutz zeichnet sich nicht nur durch die erfolgreiche Arbeit in stabilen Mandatsbeziehungen aufseiten der Kostenträger aus. In Patentprozessen vertritt sie die forschende Pharmaindustrie und wird nun an der Seite von Medizinprodukteherstellern verstärkt von Patentverwertern herausgefordert. Das erfolgreiche Jahr des Gesundheitsteams zeigte sich zuletzt auch in der Begleitung von Transaktionen im Gesundheitssektor, zum Beispiel an der Seite des Pharmakonzerns Roche beim Kauf des deutschen Krebs- und Genomforschers Signature Diagnostics.

REGULIERTE INDUSTRIEN GESUNDHEITSWESEN

AMPERSAND
Pharma- und Medizinprodukterecht ▢▢▢▢▢

Bewertung: Der geschätzte Pharmaexperte Morten Merx ist bereits sehr visibel im Markt, v.a. bei Wettbewerbsstreitigkeiten u. bei der regulator. Beratung für die Life-Science-Mandanten der jungen IP-Boutique. Auch die Schnittstelle zu Fragen des Vertriebs-, Patent- und Markenrechts deckt die kleine Kanzlei ab, ist jedoch insges. zu klein, um ihre Marktpräsenz deutl. zu steigern.

Stärken: Expertise im HWG u. zu ▶IP-Fragen.

Häufig empfohlen: Morten Merx („kompetent, schnell u. sehr guter Überblick", Wettbewerber)

Kanzleitätigkeit: Starker Schwerpunkt im HWG- u. Wettbewerbsrecht sowie an der Schnittstelle zu Marken- u. ▶Patentrecht. Daneben regulator. Pharma- u. Medizinprodukterecht. Auch Compliance. Mandantschaft: v.a. Generikaunternehmen, Medizinproduktehersteller, Großhändler u. Parallelimporteure. Auch Lebensmittel-/Kosmetikahersteller. (1 Partner)

Mandate: ●● BMC Medical in Patentverletzungsverfahren; Krankenkasse zur Teilnahme von Fachhändlern an der Versorgung von gesetzl. Versicherten; Parallelimporteur zu Herstellerabschlägen gg. Krankenkasse; Uniklinik zu Lizenzverträgen u. im Medizinprodukterecht.

BAKER & McKENZIE
Pharma- und Medizinprodukterecht ▢▢▢▢▢

Bewertung: Die häufig empfohlene Pharmapraxis hat mehrere im Markt anerkannte Partner u. kann sich ihre Mandate in der Gesundheitsbranche daher v.a. über ihre starke Expertise an Schnittstellen erschließen. So nutzt Gabriel seine starke Marktpräsenz im Vergaberecht, um die Beratung von Pharmakonzernen bei Ausschreibungen auszubauen. Auch Räpple, Spezialist für regulator. Fragen, gewann in diesem Jahr mehrere Mandate für Arzneimittelhersteller, insbes. zu Vertriebskonzepten, hinzu. Ihre internen Synergien nutzt die Kanzlei auch in der Beratung für Medizinprodukteunternehmen, z.B. bei Compliance, wobei sie ihr Potenzial aber noch nicht ausschöpft. Das Team von Ulmer-Eilfort wiederum genießt einen exzellenten Ruf für die Beratung von Biotechunternehmen u. bei Lizenzdeals. Die Praxis baut nun auch die Schnittstelle zum branchenspezifischen Kartellrecht durch den Zugang von Burholt von der Medizinrechtsboutique Dierks + Bohle aus. Damit rundet die Praxis ihr Profil ab und stellt sich fit für die Beratung ihrer Klientel auf ein mögliches Vorgehen des Bundeskartellamtes gg. die Vergabepraxis einiger Krankenkassen auf.

Stärken: Betreuung von Pharmaunternehmen zu regulator. Fragen, u. auf EU-Ebene, Transaktionsbegleitung, gr. internat. Expertise, u.a. im Biotechbereich. Stark in ▶Vergaberecht.

Häufig empfohlen: Dr. Thilo Räpple (regulator. Aspekte), Dr. Constanze Ulmer-Eilfort („gute Kostentransparenz", Mandant; Lizenzen), Dr. Marc Gabriel (Vergaberecht), Dr. Christian Burholt (Kartellrecht)

Kanzleitätigkeit: Umf. Betreuung der Branche mit Schwerpunkten in Ffm. bei HWG- u. UWG-Streitigkeiten, MPG, regulator. Fragen u. vertragl. Begleitung von Forschungsvorhaben. Daneben Business ▶Compliance, Produkthaftung u. Transaktionsbegleitung. Beratung an der Schnittstelle zum Sozial- u. Vergaberecht. In München Beratung zu Lizenzen u. IP mit Pharma-/Biotechbezug. Auch ▶Patent- u. ▶Kartellrecht. Mandantschaft:

GESUNDHEITSWESEN: PHARMA- UND MEDIZINPRODUKTERECHT

Clifford Chance	Düsseldorf
Dierks + Bohle	Berlin, Brüssel, Düsseldorf
Hogan Lovells	München, Hamburg, Düsseldorf
Sträter	Bonn
Baker & McKenzie	Frankfurt, München, Berlin
CMS Hasche Sigle	Berlin, Hamburg, Stuttgart
Ehlers Ehlers & Partner	München, Berlin
Happ Luther	Hamburg
Hengeler Mueller	Berlin, Frankfurt
Preu Bohlig & Partner	München
Dr. Schmidt-Felzmann & Kozianka	Hamburg
Schultz-Süchting	Hamburg
Taylor Wessing	München
Covington & Burling	Brüssel
Freshfields Bruckhaus Deringer	Berlin, Düsseldorf, Frankfurt
Gleiss Lutz	Berlin, Düsseldorf, Stuttgart
Dentons	Berlin, Frankfurt
Field Fisher Waterhouse	Hamburg, München
Harmsen Utescher	Hamburg
King & Spalding	Frankfurt
Oppenhoff & Partner	Köln
Oppenländer	Stuttgart
Sander & Krüger	Frankfurt
Wigge	Münster
Ampersand	München
von Boetticher	München, Berlin
Hees	Hamburg
Kaltwasser	München
Kleiner	Stuttgart, Düsseldorf
Meisterernst	München
Wachenhausen	Lübeck
WilmerHale	Brüssel, Frankfurt

Die hier getroffene Auswahl der Kanzleien ist das Ergebnis der auf zahlreichen Interviews basierenden Recherche der JUVE-Redaktion (s. Einleitung S. 20). Sie ist in 2erlei Hinsicht subjektiv: Sämtliche Aussagen der von JUVE-Redakteuren befragten Quellen sind subjektiv u. spiegeln deren eigene Wahrnehmungen, Erfahrungen u. Einschätzungen wider. Die Rechercheergebnisse werden von der JUVE-Redaktion unter Einbeziehung ihrer eigenen Marktkenntnis analysiert u. zusammengefasst. Der JUVE Verlag beabsichtigt mit dieser Tabelle keine allgemein gültige oder objektiv nachprüfbare Bewertung. Es ist möglich, dass eine andere Recherchemethode zu anderen Ergebnissen führen würde. Innerhalb der einzelnen Gruppen sind die Kanzleien alphabetisch geordnet.

gleichermaßen forschende Hersteller von Arzneien u. Medizinprodukten sowie Biotechunternehmen. (Kernteam: 6 Partner, 6 Associates)

Mandate: ●● CureVac zu Lizenz- u. Kooperationsvertrag mit Boehringer Ingelheim um Lungenkrebsimpfstoff; lfd. Novartis in Vergabe- u. NP-Verf., zu Rabattverträgen, Vertragsstrafen u. Schadensersatzforderungen; Polyphor zu Lizenzvertrag; Guerbet in Vergabeverf.; indisches Pharmaunternehmen ggü. dt. gesetzl. Krankenkassen zu Vertragsstrafen u. Schadensersatzforderungen aus Rabattvereinbarungen; US-Pharmaunternehmen in Vergabe- u. NP-Verfahren.

VON BOETTICHER
Pharma- und Medizinprodukterecht ▢▢▢▢▢

Bewertung: Die Pharmapraxis wird u.a. wegen ihrer tiefen Expertise im HWG geschätzt. Ihre häufig mittelständ. Mandantenbasis ist der Kanzlei über viele Jahre treu. Neue Mandanten gewann sie zuletzt an der Schnittstelle zu Compliance, v.a. in der Vorbereitung von kleinen u. mittelständ. Unternehmen auf die neue Antikorruptionsgesetzgebung. Dabei kommen ihr auch ihre etablierten Kompetenzen im ▶IT und Datenschutz zugute. Zwar profiliert sich die Kanzlei derzeit stärker bei Medizinprodukteherstellern, berät aber auch intensiv Pharmaunternehmen zu Vertriebsstrukturen u. Verträgen. Den Fuß in der Tür hat sie auch bereits bei der Beratung zu MVZ-Beteiligungen.

Stärken: HWG-Prozesse.

Häufig empfohlen: Dr. Claudia Böhm („Expertise auf dem Impfstoffsektor", Mandant), Dr. Anselm Brandi-Dohrn (IT, Vergaberecht)

Kanzleitätigkeit: Umfangr. Betreuung mit deutl. Schwerpunkten im Pharmarecht sowie bei HWG-,

● Referenzmandate, umschrieben
●● Referenzmandate, namentlich

Anwaltszahlen: Angaben der Kanzleien, wie viele Anwälte zu mind. ca. 50 % in diesem Gebiet tätig sind. Sie spiegeln nicht zwingend die Gesamtgröße einer Kanzlei wider.

GESUNDHEITSWESEN REGULIERTE INDUSTRIEN

IP- u. Compliance-Fragen. Mandanten: v.a. mittelständ. forschende wie gener. Arzneimittelindustrie, Medizinproduktehersteller, Biotechunternehmen, auch Großhandel. (4 Partner, 2 Associates)
Mandate: ●● Rottapharm in Schadensersatzklage; Sanofi Pasteur umf. im HWG; Medithek, Acino u.a. zu F&E-Verträgen, klin. Studien; CellAct Pharma zu Kooperationsverträgen, Pharmarecht u. HWG; Leo Pharma im HWG, Vertragsrecht u. Patientenrechtegesetz; Humantis zu Verträgen, HWG; Medizinproduktehersteller zu Onlineportal zur Auswertung von Behandlungsdaten u. klin. Studien; Marketingagentur zu Compliance bei Organisation der von Pharmaunternehmen gesponserten Fortbildungen; internat. Arzneimittel- u. Medizinproduktehersteller zu Compliance.

Führende Namen im Pharma- und Medizinprodukterecht

Peter von Czettritz	▸ Preu Bohlig & Partner
Dr. Peter Dieners	▸ Clifford Chance
Prof. Dr. Dr. Christian Dierks	▸ Dierks + Bohle
Wolfgang Kozianka	▸ Dr. Schmidt-Felzmann & Kozianka
Dr. Thilo Räpple	▸ Baker & McKenzie
Dr. Ulrich Reese	▸ Clifford Chance
Dr. Jörg Schickert	▸ Hogan Lovells
Prof. Burkhard Sträter	▸ Sträter

Die hier getroffene Auswahl der Personen ist das Ergebnis der auf zahlreichen Interviews basierenden Recherche der JUVE-Redaktion (siehe S. 20). Sie ist in 2erlei Hinsicht subjektiv: Sämtliche Aussagen der von JUVE-Redakteuren befragten Quellen sind subjektiv u. spiegeln deren eigene Wahrnehmungen, Erfahrungen u. Einschätzungen wider. Die Rechercheergebnisse werden von der JUVE-Redaktion unter Einbeziehung ihrer eigenen Marktkenntnis analysiert u. zusammengefasst. Der JUVE Verlag beabsichtigt mit dieser Tabelle keine allgemein gültige oder objektiv nachprüfbare Bewertung. Es ist möglich, dass eine andere Recherchemethode zu anderen Ergebnissen führen würde.

CLIFFORD CHANCE
Pharma- und Medizinprodukterecht ■□□□□

Bewertung: Die im Pharma- u. Medizinprodukterecht führende Kanzlei ist bei wichtigen Branchenthemen wie der Umsetzung des FSA-Kodex prägend u. für HWG-Themen bei großen Playern wie Bayer gesetzt. Geschickt nutzt darüber hinaus Dieners seine Kompetenz an der Schnittstelle zu ▸Compliance u. Datenschutz, z.B. berät er Bionethos Innovation bei Kooperationen im klin. Bereich. In der laufenden Umsetzung u. vor dem Hintergrund des öffentl. Interesses an mehr Transparenz im Gesundheitswesen kann CC sich somit in einem wichtigen Beratungsthema positionieren. Außerdem ist die Praxis renommiert für HWG-Aspekte, die mit ungebrochener Präsenz durch Reese besetzt werden. Daneben ist das Gesundheitsteam der Kanzlei bekannt für ihre Unterstützung bei Transaktionen, beriet etwa Siemens beim Verkauf des Geschäfts mit Krankenhausinformationssystemen.
Stärken: HWG, Transaktionsbegleitung (▸M&A, ▸Private Equ. u. Vent. Capital) u. Business Compliance (▸Produkthaftung), Beratung für Medizinproduktehersteller.
Entwicklungsmöglichkeiten: Die hohe Belastung von Dieners mit Managementaufgaben im Umstrukturierungsprozess der Kanzlei wird im Markt kritisch diskutiert. Diese bietet aber dem Nachwuchs die Chance, mehr Mandatsverantwortung zu übernehmen u. sich zu beweisen. Für CC ist dies auch eine Chance, um in den nächsten Jahren die sich abzeichnenden starken Anwälte aus der derzeit 2. Reihe zu Partnern aufzubauen.
Häufig empfohlen: Dr. Peter Dieners, Dr. Ulrich Reese („hohe Expertise im HWG", Wettbewerber), Dr. Claudia Nawroth.
Kanzleitätigkeit: Schwerpunkt im HWG u. MPG, Business Compliance sowie F&E-Verträge, Abgrenzungsfragen. Starke europ. Healthcare-Gruppe. Ebenfalls umfangr. Betreuung in M&A, im ▸Kartellrecht, ▸Vergabe- u. Krankenhausrecht. Mandanten: häufig Branchengrößen u. Verbände, deutl. weniger Biotechunternehmen. (13 Partner, 6 Counsel, 6 Associates)
Mandate: ●● Umf. Bayer u. Pfizer; Pfizer Consumer Healthcare zu HWG; Chequers Capital bei Verkauf von Silver Care; Kempen u. andere Emissionsbanken zum Börsengang der Probiodrug; Siemens beim Verkauf des Geschäftsbereichs Krankenhausinformationssysteme; Medtronic lfd. zu regulator. Fragen, Produkthaftung u. Kostenerstattung; Bionethos zu klin. Kooperationen, FSA u. VFA zur Umsetzung FSA-Kodex, einschl. Datenschutz; Symbios lfd. zu Produkthaftung.

CMS HASCHE SIGLE
Pharma- und Medizinprodukterecht □□■□□

Bewertung: Die im Gesundheitswesen häufig empfohlene Kanzlei hat sich neben ihrer bekannten Expertise in HWG-Prozessen besonders die Beratung bei Produktpiraterie erschlossen. Dabei berät sie z.B. Eli Lilly zu Produktschutz, Fälschungsbekämpfung u. in Markenprozessen. Dank ihrer breiten Aufstellung kann sie relevante Schnittstellenthemen besetzen, berät etwa Pharmaunternehmen zu Krankenkassenausschreibungen u. in Nachprüfungsverfahren. Zunehmend gehören auch Krankenhäuser zu ihrer Mandantschaft, die sie auch arbeitsrechtl. berät. CMS könnte sich mit ihrem Netzwerk, insbes. ihrer Londoner Partnerkanzlei, als Beraterin für internat. Pharmatransaktionen empfehlen. Die Arbeit bei Almirall zeigt, welches Potenzial hier noch liegt.
Stärken: Sehr erfahren in HWG-Prozessen, Transaktionsbegleitung.
Häufig empfohlen: Dr. Jens Wagner, Prof. Dr. Matthias Eck
Kanzleitätigkeit: Umf. Beratung u. Prozesstätigkeit für Originalhersteller von Arzneimitteln u. Medizinprodukten, u.a. zu HWG, MPG u. ▸Patenten, sowie bei Business ▸Compliance. Bekämpfung von Parallelimporten u. Produktfälschungen, Produkthaftung. Zudem Transaktionsbegleitung (▸M&A). Beratung von Biotechunternehmen, v.a. in Stuttgart u. Berlin. (11 Partner, 4 Counsel, 14 Associates)
Mandate: ●● Almirall bei Verkauf des Geschäfts von Arzneimitteln gg. Atemwegserkrankungen an AstraZeneca; DePuy zu Erstattungen bei Produktrückruf u. Erstattungsfragen ggü. Krankenkassen; GE Healthcare in NP-Verfahren zu Kontrastmitteln gg. AOK; Amazon um AMG; Eli Lilly u.a. zu Produktschutz; lfd. Bayer Vital, Boehringer Ingelheim u. Lilly Dtl. u.a. im HWG; Handelsapotheker in JVA-Ausschreibung; Cura-Gruppe arbeits- u. medizinrechtl. zu Chefarztverträgen, Honorarärzten u. -pflegekräften; Median Kliniken u.a. in sozialgerichtl. Verfahren um Honorarärzte.

COVINGTON & BURLING
Pharma- und Medizinprodukterecht □□□■□

Bewertung: Die im Gesundheitswesen empfohlene US-Kanzlei ist seit Anfang 2014 mit ihrem Brüsseler Team in der Beratung internat. Mandanten auch im dt. Recht aktiv u. hat sich seitdem eine bemerkenswerte inhaltl. Bandbreite erarbeitet. Ein Kopf des Teams ist der angesehene dt. Branchenspezialist Koyuncu, der für seine Expertise in der klin. Forschung, in Compliance u. Pharmakovigilanz anerkannt ist. So vertrat er zuletzt die Roche-Gruppe in regulator. Ermittlungsverfahren zur EU-Penalties-Verordnung u. zog mit dieser Arbeit auch weitere Mandanten an. Die Praxis wird von Pharmaunternehmen verstärkt zum Thema E-Health u. Gesundheits-Apps als Medizinprodukte beauftragt, da sie dank ihrer sehr integrierten Beratung auch Datenschutzfragen kompetent abdecken kann. Neben dem spezif. dt. Recht steht das Brüsseler Team seinen Mandanten auch bei Veröffentlichungspflichten von klin. Daten zur Seite u. führt z.B. für AbbVie ein EuGH-Verfahren gg. die Europäische Arzneimittelagentur. Auch beim Thema Compliance hat sie sich positioniert, berät v.a. US-Mandanten zur globalen Aufstellung in diesem Bereich.
Stärken: Tiefe internat. Branchenexpertise.
Häufig empfohlen: Dr. Dr. Adem Koyuncu („große Expertise im Pharmarecht", Wettbewerber), Peter Bogaert
Kanzleitätigkeit: Umf. Beratung v.a. von forschenden internat. Pharma- u. Medizinproduktehersteller. Schwerpunkte in regulator. Aspekten, Zulassungsverfahren, Kostenerstattungen, klin. Prüfungen, auch HWG-Prozesse. Zunehmend Compliance u. Datenschutz/E-Health. Auch branchenbezogenes Kartell- u. Patentrecht, Transaktionsbegleitung. (in Dtl. zugelassene Anwälte: 1 Partner, 1 Sal.-Partner, 2 Associates)
Mandate: ●● AstraZeneca kartellrechtl. bei Kauf des Bereichs Atemwegserkrankungen von Almirall; Consort Medical bei Kauf Aesica; Roche-Gruppe in regulator. Ermittlungsverfahren zu EU-Penalties-Verordnung; AbbVie gg. EMA (EuGH) zu Veröffentlichung von klin. Daten; Salix Pharmaceuticals zu Lizenzvertrag; lfd. Pharma Reha Care zu Arzneimittel- u. Apothekenrecht; lfd. Healthcare-Unternehmen zu Pharmakovigilanz; Pharmaunternehmen zur Abgrenzung von Software u. Gesundheits-Apps als Medizinprodukte; US-Life-Science-Konzern zu Antikorruptionsgesetz u. Datenschutz in Dtl.; US-Medizinproduktehersteller regulator. u. zu Compliance in Deutschland.

DENTONS
Pharma- und Medizinprodukterecht □□□□■

Bewertung: Die für die Beratung der Gesundheitsbranche empfohlene Praxis ist im klass. Pharmarecht bisher weniger präsent, dafür umso mehr

● Referenzmandate, umschrieben
●● Referenzmandate, namentlich

Anwaltszahlen: Angaben der Kanzleien, wie viele Anwälte zu mind. ca. 50 % in diesem Gebiet tätig sind. Sie spiegeln nicht zwingend die Gesamtgröße einer Kanzlei wider.

REGULIERTE INDUSTRIEN GESUNDHEITSWESEN

bei Transaktionen im Krankenhaussektor. Weitgehend unbemerkt vom Markt erschließt sie sich daneben weitere Mandate. So berät Mehdorn bei Arzneimittelrabattverträgen u. Vergütungsfragen in Selektiv- u. Vertriebsverträgen. In komplexeren internat. Projekten arbeitet sie eng mit Homberg zusammen, der v.a. für die Beratung von Biotechunternehmen, insbes. zu Lizenzen, steht.
Stärken: Transaktionen (Biotechbranche sowie Krankenhaussektor).
Häufig empfohlen: Peter Homberg, Dr. Ilka Mehdorn
Kanzleitätigkeit: Schwerpunkte auf Vertragsgestaltung (u.a. Selektivverträge) sowie sozialrechtl. Gerichts- u. Schiedsverfahren. Zudem IP-Lizenzen, Kooperationsvereinbarungen u. F&E-Verträge. Auch HWG u. Zulassungsrecht. Starke Schnittstellen zum ▶Kartellrecht u. Vergaberecht. Zudem M&A-Transaktionen, v.a. im ▶Krankenhaussektor, sowie branchenbezogenes Steuer- u. Arbeitsrecht. Mandantschaft: forschende Arzneimittelunternehmen, Medizinprodukteherstellern u. Biotechunternehmen. Zudem Krankenkassen, Kliniken u. Ärzteverbände. (5 Partner, 3 Counsel, 2 Associates)
Mandate: ●● HÄVG Hausärztl. Versorgungsgemeinschaft zu Selektivverträgen; Klinikverbund der gesetzlichen Unfallversicherung zum Umbau des Konzerns; Pharmaunternehmen zu Vertriebsverträgen u. Compliance-Fragen.

DIERKS + BOHLE
Pharma- und Medizinprodukterecht ■■□□□
Bewertung: Die zu den führenden Pharmarechtskanzleien zählende Medizinrechtsboutique hat in diesem Jahr wieder gezeigt, dass sie sich frühzeitig für neue Themen rüstet, z.B. für das bevorstehende Antikorruptionsgesetz. So hat sie schon 2014 einen Strafrechtler eingestellt, der die bestehende Expertise zur präventiven Korruptionsberatung ergänzt. Zu Compliance-Themen berät das Team die Gesundheitsbranche sehr umfassend. Dabei besteht die Mandantschaft nicht nur aus Pharma- u. Medizinprodukteherstellern, sondern auch aus ▶Ärzten u. Apothekern. Mit einer Partnerernennung unterstrich die Kanzlei zuletzt die Bedeutung des Compliance-Themas. Der geplante Ausbau auf Associate-Ebene würde auch den nötigen Unterbau des bisher 2-köpfigen Teams schaffen. Mit ihren Büros in Berlin, D'dorf und Brüssel hat D&B für eine Medizinrechtsboutique eine enorme Präsenz. Sie nutzt das Brüsseler Büro für Mandate mit Europabezug. Auch bei den offenen Fragen zum AMNOG konnte das Team seine Beratung sogar noch ausbauen, während für viele andere Kanzleien dieses Thema abgeebbt ist. Das Team um Dierks musste in diesem Jahr den Abgang des Leiters des D'dorfer Büros, Dr. Christian Burholt, zu Baker & McKenzie hinnehmen, nachdem es im Herbst 2014 mit Dr. Ronny Hildebrandt zu Busse & Miessen erstmals einen Partner an die Konkurrenz verloren hatte. Mit Burholt verliert die Kanzlei einen ausgewiesenen Experten an der wichtigen Schnittstelle zum Kartellrecht, deren Neubesetzung wichtig wäre, um die Kompetenzen erneut abzurunden.
Stärken: Sozialrechtl. u. gesundheitspolit. Beratung. Kartellrechtl. Branchenexpertise.
Häufig empfohlen: Prof. Dr. Dr. Christian Dierks („sehr responsiv", Wettbewerber), Dr. Ulrich Grau, Dr. Gerhard Nitz, Dr. Daniel Geiger
Kanzleitätigkeit: Umf. Tätigkeit im Medizinrecht. Schwerpunkt im Arzneimittelrecht, Kostenerstattungen u. Verhandlungen mit Krankenkassen, einschl. Prozesse. Auch Arzneimittelregresse, Arzneimittelvertrieb, Due Diligence, HWG u. Business Compliance. Daneben Zulassungen u. Integration von Produkten ins Gesundheitswesen. 2. Kanzleischwerpunkt im Arzt- u. Krankenhausrecht. Mandanten: v.a. Marktführer der Pharmabranche, auch Medizinproduktehersteller. (8 Eq.-Partner, 4 Sal.-Partner, 17 Associates)
Mandate: ●● AMNOG-Verfahren u.a. für Novartis, AstraZeneca, Bristol-Myers Squibb, Amgen; Novartis Pharma zu GKV-Zwangsrabatt an private Krankenversicherungen; NorthWest Biotech zu Verträgen über klin. Prüfung u. Erstattungsfähigkeit für Arzneimittel für neuartige Therapien; Verband in Klage gg. Gemeinsamen Bundesausschuss um Informationsfreiheitsgesetz; Pharmaunternehmen u. Verband in Beschwerde vor Bundeskartellamt wg. gemeinsamer Ausschreibungen von Rabattverträgen durch AOKen; Arzneimittelhersteller zu Rabattverträgen bei patentgeschützten Arzneimitteln; div. Pharma- u. Medizinproduktehersteller in HWG u. Wettbewerbsrecht.

EHLERS EHLERS & PARTNER
Pharma- und Medizinprodukterecht ■■□□□
Bewertung: Die im Gesundheitswesen häufig empfohlene Kanzlei hat insbes. im AMNOG u. in Nutzenbewertungsverf. enorme Erfahrung. Diese Kompetenz setzte das Team um den angesehenen Partner Ehlers zuletzt u.a. für Takeda u. die AOK Baden-Württemberg ein. Die Kanzlei nutzt ihre gute Vernetzung innerhalb der Gesundheitspolitik, um zu Gesetzesvorhaben wie dem Antikorruptionsgesetz zu beraten. Das Team im Gesundheitswesen, aus dem auch der jüngere Partner Rybak an Profil gewinnen, war in diesem Jahr im Gegensatz zu den Vorjahren stabil.
Stärken: Gesundheitspolit. Beratung, Schnittstelle zum Arztrecht.
Häufig empfohlen: Prof. Dr. Dr. Alexander Ehlers, Dr. Christian Rybak („hohe Fachkompetenz", Wettbewerber)
Kanzleitätigkeit: Spezialisierung im Medizinrecht zu sozialrechtl. Fragen u. Transaktionen. Schwerpunkte in strateg. Beratung vor der Produktentwicklung, Lobbyarbeit u. gesundheitspolit. Begleitung innovativer Unternehmen. Auch Zulassungen, HWG, MPG, Erstattungen u. Compliance. Mandantschaft: Pharma- u. Biotechunternehmen, überwiegend Medizinproduktehersteller. (4 Eq.-Partner, 1 Sal.-Partner, 6 Associates)
Mandate: ●● Novartis Pharma gg. Bestandsmarktaufruf vor LSG (gemeinsam mit Dierks + Bohle); Eusa Pharma in Verfahren des Gemeinsamen Bundesausschusses (G-BA); Takeda zu Nutzenbewertung u. im Wettbewerbsrecht; AOK Ba.-Wü. zum AMNOG; Servier zu Nutzenbewertung u. Verordnungsausschluss durch G-BA um Diabetes sowie in wettbewerbsrechtl. Klage; Systagenic zu Erstattungsfähigkeit von Medizinprodukt; lfd. Algesiologikum, DocInsider u. HörGut.

FIELD FISHER WATERHOUSE
Pharma- und Medizinprodukterecht ■■□□□
Bewertung: Die empfohlene Pharmapraxis konnte ihre Mandantenbasis festigen, ein gutes Beispiel ist die intensive Beziehung zu Linde. Neben einer dauerhaft hohen Auslastung im HWG ist die Kanzlei auch bei Fragen zur Kostenerstattung u. Preisgestaltung im Markt präsent. Daneben baute sie ihre Arbeit für Medizinproduktehersteller aus u. nutzte auch standortübergreifende Schnittstellen, z.B. bei der Beratung von Illumina. Die regulator. Expertise der Kanzlei nutzen v.a. internationale Unternehmen, die Fragen zum dt. Markt haben.
Häufig empfohlen: Dr. Cord Willhöft („hervorragende Kenntnisse im HWG", Wettbewerber)
Kanzleitätigkeit: Umfangr. Betreuung der Branche mit den Schwerpunkten Forschungs- u. Lizenzverträge für Biotechunternehmen u. forschende Industrie bei Ausgründungen. Zunehmend HWG, Wettbewerbs- u. Zulassungsrecht, Pharma- u. Medizinprodukterecht. Mandantschaft: v.a. Originatoren, im HHer Büro Schwerpunkt bei Medizinprodukteherstellern. (4 Partner, 3 Associates)
Mandate: ●● Linde zu regulator. Fragen, Wettbewerbsrecht, Kooperationen u. Compliance nach SGB V; UniQure umf., u.a. bei Rahmenvertrag mit Uniklinik Heidelberg; Erteil-Apotheke in Verf. zur Zulässigkeit der Werbung für Defekturarzneimittel, lfd. Olympus regulator. zu Medizinprodukten, klin. Prüfungen u. Entwicklungsverträgen; Otsuka zur Orphan-Drug-Markteinführung u. Kostenerstattung; ResMed zu regulator. Fragen u. Wettbewerbsrecht; Mallinckrodt zu regulator. Fragen, Vergaben mit GKV; Illumina u.a. zu Distributionsverträgen, Werbung u. Marktzugang von Medizinprodukten; Leo Pharma bei klin. Prüfungen.

FRESHFIELDS BRUCKHAUS DERINGER
Pharma- und Medizinprodukterecht ■■■□□
Bewertung: Die in der Gesundheitsbranche empfohlene u. themat. breit engagierte Kanzlei bringt ihre regulator. Expertise immer wieder prominent in der Begleitung von Transaktionen ein. So beriet die dt. Praxis nicht nur erstmalig AstraZeneca bei einer Transaktion, sondern war daneben für ihre Stammmandantin Novartis u.a. beim Kauf der Onkologiesparte von GSK bzw. beim Verkauf der OTC-Sparte an GSK u. der Tiergesundheitssparte an Eli Lilly tätig. Die Mandatsbeziehung zum Novartis-Konzern erstreckte sich erneut auch auf die bei Pharmaprozessen starke D'dorfer Patentpraxis. Das regulator. Team um Kaufmann intensivierte die Arbeit im Bereich Medizinprodukte u. beriet bei Produktzulassung, Off-Label-Use u. zu Produkthaftungsfragen. Daneben gewann die Kanzlei neue Mandanten, wie Genomic Health zur produkt- u. sozialrechtl. Einordnung von Genexpressionstests u. Erstattungsfragen. Das Hamburger Team um Dieselhorst konzentriert sich auf F&E-Kooperationen o. Lizenzen u.a. für Affimed u. Indivumed. Nicht zuletzt berät die Praxis auch zu ▶Compliance-Management-Systemen u. profitiert vom Beratungsbedarf der Unternehmen v.a. zu Transparenzkodizes. Daneben vertritt FBD auch weiterhin prominent in Krankenhaustransaktionen, so in diesem Jahr Advent u. Marcol beim Verkauf der Median Kliniken.
Stärken: Transaktionsbegleitung (▶M&A), ▶Patentprozesse. Beratung der Biotechbranche bei Lizenzdeals.
Häufig empfohlen: Dr. Frank-Erich Hufnagel (Patentrecht), Prof. Dr. Marcel Kaufmann (regulator. Aspekte), Dr. Jochen Dieselhorst
Kanzleitätigkeit: Im Vordergrund stehen Transaktionen, Lizenzverträge, Patentprozesse mit Pharmabezug, Produkthaftung, die Betreuung der Biotechbranche sowie regulator. Fragen. Daneben

Zulassungen, strateg. Beratung zur Gesundheitspolitik u. Business Compliance. Gute Vernetzung mit den ▶Kartellrechtlern. Mandantschaft: überw. forschende Pharma- u. Biotechunternehmen. (15 Partner, 2 Counsel, 28 Associates)

Mandate: ●● Advent Internat. u. Marcol bei Verkauf Median Kliniken; AstraZeneca bei Kauf Definiens; Charité Berlin zu Kooperationsvertrag für die Gründung eines Herzzentrums; Genomic Health bei produkt- u. sozialrechtl. Einordnung von Genexpressionstest; Novartis u.a. bei Kauf Onkologiesparte von GSK, Verkauf OTC-Sparte an GSK, Verkauf der Tiergesundheitssparte an Eli Lilly; Boehringer Ingelheim zur frühen Nutzenbewertung von Linagliptin; Sonova zur Beteiligung von HNO-Ärzten bei der Abgabe von Hörgeräten; Hexal regulator.; Alcon Pharma zu Transparenzkodex; Affimed u. Indivumed zu F&E-Kooperationen; Noxxon zu klin. Studien.

GLEISS LUTZ
Pharma- und Medizinprodukterecht ◻◻◻◻◻

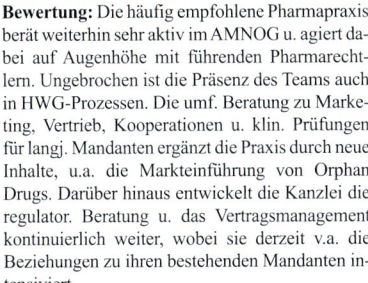

Bewertung: Die im Gesundheitswesen empfohlene Kanzlei punktet v.a. mit ihrem rechtsgebietsübergreifenden Ansatz und dabei v.a. mit der Zusammenarbeit mit ihren Vergaberechtlern u. Patentrechtlern. Dadurch schafft sie es, Kostenträger beeindruckend umfangreich z.B. bei Rabattverträgen an der Schnittstelle zum Vergaberecht zu beraten. Auch bei krankenhausfinanzierungsrechtl. Fragen ist Gleiss an der Seite der Krankenkassen eine gesetzte Größe im Markt u. kann ihre Stellung als gesetzte Beraterin bei mehreren Kostenträgern nun vor dem Hintergrund des kommenden Antikorruptionsgesetzes nutzen, um ihr Spektrum noch zu erweitern. Einen guten Ruf hat die Kanzlei auch für Pharmapatentprozesse, in denen sie sowohl die Pharmaindustrie als auch Medizinproduktehersteller vertritt. Allmähl. positioniert sie sich auch behutsam in der regulat. Beratung bei Medizinprodukteherstellern. Doch das Team kann mehr u. ist zunehmend bei Transaktionen, wie kürzlich für Daikin Industries u. Roche, zu sehen.

Stärken: Gr. Erfahrung im ▶Krankenkassensektor, in ▶Patentprozessen u. Ausschreibungen für Krankenkassen (▶Vergabe).

Häufig empfohlen: Dr. Reimar Buchner („gut vernetzt u. fachlich fundiert", Mandant)

Kanzleitätigkeit: Beratung u. Vertretung im Patentrecht, HWG u. ▶Marken u. Wettbewerb, starke Schnittstelle zum ▶Vergabe- u. ▶Kartellrecht. Biotechunternehmen bei Markteinführungen u. klin. Prüfungen. Beratung in Zulassungsfragen, zu regulator. Aspekten u. von Medizinprodukteherstellern. (Healthcare ges.: 8 Eq.-Partner, 1 of Counsel, 1 Sal.-Partnerin, 5 Counsel, 7 Associates)

Mandate: ●● Daikin Industries bei Kauf Hilfsstoffherstellung für Pharmaaerosole von Solvay Flur; Roche bei Kauf von Signature Diagnostics; AOK Ba.-Wü. in Prozessen zur Ausschreibung von patentgeschützten Arzneimitteln; mehrere AOKen zu Zuschlägen für Krankenhäuser in ländl. Regionen; Carl Zeiss im Medizinrecht; Ratiopharm lfd. in HWG u. Arzneimittelrecht; gesetzl. Krankenkassen zu Retaxation von Zytostatikazubereitungen; mehrere Landesverbände der Krankenkassen zur Weiterentwicklung der Gesamtvergütungsvereinbarungen mit kassenärztl. Vereinigungen; AOK Hessen zu Vergabe u. in NP-Verf. zu integriertem Versorgungsvertrag; Verbände der gesetzl. u. privaten Krankenkassen in Ba.-Wü. im Schiedsverfahren mit Klinikum Stuttgart zur ergänzenden Vergütung.

HAPP LUTHER
Pharma- und Medizinprodukterecht ◻◻◻◻◻◻

Bewertung: Die häufig empfohlene Pharmapraxis berät weiterhin sehr aktiv im AMNOG u. agiert dabei auf Augenhöhe mit führenden Pharmarechtlern. Ungebrochen ist die Präsenz des Teams auch in HWG-Prozessen. Die umf. Beratung zu Marketing, Vertrieb, Kooperationen u. klin. Prüfungen für langj. Mandanten ergänzt die Praxis durch neue Inhalte, u.a. die Markteinführung von Orphan Drugs. Darüber hinaus entwickelt die Kanzlei die regulator. Beratung u. das Vertragsmanagement kontinuierlich weiter, wobei sie derzeit v.a. die Beziehungen zu ihren bestehenden Mandanten intensiviert.

Stärken: Beratung zum AMNOG (frühe Nutzenbewertung), HWG-Prozesse.

Häufig empfohlen: Henning Anders, Dr. Martin Luther

Kanzleitätigkeit: Umfangr. Betreuung zum Arzneimittelrecht, i.d.R. in allen Stufen der Entwicklung u. Vermarktung. Umfangr. streitige Auseinandersetzungen, v.a. zu HWG/UWG u. Marken. Weiter zunehmend regulator. Beratung, insbes. im Umfeld des AMNOG. Mandantschaft: internat. tätige Pharmakonzerne, Medizinproduktehersteller. (3 Partner, 5 Associates)

Mandate: ●● Öffentl. bekannt: AstraZeneca, Boehringer Ingelheim, Amgen umf. im HWG sowie teilw. regulatorisch; Pharmakonzern bei Marketing, Vertrieb u. Outsourcing von Forschung u. zu Kooperationen mit Ärzten.

HARMSEN UTESCHER
Pharma- und Medizinprodukterecht ◻◻◻◻◻

Bewertung: Die empohlene Pharmapraxis der Hamburger IP-Boutique tut sich durch ihre Expertise in HWG-Prozessen hervor, v.a. am Hamburger Gerichtsstandort. Sie spielte ihre Prozessstärke auch bei Verfahren um Parallelimporte aus. Das Team um Kaase engagiert sich zudem in der Beratung zu Verträgen für F&E, Zulassungen, Vertrieb u. Licensing. Daneben tastet sich die Kanzlei auch an die Schnittstellenberatung zum Vergaberecht u. Compliance-Fragen heran.

Stärken: HWG-Prozesse, renommierte Praxen für ▶Marken- u Wettbewerbs- u. ▶Patentrecht.

Häufig empfohlen: Rainer Kaase

Kanzleitätigkeit: Häufig gerichtl. Tätigkeit für Mandanten bei Produkteinführungen sowie bei nachfolgender Produktbewerbung (UWG u. HWG). Weitere Schwerpunkte bei IP-rechtl. Fragen (▶Marken u. Wettbewerb), Nahrungsergänzungsmitteln u. Abgrenzungsfragen zu ▶Lebensmitteln u. Kosmetika. Zunehmend Vertragsrecht, Compliance, Erstattungsfragen u. Medizinprodukterecht. Mandantschaft: Generikahersteller, forschende Pharmaunternehmen sowie Arzneimittel- u. Kosmetikhersteller, viel Mittelstand. (2 Partner, 2 Associates)

Mandate: ●● Astellas in Verfahren gg. Parallelimporte; regelm. Generikahersteller, Pharmakonzerne u. Medizinproduktehersteller in HWG-Prozessen u. im Vertragsrecht.

HEES
Pharma- und Medizinprodukterecht ◻◻◻◻◻◻

Bewertung: Die geschätzte Hamburger Pharmapraxis des Einzelanwalts Hees ist bei der Beratung von Parallelimporteuren sehr mittelständ. Für diese Unternehmen war er zuletzt gleich in mehreren Grundsatzverfahren präsent. So focht er vom BfArM angeordnete Risikomanagementpläne u. Arzneimittelstudien an. Außerdem führte er parallel mehrere Verfahren zum Thema Zulässigkeit der Nichtkennzeichnung von parallelimportierten Medizinprodukten.

Stärken: Betreuung von Parallelimporteuren.

Häufig empfohlen: Dr. Stephan Hees

Kanzleitätigkeit: Umfangr. Betreuung v.a. von Parallelimporteuren sowie mittelständ. Arznei- oder Medizinprodukteherstellern. Schwerpunkte im HWG, AVWG, Markenrecht u. bei Rabattverträgen, zudem Kooperationen, Arzneimittelübertragung u. Gestaltung des Mitvertriebs. (1 Partner)

Mandate: ● Parallelimporteure von EU-Arzneimitteln in Anfechtungsklagen u. Widersprüche wg. Risikomanagementplänen u. Arzneimittelstudien; Parallelimporteure in Verf. zur Nichtkennzeichnung von importierten Inhalatoren; Parallelimporteur zur Zulässigkeit der Nichtkennzeichnung von parallelimportierten Fertigspritzen; Pharmaunternehmen in Arzneimittelhaftungsprozess; div. Pharmaunternehmen in Zahlungsklagen wg. AM-RabG; Pharmaunternehmen zum Markteintritt in Dtl. für Gentherapeutikum.

HENGELER MUELLER
Pharma- und Medizinprodukterecht ◻◻◻◻◻

Bewertung: Die im Gesundheitswesen häufig empfohlene Kanzlei bewies bei der Beratung von Bayer beim Verkauf des Diabetesgeschäfts einmal mehr ihre branchenspezifische Transaktionsstärke. In diesem Jahr gewann sie jedoch auch in der regulator. Beratung an Profil, da sie in mehreren großen Verfahren mandatiert wurde. So vertrat sie Sanofi zum Unterlagenschutz u. führte ein umfangr. Mandat für die AOK Bayern zur Umsetzung des Selektivvertrages zur hausarztzentrierten Versorgung einschl. der zugehörigen Sozialgerichtsverfahren. Die Kanzlei berät zudem Kliniken in Compliance-Fragen (▶Gesundheitswesen Branchenberater). Diese Erfahrung könnte sie nun auch für andere Mandanten aus der Pharmabranche nutzen.

Stärken: Beratung zu EU- u. regulator. Fragen, ▶M&A-Transaktionen im Gesundheitssektor.

Häufig empfohlen: Prof. Dr. Wolfgang Spoerr, Dr. Dirk Uwer

Kanzleitätigkeit: Praxis mit Schwerpunkten im EU-Recht, HWG sowie Erstattungs- u. regulator. Fragen; zudem Vertriebs- u. Öffentl. Recht. Daneben klin. Prüfungen, Medizinprodukte, Transaktionen (▶M&A), ▶Patent- u. Kartellrecht. Auch Compliance. Häufig Beratung u. Prozesse zu grundlegenden Problemen, überwiegend für forschende Unternehmen, auch für Kostenträger. (Kernteam: 5 Partner, 2 Counsel, 4 Associates)

Mandate: ●● AOK Bayern zur Umsetzung Selektivvertrag zur hausarztzentrierten Versorgung u. in div. Sozialgerichtsverf.; Siemens bei Verkauf Audiology Solutions; InVentiv Health zu Arbeitnehmerdatenschutz; Sanofi zum Unterlagenschutz (BVerwG); Bayer beim Verkauf Diabetesgeschäft; Sonic Healthcare Germany zu Produktions- u. Vertriebsvertrag; Stirling Square Capital bei Kauf Polytech Domilens; Lilly Dtl. lfd. im HWG.

● Referenzmandate, umschrieben
●● Referenzmandate, namentlich

Anwaltszahlen: Angaben der Kanzleien, wie viele Anwälte zu mind. ca. 50 % in diesem Gebiet tätig sind. Sie spiegeln nicht zwingend die Gesamtgröße einer Kanzlei wider.

REGULIERTE INDUSTRIEN GESUNDHEITSWESEN

HOGAN LOVELLS
Pharma- und Medizinprodukterecht ■■■■□□

Bewertung: Eine der im Gesundheitswesen führenden Kanzleien, die in allen wichtigen Themen prominente Mandate verzeichnet. So berät sie Siemens zu regulator. Fragen, Lilly zum AMNOG u. MorphoSys zu Lizenzverträgen. Der im Markt hoch angesehene Schickert leitet die Praxisgruppe mit dem Kernbereich der regulator. Beratung von München aus u. arbeitet eng im internat. Netz der Kanzlei, z.B. für Novartis zur Integration des Krebsportfolios von GSK u. Cubist Pharmaceuticals zur Markteinführung. Im gleichen Büro führt Brock hochkarätige Produkthaftungsfälle, darunter den internat. Fall für den TÜV Rheinland um Haftungsansprüche zu PIP-Brustimplantaten. HL erweiterte ihren ohnehin großen Mandantenstamm erneut um weitere Medizinproduktehersteller, darunter Cormedix. Auch bei Lizenzdeals legte sie zu. Bekannt ist die Kanzlei für ihre starke D'dorfer Patentpraxis, die in großen Pharmafällen, u.a. für Eli Lilly, präsent war u. eine neue Partnerin ernannte.

Stärken: Renommierte IP-Praxis (v.a. ▶Patentprozesse), ▶Produkthaftung, Transaktionsbegleitung (▶M&A) u. Kartellrecht.

Häufig empfohlen: Dr. Jörg Schickert („sehr effizient", Mandant), Dr. Andreas von Falck (Patentrecht), Ina Brock (Produkthaftung), Dr. Tanja Eisenblätter („unschlagbarer Umgang mit Gerichten", Mandant, HWG)

Kanzleitätigkeit: Umf. Betreuung der Gesundheitsbranche mit klaren Kompetenzverteilungen an 3 Standorten: in München umfangr. zu Business Compliance, Produkthaftung, sozial- u. erstattungsrechtl. Fragen sowie Transaktionsbegleitung u. Biotechnologie; in D'dorf Patent- u. Kartellrecht mit Pharmabezug; in Hamburg HWG, ▶Marken u. Wettbewerb u. Abgrenzungen zu Kosmetika u. ▶Lebensmitteln. Mandantschaft: ausschl. forschende Industrie, zahlreiche Biotechunternehmen. (Kernteam: 3 Partner, 1 Counsel, 7 Associates)

Mandate: ●● Siemens zu regulator. Fragen; Lilly zum AMNOG; MorphoSys zu Transparenz u. in Kooperations- u. Lizenzvertrag mit Emergent BioSolutions; Nanobiotix zu Lizenzverträgen u. europaw. klin. Prüfungen; MedinCell zu div. Lizenz- u. Joint-Venture-Projekten; TÜV Rheinland u. verbundene Unternehmen zu Haftungsansprüchen im Zshg. mit PIP-Brustimplantaten; Cubist Pharmaceuticals umf. zu Markteinführung; Novartis zur Integration des Krebsportfolios von GSK u. zu klin. Studien; umf. Baxter, u.a. in Verfahren zur Abgrenzung zw. Arzneimittel u. Medizinprodukt.

KALTWASSER
Pharma- und Medizinprodukterecht ■■□□□□

Bewertung: Die kleine, geschätzte Pharmaboutique verdankt ihre Marktpräsenz weiterhin insbes. ihrer tiefen Expertise bei HWG-Prozessen. Während der erfahrene Namenspartner zuletzt etwas weniger visibel war, ist die Marktpräsenz des jüngeren Partners Häser noch nicht so groß, dass ein reibungsloser Generationswechsel gesichert scheint. Vor diesem Hintergrund ist der Wechsel eines erfahrenen Associate (zu Meisternst) schmerzlich.

Stärken: HWG-Prozesse.

Häufig empfohlen: Dr. Frank Kaltwasser, Dr. Jan-Tobias Häser

Kanzleitätigkeit: Umfangr. Tätigkeit im Pharmasektor, deutl. seltener Medizinproduktehersteller. Beratungsschwerpunkte im AMG, HWG, bei Erstattungen, Arzneimittelhaftungen, Compliance, Sponsoring sowie Beratung zu klin. Studien. Auch Arbeitsrecht. Mandantschaft: gleichermaßen Mittelstand u. Großunternehmen. (3 Partner)

Mandate: Keine Nennungen.

KING & SPALDING
Pharma- und Medizinprodukterecht ■■■□□□

Bewertung: Die US-Kanzlei mit Branchenschwerpunkt in der Life-Science-Industrie hat ihre empfohlene dt. Pharmapraxis Anfang 2014 mit dem Frankfurter Partner Grundmann von Bird & Bird verstärkt. Mit starker Vernetzung innerhalb der internat. Praxis baut er nun die Stellung in Dtl. aus, u.a. im Bereich Medizinprodukte. Daneben gilt er als Spezialist für Abgrenzungsfragen zw. Arznei- u. Lebensmitteln. Zuletzt positionierte er sich auch in mehreren Verfahren vg. Parallelimporteure an der Seite von Teva Europe u. Roche Diagnostics.

Stärken: HWG-Prozesse u. Abgrenzungsfragen zw. Arznei- u. Lebensmitteln u. Kosmetika.

Häufig empfohlen: Ulf Grundmann (HWG)

Kanzleitätigkeit: Umf. Betreuung der Pharma- u. Medizinproduktebranche mit Schwerpunkten im HWG sowie bei Abgrenzungsfragen u. an der Schnittstelle zum ▶Lebensmittelrecht. Mandantschaft: zunehmend internat. Klientel. (Kernteam: 1 Partner, 1 Associate)

Mandate: ●● Dr. Wilmar Schwabe u. Chem. Fabrik Kreussler in Verfahren zur Abgrenzung von Arzneimitteln/Kosmetika/Lebensmitteln; Teva Europe u. Roche Diagnostics gg. Parallelimporteure; Truw Arzneimittel zu Nahrungsergänzungsmitteln u. im Arzneimittelrecht.

KLEINER
Pharma- und Medizinprodukterecht ■■■□□□

Bewertung: Die geschätzte u. personell kleine Pharmapraxis konzentriert sich auf das Blut- u. Geweberecht. Dies zeigt sich in einer langj. Mandatsbeziehung zur DKMS, v.a. in der regulator. Beratung. Über diese Spezialisierung konnte die Kanzlei die Deutsche Gesellschaft für Hämatologie und Onkologie als neuen Mandanten gewinnen. Sie verstärkte sich im letzten Jahr um einen Associate, v.a., um die Schnittstelle zum IP, beim Know-how-Schutz u. bei klin. Prüfungen zu besetzen. Vor allem Letzteres wäre ein Ansatz, sich mit einer weiteren Verbreiterung des Teams aus ihrer Nische herauszubewegen.

Stärken: Großes Know-how im Transfusions- u. Transplantationsrecht.

Häufig empfohlen: Dr. Arnd Pannenbecker

Kanzleitätigkeit: Schwerpunkte im Arzneimittelrecht, bei HWG-Fragen. Spezialkenntnisse im Gewebe-, Transfusions- u. Transplantationsrecht, bei Homöopathika u. Arzneimitteln für neuartige Therapien. Bekannte Praxis für ▶Marken u. Wettbewerb. (2 Partner)

Mandate: ●● Deutsche Gesellschaft für Hämatologie u. Onkologie zum Datenschutz, Compliance, Arzneimittelrecht, v.a. klin. Prüfungen; DKMS Nabelschnurblutbank zur Herstellung u. Zulassung von Nabelschnurblutzubereitungen; DKMS Life Sciences Lab zu In-vitro-Diagnostika; Cellex zur Herstellung u. Vertrieb von Blut- u. Gewebezubereitungen; Blutspendendienst zum Arzneimittel- u. Transfusionsrecht.

MEISTERERNST
Pharma- und Medizinprodukterecht ■■■□□□

Bewertung: Die geschätzte kleine Pharmapraxis erschließt sich zunehmend das Vertrauen ihrer Mandanten auch bei regulator. Fragen. Hierzu beriet sie u.a. einen Biosimilar-Hersteller. Meisterernst entwickelte aus einer tiefen Expertise im ▶Lebensmittelrecht heraus in den letzten Jahren die Beratung im Gesundheitswesen. Tillmanns baut seine Kontakte zu Mandanten über die Beratung von Abgrenzungsfragen zu Lebensmitteln u. später zu HWG-Prozessen dabei weiter aus. Die Verstärkung mit der im Pharmarecht erfahrenen Sylvia Braun (von Kaltwasser) war daher dringend geboten.

Häufig empfohlen: Dr. Christian Tillmanns („exzellent im Heilmittelwerbe- und Wettbewerbsrecht", Wettbewerber)

Kanzleitätigkeit: Schwerpunkte bei Abgrenzungsfragen zu Lebensmitteln/Kosmetika sowie HWG. Zunehmend regulator. u. vertragsrechtl. Beratung. Mandantschaft: v.a. forschende Arzneimittelindustrie, Medizinproduktehersteller u. Lebensmittel- bzw. Kosmetikunternehmen. Auch Apotheker zu innovativen Geschäftsmodellen. (Kernteam: 1 Partner, 2 Associates)

Mandate: Regulator. Beratung u. Vertragsgestaltung für Biosimilar-Hersteller; Hersteller von Tablettierhilfsstoffen regulator. zum Vertrieb in Russland; Arzneimittelhersteller zum Unterlagenschutz bei Markteinführung; Apothekerin in Verfahren zu Vertriebsregelungen (BVerwG).

OPPENHOFF & PARTNER
Pharma- und Medizinprodukterecht ■■■□□□

Bewertung: Die im Gesundheitswesen empfohlene Kanzlei ist im Markt v.a. für ihre Expertise im Produkthaftungsrecht, insbes. bei Produktrückrufen bekannt. Der in diesem Thema sehr erfahrene Klappich gewann zuletzt zunehmend Medizinproduktehersteller als Mandanten. Daneben verbreiterte das Team die Arbeit für bestehende Pharmamandanten u. berät sie häufig im ▶Gesellschafts- u. ▶Steuerrecht.

Stärken: Produkthaftung, Prozesse. Expertise im branchenbezogenen Steuerrecht.

Häufig empfohlen: Peter Klappich

Kanzleitätigkeit: Breites Praxisspektrum von der Beratung im Forschungsstadium über die Zulassung u. Markteinführung eines Medikaments (inkl. HWG- u. Vertriebsfragen) bis hin zur Vertretung ggü. Behörden u. Wettbewerbern. Schwerpunkte bei Business Compliance u. Arzneimittelhaftung. Mandantschaft: ausschl. Originatoren. (Kernteam: 1 Partner, 3 Associates)

Mandate: ●● Johnson & Johnson umf. u.a. im HWG u. beim Kauf von Synthes; Pharmaunternehmen u.a. in Verfahren zu Arzneimittelzulassungen; Medizinproduktehersteller in div. Produkthaftungsklagen; Medizinproduktehersteller in Schadensersatzprozess gg. ehem. Geschäftsführer u. Ärzte wg. Korruption; Medizinproduktehersteller zu Produktrückruf.

OPPENLÄNDER
Pharma- und Medizinprodukterecht ■■■■□□

Bewertung: Die Pharmapraxis um Dettling wird besonders für Vertragsrecht u. Vertriebskonzepte empfohlen. Die Kooperation mit der angesehenen Kartellrechtspraxis ist eng. Neben einem Hersteller von Biopharmazeutika gewann die Kanzlei auffällig viele Apotheker als Mandanten: Sie griffen

auf den im Apothekenrecht erfahrenen Kieser bei der Abwehr einer Abmahnwelle zurück.
Stärken: Apothekenrecht; ▶ Marken u. Wettbewerb sowie ▶ Kartellrecht. Zulassungen u. Erstattungen.
Häufig empfohlen: Dr. Heinz-Uwe Dettling, Dr. Timo Kieser („sehr lösungsorientiert", Mandant; Apothekenrecht)
Kanzleitätigkeit: Umf. Betreuung der Branche mit Schwerpunkten bei IP- u. HWG-Prozessen sowie im Zshg. mit Herstellung, Zulassung u. Vertrieb von Produkten. Daneben Beratung im Kartell- u. Vergaberecht sowie zu Abgrenzungsfragen zu Kosmetika u. Medizinprodukten. Zunehmend EU-Recht. Mandantschaft: i.d.R. europ. Originalhersteller u. dt. Mittelstand, einige Generikahersteller sowie Apothekerverbände. (5 Eq.-Partner, 2 Sal.-Partner, 1 Associate)
Mandate: ●● Rentschler Biotechnologie wg. Herstellung von Arzneimitteln; GSK zur arzneimittelrechtl. Zulässigkeit von Dachmarken u. zu Arzneimitteleigenschaften von Chlorhexidin-haltigen Mundspülungen vor BGH; Apothekenportal gg. Massenabmahnungen; Apotheker in Strafverfahren wg. Betrug (BGH); Hersteller zur Erstattung homöopathischer Arzneimittel (BSG), div. Arzneimittelhersteller im Vertragsrecht; div. Apotheker bei Käufen u. berufsrechtl. Fragen; Medizinproduktehersteller im Wettbewerbsrecht.

PREU BOHLIG & PARTNER
Pharma- und Medizinprodukterecht ☐☐☐☐☐
Bewertung: Die Münchner Pharmapraxis um von Czettritz wird für die Expertise im HWG häufig empfohlen. Das Team ist v.a. dank Prozessen für ihre Stammmandanten, v.a. Generikahersteller wg. Werbung, ausgelastet. Daneben ist sie auch in Prozessen für Parallelimporteure, in diesem Jahr auch zu Schulungsunterlagen, aktiv. Bisher profitierte die Gesundheitspraxis zwar auch von der Anbindung an das starke ▶ Patentteam der Kanzlei, wird jedoch von der Abspaltung der D'dorfer Patentrechtler nicht nachhaltig getroffen.
Stärken: HWG- u. Patentprozesse.
Häufig empfohlen: Peter von Czettritz
Kanzleitätigkeit: Beratung für Pharma- u. Medizinproduktehersteller ab Zulassungsantrag. Umfangr. im HWG, außerdem Nachzulassungen u. Abgrenzungsfragen zu Lebensmitteln. Starke ▶ Patentpraxis. Daneben Erstattungsfragen, Kartellrecht, ▶ Marken- u. Wettbewerbsrecht u. Business Compliance. Mandantschaft: Original- u. Generikahersteller sowie Parallelimporteure. (Kernteam: 1 Partner, 2 Associates)
Mandate: ●● Öffentl. bekannt: pharmarechtl. für Novartis; div. Pharmaunternehmen zu Werbung; Parallelimporteur in mehreren Klagen um Schulungsunterlagen, Risikomanagementplan u. in div. Klagen gg. BfArM.

SANDER & KRÜGER
Pharma- und Medizinprodukterecht ☐☐☐☐☐
Bewertung: Die empfohlene Pharmakanzlei legt Schwerpunkte auf HWG- u. Haftungsfälle. Ihre darüber hinausgehenden Kompetenzen liegen u.a. bei Zulassungs-, Kosten- u. Abgrenzungsfragen. In der Beratung von Pharmaunternehmen zu Compliance, auch an der Schnittstelle zum Strafrecht, hat die Kanzlei in Zusammenarbeit mit anderen Kanzleien schon Erfahrung gesammelt. Dies könnte sich vor dem Hintergrund der bevorstehenden Antikorruptionsgesetzgebung als Vorsprung erwei-

sen. Gut positioniert ist sie auch, um sich stärker bei der Markteinführung von Gesundheits-Apps zu engagieren.
Häufig empfohlen: Dr. Carsten Krüger, Dr. Axel Sander
Kanzleitätigkeit: Schwerpunkte im Zulassungs- u. Pharmarecht sowie im HWG. Zunehmend Compliance. Daneben Abgrenzungsfragen zu Lebensmitteln u. Kosmetika, Haftungsrecht, Vertragsrecht sowie Beratung bei Herstellung, Produktion u. Vertrieb. Auch Medizinprodukterecht u. Erstattungsfragen sowie Transaktionsberatung. (2 Partner, 5 Associates, 1 of Counsel)
Mandate: ●● Omega Pharma umf. im Vertrags-, Wettbewerbs- u. Arzneimittelrecht; InQpharm zu Medizinprodukten u. Wettbewerbsrecht; Köhler Pharma zu Zulassungsrecht; Kreussler Pharma zu Zulassungs-, Wettbewerbs-, Arzneimittel- u. Kosmetikrecht; Merck zu Wettbewerbsrecht, regulator. Fragen u. Produkthaftung; Novartis zu Arzneimittelhaftung, Zulassungs- u. Arzneimittelrecht; Pharmahersteller in Schiedsverfahren wg. Erstattung nach SGB V; Pharmaunternehmen gg. priv. Krankenversicherung wg. Arzneimittelrabatten; internat. Konzern zur Markteinführung von Biozidprodukten; Medizinproduktehersteller zur Einführung einer App; Kosmetikhersteller zur Abgrenzung zw. Arzneimitteln u. Medizinprodukten.

DR. SCHMIDT-FELZMANN & KOZIANKA
Pharma- und Medizinprodukterecht ☐☐☐☐☐
Bewertung: Die Hamburger Pharmaboutique wird v.a. für HWG-Prozesse häufig empfohlen, doch auch bei der Markteinführung selbst steht sie langj. u. neuen Mandanten häufig zur Seite. Vom Markt noch weniger beachtet, berät die Kanzlei bei Medizinprodukteklassifizierungen u. Abgrenzungsfragen zw. Medizinprodukten u. Arzneimitteln. Auch auf dem internat. Parkett machte die Kanzlei auf sich aufmerksam: Sie erhob für einen Arzneimittelhersteller Untätigkeitsklage gg. die EU-Kommission wg. Botanical Health Claims. Dies unterstreicht ihre hoch spezialisierte Expertise an der Schnittstelle zu gesundheitsbezogenen Lebensmitteln.
Stärken: Beratung an der Schnittstelle zum ▶ Lebensmittelrecht; HWG u. SGB V.
Häufig empfohlen: Wolfgang Kozianka („erfahrener Prozessanwalt, sehr kollegial", Wettbewerber), Michael Weidner, Simone Winnands
Kanzleitätigkeit: Beratung u. Vertretung von Originalherstellern im Arzneimittel- u. Medizinprodukterecht. Häufig Beratung ab Konzeption neuer Produkte. Schwerpunkte bei AMG u. HWG, Erstattungsfragen zum SGB V, zu Nahrungsergänzungsmitteln u. bei Abgrenzungsfragen zu Lebensmitteln mit Gesundheitsbezug. Auch Transaktionen. Mandanten: Pharmakonzerne, umsatzstarke Mittelständler. (Kernteam: 3 Partner, 2 Associates)
Mandate: ● Dt. u. US-Arzneimittelhersteller zu Markteinführungen; dt. Arzneimittelhersteller zu Abgrenzung von Medizinprodukten u. Arzneimitteln; dt. Arzneimittelhersteller zu Medizinprodukteklassifizierung; Arzneimittelhersteller in Untätigkeitsklage gg. EU-Kommission wg. Botanical Health Claims; Arzneimittelhersteller zu Zulässigkeit von Musterabgaben an Apotheken; Arzneimittelhersteller zur frühen Nutzenbewertung u. Erstattungspreisverhandlungen; Arzneimittelhersteller zu Dachmarken.

SCHULTZ-SÜCHTING
Pharma- und Medizinprodukterecht ☐☐☐☐☐
Bewertung: Die IP-Boutique wird im Gesundheitswesen v.a. wg. ihrer großen Expertise bei Prozessen um Arzneimittelwerbung häufig empfohlen. Besonders Bruhn wird für sein Auftreten vor dem Hamburger HWG-Gericht gelobt. Daneben führt Kröner große Verfahren für Novartis zur Auseinzelung von Lucentis u. zur Zulässigkeit von Werbung auf Arzneimittelpackungen. Das Team berät zudem zur Markteinführung von Arzneimitteln u. ist erfolgreich bei HWG-Prozessen. Es berät in Folgemandaten zum AMNOG u. positioniert sich bei der Abgrenzung von Arzneimitteln u. Kosmetika.
Stärken: Pharmaprozesse mit Bezug zu HWG u. SGB V, ▶ Patent, ▶ Marken u. Wettbewerb.
Häufig empfohlen: Dr. Dirk Bruhn („kämpft in Gerichtsverhandlungen auf hohem Niveau", „fairer Prozessanwalt", Wettbewerber), Dr. Lars Kröner, Dr. Rolf Schultz-Süchting
Kanzleitätigkeit: V.a. Prozesse mit Schwerpunkt bei der Betreuung der Branche im UWG/HWG sowie Patent- u. Markenrecht. Daneben Zulassungsverfahren, SGB V u. Produkthaftungen. Mandantschaft: v.a. Pharmakonzerne, einige Medizinproduktehersteller. (2 Partner, 1 Counsel, 1 Associate, 1 of Counsel)
Mandate: ●● Novartis zu Auseinzelung von Lucentis u. zu Werbung auf Arzneimittelpackungen (BGH); Bayer zu Gewinnspielen (BGH); Beiersdorf zur Abgrenzung Arzneimittel u. Kosmetika; ALK-Abelló in Verfahren zur Ausnahme von Zwangsrabatten; HWG-Verfahren u.a. für Novartis, Bayer, Hexal, Lilly Dtl., ALK-Abelló u. Shire Dtl.; Pharmaunternehmen zur Abgabe von Musterpackungen.

STRÄTER
Pharma- und Medizinprodukterecht ☐☐☐☐☐
Bewertung: Im Pharmarecht ist die Bonner Boutique eine der führenden Adressen in Dtl., von der auch Wettbewerber sagen, dass man „an ihr nicht vorbeikommt". Während bei Wettbewerbern die Beratung zur frühen Nutzenbewertung von Arzneimitteln wieder abflaut, führt Sträter eine große Anzahl von Verfahren u. berät Unternehmen intensiv im Hintergrund. Die Kanzlei ruht sich nicht auf ihrem Erfolg aus, sondern gewann auch neue Mandanten. So berät sie zunehmend kleine, spezialisierte Unternehmen zum Markteintritt von Orphan Drugs u. schaffte es auf das Panel des Novartis-Konzerns. Nach wie vor ist die Kanzlei in viel diskutierten Mandaten zu sehen. So beriet sie in diesem Jahr HRA Pharma Dtl. zur Entlassung aus der Verschreibungspflicht u. zu regulator. Fragen der ‚Pille danach'. Außerdem positioniert sich die Kanzlei in Compliance-Fragen, insbes. im Zshg. mit klin. Forschung. Im Markt der Medizinprodukte profitierte Sträter von der Klagefreudigkeit ihrer Mandanten bei Abrechnungsstreitigkeiten.
Stärken: Tiefe Expertise im Zulassungsrecht u. an der Schnittstelle zum Arztrecht.
Häufig empfohlen: Prof. Burkhard Sträter, Claus Burgardt, Markus Ambrosius
Kanzleitätigkeit: Ausschl. Tätigkeit im Medizinrecht mit deutl. Schwerpunkt bei der Unterstützung der Produktentwicklung, oftmals als Bindeglied zw. den Abteilungen Forschung, Entwicklung u. Marketing, sowie frühzeitige Klärung der Erstattungsfähigkeit. Hoher Beratungsanteil bei Proble-

men mit europarechtl. Bezug u. Vertretung in Zulassungsverf., Abwehr von Generikaprodukten, Vergaberecht u. IP-Fragen. Überschneidungen zum Arzt-, Apotheken- u. Krankenhausrecht. Mandantschaft: regelm. Originalhersteller von Arzneien, auch von Medizinprodukten. (3 Eq.-Partner, 7 Sal.-Partner, 1 Associate)

Mandate: ●● Novartis Pharma in Klageverf. zu Unterlagenschutz um zentral zugelassenes Arzneimittel; HRA Pharma Dtl. zur ‚Pille danach' wg. Entlassung aus Verschreibungspflicht; div. forschende Pharmaunternehmen in Verfahren u. Verhandlungen zur frühen Nutzenbewertung; Hersteller zu Zulassungen für Kava-Kava-haltige Arzneimittel; Uniklinik zu Compliance; Medizinproduktehersteller zu Abgrenzung von Arzneimitteln u. Medizinprodukten.

TAYLOR WESSING
Pharma- und Medizinprodukterecht ☐☐☐☐☐
Bewertung: In der im Gesundheitswesen häufig empfohlenen Kanzlei ist es v.a. die Produkthaftungspraxis, die ihr ihre Marktposition sichert. Hier gehört u.a. Bayer Healthcare zu den Stammmandanten. Wettbewerber bemerken v.a., wie gut das Team als Einheit funktioniert. Daneben ist die angesehene Partnerin Epping sehr aktiv bei Lizenzen, v.a. für Biotechunternehmen. Diese Mandanten berät die Kanzlei zunehmend an der Schnittstelle zum Datenschutz. Zudem ist TW eine feste Größe bei der Beratung von Krankenhäusern u. dem ambulanten Sektor, v.a. bei Transaktionen (▶Gesundheitswesen Branchenberater).
Stärken: HWG- u. Patentprozesse, Beratung der Biotechbranche. Produkthaftung (▶Handel u. Haftung).
Häufig empfohlen: Dr. Manja Epping, Dr. Wolfgang Rehmann, Dr. Sabine Rojahn (Patente)
Kanzleitätigkeit: Umf. Betreuung der Pharma- u. Medizinproduktebranche. Starke Prozesspraxis in Bezug auf HWG u. Patente. ▶M&A, Lizenzen u. F&E-Kooperationen. Auch ▶Vergabe. Daneben Beratung an der Schnittstelle zu Lebensmitteln. Langj. Erfahrung bei Parallelimporteuren. Auch Krankenhausrecht. (Kernteam: 8 Partner, 2 Counsel, 5 Associates)
Mandate: ●● Grünenthal zu Produkthaftung um Thalidomid; Polpharma in Klageverf. zu patentgeschützten Substanzen in klin. Studien; Bayer Healthcare lfd. zu Produkthaftung; Kuraray regulator. u. wettbewerbsrechtl. zu Medizinprodukten; Probiodrug bei Börsengang; Hersteller künstlicher Kniegelenke bei Produktrückruf; Hersteller von Wirbelsäulenimplantaten zu Produkthaftung; Medizinproduktehersteller in Compliance wg. Vertriebs- u. Marketingpraktiken; gesetzl. Krankenkassen lfd. regulator., u.a. zu Selektivverträgen.

WACHENHAUSEN
Pharma- und Medizinprodukterecht ☐☐☐☐☐
Bewertung: Die kleine Pharmaboutique wird vornehml. für ihre Expertise in klinischen Prüfungen geschätzt. Ausgehend von ihrer Erfahrung im Pharmasektor hat sie sich inzw. auch den Medizinproduktebereich erschlossen u. erweitert ihren Mandantenstamm stetig. Die Aufnahme eines 2. Partners, der bisher inhouse bei dem Medizintechnikunternehmen Link in Hamburg tätig war, schafft die nötigen Freiräume, um den erfolgr. Kurs beizubehalten u. die Marktanteile zu erweitern.
Stärken: Klin. Prüfungen.
Häufig empfohlen: Dr. Heike Wachenhausen („die Nummer eins für den Bereich klin. Prüfungen", Wettbewerber)
Kanzleitätigkeit: Schwerpunkte im Zulassungsrecht u. bei klin. Prüfungen. Zudem Pharmakovigilanz u. regulator. Beratung. Auch HWG, Compliance u. Abgrenzungsfragen. Mandanten: v.a. forschende Arzneimittelunternehmen, Medizinproduktehersteller, Biotechunternehmen sowie Auftragsforschungsunternehmen (CRO). (2 Partner, 2 Associates)
Mandate: ● Dt. Pharmaunternehmen zu Klassifizierung u. Werbung v. Medizinprodukten; dt. Arzneimittelhersteller zur Einlizenzierung; Pharmakonzern zu Arzneimittelvertrieb, Verträgen zu Kooperationen mit Ärzten u. med. Einrichtungen; Pharmaunternehmen zum Vertrieb neuer Arzneimittel, insbes. zu arzneimittel- u. werberechtl. Fragen; Medizinproduktehersteller zu Abgrenzungsfragen zw. Arzneimitteln u. Medizinprodukten.

WIGGE
Pharma- und Medizinprodukterecht ☐☐☐☐☐
Bewertung: Die empfohlene Medizinrechtsboutique ist bekannt für ihre Beratung im Sozialrecht. Ihre Mandanten, vornehml. Pharmaunternehmen u. Medizinproduktehersteller, berät sie u.a. zu Kostenerstattung, Sponsoring, Kooperationen, Vertriebsstrukturen oder Off-Label-Use. Die Kanzlei mit großen Teams in Münster und Hamburg will v.a. ihre Präsenz in Köln wieder aufbauen. Diese hatte sie ebenso wie das Münchner Büro mit dem Verlust eines Equity-Partners eingebüßt. Daneben ist die Kanzlei auf die Beratung von ▶Krankenhäusern, MVZ u. niedergelassenen Ärzten spezialisiert.
Stärken: Beratung ggü. Behörden zur Erstattungsfähigkeit von Arzneimitteln.
Häufig empfohlen: Dr. Peter Wigge, Anke Harney
Kanzleitätigkeit: Umf. Tätigkeit im Medizinrecht. Deutl. Schwerpunkt bei der Beratung zu sozialrechtl. sowie pharma- u. medizinproduktrechtl. Aspekten. Zudem Beratung bei der Markteinführung neuer Arzneien sowohl zu deren Anerkennung als auch Erstattungsfähigkeit u. ggf. gerichtl. Durchsetzung. Mandantschaft: Pharmaunternehmen zu Erstattungsfähigkeit, mittelständ. Firmen in Zulassungsfragen, daneben Ärzte, Apotheken, Kammern u. Verbände. (4 Partner, 5 Associates, 1 of Counsel)
Mandate: Keine Nennungen.

WILMERHALE
Pharma- und Medizinprodukterecht ☐☐☐☐☐
Bewertung: Die Kanzlei wird für ihre regulator. Expertise v.a. für Fragen mit europarechtl. Bezug geschätzt. Sie besetzt dabei auch die Schnittstelle zum wichtiger werdenden Thema Datenschutz mit einem Partner, z.B. beim Transfer von klin. Daten. Diese Fokussierung ist das Ergebnis einiger Weggänge der letzten Jahre. Verblieben ist jedoch ein versiertes Team um Kamann u. Gey, das v.a. die Schnittstelle zu europarechtl. Themen besetzt. So vertreten sie z.B. den Bundesverband der Pharmazeut. Industrie im EU-Beihilfeverfahren um die Befreiung der Pharmaunternehmen von Herstellerabschlägen an Krankenkassen.
Stärken: Gesundheitsbezogenes ▶Kartellrecht, Abgrenzungsfragen zu Lebensmitteln (▶Lebensmittelrecht).
Häufig empfohlen: Prof. Dr. Hans-Georg Kamann, Dr. Peter Gey
Kanzleitätigkeit: Regulator. u. vertragsrechtl. Beratung u. Prozessvertretung an der Schnittstelle zw. dt. u. EU-recht. Fragen. Daneben Vergaberecht u. Datenschutz. (4 Partner, 1 Sal.-Partner, 3 Associates)
Mandate: ●● Avanir u. zu frühen Nutzenbewertung von Nuedexta; Bundesverband der Pharmazeut. Industrie im EU-Beihilfeverfahren um Befreiung der Pharmaunternehmen von Herstellerabschlägen an Krankenkassen; Advitares zu Rabattvertragsausschreibungen, u.a. in TNF-Alpha-Ausschreibung der AOK Ba-Wü.; Becton Dickinson zu Compliance, Medizinprodukte-, Vertriebs- u. Vergaberecht sowie in Produkthaftungsprozessen; EMA in vergaberechtl. Prozessen auf EU-Ebene; ThromboGenics zu Kooperationen.

Ausgewiesene Berater von Krankenhäusern, MVZ oder Apotheken

Dieses Kapitel umfasst Kanzleien, die für ihre Beratung der Gesundheitsbranche in anderen Gebieten als dem reinen Pharmarecht bundesweit oder in bestimmten Regionen besonders angesehen sind. Die Kanzleien zeichnen sich durch ihre Arbeit für Krankenhäuser, Medizinische Versorgungszentren (MVZ) oder Apotheken aus, z.B. bei Transaktionen sowie im Krankenhaus-, Apotheken- oder Arztrecht.

Krankenhaus- und Arztberatung

NORDEN

CausaConcilio	Kiel, Hamburg
Latham & Watkins	Hamburg
Luther	Hannover
Wigge	Hamburg

OSTEN UND BERLIN

Busse & Miessen	Berlin
Dentons	Berlin
Dierks + Bohle	Berlin
Gleiss Lutz	Berlin
Hengeler Mueller	Berlin
KPMG Law	Berlin
Luther	Leipzig
Noerr	Berlin, Dresden
Ratajczak & Partner	Berlin, Jena, Meißen
Raue	Berlin
RBS RoeverBroennerSusat	Berlin

WESTEN

Busse & Miessen	Bonn
Dierks + Bohle	Düsseldorf
Frehse Mack Vogelsang	Köln, Münster, Dortmund
Graf von Westphalen	Düsseldorf
Michels pmks	Köln
Möller & Partner	Düsseldorf
Quaas & Partner	Dortmund
Ratajczak & Partner	Essen
Rehborn	Dortmund
Schmidt von der Osten & Huber	Essen
Taylor Wessing	Düsseldorf
Wigge	Münster

FRANKFURT UND HESSEN

Hengeler Mueller	Frankfurt
Heuking Kühn Lüer Wojtek	Frankfurt
Luther	Frankfurt
Prof. Schlegel Hohmann Mangold & Partner	Frankfurt
Taylor Wessing	Frankfurt

SÜDWESTEN

Gleiss Lutz	Stuttgart
Heimes & Müller	Saarbrücken
Quaas & Partner	Stuttgart
Ratajczak & Partner	Sindelfingen
Schick und Schaudt	Stuttgart

SÜDEN

McDermott Will & Emery	München
Noerr	München
Preißler Ohlmann & Partner	Fürth
Ratajczak & Partner	München
Seufert	München

BUSSE & MIESSEN

Bewertung: Die Medizinrechtspraxis um Dr. Ingo Pflugmacher, den Wettbewerber als „erfahrenen Krankenhausberater" loben, verstärkte sich durch Dr. Ronny Hildebrandt, der im Herbst 2014 von Dierks + Bohle zur Bonner Kanzlei ins ▶Rheinland wechselte. Das im Frühjahr 2014 zu B&M gestoßene Team konzentriert sich auf die Beratung von Kliniken auch bei Transaktionen, Personalabbau, Umstrukturierungen u. Outsourcing. Zudem umfassende Beratung von MVZ u. Ärzten. (9 Partner, 3 Associates)
Mandate: ●● GFO-Kliniken im Revisionsverf. (BSG) zur MVZ-Bürgschaftspflicht; Uniklinik Münster bei geplantem Kauf von CKT-Kliniken; Rhön zu Compliance u. klin. Prüfungen; Cellitinnen bei Personalabbau in 3 Krankenhäusern u. Verkauf St. Anna-Klinik Wuppertal; Dr. Staber & Kollegen u.a. zum Ausbau bundesw. MVZ-Laborstandorte; St. Elisabeth Krankenhaus Salzgitter in Klage auf Investitionsförderung eines Ersatzneubaus; Unikliniken Münster u.a. zu Umsatzsteuererstattung auf ambulante Zytostatikazubereitungen.

CAUSACONCILIO

Bewertung: Bei der in Schleswig-Holstein u. HH beheimateten Kanzlei stehen unverändert Krankenhausträger, Ärzte, Berufsverbände u. Dialyseeinrichtungen im Fokus. So loben Mandanten die Effizienz u. Lösungsorientierung von Stephan Gierthmühlen. Allerdings schrumpfte die Kanzlei personell, da sie in diesem Jahr zwei Hamburger Partner verlor. (5 Partner, 6 Associates)
Mandate: ●● NordBlick im Medizinrecht; umf. Berufsverband der Dt. Kieferorthopäden, Berufsverband der Dt. Urologen, Cardiologicum; Krankenhausträger zu Arzthaftung; Klinikbetreiber u.a. zu Chefarztverträgen, im Medizin- u. Krankenhausvergütungsrecht.

DENTONS

Bewertung: Die Praxis um Dr. Jörg Karenfort u. Dr. Christof Kautzsch berät regelm. bei Kliniktransaktionen u. im klass. Krankenhausrecht. Insbes. Karenfort verfügt zudem über Expertise im branchenbezogenen ▶Kartellrecht u. Erfahrung im Apothekenrecht. Dr. Ilka Mehdorn ist eine Expertin für Sozialrecht u. hat auch Erfahrung mit Selektivverträgen (▶Gesundheitswesen). Zudem berät die Praxis Krankenhäuser arbeitsrechtl. etwa bei Umstrukturierungen. (Kernteam: 4 Partner, 3 Counsel, 2 Associates)
Mandate: ●● HÄVG Hausärztl. Versorgungsgemeinschaft zu Selektivverträgen; Berliner Apothekenverein kartellrechtlich; Klinikverbund der gesetzlichen Unfallversicherung zu gesellschaftsrechtl. Umstrukturierung.

DIERKS + BOHLE

Bewertung: Die bundesw. sehr visible Medizinrechtsboutique (▶Gesundheitswesen) genießt v.a. durch den von Mandanten u. Wettbewerbern hoch geschätzten Dr. Thomas Bohle einen exzellenten Ruf im Krankenhausrecht. Zudem verfügt das breit aufgestellte Team auch über tiefe Erfahrung im Arzt- u. Apothekenrecht sowie im Arztstrafrecht u. beriet insbes. Ärzte zum Abrechnungsbetrug. (Gesamtkanzlei: 9 Eq.-Partner, 4 Sal.-Partner, 15 Associates)
Mandate: ● Apotheke in Verf. zur Nullretaxation um Zytostatikazubereitungen; Krankenhaus in Klage zu Vergütung (BSG); Verband in kartellrechtl. Prüfung gemeinsamer Vergütungsverhandlungen von Reha-Einrichtungen; Apothekenverband zu parenteraler Arzneimittelzubereitung; Gesundheitshandwerkerinnungen u. Hilfsmittelunternehmen lfd. u.a. in Sozial-, Datenschutz- u. Kartellrecht; div. Apotheken in Apothekenrecht, insbes. Retaxation; Uni-Klinik zu Korruptionsprävention u. Compliance; Orthopäde wg. Vorwurf des Abrechnungsbetrugs.

FREHSE MACK VOGELSANG

Bewertung: Die auf Medizinrecht spezialisierten Büros in Dortmund, Köln u. Münster beraten v.a. Ärzte, Krankenhäuser u. Apotheken. Weiterer Schwerpunkt ist die Arbeit für Krankenhäuser zu Kooperations-, Vertriebsweg- und Abrechnungsfragen. Das Kölner Team ist daneben im klass. Pharmarecht u. Medizinprodukterecht tätig u. begleitet Industriemandanten u.a. bei Markteinführungen. (7 Eq.-Partner, 1 Sal.-Partner, 5 Associates)
Mandate: ● Pharmunternehmen zu Markteinführung; div. Arzneimittel- u. Medizinproduktehersteller, u.a. zu Zulassungs- u. Vertriebsfragen, HWG, klin. Forschung u. Erstattungsrecht; Pharmunternehmen zu Zulassung u. Bewerbung von arzneilichen Blutgelen; Apotheke zu Arzneimittelherstellung u. -abrechnung.

GLEISS LUTZ

Bewertung: Die Praxis gilt als eine der erfahrensten Beraterinnen von Krankenkassen u. überzeugt auch durch ihre tiefe Expertise im branchenbezogenen ▶Vergabe-, ▶Beihilfe- u. ▶Kartellrecht. Das Team um Dr. Reimar Buchner ist zwar primär für seine Beratung von Krankenkassen im ▶Gesundheitswesen bekannt, ihre fachübergreifende Beratung kann Gleiss jedoch auch bei Krankenhäusern nutzen, z.B. bei der Beratung für das bayr. Wissenschaftsministerium bei der Umwandlung des Klinikums Augsburg in ein Uniklinikum. (Healthcare ges.: 8 Eq.-Partner, 1 Sal.-Partner, 5 Counsel, 7 Associates, 1 of Counsel)
Mandate: ●● Bayr. Wissenschaftsministerium zur Umstrukturierung der Klinik Augsburg in Uniklinik; AOK Ba.-Wü. u. VDEK im Schiedsverfahren zu Zentrenzuschlägen für Kliniken; AOK Ba.-Wü. zum Patientenrechtegesetz; AOK Ba.-Wü. gg. Apotheken zur Falschabrechnung von Rabattarzneimitteln; Kliniken Schmieder Stiftung zur Erhöhung der Bettenzahl; AOK Niedersachsen,

● Referenzmandate, umschrieben
●● Referenzmandate, namentlich

AOK Ba.-Wü., Novitas BKK ggü. Finanzbehörden u. ausl. Versandapotheken zur Umsatzsteuer.

GRAF VON WESTPHALEN
Bewertung: Die Kanzlei erschließt sich den Zugang zur Beratung von Krankenhäusern aus der D'dorfer ▶Vergabepraxis heraus. Dieses Team berät Unikliniken u. andere öffentl. Träger bei Beschaffungen. Dabei nutzt die Kanzlei auch ihre IT-Expertise, um sich bei Krankenhausausschreibungen zu positionieren. (Kernteam: 3 Partner, 2 Associates)
Mandate: ●● Uniklinik D'dorf lfd. vergaberechtl., u.a. zu Neubau u. Umbau, im Zuwendungsrecht u. zu Drittmitteln; Klinik der Uni München vergaberechtl.; Uniklinik Bonn zu Compliance; BQS Institut für Qualität u. Patientensicherheit lfd. in Ausschreibungen; gesetzl. Krankenkasse zu Rabattverträgen.

HEIMES & MÜLLER
Bewertung: Die insbes. im ▶Saarland anerkannte Medizinrechtspraxis um den erfahrenen Dr. Bernd Luxenburger u. den jüngeren Partner Sven Lichtschlag-Traut berät schwerpunktmäßig im Krankenhausrecht, etwa bei Kooperationen, sowie arbeitsrechtlich. Auch Apotheken- u. Arztrecht werden abgedeckt. Daneben vertritt das Strafverteidigerteam der Kanzlei immer wieder auch im med. Umfeld. (2 Partner)
Mandate: Keine Nennung.

HENGELER MUELLER
Bewertung: Die Praxis ist im Markt v.a. wg. ihrer häufigen Begleitung von Transaktionen (▶Gesellschaftsrecht, ▶M&A) im Gesundheitssektor u. ihrer sozialrechtl. Kompetenz bekannt. Daneben berät sie im Gegensatz zu anderen Großkanzleien auch Krankenhäuser, Labore u. MVZ. Insbes. bei regulator. Fragen ist sie an der Seite von Krankenhäusern zu sehen, etwa im Grundsatzverf. zum Strukturzuschlag für defizitäre Krankenhäuser im ländl. Raum. Außerdem begleitet sie Krankenhäuser zunehmend bei Compliance, insbes. internen Untersuchungen. Ergänzend ist die Praxis im ▶Gesundheitswesen auch umfangr. für Pharmaunternehmen, v.a. zu regulatorischen Fragen, tätig. (Kernteam: 5 Partner, 2 Counsel, 4 Associates)
Mandate: ●● Waterland Private Equity zu Kauf von Median Kliniken; IMD Institut für Med. Diagnostik Berlin zu Klinikkooperation; Five Arrows bei Kauf Prospitalia; RHM Klinik- u. Altenheimbetriebe u.a. bei Kauf Medica-Klinik; Sonic Healthcare bei Kauf Laborarztpraxis; Klinik zu Strukturzuschlag für defizitäres Krankenhaus im ländl. Raum.

HEUKING KÜHN LÜER WOJTEK
Bewertung: Das Team um Dr. Daniela Hattenhauer ist auf die Beratung von Krankenhäusern in öffentl. Trägerschaft bei Umstrukturierungen, Kooperationen, Privatisierungen u. Ausgründungen sowie großen Beschaffungsvorhaben spezialisiert. Die ▶Vergaberechtlerin beginnt, die Mandate im Gesundheitswesen gemeinsam mit Anwälten aus anderen Rechtsgebieten zu erschließen. Bisher berät sie v.a. ihre Stammmandanten wie das Herz- u. Diabeteszentrum NRW im ▶Vergaberecht. (Kernteam: 1 Eq.-Partner, 1 Sal.-Partner, 2 Associates)
Mandate: ●● Lfd. Herz- u. Diabeteszentrum NRW u. Städt. Krankenhaus Pirmasens (Vergaberecht); Gemeinschaftsklinikum Mittelrhein zu Ausschreibungspflichten nach Kooperation.

KPMG LAW
Bewertung: Die Berliner Praxis etabliert sich zunehmend in der Beratung der Gesundheitsbranche, insbes. an der Schnittstelle zum ▶Vergaberecht. Die jüngere Anwältin Dr. Silke Dulle verfügt über Spezialexpertise bei Ausschreibungsverfahren von Rabattverträgen. (5 Eq.-Partner, 6 Sal.-Partner, 6 Associates)
Mandate: ●● Spectrum K bei Rabattausschreibungen; AOK Bundesverband sozial- u. medizinrechtl.; Charité vergaberechtl.; Due Diligence für St. Franziskus-Stiftung Münster; Augenärztegenossenschaft Brandenburg zu Selektivverträgen (Gesellschafts- u. Kartellrecht).

LATHAM & WATKINS
Bewertung: Das Team um Dr. Henning Schneider zählt zu den renommierten Einheiten bei Transaktionen im Gesundheitssektor (▶M&A). So begleitet die Kanzlei etwa die internat. interne Reorganisation des Medizinproduktegeschäfts von Siemens. Überaus gute Mandatsbeziehungen unterhält die Praxis auch zu Private-Equity-Investoren, z.B. zu Carlyle. Immer besser funktioniert zudem die praxisgruppenübergreifende Zusammenarbeit, etwa mit den Teams im ▶Arbeits- oder ▶Kartellrecht. (Kernteam: 2 Partner, 3 Associates)
Mandate: ●● Siemens bei Reorganisation des Medizinproduktegeschäfts; Cerner bei Kauf des Geschäftsbereichs Krankenhausinformationssysteme von Siemens; Rhön-Klinikum zu Aktienrückkauf; EQT bei Kauf der Siemens Audiology Solutions; Carlyle bei Kauf von Ortho Clinical Diagnostics; Stadt Hamburg u.a. im Schiedsverfahren nach Privatisierung aller städt. Pflegeheime; SHL Telemedizin u.a. zu Verträgen der integrierten Versorgung, Projekten mit Krankenkassen u. Kauf eines Telemedizinanbieters.

LUTHER
Bewertung: Die standortübergreifend agierende Praxis zählt unverändert zu den anerkannten Beraterinnen bei komplexen Transaktionen im Kliniksektor (▶Gesellschaftsrecht u. ▶M&A). Im Fokus steht die Arbeit bei innovativen Modellen rund um Kooperationen, Verbundlösungen, (Teil-)Privatisierungen u. Umstrukturierungen von (Uni-)Kliniken. Zudem verfügt Luther über tiefe Branchenexpertise im ▶Vergabe- u. ▶Beihilferecht. (9 Partner, 8 Associates)
Mandate: ●● Lahn-Dill-Kliniken u. Gesundheitszentrum Wetterau bei kommunalem Klinikverbund; Main-Taunus-Kreis u. Stadt Frankfurt zum Zusammenschluss Kliniken; Klinik Delmenhorst zur Bildung einer Krankenhausholding; Pflegedienst bei Kauf; Gesellschaft für ein gesundes Wiesbaden bei Restrukturierung der Altenpflege.

MCDERMOTT WILL & EMERY
Bewertung: Für ihre Expertise bei Transaktionen im Gesundheitssektor ist die Praxis um Dr. Stephan Rau dtl.weit anerkannt. Die Mandanten, v.a. Krankenhäuser, Dialysezentren u. Labore, vertrauen auf seine Expertise bei Zukäufen, Umstrukturierungen, Kooperationen u. in Zulassungsfragen. Außerdem ist die Praxis eine etablierte Beraterin für Investoren bei MVZ-Beteiligungen. Daneben berät das Team auch Pharmaunternehmen mit einem Fokus auf Vergütungsfragen, z.B. bei AMNOG-Verhandlungen. (2 Partner, 1 Counsel, 1 Associate)
Mandate: ●● Apax regulator. zu Investitionsprojekten; Hospira Dtl. zu Rabattverträgen; Charité Unimedizin u. Vivantes bei Outsourcing u. Gemeinschaftsunternehmen; Augenklinikbetreiber zu regulator. Fragen; Sanitätshausbedarf-Großhändler zur Beteiligung von Ärzten u. Compliance.

MICHELS PMKS
Bewertung: Das Team spaltete sich im Herbst 2014 von der mittelständ. Kanzlei Mütze Korsch ab. Negativer Einfluss auf das Geschäft ist von der Verselbstständigung kaum zu erwarten. In der neuen Einheit ist Dr. Kerrin Schillhorn aktiv im Krankenhausplanungsrecht in NRW. Außerdem nutzt die Kanzlei die Schnittstelle zu den eigenen ▶Arbeitsrechtlern bei der Betreuung von Krankenhäusern. (Kernteam: 1 Partnerin)
Mandate: ● Div. Krankenhäuser wg. Rückforderung von Umsatzsteuer auf Zytostatika; Krankenhaus zur Rückforderung von Erlösen aus nichtstationärer Behandlung, Klinik zu Sozialversicherungspflicht von Notärzten; div. Krankenhäuser zum Krankenhausrahmenplan NRW; Altenpflegeheim bei Klage um Förderfähigkeit; Klinik zu Statusfragen von Honorarärzten.

MÖLLER & PARTNER
Bewertung: Die Medizinrechtsboutique um den angesehenen Arztrechtler Dr. Karl-Heinz Möller berät Ärzte, v.a. in Großpraxen aus NRW u. Krankenhäuser aus D'dorf. Einer der Partner weitet daneben die Beratung von Apotheken aus. Bundesw. ist die Kanzlei für eine Laborgruppe zu MVZ-Gründungen tätig. Die Boutique vergrößerte sich in 2015 mit einem Medizinrechtspartner von Causa-Concilio. (7 Partner, 1 Associate)
Mandate: ●● Öffentl. bekannt: Bundesverband Kinder & Jugendärzte u.a. zu Selektivverträgen; Bundesverband Reproduktionsmedizinischer Zentren medizinrechtlich.

NOERR
Bewertung: Das Team im Gesundheitswesen nutzt v.a. seine ▶M&A-Kompetenz u. berät Kliniken u. Investoren, intensiv auch an der Schnittstelle zum ▶Kartell- u. ▶Gesellschaftsrecht, so bei Fresenius Kabi beim Kauf von Medi1One. Daneben betreut die Kanzlei Mandanten wie Pfizer auch im ▶Markenrecht u. Vivantes im ▶Vergaberecht. Zunehmend gewinnt die Praxis auch Medizinprodukte- u. Pharmaunternehmen wie Janssen Pharmaceuticals als Mandanten. (4 Eq.-Partner, 6 Sal.-Partner, 1 Counsel, 5 Associates)
Mandate: ●● Fresenius Kabi bei Kauf von Medi1One u. Verkauf CFL; Janssen Pharmaceuticals bei Verkauf US-Nucynta; Helios Klinken lfd. im Kartellrecht; Medical Properties Trust bei Kauf Median Kliniken; Vivantes lfd. im Vergaberecht; Pfizer zu Marken; Pharmakonzern lfd., u.a. zu regulator. Fragen; Biotechunternehmen zu Verträgen.

PREISSLER OHLMANN & PARTNER
Bewertung: Die auf das Medizinrecht spezialisierte Fürther Kanzlei ist v.a. aufgrund der Expertise

von Reinhold Preißler angesehen, den Wettbewerber als „hoch qualifizierten Spezialisten im Medizinrecht" loben. Der Schwerpunkt der Tätigkeit ist die bundesw. Beratung von Leistungserbringern: Die Praxis berät insbes. Ärzte, Krankenhäuser, MVZ sowie Berufsverbände im Krankenhaus- u. Arztrecht. (7 Partner, 3 Associates)

Mandate: ●● Bundesverband Dt. Ophthalmochirurgen zu Abrechnungen von Augenärzten; radiolog. Großpraxen zu Fusion; Arzt zu Verlust der Zulassung u. Strafverfahren.

QUAAS & PARTNER

Bewertung: Das bundesw. tätige Team um den bekannten Prof. Dr. Michael Quaas ist für seine langj. Erfahrung bei der Beratung von Krankenhausträgern anerkannt. Zum Mandantenkreis gehören v.a. Kliniken u. Verbände, die Quaas im Krankenhaus-, Vertragsarzt-, Pflege- u. Heimrecht berät. (5 Partner, 2 Associates)

Mandate: ●● Asklepios bei Klageabwehr auf Weiterbetrieb der Sylter Geburtenhilfe; Marienhauskliniken bei Qualitätssicherung durch Krankenhausplanung; Stadt Isny zu Klage auf Weiterbetrieb eines Krankenhauses; Westküstenklinik Brunsbüttel u. Heide zu Durchsetzung des Zuschlag zur Existenzsicherung des Krankenhausbetriebs; lfd. Verband der Uniklinken Deutschland.

RATAJCZAK & PARTNER

Bewertung: Die Spezialkanzlei um den anerkannten Prof. Dr. Thomas Ratajczak hat mit über 30 Anwälten eines der größten medizinrechtl. ausgerichteten Teams im Markt u. wächst weiter. Zum Mandantenkreis der breit aufgestellten Praxis zählen neben Krankenhäusern, Pflegeeinrichtungen, Apotheken u. Ärzten auch Pharma- und Medizinproduktehersteller. (18 Partner, 5 Counsel, 11 Associates)

Mandate: Keine Nennungen.

RAUE

Bewertung: Als Spezialist im Krankenhausrecht genießt der ▶ Berliner Partner Prof. Dr. Wolfgang Kuhla einen herausragenden Ruf im Markt. Zuletzt hat das Team seine Mandatsbasis bei Kliniken nochmals erweitert, indem sie diese umfassender berät, z.B. das Dt. Herzzentrum Berlin bei der Kooperation mit der Charité. Mit besonderer Kompetenz wartet die Praxis zudem bei Budgetfragen auf. Daneben engagiert sie sich auch bei Schiedsverfahren u. der Beratung von Großpraxen im vertragsärztl. Bereich. (2 Partner, 2 Associates)

Mandate: ●● Dt. Herzzentrum Berlin zu Kooperation mit Charité, v.a. Stiftungsrecht; RNS Gemeinschaftspraxis bei Kauf einer Arztpraxis u. zur Abrechnung von Auslandspatienten; Prof. Dr. Fleck zu Verfassungsbeschwerde bei Erteilung einer Abrechnungsgenehmigung; IWE Ärzte zur Klinikgründung, insbes. zur Aufnahme in Krankenhausplan; Augenklinik Berlin-Marzahn in Budgetverfahren; Kosmas u. Damian bei Zuschlag für geriatrische Versorgungsverbünde; Ev. Lungenklinik Berlin im Schiedsverfahren u. zu Zuschlag für Lungenkrebszentrum; Paul Gerhardt Diakonie zu Honorararztverträgen; Spin MRI in Abrechnungsstreit.

RBS ROEVERBROENNERSUSAT

Bewertung: Die MDP-Kanzlei ist für ihre Beratung im Gesundheitssektor angesehen u. oft in Krankenhaustransaktionen involviert. Neben der gesellschafts- u. transaktionsrechtl. Arbeit steht die arbeitsrechtl. Beratung im Fokus des ▶ Berliner Büros. Diese Expertise nutzt die Praxis v.a. bei Umstrukturierungen für Kliniken u. MVZ. (3 Partner, 1 Salary-Partner, 7 Associates)

Mandate: ●● Ameos u. Sanakliniken zu Krankenhausakquisitionen, u.a. Sana-Kliniken Berlin-Brandenburg bei Umstrukturierung nach Kauf Polikum-Gruppe Berlin; Vertragsarzt zu MVZ-Umstrukturierung; Klinikkonzern zur Umsetzung BFH-Urteil zur Umsatzsteuer bei Zytostatikaleistungen; Pharmakonzern zu Kooperationen; Medizinproduktehersteller zu Zulassung.

REHBORN

Bewertung: Die auf das Medizinrecht spezialisierte Kanzlei um Prof. Dr. Martin Rehborn entwickelt sich 3 Jahre nach der Neuaufstellung weiter dynamisch u. wächst um 3 Anwälte. Mit dieser Personalstärke berät das Team nun nicht nur in klass. Krankenhausrecht, sondern auch verstärkt zu Fusionen u. Transaktionen. Dabei suchen nicht nur die Krankenhäuser, sondern zunehmend auch Medizinproduktehersteller Rat. Einen wesentlichen Schwerpunkt legt die Kanzlei auf das Arzthaftungsrecht an der Seite der Ärzte. (4 Eq.-Partner, 6 Sal.-Partner, 5 Associates)

Mandate: Keine Nennungen.

SCHICK UND SCHAUDT

Bewertung: Prof. Dr. Stefan Schick hat sich von seinen bisherigen Partnern (die nun unter Reith Neumahr firmieren) Anfang 2015 getrennt. Einfluss auf das Geschäft im Gesundheitswesen hatte die Entscheidung nicht. In der neuen Einheit holt er 2 Partner hinzu, die bereits Mandate für Sozialunternehmen wie die Nikolauspflege führen. Das Team ist v.a. für langj. Mandanten in Süddtl. tätig u. zeigt eine besondere Expertise an der Schnittstelle zum Stiftungsrecht. (2 Eq.-Partner, 1 Sal.-Partner, 1 Associate)

Mandate: ●● Xp Xpert Cooperation zum Modellprojekt ‚PflegeUrlaub' auf Rhodos; Stadt Tengen bei Übernahme einer Pflegeeinrichtung; Diakonissenanstalt Emmaus bei Klinikverkauf; lfd. u.a. Gesundheitszentrum Rhein-Neckar, Nikolauspflege, Klinik Mittelbaden, Pyschosoziales Netzwerk, GWW Gemeinnützige Werkstätten u. Wohnstätten.

PROF. SCHLEGEL HOHMANN MANGOLD & PARTNER

Bewertung: Im Fokus der Praxis steht die strateg. u. vertragsrechtl. Beratung von Krankenhäusern, MVZ, Verbänden u. niedergelassenen Ärzten. Zunehmend richtet die Praxis sich auch auf die Beratung von Start-ups, Pharmaunternehmen u. Medizinproduktehersteller aus. (2 Partner, 4 Associates)

Mandate: Keine Nennungen.

SCHMIDT VON DER OSTEN & HUBER

Bewertung: Die schon lange zu den angesehensten Beratern der Krankenhausszene zählende Medizinrechtspraxis der ▶ Ruhrgebietskanzlei wird von dem überaus erfahrenen Dr. Franz-Josef Dahm geführt. Auch auf Transaktionsseite ist das Team stark aufgestellt. u. begleitet v.a. Kliniken bei Kauf von MVZ oder Arztpraxen. Zugenommen hat die Beratung von Kooperationen zw. Ärzten u. Krankenhausträgern. (3 Eq.-Partner, 1 Sal.-Partner, 2 Associates)

Mandate: ●● PAI Partners bei Kaufgebot für Median Kliniken; Amedes lfd. im Medizinrecht, auch Akquisitionen; lfd. Bundesverband der Knappschaftsärzte; Lohmann & Rausche zu Erstattung von Medizinprodukten u. Compliance; Medizinproduktehersteller zu Handelsvertreterstruktur.

SEUFERT

Bewertung: Die Münchener Kanzlei berät ihre Stammmandantin Rhön u. andere Kliniken zu Krankenhausplanung u. Abrechnungsfragen. Außerdem engagiert sie sich bei MVZ-Gründungen. Das Jahr war aber auch von personellen Schwankungen geprägt. Nachdem sich zum Jahresende 2014 Dr. Harald Endemann mit einem 6-köpfigen Team selbstständig machte, begann die Kanzlei mit der Einstellung von 4 Associates, das Team wieder aufzubauen. (7 Partner, 9 Associates)

Mandate: ●● Ameos Niedersachsen in Schiedsverfahren zur Personalbesetzung u. in div. Klagen wg. Krankenhausplan; MediClin in Verf. zu Krankenhausplanung; Rhön-Klinikum u. Helios in Budgetverhandlungen u. zu Krankenhausplanung; OMT zur Therapieabrechnung; Cura Kath. Einrichtungen im Siebengebirge zu Abrechnungsfragen; privater Träger bei Gründung einer OP-Zentren-Kette; div. MVZ-Träger zur Überführung in neue Trägergesellschaften; Uniklinik zur Überweisungsbefugnis von Hochschulambulanzen (BSG); Klinikum gg. GBA-Richtlinie zur Früh- u. Neugeborenenversorgung.

TAYLOR WESSING

Bewertung: Die Praxis hat sich dank ihrer breiten Aufstellung als Beraterin der Gesundheitsbranche etabliert. Sie berät regelm. Krankenhäuser sowie andere Leistungserbringer u. Private-Equity-Investoren bei Healthcare-Transaktionen (▶M&A). Daneben engagiert sich das Team um Dr. Oliver Klöck auch in klass. Krankenhaus- u. Vertragsarztrecht. Die Spezialisierung im branchenbezogenen ▶Vergaberecht ergänzt die Expertise der Kanzlei bei Umstrukturierungen im Krankenhaussektor. Außerdem berät sie auch Medizinproduktehersteller u. Pharmaunternehmen (▶Gesundheit). (Kernteam: 7 Partner, 3 Associates)

Mandate: ●● DV Care Netherlands lfd., u.a. bei Kauf Dialysezentren u. Krankenhäusern in Dtl.; internat. Start-up zu Geschäftsmodell im Medizintourismus; Investor zu Kauf von Krankenhaus u. Kinderwunschzentren u. zu Umstrukturierung von MVZ; Krankenhausverbund zu Umstrukturierung.

WIGGE

Bewertung: Im Fokus der angesehenen Medizinrechtsboutique steht weiterhin die Beratung von Krankenhäusern, MVZ u. niedergelassenen Ärzten, u.a. bei sektorübergreifenden Kooperationen u. integrierten Versorgungsmodellen. Die Kanzlei verlor mit einem Equity-Partner, der in eigener Einheit weiterarbeitet, ihre Standorte in Köln u. München. Die großen Teams in Münster und Hamburg wollen v.a. in Köln aber wieder eine Präsenz aufbauen. Die Kanzlei berät auch Pharmaunternehmen u. Medizinproduktehersteller, u.a. zu Kooperationen mit Ärzten u. Krankenhäusern (▶Gesundheit). (4 Partner, 1 of Counsel, 5 Associates)

Mandate: Keine Nennungen.

REGULIERTE INDUSTRIEN LEBENSMITTELRECHT

Lebensmittelrecht

Die Lebensmittelbranche ist einer der umsatzstärksten Sektoren der deutschen Wirtschaft. Im Kern bewegen die Hersteller und den Handel öffentl.-rechtl. Fragen von Kennzeichnung u. Zusammensetzung, wettbewerbsrechtl. Prozesse, rechtl. Aspekte von Lebensmitteln mit Gesundheitsbezug, des Verbraucherschutzes sowie zu Kartelluntersuchungen und strafrechtl. Risiken der Branche. Hierzu berät nur ein kleiner Kreis hoch spezialisierter Anwälte. Sie haben auch Expertise zu Bedarfsgegenständen, Zusatzstoffen und im Tabakrecht. Wieder andere beraten u.U. zu Aspekten des ▶Kartell-, ▶Wirtschaftsstraf-, ▶Marken- und Wettbewerbsrechts sowie zum ▶Gesundheitswesen und zu ▶Vertriebssystemen.

LEBENSMITTELRECHT

Krell Weyland Grube	Gummersbach, Brüssel
Krohn	Hamburg
Zenk	Hamburg
Gleiss Lutz	München, Stuttgart
Meisterernst	München, Frankfurt
Meyer Rechtsanwälte	München
WilmerHale	Frankfurt
Domeier	Starnberg
Forstmann & Büttner	Frankfurt
Harmsen Utescher	Hamburg
Hogan Lovells	Hamburg, Düsseldorf
Hüttebräuker	Düsseldorf
Dr. Schmidt-Felzmann & Kozianka	Hamburg
Wragge Lawrence Graham & Co.	München
King & Spalding	Frankfurt
Noerr	Dresden, München
Rohwedder & Partner	Mainz

Die hier getroffene Auswahl der Kanzleien ist das Ergebnis der auf zahlreichen Interviews basierenden Recherche der JUVE-Redaktion (s. Einleitung S. 20). Sie ist in 2erlei Hinsicht subjektiv: Sämtliche Aussagen der von JUVE-Redakteuren befragten Quellen sind subjektiv u. spiegeln deren eigene Wahrnehmungen, Erfahrungen u. Einschätzungen wider. Die Rechercheergebnisse werden von der JUVE-Redaktion unter Einbeziehung ihrer eigenen Marktkenntnis analysiert u. zusammengefasst. Der JUVE-Verlag beabsichtigt mit dieser Tabelle keine allgemein gültige oder objektiv nachprüfbare Bewertung. Es ist möglich, dass eine andere Recherchemethode zu anderen Ergebnissen führen würde.

DOMEIER
Lebensmittelrecht

Bewertung: Empfohlene u. sehr agile Lebensmittelpraxis um Dr. Danja Domeier, die sich gut 2 Jahre nach ihrer Trennung von Osborne Clarke als Einzelanwältin fest etabliert hat. Sie hat insbes. im süddt. Raum eine starke Präsenz. Umf. Betreuung, einschl. IP-Fragen, Kosmetikrecht, Lebensmittel mit Gesundheitsbezug u. Prozesse. (1 Partnerin)
Mandate: ● Regelm. Hersteller von Fruchtsäften, Babynahrung u. Mineralwasser, Vertriebsgs. für Obst, Biometzgerei; Tankstellenbetreiber zum Hygienerecht.

FORSTMANN & BÜTTNER
Lebensmittelrecht

Bewertung: Empfohlene Kanzlei im Lebensmittelrecht, in der Partner Dr. Thomas Büttner mit anerkanntem Schwerpunkt an der Schnittstelle zw. Lebens- u. Arzneimitteln berät u. Prozesse führt. Die Praxis ist daher auch besonders aktiv im Bereich von Lebensmitteln mit Gesundheitsbezug, diät. Lebens- u. Nahrungsergänzungsmitteln sowie zu Abgrenzungsfragen zw. Arzneimitteln u. Kosmetika. (1 Partner)
Mandate: ●● Im Markt bekannt: umf. Beratung von Merck Selbstmedikation, dm-drogerie markt u. Home Shopping Europe.

GLEISS LUTZ
Lebensmittelrecht

Bewertung: Die im Lebensmittelrecht häufig empfohlene Kanzlei ist als eine der maßgeblichen Praxen, v.a. bei Prozessen, den Marktführern Krohn u. Zenk dicht auf den Fersen. Der aktuell sehr visible Partner Dr. Andreas Wehlau besetzt das Thema Plain Packaging sehr prominent u. war wie schon im Vorjahr für Alfred Ritter im Prozess zum negativen Testurteil der Stiftung Warentest aktiv. Die Praxis berät die Branche umfassend: von Stuttgart aus auch zu ▶Marken- u. Wettbewerbsrecht, in München zum Öffentl. Recht. (Kernteam: 2 Partner, 7 Associates)
Mandate: ●● Alfred Ritter wg. Stiftung-Warentest-Urteil ‚mangelhaft'; Philip Morris zu Plain Packaging; lfd. Freiberger Lebensmittel.

HARMSEN UTESCHER
Lebensmittelrecht

Bewertung: Die IP-Kanzlei wird neben ihrer Arbeit im ▶Marken- u. Wettbewerbsrecht für die Branche auch für ihre allg. lebensmittelrechtl. Beratung empfohlen. Sie hat mit Rainer Kaase, Till Lampel u. Dr. John-Christian Plate 3 anerkannte Partner für ihre oftmals langj. Mandanten aus der Lebensmittelindustrie u. eine präsente Prozesspraxis. Weitere Schwerpunkte bei Produktgestaltung, Lebensmitteln mit Gesundheitsbezug u. der Abgrenzung zu Arzneimitteln (▶Gesundheit). (Kernteam: 3 Partner, 1 Associate)
Mandate: ●● Umf. im IP u. Lebensmittelrecht: Amecke, DEK, Dovgan, Newlat (Segment Teigwaren), Göbber, Intersnack u. Niederegger.

HOGAN LOVELLS
Lebensmittelrecht

Bewertung: Das empfohlene Lebensmittelteam um Thomas Salomon u. Dr. Morten Petersen berät viele dt. Markenartikler wie Schwartauer Werke zum IP-Recht. Durch mehr Mandate aus ihrer US-Praxis entwickelt die Einheit eine immer stärkere internat. Ausrichtung. U.a. berät sie Hersteller wie Pepsi. Dabei ist sie nicht selten an den Schnittstellen zw. ▶Marken- u. Wettbewerbsrecht, ▶Vertrieb bzw. Lebens- u. Arzneimitteln (▶Gesundheit) aktiv. Daneben auch Betreuung zu regulator. Fragen. (Kernteam: 3 Partner, 7 Associates)
Mandate: ●● Nelsons in Grundsatzprozess; lfd. Amazon u. Pepsi (öffentl. bekannt), Amway, Harry Brot, Oceanspray, Schwartauer Werke u. Tchibo.

HÜTTEBRÄUKER
Lebensmittelrecht

Bewertung: Die im Lebensmittelrecht empfohlene Einzelkämpferin Dr. Astrid Hüttebräuker behauptet sich beeindruckend gg. weitaus größere Praxen im Markt. Sie hat insbes. in Westdtl. eine starke Position, obwohl sie personell deutl. kleiner als Wettbewerber wie etwa Krell Weyland Grube ist. Dabei kann sie auf eine Reihe sehr treuer Mandanten wie MCM Klosterfrau bauen. Umf. Betreuung der Branche mit Schwerpunkt bei Lebensmitteln mit Gesundheitsbezug, Abgrenzung zw. Arzneimitteln u. Kosmetika sowie im IP-Recht. (1 Partnerin)
Mandate: ●● Öffentl. bekannt: MCM Klosterfrau zu Abgrenzungsfragen; Drogeriekette, Pharmakonzern u. Shoppingsender.

KING & SPALDING
Lebensmittelrecht

Bewertung: Die im Lebensmittelrecht geschätzte US-Kanzlei hat seit dem Zugewinn von Ulf Grundmann deutl. an Profil in der Beratung der Branche gewonnen. Schließl. hat K&S in den USA u. Europa eine starke regulatorische Praxis. Derzeit baut sie von Ffm. aus ein Kompetenzzentrum für die Branche auf. Das Team um Grundmann ist dabei stark an der Schnittstelle zw. Lebens- u. Arzneimitteln (▶Gesundheit) sowie im Wettbewerbs- u. IP-Recht tätig. (Kernteam: 1 Partner, 1 Associate)

● Referenzmandate, umschrieben
●● Referenzmandate, namentlich

Anwaltszahlen: Angaben der Kanzleien, wie viele Anwälte zu mind. ca. 50 % in diesem Gebiet tätig sind. Sie spiegeln nicht zwingend die Gesamtgröße einer Kanzlei wider.

Mandate: ●● VSM Geneesmiddelen gg. EU-Kommission vor EuG wg. Untätigkeit bei Botanicals; Dr. Wilma Schwabe zu Abgrenzungsfragen u. Health Claims; Truw zu Nahrungsergänzungsmittel; Eckes-Granini im Wettbewerbsrecht u. zu Compliance.

KRELL WEYLAND GRUBE
Lebensmittelrecht

Bewertung: Diese führende Kanzlei ist die größte Beratereinheit für die Branche, mit sehr gut positionierten Partnern wie Dr. Markus Grube u. Prof. Gerd Weyland. Trotz eines leichten Rückgangs auf Associate-Ebene wuchs sie zuletzt beachtlich auf Mandatsseite, etwa um einen bekannten Hersteller von Tiefkühlpizzen, – und dabei zum Teil auf Kosten von Wettbewerbern. Weil sie zudem, etwa durch die Einführung eines Counsel-Status, daran arbeitet, einen visiblen Mittelbau aufzubauen, agiert sie längst auf Augenhöhe mit Zenk u. Krohn an der Marktspitze. Neben dem traditionellen Schwerpunkt bei der Beratung zu Produkten tierischen Ursprungs berät sie umf. Handelsunternehmen u. zu Lebensmittel-Compliance. Häufig agiert KWG auch als ausgelagerte Rechtsabt. zu lebensmittelrechtl. Aspekten. (3 Partner, 6 Counsel, 7 Associates, 1 of Counsel)

Mandate: ●● Herzberger Bäckerei umf.; Discounter zu Preiskennzeichnung vor EuGH; Handelsketten, darunter Lidl, u.a. zu Eigenmarken u. Lebensmittelkrisen; umf. Airline-Caterer sowie mehrere Versandhäuser, Backwarenhersteller u. Fleischproduzenten.

KROHN
Lebensmittelrecht

Bewertung: Eine führende Praxis im Lebensmittelrecht, die mit starker Präsenz anerkannter Berater weiter an der Spitze des Markts steht: Prof. Dr. Moritz Hagenmeyer, Dr. Carl von Jagow, Dr. Tobias Teufer u. Dr. David Zechmeister beraten sehr umf. Lebensmittelhersteller u. Handelsunternehmen u. werden für ihr hohes Beratungsniveau von Mandanten u. Wettbewerbern gelobt. Umf. Know-how im Lebensmittelrecht mit besonderer Expertise bei Nahrungsergänzungsmitteln sowie Kennzeichnung (▶Marken- u. Wettbewerbsrecht). (Kernteam: 3 Partner, 3 Associates)

Mandate: ● Bayr. Brauerei zu Health Claims bei alkoholfreien Getränken; dt. Brauerei zur LMIV; Pharmahersteller zu Health Claims; regelm. Beratung u. Prozesse für frz. Lebensmittelkonzern.

MEISTERERNST
Lebensmittelrecht

Bewertung: Die häufig empfohlene Kanzlei ist eine der wichtigsten Beratereinheiten für die Lebensmittelbranche u. Dank des umf. Know-hows im Lebensmittelrecht eine der schärfsten Verfolgerinnen der Marktspitze. Mit Andreas Meisterernst u. Christian Ballke sowie dem Pharmarechtler Christian Tillmanns verfügt sie über gleich 3 sehr präsente Partner. Zuletzt verstärkte sie sich mit dem ehemaligen General Counsel von Milupa, Dr. Oswald Engelmann, als Counsel sowie dem bekannten Verwaltungsrechtler Dr. Bernd Tremml, der als Salary Partner mit einer Associate kam. Die Kanzlei betreut Produkte oft ab der Entwicklung mit stark naturwissenschaftl. Ansatz u. einer regen Prozesstätigkeit, zuletzt etwa u. Milupa im Streit mit Hipp. Zudem Lebensmittel mit Gesundheitsbezug sowie Abgrenzungsfragen zu Arzneimitteln (▶Gesundheit). (Kernteam: 3 Partner, 1 Counsel, 5 Associates)

Mandate: ●● Öffentl. bekannt: regelm. Milupa; lfd. Teeproduzent, Biohandels- sowie Tankstellenkette, Chemiekonzern zu Health Claims; frz. Hersteller von Milchprodukten zu Produktkennzeichnung.

MEYER RECHTSANWÄLTE
Lebensmittelrecht

Bewertung: Die im Lebensmittelrecht häufig empfohlene Kanzlei ist mit Prof. Dr. Alfred Meyer und Dr. Andreas Reinhart weiter sehr präsent im Markt. Sie machte zuletzt v.a. durch die erfolgr. Vertretung von Ehrmann im EuGH-Verfahren um Monsterbacke von sich reden. Ebenso vertrat sie prominent Teekanne vor dem EuGH. Personell schrumpfte die Kanzlei zuletzt. So schloss sie u.a. nach dem Weggang einer Anwältin zu Rödl ihr Büro in Mailand. Umf. Betreuung im Lebensmittelproduktrecht ergänzt durch naturwissenschaftl. Expertise. (2 Partner, 3 Associates, 1 of Counsel)

Mandate: ●● Ehrmann wg. Monsterbacke bzw. Teekanne wg. Kindertee bis vor EuGH.

NOERR
Lebensmittelrecht

Bewertung: Die im Lebensmittelrecht geschätzte Kanzlei berät die Branche sehr umfassend. Insbes. Evelyn Schulz in Dresden erhält Lob für ihre Beratung zu rein lebensmittelrechtl. Themen. In München stehen die Betreuung zum ▶Marken- u. Wettbewerbsrecht sowie zu Produkthaftung (▶Handel u. Haftung) im Fokus. (Kernteam: 4 Partner, 5 Associates, 1 of Counsel)

Mandate: ●● Regelm. im Lebensmittelrecht: McDonald's u. Tank & Rast; Philip Morris im Tabakrecht.

ROHWEDDER & PARTNER
Lebensmittelrecht

Bewertung: Das im Lebensmittelrecht geschätzte Team um Dr. Hans Eichele hat durch die umf. Beratung der Wein- u. Schaumweinwirtschaft ein Alleinstellungsmerkmal. Es berät immer intensiver auch Hersteller nichtalkoholischer Getränke v.a. zum Kennzeichnungs- u. Markenrecht, einschl. Prozesse. (Kernteam: 2 Partner, 1 of Counsel)

Mandate: ●● Rotkäppchen im Weinrecht; Schloss Wachenheim u. ZGM im Wein- u. Markenrecht; Lebensmittelgroßhändler zu Etikettierung.

DR. SCHMIDT-FELZMANN & KOZIANKA
Lebensmittelrecht

Bewertung: Eine v.a. als Pharmaberaterin bekannte Kanzlei mit einem empfohlenen Team im Lebensmittelrecht um Michael Weidner. Starke Expertise bei Lebensmitteln mit Gesundheitsbezug, Nahrungsergänzungsmitteln, Sportlernahrung sowie der Abgrenzung zw. Lebensmitteln u. Arzneimitteln/Kosmetika (▶Gesundheit). (Kernteam: 1 Partner, 3 Associates)

Mandate: ● Regelm. im Lebensmittelrecht Hersteller von Sportlernahrung, Fertiggerichten u. biolog. Arzneimitteln sowie brit. Pharmakonzern; Investor bei Erwerb von Nahrungsergänzungsmittelhersteller.

WILMERHALE
Lebensmittelrecht

Bewertung: Eines der wenigen Teams aus einer Großkanzlei mit einer häufig empfohlenen Lebensmittelpraxis um Dr. Christofer Eggers. Prozesse u. die Beratung zu Lebensmitteln mit Gesundheitsbezug für Arznei- u. Lebensmittelhersteller (▶Gesundheit) sowie die Entwicklung von Vermarktungsstrategien für innovative Lebensmittel stehen im Mittelpunkt, auch kartell- u. vertriebsrechtl. Fragen der Branche. Umfangr. tätig für die Getränkeindustrie sowie Markenartikler zu ▶Marken- u. Wettbewerbsrecht. (Kernteam: 2 Partner, 2 Associates)

Mandate: ●● Coop zu Fusion von Edeka u. Kaiser's Tengelmann; Schutzverband der Spirituosenindustrie wg. Mehrwertangaben Wodka Energy; regelm. im Marken-, Wettbewerbs- u. Lebensmittelrecht: Berentzen, Brita, Campari, Fuchs Gewürze, Gelita u. Lindt & Sprüngli.

WRAGGE LAWRENCE GRAHAM & CO.
Lebensmittelrecht

Bewertung: Die brit. Kanzlei hat dank der empfohlenen Branchenexpertin Dr. Ina Gerstberger eine visible Praxis für die Lebensmittelbranche mit starker Betonung auf der Beratung zur Abgrenzung zw. Lebens- u. Arzneimitteln sowie von Novel-Food-Produkten. Die Einheit ist intensiv im Zshg. mit Lebensmitteln mit Gesundheitsbezug tätig, daneben berät sie zu Futtermitteln u. führt wettbewerbsrechtl. Prozesse. (Kernteam: 1 Partner, 1 Associate)

Mandate: ● Hersteller von Tiefkühlkost zu Werbeaussagen; lfd. süddt. Teehersteller, internat. Hersteller von Rohstoffen, Vertriebsges. von Bachblüten- u. Vitalpilzprodukten.

ZENK
Lebensmittelrecht

Bewertung: Eine führende Kanzlei im Lebensmittelrecht, deren Köpfe Dr. Carsten Oelrichs, Dr. Stefanie Hartwig und Sonja Schulz sind. Sie besticht mit einer breiten Tätigkeit für die Branche. Intensiver als andere Kanzleien vernetzt sich das Team zudem mit anderen Fachbereichen für eine möglichst umf. Branchenbetreuung. Beratung u. Prozesse v.a. für klass. Lebensmittelindustrie u. Handel. Bekannte Praxis im ▶Marken- u. Wettbewerbsrecht. (Kernteam: 3 Partner, 3 Associates, 2 of Counsel)

Mandate: ●● Umf. im Lebensmittelrecht: Kaufland u. Rewe (beide öffentl. bekannt), Iglo, Meggle Wasserburg, Peter Kölln, Theo Müller, Unilever u. Zertus.

Verkehrssektor

Aufgabenträger überdenken Finanzierungs- und Beschaffungskonzepte

Aufgabenträger stellen sich zunehmend die Frage, wie sie den Wettbewerb im SPNV-Sektor beleben können. Private Verkehrsunternehmen fechten Vergaben an die Deutsche Bahn häufig an und scheitern nicht nur am Komplex der Auswahlentscheidung. Schon bei der Fahrzeugbeschaffung ist die Deutsche Bahn im Vorteil. Deshalb erarbeitete der VRR ein alternatives Finanzierungsmodell, das mittlerweile bundesweit Schule gemacht hat. Nun geht eine Reihe von Zweckverbänden, darunter der VRR, einen Schritt weiter und schreibt Fahrzeuge und Betrieb getrennt aus. Damit wird dem bezuschlagten Verkehrsunternehmen, das die Fahrzeuge sonst selbst beschafft, Handlungsspielraum genommen. Dagegen wehrte sich die Deutsche Bahn, allerdings erfolglos. Auch andere Verkehrsverbünde schreiben nun die Fahrzeugbeschaffung separat aus. Dieses Vorgehen hat zur Folge, dass immer öfter Fahrzeugbauer gegen die Bezuschlagung eines Konkurrenten vorgehen.

Darüber hinaus gehört das Beihilferecht zu den Rechtsgebieten, die im Verkehrssektor stetig an Bedeutung gewinnen. Es spielt im ÖPNV-Sektor eine Rolle, wo verstärkt Finanzierungskonzepte überdacht werden. Auch Flughäfen und Fluglinien sind regelmäßig von EU-Beihilfeverfahren betroffen oder streben ein solches gegen Wettbewerber an. Das mit dem Beihilferecht verwandte Kartellrecht ist insbesondere wegen der Kartellschadensersatzfälle innerhalb der Branche hoch brisant. Neuerdings beschäftigen sich Verkehrsunternehmen auch mit der Frage, wie mit Kartellanten in künftigen Bieterverfahren umzugehen ist. An der Schnittstelle zu Umwelt- und Planungsrecht ergeben sich zudem immer mehr Konflikte zwischen Windparks und Flugsicherheitssystemen.

Kanzleien wissen Branchenentwicklungen für sich zu nutzen

Bei Fragen der Finanzierung von SPNV-Vergaben hat **Heuking Kühn Lüer Wojtek** gemeinsam mit ihrer Mandantin VRR die Oberhand. An die beachtliche Expertise in branchenspezifischen Finanzierungsfragen kommen nur wenige Wettbewerber wie **BBG und Partner** und **Rödl & Partner** heran. **RWP Rechtsanwälte**, die bereits sehr erfahren ist mit der Anfechtung von SPNV-Vergaben für private Verkehrsunternehmen, weiß die Thematik der Fahrzeugbeschaffung geschickt zu nutzen: Laut Marktinformationen ging die Kanzlei für Siemens und Vossloh gegen einen gemeinsamen Beschaffungsauftrag von Rheinbahn und KVB an Bombardier vor. Obwohl der Beratermarkt weitgehend verteilt ist, versuchen einige Kanzleien, das Beratungsfeld der Ausschreibungen im Verkehrssektor weiter zu erschließen. Hier haben zuletzt **Orth Kluth** und **Kapellmann und Partner** mit dem Vergaberecht ihr Beratungsfeld erfolgreich ausgebaut.

Wie in weiten Teilen des Öffentlichen Rechts, wo an der Spitze des Beratermarkts häufig Partner stehen, die schon lange im Geschäft sind, zeichnet sich auch in der Regulierungsberatung im Verkehrssektor ein Generationswechsel ab. So gehen etwa in der alteingesessenen Kanzlei **Dr. Gronefeld Thoma & Kollegen** Mandate verstärkt von einem der Namenspartner auf jüngere Partner über – ein wichtiger Schritt, zumal **Redeker Sellner Dahs** ihr zunehmend Konkurrenz im vertrauten Luftverkehrsrecht macht. Im SPNV-Sektor hat sich ein junger **BBG**-Partner bereits als anerkannter Spezialist etabliert.

Die folgenden Bewertungen behandeln Kanzleien, die einen Branchenschwerpunkt im Bereich Verkehr haben. Dies umfasst den ÖPNV- und SPNV-Sektor, den Luftverkehr, Straßen- und Brückenbau sowie zum Teil auch die maritime Wirtschaft. Bei den Beratungsschwerpunkten handelt es sich meist um Bau- und Vergabeprojekte. Zudem stellen sich insbesondere im ÖPNV- und SPNV-Sektor sowie im Luftverkehr regelmäßig regulatorische und ▶Kartellrechtliche Fragen sowie solche zu Finanzierungen (oft in Verbindung mit ▶Beihilferecht). Die Expertisen der meisten Kanzleien finden sich auch in den Kapiteln ▶Vergaberecht, ▶Öffentliches Umwelt- und Planungsrecht, ▶Umstrukturierung, ÖPP und Projektfinanzierung und ▶Maritimes Wirtschaftsrecht wieder. Bei Streitigkeiten ist auch prozessrechtliches Know-how gefragt (▶Konfliktlösung).

VERKEHRSSEKTOR REGULIERTE INDUSTRIEN

ALLEN & OVERY
Verkehrssektor ☐☐■☐☐

Bewertung: Häufig empfohlene Kanzlei, für die der Verkehrssektor ein Schwerpunkt der ▶ vergaberechtl. Praxis von Dr. Olaf Otting („fachl. kundig u. besonnen", Wettbewerber) ist. Eine wesentliche Säule bildet die Arbeit für die Dt. Bahn, die sie z.B. im Nachprüfungsverf. gg. die Vergabe der S-Bahn Nürnberg vertritt. Das Team ist auch erfahren mit Bus- u. Beschaffungsvergaben (Fahrzeuge, IT). A&O beriet zudem ein Bankenkonsortium bei der Finanzierung von Zügen für den Hamburg-Sylt-Express. Trotz der inzwischen besseren Vernetzung der Vergabe- u. der Finanzierungspraxis fallen Wettbewerber, u.a. Heuking, mit branchenspezifischem Wissen an dieser Schnittstelle mehr auf. (Kernteam: 2 Partner, 4 Associates)

Mandate: ●● Marktbekannt: regelm. Dt. Bahn, u.a. in Nachprüfungsverf. gg. Vergabe der S-Bahn Nürnberg; Crédit Agricole, BayernLB u. NordLB zu Finanzierung von Zügen für Hamburg-Sylt-Express; Rheinbahn/Stadt D'dorf zu Beendigung von US-Leasetransaktion.

BBG UND PARTNER
Verkehrssektor ■☐☐☐☐

Bewertung: Die führende Kanzlei im Verkehrssektor, die fachl. umfassend u. überregional tätig ist. Sie betreut prominente ▶ Vergabeverfahren, darunter die Bayr. Eisenbahngesellschaft in den Nachprüfungsverf. für die S-Bahn Nürnberg. Daneben ist BBG ähnl. wie Rödl sehr versiert in Finanzierungsfragen u. bei der Beratung zu neuen Verkehrskonzepten, die wie Carsharing Umweltaspekte berücksichtigen. Die Arbeit zu virulenten Themen wie die Streitigkeiten um Kartellschadensersatz u. Netzentgelte sowie die ▶ umwelt- u. planungsrechtl. Beratung zu Infrastrukturprojekten rundet die Praxis ab. Im Markt genießt eine Reihe von Partnern wie Dr. Niels Griem („sehr versiert u. sachorientiert", Wettbewerber) u. Dr. Lorenz Wachinger („Koryphäe in der Verkehrsbranche", Wettbewerber) fachlich hohe Anerkennung. (7 Partner, 10 Associates)

Mandate: ●● Bayr. Eisenbahn, u.a. in Nachprüfungsverf. zur S-Bahn Nürnberg (marktbekannt) u. bei Vergabe von S-Bahn München u. Dieselnetz Augsburg; Verkehrsverbund Bremen/Niedersachsen zu Vergabe von Ladestationen für Elektrofahrzeuge an ÖPNV-Haltestellen; Verkehrsministerium Ba.-Wü. zu Drittnutzerfinanzierung für ÖPNV; Zweckverband Railroad Development in Netzzugangsverf. nach Autozug Sylt; Regionalverkehr Köln zu Direktvergabe Busverkehr; Verkehrsverbund Bremen/Niedersachsen zu Vergabe von Ladestationen für Elektrofahrzeuge; Bremer Straßenbahn vergaberechtl. zu Fahrzeugbeschaffung; Berlin/Brandenburg zu Übergangsverträgen u. Teilnetzvergabe S-Bahn Berlin; NWL, VRR, SPNV Rheinland-Pfalz Nord bei Rückzahlungsklage gg. DB Netz.

CMS HASCHE SIGLE
Verkehrssektor ☐☐☐☐■

Bewertung: Geschätzte Kanzlei im Verkehrssektor, die die Branche aus verschiedenen Rechtsgebieten wie Finanzierung, ▶ Umwelt- u. Planungsrecht, ▶ Vergabe- u. ▶ Priv. Baurecht heraus berät. Daraus ergibt sich anders als bei vielen Wettbewerbern kein klarer Beratungsfokus im Verkehrssektor, jedoch ein Schwerpunkt in der umf. Betreuung von Infrastrukturprojekten. Der Kölner Vergaberechtler Dr. Christian Scherer-Leydecker („immer freundlich u. kollegial", Wettbewerber) hat zudem Erfahrung mit ÖPNV-Regulierung u. Fördermittelfragen im Schienenbereich. Im Vergaberecht könnte CMS branchenfokussierter auftreten, wenn sie ihre Kontakte zu Fahrzeugherstellern noch besser nutzt. (7 Partner)

Mandate: ●● Bankenkonsortium um NordLB bei Beschaffung von Schienenfahrzeugen für Elektronetz Mittelsachsen mit neuartigem Finanzierungsmodell; Stuttgarter Straßenbahn lfd.; Femern Bælt A/S umwelt- u. planungsrechtl. zu Querung zw. Dtl. u. Dänemark; Flughafen BER baurechtl.; HGV Köln planungsrechtl. zu Containerterminal.

DLA PIPER
Verkehrssektor ☐■☐☐☐

Bewertung: Eine der führenden Praxen im Verkehrssektor. Das Team um Dr. Ludger Giesberts ist bekannt für seine tiefe Kenntnis des Flughafensektors, den es ▶ vergabe-, beihilferechtl. u. regulator. berät. So beraten die Anwälte Wisag zur Bodenabfertigerauswahl gleich an 3 Flughäfen – sogar in Wien, wo die österr. Praxis hinzugezogen wird. Zudem war DLA für Etihad im prominenten Streit um die gemeinsamen Flüge mit Air Berlin tätig. Hier zeichnet sich eine polit. Lösung ab, worin DLA besonders erfahren ist. Ein weiterer Schwerpunkt ist die Beratung zum Bau u. zur Finanzierung von Infrastrukturprojekten abseits von Flughäfen, z.B. von Häfen. (1 Partner, 3 Counsel, 2 Associates, 1 of Counsel)

Mandate: ●● Etihad Airways zu Codeshare-Flügen von Air Berlin; Wisag in Prozessen zu Bodenabfertigerauswahl an den Flughäfen Wien, Ffm. u. Hamburg; Delta Port zur Finanzierung von Binnenhäfenausbau; Rheinland-Pfalz beihilferechtl. zu Flughafen Zweibrücken; GlobeGround zu Auswahl der Bodenabfertigungsdienstleister in Köln/Bonn; Fluglinie zu Vertrag mit IATA; Flughafen zu Fortentwicklung Flughafenentgelte; Hafenbetreiber zu Bau Seehafenterminal (inkl. Konzessionsvergabe); Bieterkonsortium zu Teilnahme an A-Modell-Ausschreibung.

DOLDE MAYEN & PARTNER
Verkehrssektor ☐☐☐■☐

Bewertung: Häufig empfohlene Kanzlei im Verkehrssektor. Sie ist in Infrastrukturfragen hoch erfahren (▶ Umwelt u. Planung), was v.a. die Bereiche Flughäfen u. Schienenbau umfasst. Das Team um Prof. Dr. Klaus-Peter Dolde betreut aktuell komplizierte Fälle wie den Flughafen Stuttgart bei Bauprojekten, die sich mit einem Planungsabschnitt von Stuttgart 21 kreuzen. Hohes Renommee genießt daneben Dr. Markus Deutsch, der bekannt ist für seine Kontakte zu Flughäfen u. Fluglinien wie Lufthansa. Im ÖPNV/SPNV-Sektor kann die Kanzlei zwar auch ▶ vergaberechtl. Mandate vorweisen – das Potenzial, das ihre Kontakte bieten ist aber noch nicht voll ausgeschöpft. (7 Partner)

Mandate: ●● Flughafen Stuttgart zu Ausbauprojekten (u.a. Omnibusbahnhof) u. Verhandlungen mit Dt. Bahn wg. Konflikt mit Stuttgart-21-Planfeststellungsabschnitt; Bundesland in Gutachten wg. Konflikt Flugsicherung u. Windenergieanlagen; Lufthansa lfd. zu Ausbau des Flughafens Ffm.; Brandenburg genehmigungsrechtl. zu Flughafen BER; Stadt Oldenburg bei Ausbau Eisen-

---

VERKEHRSSEKTOR

BBG und Partner	Bremen
Freshfields Bruckhaus Deringer	Berlin, Hamburg, Frankfurt, Köln, Düsseldorf
DLA Piper	Köln
Heuking Kühn Lüer Wojtek	Düsseldorf, Frankfurt
Redeker Sellner Dahs	Berlin, Bonn, Brüssel
Allen & Overy	Frankfurt
Dolde Mayen & Partner	Bonn, Stuttgart
Kapellmann und Partner	Berlin, Düsseldorf, Frankfurt, München, Brüssel
Rödl & Partner	Nürnberg, Hamburg
White & Case	Berlin
Dr. Gronefeld Thoma & Kollegen	München
Oppenländer	Stuttgart
Orth Kluth	Berlin
PricewaterhouseCoopers Legal	Berlin, Düsseldorf, Mannheim
RWP Rechtsanwälte	Düsseldorf
Taylor Wessing	Düsseldorf, Hamburg
CMS Hasche Sigle	Köln, Hamburg, Stuttgart
Norton Rose Fulbright	Brüssel, München
Schumann	Berlin

Die hier getroffene Auswahl der Kanzleien ist das Ergebnis der auf zahlreichen Interviews basierenden Recherche der JUVE-Redaktion (s. Einleitung S. 20). Sie ist in 2erlei Hinsicht subjektiv: Sämtliche Aussagen der von JUVE-Redakteuren befragten Quellen sind subjektiv und spiegeln deren eigene Wahrnehmungen, Erfahrungen und Einschätzungen wider. Die Rechercheergebnisse werden von der JUVE-Redaktion unter Einbeziehung ihrer eigenen Marktkenntnis analysiert und zusammengefasst. Der JUVE Verlag beabsichtigt mit dieser Tabelle keine allgemein gültige oder objektiv nachprüfbare Bewertung. Es ist möglich, dass eine andere Recherchemethode zu anderen Ergebnissen führen würde. Innerhalb der einzelnen Gruppen sind die Kanzleien alphabetisch geordnet.

● Referenzmandate, umschrieben
●● Referenzmandate, namentlich

Anwaltszahlen: Angaben der Kanzleien, wie viele Anwälte zu mind. ca. 50 % in diesem Gebiet tätig sind. Sie spiegeln nicht zwingend die Gesamtgröße einer Kanzlei wider.

bahnstrecke zur Anbindung des JadeWeserPorts; Stadtwerk bei Planfeststellungsverf. für S-Bahn-Strecke.

FRESHFIELDS BRUCKHAUS DERINGER
Verkehrssektor

Bewertung: Im Verkehrssektor eine der führenden Kanzleien. Für die Arbeit in der Branche stehen v.a. ▶Vergaberechtler Dr. Hans-Joachim Prieß, die Öffentl.-Rechtler Prof. Dr. Marcel Kaufmann u. Dr. Michael Schäfer sowie das Frankfurter Büro. Sie sind regelm. an marktrelevanten u. neuartigen Themen der Branche beteiligt. FBD beriet z.B. zuletzt bzgl. des A-Modells A 7 I das Hochtief-Konsortium beim erfolgr. Gebot u. einer EU-Projektanleihe, die erstmals in Dtl. zum Einsatz kam. Für das BMVerkehr betreut FBD einen grundsätzl. Streit um die EU- u. verfassungsrechtl. Zulässigkeit der LKW-Maut, der nach der erfolgr. 1. Instanz nunmehr im Berufungsverfahren anhängig ist. Prozesse prägen auch stark die Arbeit für die umworbene Mandantin Dt. Bahn, bei der die Kanzlei einen unverändert festen Platz auf der Beraterliste hat. (8 Partner, 4 Counsel, 40 Associates, 4 of Counsel im Öffentl. Recht)

Mandate: ●● Hochtief-Konsortium in ÖPP-Bieterverf. für A-Modell A 7 I u. bei EU-Projektanleihe; DB Netz in zahlr. Entgeltstreitigkeiten u. bei Verfassungsbeschwerde wg. Infrastrukturnutzungsentgelten; Technologieunternehmen in Streit mit Fahrzeughersteller um regulator. Zulassungen; marktbekannt: Fraport bei Ausbau Flughafen Ffm.; BMVerkehr in Prozess um LKW-Mautgebühr; Griechenland zu Hafenrestrukturierung u. -privatisierung.

DR. GRONEFELD THOMA & KOLLEGEN
Verkehrssektor

Bewertung: Empfohlene Kanzlei im Verkehrssektor, die v.a. aufseiten von Flughäfen u. Landesverkehrsministerien einen festen Stand hat. Grund dafür ist die Renommee u. die gute Vernetzung von Grandseigneur Dr. Volker Gronefeld, der kürzlich das Lärmschutzkonzept für den Flughafen BER vor dem OVG erfolgreich verteidigte. Zudem genießt Ulrich Hösch fachl. Anerkennung im Markt u. betreut Mandanten wie den Flughafen Dortmund alleine. Wettbewerber erachten es allerdings als große Herausforderung, aus Gronefelds Schatten zu treten. Umso stimmiger ist es deshalb, dass die Kanzlei die Diversifizierung vorantreibt, indem sie unabhängig vom Verkehrssektor das ▶Vergabe- u. Planungsrecht ausbaut. (1 Eq.-Partner, 3 Sal.-Partner)

Mandate: ●● Flughafen BER vor OVG gg. Klagen von Anwohnern u. Gemeinde Blankenfelde-Mahlow bzgl. Lärmschutzkonzept; Flughafen Dortmund in Streit um Nachtfluggenehmigung; Flughafen München in Prozess um Bau der 3. Landebahn; Hessen Mobil zu Planfeststellungsverf. A 66; Flughafen Köln zu Aufbau eines genehmigungskonformen Betriebs; Landesverkehrsbehörde bei Vergabe von Autobahnausbauprojekten.

HEUKING KÜHN LÜER WOJTEK
Verkehrssektor

Bewertung: Im Verkehrssektor eine der führenden Kanzleien. Nukleus ist die ▶Vergabepraxis von Dr. Ute Jasper („mehr als super", Mandant), die ein im Marktvergleich sehr tiefes Wissen bei Finanzierungsfragen im Verkehrssektor vorweist. Ein Wettbewerber lobt sie für ihr „pointiertes u. zielgerichtetes Auftreten". Wie eng das Team mit anderen Praxen wie ▶Beihilfe u. Baurecht vernetzt ist, zeigt sich an der praxisübergreifenden Beratung des größten dt. SPNV-Projekts, der RRX-Vergabe. Die Anwälte erprobten zudem bei der Fahrzeugbeschaffung einen neuen Weg, indem sie diese getrennt vom Betrieb ausschrieben. Zudem vertiefte sich die Arbeit für das baden-württembergische Verkehrsministerium. Das neue Büro in Stuttgart soll künftig bei der Festigung dieser Mandatsbeziehung helfen. (6 Partner, 4 Associates)

Mandate: ●● Aufgabenträger (u.a. VVR, NWL, NVR) zu SPNV-Vergabe RRX u. Fahrzeugfinanzierungsmodell; Verkehrsministerium Ba.-Wü. zu Entwicklung Fahrzeugfinanzierungsmodell u. Vergabe mehrerer Verkehrsnetze; Lufthansa Cargo bau- u. vergaberechtl. zu neuem Luftfrachtzentrum; Verkehrsverbund Mittelsachsen zu Vergabe Expressverkehr E7; VRR zu Ausschreibung Erft-Schwalmnetz; Niedersachsen Ports vergaberechtl. zu Neubau von Dalbenliegeplatz im Hafen Emden; Bahnunternehmen zu Bau von S-Bahn-Stammstrecke.

KAPELLMANN UND PARTNER
Verkehrssektor

Kanzlei des Jahres für Regulierte Industrien

Bewertung: Häufig empfohlene Kanzlei im Verkehrssektor. Das Team konzentriert sich auf Flughäfen, Verkehrs- u. Bauunternehmen, die es im Sinne der Gesamtkanzleiausrichtung v.a. ▶bau-, ▶vergabe- u. planungsrechtl. berät. Auf ihren Vorzeige-Infrastrukturprojekten wie Stuttgart 21 ruht sie sich allerdings nicht aus. So macht sich mittlerweile der Zugang des Bahnjuristen Dr. Marc Opitz aus dem Vorjahr bemerkbar: Der Vergaberechtler erschloss z.B. mit der Beratung von Keolis zur Bahnstromausschreibung eine neue Mandantin u. zugleich ein neues Beratungsfeld. Zudem wurde die Praxis v.a. mithilfe des jungen Brüsseler Büros verstärkt bei regulator. u. beihilferechtl. Fragen aktiv, etwa bei einem Regionalflughafen zur Eigenkapitalerhöhung, die der Projektfinanzierung dient. (11 Eq.-Partner, 2 Sal.-Partner, 8 Associates)

Mandate: ●● Keolis vergaberechtl. zu Bahnstromausschreibung; Flughafen Saarbrücken in EU-Beihilfeverf.; Stadt Ffm. vergaberechtl. zu Neubau U5-Linie; Bundesregierung in 2. Vertragsverletzungsverf. wg. Holdingstruktur der Dt. Bahn; Arge Tunnel Hirschhagen bei Neubau auf A 44; Flughafen München vergaberechtl. zu Terminalprojekt; Arge Atcost21 u. Arge Tunnel Feuerbach jew. zu Tunnelbau bei Stuttgart 21; süddt. Autohersteller bei Machbarkeitsstudie für Straßenbau; Regionalflughafen beihilferechtl. bei Eigenkapitalerhöhung zur Finanzierung von Infrastrukturprojekt.

NORTON ROSE FULBRIGHT
Verkehrssektor

Bewertung: Geschätzte Kanzlei im Verkehrssektor, die internat. arbeitet. In Brüssel agiert sie mit einem vergabe- u. ▶beihilferechtl. Ansatz, in München finanzierungsrechtl. Gemeinsam betreuen die beiden Büros eine Reihe von ▶ÖPP-Projekten, darunter für das BMVerkehr einige A-Modelle. Nun ist es NRF gelungen, im Rahmen des A-7-Ausbaus zur ersten EU-Projektanleihe bei einem dt. ÖPP-Projekt zu beraten. Zudem ist die Kanzlei fest in der Luftverkehrsbranche etabliert. Die Brüsseler u. Londoner NRF-Anwälte beriten gemeinsam etwa die griech. Privatisierungsgesellschaft HRADF zum Verkauf von 14 Flughäfen an Fraport. (Kernteam: 2 Partner, 10 Associates)

Mandate: ●● BMVerkehr vergaberechtl. zu EU-Projektanleihe für A 7 u. lfd. zu weiteren A-Modell-Projekten; HRADF vergabe- u. beihilferechtl. zu Verkauf von 14 Flughäfen an Fraport; EU-Kommission zu Mobilitätsfragen u. TransTec-Korridor Ostsee; EasyJet in EU-Beihilfeverf.; Fluglinie zu Marketingvereinbarung mit Flughafen.

OPPENLÄNDER
Verkehrssektor

Bewertung: Die im Verkehrssektor empfohlene Kanzlei beschäftigt sich mit einer Reihe von wesentlichen Themen im Markt. Dazu gehören für das Team um Prof. Dr. Christofer Lenz regulator. Fragen wie Direktvergaben, das Tariftreuegesetz u. die lfd. Verteidigung des Stationspreissystems der Dt. Bahn. In den vergangenen Jahren positionierte sich die Kanzlei zudem in den immer wichtiger werdenden kartellrechtl. Fragen des Sektors. Nach der Übernahme von Kartellschadensersatzfällen berät sie aktuell ein Verkehrsunternehmen zu der neu aufgeworfenen Frage, wie mit Kartellanten in künftigen Bieterverfahren umzugehen ist (▶Kartell- ▶Vergaberecht). (5 Eq.-Partner, 1 Sal.-Partner, 4 Associates)

Mandate: ●● Dt. Bahn in Prozessserie um Stationspreise 2011; BVG, Hamburger Hochbahn, Kölner Verkehrsbetriebe, Rheinbahn in Schadensersatzstreit wg. Schienenkartell; Verkehrsgesellschaft Frankfurt zu Tariftreuegesetz; SWEG zu Neuvergabe von SPNV-Leistung; div. Verkehrsunternehmen zu Direktvergabe u. Zulässigkeit von Bietern nach Kartellteilnahme.

ORTH KLUTH
Verkehrssektor

NOMINIERT
JUVE Awards 2015
Kanzlei des Jahres für Regulierte Industrien

Bewertung: Empfohlene Kanzlei im Verkehrssektor, die auf eine tiefe Branchenkenntnis bauen kann. So griff der Finanzinvestor General Atlantic auf das Team um Dr. Anselm Grün zurück, als dieser die Fusion von Flixbus u. MeinFernbus unterstützte. Nicht nur dieses Mandat zeigt, dass die Beratung der kleinen Praxis eine neue Stufe erreicht hat. Im Markt wurde zudem bekannt, dass sie National Express beim Gebot für die S-Bahn Nürnberg berät. Damit stößt Orth Kluth endlich in die vergaberechtl. Beratung vor, was sich aufgrund ihrer guten Kontakte zu den priv. Verkehrsunternehmen u. -verbänden schon lange angeboten hat. (2 Partner, 2 Associates, 1 Counsel, 1 of Counsel)

Mandate: ●● General Atlantic regulator. bei Einstieg in Flixbus/MeinFernbus; National Express als Bieter zu SPNV-Vergabe S-Bahn Nürnberg (marktbekannt); BMVerkehr zu Lärmschutzmaßnahmen bei der Bahn; Teutoburger-Wald-Eisenbahn in Stilllegungsverfahren für Teilstrecke; Städtebahn Sachsen/Verkehrsverbund Oberelbe in Klage gg. DB Netz auf Rückzahlung von Regionalfaktoren; SBB, Keolis, TX Logistik, Captrain jew. zu Bahnstrom; lfd. Rhein-Main Verkehrsverbund, Keolis, Boxxpress.

PRICEWATERHOUSECOOPERS LEGAL
Verkehrssektor

Bewertung: Empfohlene Praxis im Verkehrssektor um Dr. Friedrich Hausmann, der im ▶Vergabe-

VERKEHRSSEKTOR REGULIERTE INDUSTRIEN

recht u. bei ▶ÖPP-Projekten sehr erfahren ist. Der Aufbau der beihilferechtl. Praxis durch den Zugang eines Teams von EY Law trägt im Verkehrssektor bereits erste Früchte: Es berät z.B. ein Bundesland zur Begutachtung eines ÖPP-Projekts an einem Flughafen u. die Stadt Papenburg zu einer Investition in die Hafeninfrastruktur. Daneben haben die Experten um Christiane Kappe große regulator. Expertise, z.B. zuletzt in Fragen der VO 1370, bei Direktvergaben u. ÖPNV-Finanzierungen. (7 Partner, 4 Associates)

Mandate: ●● Infrastrukturministerium Rh.-Pf. bei Umsetzung der Kommissionsentscheidung zu Flughafen Zweibrücken; Stadt Papenburg beihilferechtl. zu Investition in Hafeninfrastruktur; Vera zu Vergabe des Innenstadtbusverkehrs; Hochtief-Bieterkonsortium vergaberechtl. zu A-Modell A 7; Dortmunder Stadtwerke zu Direktvergabe (Verzahnung VO 1370 mit VRR-Finanzierungssystem); Verkehrsverbund Rhein-Sieg zu landesweitem Grundlagenvertrag für Einnahmeaufteilung; VDV Verband dt. Verkehrsunternehmen zu Tariftreuegesetz NRW; Investor zu Teilnahme an Fahrzeugbeschaffungsausschreibung; Bundesland zu beihilferechtl. Begutachtung von ÖPP-Projekt an Flughafen.

REDEKER SELLNER DAHS
Verkehrssektor ◼◻◻◻◻

Bewertung: Als eine der führenden Kanzleien im Verkehrssektor besticht Redeker v.a. mit ihrer regulator. Arbeit sowie ▶umwelt- u. planungsrechtl. Betreuung von Infrastrukturprojekten, z.B. im Flughafensektor. Die Berliner Partner Dr. Stephan Gerstner ("hervorragender Kenner des Eisenbahnrechts", Wettbewerber) u. Prof. Dr. Olaf Reidt betreuen insbes. die Dt. Bahn, z.B. im Klageverf. bzgl. der Einnahmeaufteilung in der nordrhein-westfälischen SPNV-Sektor. Dr. Tobias Masing wurde zuletzt mit dem Konflikt zw. Flugsicherung u. Windenergieprojekten in ein grundsätzl. Thema involviert. Das ▶Brüsseler Büro steht für beihilferechtl. Mandate aus dem Flughafenbereich u. machte durch die Mrd.-Schadensersatzklage der Dt. Bahn gg. das Luftfrachtkartell auf sich aufmerksam. (5 Eq.-Partner, 2 Sal.-Partner, 8 Associates)

Mandate: ●● Dt. Bahn in Schadensersatzverf. gg. Luftfrachtkartell; EASA vor EuG wg. Helikopterzulassung; Freistaat Sachsen vor BVerfG wg. Ortsumfahrung Freiberg; Berliner Flughafen in Klagen auf Lärmschutz; Bundesamt für Flugsicherung in Streitverf. um div. Flugrouten; Land Hessen in rd. 50 Verf. bzgl. Nordwestlandebahn am Flughafen Ffm.; Stadt Hamburg in Prozess um Elbvertiefung u. A 7; DB Regio zu SPNV-Einnahmeaufteilung in NRW u. lfd. bundesw. zu SPNV-Verträgen; Dt. Flugsicherung zu Konflikt mit Windparks; Stadt im Zshg. mit EU-Beihilfeverf. für einen regionalen Flughafen.

RÖDL & PARTNER
Verkehrssektor ◻◻◻◼◻

Bewertung: Häufig empfohlene Kanzlei im Verkehrssektor, die aufgr. ihres MDP-Ansatzes immer häufiger umfassend u. politiknah tätig wird. Das Mandat AK Bahnpolitik, in dem es um den künftigen ÖPNV-Finanzierungsbedarf geht, hat einige Mandate mit ähnl. Fragestellung nach sich gezogen – z.B. für die FDP NRW. Zudem wird der Zweckverband Braunschweig zur Stabilisierung der Verbundtarife beraten, v.a. vor dem Hintergrund des demograf. Wandels. Die bundesw. Finanzierungserfahrung ist daher mittlerw. beachtlich u. geht häufig mit beihilfe- u. vergaberechtl. Fragen einher. Die Betreuung von reinen ÖPNV/SPNV-Ausschreibungen, die im Beratermarkt als sehr attraktiv gelten, sind zuletzt aber zurückgegangen. (2 Partner, 2 Associates, 1 of Counsel)

Mandate: ●● AK Bahnpolitik (Zusammenschluss Landesverkehrsministerien) zu ÖPNV-Finanzierungsbedarf; Zweckverband Braunschweig zu zukünftiger Verbundförderung; FDP NRW zu zukünftiger ÖPNV-Finanzierung; RegioBus Hannover zu Steuerungskonzept; Aachener Verkehrsverbund bei Suche nach Carsharing-Anbietern; Verkehrsbetriebe Hamburg Holstein zu VO 1370; sächs. Verkehrsministerium zu beihilfekonformer Fahrzeugförderung; Stadt Münster in Verf. um Rendite für Verkehrsunternehmen u. zu Richtlinie für Fahrzeugbeschaffung; Verkehrsverbund Trier beihilferechtl. zu Refinanzierungsvereinbarung zw. Mitgliedern.

RWP RECHTSANWÄLTE
Verkehrssektor ◻◻◻◼◻

Bewertung: Empfohlene Praxis im Verkehrssektor. Kopf der Praxis ist ▶Vergaberechtler Dr. Clemens Antweiler, der bekannt für seine Prozesserfahrung ist u. unter Wettbewerbern als „durchsetzungsfähig" gilt. Häufig greift er für seine Mandanten Ausschreibungen für Verkehrsleistungen an, diese Kompetenz überträgt er nun geschickt auf Bieter für die Fahrzeugbeschaffung. Hier werden Vergaben immer streitiger, was die Vertretung von Siemens u. Vossloh gg. einen Auftrag der Rheinbahn u. KVB zeigt. Zudem nimmt die vergabe- u. kartellrechtl. Beratung für Busunternehmen zu. Das Team ist darüber hinaus zunehmend auch im Umwelt- u. Planungsrecht tätig. (2 Partner)

Mandate: ●● Marktbekannt: Siemens und Vossloh Kiepe gg. Vergabe für Fahrzeugbeschaffung durch Rheinbahn u. KVB; Verband nordrheinwestfälischer Omnibusunternehmen u. div. Gemeinden in Klage gg. Tariftreuegesetz; div. Busbetriebe kartellrechtl. in Streit um Einnahmeaufteilung u. kartell-, beihilfe- u. vergaberechtl. zu Verkehrsleistungsvertrag.

SCHUMANN
Verkehrssektor ◻◻◻◻◼

Bewertung: Im Verkehrssektor geschätzte Praxis um Dr. Thomas Stockmann. Beachtl. ist der Wirkungskreis des kleinen Teams, das deutschlandweit Aufgabenträger zu SPNV-Ausschreibungen berät – häufig mit grenzüberschreitendem Bezug zu Nachbarländern wie Tschechien u. Niederlande. Auf Aufgabenträgerseite ist es auch in marktbestimmende Themen eingebunden wie Fahrzeugbeschaffungen u. den mögl. Marktmachtmissbrauch der Dt. Bahn beim Fahrscheinvertrieb. Für 2 Bundesländer erhob die Kanzlei nun Klage auf Informationsanspruch bzgl. des Verkaufs von Fernverkehrsfahrscheinen. (1 Partner, 2 Associates)

Mandate: ● Sächs. Aufgabenträger zu Entwicklung Vergabekonzept für Fahrzeugbeschaffung; 2 Bundesländer zu Informationsanspruch über Verkauf von Fernverkehrsfahrscheinen; SPNV-Aufgabenträgergemeinschaft in Gutachten zu Marktmachtmissbrauch durch Dt. Bahn bei Fahrscheinvertrieb; Bundesland zu Neugestaltung des Betriebs von Lichtsignalanlagen; Beratungsgesellschaft bei EU-Verkehrsinvestitionsprojekt in Rumänien; div. Aufgabenträger zu Vergabe von SPNV-Verträgen.

TAYLOR WESSING
Verkehrssektor ◻◻◻◻◼

Bewertung: Eine im Verkehrssektor empfohlene Kanzlei, deren Arbeit in diesem Bereich auf mehreren Säulen fußt. So ist der D'dorfer Öffentl.-Rechtler Prof. Dr. Norbert Kämper anerkannt für seine Expertise im Luftverkehrsrecht u. bei Infrastrukturprojekten wie Militärflughäfen (▶Umwelt- u. Planungsrecht). Ein Wettbewerber lobt ihn für seine „große Erfahrung in der Vertretung von Behörden in Prozessen". Zugleich berät das Beihilfeteam im Zshg. mit dem Seehafen Brake u. dem Flughafen Zweibrücken. Damit sind die Kernkompetenzen in D'dorf angesiedelt, allerdings hat die Kanzlei auch in Hamburg Ambitionen. Ein im Vorjahr dazugekommener ▶Vergaberechtler baut dort die Arbeit im ÖPNV/SPNV-Bereich aus. (2 Eq.-Partner, 2 Sal.-Partner, 3 Associates)

Mandate: ●● Insolvenzverwalter Flughafen Zweibrücken zu Beihilferückforderung; J. Müller AG/Seehafen Brake beihilfe- u. vergaberechtl. zu Finanzierung des Hafenzugangs; markbekannt: Land NRW in Prozess zu Bodenabfertigerauswahl in Köln/Bonn; Bezirksregierung Münster in Prozess um Nachtfluggenehmigung für Flughafen Dortmund; Flughafen Essen/Mülheim in Prozess um Betriebseinschränkung; Fluglinie wg. Teilschließung von Flughafen.

WHITE & CASE
Verkehrssektor ◻◻◼◻◻

Bewertung: Häufig empfohlene Kanzlei im Verkehrssektor, die zuletzt prominente Finanzierungsprojekte an sich zog. So berät das mit polit. Mandaten erfahrene Team das Land Ba.-Wü. in Fragen der Finanzierung von Stuttgart 21. Aufseiten der Banken u. Investoren begleitete W&C zudem die erste EU-Projektanleihe in Deutschland, die dem Ausbau der A 7 dient. Gerade im Bereich Autobahnausbau kommt regelm. ihre Erfahrung im Vergabe- sowie ▶Umwelt- u. Planungsrecht zum Tragen. (4 Eq.-Partner, 4 Sal.-Partner, 2 Counsel, 2 Associates)

Mandate: ●● Land Ba.-Wü. zu Finanzierung von Stuttgart 21; Konsortium um Société Générale u. Crédit Agricole bei EU-Projektanleihe für Ausbau der A 7; Rosinenbomber-Stiftung Berlin ggü. Luftfahrt-Bundesamt wg. Flugzeugzulassung; BRD zu Umplanung für Anschlussstelle der A 100; BMVerkehr bei ÖPP-Vergabe im Autobahnbau.

Restrukturierung – Treuhandmodelle für Unternehmen in der Krise

Von Jürgen Börst, Weil, Gotshal & Manges, Frankfurt am Main

Jürgen Börst

Herr Jürgen Börst ist als Rechtsanwalt und Steuerberater für die internationale Anwaltskanzlei Weil, Gotshal & Manges tätig. Er hat langjährige Erfahrung in der anwaltlichen und steuerlichen Beratung im Restrukturierungsbereich. Daneben ist er Geschäftsführer der eigenständigen Gesellschaft W Special Situations GmbH, die in enger Kooperation mit Weil Treuhandaufgaben im Zusammenhang mit Krisensituationen bei Unternehmen übernimmt und dabei entweder im Interesse bestimmter Gläubiger, des Unternehmens oder von Gesellschaftern tätig wird.

Weil, Gotshal & Manges ist eine der weltweit führenden Anwaltskanzleien. In Deutschland sind wir mit Büros in Frankfurt am Main und München präsent. Unsere Mandanten profitieren sowohl von unserer internationalen Ausrichtung als auch von der hervorragenden Positionierung am deutschen Markt in den Bereichen Restrukturierung, Private Equity, Mergers & Acquisitions, Finance, Steuerrecht, Prozessführung und Distressed M&A.
Unser eingespieltes Team aus Rechtsanwälten und Steuerberatern bietet erstklassige juristische Beratung und erarbeitet individuelle Lösungen unter Einbeziehung unternehmerischer Aspekte.

Weitere Informationen im Kanzleiprofil am Ende des Handbuchs.

Im Zuge der Finanzkrise wurden im Jahr 2009 die Anteile an der deutschen Opel-Gesellschaft vom amerikanischen Mutterunternehmen General Motors vorübergehend auf einen Treuhänder übertragen. Dadurch wurde die Treuhand als Instrument im Zusammenhang mit der Sanierung von finanziell angeschlagenen Unternehmen auch für die breitere Öffentlichkeit ein Begriff. Zwar gab es auch vorher bereits Treuhandkonstruktionen, die allerdings in ihren Einzelheiten nur Spezialisten geläufig waren. Seither haben Treuhandmodelle zunehmend an Popularität gewonnen und sind bei einer großen Anzahl von Unternehmen in Krisensituationen zum Einsatz gekommen. Das Spektrum der Konstellationen, in denen Treuhandmodelle erfolgreich eingesetzt wurden, hat sich zunehmend erweitert. Daneben wird es durch Treuhandmodelle auch den bisherigen Eigentümern des Unternehmens ermöglicht, bei Sanierungsbemühungen mitzuwirken und sich daran zu beteiligen.

Im Laufe der Jahre haben sich am Markt verschiedene Treuhandmodelle etabliert, die sich aufgrund von Anpassungen an die jeweiligen konkreten Einzelfälle verfeinert und weiterentwickelt haben. Im Rahmen der öffentlichkeitswirksamen Bewältigung der Krise des Nürburgrings kam beispielsweise ein Treuhandmodell zur Anwendung, das zugunsten des Gesellschafters der Käufergesellschaft als auch zugunsten der Verkäufer (und nicht eines Fremdkapitalgebers) eingesetzt wurde. Jüngst hat die Treuhand auch in der Griechenlandkrise Einzug gehalten und soll als ein Element genutzt werden, um einen Staat in der Krise zu sanieren. Ein Treuhandfonds soll Vermögenswerte vom griechischen Staat übernehmen, um diese zu privatisieren und die Erlöse – zumindest teilweise – zur Bedienung griechischer Schulden verwenden.

Verwaltungstreuhand

Bei der Verwaltungstreuhand handelt es sich um die einfachste und ursprünglichste Form der Treuhand in Krisensituationen. Häufig werden dabei Gesellschaftsanteile auf Veranlassung von kreditgebenden Banken auf einen Treuhänder übertragen. Die Aufgabe des Treuhänders ist es dabei, einen in Aussicht genommenen Sanierungsprozess abzusichern und einen möglichen negativen Einfluss der Altgesellschafter zu reduzieren. Regelmäßig handelt es sich um ein bilaterales Verhältnis zwischen dem Gesellschafter (Treugeber) und dem Treuhänder. Anstelle des bisherigen Gesellschafters agiert der Treuhänder als zuverlässiger Ansprechpartner für die Gläubiger des Unternehmens im Rahmen der finanziellen Restrukturierung.

Sicherheitenverwertung durch Treuhänder

In der Praxis werden Treuhandkonzepte auch eingesetzt, um vorhandene Sicherheiten gebündelt zu verwerten. Bei den Gläubigern kann es sich dabei z. B. um Lieferanten oder kreditgebende Banken handeln. Der Zweck ist es jeweils, gleichartige oder zusammengehörende Sicherheiten in einem Pool zusammenzufassen und gemeinsam durch einen Treuhänder verwerten zu lassen. Bevor es zur Beauftragung des Treuhänders kommt, ist es entscheidend, dass sich der Gläubigerpool selbst eine innere Ordnung gibt und zwischen den Poolmitgliedern geregelt wird, wie Entscheidungen im Hinblick auf die betreffenden Sicherheiten getroffen werden. Schwierigkeiten bei der Durchführung der Treuhand können sich insbesondere ergeben, wenn der Treuhänder intern im Rahmen des Treuhandverhältnisses mit einer Vielzahl von unkoordiniert handelnden Gläubigern (Lieferanten oder Banken) als Treugeber konfrontiert wird.

Abgesehen von einer Verwertung der Sicherheiten für den Pool, kann es die Aufgabe des Treuhänders sein, sich aktiv am Sanierungsprozess des betroffenen Krisenunternehmens zu beteiligen. Sofern dieses Unternehmen in die Insolvenz gerät, kann der Treuhänder die gewährten Sicherheiten gegenüber dem Insolvenzverwalter verteidigen.

Doppelnützige Sanierungstreuhand

Die doppelnützige Treuhand zeichnet sich dadurch aus, dass sie nicht nur zugunsten des bisherigen Eigentümers als dem maßgeblichen Treugeber wirkt, sondern auch positive Auswirkungen für einen oder mehrere Gläubiger hat. Dabei handelt es sich häufig um kreditgewährende Banken oder Anleihegläubiger. Auch bei der doppelnützigen Treuhand gibt es ein Treuhandverhältnis regelmäßig nur zu einem Treugeber, während jedoch die günstigen Folgen des Treuhandkonzepts auch den Gläubigern als Drittbegünstigten zugutekommen.

Primäres Ziel der doppelnützigen Treuhand ist es in der Regel, eine Sanierung des in der Krise befindlichen Unternehmens herbeizuführen. Sofern dies nicht gelingt, soll der Treuhänder das entsprechende Treugut verwerten und einen Erlös in erster Linie dazu verwenden, die Verpflichtungen des Treugebers gegenüber den Gläubigern des Unternehmens zu befriedigen. Dabei wahrt die doppelnützige Treuhand die durchaus gleichgerichteten Interessen der Eigentümer und der Gläubiger. Beide Gruppen sind nicht daran interessiert, dass es im Hinblick auf das betreffende Unternehmen zu einem Fire Sale kommt. Ebenso wenig wünschen sich Eigentümer und Gläubiger in der Regel eine Insolvenz, weil ein Verkauf des Unternehmens dann ebenfalls nur unter dem tatsächlichen Wert möglich ist.

Bei der doppelnützigen Treuhand dienen das Unternehmen bzw. die betroffenen Geschäftsanteile faktisch der Sicherung der Ansprüche der Gläubiger, ohne dass diese selbst Gesellschafter des Krisenunternehmens werden. Zu Recht scheuen sich Fremdkapitalgläubiger im Krisenfall selbst eine Gesellschafterstellung zu übernehmen. So droht die Anwendung des Eigenkapitalrechts auf die zuvor gewährten Darlehen. Wenn es zu einer Insolvenz kommt, sind die entsprechenden Darlehen subordiniert (§ 39 Abs. 1 Nr. 5 InsO). Zudem können sämtliche Darlehensrückzahlungen, die innerhalb eines Jahres vor der Insolvenzantragstellung erfolgt sind, gemäß § 135 Abs. 1 Nr. 2 InsO angefochten werden. Für die Bestellung von Sicherheiten gilt sogar eine Anfechtungsfrist von zehn Jahren (§ 135 Abs. 1 Nr. 1 InsO).

Dem Treuhänder können im Treuhandvertrag verbindliche und unwiderrufliche Weisungen erteilt werden. Im Rahmen der Weisungen können die Interessen der drittgeschützten Gläubiger berücksichtigt und geschützt werden. Bei Eintritt bestimmter Bedingungen (insbesondere beim Scheitern von Sanierungsbemühungen) kann der Treuhandvertrag bereits die Verwertung des Treuguts regeln. Bei der Verwertung der Gesellschaft durch einen Verkauf können dem Treuhänder sehr weitgehende Funktionen bei der Investorensuche, dem Due Diligence Prozess, den Verhandlungen, der Auswahl und Koordinierung von Beratern usw. zugewiesen werden.

Neuere Weiterentwicklungen bei Treuhandmodellen

Das klassische Konzept der doppelnützigen Treuhand hat sich in der jüngeren Vergangenheit aufgrund von Anforderungen in speziellen Situationen ständig weiter entwickelt. Zu erwähnen sind dabei z. B. Contractual Trust Arrangements. Dabei handelt es sich um eine Gestaltung, bei der die Ansprüche von Arbeitnehmern aus betrieblicher Altersvorsorge gesichert werden, indem Vermögenswerte des Arbeitgebers auf einen Treuhänder übertragen werden. Auf diese Weise werden die Arbeitnehmer als Drittbegünstigte im Falle einer Insolvenz des Arbeitgebers geschützt.

Ein weiteres Beispiel ist die Treuhand im Zusammenhang mit der Krise des Nürburgrings. Nachdem der Nürburgring in eine finanzielle Schieflage geraten war, wurde das Geschäft an eine Käufergesellschaft verkauft, bei der es sich um ein Joint Venture handelte. Nachdem der Käufer Schwierigkeiten hatte, die vereinbarten Kaufpreiszahlungen zu leisten, wurde auch in dieser Konstellation ein Treuhänder eingeschaltet. Die Besonderheiten bestanden darin, dass es sich bei den Gläubigern nicht um typische Fremdkapitalgeber handelte, sondern um Verkäufer, die um ihre Kaufpreisansprüche fürchteten. Außerdem befanden sich die Verkäufer ihrerseits bei Beginn des Verkaufsprozesses bereits in der Insolvenz. Im Rahmen der Treuhand für das Nürburgringgeschäft erfolgte eine Staffelung auch bezüglich der Vermögensgegenstände, die auf den Treuhänder übertragen wurden. So wurden in einem ersten Schritt zunächst die Ansprüche der Käufergesellschaft aus dem Kaufvertrag auf den Treuhänder übertragen. Die Auswirkungen auf den Käufer waren noch vergleichsweise milde und weitergehende Nachteile wären für ihn vermieden worden, wenn eine Finanzierung des Kaufpreises gelungen wäre. Dennoch waren die Verkäufer als Gläubiger schon weitgehend gesichert, da im Falle eines Zahlungsausfalls zumindest eine Verwertung der vertraglichen Ansprüche durch Übertragung auf einen neuen Erwerber möglich gewesen wäre. Erst in einem zweiten Schritt erstreckte sich die doppelnützige Treuhand dann auch auf bestimmte Anteile an der Käufergesellschaft, die anschließend verwertet werden konnten. Aufgrund der bestehenden Struktur des Käufers konnte auf diese Weise zielgenau die Beteiligung eines Gesellschafters verwertet werden, während der solvente Partner und das operative Geschäft der Käufergesellschaft von diesen Vorgängen nicht negativ betroffen waren.

Die Treuhandmodelle können sich nicht nur auf die Sanierung und/oder Verwertung des Unternehmens beziehen, sondern sich darüber hinaus bis in die weitere Abwicklung erstrecken. Dies kann die Durchführung von Maßnahmen nach einem etwaigen Weiterverkauf (z. B. Rekapitalisierung des verkauften Unternehmens) betreffen oder die Treuhand kann nach dem Verkauf fortgesetzt werden bis etwaige Hindernisse, z.B. regulatorischer oder kartellrechtlicher Art, beseitigt sind.

KERNAUSSAGEN

- In der Praxis spielen Treuhandmodelle bei Bewältigung von Unternehmenskrisen eine wesentliche Rolle. Während die Treuhand früher nur eingeweihten Spezialisten ein Begriff war, handelt es sich heute um ein weithin bekanntes Sanierungsinstrument.

- Als besonders effektives und flexibles Sanierungsinstrument hat sich die doppelnützige Treuhand erwiesen, bei der die Sanierung im Vordergrund steht, aber auch die Gläubiger geschützt werden.

- Aktuelle Neuerungen betreffen insbesondere die Entwicklung von Modellen für Spezialsituationen sowie die Anpassung an Besonderheiten im Einzelfall, wie z. B. im Rahmen der Sanierung des Nürburgrings.

Restrukturierung/Sanierung..................556
Insolvenzverwaltung..........................564

Restrukturierung und Insolvenz

Restrukturierung/Sanierung

Trend zum Streit: Prozesse führen, Ansprüche abwehren

Käufe und Verkäufe aus der Insolvenz gab es zuletzt weniger, da weniger große Insolvenzen zu vermelden waren. Dagegen werden viele Immobilienportfolios aufgrund der guten Immobilienkonjunktur bereinigt, und es gibt auch wieder NPL-Transaktionen, die man seit einigen Jahren nur auf internationaler Ebene gesehen hat. Als Krisenbranchen par excellence gelten die Schifffahrt, das Gesundheitswesen und auch die Energieversorger – auf diesen Feldern sind viele Sanierungsexperten unterwegs. Zudem setzen sich die Berater und die von ihnen vertretenen Unternehmen, Organe und Gesellschafter mit der Vorsatzanfechtung durch Verwalter auseinander sowie vereinzelt auch mit Vorwürfen der Insolvenzverschleppung. Einerseits ergibt sich hieraus ein Trend zu mehr Prozessführungsmandaten. Andererseits gerät die Sanierungsberatung unter Druck: Die große Aufgabe von Unternehmen und ihren Beratern ist es, in Krisensituationen schnell und mit Risiko zu agieren, ohne automatisch ins Kreuzfeuer zu gelangen. Das Urteil des Landgerichts Frankfurt gegen Hengeler Mueller im Fall Q-Cells setzt den Beratern engere Grenzen als zuvor. Anstatt ein Unternehmen außergerichtlich zu sanieren, könnten sie gezwungen sein, wieder schneller einen Insolvenzantrag zu stellen.

Sanierungsberatung und Insolvenzverwaltung kommen sich näher

Mehrere Kanzleien nutzten den tendenziellen Rückgang des Sanierungsgeschäfts für personelle Veränderungen. **Jones Day** verlor zwei Restrukturierungspartner – von den Wechseln profitierten **Heuking Kühn Lüer Wojtek** und **Reed Smith**. **Jones Day** will in Zukunft mehr auf Finanzierungsinput setzen und sich von der früher dominanten US-Anbindung etwas freischwimmen. **Dentons** verbreitert sich mit Neuzugängen vor allem in Berlin sowie in Frankfurt und arbeitet somit weiter an einer Art Full-Service-Ansatz im insolvenznahen Bereich. Die Fusion von hww Wienberg Wilhelm und Hermann fand auf der Ebene der Insolvenzverwaltung viel Beachtung. Doch auch das Beraterteam der neuen **hww Hermann Wienberg Wilhelm** kann jetzt insgesamt stärker auftreten.

Auf unterschiedliche Weise holen sich Kanzleien Sanierungs-Know-how ins Haus, indem sie einzelne Insolvenzverwalter integrierten: **Greenberg Traurig** (von 2014 bis 2015 **Olswang**) ist ein solcher neuer Name mit Verwalter Christian Köhler-Ma. **BDO Legal** holte Verwalter Bernd Depping, der jetzt unter **BDO Restructuring** firmiert. **Menold Bezler** verstärkte sich in Stuttgart mit Verwalter Jochen Sedlitz, **SZA Schilling Zutt & Anschütz** mit Verwalter Thomas Oberle, der nach langen Jahren seine Kanzlei **Wellensiek** in Heidelberg verließ: vier Beispiele dafür, dass die Änderungen im Verwaltermarkt auch das Beratungsgeschäft verändern. Die lange getrennten Bereiche Insolvenzverwaltung und Sanierungsberatung wachsen zusammen – allerdings nicht ohne Herausforderungen: Zunächst einmal gibt das Verwalter-Know-how den Kanzleien sicherlich einen Auftrieb bei insolvenzrechtlichen Mandaten. Das Austarieren von Interessen – siegt die Verwaltung oder die Beratung bei Mandatsanfragen – ist aber eine schwierige Aufgabe.

Die folgenden Bewertungen behandeln Kanzleien, in denen die insolvenzbezogene Beratung einen entscheidenden Umfang einnimmt oder die im Markt durch die Größe und Komplexität der Mandate wahrgenommen werden. Sozietäten, die auch Insolvenzverwaltung anbieten, werden nur dann besprochen, wenn ihre Beratungstätigkeit ähnlich prominent ist wie das Verwaltungsgeschäft. Beachten Sie dazu das Kapitel ▶ Insolvenzverwaltung. Die Beratungsschwerpunkte der Kanzleien können sehr unterschiedlich sein; unter Restrukturierungsberatung werden v.a. die Neuverhandlung von Krediten, Refinanzierung und Veränderung der Beteiligungs- bzw. Gläubigerstrukturen verstanden (▶ Kredite und Akquisitionsfinanzierung, ▶ Private Equity), während die Sanierungsberatung in erster Linie gesellschaftsrechtliche und sogar betriebswirtschaftliche Probleme umfasst (▶ Gesellschaftsrecht). Für spezielle Restrukturierungsfragen im Bankensektor siehe ▶ Bank- und Bankaufsichtsrecht.

JUVE AWARDS 2015

JUVE KANZLEI DES JAHRES
RESTRUKTURIERUNG/SANIERUNG
CLIFFORD CHANCE

Unbeeindruckt von der viel diskutierten Umstrukturierung der Kanzlei selbst punktet das erfolgreiche Team von **Dr. Stefan Sax** mit kreativen Sanierungslösungen. Unterstützt von erfahrenen Counseln steht er für Weiterführung und Ausbau des allseits anerkannten Geschäfts mit insolvenznahen Rechtsfragen. Sowohl Qualität als auch Vielseitigkeit u. Breite des Restrukturierungsbereichs stechen nach Ansicht von Wettbewerbern in der Kanzlei hervor, die Schnittstellen mit Corporate sowie mit Banking sind exzellent besetzt. Die Restrukturierung des Parkhausbetreibers Apcoa sorgte für viel Beachtung, weil Clifford Chance hier zum wiederholten Male ein Scheme of Arrangement nach englischem Recht einsetzte – doch was die deutschen Sanierer in diesem Mandat geschafft haben, geht viel weiter. Apcoa ist ein Musterbeispiel für eine grenzüberschreitend gelöste Krise einer Unternehmensgruppe. Die Alternative, einzelne Insolvenzverfahren in fünf Ländern, hätte die Gruppe vermutlich zerstört. Doch ihre Vielseitigkeit beweisen die Insolvenzrechtler nicht nur im internationalen Krisenumfeld. Im Falle des insolventen Windenergieunternehmens Prokon waren es Clifford-Anwälte, die das Konstrukt der Anleihenfinanzierung für die neu erstellte Genossenschaft auf die Beine stellten.

RESTRUKTURIERUNG/SANIERUNG — RESTRUKTURIERUNG UND INSOLVENZ

AC TISCHENDORF
Restrukturierung/Sanierung ☐☐☐☐▪

Bewertung: Die für Restrukturierung geschätzte Kanzlei ist auf diesem Feld seit ihrer Gründung aktiv, ursprüngl. mit einem stark arbeitsrechtl. u. transaktionsbezogenen Einschlag. Doch seit dem Zugang eines insolvenzrechtl. erfahrenen Partners von Gleiss Lutz vor 3 Jahren zieht das Geschäft mit unternehmensseitigen Sanierungen immer mehr an. Die Reihe der namhaften Fälle ist lang, u. das Beratungsangebot ist über das rein Juristische hinaus durch intensive Partnerbetreuung exakt abgestimmt auf die Bedürfnisse der überwiegend mittelständ. Mandantschaft.

Kanzleitätigkeit: Sanierungsbegleitung, Insolvenzvorbereitung, insolvenzbezogene M&A-Transaktionen; ▶gesellschafts- u. ▶arbeitsrechtl. Maßnahmen im Restrukturierungskontext; Sanierungstreuhand. (5 Partner, 1 Associate)

Mandate: ●● Puccini-Gruppe zu Sanierungsgutachten u. Verkäufen; Gausepohl-Gruppe zu Vorbereitung der Insolvenz u. Auffanglösung; Keymile-Gruppe zu Sanierung, Personalabbau u. Verkäufen; Oystar zu Verkäufen von Distressed Assets; Tempton im Rahmen von Sanierungsüberwachung.

ADERHOLD
Restrukturierung/Sanierung ☐☐☐☐▪

Bewertung: Die für Restrukturierung empfohlene Kanzlei hilft Unternehmen u. Unternehmern in Bedrängnis – so könnte man das Selbstverständnis der Sanierungsexperten zusammenfassen. Dass Aderhold dabei zeitweilig mit harten Bandagen kämpft, wird im Markt manchmal argwöhnisch betrachtet, allerdings passt ein solcher Ansatz auch in das Gefüge des neuen Insolvenzrechts hinein – nicht immer sind Interessen von Schuldnern u. Gläubigern mühelos unter einen Hut zu bekommen. Das Eintreten für den Nürburgring-Investor Capricorn oder die Gesellschafterin der renommierten Kettler-Werke belegt den Erfolg dieses Ansatzes, die weiter ausgebaute Personalstärke ebenfalls.

Häufig empfohlen: Thorsten Prigge

Kanzleitätigkeit: Sanierung u. insolvenzbezogene Beratung auf Unternehmensseite, v.a. im großen Mittelstand. Gute Vernetzung mit Kreditinstituten u. Verwaltern. Finanzierungskonzepte u. Refinanzierungen unter Beteiligung eigener Unternehmensberatung, lfd. Treuhand, Poolverwaltung u. Liquidationen; enge Zusammenarbeit mit Arbeits- u. ▶Gesellsch.rechtlern. Insolvenzverwaltung an ostdt. Gerichten. (6 Eq.-Partner, 1 Sal.-Partner, 8 Associates)

Mandate: ●● Kettler zu Sanierung u. Insolvenzverfahren, auch operativ; Capricorn-Gruppe zu Restrukturierung u. Finanzierung; von-Nathusius-Gruppe als Investor der insolventen Mifa Fahrradwerke; Rothenpieler-Gruppe, Demco Baumaschinen u. Severin Elektrogeräte jeweils zu Fortfinanzierung.

ALLEN & OVERY
Restrukturierung/Sanierung ▪☐☐☐☐

Bewertung: Die für Restrukturierung häufig empfohlene Kanzlei kann mühelos die internat. Karte spielen, wenn komplexe Refinanzierungen anstehen. Bei der dän. OW-Bunker-Gruppe agierte ein großes, internat. Team, um die milliardenschwere Insolvenz zu bewältigen. Das Kerngeschäft für Banken u. andere Finanzierer betreibt A&O so auf unverändert hohem Niveau, während die Ansätze zu mehr unternehmensseitiger Sanierungsberatung durch die gute Wirtschaftsentwicklung noch nicht so stark ausgebaut werden konnten wie geplant. Die funktionierenden Schnittstellen zu den Kapitalmarkt- u. Immobilienrechtlern sorgen allerdings dafür, dass die Verbreiterung in der Restrukturierung fachl. auf hohem Niveau abläuft.

Stärken: Beratung internat. Kreditgeber u. Investoren, ▶Kredite u. Akqu.fin.

Häufig empfohlen: Peter Hoegen („exzellenter Jurist", Wettbewerber), Dr. Walter Uebelhoer, Dr. Oliver Waldburg, Dr. Sven Prüfer

Kanzleitätigkeit: Beratung von Banken u. anderen Kreditgebern zu grenzüberschr. Refinanzierungen; Unternehmen u. Investoren (Fonds, strategische Käufer) bzw. deren Management zu Restrukturierung von Darlehen, Käufen u. Begleitung in Insolvenzverfahren. (11 Partner, 14 Associates)

Mandate: ●● Commerzbank/Hypothekenbank Ffm. zu Kreditportfolioverkauf (€2,2 Mrd); Sicherheitentreuhänder u. Zwangsverwalter der insolventen dän. OW-Bunker-Gruppe; Dt. Bank London zu Umschuldung bei der IVG-Gruppe; Polska Kasa Opieki, Bank Zachodni WBK u. weitere Finanzierer zur Restrukturierung der EMPIK Media & Fashion.

ASHURST
Restrukturierung/Sanierung ☐☐☐☐▪

Bewertung: Die für Restrukturierungen geschätzte Kanzlei wurde wie im Vorjahr mehrfach bei Immobilienportfoliotransaktionen mit Krisenbezug aktiv. Die Auswahl auf der Beraterliste der Commerzbank umfasst bei Ashurst auch den Bereich Restrukturierung – so passte der milliardenschwere NPL-Verkauf für die Coba zweifach gut. Mit der Bedeutung von Portfoliodeals sowie bankenseitig betriebener Restrukturierung wächst die Bedeutung des Münchner Standorts. Während Ffm. den Abgang eines langjährigen Associates hinnehmen musste, der seine Erfahrung mit Anleihenrestrukturierungen nun bei Dentons einsetzen kann, gewannen die Münchner einen erfahrenen Associate von Kirkland & Ellis.

RESTRUKTURIERUNG/SANIERUNG

Kanzlei	Standorte
Freshfields Bruckhaus Deringer	Hamburg, Frankfurt, Köln u.a.
Gleiss Lutz	Stuttgart, München, Frankfurt
Kirkland & Ellis	München
Linklaters	Frankfurt
Allen & Overy	Frankfurt, München
Clifford Chance	Frankfurt
Görg	Köln, Hamburg, München
Latham & Watkins	Hamburg, Frankfurt, München
Noerr	Frankfurt, München, Berlin u.a.
White & Case	Hamburg, Düsseldorf, Frankfurt u.a.
CMS Hasche Sigle	Stuttgart, Köln, Frankfurt u.a.
Dentons	Berlin, Frankfurt
Hengeler Mueller	Frankfurt, Düsseldorf u.a.
Heuking Kühn Lüer Wojtek	München, Berlin, Düsseldorf u.a.
Hogan Lovells	München
Schultze & Braun	Achern, Nürnberg, Berlin u.a.
Taylor Wessing	Düsseldorf, München, Hamburg u.a.
Weil Gotshal & Manges	Frankfurt, München
Wellensiek	Frankfurt, Heidelberg, Berlin
Aderhold	Düsseldorf, Leipzig
DLA Piper	Berlin, Frankfurt, Köln u.a.
Grub Brugger & Partner	Stuttgart, Frankfurt, München
Mayer Brown	Frankfurt, Düsseldorf
McDermott Will & Emery	Düsseldorf
AC Tischendorf	Frankfurt
Ashurst	Frankfurt, München
Baker & McKenzie	Frankfurt, Berlin u.a.
Buchalik Brömmekamp	Düsseldorf
hww Hermann Wienberg Wilhelm	Frankfurt, München

Die hier getroffene Auswahl der Kanzleien ist das Ergebnis der auf zahlreichen Interviews basierenden Recherche der JUVE-Redaktion (s. Einleitung S. 20). Sie ist in 2erlei Hinsicht subjektiv: Sämtliche Aussagen der von JUVE-Redakteuren befragten Quellen sind subjektiv u. spiegeln deren eigene Wahrnehmungen, Erfahrungen u. Einschätzungen wider. Die Rechercheergebnisse werden von der JUVE-Redaktion unter Einbeziehung ihrer eigenen Marktkenntnis analysiert u. zusammengefasst. Der JUVE Verlag beabsichtigt mit dieser Tabelle keine allgemein gültige oder objektiv nachprüfbare Bewertung. Es ist möglich, dass eine andere Recherchemethode zu anderen Ergebnissen führen würde. Innerhalb der einzelnen Gruppen sind die Kanzleien alphabetisch geordnet.

▶▶▶ **Bitte beachten Sie auch die Liste weiterer renommierter Kanzleien am Kapitelende.** ◀◀◀

● Referenzmandate, umschrieben
●● Referenzmandate, namentlich

Anwaltszahlen: Angaben der Kanzleien, wie viele Anwälte zu mind. ca. 50% in diesem Gebiet tätig sind. Sie spiegeln nicht zwingend die Gesamtgröße einer Kanzlei wider.

RESTRUKTURIERUNG UND INSOLVENZ RESTRUKTURIERUNG/SANIERUNG

Kanzleitätigkeit: Restrukturierung, Refinanzierung u. Transaktionsbegleitung für Kreditgeber, Schuldnerunternehmen u. Portfoliokäufer; enge Bezüge zur internat. Finanzgruppe (▶Anleihen, ▶Kredite u. Akqu.fin.) sowie vermehrt zu Immobilien- und Steuerrechtlern. Prozessführung. (3 Partner, 2 Counsel, 3 Associates)

Mandate: ●● Commerzbank/Hypothekenbank Ffm. zu Immobilienportfolioverkauf (€700 Mio); Bankenkonsortium u. a. aus DNB Bank, Bank of Ireland u. Mizuho Bank bei Refinanzierung von Apcoa Parking; 3W Power zu Abschluss der finanz. Restrukturierung.

BAKER & MCKENZIE
Restrukturierung/Sanierung ☐☐☐☐☐

Führende Namen im Bereich Restrukturierung/Sanierung

Dr. Helmut Balthasar	▶Görg
Dr. Thorsten Bieg	▶Görg
Kolja von Bismarck	▶Linklaters
Frank Grell	▶Latham & Watkins
Alfred Hagebusch	▶Wellensiek
Peter Hoegen	▶Allen & Overy
Dr. Leo Plank	▶Kirkland & Ellis
Dr. Stefan Sax	▶Clifford Chance
Dr. Andreas Spahlinger	▶Gleiss Lutz
Detlef Specovius	▶Schultze & Braun
Dr. Martin Stockhausen	▶Görg
Prof. Dr. Georg Streit	▶Heuking Kühn Lüer Wojtek
Dr. Lars Westpfahl	▶Freshfields Bruckhaus Deringer
Andreas Ziegenhagen	▶Dentons

Die hier getroffene Auswahl der Personen ist das Ergebnis der auf zahlreichen Interviews basierenden Recherche der JUVE-Redaktion (siehe S. 20). Sie ist in zweierlei Hinsicht subjektiv: Sämtliche Aussagen der von JUVE-Redakteuren befragten Quellen sind subjektiv u. spiegeln deren eigene Wahrnehmungen, Erfahrungen u. Einschätzungen wider. Die Rechercheergebnisse werden von der JUVE-Redaktion unter Einbeziehung ihrer eigenen Marktkenntnis analysiert u. zusammengefasst. Der JUVE Verlag beabsichtigt mit dieser Tabelle keine allgemein gültige oder objektiv nachprüfbare Bewertung. Es ist möglich, dass eine andere Recherchemethode zu anderen Ergebnissen führen würde.

Bewertung: Die für Restrukturierung geschätzte Kanzlei ist an den relevanten grenzüberschr. Insolvenzverfahren des vergangenen Jahres relativ häufig beteiligt. Darüber hinaus ist die regelm. Begleitung von Käufern aus der Insolvenz sowie von Immobilieninvestoren mit kriselnden Portfolios ein Pluspunkt für die Kanzlei. Der auf Salary-Partner-Ebene bekannteste Insolvenzrechtler verließ Baker, nachdem er in den vergangenen Jahren viele Kontakte zu Verwaltern aufgebaut u. dort Renommee erworben hatte. 2 junge Salary-Partner, die Insolvenzrechts- sowie Distressed-M&A-Know-how vorweisen können, müssen sich erst bewähren.

Kanzleitätigkeit: Krisenbezogene Beratung von Großgläubigern u. Unternehmen sowie Investoren bei Distressed-Käufen (▶M&A). Enge Verzahnung mit den internat. Restrukturierungsteams, mit ▶Gesellsch.recht sowie ▶Arbeitsrecht u. ▶Steuer. (3 Eq.-Partner, 4 Sal.-Partner, 7 Associates)

Mandate: ●● Mexx Modehandel u. Holding zu Insolvenzanträgen; MAT Holdings zu Kauf der insolventen Fräger-Gruppe; Chaumet als Gläubiger der insolventen Luxtime; Ellomay zu Kauf von Teilen eines spanischen Solarprojekts; Nüssli zu Kauf der insolventen Messebau Ambrosius; europ. Immobilieninvestor zur Refinanzierung eines Portfolios (Vol. über €500 Mio).

BUCHALIK BRÖMMEKAMP
Restrukturierung/Sanierung ☐☐☐☐☐

Bewertung: Die für Restrukturierung geschätzte Kanzlei wird um ihren großen Marktanteil bei Verfahren in Eigenverwaltung vielfach beneidet. Sie hat sich konsequent auf die Seite von Krisenunternehmen geschlagen u. setzt als Bestandteil ihrer Sanierungslösungen häufig eigene Berater auch in operativen Rollen ein, eine nicht unumstrittene Strategie. Die regionale Reichweite hat sich mit dem Neuzugang Dr. Hubertus Bartelheimer von Junker Bartelheimer deutl. vergrößert, der Büros in Berlin u. Dresden einbringt. Dessen Abschied von eigenen Bestellungen als Insolvenzverwalter erregte viel Aufsehen im Markt. Sein Eintritt beschert BB zusätzl. Glaubwürdigkeit.

Kanzleitätigkeit: Umfassende insolvenznahe Beratung mit gleichermaßen jurist. u. betriebswirtschaftl. Ansatz (eigene Unternehmensberatung); regelm. in operativer Funktion; übertragende Sanierungen, Liquidationen; auch Poolverwaltung. (2 Eq.-Partner, 4 Sal.-Partner, rd. 18 Associates)

Mandate: ●● Wellemöbel-Gruppe, Hulvershorn Eisengießerei, Karl Höll Tuben sowie Jung, Boucke Automotive jeweils zu Sanierungskonzept, Insolvenzplan u. Stellung Sanierungsgeschäftsführer.

CLIFFORD CHANCE
Restrukturierung/Sanierung ☐☐☐☐☐

JUVE AWARDS 2015
Kanzlei des Jahres für Restrukturierung/Sanierung

Bewertung: Die für Restrukturierung häufig empfohlene Kanzlei hat auf diesem Gebiet eine sowohl international als auch in Dtl. innovative u. schlagkräftige Truppe. Wer CC auf das Thema Scheme of Arrangement reduziert, liegt falsch. Zwar hat die Kanzlei in nahtloser grenzüberschr. Arbeit den Erfolg dieses gesellschaftsrechtl. Sanierungsinstruments nach engl. Recht mehrfach demonstriert. Doch der zähe Einsatz für die Restrukturierung von Apcoa Parking ist ein Musterfall für die Bewältigung einer internat. Gruppenrestrukturierung, die im Insolvenzverfahren wohl schiefgegangen wäre. Zuletzt war CC in weniger großen Fällen aktiv. Klass. Sanierungen auf Unternehmens- oder Bankenseite gehören ebenso zu den Aufgaben des breit aufgestellten Teams wie die insolvenzbezogene Prozessführung.

Stärken: Komplexe internat. Restrukturierungen.
Häufig empfohlen: Dr. Stefan Sax
Kanzleitätigkeit: Beratung für Banken (einzelne Institute oder Konsortien), Unternehmen u. auch Insolvenzverwalter zu allen Aspekten von Refinanzierung u. Sanierung; Zusammenarbeit mit den Praxen für ▶Anleihen, ▶Bankrecht u. -aufsicht, ▶Kredite u. Akqu.fin., ▶Gesellschaftsrecht u. ▶Steuerrecht. ▶Handel u. Haftung. (2 Partner, 4 Counsel, 4 Associates)

Mandate: ●● Apcoa-Parking-Gruppe zum Abschluss der finanziellen Restrukturierung; SAG-Gruppe zu neuer Kapitalstruktur; Insolvenzverwalter Prokon (D. Penzlin) zu Anleiherestrukturierung in der Genossenschaftsstruktur; Bankenkonsortium zur Restrukturierung u. Refinanzierung eines Projektentwicklers; weiterhin Freistaat Sachsen zum Bad-Bank-Portfolio SachsenLB.

CMS HASCHE SIGLE
Restrukturierung/Sanierung ☐☐☐☐☐

Bewertung: Ein starkes Jahr liegt hinter der für Restrukturierung häufig empfohlenen Kanzlei. Dem Trackrecord merkt man anders als bei Wettbewerbern nicht an, dass der Markt deutl. weniger Distressed-Transaktionen hergab als in früheren Jahren: CMS war trotzdem bei vielen der großen insolvenzbezogenen Verkäufe aktiv. Sie half z.B. dabei, EnBW im Bieterverfahren um die insolvente Prokon an die erste Stelle zu setzen, bevor sich die Gläubiger auf das Genossenschaftsmodell einließen. Im Burger-King-Streit um die norddt. Franchisenehmer war CMS auch insolvenzrechtl. aufseiten des US-Unternehmens aktiv. Und für den Insolvenzverwalter des gr. Autozulieferers Scherer & Trier begleitete die Kanzlei den grenzüberschr. Verkauf. Das insolvenznahe Transaktionsgeschäft ist dabei von im Markt hochgeschätzter insolvenzrechtl. Expertise unterfüttert, für das v.a. Köln, Stuttgart u. Frankfurt stehen.

Entwicklungsmöglichkeiten: Die Expertise aus der Insolvenzverwaltung kommt zwar in versch. Mandaten zum Tragen, doch könnte der Bezug etwa in ESUG-Verfahren noch stärker ausgeprägt sein (Eigenverwaltung).

Häufig empfohlen: Dr. Rolf Leithaus, Dr. Marc Riede

Kanzleitätigkeit: Beratung von Unternehmen (Management u. Gesellschafter), Insolvenzverwaltern oder auf der Seite von Gläubigern u. Investoren zu Restrukturierung, Anfechtungsrecht u. bei weiteren prozessualen Fragen (▶Handel u. Haftung), regelm. krisennahe Transaktionen. ▶M&A, ▶Gesellsch.recht, ▶Kredite u. Akqu.fin. Insolvenzpläne, Liquidationen, eigene Insolvenzverwaltung. (14 Partner, 1 Counsel, rd. 25 Associates)

Mandate: ●● EnBW als Bieter für die insolvente Prokon; Insolvenzverwalter Minda Schenk zu grenzüberschr. Verkauf; Burger King Europe u. USA zu vorübergehender Insolvenz eines Franchisenehmers (ehem. YiKo, A. Kolobov); DC Druck-Chemie zu gesamtem Insolvenz- u. Sanierungsprozess; Westfleisch beim Kauf der insolventen Gausepohl Qualitätsfleisch.

DENTONS
Restrukturierung/Sanierung ☐☐☐☐☐

Bewertung: Die für Restrukturierung häufig empfohlene Kanzlei möchte mittelfristig auch bei Sanierungen u. Distressed M&A von dem großen Potenzial ihrer Verbindung mit der chin. Kanzlei Dacheng profitieren. Doch auch ohne diesen Kanal

● Referenzmandate, umschrieben
●● Referenzmandate, namentlich

Anwaltszahlen: Angaben der Kanzleien, wie viele Anwälte zu mind. ca. 50 % in diesem Gebiet tätig sind. Sie spiegeln nicht zwingend die Gesamtgröße einer Kanzlei wider.

RESTRUKTURIERUNG/SANIERUNG RESTRUKTURIERUNG UND INSOLVENZ

wächst die Restrukturierungspraxis kräftig: Dr. Rainer Markfort von Mayer Brown u. Dr. Arne Friel von Baker in Berlin sowie ein im Anleihenbereich erfahrener Associate von Ashurst sind sinnvolle Verstärkungen, die insolvenzrechtl. Expertise mitbringen u. sowohl auf Kreditgeber- als auch auf Unternehmensseite tätig werden. Dentons hat ihren Anteil an der Auflösung der Prokon-Insolvenz – nun als Sicherheitentreuhänder – u. bleibt nicht nur in diesem Mandat für versch. größere Verwalter ein bevorzugter Ansprechpartner. Eine Reihe von Verkäufen insolventer Unternehmen spricht hier für sich.
Häufig empfohlen: Andreas Ziegenhagen („exzellent", Wettbewerber)
Kanzleitätigkeit: Beratung für Kreditgeber bzw. Gläubiger, Schuldnerunternehmen u. Verwalter zu Insolvenzverfahren; krisenbezogene ▶M&A-Transaktionen, zahlreiche Treuhänderschaften u. Poolverwaltung; Sanierungskonzepte u. Bewertungsfragen auch über angeschlossene Wirtschaftsprüfergesellschaft. ▶Steuerrecht. (4 Partner, 5 Counsel, 6 Associates)
Mandate: ●● Prokon (Verwalter Penzlin/SJPP) zu Insolvenzplan u. als Sicherheitentreuhänder; doppelnützige Treuhand für Gienanth u. Verkauf an Dt. Beteiligungs-AG; ADAM Audio (Verw. Hackländer/White & Case) bei Verkauf; Domal Wittol (Verw. Dellit/hww) bei Verkauf; Solarwatt beim Erwerb der Vertriebsstruktur von Centrosolar.

DLA PIPER
Restrukturierung/Sanierung
Bewertung: Die für Restrukturierung empfohlene Kanzlei kann mit der Welle von Immobilienportfolios, die jetzt als Performing- oder Non-Performing-Loans (NPL) neu sortiert werden, einen spürbaren Erfolg verbuchen. Für Investoren oder Kreditgeber kommen bei DLA sowohl das insolvenz- als auch das immobilienrechtl. Know-how zusammen, das Umschuldung, Refinanzierung u. Portfoliobereinigung aus einer Hand möglich macht. Mehr Sanierungsmandate auf Unternehmensseite sind ein Ausbauziel, während DLA bereits jetzt internat. Investoren mit Kauf- u. Beteiligungsabsichten bei dt. Unternehmen begleitet.
Stärken: Restrukturierungspraxis in vielen Ländern.
Kanzleitätigkeit: Vielschichtige Beratung von Investoren in Insolvenzsituationen, etwa zu Vertragsgestaltung, Finanzierungsstrukturen u. ▶M&A-Transaktionen, dt. u. internat. Refinanzierungen, speziell von Immobilienportfolios (▶Immobilienwirtschaftsrecht); Prozesstätigkeit. (5 Partner, 2 Counsel, 6 Associates)
Mandate: ●● FMS Wertmanagement als Gutachter zu dt. Recht bei Restrukturierung von Apcoa Parking; weiterhin isl. Glitnir-Bank zu notleidenden Finanzierungen u. Verkauf von Vermögenswerten; Insolvenzverwalter Gehrlicher Solar (O. Schartl) bei Verkauf spanischer Projektgesellschaften; lfd. Lone Star, Hilco, Gordon Brothers zu mögl. Investitionszielen.

FRESHFIELDS BRUCKHAUS DERINGER
Restrukturierung/Sanierung
Bewertung: Die für Restrukturierungen zu den führenden zählende Kanzlei hat nach dem Abschluss der aufwendigen IVG-Insolvenz ihre Begleitung von Mandanten in den krisenanfälligen Branchen Schifffahrt u. Immobilienportfolios weitergeführt. Außerdem baut sie strategisch ihre Präsenz bei Alternative Capital Providers aus, die tendenziell bei krisennahen Transaktionen die Rolle übernehmen, die früher Private-Equity-Investoren hatten. Diese internat. koordinierte Aktivität spricht für die strategische Weitsicht der umtriebigen Restrukturierungspraxis. Die Zeit der nicht übermäßigen Auslastung hat sie u.a. genutzt, um weniger zugkräftige Mandate aus dem Bereich Anleihenrestrukturierung zu übernehmen, um dort entsprechendes Know-how aufzubauen. Im weitesten Sinne aus dem Bereich Bankenrestrukturierung schlägt die Begleitung der BayernLB bei dem Vergleich mit Heta, der Bad Bank der Hypo Alpe Adria, zu Buche.
Stärken: Fachübergreifendes Know-how, speziell zw. Restrukturierung u. Kapitalmarktrecht; enge internat. Zusammenarbeit.
Häufig empfohlen: Dr. Lars Westpfahl, Dr. Franz Aleth, Prof. Dr. Christoph Seibt
Kanzleitätigkeit: Beratung von Gläubigern verschiedenster Krisenengagements (Fonds, Kreditinstitute u. Investmentbanken, ▶Kredite u. Akqu.fin.), gleichwertig von Darlehensnehmern bzw. (internat.) Gesellschaftern bzgl. ihrer Beteiligungen in Krisen u. Insolvenzen. Enge Zusammenarbeit mit Kapitalmarktrechtlern sowie ▶M&A u. ▶Gesellsch.recht. (16 Partner, rd. 30 Associates)
Mandate: ●● Abschluss der IVG-Immobilien-Restrukturierung; Großbank bei der finanziellen Restrukturierung einer gr. Reederei; Singulus bei finanz. Restrukturierung u.a. einer Mittelstandsanleihe; Armstrong World Industries zu Insolvenz dt. Tochter Armstrong DLW; Qimonda Trusts als Nachfolgegesellschaften der nordamerikan. Qimonda-Töchter zu Ansprüchen gg. dt. Insolvenzverwalter (M. Jaffé); BayernLB zu Vergleich mit Heta Asset Resolution.

GLEISS LUTZ
Restrukturierung/Sanierung
Bewertung: Die in Restrukturierung zu den führenden zählende Kanzlei ist unverändert stark in den wesentl. Fällen involviert u. hat die eigene Praxis durch eine Partnerernennung in Stuttgart personell auf eine noch stabilere Basis gestellt. Der Rückgang großer Insolvenzverfahren im Markt sorgt offensichtl. für weniger Distressed-M&A-Verkäufe, die Gleiss früher sehr häufig begleitet hat. Doch die Kanzlei bedient in den insolvenzrechtl. Fragen die ganze Breite der denkbaren Mandanten – Unternehmen, Fonds und andere Investoren, Banken sowie einige der führenden Insolvenzverwalter. Unternehmensseitige Mandate schließen immer häufiger u. selbstverständlicher die Frankfurter Finanzierungspartner ein; viele Fälle werden so in einem Sanierungszyklus über Jahre hinweg betreut.
Stärken: Rechtsgebietsübergreifende Restrukturierungen.
Entwicklungsmöglichkeiten: Über das Suhrkamp-Verfahren ist die Kanzlei näher an die insolvenzbezogene Prozessführung herangerückt. Diese Facette stärker abzudecken, könnte ein weiterer Entwicklungsschritt sein, ebenso wie eine stärkere Präsenz bei originären Refinanzierungen.
Häufig empfohlen: Dr. Andreas Spahlinger, Dr. Ralf Morshäuser, Dr. Hansjörg Scheel
Kanzleitätigkeit: Krisennahe Beratung für Investoren, Unternehmen bzw. Gesellschafter u. Gläubiger; regelm. Tätigkeit für Insolvenzverwalter; zunehmend Prozessführung (▶Handel u. Haftung); intensive ▶arbeitsrechtl. u. ▶M&A- Einbindung; Vernetzung mit ▶Kredite u. Akqu.fin. sowie ▶Beihilfe. (Kernteam: 10 Eq.-Partner, 4 Sal.-Partner, rd. 10 Associates)
Mandate: ●● Eurazeo als Gesellschafter der Apcoa-Gruppe zu Restrukturierung u. Refinanzierung; Scholz zum Einstieg des jap. Minderheitsgesellschafters Toyota Tsusho; weiterhin Centrotherm zu Restrukturierung sowie Suhrkamp- u. Insel-Verlag umf. zum Abschluss des Insolvenzverfahrens.

GÖRG
Restrukturierung/Sanierung
Bewertung: Die für Restrukturierung häufig empfohlene Kanzlei genießt seit Langem einen guten Ruf, wenn es darum geht, Geschäftsführer u. andere Verantwortliche durch Krisenzeiten eines Unternehmens zu begleiten. Nun wächst – auch in Verbindung mit jüngeren Partnern aus der eigenen Insolvenzverwaltung – die Betätigung von Partnern als Interimsgeschäftsführer u. CROs wie etwa bei AC Biogas. Mit dieser weiteren Facette bleibt Görg dem Anspruch treu, neue Entwicklungen im Insolvenzmarkt nicht nur zu begleiten, sondern zu prägen. Positiv ist zudem, dass zahlr. der neuen Partner der letzten Jahre schon jetzt im Markt empfohlen werden. Damit einher geht aber auch, dass die Entscheidungsfindung, auf welcher Seite im Krisenszenario Görg agieren will, durch diese breite Präsenz tendenziell immer aufwendiger wird.
Stärken: Verbindung zwischen ▶Insolvenzverw. u. Beratung; Krisenberatung für Organe.
Häufig empfohlen: Dr. Helmut Balthasar, Dr. Thorsten Bieg („großartig in der Zusammenarbeit", Wettbewerber), Dr. Martin Stockhausen, Dr. Christian Bärenz, Dr. Michael Nienerza, Dr. Carsten Müller-Seils („hervorragend vernetzt, angenehmer Verhandler", Wettbewerber)
Kanzleitätigkeit: Umfassende Betreuung von Krisenunternehmen, Gesellschaftern, Geschäftsführungen bei insolvenzrechtl. Fragen, auch für externe Insolvenzverwalter. Zudem Gläubiger, verstärkt jetzt in Lieferantenpools, sowie Investoren/Fondsgesellschaften. Vielfach insolvenznahes ▶Arbeitsrecht, Übernahme operativer Funktionen u. aktives Treuhandgeschäft, verstärkt zu notleidenden Immobilienportfolios. (rd. 20 Eq.-Partner, 7 Sal.-Partner, 5 Counsel, rd. 12 Associates)
Mandate: ●● Imtech Dtl. zu Sanierung u. Insolvenzantrag; Ad-hoc-Komitee von Gläubigern des Lehman-Brothers-Bankhauses zu beabsichtigtem Insolvenzplan; Gläubigerpool zu Moratorium Heta Asset Resolution; AC Biogas zu Eigenverwaltung u. operativ (CRO-Rolle); Arab Investment zu Refinanzierung ‚Mall of Berlin' (€600 Mio); Mifa Fahrradwerke zu Restrukturierung u. Sanierungsplan; Zett-Gruppe zu Insolvenzverfahren in Eigenverwaltung.

GRUB BRUGGER & PARTNER
Restrukturierung/Sanierung
Bewertung: Die für Restrukturierung empfohlene Kanzlei kann auch in einem ruhigeren Markt ihre traditionellen Stärken ausspielen. Das liegt daran, dass sie sowohl Unternehmen als auch Insolvenzverwalter zu insolvenzrechtl. Fragen berät. Zudem gehören auch eher gesellschaftsrechtl. geprägte Beratung von Mittelständlern zu Um- u. Neustrukturierungen ohne akuten Krisenbezug sowie M&A-Transaktionen zum Profil der Berater. In Stuttgart wird die Übernahme von Treuhandschaf-

● Referenzmandate, umschrieben
●● Referenzmandate, namentlich

Anwaltszahlen: Angaben der Kanzleien, wie viele Anwälte zu mind. ca. 50 % in diesem Gebiet tätig sind. Sie spiegeln nicht zwingend die Gesamtgröße einer Kanzlei wider.

ten von Wettbewerbern hervorgehoben. Eher untypisch ist die Rolle des Seniors Dr. Volker Grub aufseiten von Windreich-Gründer Willi Balz, der gegen seine ehem. Berater von Flick Gocke Schaumburg ins Feld zieht.
Stärken: Sanierungen im Mittelstand; Erfahrung aus der Insolvenzverwaltung.
Häufig empfohlen: Dr. Thilo Schultze („hervorragende Betreuung", Mandant), Dr. Volker Muschalle, Dr. Hans Schenk
Kanzleitätigkeit: Restrukturierungs- u. Krisenberatung v.a. im Mittelstand, auch bundesweit für Großunternehmen; auf Gläubigerseite für Kreditinstitute u. Immobilien-Servicer. Umf. Begleitung der eigenen ▶Insolvenzverw., intensives Treuhandgeschäft. (10 Partner, 6 Associates)
Mandate: ●● Oaktree zu Kauf NPL-Portfolio Commerzbank/Hypothekenbank Ffm. (€700 Mio); Bielomatik Leuze zu Sanierung u. Insolvenzantrag; Ambrosius Messebau zu Verkauf durch Verwalter Hermann; Gesellschafter Reifen-Ihle-Gruppe zu Insolvenzantrag u. Verkäufen; Louis Gnatz zu Sanierungsfinanzierung, Umstrukturierung u. Verkäufen.

HENGELER MUELLER
Restrukturierung/Sanierung   ☐☐☐☐■
Bewertung: Die für Restrukturierung häufig empfohlene Kanzlei kämpft vor Gericht weiter gegen die versuchte Inanspruchnahme durch den Insolvenzverwalter von Q-Cells wegen Honoraren, die vor dem Insolvenzantrag bezahlt wurden. Dass diese Auseinandersetzung keine Gewinner haben würde, steht seit Langem fest. Hinzu kommt der insges. ruhigere Markt. So bleiben Restrukturierung u. Sanierung bei Hengeler deutlicher eine Nische als in den Vorjahren, mit wichtigen Ausnahmen: Die Hengeler-Partner als Spezialisten für ausgefallene Finanzierungs- u. Strukturierungsprobleme waren zuletzt häufig an Krisenfällen der Immobilienwirtschaft beteiligt. Und unter Einbindung des neuen Standorts Schanghai ist die Präsenz bei grenzüberschr. Restrukturierungen beachtlich.
Stärken: Komplexe Refinanzierungen; Banken- u. Kapitalmarkt-Know-how.
Häufig empfohlen: Dr. Johannes Tieves, Dr. Daniel Weiß, Dr. Daniel Kress
Kanzleitätigkeit: Beratung von Investoren, Banken u. anderen Gläubigern, auch bei Bankenrestrukturierungen (▶Bankrecht u. -aufsicht); Unternehmen in Verhandlungen mit Darlehensgebern u. bei Restrukturierungen (▶Anleihen), ▶Steuerrecht sowie bei Distressed-Transaktionen (▶M&A), auch Insolvenzverwalter in Spezialfragen. ▶Handel u. Haftung. (12 Partner plus Associates)
Mandate: ●● Anleihegläubiger der insolventen Praktiker Holding; Benson Elliot u. GEM als Kreditgeber zum Zwangsvollstreckungsverkauf Interhotel-Gruppe; CMP als neuer Hauptaktionär zu Sanierung von Molda; Royal Imtech zu finanz. Restrukturierung u. Sanierungskapitalerhöhung; Oaktree zu Kauf NPL-Portfolio Commerzbank/Hypothekenbank Ffm. (€700 Mio).

HEUKING KÜHN LÜER WOJTEK
Restrukturierung/Sanierung   ☐☐☐■■
Bewertung: Die für Restrukturierungen häufig empfohlene Kanzlei hat Anfang 2015 personell noch mal nachgelegt: Mit Christian Staps, der von Jones Day in Frankfurt kam, sowie dem ehemaligen Stuttgarter Standort von GSK sind jetzt alle Heuking-Büros mit Insolvenzrechtlern bzw. insolvenzaffinen Partnern besetzt. Angesichts dieser Kapazitäten hat das Mandatsportfolio aus dem Krisenbereich noch Wachstumspotenzial, u. die Bewährungsprobe für große, dann standortübergreifend zu besetzende Teams steht noch aus. Allerdings ist die Bandbreite deutl. größer als früher u. umfasst neben der Beratung von Krisenunternehmen o. potenziellen Investoren auch Fonds, was lange ein Desiderat war, u. außerdem Insolvenzverwalter u. diverse Gläubigergruppen.
Häufig empfohlen: Prof. Dr. Georg Streit, Dr. Johan Schneider
Kanzleitätigkeit: Sanierungsberatung u. verfahrensbezogene Expertise in bzw. vor einer Insolvenz für Unternehmen, Gesellschafter u. Organe sowie Banken u. weitere Gläubiger, auch in Haftungs- u. Strafrechtsfragen. Investorenberatung in Krisensituationen, etwa zu Portfoliorestrukturierung, Transaktionen u. ▶Steuerthemen; Prozessrecht etwa zu Anfechtung; Arbeitsrecht; Treuhand. (Kernteam: 9 Eq.-Partner, 5 Sal.-Partner, rd. 8 Associates)
Mandate: ●● AC Biogas im lfd. Eigenverwaltungsverfahren; Heidelberger Druck als Bieter für insolvente DC DruckChemie; Solitude Treuhand/2D Holding zu Verkauf Süddecor-Gruppe; MT-Energie zu Anleiherestrukturierung u. Klagen gg. Anleger.

HOGAN LOVELLS
Restrukturierung/Sanierung   ☐☐☐☐■
Bewertung: Die für Restrukturierung häufig empfohlene Kanzlei ist für zahlr. renommierte Insolvenzverwalter speziell in Süddtl. eine feste Anlaufadresse etwa in grenzüberschr. Fragen sowie bei Transaktionen. Bei dieser nicht exklusiven Zusammenarbeit steht die Kanzlei in einem scharfen Wettbewerb. HL wird darüber hinaus aber auch von Unternehmen u. Investoren in bedeutenden Fällen mandatiert: Mit Schmolz + Bickenbach Guss begleitete das Team in NRW eines der großen Schutzschirmverfahren 2014 durch den gesamten Sanierungsprozess, für den Burger-King-Franchisenehmer Kolobov gelang der Wiedereinstieg durch einen zurückgenommenen Insolvenzantrag. Eine weitere Säule ist die Beratung von Banken, häufig grenzüberschreitend.
Häufig empfohlen: Dr. Heiko Tschauner
Kanzleitätigkeit: Beratung von Unternehmen sowie Banken u. anderen Gläubigern zu Restrukturierungen u. Insolvenzverfahren; lfd. Beratung von Insolvenzverwaltern im süddt. Raum. Hoch spezialisierte Prozessführung (▶Handel u. Haftung) u. Begleitung von Investoren. ▶M&A. (8 Partner, 1 Counsel, 8 Associates)
Mandate: ●● Alexander Kolobov zu Restrukturierung der Burger-King-Franchisegesellschaft; Schmolz + Bickenbach Guss im Schutzschirmverfahren u. zu Insolvenzplan; Mizuho Bank als Agent u. Sicherheitentreuhänder bei Restrukturierung Apcoa Parking; Österr. Volksbanken als Hauptgläubiger zu Insolvenz AC Biogas.

HWW HERMANN WIENBERG WILHELM
Restrukturierung/Sanierung   ☐☐☐■■
Bewertung: Die in der Restrukturierung u. Sanierung geschätzte Kanzlei fügte Anfang 2015 durch den Zusammenschluss von hww Wienberg Wilhelm u. Hermann zwei für sich funktionierende Einheiten zusammen. Wettbewerber erwarten kaum Synergieeffekte auf der anwaltl. Ebene, allerdings hat hww 2010 durch den wegweisenden Zusammenschluss mit der damaligen CMS Unternehmensberatung schon einmal den Markt positiv überrascht, denn diese Berateraillianz galt Wettbewerbern damals als Anlass für Mandatskonflikte. Für Mandanten dürfte das übergreifende Know-how interessant sein, das hww auf jeder Stufe einer Unternehmenskrise bieten kann: ein Vorteil, wenn es darum geht, Entscheidungen im Umfeld eines Insolvenzantrags kritisch prüfen zu lassen.
Entwicklungsmöglichkeiten: Die Integration auf fachl. Ebene zwischen jurist. Sanierungsberatung, Insolvenzverwaltung u. Unternehmensberatung erfordert einige Umsicht. Einerseits gilt es, Mandatskonflikte zu umgehen, u. andererseits soll aus der Größe der Einheit ein wirtschaftl. Ertrag entstehen.
Kanzleitätigkeit: Operativ geprägte Sanierungsberatung für Unternehmen bzw. Kreditgeber, Begleitung von Investoren bei Käufen aus der Insolvenz. Insolvenzpläne; renommierte ▶Insolvenzverw. u. Beratung externer Verwalter. (11 Partner, 10 Associates)
Mandate: ●● Geschäftsführung Langguth Cosmetic in Eigenverwaltung u. zu Insolvenzplan; Royal Bank of Scotland im Insolvenzverfahren Praktiker/Max Bahr; ehem. GF der insolventen SIC-Gruppe zur Abwehr von Haftungsansprüchen; Mit-Arbeiter Personaldienstleistung im Schutzschirmverfahren; DBH Dt. Buchhandel zu Weltbild-Insolvenz.

KIRKLAND & ELLIS
Restrukturierung/Sanierung   ☐■■■■
Bewertung: Die im Bereich Restrukturierung zu den führenden zählende Kanzlei spielt beständig in allen prägenden, krisenbezogenen Refinanzierungsmandaten eine Rolle. Nach dem Abschluss von bahnbrechenden Fällen wie ATU, IVG oder Apcoa war es lt. Presseberichten zuletzt ein Komitee von Anleihegläubigern der österr. HGAA-Nachfolgebank Heta, das Kirkland ins Boot holte. Die nahtlose Zusammenarbeit zwischen München, London u. den US-Standorten umfasst dabei auch die Prozessvertretung in großen grenzüberschr. Insolvenzen, was in der Öffentlichkeit nur selten bekannt wird. Der Mandatsbezug der Münchner zu Private-Equity- sowie strateg. Investoren sorgt auch von dieser Seite für einträgliches Geschäft, u. auch hier wieder für einen Anschluss an die großen Fälle: Kirkland beriet einen Bieter für den mögl. Kauf der insolventen Prokon.
Stärken: Innovative finanzielle Restrukturierung, internat. Ansatz.
Häufig empfohlen: Dr. Leo Plank, Dr. Bernd Meyer-Löwy, Sacha Lürken
Kanzleitätigkeit: Beratung von Investoren (▶Private Equ. u. Vent. Capital, Hedgefonds) zu Distressed Debt u. M&A; Begleitung von Schuldnerunternehmen u. deren Management, v.a. in grenzüberschreitenden Fällen, sowie von Gläubigern in Insolvenzverfahren (Kreditinstitute u. nachrangige Kreditgeber) u. insolvenzbezogenen Prozessen. (3 Partner, 4 Associates)
Mandate: ●● Ad-hoc-Komitee von Anleihegläubigern der österr. Heta Asset Resolution (dem Markt bekannt); Capital Stage als Bieter für insolvente Prokon; Centerbridge Partners als Gläubiger zur Restrukturierung von Apcoa Parking; Syn-1-Kreditgeber der IVG Immobilien zur Restrukturierung; Tele Columbus zu mehrfachen Änderungen der Finanzierungsstruktur; JPMorgan Asset Management zu Kredit für insolvenzbedrohte Neschen AG.

RESTRUKTURIERUNG/SANIERUNG RESTRUKTURIERUNG UND INSOLVENZ

LATHAM & WATKINS
Restrukturierung/Sanierung
Bewertung: Die für Restrukturierung häufig empfohlene Kanzlei war lange Zeit v.a. dafür bekannt, Kreditgeber in der Krise oder potenzielle Investoren zum Kauf von Krisenunternehmen zu beraten. Tatsächlich gehen die Latham-Berater immer mehr dazu über, auch auf Unternehmensseite Krisensituationen zu begleiten, wie das Mandat Rena zeigt. Diese Verbreiterung verschärft den Konkurrenzkampf, der angesichts sinkender Fallzahlen ohnehin hoch ist, u. wird von einzelnen Wettbewerbern als aggressiv empfunden. Doch gleichzeitig gibt es Stimmen im Markt, die bei Latham die hohe Lösungsorientierung u. Innovationsbereitschaft in Restrukturierungsfragen hervorheben. Neben den Hamburger Partnern wird auch der Frankfurter Counsel Daniel Ehret als Beraterpersönlichkeit hervorgehoben.
Stärken: Internat. Integration; vielfältige Restrukturierungslösungen.
Häufig empfohlen: Frank Grell („dealorientiert u. innovativ", Wettbewerber), Dr. Jörn Kowalewski, Daniel Ehret
Kanzleitätigkeit: Vertretung von Investoren u. Kreditgebern sowie Unternehmen bei Restrukturierung von vielschichtigen Kreditkonstruktionen sowie in Verkaufsprozessen. Breite Gläubigerberatung in insolvenznahen Fragen; Refinanzierung unter Einbindung von ▶Steuerrecht, ▶Kredite u. Akqu.fin., ▶M&A und ▶Arbeitsrecht. (2 Partner, 2 Counsel, 9 Associates im Kernteam)
Mandate: ●● Rena zu Eigenverwaltung u. Insolvenzplan; Kreditgeber der insolventen DC Druck-Chemie zu Verkauf; Metz-Werke zum Verkauf aus der Insolvenz; Insolvenzverwalter Wafa Kunststofftechnik zum Verkaufsprozess; weiterhin Wilmington Trust als Security Agent bei Restrukturierung u. Insolvenz von Praktiker/Max Bahr.

LINKLATERS
Restrukturierung/Sanierung
Bewertung: Die für Restrukturierung zu den führenden zählende Kanzlei überzeugt mit der engen Anbindung des insolvenzrechtl. Spezialwissens an Bereiche wie Corporate oder Finanzierung. Der Abgang von Counsel Verena Etzel zu Willkie zeigt zwar, dass die Zeichen nicht unbedingt auf Wachstum stehen. Doch unverändert stark setzen international tätige Banken auf Linklaters im Krisenumfeld, auch über das marktbekannte Mandat Sarasin bzgl. der Windreich-Insolvenz hinaus, hinzu kommen Investoren u. Unternehmen. Die Stärke der Praxis liegt generell in der gestaltenden Rolle der führenden Partner, die im Markt für eine konstruktive Grundhaltung bekannt sind. Trotzdem gewinnt auch bei Linklaters die prozessuale Begleitung von Mandanten an Gewicht, etwa in der Abwehr von z.T. massiven Anfechtungsansprüchen gegen Finanzinstitute.
Stärken: Enge Zusammenarbeit mit internat. Team.
Häufig empfohlen: Kolja von Bismarck, Dr. Sven Schelo
Kanzleitätigkeit: Beratung zu finanziellen Restrukturierungen für Investoren bzw. Gläubiger, insbes. dt. u. internat. Kreditgeber u. Investmentbanken, sowie für Schuldner, Gesellschafter u. Unternehmensorgane. Außerdem prozess- u. insolvenzstrafrechtl. Mandate u. im Kern ▶bank- u. -aufsichtsrechtl. Beratung; Distressed ▶M&A. (2 Partner, 1 Counsel, 6 Associates als Kernteam)

Mandate: ●● Apcoa Parking zu Abschluss der finanziellen Restrukturierung; Alinda Capital zur Restrukturierung ihrer Investition in insolvente Biogas-Gruppe; J. Safra Sarasin zur Insolvenz der Windreich-Gruppe; Juwi zur finanziellen Restrukturierung; E.on AG zu Restrukturierung der brasilianischen Beteiligung Eneva; Hyosung Corp. zum Kauf der insolventen Lloyd Dynamowerke.

MAYER BROWN
Restrukturierung/Sanierung
Bewertung: Die für Restrukturierung empfohlene Kanzlei spielt einerseits die internat. Karte bei großen u. komplexen Restrukturierungen u. begleitet andererseits lfd. namhafte Mandanten bei insolvenzrechtl. Fragen. Sie verlor allerdings einige Expertise durch den Abgang von Dr. Rainer Markfort zu Dentons u. des ehem. Managing-Partners Dr. Jörg Wulfken zu PwC. Im Kern bleibt das Sanierungsteam intakt. Die Vielfalt der Mandate ist für die überschaubare Größe der Mannschaft beeindruckend; dem Restrukturierungsbereich ist es gelungen, sich intensiv fachbereichsübergreifend zu vernetzen u. etwa das Arbeitsrecht zu einer festen Komponente seiner Arbeit zu machen.
Häufig empfohlen: Dr. Marco Wilhelm
Stärken: Enge Zusammenarbeit mit den Restrukturierern in Asien u. den USA.
Kanzleitätigkeit: Restrukturierungsberatung mit finanz-, immobilien-, gesellschafts- u. arbeitsrechtl. Aspekten; Distressed M&A. Prozessführung u. Streitbeilegung in insolvenznahen Mandaten; Organberatung u. Treuhandschaft. (2 Partner, 2 Counsel, 4 Associates im Kernteam)
Mandate: ●● Benteler beim Kauf von Standorten der insolventen Wilco; Onlinespieleanbieter zu Restrukturierung u. Insolvenz; weiterhin internat. Bank als Großgläubiger in Insolvenz der IVG Immobilien; weiterhin KPMG als Liquidator versch. asiat. Lehman-Brothers-Gesellschaften zu Ansprüchen ggü. dem dt. Insolvenzverwalter.

MCDERMOTT WILL & EMERY
Restrukturierung/Sanierung
Bewertung: Die für Restrukturierung empfohlene Kanzlei hat einige der großen krisenbezogenen M&A-Transaktionen begleitet. Eine ähnlich große wie der Kauf der Karstadt-Warenhäuser durch Signa war zuletzt nicht dabei, aber die gut eingespielte Zusammenarbeit mit den Arbeits- u. Immobilienrechtlern hat sich als Pluspunkt der Praxis herumgesprochen. Obwohl die Vernetzung mit den anderen dt. Büros – v.a. mit München, wo aus dem letzten Jahr als sinnvolle Ergänzung erwies – vorangetrieben wurde, ist es doch in erster Linie das Düsseldorfer Büro, das für Sanierungsmandate steht.
Häufig empfohlen: Dr. Matthias Kampshoff („hohes Niveau, sehr gradlinig u. seriös", Wettbewerber), Dr. Uwe Goetker
Kanzleitätigkeit: Beratung von Unternehmen bzw. deren Organen zu außergerichtl. Sanierung u. in Insolvenzverfahren; Banken zu notleidenden Darlehen; Investoren, u.a. Fonds, zu Kauf u. Restrukturierung von Unternehmen, häufig integriert mit ▶Arbeits- u. ▶Immobilienrecht. (6 Partner, 1 Counsel, 3 Associates)
Mandate: ●● Signa zum Abschluss des Kaufs von Karstadt; Abschluss des ersten Strauss-Innovation-Insolvenzverfahrens (Schutzschirm/Verkauf); Pharmaunternehmen zur Refinanzierung; Organmitglieder eines Autozulieferers zur Abwehr von Haftungsansprüchen.

NOERR
Restrukturierung/Sanierung
Bewertung: Die für Restrukturierung häufig empfohlene Kanzlei gilt renommierten Insolvenzverwaltern als „zuverlässiger Partner". Das hängt mit dem großen Trackrecord bei Verkäufen aus der Insolvenz zusammen, betrifft aber auch im engeren Sinne insolvenzrechtl. Fragen. Auch die Erfahrung mit operativen Rollen in Krisenunternehmen bekräftigt die Passform für Verwalter. Weil große Verfahren u. damit verbundene Aufgaben aber rar sind, war die Auslastung der Praxis kein Selbstläufer. Doch die Breite der Aktivitäten mit unterschiedl. Teams von unterschiedl. Standorten bleibt ein Plus für die Kanzlei, die stärker als die meisten Wettbewerber auch das Management von Unternehmen berät.
Stärken: Langjährige Erfahrung im operativen Krisenmanagement.
Häufig empfohlen: Dr. Thomas Hoffmann, Dr. Christoph Schotte, Prof. Dr. Christian Pleister („kämpft hart für beeindruckende Ergebnisse", Mandant), in der Noerr Consulting Dr. Martin Kleinschmitt
Kanzleitätigkeit: Beratung von Krisenunternehmen u. Organen; Kreditgeber bzw. Gläubiger in der Insolvenz oder zu Refinanzierungen. Insolvenznahe Transaktionen (▶M&A). Regelm. prozessuale Tätigkeit (▶Handel u. Haftung). Treuhand (Sanierungs-, Sicherheitentreuhand) in eigener Gesellschaft, auch Betreuung von Bankenpools. (7 Eq.-Partner, 6 Sal.-Partner, 5 Associates im Kernteam)
Mandate: ●● Sandton Capital zur Restrukturierung von Darlehensforderungen von Neschen; Insolvenzverwalter Q-Cclls u.a. zu Verkäufen u. konzernrechtl. Fragen; Insolvenzverwalter Kaiser Automotive sowie der SH+E-Teilgesellschaften zu Verkauf; Insolvenzverwalter zu Qimonda zu Vergleich mit Infineon; Bankenkonsortium Commerzbank/NordLB zu Abschluss Kreditvertrag mit SKW Metallurgie.

SCHULTZE & BRAUN
Restrukturierung/Sanierung
Bewertung: Die für Restrukturierung häufig empfohlene Kanzlei gewinnt in diesem Bereich weiteres Gewicht, nicht nur durch Neuzugänge wie Elsäßer in Stuttgart o. im Nürnberger Arbeitsrechtsteam. Sowohl auf Schuldner- als auch auf Gläubigerseite sind die Berater aktiv u. können dabei auf vielfältige Expertise in den eigenen Reihen zurückgreifen. Das betrifft nicht nur dt. Mandate, die im Übrigen selten so bekannt werden wie die Schadensersatzklage für die Hegemann-Werften gegen KPMG. Die internat. Ambitionen der Kanzlei werden von Wettbewerbern manchmal belächelt, allerdings bietet v.a. die eigene Präsenz in Frankreich einen beständigen Anknüpfungspunkt für insolvenzbezogene Mandate.
Stärken: Know-how-Austausch mit der ▶Insolvenzverw., insolvenznahes Arbeitsrecht.
Häufig empfohlen: Detlef Specovius, Dr. Rainer Riggert, Frank Tschentscher, Andreas Elsäßer
Kanzleitätigkeit: Umf. Beratung für Banken, Kreditversicherer u. Lieferanten in Insolvenzen (Pools, Sicherheitenmanagement, Treuhand), Unternehmen vor u. in der Insolvenz. Branchenbezogene leistungs- u. finanzwirtschaftl. Sanierung mit WP/StB, dazu Arbeitsrecht u. Prozesse; Übernahme von operativen Funktionen in Unternehmen, Asset-Tracing u. Fraud Investigation; internat. Zweig in Frankreich u. London. (rd. 30 Anwälte)

● Referenzmandate, umschrieben
●● Referenzmandate, namentlich

Anwaltszahlen: Angaben der Kanzleien, wie viele Anwälte zu mind. ca. 50% in diesem Gebiet tätig sind. Sie spiegeln nicht zwingend die Gesamtgröße einer Kanzlei wider.

RESTRUKTURIERUNG UND INSOLVENZ RESTRUKTURIERUNG/SANIERUNG

Mandate: ●● Weiterhin Meiller GHP operativ (CRO), zuletzt im Verkaufsprozess; Hegemann-Gruppe zu Schadensersatzklage gg. KPMG; norddt. Werftengruppe zu Sanierungskonzept; Maria-Soell-Gruppe als Sanierungsgeschäftsführer (CRO) in der Eigenverwaltung; dt. Maschinenbauer zu Insolvenzvermeidung u. Verhandlungen mit Muttergesellschaft in Taiwan; frz. Automotive-Gruppe zu Übernahme eines dt. Betriebs aus der Insolvenz.

TAYLOR WESSING
Restrukturierung/Sanierung

Bewertung: Die für Restrukturierung häufig empfohlene Kanzlei ist gg. den allgemeinen Trend mit hoher Auslastung durch das zurückliegende Jahr gegangen. Sie ist trotz ihrer internat. Vernetzung etwa bei Immobilienrestrukturierungen in erster Linie für ihre Arbeit in dt. Mandaten bekannt, da ihre Tätigkeit für internat. Investoren oder Kreditgeber im Stillen verläuft. In dem Maße, in dem für die insolvenzrechtl. Szene die Prozessführung an Gewicht gewinnt, kann TW allerdings zu Recht auftrumpfen – die Expertise bei Haftungs- u. Anfechtungsthemen wird von mehreren Partnern auf hohem Niveau angeboten. Der als Experte für Schiffsfinanzierungen hinzugewonnene Hamburger Partner Dr. Oliver Rossbach schied im April nach nur zwei Jahren wieder aus, die Zentren der TW-Insolvenzexpertise bleiben D'dorf u. München. In der bayr. Landeshauptstadt steht eine namhafte Verstärkung aus einer Verwalterkanzlei bevor.
Stärken: Aufarbeitung von Haftungs- u. Anfechtungsthemen in Insolvenzverfahren.
Häufig empfohlen: Dr. Michael Malitz („schnell, präzise u. erfolgreich", Mandant), Ingo Gerdes („mehrfach mandatiert, gute Erfolge", Mandant), Dr. Hendrik Boss („pragmatisch, schnell, flexibel", Wettbewerber).
Kanzleitätigkeit: Beratung von Gläubigern (Kreditversicherern, Banken, Lieferanten) sowie Unternehmen aus vielen Branchen in Krise u. Insolvenz. Umf. Beratung u. gerichtl. Vertretung (Haftung, Anfechtung, siehe ▶Konfliktlösung) von Insolvenzverwaltern; ▶Arbeitsrecht; Restrukturierung von Immobilien. (4 Partner, 10 Associates)
Mandate: ●● Insolvenzverwalter Flughafen Zweibrücken (J. Plathner) zu Insolvenzrecht u. Verkauf; Globetrotter zu Zusammenschluss mit skand. Unternehmen zu Friluts Retail; Avancis Solarmodule/Compagnie de Saint Gobain zu Verkauf.

WEIL GOTSHAL & MANGES
Restrukturierung/Sanierung

Bewertung: Die für Restrukturierungsberatung häufig empfohlene Kanzlei behauptet sich mit ihrem Ansatz der kompromisslosen Vertretung von Mandanteninteressen. Eher untypisch auf der Seite des Insolvenzsachwalters wurde Weil im Rahmen der Nürburgring-Insolvenz tätig, um den Austausch des Käufers u. die Rettung der EU-rechtlichen Freigabe zu begleiten. Bei einigen großvolumigen Restrukturierungen aufseiten von US-Fonds war die Kanzlei ebenso präsent wie in den längerfristig laufenden Prozessmandaten zur Abwehr von Anfechtungsansprüchen, unter denen die Wilhelm-Karmann-Holding wohl das bekannteste ist. Der angestrebte personelle Ausbau v.a. in München ist ein Zeichen für die gute Auslastung der Praxis. Der Neuzugang des vergangenen Jahres in Frankfurt, der dort die neue Treuhandgesellschaft mit aufbauen sollte, hat Weil bereits wieder verlassen.
Häufig empfohlen: Dr. Uwe Hartmann, Prof. Dr. Gerhard Schmidt
Kanzleitätigkeit: Beratung für internat. ▶Private-Equ.-u.-Vent.-Capital-Investoren (Eigenkapital u. Mezzanine), Hedgefonds u. Banken; auch Vertretung von Schuldnerunternehmen. Prozessführung zur Abwehr von Anfechtungsansprüchen. Enge Verbindung zur internat. Praxisgruppe (USA, Frankreich, Großbritannien); ▶M&A; Treuhandgesellschaft. (4 Partner, 12 Associates)
Mandate: ●● Nürburgring Verkäufergesellschaften (Sachwalter Lieser) zu EU-rechtl. Fragen u. Verkauf; Media Broadcast zu Carve-out u. Refinanzierung; Goldman Sachs zu Kauf von Anleihen u. Forderungen der insolventen Q-Cells.

WELLENSIEK
Restrukturierung/Sanierung

Bewertung: Die für Restrukturierung u. Sanierung häufig empfohlene Kanzlei stand Ende 2014 vor einem Umbruch, als mehrere Berater u. Insolvenzverwalter mit ganz unterschiedl. Berufserfahrung die Kanzlei verließen u. sich Wettbewerbern anschlossen oder selbstständig machten. Der Kern blieb erhalten – gerade die Organberatung in Krisenzeiten, die Hagebusch verkörpert, findet immer wieder positive Resonanz. Und angesichts eines sehr verhaltenen Markts kommt die personelle Verkleinerung nicht unbedingt zu Unzeiten. Ein jüngerer Partner kehrte von Anchor zurück. Er u. die anderen jüngeren Anwälte folgen dem Prinzip der konsequenten Vernetzung mit anderen Beratern, auch über die ungewöhnliche Schiene des ‚Distressed Ladies'-Netzwerks von Krisenberaterinnen, das von einer Frankfurter Anwältin mit aufgebaut wurde.
Stärken: Konsequente Spezialisierung aller Anwälte auf Insolvenz u. Sanierung.

Entwicklungsmöglichkeiten: Eine bessere Vernetzung der Standorte u. ein strukturierterer Aufbau der Alterspyramide in der Partnerschaft könnte dafür sorgen, dass die Marke Wellensiek ihre Position im dt. Markt ausbaut.
Häufig empfohlen: Alfred Hagebusch („pragmatisch, unternehmerisch", Wettbewerber), Dr. Richard Scholz („umsichtig u. klug", Wettbewerber), Dr. Gerrit Heublein
Kanzleitätigkeit: Beratung von Gesellschaften, Gesellschaftern, Management, Banken u. Investoren (national u. internat.) zu Krise u. Insolvenz, auch insolvenzvermeidend; finanzwirtschaftl. Restrukturierung; gewichtige Treuhänderschaften, auch bei Immobilienportfolios; externe Poolführung; Prozessführung. ▶Insolvenzverw. (8 Partner, rd. 8 Associates)
Mandate: ●● Management von Apcoa Parking zu internat. Restrukturierung; weiterhin Loewe operativ als Generalbevollmächtigter in Insolvenz u. zu Investoreneinstieg; Rena Maschinenbau zum Investoreneinstieg.

WHITE & CASE
Restrukturierung/Sanierung

Bewertung: Immer wieder möchten Wettbewerber die für Restrukturierung häufig empfohlene Sozietät auf ihre Rolle als Insolvenzverwalterkanzlei reduzieren oder monieren eine angebl. schwache standortübergreifende Integration von Teams. Dieses Außenbild wird durch verschiedenste Mandatierungen widerlegt, etwa für namhafte Banken bzw. Konsortien zu kriselnden Finanzierungen. Gerade von Hamburg aus ist W&C in den Krisenbranchen Schifffahrt u. Energie sehr aktiv u. wird speziell für das doppelte Know-how aus Beratung u. Verwaltung als „sehr kompetent" von Mandanten gelobt. Auch die Verschränkung von Standorten wie Düsseldorf u. München mit den Finanzierern in Frankfurt ist zumindest auf der Ebene der jüngeren Partner gut eingespielt.
Stärken: Anerkannte ▶Insolvenzverw.; internat. Büros mit insolvenzrechtl. Kompetenz.
Häufig empfohlen: Dr. Sven-Holger Undritz, Leïla Röder, Dr. Biner Bähr, Dr. Jan-Philipp Hoos
Kanzleitätigkeit: Beratung von Banken u. anderen Kreditgebern zu Refinanzierungen; von Gesellschaften u. deren Management in der Krise; Gläubigervertretung vor u. in Insolvenzverf.; weiterhin Investoren bei Distressed Deals (▶M&A). ▶Kredite u. Akqu.fin., ▶Beihilfe. (6 Eq.-Partner, 5 Sal.-Partner, 4 Associates)
Mandate: ●● Dt. Bank zur Restrukturierung von Apcoa Parking; regelm. Daimler sowie Johnson Controls zur Insolvenz von Zulieferern.

● Referenzmandate, umschrieben
●● Referenzmandate, namentlich

Anwaltszahlen: Angaben der Kanzleien, wie viele Anwälte zu mind. ca. 50 % in diesem Gebiet tätig sind. Sie spiegeln nicht zwingend die Gesamtgröße einer Kanzlei wider.

Weitere renommierte Kanzleien für Restrukturierung/Sanierung

NORDEN
Happ Luther — Hamburg

OSTEN
Greenberg Traurig — Berlin

FRANKFURT UND HESSEN
BBL Bernsau Brockdorff & Partner — Frankfurt
Willkie Farr & Gallagher — Frankfurt

SÜDWESTEN
Menold Bezler — Stuttgart
SZA Schilling Zutt & Anschütz — Mannheim

SÜDEN
BBL Bernsau Brockdorff & Partner — München
Jones Day — München

BBL BERNSAU BROCKDORFF & PARTNER
Bewertung: Mit dem Neuzugang von Dr. Stephan Kolmann in München hat BBL eine wertvolle Ergänzung gefunden. Das neben der Insolvenzverwaltung fest etablierte Beratungsgeschäft im Bereich Sanierung u. Restrukturierung hat so über Frankfurt u. Berlin hinaus an Präsenz u. Anerkennung gewonnen. Anerkennung erfährt auch der Hamburger Partner Justus von Buchwaldt, den Wettbewerber als „erfahrenen u. souveränen Berater von Schuldnerunternehmen" bezeichnen. (10 Eq.-Partner, 3 Sal.-Partner, 8 Associates)
Mandate: ●● Schneekoppe sowie BMG MIS/ Engineering jeweils in der Eigenverwaltung (CRO-Funktion); Medienkonzern in außergerichtl. Sanierungsprozess; Bankenkonsortium zur Durchsetzung von Ansprüchen gg. geschlossenen Immobilienfonds.

GREENBERG TRAURIG
Bewertung: Der Name ‚Olswang' hat für Christian Köhler-Ma u. die eigens etablierte Restrukturierungseinheit nur gut anderthalb Jahre gehalten. Für einen gestandenen Verwalter ist jedoch die persönl. Vernetzung ausschlaggebend, u. die neu aufgebauten Verbindungen v.a. zu den ebenfalls wechselnden Immobilien- u. Medienrechtlern der Kanzlei haben den Übergang überdauert. Überraschend häufig wurde Köhler-Ma als Sanierungsgeschäftsführer oder -vorstand berufen u. kann sich so mit einer weiteren insolvenzrechtl. Facette etablieren. (4 Partner, 1 Counsel, 5 Associates)
Mandate: ●● Fernsehanbieter Joiz in Eigenverwaltung; DAF Dt. Anleger-Fernsehen zu Sanierung, Funktion als Sanierungsvorstand; versch. Immobilienfonds in Eigenverwaltung (CRO); Curtis Brown Group zur Weltbild-Insolvenz. **Insolvenzverwaltung:** Hermes Hausverwaltung (Berlin); txtr E-Book-Vertrieb (Berlin).

HAPP LUTHER
Bewertung: Die personell kleine, aber auf Wachstum ausgerichtete Sanierungstruppe ist dank der lfd. Einbindung etwa von spezialisierten Arbeits- u. Immobilienrechtlern in der Lage, auch bei größeren Krisenfällen umfassend zu reagieren. Nach dem Suhrkamp-Streit, für dessen Durchdringung Dr. Helge Hirschberger in Hamburg viel Anerkennung erfährt, kommen Beratungsanfragen regelm. aus dem WP-/StB-Verbund mit MDS Möhrle oder von Insolvenzverwaltern im Norden. Weiterer Schwerpunkt sind Prozesse, etwa zur Abwehr von Anfechtungsansprüchen, die u.a. mit einem Ex-Görg-Anwalt als Counsel vermehrt bearbeitet werden. (1 Partner, 2 Associates)
Mandate: ●● Medienholding AG als Minderheitsgesellschafter im Insolvenzverfahren Suhrkamp; versch. Fondsgesellschaften aus Schifffahrt u. Immobilien.

JONES DAY
Bewertung: Die Praxis will den Abgang von gleich 2 Partnern – von Christian Staps zu Heuking sowie von Dr. Volker Kammel zu Reed Smith im Rahmen der Eröffnung ihres Frankfurter Büros – zu einer Erneuerung der Praxis nutzen. Der personelle Ausbau in London u. an weiteren europ. Standorten soll speziell für eine engere Vernetzung des dt. Teams mit den internat. Finanzrechtlern den Auftakt geben, während die Restrukturierer lange einen Schwerpunkt bei Investoren u. Industriemandanten hatten. (2 Partner, 3 Associates)
Mandate: ●● FMS Wertmanagement als Gläubiger zum Scheme of Arrangement von Apcoa Parking; Georg Kreplin als Insolvenzverwalter von Mexx zu Verkauf des Markenportfolios; lfd. Tokyo Electron als Gläubiger im Insolvenzverfahren Qimonda.

MENOLD BEZLER
Bewertung: Die Kanzlei demonstriert, dass Sanierungsberatung u. Insolvenzverwaltung sich gut ergänzen: Mit dem Neuzugang Jochen Sedlitz, der zuvor als Verwalter u. Anwalt selbstständig war, kann die Stuttgarter Kanzlei seit gut einem Jahr noch mehr Kapazitäten in der Krisenbearbeitung aufweisen u. verstärkt auch bundesweit aktiv werden. Dass die neue Konstellation gut funktioniert, zeigen Fälle wie MWK Renningen oder ML Industrieelektronik. Mit Expertise im Anfechtungsrecht u. dem Ziel, auch bei Lieferantenpools tätig zu werden, ist von Menold noch einiges zu erwarten. (4 Eq.-Partner, 1 Sal.-Partner, 3 Associates)
Mandate: ●● MWK Renningen sowie ML Industrieelektronik jeweils in Eigenverwaltung (CRO-Funktion) u. zu Insolvenzplan; Doll Fahrzeugbau zu Sanierungsbemühungen u. späterem Insolvenzantrag; Aquarion zum Kauf der insolventen Hager + Elsässer. **Insolvenzverwaltung:** Ex Oriente Lux (Tübingen).

SZA SCHILLING ZUTT & ANSCHÜTZ
Bewertung: Mit Thomas Oberle konnte SZA einen der bekanntesten Wellensiek-Partner aus Heidelberg nach Mannheim lotsen. Mit ihrer starken Präsenz etwa im ▶Gesellschaftsrecht bietet die Kanzlei exzellente Anknüpfungspunkte für krisenbezogene Beratungsleistungen bei Unternehmen u. deren Organen. Als Eigenverwalter etwa der Solar-Fabrik ist Oberle selbst nahe dran an der Insolvenzverwaltung, die ihn über Jahrzehnte geprägt hat. (1 Partner, 1 Counsel, 1 Associate)
Mandate: ●● Solar-Fabrik Freiburg u. Wismar sowie Rena jeweils als eigenverwaltende Geschäftsführung.

WILLKIE FARR & GALLAGHER
Bewertung: Der enge Verbund des kleinen Restrukturierungsteams mit M&A- und Finanzexpertise in der Kanzlei wurde Anfang 2015 durch den Zugang von Verena Etzel von Linklaters gestärkt, die dort bereits als Counsel für ihr Insolvenz-Know-how empfohlen wurde. Finanz- u. strategische Investoren setzen regelm. auf Willkie, um den Kauf von bzw. die Beteiligung an Krisenunternehmen zu prüfen. (2 Partner, 3 Associates)
Mandate: ●● Atlas Holding zu Kauf u. Restrukturierung der Automotive-Sparte von Johnson Controls; Kavernenbetriebsgesellschaft im Zshg. mit der Insolvenz IVG Immobilien.

● Referenzmandate, umschrieben
●● Referenzmandate, namentlich

Anwaltszahlen: Angaben der Kanzleien, wie viele Anwälte zu mind. ca. 50% in diesem Gebiet tätig sind. Sie spiegeln nicht zwingend die Gesamtgröße einer Kanzlei wider.

Insolvenzverwaltung

Mehr Verfahren für die großen Verwalterkanzleien

Die Verwaltung von Unternehmensinsolvenzen konzentrierte sich in den vergangenen zehn Jahren unaufhaltsam. Die zehn Verwalterkanzleien, die jeweils die meisten Insolvenzverfahren pro Jahr übertragen bekamen, konnten ihren Marktanteil bis 2014 auf 20,7 Prozent ausbauen. Im Jahr 2005 lag der Marktanteil der Top-10 noch deutlich niedriger bei 14,3 Prozent. Und die Top-5 kommen jetzt pro Jahr auf knapp 1.500 Unternehmensinsolvenzen – in der Regel die guten Fälle.

Die Neufassung der Europäischen Insolvenz-Verordnung (EuInsVO) verändert die Regelungen zu grenzüberschreitenden Insolvenzen. Ob die reformierte Verordnung tatsächlich die Möglichkeit einer kurzfristigen Sitzverlagerung über Landesgrenzen hinweg einschränkt, wie vor allem deutsche Verwalter hoffen, wird allerdings von einigen Beratern bezweifelt.

Angesichts der großen Rolle von Eigenverwaltungsverfahren stellen sich viele Insolvenzpraktiker die Frage: Welche Rolle spielt ein Sachwalter? Je mehr sich die Sachwalter einbringen, desto häufiger stellt sich auch die Frage nach einer angemessenen Vergütung. Eigentlich stehen ihm nur 60 Prozent zu. Das ESUG-Reformgesetz facht indirekt die alte Diskussion um das ‚Honorar' des Verwalters bzw. des Sachwalters an.

Bereinigung: Konzentrationsprozess und Marktaustritte

Der Zusammenschluss von hww und Hermann zu **hww Hermann Wienberg Wilhelm** am Jahresbeginn 2015 war der sichtbarste Ausdruck des allmählichen Konzentrationsprozesses unter den Verwaltern. Die betriebswirtschaftlichen Synergien bei den nicht juristischen Mitarbeitern dürften eine wichtige Rolle spielen, gespannt warten Beobachter, ob es Auswirkungen bei Bestellungen durch Gerichte oder bei Sanierungsmandaten gibt.

Auch der Weg von dnp Depping unter das Dach der großen WP-Gesellschaft BDO als BDO Restructuring kann als Element des Konzentrationsprozesses verstanden werden. Dass damit der Damm bricht, der bislang die Wirtschaftsprüfer aus der Verwaltung herausgehalten hat, wird von vielen Beobachtern bezweifelt. Doch vor allem die internationale Perspektive scheint erfolgversprechend. Andere kleine Einheiten verlassen den Markt: Die Partner von Junker Bartelheimer verzichten auf gerichtl. Bestellungen, ebenso wie Wilhelm Klaas aus Krefeld. Junker und Bartelheimer bleiben der Insolvenzszene als Dienstleister und Berater erhalten, während **Klaas & Kollegen** nach eigener Auskunft „die Seiten gewechselt" haben und Organe vor Haftungsfallen in Sanierungsfällen schützen wollen.

Wellensiek, die lange als die Insolvenzkanzlei schlechthin galt, hat sich mit einem neuen Partnerschaftsvertrag merklich verändert. Zunächst bemerkte man das an den diversen Abgängen in Insolvenzverwaltung und Sanierungsberatung. Nach dem Willen der neuen Managing-Partner soll man es bald auch in einer neuen Schlagkraft und besseren internen Vernetzung bemerken.

BBL Bernsau Brockdorff & Partner stärkt die Verwaltung mit Neuzugängen in NRW, die von Wellensiek kommen – und erlebt den Abgang jüngerer Verwalter, die sich selbstständig machen. Ebenso verstärkt sich **AndresPartner** (vormals AndresSchneider) mit einem Neuzugang von **Schultze & Braun**. Insolvenzverwaltung ist also doch kein Auslaufmodell.

Die folgenden Bewertungen behandeln Kanzleien, die mindestens durch einen regelmäßig für Unternehmensinsolvenzen bestellten Verwalter oder Sachwalter repräsentiert werden. Alle zeichnen sich dadurch aus, dass sie durch die Vielseitigkeit und Qualität ihrer Arbeit im Markt präsent sind, für bedeutsame Verfahren bestellt wurden oder in wichtigen Regionen deutlich hervorstechen. Genannt werden nur Insolvenzen ab Sommer 2014, die Ortsangabe in der Rubrik Verwaltungen nennt das zuständige Insolvenzgericht. Auch die insolvenzrechtliche Beratung von Verwalterkanzleien spielt eine Rolle.

JUVE KANZLEI DES JAHRES

INSOLVENZVERWALTUNG

SCHMIDT-JORTZIG PETERSEN PENZLIN

Gute Lösungen in Insolvenzverfahren sind nicht an der Tagesordnung. Während andere Beteiligte viel Wind machten, präsentierte **Dr. Dietmar Penzlin** als Insolvenzverwalter den Anlegern bzw. Gläubigern des Windenergieunternehmens Prokon im Sommer gleich zwei gute Lösungen: ein Genossenschaftsmodell oder einen ausverhandelten Einstieg von EnBW als Investor. Dass aus Geschädigten letztendlich Genossen und einigermaßen zufriedene Gläubiger wurden, hat die Hamburger Kanzlei seit Anfang 2014 viel Arbeit gekostet: juristische Arbeit natürlich, die sich zum Beispiel mit der Rangfolge der Forderungen befasste, aber auch Überzeugungsarbeit bei den betroffenen Anlegern, die sich danach weniger als in vergleichbaren Fällen verraten und verkauft fühlten, und nicht zuletzt die intensive Begleitung des zuständigen kleinen Insolvenzgerichts Itzehoe. Leise hat das Penzlin-Team Prokon-Beteiligungen verkauft u. parallel an der Zukunft der großen Prokon-Gesellschaft gearbeitet. Geräuschlos verlief auch die Einbindung von Kanzleien wie BRL Boege Rohde Luebbehuesen und Dentons in die Abarbeitung der vielfältigen Verfahrensfragen. So geht moderne Insolvenzverwaltung.

INSOLVENZVERWALTUNG RESTRUKTURIERUNG UND INSOLVENZ

ANCHOR
Insolvenzverwaltung

Bewertung: Die in der Insolvenzverwaltung empfohlene Kanzlei nutzt die Zeit der schwächeren Verfahrenszahlen, um die fachl. Profilierung ihrer Partner voranzutreiben. Wo andere Kanzleien ‚Full Service' als die Vertretung in allen Rechtsgebieten verstehen, setzt Anchor auf die volle Abdeckung aller insolvenz- u. sanierungsrelevanten Spezialisierungen. So befasst sie sich vermehrt mit Haftungs- u. Anfechtungsthemen, was auch von Wettbewerbern als Beratungsleistung angefragt wird, o. im grenzüberschr. Restrukturierungsgeschäft, das der Neuzugang von Wellensiek, Schiller, mit seinem internat. Netzwerk hinzugebracht hat.

Häufig empfohlen: Tobias Wahl, Dr. Christoph Herbst, Prof. Dr. Martin Hörmann, Dr. Christof Schiller

Kanzleitätigkeit: Verwaltung mit regionalem Schwerpunkt in Süddtl. u. Niedersachsen; Übernahme von Sach- u. Eigenverwaltungsrollen; krisennahe Beratung von Unternehmen u. ihren Organen zu Sanierungsoptionen, Insolvenzverfahren u. -plänen; Treuhandschaften. (11 Partner, 18 Associates)

Verwaltungen: ●● Primacom Maschinenbau (Weilheim); Gutmann Maschinenbau (Neu-Ulm); Autohaus Voigt (Dresden); Autohaus Rinnecker (Meiningen); Horex (Augsburg); GVD Glasveredelung (Nördlingen). **Sachwalter:** Ludwig Leuchten (Augsburg). **Beratung:** Eigenverwaltung bei Passport Fashion; Management von Klug Intralogistik; Management von Rena Lange jeweils zu Sanierungsthemen; Treuhand für Scherer & Trier.

ANDRESPARTNER
Insolvenzverwaltung

Bewertung: Die in der Insolvenzverwaltung empfohlene Kanzlei erweiterte zuletzt mit einem erfahrenen Partner von Schultze & Braun ihre regionale Ausdehnung bis nach Ostwestfalen u. Niedersachsen. Die Namensänderung dokumentiert den Abschluss des Generationswechsels, doch die jüngeren Partner machen nicht alles neu. Sie setzen weiterhin stärker auf die etablierte Kernkompetenz Verwaltung als auf die vor drei Jahren hinzugefügte Beratungsschiene, die durch den Abgang eines 2012 gewonnenen Quereinsteigers auf Partnerebene ohnehin etwas an Gewicht verloren hatte. Beratungsmandate sind entsprechend des Verwaltungsschwerpunkts eher verfahrensnah angesiedelt, bes. im Rahmen von Eigenverwaltungen.

Häufig empfohlen: Dr. Dirk Andres

Kanzleitätigkeit: Insolvenzverwaltung mit Schwerpunkt NRW; breite Erfahrung in produzierenden Gewerbe, z.B. Technologieunternehmen u. Autozulieferer; interne Kompetenz für Arbeits- u. Gesellschaftsrecht sowie Prozessführung. Sanierungsberatung in eigener Gesellschaft. (7 Eq.-Partner, 5 Associates)

Verwaltungen: ●● Multiline Textil, H.-J. Klems/Bäckerei Wulf, Atvita, Vivocell Biosolutions (Düsseldorf); Multi-Media Trade, Hippenstiel Maschinenbau (Hagen); Iopener Media (Aachen); Hochwert Immobilien (Krefeld). **Sachwalter:** HD Kunststoff (Wuppertal). **Beratung:** Ostlangenberg CNC u. A.I.S. Willich jeweils zur Eigenverwaltung.

BBL BERNSAU BROCKDORFF & PARTNER
Insolvenzverwaltung

Bewertung: Die für Insolvenzverwaltung häufig empfohlene Kanzlei gewann im Rahmen des Um-

INSOLVENZVERWALTUNG

Dr. Beck & Partner	Nürnberg, München u.a.
Görg	Köln, Essen, Hamburg u.a.
hww Hermann Wienberg Wilhelm	Berlin, Frankfurt, Hamburg u.a.
Jaffé	München, Nürnberg u.a.
Kebekus et Zimmermann	Düsseldorf u.a.
White & Case	Hamburg, Düsseldorf u.a.
BBL Bernsau Brockdorff & Partner	Frankfurt, Potsdam u.a.
Brinkmann & Partner	Hamburg, Frankfurt, Berlin u.a.
Pluta	Ulm, München u.a.
Schneider Geiwitz & Partner	Neu-Ulm, Augsburg u.a.
Schultze & Braun	Achern, Bremen, Nürnberg, Stuttgart u.a.
Wellensiek	Heidelberg u.a.
Flöther & Wissing	Halle, Mannheim u.a.
Grub Brugger & Partner	Stuttgart
Hoefer Schmidt-Thieme	Mannheim u.a.
Kübler	Köln, Dresden, Frankfurt u.a.
Leonhardt Rattunde	Berlin, Düsseldorf u.a.
Müller-Heydenreich Bierbach & Kollegen	München
Schmidt-Jortzig Petersen Penzlin	Hamburg
Anchor	Mannheim, Ulm, München u.a.
AndresPartner	Düsseldorf u.a.
Johlke Niethammer & Partner	Hamburg u.a.
Niering Stock Tömp	Köln, Krefeld u.a.
Piepenburg Gerling	Düsseldorf, Köln
Dr. Ringstmeier & Kollegen	Köln
BRL Boege Rohde Luebbehuesen	Hamburg, Berlin
Eckert	Hannover
FRH Rechtsanwälte Steuerberater	Düsseldorf, Hamburg u.a.
Reimer	Hamburg, Kiel u.a.
Voigt Salus	Berlin

Die hier getroffene Auswahl der Kanzleien ist das Ergebnis der auf zahlreichen Interviews basierenden Recherche der JUVE-Redaktion (s. Einleitung S. 20). Sie ist in 2erlei Hinsicht subjektiv: Sämtliche Aussagen der von JUVE-Redakteuren befragten Quellen sind subjektiv u. spiegeln deren eigene Wahrnehmungen, Erfahrungen u. Einschätzungen wider. Die Rechercheergebnisse werden von der JUVE-Redaktion unter Einbeziehung ihrer eigenen Marktkenntnis analysiert u. zusammengefasst. Der JUVE Verlag beabsichtigt mit dieser Tabelle keine allgemein gültige oder objektiv nachprüfbare Bewertung. Es ist möglich, dass eine andere Recherchemethode zu anderen Ergebnissen führen würde. Innerhalb der einzelnen Gruppen sind die Kanzleien alphabetisch geordnet.

▶▶▶ Bitte beachten Sie auch die Liste weiterer renommierter Kanzleien am Kapitelende. ◀◀◀

baus bei dem Wettbewerber Wellensiek eine funktionierende NRW-Einheit um Andreas Pantlen. Dass BBL als Mischkanzlei aus Verwaltern und Beratern damit gegen den Trend ausgerechnet den Verwaltungszweig stärkt, mag Zufall sein. Doch BBL zeigt damit immerhin, dass die regionale Ausdehnung durchaus noch ein Ziel ist. Abgesehen von den Namensgebern als prägenden Figuren etablieren sich weitere Verwalter wie z.B. v. Buchwaldt in ihren Stammregionen als angesehene u. gut vernetzte Teamplayer. Allerdings gab es in Hannover bzw. Potsdam auch den Abgang eines jungen 5-köpfigen Verwalterteams, das seit dem Frühjahr unter fremder Flagge Verfahren bearbeitet.

Stärken: Erfahrung in der Restrukturierungsberatung, speziell im Immobiliensektor.

Häufig empfohlen: Dr. Georg Bernsau, Christian Graf Brockdorff („konstruktiv-kreative Herangehensweise", Wettbewerb), Marcus Winkler („sehr gut u. unkompliziert", Wettbewerb), Jus-

tus von Buchwaldt („fairer Verwalter mit Augenmaß", Wettbewerber)

Kanzleitätigkeit: Verwaltung durch rd. 20 Anwälte an über 30 Standorten bundesweit, mit regionalen Schwerpunkten in Ostdtl., im Rhein-Main-Gebiet u. NRW sowie Hamburg u. Stuttgart. Daneben Prozesstätigkeit, Forderungseinzug u. ▶ Sanierungsberatung, auch in operativer Funktion. (8 Eq.-Partner, 31 Associates)

Verwaltungen: ●● Mibusa-Gruppe, 10 Ges. (Friedberg); Nirobo Metall (Offenbach); Bread & Butter Modemesse, Bund Dt. Treuhandstiftungen (Berlin); Orgelbau Schuke (Potsdam); CSN Carl Schreiber (Siegen); Groß & Munzer (Chemnitz). **Sachwalter:** Gottfr. Puhlmann Bau (Berlin); GSF System- u. Fördertechnik (Dresden); Hans Lingl Anlagenbau (Neu-Ulm); Maria Soell Folien (Friedberg). **Beratung:** Schneekoppe in der Eigenverwaltung; siehe auch ▶ Restrukturierung/Sanierung.

● Referenzmandate, umschrieben
●● Referenzmandate, namentlich

Anwaltszahlen: Angaben der Kanzleien, wie viele Anwälte zu mind. ca. 50 % in diesem Gebiet tätig sind. Sie spiegeln nicht zwingend die Gesamtgröße einer Kanzlei wider.

RESTRUKTURIERUNG UND INSOLVENZ INSOLVENZVERWALTUNG

DR. BECK & PARTNER
Insolvenzverwaltung ■□□□□

Bewertung: Für die in der Insolvenzverwaltung zu den führenden zählende Einheit scheint die Bezeichnung ‚Kanzlei' nur die halbe Wahrheit zu erfassen. Neben den anwaltl. Berufsträgern gibt es in gleicher Personenstärke Wirtschaftsjuristen, die in der Verfahrensabwicklung tätig sind. Zwar setzen viele Verwaltersozietäten auf hohe Kompetenz im nicht anwaltl. Bereich, doch nur wenige können mehrere Großinsolvenzen parallel im eigenen Haus bewältigen u. zugleich wirtschaftl. sinnvolle Fortführungslösungen erarbeiten. Gut drei Jahre nach der ESUG-Reform haben die Teams in München u. Nürnberg außerdem bewiesen, dass sie nicht nur für die klassische Verfahrensvariante infrage kommen – auch wenn dort weiter der offensichtl. Schwerpunkt der Bestellungen liegt. Exner wurde in den Gravenbrucher Kreis gewählt.
Häufig empfohlen: Joachim Exner („hoch professionell", Wettbewerber), Dr. Hubert Ampferl („sehr positiver Eindruck", Mandant)
Kanzleitätigkeit: Verfahren an den meisten bayr. Insolvenzgerichten, vereinzelt darüber hinaus. Häufig erste Wahl für Konzerninsolvenzen mit internat. Bezug. Eigenes Prozess- u. Arbeitsrechtsdezernat, große betriebswirtschaftl. Abteilung. (7 Eq.-Partner, 1 Sal.-Partner, rd. 20 Associates)
Verwaltungen: ●● Metz-Werke, GCD-Gruppe (Fürth); DAF Dt. Anleger Fernsehen (Bayreuth); OEKA Oehlhorn (Bamberg); Auroflor (Ansbach); Taurus Media Synchron (München); BMB Burglengenfelder Maschinenbau (Regensburg). **Sachwalter:** Cavallo Classico WBB (Deggendorf); Peter Keppler Couture (München).

BRINKMANN & PARTNER
Insolvenzverwaltung □■□□□

Bewertung: Die Stärke der in der Insolvenzverwaltung häufig empfohlenen Kanzlei wird von Wettbewerbern manchmal auf gute Akquise reduziert. Das regional differenzierte Geschäft zeigt aber mehr als das: Bei der Insolvenz des früheren Bertelsmann- und Arcandor-Managers Thomas Middelhoff vertraut das Amtsgericht Bielefeld auf einen Brinkmann-Verwalter. Der in Frankfurt basierte Plathner gilt vielen Beratern als einer der stärksten Verwalter überhaupt. In seinem Penell-Verfahren steht eine Anleihe im Fokus des Interesses, als operativer Eigenverwalter war er an der Rettung des Armaturenherstellers AVK beteiligt. Und in der umstrittenen Aufarbeitung der P+S-Werften-Insolvenz setzt Namensgeber Brinkmann gegenüber der Politik u. Beratern wie KPMG Akzente. Mit überraschender Härte ging die Kanzlei in D'dorf gg. einen Compliance-Fall in eigenen Reihen vor, ein im Rheinland bestellter Verwalter musste ausscheiden.
Häufig empfohlen: Dr. Jan Plathner („einer der stärksten dt. Verwalter", Wettbewerber), Berthold Brinkmann, Manuel Sack
Kanzleitätigkeit: Insolvenzverwaltung an 30 Standorten dtl.weit, Bestellungen v.a. in Norddtl. sowie Hessen, Ba.-Wü., Bayern u. Berlin. Wachsendes Beratungsgeschäft zu Insolvenz, Sanierung u. Distressed M&A; auch Treuhandschaften. (5 Eq.-Partner, 13 Sal.-Partner, rd. 75 Associates)
Verwaltungen: ●● Thomas Middelhoff (Bielefeld); Penell Elektrogroßhandel (Darmstadt); Flughafen Zweibrücken (Zweibrücken); Asian Bamboo (Hamburg); TMS Dienstleistung, EVVE Europ. Vereinigung vereidigter Edelmetallberater (Berlin); B+D Laserworking (Hannover). **Sachwalter:** AWO Gesundheitsdienste (Hannover); Rena (Villingen-Schwenningen); Schilkin Spirituosen (Berlin). **Beratung:** Eigenverwaltung (Geschäftsführung) bei AVK Mittelmann Armaturen; doppelnützige Treuhand bei Sattler Media Press; versch. Reedereien zu finanzieller Restrukturierung.

BRL BOEGE ROHDE LUEBBEHUESEN
Insolvenzverwaltung □■□□□

Bewertung: Die für Insolvenzverwaltung geschätzte Kanzlei war an der Windenergie-Insolvenz Prokon so nahe dran wie sonst nur der bestellte Verwalter von Schmidt-Jortzig Petersen Penzlin. Als Teammitglieder im M&A-Prozess für Prokon-Töchter u. bei der Entstehung der Sanierungsalternative Genossenschaft/Investoreneinstieg konnten die Hamburger beweisen, was langj. Verwaltererfahrung, aber auch die MDP-Kompetenz für ein solches Großverfahren hergeben. Aber auch eigene Bestellungen sowohl in Regelverfahren als auch bei Eigenverwaltung konnte das personell deutl. verstärkte Team in gewohnter Weise abarbeiten.
Häufig empfohlen: Stefan Denkhaus, Friedemann Schade
Kanzleitätigkeit: Verwalterbestellungen an versch. norddt. Gerichten u. in Berlin; Sanierungsberatung bundesweit, häufig für Organe im Konzernverbund; Distressed M&A. (3 Eq.-Partner, 2 Sal.-Partner, 9 Associates)
Verwaltungen: ●● MBG Krankentransport, Heinr. Ihden (Hamburg); Pfaffenbach u. Wenk (Lüneburg); Autohaus Faak (Tostedt); Herbert Marcus Bau (Gifhorn); Alfred Wloch Immobilien (Berlin). Sachwalter: GAD-Gruppe, SMP Management (Hamburg). **Beratung:** Weiter Insolvenzverwalter Prokon.

ECKERT
Insolvenzverwaltung □□□□□

Bewertung: Die in der Insolvenzverwaltung geschätzte Kanzlei genießt in der niedersächs. Stammregion einen guten Ruf, ist mittlerweile aber eindeutig mehr als ein regionaler Spieler. Die wiederholte Beteiligung an Großverfahren wie Netrada oder zuletzt AWO Gesundheitsdienste belegt das Vertrauen, das Gerichte u. Gläubiger v.a. in den Namensgeber setzen. Dessen Bekanntheitsgrad verdeckt ein wenig die Tatsache, dass 6 Verwalter der Kanzlei regelm. bestellt werden.
Häufig empfohlen: Dr. Rainer Eckert
Kanzleitätigkeit: Klare Fokussierung auf Insolvenzverwaltung, auch in den Facetten Sach- u. Eigenverwaltung. Erfahrung mit Konzernverfahren. Regionale Ausdehnung mit 14 Büros von Westfalen über Niedersachsen bis Berlin. (8 Partner, 13 Associates)
Verwaltungen: ●● Knabe Grundstücksverwaltung, TCC Tele Communication, New Horizons Computer Learning (Hannover); Friseur-GmbH Marcel (Leipzig); Hof Wachendorf (Syke). **Sachwalter:** Schleicher Electronic (Berlin). **Beratung:** Eigenverwaltung (CRO) für AWO Gesundheitsdienste Hannover.

FLÖTHER & WISSING
Insolvenzverwaltung □□■□□

Bewertung: Die für Insolvenzverwaltung empfohlene Kanzlei wird von Wettbewerbern in doppelter Hinsicht gelobt: „Wissenschaftl. fundiert" sei die Arbeit, gleichzeitig „sehr pragmatisch". Das klingt nach einem Widerspruch, doch dass v.a. Namenspartner Flöther beide Ansprüche erfüllen kann, zeigt seine Anfang 2015 erfolgte Kür zum Sprecher des renommierten Gravenbrucher Kreises der traditionellen führenden Insolvenzverwalter. Im schlagzeilenträchtigen Verfahren der Mifa Fahrradwerke bewies er, dass die Insolvenzverwaltung kein Spielball vielfältiger Interessen sein muss, sondern auch in Zeiten von ESUG ein eigenes Gewicht haben kann.
Häufig empfohlen: Prof. Dr. Lucas Flöther („geht auch gerne neue Wege", Wettbewerber)
Kanzleitätigkeit: Insolvenzverwaltung mit Schwerpunkt in Sachsen-Anhalt u. Sachsen, außerdem in Bayern, Hessen u. Niedersachsen. Interne Kooperation mit etwa gleich großer Beratungs-

---

Führende Namen in der Insolvenzverwaltung

Dr. Biner Bähr	White & Case
Axel Bierbach	Müller-Heydenreich Bierbach & Kollegen
Dr. Wolfgang Bilgery	Grub Brugger & Partner
Volker Böhm	Schultze & Braun
Joachim Exner	Dr. Beck & Partner
Prof. Dr. Lucas Flöther	Flöther & Wissing
Tobias Hoefer	Hoefer Schmidt-Thieme
Dr. Michael Jaffé	Jaffé
Hans-Gerd Jauch	Görg
Dr. Frank Kebekus	Kebekus et Zimmermann
Dr. Bruno Kübler	Kübler
Horst Piepenburg	Piepenburg Gerling
Dr. Jan Plathner	Brinkmann & Partner
Michael Pluta	Pluta
Prof. Rolf Rattunde	Leonhardt
Dr. Andreas Ringstmeier	Dr. Ringstmeier & Kollegen
Christopher Seagon	Wellensiek
Dr. Sven-Holger Undritz	White & Case
Rüdiger Wienberg	hww Hermann Wienberg Wilhelm

Die hier getroffene Auswahl der Personen ist das Ergebnis der auf zahlreichen Interviews basierenden Recherche der JUVE-Redaktion (siehe S. 20). Wie ist in 2erlei Hinsicht subjektiv: Sämtliche Aussagen der von JUVE-Redakteuren befragten Quellen sind subjektiv u. spiegeln deren eigene Wahrnehmungen, Erfahrungen u. Einschätzungen wider. Die Rechercheergebnisse werden von der JUVE-Redaktion unter Einbeziehung ihrer eigenen Marktkenntnis analysiert u. zusammengefasst. Der JUVE Verlag beabsichtigt mit dieser Tabelle keine allgemein gültige oder objektiv nachprüfbare Bewertung. Es ist möglich, dass eine andere Recherchemethode zu anderen Ergebnissen führen würde.

● Referenzmandate, umschrieben
●● Referenzmandate, namentlich

Anwaltszahlen: Angaben der Kanzleien, wie viele Anwälte zu mind. ca. 50 % in diesem Gebiet tätig sind. Sie spiegeln nicht zwingend die Gesamtgröße einer Kanzlei wider.

u. Prozessabteilung. Zahlreiche Verfahren mit Konzernstrukturen, regelm. Insolvenzpläne u. Eigenverwaltung. (6 Eq.-Partner, 2 Sal.-Partner, 5 Associates)
Verwaltungen: ●● Institut f. Marktforschung (Leipzig); Stadtwerke Wanzleben (Magdeburg); END-I-Gruppe (Halle); Systemmöbel Dessau (Dessau-Roßlau); Tech-Gruppe (Göttingen). **Sachwalter:** Mifa Mitteldt. Fahrradwerke (später Regelverwaltung); Josch Strahlschweißtechnik (Halle).

FRH RECHTSANWÄLTE STEUERBERATER
Insolvenzverwaltung
Bewertung: Die für Insolvenzverwaltung geschätzte Kanzlei ist beinahe so etwas wie ein stiller Star. Sie wird in West- u. Norddtl. von zahlr. Gerichten regelm. dann bestellt, wenn die von den Richtern vorgefundenen Konstellationen von Beratern u. Verwaltern den Anschein sachfremder Einflüsse erwecken. Aber das ist nur ein Aspekt für den Erfolg der Kanzlei in einem an Verfahren schwachen Markt. Die anerkannte kfm. Expertise u. der manchmal zähe Kampf um Sanierungslösungen, wie etwa bei der Werkzeugmaschinenfabrik Monforts, zeigt nach Einschätzung von Wettbewerbern oft „gute u. nachhaltige" Ergebnisse.
Stärken: Kfm. orientierte Sanierungskonzepte; breite Branchenerfahrung.
Häufig empfohlen: Dr. Paul Fink, Dr. Hendrik Heerma

Kanzleitätigkeit: Insolvenzverwaltung hauptsächl. in D'dorf, Mönchengladbach sowie in Norddtl., speziell Hamburg u. Bremen, u. Erfurt. Dort außerdem Prozessführung. Im Einzelfall insolvenznahe Beratung im Mittelstand, z.B. zu Insolvenzplänen. Fortgesetzte Kooperation mit Wolfgang van Betteray. (5 Eq.-Partner, 6 Associates)
Verwaltungen: ●● Global Eventmarketing, WGF Vermögensverwaltung (D'dorf); Bihn Fleisch & Fisch, Lenz Massivhaus, A. Monforts Werkzeugmaschinen (M'gladbach); KM Konzept Massivhaus (Norderstedt); Weserwind Offshore Construction (Bremerhaven); NordRoh Norddt. Rohstoffhandel (Hamburg); CMAC City-Marketing (Erfurt).

GÖRG
Insolvenzverwaltung
Bewertung: Die in der Insolvenzverwaltung zu den führenden zählende Kanzlei behauptet sich in einem schwierigen Umfeld. Die Gesamtsozietät ist mit weiteren Quereinsteigern in zahlr. Rechtsgebieten unaufhaltsam auf dem Weg zur Großkanzlei. Dadurch vergrößern sich auch die Reibungsflächen mit den Insolvenzverwaltern, die den Standards der Branche entsprechend nur ohne Vorbefasstheit bestellt werden. Dieser Spagat gelingt, vielleicht auch nur deshalb, weil die gute Wirtschaftskonjunktur große Insolvenzen nicht hervorbringt, für die Görg prädestiniert wäre. Abgesehen davon ist Görg in NRW sowie zunehmend in Norddtl. gut bestellt, auch in hinter den Kulissen umkämpften Verfahren wie AC Biogas oder den YiKo-Burger-King-Filialen. In der Eigenverwaltung des Marienhospitals Münsterland übernahm Bornheimer eine wichtige Rolle.
Stärken: Konzerninsolvenzen, effiziente Verfahrensabwicklung, Poolverwaltung u. Treuhand.
Häufig empfohlen: Hans-Gerd Jauch, Dr. Jörg Nerlich, Dr. Jörg Bornheimer, Rolf Weidmann, Nils Meißner („wirtschaftl. denkend, kooperativ u. konstruktiv", Wettbewerber), Dr. Gerrit Hölzle („gut vernetzt", Wettbewerber).
Kanzleitätigkeit: Verwaltung mit Schwerpunkt in NRW sowie in Norddtl., z.T. auch als Sachwalter. Aktives Treuhandgeschäft, Lieferantenpool- u. Zwangsverwaltung. Schnittstellen in der eigenen Kanzlei mit ▶Arbeitsrecht, ▶Gesellsch.recht, ▶M&A u. Prozessführung (▶Handel u. Haftung), traditionell stark in ▶Restrukturierungsberatung. (20 Eq.-Partner, 12 Sal.-Partner, rd. 20 Associates für Insolvenz/Restrukturierung)
Verwaltungen: ●● Sky Promotions, Eichner-Gruppe, FC Wind 1 u. 2 (Windreich-Gruppe) (Köln); Röhrenkontor Heinen & Bentgen (D'dorf); Bäckerei Stauffenberg (Essen); Seva Energie (Cloppenburg); Burger King (Franchisenehmer/ehem. YiKo) (Stade); Weserwind Grundstücksgesellschaft (Bremerhaven). **Sachwalter:** AVK Mittelmann Armaturen (W'tal); weiterhin Strenesse (Nördlingen). **Beratung:** Eigenverwaltung AC Biogas sowie Marienhospital Münsterland.

Anzeige

● Referenzmandate, umschrieben
●● Referenzmandate, namentlich

Anwaltszahlen: Angaben der Kanzleien, wie viele Anwälte zu mind. ca. 50% in diesem Gebiet tätig sind. Sie spiegeln nicht zwingend die Gesamtgröße einer Kanzlei wider.

RESTRUKTURIERUNG UND INSOLVENZ INSOLVENZVERWALTUNG

GRUB BRUGGER & PARTNER
Insolvenzverwaltung

Bewertung: Die in der Insolvenzverwaltung empfohlene Kanzlei bleibt ihrer unaufgeregten, sorgsamen Verfahrensbearbeitung treu u. genießt in der Stuttgarter Stammregion trotz des scharfen Wettbewerbs großes Ansehen. Die Verwaltererfahrung aus Jahrzehnten wird allmähl. auch an weiteren Gerichten in Baden-Württemberg angeboten u. beschert viel beachtete Verfahren wie das der Wohnungsbaugesellschaft GVV Singen. Im Großverfahren Armstrong DLW präsentierte die Kanzlei eine internat. Investorenlösung.
Häufig empfohlen: Dr. Wolfgang Bilgery, Martin Mucha
Kanzleitätigkeit: Insolvenzverwaltung regelm. u.a. in Stuttgart, Pforzheim, Rottweil u. Ludwigsburg. Spezialisierte arbeitsrechtl. Abteilung; breit gefächerte Beratungspraxis für ▶ Restrukturierung/Sanierung. (4 Partner, 5 Associates in der Verwaltung)
Verwaltungen: ●● Armstrong DLW (Heilbronn); Neue Textilveredelung Wangen (Ravensburg); Vögele Apparatebau (Tübingen); Bäckereigruppe Lang (Ludwigsburg). **Sachwalter:** GVV Städt. Wohnbaugesellschaft Singen (Konstanz); MWK Renningen (Ludwigsburg).

HOEFER SCHMIDT-THIEME
Insolvenzverwaltung

Bewertung: Die für Insolvenzverwaltungen empfohlene Kanzlei hat als kleine Einheit oft gegen den Trend große u. aufsehenerregende Verfahren übertragen bekommen. Im Berichtszeitraum war das zum ersten Mal seit langer Zeit anders. Ein Berliner Team, das im Vergleich mit dem Stammsitz Mannheim eher unauffällig agierte, verließ die Kanzlei u. ist jetzt bei der Curator AG angedockt. Schwierige Gruppeninsolvenzen wie die SH+E-Gruppe liegen allerdings noch nicht lange zurück u. erfordern weiteren Arbeitseinsatz. Bei Elumatec überwacht Hoefer nach der Insolvenz 2013 die Sanierung weiterhin als Aufsichtsratsvorsitzender.
Häufig empfohlen: Tobias Hoefer
Kanzleitätigkeit: Bestellungen an zahlr. Gerichten im Südwesten; keine insolvenznahe Beratung, aber operative Rollen bei Eigenverwaltung. Branchenschwerpunkte bei Automotive, Elektronik u. Maschinenbau. Kleine Abt. für Arbeitsrecht u. Prozesse. (2 Partner, 4 Associates)
Verwaltungen: ●● Kistner Heuser & Schwarzer (Pforzheim); Agenis Technik (Heidelberg); Cecil Fox Lederwaren (Baden-Baden). **Sachwalter:** Ulrich Kammerer (Karlsruhe).

HWW HERMANN WIENBERG WILHELM
Insolvenzverwaltung

Bewertung: Die in der Insolvenzverwaltung zu den führenden zählende Kanzlei entstand Anfang des Jahres aus dem Zusammenschluss von hww Wienberg Wilhelm und Hermann. Die Größe allein mit insges. 85 Juristen u. 30 weiteren Berufsträgern müsste Wettbewerbern nicht unbedingt Sorgen machen, allerdings genießt die neue hww in nahezu allen Teilen einen guten bis sehr guten Ruf für den Umgang mit Unternehmenskrisen. Die bereits 2010 vollzogene Fusion mit Unternehmensberatern verschaffte hww einen Vorsprung bei ESUG-Verfahren, den manche Wettbewerber nur mühsam aufgeholt haben. Auch unter dem regionalen Blickwinkel ist die Kanzlei nun fast deutschlandweit mit erfahrenen Köpfen vertreten. Der Verwalterzweig, der personell ein gutes Drittel der Kanzlei ausmacht, wird im Markt regelm. hervorgehoben. War es vor Jahren noch die Pleitewelle in der Solarindustrie, die hww zu Aufmerksamkeit verhalf, ist es heute ein breiter Mix aus Branchen u. Verfahrensarten, der die Verwalter trotz der aktuell schwachen Marktlage unter Dampf hält.
Stärken: Betriebsfortführungen, Insolvenzpläne, Know-how-Austausch mit der hww Unternehmensberatung.
Entwicklungsmöglichkeiten: Wenn es der Kanzlei gelingt, die Fusionspartner zu integrieren u. die Qualität der Verfahrensbearbeitung bundesweit auf dem Niveau der Namensgeber zu stabilisieren, dann wird hww den Konzentrationsprozess im Verwaltermarkt stark vorantreiben.
Häufig empfohlen: Rüdiger Wienberg, Ottmar Hermann, Dr. Rainer Bähr, Dr. Stefan Weniger, Julia Kappel-Gnirs, Henning Schorisch, Martin Schoebe
Kanzleitätigkeit: Insolvenzverwaltung mit bundesweiter Präsenz u. in allen Verfahrenstypen u. -größenordnungen; weitere große Zweige mit Unternehmensberatung sowie anwaltl. Beratung. Gute Verknüpfung mit internat. Partnerkanzleien. (17 Partner, 40 Associates)
Verwaltungen: ●● DZZI Dt. Zentrum für zahnärztl. Implantologie; Rentner-Partei Dtl. (Hamburg); Möbelspedition Preiß; Clifton (Dresden); Offizin Andersen Nexö (Leipzig); Blankom Antennentechnik (Gera); Alsfelder Landbrauerei (Gießen); Verkehrsges. Werner (Darmstadt); Pylon Performance Fonds (Karlsruhe); Schlöer Bodensee Fruchtsaft (Konstanz); Anderson-Gruppe; Edsor/Kronen (Berlin); **Sachwalter:** Versch. Hammonia-Schiffsgesellschaften (Reinbek); Joiz TV (Berlin); Friedr. Müsse Bau (Siegen).

JAFFÉ
Insolvenzverwaltung

Bewertung: Bei der in der Insolvenzverwaltung zu den führenden zählenden Kanzlei gab es wichtige Entwicklungen, die alte Verfahren betreffen: 2002 war Kirch insolvent – Jaffé als Verwalter zahlte 2015 eine Viertelmilliarde Euro als weiteren Abschlag an die Gläubiger aus; 2009 begann das Qimonda-Verfahren – 2014 einigte sich Jaffé mit der früheren Muttergesellschaft Infineon auf eine außergerichtl. Streitbeilegung, die den Qimonda-Gläubigern über eine Viertelmilliarde Euro eintrug. Allein diese beiden Beispiele zeigen, warum die Kanzlei mit über 30 Berufsträgern stärker angewachsen ist als viele Wettbewerber: Die gründl. Abarbeitung grenzüberschreitender Konzerninsolvenzen, auf die sie sich vornehml. spezialisiert hat, erfordert einen hohen Aufwand. Der Trend zu weniger großen Insolvenzen ging auch an Jaffé nicht spurlos vorbei. Die Kanzlei weitet deshalb ihren regionalen Radius etwa in NRW aus.
Stärken: Komplexe Insolvenzverfahren mit internat. Bezug; Prozessführung.
Häufig empfohlen: Dr. Michael Jaffé
Kanzleitätigkeit: Bestellungen in 6 Bundesländern, v.a. Bayern, NRW, Hessen u. Thüringen. Spezialisiertes Insolvenzarbeitsrecht (Ffm.); eigenständiger Zweig für insolvenzbezogene Spezialfragen u. Prozessthemen (Jaffé LLP) mit 11 Anwälten. (20 Anwälte in der Verwaltung)
Verwaltungen: ●● Weiterhin Stadtwerke Gera Konzern (Gera); Green Planet (Frankfurt); Telefunken Communications, LiteWave Networks (Bonn); 7Days Music (München); **Sachwalter:** Roba Rohr- u. Anlagenbau (Aschaffenburg); BCM Bootsvertrieb (Münster).

JOHLKE NIETHAMMER & PARTNER
Insolvenzverwaltung

Bewertung: Die für Insolvenzverwaltung empfohlene Kanzlei kehrt im Jahr nach der Praktiker-Insolvenz zu ihrer Normalität zurück: auf viele Schultern verteilte gerichtl. Bestellungen quer durch Nord- u. Nordostdeutschland. Die Kanzlei gilt Wettbewerbern unverändert als hoch seriöse Adresse, die mit einiger Regelmäßigkeit mit Fondsinsolvenzen wie S&K sowie Fällen aus der maritimen Wirtschaft betraut wird. Ein Bremer Partner soll nach mehrfachen Sanierungsversuchen der Nordseewerke in Emden dort als regulärer Insolvenzverwalter für klare Verhältnisse sorgen.
Häufig empfohlen: Jens-Sören Schröder
Kanzleitätigkeit: Insolvenzverwaltung mit Bestellungen v.a. in Hamburg, Schleswig-Holstein, Niedersachsen sowie in Schwerin. Unterstützung durch Anwälte v.a. im Prozess- u. Arbeitsrecht; interdisziplinärer Verbund mit WP u. Steuerberatern; vereinzelt Sanierungsmandate. (8 Partner, 11 Associates)
Verwaltungen: ●● Nordseewerke (Aurich); Hanseatica Immobilienfonds, versch. Gesellschaften, Contact-D Finanzdienstleistung (Hamburg); MS Metta Einschiffgesellschaft (Cuxhaven).

KEBEKUS ET ZIMMERMANN
Insolvenzverwaltung

Bewertung: Die in der Insolvenzverwaltung zu den führenden zählende Kanzlei hat sich nie ausschl. auf gerichtl. Bestellungen verlassen, sondern schon immer in gewissem Maß Restrukturierungsberatung betrieben. Die doppelte Erfahrung auf Verwaltungs- u. Beraterseite prädestiniert Kebekus für die Sachwalterrolle nach der ESUG-Reform. Im vergangenen Jahr gab es einige Großverfahren aus dem produzierenden Gewerbe sowie den Krankenhauskonzern Marienhospital, in denen Kebekus diese Rolle übernahm. Allerdings muss er, gewissermaßen zum Abschied aus dem Amt als Sprecher des Gravenbrucher Kreises, das er acht Jahre lang bekleidet hat, wie die meisten Verwalterkollegen auch einen gewissen Rückgang großer Verfahren hinnehmen.
Häufig empfohlen: Dr. Frank Kebekus („sehr angesehen, auf Fortführungen konzentriert", Wettbewerber)
Kanzleitätigkeit: Bestellungen in NRW, v.a. Düsseldorf, Aachen u. im Ruhrgebiet. Arbeitsrecht u. internat. Insolvenzrecht. Außergerichtl. Restrukturierungsberatung auch in operativer Rolle für Unternehmen. (2 Eq.-Partner, 13 Associates)
Verwaltungen: ●● Topaz Textilhandel/Madonna (D'dorf); Orga Systems (Paderborn); Hansa-Chemie (Duisburg); CKT Dienstleistung (Münster); AMS Aachener Möbelshop (Aachen); Malerbetrieb Lohmann (Dortmund). **Sachwalter:** Marienhospital Münsterland (Münster); Becker Security (Essen). **Beratung:** ‚Freunde von Prokon' zum Prokon-Insolvenzverfahren.

KÜBLER
Insolvenzverwaltung

Bewertung: Die in der Insolvenzverwaltung empfohlene Kanzlei steht angesichts von Forderungen im Milliardenbereich bei der Infinus-Pleite seit 2 Jahren im Zentrum einer der größten vermutl. Anlagebetrugsfälle in Deutschland. Trotzdem ist der

● Referenzmandate, umschrieben
●● Referenzmandate, namentlich

Anwaltszahlen: Angaben der Kanzleien, wie viele Anwälte zu mind. ca. 50 % in diesem Gebiet tätig sind. Sie spiegeln nicht zwingend die Gesamtgröße einer Kanzlei wider.

INSOLVENZVERWALTUNG RESTRUKTURIERUNG UND INSOLVENZ

Namensgeber mit Bestellungen etwa in Essen, Chemnitz, Köln u. Berlin weiterhin bundesweit an Insolvenzgerichten aktiv. Aus dem kleinen Gesellschafterkreis hat Dr. Bettina Breitenbücher eine operative Rolle bei dem Folienhersteller Neschen übernommen. Wohin sich die Kanzlei insges. entwickelt, ist für manchen Wettbewerber ein Rätsel, weil die Nachfolge für den nun 70-jährigen Kübler von außen ungeregelt erscheint. Der radikale Ansatz, Bestellungen nur noch auf eine sehr kleine Gruppe von Verwaltern zu konzentrieren, ist angesichts der Verfahren für weitere Anwälte in NRW, Norddtl. u. Bayern nicht verwirklicht worden. Doch das schadet nicht. So bleibt Kübler bei den Verfahrenszahlen statistisch gesehen weiterhin eine Macht.

Häufig empfohlen: Dr. Bruno Kübler, Dr. Franz-Ludwig Danko, Sebastian Laboga
Kanzleitätigkeit: Bundesweit Insolvenzverwaltung mit Schwerpunkten in Brandenburg, Sachsen, Hessen u. NRW. Insolvenznahe Spezialisierung im Arbeits- u. Prozessrecht. Vielfach Betriebsfortführungen, auch in Großverfahren, sowie Insolvenzpläne. (4 Eq.-Partner, 40 Sal.-Partner)
Verwaltungen: ●● Weiterhin Future Business/Infinus, Jörg Biehl (Dresden); Solon Modules (Berlin); Valentin Furnierwerke (Wetzlar); Truss Vermögensverwaltung, Recop Electronic (Kassel); VWT-Gruppe (Bochum); FA Bioenergie Hertefeld (Potsdam). **Sachwalter:** Krauss Aviation (Potsdam). **Beratung:** Eigenverwaltung Neschen-Konzern.

LEONHARDT RATTUNDE
Insolvenzverwaltung ☐☐☐☐■

Bewertung: Die für Insolvenzverwaltung empfohlene Kanzlei bleibt mit ihrer traditionellen Stärke in u. um Berlin eine der prominentesten im Osten. Doch mehr als die Verwaltung entwickelt sich die Beratung in großen Schutzschirmverfahren zu einem Erfolgsmodell der Kanzlei. Rattunde, der beim Suhrkamp-Verfahren noch als Sachwalter fungierte, begleitete in Kiel den Augenklinikleiter Prof. Dr. Detlev Uthoff als Generalbevollmächtigter aus der schlagzeilenträchtigen Insolvenz, während Lambrecht von D'dorf aus ohne viel Aufsehen die Bremer DHS-Gruppe mit 2.300 Arbeitnehmern betreute. So positioniert sich die Kanzlei erkennbar auch auf der Beratungsseite.

Häufig empfohlen: Prof. Rolf Rattunde, Martin Lambrecht („Freund klarer Worte, aber dabei fair", Wettbewerber).
Kanzleitätigkeit: Insolvenzverfahren mit Schwerpunkten in Berlin u. Brandenburg sowie NRW, darüber hinaus bundesweit bestellt. Vielfach Erfahrung mit komplexen Insolvenzplänen. Beratung zu Schutzschirmen; spezialisierte Prozessabteilung; Notariat. (8 Eq.-Partner, 19 Sal.-Partner)
Verwaltungen: ●● AS Solar (Hannover); Zett-Gruppe, Green Building Dtl., Aventpro (zuvor als Sachwalter), Canam Engines, Jero Ingenieurbau, Lösche Pelze (Berlin); Hell-Gruppe (Neuruppin u. Norderstedt). **Sachwalter:** Sylt Frauanton (Berlin). **Beratung:** Prof. Uthoff/Augenklinik Bellevue sowie DHS-Gruppe jeweils im Schutzschirmverfahren.

MÜLLER-HEYDENREICH BIERBACH & KOLLEGEN
Insolvenzverwaltung ☐☐☐☐■

Bewertung: Die in der Insolvenzverwaltung empfohlene Kanzlei gehört für zahlr. Wettbewerber aus dem Rest der Republik zur ersten Wahl, wenn es um Verfahren in Bayern geht. „Selbstverständlich empfehle ich für München Axel Bierbach", meint ein Frankfurter Sanierungsberater, u. die fachl. Anerkennung für dessen Arbeit schlägt sich auch in seiner Aufnahme in den Gravenbrucher Kreis nieder. Dabei baut MHBK weiter daran, die Bestellungen auf viele Schultern zu verteilen u. sich fest an immer mehr bayr. Gerichten zu etablieren. Mit dem Verfahren Golden Gate, einem weiteren insolventen Emittenten einer €30-Mio-Mittelstandsanleihe, konnte die Kanzlei ihre nachhaltige Spezialisierung auf Fälle dieser Art beweisen.

Häufig empfohlen: Axel Bierbach, Oliver Schartl
Kanzleitätigkeit: Insolvenzverwaltung in Bayern u. Thüringen; Schwerpunkte u.a. Fonds, Medienunternehmen u. internat. Insolvenzen. Starke insolvenzrechtl. ausgerichtete Prozessabteilung; außerdem Gesellschafts-, Arbeits- u. Steuerrecht. (5 Partner, 8 Associates)
Verwaltungen: ●● Golden Gate Immobilien, Dirty Jerz, Mediahaus Biering (München); Metallbau Regel (Nürnberg); LST Landwirtschaft (Regensburg); Helipark (Meiningen); weiterhin Klug Integrierte Systeme (Amberg). **Sachwalter:** Montessori Olympiapark (München).

NIERING STOCK TÖMP
Insolvenzverwaltung ☐☐☐■☐

Bewertung: Die für Insolvenzverwaltung empfohlene Kanzlei konnte sich nicht mit ganz neuen Großverfahren profilieren, allerdings war sie unverändert stark mit dem Düsseldorfer Geschehen um den Fertiglebensmittelhersteller Zamek sowie der Vivacon-Immobilien-Insolvenz in Köln beschäftigt. Andere Verfahren wie z.B. das der ehem. Bilfinger-Umweltsparte Eneotec oder des Eishockeyvereins Moskitos Essen konnten über einen Insolvenzplan wirtschaftl. gerettet werden.

Häufig empfohlen: Dr. Christoph Niering, Eberhard Stock
Kanzleitätigkeit: Insolvenzverwaltung u. Sachwalterbestellungen mit Schwerpunkt Rheinland u. Ruhrgebiet. Ausgewiesene Prozessabteilung. Vereinzelt Sanierungsberatung, z.B. im Dienstleistungssektor u. Gesundheitswesen. (4 Eq.-Partner, 3 Sal.-Partner, 3 Associates)
Verwaltungen: ●● Energiebau Solar Power, Ultrasonic AG (Köln); SA Service Alliance (Krefeld); Langbein & Engelbracht (zunächst Sachwaltung, Bochum); Degenhardt Wellpappe (M'gladbach); Bitter Beton-System (Kleve); Snoke (Bonn). **Sachwalter:** Sellgate Germany (Köln).

PIEPENBURG GERLING
Insolvenzverwaltung ☐☐☐■☐

Bewertung: Die in der Insolvenzverwaltung empfohlene Kanzlei kann in einer Zeit, in der die meisten Wettbewerber über ausbleibende Großverfahren klagen, zahlr. wichtige Bestellungen vorweisen. Wie so häufig ist es Piepenburg, der in Fällen wie Strauss (als Regelverwalter) u. Hansa-Gruppe (als Sachwalter) die prominenteste Rolle übernimmt. Das Kanzleiteam aus z. T. eigenständig bestellten Verwaltern ist lt. Wettbewerbern „effizient u. gut eingespielt" u. hat durch die Begleitung von prägenden Fällen wie IVG Immobilien oder zuvor Pfleiderer einen unvergleichl. Erfahrungsschatz mit komplexen Eigenverwaltungsverfahren gewonnen.

Stärken: Großverfahren, Insolvenzpläne, Beratung für operative Funktionsträger.
Häufig empfohlen: Horst Piepenburg, Dr. Peter Minuth, Wolfgang Piroth („tut alles, was möglich ist", Mandant)
Kanzleitätigkeit: Insolvenzverwaltung mit Schwerpunkt NRW; Sachwalterbestellungen in bedeutenden Verfahren. Zudem Treuhand u. Pools; spezialisiertes Arbeitsrecht. Bundesweit Krisen- u. Sanierungsberatung in ausgewählten Fällen. (9 Anwälte im Kernbereich Verwaltung)
Verwaltungen: ●● Strauss Innovation II, Elégance, Signium Internat. (D'dorf); Maschinenfabrik Hese (Essen); CAM Fernseh-Produktion (Köln); NBH Normhallen- u. Stahlbau; G-MS Maschinenbau (Kleve). **Sachwalter:** Hansa Group, Chem. Fabrik Wibarco, Luhns, Waschmittelfabrik Genthin (Duisburg); Parlitz & Co. Holzverarbeitung (Neuruppin)

PLUTA
Insolvenzverwaltung ☐■☐☐☐

Bewertung: Die in der Insolvenzverwaltung häufig empfohlene Kanzlei konnte in ESUG-Zeiten noch nicht ganz an die Erfolge – regelm. Bestellungen für Großverfahren – der früheren Jahre anknüpfen, obwohl die reine Menge der Verfahren Pluta weiterhin in der dt. Spitzengruppe verankert. Die Verbreiterung der Aktivitäten in Richtung Rechts- u. Sanierungsberatung sowie in der weiter ausgebauten span. Präsenz verschafft der Kanzlei allerdings eine Zukunftsperspektive, die sich vergleichbare Wettbewerber so nicht geschaffen haben. V.a. die jüngeren Partner ernten zudem Lob als Eigenverwalter.

Stärken: Langjährige Betriebsfortführungen, transparente Verfahrensabwicklung.
Häufig empfohlen: Michael Pluta, Dr. Martin Prager, Dr. Stephan Thiemann, Stephan Ammann („konstruktiv u. pragmatisch, sanierungsorientiert", Wettbewerber)
Kanzleitätigkeit: Insolvenzverwaltung an 35 dt. Standorten; Schwerpunkte sind Ba.-Wü., Bayern, Hessen, NRW, Niedersachsen u. Sachsen. Rechtsberatungszweig mit Spezialisierungen im Arbeits-, Bau- u. Sicherheitenrecht. Beratungseinheit für Sanierung u. Restrukturierung. Auslandsbüros in Spanien, Italien u. Polen, außerdem Mitglied des internat. Restrukturierungsnetzwerks BTG. (12 Gesellschafter, rd. 50 weitere Berufsträger)
Verwaltungen: ●● Nicko Cruises (Stuttgart); KPS Prüfung (Mannheim); Autohaus Sölter (Hannover); Friesenhof Jugendhilfe (Meldorf); Klinik Lohrey (Hanau); Telefunken Semiconductors (Heilbronn); Licon-Gruppe (Leipzig). **Sachwalter:** Sachsendruck Plauen (Leipzig). **Beratung:** Klinikum Osnabrücker Land als GF in der Eigenverwaltung; Montessori Olympiapark in der Eigenverwaltung.

REIMER
Insolvenzverwaltung ☐☐☐☐■

Bewertung: Die für Insolvenzverwaltung geschätzte Kanzlei wächst gegen den Trend mit hoch qualifizierten jungen Anwälten. Denn sowohl die Auslastung mit kleinen u. mittleren Verfahren stimmt als auch die Berücksichtigung für Großverfahren, in diesem Jahr der Imtech-Insolvenz mit über 4.000 Mitarbeitern u. bundesweiter Bedeutung. Auch die wg. Wölbern anhängige Schadensersatzklage von Fonds u. dem Verwalter

● Referenzmandate, umschrieben
●● Referenzmandate, namentlich

Anwaltszahlen: Angaben der Kanzleien, wie viele Anwälte zu mind. ca. 50 % in diesem Gebiet tätig sind. Sie spiegeln nicht zwingend die Gesamtgröße einer Kanzlei wider.

Thies in Höhe von 130 Mio Euro gegen Bird & Bird bescherte den Hamburgern viel Aufmerksamkeit.
Häufig empfohlen: Dr. Tjark Thies, Reinhold Schmid-Sperber („ein kluger Kopf", Wettbewerber)
Kanzleitätigkeit: Insolvenzverwaltung u. Sachwaltung in ganz Norddtl., dazu vereinzelt insolvenznahe Beratung zu Eigenverwaltung, Antragspflichten, Haftungs- u. Prozessthemen sowie Insolvenzplänen. (8 Partner, 11 Associates)
Verwaltungen: ●● Imtech Dtl. u. Holding; Hagenah Fischgroßhandel (Hamburg); MS Deutschland (Eutin); Compass Reha-Zentrum (Kiel). **Sachwalter:** Imtech Brandschutz (Hamburg); Appelwarder Spezialitäten Kate (Neumünster, später Regelinsolvenz).

DR. RINGSTMEIER & KOLLEGEN
Insolvenzverwaltung ◻◻◻◻

Bewertung: Die in der Insolvenzverwaltung empfohlene Kanzlei hat sich in die neuen Rollen, die das Insolvenzrecht nach der ESUG-Reform bietet, eingearbeitet. Nicht massenhaft, dafür aber in einigen großen Verfahren wie Strauss oder Topaz/Madonna wurden die Partner als Sachwalter empfohlen bzw. als Berater der Geschäftsführung in der Eigenverwaltung mandatiert. Die Verwalter der Kanzlei bleiben an den angestammten Gerichten im Süden NRWs für größere, reguläre Verfahren gefragt, leiden allerdings wie alle unter dem schwachen Markt.
Häufig empfohlen: Dr. Andreas Ringstmeier, Dr. Stefan Homann („kluger Jurist, tief im Thema", Wettbewerber; Prozessrecht)
Kanzleitätigkeit: Insolvenzverwaltung bzw. -sachwaltung v.a. in Köln, Bonn u. Aachen. Gefragt auch in der insolvenznahen Beratung zu Haftung, außergerichtl. Sanierung sowie Antragstellung, Arbeits- u. Prozessrecht ebenfalls mit Insolvenzbezug. (4 Eq.-Partner, 1 Sal.-Partner, 7 Associates)
Verwaltungen: ●● Solar Beteiligungen (Aachen); Energiebau Solarstromsysteme (Köln). **Sachwalter:** MBE Cologne Engineering (Köln); St.-Franziskus-Krankenhaus Eitorf (Bonn); weiter Strauss-Innovation-Gruppe (D'dorf). **Beratung:** Topaz Textilhandel (‚Madonna') zu Schutzschirm; weiter Madeleine Schickedanz zu Ansprüchen gegen Sal. Oppenheim, Josef Esch u. Sicherheitengeber.

SCHMIDT-JORTZIG PETERSEN PENZLIN
Insolvenzverwaltung ◻◻◻◻

Bewertung: Die in der Insolvenzverwaltung empfohlene Kanzlei konnte das anfangs turbulente Großverfahren Prokon mit maximaler Arbeitsauslastung in ruhige Fahrwasser leiten u. neben der Entwicklung eines doppelten Sanierungsansatzes für die Hauptgesellschaft drei Töchter ohne großes Aufsehen verkaufen. Im Netzwerk mit anderen Beratern aus Beratungsgesellschaften unterschiedlichster Größenordnung präsentierte Verwalter Penzlin den Prokon-Gläubigern ein innovatives Genossenschaftsmodell, das mit dem EnBW-Investoreneinstieg konkurrierte. Die geschickte Handhabung der vielen Stränge bei Prokon findet überregional große Beachtung.
Häufig empfohlen: Dr. Dietmar Penzlin
Kanzleitätigkeit: Insolvenzverwaltung in Hamburg u. weiteren norddt. Gerichten sowie breite insolvenzrechtl. Beratung, z.B. von Organen u. Gesellschaftern speziell zu Haftungsfragen u. bei Transaktionen. (2 Partner, 4 Associates)
Verwaltungen: ●● Weiterhin Prokon (Itzehoe) u. Heinrich Maria Schulte (Hamburg); versch. Einschiffsgesellschaften. **Beratung:** Käufe aus dem Prokon-Verfahren: Prokon Pflanzenöl, Windparkprojekt u. Geschäftsbereich Herstellung; Ahrenkiel Steamship zu insolventen Einschiffsgesellschaften.

SCHNEIDER GEIWITZ & PARTNER
Insolvenzverwaltung ◻◻◻◻

Bewertung: Die in der Insolvenzverwaltung häufig empfohlene Kanzlei überraschte 2015 mit der Teilfusion ihres Rechtsberatungszweigs mit der eher aus dem Vertriebsrecht bekannten Kanzlei PF&P. Diejenigen Anwälte, die nicht direkt in der Verwaltung aktiv sind, gehören jetzt zur SGP Schneider Geiwitz Rechtsanwaltsgesellschaft, die als breiter aufgestellte Wirtschaftskanzlei am Markt agiert. Mit einem mangelnden Erfolg des Insolvenzverwalterzweigs kann diese Neuaufteilung nicht begründet werden – Geiwitz gilt als einer der erfolgreichsten Verwalter der letzten Jahre, der auch im zurückliegenden Jahr wieder für wichtige Insolvenzen wie die des Windreich-Gründers Willi Balz gerufen wurde. Auch als Sachwalter war Geiwitz in großen Fällen gefragt. Die Verwalterkollegen in der Kanzlei hingegen können sich dem allg. Trend zu weniger u. masseärmeren Verfahren kaum entziehen.
Häufig empfohlen: Arndt Geiwitz
Kanzleitätigkeit: Insolvenzverwaltung mit Schwerpunkt in Bayern u. Ba.-Wü., vereinzelt in Thüringen u. Hessen. Multidisziplinär aufgestellt, mit starker, auch ohne Insolvenzbezug aktiver WP-/Steuerberaterpraxis. Arbeits- u. Gesellschaftsrecht sowie vielfältige Sanierungsberatung über neugegründete SGP Schneider Geiwitz; Treuhand. (1 Eq.-Partner, 3 Sal.-Partner, 18 Associates im Kernbereich Verwaltung)
Verwaltungen: ●● Willi Balz, Financial Consulting (Esslingen); Color Gestaltung (Neu-Ulm); Autohaus Dotzauer (Halle); Hoffmann u. Voß (Heilbronn); IBS Industriebarrieren (Augsburg); Efficient Finanzplan (Frankfurt). **Sachwalter:** Bielomatik Leuze (Esslingen); Neschen-Konzern (Bückeburg); Ingenieurbüro Stark (Ulm).

SCHULTZE & BRAUN
Insolvenzverwaltung ◻◻◻◻

Bewertung: Die in der Insolvenzverwaltung häufig empfohlene Kanzlei hat immer ein gutes Gespür gehabt für die Möglichkeiten des Marktes. In Stuttgart ist sie auf dem besten Weg, den lange etablierten Akteuren Marktanteile abzunehmen, auch weil die Verwaltung dort nun auch mit einem personell verstärkten Beratungsteam arbeiten kann. Besonders die Windreich-Insolvenz mit Angriffen des Altgesellschafters u. schwieriger wirtschaftl. Prognose bindet im Südwesten einige Kräfte. Zu einem Zeitpunkt, an dem andere Verwalterkanzleien bei WP-Gesellschaften andocken, kann S&B – die Gleiches schon vor Jahrzehnten mit PwC probiert hat – auf die multidisziplinäre Kompetenz im eigenen Haus verweisen u. eine Vielzahl von Verfahren im Mittelstand an sich ziehen. Schmerzhaft ist allerdings der Wechsel eines in NRW u. Niedersachsen er-
folgreichen jüngeren Verwalters, der zu Andres-Partner geht.
Stärken: Interdisziplinäre Teams, Expertise in allen insolvenzrechtl. Fragestellungen.
Häufig empfohlen: Volker Böhm, Rüdiger Bauch, Holger Blümle, Dr. Holger Leichtle („sehr solide Arbeit", Wettbewerber), Dr. Ferdinand Kießner, Edgar Grönda
Kanzleitätigkeit: Über 35 Insolvenzverwalter bundesweit, Schwerpunkte in Norddtl., Südwesten, Hessen u. Nordbayern. Starke Abteilungen für Prozess- u. Arbeitsrecht, Steuern sowie Rechnungswesen/Prüfung. Internat. Standorte in Straßburg, Paris u. London. Angesehenes Beratungsgeschäft für ▶Restrukturierung/Sanierung. (rd. 45 Anwälte in der Verwaltung)
Verwaltungen: ●● Lloyd Dynamowerke, MS Astor/Premicon (Bremen); ITS Innotech-Solar-Gruppe (Halle); C. Grossmann Stahlguss (Wuppertal); MAP Telecom (Mosbach); WKA Montage (Chemnitz); Alphapool Finanzdienstleistung (Leipzig). **Sachwalter:** ML Industrieelektronik (Konstanz); Riposana Schaumstoff (Detmold).

VOIGT SALUS
Insolvenzverwaltung ◻◻◻◻

Bewertung: Die für Insolvenzverwaltung geschätzte Kanzlei ist trotz der regionalen Grenzen ihrer gerichtl. Bestellungen bundesweit für die fachl. Qualität bekannt. Das trug v.a. dem Namensgeber auf Bankenempfehlung vermehrt Anfragen zu Beratungsmandaten ein, die sich auf seine Erfahrung mit Sozialbetrieben in der Insolvenz beziehen. In der Verwaltung bleibt die Kanzlei ein starker Player in Berlin u. an weiteren ostdt. Gerichten. Mehrere Sachwalterrollen sprechen für die dort herausragende Vernetzung des Teams.
Häufig empfohlen: Joachim Voigt-Salus
Kanzleitätigkeit: Bestellungen v.a. in Berlin, Sachsen, Sachsen-Anhalt sowie in Köln. Spezialisierte Prozessabteilung; betriebswirtschaftl. Expertise. Insolvenzpläne, speziell für gemeinnützige Unternehmen. Insolvenzrechtl. Beratung. (4 Eq.-Partner, 1 Sal.-Partner, 6 Associates)
Verwaltungen: ●● Aqua Orbis Fine Food (Dessau); DKE Goldtresor (Berlin); Fubus-Gruppe (Sonderverwaltung J. Biehl) (Dresden); KES Keilitz-Electronic-Service (Leipzig); Humanistischer Regionalverband Ostbrandenburg (Cottbus). **Sachwalter:** EGH Hartha (Dresden); Otema-Gruppe (Leipzig); Endformat Druck (Berlin). **Beratung:** Interimsgeschäftsführung AWO Gesundheitsdienste Hannover.

WELLENSIEK
Insolvenzverwaltung ◻◻◻◻

Bewertung: Ganz so unbeschadet, wie es das neue Kanzleimanagement anstrebte, ist die für die Insolvenzverwaltung häufig empfohlene Kanzlei nicht in das Projekt Wellensiek 2.0 gestartet. Die bes. Fähigkeit v.a. von Seagon, bundesweit für Insolvenzen der oberen Größenordnung im Gespräch zu sein, macht die Kanzlei weiterhin stark. Doch sowohl gestandene Partner als auch Hoffnungsträger verließen Ende 2014 die Kanzlei. In der Verwaltung dürfte v.a. der Wechsel von Thomas Oberle zu SZA schmerzen, auch wenn er vielleicht nicht das klass. Aushängeschild der Kanzlei war. Oberle konnte mit seiner Erfahrung als sog. ‚Schattenverwalter' glaubhaft operative Rollen in Eigenverwaltungsverfahren besetzen u. stand so auch für die Anpassung an die ESUG-

INSOLVENZVERWALTUNG RESTRUKTURIERUNG UND INSOLVENZ

Zeiten. Weitere Abgänge betrafen Ostdtl. und NRW, wo Wellensiek nach dem Abschied von Andreas Pantlen u. Team zu BBL vorerst nicht mehr präsent ist.
Stärken: Vielfältige Spezialisierungen im Insolvenzrecht.
Entwicklungsmöglichkeiten: Als unbestrittenem Anführer im Verwaltungsbereich obliegt es Seagon, unter dem Markennamen der Kanzlei auch weitere, im Markt sichtbare Verwalter zu etablieren.
Häufig empfohlen: Christopher Seagon („sehr souverän", Wettbewerber), Dr. Göran Berger
Kanzleitätigkeit: Überreg. Insolvenzverwaltung, traditionelle Schwerpunkte im Südwesten. Hoch renommiertes Beratungsgeschäft (▶Restrukturierung/Sanierung) für dt. u. internat. Mandanten. (6 Partner, 4 Associates im Kern Insolvenzverwaltung)
Verwaltungen: ●● KTB Klinikum für Tumorbiologie (Freiburg); Heinrich Oberfeld, RB Heidelberger Factoring (Heidelberg); Mehrwert Konzeptmanagement (Mannheim). **Beratung:** Siehe ▶Restrukturierung/Sanierung.

WHITE & CASE
Insolvenzverwaltung ■□□□□
Bewertung: Die in der Insolvenzverwaltung zu den führenden zählende Kanzlei zeigt mit dem Ausbau ihrer dort spezialisierten Partnerriege Flagge, sowohl im Markt als auch nach innen. Dass es der Verwalterzweig wirtschaftl. hergibt, ist offensichtl. der Fall. Doch die neuen Partner, die im Markt schon gut vernetzt u. anerkannt sind, stehen auch für die Nachhaltigkeit, mit der W&C diese Spezialisierung vertieft. In der häufigen Bestellung in schwierigen Verfahren wie dem Schraubenhersteller Whitesell spiegelt sich die Anerkennung von Gläubigern u. Gerichten wider, die der Kanzlei auch die Bewältigung umkämpfter Insolvenzfälle zutrauen. Ein häufig an der Schnittstelle Insolvenz- u. Steuerrecht tätiger Local-Partner verließ die Kanzlei.
Stärken: Abwicklung von Großverfahren, grenzüberschr. Insolvenz-Know-how.
Entwicklungsmöglichkeiten: Ob der Verwaltungsbereich mit der Gesamtkanzlei optimal vernetzt ist, wird immer wieder von externen Beobachtern angezweifelt. Allerdings scheint das Eigengewicht des Bereichs Insolvenz/Restrukturierung so hoch u. die Doppelrolle der Insolvenzexperten als Verwalter u. zugleich Berater so selbstverständlich, dass eine Bringschuld eher in anderen Praxisgruppen läge.
Häufig empfohlen: Dr. Sven-Holger Undritz, Dr. Biner Bähr, Dr. Christoph Schulte-Kaubrügger, Sylvia Fiebig („extrem gute Juristin u. Verwalterin", Mandant)
Kanzleitätigkeit: Bundesweit umfangr. Verwaltungsgeschäft mit Ausnahme von Bayern u. dem Südwesten. Daneben starkes Beratungsgeschäft (▶Restrukturierung/Sanierung) u. enge Zusammenarbeit mit ▶Arbeitsrecht, ▶Prozessführung sowie ▶Immobilien. (9 Eq.-Partner, 9 Sal.-Partner, 15 Associates)
Verwaltungen: ●● Whitesell Germany (D'dorf); HHA Hamburg Airways, Caritas Wohnen u. Soziale Dienste (Hamburg); Santa-P Schiffe/MPC Beteiligungsgesellschaft (Niebüll); Kelterei Elm (Fulda); ADAM Audio, Werner Media (Berlin). **Sachwalter:** ICS Chauffeur Service (Dresden); Karl Höll Tuben (D'dorf); Jung Boucke (Hagen); Bekum Maschinenfabriken (Berlin).

Weitere renommierte Kanzleien für Insolvenzverwaltung

NORDEN
Münzel & Böhm	Hamburg
Prof. Dr. Pannen	Hamburg
Willmer & Partner	Verden, Bremen

OSTEN
Wallner Weiß	Dresden, Berlin

WESTEN
BDO Restructuring	Düsseldorf, Essen
Kreplin & Partner	Düsseldorf
Meyer Rechtsanwälte Insolvenzverwalter	Lübbecke
Runkel Schneider Weber	Wuppertal

SÜDWESTEN
Illig Braun Kirschnek	Stuttgart
Lieser	Koblenz

SÜDEN
Pohlmann Hofmann	München

BDO RESTRUCTURING
Bewertung: Das kleine, fokussierte Team aus Essen verschafft der ersten großen WP-Gesellschaft den Eintritt in die Insolvenzverwaltung: BDO integrierte die gesamte Kanzlei dnp Depping im Sommer. Die Einheit war mit ihrer frühen Konzentration auf ESUG-Verfahren u. die damit zusammenhängenden, auch operativen Rollen gut gefahren. Wettbewerber loben den Pragmatismus und die „besondere Sanierungsorientierung". Im Verbund mit BDO Legal, die in der Restrukturierungsberatung schon aktiv ist, und dem internat. BDO-Netzwerk ist das Potenzial groß. (4 Partner)
Verwaltungen: ●● Schulte Elektroanlagen (Essen); Jaeger Juweliere (Wuppertal); Chicken Farm (Bochum). **Beratung:** Hansa-Gruppe zu Eigenverwaltung u. Verkaufsprozess.

ILLIG BRAUN KIRSCHNEK
Bewertung: Im zuletzt von einigen Wechseln geprägten Stuttgarter Markt bildet die hoch spezialisierte Verwaltereinheit einen Hort der Stabilität. Nach einer Partnerernennung bilden nunmehr 4 Partner das Team der Kanzlei, die wie gewohnt bei den Gerichten der Region für Insolvenzen aus dem Mittelstand gut gelitten ist, nicht zuletzt wegen des Engagements für Betriebsfortführungen u. arbeitnehmerfreundl. Lösungen (4 Partner)
Verwaltungen: ●● Alfr. Thürrach, SBM Schweißen Blechtechnik Montage (Heilbronn); SEPA Projekt- u. Entwicklungsgesellschaft, PUT Umwelttechnik, Sputnik Engineering/Sputnik PV (Stuttgart). **Sachwalter:** Rückle Werkzeugfabrik (Tübingen).

KREPLIN & PARTNER
Bewertung: Mexx als eines der großen Verfahren der letzten Monate war bei dem erfahrenen Verwalterteam in guten Händen. Der auf internat. Ebene angestoßene Investoreneinstieg konnte auch auf die deutschen Filialen der Modekette übertragen werden. Die gute Auslastung mit anspruchsvollen Fällen unterstreicht der Medico-Komplex, in dem die Kanzlei mehrere Fonds mit bis zu 5.000 geschädigten Anlegern betreut. Nur wenige Wettbewerber konnten so erfolgreich der Verfahrensflaute ausweichen. (4 Eq.-Partner, 12 Associates)
Verwaltungen: ●● Mexx Modehandel; versch. Medico-Fonds; Erberich Messebau (D'dorf); Autohaus Cremer (Bonn); Bäcker Zerspanungstechnik (Hagen); BWL Med Consulting (Lübeck). **Sachwalter:** Hochkeppler Ladenbau (M'gladbach); Fuchsjagd am Quadenhof (D'dorf).

LIESER
Bewertung: Über drei Jahre nach Beginn des aufwendigen Nürburgring-Verfahrens hat der Ruf der Kanzlei für die Bearbeitung lokaler Großinsolvenzen nicht gelitten. Viele Richter sehen die jetzt 5 Verwalter von Lieser als eine der ersten Adressen in der erweiterten Region rund um Koblenz. Bestellungen in Trier u. Wiesbaden verfestigen sich u. schaffen eine Wachstumsperspektive. (4 Partner, 3 Sal.-Partner)
Verwaltungen: ●● IBG Floortec (Koblenz); Sozialstation Ambulante-Hilfe-Zentrum (Pirmasens); Dusar Kunststoff- u. Metallwaren, Bündgen Bau (Neuwied); Metzgerei Spindlböck (Neuwied); CFS Baudekoration (Wiesbaden).

MEYER RECHTSANWÄLTE INSOLVENZVERWALTER
Bewertung: Eine allmähl. Steigerung der Präsenz an weiteren Insolvenzgerichten stabilisiert den Bereich Verwaltung, u. auch in Richtung insolvenznahe Beratung dehnt die Kanzlei ihre Aktivitäten aus. Die Sachwalterrollen etwa bei Wellemöbel oder dem Klinikum Osnabrücker Land gehörten zu den größten im Jahr 2014 u. bilden für den Aufbau von mehr Beratungsmandaten die passenden Anknüpfungspunkte. (1 Eq.-Partner, 2 Sal.-Partner, 4 Associates)
Verwaltungen: ●● IGE Hennemann Recycling (Bielefeld); MS Shipping (Meppen); Up Data (Münster). **Sachwalter:** Service Klinikum Osnabrücker Land (Osnabrück); Wellemöbel, Howelpa Logistik (Paderborn).

MÜNZEL & BÖHM
Bewertung: Die vielen Verfahren von norddt. Insolvenzgerichten, die das kleine Verwalterteam in die Top-10 der am häufigsten bestellten Kanzleien Dtl.s gebracht haben, werden bei aller Konkurrenz von den Wettbewerbern in Hamburg mit Respekt betrachtet. Dr. Gideon Böhm gilt als kommunikati-

● Referenzmandate, umschrieben
●● Referenzmandate, namentlich

Anwaltszahlen: Angaben der Kanzleien, wie viele Anwälte zu mind. ca. 50 % in diesem Gebiet tätig sind. Sie spiegeln nicht zwingend die Gesamtgröße einer Kanzlei wider.

onsstark u. „bringt Leute zum Verhandeln, die eigentl. nicht miteinander reden" (Wettbewerber). Im Vorjahr konnte er das Endokrinologikum mit rd. 700 Mitarbeitern aus dem Insolvenzkomplex Schulte (Wölbern) an einen Investor verkaufen. Dr. Hagen Frhr. von Diepenbroick, der erst 2013 von Schultze & Braun gekommen war, wird von Wettbewerbern als „pragmatisch u. offen für wirtschaftl. Lösungen" eingeschätzt. (4 Partner, 11 Associates)
Verwaltungen: ●● MT-Energie, MT-Biomethan (Tostedt); Ernemann Cine Tec (Kiel); TCMG Recycling (Lüneburg).

PROF. DR. PANNEN

Bewertung: Mit hohem persönl. Einsatz kümmerte sich der Namensgeber u.a. um die Insolvenz der Kieler Augenklinik Bellevue. Wie im Vorjahr, als Prof. Dr. Klaus Pannen den Flughafen Lübeck retten sollte, war auch dies ein polit. viel beachtetes Verfahren, u. er scheint damit auf schwierige Rollen abonniert zu sein, die jüngeren Verwaltern offensichtl. kaum zugetraut werden. (1 Eq.-Partner, 2 Sal.-Partner, 4 Associates)
Verwaltungen: ●● Möhring Klima u. Lüftung (Bremerhaven); Reederei Sven Fischer (Meldorf); MAR Sales Consulting (Hamburg); Alpari Dtl. (Frankfurt). **Sachwalter:** Detlef Uthoff/Augenklinik Bellevue (Kiel).

POHLMANN HOFMANN

Bewertung: Von den rd. 120 Gesellschaften aus dem Umfeld von Malte Hartwieg, Chef der Selfmade-Fonds, übertrug das Amtsgericht München mittlerweile über 50 Insolvenzverfahren auf Rolf Pohlmann. Dieser Vertrauensbeweis des Gerichts bestärkt die auf 15 Berufsträger angewachsene Kanzlei darin, ihre Unabhängigkeit trotz der Marktveränderungen durch die ESUG-Reform etwas ernster zu nehmen als mancher Wettbewerber. Trotz der Verfahrenswelle mit den Fonds aus dem grauen Kapitalmarkt gelingt es den Verwaltern auch, sich mit weiteren ansehnlichen Fällen v.a. in München u. Amberg im Gespräch zu halten. (2 Partner, 2 Sal.-Partner, 11 Associates)
Verwaltungen: ●● NCI/NVT/FVT-Gruppe, Selfmade-Gruppe, Nitro Invest, dima24.de, versch. Gesellschaften, Farben Lober, Freyer & Ploch IT-Fachhandel (München). **Sachwalter:** Autohausgruppe Eitel (Amberg); MGM Landschaftsbau (München).

RUNKEL SCHNEIDER WEBER

Bewertung: Aus der unveränderten Schwerpunktsetzung auf Insolvenz u. Sanierung heraus hat die urspr. als Verwalterkanzlei bekannte Wuppertaler Einheit ihr Beratungsgeschäft weiterentwickelt u. wird dafür überregional empfohlen. Die Fortführungsorientierung v.a. der jüngeren Verwalterriege trägt dazu bei, dass die größeren Insolvenzen wie die des Autozulieferers Cleff am Stammsitz Wuppertal bei RSW landen. (16 Anwälte)
Verwaltungen: ●● KS-Gruppe, Cleff Fahrzeugteile, Spedition Daniels (Wuppertal). **Sachwalter:** Kurth Tiefbau (Köln); Jeners Druckgusstechnik (Wuppertal). **Beratung:** Decor Metall zum Abschluss des Insolvenzplanverfahrens.

WALLNER WEISS

Bewertung: Kontinuierlich baut die Kanzlei ihre bundesweite Präsenz aus, die nun 15 Standorte und knapp 40 Anwälte umfasst. Zwar verdankt sie einen Großteil der Verfahren noch der etablierten Präsenz der Namensgeber an ostdt. Gerichten sowie dem Gespür, schon von Beginn an auf ESUG-Verfahren gesetzt zu haben. Aber auch hessische, bad.-württ. u. bayr. Richter setzen auf die Kanzlei u. geben jüngeren Verwaltern mit kleinen Verfahren eine Chance. (7 Partner, 4 Counsel, 27 Associates)
Verwaltungen: ●● Demo-Tec Dienstleistung, ADV Alpha Datenverarbeitung (Berlin); SuK Holzbau Stegelitz (Halle); Autohaus Hofmann (Memmingen). **Sachwalter:** Ocelot (Berlin); Mawedur (Chemnitz); AMZ Autohaus Zeesen (Cottbus); Holzheizkraftwerk Mansfelder Land (Halle).

WILLMER & PARTNER

Bewertung: Drei Jahre nach der Insolvenzrechtsreform immer noch keine Beratung neben der Insolvenzverwaltung anzubieten, ist ungewöhnlich. Willmer fährt damit aber gut u. kann insbesondere in Niedersachsen u. Bremen den großen Verwalterkanzleien Paroli bieten. Besondere Aufmerksamkeit erlangte das Schneekoppe-Verfahren wegen der zahlr. betroffenen Anleihegläubiger. Die Unabhängigkeit der kleinen Einheit u. einer allmähl. regionalen Erweiterung des Tätigkeitsbereichs zollen Wettbewerber Respekt. (3 Partner, 1 Counsel, 2 Associates)
Verwaltungen: ●● Gausepohl Qualitätsfleisch (Osnabrück); Prott-Gruppe (Bremerhaven); Bioenergie Goldenstedt, AGC Armoured German Cars, versch. Einschiffgesellschaften (Bremen); DSL Lufttechnik (Verden). **Sachwalter:** Schneekoppe (Tostedt).

ANZEIGE / CO-PUBLISHING STEUERRECHT

Die reformierte Selbstanzeige – Neue Herausforderungen an die Unternehmensführung

Von Jürgen R. Müller und Christian Fischer, Jürgen R. Müller Rechtsanwälte Partnerschaft mbB, Frankfurt a.M. und Mainz

Jürgen R. Müller

Christian Fischer

Die Kanzlei **Jürgen R. Müller Rechtsanwälte Partnerschaft mbB** agiert mit den Standorten Frankfurt a.M. und Mainz als Spezialkanzlei in den Bereichen Steuerrecht, Steuerstrafrecht und Wirtschaftsstrafrecht. Als Fachanwälte für Steuerrecht verfügen die Anwälte der Kanzlei über eine ausgewiesene Expertise an der Schnittstelle Steuerrecht und Steuerstrafrecht und beraten zur Abwendung der steuerstrafrechtlichen Verantwortung der Unternehmensleitung in Fragen zu Selbstanzeigen und zur selbstregulierenden Tax Compliance. Die Tätigkeit umfasst auch die Begutachtung steuerlich komplexer Sachverhalte, die außerhalb der Routine liegen. Als Fachanwälte für Strafrecht vertreten die Anwälte der Kanzlei bei Verletzung der Aufsichtspflicht die Interessen von Unternehmen und verteidigen die Unternehmensleitung und Führungskräfte gegen den Vorwurf von Wirtschaftsstraftaten im Ermittlungsverfahren und in der Hauptverhandlung.

Weitere Informationen im Kanzleiprofil am Ende des Handbuchs.

Die Steuerhinterziehung von Unternehmen ist stärker in den Fokus der Ermittlungsbehörden gerückt. Damit geht eine verstärkte Berichterstattung in den Medien einher. Die Aufgabe der Unternehmensleitung an die Steuerabteilung, die Steuerbelastung möglichst gering zu gestalten, führt zu dem Problem der Abgrenzung zwischen legaler Steuergestaltung nach §42 AO und Steuerhinterziehung nach §370 AO. Die Einhaltung der Steuergesetze ist Aufgabe der Tax Compliance.

Erkennt die Unternehmensleitung, dass Steuererklärungen fehlerhaft sind und dadurch Steuern verkürzt wurden, müssen diese nach §153 AO berichtigt werden. Die Wahrung der Berichtigungspflicht ist mit Blick auf die Haftungsvorschriften von Bedeutung. Die Vertreter des Unternehmens haften mit ihrem persönlichen Vermögen für den Schaden, der aus einer Pflichtverletzung entsteht.

Für den Fall der Non-Compliance führt der Weg zur Abwendung der steuerstrafrechtlichen Verantwortung der Unternehmensleitung und der verantwortlichen Mitarbeiter der Steuerabteilung ausschließlich über eine strafbefreiende Selbstanzeige nach §371 AO.

Reform zum 01.01.2015

Mit der Reform der Selbstanzeige zum 01.01.2015 hat der Gesetzgeber die durch das Schwarzgeldbekämpfungsgesetz aus dem Jahre 2011 aufgetretenen Probleme den Praxisbedürfnissen im Hinblick auf die Sperrwirkung angepasst, zugleich aber mit der Verlängerung des Berichtigungszeitraums für eine Selbstanzeige neue Herausforderungen an die Unternehmensleitung gestellt.

Verlängerung des Berichtigungszeitraums

Der Gesetzgeber hat seit diesem Jahr normiert, dass die Angaben in einer Selbstanzeige zu allen unverjährten Steuerstraftaten einer Steuerart, mindestens aber zu allen Steuerstraftaten einer Steuerart innerhalb der letzten zehn Kalenderjahre, erfolgen müssen.

Diese Änderung der Selbstanzeigevorschrift stellt für Unternehmen eine besondere Herausforderung dar. Regelmäßig treten die Unternehmen mit dem Anspruch an den Berater heran, dass die Selbstanzeige schnell angefertigt werden soll. Unternehmen müssen damit in Folge der Gesetzesänderung innerhalb kurzer Zeit eine große Vielzahl steuerlicher Sachverhalte für einen Zeitraum von zehn Jahren auf ihre Richtigkeit prüfen. Diese Aufgabe kann von den Unternehmen in der Kürze der Zeit nicht oder nur mit erheblichem Aufwand bewältigt werden. Dies kann schwierig sein, wenn die für die zurückliegenden Jahre verantwortlichen Personen nicht mehr im Unternehmen beschäftigt sind.

Ausschluss der Selbstanzeige nach Bekanntgabe der Prüfungsanordnung

Nach der Änderung der Selbstanzeigevorschrift im Jahre 2011 war es für ein durchgängig betriebsgeprüftes Unternehmen nicht möglich, mittels einer Selbstanzeige Straffreiheit zu erlangen. Der Wirksamkeit der Selbstanzeige stand der Sperrgrund der Bekanntgabe einer Prüfungsanordnung entgegen. Zum 01.01.2015 hat der Gesetzgeber diesem Zustand Abhilfe geschaffen und die Ausschlussgründe der Selbstanzeige reformiert. Für die Fälle der Außenprüfung ist der Ausschluss der strafbefreienden Selbstanzeige beschränkt auf den sachlichen und zeitlichen Umfang der Prüfungsanordnung. Eine Selbstanzeige führt für den nicht von der Prüfung umfassten Zeitraum zur Straffreiheit.

Ausschluss der Selbstanzeige für den Fall der Umsatzsteuer-Nachschau und der Lohnsteuer-Nachschau

In der Vergangenheit wurde diskutiert, ob die Umsatzsteuer-Nachschau zum Ausschluss der Selbstanzeige führt. Die Nachschau dient der wirksamen Bekämpfung des Umsatzsteuer-Betrugs und ist grundsätzlich keine Außenprüfung i.S.d. §§193 ff. AO. Sie entfaltete in der Vergangenheit keine Sperrwirkung. Nunmehr wurde gesetzlich festgelegt, dass eine strafbefreiende Selbstanzeige in der Zeit nicht möglich ist, in der ein Amtsträger der Finanzbehörde zur Umsatzsteuer-Nachschau, Lohnsteuer-Nachschau oder einer Nachschau nach anderen steuerrechtlichen Vorschriften erschienen ist. Führt die Nachschau zu keinen Ergebnissen, entfällt der Sperrgrund, sobald die Nachschau beendet ist. Sofern die Nachschau jedoch zu Erkenntnissen oder Ergebnissen führt, die Anlass zu weiteren Ermittlungsmaßnahmen bieten, ist die Selbstanzeige mit strafbefreiender Wirkung ausgeschlossen.

Selbstanzeige für die Fälle der Umsatzsteuervoranmeldung oder Lohnsteueranmeldung

Die aufgetretenen Unsicherheiten im Zusammenhang mit Umsatzsteuervoranmeldungen infolge des im Jahre 2011 eingeführten Vollständigkeitsgebots bei einer Selbstanzeige hat der Gesetzgeber zum 01.01.2015 gelöst.

Der Gesetzgeber hatte erkannt, dass durch das Vollständigkeitsgebot einer Selbstanzeige die nachträgliche Korrektur von Umsatzsteuervormeldungen und Lohnsteueranmeldungen erheblich eingeschränkt wurde. Eine korrigierte Umsatzsteuervoranmeldung, die eine wirksame Selbstanzeige darstellte, konnte nicht noch einmal durch eine wirksame Selbstanzeige korrigiert werden.

Um Rechtssicherheit für die Praxis zu schaffen, wurde für die Umsatzsteuervoranmeldung und die Lohnsteueranmeldung eine Regelung eingeführt, die eine Ausnahme vom Vollständigkeitsgebot und der Tatentdeckung vorsieht. Nach der Neuregelung tritt Straffreiheit bei Selbstanzeigen in dem Umfang ein, in dem der Täter gegenüber der zuständigen Finanzbehörde die unrichtigen Angaben berichtigt, soweit die Steuerhinterziehung durch Verletzung der Pflicht zur rechtzeitigen Abgabe einer vollständigen und richtigen Umsatzsteuervoranmeldung oder Lohnsteueranmeldung begangen worden ist.

Diese Regelung gilt jedoch nicht, wenn die Entdeckung der Tat darauf beruht, dass eine Umsatzsteuervoranmeldung oder Lohnsteueranmeldung nachgeholt oder berichtigt wurde. Eine korrigierte Umsatzsteuervoranmeldung bzw. Lohnsteueranmeldung kann darüber hinaus als wirksame Selbstanzeige auch abgegeben werden, wenn eine Außenprüfung durch Prüfungsanordnung für zurückliegende Besteuerungszeiträume angekündigt wurde bzw. ein Amtsträger zur Außenprüfung für zurückliegende Besteuerungszeiträume erschienen ist.

Keine Strafbefreiung für Begleitdelikte

Die Selbstanzeige nach §371 AO führt ausschließlich für den Fall der Steuerhinterziehung zur Straffreiheit. Mit der Selbstanzeige werden aber auch Delikte offenbart, die häufig mit einer Steuerhinterziehung einhergehen. Dies sind z.B. Untreue, Betrug und Korruptionsdelikte. Eine Strafbefreiung ist in diesen unternehmensrelevanten Bereichen gar nicht oder nur mit weiteren Einschränkungen normiert.

Für den Fall des Vorenthalten und Veruntreuen von Arbeitsentgelt kann das Gericht nur unter den Voraussetzungen des §266a Abs. 6 StGB von einer Bestrafung absehen. Der Arbeitgeber muss spätestens im Zeitpunkt der Fälligkeit oder unverzüglich danach der Einzugsstelle schriftlich die Höhe der vorenthaltenen Beiträge mitteilen und darlegen, warum die fristgemäße Zahlung nicht möglich ist, obwohl er sich darum ernsthaft bemüht hat.

Auch bei Verstößen gegen das Außenwirtschaftsgesetz ist gem. §22 Abs. 4 AWG eine Strafverfolgung nur bei fahrlässiger Begehung vermeidbar.

Selbstanzeige und Verbandsgeldbuße im Steuerstrafrecht

Für das Unternehmen von besonderer Bedeutung ist die Frage, ob sich die strafbefreiende Wirkung der Selbstanzeige auch auf die §§30 und 130 OWiG erstreckt. Ordnungswidrigkeiten wegen der Verletzung von Aufzeichnungs- oder Überwachungspflichten können bei der Abgabe einer steuerlichen Selbstanzeige dennoch geahndet werden (z.B. Verstöße gegen die Zusammenfassende Meldung gem. §18a UStG oder gegen Aufzeichnungspflichten nach dem Mindestlohngesetz gem. §17 MiLoG).

In einem Großunternehmen kann die Verletzung von Überwachungspflichten zu steuerlichen Verfehlungen führen, weshalb diese von der Finanzbehörde besonders überwacht werden. In vielen Fällen ist bei einem steuerlichen Ermittlungsverfahren daher auch an einen Verstoß gegen das Geldwäschegesetz (§17 GWG) oder an eine Verletzung der Aufsichtspflicht (§130 OWiG) zu denken, zumal bei beiden Verstößen jeweils die Bußgeld- und Strafsachenstelle als Strafverfolgungsbehörde tätig wird. Vor diesem Hintergrund ist zu befürchten, dass gegen das Unternehmen eine Verbandsgeldbuße nach §30 Abs. 1 OWiG verhängt wird. Daher sollte man bedenken, für alle an der Straftat oder Ordnungswidrigkeit beteiligten (Leitungs-)Personen die Selbstanzeige zu erstatten.

Obwohl eine Verbandsgeldbuße gem. §30 Abs. 4 OWiG selbstständig festgesetzt werden kann, scheidet bei Wirksamkeit der Selbstanzeige eine Verbandsgeldbuße aus, da die in Betracht kommende Straftat oder Ordnungswidrigkeit aus rechtlichen Gründen nicht verfolgt werden kann. Ungeklärt ist bislang jedoch die Frage, ob auch eine Aufsichtspflichtverletzung (§130 OWiG) eine Ordnungswidrigkeit i.S.d. §30 Abs. 1 OWiG darstellt. Sofern man §378 AO und andere Ordnungswidrigkeitenvorschriften als abschließend betrachtet, ist eine Verfolgung ausgeschlossen. Andernfalls sollte berücksichtigt werden, dass bei Ordnungswidrigkeiten die Behörde das Verfahren gem. §47 Abs. 1 OWiG nach pflichtgemäßem Ermessen einstellen kann, so dass sich das betroffene Unternehmen in vielen Fällen (nur) eines Anspruches auf Abschöpfung eines Vermögensvorteils gem. §29a OWiG ausgesetzt sieht. ∎

KERNAUSSAGEN

- Die Selbstanzeige führt zur Abwendung der strafrechtlichen Verantwortung der Unternehmensleitung. Sie ist Teil der selbstregulierenden Tax Compliance.

- Mit der Reform der Selbstanzeige zum 01.01.2015 hat der Gesetzgeber die Selbstanzeige den Praxisbedürfnissen mit Blick auf die Ausschlussgründe angepasst.

- Die Verlängerung des Berichtigungszeitraums für eine Selbstanzeige stellt wegen der Vielzahl der steuerlichen Sachverhalte, die es vor Erstattung einer Selbstanzeige zu prüfen gilt, eine große Herausforderung an das Unternehmen dar.

- Die Selbstanzeige führt zur Straffreiheit für den Fall der Steuerhinterziehung, nicht aber zur Straffreiheit sonstiger Wirtschaftsstraftaten, die mit der Selbstanzeige aufgedeckt werden können.

- Bei Wirksamkeit der Selbstanzeige scheidet eine Verbandsgeldbuße nach §30 OWiG aus.

Steuerrecht

Steuerstrafrecht 589

Steuergestaltungen heikel wie nie zuvor

„Als Steuerabteilungsleiter steht man heutzutage immer mit einem Bein im Gefängnis". Diese Aussage fasst am besten zusammen, wie sich das Rechtsgebiet in den vergangenen Jahren entwickelt hat. Aus einer technisch anspruchsvollen u. gleichzeitig trockenen Materie ist eines der riskantesten Rechtsberatungsfelder überhaupt geworden. Heutzutage beobachtet die Finanzverwaltung jede Gestaltung und jedes Steuerprodukt mit Argusaugen, Betriebsprüfungen insbesondere durch das Bundeszentralamt für Steuern sind zum Spießrutenlauf geworden, berichten viele Berater, der Staatsanwalt sei bei Abweichungen von Standardgestaltungen von Anfang an dabei. Eine praktische Rechtsfrage, die sich in diesem Umfeld entwickelt hat, ist die Abgrenzung von reiner Berichtigung und ggf. strafbefreiender Selbstanzeige, die seit der Verschärfung der Regeln zum Jahresbeginn heute viel schwieriger ist als noch vor wenigen Jahren.

Compliance-Boom verändert das Profil der Kanzleien

Angesichts dieser Entwicklungen ist es nicht verwunderlich, dass für die Berater derzeit v.a. ein Beratungsfeld boomt: Tax-Compliance. Für Großunternehmen ist es heute schon fast Pflicht, die Steuerstrukturen etwa im Hinblick auf Umsatzsteuern und Verrechnungspreise stets im Blick zu haben. Es dürfte kaum noch eine deutsche Großbank geben, in der Berater nicht bereits sämtliche Produkte und Erwerbsfelder steuerlich durchleuchtet haben. Kanzleien stellen sich dementsprechend auf: Bei Akteuren wie **Linklaters** oder **Allen & Overy** hat sich in wenigen Jahren die Banken-Compliance zu einer wesentlichen Säule des Geschäfts entwickelt, für das jeweils auch die renommiertesten Steuerpartner stehen. Kanzleien mit starken Umsatzsteuerteams wie **Baker & McKenzie** oder **Küffner Maunz Langer Zugmaier** (KMLZ) bauten dieses Feld an der Schnittstelle zum Strafrecht deutlich aus, häufig mithilfe von eigens gewonnenen Strafrechtsexperten. So arbeiten bei KMLZ und **Freshfields Bruckhaus Deringer** schon länger ehemalige Staatsanwälte, und nun zog etwa auch **Gleiss Lutz** nach. Schließlich stockte Deutschlands Steuervorzeigekanzlei **Flick Gocke Schaumburg** ihr Compliance-Team zuletzt ebenfalls nochmal kräftig auf und zählt hier mittlerweile rund 40 Berufsträger.

Doch auch in die Gestaltungs- und Transaktionsteams ist wieder Bewegung gekommen. Hier zeigte sich zuletzt die Durchlässigkeit zwischen Anwalts- und Big-Four-Welt: Sowohl **Allen & Overy** als auch **Baker & McKenzie** bedienten sich bei KPMG, um den Generationswechsel in ihren Reihen zu bewerkstelligen. Mit einem Quereinsteiger für Steuertransaktionen konnte auch **Heuking Kühn Lüer Wojtek** aufwarten. Dieser kam im Zuge der Übernahme des Stuttgarter Büros von **GSK Stockmann + Kollegen** dazu, wodurch die Kanzlei auch steuerrechtlich nochmal an Schlagkraft gewann. Insgesamt hat Heuking in den vergangenen Jahren einen beispiellosen Aufschwung ihrer Steuerabteilung, insbesondere im Gestaltungsbereich, hingelegt.

Steuerl. Beratung erfolgt meist an der Schnittstelle zu anderen Fachgebieten. Zu spezieller Expertise siehe daher auch ▶Bank- u. Finanzrecht, ▶Gesellschaftsrecht, ▶M&A, ▶Nachfolge/Vermögen/Stiftungen, ▶Private Equity, ▶Immobilienrecht. Kanzleien mit Schwerpunkt in Steuerstrafrecht werden erwähnt, sind aber auch im anschließenden Unterkapitel ▶Steuerstrafrecht gelistet. Eine Übersicht zu Kanzleien, die mit fachübergreifenden Teams bei aktuellen Untersuchungen/internen Ermittlungen beraten und Unternehmen beim strukturellen Aufbau von Compliance begleiten, findet sich unter ▶Compliance-Untersuchungen.

JUVE KANZLEI DES JAHRES
STEUERRECHT
HEUKING KÜHN LÜER WOJTEK

Die Heuking-Steuerrechtspraxis hat 2015 noch mehr Fahrt aufgenommen. Nachdem im Vorjahr Zugänge von versierten Partnern die Arbeit im Investmentsteuerrecht entscheidend voranbrachten, gewann die Kanzlei nun auch im Transaktionsteuerrecht weiter dazu. Durch die Aufnahme des Stuttgarter GSK-Büros und des dortigen Steuerpartners **Dr. Dirk Koch** zählt sie jetzt wichtige Unternehmen wie EnBW oder Krones zu ihren Mandanten. Der Sprung, den die Kanzlei gerade im Transaktionsteuerrecht schon in den vergangenen Jahren machte, ist immens. Verantwortlich dafür zeichnet in erster Linie der Düsseldorfer Partner **Dr. Marc Scheunemann**. Heuking hat das Steuer- und Gesellschaftsrecht seit Jahren in vielen Büros mit transaktionsaffinen Corporate-Partnern verstärkt. Neben seiner guten eigenen Mandantenbasis verstand es Scheunemann, diese Bereiche gewinnbringend zu verknüpfen. Auch an der Schnittstelle zum Finanzrecht machte die Kanzlei mit dem Frankfurter Partner **Klaus Weinand-Härer** nochmals einen Sprung. Doch es sind nicht nur diese Partner, die die Kanzlei in den vergangenen Jahren holte, und die sich jetzt besser entfalten als je zuvor, auch gestandene Partner wie **Marion Sangen-Emden** konnten 2015 aus dem Vollen schöpfen: Sie steht mit der Beratung der Eigentümerfamilie des Schließanlagenherstellers Dorma bei der Fusion mit der Schweizer Holding Kaba für die größte Einzeltransaktion der Steuerpraxis.

STEUERRECHT

ALLEN & OVERY
Steuerrecht ◻◼◻◻◻◻

Bewertung: Für eine gute Auslastung der Steuerpraxis, eine der führenden in Dtl., sorgen die gute Auslastung bei M&A-Deals sowie der wieder erstarkte Verbriefungsmarkt, aber v.a. die weiter steigende Nachfrage nach Compliance-Untersuchungen: Die Praxis ist vielfach bei internat. Großbanken u. Konzernen bei der Aufarbeitung von Steuerprodukten oder Steuerstrukturen (z.B. nach Transaktionen) gefragt. Insbes. im Bereich von Cum-Ex-Strukturen gehörte das Team um Breuninger zu den Vorreitern im Markt, wovon es bis heute mit Compliance-Nachfolgemandaten in anderen Häusern profitiert. Der Erfolg kommt insofern zur rechten Zeit, als er den notwendigen Umbau des Teams erleichtert: Wie geplant, ist die lange Zeit dominierende Figur der Praxis, Eugen Bogenschütz, als of Counsel in die 2. Reihe zurückgetreten. Nun wird sich zeigen, ob Mandanten wie Pfizer oder Johnson Controls den lange vorbereiteten Übergang auf Weber mitmachen. Gleichzeitig hat sich A&O den lang gehegten Wunsch eines eigenen Steuerpartners in D'dorf erfüllt: Mit dem Anfang 2015 gekommenen ehem. KPMG-Partner Dr. Marcus Helios will sie einerseits die dortige Transaktionspraxis unterstützen, andererseits bringt sein Team umfangreiche Erfahrung in der Deklarationsbetreuung von Großbanken mit. Dadurch erweitert sich nicht nur das Tätigkeitsspektrum der Kanzlei, v.a. ist mit dem noch recht jungen, von Wettbewerbern als „sehr umtriebig" beschriebenen Helios die Hoffnung auf weiteres eigenständiges Beratungsgeschäft verknüpft. Schließlich will das Team mit dem im Frühjahr als of Counsel gekommenen, langjährigen BFH-Richter Joachim Moritz vom seit einiger Zeit insges. wachsenden streitigen Steuerbereich profitieren.

Stärken: Tax-Compliance u. Begleitung von Betriebsprüfungen bei Banken u. Konzernen, Betreuung multinat. Unternehmen, internat. hervorragend aufgestellt; auch ww. gehört die Kanzlei zu den führenden Adressen im Steuerrecht. Streitverfahren in komplexen Fällen.

Häufig empfohlen: Dr. Gottfried Breuninger, Dr. Asmus Mihm („herausragend bei M&A", Wettbewerber), Eugen Bogenschütz („Allrounder par excellence", Wettbewerber), Dr. Heike Weber („erstklassige Beratung, schnell u. extrem kompetent", Mandant)

Kanzleitätigkeit: Eigenständ. Steuergeschäft für ausl. Konzerne u. dt. Familienunternehmen (transaktionsbez. u. lfd. in Gestaltungen, Betriebsprüfungen u. Steuerprozessen), viel steuerl. Compliance-Strukturberatung. Kapitalmarktbez. Arbeit im Rahmen der Bankpraxis u. M&A-Transaktionen. (4 Partner, 2 Counsel, 2 of Counsel, 16 Associates)

Mandate: ●● Berkshire Hathaway bei Kauf von Detlev Louis Motorradvertrieb; Bilfinger bei Verkauf wesentl. Teile des Ingenieurbaugeschäfts; IMI bei Kauf von Bopp & Reuther; HGV bei div. Transaktionen zu Strom-, Fernwärme- u. Gasnetzen; ECM bei Verkauf von Kamps-Beteiligung u. Kauf von Leitner; Riverside bei Einstieg bei Bike24; Tui bei Fusion mit Tui Travel; Dt. Annington bei Gagfah-Übernahme; Dt. Bank bei Refinanzierung von IVG; HVB-Vorstand bei internen Untersuchungen zu Cum-Ex-Deals; Macquarie bei mögl. Haftung aus Cum-Ex-Deals, u.a. in Zshg. mit BFH-Verfahren (beide aus dem Markt bekannt).

STEUERRECHT

Flick Gocke Schaumburg	Bonn, Frankfurt, Berlin, München
Freshfields Bruckhaus Deringer	Frankfurt, Köln, München, Hamburg, Düsseldorf
Linklaters	München, Frankfurt, Düsseldorf
Allen & Overy	Frankfurt, München
Clifford Chance	Frankfurt, Düsseldorf
Baker & McKenzie	Frankfurt, Düsseldorf, München
Hengeler Mueller	Frankfurt
Milbank Tweed Hadley & McCloy	München
CMS Hasche Sigle	München, Stuttgart, Berlin, Frankfurt, Hamburg
Gleiss Lutz	Stuttgart, Frankfurt, Hamburg
Heuking Kühn Lüer Wojtek	Düsseldorf, Frankfurt, Stuttgart, Köln, Hamburg, München
Hogan Lovells	Düsseldorf, München
Küffner Maunz Langer Zugmaier	München, Düsseldorf
Latham & Watkins	Hamburg, München, Frankfurt
McDermott Will & Emery	München
Noerr	München, Düsseldorf, Berlin, Frankfurt
P+P Pöllath + Partners	München, Berlin, Frankfurt
Rödl & Partner	Nürnberg, Hamburg, München u.a.
Baker Tilly Roelfs	München, Düsseldorf, Stuttgart u.a.
Ebner Stolz Mönning Bachem	Stuttgart, Hamburg, Köln
Oppenhoff & Partner	Köln
Streck Mack Schwedhelm	Köln, Berlin, München
White & Case	Frankfurt, Hamburg, Berlin
Beiten Burkhardt	Frankfurt, Düsseldorf
Cleary Gottlieb Steen & Hamilton	Frankfurt
Dentons	Berlin, Frankfurt
DLA Piper	Frankfurt
K&L Gates	Frankfurt
King & Wood Mallesons	Frankfurt, München, Berlin
Norton Rose Fulbright	Frankfurt, München, Hamburg
Simmons & Simmons	Frankfurt
SZA Schilling Zutt & Anschütz	Frankfurt
Weil Gotshal & Manges	Frankfurt, München
BRL Boege Rohde Luebbehuesen	Hamburg
Carlé Korn Stahl Strahl	Köln
Esche Schümann Commichau	Hamburg
GSK Stockmann + Kollegen	Frankfurt
Honert + Partner	München
Kantenwein Zimmermann Fox Kröck & Partner	München
Luther	Frankfurt, München, Hannover
Meilicke Hoffmann & Partner	Bonn
Morrison & Foerster	Berlin
Peters Schönberger & Partner	München
Seitz	Köln
Skadden Arps Slate Meagher & Flom	Frankfurt

Die hier getroffene Auswahl der Kanzleien ist das Ergebnis der auf zahlreichen Interviews basierenden Recherche der JUVE-Redaktion (s. Einleitung S. 20). Sie ist in 2erlei Hinsicht subjektiv: Sämtliche Aussagen der von JUVE-Redakteuren befragten Quellen sind subjektiv u. spiegeln deren eigene Wahrnehmungen, Erfahrungen u. Einschätzungen wider. Die Rechercheergebnisse werden von der JUVE-Redaktion unter Einbeziehung ihrer eigenen Marktkenntnis analysiert u. zusammengefasst. Der JUVE Verlag beabsichtigt mit dieser Tabelle keine allgemein gültige oder objektiv nachprüfbare Bewertung. Es ist möglich, dass eine andere Recherchemethode zu anderen Ergebnissen führen würde. Innerhalb der einzelnen Gruppen sind die Kanzleien alphabetisch geordnet.

▶▶▶ **Bitte beachten Sie auch die Liste weiterer renommierter Kanzleien am Kapitelende.** ◀◀◀

● Referenzmandate, umschrieben
●● Referenzmandate, namentlich

Anwaltszahlen: Angaben der Kanzleien, wie viele Anwälte zu mind. ca. 50% in diesem Gebiet tätig sind. Sie spiegeln nicht zwingend die Gesamtgröße einer Kanzlei wider.

STEUERRECHT

BAKER & MCKENZIE
Steuerrecht

Bewertung: Im Steuerrecht häufig empfohlene Kanzlei, die mit Fokus für Großkanzleien ungewöhnl. Spezialexpertise bei USt, Zoll, Verrechnungspreisen u. Tax-Litigation punktet. Nun hat sie im Bereich Ertragsteuern u. Transaktionen nochmal nachgelegt: Sie holte Dr. Stephan Behnes von KPMG als Eq.-Partner u. erweitert so die Praxis, für die jahrelang fast ausschl. der v.a. für internat. Unternehmen renommierte Brodersen stand. Durch die Aufnahme bzw. Ernennung von Sal.-Partnern hatte Baker bereits in den vergangenen 2 Jahren begonnen, sich zu verbreitern, mit Behnes wurde nun die nächste Ausbaustufe gezündet. Er soll v.a. dt. Konzerne, Banken u. Finanzdienstleister in den Fokus nehmen, auch wenn die Praxis mit Neumandanten wie E-Plus oder Heidelberger Druck im Transaktionsbereich auch schon zuvor Boden gutgemacht hat. Mit Eigengewächs Tino Duttiné, der zu Norton Rose ging, verzeichnete das Steuerteam jedoch auch einen Weggang im Transaktionsbereich. Herausragend in der Praxis bleibt so vorerst das USt-Recht, wo sich zuletzt als ein Schwerpunkt die Verknüpfung von Betriebsprüfungen u. Strafrecht/ ▶Compliance weiter herauskristallisiert hat.

Stärken: Internat. Vernetzung sowohl im Ertrags- als auch im Umsatzsteuerrecht (inkl. Zölle u. Verrechnungspreise), auch Steuerverfahren.

Häufig empfohlen: Christian Brodersen (Ertragsteuern), Nicole Looks (Umsatzsteuer/Zölle), Dr. Stephan Schnorberger (Verrechnungspreise), Dr. Ulrich Ränsch (streitiges Steuerrecht)

Kanzleitätigkeit: Gestaltungsberatung für in- u. ausl. Großunternehmen, ergänzt durch Spezialthemen (USt, Zollrecht, Verrechnungspreise). Grenzüberschr. Projekte u. Transaktionen (u.a. ▶M&A, ▶Private Equ. u. Vent. Capital, ▶Immobilien, ▶Anleihen, Strukturierte Finanzierungen/Verbriefungen) ebenso wie lfd. Beratung (Konzernsteuern, Umstrukturierungen). Betriebsprüfungen u. Steuerverfahren oft mit internat. Bezug. (5 Eq.-Partner, 6 Sal.-Partner, 14 Associates)

Mandate: ●● Groupe Le Duff bei Mehrheitsbeteiligung an Kamps; Telefónica/E-Plus bei Verkauf von Yourfone an Drillisch; Clariant bei Verkauf von Energy Storage; Heidelberger Druck bei Spartenverkauf an chin. Käufer; GFKL bei Verbriefung von €1-Mrd-NPL-Portfolio, insbes. hinsichtl. Ertrag- u. USt; Citi bei Verbriefung von Toyota-Autodarlehen.

BAKER TILLY ROELFS
Steuerrecht

Bewertung: In der im Steuerrecht empfohlenen MDP-Kanzlei dominierte bislang das Münchner Büro die v.a. beim gehobenen Mittelstand gefragte Praxis, wuchs aber nun an anderen Standorten teils deutlich. Durch die Fusion mit der TPW-Gruppe baute sie Hamburg zum zweitgrößten Rechts- u. StB-Standort aus, gleich 10 Berufsträger kamen dazu. In D'dorf holte die Kanzlei mit dem erfahrenen KPMG-Unternehmenssteuerexperten Joachim Knief. Durch die Verstärkungen gewinnt insbes. die restrukturierungsnahe steuerl. Arbeit an Gewicht, neben der klass. Schwerpunkt der Gestaltung. Weiter zulegen konnte die Praxis daneben im Steuerstrafrecht, u.a. wg. des weiteren Anstiegs der Selbstanzeigen.

Stärken: Multidiszipl. Ansatz, ▶Nachfolgeberatung.

Entwicklungsmöglichkeiten: Das personelle Wachstum bietet die Gelegenheit für weitere Entwicklungsschritte. Weil der Ausbau weitergehen soll, darf aber eine nachhaltige personelle u. fachl. Integration nicht zu kurz kommen. Dies gilt es zu verhindern, sind die inhaltl. Ergänzungen doch sehr sinnvoll.

Häufig empfohlen: Wolfgang Richter, Richard Markl, Ursula Augsten

Kanzleitätigkeit: Neben der Kernklientel wohlhabende Familien u. gehobener Mittelstand auch Beratung kapitalmarktorientierter Unternehmen. Multidiszipl., umf. Ansatz: Steuergestaltung (regelm. mit Gesellschaftsrecht/M&A, Restrukturierung), Bilanzsteuerrecht, Verrechnungspreise, USt, internat. Steuerrecht, Steuerstrafrecht, Steuer-Compliance u. Deklaration. V.a. im Stuttgarter Büro zudem Beratung im Stiftungsrecht. (30 Partner, 51 Associates)

Mandate: ●● Lfd. steuerl.: Schön Kliniken, Curanum, Märker, Beroa, Avira, Lenze, Sauels, Flughafen Düsseldorf; Silony Medical bei internat. Strukturierung u. Transfer Pricing; Lebensmitteleinzelhändler bei Strukturierung; europ. Getränkehersteller bei Strukturierung in Dtl. (u.a. USt); 3-stell. Zahl von Selbstanzeigen.

BEITEN BURKHARDT
Steuerrecht

Bewertung: In der für Steuerrecht geschätzten Praxis spielt seit einigen Jahren die Kombination von jurist. u. betriebswirtschaftl. Kompetenz eine wesentl. Rolle. Zuletzt ist das Bewertungsteam weiter vergrößert worden, außerdem nehmen Stiftungsverwaltungen für Banken, die steuerl. Reportings u. Rechnungslegung beinhalten, weiter zu. Auch kaufmännisch geprägte Themen wie Verrechnungspreisdokumentationen oder die USt spielen eine im Vergleich mit anderen Anwaltskanzleien große Rolle. Daneben ist Beiten dabei, ihr Angebot insges. zu verbreitern. Die in den letzten Jahren dazugekommenen, jüngeren Partner stehen etwa stärker für internat. Steuer- u. Transaktionskompetenz als die Altpartner. Dem Markttrend entsprechend hat auch die Beratung zu steuerstrafrechtl. Aspekten im unternehmenssteuerl. Kontext zugenommen.

Stärken: Multidiszipl. Aufstellung mit vielen mehrfach qualifizierten Beratern.

Kanzleitätigkeit: Umf. steuerrechtl. u. -kaufmänn. Ansatz, häufig an der Schnittstelle zur ▶Nachfolge- u. Stiftungspraxis. Beratung, u.a. im internat. Steuerrecht (Verrechnungspreise u. Dokumentation, Funktionsverlagerungen), Investmentsteuern/Finanzprodukte, Umsatzsteuern, Gemeinnützigkeitsrecht, Transaktionsberatung (inkl. Tax Due Diligence) u. Bewertungsgutachten (u.a. in Insolvenzverfahren). Daneben Steuerstreit (Betriebsprüfungen, Prozesse) u. Selbstanzeigeberatung. (7 Eq.-Partner, 9 Sal.-Partner, 6 Associates)

Mandate: ●● Ute Louis als Alleinerbin von Detlev Louis Motorradvertrieb bei €400-Mio-Verkauf an Berkshire Hathaway; Drillisch bei Kauf von Yourfone von Telefónica/E-Plus; Bosch Thermotechnik bei steueroptimierter Strukturierung eines Joint Ventures mit Danfoss; Frankfurter Volksbank bei Kauf der Rebstockhöfe-Immobilien; DKB als Bieter bei Stadtwerke Cottbus; Lipoid-Gruppe bei BP, Verrechnungspreisdokumentation u. -streit; Metzler Asset Management bei Gründung u. Zulassung der Metzler Pensionsfonds AG. Lfd.: Delta Lloyd Deutschland.

BRL BOEGE ROHDE LUEBBEHUESEN
Steuerrecht

NOMINIERT
JUVE Awards 2015
Kanzlei des Jahres für Steuerrecht

Bewertung: Die im Steuerrecht geschätzte Hamburger MDP hat in den vergangenen 2 Jahren einen großen Sprung nach vorne gemacht. Schon länger war sie für eine Reihe großer regionaler Unternehmen u. Banken wie DG Hyp oder Haspa tätig. Zuletzt erweiterte sich der Fokus jedoch erheblich: Ein 2012 von PwC gekommener junger, aber hoch spezialisierter Sal.-Partner hat es geschafft, das Nischengeschäft der Beratung öffentl. Unternehmen insbes. an der Schnittstelle zum Beihilferecht auf eine wahrnehmbare Größe auszubauen. Zudem stärkte BRL ihre Transaktionskompetenz merklich: Über eine engere Einbindung ins internat. RSM-Netzwerk wuchs das Inboundgeschäft von Unternehmen u. Private-Equity-Fonds aus den USA deutl., mit einem neu geschaffenen multidiszipl. Immobilientransaktionsteam forcierte BRL auch diesen Geschäftszweig.

Stärken: Rechtl. u. betriebswirtschaftl. Steuerexpertise, Schnittstelle zur ▶Insolvenzpraxis sowie zum Beihilferecht.

Kanzleitätigkeit: Umf. im Unternehmenssteuerrecht im Rahmen von ▶gesellschaftsrechtl. Umstrukturierungen u. ▶M&A- sowie Immobilientransaktionen. Spezial-Know-how in der Beratung öffentl. Unternehmen (z.B. ÖPNV, Stadtmarketing, Bäder). Daneben USt, Verrechnungspreise sowie Begleitung von Betriebsprüfungen. Wichtige Deklarationsabteilung mit großem Anteil dt. Töchter ausl. Unternehmen. Mitglied des internat. Steuernetzwerks RSM. (2 Eq.-Partner, 3 Sal.-Partner, 12 Associates)

Mandate: ●● HGV bei steuerl. Gestaltung im Nachgang des Kaufs der Stromnetze von Vattenfall; Föhr Tourismus bei u.a. steuerl. u. beihilferechtl. Umstrukturierung; Stadt Neumünster bei EU-Direktvergabe des Busverkehrs; Bäderland Hamburg bei Finanzierung von Investitionen im städt. Konzernverbund; Stadtwerke Stade u. Husum bei Fragen des steuerl. Querverbunds. Lfd.: Schwan Stabilo, DG-Hyp, Haspa BGM, Hamburger Energienetze.

CARLÉ KORN STAHL STRAHL
Steuerrecht

Bewertung: Zwei Entwicklungen prägten die Arbeit der geschätzten Steuerrechtsboutique zuletzt. Ihr traditionelles Geschäft bei Nachfolgeberatung u. Steuerstrafrecht profitieren von der Entscheidung des BVerfG zur Erbschaftsteuer u. der Verschärfung der Regelungen zur Selbstanzeige bzw. die Selbstanzeigewelle. Für eine stetige Auslastung der im Vorjahr durch einen Quereinsteiger gewachsenen Praxis sorgen daneben v.a. Betriebsprüfungen, aber auch finanzgerichtl. Grundsatzverfahren.

Stärken: Steuerstreit u. ▶Steuerstrafrecht, Steuerrecht für Hochschulen.

Häufig empfohlen: Rudolf Stahl („hervorragend im Steuerstrafrecht", Wettbewerber), Dr. Martin Strahl, Dr. Claas Fuhrmann

Kanzleitätigkeit: V.a. Beratung anderer StB u. RAe durch Gutachten mit breitem steuerrechtl. Spektrum sowie viel Steuerabwehrberatung u. -strafrecht. Daneben Steuergestaltung in Umstrukturierungen u. Nachfolgen sowie Gesellschafts- u. Stiftungsrecht mit dem Sondersteuerrecht für Hochschulen. Angeschl. StB-Gesellschaft für

● Referenzmandate, umschrieben
●● Referenzmandate, namentlich

Anwaltszahlen: Angaben der Kanzleien, wie viele Anwälte zu mind. ca. 50% in diesem Gebiet tätig sind. Sie spiegeln nicht zwingend die Gesamtgröße einer Kanzlei wider.

STEUERRECHT

Compliance u. Jahresabschlüsse. (5 Eq.-Partner, 4 Sal.-Partner, 2 Associates, 2 of Counsel)
Mandate: ●● BGH Edelstahl lfd., u.a. bei Betriebsprüfungen; Acorn in straf- u. finanzgerichtl. Verfahren zu Cum-Ex-Deals; Utsch in Grundsatzverfahren zur USt-Freiheit bei An- u. Verkauf von Blanko-Deckungskarten für Kurzzeitversicherungen; Uni Bonn u. div. andere, u.a. zu hochschulspezifischen Gestaltungsfragen in Betriebsprüfungen; DESY lfd.; Anlagenbauer in BFH-Grundsatzverfahren zu Gesamtplanrechtsprechung; Schweizer u. Luxemburger Großbanken bei Selbstanzeigen von Kunden.

CLEARY GOTTLIEB STEEN & HAMILTON
Steuerrecht ☐☐☐☐☐
Bewertung: Die für Steuerrecht geschätzte Praxis richtete ihren Fokus zuletzt stärker auf eigenständiges Geschäft. So gewann die Arbeit an Umstrukturierungen u. Betriebsprüfungen an Bedeutung. Zudem wuchs das Mandatsaufkommen bei Private Clients, v.a. mit wesentl. US-Bezug. Daneben steht weiter die Arbeit in fachübergreifenden Teams bei komlexen, v.a. internat. Corporate- u. Kapitalmarktdeals. Mehr eigenes steuerl. Profil ist indes wichtig für die weitere Entwicklung, denn die dt. Corporate- u. Kapitalmarktpraxis als Mandatsbringer für die Arbeit in fachübergr. Deals verlor zuletzt sichtbar an Präsenz.
Stärken: Internat. Vernetzung; Steuern an der Schnittstelle zu ▶Anleihen u. ▶Börseneinführ. u. Kapitalerhöhung sowie M&A.
Entwicklungsmöglichkeiten: Die Steuerpraxis steckt in einer schwierigen Situation. Die schwächelnden Corporate- u. Kapitalmarktpraxen hierzulande zwingen zu stärkerem Eigengeschäft. Dies steht indes im Spannungsfeld dazu, dass sich die dt. Praxis insgesamt immer stärker in Richtung einer Einheit bewegt, die v.a. bei internat. Deals unterstützt.
Häufig empfohlen: Dr. Daniel Weyde
Kanzleitätigkeit: Finanz- u. kapitalmarktbez. Steuergestaltungen (▶Kredite u. Akqu.fin., IPOs, Anleihen) sowie steuerl. Strukturierung von u. nach ▶M&A- bzw. Immobiliendeals, steuerl. Restrukturierungsberatung für bedeut. Unternehmen. Zunehmend lfd. Beratung (inkl. Betriebsprüfungen) u. interne Steueruntersuchungen. (1 Partner, 3 Associates)
Mandate: ●● Lafarge bei €6,5-Mrd-Kauf von Holcim; Asahi Kasei bei $2,2-Mrd-Kauf der Polypore-Energy-Storage-Sparte; Edenred bei Beteiligung an Union Tank Eckstein; Citi Group bei Verwertung erworbener Grundstücke u. Abwicklung eines Joint Ventures; Dt. Bank bei €1,5-Mrd-Eigenkapitalanleihe. Lfd.: Goldman Sachs (bei Finanzierungen), Black & Decker, Dt. Ring, Vita Group, Loyalty Partners, Zellstoff Stendal/Mercer International.

CLIFFORD CHANCE
Steuerrecht ☐■☐☐☐☐
Bewertung: Die Stärke der Steuerpraxis, die zu den führenden zählt, wird bereits an einem Faktum deutlich: Bei der kanzleiw. Restrukturierung blieb sie unbehelligt. Das unterstreicht, welche Position sich die Steuerrechtler innerh. der Kanzlei erarbeitet haben, die Gruppe zählt seit Jahren zu den profitabelsten Einheiten CCs. Viel früher als Wettbewerber hat sie auf die konsequente Verknüpfung des Steuerrechts mit anderen Praxen gesetzt. Mittlerw. spielt CC insbes. bei Steuerfragen im Rahmen von Immobilientransaktionen u. bei Fonds/Finanzprodukten in einer eigenen Liga. Im Fondsbereich, der von Wettbewerbern als „exzellent" beschrieben wird, sind Steuer- u. Aufsichtsrecht kaum noch voneinander zu trennen. Zum Erfolg in der jüngsten Vergangenheit trugen darüber hinaus die Beratung div. Banken, Finanzdienstleister u. anderer Unternehmen bei Tax-Compliance-Untersuchungen bei. Auch hier gehört CC zu den dominanten Praxen hierzulande.
Stärken: Rechtl. u. betriebswirtschaftl. Steuerexpertise mit Bezug zur ▶Immobilien-- u. Finanzbranche (▶Investmentfonds, ▶Private Equ. u. Vent. Capital, ▶Anleihen, ▶Bankrecht u. -aufsicht, ▶Börseneinführ. u. Kapitalerhöhung, ▶Kredite u. Akqu.fin.). Internat. Vernetzung, ▶M&A.
Entwicklungsmöglichkeiten: Aufgrund der Stärke im Fonds- u. Immobilienbereich hat sich der Abstand zum klass. Unternehmensteuerrecht (z.B. Umstrukturierungen, M&A, Private Equity) nochmals vergrößert. Hier wird die Praxis kaum eigenständ. Produkte anbieten können, sondern hängt von den Entwicklungen in der Gesellschaftsrechtspraxis ab. Highlights wie die Beratung von Metro beim Kaufhof-Verkauf bildeten dort eher die Ausnahme als die Regel.
Häufig empfohlen: Dr. Felix Mühlhäuser, Dr. Stefan Menner („hat wirklich umfassendes Wissen", Wettbewerber; Umsatzsteuer), Dr. Josef Brinkhaus („der Elder Statesman bei der Fondsstrukturierung", Wettbewerber), Dr. Uwe Schimmelschmidt („stark bei Transaktionen", Wettbewerber), Dr. Stefan Behrens, („gut auf der Schnittstelle von USt u. Immobilien", Wettbewerber), Thorsten Sauerhering („lösungsorientiert, sehr praxisnah u. innovativ", Mandant; „Mann für die schwierigen Fragen", Wettbewerber)
Kanzleitätigkeit: Breite Steuerpraxis in den Kerngebieten Corporate/M&A, Immobilientransaktionen sowie Fonds u. Finanzprodukte (u.a. Gestaltungsberatung bei Transaktionen, Finanzierungen u. Finanzprodukten, letztere inkl. steuer- u. bilanzbezogener regulator. Aspekte; Prüfung, Bewertung, Betreuung von Fonds). Langj. multidiszipl. Tradition, u.a. über die angeschl. StB/WP-Ges. PVW (Frankfurt), bei Steuer- u. Finanz-Due-Diligence, Umsetzung von Investmentfondsstrukturen u. -reporting. Zudem Wirtschafts-/Steuerstrafrecht mit derzeit großer (Tax-)Compliance-Praxis. (10 Partner, 6 Counsel, 2 of Counsel, 28 Associates inkl. Berufsträger bei PVW)
Mandate: ●● Metro bei €2,8-Mrd-Verkauf von Kaufhof an Hudson's Bay; Westdt. Immobilienbank bei Verkauf ihrer Aareal-Bank-Anteile; North Star bei €540-Mio-Kauf des Frankfurter Trianon-Hochhauses; Allianz Real Estate bei Kauf von Isartor-City; BNP Paribas REIM bei Kauf des Münchner Art Déco Palais; Carlyle bei Verkauf des Hamburger Admiralitätskontors; GLL bei Verkauf des Messeturms Frankfurt; Axa Investment Managers zu Verbriefungsstruktur für einen Real Estate Debt Fund; Alceda Fund Management im Aufsichtsrecht; Credit Suisse lfd. bei Investmentsteuern; Paramount bei IPO in New York unter erstmaliger Beteiligung dt. Investoren u. Fonds in US-REIT; JPMorgan als Händler im Rahmen der Übernahme von Gagfah durch Dt. Annington; Commerzbank bei Finanzierung des Kaufs der Rhodius-Gruppe durch Equistone Partners; Dt. Bank bei interner Untersuchung zu CO2-USt-Karussell.

CMS HASCHE SIGLE
Steuerrecht ☐☐☐■☐☐☐
Bewertung: Häufig empfohlene Steuerpraxis, die aktuell die Profilbildung einzelner Beratungsfelder in der von jeher breit aufgestellten Praxis vorantreibt. Mit den Bereichen Transaktionen, indirekte Steuern, Tax Compliance u. Verrechnungspreise

---

Führende Namen im Steuerrecht

Dr. Sebastian Benz	Linklaters
Prof. Dr. Jens Blumenberg	Linklaters
Eugen Bogenschütz	Allen & Overy
Dr. Gottfried Breuninger	Allen & Overy
Dr. Josef Brinkhaus	Clifford Chance
Christian Brodersen	Baker & McKenzie
Prof. Dr. Stephan Eilers	Freshfields Bruckhaus Deringer
Dr. Rolf Füger	Milbank Tweed Hadley & McCloy
Prof. Dr. Wilhelm Haarmann	Linklaters
Dr. Martin Klein	Hengeler Mueller
Prof. Dr. Ursula Ley	Ebner Stolz
Nicole Looks	Baker & McKenzie
Dr. Stefan Maunz	Küffner Maunz Langer Zugmaier
Dr. Dirk Pohl	McDermott Will & Emery
Prof. Dr. Thomas Rödder	Flick Gocke Schaumburg
Dr. Christian Ruoff	Freshfields Bruckhaus Deringer
Thorsten Sauerhering	Clifford Chance
Wilfried Schaefer	Freshfields Bruckhaus Deringer
Dr. Norbert Schneider	Freshfields Bruckhaus Deringer
Stefan Süß	Latham & Watkins
Dr. Thomas Töben	P+P Pöllath + Partners

Die hier getroffene Auswahl der Personen ist das Ergebnis der auf zahlreichen Interviews basierenden Recherche der JUVE-Redaktion (siehe S. 20). Sie ist in 2erlei Hinsicht subjektiv: Sämtliche Aussagen der von JUVE-Redakteuren befragten Quellen sind subjektiv u. spiegeln deren eigene Wahrnehmungen, Erfahrungen u. Einschätzungen wider. Die Rechercheergebnisse werden von der JUVE-Redaktion unter Einbeziehung ihrer eigenen Marktkenntnis analysiert u. zusammengefasst. Der JUVE Verlag beabsichtigt mit dieser Tabelle keine allgemein gültige oder objektiv nachprüfbare Bewertung. Es ist möglich, dass eine andere Recherchemethode zu anderen Ergebnissen führen würde.

● Referenzmandate, umschrieben
●● Referenzmandate, namentlich

Anwaltszahlen: Angaben der Kanzleien, wie viele Anwälte zu mind. ca. 50 % in diesem Gebiet tätig sind. Sie spiegeln nicht zwingend die Gesamtgröße einer Kanzlei wider.

STEUERRECHT

umreißt CMS ihr steuerl. Geschäft nun klarer u. will so die Spezialisierung innerh. der Gruppen vorantreiben. Mittelfristig dürfte die Aufstellung auch Nischen für neue, spezialisiertere Partner nach sich ziehen. Die unmittelbaren Auswirkungen auf Menge u. Qualität des Geschäfts sind bislang allerdings überschaubar. Mit internat. grenzüberschreitenden Transaktions- u. Verrechnungspreismandaten ist jedoch klar, dass sich die neue dt. Struktur auch besser in die bereits seit einigen Jahren ähnl. Organisation der internat. CMS-Allianz einpasst.

Stärken: Beratung an der Schnittstelle zu Nachfolge/Erbschaftsteuer, internat. Verrechnungspreispraxis.

Entwicklungsmöglichkeiten: Im Vergleich zu unmittelbaren Wettbewerbern besteht hinsichtl. der Einbindung der Steuerpraxis bei größeren Transaktionen noch Nachholbedarf. Auch insofern könnte die neue Struktur hilfreich sein.

Häufig empfohlen: Dr. Wolf-Georg Frhr. von Rechenberg, Dr. Björn Demuth, Dr. Thomas Link, Thomas Gerdel, Dr. Heino Büsching

Kanzleitätigkeit: Breites Beratungsspektrum mit internat. vernetztem Know-how mit überw. lfd. u. eigenständiger Gestaltungsarbeit, daneben Transaktionen (▶M&A, ▶Private Equ. u. Vent. Capital u. ▶Immobilien) sowie ▶Restrukturierung/Sanierung). Lfd. Betriebsprüfungen u. Steuerstreit sowie USt, Zollrecht u. Verrechnungspreise. ▶Nachfolge/Vermögen/Stiftungen v.a. in Stuttgart, Berlin u. z.T. München. (13 Partner, 6 Counsel, 18 Associates)

Mandate: ●● Northland Power bei Einstieg bei RWE Innogy; Elad-Gruppe u.a. bei Verkauf eines norddt. Wohnportfolios; Earlybird bei Verkauf von Carpooling.com; Westfleisch bei Kauf der Rindfleischsparte der Gausepohl-Gruppe; Publity bei div. M&A-Transaktionen; CSB System bei Auseinandersetzung mit Finanzverwaltung bzgl. Verrechnungspreisen.

DENTONS
Steuerrecht

Bewertung: Für Steuern geschätzte Kanzlei, die zusammen mit Flick Gocke als Platzhirsch im Berliner Steuerrecht gilt. Nur wenige Steueranwälte verfügen über so enge Beziehungen zu Stadt, Landesbetrieben u. öffentl. u. privaten Banken wie Praxisgruppenleiter Busch. Dessen Geschäft verlagert sich seit Jahren hin zu Steuerstreitigkeiten, wo er an vielen Grundsatzverfahren beteiligt ist. Ihr Transaktionsgeschäft stützt die Praxis neben der guten Verdrahtung in Berlin auch auf die starke Restrukturierungsabteilung u. zunehmend auf internat. Verweisgeschäft der US-Praxis. In diesem Bereich hat das kleine Frankfurter Team seine Nische innerh. des dt. Dentons-Steuerrechts gefunden.

Stärken: Steuerexpertise an der Schnittstelle Privatunternehmen u. öffentl. Hand (AöR), sanierungs- u. insolvenzbez. Steuergestaltung (▶Restrukturierung/Sanierung), Steuerverfahren.

Häufig empfohlen: Dr. Stephan Busch, Andreas Ziegenhagen (Sanierung u. Steuern)

Kanzleitätigkeit: Auf Unternehmensteuern ausgerichtete multidiszipl. Beratung, v.a. Konzernsteuergestaltung u. Transaktionsbegleitung (häufig in Insolvenzsituationen), inkl. Betreuung in Betriebsprüfungen u. regelm. Steuerstreitverfahren. Daneben wirtschaftl. bedeutsame Erklärungsabteilung u. Prüfungskompetenz in WP-Gesellschaft. (3 Eq.-Partner, 2 Sal.-Partner, 3 Counsel, 4 Associates, 2 of Counsel)

Mandate: ●● Insolvenzverwalter einer Grundstücksentwicklungsgesellschaft wg. Verfassungsmäßigkeit der Mindestgewinnbesteuerung (zunächst BFH, dann BVerfG); Gienanth bei Verkauf an DBAG; Stadt u. Land bei Kauf eines Wohnungsportfolios im Raum Berlin; Klinikverband der gesetzl. Unfallversicherung bei Aufbau eines zentralen Klinikkonzerns. Lfd.: Altran nach Kauf der IndustrieHansa-Gruppe, Berliner Stadtreinigung, Berliner Wasserbetriebe, Deka Erwerbsgesellschaft, DSGV.

DLA PIPER
Steuerrecht

Bewertung: Geschätzte Steuerpraxis, die v.a. bei internat. Transaktionen regelm. zum Zuge kommt. An der Schnittstelle zu M&A, aber auch zu Immobilientransaktionen machte die Integration des noch immer im Vergleich zur Gesamtkanzlei kleinen Steuerteams die deutlichsten Fortschritte, etwa für einige große internat. Private-Equity-Fonds. Die Transaktionsarbeit für Fonds ist dagegen bereits seit Langem ein festes Standbein des in Frankfurt ansässigen Teams. Dagegen feilt DLA derzeit noch an einer internat. Verrechnungspreispraxis, die bislang aus London u. den Niederlanden gesteuert wird. Hier wird es sicher noch einige Zeit dauern, eine ähnl. Durchschlagskraft zu entwickeln, die andere globale Akteure wie etwa Baker & McKenzie bereits aufweisen.

Häufig empfohlen: Dr. Konrad Rohde ("exzellentes Know-how im internat. Steuerrecht", Wettbewerber)

Kanzleitätigkeit: Konzernsteuerrecht, Begleitung von Umstrukturierungen u. Transaktionen, kapitalmarktbez. Steuergestaltung, Steuerstreitverfahren u. Begleitung von Betriebsprüfungen; oftmals mit internat. Bezug. (2 Partner, 2 Counsel, 3 Associates, 1 of Counsel)

Mandate: ●● Israel Chemicals bei €250-Mio-Verkauf des Aluminium-, Papierchemikalien- u. Wasserbehandlungsgeschäfts an Kurita Water; Federal Mogul bei Verkauf des Bremsbelaggeschäfts an MAT; Summit bei Kauf von Nafi; Gesellschafter der E.I.S. Holding bei Verkauf an EQT; Aperam als Bieter für die ThyssenKrupp-Sparte VDM Metals; Gesellschafter von Bike24 bei Verkauf an Riverside.

EBNER STOLZ
Steuerrecht

Bewertung: Im Steuerrecht empfohlene MDP, die ähnlich wie andere große WP-Gesellschaften Steuergestaltungs- u. Deklarationsberatung in voller Breite anbietet, inkl. der praktisch ausschl. im WP-Umfeld praktizierten Betreuung internat. Mitarbeitereinsätze. Das Stuttgarter Büro ist der Treiber im Steuerrecht. Hier ist das Team am größten, die Verwurzelung im potenten familiengeführten Mittelstand – der Zielgruppe von Ebner Stolz – am tiefsten. Zuletzt entwickelte sich v.a. die USt-Beratung dynamisch, die Kanzlei punktet hier mit einem auf den Mittelstand zugeschnittenen Beratungsansatz u. liegt auch insofern auf einer Linie mit anderen WP-Gesellschaften. Die Beratung ist jedoch stärker auf die einzelnen Partner zugeschnitten als etwa bei den Big Four.

Stärken: Interdisziplinäre Steuerberatung mit Schnittstellen zu Rechts- u. allg. Unternehmensberatung; Steuern von Personengesellschaften u. Familienunternehmen.

Häufig empfohlen: Prof. Dr. Ursula Ley, Dr. Jörg Nickel, Frank Strohm, Prof. Dr. Holger Jenzen ("sehr kompetent, durchsetzungsstark", Wettbewerber)

Kanzleitätigkeit: Breit aufgestellte Full-Service-Beratung mit Steuergestaltung, ▶Unternehmensnachfolge, steuerl. Begleitung von Transaktionen (v.a. M&A, Immobilien) u. ▶gesellschaftsrechtl. Um- u. Restrukturierungen, internat. Steuern (u.a. Verrechnungspreise, Mitarbeitereinsätze), USt, FG-Verfahren, Betriebsprüfungen, Steuerstrafrecht u. Erklärungspraxis. Beratung mittelständ. u. gemeinnütz. Unternehmen, daneben Beteiligungsgesellschaften (Industrie, Handel, Gesundheit, Privatbanken), Spezial-Know-how bei öffentl.-rechtl. Rundfunk. (rund 40 Berufsträger im Kern der Gestaltungsberatung, plus weitere StB u. WP)

Mandate: ●● Dt. Sparkassenverlag bei Einstieg bei Payone; EK/Servicegroup bei Mehrheitserwerb an Euretco; Tectum bei Umstrukturierung;

Führende Namen bei Steuerstreitverfahren

Prof. Dr. Burkhard Binnewies	Streck Mack Schwedhelm
Prof. Dr. Dieter Birk	P+P Pöllath + Partners
Dr. Axel Bödefeld	Oppenhoff & Partner
Dr. Stephan Busch	Dentons
Dr. Claas Fuhrmann	Carlé Korn Stahl Strahl
Dr. Markus Gotzens	Wannemacher & Partner
Prof. Dr. Holger Jenzen	Ebner Stolz
Dr. Martin Lausterer	Linklaters
Jan Leisner	Leisner Steckel Engler
Dr. Dirk Pohl	McDermott Will & Emery
Dr. Hans-Michael Pott	Sernetz Schäfer
Prof. Dr. Thomas Rödder	Flick Gocke Schaumburg
Dr. Rolf Schwedhelm	Streck Mack Schwedhelm
Dr. Matthias Söffing	S&P Söffing
Dietmar Völker	Völker

Die hier getroffene Auswahl der Personen ist das Ergebnis der auf zahlreichen Interviews basierenden Recherche der JUVE-Redaktion (siehe S. 20). Sie ist in 2erlei Hinsicht subjektiv: Sämtliche Aussagen der von JUVE-Redakteuren befragten Quellen sind subjektiv u. spiegeln deren eigene Wahrnehmungen, Erfahrungen u. Einschätzungen wider. Die Rechercheergebnisse werden von der JUVE-Redaktion unter Einbeziehung ihrer eigenen Marktkenntnis analysiert u. zusammengefasst. Der JUVE Verlag beabsichtigt mit dieser Tabelle keine allgemein gültige oder objektiv nachprüfbare Bewertung. Es ist möglich, dass eine andere Recherchemethode zu anderen Ergebnissen führen würde.

● Referenzmandate, umschrieben
●● Referenzmandate, namentlich

Anwaltszahlen: Angaben der Kanzleien, wie viele Anwälte zu mind. ca. 50 % in diesem Gebiet tätig sind. Sie spiegeln nicht zwingend die Gesamtgröße einer Kanzlei wider.

STEUERRECHT

Werner & Mertz im internat. Steuerrecht; LBBW, Fischerwerke, IAC wg. internat. Mitarbeitereinsätze. Lfd.: Halder Beteiligungsberatung, Dekra (beide bei Transaktionen); Elring Klinger (u.a. Deklaration, USt); PNE Wind (bei Transaktionen, internat. Konzernsteuern); Thieme-Verlagsgruppe, Panini Verlag (beide USt); JC Eckardt (u.a. Verrechnungspreise, BP).

ESCHE SCHÜMANN COMMICHAU
Steuerrecht

Bewertung: Die Hamburger MDP stützt den Erfolg ihrer geschätzten Steuerpraxis auf ihre hervorrag. Verknüpfung mit u. die langjährige Betreuung von norddt. Unternehmen aller Größenordnungen. Während sich die Transaktionspraxis mit den Neupartnern des vergangenen Jahres wieder in guter Verfassung befindet, bleibt das Rückgrat der Kanzlei die lfd. Beratung bei Deklarationen u. häufig auch als ausgelagerte Steuerabteilung. Insofern profitiert ESC auch vom Markttrend der weiter steigenden Nachfrage nach USt-Begleitung.

Entwicklungsmöglichkeiten: ESC hat sich in den vergangenen Jahrzehnten zu einem Platzhirsch im örtl. Steuermarkt entwickelt. Angesichts der Dynamik im MDP-Markt bei Hamburger Wettbewerbern wie Ebner Stolz, Boege Rohde Lübbehüsen u. neuerdings Flick Gocke könnte diese Position in Gefahr geraten. ESC wird mittelfristig nicht umhinkommen, ihr Profil in der Steuergestaltung u. der internat. Aufstellung zu schärfen.

Häufig empfohlen: Jürgen Milatz, Dr. Robert Kroschewski

Kanzleitätigkeit: Umf. unternehmensteuerl. Gestaltungs- u. Transaktionsberatung (▶M&A), inkl. steuerl. Due Diligence, mit multidisziplinärem Ansatz, Steuerstreit u. Betriebsprüfungen sowie große Erklärungspraxis. Zunehmend: USt. Vielfach auch mit Bezügen zu ▶Nachfolgegestaltungen. Angegliederte WP- u. Stiftungstreuhandgesellschaft. (11 Partner, 24 Associates, ohne WP-Gesellschaft)

Mandate: ●● Lfd.: CTS Eventim, Valora (aus dem Markt bekannt). Hamburger Großunternehmen: techn. Prüfgesellschaft, namh. Werbeagentur, gr. Papierhersteller, bedeut. Schreibwarenhersteller, norddt. Getränkehersteller, führender norddt. Modehersteller.

FLICK GOCKE SCHAUMBURG
Steuerrecht

Bewertung: Für die in Dtl. zu den führenden zählende Steuerpraxis könnte mit dem Beitritt zum hoch angesehenen internat. Taxand-Netzwerk zum Jahreswechsel 2016 eine neue Zeitrechnung bevorstehen. Bislang zeichnete sich FGS durch ihre Vormachtstellung im Unternehmensteuerrecht bei Dax-Konzernen u. großen dt. Familienunternehmen aus, während insbes. Inbound-(Transaktions-)mandate praktisch komplett an der Praxis vorbeiliefen. Gelingt es, die Taxand-Beziehung zügig mit Leben zu füllen, dürfte dieser Makel bald der Vergangenheit angehören. Bei Verrechnungspreisen, europaw. Betriebsprüfungen oder Inboundarbeit könnte FGS mit den internat. bislang deutl. besser aufgestellten führenden Wettbewerbern, aber auch etwa mit Baker & McKenzie, langfristig gleichziehen. Das wird sicher nicht von heute auf morgen gelingen, denn derzeit sind für FGS eher Konstellationen wie bei der komplexen Abspaltung der Bayer-Material-Science-Sparte Normalität. Diese koordinierte FGS zwar, die ww. steuerl. Aspekte beriet jedoch Linklaters. Einen Schub dürfte der Kanzlei daneben das im Sommer 2015 endlich eröffnete, eigenständ. Büro in Hamburg geben. Hier sorgte FGS mit einer Mischung aus jungen Unternehmensteuerrechtlern wie von Freeden, der von Bonn nach HH zog, sowie in der Hansestadt gut verdrahteten Anwälten wie Dr. Günter Kahlert (von White & Case) und Hans-Henning Bernhardt (von WTS, davor Rechts- u. Steuerchef von Beiersdorf) für einen Respekt einflößenden Start. Diese zentralen Veränderungen der FGS-Aufstellung stellten die Arbeit des nochmals ausgebauten Steuerstrafrechts- u. Tax-Compliance-Teams, das mit mittlerw. rund 40 Berufsträgern (darunter 3 Eq.- u. 2 neu ernannte Sal.-Partner) eines der führenden Spezialteams ist, sowie die Erfolgsgeschichte der jungen Berliner Mannschaft – zu Unrecht – in den Schatten.

Stärken: Steuer-Know-how in multidiszipl. Beratungs- u. Prozesspraxis. Feste Verwurzelung bei Dax- u. familiengeführten Unternehmen durch nochmals verstärkte Expertise im Unternehmen- u. Erbschaftsteuerrecht (▶Nachfolge/Vermögen/Stiftungen). Sehr gute Verknüpfung zum ▶Gesellschaft.recht bei Konzernumstrukturierungen. Zudem ▶Steuerstrafrecht.

Häufig empfohlen: Prof. Dr. Thomas Rödder („beeindruckender Allrounder im Steuerrecht", „einer der Besten Dtl.s, verbindlich u. bescheiden im Auftreten", Wettbewerber), Prof. Dr. Hubertus Baumhoff (Verrechnungspreise), Prof. Dr. Andreas Schumacher, Dr. Stefan Schloßmacher (Versicherungen), Dr. Joachim Schmitt (Umwandlungsteuerrecht), Dr. Oliver Hötzel, Dr. Karsten Randt, Dr. Jörg Schauf (beide ▶Steuerstrafrecht), Dr. Florian Kutt, Dr. Ingo Stangl, Dr. Jens Schönfeld, Dr. Xaver Ditz („denkt weit über Schema F hinaus", Mandant; Verrechnungspreise), Dr. Arne von Freeden, Dr. Helder Schnittker („hervorragender Strukturierer", Wettbewerber), Dr. Jochen Bahns

Kanzleitätigkeit: Breite unternehmensteuerrechtl. Praxis. Gestaltungsberatung, häufig sowohl eigenständ. (inkl. Compliance, Umsatzsteuer, Verrechnungspreise, Unternehmensbewertung, Bilanzrecht) als auch in Verbindung mit Gesellschafts- u. z.T. Kapitalmarktrecht (Restrukturierungen, Vorstands-/Aufsichtsratsberatung, ▶M&A). Umf. Beratung bei Betriebsprüfungen u. Vertretung vor dt. u. europ. Gerichten, umf. Steuerstrafrecht. (40 Eq.-Partner, 37 Sal.-Partner, 3 Gründungspartner, 5 of Counsel, rd. 140 Associates)

Mandate: ●● Bayer bei Abspaltung der Sparte Material Science; Metro bei Neugestaltung der Verrechnungspreisstruktur; Axel Springer bei (geplantem) Rechtsformwechsel in SE u. Fusion von ‚Welt' u. N24; Dt. Wohnen bei Übernahmeangebot an Conwert; Rabo Real Estate bei Verkauf des ‚Palais-Quartiers' (Ffm.); Dream Global REIT bei Kauf Immobilie Millerntorplatz 1 (HH). Lfd.: u.a. Volkswagen, Daimler, Dt. Telekom, Bayer, BASF, Beiersdorf, Lufthansa, Metro, Siemens, ThyssenKrupp, Aventis, Merck, Vodafone, Henkel, Dr. August Oetker, Eon, Vattenfall (alle aus dem Markt bekannt).

FRESHFIELDS BRUCKHAUS DERINGER
Steuerrecht

Bewertung: Die Praxis bestimmt als eine der führenden in der Disziplin den steuerrechtl. Beratungsmarkt maßgebl. mit. Grundlage des Erfolgs sind eine Fülle herausragender Partner – nur FGS hat nach Ansicht zahlr. Wettbewerber mehr in ihren Reihen – u. eine strategische Aufstellung, die in puncto inhaltl. Vielfalt u. Internationalität ihresgleichen sucht. Dies sicherte ihr zuletzt v.a. im wieder anziehenden Transaktionsgeschäft eine Position, auf die zahlr. Wettbewerber teils mit Bewunderung, teils mit Neid blicken. Große grenzüberschr. Deals wie für Metro pflasterten ebenso den Weg der Praxis wie die Top-Transaktionen hierzulande, etwa die Gagfah-Übernahme durch Dt. Annington oder die Beratung von Zalando bei der Umwandlung in eine SE u. dem Börsengang. Auch in anderen derzeit prägenden u. an Bedeutung gewinnenden Themen ist FBD weit vorne mit dabei, so etwa in Fragen an der Schnittstelle zu Compliance u. Steuerstrafrecht – u. erntet nun die Früchte frühzeitiger Positionierung. V.a. bankinterne Untersuchungen prägen hier das Geschäft. Ein weiteres Pfund, mit dem die Kanzlei daneben wuchern kann, ist ihre Begleitung in Krisensituationen von Unternehmen.

Stärken: Internat. Aufstellung für komplexe länderübergreifende Transaktionen u. Restrukturierungen, steuerl. Beratung von Banken u. Finanzdienstleistern zu Produkten u. unternehmens- bzw. transaktionsbez. mit Schnittstellen zu ▶M&A, ▶Private Equ. u. Vent. Capital, ▶Immobilien- u. zum Bank- u. Finanzrecht etwa mit Fokus auf die ▶investmentrechtl. Praxis sowie Spezialsteuern, etwa im Bereich ▶Energie.

Häufig empfohlen: Prof. Dr. Stephan Eilers, Wilfried Schaefer, Prof. Dr. Jochen Lüdicke, Dr. Martin Schießl, Dr. Ulrich Blaas, Dr. Christian Sistermann („immer top", Wettbewerber), Dr. Christian Ruoff („sehr guter, harter Verhandler", Wettbewerber), Dr. Norbert Schneider („effizient, zielorientiert", „hervorragende Fachkenntnis gepaart mit Verhandlungsgeschick", Wettbewerber), Dr. Ulf Johannemann, Dr. Alexander Schwahn, Dr. Georg Roderburg („pragmatisch, analytisch sehr stark", Wettbewerber)

Kanzleitätigkeit: Konzerne bei Transaktionen u. Restrukturierungen sowie lfd. steuerl. Beratung dt. u. internat. Groß- u. Investmentbanken (u.a. bei Finanzprodukten). Daneben Gesellschafter gr. familiengeführter Unternehmen (▶Nachfolge/Vermögen/Stiftungen). Neben Gestaltungen vermehrt Betriebsprüfungen u. Steuerverfahren (insbes. bei neuen u. Spezialsteuern). (15 Partner, 2 Counsel, ca. 40 Associates)

Mandate: ●● Alstom bei Verkauf der Sparte Auxiliary Components; Eigentümer der Meyer-Werft bei Kauf von STX Finland; Metro bei Verkauf des vietnames. Cash-&-Carry-Geschäfts; OEP bei Verkauf von Constantia Flexibles; EQT bei Kauf der Siemens-Hörgerätesparte; Gagfah bei Kauf durch Dt. Annington; RREEF/ECE bei Kauf des ‚Palais-Quartiers' (Ffm.); SEB bei Verkauf der Sparte Asset-Management; Hafen City Hamburg hinsichtl. Investment von Unibail-Rodamco in südl. Überseequartier; ATS Automation Tooling System bei Kauf der Automatisierungssparte von M+W; Dong Energy bei Kauf der Projektrechte für Windpark Borkum Riffgrund West 2; E.on, VNG bei Verkauf der EVG-Anteile; HVB bei Verkauf der DAB Bank; IVG Immobilien bei Refinanzierung; Bundesverband dt. Banken bei Rettung der DüsselHyp; Zalando bei Umwandlung in SE; RWE u. EnBW gg. die Atomsteuer.

STEUERRECHT

GLEISS LUTZ
Steuerrecht

Bewertung: Die häufig empfohlene Steuerpraxis setzt den Aufschwung der vergangenen 3 Jahre fort. V.a. das Transaktionsteuerrecht hat sich wg. der hervorragenden Zusammenarbeit mit den ▶M&A-, ▶Immobilien- u. ▶Restrukturierungspraxen (wieder) zum Rückgrat der Abteilung entwickelt. Dies wurde möglich, weil das Steuerteam nicht nur in den letzten Jahren deutl. gewachsen ist, sondern auch den Spezialisierungsgrad in den genannten Schnittstellengebieten gehoben hat. Nun feilt die Kanzlei an ihrer Aufstellung im (Steuer-) Compliance-Bereich, wo sie im Vergleich mit direkten Wettbewerbern etwas später dran ist. Neben dem langj. Compliance-Inhouse-Spezialisten Dr. Dirk Scherp (kam im Herbst 2014 von GSK) sollen der junge Partner Werder, der bei der Aufbereitung der Cum-Ex-Strukturen bei der HVB eine zentrale Rolle spielte, sowie eine von Baker & McKenzie gekommene Associate das originär steuer(straf)rechtl. Profil weiter schärfen.

Stärken: Umf. Beratungsansatz oft im Zusammenwirken mit den Praxen ▶Gesellsch.recht, ▶Restrukturierung/Sanierung, ▶M&A u. ▶Private Equ. u. Vent. Capital.

Häufig empfohlen: Dr. Achim Dannecker, Dr. Alexander Werder, Dr. Michael Marquardt, Dr. Johann Wagner

Kanzleitätigkeit: Steuerl. Fragen bei gesellschafts- u. immobilienrechtl. Transaktionen, Um- u. Restrukturierungen sowie Bank-/Kapitalmarktrecht (in Ffm.). Daneben ▶Nachfolge- u. Transaktionsberatung für namhafte Familienunternehmen. Außerdem eigenständ. Geschäft (Steuergestaltung, Begleitung von Betriebsprüfungen), strateg. Steuerstreitverfahren, steuerl. Compliance-Strukturen. (5 Eq.-Partner, 2 Sal.-Partner, 2 of Counsel, 9 Associates)

Mandate: ●● Getrag bei gepl. €2,4-Mrd-Verkauf an Magna; KKR/Panasonic Health Care bei Kauf der Bayer-Sparte Diabetes Care; MPC Capital bei Integration der Reedereien Ahrenkiel Steamship u. Contchart; Eurazeo bei Restrukturierung von Apcoa; Hapag-Lloyd-Gesellschafter Kühne, Stadt Hamburg u.a. bei Zusammenschluss mit CSAV; UniCredit Bank/HVB bei Zivil- u. Steuerhaftungsverfahren wg. Cum-Ex-Transaktionen; L-3 Communications bei Verkauf des Geschäftsbereichs Marine Systems; Roche Dtl. bei Umstrukturierung u. im Zuge der ww. Abspaltung der Diabetes-Care-Sparte; Scholz-Gruppe bei Restrukturierung u. Beteiligung von Toyota Tsusho; Aurelius Capital Management/Blackrock/DuPont/Third Avenue als Anleihengläubiger bei der finanziellen Restrukturierung der IVG. Lfd. u.a. Robert Bosch, Würth-Gruppe, ZF Friedrichshafen.

GSK STOCKMANN + KOLLEGEN
Steuerrecht

Bewertung: Geschätzte Steuerpraxis, die den Aufwärtstrend der vergangenen Jahre im Frankfurter Büro fortsetzt. Hier sorgen in der seit 2012 so bestehenden Konstellation einige langwierige Prozessmandate für Grundauslastung, doch seit Herbst 2014 boomt die Transaktionsbegleitung v.a. im Investmentsteuerrecht (Fondsstrukturierungen) sowie bei ▶Immobiliendeals, wo das Steuerteam mittlerw. hervorragend eingebunden ist. Umso ärgerlicher ist der Verlust des Stuttgarter Büros, das Ende 2014 komplett zu Heuking wechselte, wodurch GSK auch einen versierten Transaktionsteuerrechtler verlor.

Stärken: Steuerl. Gestaltung von Immobiliendeals, Prozessführung.

Entwicklungsmöglichkeiten: Die Praxis ist zu klein, um aus eigener Kraft weitere Entwicklungsschritte machen zu können. Will sie nicht Möglichkeiten verpassen, die sich nun v.a. im originären Geschäft ergeben, braucht sie zwingend personelle Verstärkung. Neben Frankfurt wäre ein Ausbau auch in anderen GSK-Büros möglich.

Kanzleitätigkeit: Investoren u. internat. operierende Unternehmen bei Steuergestaltung, u.a. Konzerne zu Verrechnungspreisen u. USt sowie Familienunternehmen zu Nachfolgethemen. Begleitung von Betriebsprüfungen u. Compliance, zudem Steuerstreitverfahren. Kapitalmarktbezogene Steuergestaltung, vermehrt Transaktionen (▶M&A, ▶Immobilien, ▶Private Equ. u. Vent. Capital). (1 Eq.-Partner, 3 Associates)

Mandate: ●● Adler Real Estate bei €200-Mio-Kauf eines Immobilienportfolios in Wihelmshaven; Gothaer Versicherung bei Finanzierung der Zentrale; DMG Information bei Steuerplanung in Dtl.; dt. Bank bei Kauf einer Privatbank; Fondsinvestor bei Strukturierung geschl. Immobilienfonds; Immobilienfonds bei Zukauf in Berlin.

HENGELER MUELLER
Steuerrecht

Bewertung: Die von jeher sehr gut in die Gesellschafts- u. Bankrechtsberatung integrierte, häufig empfohlene Steuerpraxis profitierte zuletzt überdurchschnittl. vom Umfeld hierzulande: Insbes. die Nachfrage nach internen Untersuchungen infolge von Betriebsprüfungen oder Umstrukturierungen hat rapide zugenommen. Anders als Wettbewerber wie Flick Gocke oder Baker hat Hengeler zwar kein eigenes Tax-Compliance-Team geschaffen, doch dafür die sich etwa bei Banken bietenden Möglichkeiten beherzt genutzt. Auch im Produktbereich war es ursprüngl. die herausragende Bankenpraxis, die dem Steuerteam bei einem weiteren aktuellen Beratungsfeld den Weg bereitete: der steuerl. Behandlung von Hybrid-Kapital (sog. AT1-Kapital), wo HM eine Vorreiterrolle in Dtl. einnimmt. Dominant bleibt das Transaktions- u. Projektgeschäft bei der Vielzahl von Großdeals, die die Kanzlei begleitet. Doch die Steuerrechtler zeigen zunehmend das gesamte Potenzial der Praxis, die laut Wettbewerbern „viel besser als ihr Ruf" ist, der lange fast ausschl. auf der Transaktionsbegleitung fußte.

Stärken: Steuerpraxis im Umfeld der Vorzeigebereiche Corporate u. Finance (▶M&A, ▶Private Equ. u. Vent. Capital, ▶Gesellsch.recht, ▶Anleihen, ▶Bankrecht u. -aufsicht, ▶Börseneinführ. u. Kapitalerhöhung, ▶Investmentfonds, ▶Kredite u. Akqu.fin.).

Häufig empfohlen: Dr. Martin Klein („einer der besten Steuerrechtler Dtl.s", Wettbewerber), Dr. Ernst-Thomas Kraft, Dr. Stefanie Beinert („klare, fundierte Beratung", Wettbewerber).

Kanzleitätigkeit: Steuerrecht im Kontext von M&A-/Private-Equity-Transaktionen, Pre-/Post-Umstrukturierungen, Kapitalmarktrecht, ▶Restrukturierung/Sanierung. Steuerabwehr u. Steuerstreit in bedeutenden Einzelfällen. (4 Partner, 1 Counsel, 10 Associates)

Mandate: ●● Axel Springer bei mögl. Umwandlung in KGaA; Magna bei geplantem €2,4-Mrd-Kauf von Getrag; Siemens bei €2,1-Mrd-Verkauf der Audiosolutions-Sparte; VTG bei €1,2-Mrd-Kauf der AAE Holding; LEG bei €484-Mio-Kauf eines Wohnungsportfolios der Dt. Annington; Bain bei €600-Mio-Kauf von Wittur; MFB MeinFernbus bei €160-Mio-Zusammenschluss mit FlixBus; RWE bei Verkauf von RWE Dea an LetterOne; Siemens bei Verkauf der 50%-Beteiligung an BSH; HRE bei IPO von pbb. Bankrecht: BofA, Morgan Stanley, Royal Bank of Canada bei Finanzierung des €2,8-Mrd-Kaufs von Kaufhof durch Hudson Bay; KT Bank bzgl. steuerl. Behandlung islamfreundl. Produkte; Wüstenrot & Württembergische bei AT1-Anleihen durch Wüstenrot Bank; VTG bei Emission nachrangig garantierter €250-Mio-Hybridanleihe.

HEUKING KÜHN LÜER WOJTEK
Steuerrecht

Kanzlei des Jahres für Steuerrecht

Bewertung: Das häufig empfohlene Steuerteam befindet sich seit dem Zugang von Scheunemann im Herbst 2011 kontinuierlich auf Ausbaukurs u. hat Jahr für Jahr neue Eq.- bzw. Sal.-Partner gewonnen. Mit dem Stuttgarter Partner Dr. Dirk Koch, der Anfang 2015 mit dem dortigen GSK-Team zu Heuking stieß, folgte nun der nächste Schritt. Ergebnis: Nie war die Kanzlei in der Breite so gut besetzt wie zurzeit. Das Steuerteam profitiert unmittelbar von der Zusammenarbeit mit div., in den letzten Jahren zu der Kanzlei gestoßenen Partnern anderer Fachbereiche in D'dorf, Frankfurt u. München, insbes. an den Schnittstellen zu M&A, Private Equity, Finanzierung u. Investmentrecht. Dass die Zusammenarbeit so eng werden konnte, liegt aber v.a. an dem massiven Ausbau der Steuerabteilung selbst. Sie hat ihr Profil gewandelt: von einer Praxis, in der früher die wenigen Steuerpartner recht isoliert ihre eigenen Mandanten im lfd. Corporate-/Tax-Geschäft berieten, hin zu einer fachübergreifenden Teamstruktur, die Projekte in div. Rechtsgebieten abwickelt. Daneben stützt sie sich weiter auf ihre steuerl. Kompetenz in Bezug auf hochvermög. Privatkunden u. Familienunternehmen sowie das Steuerstrafrecht.

Häufig empfohlen: Dr. Dieter Bohnert, Dr. Marc Scheunemann („außergewöhnl. transaktionsstark u. sehr vernetzt", Wettbewerber).

Kanzleitätigkeit: Unternehmensteuerrecht (▶M&A-Transaktionen, Umstrukturierungen, internat. Bezüge) v.a. für den gehobenen Mittelstand; Nachfolgeregelungen für familiengeführte Unternehmen u. Private Clients (▶Nachfolge/Vermögen/Stiftungen); Steuer-Compliance-Untersuchungen u. Betriebsprüfungen, Selbstanzeigen u. ▶Steuerstrafrecht sowie Außenwirtschafts- u. Zollrecht. (8 Eq.-Partner, 3 Sal.-Partner, 3 Associates)

Mandate: ●● Fam. Mankel/Dorma bei Fusion mit der Schweizer Kaba Holding; Auctus bei Verkauf des Rehaklinikbetreibers Celenus an Orpea; CoBe Capital bei Verkauf der europ. Printing Systems Group an Heidelberger Druck; American Realty/Moor Park bei Kauf des Halle Centers u. des Logistikzentrums Rexam; Chorus bei Kauf 2er Onshorewindparks von PNE Wind; Krones bei div. Transaktionen; Dt. Real Estate Funds/Dt. Studenten Wohn Bond bei Anleihe zur Finanzierung von Studentenwohnheimen; Fair Value REIT bei Emission einer Wandelanleihe; Leclanché bei Einstieg

---

● Referenzmandate, umschrieben
●● Referenzmandate, namentlich

Anwaltszahlen: Angaben der Kanzleien, wie viele Anwälte zu mind. ca. 50 % in diesem Gebiet tätig sind. Sie spiegeln nicht zwingend die Gesamtgröße einer Kanzlei wider.

STEUERRECHT

u. Finanzierung von Recharge. Lfd.: EnBW zu steuerl. Sonderthemen; Ciech bei Implementierung von Verlustnutzungsmodellen u. Optimierung der Konzernstruktur.

HOGAN LOVELLS
Steuerrecht

Bewertung: Die häufig empfohlene Steuerpraxis konnte zuletzt in puncto Beratungsbreite wie auch wirtschaftl. wieder zulegen. Mit einem hohen Anteil steuerl. Eigengeschäfts hat sie sich über die Jahre in gewissem Umfang unabhängig gemacht, etwa bei steuerl. Spezialfragen im Versicherungssektor – der langj. Steuerpraxisleiter Küppers leitet seit Sommer 2014 auch die ww. Versicherungspraxis der Kanzlei. Auch die Übernahme von zentralen Rollen bei langj. Mandanten wie FMS Wertmanagement tragen zur Stabilität bei. Der Grund für den jüngsten Aufschwung liegt jedoch eher in der aktiveren Transaktionspraxis: So profitieren die Steuer- u. M&A-Anwälte u.a. von einer Zunahme europ. u. transatlant. Großprojekte wie etwa für Danfoss oder im Rahmen des FMS-Kauf von Depfa. Hinzu kommt der auch konjunkturell bedingte Zuwachs an Immobiliendeals. Hier hat der in der Immobilienbranche hoch angesehene Praxisgruppenleiter Dettmeier seinen Schwerpunkt. Aufbauend auf die große Transaktionserfahrung will das Team nun auch im Bereich (Immobilien-)Fondsstrukturierung eine stärkere Rolle spielen. Es setzt dabei auf die Verknüpfung steuerl., investment- u. aufsichtsrechtl. Expertise.

Stärken: Beratung an der Schnittstelle Steuerrecht u. Regulatorik, enge Kontakte u.a. zu Versicherern, Immobilien- u. Gesundheitswirtschaft. Starke internat. Integration, intensive grenzüberschr. Strukturierungsberatung.

Häufig empfohlen: Dr. Christoph Küppers, Dr. Michael Dettmeier, Dr. Heiko Gemmel.

Kanzleitätigkeit: Breite Praxis mit bes. Expertise im ▶Versicherungsunternehmensrecht, für ▶Bankrecht u. -aufsicht (Verbriefungen), ▶Immobilien, ▶Gesundheit (Pharma/Life Science), ▶Energie, Automotive sowie bei CTA-Modellen. Sehr internat. Projekte, auch mit ▶M&A-Bezug. (2 Eq.-Partner, 2 Sal.-Partner, 2 Counsel, 6 Associates)

Mandate: ●● Advent u. Marcol bei Verkauf der Median Kliniken an Waterland; Foncière des Murs bei Kauf eines Hotelportfolios von Motel One; Pensionskasserne Administration bei 50%-Beteiligung am Offshorewindparkprojekt Gode Wind 2; Danfoss bei Strukturierung eines Joint Ventures mit Bosch Thermotechnik für energieeffiziente Kompressortechnologie; FlixBus bei €160-Mio-Zusammenschluss mit MeinFernbus; FMS Wertmanagement bei €320-Mio-Kauf der Depfa von der HRE sowie €740-Mio-Übernahme 3er hybrider Depfa-Anleihen; VW Leasing bei Verbriefungsprogrammen.

HONERT + PARTNER
Steuerrecht

Bewertung: Im Steuerrecht geschätzte Kanzlei, die zuletzt v.a. abseits ihres ausgeprägt transaktionsbezogenen Geschäfts zulegte. Dies gilt v.a. für das breitere Unternehmenssteuerrecht, u. auch für Verrechnungspreise, aber auch Nachfolgeberatung. An der bisherigen Ausrichtung auf die Schnittstelle von Steuer- u. Gesellschaftsrecht ändert dies indes nichts. Kernmandantschaft bleiben der gehobene Mittelstand u. Investoren.

Stärken: Unternehmenssteuerrecht (insbes. bei Umwandlungen, Restrukturierungen, Transaktionen), Mitarbeiterbeteiligungen, gute Verbindungen zu kl. Private-Equity-Häusern.

Häufig empfohlen: Dr. Jürgen Honert, Dr. Jochen Neumayer, Sven Fritsche („unkompliziert, fachkundig", Wettbewerber)

Kanzleitätigkeit: Gesellschaftsrecht u. ▶M&A i.V.m. Unternehmensrecht auch für Private-Equity-Häuser, häufig mit internat. Bezug. Randgebiete sind Steuerstrafrecht, Stiftungen, Unternehmensnachfolge. V.a. für den gehobenen Mittelstand tätig. (3 Eq.-Partner, 3 Associates)

Mandate: ●● Santo Holding bei Investition in Siemens Hörgeräte; Suppremol-Gesellschafter bei Verkauf des Unternehmens; Tec-Dax-Unternehmen bei Formwechsel in SE.

K&L GATES
Steuerrecht

Bewertung: Die geschätzte Steuerpraxis verbreiterte sich inhaltl. erneut erfolgreich. Nach dem Zugang eines Investmentsteuerrechtlers von King & Wood im Frühjahr 2014 stieß im Jahr später Karsten Seidel ebenfalls von King & Wood dazu. Wie im Heimatmarkt USA deckt K&L Gates mit ihm nun auch in Dtl. die Schnittstelle zur Vermögens- u. Nachfolgeplanung ab. Damit ergänzen beide die Kernpraxis um Schmitt, die wiederum bei Immobilien-, aber v.a. bei internat. Mid-Cap-Deals nochmals zulegen konnte, wie die Arbeit für Microsoft beim Kauf von 6 Wunderkinder belegt. Ein Wermutstropfen ist allerdings der Weggang von Valentina Farle, die über einige feste Mandatsbeziehungen zum dt. Mittelstand verfügt, aber ihre anwaltl. Tätigkeit vorerst reduziert hat.

Häufig empfohlen: Rainer Schmitt, Karsten Seidel („hervorragende Zusammenarbeit", Mandant)

Entwicklungsmöglichkeiten: Nach der Verbreiterung gilt es nun, gegenseitige Synergien zw. der steuerrechtl. Begleitung u. den begleiteten Nachfolgeaspekten herzustellen. Die gemeinsame Vergangenheit der verantwortlichen Partner dürfte dafür hilfreich sein.

Kanzleitätigkeit: Unternehmenssteuerl. Beratung v.a. im Rahmen von ▶Immobilien- u. ▶M&A- Transaktionen sowie bei ▶gesellsch. rechtl. Umstrukturierungen, Restrukturierungen u. ▶Kredite u. Akqu.fin., häufig mit grenzüberschr. Charakter. Nun auch Investmentsteuern. (3 Partner, 2 Associates)

Mandate: ●● Idea Fimit bei Ausstieg aus dt. Investitionen; Microsoft bei Kauf von Condenut u. 6 Wunderkinder; CBRE Global Investors bei Investitionen in dt. Spezialfonds. Lfd.: Verivox, Acrest Property.

KANTENWEIN ZIMMERMANN FOX KRÖCK & PARTNER
Steuerrecht

Bewertung: Die im Steuerrecht geschätzte MDP-Kanzlei punktet traditionell mit ihrer Kompetenz an der Schnittstelle zu ▶Nachfolgefragen u. Stiftungsthemen. Dass die auf Letztere spezialisierte Dr. Annett Kuhli jüngst in die Equity-Partnerriege aufstieg, dokumentiert den Erfolg. Auch das Unternehmens- u. Transaktionssteuerrecht konnte einen Sprung machen: So gelang es Widmayer, einige recht große Gestaltungs- u. Begutachtungsmandate zu gewinnen, etwa bei der Umstrukturierung eines bekannten Handelsunternehmens. Zudem holte KZFK mit dem langj. Weil Gotshal-Anwalt Sven Ceranowski den ersten ausgewiesenen Transaktionssteuerspezialisten, während der erfahrene Willibald in den Counsel-Status wechselte. Weiter zulegen konnte die Praxis schließlich bei Fragen der StB-Haftung.

Häufig empfohlen: Dr. Thomas Kantenwein, Franz Willibald, Dr. Gerhard Widmayer („extrem zuverlässig u. präzise", Wettbewerber)

Kanzleitätigkeit: Multidiszipl. Beratung v.a. für gehobenen südd. Mittelstand, daneben Spezialfragen für Großunternehmen u. steuerl. M&A-Begleitung. Umf. Ansatz: u.a. Gestaltungsberatung, Betriebsprüfungen u. Steuerprozesse sowie Erklärungspraxis/Jahresabschlussprüfungen. Auch ▶Handel u. Haftung. (5 Eq.-Partner, 1 Sal.-Partner, 6 Associates, 1 of Counsel)

Mandate: ● Einzelhandelskonzern bei Betriebsprüfung; Dax-Konzern nach Umstrukturierung hinsichtl. Grundsteuer; dt. Softwareunternehmen u.a. zu Quellensteuer; österr. Energieversorger bei Kauf in Dtl.; Unternehmerfamilie bei Entflechtung div. Vermögensteile. Lfd.: Verlagsgruppe, Messtechnikhersteller, ausl. Immobilienfonds.

KING & WOOD MALLESONS
Steuerrecht

Bewertung: Die im Steuerrecht geschätzte Praxis ist nach ihrem massiven Umbruch im Vorjahr weiter im Wandel. Nach dem Weggang des Private-Client- u. Steuerstrafrechtsspezialisten Karsten Seidel im Frühjahr 2015 (zu K&L Gates) büßte sie weiter an Breite ein u. richtet sich so noch stärker als im Vorjahr auf die steuerl. Begleitung von Transaktionen, zunehmend aus Asien, aus. Allen Umbrüchen trotzen konnten dagegen die Fondsstrukturierungs- u. -transaktionspraxen, die nun (wieder) das Gesicht der Steuergruppe bestimmen.

Stärken: ▶Private-Equ.- u.- Vent.-Capital-Transaktionen, v.a. auf Investorenseite, bei der Fondsstrukturierungen einer der führenden Akteure.

Entwicklungsmöglichkeiten: Anders als z.B. bei Dentons hat die Fusion der Steuerpraxis bislang nur sehr begrenzt Impulse verliehen. Dies hängt auch maßgebl. mit dem enormen personellen Umbruch zusammen, kaum ein Team hat sein Gesicht im internen Gefüge so stark verändert. Es gilt nun personelle Stabilität hineinzubringen, anders lassen sich große Aufgaben, wie die gepl. zentrale Koordination der ww. wirtschaftl. Unternehmensteuerplanung aus Dtl. heraus nur schwer stemmen.

Häufig empfohlen: Rüdiger Knopf, Dr. Michael Kreft, Christian Schatz

Kanzleitätigkeit: V.a. transaktionsbez. Beratung für div. Fonds/Investoren in steuerl. getriebene Finanzprodukte zusammen mit der ▶Investmentpraxis u. Austausch mit dem ▶Gesellsch.rechtsteam. Regelm. Betreuung von Spezialprojekten im Rahmen von Betriebsprüfungen. (4 Partner, 2 Counsel, 3 Associates)

Mandate: ●● ECM/German Equity Partners IV bei Kauf der Leitner Group; Alux-Luxar bei Verkauf des Reflektoren Business; Kaffee-Partner-Gruppe bei geplanter Restrukturierung u. Steuerauditierung; EQT bei Verkauf einer Beteiligung an Sausalitos; Internos bei Kauf des NH Hotels Köln Mediapark; TransDigm bei Kauf von Telair u. des Aerospace-Bereichs von Franke Aquarotter. Lfd. Fondsbetreuung u.a. für ECM, Orlando, Access Capital Partners, Capital Dynamics, HarbourVest.

● Referenzmandate, umschrieben
●● Referenzmandate, namentlich

Anwaltszahlen: Angaben der Kanzleien, wie viele Anwälte zu mind. ca. 50 % in diesem Gebiet tätig sind. Sie spiegeln nicht zwingend die Gesamtgröße einer Kanzlei wider.

STEUERRECHT

KÜFFNER MAUNZ LANGER ZUGMAIER
Steuerrecht

NOMINIERT JUVE Awards 2015 Kanzlei des Jahres für Steuerrecht

Bewertung: Die häufig empfohlene Spezialkanzlei für Umsatzsteuerrecht bleibt ein Musterbeispiel für eine nachhaltige Erfolgsstrategie. Seit Gründung vor 9 Jahren ist sie längst zur festen Adresse für namh. Konzerne geworden u. fügt innerhalb des engen Beratungsfokus' Mosaikstein für Mosaikstein hinzu. Einen regelrechten Boom erlebte KMLZ so zuletzt z.B. an der Schnittstelle USt/Strafrecht aufgrund der allg. Zunahme von Nacherklärungen in diesem Bereich. Zudem durchdringt sie nicht zuletzt dank ihrer engen Kontakte zu zahlr. Finanzverwaltungen bis auf EU-Ebene weichenstellende USt-Entwicklungen so tief wie wohl keine Wettbewerberin. Logische Folge des Erfolgs war weiteres Personalwachstum in München sowie die Eröffnung eines 2. Büros in D'dorf.

Häufig empfohlen: Dr. Stefan Maunz („in Sachen Umsatzsteuer die Nr. 1 in Dtl.", Wettbewerber), Prof. Dr. Thomas Küffner („einfach hervorragend", Mandant)

Kanzleitätigkeit: Ausschl. im USt- u. Zollrecht. V.a. Beratung, Strukturierung u. USt-Compliance (lfd. Voranmeldungen u.ä.), FG-/BFH-/EuGH-Verfahren, daneben Projektarbeit, z.B. Ermittlung europ. USt-Sachverhalte, VAT-Reviews. Auch USt-Strafrecht. (6 Eq.-Partner, 3 Sal.-Partner, 21 Associates)

Mandate: ●● VUD wg. Neuregelung der Besteuerung der öffentl. Hand; lfd.: Infineon, Trianel, Diehl Stiftung & Co KG, Leoni; div. Lotto- u. Glücksspielanbieter nach gesetzl. Neuregelungen (MOSS); Lebensmitteleinzelhandelskonzern hinsichtl. Erstattungen nach neuer BFH-Rechtsprechung zur Weitergabe von Vergütung durch Zentralregulierer; Medienkonzern in BFH-Verfahren um Einfuhr von Waren aus der Schweiz; Energieunternehmen ggü. Finanzbehörden/Gericht wg. CO2-Emissionszertifikatekarussells; Unternehmer in Strafverfahren wg. USt-Kettengeschäfts.

LATHAM & WATKINS
Steuerrecht

Bewertung: Die im Steuerrecht häufig empfohlene Praxis richtet sich noch stärker auf Transaktionsarbeit aus u. zählt hier zu den stärksten am Markt. Sie profitiert dabei von einer denkbar günstigen Ausgangslage: Die renommierten dt. Transaktions- u. Finanzierungsteams sowie die sehr enge Einbindung ins internat. Netzwerk bringen sie in zahlr. Top-Deals, darunter große Private-Equity-Investments wie der Kauf von SIG Combibloc u. der Verkauf von Synlab. Einen wesentl. Anteil macht daneben noch das Eigengeschäft v.a. von Süß u. Wiese aus.

Stärken: Steuern an der Schnittstelle zu den (internat.) Transaktions- u. Restrukturierungspraxen sowie Finanzrecht.

Entwicklungsmöglichkeiten: Bei L&W ist offensichtl. die Entscheidung gefallen, noch stärker die Einbindung in Transaktionen zu betonen. Dies ist zwar lukrativ u. geht bewusst zulasten des weniger breit in der Kanzlei streubaren steuerl. Eigengeschäfts. Das macht die Praxis andererseits v.a. in konjunkturellen Krisenphasen anfälliger. Zudem ist es für die einzelnen Partner ein Spagat, sie sind ggf. leichter austauschbar.

Häufig empfohlen: Stefan Süß („sehr vertrauenswürdig, seit Langem hochzufrieden", Mandant), Dr. Götz Wiese, Dr. Thomas Fox

Kanzleitätigkeit: Transaktionsbegleitendes Steuerrecht, v.a. bei ▶Private Equ. u. Vent. Capital, ▶M&A sowie ▶Kredite u. Akqu.fin. u. ▶Restrukturierung/Sanierung. Daneben eigenständ. (Re-)Strukturierungsarbeit für Fonds u. Finanzprodukte u. breiter gefächerte Unternehmensteuerberatung inkl. Umstrukturierungen, Betriebsprüfungen, Funktionsverlagerungen, Steuerverfahren. (4 Partner, 1 Counsel, 5 Associates)

Mandate: ●● Onex bei Kauf von SIG Combibloc; BC Partners bei Verkauf von Synlab; Delphi bei Verkauf von Klimatechniksparte; Trilantic bei Kauf von Prettl; Bain Capital als Bieter für Alstom-Tochter; Cerner bei Kauf der Krankenhausinformationssysteme von Siemens Healthcare; Corpus Sireo/Sparkassen bei Verkauf von Corpus Sireo; Tengelmann bei Verkauf von Kaiser's Tengelmann; Rhön Klinikum bei Aktienrückkauf; Barclays, Citi, ING, Royal Bank of Canada, Société Générale bei Finanzierung des Kaufs von Alstom-Tochter; Riverstone bei Fondsrestrukturierungen. Lfd. für Dt. Bank (Fonds), Bayer (Pensionskassen bei Investments), Computer Sciences (u.a. Betriebsprüfungen), Navigation Online (Struktur), Orlando Management (Transaktionen), Mattlin Patterson (Post-M&A), Gammal Life, Heinrich Nagel.

LINKLATERS
Steuerrecht

Bewertung: Dem Steuerteam gelang es, seine Stellung im Führungstrio zu halten, v.a. dank internat. Großprojekten wie für Bayer (bei Ausgliederung Material Science) oder Siemens (Joint Venture mit Mitsubishi) sowie seiner Bedeutung in der hiesigen Banken-Compliance. Steueruntersuchungen in dem Sektor zählen zu den aktuellen Treibern der Praxis, insbes. die (marktbekannte) Rolle für die Deutsche-Bank-Gruppe bzgl. div. Steuerermittlungen ragt heraus. Die Kanzlei stützt sich hier auf eine enge Zusammenarbeit mit den Bankaufsichts- u. Gesellschaftsrechtlern sowie Prozessanwälten der Kanzlei. Zudem sind die dt. Steuerrechtler vermehrt auch in globale Mandate, insbes. bei US-Korruptionsvorwürfen, eingebunden. Immer bedeutender werden für das Linklaters-Team daneben sehr große familiengeführte Unternehmen wie Dachser oder Funke, wo Umstrukturierungen häufig auch durch Nachfolgefragen ausgelöst werden. Insges. scheint die Steuerabteilung so stark wie lange nicht, u. doch ist der Druck, den Freshfields u. Flick Gocke Schaumburg hinsichtl. Qualität u. Internationalität ausüben, nochmals gestiegen. Mit der Trennung vom jungen Münchner Partner Dr. Thomas Elser stellt sich zudem auch die Generationsfrage im Team erneut.

Stärken: Steuern an der Schnittstelle zu ▶Anleihen, ▶Bankrecht u. -aufsicht, ▶Börseneinführung u. Kapitalerhöhung, ▶Investmentfonds, ▶Kredite u. Akqu.fin., internat. Großprojekte (▶M&A, ▶Gesellsch.recht, ▶Private Equ. u Vent. Capital) u. ▶Restrukturierung/Sanierung.

Häufig empfohlen: Prof. Dr. Jens Blumenberg („überragende Figur der Praxis", Wettbewerber), Dr. Sebastian Benz, Andreas Schaflitzl, Dr. Thomas Elser, Florian Lechner, Oliver Rosenberg („schneller Kopf", Wettbewerber), Dr. Rainer Stadler, („pragmatisch u. zugleich sehr genau", Wettbewerber), Dr. Martin Lausterer (Umsatzsteuer, Prozesse), Prof. Dr. Wilhelm Haarmann

Kanzleitätigkeit: Umf. steuerl. Gestaltung bei Corporate-/M&A-/Private-Equity- u. Finance-Transaktionen, steuerl. Fondsstrukturierung sowie ▶Compliance-Untersuchungen. Daneben klass. Unternehmensteuerrecht, u.a. Begleitung von Betriebsprüfungen, Prozesse, auch USt- u. Verrechnungspreisthemen für ausl. Großkonzerne. Betriebswirtschaftl. Know-how über die als Oppenhoff & Rädler eigenständ. agierende WP-/StB-Gesellschaft. (8 Partner, ca. 20 Associates, 3 Counsel, 2 of Counsel)

Mandate: ●● Bayer bei Abspaltung der Sparte Material Science, v.a. hinsichtl. ausl. Jurisdiktionen; Siemens infolge des Joint Ventures mit Mitsubishi Heavy Industries, u.a. Steueraspekte in div. Ländern; Insolvenzverwalter von Weltbild bei Auseinandersetzung des Joint Ventures mit Hugendubel außerh. des UmwG u. Verhandlungen mit Verwaltung; Dachser bei Umstrukturierung u. Umwandlung in SE; EAA bei Verkauf der Westdt. Immobilienbank; Athene bei Kauf von Delta Lloyd Dtl.; Funke-Mediengruppe lfd., u.a. bei Integration der ehem. Axel-Springer-Wirtschaftsgüter u. Joint Venture/Anzeigenallianz; LetterOne bei Kauf von RWE Dea; Triton lfd. bei Strukturierungen u. Transaktionen; Adam Opel bei finanzgerichtl. Streitigkeit; Sal. Oppenheim bei Aufarbeitung der Strukturierung von luxemb. Spezialfonds mit sog. Fondsprivileg (pressebekannt). Lfd. konzernsteuerrechtl. (inkl. BP, FG-Verfahren, Verrechnungspreise): u.a. Procter & Gamble, Theo-Müller-Gruppe, Vion Food, Intermarché, Philip-Morris-Gruppe, Kraft Foods, Roland Berger, Linde, LBBW, Nintendo, Gagfah, BP Europe, BMW.

LUTHER
Steuerrecht

Bewertung: Das geschätzte Steuerteam befindet sich in seiner schwierigsten Phase seit Gründung im Jahr 2008: Die Kanzlei scheidet spätestens 2016 aus dem hoch angesehenen Taxand-Netzwerk aus u. wird in Dtl. von Flick Gocke ersetzt. Taxand war in den vergangenen Jahren der Garant für größere internat. (Inbound-)Projekte. Hinzu kommt der Weggang des Verrechnungspreise- u. Steuer-Compliance-Experten Christoph Kromer, der sich mit seinem Team selbstständig machte. Beides überschattet die jüngsten Erfolge des Frankfurter Kernteams: Mit Alsco u. Müpro gelang es, ursprüngl. Standalone-Steuermandanten in die Gesamtpraxis zu integrieren, mit Klagen für div. Unternehmen zu KGaA-Modellen prescht Luther derzeit bei den Finanzgerichten vor.

Entwicklungsmöglichkeiten: Kromers Weggang wiegt nicht zuletzt aufgrund des Renommeeverlusts schwerer als die Personal- u. Partnerwechsel an versch. Standorten, die das Team in den Jahren zuvor verkraften musste. Nun wird auch die Gesamtkanzlei ein Bekenntnis zum Steuerrecht ablegen müssen, um den Wiederaufbau der Praxis voranzutreiben.

Kanzleitätigkeit: Unternehmensteuern (Umstrukturierungen, Umwandlungen sowie Umsatzsteuer, Verrechnungspreise), grenzüberschr. Mandate für gehobenen Mittelstand u. Großunternehmen (im Rahmen von Taxand); M&A-/Private-Equity-/Immobilientransaktionen (inkl. Due Diligence). Daneben Nachfolgegestaltungen, Betriebsprüfungen, FG-Verfahren. (3 Eq.-Partner, 2 Sal.-Partner, 9 Associates)

Mandate: ●● Alsco bei Kauf von Larosé; Calderys-Gruppe bzgl. grenzüberschreitender Leis-

STEUERRECHT

tungsbeziehungen; Weatherford bei Betriebsstättenbesteuerung. Lfd.: Müpro-Gruppe (u.a. bei Verrechnungspreisen), Spectrum Brands, Fluxys (u.a. im internat. Steuerrecht), div. Versorgungswerke bei Anteilskauf u. Entwicklung von Immobilienprojekten.

MCDERMOTT WILL & EMERY
Steuerrecht

Bewertung: Die im Steuerrecht häufig empfohlene Kanzlei ist mit ihrer Ausrichtung derzeit in einer komfortablen Situation, denn in zentralen Bereichen ihres Geschäfts, der Transaktionsberatung u. Streitigkeiten, wächst die Nachfrage weiter. Eindeutiges Aushängeschild bleibt Praxischef Pohl, der für seine Arbeit in Auseinandersetzungen viel Lob erntet. Daneben kam die Transaktionberatung zuletzt besonders zur Geltung, v.a. im Rahmen der Beratung der Benko-Holding Signa, wo Tauser steuerrechtl. die zentrale Rolle spielt.

Stärken: Komplexe Steuerprozesse oft mit Grundsatzcharakter, (auch gutachterl.) Tätigkeit bei Spezialfragen, internat. Konzernumstrukturierungen.

Häufig empfohlen: Dr. Dirk Pohl („einer der Besten, wenn es wirklich kompliziert wird", Wettbewerber), Dr. Gero Burwitz, Prof. Dr. Arndt Raupach, Dr. Kian Tauser

Kanzleitätigkeit: Beratung internat. Großkonzerne bei Umstrukturierungen, lfd. Transaktions- u. Gestaltungsarbeit für Mittelständler, zahlr. Steuerprozesse u.a. für internat. Konzerne, Abwehr von Haftungsklagen gg. Steuerberater/Wirtschaftsprüfer u. Schiedsgericht in zivilrechtl. Verfahren. (4 Partner, 1 Counsel, 2 of Counsel, 3 Associates)

Mandate: ●● Signa u.a. bei Verkauf von Karstadt Premium (KaDeWe, Altersshaus, Oberpollinger) u. als Bieter für Kaufhof; Deutsche Bahn zu Lohnsteuererfragen; Real I.S. bei Strukturierung geschl. Immobilienfonds; Bertelsmann in div. Steuerfragen u. wg. Steuerplanung (aus dem Markt bekannt); dt. Finanzunternehmen wg. Cum-Ex-Transaktionen.

MEILICKE HOFFMANN & PARTNER
Steuerrecht

Bewertung: Die im Steuerrecht geschätzte Kanzlei berät ihren langj. etablierten Mandantenstamm aus z.T. sehr bekannten dt. Familienunternehmen u. dt. Töchtern internat. Konzerne v.a. bei Umstrukturierungen an der Schnittstelle zum Gesellschaftsrecht. Mit dem vor einiger Zeit eingeschlagenen Verjüngungskurs gelang es, die Beratung auf eine breitere Basis zu stellen: Über das Unternehmensteuerrecht hinaus spielen nun Spezialsteuern, FG-Verfahren u. das Steuerstrafrecht eine wichtigere Rolle als früher, auch wenn die Strukturierungsarbeit der wichtigste Teilbereich bleibt.

Stärken: Integrierte Beratung zu Steuern, ▶ Nachfolge/Vermögen/Stiftungen u. ▶Gesellsch.recht. Finanzgerichtl. Prozesse.

Häufig empfohlen: Dr. Wienand Meilicke, Dr. Jürgen Hoffmann

Kanzleitätigkeit: Beratung multinat. Unternehmen, v.a. aus den USA (dt. Töchter), u. dt. mittelständ. Unternehmen (u.a. Begleitung von Betriebsprüfungen, Gestaltungsberatung) sowie der Gesellschafter (Nachfolgeplanung), auch Steuerstreitverfahren u. Steuerstrafrecht. (2 Eq.-Partner, 1 Sal.-Partner)

Mandate: ●● Umf. u. lfd. steuer- u. gesellschaftsrechtl.: American Standard, Ideal Standard, E. Breuninger, Falke, Time Magazine Europe.

MILBANK TWEED HADLEY & MCCLOY
Steuerrecht

NOMINIERT
JUVE Awards 2015
Kanzlei des Jahres für Steuerrecht

Bewertung: Häufig empfohlene Kanzlei für Steuerrecht. Wettbewerber ziehen v.a. vor der fachl. Arbeit den Hut, mit der das Team in komplexen Projekten besticht, so etwa bei den Zusammenschlüssen von FlixBus u. MeinFernbus sowie von Immowelt u. Immonet. An der Schnittstelle zum Kapitalmarktrecht setzte mit dem Autovermieter Sixt überdies eine weitere bekannte Adresse im Zuge des IPO der Leasingtochter auf Milbank. Dass die Praxis abseits prominenter Transaktionen auch für hochkarätiges reines Konzernsteuerrecht u. in gewissem Rahmen sogar für Private Clients steht, gerät dabei schnell aus dem Blick. V.a. dass die Kanzlei nach der Ernennung von Dr. Matthias Schell nun 4 Steuerpartner in ihren Reihen hat – bei nur 14 Partnern in Dtl. insges. –, belegt den Erfolg.

Stärken: Eingespieltes, transaktionserprobtes Team, mit hervorrag. Einbindung ins ▶Gesellsch.recht, ▶M&A, ▶Private Equ. u. Vent. Capital sowie ▶Kredite u. Akqu.fin.

Häufig empfohlen: Dr. Rolf Füger, Dr. Thomas Kleinheisterkamp

Kanzleitätigkeit: Dealorientierte Praxis im Rahmen der Milbank-Private-Equity-, M&A- u. Finanzmandate, lfd. Konzernsteuerberatung u. Steuerstreit (Betriebsprüfungen, Rechtsbehelfs-, FG-Verfahren), u.a. für HNI. (4 Partner, 4 Associates)

Mandate: ●● Axel Springer u.a. bei Zusammenschluss von Immowelt u. Immonet; General Atlantic bei Fusion von FlixBus u. MeinFernbus; Sixt bei Strukturierung des IPO von Sixt Leasing; Douglas bei Verkauf von Christ; Acton Capital bei Verkauf von Mytheresa; UniCredit bei Restrukturierung der Finanzierung für Flabeg; Emeram Capital Partners bei Post-Closing-Reorganisation von Americana Internat. (Modemarke Bench); FC Bayern München bei Ausgliederung der Basketballprofiabteilung. Lfd: ProSiebenSat.1, The Carlyle Group.

MORRISON & FOERSTER
Steuerrecht

Bewertung: Geschätzte Steuerpraxis, die im 2. Jahr nach der Aufnahme bei M&F bereits stark von internat. Transaktionen profitiert, häufig aus dem jap. Technologiesektor, wo die Kanzlei sehr gut positioniert ist. In Dtl. will die Kanzlei zudem bei Immobilientransaktionen wachsen, auch um sich der Stärke des Bereichs bei M&F insges. anzunähern. Der Bereich wird in der Praxis bei Hogan Lovells noch eine zentrale Rolle, hat aber in der ersten Zeit bei M&F in Dtl. ein Schattendasein geführt.

Stärken: Spezialisierte Branchenberatung im Bereich Technologie, ▶Medien u. Telekommunikation.

Kanzleitätigkeit: Steuerl. breit aufgestellte Beratung v.a. internat. Unternehmen mit – entsprechend der Gesamtkanzlei – starkem Fokus auf die Medien- u. Technologiebranche. Steuerl. Schwerpunkte bei (grenzüberschr.) M&A-Transaktionen, Umstrukturierungen. Daneben Steuerverfahren u. Compliance. (1 Partner, 1 Counsel, 2 Associates)

Mandate: ●● Lfd. 21st Century Fox, u.a. bei Verkauf von Sky Dtl. an BSkyB; Middle Peak Medical bei Markteintritt in Dtl.; Ally Bridge Group bei Zusammenschluss mit einer dt. AG; Tele Columbus bei div. Unternehmenskäufen. Lfd. u.a.: Sony Music Entertainment, BVG Berliner Verkehrsbetriebe.

NOERR
Steuerrecht

Bewertung: Häufig empfohlene Kanzlei im Steuerrecht, deren Aufwärtstrend anhält. Sichtbar befeuert der anhaltende Aufschwung der M&A-Praxis auch das Steuerteam: Nicht nur die Zahl, auch die Qualität der Mandate stieg. Ein Bsp. dafür ist die Arbeit für eine US-Consulting-Firma beim Einstieg in das dt. Geschäft eines Wettbewerbers, ein anderes die Beratung von Cemex bei deren Deal mit Holcim oder die mehrfache Beratung der Dt. Annington. Ähnl. aktiv zeigt sich die breit aufgestellte Praxis auch im steuerl. Eigengeschäft, nicht zuletzt im streitigen Steuerrecht. Viel Raum nimmt die Begleitung von Betriebsprüfungen ein. An der Schnittstelle zum ▶Steuerstrafrecht war die Praxis nicht nur durch die hohe Zahl von Selbstanzeigen, sondern auch in Compliance-Themen gefragt. Ein essenzieller Baustein bleibt daneben die Begleitung von Unternehmern bei ▶Nachfolgelösungen.

Häufig empfohlen: Georg Edelmann („sehr bewährt in Spezialthemen", Mandant), Dr. Lutz Schmidt, Dr. Michaela Engel

Kanzleitätigkeit: Umf. steuerl., finanz- u. betriebswirtschaftl. Betreuung bei Transaktionen, Gestaltungs- u. Strukturierungsberatung, häufig an der Schnittstelle zum ▶Gesellsch.recht. Betriebsprüfungen, M&A- u. Immobilientransaktionen, Finanzierungs- u. Produktberatung, dazu Family Offices. Zudem Vertretung im Steuerstrafrecht, eigenständ. Bilanzierungs- u. Bewertungskompetenz, Steuer- u. Finanz-Due-Diligence. (8 Eq.-Partner, 9 Sal.-Partner, 1 Counsel, 13 Associates)

Mandate: ●● ISS Facility Services bei Kauf von VSG; Activum bei Kauf von Formart; BVK, Dt. Hypothekenbank bei Finanzierung des Leipziger-Platz-Quartiers; Cemex bei Beteiligungstausch mit Holcim; Inverness Capital bei Kauf eines NPL-Portfolios; Adcuram Fertigbautechnik bei Kauf von Bien-Zenker; Bayr. Staatsministerium für Bildung u. Wissenschaft bei Kauf von Klinikum Augsburg; Daimler bei Kauf von UTA; Stora Enso bei Verkauf der Spezialpapierfabrik Uetersen; div. HSBC-Fonds lfd., u.a. bei Betriebsprüfungen; FPK Leightweight bei Restrukturierung u. Verkauf an IMR; Qimonda-Insolvenzverwalter bei Teilvergleich mit Infineon; lfd. für Reckitt Benckiser; dt. Luftfahrtunternehmen zu Betriebsprüfung wg. verdeckter Gewinnausschüttung; Unternehmer in BFH-Verfahren wg. Fördergebietsgesetz.

NORTON ROSE FULBRIGHT
Steuerrecht

Bewertung: Geschätzte Steuerpraxis, die im Zuge eines europaw. Ausbaus des Teams auch ihre Lücke am wichtigen Standort Frankfurt geschlossen hat. Mit Tino Duttiné (von Baker & McKenzie) hat sie dort nach Jahren wieder einen breit aufgestellten Steuerexperten in ihren Reihen. Die gewonnene Breite dort – neben Duttiné wechselte auch ein Associate aus dem Büro in HH an den Main – ist v.a. im Hinblick auf die intensivere Einbindung in das ww. Kanzleinetzwerk hilfreich. Hier sind die dt. Steuerrechtler v.a. im Zshg. mit regulatorischen Fragen u. M&A-Deals regelm. gefragt, so etwa der Hamburger Partner Eppler beim Einstieg von Politico in den europ. Nachrichtenmarkt über ein Joint Venture mit Axel Springer. Neben dem Transaktionsschwerpunkt ist auch der Anteil originären Ge-

STEUERRECHT

schäfts weiter substanziell, v.a. die Branchenfokussierung der Gesamtkanzlei nutzt die Praxis. Ein Bsp. dafür ist die steuerl. Begleitung von Flugzeugfinanzierungen, ein weiteres die Entwicklung von Versicherungsprodukten oder aber die Versicherung von steuerl. Risiken, v.a. im Immobiliensektor, wo Eppler ein sehr ansehnl. Geschäft generiert.
Stärken: Steuerrechtl. Know-how v.a. in den Branchen ▶Immobilien, ▶Energie, Technologie, ▶Versicherungsvertragsrecht.
Entwicklungsmöglichkeiten: Nach dem neuerl. Wachstum ist es umso wichtiger, die einzelnen Spezialisierungen so aufeinander abzustimmen, dass sie sich ergänzen u. so Synergien entwickeln. Bislang ist dies nur vereinzelt der Fall.
Häufig empfohlen: Dr. Uwe Eppler („reaktionsschnell, hohes wirtschaftl. Verständnis", Mandant)
Kanzleitätigkeit: Steuerl. Begleitung von ▶M&A-, ▶Gesellsch.rechts- u. ▶Anleihenpraxen sowie ▶Energie. Starkes Eigengeschäft bei Fondsstrukturierung (für Private-Equity-Firmen, Family Offices) sowie bei Steuer-/Versicherungsprodukten. (5 Eq.-Partner, 12 Associates, 3 of Counsel)
Mandate: ●● Tenova bei Neuausrichtung der dt. Gesellschaften; American Realty Global Trust bei Kauf des RWE-Turms; Citi Group bei Implementierung einer Spezialfondsstruktur; Politico bei Einstieg in europ. Nachrichtenmarkt; Norsk Hydro bei Verkauf von Hydro Aluminium Gießerei Hannover.

OPPENHOFF & PARTNER
Steuerrecht

Bewertung: Das empfohlene Steuerteam der Kanzlei hat zuletzt in vielerlei Hinsicht erhebl. Fortschritte gemacht. Lange fast ausschl. im Unternehmensteuerrecht tätig – wo v.a. die Verrechnungspreisexpertise hervorstach – hat die Tätigkeit nun eine Breite angenommen, die es seit der Kanzleigründung nicht gab. Augenfällig ist dies bei der Betreuung hoch vermögender Privatklienten, wo das Team häufig in enger Zusammenarbeit mit der vor einigen Jahren ins Leben gerufenen Spezialpraxis für ▶Nachfolge u. Vermögen reüssiert. Der Zugang einer langj. Finanzrichterin (als Associate) hat überdies die ohnehin herausragende Litigation-Kompetenz nochmals verstärkt. Mit der Berufung eines StB/WP zum Sal.-Partner eröffnete die Kanzlei der jüngeren Generation auch im bislang allein von Dr. Axel Bödefeld repräsentierten Verrechnungspreisbereich eine Karriereperspektive.
Stärken: Verrechnungspreise, Umsatzsteuer, Vertretung in Betriebsprüfungen oder bei finanzgerichtl. Streitigkeiten.
Häufig empfohlen: Dr. Axel Bödefeld („sehr erfahren bei Verrechnungspreisen", Wettbewerber)
Kanzleitätigkeit: Lfd. u. umf. zu Gestaltungsfragen (Umstrukturierungen, Transaktionen, Verrechnungspreise, DBA), bei Betriebsprüfungen (inkl. Advanced Pricings Agreements), Steuerverfahren (BFH-, FG- u. internat. Schiedsverf.), zunehmend im Zollrecht, zudem Überprüfung von Steuer-Compliance-Strukturen. Beratung in ▶Nachfolgefragen sowie Koop. mit hausansässiger WP- u. StB-Gesellschaft. Mandanten: traditionell dt. Töchter von US-Konzernen, u.a. Pharma, Automobilindustrie, dt. Mittelstand. (2 Eq.-Partner, 1 Sal.-Partner, 2 Associates)
Mandate: ●● MSD Merck Sharp & Dohme bei USt-Klage bzgl. Rabattzahlungen von Arzneimittelherstellern; Capita Fiduciary bei div. Immobilientransaktionen; KraussMaffei Wegmann bei Fusion mit Giat u. Nexter; Federal Mogul Sealing in einem Zollverf.; UHNI-Familie bei komplexer ausl. Truststruktur. Lfd. u. umf.: Benckiser Holding u. Eigentümerfamilie, Coty, Ford, Johnson & Johnson Dtl., Bristol-Myers-Squibb, Sebastian Vettel.

P+P PÖLLATH + PARTNERS
Steuerrecht

Bewertung: Die häufig empfohlene Steuerpraxis setzt ihren Generationswechsel fort u. behauptet ihre hervorragende Position auch dadurch. Nach 3 Partnerernennungen im Vorjahr folgte nun in Berlin mit Ronald Buge eine weitere. Zudem treibt in Ffm. eine junge, vor einigen Jahren von Flick Gocke gekommene Partnerin den Ausbau des Unternehmensteuerrechts voran. Dies ist indes auch nötig, will die Praxis, die zugleich ein wichtiger Motor für den Erfolg der Gesamtkanzlei ist, ihre Stellung langfristig halten. Aushängeschild bleibt gleichwohl weiter die Arbeit bei internat. Private-Equity-Investments u. Fondsstrukturierungen. Daneben hat das fachl. breit aufgestellte Team mit seiner Erfahrung in streitigen Themen, z.B. in Compliance-Fragen, ein weiteres Pfund, mit dem es im gegenwärtigen Marktumfeld ausgezeichnet wuchern kann.
Stärken: Fondsstrukturierungen, Transaktionsteuerkompetenz, v.a. in Private Equity, ▶Immobilien, ▶M&A. Auch hochkarät. (erbschaft-)steuerl. Beratungspraxis für Investments großer Privatvermögen (▶Nachfolge/Vermögen/Stiftungen).
Entwicklungsmöglichkeiten: Während der Generationswechsel v.a. in Berlin schon weit vorangeschritten ist, hinkt Ffm. noch etwas hinterher. Für die jüngere Generation gilt es nun, sich einen Namen zu machen. Ein Gebiet dafür könnte die Praxis im Immobilienrecht sein, wo das Team seine steuerl. Stärke nur bedingt zeigt. Zudem böten sich ggf. Möglichkeiten in Feldern, in denen P+P bisher nicht aktiv ist, etwa bei USt oder im Steuerstrafrecht.
Häufig empfohlen: Dr. Andreas Rodin („top bei Fondsstrukturierungen", Mandant), Dr. Thomas Töben („kreativ, konstruktiv, zielorientiert", Mandant), Dr. Michael Best, Prof. Dr. Dieter Birk
Kanzleitätigkeit: Umf. Betreuung dt. u. ausl. Private-Equity- u. Immobilienfonds, Management u. Investoren in Dtl. bei Transaktionen u. Strukturierung/Investmentsteuern. Zudem Beratung bedeut. privater u. institut. Anleger u. Investmentbanken. Daneben Unternehmensteuerrecht u. Steuerstreit. (16 Partner, 7 Counsel, 4 of Counsel, 14 Associates inkl. Nachfolgepraxis.
Mandate: ●● Equistone bei €153-Mio-Verkauf von In Time Express Logistik; Castik Capital bei internat. Steuerstruktur; Schwanhäußer bei Umstrukturierung der Stifte-Sparte; Apax u.a. bei Verkauf von Orange Switzerland u. Tnuvabei; Telent Investment bei Einspruch nach Außenprüfungen; DPE Private Equity bei Kauf von Ziegler; Equistone Partner bei Kauf von Polo; Nanogate bei Kauf von Vogler; Insolvenzverwalter der Techn. Glaswerke Ilmenau bei Verkauf des Unternehmens.

PETERS SCHÖNBERGER & PARTNER
Steuerrecht

Bewertung: Die im Steuerrecht geschätzte Kanzlei wächst stetig u. rundet ihr Angebot Stück für Stück ab. Nachdem sie in den vergangenen Jahren erfolgr. ihre Kompetenzen für USt u. Verrechnungspreise erweitert hatte, kam nun Dr. Thomas Fritz von Dr. Mohren & Partner mit einem kleineren Team dazu, um die Nachfolgeberatung weiter auszubauen. Diese gehört von jeher zu den Säulen des Geschäfts, das durch inhaber- u. familiengeführte Mandanten geprägt ist. Engagiert bleibt PSP daneben auch hinsichtl. der Digitalisierung des Steuerrechts u. den einhergehenden Vorgaben für IT-gestützte Buchführung. Hier verfügt sie durch die enge Anbindung an IT-Experten über überdurchschnittl. Wissen.
Stärken: Multidiszipl. Ansatz, der die Themen Steuern/Recht/Wirtschaftsprüfung um IT-Know-how ergänzt. Ausgeprägtes USt-Know-how.
Entwicklungsmöglichkeiten: Angesichts der Aufstellung der Kanzlei u. der zunehmenden Professionalisierung von Compliance-Themen bei der Kernmandantschaft im Mittelstand drängt sich ein Ausbau an der Schnittstelle zu steuerl. Compliance-Fragen auf. Hierfür wäre personelle Verstärkung hilfreich.
Häufig empfohlen: Stefan Groß, Philip Matheis, Harald Dörfler, Christopher Schönberger („hohe Expertise bei Steuern, Gesellschaftsrecht u. Nachfolge", Mandant), Roland Graf, Stefan Heinrichshofen
Kanzleitätigkeit: Konzern- u. Bilanzsteuern, USt, Verrechnungspreise, ▶Nachfolge/Vermögen/Stiftungen, Stiftungsrecht sowie Erklärungspraxis. Mandanten: überw. Mittelstand u. kleine/mittlere Private-Equity-Fonds, häufig mit internat. Bezug. (13 Partner, 11 Associates)
Mandate: ●● Lfd.: Polytec, Heads!, Molkerei Gropper, Messe München, BTV Holding, D-Trust, Gisa, GTÜ, Maha Maschinenbau Haldenwang; div. Privatpersonen wg. Selbstanzeigen.

RÖDL & PARTNER
Steuerrecht

Bewertung: Im Steuerrecht häufig empfohlene MDP, die in allen Feldern des Steuerrechts Präsenz zeigt u. diese zuletzt zielgerichtet ausgebaut hat. Bestes Bsp. ist die USt-Beratung: Seit dem Zugang einer erfahrenen Partnerin im Jahr 2013 kommen nun sogar vereinzelt Beratungsmandate im Dax-Bereich hinzu, also außerh. der Rödl-Kernmandanten des gehobenen Mittelstands. Im Aufwind zeigte sich auch die Compliance- u. Steuerstrafrechtsberatung. Nicht nur blieb die v.a. in Nürnberg angesiedelte Beratung bei Selbstanzeigen bzw. Nacherklärungen auf hohem Niveau, auch die präventive Steuer-Compliance inkl. USt-Strukturen sowie Bankenberatung (etwa bei Ertragnisaufstellungen ausl. Privatbanken) wuchs weiter. Damit beweist Rödl, dass sie mehr zu bieten hat als klass. Gestaltungs- u. Deklarationsberatung für internat. Mittelständler, auch wenn deren steuerl. Beratung nach wie vor das absolute Gros der Arbeit ausmacht.
Stärken: Integrierte Rechtsberatung u. StB/WP, ww. Aufstellung, große Erfahrung im Mittelstand.
Häufig empfohlen: Prof. Dr. Christian Rödl, Dr. Hans Weggenmann, Dr. José Campos Nave
Kanzleitätigkeit: Umf. steuerrechtl. Begleitung, aufgegliedert in WP-Arm (u.a. Deklarationen, Jahresabschlüsse, Betriebsprüfungen) u. den Rechtsbereich: dort Restrukturierungs-/Gestaltungsberatung, häufig mit internat. Bezug, v.a. für mittelständ. inhabergeführte Unternehmen, integrierte Beratung in ▶Nachfolgeberatung. ▶M&A-, ▶Private Equity- u. Immobilientrans-

STEUERRECHT

aktionen sowie Strukturierung geschl. Fonds, Finanzverfahren u. Betriebsprüfungen (u.a. Verrechnungspreise, Außensteuer), Selbstanzeigeberatung (mit Steuerstrafrecht). (29 Eq.-Partner, 30 Sal.-Partner, 50 Associates, 3 of Counsel)
Mandate: ●● Reverse Logistics bei Kauf von Britcom; FEV-Gruppe bei Kauf von D2T; Skyworth bei Kauf der Metz-TV-Sparte; DIC bei Gründung der German Estate Group mit KKR; Hannover Finanz bei Kauf von IPR; Norma-Gruppe bei Unternehmensnachfolge durch Stiftungsmodell; HP mbH bzgl. Erträgnisaufstellungen.

SEITZ
Steuerrecht

NOMINIERT
JUVE Awards 2015
Kanzlei des Jahres für Steuerrecht

Bewertung: Die strategisch u. unternehmerisch wie nur wenige andere geführte Steuerpraxis wird für ihre Arbeit geschätzt u. kommt ihrem Ziel immer näher, ihrer Kernklientel der jüngeren Unternehmergeneration vollumfängl. Beratung anzubieten. Sehr gefragt war zuletzt etwa das Angebot der neu aufgemachten WP-Sparte: Durch den von Oppenheim Vermögenstreuhand im Herbst 2014 dazugestoßenen Thomas Schäfer gewann sie in Vermögens- u. Nachfolgefragen substanzielles Geschäft u. Erfahrung dazu. Zudem sorgten mehr steuerstrafrechtl. Fälle u. die wachsende Beratung rund um mögl. steuerl. Haftungsfälle von Managern für Dynamik.
Stärken: Gestaltungsberatung an der Schnittstelle Steuer- u. ▶Gesellsch.recht bzw. Erb-/Familienrecht.
Häufig empfohlen: Nils Kröber („beeindruckende, kompetente u. präzise Beratung", Mandant; „hervorrag. Steuerstrafrechtler", Wettbewerber)
Kanzleitätigkeit: Lfd. gestaltende steuerl. Beratung dt. Konzerne wie Familienunternehmen u. -unternehmer (inkl. Verrechnungspreise, DBA) sowie zu ▶Nachfolge/internat. Erbschaftssteuer, häufig inkl. Gesellsch.recht u. Finanzierungsstrukturen. Neu: Eigene WP-Sparte für Nachfolge- u. Family-Office-Themen. Daneben Steuerverf., Betriebsprüfungen, Steuerstrafrecht (u.a. Selbstanzeigeberatung u. Verteidigung in Ermittlungsverf.). Steuerrechtl. Compliance-Beratung, eigene Deklarationsabteilung. (2 Eq.-Partner, 3 Sal.-Partner, 6 Associates)
Mandate: ●● Karl-Storz-Gruppe u.a. bei Verrechnungspreisen; Bertsch-Gruppe bei umf. Neustrukturierung; Actori u.a. bei Spaltung der Gesellschaft nach Beteiligungsverkauf; Rewe bei Aufbau des Joint Ventures Gartenliebe; Dual Dtl. bei steuerrechtl. Haftungsverfahren gg. Organe versicherter Gesellschaften; Hydrox bei Strukturierung eines Unternehmens der präventiven Medizin; Kopfzentrum Leipzig bei Betriebsprüfung u. Expansion; Simpleshow bei Neustrukturierung der Beteiligungen; Weber-Gruppe bei Umstrukturierung u. Unternehmensnachfolge; Investor bei verbindl. Auskunft im Zshg. mit Zukauf im Kliniksektor; Anlagenbauer in steuerrechtl. Compliance-Fragen.

SIMMONS & SIMMONS
Steuerrecht

Bewertung: Die geschätzte, kleine Steuerpraxis sichert sich mit ihrem klaren Fokus auf die Beratung im Asset-Management, von Investmentfonds u. die Finanzbranche eine veritable Position. Diese stärkte sie zuletzt noch durch die Eröffnung eines Büros in Luxemburg, das trotz internat. Kritik im Zuge der Lux-Leaks-Enthüllungen wohl der zentrale europ. Standort für Fondsstrukturen bleiben wird. Nachdem im Vorjahr streitige u. strafrechtl. Mandate zunahmen, verzeichnete die Praxis bei steuerplanerischer u. -gestaltender Arbeit ohnehin wieder mehr Arbeit, etwa bei der fondsbezogenen investmentsteuerl. Beratung von Produktentwicklungen u. an der Schnittstelle zum Bankaufsichtsrecht.
Stärken: Steuergestaltung u. -produkte für Banken, Finanzdienstleister, Fondsanbieter.
Häufig empfohlen: Heiko Stoll, Dr. Bernulph Frhr. von Crailsheim („macht immer mehr für uns, sehr stark", Mandant; „hervorragende, analytische Herangehensweise", Wettbewerber)
Kanzleitätigkeit: Besonderes Profil für Finanztransaktionen (v.a. maßgeschneiderte steueroptimierte Strukturen für Hedgefonds u. Banken), Investmentsteuerrecht. Daneben M&A, Umstrukturierungen, Akquisitions- u. Immobilienfinanzierungen sowie überw. produktbezogene FG-Verfahren u. Betriebsprüfungen. Daneben Private-Client-Beratung etwa zum DBA mit den USA u. bei Selbstanzeigen. (2 Partner, 2 Associates)
Mandate: ●● Ascendis Pharma hinsichtl. dt.-rechtl. Aspekte bei IPO in USA; Oaklet lfd. zu Besteuerung von Finanzprodukten; Merkel-Gruppe lfd. u.a. bei steuereffizienter Reorganisation; internat. Bank u.a. bei Beteiligung an dt. Infrastrukturfonds.

SKADDEN ARPS SLATE MEAGHER & FLOM
Steuerrecht

Bewertung: Die Praxis gehört mittlerweile zu den geschätzten im Steuerrecht. Den weit überwiegenden Teil ihrer Arbeit macht die Transaktionsbegleitung aus, wie bspw. die Einbindung in die komplexen Deals für ADM u. die Dt. Annington zeigt. Weit weniger ausgeprägt, aber dennoch essenziell, ist das steuerl. Eigengeschäft, wo Frey Mandanten wie Alstria Office seit Jahren begleitet u. div. Finanzinvestoren (etwa Highbridge) lfd. bei Akquisitionen u. Managementbeteiligungsprogrammen. Der Erfolg lässt sich daran ablesen, dass das Team 3 Jahre nach Freys Zugang nun um 2 Associates aufgestockt wurde.
Stärken: Erfahren in div., komplexen Akquisitionsstrukturen.
Häufig empfohlen: Dr. Johannes Frey („unglaubl. reaktionsschnell", Wettbewerber; „tiefes Fachwissen, pragmatisch u. ausgezeichnetes Verhandlungsgeschick", Mandant)
Kanzleitätigkeit: Begleitung von ▶Private-Equity- u. ▶M&A-Transaktionen sowie Umstrukturierungen u. Reorganisationen, insbes. vor u. nach Transaktionen. Besondere Erfahrung bei REIT-Strukturen. (1 Partner, 2 Associates)
Mandate: ●● Archer Daniels Midland bei Kauf von Wild Flavors; JPMorgan bei Finanzierung der Übernahme von Gagfah durch Dt. Annington; Odewald bei Reorganisation u. Verkauf von Oystar; Halder bei Kauf von Amoena; Fresenius Kabi bei Joint Venture in Russland. Lfd.: Alstria Office, Highbridge Capital, Quadriga Capital, Bregal Capital, Quantum.

STRECK MACK SCHWEDHELM
Steuerrecht

Bewertung: Die empfohlene Praxis für Steuerrecht profitiert als auf Steuerverfahren u. Steuerstrafrecht spezialisierte Boutique überdurchschnittl. von der härteren Gangart der Finanzverwaltung. So etwa im Rahmen von Betriebsprüfungen, auch infolge der verschärften Selbstanzeigeregeln. Eine sichtbare Präsenz verleiht ihr die Verteidigung in Prozessen aus viel diskutierten Themenfeldern wie Cum-Ex-Deals u. USt-Karussellen. Doch auch zivilrechtl. Auseinandersetzungen beschäftigen SMS noch stärker, v.a. Post-M&A-Streitigkeiten. Für steigende Nachfrage sorgen zudem Nachfolgeplanungen. Angesichts dessen wirkte sich der Weggang des Steuerstrafrechts- u. Unternehmensnachfolgepartners Dr. Thorsten Zumwinkel (ging zu PwC Legal) aus der traditionell sehr stabilen Partnerschaft nicht signifikant aus.
Stärken: Vertretung u. Koordinierung in Steuerstrafrechtsfällen.
Häufig empfohlen: Dr. Rainer Spatscheck, Dr. Rolf Schwedhelm, Prof. Dr. Burkhard Binnewies, Dr. Martin Wulf, Dr. Michael Streck
Kanzleitätigkeit: Beratung u. Vertretung in den Hauptgebieten Steuerstreit (Betriebsprüfungen, Klage- u. Rechtsbehelfsverfahren), ▶Steuerstrafrecht (u.a. Präventivberatung, Begleitung von Fahndungsverfahren, Verteidigung, Selbstanzeigeberatung) u. Steuergestaltung mit Spezialgebieten (u.a. Gesellschafts- u. Umwandlungssteuerrecht, Zollrecht, Sanierungssteuerrecht, Erbrecht/▶Nachfolgeregelungen). Vielfach als Beratern anderer Kanzleien, daneben Konzerne, Familienunternehmen, Verbände u. Vereine, die öffentl. Hand, Finanzdienstleister, vermög. Privatpersonen. (12 Partner, 13 Associates)
Mandate: ●● Ex-HVB-Steuerchef Frank Tibo steuerstrafrechtl. in Verfahren zum Cum-Ex-Komplex; Energiehändler in Prozess um Umsatzsteuerbetrug mit CO2-Zertifikaten; beschuldigter KraussMaffei-Manager wg. Verdachts auf Bestechung u. Steuerhinterziehung (alle öffentl. bekannt).

SZA SCHILLING ZUTT & ANSCHÜTZ
Steuerrecht

Bewertung: Die geschätzte Steuerpraxis verzeichnet dem Gesamtmarkt entsprechend erhebl. Zuwächse bei FG-Klagen, der Betreuung von Betriebsprüfungen sowie an der Schnittstelle zum Strafrecht. Diese gestiegene Streitaffinität im Steuerrecht kommt dem Geschäft von Berg entgegen, der sich seit Jahren v.a. mit Spezialfragen (häufig vor Gericht) auseinandersetzt. Hier baut er auf seine Stammklientel von US-Konzernen, konnte mit Siemens jüngst aber auch einen namh. dt. Konzern gewinnen. Dagegen ist die steuerstrafrechtl. Komponente jüngerer Natur: Die Compliance-Beratung der HVB durch Schmich bietet das Einfallstor, um den Bereich auszubauen. Innerh. von SZA ist die Praxis so zu einer der größten Praxisgruppen angewachsen.
Stärken: Unternehmenssteuer- u. Zollrecht.
Häufig empfohlen: Dr. Hans-Georg Berg, nun auch Dr. Rolf Schmich („Experte für Steuer-Compliance", Wettbewerber)
Kanzleitätigkeit: Breite unternehmenssteuerl. Gestaltungspraxis (u.a. Umstrukturierungen, Bilanz-, Umsatzsteuern), daneben ▶M&A-/PE-Begleitung u. Steuerstrafrecht. Lfd. Betriebsprüfungen u. – weiter wachsend – Steuerstreit sowie Zollrecht. (1 Eq.-Partner, 1 Sal.-Partner, 4 Associates)
Mandate: ●● Siemens in div. FG-Verfahren; Warner Bros. bei steuerrechtl. Beurteilung von

STEUERRECHT

Co-Produktionsverträgen in der dt. Filmindustrie; Mittelständler in Grundsatzverfahren zur Verfassungsmäßigkeit der Besteuerung von Veräußerungsgewinnen; HVB/UniCredit bei interner Untersuchung um Cum-Ex-Transaktionen. Lfd.: Time Warner, Goodyear, Dunlop (alle u.a. bei Betriebsprüfungen), Continental, Thermo Fisher (bei Inboundinvestitionen).

WEIL GOTSHAL & MANGES
Steuerrecht
Bewertung: Dass die für Steuerrecht geschätzte Praxis längst mehr ist als nur auf Transaktionen u. Restrukturierungen spezialisiert, wurde nie so deutl. wie zuletzt. So hat sie sich inzw. v.a. in streitigen Fragen emanzipiert. Das wird v.a. daran deutl., dass Mandanten auf sie immer häufiger für komplexe Verfahren zurückgreifen, Bsp. bilden Avaya im Streit um die Versagung von Zinsabzug vor dem BFH u. ein Autozulieferer in einem großen USt-Prozess. Punkten kann WGM auch an anderer Stelle, ein Wettanbieter greift in internat. Strukturierungsfragen auf die Praxis zurück. Die Arbeit in Nachfolgethemen ergänzt die Arbeit im Zshg. mit Transaktionen u. Restrukturierungen. Hier war zuletzt z.B. die Beratung von Centerbridge beim Kauf von Senvion ein wichtiges Mandat.
Häufig empfohlen: Tobias Geerling
Kanzleitätigkeit: V.a. Begleitung von ▶Private-Equ.- u. Vent.-Capital- u. ▶M&A- Transaktionen sowie ▶Restrukturierungsarbeit. Weiterhin Beratung zu Fondsstrukturen u. Finanzprodukten; zunehmende Vertretung bei Betriebsprüfungen u. Steuerverfahren. (1 Partner, 4 Associates)
Mandate: ●● Avaya Dtl. in Verfahren vor BFH über Versagung von Zinsabzug; Macquarie zu Strukturierungsfragen in Dtl.; Nürburgring GmbH bei Restrukturierung der Rennstrecke u. Verkauf; Centerbridge bei Kauf von Senvion; dt. Großbank in Verfahren hinsichtl. Gutschrift von Quellensteuern, u.a. bei Cum-Ex-Geschäften; Beratungsgesellschaft bei Strukturierung einer Industrieholding; Familie bei steuer- u. erbrechtl. Vermögensübertragung in div. Länder.

WHITE & CASE
Steuerrecht
Bewertung: Die Schwerpunkte der im Steuerrecht empfohlenen Praxis verschieben sich angelehnt an die Strategie der Gesamtkanzlei weiter in Richtung eines noch internationaler ausgelegten u. stärker transaktionsgeprägten Geschäfts. Deals in versch. Branchen z.B. im Immobilien- u. Energiesektor nahmen zuletzt viel Raum ein, ebenso die Beratung von Fonds, u.a. hinsichtl. der Besteuerung von Finanzprodukten. Wesentl. Bestandteil der Praxis bleibt daneben zwar auch das Eigengeschäft wie die Begleitung bei streitigen Fragen aus Betriebsprüfungen, die Post-M&A-Integrationsberatung u. die Arbeit an der Schnittstelle zu Compliance u. Steuerstrafrecht. Allerdings ist das Angebot originär steuerrechtl. Arbeit schmaler geworden, seit der an der Schnittstelle zum Insolvenzrecht spezialisierte Hamburger Counsel Dr. Günter Kahlert im Spätsommer 2015 zu Flick Gocke Schaumburg wechselte.
Stärken: Internat. Steuerstrukturierung; Steuerstreitigkeiten, oft mit Corporate-, u.a. an der Schnittstelle zu Strafrecht. Bankensteuer-Compliance.
Entwicklungsmöglichkeiten: Durch den Weggang Kahlerts hat das Team wichtiges Spezialwissen verloren. Will es sich von anderen Steuerpraxen weiter abheben, sollte es wieder Nischenwissen aufbauen. Chancen könnten sich aus den Stärken im ▶Insolvenzrecht oder in der ▶Compliance-Beratung ergeben.
Häufig empfohlen: Josef Große Honebrink, Dr. Andreas Knebel, Alexander Born (Finanzprodukte)
Kanzleitätigkeit: Breite Praxis, u.a. Steuergestaltung, oft mit Corporate- (▶M&A), Immobilien- u. Kapitalmarktbezug (insbes. ▶Bankrecht u. -aufsicht), daneben Privatisierungen. Auch Verrechnungspreise, Zölle u. Verbrauchsteuern sowie FG-Streitigkeiten, Steuerstrafrecht (Teil des Wirtschaftsstrafrechtsteams). (3 Eq.-Partner, 2 Counsel, 1 Sal.-Partner, 3 Associates)
Mandate: ●● Allianz Renewable Energy bei div. Transaktionen u.a. beim Kauf des Fotovoltaikprojekts La Cose sowie von Solarpark Great Glemham; Edeka bei Kauf von Kaiser's Tengelmann; Familiengesellschafter von Coppenrath & Wiese bei Verkauf; IMA bei Kauf von Oystar; Daimler/Moovel bei Kauf von Intelligent Apps; Commerzbank bei Verkauf von Commerz Japan Real Estate; Katara Hospitality im Nachgang zu Kauf div. europ. Luxushotels; Huhtamäki bei Verkauf der Filmsparte; Axel Springer lfd. zu Beteiligung an Dogan TV; CIB, SEB, ING bei Finanzierung des Kaufs von EVG; Nicht-EU-Pensionsfonds wg. Kapitalertragsteuerabzug.

Weitere renommierte Kanzleien im Steuerrecht

NORDEN
KSB Intax	Hannover, Celle
Renzenbrink & Partner	Hamburg
Völker	Hamburg
Watson Farley & Williams	Hamburg

BERLIN
Jesse Müller-Thuns	Berlin

WESTEN
Axis Rechtsanwälte	Köln
LTS Rechtsanwälte Wirtschaftspr. Steuerber.	Herford
Osborne Clarke	Köln
PKF Fasselt Schlage	Duisburg, Köln u.a.
Sernetz Schäfer	Düsseldorf

SÜDEN
BTU Simon	München
Dissmann Orth	München
Scheidle & Partner	Augsburg
Sonntag & Partner	Augsburg
Watson Farley & Williams	München

SÜDWESTEN
Blumers & Partner	Stuttgart

AXIS RECHTSANWÄLTE
Bewertung: Kölner MDP-Kanzlei mit tiefgehenden Beziehungen in die Versicherungswirtschaft. Aus diesem Kreis ergeben sich lfd. steuerl. Spezialfragen an der Schnittstelle zum Aufsichtsrecht sowie zum ▶Versicherungsunternehmensrecht. Stark angestiegen ist zuletzt die Compliance-Arbeit für Steuerabteilungen in Versicherungsunternehmen, die beim Auffinden u. Benennen steuerl. Risiken häufig anläss. der Deklarationsberatung unterstützt werden. Hier zahlt sich ebenso wie bei Finanzprozessen um Versicherungs- oder Investmentsteuern die enge Verbindung von Axis u. v.a. von dem bei Wettbewerbern als „praktisch denkend" geltenden Prof. Dr. Jochen Axer in die Branche aus. Spürbar bleibt auch die Beratung bei länderspezif. Fragen zur Finanztransaktionsteuer (etwa in Frankreich, Italien). (4 Eq.-Partner, 6 Sal.-Partner, 7 Associates, plus Deklarationsabteilung)
Mandate: ● Div. Versicherer in BFH-Musterverfahren zu Versicherung- u. anderen Steuerarten u. als ausgelagerte Steuerabteilung; Großbank zu Rückerstattung frz. Finanztransaktionsteuer.

BLUMERS & PARTNER
Bewertung: Stuttgarter Boutique um Steueraltmeister Prof. Dr. Wolfgang Blumers. Die Kanzlei arbeitet lfd. mit einem festen Stamm freier Mitarbeiter, der ganz überwiegend aus ehem. Beamten der Finanzverwaltung oder aus früheren Finanzrichtern besteht. Kernkompetenz der Praxis ist seit Langem die Betreuung von StB, WP oder RA-Kanzleien in steuerl. Spezialfragen u.a. Umstrukturierungen, internat. Steuerrecht) sowie von Familienunternehmen u. deren Eigentümern auch in Nachfolgegestaltungen. (1 Partner, 1 of Counsel, plus div. freie Mitarbeiter)
Mandate: ●● Lfd.: Gesellschafter von Voith (aus dem Markt bekannt).

BTU SIMON
Bewertung: Seit Langem prägen enge Kontakte zu süddt. Unternehmen die steuerrechtl. Praxis dieser in ▶München fest etablierten Kanzlei. Diese sorgen für einen stetigen Mandatsfluss, zu dem weitere Fälle von Selbstanzeigen hinzukamen. Zum Kreis der Dauermandanten zählen u.a. große Familienunternehmen, die BTU z.B. lfd. im Konzernsteuerrecht, aber auch zu Nachfolgethemen berät. Bekannt ist v.a. der Schwerpunkt in der Luftfahrtbranche. (2 Eq.-Partner, 2 Sal.-Partner, 6 Associates)
Mandate: ● Bekleidungsunternehmen bei Restrukturierung von Beteiligungen u. Familiengesellschaften; Bundesverband zu Energiesteuerbefreiung; Fluggesellschaft zu USt; Solarunternehmen u.a. bei Gestaltung u. Außenprüfung; div. Selbstanzeigen.

DISSMANN ORTH
Bewertung: Charakteristisch für die langj. etablierte u. mit einigem Lob von Wettbewerbern versehene Praxis ist die sehr partnerzentrierte Arbeit an der Schnittstelle von Steuer- u. Gesellschafts-

STEUERRECHT

recht. Diese Aufstellung prädestiniert die auch als StB qualifizierten Anwälte nicht nur regelm. für Projektgeschäft, z.B. Transaktionen u. Umstrukturierungen, sondern auch für die Nachfolge- u. Vermögensberatung von Privatpersonen u. Familienunternehmen. (6 Partner, 1 Associate)
Mandate: ●● Fam. Hugendubel steuer- u. gesellschaftsrechtl. (öffentl. bekannt); Versandhändler bei Rückkauf von Familiengesellschaften; Werft bei Strukturierung von Managementbeteiligung; div. Selbstanzeigen.

JESSE MÜLLER-THUNS
Bewertung: Berliner Boutique, die vor einigen Jahren als Abspaltung von Flick Gocke entstand. Die Anwälte stehen von jeher für die steuerl. Rundumberatung vorwiegend familiengeführter Unternehmen. Diese Klientel beraten sie sowohl im Unternehmensteuerrecht als auch forensisch, aber auch in den relevanten Gebieten Nachfolge/Erb(schaftsteuer)recht, Testamentsvollstreckung u. Gesellschaftsrecht. Insbes. bei Steuerverfahren hat die europarechtl. Komponente zuletzt eine wichtigere Rolle gespielt. Relevant bleibt zudem die Beratung u. Vertretung im Steuerstrafrecht. (2 Eq.-Partner, 1 Sal.-Partner, 5 Associates)
Mandate: Keine Nennungen.

KSB INTAX
Bewertung: Die Kombination aus Rechts-, Steuer- u. WP-Beratung zeichnet die in ▶ Niedersachsen dominante Kanzlei aus. Sie berät, oft als ausgelagerte Steuer- u. Rechtsabteilung, mittelständ. Unternehmen sowie kommunale Wirtschaftsbetriebe u. kirchl. Träger. Über die Steuergestaltung gelingt es ihr auch immer wieder Umstrukturierungsmandate für die Gesamtkanzlei zu erringen. Neben der Steuergestaltungs- u. Erklärungsberatung spielen auch Nachfolge-/Erbschaftsteuerfragen eine zentrale Rolle. Die Kanzlei übernimmt hier Aufgaben wie ein Family Office. (4 Partner, 10 Associates inkl. Berufsträger in der Deklarationsabteilung)
Mandate: ●● Lfd.: Lorenz Snack-World (aus dem Markt bekannt).

LTS RECHTSANWÄLTE WIRTSCHAFTSPR. STEUERBER.
Bewertung: Ostwestfälische MDP-Kanzlei mit umf. Beratungsansatz für mittelständ. Familienunternehmen aus der Region. Der klare Schwerpunkt liegt auf dem Gesellschafts- u. Steuerrecht. Zuletzt häuften sich im Zshg. mit dem Erbschaftsteuerurteil des BVerfG viele Nachfolgefragen. (5 Partner, 4 Associates)
Mandate: ●● Lfd. gesellschafts- u. steuerrechtl.: Häcker Küchen, Messehallen Bad Salzuflen.

OSBORNE CLARKE
Bewertung: Breit aufgestellte Praxis, die v.a. im Unternehmensteuerrecht tätig ist, vielfach aber auch im Erbschaftsteuerrecht im Rahmen von komplexen, häufig internat. Nachfolgen. Der Schwerpunkt liegt in der Gestaltungsberatung bei Transaktionen, mit besonderer Expertise im Indiengeschäft u. IT-Outsourcing. Daneben berät sie zu Investment-/Fondssteuern (u.a. mit Spezialprodukten für vermögende Privatpersonen in Zusammenarbeit mit Banken, (für die der bei Mandanten als „kreativ" geltende Dr. Jens Kleinert steht) sowie im Zoll- u. USt. Die Spezialisierung bei Verrechnungspreisen ist allerdings mit dem Wechsel eines Associates zum anerkannten D'dorfer Baker & McKenzie-Team in Mitleidenschaft gezogen worden. (4 Partner, 8 Associates)
Mandate: ●● BBS Automation bei Kauf von Ixmation; Grifols bei Restrukturierung des Vertriebsgeschäfts (u.a. USt, Verrechnungspreise); Klaus Nordhorn bei Verkauf des Ingenieurbüros.

PKF FASSELT SCHLAGE
Bewertung: Bundesweit agierende MDP-Kanzlei mit Fokus auf vorwiegend großem Mittelstand, wobei neben einigen Konzernen auch Kommunen u. Stadtwerke auf die Kompetenz von PKF vertrauen. Das Steuerteam gehört zu den Säulen des Geschäfts u. umfasst das Unternehmensteuerrecht (inkl. USt u. Verrechnungspreise) ebenso wie das Energie- oder Erbschaftsteuerrecht. Daneben Deklarationsberatung.
Mandate: Keine Nennungen.

RENZENBRINK & PARTNER
Bewertung: Die Anfang 2015 gegründete ▶ Hamburger Kanzlei hat sich im Bereich der steuergestaltenden Projektarbeit schnell zu einem wahrnehmbaren Akteur im regionalen Markt entwickelt. Aufbauend auf die Tätigkeit in der Vorgängerkonstellation gelingt es dem von Wettbewerbern als „kompetent" u. „engagiert" gelobten Marc-Holger Kotyrba nun zunehmend, das gute M&A-Support-Geschäft auch um originäre Arbeit zu ergänzen. Beispielhaft stehen hierfür die projekthafte Umstrukturierung von MPC u. die immobiliensteuerrechtl. Arbeit für Strabag. (1 Partner, 1 Associate)
Mandate: ●● MPC Münchmeyer Petersen Capital bei Umstrukturierung der Gruppe; Siem Industries bei Kauf der Flensburger Schiffsbau Gesellschaft; Strabag bei Verkauf der ‚Tanzenden Türme', Hamburg; adiuva Capital bei Investoreneinstieg bei Ascopharm.

SCHEIDLE & PARTNER
Bewertung: Multidisziplinär aufgestellte Augsburger Kanzlei, die v.a. mittelständ. Unternehmen aus der Region zu ihren Mandanten zählt (▶ Bayern). Das innerh. der Gesamtkanzlei traditionell starke Steuerteam beriet zuletzt v.a. viele Mandanten zur Erbschaftsteuer im Zuge der Unternehmensnachfolge sowie weiterhin zu Selbstanzeigen, ist jedoch unternehmensteuerrechtl. insges. breit aufgestellt. (7 Eq.-Partner, 1 Counsel, 8 Associates)
Mandate: Keine Nennungen.

SERNETZ SCHÄFER
Bewertung: Kanzlei, die v.a. für ihre Tätigkeit bei ▶ Gesellschaftsrechtl. Streitigkeiten u. im Bankaufsichtsrecht bekannt ist. Mit Dr. Hans-Michael Pott findet sich im ▶ Düsseldorfer Büro aber auch ein klass. Unternehmensteuerrechtler. Er genießt v.a. für seine Steuerprozessexpertise, insbes. mit europarechtl. Bezug, u. im Zollrecht einen guten Ruf. Daneben berät die Kanzlei steuerrechtl. Fragen im Zshg. mit ▶ Nachfolgefragen. (1 Partner)
Mandate: Keine Nennungen.

SONNTAG & PARTNER
Bewertung: Kanzlei mit Stammsitz in Augsburg, die mit ihrer südd. Stammklientel stetig weiterwächst (▶ Bayern). Paradebsp. ist die Patrizia Immobilien AG, die S&P seit ihrer Gründung berät. Mit dem Wachstum der Unternehmen wächst auch der steuerl. Beratungsbedarf. Dynamisch entwickelte sich zuletzt die Beratung bei USt sowie im internat. Steuerrecht (insbes. Mitarbeiterentsendung u. Verrechnungspreise), daneben Investmentsteuern – Themen, die für den Mittelstand immer relevanter werden. Zudem blieben die Selbstanzeigeberatung/Steuerstrafrecht auf hohem Niveau, was häufig auch Zugang zur aktiven Betreuung vermögender Privatleute in den Bereichen ▶ Nachfolge/Vermögen/Stiftungen verschafft. Zudem integrierte Deklarationsarbeit. (4 Eq.-Partner, 2 Sal.-Partner, 5 Associates, plus Deklarationsabteilung)
Mandate: ●● Patrizia Immobilien lfd., u.a. bei geplantem Kauf einer Immobilie im 3-stell. Mio-€-Bereich. Lfd. Gestaltungs- u. Deklarationsberatung: Andreas Schmid Logistik, Cancom-Gruppe, Impuls, Patrizia Immobilien, Sortimo-Gruppe.

VÖLKER
Bewertung: Hamburger Spezialkanzlei um Dietmar Völker, die ihre Schwerpunkte in der Gestaltung von Unternehmensteuern sowie v.a. der gerichtl. Vertretung ihrer Stammmandanten (v.a. dt. u. internat. Großkonzerne aus der Energie- u. Tabakbranche) in Verfahren von häufig grundsätzl. Bedeutung pflegt. Aktuelles Bsp. ist die gerichtl. Durchsetzung der Erstattung von in Sanierungslage gezahlten Säumniszuschlägen, inkl. des sog. Zinsanteils. Im Laufe der vergangenen Jahre hat sich eine Spezialexpertise im Zshg. mit der Besteuerung des Ausscheidens aus dem Gesellschafterkreis großer Beratungsunternehmen entwickelt. Daneben unterstützt die Kanzlei regelm. andere Kanzleien bei steuerl. Spezialfragen (v.a. im Bereich Corporate/Tax). (1 Partner, 2 Associates)
Mandate: Keine Nennungen.

WATSON FARLEY & WILLIAMS
Bewertung: Die v.a. auf Transaktionen im Bereich erneuerbarer ▶ Energien (Offshore- u. Onshoretransaktionen) u. ▶ Private Equity fokussierte Praxis hat den Schwung der vergangenen Jahre beibehalten. Zudem hat die Kanzlei mit der ganzheitl. Beratung eines großen Entwicklungsprojekts in der Hamburger Hafencity (neben Steuern auch Gesellschafts- u. Immobilienrecht sowie Öffentl. Recht) nun auch ihre Schlagkraft bei Großprojekten im Immobilienbereich unter Beweis gestellt. Mit dem Zugang eines Associates aus der Finanzverwaltung nimmt WFW perspektivisch stärker die Auseinandersetzung mit den Finanzbehörden in den Fokus. (3 Partner, 3 Associates)
Mandate: ●● Allianz Renewable Energy Fund bei Kauf von Windparks in Brandenburg; Dutch Infrastructure Fund bei Verkauf von 9 dt. Onshorewindparks; Equita bei Mehrheitsbeteiligung an Windstar Medical; Strabag OW EVS bei Verkauf des Offshorewindparks ‚Albatros'; Unibail Rodamco u. mfi bei Entwicklung eines Baugebiets in der Hafencity Hamburg.

Steuerstrafrecht

Das Steuerstrafrecht bleibt eine der Beratungsdisziplinen der Stunde. Mit den verschärften Selbstanzeigeregeln, die seit Januar 2015 gelten, hat der Gesetzgeber faktisch für eine unklare Abgrenzung zwischen Nacherklärung und strafrechtlichen Selbstanzeigen gesorgt. Die Folge: Anwälte berichten, dass Korrekturmeldungen von Unternehmen fast schon automatisch zu strafrechtlichen Ermittlungen führen. Nicht anders sieht es bei Betriebsprüfungen aus, die heute ebenfalls ein Einfallstor für Ermittler sind.

Dagegen verliert die Selbstanzeigeberatung wegen in Deutschland nicht erklärter Kapitalerträge auf Schweizer Konten seit Ende 2014 an Bedeutung. Heute führt der Komplex bei einigen großen Einheiten wie z.B. **Heuking Kühn Lüer Wojtek** oder **Flick Gocke Schaumburg** eher zu einer deutlichen Zunahme der (Compliance-)Beratung von Schweizer Banken bzw. zur Unterstützung in der Verteidigung gegen deutsche Behörden.

Weitere Kanzleien sind zudem weiter mit der Spezialfrage befasst, inwieweit die Strukturierung und Beratung zu Cum-Ex-Produkten, über die sich einmal gezahlte Kapitalertragsteuer mehrmals erstatten ließ, etwa eine Steuerhinterziehung bzw. Beihilfe zur selbigen darstellt. Adressen wie **Prof. Dr. Franz Salditt**, **Ulrich Sorgenfrei**, **Streck Mack Schwedhelm** oder **Wannemacher & Partner** beraten betroffene Institute und Einzelpersonen. Erkennbar ist: In der Spezialdisziplin an der Schnittstelle zwischen ▶ Steuer- und ▶ Wirtschaftsstrafrecht haben Boutiquen und Einzelanwälte noch immer großes Gewicht.

BAKER TILLY ROELFS
Steuerstrafrecht
Bewertung: In der für Steuerstrafrecht geschätzten Kanzlei verschob sich die Tätigkeit zuletzt in Richtung prozessualer Verteidigung. Über ihre eingespielten Bankenkontakte generierte die Praxis um Dr. Franz Bielefeld daneben ebenfalls ein substanzielles Aufkommen von Selbstanzeigefällen. Mehr Arbeit brachten daneben ebenfalls Unternehmen, die die Hilfe der Kanzlei hinsichtl. steuerrechtl. Compliance benötigten. (1 Partner, 2 Associates)
Mandate: ● Einzelhandelskonzern aus der Lebensmittelbranche steuerstrafrechtl.; div. vermögende Kunden u. bekannte Persönlichkeiten wg. Selbstanzeige u. strafrechtlich.

CARLÉ KORN STAHL STRAHL
Steuerstrafrecht
Bewertung: Die Begleitung im Steuerstrafrecht trieb das Geschäft der empfohlenen Kölner Kanzlei wesentl. voran. Motor dieser Entwicklung war die Selbstanzeigewelle, im Zuge derer zahlr. Kunden v.a. Schweizer u. Luxemburger Banken oft nach Empfehlung von Steuerberatern die Hilfe der Praxis suchten, z.T. in Fällen bis zu einem Volumen bis €20 Mio hinterzogener Steuern. Aber auch an der Seite von Unternehmen war die Praxis aktiv: Der angesehene Namenspartner Rudolf Stahl begleitete z.B. einen Versandhändler in einem Steuerstrafverfahren. Weiteres Geschäft bringt die Arbeit für Fonds u. Fondsmanager in Cum-Ex-Verfahren. (2 Eq.-Partner, 1 Sal.-Partner, 1 Associate)
Mandate: ● Selbstanzeigeberatung von Kunden div. Schweizer u. Luxemburger Großbanken (Vol. bis €20 Mio); Versandhändler in Steuerstrafverfahren.

FLICK GOCKE SCHAUMBURG
Steuerstrafrecht
Bewertung: Die im Steuerstrafrecht zu den Führenden zählende Kanzlei berät in einer Breite, die kaum eine Wettbewerberin bieten kann, u. hat mit Dr. Karsten Randt u. Dr. Jörg Schauf 2 der bundesw. prägenden Köpfe in ihren Reihen. Mittlerw. überwiegt die Verteidigung von Unternehmen u. Banken deutl. die Individualverteidigung, v.a. die aus Betriebsprüfungen entstandene strafrechtl. Vertretung hat erhebl. zugenommen. Natürlich entstehen insoweit Wechselwirkungen mit der ebenfalls führenden ▶ Unternehmensteuerpraxis von FGS, jedoch ist v.a. die Beratung von Schweizer Banken im Zshg. u. im Nachgang zu Steuer-CD-Ermittlungen ein originäres Geschäft des Steuerstrafrechtsteams. Hier hat nur Heuking eine ähnl. starke Stellung, wobei die Beratung bei internen Ermittlungen sowie strukturellen Steuer-Compliance-Fragen bei FGS ausgeprägter ist. Ihre außergewöhnl. u. auf Expansion ausgelegte Stellung im Markt unterstrich die Kanzlei nicht zuletzt durch die Ernennung von 2 Sal.-Partnern. (3 Eq.-Partner, 2 Sal.-Partner, 20 Associates inkl. Compliance-Team)
Mandate: ● Div. Schweizer Banken bei Ermittlungen der NRW-Finanzbehörden; Genossenschaftsbank bei Verteidigung im Zshg. mit Cum-Ex-Geschäften; dt. Großbank wg. Vorwurf der Beihilfe zur Steuerhinterziehung im Zshg. mit Lebensversicherungsprodukten; dt. Großbank wg. Vorwurf der USt.-Hinterziehung beim Emissionszertifikatehandel.

FRICK + PARTNER
Steuerstrafrecht
Bewertung: Der im Steuerstrafrecht häufig empfohlene Namenspartner Dr. Jörg Frick hat nach der

---

STEUERSTRAFRECHT

Kanzlei	Standorte
Flick Gocke Schaumburg	Bonn, Wien, Zürich
Leisner Steckel Engler	München, Zürich
Streck Mack Schwedhelm	Köln, München, Berlin
Wannemacher & Partner	München
Frick + Partner	Stuttgart
Kullen Müller Zinser	Sindelfingen
Noerr	München
Carlé Korn Stahl Strahl	Köln
Heuking Kühn Lüer Wojtek	Düsseldorf, Zürich
Krause & Kollegen	Berlin
LHP Luxem Heuel Prowatke	Köln
Roxin	München
Prof. Dr. Franz Salditt	Neuwied
Ulrich Sorgenfrei	Frankfurt
W&R Weigell	München
Wessing & Partner	Düsseldorf
Baker Tilly Roelfs	München
PricewaterhouseCoopers Legal	Düsseldorf, München
Quedenfeld	Stuttgart
Tsambakakis & Partner	Köln

Die hier getroffene Auswahl der Kanzleien ist das Ergebnis der auf zahlreichen Interviews basierenden Recherche der JUVE-Redaktion (s. Einleitung S. 20). Sie ist in 2erlei Hinsicht subjektiv: Sämtliche Aussagen der von JUVE-Redakteuren befragten Quellen sind subjektiv u. spiegeln deren eigene Wahrnehmungen, Erfahrungen u. Einschätzungen wider. Die Rechercheergebnisse werden von der JUVE-Redaktion unter Einbeziehung ihrer eigenen Marktkenntnis analysiert u. zusammengefasst. Der JUVE Verlag beabsichtigt mit dieser Tabelle keine allgemein gültige oder objektiv nachprüfbare Bewertung. Es ist möglich, dass eine andere Recherchemethode zu anderen Ergebnissen führen würde.

● Referenzmandate, umschrieben
●● Referenzmandate, namentlich

Anwaltszahlen: Angaben der Kanzleien, wie viele Anwälte zu mind. ca. 50% in diesem Gebiet tätig sind. Sie spiegeln nicht zwingend die Gesamtgröße einer Kanzlei wider.

STEUERRECHT STEUERSTRAFRECHT

Trennung von Dr. Dietrich Quedenfeld ein neues Team aufgestellt, das sich im Schwerpunkt steuerl. Fragen widmet. Dies umfasst sowohl Steuerstreitverfahren als auch Individualverteidigungen u. Selbstanzeigeberatung. Die Kanzlei, die vorw. Mandate in Südwestdtl. betreut, gilt als exzellent vernetzt mit Zivilkanzleien der Region. (3 Partner, 2 Associates)

Mandate: Keine Nennungen

HEUKING KÜHN LÜER WOJTEK
Steuerstrafrecht

Bewertung: In der im Steuerstrafrecht empfohlenen Kanzlei bleibt die Beratung von Banken, v.a. aus der Schweiz, der Treiber des Geschäfts, das der erfahrene Züricher Partner Dr. Dieter Bohnert verantwortet. Vermehrt nachgefragt wird nun auch die Tax-Compliance-Beratung beim Aufarbeiten von Sachverhalten u. zur Krisenbewältigung. Dies beinhaltet auch den Aufbau von Geldwäscheabteilungen nach dt. Recht. Daneben blieben Strafverteidigungen wg. Kapitalanlagen in der Schweiz sowie die Selbstanzeigeberatung zeitintensiv, Letzteres verteilt über die gesamte ▶Steuerrechtspraxis in D'dorf, Ffm. u. Zürich. Allmähl. weitet sich die Beratung auf Unternehmen außerh. des Bankensektors bei strafrechtsanfälligen Spezialsteuern (z.B. Strom) aus. (4 Eq.-Partner, 3 Associates)

Mandate: ●● Südwestbank bei Ermittlungen wg. in Luxemburg angesiedelter Fonds von Sal. Oppenheim (aus dem Markt bekannt); russ. Kunstsammler wg. Verdachts der Steuerhinterziehung in GB.

KRAUSE & KOLLEGEN
Steuerstrafrecht

Bewertung: In der für Steuerstrafsachen empfohlenen Praxis überwiegt die Individualverteidigung klar die steuerstrafrechtl. Beratung von Banken u. Unternehmen, deren Anteil jedoch wächst. In der ▶wirtschaftsstrafrechtl. ausgerichteten Kanzlei zeigt sich die Erfahrung im Steuerstrafrecht zuvorderst bei Prof. Dr. Carsten Wegner, den Wettbewerber v.a. wg. seiner Kenntnis der Berliner Strafjustiz gerne hinzuziehen. Er arbeitet häufig an der Schnittstelle zum Steuerverfahrens- u. Zollrecht u. ist auch regelm. als Verteidiger im allg. Wirtschaftsstrafrecht zu finden. (1 Partner, 2 Associates)

Mandate: ●● Per Løkkevik im Strafverfahren wg. Sozialversicherungsbetrug, Steuerhinterziehung u. illegaler Beschäftigung; Ärzteverbände bei USt-Betrugsvorwürfen; div. Händler (Kfz, Gold u.a.) wg. USt-Karussell.

KULLEN MÜLLER ZINSER
Steuerstrafrecht

Bewertung: In der fachl. recht breit aufgestellten, häufig empfohlenen Sindelfinger MDP-Einheit sind Steuerrecht u. insbes. Steuerstrafrecht die Kernkompetenzen. In Steuerstrafsachen berät sie gleichermaßen (ausl.) Banken, etwa mit Schweiz- u. Liechtensteinbezug, u. Familienunternehmen ebenso wie Individuen. Letztere sind regelm. – z.T. auch ehem. – Organe von Unternehmen, für die sie die Verteidigung übernehmen. Daneben nahm auch die Betreuung bei Selbstanzeigen wieder breiten Raum ein. Durch seine große Erfahrung sticht im Steuerstrafrecht Prof. Dr. Markus Füllsack hervor. (3 Eq.-Partner, 2 Sal.-Partner, 2 Associates)

Mandate: ● Mittlere 3-stellige Zahl von Selbstanzeigen.

LEISNER STECKEL ENGLER
Steuerstrafrecht

Bewertung: Für die im Steuerstrafrecht zu den Führenden zählende Kanzlei zahlt es sich derzeit so stark aus wie nie zuvor, dass sie zu den Ersten gehörte, die sich auf die Disziplin mit all ihren Facetten spezialisierte. Ihren Erfahrungsvorsprung nutzt sie etwa im Rahmen von Betriebsprüfungen – in denen Unternehmen heute mit einer härteren Gangart der Behörden konfrontiert sind als noch im vergangenen Jahr –, daneben auch in Compliance-Fällen, u.a. im Zshg. mit internen Untersuchungen. Ähnl. viel Arbeit brachten Selbstanzeigen u. die Beratung rund um den Cum-Ex-Komplex. (3 Partner, 7 Associates)

Mandate: ●● Ehem. Waffenlobbyist Karlheinz Schreiber in Verfahren um Steuerhinterziehung; Gerald Toifl in Prozess wg. Beihilfe zu Steuerhinterziehung.

LHP LUXEM HEUEL PROWATKE
Steuerstrafrecht

Bewertung: In der empfohlenen, 2013 gegründeten Kölner Boutique steht die Beratung von Unternehmen u. deren Geschäftsführern im Steuerverfahrens- u. Steuerstrafrecht im Mittelpunkt. Strafrechtl. Mandate entstehen häufig aus Betriebs- oder Sonderprüfungen, etwa bei Umsatzsteuern. Besondere Spezialität – neben dem breiten wissenschaftl. Anspruch – ist die Vertretung von anderen Beratern (RA, StB, WP) bei Selbstanzeigen u. in Steuerstrafverfahren. (3 Partner, 6 Associates)

Mandate: ● Internat. Stahlhändler in Betriebsprüfung u. Strafverfahren gg. Geschäftsführung; TV-Produktionszentrum wg. Betriebsprüfung u. Strafverf. gg. Geschäftsführung; steuerstrafrechtl. Vertretung der Vorstände eines börsennot. Solarparkunternehmens wg. Vorwurf der USt-Hinterziehung.

NOERR
Steuerstrafrecht

Bewertung: Selbstanzeigen prägten die Arbeit der im Steuerstrafrecht häufig empfohlenen Kanzlei v.a. bis Ende 2014. Insges. liegt der Schwerpunkt des Teams um Dr. Christian Pelz aber in der Begleitung von Unternehmen. Noch stärker als ohnehin in den strateg. Mittelpunkt rückten steuerl. Compliance-Themen. Durch den Einstieg von Dr. Lars Kutzner, der von PwC Legal kam, gewann die Praxis nicht nur weitere ▶wirtschaftsstrafrechtl. Erfahrung, sondern schloss v.a. eine Kompetenzlücke in der Überprüfung, Steuerung u. Optimierung von ▶Compliance-Aufstellungen. (4 Partner, 6 Associates)

Mandate: ● Partner einer internat. Anwaltssozietät in Steuerstrafverf. wg. misslungener M&A-Transaktion; internat. Industriekonzern steuerstrafrechtl. wg. Provisionszahlungen an Vertriebsmitarbeiter; russ. Investor in Steuerstrafverf. wg. Zahlungen durch Offshorefirmen an Amtsträger; Verlagsgruppe wg. Vorwurf der Steuerhinterziehung; div. vermögende Privatpersonen bei Selbstanzeigen.

PRICEWATERHOUSECOOPERS LEGAL
Steuerstrafrecht

Bewertung: Das Wirtschafts- u. Steuerstrafrechtsteam der Big-Four-Gesellschaft um Dr. Hilmar Erb wird nach stetigem Aufbau der Abteilung mittlerw. im Markt geschätzt. Nach dem Wechsel des bekannten Strafrechtsexperten Dr. Lars Kutzner zu Noerr Anfang 2015 gewann PwC Legal im Frühjahr Dr. Thorsten Zumwinkel von Streck Mack Schwedhelm u. konnte so den Senioritätsgrad im Team aufrechterhalten. Im Mittelpunkt steht die Beratung bei steuerl. Selbstanzeigen sowie die Begleitung von Ermittlungs- u. Strafverfahren überw. aus dem Netzwerk der WP-Gesellschaft stammender Unternehmen, v.a. in umsatz- u. lohnsteuerrechtl. Zusammenhängen. Zudem machte die Selbstanzeigeberatung von Privatpersonen bzgl. nicht erklärter ausl. Kapitalerträge bis Ende 2014 einen erhebl. Umsatzanteil aus. (2 Partner, 3 Associates)

Mandate: ● Kfz-Zulieferer bei USt-Selbstanzeige für Unternehmen u. Vorstand; Fluggesellschaft nach unterlassener Abzinsung von Verbindlichkeiten bei Durchsuchung u. im Ermittlungsverfahren.

QUEDENFELD
Steuerstrafrecht

Bewertung: Die überraschende Trennung von dem im Steuerstrafrecht sehr anerkannten Dr. Jörg Frick (in eigener Kanzlei) hat die Positionierung der hier geschätzten Kanzlei geschwächt. Allerdings zählt Dr. Dietrich Quedenfeld aufgrund seiner enormen ▶wirtschaftsstrafrechtl. Erfahrung u. seiner von Wettbewerbern immer wieder hervorgehobenen Teamfähigkeit weiter zu den wichtigen Steuerstrafrechtlern hierzulande. Gerade Letzteres bringt ihn auch bei Großverfahren wie dem in Ffm. geführten um den Handel mit CO_2-Emissionszertifikaten ins Spiel. (1 Partner)

Führende Namen im Steuerstrafrecht

Dr. Markus Gotzens	▶Wannemacher & Partner
Jan Leisner	▶Leisner Steckel Engler
Dr. Christian Pelz	▶Noerr
Dr. Karsten Randt	▶Flick Gocke Schaumburg
Prof. Dr. Franz Salditt	▶Prof. Dr. Franz Salditt
Ulrich Sorgenfrei	▶Ulrich Sorgenfrei
Dr. Rainer Spatscheck	▶Streck Mack Schwedhelm
Rudolf Stahl	▶Carlé Korn Stahl Strahl
Prof. Dr. Carsten Wegner	▶Krause & Kollegen
Dr. Martin Wulf	▶Streck Mack Schwedhelm

Die hier getroffene Auswahl der Personen ist das Ergebnis der auf zahlreichen Interviews basierenden Recherche der JUVE-Redaktion (siehe S. 20). Sie ist in 2erlei Hinsicht subjektiv: Sämtliche Aussagen der von JUVE-Redakteuren befragten Quellen sind subjektiv u. spiegeln deren eigene Wahrnehmungen, Erfahrungen u. Einschätzungen wider. Die Rechercheergebnisse wurden von der JUVE-Redaktion unter Einbeziehung ihrer eigenen Marktkenntnis analysiert u. zusammengefasst. Der JUVE-Verlag beabsichtigt mit dieser Tabelle keine allgemein gültige oder objektiv nachprüfbare Bewertung. Es ist möglich, dass eine andere Recherchemethode zu anderen Ergebnissen führen würde.

● Referenzmandate, umschrieben
●● Referenzmandate, namentlich

Anwaltszahlen: Angaben der Kanzleien, wie viele Anwälte zu mind. ca. 50 % in diesem Gebiet tätig sind. Sie spiegeln nicht zwingend die Gesamtgröße einer Kanzlei wider.

Mandate: ●● Aus dem Markt bekannt: UBS-Niederlassung im Zshg. mit Steuerthemen; Beschuld. in Verf. um CO2-Handel.

ROXIN
Steuerstrafrecht

Bewertung: Die im Steuerstrafrecht empfohlene Kanzlei geht die Disziplin in enger Verzahnung mit ihrer ▶wirtschaftsstrafrechtl. Beratung nocht fokussierter an. Sie konzentriert sich konsequenter auf komplexere Fälle u. setzt noch stärker auf die internat. Schiene. Die zuletzt vergrößerte internat. Roxin Alliance spielt in dieser Strategie eine wesentl. Rolle. In der Beratung stehen Individual- u. Unternehmensbegleitung nebeneinander. So betreut sie u.a. einige Geschäftsführer, aber z.B. auch eine Schweizer Bank gg. die Ermittlungen dt. Behörden. Eine größere Rolle spielten zuletzt Mandate um die Hinterziehung von Sozialabgaben. (2 Partner, 2 Associates)

Mandate: ●● Ehem. Head of Sales Europe von Hewlett-Packard wg. Korruption, Untreue u. Steuerhinterziehung; Vorstandsmitglied einer Bank wg. Cum-Ex-Transaktionen; Steuerberater wg. CO2-Umsatzsteuerkarussell; Manager im Rohstoffhandel wg. mögl. Umsatzsteuerhinterziehung.

PROF. DR. FRANZ SALDITT
Steuerstrafrecht

Bewertung: Die Kanzlei wird im Steuerstrafrecht empfohlen u. ist weiter intensiv in einige viel beachtete Komplexe eingebunden, v.a. um CO2-Umsatzsteuerkarusselle u. Cum-Ex-Transaktionen. Im südwestdt. Heimatmarkt ist Prof. Dr. Franz Salditt, der so lange wie nur wenige im Geschäft ist, u.a. bei Mandanten aus Landwirtschaft u. Gastronomie verstärkt im Zshg. mit Vorwürfen zur Verkürzung von Sozialabgaben gefragt. Einen nicht unerhebl. Teil seiner Kapazitäten band aber zuletzt die ▶wirtschaftsstrafrechtl. Arbeit im Sal.-Oppenheim-Prozess. (1 Partner)

Mandate: ●● Ex-HVB-Händler in Ermittlungen zu Cum-Ex-Transaktionen; Händler in Verfahren wg. CO2-USt-Karussell.

TSAMBIKAKIS & PARTNER
Steuerstrafrecht

Bewertung: Die Kölner ▶Wirtschaftsstrafrechtskanzlei wird auch im Steuerstrafrecht geschätzt. V.a. Dr. Markus Rübenstahl gilt unter Wettbewerbern als „fachlich top". Neben der Individualverteidigung sowie Selbstanzeigenberatung (auch für Unternehmen) agiert die Kanzlei regelm. auch bei umfangreichen strafrechtl. Compliance-Untersuchungen. (2 Partner)

Mandate: ●● 2 StB einer Big-Four-Gesellschaft wg. Beihilfe zur Steuerhinterziehung; Vorstand Rolls Royce Power System wg. Korruptions- u. steuerstrafrechtl. Vorwürfe.

ULRICH SORGENFREI
Steuerstrafrecht

Bewertung: Die im Steuerstrafrecht empfohlene Kanzlei war v.a. mit einem massiven Aufkommen von Selbstanzeigen beschäftigt. Als Multiplikator erwiesen sich v.a. hervorragende Kontakte Ulrich Sorgenfreis in die Finanzindustrie, die u.a. auf seiner früheren Tätigkeit in der Steuerabteilung einer Bank u. im Finanzwesen beruhen u. sich auch durch die Arbeit für die Bank bei der Cum-Ex-Aufarbeitung ausdrücken. Abseits des Steuerstrafrechts sichert sich der Frankfurter Einzelanwalt die Verteidigung eines MDax-Konzerns in kapitalmarktstrafrechtl. Zshg. (1 Partner)

Mandate: ●● Biotest strafrechtl. u. wg. Koordination v. Individualverteidigern; Kreditinstitut wg. Cum-Ex-Transaktionen; div. Selbstanzeigen.

STRECK MACK SCHWEDHELM
Steuerstrafrecht

Bewertung: Eine im Steuerstrafrecht führende Kanzlei, die zu den größten Profiteuren des gegenwärtigen Booms in der Disziplin gehört. Die Steuerboutique ist dabei sowohl an der Seite von Unternehmen als auch bei Individualmandanten sehr präsent. Dies verdankt sie einer seit Jahren vorangetriebenen konsequenten Ausrichtung auf das Feld sowie der gleichzeitigen engen Anbindung an die allg. ▶Steuerpraxis u. der daraus resultierenden Erfahrung in fast allen relevanten Themenkomplexen. Besonders gefragt war die Kompetenz weiter z.B. im Zshg. mit Selbstanzeigen u. Cum-Ex-Fällen, aber auch zunehmend in Strafverfahren aus Betriebsprüfungen heraus. Nur ein kleiner Kreis von Wettbewerbern hat ähnl. personelle Kapazitäten u. eine vergleichbare Anzahl angesehener Partner in den eigenen Reihen, aus der zuletzt v.a. Dr. Rainer Spatscheck herausragte. Der Weggang des jüngeren Partners Dr. Thorsten Zumwinkel (zu PwC Legal) wirkte sich angesichts des großen u. erfahrenen Teams nicht auf die Marktstellung aus. (insges. 12 Partner, 13 Associates)

Mandate: ●● Ex-HVB-Steuerabteilungsleiter wg. Cum-Ex-Transaktionen.

W&R WEIGELL
Steuerstrafrecht

Bewertung: Durch die Arbeit für einen ehem. Vontobel-Banker, der Uli Hoeneß bei dessen Steuergeschäften betreute, erfuhr die für Steuerstrafrecht empfohlene Kanzlei einige Aufmerksamkeit. Auch abseits des publik gewordenen Falls ist der Anteil der Mandate mit Schweizbezug hoch, Weigell unterhält auch in Zürich ein Büro. Eine Vielzahl von Selbstanzeigefällen beschäftigte das Team, zudem weitere mit Vorwürfen wg. Beihilfe zur Steuerhinterziehung konfrontierte Berater u. Cum-Ex-Fälle. Auch auf Unternehmensseite war Dr. Jörg Weigell sehr aktiv, v.a. in Verfahren, die sich aus Betriebsprüfungen entwickelten. (3 Partner)

Mandate: ●● Vontobel-Banker hinsichtl. Ermittlungen zu Verdacht der Beihilfe zu Steuerhinterziehung von Uli Hoeneß.

WANNEMACHER & PARTNER
Steuerstrafrecht

Bewertung: Die Praxis bleibt bundesw. eine der führenden im Steuerstrafrecht. Neben dem Steuerrecht u. dem ▶Wirtschaftsstrafrecht ist sie die 3. Säule der Gesamtkanzlei. Nach dem schlagzeilenträchtigen Hoeneß-Mandat brachten Selbstanzeigen bis Ende 2014 viel Arbeit. Für Aufmerksamkeit in anderem Zshg. sorgte danach etwa die Arbeit für die Gebrüder Strüngmann. Daneben ist die Praxis auch durch die Arbeit in Cum-Ex-Untersuchungen in einem viel beachteten Themenkomplex gefragt. V.a. Dr. Markus Gotzens genießt außergewöhnl. Ansehen, Wettbewerber schreiben ihm ausgezeichnete Analysefähigkeiten u. gute Kontakte zur StA zu, teils gilt er als „Verfahrenskiller". (5 Partner)

Mandate: ●● Gebr. Strüngmann wg. Verdachts des steuerl. Missbrauchs eines Aktienfonds (aus dem Markt bekannt); div. Einzelpersonen wg. Selbstanzeigen.

WESSING & PARTNER
Steuerstrafrecht

Bewertung: Die empfohlene Wirtschafts- u. Steuerstrafrechtsboutique deckt die gesamte Breite des ▶Wirtschaftsstrafrechts ab u. intensiviert dank ihrer Personalstärke auch die Binnenspezialisierung im Steuerstrafrecht konsequent. Überwiegend agiert sie dabei an der Seite von Individuen, zählt aber auch betroffene Unternehmen zu ihrer Klientel. Dr. Heiko Ahlbrecht zeigt bei derartigen Mandaten nach Ansicht von Wettbewerbern ein „ausgeprägtes wirtschaftl. Verständnis". (2 Partner, 3 Associates)

Mandate: ●● UBS-Niederlassung in steuerstrafrechtl. Ermittlungsverfahren; div. Individualverteidigungen u. Selbstanzeigen wg. Schwarzgeldanlagen.

● Referenzmandate, umschrieben
●● Referenzmandate, namentlich

Anwaltszahlen: Angaben der Kanzleien, wie viele Anwälte zu mind. ca. 50% in diesem Gebiet tätig sind. Sie spiegeln nicht zwingend die Gesamtgröße einer Kanzlei wider.

Der Gruppenversicherungsvertrag in der Praxis der Restschuldversicherung

Von Dr. Dennis Voigt und Dr. Andreas Decker, Melchers, Frankfurt am Main

Dr. Dennis Voigt ist Partner der Sozietät. Seine Tätigkeitsschwerpunkte bilden das Versicherungsvertragsrecht und -vertriebsrecht, Datenschutz- und Wettbewerbs- sowie das IT-Recht.

Dr. Andreas Decker ist Rechtsanwalt in der Sozietät. Seine Tätigkeitsschwerpunkte sind das Bank- und Versicherungsaufsichtsrecht, Gesellschaftsrecht und M&A.

Melchers berät als Wirtschaftskanzlei mit Standorten in Heidelberg, Frankfurt am Main und Berlin große und mittelständische Unternehmen in allen Bereichen des Wirtschaftsrechts. Kerngebiete sind Gesellschaftsrecht und M&A, Restrukturierungen, Versicherungs- und Bankrecht, Vertrieb und Marketing sowie Bau- und Glücksspielrecht.

Weitere Informationen im Kanzleiprofil am Ende des Handbuchs.

Restschuldversicherungen in Deutschland unterliegen vielfach einem Gruppenversicherungsvertrag zwischen Bank und Versicherer. Nach den vertraglichen Regelungen ist die finanzierende Bank als Gruppenspitze der Versicherungsnehmer, wohingegen die von dem Versicherungsschutz umfassten natürlichen Personen als versicherte Person bezeichnet werden. Diese rechtliche Konstruktion ist Gegenstand einer gesonderten gesetzlichen Regelung im Versicherungsvertragsgesetz. Fraglich ist jedoch bei Restschuldversicherungen, welche Regelungen bei Abschluss von Gruppenversicherungsverträgen sowie im Rahmen der Einbeziehung versicherter Personen in den Versicherungsschutz nach dem Gruppenversicherungsvertrag einzuhalten sind.

„Echt" oder „Unecht"?

Üblicherweise werden die konkreten Rechte und Pflichten der an dem vertraglichen Dreieck beteiligten Parteien durch Einordnung des zur Bewertung anstehenden Gruppenversicherungsvertrages als „echter" oder „unechter" Gruppenversicherungsvertrag konkretisiert. Unklar ist, wie diese beiden Vertragsarten voneinander abgegrenzt werden sollen. Nach den Vorstellungen der Versicherungsaufsicht liegt ein echter Gruppenversicherungsvertrag dann vor, wenn die versicherte Person nach vorbestimmten Kriterien automatisch mit Gruppenmitgliedschaft in den Versicherungsschutz des Gruppenversicherungsvertrages einbezogen wird. Ein unechter Gruppenversicherungsvertrag hingegen ist ein Rahmenvertrag für eine Vielzahl von Versicherungsverträgen. Ausgehend von diesen Abgrenzungskriterien dürfte eine Vielzahl der derzeit verwendeten Gruppenversicherungsverträgen zur Deckung von Restschuldrisiken dem erheblichen Risiko unterliegen, als unechter Gruppenversicherungsvertrag eingeordnet zu werden. So sehen die meisten Vereinbarungen vor, dass keine automatische Einbeziehung in den Versicherungsschutz stattfindet, da dieser zumeist erst auf Antrag des Darlehensnehmers gewährt wird. Oft bestehen zusätzliche Einbeziehungsvoraussetzungen. Auch werden allein der versicherten Person die wesentlichen Pflichten, insbesondere die Zahlung der Versicherungsprämie auferlegt. Die Gruppenspitze dient darüber hinaus zumeist nur als Ansprechpartner bei der Antragstellung sowie als Empfänger von Widerrufs- oder Kündigungserklärungen.

Folgen für den Versicherer

Aus Sicht des Versicherers ist insbesondere relevant, ob die aus §§ 6, 7 VVG resultierenden Beratungs- und Informationspflichten gegenüber der versicherten Person einzuhalten sind. Wäre lediglich die formale Betrachtung der im Gruppenversicherungsvertrag gewählten Bezeichnung maßgeblich, läge keine Verpflichtung zur Beratung und Information vor, da §§ 6,7 VVG nur gegenüber dem Versicherungsnehmer gelten und der Darlehensnehmer nach der vertraglichen Regelung kein Versicherungsnehmer ist (so OLG Köln, Urt. v. 26.03.2010, 20 U 198/09; OLG Oldenburg, Beschluss v. 06.11.2013, W 45/13; LG Saarbrücken, VersR 2014, 1197 ff.). Diese Bewertung ist nicht risikofrei, da die versicherte Person aufgrund der von ihr zu übernehmenden Obliegenheiten als „Herr des Vertrags" eingeordnet werden kann; dies hätte zur Folge, dass die versicherte Person einem Versicherungsnehmer grundsätzlich gleichzustellen ist (vgl. OLG München, Urt. v. 27.10.1994, 19 U 3605/94). Die Versicherungsaufsicht ist ebenso der Auffassung, dass bei Restschuldversicherungen im Gruppenvertragsmodell die versicherte Person zumindest „auch" als Versicherungsnehmer anzusehen ist (BAV-Rundschreiben 3/94, S. 7). Es spricht einiges für diese wertende Betrachtungsweise. So fehlt es an der Bildung einer Risiko- und Gefahrengemeinschaft zwischen den versicherten Personen. Auch wird anderenfalls der dem Versicherungsnehmer im VVG und den AGB-rechtlichen Vorschriften zugedachte Schutz nahezu vollständig ausgehöhlt und der Dispositionsbefugnis der Vertragsparteien des Gruppenversicherungsvertrages unterworfen.

Dies gilt ebenso im Hinblick auf die Frage, ob die Einbeziehung der versicherten Person in den Gruppenversicherungsvertrag einem Widerrufsrecht nach § 8 VVG unterliegt. Dies kann bei einem echten Gruppenversicherungsvertrag fraglich sein, beim unechten Gruppenversicherungsvertrag hingegen sind die Vorgaben uneingeschränkt einzuhalten.

Folgen für die Banken

Bei einem echten Gruppenversicherungsvertrag treffen die finanzierende Bank keine besonderen, über den normalen Rahmen einer vorvertraglichen Beziehung hinausgehenden Verpflichtungen. Die Bank wird als Versicherungsnehmer auch nicht als Versicherungsvermittler angesehen werden können, denn dies schließt sich gegenseitig aus.

Die sich aus einer Einordnung als unechter Gruppenversicherungsvertrag ergebenden Konsequenzen sind für die finanzierende Bank gravierend. Sie reichen von der grundsätzlich bestehenden Erlaubnisbedürftigkeit der auf den Beitritt zum Gruppenversicherungsvertrag bezogenen Tätigkeit (§ 34d GewO) über die Pflicht zur Befragung und Beratung der versicherten Person sowie der Dokumentation der Befragung und Beratung nach §§ 59 ff. VVG bis zu den allgemeinen statusbezogenen Informationspflichten aus § 11 Verordnung über die Versicherungsvermittlung und -beratung (VersVermV). Selbst wenn eine Ausnahme von der Erlaubnispflicht nach § 34d Abs. 9 Nr. 3 GewO besteht, weil die Jahresprämie eine Höhe von 500,00 EURO nicht übersteigt, ist die finanzierende Bank nicht gleichzeitig von den Handlungspflichten der §§ 59 ff. VVG befreit. Dies wäre nach § 66 VVG nur dann der Fall, wenn das angebotene Versicherungsprodukt eine Kleinstversicherung i.S.d. § 34d Abs. 9 Nr. 1 GewO darstellt; bereits aufgrund der zumeist vorhandenen Lebensversicherungskomponente der Restschuldversicherung kommt dies jedoch in den allermeisten Fällen nicht in Betracht.

Folgen für die Kooperation zwischen Bank und Versicherer

Bei Vorbereitung und Abschluss des Gruppenversicherungsvertrags hat der Versicherer im Rahmen eines unechten Gruppenversicherungsvertrages darauf zu achten, dass der Vertriebspartner die Voraussetzungen für eine Tätigkeit als Versicherungsvermittler erfüllt sowie die an ihn gestellten Anforderungen der §§ 59 ff. VVG und der hieraus resultierenden Handlungspflichten einhält. Im Rahmen der vertraglichen Vereinbarung ist darüber hinaus sicherzustellen, dass dem Darlehensnehmer vor dessen Vertragserklärung die für das Versicherungsverhältnis relevanten Unterlagen (AVB, Produktinformationsblatt etc.) mitgeteilt werden, eine Vielzahl von Informationen müssen gar in Textform und rechtzeitig bereitgestellt werden. Im Online-Vertrieb ist die zusätzliche Geltung der E-Commerce-Regelungen (§§ 312i ff. BGB) zu berücksichtigen. Darüber hinaus sind (unabhängig von der Einordnung des Gruppenversicherungsvertrages als echter oder unechter) die Vorgaben der BAV-Rundschreiben 3/90 sowie 3/94 zu beachten.

Da der Versicherer nach § 80 Gesetz über die Beaufsichtigung der Versicherungsunternehmen (VAG) verpflichtet ist, nur mit Versicherungsvermittlern zusammen zu arbeiten, welche entweder bereits im Besitz einer Versicherungsvermittlererlaubnis sind oder aber von der Erlaubnispflicht befreit sind, hat er sich nicht nur zu Beginn der Kooperation über die Einhaltung dieser Voraussetzungen zu vergewissern, sondern die Einhaltung zum Bestandteil seiner konstanten Kontroll- und Überwachungspflichten zu machen. Bei einem Wegfall der entsprechenden Voraussetzungen hat sich der Versicherer ein Kündigungsrecht vorzubehalten; gleiches sollte auch dann gelten, wenn der Kooperationspartner häufig oder gar systematisch gegen die ihm obliegenden (vertraglich übertragenen und/oder gesetzlichen) Informationspflichten verstößt. ∎

KERNAUSSAGEN

- Restschuldversicherungen werden oft im Rahmen eines (unechten) Gruppenversicherungsvertrages vermittelt.

- Die Abgrenzung zwischen unechtem und echtem Gruppenversicherungsvertrag ist nicht klar.

- Es besteht ein erhebliches Risiko, dass Darlehensnehmern als versicherten Personen die gesetzlichen Informations- und Widerrufsrechte nicht verwehrt werden können.

- Die Mitwirkung der Gruppenspitze an dem Beitritt der versicherten Personen zur unechten Gruppenversicherung kann als erlaubnispflichtige Versicherungsvermittlung eingeordnet werden.

Versicherungsvertragsrecht:
Prozessvertretung und Beratung 594
Unternehmensbezogene Beratung
von Versicherern 602

JUVE KANZLEI DES JAHRES

VERSICHERUNGSRECHT

FRESHFIELDS BRUCKHAUS DERINGER

Mit der Beteiligung am Kauf der Heidelberger Leben durch den Private-Equity-Investor Cinven und die Hannover Rück im Sommer 2013 hat sich der Münchner Partner **Dr. Wessel Heukamp** zu einer zentralen Figur im Markt entwickelt, wenn es um Fragen des aufsichtsrechtlich heiklen Einstiegs von Finanzinvestoren bei Versicherern geht. Dass sich Heukamp mit dem Mandat endgültig im Markt durchgesetzt hat, zeigte sich auch darin, dass sein einstiger Mentor **Dr. Gunnar Schuster** sich nun wieder stärker auf die Bankenbranche konzentriert. Noch wichtiger jedoch: Jetzt wird auch deutlich, wie dieser bemerkenswerte Erfolg in einem Spezialthema sich in Auslastung für andere Teile der Kanzlei umsetzt. Denn zuletzt profitierte etwa die Private-Equity-Praxis mit weiteren Dealeinsätzen. Bei der komplexen Arbeit für global systemrelevante Versicherer kann sich die Kanzlei ebenfalls vermehrt ins Gespräch bringen. Hinzu kommt die Beratung mehrerer öffentl.-rechtlicher Versicherer zum Investment in Schuldtitel der Hypo Alpe Adria durch Partner aus München, Wien und Berlin, darunter der angesehene Berliner Öffentlich-Rechtler **Dr. Benedikt Wolfers**. Auch bei Immobilieninvestitionen fehlte die Kanzlei in diesem Jahr nicht. Längst vorbei sind die Zeiten, in denen Freshfields als in der Versicherungsbranche nicht sonderlich stark aufgestellt galt.

Versicherungsrecht

Versicherungsvertragsrecht: Prozessvertretung und Beratung

Versicherer erhalten ungewohnt viel Aufmerksamkeit

Die Assekuranz ist eine verschwiegene Branche, die ihre Streitigkeiten möglichst fernab der Gerichte beilegt. Gerade bei großen Schadensfällen ist die außergerichtliche Erledigungsquote weiterhin hoch. Doch das in den letzten Jahren deutlich verschärfte Streitklima rückte zuletzt auch die Versicherer wieder mehr ins Zentrum des öffentlichen Interesses. Dies liegt weiterhin an der Vielzahl von Organhaftungsprozessen. In einigen prominenten Fällen zogen nun auch Insolvenzverwalter gegen die D&O-Versicherer von früheren Managern vor Gericht. So wie etwa in den öffentlichkeitswirksam ausgetragenen Fällen um Arcandor, Q-Cells und Wölbern Invest. Ziel: mittels Anfechtungsklagen die Insolvenzmasse zu erhöhen.

Daneben sehen sich v.a. Lebensversicherer im aktuellen Niedrigzinsumfeld Klagen enttäuschter Kunden und Verbraucherschutzorganisationen ausgesetzt. Öffentliche Kritik hagelte es zudem für die Pläne, neue, IT-basierte Krankenversicherungspolicen anzubieten. Vor allem die Generali-Gruppe stand im Kreuzfeuer: Datenschützer wollen Sicherungen gegen eine ungefilterte Weitergabe von Informationen via mobiler Gesundheits-Apps durchsetzen, Gesundheitsverbände fürchten den so genannten ‚Gläsernen Patienten': Genug Gründe zum Streiten wird es also weiter geben.

Digitalisierung bringt neue Chancen für Kanzleien

Neben einer gut aufgestellten Prozesspraxis werden für die Kanzleien das Produkt-Know-how und das Besetzen von Schnittstellenthemen wichtiger. Die Ansprüche von Mandanten ändern sich rasant, schuld daran sind v.a. die Digitalisierung der Branche sowie die neuen Produkte zu Lebens- und Krankenversicherung und zu möglicher Absicherung gegen neue Phänomene der Internetkriminalität. Kanzleien wie **CMS Hasche Sigle**, **DLA Piper** und **Taylor Wessing** können hier von ihren anerkannten Praxen im Bereich Informationstechnologie profitieren. Eine rein auf das Versicherungsrecht ausgerichtete Spezialkanzlei wie **BLD Bach Langheid Dallmayr** muss sich dagegen deutlich stärker anstrengen, um in dem Geschäftsfeld entsprechendes Wissen aufzubauen.

Daneben gibt es auch aus einer anderen Richtung mehr Konkurrenz für die etablierten Spezialkanzleien. Denn gerade im lukrativen Geschäftsfeld der Berufshaftung mit ihren oft hohen Streitwerten drängen auch die Litigation-Praxen aus Großkanzleien wie **Allen & Overy** und **Heuking Kühn Lüer Wojtek** immer mehr auf den Markt. Die klassischen Boutiquen wie **Dr. Eick & Partner**, **Johannsen** oder **Dr. Kirsten Völckers Kirsten Dr. Fitzau** haben dennoch weiter eine hohe Auslastung, wenn sie viel Massengeschäft für Versicherer betreuen oder besondere Spezialisierungen wie Kranken- und Lebensversicherungsrecht ausgebaut haben.

Die folgenden Bewertungen behandeln Kanzleien, die über Expertise im Versicherungsvertragsrecht verfügen u. meist Mandate aus allen Sparten betreuen. Die Prozessvertretung in Verkehrsunfallsachen wird dabei als Massengeschäft von zahlreichen Kanzleien betrieben, ohne dass dies als besondere Spezialisierung verstanden würde. Dieser Bereich wird daher in der Darstellung überwiegend ausgespart. Einige Großkanzleien haben Litigation-Praxen eingerichtet, die in Haftungs- u. Regressfällen bzw. Schiedsverfahren auch für Versicherer tätig werden. Der Akzent liegt dort aber auf der Prozessspezialisierung u. ist meist nicht mit einer Branchenspezialisierung verbunden. Besprechungen solcher Kanzleien finden Sie im Kapitel ▶ Handel und Haftung.

VERSICHERUNGSVERTRAGSRECHT: PROZESSVERTRETUNG UND BERATUNG VERSICHERUNGSRECHT

ALLEN & OVERY
Versicherungsprozesse ☐☐☐☐■☐☐

Bewertung: Für Versicherungsrecht empfohlene Praxis, deren Spezialisierung die Abwehr von Haftungsansprüchen gg. StB- u. Wirtschaftsprüfungseinheiten ist. Hier hat der Litigation-Partner Zimmerling hervorragende Kontakte zu den sog. Big-Four-Gesellschaften aufgebaut. So begleitet sein Team KPMG bei der Abwehr einer Haftungsklage des Arcandor-Insolvenzverwalters nach einem angebl. Beratungsfehler im Zshg. mit der gescheiterten Sanierung des Handelskonzerns. Dank zahlr. Kontakte ihrer in D'dorf angesiedelten ▶versichererunternehmensrechtl. Praxis erhöhte A&O außerdem die Zahl von D&O-Deckungsmandaten deutlich. Somit entwickelte sich das zuletzt mit jüngeren Anwälten ausgebaute Team immer mehr zu einer ernst zu nehmenden Wettbewerberin etablierter Praxen wie Thümmel Schütze oder Friedrich Graf von Westphalen.

Stärken: Berufshaftungsfälle bei WP-Gesellschaften.

Häufig empfohlen: Dr. Marc Zimmerling („angenehmer, erfahrener Begleiter bei Haftungsabwehr", Wettbewerber)

Kanzleitätigkeit: Schwerpunkte liegen auf der Haftungsabwehr von Freiberuflern, neben RAen insbes. WP/StB. Hier bestehen langj. Beziehungen zu großen Beratungshäusern u. D&O- u. Berufshaftpflichtversicherern. Strukturelle Verzahnung mit der ▶Konfliktlösungspraxis, teils sehr internat. Fälle. (3 Partner, 2 Counsel, 6 Associates)

Mandate: ●● KMPG bei Abwehr der Haftungsklage des Arcandor-Insolvenzverwalters Jauch wg. angebl. fehlerhaften Sanierungsgutachtens; D&O-Versicherer wg. Managerhaftung im Zshg. mit Unternehmensinsolvenz; WP-Gesellschaft bei Abwehr Schadensersatzforderung eines Finanzinstituts; lfd. D&O-Versicherer im Zshg. mit Deckungsstreitigkeiten.

BLD BACH LANGHEID DALLMAYR
Versicherungsprozesse ■☐☐☐☐☐☐
Produktberatung ■■☐☐

Bewertung: Eine führende Kanzlei im Versicherungsrecht, die mit ihren zahlr. Unterspezialisierungen für die dt. u. internat. Versicherungswirtschaft immer wieder erste Wahl ist. Auch bereits jüngere BLD-Partner wie Finkel genießen bei Versicherern u. Wettbewerbern höchsten Respekt, insbes. „für ihre Kompetenz bei versicherungsrechtl. Sonderfragen" (so ein Mandant). Zuletzt stand für BLD die Begleitung von Lebensversicherern im Vordergrund, die sich mit der Niedrigzinsphase u. zahlr. Klagen existenziellen Herausforderungen stellen müssen. Indem er für die Mandantin Allianz Leben ein Musterverf. zu Überschussbeteiligungen erfolgreich zu Ende führte, unterstrich Grote seine Ausnahmestellung als Prozessanwalt in dem Geschäftsfeld. Bei der Produktentwicklung lagen die Schwerpunkte bei Cyber Risk, Datenschutz, Gesundheitsvorsorge u. D&O. Einerseits kann BLD hier mit ihrem tiefen Branchenverständnis punkten, jedoch gelingt es ihr nur schwer, den Nachteil fehlender Fachpraxen wie IT ggü. Full-Service-Kanzleien auszugleichen. Daneben hat BLD ihre Internationalisierung über div. Kanzleinetzwerke u. Verweismandate strateg. vorangetrieben u. den einstigen Wettbewerbsnachteil internat. integrierte Praxen wie CMS, DLA oder White & Case wettgemacht: Büskens Team begleitet erstmals Germanwings ww. bei der haftungs- u. versicherungsrechtl. Regulierung nach dem Flugzeugabsturz im Frühjahr. BLD konnte sich in dem Mandat gg. internat. Wettbewerber durchsetzen, weil ihre Haftungsexperten zuletzt etliche grenzüberschr. Fälle betreuten, so etwa in einem Deckungsprozess vor einem US-Gericht für einen Produkthaftpflichtversicherer.

Stärken: Spezialistin für branchenspezif. Fragen u. marktführende Kontakte in die Versicherungswirtschaft.

Entwicklungsmöglichkeiten: In div. Organhaftungsfällen hat die Kanzlei v.a. über den anerkannten jüngeren Partner Finkel ein nicht exklusives Netzwerk mit div. Corporate-Praxen dt. u. internat. Kanzleien aufgebaut. Wenn BLD diese Beziehungen wechselseitig nutzt, könnte sie ihren bereits sehr hohen Anteil an D&O-Fällen auf Versichererseite sogar ausbauen u. noch mehr Einfluss auf die Verteidigungsstrategie von verklagten Ex-Organen nehmen. Über diesen Weg könnte BLD es zudem wieder mehr gelingen, auch bei Transaktionen im Versicherungssektor als Spezialistin hinzugezogen zu werden.

Häufig empfohlen: Dr. Rainer Büsken („anerkannt, im größten Stress kollegial u. humorvoll", Wettbewerber), Dr. Theo Langheid, Christoph Müller-Frank, Prof. Dr. Dirk-Carsten Günther, Dr. Joachim Grote („absoluter Experte für schwierige Fälle", Wettbewerber), Björn Seitz, Bastian Finkel („effektive Verfahrensführung", „regelm. u. konstruktive Zusammenarbeit", Wettbewerber), Dr. Jürgen Veith, Dr. Stefan Spielmann, Dr. Reinhard Dallmayr

Kanzleitätigkeit: Breites Spektrum in Prozessen u. Beratungsmandaten. Prozesse bei Schadensfällen, u.a. D&O-, E&O-, Kranken-, Sachversicherung u. Haftpflicht sowie Produkthaftung (▶Handel u. Haftung). Zudem zur Gründung von Pensionskassen u. Beratung zu BaV; Lebensversicherungs- u. D&O-Produkte. Regelm. aufsichtsrechtl. Themen in der ▶unternehmensbez. Versichererberatung. Bei Corporate-Themen lfd. Zusammenarbeit mit dt. u. internat. Kanzleien. Internat. Netzwerk mit befreundeten Versicherungskanzleien, daneben Mitglied im ww. Anwaltsnetzwerk Harmonie Group. (38 Partner, 4 Counsel, 101 Associates, 2 of Counsel)

Mandate: ●● Germanwings wg. Flugzeugabsturz in Frankreich; Allianz Leben in BGH-Verf. wg. erwirtschafteten Überschüssen; Lloyds Syndikat wg. Ausfallversicherung von Profifußball-

---

VERSICHERUNGSPROZESSE

Kanzlei	Standorte
BLD Bach Langheid Dallmayr	Köln, München, Frankfurt, Berlin, Karlsruhe
CMS Hasche Sigle	Köln, Hamburg, Frankfurt
Noerr	Düsseldorf, München
DLA Piper	Köln, München
Friedrich Graf von Westphalen & Partner	Köln
Wilhelm	Düsseldorf, Berlin
Dr. Eick & Partner	Hamm, Dresden, Erfurt, Bochum, München, Hannover u.a.
Heuking Kühn Lüer Wojtek	Köln, Düsseldorf, Hamburg, München
Thümmel Schütze & Partner	Stuttgart, Dresden
White & Case	Berlin, Frankfurt
Allen & Overy	Frankfurt
Bock Legal	Frankfurt
Johannsen	Hamburg, Frankfurt, Berlin, Köln, München, Düsseldorf
Dr. Kirsten Völckers Kirsten Dr. Fitzau	Hamburg
Remé	Hamburg
Eisenmann Wahle Birk & Weidner	Stuttgart, Dresden
Glauber & Partner	Hamburg
Taylor Wessing	München, Frankfurt, Düsseldorf
Wirtz & Kraneis	Köln
Kropp Haag Hübinger	Saarbrücken
Patzina Lotz	Frankfurt
Rapräger Hoffmann und Partner	Saarbrücken
Sprenger	Sinzing/Regensburg

Die hier getroffene Auswahl der Kanzleien ist das Ergebnis der auf zahlreichen Interviews basierenden Recherche der JUVE-Redaktion (s. Einleitung S. 20). Sie ist in 2erlei Hinsicht subjektiv: Sämtliche Aussagen der von JUVE-Redakteuren befragten Quellen sind subjektiv u. spiegeln deren eigene Wahrnehmungen, Erfahrungen u. Einschätzungen wider. Die Rechercheergebnisse werden von der JUVE-Redaktion unter Einbeziehung ihrer eigenen Marktkenntnis analysiert u. zusammengefasst. Der JUVE Verlag beabsichtigt mit dieser Tabelle keine allgemein gültige oder objektiv nachprüfbare Bewertung. Es ist möglich, dass eine andere Recherchemethode zu anderen Ergebnissen führen würde. Innerhalb der einzelnen Gruppen sind die Kanzleien alphabetisch geordnet.

● Referenzmandate, umschrieben
●● Referenzmandate, namentlich

Anwaltszahlen: Angaben der Kanzleien, wie viele Anwälte zu mind. ca. 50 % in diesem Gebiet tätig sind. Sie spiegeln nicht zwingend die Gesamtgröße einer Kanzlei wider.

VERSICHERUNGSRECHT VERSICHERUNGSVERTRAGSRECHT: PROZESSVERTRETUNG UND BERATUNG

spieler; Industriehaftpflichtversicherer bei deckungsrechtl. Abwehr Sammelklage (Filmfonds); Produkthaftpflichtversicherer in US-Deckungsprozess wg. kontaminierten Pharmaprodukt; Transportversicherer wg. Schaden an Offshorewindpark; Kreditversicherer deckungsrechtl. wg. Auslandsausfuhrgarantie (mit Clyde & Co.); Lebensversicherer zur Einbindung Private-Equity-Konstruktion in fondsgebundene Police; div. Versicherer zu Lebens- u. Krankenversicherungspolicen.

BOCK LEGAL
Versicherungsprozesse

Bewertung: Die im Versicherungsrecht empfohlene Einheit vertritt Manager u. Vorstände in einigen aktuellen D&O-Streitkomplexen wie Arcandor, Müller-Brot oder norddt. Werften. Aufgr. ihrer Erfahrung sind Schmitz u. Bank immer wieder gefragt. Zugenommen haben zuletzt auch Fälle, in denen es um die Verantwortung von GF für hohe Kartellbußen geht. Hier ergeben sich auch Anknüpfungspunkte mit den Wettbewerbsspezialisten der Kanzlei. Maßgeblich für den Erfolg ist zudem die kontinuierl. Entwicklung im Team; so wurde Dr. Alexander Weinbeer zum Sal.-Partner ernannt. Er war vor einigen Jahren von der Allianz gewechselt.
Stärken: Berufshaftpflicht u. D&O-Haftung.
Häufig empfohlen: Dr. Dirk Schmitz („hohe Fachkompetenz u. Präzision", Wettbewerber), Stefan Bank
Kanzleitätigkeit: Prozesse u. Risikoberatungen in D&O- u. Beraterhaftung, oft in Zshg. mit Insolvenzen und nach gescheiterten Transaktionen. Regelm. für Versicherungsunternehmen, zunehmend Regresse u. Haftungsabwehr (v.a. WP, RAe, Insolvenzverwalter, Notare, auch Organe von Banken u. Finanzdienstleistern). Ein Partner ist akkreditierter D&O-Beratungsanwalt des internat. Maklers Funk. (2 Eq.-Partner, 1 Sal.-Partner, 4 Associates)
Mandate: ●● BDO zu Klage des Arcandor-Insolvenzverwalters Jauch; 3 GF der P+S Werften in D&O-Streit um Sicherung von Altersteilzeitguthaben, Kalkulation u. Schiffsverträgen u. Streit um KPMG-Sanierungsgutachten; GF Müller-Brot bei Abwehr D&O-Klage durch Insolvenzverwalter Ampferl; GF Kloster Machern in D&O-Haftung; Siemens Finance, FA Gießen, Bundesagentur für Arbeit u.a. gg. Teldafax-Gläubigerausschluss wg. Überwachung von Insolvenzverwalter Reuss; lfd. Allianz zu D&O- u. E&O-Fällen, inkl. Produktberatung; regelm. u.a. für Versicherungsstelle Wiesbaden, HDI-Gerling, Gothaer, Ergo, VOV, Hiscox.

CMS HASCHE SIGLE
Versicherungsprozesse
Produktberatung

Bewertung: Eine im Versicherungsrecht führende Praxis, in der die Konzentration auf komplexes u. damit qualitativ höherwertigeres Geschäft Früchte trägt. CMS hat die Zahl der betreuten Fälle deutl. reduziert, wodurch das erfahrene Team nun mehr Zeit für bei Industriegroßschäden u. bei grenzüberschr. Fällen hat. V.a. die Erfahrung von Schnepp bzgl. Bau- u. Sachversicherung ist entscheidend für z.T. beachtl. Mandate, so etwa für einen Versicherer bzgl. eines Schadensfalls in einem dt. Kraftwerk. Die Zunahme internat. Mandate, insbes. für Industrieversicherer u. bei Haftungsfällen in der Bankbranche, ist auf die engere Verzahnung mit den Bankrechtlern als auch der Rolle von Segger zurückzuführen: Als Koordinator für Versicherungsrecht in der CMS-Allianz hält er den engen Kontakt v.a. mit den frz. u. brit. CMS-Kanzleien. Bei D&O-Fällen tritt CMS im Marktvergleich mit BLD und Noerr hingegen nach außen weniger in Erscheinung. Tatsächl. verzeichnet die Kanzlei ein eher starkes Wachstum bei D&O-Deckungsmandaten auf den hohen Beratungsbedarf von Unternehmen u. verklagten Organen, die CMS z.T. in anderen Fachpraxen begleitet. Entsprechend enger ist die Zusammenarbeit mit ihrer ▶ Konfliktlösungspraxis geworden.
Stärken: Langj. Erfahrung bei der Begleitung ausl. Versicherer.
Entwicklungsmöglichkeiten: Um noch mehr Verweismandate aus dem internat. Netzwerk zu bekommen, würde der Praxis ein weiterer Partner gut tun. Traditionell setzt CMS jedoch nicht auf ein Wachstum mit einem Quereinsteiger, sondern investiert in den eigenen Kanzleinachwuchs. Allerdings brauchen div. Kandidaten im Mittelbau – u.a. ernannte CMS 2 Counsel in der Praxis – noch Zeit für die eigene Profilbildung: Über gleichaltrige Anwälte bei Noerr oder BLD gab es zuletzt mehr Rückmeldungen im Markt.
Häufig empfohlen: Dr. Winfried Schnepp, Dr. Stefan Segger, Dr. Holger Kraft (v.a. Rückversicherung)
Kanzleitätigkeit: Prozesse mit Spartenschwerpunkten in Transport- u. Schifffahrtsversicherung, Leben, Haftpflicht sowie Umwelthaftpflicht u. Managerhaftung. In Köln Produktberatung, in HH Rückversicherung. Daneben verstärkt ▶ unternehmensbez., aufsichtsrechtl., wettbewerbs- u. vertriebsrechtl. Fragen. Mandanten: dt. u. ausl. Versicherer sowie hanseat. Assekuradeure, Makler u. gewerbl. Versicherungsnehmer, ausl. Rückversicherer. (13 Partner, 4 Counsel, 10 Associates, 1 of Counsel)
Mandate: ●● D&O-Versicherer deckungsrechtl. wg. Schadensfall IVG; D&O-Versicherer deckungsrechtl. wg. Unternehmensinsolvenz; D&O-Versicherer wg. Schadensfall; Industrieversicherer wg. Schadensfall an asiat. Gaspipeline; Industrieversicherer gg. Rückversicherer wg. Wahlrecht; Versicherer wg. Kraftwerksschäden in den USA u. GB; div. Versicherer bei Erstellung W&I-Police.

PRODUKTBERATUNG

BLD Bach Langheid Dallmayr	Köln, München, Frankfurt, Berlin, Karlsruhe
CMS Hasche Sigle	Köln, Hamburg
DLA Piper	Köln
Johannsen	Hamburg, Frankfurt
Noerr	Düsseldorf, München
Glauber & Partner	Hamburg
Heuking Kühn Lüer Wojtek	Köln, Düsseldorf
Taylor Wessing	München, Düsseldorf
White & Case	Berlin

Die hier getroffene Auswahl der Kanzleien ist das Ergebnis der auf zahlreichen Interviews basierenden Recherche der JUVE-Redaktion (s. Einleitung S. 20). Sie ist in 2erlei Hinsicht subjektiv: Sämtliche Aussagen der von JUVE-Redakteuren befragten Quellen sind subjektiv u. spiegeln deren eigene Wahrnehmungen, Erfahrungen u. Einschätzungen wider. Die Rechercheergebnisse werden von der JUVE-Redaktion unter Einbeziehung ihrer eigenen Marktkenntnis analysiert u. zusammengefasst. Der JUVE Verlag beabsichtigt mit dieser Tabelle keine allgemein gültige oder objektiv nachprüfbare Bewertung. Es ist möglich, dass eine andere Recherchemethode zu anderen Ergebnissen führen würde. Innerhalb der einzelnen Gruppen sind die Kanzleien alphabetisch geordnet.

DLA PIPER
Versicherungsprozesse
Produktberatung

Bewertung: Dank des internat. Netzwerks ist die im Versicherungsrecht häufig empfohlene Kanzlei hervorragend für grenzüberschr. Fälle positioniert. Diese Struktur, gepaart mit Gädtkes Kompetenz bei deckungsrechtl. Fragen, war zuletzt ausschlaggebend für div. Top-Mandate: Ein führender Industrieversicherer beauftragte DLA mit der rechtl. Aufarbeitung eines Großschadens in den USA, zudem berät das Team div. Konzerne zur D&O-Deckung u. wg. mögl. Regresse gg. frühere Manager. Die Zusammenarbeit zw. den Standorten ist intensiver geworden, wovon insbes. die Kölner Partner spürbar profitieren. Schneider baute seinen eindrucksvollen Trackrecord bei mittelgr. Schadensfällen für D&O-Versicherer aus, zuletzt im Bereich der erneuerbaren Energien. Auch der v.a. im Aufsichtsrecht anerkannte Bähr zeigte sich in div. Deckungsklagen, insbes. im Zshg. mit Berufshaftungsklagen. Außerdem gelang es, die bisher auf die Corporate-Seite beschränkten Kontakte Gothaer u. Basler auch in versicherungsvertragsrechtl. Mandate überzuleiten.
Stärken: Gute Team- u. Altersstruktur in der Praxis. Deckungsrechtl. Beratung von Unternehmen in D&O-Fällen.
Häufig empfohlen: Dr. Gunne Bähr („fachl. exzellente Expertise", „bestens vernetzt", Mandanten), Dr. Thomas Gädtke, Dr. Christian Schneider
Kanzleitätigkeit: Schwerpunkt in D&O bei deckungsrechtl. Streitigkeiten, aber auch Haftungsprozesse, Schnittstelle zu ▶ Handel u. Haftung. Auch Berufshaftpflicht-, Vertrauensschadens-, Rechtsschutz- u. Personenversicherung sowie Regresse für Versicherer. Produktgestaltung für Erst- wie Rückversicherer, hier häufig mit aufsichtsrechtl. Komponente; mit personellem Ausbau gewinnt ▶ unternehmensbez. Versichererberatung an Bedeutung. Schiedspraxis für Streitigkeiten zw. Erst- u. Rückversicherer. (3 Partner, 1 of Counsel, 8 Associates)
Mandate: ●● BayernLB deckungsrechtl. wg. Organhaftungsklagen gg. ehem. Vorstände u. Verwaltungsräte; lfd. Chubb in D&O-Schadensfällen; lfd. Aviva im Lebensversicherungsrecht; Marketform Syndicate deckungs- u. haftungsrechtl. in div. D&O-Schadensfällen; XL Insurance bei Produkten; Versicherer haftungs- u. deckungsrechtl. wg.

● Referenzmandate, umschrieben
●● Referenzmandate, namentlich

Anwaltszahlen: Angaben der Kanzleien, wie viele Anwälte zu mind. ca. 50 % in diesem Gebiet tätig sind. Sie spiegeln nicht zwingend die Gesamtgröße einer Kanzlei wider.

Abwehr zahlr. Prospekthaftungsklagen (Lebensversicherungs- u Filmfonds).

DR. EICK & PARTNER
Versicherungsprozesse

Bewertung: Die im Versicherungsrecht häufig empfohlene Kanzlei war zuletzt stark mit ihrer überreg. Aufstellung beschäftigt. V.a. in ihren traditionellen Stärken Bau- u. Architektenhaftung, Regresse gg. Sozialversicherungsträger sowie Arzthaftung verzeichnete Eick steigende Eingangszahlen u. stellte entspr. deutl. mehr Personal ein; in den vorangehenden Jahren hatten div. Associates Eick verlassen. Dadurch konnten die beiden NRW-Büros Bochum u. Hamm sowie die ostdt. Standorte Erfurt u. Dresden ihren fachl. Führungsanspruch innerhalb der Kanzlei zementieren: In Bochum gab es in den Bereichen Kfz- u. Allg. Haftpflicht 2 Partnerernennungen, allerdings verließ Partner Dr. Alexander Fritze das Büro u. schloss sich Wettbewerbin BLD als Counsel an. Die fachl. Schnittstelle zum Medizinrecht baute Eick mit einer erfahrenen Seiteneinsteigerin aus. Die Beratung in dieser Spezialdisziplin hat sich intern über die Jahre von München nach Erfurt verlagert, wo mit Burmann ein besonders erfahrener Prozessanwalt sitzt. In der Versicherungswirtschaft genießt er den Ruf als Experte für streitige Fragen zu psychischen Schäden u. begleitete zuletzt einen Versicherer in einem Musterverf. zu sog. Schockschäden.

Stärken: Sehr gute Kontakte zu Versicherern. Bundesw. Präsenz.

Entwicklungsmöglichkeiten: Die Partnerernennungen belegen, dass Eick jüngere Anwälte zielgerichteter als in früheren Jahren für ihre Gebiete positioniert. Um allerdings neue Geschäftsfelder zu entwickeln, wie das bei BLD u. auch Wilhelm der Fall ist, müsste diese Partnergeneration auch die Chance bekommen, abseits der klass. Versicherungsprozesse tätig zu werden, etwa in Richtung Produkt- u. Unternehmensberatung.

Häufig empfohlen: Hermann Schumacher, Dr. Michael Burmann, Dr. Rainer Heß

Kanzleitätigkeit: Starker Prozessschwerpunkt insbes. in Personen-, Sach- u. Schadensversicherung. Zudem Kfz-Haftpflicht u. Allg. Haftpflicht, besonders angesehen im Baubereich, wieder im Ausbau befindl. Arzthaftung. Nur für Versicherer tätig. Kanzleinahe Beratungsgesellschaft v.a. für Krankenhausträger. (21 Partner, 45 Associates, 1 of Counsel)

Mandate: ●● Lfd. für Kommunalen Schadensausgleich, über die jeweiligen Haftpflichtversicherer Prozesse für zahlr. Städte u. Gemeinden; Versicherer in BGH-Verf. zur Reichweite sog. Schockschäden; Kommune im Ruhrgebiet zu Umweltfolgeschäden einer größeren Abfallbeseitigungsanlage; Versicherer in Grundsatzprozess wg. Rentenschaden bei Personenschäden.

EISENMANN WAHLE BIRK & WEIDNER
Versicherungsprozesse

Bewertung: Im Versicherungsrecht empfohlene Praxis mit versierten Spezialisten für komplexe Haftungs- u. Schadensfälle. Viel Nachfrage besteht weiterhin bei D&O-Haftungsfällen, hier verstärkt sich der Mandatszuwachs von der versicherungs- ebenso wie von der strafrechtl. Praxis der Kanzlei her. Viel Erfahrung hat Winkelbauer zudem bei Anwalts- u. StB-Haftungsfällen. Weil die Kanzlei über Weidner zudem reichl. Know-how im Sach-

Führende Namen in D&O-Beratung und Prozessen

Björn Fiedler	▸ Friedrich Graf von Westphalen & Partner (Köln)
Dr. Thomas Gädtke	▸ DLA Piper (München)
Dr. Theo Langheid	▸ BLD Bach Langheid Dallmayr (Köln)
Prof. Dr. Tobias Lenz	▸ Friedrich Graf von Westphalen & Partner (Köln)
Dr. Herbert Palmberger	▸ Heuking Kühn Lüer Wojtek (Düsseldorf)
Björn Seitz	▸ BLD Bach Langheid Dallmayr (Köln)
Dr. Oliver Sieg	▸ Noerr (Düsseldorf)
Prof. Dr. Roderich Thümmel	▸ Thümmel Schütze & Partner (Stuttgart)

Die hier getroffene Auswahl der Personen ist das Ergebnis der auf zahlreichen Interviews basierenden Recherche der JUVE-Redaktion (siehe S. 20). Sie ist in 2erlei Hinsicht subjektiv: Sämtliche Aussagen der von JUVE-Redakteuren befragten Quellen sind subjektiv u. spiegeln deren eigene Wahrnehmungen, Erfahrungen u. Einschätzungen wider. Die Rechercheergebnisse werden von der JUVE-Redaktion unter Einbeziehung ihrer eigenen Marktkenntnis analysiert u. zusammengefasst. Der JUVE Verlag beabsichtigt mit dieser Tabelle keine allgemein gültige oder objektiv nachprüfbare Bewertung. Es ist möglich, dass eine andere Recherchemethode zu anderen Ergebnissen führen würde.

versicherungsrecht u. über jüngere Partner gute Kontakte in die Automobilindustrie hat, ist EWBW eine gefragte Beraterin von mittelständ. Unternehmen bei Produktrückrufen oder Großschäden wie etwa Fabrikbränden.

Stärken: Berufshaftpflicht u. Compliance-Beratung. Sachversicherung.

Häufig empfohlen: Prof. Dr. Wolfgang Winkelbauer, Dr. Ulrich Weidner

Kanzleitätigkeit: Prozesse, insbes. in den Sparten Rechtsanwalts- u. StB-Haftungsfälle, Produkthaftung (Kfz- u. Konsumgüterbranche), D&O (hier Schnittstelle zum ▸Wirtschaftsstrafrecht u. Compliance-Beratung), Sachversicherung, Arzthaftung u. Kfz-Haftung. Regresse für Versicherer. (7 Partner)

Mandate: ●● Basler wg. Einsturz Kölner Stadtarchiv u. wg. Brand BASF Ludwigshafen; Württemberg. in Regress gg. Zulieferer wg. Rückrufkosten (Kfz-Bereich); Allianz in Berufshaftpflicht u. D&O-Fällen (öffentl. bekannt); div. Versicherer lfd. zu Deckungs- u. Regressfällen um Großschäden, Produkthaftung, Freiberuflerhaftung u. D&O.

FRIEDRICH GRAF VON WESTPHALEN & PARTNER
Versicherungsprozesse

Bewertung: Die Praxis der im Versicherungsrecht häufig empfohlene Kanzlei hat sich deutl. ausgedünnt, dennoch ist ihre herausragende Kompetenz in D&O-Fällen bei vielen Mandanten gefragt. Mit Lenz u. Fiedler hat sie 2 bundesw. anerkannte Experten für Managerhaftungs- u. grenzüberschr. Produkthaftungsfälle, hier begleitet sie ebenso lfd. AIG in deckungsrechtl. Fragen u. den Chemiegroßhändler Brenntag in dem internat. Betrugsfall um minderwertiges Silikon. Diese Top-Mandate liefern bei FGvW im Gegensatz zu expandierenden Praxen wie BLD oder zuletzt CMS keine Argumente für weitere personelle Investitionen. Im Gegenteil: Div. erfahrene Associates verließen die Kernpraxis (u.a. zu Makler Ecclesia). Auch die Integration des im lokalen Markt viel gelobten Wirtschaftsstrafrechtlers schlug fehl: Zum Jahresbeginn 2015 spaltete sich ein mehrköpfiges Team um Dr. Michael Tsambikakis ab.

Stärken: Langj. Zusammenarbeit des Teams, v.a. in D&O- u. Produkthaftungsfällen.

Häufig empfohlen: Prof. Dr. Tobias Lenz („routiniert, kommt mit seiner Ausgeglichenheit weiter", „einnehmende Art, sehr gute Kontakte", Wettbewerber), Björn Fiedler, Carsten Laschet (v.a. Produkthaftung)

Kanzleitätigkeit: Schwerpunkt bei streitigen Auseinandersetzungen u. Prozessen, insbes. D&O-

Versicherung, Managerhaftung, zunehmend mit Insolvenzbezug. daneben Regresse. Spezialisierung auf Umwelthaftpflicht. Weiter tätig in der Produkthaftung (▸Handel u. Haftung) für Versicherer wie für Hersteller. Mittelständ. Unternehmen zudem zu Risikofragen. (3 Partner, 4 Associates)

Mandate: ●● Regelm. AIG Europe in Produkthaftpflicht, Umwelthaftpflicht sowie D&O-Fällen; Brenntag europaw. im Zshg. mit Silikonlieferung u. Abwehr Schadensersatz; Allianz bzgl. Unregelmäßigkeiten beim Verkauf von Schiffdieselmotoren (öffentl. bekannt); D&O-Versicherer deckungsrechtl. wg. Insolvenzverschleppung durch Ex-Organ; lfd.: 9 Versicherer in Allg. Haftpflicht, D&O- u. Managerhaftpflicht.

GLAUBER & PARTNER
Versicherungsprozesse
Produktberatung

Bewertung: Die im Versicherungsrecht empfohlene Kanzlei zeichnet sich durch ihre Kombination aus gesellschaftsrechtl. Erfahrung u. langj. Kenntnis der Versicherungsbranche aus. So begleitete sie etwa den Vorstoß eines Londoner Dienstleisters für ein neues Produkt im dt. Markt. Daneben betreut das Team auch immer wieder Transaktionen u. Vertriebsstrukturierungen. Das lfd. Prozessgeschäft entwickelte sich erfreulich, weil das Kravag die Hamburger Anwälte nun auch regelm. für Streitigkeiten in Betrugssachverhalten mandatiert.

Häufig empfohlen: Jan Glauber

Kanzleitätigkeit: Prozesse v.a. für Versicherer u. Versicherungsnehmer in den Sparten Haftpflicht, Personenschäden, Sachversicherung u. Betriebshaftpflicht, Arzthaftung, D&O. Im Kfz-Bereich auch Betrugsstreitigkeiten. Dazu Produktberatung u. AVB-Gestaltungen in div. Sparten. Regulator. Beratung ausl. Versicherer. Enge Kooperation mit Dienstleister zur Bewertung von Maklerbeständen. (3 Partner, 3 Associates)

Mandate: ●● Lfd. Kravag (Prozesse gg. Sachverständige, Betrugssachen), Sogecap (u.a. gesellschafts- u. aufsichtsrechtl. zu Produktgestaltungen), HDI-Gerling, CIC, Mecklenburgische, Signal Iduna, Condor, Basler Versicherung, R+V (alle lfd. in Prozessen); lfd. Mesterheide u. Carl-Rieck-Gruppe im Versicherungsrecht; Ibras regelm. bei Transaktionen.

HEUKING KÜHN LÜER WOJTEK
Versicherungsprozesse
Produktberatung

Bewertung: Eine Spezialität der im Versicherungsrecht häufig empfohlene Praxis ist die Be-

gleitung von branchenfremden Unternehmen in versicherungsspezif. Fragen. Zuletzt vertrauten viele Finanzdienstleister, Industrie- u. sogar Rüstungsunternehmen in D&O-Fragen auf Palmberger, der den Ausbau dieser Kontakte seit Jahren vorantreibt. Dennoch gelingt es in D'dorf zunehmend auch jüngeren Sal.-Partnern, mit Haftungsfällen aus dem Fahrwasser des prägenden Partners zu kommen, weil sich dieser sichtbar mehr auf den Rückversicherungsbereich u. Schiedsverf. konzentriert. In Köln ist die Überleitung auf eine jüngere Generation weitgehend abgeschlossen. Neben dem dortigen versicherungsvertriebsrechtl. Schwerpunkt hat sich insbes. die Beziehung zur HDI-Gruppe erfreul. entwickelt. Heuking begleitet die Versicherungsgruppe mittlerweile in div. Sparten u. E&O-Haftungsfällen. Wie andere Wettbewerber verzeichnet Heuking v.a. in München eine starke Zunahme an WP-, StB- u. Anwaltshaftungsfällen. Besonders prominent ist allerdings der Aktivprozess für den Wölbern-Invest-Insolvenzverwalter gg. die Ex-Berater von Bird & Bird.
Stärken: Versicherungsspezif. Branchenerfahrung an div. Standorten: Köln (▶Gesellsch.recht, auch unternehmensbezogene Beratung von Versicherern. u. ▶Arbeitsrecht), D'dorf u. München in D&O-Fällen u. Schiedsverfahren (▶Handel u. Haftung).
Häufig empfohlen: Rüdiger Schnug, Dr. Herbert Palmberger, Dr. Michael Lauterbach
Kanzleitätigkeit: Prozesse in den Sparten Haftpflicht, Transport- u. Sachversicherung, Freiberuflerhaftung sowie D&O-Fälle. Aktive Schiedspraxis. Kanzleiintern an Bedeutung gewinnen ▶Vertriebsfragen u. Vertreterrecht. Mandanten: in- u. ausl. Versicherer, v.a. in Köln auch im Arbeits- u. ▶Marken- u. Wettbewerbsrecht. Daneben Banken, Industrieunternehmen, Makler, Agenten u. Versicherungsnehmer. (8 Eq.-Partner, 1 Sal.-Partner, 7 Associates)
Mandate: ●● Insolvenzverwalter Wölbern Invest in Haftungsklage gg. Bird & Bird u. Ex-Anwälte; HDI in Vermögensschadenhaftpflicht, techn. Versicherungen u. Betriebsunterbrechungsschaden; lfd. Axa, Ergo, Allianz, Atradius, Gothaer, VPV, Westfälische Provinzial u. Zurich in Prozessen; Liberty bei Produktentwicklung.

JOHANNSEN
Versicherungsprozesse
Produktberatung

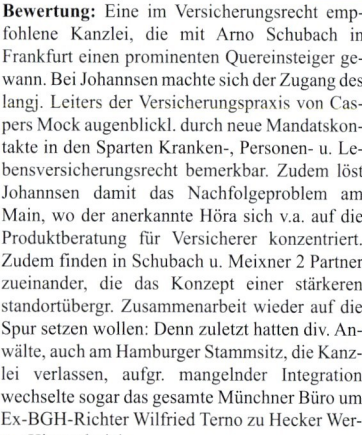

Bewertung: Eine im Versicherungsrecht empfohlene Kanzlei, die mit Arno Schubach in Frankfurt einen prominenten Quereinsteiger gewann. Bei Johannsen machte sich der Zugang des langj. Leiters der Versicherungspraxis von Caspers Mock augenblickl. durch neue Mandatskontakte in den Sparten Kranken-, Personen- u. Lebensversicherungsrecht bemerkbar. Zudem löst Johannsen damit das Nachfolgeproblem am Main, wo der anerkannte Höra sich v.a. auf die Produktberatung für Versicherer konzentriert. Zudem finden in Schubach u. Meixner 2 Partner zueinander, die das Konzept einer stärkeren standortübergr. Zusammenarbeit wieder auf die Spur setzen wollen: Denn zuletzt hatten div. Anwälte, auch am Hamburger Stammsitz, die Kanzlei verlassen, aufgr. mangelnder Integration wechselte sogar das gesamte Münchner Büro um Ex-BGH-Richter Wilfried Terno zu Hecker Werner Himmelreich.

Entwicklungsmöglichkeiten: Jahrelang galt Johannsen unter den Versicherungsboutiquen als Innovationstreiberin. Mit der verkleinerten Partnerriege wird sich die Kanzlei um mehr Integration der Standorte kümmern müssen, als neue Experimente zu wagen. Der Rechtsformwandel in eine Partnerschaftsgesellschaft kann der erste Schritt in diese Richtung sein, um von dem bisherigen Konzept finanziell nicht integrierter Büros wegzukommen.
Häufig empfohlen: Oliver Meixner, Arno Schubach, Thomas Leithoff, Dr. Knut Höra (v.a. Produktberatung)
Kanzleitätigkeit: Schwerpunkt ist die Prozesstätigkeit, überw. für Versicherer. Zudem Gestaltung von Policen. Bes. Erfahrung bei Filmversicherung, Sach- u. Feuerversicherungen, Personenversicherungen, techn. Versicherungen. Standortbezogene Schwerpunkte Leben u. BUZ (Ffm.), Sozialversicherung (Berlin), Sachversicherung u. Risikoanalyse (Hamburg), Versicherungsvertrieb (Köln), D&O (München), betriebl. Altersvorsorge (D'dorf). Kanzleinahe Regress- u. Schadensmanagementbearbeitung. (9 Partner, 3 Associates, 2 of Counsel)
Mandate: ●● Generali im Personenversicherungsrecht; lfd. Ergo im Haftpflichtrecht; Axa in KH-Fällen u. Regressen; Arag wg. Unfallversicherung.

DR. KIRSTEN VÖLCKERS KIRSTEN DR. FITZAU
Versicherungsprozesse

Bewertung: Im Versicherungsrecht empfohlene Kanzlei, die von Mandanten wiederholt für ihre Prozessexpertise in Lebensversicherungsfällen gelobt wird. Der wirtschaftl. Erfolg der personellen Erweiterung im Vorjahr zeigt, dass Fitzau nun auch zum Namenspartner wurde. Über ihn kamen neue Kontakte zu div. Direktversicherern u. eine Hamburger Versicherungsgruppe zustande. Fachl. steht bei KVKF die bundesweite Prozessvertretung im Vordergrund, insbes. in Serien- u. Musterprozessen bzgl. der Rückabwicklung von Lebensversicherungen oder die Abwehr von Schadensersatzklagen im Zshg. mit kreditfinanzierten Rentenversicherungsprodukten. Die damit verbundene erhebl. Erfahrung mündet zunehmend in Beratungsmandate wie der Policengestaltung zur Umsetzung von aktueller Rechtsprechung im Lebensversicherungsbereich oder im Fall eines österr. Versicherers zu Produktgestaltungen für den dt. Markt.
Stärken: Personenversicherungsrecht.
Häufig empfohlen: Christian Völckers, Dr. Konstantin Kirsten („ausgezeichnete Prozessführung im Lebensversicherungsrecht", Mandant), Dr. Christian Fitzau
Kanzleitätigkeit: Schwerpunkt in Prozessen ausschl. für Versicherungsunternehmen, insbes. in den Sparten Leben, BUZ, Unfall u. Krankenversicherung. Zudem auch Allg. Haftpflicht, Arzthaftung, Rechtsschutzversicherung, u. Gewerbl. Mietrecht u. Wettbewerbsrecht für Versicherer. (7 Partner, 2 Associates)
Mandate: ●● Generali im Personenversicherungsrecht, Ergo lfd. in Prozessen um Rückabwicklung von Lebensversicherungen (beides öffentl. bekannt); Versicherer zu Klagen wg. kreditfinanzierter Rente mit Fremdwährungsdarlehen u. Fondsanlage zur Kredittilgung bei Fälligkeit; div. Versicherer zu Internationalisierung der Reiseversicherung; österr. Versicherer zu fonds-

geb. Kapitallebensversicherung für den dt. Markt; 4 beteiligte Versicherer in Selbstverstümmelungsfall; Direktversicherer zu Musterklage um Widerrufsbelehrung bei Internetgeschäften; Versicherer in zahlr. Prozessen um Rückabwicklung von Lebensversicherungen.

KROPP HAAG HÜBINGER
Versicherungsprozesse

Bewertung: Im Versicherungsrecht geschätzte Praxis. Nach wie vor spielt die Verbindung zu Cosmos eine bedeutende Rolle, doch gelingt es v.a. Münkel, regelm. neue Mandanten von der Saarbrücker Kernpraxis zu überzeugen. Dies zeigt, dass die Überleitung bedeutender Beziehungen von dem erfahrenem Haag auf den jüngeren Partner gelungen ist. Die Arbeit für Versicherer ist weiterhin sehr prozessbetont, eine daneben gepflegte Spezialisierung bleibt die Vertretung einzelner regionaler Unternehmen in Schadensfällen.
Stärken: Viel Erfahrung mit Prozessen in versch. Sparten.
Häufig empfohlen: Kurt Haag (auch Medizinrecht), Dr. Thomas Münkel
Kanzleitätigkeit: Prozesspraxis mit Schwerpunkten in der Personenversicherung (Lebens-, BU-, Krankenversicherung) u. Kfz-Haftpflicht, hier auch Großschäden. Produkthaftung u. Medizinrecht, v.a. Vertragsarztfälle u. im Südwesten renommierte Praxis in Arzthaftungsfällen. D&O-, Vorstands-, Makler- sowie Freiberuflerhaftung u. Betriebshaftpflicht. (3 Partner)
Mandate: ●● Regelm. in Prozessen: Cosmos (Leben, Berufsunfähigkeit, Kfz, Komposit), R+V (Kfz, mehrere große Feuerschäden), Kravag (Kfz), Central (Kranken); Dt.-Bahn-Töchter lfd. in Haftungsprozessen; luxemb. Versicherer lfd. in Prozessen; Rentenversicherungsträger regelm. in Regressstreitigkeiten; Bauunternehmen ggü. Feuerversicherer wg. Brandschaden; frz. Kosmetikhersteller in Streit um Versicherungsmaklerhaftung.

NOERR
Versicherungsprozesse
Produktberatung

Bewertung: Eine führende Kanzlei im Versicherungsrecht, die sich aufgr. ihrer fachl. Breite von anderen Versicherungskanzleien abhebt. Das Team hat starke Unterspezialisierungen herausgebildet, die im Markt sonst nur noch BLD u. zuletzt auch CMS abbilden. Aus seiner langj. Leitungsposition zog sich Sieg zurück u. übergibt Heitzer die weitere Entwicklung des Geschäftsfelds. Als neuer Verantwortlicher übernimmt er ein hervorragend bestelltes Feld: Gerade in ihrer Paradediziplin D&O, in der die Anwälte sowohl in Haftungs- als auch in Deckungsfragen eingebunden sind, kann sich Noerr auf einen stetigen Zufluss neuer Mandate verlassen. Zuletzt betonte das D'dorfer Kernteam die Schnittstelle zu ▶Gesellschaftsrechtl. Streitigk. intensiver, dadurch verlagert sich die einst dominante Tätigkeit für Versicherer etwas mehr auf Unternehmen u. Organe, wie z.B. einen beklagten EnBW-Vorstand. Dagegen zeichnet sich der Münchner Praxisteil unverändert durch seine breites Beratungsangebot aus. Neben der Beratung von Rückversicherern u. der Vernetzung in Schiedsverf. hat dort die marktführende Produkthaftungspraxis ihren Sitz.
Stärken: Internat. erfahrenes, homogenes Team für D&O-Fälle. Produkthaftpflicht.

Häufig empfohlen: Dr. Oliver Sieg („neu mandatiert, top im Rechtsgebiet", Mandant), Dr. Thomas Heitzer, Helmut Katschthaler, Dr. Tanja Schramm, Dr. Henning Schaloske
Kanzleitätigkeit: Versicherungsrechtl. High-End-Segment u. Großschäden. Schwerpunkt an der Schnittstelle von Versicherungsrecht u. Gesellschafts-/Bankrecht sind häufig D&O-Fälle. An Bedeutung gewinnen E&O-Fälle, dort bislang Monitoringschwerpunkt. In München v.a. komplexe Prozesse aus der Produkthaftung (▶ Handel u. Haftung), Rückversicherung u. spezif. Schiedsverfahren. Im Aufbau ist die ▶ unternehmensbez. Beratung von Versicherern. Internat. Kooperation mit Clyde & Co. (3 Eq.-Partner, 2 Counsel, 1 Sal.-Partner, 12 Associates)
Mandate: ●● EnBW-Vorstand bei Abwehr Haftungsklage; Monitoring Counsel in D&O-Großschaden in den USA u. Dtl. wg. Kapitalmarktmanipulation; Monitoring Counsel in E&O-Großschaden wg. Anlegerklagen im Fondssegment; Insolvenzverwalter der Solar Millennium (Böhm) zu div. Schadensersatzansprüchen; D&O-Versicherer in Schadensersatzprozessen einer Sparkasse gg. Ex-Vorstände; D&O-Versicherer wg. Schadensersatzansprüchen einer Kreissparkasse in Bayern gg. Ex-Vorstände u. Verwaltungsratsmitglieder; Ex-Bankvorstand bzgl. Organhaftung wg. komplexer Derivategeschäfte; Ex-Verwaltungsrats- u. AR-Mitglied in div. Konzerngesellschaften wg. Inanspruchnahme durch Insolvenzverwalter.

PATZINA LOTZ
Versicherungsprozesse
Bewertung: Geschätzte Kanzlei im Versicherungsrecht, die sich mit ihrer Arbeit im Zshg. mit steuerrechtl. heiklen Haftungsfällen in der aktuellen Marktlage immer besser behauptet. Ihre tiefe steuerrechtl. Spezialisierung äußert sich aber bspw. auch in der Vertretung einer Reihe von Investoren in einer Klageserie in sog. Sheridan-Fonds vor der Bank, für die PL Schadensersatz wg. der umstrittenen Cum-Ex-Modelle verlangt. Daneben macht die Arbeit in StB-, WP- und Anwaltshaftungsfällen weiterhin einen Großteil des Arbeitsaufkommens aus. Hier sind ihre etablierten Verbindungen zu namh. Versicherern stabil.
Stärken: Steuerrechtl. Expertise.
Entwicklungsmöglichkeiten: Die Kanzlei hat schon begonnen, ihre Prozesserfahrung auch für Streitigkeiten in anderen Fachbereichen zu nutzen, so etwa für einen jap. Konzern in einer Auseinandersetzung um Geldansprüche aus Arbeitszeitkonten, für eine Kanzlei bei der Liquidation oder einem umsatz- u. kapitalertragsteuerl. Prozess für ein Outletcenter im Rhein-Main-Gebiet. Dies ist eine durchaus konsequente Weiterentwicklung, die auch im Patentbereich vielversprechend wäre. Das wird aber nur mit personellem Wachstum möglich sein.
Häufig empfohlen: Dr. Reinhard Patzina, Thorsten Lotz
Kanzleitätigkeit: Beratung u. Prozesse in D&O u. Beraterhaftung. Wg. langj. Branchenkontakte u. steuerrechtl. Kenntnisse viel Berufshaftpflicht (RAe, Notare, StB, WP, Insolvenzverwalter). Zudem Steuer- u. Gesellschaftsrecht. (3 Partner, 2 Associates)
Mandate: ●● Ex-Vorstand bei Abwehr von Anspruch wg. fehlerhafter Kreditvergabe an Investor; RA u. StB-Gesellschaft bei Ansprüchen wg. steuerrechtl. Beratung bei Umstrukturierung (LG Frankfurt); div. StB gg. Klagen um Beratungsfehler; Kanzlei wg. fehlerhafter Prozessführung; lfd. HDI, Versicherungsstelle Wiesbaden, Ergo, Allianz, Zurich, R+V zu StB-, WP- u. RA-Haftungsfällen; Großkanzlei bei Abwehr Haftung wg. Beratungsfehler.

RAPRÄGER HOFFMANN UND PARTNER
Versicherungsprozesse
Bewertung: Die mittelständische Kanzlei pflegt das Versicherungsrecht als einen ihrer Schwerpunkte u. wird dafür im Südwesten seit Langem geschätzt. Zuletzt gelang es dem Team um Wendt, seinen Marktanteil bei den aktuell zunehmenden StB- und Anwaltshaftungsfällen über bereits etablierte Kontakte zu div. Haftpflichtversicherern auszubauen. Äußerst erfahren auf dem Gebiet ist Berscheid. Wettbewerber haben bemerkt, dass die Kanzlei zuletzt auch verstärkt für Unternehmen als Kläger agiert, so etwa für einen Stahlkonzern.
Häufig empfohlen: Martin Wendt, Thomas Berscheid

Anzeige

VERSICHERUNGSRECHT VERSICHERUNGSVERTRAGSRECHT: PROZESSVERTRETUNG UND BERATUNG

Kanzleitätigkeit: Prozesse, meist für Versicherer, auch für mittelständ. Unternehmen u. Versicherungsmakler. Personen- (Berufsunfähigkeit, Unfall, Leben), private Unfall- u. Sachversicherung. Allg. u. Kfz-Haftpflicht, Arzthaftung sowie Regresse. In der Region starke Präsenz bei Berufshaftpflichtfällen (RAe, StB). (2 Eq.-Partner, 1 Sal.-Partner)
Mandate: ● Lfd. 23 dt. u. regionale Versicherer in Prozessen; Stahlunternehmen bei Klage über Rückgewährsversicherung.

REMÉ
Versicherungsprozesse ☐☐☐☐■☐
Bewertung: Empfohlene versicherungsrechtl. Praxis, die über ihre Kontakte zu Versicherern im transport- u. seeversicherungsrechtl. Bereich hervorragend positioniert ist. Gerade im Zshg. mit Havarien haben die Anwälte viel Erfahrung mit internat. Fällen u. Schiedsverfahren. So war Gercke in einem brisanten Prozess um die Auszahlung von Versicherungsleistungen bzgl. aus Iran importierter Waren tätig. Mit 3 Associates stärkte die Kanzlei ihre Reihen, auch wenn ein erfahrener Associate zur Allianz wechselte. Von dort hingegen schloss sich der ehem. Leiter Schiffskasko u. P&I, Dr. Volker Bergeest, als of Counsel an. Die Abspaltung einiger Partner, die sich als ALP-Rechtsanwälte selbstständig machten, betraf nicht den versicherungsrechtl. Bereich.
Stärken: See- u. Transportversicherung.
Häufig empfohlen: Ingo Gercke
Kanzleitätigkeit: Regresse u. Deckungsstreitigkeiten, insbes. für Transport- u. Verkehrshaftpflichtversicherer, Assekuradeure in Deckungsfragen bei Großschäden. Transportunternehmen u. Reeder auch im Risikomanagement. Produkthaftpflicht, häufig an der Schnittstelle zu techn. Versicherungen. Daneben Gestaltung von Policen u. regelm. in Schiedsverfahren. Etablierte Kontakte zu Londoner Kanzleien. (5 Eq.-Partner, 1 Sal.-Partner, 4 Associates, 1 of Counsel)
Mandate: ● Gruppe von Industrieversicherern wg. Großhavarie; div. Versicherer zu Embargoregeln bei Deckungsprüfungen u. Auszahlung; jap. Versicherer bei Großschäden; dt. u. ausl. Versicherer bei Regressen im Transport- u. Seerecht; regelm. versch. Hamburger Assekuradeure, Makler, Reedereien u. Spediteure im Versicherungsrecht.

SPRENGER
Versicherungsprozesse ☐☐☐☐☐☐
Bewertung: Trotz ihrer überschaubaren Größe gelingt es der im Versicherungsrecht geschätzten Kanzlei immer wieder, große Versicherer zu beraten. Neben der lfd. Begleitung der Allianz in Anwaltshaftungsfällen bzw. deren Rechtsschutztochter in Prozessen gelang es Sprenger zuletzt, einen dt. Versicherer bei der Entwicklung einer Post-M&A-Police zu beraten. Hier konnte Sprenger ihre eigenen gesellschaftsrechtl. Kenntnisse gewinnbringend nutzen, denn der Kanzleigründer war früher u.a. als Anwalt bei Clifford Chance tätig. Ihre ungewöhnl. Spezialisierung im grenzüberschr. Geschäft setzte Sprenger mit dem Aufbau eines Indian Desk fort. Hierfür gewann sie einen ind. Anwalt hinzu.
Stärken: Internat. Netzwerk, hohes Branchenverständnis.
Häufig empfohlen: Dr. Jens-Dietrich Sprenger („stets gute Erfahrungen mit ihm", Mandant)
Kanzleitätigkeit: Prozesse für Versicherer, v.a. Anwaltshaftung, Personen-, Sach- u. Transportversicherung, auch aufsichtsrechtl. Beratung. Für Unternehmen u. Organe bei D&O bzw. Vorstandshaftung sowie Prozessvertretung von Handelsvertretern. Grenzüberschr. Produkt- u. Policengestaltung mit Schwerpunkt D&O. Indian Desk zur Beratung dt. Versicherer u. Unternehmen. (2 Partner, 2 Counsel, 2 Associates, 2 of Counsel)
Mandate: ●● Lfd. Allianz wg. Anwaltshaftung in Süddtl.; JLI Maritime wg. Kooperation mit Vienne Insurance; Allianz Rechtsschutz im Handelsvertreterrecht; öffentl. Träger einer Seelfürsorge in D&O-Fragen; Privatperson gg. Produkthaftpflichtversicherer wg. Schaden an industrieller Feuerungsanlage; regelm. ww. tätige Kanzlei bzgl. Versicherungsrecht.

TAYLOR WESSING
Versicherungsprozesse ☐☐☐☐☐☐
Produktberatung ☐☐☐☐
Bewertung: Die im Versicherungsrecht empfohlene Praxis zeigte sich insbes. bei der Entwicklung von Cyber-Risk- u. Gesundheitsfürsorgeprodukten für Versicherer innovativ. TW profitiert dabei von ihren vielfältigen Unternehmenskontakten in technologielastige Branchen, sodass bereits ihre jüngeren Versicherungsrechtler techn. Know-how mitbringen. Zudem hat TW ihre bundesw. verstreute Gruppe von Haftungs- u. Versicherungsexperten vor knapp einem Jahr neu strukturiert. Die versch. Geschäftsfelder sind den Standorten nun klarer zugeordnet u. derPraxis fällt die Ansprache von Versicherern u. branchenfremden Unternehmen leichter: In Düsseldorf liegen die Schwerpunkte im Versicherungsvertrags- u. Transportversicherungsrecht, in Frankfurt im es techn. Versicherungen sowie die Schnittstelle zu Produkthaftpraxis. In München bestehen traditionell gute Kontakte zu gr. Versicherern u. Versicherungskammern.
Stärken: Produktberatung. Internat. vernetze Praxis, insbes. mit London.
Häufig empfohlen: Dr. Gunbritt Kammerer-Galahn
Kanzleitätigkeit: Begleitung von Versicherern in Prozessen, u.a. Haftpflicht, Sach, Transport, techn. Versicherung u. Produkthaftung. Ausgeprägte Produktberatung, auch ausl. Versicherer, insbes. gute Kontakte zu frz. Konzernen. Zuletzt Schwerpunkte in Cyber Crime u. Post-M&A-Policen. Daneben auch ▶ unternehmensbezog. Beratung von Versicherern mit Schwerpunkten im Run-off-Geschäft u. Beratung Rückversicherer. (5 Partner, 1 Counsel, 6 Associates)
Mandate: ●● Chubb in internat. Schadensfällen; lfd. Axa, Unum Ltd. in Prozessen; Crédit Agricole wg. Vertriebskooperation; Ex-Gesellschafter Privatbank wg. div. D&O-Klagen nach Unternehmensinsolvenz; Krankenkasse wg. Produkten; brit. Versicherer im Versicherungsvertriebsrecht.

THÜMMEL SCHÜTZE & PARTNER
Versicherungsprozesse ☐☐☐☐■☐
Bewertung: Die im Versicherungsrecht häufig empfohlene Kanzlei vertritt traditionell v.a. angloamerikan. D&O-Versicherer in Großschadensfällen. Auch im vergangenen Jahr konnten die im Aktien- u. Konzernrecht erfahrenen Anwälte von TSP div. große Fälle begleiten. Wettbewerber, die ebenfalls in den Komplexen beteiligt sind, heben neben der hohen Qualität der Partner vor allem die Verlässlichkeit von Thümmel u. Haubold hervor. Daneben genießt Schmidt-Husson einen guten Ruf unter Versicherungsrechtlern. Er hat im Vorjahr div. Neumandate mit internat. Bezug, insbes. bei einem großen Nutzfahrzeug- u. einem brit. Automobilbauer, übernommen. Diese Weiterentwicklung der Praxis ist nachhaltig, weil noch weitere jüngere Anwälte nachrücken. Dies schafft bei Thümmel Freiräume für Schiedsrichtermandate, wo er insbes. bei Organhaftungsfällen zu den besonders gefragten Experten zählt.
Stärken: Monitoring Counsel in D&O-Fällen.
Häufig empfohlen: Prof. Dr. Roderich Thümmel, Jens Haubold („sehr gute u. verschwiegene Kollegen", „Wettbewerber über beide"), Dr. Franck Schmidt-Husson.
Kanzleitätigkeit: Spezialität sind außergerichtl. Beratung in deckungsrechtl. Streitigkeiten u. Prozesse bei Managerhaftungsfällen, häufig in koordinierender Funktion als Monitoring Counsel. Im Haftungsprozess über Versicherer auch für Verteidigung der Organe tätig. Zudem Berufs- u. Produkthaftpflicht. Deutl. Schnittstellen zu ▶Gesellsch. recht u. ▶Handel u. Haftung. (4 Eq.-Partner, 3 Sal.-Partner, 4 Associates)
Mandate: ● D&O-Versicherer wg. mögl. Regress gg. Ex-Bankmanager u. deckungsrechtl. Beratung; D&O-Versicherer im Zshg. mit Cum-Ex-Transaktionen; D&O-Versicherer in Deckungsstreit wg. Organhaftung nach Compliance-Verfehlung; D&O-Versicherer deckungsrechtl. wg. Managerhaftung bei Dax-Konzern; D&O-Versicherer gg. US-Behörde wg. Managerhaftung bei dt. Konzern; lfd. Versicherungsmakler bei Schadensfällen, u.a. bei öffentl. Versorger u. fehlerhafter Kapitalmarktinformation.

WHITE & CASE
Versicherungsprozesse ☐☐☐☐■☐
Produktberatung ☐☐
Bewertung: Ihre fachbereichsübergr. Aufstellung bringt der im Versicherungsrecht häufig empfohlenen Praxis regelm. haftungsrechtl. Top-Mandate. Wie kaum ein 2. Kanzlei hat W&C Erfahrung bei D&O-Klagen im Nachgang von Unternehmensinsolvenzen gesammelt; so begleitete sie etwa den kanzleinahen Insolvenzverwalter Bähr in dessen Klage gg. div. Ex-Manager von Teldafax. Diesen Fall hat W&C als Blaupause für weitere Komplexe genutzt u. ist nun mit ihren Teams aus Versicherungs- u. Insolvenzexperten in weiteren hochvolumigen Streitigkeiten präsent. Daneben ist die internat. Vernetzung eine Stärke des Teams. Zusammen mit US-Anwälten betreut die dt. Versicherungspraxis eine Großbank bei der Regulierung eines weitreichenden Cyber-Crime-Schadens. Das urspr. versicherungsvertragsrechtl. Geschäft ist überwiegend auf eine Sal.-Partnerin u. erfahrene Associates übergegangen. Eine ähnl. Entwicklung zeichnet sich auch bei CMS u. DLA ab, doch ist W&C ihnen deutl. voraus.
Stärken: Kanzleiinterne Synergien mit Prozesspraxis (▶Handel u. Haftung) u. ▶Bankrecht u. -aufsicht.
Häufig empfohlen: Christian Wirth („bei Fällen mit internat. Bezug immer erste Wahl", Wettbewerber)
Kanzleitätigkeit: Aktive Prozesspraxis. Erfahrung in Betrugsfällen u. bei Großschäden, Kreditausfall- u. Betriebsunterbrechungsversicherung. Daneben gutachterl. tätig, v.a. in rechtl. Grundsatzfragen. Für Industriemandanten Entwicklung von Versicherungsschutzkonzepten. Enge Zusammen-

arbeit mit W&C-Büros in CEE-Region. (2 Eq.-Partner, 1 Sal.-Partner, 4 Associates)

Mandate: ●● Regelm. Allianz in Prozessen, u.a. Dubiosschadensfällen (öffentl. bekannt); Helios Kliniken u. Privatkliniken bzgl. Versicherungsprodukt; Teldafax-Insolvenzverwalter Bähr in Schadensersatzklagen gg. Ex-Teldafax-Manager; div. Insolvenzverwalter in D&O-Haftungsklagen gg. Ex-Vorstände; Bank wg. Schaden aus Vertrauensschadensversicherung; Bank wg. Cyber-Crime-Risiko; öffentl. Institution versicherungsrechtl. wg. Wertpapier-Internetplattform.

WILHELM
Versicherungsprozesse

Bewertung: Die Entwicklung der im Versicherungsrecht häufig empfohlenen Kanzlei wird von Wettbewerbern sehr aufmerksam verfolgt. Entsprechend viel positive Rückmeldung gab es im Markt für das Team Wilhelm, das als sehr unternehmerisch u. innovativ beschrieben wird. Ihr Ideenreichtum kommt daher, dass die Versicherungs- u. Haftungsboutique seit ihrer Gründung immer den Weg über Industriemandate gegangen u. damit Vorreiterin einer Entwicklung ist, die sich nun auch bei DLA u. White & Case zeigt. Zuletzt gelang dies v.a. bzgl. Betriebsunterbrechungs- u. Haftpflichtschäden aus den Branchen IT u. Maschinenbau, wo sich Herdter auszeichnen konnte. Der langj. Associate entwickelte das Geschäftsfeld weiter u. wurde jetzt zum Partner ernannt. Viel Aufmerksamkeit erhält die Kanzlei überdies für die Klage des Konzertveranstalters Deag gg. die Gothaer nach Absage des Rockfestivals am Nürburgring.

Stärken: Versicherungsspezif. u. D&O-Beratung von Industriemandanten.

Häufig empfohlen: Dr. Mark Wilhelm („unternehmerischer Typ, sehr kreativ", „angenehm im Umgang", Wettbewerber), Lars Winkler („sehr gutes Verständnis für techn. schwierige Sachverhalte u. deren Übersetzung ans Gericht", Wettbewerber), Dr. Fabian Herdter

Kanzleitätigkeit: In Prozessen liegen die Schwerpunkte in der Personen-, Industrie-, Bau- u. Sachversicherung. Daneben Stärken im Sozialversicherungsrecht u. in D&O-Fällen sowie bei Produkthaftpflicht. Aufsichtsrechtl. u. krisenbedingte Beratung. Integrierte strafrechtl. Beratung. Tätig für gr. Banken, öffentl. Hand, mittelständ. Unternehmen u. Verbände. Internat. Kooperation mit div. europ. Kanzleien u. US-Kanzlei Clausen Millner. (4 Eq.-Partner, 1 of Counsel, 6 Associates)

Mandate: ●● Deag gg. Capricorn Nürburgring u. Gothaer wg. Vertragsbruch; Ex-Teldafax-Vorstand bei Abwehr Schadensersatzklage von Insolvenzverwalter Bähr; SNK gg. Industrieversicherer wg. Montageversicherungsfall; Ex-Arcandor-Vorstand bei Abwehr Schadensersatzklage von Insolvenzverwalter Jauch; Ex-Geschäftsführer Rainer Schwarz bei Abwehr Schadensersatzansprüche; lfd. Bundes- u. Landesverband im Sozialversicherungsrecht.

WIRTZ & KRANEIS
Versicherungsprozesse

Bewertung: Die im Versicherungsrecht empfohlene Prozesspraxis ist vor allem für die Tätigkeit für D&O-Versicherungen bekannt. Mit dieser jahrelang angehäuften Erfahrung haben sich die Haftungsexperten auch das Vertrauen internat. Industrieversicherer erworben. So konnte W&K noch vor anderen Wettbewerbern eine Führungsrolle in einem weitreichenden D&O-Fall im Bankensektor für sich beanspruchen. Zuletzt nahmen die D&O-Fälle im Zshg. mit Insolvenzen wie z.B. Teldafax deutl. zu. In dem Prozess begleitet Klein einen der beklagten Ex-Vorstände.

Stärken: Kontakte zu führenden Industrieversicherern. Prozesserfahrung.

Häufig empfohlen: Dr. Thomas Klein, Dr. Randolf Mohr

Kanzleitätigkeit: Beratung u. Prozesse in Deckungs- u. Haftungsstreitigkeiten in den Sparten Berufshaftpflicht (RAe, StB, Notare, WP), Allg. Haftpflicht, Arzthaftung, Vermögensschadenhaftpflicht, Kommunalhaftung, Sachversicherung u. D&O. Mandanten: überwiegend regionale u. große dt. Versicherer, auch Unternehmen, kommunale Betriebe u. versicherte Organe. (4 Partner, 1 Associate)

Mandate: ●● Ex-Vorstand von Teldafax im Zshg. mit Schadensersatzklage des Insolvenzverwalters (öffentl. bekannt); D&O-Versicherer deckungsrechtl. wg. mögl. Regress gg. Ex-Bankmanager.

Unternehmensbezogene Beratung von Versicherern

Anlagestrategien im Umbruch

Eine Branche sitzt in der Klemme. Vor allem die Lebensversicherung, bis heute zentraler Baustein in der Altersvorsorge vieler Deutschen, ist in der Niedrigzinsphase unter Druck wie nie. Einige Versicherer zeichnen inzwischen kein Neugeschäft mehr. „Und doch stockt es im Run-off-Geschäft etwas mehr als gedacht", meint ein Anwalt aus der Branche. Denn sich von Beständen zu trennen, erfordere durchaus geschäftlichen Mut. Dennoch will sich nach der Heidelberger Leben nun auch der US-amerikanische Anbieter Athene mit dem Kauf von Delta Lloyd in dem Segment positionieren. Andere Versicherer reagieren mit Anpassungen im Risikotransfer, also mit Gründung sogenannter Captives, um direkten Schutz bei einem Rückversicherer einzukaufen.

Gleichzeitig zählt die Versicherungswirtschaft auf der Suche nach rentablen Anlagemöglichkeiten nach wie vor zu den aktivsten Investoren insbesondere in Immobilien und erneuerbare Energien. So haben sich die neuen Immobilienkreditfonds heute als feste Nische etabliert. Und der Schweizer Versicherer Swiss Life investierte Ende 2014 mit dem Kauf von Corpus Sireo gleich in einen Asset-Manager und Immobiliendienstleister.

„Die BaFin wird sich noch viel intensiver mit Kapitalfragen beschäftigen müssen", konstatiert ein Versicherungsspezialist. Denn die mit langem Vorlauf angekündigte Solvency-II-Verordnung, das wichtigste Projekt der europäischen Versicherungsaufsicht EIOPA, soll bis Jahresende 2015 umgesetzt sein. Die Versicherer haben sich schon länger darauf vorbereitet. Die umfangreichen Pläne der Generali-Führung sind ein aktuelles, aber nicht das einzige Beispiel für Versicherer, die Umstrukturierungen, Sitzverlagerungen oder den Verkauf von Unternehmensteilen initiieren. Die Branche fürchtet die strengen Konsequenzen der Aufsicht bei einer unzureichenden Solvabilität. Hier sind die in Schieflage geratenen Banken ein mahnendes Beispiel.

Datenschutz, Kapitalanlagen, Aufsichtsrecht – Kanzleien stellen sich breiter auf

Der vielfältige Beratungsbedarf der Versicherungskonzerne führt dazu, dass fast alle Kanzleien ihre klassischen Fachbereichsstrukturen auflösen und ihre Anwälte sich in Industriesektoren organisieren. Im letzten Jahr hat sich auch **Noerr** dazu entschlossen. Denn es zeigt sich, dass Kanzleien, in denen solche Strukturen bereits länger gelebt werden, wie **Freshfields Bruckhaus Deringer**, **Allen & Overy**, **Hogan Lovells** und **Norton Rose Fulbright**, schneller agieren können. Um sich eine glaubwürdige Branchenspezialisierung zu erarbeiten, brauchen Kanzleien einen langen Atem. Und doch sehen Versicherer bei der Aufstellung ihrer Beraterlisten dies gerade im heiklen Marktumfeld zunehmend als Voraussetzung an. Bei **Clifford Chance**, einer frühen Vorreiterin im Sektorenansatz, macht sich die personelle Restrukturierung der Corporate-Praxis in einer etwas geringeren Marktpräsenz bemerkbar, dennoch sehen Wettbewerber die deutlich verjüngte Praxis noch als Marktakteur.

Trotz der wachsenden Bedeutung von internationalen Beraterlisten ist der Markt weiterhin groß genug, um Spezialisten wie **Axis** und **BLD Bach Langheid Dallmayr** mit steuer- oder aufsichtsrechtlichen Spezialfragen auszulasten. Die letztgenannte Versicherungsboutique investierte zuletzt in den Ausbau ihres Beratungsdezernats, um abseits ihrer Prozessstärke auch stärker in Aufsichtsrechtsmandaten Fuß zu fassen.

Die folgenden Bewertungen behandeln Kanzleien, die eine besondere Branchenerfahrung im Versicherungsbereich aufgebaut haben. Sie beraten die Versicherer bei Unternehmensumstrukturierungen, Run-offs, M&A-Transaktionen oder in Krisensituationen. Dabei spielen immer die speziellen Erfordernisse der Versicherungsaufsicht eine Rolle. Wo diese Kanzleien einzelne fachliche Schwerpunkte haben, wird gegebenenfalls auf andere Kapitel innerhalb des Buchs verwiesen.

UNTERNEHMENSBEZOGENE BERATUNG VON VERSICHERERN VERSICHERUNGSRECHT

ALLEN & OVERY
Unternehmensbezogene Beratung ■□□□□

Bewertung: Eins der führenden Teams für die unternehmensbezogene Beratung von Versicherern, das neben Swiss Life auch an den anderen großen Deals des Jahres beteiligt war. Was A&O, zusammen mit Freshfields, von überwiegend auf Transaktionen ausgerichteten Wettbewerbern abhebt, ist die fachl. Tiefe u. mittlerw. personelle Breite. Dadurch können Schröder u. Neufeld regelm. aufsichts- u. arbeitsrechtl. Entwicklungen antizipieren. Mit einem KPMG-Partner kam zudem ein wichtiger Baustein für die steuerspezif. Beratung hinzu. Bei kapitalmarktrechtl. Fragen im Zshg. mit Solvency II erwies sich die Achse mit Ffm. als gewinnbringend.
Stärken: Stark spezialisierte Partnerriege, anerkannte Anwälte im Mittelbau.
Häufig empfohlen: Dr. Jan Schröder („visibel, in jedem großen Thema drin", „anerkannter Fachmann", Wettbewerber), Dr. Hans Diekmann, Dr. Christian Eichner, Birgit Reese, Tobias Neufeld (Arbeitsrecht, betriebl. Altersvorsorge)
Kanzleitätigkeit: Aufsichtsrechtl. Themen, auch mit kapitalmarktrechtl. Bezug. Lfd. ▶Gesellschaftsrecht u. ▶M&A. Umfangr. Erfahrung im Run-off-Geschäft, Implementierung von CTA, versicherungsrechtl. Streitigkeiten. Auch ▶Compliance. (5 Partner, 3 Counsel, 8 Associates, 1 of Counsel)
Mandate: ●● Swiss Life bei Kauf von Corpus Sireo; Old Mutual bei Verkauf von Skandia-Gesellschaften an Cinven/Hannover Rück bzw. Aspecta; Talanx im Gesellschaftsrecht; Allianz SE im Gesellschaftsrecht u. in arbeitsrechtl. Grundsatzverfahren; Pimco im Aufsichtsrecht; Rückversicherer bei Hybridanleihe; Versicherer bei Immobilien- u. Private-Equity-Investments; Asset-Manager bei Compliance-Untersuchung.

AXIS RECHTSANWÄLTE
Unternehmensbezogene Beratung □□□□■

Bewertung: Die für die Beratung von Versicherern geschätzte Praxis kann mit der Konzernsitzverlegung einer Versicherungs-SE ein Premiummandat vorweisen. Wie andere hoch spezialisierte Einheiten erschließt sich Axis solche Mandate aufgr. ihres tiefen Branchenverständnisses, gepaart mit ihrer Steuerexpertise. Daraus entwickelten sich z.T. brisante Mandate bei der Begleitung eines Versicherers bzgl. steuerstrafrechtl. Ermittlungen oder die Unterstützung in der Compliance-Funktion nach VAG.
Häufig empfohlen: Prof. Dr. Jochen Axer, Frank Diehl, Hans-Helmuth Delbrück
Kanzleitätigkeit: Schwerpunkt in der ▶steuerrechtl. Beratung (Spezialität Versicherungsteuer), auch Aufsichts- u. Gesellschaftsrecht sowie M&A. Bewertung von Versicherungsunternehmen u. -beständen, Rückstellungen u. Schadensreserven. Kanzleinahe Aktuargesellschaft. (3 Eq.-Partner, 2 Sal.-Partner, 4 Associates)
Mandate: ●● Regelm. DEVK u. Gothaer; Versicherungs-SE im Aufsichtsrecht zur Sitzverlegung nach Dtl.; Versicherer bei niederl.-dt. Verschmelzung im Sach- u. Lebenbereich; Versicherer wg. steuerstrafrechtl. Ermittlungen; Versicherer bzgl. Compliance.

BLD BACH LANGHEID DALLMAYR
Unternehmensbezogene Beratung □□□□■

Bewertung: Empfohlene Praxis für die Beratung von Versicherern, die sich als langj. Branchenberaterin brisante, weil richtungsweisende Mandate erschließt. Grote erstritt für die Allianz im Grundsatzverfahren zur Überschussbeteiligung bei der kapitalbildenden Lebensversicherung einen Erfolg; dieselbe Mandantin begleitete er auch vor dem EuGH bzgl. der Konformität von Widerspruchsfristen. BLD berät zudem lfd. zu Solvency-II-Themen, ein Highlight war dabei die Begleitung eines dt. Versicherers bei dessen Konzernumstrukturierung einschl. einer SE-Umwandlung.
Stärken: Über Marktführerschaft im prozessualen ▶Versicherungsvertragsrecht u. -produktberatung tiefes Verständnis der Branche.
Entwicklungsmöglichkeiten: Die Kooperation mit den Deloitte-Unternehmensberatern sorgt für neue Berührungspunkte mit der Assekuranz. Steuerspezif. Fragen konnte BLD personell bisher mit nur wenigen Anwälten abdecken.
Häufig empfohlen: Dr. Theo Langheid, Dr. Joachim Grote („versiert, macht seine Arbeit sehr gut", „es gibt kaum einen besseren", Wettbewerber)
Kanzleitätigkeit: Aufsichtsrecht. Konzernstrukturierung zu Captives, Rückstellungen u. Rückversicherungsfragen, Versicherungskartellrecht, Compliance, bAV- u. vertriebsrechtl. Themen. Regelm. Vorstände ggü. der BaFin. Neue Koop. mit Deloitte. (9 Partner, 23 Associates, 2 of Counsel)
Mandate: ●● Allianz Leben bei Klagen zu §5a VVG u. Überschussbeteiligung bei kapitalbildenden Produkten; Versicherer bei Umstrukturierung, SE-Umwandlung u. Gründung von Auslandstöchtern; div. Lebensversicherer bei Run-off-Aktivitäten; Krankenversicherer zu Post-M&A-Integration; Lebensversicherer zu Private-Equity-Konstruktion in fondsgebundenen Produkten.

CLIFFORD CHANCE
Unternehmensbezogene Beratung □□□□■

Bewertung: Die für die unternehmensbezogene Beratung von Versicherern empfohlene Praxis ist bei komplexen Anlagethemen auch Anlaufstelle für Versicherer, die ansonsten mit anderen Kanzleien zusammenarbeiten – so etwa bei internat. Immobilieninvestments, Spezialfonds oder Managed Accounts. Bei M&A- und gesellschaftsrechtl. Beratung der Branche dagegen ist die derzeitige Umbruchsituation in der Kanzlei abzulesen. Kreceks neue Rolle als Leiter der Corporate-Praxis lässt seine Fokussierung auf den Bereich derzeit etwas zurücktreten. Doch die Londoner Praxis pflegt weiterhin starke Branchenverbindungen, etwa zu Axa oder MetLife.
Stärken: Kapitalanlagen u. Immobilien
Häufig empfohlen: Dr. Thomas Krecek („unprätentiöses Auftreten", Mandant; M&A; „professionell u. erfahren", Wettbewerber), Dr. Josef Brinkhaus (Steuern), Dr. Christian Keilich (Immobilien)
Kanzleitätigkeit: Enge Zusammenarbeit mit den ▶Investment-, ▶Immobilien- u. ▶Steuerrechtlern. Auch ▶Anleihen, Strukturierung des internat. Geschäfts von Versicherungsgruppen. Dazu ▶M&A, ▶Private Equ. u. Vent. Capital. (4 Partner plus Associates)
Mandate: ●● Allianz-Gesellschaften zu Kauf von Immobilien Isartor City/München u. Kö-Galerie/Düsseldorf; Gothaer-Gruppe zu Sale-and-lease-back der Unternehmenszentrale; Axa Investment Managers Paris zu Verbriefungsstruktur für dt. Anleger eines Immobilien-Debt-Funds; CBRE Global Investors zu Managed Account für ein Versorgungswerk; Legal and General Assurance zu Bestandsübertragung von dt. Lebensversicherungsportfolio nach engl. Recht.

CMS HASCHE SIGLE
Unternehmensbezogene Beratung □□□■□

Bewertung: Die für unternehmensbezogene Beratung von Versicherern empfohlene Praxis setzt ihren Industriefokus erfolgreicher als in früheren Jahren ein. Während die Frequenz bei Vertriebs- u. Immobilienthemen bereits hoch war, gelang es den Versicherungs- u. IT-Experten nun, Marktanteile im

---

UNTERNEHMENSBEZOGENE BERATUNG VON VERSICHERERN

Allen & Overy	Düsseldorf, Frankfurt
Freshfields Bruckhaus Deringer	München, Frankfurt
Hengeler Mueller	Düsseldorf, Frankfurt
Hogan Lovells	Düsseldorf, Frankfurt, München
Linklaters	München, Frankfurt, Düsseldorf
DLA Piper	Köln
Gleiss Lutz	Stuttgart, München, Frankfurt
Norton Rose Fulbright	München, Frankfurt
BLD Bach Langheid Dallmayr	Köln, München
Clifford Chance	Frankfurt, München
CMS Hasche Sigle	Köln
Axis Rechtsanwälte	Köln
Noerr	Düsseldorf, München, Frankfurt
Oppenhoff & Partner	Köln
Taylor Wessing	Düsseldorf, Hamburg, München

Die hier getroffene Auswahl der Kanzleien ist das Ergebnis der auf zahlreichen Interviews basierenden Recherche der JUVE-Redaktion (s. Einleitung S. 20). Sie ist in 2erlei Hinsicht subjektiv: Sämtliche Aussagen der von JUVE-Redakteuren befragten Quellen sind subjektiv u. spiegeln deren eigene Wahrnehmungen, Erfahrungen u. Einschätzungen wider. Die Rechercheergebnisse werden von der JUVE-Redaktion unter Einbeziehung ihrer eigenen Marktkenntnis analysiert u. zusammengefasst. Der JUVE Verlag beabsichtigt mit dieser Tabelle keine allgemein gültige oder objektiv nachprüfbare Bewertung. Es ist möglich, dass eine andere Recherchemethode zu anderen Ergebnissen führen würde. Innerhalb der einzelnen Gruppen sind die Kanzleien alphabetisch geordnet.

● Referenzmandate, umschrieben
●● Referenzmandate, namentlich

Anwaltszahlen: Angaben der Kanzleien, wie viele Anwälte zu mind. ca. 50% in diesem Gebiet tätig sind. Sie spiegeln nicht zwingend die Gesamtgröße einer Kanzlei wider.

VERSICHERUNGSRECHT UNTERNEHMENSBEZOGENE BERATUNG VON VERSICHERERN

Geschäftsfeld Cyber Risk zu gewinnen. Im Aufsichtsrecht brachte Schnepp seine große Erfahrung für einen dt. Versicherer ein, dem schon im Vorfeld zu Solvency II BaFin-Maßnahmen drohten. In dieser aufsichtsrechtl. Thematik verzeichnete CMS deutl. gestiegene Beratungsnachfrage. 2 neu ernannte Counsel unterstreichen die erfolgr. Entwicklung.
Stärken: Erfahrung mit ausl. Versicherer.
Häufig empfohlen: Dr. Winfried Schnepp, Dr. Stefan Segger
Kanzleitätigkeit: Lfd. aufsichtsrechtl. u. marktbezogene Beratung. ▶M&A, ▶Immobilienrecht u. Outsourcing-Projekte, hier Schnittstelle zur anerkannten ▶IT-Praxis, insbes. Datenschutz u. Cyber-Risiken. Ausl. Versicherer zu Markteintritt. Anschluss an fachbereichsübergr. ▶Compliance. (Versicherungsteam insges.: 14 Partner, 2 Counsel, 12 Associates, 1 of Counsel)
Mandate: ●● Zurich aufsichtsrechtl. bei Vertrauensschadenversicherung; lfd. Allianz Real Estate aufsichtsrechtl.; VVaG zu Solvency-II-Anforderungen; brit. Broker bei Abwicklung von dt. Geschäft; Versicherer ggü. BaFin bzgl. Solvency-II-Anforderungen; dt. Versicherer wg. Fusion Sach- mit Rückversicherer.

DLA PIPER
Unternehmensbezogene Beratung ◼︎◼︎◻︎◻︎◻︎
Bewertung: Die für die unternehmensbezogene Beratung von Versicherern häufig empfohlene Praxis stärkte ihr Engagement mit einer internen Partnerernennung: Eltzschig, der 2013 von Cleary Gottlieb gewechselt war, hat sich im Markt zunehmend Respekt erarbeitet, wie u.a. die Begleitung der Gothaer bei Anlage- u. M&A-Projekten beweist. Der Versicherer arbeitete im M&A erstmalig mit DLA zusammen. Fortschritte machte die Praxis auch über vermehrtes Run-off-Geschäft.
Stärken: Aufsichtsrecht.
Entwicklungsmöglichkeiten: Die stärkere Präsenz in Anlage- u. M&A-Mandaten sollte es künftig ermöglichen, schrittweise auch andere Fachbereiche wie die starken Arbeitsrechtler oder das Energieteam einzubinden.
Häufig empfohlen: Dr. Gunne Bähr („fachl. hervorragende Expertise", „exzellenter Denker, gut vernetzt", Mandanten), Jan Eltzschig („Beratung als außerordentl. klar u. kompetent wahrgenommen", Wettbewerber)
Kanzleitätigkeit: Lfd. aufsichtsrechtl. u. marktbezogene Beratung, ▶Versicherungsvertrags- u. Vermittlerrecht. Zunehmend transaktionsbegleitend (auch Run-offs) u. bei Umstrukturierungen (▶Gesellsch.recht). Produktspezif. häufig mit Steuerrecht integriert, BaFin-Themen, Compliance. (4 Partner, 4 Associates, 1 of Counsel)
Mandate: ●● Gothaer zu Investments in Juwi/Renewable Energy u. Capital-Stage-Gruppe; Aviva lfd. zu Auswirkung dt. Rechts auf ihre Run-off-Bestände; Catlin Group lfd. gesellschaftsrechtl. nach Umgestaltung in SE; Darag lfd. im Aufsichtsrecht; regelm. Bâloise-Gruppe.

FRESHFIELDS BRUCKHAUS DERINGER
Unternehmensbezogene Beratung ◼︎◻︎◻︎◻︎◻︎

Bewertung: Eine für die unternehmensbezogene Beratung von Versicherern führende Kanzlei. Nach der komplexen Beratung zum Kauf der Heidelberger Leben ist sie noch stärker auf dem Radar von Private-Equity-Investoren, die sich in der Versicherungsbranche umsehen. Aufgr. der Größe war FBD sogar in der Lage, mehrere spezialisierte Teams aufzustellen. Die Positionierung zeigt sich auch daran, wie sich die Praxis bei systemrelevanten Versicherern ins Gespräch bringt. Dabei hat sich Heukamp jetzt endgültig als Branchenkenner u. Aufsichtsrechtsspezialist freigeschwommen. So konzentriert sich der erfahrene Partner Schuster inhaltl. wieder mehr auf Banken. Die Immobilienrechtler konnten über die Beratung zu Investments die Beziehung zu Axa erfolgr. ausweiten.
Stärken: Ausgeprägte fachübergr. u. internat. Zusammenarbeit.
Häufig empfohlen: Dr. Wessel Heukamp („Mastermind für Strukturierungen", Mandant), Dr. Gunnar Schuster („bei maßgeschneiderten Transaktionen in Dtl. unschlagbar", Mandant über beide; Aufsichtsrecht)
Kanzleitätigkeit: Lfd. aufsichtsrechtl. u. vertragsrechtl. Beratung. Fokus auf ▶M&A- u. ▶Gesellsch.recht, oft grenzüberschr. Sachverhalte; D&O-Haftungsfälle u. Strukturierung von Kapitalanlagen für Versicherer. Auch ▶Handel u. Haftung, ▶Compliance, Pensionssysteme (▶Arbeitsrecht) u. Embargothemen (▶Außenhandel). (9 Partner, 13 Associates)
Mandate: ●● Cinven u. Hannover Rück zu Aufbau von Skandia als Konsolidierungsplattform für Lebensversicherungen; Heidelberger Leben lfd. gesellschafts-, arbeits- u. aufsichtsrechtl.; regelm. Generali, u.a. zu Squeeze-outs; Axa lfd. zu Immobilieninvestments; Gen Re zu Squeeze-out; arbeitsrechtl. Hanse Merkur u. HDI Gerling (u.a. Arbeitnehmerbeteiligung in 16 Ländern); öffentl.-rechtl. Versicherer zu Investment in Hypo Alpe Adria-Schuldtiteln; globaler, systemrelevanter Versicherer zu Living Will; Investmentbank zu Absicherung von Finanzierungen durch Forderungen aus Lebensversicherungen.

GLEISS LUTZ
Unternehmensbezogene Beratung ◼︎◼︎◼︎◻︎◻︎
Bewertung: Für die unternehmensbezogene Beratung von Versicherern häufig empfohlene Kanzlei, die ihre Arbeit für Delta Lloyd nun mit dem Verkauf an die u.a. im Leben-Rückversicherungsgeschäft aktive Athene Holding fortsetzte. Erste Berührungen ergaben sich auch zu investitionswilligen Private-Equity-Unternehmen im Lebensversicherungssegment. So wird der Aufbau der Praxis inzw. im Markt etwas stärker wahrgenommen. Eine Besonderheit ist, dass GL auch über ihre öffentl.-rechtl. Praxis die Branchenkontakte pflegt.
Stärken: Partner aus versch. Fachgebieten mit Branchenkenntnis.
Entwicklungsmöglichkeiten: Spürbar weniger als bei Wettbewerbern verbindet der Markt die Versicherungsexpertise der Kanzlei mit einzelnen Namen. Es ist deshalb zentral, junge Partner im Aufsichts- u. Gesellschaftsrecht aufzubauen.
Häufig empfohlen: Dr. Stefan Mutter, Dr. Hans-Jörg Scheel (alle Gesellschaftsrecht), zunehmend Dr. Maximilian von Rom (Aufsichtsrecht), Dr. Ingo Brinker (Kartellrecht)
Kanzleitätigkeit: Schwerpunkt bei ▶M&A u. ▶Gesellsch.recht, Umstrukturierungen, Aufsichtsrecht u. ▶Compliance. Regelm. im ▶Kartellrecht, ▶Beihilfe u. bei Prozessen (▶Handel und Haftung). (9 Partner plus Associates)
Mandate: ●● Delta Lloyd bei Verkauf des dt. Run-off-Portfolios; regelm. Munich Re u. Töchter gesellschaftsrechtl. (aus dem Markt bekannt); dt. Krankenversicherungsträger beihilferechtl. zu Forschung u. Entwicklung.

HENGELER MUELLER
Unternehmensbezogene Beratung ◼︎◼︎◼︎◼︎◻︎
Bewertung: Eine für die unternehmensbezogene Versicherungsberatung häufig empfohlene Kanzlei, die ihre grenzüberschr. Zusammenarbeit mit den Best-Friend-Kanzleien in einem Mandat für Direct Line unter Beweis stellte. U.a. kam hier auch ihr Londoner Büro zum Einsatz sowie der hoch erfahrene Aufsichts- u. Gesellschaftsrechtspartner Wilm. Bei den aktuellen Run-off-Themen ist HM weniger aktiv, doch die marktführenden Frankfurter Kapitalmarktspezialisten beraten zur innovativen Strukturierung von Anlagemöglichkeiten für Versicherer u. Möglichkeiten zur Schaffung zusätzl. Kernkapitals.
Entwicklungsmöglichkeiten: Die tragende Figur ist der angesehene Branchenkenner Wilm. Mittelfristig steht HM vor der Aufgabe, weitere prominente Gesichter aufzubauen.
Häufig empfohlen: Dr. Daniel Wilm („sehr zufrieden, u. das schon seit Jahren", Mandant)
Kanzleitätigkeit: Schwerpunkte im ▶Gesellsch.recht, ▶M&A u. Kapitalmarkt- und Finanzierungsbereich (▶Anleihen, ▶Bankrecht u. -aufsicht, ▶Investmentfonds, ▶Börseneinführ. u. Kapitalerhöhung). Insbes. aufsichtsrechtl. Themen. Regelm. ▶Kartellrecht. (4 Partner plus Associates)
Mandate: ●● Talanx regelm. gesellschafts-, kapitalmarkt- u. aufsichtsrechtl., zuletzt zum Verkauf der Swiss-Life-Holding-Beteiligung; Direct Line Group zum Verkauf der dt. u. ital. Töchter; Generali zu Squeeze-out von Generali Dtl.; Standard Life

Führende Namen im Versicherungsaufsichtsrecht

Dr. Gunne Bähr	▶DLA Piper
Dr. Joachim Grote	▶BLD Bach Langheid Dallmayr
Dr. Wessel Heukamp	▶Freshfields Bruckhaus Deringer
Dr. Theo Langheid	▶BLD Bach Langheid Dallmayr
Dr. Winfried Schnepp	▶CMS Hasche Sigle
Dr. Jan Schröder	▶Allen & Overy
Dr. Daniel Wilm	▶Hengeler Mueller

Die hier getroffene Auswahl der Personen ist das Ergebnis der auf zahlreichen Interviews basierenden Recherche der JUVE-Redaktion (siehe S. 20). Sie ist in 2erlei Hinsicht subjektiv: Sämtliche Aussagen der von JUVE-Redakteuren befragten Quellen sind subjektiv u. spiegeln deren eigene Wahrnehmungen, Erfahrungen u. Einschätzungen wider. Die Rechercheergebnisse werden von der JUVE-Redaktion unter Einbeziehung ihrer eigenen Marktkenntnis analysiert u. zusammengefasst. Der JUVE Verlag beabsichtigt mit dieser Tabelle keine allgemein gültige oder objektiv nachprüfbare Bewertung. Es ist möglich, dass eine andere Recherchemethode zu anderen Ergebnissen führen würde.

NOMINIERT
JUVE Awards 2015
Kanzlei des Jahres für Regulierte Industrien

zu Auskehrung von Verkaufserlösen mittels B/C ShareScheme; Wüstenrot & Württemberg. zu kapitalmarktrechtl. Maßnahmen.

HOGAN LOVELLS
Unternehmensbezogene Beratung

Bewertung: Eine häufig empfohlene Praxis in der unternehmensbezogenen Beratung von Versicherern. Die Spezialisierung in komplexen steuer-, kapitalmarkt- u. aufsichtsrechtl. Fragen spielt sich vielfach im Hintergrund ab, ein Mandant bewertet diese Kompetenz jedoch sogar als „ohne ernst zu nehmende Konkurrenz". Öffentl. Flagge zeigte aber das M&A-Team um Louven mit der Arbeit für die span. Versicherer Mapfre. Die internat. Zusammenarbeit innerhalb der Kanzlei hat sich in den letzten Jahren verstärkt. Ihre Erfahrung mit grenzüberschreitenden Reorganisationen, SE-Umwandlung sowie Sitzverlegungen innerhalb Europas war zuletzt ebenfalls wieder gefragt.
Stärken: ▶Steuerl. u. branchenspezif. Knowhow. CTA-Mandate. Gute internat. Vernetzung u. Zusammenarbeit.
Entwicklungsmöglichkeiten: Für HL geht es darum, auch die nächste Generation von Spezialisten stark im Markt zu positionieren. Die von Praxischef Küppers forcierte internat. Vernetzung dürfte für Nachwuchsanwälte einige Chancen eröffnen.
Häufig empfohlen: Dr. Christoph Küppers („gedankenreich u. innovativ, Top-notch-Berater", Mandant; Steuern, Aufsichtsrecht), Dr. Christoph Louven („hat gute Branchenkenntnis", „exzellentes Urteilsvermögen", Mandanten; Corporate)
Kanzleitätigkeit: Gesellschafts- u. aufsichtsrechtl. sowie ▶steuerrechtl. Beratung, Eigenkapitalfragen, Pensionsmanagement, Rückstellungen u. betriebl. Altersversorgung inkl. CTA, auch Captives, Outsourcing u. Asset-Management. Zudem ▶Kartellrecht. (5 Partner, 4 Counsel, 3 Associates)
Mandate: ●● Mapfre zu Kauf von Direct Line (in Dtl. u. Italien); CNP Assurances zu Kauf einer irischen Lebensversicherungstochter von Santander; regelm. Ergo, u.a. zu Immobilienfinanzierung; Bankenkonsortium zu Kauf von Skandia durch Heidelberger Leben; Aragon zu Verkauf einer Beteiligung; dt. Versicherer zu Kauf einer europ. Krankenversicherung.

LINKLATERS
Unternehmensbezogene Beratung

Bewertung: In der unternehmensbezogenen Beratung von Versicherern häufig empfohlene Praxis. Unter der Leitung des Münchner Partners Krauel hat sich der Industriesektorenansatz deutl. weiterentwickelt, wie auch Wettbewerber anerkennen. Das Team spielt seine Stärken v.a. bei Transaktionen aus. Insbes. die Beteiligung an bedeutenden Deals für Lloyds, Helvetia und Athene Holding zeigt die Ambitionen u. Fähigkeiten des Teams. Außerdem begleitet Linklaters regelm. Investitionen in Immobilien u. andere gefragte Asset-Klassen. Die Kanzlei zählt dabei zu den wenigen, die versicherungsaufsichtsrechtl. spezialisierte Partner u. ein Associate-Team aufgebaut haben (▶Bankrecht u. -aufsicht).
Stärken: Erfahrung mit Finanzierungsmaßnahmen für Versicherer.
Häufig empfohlen: Dr. Wolfgang Krauel („überzeugende Vernetzung mit bewanderten Transaktionsanwälten außerhalb der EU u. sehr dienstleistungsorientiert", Mandant), Peter Waltz (Finanzrecht), Dr. Frederik Winter (Aufsichtsrecht)
Kanzleitätigkeit: Branchenspezif. Gesellschaftsrecht, M&A, Vertrieb, Kapitalanlage, Rückversicherung. Kapitalmarktrecht, Asset-Management u. Eigenkapitalanforderungen (▶Anleihen, ▶Börseneinf. u. Kapitalerhöhung, ▶Investmentfonds, ▶Steuer). (7 Partner, 15 Associates)
Mandate: ●● Athene Holding zu Kauf des Dtl.-Geschäfts von Delta Lloyd; Helvetia zu Übernahmeangebot für Nationale Suisse (außer CH); Meag bei einer Fondssanierung; AG Insurance Group zu Immobilieninvestitionen; Allianz Global Investors zu Erneuerb.-Energien-Investitionen; Sparkassenversicherung zu steuerbezogenen Fondsstrukturen u. Investments; ProvinzialNordwest zu internat. Alternative Investment Fonds; lfd. gesellschafts- u. steuerrechtl. für Cashlife.

NOERR
Unternehmensbezogene Beratung

Bewertung: Auch Noerr hat zuletzt eine fachbereichsübergr. Gruppe gegründet, welche für die unternehmensbezogene Beratung von Versicherern geschätzt wird. Verantwortlich ist der D'dorfer Partner Heitzer, der versch. Kontakte aus seiner Londoner Zeit auf Dtl. übertragen konnte. Damit hat die Einheit bereits grenzüberschr. Know-how in Regulierungs- u. Umstrukturierungsfragen.
Stärke: Anerkannte Praxis für D&O-Prozesse, gute Kontakte über London.
Häufig empfohlen: Dr. Thomas Heitzer
Kanzleitätigkeit: Ausgehend von ▶Versicherungsvertragsrecht lfd. Beratung im ▶Gesellschafts-, Aufsichtsrecht u. M&A. Zudem Finanz- u. Kartellrecht, IT-Outsourcing, Datenschutz, Arbeitsrecht, bAV u. Vertriebsrecht. (Versicherungspraxis gesamt: 6 Eq.-Partner, 2 Sal.-Partner, 13 Associates)
Mandate: ●● Die Bayerische bei Kauf von Compexx Finanz; Huk-Coburg kartellrechtl. zum Partnerwerkstattnetz; Talanx Systeme bei Outsourcing; jap. Versicherer bei Anteilskauf an Rückversicherer (mit Sullivan & Cromwell); ausl. US-Versicherer zu Heilwesen-Haftpflicht nach Claims-Made-Prinzip.

NORTON ROSE FULBRIGHT
Unternehmensbezogene Beratung

Bewertung: Häufig empfohlene Praxis für die Beratung von Versicherern, die sich zuletzt bei Fragen zum Datenschutz und Kapitalanlagen breiter aufgestellt hat. Im Vorfeld zu Solvency II bringt NRF die Erfahrung ihres Investmentexperten Krause weiter, insbes. bei der umf. Begleitung einer Versicherungsgruppe bzgl. erneuerbarer Energien. Bei der Beratung von Versicherern im Zshg. mit W&I-Policen bringt Börners eigener Private-Equity-Hintergrund einen Mehrwert. Die Run-off-Aktivität, im Vorjahr noch ein Schwerpunkt, ebbte etwas ab.
Häufig empfohlen: Dr. Andreas Börner, Eva-Maria Barbosa („visibel, angenehm im Umgang", „gut in der Branche verdrahtet", Wettbewerber), Dr. Martin Krause
Stärken: Etablierte internat. Versicherungspraxis.
Kanzleitätigkeit: Schwerpunkte liegen in ▶M&A, Umstrukturierungen, Run-offs sowie kapitalmarktrechtl. Transaktionen, ▶Investmentfonds u. Kapitalanlagen, Steuern, Vertrieb u. ▶Handel u. Haftung. (4 Eq.-Partner, 4 Sal.-Partner, 9 Associates)
Mandate: ●● Hyperion/Howden bei Kauf SSI; Ergo zu Gründung Niederlassung in GB; Santander Insurance bei Verkauf irischer Tochter an CNP; ACE bei div. Produktentwicklungen; W&W im Gesellschafts- und Aufsichtsrecht.

OPPENHOFF & PARTNER
Unternehmensbezogene Beratung

Bewertung: Ein treuer Mandantenstamm setzt auf die für unternehmensbezogene Beratung von Versicherern geschätzte Praxis. Insbes. bei Generali, Hannover Re u. Zurich hat Etzbach eine stabile Position u. sorgt für interne Verweismandate auch nach Frankfurt. Der Verkauf div. ausl. Töchter der Global Re band viele Kapazitäten in Koerfers Team.
Entwicklungsmöglichkeiten: An der Schnittstelle zw. Aufsichtsrecht u. Kapitalanlagen nutzt O&P ihre Ressourcen noch nicht so intensiv, wie es etwa Norton Rose oder DLA gelungen ist.
Häufig empfohlen: Rolf Koerfer („ausgefuchst, kennt Branche wie kaum ein anderer", Wettbewerber), Dr. Peter Etzbach („angenehm, versierter Jurist", Wettbewerber), Dr. Hanno Goltz
Kanzleitätigkeit: ▶M&A (auch Run-off-Transaktionen) sowie lfd. ▶gesellsch.rechtl. u. aufsichtsrechtl. Mandate. Beratung zu Produktgestaltung, Vertrieb, Kapitalanlagen, Outsourcing u. ▶Compliance. Auch Prozesse u. Schiedsverfahren. (2 Eq.-Partner, 1 Sal.-Partner, 2 Associates)
Mandate: ●● Global Re bei Verkauf ausl. Töchter; Eurco Re bei grenzüberschr. Aufsichtsrecht; lfd. v.a. im Gesellschafts- u. Aufsichtsrecht: Generali, Gen Re, Hannover Rück, VHV, Zürich Beteiligungs-AG, Zurich Life, CNA Insurance, RCI Banque, RCI Insurance u. RCI Life.

TAYLOR WESSING
Unternehmensbezogene Beratung

Bewertung: In der für die unternehmensbezogene Beratung von Versicherern geschätzten Kanzlei hat sich mit Kammerer-Galahn eine Partnerin stark im Rückversicherungssegment etabliert. Nicht zuletzt über die lfd. Run-off-Arbeit für Axa hat TW dabei eine grenzüberschreitende Zusammenarbeit mit London aufgebaut u. gehört jetzt zum festen Beraterstamm. Das Know-how setzte sich zuletzt in Arbeit für Private-Equity-Investoren um, die sich an Rückversicherungsprodukten interessiert zeigen.
Stärken: Erfahrung mit Rückversicherung.
Entwicklungsmöglichkeiten: TW hat mit dem Aufbau einer fachübergreifenden Gruppe begonnen u.a. die Pensions-, Fonds- u. Immobilienspezialisten stärker einbezogen. Die Herausforderung wird jetzt darin liegen, die Kompetenzen noch stärker im Markt zu positionieren.
Häufig empfohlen: Dr. Gunbritt Kammerer-Galahn
Kanzleitätigkeit: Vertriebsrecht, Compliance u. Risikomanagement (insbes. vor dem aufsichtsrechtl. Hintergrund von Solvency II), Asset-Management, Produktgestaltung u. Rückversicherung. Auch ▶M&A u. D&O-Prozesse (▶Gesellschaftsrechtl. Streitigk., ▶Versicherungsprozesse). (1 Partner, 1 Counsel, 2 Associates)
Mandate: ●● Axa Liabilities umf. zu Run-off des Rückversicherungsportfolios (mit London); Chubb lfd. regulator.; regelm. Ergo, Hiscox, Crédit Agricole Assurances; Unum zu Run-off-Management; Investor zu gepl. Beteiligung an europ. Rückversicherungsgruppe; Rückversicherer zu gepl. Bestandsübertragung, ebenso zu C-Ross (China Risk Oriented Solvency System).

● Referenzmandate, umschrieben
●● Referenzmandate, namentlich

Anwaltszahlen: Angaben der Kanzleien, wie viele Anwälte zu mind. ca. 50% in diesem Gebiet tätig sind. Sie spiegeln nicht zwingend die Gesamtgröße einer Kanzlei wider.

Vertriebssysteme 606
Außenhandel 615

Vertrieb/Handel/Logistik

Vertriebssysteme

Die digitale Welt schafft neue Herausforderungen

Das Elektroauto war gestern. Das Thema, das die Automobilbranche heute bewegt, heißt: ‚Connected Car'. Das vernetzte Auto stellt dem Fahrer über das Internet unterschiedlichste Produktinformationen zur Verfügung. So werden etwa Hotels in der Nähe direkt von unterwegs gebucht – umgekehrt liefert die neue Technik Anbietern von Waren und Dienstleistungen kunden- und vertriebsrelevante Daten. Während neue Akteure wie Google in den Markt drängen, stellen sich die etablierten für den neuen Trend auf. So taten sich die Autohersteller BMW, Audi und Daimler zusammen, um von Nokia den Kartendienst Here zu kaufen. Der Kfz-Handel selbst spielt sich ebenfalls immer stärker im Internet ab. Viele Hersteller sind dabei, ihre Händlernetze neu zu strukturieren. Der stationäre Handel konsolidiert sich, während der Onlinehandel immer weiter wächst. Der Multichannel-Handel, also die Verknüpfung von stationärem Handel und Internet, soll auch in anderen Branchen den Weg weisen. Das wirft für Vertrags- und Vertriebsspezialisten neue Fragen bei den Beziehungen zwischen Herstellern, Mittlern und Händlern auf, da der zunehmende Onlinehandel auch die Logistikplanungen ändert. So werden etwa viel häufiger als früher Waren direkt an den Kunden versendet. Beim Handel mit bestimmten Ländern, allen voran Russland, spielten außerdem Fragen rund um Embargos oft eine zentrale Rolle (▶Außenhandel).

Kanzleien rüsten ihre Vertriebsteams auf

Auf die Digitalisierung der Wirtschaft stellen sich auch die Kanzleien ein. Gerade das vielschichtige Thema ‚Connected Car' sorgt dafür, dass sich die Vertriebsrechtler immer enger mit anderen Praxisgruppen vernetzen. Bereits seit ein paar Jahren bereiten sich etwa **Hogan Lovells**, **Noerr**, **CMS Hasche Sigle** und **DLA Piper** auf Datenschutz- und Vernetzungsthemen vor. Um auf die Industrie 4.0 gezielt zu reagieren, rief etwa **CMS Hasche Sigle** eine eigene Sektorgruppe ins Leben, die sich mit dem ‚Digital Business' befasst. Bei anderen Kanzleien hingegen widmen sich die IT-Praxen den Spezialfragen auf dem Gebiet. Von einem wachsenden Beratungsbedarf berichten die Kanzleien auch im Bereich Logistik – und das nicht nur wegen des wachsenden Onlinehandels: Während **Noerr** hier schon seit Längerem gut aufgestellt ist, haben sich **Luther** und **Hogan Lovells** den Ausbau ihrer Kompetenzen etwa bei Logistik-Outsourcing-Projekten auf die Fahnen geschrieben.

Partnerernennungen bei **Noerr** und **Baker & McKenzie** sowie die Ernennung von gleich 4 Counseln bei **CMS Hasche Sigle** und der Zugang 2er Partner von **GSK Stockmann + Kollegen** bei **Luther** unterstreichen, dass auch größere Kanzleien am Vertriebsrecht als Beratungsfeld festhalten. Noch vor ein paar Jahren war der Markt auf dem Gebiet noch viel stärker durch Boutiquen gekennzeichnet, die durch die Digitalisierungsthemen allerdings teilweise Marktanteile einbüßen – wenn sie nicht mit den neuen Vertriebsfragen Schritt halten.

JUVE AWARDS 2015

JUVE KANZLEI DES JAHRES

VERTRIEB/HANDEL/LOGISTIK

LUTHER

Luther treibt den Ausbau ihrer Vertriebspraxis entschlossen voran. In Düsseldorf integrierte die Kanzlei ein Team um die Quereinsteiger **Dr. Eckart Petzold** und **Dr. Karl von Hase**, die von GSK Stockmann + Kollegen kamen. Beide haben namhafte Mandanten wie das Kaffeesystem Caffitaly mitgebracht – und vor allem Kontakte, die sie für den Aufbau eines Italian-Desks bei Luther nutzen. Die verstärkte Beratung mit Italien-Bezug ist aber nur eines von vielen Beispielen dafür, dass Luther auf internationaler Ebene neue Höhen erklommen hat. Für einen skandinavischen Chemikalienhersteller etwa krempelte ein Team um **Anne Wegner** die Vertriebsverträge in einem Dutzend europäischer Länder um. Auf großer Bühne unterstrich zudem der Brüsseler Partner **Dr. Helmut Janssen** Luthers starke Position im Vertriebskartellrecht: An der Seite von Dornbracht schrieb er in einem der prominentesten Kartellschadensersatzverfahren ein Stück Rechtsgeschichte. Die Gründung einer Logistikpraxisgruppe um den von Mandanten überschwänglich gelobten **Dr. Maximilian Dorndorf** zeigt, dass sich Luther auf ihren Erfolgen nicht ausruht, sondern beharrlich ihre Stärken weiterentwickelt.

Dieses Kapitel stellt Kanzleien vor, in deren Fokus die teils umfassende Beratung von nationalen und internationalen Handels- u. Vertriebsverträgen und -strukturen ist: In dem Unterkapitel ▶Vertriebssysteme findet sich die Besprechung von Kanzleien, die im Handelsvertreter-, Vertragshändler-, Direkt-, Strukturvertriebs- u. Lizenzrecht sowie zu Franchising beraten. Einige bieten eine umfassende Betreuung der Lieferkette, z.B. Einkaufs- bzw. Logistikverträge, sowie weitere Formen unternehmerischer Kooperation. In dem Unterkapitel ▶Außenhandel werden Kanzleien bewertet, die bezüglich der internationalen Regulierung des Im- und Exports von Waren, Dienstleistungen und Rechten tätig sind. Hier spielen das EU-Marktordnungs-, Exportkontroll- und Zollrecht sowie im Bereich des Welthandels das Wirtschaftsvölkerrecht der Welthandelsorganisation WTO eine wichtige Rolle. In Schiedsverfahren und Handelsstreitigkeiten erfahrene Anwälte finden sich auch im Kapitel ▶Konfliktlösung. Kanzleien, die sich stärker auf die Beratung zu regulatorischen Vorgaben konzentrieren, wie z.B. Reach, sind im Kapitel ▶Produkt- und Abfallrecht besprochen.

VERTRIEBSSYSTEME

VERTRIEBSSYSTEME	
CMS Hasche Sigle	Stuttgart, Köln, München, Brüssel u.a.
Hogan Lovells	Hamburg, München
Noerr	Berlin, München, Frankfurt, Brüssel
Baker & McKenzie	München
Osborne Clarke	Köln, München, Hamburg
Clifford Chance	Düsseldorf, Frankfurt, München
Freshfields Bruckhaus Deringer	Frankfurt, Düsseldorf, Hamburg u.a.
Gleiss Lutz	Stuttgart, Frankfurt, München
Küstner v. Manteuffel & Wurdack	Göttingen
Luther	Düsseldorf, Köln, Stuttgart, Essen, Brüssel
Schindler	Düsseldorf
DLA Piper	München, Köln
Eversheds	München
Heuking Kühn Lüer Wojtek	Köln, München, Hamburg
Taylor Wessing	München, Hamburg, Frankfurt
Bird & Bird	Frankfurt, Brüssel
Blanke Meier Evers	Bremen
Friedrich Graf von Westphalen & Partner	Köln
Görg	Berlin, Köln
Harmsen Utescher	Hamburg
Haver & Mailänder	Stuttgart
Schiedermair	Frankfurt

Die hier getroffene Auswahl der Kanzleien ist das Ergebnis der auf zahlreichen Interviews basierenden Recherche der JUVE-Redaktion (s. Einleitung S. 20). Sie ist in 2erlei Hinsicht subjektiv: Sämtliche Aussagen der von JUVE-Redakteuren befragten Quellen sind subjektiv u. spiegeln deren eigene Wahrnehmungen, Erfahrungen u. Einschätzungen wider. Die Rechercheergebnisse werden von der JUVE-Redaktion unter Einbeziehung ihrer eigenen Marktkenntnis analysiert u. zusammengefasst. Der JUVE Verlag beabsichtigt mit dieser Tabelle keine allgemein gültige oder objektiv nachprüfbare Bewertung. Es ist möglich, dass eine andere Recherchemethode zu anderen Ergebnissen führen würde. Innerhalb der einzelnen Gruppen sind die Kanzleien alphabetisch geordnet.

▶▶▶ Bitte beachten Sie auch die Liste weiterer renommierter Kanzleien am Kapitelende. ◀◀◀

BAKER & MCKENZIE
Vertriebssysteme

Bewertung: Die im Vertriebsrecht häufig empfohlene Kanzlei genießt einen so soliden Ruf, dass sie den Abgang des Frankfurter Partners Carsten Dau zu Osborne Clarke im Sommer 2014 nahezu unbeschadet überstanden hat. Gründe dafür sind v.a. das hohe Renommee des Praxisgruppenleiters Wauschkuhn sowie die enge Anbindung des Teams an das kanzleiinterne internat. Netzwerk. So gelingt es kontinuierl., neue namh. Mandanten zu gewinnen, die das Team häufig bei sehr großen u. grenzüberschreitenden Projekten berät. Bestes Bsp. ist die Flint Group, die Baker im Zshg. mit Vertriebsverträgen mit mehr als 1.000 Händlern berät. Von München aus wird die Arbeit über mehrere Länder hinweg koordiniert. In Ffm. war durch den Partnerabgang eine Lücke entstanden, die von dem neu ernannten Partner Dr. Johannes Teichmann geschlossen werden soll: Er wechselt von München u. erhält Unterstützung von einem Associate. Unterdessen begleitet Spenner Asics in einem viel beachteten Pilotverfahren um die Ausgestaltung des selektiven Vertriebssystems vor dem Bundeskartellamt.

Stärken: Betreuung namh. Unternehmen bei grenzüberschr. u. globalen Großprojekten; Selektivvertrieb.

Häufig empfohlen: Dr. Ulf Wauschkuhn, Katharina Spenner

Kanzleitätigkeit: Umf. vertriebsrechtl. Betreuung. Vertragshändler-, Handelsvertreter- u. Kommissionärsvertragsrecht, Aufbau u. Restrukturierung von meist internat. Systemen. Gestaltung von Lager- u. Logistik- sowie Anlagenbauverträgen. Vertriebskartellrecht, auch Franchise. Regelm. Zusammenarbeit an der Schnittstelle zum ▶Steuer-, ▶Kartell- sowie ▶Markenrecht u. ggf. Kapitalmarktrecht. (1 Eq.-Partner, 2 Sal.-Partner, 1 Counsel, 2 Associates)

Mandate: ●● Asics Europa bei selektivem Vertriebssystem u. vor Bundeskartellamt; Flint Group bei Vertriebsverträgen; Johnson Electric im Zshg. mit Lieferverträgen in streitigem Verfahren; Roche Diagnostics bei Logistikdienstvertrag; Dornier Seawings bei div. Verträgen; Hilti, u.a. bei Standardkundenvertrag.

BIRD & BIRD
Vertriebssysteme

Bewertung: Die Kanzlei wird für ihre vertriebsrechtliche Beratung empfohlen u. bietet dabei ein breites fachl. Spektrum an. So beraten die erfahrenen IT-Spezialisten beim aktuellen Thema Car-Connectivity. Der Frankfurter Partner Kessel u. sein Team pflegen insges. den umfassendsten vertriebsrechtl. Ansatz. Neben Johnson Controls suchten erneut weitere Kfz-Zulieferer, die die vertragsrechtl. Branchenerfahrung des Teams schätzen, Rat. Dazu passt die personelle Erweiterung im Münchner Büro, wo Hans-Michael Stracke im Frühjahr von einem Zuliefererunternehmen kam. In der ▶Kartellrechtspraxis haben einige Anwälte viel Erfahrung in der Kfz-Branche, bei Kreditkartenthemen u. mit dem Onlinevertrieb. Das Zusammenführen der Kompetenzen erfolgt v.a. über Branchenausrichtungen wie im Kfz-Sektor u. durch die Initiative der Partner selbst. So nutzt Kessel bspw. wichtige Kontakte nach Schanghai.

Stärken: Erfahrung in der Kfz-Branche u. bei erneuerbaren Energien.

Häufig empfohlen: Dr. Christian Kessel, Anne Federle (Kartellrecht)

Kanzleitätigkeit: Vielfach branchenorientierte, umf. Beratung inkl. Vertriebs- u. Vertragsrecht, einschl. daraus entstehender Streitfälle u. Rückrufaktionen, auch gemeinsam mit der renommierten ▶Patentrechtspraxis. Beratung an der Schnittstelle zu ▶Telekommunikation, ▶IT, z.B. zu Lizenzverträgen sowie zu Handelsvertreter- u. Vertragshändlerverträgen. (1 Partner, 2 Counsel, 3 Associates, 1 of Counsel)

Mandate: ●● Johnson Controls Advanced Power Solutions in Gewährleistungsstreit mit Hersteller; HDI-Gerling in Streit mit Hersteller über Produkthaftungsfall; Tennet zu Projektverträgen bei Netzanschluss für Offshorewindparks; lfd. vertriebskartellrechtl., u.a. Onlinevertrieb: Adidas, Lloyd Shoes, L'Occitane; Kfz-Zulieferer bei Durchsetzung von Ansprüchen mittels Lieferstopp gg. großen dt. OEM; dt. Kfz-Hersteller IT-rechtl. zu Car-Connectivity; Luftfahrtkonzern lfd. zu exportkontrollrechtl. Verantwortung bei Lieferketten.

BLANKE MEIER EVERS
Vertriebssysteme

Bewertung: Die Vertriebsrechtspraxis wird v.a. für ihr Know-how bei der Beratung von Finanzdienstleistern u. Versicherern empfohlen. Aktuelle Beratungsthemen ergeben sich etwa aus neuen Compliance-Anforderungen der Unternehmen. In jüngerer Zeit haben sich einige Mandate ergeben, in denen die Vertriebsrechtler bei Unternehmensnachfolgemandaten der Gesellschaftsrechtler hinzugezogen wurden (▶Bremen). Evers arbeitet verstärkt daran, auch die jüngeren Anwälte stärker in Mandaten zu positionieren, um das Team mittelfristig auf breitere Basis zu stellen.

Stärken: Handelsvertreterrecht; Branchenkenntnisse bei Banken u. Versicherern.

Häufig empfohlen: Jürgen Evers

Kanzleitätigkeit: V.a. im Handelsvertreter- sowie Direkt- u. Strukturvertriebsrecht. Daneben Vertragshändler-, Franchise- u. Pressevertriebsrecht sowie bei Vermittlerhaftung bzw. Compliance-Fällen tätig. (1 Partner, 7 Associates)

Mandate: ● 3 Versicherer, u.a. Handelsmakler- u. Honorarfragen, Compliance; div. Vermittler/Automobilbranche bzgl. Produktionsstättenverlagerungen; regelm. 2 große Bekleidungshersteller u. ein namh. Verlag.

BUSSE & MIESSEN
Franchiserecht

Bewertung: Die geschätzte Vertriebsrechtspraxis ist auf Franchiserecht spezialisiert u. konnte zuletzt die Tätigkeit für einen großen Mandanten deutl. intensivieren, der von einem Verpachtungs- u. Kooperationsmodell auf ein Franchisesystem umstellt. Die Arbeit für große Franchisegeber spricht für die Qualität der Praxis, denn das Kernteam ist überschaubar: Ein Partner ist als ausgelagerte Rechtsabteilung für die Großmandanten Vapiano

● Referenzmandate, umschrieben
●● Referenzmandate, namentlich

Anwaltszahlen: Angaben der Kanzleien, wie viele Anwälte zu mind. ca. 50% in diesem Gebiet tätig sind. Sie spiegeln nicht zwingend die Gesamtgröße einer Kanzlei wider.

VERTRIEB/HANDEL/LOGISTIK VERTRIEBSSYSTEME

u. Clever Fit ausgelastet, ein weiterer Partner hat einen regionalen Schwerpunkt in Leipzig ohne große Berührungspunkte zum Bonner Team. So ruht die Verantwortung für die Weiterentwicklung der Franchisepraxis auf den Schultern Dr. Volker Güntzels. Dem gelingt es zwar punktuell, andere Praxisgruppen wie ▶Bau- oder ▶Medizinrecht in Mandate für Franchisegeber einzubeziehen, allerdings sind die Möglichkeiten hier noch nicht ausgeschöpft.

Stärken: Großes Know-how bei Gastronomiesystemen.
Kanzleitätigkeit: Umf. Beratung von Franchisegebern bei Expansion u. Markteintritten, inkl. Lizenz- sowie Marken- u. Wettbewerbsrecht. Häufig als ausgelagerte Rechtsabteilung tätig. Schwerpunktbranchen Gastronomie u. Gesundheit. Zudem Prozessführung. (3 Partner, 1 Associate)
Mandate: ●● Zoo & Co., u.a. bei Cross-Channel-Vertrieb im Franchisesystem; Hairfree u. Thomas Sabo bei internat. Expansion; Tasty Donuts u. Mundfein bei Systemaufbau; lfd. im Franchiserecht: Vapiano, Clever Fit.

CLIFFORD CHANCE
Vertriebssysteme   ☐☐☐■☐☐
Bewertung: Die häufig empfohlene Vertriebsrechtspraxis ist personell nahezu deckungsgleich mit dem Kartellrechtsteam. Entsprechend liegt der Beratungsschwerpunkt im Vertriebskartellrecht, wo die Kanzlei zahlr. internat. Konzerne berät u. zuletzt BASF hinzugewinnen konnte. Auch der Clifford-typische branchenorientierte Beratungsansatz lässt die Grenzen zw. den Rechtsgebieten verschwimmen. So gewann die Kanzlei über ihre Position auf dem Bayer-Panel für Kartellrecht u. M&A auch vertriebsrechtl. Mandate, wie die Prüfung von Lieferbeziehungen mit einem US-Wettbewerber. Zielstrebig treiben die Clifford-Anwälte ihre Spezialisierungen voran, etwa in der Pharma- u. Automobilbranche. Neben Schütze u. Besen gewinnt ein Counsel aus dem D'dorfer Büro an Profil, der sich eine gute Position bei Healthcare u. Konsumgütern erarbeitet hat. Insges. bedeutet die bewusste Auflösung rechtsgebietsspezifischer Kompetenz aber, dass Wettbewerber wie CMS oder Noerr es leichter haben, im Markt als Spezialisten für Vertriebssysteme wahrgenommen zu werden.
Stärken: Vertriebskartellrechtl. Expertise; Branchen-Know-how, insbes. ▶Pharma, Life Sciences, Konsumgüter, Automotive.
Häufig empfohlen: Dr. Joachim Schütze, Marc Besen
Kanzleitätigkeit: Industrieorientierte strateg. Beratung inkl. Vertriebsrecht, dabei Schwerpunkt auf vertriebskartellrechtl. Fragen bei der Gestaltung selektiver Vertriebssysteme; Beratung auch zu E-Commerce, Lizenz-, Direkt- u. Strukturvertrieb, meist im Hinblick auf branchenspezif. regulator. Vorgaben. An der Schnittstelle von ▶Kartell- u. ▶Arbeitsrecht Beratung zu ▶Compliance. Prozessführung, u.a. bei ▶Haftungsfragen u. Ausgleichsansprüchen, auch Schiedsverfahren. (3 Partner, 2 Counsel, 5 Associates)
Mandate: ●● Bayer, u.a. zu Rabattsystemen, Lieferverträgen u. -kooperationen; Medtronic, u.a. regulat. u. produkthaftungsrechtl.; RheinEnergie bei Kraftwerksprojekt in Köln; B. Braun lfd. vertriebsrechtl.; lfd. im Vertriebskartellrecht: BASF, Canon Europe, Fujifilm Europe, Michelin, Novo Nordisk, Pfizer, Rockwood Lithium.

FRANCHISERECHT

Noerr	Berlin, München
CMS Hasche Sigle	Stuttgart, Köln, München
Eversheds	München
Heuking Kühn Lüer Wojtek	Köln, München
Schlarmann von Geyso	Hamburg
SGP SchneiderGeiwitz	München, Ulm
Busse & Miessen	Bonn
Jacobsen + Confurius	Berlin, Hamburg
LADM Liesegang Aymans Decker Mittelstaedt & Partner	Wuppertal
Schiedermair	Frankfurt

Die hier getroffene Auswahl der Kanzleien ist das Ergebnis der auf zahlreichen Interviews basierenden Recherche der JUVE-Redaktion (s. Einleitung S. 20). Sie ist in 2erlei Hinsicht subjektiv: Sämtliche Aussagen der von JUVE-Redakteuren befragten Quellen sind subjektiv u. spiegeln deren eigene Wahrnehmungen, Erfahrungen u. Einschätzungen wider. Die Rechercheergebnisse werden von der JUVE-Redaktion unter Einbeziehung ihrer eigenen Marktkenntnis analysiert u. zusammengefasst. Der JUVE Verlag beabsichtigt mit dieser Tabelle keine allgemein gültige oder objektiv nachprüfbare Bewertung. Es ist möglich, dass eine andere Recherchemethode zu anderen Ergebnissen führen würde. Innerhalb der einzelnen Gruppen sind die Kanzleien alphabetisch geordnet.

▶▶▶ Bitte beachten Sie auch die Liste weiterer renommierter Kanzleien am Kapitelende. ◀◀◀

CMS HASCHE SIGLE
Vertriebssysteme   ☐■☐☐☐☐
Franchiserecht   ☐☐■☐☐☐
Bewertung: Die zu den führenden zählende Vertriebsrechtspraxis stellt das größte Team im Markt. Dies spiegelt sich in der Breite des Beratungsspektrums wie auch in der Fülle namh. Mandanten wie Ebay, Siemens u. Lufthansa wider. Dass CMS das Vertriebsfeld als Wachstumsfeld betrachtet, unterstrich sie zuletzt mit der Ernennung von 4 Counseln. Neben ihrem vertriebskartellrechtl. Schwerpunkt positioniert sich CMS immer besser für Zukunftsthemen wie digitale Geschäftsmodelle. Über eine Sektorgruppe bildet die Kanzlei Schnittstellen ab. V.a. Vertriebs- u. IT-Rechtler rücken enger zusammen, denn die internetgestützte Umwälzung von Mobilitätskonzepten schafft ein Knäuel rechtl. Probleme, das rechtsgebietsübergreifende Zusammenarbeit erfordert. Ein Bsp. ist die Begleitung einer Bosch-Tochter bei der Entwicklung einer App für Fahrer von E-Autos – hier war ein Team von IT-, Vertriebs-, Steuer- u. Energieexperten mehrerer Büros tätig.
Stärken: Große Praxisgruppe; Know-how in der Autozuliefererbranche.
Entwicklungsmöglichkeiten: Mit ihrer breiten Aufstellung u. strateg. Schritten, wie der Gründung einer Gruppe für digitale Themen, gehört CMS zu den Vorreitern bei Zukunftsthemen wie Smart Mobility. Wettbewerber wie Noerr oder Hogan Lovells sind aber hier mit wesentl. kleineren Teams schon etwas weiter. CMS könnte ihr Potenzial besser ausschöpfen, indem sie die eingeleitete Vernetzung ihrer Praxen weiter forciert.
Häufig empfohlen: Peter Endres, Dr. Robert Budde, Dirk Loycke, Dr. Gerald Gräfe ("fairer Verhandlungspartner", Wettbewerber)
Kanzleitätigkeit: Umf. Betreuung von Herstellern u. Händlern, u.a. zu Vertriebs-, Liefer-, Einkaufs-, Service- u. Rahmenverträgen, Logistikvereinbarungen, auch ▶Compliance, Vertragshändler- u. Handelsvertreterrecht, Franchising. Prozessführung, u.a. im Bereich ▶Produkthaftung. Starke Berührung zum ▶Marken- u. Wettbewerbsrecht, ▶Kartellrecht u. ▶Pharma- und Medizinprodukterecht. Schwerpunkte: Automobilbranche, Anlagen- u. Maschinenbau, zunehmend Konsum- und Luxusgüter, Technologieunternehmen. In ▶Brüssel wachsende ▶Außenhandelspraxis. (29 Partner, 8 Counsel, 37 Associates)
Mandate: ●● Burger King Europe in Streit mit dem größten dt. Franchisenehmer; Ebay bei ww. Vertrag mit Onlinewerbeplattform Trademob; Erbe Elektromedizin, u.a. bei ww. Vertriebsneuordnung; Porsche lfd. u. in Prozessen zum Schutz des Vertriebssystems; Bosch Software Innovations bei E-Auto-App; Unister u. Urlaubstours in Prozess um Provisionsansprüche gg. Alltours; Parkmobile Dtl. zu Plattform für Handyparken (auch IT- u. Öffentl. Recht); Sennheiser zu ww. Vertriebssystem; lfd.: Akzo Nobel, Cinemaxx, Kabel Dtl., Lufthansa, Siemens, Yamaha.

DLA PIPER
Vertriebssysteme   ☐☐☐■☐☐
Bewertung: Die empfohlene Vertriebspraxis profitiert von der ww. fortschreitenden DLA-Integration. V.a. die Verbindung in die USA, wo die Kanzlei trad. im Franchise- u. Vertriebsrecht stark ist, wird immer fester. So begleiten die dt. Vertriebsrechtler etwa einen US-Webhoster bei der Erschließung des dt. Markts. Gleichzeitig verknüpft sich die Praxis immer stärker mit anderen Fachbereichen, v.a. ▶Kartellrecht, Regulierung (▶Energiewirtschaftsrecht), ▶Gesellschaftsrecht, ▶M&A u. ▶IT, sodass Mandatsbeziehungen kontinuierl. vertieft u. auch komplexe, strateg. Projekte gestemmt werden. Ein Bsp. für fachbereichsübergr. Zusammenarbeit ist etwa die Beratung von Israel Chemicals zu Verträgen im Zshg. mit dem Verkauf div. Geschäftsbereiche.
Stärken: Internat. Netzwerk.
Kanzleitätigkeit: Beratung zu Handelsvertreterausgleichsansprüchen, OEM- u. Händlerverträgen u. Auseinandersetzungen mit Vertragshändlern. Vertriebskartellrechtl. Expertise auch in der ▶Kartellrechtspraxis. Beratung von Franchisegebern. Prozessführung, auch Schiedsverfahren. Branchenschwerpunkte: Automotive, Industriegüter, IT-, Telekom- u. Technologieunternehmen, Mode, Energie, Rüstung. Beratung u. Vertretung im Logistik-, Schifffahrts- u. Transportrecht. (2 Partner, 5 Counsel, 3 Associates)

● Referenzmandate, umschrieben
●● Referenzmandate, namentlich

Anwaltszahlen: Angaben der Kanzleien, wie viele Anwälte zu mind. ca. 50% in diesem Gebiet tätig sind. Sie spiegeln nicht zwingend die Gesamtgröße einer Kanzlei wider.

Mandate: ●● Israel Chemicals zu div. Infrastruktur-, Liefer- u. Serviceverträgen nach Verkäufen; Tesla Motors zu Leasingverträgen; Lufthansa Cargo, Tech Data Europe zu versch. Projekten; lfd.: Levi Strauss Europe, Nintendo of Europe, Samsung, Senvion, Unify; US-Webhoster bei Erschließung des dt. Markts.

EVERSHEDS
Vertriebssysteme
Franchiserecht

Bewertung: Die im Franchiserecht häufig empfohlene Kanzlei gewann zuletzt dank ihrer Erfahrung in der grenzüberschr. Beratung erneut einige internat. agierende Mandanten hinzu. So begleitet sie etwa einen großen Softwarehersteller beim Aufbau eines internat. Vertriebssystems. Dazu passt die Integration der Kanzlei (zuvor Heisse Kursawe Eversheds) in das Eversheds-Netzwerk, die das Geschäft der Vertriebsrechtler weiter beflügeln dürfte. Positiv ist für die Praxis auch die fachübergreifende Verzahnung der kanzleiinternen Kompetenzen. Ein Bsp. hierfür bietet DS Smith, eine Mandantin aus dem Arbeitsrecht, die Eversheds nun auch in vertriebsbezogenen Angelegenheiten berät. Immer häufiger berät die Praxis auch im Bereich Compliance.
Stärken: Stark operativ ausgerichtete Betreuung von US-Unternehmen in Dtl. u. Europa. Franchise.
Häufig empfohlen: Dr. Joos Hellert
Kanzleitätigkeit: Beratung zu dt. u. internat. Vertriebssystemen, v.a. Franchise- u. Direktvertrieb; Lizenz- u. Leasingrecht, Handelsvertretung u. Vertragshändlerwesen. Auch an den Schnittstellen zum ▶Marken- u. Wettbewerbs-, Kartell- u. IT-Recht. (3 Partner, 1 Counsel, 6 Associates)
Mandate: ●● Burger King lfd.; DS Smith, Starbucks umf.; Basic bei Relaunch des Webshops; Luxusgüterhersteller bei selektivem Vertrieb; Softwaredienstleister, u.a. bei Aufbau eines internat. Vertriebssystems; Verpackungsunternehmen, u.a. bei Neuaufstellung der Einkaufs- u. Verkaufsverträge in div. Ländern.

FRESHFIELDS BRUCKHAUS DERINGER
Vertriebssysteme

Bewertung: Die im Vertriebsrecht häufig empfohlene Kanzlei ist v.a. für internat. ausgerichtete Mandanten tätig, wobei sie häufig an den Schnittstellen zum ▶Marken- u. Wettbewerbs- u. ▶Kartellrecht berät. Für meist großvol. Prozesse steht v.a. der Frankfurter Partner Trittmann, der regelm. in Schiedsverfahren tätig ist. Dank ihres eingespielten ww. Netzwerks ist Freshfields wie wenige Wettbewerber für komplexe internat. Mandate positioniert, die jurist. Neuland in div. Rechtsgebieten berühren. So steuerte das Team von Ffm. aus die Beratung eines Autokonzerns zu einem ‚Connected-Car'-Projekt, für das u.a. regulatorische Vorschriften in 27 Ländern geprüft werden mussten. Hier waren Anwälte u.a. in China, Russland u. den USA tätig. Neben diesen Zukunftsthemen gewinnen auch vertriebskartellrechtl. Fragen in Bezug auf China sowie Vertriebskooperationen zwischen Herstellern, Banken u. Versicherern an Bedeutung.
Stärken: Beratung der Kfz-Branche. Starke Prozesspraxis, die regelm. auch Grundsatzverfahren führt. Strateg. Beratung mit internat. Bezug.
Häufig empfohlen: Dr. Rolf Trittmann, Dr. Andrea Lensing-Kramer
Kanzleitätigkeit: Branchenbezog. vertriebsrechtl. Betreuung internat. Herstellerunternehmen mit Schwerpunkten bei Kfz, auch Zulieferer, ▶Telekommunikation sowie ▶Energie, ▶Gesundheit, Konsumgüter, Logistik u. ▶IT. Starke Prozess- u. Schiedsverfahrenstätigkeit (▶Handel u. Haftung). Häufig strateg. Beratung auf internat. Ebene (z.B. Produkteinführungen) u. zu Lizenzverträgen (▶Marken u. Wettbewerb). (6 Partner, 1 Counsel, 11 Associates)
Mandate: ●● 3M umf. in Westeuropa, u.a. bei Produkteinführungen u. in markenrechtl. Prozessen; Baldessarini lfd. bei ww. Lizenzierung; Novartis zu Lieferverträgen bei Joint Venture mit GlaxoSmithKline; ThyssenKrupp Elevator zu Zulieferverträgen, lfd.: Seat, Sonova, Triumph Motorrad, Mast-Jägermeister, Volkswagen-Gruppe.

FRIEDRICH GRAF VON WESTPHALEN & PARTNER
Vertriebssysteme

Bewertung: Die empfohlene Vertriebsrechtspraxis gehört insbes. bei der Beratung von Kfz-Händlerverbänden neben Osborne Clarke zu den erfahrensten Akteuren. Zunehmend gelingt es, über diese Beziehungen neben dem Vertriebsrecht weitere Praxisgruppen in Mandate einzubeziehen. So begleitete FGvW im Zuge des Verkaufs von Mercedes-Benz-Niederlassungen durch den Daimler-Konzern mehrere Händler auch im Arbeits-, Wettbewerbs- u. Kartellrecht. Neben dem renommierten Seniorpartner Genzow haben längst auch jüngere Partner ein eigenes Profil entwickelt. Zipse etwa berät div. Verbände von Landmaschinenhändlern, während Köhnen u.a. den Aufbau von Vertriebssystemen begleitet. Dies ist auch ein Schwerpunkt des weniger branchenfokussierten Freiburger Büros, an beiden Standorten gewinnen vertriebskartellrechtl. Fragen an Bedeutung. Das Wachstum auf Mandatsebene spiegelte sich zuletzt durch den Zugang 3er Associates auch personell wider.
Stärken: Vertragshändlerrecht im Kfz- u. Landmaschinenbereich.
Häufig empfohlen: Prof. Dr. Christian Genzow („kompetent u. kämpferisch", Wettbewerber), Dr. Stefan Zipse („angenehm im Umgang u. zielorientiert", Wettbewerber), Sven Köhnen („qualifiziert u. sachlich", Wettbewerber), Prof. Dr. Christian Ostermann
Kanzleitätigkeit: V.a. in Köln umf. Beratung auf Händlerseite im Vertragshändler- u. Handelsvertreterrecht sowie Prozessvertretung von Kfz-Händlern u. deren Verbänden. Auch an der Schnittstelle zum ▶Gesellsch.recht u. Insolvenzrecht. In anderen Branchen auch auf Herstellerseite, u.a. zum EU-Kartellrecht. Rechtspolitisch auch in Brüssel aktiv. In Freiburg starke Praxis an der Schnittstelle zu ▶Marken u. Wettbewerb. (5 Partner, 1 of Counsel, 9 Associates)
Mandate: ●● Ghost Bikes zu neuen Vertriebsverträgen; Verein der John-Deere-Händler, u.a. bei Vertragsverhandlung, lfd. Händlerverbände, u.a. von Mercedes Benz, Citroën, Iveco, Hyundai, Volvo Lkw, Honda, Fiat, Kia, Xerox. Sanitärzulieferer, u.a. zu Internetvertrieb.

GLEISS LUTZ
Vertriebssysteme

Bewertung: Die häufig empfohlene Vertriebspraxis ist so klar wie kaum ein Wettbewerber an der Schnittstelle zum Kartellrecht positioniert. Folgerichtig berät sie v.a. bei der Konzeption selektiver Vertriebssysteme für Markenhersteller, häufig mit stark internat. Bezügen. Dieses Beratungsfeld wächst auch dank der Wettbewerbsbehörden, die das Thema Onlinehandel u. Rabattsysteme für sich entdeckt haben. In diesem Zshg. sind etwa Karl für Bosch u. Denzel für Stihl tätig. Immer reibungsloser gelingt in vertriebsrechtl. Auseinandersetzungen die Verzahnung mit Prozessrechtlern. So vertreten ein Litigation-Spezialist u. der jüngst zum Partner ernannte Kartellrechtler Dr. Moritz Holm-Hadulla gemeinsam den Maschinenbauer Bystronic Lenhardt im Streit mit einem ehem. Handelsvertreter.
Stärken: Selektivvertrieb mit ▶kartellrechtl. u. europ. Bezug.
Häufig empfohlen: Dr. Ulrich Denzel („klar strukturiert u. ergebnisorientiert", Wettbewerber), Dr. Matthias Karl (v.a. Kfz-Bereich)
Kanzleitätigkeit: Ausschl. auf Herstellerseite Beratung v.a. in Fragen des selektiven Vertriebs. In Prozessen starke Bezüge zur ▶marken- u. wettbewerbsrechtl. Praxis. Auch zoll- u. außenhandelsrechtl. Fragen. (7 Partner, 7 Associates)
Mandate: ●● Bosch zu selektiven Vertriebssystemen einzelner Sparten; Daimler in div. Vertriebsprojekten; Alfred Ritter bei Beendigung von Handelsvertreterverträgen, u.a. in Spanien u. der

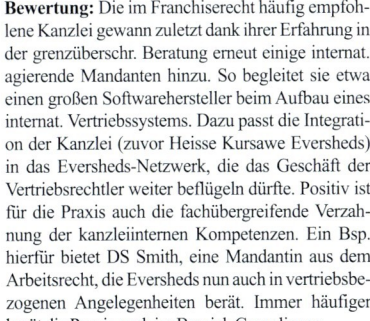

Führende Namen im Vertriebsrecht

Dr. Patrick Ayad	▶Hogan Lovells
Uwe Brossette	▶Osborne Clarke
Dr. Robert Budde	▶CMS Hasche Sigle
Jürgen Evers	▶Blanke Meier Evers
Prof. Dr. Eckhard Flohr	▶LADM Liesegang Aymans Decker Mittelstaedt & Partner
Prof. Dr. Christian Genzow	▶Friedrich Graf von Westphalen & Partner
Marco Hero	▶SGP SchneiderGeiwitz
Klaus Littau	▶Schindler
Kurt-Georg von Manteuffel	▶Küstner v. Manteuffel & Wurdack
Prof. Dr. Karsten Metzlaff	▶Noerr
Dr. Albin Ströbl	▶Noerr
Dr. Rolf Trittmann	▶Freshfields Bruckhaus Deringer
Dr. Ulf Wauschkuhn	▶Baker & McKenzie
Anne Wegner	▶Luther
Dr. Dominik Wendel	▶Noerr

Die hier getroffene Auswahl der Personen ist das Ergebnis der auf zahlreichen Interviews basierenden Recherche der JUVE-Redaktion (siehe S. 20). Sie ist in 2erlei Hinsicht subjektiv: Sämtliche Aussagen der von JUVE-Redakteuren befragten Quellen sind subjektiv u. spiegeln deren eigene Wahrnehmungen, Erfahrungen u. Einschätzungen wider. Die Rechercheergebnisse werden von der JUVE-Redaktion unter Einbeziehung ihrer eigenen Marktkenntnis analysiert u. zusammengefasst. Der JUVE Verlag beabsichtigt mit dieser Tabelle keine allgemein gültige oder objektiv nachprüfbare Bewertung. Es ist möglich, dass eine andere Recherchemethode zu anderen Ergebnissen führen würde.

● Referenzmandate, umschrieben
●● Referenzmandate, namentlich

Anwaltszahlen: Angaben der Kanzleien, wie viele Anwälte zu mind. ca. 50% in diesem Gebiet tätig sind. Sie spiegeln nicht zwingend die Gesamtgröße einer Kanzlei wider.

VERTRIEB/HANDEL/LOGISTIK — VERTRIEBSSYSTEME

Slowakei; Blanco zu selektivem Vertrieb; Bystronic Lenhardt, u.a. zu neuem ww. Vertriebssystem u. in Prozessen um Ausgleichsansprüche; ww. tätiger Sanitärhersteller zu Preis- u. Rabattsystem.

GÖRG
Vertriebssysteme

Bewertung: Die geschätzte Vertriebsrechtspraxis um den Kölner Partner Siefarth deckt dank der Zusammenarbeit mit anderen Praxisgruppen wie IP/IT u. Kartellrecht ein breites Spektrum ab, obwohl das Kernteam überschaubar ist. So berät ein Frankfurter Outsourcingexperte große Unternehmen wie Samsung u. Johnson Matthey auch vertriebsrechtl., während ein Berliner IT-Partner zuletzt eine Neumandantin für den Aufbau eines selektiven Vertriebssystems gewann. Die zunehmende Internationalisierung der Arbeit spiegelt sich in der Tätigkeit Siefarths als Parteivertreter in Schiedsverfahren, die ihm den Hauptteil seiner Arbeit ausmacht. Herausragend war hier zuletzt erneut ein internat. Verfahren in der Schweiz, bei dem Görg für eine Industrievertretung in einem Lieferstreit aktiv ist.
Stärken: Beratung internat. Hersteller u. Händler.
Entwicklungsmöglichkeiten: Standortübergreifend geführte Mandate sind bisher eine Ausnahme. Gelänge es, die Schwerpunkte einzelner Büros zu Beratungsangeboten aus einer Hand zusammenzuführen, kämen die strukturellen Vorteile einer inhaltl. und regional breit aufgestellten Kanzlei stärker zum Tragen.
Häufig empfohlen: Dr. Christof Siefarth
Kanzleitätigkeit: Umf. Beratung zu Vertriebs-, Lizenz-, Transport- u. Distributionssystemen, vielfach grenzüberschreitend. Auch Logistik-, Liefer- u. Produktionsverträge. Beratung häufig mit Berührung zum Lizenz-, ▶ Marken- u. Wettbewerbsrecht, auch zu Produkthaftung sowie Versicherungs- u. Kartellrecht. Intensiv Prozesse u. Schiedsverfahren (▶ Handel u. Haftung). (1 Partner, 2 Associates)
Mandate: ●● Multikol in Streit über Vertragshändlervertrag; Bardawil Aviation in OLG-Verf. gg. Recaro wg. Handelsvertreteransprüchen; Samsung u. Johnson Matthey bei Vertriebsverträgen; Industrievertretung in Schiedsverf. gg. Kfz-Zulieferer wg. Handelsvertreterverträgen.

HARMSEN UTESCHER
Vertriebssysteme

Bewertung: Eine im Vertriebsrecht geschätzte Kanzlei, die einige namh. Unternehmen aus ihrer markenrechtl. Praxis in Zshg. mit den aktuellen Auseinandersetzungen mit dem Bundeskartellamt um Preisbindung u. Onlinevertrieb berät. Außerdem sind die Partner u.a. für den Bekleidungshersteller Wellensteyn dabei, ein Vertriebsmodell mit quantitativer u. qualitativer Fachhandelsbindung zu erarbeiten. Mit Andrea Marx erfolgte erneut eine interne Partnerernennung an der Schnittstelle von IP- u. Vertriebsfragen.
Stärken: Sehr starke ▶ Marken- u. Wettbewerbspraxis.
Häufig empfohlen: Dr. Matthias Wolter, Dr. Martin Kefferpütz („fachl. stark u. zielorientiert", Wettbewerber), Dr. Jan Heidenreich
Kanzleitätigkeit: Strukturierung von Vertriebssystemen u. Vertriebsverträgen, auch Internetvertrieb u. Kartellrecht. Zudem Vertretung im Rahmen der IP-, Lebensmittel- u. Pharmarechtspraxen, v.a. bei Verstößen gg. die selektive Vertriebsbindung. Branchenschwerpunkte: Zeitschriften, Kosmetika, Bekleidung/Schuhe, Schmuck, Lebensmittel, Baustoffe. Zudem Lizenzrecht, Compliance. (4 Partner, 1 Associate)
Mandate: ●● Bauer Media Group in Prozess gg. den Presse-Grosso-Verband (BGH); lfd. Bauer Vertriebs KG; Wellensteyn International zu Aufbau von Vertriebssystem mit Fachhandelsbindung; regelm. Sky Deutschland.

HAVER & MAILÄNDER
Vertriebssysteme

Bewertung: Die geschätzte Vertriebsrechtspraxis der Stuttgarter Kanzlei setzt sich überwieg. aus Partnern zusammen, die auch für angrenzende Rechtsgebiete wie ▶ Kartellrecht u. Gewerbl. Rechtsschutz stehen. Berührungspunkte ergeben sich z.B. bei der Vertretung eines Messtechnikherstellers im Streit über eine Liefersperre u. gewerbl. Schutzrechte. Dass dieser Streit mehrere europ. Länder u. die USA betrifft, ist durchaus typisch: Über ihr gut eingespieltes internat. Netzwerk mit Partnerkanzleien gelingt es Haver & Mailänder immer wieder, ausl. Konzerne zum Vertrieb in Dtl. zu beraten u. dt. Mandanten ww. zu begleiten. Schnittstellen ergeben sich dabei regelm. v.a. zu den angesehenen Praxen für ▶ Kartell- u. Schiedsrecht (▶ Handel u. Haftung).
Stärken: Beratung u. Prozessführung auf dt. u. europ. Ebene.
Häufig empfohlen: Dr. Rolf Winkler
Kanzleitätigkeit: Klass. vertriebsrechtl. Beratung, oft grenzüberschreitend. Transportrecht, insbes. Kunsttransporte. Begleitung von Einkaufskooperationen. Enge Verbindung zum Kartellrecht, in Brüssel EU-Kartellrecht. An der Schnittstelle zum Öffentl. Recht Beratung u.a. zu Chemikalien- u. Umweltrecht. Ausgeprägte prozessuale Tätigkeit, regelm. Grundsatzverfahren. (4 Eq.-Partner, 2 Sal.-Partner, 3 Associates)
Mandate: ●● Dresser Rand, u.a. bei EU-weiter Koordinierung von Vertriebsverträgen; lfd.: Amann & Söhne, Billy Goat, Eaton, Konecranes, Remondis, VfB Stuttgart; Messtechnikhersteller in Belieferungsstreit; Schweizer Lebensmittelhersteller, u.a. zu neuem Vertriebs- u. Fertigungszentrum in Dtl.; Automotiveunternehmen bei Aufbau von Vertriebssystem in China.

HEUKING KÜHN LÜER WOJTEK
Vertriebssysteme
Franchiserecht

Bewertung: Die empfohlene Vertriebsrechtspraxis verfügt über einen stabilen Stamm von Mandanten, insbes. aus den Branchen Automobil, Lebensmittel sowie Maschinen- u. Anlagenbau. Zuletzt fasste sie zudem im Handel verstärkt Fuß. Ein Team um den Münchner Partner Siegert, der die Schnittstelle zum ▶ Kartellrecht besetzt, gewann einen großen Internethändler als Mandanten, den es operativ im Vertriebskartellrecht berät. Dass Heuking auf diesem Gebiet an Profil gewinnt, zeigt auch das zunehmende Engagement bei Gestaltung u. Verteidigung selektiver Vertriebssysteme, das zuletzt auch zu mehr Prozessgeschäft führte. Daneben betrat die Praxis mit dem Aufbau eines Franchisesystems in der Altenpflege Neuland, erstmals beriet sie hier zu einem Franchisemodell für Dienstleistungen.
Stärken: Umf. Betreuung der Kfz-, Maschinen-, Versicherungs-, Chemie- u. Nahrungsmittelbranche, auch in Prozessen.
Entwicklungsmöglichkeiten: Der Vertriebskanal Internet u. damit verbundene rechtl. Probleme erfordern die Zusammenarbeit von Anwälten unterschiedl. Rechtsgebiete. Während der Austausch zw. Vertriebs- u. Kartellrechtspraxis bereits eng ist, sind die Verbindungen zu Gewerbl. Rechtsschutz u. IT noch weniger ausgeprägt.
Häufig empfohlen: Dr. Stefan Duhnkrack, Prof. Dr. Martin Reufels („absolut kompetent u. verhandlungsstark", Wettbewerber), Rüdiger Schnug (Versicherungsvertrieb), Dr. Reinhard Siegert („sehr kompetent", Mandant; Kartellrecht)
Kanzleitätigkeit: Allg. Vertriebs- u. Franchiserecht. Langj. Betreuung u.a. von Kfz- u. Nutzfahrzeugherstellern. Daneben vertriebsrechtl. Themen im ▶ Versicherungssektor sowie in den Bereichen Chemie, Pharma, Maschinenbau u. Retail (Nahrungsmittel, Mode, Elektro). Häufig Reorganisation von Vertriebsstrukturen. Betreuung internat. Vertriebs-Joint-Ventures u. Liefer- u. Konsortialverträge. Internat. Vertriebsrecht auch in Schiedsverfahren (▶ Handel u. Haftung). Außerdem: Außenwirtschaftsrecht, Bezüge zu ▶ Kartellrecht, ▶ Marken- u. Wettbewerbsrecht. (6 Eq.-Partner, 2 Sal.-Partner, 2 Associates)
Mandate: ●● Großer Internethändler lfd. zum Vertriebskartellrecht; schwed. Sportartikelhersteller bei Vertriebsumstrukturierung in Dtl.; Immobilienentwickler bei Errichtung eines Franchisesystems in der Altenpflege; lfd.: AGCO Dtl., Audi, KHS, NKT Cables, LG Electronics, Mondo Minerals, Silesia.

HOGAN LOVELLS
Vertriebssysteme

Bewertung: Eine im Vertriebsrecht führende Kanzlei, die inzw. regelm. komplexe Beratungsprojekte für namh. internat. Mandanten stemmt. Durch ihre Expertise im Automobilbereich – hier hat sich Ayad einen hervorragenden Ruf erarbeitet – gewinnt sie stetig neue Mandanten. So vertraute der Opel-Aufsichtsrat auf HL bei der globalen Umstrukturierung der Gruppe durch General Motors. Aber nicht nur die Kfz-Branche, sondern auch Unternehmen, die in die sich verändernde Branche einsteigen wollen, setzen zunehmend auf HL. Hier wie in div. anderen Branchen profitiert die Praxis auch von ihrer immer enger werdenden Anbindung an die USA. Schon seit einigen Jahren hat sich HL auf internat. Vertragsgestaltungen spezialisiert. In diesem Umfeld soll nun ein Counsel die Logistikbranche erschließen. Die enge Verzahnung des Teams mit den Bereichen Kartellrecht u. Litigation/Arbitration sowie dem produktbezogenen Umweltrecht unterstreicht schließlich die breite Aufstellung der Praxis.
Stärken: Prozessvertretung, umf. Betreuung der gesamten Lieferkette, v.a. für internat. tätige Großmandanten.
Häufig empfohlen: Thomas Salomon, Dr. Patrick Ayad, Dr. Jörg Schickert (Pharmarecht)
Kanzleitätigkeit: Umf. Betreuung im dt. wie internat. Vertriebsrecht. Begleitung bei Wahl, Einführung, Umstrukturierung des Vertriebswegs, kommerziellen Verträgen sowie bei prozessualer Abwehr bzw. Durchsetzung von Ansprüchen. Öffentl.-rechtl. Beratung (▶ Umwelt u. Planung) zu produktbezogenen Vorgaben u. deren vertragl. Umsetzung, insbes. international. Weitere Schwerpunkte im Pharmavertrieb (▶ Gesundheit) sowie an der Schnittstelle zum ▶ Marken- u. Wettbewerbsrecht u. den ▶ Handel-u.-Haftungs- u. ▶ IT-Praxen. Enge Verbindung zum ▶ Kartellrecht, außerdem: ▶ Außenhandel u. Prozessführung (▶ Konfliktlösung). (Kernteam: 4 Partner, 2 Counsel, 10 Associates)

Mandate: ●● Aufsichtsrat Adam Opel zur Umstrukturierung der Gruppe in Europa; Tank & Rast zu Kooperationsvertrag mit McDonald's; Burger King GmbH (jetzt: Schloss Burger GmbH) zur Wiederaufnahme und Fortsetzung des Betriebs von über 80 Filialen; Celanese, u.a. zu EMEA Mustervertriebsverträgen; Daimler zum Vertrieb von Konnektivitätsdienstleistungen in div. europ. Ländern; Richemont zur Errichtung eines Onlinevertriebs für u.a. Cartier, Montblanc, Purdey; Automobilplayer ww. zum Thema ‚Autonomes Fahren'.

JACOBSEN + CONFURIUS
Franchiserecht

Bewertung: Die Vertriebspraxis wird v.a. für ihre große Erfahrung im Franchiserecht geschätzt. Zuletzt gelang es, einige Mandanten zu gewinnen, etwa eine Burgerkette u. einen Sicherheitsdienstleister. Rückgrat des Teams sind jedoch zahlr. teils jahrzehntealte Mandatsbeziehungen. Zuletzt beschäftigten die Kanzlei verstärkt Vertragsanpassungen in Folge des Mindestlohngesetzes. Wie in allen spezialisierten Franchisepraxen, bei denen langj. Mandatsbeziehungen maßgebl. an einem Seniorpartner hängen, ist der Generationswechsel ein wichtiges Thema – zumal Jacobsen einen größeren Teil seiner Zeit für Schiedsrichtermandate aufwendet. Zunehmend übernimmt daher eine jüngere Anwältin eigene Mandate im Vertriebsrecht.
Stärken: Umf. Beratung von Franchisesystemen.
Häufig empfohlen: Dr. Kay Jacobsen
Kanzleitätigkeit: Vertretung von Franchisegebern u. -nehmern. Beratung von Unternehmen u. Handelsvertretern/Vertragshändlern, auch betriebswirtschaftl. über die Kooperation mit einer WP-/StB-Einheit. Logistik-, Zoll- u. Außenwirtschaftsrecht, Lizenz- u. Vertriebskartellrecht sowie Vertretung in Haftungsfragen. (3 Partner, 1 Associate)
Mandate: ● Fertighausunternehmen in Prozess zu Rückvergütungsansprüchen gg. ehem Franchisenehmer; Burgerkette, Sicherheitsdienstleister, Umzugsunternehmen bei Aufbau von Franchisesystemen.

KÜSTNER V. MANTEUFFEL & WURDACK
Vertriebssysteme

Bewertung: Eine häufig empfohlene u. langj. etablierte Spezialkanzlei für vertriebsrechtl. Mandate, die zu einigen namh., teils marktführenden Unternehmen regelm. Kontakte pflegt. „Sehr gute Vertriebsrechtler mit hoher Praxiskompetenz, zudem sehr gute Forensiker", loben Wettbewerber. Dabei positioniert sich die Kanzlei bewusst nicht nur auf Unternehmensseite, sondern vertritt etwa bei Ausgleichsansprüchen oder bei Streit um Buchauszüge auch Handelsvertreter. Die Kanzlei ist dabei in zahlr. Branchen engagiert, eine besondere Zunahme verzeichnete sie aber erneut bei Mandaten aus der Banken- u. Versicherungsbranche. Auf kartellrechtl. u. Onlinethemen hat sich zuletzt Hallermann-Christoph stärker ausgerichtet.
Stärken: Handelsvertreter- u. Versicherungsvermittlerrecht. Anerkannte Prozessvertretung.
Häufig empfohlen: Kurt-Georg von Manteuffel („guter Prozessanwalt, bringt die Themen auf den Punkt", Wettbewerber), Dr. Michael Wurdack („sehr kompetent", Wettbewerber), Dr. Michael Hallermann-Christoph
Kanzleitätigkeit: Umf. zu Vertriebsstrukturen, Verträgen u. Streitigkeiten, insbes. Makler-, Finanzdienstleister-, Versicherungsvermittler- u. Bausparkassenvertreterrecht, Anlagevermittlerhaftung, Kommissionsagenturvertragsrecht sowie Handelsvertreter- u. Vertragshändlerrecht. Für in- u. ausl. Mandanten sowohl auf Hersteller- als auch auf Makler- bzw. Händlerseite. Auch Franchise. (3 Partner, 5 Associates)
Mandate: ● Zahlr. Direktvertriebsunternehmen, Banken u. Sparkassen zur Gestaltung von Vertriebskonzepten u. regulator. Vorgaben, inkl. Anti-Fraud- u. Revisionsthemen; Frankiermaschinenunternehmen, u.a. vertriebskartellrechtl.; Kfz-Hersteller zu Händler- u. Vertreterverträgen in Dtl. u. Europa; namh. Kleidungshersteller zu Handelsvertreter- u. Vertriebsverträgen.

LADM LIESEGANG AYMANS DECKER MITTELSTAEDT & PARTNER
Franchiserecht

Bewertung: Die MDP-Kanzlei wird für ihre Beratung im Franchiserecht geschätzt. Liesegang u. der im Vorjahr hinzugekommene Flohr gelten auf diesem Gebiet als Urgesteine. Beide verfügen über einen stabilen Stamm an Dauermandanten. Zunehmend muss sich die Kanzlei allerdings mit der Frage beschäftigen, wie sie die Mandate ihrer Seniorpartner an die nächste Generation überleiten kann. Zuletzt wurde daher Hendrik Liesegang, Sohn des Namenspartners, zum Partner ernannt u. übernimmt neben einem weiteren jüngeren Partner mehr Verantwortung in der Mandatsarbeit. Bei der Arbeit für Franchisegeber profitiert die Kanzlei von ihrem WP-Arm, der es ihr erlaubt, auch betriebswirtschaftl. zu beraten.
Stärken: Branchenfokus in den Bereichen Handel, Dienstleistung u. Systemgastronomie.
Häufig empfohlen: Dr. Helmuth Liesegang, Prof. Dr. Eckhard Flohr
Kanzleitätigkeit: Konzeption von Franchisesystemen. Schwerpunkt in Handel, Dienstleistungs- u. Produktionsbereich, Gastronomie. Zudem Vertragshändler-, Kommissionärsvertreter- u. Handelsvertreterrecht. Auch in angrenzenden Themen, z.B. Steuer- sowie Marken- u. Wettbewerbsrecht. (3 Partner, 1 Associate, 1 of Counsel)
Mandate: ●● Lfd. im Franchiserecht: Babyone, Calzedonia, Emmas Enkel, Fressnapf, JCDecaux Dtl., Mrs. Sporty, Nölle, Oil & Vinegar, Plameco, Trinkgut, Studienkreis, Yves Rocher, ZGS Schülerhilfe; US-Fast-Food-Kette in Dtl.; Markisenhersteller zu Vertriebskonzept.

LUTHER
Vertriebssysteme

Kanzlei des Jahres für Vertrieb/Handel/Logistik

Bewertung: Hinter der häufig empfohlenen Vertriebsrechtspraxis liegt ein bewegtes Jahr. Durch den Zugang der ehem. GSK-Partner Dr. Eckart Petzold u. Dr. Karl von Hase erweiterte das ohnehin breit aufgestellte Team seinen Fokus. Beide leiten den D'dorf aus reinen Italien-Desk. Der Schwerpunkt liegt bei vertriebsrechtl. Streitigkeiten, für die v.a. von Hase steht. Beide haben zahlr. Mandate mitgebracht, v.a. mit Italien-Bezug. Punktuell ist es bereits gelungen, Arbeits- u. Kartellrechtler einzubeziehen, allerdings schlummert hier noch Potenzial. Eine Stärke ist Luther ist der Kompetenz an der Schnittstelle von Vertriebs- u. ▶Kartellrecht, wo neben Wegner zuletzt ein Brüsseler Partner viel Anerkennung erntete. Er vertrat Dornbracht in einem Grundsatzverfahren, in dem erstmals ein Hersteller wg. Vertriebsbeschränkungen zu Kartellschadensersatz verurteilt wurde. Den Ausbau ihres Logistikschwerpunkts trieb die Kanzlei zuletzt intern mit der Gründung einer eigenen Praxisgruppe um Dorndorf voran.
Stärken: Umf. Beratung des Mittelstands. Prozessführung, auch Schiedsverfahren. Logistikprojekte.
Häufig empfohlen: Anne Wegner („stark in Prozessen", Wettbewerber), Dr. Maximilian Dorndorf („immer mit Herzblut dabei, unglaublich erfahren, super Sparringspartner", Mandant)
Kanzleitätigkeit: Umf. Beratung in den Bereichen Vertriebs-, Vertrags- u. Handelsrecht, häufig mit Berührungspunkten zu ▶Produkthaftung, ▶Kartell- u. Exportkontrollrecht (▶Außenhandel). Auch prozessuale Abwehr bzw. Durchsetzung von Ansprüchen. Weitere Schwerpunkte: Internetvertrieb, Logistikprojekte, Vertrieb von Finanzprodukten u. Versicherungen. (10 Partner, 3 Counsel, 11 Associates)
Mandate: ●● Dornbracht bei Schadensersatzklage von Internethändler; Rheinmetall nach Widerruf von Ausfuhrgenehmigungen wg. Ukraine-Krise; Fiat, u.a. bei Klage des Händlerverbands wg. Transportkosten; Rhenus Lub, u.a. bei Produkthaftungsfragen bei US-Markteintritt; Fiege Logistik bei div. Outsourcing- u. E-Commerce-Projekten; lfd.: Sigma Aldrich, Hansa Armaturen, Citroën Dtl., Hyundai Automotive, Stauder, Harley-Davidson.

NOERR
Vertriebssysteme
Franchiserecht

Bewertung: Die Kanzlei bleibt im Vertriebs- u. Franchiserecht eine der führenden, denn sie hat nicht nur viele renommierte Partner in ihren Reihen, sondern verfügt auch über ein besonders breites Beratungsangebot. Beides sorgt für einen kontinuierl. Gewinn neuer namh. Mandanten. Besondere Expertise besitzt die Praxis im Automobilbereich, wo etwa Daimler u. FCA Germany, der dt. Importeur von Fiat, als neue Mandanten gewonnen werden konnten. Mit der Partnerernennung von Janik Gossler wird der Branchenfokus weiter gestärkt. Des Weiteren konnte Noerr ihre Arbeit für bestehende Mandanten weiter verbreitern. So berät sie etwa VW an der Schnittstelle zum Kartellrecht wg. einer Onlinehandelsplattform. Gleichzeitig profiliert sich die Praxis auch im Franchiserecht: Noerrs Engagement in gleich mehreren Grundsatzprozessen, teils am BGH, unterstreicht ihre Expertise auf diesem Beratungsfeld. Ausgehend vom Thema E-Commerce, das sich immer stärker zum beratungsintensiven Thema Omnichannel auswächst, intensivierte sich zuletzt auch die Arbeit zu Logistikthemen, wo das Team häufig auch an der Schnittstelle zu ▶Compliance tätig wird.
Stärken: Viel Erfahrung auf Kfz-Herstellerseite, Aufbau von Vertriebsstrukturen in Osteuropa.
Häufig empfohlen: Prof. Dr. Karsten Metzlaff („enorme Expertise, für uns unverzichtbar", Mandant; „herausragend", Wettbewerber), Dr. Karl Rauser („fachl. hervorragend, sehr pragmatisch", Mandant), Dr. Dominik Wendel, Dr. Christiane Zedelius, Dr. Albin Ströbl („arbeitet besonders wissenschaftlich u. sorgsam", Wettbewerber), Dr. Tom Billing
Kanzleitätigkeit: V.a. Hersteller u. Franchisegeber in allen vertriebsrechtl. Fragen, insbes. bei Gestaltung u. Umstrukturierung von Vertriebssystemen, Vertragshändler- u. Handelsvertreterrecht, Einkaufs-, Transport- u. Logistikverträgen. Regelm.

VERTRIEB/HANDEL/LOGISTIK VERTRIEBSSYSTEME

▶kartellrechtl. Aspekte. Schwerpunkt bei Kfz sowie Mode u. Kosmetik, oft an der Schnittstelle zu ▶Marken u. Wettbewerb, Telekommunikation. Praxisgruppe E-Commerce an der Schnittstelle zu ▶IT. Auch im ▶Außenhandel aktiv. (6 Eq.-Partner, 4 Sal.-Partner, 3 Counsel, 9 Associates)

Mandate: ●● Daimler, u.a. bei HGB-Ausgleichsansprüchen; FCA Germany, u.a. zu Neufassung der Händler- u. Servicepartnerverträge; Adam Opel, u.a. zu Car Sharing; McDonald's Dtl. bei Kooperation mit Tank & Rast; BoConcept im internat. Franchiserecht; Escada Online, u.a. bei Rollout E-Store Dtl.; Tank & Rast lfd.; MAN, u.a. zu selektivem Vertriebssystem; Nissan Center Europe, u.a. bei Umsetzung der E-Mobility-Strategie; VW u.a. kartellrechtl. zu Onlinehandelsplattform; Siemens umf.; lfd. Thomas Cook.

OSBORNE CLARKE
Vertriebssysteme

Bewertung: Die Kanzlei verfügt über eine der häufig empfohlenen Vertriebspraxen. Grund dafür ist v.a. die herausragende Expertise im Kfz-Bereich, die von Wettbewerbern regelm. gelobt wird. Zuletzt ergaben sich aus originären Vertriebsmandaten zahlr. Transaktionen, bei denen die Vertriebsrechtler ebenfalls eine zentrale Rolle spielten, so etwa beim Verkauf von 6 Opel-Standorten der Dinnebier-Gruppe an die Ruhrdeichgruppe. Außerdem erweiterte OC ihr Mandantenportfolio kontinuierl. in anderen Branchen u. ist hier auch auf Herstellerseite aktiv, neu ist etwa Stückwerk. Für deutl. Wachstum sorgte auch der Zugang von Dau im Vorjahr, der namh. internat. Mandate mitbrachte. Bei ihrer zunehmend grenzschüberschr. Beratung profitiert OC auch von der Eröffnung des Pariser Büros. Viel stärker als bei anderen Kanzleien werden auch jüngere Anwälte in die Mandatsverantwortung genommen, was von Wettbewerbern durchaus positiv bewertet wird.

Stärken: Vertretung von Kfz-Vertragshändlern.
Häufig empfohlen: Uwe Brossette („sehr hart in der Sache, aber fair, pragmatisch u. ausgewogen in der Erarbeitung von Lösungsvorschlägen", Mandant), Carsten Dau („sehr präsent, fundiertes Wissen", Wettbewerber), Konstantin Ewald (IT), als Associates: Dr. Jonathan Ruff, Christoph Boeminghaus („einer der Besten", „juristisch fundiert, strategisch sehr geschickt", Wettbewerber).
Kanzleitätigkeit: Kfz: für Vertragshändler, Importeure u. deren Verbände sowie Automobilzulieferer tätig, auch für Landmaschinenhändler sowie Insolvenzverwalter bei Händlerinsolvenzen. Sonst ausschl. für Hersteller (v.a. Mode, Elektronik, Nahrungsmittel u.a. im Retailbereich, Software/Games) bei Entwicklung klass. Vertriebs- u. Franchisesysteme, Gestaltung von Vertriebs- u. Logistiksystemen sowie Prozessvertretung. Häufig mit Bezügen zum Lizenz- (Produktions-, Softwarelizenzen) u. ▶Marken u. Wettbewerb, E-Commerce/Internetvertrieb (▶IT) sowie zum ▶Kartellrecht. (4 Partner, 7 Associates)
Mandate: ●● G-Star Raw bei grenzüberschr. Streitigkeit; Sonos Europe bei Neugestaltung des europaw. Händlervertrags; Stückwerk franchiserechtl. bei Expansion; Tupperware Dtl. bei Neugestaltung des. Vertriebssystems; Ruhrdeichgruppe bei Kauf von 6 Opel-Standorten; Zentralverband des dt. Kraftfahrzeuggewerbes zum Vertrieb von Neufahrzeugen über Internetplattformen; lfd.: Toyota-, Volvo-, Nissan-, VW- u. Audi-Händlerverbände.

SCHIEDERMAIR
Vertriebssysteme
Franchiserecht

Bewertung: Die geschätzte Vertriebsrechtspraxis verfügt über ein erfahrenes Team, in dem Spezialisten für ▶Marken- u. Wettbewerbsrecht dominieren. So erklärt sich der Schwerpunkt im Franchiserecht, wo Heil u. Vykydal eine in Relation zur Praxisgröße hohe Zahl von Franchisegebern als Dauermandanten vertreten. Zuletzt beschäftigte die Beratung des Autovermieters Hertz das Team intensiv, u.a. konnte das Mandat auf datenschutzrechtl. Fragen ausgeweitet werden.
Stärken: Franchiseberatung an der Schnittstelle zum ▶Marken- u. Wettbewerbsrecht.
Häufig empfohlen: Dr. Ulf Heil, Dr. Swen Vykydal
Kanzleitätigkeit: Franchise-, Handelsvertreter- u. Lizenzrecht. Auch Vertriebskartellrecht. Beratung auschl. auf Geberseite. Gewisse Branchenschwerpunkte in den Bereichen Gastronomie/Lebensmittel, Mode, Augenoptik, Fertighäuser. (3 Eq.-Partner, 1 Sal.-Partner)
Mandate: ●● Lfd.: Fotoco, Apollo-Optik, DFH Dt. Fertighaus Holding, Portas Dtl., Tom Tailor, Closed, Best Worscht in Town, Les Grands Chais de France, Sahm, Stümpelstal (Franchisesystem ‚Salätchen'), Aeris Impulsmöbel, Hertz Autovermietung, Mattel.

SCHINDLER
Vertriebssysteme

Bewertung: Die im Vertriebsrecht häufig empfohlene Kanzlei ist seit Jahren bei zahlr. Kfz-Herstellern u. -Importeuren fest etabliert. Der renommierte Senior-Partner Littau überträgt nun seine Mandate nach u. nach auf Jüngere u. leitet den Generationswechsel ein. So ist es Intveen, der die Arbeit für Hyundai kontinuierl. ausweitet. Gleichzeitig positionieren sich die Jüngeren zunehmend mit eigenen Themen im Markt. So stärkt etwa Hinrichs die für die Beratung zu Datenschutz, die an der Schnittstelle zum Vertriebsrechts zuletzt kräftig zulegte u. dringend nach Verstärkung im Associate-Bereich verlangt.
Stärken: Kfz-branchenbezogene Expertise, auch an Schnittstellen z.B. um IT-Recht.
Häufig empfohlen: Klaus Littau („sehr erfahrener Verhandlungspartner", Wettbewerber), Michael Intveen, Christoph Schlenger, Ole Hinrichs
Kanzleitätigkeit: Betreuung v.a. der Automobil- u. Motorradbranche in vertriebsrechtl. (Händlerverträge, Vertriebssysteme, Prozesse) u. vertriebskartellrechtl. Fragen (z.B. branchentyp. GVOen) sowie im Haftungs- u. Gewährleistungsrecht. Daneben Beratung bei Zuliefererinsolvenzen. Insges.: Direkt- u. Strukturvertriebsrecht, Handelsvertreter- u. Lizenzrecht. Daneben IT-/Datenschutzrecht u. für Kfz-Stammmandanten auch Kollektivarbeitsrecht, IP oder Mietrecht. (7 Eq.-Partner, 1 Sal.-Partner, 3 Associates)
Mandate: ●● Kfz-Branche: Hyundai Motor Dtl., Jaguar Land Rover Dtl. u. UK, Chrysler Europe, Fiat Dtl., Ford-Werke, Kia Motors Dtl., Mazda Dtl., Scania Dtl., Toyota Dtl., Volvo Car Dtl., Yamaha Motor Dtl.; andere Branchen: L'Tur Dtl., Egrima, DKV Euro Service.

SCHLARMANN VON GEYSO
Franchiserecht

Bewertung: Eine im Vertriebsrecht empfohlene Kanzlei, die insbes. für ihre Arbeit im Zshg. mit Franchisesystemen bekannt ist. Hier betreut sie seit Langem einige bekannte Systeme wie Joey's Pizza, Schweinske oder Stagecoach. Zuletzt war Lindhorst dabei verstärkt in strateg. Themen eingebunden, wie etwa bei Exklusivklauseln oder dem rechtspolit. Thema der Impressumsangaben. Zudem beriet er den Masterlizenznehmer für ein US-Franchisesystem im Managementbereich beim geschäftl. Aufbau in Dtl.
Stärken: Systemgastronomie u. Einzelhandel.
Häufig empfohlen: Dr. Hermann Lindhorst, Günter Erdmann
Kanzleitätigkeit: Neben klass. Franchiserecht im sog. Softfranchising u. Lizenzvertragsbereich tätig. Auch erfahren im Vertriebskartellrecht. V.a. Beratung von Unternehmen aus Einzelhandel u. Systemgastronomie. Internat. Kontakte über die Mitgliedschaft bei E.F.LAW. Handelsvertreterrecht v.a. im Agentur- u. Medienbereich. (2 Partner, 2 Associates, 1 of Counsel)
Mandate: ●● Futterhaus umf.; Joey's Pizza, Stagecoach, Schweinske, Janny's Eis, Tab Peer Boards zu Franchiseverträgen.

SGP SCHNEIDERGEIWITZ
Franchiserecht

Bewertung: Die Vertriebsrechtspraxis wird v.a. für die Beratung von Franchisegebern empfohlen. Dass es innerhalb weniger Jahre gelungen ist, sich auf diesem Markt zu etablieren, ist eine Aufbauleistung, die eng mit dem umtriebigen Münchner Partner Hero verbunden ist. So gewinnt die Praxis trotz personeller Turbulenzen, wie dem Abgang eines angesehenen Seniorpartners im vergangenen Jahr und dem jüngst erfolgten Flaggenwechsel von PF&P zu SGP, regelm. Neumandanten. Obwohl Franchisegeber u. externe Rechtsberater in der Regel langj. Beziehungen verbinden u. Wechsel daher eher selten sind, ersetzten zuletzt mit L'Osteria u. einer großen US-Kette 2 bekannte Systeme in Dtl. ihre Stammberater durch das Team um Hero.
Stärken: Franchisesysteme.
Entwicklungsmöglichkeiten: Innerhalb der neuen Einheit SGP ergeben sich für die Vertriebspraxis neue Anknüpfungspunkte zu anderen Rechtsgebieten. So ist es bereits gelungen, die Steuerrechtler punktuell in Mandaten hinzuzuziehen. Eine Ausweitung dieser Zusammenarbeit bietet Potenzial für weiteres Wachstum.
Häufig empfohlen: Marco Hero („extrem umtriebig", Wettbewerber), Reinhard Böhner
Kanzleitätigkeit: Umf. Beratung dt. u. internat. tätiger Franchisegeber u. -systeme bei Aufbau u. Neustrukturierung der Vertriebsorganisation, inkl. Marken- u. Wettbewerbsrecht, Datenschutz, IT u. Lizenzen. Auch Steuerrecht u. Arbeitsrecht. V.a. über die Kartellrechtspraxis in Ulm zudem Vertriebskartellrecht. (4 Partner, 2 Counsel, 7 Associates)
Mandate: ●● L'Osteria umf. zu Franchisesystem, u.a. auch im Marken- u. Wettbewerbs- sowie im IT-Recht; Global Water Franchise Agency (Remondis) bei Aufbau von ww. Franchisesystem für öffentl. Projekte zum Wassermanagement (im Auftrag des Forschungsministeriums); A.T.U. zu neuer IT-Vertriebsstrategie; lfd.: Bauen + Leben, Ankerbrot, Snapon, Tolino; großer US-Franchisegeber im Gastronomiebereich.

TAYLOR WESSING
Vertriebssysteme

Bewertung: Die empfohlene Vertriebsrechtspraxis konnte erneut namh. Mandanten gewinnen. Häufig berät sie grenzüberschr., was sich auch in

● Referenzmandate, umschrieben
●● Referenzmandate, namentlich

Anwaltszahlen: Angaben der Kanzleien, wie viele Anwälte zu mind. ca. 50 % in diesem Gebiet tätig sind. Sie spiegeln nicht zwingend die Gesamtgröße einer Kanzlei wider.

ihrem Mandantenstamm – er umfasst v.a. internat. Industrieunternehmen – spiegelt. Mit ihren renommierten China- u. Brasilien-Desks begleitet TW ihre Mandanten traditionell nach Südamerika u. Südostasien, zudem ist seit der Fusion in Österreich auch die Verbindung nach Osteuropa stark. Beispiele für internat. Beratungsmandate sind etwa Siemens im Zshg. mit Verträgen im Mittleren Osten sowie ein weiteres Unternehmen zu Absatz- u. Lieferabläufen in Korea. Vor Kurzem hat TW auch in den USA 2 Büros eröffnet. Hier schlummert noch das Potenzial für die Vertriebsrechtler, US-Unternehmen künftig beim Aufbau eines Vertriebsnetzes jenseits des Heimatmarkts zu begleiten. Der Aufbau eines intensiven Kontaktnetzwerkes benötigt allerdings Zeit.

Stärken: Gute Verbindungen in Schwellenländer, v.a. in Südamerika u. Südostasien.

Häufig empfohlen: Alf Aretz, Dr. Peter Hofbauer („konstruktiv u. ergebnisorientiert", Wettbewerber), Dr. Tessa Schoof, Dr. Martin Rothermel

Kanzleitätigkeit: Überwiegend vertriebsrechtl. Beratung von Herstellern u. Importeuren mit Bezügen zum ▶Kartellrecht, ▶Arbeitsrecht u. ▶Gesellsch.recht, z.B. Ausgestaltung von Bonussystemen, Gründung von Vertriebsgesellschaften, Umstrukturierung, Logistik, u.a. Outsourcing, Warendistribution u. -lagerung. V.a. für ausl. Unternehmen Aufbau von Vertriebssystemen, häufig an der Schnittstelle zum ▶Marken- u. Wettbewerbsrecht u. ▶IT, u. strateg. Beratung, auch Franchisegeber. Prozessführung, zudem Mediation (▶Handel u. Haftung). (8 Eq.-Partner, 3 Sal.-Partner, 2 Counsel, 6 Associates)

Mandate: ●● Lfd.: Suzuki umf., u.a. in Auseinandersetzungen mit Händlern u. bei Logistikverträgen, Siemens im Zshg. mit Verträgen im Mittleren Osten u. Dtl.; Ergo in Auseinandersetzungen mit Versicherungsvertretern.

Weitere renommierte Kanzleien für Vertriebssysteme und Franchiserecht

NORDEN		WESTEN		FRANKFURT	
Buse Heberer Fromm	Hamburg	Brandi	Gütersloh, Bielefeld u.a.	Besier & Breit	Frankfurt
Graf von Westphalen	Hamburg	Creutzig & Creutzig	Köln	**SÜDEN**	
Harte-Bavendamm	Hamburg	Godefroid & Pielorz	Düsseldorf		
KNPZ Rechtsanwälte	Hamburg	Jonas	Köln	Fries	Nürnberg, Bamberg
SKW Schwarz	Hamburg	Tradeo	Düsseldorf	Pöhlmann Früchtl Oppermann	München
OSTEN UND BERLIN		Dr. Vogels	Köln	TCI Rechtsanwälte	München
Lubberger Lehment	Berlin				

BESIER & BREIT
Bewertung: Die Vertriebsrechtsboutique aus Ffm. um Matthias Besier hat sich auf die Beratung von Motorradhändlern u. deren Verbänden spezialisiert. Diesen steht sie seit Jahren nicht nur beim Aufbau von Vertriebssystemen, sondern auch bei Streitigkeiten mit Herstellern zur Seite. Zuletzt sorgten div. Strukturbereinigungen alter Vertriebssysteme dafür, dass eine Vielzahl von Händlern freigesetzt wurde, für deren vertriebsrechtl. Ansprüche sich B&B einsetzt. Daneben ist das Team auch in anderen Branchen tätig. (2 Eq.-Partner, 1 Sal.-Partner)
Mandate: ●● Lfd.: Staples, März Motorradhandel, Yamaha-Händlerverband, Reschke Schweißtechnik; div. Motorradhandelsunternehmen zu Streitigkeiten mit Herstellern, u.a. Suzuki, Yamaha, BMW.

BRANDI
Bewertung: Die zahlr. langj. Mandatsbeziehungen passen zum nachhaltigen Beratungsansatz der Kanzlei. Ein Mandant lobt bspw. „jahrzehntelange Zusammenarbeit", die durch „Kompetenz, Zuverlässigkeit, Erreichbarkeit u. vorbildl. Durchsetzungsvermögen" geprägt sei. Über ihre rege marken- u. wettbewerbsrechtl. Beratung namh. regionaler Mandanten wie Ritex, Arvato, Flötotto, Ideal Möbel oder Kroschke kommen immer wieder div. Schnittstellenmandate zustande. Einige Anwälte haben auch Erfahrung mit kartellrechtl. Themen. Im Zuge des weiteren Praxisausbaus wird es nun darauf ankommen, neben der Überleitung bestehender Beziehungen auch einzelne, gefragte Spezialisierungen noch stärker auszubilden. Den Anfang macht etwa Neupartner Dr. Sören Kiene, der auch engl. Solicitor ist u. die traditionell starke internat. Ausrichtung weiter ausbaut. (5 Partner, 3 Associates)
Mandate: ●● Öffentl. bekannt: regelm. Claas-Gruppe, Möbelteilezulieferer u. Lebensmittelhersteller zu Rahmenlieferverträgen; IT-Unternehmen bei Vertragsverhandlungen mit engl. u. US-Vertragspartnern; Kfz-Zulieferer zu Handelsvertreterverträgen in versch. Ländern.

BUSE HEBERER FROMM
Bewertung: Das Team um Dr. Dagmar Waldzus ist auf die Beratung von Franchisesystemen spezialisiert, wobei es ganz selbstverständl. fachbereichsübergreifend agiert. Besonders eng ist die Anbindung an das Kartell- u. Markenrecht, wie etwa die vertriebsrechtl. Beratung des Franchisegebers eines Discountapothekenkonzepts zeigt, der über das Markenrecht neu zu BHF kam. Immer häufiger begleitet die Kanzlei ihre Mandanten auch ins Ausland, etwa Costconsult nach Österreich. Auch ausl. Unternehmen vertrauen bei ihrem Markteintritt in Dtl. zunehmend auf BHF, so der Masterfranchisenehmer eines frz. Luxusfriseurkonzepts. Zudem nahm die Beratung zu Compliance-Lösungen für Vertriebssysteme bzw. die Lieferkette zuletzt weiter zu, v.a. im Food-Bereich. Hier positioniert sich BHF auf einem Beratungsfeld, das nicht nur für Franchisegeber an Bedeutung gewinnt. (5 Partner, 3 Associates)
Mandate: ●● Costconsult bei Expansion des Konzepts nach Österreich; Edding International zu Logistikvertrag national u. international; lfd.: Citizen, Le Crobag, Subway; Discountapothekenkonzept zu Kooperationsverträgen mit Konzeptnehmern; ww. Exporteur von Landmaschinen zu Internetauftritt u. Unternehmensbroschüren; Hersteller u. Vertreiber von Metallschmuck bzgl. Übernahme einer Vielzahl von Franchisepartnern; Masterfranchisenehmer eines frz. Luxusfriseurkonzepts bzgl. Markteintritts in Deutschland.

CREUTZIG & CREUTZIG
Bewertung: Die Kölner Vertriebsrechtsboutique genießt v.a. für ihre Arbeit für Kfz-Händler u. -Werkstätten sowie Händlerverbände einen guten Ruf. Hier stand zuletzt das Thema der Fortsetzung bzw. Beendigung der Vertragsverhältnisse mit dem Hersteller im Vordergrund. Immer noch präsent ist auch die Frage nach der Zulassung von autorisierten Werkstätten. Hier schaltete C&C mehrfach das Bundeskartellamt bzw. die EU-Kommission ein. Die Kanzlei begleitet ihre Mandanten regelm. auch bei grenzüberschreitenden Angelegenheiten. Immer wieder berät C&C aber auch Hersteller außerhalb der Kfz-Branche, etwa beim Aufbau eines Vertriebsnetzes. (2 Partner)
Mandate: ● Fabrikatswerkstätten u. freie Werkstätten zu Autorisierungen als Werkstatt anderer Fabrikate; Zulieferer bei AGB-Erstellung; Händlerverbände lfd. zu Verträgen; Lebensmittelproduzent bei Aufbau von Vertriebsnetz.

FRIES
Bewertung: Die Kanzlei aus Nürnberg ist v.a. im Bereich Handelsvertreterrecht etabliert. Diese Marktstellung geht auf den renommierten Dr. Karl-Heinz Thume zurück, der sich allerdings immer mehr zurückzieht. Die Nachfolge ist jedoch geglückt: Gleich mehrere jüngere Partner treten in die Fußstapfen des Seniors, unter ihnen Dr. Jens-Berghe Riemer, der von Wettbewerbern immer wieder gelobt wird. Zuletzt gelang es der Praxis, ihre Beratung nicht nur für Finanzdienstleister, sondern auch im Bausparkassenvertrieb erhebl. auszubauen. (3 Partner, 3 Associates)
Mandate: ● Regelm. namh. Automobilzulieferer, Handelsunternehmen, Mobilfunkanbieter; div. Industrievertretungen, Finanzdienstleistungsvertrieb, Bausparkassenvertrieb, Versicherer u. Handelsvertreter zur Beendigung von Handelsvertreterverträgen.

GODEFROID & PIELORZ
Bewertung: Die Düsseldorfer Vertriebsrechtspraxis um Dr. Christoph Godefroid hat sich klar auf der Seite von Unternehmen positioniert, wenn es um das klass. Handelsvertreterrecht geht. Dabei ist das Geschäft prozessual geprägt (▶Handel u. Haftung). Ein besonderer Schwerpunkt liegt auf der Kfz-Branche, wo G&F aufgrund der Ausrichtung der Gesamtkanzlei auf das Bank- u. Finanzrecht auch zahlr. Automobilbanken vertritt. Zuletzt verstärkte sich das Team mit einer Associate, um das wachsende Geschäft der Kanzlei abfedern zu können. (2 Partner, 1 Associate)
Mandate: ●● Aus dem Markt bekannt: Nissan; Banken zu Handelsvertreterverträgen.

● Referenzmandate, umschrieben
●● Referenzmandate, namentlich

VERTRIEB/HANDEL/LOGISTIK VERTRIEBSSYSTEME

GRAF VON WESTPHALEN
Bewertung: Die Kanzlei hat mit Dr. Raimond Emde einen der anerkanntesten Vertriebsrechtler in ihren Reihen. Wettbewerber loben stets sein „sehr fundiertes Wissen", manche sagen „kaum jemand besitzt so tiefe vertriebsrechtl. Kenntnisse". Kein Wunder also, dass Emde immer häufiger auch bei Schiedsverfahren gefragt ist, zuletzt nahm die internat. Tätigkeit in diesem Bereich weiter zu. Starke Beratungsfelder des Hamburger Partners bleiben daneben das Versicherungsvertriebsrecht sowie die Beratung der Caravan- u. Wohnmobilbranche. Allerdings gelingt es der Praxis nicht, weitere Anwälte im Markt zu positionieren. So agieren die GvW-Vertriebsrechtler in München u. Berlin relativ unabhängig von Hamburg, aber sehr spezialisiert: Während sich GvW an der Isar auf den Direktvertrieb fokussiert u. hier gute Kontakte ins Ausland pflegt, hat sich das Berliner Büro auf den Tankstellen- u. Medizingerätevertrieb spezialisiert. Gut aufgestellt ist die Kanzlei auch im Bereich ▶Außenhandel. (3 Partner, 5 Associates)
Mandate: ● 3 dt. Versicherer in Prozess über Vermittlerhonorare bei Offshorewindpark; US-Direktvertriebsunternehmen bei Markteintritt in Dtl.; dt. Handelshaus bei Schiedsklage auf Provisionszahlung eines Handelsvertreters.

HARTE-BAVENDAMM
Bewertung: Die Boutique aus HH berät über ihren Fokus auf das ▶Marken- u. Wettbewerbsrecht regelm. auch an der Schnittstelle zum Vertriebsrecht. Bestes Beispiel ist die Vertretung der Ticketbörse Vivagogo in zahlr. Prozessen gg. Fußballvereine sowie Musiker u. deren Konzertveranstalter wg. des Weiterverkaufs von Eintrittskarten – ein Mandat, das mit Wettbewerbs- u. Kartellrechtler Dr. Ulrich Börger von Latham & Watkins in die Kanzlei kam. Börgers Zugang u. die Verstärkung mit einer Associate im Vertriebsrecht unterstreichen erneut den Wachstumstrend von H-B (1 Partner, 1 Associate).
Mandate: ●● Viagogo in div. Prozessen um den Weiterverkauf von Eintrittskarten; lfd. MBG International Premium Brands, ZEB; Amazon in Prozessen (aus dem Markt bekannt).

JONAS
Bewertung: Die Boutique aus Köln genießt im ▶Marken- u. Wettbewerbsrecht einen hervorragenden Ruf u. berät darüber ihre Mandanten auch zu vertriebsrechtl. Themen. Der Fokus liegt dabei auf dem Versicherungsvertrieb sowie der Beratung rund um das Thema E-Commerce, die zuletzt weiter zunahm. Hier kommt auch die ▶presserechtl. Expertise der Kanzlei zum Tragen. So berieten die Partner Dr. Nils Weber u. Dr. Markus Robak erstmals einen Anbieter von wirtschaftl. Fachinformationen zum Aufbau eines Onlinevertriebs. Mit ihrer Beratung zu Social-Media-Marketing bedient Jonas zudem einen Bereich, in dem nur wenige Marktteilnehmer tätig sind. (1 Eq.-Partner, 1 Sal.-Partner, 3 Associates)
Mandate: ●● Lfd. Cloetta; dt. Kosmetikvertriebsunternehmen zur Möglichkeit des Parallelvertriebs eines umgelabelten Parfumprodukts; Anbieter von Fachinformationen zu Aufbau Onlinevertrieb; Berufsbekleidungshersteller wg. Abschluss eines Logistikvertrages für E-Commerce; lfd. dt. Lifestyle-Getränkehersteller.

KNPZ RECHTSANWÄLTE
Bewertung: Die Hamburger Kanzlei berät über ihre Kompetenz im ▶Marken- u. Wettbewerbsrecht hinaus ihre Mandanten, zu denen zahlr. Markenartikler wie Bahlsen u. Colgate zählen, regelm. auch zu vertriebsrechtl. Fragen. Dabei hat die Kanzlei inzw. ein solides internat. Netzwerk aufgebaut, sodass sie für die Anforderungen des w. Handels, der nach immer besseren u. einheitlicheren Strukturen verlangt, gut aufgestellt ist. Aufgrund ihrer Expertise wird KNPZ regelm. auch von anderen Kanzleien bei Transaktionen hinzugezogen, v.a. für die vertriebsrechtl. Due Diligence. Ein Bsp. ist der Erwerb von Caseking durch Equistone, hier wurde KNPZ von Skadden zu Rate gezogen. (2 Partner, 2 Associates)
Mandate: ●● Bauer Media Group bei Strukturierung u. Ausgestaltung von Vertriebsmodellen über Onlinekioske; Bahlsen, u.a. zu internat. Distributor Agreements; H&R bei Umstellung des Raffineriebetriebs; Naturwohl Pharma bei Abschluss div. TV-Werbevermarktungsverträge; Delius Klasing Verlag bzgl. des Vertriebs von Zeitschriften u. Apps; Grundig zu selektivem Vertrieb; Versandhändler im Onlinevertrieb.

LUBBERGER LEHMENT
Bewertung: Die Berliner IP-Boutique steht fest an der Seite einer ganzen Reihe von Markeninhabern, häufig aus der Kosmetikbranche, die sie regelm. an der Schnittstelle zum ▶Marken u. Wettbewerbsrecht berät u. in Prozessen vertritt. Sehr erfahren ist LL bei der Überwachung u. dem Vorgehen gg. große Internethandelsplattformen. Zuletzt gewann sie etwa für den Parfümhersteller Coty ein Verfahren vor dem EuGH, das sich um Fragen des Bankgeheimnisses im Zshg. mit Parfumnachahmungen auf Ebay drehte. Generell nahm die Beratung im Bereich Vertriebskartellrecht bzw. zum Selektivvertrieb deutl. zu. (2 Partner)
Mandate: ●● Coty, Ortlieb zu Selektivvertrieb, Clarins, u.a. zur Neuordnung des Vertriebs für die Marke Hermès; BPI bei Vertrieb zur Neuordnung der Marke Burberry.

PÖHLMANN FRÜCHTL OPPERMANN
Bewertung: Die Münchner Vertriebsrechtspraxis um Christian Früchtl konzentriert sich auf die Beratung von Herstellern. Diese unterstützt sie nicht nur bei Streitigkeiten mit Handelsvertretern u. Vertragshändlern, sondern etwa auch beim Aufbau von Vertriebssystemen. Im Markt bekannt ist die Kanzlei v.a. für ihre enge Verbindung zu BMW, die sie regelm. u.a. in Prozessen vertritt. Entsprechend der Ausrichtung der Gesamtkanzlei auf den Bereich Insolvenz/Sanierung agieren die Vertriebsrechtler auch regelm. an dieser Schnittstelle. (3 Partner, 2 Associates)
Mandate: ●● BMW Group, u.a. in Vertriebsstreitigkeiten (öffentl. bekannt); Dura Tufting zu Sanierung.

SKW SCHWARZ
Bewertung: Die Vertriebsrechtspraxis um den Hamburger Oliver Korte legt ihre Schwerpunkte auf die Beratung von Medizintechnik- u. Lebensmittelherstellern, zudem ist ein weiterer Hamburger Partner auf Außenwirtschaftsrecht spezialisiert. Seine überwiegend langjährigen Mandanten berät das Team auch an den Schnittstellen zu Gewerbl. Rechtsschutz, Kartell- u. Gesellschaftsrecht. So waren an der Gründung einer Genossenschaft Anwälte aus 3 Büros beteiligt. Diese Vernetzung zw. Standorten u. Praxisgruppen weiter voranzutreiben, bleibt eine wichtige Herausforderung. (3 Partner, 3 Associates)
Mandate: ●● Sigma Aldrich Laborchemikalien, u.a. zu Warenursprungsrecht; Herrnhuter Sterne zu selektivem Vertriebssystem u. AGB; Evenia bei div. Zahlungsklagen; Medizintechnikunternehmen europaweit, u.a. bei Verträgshändler- u. Kooperationsverträgen.

TCI RECHTSANWÄLTE
Bewertung: Die Münchner Vertriebsrechtspraxis ist im Markt v.a. für ihre Franchiseberatung bekannt. Ruth Dünisch begleitet zahlr. Hersteller aus div. Branchen bei der Konzeptionierung u. beim Aufbau von Franchisesystemen im In- u. Ausland. Regelm. steht sie dabei auch an der Seite von ausl. Unternehmen. (1 Partner)
Mandate: ● Hersteller von Sportlernahrung bei Aufbau Franchisesystem; Modehändler bei Streit um Wirksamkeit einer Kündigung.

TRADEO
Bewertung: Die noch junge Boutique aus D'dorf legt ihren Fokus auf das internat. Vertriebsrecht, wobei sie auch an den Schnittstellen zum Gesellschafts-, Arbeits- u. Wettbewerbsrecht berät. Letzteres ist der Fachbereich von Prof. Dr. Ulf Vormbrock, der Anfang 2015 – ebenso wie zuvor die 3 Gründungspartner – von der Kanzlei Peters kam u. das bisherige Beratungsangebot abrundet. Der nun angestrebte Aufbau einer Associate-Ebene ist richtig, um der Kanzlei mehr Schlagkraft zu verleihen. Denn die Expertise des Teams in der grenzüberschr. Beratung ist zunehmend gefragt, v.a. wenn es um die Regionen Indien sowie den Nahen u. Mittleren Osten geht. Hier genießt Tradeo bereits einen guten Ruf, sodass die Kanzlei zuletzt namh. Mandanten wie Bilfinger gewann. Regelm. berät die Kanzlei auch an der Schnittstelle zu Compliance. (3 Eq.-Partner, 2 Sal.-Partner, 1 Associate)
Mandate: ●● Bilfinger im Zshg. mit Gerichts- u. Schiedsverfahren in Südasien; Abus Kransysteme vertriebs- u. gesellschaftsrechtl. zu div. Auslandsmärkten; Vallourec Dtl. zu Pipeline- u. Anlagenbauprojekten in afrikan. u. asiat. Staaten, vertriebskartellrechtl. Compliance; SGL Carbon lfd. zu Automotiveprodukthaftungsrecht.

DR. VOGELS
Bewertung: Der Kölner Vertriebsrechtler ist v.a. für seine Beratung im Kfz-Bereich bekannt, wo er Händler u. deren Verbände sowie Importeure u. Zulieferer betreut. Intensiviert haben sich dabei zuletzt Fragen zum Zulassungsanspruch. Daneben baut Dr. Tim Vogels („überaus kämpferisch; holt alles raus, was man rausholen kann", Wettbewerber) seine Beratung von Unternehmen anderer Branchen kontinuierl. aus, hier sowohl auf Hersteller- als auch Händlerseite. Neu ist etwa ein Modedesigner, den Vogels bei Vertriebsverträgen für div. europ. Ländern berät. (1 Partner)
Mandate: ●● AH Streit & Service wg. Kündigung des Servicevertrages; lfd.: Mazda-, Jaguar- u. Land-Rover-Händlerverbände, GE Sensing & Inspection; Modedesigner bei Vertriebsverträgen.

● Referenzmandate, umschrieben
●● Referenzmandate, namentlich

Anwaltszahlen: Angaben der Kanzleien, wie viele Anwälte zu mind. ca. 50 % in diesem Gebiet tätig sind. Sie spiegeln nicht zwingend die Gesamtgröße einer Kanzlei wider.

Außenhandel

Handelssanktionen beherrschen die Beratung im Außenwirtschaftsrecht

Die Zahl der nachhaltig auf Spezialfragen des internationalen Handels spezialisierten Kanzleien ist überschaubar, doch alle berichten von einem ständigen Anstieg der exportkontrollrechtlichen Anfragen ihrer Mandanten über das letzte Jahr. Insbesondere aufgrund von Verschärfungen der Russland- und Ukraine-Sanktionen mussten in vielen Fällen die bestehenden Lieferbeziehungen überprüft werden. Oder es ging um Fragen dazu, wie sich Finanzsanktionen auf russische Konzerntöchter auswirken. Weil Finanzsanktionen eine zunehmende Rolle spielen und die Thematik von extraterritorialen US- und den EU-Sanktionen hoch kompliziert ist, fragen auch Banken und Versicherer zunehmend sanktionsrechtliche Beratung zur Durchführung des Zahlungsverkehrs oder der Auszahlung von Versicherungsleistungen nach.

Riesige Erwartungen weckte gerade in der deutschen Wirtschaft die Aussicht auf eine Lockerung bestimmter Iran-Sanktionen im Jahr 2016. Das Interesse von Unternehmen an den künftigen Möglichkeiten in dem Land ist gerade in Deutschland groß. „Die Finanzierung wird aber noch lange potenziell problematisch sein", wägt ein Sanktionsspezialist ab. „Größere internationale Banken mit US-Präsenzen werden wegen der strikteren US-Regeln auch weiterhin vorsichtig sein." Vielen dürfte das Beispiel des Exportfinanzierers Deutsche Forfait vor Augen stehen, der wegen angeblicher Verstöße gegen Iran-Sanktionen monatelang keine Dollargeschäfte eingehen durfte.

Teamwork unterschiedlicher Spezialisten ist gefragt

Dieser gestiegene Beratungsbedarf hat Folgen im Anwaltsmarkt. Einige größere Kanzleien haben die immer komplexer werdenden Fragen zum Anlass genommen, die interne Vernetzung ihrer Spezialisten noch stärker zu fördern und gemeinsame Teams für facettenreiche Fragen aufzustellen – so etwa **Luther**, die Rheinmetall im Zusammenhang mit dem Widerruf bereits erteilter Genehmigungen für die Ausfuhr eines Gefechtsübungszentrums an die Ukraine berät. Hier arbeiten das zivilrechtliche Vertriebsteam, Exportkontrollrechtler und Experten im internationalen Schiedswesen zusammen.

Auch die Kanzlei **Noerr** steht mit einem exportkontroll- und strafrechtlich spezialisierten Team an der Seite eines Waffenproduzenten. Eine international zusammengesetzte Partnergruppe hat **Freshfields Bruckhaus Deringer** für die Sanktionsberatung aufgesetzt. Die Kanzlei zählt auch zu denjenigen, die sich bereits intensiv mit den Möglichkeiten von Iran-Engagements beschäftigen, wenn die Sanktionen entsprechend der nun getroffenen Einigung schrittweise fallen.

Es ist vor diesem Hintergrund nicht überraschend, dass es in diesem Jahr auch eine der seltenen Neugründungen einer Außenhandelskanzlei gegeben hat. In München machte sich ein erfahrener Counsel von **Bird & Bird** mit seiner eigenen Kanzlei **Haellmigk** selbstständig. Zu seinem Schwerpunkt wählte er folgerichtig Exportkontrolle, Compliance und die Sanktionsberatung.

Die folgenden Bewertungen behandeln Kanzleien, die in der internationalen Regulierung des Im- und Exporthandels von Waren, Dienstleistungen und Rechten tätig sind; außerdem solche, die auf das Regelungsdickicht des Exportkontroll- und Zollrechts spezialisiert sind. Dazu zählt im internationalen Welthandel zudem das Wirtschaftsvölkerrecht der Welthandelsorganisation WTO. In Schiedsverfahren und Handelsstreitigkeiten erfahrene Anwälte finden sich auch im Kapitel ▶ Konfliktlösung. Zunehmend wird die Exportkontrolle auch Thema bei ▶ Compliance-Untersuchungen.

VERTRIEB/HANDEL/LOGISTIK AUSSENHANDEL

BEITEN BURKHARDT
Außenhandel

Bewertung: Im Außenhandelsrecht empfohlene Praxis, die in ▶Brüssel für den Antidumpingfokus von Dr. Rainer Bierwagen bekannt ist. Kennzeichnend sind einige langj. Beziehungen zu Mandanten wie Saint-Gobain, die er in einem Prozess vor dem EuGH vertritt. Punktuell ergeben sich auch Verbindungen zur dt. Praxis, u.a. über einen Counsel in Berlin. (1 Eq.-Partner, 2 Sal.-Partner, 1 Associate)

Mandate: ●● Dt. Verband der keram. Industrie, Confindustria Ceramica u. andere in EU-Streit mit Photo USA um Zölle für Keramikgeschirr aus China; Saint-Gobain in EU-Streit um Textilienzölle u. Umgehungsvorwürfe; Unternehmensgruppe in Zollstreit um Glasfasermatten u. beim Kampf gg. Betrug durch Drittlandseinfuhren; russ. Unternehmen zum Sanktionsrecht; Hersteller in Antidumping- u. Antisubventionsverfahren wg. Glas für Solarpanele.

HELMUT BLEIER
Außenhandel

Bewertung: Den im Zollrecht empfohlenen Einzelanwalt lobt ein Mandant für ein „langj. Vertrauensverhältnis u. moderate Kosten" sowie die Vermittlung von Kanzleien im Ausland. U.a. in den Niederlanden unterhält er regelm. Kontakte. Bleier ist v.a. unter Spezialisten auch überreg. bekannt u. agiert zudem in Verfahren bei der Zollverwaltung. (1 Partner)

Mandate: ● Flugzeugwartungsunternehmen in zollrechtl. Streit um Einfuhrabgaben für Flugzeuge; Mineralienhändler zu Durchsetzung einer EU-weit streitigen Einreihung; Nahrungs- u. Nahrungsmittelergänzungshändler im Zollverfahren um Umsatzsteuerbegünstigung.

CLEARY GOTTLIEB STEEN & HAMILTON
Außenhandel

Bewertung: Mit ihrer konsequent internat. Ausrichtung ist die Kanzlei für außenhandelsrechtl. Beratung gut platziert u. wird häufig empfohlen. Dr. Till Müller-Ibold aus dem ▶Brüsseler Büro berät dabei auch einzelne dt. Unternehmen, aktuell waren zuletzt v.a. die Embargothemen, doch setzt sich der Mandantenstamm insges. mehr aus multinat. Konzernen des Technologie- u. Finanzsektors zusammen. Im Vordergrund steht häufig die aufsichts- u. Compliance-bezogene Beratung. Ein Mandant lobte zuletzt auch die „Erfahrung mit der Beratung zu internat. Handelsbeziehungen". Für streitige Auseinandersetzungen auf internat. Ebene bekannt ist das Pariser Büro (▶Handel u. Haftung). (europ. Praxis: 5 (1 dt.) Partner, 1 Counsel, 6 Associates)

Mandate: ●● Tosoh in Verf. um Verlängerung von Antidumpingzöllen auf elektrolyt. Mangandioxid; PT Chin Haur u. Citycycles in Antidumpingstreit u. Umgehungsuntersuchung bzgl. Fahrradeinfuhren aus Indonesien u. Sri Lanka; regelm. Ajinomoto; frz. Bank zu Sanktionen bzgl. Zahlungsvorgängen u. in aufsichtsrechtl. Untersuchung; Mineralölkonzern zu Vertragsbeziehungen mit Vertragspartnern in Embargoländern; div. Banken der Golfregion zu EU-Finanzsanktionen gg. Syrien, Iran u. andere Staaten.

CMS HASCHE SIGLE
Außenhandel

Bewertung: Die im Außenhandel häufig empfohlene Praxis beriet zuletzt zahlreiche ihrer Mandanten aus dem produzierenden Mittelstand (siehe auch ▶Vertriebsrecht) bei Fragen zu den mit Russland verhängten EU- u. US-Handelssanktionen. Hier waren speziell die Brüsseler u. Hamburger Anwälte sehr gefragt, oft auch unter Einbindung des Russlandspezialisten Dr. Thomas Heidemann (D'dorf). Dass es gelang, hier relativ schnell die nötigen Spezialisten zusammenzuziehen, ist u.a. ein Verdienst von Kai Neuhaus (▶Brüssel), der sich den außenhandelsrechtl. Aufbau seit ein paar Jahren auf die Fahnen geschrieben hat. Für Crown Equipment gewann er einen Streit mit der EU-Kommission u. fordert nun gezahlte Zölle zurück. Der internat. Süßwarenhersteller Wrigley mandatierte ihn ebenso für einen Antidumpingstreit. Erfreulich entwickelt sich auch die exportkontrollrechtl. Arbeit, deren strafrechtl. Bezüge aus dem HHer Büro begleitet werden. Ein Associate sammelte dort sogar bei einem Secondment in der Spezialabteilung eines Konzerns weitere exportkontrollrechtl. Erfahrungen. Über die ▶markenrechtl. Praxis ist CMS bei Zoll- u. Grenzbeschlagnahmen regelm. tätig. (2 Partner, 1 Counsel, 1 Associate)

Mandate: ●● Crown Equipment Corp. umf. zollrechtl., u.a. zu Rückforderung von Zöllen nach positivem EuGH-Urteil u. zu Aufbau von exportkontrollrechtl. Compliance-System; August Storck zu Russland-Sanktionen; ebenso BP Europa; Wrigley in EU-Antidumpingstreit um Süßstoff Acesulfam K aus China; Industrieunternehmen zu Iran-Exporten; Birkenstock-Gruppe umf. zu Grenzbeschlagnahmen/Zollrecht; Lacoste zu Grenzbeschlagnahmen im Hafen HH; Medos Medizintechnik bei zolltarifl. Nachbelastungen; Hanseatic Trade Trust & Shipping bei EuGH-Klage wg. Iran-Embargo; niederl. Ersatzteilhändler umsatzsteuerl. u. zu Außenhandels-Compliance; Pumpenhersteller zu Russland-Embargo.

FRESHFIELDS BRUCKHAUS DERINGER
Außenhandel

Bewertung: Die Kanzlei wird ihrem Ruf als eine der führenden Kanzleien im Außenhandel gerecht, indem sie Ende 2014 eine global agierende Praxisgruppe initiierte, deren europ. Leitung ein junger Wiener Partner übernahm. Im New Yorker Team arbeitet die dt. Counsel Anahita Thoms, die zuvor einige Jahre im Berliner Team um Dr. Hans-Joachim Prieß gearbeitet hatte. Im Zentrum stehen dabei v.a. die Finanzsanktionen, die bzgl. Russland u. Iran eine große Rolle spielen. Eine erfahrene Associate wechselte allerdings in die entsprechende Abteilung einer namh. Bankenmandantin. Weitere Mandanten entstammen den Branchen Chemie, Technologie oder Energiewirtschaft. Die Beratung erstreckt sich auch zunehmend in ▶Compliance-Untersuchungen. Traditionell stark ist daneben die Schnittstelle zum Zoll- u. Spezialsteuerrecht ausgeprägt. (1 Partner, 1 Counsel, 5 Associates)

Mandate: ●● VW in BFH-Streit um Mitwirkungspflicht bei Zollverf. gg. Kfz-Reimporteure; Siemens exportkontrollrechtl.; ADM lfd. zoll- u. energiesteuerrechtl., u.a. im Zshg. mit Getreideein- u. -ausfuhren; BMW zu ww. auftretenden außenwirtschaftsrechtl. Fragen; Spedition Hasenkamp lfd. zu Zollabfertigung u. Sicherheitsleistungen; ED&F Man zu Ausfuhrerstattung ggü. poln. Zoll; Pfeifer & Langen u. Südzucker zu Zuckermarktordnung; namh. Kfz-Hersteller bei Zollstreit um Importe von Testfahrzeugen; ww. tätige Bank lfd. zu Sanktionsfragen; Halbleiterhersteller zu Überwachung ausl. Vertriebspartner; Chemieunternehmen zu Syrien-Embargo.

GRAF VON WESTPHALEN
Außenhandel

Bewertung: Eine im Außenhandelsrecht führende Kanzlei. Das Team um Dr. Lothar Harings genießt in fachl. Hinsicht ebenso wie für den Jahre verfolgten strateg. Ausbau des Fachbereichs einen exzellenten Ruf im Markt. „Tiefes Fachwissen, viel praktische Erfahrung – unübertroffen", lobt auch ein Wettbewerber. So ließen sich Mandanten zuletzt zum aktuellen Thema der Russland- u. Iran-Sanktionen beraten, die zuvor mit GvW noch nicht zusammengearbeitet hatten, etwa ein Versicherer, Pharmaunternehmen sowie andere Kanzleien. Die jüngeren Partner Marian Niestedt u. Dr. Gerd Schwendinger haben sich ebenfalls inzw. viel Res-

---

AUSSENHANDEL

Freshfields Bruckhaus Deringer	Berlin
Graf von Westphalen	Hamburg, Düsseldorf
Cleary Gottlieb Steen & Hamilton	Brüssel
CMS Hasche Sigle	Brüssel, Hamburg, München, Köln
Hogan Lovells	München
Hohmann	Büdingen
Latham & Watkins	Hamburg
Oppenhoff & Partner	Köln
Beiten Burkhardt	Brüssel
Helmut Bleier	Kronberg
Luther	Brüssel, Hamburg, Essen, München
Noerr	Berlin, München
Schrömbges + Partner	Hamburg

Die hier getroffene Auswahl der Kanzleien ist das Ergebnis der auf zahlreichen Interviews basierenden Recherche der JUVE-Redaktion (s. Einleitung S. 20). Sie ist in 2erlei Hinsicht subjektiv: Sämtliche Aussagen der von JUVE-Redakteuren befragten Quellen sind subjektiv u. spiegeln deren eigene Wahrnehmungen, Erfahrungen u. Einschätzungen wider. Die Rechercheergebnisse werden von der JUVE-Redaktion unter Einbeziehung ihrer eigenen Marktkenntnis analysiert u. zusammengefasst. Der JUVE Verlag beabsichtigt mit dieser Tabelle keine allgemein gültige oder objektiv nachprüfbare Bewertung. Es ist möglich, dass eine andere Recherchemethode zu anderen Ergebnissen führen würde. Innerhalb der einzelnen Gruppen sind die Kanzleien alphabetisch geordnet.

● Referenzmandate, umschrieben
●● Referenzmandate, namentlich

Anwaltszahlen: Angaben der Kanzleien, wie viele Anwälte zu mind. ca. 50 % in diesem Gebiet tätig sind. Sie spiegeln nicht zwingend die Gesamtgröße einer Kanzlei wider.

AUSSENHANDEL VERTRIEB/HANDEL/LOGISTIK

pekt erarbeitet u. ermöglichen dem Team eine breite themat. Palette, die nicht viele Konkurrenten bieten können. Verstärkt macht sich auch die Zusammenarbeit mit dem D'dorfer Büro bemerkbar. Ein großes Lob spendete ein Mandant für eine „besonders angenehme persönl. u. professionelle Atmosphäre" bei der Zusammenarbeit. (3 Eq.-Partner, 1 Sal.-Partner, 3 Associates, 1 of Counsel)

Mandate: ●● Gea Group umf. exportkontrollrechtl.; Borsig bzgl. Iran-Sanktionen; GE Healthcare in Zollwertstreit; DNV/GL lfd. zu Compliance, Embargos, Südkorea-Freihandelsabkommen, Exportkontrolle im Marinebereich; Shell Dtl. lfd. zollrechtl. u. zu Energiesteuern; Wünsche zu Lebensmittel- u. Elektronikimporten; Versicherer zu außenwirtschaftsrechtl. Meldepflichten im Zahlungsverkehr; Textilhändler zu Präferenzzöllen in der Schweiz; dän. Tochter von Industriekonzern exportkontrollrechtl.; Logistiker zu Einfuhrumsatzsteuer; Pharmahersteller zu Tarifierung von Calcium-Brausetabletten.

HOGAN LOVELLS
Außenhandel

Bewertung: Für außenhandelsrechtl. Themen häufig empfohlene Praxis, die eng mit der ▶ vertriebsrechtl. Arbeit den Münchner Partner Dr. Patrick Ayad verzahnt ist. Innerhalb des großen Teams spezialisiert sich dabei ein Counsel stärker auf außenhandelsrechtl. Fragen, so war er etwa Teil eines grenzüberschreitend zusammengesetzten Teams, das sich bei einem internat. Bank für ein Mandat um ein Satellitenprojekt des russischen Verteidigungsministeriums durchsetzen konnte. Die sorgsame Ausbauarbeit u. internat. Vernetzung der letzten Jahre brachte HL aktuell eine ganze Reihe von neuen Mandanten, darunter etwa die Eurasian Resources Group oder ein Spezialtechnologiekonzern bzgl. Sanktionen. (2 Partner, 2 Counsel, 5 Associates)

Mandate: ●● BDSV zu Exportkontrollfragen; regelm. Morphosys, Emergent BioSolutions, Wabco; Wacker Chemie gg. Antidumpingzölle für chin. Solarkomponenten; WSP bei investitionskontrollrechtl. Anmeldung nach Kauf eines Maschinenbaukonzerns; lfd. Eurasian Resources Group; Bauprodukthersteller bei Zollprüfung u. bzgl. EU-Iran-Sanktionen; Satellitenhersteller wg. Exporten nach Ghana u. Nigeria; Technologiekonzern zu Lieferkette mit Kommissionsmodell nach Russland, inkl. Rückabwicklung; Versicherer u. eine Bank bei Konflikt zw. US-Sanktionen u. EU-Anti-Boykott-Klauseln; Technologiekonzern zu Iran-Finanzsanktionen.

HOHMANN
Außenhandel

Bewertung: Häufig empfohlene Kanzlei für Außenhandel, die mit ihrem kleinen Team ganz auf das Gebiet konzentriert ist. Erneut kamen neue Mandanten hinzu, speziell zu den aktuellen Embargothemen. Ein Mandant lobt sie als „kleine Spezialkanzlei, auf die wir beim Thema Exportkontrolle setzen". Namenspartner Dr. Harald Hohmann war dabei zuletzt erneut in streitigen Fällen gefragt, etwa bzgl. US-Sanktionslisten sowie bei außenwirtschaftl. Selbstanzeigen oder der Vertretung gg. ablehnende BAFA-Bescheide. Im Mittelpunkt steht die Arbeit für zahlreiche mittelständ. Unternehmen aus so unterschiedl. Branchen wie IT-, Maschinen- u. Anlagenbau, Elektronik oder Medizintechnik. In einigen Fällen berät er auch chin. oder US-Unternehmen. Aufgrund der langen Erfahrung

Führende Namen im WTO-Recht
Dr. Lothar Harings	Graf von Westphalen
Dr. Christian Pitschas	Bernzen Sonntag
Dr. Hans-Joachim Prieß	Freshfields Bruckhaus Deringer
Hannes Schloemann	Bernzen Sonntag

Führende Namen für Exportkontrollrecht
Dr. Lothar Harings	Graf von Westphalen
Dr. Harald Hohmann	Hohmann
Stephan Müller	Oppenhoff & Partner
Marian Niestedt	Graf von Westphalen
Dr. Marco Núñez Müller	Latham & Watkins
Dr. Hans-Joachim Prieß	Freshfields Bruckhaus Deringer

Die hier getroffene Auswahl der Personen ist das Ergebnis der auf zahlreichen Interviews basierenden Recherche der JUVE-Redaktion (siehe S. 20). Sie ist in 2erlei Hinsicht subjektiv: Sämtliche Aussagen der von JUVE-Redakteuren befragten Quellen sind subjektiv u. spiegeln deren eigene Wahrnehmungen, Erfahrungen u. Einschätzungen wider. Die Rechercheergebnisse werden von der JUVE-Redaktion unter Einbeziehung ihrer eigenen Marktkenntnis analysiert u. zusammengefasst. Der JUVE Verlag beabsichtigt mit dieser Tabelle keine allgemeingültige oder objektiv nachprüfbare Bewertung. Es ist möglich, dass eine andere Recherchemethode zu anderen Ergebnissen führen würde.

verfügt die Kanzlei über ein gewachsenes Netzwerk aus internat. Kanzlei- u. Behördenkontakten. (1 Partner, 2 Associates, 2 of Counsel)

Mandate: ●● Fresenius Medical Care v.a. zu Kuba-Lieferungen, teils auch Iran (US u. EU); Huawei zu Hightech-Technologietransfer nach China; Europ.-Iranische Handelsbank in EuGH-Klage um Delisting von Iran-Embargolisten (mit Stephenson Harwood); poln. Anlagenbauer zu Abwehr von Antidumpingzöllen; Textilhersteller bei Klage gg. Iran-Exportverbot; Dienstleister zu Iran-Export von Industrieanlagen; IT-Unternehmen zu Export von Verschlüsselungstechnologie (US); Rüstungsunternehmen bei Klage gg. Kasachstan-Exportverbot.

LATHAM & WATKINS
Außenhandel

Bewertung: Die im Außenhandelsrecht häufig empfohlene Praxis ist weiterhin regelm. in Spezialmandaten gefragt u. insbes. das HHer Team um Dr. Marco Núñez Müller hat viel Erfahrung mit Zollstreitigkeiten u. Exportkontrollen. Er war aber zuletzt stärker mit seinem kartellrechtl. Schwerpunkt gefragt, zumal die strateg. Ausrichtung von LW aktuell unübersehbar in eine stärker transaktions- u. finanzierungsbezogene Richtung geht. Dazu passt, dass zusammen mit der US-Praxis u. Teams aus Frankfurt die Sanktionsthemen im Bankenbereich bei den LW-Mandaten größeren Raum einnahmen. (2 Partner, 1 Counsel, 2 Associates)

Mandate: ●● Intenso in zollrechtl. Verfahren um Einreihung u. Nacherhebung bzgl. Einfuhren von MP3, DVD, Video-Messengern; Eximo Agro-Marketing zu Ein-/Ausfuhr von Milchprodukten; exportkontrollrechtl. für Federal Mogul, Stratasys, Nucleus Scientific; Charterhouse Capital Partners bzgl. außenwirtschaftsrechtl. Aspekte bei M&A-Deal; div. Mandanten zu Ermittlungen von US-Behörden wg. Sanktionsverstößen.

LUTHER
Außenhandel

Kanzlei des Jahres für Vertrieb/Handel/Logistik

Bewertung: Die empfohlene außenhandelsrechtl. Praxis hat sich beim Thema Russland-Embargo mit einem wichtigen Mandat für Rheinmetall positionieren können. Das Team konnte sich hier bei einer Mandatsausschreibung durchsetzen. Dies unterstreicht, wie gut Luther hier Know-how aufbauen konnte u. v.a. wie gut die interne Zusammenarbeit immer wieder funktioniert. Hier sind u.a. Ole-Jochen Melchior (Essen, Exportkontrolle) u. Dr. Richard Happ (Hamburg, Investitionsstreitigkeiten, ▶ Handel u. Haftung) aktiv. In der ▶ vertriebsrechtl. Praxis verstärkt ein Partner gerade die Beratung im Logistikbereich. In diesem Zshg. könnten künftig außenhandelsrechtl. Fragen eine verstärkte Rolle spielen. (3 Partner, 3 Associates)

Mandate: ●● Rheinmetall Defence Electronics zum Widerruf der Ausfuhrgenehmigungen für Gefechtszentrum in der Ukraine; Tibo Tiefbohrtechnik zu Russland-Embargo; CP Foods zu Importquoten u. neuen Marktstandards für gefrorenes Geflügelfleisch; Hersteller von Schiffsgetrieben exportkontrollrechtl.; mittelständ. Maschinenbauer zu Vertragsgestaltung unter exportkontrollrechtl. Aspekten u. embargobedingter Umstellung des Geschäftsmodells; dt. Kreditinstitut zu Embargofragen; dt. Unternehmen mit chin. Mutter zu Herkunftsangaben.

NOERR
Außenhandel

Bewertung: Empfohlene Praxis für Außenhandel. Die Kanzlei hat es gut verstanden, versch. Bereiche ihrer fachl. breiten Praxis zu verzahnen, u. kann dadurch einen recht umfassenden Beratungsansatz bieten. Das ▶ wirtschaftsstrafrechtl. Team berät etwa bei exportkontrollrechtl. Problemen mit, wie die Arbeit für Sig Sauer zeigt. In der ▶ Compliance-Gruppe werden auch außenwirtschafts- u. zollrechtl. Themen abgedeckt. Erneut positive Marktrückmeldung gab es für die Berliner Partnerin Dr. Bärbel Sachs, der Mandanten „große Sach- u. Fachkenntnis" bescheinigen u. eine „zeitnahe u. effektive Beratung" ihres Teams loben. Eine Anzahl neuer Mandanten gewann Noerr dabei speziell für die Beratung zu Russland-Sanktionen. Damit bildet die Praxis eine wesentl. Facette des insges. hoch angesehenen Fachbereichs ▶ Vertriebsrecht. (2 Eq.-Partner, 1 Sal.-Partner, 3 Associates)

Mandate: ●● Sig Sauer straf- u. verwaltungsrechtl. bzgl. Waffenlieferungen in versch. Länder; Ineos umf. zu Verbrauchssteuern u. Zollfragen bei Umstrukturierung; Platform Specialty Products zu Kauf des Agro-Chemiegeschäfts von Chemtura; German Sport Guns in BAFA-Verfahren; Lincoln Electric zu Russland-Sanktionen; US-Airline bei Ermittlungsverf. wg. Verstoß gg. Kriegswaffenkontrollrecht in Zshg. mit halbautomat. Gewehren; Tally Weijl Trading zu Gestaltung des Imports aus China; Fresenius

● Referenzmandate, umschrieben
●● Referenzmandate, namentlich

Anwaltszahlen: Angaben der Kanzleien, wie viele Anwälte zu mind. ca. 50% in diesem Gebiet tätig sind. Sie spiegeln nicht zwingend die Gesamtgröße einer Kanzlei wider.

VERTRIEB/HANDEL/LOGISTIK AUSSENHANDEL

Medical Care zu Abschluss von Konzernkrediten; lfd. zollrechtl. für Baltic Distillery, SwissCaps, internat. Mode- u. Schmuckhersteller; dt. Maschinenbauunternehmen zu Lieferungen nach Libyen.

OPPENHOFF & PARTNER
Außenhandel

Bewertung: Die im Außenhandel häufig empfohlene Praxis um den erfahrenen Stephan Müller war im letzten Jahr durch die gestiegene Aufmerksamkeit für Sanktionsthemen u. exportkontrollrechtl. ▶Compliance stark gefordert. Hier kamen zahlr. Mandanten neu auf die kleine Praxis zu. Wettbewerber loben Müller neben der fachl. Kompetenz auch für einen „praxisbezogenen Ansatz", Mandanten als „hoch spezialisierten Experten". Der Mandantenstamm setzt sich dabei aus Konzernen ebenso wie aus mittelständ. Unternehmen zusammen. Einen sichtbaren Branchenfokus bilden die Bereiche Technologie u. Forschung. Typisch für die Kanzlei sind zudem die gewachsenen internat. Verbindungen, wie sie sich erneut bei der Arbeit für Krauss-Maffei beim gepl. Zusammenschluss mit dem frz. Panzerhersteller Nexter offenbarten. (1 Eq.-Partner, 1 Sal.-Partner)

Mandate: ●● Saint-Gobain u. Töchter lfd. außenwirtschaftsrechtl.; Dt. Bahn zu Aufbau von Compliance-Programm für Exportkontrolle; Krauss-Maffei zu Fusion mit Nexter; Balfour Beatty zu exportkontrollrechtl. Aspekten bei Transaktionen; Exelis bei Kauf von Barco Orthogon; Gazprom-Tochter Gascade zu Russland-Sanktionen; GE Global Research lfd. zu exportkontrollrechtl. Compliance; Versicherer zu Sanktionslisten-Screening; Northrop Grumman zu Eurohawk-Auseinandersetzung; Anlagenbauer zu Energielieferungen u. Russlandsanktionen.

SCHRÖMBGES + PARTNER
Außenhandel

Bewertung: Die außenhandelsrechtl. Kanzlei wird im Markt für ihre langj. Erfahrung mit umsatz- u. verbrauchssteuerrechtl. Themen sowie bei zollrechtl. Problemen empfohlen. Insbes. Namenspartner Dr. Ulrich Schrömbges berät auch bei finanzgerichtl. Streitigkeiten u. strafrechtl. Bezügen. In einigen Fällen kamen Mandate über gewachsene Verbindungen in den österr. Markt. Die Kanzlei ist klein u. hat bisher kein Associate-Team aufgebaut. (2 Partner)

Mandate: ●● Iceis Germany zu außenhandelsrechtl. Frage im Chinageschäft; Hübner zu Eisenbahntechnikeinfuhr aus Indien; Verag Zollservice umsatzsteuerl. zu Fiskalverzollung (Kupferhandel); Nordex Food in Zollstreit um Ausfuhrerstattung u. Zolldokumente; ITM Internat. u. Silhouette Internat. zu Tarifierung; Gebr. Heinemann zu Verbrauchssteuern/Flughafen Basel; Fava Import Export verbrauchssteuerl. zu Chinahandel; Spediteur zu Auseinandersetzung über Buchführungsfehler bei Lieferwegen.

ANZEIGE / CO-PUBLISHING WIRTSCHAFTSSTRAFRECHT

Straftatbestand der Bestechlichkeit und Bestechung im Gesundheitswesen – Regelungsinhalt und Auswirkungen

Von Dr. Sebastian Wollschläger, Gercke | Wollschläger, Köln

Die Kanzlei **Gercke | Wollschläger** ist eine auf das Strafrecht und das Ordnungswidrigkeitenrecht spezialisierte Sozietät mit Sitz in Köln. Die Rechtsanwälte der Kanzlei sind insbesondere im Wirtschafts- und Steuerstrafrecht sowohl als Individual- und Unternehmensverteidiger, als auch in der Beratung bundesweit tätig.

Dr. Sebastian Wollschläger

Dr. Sebastian Wollschläger ist Rechtsanwalt sowie Fachanwalt für Strafrecht und Steuerrecht. Zu seinen Tätigkeitsschwerpunkten zählen u.a. das Korruptions- und Wettbewerbsstrafrecht. Seine Mandanten sind Einzelpersonen und Unternehmen, die er in Zusammenhang mit der Erhebung straf- und ordnungswidrigkeitenrechtlicher Vorwürfe verteidigt oder berät. Seine Expertise stellt er auch allgemein im Wirtschaftsrecht tätigen Kanzleien zur Verfügung.

Weitere Informationen im Kanzleiprofil am Ende des Handbuchs.

Die Bekämpfung von Korruption mit den Mitteln des Strafrechts schreitet weiter voran. Aufgrund von Vorgaben der UN-Konvention gegen Korruption wurde zuletzt der Anwendungsbereich des § 108e StGB (Bestechlichkeit und Bestechung von Mandatsträgern) erweitert. Erweitert werden soll außerdem der Anwendungsbereich des § 299 StGB (Bestechlichkeit und Bestechung im geschäftlichen Verkehr), der um eine Tatvariante ergänzt werden soll, die den Geschäftsherrn vor korruptivem Verhalten seiner Angestellten bzw. Beauftragten schützt („Geschäftsherrenmodell"). Ebenfalls im Gesetzgebungsverfahren befinden sich die vollständig neuen Vorschriften der §§ 299a und 299b StGB-E (Bestechlichkeit und Bestechung im Gesundheitswesen), durch die Vorteilszuwendungen an Angehörige von Heilberufen unter Strafe gestellt werden, die mit unlauteren Praktiken im Wettbewerb oder der Verletzung von beruflichen Pflichten einhergehen.

Hintergrund

Die Bundesregierung hat den Entwurf eines Gesetzes zur Bekämpfung von Korruption im Gesundheitswesen vorgelegt, der u.a. die Einführung der neuen Straftatbestände der Bestechlichkeit und Bestechung im Gesundheitswesen als neue §§ 299a und 299b des 26. Abschnitts des Strafgesetzbuches (Straftaten gegen den Wettbewerb) vorsieht. Die Gesetzgebungsinitiative geht auf eine Entscheidung des Großen Senats des Bundesgerichtshofes aus dem Jahr 2012 zurück (Beschl. v. 29.03.12 – GSSt 2/11). Danach handeln niedergelassene, für die vertragsärztliche Versorgung zugelassene Ärzte bei der Wahrnehmung der ihnen in diesem Rahmen übertragenen Aufgaben weder als Amtsträger noch als Beauftragte der gesetzlichen Krankenkassen. Die Entgegennahme von Vorteilen – in dem zu entscheidenden Fall erhielt der verschreibende Arzt für die Verordnung eines bestimmten Medikaments von dem Hersteller eine Prämie – konnte demnach weder nach den §§ 331 ff. StGB (Delikte der „Amtsträgerkorruption") noch nach § 299 StGB geahndet werden. Der neue Straftatbestand soll die insofern im Strafrecht erkannte Lücke bei der Bekämpfung von Korruption im Gesundheitswesen schließen. Die auf den Vermögensschutz ausgerichteten Straftatbestände der Untreue (§ 266 StGB) und des Betruges (§ 263 StGB) sind nach Ansicht des Gesetzgebers ebenso wenig ausreichend, wie wettbewerbs- und berufsrechtliche Vorschriften, die die Gewährung von Vorteilen an im Gesundheitswesen tätige Personen bereits nach geltender Rechtslage verbieten.

Der strafrechtliche Schutz vor Korruption im Gesundheitswesen ist dem Gesetzgebungsentwurf zufolge aufgrund der großen wirtschaftlichen und sozialen Bedeutung dieses Bereiches berechtigt. Korruption beeinträchtige hier nicht nur den Wettbewerb und führe zu erheblichen Kostensteigerungen, sondern untergrabe auch das Vertrauen der Patienten in eine von unlauteren Zuwendungen unbeeinflusste Gesundheitsversorgung. Korruptionsrisiken gingen dabei insbesondere auf die Schlüsselstellung von Ärzten und Apothekern zurück, die auf der Verschreibungs- und Apothekenpflicht für Arzneimittel und der Berechtigung zu deren Verschreibung beruhe (vgl. §§ 43, 48 des Arzneimittelgesetzes – AMG). Die pharmazeutische Industrie sei daher für den Absatz ihrer Produkte wesentlich auf ärztliche und pharmazeutische Verordnungs- und Abgabeentscheidungen angewiesen.

Regelungsinhalt

Um die insbesondere bei der Ärzteschaft liegende „Lenkungsfunktion von erheblicher volkswirtschaftlicher Bedeutung" von korruptiver Einflussnahme freizuhalten, sehen die neuen §§ 299a und 299b StGB-E die folgenden Regelungen vor: Strafbar macht sich danach der Angehörige eines Heilberufes, der in Zusammenhang mit der Ausübung seines Berufes einen Vorteil fordert, sich versprechen lässt oder annimmt und als Gegenleistung hierfür die unlautere Bevorzugung eines anderen im Wettbewerb bei der Verordnung oder der Abgabe von Arznei-, Heil- oder Hilfsmitteln oder von Medizinprodukten oder bei der Zuführung von Patienten oder Untersuchungsmaterial vereinbart. Nach dem Auffangtatbestand des § 299a Abs. 1 Nr. 2 StGB-E genügt es für eine Strafbarkeit auch, wenn mit der Vorteilszuwendung die Verletzung von Berufspflichten zur Wahrung der heilberuflichen Unabhängigkeit verbunden ist. Schließlich soll auch die Vorteilsannahme im Zusammenhang mit dem Bezug von Arzneimitteln etc. strafbar sein, wenn sie mit einer solchen Pflichtverletzung verbunden ist (Abs. 2). Als Vorteilsempfänger erfasst sind nach dem Referentenentwurf des Justizministeriums nicht nur niedergelassene Ärzte, Apotheker und Psychotherapeuten, sondern auch Gesundheitsberufe wie Krankenpfleger und Physiotherapeut, da auch letztere eine nach dem Entwurf vorausgesetzte staatlich geregelte Ausbildung durchlaufen müssen. Die Strafbarkeit der Geberseite ist spiegelbildlich in § 299b StGB-E geregelt. Seiner Struktur nach folgen die neuen Vorschriften damit den sonstigen Korruptionsvorschriften des Strafgesetzbuches, die ebenfalls einen Tausch von Vorteilen erfassen, welche in bestimmter Weise regelwidrig – in Form einer sog. Unrechtsvereinbarung – miteinander verknüpft sind.

In erster Linie von einer Strafbarkeit erfasst sind damit Zuwendungen von Pharmaunternehmen an Ärzte und Apotheker für die bevorzugte Verschreibung bzw. Abgabe bestimmter Arzneimittel. (Strafrechtlich) verboten ist aber insbesondere auch die Zuweisung von Patienten oder Untersuchungsmaterial gegen die Zahlung eines Entgelts, z.B. die – auch nur mündliche und unverbindliche – Empfehlung einer bestimmten Apotheke, einer Klinik oder eines Sanitätshauses oder die Zuweisung von Untersuchungsmaterial an ein bestimmtes Labor. Eine ausdrückliche Geringfügigkeitsgrenze für den Wert von in diesen Zusammenhängen entgegengenommenen Vorteilen gibt es nicht; solange Zuwendungen „sozialadäquat" (d.h. insbes. von geringem Wert) sind, dürften sie dem Tatbestand allerdings ebenso wie bei den sonstigen Korruptionsvorschriften des StGB nicht unterfallen. Voraussetzung für das Vorliegen einer Unrechtsvereinbarung ist dabei stets die inhaltliche Verknüpfung der Vorteilszuwendung mit einer jedenfalls in ihren groben Umrissen erkennbaren Gegenleistung. Eine nachträgliche „Belohnungszahlung" und das Erkaufen des allgemeinen Wohlwollens des Vorteilsnehmers sind – anders als bei den Amtsdelikten der §§ 331 und 333 StGB – nicht strafbar.

Praktische Auswirkungen und Zweifelsfragen

Durch den Gesetzgebungsentwurf erfasst werden könnten auch verschiedene vertragliche Vereinbarungen oder Verhaltensweisen im Gesundheitswesen, die bislang noch weniger kritisch betrachtet werden. So führt die Gesetzesbegründung ausdrücklich Vereinbarungen über die Durchführung von Anwendungsbeobachtungen an, die dann Gegenstand einer Unrechtsvereinbarung sein könnten, wenn sie über die bloße Teilnahme hinaus mit einer korruptiven Einflussnahme auf das Verschreibungsverhalten des Arztes verbunden sind. Genannt wird außerdem die Beteiligung des Arztes an einem Unternehmen im Gesundheitswesen, dem der Arzt Patienten zuführt, wovon er wiederum als Gesellschafter in Form einer Gewinnbeteiligung profitiert. Auswirkungen dürfte das neue Gesetz bspw. auch auf die Gestaltung des Entlassmanagements haben, bei dem für einzelne Fallgestaltungen Strafbarkeitsrisiken bestehen. In diesem Zusammenhang bestehende Kooperationen zwischen Ärzten, Krankenhäusern und Unternehmen der Hilfsmittelversorgung könnten bereits dann strafrechtliche Relevanz bekommen, wenn dem für das Entlassmanagement verantwortlichem Krankenhaus Vorteile in Form ersparter Aufwendungen dadurch zukommen, dass Leistungserbringer i.S.v. § 126 Abs. 5 SGB V (im Interesse des Patienten) bereits im Krankenhaus tätig werden. Auch über das Entlassmanagement hinaus gibt es Kooperationen unter Heilberufen, die übergreifende Vergütungsabsprachen enthalten und für die deshalb strafrechtliche Risiken bestehen könnten, obwohl sie nach sozialrechtlichen Vorschriften nicht nur zulässig, sondern im Sinne einer effektiven, wirtschaftlichen und bedarfsgerechten Versorgung erwünscht sind. Insofern wird es insbes. darauf ankommen, ob angemessene Entgelte oder auch verdeckte Zuweisungsprämien vereinbart sind. Auswirkungen könnte die neue Strafvorschrift auch für die verbreitete Übernahme der Kosten von Fortbildungsveranstaltungen durch die Pharmaindustrie haben. Die Frage einer Strafbarkeit kann dabei insbesondere davon abhängen, was nach berufsrechtlichen Regeln noch – unbestimmt – als „angemessen" erachtet wird (vgl. § 32 Abs. 2 MBO-Ä).

Gegen den Gesetzgebungsentwurf ist – gerade auch aufgrund der zuletzt dargestellten Zweifelsfragen – Kritik vorgebracht worden. Dennoch ist zu erwarten, dass der Vorschlag – ggf. mit Modifikationen – umgesetzt wird. Für Unternehmen in der Gesundheitsbranche folgt daraus das Erfordernis, bestehende Verträge mit Angehörigen eines Heilberufes auf den Prüfstand zu stellen und bei dem Abschluss neuer Verträge vor dem Hintergrund möglicher strafrechtlicher Folgen noch mehr Vorsicht walten zu lassen als bislang. Es zeichnet sich ab, dass bestimmte Formen der Zusammenarbeit zwischen Unternehmen der Gesundheitsbranche und Ärzten, Apothekern etc. einer Neuregelung bedürfen oder aufzugeben sind. ■

KERNAUSSAGEN

- Zur Schließung von Strafbarkeitslücken soll ein neuer Tatbestand der Bestechlichkeit und Bestechung im Gesundheitswesen in das StGB eingefügt werden. Die Regelung dient dem Schutz heilberuflicher Entscheidungen vor unzulässiger Einflussnahme.

- Strafbar machen können sich danach u.a. Angehörige eines Heilberufes, wenn sie in Zusammenhang mit ihrer Berufsausübung Vorteile entgegennehmen, die auf eine unlautere Bevorzugung im Wettbewerb abzielen, oder wenn dies mit der Verletzung von Berufspflichten verbunden ist.

- Es werden sich Auswirkungen auf die Zusammenarbeit zwischen Angehörigen der Heilberufe und Unternehmen der Gesundheitsbranche ergeben. Insbesondere die Gestaltung von Kooperationen sollte angesichts des Bestehens neuer strafrechtlicher Risiken auf den Prüfstand gestellt werden.

Die geplante Neuregelung des §299 StGB – Auftragsvergabe als unlauterer Vorteil im Korruptionsstrafrecht?

Von Thorsten Zebisch, QUEDENFELD Rechtsanwälte PartG mbB, Stuttgart

QUEDENFELD Rechtsanwälte PartG mbB ist eine im Wirtschafts- und Steuerstrafrecht spezialisierte Anwaltssozietät in Stuttgart. Mandanten sind Individualpersonen und Unternehmen.
Individualpersonen werden auch im Zusammenhang mit strafrechtlichen Nebenfolgen sowie bei steuerlichen, verwaltungs-, berufs- und disziplinarrechtlichen Folgeverfahren vertreten.
Die Beratung von Unternehmen umfasst alle Bereiche der Beteiligung eines Unternehmens im Straf- und Bußgeldverfahren, insbesondere die Vertretung als Nebenbeteiligte im Verfallsverfahren bzw. bei drohender Verhängung einer Verbandsgeldbuße.

Thorsten Zebisch, Fachanwalt für Strafrecht, Verkehrsrecht und Zertifizierter Berater für Steuerstrafrecht (DAA), ist Partner bei QUEDENFELD Rechtsanwälte und betreut schwerpunktmäßig Mandate im gesamten Wirtschafts- und Steuerstrafrecht.

Weitere Informationen im Kanzleiprofil am Ende des Handbuchs.

Spätestens seit der Korruptionsaffäre um Siemens ist Bestechung und Bestechlichkeit, insbesondere der Umgang mit derartigen Delikten, nicht nur in den Fokus der Öffentlichkeit geraten. Vielmehr wurde § 299 StGB zu einer der zentralen Normen im Bewusstsein der (Straf-) Juristen. Fristete diese Norm nach deren Übernahme aus dem UWG in das Kernstrafrecht im Jahre 1997 zunächst noch (weiterhin) einen gewissen Dornröschenschlaf, so wird ihr spätestens seit der Siemens-Affäre größte Aufmerksamkeit der Ermittler zuteil. Auch wird aller Voraussicht nach demnächst – nach der Erweiterung des Schutzes auf den ausländischen Wettbewerb, welche bereits 1998 erfolgte – § 299 StGB im Rahmen des Entwurfes eines Gesetzes zur Bekämpfung der Korruption erneut reformiert. Die beabsichtigte Änderung des § 299 StGB ist der Umsetzung internationaler Abkommen (Strafrechtsübereinkommen des Europarates über Korruption vom 27.01.99 und Zusatzprotokoll vom 15.05.03; EU-Rahmenbeschluss zur Bekämpfung der Bestechung im privaten Sektor; VN Konvention gegen Korruption) geschuldet. Ungeklärt bleibt indes weiterhin die Frage der Parallelität zu den §§ 331 ff. StGB bei einer Auftragsvergabe, bei welcher lediglich das Erlangen des Auftrages ein Vorteil sein soll, obwohl die Gegenleistung werthaltig ist und vollständig erbracht wird.

Derzeitiger Stand der Gesetzgebung

Im März 2015 wurde von der Bundesregierung ein Gesetzentwurf eingebracht (BT-Drucksache 18/4350), der u.a. eine Erweiterung der Strafbarkeit der Bestechlichkeit und der Bestechung im geschäftlichen Verkehr (§ 299 StGB) vorsieht. Der Entwurf des § 299 StGB n.F. (§ 299 StGB-E) lautet wie folgt:
„(1) Wer im geschäftlichen Verkehr als Angestellter oder Beauftragter eines Unternehmens einen Vorteil für sich oder einen Dritten als Gegenleistung dafür fordert, sich versprechen lässt oder annimmt, dass er bei dem Bezug von Waren oder Dienstleistungen
1. einen anderen im inländischen oder ausländischen Wettbewerb in unlauterer Weise bevorzuge oder
2. seine Pflichten gegenüber dem Unternehmen verletze,
wird mit Freiheitsstrafe bis zu drei Jahren oder mit Geldstrafe bestraft.

(2) Ebenso wird bestraft, wer im geschäftlichen Verkehr einem Angestellten oder Beauftragten eines Unternehmens einen Vorteil für diesen oder einen Dritten als Gegenleistung dafür anbietet, verspricht oder gewährt, dass er bei dem Bezug von Waren oder Dienstleistungen
1. ihn oder einen anderen im inländischen oder ausländischen Wettbewerb in unlauterer Weise bevorzuge oder
2. seine Pflichten gegenüber dem Unternehmen verletze."
Zwischenzeitlich fanden im Rechtsausschuss des Bundestages Sachverständigenanhörungen statt.

Erweiterung des Schutzzweckes

In der bisherigen Fassung stellt § 299 StGB darauf ab, dass der Vorteil als Gegenleistung für eine unlautere Bevorzugung im Wettbewerb gewährt oder angenommen wird. Schutzzweck ist folglich die Funktionsfähigkeit des Wettbewerbs. Das Europarat-Übereinkommen (Art. 7 und 8) sowie der EU-Rahmenbeschluss (Art. 2) geben indes vor, bei einer Unrechtsvereinbarung bereits auf eine Pflichtverletzung gegenüber dem Geschäftsherrn abzustellen. Ähnlich ist Art. 21 der VN Konvention gegen Korruption gefasst. Aus diesem Grunde wurde die Anpassung der Norm als notwendig, aber auch als sachgerecht erachtet. Begründet wird dies damit, dass „die derzeit geltende Fassung durch die Beschränkung auf Bevorzugungen im Wettbewerb die strafbedürftigen Fälle der mit Schmiergeldzahlungen erkauften Verletzung von Pflichten durch Angestellte und Beauftragte von Unternehmen außerhalb von Wettbewerbslagen nicht erfasst" (Begründung Gesetzentwurf, S. 21).
Der bisherige Schutzzweck des § 299 Abs. 1 StGB, nämlich der Schutz der Funk-

tionsfähigkeit des Wettbewerbs, findet sich in Ziff. 1 der neu gefassten Absätze wieder. Der erweiterte Schutzzweck in Form des Schutzes „der Interessen des Geschäftsherrn an der loyalen und unbeeinflussten Erfüllung der Pflichten durch seine Angestellten und seine Beauftragten im Bereich des Austausches von Waren und Dienstleistungen" (Begr. GesetzE, S. 21) soll die neue Ziff. 2 der Absätze 1 und 2 erfassen. Der Gesetzentwurf beinhaltet folglich neben dem bisherigen Schutz der Funktionsfähigkeit des Wettbewerbs, aufgrund der Umsetzung des Europarat-Übereinkommens sowie des EU-Rahmenbeschlusses, ein sog. Geschäftsherrenmodell. Voraussetzung ist hier eine Pflichtverletzung durch Annahme eines Vorteils, wobei sich die Pflichtverletzung gerade auf den Bezug von Waren oder Dienstleistungen bezieht/beziehen muss. Insofern wird klargestellt, dass eine Pflichtverletzung nicht bereits dann vorliegt, wenn die Annahme eines Vorteils erfolgt, auch wenn hierdurch ein Verstoß gegen innerbetriebliche Regularien, wie z.B. Compliance-Vorschriften, erfüllt wäre.

Das Erlangen eines Auftrages im privaten Sektor als (unlauterer) Vorteil?

Die Ziff. 1 der neu gefassten Absätze 1 und 2 des § 299 StGB-E soll die bisherige Rechtslage übernehmen (Begr. GesetzE, S. 21). Entsprechend sind die Tatbestandsmerkmale „Bevorzugung" und „Wettbewerb" wieder zu finden. Bisher wird in der Rechtsprechung vorausgesetzt, dass die Waren oder Dienstleistungen, welche Gegenstand der Bevorzugung sein sollen, zumindest von einem weiteren Anbieter bezogen werden könnten (vgl. nur BGH wistra 2003, 385, 386). Ebenso wird durch die Übernahme der bisherigen Rechtslage das Erfordernis der sog. Unrechtsvereinbarung (die Bevorzugung muss „unlauter" motiviert sein) beibehalten. Eine „Unlauterkeit" der Bevorzugung wird nach h.M. schon dann angenommen, wenn die Entscheidung hinsichtlich der Bevorzugung des Vorteilgebers nicht rein sachlich, sondern zumindest auch durch den Vorteil mit motiviert ist. Demnach kommt es darauf an, ob durch das Gewähren des Vorteils gerade die eigene Bevorzugung erreicht werden soll. Beispielhaft soll folgende Konstellationen angeführt werden:

A und B verabreden, dass, im Gegenzug für den Zuschlag an B bei einer Ausschreibung, mit einer von A beherrschten Firma ein Vertrag über die Erbringung von Leistungen geschlossen werden soll. Die Leistungen werden im Folgenden gemäß der Abrede von der von A beherrschten Firma vollständig und werthaltig erbracht.

Derartige Konstellation sind in der Rechtsprechung zu den §§ 331 ff. StGB bereits Gegenstand höchstrichterlicher Entscheidungen gewesen (u.a. BGH NStZ 2008, 216 ff.; wistra 2011, 391 ff.). So ist wiederholt durch den BGH bestätigt worden, dass auch die ordnungsgemäß erfüllt und angemessen vergütete Auftragserteilung grundsätzlich die Zuwendung eines Vorteils im Sinne des StGB darstellen kann. Soweit ersichtlich, betreffen diese Entscheidungen allerdings nur Sachverhalte, welche unter die §§ 331 ff. StGB zu fassen waren.

Grenzen der Parallelität von § 299 StGB und §§ 331 ff. StGB

Die Tatbestände des § 299 StGB einerseits und die Tatbestände der §§ 331 ff. StGB andererseits schützen, auch wenn sie Parallelen aufweisen, unterschiedliche Rechtsgüter. Insofern erscheint fraglich, ob die bisher erfolgte Rechtsprechung zu den §§ 331 ff. StGB ohne weiteres auf Sachverhalte bei der Beurteilung der Frage der Bestechung und Bestechlichkeit im geschäftlichen Verkehr übertragbar ist. Auch wenn in der Literatur ohne erkennbare Auseinandersetzung bezüglich der unterschiedlichen Schutzbereiche, insbesondere im Hinblick auf die Unrechtsabrede, die Rechtsprechung zu den §§ 331 ff. StGB bei der Kommentierung zu § 299 StGB zitiert wird, erscheint eine direkte Übertragbarkeit der bisherigen Rechtsprechung zu den §§ 331 ff. StGB auf den Tatbestand des § 299 StGB ohne Weiteres nicht möglich zu sein. Das geschützte Rechtsgut der Amtsdelikte der §§ 331 ff. StGB ist vor allem die Lauterkeit des öffentlichen Dienstes und das Vertrauen der Allgemeinheit in denselben. Hier soll bereits der sogenannte erste Anschein eines unrechtmäßigen Verhaltens vermieden werden. Bei § 299 StGB sollen das Rechtsgut des freien Wettbewerbs sowie, wenn auch nur mittelbar, die Vermögensinteressen des Mitbewerbers und des Geschäftsherrn geschützt werden. Das Schutzgut des § 299 StGB betrifft folglich den Wettbewerb des privat-autonom agierenden Bürgers. Gerade im Bereich des privat-autonom handelnden Bürgers oder Unternehmers, hier in Form des Marktteilnehmers, dürften wechselseitige Beauftragungen jedoch nicht nur nicht ungewöhnlich sein. Vielmehr können diese oftmals, auch im Rahmen der zwischen den Marktteilnehmern herrschenden Privatautonomie, legitimen und nicht unlauteren Gründen oder Interessen steuer- oder haftungsrechtlicher Art sowie sonstiger Natur geschuldet sein. Die direkte Übertragung der zu den §§ 331 ff. StGB entwickelten Grundsätze der Rechtsprechung in Form der öffentlich-rechtlichen Verhaltensregeln sind daher im Bereich der freien Wirtschaft nicht ohne Weiteres möglich.

Die neue Rechtslage ändert hieran gerade nichts. Vielmehr stellt diese auf die Verletzung von Pflichten durch Angestellte und Beauftragte von Unternehmen innerhalb von Wettbewerbslagen ab. Die vorgenommene Erweiterung tangiert daher die aufgeworfene Problematik nicht. Es verbleibt bei der bisherigen Unsicherheit, inwieweit die Rechtsprechung den Reflex der Literatur übernimmt, die zu den §§ 331 ff. StGB entwickelten Grundsätze undifferenziert auch auf Tatbestände des § 299 StGB anzuwenden. ∎

KERNAUSSAGEN

- Mit der Umsetzung / Ratifizierung des vorliegenden Gesetzentwurfes ist zeitnah zu rechnen.

- Der Schutzzweck des § 299 StGB wird durch das Abstellen auf Pflichten gegenüber dem Unternehmer auf das sog. Geschäftsherrenmodell erweitert.

- Die Pflichtverletzung muss sich auf den Bezug von Waren oder Dienstleistungen beziehen. Der reine Verstoß gegen innerbetriebliche Regularien, wie z.B. Compliance-Vorschriften, ist nicht ausreichend.

- Inwieweit die alleinige Auftragsvergabe trotz angemessener Vergütung bei vollständiger sowie werthaltiger und somit ordnungsgemäßer Erfüllung der Gegenleistung einen unlauteren Vorteil ggf. unter welchen Kriterien i.S.d. § 299 StGB darstellt, bleibt weiterhin offen.

Wirtschaftsstrafrecht

Naht ein Ende der Mammutverfahren?

Einmal mehr richteten sich alle Augen auf München: Aktuelle und ehemalige Deutsche-Bank-Vorstände kämpften dort gegen den Vorwurf des versuchten Prozessbetrugs. Als Nächstes wird wohl Frankfurt im Fokus stehen, wenn die Staatsanwaltschaften dort ihre Ermittlungen gegen die Deutsche Bank abschließen. Möglicherweise sind das auch vorläufig die letzten großen Verfahren gegen Konzerne und ihre Vorstände, denn einige Staatsanwälte vermuten, dass sich die Compliance-Anstrengungen auszuzahlen beginnen: Ein Systemversagen wird seltener. Die Gemüter bewegte daneben die rigide Rechtsprechung zu Absprachen. Diese, so beklagen Verteidiger, führe bei unsicheren Richtern dazu, dass sie jeden Dialog meiden. So werde noch intensiver versucht, schon im Ermittlungsverfahren einen Schlussstrich zu ziehen. Doch die gesellschaftliche Stimmungslage, so die Prognose, wird trotz aller Anstrengungen dazu führen, dass Hauptverhandlungen häufiger werden. Zusätzliche Arbeit wird daneben die Neuregelung für die Korruption im Gesundheitswesen bringen, weil trotz seit Längerem geltender Selbstverpflichtungen das Problembewusstsein fehlt.

Neuer Anwaltstypus erobert den Markt

Die Indizien dafür, dass sich die Generation der Silberrücken zurückzieht, häufen sich. Die Entscheidung des Kölner Verteidigerurgesteins Prof. Norbert Gatzweiler, ab dem Frühjahr 2016 nur noch ausgewählte Mandate weiter zu betreuen, ist ein deutliches Signal. Und auch den Verzicht des Düsseldorfers Dr. Sven Thomas auf die große Bühne beim Deutsche-Bank-Prozess, den er mit persönlichen Gründen erklärte, interpretierten viele als ein Kürzertreten. Ein Vakuum wird trotzdem nicht entstehen, denn die nächste Generation ist längst etabliert. Deren Nachfolger stehen wiederum in den Startlöchern. Die Kanzleigründungen jüngerer Strafrechtler waren in den vergangenen Jahren meist erfolgreich, und bislang sieht es danach aus, dass Einheiten wie **Rettenmaier & Adick** oder **HoffmannLaw** diesen Trend fortschreiben. Doch auch einige Verteidiger, die im Schatten dominanter Senior-Partner groß geworden sind, etwa bei **Heimes & Müller** oder **Kempf & Dannenfeldt** gewinnen Profil. Bei letzterer liegt die Verantwortung jetzt bei einer einzigen Anwältin, da sich die Sozietät auflösen wird. Die nächsten Generationen werden einen neuen Typus von Wirtschaftsstrafrechtler verkörpern: Meist wenig erfahren in der staatsabwehrenden Verteidigung, aber dafür mit viel Verständnis für die wirtschaftlichen Implikationen strafrechtlicher Probleme. Verteidigerpuristen fürchten schon länger, dass dadurch im Wirtschaftssektor Beschuldigtenrechte dem Unternehmensinteresse geopfert werden. Mittelfristig wird sich der Markt der Strafrechtler deutlicher in 2 Lager spalten – in eine unternehmens- und konsensorientiertere Zunft und in eine, die sich eher dem klassischen Verteidigerethos verpflichtet fühlt. Straf- und Zivilrecht rücken aufgrund der Compliance-Bemühungen der Unternehmen zusammen. Dies führt dazu, dass für Strafrechtler der gute Draht zu Zivilkanzleien bei der Mandantengewinnung wichtiger wird. Die Vernetzung in die Verteidigerszene verliert hingegen an Relevanz, da die Unternehmen seltener Teamverteidigungen finanzieren und Sockelverteidigungen auch kaum noch zu strukturieren sind. All dies schadet dem Geschäft derzeit nicht, und die Partnerstundensätze gehören mit durchschnittlich knapp 370 Euro weiterhin zu den höchsten im Markt.

Die folgenden Bewertungen behandeln Kanzleien, die im Wirtschaftsstrafrecht beraten. Bitte beachten Sie auch die Kapitel ▶ Konfliktlösung, ▶ Öffentliches Wirtschaftsrecht, ▶ Steuerrecht sowie ▶ Steuerstrafrecht. Die tabellarischen Übersichten unterscheiden zwischen Individualverteidigung u. der Beratung bzw. Begleitung von Unternehmen als Geschädigte oder nach dem Ordnungswidrigkeitengesetz Betroffene. Die fachübergreifende ▶ Compliance-Beratung wird in einem gesonderten Kapitel dargestellt. Die Mandatsbeschreibungen beziehen sich in aller Regel auf die Beratung bei im Zeitpunkt des Redaktionsschlusses laufenden Verfahren mit entsprechend nicht rechtskräftig festgestellten Vorwürfen.

JUVE KANZLEI DES JAHRES
WIRTSCHAFTSSTRAFRECHT
GERCKE WOLLSCHLÄGER

Mit der Arbeit im Kölner Cum-Ex-Verfahren und dem Einstieg in den Teldafax-Komplex hat das Team einen deutlichen Fußabdruck im Markt hinterlassen. Dass es auch längst kein regionaler Player mehr ist, zeigt sich zudem in Mandaten in den Verfahren um Imtech und den CO2-Handel. Lange galt die Kanzlei um Namenspartner **Prof. Dr. Björn Gercke** als eine Art Ziehkind des Büros des angesehenen Kölner Strafrechtlers Prof. Norbert Gatzweiler, der regelmäßig mit dem Team kooperierte. Doch derartige Starthilfe hat sich erübrigt. Geschickt manövriert das inzwischen erweiterte Team zwischen Individual- und Unternehmensverteidigung, ohne sich auf eine Seite festlegen zu lassen. Genauso geschickt vereint die Kanzlei nach Ansicht von Wettbewerbern dogmatischen Anspruch mit pragmatischen Qualitäten, die auch etliche Zivilkanzleien zu schätzen wissen. Gerade diese Vielseitigkeit erlaubt es den jungen Partnern, ihre eigenen Stärken zu entwickeln. So schickt sich **Dr. Sebastian Wollschläger** an, zu einem Revisionsspezialisten zu werden, auch wenn es noch eine Weile dauern wird, bis er den erfahreneren Profis auf Augenhöhe begegnen kann. Doch auch die anderen beiden Partner entwickeln neben der nach wie vor hervorstechenden Persönlichkeit von Gercke ein eigenes Profil. Wenn sich mit Gatzweiler im Frühjahr 2016 der wohl erfolgreichste Kölner Verteidiger zurückzieht, ist diese Kanzlei jedenfalls bestens aufgestellt und bereit, frei werdende Marktanteile zu erobern.

WIRTSCHAFTSSTRAFRECHT

BREHM & V. MOERS
Wirtschaftsstrafrecht: Individuen ▢▢▢▢▢

Bewertung: Die geschätzte Münchner Kanzlei um den erfahrenen Partner Pfordte u. den sich immer besser im Markt etablierenden Bosbach profitiert von dem allgem. Trend, dass immer mehr Verfahren bis in die Hauptverhandlung geführt werden. Dank ihrer langj. Prozesserfahrung ist sie für diese Entwicklung gut gerüstet u. nutzt diese Kompetenz zudem in stetig wachsendem Umfang für die strafrechtl. Beratung von Unternehmen. Die Arbeit ist mittelständ. geprägt u. inzw. weitgehend unabhängig von den Kontakten der etablierten ▶Medienpraxis.

Häufig empfohlen: Thilo Pfordte („kundig, gelassen, fundiert", Wettbewerber), Dr. Jens Bosbach („durchsetzungsstark", Wettbewerber; „fachl. top und sympathisch", Wettbewerber über beide)

Kanzleitätigkeit: Schwerpunkt Individualverteidigungen. Daneben Beratung von Unternehmen, sowohl abwehrend als auch als Geschädigte. Insbes. anerkannt in Verfahren mit Insolvenzbezug. Auch Strafverfahrensrecht (inkl. Revisionsverfahren). Weitere Spezialgebiete: Medien- u. Umweltstrafrecht. Zunehmend auch Steuerstrafrecht u. Mandate mit internat. Bezug. (3 Partner, 3 Associates)

Mandate: ●● Aus dem Markt bekannt: HVB-Risikovorstand wg. Cum-Ex-Transaktionen; Gleiss-Lutz-Anwalt bei Kirch-Komplex; Autor Schwan wg. Kohl-Tagebüchern; Ex-Vorstand HAA wg. Betrug (BayernLB-Komplex); internat. Schrotthändler wg. Steuerdelikt u. präventiv zu Außenhandel.

CLIFFORD CHANCE
Wirtschaftsstrafrecht: Unternehmen ▢▢▢▢

Bewertung: Die empfohlene wirtschaftsstrafrechtl. Praxis engagiert sich weiterhin häufig in fachübergreifenden Kanzleiteams im Bereich ▶Compliance, übernahm nun aber überraschend auch wieder ein Individualmandat. In der Beratung zeichnet sich ein immer stärkerer Fokus auf die Finanzbranche ab, eine Folge der engen Einbindung der Strafrechtler in die Gesamtkanzlei. Genau diese enge Verzahnung ist einerseits ihr Vorteil, andererseits macht sie die Praxis auch anfällig für Entwicklungen, die sich im zivilrechtl. Beratungsbereich abspielen. Das leichte personelle Wachstum der Praxis belegt jedoch die weiterhin gute Auslastung.

Stärken: Beratung von Finanzunternehmen, v.a. grenzüberschreitend.

Häufig empfohlen: Dr. Heiner Hugger („präzise wie kein anderer", Wettbewerber)

Kanzleitätigkeit: Wahrnehmung von Unternehmensinteressen in Strafverfahren u. Vorfeldberatung (z.B. Antikorruptions-Compliance, u.a. Gesundheits-, Finanzsektor). Zudem: Rückführung von Vermögenswerten. Mandate mit internat. Bezügen, u.a. ▶Steuerrecht, Kapitalmarktrecht, interne Untersuchungen oder Industriespionage. (1 Partner, 1 Counsel, 7 Associates)

Mandate: ●● Aus dem Markt bekannt: Dt. Bank bei interner Untersuchung wg. CO2-Handel; HSH Nordbank bei interner Untersuchung wg. Cum-Ex-Geschäften.

COMPART & SCHMIDT
Wirtschaftsstrafrecht: Individuen ▢▢▢▢▢

Bewertung: Die im Wirtschaftsstrafrecht empfohlene Kanzlei ist in Südwestdtl. eine feste Größe. Immer wieder verschafft ihr das Renommee aus großen Mandaten der Region zudem Arbeit aus dem ganzen Bundesgebiet. So berät sie nach dem LBBW-Verf. nun den Vorstand einer anderen Bank. V.a. der Routinier Compart ist – trotz des etwas abgelegenen Standorts – regelm. auch bei anderen Strafverteidigern gefragt. Einer weiteren Entwicklung sind jedoch enge Grenzen gesetzt, da das Team nicht wächst u. schon jetzt gut ausgelastet ist.

Häufig empfohlen: Dr. Eddo Compart

Kanzleitätigkeit: Umf. Wirtschafts- u. Steuerstrafrecht, insbes. unerlaubte Preisabsprachen, Korruption, Bestechung, Untreue, Außenwirtschaftsstrafrecht, Subventionsbetrug u. Insolvenzdelikte. Auch Kartellverstöße. Branchen: u.a. Industrie, Handel, Banken u. Versicherungen. Vertretung von WP. Zudem Umweltdelikte. (2 Partner, 1 Associate)

Mandate: ●● Beschuld. in Schienenkartellverf. (aus dem Markt bekannt); Dax-Konzern wg. Korruption; Handelsbank-Vorstand wg. Untreue; Vorstand wg. Insolvenzdelikt; Zeugenbeistand für Konzernmitarbeiter (SEC-Verf.); Zeugenbeistand in NSA-Untersuchungsausschuss; Steuerchef eines Konzerns wg. Verstoß gg. AußensteuerG; ltd. Mitarbeiter eines Maschinenbauers wg. Embargoverstoß.

DIERLAMM
Wirtschaftsstrafrecht: Individuen ▢▢▢▢▢

Bewertung: Um die im Wirtschaftsstrafrecht häufig empfohlene Boutique ist es zuletzt – jedenfalls abgesehen von der Heckler-&-Koch-Beratung – im Markt ruhiger geworden, ohne dass dies jedoch mit nachlassender Anerkennung einherginge. Grund dafür ist eher, dass sie erneut einige Associates hat ziehen lassen müssen. Zuletzt war die Kanzlei regelm. von Abgängen junger Anwälte betroffen, was für die kompromisslose Auslese, aber auch für eine hohe Belastung spricht. Hier eine Balance zu finden u. mehr Stabilität zu schaffen, wird

---

WIRTSCHAFTSSTRAFRECHT: BERATUNG/VERTEIDIGUNG VON INDIVIDUEN

Dr. Felix Dörr & Kollegen	Frankfurt
Feigen Graf	Frankfurt, Köln
HammPartner	Frankfurt
Kempf & Dannenfeldt	Frankfurt
Krause & Kollegen	Berlin
Thomas Deckers Wehnert Elsner	Düsseldorf
Dierlamm	Wiesbaden
VBB Rechtsanwälte	Düsseldorf
Wessing & Partner	Düsseldorf
Otmar Kury	Hamburg
Lohberger & Leipold	München
Park	Dortmund
Redeker Sellner Dahs	Bonn
Schiller & Kollegen	Frankfurt
Compart & Schmidt	Mannheim
Ignor & Partner	Berlin
Knierim Huber	Mainz, Berlin
Leitner & Partner	München
Quedenfeld	Stuttgart
Prof. Dr. Franz Salditt	Neuwied
Eisenmann Wahle Birk & Weidner	Stuttgart
Gercke Wollschläger	Köln
Ufer Knauer	München
Wannemacher & Partner	München
Brehm & v. Moers	München
Joester & Partner	Bremen
MGR Rechtsanwälte	Frankfurt
Prof. Dr. Klaus Volk	München

Die hier getroffene Auswahl der Kanzleien ist das Ergebnis der auf zahlreichen Interviews basierenden Recherche der JUVE-Redaktion (s. Einleitung S. 20). Sie ist in 2erlei Hinsicht subjektiv: Sämtliche Aussagen der von JUVE-Redakteuren befragten Quellen sind subjektiv u. spiegeln deren eigene Wahrnehmungen, Erfahrungen u. Einschätzungen wider. Die Rechercheergebnisse werden von der JUVE-Redaktion unter Einbeziehung ihrer eigenen Marktkenntnis analysiert u. zusammengefasst. Der JUVE Verlag beabsichtigt mit dieser Tabelle keine allgemein gültige oder objektiv nachprüfbare Bewertung. Es ist möglich, dass eine andere Recherchemethode zu anderen Ergebnissen führen würde. Innerhalb der einzelnen Gruppen sind die Kanzleien alphabetisch geordnet.

▶▶▶ Bitte beachten Sie auch die Liste weiterer renommierter Kanzleien am Kapitelende. ◀◀◀

● Referenzmandate, umschrieben
●● Referenzmandate, namentlich

Anwaltszahlen: Angaben der Kanzleien, wie viele Anwälte zu mind. ca. 50 % in diesem Gebiet tätig sind. Sie spiegeln nicht zwingend die Gesamtgröße einer Kanzlei wider.

WIRTSCHAFTSSTRAFRECHT

immer drängender. Denn das Risiko steigt, dass die Partner, allen voran der hoch angesehene Namenspartner, durch latent drohende Hauptverhandlungen so stark belastet sind, dass sie die Weiterentwicklung der Kanzlei nicht vorantreiben können.
Stärken: Hohes Ansehen, auch bei Zivilkanzleien.
Häufig empfohlen: Prof. Dr. Alfred Dierlamm („klug, sehr engagiert", „souverän", Wettbewerber), Eva Racky („guter Auftritt, gute Koordination, sehr verlässlich", Wettbewerber über beide).
Kanzleitätigkeit: Schwerpunkte: Betrugs- u. Bilanzdelikte, Korruptionsdelikte, Umweltstrafsachen u. Beratung, auch Steuerstrafrecht. Zudem UWG-Delikte. Mandanten: mittelständ. u. Großunternehmen div. Branchen, deren Führungskräfte, WP-Gesellschaften. (3 Partner, 2 Associates)
Mandate: ●● Heckler & Koch u.a. wg. KWKG; Sybac Solar wg. Sozialversicherungsbetrug; Unister-CEO wg. Steuerhinterziehung; Debeka-CEO wg. Datenschutzverstößen; GF Rolls Royce Power Systems wg. Korruptionsvorwürfen; Hengeler-Partner im Kirch-Komplex; div. Mitarbeiter Dt. Bank wg. CO2-Handel; Bergbauuntern. wg. Kartelldelikt; RA wg. Beihilfe zum Betrug (K1 Fonds); lfd. Netto, Edeka, EY, PwC, Gea (alle aus dem Markt bekannt).

DLA PIPER
Wirtschaftsstrafrecht: Unternehmen
Bewertung: Der im Wirtschaftsstrafrecht empfohlenen Kanzlei gelingt der Spagat, trotz zahlreicher, fachübergr. ▶Compliance-Mandate ihr eigenes Profil zu erhalten. Erleichtert wird dies dadurch, dass ihr Schwerpunkt in lfd. Ermittlungsverfahren liegt, nicht in der reinen Prävention. Hinzu kommt, dass das Team mit einer Prozesserfahrung aufwarten kann, die sonst unter den internat. Kanzleien hierzulande nur noch White & Case vergleichbar anbieten kann. So hat sich das Team nicht nur den Respekt strafrechtl. Wettbewerber gesichert, sondern profitiert auch von einem steten Strom an Verweismandaten aus der internat. Praxis. Die Ernennung eines Counsels zum Partner ist zudem Beleg des wirtschaftl. Erfolgs des fast schon zu kleinen Teams.
Stärken: Beratung von (Industrie-)Unternehmen.
Häufig empfohlen: Prof. Dr. Jürgen Taschke („juristisch brillant", Wettbewerber), Dr. Christian Schoop („sehr engagiert u. kommunikativ", Wettbewerber; „kompetent, kollegial, effektiv", Wettbewerber über beide).
Kanzleitätigkeit: Klarer Schwerpunkt in der Beratung von Unternehmen sowohl präventiv wie auch akut. Breitgefächertes Mandanten- u. Themenspektrum. Auch Compliance-Beratung u. grenzüberschr. Arbeit sowie internat. Internal-Investigations-Team. (2 Partner, 4 Associates)
Mandate: ● Dax-Konzern wg. Betrugs in Tochterunternehmen; Pharmaunternehmen wg. Korruptionsverdacht; Finanzinvestor wg. Strafverf. gg. CEO eines Zielunternehmens; Dax-Konzern wg. Korruption in Asien; Versicherer wg. Betrug durch GF; regionale Bank als Geschädigte.

DR. FELIX DÖRR & KOLLEGEN
Wirtschaftsstrafrecht: Individuen
Wirtschaftsstrafrecht: Unternehmen
Bewertung: Die im Wirtschaftsstrafrecht zu den führenden gehörende Kanzlei ist weiterhin bundesweit v.a. für den Bankensektor aktiv, aber nicht darauf festgelegt. Allerdings endete die bereits seit Jahren bestehende Mandatsbeziehung zur Dt.

WIRTSCHAFTSSTRAFRECHT: BERATUNG VON UNTERNEHMEN

Dr. Felix Dörr & Kollegen	Frankfurt
Feigen Graf	Frankfurt, Köln
VBB Rechtsanwälte	Düsseldorf
Wessing & Partner	Düsseldorf
DLA Piper	Frankfurt
Dr. Kai Hart-Hönig	Frankfurt
White & Case	Berlin, Frankfurt
Clifford Chance	Frankfurt
Knierim Huber	Mainz, Berlin
Noerr	München, Frankfurt, Berlin
Schiller & Kollegen	Frankfurt
Thomas Deckers Wehnert Elsner	Düsseldorf
Prof. Dr. Klaus Volk	München
Krause & Kollegen	Berlin
Lohberger & Leipold	München
Prof. Dr. Holger Matt	Frankfurt
Park	Dortmund

Die hier getroffene Auswahl der Kanzleien ist das Ergebnis der auf zahlreichen Interviews basierenden Recherche der JUVE-Redaktion (s. Einleitung S. 20). Sie ist in 2erlei Hinsicht subjektiv: Sämtliche Aussagen der von JUVE-Redakteuren befragten Quellen sind subjektiv u. spiegeln deren eigene Wahrnehmungen, Erfahrungen u. Einschätzungen wider. Die Rechercheergebnisse werden von der JUVE-Redaktion unter Einbeziehung ihrer eigenen Marktkenntnis analysiert u. zusammengefasst. Der JUVE Verlag beabsichtigt mit dieser Tabelle keine allgemein gültige oder objektiv nachprüfbare Bewertung. Es ist möglich, dass eine andere Recherchemethode zu anderen Ergebnissen führen würde. Innerhalb der einzelnen Gruppen sind die Kanzleien alphabetisch geordnet.

▶▶▶▶ Bitte beachten Sie auch die Liste weiterer renommierter Kanzleien am Kapitelende. ◀◀◀◀

Bank, eine Folge der Veränderungen innerhalb des Instituts. Den guten Beziehungen v.a. von Dörr zu Zivilkanzleien und strafrechtl. Wettbewerbern tat das keinen Abbruch. Das Team wurde um eine Associate erweitert, was in Anbetracht der Hauptverhandlungsbelastung v.a. durch das Sal.-Oppenheim-Verf. auch dringend nötig war.
Stärken: Koordination von Sockelverteidigungen, Beratung von Banken.
Häufig empfohlen: Dr. Felix Dörr („kompetent, kollegial", „hervorragend, versteht auch die kapitalmarktrechtl. Zusammenhänge", „strategisch u. taktisch geschickt", Wettbewerber), Christian Schubert („klug u. gewissenhaft", Wettbewerber).
Kanzleitätigkeit: Umf. im Wirtschaftsstrafrecht, insbes. Bilanz- u. Steuerstrafrecht, Arzneimittelstrafrecht, Abrechnungsbetrug sowie Zoll- u. Außenhandelsdelikte. Vertretung von RAen, WP. Zudem illegale Beschäftigung, Preisabsprachen u. Gestaltung von Verträgen mit Subunternehmern. Unternehmen als Geschädigte u. präventiv. (1 Eq.-Partner, 1 Sal.-Partner, 3 Associates)
Mandate: ●● Aus dem Markt bekannt: Angekl. im Verfahren um Sal. Oppenheim; Beschuld. in S&K-Verf.; Beschuld. in Cum-Ex-Verf. um Bank Sarasin; Geschäd. aus Kunstbetrug; ehem. GF eines internat. Hausgeräteherstellers wg. Sozialversicherungsbetrug; ww. tätiger Medizinproduktehersteller als Geschädigter von Industriespionage; chin. Händler wg. Zolldelikt; Kfz-Zulieferer präventiv; Ex-Vorstand eines Logistikers wg. internat. Korruption; regelm. Klinikbetreiber.

EISENMANN WAHLE BIRK & WEIDNER
Wirtschaftsstrafrecht: Individuen
Bewertung: Die im Wirtschaftsstrafrecht empfohlene Kanzlei stellt weiterhin das größte Team im Raum Stuttgart. Aufgrund dieser Personalstärke vermag sie ihr Tätigkeitsspektrum stetig zu erweitern u. engagiert sich immer stärker auch im Compliance-Bereich, etwa bei Kartellverdacht. Obwohl v.a. Seniorpartner Wahle u. der jüngere Partner Hohmann darauf schon lange nicht mehr angewiesen sind, profitiert das Team auch weiterhin von der etablierten Kompetenz der Kanzlei im ▶Versicherungsvertragsrecht.
Häufig empfohlen: Dr. Eberhard Wahle, Dr. Olaf Hohmann („kompetent, servicebewusst", „sehr verbindlich u. seriös", Wettbewerber), Prof. Dr. Wolfgang Winkelbauer
Kanzleitätigkeit: Schwerpunkte: Steuer-, Insolvenz-, Kapitalanlagedelikte u. Korruptionsvorwürfe. Auch Individualverteidigungen. Zudem AÜG u. Straftaten im Zshg. mit Ausschreibungen. Auch präventive Beratung u. Untersuchungen. Seltener Revisionen. (7 Partner)
Mandate: ●● Ex-LBBW-Vorstand wg. Untreue; Angeklagter in Schienenkartellprozess; Ex-Finanzminister Willi Stächele in EnBW-Affäre; Servicelieferant für Versorgungsnetze, u.a. bei interner Untersuchung u. im Kartellrecht; Beschuldigte im Verf. um Polizeieinsatz bei Stuttgart 21; Motorenhersteller bei Untersuchung; Messegesellschaft präventiv beratend.

FEIGEN GRAF
Wirtschaftsstrafrecht: Individuen
Wirtschaftsstrafrecht: Unternehmen
Bewertung: Eine der führenden Kanzleien im Wirtschaftsstrafrecht, deren Präsenz in prominenten Verf. unerreicht bleibt. So war Namenspartner Feigen durch das Münchner Kirch-Verf. zeitl. stark eingebunden. Grund für ihre hohe Auslastung ist auch, dass die Kanzlei nach Ansicht von

● Referenzmandate, umschrieben
●● Referenzmandate, namentlich

Anwaltszahlen: Angaben der Kanzleien, wie viele Anwälte zu mind. ca. 50% in diesem Gebiet tätig sind. Sie spiegeln nicht zwingend die Gesamtgröße einer Kanzlei wider.

WIRTSCHAFTSSTRAFRECHT

Wettbewerbern über eine sehr homogene Qualität verfügt. Dass sie daneben auch immer wieder große Konzerne bratend bei der Lösung ihrer strafrechtl. Probleme begleitet, bleibt hingegen weitgehend unbemerkt. Dabei zeigt sich gerade in diesem Feld, dass FG für die öffentlichkeitswirksamen u. schwierigen Vorfälle regelm. 1. Wahl ist. Entsprechend wichtig war die erneute Vergrößerung der Associate-Riege, umso mehr als dass ein junger Partner die Kanzlei im Vorjahr verlassen hatte.
Stärken: Vorstands- u. Unternehmensberatung.
Häufig empfohlen: Hanns Feigen („bekommt mit seiner direkten Art jeden in den Griff", Wettbewerber), Dr. Walther Graf („fachl. einfach klasse", Wettbewerber), Dr. Bernd Groß („durchschlagend", Wettbewerber).
Kanzleitätigkeit: Insider-, Insolvenz-, Steuer-, Umweltdelikte, Untreue, Korruption, auch internat. Schwerpunkt: Beratung von Unternehmen in frühen Stadien des Verfahrens oder bei der Risikobewertung, aber auch Individualverteidigung. Zudem Präventivberatung/Compliance. (3 Eq.-Partner, 1 Sal.-Partner, 5 Associates)
Mandate: ●● Dt.-Bank-Vorstände Fitschen u. Leithner wg. Kirch-Komplex; CEO von KMW wg. Korruption; Vorstand BER wg. Korruption; CCO einer Schweizer Bank wg. Cum-Ex-Geschäften; Compliance Officer wegen Libor-Manipulation; Versicherer im Zshg. mit Infinus-Pleite; Investor wg. Steuerdelikt; Immobilienhändler wg. Betrug; Investor Lökkevik wg. Subventionsbetrug; Arge Nord-Süd-Stadtbahn wg. Einsturz Kölner Stadtarchiv; Ex-Vorstand Teldafax wg. Insolvenzdelikt; Sal. Oppenheim in Verf. gg. ehem. Gesellschafter; regelm. Dt. Bahn (u.a. wg. Schienenkartell), Strabag, MLP, RWE, Imtech, Faurecia, Bayer; Beschuld. im Komplex Cargo City.

GERCKE WOLLSCHLÄGER
Wirtschaftsstrafrecht: Individuen ▢▢▢▢▢

Bewertung: Die empfohlene Kölner Kanzlei um Prof. Gercke erweitert stetig ihre Marktpräsenz. Ausdruck dafür sind u.a. der zwischenzeitl. Einstieg eines Partners in das Teldafax-Verfahren u. die Vertretung des ehem. Vorstands der Sarasin-Bank im Kölner Cum-Ex-Verfahren. Wettbewerber bescheinigen der Kanzlei eine gute Zusammensetzung, da jeder Partner andere Qualitäten habe. Diesen Sommer wird dieses Spektrum durch einen Professor der Uni Trier um eine wissenschaftl. Facette erweitert, zudem stieß die erfahrene Franziska Lieb von Thomas Deckers hinzu. Das Team gilt Wettbewerbern insgesamt als „sympathisch, pragmatisch u. erfahren" u. legt mit diesem Ruf die Basis für weitere attraktive Mandate. Allerdings arbeitet das Team nach wie vor mit nur 2 Associates, was in Anbetracht der Komplexität vieler Verf. mittelfristig nicht ausreichen wird. Dies gilt umso mehr, als dass der bekannteste Kölner Verteidiger Gatzweiler seinen Rückzug angekündigt hat u. die Kanzlei bestens gerüstet ist, sich dadurch frei werdende Marktanteile zu sichern.
Häufig empfohlen: Prof. Dr. Björn Gercke („qualifiziert, angenehm, strategisch geschickt", Wettbewerber), Dr. Ulrich Leimenstoll („klug u. engagiert", Wettbewerber), Dr. Sebastian Wollschläger („entwickelt sich zum Revisionsprofi", Wettbewerber).
Kanzleitätigkeit: Umf. Wirtschaftsstrafrecht mit deutl. Schwerpunkt in der Individualverteidigung. (5 Partner, 2 Associates, 1 of Counsel)
Mandate: ●● Ex-Bankier Sarasin wg. Cum-Ex-Geschäften; M. Josten in Teldafax-Verf.; Ex-Imtech-CFO wg. Untreuevorwurf; Creative Director von Lopavent in Loveparade-Verf.; Janssen in Oppenheim-Esch-Komplex; mutmaßl. Hintermänner des CO_2-Handels; russ. Konzern wg. Korruption; Gründungsgesellschafter wg. Betrug; Controlling-Chef eines Energieversorgers bei Compliance-Untersuchung; Filmproduzent wg. Steuerdelikt; Kölner Seilbahn wg. Unfall; Debeka-Regionalleiter wg. Korruption.

HAMMPARTNER
Wirtschaftsstrafrecht: Individuen ▨▢▢▢▢

Bewertung: Eine führende Kanzlei im Wirtschaftsstrafrecht, deren Position seit Jahren unangefochten ist. Sie gilt Wettbewerbern als die Kanzlei mit den „sprachl. wie juristisch brillantesten Schriftsätzen", was sie auch bei zahlr. Zivilkanzleien beliebt macht. Ihre unbestrittene Erfahrung mit Verfassungsbeschwerden brachte sie beim Suhrkamp-Streit ins Spiel – ein eher ungewöhnl. Umfeld für die Boutique. Zwar agiert das Team trotz derartiger Mandate deutl. unauffälliger im Markt als manche Wettbewerber, doch mit ihrer vorsichtigen Wachstumsstrategie nachhaltiger. Erneut wurde eine Anwältin zur Partnerin ernannt, gleichzeitig setzte die Kanzlei den Aufbau von unten fort.
Stärken: Langj. Erfahrung in Wirtschaftsstrafsachen, gute Altersstruktur, internat. Erfahrung; zudem verfassungsrechtl. Kompetenz.
Häufig empfohlen: Prof. Dr. Rainer Hamm, Dr. Regina Michalke, Stefan Kirsch („taktisch klug u. besonnen", Wettbewerber; v.a. wg. internat. Kompetenz), Jürgen Pauly, Dr. Wolfgang Köberer, Thomas Richter („integriert sein Know-how im Kapitalmarkt- u. Gesellschaftsrecht exzellent in die strafrechtl. Beratung", Wettbewerber).
Kanzleitätigkeit: Umf. Wirtschaftsstrafrecht (strafrechtl. Produkthaftung, Arzt- u. Medizinstrafrecht, Außenwirtschaftsstrafrecht u. internat. Rechtshilfeverfahren, Aktien- u. Börsendelikte). Steuerfragen in Zshg. mit Korruption. Mandanten: Führungskräfte aus Industrie u. Kreditwesen. Neben Revisionen auch Verfassungsbeschwerden. (6 Partner, 2 Associates)
Mandate: ●● Öffentl./aus dem Markt bekannt: Suhrkamp-Gesellschafter bei Verfassungsbeschwerde; Angeklagter in CO_2-Verf. ehem. ThyssenKrupp-Bereichsvorstand wg. Schienenkartell; WP in LBBW-Verf.; Beratung Sanofi-Aventis; Vorstand SachsenLB; Daimler als sog. Neutraler Mittler; Crédit Suisse zu steuerstrafrechtl. Themen.

DR. KAI HART-HÖNIG
Wirtschaftsstrafrecht: Unternehmen ▢▢▢▨▢

Bewertung: Der im Wirtschaftsstrafrecht empfohlene Einzelanwalt bleibt ein gefragter Spezialist nicht nur für internat. Konzerne sondern auch für eine Reihe von Zivilkanzleien. Regelm. engagiert er sich in der Unternehmensverteidigung, zumeist an der Seite von Steuer- oder Kartellrechtlern internat. Sozietäten. Grund für dieses enge Verhältnis ist aus Wettbewerbersicht sein „Händchen für Risikoeinschätzungen u. die Fähigkeit in diese Wertungen straf- wie zivilrechtl. Aspekte einzubeziehen". Somit bewegt er sich intensiv im Bereich der (repressiven) ▶Compliance, verteidigt aber auch nach wie vor Individuen.
Stärken: Langj. Erfahrung im (internat.) strafrechtl. Risikomanagement.
Häufig empfohlen: Dr. Kai Hart-Hönig („immer praxisnah", Wettbewerber).
Kanzleitätigkeit: Prävention u. Management straf- u. kartellrechtl. Risiken, insbes. im internat. Kontext, Asset Recovery. Compliance-Beratung. Auch Verteidigung. (1 Partner, 2 Associates)
Mandate: ● Div. internat. Banken bei internen Untersuchungen wg. Cum-Ex-Transaktionen; dt. Töchter ausl. Konzerne wg. Korruption, Kartellvorwürfen u. Bilanzfälschung; ausl. AG wg. Untreue des Verkäufers der Gesellschaft; dt. AG wg. Kartellverf.; Geschäftsleiter wg. Kartellvorwürfen; Bankvorstand wg. US-Verf. um Iran-Embargo.

IGNOR & PARTNER
Wirtschaftsstrafrecht: Individuen ▢▢▢▢▢

Bewertung: Die Kanzlei wird im Wirtschaftsstrafrecht empfohlen u. engagiert sich zudem regelm. in rechtspolit. Fragen. So wurde der Namenspartner erneut in eine Expertenkommission des BMJustiz berufen, dieses Mal geht es um die Reform der StPO. Das Fingerspitzengefühl für polit. brisante Verf. war auch bei der Vertretung im Umfeld des Mappus-Verf. in Ba.-Wü. gefragt. Obwohl auch die anderen Partner bundesweit im Markt anerkannt sind, sind Vertreter der Kanzlei eher selten in den großen westdt. Verfahren zu sehen. Wenn sie dort tätig sind, dann zumeist eher in der 2. Reihe.
Stärken: Verfahren im polit. Raum.
Häufig empfohlen: Prof. Dr. Dr. Alexander Ignor („sehr lösungsorientiert", Wettbewerber), Anke Müller-Jacobsen, Jörg Rehsmeier („erfahren in medizinstrafrechtl. Themen", Wettbewerber).
Kanzleitätigkeit: Schwerpunkte u.a. im Arztstrafrecht (auch präventiv), im Arbeitsstrafrecht, u.a. bei illegaler Beschäftigung u. AÜG, Insiderhandel, Umwelt-, Steuer- u. Insolvenzdelikte. Auch Beratung von Unternehmen u. Verfassungsbeschwerden, Vertretung von Richtern u. RAen. (4 Partner, 4 Associates)
Mandate: ● Bauuntern. wg. Umweltdelikten; Ärzte einer Berliner Klinik wg. Falschabrechnung; russ. Geschäftsmann bei Löschung aus Interpol-Fahndung; GF eines Elektrogroßhändlers wg. Umsatzsteuerkarussell; GF eines süddt. Entsorgers wg. Umweltdelikten; Niederlassungsleiter Stahlindustrie wg. Kartelldelikt; GF eines Lebensmittellogistikers wg. Steuerdelikt; Bankvorstand wg. Marktmanipulation; Ministerialdirektor wg. Falschaussage im Mappus-Verfahren.

JOESTER & PARTNER
Wirtschaftsstrafrecht: Individuen ▢▢▢▢▨

Bewertung: Im Wirtschaftsstrafrecht geschätzte Kanzlei, die sich behutsam daran macht, den Generationswechsel einzuleiten. Noch ist sie v.a. dank Schlothauer fest etabliert u. in Nordwestdtl. nahezu konkurrenzlos. Doch zeichnet sich trotz des soliden Rufs der Kanzlei insges. bislang noch nicht ab, wer letztlich in die Fußstapfen der Seniorpartner treten könnte.
Häufig empfohlen: Prof. Dr. Reinhold Schlothauer
Kanzleitätigkeit: Regelm. Revisionen. Aufgrund der geografischen Lage u.a. Zoll- u. AWG-Delikte. Mandanten: Ärzte u. Apotheker, Werften, P&I-Clubs u. Reedereien, Banken. (4 Partner)

Mandate: ●● Rüstungskonzern wg. Korruption; ltd. Angestellter in Beluga-Verf.; Angeklagter im Verf. ‚Hohe Düne'; Vertretung wg. Geldwäsche in einer Großbank; Auktionshaus wg. Hehlerei u. Geldwäsche; Koordination in einem lebensmittelrechtl. Strafverfahren.

KEMPF & DANNENFELDT
Wirtschaftsstrafrecht: Individuen

Bewertung: Mit den Prozessen um Sal. Oppenheim, Kirch u. dem Schienenkartell war diese zu den führenden gehörende Wirtschaftsstrafrechtskanzlei ausgesprochen präsent. Zugleich zeigt eine solche Häufung jedoch auch, wie schnell aufwändige Hauptverhandlungen gerade Boutiquen an den Rand ihrer Auslastungsgrenzen bringen können. So überraschte es nicht, dass Namenspartner Kempf entschied, für das Münchner Kirch-Verf. einen weiteren erfahrenen Verteidiger einer anderen Kanzlei einzubinden. Der Kanzlei gelang es Marktbeobachtern zufolge trotz alledem jedoch, ihr hohes Qualitätsniveau zu halten. Überraschend wurde im Herbst dann bekannt, dass sich die Sozietät auflösen wird: Kempf u. Schilling machen als Kempf Schilling alleine weiter, die bisherige langj. Mit-Partnerin Eva Dannenfeldt gründet mit einem der bisherigen Associates ihre eigene Kanzlei. Das Team, zwar kleiner, aber nicht weniger respektiert, wird somit mehr denn je auf die gute Kooperation mit anderen Strafrechtsboutiquen angewiesen sein.
Stärken: Langj. Verteidigererfahrung, gute internat. Vernetzung.
Häufig empfohlen: Eberhard Kempf („hoch professionell", „fachl. spitze", Wettbewerber), Dr. Hellen Schilling („schnelle Auffassungsgabe, kompetent", Wettbewerber)
Kanzleitätigkeit: Schwerpunkte: Untreue- u. Betrugsverfahren, Abgaben- u. Steuerstrafrecht, Außenwirtschaftsvergehen, Bilanz-, Börsen- u. Insiderstrafrecht, Rechtshilfe- u. Auslieferungsverfahren u. Korruptionsstrafsachen. Auch Beratung von Unternehmen (präventiv oder während Ermittlungen). Beratungsmandate, auch im internat. Bereich. Mandanten: Großunternehmen, Banken, Bauunternehmen, WP-Gesellschaften u. Pharmahersteller. (ab spätestens Januar 2016: 2 Partner)
Mandate: ●● Öffentl./aus dem Markt bekannt: Porsche wg. VW-Übernahme; Josef Esch, u.a. im Sal.-Oppenheim-Komplex; J. Ackermann wg. angebl. Prozessbetrug im Kirch-Komplex; Angeklagter in Conergy-Verf.; Angeklagter in Schienenkartellverf.; Beschuld. im Verf. um Juwi; Beschuld. in CO2-Verf.; Beschuld. in Cum-Ex-Verfahren.

KNIERIM HUBER
Wirtschaftsstrafrecht: Individuen
Wirtschaftsstrafrecht: Unternehmen

Bewertung: Die im Wirtschaftsstrafrecht empfohlene Kanzlei engagiert sich weiterhin auch intensiv in der ▶Compliance-Beratung. Bei der Arbeit für Rheinmetall, die inzw. abgeschlossen ist, wurde die enge Verzahnung beider Beratungsfelder einmal mehr deutlich. V. a. das Mainzer Büro profitierte jedoch deutl. von der Zunahme klass. Verteidigungsmandate. Aufgrund der inhaltl. Aufstellung gehört KH zu einer von nur wenigen strafrechtl. orientierten Boutiquen mit einem größeren personellen Unterbau, sodass sie weniger stark auf Kooperationen mit anderen Strafrechtlern angewiesen ist. Dies führt jedoch dazu, dass sie in diesem Markt weniger stark wahrgenommen wird. Zugleich jedoch hat sie sich inzw. ein solides Renommee bei Zivilkanzleien erarbeitet.
Häufig empfohlen: Thomas Knierim („besonnener Verhandler u. sehr guter Dogmatiker", Wettbewerber)
Kanzleitätigkeit: Bilanzdelikte, aber auch Korruption, Steuern, Zoll u. Delikte im Bankenumfeld. Compliance-Beratung. Haftung von WP. (4 Eq.-Partner, 1 Counsel, 7 Associates, zzgl. Compliance-Team)
Mandate: ●● Rheinmetall bei interner Untersuchung; Ombudsmann ZDF; Landtags-Fraktionsvorsitzender wg. Untreue; Mitarbeiterin eines Sternekochs wg. Steuerdelikt; mexikan. Großindustrieller wg. Geldwäsche; börsennot. Unternehmen wg. Insiderhandel; Vorstand eines LKH wg. Untreue u. Bilanzdelikt; Geldwäschebeauftragter der Dt. Bank wg. Steuerdelikt; div. WP-Gesellschaften in Ermittlungs- u. Kammerverf.; Mitarbeiter Fresenius wg. WpHG-Verstoß; Zeugenbeistand für StB einer österr. Kanzlei in Ecclestone-Verf.; Mitarbeiter eines Logistikers wg. Korruption.

KRAUSE & KOLLEGEN
Wirtschaftsstrafrecht: Individuen
Wirtschaftsstrafrecht: Unternehmen

Bewertung: Eine der führenden Wirtschaftsstrafrechtskanzleien, der es als einziger gelingt, von Berlin aus bundesweit in den großen Verf. präsent zu sein. Das ist v.a. das Verdienst von Krause, auch weil die anderen Anwälte aufgrund interner Spezialisierung, etwa auf ▶Steuerstrafrecht, andere Tätigkeitsfelder besetzen. Der personelle Unterbau ist zwar solide, doch sind darunter eine Reihe von Associates mit noch recht geringer Berufserfahrung, sodass eine Entlastung der Partner noch nicht in vollem Umfang eintreten kann. Die aber ist nötiger denn je, ist doch inzw. die halbe Kanzlei im sog. Porsche-Verf. mandatiert. Auch wenn den Mandaten derselbe Sachverhalt zugrunde liegt, binden sie doch erhebl. Kapazitäten.
Stärken: Hoher Spezialisierungsgrad, auch in der Beratung von Unternehmen.
Häufig empfohlen: Dr. Daniel Krause, Alexandra Wagner, Dr. Philipp Gehrmann („durchsetzungsstark", Wettbewerber)
Kanzleitätigkeit: Individualverteidigung u. strafrechtl. Unternehmensberatung (Baukonzerne, Banken, WP-Gesellschaften) nahezu gleichwertig, auch präventive Beratung. Zudem Erfahrung mit Untersuchungsausschüssen u. im ▶Steuerstrafrecht. (4 Partner, 6 Associates)
Mandate: ●● Graf v. Krockow in Sal.-Oppenheim-Verf.; Dt.-Bank-Vorstand Krause; div. Beschuldigte aus der Porsche-Familie u.a. wg. Kapitalmarktthemen; J. B. Harder im Zshg. mit Cargo-City-Komplex; Investor Lökkevik wg. Subventionsbetrug; P+S Werft, Flexstrom wg. Insolvenzdelikten; Finanzstaatssekretär wg. Untreue; internat. Finanzkonzern wg. Cum-Ex-Geschäften; KV-Vorstand wg. Untreue; Lobbyist wg. Datenspionage in Bundesministerium; Beratung internat. Logistiker wg. Korruption bei Infrastrukturprojekt; Ärzte, MVZ und Kliniken wg. Abrechnungsbetrug, Korruption u. im Zshg. mit Organtransplantationen; Beratung div. Unternehmen wg. strafrechtl. Schutz von Patenten u. in Compliance-Fragen; WP, StB und Ärzte in berufsrechtl. Verfahren.

OTMAR KURY
Wirtschaftsstrafrecht: Individuen

Bewertung: An dem im Wirtschaftsstrafrecht häufig empfohlenen Einzelanwalt führt in HH kein Weg vorbei, doch ist er auch regelm. außerhalb der Hansestadt in große Verf. involviert. Konsequent verzichtet er zwar weiterhin auf jurist. Mitarbeiter, doch andererseits siedelte die Kanzlei Meyer-Lohkamp & Pragal, zu der Kury seit Langem enge Beziehungen unterhält, in dasselbe Gebäude. Es sind ideale Voraussetzungen, um die Zusammenarbeit zu forcieren, auch wenn es keine formale Kooperation geben soll. Im Markt führte die Entwicklung zu ersten Spekulationen über einen mögl. Rückzug Kurys, die jedoch schnell wieder abebbten.
Stärken: Große Erfahrung in der Individualverteidigung.
Häufig empfohlen: Otmar Kury
Kanzleitätigkeit: Wirtschafts- u. Steuerstrafrecht, Arztstrafsachen (Fahrlässigkeitsdelikte). Mandatsschwerpunkte in der Verteidigung von Versicherungsvorständen in aufsichtsrechtl. Owi- u. Strafverfahren u. von Führungskräften bei Korruptionsvorwürfen. Zudem strafrechtl. Unternehmensberatung. (1 Partner)
Mandate: ●● Öffentl. bekannt: GF in Wölbern-Bank-Verf.; StB in Verf. ‚Hohe Düne'; Conergy-Vorstandsvorsitzender Ammer; Angeklagter im Schienenkartellverf.; Vorstand in Beluga-Verf.; Arzt wg. Abrechnungsbetrug; Beratung Gruner + Jahr, Bauer-Verlag u. Springer, Spiegel-Verlag; Klinik präventiv; regelm. Vertretung mehrerer Versicherungsunternehmen.

LEITNER & PARTNER
Wirtschaftsstrafrecht: Individuen

Bewertung: Die im Wirtschaftsstrafrecht empfohlene Kanzlei stand als Vertreterin der Dt. Bank im Kirch-Prozess u. der Verteidigung im HRE-Verf. einmal mehr im Fokus der Aufmerksamkeit. Diese Verfahren sind Beleg dafür, dass v.a. der Namenspartner zur etablierten Riege der Münchner Strafverteidiger gehört, auch wenn es zuletzt ruhiger um ihn geworden war. Zurückzuführen dürfte dies auch auf sein Engagement außerhalb der Mandatsarbeit sein, sei es in Gremien, im Anwaltsgericht oder an der Uni Augsburg. Die Präsenz des Namenspartners macht es den anderen Anwälten schwer, im Markt eine vergleichbare Aufmerksamkeit auf sich zu ziehen.
Häufig empfohlen: Prof. Dr. Werner Leitner
Kanzleitätigkeit: Intensiver Auslandsbezug im Steuerstraf- u. Außenwirtschaftsrecht. Schwerpunkte: Untreue (auch RAe u. StB), Korruptions- u. Insolvenzdelikte. Zudem Fälle illegaler Preisabsprachen u. Compliance-Beratung. (2 Partner, 1 Associate)
Mandate: ●● Aus dem Markt bekannt: Dt. Bank im Zshg. mit dem Kirch-Komplex; Vorstand Grassinger in HRE-Verf.; Vertretung im Verf. um Einsturz Kölner Stadtarchiv; regelm. FC Bayern München.

LOHBERGER & LEIPOLD
Wirtschaftsstrafrecht: Individuen
Wirtschaftsstrafrecht: Unternehmen

Bewertung: Die im Wirtschaftsstrafrecht häufig empfohlene Kanzlei ist eine von wenigen Münchner Boutiquen, die regelm. in größeren Verf. außerhalb Bayerns zu sehen ist. Primär verdankt sie dies dem Renommee von Leipold, doch positioniert sich auch Beukelmann immer besser im Markt, v.a. bei der jüngeren Generation der Strafverteidiger. Damit dürfte es gelungen sein, die Kanzlei auch nachhaltig zu positionieren. Dafür

● Referenzmandate, umschrieben
●● Referenzmandate, namentlich

Anwaltszahlen: Angaben der Kanzleien, wie viele Anwälte zu mind. ca. 50 % in diesem Gebiet tätig sind. Sie spiegeln nicht zwingend die Gesamtgröße einer Kanzlei wider.

WIRTSCHAFTSSTRAFRECHT

spricht auch die Erweiterung um einen jungen Anwalt. Die Verstärkung war sicher nötig, da sich das Team auch weiterhin regelm. intensiv bei Compliance-Mandaten engagiert. Die Arbeit für KMW war insoweit keine Ausnahme, sondern steht für ein erfolgreich gepflegtes Beratungssegment.

Häufig empfohlen: Dr. Klaus Leipold („sehr angenehm in der Kooperation", „alter Fuchs mit gutem Zugang zum Mandanten", Wettbewerber), Dr. Stephan Beukelmann („kompetent u. nachhaltig", Wettbewerber)

Kanzleitätigkeit: Schwerpunkte: Insolvenzdelikte, Banken- (Untreue) u. Korruptionsverfahren. Zudem Anlagebetrug, Steuerstrafverf. u. Baustrafsachen (Submissionsabsprachen) sowie Koordination von Großverfahren. Auch: Arzneimittel- u. Abfallgesetz sowie UWG. (2 Partner, 2 Associates)

Mandate: ●● Aus dem Markt bekannt: Krauss-Maffei Wegmann in Zshg. mit Waffenexporten; Dt.-Bank-Mitarbeiter wg. Libor-Affäre; HVB-Mitarbeiter u. GF einer Fondsges. wg. Cum-Ex-Trades; Vertriebsleiter wg. Schienenkartell; Ex-Landrat wg. Korruption; regelm. KPMG, internat. Verlagsgruppe, TV-Sender in Compliance-Fragen.

PROF. DR. HOLGER MATT
Wirtschaftsstrafrecht: Unternehmen ☐☐☐

Bewertung: Der im Wirtschaftsstrafrecht empfohlene Einzelanwalt gehört zu der kleinen Gruppe von Strafrechtlern, die regelm. in Verf. mit stark zivilrechtl. Einschlag beraten u. dabei die strafrechtl. Implikationen im Blick behalten. Zahlr. Verf. haben internat. Charakter, auch in die USA. Entsprechend sind die Kontakte zu etablierten Zivilrechtlern oft intensiver als zu anderen Strafr. Wettbewerbern. Da Matt jedoch neben Hart-Hönig einer von ganz wenigen Strafrechtlern ist, der die internat. Nische konsequent besetzt, lässt sich der geringe Bezug zur sonst eng vernetzten Strafrechtlerszene zweifellos verschmerzen.

Häufig empfohlen: Prof. Dr. Holger Matt

Kanzleitätigkeit: Schwerpunkte: Korruption u. Betreuung von Unternehmen (u.a. Bilanzdelikte, Untreue). Zudem in größerem Umfang internat. Mandate. Mandanten: Vorstände u. GF, zudem Freiberufler u. Funktionsträger der öffentl. Verwaltung, Unternehmen. (1 Partner)

Mandate: ● Unternehmensgruppe hinsichtl. div. Steuerdelikte mit internat. Bezug; Beschuldigter wg. Marktmanipulation mit internat. Bezug bis zum EMRK; Bankmanager wg. Urkundenfälschung u. Untreue (Luxemburg); Bankmanager wg. Korruption; Begleitung div. Unternehmen in Zivilverf. mit Blick auf strafrechtl. Risiken; div. Beschuldigte wg. Steuerhinterziehung; RAe in straf- u. berufsrechtl. Verfahren; Beratung Fußballbundesligaverein.

MGR RECHTSANWÄLTE
Wirtschaftsstrafrecht: Individuen ☐☐☐☐

Bewertung: Geschätzte wirtschaftsstrafrechtl. Kanzlei, die regelm. in den großen Ermittlungsverf. zu sehen ist, meist jedoch nicht in vorderster Reihe. Zudem gilt v.a. Greeve im Markt als jemand, der es versteht, Verf. weitgehend geräuschlos zu einem Abschluss zu bringen. Diese Qualität macht sie auch zu einer bevorzugten Beraterin für Unternehmen aus ganz unterschiedl. Branchen, sei es für die traditionelle Domäne im Bau, sei es bei Banken, für die sie auch regelm. die Zeugenbeistandschaft übernimmt.

Häufig empfohlen: Dr. Gina Greeve

Kanzleitätigkeit: Themat. breit angelegte strafrechtl. Arbeit, im Bausektor, u.a. illegale Arbeitnehmerüberlassung u. Beschäftigung, wettbewerbswidrige Preisabsprachen u. Korruption (auch internat.) samt Umwelt- u. Ausländerstrafrecht sowie Vergabedelikte. (2 Partner)

Mandate: ●● Dt. Telekom im Zshg. mit Scheinselbstständigkeit (aus dem Markt bekannt); Mitarbeiter Dt. Bank in CO2-Verf.; Zeugenbeistand in NSU-Untersuchungsausschuss. u. in Cum-Ex-Verf.; Baukonzern wg. Betrug u. Korruption; GF wg. Umweltdelikt; Energiekonzern wg. Verstoß gg. Naturschutz; Gesellschafter wg. Untreue (Umfeld Esch-Verf.); Bankvorstand wg. Untreue; Beschuld. wg. Einsturz Kölner Stadtarchiv (alle öffentl. bekannt).

NOERR
Wirtschaftsstrafrecht: Unternehmen ☐☐☐☐

Bewertung: Die im Wirtschaftsstrafrecht geschätzte Kanzlei setzt als eine von nur wenigen offensiv auf die Beratung in diesem Bereich. Nachdem sie im Vorjahr bereits strafrechtl. Kompetenz im Berliner Büro etablierte folgte nun Frankfurt: Dort stieß Dr. Lars Kutzner als Partner hinzu. Er hatte zuvor das Team bei PwC Legal geleitet. Mit ihm besetzt Noerr ein Thema, das Konjunktur hat: die Beratung an der Schnittstelle zw. ▶ Steuerrecht u. ▶ Compliance. Noerr ergänzt so die Verteidigererfahrung von Pelz in München sinnvoll. Zugleich unterstreicht sie ihre Strategie, das Strafrecht nicht nur als Annex sondern als eigenständige Kompetenz zu pflegen. Das verschafft ihr unter den dt. Großkanzleien ein Alleinstellungsmerkmal.

Häufig empfohlen: Dr. Christian Pelz („exzellentes Fachwissen, gute Verfügbarkeit, sehr hohes Verständnis für die Problemstellung", Mandant)

Kanzleitätigkeit: Schwerpunkt: Beratung von Unternehmen, sowohl abwehrend auch als Geschädigte. Auch Individualverteidigungen. Zudem anerkannt im ▶ Steuerstrafrecht. (2 Eq.-Partner, 1 Sal.-Partner, 4 Associates, zzgl. Compliance-Team)

Mandate: ●● Ehem. GF von Atlas Elektronik wg. Korruption bei U-Boot-Geschäft mit Griechenland; DOSB-Präsident wg. Kartell; GATX wg. Zugunglück in Italien; Hersteller von Beatmungsgeräten wg. Todesfall; Kfz-Zulieferer wg. Untreue u. Betriebsspionage; russ. Investor wg. Korruption; US-Kapitalanlagegesellschaft wg. unterlassener BaFin-Meldung; TV-Sender wg. pornograf. Sendung; dt. Waffenhersteller wg. unerlaubtem Export; ehem. GF eines ital. Unternehmens wg. Rechtshilfe aus Polen; HVB-Mitarbeiter in Cum-Ex-Komplex; ehem. Bird-&-Bird-Anwalt im Zshg. mit Weigl-Insolvenz.

PARK
Wirtschaftsstrafrecht: Individuen ☐☐☐☐
Wirtschaftsstrafrecht: Unternehmen ☐☐☐☐

Bewertung: Um die empfohlene wirtschaftsstrafrechtl. Kanzlei ist es nach dem Gurlitt-Mandat nur scheinbar ruhiger geworden. Tatsächl. mischt das Team weiter in einer Reihe gr. Verf. mit, so etwa in der Affäre um den Euribor-Zins oder beim Schienenkartell u. engagiert sich zunehmend grenzüberschreitend. Daneben erweisen sich Mandate aus dem Compliance-Bereich – teilw. auf Jahre angelegt – als solides Standbein. So gelingt es den weiteren Partnern allmähl., aus dem Schatten des Namenspartners zu treten u. sich in der Strafrechtlerszene fest zu verankern. Im Gegensatz zu vielen anderen Boutiquen hat die Kanzlei damit jedoch keine Eile, da sie nicht von einem Senior-Partner dominiert wird, sondern eine recht homogene Altersstruktur aufweist. Mit 2 Neueinstellungen wurde zudem der Grundstein gelegt, die Dauerberatungen zu bewältigen u. die personelle Entwicklung auf einem guten Weg zu halten.

Häufig empfohlen: Prof. Dr. Tido Park („juristisch u. strategisch sehr gut, guter Teamplayer", „unaufgeregt, zuverlässig", Wettbewerber), zunehmend Dr. Tobias Eggers, Ulf Reuker

Kanzleitätigkeit: Kapitalmarktdelikte, Korruption, Steuerstrafsachen, Untreue, Revisionen, auch für andere Instanzvertreter. Auch Beratung von Unternehmen. (3 Partner, 5 Associates, 1 of Counsel)

Mandate: ●● 4 Geldmarkthändler wg. Euribor-Manipulation; Präs. u. HGF der IHK Dortmund wg. Untreue; Signal Iduna bei Aufbau Compliance-System; Casino Royale wg. Spielgerätemanipulation; Unternehmen aus Dubai als Geschäd. durch Betrug, inkl. Arrestverf.; Ex-Tognum-Vorstand wg. Korruption; interne Untersuchung für DEW21; GF eines Lüftungstechnikherstellers wg. Korruption; Ex-Manager von ThyssenKrupp wg. Schienenkartell; Leiterin Bauamt wg. Loveparade-Unglück; regelm. Westfleisch, Tedi u. KiK.

QUEDENFELD
Wirtschaftsstrafrecht: Individuen ☐☐☐☐

Bewertung: Auch nach der überraschenden Trennung vom früheren Namenspartner Dr. Jörg Frick (in eigener Kanzlei) ist die empfohlene Wirtschaftsstrafrechtsboutique exzellent im Geschäft. Quedenfeld holte einen erfahrenen 3. Partner hinzu u. stellte die Kanzlei so neu auf. Weder die Verbindungen zu Zivilkanzleien in Südwestdtl. noch das gute Renommee bei strafrechtl. Wettbewerbern haben gelitten. Beides fußt auch darauf, dass der Namenspartner als sehr teamfähig gilt. Allerdings steht das Team erneut vor der Herausforderung, einen soliden personellen Unterbau zu schaffen. Bleibt die Auslastung so gut wie zuletzt, dürfte eine Weiterentwicklung der Praxis ohne Unterstützung durch jüngere Anwälte schwer gelingen.

Stärken: ▶ Steuerstrafrecht.

Häufig empfohlen: Dr. Dietrich Quedenfeld („versierter Steuerstrafrechtler u. erfahrener Prozessrechtler", Wettbewerber)

Kanzleitätigkeit: Schwerpunkte: neben Steuer- auch Insolvenzdelikte, Beitragshinterziehung u. AÜG. Beratung von Unternehmen im Vorfeld von Insolvenz-/Steuerproblemen. Zudem Zollrecht. Mandanten: Banken u. Bankmitarbeiter, WP u. StB in berufsbedingten Strafverfahren sowie Unternehmen. Ergänzend zivilrechtl. Kompetenz. (3 Partner)

Mandate: ●● Aus dem Markt bekannt: EnBW wg. Geschäften mit dem russ. Lobbyisten Andrej Bykow; UBS-Niederlassung im Zshg. mit Steuerthemen; C. Hess in Bilanzskandal; L. Schlecker, u.a. wg. Bankrott; Beschuld. in Verf. um CO2-Handel; Vertretung in Strafverf. im Umfeld von Stuttgart 21.

REDEKER SELLNER DAHS
Wirtschaftsstrafrecht: Individuen ☐☐☐☐

Bewertung: Empfohlene Kanzlei im Wirtschaftsstrafrecht, die ihrer Linie treu bleibt, sich auf Individual- und Unternehmensverteidigung inkl.

Revisionen zu konzentrieren. Weitergehende Compliance-Arbeit, v.a. präventiver Natur, überlässt sie den zivilrecht. Anwälten der Kanzlei u. unterstützt, wo nötig. Mit der besser funktionierenden Zusammenarbeit innerhalb der Kanzlei u. einem gewissen Schwung aus der Arbeit für Debeka wächst auch dieser Bereich, sodass die Strafrechtler immer wieder gefragt sind. Entsprechend wuchs das Team deutl. auf Associate-Ebene. Da die Einheit etl. Dauermandanten pflegt u. auch bereits den Fuß in der Tür hat, um die Pharmabranche hinsichtl. der neuen Korruptionsregeln zu beraten, war die Verstärkung dringend nötig.
Stärken: Kombination der strafrechtl. Kompetenz mit ▶ Verwaltungs- u. ▶ Presserecht.
Häufig empfohlen: Prof. Dr. Bernd Müssig, („schnelle Auffassungsgabe, pragmatisch", „Dogmatik vereint mit Herzblut", Wettbewerber), Prof. Dr. Heiko Lesch
Kanzleitätigkeit: Schwerpunkte: u.a. Subventions-, Kapitalanlagedelikte, Insider-, Börsen-, Steuer-, Umwelt- u. Medienstrafrecht, auch gutachterlich. Zudem Verteidigung im Zshg. mit Glücksspiel. Verteidigung von Führungskräften, auch Verfahrenskoordination. Zudem präventive Beratung, Revisionen. (2 Partner, 1 Counsel, 1 of Counsel, 4 Associates)
Mandate: ●● Debeka weiterhin nach Datenschutzvorfall; Josef Esch in Verf. um Sal. Oppenheim; Ex-Siemens-Vorstand Sharef wg. Korruptionsvorwurf (Revision); Beschuld. wg. Loveparade-Unglück; beschuld. Jurist im Komplex Dt. Bank/Kirch; Großbank u.a. wg. Informationsdelikten; Pharmaunternehmer wg. Korruptionsregeln; div. Sportwettenanbieter in Compliance-Fragen; GF in Rechtshilfeverf.; GF vor Staatsschutzsenat wg. Export von Dual-Use-Produkten; dt. Kfz-Zulieferer wg. Datenschutz u. zu Compliance.

PROF. DR. FRANZ SALDITT
Wirtschaftsstrafrecht: Individuen ☐☐☐☐▣
Bewertung: Der empfohlene Wirtschaftsstrafrechtler ist gerade bei komplexen Sachverhalten mit Bezügen zum Steuerrecht nicht aus dem Markt wegzudenken. Immer wieder wird er auf Anraten von Wettbewerbern hinzugezogen, die seine Kompetenz insbes. in größeren Verteidigerrunden nicht missen wollen. Trotz seiner Beteiligung an einigen aufwendigen Verf. engagiert er sich daneben auch immer wieder bei regional relevanten Fällen.
Häufig empfohlen: Prof. Dr. Franz Salditt
Kanzleitätigkeit: Gr. Erfahrung mit ▶ Steuerstrafverfahren; darüber hinaus alle Aspekte des Wirtschaftsstrafrechts. (1 Partner)
Mandate: ●● Aus dem Markt bekannt: Beschuld. in HVB-Cum-Ex-Verfahren; Ex-Sal.-Oppenheim-GF Friedrich Janssen; Beschuld. wg. CO2-Handel; KVB wg. Einsturz Kölner Stadtarchiv; Softwareunternehmer wg. Steuerdelikt; Ex-GF von Lotto Rheinland-Pfalz wg. Betrug; Apotheker wg. Betrug; Vertrauensanwalt für die Landesverwaltung Rheinland-Pfalz.

SCHILLER & KOLLEGEN
Wirtschaftsstrafrecht: Individuen ☐☐☐▣☐
Wirtschaftsstrafrecht: Unternehmen ☐☐☐▣☐
Bewertung: Die im Wirtschaftsstrafrecht häufig empfohlene Kanzlei ist v.a. im Bankenumfeld regelm. gesetzt. Der Namenspartner gehört zu einem kleinen Kreis von Verteidigern, denen Wettbewerber auch großes Verständnis für die zivilrechtl. Hintergründe der Verfahren bescheinigen. Aufgrund seiner langj. Erfahrung mit Versicherern bringt er zudem einen Blickwinkel in die strafrechtl. Verteidigung, der den meisten Wettbewerbern eher fremd ist. Fast noch entscheidender ist jedoch, dass er seine Mandate nach Einschätzung von Wettbewerbern „unaufgeregt u. weitgehend geräuschlos" abwickelt.
Häufig empfohlen: Dr. Wolf Schiller („guter Dogmatiker u. routinierter Forensiker", „hat immer alles im Griff", Wettbewerber)
Kanzleitätigkeit: Schwerpunkt: Untreue, Betrug, Korruption, Steuer- u. Bilanzstrafrecht, Zollrecht u. AWG-Delikte. Zudem unerlaubte Arbeitnehmerüberlassung. Mandanten: WP-Gesellschaften, Chemie-, Handels-, Bauunternehmen u. Banken (einige in ständiger Beratung) sowie deren Führungskräfte. Daneben Begleitung von Versicherern (D&O, Unternehmenshaftpflicht, Vertrauensschadensversicherung). (1 Partner)
Mandate: ●● Aus dem Markt bekannt: Hengeler-Mueller-Partner wg. Vorwurf der Falschaussage; Ex-Morgan-Stanley-Chef in EnBW-Affäre; Vertretung eines Beschuldigten in Dt.-Bank-Umsatzsteuerkarussell.

THOMAS DECKERS WEHNERT ELSNER
Wirtschaftsstrafrecht: Individuen ☐☐☐☐▣
Wirtschaftsstrafrecht: Unternehmen ☐☐☐☐▣
Bewertung: Eine führende Kanzlei im Wirtschaftsstrafrecht, die zuletzt für reichl. Spekulationen im Markt sorgte: Der Rückzug von Thomas in die 2. Reihe in der Münchner Kirch-Verf., den er mit privaten Gründen erklärte, überraschte viele Wettbewerber u. lieferte Gesprächsstoff. Insges. änderte dies an der Marktposition der Kanzlei jedoch nichts, dafür ist der exzellente Ruf zu nachhaltig u. erstreckt sich auf zu viele Anwälte. Mit den Querelen um den Prozess um die gescheiterte VW-Übernahme stand die Kanzlei auch schlagartig wieder im Rampenlicht. Ziehen lassen musste sie allerdings gleich 2 Partner. Der Steuerspezialist Dr. Markus Adick, den sie erst ein Jahr zuvor aufgenommen hatte, eröffnete für Rettenmaier in Bonn. Das ist insofern schmerzlich, als dass das Steuerstrafrecht wohl der einzige Bereich ist, in dem die Kanzlei nicht zur strafrechtl. Marktspitze gehört. Zudem schloss sich die langj. Partnerin Franziska Lieb Gercke Wollschläger in Köln an. Dem steht der Zugang eines Compliance-erfahrenen Associates gegenüber. Damit erweitert die Kanzlei sich in einem auch strateg. relevanten Feld.
Stärken: Große Routine in Hauptverhandlungen.
Häufig empfohlen: Dr. Sven Thomas, Dr. Anne Wehnert („weiß, worauf es ankommt u. spricht Klartext", Mandant; „erste Wahl in schwierigen Situationen", Wettbewerber), Dr. Simone Kämpfer („klug, engagiert", Wettbewerber), Dr. Rüdiger Deckers, Thomas Elsner, Dr. Marcus Mosiek („bleibt immer ruhig und souverän", Wettbewerber), Johannes Zimmermann
Kanzleitätigkeit: In der Verteidigung: unternehmensrelevantes Strafrecht umf., u.a. Arzt- u. Medizinstrafrecht, Steuer- (Beratung u. Vertretung auch zu internat. Besteuerung) u. Umweltstrafrecht, Außenwirtschafts- u. Zollvergehen, börsennahe Delikte, Betriebsunfälle, Korruption. Zunehmend: Beratung von Unternehmen (u.a. hinsichtl. Bilanzen u. Korruption, IntBestG). Mandanten: Großunternehmen, Banken, regional ansässige Industriekonzerne, Handel, Freiberufler (WP, StB, Ärzte), in Korruptionsfällen auch öffentl. Hand. Div. Branchen wg. Compliance. (9 Partner, 4 Associates)
Mandate: ●● Öffentl./aus dem Markt bekannt: Kunstberater Helge Achenbach wg. Betrugsvorwurf; Thomas Middelhoff wg. angebl. Untreue; Rolf Breuer wg. angebl. Prozessbetrug; Ex-Porsche-Vorstand Holger Härter wg. angebl. Kursmanipulation; Lüftungstechnikunternehmen wg. Korruption; Bernie Ecclestone wg. Korruption; lfd. Koelnmesse.

UFER KNAUER
Wirtschaftsstrafrecht: Individuen ☐☐☐☐▣
Bewertung: Die empfohlene Münchner Boutique hat ihre Position erneut verbessert u. zudem expandiert. Zum einen nahm sie einen Sal.-Partner in München auf, zum anderen etablierte sie mit dem hoch angesehenen Prof. Dr. Wolfgang Schomburg, bislang nur universitär tätig, ein Büro in Berlin. Damit hat sie ihr Spektrum um internat. Strafrecht auf hohem Niveau erweitert. Wettbewerber werten die Eröffnung entsprechend als „Kampfansage" an die Berliner Boutiquen. Besondere Aufmerksamkeit erregte die Kanzlei jedoch mit der Mandatierung durch die Dt. Bank im Vorfeld des Kirch-Prozesses. So schickt sich die Kanzlei an, von ihrem soliden Stand in München aus auch bundesweit den Markt zu erobern. Weiterhin ist es aber v.a. Knauer, der im Markt präsent ist, doch relativiert sich das allmählich.
Häufig empfohlen: Dr. Christoph Knauer („richtig super", Wettbewerber), zunehmend Dr. Florian Ufer
Kanzleitätigkeit: Verteidigung von v.a. Geschäftsführern, Vorständen u. Aufsichtsräten. Zunehmend: Vertretung von Unternehmen im Ermittlungsverfahren u. präventiv sowie bei der Koordinierung interner Ermittlungen. Zudem fungieren die Anwälte als Ombudsmann für Unternehmen. (3 Eq.-Partner, 1 Sal.-Partner, 4 Associates, 2 of Counsel)
Mandate: ●● Aus dem Markt/Öffentl. bekannt: Dt. Bank in Kirch-Verf.; HVB-Aufsichtsrat bei Aufarbeitung der Cum-Ex-Transaktionen; Ex-ADAC-Kommunikationschef wg. Preis ‚Gelber Engel'; Uli Hoeneß in Haftfragen; Gesellschafter Sal. Oppenheim beratend; Karlheinz Schreiber in Revision; Rita Weigl in Verfahren um Insolvenz des Kfz-Zulieferers Weigl; Airbus-Manager wg. Korruption u. bei internen Untersuchungen; Vermögensverwalter Rheinmetall wg. Korruption; Baukonzern in Korruptionsverf. in Wien; Ex-Manager Imtech wg. Korruption u. Kartellvorwürfen; Landesbank präventiv; ital. Kfz-Zulieferer wg. Zoll- u. Steuerdelikt; TV-Sender wg. Prospektbetrug; große Klinik wg. Abrechnungsbetrug.

VBB RECHTSANWÄLTE
Wirtschaftsstrafrecht: Individuen ☐☐☐▣☐
Wirtschaftsstrafrecht: Unternehmen ☐☐☐▣☐
Bewertung: Eine führende Kanzlei im Wirtschaftsstrafrecht, die ihre Entwicklung so strateg. wie kaum eine andere in diesem Bereich vorantreibt. Zudem gelingt es, die Balance zw. Unternehmens- u. Individualvertretung zu erhalten, was auch eine umf. Ausbildung der stetig wachsenden Associate-Teams erlaubt. Der Lohn dieser Bemühungen ist, dass sich immer mehr Anwälte im Markt etablieren u. auch das noch relativ junge Essener Büro gut positioniert u. inzw. mit 4 Anwälten besetzt ist. Es ist v.a. die Kompetenz auf der ganzen

WIRTSCHAFTSSTRAFRECHT

Bandbreite der strafrechtl. Arbeit, inkl. Compliance, die dafür sorgt, dass die Mandantenbasis sich kontinuierlich verbreitert. Unverändert kann sie zudem auf ungewöhnl. viele Dauermandaten vertrauen. Dank dieser bewegt sich die Kanzlei in einem fast eigenen Biotop, ohne jedoch den Kontakt zur Verteidigerszene abreißen zu lassen. Trotz vorhandener Kompetenz ist – ganz ähnl. wie bei der örtl. Wettbewerberin Thomas Deckers – einzig die steuerl. Arbeit nach wie vor ein gewisser Schwachpunkt.

Stärken: Strafrechtl. Beratung/Krisenmanagement u. Vertretung von Unternehmen.

Häufig empfohlen: Renate Verjans, Dr. Markus Berndt, Dr. Marcus Böttger („fachl. sehr gut, mandantenorientiert", Wettbewerber über beide), Dr. Hjalmar Mahn („Blick fürs Wesentl. u. fürs Ganze", Wettbewerber), Dr. Matthias Brockhaus („ergebnisorientiert", Wettbewerber).

Kanzleitätigkeit: Bilanzstrafrecht, Kapitalanlagebetrug, Insolvenzdelikte. Auch Wettbewerbs- u. Kartelldelikte, Korruption. Strafrechtl. Compliance-Beratung. (5 Eq.-Partner, 1 Counsel, 10 Associates)

Mandate: ●● Stadt Duisburg wg. Loveparade; ThyssenKrupp strafrechtl., u.a. wg. Kartellverf.; Ex-Porsche Aufsichtsrat wg. VW-Übernahme; Debeka-Rechtsvorstand wg. Datenschutzverletzung (alle aus dem Markt bekannt); Ex-Vorstand eines Maschinenbauers wg. AWG-Verstoß; Logistikkonzern wg. Auslandskorruption, Chemiekonzern wg. Steuerdelikt; Stahlrohrhersteller in div. Angelegenheiten; Windanlagenprojektierer als Geschädigter; GF Pharmauntern. wg. Korruption; AG-Vorstand wg. Anlagebetrug; GF eines Tourismusunternehmens wg. Steuerdelikt; Unternehmer wg. Steuerdelikt im Ford-Korruptionskomplex; Verteidigung in Baukartell; div. Mediziner u. Kliniken wg. Abrechnungsbetrug u. Steuerdelikten; regelm. Stromerzeuger.

PROF. DR. KLAUS VOLK

Wirtschaftsstrafrecht: Individuen
Wirtschaftsstrafrecht: Unternehmen

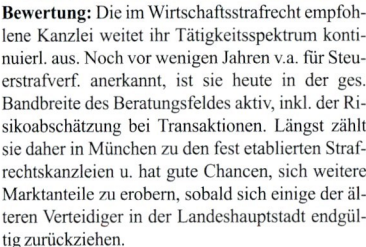

Bewertung: Die geschätzte wirtschaftsrechtl. Boutique entwickelt sich immer stärker zur Bankenspezialistin, das EADS-Mandat bildet da eher die Ausnahme von der Regel. Besonders viel Beachtung fand die Verteidigung im Münchner Kirch-Verf. um einen mögl. Prozessbetrug. Die frühe Mandatierung durch Banken nach dem Auftauchen sog. Steuer-CDs beschäftigt v.a. den Namenspartner bis heute, wobei die Beratung aber deutl. geräuschloser abläuft. Neben der dominierenden Person des Namenspartners, entwickelt auch die 2013 zu Kanzlei gestoßene, internat. erfahrene Rosskopf ein immer stärkeres Profil.

Häufig empfohlen: Prof. Dr. Klaus Volk, zunehmend Dr. Annette Rosskopf („beeindruckend" Wettbewerber).

Kanzleitätigkeit: Ges. Bandbreite des Wirtschaftsstrafrechts, sowohl als Berater von Unternehmen als auch in der Individualverteidigung. Häufige Gutachtertätigkeit im Unternehmensauftrag. (1 Eq.-Partner, 1 Sal.-Partner)

Mandate: ●● Ex-BayernLB-Vorstand Werner Schmidt in HGAA-Komplex; Christopher v. Oppenheim in Verf. um Sal. Oppenheim; Christa Schlecker wg. Insolvenz; EADS in Eurofighter-Affäre; Ex-Dt.-Bank-Vorstand Tessen von Heydebreck wg. mögl. Falschaussage; Ex-Vorstand eines dt. Konzerns in Verf. in den USA; div. Banken wg. Steuerdelikten.

WANNEMACHER & PARTNER

Wirtschaftsstrafrecht: Individuen

Bewertung: Die im Wirtschaftsstrafrecht empfohlene Kanzlei weitet ihr Tätigkeitsspektrum kontinuierl. aus. Noch vor wenigen Jahren v.a. für Steuerstrafverf. anerkannt, ist sie heute in der ges. Bandbreite des Beratungsfeldes aktiv, inkl. der Risikoabschätzung bei Transaktionen. Längst zählt sie daher in München zu den fest etablierten Strafrechtskanzleien u. hat gute Chancen, sich weitere Marktanteile zu erobern, sobald sich einige der älteren Verteidiger in der Landeshauptstadt endgültig zurückziehen.

Stärken: Spezialwissen im Bereich der kartellrechtl. Bußgeldverfahren. Kompetenzen auch im ▶ Steuerstrafrecht.

Häufig empfohlen: Dr. Leonard Walischewski, Jan Andrejtschitsch, Dr. Markus Gotzens („herausragend in komplexen Fällen", Wettbewerber; Steuerstrafrecht)

Kanzleitätigkeit: Wirtschaftsstrafrecht umf., einschl. Kartellverfahren. Bes. umfangr. Erfahrung im Steuerstrafrecht. Schwerpunkt Individualverteidigung, aber auch beratend tätig, wenig präventiv. (2 Partner, 2 Associates)

Mandate: ●● Ehem. Bird-&-Bird-Anwalt im Zshg. mit Weigl-Insolvenz; Betroffener in Verf. um Airbus; Ex-BayernLB-Vorstand Michael Kemmer in HGAA-Komplex; Verteidigung im HRE-Komplex; Allianz präventiv; ADAC-GF wg. Untreue u. Betrug; Dt.-Bank-Mitarbeiter wg. CO2-Zertifikatehandel; GCI wg. Korruption; Internetbank bei Abwehr Arrest; Immobilienfondsges. bei Transaktionen (Compliance); Verwaltungsrat Sparkasse wg. Untreue u. Korruption; div. Laborärzte wg. Betrug, börsennot. Medien- u. Pharmaunternehmen präventiv; Beschuld. wg. Einsturz Stadtarchiv Köln.

WESSING & PARTNER

Wirtschaftsstrafrecht: Individuen
Wirtschaftsstrafrecht: Unternehmen

Bewertung: Eine führende Kanzlei im Wirtschaftsstrafrecht, die als Unternehmensvertreterin häufig im Hintergrund agiert. Immer wieder ist sie dabei auch mit internen Ermittlungen befasst u. sitzt zudem bei einigen großen Unternehmen fest im Sattel. Nachdem sie im Vorjahr 2 Sal.-Partner ernannte, hat sie nun die Associate-Riege wieder erweitert. Die Personalstärke erlaubt ihr eine stärkere Binnenspezialisierung als sie in kleineren Boutiquen möglich wäre. So ist sie etwa in Spezialbereichen wie dem Kartell- oder Steuerstrafrecht gut aufgestellt. Zudem verfügt sie mit Dann über einen erfahrenen Berater im Medizinsektor u. sollte daher auch von den neuen Korruptionsregeln in der Branche profitieren können.

Stärken: Beratung v. Unternehmen, u.a. Sparkassen u. andere Banken; Spezialisierung u.a. im internat. Strafrecht, Kartell- u. Steuerrecht, auch ▶ Compliance/interne Untersuchungen.

Häufig empfohlen: Prof. Dr. Jürgen Wessing („besonnen u. klug", Wettbewerber), Dr. Heiko Ahlbrecht („kompetent, pragmatisch", „ausgeprägtes wirtschaftl. Verständnis", Wettbewerber), Dr. Matthias Dann („großes diplomatisches Geschick", Wettbewerber)

Kanzleitätigkeit: Bilanzstrafrecht, Kapitalanlagebetrug, Geldwäsche, u.a. mit internat. Bezug. Auch AWG, Medizin- u. Arztstrafrecht, Korruption, Kartell- u. Steuerverfahren. Mandanten: Großunternehmen aus der Rhein-Ruhr-Region, Großbanken, Medizintechnikunternehmen (u.a. Compliance-Fragen). Anerkannt auch im ▶ Steuerstrafrecht. (4 Eq.-Partner, 2 Sal.-Partner, 6 Associates, 2 of Counsel)

Mandate: ●● Aus dem Markt bekannt: UBS-Niederlassung wg. Steuer-CD; Debeka-Vorstand wg. Datenschutz; Sparkasse KölnBonn wg. WCCB-Bau; städtischer Mitarbeiter im Loveparade-Verfahren; Stadtwerke wg. Korruption.

WHITE & CASE

Wirtschaftsstrafrecht: Unternehmen

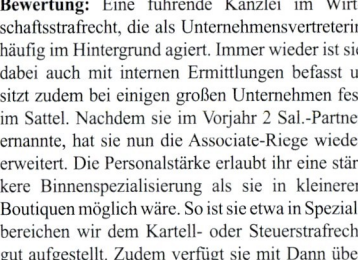

Bewertung: Empfohlene Kanzlei im Wirtschaftsstrafrecht, die erfolgreich zwischen Unternehmensverteidigung u. ▶ Compliance-Arbeit balanciert. Ihre Präsenz in der Bankenbranche ist bemerkenswert, etliche ausl. Institute mandatierten die Praxis zum 1. Mal. Doch behält das Team den Fuß auch bei der produzierenden Industrie in der Tür, nicht zuletzt dank der engen internat. Vernetzung der White-Collar-Praxis. Dennoch hat sie hier noch Potenzial. Dies gilt insbes. bei Verf. mit US-Bezug, da die Zusammenarbeit mit New York inzw. eingespielt ist. National verschiebt sich der Fokus immer stärker nach Berlin, wo auch der deutl. größere Teil des Teams ansässig ist. Dies führt zugleich zu einer leichten Abnahme der Marktpräsenz insgesamt, da originäre große Berliner Verf. rar sind.

Stärken: Strafrechtl. Beratung u. Unternehmensverteidigung, v.a. Banken.

Häufig empfohlen: Prof. Dr. Nils Clemm, Karl-Jörg Xylander („guter Stratege", Wettbewerber), Jürgen Detlef Klengel, Ole Mückenberger („gibt immer sachl. u. seriösen Rechtsrat), Wettbewerber)

Kanzleitätigkeit: Schwerpunkte im Wirtschafts- u. Steuerstrafrecht, auch Umweltstrafrecht; vorwiegend Unternehmensmandate, oft grenzüberschreitend (u.a. USA). In Einzelfällen Individualverteidigungen. (3 Eq.-Partner, 3 Sal.-Partner, 4 Associates)

Mandate: ●● Beratung LBBW wg. div. Ermittlungen (öffentl. bekannt); dt. Metallbauer als Geschäd. durch Verrat von Betriebsgeheimnissen; internat. Autobauer wg. Korruption.

WIRTSCHAFTSSTRAFRECHT

Weitere renommierte Kanzleien im Wirtschaftsstrafrecht

NORDEN
Langrock Voß & Soyka	Hamburg
Meyer-Lohkamp & Pragal	Hamburg
Parigger & Collegen	Hannover
Roxin	Hamburg
Schwenn & Krüger	Hamburg
Strate und Ventzke	Hamburg

OSTEN UND BERLIN
Dr. Frank Dr. Auffermann Halbritter Dr. Horrer	Berlin
Freyschmidt Frings Pananis Venn	Berlin

WESTEN
Strafverteidigerbüro	Köln
Tsambikakis & Partner	Köln

FRANKFURT UND HESSEN
Fischer & Euler	Frankfurt
Kipper + Durth	Darmstadt
Livonius	Frankfurt

SÜDWESTEN
Bender Harrer Krevet	Freiburg/Karlsruhe
Gillmeister Rode	Freiburg
Heimes & Müller	Saarbrücken
Dr. Susanne Wagner	Mannheim

SÜDEN
Eckstein & Kollegen	München
Kreuzer Pfister und Girshausen	München
von Máriássy Dr. von Stetten	München
Prof. Dr. Müller & Partner	München
Roxin	München
Stetter	München

BENDER HARRER KREVET
Bewertung: Dr. Gerson Trüg ist das Kunststück gelungen, trotz des Wechsels aus einer Boutique in eine zivilrechtl. orientierte Kanzlei seine Marktpräsenz zu erhalten. Schon als Partner bei Gillmeister Rode genoss er einen guten Ruf, doch wurde es dann nach seinem Wechsel Anfang 2013 – wie erwartet – etwas ruhiger um ihn. Doch nun meldete er sich umso fulminanter an der Seite von Josef Ackermann zurück. Neben Eberhard Kempf vertrat er den Ex-Vorstandschef der Dt. Bank im Kirch-Prozess. Dieses Mandat dürfte seine endgültige Rückkehr auch in die Verteidigerszene einläuten. Die Vernetzung mit regionalen Zivilkanzleien ist ohnehin schon weit gediehen. (2 Partner, 1 Associate)
Mandate: ●● Josef Ackermann wg. angebl. Prozessbetrug; CEO eines Dax-Unternehmens wg. Zolldelikt; Zeugenbeistandschaft für internat. Kosmetikkonzern; Schweizer Fleischimporteur wg. Zolldelikt; internat. Bauunternehmen bei Einrichtung Compliance-System; RA wg. Parteiverrat; GF eines Spediteurs wg. Steuerdelikt.

ECKSTEIN & KOLLEGEN
Bewertung: Die Kanzlei um Frank Eckstein („prozessual erfahren, durchsetzungsstark", „gutes Verständnis für medizinrechtl. Probleme", Wettbewerber) ist, obwohl in dieser Konstellation noch nicht lange existent, in München etabliert. Allerdings gilt sie den dortigen Verteidigern nicht als zwingend wirtschaftsorientiert. Obwohl auch in Frankfurter Verfahren oder im Bochumer Schienenkartellverfahren involviert, fehlt es noch an einer signifikanten Marktwahrnehmung außerhalb Bayerns. Dank der prominenten Mandate sollte sich dies jedoch mittelfristig ändern und dürfte sich mit Blick auf die hohe Auslastung derzeit auch verschmerzen lassen. (1 Eq.-Partner, 1 Sal.-Partner, 1 Associate)
Mandate: ●● Karlheinz Schreiber u. Franz-Josef Weigl in Revisionen; Beschuld. im Zshg. mit HVB-Cum-Ex-Ermittlungsverfahren der GenStA Frankfurt; GF eines österr. Bauuntern. wg. Untreue im Zshg. mit Nürburgring; Beschuld. in Frankfurter Verf. um Gewinnspiele; 2 Beschuld. in Schienenkartellverf.; GF eines Abrechnungsdienstleister in Apothekendatenschutzverf.; Dienstleister wg. Untreue/Korruption bei Projekt Herkules; regelm. Abrechnungsdienstleister im med. Bereich.

FISCHER & EULER
Bewertung: Die Kanzlei um Dr. Jürgen Fischer ist weiterhin für eine Reihe von Zivilkanzleien 1. Wahl für die Kooperation in Mandaten mit strafrechtl. Implikationen. Bei den großen Mandaten ist sie hingegen selten zu sehen, sodass die Marktpräsenz bei den strafrechtl. Wettbewerbern eher gering ist. (2 Partner, 1 Associate)
Mandate: ● RA bei Wiederaufnahme nach Verurteilung wg. Betrug; Ingenieurges. wg. Korruption; GF wg. internat. Korruption; internat. Importfirma wg. Zolldelikt.

DR. FRANK DR. AUFFERMANN HALBRITTER DR. HORRER
Bewertung: Die Berliner Boutique wird von ihren Wettbewerbern zwar kaum wahrgenommen, berät aber eine Reihe namh. Unternehmen an der Schnittstelle zu Compliance-Themen. Oft ist die Tätigkeit als Ombudsmann, die die Kanzlei auch für Konzerne außerhalb der Hauptstadt wahrnimmt, das Einfallstor für anspruchsvollere Beratungsaufgaben. Die Anwälte sind jedoch kaum in den großen Verf. zu sehen, nicht zuletzt, weil sie im Wirtschaftsbereich – mit Ausnahme von Medizinern – kaum je Individualmandate übernehmen. Entsprechend wird sie im Markt eher mit ihrer Verteidigung im allg. Strafrecht in Verbindung gebracht, die v.a. durch eine Partnerin gepflegt wird. (4 Partner, 4 Associates)
Mandate: ●● Liegenschaftsfonds Berlin als externer Compliance-Verantwortlicher; Krisenstab einer Berliner Bank nach strafrechtl. Vorfällen; Klinik bei interner Untersuchung von Abrechnungsbetrug; beschuld. Mediziner in Transplantationsfall; Mitarbeiter einer Bank wg. Cum-Ex-Geschäften; GF wegen Korruption in der Windkraftbranche; GF wg. Kartellabsprachen im Kraftwerksbau; Immobilienunternehmen bei Compliance-Aufbau.

FREYSCHMIDT FRINGS PANANIS VENN
Bewertung: Die Vertretung eines Counsel der Kanzlei Bird & Bird im Wölbern-Verf. führte die Berliner Kanzlei erneut nach HH. Dort war sie zuvor bereits im HSH-Nordbank-Komplex tätig. Obwohl die erneute Arbeit in der Hansestadt u. einige Frankfurter Mandate eine Bestätigung der sich abzeichnenden überreg. Weiterentwicklung sind, bleibt das Team um Dr. Panos Pananis, Nikolai Venn („zuverlässig, kompetent", Wettbewerber) u. Uwe Freyschmidt doch im Kern auf die Hauptstadt u. die angrenzenden Bundesländer beschränkt. Dies kann sie jedoch ändern, da sie u.a. im Medizinbereich einige Unternehmen regelm. berät u. sich zudem als personell ausgesprochen stabil erweist. (4 Partner, 5 Associates)
Mandate: ●● Angeklagter im Verf. um ‚Neue Börse' in Ffm.; Counsel von Bird & Bird in Wölbern-Komplex; ehem. Manager der Charité w. Korruption; ehem. Finanz-GF von Vivantes wg. Korruption u. Untreue; Immobilienfirma präventiv in Vergabesachen; Bau-AG wg. Scheinselbstständigkeit; chin. Chiphersteller wg. internat. Steuerangelegenheit; Fondsmanager wg. Subventionsbetrug; ehem. CFO wg. Computerbetrug u. Steuerdelikt; regelm. Hertha BSC, div. Kliniken u. Sparkassen.

GILLMEISTER RODE
Bewertung: Die Freiburger Kanzlei um den erfahrenen Dr. Ferdinand Gillmeister wird im Markt inzw. nahezu ausschl. für ihre Arbeit in auch internat. Steuerangelegenheiten wahrgenommen. Für die bundesweite Verteidigerszene spielt das Team hingegen nur eine geringe Rolle, ist aber z.B. in Frankfurt mehrfach als Zeugenbeistand an großen Verfahren beteiligt. (3 Partner, 2 Associates)
Mandate: ●● Ex-HVB-Vorstand in Cum-Ex-Verfahren; Vorstand internat. Spedition wg. Korruption bei Russland-Geschäften; Prüfunternehmen wg. fehlerhafter Begutachtung; Waffenhersteller wg. KWKG-Verstoß bei Mexiko-Geschäften; Zeugenbeistand für Mitarbeiter einer Großbank; Anlagenbauer wg. Steuerdelikt; Schweizer Großbank wg. Steuerdelikt.

HEIMES & MÜLLER
Bewertung: In Südwestdtl. ist die Kanzlei fest etabliert, dabei zeichnet sich jedoch immer stärker ab, dass Prof. Dr. Egon Müller den Stab an den jüngeren u. gut vernetzten Partner Dr. Jens Schmidt weiterreicht. Während der routinierte Seniorpartner v.a. mit regional relevanten Verf. auffiel, gelingt es dem Jüngeren immer besser, sich bundesweit einen Namen zu machen. Obwohl er frühzeitig begonnen hat, sich mit Kollegen zu vernetzen u. sich einen soliden Ruf erworben hat, wird es aufgrund des Standorts eine Herausforderung sein, den Anschluss zu halten. (2 Partner, 1 Associate)
Mandate: ● Angekl. im Trierer EIC-Verf.; Uniprof. wg. Beihilfe zur Untreue; ehem. Fraktionsgeschäftsführer wg. Untreue; Ministerialbeamter wg. Korruption; Dienstleister u. Zulieferer wg. Korruption.

KIPPER + DURTH
Bewertung: Die kleine Kanzlei um die Namenspartner Dr. Oliver Kipper u. Dr. Hanno Durth ist

---

● Referenzmandate, umschrieben
●● Referenzmandate, namentlich

Anwaltszahlen: Angaben der Kanzleien, wie viele Anwälte zu mind. ca. 50% in diesem Gebiet tätig sind. Sie spiegeln nicht zwingend die Gesamtgröße einer Kanzlei wider.

WIRTSCHAFTSSTRAFRECHT

v.a. im Rhein-Main-Gebiet fest etabliert, doch reicht ihr Wirkungskreis längst darüber hinaus. Bemerkenswert ist, dass sie sich auch bei Steuerrechtlern allmähl. einen Namen erarbeitet u. ihre Arbeit in diesem Bereich stetig ausdehnt. Die Strategie, diese fachl. Lücke durch die Aufnahme einer weiteren Anwältin zu schließen, hat sich damit als richtig erwiesen. Die überschaubare Größe der auch bei Zivilrechtlern sehr anerkannten Kanzlei ist derzeit wohl das einzige, was ihr eine weitere Expansion erschwert. (3 Partner)

Mandate: ● COO eines Investors im S&K-Verf.; Ex-GF eines internat. Flughafens wg. Untreue; Steuerchef eines Pharmauntern. wg. Korruption u. Steuerdelikt; GF eines ww. tätigen Automotiveunternehmens wg. fahrlässiger Tötung (Produkthaftung); Ex-Vorstand eines Solarfirma wg. Untreue; StB-Kanzlei im Zshg. mit Anlagebetrug; Verteidigung StB wg. Beihilfe zum Betrug; GF eines Sicherheitsdienstes wg. Steuerdelikt u. Sozialversicherungsbetrug; Leasinguntern. wg. Unterschlagung von Fahrzeugen; Compliance-Beratung eines Hochbauunternehmens.

KREUZER PFISTER UND GIRSHAUSEN
Bewertung: Es sind meist die urbayrischen Verfahren, in denen die Kanzlei zu sehen ist. Obwohl ihr dies auch immer wieder die Beteiligung an prom. Verf. einbringt, bleibt die Resonanz im Markt jedoch im Vergleich zu Wettbewerbern verhalten. Grund dafür ist u.a., dass die Partner eine der zentralen Entwicklungen der letzten Jahre, die beratende Tätigkeit, kaum mit vollzogen haben. (3 Partner, 1 Associate)

Mandate: ●● Franz-Josef Weigl in Verf. um Insolvenz; Ex-HRE-Vorstandschef Georg Funke wg. Untreue; Geschäftsführer des S+K-Firmengruppe, u.a. wg. Betrug, Untreue; Vertretung im Verf. um Cranach-Fälschungen; Laborarzt wg. Abrechnungsbetrug; Verbands-GF wg. Untreue; Finanzberater wg. Korruption zu Lasten div. Banken; Auktionshaus wg. Handel mit Erzeugnissen aus geschützten Tieren; Klinikleiter wg. Steuerdelikt.

LANGROCK VOSS & SOYKA
Bewertung: Die Hamburger Kanzlei ist immer häufiger auch außerhalb der Hansestadt zu sehen. Noch engagieren sich die 3 Namenspartner Dr. Marc Langrock, Dr. Marko Voß u. Dr. Till Soyka („engagiert, fachl. exzellent", Wettbewerber) vorwiegend in Individualmandaten, doch zeichnet sich ab, dass die Beratung von Unternehmen zu einem immer wichtigeren Bereich wird. Geschuldet ist dies auch den weiterhin exzellenten Kontakten zu einer Reihe Hamburger Zivilkanzleien, die u.a. Voß u. Soyka als Kooperationspartner schätzen u. denen das Büro kulturell näher steht als die meisten anderen Boutiquen in Hamburg. Zudem bringen die Anwälte lt. Wettbewerbern gerade an der Schnittstelle zum Zivilrecht großes Know-how mit. (3 Partner)

Mandate: ●● Angekl. in HRE- u. Conergy-Verf.; Vermögensberater in Verf. um Bank Sarasin; GF einer Klinik wg. Scheinselbstständigkeit; GF einer AÜG-Verstoß; PwC-Partner in CO2-Komplex; Unternehmer als Geschädigter einer Erpressung; ltd. Mitarbeiter wg. Anstiftung zur Marktmanipulation; Großhandels-GF wg. Steuerdelikt; Mitarbeiter einer Großbank wg. Untreue; Mitarbeiter eines Elektrountern. wg. Korruption in China; IPO-Berater wg. Betrug u. Marktmanipulation.

LIVONIUS
Bewertung: Die Kanzlei um Dr. Barbara Livonius („professionell im Umgang mit hochkomplexen Vorgängen im compliance-relevanten Umfeld", Wettbewerber) gilt als eine der ersten Adressen für die Beratung u. Vertretung im Bankenumfeld. Derzeit ist das Team in nahezu alle wichtigen Bankverf. involviert, oft jedoch in der 2. Reihe. In der Beratung ist die Kanzlei jedoch wesentl. breiter aufgestellt u. engagiert sich in sehr unterschiedl. Branchen. Zwar sind die beiden Partnerinnen ein gut eingespieltes Team, doch sind die Kapazitäten weiterhin sehr begrenzt, zumal Hauptverhandlungen anstehen. (2 Partner)

Mandate: ●● Mitarbeiter Dt. Bank wg. CO2-Handel u. Vorstand wg. Libor-Manipulation u. Prozessbetrug; div. Bauuntern. wg. Arbeitsdelikten; Vorstand Sparkasse wg. Untreue; Hauptabteilungsleiter Porsche wg. Marktmanipulation; Logistikkonzern wg. Mindestlohn; Kommunikationsdienstleister wg. Vermittlungsprovisionen; Energieversorger u. Bahnunternehmen als Compliance-Officer.

VON MÁRIÁSSY DR. VON STETTEN
Bewertung: Die Kanzlei engagiert sich weiterhin neben der wirtschaftsstrafrechtl. Arbeit auch immer wieder im allg. Strafrecht. Dies gilt v.a. für Seniorpartner Andreas von Máriássy. Während bei ähnl. aufgestellten Boutiquen damit oft rasch die Akzeptanz im Markt abnimmt, gelingt hier der Spagat – nicht zuletzt dank der guten Vernetzung von Dr. Annette von Stetten („engagiert, erfahren", Wettbewerber). Dies gilt jedenfalls für Süddtl., die bundesw. Marktpräsenz ist hingegen noch nicht vergleichbar. (3 Partner, 2 Associates)

Mandate: ●● GF von CAP wg. Betrug u. Steuerdelikt; Ex-Vorstand HRE wg. unrichtiger Darstellung; Verwaltungsrat einer Sparkasse wg. Untreue; Vorstand Luftfahrtuntern. wg. Korruption; Ex-Mitarbeiter eines Dax-Untern. wg. Insiderhandel; Vorstandsvorsitzender wg. Betrug; Bürgermeister wg. Untreue; Gastronom wg. Steuerhinterziehung; div. Beschuld. im sog. Laborärzteverf.; Ombudsmann bei Siemens.

MEYER-LOHKAMP & PRAGAL
Bewertung: Die Hamburger Boutique von Jes Meyer-Lohkamp („brillanter Forensiker", Wettbewerber) u. Dr. Oliver Pragal profiliert sich v.a. in der Individualverteidigung. Dies führt dazu, dass sie mit der anderen jungen HHer Boutique Langrock Voß & Soyka weiterhin kaum in die Quere kommt. Räumlich ist das Team inzw. in die Nähe des einstigen Mentors Otmar Kury gerückt. Auch wenn das Team kaum mehr auf Verweismandate des erfahrenen Verteidigers angewiesen ist, dürfte das den Austausch nur intensivieren. Noch jedenfalls können die beiden dem etablierten Kury in Sachen Marktpräsenz nicht das Wasser reichen. (2 Partner)

Mandate: ● Angeklagter in Verf. um Schienenkartell; Beschuld. in Rheinmetall-, Imtech- u. Augustinum-Verf.; Beschuld. wg. Betrug bei Fleischhandel; Beschuld. aus Windenergiebranche wg. Korruption; mehrere Bankmitarbeiter wg. US-Kartellverfahren.

PROF. DR. MÜLLER & PARTNER
Bewertung: Die Münchner Kanzlei verfügt mit dem Namenspartner Prof. Dr. Eckhart Müller u. Klaus Gussmann über 2 Partner, denen Wettbewerber „die wohl beste Vernetzung in Justizkreise" bescheinigen. Dies, verbunden mit immenser Erfahrung, bringt sie bei lokalen Verf. oft in zentrale Positionen. Eine exzellente Stellung, die jedoch v.a. an den 3 Seniorpartnern hängt. Ein reibungsloser Übergang auf die jüngere Generation ist noch eine der großen Herausforderungen für die Kanzlei. (4 Partner, 2 Associates)

Mandate: ●● Öffentl. bekannt: HVB-Vorstand wg. Cum-Ex-Geschäften; Siemens regelm.; Beschuld. im Schienenkartellverf.; Abspaltung eines Dax-Konzerns regelm.; Angekl. im Dt.-Bank-Verf.; Beschuld. in HRE-Verfahren.

PARIGGER & COLLEGEN
Bewertung: Das Team um Dr. Manfred Parigger hat v.a. die mittelständ. Wirtschaft u. ihre strafrechtl. Probleme in der weiteren Region um Hannover fest im Griff. Auch die präventive Beratung wird weiter fortgesetzt, ohne dass sich hier jedoch signifikantes Wachstum ergeben hätte. Die Eröffnung in Frankfurt im Vorjahr findet bislang im Markt keine Resonanz. Dieser sehr wettbewerbsintensive Markt dürfte auch nur schwer zu erobern sein. (1 Eq.-Partner, 2 Sal.-Partner, 1 of Counsel, 1 Associate)

Mandate: ● Zahnarzt wg. Betrug; Angekl. wg. Titelmissbrauch (beides öffentl. bekannt); GF Bauuntern. wg. Korruption; GF einer Handelsfirma wg. Untreue, Insolvenzdelikt; Finanzmakler wg. Untreue; Immobilienunternehmen wg. Steuerdelikt.

ROXIN
Bewertung: Die Kanzlei war durch die Verteidigung des Richters, der Juraklausuren verkauft hatte, so präsent wie schon länger nicht mehr. Der HHer Partner Dr. Oliver Sahan („kompetent u. effizient", „praxisorientiert", Wettbewerber), der v.a. bei Zivilkanzleien als guter Teamplayer gilt, dürfte seine Bekanntheit im Markt dadurch deutl. gesteigert haben. Doch neben der jurist. Arbeit feilt die Kanzlei weiter an einer konsequenten Neuaufstellung u. der Vertiefung des internat. Netzwerks. Noch führt dies zu einer gewissen Verunsicherung im Markt, zumal mit Alexander Schemmel ein Gründungspartner die Kanzlei verließ. Bemerkbar macht sich die Entwicklung jedoch bereits jetzt in einer größeren personellen Stabilität, auch kritische Stimmen hinsichtl. der Qualität sind im Markt nicht mehr zu hören. Während München u. Hamburg etabliert sind, wird die Neuausrichtung in D'dorf auch wegen der starken Wettbewerber dort noch einige Zeit in Anspruch nehmen. Die Kanzlei ist auch im ▶Steuerstrafrecht u. bei ▶Compliance-Themen präsent u. steht einigen Unternehmen als Ombudsmann zur Verfügung. (2 Eq.-Partner, 4 Sal.-Partner, 1 Counsel, 3 of Counsel, 8 Associates; inkl. Compliance)

Mandate: ●● Richter L. in Klausurenskandal; StB im Zshg. mit CO2-Handel; Münchner Klinik wg. Abrechnungsbetrug; Angekl. in Wurstkartell; ausl. Immobilienunternehmen bei Anzeige gg. dt. Investor; ehem. HP-Manager wg. Korruption; Energieuntern. regelm.; Energietechnikuntern. wg. Korruption umf., auch ggü. Weltbank.

WIRTSCHAFTSSTRAFRECHT

SCHWENN & KRÜGER
Bewertung: Namenspartner Johann Schwenn steht weniger für das Wirtschaftsstrafrecht als vielmehr für eine konsequente Verteidigung, unabhängig vom Tatvorwurf, sowie eine exzellente Prozessführung. Dafür wird ihm viel Respekt entgegen gebracht, auch wenn manche Wettbewerber sich genau deswegen schwertun, ihn in Verteidigerteams einzubinden. (1 Partner, 1 Associate)
Mandate: ●● Öffentl. bekannt: Angeklagter in Steuerverf.; Beratung Die Zeit; Ärzte/Kliniken wg. Abrechnungsbetrug; Firmenberatung Reemtsma.

STETTER
Bewertung: Die kleine Münchner Boutique um Dr. Sabine Stetter („freundlich u. konsequent", „fachl. hervorragend", Wettbewerber) genießt in München einen tadellosen Ruf. Mit ihrer konsequenten Ausrichtung auf Wirtschaftsangelegenheiten u. ihrem breit angelegten Spektrum, das von der Beratung im internat. Kontext bis zur Individualverteidigung reicht, wird das Team auch oft von Zivilkanzleien hinzugezogen. Als neuer Salary-Partner stieß ein auf Medizinstrafrecht ausgerichteter Anwalt von Lieb hinzu, der sich auch mit Haftungsfragen der Branche befasst hat. (1 Eq.-Partner, 2 Sal.-Partner, 2 Associates)
Mandate: ●● Rechtsabteilungsmitglied der Dt. Bank wg. Prozessbetrug; Prokurist in Verf. um Großanlagenkartell; Ex-Niederlassungsleiter eines Baukonzerns wg. Korruption; Leiter Forschungsinstitut wg. Untreue; Aufsichtsrat wg. Betrug; AG wg. Ermittlungsersuchen aus den USA; Verein wg. strafrechtl. Vorkommnisse; Beteiligter in HVB-Cum-Ex-Verfahren; Makler wg. Untreue.

STRAFVERTEIDIGERBÜRO
Bewertung: Die Kölner Kanzlei um Christof Püschel („gut, schnell, businesskompatibel", Wettbewerber) erweitert ihre Kompetenzen stetig. Ausgehend von der Individualverteidigung kooperiert sie eng mit einem Spezialisten für Strafvollstreckung u. hat sich zudem mit einem erfahrenen Steuerrechtler zusammengetan. Schließlich stieß auch noch der gut etablierte Dirk Petri („zuverlässig u. kompetent", „kommunikationsstark", Wettbewerber) von Brüssow & Petri zur Kanzlei. Er brachte u.a. ein Mandat aus dem Dresdner Infinus-Verf. mit. Damit mausert sich das Team allmähl. zu einer Art Rundumanbieter für alle strafrechtl. Fälle. Dennoch bleibt das Engagement in der Beratung von Unternehmen weiterhin eher zurückhaltend u. konzentriert sich auf akute Fälle. (4 Eq.-Partner, 1 Sal.-Partner, 3 Associates)
Mandate: ●● Ex-BaFin-Chef Jochen Sanio u. Matthias Graf von Krockow im Sal.-Oppenheim-Komplex (öffentl. bekannt); Rüstungsmanager wg. Korruption; gr. Versicherungsmakler bei interner Untersuchung wg. Untreue, UWG-Verstoß; Verteidigung im Infinus-Komplex; GFs in Ford-Korruptionsverf.; Flüssiggasunternehmen wg. Kartell; GF eines Händlers wg. Iran-Embargo; GF eines Metallhändlers wg. Steuerdelikt; Geldwäschebeauftragter eines Versicherers; Chefärzte wg. Betrug u. Korruption; Bauunternehmer wg. Insolvenzdelikt; städt. Beschuld. in Loveparade-Unglück.

STRATE UND VENTZKE
Bewertung: Die beiden Namenspartner Dr. Gerhard Strate („konsequent, unbeugsam", Wettbewerber) u. Klaus-Ulrich Ventzke lassen sich nicht auf das Wirtschaftsstrafrecht festlegen. Sie verfolgen – gemeinsam etwa mit den Büros von Johann Schwenn oder Otmar Kury damit die klass. Linie der Verteidigung. V.a. Strate verfolgt dabei stets einen sehr eigenen Weg u. scheut auch vor eigenwilligen Entscheidungen nicht zurück. (1 Eq.-Partner, 1 Sal.-Partner, 2 Associates)
Mandate: ●● Öffentl. bekannt: Kieler Investor wg. Betrug; Wiederaufnahme Mollath; Carsten Maschmeyer wg. Strafanzeigen gg. Sarasin im Zshg. mit Cum-Ex-Geschäften.

TSAMBIKAKIS & PARTNER
Bewertung: Vor allem rhein. Zivilkanzleien haben scheinbar nur darauf gewartet, dass Dr. Michael Tsambikakis („geschickt, arbeitet gut aus dem Hintergrund", „brillant, kluger Verhandlungsstratege", Wettbewerber) Friedrich Graf von Westphalen verlässt u. seine eigene Boutique aufbaut. Nachdem es in den vergangenen Jahren ruhiger um den v.a. im Medizinstrafrecht erfahrenen Anwalt geworden war, nahm die Resonanz aus dem Markt mit der Kanzleigründung rasant zu. Ausschl. an der Verteidigung im Achenbach-Verf. wird das nicht gelegen haben, obwohl das Mandat sicher geholfen hat. Das Team engagiert sich – nicht zuletzt dank der Klientel aus dem Gesundheitssektor – sowohl in der Individualverteidigung als auch in der Unternehmensbegleitung, inkl. Compliance. Mit der Aufnahme 2er Associates, einer mit Inhouse-Erfahrung, eine aus der Staatsanwaltschaft, wurden die Kompetenzen sinnvoll ergänzt. (2 Partner, 5 Associates, 1 of Counsel)
Mandate: ●● H. wg. Betrug u. Untreue (Achenbach-Verf.); Propan Rheingas in Kartellverf.; Manager Pisciotti wg. Auslieferung in die USA aufgrund Kartellvorwurf; Ärzte in Kölner Laborverf. (Pilotverf.) u. in Schottdorf-Affäre; 2 StB einer Big-Four-Gesellschaft wg. Beihilfe zur Steuerhinterziehung; Gesundheitskonzern vor Untersuchungsausschuss; Vorstand Rolls Royce Power System wg. Korruption; interne Untersuchung der Vertragsbeziehungen für Wettanbieter; div. Selbstanzeigen, teils mit Auslandsbezug; regelm. div. Klinikkonzerne.

DR. SUSANNE WAGNER
Bewertung: Die Einzelanwältin Dr. Susanne Wagner („präzise u. taktisch geschickt", Wettbewerber) ist aufgrund ihrer eher zurückhaltenden Vorgehensweise eine gesuchte Kompetenzergänzung für südwestdt. Zivilkanzleien. Mandate führen sie bis nach München oder Ffm., doch eher selten in die erste Reihe der großen Ermittlungsverf. in diesen Städten. Letztlich dürfte dies die persönl. Kapazitäten auch sprengen, da Wagner konsequent auf einen personellen Unterbau verzichtet u. es aufgrund des Standorts schwer sein dürfte, sich ein Netzwerk junger Anwälte aufzubauen, wie es etwa Kury in HH oder Gatzweiler in Köln jahrelang pflegten. (1 Partnerin)
Mandate: ● GF wg. Umweltdelikt; GF wg. Steuerdelikt; Unternehmen in Kartellverf.; GF in Laborärzteverf.; GF wg. Korruption.

JUVE Handbuch
2015 | 2016

Serviceteil

Statistiken

Fusionsstammbäume

STATISTIKEN

DEUTSCHLAND

	Anzahl aller Rechtsanwälte		Anzahl weiterer Berufsträger		Anzahl der Partner[1]				Anzahl aller Büros	
					D		Ausland			
	D	Ausland	D	Ausland	E[2]	S[3]	E[2]	S[3]	D	Ausland
01 CMS Hasche Sigle	655	32	8	–	212	13	5	2	8	3
02 Freshfields Bruckhaus Deringer	526	1.594	–	–	128	–	353	–	6	21
03 Noerr	340	82	30	7	77	65	5	23	5	9
04 Taylor Wessing	332	900	–	–	109	48	–	–	5	14
05 Hogan Lovells	330	2.356	k.A.	k.A.	59	21	552	239	4	42
06 Luther	311	76	9	–	71	45	5	12	11	4
07 Clifford Chance	307	2.177	k.A.	–	77*	–	496*	–	3	33
08 Gleiss Lutz	307	5	–	–	85	–	1	–	6	1
09 Heuking Kühn Lüer Wojtek	305	5	1	–	128	55	3	1	8	2
10 Linklaters	278	2.381	15	k.A.	62	k.A.	407	k.A.	4	25
11 KPMG Law	247	–	–	–	25	61	–	–	16	–
12 Görg	241	–	24	–	88	–	–	–	6	–
13 Beiten Burkhardt	231	44	11	–	47	90	4	8	5	5
14 Hengeler Mueller	225	16	–	–	85	8	6	–	4	3
15 Allen & Overy	224	2.430	8	k.A.	50	–	475	–	5	41
16 PricewaterhouseCoopers Legal	213	2.400	–	–	25	68	–	–	21	110
17 White & Case	210	1.650	4	k.A.	60	35	k.A.	k.A.	5	33
18 DLA Piper	193	4.047	–	k.A.	56	–	1.310	22	5	83
19 Baker & McKenzie	191	4.078	5	1.739	44	30	661	692	4	73
20 Bird & Bird	180	825	11	76	47	–	195	33	4	23
21 Becker Büttner Held	178	4	24	–	17	10	1	–	5	–
22 Rödl & Partner	161	242	463	352	35	43	35	46	24	70
23 Latham & Watkins	160	2.051	–	–	47*	–	601*	–	4	29
24 Flick Gocke Schaumburg	157	–	104	–	37	33	–	–	4	–
25 Norton Rose Fulbright	154	3.646	k.A.	k.A.	42*	k.A.	1.126*	k.A.	3	53
26 BLD Bach Langheid Dallmayr	145	–	–	–	38	–	–	–	5	–
27 FPS Fritze Wicke Seelig	141	–	–	–	56	23	–	–	4	–
28 GSK Stockmann + Kollegen	135	2	–	–	44	17	–	1	5	2
29 Kapellmann und Partner	125	3	–	–	51	12	1	–	6	1
30 Baker Tilly Roelfs	121	–	–	–	22	18	–	–	8	–
31 Osborne Clarke	121	606	2	–	43*	–	154*	–	4	15
31 Graf von Westphalen	113	8	1	4	53	15	1	2	5	3
33 SKW Schwarz	113	–	–	–	45	19	–	–	5	–
34 Schultze & Braun	110	–	21	–	41	–	–	–	41	3
35 P+P Pöllath + Partners	107	–	6	–	31	–	–	–	3	–
36 Deloitte Legal	102	1.200	–	–	16	20	–	–	7	120
37 Heussen	92	–	5	–	21	16	–	–	4	–
38 Menold Bezler	86	–	–	–	29	9	–	–	1	–
39 Buse Heberer Fromm	83	6	–	–	31	22	–	1	6	3
40 Göhmann	83	5	–	–	42	–	2	–	6	1
41 Redeker Sellner Dahs	82	6	–	–	39	8	1	1	4	2
42 Jones Day	81	2.201	15	226	39	–	824	–	3	38
43 Eversheds**	80	1	1.372	372	7	22	117	218	3	17
44 King & Wood Mallesons	80	2.700	4	–	31	–	–	–	2	30
45 Brandi	79	2	1	–	48	–	1	1	7	–
46 Leinemann & Partner	78	–	–	–	18	9	–	–	5	–

[1] nur Rechtsanwälte / [2] Equity / [3] Salary / *Anzahl Partner (ohne Unterscheidung Equity-/Salary-Partner)
**Stand 01.05.2015: Zusammenschluss von Heisse Kursawe Eversheds und Eversheds

STATISTIKEN

DEUTSCHLAND

	Anzahl aller Rechtsanwälte		Anzahl weiterer Berufsträger		Anzahl der Partner[1]				Anzahl aller Büros	
	D	Ausland	D	Ausland	D E[2]	D S[3]	Ausland E[2]	Ausland S[3]	D	Ausland
47 Dentons	76	–	–	–	14	8	–	–	2	120
48 Friedrich Graf von Westphalen & Partner	75	–	–	–	28	–	–	–	3	–
49 Ebner Stolz Mönning Bachem	73	–	351	–	14	8	–	–	14	–
50 Streitbörger Speckmann	73	–	2	–	35	–	–	–	6	–
51 Ashurst	72	1.628	–	–	12	8	400*	–	2	26
52 CBH Rechtsanwälte	72	–	–	–	31	2	–	–	2	–
53 Watson Farley & Williams	72	358	6	–	10	12	47	12	3	11
54 K&L Gates	71	2.000	3	–	33*	–	–	–	2	45
55 Mayer Brown	70	1.416	–	–	24*	–	579*	–	2	17
56 McDermott Will & Emery	68	1.028	2	2	38	–	566	36	3	19
57 SZA Schilling Zutt & Anschütz	68	3	–	–	10	1	1	–	2	1
58 Esche Schümann Commichau	64	–	30	–	17	11	–	–	–	–
59 Ecovis	63	200	239	2.450	28	–	–	–	142	260
60 Oppenhoff & Partner	62	–	1	–	20	13	–	–	2	–
61 Dr. Eick & Partner	61	–	–	–	21	–	–	–	8	–
62 Kliemt & Vollstädt	60	–	–	–	14	–	–	–	3	–
63 Thümmel Schütze & Partner	60	2	–	–	22	11	–	–	4	2
64 Orth Kluth	56	–	–	–	12	12	–	–	2	–
65 Raue	56	–	–	–	26	5	–	–	–	–
66 hww Hermann Wienberg Wilhelm	55	–	30	–	–	–	–	–	24	–
67 Weil Gotshal & Manges	55	1.073	1	–	10	–	303	–	2	18
68 Rittershaus	54	–	–	–	26	–	–	–	3	–
69 Simmons & Simmons	54	–	2	–	20*	–	–	–	3	21
70 Cleary Gottlieb Steen & Hamilton	53	1.147	–	k.A.	13	–	180	–	2	14
71 HFK Rechtsanwälte	52	2	–	–	11	11	–	–	6	1
72 Ahlers & Vogel	51	–	–	–	21	5	–	–	–	–
73 KSB Intax	51	–	19	–	15	12	–	–	2	–
74 Avocado	50	–	–	–	19	4	–	–	5	1

[1] nur Rechtsanwälte / [2] Equity / [3] Salary / *Anzahl Partner (ohne Unterscheidung Equity-/Salary-Partner) Stand: 31.03.2015

Statistische Angaben zu Rechtsanwälten, Notaren, Wirtschaftsprüfern, Steuerberatern in Deutschland

Rechtsanwälte	163.513
– weiblich	33,6%
Ausländische Anwälte	819
Anwaltsnotare	5.660
– weiblich	12,7%
RechtsanwaltsGmbHs	694
RechtsanwaltsAGen	26
PartG	3.716

Quelle: Bundesrechtsanwaltskammer, Stand 01.01.2015

Steuerberater	82.382
– weiblich	34,7%
Steuerberatergesellschaften	9.243

Quelle: Bundessteuerberaterkammer, Stand 01.01.2015

Wirtschaftsprüfer	14.474
– weiblich	15,9%
– WP	1.891
– WP und RA	103
– WP und StB	11.923
– WP, StB und RA	550
– WP, RA und Notar	3
– WP, RA, StB und Notar	4
vereid. Buchprüfer und RA	239
Wirts.prüfungsgesellschaften	2.880

Quelle: Wirtschaftsprüfungskammer, Stand 01.07.2015

Die Entwicklung der Anwaltszahlen seit 2005
Quelle: Bundesrechtsanwaltskammer, Stand 01.01.2015

'05	'06	'07	'08	'09	'10	'11	'12	'13	'14	'15
132.569	138.104	142.830	146.910	150.377	153.251	155.679	158.426	160.880	162.695	163.513

Die statistischen Angaben sind mit großer Sorgfalt recherchiert und aufbereitet worden. Für etwaige Fehler kann der Verlag jedoch leider keine Haftung übernehmen. Die Auswahl der Kanzleien erhebt keinen Anspruch auf Vollständigkeit.

FUSIONSSTAMMBÄUME

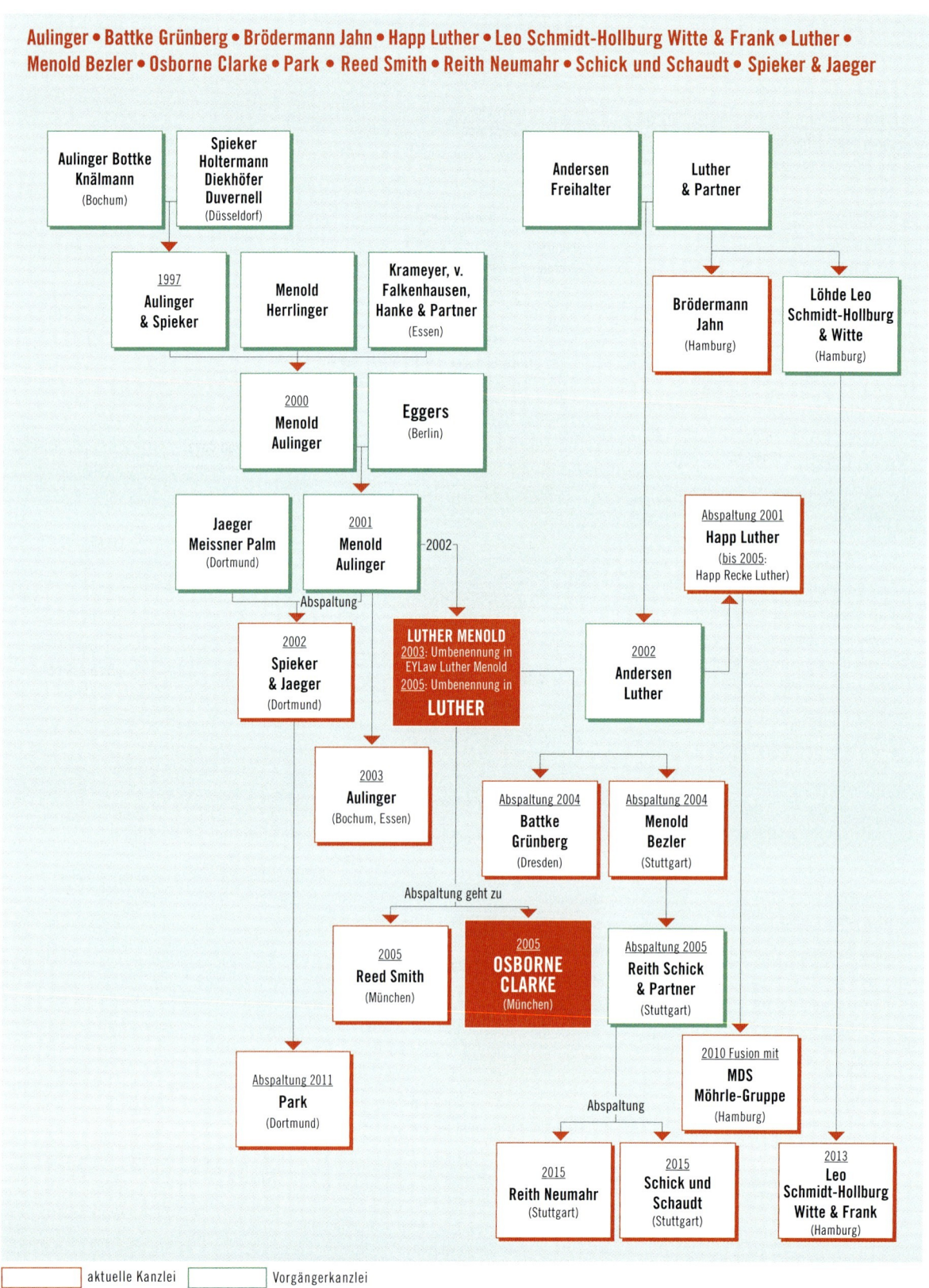

FUSIONSSTAMMBÄUME

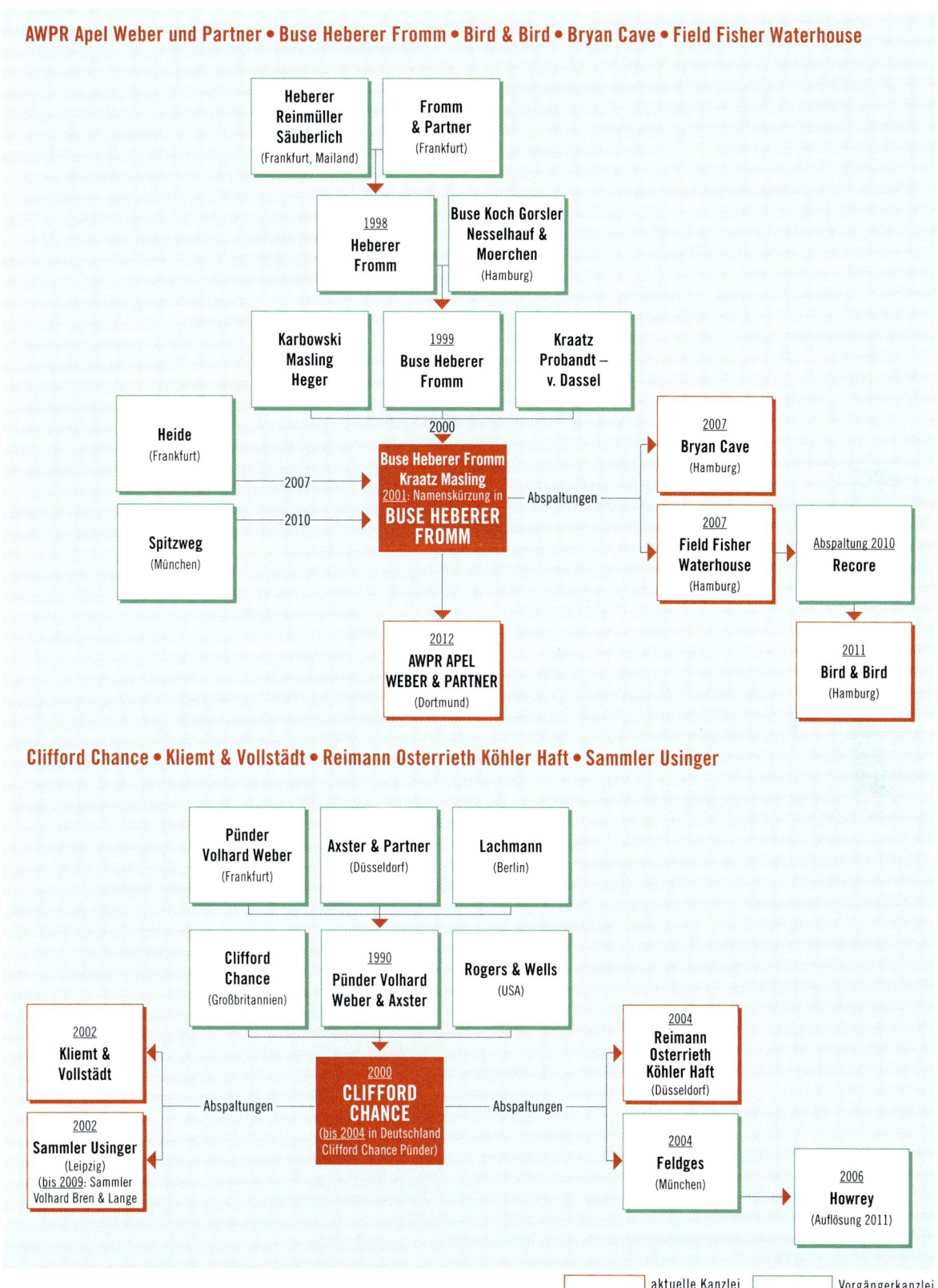

FUSIONSSTAMMBÄUME

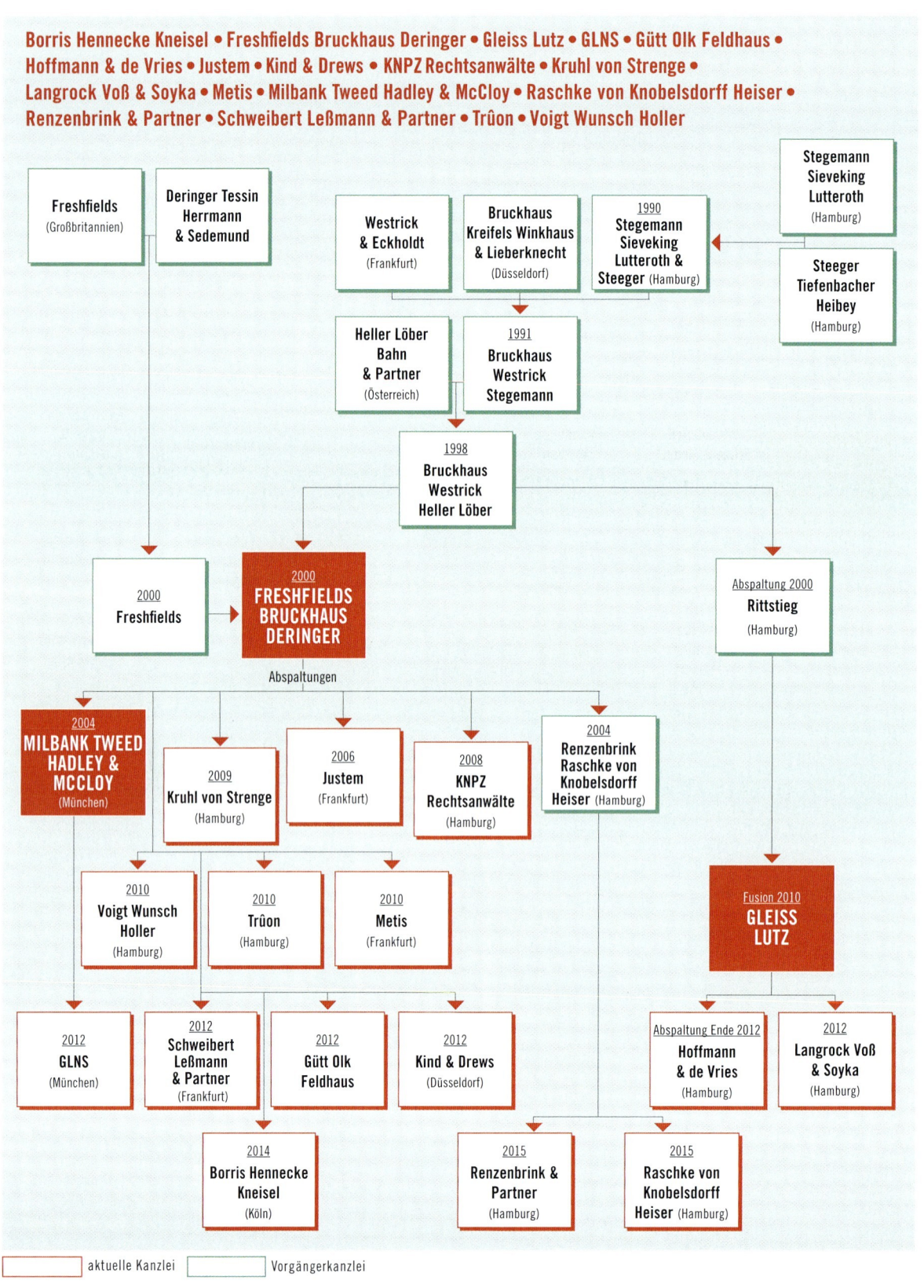

FUSIONSSTAMMBÄUME

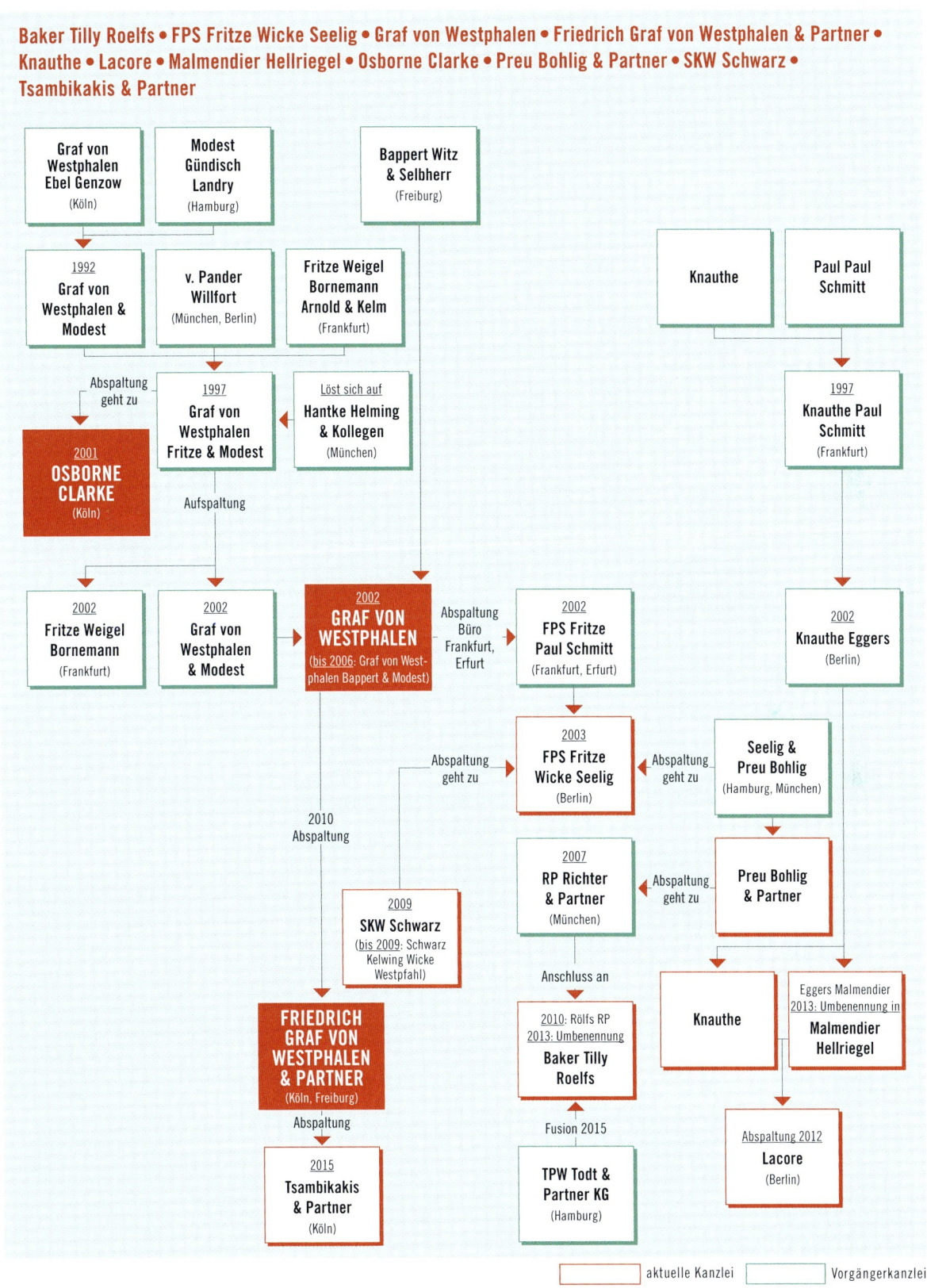

FUSIONSSTAMMBÄUME

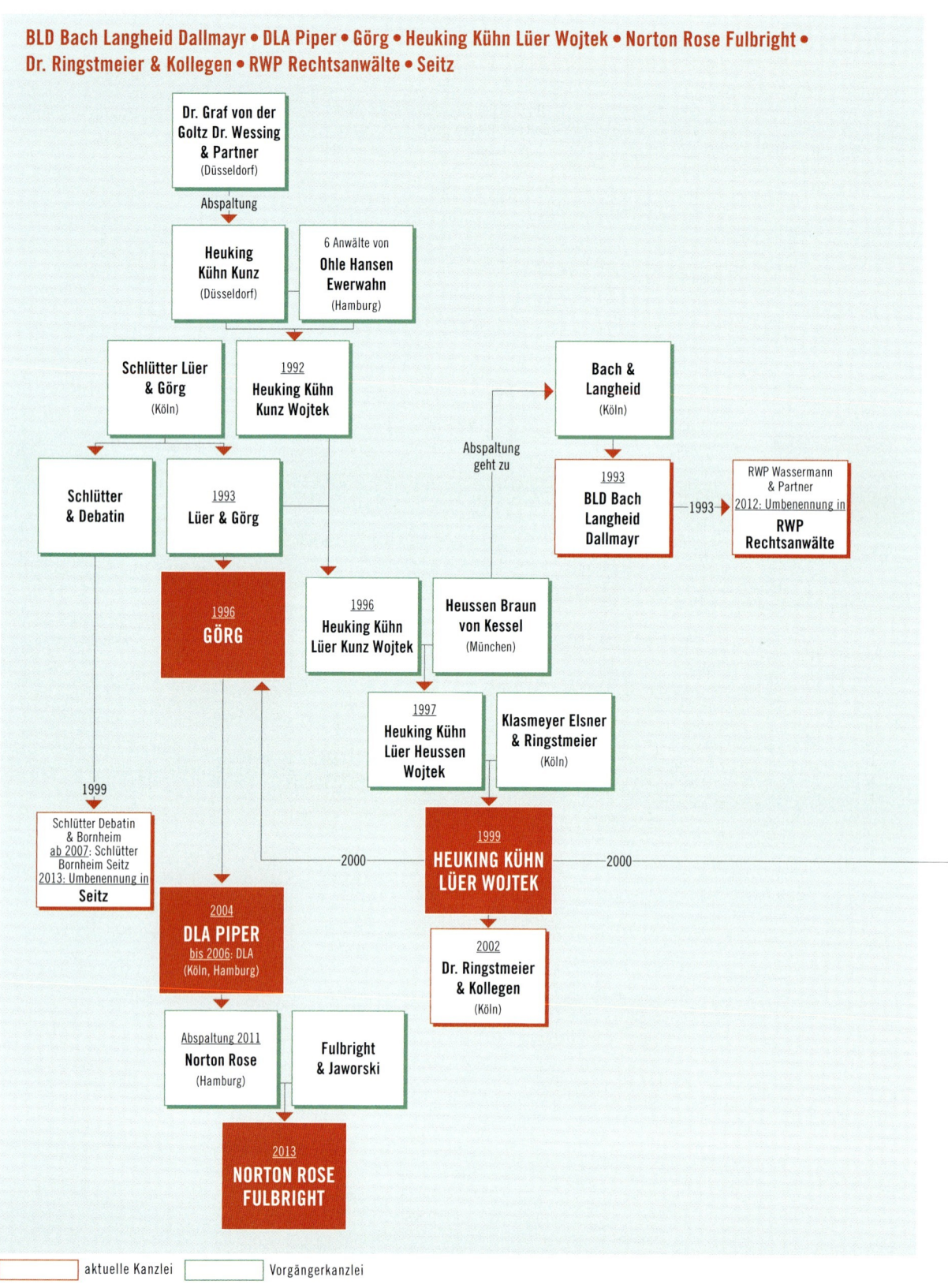

FUSIONSSTAMMBÄUME

AGS Acker Görling Schmalz • Brehm & v. Moers • ebl Factum • Glade Michel Wirtz • Heussen • K&L Gates • Lambsdorff • Mütze Korsch • Nägele & Kollegen • Pier 11 Göthel Rossbach Schmitz • Taylor Wessing

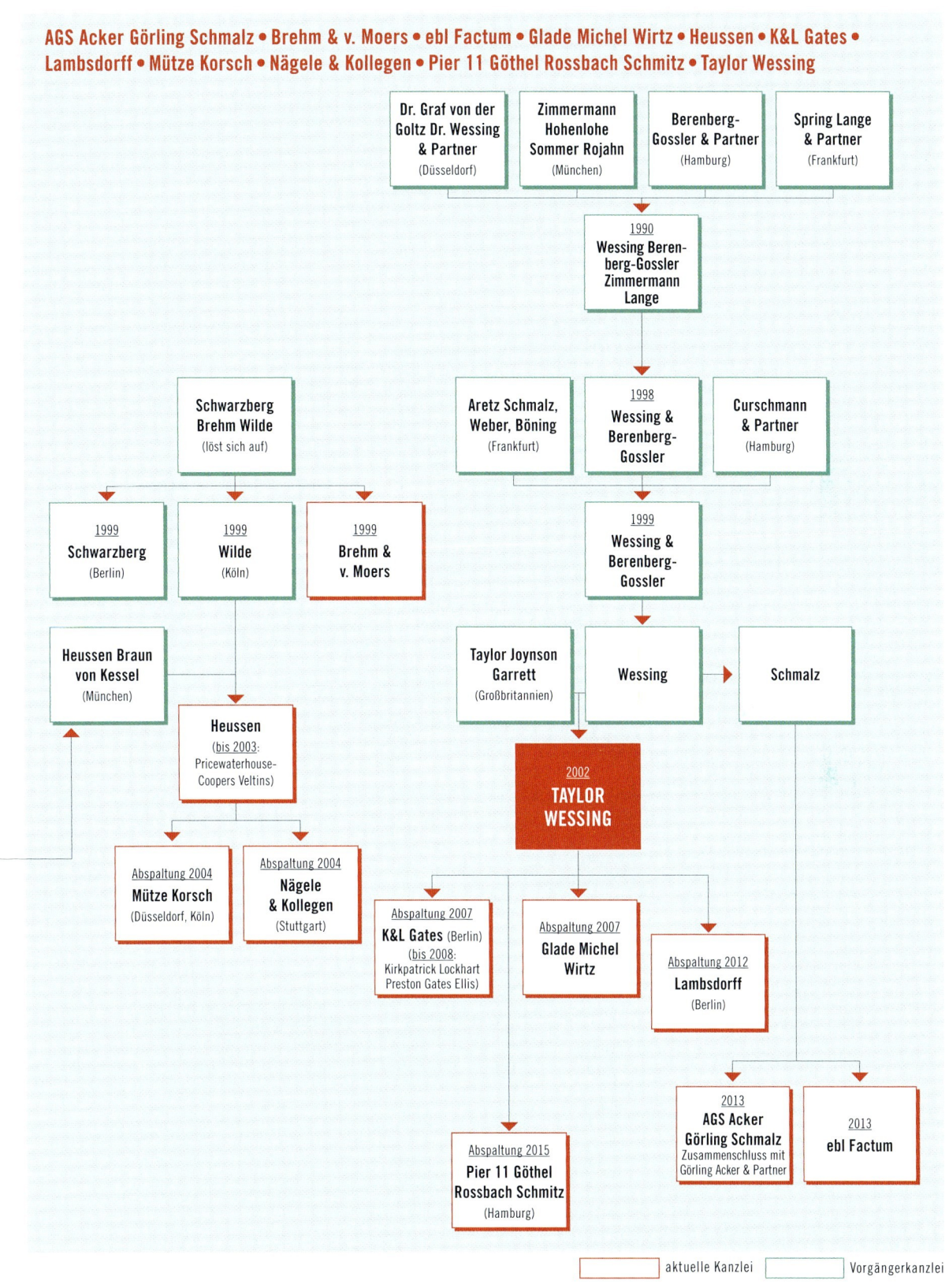

FUSIONSSTAMMBÄUME

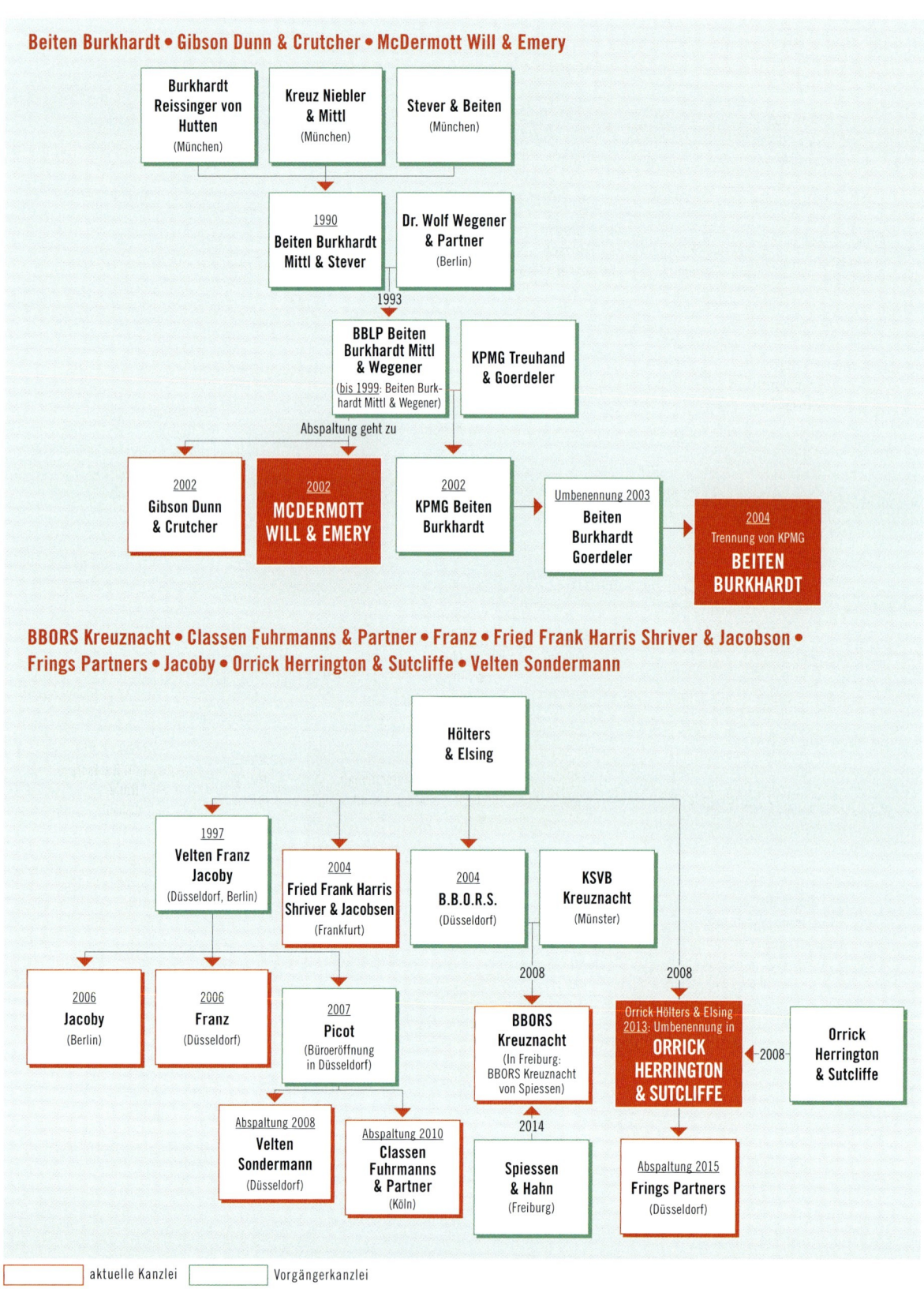

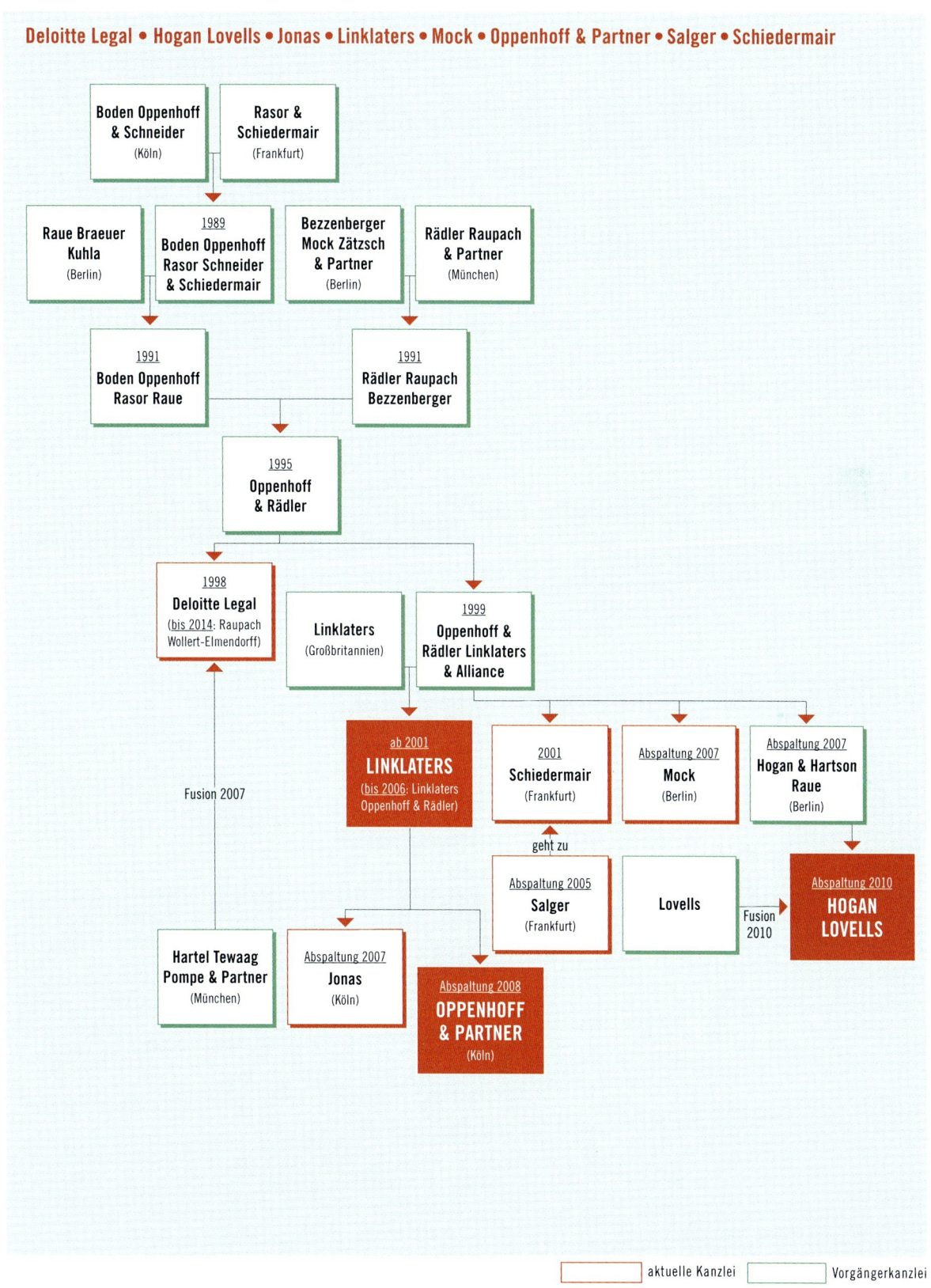

FUSIONSSTAMMBÄUME

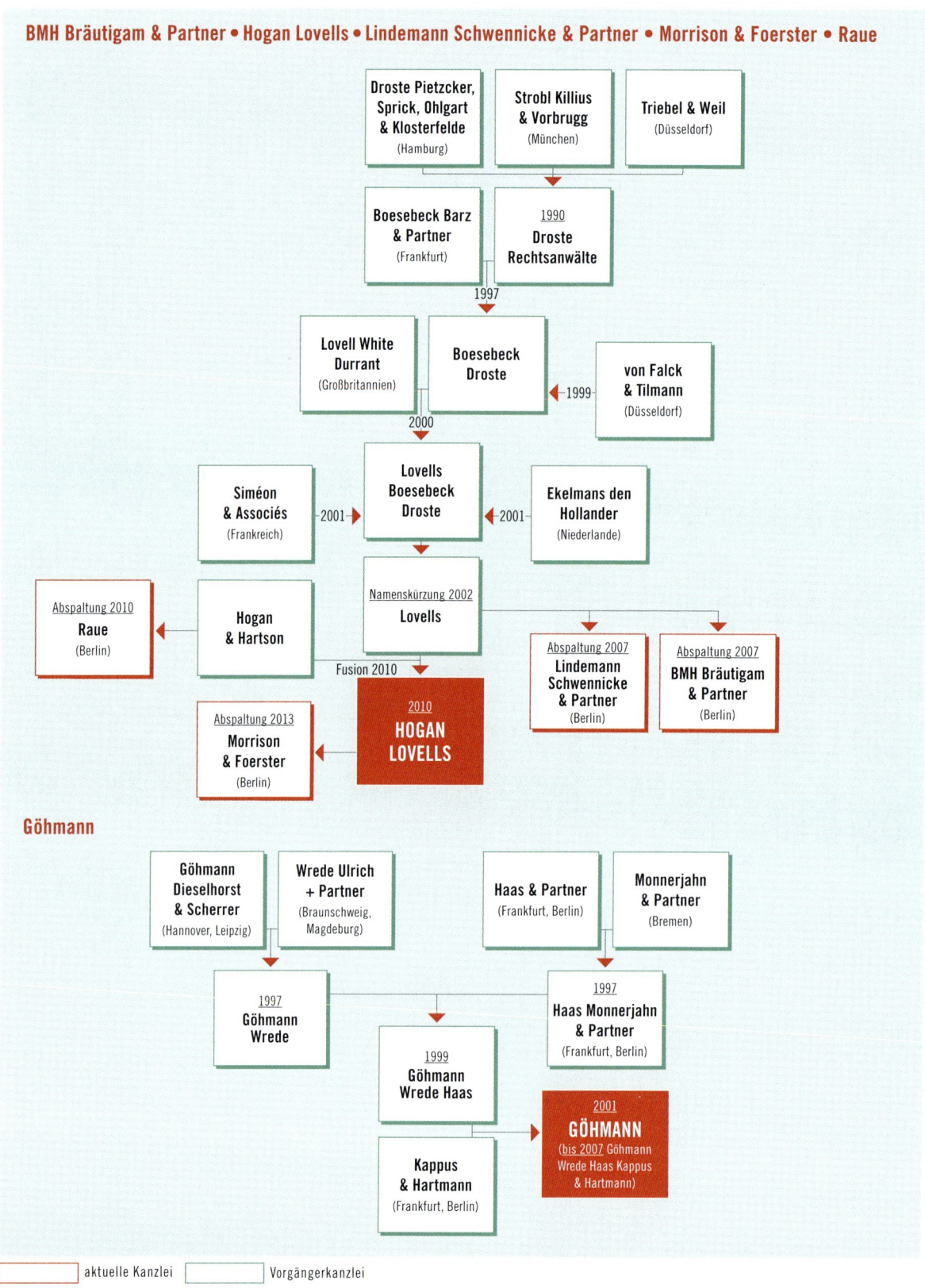

FUSIONSSTAMMBÄUME

CMS Hasche Sigle • DLA Piper • Norton Rose Fulbright • Weiss Walter Fischer-Zernin

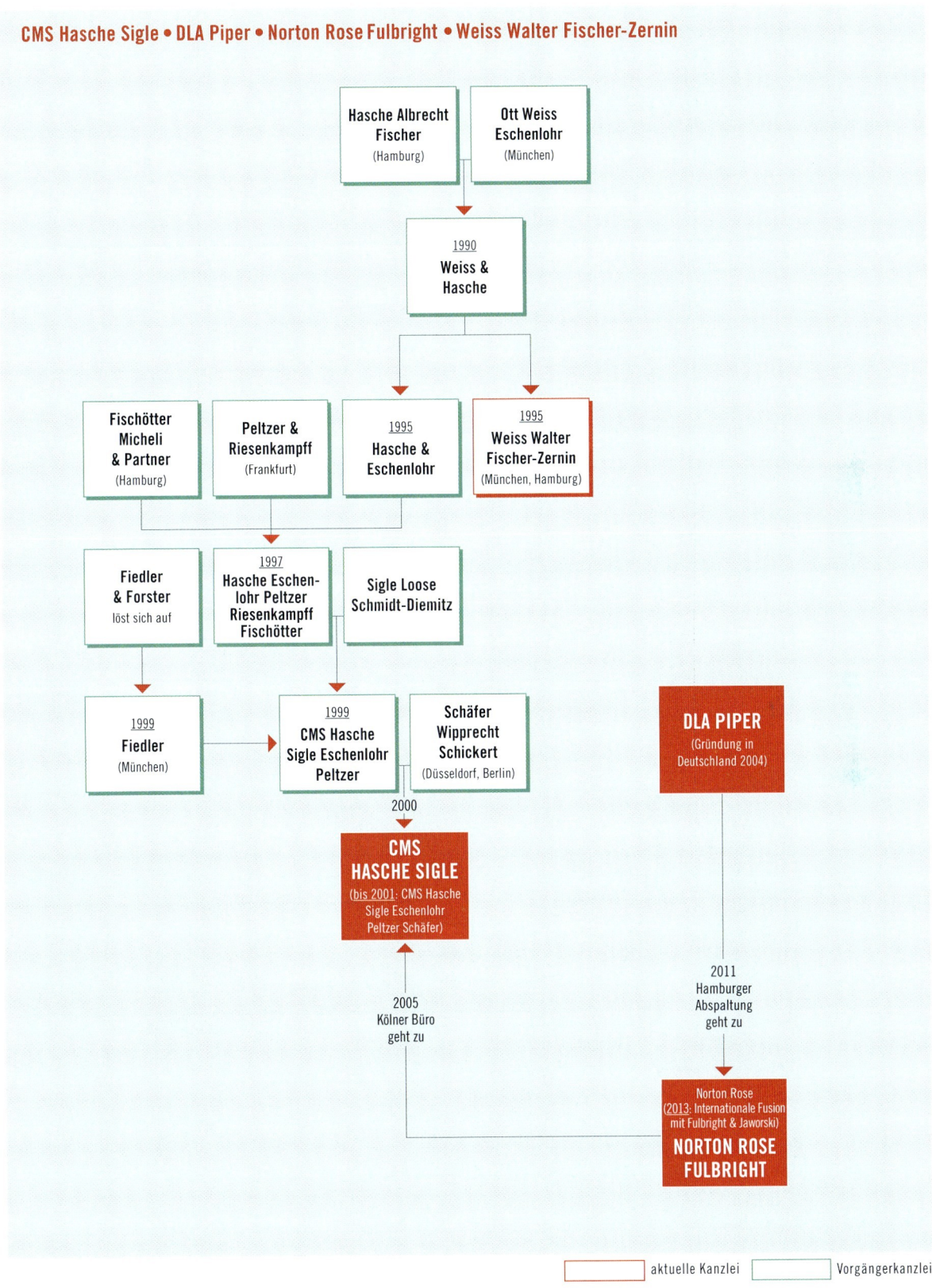

FUSIONSSTAMMBÄUME

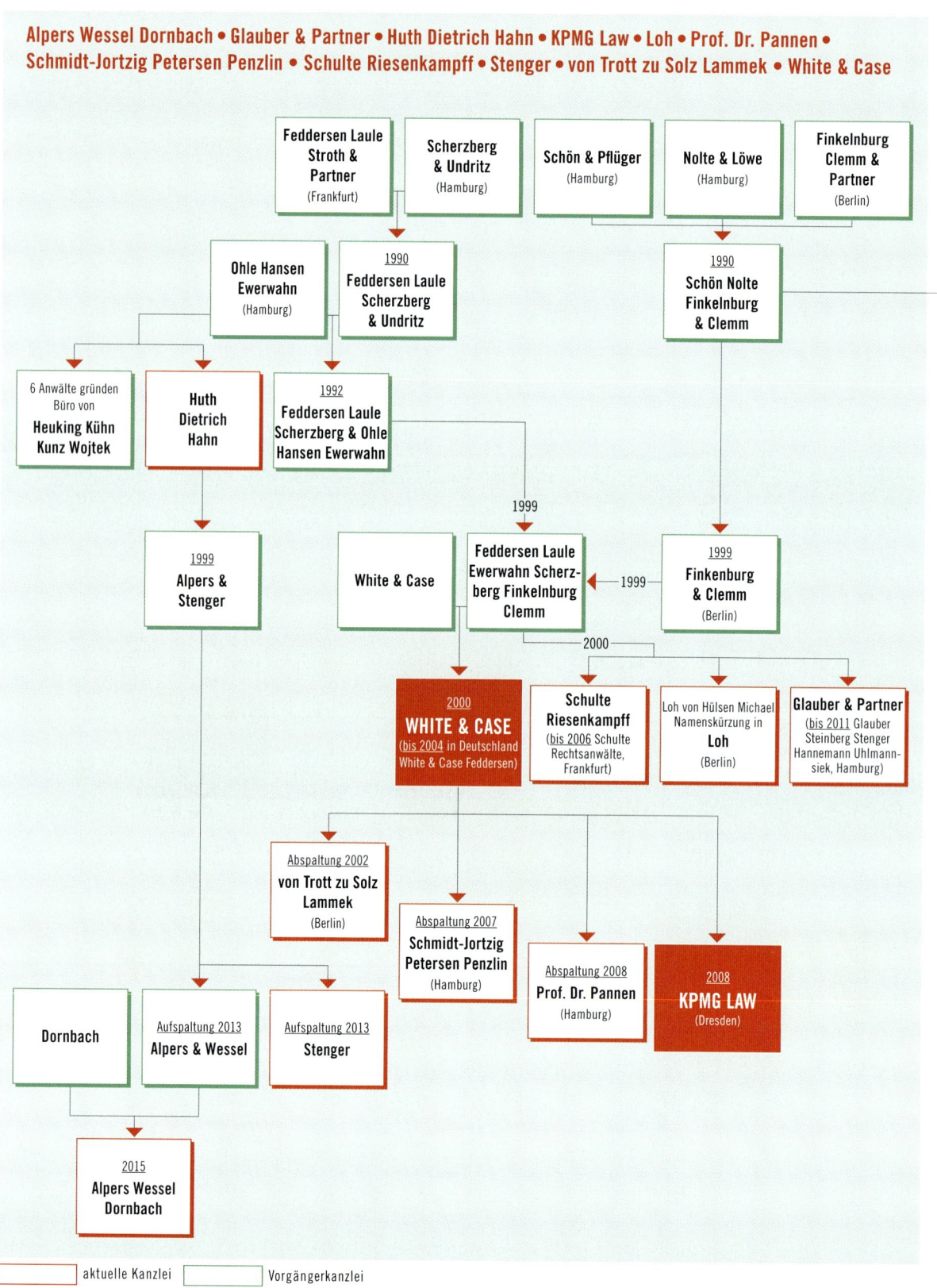

FUSIONSSTAMMBÄUME

CMS Hasche Sigle • Görg • Latham & Watkins • Loschelder • Mayer Brown • MLaw Group • Norton Rose Fulbright • Pinsent Masons • Wegner Ullrich Müller-Helle & Partner • WilmerHale

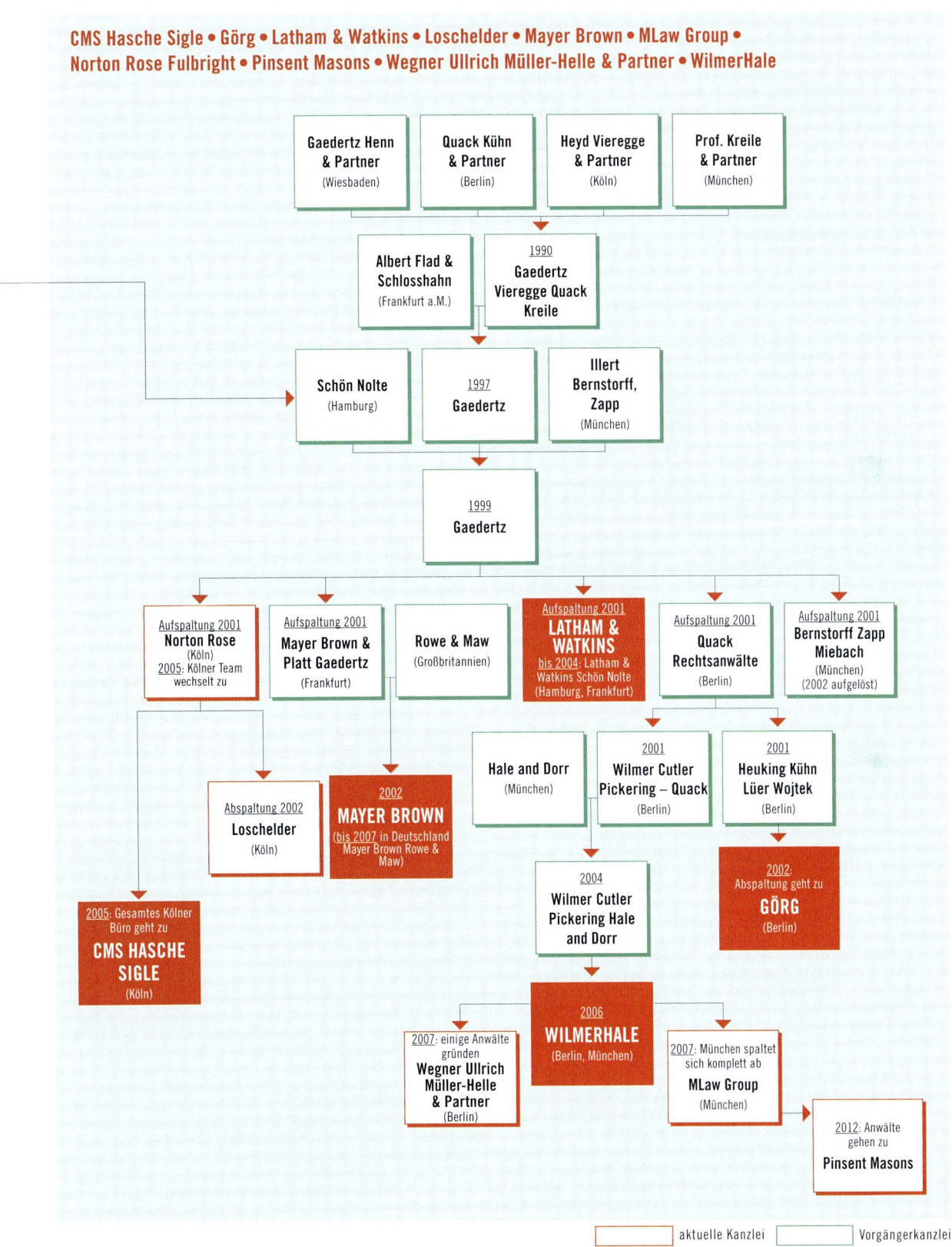

FUSIONSSTAMMBÄUME

Aderhold • Advises • Amereller • Arqis • BPV Hügel • BRL Boege Rohde Luebbehuesen • Dentons • Graf Kanitz Schüppen & Partner • Heuking Kühn Lüer Wojtek • Marccus Partners • Squire Patton Boggs • Watson Farley & Williams

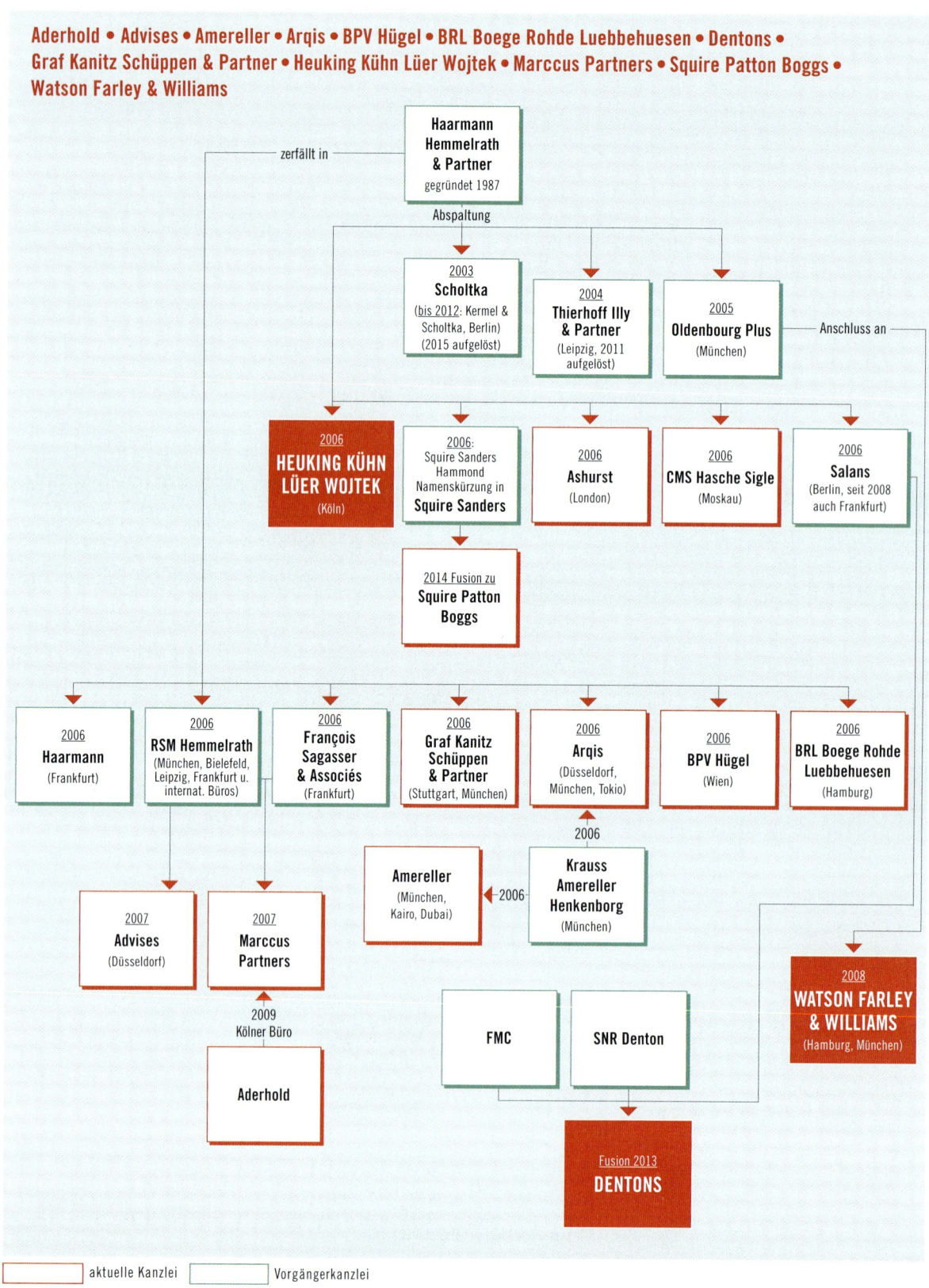

JUVE Handbuch
2015 | 2016

Teil 2

Kanzleiprofile	652
Ausländische Korrespondenzkanzleien	931

Einige Kanzleien haben sich dafür entschieden, zum Abdruck ihres eigenen Kanzleiprofils eine ein- oder doppelseitige Anzeige zu buchen. Bei diesen Profilen handelt es sich um kostenpflichtige Anzeigen, die von den Kanzleien inhaltlich selbst gestaltet werden.

Für den Inhalt sämtlicher Anzeigen sind die jeweiligen Kanzleien allein verantwortlich.

KANZLEIPROFIL / ANZEIGE

Aderhold
A wie Anwälte.

Dortmund | Düsseldorf | München | Leipzig | Frankfurt am Main | Berlin

Nicht nur traditionelle Branchen brauchen innovative Lösungen.

Als Wirtschaftsrechtskanzlei mit eigener Unternehmensberatung sind wir bei allen Missionen Ihr verlässlicher Partner. Aufgrund unserer interdisziplinären Kompetenzen haben wir neben den juristischen Aspekten stets Ihre wirtschaftlichen Interessen im Fokus. Mit unserer Mandatierung bewahren Sie auch in heißen Phasen einen kühlen Kopf.

Aderhold – A wie Anwälte.

Aderhold Rechtsanwaltsgesellschaft mbH

Dortmund
Westfalendamm 87
44141 Dortmund
+49 (0)231 42 777 - 100

Düsseldorf
Speditionstraße 21
40221 Düsseldorf
+49 (0)211 447 33 - 0

München
Lyonel-Feininger-Str. 26
80807 München
+49 (0)89 30 66 83 - 0

Leipzig
Prager Straße 17
04103 Leipzig
+49 (0)341 44 924 - 0

Frankfurt am Main
Beethovenstraße 8-10
60325 Frankfurt am Main
+49 (0)69 153 9251 - 55

Berlin
Mommsenstr. 5
10629 Berlin
+49 (0)30 88 720 - 647

www.aderhold-legal.de
kontakt@aderhold-legal.de

ANZEIGE / KANZLEIPROFIL

adjuga

Der Erfolg eines Jahrzehnts liegt in vielen Händen.

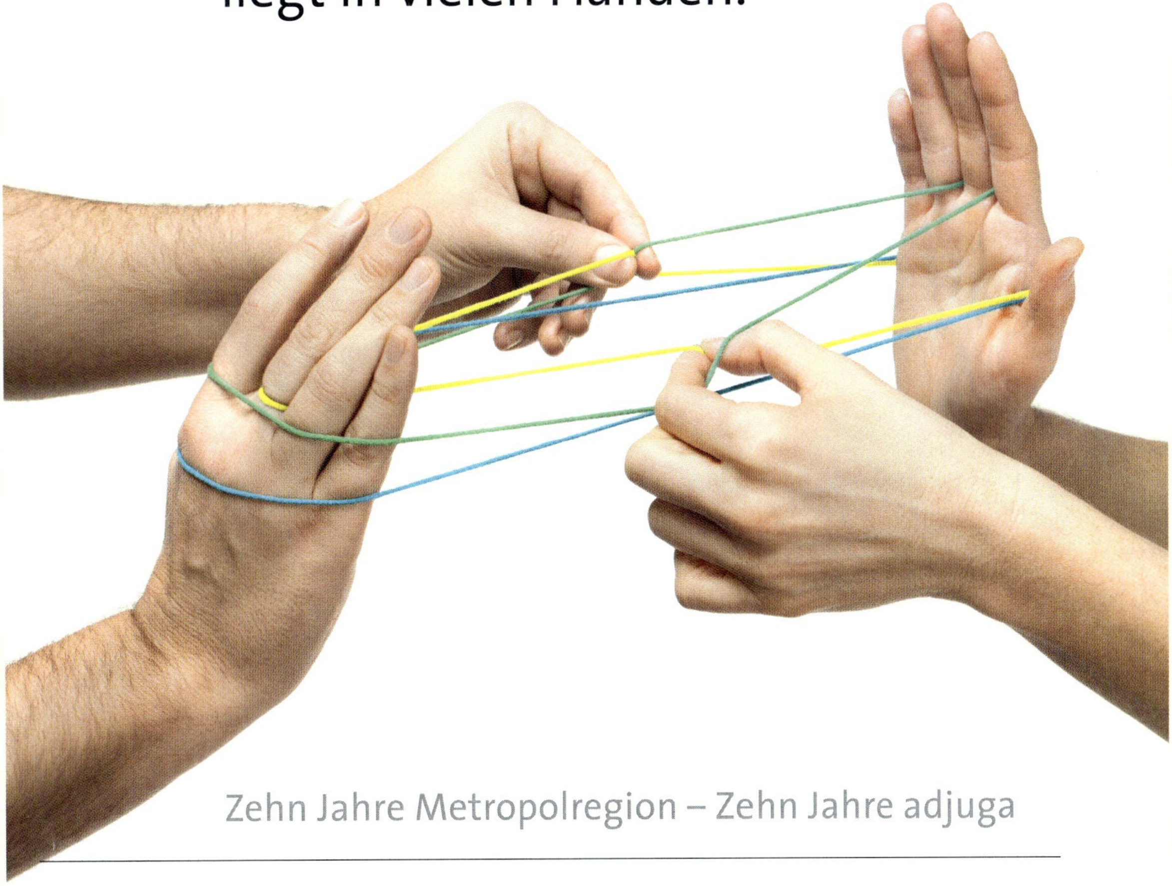

Zehn Jahre Metropolregion – Zehn Jahre adjuga

adjuga Rechtsanwaltsgesellschaft mbH • Vangerowstraße 16/1
69115 Heidelberg • T +49 6221 43 402 0 • F +49 6221 43 402 22
info@adjuga.com • www.adjuga.com

AHB | Arends Hofert Bergemann
RECHTSANWÄLTE
STEUERBERATER

AHB Rechtsanwälte
Steuerberater PartGmbB
Neuer Wall 59
20354 Hamburg

T +49 (40) 88 88 56 33
F +49 (40) 88 88 56 39
E info@ahblegal.de

www.ahblegal.de

Als profilierte Wirtschaftsrechtsboutique gelten wir für unsere Mandanten aus dem In- und Ausland als erste Adresse für wirtschaftsrechtliche und unternehmensteuerliche Beratung auf fachlich höchstem Niveau. Uns vertrauen Finanzinstitute, Investoren sowie Unternehmen und Unternehmer aus dem In- und Ausland genauso wie bedeutende Stellen der öffentlichen Hand.

Wir bieten höchstpersönlichen Einsatz mit dem ständigen Anspruch, in jeder Angelegenheit die für unsere Mandanten wirtschaftlich beste Lösung zu erzielen. Dafür tritt jeder von uns persönlich unter Einbringung all seiner Fähigkeiten und Kompetenzen mit ganzer Kraft ein. Wir stehen damit für höchste Effizienz und Erfolg zu wettbewerbsfähigen Konditionen.

Unser hervorragendes internationales Netzwerk und die große Erfahrung unserer Anwälte im Umgang mit Mandaten mit Auslandsberührung ermöglichen uns dabei die Unterstützung unserer Mandanten auch über die Grenzen Deutschlands hinaus.

Corporate/M&A | Real Estate | Tax | Employment | Finance

„Ein in sich gespaltenes Haus kann keinen Bestand haben."

Als Abraham Lincoln dies 1858 im Parlament von Illinois sagte, waren wir schon da.
157 Jahre Tradition. 157 Jahre Bestand.

Zielsicher in der Beratung – partnerschaftlich im Umgang

Als viertälteste Rechtsanwaltskanzlei Deutschlands legen wir bis heute größten Wert auf weitsichtige Beratung und persönliches Vertrauen. Das erfordert umfangreiches Wissen und weitreichende internationale Erfahrung. Was uns besonders auszeichnet, ist die Fähigkeit unserer rund 50 Anwälte und Notare, sich umfassend in Ihre individuelle Situation einzudenken. Auf dieser Basis ist es möglich, Chancen und Risiken frühzeitig zu erkennen und zu Ihrem Vorteil zu nutzen. Partnerschaftlich, engagiert und zielorientiert.
In Bremen, Hamburg, Leer und Rostock.

Unsere Tätigkeitsbereiche sind vielfältig und umfassen:

_ Arbeitsrecht
_ Außenhandelsrecht
_ Bank-, Wertpapier- und Bürgschaftsrecht
_ Bau- und Architektenrecht
_ Energiegewinnung On- und Offshore
_ Erb- und Familienrecht
_ Europarecht
_ Handels- und Wirtschaftsrecht
_ Insolvenzberatung
_ IT-Recht
_ M & A
_ Medizinrecht
_ Miet-, Pacht- und Wohnungseigentumsrecht
_ Schiedswesen, Schlichtung und Mediation
_ Schifffahrts- und Transportrecht
_ Steuer- und Zollrecht
_ Stiftungs- und Vereinsrecht
_ Unternehmens- und Gesellschaftsrecht
_ Vergaberecht
_ Verkehrsrecht
_ Versicherungsrecht
_ Verwaltungsrecht

Member of MSI Global Alliance, an international association of independent legal and accounting firms

Ahlers & Vogel Rechtsanwälte PartG mbB
Rechtsanwälte _ Notare
Bremen _ Hamburg _ Leer _ Rostock
www.ahlers-vogel.de

Ahlers & Vogel

Rechtsanwälte seit 1858

ANZEIGE / KANZLEIPROFIL

ARBEITSRECHT für Unternehmer

altenburg.net

ALTENBURG
FACHANWÄLTE FÜR ARBEITSRECHT
BERLIN · HAMBURG · MÜNCHEN

Member of ELLINT
Employment & Labor Lawyers International

ALLEN & OVERY

Wie wir Erfolge möglich machen?
Zusammen!

Erwarten Sie mehr von uns! Allen & Overy LLP in Deutschland:

Dreischeibenhaus 1	Bockenheimer Landstraße 2	Kehrwieder 12	Maximilianstraße 35
40211 Düsseldorf	60306 Frankfurt am Main	20457 Hamburg	80539 München
Tel. +49 211 2806 7000	Tel. +49 69 2648 5000	Tel. +49 40 82 221 20	Tel. +49 89 71043 3000
Fax +49 211 2806 7800	Fax +49 69 2648 5800	Fax +49 40 82 221 2200	Fax +49 89 71043 3800

© Allen & Overy LLP 2015

anchor RECHTSANWÄLTE

KANZLEI MIT KONZEPT. UND STRATEGIE.

Die Kanzlei anchor Rechtsanwälte ist auf Insolvenzrecht spezialisiert. Wir sind bundesweit an neun Standorten mit über 90 Mitarbeitern tätig. Schwerpunkte sind die Bereiche Insolvenzverwaltung und insolvenzrechtliche Beratung.

Unsere Tätigkeitsbereiche sind:

- Insolvenzverwaltung
- Sachwaltung
- Schutzschirmverfahren, Eigenverwaltung
- Gläubiger-, Management- und Gesellschafter-Beratung
- Insolvenzplan
- Treuhand-Modelle
- Distressed M&A
- Desinvestment Services
- Sanierungsarbeitsrecht
- Risikovorsorge für Corporates und Transaktionen
- Anfechtungs- und Haftungsansprüche

Wir haben den Anspruch, nicht nur rechtlich, sondern vor allem praktisch, taktisch und strategisch zu beraten, um Risiken zu vermeiden und Krisen zu überwinden. Wir bringen dabei unsere gesamte Erfahrung und unser Know-how als Insolvenzverwalter mit ein.

Laut des Focus-Spezial „Top-Anwälte" aus 2014 zählt anchor in den Bereichen Insolvenz, Restrukturierung und Sanierung zu den Top-Wirtschaftskanzleien Deutschlands.

www.anchor.eu

anchor München
Prinzregentenstraße 78 · 81675 München
Tel.: +49 89/28 78 81-0 · muenchen@anchor.eu

AUGSBURG | BRAUNSCHWEIG | HANNOVER | HILDESHEIM | MANNHEIM | MÜNCHEN | PEISSENBERG | STUTTGART | ULM

ANZEIGE / KANZLEIPROFIL

ashurst

IN DEUTSCHLAND UND WELTWEIT – WO IMMER SIE UNS BRAUCHEN.

- Corporate
- Finance
- Immobilienrecht
- Arbeitsrecht, Datenschutz und Compliance
- Steuerrecht
- Kartellrecht
- IP, IT, Commercial
- Konfliktlösung
- Energie, Ressourcen und Infrastruktur

Ashurst ist eine führende internationale Anwaltskanzlei, die Unternehmen, Finanzinstitutionen und Regierungen berät. Wir verfügen über 28 Büros in 16 Ländern sowie über eine Best-Friend-Beziehung zu einer führenden indischen Kanzlei.

Mit unserem globalen Netzwerk von über 400 Partnern und 1.700 Anwälten können wir weltweit Beratung auf höchstem Niveau anbieten und dabei jeweils lokale Marktkenntnisse einbeziehen.

AUSTRALIA BELGIUM CHINA FRANCE GERMANY HONG KONG SAR INDONESIA (ASSOCIATED OFFICE) ITALY JAPAN PAPUA NEW GUINEA SAUDI ARABIA (ASSOCIATED OFFICE) SINGAPORE SPAIN SWEDEN UNITED ARAB EMIRATES UNITED KINGDOM UNITED STATES OF AMERICA

www.ashurst.com

KANZLEIPROFIL / ANZEIGE

Atticus Legal
Rechtsanwaltsgesellschaft mbH

Rechtsanwälte · Steuerberater · Notar

Wirtschaftsorientiert.
Pragmatisch.
Erstklassig.

Bei uns steht der Mandant an erster Stelle. Juristische Brillanz und unternehmerisches Verständnis sind für uns kein Widerspruch. Wir verstehen die Anliegen unserer Mandanten und entwickeln Lösungen, um sie umzusetzen. Zu unseren Mandanten gehören internationale Großkonzerne, Banken und Private-Equity-Fonds, wir sind aber auch für den Mittelstand da.

Atticus Legal Rechtsanwaltsgesellschaft mbH berät auf allen Gebieten des Wirtschaftsrechts, insbesondere

- M&A/Private Equity/Venture Capital
- Gesellschaftsrecht
- Bankrecht/Finanzierung
- Kapitalmarktrecht
- Insolvenzrecht und Restrukturierung
- Immobilienrecht
- Steuerrecht
- Arbeitsrecht
- Gewerblicher Rechtsschutz
- Allgemeines Vertragsrecht
- Prozessführung und Konfliktlösung
- Compliance

Atticus Legal Rechtsanwaltsgesellschaft mbH
Friedrich-Ebert-Anlage 36
60325 Frankfurt am Main

Tel. + 49 (0) 69 90 72 00 30 0
Fax + 49 (0) 69 90 72 00 30 9
info@atticus-legal.de

KANZLEIPROFIL / ANZEIGE

ANZEIGE / KANZLEIPROFIL

Baker & McKenzie

Passionately global

Wir begleiten Erfolge.
In Deutschland. Und in der Welt.

Qualität
Rechtliche Beratung auf höchstem Niveau bedeutet vor allem Erfolg. Erfolg, der auf präziser Analyse beruht und sich in klaren Empfehlungen zeigt. Von A wie Arbeitsrecht bis Z wie Zuwendungsrecht.

Internationalität
Baker Tilly Roelfs ist ebenso international wie es viele unserer Mandanten sind. Denn bei internationalen Fragestellungen greifen wir auf das globale Baker Tilly Netzwerk in 133 Ländern zurück. Deshalb können Sie überall auf uns zählen. In Deutschland. Und in der Welt.

Interdisziplinarität
Für unsere Rechtsanwälte, Steuerberater, Unternehmensberater und Wirtschaftsprüfer ist interdisziplinäre Zusammenarbeit die Grundlage guter Beratung. Wir geben Empfehlungen, die nicht nur in rechtlicher Hinsicht exzellent, sondern über rechtliche Aspekte hinaus umfassend durchdacht und fundiert sind.

Unternehmertum
Die Partner von Baker Tilly Roelfs sind Unternehmer. In ihrem Denken und in ihrem Handeln. Darum fühlen sich unsere Mandanten gut verstanden und hervorragend beraten. Denn unternehmerisch zu Denken heißt, die Herausforderungen unserer Mandanten zu verstehen und sie gemeinsam zu bestehen. Sei es für Family Offices oder weltweit tätige Unternehmen.

- Arbeitsrecht
- Bank-, Finanz und Kapitalmarktrecht
- Energierecht
- Gesellschaftsrecht
- Handels- und Vertragsrecht
- Immobilienrecht
- Media, IP/IT
- Mergers & Acquisitions
- Ombudswesen
- Private Clients
- Prozesse (Mediation)
- Sanierung und Insolvenzberatung
- Sportrecht
- Steuer- und Wirtschaftsstrafrecht
- Steuerrecht
- Umstrukturierung/Reorganisation
- Venture Capital/Start-ups
- Vergaberecht/Öffentliches Recht

www.bakertilly.de

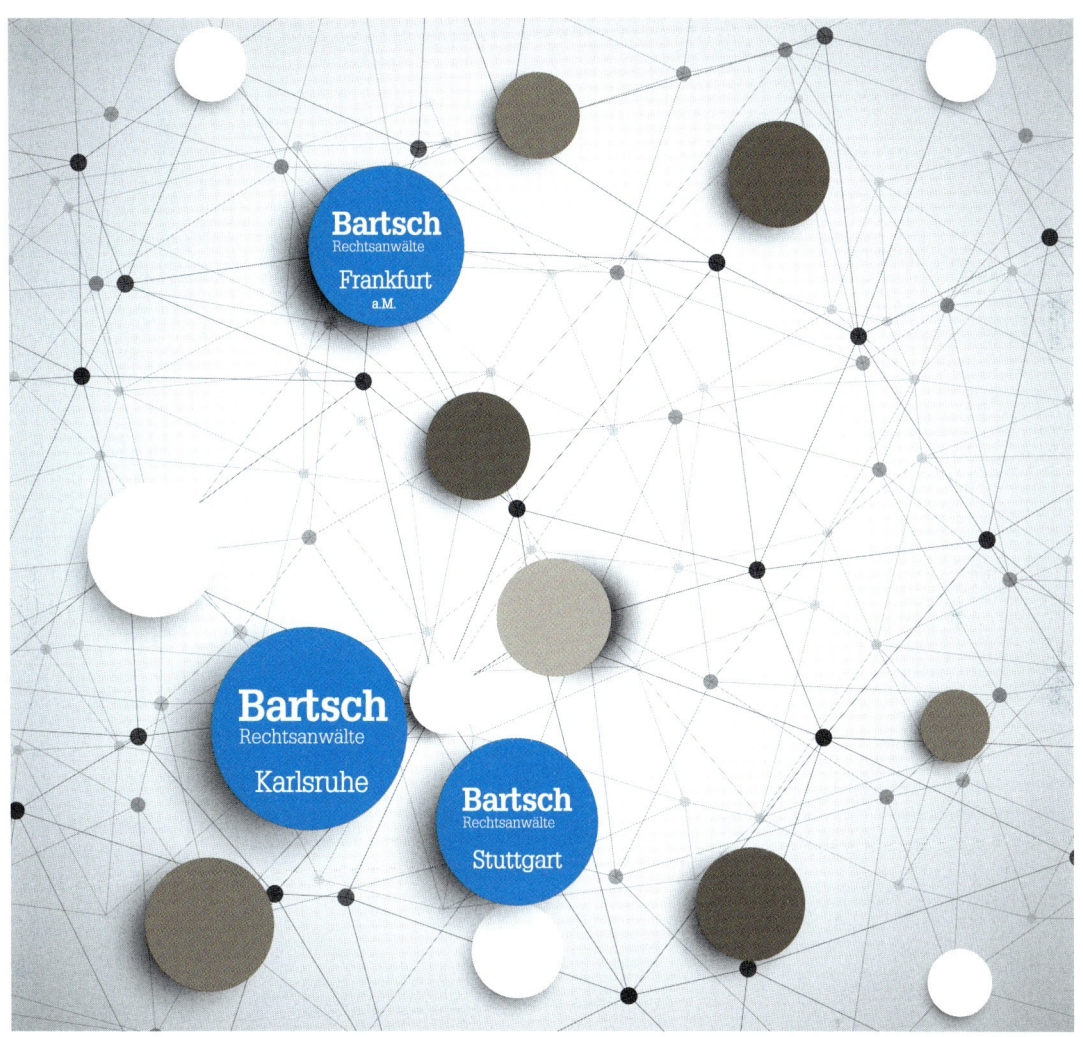

BAUM
FINANCIAL
SERVICES
LAW
TEAM
RECHTSANWÄLTE

Profil

Wir sind seit vielen Jahren auf die rechtliche Beratung und Vertretung von in- und ausländischen Banken, Kapitalverwaltungsgesellschaften, OGAW/UCITS und AIFs, deren Verwaltungsgesellschaften sowie von Vermögensverwaltern und -beratern, Finanzanlagenvermittlern und anderen Finanzdienstleistern spezialisiert. Durch unsere langjährige Erfahrung und umfassende Branchenkenntnis arbeiten wir schnell und effizient. Wir werden regelmäßig von führenden Fachpublikationen empfohlen.

Kompetenzen

- Strukturierung/Genehmigung von Investmentfonds und anderen Finanzprodukten
- Vertriebszulassung/Notifizierung von OGAW/UCITS, AIFs/non-UCITS einschließlich Hedgefonds
- Börsenlisting von ETFs (exchange traded funds)
- Beratung/Gründung/Zulassung von Finanzdienstleistern (BaFin-Erlaubnis/EU-Pass/§34f GewO)
- Beratung bei grenzüberschreitenden Dienstleistungen
- Recht der Vermögensverwaltung, Anlageberatung und Anlagevermittlung
- Bank- und Wertpapieraufsichtsrecht
- Outsourcingprojekte/-verträge
- Vertrieb/Private Placement von Finanzprodukten
- Vertriebsverträge
- Marketing/Werbung für Finanzprodukte
- Vertragswerk für Altersvorsorge und „wrap"-Produkte
- Arbeitsrecht für Banken und Finanzdienstleister
- KWG- und WpHG-Compliance (Stimmrechtsmitteilungen)
- Inhaberkontrollverfahren
- Prozessführung
- Vertretung gegenüber BaFin und anderen Behörden

Baum FSLT Rechtsanwälte
Großer Burstah 42
D-20457 Hamburg
T +49 40 4153 7522
F +49 40 4153 7599
welcome@fslt.de
www.fslt.de

Substanz erhalten

Als überregional tätige Sozietät von Rechtsanwälten und Insolvenzverwaltern sind wir ausschließlich im Insolvenzrecht tätig. Zu unserem Kompetenzbereich zählt neben der klassischen Insolvenzverwaltung auch die Durchführung von Eigenverwaltungs- und Schutzschirmverfahren. Unser Ziel ist der Erhalt von Unternehmen und Arbeitsplätzen. Wir wahren die Interessen der Gläubiger, sehen uns aber auch in einer besonderen sozialen Verantwortung.

Erfolg schaffen

Die Grundlage unseres Erfolgs ist die interdisziplinäre Ausrichtung unserer Kanzlei. Betriebswirte, Controller, spezialisierte Rechtsanwälte aus den Bereichen Insolvenz-, Wirtschafts-, Gesellschafts-, Arbeits- und Bankrecht sowie Diplom-Wirtschaftsjuristen stehen den Insolvenzverwaltern und Sachwaltern aktiv zur Seite. Gerade diese Kombination aus betriebswirtschaftlicher und juristischer Kompetenz erlaubt es, die Substanz von Betrieben zu erhalten und Arbeitsplätze zu sichern.

www.ra-dr-beck.de

ANZEIGE / KANZLEIPROFIL

- **ENERGIERECHT u.a.**
  - Emissionsrechte
  - Erneuerbare Energien
  - Strom/Gas/Wärme
  - Handel
  - Konzessionen
  - Atomrecht
  - Kraftwerksprojekte
  - Netze
  - Regulierung
- **E-MOBILITY**
- **GESELLSCHAFTS- UND STEUERRECHT**
  - Gesellschaftsgründung
  - Privatisierung
  - M & A
  - Restrukturierung
  - Insolvenz und Sanierung
  - Unbundling
- **INFRASTRUKTURRECHT u.a.**
  - ÖPNV
  - Luft-, Schienen-, Schiffs-, Straßenverkehr
  - Wasser/Abwasser
  - Abfall
  - Telekommunikationsrecht
- **COMPLIANCE**
- **FINANZIERUNGEN**
- **HEALTH CARE**
- **INTERNATIONALE RECHTS- UND STEUERBERATUNG**
- **KOMMUNALBERATUNG**
- **BAUPLANUNGSRECHT**
- **WIRTSCHAFTSPRÜFUNG**
- **URHEBER- UND VERLAGSRECHT/ GEWERBLICHER RECHTSSCHUTZ**
- **VERWALTUNG/ÖFFENTLICHE AUFTRAGSVERGABE**
- **WETTBEWERBS- UND KARTELLRECHT**
- **ZIVIL- UND ARBEITSRECHT**

BECKER BÜTTNER HELD

Wegweisend
nicht nur in der Energie- und Infrastrukturwirtschaft

mit mehr als 300 Rechtsanwälten, Wirtschaftsprüfern, Steuerberatern und Ingenieuren sowie insgesamt über 550 Mitarbeitern in Berlin, München, Köln, Hamburg, Stuttgart, Erfurt und Brüssel

www.bbh-online.de
bbh@bbh-online.de
www.derenergieblog.de

Seit Gründung 1959 sind wir eine überregional tätige und bekannte Sozietät auf dem Gebiet des Arbeitsrechts.

Spezialisten für Arbeitsrecht

Arbeitsrecht in allen Facetten
Wir sind ausschließlich im Arbeitsrecht und den angrenzenden Rechtsgebieten tätig. Hierzu gehören sowohl die klassischen Bereiche des Arbeitsrechts wie das Individualarbeitsrecht und Kollektivarbeitsrecht, insbesondere aber auch das Dienstvertragsrecht von Vorständen und Geschäftsführern.

Breites Mandantenspektrum
Wir vertreten große und mittelständische Unternehmen ebenso wie Vorstände, Geschäftsführer und Führungskräfte. Daher sind wir mit der Perspektive beider Seiten bestens vertraut und können Erwartungen, Strategien und Prozessverhalten unserer jeweiligen Gegner einschätzen.

Lösungen gemeinsam entwickeln
Als Spezialisten finden wir für jeden Mandanten individuelle und wirtschaftlich optimale Lösungen in der besten rechtlichen Gestaltung. Wir verfügen über umfangreiche mehr als 50-jährige Erfahrungen, die wir für unsere Mandanten gewinnbringend in der Beratung und im Gerichtssaal einsetzen.

www.behrens-arbeitsrecht.de

BEHRENS & PARTNER
FACHANWÄLTE FÜR ARBEITSRECHT

RA Walther Behrens (bis 2011) | RA Jan H. Kern | RA Heiko Kreutzfeldt | RA Dr. Hauke Rinsdorf | RA Dr. Michael Kiedrowski

Rechtsanwälte Behrens & Partner, Jungfernstieg 41, 20354 Hamburg, Tel. 040 355167-0, Fax 040 355167-22, info@behrens-arbeitsrecht.de

ANZEIGE / KANZLEIPROFIL

Umfassend in der Expertise.
Individuell in der Beratung.

Eine Wirtschaftskanzlei mit breitem Kompetenzspektrum und Fokus auf börsennotierte Aktiengesellschaften, mittelständische Unternehmen, multinationale Konzerne sowie die öffentliche Hand: BEITEN BURKHARDT.

An Ihrer Seite für die umfassende und internationale Beratung in allen Fragen des Wirtschaftsrechts. Mit rund 270 Rechtsanwälten, Steuerberatern und Wirtschaftsprüfern an 10 Standorten in Deutschland, Belgien, Russland sowie China.

WWW.BEITENBURKHARDT.COM

Kompetenz zählt. Individualität gewinnt.

Wir bringen Recht und Technik zusammen.

Wir sind ein Team von Spezialisten auf Rechtsgebieten mit Bezug zu Innovation und Technik. Alle unsere Anwälte arbeiten hoch spezialisiert und verfügen über eine exzellente juristische Expertise und ausgeprägtes technisches Verständnis. Wir verstehen nicht nur unser anwaltliches Handwerk, sondern auch Ihre Erfindungen, Produkte, Vorhaben und Ideen.

Wir betreuen namhafte Global Player und mittelständische, insbesondere technologieorientierte Unternehmen ebenso wie Start-ups, Einzelerfinder und Kreative und schützen und verteidigen das geistige Eigentum unserer Mandanten mit juristischem und technischem Know-how.

- Gewerblicher Rechtsschutz
- IT- und Medienrecht
- Bau- und Technikrecht

BETTINGER
Rechtsanwälte · Patentanwälte

Bettinger Scheffelt Kobiako von Gamm Partnerschaft mbB, Bavariaring 14, 80336 München
Tel.: +49 (0) 89 548 86 70-0, Fax: +49 (0) 89 548 86 70-22 mail@bettinger.de www.bettinger.de

ANZEIGE / KANZLEIPROFIL

Brücken bauen
Chancen erkennen – Wege bereiten

- **BGP Blersch Goetsch Partner** verfügt über eine langjährige Expertise im Insolvenz- und Sanierungsrecht und den damit in Zusammenhang stehenden Bereichen des Wirtschaftsrechts.

- **BGP Rechtsanwälte Steuerberater** bietet insbesondere Unternehmen und Unternehmensorganen die kompetente Beratung sowie die außergerichtliche und gerichtliche Interessenvertretung in insolvenz- und gesellschaftsrechtlichen Mandaten. Hierzu gehören auch die professionelle Vorbereitung und Begleitung von Insolvenzplanverfahren ggf. in Verbindung mit Eigenverwaltungen und die verantwortliche Durchführung oder Begleitung von M & A-Prozessen im Krisenumfeld.

- **BGP Insolvenzverwaltungen** und die hier tätigen Verwalter befassen sich ausschließlich mit der professionellen Bearbeitung von Insolvenzverfahren. Der Schwerpunkt liegt auf der Insolvenzverwaltung von Unternehmen. Anspruch ist es hierbei, durch die Weiterführung des Geschäftsbetriebes unter Berücksichtigung und Nutzung der insolvenzrechtlichen Besonderheiten die Chancen für eine Sanierung zu wahren oder zu schaffen und stringent umzusetzen, da hiervon regelmäßig alle Beteiligten eines Involvenzverfahrens den bestmöglichen Nutzen haben.

Taunusstrasse 7a • D-65183 Wiesbaden
+49 611 180 89 180 • mail@bgp-partner.de
bgp-partner.de

BGP
BLERSCH
GOETSCH
PARTNER

Wiesbaden • Mainz • Frankfurt am Main • Mannheim • Bad Homburg v.d.H.

Familienunternehmen? BINZ & PARTNER!

Wir beraten seit Jahrzehnten bundesweit Familienunternehmen und deren Eigentümer-Familien. Unser Markenzeichen ist die Kombination von juristischem Know-how, unternehmerischem Denken, psychologischem Einfühlungsvermögen, kreativem Verhandlungsgeschick und außergewöhnlichem persönlichen Einsatz mit starker Erfolgsorientierung.

Schwerpunkte unserer Beratung sind:

- **Nachfolgeregelungen**
  Unternehmer-Testament, Erbvertrag, vorweggenommene Erbfolge, Stiftungslösungen
- **Gesellschafterkonflikte**
  Vermeidung und Lösung von Gesellschafterstreitigkeiten im Verhandlungs- oder Prozessweg
- **Neuordnungen**
  Rechtsformwechsel, Gesellschaftsverträge, Steueroptimierung, Familienverfassungen, Kodex
- **M&A**
  Kauf und Verkauf von Unternehmen und Beteiligungen, interne Auktionsverfahren

Wir verfolgen stets einen **ganzheitlichen Lösungsansatz**, der auf unseren jahrzehntelangen Erfahrungen in der Beratung von Familienunternehmen beruht, aber **maßgeschneidert** alle Besonderheiten des Einzelfalls berücksichtigt.

Unser Ehrgeiz ist es, jeden Fall zu lösen.

BINZ & PARTNER
ANWALTSSOCIETÄT

Rechtsanwälte | Wirtschaftsprüfer | Steuerberater
Rosshaustraße 4 | 70597 Stuttgart
0711 / 769 64 60 | www.binz-partner.de

ANZEIGE / KANZLEIPROFIL

Bird & Bird

Vor über 160 Jahren gegründet, ist Bird & Bird heute mit mehr als 1100 Anwälten in 27 Büros in 18 Ländern präsent. In Deutschland werden unsere Mandanten von über 180 Anwälten in den Wirtschaftszentren Düsseldorf, Frankfurt, Hamburg und München unterstützt. Wir decken die gesamte Bandbreite des Wirtschafts- und Unternehmensrechts ab, insbesondere in Bereichen, in denen Technologie, Regulierung und gewerblicher Rechtsschutz eine besondere Rolle spielen.

Als eine der ersten Kanzleien haben wir unsere Beratung auf ausgewählte Industriesektoren konzentriert und sind national sowie international anerkannt für unsere Expertise und jahrelange Erfahrung in diesen Bereichen. Unser Fokus liegt auf Industrien, die durch Technologie oder die Wissensökonomie transformiert werden. Wir beschäftigen uns intensiv mit den daraus resultierenden Herausforderungen, denen sich innovative Unternehmen wie auch die öffentliche Hand gegenübersehen. Mit den Dynamiken der Branchen sowie den geschäftspolitischen Problemstellungen dieser Industrien sind wir bestens vertraut.

Bird & Bird verfügt über besondere Expertise in Industrien wie Automotive, Energie- und Versorgungswirtschaft, Finanzdienstleistungen, Food & Beverage, Gesundheitswesen, Life Sciences, Luftfahrt, Medien, Raumfahrt, Sicherheit und Verteidigung, Technologie & Kommunikation sowie Sport.

Bird & Bird LLP

Düsseldorf
Carl-Theodor-Straße 6 | 40213 Düsseldorf
T: +49 (0)211 2005 6000
F: +49 (0)211 2005 6011
duesseldorf@twobirds.com

Hamburg
Großer Grasbrook 9 | 20457 Hamburg
T: +49 (0)40 46063 6000
F: +49 (0)40 46063 6011
hamburg@twobirds.com

Frankfurt
Marienstraße 15 | 60329 Frankfurt am Main
T: +49 (0)69 74222 6000
F: +49 (0)69 74222 6011
frankfurt@twobirds.com

München
Maximiliansplatz 22 | 80333 München
T: +49 (0)89 3581 6000
F: +49 (0)89 3581 6011
muenchen@twobirds.com

twobirds.com

Abu Dhabi & Beijing & Bratislava & Brussels & Budapest & Copenhagen & Dubai & Düsseldorf & Frankfurt & The Hague & Hamburg & Helsinki & Hong Kong & London & Lyon & Madrid & Milan & Munich & Paris & Prague & Rome & Shanghai & Singapore & Skanderborg & Stockholm & Sydney & Warsaw

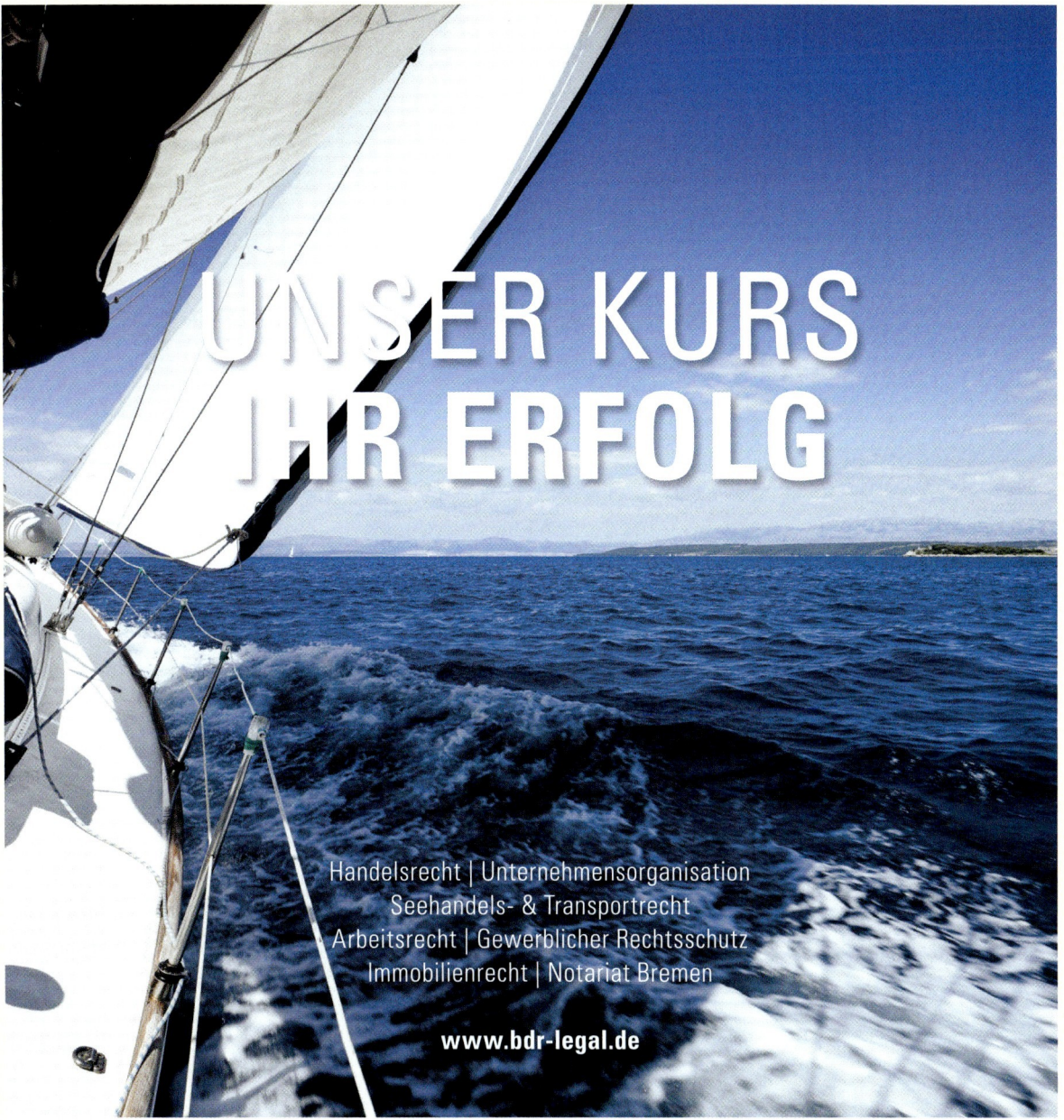

Blaum Dettmers Rabstein   Rechtsanwälte

Bremen
Am Wall 153 - 156
28195 Bremen
Telefon: +49 - 421 - 36 60 10
E-Mail: bremen@bdr-legal.de

Hamburg
Alter Wall 55
20457 Hamburg
Telefon: +49 - 40 - 36 97 74 0
E-Mail: hamburg@bdr-legal.de

München
Pacellistraße 4 (Promenadeplatz)
80333 München
Telefon: +49 - 89 - 95 45 37 13 0
E-Mail: muenchen@bdr-legal.de

DIE UNTERNEHMERANWÄLTE

persönlich. strategisch. effizient.

bhp - Bögner Hensel & Partner ist anwaltlicher und notarieller Unternehmensberater im Bereich Recht und Steuern für mittelständische Unternehmen sowie die Immobilienwirtschaft.

D-60487 Frankfurt am Main | Zeppelinallee 47
Telefon +49 (0)69 79405-0 | Telefax +49 (0)69 79405-110
www.bhp-anwaelte.de

BOEHMERT & BOEHMERT
ANWALTSPARTNERSCHAFT mbB

RECHTSGEBIETE
PATENTRECHT
MARKENRECHT
URHEBERRECHT
WETTBEWERBSRECHT
PRODUKTPIRATERIE-
BEKÄMPFUNG
KARTELLRECHT
INTERNETRECHT
PRESSERECHT
PERSÖNLICHKEITSRECHT

STANDORTE
BERLIN
BIELEFELD
BREMEN
DÜSSELDORF
FRANKFURT AM MAIN
KIEL
MÜNCHEN
POTSDAM

ALICANTE
PARIS
SHANGHAI

BOEHMERT & BOEHMERT
Pettenkoferstraße 20–22
D-80336 München
Telefon +49 (89) 55 96 80
Telefax +49 (30) 34 70 10
postmaster@boehmert.de
www.boehmert.de

DIE KANZLEI
BOEHMERT & BOEHMERT ist eine international ausgerichtete Kanzlei, die im Rechtsgebiet des Geistigen Eigentums eine herausragende Stellung unter Deutschlands Kanzleien einnimmt. BOEHMERT & BOEHMERT wurde in den 1930er Jahren von Dr. Karl Boehmert in Berlin gegründet. Die Sozietät ist heute mit 45 Patentanwälten und 37 Rechtsanwälten an acht Standorten in Deutschland vertreten und unterhält drei Büros im Ausland.

RECHTSGEBIETE
Die Sozietät versteht sich als Dienstleistungsunternehmen, das in den Bereichen Gewerblicher Rechtsschutz und Urheberrecht umfassend tätig ist. Schwerpunkt im Patentrecht ist die Ausarbeitung von Patentanmeldungen, die Begleitung der dazugehörigen Verfahren im In- und Ausland und die Vertretung in Einspruchs-, Nichtigkeits- und Verletzungsverfahren. Markenanmeldungen im In- und Ausland sowie die Vertretung in Markenverletzungsverfahren sind die Schwerpunkte im Markenrecht. Urheberrechtlich berät die Sozietät in Fragen der Rechteklärung und bei Nutzungsverträgen, sie hat aber auch eine besondere Kompetenz bei der Piratriebekämpfung, insbesondere im Film- und Musikbereich. Im Wettbewerbsrecht findet eine Beratung und Vertretung in Fragen der Zulässigkeit von Anzeigen, Werbespots oder Werbekampagnen sowie bei der Durchsetzung von Unterlassungs- und Schadensersatzansprüchen statt. Das Kartellrecht umfasst die Konzipierung von Lizenzverträgen, Vertriebsvereinbarungen und Franchiseverträgen. Die Kanzlei berät ihre Mandanten zudem bei der europaweiten Registrierung von Designs.

MANDATE
Zu den Mandanten im gewerblichen Rechtsschutz zählen deutsche und ausländische Großunternehmen, mittelständische Unternehmen, in- und ausländische Technologietransferstellen, Universitäten und Start-Up-Unternehmen, insbesondere im Bereich Biotech und Software. Im Urheberrecht werden Filmproduzenten, Tonträgerhersteller, Sendeanstalten, Buchverlage, Zeitschriften und Zeitungen sowie Künstler vertreten.

INTELLECTUAL PROPERTY.

Boesen Rechtsanwälte

Die Kanzlei

Die Schwerpunkte

Boesen Rechtsanwälte ist eine bundesweit tätige Anwaltskanzlei. Zu unseren Mandanten gehören sowohl große als auch mittelständische Unternehmen, Verbände und die öffentliche Hand. Diese begleiten wir beratend bei der Realisierung ihrer Projekte und vertreten sie bei der Wahrnehmung ihrer Interessen gegenüber Dritten.

Boesen Rechtsanwälte ist seit Jahren eine der führenden deutschen Kanzleien auf dem Gebiet des Vergaberechts und hat die Entwicklung dieses Rechtsgebiets von Beginn an mitgeprägt. Die Bandbreite unserer Tätigkeit reicht von der gutachterlichen Bearbeitung komplexer Fragestellungen bis zur umfassenden Begleitung und Vertretung bei öffentlichen Auftragsvergaben. Weitere Rechtsgebiete, auf die sich unsere Beratungstätigkeit konzentriert, sind das private und öffentliche Baurecht sowie das öffentliche Wirtschaftsrecht.

Boesen Rechtsanwälte
Kaiser-Friedrich-Str. 3 • 53113 Bonn
Telefon: 0228 – 21 52 90 • Telefax: 0228 – 21 54 91
kanzlei@boesen.de • www.boesen.de

Seit über 40 Jahren steht
VON BOETTICHER
für Kompetenz, Vertrauen, Innovation,
Internationalität und Beratung
aus einer Hand

Bank-, Finanz- und Kapitalmarktrecht   Gesellschaftsrecht / M & A

Gewerblicher Rechtsschutz   Immobilienrecht   IT-Recht / Neue Medien

Pharma / Healthcare & Life Sciences

VON BOETTICHER Rechtsanwälte Partnerschaftsgesellschaft mbB

www.boetticher.com

BÜRO MÜNCHEN
Widenmayerstraße 6
D-80538 München
T +49 89 - 22 33 11
F +49 89 - 21 21 59 59
info@boetticher.com

BÜRO BERLIN
Oranienstraße 164
D-10969 Berlin
T +49 30 - 61 68 94 03
F +49 30 - 61 68 94 56
info@boetticher.com

Kommen Sie an Bord!

BRINKMANN & PARTNER

LEISTUNGSPROFIL

Brinkmann & Partner ist eine renommierte, überregional tätige Sozietät von Rechtsanwälten, Insolvenzverwaltern und Steuerberatern, die für ihre interdisziplinäre Tätigkeit im Wirtschafts- und Steuerrecht bekannt ist. Außerdem hat sich unsere Sozietät einen führenden Ruf bei der Restrukturierung von Unternehmen erworben und ist heute eine der größten deutschen Insolvenzverwalterkanzleien.

Insbesondere bietet Brinkmann & Partner folgende Leistungen an:

Insolvenzverwaltung:
Sanierung von Unternehmen jeder Größe in der Insolvenz (insbesondere durch Insolvenzpläne und übertragende Sanierungen), Sachwaltung in Schutzschirmverfahren nach ESUG

Aktuelle Beispielsfälle:
P+S Werften, Neumayer Tekfor, ELRO-Gruppe, SIAG, Telefunken Semiconductors, RENA GmbH, TCG Herrmann Präzisionsdruckguss GmbH, Asian Bamboo AG, AWO Gesundheitsdienste gGmbH

Restrukturierung:
Interimsmanagement, insbesondere in Eigenverwaltungen mit Übernahme von Organ-Verantwortung

Corporate:
Unternehmensumstrukturierungen mit allen gesellschaftsrechtlichen und steuerlichen Fragen, Unternehmenskäufe und -verkäufe, Immobilientransaktionen, Finanzierungskonzepte, Beratung von Unternehmern, insbesondere bei Unternehmensnachfolge und Familienpools

www.brinkmann-partner.de

MANDANTEN

Brinkmann & Partner betreut Unternehmen jeder Art und Größe in verschiedensten Branchen, darunter Industrie-, Handels- und Dienstleistungsunternehmen. Dabei legt die Sozietät besonderen Wert auf die persönliche Betreuung ihrer Mandate durch einen Partner und dessen Team. Dies gilt auch bei der Tätigkeit für Insolvenzgerichte in ganz Deutschland.

PARTNER UND MITARBEITER

Brinkmann & Partner ist mit über 20 Verwaltern eine der größten deutschen Insolvenzverwalterkanzleien. Die Partnergesellschaft wurde 1980 von Berthold Brinkmann in Hamburg gegründet. Seitdem ist unsere Kanzlei organisch und ohne Zusammenschlüsse gewachsen und heute mit 30 Niederlassungen und insgesamt 300 Mitarbeitern (darunter Rechtsanwälte, Insolvenzverwalter und Steuerberater) in allen Wirtschaftszentren Deutschlands vertreten.
Vom ersten Tag an fördert Brinkmann & Partner die berufliche Entwicklung der Mitarbeiter, z. B. zum Fachanwalt (InsR, Handels- und GesR, SteuerR und ArbeitsR) bzw. zum Steuerberater. Präzision, wirtschaftliches und fachübergreifendes Denken, Einsatzbereitschaft sowie Effizienz gehören zu unserem Selbstverständnis.

Berthold Brinkmann, RA/StB/vBP, Hamburg
E-Mail: b.brinkmann@brinkmann-partner.de
Manuel Sack, RA, Berlin und Hannover
E-Mail: m.sack@brinkmann-partner.de
Dr. Jan Markus Plathner, RA, Frankfurt am Main
E-Mail: m.plathner@brinkmann-partner.de
Dr. Tobias Brinkmann, LL.M., RA, Hamburg
E-Mail: t.brinkmann@brinkmann-partner.de
Dr. Christoph Morgen, RA/StB/BW (IWW), Hamburg
E-Mail: c.morgen@brinkmann-partner.de

KANZLEIPROFIL / ANZEIGE

Spezielle Köpfe

Jeder Mandant, jede Aufgabe hat eine besondere Lösung verdient. Dafür bieten wir besondere Kenntnisse. Unsere achtzehn Anwälte sind Spezialisten auf ihrem Gebiet – und sie verbinden ihr Wissen in Teamarbeit. Lernen Sie Ihre Spezialistin, Ihren Spezialisten kennen.

Brinkmann.Weinkauf
Rechtsanwalt Partnerschaft mbB

Adenauerallee 8
30175 Hannover
Tel +49 511 283 54-0
Fax +49 511 283 54-444

www.brinkmannweinkauf.de

Komplexe Projekte realisieren – mit unseren multidisziplinären Experten-Teams

Als international ausgerichtetes Beratungsunternehmen entwickelt **BRL** fach- und länderübergreifend innovative Lösungen für vielfältige Aufgabenstellungen. Entscheidend für eine fundierte und erfolgreiche Betreuung unserer Mandanten sind unsere Kernkompetenzen in den Bereichen:

- Rechtsberatung
- Steuerberatung
- Wirtschaftsprüfung
- Sanierung & Insolvenz

An den Standorten Hamburg und Berlin arbeiten 160 Mitarbeiter an ganzheitlichen Lösungen für mittelständische Unternehmen, große Industrie-, Handels-, und Dienstleistungsunternehmen, Kreditinstitute, Versicherungen sowie den öffentlichen Sektor.

Besuchen Sie uns auf www.BRL.de

BRL BOEGE ROHDE LUEBBEHUESEN
Partnerschaft von Rechtsanwälten, Wirtschaftsprüfern, Steuerberatern mbB

ANZEIGE / KANZLEIPROFIL

Ihr Kartellrechts-Spezialist | Your Antitrust Counsel

Wir sind eine der führenden unabhängigen, ausschließlich auf Fragen des deutschen und europäischen Kartell- und Regulierungsrechts spezialisierten Kanzleien in Deutschland.

Zu unseren Kernkompetenzen gehört die

- Verteidigung in kartellrechtlichen Bußgeldverfahren
- Vertretung in Kartellschadensersatz-Prozessen
- Vertretung in Fusionskontrollverfahren
- Beratung bei der kartellrechtskonformen Gestaltung von Vertriebssystemen, unternehmerischen Kooperationen, Gemeinschaftsunternehmen, etc.

Dabei stehen wir für:

- Beratung auf höchstem fachlichen Niveau
- Unterstützung beim Finden kreativer, maßgeschneiderter Lösungen
- persönliche Betreuung durch den verantwortlichen Partner
- strenges Qualitätsmanagement
- speziell auf die Betreuung komplexer Kartell- und Fusionskontrollverfahren zugeschnittene Infrastruktur

Kontakt: BUNTSCHECK Rechtsanwaltsgesellschaft mbH • Dr. Martin Buntscheck, LL.M.
Oskar-Schlemmer-Str. 11 • D-80807 München • Tel.: 089 / 89 08 308 - 0 • Fax: 089 / 89 08 308 - 99
info@buntscheck.com • www.buntscheck.com

Buse Heberer Fromm

Buse Heberer Fromm ist eine der großen, unabhängigen Anwaltskanzleien in Deutschland. An sechs deutschen Standorten – Berlin, Düsseldorf, Essen, Frankfurt am Main, Hamburg und München – sowie in acht Repräsentanzen im Ausland – Brüssel, London, Mailand, New York, Palma de Mallorca, Paris, Sydney und Zürich – beraten mehr als 100 Berufsträger nationale und internationale Mandanten auf allen Gebieten des Wirtschafts- und Steuerrechts. Durch die Bündelung der Kernkompetenzen in kanzleiweiten, integrierten Practice Groups

- Arbeitsrecht
- Bank- und Finanzrecht
- Compliance
- Gesellschaftsrecht und M&A
- Gesundheitswesen und Pharma
- Gewerblicher Rechtsschutz
- Handels- und Vertriebsrecht
- Immobilien- und Baurecht
- Infrastruktur
- Kunst
- Medien und Technologie
- Nachfolge und Stiftungen
- Prozesse und Konfliktlösung
- Restrukturierung und Insolvenz
- Steuerrecht

gewährleistet Buse Heberer Fromm bei der Durchführung von Projekten und Transaktionen aller Größenordnungen optimale, individuell zugeschnittene Lösungen. Als mittelstandsorientierte Kanzlei legt Buse Heberer Fromm dabei höchsten Wert auf die individuelle Betreuung ihrer Mandanten, persönliche Beratung und Kontinuität der Mandantenbeziehungen.

www.buse.de · Berlin · Düsseldorf · Essen · Frankfurt am Main · Hamburg · München
www.buseinternational.com · Brüssel · London · Mailand · New York · Palma de Mallorca · Paris · Sydney · Zürich

Buse Heberer Fromm · Rechtsanwälte · Steuerberater PartG mbB

KANZLEIPROFIL / ANZEIGE

c·k·s·s

Carlé · Korn · Stahl · Strahl
Rechtsanwälte · Steuerberater
Fachanwälte für Steuerrecht

Wir beraten Sie als Spezialisten
MIT BLICK FÜR DAS GANZE

Wir sind eine Spezialkanzlei, die sich seit ihrer Gründung im Jahr 1961 auf das Steuerrecht und die damit verknüpften Rechtsgebiete wie das Gesellschaftsrecht, Unternehmensrecht und Erbrecht konzentriert. Zu unseren Mandanten zählen mittelständische wie große Unternehmen, aber auch Privatpersonen, öffentlich-rechtliche und gemeinnützige Körperschaften in ganz Deutschland.

Aachener Straße 1005, 50858 Köln
im kösdi-Haus
ckss@ckss.de / www.ckss.de

ANZEIGE / KANZLEIPROFIL

Mit rund 70 Berufsträgern und mit insgesamt rund 120 Mitarbeiterinnen und Mitarbeitern zählen wir zu den 50 größten Kanzleien in Deutschland. Wir sind fokussiert auf 5 strategische Schwerpunkte des Wirtschafts- und Verwaltungsrechts:

> **Unternehmen und Finanzen**
>
> **Personal und Sozialwesen**
>
> **Geistiges Eigentum und Medien**
>
> **Bau und Immobilien**
>
> **Verwaltung und Wirtschaft**

Alle unsere Anwälte sind spezialisiert; darunter zahlreiche Fachanwälte in verschiedenen Fachrichtungen.

Es ist Kern unserer Philosophie, jeden einzelnen Mandanten persönlich, kompetent und dauerhaft zu betreuen. Denn es kommt wesentlich auf Vertrauen an. Vertrauen, das wir rechtfertigen, wie zahlreiche seit nunmehr 5 Jahrzehnten bestehende Mandatsbeziehungen belegen.

 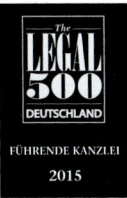 

Cornelius Bartenbach Haesemann & Partner

Büro Köln | Bismarckstraße 11-13 | D-50672 Köln
Telefon +49.221.951 90-0 | Telefax +49.221.951 90-90 | koeln@cbh.de

Büro Cottbus | Sandower Straße 17 | D-03044 Cottbus
Telefon +49.355.381 02-0 | Telefax +49.355.381 02-50 | cottbus@cbh.de

www.cbh.de

KANZLEIPROFIL / ANZEIGE

Cleary Gottlieb

NEW YORK
WASHINGTON
PARIS
BRÜSSEL
LONDON
MOSKAU
FRANKFURT
KÖLN
ROM
MAILAND
HONGKONG
PEKING
BUENOS AIRES
SÃO PAULO
ABU DHABI
SEOUL

Außergewöhnlich ...

international, kreativ, kollegial, engagiert,
flexibel und beständig

Main Tower
Neue Mainzer Straße 52
60311 Frankfurt am Main
Tel 069 97103 0
Fax 069 97103 199

Theodor-Heuss-Ring 9
50668 Köln
Tel 0221 80040 0
Fax 0221 80040 199

Cleary Gottlieb Steen & Hamilton LLP

clearygottlieb.com

ANZEIGE / KANZLEIPROFIL

COHAUSZ & FLORACK

Interdisziplinäre Expertise

 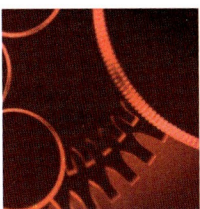 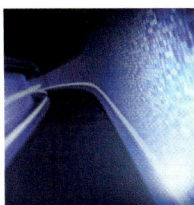  

Chemie
Pharma
Life Sciences

Maschinenbau
Werkstoffe
Verfahrenstechnik

Elektrotechnik
Informationstechnologie
Software

Marken
Designs
Unlauterer Wettbewerb

Litigation
Verträge
Schiedsgerichtsbarkeit

Mehr als 60 Jahre Erfahrung im Gewerblichen Rechtsschutz.
Unsere Expertise umfasst alle technischen und naturwissenschaftlichen Fachrichtungen.
Wir arbeiten im besten Sinn anwaltlich, aber auch als strategische Unternehmensberater für die rechtliche Seite Ihrer Innovations- und Markenpolitik.

Patent- und Rechtsanwälte

Partnerschaftsgesellschaft mbB · Bleichstraße 14 · D-40211 Düsseldorf
Telefon +49 211 90490-0 · Telefax +49 211 90490-49
mail@cohausz-florack.de · www.cohausz-florack.de

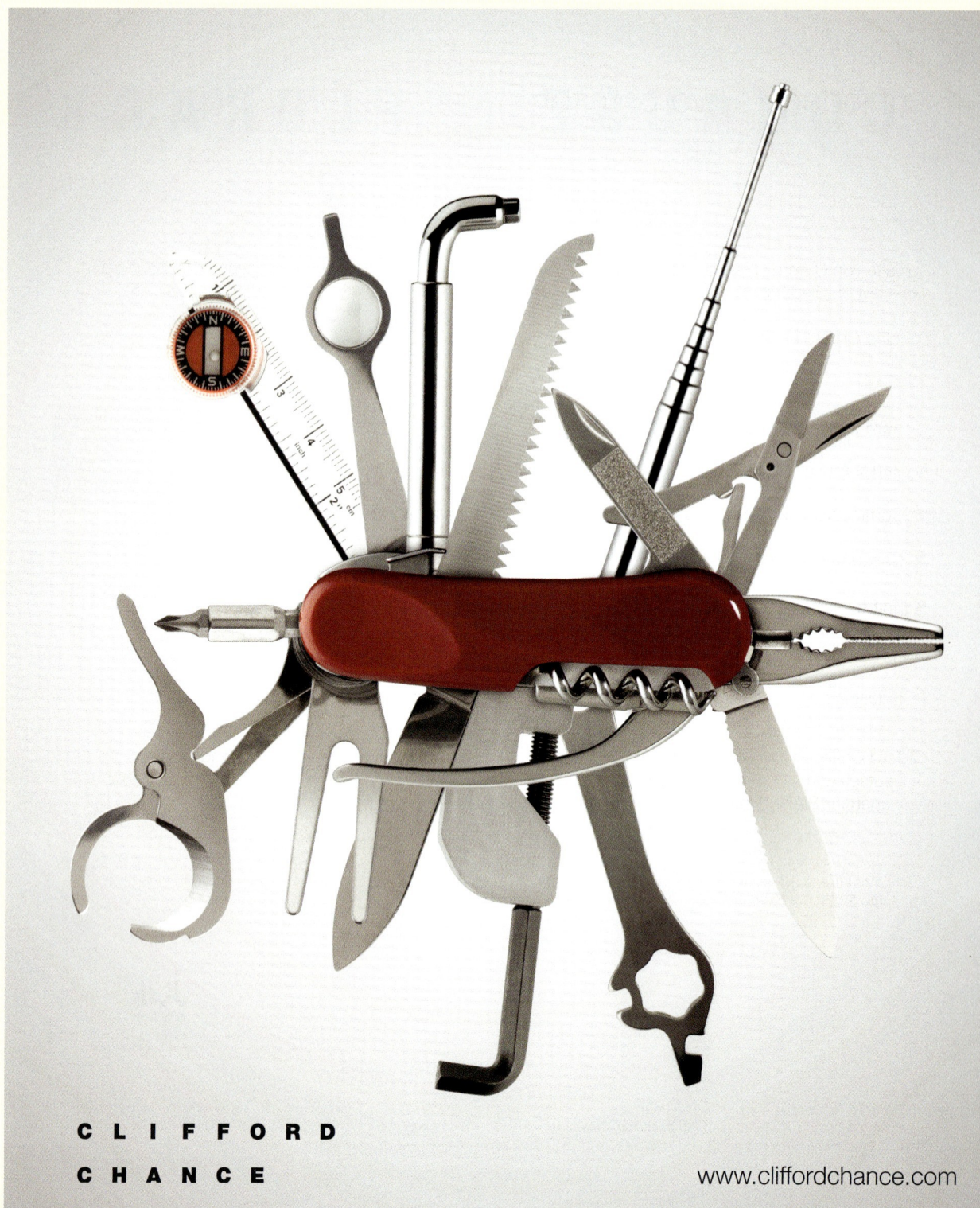

ANZEIGE / KANZLEIPROFIL

Auf jeden Fall vorbereitet.

Das Geschäft unserer Mandanten zu kennen und zukunftsweisende Lösungen zu finden – das ist Rechtsberatung, wie wir sie verstehen.

Anwälte von Clifford Chance sind erstklassige Experten. In unseren Teams werden Wissen und Erfahrung exakt auf die Bedürfnisse der Mandanten zugeschnitten. Wir denken und beraten branchenspezifisch.

Wir sind Clifford Chance.

Unsere Industriegruppen:

- Banks and Financial Institutions
- Communication, Media and Technology
- Consumer Goods and Retail
- Energy and Infrastructure
- Healthcare
- Industrials

- Insurance
- Investment Management
- Private Equity
- Real Estate
- Sovereign Wealth
- Transport and Logistics

Clifford Chance ist eine der weltweit führenden Anwaltssozietäten mit 36* Büros in 26 Ländern. In Deutschland arbeiten rund 350 Rechtsberater an den Standorten Düsseldorf, Frankfurt am Main und München für Sie und Ihren Erfolg.

Geschäftsführender Partner: Dr. Peter Dieners **Banking & Capital Markets:** Alexandra Hagelüken **Corporate:** Dr. Thomas Krecek
Litigation & Dispute Resolution: Burkhard Schneider **Real Estate:** Cornelia Thaler **Tax:** Dr. Uwe Schimmelschmidt

Abu Dhabi ■ Amsterdam ■ Bangkok ■ Barcelona ■ Brüssel ■ Bukarest ■ Casablanca ■ Doha ■ Dubai ■ Düsseldorf ■ Frankfurt am Main ■ Hongkong ■ Istanbul ■ Jakarta* ■ Kiew ■ London ■ Luxemburg ■ Madrid ■ Mailand ■ Moskau ■ München ■ New York ■ Paris ■ Peking ■ Perth ■ Prag ■ Riad ■ Rom ■ São Paulo ■ Schanghai ■ Seoul ■ Singapur ■ Sydney ■ Tokio ■ Warschau ■ Washington, D.C.

*Kooperation mit Linda Widyati & Partners in Jakarta/Indonesien.

Eine kluge Rechtsberatung beginnt mit aufmerksamem Zuhören.

ANZEIGE / KANZLEIPROFIL

Law.Tax

Unsere Mandanten vertrauen uns,
weil wir wissen, was sie beschäftigt.
Wir verstehen ihre unternehmerischen
Herausforderungen und liefern ihnen
Ergebnisse, die sie entschiedener
handeln und ruhiger schlafen lassen.

Your World First
cms-hs.com

DANIEL · HAGELSKAMP & KOLLEGEN
RECHTSANWÄLTE

PARTNER FÜR IHREN ERFOLG!

Wir sind eine bundesweit tätige, wirtschaftsrechtlich ausgerichtete Kanzlei, die ihren Mandanten hoch spezialisierte Einzellösungen genauso anbieten kann wie einen Full-Service klassischer Prägung. Privatpersonen vertrauen daher genauso auf unsere Beratung wie die öffentliche Hand, Unternehmer oder Unternehmen, für die wir auch als ausgelagerte Rechtsabteilung tätig sind.

Haus Linde, Laurentiusstr. 16 - 20
52072 Aachen
Fon 0241 94621-0, Fax 0241 94621-11
E-Mail: kanzlei@daniel-hagelskamp.de
www.daniel-hagelskamp.de

Unsere Kollegen beraten Sie gerne in den folgenden Rechtsgebieten:

- Nationales und internationales Gesellschaftsrecht, Corporate
- M&A, Private Equity, Wagniskapitalgeber, Finanzierung
- Handelsrecht, inkl. UN-Kaufrecht
- Kartellrecht und gewerblicher Rechtsschutz
- Transport und Vertriebsrecht
- Kollektiv- und Individual-Arbeitsrecht, Vergütungssysteme, Altersvorsorge
- Steuerrecht, Steuergestaltung und Steuerstrafrecht
- Erbrecht, Familienrecht, Unternehmensnachfolge
- Öffentliches Wirtschaftsrecht, Vergaberecht, PPP, Umweltrecht
- Öffentliches und privates Baurecht, Architektenrecht, Immobilienprojekte
- Sanierung, Restrukturierung, Insolvenz

Wir freuen uns auf die Zusammenarbeit mit Ihnen!

ANZEIGE / KANZLEIPROFIL

Distinctively Dechert

Wir sind eine der weltweit führenden Wirtschaftskanzleien und beraten mit mehr als 900 Anwälten an 27 Standorten Unternehmen aus den verschiedensten Wirtschaftszweigen. Rechtlichen Besonderheiten und hohen regulatorischen Anforderungen begegnen unsere Anwälte mit praxisrelevanten und wirtschaftlich sinnvollen Lösungen auf der Basis hervorragender juristischer Expertise. dechert.com

Dechert LLP

KANZLEIPROFIL / ANZEIGE

Nichts verbindet Arbeit und Vergnügen besser als ein gewonnener Prozess.

Ein eindrucksvolles Beispiel für den Erfolg dieser Philosophie ist die Kanzlei DANCKELMANN UND KERST in Frankfurt am Main, die auf eine bald 100-jährige Tradition zurückblicken kann. Sie wurde in Berlin gegründet und von Rechtsanwalt Dr. Bernhard Danckelmann, dem Mitbegründer des „Palandt" und der „Neuen Juristischen Wochenschrift", in Frankfurt fortgeführt. Die Kanzlei ist seit vielen Jahren auf zahlreichen Gebieten des Wirtschaftsrechts erfolgreich tätig, in Deutschland und auch darüber hinaus. DANCKELMANN UND KERST ist hierzu Mitglied des bekannten internationalen Netzwerks unabhängiger Anwaltskanzleien „Mackrell International" geworden.

Über besondere Bekanntheit verfügt DANCKELMANN UND KERST in den Bereichen des gewerblichen Rechtsschutzes, insbesondere auf den Gebieten des Wettbewerbs- und Markenrechts, des Heilmittelwerberechts, des Urheberrechts und des Kartellrechts, sowie des Telekommunikations- und Medienrechts. In diesen Bereichen werden die Mandanten von den im „JUVE Handbuch Wirtschaftskanzleien" ausgezeichneten Anwälten beraten und in gerichtlichen Verfahren vertreten. Dabei profitieren sie von der Erfahrung zahlreicher Grundsatzprozesse, die diese Kanzlei in den letzten Jahrzehnten geführt hat.

Darüber hinaus berät und vertritt die Kanzlei, der auch mehrere Anwaltsnotare angehören, seit vielen Jahren zahlreiche Unternehmen, Verbände und Privatpersonen in arbeitsrechtlichen, handels- und gesellschaftsrechtlichen sowie immobilienrechtlichen Fragen.

Daher ist es keine Überraschung, dass die hohe Kompetenz der Kanzlei DANCKELMANN UND KERST nicht nur von „JUVE" mehrfach ausgezeichnet worden ist, sondern auch in den Publikationen von „Kanzleien in Deutschland", „European Legal Experts", „Best Lawyers Germany", „Legal 500 Germany" und „kanzleimonitor.de" zu überaus positiven Bewertungen geführt hat.

DANCKELMANN UND KERST lebt seine Philosophie. Überzeugen Sie sich selbst!

DANCKELMANN UND KERST
Mainzer Landstraße 18
60325 Frankfurt am Main
Telefon +49 (69) 92 07 27-0
Telefax +49 (69) 92 07 27-60
email@danckelmann-kerst.de
www.danckelmann-kerst.de

DIEM & PARTNER
Rechtsanwälte mbB

Frank E. R. Diem

■ Individuell

Persönliches Vertrauen zwischen Mandant und Anwalt ist Basis unserer Arbeit. Bei Diem & Partner können Sie auf einen festen Ansprechpartner bauen, der Sie umfassend berät und dadurch die Besonderheiten der Mandatsbeziehung kennt.

■ Innovativ

Wir beraten innovative Unternehmen und Unternehmer und sind selbst jederzeit bereit, uns neuen Herausforderungen zu stellen. Das gilt für Beratung und Problemlösungskonzepte ebenso wie für den Einsatz moderner Infrastruktur.

Jean-Gabriel Recq

■ International

In unseren Länderreferaten Frankreich, Türkei und Maghreb beschäftigen wir uns intensiv mit den Problemstellungen im internationalen Rechtsverkehr und verfügen über Spezialisten für die jeweiligen Jurisdiktionen. Über unsere Kollegen in der Advoselect EWIV sowie die weltweit agierende Gruppe GGI (Geneva Group International) können wir darüber hinaus in vielen weiteren Jurisdiktionen beraten und vertreten.

■ Partnerschaft

Unter Führung der Partner Bettina Backes, Frank E. R. Diem, Roland Kahabka, Jean-Gabriel Recq und Dr. Daniel Sven Smyrek bieten wir mit einem sorgfältig ausgewählten Team von 15 qualifizierten und auf einzelne Fachgebiete spezialisierten Berufsträgern Gewähr für jederzeit verfügbare, hochwertige juristische Dienstleistungen in den Bereichen

- Corporate / M & A
- Human Ressources
- Bau- und Immobilie
- Vertrieb
- IT/IP
- Stiftungen
- internationale Prozesse

Bettina Backes

Daniel Sven Smyrek

Hölderlinplatz 5
70193 Stuttgart
Tel. +49 (0) 711 2285450

■ Stuttgart ■ Lyon ■ Istanbul

www.diempartner.de

Roland Kahabka

KANZLEIPROFIL / ANZEIGE

DLA PIPER

WIR SPRECHEN DIE SPRACHE UNSERER MANDANTEN

Wir kombinieren nationale Expertise mit einer globalen Vision und beraten als Full Service Kanzlei nationale und internationale Unternehmen, Finanzinstitute und öffentliche Stellen auf allen Gebieten des Wirtschaftsrechts.

Mehr als 4.200 Anwälte in über 30 Ländern in Asien, Australien, Europa und dem Nahen Osten sowie Nord- und Südamerika setzen Standards auf allen Ebenen.

In Deutschland sind wir mit mehr als 180 Anwälten in Berlin, Frankfurt am Main, Hamburg, Köln und München vertreten.

- Arbeitsrecht
- Bank- und Finanzierungsrecht
- Betriebliche Altersversorgung
- Datenschutz
- Energie
- Financial Services
- Geistiges Eigentum
- Gesellschaftsrecht/M&A
- Handels- und Vertriebsrecht
- Hospitality und Leisure
- Immobilienwirtschaftsrecht
- Informationstechnologie und Telekommunikation
- Infrastruktur
- Kartellrecht
- Life Sciences
- Luftfahrt
- Medien und Sport
- Öffentliches Wirtschaftsrecht
- Outsourcing und IT-Projekte
- Patentrecht
- PPP/Privatisierung
- Private Equity
- Prozessführung und Schiedsverfahren
- Regulatory und Government Affairs
- Restrukturierung und Insolvenzrecht
- Safety, Health und Environment
- Steuerrecht
- Transport
- Vergaberecht
- Versicherungs- und Rückversicherungsrecht
- Wirtschaftsstrafrecht

Berlin
Joachimsthaler Straße 12
D-10719 Berlin
T +49 30 300 13 14 0
F +49 30 300 13 14 40

Hamburg
Jungfernstieg 7
D-20354 Hamburg
T +49 40 188 88 0
F +49 40 188 88 111

München
Maximilianstraße 2
D-80539 München
T +49 89 23 23 72 0
F +49 89 23 23 72 100

Frankfurt
Westhafenplatz 1
D-60327 Frankfurt
T +49 69 271 33 0
F +49 69 271 33 100

Köln
Hohenzollernring 72
D-50672 Köln
T +49 221 277 277 0
F +49 221 277 277 111

www.dlapiper.com

ANZEIGE / KANZLEIPROFIL

DOLDE MAYEN & PARTNER

~~KL~~EINE KANZLEI~~EN~~ ~~BESCHÄFTIGEN~~ ~~SICH NUR~~ MIT ~~UN~~BEDEUTENDEN FÄLLEN.

~~EINE LIST IST~~ VOR GERICHT ~~NOCH IMMER DIE STÄRKSTE WAFFE. ANWÄLTE, DIE MIT TRICKS ARBEITEN,~~ ZÄHLEN ~~ZU DEN ERFOLGREICHSTEN. WER AUF~~ TATSACHEN ~~SETZT, VERLIERT. „HALSABSCHNEIDER" SIND DIE WAHREN~~ EXPERTEN. ~~DAS IST DIE REINE WAHRHEIT UND GILT~~ AUF DEM GEBIET DES ÖFFENTLICHEN RECHTS ~~GANZ BESONDERS. MIT DIESEM~~ WISSEN ~~GEWINNEN~~ WIR DAS ~~NÄCHSTE GERICHTSVERFAHREN AUCH FÜR SIE.~~ UND WIR ~~HABEN DABEI EIN RUHIGES GEWISSEN. ZU RECHT.~~ AUCH ~~UNSERE~~ MANDANTEN ~~SIND UNS DANKBAR. UND~~ SOLLTE ~~DAS~~ NICHT ALLES ~~SEIN, WAS ZÄHLT? DARAN~~ GLAUBEN ~~WIR. EGAL~~ WAS MAN ~~SONST~~ LIEST – ES SIND OFT NUR GERÜCHTE. ~~WIRKSAMER~~ LASSEN ~~SICH~~ BEDEUTENDE FÄLLE ~~NICHT LÖSEN. SIE KÖNNEN~~ GERNE AUF UNS ZUKOMMEN.

Büro Stuttgart: Heilbronner Straße 41, D-70191 Stuttgart, Tel. +49 711 601 701-0, stuttgart@doldemayen.de
Büro Bonn: Mildred-Scheel-Straße 1, D-53175 Bonn, Tel. +49 228 323 002-0, bonn@doldemayen.de

www.doldemayen.de

ANZEIGE / KANZLEIPROFIL

… um Ihre Ideen für Sie zu schützen,
… um die Erteilung von Schutzrechten für Ihre Ideen zu erlangen,
… um Ihre Schutzrechte gegen Wettbewerber einzusetzen
und zu verteidigen,

damit Sie auch in Zukunft mit Ihren Ideen erfolgreich sind.

Dreiss Patentanwälte PartG mbB
Friedrichstraße 6
70174 Stuttgart/Germany

Tel.: +49 (0)711 24 89 38-0
email@dreiss.de
www.dreiss.de

E·W·B

EISENMANN · WAHLE · BIRK & WEIDNER
Partnerschaft von Rechtsanwälten
Stuttgart · Dresden

 Dr. Eberhard Wahle
 Prof. Dr. Hans-Jörg Birk
 Christian Heieck
 Dr. Frank Eisenmann
 Dr. Judith Schaupp-Haag
 Dr. Ulrich Weidner
 Prof. Dr. Wolfgang Winkelbauer
 Dr. Helmut Schuster

 Prof. Dr. Hans Büchner
 Ralf Bärsch
 Dr. Uwe Holzapfel
 Dr. Thomas Weber
 Dr. Reinhard Heer
 Torsten Dossmann
 Dr. Martin Felsinger
 Dr. Bodo Missling

Dr. Tilo Wiech
Isabella C. Maier
Dr. Stefan Mühlbauer
Dr. Thorsten Alexander
 Dr. Olaf Hohmann
Dr. Stefan Petermann
Carl Rudolf Grommelt
 Dr. Henning Struck

Unsere 1932 gegründete Kanzlei ist mit derzeit 24 spezialisierten Rechts- und Fachanwälten an zentralen Standorten in Stuttgart und Dresden präsent. Unser Tätigkeitsfeld umfasst die kompetente Beratung und vorausschauende Vertragsgestaltung ebenso wie die engagierte und professionelle Vertretung vor Gerichten und Behörden. Unsere Fachkompetenz ergibt sich aus unseren Fachanwaltschaften: **Arbeitsrecht · Bau- und Architektenrecht · Erbrecht · Familienrecht · Gesellschaftsrecht · Handels- und Versicherungsrecht · Steuerrecht · Strafrecht · Verkehrsrecht · Verwaltungsrecht**

Öffentliches Recht
- Bauleitplanung
- Fachplanungsrecht
- Umlegungsrecht
- Städtebauliche-/Erschließungsverträge
- Sanierungs- und Entwicklungsmaßnahmen
- Immissionsschutz-/Umweltrecht
- Kommunalrecht
- Vergabe- und Subventionsrecht
- Beamten- und Disziplinarrecht
- Staatshaftungs- und Enteignungsrecht
- Abgaben-/Gebührenrecht

Versicherungs- & Haftpflichtrecht
- Allgemeine/Betriebliche Haftpflicht
- D&O/Geschäftsführer- und Vorstandshaftung
- Kfz-Haftpflicht/Kfz-Kaskoversicherung
- Produkt- und Produzentenhaftung
- Notar-, Rechtsanwalt- und Steuerberater-Berufshaftpflicht
- Schadensmanagement und -monitoring

Zivilrecht
- Privates Bau- und Architektenrecht
- Immobilienrecht
- Stiftungs- und Vereinsrecht
- Wettbewerbs-/Urheber-/IT-Recht
- Familienrecht
- Erbrecht

Steuerrecht
- Einkommen-/Grunderwerbsteuer
- Gewerbesteuer/Gewerbesteuerzerlegung
- Finanzgerichtliche Verfahren

Strafrecht
- Wirtschafts- und Steuerstrafrecht
- Banken-/Kapitalmarktstrafrecht
- Korruptionsstrafrecht
- Insolvenzstrafrecht
- Umweltstrafrecht
- Bau- und Arbeitsstrafrecht
- Compliance- und Präventionsberatung
- Verkehrsstrafrecht
- Nebenstrafrecht
- Berufsgerichtliche Verfahren

Gesellschafts- und Wirtschaftsrecht
- M&A/Transaktion
- Beratung von Organen/Anteilseignern
- Vertriebsrecht

Arbeitsrecht
- Individualarbeitsrecht
- Kollektivarbeitsrecht
- Öffentliches Dienstrecht

70180 Stuttgart
Bopserstraße 17 (Ecke Olgastraße)

Tel: +49 (0) 711-23823
Fax: +49 (0) 711-2382555
E-Mail: Stuttgart@EWB-Rechtsanwaelte.de

01097 Dresden
Palaisplatz 4 (Haus des Straßenverkehrs)

Tel: +49 (0) 351-8143291
Fax: +49 (0) 351-8143263
E-Mail: Dresden@EWB-Rechtsanwaelte.de

www.EWB-Rechtsanwaelte.de

ANZEIGE / KANZLEIPROFIL

EVERSHEDS

Eversheds zählt mit ca. 4.000 Mitarbeitern in über 50 Büros in Europa, Nahost, Afrika und Asien zu den größten internationalen Full Service-Kanzleien weltweit. Von unseren deutschen Standorten München, Hamburg und Berlin aus beraten wir unsere Mandanten in allen Bereichen des Wirtschaftsrechts und erarbeiten mit ihnen individuelle Lösungen auf höchstem Niveau, strategisch durchdacht und zukunftsorientiert. Wir bieten Ihnen nationales und internationales Spezialisten-Know-how aus einer Hand, mandanten- und serviceorientiertes Arbeiten und absolute Kostentransparenz.

The global law firm that sets the standards

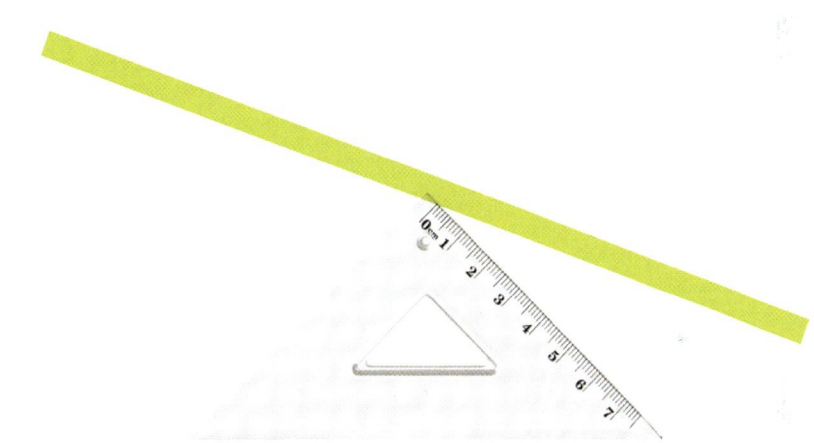

Eversheds Deutschland LLP

Office Munich
Brienner Straße 12
80333 München
T: +49 89 545 65 0
munich@eversheds.de

Office Berlin
Kurfürstendamm 22
10719 Berlin
T: +49 30 700 140 600
berlin@eversheds.de

Office Hamburg
Alsterufer 20
20354 Hamburg
T: +49 40 808 094 10
hamburg@eversheds.de

eversheds.de

Eversheds Deutschland LLP is a member of Eversheds International Limited

VONDERFECHT LLP RECHTSANWÄLTE & STEUERBERATER UNTERNEHMENSBERATER INSOLVENZVERWALTER

Können Sie sich Erfolg nach dem Scheitern vorstellen?

Wir sind Ihre erste Adresse für:

- Sanierung
- Restrukturierung
- ESUG-Verfahren
- Treuhandschaften
- Organstellungen

VON DER FECHT
CREATING SUCCESS

Düsseldorf
Kaiserswerther Str.
253 40474 Düsseldorf
T: +49 (0) 211 / 139 40

Duisburg
Neudorfer Str. 41
47057 Duisburg

Essen
Kortumstr. 56
45130 Essen

Frankfurt
Oeder Weg 43
60318 Frankfurt a. M.

Grevenbroich
Lindenstr. 7
41515 Grevenbroich

Koblenz
Schlossstr. 44
56068 Koblenz

Prag
Opöetalova 57
110 00 Praha 1

Wuppertal
Funckstr. 71
42115 Wuppertal

kontakt@vdf.eu
www.vdf.eu

ANZEIGE / KANZLEIPROFIL

Flick Gocke Schaumburg steht für steuerzentrierte Rechtsberatung – eine außerordentliche Kompetenz im Steuerrecht eng verknüpft mit Spezialwissen in besonders unternehmensrelevanten Gebieten des Wirtschaftsrechts. Durch die einzigartige Verbindung von Steuern und Recht haben wir eine Expertise gewonnen, die unseren Mandanten seit über 40 Jahren umfassende Beratung auf fachlich höchstem Niveau sichert.

Truly focused.

Bonn, Berlin, Frankfurt, München, Hamburg, Wien, Zürich – *www.fgs.de*

FONTAINE GÖTZE
Rechtsanwälte · Notare

FONTAINE GÖTZE mit Sitz in Hannover ist eine renommierte Wirtschaftskanzlei mit überregionalen und internationalen Mandaten.

Die Kanzlei: Seit ihrer Gründung im Jahre 1917 betreut die Praxis Unternehmen in Hannover und der Region in allen wirtschaftsrechtlichen Fragen. Ein eingeführtes Notariat ergänzt den anwaltlichen Bereich. Die Partner der Sozietät sind Mitglieder in Aufsichtsräten, Beiräten und Stiftungsvorständen im In- und Ausland. Um sich verstärkt den Anforderungen der Globalisierung zu stellen, hat **FONTAINE GÖTZE** sich weiter dem europäischen und angloamerikanischen Rechtskreis geöffnet.

Die Erwartungen unserer Mandanten erfordern nicht nur exzellentes Fachwissen und hohe Servicebereitschaft, sondern auch Verständnis für das wirtschaftliche Umfeld, in dem sich unsere Mandanten bewegen, ein treffsicheres Urteilsvermögen und die Fähigkeit, innovative Lösungsmodelle zu entwickeln. Unsere Arbeitsweise ist geprägt von persönlichem Engagement, Freude an der Arbeit und am gemeinsamen Erfolg.

Arbeitsbereiche: **FONTAINE GÖTZE** bietet ihren Mandanten umfassende Beratung und Vertretung im gesamten Wirtschaftsrecht.

Die Kanzlei hat sich vor allem auf die Gebiete Gesellschaftsrecht, Bank- und Kapitalmarktrecht sowie Immobilienrecht ausgerichtet. Insbesondere beraten ihre Rechtsanwälte bei der Gründung und Gestaltung von Gesellschaften, der Unternehmensnachfolge, der Strukturierung und Anlage von Vermögen, der Umwandlung und beim Unternehmenskauf.

Neben regionalen und überregionalen Firmen gehören auch internationale Unternehmen und öffentlich-rechtliche Auftraggeber zur Mandantschaft von **FONTAINE GÖTZE**. Die Bandbreite der betreuten Branchen reicht vom Handel über die Industrie bis hin zu Finanzdienstleistern und Telekommunikationsanbietern. Ein Stamm von Privatmandanten, überwiegend Unternehmer, werden auch in persönlichen Fragen, vor allem im Bereich des Erbrechts und des Grundstücksrechts, beraten. Alle Felder des Wirtschaftsrechts, vom Stiftungsrecht bis zum gewerblichen Rechtschutz, werden von der Kanzlei auch forensisch abgedeckt, ebenso arbeitsrechtliche Mandate.

Bristoler Str. 6
30175 Hannover
Telefon: 05 11 / 81 20 33
Telefax: 05 11 / 81 77 30
E-Mail: mail@fontaine-goetze.de
Internet: www.fontaine-goetze.de

Ansprechpartner:

Gesellschaftsrecht
Matthias Fontaine, Dr. Nicolas Fontaine, Dr. Torsten Becker, Stephen Merz

Mergers & Acquisitions
Matthias Fontaine, Dr. Nicolas Fontaine

Bank- und Kapitalanlagerecht
Dr. Nicolas Fontaine, Dr. Torsten Becker, Dr. Sebastian-Alexander Kampe, Stephen Merz

Gewerblicher Rechtsschutz
Benjamin Wienand

Erbrecht
Matthias Fontaine, Dr. Nicolas Fontaine

Handelsvertreter- und Vertriebsrecht
Dr. Sebastian-Alexander Kampe, Stephen Merz, Hans-J. Dämmrich

Stiftungsrecht
Matthias Fontaine, Dr. Nicolas Fontaine

Arbeitsrecht
Benjamin Wienand, Hans-J. Dämmrich

Wettbewerbsrecht
Stephen Merz

Haftungs- und Versicherungsrecht
Dr. Torsten Becker, Hans-J. Dämmrich

Immobilienrecht
Matthias Fontaine, Dr. Nicolas Fontaine, Dr. Torsten Becker, Dr. Sebastian-A. Kampe

Insolvenzrecht
Stephen Merz, Benjamin Wienand

Tätigkeitsschwerpunkte:

Gesellschaftsrecht
Mergers & Acquisitions
Bank- und Kapitalanlagerecht
Gewerblicher Rechtsschutz
Erbrecht
Handelsvertreter- und Vertriebsrecht
Stiftungsrecht
Arbeitsrecht
Wettbewerbsrecht
Haftungs- und Versicherungsrecht
Immobilienrecht
Insolvenzrecht

freshfields.de

ANZEIGE / KANZLEIPROFIL

„Das tritt nach meiner Kenntnis … ist das sofort, unverzüglich."

Günter Schabowski, 9. November 1989

*Besser vorbereitet.
Seit 1840.*

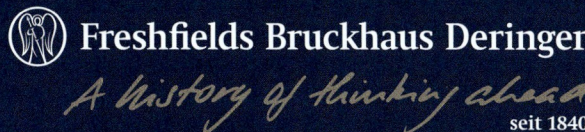

Freshfields Bruckhaus Deringer

A history of thinking ahead
seit 1840

KANZLEIPROFIL / ANZEIGE

Rechtsanwälte
FREYSCHMIDT · FRINGS · PANANIS · VENN

Wir sind
Verteidiger in Strafsachen.

Unsere Kanzlei ist ausschließlich auf die Beratung und Verteidigung in Strafsachen ausgerichtet. Wir verfügen auf diesem Gebiet über eine langjährige bundesweite und internationale Erfahrung.

Mit unserem leistungsstarken Team sind wir in allen Bereichen des Wirtschaftsstrafrechts, einschließlich des Nebenstrafrechts, als Individualverteidiger von Entscheidungsträgern und als Berater von Unternehmen und Verbänden tätig.

Hausvogteiplatz 10, 10117 Berlin
Tel. +49 30 868759-0
Fax +49 30 868759-11
info@ffpv.de

www.verteidiger-in-strafsachen.de

FRICK + PARTNER
Rechtsanwälte Steuerberater

Profil
Beratung – Vertretung – Verteidigung von Unternehmen und Privatpersonen

Portfolio
Steuerstrafrecht – Wirtschaftsstrafrecht – Zoll- und Zollstrafrecht – Steuerstreitverfahren

Personen
Rechtsanwälte – Steuerberater – Fachanwälte mit langjähriger Berufserfahrung im Anwaltsberuf, in der Finanzverwaltung und in der Verbandstätigkeit – wissenschaftliche Veröffentlichungen – Vortragstätigkeit

Performance
Vorbeugung gegen Straftaten – Vermeidung von Straftaten – Vorbereitung auf das Strafverfahren – Verteidigung im Strafverfahren – Vertretung von Verfahrensbeteiligten im Strafverfahren – Begleitung und Beratung bei internen Ermittlungen – steuerliche Vertretung von der Betriebsprüfung bis zum Bundesfinanzhof – Selbstanzeige

Prinzipien
Qualität – Integrität – Verschwiegenheit

Dr. Jörg Frick
Rechtsanwalt
Steuerberater

Florian Jandl, LL.M. (Tax)
Rechtsanwalt
Fachanwalt für Strafrecht
Fachanwalt für Steuerrecht

Markus Krauter
Rechtsanwalt
Steuerberater

Dr. Melanie Bär
Rechtsanwältin

Dr. Larissa Senuysal
Rechtsanwältin

Augustenstraße 1 | 70178 Stuttgart | Telefon +49 (0) 711 22 22 83 | Telefax +49 (0) 711 22 22 859 | www.frickpartner.com

KANZLEIPROFIL / ANZEIGE

Fried Frankfurt

Fried Frank ist eine internationale Anwaltssozietät mit weltweit über ca. 500 Anwälten mit Büros in Frankfurt, London, Paris, Washington DC, Hong Kong, Shanghai und New York. Wir beraten in folgenden Bereichen:

- Internationale Unternehmenstransaktionen (M&A, Private Equity)
- Gesellschaftsrecht, Corporate Governance, Kartellrecht
- Immobilientransaktionen
- Kredit-, Mezzanine und strukturierte Finanzierungen
- Steuerrecht
- Komplexe Gerichts- und Schiedsverfahren

Wir liefern maßgeschneiderte, innovative Lösungen.
Unser Ziel ist es, die Ziele unserer Mandanten zu verwirklichen.

In Deutschland wenden Sie sich bitte an
Dr. Jürgen van Kann
Rechtsanwalt, FA HanGesR und StR
vankann@friedfrank.com

Fried, Frank, Harris, Shriver & Jacobson LLP
Taunusanlage 18
60325 Frankfurt
Tel: +49.69.870.030.00
Fax: +49.69.870.030.555

New York   Washington DC   London   Paris   Frankfurt   Hong Kong   Shanghai

friedfrank.com

KANZLEIPROFIL / ANZEIGE

Die Kanzlei

Wir sind im Wirtschaftsrecht zu Hause. Wir machen nur das, was wir wirklich gut können. In unseren Kerngebieten dürfen Sie höchste Anforderungen an uns stellen. Wir haben in führenden Großkanzleien gearbeitet. Den Leistungsanspruch haben wir behalten.

Wir beraten Unternehmen und Unternehmer, national und international in ausgewählten Bereichen des zivilen Wirtschaftsrechts.

Zu unseren Mandanten gehören mittelständische Unternehmen, Investoren, Beteiligungs- und deren Portfoliogesellschaften, Unternehmen der öffentlichen Hand sowie Geschäftsführer, Vorstände und Aufsichtsräte.

Kernkompetenzen

- GESELLSCHAFTSRECHT
- TRANSAKTIONEN
- STREITBEILEGUNG
- GEISTIGES EIGENTUM

GABLER & FRANZ
Rechtsanwälte
Partnerschaftsgesellschaft mbB

Georgenstraße 22
D-10117 Berlin

T: +49 (0)30 27879740
F: +49 (0)30 27879745

info@gabler-franz.de
www.gabler-franz.de

ANZEIGE / KANZLEIPROFIL

Unsere Schwerpunkte

PRIVATES BAU- UND ARCHITEKTENRECHT / ÖFFENTLICHES BAURECHT / VERGABERECHT / GEWERBLICHES UND PRIVATES MIETRECHT / WOHNUNGS-EIGENTUMSRECHT / IMMOBILIEN-WIRTSCHAFTSRECHT / MEDIATION NOTARIAT

GANTEN HÜNECKE BIENIEK & PARTNER mbB
RECHTSANWÄLTE & NOTARE

Ostertorstraße 32   28195 Bremen   Telefon: 0421 329070   Fax 0421 325350   www.ghb-law.de

Gercke | Wollschläger
Rechtsanwälte in Strafsachen

VERTEIDIGUNG.

BERATUNG.

PRÄVENTION.

Die Kanzlei ist bundesweit im Wirtschaftsstrafrecht tätig. Sie übernimmt Mandate in der Individual- und Unternehmensverteidigung. Darüber hinaus berät und vertritt die Kanzlei in der Vorfeldberatung Unternehmen, Verbände, Körperschaften des öffentlichen Rechts und Einzelpersonen, insbesondere zur Vermeidung potentieller Risiken.

Gercke | Wollschläger
Hohenstaufenring 62
50674 Köln

Telefon 0221 476706-0
info@gw-strafsachen.de
www.gw-strafsachen.de

GGV
Grützmacher | Gravert | Viegener

Sie suchen einen Partner, der Ihre unternehmerischen Schritte sicher begleitet?

Wir verbinden juristisches Fachwissen mit wirtschaftlicher Kompetenz!

Vernetzt denken Seit Gründung der Sozietät im Jahre 1974 finden wir bei GGV für unsere Mandanten multidisziplinäre Lösungen aus einer Hand: Recht, Steuern, Bilanzierung. Die fachliche Freude am Detail verstellt uns nicht den Blick auf die wirtschaftliche Umgebung Ihres Unternehmens und Ihrer Entscheidungen.

Unternehmerisch handeln Komplexe Sachverhalte und schwer durchdringbare rechtliche Vorgaben machen wir den Mandanten einfach verständlich, weil wir Unternehmer sind genauso wie Sie.

Rechtsanwälte | Wirtschaftsprüfer | Steuerberater | Notare | Avocats à la Cour
Frankfurt am Main | Hamburg | Paris
www.gg-v.com

Wirtschaftsstrafrecht | Steuerstrafrecht | Allgemeines Strafrecht

GILLMEISTER RODE
RECHTSANWÄLTE

PROF. DR. F. GILLMEISTER
DR. CHR. RODE
DR. D. SCHMEDDING
DR. P. HINDERER
DR. S. LANGENHAHN

www.freiburg-strafrecht.de

Kompetenzen

- Wirtschaftsstrafrecht
- Steuer- und Zollstrafrecht, inklusive Selbstanzeigenberatung
- Korruptionsstrafrecht
- Insolvenzstrafrecht
- Arbeitsstrafrecht
- Kapitalmarktstrafrecht
- Umweltstrafrecht
- Arzt- und Medizinstrafrecht
- Kartellstrafrecht
- Allgemeines Strafrecht
- Revisionsrecht
- Berufsrechtliche Verfahren
- Nebenklage und Geschädigtenvertretung
- Zeugenbeistandstätigkeit
- Unternehmensvertretung, Präventivberatung und Compliance

Gillmeister Rode
Rechtsanwälte
79098 Freiburg im Breisgau
Humboldtstraße 4

Telefon: +49(0)761 / 217 100
Telefax: +49(0)761 / 22 3 27
E-Mail: info@freiburg-strafrecht.de
www.freiburg-strafrecht.de

KANZLEIPROFIL / ANZEIGE

Gleiss Lutz

Full Service Plus –
Weil nur Ergebnisse zählen.

Gleiss Lutz ist eine der anerkannt führenden, international tätigen Anwaltskanzleien Deutschlands. Mit über 300 Anwälten bieten wir Full Service auf höchstem Niveau. Es ist unser Anspruch, in jedem Rechtsgebiet zur Marktspitze zu gehören. Unsere Anwälte sind anerkannte Experten in ihrem Fachgebiet, ihre juristischen Fähigkeiten sind Maßstab im Wettbewerb. Darüber hinaus kennen Gleiss Lutz-Anwälte die Märkte ihrer Mandanten aus nächster Nähe und bringen umfassendes, über Jahre gesammeltes Know-how in ein Mandat ein. Neben die rechtliche Beurteilung tritt so wirtschaftlicher Sachverstand. Dadurch bringen wir Projekte effizient und erfolgreich ans Ziel.

www.gleisslutz.com

Arbeitsrecht
Dr. Thomas Winzer
thomas.winzer@gleisslutz.com

Bank- und Kapitalmarktrecht
Dr. Helge Kortz
helge.kortz@gleisslutz.com

Compliance
Dr. Christian Steinle
christian.steinle@gleisslutz.com

Dispute Resolution
Dr. Stefan Rützel
stefan.ruetzel@gleisslutz.com

Gesellschaftsrecht/M&A
Dr. Christian Cascante
christian.cascante@gleisslutz.com

Gewerblicher Rechtsschutz
Dr. Stefan Weidert
stefan.weidert@gleisslutz.com

Immobilienrecht
Dr. Tim Weber
tim.weber@gleisslutz.com

Kartellrecht
Dr. Ingo Brinker
ingo.brinker@gleisslutz.com

Öffentliches Recht
Prof. Dr. Hans Schlarmann
hans.schlarmann@gleisslutz.com

Private Equity
Dr. Jan Bauer
jan.bauer@gleisslutz.com

Restrukturierung und Insolvenz
Dr. Andreas Spahlinger
andreas.spahlinger@gleisslutz.com

Steuerrecht
Dr. Achim Dannecker
achim.dannecker@gleisslutz.com

Berlin | Düsseldorf | Frankfurt | Hamburg | München | Stuttgart | Brüssel

GODEFROID & PIELORZ
RECHTSANWÄLTE

KANZLEI — GODEFROID & PIELORZ gehört zu den namhaften national und international tätigen deutschen Anwaltssozietäten. Seit über 30 Jahren beraten und vertreten wir deutsche und ausländische Unternehmen und deren Gesellschafter auf den wesentlichen Gebieten des deutschen und internationalen Wirtschaftsrechts.

QUALITÄT — Wir bieten praxisorientierte effiziente Beratung und Prozessführung bei Einhaltung höchster beruflicher Standards. Unsere Anwälte waren und sind wissenschaftlich tätig, haben sich durch Veröffentlichungen einen Namen gemacht und treten als Referenten auf juristischen Kongressen und Seminaren auf. Arbeitssprachen sind neben Deutsch Englisch und Französisch.

KOMPETENZ — Die Schwerpunkte unserer Arbeit liegen im Gesellschaftsrecht, im Bank- und Kapitalmarktrecht einschließlich des jeweiligen Aufsichtsrechts, bei nationalen und internationalen Transaktionen sowie allen angrenzenden Gebieten wie Insolvenzrecht/Restrukturierung, Arbeitsrecht und Vertriebsrecht. Ergänzt werden alle Bereiche durch eine umfangreiche Prozessführung vor den nationalen Gerichten und vor nationalen und internationalen Schiedsgerichten.

GODEFROID & PIELORZ
RECHTSANWÄLTE
Grafenberger Allee 87
40237 Düsseldorf

Telefon: +49 (0) 211 / 96 89 30
Telefax: +49 (0) 211 / 66 45 43
E-Mail: gp@godefroid-pielorz.de
Web: www.godefroid-pielorz.de

Die Entwirrtschaftskanzlei

Wer effiziente Lösungen für umfassende Aufgaben finden will, sollte mal bei uns suchen.

Knotenlösen ist anspruchsvolle Handarbeit. Deshalb begegnen wir den oft komplexen Projekten und Problemen unserer Mandanten mit der Expertise einer der führenden unabhängigen Wirtschaftskanzleien – und mit der Hands-on-Mentalität eines mittelständischen Unternehmens. Diese Kombination mündet in Strategien, die effiziente und außergewöhnliche Lösungen auch dort möglich machen, wo eine schematische Vorgehensweise steckenbleibt. Noch Fragen? Wir antworten gerne.

www.goerg.de

Richtungsweisend.

BERLIN
Tel. +49 30 884503-0

ESSEN
Tel. +49 201 38444-0

FRANKFURT AM MAIN
Tel. +49 69 170000-17

HAMBURG
Tel. +49 40 500360-0

KÖLN
Tel. +49 221 33660-0

MÜNCHEN
Tel. +49 89 3090667-0

GvW F.A.K.T.

Das neue Programm für Anwälte
Führung – Akquise – Kommunikation – Teamgeist

Graf von Westphalen
Rechtsanwälte Steuerberater Partnerschaft mbB

Berlin Düsseldorf Frankfurt Hamburg München
Brüssel Istanbul Shanghai

Kontakt:
Christian Mayer-Gießen
c.mayer-giessen@gvw.com

gvw.com

GvW Graf von Westphalen

KANZLEIPROFIL / ANZEIGE

Viele denken hier nur an ein Rechtsgeschäft, wir auch an eine gute Beziehung auf unternehmerischer Ebene.

Juristisch erstklassig zu sein, ist eine Sache. Unternehmerisch zu beraten eine andere. Von Ihrer Kanzlei sollten Sie beides erwarten. Denn richtig gute Anwälte und Anwältinnen überzeugen nicht nur durch Fachkompetenz, sondern genauso durch ihre unternehmerische und menschliche Seite. Sie beraten mit Verantwortungsbewusstsein, Mut und Pragmatismus. Sie sagen ehrlich, was sich lohnt, was machbar ist – und was nicht. Sie sind flexibel, effizient und achten darauf, dass Kosten und Nutzen in einem angemessenen Verhältnis stehen. Diesen Mehrwert bietet Ihnen Friedrich Graf von Westphalen & Partner. Damit aus einer guten Beratung auch ein gutes Geschäft und eine lange Zusammenarbeit wird.

Sprechen Sie uns an.
Telefon: Carsten Laschet, +49 221 20807-0 und Dr. Barbara Mayer, +49 761 21808-0
Nähere Informationen finden Sie hier: www.fgvw.de

Köln Freiburg Frankfurt Alicante Brüssel Istanbul São Paulo Shanghai

FRIEDRICH GRAF VON WESTPHALEN
& PARTNER | RECHTSANWÄLTE

ANZEIGE / KANZLEIPROFIL

GROOTERHORST
& PARTNER
RECHTSANWÄLTE MBB

ANWÄLTE FÜR UNTERNEHMER, UNTERNEHMEN UND INSTITUTIONEN

Wir sind eine wirtschaftsrechtliche Sozietät mit Sitz im Zentrum Düsseldorfs. Unsere Anwälte beraten und vertreten Unternehmen, Konzerne und unternehmerisch tätige Privatpersonen aus dem Inland und Ausland. Schwerpunkt unserer Tätigkeit sind das **Unternehmensrecht**, das öffentliche und private **Immobilienrecht** sowie die **Prozessführung**.

Unsere Mandanten schätzen an uns
- die persönliche Betreuung und Verfügbarkeit,
- die Leidenschaft beim Einsatz für ihr Recht,
- die fachliche Spezialisierung und profunde Erfahrung,
- das internationale Know-how, mit dem wir ausländische und inländische Mandanten bei ihren Aktivitäten in Deutschland und im Ausland betreuen,
- die wettbewerbsfähigen Honorare, die immer den Mehrwert für unsere Mandanten im Blick haben.

GROOTERHORST & PARTNER RECHTSANWÄLTE MBB • KÖNIGSALLEE 53–55
40212 DÜSSELDORF • TEL. +49 (0) 211/864 67-0 • FAX +49 (0) 211/13 13 42
INFO@GROOTERHORST.DE • WWW.GROOTERHORST.DE

GRUB BRUGGER

Seit mehr als vier Jahrzehnten agiert Grub Brugger national und international, derzeit mit Standorten in Stuttgart, München, Frankfurt am Main und Freiburg. Seit Gründung 1965 haben wir uns konsequent auf das Insolvenz-, Sanierungs- und Wirtschaftsrecht spezialisiert und sind erfolgreich gewachsen.

Wir beraten Unternehmen in der Krise, deren Gläubiger und Investoren. Die Kanzlei verfügt über die Expertise aus über 1.000 Insolvenzverfahren.
Grub Brugger zeichnet sich durch eine wirtschaftlich orientierte Rechtsberatung aus. Dabei profitieren unsere Mandanten von der Erfahrung aus zahlreichen Sanierungen und Transaktionen.

Die schnelle Beurteilung komplexer Sachverhalte sowie die exzellente juristische Beratung sind die Grundlagen unseres gemeinsamen Erfolges.

Erfahren Sie mehr unter www.grub-brugger.de

UNSERE KERNKOMPETENZEN

- Insolvenzrecht
- Insolvenzverwaltung
- Sanierung / Restrukturierung
- Unternehmenskauf / M&A
- Arbeitsrecht
- Wirtschaftsstrafrecht

UNSERE STANDORTE

STUTTGART
Reinsburgstraße 27
70178 Stuttgart
Telefon +49(0)711 966 89-0
Telefax +49(0)711 966 89-19
stuttgart@grub-brugger.de

MÜNCHEN
Prannerstraße 6
80333 München
Telefon +49(0)89 179 59 59-0
Telefax +49(0)89 179 59 59-29
muenchen@grub-brugger.de

FRANKFURT
Berliner Straße 44
60311 Frankfurt
Telefon +49(0)69 66 37 29-0
Telefax +49(0)69 66 37 29-19
frankfurt@grub-brugger.de

FREIBURG
Schreiberstraße 20
79098 Freiburg
Telefon +49(0)761 217 06-42
Telefax +49(0)761 217 06-59
freiburg@grub-brugger.de

WIR KÖNNEN NICHT ALLES. WIR MACHEN NICHT ALLES. ABER WAS WIR MACHEN, KÖNNEN WIR AUCH.

- Arbeitsrecht
- Bau- und Architektenrecht / Vergaberecht
- Energierecht
- Gewerbl. Rechtsschutz / Markenrecht / Wettbewerbsrecht
- Handels- und Gesellschaftsrecht
- Immobilienrecht
- IT-Recht
- M&A, Private Equity, Venture Capital
- Medien- und Presserecht
- Wirtschaftsverwaltungsrecht

BERLIN
Am Zirkus 3a
10117 Berlin

JENA
Leutragraben 2–4
07743 Jena

LEIPZIG
Mädler-Passage, Aufgang B
Grimmaische Str. 2–4
04109 Leipzig

www.gruendel.pro

Erfahren. Kompetent. Engagiert.

Eine persönliche und vertrauensvolle Beziehung zwischen Anwalt und Mandant ist die Voraussetzung für unseren Erfolg. Daher legen wir großen Wert darauf. Entsprechend orientieren sich unsere Ziele an den Erwartungen unserer Mandanten. Sie stehen im Mittelpunkt. Dabei legen wir besonderen Wert auf zügige, praxisnahe Lösungen, deren Beratungsaufwand im angemessenen Verhältnis zum wirtschaftlichen Nutzen steht.

Wir entwerfen und verhandeln die notwendigen Verträge und engagieren uns für unsere Mandanten auch bei juristischen Konflikten. Unsere Mandanten beraten wir vor allem in den Bereichen Gesellschaftsrecht, M&A, Vertragsrecht, Arbeitsrecht und Dispute Resolution. Flankierend dazu verfügen wir über Expertise auf den Gebieten Bankrecht, Gewerblicher Rechtsschutz, Bau- und Grundstücksrecht, Kartellrecht, IT- und Medienrecht, Sportrecht und Insolvenzrecht.

Zu unseren Mandanten gehören (börsennotierte) Großunternehmen und Mittelständler aus einer Vielzahl von Branchen, z. B. aus dem Maschinen- und Anlagenbau, den Bereichen Handel und Banken, der Entsorgungsbranche und dem Automobilsektor, aber auch aus der Sportwirtschaft, den Medien und der IT-Branche.

GRÜTER Rechtsanwälte und Notare
Angerstraße 14-18 · D-47051 Duisburg
T: +49 203 30509-0 · F: +49 203 343331
info@grueter.de · www.grueter.de

ANZEIGE / KANZLEIPROFIL

Wo andere ein Problem sehen.

Sehen wir die beste Lösung.

Im Leben kommt es darauf an, Probleme nicht nur zu erkennen, sondern Wege und Lösungen zu finden. Warum sollte das bei einer Kanzlei anders sein? Ob im Bereich Real Estate, Corporate/M&A, Banking/Finance oder im Public Sector: Mit unserer Spezialisierung bieten wir Rechtsberatung nach Maß und stehen Ihnen bis zur besten Lösung zur Seite.

www.gsk.de

MEMBER OF

 GSK. DER UNTERSCHIED.

www.broadlawgroup.com

BERLIN FRANKFURT/M. HAMBURG HEIDELBERG MÜNCHEN BRÜSSEL SINGAPUR

HARNISCHMACHER LÖER WENSING
Rechtsanwälte Partnerschaftsgesellschaft mbB

WIR BEGLEITEN SIE SICHER BIS INS ZIEL!

Die Kanzlei

Erstklassiges fachliches Niveau und enger persönlicher Kontakt zu den Mandanten – das ist unser Anspruch und Alltag. Mit einem starken Team von mehr als 20 Rechtsanwälten, von denen vier zugleich Notare sind, gehören wir zu den führenden Kanzleien der Region Westfalen. Wechselseitiges Vertrauen prägt die Arbeit miteinander und die oft seit vielen Jahren bestehenden Beratungsverhältnisse. So erarbeiten wir pragmatische, an den Interessen unserer Mandanten orientierte Lösungen und setzen ihre Ansprüche mit persönlichem Engagement auch überregional durch.

Die Schwerpunkte

- Abfallrecht / Entsorgungsrecht
- Arbeitsrecht
- Bank- und Kapitalmarktrecht
- Bau- und Architektenrecht
- Compliance
- Energierecht
- Erbrecht
- Exportkontrollrecht
- Familienrecht
- Gesellschaftsrecht
- Gewerblicher Rechtsschutz
- Handelsrecht
- Immobilienrecht
- Insolvenzrecht
- IT / Telekommunikationsrecht
- Kartellrecht
- Medizinrecht
- Mergers & Acquisitions
- Miet- und Maklerrecht
- Notarrecht
- Pferderecht / Tierärztliches Haftpflichtrecht
- Recht der allgem. Geschäftsbedingungen
- Schiedsverfahren / Mediation
- Sozialrecht
- Transportrecht
- Unternehmensnachfolge
- Verbrauchsteuerrecht
- Verkehrs- und Unfallrecht
- Versicherungsrecht
- Verwaltungsrecht
- Wirtschafts- und Steuerstrafrecht
- Zollrecht

Harnischmacher Löer Wensing • Rechtsanwälte PartG mbB
Westfalenstraße 173 a • 48165 Münster
Tel.: +49 (0) 2501 4492-0 • Fax: +49 (0) 2501 4492-12
info@hlw-muenster.de • www.hlw-muenster.de

Mehrere Milliarden. 100 Mitarbeiter. Stets persönlich.

UNSERE MANDANTEN VERTRAUEN UNS MILLIARDEN AN

HauckSchuchardt ist als multidisziplinäre Partnerschaft von Steuerberatern und Rechtsanwälten mbB auf die rechtliche und steuerliche Betreuung nationaler und internationaler Immobilienprojekte spezialisiert. Die Summe der begleiteten Transaktionen und betreuten Immobilienwerte liegt aufgrund vieler Portfolio-Mandate für Wohn- und Gewerbeimmobilien bei derzeit mehreren Milliarden Euro – und wir wachsen weiter.

UNSERE MANDANTEN SCHÄTZEN DAS PERSÖNLICHE

Bei HauckSchuchardt arbeiten über 20 Berufsträger und 100 Mitarbeiter. Jeder von uns trägt seine eigene, persönliche Verantwortung für Transaktionen und hohe Werte. Zu diesen Transaktionen und Werten zählen wir außer den Salden auch die stetigen Informationsflüsse von und zu unseren Mandanten sowie das uns entgegengebrachte Vertrauen.

WIR MACHEN IMMOBILIEN BEWEGLICH

In großen Projekten profitieren alle von kurzen Wegen: unsere Rechtsanwälte von ihren Steuerberaterkollegen und in der Folge unsere Mandanten. Jedes Fach ist bei uns unter einem Dach. Das hält uns flexibel und unsere Kunden handlungsfähig. Immobilien bewegen die Märkte. HauckSchuchardt bewegt Immobilien.

HauckSchuchardt

Partnerschaft von Steuerberatern
und Rechtsanwälten mbB
Niedenau 61-63 • 60325 Frankfurt am Main

Tel.: + 49 (0) 69 90 55 88 - 0
Fax: + 49 (0) 69 90 55 88 - 20

info@hauckschuchardt.com
www.hauckschuchardt.com

Partner:

Hans-Christian Hauck (Rechtsanwalt)
Henning Schuchardt (Steuerberater)
Volker Szpak (Rechtsanwalt, Steuerberater)
Matthias Ohmer (Steuerberater)
Jens Müller (Steuerberater)

HEES
RECHTSANWÄLTE

Wir gehen nicht nur ausgetretene Wege, sondern finden neue Lösungen.

- **Pharmarecht/Medical Care** - Arzneimittel und Medizinprodukte, Pharmawerbung (z. B. im Internet, vergleichende Werbung, Werbung mit Studienergebnissen), Verträge in der Pharmabranche (z. B. CRO-Verträge, Übertragungen von Arzneimittelzulassungen, Mitvertrieb, Lizenzverträge, Co-Marketing, Logistik, Lohnherstellung und Rabattverträge)

- **Gewerblicher Rechtsschutz** - Wettbewerbs-, Marken-, Patent-, Urheber- und Lizenzrecht

Besondere Stärken sind das Pharmarecht, der Gewerbliche Rechtsschutz und die Rundumbetreuung im Rahmen langjähriger Dauerberatung - vielfach in der Funktion einer "ausgelagerten" Rechtsabteilung - mit Branchenfokus Pharma und IT.

Der rechtliche Beratungsbedarf ist im gesamten Gesundheitswesen enorm, da der Gesetzgeber aktionistisch meint, die gesetzlichen Rahmenbedingungen ständig ändern zu müssen, um der steigenden Kosten im Gesundheitswesen Herr zu werden. Folglich reiht sich ein Änderungsgesetz an das andere. Handwerklich lassen die Regelungen häufig zu wünschen übrig. Gerade wegen der vielfach nicht zu Ende gedachten und widersprüchlichen Regelungen ist eine sofortige rechtliche Orientierung unerlässlich. Dabei helfen wir.

HEES, RECHTSANWÄLTE verfügen über langjährige Erfahrung im Pharma- und Medizinprodukterecht und den damit zusammenhängenden rechtlichen Fragen. Seit Jahren sind wir bundesweit an vielen einschlägigen Gerichtsverfahren beteiligt. Das versetzt uns in die Lage, Mandanten in richtungsweisenden Auseinandersetzungen zu positionieren.

Zusätzlich haben wir langjährige Expertise im

- **Gesellschaftsrecht** - juristische Back-Office-Betreuung von Geschäftsführern, Vorstand und Aufsichtsrat, Gesellschafterauseinandersetzungen

- **IT-Recht** - Verträge, Vertragscontrolling, Projektmanagement

- **Immobilienrecht** - Erwerb und Verkauf von Immobilien, anwaltliche Problemlösungen bei der notariellen Abwicklung, Gewerbemietrecht

HEES, RECHTSANWÄLTE
Alsterufer 16, 20354 Hamburg
Tel.: +49 (0)40 35 72 36 36
Fax: +49 (0)40 35 72 36 33
hees@heeslawfirm.de
www.heeslawfirm.de

KANZLEIPROFIL / ANZEIGE

Haver & Mailänder
Rechtsanwälte

---

50 Jahre Erfahrung.

Im Wirtschaftsrecht kennen wir beide Seiten – die Wirtschaft und das Recht. Als Wirtschaftskanzlei mittlerer Größe denken, beraten und handeln wir regional, bundesweit und international.

Unsere Stärke: Wir entwickeln maßgeschneiderte Lösungen, arbeiten spezialisiert und betreuen persönlich. Darauf können Sie vertrauen.

Dr. Peter Mailänder   Dr. Ulrich Schnelle

www.haver-mailaender.de

Stuttgart · Frankfurt · Dresden · Brüssel

HEISSNER & STRUCK
RECHTSANWÄLTE · FACHANWÄLTE

DIE SOZIETÄT

HEISSNER & STRUCK zählt zu den etablierten Anwaltskanzleien der Hansestadt Hamburg. Mit acht Rechtsanwälten bieten wir neben hoher fachlicher Kompetenz eine persönliche Betreuung unserer vorwiegend mittelständischen Mandanten sowie zügige und effiziente Lösungen bei allen Fragestellungen im zivil- und wirtschaftsrechtlichen Bereich.

Zu den langjährigen Mandanten von HEISSNER & STRUCK zählen in- und ausländische Unternehmen der Informationstechnologie, Unternehmen der Gebrauchsgüterindustrie, Lebensmittelproduzenten, Handelshäuser, Logistikunternehmen, Personaldienstleister, Unternehmen der Medien- und Werbewirtschaft sowie Bau- und Immobilienunternehmen.

DIE SCHWERPUNKTE

- Handels- und Gesellschaftsrecht (Gründung, Umwandlung und Restrukturierung von Unternehmen, M&A, Kooperations- und Vertriebsverträge)
- Arbeitsrecht (Individualarbeitsrecht, Betriebsverfassungsrecht, Tarifrecht)
- Gewerblicher Rechtsschutz (nationale und internationale Registrierung von Marken, Markenüberwachung und -verteidigung; Verletzungsstreitigkeiten um Marken, Titel, Internet-Domains, Unternehmenskennzeichen, Designs und technische Schutzrechte; Gestaltung von Lizenzverträgen)
- Wettbewerbsrecht
- IT-Recht
- Urheber- und Medienrecht
- Steuerrecht
- Bau-, Architekten- und Immobilienrecht

ANSPRECHPARTNER

Dr. Christian Lemke

HEISSNER & STRUCK PARTNERSCHAFT MBB | Hudtwalckerstr. 11 | 22299 Hamburg | Telefon +49 (0) 40 413 05 38-0
Fax +49 (0) 40 480 23 32 | info@heissner-struck.de | www.heissner-struck.de

HengelerMueller

„AUSSERORDENTLICH PRÄZISE."

Wettbewerber in JUVE Handbuch Wirtschaftskanzleien 2014/2015

Simply good lawyers

Wir sind eine unabhängige Kanzlei mit 18 Anwälten (davon 9 Partner) mit hoher Professionalität, Effektivität und Effizienz und daher eine echte Alternative zu Großkanzleien.

Unsere Kerngebiete sind

- Mergers & Acquisitions, Private Equity und Gesellschaftsrecht
- IT, Outsourcing und Intellectual Property
- Restrukturierungen, Vergaberecht
- Arbeitsrecht

In diesen Bereichen bieten wir unseren Mandanten einen umfassenden Service.

Unser Netzwerk zu erstklassigen Kanzleien im Ausland ermöglicht es uns auch bei internationalen Transaktionen und Projekten zu beraten.

Wir waren von Anfang an unabhängig. Wir sind es heute. Und wir werden es auch morgen sein.

Heymann & Partner Rechtsanwälte mbH
Taunusanlage 1, 60329 Frankfurt am Main
Tel. +49 (0)69 768 063-0
E-Mail info@heylaw.de
www.heylaw.de

HFK RECHTSANWÄLTE

HFK Rechtsanwälte LLP · WWW.HFK.DE

Privates Baurecht	Vergaberecht
Immobilienrecht	Bauträgerrecht
Projektentwicklung	Öffentliches Baurecht
Architektenrecht	Fachplanungsrecht
Anlagenbaurecht	Partnering-Verfahren
Internationales Baurecht	Notariat

FRANKFURT a. M.
Stephanstraße 3
60313 Frankfurt a. M.
Tel. +49/69/975 822-0
Fax +49/69/975 822-225
frankfurt@hfk.de

BERLIN
Knesebeckstraße 1
10623 Berlin
Tel. +49/30/318 675-0
Fax +49/30/318 675-29
berlin@hfk.de

MÜNCHEN
Maximilianstraße 29
80539 München
Tel. +49/89/291 930-0
Fax +49/89/291 930-22
muenchen@hfk.de

HAMBURG
Am Kaiserkai 10
20457 Hamburg
Tel. +49/40/288 095-30
Fax +49/40/288 095-40
hamburg@hfk.de

STUTTGART
Bolzstraße 8
70173 Stuttgart
Tel. +49/711/914 359-00
Fax +49/711/914 359-99
stuttgart@hfk.de

DÜSSELDORF
Bleichstraße 8-10
40211 Düsseldorf
Tel. +49/211/542 165-0
Fax +49/211/542 165-99
duesseldorf@hfk.de

WIEN
Kärntnerstraße 10/5
A-1010 Wien
Tel. +43/1/5 12 15 33
wien@hfk-rechtsanwaelte.at

IN KOOPERATION
Watt, Tieder, Hoffar & Fitzgerald,
LL. P. Washington, D. C.

HOEFER | SCHMIDT-THIEME

RECHTSANWÄLTE UND INSOLVENZVERWALTER

Aschaffenburg
Baden-Baden
Berlin
Freiburg
Karlsruhe
Mannheim
Michelstadt
Mülsen
München
Pforzheim

www.verwalter.de

ANZEIGE / KANZLEIPROFIL

Hohmann
Rechtsanwälte

Verstrickt im Export- und Zollrecht?
Wir helfen Ihnen durch den Paragraphendschungel!

Und unterstützen Sie in den Bereichen:

- EU- und US- Exportrecht
- EU- und US- Zollrecht
- Wirtschaftsstrafrecht (v. a. Export- und Zollverstöße)
- internationales Vertragsrecht
- internationales Vertriebsrecht, Exportfinanzierung, Außenhandelssteuerrecht
- internationale Gerichtsverfahren
- Stoffrecht (Lebensmittel- und Chemikalienrecht)
- sonstiges Wirtschaftsrecht (inkl. Kartell-, Datenschutz- und Verfassungsrecht).

Wir haben langjährige Erfahrung in diesen Rechtsgebieten und sehr gute Behördenkontakte.

„Verstrickt" von Volker Kühn,
(mit freundlicher Genehmigung der
Hermann Krause Kunsthandel GmbH in Köln)

„Hohmann Rechtsanwälte hat sich insbesondere in ihrer außenhandelsrechtlichen Spezialisierung erfolgreich auf dem deutschen Rechtsdienstleistungsmarkt positioniert und profiliert. Ihr Beispiel zeigt, dass es auch als kleine Einheit in einer kleinen Stadt möglich ist, große Expertise zu entwickeln und anspruchsvolle Mandate zu akquirieren" *(Nomos, Kanzleien in Deutschland).*

Hohmann Rechtsanwälte „profitiert von ihrer klaren Spezialisierung auf außenhandelsrechtliche Themen und wird inzwischen häufig empfohlen. Für die zunehmende Sensibilisierung auch mittelständischer Unternehmen hat die Kanzlei als eine von wenigen ein sehr zielgerichtetes Angebot entwickelt", Anwalt Hohmann ist ein „führender Name für Exportkontrollrecht" *(Juve Handbuch Wirtschaftskanzleien).*

Ihre Ansprechpartner:
RA Dr. Harald Hohmann (Rechtsanwalt)
RA Dirk Hagemann (angestellter Rechtsanwalt)
RA Prof. Dr. Werner Meng *(Of Counsel)*

Die Kanzlei für deutsches und
internationales Wirtschaftsrecht

Hohmann Rechtsanwälte
Schlossgasse 2, D-63654 Büdingen
Tel.: +49 (0) 6042/ 95 67-0, Fax: +49 (0) 6042/ 95 67-67,
E-Mail: info@hohmann-rechtsanwaelte.com, www.hohmann-rechtsanwaelte.com

Kooperationspartner in: Bangkok, Brüssel, Miami, New York, New Delhi, Peking, Qingdao, Shanghai, Tokio, Washington DC

ANZEIGE / KANZLEIPROFIL

Hogan Lovells –
Praxisrelevante Rechtsberatung für dynamische Märkte

Offene Kommunikation. Um die Ecke denken. Probleme erkennen und lösen, noch bevor sie zu welchen werden. Verständliche und praxisorientierte Rechtsberatung, die auf Ihre Erfordernisse zugeschnitten ist.

Unsere 2.500 Anwälte auf sechs Kontinenten erarbeiten mit Ihnen Lösungen für die anspruchsvollsten rechtlichen Fragestellungen in den führenden Industrien und Wirtschaftszentren der Welt. Ob Sie in neue Märkte expandieren wollen, nach alternativen Finanzierungsformen suchen oder Rechtsrat bei komplexen regulatorischen Fragen oder Konflikten benötigen – wir helfen Ihnen, Risiken und Möglichkeiten optimal zu steuern.

Unsere Mitarbeiter bringen unterschiedliche Hintergründe und Erfahrungen in unser Team ein. Dieser vielfältige Ansatz führt zu ausgewogeneren Überlegungen und besseren Lösungen für Sie.

Arbeitsrecht
kerstin.neighbour@hoganlovells.com

Automotive
patrick.ayad@hoganlovells.com

Bank- und Finanzrecht
katlen.bloecker@hoganlovells.com

Betriebliche Altersversorgung
bernd.klemm@hoganlovells.com

Compliance
juergen.witte@hoganlovells.com

Capital Markets
michael.schlitt@hoganlovells.com

Debt Capital Markets
sven.brandt@hoganlovells.com

Energierecht
matthias.hirschmann@hoganlovells.com

Financial Institutions and Insurance
christoph.kueppers@hoganlovells.com

Gesellschaftsrecht/M&A
lutz.angerer@hoganlovells.com

Handels- und Vertriebsrecht
patrick.ayad@hoganlovells.com

Immobilienrecht
roland.bomhard@hoganlovells.com

Intellectual Property
andreas.bothe@hoganlovells.com

Kartellrecht
martin.sura@hoganlovells.com

Konfliktlösung
detlef.hass@hoganlovells.com

Life Sciences
ina.brock@hoganlovells.com

Medienrecht
stefan.schuppert@hoganlovells.com

Private Equity
joachim.habetha@hoganlovells.com

Projektfinanzierung
ulrich.helm@hoganlovells.com

Restrukturierung und Insolvenzrecht
heiko.tschauner@hoganlovells.com

Schiedsgerichtsbarkeit
karl.poernbacher@hoganlovells.com

Steuer-/Bilanzrecht
michael.dettmeier@hoganlovells.com

www.hoganlovells.com

Hogan Lovells ist eine internationale Anwaltssozietät, zu der Hogan Lovells International LLP, Hogan Lovells US LLP und ihnen nahestehende Gesellschaften gehören.
www.hoganlovells.com
© Hogan Lovells 2015. Alle Rechte vorbehalten.

KANZLEIPROFIL / ANZEIGE

honert + partner

Gesellschaftsrecht.
Umstrukturierungen.
Transaktionen (M&A).
Steuerrecht.
Fonds.
Kapitalmarktrecht.
Arbeitsrecht.
Unternehmensfinanzierung.
Nachfolgeregelungen.
Unternehmensbewertung und Sonderprüfung.
Prozessführung und Schiedsverfahren.
Allgemeines Wirtschaftsrecht.

erfolg versprechend.

80333 München. Theatinerstr. 8 (Fünf Höfe). T +49 (0)89 388 381 0. muenchen@honert.de.
20354 Hamburg. Hohe Bleichen 8. T +49 (0)40 380 37 57 0. hamburg@honert.de.
www.honert.de

HUTH DIETRICH HAHN
Rechtsanwälte Partnerschaftsgesellschaft mbB

Die Sozietät

Die Sozietät HUTH DIETRICH HAHN wurde 1990 gegründet. Die Größe der Kanzlei – mit gegenwärtig 13 Partnern und insgesamt 16 Berufsträgern – erlaubt zum einen die Übernahme umfangreicher Mandate, zum anderen aber auch eine individuelle, auf die konkreten wirtschaftlichen Bedürfnisse unserer Mandanten abgestimmte Beratung.

Alle Partner haben auch im Ausland Berufserfahrung gesammelt, einige besitzen zudem in den USA erworbene juristische Abschlüsse. Dank dieser internationalen Ausrichtung verfügen wir über Kontakte zu führenden ausländischen Rechtsanwaltskanzleien und können ein umfassendes, grenzüberschreitendes Leistungsspektrum anbieten.

Die Kernbereiche

Die Kerntätigkeit der Sozietät ist das Transaktionsgeschäft. Dabei konzentrieren wir uns auf Unternehmenstransaktionen, Immobilientransaktionen, Vermögenstransaktionen zur Nachfolgeplanung und International Business Transactions.

Weitere Praxisbereiche

Das Kartellrecht, das öffentliche Recht und das Recht der Haftung von Geschäftsführern, Vorständen und Aufsichtsräten bilden weitere Schwerpunkte unserer Beratung.

HUTH DIETRICH HAHN
Rechtsanwälte · Partnerschaftsgesellschaft mbB

Neuer Jungfernstieg 17
20354 Hamburg
www.hdh.net

Telefon: +49 40 415 25-0
Telefax: +49 40 415 25-111
info@hdh.net

IGNOR & PARTNER GbR

RECHTSANWÄLTE

Unsere Sozietät ist konsequent auf die Beratung und Verteidigung in Straf- und Bussgeldsachen insbesondere aus den Bereichen des Wirtschafts- und Arbeitslebens ausgerichtet, ferner auf die Beratung in berufsrechtlichen Verfahren.

Als bewusst spezialisierte und teamorientierte Kanzlei stehen wir unseren Mandanten mit dem bestmöglichen Einsatz an Kompetenz, Erfahrungswissen und Engagement zur Seite. Dazu pflegen wir den internen Erfahrungsaustausch ebenso wie die Teilnahme am strafrechtlichen Diskurs, die beständige berufliche Weiterbildung und die Zusammenarbeit mit angesehenen Rechtsanwältinnen und Rechtsanwälten sowohl im Bereich des Strafrechts wie auch aus anderen Rechtsgebieten. Mit der Kanzlei WidmaierNorouzi sind wir in einer Kooperation verbunden.

Wir beraten Einzelpersonen und Unternehmen in allen Abschnitten eines Strafverfahrens, aber auch präventiv zur Vermeidung strafrechtlicher Risiken. Wir erstellen Rechtsgutachten, halten Vorträge und führen Schulungen durch.

Die fachlichen Schwerpunkte unserer Tätigkeit liegen im

- Wirtschafts- und Arbeitsstrafrecht
- Steuerstrafrecht
- Arzt- und Arzneimittelstrafrecht
- Medienstrafrecht
- IT-Strafrecht
- internationalen Strafrecht
- Revisionsrecht

sowie in der Anfertigung von Verfassungsbeschwerden mit strafrechtlichem Bezug.

Die Büros unserer Kanzlei liegen in Berlin am Gendarmenmarkt sowie am Kurfürstendamm. Von hier aus sind wir bundesweit und international tätig.

Anke Müller-Jacobsen
Jörg Rehmsmeier
Kai Peters
Camilla Bertheau
Dr. Annika Dießner
Dr. Boris Bröckers
Stefanie Meyer
Prof. Dr. Dr. Alexander Ignor

■ Büro Berlin-Mitte
Jägerstrasse 51 · 10117 Berlin

■ Büro Charlottenburg
Kurfürstendamm 216 · 10719 Berlin

Telefon 030 - 76 77 51 - 0
Telefax 030 - 76 77 51 - 11
www.verteidiger-in-berlin.de
info@ignor-partner.de

In Kooperation mit
WidmaierNorouzi
Rechtsanwälte

ISENBRUCK | BÖSL | HÖRSCHLER LLP
Patentanwälte

„Quick reaction times, profound knowledge and a helpful consulting service."
Chambers Europe — Europe's Leading Lawyers for Business 2014

Unsere Patentanwaltskanzlei ist mit ihren Büros in Mannheim, München und Düsseldorf an den wichtigsten Standorten für den Schutz Geistigen Eigentums in Deutschland vertreten. Als IP-Boutique mittlerer Größe verfügen wir über 25 Jahre Erfahrung und Expertise in allen technischen Gebieten, insbesondere Chemie, Biotechnologie, Pharma, Physik, Maschinenbau und Elektrotechnik.

Die Mandantschaft umfasst bedeutende nationale und internationale Firmen, darunter sowohl etablierte Großunternehmen in Schlüsselindustrien als auch KMUs und Start-ups. Das Patentanwaltsteam der Kanzlei wurde als mandantenbezogen, sorgfältig, kreativ und rechtlich versiert in allen Belangen des Gewerblichen Rechtsschutzes beschrieben.

Unsere Schwerpunkte

- Anmelden, Verfolgen, Durchsetzen und Verteidigen von Patenten, Marken sowie Geschmacks- und Gebrauchsmustern vor den deutschen und europäischen Ämtern und Gerichten
- Beratung bei Vertragsentwürfen und -verhandlungen auf dem Gebiet des Gewerblichen Rechtsschutzes
- Technologiebewertung, insbesondere Durchführung von „Due Diligences" und „Freedom-to-Operate"-Analysen

Mannheim
Seckenheimer Landstraße 4
68163 Mannheim
Telefon: 0621/42 271-0
Telefax: 0621/42 271-31
E-Mail: info-man@ib-patent.de

München
Prinzregentenstraße 68
81675 München
Telefon: 089/99 88 54-0
Telefax: 089/99 88 54-99
E-Mail: info-muc@ib-patent.de

Düsseldorf
Toulouser Allee 3
40211 Düsseldorf
Telefon: 0211/15 77 56-0
Telefax: 0211/15 77 56-13
E-Mail: info-dus@ib-patent.de

Homepage: www.ib-patent.de

JAKOBY RECHTSANWÄLTE
RECHTSANWÄLTE · NOTAR

Immobilienrecht
Baurecht
Vergaberecht
IT-Recht
Wirtschaftsrecht
Notariat

Für alle, die Unbewegliches bewegt
Die Spezialisten für Immobilien-, Bau- und Vergaberecht

Immobilienprojekte juristisch auf den Punkt bringen
Die Kanzlei Jakoby Rechtsanwälte und das Notariat von Dr. Jakoby stehen für Projektentwicklung, Vertragsgestaltung und alle rechtlichen Facetten von Bauvorhaben und Immobilien. Das Team: erfahrene Fachleute, die komplexe Immobilienvorhaben durch alle Projektphasen hindurch juristisch und organisatorisch erfolgreich begleiten.

Vergaben prüfen, konzipieren, begleiten
Jakoby Rechtsanwälte gestalten und strukturieren im Vergaberecht von IT- bis Bau-Vergaben verschiedenste Projekte und sorgen für störungsfreie Abläufe.

Berlin, Deutschland und weltweit
Jakoby Rechtsanwälte ist ein Team aus engagierten Persönlichkeiten, das mit Fairness und Transparenz Projekte zum Ziel führt. Die Kanzlei ist grenzüberschreitend aktiv mit dem internationalen Anwaltsnetzwerk Legalink.

Jakoby Rechtsanwälte
Rechtsanwälte und Notar

Schlüterstraße 37
10629 Berlin
Tel: +49 (0)30. 88 03 20 - 0
Fax: +49 (0)30. 88 03 20 - 10
info@jakobyrechtsanwaelte.de
www.jakobyrechtsanwaelte.de

LEGALINK
A Global Network of Independent Law Firms
www.legalink.ch

ANZEIGE / KANZLEIPROFIL

KANZLEI MIT KLAREM FOKUS

Immobilien | Erneuerbare Energien | Alternative Investments
Recht | Steuern | Anlageregulierung

www.jebensmensching.com

JOHLKE NIETHAMMER & PARTNER

INSOLVENZVERWALTER · RECHTSANWÄLTE · WIRTSCHAFTSPRÜFER · STEUERBERATER

ENGAGEMENT.
ERFAHRUNG.
ERFOLG.

HAMBURG
Johannes-Brahms-Platz 1
20355 Hamburg
Telefon: 040 - 80 00 48 0
Telefax: 040 - 80 00 48 111
E-Mail: hamburg@jnp.de

HORST M. JOHLKE (bis 2007) Rechtsanwalt
DIETER NIETHAMMER (bis 2000), Dipl.-Kfm., Wirtschaftsprüfer, Steuerberater
DR. HANS U. HILDEBRANDT, Rechtsanwalt
HEIKO FIALSKI, Rechtsanwalt, Fachanwalt für Insolvenzrecht, Fachanwalt für Arbeitsrecht
DR. JENS-SÖREN SCHRÖDER, Rechtsanwalt
STEPHAN BUCHERT, Dipl.-Volkswirt, Wirtschaftsprüfer, Steuerberater
JÖRG STURMHOEBEL, Dipl.-Volkswirt, Rechtsanwalt, Fachanwalt für Steuerrecht, Vereidigter Buchprüfer
DR. ULRICH POHLMANN, Rechtsanwalt
JAN OCKELMANN, Rechtsanwalt, Fachanwalt für Insolvenzrecht
MARKUS LÜDTKE, Rechtsanwalt, Betriebswirt (WA)
BIRTE JENSEN, Rechtsanwältin, Fachanwältin für Insolvenzrecht
ANDREAS FRANZ, Rechtsanwalt, Fachanwalt für Insolvenzrecht
AXEL GERBERS, Rechtsanwalt, Fachanwalt für Insolvenzrecht
DR. JÖRG GRAU, Rechtsanwalt
TIMO BÖRNING, Rechtsanwalt
ARTHUR WINKLER, Rechtsanwalt, Dipl.-Kfm.
KRISTINA SCHULZ, Rechtsanwältin
KRISTOFFER WILKE, Rechtsanwalt
SVEN WOLTMANN, Rechtsanwalt
HENNING PETERS, Rechtsanwalt
CONRAD WANDT, Rechtsanwalt
SÖREN KUSCH, Rechtsanwalt

BREMEN
Sögestraße 70
28195 Bremen
Telefon: 0421 - 178 998 0
Telefax: 0421 - 178 998 11
E-Mail: bremen@jnp.de

HANNOVER
Hindenburgstraße 2-4
30175 Hannover
Telefon: 0511 - 98 24 850
Telefax: 0511 - 98 24 852
E-Mail: hannover@jnp.de

KIEL
Deliusstraße 10
24114 Kiel
Telefon: 0431 - 67 93 500
Telefax: 0431 - 38 57 57 69
E-Mail: kiel@jnp.de

SCHWERIN
Steinstraße 26
19053 Schwerin
Telefon: 0385 - 71 44 46 / 47
Telefax: 0385 - 71 44 66
E-Mail: schwerin@jnp.de

Partnerschaftsgesellschaft mbB
WWW.JNP.DE

Wir beraten die Welt vor Ort.

Jones Day in Deutschland, das bedeutet über 20 Jahre Erfahrung in allen für Unternehmen relevanten Rechtsgebieten, Büros in Düsseldorf, Frankfurt und München, Servicebereitschaft, Kreativität und Flexibilität. Hervorragende Rechts- und Wirtschaftskenntnisse sind eine Selbstverständlichkeit. Unsere 100 deutschen Rechts- und Patentanwälte sind Teil einer globalen Sozietät mit mehr als 2.400 Anwälten in 42 Wirtschaftszentren. Unser weltweit einheitlicher Servicestandard vereint die höchsten lokalen Standards für unsere Mandanten.

www.jonesday.com

DÜSSELDORF
DR. ULRICH BRAUER
PARTNER-IN-CHARGE
BREITE STRASSE 69
40213 DÜSSELDORF
TEL. 0211.5406.5500

FRANKFURT
SANDRA KAMPER
PARTNER-IN-CHARGE
THURN-UND-TAXIS-PLATZ 6
60313 FRANKFURT
TEL. 069.9726.3939

MÜNCHEN
FRIEDERIKE GÖBBELS
PARTNER-IN-CHARGE
PRINZREGENTENSTRASSE 11
80538 MÜNCHEN
TEL. 089.2060.42200

ANZEIGE / KANZLEIPROFIL

K&L GATES

ERSTKLASSIGE RECHTSBERATUNG – ÜBERALL

75 Rechtsanwälte in Deutschland (Berlin und Frankfurt/Main)

> 2 000 Rechtsanwälte weltweit

26 Büros in Nord- und Südamerika

10 Büros in Europa und dem Nahen Osten

11 Büros im Asien-Pazifik-Raum

15 UNSERER **GRÖSSTEN** **20** MANDANTEN GRIFFEN AUF ANWÄLTE AUS ZEHN ODER MEHR UNSERER BÜROS ZURÜCK

BERATUNGSSCHWERPUNKTE DER DEUTSCHEN ANWÄLTE

Mergers & Acquisitions, Private Equity, Gesellschaftsrecht, Aktien- und Konzernrecht, Kartellrecht, Telekommunikation, Medien und Technologie, Arbeitsrecht, Immobilientransaktionen, Immobilienrecht, öffentliches und privates Baurecht, Umweltrecht, Schiedsverfahren, Bank- und Finanzrecht, Bankaufsichts- und Investmentrecht, Steuerrecht, Vergaberecht, Public Private Partnerships, Wettbewerbsrecht, Beihilfenrecht, Zoll- und Außenhandelsrecht.

A HEAVYWEIGHT INTERNATIONAL PRESENCE
Law360's Global 20

ANZEIGE / KANZLEIPROFIL

Rechtsberatung, die Maßstäbe setzt

Wir sind eine der führenden deutschen Kanzleien, hoch spezialisiert im **Bau- und Immobilienrecht**. Darüber hinaus beraten wir große und mittelständische Unternehmen in allen Fragen des **Wirtschaftsrechts**. Mit rund 130 Anwälten sind wir an sechs deutschen Standorten sowie bei den EU-Institutionen in Brüssel vertreten.

Trotz unserer Größe verstehen wir uns als mittelständische Kanzlei, die Wert auf eine **individuelle Betreuung** der Mandanten durch feste Ansprechpartner legt. Zugleich können wir aufgrund unseres breiten Kompetenzspektrums und unserer bundesweiten Präsenz, die wir durch internationale Netzwerkpartner ergänzen, Beratung für **komplexe Projekte** aus einer Hand anbieten.

Rechtsgebiete

- Baurecht
- Recht des Anlagenbaus
- Immobilienrecht
- Vergaberecht
- Gesellschaftsrecht/Unternehmenskauf
- Handels- und Vertriebsrecht
- Kartell- und EU-Recht
- Öffentliches Recht
- Bank- und Finanzierungsrecht
- Arbeitsrecht
- Versicherungsrecht
- Wirtschaftsstrafrecht
- Steuerrecht

Die Entwicklung neuer Kolleginnen und Kollegen zu Anwaltspersönlichkeiten fördern wir durch direkten Mandantenkontakt von Anfang an, unser unterstützendes Mentorensystem und interne Fortbildungsangebote. In allen unseren Tätigkeitsbereichen freuen wir uns über **Bewerbungen** qualifizierter Referendare und Berufseinsteiger.

Kapellmann und Partner Rechtsanwälte mbB

kapellmann.de   Berlin · Brüssel · Düsseldorf · Frankfurt/Main · Hamburg · Mönchengladbach · München

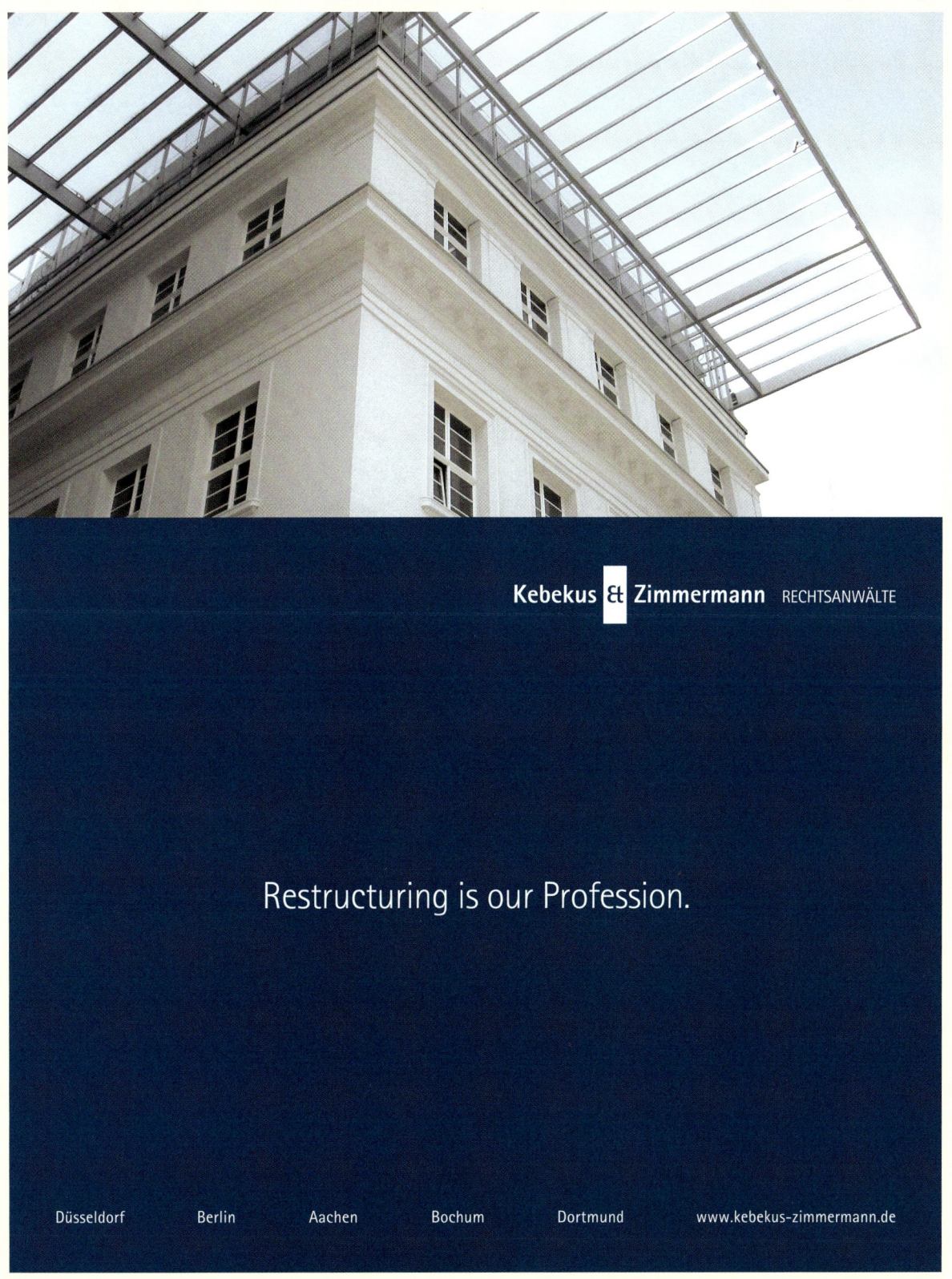

1885 in Atlanta gegründet, zählt King & Spalding LLP heute zu den führenden internationalen Wirtschaftskanzleien. Mit mehr als 1.100 Rechtsanwälten an 18 Standorten in den Vereinigten Staaten, in Europa, in Asien sowie im Nahen Osten ist die Sozietät in über 160 Ländern auf sechs Kontinenten tätig.

Zu unseren Mandanten, die wir oft seit Jahrzehnten beraten, zählt die Hälfte der 100 größten Unternehmen der Welt (*Fortune 100*). Weltweit liegen die strategischen Schwerpunkte der Kanzlei in den Bereichen *Financial Institutions, Global Disputes, Energy, Healthcare/Life Sciences, Intellectual Property* und *Government Investigations*.

Das deutsche Büro von King & Spalding berät unter Konzentration auf Beratungsfelder mit marktführender Expertise fokussiert in den Bereichen

- Investmentfonds
- Immobilienkapitalmarkt
- Finanzierung
- Restrukturierung
- Prozessvertretung/Schiedsverfahren/Streitbeilegung
- Pharma/Life Sciences
- Energie/Infrastruktur

auf sämtlichen dort relevanten Rechtsgebieten, insbesondere im Aufsichtsrecht, Immobilienwirtschaftsrecht, Finanzierungsrecht, Gesellschaftsrecht, Prozessrecht und Steuerrecht.

Bei grenzüberschreitenden Mandaten überzeugen wir durch optimale Betreuung „aus einer Hand" unter effizienter Zusammenarbeit mit unseren lokalen Büros und den Experten unseres hervorragenden internationalen Netzwerks.

King & Spalding LLP | TaunusTurm, Taunustor 1 | 60310 Frankfurt am Main
T +49 (69) 257 811 000 | Frankfurt@kslaw.com | www.kslaw.com

Abu Dhabi • Atlanta • Austin • Charlotte • Dubai • Frankfurt • Geneva • Houston • London • Moscow • New York • Paris • Riyadh • San Francisco • Silicon Valley • Singapore • Tokyo • Washington, D.C.

KANZLEIPROFIL / ANZEIGE

ANZEIGE / KANZLEIPROFIL

WIR SIND NICHT NUR BUSINESS PARTNER. SONDERN AUCH PART OF THE BUSINESS.

Unsere Arbeitsweise: Nah an unseren Mandanten und so tief in deren Business wie möglich. Das hat uns zu einer der weltweit führenden Anwaltskanzleien gemacht. Aktuell beraten rund 1600 Anwälte in den USA, in Europa und Asien nationale und internationale Mandanten zu komplexen und grenzüberschreitenden Rechtsfragen. In Deutschland ist Kirkland & Ellis in München mit hochqualifizierten Anwältinnen und Anwälten vertreten, die den Dingen auf den Grund gehen.

KIRKLAND & ELLIS INTERNATIONAL LLP

PRIVATE EQUITY | M&A | RESTRUCTURING | FINANCE | TAX

WWW.KIRKLAND.COM

BEIJING | CHICAGO | HONG KONG | HOUSTON | LONDON | LOS ANGELES | MUNICH | NEW YORK | PALO ALTO | SAN FRANCISCO | SHANGHAI | WASHINGTON, D.C.

KANZLEIPROFIL / ANZEIGE

Vorsicht: Sanierung

Es gibt kaum eine Unternehmensinsolvenz, in der die Geschäftsführer und Vorstände nicht persönliche Haftungstatbestände verwirklichen.

Nahezu 100% aller Unternehmensinsolvenzen gehen Sanierungsversuche voraus.

Auftraggeber und damit Mandant der Sanierungsberatung ist die Gesellschaft. Geschäftsführung und Vorstände sehen in diesem Mandat auch eine persönliche Interessenvertretung.

Doch VORSICHT: Letztlich stehen Geschäftsführung und Vorstände ohne Interessenvertretung da. Deutlich wird dies an dem ab 01.01.2015 bestehenden Verbot der doppelten Treuhand (§3 Abs. 1 BORA), einem in der Vergangenheit häufig praktizierten Modell in der Sanierungspraxis.

Die Vertretung von Vorständen und Geschäftsführern zur Vermeidung / Abwehr von Haftungsansprüchen und deren Vertretung in der Krise ist einer unserer neuen Beratungsschwerpunkte.

Nach 34 Jahren Insolvenzverwaltung mit über 6.000 Bestellungen haben wir die Seiten gewechselt, um mit dieser Erfahrung vor Risiken und Haftung zu schützen.

www.klaas.de

Hotline: 0800 - 80 58 100
Hotline@klaas.de

ANZEIGE / KANZLEIPROFIL

Klaas & Kollegen
Rechtsanwälte

Rechtsanwaltsgesellschaft mbH

www.klaka.com

Wir finden einen Weg.

Geistiges Eigentum ist richtungsweisend. Sein Schutz durch Patente, Marken und Geschmacksmuster ist wirksam, aber auch komplex. Für nationale wie für internationale Unternehmen finden wir Wege, ihr Recht effektiv durchzusetzen. Mit Kompetenz und Erfolg.

Hochspezialisierte Anwälte. Große forensische Erfahrung. Internationale Reputation. Ständige Präsenz in Fachausschüssen und Fachmedien.

Effiziente, mandantenorientierte Lösungen für:

- » Patentrecht
- » Marken- und Designrecht
- » Urheberrecht
- » Wettbewerbs- und Kartellrecht
- » Energiewirtschaftsrecht
- » Presse- und Medienrecht
- » Lebensmittel- und Arzneimittelrecht

IP – effektiv!

Delpstraße 4
81679 München
Telefon: +49 (0)89-99 89 190
Telefax: +49 (0)89-98 00 36
E-Mail: info@klaka.com

Pempelforter Straße 11
40211 Düsseldorf
Telefon: +49 (0)211-205 495-0
Telefax: +49 (0)211-205 495-10
E-Mail: info@klaka.com

KLAKA
RECHTSANWÄLTE

ANZEIGE / KANZLEIPROFIL

Arbeitsrecht für Unternehmen. Erstklassig. Weltweit.

Düsseldorf:
Speditionstraße 21
D-40221 Düsseldorf
Telefon: +49 (0) 211· 88 288-0
Telefax: +49 (0) 211· 88 288-200
E-Mail: duesseldorf@kliemt.de

Berlin:
Monbijouplatz 10A
D-10178 Berlin
Telefon: +49 (0) 30· 887 154-0
Telefax: +49 (0) 30· 887 154-20
E-Mail: berlin@kliemt.de

Frankfurt am Main:
Thurn-und-Taxis-Platz 6
D-60313 Frankfurt am Main
Telefon: +49 (0) 69· 710 410-0
Telefax: +49 (0) 69· 710 410-200
E-Mail: frankfurt@kliemt.de

Kliemt & Vollstädt ist eine der führenden Arbeitsrechts-Kanzleien Deutschlands mit Büros in **Düsseldorf, Frankfurt am Main** und **Berlin**. Mit rund 60 auf Arbeitsrecht spezialisierten Rechtsanwälten bieten wir nationalen und internationalen Unternehmen eine umfassende und hochkarätige Beratung in allen Fragen des **Arbeitsrechts** – verlässlich, kreativ, praxisorientiert und auf die spezifischen Bedürfnisse des jeweiligen Unternehmens zugeschnitten.

Kliemt & Vollstädt ist Mitglied von **Ius Laboris**, der weltweiten Allianz der führenden Arbeitsrechts-Kanzleien. Gemeinsam mit unseren weltweit 45 Partnerkanzleien bieten wir einen nahtlosen globalen arbeitsrechtlichen Service in mehr als 100 Ländern – schnell, effizient und in der hohen Qualität, die Sie von einer Spitzenkanzlei erwarten.

Näheres unter
www.kliemt.de und unter www.iuslaboris.com

KANZLEIPROFIL / ANZEIGE

Mandanten im Mittelpunkt

KLEINER
RECHTSANWÄLTE

Die **KLEINER Rechtsanwälte** Partnerschaftsgesellschaft mbB berät und vertritt Unternehmen aus dem In- und Ausland. Wir genießen das langjährige Vertrauen und teilen die Erfahrungen überregional und international tätiger Unternehmen. Gemeinsam mit Ihnen entwickeln wir Problemlösungen. Wir zeigen Ihnen den juristischen Rahmen und die Auswirkungen verschiedener Gestaltungsoptionen auf, damit Sie Ihre Ideen und Vorstellungen zielgerecht umsetzen können. Aufgrund unserer langjährigen Beratungserfahrung ist uns die Unternehmenspraxis vertraut.

Unser Team von Rechtsanwälten berät Sie kompetent und zuverlässig in allen Bereichen des Wirtschaftsrechts. Eine rasche und gute Kommunikation ist uns wichtig, denn unsere Rechtsberatung lebt in und von der persönlichen Beziehung zu Ihnen. Neben unserem Anspruch an uns selbst, fachlich exzellente Arbeit zu erbringen, ist Ihre Zufriedenheit unser Ziel.

www.kleiner-law.com

Stuttgart   Mannheim   Düsseldorf

ANZEIGE / KANZLEIPROFIL

König Rechtsanwälte ist eine der renommiertesten Rechtsanwaltskanzleien in Rheinland-Pfalz. Durch zahlreiche Fachanwaltschaften spezialisiert betreuen wir unsere Mandanten in allen Bereichen des Wirtschafts- und Wirtschaftsstrafrechts.

Besser beraten.

- HANDELS- UND GESELLSCHAFTSRECHT
- BAU- UND IMMOBILIENRECHT
- ARBEITSRECHT
- GEWERBLICHER RECHTSSCHUTZ
- SANIERUNGSBERATUNG
- PRIVATE VERMÖGENSNACHFOLGE

Rechtsanwälte

Justizrat Roderich Schmitz
Günther Maximini
Gregor Lambertz
Prof. Dr. jur. Dr. phil. Thomas B. Schmidt M.A.
Gerrit Strotmann LL.M.
Alexander Bergweiler
Franz Peter Basten
Michaela Biwer
Christian Hölzer
Verena Kürsten
Anja Döbertin
Benjamin Hasselbach
Florian Lichtmeß

König Rechtsanwälte PartGmbB
Kalenfelsstraße 5a · 54290 Trier · Tel.: (06 51) 9 70 40-0 · Fax: (06 51) 9 70 40-40
www.koenig-rechtsanwaelte.de · info@koenig-rechtsanwaelte.de

KANZLEIPROFIL / ANZEIGE

cutting through complexity

KPMG Law
Unsere Expertise Ihre Sicherheit

„Wir wagen den Blick über den Tellerrand hinaus."

Dr. Manfred Kessler

Geschäftsführer von KPMG Law und Global Head des weltweiten KPMG Legal Services Network

Spezialisierte juristische Expertise und mutige, fachübergreifende Ideen zeichnen KPMG Law aus. Unsere engagierten Teams entwickeln ganzheitliche, wirtschaftlich vorausschauende Lösungen. Mit über 200 Anwälten an 16 deutschen Standorten beraten wir Sie persönlich, schnell und effizient. Dabei können wir jederzeit auf das internationale KPMG Law Netzwerk zurückgreifen. Entdecken Sie jetzt das Potenzial einer vielversprechenden Zusammenarbeit.

Mehr Infos unter: www.kpmg-law.de

© 2015 KPMG Rechtsanwaltsgesellschaft mbH. Alle Rechte vorbehalten.

KRIEGER MES & GRAF v. DER GROEBEN

Krieger Mes & Graf v. der Groeben, gegründet 1929, ist eine führende Kanzlei im Gewerblichen Rechtsschutz, die marktführende Unternehmen aus allen Branchen vertritt.

- Patente
- Marken
- Muster
- Urheberrechte
- Lizenzen
- Unlauterer Wettbewerb
- Kartellrecht
- Prozessvertretung, Beratung
- Schiedsverfahren, Mediation

KRIEGER MES & GRAF v. der GROEBEN

Bennigsen-Platz 1
D-40474 Düsseldorf

Tel: +49 211 440 337-0
Fax: +49 211 440 337-60

info@krieger-mes.de
www.krieger-mes.de

KANZLEIPROFIL / ANZEIGE

KRUHL · VON STRENGE
RECHTSANWÄLTE

Öffentliches Recht. Immobilienrecht. Vergaberecht. PPP.

Jungfernstieg 50
20354 Hamburg

Tel.: +49 (0) 40 300 39 19 – 0
Fax.: +49 (0) 40 300 39 19 – 29
info@kruhlvonstrenge.de

www.kruhlvonstrenge.de

ANZEIGE / KANZLEIPROFIL

Kopf und Kragen ...*

* ... riskieren, kann schiefgehen.

www.ksb-intax.de

KSB INTAX
Rechtsanwälte
Wirtschaftsprüfer
Steuerberater
Notare

KANZLEIPROFIL / ANZEIGE

GERADEAUS WÄRE SCHÖN. NUR – WO IST DAS?

Wir haben uns kontinuierlich und erfolgreich als Umsatzsteuerspezialisten etabliert. Durch diese Spezialisierung auf nationales wie europäisches Umsatzsteuerrecht genießen wir das Vertrauen unserer Mandanten, die Detailkenntnis ebenso von uns erwarten dürfen wie den Überblick über das Gesamte. Unsere Dienstleistung endet nicht an der Grenze. Durch den engen und funktionierenden Verbund mit Umsatzsteuerexperten in jedem europäischen Land und darüber hinaus können wir Ihre umsatzsteuerlichen Belange auch international konzipieren und steuern. Grenzüberschreitend – und doch aus einer Hand. Unsere Mandanten sind Unternehmer aller Größenordnungen – Einzelunternehmer, große Mittelständler, DAX-30-Unternehmen und Global Player. Sie alle verbindet der Anspruch an höchste Beratungsleistung auf dem Weg zum Erfolg.

KÜFFNER MAUNZ LANGER ZUGMAIER

KÜFFNER MAUNZ LANGER ZUGMAIER Rechtsanwaltsgesellschaft mbH · München · Düsseldorf · www.kmlz.de · office@kmlz.de

ANZEIGE / KANZLEIPROFIL

IHRE KANZLEI IM RUHRGEBIET

Wirtschaftsrecht: Das ist unser Revier.

Das Ruhrgebiet ist immer in Bewegung – und Heimat bedeutender deutscher Unternehmen. Viele von ihnen vertrauen uns: Kümmerlein Rechtsanwälte & Notare ist eine Sozietät mit jahrzehntelanger Erfahrung auf allen Gebieten des Wirtschaftsrechts. Als eine führende Kanzlei am drittgrößten Wirtschaftsstandort Europas beraten wir unsere Mandanten höchst engagiert, versiert und vertrauensvoll – und weit über die Region hinaus.

KÜMMERLEIN
RECHTSANWÄLTE & NOTARE

Kontakt:
Messeallee 2
45131 Essen

info@kuemmerlein.de
www.kuemmerlein.de

KANZLEIPROFIL / ANZEIGE

ANZEIGE / KANZLEIPROFIL

Ein Original erkennt man auf den ersten Blick.

Die Spezialisten im Arbeitsrecht. Seit über 40 Jahren.

Küttner

Küttner Rechtsanwälte | Richmodstraße 8 | 50667 Köln | Tel.: 0221 22286-0 | www.kuettner-rechtsanwaelte.de

Kuhn Carl Norden Baum
RECHTSANWÄLTE

Experten
Gesellschaftsrecht
Mergers & Acquisitions
Schwierige wirtschaftsrechtliche Fragen
Bank- und Finanzrecht
Prozessführung und Schiedsverfahren
Private Clients

Dr. Jens-Peter Carl
Dr. Eberhard Norden M.C.J.
Dr. Marcus Baum MJur
Michael Rudnau
Dr. Jürgen Rieg
Dr. Boris Dollinger
Dr. Felix Graulich
Dr. Alexander Henne MJur
Dr. Roman Wexler-Uhlich

Gähkopf 3, D-70192 Stuttgart
Fon +49 | 0 | 711 | 25 01 93
Fax +49 | 0 | 711 | 256 73 89
mail@kcnb.de
www.kcnb.de

ANZEIGE / KANZLEIPROFIL

LÖSUNGEN LIEGEN SELTEN AUF DEM SCHREIBTISCH

FOCUS-Ranking
„Deutschlands Top-Wirtschaftskanzleien"

Handelsblatt
Deutschlands beste Anwälte
„Anwalt des Jahres 2014 Dr. Peter Schrader"

JUVE
„empfohlene, bundesweit anerkannte Arbeitsrechtskanzlei"

Kanzleimonitor
„Branchenerster im Bereich Automotive mit vier Auszeichnungen"

Legal 500
„kleine, aber bedeutende Boutique"

Nomos
„Als Top-Kanzlei hervorgehoben"

Podbielskistraße 33
30163 Hannover

Telefon: +49 (0)511 215 55 63-33
Fax: +49 (0)511 215 55 63-43
E-Mail: kanzlei@laborius.eu
Web: www.laborius.eu

LAMBSDORFF
RECHTSANWÄLTE

CORPORATE · VENTURE CAPITAL · IT/INTERNET
COMMERCIAL AGREEMENTS · REAL ESTATE

LAMBSDORFF
ist eine international tätige Sozietät mit Sitz in Berlin

WIR BERATEN
deutsche und internationale Mandanten in zentralen wirtschaftsrechtlichen Fragen

WIR VERBINDEN
höchsten fachlichen Anspruch mit einem persönlichen Beratungsansatz

WIR ARBEITEN
auf Deutsch, Englisch, Französisch und Spanisch

UNSERE MANDANTEN
sind Unternehmen, Unternehmer und Investoren aus unterschiedlichen Branchen und Ländern

UNSER ANSPRUCH
an Qualität, Effizienz und Flexibilität führt zu individuell optimierten Lösungen

LAMBSDORFF RECHTSANWÄLTE PARTG MBB
ORANIENBURGER STRASSE 3 · D-10178 BERLIN
T +49 (0)30 577 0200-0 · F +49 (0)30 577 0200-99
INFO@LAMBSDORFF.NET · WWW.LAMBSDORFF.NET

ANZEIGE / KANZLEIPROFIL

LATHAM & WATKINS LLP

zUSAmmen.
STÄRKER.

Latham & Watkins ist eine der schlagkräftigsten amerikanischen Top-Kanzleien in Deutschland. Echte Teamarbeit mit unseren Mandanten und untereinander ist unsere besondere Stärke.
Wir sind Ihre Full Solutions Kanzlei – auf beiden Seiten des Atlantiks:

Als internationale Wirtschaftskanzlei für komplexe Rechtsberatung verbinden wir mit rund 170 Anwälten an den Standorten Düsseldorf, Frankfurt, Hamburg und München starke weltweite Präsenz mit lokaler Nähe.

Latham & Watkins ist die größte vollintegrierte Kanzlei der Welt (The American Lawyer, September 2014; nach Umsatz) – 32 Büros, 14 Länder, 2.000 Anwälte.

- Arbeitsrecht
- Bank- und Finanzrecht
- Compliance und White Collar
- Financial Regulation
- Gesellschaftsrecht
- Gewerblicher Rechtsschutz
- Immobilienrecht
- Kapitalmarktrecht
- Kartell-, Wettbewerbs- und Beihilferecht
- M&A (public und private)
- Öffentliches Recht
- Private Equity
- Prozessführung und Schiedsgerichtsbarkeit
- Restrukturierung und Insolvenz
- Steuerrecht

Düsseldorf   Frankfurt   Hamburg   München

www.lw.com

KANZLEIPROFIL / ANZEIGE

**Die nächste Etappe können Sie mit Taktik erreichen.
Das Ziel nur mit der richtigen Strategie.**

Die **Kanzlei** berät seit 1982 Führungskräfte und Anteilseigner von Unternehmen in wirtschaftsrechtlichen Angelegenheiten. Seit 2003 verfügt die Kanzlei auch über ein leistungsfähiges Notariat.

Wir beraten zu solchen Themen, die für unsere Mandanten von langfristiger Bedeutung sind. Im Mittelpunkt unserer Praxis steht das **Gesellschaftsrecht**. Typische Mandate unserer Kanzlei sind die rechtliche Strukturierung von Unternehmen und Unternehmensgruppen, die Begleitung von Transaktionen im Bereich M&A, die Vertretung in komplexen Auseinandersetzungen sowie die Beratung bei der Nachfolgeplanung.

LEHMANN · NEUNHOEFFER · SIGEL · SCHÄFER

Anwalts- und Notarkanzlei

Bopserwaldstrasse 62, 70184 Stuttgart, Telefon (0711) 2 26 89 12, Telefax (0711) 2 26 89 15, www.lenesis.com

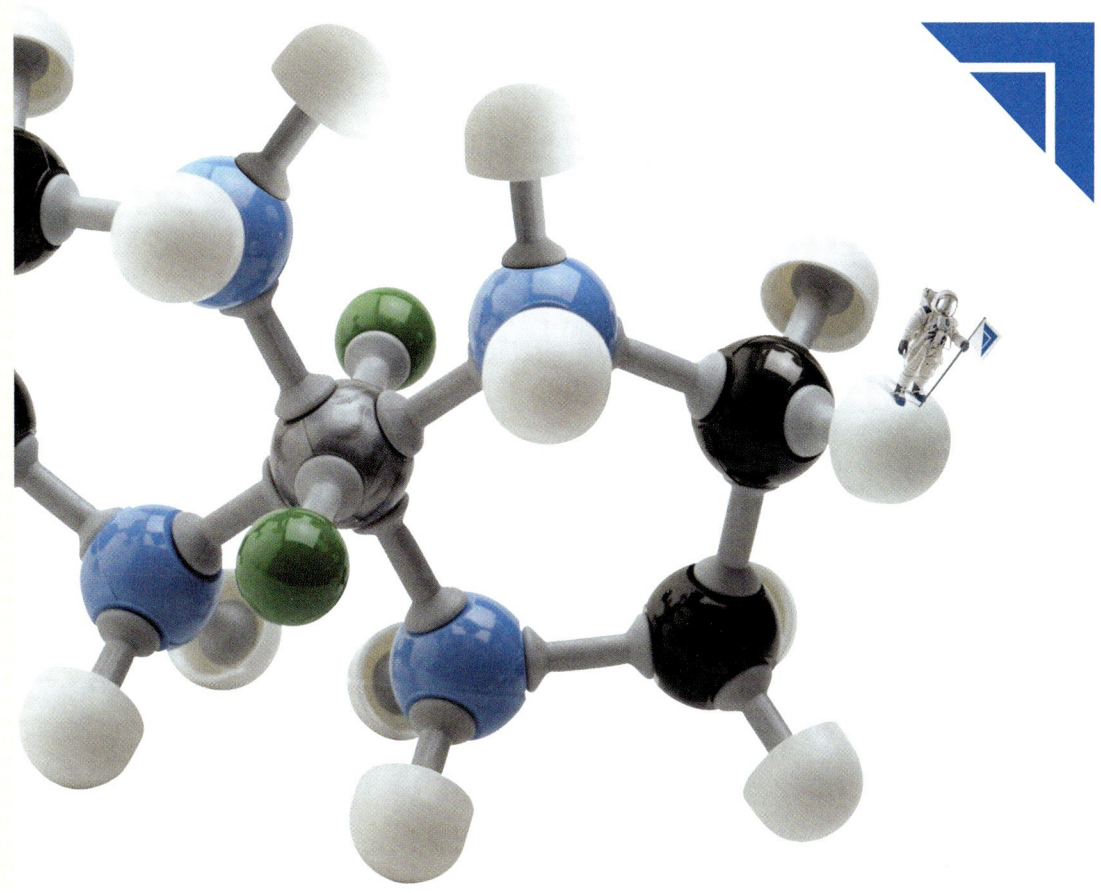

Wer Neuland betritt, sollte Zeichen setzen!

Innovationen sind meist nur mit hohem finanziellem und personellem Aufwand zu leisten und sind die Basis für Ihren wirtschaftlichen Erfolg. Mit unseren Leistungen auf dem Gebiet des Patentschutzes sichern wir Ihre Entwicklungen und schaffen Freiraum für technologischen Fortschritt. Spezialisiert auf die Bereiche Chemie, Pharmazie und Biotechnologie begleiten wir seit Jahren erfolgreich nationale und internationale Konzerne sowie mittelständische Unternehmen und beraten sie mit Kompetenz und Erfahrung auf allen Gebieten des gewerblichen Rechtsschutzes.

Leifert & Steffan, Patentanwälte, www.advoinvent.de
Patente schützen Leistung.

KANZLEIPROFIL / ANZEIGE

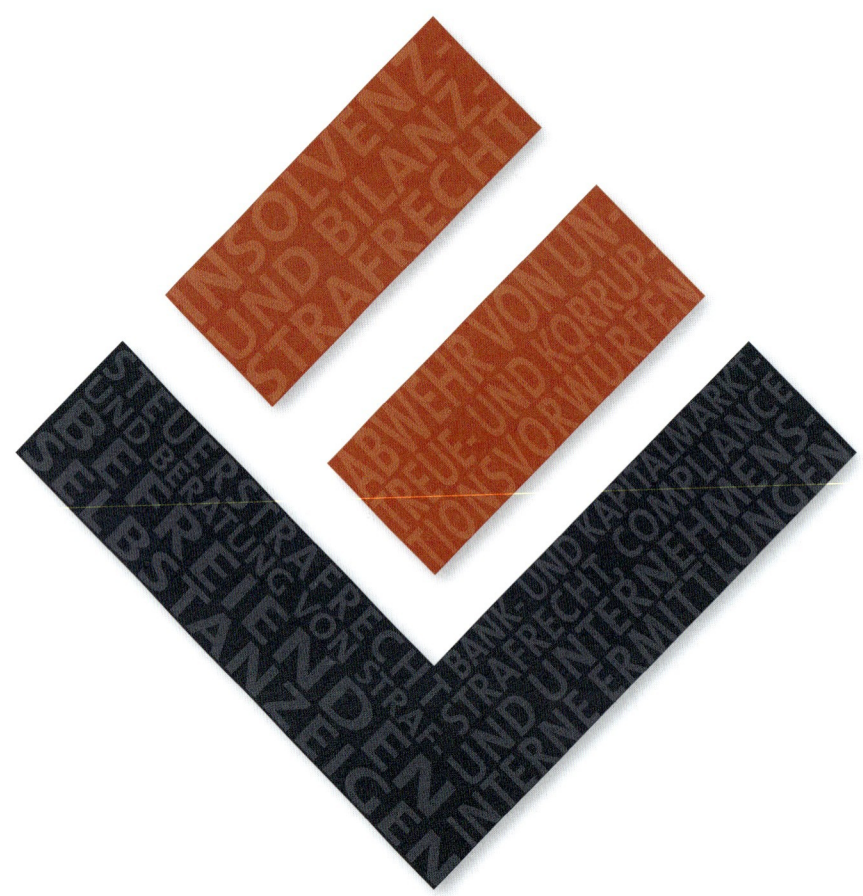

Wir sind eine der führenden Kanzleien auf dem Gebiet des Wirtschaftsstrafrechts. Wir stehen für Erfahrung, schnelle Reaktion und persönlichen Kontakt.

Für unsere Mandanten entwickeln wir maßgeschneiderte und erfolgsorientierte Lösungen. Häufig arbeiten wir dabei mit renommierten Kanzleien, Steuerberatungs- und Wirtschaftprüfungsgesellschaften zusammen, darunter namhafte überregionale und internationale Sozietäten. Wir berücksichtigen bestehende Mandatsstrukturen, stets professionell und immer im gemeinsamen Mandatsinteresse.

Wir sind bundesweit und international tätig.

LEITNER & PARTNER
Rechtsanwälte • Wirtschaftsstrafrecht

Herzogspitalstraße 5 • 80331 München
Tel. +49 89 231175-0 • Fax +49 89 231175-55 • info@leitner-partner.de

www.leitner-partner.de

LEO SCHMIDT-HOLLBURG WITTE & FRANK
RECHTSANWÄLTE PARTNERSCHAFTSGESELLSCHAFT MBB

Wir beraten Unternehmen und Unternehmer aus dem In- und Ausland zu anspruchsvollen und komplexen Fragen des Wirtschaftsrechts, vor allem in folgenden Bereichen:

- Gesellschaftsrecht, Unternehmens- und Beteiligungskäufe (Corporate, M&A) und

- Gewerblicher Rechtsschutz und Informationstechnologie (IP/IT).

Die wirtschaftlichen Ziele unserer Mandanten stehen im Mittelpunkt unserer Arbeit. Auf Grundlage unserer Expertise und langjährigen Erfahrung entwickeln wir für unsere Mandanten maßgeschneiderte, praxisgerechte Lösungen. Unsere Beratung zeichnet sich durch höchste Qualität, schnellen persönlichen Service sowie leidenschaftliches Engagement für die Interessen unserer Mandanten aus.

Neuer Wall 80	Tel. +49 (040) 300 85 10 0	Internet: www.lswf.de
20354 Hamburg	Fax +49 (040) 300 85 10 99	E-Mail: info@lswf.de

KANZLEIPROFIL / ANZEIGE

DIFFUS
—
TIEFENSCHARF

lindenpartners

ANZEIGE / KANZLEIPROFIL

Linklaters

LINKED WITH ACCURACY

Linklaters bietet hervorragende Entwicklungsperspektiven auf allen Karrierestufen, spannende Herausforderungen und zugleich genug Raum für individuelle Wege.

Für unsere Standorte in **Berlin, Düsseldorf, Frankfurt am Main** und **München** suchen wir **Praktikanten, Referendare, wissenschaftliche Mitarbeiter** und **Rechtsanwälte (m/w)**.

Für mehr Informationen einfach den QR-Code scannen oder auf **http://career.linklaters.de** vorbeischauen.

Linklaters LLP
Nicola von Tschirnhaus
Recruitment Manager
+49 69 71003 495
recruitment.germany@linklaters.com

ANZEIGE / KANZLEIPROFIL

LOSCHELDER

Rechtsberatung ist Vertrauenssache.

Wir stehen für persönliche Beratung auf höchstem Niveau.

Partnerschaftlich. Erfolgsorientiert.

Und mit Freude an der Zusammenarbeit.

Loschelder Rechtsanwälte
Konrad-Adenauer-Ufer 11   50668 Köln
T +49(0)22165065-0   F +49(0)22165065-110   info@loschelder.de   www.loschelder.de

KANZLEIPROFIL / ANZEIGE

Luther.

Präzision, perfektes Timing und der Blick für das Wesentliche.

Auf den Punkt. Luther.

350 Rechtsanwälte und Steuerberater

10 Büros an zentralen deutschen Wirtschaftsstandorten

5 Büros an internationalen Finanzplätzen und Investitionsstandorten

 Langjährige, enge Verbindungen zu renommierten Wirtschaftskanzleien weltweit

 Regelmäßige Listung als führende und empfohlene Berater in den Fachmedien

 Deutsches Mitglied von Taxand

Exzellente Dienstleistungen in allen relevanten Bereichen der Rechts- und Steuerberatung machen uns zu einer der führenden deutschen Wirtschaftskanzleien.

Zu unseren Mandanten zählen große und mittelständische Unternehmen sowie die öffentliche Hand.

Luther ist zudem das einzige deutsche Mitglied von Taxand, dem weltweiten Zusammenschluss unabhängiger Steuerberatungsgesellschaften.

www.luther-lawfirm.com

Rechtsberatung. Steuerberatung. Luther.

FACHKANZLEI FÜR ARBEITSRECHT

ARBEITSRECHT   BETRIEBLICHE ALTERSVERSORGUNG   SOZIALRECHT

www.maat-rechtsanwaelte.de

MÄGER von BERNUTH

Die Sozietät

Wir beraten Unternehmen und Unternehmer aus dem In- und Ausland und konzentrieren uns auf die Kerngebiete des Wirtschaftsrechts. Wir arbeiten umfassend, schnell und zielorientiert.

Schwerpunkte

Die Gestaltung von Unternehmenskaufverträgen und die Strukturierung von Stiftungen gehören ebenso zu unseren Tätigkeitsbereichen wie die Führung umfangreicher Wirtschaftsprozesse und Schiedsverfahren. Die Partner der Sozietät verfügen über langjährige Erfahrung im internationalen Rechtsverkehr.

Schwerpunkte unserer Tätigkeit sind:
- Gesellschaftsrecht / M&A
- Handelsrecht
- Deutsches und EG-Kartellrecht
- Urheber- und Verlagsrecht, Wettbewerbsrecht
- Stiftungsrecht
- Bankrecht

Mandanten

Wir sind mittelstandsorientiert, werden jedoch auch von großen börsennotierten Gesellschaften mandatiert.

Kontakt

Mäger von Bernuth
Kurfürstendamm 56
10707 Berlin

Telefon: 030 72616844-0
Telefax: 030 72616844-4
E-Mail: info@mvb-law.de
www.mvb-law.de

Maikowski & Ninnemann

Patentanwälte • European Patent and Trademark Attorneys

 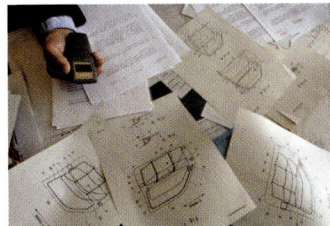 

Leitgedanken

Die persönliche Betreuung der Mandanten steht seit über 35 Jahren im Mittelpunkt unseres strategischen Denkens und Handelns. Entscheider in Unternehmen jeder Größe finden ihren direkten Ansprechpartner – das ist die Basis für ein persönliches Vertrauensverhältnis.

Sozietät

Maikowski & Ninnemann ist eine Sozietät von Patentanwälten mit Büros in Berlin, Leipzig und München. Im Zentrum stehen eine individuelle, mandantenorientierte Beratung und Vertretung mit dem Ziel, in kurzer Zeit ein hohes Maß an fachlicher Qualität zu liefern – das gelingt nicht zuletzt durch ausgeprägte Einsatzbereitschaft und viel Freude an der Arbeit.

Unsere Tätigkeiten umfassen alle Kernbereiche des gewerblichen Rechtsschutzes wie Anmeldung, Verteidigung und Durchsetzung von Patenten, Gebrauchsmustern, Marken und Designrechten sowie die Betreuung in Lizenz-, Wettbewerbs- und Urheberrechtsfragen.

Kompetenzfelder

- Fahrzeug- und Maschinenbau
- Telekommunikation
- Medizintechnik
- Chemie, Biochemie und Biotechnologie
- Optik, Licht- und Feinwerktechnik
- Halbleitertechnologie
- Software

Maikowski & Ninnemann

Patentanwälte • European Patent and Trademark Attorneys
Berlin – Leipzig – München

Kurfürstendamm 54 - 55
D-10707 Berlin
Tel. +49 - 30 - 881 81 81
Fax +49 - 30 - 882 58 23
E-Mail office@maikowski-ninnemann.com
Internet www.maikowski-ninnemann.com

ANZEIGE / KANZLEIPROFIL

Marccus Partners
RECHTSANWÄLTE STEUERBERATER

„Legal and tax excellence for business and finance."

Marccus Partners ist eine Wirtschaftsrechtskanzlei europäischen Ursprungs, die weltweit Unternehmer, mittelständische Unternehmen sowie Konzerne aus den verschiedensten Branchen im Wirtschaftsrecht berät. Unseren nationalen und internationalen Mandanten bieten wir eine integrierte Beratung auf höchstem Niveau.

Wir stehen für unternehmerisches Denken, Interdisziplinarität, ganzheitliche und praktikable Lösungen sowie Flexibilität.

UNSER LEISTUNGSSPEKTRUM

- Gesellschaftsrecht
- Mergers & Acquisitions
- Immobilienrecht/Corporate Real Estate
- Steuerrecht
- Bank- und Finanzrecht
- Restrukturierung und Insolvenz
- Arbeitsrecht
- Commercial
- IT Recht und Outsourcing
- Gerichts- und Schiedsverfahren

Marccus Rechtsanwaltsgesellschaft mbH
- Königsallee 60 c, 40212 **Düsseldorf**
- Bockenheimer Landstr. 51-53, 60325 **Frankfurt am Main**

www.marccuspartners.de

IN DER WIRTSCHAFT MUSS MAN DIE RICHTIGEN ZAHLEN IM KOPF HABEN: 0261-88 44 66

www.mmv-koblenz.de

Global Solutions. Local Strength.

Die globale Präsenz von Mayer Brown ist eine erfolgreiche Verbindung gewachsener Strukturen. In den wichtigen Märkten Amerika, Asien und Europa haben wir uns mit lokal verwurzelten und anerkannten Kanzleien zusammengeschlossen – mit rund 1.500 Anwälten an über 20 Standorten gehören wir zu den führenden internationalen Wirtschaftssozietäten.

In den deutschen Büros Frankfurt am Main und Düsseldorf beraten rund 70 Anwälte deutsche und internationale Mandanten in allen Bereichen des Wirtschaftsrechts. Zu unseren Mandanten zählen große Industrieunternehmen ebenso wie mittelständische Unternehmen, Fonds und Finanzdienstleister.

Mayer Brown LLP

Friedrich-Ebert-Anlage 35-37
60327 Frankfurt am Main
T +49 69 7941 0

Königsallee 61
40215 Düsseldorf
T +49 211 86224 0

MAYER•BROWN

Americas | Asia | Europe | www.mayerbrown.com

KANZLEIPROFIL / ANZEIGE

TU DAS, WAS DU AM BESTEN KANNST*

* Wir sind ein hochspezialisiertes Team aus Rechtsanwälten und Steuerberatern und machen nur eins: Aktien- und Kapitalmarktrecht. Wir sind nicht viele Köpfe, sondern gute. Wir beraten Small und Mid Caps effizient und umsichtig beim going und being public. 25 Wertpapierprospekte in 3 Jahren und über 20 Hauptversammlungen pro Jahr sprechen für sich. Unsere aktuellsten Transaktionen:

TOMORROW FOCUS AG
VERKAUF PUBLISHING-BEREICH AN BURDA
MAI 2015

CASHCLOUD AG
IPO + WERTPAPIERPROSPEKT
APRIL 2015

REALTIME TECHNOLOGY AG
VERSCHMELZUNGSRECHTL. SQUEEZE OUT
DEZEMBER 2014

EUROGRAPHICS AG
WERTPAPIERPROSPEKT + LISTING
NOVEMBER 2014

MARITIM VERTRIEBS GMBH
UMTAUSCHANLEIHE + WERTPAPIERPROSPEKT
NOVEMBER 2014

BIOMA ENERGIE AG
WANDELANLEIHE + WERTPAPIERPROSPEKT
NOVEMBER 2014

KTG AGRAR SE
UMTAUSCHANLEIHE
AUGUST 2014

GUOSHI ASSET MANAGEMENT LTD.
ÜBERNAHMEANGEBOT PANAMAX AG
AUGUST 2014

UPDATE SOFTWARE AG
ÜBERNAHME DURCH AUREA
JULI 2014

SOFTING AG
BARKAPITALERHÖHUNG
JULI 2014

SOFTING AG
SCRIP DIVIDEND
MAI 2014

ABO INVEST AG
KAPITALERHÖHUNG + WERTPAPIERPROSPEKT
MAI 2014

CANCOM SE
WANDELANLEIHE
MÄRZ 2014

ADVA NCED INFLIGHT ALLIANCE AG
UMWANDLUNGSRECHTL. SQUEEZE OUT
MÄRZ 2014

MAYRHOFER + PARTNER
RECHTSANWÄLTE STEUERBERATER

HEIMERANSTRASSE 35 (THERESIENHÖHE) 80339 MÜNCHEN TEL +49 89 23 23 93-0 FAX +49 89 23 23 93-33
KONTAKT@MAYRHOFER-PARTNER.DE WWW.MAYRHOFER-PARTNER.DE

ANZEIGE / KANZLEIPROFIL

DIE WIRTSCHAFTSKANZLEI MIT MEHR UNTERNEHMERISCHER KOMPETENZ.

Wir verstehen uns als Kanzlei für Wirtschaftsrecht. Mit betriebswirtschaftlichen Qualifikationen und ausgeprägten Branchenkenntnissen bieten wir unseren Mandanten bei allen Aufgaben der Rechtsberatung, Vertragsgestaltung und Prozessvertretung einen besonderen Mehrwert:

› mehr wirtschaftliche Kompetenz
› mehr Mandantennähe und persönliche Beratung
› mehr Rechtsgebiete aus einer Hand
› mehr Transparenz dank straffer Organisation

Der gewerbliche Rechtsschutz, das Bank- und Kapitalmarktrecht auf Bankenseite, das Handels- und Gesellschaftsrecht, das Steuerrecht, das Arbeitsrecht, das Bau- und Architektenrecht sowie das allgemeine Wirtschaftsrecht zählen zu den tragenden Säulen unseres Beratungsspektrums. Dank unserer besonderen Expertise zählen Unternehmen jeder Größenordnung zu unseren Mandanten.

Meinhardt, Gieseler & Partner
Kanzlei für Wirtschaftsrecht

Rathenauplatz 4–8 | 90489 Nürnberg | kanzlei@mgup.de
T 0911 580 560-0 | F 0911 580 560-99 | www.mgup.de

ANZEIGE / KANZLEIPROFIL

McDermott Will & Emery ist eine führende internationale Anwaltssozietät mit über 1.100 Rechtsanwälten in 19 Büros weltweit. In Deutschland sind wir in Düsseldorf, Frankfurt a. M. und München vertreten. Wir arbeiten grenz- und praxisgruppenübergreifend mit unseren europäischen, amerikanischen und asiatischen Büros sowie mit unserem strategischen Partner MWE China Law Offices zusammen.

Als Full-Service-Kanzlei sind wir in allen Bereichen des Wirtschaftsrechts tätig:

ARBEITSRECHT Dr. Paul Melot de Beauregard / Dr. Gudrun Germakowski / Volker Teigelkötter / Dr. Sandra Urban-Crell **BANK- & FINANZRECHT** Christoph Coenen / Dr. Uwe Goetker / Philipp von Ilberg / Dr. Martin Kniehase / Dr. Oliver Lieth / Dr. Jens Ortmanns **COMPLIANCE** Dr. Paul Melot de Beauregard / Dr. Wolfgang Frhr. Raitz v. Frentz / Karin Holloch **CORPORATE FINANCE** Christoph Coenen / Philipp von Ilberg / Dr. Clemens Just / Dr. Martin Kniehase / Joseph Marx **GESELLSCHAFTSRECHT / M&A** Dr. Anja von Alemann / Dr. Thomas Ammermann / Dr. Carsten Böhm / Dr. Germar Enders / Dr. Uwe Goetker / Konstantin Günther / Karin Holloch / Dr. Jan Hückel / Philipp von Ilberg / Dr. Nikolaus von Jacobs / Dr. Clemens Just / Dr. Matthias Kampshoff / Dr. Martin Kniehase / Andreas Kurtze / Dr. Oliver Lieth / Sebastian v. Lossow / Dr. Marc Oberhardt / Dr. Stephan Rau / Dr. Norbert Schulte / Christian v. Sydow / Dr. Holger Weiß **GEWERBLICHER RECHTSSCHUTZ** Dr. Wolfgang Frhr. Raitz v. Frentz / Dr. Boris Uphoff **HEALTHCARE** Dr. Anja von Alemann / Jana Grieb / Dr. Stephan Rau **IMMOBILIENWIRTSCHAFTSRECHT** Christoph Coenen / Dr. Ulrich Flege / Dr. Oliver Lieth / Dr. Jens Ortmanns / Dr. Holger Weiß **KONFLIKTLÖSUNG / PROZESSRECHT** Dr. Wolfgang Frhr. Raitz v. Frentz / Dr. Thomas Hauss / Dr. Sabine Konrad / Dr. Christian Masch / Dr. Dirk Pohl / Prof. Dr. Arndt Raupach / Volker Teigelkötter / Dr. Boris Uphoff **PRIVATE EQUITY** Dr. Anja von Alemann / Dr. Carsten Böhm / Dr. Germar Enders / Dr. Uwe Goetker / Konstantin Günther / Dr. Jan Hückel / Philipp von Ilberg / Dr. Nikolaus von Jacobs / Dr. Clemens Just / Dr. Martin Kniehase / Sebastian v. Lossow / Joseph Marx / Dr. Jens Ortmanns / Dr. Stephan Rau / Dr. Norbert Schulte / Christian v. Sydow / Dr. Holger Weiß **RESTRUKTURIERUNG & INSOLVENZ** Dr. Carsten Böhm / Dr. Uwe Goetker / Dr. Clemens Just / Dr. Matthias Kampshoff / Dr. Oliver Lieth / Dr. Marc Oberhardt / Dr. Kian Tauser **SCHIEDSGERICHTSVERFAHREN** Dr. Sabine Konrad **STEUERRECHT / PRIVATE CLIENT** Dr. Gero Burwitz / Prof. Rüdiger v. Groll / Annette Keller / Dr. Dirk Pohl / Prof. Dr. Arndt Raupach / Nina Siewert / Dr. Kian Tauser **TELEKOMMUNIKATION / MEDIEN / TECHNOLOGIE** Dr. Wolfgang Frhr. Raitz v. Frentz / Dr. Christian Masch / Dr. Vincent Schröder / Dr. Ralf Weisser

DÜSSELDORF
Stadttor 1
40219 Düsseldorf
T: +49 211 30211 0
F: +49 211 30211 555

FRANKFURT a. M.
Feldbergstr. 35
60323 Frankfurt a. M.
T: +49 69 951145 0
F: +49 69 271599 633

MÜNCHEN
Nymphenburger Str. 3
80335 München
T: +49 89 12712 0
F: +49 89 12712 111

www.mwe.com/de

Boston   Brüssel   Chicago   Dallas   Düsseldorf   Frankfurt a. M.   Houston   London   Los Angeles   Mailand   Miami   München   New York   Orange County   Paris   Rom   Seoul   Silicon Valley   Washington, D.C.

Strategische Allianz mit MWE China Law Offices (Shanghai)

KANZLEIPROFIL / ANZEIGE

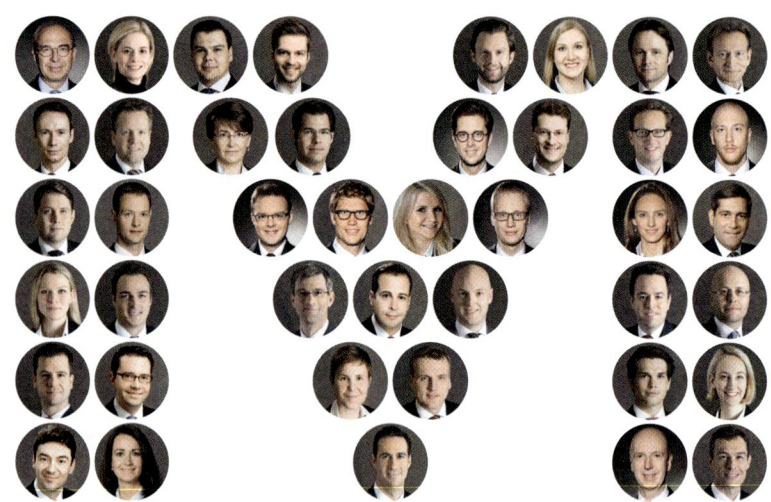

The difference isn't in the law.
The difference is in our people.

Milbank ist eine der führenden international tätigen Wirtschaftskanzleien mit mehr als 600 Anwälten weltweit. Mit zwölf Standorten in Europa, den USA, Lateinamerika und Asien sind wir an den wichtigsten Finanz- und Wirtschaftszentren der Welt präsent.

Unsere Leistungen stehen seit fast 150 Jahren für Mandantenorientierung, wirtschaftliches Verständnis, herausragendes juristisches Fachwissen und kreative Lösungsansätze.

In Deutschland berät ein Team von über 40 hoch spezialisierten Rechtsanwälten die Schwerpunkte:

- Gesellschaftsrecht/M&A
- Private Equity
- Bank- und Finanzrecht
- Steuerrecht
- Kartellrecht
- Restrukturierung

München
Dr. Rolf Füger
rfueger@milbank.com

Frankfurt
Dr. Thomas Ingenhoven
tingenhoven@milbank.com

Mit integrierter, grenzüberschreitender Zusammenarbeit und exzellenter Betreuung begleiten wir unsere Mandanten bei strategisch bedeutsamen Entscheidungen und entwickeln maßgeschneiderte Konzepte, die langfristigen Mehrwert schaffen.

© 2015 Milbank, Tweed, Hadley & McCloy LLP · milbank.com

Beijing · Frankfurt · Hongkong · London · Los Angeles · München · New York · São Paulo · Seoul · Singapur · Tokio · Washington, DC

Jürgen R. Müller
Rechtsanwälte Partnerschaft mbB

Wenn die Steuerfahndung zweimal klingelt ...

Die Kanzlei Jürgen R. Müller & Partner agiert als Spezialkanzlei in den Bereichen Steuerrecht, Steuerstrafrecht und Wirtschaftsstrafrecht.

Die Anwälte der Kanzlei verfügen über eine ausgewiesene Expertise an der Schnittstelle Steuerrecht und Steuerstrafrecht. Sie beraten in Fragen zu Selbstanzeigen und zur Tax-Compliance, um die steuerstrafrechtliche Verantwortung von der Unternehmensleitung abzuwenden.

Die Anwälte der Kanzlei vertreten bei Verletzung der Aufsichtspflicht die Interessen von Unternehmen und verteidigen die Unternehmensleitung gegen den Vorwurf von Wirtschaftsstraftaten.

www.jrm-legal.de

Steuerrecht

Steuerstrafrecht

Wirtschaftsstrafrecht

Tax-Compliance

Selbstanzeige

Kanzlei Frankfurt a.M.
Waidmannstraße 45
60596 Frankfurt a.M.
Tel.: +49 69 69 59 71 988

Kanzlei Mainz
Fischergasse 5
55116 Mainz
Tel.: +49 6131 69 60 99 0

Unsere Erfahrung

Mehr als 20 Jahre sind wir bereits erfolgreich für private Kapitalanleger und institutionelle Investoren tätig – auf nationaler und internationaler Ebene. Damit gehört Nieding + Barth zu den führenden Kanzleien in der Vertretung von Anlegerinteressen.

Unsere Expertise

→ Anlegerschutz und Kapitalanlagerecht
→ Hauptversammlungsberatung
→ Mergers & Aquisitions, Private Equity und Corporate Governance, Versicherungs-und Arbeitsrecht sowie Gewerblicher Rechtsschutz

Unser Anspruch

→ Wir setzen die Rechte geschädigter Investoren erfolgreich durch.
→ Wir sorgen dafür, dass Anleger im Streitfall über das gleiche anwaltliche Know-how verfügen wie die Gegenseite.

Aktueller Schwerpunkt:
„Vertretung von Anlegerinteressen in Insolvenzfällen"

Die Meinung der Medien:

Laut HANDELSBLATT ist Klaus Nieding „einer der renommiertesten deutschen Anlegerschutzanwälte" (HANDELSBLATT, 09.02.2011). Für die Frankfurter Allgemeine Sonntagszeitung ist er „der bekannteste Anlegeranwalt der Republik" (F.A.S. vom 27.04.2014).

In prominenten Insolvenzfällen vertritt Rechtsanwalt Klaus Nieding die Interessen von Anleihegläubigern als Gemeinsamer Vertreter sowie in den Gläubigerausschüssen. Zu nennen sind hier beispielsweise die Solar Millennium AG, die Gold-Zack AG, die Gontard&Metall Bank AG, die WGF Westfälische Grundbesitz und Finanzverwaltung AG, die Windreich GmbH, getgoods oder die PROKON Regenerative Energien GmbH.

Insgesamt vertritt die Kanzlei die Interessen von Anleihegläubigern in einem Gesamtvolumen von über 500 Millionen Euro.

Nieding + Barth
Rechtsanwaltsaktiengesellschaft
An der Dammheide 10
60486 Frankfurt

T +49 - 69 - 23 85 38 - 0
F +49 - 69 - 23 85 38 - 10
recht@niedingbarth.de
www.niedingbarth.de

ANZEIGE / KANZLEIPROFIL

NIERING STOCK TÖMP
INSOLVENZVERWALTUNGEN

Aachen
Bochum
Bonn
Dortmund
Düsseldorf
Essen
Köln
Krefeld
Wuppertal

info@nst-inso.com
www.nst-inso.com

Sanieren statt liquidieren...

...ist das Leitmotiv unserer täglichen Arbeit nicht nur in der vorinsolvenzlichen Sanierungsberatung, sondern auch in den von uns betreuten Insolvenzverfahren.

Mehr als 70 hoch qualifizierte Mitarbeiter stehen in ihrer täglichen Arbeit für Qualität, Unabhängigkeit und Transparenz. Dies gilt nicht nur für die von uns betreuten Konzerninsolvenzen, sondern für jedes von uns betreute Mandat und Insolvenzverfahren.

Nölle & Stoevesandt

Kompetent.
Zuverlässig.
Erfolgsorientiert.

Unser Ziel ist die qualifizierte und effektive Beratung unserer Mandanten im Rahmen einer vertrauensvollen Zusammenarbeit.

Durch unsere Erfahrungen und Zugehörigkeit zur FIDES-Gruppe können wir für all Ihre Probleme schnell und zuverlässig Lösungen aufzeigen. Der persönliche Kontakt und die persönliche Betreuung liegen uns dabei besonders am Herzen. So können wir gewährleisten, dass Ihre Interessen und Vorstellungen umgesetzt werden. Unsere Schwerpunkte liegen im privaten und öffentlichen Wirtschaftsrecht. Für nähere Erläuterungen zu diesen Themen stehen wir Ihnen gerne persönlich zur Verfügung.

Schwerpunkte im Einzelnen:
- Handels- & Wirtschaftsrecht
- Gesellschaftsrecht
- Unternehmenstransaktionen
- Erneuerbare Energien
- Corporate Finance
- Öffentliches Wirtschaftsrecht
- Unternehmensnachfolge
- Stiftungs- und Gemeinnützigkeitsrecht

Rechtsanwälte
Partnerschaftsgesellschaft

Dr. Jens-Uwe Nölle
Rechtsanwalt
Fachanwalt für Steuerrecht

Dr. Martin Stoevesandt LL.M.
Rechtsanwalt
Attorney at Law (New York)

Birkenstraße 37
28195 Bremen
Tel. +49 421 3013 165
Fax +49 421 3013 166
info@noelle-stoevesandt.de
www.noelle-stoevesandt.de

GENAU MEIN FALL

Auf allen Feldern gut aufgestellt.

Wir bieten Ihnen Rechtsberatung und Rechtsvertretung in allen wesentlichen Rechtsgebieten sowie ergänzend Steuerberatung. Mit Weitblick, Wissen und Können unterstützen wir unsere Mandanten in der Gewissheit, dass vorausschauendes Handeln immer ein guter Zug ist. Dies gilt sowohl für die Zusammenarbeit mit privaten Unternehmen als auch für die Beratung und Vertretung der öffentlichen Hand.

Für effiziente und zielführende Lösungen.

Nonnenmacher
Rechtsanwälte & Steuerberater
in Kooperation

Nonnenmacher Rechtsanwälte
Partnerschaft mbB
Wendtstraße 17 · 76185 Karlsruhe
Telefon 07 21 / 98 522 - 0
www.nonnenmacher.de

KANZLEIPROFIL / ANZEIGE

ANZEIGE / KANZLEIPROFIL

NORTON ROSE FULBRIGHT

Anwälte weltweit	**Europa**		**USA**		**Kanada**	**Latein-amerika**
3800+	Amsterdam	Mailand	Austin	New York	Calgary	Bogotá
	Athen	Moskau	Dallas	Pittsburgh-Southpointe	Montréal	Caracas
	Brüssel	München	Denver		Ottawa	Rio de Janeiro
Anwälte in Deutschland	Frankfurt	Paris	Houston	San Antonio	Québec	
150+	Hamburg	Piräus	Los Angeles	St. Louis	Toronto	
	London	Warschau	Minneapolis	Washington, D.C.		

Unsere Branchenschwerpunkte	**Asien**	**Australien**	**Afrika**		**Naher Osten**	**Zentral-asien**
Financial Institutions	Bangkok	Brisbane	Bujumbura[3]	Durban	Abu Dhabi	Almaty
Energy	Peking	Melbourne	Kapstadt	Harare[3]	Bahrain	
Infrastructure, Mining and Commodities	Hongkong	Perth	Casablanca	Johannesburg	Dubai	
Transport	Jakarta[1]	Sydney	Daressalaam	Kampala[3]	Riad[2]	
Technology and Innovation	Shanghai					
Life Sciences and Healthcare	Singapur					
	Tokio					

1 Susandarini & Partners in Zusammenarbeit mit Norton Rose Fulbright Australia
2 Mohammed Al-Ghamdi Law Firm in Zusammenarbeit mit Norton Rose Fulbright US LLP
3 Allianzen

KANZLEIPROFIL / ANZEIGE

Wir beraten im Wirtschaftsrecht – spezialisiert und persönlich.

Wer häufiger shoppen geht, sollte einen guten Einkaufsberater an seiner Seite haben.

M & A ist eine unserer Kernkompetenzen.
Über unsere weiteren Kompetenzen erfahren Sie mehr
auf unserer Website oppenlaender.de.

Börsenplatz 1   70174 Stuttgart   T 0711 / 601 87-230   F 0711 / 601 87-222

OPPENLÄNDER
RECHTSANWÄLTE

ORTH · KLUTH
RECHTSANWÄLTE

Effizient. Praxisnah. Wirtschaftlich.

■ Effizient.
„...die im Kern mittelständische Sozietät (...) hat in für die Kanzlei zentralen Bereichen schon die nächste Stufe gezündet. (...) Ihr stetiges Wachstum und die Aufmerksamkeit, die Orth Kluth bei großen Konzernmandanten genießt, sind bemerkenswert."
(Juve Handbuch 2014/2015)

■ Praxisnah.
„...Die (...) häufig empfohlene Kanzlei ist bei ihren Mandanten besonders für ihre praxisnahe und qualitätsvolle Beratungsleistung anerkannt."
(Juve Handbuch 2014/2015)

■ Wirtschaftlich.
„...Stärken: Breit angelegte Beratung zu von Mandanten oft positiv hervorgehobenem Preis-Leistungs-Verhältnis..."
„...Ihr stetiges Wachstum und die Aufmerksamkeit, die Orth Kluth bei großen Konzernmandanten genießt, sind bemerkenswert. Beides gelingt der Kanzlei über ihre starken Fachbereiche und die konsequent verfolgte Strategie, hochwertige Beratung zu günstigen Preisen anzubieten."
(Juve Handbuch 2014/2015)

Umfassende Betreuung mittelständischer Unternehmen und internationaler Konzerne im In- und Ausland in allen relevanten Bereichen des deutschen Wirtschaftsrechts.

Langjährige Expertise als ausgelagerte oder ergänzende Rechtsabteilung von Wirtschaftsunternehmen.

Lösungsorientierter, praxisnaher und integrierter Beratungsansatz.

Höchste Ansprüche an juristische Qualität, Schnelligkeit und Effizienz.

Attraktive Preisgestaltung.

Kaistraße 6
40221 Düsseldorf
Tel.: +49 (0)211 60035 0
Fax.: +49 (0)211 60035 150

www.orthkluth.com

Friedrichstraße 186
10117 Berlin
Tel.: +49 (0)30 2060970 0
Fax.: +49 (0)30 2060970 29

info@orthkluth.com

KANZLEIPROFIL / ANZEIGE

Unser Branchenwissen
ist Ihr Mehrwert.

Transport & Automotive

Digital Business

Retail

Energy & Utilities

Real Estate

Life Science & Healthcare

Financial Services

Unsere Mandanten profitieren von unserer innovativen Denkweise, die juristische Expertise und internationale Erfahrung mit dem einmaligen Branchenwissen aus ausgewählten Sektoren verbindet. Das Ergebnis kann sich an den höchsten Standards im Markt messen lassen und hat nur eines zum Ziel: Ihre Erwartungen zu übertreffen.

Rund 125 Berater in Berlin, Hamburg, Köln und München und über 500 weitere weltweit kennen das Geschäft und die Märkte unserer Mandanten und lösen effizient ihre Probleme in allen relevanten Bereichen des Wirtschafts- und Steuerrechts.

Doch wir leisten weitaus mehr: Wir generieren wirtschaftlichen Mehrwert durch unsere innovative Denkweise, die juristische Expertise und internationale Erfahrung mit dem einmaligen Branchenwissen in ausgewählten Sektoren verbindet. Das macht uns seit mehr als 270 Jahren so erfolgreich.

osborneclarke.com

ANZEIGE / KANZLEIPROFIL

Als hochspezialisierte Sozietät in Frankfurt am Main beraten wir unsere Mandanten bei Unternehmenstransaktionen und im Bank- und Kapitalmarktrecht.

M&A / Private Equity

Wir bieten die vollständige Transaktionsberatung aus einer Hand:

- Steuerrechtliche und rechtliche Transaktionsstrukturierung
- Due Diligence
- Vertragsdokumentation
- Akquisitionsfinanzierung
- Managementbeteiligung
- Restrukturierung der Fremdfinanzierung in Krisensituationen

Dr. Hans-Jochen Otto
hans-jochen.otto@ottomittagfontane.com

Bank- und Kapitalmarktrecht

Wir verbinden Produkt-Know-How mit rechtlicher Expertise für Banken und Finanzdienstleister:

- Fonds und Hedge Fonds
- Wertpapieremissionen (Anleihen, Zertifikate, Optionsscheine)
- Schuldscheindarlehen
- Finanztermingeschäfte
- Aufsichtsrecht, Compliance
- Börsenrecht
- Beratungshaftung

Dr. Jochen Mittag
jochen.mittag@ottomittagfontane.com

Otto Mittag Fontane Partnerschaftsgesellschaft mbB – Rechtsanwälte / Steuerberater
MesseTurm | Friedrich-Ebert-Anlage 49 · 60308 Frankfurt am Main
Telefon: +49/69/450013-500 · www.ottomittagfontane.com

KANZLEIPROFIL / ANZEIGE

P+P Pöllath + Partners ist eine international tätige Wirtschafts- und Steuerkanzlei mit mehr als 100 Anwälten und Steuerberatern an den Standorten Berlin, Frankfurt und München.

Die Sozietät konzentriert sich auf High-End Transaktions- und Vermögensberatung. P+P-Partner begleiten regelmäßig M&A-, Private-Equity- und Immobilientransaktionen aller Größen. P+P hat sich darüber hinaus eine führende Marktposition bei der Strukturierung von Private-Equity- und Real-Estate-Fonds sowie in der steuerlichen Beratung erarbeitet und genießt einen hervorragenden Ruf im Gesellschafts- und Kapitalmarktrecht sowie in der Vermögens- und Nachfolgeplanung für Familienunternehmen und vermögende Privatpersonen. P+P-Partner sind als Mitglieder in Aufsichts- und Beiräten bekannter Unternehmen tätig und sind regelmäßig in nationalen und internationalen Rankings als führende Experten in ihren jeweiligen Fachgebieten gelistet. P+P ist völlig unabhängig und arbeitet mit fachlich führenden Kollegen befreundeter Sozietäten in Deutschland und anderen Jurisdiktionen, sowie mit Beratern, Banken und vielen weiteren Geschäftspartnern zusammen.

Weitere Informationen auch zu P+P's Pro-Bono-Arbeit und den P+P-Stiftungen auf unserer Website: **www.pplaw.com**

STANDORTE

P+P Berlin
Potsdamer Platz 5 . 10785 Berlin
Tel: +49 (30) 25353 - 0
Fax: +49 (30) 25353 - 999
ber@pplaw.com

P+P Frankfurt
Zeil 127 . 60313 Frankfurt / Main
Tel: +49 (69) 247047 - 0
Fax: +49 (69) 247047 - 30
fra@pplaw.com

P+P München
Hofstatt 1 . 80331 München
Tel: +49 (89) 24240 - 0
Fax: +49 (89) 24240 - 999
muc@pplaw.com

P+P bietet fundierte, kreative und innovative Expertise sowie unabhängige rechtliche und steuerliche Beratung in folgenden Arbeitsbereichen:

■ Mergers & Acquisitions
Unternehmenskauf, Strukturierung, Private Equity, Venture Capital, Distressed M&A, Schiedsverfahren

■ Gesellschafts- und Kapitalmarktrecht
Gesellschafts-, Gesellschafter- und Organhandeln, Corporate Litigation und Compliance

■ Nachfolge und Vermögen
Erb- und steuerrechtliche Beratung von Familienunternehmern und vermögenden Privatpersonen, Stiftungen und Trusts sowie Family Offices

■ Private Funds
Errichtung, Strukturierung, Manager- und Investorenberatung, Aufsichtsrecht, AIFM-Richtlinie/KAGB-Beratung, Sekundärtransaktionen

■ Immobilien
Transaktionen, Projektentwicklung, Finanzierung, Joint Venture, Restrukturierung

■ Steuerstrukturierung und -gestaltung
M&A- und PE-Tax, Internationales Steuerrecht, Strukturierung und Besteuerung von Investmentfonds, Unternehmens- und Immobiliensteuerrecht, Steuerstreitverfahren

PROFIL

Expertise
P+P-Anwälte widmen sich bewusst nur ausgewählten Rechtsbereichen und zählen deshalb zu den führenden Beratern ihres jeweiligen Spezialgebiets. Viele unserer Anwälte und Steuerberater sind an der Spitze nationaler und internationaler Erhebungen vertreten. Wir beraten unsere Mandanten, die stets an erster Stelle stehen, bringen uns aber auch als Zweitgutachter oder als Berater für andere Sozietäten und Kollegen ein. Unsere Anwälte publizieren umfassend in ihren Fachgebieten, sie unterrichten in unternehmerischen ebenso wie in Fachkreisen, sind in der Aus- und Weiterbildung junger Kollegen tätig und engagieren sich in der universitären Lehre.

Position beziehen
P+P formuliert und bezieht Positionen, anstatt lange Memos zu verfassen und dem Mandanten die eigentliche Arbeit zu überlassen. Wir vertreten einen eindeutigen Standpunkt, wie eine Entscheidung aus juristischer oder steuerlicher Sicht aussehen sollte, ohne dem Mandanten diese Entscheidung abzunehmen. In unseren Kernbereichen kennen wir die rechtlichen und steuerrechtlichen Entwicklungen im Detail, sodass wir unter Berücksichtigung der jüngsten gesetzlichen Neuerungen für die hochkomplexen und vielschichtigen Sachverhalte unserer Mandanten die jeweils bestmögliche Vorgehensweise beschreiben können.

Unabhängigkeit
P+P ist eine unabhängige deutsche Kanzlei. Sie ist nicht Teil einer anderen Firma und auch nicht Mitglied eines nationalen oder internationalen Netzwerks. Wir arbeiten mandatsbezogen mit führenden Experten anderer Fachgebiete und anderer Sozietäten zusammen. Diese Kollegen, denen wir oft freundschaftlich verbunden sind, gehören ebenfalls zu den Besten ihrer jeweiligen Arbeitsgebiete. Da wir niemandem verantwortlich sind, außer unseren Mandanten und unserem Gewissen, sind wir frei in unseren Entscheidungen und frei in unserem Urteil.

Umfassender Service
P+P bietet nur in ausgewählten Disziplinen Beratung an, auf diesen Gebieten jedoch umfassend. Unser Full-Service beinhaltet u. a. die telefonische Erreichbarkeit unserer Standorte rund um die Uhr (24 Stunden am Tag, 7 Tage die Woche), Unterstützung in allen Belangen bei der Organisation eines Family Office, das Erledigen der Buchhaltung oder die Überwachung des Fristenkalenders. Bei Bedarf agieren wir in Transaktionen auch als „one-stop-shop", indem wir die Zusammenarbeit mit führenden Topspezialisten aller Rechtsgebiete sicherstellen, in denen wir selbst keine Beratung anbieten.

Interdisziplinär seit über 35 Jahren

DIE KANZLEI

Peters, Schönberger & Partner zählt mit einer über 35-jährigen, erfolgreichen Unternehmenshistorie zu den renommiertesten mittelständischen Kanzleien. Unser interdisziplinärer Beratungsansatz vereinigt die Bereiche **Rechtsberatung, Wirtschaftsprüfung, Steuerberatung** und **Family Office.** Für den Anspruch mandantenorientierter Dienstleistungen stehen wir mit unserem hoch qualifizierten Team unterschiedlicher Fachrichtungen.

BERATUNGSSCHWERPUNKTE

Neben den klassischen Feldern des **Gesellschaftsrechts**, der gestaltenden **Steuerberatung** und der **Jahresabschlussprüfung** verfügt PSP über eine ausgewiesene Expertise innerhalb spezieller Beratungsschwerpunkte.

Wir beraten:
- **Mittelständische Unternehmen**
- **Familienunternehmen**
- **Private Clients**
- **Private Equity-Gesellschaften**

PSP MÜNCHEN

PETERS, SCHÖNBERGER & PARTNER MBB

RECHTSANWÄLTE
WIRTSCHAFTSPRÜFER
STEUERBERATER

Schackstraße 2, 80539 München
Tel.: +49 89 38172-0
psp@psp.eu, www.psp.eu

ANZEIGE / KANZLEIPROFIL

RECHT BEWEGT

PETERSEN HARDRAHT
Rechtsanwälte Steuerberater

HANDELS- UND GESELLSCHAFTSRECHT   TRANSAKTIONEN UND RESTRUKTURIERUNG
ARBEITSRECHT   BAU- UND ARCHITEKTENRECHT   IMMOBILIENRECHT   IT-RECHT
STEUERRECHT   RECHT DER ÖFFENTLICHEN INFRASTRUKTUR UND KOMMUNALRECHT
ÖFFENTLICHES WIRTSCHAFTSRECHT   UMWELTRECHT UND ÖFFENTLICHES BAURECHT
VERGABE- UND BEIHILFENRECHT   ENERGIEWIRTSCHAFTSRECHT   FINANZIERUNG
GEWERBLICHER RECHTSSCHUTZ UND WETTBEWERBSRECHT   BANKRECHT
KREDIT- UND KAPITALMARKTINVESTMENTRECHT   SCHIEDSVERFAHRENSRECHT

www.petersenhardraht.de   LEIPZIG   DRESDEN   CHEMNITZ

Connectivity is the key

Die rasante technologische Entwicklung verändert Märkte und Branchen massiv. Chancen zu sichern heißt für Unternehmen heute, in enger Taktung den Sprung ins Unbekannte zu wagen. Um die Risiken dabei zu minimieren, kommt es vor allem auf eins an: rechtliche Begleitung, die sach- und fachlich kompetent, mit langjähriger Erfahrung und großer Umsicht zum gewünschten Ziel führt.

Wer in Hightech-Produktion, Technologieservices, Energie-, Finanz- oder Infrastruktur-Dienstleistung Herausragendes erreichen will, findet in Pinsent Masons eine hervorragende Verbindung, speziell bei: Corporate and M&A, IT/IP & Outsourcing, HR & Employment, Litigation & Compliance, Competition, Real Estate & Property, Banking & Finance, Infrastructure & Energy Projects sowie Tax.

Der enge Kontakt zu unseren Mandanten und ihren Branchen lässt uns erfolgreiche Kanzleigeschichte schreiben. Seit fast 250 Jahren in aller Welt – und seit 2012 auch in Deutschland.

Pinsent Masons Germany LLP
Ottostraße 21, 80333 München
T: +49 89 203043 500
E: kontakt@pinsentmasons.com

www.pinsentmasons.de
© Pinsent Masons LLP 2015

PREU BOHLIG & PARTNER

Exzellente Lösungen

An unseren vier Standorten mit einer hervorragenden Vernetzung mit Kanzleien im Ausland bieten wir seit mehr als 50 Jahren exzellente Lösungen auf folgenden Gebieten:

Gewerblicher Rechtsschutz - IP

Gesellschafts- und Steuerrecht

Pharmarecht

Presse- und Medienrecht

Prozessführung

Steuerberatung / Wirtschaftsprüfung

Preu Bohlig & Partner gehört sowohl im Gewerblichen Rechtsschutz als auch im Pharmarecht zu den führenden Kanzleien in Deutschland.

Mit unserem Team von Rechtsanwälten im Gewerblichen Rechtsschutz zählen wir zu den bundesweit größten IP-Praxen im Bereich der Verletzungsverfahren.

www.preubohlig.de

Berlin
Grolmanstraße 36
10623 Berlin
Tel +49 (0)30 226922-0
Fax +49 (0)30 226922-22
berlin@preubohlig.de

Düsseldorf
Georg-Glock-Straße 14
40474 Duesseldorf
Tel +49 (0)211 513536-0
Fax +49 (0)211 513536-22
duesseldorf@preubohlig.de

Hamburg
Tesdorpfstraße 8
20148 Hamburg
Tel +49 (0)40 414299-0
Fax +49 (0)40 414299-22
hamburg@preubohlig.de

München
Leopoldstraße 11a
80802 München
Tel +49 (0)89 383870-0
Fax +49 (0)89 383870-22
muenchen@preubohlig.de

JUVE AWARDS 2013
Kanzlei des Jahres für Patentrecht

azur 100 Top-Arbeitgeber
Top-Arbeitgeber im Marken- und Wettbewerbsrecht
2014

Die Münchener Anwaltssozietät Prüfer und Partner ist Ihr Spezialist für umfassenden effektiven gewerblichen Rechtsschutz in Deutschland und weltweit.

Wir übernehmen für Sie die Anmeldung, Verfolgung und Durchsetzung von Patenten, Marken und allen gewerblichen Schutzrechten.

Als weitere IP Beratung bieten wir:
· Due Diligence
· Vertragsgestaltungen und Verhandlungen
· Gutachten
· Lizensierung
· Verwaltung und Aufrechterhaltung von Schutzrechten
· Strategieberatung
· Recherchen

INTELLECTUAL PROPERTY LAW FIRM

WWW.PRUEFER.EU

QUEDENFELD
Rechtsanwälte | Fachanwälte

Unternehmensstrafrecht
Im Unternehmensstrafrecht umfasst unsere Tätigkeit insbesondere:

- vorbeugende Beratung zur Verhinderung von Straftaten
- vorbereitende Beratung bei zu erwartenden Straf- und Ordnungswidrigkeitenverfahren
- Internal Investigation im Unternehmen
- Zeugenbeistand für Organe und Mitarbeiter des Unternehmens

QUEDENFELD Rechtsanwälte ist eine im Strafrecht spezialisierte Anwaltssozietät im Herzen Stuttgarts. Wir beraten, vertreten und verteidigen Individualpersonen ebenso wie Unternehmen.

Über das Strafverfahren hinaus vertreten wir Individualpersonen auch im Zusammenhang mit sog. Nebenfolgen, wie arbeits-, gesellschafts- und sonstigen zivilrechtlichen Folgeverfahren sowie bei steuerlichen, verwaltungs-, berufs- und disziplinarrechtlichen Konsequenzen.

- die Verteidigung bei Verfallsverfahren und drohenden Verbandsgeldbußen
- die Beratung, welche über das Strafverfahren hinaus geht
- die Nebenklagevertretung, insbesondere im Wettbewerbsstrafrecht
- **Gesamtübersicht: www.quedenfeld.de**

Individualstrafrecht
Individualpersonen betreuen wir umfassend in allen Abschnitten eines Strafverfahrens

ANSCHRIFT
QUEDENFELD Rechtsanwälte PartG mbB
Kronprinzstraße 30
70173 Stuttgart

KOMMUNIKATION
Tel. +49.711.229314 - 0
Fax.+49.711.229314-10

info@quedenfeld.de
www.quedenfeld.de

KANZLEIPROFIL / ANZEIGE

Think Bold.
That's what we do.

quinn emanuel litigation only

Quinn Emanuel ist die weltweit größte Kanzlei, die sich nur auf streitige Auseinandersetzungen konzentriert.

www.quinnemanuel.com

quinn emanuel urquhart & sullivan, llp

Hamburg / Brüssel:
Dr. Nadine Herrmann
+49 40 89728 7000
+32 2 416 5000
nadineherrmann@quinnemanuel.com

Mannheim:
Dr. Johannes Bukow
+49 621 43298 6000
johannesbukow@quinnemanuel.com

München:
Dr. Marcus Grosch
+49 89 20608 3000
marcusgrosch@quinnemanuel.com

RAPP WOLFF RECHTSANWÄLTE

HEIDELBERG
FRANKFURT
LEONBERG
BERLIN
DRESDEN
LEIPZIG
CHEMNITZ

Sanierung | Restrukturierung | Schutzschirmverfahren
Insolvenzrecht | Insolvenzplan | Insolvenzverwaltung
Human Resources | Arbeitsrecht
Dispute Resolution | Sportrecht

Vereinigen statt prozessieren.

RAPP WOLFF versteht sich als unternehmerische und hoch spezialisierte Sozietät für sensibles Krisenmanagement, Restrukturierung, Sanierung und Insolvenzverwaltung. Aber auch in der wirtschaftsrechtlichen Beratung und bei der Lösung von Konflikten vertrauen zahlreiche Auftraggeber auf die Fachkompetenz von RAPP WOLFF.

RAPP WOLFF RECHTSANWÄLTE · Friedrich-Ebert-Anlage 24 · 69117 Heidelberg
Tel. 06221 9737-0 · Fax 06221 9737-97 · Mail rawoko@rappwolff.de · www.rappwolff.de
ISO 9001:2008 zertifiziert

KANZLEIPROFIL / ANZEIGE

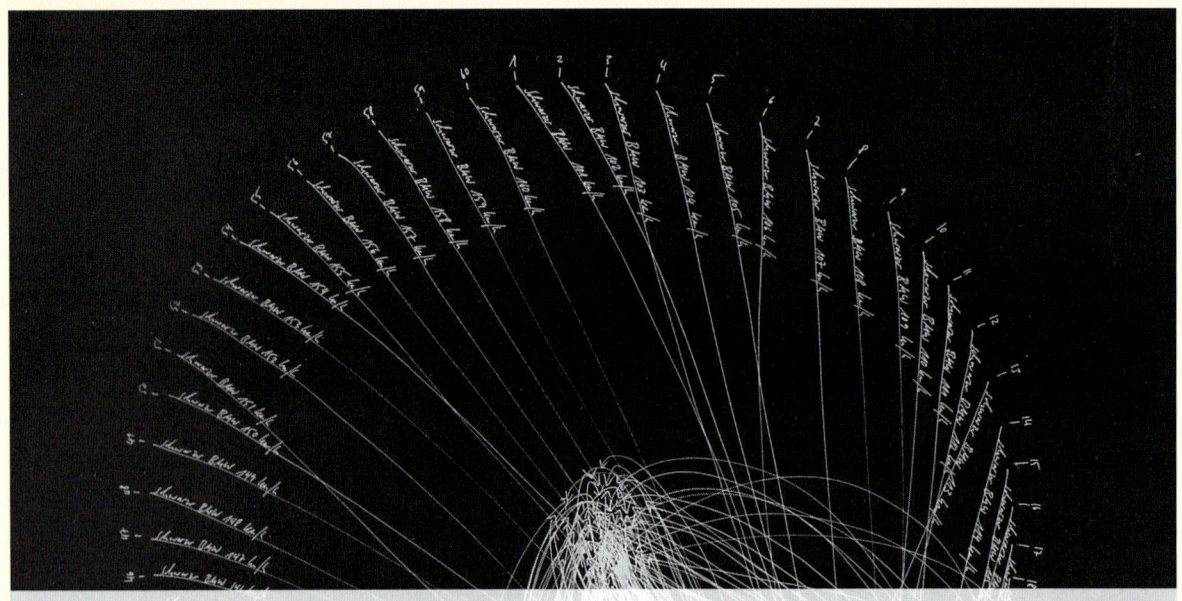

Gestalten. Mit uns.

Raue LLP ist eine unabhängige, international tätige Wirtschaftskanzlei mit Sitz in Berlin. Über 60 Rechtsanwälte beraten Unternehmen und öffentliche Körperschaften umfassend bei Investitionsvorhaben, Transaktionen, in regulatorischen Fragen und bei streitigen Auseinandersetzungen.

Unsere Praxis ist besonders auf Branchen fokussiert, die wir seit langem intensiv begleiten: Energie und Rohstoffe, Gesundheitswesen, Infrastruktur und Transport, Immobilien, Kunst und Kultur, Medien und Internet, Private Equity/Venture Capital und Telekommunikation.

Wir verstehen die technologischen, wirtschaftlichen und regulatorischen Besonderheiten dieser Wirtschaftszweige und erarbeiten für sie innovative rechtliche Lösungen. Dies macht uns zu wertvollen Gesprächspartnern unserer Mandanten.

Raue LLP
Potsdamer Platz 1
10785 Berlin
Tel +49 (0)30 818 550-0
info@raue.com

www.raue.com

REEGRECHTSANWÄLTE
INTERNATIONAL BUSINESS LAW

Hürden. Hürden erkennen - auch, wenn man sie nicht auf den ersten Blick sieht. Hürden einschätzen - sind sie groß, klein, sind sie wert, genommen zu werden, um das Ziel zu erreichen? Und dann: Hürden überwinden, mit Konzentration, Spannkraft, Ausdauer und nicht zuletzt großer Passion für unseren Beruf. Hürden überwinden auch dann, wenn die Strecke bergauf führt. Das ist es, was wir für Sie tun - im Streitfall und zur Vermeidung von Streit. Im Wirtschaftsleben - in Deutschland und in der Welt.

REEGRECHTSANWÄLTE Partnerschaft mbB
Speicher 7, Rheinvorlandstraße 7, 68159 Mannheim
Tel. +49 621 127170 · Fax +49 621 1271717
www.reeglaw.com · office@reeglaw.com

REIMANN OSTERRIETH KÖHLER HAFT

ROKH IP.

We do IP.

Patentrecht
Marken- und Designrecht
Wettbewerbsrecht
Arbeitnehmererfinderrecht

RECHTSANWÄLTE
Dr. Thomas W. Reimann
Prof. Dr. Christian Osterrieth
Dr. Martin Köhler, D.E.S.S.
Klaus Haft, Dipl.-Phys.
Dr. Christine Kanz
Kay N. Kasper
Thomas H. Schmitz
Dr. Tobias Hahn
Dr. Mirko Weinert
Dr. Tobias J. Hessel
Dr. Stefan Richter, LL.M. (Michigan)

Dr. Sandra Stolzenburg-Wiemer
Thomas Misgaiski
Christina Tenbrock, LL.M.
Katharina Frey
Moritz Schumacher, LL.M.
Sebastian Kleiner
Eva Thörner
Florian Maas
Mathis Breuer

BERATER
Gisbert Steinacker

Steinstraße 20
40212 Düsseldorf
Tel. +49 (0)211 550 220
Fax +49 (0)211 550 22 550
contact@rokh-ip.com
www.rokh-ip.com

Zweigstelle
O 7, 16
68161 Mannheim

ANZEIGE / KANZLEIPROFIL

Wir bieten Lösungen.

Vermögens- und Unternehmensnachfolge · Erbrecht · Gesellschaftsrecht
Umwandlungsrecht · Kauf und Verkauf von Unternehmen · Nationales und
Internationales Steuerrecht · Handels- und Wirtschaftsrecht · Immobilienrecht · Internationale Rechtsbeziehungen · Prozessführung und Schiedsgerichtsverfahren

Reith Neumahr Rechtsanwälte | Notar

www.reithneumahr.de Stuttgart

KANZLEIPROFIL / ANZEIGE

178 Jahre* Wirtschaftsrecht

RELLERMEYER BRANDTS PARTNER
Rechtsanwälte PartG mbB

Rellermeyer Brandts Partner Rechtsanwälte PartG mbB
Werdener Straße 4 · 40227 Düsseldorf
Telefon 0211/72507 0 · Telefax 0211/72507 77 · info@rellermeyerpartner.de
www.rellermeyerpartner.de

*Berufsjahre unserer Anwälte

Partnerschaftlich begleiten – professionell beraten

... seit Gründung der Kanzlei im Jahre 1969 sind das die festen Bestandteile unserer Unternehmensphilosophie. Wir sind nicht nur Ihre Rechtsberater, sondern auch Ihre Partner in allen unternehmerischen Belangen. Ein Team von unterschiedlich spezialisierten Rechtsanwälten sowie zwei Notare bieten Ihnen an unseren Standorten in Frankfurt, Mannheim und München eine umfassende und kompetente Beratung in allen Bereichen des Wirtschaftsrechts einschließlich:

- Gesellschaftsrecht
- Mergers & Acquisitions
- Vermögens- und Unternehmensnachfolge
- Kapitalmarktrecht
- Arbeitsrecht
- Gewerblicher Rechtsschutz
- IT-Recht und Datenrecht
- Öffentliches Recht
- Steuerrecht

Die entschiedene Vertretung der Interessen unserer Mandanten – auch im gerichtlichen Verfahren –, unsere Branchenkenntnisse sowie der klare Blick für die wirtschaftlichen Zusammenhänge gewährleisten eine Beratung in Ihrem Interesse und im Interesse Ihres Unternehmens.

Als Mitglied von LEGALINK, einem internationalen Netzwerk renommierter Kanzleien in 48 Ländern, sowie durch die teilweise im Ausland erworbene Ausbildung unserer Anwälte können wir unseren Mandanten auch international eine qualitativ hochwertige Beratung bieten. Unsere Steuerberatungsgesellschaft komplettiert unser umfassendes Angebot.

FRANKFURT AM MAIN
Mainzer Landstraße 61
60329 Frankfurt
Telefon: 069 / 27 40 40-0
Fax: 069 / 27 40 40-250
E-Mail: ffm@rittershaus.net

MANNHEIM
Harrlachweg 4
68163 Mannheim
Telefon: 06 21 / 42 56-0
Fax: 06 21 / 42 56-250
E-Mail: ma@rittershaus.net

MÜNCHEN
Maximiliansplatz 10, Im Luitpoldblock
80333 München
Telefon: 089 / 12 14 05-0
Fax: 089 / 12 14 05-250
E-Mail: muc@rittershaus.net

www.rittershaus.net

KANZLEIPROFIL / ANZEIGE

rospatt osten pross ⁽ᴵᴾ⁾

INTELLECTUAL PROPERTY RECHTSANWÄLTE

Patentrecht
Markenrecht
Designschutz
Urheberrecht
Wettbewerbsrecht
Produktpiraterie
Kartellrecht
Produkthaftung

THE SPIRIT OF IP

seit über 60 Jahren IP
international und unabhängig
Top Rankings

Stephan von Petersdorff-Campen
Bernward Zollner Dr. iur., LL. M.
Max von Rospatt
Thomas Musmann
Henrik Timmann Dr. iur.
Eike Schaper Dr. iur., Maître en droit
Miriam Büttner
Rüdiger Pansch Dr. iur., MJur (Oxford)
Hetti Hilge LL. M.
Markus Lenßen Dr. iur., LL. M.
Simon Klopschinski Dr. iur.
André Sabellek Dr. iur., B. Sc.

of counsel / beratend
Horst von der Osten Dr. iur., M. C. L.

www.rospatt.de

D-40509 Düsseldorf
Postfach/P.O.B. 11 09 35
D-40547 Düsseldorf
Kaiser-Friedrich-Ring 56

Phone +49 211 57 72 45 0
Fax +49 211 57 72 45 55
mail@rospatt.de

D-68219 Mannheim
Besselstraße 25
Phone +49 621 84 55 37 5
Fax +49 621 84 55 37 6

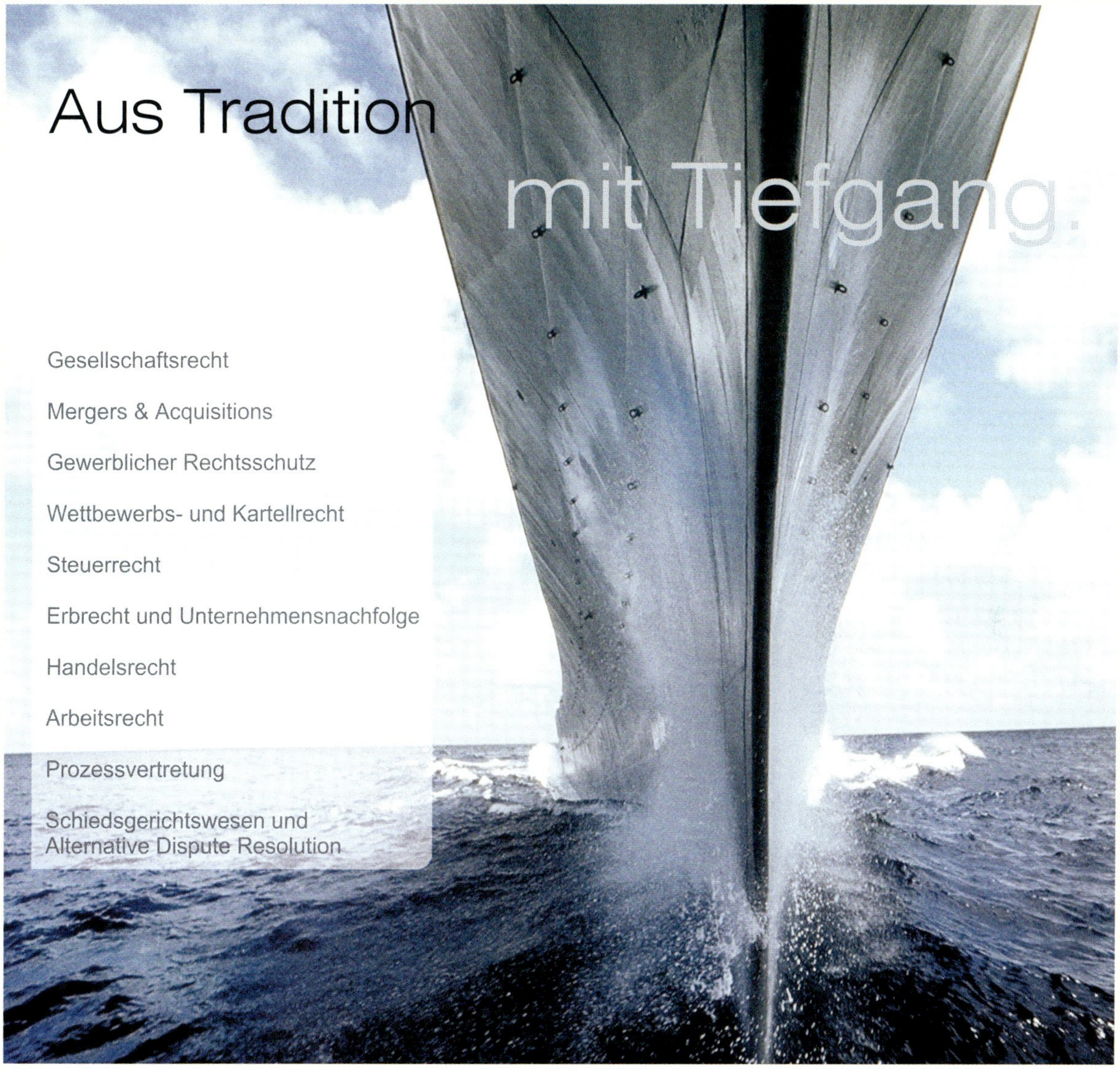

Aus Tradition mit Tiefgang.

- Gesellschaftsrecht
- Mergers & Acquisitions
- Gewerblicher Rechtsschutz
- Wettbewerbs- und Kartellrecht
- Steuerrecht
- Erbrecht und Unternehmensnachfolge
- Handelsrecht
- Arbeitsrecht
- Prozessvertretung
- Schiedsgerichtswesen und Alternative Dispute Resolution

ROWEDDER ZIMMERMANN HASS
RECHTSANWÄLTE

Augustaanlage 59
68165 Mannheim
T. +49 621 41938-0
F. +49 621 41938-80
rowedder.de

KANZLEIPROFIL / ANZEIGE

Wirtschafts- und Steuerstrafrecht
spezialisiert | international | wissenschaftlich fundiert

ROXIN ist eine der führenden Rechtsanwaltssozietäten, die sich ausschließlich auf die Gebiete des Wirtschafts- und Steuerstrafrechts spezialisiert hat. Mit eigenen Büros und unseren Partnern der ROXIN Alliance bieten wir Unternehmen und Individualpersonen Beratung in über 25 Ländern.

Für mehr Informationen scannen Sie bitte den QR-Code oder besuchen Sie uns unter www.roxin.de

ROXIN

www.roxin.de

München | Hamburg | Düsseldorf | Zürich

MEMBER OF

RUNKEL SCHNEIDER WEBER
RECHTSANWÄLTE

"…als engagierte und insolvenzrechtlich sattelfeste Verwalter an Rhein, Ruhr und Wupper bekannt." JUVE 2011/2012, 592

Gegründet am Stammsitz in Wuppertal und geprägt durch Hans-P. Runkel gehört RSW zu den größten auf Insolvenzverwaltung spezialisierten Kanzleien in Nordrhein Westfalen. An mittlerweile sieben Standorten mit insgesamt 17 Berufsträgern begleitet RSW sämtliche Fragestellungen des Wirtschaftsrechts.

Durch die hohe fachliche Qualität und die Bekanntheit der weiteren RSW Kollegen um Seniorpartner Norbert Weber konnte der Tätigkeitsbereich in den vergangenen Jahren über die Insolvenzverwaltung hinaus stark ausgebaut werden. Hierzu gehört in besonderer Weise die Beratung von Unternehmen in der Krise.

Je früher, desto besser, lautet die Devise von RSW für eine erfolgreiche Restrukturierung ohne Insolvenz oder die professionelle Vorbereitung oder Begleitung einer Sanierung aus der Insolvenz. Das für Sanierungslösungen erforderliche unternehmerische Denken ist durch Erfahrungen aus

- Insolvenzverwaltungen und
- Eigenverwaltungen

nicht nur gewährleistet, sondern über Jahre gezielt aufgebaut und in zahlreichen Restrukturierungsszenarien in die Praxis erfolgreich umgesetzt worden. Die Begleitung zahlreicher Eigenverwaltungsverfahren seit Inkrafttreten des reformierten Insolvenzrechts (ESUG) – sowohl in der Rolle als Sanierungsberater als auch als (vorläufiger) Sachwalter – bestätigen den durch diese Erfahrungen vermittelten Wettbewerbsvorteil.

Das in der Sanierungsberatung erforderliche Wissen wird durch fünf Fachanwälte für Insolvenzrecht sichergestellt. Integrativer Bestandteil ist die professionelle Begleitung durch weitere Fachanwälte,

- vor allem im (Insolvenz-) Arbeitsrecht,
- Handels- und Gesellschaftsrecht und
- im Miet-, Steuer-, Erb- sowie Bank- und Kapitalmarktrecht.

Internationale Bezüge und betriebswirtschaftliche Fragestellungen werden entweder selbst oder mit Netzwerkpartnern aus einer Hand verantwortet.

www.rsw-anwaelte.de

Rechtsanwälte Runkel Schneider Weber
Friedrich-Ebert-Str. 146
42117 Wuppertal

Telefon: (+49) -202-30 20 71
Telefax: (+49) -202-31 47 08
e-mail: wuppertal@rsw-anwaelte.de

WUPPERTAL | SOLINGEN | REMSCHEID | DÜSSELDORF | KÖLN | HERNE | BONN

SCHALAST & PARTNER

„Wir stehen für konsequente Praxisorientierung auf höchstem Niveau, Effizienz und Kreativität, ein hervorragendes Netzwerk sowie Verständnis für wirtschaftliche Ziele.

Unsere Mandanten schätzen an uns die persönliche Betreuung, Einsatzbereitschaft, Flexibilität sowie Transparenz hinsichtlich Aufwand und Kosten."

Schalast & Partner
Rechtsanwälte · Notare

Mendelssohnstraße 75–77
60325 Frankfurt am Main
Tel. +49 69 9758310
Fax +49 69 97583120
frankfurt@schalast.com

Dorotheenstraße 54
10117 Berlin
Tel. +49 30 32538068
Fax +49 30 32538067
berlin@schalast.com

www.schalast.com
www.multilaw.com

„Vertriebsrecht und Perspektiven"

Als wirtschaftsberatende Boutique sind wir seit 60 Jahren eine der führenden Kanzleien im Vertriebsrecht mit Sitz im Herzen Düsseldorfs.

Wir betreuen Vertriebsnetze und Vertriebssysteme, u.a. für die Automobilindustrie, Elektronikkonzerne, Anbieter von Baumaschinen, Immobilien, Kommunikations-, Druck- und Dokumentenmanagementsystemen und Touristikprodukten. Im JUVE Handbuch Wirtschaftskanzleien 2004/2005 sind wir dafür in der Kategorie Vertriebssysteme als Kanzlei des Jahres 2004/2005 ausgezeichnet worden.

Wir erarbeiten nicht nur die vertraglichen Grundlagen für sämtliche möglichen Vertriebsformen und gestalten die rechtlichen Grundlagen für deren Weiterentwicklung bis hin zum Internetvertrieb unter Einbeziehung der Bereiche Handels- und Gesellschaftsrecht, Gewerblicher Rechtsschutz, Kartellrecht, Risikomanagement gegenüber krisenbelasteten Dritten, Insolvenzrecht und Restrukturierung, IT-Recht und insbesondere Datenschutz, sondern setzen die sich daraus ergebenden Ansprüche unserer Mandanten auch in der tagtäglichen Praxis um.

Qualität, Kompetenz und Erfahrung

SCHINDLER Rechtsanwälte
Königsallee 40 D-40212 Düsseldorf
Fon +49 (0)211/864 66-0 Fax +49 (0)211/864 66-32
Mail: info@rae-schindler.de Web: www.rae-schindler.de

ANZEIGE / KANZLEIPROFIL

Schlatter
Rechtsanwälte | Steuerberater | Fachanwälte

STRATEGIE
VERTRAUEN
KOMPETENZ
ERFAHRUNG

www.kanzlei-schlatter.de

Heidelberg | Kurfürsten-Anlage 59 | 69115 Heidelberg | Telefon +49.6221.9812-0
Mannheim | Seckenheimer Landstr. 4 | 68163 Mannheim | Telefon +49.621.4608474-0

Wege erkennen

SCHLÜTER GRAF

RECHTSANWÄLTE · NOTARE · LEGAL CONSULTANTS

Dortmund Königswall 26
44137 Dortmund

Tel. +49 231 914455-0
Fax +49 231 914455-30
E-Mail info@schlueter-graf.de

Dubai Business Bay - The Citadel Tower
20th Floor, Offices 2001-2005

Tel. +971 4 43130-60
Fax +971 4 43130-50
E-Mail dubai@schlueter-graf.com

www.schlueter-graf.de

SCHMIDT, VON DER OSTEN & HUBER
Rechtsanwälte Steuerberater Partnerschaft mbB

SCHMIDT, VON DER OSTEN & HUBER berät namhafte Unternehmen jeder Größenordnung (auch multinational), darüber hinaus Freiberufler und vermögende Einzelpersonen. SCHMIDT, VON DER OSTEN & HUBER vertritt vor Gericht ebenso wie in Schieds- und Einigungsstellenverfahren. Die Prozessführung gilt als hart und konsequent.

SCHMIDT, VON DER OSTEN & HUBER ist eine in über 60 Jahren kontinuierlich und – auch mit der 1993 in Berlin erfolgten Standortgründung – organisch gewachsene Sozietät, welche sich in ihren Anfängen insbesondere als Außen-Rechtsabteilung von Unternehmen etabliert hat. Hieraus hat sich eine besondere Kompetenz für alle Fragen des Unternehmens und des Unternehmers (und seiner Familie) sowie ein umfassendes Know-how für eine unternehmerische Rundumbetreuung unter Einschluss von Nachfolgeregelungen (ein Schwerpunkt: Stiftungs-Konzeptionen) entwickelt.

Am Standort Essen sind alle Fragen der Unternehmensgründung, der Umwandlung, der Führungs- und Vertriebsorganisation, der nationalen und europäischen Konzernbildung, des Franchising und Outsourcing, sowie der steuerlichen Gestaltung, in ständiger Bearbeitung. Dasselbe gilt für M&A sowie für alle Gestaltungen in den Bereichen des gewerblichen Rechtsschutzes.
Besondere Schwerpunkte haben sich im Stiftungswesen, im Arbeitsrecht (insbesondere Betriebsverfassungsrecht) sowie im Gesundheitswesen (Arzt- und Krankenhausrecht, Arznei- und Lebensmittelrecht) gebildet. Weitere Schwerpunkte sind das Immobilienrecht (öffentliches und privates Baurecht), Verwaltungs- und Umweltrecht sowie alle Rechtsfragen im Bereich von EDV und Internet. Eine Spezialabteilung ist für die Markenverwaltung eingerichtet.

Am Standort Berlin hat sich SCHMIDT, VON DER OSTEN & HUBER auf die Bereiche Arbeits- und Betriebsverfassungsrecht, Immobilienrecht sowie das Urheber-, Medien- und Wettbewerbsrecht spezialisiert. Auch hier betreut SCHMIDT, VON DER OSTEN & HUBER namhafte Unternehmen.

Essen
Haumannplatz 28
45130 Essen
Fon: +49-201-72002-0
Fax: +49-201-72002-34
E-Mail: essen@soh.de

Berlin
Kurfürstendamm 38/39
10719 Berlin
Fon: +49-30-884490-0
Fax: +49-30-884490-90
E-Mail: berlin@soh.de

www.soh.de

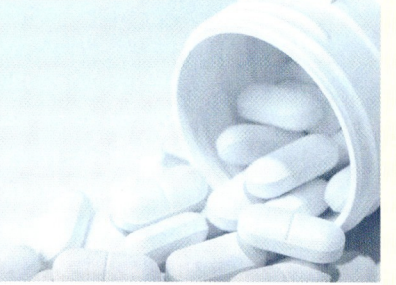

DR. SCHMIDT-FELZMANN & KOZIANKA
RECHTSANWÄLTE

Von der Produktidee über die Zulassung bis zum Wettbewerbsrecht
Die Allrounder im Healthcare-Law

Sie haben eine Idee und möchten ein Gesundheitsprodukt entwickeln, zulassen oder vermarkten? Sie planen, ein Produkt einzulizensieren oder stehen vor einer unternehmerischen Transaktion? Sie haben Fragen zur frühen Nutzenbewertung und Erstattungsfähigkeit eines Arzneimittels, Medizinproduktes oder Lebensmittels?

Pharmabusiness ist mehr als Chemie

Juristische Fallstricke begleiten dieses Geschäft auf Schritt und Tritt. Schon die Frage, ob es sich bei Ihrem Präparat um ein Arzneimittel, ein Medizinprodukt, ein Nahrungsergänzungsmittel, eine ergänzende bilanzierte Diät oder um ein Kosmetikum handelt ist oft nicht einfach zu beantworten. Dabei ist sie entscheidend für Fragen der Verkehrsfähigkeit, Zulassung, Produktaufmachung und der rechtlich einwandfreien Vermarktung und Compliance Ihrer Aktivitäten. Regulatorische Aspekte der Zulassung empfinden selbst erfahrene Pharma-Manager als „Handstand auf der Rasierklinge". Und die Debatte, welche Werbung geht und welche nicht, wird meist leider erst vor Gericht entschieden. Nicht zuletzt erhöhen die europarechtlichen Bezüge die Komplexität dieser Fragestellungen.

Mehr als 25 Jahre umfassende Healthcare-Expertise

Gut, wenn Sie bei Ihrem Projekt von Anfang an die Weichen richtig stellen. Noch besser, wenn Sie dies mit der Kanzlei Dr. Schmidt-Felzmann & Kozianka tun – eine der führenden Adressen für Healthcare-Law mit mehr als 25jähriger Expertise auf allen für Gesundheitsprodukte bedeutsamen Rechtsgebieten.

Gemeinsam lösen wir auch Ihr Problem. Schnell, pragmatisch und betriebswirtschaftlich vernünftig. Mehr unter www.kozianka-law.de

DR. SCHMIDT-FELZMANN & KOZIANKA
Habichthorst 32 | 22459 Hamburg
+49 (0) 40 551 7041 | info@kozianka-law.de

ANZEIGE / KANZLEIPROFIL

SJPP

M&A · Regulatory · Insolvency

SCHMIDT-JORTZIG   PETERSEN   PENZLIN

Alstertor 9 · 20095 Hamburg · t +49 (40) 3095 496-0 · f -50 · info@sjpp.de · www.sjpp.de

SCHMITZ KNOTH
RECHTSANWÄLTE

KOMPETENZ – VERTRAUEN – SICHERHEIT

www.schmitzknoth.de

Nationales und internationales Wirtschaftsrecht auf höchstem Niveau – seit mehr als 60 Jahren.

BÜRO BONN
Bertha-von-Suttner-Platz 2-4
D-53111 Bonn
Telefon: 02 28 - 98 50 9-0
Telefax: 02 28 - 98 50 9-33

BÜRO BERLIN
Zimmerstr. 79-80
D-10117 Berlin
Telefon: 030 - 20 64 68-0
Telefax: 030 - 20 64 68-68

awerian

KANZLEIPROFIL / ANZEIGE

ENERGIEWIRTSCHAFTSRECHT
UND REGULIERUNG

ERNEUERBARE ENERGIEN

KRAFT-WÄRME-KOPPLUNG
UND FERNWÄRME

ENERGIEHANDEL
UND STEUERN

KARTELL- UND
WETTBEWERBSRECHT

ÖFFENTLICHES
WIRTSCHAFTSRECHT UND
EMISSIONSHANDEL

UMWELT- UND
PLANUNGSRECHT

VERGABERECHT

MIT ENERGIE ZUM ERFOLG

Seit mehr als zehn Jahren zählen Energieversorger, Industrie und Infrastrukturbetreiber auf SCHOLTKA & PARTNER — eine der führenden deutschen Kanzleien im Energierecht.

SCHOLTKA & PARTNER
im Energierecht

MEINEKESTRASSE 4 • 10719 BERLIN • T +49-(0)30-50 96 95-0 • WWW.SCHOLTKA-PARTNER.DE

ANZEIGE / KANZLEIPROFIL

Schütte, Richter & Partner mbB

Schütte, Richter & Partner mbB ist eine Anwalts- und Notariatskanzlei, deren Schwerpunkt die wirtschafts- und steuerrechtliche Betreuung großer und mittelständischer Mandanten im norddeutschen Raum ist. Dazu gehören namhafte Unternehmen im Handel, in der Produktion sowie im Dienstleistungsbereich, wie z.B. der Spedition und Logistik, der Energieversorgung und der Kommunikationstechnologie.

Die Kanzlei:
Die Kanzlei besteht seit 1936 und ist aus einer Steuerberatungspraxis hervorgegangen. Seit ihrer Gründung bildet die steuerliche Beratung den Kernbereich und auch den Ausgangspunkt für die weitere rechtliche Betreuung der Mandanten. Die Schnittstellen zwischen Steuerrecht einerseits und Gesellschaftsrecht, Wirtschaftsrecht, Handelsrecht und Immobilienrecht andererseits finden die besondere Aufmerksamkeit der hier tätigen Anwälte.

Die Kanzlei besteht zur Zeit aus 5 Partnern, wovon 4 Fachanwälte für Steuerrecht sind; drei von ihnen sind als Notare zugelassen.

Arbeitsbereiche:
Die persönliche Betreuung der Mandanten durch die Partner selbst ist oberstes Prinzip der Sozietät. Die Beratung erfolgt in allen Fragen des Wirtschaftsrechtes, wobei auf ausgefallenen Fachgebieten die Zusammenarbeit mit Spezialbüros gepflegt wird.

Traditioneller Schwerpunkt der Sozietät sind das Steuerrecht und das Gesellschaftsrecht einschließlich Umwandlungsrecht sowie die Beratung in Fragen der Unternehmensnachfolge und des Erbrechts.

Die Sozietät pflegt enge Kontakte zu den Wirtschaftsprüfern und Steuerberatern der Region.

CONTRESCARPE 47/48
28195 BREMEN
Tel.: **0421/96088-0**
Fax.: **0421/96088-99**
E-Mail: **ra@schuetterichter.de**

ANSPRECHPARTNER

Handels- und Wirtschaftsrecht, allgemein:
Dr. Andreas Meyer im Hagen
Dr. Olaf Zimmer

Gesellschaftsrecht:
Dr. Wolfgang Richter
Dr. Uwe Lenz

Steuerrecht:
Dr. Wolfgang Richter
Dr. Uwe Lenz

Bankrecht:
Dr. Andreas Meyer im Hagen
Dr. Olaf Zimmer

Erbrecht:
Dr. Wolfgang Richter
Dr. Uwe Lenz

Grundstücksrecht:
Dr. Andreas Meyer im Hagen
Dr. Wolfgang Richter

TÄTIGKEITSSCHWERPUNKTE

Handels- und Wirtschaftsrecht, allgemein
Unternehmenskauf
Gesellschaftsrecht
Umwandlungsrecht
Steuerrecht
Bankrecht
Versicherungsrecht
Arbeitsrecht
Erbrecht
Grundstücksrecht

Seniorpartner: Dr. jur. Dietz Schütte
Anzahl der Partner: 5
Anzahl der Rechtsanwälte: 6
Anzahl der Berufsträger: 9
Anzahl aller Mitarbeiter: 13

Schütte, Richter & Partner mbB
Rechtsanwälte · Notare

ANZEIGE / KANZLEIPROFIL

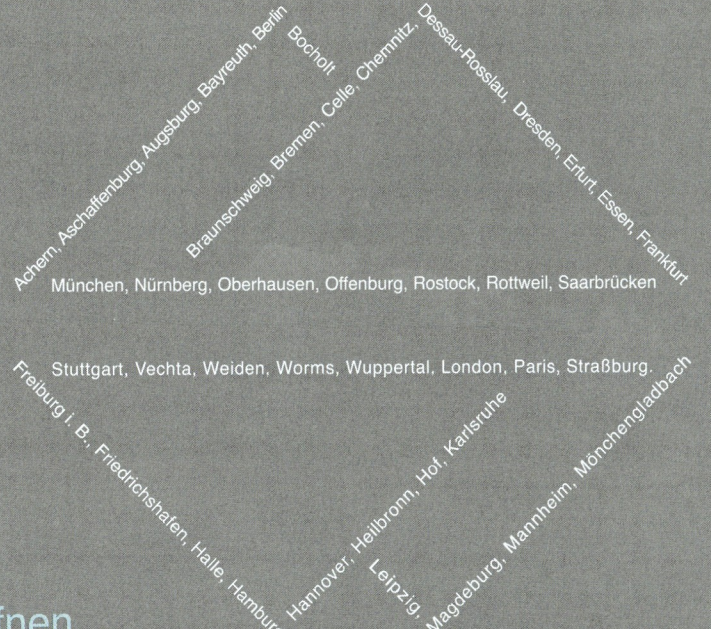

Achern, Aschaffenburg, Augsburg, Bayreuth, Berlin, Bocholt, Braunschweig, Bremen, Celle, Chemnitz, Dessau-Rosslau, Dresden, Erfurt, Essen, Frankfurt, Freiburg i. B., Friedrichshafen, Halle, Hamburg, Hannover, Heilbronn, Hof, Karlsruhe, Leipzig, Magdeburg, Mannheim, Mönchengladbach, München, Nürnberg, Oberhausen, Offenburg, Rostock, Rottweil, Saarbrücken, Stuttgart, Vechta, Weiden, Worms, Wuppertal, London, Paris, Straßburg.

Perspektiven eröffnen.

Unsere Rechtsanwälte, Insolvenzverwalter, Steuerberater und Wirtschaftsprüfer entwickeln maßgeschneiderte Lösungen für jede Unternehmenssituation.

Mit 40 Standorten in Deutschland und 3 internationalen Niederlassungen sind unsere Kolleginnen und Kollegen in den Regionen fest verwurzelt. Sie kennen Menschen und Märkte. Und gemeinsam bilden sie einen einzigartigen Wissens- und Erfahrungspool. Wir sind seit 1949 am Markt und selber Unternehmer. Von dieser Managementerfahrung profitieren unsere Mandanten.

Jährlich wird Schultze & Braun mit mehreren hundert Sanierungsberatungen und Insolvenzverfahren betraut. Aus dieser umfassenden Erfahrung entwickeln wir für unsere Mandanten nicht nur in Unternehmenskrisen zukunftsorientierte Lösungen. Die Unternehmensberatung unterstützt das Management. Der internationale Bereich betreut grenzüberschreitende Verfahren. Jeder Anwalt der Abteilung ist auf besondere Jurisdiktionen, Rechtskulturen und Sprachen spezialisiert.

Es ist dieser Dreiklang, der Schultze & Braun kennzeichnet: Lokal präsent. Interdisziplinär vernetzt. National und international erfahren.

Schultze & Braun in Zahlen:

- über 40 Niederlassungen in Deutschland, Großbritannien und Frankreich
- 650 Mitarbeiter, eine Vielzahl davon Betriebswirte
- 130 Rechtsanwälte, Wirtschaftsprüfer und Steuerberater
- 45 Fachanwälte in den Bereichen Arbeitsrecht, Insolvenzrecht, Steuerrecht, Handels- und Gesellschaftsrecht, IT-Recht, Familienrecht, Bau- und Architektenrecht

Folgen Sie dem QR-Code

info@schubra.de
www.schubra.de

KANZLEIPROFIL / ANZEIGE

SCHULTZ-SÜCHTING
Rechtsanwälte

„Der Lotse kennt als Berater des Kapitäns eines Schiffes sein Gewässer so gut, dass er sicher durch Untiefen und vorbei an Hindernissen leiten kann."

**Sie sind der Kapitän.
Wir sind Ihr anwaltlicher Lotse.**

Unsere Gewässer sind

- der gesamte gewerbliche Rechtsschutz,
- das Urheber- und Medienrecht sowie
- das Pharmarecht.

**MARKEN. MEDIEN. MEDIZIN.
SCHULTZ-SÜCHTING.**

Dr. Rolf Schultz-Süchting
Dr. Lars Kröner, LL.M. (USA)
Dr. Dirk Bruhn
Dr. Torsten Spiegelhalder
Dr. Ivo Millarg
Dr. Marc-Oliver Srocke

Poststraße 37
20354 Hamburg

T: +49 40 30 96 76 - 0
F: +49 40 30 96 76 - 66
E: beratung@schusue.de
www.schusue.de

SCHWENN & KRÜGER

RECHTSANWÄLTE

Wir sind keine Großsozietät und wollen es auch nicht werden.
Deshalb machen wir, wozu wir Lust haben:

Strafrecht

Medienrecht
(Presserecht, Verlagsrecht und Urheberrecht)

Gewerblicher Rechtsschutz

Rechtsanwälte Schwenn & Krüger

Johann Schwenn FAStR   Dr. Sven Krüger LL.M.   Inke Linde LL.M.

Große Elbstraße 14
22767 Hamburg
Telefon +49 (0)40 41 43 98 0
Telefax +49 (0)40 41 43 98 43
E-Mail info@rechtschaffen.de

… KANZLEIPROFIL / ANZEIGE

seebacher.fleischmann.müller

seebacher.fleischmann.müller
kanzlei für arbeitsrecht - münchen

gewerkschaftlich orientiert - fachlich kompetent - engagiert

Unser Team aus neun Rechtsanwältinnen und Rechtsanwälten berät und vertritt außergerichtlich und gerichtlich ausschließlich Arbeitnehmerinnen und Arbeitnehmer, Betriebs-, Personal-, Gesamtbetriebs-, Konzernbetriebs- und Eurobetriebsräte sowie die im DGB zusammengeschlossenen Gewerkschaften

unsere Kooperationspartner in Düsseldorf und Hamburg:
silberberger.lorenz.towara - kanzlei für arbeitsrecht - www.slt-arbeitsrecht.de
Kanzlei Gaidies Heggemann & Partner - www.gsp.de

seidlstr. 30 • 80335 münchen • fon 089 23 000 50
kanzlei@sfm-arbeitsrecht.de • www.sfm-arbeitsrecht.de

seitz
Rechtsanwälte Steuerberater

Seitz berät Mandanten in allen relevanten Bereichen des Wirtschaftsrechts. Schwerpunkte stellen die arbeits-, gesellschafts- und steuerrechtliche Beratung von Unternehmen dar.

Die Sozietät verfügt über ein internationales Netzwerk mit führenden unabhängigen Kooperationssozietäten in Europa, USA und Kanada, Asien, Süd- und Mittelamerika, Afrika sowie Australien.

Seitz ist eine Partnerschaftsgesellschaft mit Sitz in Köln. In der Sozietät sind über 40 Rechtsanwälte und Steuerberater tätig.

www.seitzpartner.de

Arbeitsrecht
Gesellschaftsrecht
Steuerrecht, Steuerberatung
Compliance
Handelsrecht
Gewerblicher Rechtsschutz, IT
Mergers & Acquisitions
Pensions
Private Equity, Venture Capital
Restrukturierung und Insolvenz
Steuerstrafrecht

Seitz Partnerschaftsgesellschaft
Rechtsanwälte Steuerberater
Aachener Straße 621 · D-50933 Köln
Telefon +49 221 5 69 60-0
Telefax +49 221 5 69 60-350
info@seitzpartner.de

SERNETZ · SCHÄFER
RECHTSANWÄLTE

SERNETZ · SCHÄFER ist eine wirtschaftsberatende Sozietät mit einer nahezu 100-jährigen Tradition. Zu unseren Mandanten zählen Banken und Finanzdienstleister, Unternehmen aus Großindustrie und Mittelstand und deren Inhaber sowie Manager, Gesellschafter und vermögende Privatpersonen.

Schwerpunkte unserer Tätigkeit liegen im Bereich des Bank-, Finanzaufsichts- und Kapitalmarktrechts, des Handels- und Gesellschaftsrechts/M&A, der Managerhaftung und der Vermögensnachfolge. Wir verfügen über umfangreiche forensische Erfahrung und werden regelmäßig mit der Vertretung in komplexen Prozessen und Schiedsgerichtsverfahren betraut.

Höchste fachliche Qualifikation und Begeisterung für die Sache sind die Basis unseres Erfolges. Jedem Mandanten steht ein persönlicher Ansprechpartner zur Verfügung, der aufgrund häufig langjähriger Zusammenarbeit mit den wirtschaftlichen Hintergründen und Zielsetzungen des Mandanten vertraut ist. Dabei beschränken wir unsere Dienstleistung nicht auf die Problemanalyse, sondern erarbeiten pragmatische und wirtschaftlich sinnvolle Lösungen, um diese gemeinsam mit unseren Mandanten umzusetzen.

„Wettbewerber loben die Corporate- und Bankrechts-Boutique hier als die ‚tiefgründigste und professionellste Spezialistin'."
(Juve Awards 2011)

Düsseldorf · Berliner Allee 10 · 40212 Düsseldorf · +49 (0) 211 836610
München · Karlsplatz 11 · 80335 München · +49 (0) 89 5459600
www.sernetz-schaefer.de

SEUFERT RECHTSANWÄLTE

Mit einem **breiten Spektrum wirtschaftsrechtlicher Kompetenz,** hochspezifischer Branchenexpertise und einer ausgewiesenen Stärke im Öffentlichen Recht eröffnen wir Unternehmen ebenso wie der öffentlichen Hand auch in einem oft eng regulierten Umfeld die **Handlungsfreiheit, die sie für ihren Erfolg** benötigen.

Insbesondere in den **Branchenschwerpunkten Health Care, Bau, Rohstoffe, Energie** und **Recycling** steuern wir unsere Mandanten vielfach schon seit Jahrzehnten effizient durch das zunehmend dichtere Regelungsgeflecht.

Erwerber und Veräußerer aller Branchen schätzen unsere **versierte Transaktionsbegleitung**. Das herausragende Know-how von Seufert Rechtsanwälte in **Krankenhausverfahren** ist marktbekannt.

Als langjähriges Mitglied des angesehenen **Kanzleinetzwerks advoc** bieten wir unseren Mandanten auch **international erstklassige wirtschaftsrechtliche Beratung.**

Arbeitsrecht
Baurecht
Finanzierung
Gesellschaftsrecht & Transaktionsberatung
Gesundheitsrecht
Gewerblicher Rechtsschutz
Handelsrecht
IT-Recht
Kapitalmarktrecht
Kartellrecht & Fusionskontrolle
Öffentliches Recht
Sanierung & Insolvenz
Unternehmensnachfolge & Erbrecht
Vergaberecht
Versicherungsrecht

Residenzstraße 12
80333 München
Telefon +49 89 29033-0
munich@seufert-law.de

Markt 10
04109 Leipzig
Telefon +49 341 58927-0
leipzig@seufert-law.de

www.seufert-law.de

CorporateINTL
LEGAL AWARDS
WINNER 2015

Ihr Erfolgsfaktor: Die richtige Anwaltskanzlei

Gesellschaftsrecht + Mergers & Acquisitions | Insolvenzrecht | Kartellrecht + Compliance | Vertriebsrecht + Franchiserecht | Wirtschaftsrecht

AUGSBURG BRÜSSEL DRESDEN ERFURT FRANKFURT
MÜNCHEN NEU-ULM STUTTGART ULM

Hörvelsinger Weg 51
89081 Ulm
T +49 (0) 731 / 14007 0
F +49 (0) 731 / 14007 20
www.sgp-legal.de

ANZEIGE / KANZLEIPROFIL

Shearman & Sterling LLP

Im Herzen global.

In der Wirtschafts- und Finanzmetropole Frankfurt sind wir zu Hause, hier schlägt unser Herz. Von unserem Standort im OpernTurm aus beraten und betreuen wir unsere Mandanten in höchster inhaltlicher Qualität und mit direkter Anbindung an unser globales Netzwerk.

Wir freuen uns auf Ihren Besuch. www.shearman.com

Shearman & Sterling LLP
Bockenheimer Landstrasse 2-4
60306 Frankfurt am Main
Tel. +49.69.9711.1000

ABU DHABI | BEIJING | BRÜSSEL | FRANKFURT | HONGKONG | LONDON | MAILAND | MENLO PARK | NEW YORK | PARIS
ROM | SAN FRANCISCO | SÃO PAULO | SAUDI-ARABIEN* | SHANGHAI | SINGAPUR | TOKYO | TORONTO | WASHINGTON, DC

*Abdulaziz Alassaf & Partners in Kooperation mit Shearman & Sterling LLP

shearman.com

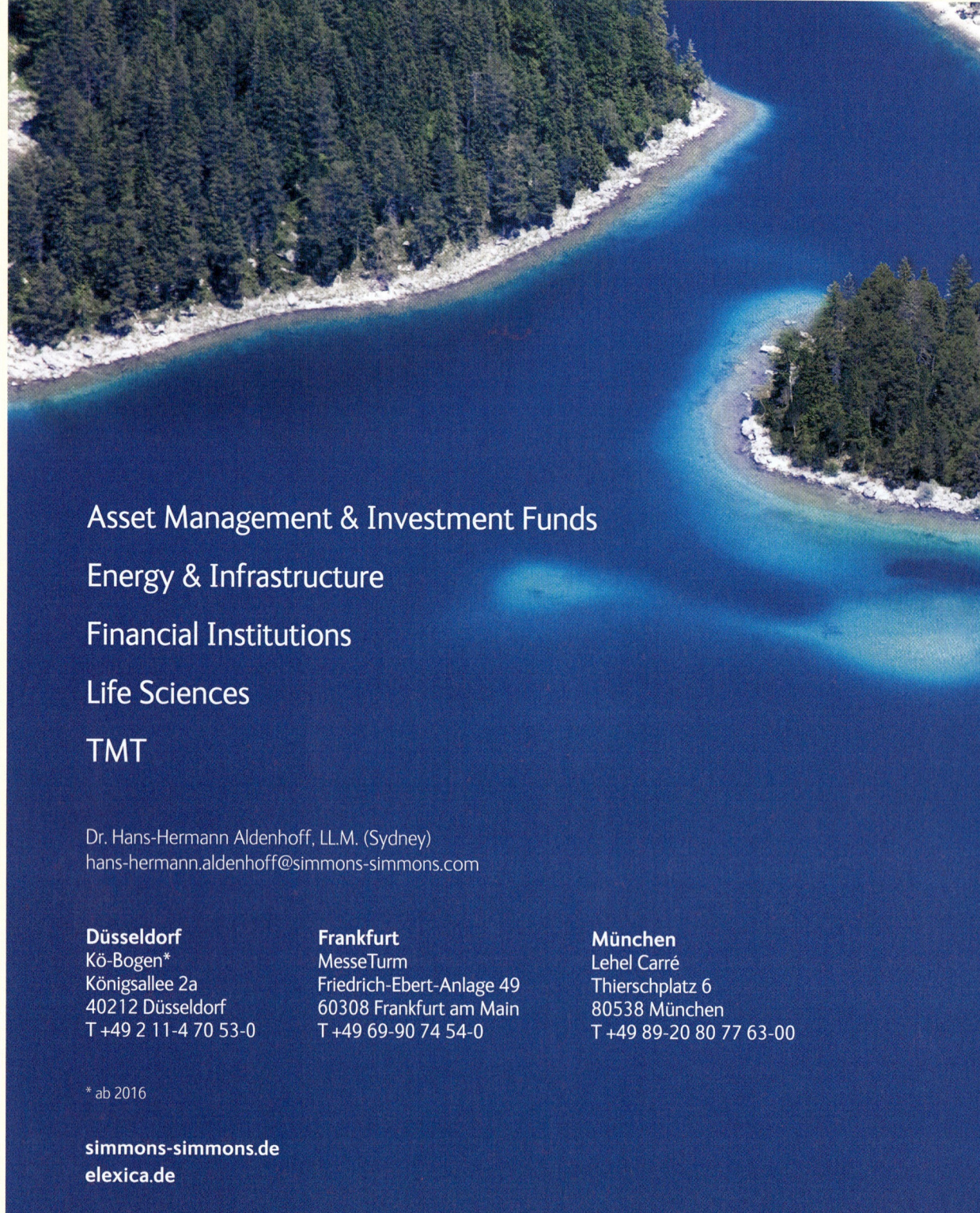

SKW Schwarz: unabhängig und unternehmerisch

SKW Schwarz ist eine unabhängige deutsche Anwaltskanzlei. Wir beraten Unternehmen von inhabergeführten Firmen bis zu börsennotierten Aktiengesellschaften sowie Privatmandanten auf allen wesentlichen Gebieten des nationalen und internationalen Wirtschaftsrechts. Mit unseren Büros in Berlin, Düsseldorf, Frankfurt/Main, Hamburg und München sind wir an wichtigen Wirtschaftsstandorten vertreten.

Mit rund 120 Anwälten sehen wir uns als mittelständische Kanzlei, die gleichwohl so international operieren kann, wie sonst nur Großkanzleien. Durch unsere standortübergreifende Zusammenarbeit können wir für komplexere Transaktionen Teams zusammenstellen, die eine mit wesentlich größeren Wettbewerbern vergleichbare Stärke erreichen. Durch unsere Mitgliedschaften in internationalen Kanzleivereinigungen sowie unsere Zusammenarbeit mit ausgewählten Partnerkanzleien können wir für unsere Mandanten jederzeit weltweit die bestmögliche Unterstützung gewährleisten.

SKW Schwarz ist eine Kanzlei, die Tradition und Moderne verbindet. Unsere Büros können teilweise auf eine jahrzehntelange Geschichte zurückblicken. Langjährige Mandatsbeziehungen sind Beleg für unseren auf Kontinuität fokussierten Stil.

Fachbereiche

Arbeitsrecht
Bank- und Finanzdienstleistungsrecht
Gesellschaftsrecht / Mergers & Acquisitions
Gewerblicher Rechtsschutz / Wettbewerbsrecht
Handels- und Vertriebsrecht
Immobilien- und Privates Baurecht
Insolvenzrecht und Sanierung
IT-Recht, Internet und E-Business
Medien- und Entertainmentrecht
Öffentliches Wirtschaftsrecht
Private Clients
Prozess- und Schiedsverfahren, Mediation
Steuerrecht
Transportrecht
Versicherungsrecht

www.skwschwarz.de
Berlin   Düsseldorf   Frankfurt/Main   Hamburg   München

ANZEIGE / KANZLEIPROFIL

SMNG ist als eine der bundesweit führenden Kanzleien in den Bereichen des privaten Baurechts, des Vergaberechts und des Anlagenbaus tätig. Zum Mandantenkreis zählen Unternehmen des Baugewerbes und der Bauindustrie, Privatinvestoren, öffentliche Auftraggeber, Architekten, Ingenieure und Projektentwickler. In den Jahren 2009 und 2004 wurde SMNG mit dem JUVE Award „Kanzlei des Jahres für privates Baurecht" ausgezeichnet.

Die Kanzlei berät im Rahmen von Großbauvorhaben zu allen Rechtsfragen im Zusammenhang mit der Planung, Ausschreibung und Vergabe bis hin zur Ausführung, Abnahme und Abrechnung sowie zu Gewährleistungsfragen in Verbindung mit dem Besicherungsmanagement. Das Architekten- und Ingenieurrecht sowie das Vergaberecht und das gewerbliche Mietrecht werden von Fachabteilungen bearbeitet; gleiches gilt für das öffentliche Baurecht. Durch ihr Notariat bietet SMNG die Möglichkeit, insbesondere Immobilientransaktionen abzuwickeln. Hervorzuheben sind zudem die Aktivitäten im Rahmen der Schiedsgerichtsbarkeit. Vor dem Hintergrund der Spezialisierung auf das private Baurecht besitzen zahlreiche Anwältinnen und Anwälte bei SMNG die Zusatzqualifikation als Fachanwalt für Bau- und Architektenrecht.

SMNG ist aus der im Jahre 1992 gegründeten Schilling, Dr. Marbach, Niemöller, Dr. Griem & Partner GbR hervorgegangen. Die seinerzeitigen Namensgeber Schilling, Prof. Niemöller und Dr. Griem sind zugleich geschäftsführende Gesellschafter der SMNG Rechtsanwaltsgesellschaft mbH.

SMNG Rechtsanwaltsgesellschaft mbH
Königsberger Straße 2; 60487 Frankfurt am Main
Telefon: 069 / 247013-0; Telefax: 069 / 247013-24
E-Mail: kanzlei@smng.de; www.smng.de

LOCAL CONNECTIONS. GLOBAL INFLUENCE.

Seit unserer Gründung im Jahr 1890 fühlen wir uns der umfassenden Beratung von Unternehmern verpflichtet und zählen mit unseren 1.500 Rechtsanwälten an 44 Standorten in 21 Ländern zu den weltweit führenden internationalen Wirtschaftssozietäten.

Wir kombinieren erstklassige juristische Expertise mit exzellenten wirtschaftlichen Kenntnissen und vorausschauendem unternehmerischen und politischen Denken. Die langfristige Zusammenarbeit mit unseren Mandanten ist geprägt von gegenseitigem Vertrauen, individuellen und kreativen Lösungsansätzen und gemeinsamen Erfolgen.

Legal solutions with global insight

Berlin
Unter den Linden 14
10117 Berlin
T +49 30 726168000

Frankfurt
Taunusanlage 17
60325 Frankfurt am Main
T +49 69 17392400

Abu Dhabi	Cleveland	Houston	Moscow	Riyadh	Tokyo
Beijing	Columbus	Kyiv	New York	San Francisco	Warsaw
Berlin	Dallas	Leeds	Northern Virginia	Santo Domingo	Washington DC
Birmingham	Denver	London	Palo Alto	Seoul	West Palm Beach
Bratislava	Doha	Los Angeles	Paris	Shanghai	
Brussels	Dubai	Madrid	Perth	Singapore	
Budapest	Frankfurt	Manchester	Phoenix	Sydney	
Cincinnati	Hong Kong	Miami	Prague	Tampa	

squirepattonboggs.com

ANZEIGE / KANZLEIPROFIL

SSW
Schneider Schiffer Weihermüller
Rechtsanwälte Steuerberater Wirtschaftsprüfer

SSW Schneider Schiffer Weihermüller ist eine überwiegend wirtschaftsrechtlich, bundesweit tätige Anwaltskanzlei mit Sitz in München.

Die Kanzlei

Die Kanzlei hat sich zum Ziel gesetzt: umfassende Beratung aus einer Hand im Wirtschaftsrecht sowie Kompetenz und persönlicher Stil. Die Kanzlei ist schwerpunktmäßig in den Bereichen IT/TK/Telemedien, Steuer-, Gesellschafts-, und Arbeitsrecht sowie in der allgemeinen Beratung (Familien- und Erbrecht) tätig. Die IT/TK/Telemedien-Gruppe umfasst derzeit zehn Rechtsanwälte.

Arbeitsbereiche

Die IT/TK/Telemedien-Gruppe betreut Mandanten auf den Gebieten des IT- und TK-Vertragsrechts, insbesondere Softwarerecht (AGB und Projektverträge sowie –betreuung) und des Online- bzw. Internetrechts. Sie berät bei Software-Escrow, Outsourcing- und Providerverträgen und im Bereich elektronischer Medien. Ziel ist es, Mandanten, darunter IT/TK/Telemedien-Anbieter und große Anwender (insbesondere Versicherungswirtschaft, Finanzdienstleister und die öffentliche Hand) – auch im Rahmen der öffentlichen Vergabe –, beim Auftreten am Markt proaktiv zu beraten und bei Vertragsverhandlungen, bei Projektdurchführung und Projektsanierung sicher in intensivem Kontakt mit Verhandlungspartnern zu führen. Auch „neue" Rechtsgebiete erfordern gerichtliche Hilfe. Die prozessuale Vertretung erfolgt bei Streitigkeiten aus IT-Verträgen, Domains und in Fällen des unlauteren Wettbewerbs. Daneben bemüht sich die Kanzlei um schnelle außergerichtliche (mediative) Konfliktlösung. Spezialgebiete sind Datenschutz- und Informationsrecht, gewerblicher Rechtsschutz mit Schwerpunkt Urheberrecht sowie arbeits- und gesellschaftsrechtliche Aspekte des IT-Rechts.

Prof. Dr. Schneider ist Autor des „Handbuchs des EDV-Rechts" und Herausgeber der Zeitschrift „Der IT-Rechtsberater" (ITRB) sowie Herausgeber und Mitautor des Werkes „Software-Erstellungsverträge", in dem auch RAin Bischof und RAin Witzel mit Beiträgen zu IT-Projekten und IT-Vergabe vertreten sind. Prof. Dr. Schneider, RA Backu, RAin Bischof, RAin Conrad, RAin Hassemer und RAin Witzel sind Dozentinnen und Autorinnen für die Fachanwaltslehrgänge Informationstechnologierecht bei der DAA. RAin Conrad ist zudem Mitglied der Schriftleitung für den Fachanwaltslehrgang Informationstechnologierecht der DAA. RAin Bischof ist auch Lehrbeauftragte für IT-Recht an der Fachhochschule Ingolstadt (MBA-Lehrgang). Veröffentlichungen und Vorträge haben ein Netz von Beziehungen zu Kanzleien innerhalb Europas und auch in den USA gefördert, so dass zusätzlicher Rat und Kapazität von dort eingeholt werden kann.

Ein weiterer Schwerpunkt der Kanzlei liegt in der steuerlichen, betriebswirtschaftlichen und gesellschaftsrechtlichen Beratung sowie der Wirtschaftsprüfung. Die steuerliche Beratung umfasst neben den klassischen Bereichen die Führung steuerlicher Rechtsmittel und Prozesse vor den Finanzgerichten, die Erstellung von Gutachten zu Gestaltungsvarianten sowie die Beratung und Vertretung in Steuerstrafsachen (einschließlich der wichtigen Präventivberatung). Die steuerliche Beratung wird im wesentlichen von der in die Kanzlei integrierten SSW Treuhand- und Steuerberatungsgesellschaft mbH abgedeckt.

Von zivilrechtlicher Seite bietet die Kanzlei umfassende Beratung auf den Gebieten des Erbrechts, einschließlich der immer aktueller werdenden Nachfolgeregelungen, sowie des Familienrechts mit Schwerpunkten Eheverfassungsgestaltung und Beratung in Scheidungssituationen.

SSW Schneider Schiffer Weihermüller
Rechtsanwälte Steuerberater Wirtschaftsprüfer
Competence with a personal touch
Beethovenstraße 2, 80336 München
Telefon 089 54349-100, Fax 089 54349-200, info@ssw-muc.de
www.ssw-muc.de

Seniorpartner der IT/TK/Telemedien-Gruppe:
Prof. Dr. Jochen Schneider, Ludwig Antoine

Seniorpartner des Steuerrechtsteams:
Dr. Bernd Schiffer

Anzahl der Berufsträger insgesamt:
23 (davon 16 Rechtsanwälte)

Tätigkeitsschwerpunkte der IT/TK/Telemedien-Gruppe
Softwarevertragsrecht und -projekte, auch im Zusammenhang mit dem Vergaberecht
Sonstiges IT-Recht einschließlich Telekommunikation und Telemedien
Providerverträge
Outsourcingverträge
Datenschutz, internationaler Datentransfer
Gewerblicher Rechtsschutz
Gesellschafts- und Arbeitsrecht im IT-Bereich

Tätigkeitsgebiete
Wirtschaftsrecht
Steuerrecht
Gesellschaftsrecht
Arbeitsrecht

Ansprechpartner
IT-Vertragsrecht: Elke Bischof, Isabell Conrad, Ines M. Hassemer, Danielle Hertneck, Prof. Dr. Jochen Schneider, Michaela Witzel, LL.M.
Softwarevertrieb: Elke Bischof, Michaela Witzel
Vergaberecht und IT-Beschaffung: Elke Bischof, Michaela Witzel, LL.M.
Outsourcing: Isabell Conrad, Elke Bischof, Michaela Witzel, LL.M.
Datenschutz: Isabell Conrad, Elke Bischof, Prof. Dr. Jochen Schneider
Telekommunikation, TK-Datenschutz: Isabell Conrad
Multimedia, E-Commerce: Frieder Backu, Isabell Conrad
Arbeitsrecht: Ludwig Antoine, Isabell Conrad, Timm Frauenknecht
Urheberrecht: Elke Bischof, Isabell Conrad, Prof. Dr. Jochen Schneider, Michaela Witzel, LL.M.
Markenrecht: Danielle Hertneck
IT-Projekt- und Rahmenverträge: Elke Bischof, Danielle Hertneck, Michaela Witzel, LL.M.
Wettbewerbsrecht: Ludwig Antoine, Frieder Backu, Danielle Hertneck
Kartellrecht: Michaela Witzel, LL.M., Isabell Conrad
Steuerrecht: Dr. Bernd Schiffer, Erkan Elden
Gesellschaftsrecht: Frieder Backu, Erkan Elden, Dr. Bernd Schiffer
Wirtschafts-, IT-Strafrecht: Ines M. Hassemer
Steuerstrafrecht: Dr. Bernd Schiffer, Erkan Elden, Frieder Backu
Familienrecht: Martin Haußleiter, Dr. Barbara Schramm, Julia Pasche, Timm Frauenknecht, Erkan Elden, Martin Kasenbacher
Erbrecht/Nachfolgerecht: Martin Haußleiter, Dr. Barbara Schramm, Julia Pasche
Wirtschaftsprüfung: Reinhard Altmüller, Sabine Weihermüller
Steuerberatung: Georg Bäumler, Michael Kopp, Dr. Michael Reitsam, Christopher Unholzer

staudacher Arbeitsrecht.

Ihre Interessen im Arbeitsrecht – wir setzen sie erfolgreich durch.

staudacher Arbeitsrecht. steht für kompetente Beratung von Unternehmen, Vorständen, Geschäftsführern und Führungskräften in allen arbeitsrechtlichen Fragen.

Über viele Jahre erworbenes arbeitsrechtliches Know-how und ausgeprägtes Verständnis für wirtschaftliche Zusammenhänge ermöglichen es, gemeinsam mit den Mandanten individuelle und erfolgreiche Lösungen zu entwickeln, die nicht nur rechtlich optimal, sondern auch ökonomisch effizient und nachhaltig sind.

» **www.staudacher-arbeitsrecht.de**

---

staudacher Arbeitsrecht. Rechtsanwaltsgesellschaft mbH | Nikolaistr. 15 | 80802 München
T +49 (89) 55 05 456 0 | F +49 (89) 55 05 456 99 | info@staudacher-arbeitsrecht.de

stetter

Wir bieten ganzheitliche Lösungen zur Vermeidung und Entschärfung wirtschaftsstraf- und ordnungswidrigkeitenrechtlicher Risiken.

Wir sind eine **international** tätige Münchner Rechtsanwaltskanzlei. Wir beraten Unternehmer und Unternehmen **wirtschaftsstraf- und ordnungswidrigkeitenrechtlich** und bieten rechtliche Begleitung in Ausnahmesituationen

Als **hochspezialisierte** Kanzlei orientieren wir uns an den Bedürfnissen von Unternehmern und Unternehmen, die sich mit dieser Gefahr auseinander setzen müssen, und haben unsere Beratungspraxis seit rund 15 Jahren entsprechend ausgerichtet und optimiert.

Dadurch verfügen wir in diesem Segment über einen Erfahrungsschatz, der uns in juristischer Hinsicht **höchste Flexibilität**, **Kreativität** und **vorrausschauendes Agieren** ermöglicht.

Rechtliche Begleitung in Ausnahmesituationen

Stetter Rechtsanwälte
Wirtschafts- und Steuerstrafrecht

Amiraplatz 3
Im Luitpoldblock
80333 München
Deutschland

Fon: +49 (0) 89 / 1 39 27 91-0
Fax: +49 (0) 89 / 1 39 27 91-29
info@stetterlegal.com
www.stetterlegal.com

ANZEIGE / KANZLEIPROFIL

25 Anwälte und nur 1 Thema.

Als eine der bundesweit führenden Steuerrechtskanzleien sind wir hochspezialisiert.

In der Beratung unserer Mandanten vereinen wir umfassendes Fachwissen mit langjähriger Prozesserfahrung. Wir teilen unser Fachwissen in Vorträgen und Publikationen. Der regelmäßige Austausch mit Rechtsprechung und Wissenschaft stellt sicher, dass unser Know-how stets auf dem aktuellen Stand ist.

Jedes Mandat wird von einem Partner unserer Sozietät persönlich geführt. Im engen fachlichen Austausch mit den Rechtsanwaltskollegen stellt er sicher, dass der Mandant optimal betreut wird und von der vollen fachlichen Expertise aller Rechtsanwälte profitiert.

Auch Kollegen der steuer- und rechtsberatenden Berufe unterstützen wir mit unserer Expertise und schaffen so Rechtssicherheit für ihr weiteres Handeln.

KÖLN
Wilhelm-Schlombs-Allee 7–11
50858 Köln

BERLIN
Kurfürstendamm 59
10707 Berlin

MÜNCHEN
Nymphenburger Straße 3
80335 München

www.steueranwalt.de

Partnerschaft von Rechtsanwälten mbB

KANZLEIPROFIL / ANZEIGE

KOMPETENT

Die Anwaltssozietät Streitbörger Speckmann PartGmbB – Rechtsanwälte Steuerberater ist mit mehr als 65 Rechtsanwälten eine der größten Anwaltskanzleien in Nordrhein-Westfalen, ist aber mit dem Standort Potsdam auch im Berliner Raum vertreten.

Die hoch spezialisierten Anwälte der Sozietät - mehr als 30 von ihnen sind Fachanwälte und 12 zugleich Notare - beraten und vertreten Unternehmen aus dem In- und Ausland auf allen Gebieten des Wirtschaftsrechts. Ein besonderer Schwerpunkt liegt im Bankrecht, wo wir deutschlandweit tätig sind.

Eigene Anwaltszulassungen in New York und Madrid und durch Hochschulabschlüsse im Ausland erworbene Kompetenzen in den Rechtssprachen Englisch, Französisch, Italienisch, Spanisch, Polnisch und Russisch bilden die tragfähige Basis einer international ausgerichteten Beratungstätigkeit. Daneben unterhält die Sozietät weltweit langjährige Kontakte zu ausgesuchten Partnerkanzleien, durch die ein leistungsfähiges globales Beratungsnetzwerk gebildet wird.

Weitere Informationen über die Sozietät finden Sie unter
www.streitboerger-speckmann.de

STREITBÖRGER ■ SPECKMANN
PartGmbB Rechtsanwälte Steuerberater

JETZT AUCH IN MÜNSTER

Bielefeld
Adenauerplatz 4
33602 Bielefeld
Tel.: 0521 / 91414-0
Fax: 0521 / 91414-99
info-bielefeld@streitboerger.de

Hamm
Heßlerstraße 40
59065 Hamm
Tel.: 02381 / 1608-0
Fax: 02381 / 1608-200
info-hamm@streitboerger.de

Düsseldorf
Elisabethstraße 16
40217 Düsseldorf
Tel.: 0211 / 95291-0
Fax: 0211 / 95291-20
info-duesseldorf@streitboerger.de

Potsdam
Hegelallee 4
14467 Potsdam
Tel.: 0331 / 27561-0
Fax: 0331 / 27561-99
info-potsdam@streitboerger.de

Münster
Johann-Krane-Weg 10
48149 Münster
Tel.: 0251 / 97008200
Fax: 0251 / 97008299
info-muenster@streitboerger.de

A law firm for the industries of tomorrow

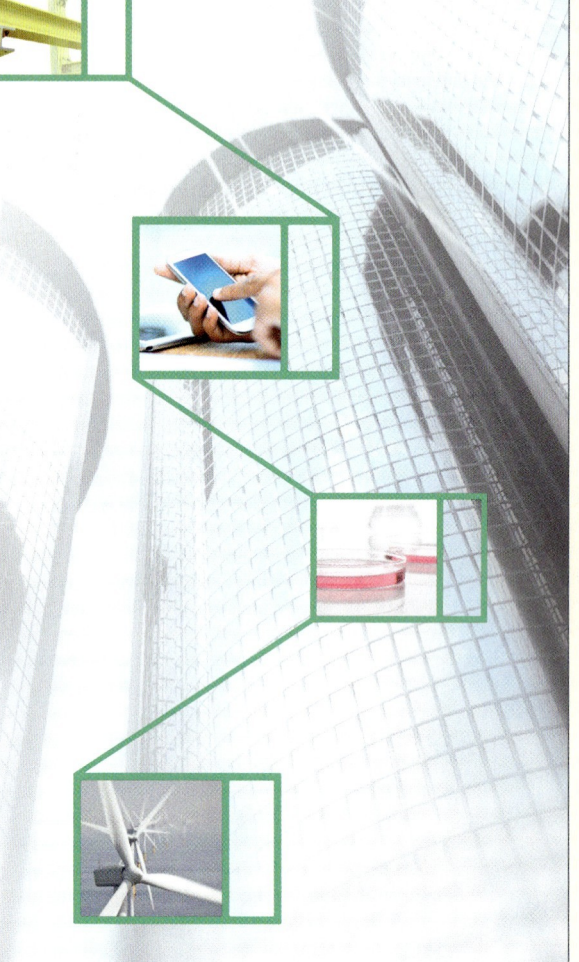

Forward thinking

Taylor Wessing ist eine der führenden europäischen Wirtschaftssozietäten. Wir beraten Unternehmen und öffentliche Institutionen aus aller Welt umfassend und praxisnah in allen Fragen des nationalen und internationalen Wirtschaftsrechts.

Mit rund 1150 Anwälten an 26 Standorten in Europa, dem Mittleren Osten, Asien und zwei Repräsentanzbüros in den USA bieten wir eine hoch qualifizierte und integrierte Rechtsberatung. Unser Fokus liegt auf Unternehmen aus den Schlüsselindustrien des 21. Jahrhunderts, die ihr Wachstum durch Innovation sichern und ausbauen wollen.

Unsere Beratung zeichnet sich durch tiefgreifende Branchenkenntnis aus. Wir sind mit Märkten, Produkten und Leistungen unserer Mandanten bestens vertraut. Durch die Bündelung rechtlicher Expertise und industriespezifischen Wissens sind wir unseren Mandanten ein kompetenter Partner.

www.taylorwessing.com
> Europe > Middle East > Asia

TaylorWessing

KOMPETENZ SCHAFFT VERTRAUEN

WIRTSCHAFTSSTRAFRECHT
STEUERSTRAFRECHT

Wasserstraße 13 · 40213 Düsseldorf
Telefon: 0211.86 50 60 · Telefax: 0211.86 50 650
E-Mail: email@tdwe.de · Internet: www.tdwe.de

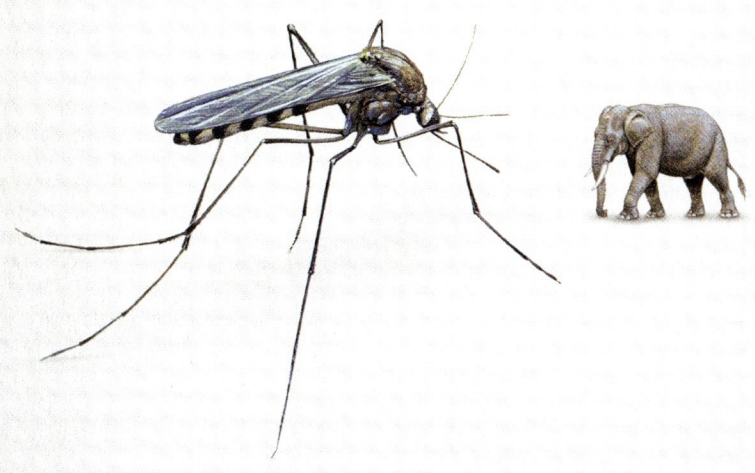

fokussiert + agil:

Wirtschaftsstrafrecht

Steuerstrafrecht

Medizinstrafrecht

Dr. Michael Tsambikakis
Dr. Markus Rübenstahl, Mag. iur.
Partner

Prof. Dr. Michael Kubiciel
Volker Ettwig
Anne Laurinat, MLE
Dr. Jasmin Vieser
Simone Lersch
Daniela Etterer
Dr. Nikolaos Gazeas, LL.M.

Tsambikakis & Partner
Rechtsanwälte
Agrippinawerft 30
50678 Köln
Tel.: +49 221 33 77 23 – 0
Fax: +49 221 33 77 23 – 23
E-Mail: mail@true-law.de

Köln · Berlin · Stuttgart · Karlsruhe

www.tsambikakis.com

T/S/C FACHANWÄLTE FÜR ARBEITSRECHT

Auf dem Gebiet des Arbeitsrechts gehört TSC zu den führenden Kanzleien in Deutschland. In den wichtigsten Rankings, unter anderem in der Wirtschaftswoche, dem Handelsblatt und dem Fachmagazin Juve, wird TSC zu den Top-Kanzleien für Arbeitsrecht in Deutschland gezählt.

Arbeitsschwerpunkte: Als reine Arbeitsrechtsboutique deckt TSC das klassische Arbeitsrecht in all seinen Facetten routiniert und stets auf aktuellstem Stand ab. Ein Arbeitsschwerpunkt sind die Begleitung und Umsetzung von Restrukturierungen aller Art auf Arbeitgeberseite. Zweiter Schwerpunkt ist die umfassende Beratung und Begleitung in Fragen der betrieblichen Altersversorgung. In dieser Spezialmaterie, die nicht zuletzt auch bei Unternehmensübertragungen von teilweise entscheidender wirtschaftlicher Bedeutung ist, wird die in Fachkreisen hoch geschätzte Kompetenz von TSC regelmäßig nachgefragt. Gleiches gilt für die Beratung von Vorständen, Geschäftsführern und leitenden Angestellten. Hier entwickeln sich Mandatsbeziehungen, in denen TSC nicht selten Führungskräfte über Jahrzehnte in wechselnden Funktionen coacht und rechtlich begleitet.

- hoch spezialisierte Partnerschaft von Fachanwälten
- maßgeschneiderte Lösungen für Mandanten
- bundesweite Beratung und Betreuung

Münsterstraße 21
33330 Gütersloh
Telefon +49 52 41 90 33-0
Telefax +49 52 41 148 59
email info@t-s-c.eu
www.t-s-c.eu

UEXKÜLL & STOLBERG
PATENTANWÄLTE SEIT 1958

Seit mehr als 50 Jahren beraten die Anwälte der Kanzlei UEXKÜLL & STOLBERG Mandanten in Deutschland, Europa und der ganzen Welt auf dem Gebiet des gewerblichen Rechtsschutzes. Derzeit sind 19 Patentanwälte und 2 Rechtsanwälte in den Büros der Kanzlei in Hamburg und München tätig. Schwerpunkte der Tätigkeit bilden das Patentrecht mit den Bereichen Chemie, Biotechnologie, Medizintechnik, Elektronik, Automotive und Flugzeugbau sowie das Markenrecht.

Aufgrund der Vielzahl von weltweit operierenden Mandanten bewegt sich die Vertretung durch UEXKÜLL & STOLBERG von jeher auf internationalem Niveau. Im Laufe der Jahre hat sich ein umfangreiches Netzwerk zu Kollegen auf der ganzen Welt entwickelt, mit denen die Kanzlei eng zusammenarbeitet. Dies ermöglicht UEXKÜLL & STOLBERG die weltweite Verfolgung von Mandanteninteressen auf dem Gebiet des geistigen Eigentums zu koordinieren.

Die Kanzlei zeichnet sich auch durch umfangreiche Erfahrung in der Beratung in streitigen Verfahren wie Einspruchsverfahren, nationalen Patentverletzungsfällen sowie der Koordination von internationalen Patentverletzungsfällen aus. Markenverletzungsverfahren werden durch die erfahrenen Rechtsanwälte der Kanzlei geführt.

Hamburg · Beselerstrasse 4 · 22607 Hamburg · +49 40 899 654-0
München · Maria-Theresia-Str. 13 · 81675 München · +49 89 290 917-0
E-Mail postmaster@uex.de · **Internet** www.uex.de

FOCUSSING ON THE WHOLE IN DETAIL.

Konzern- und Unternehmenssteuerrecht •
Internationales Steuerrecht • Steuerverfahren

Völker Rechtsanwälte • Mundsburg Office Tower • Hamburger Str. 11 • D-22083 Hamburg
Tel. +49 40 284 09 55 00 • www.voelkertax.com • hamburg@voelkertax.com

ANZEIGE / KANZLEIPROFIL

WALDECK
RECHTSANWÄLTE

»premium thinking

M&A / Infrastructure / Outsourcing / Banking

Im Fokus unserer Tätigkeit stehen vier Bereiche: M & A, Infrastructure, Outsourcing und Banking. Wir haben diese Fokussierung bewusst gewählt. »premium thinking« heißt für uns: Wir können vieles, aber nicht alles. Dafür zählen wir in unseren Kompetenzfeldern und insbesondere im Hinblick auf deren Schnittmengen anerkanntermaßen zu den Besten.

www.waldeck.eu

WALDECK RECHTSANWÄLTE, Beethovenstraße 12 – 16, 60325 Frankfurt am Main

weber & sauberschwarz
Rechtsanwälte

Im Zentrum des Wettbewerbs der Marken.
Wettbewerbs-, Marken- und Medienrecht im Herzen von Düsseldorf, seit 1963.

weber & sauberschwarz
Königsallee 1
40212 Düsseldorf

Fon +49 (0) 211-44 03 93-0
Fax +49 (0) 211-44 03 93-99

www.weber-sauberschwarz.de
mail@weber-sauberschwarz.de

FACHKOMPETENZ MIT VIELEN FACETTEN

Weil, Gotshal & Manges ist eine der weltweit führenden Anwaltskanzleien. In Deutschland sind wir mit Büros in Frankfurt am Main und München präsent. Unsere Mandanten profitieren sowohl von unserer internationalen Ausrichtung als auch von der hervorragenden Positionierung am deutschen Markt in den Bereichen Private Equity, Mergers & Acquisitions, Restrukturierung, Finance, Steuerrecht, Prozessführung und Distressed M&A.
Unser eingespieltes Team aus Rechtsanwälten und Steuerberatern bietet erstklassige juristische Beratung und erarbeitet individuelle Lösungen unter Einbeziehung unternehmerischer Aspekte.

Bedeutende Transaktionen, die Weil in letzter Zeit begleitet hat, sind u.a.:

- Beratung Centerbridge Partners bei Erwerb der Senvion SE sowie bei High-Yield Bond Emission und Bankenfinanzierung
- Beratung General Atlantic bei Veräußerung ihres 30%igen Anteils an Axel Springer Digital Classifieds GmbH
- Beratung Change Capital Partners bei Veräußerung der Hallhuber GmbH an Gerry Weber International AG
- Beratung Eli Lilly bei Erwerb der Tierarzneimittel-Sparte von Novartis
- Beratung MorphoSys AG bei Erwerb von Anteilen an Lanthio Pharma B.V.
- Beratung der Verkäufergesellschaften im Rahmen der Neustrukturierung des Gesellschafterkreises des Nürburgrings

---

Weil, Gotshal & Manges LLP
Ansprechpartner: Prof. Dr. Gerhard Schmidt
Taunusanlage 1, 60329 Frankfurt a. Main, Tel. 069 21659-600, weil.frankfurt@weil.com
Maximilianstraße 13, 80539 München, Tel. 089 24243-0, weil.munich@weil.com
weil.com

Boston · Budapest · Dallas · Dubai · **Frankfurt** · Hongkong · Houston · London · Miami · **München** · New York · Paris · Peking
Prag · Princeton · Providence · Shanghai · Silicon Valley · Warschau · Washington, DC

Weitnauer

München
Berlin
Heidelberg
Hamburg
Düsseldorf

Rechtsanwälte

weitnauer.net

Transactions
Technology
Finance

+Lösungsanbieter
+Krisenbewältiger

WELLENSIEK IST ein juristischer Entwickler und Koordinator von betriebs- und finanzwirtschaftlich tragfähigen Lösungen zur Bewältigung von Unternehmenskrisen.

Als Krisenbewältiger ist WELLENSIEK weit über die Rechtsberatung hinaus strategischer Ansprechpartner für Eigentümer, Aufsichtsratsgremien, Geschäftsleitungen, Gläubiger und weitere Stakeholder krisenbefangener Unternehmen.

Lösungen für den Turnaround

Wenn es um die Bewältigung von Krisen deutscher Unternehmen geht, ist WELLENSIEK führend. Unsere Sozietät blickt auf mehr als 50 Jahre Erfahrung in der Insolvenzverwaltung zurück. Auf diesem Wissensschatz basiert auch unsere Restrukturierungsberatung einschließlich Treuhandschaften.

Insolvenzen zu vermeiden oder geordnet vorzubereiten, ist unser Anspruch. Dabei bringen wir unsere umfassende Expertise ein. WELLENSIEK verfügt über betriebswirtschaftliches und juristisches Know-how sowie Management-Erfahrung. Zudem können wir auf ein breites internationales Netzwerk aus Beratern aller Disziplinen sowie Investoren zurückgreifen.

www.wellensiek.de

Kompetenzfelder
› Insolvenzverwaltung
› Beratung bei Krise/Insolvenz
› Treuhandschaften

Standorte
› Heidelberg
› Frankfurt am Main
› Berlin
› Hannover
› München

WELLENSIEK Rechtsanwälte
Partnerschaftsgesellschaft mbB
Telefon +49 (0)6221 9118-25
E-Mail info@wellensiek.de

Entscheidend anders.

Klar positioniert.
Die Kanzlei Wildanger ist seit über 45 Jahren auf den Schutz geistigen Eigentums spezialisiert. Wildanger hat den besonderen Ruf Düsseldorfs als führenden Gerichtsstandort für Patentverletzungsprozesse in Europa entscheidend mitgeprägt. Darüber hinaus steht Wildanger auch im Marken-, Design-, Wettbewerbs- und Urheberrecht für herausragende Beratung und Prozessführung. Eine Vielzahl von Verfahren, an denen Wildanger maßgeblich beteiligt war, haben zu ober- und höchstrichterlichen Grundsatzentscheidungen geführt.

Ein starkes Team.
Wildanger ist ein Team ausgewiesener Spezialisten. Nationale und internationale Mandanten aus unterschiedlichsten Branchen vertrauen auf die herausragende Kompetenz in Beratung und Prozessführung.

Wildanger Kehrwald Graf v. Schwerin & Partner mbB Rechtsanwälte

Couvenstraße 8
40211 Düsseldorf
Germany

Telefon +49(0)211/4 97 67 83
Telefax +49(0)211/4 93 02 65
E-Mail mail@wildanger.eu
Internet www.wildanger.eu

Wildanger – entscheidend anders.

WHITE & CASE

Wherever you are, we're at home.

Die wichtigsten Märkte der Welt: Hier ist White & Case zuhause. Lokal tief verwurzelt, global vernetzt, hoch qualifiziert nicht nur im deutschen Recht, sondern in allen entscheidenden Rechtsordnungen. So stehen wir unseren Mandanten zur Seite und sorgen dafür, dass sie grenzenlos sicher agieren können – in Deutschland und weltweit.

Leiten und lenken: Mit Überblick und Expertise geben wir unseren Mandanten die erforderliche Orientierung. Wie kompliziert ein Sachverhalt auch sein mag, wir denken über den Tellerrand hinaus und schaffen innovative Lösungen. Lösungen, von denen unsere Mandanten bei hochkomplexen Projekten, Transaktionen und Rechtsstreitigkeiten profitieren.

Im Interesse unserer Mandanten: So denken und handeln wir jeden Tag. Wir verstehen, was ihnen wichtig ist, welche Herausforderungen bestehen und wie sie am besten bewältigt werden. Wir tun alles, damit unsere Mandanten ihre Ziele erreichen. Das ist die Basis, auf der Vertrauen wächst.

whitecase.de

Berlin   Düsseldorf   Frankfurt   Hamburg   München

ANZEIGE / KANZLEIPROFIL

WilmerHale – Auch in Deutschland Partner von Wirtschaft und Politik. Unsere Rechtsanwältinnen und Rechtsanwälte unterstützen Sie aus Büros in Berlin und Frankfurt in allen nationalen und internationalen Rechtsangelegenheiten. Zur Erreichung Ihrer unternehmerischen Ziele. International strategisch positioniert. Weltweit.

wilmerhale.de

BEIJING | **BERLIN** | BOSTON | BRÜSSEL | DAYTON | DENVER | **FRANKFURT** | LONDON | LOS ANGELES | NEW YORK | OXFORD | PALO ALTO | WASHINGTON DC

©2015 Wilmer Cutler Pickering Hale and Dorr LLP

ANZEIGE / KANZLEIPROFIL

Ideen haben keine Schutzengel.
Sie haben uns.®

 Nichts ist zerbrechlicher und flüchtiger als eine Idee – und kaum etwas kostbarer. Deshalb gebühren Ideen viel Aufmerksamkeit und Zuwendung. Wir zeigen Ihnen, wie Sie den Schutz bekommen, den Sie verdienen.

Witte, Weller & Partner Patentanwälte.
Führend im Schutz Ihrer Ideen.

WITTE, WELLER & PARTNER PATENTANWÄLTE MBB
KÖNIGSTRASSE 5 | 70173 STUTTGART
TELEFON 0711-66 669-0 | FAX 0711-66 669-99
WWW.WWP.DE | POST@WWP.DE

WITTE, WELLER & PARTNER
PATENTANWÄLTE

KANZLEIPROFIL / ANZEIGE

RECHTSANWALTSKANZLEI
WOLF - MACHEL - SCHEURICH

Wir haben den Durchblick!

Wir beraten und vertreten
in allen Fragen
des Arbeitsrechts.

Rechtsanwaltskanzlei Wolf-Machel-Scheurich   www.Wolf-Machel-Scheurich.de
Martin-Luther-King-Str. 1, 63452 Hanau
Tel: +49 6181 99 75 00, Fax: +49 6181 99 75 111, E-Mail: ra@wolf-machel-scheurich.de

ANZEIGE / KANZLEIPROFIL

ERFOLG
AUS ERFAHRUNG.

WOLTER HOPPENBERG Rechtsanwälte Partnerschaft mbB

WOLTER HOPPENBERG – ein modernes Unternehmen mit langjähriger Tradition. Seit 1924 sind wir kompetent und ergebnisorientiert für unsere Mandanten tätig. Mit mehr als 50 Anwälten, Steuerberatern und unserem Notar zählen wir heute zu den größten Kanzleien Nordrhein-Westfalens.

Maßstab für unsere Arbeit ist höchste juristische Qualität und praktische Umsetzbarkeit. Wir bauen Brücken zwischen rechtlich Möglichem und wirtschaftlichen Lösungen. Dazu schaffen wir durch projektorientierte Teamarbeit Ergebnisse, welche die Komplexe Recht, Steuern und Wirtschaftlichkeit ganzheitlich erfassen.

- ARBEITSRECHT
- BAU- UND IMMOBILIENRECHT
- ENERGIEWIRTSCHAFT
- HAFTPFLICHT- UND VERSICHERUNGSRECHT
- INTERNATIONALES
- KOMMUNALBERATUNG
- LANDWIRTSCHAFT UND JAGD
- NOTARIELLE LEISTUNGEN
- PLANUNGSRECHT
- STEUERBERATUNG
- UMWELTRECHT
- VERGABERECHT
- VERSICHERUNGSVERTRIEB
- WIRTSCHAFTSRECHT / STEUERRECHT

BÜRO HAMM
Münsterstraße 1–3 | 59065 Hamm
+49 (0) 23 81 / 9 21 22-0

BÜRO MÜNSTER
Hafenweg 14 | 48155 Münster
+49 (0) 2 51 / 9 17 99 88-0

www.wolter-hoppenberg.de

KANZLEIPROFIL / ANZEIGE

Designrecht
Lateinamerika
Naher- und Mitteler Osten   Bank- und Kapitalmarktrecht
Rostock   **Internationales Recht**   Teheran
Medienrecht München
Insolvenzrecht
Markenrecht   **Gesellschaftsrecht**
Berlin   **Handelsrecht**   Produkthaftung
Arbeitsrecht   Hamburg
Steuerrecht
Datenschutzrecht   Köln   **IT-Recht**   Dubai
Schwerin   Medizinrecht   Compliance
Sanierung   Brasilien   Restrukturierung
Peking   Gewerblicher Rechtsschutz
Bau- und Immobilienrecht   Zürich

Wir bündeln Kompetenzen für Ihren Erfolg

Standorte

Hamburg	Köln	Frankfurt a. M.	Peking
Berlin	Rostock	Sao Paulo	Dubai
München	Schwerin	Zürich	Teheran

WZR Group | Lehmweg 17 | D-20251 Hamburg | Germany
Tel.: +49 (0) 40 480 639 0 | hamburg@wzr-legal.com

Member of

www.wzr-legal.com

ANZEIGE / KANZLEIPROFIL

ZENK Rechtsanwälte Partnerschaft mbB
Hartwicusstraße 5, 22087 Hamburg, Telefon +49 40 226640
Reinhardtstraße 29, 10117 Berlin, Telefon +49 30 2475740
www.zenk.com

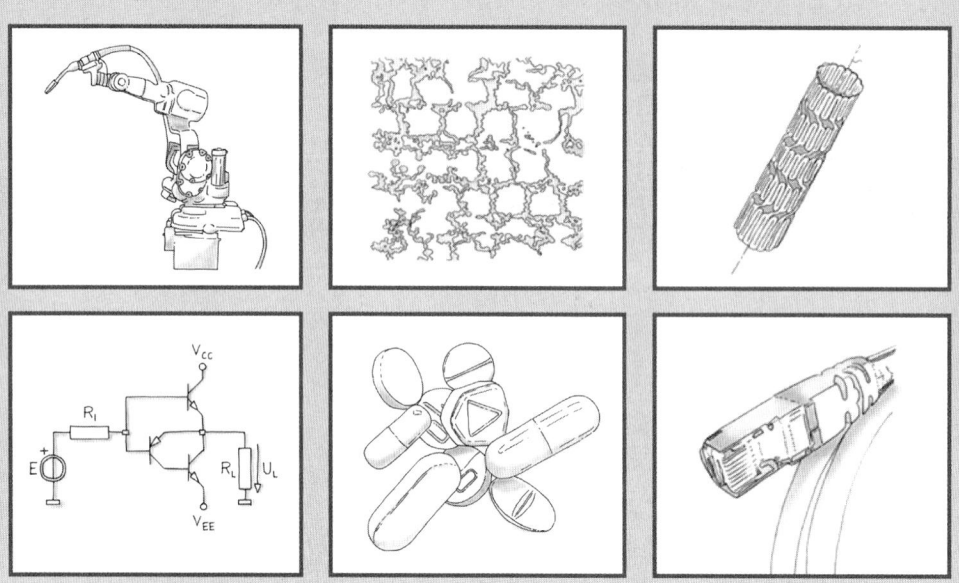

ZinnBöcker Rechtsanwälte

Friedrichsplatz 10
D-68165 Mannheim

T +49 (0)621 178 2382
F +49 (0)621 178 5204
E office@zinnboecker.com
W www.zinnboecker.com

Der Schwerpunkt unserer Kanzlei liegt in der Beratung und Vertretung bei grenzüberschreitenden Rechtsfragen und Transaktionen. Im Ausland erworbene Praxis und Abschlüsse, ausländische Zulassungen sowie langjährige Erfahrung bilden die Grundlage unserer internationalen Ausrichtung.

Tätigkeitsschwerpunkte

- Unternehmenskäufe / Restrukturierungen
- Gesellschaftsrecht
- Handelsrecht mit Schwerpunkt Vertriebsrecht
- Arbeitsrecht
- Finanzierungen
- Schiedsverfahrensrecht

Länderschwerpunkte

- Spanien
- Lateinamerika, insbesondere Mexiko
- Rumänien
- Frankreich

JUVE Handbuch
2015 | 2016

Ausländische Korrespondenzkanzleien

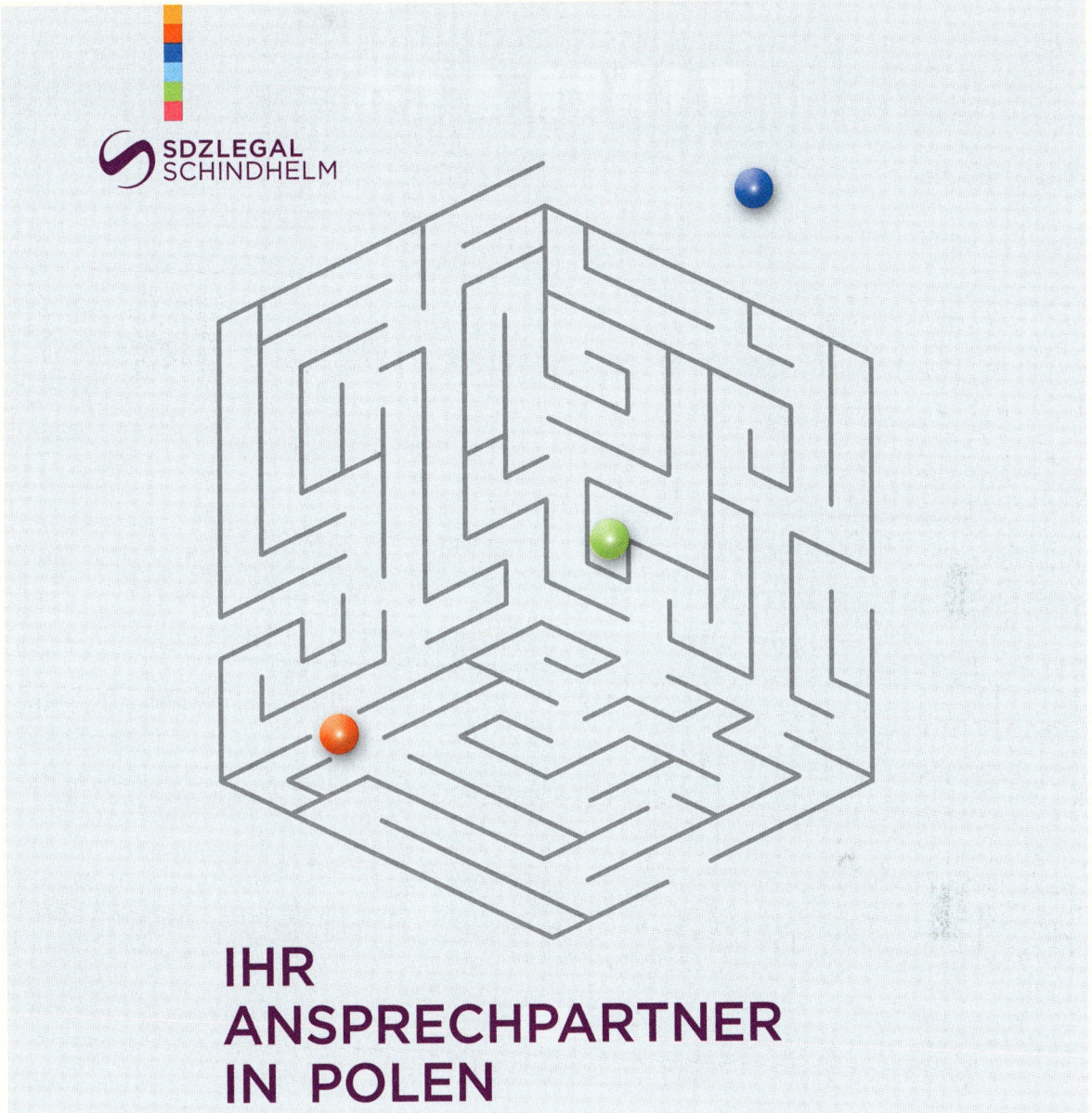

JUVE Handbuch 2015 | 2016

Index

INDEX PERSONEN

A

Abel, Franz 176
Abel, Dr. Nico 152, 379
Abel, Dr. Stefan 404
Abel, Dr. Wolfgang 191, 324
Abels, Michael 75, 383, 434
Abrar, Dr. Sascha 411
Ache, Bernd 160
Acker, Wendelin 325, 326
Ackermann, Dr. Brunhilde 352
Adam, Dr. Thomas 505
Aderhold, Prof. Dr. Lutz 139, 140, 275, 358
Adick, Dr. Markus 629
Adler, Dr. Lars 195, 328
Adolff, Dr. Johannes 277, 287, 379
Aghamiri, Bahram 93
Aha, Dr. Christof 372, 527
Ahlbrecht, Dr. Heiko 591, 630
Ahlhaus, Martin 472
Ahrens, Dr. Börries 343
Aigner, Florian 182, 369, 514
Albersmeyer, Dr. Uwe 502
Alberts, Dr. Martin 277
Albicker, Dr. Steffen 149
Albrecht, Dr. Carsten 401
Albrecht, Dr. Christian 173
Albrecht, Dr. Martin von 419
Albrecht, Prof. Dr. Philipp 101
Albrecht, Dr. Rainer 492
Aldag, Stefan 305
Aldejohann, Dr. Matthias 114, 115, 290
Aldenhoff, Dr. Hans-Hermann 130
Aleth, Dr. Franz 62, 133, 283, 559
Alexander, Dr. Martin 349
Alfes, Dr. Holger 155, 293, 383
Alio, Tarec 147, 277, 389
Allekotte, Dr. Bernd 497
Alt, Dr. Michael 57, 494
Altenburg, Stephan 216
Altenschmidt, Dr. Stefan 127, 464, 532
Althaus, Christian 229
Althoff, Dr. Markus 93
Alvensleben, Volker von 218
Amann, Dr. Karsten 174
Ambrosius, Markus 543
Amelung, Steffen 479
Amelung, Dr. Ulrich 426
Ammann, Stephan 569
Ammer, Dr. Andreas 175, 176
Ampferl, Dr. Hubert 566
Anders, Henning 89, 541
Andrejtschitsch, Jan 630
Andres, Dr. Dirk 565
Angerer, Dr. Lutz 289
Angersbach, Dr. Carsten 152, 286, 378
Anker, Dr. Axel 195
Annuß, Prof. Dr. Georg 217, 221
Anton, Dr. Peter 305
Antweiler, Dr. Clemens 129, 484, 553
Anuschek, Birgit 117
Apfelbacher, Dr. Gabriele 237, 243, 249, 280, 372
Apitzsch, Wolfgang 222
Appel, Dr. Markus 464
Appelt, Christian 494
Arends, Dr. Volker 84
Aretz, Alf 613
Arhold, Christoph 456
Armbrüster, Karl-Otto 179
Arndt, Dr. Jan-Holger 130
Arndt, Dr. Tim 524
Arndt, Dr. Volker 94
Arnold, Dr. Bernhard 492, 493
Arnold, Dr. Christian 217, 219
Arnold, Karin 110
Arnold, Prof. Dr. Michael 277, 284, 378
Aroukatos, Spyros 427
Arp, Dr. Torsten 136
Arretz, Frank 156
Arteaga, Dr. Marco 150
Artzinger-Bolten, Jochen 238, 241
Ascherfeld, Dr. Nicolaus 84
Asendorf, Dr. Joachim 96
Asmus, Dr. Thomas 109
Atzler, Christian 56, 371
Au, Michael 197
Aubel, Dr. Stephan 250
Aufenanger, Martin 497
Augenstein, Dr. Christof 502
Augsten, Ursula 444, 577
Austmann, Dr. Andreas 277, 287, 363
Austmann, Thomas 121
Axer, Prof. Dr. Jochen 131, 587, 603
Ayad, Dr. Patrick 189, 609, 610, 617

B

Baars, Alf 75, 293, 383, 525
Baars, Dr. Wiebke 408
Bach, Prof. Dr. Albrecht 75, 334, 341, 417
Bachmann, Dr. Peter 464
Backes, Bettina 165
Backhaus, Dr. Jan 87
Backhaus, Dr. Michael 117
Backu, Frieder 435
Baden, Alexander 93, 328
Bader, Dr. Klaus 75, 192
Baeck, Dr. Ulrich 219
Bähr, Dr. Biner 130, 562, 566, 571
Bähr, Dr. Gunner 596, 604
Bähr, Dr. Rainer 568
Bälz, Dr. Henning 353
Bär-Bouyssière, Dr. Bertold 201
Bärenz, Dr. Christian 559
Bärenz, Uwe 254
Bärwaldt, Roman 111, 297, 306
Bäumer, Ulrich 434
Bahns, Dr. Jochen 580
Bahr, Dr. Christian 345
Bailey, David 128
Baisch, Dr. Peter 281, 516
Balda, Dr. Volker 381
Ball, Wolfgang 173
Ballke, Christian 549
Ballmann, Alexander 374
Balssen, Dr. Jan 188
Balthasar, Dr. Helmut 558, 559
Baltus, Marc 531
Balzer, Dr. Peter 130
Bank, Stefan 596
Banke, Klaus 380
Barbers, Gregor 128
Barbosa, Eva-Maria 75, 192, 293, 605
Barnitzke, Dr. Arnd 103, 108
Barst, Dr. David 270
Bartelheimer, Dr. Hubertus 558
Bartenbach, Prof. Dr. Kurt 508
Barth, Gerhard 497
Barth, Dr. Marcel 101
Barthel, Dr. Thomas 216
Barthelmeß, Dr. Stephan 201, 335
Bartholl, Dr. Carsten 92, 387
Bartosch, Dr. Andreas 455
Bartsch, Andreas 238
Bartsch, Prof. Dr. Michael 169, 170
Bastian, Robert 525
Basty, Dr. Gregor 305
Batereau, Prof. Dr. Lutz 140, 143
Battke, Jörg-Dieter 113
Bauch, Rüdiger 570
Bauer, Andreas 408
Bauer, Dr. Andreas 378
Bauer, Dr. Detlef 284, 377
Bauer, Dr. Florian 400
Bauer, Dr. Jan 371, 377, 517, 518
Bauer, Prof. Dr. Jobst-Hubertus 214, 217, 218, 219, 220
Bauer, Dr. Michael 201, 335, 454
Bauer, Dr. Stephan 282, 375
Baukelmann, Dr. Peter 352
Baum, Dr. Florian von 192, 434
Baum, Dr. Marcus 167, 290, 381
Baum, Roland 253
Baumann, Dr. Antje 358, 363
Baumann, Henrik 482
Baumann, Toralf 527
Baumbach, Antje 527
Baumgärtel, Dr. Gunnar 495, 501
Baumgartner, Dr. Ulrich 192, 434
Baumhoff, Prof. Dr. Hubertus 580
Baus, Dr. Christoph 90, 354, 364
Bausch, Jörg 226
Bausch, Dr. Stephan 355
Bausch, Dr. Thorsten 495, 499
Beauvais, Dr. Ernst-Albrecht von 297, 387, 523
Bechtold, Martin 154, 339
Beck, Jürgen 499
Beck, Prof. Dr. Siegfried 197
Becker, Dr. Christian 94, 378
Becker, Dr. Florian 383
Becker, Lutz 344
Becker, Moritz 527
Becker, Dr. Peter 527
Becker, Dr. Sönke 121, 278, 371
Becker, Dr. Torsten 99
Beckerhoff, Dr. Tom 256
Beckmann, Dr. Bernd 533
Beckmann, Prof. Dr. Martin 140, 458, 459, 471

Beckmann-Petey, Dr. Monika 96, 279, 389
Beddies, Dr. Dirk 100, 285
Begemann, Dr. Arndt 142, 292
Behler, Frank 222
Behnes, Dr. Stephan 577
Behrends, Okko 240, 245
Behrens, Dr. Alexander 246
Behrens, Dr. Detlev 94
Behrens, Dr. Stefan 578
Behrens, Walter 95
Beil, Dr. Johannes 306
Beinert, Dr. Stefanie 447, 581
Beisheim, Dr. Carsten 382
Bell, Dr. Martin 374, 516, 517
Bell, Stefan 222
Bellen, Francis 360
Bellinghausen, Dr. Rupert 355, 363, 364
Bellis, Jean-Francois 204
Bender, Dr. Gregor 124, 281
Beninca, Dr. Jürgen 155, 346
Benkendorff, Dr. Andrea 113, 114
Bensinger, Dr. Viola 417
Benz, Dr. Sebastian 578, 583
Benzler, Dr. Marc 237, 243, 244
Berenbrok, Dr. Marius 283, 363, 376, 446
Berg, Dr. Hans-Georg 586
Berg, Dr. Werner 333
Bergau, Dr. Torsten 126, 380
Bergeest, Dr. Volker 600
Bergemann, Dr. Henrik 84
Berger, Dr. Christian 147, 277
Berger, Dr. Göran 571
Berger, Dr. Henning 247, 466, 475
Berger, Matthias 128, 409, 488
Bergerhoff, Wolfgang 117
Bergermann, Andrea 306
Bergermann, Dr. Michael 410, 500
Berghäuser, Dr. Klaus 160
Bergmann, Dr. Alexandra 401
Bergmann, Dr. Bettina 334, 344
Bergmann, Dr. Helmut 334, 336
Bergmann, Simon 440
Bergmann, Dr. Tina 479
Bergweiler, Alexander 177
Bergwelt, Dr. Alexander von 75, 293
Berlit, Prof. Dr. Wolfgang 90, 410
Berndt, Dr. Markus 630
Berner, Olaf 122
Bernhardt, Hans-Henning 60, 580
Bernhardt, Dr. Michael 369, 514
Berninger, Dr. Axel 101
Berninghaus, Dr. Jochen 140, 143, 296
Bernsau, Dr. Georg 565
Bernuth, Dr. Wolf von 353
Bernuth, Dr. Wolf von 109
Berrar, Dr. Carsten 158, 248, 250, 252, 371, 386
Berrisch, Dr. Georg 200
Berscheid, Thomas 179, 599
Berstermann, Andreas 467
Bertelsmann, Dr. Klaus 222
Bertheau, Ulf 91
Besen, Marc 334, 335, 608
Besgen, Dr. Nicolai 137, 230
Besier, Matthias 613
Besse, Dr. Dirk 110
Best, Dr. Michael 585
Beucher, Klaus 417
Beukelmann, Dr. Stephan 627, 628
Beutelmann, Dr. Martin 164
Bezani, Dr. Thomas 219
Bezler, Rudolf 292, 450
Bicker, Dr. Eike 151, 268, 270
Bieg, Dr. Thorsten 64, 558, 559
Bielefeld, Dr. Franz 589
Bienick, Dr. Georg-Wilhelm 96
Bienmüller, Klaus 329
Bierbach, Axel 566, 569
Biere, Sebastian 404
Bierwagen, Prof. Dr. Rainer 200, 454, 616
Bierwirth, Frank 234, 245
Biester-Junker, Dr. Frauke 217, 226
Bilgery, Dr. Wolfgang 566, 568
Billing, Dr. Tom 611
Binder, Dr. Justus 193, 385, 518, 522
Binder, Dr. Ulrike 292
Binge, Dr. Christoph 281, 374
Bingel, Dr. Adrian 165
Binnewies, Prof. Dr. Burkhard 579, 586
Binz, Prof. Dr. Mark 164, 278, 358, 444, 445
Birk, Prof. Dr. Dieter 579, 585
Birk, Prof. Dr. Hans-Jörg 459, 460
Birkenheier, Dr. Manfred 177

Birkhahn, Dr. Alexander 176
Birkholz, Dr. Matthias 109
Birkl, Dr. Nikolaus 468
Birkmann, Severin 168
Birnbach, Dr. Adrian 314
Birnkraut, Ulrich 325
Birnstiel, Dr. Alexander 203, 332, 341, 417, 421, 456
Bischke, Dr. Alf-Henrik 337
Bischof, Elke 435
Bischoff, Dr. Achim 140, 286, 378
Bismarck, Prof. Dr. Alexandra von 409
Bismarck, Kolja von 558, 561
Bismarck, Philipp von 99, 100, 387
Bissel, Dr. Carsten 196, 197
Bitsch, Caroline 220
Bittner, Dr. Carsten 461
Bittner, Dr. Thomas 494
Blaas, Dr. Ulrich 580
Black, James 252
Blank, Dr. Heike 400
Blanke, Dr. Gernot 95
Blaum, Dr. Matthias 67, 287, 447
Bleier, Helmut 160, 616
Bliesener, Dr. Dirk 239, 244, 245, 287
Blind, Dr. Julia 167, 410
Blobel, Felix 518, 521
Block, Dr. Ulrich 299
Blöcker, Dr. Katlen 258
Bloß, Dr. Henning 380
Blümle, Holger 570
Bluhm, Dr. Carsten 327
Blum, Dr. Hans Christian 445
Blumenberg, Prof. Dr. Jens 578, 583
Blumenröder, Dr. Ulrich 497
Blumers, Prof. Dr. Wolfgang 587
Boche, Dr. Mirjam 121, 277
Bock, Dr. Andreas 399
Bock, Jens 306, 317
Bock, Sebastian 259
Bock, Volker 314
Bodenbach, Horst-Walter 175
Bodenhausen, Dr. Eckard Frhr. von 86, 299
Bodensiek, Kai 415
Bodenstedt, Dr. Kai 218
Bodewig, Prof. Dr. Theo 502
Böcker, Dr. Christian 174
Böckmann, Dr. Claudia 408
Bödefeld, Dr. Axel 447, 579, 585
Bödeker, Dr. Annette 153
Böhm, Dr. Carsten 382, 521
Böhm, Dr. Claudia 185, 538
Böhm, Dr. Gideon 571
Böhm, Dr. Nicolas 379, 529, 531
Böhm, Rainer 400, 496
Böhm, Volker 566, 570
Boehme, Dr. Matthias 96
Böhner, Reinhard 612
Böhrensen, Uwe 112
Bömelburg, Dirk 315
Boeminghaus, Christoph 612
Böning, Dr. Ina-Maria 140, 286, 359, 378
Böning, Jochen 95
Bönker, Dr. Christian 323
Börger, Dr. Ulrich 71, 90, 340, 354, 364, 403, 614
Börgers, Dr. Michael 326
Börner, Dr. Andreas 293, 605
Bösch, Prof. Dr. Axel 356
Boesen, Arnold 478
Bösl, Dr. Raphael 499
Böttger, Dr. Marcus 630
Boetticher, Dietrich von 185
Bogaert, Peter 201, 539
Bogati, Michael 218
Bogenschütz, Eugen 576, 578
Bohle, Dr. Thomas 545
Bohlken, Dr. Lars 89
Bohnau, Dr. Markus 220
Bohne, Marc 308, 310
Bohnert, Dr. Dieter 125, 447, 581, 590
Boldt, Prof. Dr. Antje 485
Bollensen, Lars 322
Bomhard, Dr. Roland 310, 312
Bomhard, Dr. Verena von 396, 404
Bompoint, Dominique 128
Bomsdorf, Dr. Tobias 113
Bongen, Martina 166
Bongen, Dr. Wolfgang 166
Bonhage, Dr. Jan 455
Bonin, Dr. Andreas von 454
Bonin, Dr. Gregor von 283, 376
Bonke, Dr. Jörg 141
Bopp, Dr. Thomas 125, 495, 496, 497

PERSONEN INDEX

Borchers, Ilja 160
Borgmann, Dr. Bernd 133, 218
Bormann, Dr. Michael 130, 296, 386
Born, Alexander 587
Born, Dr. Felix 294, 384
Born, Dr. Walter 229
Born, Dr. Werner 448
Borne, Dr. Andreas von dem 492
Bornheim, Dr. Helmerich 326
Bornheimer, Dr. Jörg 567
Bornhofen, Roland 121
Borris, Dr. Christian 349, 350, 351
Bosbach, Dr. Jens 624
Bosch, Rainer 137
Bosch, Dr. Tobias 108, 110, 419, 420, 421, 434
Bosch, Dr. Wolfgang 334, 337
Boss, Dr. Hendrik 297, 562
Bossel, Dr. Alexander von 400
Bothe, Andreas 399, 404
Boudon, Dr. Ulrich 219
Bovelett, Dr. Hans-Gert 327
Bozenhardt, Dr. Friedrich 166, 286
Bracher, Dr. Christian 475
Bräutigam, Dr. Benedikt 105, 372
Bräutigam, Dr. Peter 431, 434
Brammer, Dr. Felix 87, 390
Brandes, Maren 93
Brandes, Dr. Stephan 296, 386
Brandi, Dr. Tim 153, 245, 277, 288, 289, 380
Brandi-Dohrn, Dr. Anselm 430, 538
Brandner, Dr. Gert 165, 166, 286, 353
Brandt, Dr. Sven 239
Brandts, Dr. Christoph 129
Brauer, Dr. Ulrich 126, 380
Braun, Axel 222
Braun, Dr. Christian 485
Braun, Eckhart 113, 116
Braun, Dr. Ellen 333, 334
Braun, Dr. Martin 431, 436
Braun, Matthias 108
Braun, Dr. Peter 476
Braun, Sylvia 542
Braunfels, Dr. Florian 305
Braunschweig, Philipp von 384, 522
Bredow, Dr. Günther 287, 379
Brehm, Wolfgang 415
Brehmenkamp, Raymund 427
Breitenbücher, Dr. Bettina 569
Breithaupt, Jürgen 97
Breitzke, Dr. Christian 91
Brem, Dr. Florian 87, 279
Bremer, Dr. Eckhard 339, 481
Brenner, Dr. Christoph 381, 519
Brenzinger, Christoph 128, 314
Bressensdorf, Dr. Erwin von 317
Bretthauer, Dr. Stefan 531
Breuninger, Dr. Gottfried 182, 576, 578
Brevern, Daniel von 455
Brexl, Oliver 404
Breyer, Dr. Michael 287
Breyer, Dr. Wolfgang 321
Brink, Dr. Ulrich 175, 176
Brinker, Dr. Ingo 334, 337, 604
Brinkhaus, Dr. Josef 253, 578, 603
Brinkmann, Andreas 99
Brinkmann, Berthold 94, 566
Brinkmann, Dr. Thomas 97, 301
Brock, Ina 347, 354, 542
Brock, Dr. Martin 229
Brock, Dr. Patrick 314
Brock, Dr. Rüdiger 86, 279
Brockdorff, Christian Graf 112, 565
Brocker, Dr. Rudolf 458
Brocker, Dr. Till 246
Brockhaus, Dr. Matthias 630
Brockmeier, Dr. Dirk 87
Brodersen, Christian 577, 578
Brodt, Dr. Eike 533
Bröcker, Dr. Norbert 126, 288, 380
Brödermann, Prof. Dr. Eckart 86, 299
Bröker, Jörn 326
Broich, Josef 277, 279
Broich, Stefan von 214
Brors, Dr. Tobias 121, 227
Brossette, Uwe 609, 612
Brucker, Guido 527
Bruckner, Dr. Volkmar 71, 79, 190, 194, 381, 520, 523, 524
Brübach, Dr. Thomas 178
Brück, Johann 338
Brückner, Dr. Dirk 310, 312
Brückner, Michael 478

Brüggehagen, Dr. Ferdinand 99, 228
Bruhn, Dr. Dirk 407, 543
Bruhns, Dr. Malte 132, 373, 374
Brunn, Dr. Thomas 529
Bruse, Dr. Matthias 384, 448, 522
Brust, Dr. Dirk 184
Bubenzer, Piet 419
Buchmann, Dr. Tobias 198
Buchner, Dr. Reimar 537, 541, 545
Buchta, Dr. Jens 121
Buchwaldt, Justus von 563, 565
Bucka, Sibille 159
Bucksch, Wolfgang 126, 229
Budde, Dr. Robert 608, 609
Buddenbrock, Christian Frhr. von 220
Buder, Dr. Sebastian 111, 226
Büchner, Prof. Dr. Hans 460
Büchner, Sebastian 327
Büchner, Prof. Dr. Wolfgang 433, 438
Bücker, Dr. Thomas 277, 283, 363
Büdel, Detlef 222
Bühling, Dr. Jochen 410, 500
Bühr, Dr. Oliver 158, 435
Büllesfeld, Dr. Dirk 317, 469
Bülow, Dr. Christoph von 283, 363, 376
Bürgers, Dr. Tobias 191, 293, 365, 383
Bürkle, Dr. Annegret 306
Bürskens, Holger 147
Büscher, Dr. Rolf 168
Büsching, Dr. Heino 579
Büsken, Dr. Rainer 349, 595
Büttner, Dr. Thomas 548
Buge, Ronald 110, 585
Bugus, Bettina-Axenia 85, 415
Bukow, Dr. Johannes 504
Bulling, Prof. Dr. Alexander 496
Bullinger, Prof. Dr. Winfried 400, 416, 417
Bungert, Dr. Hartwin 125
Burger, Dr. Alexander 164, 444
Burghardt, Claus 543
Burghardt, Dr. Rainer 295
Burghardt-Richter, Ingrid 124, 283
Burholt, Dr. Christian 104, 333, 538, 540
Burianski, Dr. Markus 357, 365
Burmann, Dr. Michael 117, 597
Burmeister, Dr. Frank 306, 518
Burmeister, Thomas 80, 123, 130, 526, 528, 529, 534
Burrichter, Dr. Arwed 495
Burrichter, Jochen 337
Burwitz, Dr. Gero 584
Busch, Dr. Bernhard 311
Busch, Dr. Jochen 184, 444
Busch, Dr. Kai 301
Busch, Dr. Ralf 189, 220
Busch, Dr. Stephan 281, 579
Busch, Dr. Torsten 250
Buschmann, Till 150
Bussche, Dr. Axel Frhr. von dem 412, 423, 435, 438
Busse, Dr. Daniel 348, 351, 527
Bussian, Dr. Wolf 348
Butt, Dr. Mark 463
Butz, Dr. Andreas 128, 223
Byok, Dr. Jan 56,57, 122, 476, 478, 487

C

Caesar, Tim 148, 414, 429
Camesasca, Dr. Peter 201
Campos Nave, Dr. José 77, 585
Cappellari, Silvio 204, 343
Carbonare, Marco 251
Carl, Dr. Jens-Peter 167, 290
Carl, Peter 284
Carl, Steffen 285
Carli, Winfried 157, 260
Cascante, Dr. Christian 165, 284, 371, 377, 518
Castendyk, Prof. Dr. Oliver 415
Cepl, Dr. Philipp 492
Ceranowski, Sven 190, 582
Chakraborty, Dr. Martin 495, 499
Chatzinerantzis, Alexandros 355, 532
Christiani, Ulf 481
Christians, Bendix 312
Christiansen-Geiss, Dr. Petra 133
Christoph, Dr. Fabian 76, 294, 384
Chrocziel, Prof. Dr. Peter 187, 402, 496
Chwalisz, Dr. Patrizia 217, 228
Cichy, Dr. Patrick 62, 244
Cieslarczyk, Michael 529
Clancy, Michael 204
Claus, Reinhard 160

Clausen, Wulf 467
Claussen, Dr. Lorenz 312, 322
Cleblad, Oliver 154, 390
Clemenz, Dr. Susanne 226
Clemm, Prof. Dr. Nils 112, 630
Coenen, Christoph 73, 155
Cohnen, Karl-Dietmar 221
Colgan, Daniel 201
Compart, Dr. Eddo 624
Compes, Dr. Achim 311, 531
Confurius, Manfred 229
Conrad, Dr. Albrecht 379, 418, 437
Conrad, Isabell 431, 435
Conradi, Dr. Johannes 310
Cordes, Dr. Christoph 409
Cording, Dr. Sebastian 431, 439
Cornelius, Dr. Claus 94
Cotta, Philipp 344
Crailsheim, Dr. Bernulph Frhr. von 157, 254, 586
Cramer, Dr. Stephan 113
Cramer von Clausbruch, Dr. Joerg von 114
Criegern, Dr. Andreas von 60, 359
Cron, Dr. Thomas 257, 258
Crones, Dr. Christian 388
Csaki, Dr. Alexander 478
Czajka, Dr. Lorenz 322
Czarnetzki, Dr. Axel 432
Czarske, Stefan 159
Czettritz, Peter von 539, 543
Czychowski, Dr. Christian 399, 415

D

Dahm, Prof. Dr. Franz-Josef 140, 142, 547
Dahms, Dr. Axel 219
Dallmayr, Dr. Reinhard 595
Danelzik, Dr. Wilhelm 355
Daniel, Dirk 136
Danko, Dr. Franz-Ludwig 569
Dann, Dr. Matthias 630
Dannecker, Dr. Achim 446, 581
Dannenfeldt, Eva 627
Dau, Carsten 76, 294, 342, 607, 612
Daub, Dr. Falko 225
Davila-Cano, Javier 222
Dazert, Dr. Andreas 178
de Boer, Dr. Anne 239
de Coster, Christoph 505
de Erice, Pablo 520
de Lind van Wijngaarden, Dr. Martina 352
de Sousa, Dr. Octávio 159, 385, 522
de Vries, Dr. Kolja 390
Debald, Dr. Dirk 310, 312
Dechamps, Dr. Claudius 159
Decher, Dr. Christian 283, 363
Deck, Markus 495
Decken, Angelica von der 398, 399
Deckers, Dr. Rüdiger 629
Decruppe, Hans 222
Defren, Dr. Ralph 258
Degenhardt, Florian 93
Dehio, Andreas 246
Delbrück, Hans-Helmuth 603
Deller, Dr. Frank 176
Demisch, Dominik 86
Demuth, Dr. Björn 445, 446, 579
Denk, Dr. Stephan 460
Denkhaus, Stefan 86, 566
Denzel, Dr. Ulrich 334, 337, 417, 609
Depping, Bernd 556
Derlien, Ulrich 198
Dernbach, Jürgen 173
Desch, Dr. Wolfram 188
Deselaers, Dr. Wolfgang 203, 334, 340, 455
Deters, Sven 88
Dethof, Dr. Sascha 345
Dettling, Dr. Heinz-Uwe 542, 543
Dettmann, Dr. Frank 411
Dettmeier, Dr. Michael 582
Deubzer, Wolfgang 422
Deuchler, Dr. Wolfgang 60
Deutsch, Askan 401
Deutsch, Dr. Markus 459, 460, 551
Dick, Thomas 147, 228
Dieckmann, Dr. Martin 471, 479
Diedrich, Dr. Kay 70
Diehl, Frank 131, 603
Diehr, Dr. Uwe 112
Diekgräf, Dr. Robert 306
Diekmann, Dr. Hans 52, 54, 120, 275, 276, 277, 362, 603
Diem, Dr. Andreas 190, 234, 257, 259
Diem, Frank 165

Diemar, Dr. Undine Frfr. von 433
Diemer, Dr. Stefan 285, 287
Dieners, Dr. Peter 58, 123, 267, 539
Diepenbroick, Dr. Hagen Frhr. von 572
Dierks, Prof. Dr. Christian 539, 540
Dierks, Wolfgang 326
Dierlamm, Prof. Dr. Alfred 160, 625
Diesbach, Dr. Martin 44, 191, 193, 194, 413, 417, 420, 421, 422
Diesel, Hartmut 175
Dieselhorst, Dr. Jochen 402, 431, 540
Dietl, Andreas 121, 277, 370
Dietlmeier, Dr. Stefan 194
Dietmann, Rainer 170, 173, 295
Dietrich, Alexander 325
Dietrich, Florian 416, 431
Dietrich, Dr. Joachim 374
Dietrich, Dr. Michael 44, 130, 152, 345
Dietze, Jan 93, 302
Dietze, Dr. Philipp von 86, 299
Dietzel, Dr. Andreas 373
Dietz-Vellmer, Dr. Fabian 365
Diller, Dr. Martin 219, 220
Dimigen, Dr. Klaus 88
Dippel, Prof. Dr. Martin 140, 458, 471
Disput, Dr. Anja 150, 314
Dissmann, Dr. Richard 399
Distler, Dr. Wolfram 257
Dittert, Katrin 329
Dittmann, Dr. Jan 189
Dittrich, Dr. Kurt 238, 240
Ditz, Dr. Xaver 580
Dölle, Ulrich 134
Dörfler, Harald 585
Döring, Dr. René 217, 218, 220
Dörr, Dr. Felix 625
Dörries, Dr. Hans 495
Dolde, Prof. Dr. Klaus-Peter 459, 460, 474, 551
Dolde, Dr. Tobias 396
Dolfen, Dr. Michael 285
Doll, Dr. Natascha 62, 517
Dombert, Prof. Dr. Matthias 112, 467
Domeier, Dr. Danja 548
Donat, Christoph von 456
Donle, Prof. Dr. Christian 407, 502
Doppstadt, Joachim 446
Dorfmueller, Dr. Pia 77
Dorndorf, Dr. Maximilian 606, 611
Douglas, Dr. Morton 402
Draheim, Yvonne 404
Drauz, Götz 204, 346
Drebes, Dr. Ralph 382, 520
Dreher, Oliver 237
Dreibus, Dr. Alexandra 253
Drewes, Dr. Stefan 230
Dreyer, Dr. Jan 87
Dreyer, Dr. Jan 345
Drinkuth, Dr. Henrik 281, 374
Drömann, Dr. Dietrich 488
Drosdeck, Dr. Thomas 216
Droste, Dr. Wilhelm 305
Drouven, Dr. Ralph 281, 374
Drude, Dr. Joachim 371
Drüke, Dr. Heiner 387
Drumm, Dr. Julius 301
Drygalski, Dr. Andrea von 384, 517, 522
du Mesnil de Rochemont, Rudolf 403
du Mont, Dr. Ivo 319
Dünchheim, Dr. Thomas 463, 488, 531
Dünisch, Ruth 614
Dürr, Boris 379, 519
Düwel, Dr. Martin 466
Duhnkrack, Dr. Stefan 379, 610
Duisberg, Dr. Alexander 430
Dulle, Dr. Silke 546
Dullenkopf, Daniel 323
Dunckel, Dr. Till 426
Dupuis, Charlotte 127, 300
Durst, Dr. Matthias 310, 314
Durth, Dr. Hanno 160, 631
Dustmann, Dr. Andreas 112
Duttiné, Tino 155, 577, 584
Duve, Prof. Dr. Christian 351, 363
Duvinage, Prof. Dr. Peter 439
Duys, Dr. Oliver 128, 384, 525

E

Ebbing, Dr. Frank 196
Eberhard, Jochen 178
Eberhardt, Dr. Julian 400
Eberl, Dr. Walter 354
Eble, Sebastian 407
Eck, Prof. Dr. Matthias 400, 495, 539

INDEX PERSONEN

Eck, Dr. Stefan 404, 500
Eckert, Dr. Rainer 566
Eckhartt, Claus 398
Eckhoff, Dr. Frank 220
Eckhold, Dr. Thomas 246, 247
Eckstein, Frank 631
Eckstein, Dr. Patrik 177
Edelmann, Georg 584
Edelmann, Dr. Hervé 168, 357
Edye, Dr. Christian 520
Egbers, Dr. Bernd 256
Ege, Andreas 216
Ege, Dr. Reinhard 188
Eggers, Dr. Christofer 159, 408, 549
Eggers, Dr. Tobias 628
Eggersberger, Dr. Michael 310, 312
Eggert, André 103, 108, 518, 520
Ehlers, Prof. Dr. Alexander 540
Ehlers, Jochen 495, 496
Ehlers, Manfred 143
Ehret, Daniel 561
Ehrmann, Dr. Markus 463
Eichele, Dr. Hans 176, 179, 549
Eichhorn, Dr. Jochen 154
Eichhorn, Dr. Peter 467
Eichner, Dr. Christian 120, 276, 277, 369, 603
Eickemeier, Dominik 403
Eickhoff, Dr. Andreas 140, 277
Eickmann, Dr. Marco 77, 191, 192, 521, 522
Eickmeier, Dr. Frank 423
Eickstädt, Gaby 334, 345
Eilers, Prof. Dr. Stephan 578, 580
Einem, Prof. Dr. Christoph von 276, 277, 369, 370, 514
Eisele, Hans-Günther 222
Eisenbeis, Ernst 216
Eisenblätter, Dr. Tanja 542
Eisenführ, Günther 400
Eisenlohr, Verena 173
Ek, Dr. Ralf 289
Ellers, Dr. Holger 104
Ellinghaus, Prof. Dr. Ulrich 471
Elsäßer, Andreas 561
Elser, Matthias 294, 384
Elser, Dr. Thomas 191, 583
Elshorst, Dr. David 309, 459
Elsing, Prof. Dr. Siegfried 128, 351, 360
Elsner, Thomas 629
Elsner, Dr. Timo 310
Elspas, Dr. Maximilian 527
Elspaß, Dr. Mathias 459
Eltzschig, Jan 133, 604
Emde, Dr. Raimond 614
Emde, Dr. Thomas 244, 253
Emmerling, Dr. Friedrich 184, 493, 494
Enaux, Dr. Christoph 417, 437
Endebrock, Frank 73, 156, 317
Endemann, Dr. Harald 547
Enderle, Franz 185, 350
Enderstein, Christoph 44, 54, 146, 147, 236, 308
Endler, Dr. Jan 109, 455, 464, 475, 483, 488
Endres, Peter 608
Engel, Friedrich-Wilhelm 352
Engel, Dr. Michaela 584
Engel, Dr. Thomas 306
Engelhard, Dr. Markus 494
Engelmann, Dr. Oswald 549
Engels, Dr. Stefan 399, 413, 414, 424, 425, 426, 431
Engesser Means, Nicole 44, 58, 214, 216, 217, 225
Englert, Prof. Dr. Klaus 322, 329
Englisch, Dr. Lutz 187, 188, 283, 376
Englisch, Dr. Nicole 373
Epping, Dr. Manja 544
Eppinger, Dr. Hans-Ulrich 168
Eppler, Dr. Uwe 75, 91, 584, 585
Erb, Dr. Hilmar 590
Erbacher, Peter 371, 382
Erdl-Heyer, Dr. Cornelia 481
Erdmann, Günter 612
Erhardt, Dr. Martin 383
Erkens, Dr. Michael 283, 376
Erker, Prof. Dr. Martin 281
Erne, Dr. Roland 126
Ernst, Dr. Reinhold 250, 287, 379
Esch, Dr. Oliver 484
Eschenbruch, Dr. Klaus 322, 323
Escher, Dr. Markus 188, 245
Esser, Bernd 221

Esser, Dr. Michael 334, 336, 417, 437
Eßer, Walter 137
Eßers, Claus 126, 288, 380
Esslinger, Dr. Alexander 493
Ettinger, Dr. Jochen 187, 282, 374, 445
Etzbach, Dr. Peter 293, 383, 605
Etzel, Verena 561, 563
Evenkamp, Dr. Gregor 237
Even-Shoshan, Gil 127, 300
Evers, Jürgen 95, 607, 609
Evers, Dr. Malte 229
Ewald, Konstantin 417, 421, 434, 612
Ewald, Uwe 222
Ewer, Prof. Dr. Wolfgang 94, 459, 465
Exner, Joachim 566
Eyber, Dr. Klaus 359
Eyles, Dr. Uwe 234, 244, 245, 364
Eyring, Reinhard 277, 370

F

Faas, Thomas 221
Faber, Christian 175
Fabian, Roland 308
Fabritius, Dr. Andreas 268, 283, 363, 371, 376
Fabry, Dr. Beatrice 292, 483, 488
Fabry, Peter 191
Fackler, Nikolaus 198
Fähndrich, Dr. Martin 499
Faerber, Dr. Georg 282, 375
Falck, Dr. Andreas von 126, 495, 499, 542
Fammler, Dr. Michael 397, 399
Farle, Valentina 582
Faßbender, Dr. Christian 159
Faulhaber, Dr. Karsten 360
Fausel, Michael 148
Faustmann, Dr. Uwe 140, 141
Favoccia, Dr. Daniela 277, 287, 371, 379
Féaux de Lacroix, Dr. Stefan 499
Fechner, Georg 499
Federle, Anne 200, 334, 607
Federwisch, Christof 464
Feick, Dr. Martin 449
Feigen, Hanns 625, 626
Feiler, Dr. Thomas 428
Feindor-Schmidt, Dr. Ursula 420
Feld, Dr. Ina vom 494, 505
Feldges, Dr. Joachim 182, 492
Feldhaus, Dr. Heiner 189
Feldmann, Thorsten 418, 419, 433
Felleisen, Felix 124, 281, 374
Fellenberg, Dr. Frank 77, 111, 465
Felsenstein, Oliver 44, 58, 71, 144, 149, 154, 280, 373, 381, 513, 515, 517, 520
Fenge, Dr. Anja 121
Ferme, Marco 216
Fesenmair, Dr. Joseph 399, 439
Fett, Dr. Torsten 246, 270, 293
Feuerriegel, Dr. Stefan 314
Feuring, Dr. Wolfgang 158, 252, 386
Fiebig, Martin 405
Fiebig, Sylvia 571
Fiedler, Björn 352, 597
Figgen, Markus 458, 471
Filges, Axel 226
Filippitsch, Christian 203
Fillmann, Dr. Andreas 158
Filzek, Johannes 222
Fink, Dr. Paul 567
Finkel, Bastian 349, 595
Fischer, Burkhardt 222
Fischer, Dr. Carsten 150, 253
Fischer, Erika 222
Fischer, Florian 369, 514
Fischer, Dr. Jürgen 631
Fischer, Dr. Michael 374
Fischer, Dr. Roderich 182
Fischer, Stefan 221
Fischer, Thomas 159, 436
Fisseler, Dr. Markus 310
Fissenewert, Prof. Dr. Peter 105
Fitzau, Dr. Christian 598
Flaßhoff, Carsten 127
Flatten, Dr. Thomas 314
Fleck, Dr. Thilo 122
Fleckenstein, Dr. Martin 109, 111, 464
Fleischhauer, Dr. Jens 306
Fleischmann, Michael 222
Flinder, Dr. Marcus 112
Flöther, Prof. Dr. Lucas 114, 566
Flohr, Prof. Dr. Eckhard 609, 611
Flor, Dirk-Peter 73, 155, 259, 317
Flüh, John 306, 363
Fock, Dr. Till 69, 108

Foerster, Alexander 154
Förster, Dr. Christoph 96
Förster, Oliver 90
Fontaine, Dr. Nicolas 99
Fontane, Dr. Gabriele 156, 522
Forkert, Dr. Meinhard 176
Forrester, Ian 199, 204
Fox, Dr. Thomas 583
Fräbel, Thomas 193
Fragstein, Dr. Udo von 124
Frahm, Dr. Sebastian 217, 223
Franck, Dr. Peter 506
Frank, Dr. Christian 412, 435
Frank, Matthias 160
Frank, Dr. Susanne 305
Frank, Dr. Tom 91, 291, 381
Franke, Prof. Dr. Horst 481
Franßen, Gregor 467
Franz, Dr. Birgit 323, 324
Franz, Dr. Christian 124, 390
Franz, Dr. Ulrich 425
Franzmann, Armin 222
Frechen, Fabian 134
Freckmann, Dr. Anke 224
Freeden, Dr. Arne von 580
Freitag, Dr. Andreas 401
Frenz, Hansjörg 292
Freudenberg, Prof. Dr. Götz-Peter 164, 278, 444
Freund, Dr. Heinz-Joachim 281, 335
Frevert, Dr. Tobias 421, 438
Frey, Dr. Johannes 586
Frey, Peter 243
Freyschmidt, Uwe 631
Freytag, Dr. Stefan 422
Frick, Bertold 96
Frick, Dr. Jörg 589, 590, 628
Fricke, Detlef 222
Fricke, Michael 425
Friedrich, Dr. Wolf-Henrik 411
Friedrich-Renken, Dr. Sabine 87
Friedrichs, Dr. Hans-Georg 97
Friedrichsen, Dr. Sönke 90, 289
Friedrich-Vache, Dr. Heidi 193
Friege, Arne 117
Friel, Dr. Arne 59, 106, 559
Friese, Dr. Arne 374
Friese-Dormann, Dr. Ulrike 293
Frings, Dr. Arno 128, 218
Fringuelli, Dr. Pietro Graf 416
Frisch, Dr. Burkhard 108, 482
Fritsch, Dr. Klaus 126, 468, 472
Fritsche, Sven 189, 190, 289, 380, 582
Fritz, Bernhard 170
Fritz, Dr. Robin 151
Fritz, Dr. Thomas 192, 448, 585
Fritze, Dr. Alexander 597
Frodermann, Dr. Jürgen 281, 374
Froesch, Daniel 354
Frohnmayer, Dr. Thomas 166, 447
Fromm, Hartmut 105
Fromm, Dr. Michael 176
Fromm, Dr. Rüdiger 176
Froning, Dr. Christoph 89
Frowein, Dr. Georg 312, 379
Früchtl, Christian 614
Frühmorgen, Dr. Michael 166
Fuchs, Dr. Heiko 323
Fuchs, Markus von 407
Fuchs, Dr. Ulrich 194, 422
Füchsel, Andreas 153, 380, 519
Fügen, Michael 399
Füger, Dr. Rolf 578, 584
Führling, Dr. Carsten 314
Fülbier, Dr. Ulrich 188, 219
Füllsack, Prof. Dr. Markus 590
Fünten, Dr. Jörg aus der 519
Fuerst, Dr. Stefanie 313
Fuhrmann, Dr. Claas 577, 579
Fuhrmann, Dr. Lambertus 283, 376
Fullenkamp, Dr. Josef 99
Funk, Dr. Axel 431
Funk, Christian 179
Funke, Dr. Sabine 305
Funke, Dr. Thomas 342

G

Gabel, Dr. Detlev 271, 428, 431, 436
Gabler, Dr. Thomas 425
Gabriel, Dr. Marc 104, 477, 478, 538
Gabrysch, Nicolas 76, 294, 384, 518, 522
Gäbert, Jens 222
Gaede, Dr. Bertold 365, 445, 447

Gaedertz, Dr. Johann-Christoph 410
Gädtke, Dr. Thomas 351, 596, 597
Gänsler, Katrin 155
Gärtner, Christine 354
Gärtner, Dr. Olaf 364
Gätsch, Dr. Andreas 130, 295
Galonska, Dr. Wolfgang 449
Gamer, Kristian 167
Gamon, Dr. Peter 305
Gampp, Dr. Markus 187, 508
Ganten, Prof. Dr. Hans 96, 326
Gantenberg, Ulrike 126, 287, 351, 354
Garbe, Thomas 88
Garbers, Dr. Marco 531
Gaßner, Hartmut 459, 461, 471, 472, 480, 535
Gastell, Dr. Roland 105, 228
Gatzweiler, Prof. Norbert 623
Gaube, Wolfgang 177
Gaudig, Christof 382
Gaul, Prof. Dr. Björn 217
Gauweiler, Dr. Peter 350
Gebele, Dr. Alexander 306
Gebhardt, Dr. Denis 56, 68, 121, 349, 359
Gebhardt, Dr. Martin 411
Geddert, Dr. Heinrich 306
Geerds, Dr. Detlev 94
Geerling, Tobias 79, 587
Gehlich, Jens 114, 116, 383
Gehling, Christian 296, 365
Gehrlein, Martin 100
Gehrmann, Dr. Philipp 627
Geier, Dr. Bernd 243
Geiersberger, Dr. Doris 94
Geiger, Dr. Andrea 194
Geiger, Dr. Andreas 463
Geiger, Dr. Daniel 540
Geiger, Dr. Martin 239, 312
Geiser, Dr. Gordon 311
Geislinger, Josef 469
Geißler, Karl 226
Geißler, Thomas 87
Geiwitz, Arndt 346, 570
Gemmel, Bernhard 59, 149, 150
Gemmel, Dr. Heiko 582
Gennen, Klaus 134
Gent, Dr. Kai 529, 533
Genzow, Prof. Dr. Christian 609
Geppert, Dr. Martin 438
Gerber, Dr. Olaf 305
Gercke, Prof. Dr. Björn 623, 626
Gerdel, Thomas 445, 579
Gerdes, Ingo 562
Gerhold, Dr. Thomas 458, 459, 471
Gerlach, Arno 178
Gerlach, Dr. Leopold von 404
Gerns, Ronald 305
Gerstberger, Dr. Ina 549
Gerstenmaier, Dr. Klaus 165, 166, 286, 351, 353
Gerstner, Jutta 222
Gerstner, Dr. Stephan 77, 465, 553
Geschke, Eva 495, 507
Gesell, Dr. Harald 293, 383, 447
Gesterkamp, Dr. Stefan 485
Gey, Dr. Peter 544
Geyrhalter, Dr. Volker 380, 519
Gibhardt, Dr. Ulf 154
Giebe, Olaf 495, 500
Gierke, Cornelie von 352
Gierke, Dr. Klaus von 91, 293, 411
Giermann, Dr. Heiko 283
Gierschmann, Dr. Sibylle 423, 431, 435
Gierthmühlen, Stephan 545
Giesberts, Dr. Ludger 471, 472, 551
Giesecke, Dr. Christian 457
Giesecke, Dr. Susanne 218
Gieseler, Dr. Norbert 197
Giesler, Dr. Jan 136
Gillert, Olaf 408
Gilles, Dr. Thomas 371
Gillmeister, Prof. Dr. Ferdinand 631
Girkens, Hans-Peter 138
Girnth, Dr. Kirsten 374, 375
Glade, Dr. Achim 125, 284, 376, 377
Glaesmann, Thomas 217
Glahs, Dr. Heike 484
Glander, Dr. Harald 254
Glas, Ingo 94
Glauber, Jan 597
Gleske, Dr. Christoph 238, 250
Glöckner, Dr. Arne 344, 531
Glos, Dr. Alexander 244

PERSONEN INDEX

Gobbers, Dr. Dieter 137, 285
Goddar, Prof. Dr. Heinz 494, 495
Godefroid, Dr. Christoph 125, 359, 613
Godron, Dr. Axel 449
Goebel, Dr. Burkhart 68, 404
Goebel, Dr. Ulrich 372
Göckeler, Dr. Stephan 283, 376
Goede, Matthias 328
Göken, Klaus 496
Goepfert, Prof. Dr. Alexander 128, 310, 314
Göpfert, Dr. Burkard 183, 216, 217
Göppert, Arnt 66, 286, 376
Gördes, Dr. Hermann 143
Goerg, Diethard 182
Görling, Dr. Helmut 265, 266, 267
Göthel, Prof. Dr. Stephan 92
Goetker, Dr. Uwe 292, 561
Goetz, Dr. Axel 278, 372
Götz, Dr. Hellmut 170
Götz, Dr. Wolfgang 404, 500
Götze, Dr. Cornelius 284
Götze, Dr. Roman 467
Goldmann, Dr. Michael 403
Goldschmidt, Dr. Christof-Ulrich 281, 371, 373
Goldschmidt, Jens 198
Goltz, Dr. Hanno 605
Goltz, Dr. Heinrich-Werner 91, 300
González Hähnlein, Dr. Alexander 411
Gores, Dr. Joachim 290
Gossler, Janik 611
Gostomski, Tobias von 150, 256
Gottgetreu, Dr. Stefan 279, 372
Gottwald, Heiko 326
Gotzens, Dr. Markus 579, 590, 591, 630
Gräfe, Dr. Gerald 608
Grätz, Horst 295
Graf, Roland 192, 585
Graf, Dr. Walther 626
Gramsch, Dr. Peter 94
Grau, Dr. Timon 217, 218
Grau, Dr. Ulrich 540
Grauke, Stephan 387
Grauvogl, Josef 329
Grave, Dr. Carsten 340
Greeve, Dr. Gina 628
Greinacher, Dr. Dominik 527
Greiner-Mai, Carola 222
Greitemann, Dr. Georg 384
Grell, Frank 290, 558, 561
Grevesmühl, Dr. Götz 95, 389
Grewlich, Anne 256
Griebe, Dr. Thomas 226
Griem, Dr. Niels 477, 551
Griesbach, Annette 313
Grieser, Dr. Simon 73, 155, 246
Grießenbeck, Dr. Armin Frhr. von 114, 189, 323
Grigoleit, Dr. Annett 516
Grimm, Dr. Detlef 134, 229
Grobecker, Dr. Wolfgang 77, 192, 294, 448
Gröblinghoff, Dr. Stefan 129
Grönda, Edgar 98, 570
Gröner, Udo 176, 177
Gröning, Maximilian 290, 381
Gromotke, Dr. Carsten 339
Gronau, Dr. Wolf-Dieter von 193, 450
Gronefeld, Dr. Volker 552
Gronemeyer, Dr. Nils 140, 459
Gronstedt, Dr. Sebastian 306
Grooterhorst, Dr. Johannes 125, 467
Grosch, Dr. Marcus 170, 495, 504
Groß, Dr. Bernd 626
Gross, Dr. Detlev 97
Gross, Dr. Felix 501
Gross, Prof. Dr. Norbert 352
Groß, Stefan 192, 585
Gross, Dr. Ulrich-Maria 506
Groß, Dr. Wolfgang 250, 287
Große Honebrink, Josef 587
Große Vorholt, Dr. André 191
Großerichter, Dr. Helge 193, 246, 247
Grossmann, Dr. Klaus 297, 387
Grote, Dr. Joachim 595, 603, 604
Groth, Dr. Klaus-Martin 459, 461
Growe, Dr. Dietrich 222
Grub, Dr. Maximilian 281, 373, 374
Grub, Dr. Volker 560
Grube, Dr. Markus 549
Gruber, Dr. Stephan 502
Gruber, Dr. Wolfgang 356
Grün, Dr. Anselm 552
Grünberg, Dirk 113

Gründel, Dr. Mirko 114
Gründig-Schnelle, Dr. Kerstin 405
Grünen, Frank 113
Grüner, Dr. Michael 196
Grünewald, Dr. Klaus 458
Grünwald, Dr. Andreas 417, 420, 438
Grünwald, Dr. Michael 183
Grützmacher, Dr. Malte 431
Grützner, Dr. Thomas 348
Grundmann, Ulf 542, 548
Grzimek, Dr. Philipp 380, 519
Gubitz, Dr. Daniel 188, 525
Günther, Prof. Dr. Dirk-Carsten 595
Günther, Dr. Jens 188
Günther, Konstantin 292, 382
Günther, Martin 312
Güntzel, Dr. Volker 608
Gütt, Dr. Tilmann 189
Guillaume, Dr. Otfried 137
Gulich, Dr. Joachim 98, 99
Gummert, Dr. Hans 287, 379
Gussmann, Klaus 632

H

Haack, Prof. Dr. Stefan 113
Haag, Eckart 401
Haag, Dr. Hendrik 238, 239
Haag, Hosea 507
Haag, Kurt 176, 177, 598
Haak, Andreas 456
Haarmann, Prof. Dr. Wilhelm 578, 583
Haas, Dr. Hermann-Heinrich 228
Haas, Johannes 160
Haas, Tobias 97, 301
Haase, Helwig 325
Haasen, Thomas 305
Habbe, Dr. Sophia 155, 355
Haberstock, Otto 384, 522
Habetha, Dr. Joachim. 519
Hackbarth, Dr. Ralf 399, 404
Hackenberg, Dr. Ulf 128, 384
Hacket, Dr. George 249
Haellmigk, Dr. Christian 526, 529
Hänsel, Dr. Tobias 115, 486
Häser, Dr. Jan-Tobias 542
Haesner, Dr. Christoph 194, 422
Häuser, Dr. Markus 431
Häusler, Rudolf 467
Haft, Klaus 495, 504
Hagebusch, Alfred 558, 562
Hagelskamp, Thomas 136
Hagelüken, Alexandra 44, 58, 71, 144, 149, 154, 234, 255, 257, 259
Hagemann, Dr. Frank 401
Hagenmeyer, Prof. Dr. Moritz 90, 549
Haggeney, Dr. Markus 277, 371
Hahn, Dr. Andreas 341
Hahn, Dr. Claudia 223
Hahn, Dr. Frank 166, 229
Hahn, Prof. Dr. Hans-Georg 101
Hahn, Dr. Richard 420
Hahn, Dr. Tobias 504
Haibt, Dr. Henryk 305
Haidinger, Dr. Michael 376
Haines, Dr. Alexander 305
Halberkamp, Dr. Thomas 382
Halfpap, Dr. Patrick 120, 124
Hall, Dr. Reiner 352
Haller, Dr. Heiko 348
Haller, Dr. Martin 310
Hallermann-Christoph, Dr. Michael 611
Halm, Dr. Dirk 135, 295
Hamacher, Karl 404, 426, 440
Hamann, Dr. Dirk 376, 379
Hamann, Prof. Dr. Hartmut 321
Hamburger, Reinhard 130
Hamm, Prof. Dr. Rainer 626
Hamm, Dr. Volker 502
Hammer, Manfred 406
Hammerstein, Christian von 110, 465, 529, 533
Hammerstein, Dr. Fritz Frhr. von 459, 526, 528, 529
Hanefeld, Dr. Inka 351, 353
Hanf, Wolfgang 305
Hannes, Prof. Dr. Frank 445, 446
Hansen, Dr. Ewald 323
Hansen, Marc 203
Hanten, Dr. Mathias 150, 242
Happ, Daniel 223
Happ, Dr. Richard 351, 355, 617
Happ, Dr. Wilhelm 286
Harbarth, Dr. Stephan 296, 386

Harbst, Dr. Ragnar 348
Hard, Claudia 311
Harder, Dr. Florian 191, 520
Hardraht, Klaus 116
Hardt, Dr. Alexander 82, 97
Harings, Dr. Lothar 616, 617
Harms, Rüdiger 57, 132, 335, 358
Harmsen, Christian 494, 495
Harneit, Dr. Paul 94
Harney, Anke 544
Harnischmacher, Dr. Christoph 141
Harrer, Dr. Herbert 251
Harte-Bavendamm, Prof. Dr. Henning 399, 403
Hart-Hönig, Dr. Kai 160, 626
Hartl, Dr. Florian 100
Hartmann, Jan 120, 124
Hartmann, Marcus 408
Hartmann, Dr. Nina 217
Hartmann, Dr. Uwe 151, 297, 524, 562
Hartmann-Rüppel, Dr. Marco 346
Hartmannsberger, Dr. Roland 73, 127
Hartung, Dr. Jürgen 75, 270, 434
Hartwich, Dr. Fabian 308
Hartwig, Dr. Henning 397, 398
Hartwig, Dr. Stefanie 93, 411, 549
Hase, Dr. Karl von 127, 606, 611
Haselier, Markus 115
Hasemann-Trutzel, Hans-Joachim 175
Hass, Dr. Claus 195
Haß, Dr. Detlef 68, 289, 347, 354, 364
Hassel, Franz 179
Hasselbach, Joachim 515
Hasselbach, Dr. Kai 283
Hasselblatt, Prof. Dr. Gordian 399, 400
Hattenhauer, Dr. Daniela 481, 546
Haubold, Jens 168, 297, 391, 600
Hauck, Hans-Christian 315
Haug, Dr. Thomas 96
Haupt, Dr. Ulrich 99, 100, 285
Hauptmann, Markus 159, 297, 388
Hauschild, Dr. Armin 306
Hauschka, Dr. Christoph 267
Hausmann, Dr. Friedrich 478, 484, 488, 552
Haußmann, Dr. Katrin 219
Have, Harro von 423
Havers, Prof. Dr. Martin 323
Hebeis, Norbert 402
Hebing, Dr. Wilhelm 278, 371
Hecht, Tillmann 223
Hechtel, Dr. Felix 196
Heckel, Dr. Peter 351, 353
Heckelmann, Günther 216, 217
Hecker, Dr. Manfred 57, 400, 415, 474
Heckschen, Prof. Dr. Heribert 306
Heerdt, Kathrin 326
Heerma, Dr. Hendrik 567
Heerma, Dr. Jan 513
Hees, Dr. Stephan 541
Hegemann, Prof. Dr. Jan 110, 417, 421, 426
Heggemann, Henrich 488
Heggemann, Ignatz 222
Heid, Patrick 64
Heidel, Dr. Thomas 137, 300, 364
Heidemann, Dr. Thomas 616
Heidenreich, Dr. Jan Peter 403, 610
Heider, Dr. Karsten 277, 281, 362
Heider, Nicole 223
Heidrich, Frank 496
Heil, Dr. Ulf 156, 407, 612
Heilmann, Dr. Friedrich 310
Heilshorn, Dr. Torsten 469
Heine, Dr. Joachim 158
Heine, Dr. Robert 421
Heinemann, Stephan 297
Heinichen, Dr. Christian 344
Heinlein, Dr. Björn 281, 528
Heinlein, Klaus 325
Heinrich, Helge 456
Heinrich, Dr. Tobias 388
Heinrichshofen, Stefan 585
Heins, Claudia 221
Heins, Dr. Jan-Christian 90, 380
Heinz, Silke 57, 132, 334, 335
Heiser, Dr. Kristian 91, 294, 391
Heiß, Dr. Maximilian 40
Heisse, Dr. Matthias 187, 282, 287, 375
Heithecker, Dr. Jan 343, 456
Heitling, Dr. Tim 533
Heitzer, Dr. Thomas 598, 599, 605
Helbing, Dr. Jörg 500
Helbing, Steffen 98

Held, Dr. Simeon 467
Helios, Dr. Marcus 120, 253, 576
Hellert, Dr. Joos 609
Hellfeld, Dr. Axel von 507
Hellich, Dr. Peter 297, 387
Hellmann, Hans-Joachim 170, 334, 343
Hellriegel, Dr. Mathias 468
Hellwege, Prof. Dr. Heiko 101
Helm, Dr. Andreas 328
Helm, Dr. Matthias 328
Helmke, Dr. Mathias 222
Helmreich, Dr. Kilian 520
Helms, Dr. Arne 306
Helms, Dr. Dietmar 44, 68, 148, 153, 236, 239
Hemmelrath, Prof. Dr. Alexander 192
Hengelhaupt, Jürgen 497
Henkel, Dr. Udo 371
Henkelmann, Dr. Stefan 243
Henkenborg, Dr. Uwe 359
Henle, Dr. Walter 523
Hennecke, Rudolf 350
Hennerkes, Prof. Dr. Brun-Hagen 166, 445, 447
Henrich, Dr. Kerstin 128, 384
Hens, Dr. Jörg-Rainer 100, 285
Henschen, Horst 346
Hensel, Dr. Nikolaus 305
Henseler, Dr. Paul 177
Hentschel, Dr. Jochen 454, 474
Hentzen, Dr. Matthias 277, 287, 371, 379
Henze, Dr. Marc 294
Herbertz, Dr. Achim 143
Herbst, Dr. Christoph 565
Herchen, Dr. Hilke 281
Herdter, Dr. Fabian 601
Herfert, Dirk 222
Herfs-Röttgen, Ebba 230
Herfurth, Rudolf 444
Herfurth, Ulrich 100
Herget, Gunnar 222
Hergeth, Dr. Armin 187, 282, 445
Herkenroth, Dr. Klaus 68
Herkströter, Dr. Caroline 75, 155, 254
Hermann, Ottmar 568
Hermanns, Dr. Marc 306
Herms, Dr. Sascha 225
Hero, Marco 609, 612
Herr, Dr. Jochen 507
Herring, Frank 243, 244, 253
Herrler, Sebastian 306
Herrlinger, Dr. Justus 343
Herrmann, Dr. Alexander 485
Herrmann, Dr. Marcus 293
Herrmann, Dr. Nadine 504
Herrmann, Dr. Rajko 226
Herrmann, Dr. Rüdiger 150, 374
Herschlein, Dr. Rainer 166, 378, 518, 519
Hertel, Dr. Peter 90
Hertel, Dr. Wolfram 465, 475
Herten-Koch, Dr. Rut 109, 111, 483
Hertin, Prof. Dr. Paul 418
Hertwig, Prof. Dr. Stefan 57, 321, 454, 478
Hertz-Eichenrode, Christian 401
Herzberger, Wolf 173
Hesdahl, Dr. Ralf 240
Heselberger, Johannes 493, 495
Hess, Peter 493
Heß, Prof. Dr. Rainer 597
Hess, Dr. Wolfgang 372
Hesse, Burc 44, 58, 71, 186, 190, 373, 381, 515, 517, 520
Hesse, Dr. Wolfgang 166, 229
Hettich, Prof. Dr. Christof 170, 173, 295
Hettinger, Guido 415
Heublein, Dr. Gerrit 562
Heuchemer, Frank-Karl 231
Heuckeroth, Dr. Volker 507
Heuel, Dr. Carsten 95
Heuer, Prof. Dr. Carl-Heinz 445, 446, 449
Heuer, Dr. Dennis 241
Heukamp, Dr. Wessel 187, 376, 594, 604
Heun, Sven-Erik 57, 437
Heuser, Andrea 57, 131
Heuvels, Jan 90
Heuvels, Dr. Klaus 479
Hexel, Christoph 219
Hexel, Isabel 224
Hey, Dr. Friedrich 150
Heydasch, Ines 87
Heydn, Dr. Truiken 435
Heyer, Jan-Peter 105, 372, 514, 515
Heyer, Dr. Jörg 135
Heyer, Dr. Jürgen 107

INDEX PERSONEN

Heym, Robert 64, 188, 285, 378
Heymann, Thomas 153, 380, 431, 432, 525
Heyn, Judith 225
Hidalgo, Martina 217
Hiebl, Dr. Stefan 136, 137
Hickel, Dr. Hans-Jürgen 140
Hilber, Dr. Marc 434
Hild, Gesine 159, 408
Hild, Dr. Thilo 159
Hildebrandt, Dr. Burghard 455, 461
Hildebrandt, Dr. Ronny 540, 545
Hildebrandt, Dr. Thomas 323, 324
Hildebrandt, Dr. Ulrich 405
Hilf, Dr. Juliane 460, 471, 472, 474
Hilgers, Hans 497
Hilgers, Dr. Marc 324
Hilleringmann, Dr. Jochen 500
Hilling, Dr. Hans 359
Hillmer, Dr. Clemens 93
Himmelsbach, Prof. Dr. Gero 426, 427
Hinden, Dr. Michael von 306
Hinrichs, Ole 612
Hinsch, Dr. Andreas 95
Hinzpeter, Britta 431
Hirsbrunner, Simon 67, 338, 455
Hirsch, Dr. Alexander 383
Hirsch, Dr. Hendrik 516
Hirsch, Dr. Magnus 408
Hirschberger, Dr. Helge 89, 286, 563
Hirschberger, Dr. Max 386
Hirschmann, Florian 187, 375
Hirschmann, Matthias 68, 89, 289, 371, 380, 529, 531
Hirth, Dr. René-Alexander 167, 292, 355
Hitzer, Martin 377
Hjort, Jens 222
Hoche, Dr. Angelika 185
Hochstadt, Dr. Steffen 324
Höch, Dr. Thomas 529, 535
Höcker, Prof. Dr. Ralf 425, 426
Höder, Dr. Andreas 193, 295, 365
Höfer, Manfred 176
Hoefer, Tobias 566, 568
Höfler, Prof. Dr. Heiko 56, 478, 487
Höflich, Klaus 325
Höfner, Dr. Klaus 192
Hoefs, Dr. Christian 219
Hoegen, Peter 557, 558
Hölder, Dr. Niels 499
Hölscher, Dr. Frank 437, 529
Hölzle, Dr. Gerrit 567
Hoene, Dr. Verena 403
Hoenig, Dr. Klaus 371, 382
Hoenike, Dr. Mark 438
Höppner, Dr. Thomas 417
Höra, Dr. Knut 598
Hörmann, Prof. Dr. Martin 565
Hoerner, Dr. Jasper von 448
Hörschler, Wolfram 499
Hösch, Ulrich 552
Höß, Dr. Stefan 321
Hötzel, Dr. Oliver 580
Hofbauer, Dr. Peter 613
Hofert von Weiss, Dr. Sebastian 84
Hoffmann, Dr. Jürgen 137, 584
Hoffmann, Niels 160
Hoffmann, Dr. Stefan 377, 390
Hoffmann, Sven 166
Hoffmann, Dr. Thomas 293, 383, 561
Hoffmann, Yvonne 217
Hoffmann-Becking, Prof. Dr. Michael 67, 277, 287, 363, 445, 447
Hoffmann-Theinert, Dr. Roland 64, 244, 285, 378
Hoffmans, Dr. Helmut 164
Hofmann, Dr. Hans 306
Hofmann, Dr. Jörg 172
Hofmeister, Dr. Holger 78, 386
Hohagen, Dr. Gisbert 505
Hohaus, Dr. Benedikt 522
Hohenstatt, Prof. Dr. Klaus-Stefan 217, 218
Hohl, Dr. Patrick 372, 515, 518
Hohmann, Dr. Harald 160, 617
Hohmann, Dr. Olaf 625
Hoischen, Dr. Stefan 142
Hollenhorst, Thomas 534
Holler, Dr. Lorenz 93, 302
Holm-Hadulla, Dr. Moritz 337, 609
Holstein, Dr. Christoph 123, 371, 373
Holtermüller, Dr. Winfried 168, 301
Holtorf, Marc 58, 186, 192
Holzapfel, Arnd 321
Holzapfel, Dr. Hans-Joachim 291

Holzbach, Dr. Christoph 151, 401
Holzhäuser, Dr. Michael 345
Holzhüter, Claus 95
Homann, Dr. Stefan 570
Homberg, Peter 540
Honert, Dr. Jürgen 190, 289, 380, 582
Honrath, Dr. Alexander 282, 287
Hoos, Dr. Jan-Philipp 562
Hopp, Dr. Wolfgang 93
Hoppe, Lutz 160
Hoppe-Jänisch, Daniel 508
Hoppenberg, Michael 466
Horbach, Dr. Matthias 296, 386
Horn, Dr. Anton 508
Horn, Dr. Lutz 478, 481, 487
Hornung, Marc-Philippe 296, 386
Hornung, Dr. Oliver 435
Hornung, Uwe 350
Horsch, Rainer 327
Horst, Henning 230
Horstkotte, Christian 333
Horstkotte, Jens 185, 389
Hort-Boutouil, Jennifer 410
Hospach, Dr. Frank 166, 167
Hottgenroth, Dr. Ralf 219
Hotze, Marcus 418
Hübinger, Raimund 177
Hübner, Dr. Alexander 486
Hübner, Dr. Oliver 150
Hübner, Rudolf-Matthias 294, 384
Hülsdunk, Dr. Lutz 316
Hünermann, Rolf 44, 159, 267, 270, 297
Hünnekens, Dr. Georg 458
Hüther, Dr. Mario 257
Hüting, Dr. Ralf 93, 466
Hüttebräuker, Dr. Astrid 548
Hüttermann, Dr. Aloys 502
Hüttig, Ina 160
Hützen, Peter 226
Hufnagel, Dr. Frank-Erich 495, 496, 540
Hug, Dr. Herald 113
Hugger, Dr. Heiner 267, 624
Huhn, Christian 326
Hull, David 204
Hummel, Berthold 187, 516
Hummel, Dieter 222
Hummel, Philipp 325
Hundertmark, Dr. Stephanie 107, 376, 517
Hungar, Dr. Jan-Uwe 90
Hunger, Prof. Dr. Kai-Uwe 322, 323
Huppertz, Peter 126
Hutter, Dr. Stephan 158, 241, 250, 252

Ignor, Prof. Dr. Alexander 626
Ihrig, Dr. Hans-Christoph 52, 146, 276, 277, 362, 363, 369
Ikas, Dr. Klaus 400
Ilberg, Philipp von 292
Illert, Staffan 72, 274, 291, 382
Immelt, Stephan 68
Immoor, Heinrich 96
Ingendoh, Andreas 111
Ingenhoven, Dr. Thomas 155, 257, 259
Ingerl, Prof. Dr. Reinhard 399, 405
Inhester, Dr. Michael 522
Intveen, Michael 612
Irion, Tanja 425
Irle, Dr. Ben 410, 425, 426
Irriger, Dr. Ulrich 140, 290, 306
Isele, Dr. Jan-Felix 400
Isenhardt, Dr. Tilman 221
Israel, Alexander 203, 332, 341
Ittenbach, Dr. Hans 177
Ittmann, Dr. Benjamin 221
Itzen, Dr. Uta 336
Iversen, Dr. Holger 313, 381

Jackermeier, Dr. Siegfried 399, 405
Jacob, Marion 403
Jacobi, Dr. Philipp 87, 390
Jacobj, Dr. Holger 469
Jacobs, Dr. Christian 90, 289
Jacobs, Dr. Georg 403
Jacobs, Dr. Nikolaus von 73, 183, 191, 382, 521
Jacobs, Prof. Dr. Rainer 403
Jacobsen, Dr. Kay 611
Jäckle, Dr. Christof 371, 379, 518
Jaecks, Dr. Jörg 295, 385
Jaeger, Dr. Carsten 143, 296
Jaeger, Dr. Georg 170, 220, 226

Jaeger, Dr. Gerold 309
Jäger, Klaus 132, 374
Jaeger, Dr. Till 433
Jäger, Dr. Wolfgang 351
Jaeger-Lenz, Dr. Andrea 403
Jäkel, Dr. Burkhard 258
Jaekel, Gerd 500
Jäkel, Dr. Heiko 305
Jaenichen, Dr. Hans-Rainer 495, 506
Jaffé, Dr. Michael 566, 568
Jagow, Dr. Carl von 90, 410, 549
Jaguttis, Dr. Malte 467
Jahn, Andreas 137
Jahn, Christian 234, 259
Jahn, Georg 191, 396
Jakob, Dr. Holger 376
Jakoby, Dr. Markus 327
Jaletzke, Dr. Matthias 44, 68, 78, 153, 158, 296, 380, 386, 513, 519, 523
Jani, Dr. Michael 312
Jani, Dr. Ole 416
Jannott, Dr. Dirk 281
Jansen, Dr. Esther 157, 260
Jansen, Dr. Guido 532
Jansen, Dr. Justus 89, 359
Jansen, Dr. Thomas 431
Janßen, Dieter 96
Janßen, Dr. Dirk 387, 523
Janßen, Dr. Dirk 133, 282
Janssen, Dr. Helmut 203, 340, 455, 606
Janzen, Dorothée 309
Jaschinski, Dr. Martin 399, 404
Jasper, Dr. Ute 125, 455, 478, 481, 488, 552
Jauch, Hans-Gerd 566, 567
Jebens, Dr. Philipp 310, 312
Jeinsen, Dr. Ulrich von 99, 100, 359
Jenzen, Prof. Dr. Holger 579
Jeromin, Dr. Curt 176, 468
Jeske, Juliane 467
Jessen, Lars 514
Jestaedt, Dr. Thomas 202, 334, 339, 455
Jetter, Yorck 257
Jochheim, Dr. Susanne 164, 223
Jönsson, Dr. Hans-Peter 500
Jörgens, Dr. Stefan 159, 368, 388, 524
Johannemann, Dr. Ulf 580
Johannsen-Roth, Dr. Tim 274, 291, 382
Johansson, Dr. Pär 379, 518, 519
Johlen, Prof. Dr. Heribert 459, 464
Jonescheit, Jan 167, 173
Jonetzki, Johann 306
Jonski, Dagmar 317
Joos, Bettina 88
Jordan, Götz 352
Jordan, Dr. Malte 387, 529, 534
Jordan, Dr. Volker 507
Jülicher, Dr. Marc 446
Jüngst, Oliver 493, 494, 495
Jüngst, Stephan 322
Jüngst, Dr. Ulrich 133
Jürgens, Dr. Andreas 153, 385, 519
Jung, Berthold 160
Jung, Dr. Ingo 400
Jung, Dr. Martin 323
Jung, Dr. Robert 143
Jung, Dr. Tilo 169
Jungbluth, Jochen 131
Junge, Dr. Ulf 90
Jungermann, Dr. Sebastian 345
Junghänel, Peter 308
Just, Christoph 157

Kaase, Rainer 399, 403, 497, 541, 548
Kaboth, Dr. Daniel 193, 408, 413, 422, 435
Kadel, Dr. Nicole 148
Kämper, Dr. Marcus 306
Kämpfer, Dr. Simone 629
Kästle, Dr. Florian 56, 371
Kaetzler, Dr. Joachim 244
Kaffiné, Dr. Patrick 377
Kahlenberg, Dr. Harald 334, 335, 416, 417
Kahlert, Dr. Günter 60, 580, 587
Kaiser, Bernhard 238
Kaiser, Daniel-Sebastian 380
Kaiser, Georg 176, 178
Kaiser, Dr. Martin 236
Kalb, Dr. Sebastian 390
Kalckreuth, Alexander Graf von 417
Kalisch, Ingrid 153, 488
Kallmayer, Dr. Axel 202, 339
Kallweit, Beate 117

Kaltenborn, Dr. Jens 469
Kaltenegger, Herbert 459, 468
Kaltwasser, Dr. Frank 542
Kamann, Prof. Dr. Hans-Georg 159, 343, 456, 544
Kaminski, Dr. Ralf 458, 471, 472
Kamiyar-Müller, Tara 146
Kamlah, Dr. Dietrich 505
Kamlah, Dr. Klaus 282, 375
Kammel, Dr. Volker 153, 385, 563
Kammer, Ralf 160
Kammerer-Galahn, Dr. Gunbritt 600, 605
Kamper, Sandra-Christiane 380
Kampshoff, Dr. Matthias 292, 382, 561
Kania, Prof. Dr. Thomas 135, 226
Kantenwein, Dr. Thomas 190, 354, 450, 582
Kanz, Dr. Christine 504
Kapellmann, Prof. Dr. Klaus 323
Kapp, Dr. Thomas 340
Kappe, Christiane 553
Kappel, Dr. Jan 265, 266, 267
Kappel-Gnirs, Julia 568
Karenfort, Dr. Jörg 59, 336, 417, 545
Karger, Dr. Michael 435
Karl, Dr. Christof 493
Karl, Dr. Matthias 337, 609
Karow, Susanne 404
Karpenstein, Andreas 124, 281, 374
Karpenstein, Dr. Ulrich 77, 111, 456, 465, 472, 474, 475
Karthaus, Dr. Arnim 306
Kasch, Matthias 247, 297, 388
Kasolowsky, Dr. Boris 351, 352
Kasper, Kay 504
Kassebohm, Nils 136
Kast, Dr. Matthias 227
Katérle, Axel 495, 507
Kather, Dr. Peter 495, 502
Katschinski, Dr. Ralf 306
Katschthaler, Helmut 355, 599
Kau, Dr. Wolfgang 115
Kaufmann, Prof. Dr. Marcel 471, 540, 552
Kaufmann, Dr. Dr. Sebastian 313
Kaulamo, Dr. Katja 158, 241, 252
Kautenburger-Behr, Dr. Daniel 133
Kautzsch, Dr. Christof 374, 545
Kebekus, Dr. Frank 566, 568
Kefferpütz, Dr. Martin 403, 610
Kehrwald, Dr. Roland 495, 507
Keienburg, Dr. Bettina 468
Keil, Dr. Barbara 62, 376
Keilich, Dr. Christian 309, 310, 603
Keilich, Dr. Jochen 225
Kellenter, Dr. Wolfgang 410, 498
Keller, Dr. Erhard 399, 404
Keller, Hans-Eike 352
Keller, Thomas 229
Kellett, Christopher 373, 515
Kemcke, Tom 60, 88, 446
Kemper, Ralf 323, 324
Kempf, Eberhard 627
Kempf, Helmut 64, 378, 535, 536
Kerkmann, Dr. Jochen 468
Kermel, Dr. Cornelia 529
Kern, Dr. Hannes 169
Kern, Jan 220, 228
Kern, Dr. Konrad 197, 198
Kersting, Dr. Andreas 458, 459, 471, 485
Kersting, Dr. Mark 285, 378
Kessel, Dr. Christian 279, 528, 607
Kessler, Hans Thomas 315
Kessler, Dr. Oliver 293
Kessler, Dr. Thomas 306
Keul, Dr. Thomas 110
Keussen, Dr. Christof 495, 496
Keussler, Johann von 160
Khan Durani, Salim 94
Kickler, Dr. Hans-Jürgen 94
Kieferle, Oliver 231
Kiefner, Dr. Alexander 365
Kiem, Prof. Dr. Roger 247, 297, 388
Kiene, Dr. Sören 613
Kiermeier, Lothar 114, 115
Kieselmann, René 486
Kieser, Dr. Timo 406, 542, 543
Kießner, Dr. Ferdinand 570
Kilgus, Dr. Stefan 260
Kilian, Prof. Dr. Michael 113
Kim, Seraphim 222
Kindermann, Jochen 157, 254
Kindler, Dr. Matthias 499
Kinkeldey, Dr. Daniela 494
Kinkeldey, Prof. Dr. Maximilian 399, 402

Kinzl, Dr. Ulrich-Peter 164
Kipper, Dr. Oliver 160, 631
Kipping, Dr. David 66
Kirchberg, Prof. Dr. Christian 474
Kirchdörfer, Prof. Rainer 166, 287, 447
Kirchfeld, Achim 274, 291, 382
Kirchner, Christian 246, 355
Kirchner, Dr. Jens 218
Kirchner, Dr. Jörg 44, 71, 180, 190, 290, 381, 513, 517, 520
Kirsch, Dr. Stefan 626
Kirsten, Dr. Konstantin 598
Kjølbye, Lars 202
Kläsener, Boris 289
Klaft, Dr. Gary 327
Klages, Christlieb 419
Klappich, Peter 542
Klasen, Axel 166
Klawitter, Prof. Christian 405
Kleeberg, Dr. Christian 387
Kleefass, Jakob 282, 359
Kleespies, Dr. Mathias 408
Kleffmann, Dr. Anne 227
Klein, Dr. Martin 578, 581
Klein, Dr. Thomas 135, 601
Klein, Dr. Walter 327
Kleine, Dr. Maxim 341
Kleiner, Dr. Christoph 167
Kleinert, Dr. Jens 588
Kleinheisterkamp, Dr. Thomas 584
Kleinlein, Dr. Kornelius 438
Kleinmann, Christof 64, 229
Kleinschmitt, Dr. Martin 561
Kleinstück, Dr. Till 306
Kleiser, Dr. Matthias 306
Klemm, Bernd 220
Klengel, Jürgen 271, 630
Klenk, Gregor 520
Klepsch, Dr. Michael 117
Klett, Dr. Alexander 193, 422
Klett, Detlef 435
Klett, Prof. Dr. Wolfgang 463, 472
Kliemt, Prof. Dr. Michael 217, 220
Klindt, Prof. Dr. Thomas 270, 355, 472
Klingberg, Britta 409
Klingmann, Dr. Jörg 173
Klingner, Norbert 422
Klöck, Dr. Oliver 465, 547
Klötzel, Dr. Thomas 168, 357
Kloft, Bernhard 92, 387
Kloos, Joachim 113, 116
Klose, Dr. Tobias 334, 336
Klosterkemper, Dr. Heinrich 219
Klotz, Robert 203, 340
Kloyer, Dr. Andreas 292
Klüver, Burkhard 95
Klüwer, Dr. Arne 237, 238
Klumpp, Dr. Ulrich 75, 341
Klusmann, Dr. Martin 334, 336
Klusmann, Dr. Peter 499
Knacke, Prof. Dr. Jürgen 322
Knapp, Dr. Thomas 494
Knauer, Dr. Christoph 629
Knauer, Reinhard 497
Knauthe, Dr. Karlheinz 108, 299
Knebel, Dr. Andreas 587
Knepper, Heinrich 258
Knesebeck, Dr. Dirk von dem 189, 288
Knief, Joachim 577
Knierim, Thomas 176, 269, 627
Knies, Dr. Volker 411
Knipp, Bernd 322, 323
Knittlmayer, Dr. Norbert 300
Knobelsdorff, Gilbert von 91, 294
Knodel, Dr. Oliver 279
Knopf, Rüdiger 582
Knorr, Dr. Mathias 123, 228
Knüppel, Dr. Norbert 300
Kober, Rouven 283
Kobes, Dr. Stefan 464, 532
Koch, Dr. Benjamin 397
Koch, Dr. Detlef 278
Koch, Dr. Dirk 575, 581
Koch, Dr. Frank 92, 297, 387, 440
Koch, Dr. Matthias 404
Koch, Matthias 402
Koch, Dr. Nina 469
Koch, Dr. Stefan 524
Koch, Dr. Stephan 533
Koch, Dr. Susanne 399
Kock, Dr. Stephan 256, 257, 308
Köberer, Dr. Wolfgang 626
Köhler, Hajo 222
Köhler, Prof. Dr. Markus 406, 536

Köhler, Dr. Martin 495, 504
Köhler, Thomas 292
Köhler-Ma, Christian 107, 556, 563
Köhnen, Sven 609
König, Dr. Andreas 250
König, Dr. Bernhard 140, 279
König, Dr. Oliver 237
König, Gregor 495, 500
König, Dr. Jörg 140
König, Dr. Kai-Michael 294, 384
König, Dr. Marco 537
König, Dr. Stephan 383
König, Dr. Thomas 157, 385, 523
König, Dr. Wolfgang 378
Königer, Dr. Karsten 497
Körber, Dr. Thomas 439
Koerfer, Rolf 75, 134, 293, 383, 605
Körner, Boris 294, 384
Körner, Dr. Markus 399, 439
Koffka, Dr. Nils 62, 376, 517
Kolb, Dr. Franz-Josef 156
Kolberg, Andreas 94
Kolbinger, Dr. Martin 281
Kolks, Dr. Lars 142
Koll, Christopher 222
Kollmorgen, Alexander 298
Kolmann, Dr. Stephan 563
Kolster, Dr. Hubertus 58
Komarnicki, Bettina 151, 401, 431
Konrad, Dr. Sabine 360
Kopp, Dr. Kerstin 373
Kopp, Dr. Thomas 243, 280
Kopp-Assenmacher, Stefan 468
Koppe-Zagouras, Dr. Christina 406
Korn, Dr. Thilo 114
Kornbichler, Dr. Hendrik 220
Korte, Oliver 614
Korten, Dieter 131, 372
Kortz, Dr. Helge 258
Kosche, Dr. Till 383
Koser, Stefan 312
Kossmann, Dr. Alfred 157, 296, 385
Kostka, Doris 301
Kostrzewa, Gerd 447
Kothe-Heggemann, Claudia 222
Kotthoff, Dr. Jost 428, 431, 436
Kotyrba, Marc-Holger 91, 92, 525, 588
Kowalewski, Dr. Jörn 561
Kowalski, Dr. André 124, 390
Koyuncu, Dr. Adem 201, 539
Kozianka, Wolfgang 539, 543
Koziczinski, Christine 281
Krämer, Prof. Dr. Achim 352
Krämer, Dr. Lutz 252, 271, 297, 365
Kränzlin, Dr. Georg-Peter 124, 283, 376
Kraffel, Dr. Jörg 80, 297, 388, 534
Kraft, Dr. Ernst-Thomas 581
Kraft, Dr. Holger 87, 526, 528, 529, 596
Krage, Dr. Carsten 94
Krahnefeld, Dr. Lutz 463
Kranz, Olaf 365
Krauel, Dr. Wolfgang 291, 382, 605
Krause, Dr. Daniel 627
Krause, Dr. Hartmut 276, 369
Krause, Dr. Martin 241, 254, 605
Krause, Dr. Nils 88, 282, 374, 375, 445
Krause, Dr. Rainer 277, 287
Krauss, Dr. Jan 494, 495
Krauß, Rolf 160
Krauss, Dr. Stefan 238, 239
Krecek, Dr. Thomas 281, 373, 515, 603
Kredel, Dr. Nicolas 333
Kreft, Dr. Michael 582
Kreifels, Rainer 192, 391
Kreifels, Dr. Thomas 352
Kreile, Prof. Dr. Johannes 417, 421
Krekel, Jan 411
Kremer, Dr. Johannes 257, 260
Kremer, Dr. Matthias-Gabriel 283, 376
Kremer, Dr. Michael 123, 350
Kremer, Sascha 134
Kreppel, Ulf 190, 239
Kress, Dr. Daniel 312, 560
Kreye, Boris 494
Kridlo, Stefan 158, 408
Krieger, Prof. Dr. Gerd 277, 287, 363
Krieger, Dr. Steffen 217, 219
Krienke, Dr. Nikolaus 227
Krisch, Dr. Matthias 94
Krist, Dr. Matthias 176, 486
Kröber, Nils 135, 443, 449, 586
Kröck, Dr. Alexander 190, 354
Kröger, Dr. Nicoletta 87
Kroeker, Stefan 523
Kröner, Dr. Lars 399, 407, 427, 508, 543

Kröninger, Prof. Dr. Holger 176, 179
Krohn, Dr. Wolfram 476, 478, 479
Kroke, Ted-Philip 433
Krol, Dr. Alexander 228
Kromer, Christoph 154, 583
Kronat, Dr. Oliver 237
Kroschewski, Dr. Robert 580
Krüger, Dr. Astrid 369
Krüger, Dr. Carsten 543
Krüger, Dr. Guido 121, 278, 372, 444, 446
Krüger, Dr. Markus 245
Krueger, Markus 245
Krüger, Dr. Stefan 417, 419
Krüger, Dr. Sven 427
Krug, Dr. Tobias 236
Kruhl, Dr. Karsten 316
Kruhl, Dr. Klaas 468, 488
Kruis, Dr. Ferdinand 193, 246, 247
Kruse, Dr. Kevin 140
Kucera, Dr. Stefan 160, 316
Kuchenbecker, Lars 73, 230
Kuchler, Prof. Dr. Ferdinand 461
Kuckuk, Dr. Meike 223
Kübler, Dr. Bruno 566, 569
Kübler, Dr. Johanna 336
Kübler, Dr. Tobias 168, 301
Küffner, Prof. Dr. Thomas 583
Kühn, Dr. Wolfgang 126, 287, 351, 354, 379
Kühne, Dr. Karsten 323
Kühnelt, Andreas 94
Külper, Dr. Ulrich 400
Künzel, Markus 216
Küpperfahrenberg, Dr. Jan 231
Küppers, Dr. Christoph 126, 582, 605
Kuhla, Prof. Dr. Wolfgang 459, 465, 547
Kuhli, Dr. Annett 190, 354, 450, 582
Kuhn, Dr. Martin 362, 374
Kuhn, Dr. Tilman 335
Kuhnke, Dr. Michael 225
Kuhnle, Dr. Thomas 382
Kulartz, Dr. Hans-Peter 476, 478, 482
Kulenkampff, Rainer 97
Kulenkampff, Stephan 95
Kullmann, Volker 190, 381, 520
Kullmann, Dr. Walburga 70, 154, 239
Kummer, Heinz-Joachim 58, 132, 133, 309
Kummermehr, Dr. Michael 112
Kuner, Christopher 204
Kunz, Prof. Dr. Bernhard 306
Kunz, Eckhard 178
Kunz, Dr. Jens 246
Kunzmann, Jens 508
Kupka, Dr. Klaus 505
Kurkowski, Filip 256
Kurreck, Dr. Johann 195, 231
Kursawe, Dr. Stefan 187, 218, 220
Kury, Otmar 627
Kurz, Rafael 325
Kuß, Dr. Matthias 309
Kusserow, Dr. Berthold 146, 236
Kuthe, Dr. Thorsten 287
Kutt, Dr. Florian 580
Kutzner, Dr. Lars 74, 155, 270, 590, 628

Laboga, Sebastian 569
Lach, Dr. Sebastian 354
Lachmann, Dr. Andreas 129
Lackhoff, Dr. Klaus 244
Ladenburger, Dr. Clemens 171
Ladenburger, Dr. Felix 171
Ladwig, Dr. Peter 44, 166, 239, 531
Lahrtz, Dr. Fritz 499
Lahusen, Dr. Andreas 302
Lamb, Dr. Jochen 281, 374, 529
Lamberts, Christof 187, 282, 287, 375
Lambertz, Gregor 177
Lambrecht, Dr. Arne 403
Lambrecht, Dr. Bernhard 193
Lambrecht, Martin 569
Lambrecht, Dr. Ulrich 168, 450
Lambrich, Dr. Thomas 223
Lambsdorff, Konstantin Graf 520
Lampe, Holger 322, 323
Lampel, Till 403, 548
Land, Dr. Volker 93, 297
Landry, Johannes 121, 277
Landry, Dr. Klaus 285
Lang, Dr. Jörg 306
Lang, Johannes 493
Lang, Dr. Matthias 528
Lange, Carsten 136
Lange, Dirk 114, 120, 389

Lange, Dr. Martin 143
Lange, Reinhart 159, 408
Langeheine, Dr. Bernd 57, 201, 335
Langen, Markus 247, 357
Langen, Prof. Dr. Werner 322, 323
Langenbruch, Waltraud 147, 156
Langer, Heiko 229
Langfinger, Dr. Klaus-Dieter 494
Langheid, Dr. Theo 595, 597, 603, 604
Langner, Dirk 160
Langrock, Dr. Marc 632
Lappe, Dr. Thomas 108, 380
Larisch, Dr. Tobias 283, 376, 529
Laschet, Carsten 352, 597
Laschet, Prof. Dr. Remo 134
Laskawy, Dirk 113
Laudenklos, Dr. Frank 257
Lauer, Dr. Jürgen 327
Lauer, Dr. Markus 152
Laufhütte, Dr. Dieter 495, 500, 501
Lausen, Dr. Matthias 417, 420
Lausterer, Dr. Martin 579, 583
Lauterbach, Dr. Michael 598
Lazarus, Dr. Thomas 151
Lebek, Dr. Stefan 310, 314
Lebfromm, Jürgen 98
Lechner, Florian 583
Leddin, Justus 229
Lederer, Dr. Christian 505
Lederer, Dr. Marijan-Maximilian 323
Leege, Tobias 114
Legerlotz, Christoph 134
Lehleiter, Dr. Gunther 139, 358
Lehmann, Dr. Daniel 444
Lehmann, Georg 124, 281
Lehmann, Dr. Michael 167
Lehment, Dr. Cornelis 405
Lehnen, Annabel 224
Lehner, Dr. Dieter 195
Lehner, Dr. Michael 439
Lehr, Gernot 137, 421, 426, 475
Leicht, Dr. Steffen 299
Leichtle, Dr. Holger 570
Leimenstoll, Dr. Ulrich 626
Leinekugel, Dr. Rolf 294
Leinemann, Dr. Eva-Dorothee 482
Leinemann, Prof. Dr. Ralf 320, 322, 324, 478, 482
Leip, Wolfgang 153
Leipold, Dr. Klaus 627, 628
Leisbrock, Dr. Thorsten 220
Leisch, Dr. Franz 278
Leisner, Jan 579, 590
Leißner, Mario 254, 313
Leistikow, Dr. Michael 245
Leithaus, Dr. Rolf 558
Leithoff, Thomas 598
Leitner, Prof. Dr. Werner 627
Leitner, Dr. Wolfgang 468
Leitzke, Walther 315
Lelley, Dr. Jan 228
Lembke, Dr. Gerd 357
Lembke, Dr. Mark 152, 217, 219
Lemke, Dr. Christian 410
Lemor, Dr. Julian 289, 290, 381, 519
Lenkaitis, Prof. Dr. Karlheinz 140, 277
Lennartz, Markus 153
Lennarz, Dr. Thomas 362
Lensdorf, Dr. Lars 153, 431, 432
Lensing-Kramer, Dr. Andrea 402, 609
Lenthe, Dr. Christian von 281, 371, 374, 445
Lentz, Dr. Alexander 226
Lenz, Prof. Dr. Christofer 75, 469, 474, 475, 552
Lenz, Prof. Dr. Tobias 352, 597
Lenz, Dr. Uwe 98
Leo, Hubertus 91, 291, 381
Leonard, Dr. Nina 192
Lepique, Elisabeth 134
Lesch, Prof. Dr. Heiko 629
Leske, Dr. Sascha 383, 518, 521
Lessing, Dr. Holger 149
Leßmann, Dr. Jochen 225
Lessmann, Dr. Per 87
Lethert, Dr. Reinhard 323
Lettau, Endrik 314
Leube, Dr. Peter 149
Leuchten, Dr. Alexius 214
Leuering, Dr. Dieter 283, 376
Leufgen, Dr. Andrea 353
Leupertz, Prof. Stefan 329
Leuthe, Dr. Klaus 198
Leverkinck, Gerhard 176, 177

INDEX PERSONEN

Ley, Dr. Christian 229
Ley, Prof. Dr. Ursula 578, 579
Leyendecker, Claudia 258
Leyendecker, Dr. Ludwig 133, 371, 376, 517
Leykam, Dr. Rüdiger 95
Lichtschlag-Traut, Sven 177, 546
Lieb, Dr. Christopher 197
Lieb, Franziska 626, 629
Liebelt-Westphal, Dr. Ulf 89, 91, 532, 535
Liebers, Dr. Hans-Joachim 219
Liebscher, Dr. Thomas 296, 356, 363, 365
Liebrich, Kai 155
Liegl, Prof. Dr. Alexander 440
Lienau, Carsten 222
Liening, Dr. Gerhard 97
Liersch, Dr. Oliver 99
Liesegang, Dr. Helmuth 611
Liesegang, Hendrik 611
Linde, Georg 159, 297, 298, 368, 371, 388, 524
Lindegren, Annica 258
Lindemann, Dr. Achim 217
Lindemann, Dr. Christian 174
Lindemann, Dr. Harald 190, 289
Lindemann, Dr. Thomas 246, 257, 259, 313
Linder, Dr. Ludwig 281
Lindhorst, Dr. Hermann 612
Lindner, Georg 188
Lindner, Richard 352
Lindner-Figura, Jan 305, 310, 311
Lingemann, Dr. Stefan 219
Link, Dr. Thomas 579
Linnebacher, Dr. Bernd 174
Linnemeyer, Dr. Malte 477
Linnertz, Jörn 95
Linnerz, Markus 291
Linsmeier, Dr. Petra 337
Lipinski, Dr. Wolfgang 216, 217
Lippert, Matthias 179
Lippich, Dr. Wolfgang 505
Lips, Dr. Jörg 113
Liska, Dr. Horst 507
Lisson, Dr. Bernhard 117
Littau, Klaus 609, 612
Litten, Dr. Rüdiger 241
Livonius, Dr. Barbara 632
Livonius, Dr. Hilger von 254
Lober, Dr. Andreas 56, 148, 156, 398, 414, 417, 429
Lodzik, Michael 222
Löbbe, Dr. Marc 78, 277, 296, 356, 365, 386
Löffel, Oliver 411
Löhdefink, Dr. Andreas 251, 385
Löhr, Dr. Christian 306
Lörcher, Dr. Torsten 350, 351, 362
Löw, Dr. Hans-Peter 52, 215, 217
Löwe, Dr. Christian von 446, 447
Loewenich, Gerhard von 126
Loff, Dr. Detmar 243
Loges, Dr. Rainer 64, 188, 377
Lohfeld, Dr. Gerhard 95
Lohmann, Dr. Ulrich 192
Lohner, Dr. Andreas 278
Lohse, Dr. Frank 72, 115, 292
Lohse, Dr. Martin 187, 282, 445
Loll, Dr. Carsten 310
Looks, Nicole 577, 578
Loos, Dr. Alexander 289
Lorenz, Dr. Dirk 365
Lorenz, Dr. Frank 222
Lorenz, Dr. Manuel 278
Lorenzen, Dr. Birte 409
Lorscheider, Dr. Steffen 143, 296
Lorz, Prof. Dr. Rainer 166, 287, 445, 447
Losch, Dr. Alexandra 101
Loschelder, Prof. Dr. Michael 119, 134, 399, 405
Lossow, Dr. Sebastian von 292
Lotz, Burkard 325
Lotz, Thorsten 599
Lotze, Dr. Andreas 55, 140, 344
Lotze, Philipp 400, 431
Louven, Dr. Christoph 126, 289, 380, 605
Loycke, Dirk 608
Lubberger, Dr. Andreas 399, 405
Luckas, Wolfgang 179
Luckner, Ramona 114
Ludewig, Dr. Helene 306
Ludwig, Rüdiger 89, 286
Lübbig, Dr. Thomas 336, 454
Lübke-Detring, Dr. Cord 90, 313
Lücke, Dr. Volker 90

Lüders, Jochen 324
Lüders, Dr. Jürgen 77, 137, 295, 385
Lüdicke, Prof. Dr. Jochen 446, 580
Lüers, Dennis 194
Lühe, Christian von der 175, 176, 298
Lührs, Renke 372
Lüken, Dr. Uwe 399
Lürken, Sacha 560
Lüßmann, Dr. Lars-Gerrit 387
Lüthi, Thomas 270
Lütje, Dr. Stefan 107, 378, 417
Lütt, Dr. Hans-Jürgen 290, 381, 520
Lüttgau, Dr. Thomas 464
Lugard, Paul 200
Lunk, Prof. Dr. Stefan 217, 220, 221
Lupp, Dr. Matthias 60, 187, 374, 445
Luther, Dr. Martin 89, 541
Lutz, Dr. Reinhard 191, 300
Lux, Dr. Herwig 497
Luxenburger, Dr. Bernd 176, 177, 546

M

Maas, Arndt 327
Maass, Dr. Roland 251
Maaßen, Dr. Stefan 405
Maaz, Dr. Oliver 64, 378
Mäder, Dr. Detlef 406
Mäger, Dr. Stefan 109
Mäger, Dr. Thorsten 334, 337
Maerker, Sebastian 237, 238, 249
Mätzig, Dr. Thorsten 143, 296
Magel, Dr. Michael 160
Magold, Dr. Rainer 74, 155, 259
Magotsch, Michael 218
Maguin, Edward 91
Mahlich, Thomas 126
Mahn, Dr. Hjalmar 630
Mahnhold, Dr. Thilo 220
Maier, Martina 73
Maier-Bridou, Dr. Arno 147, 151, 277, 389
Maier-Bridou, Nathalie 147, 151, 277, 389
Maier-Reimer, Dr. Georg 75, 135, 293, 447
Mailänder, Dr. Peter 166, 379
Mailänder, Prof. Dr. Peter 165, 166, 286, 353
Maiß, Dr. Sebastian 227
Malaun, Dr. Rüdiger 190, 234, 238, 239, 240
Malitz, Dr. Michael 562
Mallmann, Dr. Roman 351, 352
Malterer, Dr. Michael 293
Malz, Dr. Christina 343
Mampel, Dietmar 465
Manderla, Dr. Thomas 400
Mandler, Dr. Gudrun 117
Mann, Dr. Claudius 90
Mann, Prof. Dr. Roger 425, 426
Mansholt, Werner 222
Manske, Wolfgang 197
Manstetten, Dietrich 222
Manteuffel, Kurt-Georg von 609, 611
Manthey, Dr. Nikolaus 290
Manz, Gerhard 66, 170, 286, 376
Marhewka, Daniel 194
Máriássy, Andreas von 632
Markfort, Dr. Rainer 59, 73, 106, 281, 559, 561
Markgraf, Dr. Jochen 124, 125, 283
Markl, Richard 577
Markowski, Jürgen 217, 222
Markus, Dr. Jochen 323
Marquardt, Dr. Cornelia 223
Marquardt, Dr. Michael 581
Marschollek, Daniel 44, 59, 150, 155, 411
Martens, Dr. Claus-Peter 111
Martens, Dr. Dirk-Reiner 440
Martens, Dr. Frank 94
Martin, Dr. Helmut 178
Martin-Ehlers, Dr. Andrés 456
Martínez Molina, Belén 126
Martini, Dr. Ottmar 176, 178, 300, 390
Martinius, Dr. Philip 188, 283, 376
Martius, Dr. Alexander 138
Marx, Andrea 610
Marx, Joseph 382
Masing, Dr. Tobias 465, 553
Masling, Jürgen 140, 228
Maslo, Dr. Armin 294
Masser, Johanna 305
Masuch, Dr. Andreas 172
Matheis, Philip 585
Matt, Prof. Dr. Holger 628
Mattfeld, Dr. Antje 90

Matthes, Dr. Jens 409
Matthes, Robert 114, 464, 472, 475
Matthey, Dr. Guido 230
Maul, Friedel 160
Maunz, Dr. Stefan 578, 583
Mauritz, Veit 85
Max, Dr. Dietrich 363, 365
May, Dr. Andreas 310, 312
Mayen, Prof. Dr. Thomas 437, 474, 529
Mayer, Dr. Barbara 66, 286, 376
Mayer, Dr. Bernd 78, 193, 267, 271, 277, 296
Mayer, Prof. Dr. Dieter 306
Mayer, Dr. Gerd 164, 444
Mayer, Dr. Peter 535
Mayer-Gießen, Christian 285, 378
Mayer-Trautmann, Barbara 257
Mayrhofer, Thomas 240, 251
Mechlem, Dr. Hans-Peter 216
Meckes, Frank 357
Meckmann, Laurenz 159
Meents, Dr. Jan 187, 431
Mehdorn, Dr. Ilka 540, 545
Mehle, Dr. Volkmar 136
Mehlitz, Dr. Uwe 328
Mehrbrey, Dr. Kim 364
Meichssner, Philip 294, 384
Meier, Achim 323, 324
Meier, Dr. Anke 355
Meier, Dr. Markus 66, 152, 353, 363
Meilicke, Dr. Wienand 137, 584
Meincke, Prof. Dr. Jens 329
Meinel, Dr. Gernod 110, 225
Meinel, Dr. Johannes 105, 372
Meinhardt, Johannes 197
Meinhold-Heerlein, Dr. Dirk 409
Meininger, Dr. Frank 483, 488
Meiringer, Dr. Eberhardt 170
Meisen, Dr. Olaf 308, 310
Meissner, Dr. Andreas 79, 408
Meißner, Nils 567
Meißner, Ronald 383
Meisterernst, Andreas 549
Meixner, Oliver 598
Melber, Dr. Oliver 170
Melchert, Thomas 400
Melchior, Ole-Jochen 617
Mellert, Christofer 535
Melms, Dr. Christopher 216, 217
Melot de Beauregard, Dr. Paul 223
Memminger, Dr. Peter 74, 155, 383, 521
Menebröcker, Dr. Carsten 400
Mengel, Dr. Anja 216, 217
Menger, Dr. Matthias 160
Menges, Dr. Albrecht von 506
Menke, Dr. Matthias 64, 152, 285, 378
Menke, Dr. Rainard 460
Menke, Dr. Thomas 284, 377
Mennemeyer, Dr. Siegfried 352
Menner, Dr. Stefan 578
Mensching, Dr. Christian 421, 426
Mentzel, Dr. Ralph 191
Menzel, Thomas 160
Menzemer, Stephan 432
Mercadal, Marcel 316
Merkner, Dr. Andreas 125, 283, 377
Merschky, Arnd 117
Merten, Dr. Frank 219
Mertens, Dr. Kai 111, 296, 386
Mertens, Dr. Susanne 477
Merx, Morten 538
Merz, Dr. Axel 176, 177
Merz, Friedrich 127, 292
Mes, Prof. Dr. Peter 500
Meschkat, Norbert 160
Messerschmidt, Prof. Dr. Burkhard 322, 325
Mestwerdt, Dr. Thomas 112, 486
Metten, Dr. Karl-Heinz 494
Metzlaff, Prof. Dr. Karsten 341, 609, 611
Metzner, Axel 117
Meurer, Thomas 371, 379
Meyding, Dr. Bernhard 306
Meyding, Dr. Thomas 59, 164, 281, 371, 374
Meyer, Prof. Dr. Alfred 549
Meyer, Dr. Andreas 289, 380
Meyer, Dr. Cedric 468
Meyer, Dr. Christian 294
Meyer, Dr. Holger 225
Meyer, Jörg 128
Meyer, Dr. Matthias 494
Meyer, Dr. Peter 130, 505
Meyer, Dr. Thomas 309, 445

Meyer im Hagen, Dr. Andreas 98
Meyerhuber, Dr. Alfred 197
Meyer-Landrut, Dr. Andreas 133, 282
Meyer-Lindemann, Prof. Dr. Hans 345
Meyer-Löwy, Dr. Bernd 190, 560
Meyer-Lohkamp, Jes 632
Meyer-Rehfueß, Dr. Maximiliane 306
Meyer-Wyk, Claus 114
Meyring, Dr. Bernd 340
Mezger, Dr. Götz 328
Michalke, Dr. Regina 626
Michalski, Dr. Stefan 502
Michel, Dr. Arndt 125, 283
Michel, Stefan 410
Michel, Dr. Ulrich 420, 421
Michels, Dr. Marcus 230
Middendorf, Dr. Stefan 229
Mielke, Dr. Matthias 87, 281
Mielke, Dr. Werner 156
Miessen, Wolfgang 136
Mihm, Dr. Asmus 576
Milatz, Jürgen 446, 580
Milbradt, Dr. Claudia 123, 508
Milde, Dr. Thomas 160
Minderop, Dr. Ralph 495
Minuth, Dr. Klaus 305, 309
Minuth, Dr. Peter 569
Mitrenga, Berthold 56, 181, 197, 478
Mittag, Dr. Jochen 241
Mittermeier, Dr. Matthias 188
Mittländer, Silvia 222
Mock, Dr. Christian 156
Möhrle, Dr. Florian 306
Möhrle, Dr. Frauke 89
Möhrle, Dr. Tobias 89, 286
Moelle, Dr. Henning 356
Möller, Dr. Christian 379
Möller, Hans 96
Möller, Dr. Jutta 167
Möller, Dr. Karl-Heinz 546
Möller, Dr. Matthias 156
Möller, Dr. Ralf 409
Möller, Dr. Silke 337
Möllmann, Dr. Peter 60, 106, 517, 518
Moench, Prof. Dr. Christoph 107, 459, 461, 474, 530
Mönkemeyer, Philipp 498
Mönks, Dr. Martin 140, 229
Moerel, Lokke 110
Moers, Stefan von 415
Moesta, Georg 178, 390
Mohr, Johannes 468
Mohr, Dr. Randolf 135, 601
Molitoris, Michael 355
Moll, Dr. Wilhelm 134, 217, 219, 220
Molnia, David 495
Moltke, Dr. Ludwig von 259
Montag, Dr. Frank 201, 334, 336
Montag, Jerzy 269
Monticelli, Christina 279
Moog, Dr. Rüdiger 160
Moos, Dr. Flemming 431, 434
Moraht, Dr. Jens 257
Moritz, Joachim 182, 576
Morsch, Dr. Stephan 193, 194
Morshäuser, Dr. Ralf 188, 371, 377, 559
Moser, Christian-Oliver 410, 425
Mosiek, Dr. Marcus 629
Motz, Dr. Guido 130
Moufang, Prof. Dr. Oliver 322, 323
Mucha, Martin 568
Mückenberger, Ole 630
Müffelmann, Dr. Herbert 96, 279
Mühl, Dr. Axel 167
Mühlen, Fabian 310
Mühlendahl, Dr. Alexander von 398
Mühlhäuser, Dr. Felix 578
Mühl-Jäckel, Dr. Margarete 112, 467
Müller, Andreas 222
Müller, Prof. Dr. Eckhart 632
Müller, Prof. Dr. Egon 176, 177, 631
Müller, Jens-Oliver 160
Müller, Julia 69, 152, 153
Müller, Dr. Karl-Dieter 278
Müller, Dr. Klaus 306
Müller, Dr. Knut 220, 228
Müller, Manfred 329
Müller, Stefan-Ulrich 516, 518
Müller, Stephan 75, 617, 618
Müller, Dr. Thomas 310, 312, 379, 518
Müller, Dr. Wolfram 501
Müller-Bonanni, Dr. Thomas 218
Müller-Broich, Dr. Jan 399
Müller-Eising, Axel 99, 100, 285

PERSONEN INDEX

Müller-Eising, Dr. Karsten 289
Müller-Frank, Christoph 595
Müller-Ibold, Dr. Till 454, 616
Müller-Jacobsen, Anke 626
Müller-Knapp, Klaus 222
Müller-Seils, Dr. Carsten 559
Müller-Stoy, Dr. Tilman 493
Müller-Wrede, Malte 478, 483
Mülsch, Hanns-William 308
Münch, Mark 166, 432
Münch, Stefan 372
Münkel, Dr. Thomas 177, 598
Mues, Dr. Gabor 182, 369, 514
Mues, Werner 216
Müssig, Prof. Dr. Bernd 629
Muhs, Markus 515
Mulert, Dr. Martin 306
Munz, Dr. Martin 436
Murach, Dr. Jens-Olrik 188, 202, 345
Muschalle, Dr. Volker 560
Muschter, Dr. Liane 308
Musmann, Thomas 491, 495, 504
Mussaeus, Peter 533
Muth, Dr. Heinz-Peter 506
Mutschler-Siebert, Dr. Annette 482
Mutter, Dr. Stefan 284, 604

N

Nacimiento, Dr. Grace 438
Nacimiento, Dr. Patricia 351, 356
Nack, Dr. Ralph 502
Nacke, Dr. Henrik 93
Nacken, Michael 222
Nägele, Prof. Dr. Stefan 220, 223
Nägerl, Dr. Joel 507
Nagel, Manuel 130, 346
Narr, Patrick 93
Nartowska, Dr. Urszula 88
Nase, Dr. Eva 294
Nassall, Dr. Wendt 352
Nauert, Ralf 160
Nauheim, Dr. Markus 283, 376
Naujoks, Andreas 259, 314
Naumann, Stephan 456
Nawroth, Dr. Christoph 376, 517
Nawroth, Dr. Claudia 539
Nebel, Jens 70
Neben, Dr. Gerald 405, 419, 426
Nebendahl, Dr. Mathias 94
Nedden, Jan 353
Neelmeier, Axel 92
Nehlep, Hans-Thomas 312
Neitzel, Dr. Jens 437
Nelle, Prof. Dr. Andreas 110, 295, 385, 518, 522
Nerlich, Dr. Jörg 567
Nesselhauf, Michael 426
Netuschil, Peter 160
Neubaum, Thomas 256
Neuefeind, Dr. Regina 502
Neufeld, Tobias 215, 220, 603
Neuhaus, Kai 201, 616
Neuhaus, Dr. Martin 290, 381, 520
Neumahr, Dr. Axel 168
Neumann, Dr. Dieter 488
Neumann, Dr. Holger 438
Neumayer, Dr. Jochen 190, 289, 380, 582
Neumeuer, Dr. Björn 126, 380
Neun, Dr. Andreas 478, 480, 537
Neunhoeffer, Dr. Fritz 167, 291
Neunzig, Corinna 338
Neuß, Dr. Frank 138
Neussel, Dr. Walther 178
Neuwald, Dr. Philipp 405
Neven-Daroussis, Dr. Kristina 481
Nevian, Dr. Lars 219
Nickel, Dr. Jörg 133, 282, 579
Nickel, Dr. Thomas 467
Niebel, Dr. Rembert 397
Nieberding, Dr. Felix 129
Nieder, Dr. Michael 404, 500
Niedermeier, Dr. Wilfried 468
Nieding, Klaus 360
Niedner, Clemens 258
Niemann, Dr. Fabian 414, 430
Niemeyer, Dr. Hans-Jörg 202, 334, 337, 455
Niemöller, Prof. Christian 322, 325
Nienerza, Dr. Michael 188, 559
Niering, Dr. Christoph 569
Nießen, Dr. Thomas 291, 382
Nießen, Dr. Tobias 229, 283
Niestedt, Marian 616, 617
Nietzer, Prof. Dr. Wolf 172
Niewalda, Johannes 302
Niewerth, Dr. Johannes 310, 311
Niggemann, Dr. Peter 334, 336
Niitväli, Evelyn 334, 346
Niklas, Thomas 217, 221
Nikoleyczik, Dr. Tobias 47, 181, 188
Nimphius, Michael 136
Nitschke, Dr. Hartmut 376
Nitschke, Volker 324
Nitz, Dr. Gerhard 540
Noch, Dr. Rainer 486
Nockelmann, Dr. Wolfgang 139, 140
Nölle, Dr. Jens-Uwe 97
Nolden, Dr. Christoph 78, 296, 386
Noll, Dr. Bernd 446
Nolte, Dr. Alexander 518
Nolte, Prof. Dr. Norbert 133, 267, 268, 431
Nolting, Dr. Ekkehard 113
Nolting-Hauff, Dr. Wilhelm 128, 384
Nordemann, Prof. Dr. Axel 399
Nordemann, Prof. Dr. Jan 399, 415, 417
Norden, Dr. Eberhard 167
Nordhues, Dr. Patrick 301, 385
Nordmann, Dr. Matthias 435, 456
Noreisch, Dr. Bernhard 191, 521
Nothhelfer, Marcus 194
Nottbusch, Dr. Claudia 96
Notthoff, Prof. Dr. Martin 100
Notz, Dr. Andreas 173
Nowak, Jamie 356
Nüsser, Stefan 134
Numberger, Ulrich 468
Núñez Müller, Dr. Marco 340, 455, 617
Nunn, Dr. Christian 323
Nunnenkamp, Dr. Jörg 492
Nussbaum, Dr. Peter 371, 383, 517, 521
Nusser, Dr. Jens 467, 468
Nuthmann, Thomas 404

O

Oberberg, Max 222
Oberbracht, Dr. Dirk 290, 371, 381, 520
Oberhauser, Dr. Iris 327
Oberle, Thomas 78, 173, 296, 556, 563, 570
Obermann, Stefan 305
Oberndörfer, Mathias 482
Oberthür, Prof. Dr. Nathalie 222
Oberwinter, Dr. Jens-Wilhelm 219
Öğüt, Dr. Pelin 222
Oehler, Claas 417
Oelrichs, Dr. Carsten 93, 549
Oerder, Dr. Michael 464
Oertzen, Dr. Christian von 445, 446
Oexle, Dr. Anno 463, 472
Ohle, Dr. Mario 108, 482
Ohlendorf, Dr. Bernd 229
Ohlhoff, Dr. Stefan 343
Ohmann-Sauer, Dr. Ingrid 220
Ohrtmann, Dr. Nicola 55, 139, 485
Oldag, Attila 189
Oldigs, Dr. Dirk 127, 128, 322
Olk, Dr. Sebastian 189, 525
Oltmanns, Dr. Martin 283, 376
Oltmanns, Dr. Michael 383
Omsels, Dr. Hermann-Josef 403
Opitz, Derk 256, 308
Opitz, Dr. Marc 70, 476, 482, 552
Oppen, Andreas von 152, 286, 378
Oppen, Joachim von 496
Oppen, Matthias von 249
Oppenhoff, Stephan 291
Oppler, Peter 322, 327
Oppolzer, Sebastian 344
Oprach, Michael 109
Orth, Dr. Hermann 187, 282, 445
Orth, Dr. Robert 294, 384
Ortmanns, Dr. Jens 73, 307, 310, 313, 521
Osing, Dr. Stefan 323
Osten-Sacken, Wedig Baron von der 403
Ostermaier, Dr. Christian 194
Ostermann, Prof. Dr. Christian 609
Osterrieth, Prof. Dr. Christian 504
Ostmann, Petra 157, 230
Oswald, Dr. Sven 89, 286
Ott, Dr. Hendrik 98
Ott, Dr. Kai-Peter 121
Ott, Dr. Michael 151
Otten, Dr. Hajo 495, 507
Otting, Dr. Olaf 466, 477, 478, 487, 551
Otto, Dr. Alexander 123
Otto, Dr. Andreas 305, 321, 323
Otto, Dr. Björn 217
Otto, Dr. Dirk 285
Otto, Dr. Hans-Jochen 156, 522
Otto, Dr. Klaus 197
Otto, Dr. Sven-Joachim 533
Otto, Werner 160
Overlack, Dr. Arndt 358
Ovie, Dr. Talke 141

P

Pagels, Steffen 94
Pagenkopf, Dr. Martin 474
Pahl, Dirk 410
Pajunk, Dr. Axel 388
Pallinger, Dr. Kerstin 339
Palmberger, Dr. Herbert 597, 598
Pananis, Dr. Panos 631
Pannen, Dr. Klaus 572
Pannenbecker, Dr. Arnd 167, 542
Pantlen, Andreas 565, 571
Panzer-Heemeier, Dr. Andrea 121, 217, 227
Pap, Dr. Michael 170, 358
Pape, Dieter 128
Pape, Dr. Kay 465
Pape, Ulf-Dieter 455
Papenheim, Dr. Christoph 59, 150, 151, 374
Pappalardo, Federico 187, 374, 516
Pappas, Dr. Claudia 408
Parameswaran, Dr. Benjamin 59, 60, 88, 371, 374, 375
Parigger, Dr. Manfred 632
Park, Prof. Dr. Tido 140, 628
Paschos, Dr. Nikolaos 71, 127, 274, 277, 291, 382
Patzina, Dr. Reinhard 599
Paudtke, Dr. Bernt 285, 518
Paukstadt, Maik 448
Paul, Dr. Christian 500
Paul, Jörg-Alexander 430, 431
Paul, Dr. Markus 517
Paul, Dr. Thomas 244, 245, 254
Pauls, Sonya 519
Pauly, Jürgen 626
Pauly, Dr. Markus 463, 470, 472
Pauly, Dr. Stephan 230
Paura, Dr. Jörg 279, 372
Pautke, Dr. Stephanie 336
Pechan, Dr. Lambert 408
Pegatzky, Prof. Dr. Claus 152
Peltzer, Oliver 87
Pelz, Dr. Christian 270, 590, 628
Pelzer, Dr. Sebastian 229
Pense, Dr. Andreas 423
Pentz, Dr. Andreas 170, 173, 301
Penzlin, Dr. Dietmar 92, 564, 570
Peres, Prof. Dr. Holger 184, 278, 349
Perlitt, Johannes 145, 153, 289, 380
Perz, Dr. Markus 306
Peschel-Mehner, Dr. Andreas 194, 417, 422, 435
Peschke, Dr. Thomas 381
Peter, Andreas 188
Peter, Dr. Anne-Marie 157
Peter, Dr. Christoph 157, 343
Peters, Dr. Ingo 160
Peters, Martin 239
Petersdorff-Campen, Stephan von 407, 504
Petersen, Dr. Bjarne 92
Petersen, Dr. Nikolaus 114, 116
Petersenn, Dr. Morten 404, 548
Petri, Dirk 633
Petsch, Tom 357
Petzke, Dr. Jürgen 97
Petzold, Dr. Eckart 127, 606, 611
Petzold, Heiko 312
Pfaff, Dr. Markus 257
Pfister, Sandra 153, 488
Pfisterer, Claus 96
Pflüger, Dr. Norbert 217, 222
Pflugmacher, Dr. Ingo 136, 545
Pfordte, Thilo 624
Pfüller, Markus 58, 78, 158, 173, 237, 249, 296
Philippi, Dr. Ulrich 382
Pickrahn, Dr. Günter 348, 351, 508
Piehler, Dr. Klaus 306
Pielorz, Dr. Michael 125, 285
Piepenburg, Horst 566, 569
Pietschmann, Rainer 327
Pietzcker, Dr. Søren 403
Piezynski, Joachim 222
Piroth, Wolfgang 569
Pitschas, Dr. Christian 617
Pitz, Dr. Johann 506
Plank, Dr. Leo 190, 520, 558, 560
Plassmann, Dr. Clemens 499
Plassmeier, Dr. Guido 138
Plate, Dr. John-Christian 403, 548
Plath, Dr. Kai-Uwe 405
Plathner, Dr. Jan 566
Platt, Oliver 316
Plehwe, Dr. Thomas von 352
Pleister, Prof. Dr. Christian 293, 383, 421, 561
Plepelits, Marc 44, 54, 146, 157, 236, 249, 251, 260, 296, 385
Plesser, Dr. Markus 421
Plitt, Dr. David 224
Ploetz, Philipp von 173
Pluta, Michael 566, 569
Podehl, Dr. Jörg 127, 128
Pöllath, Prof. Dr. Reinhard 294, 445, 448
Pörnbacher, Karl 354, 531
Pohl, Dr. Dirk 191, 292, 578, 579, 584
Pohl, Marc-Sebastian 196
Pohle, Dr. Jan 431
Pohlmann, Dr. Andreas 267, 270
Pohlmann, Rolf 572
Poll, Prof. Dr. Jens 111
Polley, Dr. Romina 334, 335
Polster, Julian 478
Polz, Dr. Leo 495, 499
Ponath, Dr. Gerrit 444
Popp, Dr. Eugen 495, 502
Porsch, Dr. Winfried 460
Posluschny, Ivo 380, 519
Pospich, Annette 128, 314
Posser, Dr. Herbert 459, 460, 471, 474, 529
Potinecke, Dr. Harald 350
Pott, Dr. Hans-Michael 130, 450, 579, 588
Potthast, Dr. Walter 465
Pragal, Dr. Oliver 632
Prager, Dr. Martin 569
Prall, Dr. Ursula 527
Prange, Hans 408
Prauser, Christian 197
Prechtel, Dr. Jörg 507
Preedy, Dr. Kara 217, 225
Prehm, Stefanie 222
Preisenberger, Dr. Simon 194, 387, 523
Preiss, Cosima 277, 370
Preißler, Reinhold 197, 547
Prieß, Dr. Hans-Joachim 106, 478, 480, 552, 616, 617
Prigge, Thorsten 120, 557
Prinz, Prof. Dr. Matthias 426
Pritzsche, Dr. Kai 529, 532
Pröbsting, Dr. Philipp 317
Pröpper, Dr. Martin 222
Pross, Dr. Ulrich 407, 491, 504
Prosteder, Dr. Dorothée 278
Prüfer, Dr. Sven 557
Pruggmayer, Steffen 114, 116
Pünder, Dr. Burkhard 306
Püschel, Christof 633
Pütz, Achim 150, 253
Purps, Dr. Thorsten 112
Purrucker, Dr. Stefan 94
Pusch, Dr. Tobias 217, 225
Putzier, Dr. Eckart 322, 328

Q

Quaas, Prof. Dr. Michael 475, 547
Quack, Dr. Christian 123, 279, 372
Quack, Ulrich 112, 334, 343
Quardt, Gabriele 456
Quedenfeld, Dr. Dietrich 590, 628
Quinke, Dr. David 353
Quiram, Guido 502
Quodbach, Dr. Martin 508

R

Raab, Thomas 408
Raane, Catrin 222
Rachow, Bolko 410
Racky, Eva 160, 625
Radau, Dr. Hans 420, 421
Raddatz, Dr. Anselm 124, 371, 376, 517, 529
Rademacher, Dr. Ulf 142, 295
Radermacher, Klaus-Peter 325
Radig, Dr. Daniel 246
Ränsch, Dr. Ulrich 577
Räpple, Dr. Thilo 538, 539
Raeschke-Kessler, Prof. Hilmar 351
Rahlf, Nils 155, 293, 383
Raible, Dr. Martin 337, 530
Rain, Dr. Joachim 439

INDEX PERSONEN

Raitz von Frentz, Dr. Wolfgang Frhr. 191, 420, 438
Rakob, Sebastian 350
Ramsauer, Prof. Dr. Ulrich 461
Randt, Dr. Karsten 580, 589, 590
Ranft, Michael-Florian 194, 297
Rang, Dr. Alexander 245, 258
Rappen, Stefan 459
Raschke, Dr. Thorsten 91, 294
Rasmussen-Bonne, Prof. Dr. Hans-Eric 524
Rasner, Dr. Markus 152
Raßmann, Dr. Christian 405
Ratajczak, Prof. Dr. Thomas 547
Rath, Heike 329
Rath, Dr. Michael 433
Rath, Peter 196, 197
Rattunde, Prof. Rolf 566, 569
Rau, Dr. Manfred 504
Rau, Rüdiger 226
Rau, Dr. Stephan 292, 382, 521, 546
Raue, Prof. Dr. Peter 110, 421
Rauer, Dr. Nils 404
Rauh, Dr. Theo 128, 384
Rauls, Dr. Henning 100
Raupach, Prof. Dr. Arndt 584
Rauscher, Oliver 404
Rauser, Dr. Karl 611
Raven, Ina von 146
Raven, Phillipp von 149, 279
Rawert, Prof. Dr. Peter 306, 446
Rebel, Dr. Wolfgang 221
Rebentisch, Dr. Manfred 459
Rebmann, Dr. Volker 305
Rechel, Dr. Hans-Peter 93
Rechenberg, Dr. Wolf-Georg Frhr. von 281, 445, 579
Rechten, Stephan 478
Reckler, Arndt 230
Recktenwald, Dr. Claus 138
Redeker, Sandra 396, 406
Reeg, Dr. Axel 172
Reese, Birgit 369, 603
Reese, Dr. Ulrich 539
Regelmann, Dr. Thomas 499
Reger, Dr. Gerald 293, 383
Rehart, Nikolaus 399, 400
Rehborn, Prof. Dr. Martin 547
Reher, Dr. Tim 334, 335, 400
Rehmann, Dr. Wolfgang 544
Rehmsmeier, Jörg 626
Reich, Dr. Dietmar 200, 344, 454
Reiche, Dr. Felix 84
Reichel, Dr. Christian 216, 220
Reichert, Prof. Dr. Jochem 78, 170, 173, 277, 296, 351, 356, 363, 365, 386
Reichert, Dr. Ronald 475
Reichert-Clauß, Dr. Andrea 372, 515
Reichling, Dr. Ingrid 481
Reidt, Prof. Dr. Olaf 77, 111, 459, 465, 484, 553
Reimann, Oliver 89
Reimann, Sabine 312
Reimann, Dr. Thomas 495, 504
Reimer, Dr. Jürgen 168
Reimer, Dr. Richard 68, 245
Rein, Dr. Thorben 91, 291
Reinart, Stephanie 204
Reinersdorff, Dr. Wolfgang von 89
Reinhard, Dr. Barbara 217, 220, 221
Reinhard, Dr. Thorsten 293, 383
Reinhard, Dr. Tim 406
Reinhardt, Dr. Wilhelm 277, 290, 381
Reinhart, Dr. Andreas 549
Reinhart, Prof. Dr. Stefan 151, 283
Reinhuber, Dr. Nikolaus 56, 278, 371
Reischauer, Thomas 309
Reiserer, Dr. Kerstin 230
Reissinger, Dr. Frank-Peter 227
Reith, Prof. Dr. Thomas 168, 450
Reitz, Dr. Henning 220
Rellermeyer, Dr. Klaus 129
Rempp, Ansgar 68, 289, 371, 380, 519
Renaud, Dr. Werner 164
Renesse, Dr. Dorothea von 500
Rentsch, Dr. Klaus 97
Renzenbrink, Dr. Ulf 82, 91, 92, 294, 301, 385, 391, 525
Reski, Dr. Marcus 306
Reszel, Dr. Peter 124
Rettenbeck, Dr. Stephan 185
Reudelhuber, Dr. Eva 44, 62, 63, 72, 151, 154, 255, 257, 258, 259
Reufels, Prof. Dr. Martin 219, 610
Reuker, Ulf 628

Reuter, Dr. Alexander 130, 531
Reymann-Brauer, Martin 196
Reysen, Dr. Marc 334, 346
Rhiel, Jörg 149
Richter, Dr. Andreas 445, 448
Richter, Dr. Bernd 94
Richter, Dr. Marcus 217, 219
Richter, Dr. Stefan 363
Richter, Thomas 183, 626
Richter, Dr. Wolfgang 44, 58, 98, 149, 150, 274, 280, 281, 373
Richter, Wolfgang 184, 444, 445, 577
Richtscheid, Steffen 116
Ricker, Dr. Mathias 506
Rid, Dr. Claudia 217
Riebeling, Dr. Jan 297
Rieckers, Dr. Oliver 379
Riede, Dr. Marc 87, 257, 487, 558
Riedel, Andreas 160
Riedel, Dr. Hannspeter 192, 448
Rieder, Dr. Markus 290
Riefling, Axel 94
Riegen, Dr. Arend von 283, 517
Rieger, Dr. Norbert 277, 293, 371, 383, 517, 521
Riegger, Dr. Hans-Georg 402
Riehmer, Dr. Klaus 44, 57, 73, 149, 155, 243, 280, 292, 368, 372, 382
Rieken, Dr. Christoph 396, 406
Riemer, Dr. Jens-Berghe 613
Ries, Dr. Christian 239, 251
Riese, Dr. Christoph 531
Riethmüller, Dr. Tobias 156
Riggert, Dr. Rainer 561
Rindfleisch, Corinna 94
Rindfleisch, Dr. Stefan 88
Ringstmeier, Dr. Andreas 566, 570
Rinke, Michael 222
Rinkler, Axel 352
Rinne, Dr. Alexander 334, 341
Rinze, Dr. Jens 158
Riße, Dr. Arno 492, 493, 496
Risse, Prof. Dr. Jörg 348, 351
Ristelhuber, Johannes 279
Ritlewski, Dr. Kristoff 403
Rittberg, Douglas Graf von 312
Ritter, Dr. Jörg 384
Ritter, Dr. Nicolai 321
Rittstieg, Dr. Andreas 422, 427
Rittweger, Dr. Christoph 429
Ritvay, Dr. Alexander 293, 371, 383, 421
Rivas, José 200
Robak, Dr. Markus 614
Rodehau, Tobias 391, 525
Roderburg, Dr. Georg 580
Rodewoldt, Dr. Dirk 309, 459
Rodin, Dr. Andreas 77, 254, 448, 522, 585
Röckrath, Dr. Luidger 337, 353, 363
Rödder, Prof. Dr. Thomas 137, 578, 579, 580
Röder, Dr. Daniel 152, 286, 378
Röder, Prof. Dr. Gerhard 219
Röder, Leïla 257, 260, 562
Rödiger, Felix 494
Rödl, Prof. Dr. Christian 77, 197, 295, 385, 585
Röger, Hendrik 231
Röh, Dr. Lars 109, 246, 355
Röhling, Dr. Frank 336, 417
Röhrborn, Dr. Stefan 220, 226
Röhrig, Dr. Markus 202
Röller, Jürgen 221
Rölz, Peter 220, 222
Rösch, Dr. Florian 311
Röschmann, Erika 94
Rößler, Dr. Nicolas 220, 222
Roetzer, Florian 193
Röwekamp, Dr. Hendrik 476, 478, 482
Rohde, Heinrich 178
Rohde, Dr. Konrad 579
Rohde, Thilo 86, 279, 389
Rohls, Dr. Michael 351, 352
Rohnke, Prof. Dr. Christian 352
Rohr, Hans von 504
Rohr, Ilse 402
Rohrbach, Sebastian 222
Rojahn, Dr. Sabine 408, 495, 505, 544
Rom, Ferdinand von 279
Rom, Dr. Maximilian von 604
Rombach, Dr. Paul 306
Roock, Bernd 217
Roos, Dr. Michael 391, 522
Ropohl, Dr. Fabian 410
Roquette, Dr. Andreas 321

Rose, Dr. Klaus-Dieter 292
Rose, Dr. Matthias 143
Roselt, Kirsten 147
Rosenberg, Dr. Oliver von 62, 133, 517
Rosenberg, Oliver 583
Rosenboom, Dr. Torsten 387
Rosenfeld, Dr. Andreas 203, 204, 342, 343, 456
Rosengarten, Dr. Joachim 371, 379
Rosenkötter, Dr. Annette 479
Rosenthal, Dr. Michael 204, 346
Rosin, Dr. Peter 44, 58, 80, 118, 123, 130, 526, 528, 529, 534
Rosinus, Christian 146
Rospatt, Max von 491, 495, 504
Rossa, Jan-Marcus 228
Rossa-Heise, Dr. Daniela 86
Rossbach, Dr. Oliver 92, 562
Rosskopf, Dr. Annette 630
Roßkopf, Dr. Gabriele 284, 377
Roßner, Lars 123
Roth, Carsten 198
Roth, Dr. Frank 351, 485
Rothenburg, Dr. Vera 284
Rothenfußer, Dr. Christoph 293, 383
Rother, Gereon 500
Rothermel, Dr. Martin 613
Rubin, Helmut 324
Ruby, Dr. Peter 257
Ruckteschler, Dr. Dorothee 350, 351, 362
Rudnau, Michael 167, 290
Rudo, Joachim 99
Rübel, Clemens 192
Rübenstahl, Dr. Markus 591
Rück, Dr. Heino 296, 386
Rücker, Dr. Daniel 434
Rückert, Dr. Susanne 124, 283
Rückert, Dr. Tilman 299
Rüden, Dr. Michael von 124, 281, 374
Ruess, Prof. Dr. Peter 409
Rützel, Dr. Stefan 351, 353, 363
Ruff, Dr. Jonathan 612
Ruge, Jan 220, 225
Ruhl, Dr. Hans-Jürgen 400
Ruland, Dr. Yorick 244
Runkel, Kai 403
Runte, Christian 431
Runte, Dr. René 327
Ruoff, Dr. Christian 578, 580
Rupprecht, Kay 502
Rust, Prof. Dr. Walter 109
Rutkowsky, Dr. Stefan 160
Ruttig, Prof. Dr. Markus 400, 415, 425
Rybak, Dr. Christian 540

S Sacher, Dr. Thomas 44, 54 ,56, 181, 183, 277, 278, 368, 370, 371
Sachs, Dr. Bärbel 617
Sachs, Dr. Klaus-Michael 350, 351
Sack, Manuel 566
Sacré, Marcus 406
Saffenreuther, Klaus 246, 270, 355
Sahan, Dr. Oliver 632
Sahin, Dr. Ali 153, 156, 379
Salditt, Prof. Dr. Franz 40, 176, 590, 591, 629
Salger, Dr. Carsten 156, 301, 358
Salger, Dr. Hanns-Christian 156, 301
Salomon, Thomas 404, 548, 610
Sambuc, Prof. Dr. Thomas 405
Samer, Dr. Michael 505
Sammler, Dr. Wolfgang 111
Samson, Dr. Christophe 282, 287
Samson-Himmelstjerna, Friedrich von 505
Sandberg, Dr. Karin 403
Sander, Dr. Axel 543
Sander, Ulrich 400
Sandner, Dr. Wolfram 467
Sangen-Emden, Marion 575
Santelmann, Dr. Matthias 59, 106, 112, 298, 354, 556
Sauerhering, Thorsten 578
Sax, Dr. Stefan 556, 558
Schabel, Thomas 486, 534
Schabenberger, Dr. Andreas 73, 167, 402, 406
Schabram, Dirk 222
Schachtner, Richard 496
Schacke, Michael 290
Schacker, Dr. Bertram 143
Schackmann, Dr. Markus 124, 374, 535
Schadbach, Kai 525
Schade, Friedemann 566

Schäckel, Dr. Thorsten 140
Schäfer, Dr. Achim 167, 291
Schaefer, Felix 123
Schäfer, Prof. Dr. Frank 129, 130, 244, 246, 247, 295, 363, 365
Schäfer, Gunhild 352
Schäfer, Dr. Helge 84, 276, 369
Schäfer, Jan 351, 360
Schaefer, Dr. Martin 415
Schäfer, Dr. Michael 460, 552
Schäfer, Dr. Susanne 153, 239, 251
Schäfer, Thomas 443, 448, 586
Schäfer, Dr. Ulrike 130, 295
Schäfer, Volker 354
Schaefer, Wilfried 578, 580
Schäfer, Wolfgang 496
Schäffler, Dr. Frank 73
Schäuble, Dr. Paul 405
Schaflitzl, Andreas 583
Schalast, Prof. Dr. Christoph 156
Schaloske, Dr. Henning 599
Schapmann, Dr. Carsten 277, 287
Scharf, Dr. Jan 481
Scharff, Dr. Christian. 364
Schartl, Oliver 569
Schatz, Christian 582
Schatz, Dr. Matthias 300
Schaub, Dr. Bernhard 306
Schauf, Dr. Jörg 580, 589
Schauhoff, Prof. Dr. Stephan 446
Schaupp-Haag, Dr. Judith 460
Schede, Dr. Christian 44, 107, 307, 310, 311, 378
Scheel, Dr. Hansjörg 559, 604
Scheer, Holger 521
Scheer-Hennings, Reinhard 309, 310
Scheffelt, Dr. Michael 327
Schefold, Dr. Christian 59, 106, 281
Scheidmann, Hartmut 472
Scheiner, Bengt 175
Scheja, Dr. Katharina 153, 432
Schell, Dr. Matthias 584
Schellenberg, Dr. Martin 481
Schelling, Dr. Wolfgang 223
Schellschmidt, Steffen 259
Schelo, Dr. Sven 561
Schemann, Jürgen 139, 275
Schemmann, Dr. Till 306
Schemmel, Alexander 632
Schenck zu Schweinsberg, Elard Frhr. von 506
Schenk, Dr. Dieter 293, 383
Schenk, Dr. Hans 560
Scherer, Dr. Joachim 437, 471, 534
Scherer, Peter 245
Scherer, Dr. Stephan 445, 449
Scherer-Leydecker, Dr. Christian 459, 479, 487, 551
Scherl, Dr. Georg 305
Scherp, Dr. Dirk 245, 268, 581
Scherrer, Dr. Sebastian 100, 285
Schertz, Prof. Dr. Christian 426, 427
Scheuch, Silke 352
Scheuer, Dr. Steffen 216
Scheuerl, Dr. Walter 425
Scheunemann, Dr. Marc 575, 581
Scheuten, Frank-Jochen 468
Schick, Prof. Dr. Stefan 168, 301, 391, 450, 547
Schicker, Stefan 435
Schickert, Dr. Jörg 189, 539, 542, 610
Schickhardt, Christoph 439
Schiessl, Dr. Martin 580
Schiessl, Dr. Maximilian 287, 371, 379, 517, 518
Schild, Annette 334
Schiller, Dr. Christof 567
Schiller, Dr. Wolf 629
Schillhorn, Dr. Kerrin 546
Schilling, Dr. Hellen 627
Schilling, Myriam 75, 135, 293, 383, 525
Schilling, Rainer 322, 325
Schillo, Franz-Josef 116
Schilmar, Dr. Boris 296, 386
Schimke, Prof. Dr. Martin 439
Schimmelpfennig, Dr. Hans-Christoph 223
Schimmelschmidt, Dr. Uwe 578
Schindele, Friedrich 222
Schindler, Dr. Hendrik 281
Schindler, Dr. Jürgen 200, 333
Schink, Prof. Dr. Alexander 472
Schinköth, Dr. Jan 516
Schipp, Dr. Johannes 226
Schippan, Dr. Martin 420

PERSONEN INDEX

Schippan, Dr. Ralph 495
Schlaffge, Dr. Andrea 410
Schlarmann, Dr. Lilo 402
Schlawien, Dr. Stefan 194
Schlenger, Christoph 612
Schlieper, Gustaf-Rudolf 387
Schlindwein, Dr. Hermann 440
Schlitt, Prof. Dr. Michael 239, 251
Schlobach, Frank 258
Schloemann, Hannes 617
Schlötter, Dr. Richard 508
Schloßmacher, Dr. Stefan 580
Schlothauer, Prof. Dr. Reinhold 626
Schlotter, Dr. Jochen 305
Schlotzhauer, Sven 429
Schlüter, Dr. Martin 143
Schmalfuß, Emil 94
Schmechel, Dr. Olaf 312
Schmelt, Jens 292
Schmich, Dr. Rolf 586
Schmid, Dr. Eckhard 217
Schmid, Dr. Gregor 423
Schmid, Dr. Thomas 387
Schmid, Dr. Wolfgang 402
Schmidkonz, Ralph 114
Schmidl, Prof. Dr. Michael 429
Schmid-Sperber, Reinhold 94, 570
Schmidt, Dr. Andreas 325
Schmidt, Dr. Barbara 114
Schmidt, Dr. Christof 288
Schmidt, Dr. Detlef 311
Schmidt, Prof. Dr. Gerhard 79, 159, 194, 297, 371, 387, 517, 523, 562
Schmidt, Dr. Jens 203, 340
Schmidt, Dr. Jens 177, 631
Schmidt, Jörg 411
Schmidt, Dr. Lutz 447, 584
Schmidt, Mario 159, 368, 388, 517, 524
Schmidt, Markus 435
Schmidt, Prof. Dr. Marlene 222
Schmidt, Dr. Oliver 383
Schmidt, Dr. Peter 519
Schmidt, Prof. Dr. Thomas 176, 177
Schmidt, Dr. Wulff-Axel 433
Schmidt-Ahrendts, Dr. Nils 353
Schmidt-Hern, Dr. Kai 406
Schmidt-Hern, Dr. Karsten 287, 379
Schmidt-Hollburg, Dr. Hartwig 91, 410
Schmidt-Husson, Dr. Franck 168, 600
Schmidt-Jortzig, Dr. Edzard 92
Schmidt-Kötters, Dr. Thomas 463, 472
Schmidt-Ott, Dr. Justus 295, 385
Schmidt-Vollmer, Dr. Bastian 93, 302
Schmidt-Westphal, Dr. Oliver 222
Schmiedeknecht, Nils 160
Schmiegelt, Dr. Karl-Heinz 305
Schmies, Dr. Christian 245, 254
Schmitt, Dr. Hermann 130
Schmitt, Prof. Dr. Joachim 580
Schmitt, Laurenz 72, 191, 270, 355, 364
Schmitt, Dr. Oliver 193, 385
Schmitt, Rainer 582
Schmitt, Prof. Dr. Ralph 352
Schmitt, Stephan 295
Schmittmann, Michael 418
Schmitz, Dr. Bernd-Wilhelm 356
Schmitz, Dr. Claus 324
Schmitz, Dr. Dirk 596
Schmitz, Dr. Erich 306
Schmitz, Dr. Florian 431, 432
Schmitz, Dr. Holger 464, 475
Schmitz, Dr. Nicolás 402
Schmitz, Thomas 407
Schmitz, Thomas 138
Schmitz-Fohrmann, Dr. Volker 399
Schmitz-Schunken, Christoph 136
Schmoll, Dr. Andrea 56, 76, 135, 397, 406
Schmuck, Dr. Thomas 375
Schnabel, Kerstin 133, 282
Schneevogl, Dr. Kai-Uwe 481
Schneeweiß, Dr. Wolfram 305
Schneider, Burkhard 350
Schneider, Carsten 384
Schneider, Dr. Christian 351, 596
Schneider, Dr. Georg 521
Schneider, Dr. Henning 90, 290, 381, 488, 546
Schneider, Dr. Ingo 96
Schneider, Prof. Dr. Jochen 435
Schneider, Dr. Johan 560
Schneider, Dr. Michael 508
Schneider, Michael 194
Schneider, Dr. Norbert 578, 580
Schneider, Dr. Sven 244, 245

Schnelle, Dr. Ulrich 166, 337
Schnepp, Dr. Winfried 596, 604
Schniepp, Dr. Steffen 56, 294, 371, 384
Schnitker, Dr. Elmar 218, 220
Schnittker, Dr. Helder 580
Schnorberger, Dr. Stephan 577
Schnorbus, Dr. York 386
Schnug, Rüdiger 598, 610
Schockenhoff, Dr. Martin 277, 284, 446
Schoebe, Martin 568
Schöler, Dr. Karolina 403
Schönberger, Christopher 192, 448, 585
Schönbohm, Dr. Julia 44, 60, 72, 150, 508
Schöne, Dr. Franz-Josef 289
Schoene, Dr. Volker 405
Schöner, Dr. Markus 87, 335
Schönfeld, Dr. Jens 580
Schönfeld, Julia 97
Schönfeld, Dr. Ulrich von 134, 292
Schohe, Dr. Stefan 494
Schoknecht, Beate 222
Scholl, Dr. Patrick 240
Scholl, Dr. Wolfgang 147, 276
Scholten, Ralf 222
Scholtka, Dr. Boris 44, 529, 532, 533
Scholz, Christian 156
Scholz, Dr. Jochen 170
Scholz, Dr. Kai-Steffen 447
Scholz, Dr. Matthias 429
Scholz, Dr. Richard 562
Scholz, Dr. Ulrich 336, 529
Scholz-Recht, Nicola 197
Schomaker, Sabine 258
Schomburg, Prof. Dr. Wolfgang 629
Schommer, Dr. Tim 90
Schommer, Dr. Tobias 216
Schoneweg, Dr. Hans 54, 369
Schoof, Dr. Tessa 613
Schoofs, Oliver 324
Schoon, Sebastian 256
Schoop, Dr. Christian 625
Schorisch, Henning 568
Schork, Dr. Alexander 164
Schorlemer, Dr. Benedikt Frhr. von 370, 514
Schorling, Dr. Peter 107, 310, 311, 378
Schorling, Dr. Tom 260
Schorn, Michael 136
Schott, Dr. Konrad 253
Schotte, Dr. Christoph 561
Schotten, Ralf 329
Schrade, Silvia 160
Schrader, Dr. Nikolaus 44, 88, 294, 368, 376, 384
Schrader, Dr. Peter 99, 221
Schramm, Dr. Nils 217, 225
Schramm, Dr. Tanja 599
Schrammel, Dr. Florian 323, 481
Schrandt-Zimmer, Dr. Stefan 87
Schreibauer, Dr. Marcus 433
Schreiber, Dr. Lutz 431
Schreiber, Tim 350
Schreier, Dr. Torsten 431
Schrell, Thomas 258
Schrewe, Dr. Holger 92, 297
Schrey, Prof. Dr. Joachim 431, 434
Schriefers, Dr. Marcus 166
Schröder, Dr. Christian 128
Schroeder, Prof. Dr. Dirk 334, 335
Schröder, Friederike 156
Schröder, Dr. Jan 120, 276, 369, 603, 604
Schröder, Dr. Jens-Sören 568
Schröder, Dr. Martin 193
Schröder, Dr. Matthias 406
Schröder, Dr. Oliver 280, 372
Schröder, Dr. Stefan 529
Schröder, Dr. Vincent 420
Schröder-Frerkes, Dr. Alexander 57, 122, 279, 372
Schrömbges, Dr. Ulrich 618
Schubach, Arno 163, 175, 598
Schubert, Christian 625
Schubert, Sascha 201, 336
Schubert, Dr. Sven 87
Schubert, Dr. Thure 506
Schuberth, Dr. Ernst-Markus 374
Schücking, Dr. Christoph 244
Schüler, Dr. Wolfgang 135
Schüll, Gottfried 495
Schüller, Dr. Gökçe 188
Schürrle, Dr. Thomas 150, 267, 374
Schüßler-Langeheine, Dr. Dirk 499
Schütte, Dr. Michael 456
Schütte, Reinhard 160, 217, 222

Schütz, Dr. Bernhard 306
Schütz, Dr. Raimund 134, 420, 438, 536
Schütz, Dr. Robert 446
Schütze, Dr. Joachim 334, 335, 608
Schütze, Dr. Marc 438
Schugardt, Björn 94
Schuler, Dr. Ulf 305
Schulte, Dr. Josef 157, 343
Schulte, Dr. Knut 278
Schulte, Dr. Martin 375
Schulte, Dr. Norbert 292, 382
Schulte-Beckhausen, Dr. Sabine 531, 534
Schulte-Beckhausen, Dr. Thomas 134, 399, 405
Schulte-Hillen, Sven 150, 374
Schulte-Kaubrügger, Dr. Christoph 571
Schultz, Dr. Detlef von 407
Schultze, Henning 231
Schultze, Dr. Jörg-Martin 336
Schultze, Dr. Thilo 560
Schultz-Süchting, Dr. Niko 310
Schultz-Süchting, Dr. Rolf 407, 543
Schulz, Dr. Andreas 404
Schulz, Axel 204, 343
Schulz, Dr. Dirk 495, 502
Schulz, Evelyn 549
Schulz, Dr. Guido 323
Schulz, Peter 445
Schulz, Sonja 549
Schulz, Dr. Thomas 293, 383, 521
Schulz, Thomas 532
Schulze, Dr. Gernot 417
Schulze, Dr. Jörn-Christian 121, 277, 370, 514
Schulze, Marc-Oliver 222
Schulze Steinen, Dr. Mathias 380
Schulze zur Wiesche, Dr. Jens 438
Schulze-Hagen, Dr. Alfons 322, 526
Schulz-Gardyan, Dr. Olaf 92
Schumacher, Prof. Dr. Andreas 580
Schumacher, Hermann 597
Schumacher, Dr. Robert 306
Schumann, Dr. Christoph 403
Schumann, Gerald 371, 525
Schunke, Dr. Maximilian 100, 409
Schuppert, Dr. Stefan 68, 433
Schuster, Detlev 532
Schuster, Dr. Doris-Maria 219
Schuster, Dr. Gunnar 62, 244, 594, 604
Schuster, Thomas 497
Schwab, Dr. Maximilian 524
Schwahn, Dr. Alexander 580
Schwampe, Dr. Dieter 87
Schwartzkopff, Michael 134, 291
Schwarz, Dr. Alexander 125, 377
Schwarz, Dr. Benno 188, 268, 283, 376
Schwarz, Dr. Eckard 220
Schwarz, Prof. Dr. Mathias 194, 417, 422
Schwarzburg, Tim 176, 178, 230
Schweda, Dr. Marc 89, 339, 455, 482
Schwedhelm, Dr. Rolf 579, 586
Schwedt, Kirstin 72, 191
Schwegler, Lorenz 217, 222
Schwegler, Dr. Michael 222
Schweibert, Dr. Ulrike 217, 225
Schweighart, Dr. Peter 499
Schweinoch, Martin 194, 435
Schweizer, Prof. Dr. Robert 417, 422, 426, 427
Schwem, Frank 310
Schwencke, Marc 125, 467
Schwendinger, Dr. Gerd 455, 616
Schwenn, Johann 427, 633
Schwennicke, Dr. Andreas 259
Schwerin, Wolf Graf von 495, 507
Seagon, Christopher 99, 566, 570, 571
Séché, Dr. Maurice 592
Sedlitz, Jochen 73, 167, 292, 556, 563
Seebacher, Krikor 217, 222
Seelig, Dr. Geert-Johann 406
Seeliger, Dr. Daniela 334, 340
Seeling, Prof. Dr. Rolf 197, 198
Seelmann-Eggebert, Dr. Sebastian 351, 354
Seffer, Adi 153, 379
Segger, Dr. Stefan 596, 604
Seibt, Prof. Dr. Christoph 88, 277, 283, 363, 371, 376, 446, 559
Seibt, Daniel 311
Seidel, Karsten 69, 153, 154, 269, 582
Seidel, Dr. Thorsten 371
Seidenfus, Valentin 100
Seiffert, Dr. Thomas 309
Seikel, Dr. Gregor 286, 312
Seiler, Dr. Dirk 265, 266

Seiler, Dr. Oliver 249, 276, 369
Seitz, Björn 595, 597
Seitz, Dr. Jochen 155, 240, 244, 246
Seitz, Dr. Stefan 135, 217, 225, 226
Sellner, Dr. Dieter 465
Selzner, Dr. Harald 290, 371, 381
Semmler, Dr. Jörg 352
Sengpiel, Dr. Markus 134
Serth, Volker 151
Sessler, Dr. Anke 271
Seulen, Dr. Günter 293
Seydel, Dr. Eberhard 363
Seyfarth, Dr. Georg 287
Seyfarth, Dr. Martin 112, 298
Seyfarth, Dr. Stefan 174
Sharma, Dr. Daniel 351
Sickinger, Dr. Mirko 287, 379
Siebenhaar, Tina 308
Sieber, Dr. Henning-Wolfgang 311
Siebert, Dr. Arvid 97
Siebert, Dr. Jacob 373, 374, 516
Siebert, Tilman 339
Siebertz, Nadja 400
Siebold, Michael 147, 439
Siederer, Wolfgang 461
Siedler, Dr. Nina-Luisa 238
Siefarth, Dr. Christof 610
Sieg, Dr. Oliver 128, 363, 365, 597, 598, 599
Siegburg, Frank 133, 326
Siegels, Dr. Jörg 155, 293
Sieger, Dr. Jürgen 59, 133, 374
Siegert, Dr. Reinhard 338, 610
Siegmann, Dr. Matthias 352
Siemers, Jürgen 217
Sienz, Christian 324
Siepelt, Prof. Dr. Stefan 134, 291
Sigel, Dr. Peter 167, 291, 306
Sigle, Dr. Axel 281
Silberberger, Dr. Uwe 217, 222
Sill, Dr. Torsten 400
Simmat, Dr. Udo 374, 516
Simon, Eberhard 185, 389
Simon, Dr. Oliver 217
Simon, Prof. Dr. Stefan 137, 277, 283, 376
Simoneit, Prof. Dr. Karsten 94
Sistermann, Dr. Christian 580
Sitzenfrei, Dr. Wolfram 166, 229
Skala, Felix 87, 345
Slabschi, Dr. Peter 90, 289, 380
Slepian, Jarret 128
Smousavi, Shaghayegh 529
Smyrek, Dr. Daniel 165
Sobotta, Jan 305
Socher, Dr. Oliver 256
Söder, Dr. Stefan 422, 426, 427
Söffing, Prof. Dr. Andreas 445, 446
Söffing, Dr. Matthias 448, 579
Söhnchen, Markus 150, 152
Sohbi, Hassan 387
Soltész, Dr. Ulrich 202, 337, 455
Sommer, Dr. Michael 445, 449
Sonntag, Dr. Matthias 402, 497
Sopp, Michaela 313
Soppe, Dr. Martin 76, 406, 421
Sorg, Dr. Martin 164, 444
Sorgenfrei, Ulrich 590, 591
Sormann, Sascha 194
Soudry, Dr. Daniel 486
Soyez, Dr. Volker 337
Soyka, Dr. Till 632
Späth, Alexander 400
Späth, Dr. Johannes 230
Spahlinger, Dr. Andreas 284, 558, 559
Spangenberg, Jan 354
Sparwasser, Prof. Dr. Reinhard 469
Spatscheck, Dr. Rainer 586, 590, 591
Specovius, Detlef 558, 561
Spehl, Dr. Stephan 348
Spencer, Leslie 128
Spenner, Katharina 607
Sperlich, Hanno 249
Spiegelhalder, Dr. Torsten 407, 508
Spielberger, Dr. Marc 193
Spielmann, Dr. Stefan 595
Spieth, Dr. Wolf 459, 460
Spintig, Christian 403
Spoerr, Prof. Dr. Wolfgang 418, 437, 463, 474, 541
Sprajcar, Robert 323
Spranger, Dr. Detlef 281
Sprengart, Peter 175
Sprenger, Dr. Jens-Dietrich 600
Spring, Michael 449

INDEX PERSONEN

Springer, Dr. Ralf 75
Springer, Dr. Ulrich 374, 516
Staab, Günter 179
Staab, Dr. Peter 179
Stadler, Dr. Andreas 435
Stadler, Dr. Christoph 334, 337, 417, 418
Stadler, Dr. Rainer 583
Stahl, Rudolf 577, 589, 590
Stahl, Dr. Ulrich 91
Stahlberg, Wilhelm 399
Stammberger, Dr. Tobias 505
Stang, Dr. Harald 99, 281, 374
Stangl, Prof. Dr. Ingo 580
Stangl, Martin 92
Stapenhorst, Dr. Hermann 309, 321
Stappert, Dr. Holger 127, 340, 529, 532
Staps, Christian 153, 560, 563
Stark, Günther 222
Starke, Dr. Henning 254
Starke, Dr. Klaus 95
Startz, Roland 278
Stassen, Prof. Dr. Dieter 328
Staudacher, Peter 220, 231
Stauder, Dr. Tobias 160
Steck, Andreas 244, 246
Steck, Dr. Kai-Uwe 153, 254
Steding, Dr. Ralf 323
Stegbauer, Stefanie 121
Stegemann, Dr. Norbert 172
Steil, Christian 507
Steiling, Dr. Ronald 461, 474
Stein, Dr. Edgar 137, 138
Stein, Dr. Roland 479
Steinau-Steinrück, Dr. Robert von 217, 222
Steinborn, Dominic 178
Steinbrück, Katharina 158
Steiner, Regina 222
Steinhauer, Dr. Bettina 257
Steininger, Dr. Steffen 68, 189, 499
Steinle, Dr. Christian 334, 337
Steinmeyer, Dr. Roland 271, 298
Steins, Dr. Clemens 499
Stellmann, Prof. Dr. Frank 188, 311
Stengel, Dr. Arndt 44, 58, 74, 155, 186, 274, 280, 292, 293, 373, 383
Stenneken, Dr. Christian 534
Stenz, Dr. Peter 256
Stephan, Dr. Klaus-Dieter 287
Stetten, Dr. Annette von 632
Stetter, Dr. Sabine 633
Stickler, Dr. Thomas 116, 325, 484
Stief, Marco 501, 502
Sties, Jochen 503
Stilcken, Andreas 388, 524
Stiller, Dr. Dirk 294, 384
Stobbe, Dr. Michael 378
Stock, Eberhard 569
Stock, Dr. Stefan 119, 134, 317
Stockhausen, Dr. Martin 285, 558, 559
Stockmann, Dr. Rainer 286, 312
Stockmann, Dr. Thomas 553
Stoecker, Dr. Christoph 87, 88
Stoecker, Detlev 317, 382
Stögmüller, Dr. Thomas 435
Stoevesandt, Dr. Martin 97
Stohlmeier, Dr. Thomas 281
Stolberg-Stolberg, Otto 114
Stoll, Dr. Andreas 92
Stoll, Christian 499
Stoll, Heiko 586
Stolz, Bernhard 486
Stolz, Dr. Ekkehard 405
Stopper, Dr. Michael 535
Stoye, Dr. Jörg 481
Stracke, Hans-Michael 607
Sträter, Prof. Burkhard 539, 543
Strahl, Dr. Martin 577
Strasburger, Dr. Jörg 90, 316
Strate, Dr. Gerhard 633
Stratz, Dr. Rolf-Christian 114
Straub, Dr. Wolfgang 404
Straube, Dr. Gunnar 99, 222
Strauch, Dr. Mark 238, 250
Strauss, Dr. Ingo 278, 371
Streck, Dr. Michael 586
Strehle, Dr. Emanuel 371, 379, 517, 518
Streit, Prof. Dr. Georg 189, 287, 379, 558, 560
Strelow, Markus 259
Strenge, Dr. Nikolas von 468, 486, 488
Streyl, Dr. Annedore 283, 376
Strieder, Dr. Joachim 321
Ströbl, Dr. Albin 609, 611
Strohkirch, Eckhard 82
Strohm, Frank 579
Strotmann, Gerrit 177
Strube, Dr. Friedrich 95
Struckmann, Kai 204, 456
Strunk, Prof. Dr. Günther 83, 89
Stucken, Dr. Ralf 90, 289
Studt, Dr. Norma 221
Stühler, Dominik 516
Stützle, Christiane 420
Stulz-Herrnstadt, Dr. Michael 414
Stumpf, Prof. Dr. Christoph 449
Sturies, Dr. Rainer 172
Sturm, Adriane 380
Sturm, Wolfgang 382
Suchowerskyj, Dr. Tanja 357
Sudbrink, Dr. Holger 97
Süß, Stefan 578, 583
Suffel, Claus 117
Suhrbier, Jens 89, 532, 535
Summ, Dr. Cornelia 173
Summerer, Dr. Thomas 440
Sunderdiek, Stephen 222
Sundermann, Dr. Martin 192, 294, 384, 522
Sura, Dr. Martin 334, 339
Sustmann, Dr. Marco 125, 277, 284, 377
Sutter, Dr. Oliver 86
Sydow, Christian von 292, 382
Sziegoleit, Dr. Dieter 197
Szynka, Dr. Dirk 500

T

Taormino, Dr. Joseph 499
Tappeiner, Dr. Christian 79, 159, 387, 523, 524
Taschke, Prof. Dr. Jürgen 267, 268, 625
Tauser, Dr. Kian 584
Technau, Dr. Konstantin 158, 252, 386
Teichmann, Dr. Johannes 607
Teigelkötter, Volker 223
Tellmann-Schumacher, Cordula 492, 493
Tempelmann, Dr. Achim 227
Tepper, Dr. Franz 140, 279
Terlau, Dr. Matthias 294
Terno, Wilfried 133, 598
Terpitz, Jochen 157, 536
Tettau, Philipp von 319
Tetz, Dr. Stefanie 186
Teufer, Dr. Tobias 90, 549
Thaeter, Dr. Ralf 379
Thaler, Cornelia 309, 310
Thalhofer, Dr. Thomas 434
Thamm, Dr. Florian 315
Thees, Dr. Thomas 222
Theilmann, Dr. Timm 112
Theiss, Dr. Wolfram 445, 447
Theissen, Dr. Robert 64, 322, 323
Theißen, Dr. Rolf 328
Theobald, Prof. Dr. Christian 527, 529
Theobald, Dr. Wolfgang 160
Theune, Dr. Ulrich 355
Thiele, Dr. Christian 313
Thiele, Dr. Kathrin 117
Thiele, Dr. Rüdiger 382
Thiemann, Dr. Stephan 569
Thieme, Dr. Hinrich 304, 310, 312
Thierau, Prof. Thomas 322, 325
Thiering, Dr. Frederik 403
Thiery, Claus 186, 350, 362
Thies, Dr. Hendrik 286
Thies, Dr. Tjark 570
Thilow, Dr. Hauke 94, 372
Thoma, Georg 157, 296, 385
Thomale, Dr. Hans-Christoph 535
Thomas, Dr. Frank 153
Thomas, Dr. Holger 231
Thomas, Sebastian 324
Thomas, Dr. Sven 623, 629
Thomas-Blex, Dr. Heike 178
Thoms, Anahita 616
Thomsen, Ruth-Maria 78, 296, 386
Thonemann-Micker, Susanne 448
Thorwart, Carl-Otto 198
Thümmel, Prof. Dr. Roderich 168, 297, 351, 357, 597, 600
Thür, Franz 222
Thum, Bernhard 507
Thum, Oliver 150
Thume, Dr. Karl-Heinz 613
Thurn, Dr. Oliver 374
Tiedemann, Dr. Andrea 86
Tielmann, Dr. Jörgen 292
Tiesler, Ralf-Dietrich 230
Tietje, Dr. Teemu 97
Tietze, Steffen 114
Tieves, Dr. Johannes 257, 258, 560
Tillmanns, Dr. Christian 542, 549
Tilmann, Max 500
Timmann, Dr. Henrik 491, 495, 504
Tintelnot, Dr. Albrecht 114
Tischendorf, Dr. Sven 146, 227
Töben, Dr. Thomas 578, 585
Tönies, Christian 518, 522
Töpfer, Dr. Frank-Rainer 471
Tomat, Dr. Oliver 86, 279
Topf, Dr. Cornelia 377
Torka, Dr. Nico 91
Toussaint, Dr. Guido 352
Traeger, Dr. Burkhard 96
Trahms, Jesko 127, 128
Traichel, Dr. Christian 297
Trappehl, Dr. Bernhard 216
Traugott, Dr. Rainer 72, 191, 291, 382, 517, 520
Trautmann, Dirk 260, 488
Trautmann, Dr. Oliver 155
Trebeck, Dr. Joachim 214, 217
Tremml, Dr. Bernd 549
Tretter, Norbert 352
Triebel, Dr. Götz 375
Triebel, Dr. Volker 351
Trillmich, Dr. Philip 428, 436
Trinkaus, Marc 257, 259
Trittmann, Prof. Dr. Rolf 351, 609
Trölitzsch, Dr. Thomas 294, 384
Trossin, Dr. Hans-Jürgen 506
Trost, Dr. Johannes 91
Trüg, Dr. Gerson 170, 631
Tsambikakis, Dr. Michael 66, 118, 133, 352, 597, 633
Tschauner, Dr. Heiko 560
Tschentscher, Frank 561
Tschentscher, Dr. Thomas 437
Tschöpe, Dr. Ulrich 226
Tu, Dr. Changfeng 125
Tüngler, Dr. Stefan 529
Tumbrägel, Dr. Kai 416
Turi, Michael 505
Tuttlies, Dr. Dirk 278
Tyczewski, Thomas 466
Tyrolt, Dr. Jochen 377

U

Ubber, Thomas 54, 215, 217
Uebelhoer, Dr. Walter 256, 557
Uechtritz, Prof. Dr. Michael 459, 461, 474
Uexküll, Dr. Alexa Baroness von 506
Ufer, Dr. Florian 629
Uhl, Dr. Antje 113, 217
Uhl, Dr. Laurenz 240
Uhl, Dr. Nikolaus 524
Uhlendorf, Jens 289, 380
Ulbricht, Dr. Carsten 165
Ulmer, Dr. Michael 276, 369
Ulmer-Eilfort, Dr. Constanze 55, 538
Ulrich, Dr. Alexander 221
Ulrich, Dr. Stephan 130, 296, 386
Ulrich, Ulrike 409
Ulshöfer, Dr. Matthias 341, 483
Ultsch, Dr. Michael 349
Umbeck, Dr. Elke 354
Undritz, Dr. Sven-Holger 562, 566, 571
Ungeheuer, Dr. Christina 154, 234, 257, 259
Ungemach, Manfred 528
Unland, Dr. André 458
Unrau, Dr. Dirk 94
Upleger, Martin 478
Urban, Dr. Andreas 126, 287, 379
Usinger, Wolfgang 111, 317
Uwer, Dr. Dirk 463, 474, 531, 541

V

van Aerssen, Rick 62, 151, 238, 250, 283
van Bevern, Marcus 354
van de Sande, Dr. Carsten 353, 363
van der Heide, Thomas 185
van der Hout, Dr. Robin 202
van der Wolk, Alex 110
van Dyk, Dr. Jan 95, 326
van Hove, Kris 204
van Jeger, Dr. Torsten 465
Varadinek, Dr. Brigitta 109, 355
Vassilev, Milena 160
Vasu, Kirti 237
Vath, Dr. Andreas 195
Vaupel, Christoph 78, 158, 252, 297, 387

Vehling, Dr. Karl-Heinz 100
Veith, Dr. Alexander 276
Veith, Amos 254
Veith, Dr. Jürgen 595
Velte, Dr. Rainer 338
Vendt, Dr. Stephanie 426
Venn, Nikolai 631
Vennemann, Frank 114
Ventroni, Dr. Stefan 417, 422
Ventzke, Klaus-Ulrich 633
Verhauwen, Axel 495, 500
Verjans, Renate 630
Versteyl, Prof. Dr. Andrea 469
Versteyl, Prof. Dr. Ludger-Anselm 469
Verweyen, Dr. Urs 419
Vetter, Dr. Andrea 479
Vetter, Prof. Dr. Jochen 277, 287, 379
Viefhues, Dr. Martin 404
Vieten, Dr. Nikolaus 258
Viskorf, Dr. Stephan 448
Vocke, Dr. Christian 56, 278
Völcker, Dr. Sven 202, 334, 339, 340
Völckers, Christian 598
Völker, Dietmar 579, 588
Völker, Dr. Stefan 399, 402
Völlink, Uwe-Carsten 481
Vogel, Dr. Frank 513, 518, 523
Vogel, Dr. Jörg 170
Vogel, Martin 112
Vogel, Dr. Olrik 323, 324
Vogel, Prof. Dr. Rupert 435, 436
Vogelheim, Dr. Markus 321, 323
Vogels, Prof. Dr. Tim 614
Vogelsang, Dr. Martin 96, 326, 485
Vogelsang, Michael 85
Vogelsang-Wenke, Dr. Heike 497
Vogt, Alexander 254
Vogt, Dr. Hans 176, 178
Vogt, Dr. Ralf-Martin 103, 108
Vohwinkel, Moritz 410
Voigt, Dr. Daniel 58
Voigt, Dr. Hans-Christoph 93, 302
Voigtländer, Dr. Anne 467
Voigtländer, Dr. René 528
Voigt-Salus, Joachim 570
Volhard, Patricia 77, 254
Volk, Prof. Dr. Klaus 37, 630
Vollrath, Dr. Hans-Joachim 306
Vollstädt, Dr. Oliver 220
Volohonsky, Christine 191
Vormann, Dr. Thorsten 58, 69, 508
Vormbaum-Heinemann, Irma-Maria 222
Vormbrock, Prof. Dr. Ulf 614
Vorwerk, Prof. Dr. Volkert 352
Vosberg, Till 113
Voss, Dirk-Reiner 59, 315
Voß, Jan 147, 429
Voß, Dr. Marko 632
Voß, Dr. Rainer 464
Voß, Dr. Thorsten 73
Vossius, Dr. Oliver 306
Vykydal, Dr. Swen 156, 407, 612

W

Wach, Dr. Karl 357
Wachenhausen, Dr. Heike 94, 544
Wachinger, Dr. Lorenz 551
Wacker, Gerhard 77, 197, 294, 384
Wagener, Dr. Dominique 336
Wagner, Dr. Achim 338
Wagner, Alexandra 627
Wagner, Dr. Christoph 110, 420, 438
Wagner, Eckart 334, 346
Wagner, Gernot 54, 79, 146, 159, 236, 241, 249, 252
Wagner, Dr. Jens 400, 539
Wagner, Dr. Johann 581
Wagner, Michael 198
Wagner, Dr. Olav 483
Wagner, Dr. Philipp 360
Wagner, Dr. Susanne 633
Wagner, Dr. Volkmar 479
Wagner-Cardenal, Dr. Kersten 83, 461, 481, 487
Wahl, Dr. Axel 524
Wahl, Tobias 565
Wahle, Dr. Eberhard 625
Wahlers, Dr. Henning 119, 134, 292
Wahlig, Thomas 225
Waitz, Dr. Clemens 513, 518, 523
Waitz, Dr. Johannes 100
Waldburg, Dr. Oliver 256, 557
Waldeck und Pyrmont, Wolrad Prinz zu 124, 496

PERSONEN INDEX

Waldhausen, Dr. Stephan 62, 124, 277, 283, 371, 376
Waldhauser, Dr. Hermann 189, 418, 432
Waldzus, Dr. Dagmar 87, 279, 613
Walischewski, Dr. Leonard 630
Walk, Dr. Werner 217
Wallach, Dr. Edgar 254
Walle, Dr. Andreas 219
Wallhäuser, Matthias 136
Wallinger, Michael 506
Wallner, Dr. Franz-Xaver 168
Wallraf, Georg 422
Wallwitz, Dr. Sebastian Graf von 194, 301
Walter, Dr. Andreas 156
Walter, Dr. Axel von 414, 429
Walter, Dr. Karl 158
Walther, Michael 188, 345
Waltz, Peter 238, 240, 605
Walz, Dr. Robert 306
Wambach, Dr. Thomas 354
Wanckel, Dr. Endress 425
Waschmann, Dr. Wolf 90
Wasmann, Dr. Dirk 284, 363
Wassermeyer, Dr. Wolf 446
Wauschkuhn, Dr. Ulf 607, 609
Webeler, Gerald 176
Weber, Axel 220
Weber, Dr. Heike 576
Weber, Prof. Dr. Klaus 445
Weber, Dr. Ludwig 98
Weber, Dr. Martin 500
Weber, Dr. Nils 404, 614
Weber, Dr. Robert 297, 365
Weber, Dr. Tim 310, 311, 530
Weber, Dr. Wolfgang 142
Weber-Bruls, Prof. Dr. Dorothée 500
Weberndörfer, Dr. Frank 223
Weckbach, Dr. Susanne 428
Wegen, Prof. Dr. Gerhard 353, 377
Wegerich, Ingo 240
Weggenmann, Dr. Hans 585
Wegmann, Dr. Till 142, 230
Wegner, Anne 340, 355, 606, 609, 611
Wegner, Prof. Dr. Carsten 590
Wegner, Dr. Hans 493
Wegner, Dr. Konstantin 422, 427
Wegner, Mario 112
Wehlau, Dr. Andreas 402, 548
Wehnert, Dr. Anne 629
Weiand, Dr. Neil 256, 257
Weichhaus, Dr. Bernd 405
Weichs, Dr. Elisabeth Frfr. von 195, 423
Weidemann, Prof. Dr. Clemens 459, 461, 474
Weidenbach, Dr. Georg 340
Weidert, Dr. Stefan 402, 432
Weidinger, Thomas 116
Weidlich, Thomas 134, 292, 382
Weidmann, Rolf 567
Weidner, Michael 543, 549
Weidner, Dr. Ulrich 597
Weiers, Maria 523
Weigel, Dr. Michael 153, 359
Weigell, Dr. Jörg 591
Weigle, Dr. Knut 94
Weimann, Dr. Holger 414
Weimann, Thomas 123, 350
Weinand-Härer, Klaus 575
Weinbeer, Dr. Alexander 596
Weinert, Dr. Mirko 504
Weinheimer, Dr. Stefan 128, 384
Weinkauf, Dr. Holger 99
Weisert, Dr. Daniel 411
Weisner, Dr. Arnd 90, 289, 380
Weiß, Dr. Daniel 258, 560
Weiss, Gunther 152, 286, 378
Weiß, Dr. Wolfgang 507
Weisse, Peter-Michael 495, 507
Weisser, Dr. Ralf 420, 434, 438
Weisskopf, Dr. Wolfgang 117
Weitbrecht, Dr. Andreas 334, 346
Weitkamp, Thomas 257
Weitnauer, Dr. Wolfgang 194, 524
Wellensiek, Tobias 172
Weller, Bernd 219
Weller, Dr. Wolfgang 175
Wellhöner, Astrid 219, 220
Wellmann, Uwe 344
Wende, David 152, 322
Wendel, Dr. Alexander 332, 609, 611
Wendt, Dr. Fred 284, 377, 518
Wendt, Martin 179, 599
Wendt, Norbert 94
Weniger, Dr. Stefan 568
Wenz, Dr. Gerrit 306
Werder, Dr. Alexander 446, 581
Werner, Florian 328
Werner, Jürgen 203, 341, 456, 488
Werner, Dr. Marc 226
Werner, Marc 310, 312
Werner, Philipp 73, 202, 339, 455
Werth, Jörg 222
Werther, Rolf 95
Werum, Dr. Rainer 310, 312
Wesche, Dr. Florian-Alexander 123, 534, 535
Wessel, Dr. Joachim 398
Wessels, Dr. Peter 352
Wessely, Dr. Thomas 336
Wessing, Prof. Dr. Jürgen 630
Westenberger, Dr. Norbert 175, 176
Westermann, Prof. Dr. Harm 356
Westermann, Dr. Kathrin 341, 417, 421
Westerwelle, Dr. Kai 412, 423, 435
Westpfahl, Dr. Lars 283, 517, 558, 559
Westpfahl, Dr. Manfred 158
Wethmar, Robert 92, 297, 387
Wettich, Dr. Carsten 122
Wettner, Dr. Vanessa 410
Weyde, Dr. Daniel 578
Weyland, Prof. Gerd 549
Weyland, Dr. Peter 379, 517, 518
Wichmann, Dr. Hendrik 507
Wicke, Dr. Hartmut 306
Wicker, Dr. Christian 306
Wickert, Ralf 1/6
Widder, Dr. Stefan 290, 381
Widmayer, Dr. Gerhard 190, 582
Wieddekind, Dr. Dirk 408
Wiedemann, Prof. Dr. Andreas 166, 287, 447
Wiederholt, Dr. Norbert 256
Wiegand, Dr. Daniel 379
Wiegand, Dr. Nicolas 350
Wiehl, Michael 385
Wieland, Thomas 187, 282, 374, 445
Wieland, Thorsten 403
Wiemer, Dr. Frederik 338
Wienberg, Dr. Rüdiger 566, 568
Wienecke, Johannes 94
Wieneke, Dr. Laurenz 293, 365
Wiese, Dr. Götz 583
Wiese, Ingo 85
Wiesenecker, Dr. Philipp 68, 220
Wigge, Dr. Peter 544
Wilhelm, Ernst 323
Wilhelm, Dr. Marco 292, 382, 561
Wilhelm, Dr. Mark 601
Wilke, Rainer 290, 381
Wilken, Dr. Oliver 285
Willemsen, Prof. Dr. Heinz 214, 218
Willenbruch, Dr. Klaus 484
Willheim, Dr. Johannes 68, 145, 153, 339, 359, 535
Willhelm, Dr. Johannes 44
Willhöft, Dr. Cord 540
Williamson, Dr. Gabrielle 203
Willibald, Franz 190, 582
Willisch, Dr. Jan 355
Wilm, Dr. Daniel 287, 604
Wilmanns, Max 525
Wilms, Jan 159, 260
Wilsing, Dr. Hans-Ulrich 127, 274, 277, 291, 363, 364, 382
Wilske, Dr. Stephan 351, 353
Wimmer, Prof. Dr. Norbert 423, 438, 466, 475
Wimmers, Jörg 417, 423, 435
Windeln, Dr. Norbert 228
Windthorst, Jan-Erik 348, 351
Winheller, Stefan 450
Winkelbauer, Prof. Dr. Wolfgang 597, 625
Winkelmüller, Dr. Michael 472
Winkler, Dr. Christoph 73, 292, 383
Winkler, Josef 142
Winkler, Lars 601
Winkler, Marcus 565
Winkler, Dr. Rolf 165, 166, 351, 353, 610
Winnands, Simone 543
Winter, Dr. Frederik 246, 605
Winter, Dr. Thomas 352
Winterfeld, Dr. Achim von 352
Winterhoff, Prof. Dr. Christian 474
Winzer, Dr. Thomas 219
Wirbel, Dr. Bernd 379, 518
Wirth, Christian 357, 600
Wirth, Dr. Gerhard 284, 363
Wirtz, Dr. Markus 125, 334, 336, 337
Wirtz, Dr. Martin 399
Wissel, Holger 456
Wisskirchen, Dr. Gerlind 217
Wißmann, Dr. Tim 217, 221
Wistinghausen, Dr. Christian von 104, 372
Witt, Martin 372
Witte, Dr. Andreas 91, 291, 381
Witte, Dr. Jürgen 354, 364
Wittek, Dr. Nicolas 239
Witteler, Dr. Stephan 432, 438
Witting, Dr. Jörg 334
Wittinghofer, Dr. Mathias 152, 359
Wittler, Jutta 324
Wittuhn, Dr. Georg 90
Witz, Dr. Wolfgang 358
Witzel, Michaela 435
Wochner, Dr. Georg 306
Wöbke, Dr. Jörn 285, 377, 518
Wöckener, Karsten 241
Wölfle, Dr. Andreas 168, 383
Wörle, Martin 221
Wohlfarth, Hans-Dieter 222
Wolf, Dr. Christian 75, 155
Wolf, Dr. Jens 92, 518, 523
Wolf, Dr. Manfred 193, 247, 365
Wolfers, Dr. Benedikt 106, 244, 474, 487, 594
Wolff, Dr. Alexander 216
Wolff, Dr. Andreas 231
Wolff, Dr. Christopher 156
Wolff, Dr. Florian 64, 152, 285, 378
Wolff, Dr. Nikolai 119
Wolff, Roland 160
Wolff, Ulrich 291, 382, 520
Wolff-Rojczyk, Dr. Oliver 151, 401, 431
Wollburg, Dr. Ralph 71, 127, 277, 291, 364, 371, 382
Wollenhaupt, Markus 254
Wollschläger, Dr. Sebastian 623, 626
Wolter, Kay 325
Wolter, Dr. Matthias 399, 403, 610
Woltering, Dr. Tobias 535
Wolters, Dr. Jan 306
Wolters-Höhne, Dr. Anna 493, 494, 495
Wood, David 202
Wortberg, Dr. Sven 313
Wrage-Molkenthin, Dr. Heidi 400
Wrangell, Dr. Nikolas von 99
Wrede, Dr. Jan 281, 373
Wronna, Dr. Alexander 324
Wülfing, Dr. Thomas 47
Wüllrich, Dr. Michael 138
Wünschmann, Dr. Christoph 339
Würfel, Dr. Wolfgang 463
Wuermeling, Dr. Ulrich 154, 428, 433
Würtenberger, Prof. Dr. Thomas 169
Wulf, Dr. Julia 408
Wulf, Dr. Martin 586, 590
Wulff, Dr. Jakob 295
Wulfken, Dr. Jörg 44, 73, 155, 240, 242, 246, 292, 382, 561
Wunsch, Dr. Oliver 93, 387, 525
Wurdack, Dr. Michael 611
Wurll, Guido 222
Wurth, Dr. Gilbert 75, 224
Wuttke, Dr. Tobias 502
Wybitul, Tim 153, 220, 267, 269, 431, 433

X

Xylander, Karl-Jörg 112, 271, 630

Y

Yamaguchi, Dr. Shigeo 121, 277, 370
York von Wartenburg, Clemens Graf 345

Z

Zäh, Dr. Jonas 222
Zätzsch, Dr. Jörg 516, 518
Zaich, Julian 259
Zang, Axel 355
Zanner, Dr. Andreas 58, 250
Zechmeister, Dr. David 549
Zedelius, Dr. Christiane 191, 396, 611
Zeeck, Dr. Sebastian 282, 287
Zeidler, Dr. Finn 354
Zeller, Prof. Dr. Jörg 178
Zeller, Dr. Sven 253
Zenger, Karl 160
Zenke, Dr. Ines 527
Zentis, Sascha 312
Zeppenfeld, Dr. Guido 72, 154, 155, 222
Zerbe, Dr. Götz 143
Zerr, Dr. Volker 309
Ziai-Ruttkamp, Silke 222
Ziche, Dr. Christian 114, 115
Ziegenbein, Dr. Ulrich 94, 372
Ziegenhagen, Andreas 281, 374, 558, 559, 579
Ziegenhahn, Dr. Dominik 64, 89, 91, 294, 378, 391
Ziegenhain, Prof. Dr. Hans-Jörg 189, 371, 379, 517, 518
Zielke, Astrid 279
Zieres, Dr. Matthias 177
Ziesche, Dr. Lutz 109
Zietsch, Dr. Udo 147
Zimmer, Dr. Lutz 193, 386, 523
Zimmer, Dr. Mark 188
Zimmerling, Dr. Marc 348, 362, 595
Zimmermann, Axel 187, 401
Zimmermann, Johannes 629
Zimmermann, Dr. Klaus 148
Zimmermann, Prof. Dr. Norbert 306
Zimmermann, Ulrich 500
Zingel, Dr. Frank 246
Zinn, Dr. Philip-André 174
Zinsmeister, Ute 344
Zintler, Dr. Mathias 405
Zipse, Dr. Stefan 609
Zirngibl, Dr. Nikolas 380, 518, 519
Zitzmann, Dr. Axel 127, 292, 382
Zöll, Oliver 149, 266
Zöttl, Dr. Johannes 339
Zoller, Dr. Michael 195
Zons, Dr. Jörn 133
Zschoche, Dr. Detlef 195
Zschocke, Dr. Christian 155, 293
Zühlke, Susanne 71, 202, 334, 340, 345
Zumbusch, Dr. Ludwig von 407, 502
Zumwinkel, Dr. Thorsten 586, 590, 591
Zwissler, Dr. Thomas 195

INDEX KANZLEIEN

ABITZ & PARTNER
Patentrecht 498

AC TISCHENDORF
Region Frankfurt und Hessen
Frankfurt 146
Arbeitsrecht 227
Gesellschaftsrecht 298
Restrukturierung und Insolvenz
Restrukturierung/Sanierung 557

DR. BRUNHILDE ACKERMANN
Konfliktlösung – Dispute Resolution
Handel und Haftung 352

ACURIS
Region Süden
München 182, 183
M&A 389

ADERHOLD
Region Osten
Sachsen 113
Region Westen 118, 119
Düsseldorf 120
Ruhrgebiet/Westfalen 139, 140
Region Süden
München 184
Bank- und Finanzrecht
Bank- und Bankaufsichtsrecht 242, 243
Compliance-Untersuchungen 268
Gesellschaftsrecht 275
Konfliktlösung – Dispute Resolution
Handel und Haftung 358
M&A 389
Restrukturierung und Insolvenz
Restrukturierung/Sanierung 557
Fusionsstammbäume 650
Anzeige/Kanzleiprofil 652

ADJUGA
Region Südwesten
Baden-Württemberg (ohne Stuttgart) 169
Anzeige/Kanzleiprofil 653

ADVISES
Fusionsstammbäume 650

AFA RECHTSANWÄLTE
Arbeitsrecht 222

AFR AIGNER FISCHER
Region Südwesten
Stuttgart 165
Region Süden
München 182, 183
M&A 369, 370
Nachfolge/Vermögen/Stiftungen 449
Private Equity und Venture Capital 514, 515, 516

AGS ACKER GÖRLING SCHMALZ
Nationaler Überblick 50
Region Norden
Hamburg 85
Region Osten
Berlin 105
Region Frankfurt und Hessen
Frankfurt 148
Compliance-Untersuchungen 265, 266, 267
Immobilien- und Baurecht
Privates Baurecht 320, 325
Fusionsstammbäume 643
Anzeige/Kanzleiprofil 654

AHB ARENDS HOFERT BERGEMANN
Region Norden
Hamburg 84
Anzeige/Kanzleiprofil 655

AHLERS & VOGEL
Region Norden 82
Hamburg 85
Mecklenburg-Vorpommern 94
Bremen 95
Immobilien- und Baurecht
Privates Baurecht 325, 326
Konfliktlösung – Dispute Resolution
Handel und Haftung 358
Statistiken 637
Anzeige/Kanzleiprofil 656

AKD DITTERT SÜDHOFF & PARTNER
Region Osten
Berlin 105
Sachsen 115
Immobilien- und Baurecht
Privates Baurecht:
Weitere empfohlene Spezialkanzleien 329

AKIN GUMP STRAUSS HAUER FELD
Nationaler Überblick 42

ALEGIS
Nationaler Überblick 42

ALLEN & OVERY
Nationaler Überblick 35, 39, 40, 43, 44, 49, 52
Region Norden
Hamburg 84
Region Westen
Düsseldorf 120
Region Frankfurt und Hessen 144, 145
Frankfurt 146
Region Süden
München 182
Brüssel 200
Arbeitsrecht 215, 217, 220
Bank- und Finanzrecht
Anleihen und Strukturierte Finanzierung 235, 236, 237
Bank- und Bankaufsichtsrecht 243, 244
Börseneinführungen und Kapitalerhöhungen 248, 249
Investmentfonds und Asset-Management 253
Kredite und Akquisitionsfinanzierung 256, 257
Compliance-Untersuchungen 266
Gesellschaftsrecht 275, 277
Immobilien- und Baurecht
Immobilienwirtschaftsrecht 308, 309, 310
Kartellrecht 333, 334
Konfliktlösung – Dispute Resolution
Gesellschaftsrechtliche Streitigkeiten 362, 363
Handel und Haftung 348, 349, 351
M&A 369
Marken- und Wettbewerbsrecht 409
Öffentlicher Sektor
Umstrukturierungen, ÖPP und Projektfinanzierung 487
Umwelt- und Planungsrecht 466
Vergaberecht 477, 478
Patentrecht 492, 494
Private Equity und Venture Capital 514, 515
Regulierte Industrien
Energiewirtschaftsrecht 527, 528
Verkehrssektor 551
Restrukturierung und Insolvenz
Restrukturierung/Sanierung 557, 558
Steuerrecht 575, 576, 578
Versicherungsrecht
Unternehmensbezogene Beratung von Versicherern 602, 603, 604
Versicherungsvertragsrecht: Prozessvertretung und Beratung 594, 595
Statistiken 636
Anzeige/Kanzleiprofil 658/659

ALPERS WESSEL DORNBACH
Fusionsstammbäume 648

ALPMANN FRÖHLICH
Region Westen
Ruhrgebiet/Westfalen 139

ALSCHILD
Brüssel 201
Kartellrecht 334

ALTENBURG
Region Norden
Hamburg 85
Region Osten
Berlin 105
Region Süden
München 184
Arbeitsrecht 214, 215, 217
Anzeige/Kanzleiprofil 657

AMERELLER
Fusionsstammbäume 650

AMPERSAND
Region Süden
München 184
Medien, Technologie und Kommunikation
Medien 413
Patentrecht 507
Regulierte Industrien
Gesundheitswesen 537, 538

ANCHOR
Region Südwesten
Baden-Württemberg (ohne Stuttgart) 171
Region Süden
München 184
Restrukturierung und Insolvenz
Insolvenzverwaltung 565
Anzeige/Kanzleiprofil 660

ANDREÄ & PARTNER
Region Frankfurt und Hessen
Hessen 160

ANDREJEWSKI HONKE
Region Westen
Ruhrgebiet/Westfalen 141
Patentrecht 492, 493

ANDRESPARTNER
Region Westen
Düsseldorf 122

ANDRESSCHNEIDER
Restrukturierung und Insolvenz
Insolvenzverwaltung 564, 565

DR. PETER ANTON UND RAINER KRICK
Region Süden
München 184
Gesellschaftsrecht
Notariat 305

APITZSCH SCHMIDT KLEBE
Arbeitsrecht 222

APPELHAGEN
Region Norden 83
Niedersachsen 98
Region Osten 103
Immobilien- und Baurecht
Immobilienwirtschaftsrecht 315

VON APPEN JENS
Region Norden
Hamburg 85
Medien, Technologie und Kommunikation
Sportrecht 439

ARBEITSRECHTSKANZLEI HAMBURG
Arbeitsrecht 222

ARENDT & MEDERNACH
Nationaler Überblick 39

ARNECKE SIBETH SIEBOLD
Nationaler Überblick 42
Region Osten
Berlin 105
Region Frankfurt und Hessen 145
Frankfurt 146
Region Süden
München 183
Gesellschaftsrecht 275, 276
Immobilien- und Baurecht
Privates Baurecht 320, 325, 326
Medien, Technologie und Kommunikation
Sportrecht 439
Öffentlicher Sektor
Vergaberecht 485
Anzeige/Kanzleiprofil 662/663

ARNOLD RUESS
Nationaler Überblick 49
Region Westen
Düsseldorf 122
Marken- und Wettbewerbsrecht 409
Patentrecht 492, 494

ARQIS
Region Westen
Düsseldorf 120
Region Süden
München 184
Arbeitsrecht 217, 227
Gesellschaftsrecht 275, 276
M&A 369
Private Equity und Venture Capital 514, 515, 516
Fusionsstammbäume 650

ASHURST
Nationaler Überblick 44, 52, 54
Region Frankfurt und Hessen
Frankfurt 146, 147
Region Süden 181
München 183
Bank- und Finanzrecht
Anleihen und Strukturierte Finanzierung 235, 236, 237
Börseneinführungen und Kapitalerhöhungen 249
Kredite und Akquisitionsfinanzierung 256, 257
Gesellschaftsrecht 275, 277
Immobilien- und Baurecht
Immobilienwirtschaftsrecht 307, 308, 309, 310
Kartellrecht 344
M&A 368, 369, 370
Private Equity und Venture Capital 514, 515

RESTRUKTURIERUNG UND INSOLVENZ
Restrukturierung/Sanierung 557
Statistiken 637
Anzeige/Kanzleiprofil 661

ASSMANNPEIFFER
Region Süden
München 184
Regulierte Industrien
Energiewirtschaftsrecht 534

ATTICUS
Anzeige/Kanzleiprofil 664

AULINGER
Nationaler Überblick 40, 52, 54
Region Westen 119
Ruhrgebiet/Westfalen 139, 140
Arbeitsrecht 227
Gesellschaftsrecht 275, 277
Kartellrecht 332, 344
M&A 370
Öffentlicher Sektor
Vergaberecht 485
Regulierte Industrien
Energiewirtschaftsrecht 534
Fusionsstammbäume 638
Anzeige/Kanzleiprofil 665

AUSTMANN & PARTNER
Region Westen
Düsseldorf 120, 121

AVOCADO
Region Westen
Köln 132
Region Frankfurt und Hessen
Frankfurt 147
Arbeitsrecht 227, 228
Gesellschaftsrecht 276, 277
M&A 389
Medien, Technologie und Kommunikation
Informationstechnologie 429
Öffentlicher Sektor
Produkt- und Abfallrecht 470, 471, 472
Umwelt- und Planungsrecht 458, 459
Statistiken 637

AWPR APEL WEBER UND PARTNER
Fusionsstammbäume 639

AXIS RECHTSANWÄLTE
Region Westen
Köln 131
Steuerrecht 587
Versicherungsrecht
Unternehmensbezogene Beratung von Versicherern 602, 603

BAAS OVERLACK WITZ
Region Südwesten
Baden-Württemberg (ohne Stuttgart) 171
Konfliktlösung – Dispute Resolution
Handel und Haftung 358

BAKER & MCKENZIE
Nationaler Überblick 35, 40, 44, 52, 55
Region Osten
Berlin 104
Region Westen
Düsseldorf 120, 121
Region Frankfurt und Hessen
Frankfurt 146, 148
Region Süden
München 182, 183
Brüssel 201
Arbeitsrecht 215, 216, 217, 220
Bank- und Finanzrecht
Anleihen und Strukturierte Finanzierung 235, 236, 237
Kredite und Akquisitionsfinanzierung 256
Compliance-Untersuchungen 265, 266
Gesellschaftsrecht 275, 278
Immobilien- und Baurecht
Immobilienwirtschaftsrecht 315
Kartellrecht 333
Konfliktlösung – Dispute Resolution
Handel und Haftung 348, 349, 350, 351
M&A 369, 371
Marken- und Wettbewerbsrecht 397, 398, 399
Medien, Technologie und Kommunikation
Informationstechnologie 428, 429, 430
Telekommunikation 437
Öffentlicher Sektor
Produkt- und Abfallrecht 470, 471
Vergaberecht 476, 477, 478
Patentrecht 507
Private Equity und Venture Capital 525

KANZLEIEN INDEX

Regulierte Industrien
Energiewirtschaftsrecht 534
Gesundheitswesen 537, 538, 539
Restrukturierung und Insolvenz
Restrukturierung/Sanierung 557, 558
Steuerrecht 575, 576, 577, 578
Vertrieb/Handel/Logistik
Vertriebssysteme 606, 607, 609
Statistiken 636
Anzeige/Kanzleiprofil 666/667

BAKER BOTTS
Brüssel 199, 200

BAKER TILLY ROELFS
Nationaler Überblick 42
Region Westen
Düsseldorf 122
Region Frankfurt und Hessen
Frankfurt 148
Region Südwesten 162
Stuttgart 165
Region Süden
München 183
Gesellschaftsrecht 276, 278
M&A 370, 371
Nachfolge/Vermögen/Stiftungen 444, 445
Steuerrecht 576, 577
Steuerstrafrecht 589
Statistiken 636
Fusionsstammbäume 641
Anzeige/Kanzleiprofil 7, 668

BARDEHLE PAGENBERG
Region Westen
Düsseldorf 122
Region Süden
München 184
Marken- und Wettbewerbsrecht 397, 398
Patentrecht 492, 493, 494, 495

BARTSCH
Region Südwesten 162
Baden-Württemberg (ohne Stuttgart) 169
Anzeige/Kanzleiprofil 669

DR. BASTY UND HAASEN
Region Süden
München 184
Gesellschaftsrecht
Notariat 305

BATTKE GRÜNBERG
Region Osten 103
Sachsen 113, 114
Arbeitsrecht 227, 228
Fusionsstammbäume 638

BAUKELMANN TRETTER
Konfliktlösung – Dispute Resolution
Handel und Haftung 352

BAUM
Region Norden
Hamburg 85
Bank- und Finanzrecht
Investmentfonds und Asset-Management 253
Anzeige/Kanzleiprofil 670

BAUMANN
Öffentlicher Sektor
Umwelt- und Planungsrecht 460

BAUMEISTER
Region Westen
Ruhrgebiet/Westfalen 140, 141
Öffentlicher Sektor
Produkt- und Abfallrecht 470, 471
Umwelt- und Planungsrecht 458, 459
Vergaberecht 485

BBG UND PARTNER
Region Norden
Bremen 96
Öffentlicher Sektor
Umwelt- und Planungsrecht 466
Vergaberecht 477
Regulierte Industrien
Verkehrssektor 550, 551

BBL BERNSAU BROCKDORFF & PARTNER
Region Osten
Land Brandenburg 112
Region Frankfurt und Hessen
Frankfurt 148
Restrukturierung und Insolvenz
Insolvenzverwaltung 564, 565
Restrukturierung/Sanierung 563
Anzeige/Kanzleiprofil 671

BBORS KREUZNACHT
Region Westen
Düsseldorf 120, 121
Fusionsstammbäume 644

BDO LEGAL
Restrukturierung und Insolvenz
Restrukturierung/Sanierung 556

BDO RESTRUCTURING
Region Westen
Düsseldorf 122
Ruhrgebiet/Westfalen 141
Restrukturierung und Insolvenz
Insolvenzverwaltung 571
Restrukturierung/Sanierung 556

DR. BECK & PARTNER
Region Süden
München 184
Bayern (ohne München) 197, 198
Restrukturierung und Insolvenz
Insolvenzverwaltung 565, 566
Anzeige/Kanzleiprofil 672

BECKER & MÜLLER
Patentrecht 498

BECKER BÜTTNER HELD
Region Norden
Hamburg 85
Region Osten
Berlin 105
Region Westen
Köln 132
Region Südwesten
Stuttgart 165
Region Süden
München 184
Brüssel 201
Regulierte Industrien
Energiewirtschaftsrecht 527, 528, 529
Statistiken 636
Anzeige/Kanzleiprofil 673

BEHRENS & PARTNER
Region Norden
Hamburg 85
Arbeitsrecht 220, 227, 228
Anzeige/Kanzleiprofil 674

BEISSE & RATH
Region Süden 181
Region Süden
Bayern (ohne München) 196
Nachfolge/Vermögen/Stiftungen 449

BEITEN BURKHARDT
Nationaler Überblick 36, 42, 44, 49, 52, 56
Region Osten
Berlin 104
Region Westen
Düsseldorf 120, 121
Region Frankfurt und Hessen
Frankfurt 146, 148
Region Süden 181
München 182, 184
Bayern (ohne München) 197
Brüssel 200
Arbeitsrecht 214, 215, 216, 217, 220
Gesellschaftsrecht 275, 278
Kartellrecht 344
Konfliktlösung – Dispute Resolution
Handel und Haftung 348, 349
M&A 368, 369, 371
Marken- und Wettbewerbsrecht 397, 398, 399
Medien, Technologie und Kommunikation
Informationstechnologie 429
Medien 414, 417
Nachfolge/Vermögen/Stiftungen 444, 446
Öffentlicher Sektor
Beihilferecht 454
Vergaberecht 477, 478
Regulierte Industrien
Energiewirtschaftsrecht 526, 527, 528
Steuerrecht 576, 577
Vertrieb/Handel/Logistik
Außenhandel 616
Statistiken 636
Fusionsstammbäume 644
Co-Publishing 206/207
Anzeige/Kanzleiprofil 675

BELL & WINDIRSCH
Arbeitsrecht 222

BENDEL & PARTNER
Region Süden
Bayern (ohne München) 196

BENDER HARRER KREVET
Nationaler Überblick 40
Region Südwesten 163
Baden-Württemberg (ohne Stuttgart) 169, 170
Wirtschaftsstrafrecht 631

BERGERHOFF
Region Osten
Thüringen/Sachsen-Anhalt 117

BERGMANN
Region Westen
Köln 132
Kartellrecht 332, 334, 344

BERNER FLECK WETTICH
Nationaler Überblick 39, 49
Region Westen 118
Düsseldorf 120, 121

BERNZEN SONNTAG
Vertrieb/Handel/Logistik
Außenhandel 617

BERTELSMANN UND GÄBERT
Arbeitsrecht 222

BERWIN LEIGHTON PAISNER
Nationaler Überblick 35
Region Osten
Berlin 105
Region Frankfurt und Hessen
Frankfurt 148
Immobilien- und Baurecht
Immobilienwirtschaftsrecht 308

BESIER & BREIT
Region Frankfurt und Hessen
Frankfurt 148
Vertrieb/Handel/Logistik
Vertriebssysteme 613

BETTE WESTENBERGER BRINK
Region Osten 103
Thüringen/Sachsen-Anhalt 117
Region Südwesten 163
Rheinland-Pfalz/Saarland 175, 176
Gesellschaftsrecht 298

BETTEN & RESCH
Region Süden
München 184
Patentrecht 493, 497

BETTINGER SCHEFFELT KOBIAKO VON GAMM
Co-Publishing 392/393
Anzeige/Kanzleiprofil 676

BGP BLERSCH GOETSCHY PARTNER
Anzeige/Kanzleiprofil 677

BINDER GRÖSSWANG
Nationaler Überblick 40, 49

BINZ & PARTNER
Region Südwesten
Stuttgart 164
Gesellschaftsrecht 276, 278
Konfliktlösung – Dispute Resolution
Handel und Haftung 358
Nachfolge/Vermögen/Stiftungen 443, 444, 445
Anzeige/Kanzleiprofil 678

BIRD & BIRD
Nationaler Überblick 40, 42, 43, 52, 56
Region Norden 82
Hamburg 85
Region Westen
Düsseldorf 120, 122
Region Frankfurt und Hessen
Frankfurt 147, 149
Region Süden
München 182, 184
Brüssel 200
Arbeitsrecht 214
Gesellschaftsrecht 275, 278
Kartellrecht 333, 334
M&A 370, 372
Marken- und Wettbewerbsrecht 397, 398
Medien, Technologie und Kommunikation
Informationstechnologie 428, 429, 430, 431
Medien 413, 414, 415
Presse- und Äußerungsrecht 424, 425, 426
Sportrecht 439
Telekommunikation 437
Öffentlicher Sektor
Umstrukturierungen, ÖPP und Projektfinanzierung 487
Vergaberecht 476, 477, 478
Patentrecht 493, 494, 495, 497

Regulierte Industrien
Energiewirtschaftsrecht 527, 528
Vertrieb/Handel/Logistik
Außenhandel 615
Vertriebssysteme 607
Statistiken 636
Fusionsstammbäume 639
Anzeige/Kanzleiprofil 17, 679

BISSEL + PARTNER
Region Süden
Bayern (ohne München) 196
Anzeige/Kanzleiprofil 680

BLANKE MEIER EVERS
Region Norden
Bremen 95
Vertrieb/Handel/Logistik
Vertriebssysteme 607, 609

BLAUM DETTMERS RABSTEIN
Nationaler Überblick 49
Region Norden 82
Hamburg 84, 85
Bremen 95
Gesellschaftsrecht 298
M&A 389
Anzeige/Kanzleiprofil 681

BLD BACH LANGHEID DALLMAYR
Region Osten
Berlin 105
Region Westen
Köln 132
Region Frankfurt und Hessen
Frankfurt 148
Region Südwesten
Baden-Württemberg (ohne Stuttgart) 171
Region Süden
München 184
Konfliktlösung – Dispute Resolution
Handel und Haftung 349, 350
Versicherungsrecht
Unternehmensbezogene Beratung von Versicherern 602, 603, 604
Versicherungsvertragsrecht: Prozessvertretung und Beratung 594, 595, 596, 597
Statistiken 636
Fusionsstammbäume 642

HELMUT BLEIER
Region Frankfurt und Hessen
Hessen 160
Vertrieb/Handel/Logistik
Außenhandel 616

BLUMERS & PARTNER
Region Südwesten
Stuttgart 165
Steuerrecht 587

BMH BRÄUTIGAM & PARTNER
Region Osten 102
Berlin 104
Arbeitsrecht 227, 228
Gesellschaftsrecht 298
M&A 370, 372
Private Equity und Venture Capital 514, 515, 516, 518
Fusionsstammbäume 646
Anzeige/Kanzleiprofil 682

BNT RECHTSANWÄLTE
Region Süden
Bayern (ohne München) 196

BOCK LEGAL
Region Frankfurt und Hessen
Frankfurt 148
Marken- und Wettbewerbsrecht 397, 398, 399
Versicherungsrecht
Versicherungsvertragsrecht: Prozessvertretung und Beratung 595, 596, 597
Anzeige/Kanzleiprofil 683

BÖGNER HENSEL & PARTNER
Region Frankfurt und Hessen
Frankfurt 148
Gesellschaftsrecht
Notariat 305
Co-Publishing 303/304
Anzeige/Kanzleiprofil 684

BOEHMERT & BOEHMERT
Nationaler Überblick 49
Region Norden
Bremen 96
Region Osten
Berlin 105

INDEX KANZLEIEN

Land Brandenburg 112
Region Süden
München 184
Marken- und Wettbewerbsrecht 397, 398, 399
Medien, Technologie und Kommunikation
Medien 414, 415, 417
Patentrecht 492, 493, 494, 495
Anzeige/Kanzleiprofil 685

BÖRGERS
Region Osten
Berlin 105
Sachsen 115
Immobilien- und Baurecht
Privates Baurecht 325, 326

BOESEN
Region Westen
Rheinland 138
Öffentlicher Sektor
Vergaberecht 477, 478
Anzeige/Kanzleiprofil 686

VON BOETTICHER
Region Osten
Berlin 105
Region Süden
München 183, 184
Gesellschaftsrecht 298, 299
M&A 389
Medien, Technologie und Kommunikation
Informationstechnologie 429, 430
Regulierte Industrien
Gesundheitswesen 538
Anzeige/Kanzleiprofil 687

BOMHARD
Nationaler Überblick 42

BOOS HUMMEL & WEGERICH
Region Osten
Berlin 105
Regulierte Industrien
Energiewirtschaftsrecht 534, 535

BORNHEIM UND PARTNER
Region Norden
Hamburg 85
Region Osten
Berlin 105
Region Westen
Düsseldorf 122
Region Frankfurt und Hessen
Frankfurt 148
Region Südwesten
Baden-Württemberg (ohne Stuttgart) 171
Immobilien- und Baurecht
Privates Baurecht 325, 326
Medien, Technologie und Kommunikation
Sportrecht 439

BORRIS HENNECKE KNEISEL
Region Westen
Köln 132
Konfliktlösung – Dispute Resolution
Handel und Haftung 347, 348, 349, 351
Fusionsstammbäume 640

BOSCH JEHLE
Patentrecht 498

BPV HÜGEL
Nationaler Überblick 49
Fusionsstammbäume 650

BRANDI
Nationaler Überblick 49
Region Norden 83
Niedersachsen 98
Region Westen 119
Ruhrgebiet/Westfalen 139, 140
Arbeitsrecht 227, 228
Gesellschaftsrecht 276, 279
M&A 389
Öffentlicher Sektor
Produkt- und Abfallrecht 470, 471
Umwelt- und Planungsrecht 458
Vertrieb/Handel/Logistik
Vertriebssysteme 613
Statistiken 636
Anzeige/Kanzleiprofil 688

BRAUN & ZWETKOW
Region Osten
Sachsen 115
Öffentlicher Sektor
Vergaberecht 485

DR. FLORIAN BRAUNFELS DR. RAINER OPPERMANN
Region Westen
Düsseldorf 122
Gesellschaftsrecht
Notariat 305

BREHM & V. MOERS
Nationaler Überblick 40
Region Norden
Hamburg 84, 85
Region Osten
Berlin 105
Region Frankfurt und Hessen
Frankfurt 148
Region Süden
München 184
Medien, Technologie und Kommunikation
Medien 414, 415, 416
Wirtschaftsstrafrecht 624
Fusionsstammbäume 643

BREYER
Region Südwesten
Stuttgart 165
Immobilien- und Baurecht
Privates Baurecht 321

BRINKMANN & PARTNER
Region Norden
Hamburg 85
Region Norden
Mecklenburg-Vorpommern 94
Region Osten
Berlin 105
Region Frankfurt und Hessen
Frankfurt 148
Restrukturierung und Insolvenz
Insolvenzverwaltung 565, 566
Anzeige/Kanzleiprofil 689

BRINKMANN WEINKAUF
Region Norden
Niedersachsen 98, 99
Anzeige/Kanzleiprofil 690

BRL BOEGE ROHDE LUEBBEHUESEN
Nationaler Überblick 49
Region Norden
Hamburg 84, 86
Region Osten
Berlin 105
Gesellschaftsrecht 276, 279
M&A 389
Restrukturierung und Insolvenz
Insolvenzverwaltung 564, 565, 566
Steuerrecht 576, 577
Fusionsstammbäume 650
Anzeige/Kanzleiprofil 691

BROCK MÜLLER ZIEGENBEIN
Nationaler Überblick 49
Region Norden 83
Schleswig-Holstein 94
Gesellschaftsrecht 298, 299
M&A 370, 372
Medien, Technologie und Kommunikation
Medien 414, 415

BRÖDERMANN JAHN
Region Norden
Hamburg 84, 86
Gesellschaftsrecht 298, 299
Fusionsstammbäume 638
Anzeige/Kanzleiprofil 692

BROICH
Region Frankfurt und Hessen
Frankfurt 148
Gesellschaftsrecht 275, 277, 279

BRP RENAUD & PARTNER
Region Südwesten 162
Stuttgart 164
Patentrecht 492, 494
Anzeige/Kanzleiprofil 693

BRÜGGEHAGEN + KRAMER
Region Norden
Niedersachsen 99, 100
Arbeitsrecht 227, 228

BRÜGMANN
Region Norden
Mecklenburg-Vorpommern 94

BRYAN CAVE
Fusionsstammbäume 639

BTU SIMON
Region Süden
München 183, 185
M&A 389
Steuerrecht 587
Anzeige/Kanzleiprofil 694

BUB GAUWEILER & PARTNER
Region Süden
München 183, 185
Konfliktlösung – Dispute Resolution
Handel und Haftung 348, 350

BUCHALIK BRÖMMEKAMP
Region Westen
Düsseldorf 122
Restrukturierung und Insolvenz
Restrukturierung/Sanierung 557, 558

BÜDEL BENDER
Arbeitsrecht 222

BÜSING MÜFFELMANN & THEYE
Region Norden 82
Bremen 95, 96
Region Osten
Berlin 105
Region Frankfurt und Hessen
Frankfurt 147, 149
Gesellschaftsrecht 276, 279
M&A 389

BUNTSCHECK
Region Süden
München 184
Kartellrecht 332, 333, 334
Co-Publishing 330/331
Anzeige/Kanzleiprofil 695

BUSCHLINGER CLAUS & PARTNER
Region Frankfurt und Hessen
Hessen 160

BUSE HEBERER FROMM
Region Norden
Hamburg 84, 87
Region Osten
Berlin 104, 105
Region Westen
Düsseldorf 120, 123
Ruhrgebiet/Westfalen 140, 141
Region Frankfurt und Hessen
Frankfurt 147, 149
Arbeitsrecht 227, 228
Gesellschaftsrecht 276, 279
M&A 370, 372
Vertrieb/Handel/Logistik
Vertriebssysteme 613
Statistiken 636
Fusionsstammbäume 639
Anzeige/Kanzleiprofil 696

BUSSE & MIESSEN
Region Osten
Berlin 105
Sachsen 115
Region Westen 119
Rheinland 136
Immobilien- und Baurecht
Privates Baurecht 325, 326
Regulierte Industrien
Ausgewiesene Berater von Krankenhäusern, MVZ oder Apotheken 545
Vertrieb/Handel/Logistik
Vertriebssysteme 607, 608

CAEMMERER LENZ
Region Südwesten 163
Baden-Württemberg (ohne Stuttgart) 169, 170
Konfliktlösung – Dispute Resolution
Handel und Haftung 358
Co-Publishing 261/262
Anzeige/Kanzleiprofil 697

CARLÉ KORN STAHL STRAHL
Region Westen
Köln 132
Steuerrecht 576, 577, 579
Steuerstrafrecht 589, 590
Anzeige/Kanzleiprofil 698

DR. CASPERS MOCK & PARTNER
Region Südwesten 163
Region Südwesten
Rheinland-Pfalz/Saarland 175

CASTRINGIUS
Region Norden 82
Bremen 95, 96

CAUSACONCILIO
Region Norden 83
Hamburg 85
Region Norden
Schleswig-Holstein 94
Regulierte Industrien
Ausgewiesene Berater von Krankenhäusern, MVZ oder Apotheken 545

CBH RECHTSANWÄLTE
Nationaler Überblick 52, 57
Region Westen
Köln 131
Arbeitsrecht 215, 216
Gesellschaftsrecht 276, 279
Immobilien- und Baurecht
Privates Baurecht 320, 321, 323
Projektentwicklung und Anlagenbau 318
M&A 370, 372
Marken- und Wettbewerbsrecht 397, 398, 399
Medien, Technologie und Kommunikation
Medien 414, 415
Presse- und Äußerungsrecht 424, 425
Öffentlicher Sektor
Beihilferecht 453, 454
Umwelt- und Planungsrecht 457, 458, 459, 466
Verfassungs- und Wirtschaftsverwaltungsrecht 473, 474
Vergaberecht 477, 478
Patentrecht 507, 508
Statistiken 637
Co-Publishing 509/510
Anzeige/Kanzleiprofil 699

CHSH CERHA HEMPEL SPIEGELFELD HLAWATI
Nationaler Überblick 49

CLASSEN FUHRMANNS & PARTNER
Region Westen
Köln 131
M&A 389
Fusionsstammbäume 644

CLEARY GOTTLIEB STEEN & HAMILTON
Nationaler Überblick 40, 44, 52, 57
Region Westen
Köln 131, 132
Region Frankfurt und Hessen
Frankfurt 146, 149
Brüssel 199, 200, 201
Bank- und Finanzrecht
Anleihen und Strukturierte Finanzierung 236, 237
Bank- und Bankaufsichtsrecht 243
Börseneinführungen und Kapitalerhöhungen 248, 249
Gesellschaftsrecht 275, 280
Kartellrecht 332, 333, 334, 335
Konfliktlösung – Dispute Resolution
Handel und Haftung 358
M&A 368, 369, 372
Öffentlicher Sektor
Beihilferecht 454
Steuerrecht 576, 578
Vertrieb/Handel/Logistik
Außenhandel 616
Statistiken 637
Anzeige/Kanzleiprofil 700

CLIFFORD CHANCE
Nationaler Überblick 37, 39, 40, 43, 44, 49, 50, 52, 58
Region Osten 102
Region Westen 118
Düsseldorf 120, 123
Region Frankfurt und Hessen 144
Frankfurt 146, 149
Region Süden 180
München 182, 186
Arbeitsrecht 214, 215, 216
Bank- und Finanzrecht
Anleihen und Strukturierte Finanzierung 236, 237, 238
Bank- und Bankaufsichtsrecht 243
Börseneinführungen und Kapitalerhöhungen 249
Investmentfonds und Asset-Management 253
Kredite und Akquisitionsfinanzierung 255, 256, 257
Compliance-Untersuchungen 265, 266, 267
Gesellschaftsrecht 274, 275, 280
Notariat 305
Immobilien- und Baurecht
Immobilienwirtschaftsrecht 307, 308, 309, 310
Projektentwicklung und Anlagenbau 318
Kartellrecht 333, 334, 335
Konfliktlösung – Dispute Resolution
Gesellschaftsrechtliche Streitigkeiten 362

KANZLEIEN INDEX

Handel und Haftung 347, 348, 349, 350
M&A 368, 369, 371, 372
Marken- und Wettbewerbsrecht 396
Medien, Technologie und Kommunikation
Informationstechnologie 428, 429, 430
Öffentlicher Sektor
Umstrukturierungen, ÖPP und Projektfinanzierung 487
Umwelt- und Planungsrecht 457, 458, 459
Vergaberecht 477, 479
Patentrecht 507, 508
Private Equity und Venture Capital 513, 514, 515
Regulierte Industrien
Energiewirtschaftsrecht 526, 527, 528
Gesundheitswesen 538, 539
Restrukturierung und Insolvenz
Restrukturierung/Sanierung 556, 557, 558
Steuerrecht 576, 578
Versicherungsrecht
Unternehmensbezogene Beratung von Versicherern 602, 603
Vertrieb/Handel/Logistik
Vertriebssysteme 607, 608
Wirtschaftsstrafrecht 624, 625
Statistiken 636
Fusionsstammbäume 639
Anzeige/Kanzleiprofil 702/703

CLOUTH & PARTNER
Region Frankfurt und Hessen
Frankfurt 148
Konfliktlösung – Dispute Resolution
Handel und Haftung 358

CMS HASCHE SIGLE
Nationaler Überblick 35, 37, 40, 44, 49, 50, 52, 58
Region Norden
Hamburg 84, 87
Region Osten 103
Berlin 104, 106
Sachsen 113, 114
Region Westen
Düsseldorf 120, 123
Köln 131, 132
Region Frankfurt und Hessen 145
Frankfurt 146, 150
Region Südwesten 162
Stuttgart 164
Region Süden
München 182, 186
Brüssel 200, 201
Arbeitsrecht 215, 217
Bank- und Finanzrecht
Anleihen und Strukturierte Finanzierung 237
Bank- und Bankaufsichtsrecht 243, 244
Börseneinführungen und Kapitalerhöhungen 249, 250
Kredite und Akquisitionsfinanzierung 256, 257
Compliance-Untersuchungen 266, 267
Gesellschaftsrecht 274, 275, 277, 281
Notariat 305
Immobilien- und Baurecht
Immobilienwirtschaftsrecht 307, 308, 309
Privates Baurecht 321, 323
Projektentwicklung und Anlagenbau 318
Kartellrecht 333, 334, 335
Konfliktlösung – Dispute Resolution
Gesellschaftsrechtliche Streitigkeiten 361, 362
Handel und Haftung 347, 348, 349, 350, 351
M&A 369, 371, 373
Marken- und Wettbewerbsrecht 397, 398, 399, 400
Medien, Technologie und Kommunikation
Informationstechnologie 429, 430
Medien 414, 415, 416, 417
Presse- und Äußerungsrecht 424, 425
Sportrecht 439
Telekommunikation 437
Nachfolge/Vermögen/Stiftungen 444, 445, 446
Öffentlicher Sektor
Beihilferecht 454
Umstrukturierungen, ÖPP und Projektfinanzierung 487
Umwelt- und Planungsrecht 458, 459
Vergaberecht 476, 477, 479
Patentrecht 494
Private Equity und Venture Capital 514, 515, 516, 517, 518
Regulierte Industrien
Energiewirtschaftsrecht 526, 527, 528
Gesundheitswesen 538, 539
Verkehrssektor 551
Restrukturierung und Insolvenz
Restrukturierung/Sanierung 557, 558
Steuerrecht 576, 578

Versicherungsrecht
Unternehmensbezogene Beratung von Versicherern 603, 604
Versicherungsvertragsrecht: Prozessvertretung und Beratung 594, 595, 596
Vertrieb/Handel/Logistik
Außenhandel 616
Vertriebssysteme 606, 607, 608, 609
Statistiken 636
Fusionsstammbäume 647, 649
Anzeige/Kanzleiprofil U2, 704/705

CNH ANWÄLTE
Arbeitsrecht 222

COHAUSZ & FLORACK
Region Westen
Düsseldorf 122
Marken- und Wettbewerbsrecht 409
Patentrecht 492, 493, 495
Anzeige/Kanzleiprofil 701

COMMEO
Region Frankfurt und Hessen
Frankfurt 148
Kartellrecht 333, 336

COMPART & SCHMIDT
Region Südwesten
Baden-Württemberg (ohne Stuttgart) 171
Wirtschaftsstrafrecht 624

CORINIUS
Region Norden
Hamburg 85
Kartellrecht 344
Konfliktlösung – Dispute Resolution
Gesellschaftsrechtliche Streitigkeiten 362
Handel und Haftung 358

CORNELIUS + KRAGE
Region Norden 83
Schleswig-Holstein 94
Gesellschaftsrecht 298, 299
M&A 389, 390

CORVEL
Region Norden
Hamburg 84, 87
M&A 389, 390

COVINGTON & BURLING
Brüssel 199, 200
Regulierte Industrien
Gesundheitswesen 538, 539

CRAMER VON CLAUSBRUCH
Region Osten 103
Sachsen 113

CRAVATH SWAINE & MOORE
Nationaler Überblick 39

CREUTZIG & CREUTZIG
Region Westen
Köln 132
Vertrieb/Handel/Logistik
Vertriebssysteme 613

CURTIS MALLET-PREVOST COLT & MOSLE
Region Frankfurt und Hessen
Frankfurt 147, 150
M&A 389, 390

D H & K
Region Westen 119
Rheinland 136
Anzeige/Kanzleiprofil 706

DABELSTEIN & PASSEHL
Region Norden
Hamburg 84, 87

DACHENG
Nationaler Überblick 38
Region Frankfurt und Hessen 145

DAMM & MANN
Region Norden
Hamburg 85
Medien, Technologie und Kommunikation
Presse- und Äußerungsrecht 424, 425, 426

DANCKELMANN UND KERST
Marken- und Wettbewerbsrecht 398, 399, 400
Anzeige/Kanzleiprofil 708/709

DE FARIA & PARTNER
Region Frankfurt und Hessen
Hessen 160

DEBEVOISE & PLIMPTON
Region Frankfurt und Hessen
Frankfurt 146, 150
Compliance-Untersuchungen 266, 267
Gesellschaftsrecht 298, 299
M&A 370, 374

DECHERT
Region Frankfurt und Hessen
Frankfurt 147, 150
Region Süden
München 183, 187
Brüssel 201
Bank- und Finanzrecht
Investmentfonds und Asset-Management 253
Kartellrecht 344, 345
M&A 370, 374
Private Equity und Venture Capital 515, 516
Anzeige/Kanzleiprofil 707

DECRUPPE & KOLLEGEN
Arbeitsrecht 222

DEHMEL & BETTENHAUSEN
Patentrecht 498

DELOITTE LEGAL
Nationaler Überblick 36
Region Norden 83
Hamburg 84, 87
Niedersachsen 98, 99
Region Osten
Berlin 105
Region Westen
Düsseldorf 120, 123
Region Frankfurt und Hessen
Frankfurt 148
Region Südwesten
Stuttgart 165
Region Süden
München 184
Arbeitsrecht 227, 228
Bank- und Finanzrecht
Bank- und Bankaufsichtsrecht 242
Gesellschaftsrecht 275, 281
Kartellrecht 344, 345
M&A 370, 374
Regulierte Industrien
Energiewirtschaftsrecht 534, 535
Statistiken 636
Fusionsstammbäume 645
Anzeige/Kanzleiprofil Vorsatz, 710

DENTONS
Nationaler Überblick 38, 44, 52, 59
Region Osten
Berlin 102, 104, 106
Region Frankfurt und Hessen 145
Frankfurt 147, 150
Brüssel 201
Compliance-Untersuchungen 265
Gesellschaftsrecht 275, 281
Immobilien- und Baurecht
Immobilienwirtschaftsrecht 315
Kartellrecht 333, 336
M&A 369, 374
Medien, Technologie und Kommunikation
Medien 417
Private Equity und Venture Capital 525
Öffentlicher Sektor
Vergaberecht 476, 477, 478, 479
Regulierte Industrien
Ausgewiesene Berater von Krankenhäusern, MVZ oder Apotheken 545
Energiewirtschaftsrecht 534, 535
Gesundheitswesen 538, 539
Restrukturierung und Insolvenz
Insolvenzverwaltung 564
Restrukturierung/Sanierung 556, 557, 558
Steuerrecht 576, 579
Statistiken 636
Fusionsstammbäume 650

DEUBNER & KIRCHBERG
Region Südwesten
Baden-Württemberg (ohne Stuttgart) 171
Öffentlicher Sektor
Verfassungs- und Wirtschaftsverwaltungsrecht 473, 474

DF-MP DÖRRIES FRANK-MOLNIA & POHLMAN
Region Süden
München 184
Patentrecht 493, 495

DIEHL & PARTNER
Patentrecht 498

DIEM & PARTNER
Region Südwesten
Stuttgart 164, 165
Anzeige/Kanzleiprofil 711

DIERKS + BOHLE
Region Osten
Berlin 105
Region Westen
Düsseldorf 122
Brüssel 201
Regulierte Industrien
Ausgewiesene Berater von Krankenhäusern, MVZ oder Apotheken 545
Gesundheitswesen 537, 538, 539, 540

DIERLAMM
Region Frankfurt und Hessen
Hessen 160
Wirtschaftsstrafrecht 624

DIESEL SCHMITT AMMER
Region Südwesten
Rheinland-Pfalz/Saarland 175

DISSMANN ORTH
Region Süden
München 182, 187
Gesellschaftsrecht 275, 282
M&A 370, 374
Nachfolge/Vermögen/Stiftungen 444, 445
Steuerrecht 587

DKA RECHTSANWÄLTE
Arbeitsrecht 222

DKM RECHTSANWÄLTE
Nationaler Überblick 40
Region Süden
München 184
Arbeitsrecht 220, 227, 228

DLA PIPER
Nationaler Überblick 36, 38, 42, 43, 44, 49, 52, 59
Region Norden
Hamburg 84, 87
Region Osten
Berlin 105
Region Westen
Köln 131, 132
Region Frankfurt und Hessen
Frankfurt 146, 150
Region Süden
München 182, 187
Brüssel 200, 201
Arbeitsrecht 214, 215, 218
Bank- und Finanzrecht
Anleihen und Strukturierte Finanzierung 237, 238
Bank- und Bankaufsichtsrecht 242
Kredite und Akquisitionsfinanzierung 256, 257
Compliance-Untersuchungen 266, 267
Gesellschaftsrecht 275, 282
Immobilien- und Baurecht
Immobilienwirtschaftsrecht 307, 308, 309, 310
Projektentwicklung und Anlagenbau 318
Kartellrecht 344, 345
Konfliktlösung – Dispute Resolution
Handel und Haftung 347, 348, 349, 351
M&A 369, 371, 374
Marken- und Wettbewerbsrecht 397, 398, 400
Medien, Technologie und Kommunikation
Informationstechnologie 428, 429, 430, 431
Medien 413, 414, 416
Presse- und Äußerungsrecht 424
Nachfolge/Vermögen/Stiftungen 444, 445
Öffentlicher Sektor
Produkt- und Abfallrecht 470, 471, 472
Vergaberecht 485
Patentrecht 507, 508
Private Equity und Venture Capital 515, 516
Regulierte Industrien
Energiewirtschaftsrecht 527, 529
Verkehrssektor 551
Restrukturierung und Insolvenz
Restrukturierung/Sanierung 557, 559
Steuerrecht 576, 578
Versicherungsrecht
Unternehmensbezogene Beratung von Versicherern 603, 604
Versicherungsvertragsrecht: Prozessvertretung und Beratung 594, 595, 596, 597
Vertrieb/Handel/Logistik
Vertriebssysteme 606, 607, 608
Wirtschaftsstrafrecht 625
Statistiken 636
Fusionsstammbäume 642, 647
Anzeige/Kanzleiprofil 5, 712

INDEX KANZLEIEN

DR. FELIX DÖRR & KOLLEGEN
Nationaler Überblick 40
Region Frankfurt und Hessen
Frankfurt 148
Wirtschaftsstrafrecht 624, 625

DOLDF MAYEN & PARTNER
Region Westen
Rheinland 138
Region Südwesten
Stuttgart 165
Medien, Technologie und Kommunikation
Telekommunikation 437
Öffentlicher Sektor
Umstrukturierungen, ÖPP und Projektfinanzierung 487
Umwelt- und Planungsrecht 457, 458, 459, 460
Verfassungs- und Wirtschaftsverwaltungsrecht 473, 474
Vergaberecht 477, 479
Regulierte Industrien
Energiewirtschaftsrecht 527, 529
Verkehrssektor 551
Anzeige/Kanzleiprofil 713

DOMBERT
Region Osten
Land Brandenburg 112
Öffentlicher Sektor
Umwelt- und Planungsrecht 466, 467

DOMEIER
Region Süden
Bayern (ohne München) 198
Regulierte Industrien
Lebensmittelrecht 548

DORNBACH
Region Südwesten 163
Rheinland-Pfalz/Saarland 175, 176
Anzeige/Kanzleiprofil 714

DREISS
Region Südwesten
Stuttgart 165
Patentrecht 492, 493, 496
Anzeige/Kanzleiprofil 715

DR. WILHELM DROSTE UND DR. HENDRYK HAIBT
Region Westen
Düsseldorf 122
Gesellschaftsrecht
Notariat 305

DTB DECKER + SCHMIDT-THOMÉ
Nachfolge/Vermögen/Stiftungen 444, 445

DUVINAGE
Region Süden
München 184
Medien, Technologie und Kommunikation
Sportrecht 439

E&Z EICKSTÄDT & ZÜHLKE
Region Süden
München 184
Brüssel 201
Kartellrecht 332, 334, 344, 345

EBL FACTUM
Arbeitsrecht 220
Fusionsstammbäume 643

EBNER STOLZ MÖNNING BACHEM
Region Norden
Hamburg 84, 88
Schleswig-Holstein 94
Region Westen
Köln 131, 133
Region Südwesten 162
Stuttgart 165
Gesellschaftsrecht 276, 282
M&A 389, 390
Nachfolge/Vermögen/Stiftungen 444, 445
Steuerrecht 576, 578, 579
Statistiken 637
Anzeige/Kanzleiprofil 716

ECKERT
Region Norden
Niedersachsen 100
Restrukturierung und Insolvenz
Insolvenzverwaltung 565, 566

ECKSTEIN & KOLLEGEN
Region Süden
München 184
Wirtschaftsstrafrecht 631

ECOVIS
Statistiken 637

EDGE LEGAL THINKING
Nationaler Überblick 40

EHLER ERMEK & PARTNER
Region Norden 83
Schleswig-Holstein 94

EHLERMANN RINDFLEISCH GADOW
Region Norden
Hamburg 84, 88

EHLERS EHLERS & PARTNER
Region Osten
Berlin 105
Region Süden
München 184
Regulierte Industrien
Gesundheitswesen 538, 540

EHZ RECHTSANWÄLTE
Arbeitsrecht 222

DR. EICK & PARTNER
Region Norden
Niedersachsen 100
Region Osten
Land Brandenburg 112
Sachsen 115
Thüringen/Sachsen-Anhalt 117
Region Westen
Ruhrgebiet/Westfalen 141
Region Süden
München 184
Versicherungsrecht
Versicherungsvertragsrecht: Prozessvertretung und Beratung 594, 595, 597
Statistiken 637

EIMER HEUSCHMID MEHLE UND KOLLEGEN
Region Westen
Rheinland 136

V. EINEM & PARTNER
Region Norden
Bremen 95, 96

EISENBERGER & HERZOG
Nationaler Überblick 49
Anzeige/Kanzleiprofil 288, 338

EISENFÜHR SPEISER
Nationaler Überblick 49
Region Norden
Hamburg 85
Region Norden
Bremen 96
Marken- und Wettbewerbsrecht 397, 400
Patentrecht 492, 493, 495, 496

EISENMANN WAHLE BIRK & WEIDNER
Region Osten
Sachsen 115
Region Südwesten
Stuttgart 165
Öffentlicher Sektor
Umwelt- und Planungsrecht 458, 459, 460
Versicherungsrecht
Versicherungsvertragsrecht: Prozessvertretung und Beratung 595, 597
Wirtschaftsstrafrecht 624, 625
Anzeige/Kanzleiprofil 717

ENGEL & RINKLER
Konfliktlösung – Dispute Resolution
Handel und Haftung 352

EPPING HERMANN FISCHER
Region Süden
München 184
Bayern (ohne München) 198
Patentrecht 492, 496

ESCHE SCHÜMANN COMMICHAU
Nationaler Überblick 52, 60
Region Norden
Hamburg 84, 88
Arbeitsrecht 217, 227, 228
Gesellschaftsrecht 275, 282
Konfliktlösung – Dispute Resolution
Handel und Haftung 358, 359
M&A 370, 375
Marken- und Wettbewerbsrecht 409
Nachfolge/Vermögen/Stiftungen 444, 446
Öffentlicher Sektor
Produkt- und Abfallrecht 470, 471
Vergaberecht 477, 479

Steuerrecht 576, 580
Statistiken 637
Anzeige/Kanzleiprofil 718

EUREOS
Region Osten 103
Sachsen 113, 114

EVERSHEDS
Nationaler Überblick 36, 42
Region Süden 180
München 182, 187
Arbeitsrecht 215, 218, 220
Gesellschaftsrecht 275, 282
Konfliktlösung – Dispute Resolution
Handel und Haftung 358, 359
M&A 370, 375
Marken- und Wettbewerbsrecht 397, 398, 403
Vertrieb/Handel/Logistik
Vertriebssysteme 607, 608, 609
Statistiken 636
Anzeige/Kanzleiprofil 719

EMPLAYWERS FALDER WALK BERTRAM
Nationaler Überblick 42

FALK BERGHÄUSER ALBACH LANDZETTEL WIELAND BERG
Region Frankfurt und Hessen
Hessen 160

FAUST GERBER
Region Frankfurt und Hessen
Frankfurt 148
Gesellschaftsrecht
Notariat 305

FECHNER
Region Norden
Hamburg 85
Marken- und Wettbewerbsrecht 409

VON DER FECHT
Anzeige/Kanzleiprofil 720

FEDDERSEN HEUER & PARTNER
Region Frankfurt und Hessen
Frankfurt 148
Nachfolge/Vermögen/Stiftungen 445, 446, 449

FEIGEN GRAF
Nationaler Überblick 40
Region Westen
Köln 132
Region Frankfurt und Hessen
Frankfurt 148
Wirtschaftsstrafrecht 624, 625

FELLNER WRATZFELD & PARTNER
Nationaler Überblick 40

FENWICK & WEST
Nationaler Überblick 39

FF FINANZRECHT
Nationaler Überblick 40

FIELD FISHER WATERHOUSE
Region Norden
Hamburg 85
Region Westen 118
Düsseldorf 120, 122, 124
Region Süden
München 184
Kartellrecht 344, 345
Marken- und Wettbewerbsrecht 409
Regulierte Industrien
Gesundheitswesen 538, 540
Fusionsstammbäume 639

FILZEK
Arbeitsrecht 222

FINKENHOF
Region Frankfurt und Hessen 145

FISCHER
Arbeitsrecht 222

FISCHER & EULER
Region Frankfurt und Hessen
Frankfurt 148
Wirtschaftsstrafrecht 631

FLICK GOCKE SCHAUMBURG
Nationaler Überblick 42, 49, 52, 60
Region Norden 82
Region Osten
Berlin 104, 106
Region Westen 119

Rheinland 136, 137
Region Frankfurt und Hessen
Frankfurt 148
Region Süden
München 184
Arbeitsrecht 227, 229
Compliance-Untersuchungen 268
Gesellschaftsrecht 275, 277, 283
M&A 369, 375
Nachfolge/Vermögen/Stiftungen 443, 444, 445, 446
Private Equity und Venture Capital 516, 517, 518
Steuerrecht 575, 576, 578, 579, 580
Steuerstrafrecht 589, 590
Statistiken 636
Anzeige/Kanzleiprofil 721

FLÖTHER & WISSING
Region Osten
Sachsen 114
Thüringen/Sachsen-Anhalt 117
Region Südwesten
Baden-Württemberg (ohne Stuttgart) 171
Restrukturierung und Insolvenz
Insolvenzverwaltung 565, 566

FONTAINE GÖTZE
Region Norden
Niedersachsen 98, 99
Anzeige/Kanzleiprofil 722

FORKERT WEBELER HÖFER
Region Südwesten
Rheinland-Pfalz/Saarland 175, 176

FORSTMANN & BÜTTNER
Region Frankfurt und Hessen
Frankfurt 148
Regulierte Industrien
Lebensmittelrecht 548

FPS FRITZE PAUL SCHMITT
Region Westen 118

FPS FRITZE WICKE SEELIG
Region Norden
Hamburg 85
Region Osten
Berlin 105
Region Westen
Düsseldorf 120, 124
Region Frankfurt und Hessen
Frankfurt 146, 151
Bank- und Finanzrecht
Kredite und Akquisitionsfinanzierung 255
Gesellschaftsrecht 275, 283
Immobilien- und Baurecht
Immobilienwirtschaftsrecht 315
Privates Baurecht 321, 322
Projektentwicklung und Anlagenbau 318
M&A 370, 376
Marken- und Wettbewerbsrecht 397, 398, 401
Medien, Technologie und Kommunikation
Informationstechnologie 429, 431
Öffentlicher Sektor
Umwelt- und Planungsrecht 466, 467
Vergaberecht 477, 479
Regulierte Industrien
Energiewirtschaftsrecht 534, 535
Statistiken 636
Fusionsstammbäume 641
Anzeige/Kanzleiprofil 723

DR. FRANK DR. AUFFERMANN HALBRITTER DR. HORRER
Region Osten
Berlin 105
Wirtschaftsstrafrecht 631

DR. SUSANNE FRANK DR. WOLFRAM SCHNEEWEISS
Region Süden
München 184
Gesellschaftsrecht
Notariat 305

FRANZ
Region Westen
Düsseldorf 120, 124
M&A 389, 390
Fusionsstammbäume 644

FRANZ SCHULKAMP
Medien, Technologie und Kommunikation
Presse- und Äußerungsrecht 424, 425

FRANZMANN GEILEN BRÜCKMANN
Arbeitsrecht 222

KANZLEIEN INDEX

FREHSE MACK VOGELSANG
Region Westen
Köln 132
Region Westen
Ruhrgebiet/Westfalen 141
Regulierte Industrien
Ausgewiesene Berater von Krankenhäusern, MVZ oder Apotheken 545

FREISCHEM
Patentrecht 498

FRESHFIELDS BRUCKHAUS DERINGER
Nationaler Überblick 35, 36, 37, 39, 40, 43, 44, 49, 50, 52, 62
Region Norden 82
Hamburg 84, 88
Region Osten 102, 103
Berlin 104, 106
Region Westen
Düsseldorf 120, 124
Köln 131, 133
Region Frankfurt und Hessen 144, 145
Frankfurt 146, 151
Region Süden 180
München 182, 187
Brüssel 199, 200, 201
Arbeitsrecht 214, 215, 217, 218, 220
Bank- und Finanzrecht
Anleihen und Strukturierte Finanzierung 235, 236, 237, 238
Bank- und Bankaufsichtsrecht 242, 243, 244
Börseneinführungen und Kapitalerhöhungen 248, 249, 250
Investmentfonds und Asset-Management 253
Kredite und Akquisitionsfinanzierung 256, 257
Compliance-Untersuchungen 265, 266, 267, 268
Gesellschaftsrecht 275, 277, 283
Immobilien- und Baurecht
Immobilienwirtschaftsrecht 307, 308, 309, 310
Projektentwicklung und Anlagenbau 318
Kartellrecht 333, 334, 336
Konfliktlösung – Dispute Resolution
Gesellschaftsrechtliche Streitigkeiten 361, 362, 363
Handel und Haftung 347, 348, 349, 350, 351
M&A 368, 369, 371, 376
Marken- und Wettbewerbsrecht 397, 398, 402
Medien, Technologie und Kommunikation
Informationstechnologie 428, 429, 430, 431
Medien 414, 415, 416, 417
Telekommunikation 437
Nachfolge/Vermögen/Stiftungen 444, 446
Öffentlicher Sektor
Beihilferecht 453, 454
Produkt- und Abfallrecht 470, 471, 472
Umstrukturierungen, ÖPP und Projektfinanzierung 487
Umwelt- und Planungsrecht 457, 458, 459, 460
Verfassungs- und Wirtschaftsverwaltungsrecht 473, 474
Vergaberecht 477, 478, 480
Patentrecht 494, 495, 496
Private Equity und Venture Capital 513, 514, 515, 517
Regulierte Industrien
Energiewirtschaftsrecht 526, 527, 528, 529
Gesundheitswesen 538, 540
Verkehrssektor 551, 552
Restrukturierung und Insolvenz
Restrukturierung/Sanierung 557, 558, 559
Steuerrecht 575, 576, 578, 580
Versicherungsrecht
Unternehmensbezogene Beratung von Versicherern 602, 603, 604
Versicherungsvertragsrecht: Prozessvertretung und Beratung 594
Vertrieb/Handel/Logistik
Außenhandel 615, 616, 617
Vertriebssysteme 607, 609
Statistiken 636
Fusionsstammbäume 640
Anzeige/Kanzleiprofil 724/725

FREY
Region Westen
Köln 132
Medien, Technologie und Kommunikation
Medien 414, 417

FREYSCHMIDT FRINGS PANANIS VENN
Region Osten
Berlin 105
Wirtschaftsstrafrecht 631
Anzeige/Kanzleiprofil 726

FRH RECHTSANWÄLTE STEUERBERATER
Region Norden
Hamburg 85
Region Westen
Düsseldorf 122
Restrukturierung und Insolvenz
Insolvenzverwaltung 565, 567

FRICK + PARTNER
Steuerrecht
Steuerstrafrecht 589
Anzeige/Kanzleiprofil 727

FRICK QUEDENFELD
Region Südwesten 162
Stuttgart 165

FRICKE & KLUG
Arbeitsrecht 222

FRIED FRANK HARRIS SHRIVER & JACOBSON
Bank- und Finanzrecht
Kredite und Akquisitionsfinanzierung 255
Fusionsstammbäume 644
Anzeige/Kanzleiprofil 728/729

FRIES
Region Süden 181
Bayern (ohne München) 196
Vertrieb/Handel/Logistik
Vertriebssysteme 613

FRINGS PARTNERS
Nationaler Überblick 42
Region Westen
Düsseldorf 122
Arbeitsrecht 215, 218
Fusionsstammbäume 644

FRÖMMING MUNDT & PARTNER
Region Norden
Hamburg 85
Medien, Technologie und Kommunikation
Presse- und Äußerungsrecht 424, 425

FROMM
Region Südwesten 163
Rheinland-Pfalz/Saarland 175, 176
Nachfolge/Vermögen/Stiftungen 449

FUHRMANN WALLENFELS
Region Frankfurt und Hessen
Hessen 160

GABLER & FRANZ
Region Osten
Berlin 105
Anzeige/Kanzleiprofil 730

GAIDIES HEGGEMANN & PARTNER
Arbeitsrecht 222

GAMON
Region Frankfurt und Hessen
Frankfurt 148
Gesellschaftsrecht
Notariat 305

GANTEN HÜNECKE BIENIEK & PARTNER
Region Norden 82
Bremen 95, 96
Immobilien- und Baurecht
Privates Baurecht 325, 326
Öffentlicher Sektor
Vergaberecht 485
Anzeige/Kanzleiprofil 731

GASSNER GROTH SIEDERER & COLL.
Region Osten
Berlin 105
Region Süden
Bayern (ohne München) 198
Öffentlicher Sektor
Produkt- und Abfallrecht 470, 471, 472
Umwelt- und Planungsrecht 457, 458, 459, 461
Vergaberecht 477, 480
Regulierte Industrien
Energiewirtschaftsrecht 534, 535

GATTAI MINOLI AGOSTINELLI & PARTNERS
Nationaler Überblick 39

GEIERSBERGER GLAS & PARTNER
Region Norden
Mecklenburg-Vorpommern 94

GERCKE WOLLSCHLÄGER
Nationaler Überblick 40, 50
Region Westen
Köln 132
Wirtschaftsstrafrecht 623, 624, 626
Co-Publishing 619/620
Anzeige/Kanzleiprofil 732

GERNS & PARTNER
Region Frankfurt und Hessen
Frankfurt 148
Gesellschaftsrecht
Notariat 305
Anzeige/Kanzleiprofil 733

GESTHUYSEN UND PARTNER
Patentrecht 504

GEULEN & KLINGER
Öffentlicher Sektor
Umwelt- und Planungsrecht 460

GGV GRÜTZMACHER GRAVERT VIEGENER
Region Frankfurt und Hessen
Frankfurt 147, 151
Anzeige/Kanzleiprofil 734

GIBSON DUNN & CRUTCHER
Nationaler Überblick 39
Region Süden
München 182, 187
Brüssel 200, 202
Compliance-Untersuchungen 265, 266, 268
Gesellschaftsrecht 276, 283
Kartellrecht 344, 345
M&A 369, 376
Fusionsstammbäume 644

VON GIERKE & ROHNKE
Konfliktlösung – Dispute Resolution
Handel und Haftung 352

GILLMEISTER RODE
Region Südwesten
Baden-Württemberg (ohne Stuttgart) 171
Wirtschaftsstrafrecht 631
Anzeige/Kanzleiprofil 735

GLADE MICHEL WIRTZ
Nationaler Überblick 49
Region Westen 118
Düsseldorf 120, 124
Compliance-Untersuchungen 268
Gesellschaftsrecht 275, 277, 284
Kartellrecht 333, 334, 336
M&A 369, 376
Fusionsstammbäume 643

GLAUBER & PARTNER
Region Norden
Hamburg 85
Versicherungsrecht
Versicherungsvertragsrecht: Prozessvertretung und Beratung 595, 596, 597
Fusionsstammbäume 648

GLAWE DELFS MOLL
Region Norden
Hamburg 85
Region Süden
München 184
Patentrecht 492, 493, 495, 496

GLEISS GROSSE SCHRELL UND PARTNER
Patentrecht 498

GLEISS LUTZ
Nationaler Überblick 39, 40, 44, 49, 50, 52, 62
Region Norden
Hamburg 84, 88
Region Osten
Berlin 104, 107
Region Westen
Düsseldorf 120, 125
Region Frankfurt und Hessen 144, 145
Frankfurt 146, 151
Region Südwesten 162
Stuttgart 164, 165
Region Süden
München 182, 188
Brüssel 200, 202
Arbeitsrecht 214, 215, 217, 218, 220
Bank- und Finanzrecht
Anleihen und Strukturierte Finanzierung 237, 238
Börseneinführungen und Kapitalerhöhungen 249, 250
Kredite und Akquisitionsfinanzierung 255, 256, 257
Compliance-Untersuchungen 265, 266, 268
Gesellschaftsrecht 275, 277, 284
Immobilien- und Baurecht
Immobilienwirtschaftsrecht 307, 308, 309, 310, 311
Projektentwicklung und Anlagenbau 318
Kartellrecht 332, 333, 334, 337
Konfliktlösung – Dispute Resolution
Gesellschaftsrechtliche Streitigkeiten 361, 362, 363
Handel und Haftung 348, 349, 350, 351, 352
M&A 369, 371, 377
Marken- und Wettbewerbsrecht 397, 398, 399, 402
Medien, Technologie und Kommunikation
Informationstechnologie 428, 429, 430, 432
Medien 417
Nachfolge/Vermögen/Stiftungen 443, 444, 446
Öffentlicher Sektor
Beihilferecht 454
Umstrukturierungen, ÖPP und Projektfinanzierung 487
Umwelt- und Planungsrecht 457, 458, 459, 461
Verfassungs- und Wirtschaftsverwaltungsrecht 473, 474
Vergaberecht 476, 477, 478, 480
Patentrecht 494, 495, 496, 497
Private Equity und Venture Capital 514, 515, 516, 517
Regulierte Industrien
Ausgewiesene Berater von Krankenhäusern, MVZ oder Apotheken 545
Energiewirtschaftsrecht 527, 528, 530
Gesundheitswesen 537, 538, 541
Lebensmittelrecht 548
Restrukturierung und Insolvenz
Restrukturierung/Sanierung 557, 558, 559
Steuerrecht 575, 576, 581
Versicherungsrecht
Unternehmensbezogene Beratung von Versicherern 603, 604
Vertrieb/Handel/Logistik
Vertriebssysteme 607, 609
Statistiken 636
Fusionsstammbäume 640
Anzeige/Kanzleiprofil 736

GLNS
Nationaler Überblick 47, 49, 50
Region Süden 180, 181
München 183, 188
Private Equity und Venture Capital 525
Fusionsstammbäume 640

GLOCK LIPHART PROBST & PARTNER
Region Süden
München 184
Öffentlicher Sektor
Umwelt- und Planungsrecht 466, 467

GOBBERS & DENK
Region Westen 119
Rheinland 136, 137
Region Frankfurt und Hessen
Frankfurt 148
Gesellschaftsrecht 276, 285

GODEFROID & PIELORZ
Region Westen
Düsseldorf 120, 125
Gesellschaftsrecht 276, 285
Konfliktlösung – Dispute Resolution
Handel und Haftung 358, 359
Vertrieb/Handel/Logistik
Vertriebssysteme 613
Anzeige/Kanzleiprofil 737

GÖHMANN
Region Norden 83
Bremen 95, 97
Niedersachsen 98, 99, 100
Region Osten 103
Berlin 105
Thüringen/Sachsen-Anhalt 117
Region Frankfurt und Hessen
Frankfurt 146, 151
Gesellschaftsrecht 276, 285
Konfliktlösung – Dispute Resolution
Handel und Haftung 358, 359
M&A 370, 377
Marken- und Wettbewerbsrecht 409
Statistiken 636
Fusionsstammbäume 646

GÖRG
Nationaler Überblick 49, 50, 52, 64
Region Norden 82, 83
Hamburg 84, 89
Region Osten
Berlin 104, 107

INDEX KANZLEIEN

Region Westen
Köln 131, 133
Rheinland 138
Ruhrgebiet/Westfalen 141
Region Frankfurt und Hessen
Frankfurt 147, 151
Region Süden
München 183, 188
Arbeitsrecht 215, 217, 219
Bank- und Finanzrecht
Bank- und Bankaufsichtsrecht 243, 244
Gesellschaftsrecht 275, 285
Notariat 305
Immobilien- und Baurecht
Immobilienwirtschaftsrecht 308, 310, 311
Projektentwicklung und Anlagenbau 318
Konfliktlösung – Dispute Resolution
Handel und Haftung 358, 359
M&A 369, 378
Medien, Technologie und Kommunikation
Informationstechnologie 429, 430, 431, 432
Öffentlicher Sektor
Umstrukturierungen, ÖPP und Projektfinanzierung 487
Umwelt- und Planungsrecht 458, 461
Vergaberecht 477, 478, 481
Private Equity und Venture Capital 516, 518
Regulierte Industrien
Energiewirtschaftsrecht 527, 528, 530
Restrukturierung und Insolvenz
Insolvenzverwaltung 565, 566, 567
Restrukturierung/Sanierung 557, 558, 559
Vertrieb/Handel/Logistik
Vertriebssysteme 607, 610
Statistiken 636
Fusionsstammbäume 642, 649
Anzeige/Kanzleiprofil 738

GÖRING SCHMIEGELT & FISCHER
Region Frankfurt und Hessen
Frankfurt 148
Gesellschaftsrecht
Notariat 305

GÖTZE
Region Osten
Sachsen 115
Öffentlicher Sektor
Umwelt- und Planungsrecht 466, 467

GÓMEZ-ACEBO & POMBO
Nationaler Überblick 40

GRAEF
Region Norden
Hamburg 85
Medien, Technologie und Kommunikation
Medien 414, 417

GRAF KANITZ SCHÜPPEN & PARTNER
Fusionsstammbäume 650

GRAF VON WESTPHALEN
Nationaler Überblick 52, 64
Region Norden
Hamburg 84, 89
Region Osten
Berlin 104, 107
Region Westen
Düsseldorf 122
Region Frankfurt und Hessen
Frankfurt 147, 152
Region Süden
München 183, 188
Arbeitsrecht 227, 229
Gesellschaftsrecht 275, 285
Immobilien- und Baurecht
Privates Baurecht 320, 321, 322, 323
Projektentwicklung und Anlagenbau 318
M&A 370, 378
Medien, Technologie und Kommunikation
Informationstechnologie 429, 432
Presse- und Äußerungsrecht 424, 425
Öffentlicher Sektor
Beihilferecht 454, 455
Umstrukturierungen, ÖPP und Projektfinanzierung 487, 488
Umwelt- und Planungsrecht 458, 461
Verfassungs- und Wirtschaftsverwaltungsrecht 473, 474
Vergaberecht 477, 481
Regulierte Industrien
Ausgewiesene Berater von Krankenhäusern, MVZ oder Apotheken 545, 546
Energiewirtschaftsrecht 534, 535
Vertrieb/Handel/Logistik
Außenhandel 616, 617
Vertriebssysteme 613, 614
Statistiken 636

Fusionsstammbäume 641
Anzeige/Kanzleiprofil 739

FRIEDRICH GRAF VON WESTPHALEN & PARTNER
Nationaler Überblick 52, 64
Region Westen 118
Köln 131, 133
Region Südwesten 162
Baden-Württemberg (ohne Stuttgart) 169, 170
Gesellschaftsrecht 275, 286
Konfliktlösung – Dispute Resolution
Handel und Haftung 350, 352
M&A 369, 376
Marken- und Wettbewerbsrecht 397, 398, 402
Versicherungsrecht
Versicherungsvertragsrecht: Prozessvertretung und Beratung 595, 597
Vertrieb/Handel/Logistik
Vertriebssysteme 607, 609
Statistiken 637
Fusionsstammbäume 641
Anzeige/Kanzleiprofil 25, 740

GRAMM LINS & PARTNER
Patentrecht 498

GREENBERG TRAURIG
Nationaler Überblick 42, 44
Region Osten 102
Berlin 104, 105, 107
Gesellschaftsrecht 298, 299
Immobilien- und Baurecht
Immobilienwirtschaftsrecht 307, 308, 309, 310, 311
M&A 370, 378
Medien, Technologie und Kommunikation
Medien 414, 415, 416, 417
Telekommunikation 437
Öffentlicher Sektor
Umstrukturierungen, ÖPP und Projektfinanzierung 487, 488
Private Equity und Venture Capital 515, 516, 518
Restrukturierung und Insolvenz
Restrukturierung/Sanierung 556, 563

GREENFORT
Nationaler Überblick 40
Region Frankfurt und Hessen 145
Frankfurt 146, 152
Arbeitsrecht 215, 217, 219
Gesellschaftsrecht 276, 286
M&A 370, 378

DR. GRONEFELD THOMA & KOLLEGEN
Region Süden
München 184
Öffentlicher Sektor
Vergaberecht 485
Regulierte Industrien
Verkehrssektor 550, 551, 552

GROOTERHORST & PARTNER
Region Westen
Düsseldorf 120, 125
Öffentlicher Sektor
Umwelt- und Planungsrecht 466, 467
Anzeige/Kanzleiprofil 741

GROSS & WESSELS
Konfliktlösung – Dispute Resolution
Handel und Haftung 352

DR. GROWE & KOLLEGEN
Arbeitsrecht 222

GRUB BRUGGER & PARTNER
Nationaler Überblick 40
Region Frankfurt und Hessen
Frankfurt 148
Region Südwesten
Stuttgart 165
Region Süden
München 184
Restrukturierung und Insolvenz
Insolvenzverwaltung 565, 566, 568
Restrukturierung/Sanierung 557, 559
Anzeige/Kanzleiprofil 742

GRUB FRANK BAHMANN SCHICKHARDT ENGLERT
Region Südwesten
Baden-Württemberg (ohne Stuttgart) 171
Medien, Technologie und Kommunikation
Sportrecht 439

GRUENDEL
Region Osten 103
Sachsen 113, 114
Region Osten

Thüringen/Sachsen-Anhalt 117
Anzeige/Kanzleiprofil 743

GRÜNECKER
Region Osten
Berlin 105
Region Westen
Köln 132
Region Süden
München 184
Marken- und Wettbewerbsrecht 397, 398, 399, 402
Patentrecht 492, 493, 494, 497

GRÜTER
Region Westen 119
Ruhrgebiet/Westfalen 139, 140
Gesellschaftsrecht 276, 286
Konfliktlösung – Dispute Resolution
Handel und Haftung 358, 359
M&A 370, 378
Anzeige/Kanzleiprofil 744

GSK STOCKMANN + KOLLEGEN
Nationaler Überblick 42, 44, 49, 52, 66
Region Norden
Hamburg 84, 89
Region Osten
Berlin 104, 107
Region Frankfurt und Hessen
Frankfurt 147, 152
Region Südwesten 162
Region Süden
München 182, 188
Bank- und Finanzrecht
Bank- und Bankaufsichtsrecht 243, 245
Gesellschaftsrecht 276, 286
Notariat 305
Immobilien- und Baurecht
Immobilienwirtschaftsrecht 308, 309, 310, 311
Privates Baurecht 321, 322, 323
Projektentwicklung und Anlagenbau 318, 319
Konfliktlösung – Dispute Resolution
Handel und Haftung 358, 359
M&A 368, 370, 378
Öffentlicher Sektor
Umwelt- und Planungsrecht 458, 463
Vergaberecht 485
Private Equity und Venture Capital 525
Steuerrecht 575, 576, 581
Vertrieb/Handel/Logistik
Vertriebssysteme 606
Statistiken 636
Anzeige/Kanzleiprofil 745

GTW RECHTSANWÄLTE
Region Westen
Düsseldorf 122
Region Westen
Rheinland 138
Immobilien- und Baurecht
Privates Baurecht: Weitere empfohlene Spezialkanzleien 329

GÜNTHER
Öffentlicher Sektor
Umwelt- und Planungsrecht 460

GÜTT OLK FELDHAUS
Region Süden 180
München 183, 189
Private Equity und Venture Capital 525
Fusionsstammbäume 640

GULDE & PARTNER
Region Osten
Berlin 105
Patentrecht 492, 493, 497

HAAS & HAAS
Region Frankfurt und Hessen
Hessen 160

HAELLMIGK
Vertrieb/Handel/Logistik
Außenhandel 615

HAMMPARTNER
Region Frankfurt und Hessen
Frankfurt 148
Wirtschaftsstrafrecht 624, 626

HANEFELD
Nationaler Überblick 49
Region Norden
Hamburg 85
Konfliktlösung – Dispute Resolution
Handel und Haftung 347, 348, 349, 351, 353

HANF OBERMANN
Region Frankfurt und Hessen
Frankfurt 148
Gesellschaftsrecht
Notariat 305

HAPP LUTHER
Region Norden
Hamburg 84, 89
Gesellschaftsrecht 275, 286
Regulierte Industrien
Gesundheitswesen 538, 541
Restrukturierung und Insolvenz
Restrukturierung/Sanierung 563
Fusionsstammbäume 638
Anzeige/Kanzleiprofil 746

HARMSEN UTESCHER
Region Norden
Hamburg 85
Marken- und Wettbewerbsrecht 397, 398, 399, 402
Patentrecht 494, 497
Regulierte Industrien
Gesundheitswesen 538, 541
Lebensmittelrecht 548
Vertrieb/Handel/Logistik
Vertriebssysteme 607, 610

HARNISCHMACHER LÖER WENSING
Region Westen 119
Region Westen
Ruhrgebiet/Westfalen 139, 140
Anzeige/Kanzleiprofil 747

HARTE-BAVENDAMM
Region Norden
Hamburg 85
Marken- und Wettbewerbsrecht 396, 397, 398, 399, 403
Vertrieb/Handel/Logistik
Vertriebssysteme 613, 614

DR. KAI HART-HÖNIG
Region Frankfurt und Hessen
Frankfurt 148
Hessen 160
Compliance-Untersuchungen 268
Wirtschaftsstrafrecht 625, 626

HAUCK
Region Norden
Hamburg 85
Region Westen
Düsseldorf 122
Marken- und Wettbewerbsrecht 409, 410
Patentrecht 492, 497

HAUCKSCHUCHARDT
Region Frankfurt und Hessen
Frankfurt 148
Immobilien- und Baurecht
Immobilienwirtschaftsrecht 315
Anzeige/Kanzleiprofil 748

HAVEL HOLÁSEK & PARTNERS
Anzeige/Kanzleiprofil 280, 377

HAVER & MAILÄNDER
Region Südwesten
Stuttgart 164, 165
Brüssel 201
Gesellschaftsrecht 276, 286
Kartellrecht 333, 337
Konfliktlösung – Dispute Resolution
Handel und Haftung 348, 349, 351, 353
M&A 370, 378
Öffentlicher Sektor
Vergaberecht 485, 486
Vertrieb/Handel/Logistik
Vertriebssysteme 607, 610
Anzeige/Kanzleiprofil 750/751

HECKER WERNER HIMMELREICH
Region Osten
Sachsen 115
Region Westen
Düsseldorf 122
Köln 131, 133
Region Südwesten
Stuttgart 165
Immobilien- und Baurecht
Privates Baurecht 325, 326

HECKSCHEN & VAN DE LOO
Region Osten
Sachsen 115
Gesellschaftsrecht
Notariat 305, 306

KANZLEIEN INDEX

HEES
Region Norden
Hamburg 85
Regulierte Industrien
Gesundheitswesen 538, 541
Anzeige/Kanzleiprofil 749

HEIMES & MÜLLER
Region Südwesten 163
Rheinland-Pfalz/Saarland 175, 176
Regulierte Industrien
Ausgewiesene Berater von Krankenhäusern, MVZ oder Apotheken 545, 546
Wirtschaftsstrafrecht 623, 631

HEINEMANN & PARTNER
Region Westen
Ruhrgebiet/Westfalen 141
Immobilien- und Baurecht
Privates Baurecht 325, 326
Öffentlicher Sektor
Umwelt- und Planungsrecht 457, 466, 467

HEINRICH ERB PARTNER
Region Frankfurt und Hessen
Frankfurt 148
Marken- und Wettbewerbsrecht 409, 410

HEINZ & ZAGROSEK
Kartellrecht 332, 334

HEISS & LEPPLA
Nationaler Überblick 40

HEISS & PARTNER
Nationaler Überblick 40

HEISSE KURSAWE EVERSHEDS
s. Eversheds

HEISSNER & STRUCK
Region Norden
Hamburg 85
Marken- und Wettbewerbsrecht 409, 410
Anzeige/Kanzleiprofil 752

HELD JAGUTTIS
Region Westen
Köln 132
Öffentlicher Sektor
Umwelt- und Planungsrecht 466, 467

HENGELER MUELLER
Nationaler Überblick 39, 40, 43, 52, 66
Region Osten
Berlin 104, 108
Region Westen 118
Düsseldorf 120, 125
Region Frankfurt und Hessen 144, 145
Frankfurt 146, 152
Region Süden 180
München 182, 189
Brüssel 200, 202
Arbeitsrecht 215, 219
Bank- und Finanzrecht
Anleihen und Strukturierte Finanzierung 235, 236, 237, 238
Bank- und Bankaufsichtsrecht 243, 244, 245
Börseneinführungen und Kapitalerhöhungen 248, 249, 250
Investmentfonds und Asset-Management 253, 254
Kredite und Akquisitionsfinanzierung 256, 257, 258
Compliance-Untersuchungen 266, 269
Gesellschaftsrecht 275, 277, 287
Notariat 305, 306
Immobilien- und Baurecht
Immobilienwirtschaftsrecht 307, 308, 309, 310, 312
Kartellrecht 333, 334, 337
Konfliktlösung – Dispute Resolution
Gesellschaftsrechtliche Streitigkeiten 361, 362, 363
Handel und Haftung 348, 349, 351, 353
M&A 369, 371, 379
Marken- und Wettbewerbsrecht 409, 410
Medien, Technologie und Kommunikation
Medien 413, 414, 415, 416, 417, 418
Telekommunikation 437
Nachfolge/Vermögen/Stiftungen 443, 444, 445, 447
Öffentlicher Sektor
Beihilferecht 454, 455
Produkt- und Abfallrecht 470, 472
Umstrukturierungen, ÖPP und Projektfinanzierung 487, 488
Umwelt- und Planungsrecht 458, 463
Verfassungs- und Wirtschaftsverwaltungsrecht 473, 474

Patentrecht 494, 497, 498
Private Equity und Venture Capital 513, 514, 515, 516, 517, 518
Regulierte Industrien
Ausgewiesene Berater von Krankenhäusern, MVZ oder Apotheken 545, 546
Energiewirtschaftsrecht 527, 528, 529, 531
Gesundheitswesen 537, 538, 541
Restrukturierung und Insolvenz
Restrukturierung/Sanierung 557, 560
Steuerrecht 576, 578, 581
Versicherungsrecht
Unternehmensbezogene Beratung von Versicherern 603, 604
Statistiken 636
Anzeige/Kanzleiprofil 32, 753

HENKEL BREUER & PARTNER
Patentrecht 498

HENNERKES KIRCHDÖRFER & LORZ
Region Südwesten
Stuttgart 164, 166
Gesellschaftsrecht 276, 287
Nachfolge/Vermögen/Stiftungen 443, 444, 445, 447

HERBERT SMITH FREEHILLS
Nationaler Überblick 39, 44
Region Frankfurt und Hessen
Frankfurt 147, 152
Bank- und Finanzrecht
Kredite und Akquisitionsfinanzierung 255
Immobilien- und Baurecht
Immobilienwirtschaftsrecht 315
Kartellrecht 344, 345
Konfliktlösung – Dispute Resolution
Handel und Haftung 358, 359
M&A 370, 379
Anzeige/Kanzleiprofil 754

HERBST KINSKY
Nationaler Überblick 49

HERFURTH & PARTNER
Region Norden
Niedersachsen 98, 100

DR. HERMANNS & DR. SCHUMACHER
Region Westen
Köln 132
Gesellschaftsrecht
Notariat 305, 306

HERMANNS WAGNER BRÜCK
Region Westen
Düsseldorf 122
Kartellrecht 332, 333, 338

HERMES & GIEBELER
Nationaler Überblick 43

HERTIN & PARTNER
Region Osten
Berlin 105
Marken- und Wettbewerbsrecht 397, 398, 403
Medien, Technologie und Kommunikation
Medien 414, 418

HERZOG FIESSER & PARTNER
Patentrecht 498

DR. YITZHAK HESS & PARTNERS
Anzeige/Kanzleiprofil 503

HEUKING KÜHN LÜER WOJTEK
Nationaler Überblick 36, 42, 43, 44, 49, 52, 67
Region Norden
Hamburg 84, 89
Region Osten
Berlin 104, 108
Sachsen 113, 114
Region Westen 119
Düsseldorf 120, 125
Köln 131, 134
Region Frankfurt und Hessen
Frankfurt 146, 152
Region Südwesten 162
Stuttgart 164, 166
Region Süden
München 183, 189
Arbeitsrecht 215, 217, 219, 220
Bank- und Finanzrecht
Anleihen und Strukturierte Finanzierung 235, 236, 239
Börseneinführungen und Kapitalerhöhungen 249, 250
Investmentfonds und Asset-Management 253, 254

Kredite und Akquisitionsfinanzierung 256, 258
Gesellschaftsrecht 275, 287
Immobilien- und Baurecht
Immobilienwirtschaftsrecht 315, 316
Privates Baurecht 321, 322
Kartellrecht 333, 338
Konfliktlösung – Dispute Resolution
Handel und Haftung 348, 349, 351, 353
M&A 368, 369, 379
Marken- und Wettbewerbsrecht 397, 398, 403
Medien, Technologie und Kommunikation
Informationstechnologie 429, 432
Medien 414, 415, 418
Sportrecht 439
Telekommunikation 437, 438
Nachfolge/Vermögen/Stiftungen 443, 444, 447
Öffentlicher Sektor
Beihilferecht 453, 454, 455
Umstrukturierungen, ÖPP und Projektfinanzierung 487, 488
Umwelt- und Planungsrecht 466, 467
Vergaberecht 476, 477, 478, 481
Patentrecht 507, 508
Private Equity und Venture Capital 515, 516, 518
Regulierte Industrien
Ausgewiesene Berater von Krankenhäusern, MVZ oder Apotheken 545, 546
Energiewirtschaftsrecht 527, 528, 531
Verkehrssektor 550, 551, 552
Restrukturierung und Insolvenz
Restrukturierung/Sanierung 556, 557, 558, 560
Steuerrecht 575, 576, 579, 581
Steuerstrafrecht 589, 590
Versicherungsrecht
Versicherungsvertragsrecht: Prozessvertretung und Beratung 594, 595, 596, 597
Vertrieb/Handel/Logistik
Vertriebssysteme 607, 608, 610
Statistiken 636
Fusionsstammbäume 642, 650
Anzeige/Kanzleiprofil 755

HEUSSEN
Region Osten
Berlin 105
Region Frankfurt und Hessen
Frankfurt 148
Region Südwesten 162
Stuttgart 164, 166
Region Süden
München 182, 189
Arbeitsrecht 220
Gesellschaftsrecht 276, 288
Immobilien- und Baurecht
Immobilienwirtschaftsrecht 315, 316
Medien, Technologie und Kommunikation
Informationstechnologie 429, 432
Medien 414, 416, 418
Öffentlicher Sektor
Vergaberecht 477, 481
Statistiken 636
Fusionsstammbäume 643
Anzeige/Kanzleiprofil 756

HEYMANN & PARTNER
Region Frankfurt und Hessen
Frankfurt 146, 153
Arbeitsrecht 227, 229
Gesellschaftsrecht 298, 299
M&A 370, 379
Medien, Technologie und Kommunikation
Informationstechnologie 429, 430, 431, 432
Private Equity und Venture Capital 525
Co-Publishing 263/264
Anzeige/Kanzleiprofil 757

HFK RECHTSANWÄLTE
Region Norden
Hamburg 85
Niedersachsen 100
Region Osten
Berlin 105
Region Frankfurt und Hessen
Frankfurt 148
Region Süden
München 184
Immobilien- und Baurecht
Privates Baurecht 320, 321, 322, 323
Projektentwicklung und Anlagenbau 318, 319
Öffentlicher Sektor
Umwelt- und Planungsrecht 466, 467
Vergaberecht 476, 477, 481
Statistiken 637
Anzeige/Kanzleiprofil 758

HÖCH UND PARTNER
Region Westen
Ruhrgebiet/Westfalen 141

Regulierte Industrien
Energiewirtschaftsrecht 529, 534, 535

HÖCKER
Region Westen
Köln 132
Medien, Technologie und Kommunikation
Presse- und Äußerungsrecht 424, 425, 426
Anzeige/Kanzleiprofil 759

HOEFER SCHMIDT-THIEME
Region Südwesten
Baden-Württemberg (ohne Stuttgart) 171
Restrukturierung und Insolvenz
Insolvenzverwaltung 565, 566, 568
Anzeige/Kanzleiprofil 760

HOEGER STELLRECHT & PARTNER
Patentrecht 492, 499

HÖSSLE
Patentrecht 498

HOFFMANN & DE VRIES
M&A 389
Fusionsstammbäume 640

HOFFMANN EITLE
Region Norden
Hamburg 85
Region Westen
Düsseldorf 122
Region Süden
München 184
Marken- und Wettbewerbsrecht 397, 403
Patentrecht 492, 493, 494, 495, 497, 499

HOFFMANNLAW
Wirtschaftsstrafrecht 623

HOFFMANN LIEBS FRITSCH & PARTNER
Region Westen
Düsseldorf 120, 126
Arbeitsrecht 227, 229
Gesellschaftsrecht 276, 288
M&A 370, 380
Öffentlicher Sektor
Produkt- und Abfallrecht 470, 472
Umwelt- und Planungsrecht 466, 467

HOFSTETTER SCHURACK & PARTNER
Patentrecht 498

HOGAN LOVELLS
Nationaler Überblick 40, 42, 44, 49, 52, 68
Region Norden
Hamburg 84, 89
Region Osten 102
Region Westen
Düsseldorf 120, 126
Region Frankfurt und Hessen 145
Frankfurt 146, 153
Region Süden
München 182, 189
Arbeitsrecht 215, 220
Bank- und Finanzrecht
Anleihen und Strukturierte Finanzierung 235, 236, 237, 239
Bank- und Bankaufsichtsrecht 242, 243, 245
Börseneinführungen und Kapitalerhöhungen 248, 249, 250
Kredite und Akquisitionsfinanzierung 256, 258
Compliance-Untersuchungen 266, 267, 269
Gesellschaftsrecht 275, 277, 288
Notariat 305, 306
Immobilien- und Baurecht
Immobilienwirtschaftsrecht 308, 309, 310, 312
Projektentwicklung und Anlagenbau 318, 319
Kartellrecht 333, 334, 339
Konfliktlösung – Dispute Resolution 347
Gesellschaftsrechtliche Streitigkeiten 361, 362, 364
Handel und Haftung 348, 349, 350, 354
M&A 369, 371, 380
Marken- und Wettbewerbsrecht 396, 397, 398, 399, 404
Medien, Technologie und Kommunikation
Informationstechnologie 429, 430, 431, 433
Medien 413
Öffentlicher Sektor
Beihilferecht 454, 455
Produkt- und Abfallrecht 470, 472
Umstrukturierungen, ÖPP und Projektfinanzierung 487, 488
Umwelt- und Planungsrecht 458, 463
Vergaberecht 477, 482
Patentrecht 494, 495, 497, 499
Private Equity und Venture Capital 513, 514, 515, 516, 518, 519

INDEX KANZLEIEN

Regulierte Industrien
Energiewirtschaftsrecht 527, 528, 529, 531
Gesundheitswesen 538, 539, 541
Lebensmittelrecht 548
Restrukturierung und Insolvenz
Restrukturierung/Sanierung 557, 560
Steuerrecht 576, 582
Versicherungsrecht
Unternehmensbezogene Beratung von Versicherern 602, 603, 605
Vertrieb/Handel/Logistik
Außenhandel 616, 617
Vertriebssysteme 606, 607, 609, 610
Statistiken 636
Fusionsstammbäume 645, 646
Anzeige/Kanzleiprofil 762/763

HOHMANN
Region Frankfurt und Hessen
Hessen 160
Vertrieb/Handel/Logistik
Außenhandel 616, 617
Anzeige/Kanzleiprofil 761

HONERT + PARTNER
Region Norden
Hamburg 84, 90
Region Süden
München 182, 189
Gesellschaftsrecht 276, 289
M&A 370, 380
Steuerrecht 576, 582
Anzeige/Kanzleiprofil 764

HORLITZ KEITH & PARTNER
Region Westen
Ruhrgebiet/Westfalen 139, 141

HORSCH OBERHAUSER
Region Süden
München 184
Immobilien- und Baurecht
Privates Baurecht 325, 327

HOYNG MONEGIER
Nationaler Überblick 42
Marken- und Wettbewerbsrecht 396
Patentrecht 491

HÜMMERICH & BISCHOFF
Region Osten
Thüringen/Sachsen-Anhalt 117

HÜTTEBRÄUKER
Region Westen
Düsseldorf 122
Regulierte Industrien
Lebensmittelrecht 548

HUNTON & WILLIAMS
Brüssel 199

HUTH DIETRICH HAHN
Region Norden
Hamburg 84, 90
Gesellschaftsrecht 276, 289
Immobilien- und Baurecht
Immobilienwirtschaftsrecht 315, 316
Fusionsstammbäume 648
Anzeige/Kanzleiprofil 765

HWW HERMANN WIENBERG WILHELM
Nationaler Überblick 42
Region Norden
Hamburg 85
Region Osten
Berlin 105
Region Frankfurt und Hessen
Frankfurt 148
Region Süden
München 184
Restrukturierung und Insolvenz
Insolvenzverwaltung 564, 565, 566, 568
Restrukturierung/Sanierung 556, 557, 560
Statistiken 637

IGNOR & PARTNER
Region Osten
Berlin 105
Wirtschaftsstrafrecht 624, 626
Anzeige/Kanzleiprofil 766

IHDE & PARTNER
Medien, Technologie und Kommunikation
Medien 417

ILLIG BRAUN KIRSCHNEK
Region Südwesten
Stuttgart 165
Restrukturierung und Insolvenz
Insolvenzverwaltung 571

INCE & CO
Nationaler Überblick 43
Region Norden
Hamburg 84, 90

IRION
Region Norden
Hamburg 85
Medien, Technologie und Kommunikation
Presse- und Äußerungsrecht 424, 425

IRLE MOSER
Region Osten
Berlin 105
Marken- und Wettbewerbsrecht 409, 410
Medien, Technologie und Kommunikation
Presse- und Äußerungsrecht 424, 425

ISARPATENT
Patentrecht 498

ISENBRUCK BÖSL HÖRSCHLER
Region Westen
Düsseldorf 122
Region Südwesten
Baden-Württemberg (ohne Stuttgart) 171
Region Süden
München 184
Patentrecht 492, 499
Anzeige/Kanzleiprofil 767

JACOBSEN + CONFURIUS
Region Norden
Hamburg 85
Region Osten
Berlin 105
Arbeitsrecht 227, 229
Vertrieb/Handel/Logistik
Vertriebssysteme 608, 611

JACOBY
Fusionsstammbäume 644

JAFFÉ
Region Süden
München 184
Region Süden
Bayern (ohne München) 198
Restrukturierung und Insolvenz
Insolvenzverwaltung 565, 566, 568

JAKOBY
Region Osten
Berlin 105
Immobilien- und Baurecht
Privates Baurecht 325, 327
Anzeige/Kanzleiprofil 768

JBB RECHTSANWÄLTE
Region Osten
Berlin 105
Marken- und Wettbewerbsrecht 398, 399, 404
Medien, Technologie und Kommunikation
Informationstechnologie 429, 433
Medien 414, 418

JEBENS MENSCHING
Region Norden
Hamburg 85
Immobilien- und Baurecht
Immobilienwirtschaftsrecht 308, 309, 310, 312
Anzeige/Kanzleiprofil 769

JEROMIN & KERKMANN
Region Südwesten
Rheinland-Pfalz/Saarland 177
Öffentlicher Sektor
Umwelt- und Planungsrecht 466, 468

JESSE MÜLLER-THUNS
Region Osten
Berlin 105
Steuerrecht 587, 588

JOESTER & PARTNER
Region Norden
Bremen 96
Wirtschaftsstrafrecht 624, 626

JOHANNSEN
Region Norden
Hamburg 85
Region Osten
Berlin 105
Region Westen
Düsseldorf 122
Köln 132
Region Frankfurt und Hessen
Frankfurt 148

INCE & CO (cont.)
Region Süden
München 184
Versicherungsrecht
Versicherungsvertragsrecht: Prozessvertretung und Beratung 594, 595, 596, 598

JOHLKE NIETHAMMER & PARTNER
Region Norden
Hamburg 85
Restrukturierung und Insolvenz
Insolvenzverwaltung 565, 568
Anzeige/Kanzleiprofil 770

JONAS
Region Westen
Köln 132
Marken- und Wettbewerbsrecht 397, 398, 404
Medien, Technologie und Kommunikation
Presse- und Äußerungsrecht 424, 426
Sportrecht 439, 440
Vertrieb/Handel/Logistik
Vertriebssysteme 613, 614
Fusionsstammbäume 645

JONES DAY
Nationaler Überblick 39, 44, 46, 49, 50, 52, 68
Region Westen
Düsseldorf 120, 126
Region Frankfurt und Hessen 145
Frankfurt 146, 153
Region Süden
München 182, 190
Brüssel 199, 200, 202
Bank- und Finanzrecht
Anleihen und Strukturierte Finanzierung 237, 239
Kredite und Akquisitionsfinanzierung 255, 256, 258
Gesellschaftsrecht 274, 275, 289
Immobilien- und Baurecht
Immobilienwirtschaftsrecht 315, 316
Kartellrecht 333, 334, 339
Konfliktlösung – Dispute Resolution
Handel und Haftung 358, 359
M&A 368, 369, 371, 380
Medien, Technologie und Kommunikation
Informationstechnologie 429, 430, 433
Telekommunikation 437, 438
Öffentlicher Sektor
Beihilferecht 453, 454, 455
Patentrecht 492, 493, 494, 499
Private Equity und Venture Capital 514, 515, 516, 519
Regulierte Industrien
Energiewirtschaftsrecht 534, 535
Restrukturierung und Insolvenz
Restrukturierung/Sanierung 556, 563
Statistiken 636
Anzeige/Kanzleiprofil U4, 771

JORDAN & HALL
Konfliktlösung – Dispute Resolution
Handel und Haftung 352

CHANDRAKANT M. JOSHI
Anzeige/Kanzleiprofil 501

JUCONOMY
Region Westen
Düsseldorf 122
Medien, Technologie und Kommunikation
Telekommunikation 437, 438

JUSTEM
Region Frankfurt und Hessen
Frankfurt 148
Arbeitsrecht 215, 220
Compliance-Untersuchungen 268
Fusionsstammbäume 640
Anzeige/Kanzleiprofil 772

K&L GATES
Nationaler Überblick 52, 69
Region Osten
Berlin 104, 108
Region Frankfurt und Hessen
Frankfurt 146, 153
Bank- und Finanzrecht
Kredite und Akquisitionsfinanzierung 255
Compliance-Untersuchungen 266, 269
Gesellschaftsrecht 275, 289
Immobilien- und Baurecht
Immobilienwirtschaftsrecht 315, 316
M&A 369, 380
Medien, Technologie und Kommunikation
Medien 414, 416, 419
Öffentlicher Sektor
Vergaberecht 477, 482
Private Equity und Venture Capital 515, 519
Steuerrecht 576, 582

Statistiken 637
Fusionsstammbäume 643
Anzeige/Kanzleiprofil 27, 773

DR. MARCUS KÄMPFER UND ANDREA BERGERMANN
Region Westen
Düsseldorf 122
Gesellschaftsrecht
Notariat 305, 306

KALTWASSER
Region Süden
München 185
Regulierte Industrien
Gesundheitswesen 538, 542

KANTENWEIN ZIMMERMANN FOX KRÖCK & PARTNER
Region Süden
München 183, 190
Konfliktlösung – Dispute Resolution
Handel und Haftung 348, 349, 354
Nachfolge/Vermögen/Stiftungen 449, 450
Steuerrecht 576, 582
Co-Publishing 441/442
Anzeige/Kanzleiprofil 774

KAPELLMANN UND PARTNER
Nationaler Überblick 49, 50, 52, 70
Region Osten
Berlin 105
Region Westen
Düsseldorf 120, 126
Rheinland 138
Region Frankfurt und Hessen
Frankfurt 148
Region Süden
München 185
Brüssel 200, 201, 202
Gesellschaftsrecht 276, 289
Immobilien- und Baurecht
Privates Baurecht 320, 321, 322, 323
Projektentwicklung und Anlagenbau 318, 319
Kartellrecht 333, 339
M&A 389, 390
Öffentlicher Sektor
Umstrukturierungen, ÖPP und Projektfinanzierung 487, 488
Vergaberecht 476, 477, 478, 482
Regulierte Industrien
Verkehrssektor 550, 551, 552
Statistiken 636
Anzeige/Kanzleiprofil 775

KAPP EBELING & PARTNER
Region Norden
Niedersachsen 100
Nachfolge/Vermögen/Stiftungen 449, 450

KASPER KNACKE
Region Südwesten
Stuttgart 164, 166
Arbeitsrecht 227, 229
Immobilien- und Baurecht
Privates Baurecht 322, 325, 327

KATHER AUGENSTEIN
Nationaler Überblick 42, 491

KAYE SCHOLER
Nationaler Überblick 43
Region Frankfurt und Hessen
Frankfurt 147, 153
Kartellrecht 344, 345
Konfliktlösung – Dispute Resolution
Handel und Haftung 358, 359
M&A 389, 390
Öffentlicher Sektor
Umstrukturierungen, ÖPP und Projektfinanzierung 487, 488
Anzeige/Kanzleiprofil U3, 776

KDU KRIST DELLER & PARTNER
Region Südwesten
Rheinland-Pfalz/Saarland 176, 177
Öffentlicher Sektor
Vergaberecht 476, 485, 486

KEBEKUS ET ZIMMERMANN
Region Westen
Düsseldorf 122
Restrukturierung und Insolvenz
Insolvenzverwaltung 565, 566, 568
Anzeige/Kanzleiprofil 777

KEE OTTO FEUSTEL LIBAL SCHUMACHER
Region Norden
Hamburg 85
Regulierte Industrien
Energiewirtschaftsrecht 534, 535

KANZLEIEN INDEX

KEIL & SCHAAFHAUSEN
Region Frankfurt und Hessen
Frankfurt 148
Marken- und Wettbewerbsrecht 409, 410
Patentrecht 492, 493, 500

KELLER & MENNEMEYER
Konfliktlösung – Dispute Resolution
Handel und Haftung 352

KELLER MENZ
Region Süden
München 185
Arbeitsrecht 227, 229

KEMPF & DANNENFELDT
Nationaler Überblick 40
Region Frankfurt und Hessen
Frankfurt 148
Wirtschaftsstrafrecht 623, 624, 627

KESSLER & PARTNER
Region Norden 82
Bremen 95, 97

V. KEUSSLER
Region Frankfurt und Hessen
Hessen 160

KIERMEIER HASELIER GROSSE
Region Osten
Sachsen 113, 115
Öffentlicher Sektor
Vergaberecht 485, 486

KIND & DREWS
Fusionsstammbäume 640

KING & SPALDING
Nationaler Überblick 40, 49
Region Frankfurt und Hessen
Frankfurt 148
Bank- und Finanzrecht
Investmentfonds und Asset-Management 253, 254
Immobilien- und Baurecht
Immobilienwirtschaftsrecht 307, 308, 312
Konfliktlösung – Dispute Resolution
Handel und Haftung 351, 358, 360
Regulierte Industrien
Gesundheitswesen 538, 542
Lebensmittelrecht 548
Anzeige/Kanzleiprofil 778

KING & WOOD MALLESONS
Nationaler Überblick 38, 40, 52, 70
Region Osten 102
Berlin 105
Region Frankfurt und Hessen
Frankfurt 146, 154
Region Süden
München 182, 190
Bank- und Finanzrecht
Anleihen und Strukturierte Finanzierung 235, 237, 239
Investmentfonds und Asset-Management 253, 254
Kredite und Akquisitionsfinanzierung 255, 256, 258
Gesellschaftsrecht 276, 289
Kartellrecht 333, 339
Konfliktlösung – Dispute Resolution
Handel und Haftung 358, 360
M&A 369, 380
Medien, Technologie und Kommunikation
Medien 414, 417, 419
Private Equity und Venture Capital 515, 519
Steuerrecht 576, 582
Statistiken 636
Anzeige/Kanzleiprofil 3, 779

KIPPER + DURTH
Region Frankfurt und Hessen
Hessen 160
Wirtschaftsstrafrecht 631

KIRKLAND & ELLIS
Nationaler Überblick 44
Region Süden 180
München 182, 190
M&A 369, 381
Private Equity und Venture Capital 513, 514, 515, 517, 520
Restrukturierung und Insolvenz
Restrukturierung/Sanierung 557, 558, 560
Anzeige/Kanzleiprofil 780/781

DR. KIRSTEN DR. SIELCK VÖLCKERS KIRSTEN
Region Norden
Hamburg 85

KLAAS & KOLLEGEN
Restrukturierung und Insolvenz
Insolvenzverwaltung 564
Anzeige/Kanzleiprofil 782/783

KLAKA
Region Westen
Düsseldorf 122
Region Süden
München 185
Marken- und Wettbewerbsrecht 397, 398, 399, 404
Patentrecht 494, 495, 500
Anzeige/Kanzleiprofil 784

KLEINER
Region Westen
Düsseldorf 122
Region Südwesten 162
Stuttgart 164, 167
Marken- und Wettbewerbsrecht 409, 410
Medien, Technologie und Kommunikation
Telekommunikation 437, 438
Regulierte Industrien
Gesundheitswesen 538, 542
Anzeige/Kanzleiprofil 786/787

DR. TILL KLEINSTÜCK UND DR. MARCUS RESKI
Region Norden
Hamburg 85
Gesellschaftsrecht
Notariat 305, 306

KLEYMANN KARPENSTEIN & PARTNER
Region Frankfurt und Hessen
Hessen 160

KLIEMT & VOLLSTÄDT
Region Osten
Berlin 105
Region Westen
Düsseldorf 122
Region Frankfurt und Hessen
Frankfurt 148
Region Südwesten 163
Arbeitsrecht 215, 217, 220
Statistiken 637
Fusionsstammbäume 639
Co-Publishing 272/273
Anzeige/Kanzleiprofil 785

KLINGE HESS
Region Südwesten 163
Rheinland-Pfalz/Saarland 175, 177

KLINKERT
Region Frankfurt und Hessen
Frankfurt 148
Medien, Technologie und Kommunikation
Medien 413, 414, 419
Sportrecht 439, 440

KNARR & KNOPP REITZLEIN MILDE NETUSCHIL ZIMMER
Region Frankfurt und Hessen
Hessen 160

KNAUTHE
Region Osten
Berlin 104, 108
Gesellschaftsrecht 298, 299
Fusionsstammbäume 641

KNH KAHLHÖFER NEUMANN RÖSSLER HEINE
Patentrecht 498

KNH RECHTSANWÄLTE
Region Osten
Berlin 105
Region Frankfurt und Hessen
Frankfurt 148
Region Süden 180
München 185
Immobilien- und Baurecht
Privates Baurecht 320, 321, 323, 324

KNIERIM HUBER
Region Osten
Berlin 105
Region Südwesten
Rheinland-Pfalz/Saarland 176, 177
Compliance-Untersuchungen 266, 269
Wirtschaftsstrafrecht 624, 625, 627

KNPZ RECHTSANWÄLTE
Region Norden
Hamburg 85
Marken- und Wettbewerbsrecht 397, 398, 405
Medien, Technologie und Kommunikation
Medien 414, 419

Presse- und Äußerungsrecht 424, 426
Vertrieb/Handel/Logistik
Vertriebssysteme 613, 614
Fusionsstammbäume 640
Anzeige/Kanzleiprofil 788

KOEBLE DONUS FUHRMANN LOCHER SCHOTTEN ZAHN
Region Südwesten
Baden-Württemberg (ohne Stuttgart) 171
Immobilien- und Baurecht
Privates Baurecht: Weitere empfohlene Spezialkanzleien 329

KÖCHLING & KRAHNEFELD
Region Norden
Hamburg 85
Öffentlicher Sektor
Umwelt- und Planungsrecht 458, 463

KÖHLER & KLETT
Region Westen
Köln 132
Region Süden
München 185
Öffentlicher Sektor
Produkt- und Abfallrecht 470, 472
Umwelt- und Planungsrecht 458, 463
Vergaberecht 485, 486

KÖNIG
Region Südwesten 163
Rheinland-Pfalz/Saarland 175, 177
Anzeige/Kanzleiprofil 789

KÖNIG SZYNKA TILMANN VON RENESSE
Region Westen
Düsseldorf 122
Region Süden
München 185
Patentrecht 493, 495, 500

KÖNIGER
Nationaler Überblick 40

KOPP-ASSENMACHER
Region Osten
Berlin 105
Öffentlicher Sektor
Umwelt- und Planungsrecht 466, 468

KPMG LAW
Region Norden
Hamburg 85
Region Osten
Berlin 104, 108
Sachsen 113, 115
Region Westen
Düsseldorf 122
Ruhrgebiet/Westfalen 141
Region Frankfurt und Hessen
Frankfurt 148
Region Südwesten
Stuttgart 165
Region Süden 181
München 185
Bayern (ohne München) 198
Arbeitsrecht 227, 229
Gesellschaftsrecht 276, 290
M&A 370, 381
Öffentlicher Sektor
Vergaberecht 476, 477, 482
Regulierte Industrien
Ausgewiesene Berater von Krankenhäusern, MVZ oder Apotheken 545, 546
Energiewirtschaftsrecht 527, 531
Statistiken 636
Fusionsstammbäume 648
Anzeige/Kanzleiprofil 790

KRÄMER WINTER
Konfliktlösung – Dispute Resolution
Handel und Haftung 352

KRAUS & WEISERT
Patentrecht 498

KRAUS SIENZ & PARTNER
Region Süden
München 185
Immobilien- und Baurecht
Privates Baurecht 320, 321, 323, 324
Öffentlicher Sektor
Vergaberecht 485, 486

KRAUSE & KOLLEGEN
Nationaler Überblick 40
Region Osten
Berlin 105

Steuerrecht
Steuerstrafrecht 589, 590
Wirtschaftsstrafrecht 624, 625, 627

VON KREISLER SELTING WERNER
Region Westen
Köln 132
Patentrecht 492, 500

KRELL WEYLAND GRUBE
Region Westen
Rheinland 138
Brüssel 201
Regulierte Industrien
Lebensmittelrecht 548, 549

KREPLIN & PARTNER
Region Westen
Düsseldorf 122
Restrukturierung und Insolvenz
Insolvenzverwaltung 571

KREUZER PFISTER UND GIRSHAUSEN
Region Süden
München 185
Wirtschaftsstrafrecht 631, 632

KRIEGER MES GRAF V. DER GROEBEN
Region Westen
Düsseldorf 122
Marken- und Wettbewerbsrecht 409, 410
Patentrecht 494, 495, 500
Anzeige/Kanzleiprofil 791

KROHN
Region Norden
Hamburg 84, 90
Marken- und Wettbewerbsrecht 409, 410
Regulierte Industrien
Lebensmittelrecht 548, 549

KROPP HAAG HÜBINGER
Region Südwesten 163
Rheinland-Pfalz/Saarland 175, 176, 177
Versicherungsrecht
Versicherungsvertragsrecht: Prozessvertretung und Beratung 595, 598

KRUHL VON STRENGE
Region Norden
Hamburg 85
Immobilien- und Baurecht
Immobilienwirtschaftsrecht 315, 316
Öffentlicher Sektor
Umstrukturierungen, ÖPP und Projektfinanzierung 487, 488
Umwelt- und Planungsrecht 466, 468
Vergaberecht 485, 486
Fusionsstammbäume 640
Anzeige/Kanzleiprofil 792

KSB INTAX
Nationaler Überblick 49
Region Norden 83
Niedersachsen 98, 99, 100
Gesellschaftsrecht 298, 299
Steuerrecht 587, 588
Statistiken 637
Anzeige/Kanzleiprofil 793

KUCERA
Region Frankfurt und Hessen
Hessen 160
Immobilien- und Baurecht
Immobilienwirtschaftsrecht 315, 316

KÜBLER
Region Osten
Sachsen 115
Region Westen
Köln 132
Region Frankfurt und Hessen
Frankfurt 148
Restrukturierung und Insolvenz
Insolvenzverwaltung 565, 566, 568

KÜFFNER MAUNZ LANGER ZUGMAIER
Nationaler Überblick 49
Region Westen
Düsseldorf 122
Region Süden
München 185
Steuerrecht 575, 576, 578, 583
Anzeige/Kanzleiprofil 794

KÜMMERLEIN
Nationaler Überblick 52, 70
Region Westen 119
Ruhrgebiet/Westfalen 139, 140, 141
Arbeitsrecht 227, 229

INDEX KANZLEIEN

Gesellschaftsrecht 275, 290
Notariat 305, 306
M&A 370, 381
Öffentlicher Sektor
Umwelt- und Planungsrecht 466, 468
Anzeige/Kanzleiprofil 795

KUENTZLE
Region Südwesten
Baden-Württemberg (ohne Stuttgart) 169, 170

KÜSTNER V. MANTEUFFEL & WURDACK
Region Norden
Niedersachsen 100
Vertrieb/Handel/Logistik
Vertriebssysteme 607, 609, 611

KÜTTNER
Region Westen
Köln 132
Arbeitsrecht 215, 217, 221
Co-Publishing 208/209
Anzeige/Kanzleiprofil 796/797

KUHN CARL NORDEN BAUM
Region Südwesten
Stuttgart 164, 167
Gesellschaftsrecht 276, 290
M&A 370, 381
Co-Publishing 366/367
Anzeige/Kanzleiprofil 798

KUHNEN & WACKER
Patentrecht 498

KULLEN MÜLLER ZINSER
Region Südwesten
Baden-Württemberg (ohne Stuttgart) 169, 171
Steuerrecht
Steuerstrafrecht 589, 590

KUNZ
Nationaler Überblick 50
Region Südwesten 163
Rheinland-Pfalz/Saarland 175, 178

OTMAR KURY
Region Norden
Hamburg 85
Wirtschaftsstrafrecht 624, 627

KUTZENBERGER WOLFF & PARTNER
Patentrecht 498

KVLEGAL
Region Osten
Berlin 105
Medien, Technologie und Kommunikation
Medien 414, 419

LABBÉ & PARTNER
Region Süden
München 185
Öffentlicher Sektor
Umwelt- und Planungsrecht 459, 466, 468

LABORIUS SCHRADER SIEBERT THOMS KLAGGES
Region Norden
Niedersachsen 99, 100
Arbeitsrecht 215, 221
Anzeige/Kanzleiprofil 799

LACHNER WESTPHALEN SPAMER
Region Frankfurt und Hessen
Frankfurt 147, 154

LACORE
Nationaler Überblick 50
Region Osten 102, 103
Berlin 104, 108
Private Equity und Venture Capital 516, 518, 520
Fusionsstammbäume 641

LADENBURGER NEIFEIND SCHMÜCKER & HOMANN
Region Südwesten
Baden-Württemberg (ohne Stuttgart) 169, 171

LADM LIESEGANG AYMANS DECKER MITTELSTAEDT & PARTNER
Region Westen
Rheinland 138
Vertrieb/Handel/Logistik
Vertriebssysteme 608, 609, 611

LAMBSDORFF
Region Osten 102
Berlin 104, 109
Private Equity und Venture Capital 516, 520
Fusionsstammbäume 643
Anzeige/Kanzleiprofil 800

LANGROCK VOSS & SOYKA
Region Norden
Hamburg 85
Wirtschaftsstrafrecht 631, 632
Fusionsstammbäume 640

LATHAM & WATKINS
Nationaler Überblick 35, 39, 40, 43, 44, 49, 52, 71
Region Norden
Hamburg 84, 90
Region Westen
Düsseldorf 120, 126
Region Frankfurt und Hessen 144, 145
Frankfurt 146, 154
Region Süden 180
München 182, 190
Brüssel 199, 200, 202
Arbeitsrecht 215, 217, 220, 221
Bank- und Finanzrecht 234
Anleihen und Strukturierte Finanzierung 235, 236, 237, 238, 239
Bank- und Bankaufsichtsrecht 243, 244, 245
Börseneinführungen und Kapitalerhöhungen 248, 249, 251
Kredite und Akquisitionsfinanzierung 255, 256, 257, 258
Gesellschaftsrecht 275, 277, 290
Immobilien- und Baurecht
Immobilienwirtschaftsrecht 308, 309, 313
Kartellrecht 333, 334, 339
Konfliktlösung – Dispute Resolution
Gesellschaftsrechtliche Streitigkeiten 362, 364
Handel und Haftung 348, 349, 351, 354
M&A 368, 369, 371, 381
Medien, Technologie und Kommunikation
Informationstechnologie 428, 429, 430, 433
Öffentlicher Sektor
Beihilferecht 453, 454, 455
Umstrukturierungen, ÖPP und Projektfinanzierung 487, 488
Private Equity und Venture Capital 513, 514, 515, 517, 520
Regulierte Industrien
Ausgewiesene Berater von Krankenhäusern, MVZ oder Apotheken 545, 546
Energiewirtschaftsrecht 534, 536
Restrukturierung und Insolvenz
Restrukturierung/Sanierung 557, 558, 561
Steuerrecht 576, 577, 583
Vertrieb/Handel/Logistik
Außenhandel 616, 617
Statistiken 636
Fusionsstammbäume 649
Anzeige/Kanzleiprofil 19, 801

LAUPRECHT
Region Norden 83
Schleswig-Holstein 94

LAUSEN
Region Westen
Köln 132
Region Süden
München 185
Medien, Technologie und Kommunikation
Medien 414, 417, 420

LAWENTUS
Region Norden
Hamburg 85
Gesellschaftsrecht 298, 299

LEBUHN & PUCHTA
Region Norden
Hamburg 84, 91
Gesellschaftsrecht 298, 300

LEDERER & KELLER
Patentrecht 498

LEHMANN NEUNHOEFFER SIGEL SCHÄFER
Region Südwesten
Stuttgart 164, 167
Gesellschaftsrecht 276, 291
Notariat 305, 306
Konfliktlösung – Dispute Resolution
Handel und Haftung 358, 360
Anzeige/Kanzleiprofil 802

LEIFERT & STEFFAN
Patentrecht 498
Anzeige/Kanzleiprofil 803

LEINEMANN & PARTNER
Nationaler Überblick 49, 50
Region Norden
Hamburg 85
Region Osten
Berlin 105

Region Westen
Düsseldorf 122
Köln 132
Region Frankfurt und Hessen
Frankfurt 148
Region Süden 180
München 185
Immobilien- und Baurecht
Privates Baurecht 320, 321, 322, 323, 324
Öffentlicher Sektor
Vergaberecht 477, 478, 482
Statistiken 636

LEISNER STECKEL ENGLER
Region Süden
München 185
Steuerrecht
Steuerstrafrecht 589, 590

LEITNER & PARTNER
Nationaler Überblick 40
Region Süden
München 185
Wirtschaftsstrafrecht 624, 627
Anzeige/Kanzleiprofil 804

LENTZE STOPPER
Region Süden
München 185
Medien, Technologie und Kommunikation
Sportrecht 439, 440

LENZ UND JOHLEN
Nationaler Überblick 50
Region Westen
Köln 132
Öffentlicher Sektor
Umwelt- und Planungsrecht 457, 458, 459, 464

LEO SCHMIDT-HOLLBURG WITTE & FRANK
Region Norden
Hamburg 84, 91
Gesellschaftsrecht 276, 291
M&A 370, 381
Marken- und Wettbewerbsrecht 409, 410
Fusionsstammbäume 638
Anzeige/Kanzleiprofil 805

LEONHARDT RATTUNDE
Region Osten
Berlin 105
Region Westen
Düsseldorf 122
Restrukturierung und Insolvenz
Insolvenzverwaltung 565, 566, 569

PROF. STEFAN LEUPERTZ
Region Westen
Ruhrgebiet/Westfalen 141
Immobilien- und Baurecht
Privates Baurecht: Weitere empfohlene Spezialkanzleien 329

LHP LUXEM HEUEL PROWATKE
Region Westen
Köln 132
Steuerrecht
Steuerstrafrecht 589, 590

LICHTENSTEIN KÖRNER UND PARTNER
Region Südwesten
Stuttgart 165
Marken- und Wettbewerbsrecht 397, 398, 405
Anzeige/Kanzleiprofil 806

LIEB
Region Süden
Bayern (ohne München) 196, 197
Anzeige/Kanzleiprofil 807

LIESER
Region Südwesten
Rheinland-Pfalz/Saarland 177
Restrukturierung und Insolvenz
Insolvenzverwaltung 571

LINDEMANN SCHWENNICKE & PARTNER
Region Osten
Berlin 105
Bank- und Finanzrecht
Bank- und Bankaufsichtsrecht 242, 243, 245
Kredite und Akquisitionsfinanzierung 256, 257, 259
Immobilien- und Baurecht
Immobilienwirtschaftsrecht 309, 313
Fusionsstammbäume 646

LINDENAU PRIOR & PARTNER
Region Westen
Düsseldorf 120, 127

LINDENPARTNERS
Nationaler Überblick 37
Region Osten 102
Berlin 104, 109
Bank- und Finanzrecht
Bank- und Bankaufsichtsrecht 243, 246
Compliance-Untersuchungen 268
Gesellschaftsrecht 276, 291
Konfliktlösung – Dispute Resolution
Handel und Haftung 348, 349, 355
M&A 389, 390
Anzeige/Kanzleiprofil 808

LINKLATERS
Nationaler Überblick 37, 39, 40, 44, 49, 52, 71
Region Osten 102, 103
Berlin 104, 109
Region Westen 118
Düsseldorf 120, 127
Region Frankfurt und Hessen 144, 145
Frankfurt 146, 154
Region Süden 180
München 182, 191
Brüssel 200, 203
Arbeitsrecht 215, 217, 221
Bank- und Finanzrecht
Anleihen und Strukturierte Finanzierung 235, 236, 237, 238, 240
Bank- und Bankaufsichtsrecht 242, 243, 244, 246
Börseneinführungen und Kapitalerhöhungen 249, 251
Investmentfonds und Asset-Management 253, 254
Kredite und Akquisitionsfinanzierung 255, 256, 257, 259
Compliance-Untersuchungen 265, 266, 269
Gesellschaftsrecht 274, 275, 277, 291
Immobilien- und Baurecht
Immobilienwirtschaftsrecht 309, 313
Kartellrecht 332, 333, 334, 340
Konfliktlösung – Dispute Resolution
Gesellschaftsrechtliche Streitigkeiten 361, 362, 363, 364
Handel und Haftung 348, 349, 350, 355
M&A 369, 371, 382
Öffentlicher Sektor
Beihilferecht 454, 455
Umstrukturierungen, ÖPP und Projektfinanzierung 487, 488
Umwelt- und Planungsrecht 457, 458, 464
Verfassungs- und Wirtschaftsverwaltungsrecht 473, 475
Vergaberecht 477, 483
Patentrecht 507, 508
Private Equity und Venture Capital 513, 514, 515, 517, 520
Regulierte Industrien
Energiewirtschaftsrecht 526, 527, 528, 529, 532
Restrukturierung und Insolvenz
Restrukturierung/Sanierung 557, 558, 561
Steuerrecht 575, 576, 578, 579, 583
Versicherungsrecht
Unternehmensbezogene Beratung von Versicherern 603, 605
Statistiken 636
Fusionsstammbäume 645
Anzeige/Kanzleiprofil 809

LIPPERT STACHOW & PARTNER
Patentrecht 498

LIVONIUS
Nationaler Überblick 40
Region Frankfurt und Hessen
Frankfurt 148
Wirtschaftsstrafrecht 631, 632

LLR LEGERLOTZ LASCHET
Region Westen
Köln 131, 134
Gesellschaftsrecht 276, 291
Immobilien- und Baurecht
Immobilienwirtschaftsrecht 315, 317
Marken- und Wettbewerbsrecht 409, 410
Anzeige/Kanzleiprofil 810

LMR LINDEMANN MENTZEL
Region Süden
München 183, 191

LNS RECHTSANWÄLTE
Arbeitsrecht 222

LÖFFEL ABRAR
Region Westen
Düsseldorf 122
Marken- und Wettbewerbsrecht 409, 411

KANZLEIEN INDEX

LOH
Fusionsstammbäume 648

LOHBERGER & LEIPOLD
Region Süden
München 185
Wirtschaftsstrafrecht 624, 625, 627

LORENZ SEIDLER GOSSEL
Region Süden
München 185
Marken- und Wettbewerbsrecht 397, 398, 399, 405
Patentrecht 492, 493, 494, 495, 500

LOSCHELDER
Nationaler Überblick 50
Region Westen 118, 119
Köln 131, 134
Arbeitsrecht 227, 229
Gesellschaftsrecht 276, 291
Immobilien- und Baurecht
Immobilienwirtschaftsrecht 315, 317
Privates Baurecht 325, 327
M&A 389, 390
Marken- und Wettbewerbsrecht 397, 398, 399, 405
Medien, Technologie und Kommunikation
Medien 413, 415, 420
Telekommunikation 437, 438
Öffentlicher Sektor
Umwelt- und Planungsrecht 466, 468
Regulierte Industrien
Energiewirtschaftsrecht 534, 536
Fusionsstammbäume 649
Anzeige/Kanzleiprofil 811

LOTZ & PARTNER
Immobilien- und Baurecht
Privates Baurecht 320

LTS RECHTSANWÄLTE WIRTSCHAFTSPRÜFER STEUERBERATER
Region Westen
Rheinland 138
Region Westen
Ruhrgebiet/Westfalen 139, 141
Gesellschaftsrecht 298, 300
Steuerrecht 587, 588

LUBBERGER LEHMENT
Region Norden
Hamburg 85
Region Osten
Berlin 105
Marken- und Wettbewerbsrecht 397, 398, 399, 405
Vertrieb/Handel/Logistik
Vertriebssysteme 613, 614

LUPP + PARTNER
Nationaler Überblick 42

LUTHER
Nationaler Überblick 49, 50, 52, 72
Region Norden 83
Hamburg 84, 91
Niedersachsen 98, 99, 101
Region Osten
Berlin 104, 109
Sachsen 113, 114, 115
Region Westen
Düsseldorf 120, 127
Köln 131, 134
Ruhrgebiet/Westfalen 139, 142
Region Frankfurt und Hessen
Frankfurt 147, 154
Region Südwesten
Stuttgart 164, 167
Region Südwesten
Baden-Württemberg (ohne Stuttgart) 171
Region Süden
München 183, 191
Brüssel 200, 203
Arbeitsrecht 214, 215, 217, 221
Bank- und Finanzrecht
Anleihen und Strukturierte Finanzierung 237, 240
Gesellschaftsrecht 275, 292
Immobilien- und Baurecht
Immobilienwirtschaftsrecht 315, 317
Privates Baurecht 320, 321, 323, 324
Projektentwicklung und Anlagenbau 318, 319
Kartellrecht 333, 340
Konfliktlösung – Dispute Resolution
Handel und Haftung 347, 348, 349, 350, 351, 355
M&A 369, 382
Marken- und Wettbewerbsrecht 397, 398, 399, 406

Medien, Technologie und Kommunikation
Informationstechnologie 429, 433
Öffentlicher Sektor
Beihilferecht 454, 455
Umstrukturierungen, ÖPP und Projektfinanzierung 487, 488
Umwelt- und Planungsrecht 457, 458, 464
Vergaberecht 477, 483
Regulierte Industrien
Ausgewiesene Berater von Krankenhäusern, MVZ oder Apotheken 545, 546
Energiewirtschaftsrecht 527, 528, 529, 532
Steuerrecht 576, 583
Vertrieb/Handel/Logistik
Außenhandel 615, 616, 617
Vertriebssysteme 606, 607, 609, 611
Statistiken 636
Fusionsstammbäume 638
Anzeige/Kanzleiprofil 812

LUTZ ABEL
Region Norden
Hamburg 85
Region Südwesten
Stuttgart 165
Region Süden 180
München 183, 191
Brüssel 201
Gesellschaftsrecht 298, 300
Immobilien- und Baurecht
Privates Baurecht 321, 324
Öffentlicher Sektor
Beihilferecht 454, 455
Private Equity und Venture Capital 516, 521
Anzeige/Kanzleiprofil 813

MAAS
Region Osten
Sachsen 115
Immobilien- und Baurecht
Privates Baurecht 325, 327

MAAT
Region Süden
München 185
Arbeitsrecht 227, 230
Co-Publishing 210/211
Anzeige/Kanzleiprofil 814

MÄGER VON BERNUTH
Region Osten
Berlin 104, 109
Gesellschaftsrecht 298, 300
Anzeige/Kanzleiprofil 815

MAIKOWSKI & NINNEMANN
Region Osten
Berlin 106
Sachsen 115
Region Süden
München 185
Patentrecht 492, 493, 495, 501
Anzeige/Kanzleiprofil 816

MAIWALD
Region Norden
Hamburg 85
Region Westen
Düsseldorf 122
Region Süden
München 185
Patentrecht 492, 493, 501

MALMENDIER HELLRIEGEL
Region Osten
Berlin 106
Öffentlicher Sektor
Umwelt- und Planungsrecht 466, 468
Fusionsstammbäume 641

MANITZ FINSTERWALD & PARTNER
Region Süden
München 185
Patentrecht 492, 497, 502

MANNHEIMER SWARTLING
Region Osten
Berlin 106
Region Frankfurt und Hessen
Frankfurt 147, 154
Gesellschaftsrecht 298, 300
M&A 389, 390

MANSHOLT & LODZIK KLIMASCHEWSKI RAANE CORNELIUS
Arbeitsrecht 222

MANSKE & PARTNER
Arbeitsrecht 217, 222

MARCCUS PARTNERS
Region Westen
Düsseldorf 120, 127
Gesellschaftsrecht 298, 300
Fusionsstammbäume 650
Anzeige/Kanzleiprofil 817

VON MÁRIÁSSY DR. VON STETTEN
Region Süden
München 185
Wirtschaftsstrafrecht 631, 632

MARTENS
Region Süden
München 185
Medien, Technologie und Kommunikation
Sportrecht 439, 440

MARTINI MOGG VOGT
Region Südwesten 163
Rheinland-Pfalz/Saarland 175, 176, 178
Gesellschaftsrecht 298, 300
M&A 389, 390
Anzeige/Kanzleiprofil 818

MATERA BONACCORSI HEIN & PARTNER
Anzeige/Kanzleiprofil 224, 284

PROF. DR. HOLGER MATT
Region Frankfurt und Hessen
Frankfurt 148
Wirtschaftsstrafrecht 625, 628

PROF. DR. DIETER MAYER
Region Süden
München 185
Gesellschaftsrecht
Notariat 305, 306

MAYER BROWN
Nationaler Überblick 36, 44, 52, 72
Region Westen
Düsseldorf 120, 127
Region Frankfurt und Hessen
Frankfurt 146, 154
Brüssel 200, 203
Arbeitsrecht 215, 220, 222
Bank- und Finanzrecht
Anleihen und Strukturierte Finanzierung 235, 236, 237, 240
Bank- und Bankaufsichtsrecht 242, 243, 244, 246
Kredite und Akquisitionsfinanzierung 255, 256, 259
Compliance-Untersuchungen 265
Gesellschaftsrecht 276, 292
Notariat 305, 306
Immobilien- und Baurecht
Immobilienwirtschaftsrecht 315, 317
Kartellrecht 333, 340
M&A 368, 369, 382
Restrukturierung und Insolvenz
Restrukturierung/Sanierung 557, 561
Statistiken 637
Fusionsstammbäume 649
Anzeige/Kanzleiprofil 819

MAYRHOFER & PARTNER
Region Süden
München 185
Bank- und Finanzrecht
Anleihen und Strukturierte Finanzierung 235, 236, 240
Börseneinführungen und Kapitalerhöhungen 249, 251
Anzeige/Kanzleiprofil 820

MAZARS
Nationaler Überblick 42

MCDERMOTT WILL & EMERY
Nationaler Überblick 49, 50, 52, 73
Region Westen
Düsseldorf 120, 127
Region Frankfurt und Hessen
Frankfurt 149, 154
Region Süden
München 182, 191
Brüssel 199
Arbeitsrecht 215, 223
Gesellschaftsrecht 275, 292
Immobilien- und Baurecht
Immobilienwirtschaftsrecht 307, 308, 310, 313
Konfliktlösung – Dispute Resolution
Handel und Haftung 358, 360
M&A 369, 382
Medien, Technologie und Kommunikation
Informationstechnologie 429, 430, 433
Medien 413, 414, 415, 416, 420
Telekommunikation 437, 438

Private Equity und Venture Capital 515, 521
Regulierte Industrien
Ausgewiesene Berater von Krankenhäusern, MVZ oder Apotheken 545, 546
Restrukturierung und Insolvenz
Restrukturierung/Sanierung 557, 561
Steuerrecht 576, 578, 579, 584
Statistiken 637
Fusionsstammbäume 644
Anzeige/Kanzleiprofil 822/823

MD RECHTSANWÄLTE
Region Osten
Land Brandenburg 112
Öffentlicher Sektor
Vergaberecht 485, 486

MEIDERT & KOLLEGEN
Region Süden
München 185
Bayern (ohne München) 198
Öffentlicher Sektor
Umwelt- und Planungsrecht 466, 468

MEILICKE HOFFMANN & PARTNER
Region Westen
Rheinland 136, 137
Gesellschaftsrecht 298, 300
Konfliktlösung – Dispute Resolution
Gesellschaftsrechtliche Streitigkeiten 362, 364
Nachfolge/Vermögen/Stiftungen 449, 450
Steuerrecht 576, 584

MEINCKE BIENMÜLLER
Region Osten
Berlin 106
Immobilien- und Baurecht
Privates Baurecht: Weitere empfohlene Spezialkanzleien 329

MEINHARDT GIESELER & PARTNER
Region Süden
Bayern (ohne München) 196, 197
Anzeige/Kanzleiprofil 821

MEISSNER BOLTE & PARTNER
Region Norden
Bremen 96
Region Süden
München 185
Marken- und Wettbewerbsrecht 409, 411
Patentrecht 492, 493, 494, 495, 502

MEISTERERNST
Region Süden
München 185
Regulierte Industrien
Gesundheitswesen 537, 538, 542
Lebensmittelrecht 548, 549

MEISTERERNST DÜSING MANSTETTEN
Arbeitsrecht 222

MEK
Region Frankfurt und Hessen
Frankfurt 148
Region Süden
München 185
Immobilien- und Baurecht
Privates Baurecht 325, 327

MELCHERS
Region Südwesten 162
Baden-Württemberg (ohne Stuttgart) 169, 172
Gesellschaftsrecht 298, 300
M&A 389, 390
Co-Publishing 592/593
Anzeige/Kanzleiprofil 824

MENOLD BEZLER
Nationaler Überblick 52, 73
Region Südwesten 162
Stuttgart 164, 167
Arbeitsrecht 227, 230
Gesellschaftsrecht 275, 292
M&A 369, 382
Marken- und Wettbewerbsrecht 397, 398, 406
Nachfolge/Vermögen/Stiftungen 449, 450
Öffentlicher Sektor
Umstrukturierungen, ÖPP und Projektfinanzierung 487, 488
Vergaberecht 477, 483
Restrukturierung und Insolvenz
Restrukturierung/Sanierung 556, 563
Statistiken 636
Fusionsstammbäume 638
Anzeige/Kanzleiprofil 825

INDEX KANZLEIEN

MESCHKAT & NAUERT
Region Frankfurt und Hessen
Hessen 160

MESSERSCHMIDT DR. NIEDERMEIER UND PARTNER
Region Süden
München 185
Öffentlicher Sektor
Umwelt- und Planungsrecht 466, 468

METIS
Region Frankfurt und Hessen 145
Frankfurt 147, 155
Fusionsstammbäume 640

METTENHEIM GRONSTEDT MEYDING
Region Frankfurt und Hessen
Frankfurt 148
Gesellschaftsrecht
Notariat 305, 306

MEYER RECHTSANWÄLTE
Region Süden
München 185
Regulierte Industrien
Lebensmittelrecht 548, 549

MEYER RECHTSANWÄLTE INSOLVENZVERWALTER
Region Westen
Ruhrgebiet/Westfalen 141
Restrukturierung und Insolvenz
Insolvenzverwaltung 571

MEYERHUBER
Region Süden
Bayern (ohne München) 196, 197

MEYER-KÖRING
Region Westen 119
Rheinland 136, 137
Arbeitsrecht 227, 230

MEYER-LOHKAMP & PRAGAL
Region Norden
Hamburg 85
Wirtschaftsstrafrecht 631, 632

MFG MEYER-WILDHAGEN MEGGLE-FREUND GERHARD
Patentrecht 498

MGR RECHTSANWÄLTE
Region Frankfurt und Hessen
Frankfurt 148
Immobilien- und Baurecht
Privates Baurecht: Weitere empfohlene Spezialkanzleien 329
Wirtschaftsstrafrecht 624, 628

MICHALSKI HÜTTERMANN & PARTNER
Region Westen
Düsseldorf 122
Region Süden
München 185
Patentrecht 492, 495, 502

MICHELS PMKS
Region Westen
Köln 132
Arbeitsrecht 227, 230
Regulierte Industrien
Ausgewiesene Berater von Krankenhäusern, MVZ oder Apotheken 545, 546

MILBANK TWEED HADLEY & MCCLOY
Nationaler Überblick 39, 44, 49, 52, 74
Region Frankfurt und Hessen
Frankfurt 147, 155
Region Süden 180
München 182, 191
Bank- und Finanzrecht
Kredite und Akquisitionsfinanzierung 256, 257, 259
Gesellschaftsrecht 274, 275, 277, 292
Kartellrecht 333, 334, 340
M&A 369, 371, 383
Private Equity und Venture Capital 514, 515, 517, 521
Steuerrecht 576, 578, 584
Fusionsstammbäume 640
Anzeige/Kanzleiprofil 826

MITSCHERLICH
Patentrecht 498

MLAW GROUP
Fusionsstammbäume 649

MOCK
Region Osten
Berlin 104, 109
Fusionsstammbäume 645

MÖLLER & PARTNER
Region Westen
Düsseldorf 122
Regulierte Industrien
Ausgewiesene Berater von Krankenhäusern, MVZ oder Apotheken 545, 546
Gesundheitswesen 537

MÖLLER THEOBALD JUNG ZENGER
Region Frankfurt und Hessen
Hessen 160

MOHNS TINTELNOT PRUGGMAYER VENNEMANN
Region Osten 103

MOHR
Öffentlicher Sektor
Umwelt- und Planungsrecht 460

MOLITOR
Anzeige/Kanzleiprofil 247

MOOG
Region Frankfurt und Hessen
Hessen 160

MORGAN LEWIS & BOCKIUS
Region Frankfurt und Hessen
Frankfurt 146, 155
Gesellschaftsrecht 276, 293
Kartellrecht 344, 346
M&A 389, 391

MORRISON & FOERSTER
Region Osten 102
Berlin 104, 110
Medien, Technologie und Kommunikation
Medien 413, 414, 415, 416, 417, 420
Telekommunikation 437, 438
Steuerrecht 576, 584
Fusionsstammbäume 646

JÜRGEN R. MÜLLER
Co-Publishing 573/574
Anzeige/Kanzleiprofil 827

PROF. DR. MÜLLER & PARTNER
Nationaler Überblick 40
Region Süden
München 185
Wirtschaftsstrafrecht 631, 632

MÜLLER FOTTNER STEINECKE
Patentrecht 498

MÜLLER SCHUPFNER & PARTNER
Patentrecht 498

MÜLLER-BORÉ & PARTNER
Patentrecht 498

MÜLLER-HEYDENREICH BIERBACH & KOLLEGEN
Region Süden
München 185
Restrukturierung und Insolvenz
Insolvenzverwaltung 565, 566, 569

MÜLLER-KNAPP HJORT WULFF
Region Osten
Berlin 104, 110
Arbeitsrecht 222

MÜLLER-WREDE & PARTNER
Region Osten
Berlin 106
Immobilien- und Baurecht
Privates Baurecht 325, 327
Projektentwicklung und Anlagenbau 318, 319
Öffentlicher Sektor
Beihilferecht 454, 456
Umwelt- und Planungsrecht 466, 469
Vergaberecht 477, 478, 483

MÜNZEL & BÖHM
Region Norden
Hamburg 86
Restrukturierung und Insolvenz
Insolvenzverwaltung 571

MÜTZE KORSCH
Region Westen
Düsseldorf 120, 122, 127
Öffentlicher Sektor
Umstrukturierungen, ÖPP und Projektfinanzierung 487, 488
Fusionsstammbäume 643
Anzeige/Kanzleiprofil 828

DR. MUTH & PARTNER
Region Frankfurt und Hessen
Hessen 160

NACHMANN
Region Süden
München 185
Medien, Technologie und Kommunikation
Sportrecht 439, 440

NAEGELE
Region Südwesten
Stuttgart 165
Arbeitsrecht 215, 217, 220, 223

NÄGELE & KOLLEGEN
Fusionsstammbäume 643

DR. WENDT NASSALL
Konfliktlösung – Dispute Resolution
Handel und Haftung 352

NESSELHAUF
Region Norden
Hamburg 86
Marken- und Wettbewerbsrecht 409, 411
Medien, Technologie und Kommunikation
Presse- und Äußerungsrecht 424, 426

NEUHAUS PARTNER
Region Südwesten 163
Rheinland-Pfalz/Saarland 175, 176, 178
Arbeitsrecht 227, 230

NEUSSEL MARTIN
Region Südwesten
Rheinland-Pfalz/Saarland 175, 178
Anzeige/Kanzleiprofil 829

NIEDERER KRAFT & FREY
Brüssel 201

NIEDERHUBER & PARTNER
Anzeige/Kanzleiprofil 462

NIEDING + BARTH
Region Frankfurt und Hessen
Frankfurt 148
Konfliktlösung – Dispute Resolution
Handel und Haftung 358, 360
Anzeige/Kanzleiprofil 830

NIERING STOCK TÖMP
Region Westen
Köln 132
Rheinland 138
Restrukturierung und Insolvenz
Insolvenzverwaltung 565, 569
Anzeige/Kanzleiprofil 831

NIETZER & HÄUSLER
Region Südwesten
Baden-Württemberg (ohne Stuttgart) 169, 172

NÖLLE & STOEVESANDT
Region Norden
Bremen 95, 97
Anzeige/Kanzleiprofil 832

NOERR
Nationaler Überblick 37, 40, 44, 49, 50, 52, 74
Region Osten
Berlin 104, 110
Sachsen 113, 114, 115
Region Westen
Düsseldorf 120, 128
Region Frankfurt und Hessen
Frankfurt 146, 155
Region Süden
München 182, 191
Brüssel 200, 203
Arbeitsrecht 214, 215, 223
Bank- und Finanzrecht
Bank- und Bankaufsichtsrecht 242, 243, 246
Börseneinführungen und Kapitalerhöhungen 248, 249, 251
Kredite und Akquisitionsfinanzierung 256, 259
Compliance-Untersuchungen 266, 270
Gesellschaftsrecht 275, 293
Immobilien- und Baurecht
Immobilienwirtschaftsrecht 307, 308, 309, 310, 313
Projektentwicklung und Anlagenbau 318, 319
Kartellrecht 332, 333, 341
Konfliktlösung – Dispute Resolution
Gesellschaftsrechtliche Streitigkeiten 361, 362, 363, 364
Handel und Haftung 347, 348, 349, 350, 355
M&A 369, 371, 383
Marken- und Wettbewerbsrecht 396, 397, 398, 406
Medien, Technologie und Kommunikation
Informationstechnologie 428, 429, 430, 431, 434
Medien 413, 414, 415, 416, 417, 420
Sportrecht 439, 440
Telekommunikation 437, 438
Nachfolge/Vermögen/Stiftungen 443, 444, 445, 446, 447
Öffentlicher Sektor
Beihilferecht 454, 456
Produkt- und Abfallrecht 470, 472
Umwelt- und Planungsrecht 458, 464
Verfassungs- und Wirtschaftsverwaltungsrecht 473, 475
Vergaberecht 477, 483
Patentrecht 494, 502
Private Equity und Venture Capital 513, 514, 515, 516, 518, 521
Regulierte Industrien
Ausgewiesene Berater von Krankenhäusern, MVZ oder Apotheken 545, 546
Energiewirtschaftsrecht 527, 528, 529, 532
Lebensmittelrecht 548, 549
Restrukturierung und Insolvenz
Restrukturierung/Sanierung 557, 561
Steuerrecht 576, 584
Steuerstrafrecht 589, 590
Versicherungsrecht
Unternehmensbezogene Beratung von Versicherern 602, 603, 605
Versicherungsvertragsrecht: Prozessvertretung und Beratung 595, 596, 597, 598
Vertrieb/Handel/Logistik
Außenhandel 615, 616, 617
Vertriebssysteme 606, 607, 608, 609, 611
Wirtschaftsstrafrecht 625, 628
Statistiken 636
Anzeige/Kanzleiprofil 834/835

NONNENMACHER
Region Südwesten
Baden-Württemberg (ohne Stuttgart) 169, 172
Anzeige/Kanzleiprofil 833

NORTON ROSE FULBRIGHT
Nationaler Überblick 38, 43, 44, 52, 75
Region Norden
Hamburg 84, 91
Region Frankfurt und Hessen
Frankfurt 146, 155
Region Süden
München 182, 192
Brüssel 200, 203
Arbeitsrecht 215, 223
Bank- und Finanzrecht
Anleihen und Strukturierte Finanzierung 236, 237, 240
Börseneinführungen und Kapitalerhöhungen 249, 251
Investmentfonds und Asset-Management 253, 254
Kredite und Akquisitionsfinanzierung 255, 256, 259
Gesellschaftsrecht 275, 293
Immobilien- und Baurecht
Immobilienwirtschaftsrecht 315, 317
Kartellrecht 333, 341
Konfliktlösung – Dispute Resolution
Handel und Haftung 348, 349, 351, 356
M&A 369, 383
Marken- und Wettbewerbsrecht 409, 411
Öffentlicher Sektor
Beihilferecht 454, 456
Umstrukturierungen, ÖPP und Projektfinanzierung 487, 488
Private Equity und Venture Capital 515, 521
Regulierte Industrien
Energiewirtschaftsrecht 528, 532
Verkehrssektor 551, 552
Steuerrecht 576, 584
Versicherungsrecht
Unternehmensbezogene Beratung von Versicherern 602, 603, 605
Statistiken 636
Fusionsstammbäume 642, 647, 649
Anzeige/Kanzleiprofil 836/837

NOTARE AN DER PALMAILLE
Region Norden
Hamburg 86
Gesellschaftsrecht
Notariat 305, 306

NOTARIAT AM ALSTERTOR
Region Norden
Hamburg 86
Gesellschaftsrecht
Notariat 305, 306

KANZLEIEN INDEX

NOTARIAT AM GÄNSEMARKT
Region Norden
Hamburg 86
Gesellschaftsrecht
Notariat 305, 306

NOTARIAT AN DEN ALSTERARKADEN
Region Norden
Hamburg 86
Gesellschaftsrecht
Notariat 305, 306

NOTARIAT BALLINDAMM
Region Norden
Hamburg 86
Gesellschaftsrecht
Notariat 305, 306
Nachfolge/Vermögen/Stiftungen 446

NOTARIAT BERGSTRASSE
Region Norden
Hamburg 86
Gesellschaftsrecht
Notariat 305, 306

OBERBERG HASCHE DUDDA
Arbeitsrecht 222

OLSWANG
Nationaler Überblick 44
Region Osten 102
Region Süden
München 185
Immobilien- und Baurecht
Immobilienwirtschaftsrecht 307
Patentrecht 507, 508
Restrukturierung und Insolvenz
Restrukturierung/Sanierung 556

OPPENHOFF & PARTNER
Nationaler Überblick 52, 75
Region Westen
Köln 131, 134
Region Frankfurt und Hessen
Frankfurt 148
Arbeitsrecht 215, 223
Compliance-Untersuchungen 265, 266, 270
Gesellschaftsrecht 275, 293
M&A 369, 383
Medien, Technologie und Kommunikation
Informationstechnologie 429, 430, 434
Nachfolge/Vermögen/Stiftungen 444, 447
Öffentlicher Sektor
Beihilferecht 454, 456
Private Equity und Venture Capital 525
Regulierte Industrien
Gesundheitswesen 538, 542
Steuerrecht 576, 579, 585
Versicherungsrecht
Unternehmensbezogene Beratung von Versicherern 603, 605
Vertrieb/Handel/Logistik
Außenhandel 616, 617, 618
Vertriebssysteme 613
Statistiken 637
Fusionsstammbäume 645

OPPENLÄNDER
Nationaler Überblick 52, 75
Region Südwesten
Stuttgart 164, 168
Region Süden 180
Gesellschaftsrecht 275, 294
Kartellrecht 333, 334, 341
M&A 370, 384
Marken- und Wettbewerbsrecht 397, 398, 406
Medien, Technologie und Kommunikation
Medien 417
Öffentlicher Sektor
Umwelt- und Planungsrecht 466, 469
Verfassungs- und Wirtschaftsverwaltungsrecht 473, 474, 475
Vergaberecht 477, 483
Regulierte Industrien
Energiewirtschaftsrecht 534, 536
Gesundheitswesen 538, 542
Verkehrssektor 551, 552
Anzeige/Kanzleiprofil 838/839

OPPLER HERING
Region Norden
Hamburg 86
Region Westen
Rheinland 138
Region Süden
München 185
Immobilien- und Baurecht
Privates Baurecht 322, 325, 327
Öffentlicher Sektor
Vergaberecht 485, 486

ORRICK HERRINGTON & SUTCLIFFE
Nationaler Überblick 42
Region Osten 102
Region Westen 118
Düsseldorf 120, 128
Region Frankfurt und Hessen 145
Region Süden
München 185
Gesellschaftsrecht 298, 300
Konfliktlösung – Dispute Resolution
Handel und Haftung 351, 358, 360
M&A 369, 384
Öffentlicher Sektor
Private Equity und Venture Capital 525
Fusionsstammbäume 644
Anzeige/Kanzleiprofil 30, 840

ORTH KLUTH
Nationaler Überblick 49, 52, 76
Region Osten
Berlin 106
Region Westen
Düsseldorf 120, 128
Arbeitsrecht 227, 230
Gesellschaftsrecht 276, 294
Immobilien- und Baurecht
Privates Baurecht 325, 327
Konfliktlösung – Dispute Resolution
Handel und Haftung 358, 360
M&A 370, 384
Regulierte Industrien
Verkehrssektor 550, 551, 552
Statistiken 637
Anzeige/Kanzleiprofil 841

OSBORNE CLARKE
Nationaler Überblick 49, 52, 76
Region Norden
Hamburg 86
Region Osten
Berlin 106
Region Westen
Köln 131, 135
Region Süden
München 183, 192
Arbeitsrecht 215, 224
Gesellschaftsrecht 276, 294
Kartellrecht 333, 342
M&A 370, 384
Marken- und Wettbewerbsrecht 397, 398, 406
Medien, Technologie und Kommunikation
Informationstechnologie 428, 429, 430, 431, 434
Medien 413, 414, 416, 417, 421
Öffentlicher Sektor
Vergaberecht 477, 484
Private Equity und Venture Capital 513, 516, 518, 521
Regulierte Industrien
Energiewirtschaftsrecht 534, 536
Steuerrecht 587, 588
Vertrieb/Handel/Logistik
Vertriebssysteme 607, 609, 612
Statistiken 636
Fusionsstammbäume 638, 641
Anzeige/Kanzleiprofil 842

OTTO MITTAG FONTANE
Region Frankfurt und Hessen
Frankfurt 147, 155
Bank- und Finanzrecht
Anleihen und Strukturierte Finanzierung 237, 241
Private Equity und Venture Capital 515, 522
Anzeige/Kanzleiprofil 843

P+P PÖLLATH + PARTNERS
Nationaler Überblick 39, 52, 76
Region Osten
Berlin 104, 110
Region Frankfurt und Hessen
Frankfurt 149
Region Süden 180
München 182, 192
Bank- und Finanzrecht
Investmentfonds und Asset-Management 253, 254
Gesellschaftsrecht 275, 294
Immobilien- und Baurecht
Immobilienwirtschaftsrecht 308, 310, 314
M&A 369, 384
Nachfolge/Vermögen/Stiftungen 443, 444, 445, 448
Private Equity und Venture Capital 515, 516, 517, 518, 522
Steuerrecht 576, 578, 579, 585
Statistiken 636
Co-Publishing 511/512
Anzeige/Kanzleiprofil 844/845

PROF. DR. PANNEN
Region Norden
Hamburg 86
Restrukturierung und Insolvenz
Insolvenzverwaltung 571, 572
Fusionsstammbäume 648
Anzeige/Kanzleiprofil 846

PARIGGER & COLLEGEN
Region Norden
Niedersachsen 100
Wirtschaftsstrafrecht 631, 632

PARK
Region Westen
Ruhrgebiet/Westfalen 140, 141
Wirtschaftsstrafrecht 624, 625, 628
Fusionsstammbäume 638

PATZINA LOTZ
Region Frankfurt und Hessen
Frankfurt 149
Versicherungsrecht
Versicherungsvertragsrecht: Prozessvertretung und Beratung 595, 599

PAUL HASTINGS
Region Frankfurt und Hessen
Frankfurt 147, 156

PAUL WEISS RIFKIND WHARTON & GARRISON
Nationaler Überblick 39

PAULY
Öffentlicher Sektor
Produkt- und Abfallrecht 470

PAULY & PARTNER
Region Westen
Rheinland 138
Arbeitsrecht 227, 230

DR. PETEREIT ARMBRÜSTER & PARTNER
Region Südwesten
Rheinland-Pfalz/Saarland 175, 178

PETERS
Anzeige/Kanzleiprofil 847

PETERS SCHÖNBERGER & PARTNER
Region Süden
München 182, 192
Gesellschaftsrecht 298, 300
Nachfolge/Vermögen/Stiftungen 444, 446, 448
Steuerrecht 576, 585
Anzeige/Kanzleiprofil 848

PETERSEN HARDRAHT
Region Osten 103
Region Osten
Sachsen 113, 116
Anzeige/Kanzleiprofil 849

PFLÜGER
Arbeitsrecht 217, 222

PHILIPP-GERLACH TESSMER
Öffentlicher Sektor
Umwelt- und Planungsrecht 460

PIEPENBURG GERLING
Region Westen
Düsseldorf 122
Region Westen
Köln 132
Restrukturierung und Insolvenz
Insolvenzverwaltung 565, 566, 569

PIER 11 GÖTHEL ROSSBACH SCHMITZ
Nationaler Überblick 42
Region Norden 82
Fusionsstammbäume 643

PIETSCHMANN
Region Osten
Berlin 106
Immobilien- und Baurecht
Privates Baurecht 325, 327

PINSENT MASONS
Nationaler Überblick 35
Region Süden 180
München 182, 192
M&A 389, 391
Medien, Technologie und Kommunikation
Informationstechnologie 429, 434
Private Equity und Venture Capital 525
Fusionsstammbäume 649
Anzeige/Kanzleiprofil 8, 850

PKF FASSELT SCHLAGE
Region Westen 119
Köln 132
Region Westen
Ruhrgebiet/Westfalen 139, 142
Steuerrecht 587, 588

VON PLEHWE & SCHÄFER
Konfliktlösung – Dispute Resolution
Handel und Haftung 352

PLUTA
Region Südwesten
Baden-Württemberg (ohne Stuttgart) 171
Region Süden
München 185
Bayern (ohne München) 198
Restrukturierung und Insolvenz
Insolvenzverwaltung 565, 566, 569
Anzeige/Kanzleiprofil 851

PÖHLMANN FRÜCHTL OPPERMANN
Region Süden
München 185
Vertrieb/Handel/Logistik
Vertriebssysteme 613, 614

POHLMANN & COMPANY
Nationaler Überblick 42
Region Frankfurt und Hessen
Frankfurt 149
Region Süden
München 185
Compliance-Untersuchungen 265, 266, 267, 270

POHLMANN HOFMANN
Region Süden
München 186
Restrukturierung und Insolvenz
Insolvenzverwaltung 571, 572

PPR & PARTNER
Region Westen
Düsseldorf 120, 128
M&A 370, 384

PREISSLER OHLMANN & PARTNER
Region Süden
Bayern (ohne München) 198
Regulierte Industrien
Ausgewiesene Berater von Krankenhäusern, MVZ oder Apotheken 545, 546

PREU BOHLIG & PARTNER
Nationaler Überblick 42
Region Norden
Hamburg 86
Region Osten
Berlin 106
Region Westen
Düsseldorf 122
Region Süden
München 186
Marken- und Wettbewerbsrecht 397, 398, 407
Patentrecht 491, 494, 495, 502
Regulierte Industrien
Gesundheitswesen 538, 539, 543
Fusionsstammbäume 641
Anzeige/Kanzleiprofil 852

PRICEWATERHOUSECOOPERS LEGAL
Nationaler Überblick 36, 42, 44
Region Norden 83
Hamburg 86
Region Norden
Niedersachsen 98, 101
Region Osten
Berlin 106
Region Westen
Düsseldorf 122
Region Frankfurt und Hessen
Frankfurt 149
Region Südwesten
Stuttgart 165
Baden-Württemberg (ohne Stuttgart) 171
Region Süden 181
München 186
Bank- und Finanzrecht
Bank- und Bankaufsichtsrecht 242
Gesellschaftsrecht 276, 294
M&A 368, 370, 384
Öffentlicher Sektor
Beihilferecht 454, 456
Umstrukturierungen, ÖPP und Projektfinanzierung 487, 488
Vergaberecht 476, 477, 478, 484
Regulierte Industrien
Energiewirtschaftsrecht 526, 527, 529, 532

INDEX KANZLEIEN

Verkehrssektor 551, 552
Steuerrecht
Steuerstrafrecht 589, 590
Statistiken 636
Anzeige/Kanzleiprofil 853

PRINZ & PARTNER
Region Norden
Hamburg 86
Region Osten
Berlin 106
Region Süden
München 186
Marken- und Wettbewerbsrecht 409, 411
Patentrecht 492, 493, 503

PRINZ NEIDHARDT ENGELSCHALL
Region Norden
Hamburg 86
Region Osten
Berlin 106
Medien, Technologie und Kommunikation
Presse- und Äußerungsrecht 424, 426

PRÜFER & PARTNER
Region Süden
München 186
Patentrecht 492, 503
Anzeige/Kanzleiprofil 854

DR. BURKHARD PÜNDER & DR. GERRIT WENZ
Region Westen
Düsseldorf 122
Gesellschaftsrecht
Notariat 305, 306

PUSCH WAHLIG
Region Osten
Berlin 106
Region Westen
Düsseldorf 122
Arbeitsrecht 215, 217, 224

PUTZIER
Region Osten
Berlin 106
Immobilien- und Baurecht
Privates Baurecht 322, 325, 328

QUAAS & PARTNER
Region Westen
Ruhrgebiet/Westfalen 141
Region Südwesten
Stuttgart 165
Öffentlicher Sektor
Verfassungs- und Wirtschaftsverwaltungsrecht 473, 475
Regulierte Industrien
Ausgewiesene Berater von Krankenhäusern, MVZ oder Apotheken 545, 547

QUEDENFELD
Region Südwesten
Stuttgart 165
Steuerrecht
Steuerstrafrecht 589, 590
Wirtschaftsstrafrecht 624, 628
Co-Publishing 621/622
Anzeige/Kanzleiprofil 855

QUINN EMANUEL URQUHART & SULLIVAN
Region Norden
Hamburg 86
Region Süden
Baden-Württemberg (ohne Stuttgart) 170, 171
Region Süden
München 186
Patentrecht 494, 495, 503
Anzeige/Kanzleiprofil Nachsatz, 856

RAPP WOLFF
Anzeige/Kanzleiprofil 857

RAPRÄGER HOFFMANN UND PARTNER
Region Südwesten
Rheinland-Pfalz/Saarland 175, 179
Versicherungsrecht
Versicherungsvertragsrecht: Prozessvertretung und Beratung 595, 599

RASCHKE VON KNOBELSDORFF HEISER
Nationaler Überblick 42
Region Norden
Hamburg 84, 91
Gesellschaftsrecht 276, 294
M&A 389, 391
Fusionsstammbäume 640

RATAJCZAK & PARTNER
Region Osten
Berlin 106
Thüringen/Sachsen-Anhalt 117
Region Westen
Ruhrgebiet/Westfalen 141
Region Südwesten
Baden-Württemberg (ohne Stuttgart) 171
Region Süden
München 186
Regulierte Industrien
Ausgewiesene Berater von Krankenhäusern, MVZ oder Apotheken 545, 547

RATH
Region Frankfurt und Hessen
Frankfurt 149
Immobilien- und Baurecht
Privates Baurecht: Weitere empfohlene Spezialkanzleien 329

RAU SCHNECK & HÜBNER
Region Süden
Bayern (ohne München) 198
Patentrecht 492, 504

RAUE
Nationaler Überblick 40
Region Osten 102
Berlin 104, 110
Arbeitsrecht 215, 225
Gesellschaftsrecht 276, 295
M&A 370, 385
Medien, Technologie und Kommunikation
Medien 413, 414, 417, 421
Presse- und Äußerungsrecht 424, 426
Telekommunikation 437, 438
Öffentlicher Sektor
Umwelt- und Planungsrecht 458, 459, 465
Verfassungs- und Wirtschaftsverwaltungsrecht 473, 475
Private Equity und Venture Capital 515, 516, 518, 522
Regulierte Industrien
Ausgewiesene Berater von Krankenhäusern, MVZ oder Apotheken 545, 547
Energiewirtschaftsrecht 527, 529, 533
Statistiken 637
Fusionsstammbäume 646
Anzeige/Kanzleiprofil 858

RB REISERER BIESINGER
Region Südwesten
Baden-Württemberg (ohne Stuttgart) 171
Arbeitsrecht 227, 230

RBS ROEVERBROENNERSUSAT
Nationaler Überblick 42
Region Osten
Berlin 104, 110
Regulierte Industrien
Ausgewiesene Berater von Krankenhäusern, MVZ oder Apotheken 545, 547

RECKLER & HORST
Region Süden
Bayern (ohne München) 198
Arbeitsrecht 227, 230

REDEKER SELLNER DAHS
Nationaler Überblick 40, 49, 52, 77
Region Osten
Berlin 104, 111
Sachsen 113, 116
Region Westen
Rheinland 136, 137
Brüssel 200, 203
Gesellschaftsrecht 276, 295
Immobilien- und Baurecht
Privates Baurecht 321, 322, 325
Projektentwicklung und Anlagenbau 318, 319
Kartellrecht 333, 342
M&A 370, 385
Medien, Technologie und Kommunikation
Medien 413, 415, 421
Presse- und Äußerungsrecht 424, 426
Öffentlicher Sektor
Beihilferecht 454, 456
Produkt- und Abfallrecht 470, 472
Umwelt- und Planungsrecht 457, 458, 459, 465
Verfassungs- und Wirtschaftsverwaltungsrecht 473, 474, 475
Vergaberecht 477, 484
Regulierte Industrien
Energiewirtschaftsrecht 534, 536
Verkehrssektor 550, 551, 553
Wirtschaftsstrafrecht 624, 628
Statistiken 636

REED SMITH
Nationaler Überblick 42, 44
Region Frankfurt und Hessen 145
Frankfurt 149
Region Süden
München 183, 192
Bank- und Finanzrecht
Kredite und Akquisitionsfinanzierung 255
Compliance-Untersuchungen 265, 266, 267, 270
M&A 370, 385
Medien, Technologie und Kommunikation
Informationstechnologie 428, 429, 430, 434
Medien 413, 414, 422
Private Equity und Venture Capital 516, 518, 522
Restrukturierung und Insolvenz
Restrukturierung/Sanierung 556
Fusionsstammbäume 638

REEG
Region Südwesten
Baden-Württemberg (ohne Stuttgart) 169, 172
Anzeige/Kanzleiprofil 859

REHBORN
Region Westen
Ruhrgebiet/Westfalen 141
Regulierte Industrien
Ausgewiesene Berater von Krankenhäusern, MVZ oder Apotheken 545, 547

REIMANN OSTERRIETH KÖHLER HAFT
Nationaler Überblick 42
Region Westen 118
Düsseldorf 122
Region Südwesten
Baden-Württemberg (ohne Stuttgart) 171
Marken- und Wettbewerbsrecht 396, 397, 398, 407
Patentrecht 491, 494, 495, 504
Fusionsstammbäume 639
Anzeige/Kanzleiprofil 860

REIMER
Nationaler Überblick 43
Region Norden
Hamburg 86
Region Norden
Schleswig-Holstein 94
Restrukturierung und Insolvenz
Insolvenzverwaltung 565, 569

REITH NEUMAHR
Region Südwesten 162
Stuttgart 164, 168
Gesellschaftsrecht 298, 300
M&A 389, 391
Nachfolge/Vermögen/Stiftungen 449, 450
Fusionsstammbäume 638
Anzeige/Kanzleiprofil 861

REITH SCHICK & PARTNER
Region Südwesten 162

RELLERMEYER BRANDTS PARTNER
Region Westen 118
Düsseldorf 120, 129
Anzeige/Kanzleiprofil 862

REMBERT
Region Norden
Hamburg 86
Region Süden 180
München 186
Immobilien- und Baurecht
Privates Baurecht 325, 328

REMÉ
Region Norden
Hamburg 86
Versicherungsrecht
Versicherungsvertragsrecht: Prozessvertretung und Beratung 595, 600

RENZENBRINK & PARTNER
Nationaler Überblick 42
Region Norden 82
Hamburg 84, 91
Gesellschaftsrecht 298, 301
M&A 370, 385
Private Equity und Venture Capital 525
Steuerrecht 587, 588
Fusionsstammbäume 640

RETTENMAIER & ADICK
Wirtschaftsstrafrecht 623

REYSEN
Brüssel 201
Kartellrecht 334, 344, 346

RICHTER GERBAULET THIELEMANN HOFMANN
Patentrecht 498

DR. RINGSTMEIER & KOLLEGEN
Region Westen
Köln 132
Restrukturierung und Insolvenz
Insolvenzverwaltung 565, 566, 570
Fusionsstammbäume 642

RITTER GENT COLLEGEN
Region Norden
Niedersachsen 100
Regulierte Industrien
Energiewirtschaftsrecht 527, 529, 533

RITTERSHAUS
Nationaler Überblick 40
Region Frankfurt und Hessen
Frankfurt 147, 156
Region Südwesten 162, 163
Baden-Württemberg (ohne Stuttgart) 169, 170, 172
Gesellschaftsrecht 276, 295
M&A 389, 391
Marken- und Wettbewerbsrecht 409, 411
Nachfolge/Vermögen/Stiftungen 444, 448
Statistiken 637
Anzeige/Kanzleiprofil 863

RÖDL & PARTNER
Nationaler Überblick 52, 77
Region Norden
Hamburg 86
Region Osten
Berlin 106
Region Westen
Köln 131, 135
Region Südwesten
Stuttgart 165
Region Süden 181
München 183, 193
Region Süden
Bayern (ohne München) 196, 197
Compliance-Untersuchungen 268
Gesellschaftsrecht 276, 295
M&A 370, 385
Nachfolge/Vermögen/Stiftungen 444, 448
Öffentlicher Sektor
Umstrukturierungen, ÖPP und Projektfinanzierung 487, 488
Regulierte Industrien
Energiewirtschaftsrecht 528, 533
Verkehrssektor 550, 551, 553
Steuerrecht 576, 585
Statistiken 636

VON ROHR
Patentrecht 492, 493, 504

ROHRBACH
Arbeitsrecht 222

ROHWEDDER & PARTNER
Region Südwesten
Rheinland-Pfalz/Saarland 175, 176, 179
Regulierte Industrien
Lebensmittelrecht 548, 549

ROMATKA & COLLEGEN
Region Süden
München 186
Medien, Technologie und Kommunikation
Presse- und Äußerungsrecht 424, 426, 427

DR. PAUL ROMBACH DR. CLAUDIE ROMBACH
Region Westen
Düsseldorf 122
Gesellschaftsrecht
Notariat 305, 306

ROOS
Region Südwesten
Rheinland-Pfalz/Saarland 177
M&A 389, 391
Private Equity und Venture Capital 515, 522

ROSENBERGER & KOCH
Region Osten
Sachsen 115
Medien, Technologie und Kommunikation
Presse- und Äußerungsrecht 424, 427

ROSPATT OSTEN PROSS
Nationaler Überblick 49, 50
Region Westen
Düsseldorf 122

KANZLEIEN INDEX

Region Südwesten
Baden-Württemberg (ohne Stuttgart) 171
Marken- und Wettbewerbsrecht 397, 398, 407
Patentrecht 491, 494, 495, 497, 504
Anzeige/Kanzleiprofil 864

ROWEDDER ZIMMERMANN HASS
Region Südwesten
Baden-Württemberg (ohne Stuttgart) 169, 173
Gesellschaftsrecht 298, 301
Anzeige/Kanzleiprofil 865

ROXIN
Region Norden
Hamburg 86
Region Süden
München 186
Compliance-Untersuchungen 268
Steuerrecht
Steuerstrafrecht 589, 591
Wirtschaftsstrafrecht 631, 632
Anzeige/Kanzleiprofil 866

RPO RUTTKAMP PORTZ OBERTHÜR
Arbeitsrecht 222
Anzeige/Kanzleiprofil 867

RUFF WILHELM BEIER DAUSTER & PARTNER
Patentrecht 498

RUGE KRÖMER
Region Norden
Hamburg 86
Arbeitsrecht 215, 220, 225

DRES. RUGE PURRUCKER MAKOWSKI
Region Norden
Schleswig-Holstein 94

RUHMANN PETERS ALTMEYER
Region Frankfurt und Hessen
Hessen 160

RUNKEL SCHNEIDER WEBER
Region Westen
Rheinland 138
Restrukturierung und Insolvenz
Insolvenzverwaltung 571, 572
Anzeige/Kanzleiprofil 868

RWP RECHTSANWÄLTE
Region Westen
Düsseldorf 120, 129
Öffentlicher Sektor
Vergaberecht 477, 484
Regulierte Industrien
Verkehrssektor 550, 551, 553
Fusionsstammbäume 642

S&P SÖFFING
Region Westen
Düsseldorf 122
Nachfolge/Vermögen/Stiftungen 443, 444, 448
Steuerrecht 579

SABELLI
Nationaler Überblick 39

PROF. DR. FRANZ SALDITT
Region Südwesten
Rheinland-Pfalz/Saarland 176, 177
Steuerrecht
Steuerstrafrecht 589, 590, 591
Wirtschaftsstrafrecht 624, 629

SALGER
Region Frankfurt und Hessen
Frankfurt 147, 156
Gesellschaftsrecht 298, 301
Fusionsstammbäume 645

SAMMLER USINGER
Region Osten
Berlin 104, 111
Gesellschaftsrecht
Notariat 305, 306
Immobilien- und Baurecht
Immobilienwirtschaftsrecht 315, 317
Fusionsstammbäume 639

SAMSON & PARTNER
Region Süden
München 186
Patentrecht 493, 504

SANDER & KRÜGER
Region Frankfurt und Hessen
Frankfurt 149
Regulierte Industrien
Gesundheitswesen 538, 543

SBR SCHUSTER & PARTNER
Region Westen 118

DR. SCHACKOW & PARTNER
Region Norden 82
Hamburg 86
Region Norden
Bremen 95, 97
Gesellschaftsrecht 301

SCHADBACH
Private Equity und Venture Capital 525

SCHALAST & PARTNER
Region Frankfurt und Hessen
Frankfurt 147, 156
Gesellschaftsrecht 298, 301
Anzeige/Kanzleiprofil 869

DR. BERNHARD SCHAUB
Region Süden
München 186
Gesellschaftsrecht
Notariat 305, 306

SCHAUDT
Region Südwesten 162

SCHAUMBURG THOENES THURN LANDSKRON
Patentrecht 498

SCHEIDLE & PARTNER
Region Süden
Bayern (ohne München) 196, 197
Steuerrecht 587, 588

SCHELLING & PARTNER
Region Südwesten
Stuttgart 164, 168
Gesellschaftsrecht 298, 301

DR. TILL SCHEMMANN UND DR. HELENE LUDEWIG
Region Süden
München 186
Gesellschaftsrecht
Notariat 305, 306

SCHERTZ BERGMANN
Region Osten
Berlin 106
Medien, Technologie und Kommunikation
Presse- und Äußerungsrecht 424, 426, 427
Sportrecht 439, 440

SCHEUCH & LINDNER
Konfliktlösung – Dispute Resolution
Handel und Haftung 352

SCHICK UND SCHAUDT
Region Südwesten 162
Regulierte Industrien
Ausgewiesene Berater von Krankenhäusern, MVZ oder Apotheken 545, 547
Fusionsstammbäume 638

SCHIEDERMAIR
Region Frankfurt und Hessen
Frankfurt 146, 156
Gesellschaftsrecht
Notariat 305, 306
Marken- und Wettbewerbsrecht 397, 398, 407
Vertrieb/Handel/Logistik
Vertriebssysteme 607, 608, 612
Fusionsstammbäume 645

SCHILLER & KOLLEGEN
Region Frankfurt und Hessen
Frankfurt 149
Wirtschaftsstrafrecht 624, 625, 629

SCHINDELE EISELE GERSTNER & COLLEGEN
Arbeitsrecht 222

SCHINDHELM
Region Norden
Niedersachsen 98, 101

SCHINDLER
Region Westen
Düsseldorf 122
Vertrieb/Handel/Logistik
Vertriebssysteme 607, 609, 612
Anzeige/Kanzleiprofil 870

SCHLARMANN VON GEYSO
Region Norden
Hamburg 86
Vertrieb/Handel/Logistik
Vertriebssysteme 608, 612

SCHLATTER
Region Südwesten 162
Baden-Württemberg (ohne Stuttgart) 169, 173
Co-Publishing 232/233
Anzeige/Kanzleiprofil 871

PROF. SCHLEGEL HOHMANN MANGOLD & PARTNER
Region Frankfurt und Hessen
Frankfurt 149
Regulierte Industrien
Ausgewiesene Berater von Krankenhäusern, MVZ oder Apotheken 545, 547

SCHLÜTER GRAF
Region Westen 119
Ruhrgebiet/Westfalen 139, 142
Co-Publishing 394/395
Anzeige/Kanzleiprofil 872

SCHMID V. BUTTLAR & PARTNER
Nationaler Überblick 40

SCHMIDT VON DER OSTEN & HUBER
Region Westen
Ruhrgebiet/Westfalen 139, 140, 142
Arbeitsrecht 227, 230
Gesellschaftsrecht 276, 295
M&A 389, 391
Nachfolge/Vermögen/Stiftungen 449, 450
Regulierte Industrien
Ausgewiesene Berater von Krankenhäusern, MVZ oder Apotheken 545, 547
Anzeige/Kanzleiprofil 873

DR. SCHMIDT-FELZMANN & KOZIANKA
Region Norden
Hamburg 86
Regulierte Industrien
Gesundheitswesen 538, 539, 543
Lebensmittelrecht 548, 549
Anzeige/Kanzleiprofil 874

SCHMIDT-JORTZIG PETERSEN PENZLIN
Nationaler Überblick 50
Region Norden
Hamburg 84, 92
Restrukturierung und Insolvenz
Insolvenzverwaltung 564, 565, 570
Fusionsstammbäume 648
Anzeige/Kanzleiprofil 875

SCHMIDT-WESTPHAL
Arbeitsrecht 222
Anzeige/Kanzleiprofil 876

SCHMITZ & PARTNER
Region Frankfurt und Hessen
Frankfurt 149
Konfliktlösung – Dispute Resolution
Handel und Haftung 347, 348, 349, 356

SCHMITZ KNOTH
Region Westen
Rheinland 136, 138
Anzeige/Kanzleiprofil 877

DR. ERICH SCHMITZ U. DR. KLAUS PIEHLER
Region Westen
Köln 132
Gesellschaftsrecht
Notariat 305, 306

SCHNEIDER GEIWITZ & PARTNER
Region Süden
Bayern (ohne München) 198
Restrukturierung und Insolvenz
Insolvenzverwaltung 565, 570

SCHNEIDERS & BEHRENDT
Patentrecht 498

SCHÖNHERR
Nationaler Überblick 40

SCHOLTKA & PARTNER
Nationaler Überblick 44
Regulierte Industrien
Energiewirtschaftsrecht 526
Anzeige/Kanzleiprofil 878

SCHOTTEN FRIDRICH BANNASCH
Öffentlicher Sektor
Umwelt- und Planungsrecht 460

SCHRAMM MEYER KUHNKE
Region Norden
Hamburg 86
Arbeitsrecht 215, 217, 225

SCHRÖMBGES + PARTNER
Vertrieb/Handel/Logistik
Außenhandel 616, 618

DR. MICHAEL SCHÜTTE
Brüssel 201
Öffentlicher Sektor
Beihilferecht 454, 456

SCHÜTTE & KOLLEGEN
Region Frankfurt und Hessen
Hessen 160
Arbeitsrecht 217, 222

SCHÜTTE RICHTER & PARTNER
Region Norden 82
Bremen 95, 97
Gesellschaftsrecht 298, 301
Anzeige/Kanzleiprofil 879

SCHULTE RIESENKAMPFF
Region Frankfurt und Hessen
Frankfurt 146, 156
Arbeitsrecht 227, 230
Kartellrecht 333, 343
Fusionsstammbäume 648
Anzeige/Kanzleiprofil 880

SCHULTZE & BRAUN
Region Norden
Bremen 95, 98
Region Osten
Berlin 106
Region Südwesten
Stuttgart 165
Baden-Württemberg (ohne Stuttgart) 171
Region Süden
Bayern (ohne München) 198
Restrukturierung und Insolvenz
Insolvenzverwaltung 564, 565, 566, 570
Restrukturierung/Sanierung 557, 558, 561
Statistiken 636
Anzeige/Kanzleiprofil 881

SCHULTZ-SÜCHTING
Region Norden
Hamburg 86
Marken- und Wettbewerbsrecht 397, 398, 399, 407
Medien, Technologie und Kommunikation
Presse- und Äußerungsrecht 424, 427
Patentrecht 507, 508
Regulierte Industrien
Gesundheitswesen 538, 543
Anzeige/Kanzleiprofil 882

SCHULZ NOACK BÄRWINKEL
Region Norden
Hamburg 84, 92
Mecklenburg-Vorpommern 94

SCHULZE KÜSTER MÜLLER MUELLER
Medien, Technologie und Kommunikation
Medien 417

SCHULZE-HAGEN HORSCHITZ HAUSER
Region Südwesten
Baden-Württemberg (ohne Stuttgart) 171
Immobilien- und Baurecht
Privates Baurecht 322, 325, 328

SCHUMANN
Region Osten
Berlin 106
Regulierte Industrien
Verkehrssektor 551, 553

SCHWEGLER
Arbeitsrecht 217, 222

SCHWEIBERT LESSMANN & PARTNER
Nationaler Überblick 44, 49
Region Frankfurt und Hessen
Frankfurt 149
Arbeitsrecht 214, 215, 217, 225
Fusionsstammbäume 640

PROF. SCHWEIZER
Region Süden
München 186
Medien, Technologie und Kommunikation
Medien 414, 417, 422
Presse- und Äußerungsrecht 424, 426, 427

SCHWENN & KRÜGER
Region Norden
Hamburg 86
Medien, Technologie und Kommunikation
Presse- und Äußerungsrecht 424, 427
Wirtschaftsstrafrecht 631, 633
Anzeige/Kanzleiprofil 883

INDEX KANZLEIEN

SCWP SCHINDHELM
Anzeige/Kanzleiprofil 932

SDZLEGAL SCHINDHELM
Anzeige/Kanzleiprofil 480, 933

SEEBACHER FLEISCHMANN MÜLLER
Arbeitsrecht 217, 222
Anzeige/Kanzleiprofil 884

SEITZ
Nationaler Überblick 49, 50
Region Westen 118
Köln 131, 135
Arbeitsrecht 214, 215, 217, 225
Gesellschaftsrecht 298, 301
M&A 370, 385
Nachfolge/Vermögen/Stiftungen 443, 444, 448
Steuerrecht 576, 586
Fusionsstammbäume 642
Anzeige/Kanzleiprofil 885

SEITZ WECKBACH FACKLER
Region Süden
Bayern (ohne München) 196, 198

DR. JÖRG SEMMLER
Konfliktlösung – Dispute Resolution
Handel und Haftung 352

SERNETZ SCHÄFER
Nationaler Überblick 40
Region Westen
Düsseldorf 120, 129
Region Süden
München 182, 193
Bank- und Finanzrecht
Bank- und Bankaufsichtsrecht 243, 244, 246
Gesellschaftsrecht 276, 295
Konfliktlösung – Dispute Resolution
Gesellschaftsrechtliche Streitigkeiten 362, 363, 365
Nachfolge/Vermögen/Stiftungen 449, 450
Steuerrecht 579, 587, 588
Anzeige/Kanzleiprofil 886

SEUFERT
Region Süden
München 183, 193
Gesellschaftsrecht 298, 301
Öffentlicher Sektor
Umwelt- und Planungsrecht 466, 469
Regulierte Industrien
Ausgewiesene Berater von Krankenhäusern, MVZ oder Apotheken 545, 547
Co-Publishing 451/452
Anzeige/Kanzleiprofil 887

SGP SCHNEIDERGEIWITZ
Region Südwesten
Baden-Württemberg (ohne Stuttgart) 171
Region Süden
München 186
Kartellrecht 332, 346
Vertrieb/Handel/Logistik
Vertriebssysteme 608, 609, 612
Anzeige/Kanzleiprofil 888

SHEARMAN & STERLING
Nationaler Überblick 44
Region Frankfurt und Hessen
Frankfurt 147, 157
Bank- und Finanzrecht
Börseneinführungen und Kapitalerhöhungen 248, 249, 251
Kredite und Akquisitionsfinanzierung 256, 260
Gesellschaftsrecht 276, 296
M&A 369, 371, 385
Private Equity und Venture Capital 515, 522
Anzeige/Kanzleiprofil 889

SIBETH
s. Arnecke Sibeth Siebold

SIDLEY AUSTIN
Nationaler Überblick 39

DR. MATTHIAS SIEGMANN
Konfliktlösung – Dispute Resolution
Handel und Haftung 352

SILBERBERGER LORENZ TOWARA
Arbeitsrecht 217, 222

SIMMONS & SIMMONS
Region Westen
Düsseldorf 120, 130
Region Frankfurt und Hessen
Frankfurt 147, 157
Region Süden 180
München 183, 193
Arbeitsrecht 227, 230

Bank- und Finanzrecht
Investmentfonds und Asset-Management 253, 254
Gesellschaftsrecht 276, 296
M&A 370, 385
Patentrecht 494, 505
Regulierte Industrien
Energiewirtschaftsrecht 534, 536
Steuerrecht 576, 586
Statistiken 637
Anzeige/Kanzleiprofil 890/891

SIMONEIT & SKODDA
Region Norden
Mecklenburg-Vorpommern 94

SIMPSON THACHER & BARTLETT
Nationaler Überblick 39

SKADDEN ARPS SLATE MEAGHER & FLOM
Nationaler Überblick 39, 44, 52, 78
Region Frankfurt und Hessen
Frankfurt 146, 158
Region Süden
München 183, 193
Brüssel 201
Bank- und Finanzrecht
Anleihen und Strukturierte Finanzierung 236, 241
Börseneinführungen und Kapitalerhöhungen 249, 250, 251
Kredite und Akquisitionsfinanzierung 256, 257, 260
Compliance-Untersuchungen 266, 267, 271
Gesellschaftsrecht 275, 277, 296
Kartellrecht 344, 346
M&A 369, 386
Private Equity und Venture Capital 513, 514, 515, 523
Steuerrecht 576, 586

SKW SCHWARZ
Nationaler Überblick 43, 44, 49
Region Norden
Hamburg 86
Region Osten
Berlin 106
Region Frankfurt und Hessen
Frankfurt 147, 158
Region Süden
München 183, 193
Gesellschaftsrecht 298, 301
M&A 370, 386
Marken- und Wettbewerbsrecht 397, 398, 407
Medien, Technologie und Kommunikation
Informationstechnologie 429, 435
Medien 413, 414, 416, 417, 422
Presse- und Äußerungsrecht 424, 427
Öffentlicher Sektor
Vergaberecht 485, 486
Vertrieb/Handel/Logistik
Vertriebssysteme 613, 614
Statistiken 636
Fusionsstammbäume 641
Anzeige/Kanzleiprofil 892

SMNG
Region Westen
Köln 132
Region Frankfurt und Hessen
Frankfurt 149
Immobilien- und Baurecht
Privates Baurecht 321, 322, 325
Projektentwicklung und Anlagenbau 318, 319
Anzeige/Kanzleiprofil 893

SNP SCHLAWIEN
Region Süden
München 183, 194

SONNTAG & PARTNER
Region Süden 181
München 186
Region Süden
Bayern (ohne München) 196, 198
Nachfolge/Vermögen/Stiftungen 449, 450
Steuerrecht 587, 588

ULRICH SORGENFREI
Region Frankfurt und Hessen
Frankfurt 149
Steuerrecht
Steuerstrafrecht 589, 590, 591

SOUDRY & SOUDRY
Öffentlicher Sektor
Vergaberecht 485, 486

SPARWASSER & HEILSHORN
Region Südwesten
Baden-Württemberg (ohne Stuttgart) 171
Öffentlicher Sektor
Umwelt- und Planungsrecht 466, 469

SPIEKER & JAEGER
Region Westen
Ruhrgebiet/Westfalen 139, 140, 143
Gesellschaftsrecht 276, 296
Fusionsstammbäume 638

SPILKER & COLL.
Region Osten
Thüringen/Sachsen-Anhalt 117

SPOERER & DR. WICKE
Region Süden
München 186
Gesellschaftsrecht
Notariat 305, 306

SPRENGER
Region Südwesten
Baden-Württemberg (ohne Stuttgart) 171
Region Süden
Bayern (ohne München) 198
Versicherungsrecht
Versicherungsvertragsrecht: Prozessvertretung und Beratung 595, 600

SQUIRE PATTON BOGGS
Nationaler Überblick 40
Region Osten
Berlin 104, 111
Region Frankfurt und Hessen
Frankfurt 147, 158
Gesellschaftsrecht 276, 296
M&A 370, 386
Fusionsstammbäume 638
Anzeige/Kanzleiprofil 894

SSW SCHNEIDER SCHIFFER WEIHERMÜLLER
Region Süden
München 186
Medien, Technologie und Kommunikation
Informationstechnologie 428, 429, 431, 435
Anzeige/Kanzleiprofil 895

STAAB & KOLLEGEN
Region Südwesten 163
Rheinland-Pfalz/Saarland 175, 179

STAHL & KESSLER
Region Südwesten
Stuttgart 165
Gesellschaftsrecht
Notariat 305, 306

STARK MAYER HEHR UND KOLLEGEN
Arbeitsrecht 222

STASSEN
Region Osten
Berlin 106
Immobilien- und Baurecht
Privates Baurecht 325, 328

STATHER DR. HELMKE DÖTHER HAUSMANN EVISEN
Arbeitsrecht 222

STAUDACHER
Nationaler Überblick 40
Region Süden
München 186
Arbeitsrecht 220, 227, 231
Anzeige/Kanzleiprofil 896

STEIN & PARTNER
Region Westen
Rheinland 136, 138

STEINER MITTLÄNDER FISCHER
Arbeitsrecht 222

STENGER
Fusionsstammbäume 648

STETTER
Region Süden
München 186
Wirtschaftsstrafrecht 631, 633
Anzeige/Kanzleiprofil 897

STIKEMAN ELLIOTT
Nationaler Überblick 39

STOCK ADERS + PARTNER
Region Süden
München 186
Immobilien- und Baurecht
Immobilienwirtschaftsrecht 315, 317

STOLMÁR & PARTNER
Patentrecht 498

STOLZENBERG
Region Süden 180
München 186

Medien, Technologie und Kommunikation
Presse- und Äußerungsrecht 424, 427

STRÄTER
Region Westen
Rheinland 138
Regulierte Industrien
Gesundheitswesen 537, 538, 539, 543

STRAFVERTEIDIGERBÜRO
Nationaler Überblick 40
Region Westen
Köln 132
Wirtschaftsstrafrecht 631, 633

STRASSER VENTRONI DEUBZER FREYTAG & JÄGER
Region Süden
München 186
Medien, Technologie und Kommunikation
Medien 414, 416, 417, 422

STRATE UND VENTZKE
Region Norden
Hamburg 86
Wirtschaftsstrafrecht 631, 633

STRECK MACK SCHWEDHELM
Region Osten
Berlin 106
Region Westen
Köln 132
Region Süden
München 186
Nachfolge/Vermögen/Stiftungen 449, 450
Steuerrecht 576, 579, 586
Steuerstrafrecht 589, 590, 591
Anzeige/Kanzleiprofil 898/899

STREITBÖRGER SPECKMANN
Region Osten
Land Brandenburg 112
Region Westen 119
Ruhrgebiet/Westfalen 139, 143
Statistiken 637
Anzeige/Kanzleiprofil 900

SUFFEL & KOLLEGEN
Region Osten
Thüringen/Sachsen-Anhalt 117

SULLIVAN & CROMWELL
Nationaler Überblick 39, 49
Region Frankfurt und Hessen
Frankfurt 146, 158
Bank- und Finanzrecht
Börseneinführungen und Kapitalerhöhungen 248, 249, 250, 252
M&A 369, 386

SWP RECHTSANWÄLTE
Arbeitsrecht 222

SZA SCHILLING ZUTT & ANSCHÜTZ
Nationaler Überblick 39, 40, 52, 78
Region Frankfurt und Hessen
Frankfurt 146, 158
Region Südwesten 162
Baden-Württemberg (ohne Stuttgart) 169, 170, 173
Brüssel 200, 204
Arbeitsrecht 215, 220, 226
Gesellschaftsrecht 275, 277, 296
Kartellrecht 333, 334, 343
Konfliktlösung – Dispute Resolution
Gesellschaftsrechtliche Streitigkeiten 362, 363, 365
Handel und Haftung 348, 349, 351, 356
M&A 369, 386
Nachfolge/Vermögen/Stiftungen 444, 445, 449
Restrukturierung und Insolvenz
Restrukturierung/Sanierung 556, 563
Steuerrecht 576, 586
Statistiken 637
Anzeige/Kanzleiprofil Rückseite Vorsatz, 901

TAYLOR WESSING
Nationaler Überblick 40, 42, 44, 49, 52, 78
Region Norden 82
Hamburg 84, 92
Region Osten
Berlin 104, 111
Region Westen
Düsseldorf 120, 130
Region Frankfurt und Hessen
Frankfurt 146, 158
Region Süden
München 182, 194
Arbeitsrecht 214, 215, 226
Bank- und Finanzrecht
Börseneinführungen und Kapitalerhöhungen 249, 252
Kredite und Akquisitionsfinanzierung 255
Compliance-Untersuchungen 268

KANZLEIEN INDEX

Gesellschaftsrecht 275, 297
Notariat 305, 306
Immobilien- und Baurecht
Immobilienwirtschaftsrecht 308, 309, 314
Projektentwicklung und Anlagenbau 318, 319
Kartellrecht 344, 346
Konfliktlösung – Dispute Resolution
Gesellschaftsrechtliche Streitigkeiten 362, 363, 365
Handel und Haftung 348, 349, 350, 356
M&A 369, 386
Marken- und Wettbewerbsrecht 396, 397, 398, 408
Medien, Technologie und Kommunikation
Informationstechnologie 428, 429, 430, 431, 435
Medien 412, 413, 414, 416, 417, 423
Sportrecht 439, 440
Telekommunikation 437, 438
Nachfolge/Vermögen/Stiftungen 444, 445, 449
Öffentlicher Sektor
Beihilferecht 454, 456
Umwelt- und Planungsrecht 458, 465
Vergaberecht 476, 477, 484
Patentrecht 494, 495, 505
Private Equity und Venture Capital 513, 515, 516, 518, 523
Regulierte Industrien
Ausgewiesene Berater von Krankenhäusern, MVZ oder Apotheken 545, 547
Energiewirtschaftsrecht 528, 533
Gesundheitswesen 538, 544
Verkehrssektor 551, 553
Restrukturierung und Insolvenz
Restrukturierung/Sanierung 557, 562
Versicherungsrecht
Unternehmensbezogene Beratung von Versicherern 603, 605
Versicherungsvertragsrecht: Prozessvertretung und Beratung 594, 595, 596, 600
Vertrieb/Handel/Logistik
Vertriebssysteme 607, 612
Statistiken 636
Fusionsstammbäume 643
Anzeige/Kanzleiprofil 902

TCI RECHTSANWÄLTE
Region Osten
Berlin 106
Region Südwesten
Rheinland-Pfalz/Saarland 177
Region Süden
München 186
Medien, Technologie und Kommunikation
Informationstechnologie 428, 429, 435
Vertrieb/Handel/Logistik
Vertriebssysteme 613, 614

TER MEER STEINMEISTER & PARTNER
Region Westen
Ruhrgebiet/Westfalen 141
Region Süden
München 186
Patentrecht 492, 493, 506

THOMAS DECKERS WEHNERT ELSNER
Region Westen
Düsseldorf 123
Wirtschaftsstrafrecht 624, 625, 629
Anzeige/Kanzleiprofil 903

THORWART
Region Süden 181
Bayern (ohne München) 196, 198

THÜMMEL SCHÜTZE & PARTNER
Region Osten
Sachsen 115
Region Frankfurt und Hessen
Frankfurt 149
Region Südwesten
Stuttgart 164, 168
Gesellschaftsrecht 276, 297
Konfliktlösung – Dispute Resolution
Handel und Haftung 348, 349, 351, 357
M&A 389, 391
Versicherungsrecht
Versicherungsvertragsrecht: Prozessvertretung und Beratung 595, 597, 600
Statistiken 637
Anzeige/Kanzleiprofil 904

THÜR WERNER SONTAG
Arbeitsrecht 222
Anzeige/Kanzleiprofil 905

TIEFENBACHER
Region Südwesten
Baden-Württemberg (ohne Stuttgart) 169, 173

TIGGES
Region Westen
Düsseldorf 120, 130

TILP
Nationaler Überblick 40
Region Südwesten
Baden-Württemberg (ohne Stuttgart) 171
Konfliktlösung – Dispute Resolution
Handel und Haftung 358, 360

TOPJUS KUPFERSCHMID ENGLERT PICHL GRAUVOGL & PARTNER
Region Süden
Bayern (ohne München) 198
Immobilien- und Baurecht
Privates Baurecht 322
Privates Baurecht: Weitere empfohlene Spezialkanzleien 329

TOUSSAINT & SCHMITT
Konfliktlösung – Dispute Resolution
Handel und Haftung 352

TRADEO
Region Westen
Düsseldorf 123
Vertrieb/Handel/Logistik
Vertriebssysteme 614

DR. VOLKER TRIEBEL
Konfliktlösung – Dispute Resolution
Handel und Haftung 351

VON TROTT ZU SOLZ LAMMEK
Region Osten
Berlin 104, 111
Fusionsstammbäume 648

TRÜON
Region Norden
Hamburg 86
Immobilien- und Baurecht
Immobilienwirtschaftsrecht 315, 317
Öffentlicher Sektor
Umwelt- und Planungsrecht 466, 469
Fusionsstammbäume 640

TSAMBIKAKIS & PARTNER
Region Westen
Köln 132
Steuerrecht
Steuerstrafrecht 589, 591
Wirtschaftsstrafrecht 631, 633
Fusionsstammbäume 641
Anzeige/Kanzleiprofil 906

TSC
Region Westen
Ruhrgebiet/Westfalen 141
Arbeitsrecht 215, 226
Co-Publishing 212/213
Anzeige/Kanzleiprofil 907

TSP THEISSEN STOLLHOFF & PARTNER
Region Osten
Berlin 106
Immobilien- und Baurecht
Privates Baurecht 325, 328

UEXKÜLL & STOLBERG
Region Norden
Hamburg 86
Region Süden
München 186
Marken- und Wettbewerbsrecht 409, 411
Patentrecht 492, 493, 506
Anzeige/Kanzleiprofil 908

UFER KNAUER
Region Süden
München 186
Wirtschaftsstrafrecht 624, 629

UHLENBRUCH VORMBAUM-HEINEMANN UND SCHABRAM
Arbeitsrecht 222

UNÜTZER WAGNER & WERDING
Region Frankfurt und Hessen
Hessen 160

UNVERZAGT VON HAVE
Region Norden
Hamburg 86
Region Osten
Berlin 106
Region Westen
Köln 132
Medien, Technologie und Kommunikation
Medien 414, 416, 423

VAN BAEL & BELLIS
Brüssel 200, 204

VANGARD
Region Norden
Hamburg 86
Region Westen
Düsseldorf 123
Region Süden
München 186
Arbeitsrecht 214, 215, 217, 220, 226

VBB RECHTSANWÄLTE
Region Westen
Düsseldorf 123
Compliance-Untersuchungen 268
Wirtschaftsstrafrecht 624, 625, 629

VELTEN SONDERMANN
Fusionsstammbäume 644

ANDREA VERSTEYL
Region Osten
Berlin 106
Öffentlicher Sektor
Umwelt- und Planungsrecht 466, 469

PROF. VERSTEYL
Region Norden
Niedersachsen 100
Öffentlicher Sektor
Umwelt- und Planungsrecht 469

VIERING JENTSCHURA & PARTNER
Region Westen
Düsseldorf 123
Region Süden
München 186
Patentrecht 492, 506

DR. KIRSTEN VÖLCKERS KIRSTEN DR. FITZAU
Versicherungsrecht
Versicherungsvertragsrecht: Prozessvertretung und Beratung 594, 595, 598

VÖLKER
Region Norden
Hamburg 86
Steuerrecht 579, 587, 588
Anzeige/Kanzleiprofil 909

VOELKER & PARTNER
Region Südwesten 163
Baden-Württemberg (ohne Stuttgart) 169, 174

VOGEL & PARTNER
Region Südwesten
Baden-Württemberg (ohne Stuttgart) 171
Medien, Technologie und Kommunikation
Informationstechnologie 428, 429, 435
Anzeige/Kanzleiprofil 910

VOGEL HEERMA WAITZ
Nationaler Überblick 49
Region Osten 102
Berlin 106
Private Equity und Venture Capital 513, 516, 518, 523

DR. VOGELS
Region Westen
Köln 132
Vertrieb/Handel/Logistik
Vertriebssysteme 613, 614

VOIGT SALUS
Region Osten
Berlin 106
Restrukturierung und Insolvenz
Insolvenzverwaltung 565, 570

VOIGT WUNSCH HOLLER
Region Norden
Hamburg 84, 92
Gesellschaftsrecht 298, 302
M&A 370
Private Equity und Venture Capital 525
Fusionsstammbäume 640

PROF. DR. KLAUS VOLK
Nationaler Überblick 40
Region Süden
München 186
Wirtschaftsstrafrecht 624, 625, 630

VORWERK
Konfliktlösung – Dispute Resolution
Handel und Haftung 352

VOSSIUS & PARTNER
Region Osten
Berlin 106

Region Westen
Düsseldorf 123
Region Süden
München 186
Marken- und Wettbewerbsrecht 397, 408
Patentrecht 492, 493, 494, 495, 497, 506

DR. OLIVER VOSSIUS UND DR. THOMAS ENGEL
Region Süden
München 186
Gesellschaftsrecht
Notariat 305, 306

WACH + MECKES
Nationaler Überblick 40, 49
Region Süden
München 186
Konfliktlösung – Dispute Resolution
Handel und Haftung 347, 348, 349, 357

WACHENHAUSEN
Region Norden
Schleswig-Holstein 94
Regulierte Industrien
Gesundheitswesen 537, 538, 544

WACHTELL LIPTON ROSEN & KATZ
Nationaler Überblick 39

WAGENSONNER
Region Osten
Berlin 106
Region Süden
München 186
Immobilien- und Baurecht
Privates Baurecht 325, 328
Öffentlicher Sektor
Umwelt- und Planungsrecht 466, 469

DR. PHILIPP K. WAGNER
Region Osten
Berlin 106
Konfliktlösung – Dispute Resolution
Handel und Haftung 358, 360

DR. SUSANNE WAGNER
Region Südwesten
Baden-Württemberg (ohne Stuttgart) 171
Wirtschaftsstrafrecht 631, 633

WAGNER LEGAL
Region Norden
Hamburg 86
Kartellrecht 334, 344, 346

WALDECK
Region Frankfurt und Hessen
Frankfurt 146, 158
Gesellschaftsrecht 298, 302
M&A 370, 387
Medien, Technologie und Kommunikation
Informationstechnologie 429, 430, 436
Anzeige/Kanzleiprofil 911

WALLINGER RICKER SCHLOTTER TOSTMANN
Region Süden
München 186
Patentrecht 492, 493, 506
Co-Publishing 489/490
Anzeige/Kanzleiprofil 912

WALLNER WEISS
Region Osten
Berlin 106
Sachsen 115
Restrukturierung und Insolvenz
Insolvenzverwaltung 571, 572

DR. ROBERT WALZ DR. HANS-JOACHIM VOLLRATH
Region Süden
München 186
Gesellschaftsrecht
Notariat 305, 306

WANNEMACHER & PARTNER
Region Süden
München 186
Steuerrecht 579
Steuerstrafrecht 589, 590, 591
Wirtschaftsstrafrecht 624, 630

DR. STEFAN WARBEK
Anzeige/Kanzleiprofil 401, 505

WATSON FARLEY & WILLIAMS
Nationaler Überblick 49, 52, 79
Region Norden
Hamburg 84, 93
Region Frankfurt und Hessen
Frankfurt 149
Region Süden
München 183, 194
Arbeitsrecht 215, 227
Bank- und Finanzrecht

INDEX KANZLEIEN

Kredite und Akquisitionsfinanzierung 256, 260
M&A 370, 387
Nachfolge/Vermögen/Stiftungen 449, 450
Private Equity und Venture Capital 515, 523
Regulierte Industrien
Energiewirtschaftsrecht 528, 529, 533
Steuerrecht 587, 588
Statistiken 637
Fusionsstammbäume 650

ULRICH WEBER & PARTNER
Arbeitsrecht 220, 222

WEBER & SAUBERSCHWARZ
Region Westen
Düsseldorf 123
Marken- und Wettbewerbsrecht 397, 398, 408
Anzeige/Kanzleiprofil 913

WEBER RECHTSANWÄLTE
Anzeige/Kanzleiprofil 934

WEGNER ULLRICH MÜLLER-HELLE & PARTNER
Region Osten
Berlin 104, 111
Fusionsstammbäume 649

WEICKMANN & WEICKMANN
Region Süden
München 186
Patentrecht 492, 493, 506

WEIDINGER RICHTSCHEID
Region Osten
Sachsen 113, 116

WEIL GOTSHAL & MANGES
Nationaler Überblick 49, 52, 79
Region Frankfurt und Hessen
Frankfurt 146, 159
Region Süden 180
München 182, 194
Gesellschaftsrecht 275, 297
M&A 369, 371, 387
Private Equity und Venture Capital 514, 515, 517, 523
Restrukturierung und Insolvenz
Restrukturierung/Sanierung 557, 562
Steuerrecht 576, 587
Statistiken 637
Co-Publishing 554/555
Anzeige/Kanzleiprofil 914

WEISS WALTER FISCHER-ZERNIN
Fusionsstammbäume 647

WEISSKOPF
Region Osten 103
Thüringen/Sachsen-Anhalt 117

WEISSLEDER EWER
Region Norden 83
Schleswig-Holstein 94
Öffentlicher Sektor
Umwelt- und Planungsrecht 458, 459, 465

WEITBRECHTLAW
Region Westen
Rheinland 138
Kartellrecht 334, 344, 346

WEITNAUER
Region Süden
München 183, 194
Private Equity und Venture Capital 516, 524
Anzeige/Kanzleiprofil 915

WELLENSIEK
Region Osten
Berlin 106
Region Westen
Düsseldorf 123
Region Frankfurt und Hessen 145
Frankfurt 149
Region Südwesten
Baden-Württemberg (ohne Stuttgart) 171
Restrukturierung und Insolvenz
Insolvenzverwaltung 564, 565, 566, 570
Restrukturierung/Sanierung 556, 557, 558, 562
Anzeige/Kanzleiprofil 916

WENDELSTEIN
Region Frankfurt und Hessen 145
Frankfurt 147, 159
Gesellschaftsrecht 302
M&A 370, 387

WENDLER TREMML
Immobilien- und Baurecht
Privates Baurecht 320

WESSING & PARTNER
Region Westen
Düsseldorf 123

Compliance-Untersuchungen 268
Steuerrecht
Steuerstrafrecht 589, 591
Wirtschaftsstrafrecht 624, 625, 630

WESTPHAL MUSSGNUG & PARTNER
Patentrecht 498

WHITE & CASE
Nationaler Überblick 44, 49, 50, 52, 79
Region Norden 82
Hamburg 84, 93
Region Osten
Berlin 104, 112
Region Westen 118
Düsseldorf 120, 130
Region Frankfurt und Hessen
Frankfurt 146, 159
Region Süden
München 186
Brüssel 199, 200, 204
Arbeitsrecht 227, 231
Bank- und Finanzrecht
Anleihen und Strukturierte Finanzierung 235, 236, 237, 238, 241
Bank- und Bankaufsichtsrecht 243, 247
Börseneinführungen und Kapitalerhöhungen 248, 249, 252
Kredite und Akquisitionsfinanzierung 256, 257, 260
Compliance-Untersuchungen 265, 266, 271
Gesellschaftsrecht 275, 297
Immobilien- und Baurecht
Immobilienwirtschaftsrecht 308, 309, 314
Projektentwicklung und Anlagenbau 318, 319
Kartellrecht 333, 343
Konfliktlösung – Dispute Resolution
Gesellschaftsrechtliche Streitigkeiten 362, 365
Handel und Haftung 348, 349, 357
M&A 368, 369, 387
Marken- und Wettbewerbsrecht 396
Medien, Technologie und Kommunikation
Informationstechnologie 428, 429, 430, 431, 436
Medien 413, 414, 415, 416, 423
Telekommunikation 437, 438
Öffentlicher Sektor
Beihilferecht 454, 456
Umwelt- und Planungsrecht 458, 465
Verfassungs- und Wirtschaftsverwaltungsrecht 473, 475
Patentrecht 507, 508
Private Equity und Venture Capital 513, 514, 515, 524
Regulierte Industrien
Energiewirtschaftsrecht 526, 527, 528, 529, 534
Verkehrssektor 551, 553
Restrukturierung und Insolvenz
Insolvenzverwaltung 565, 566, 571
Restrukturierung/Sanierung 557, 562
Steuerrecht 576, 587
Versicherungsrecht
Versicherungsvertragsrecht: Prozessvertretung und Beratung 595, 596, 600
Wirtschaftsstrafrecht 625, 630
Statistiken 636
Fusionsstammbäume 648
Anzeige/Kanzleiprofil 918/919

WICKER SCHÜTZ
Region Frankfurt und Hessen
Frankfurt 149
Gesellschaftsrecht
Notariat 305, 306

WIENECKE IBENDORF GRÜNING ULRICH BORUFKA & HEILING
Region Norden
Mecklenburg-Vorpommern 94

WIGGE
Region Norden
Hamburg 86
Region Norden
Ruhrgebiet/Westfalen 141
Regulierte Industrien
Ausgewiesene Berater von Krankenhäusern, MVZ oder Apotheken 545, 547
Gesundheitswesen 538, 544

WILDANGER KEHRWALD GRAF V. SCHWERIN & PARTNER
Region Westen
Düsseldorf 123
Marken- und Wettbewerbsrecht 409, 411
Patentrecht 494, 495, 497, 507
Anzeige/Kanzleiprofil 917

WILHELM
Region Osten
Berlin 106

Region Westen
Düsseldorf 123
Versicherungsrecht
Versicherungsvertragsrecht: Prozessvertretung und Beratung 595, 601

WILLKIE FARR & GALLAGHER
Nationaler Überblick 39, 44, 49
Region Frankfurt und Hessen
Frankfurt 146, 159
Bank- und Finanzrecht
Kredite und Akquisitionsfinanzierung 256, 260
Compliance-Untersuchungen 265
Gesellschaftsrecht 276, 297
M&A 368, 369, 371, 388
Private Equity und Venture Capital 514, 515, 516, 517, 524
Restrukturierung und Insolvenz
Restrukturierung/Sanierung 563
Anzeige/Kanzleiprofil 920

WILLMER & PARTNER
Region Norden
Bremen 96
Niedersachsen 100
Restrukturierung und Insolvenz
Insolvenzverwaltung 571, 572

WILMERHALE
Nationaler Überblick 40
Region Osten
Berlin 104, 112
Region Frankfurt und Hessen
Frankfurt 147, 159
Brüssel 201
Arbeitsrecht 227, 231
Compliance-Untersuchungen 266, 271
Gesellschaftsrecht 276, 298
Kartellrecht 333, 334, 343
Konfliktlösung – Dispute Resolution
Handel und Haftung 348, 349, 357
M&A 370, 388
Marken- und Wettbewerbsrecht 397, 398, 408
Medien, Technologie und Kommunikation
Informationstechnologie 429, 431, 436
Öffentlicher Sektor
Beihilferecht 454, 456
Regulierte Industrien
Energiewirtschaftsrecht 534, 536
Gesundheitswesen 538, 544
Lebensmittelrecht 548, 549
Fusionsstammbäume 649
Anzeige/Kanzleiprofil 921

WILSON SONSINI GOODRICH & ROSATI
Brüssel 199, 200, 204
Kartellrecht 344, 346

WINHELLER
Region Frankfurt und Hessen
Frankfurt 149
Nachfolge/Vermögen/Stiftungen 449, 450

WINTER BRANDL FÜRNISS HÜBNER RÖSS KAISER POLTE
Patentrecht 498

WINTER DETTE NACKEN LITZIG ÖGÜT
Arbeitsrecht 222

DR. ACHIM VON WINTERFELD
Konfliktlösung – Dispute Resolution
Handel und Haftung 352

WIRSING HASS ZOLLER
Region Süden
München 183, 195
Gesellschaftsrecht 298, 302
Medien, Technologie und Kommunikation
Medien 414, 415, 423
Nachfolge/Vermögen/Stiftungen 449, 450

WIRTZ & KRANEIS
Region Westen
Köln 131, 135
Versicherungsrecht
Versicherungsvertragsrecht: Prozessvertretung und Beratung 595, 601
Anzeige/Kanzleiprofil 922

WITTE WELLER & PARTNER
Region Südwesten
Stuttgart 165
Patentrecht 492, 493, 495, 507
Anzeige/Kanzleiprofil 923

DR. GEORG WOCHNER UND DR. JENS FLEISCHHAUER
Region Westen
Köln 132
Gesellschaftsrecht
Notariat 305, 306

WOHLFARTH DR. GUTMANN PITTERLE ZELLER
Arbeitsrecht 222

WOLF MACHEL SCHEURICH
Anzeige/Kanzleiprofil 924

WOLFF SCHULTZE KIEFERLE
Region Süden
München 186
Arbeitsrecht 227, 231

WOLTER HOPPENBERG
Region Westen
Ruhrgebiet/Westfalen 141
Öffentlicher Sektor
Umwelt- und Planungsrecht 458, 466
Vergaberecht 485, 486
Anzeige/Kanzleiprofil 925

WRAGGE LAWRENCE GRAHAM & CO.
Region Süden
München 186
Patentrecht 507, 508
Regulierte Industrien
Lebensmittelrecht 548, 549

W&R WEIGELL
Region Süden
München 186
Steuerrecht
Steuerstrafrecht 589, 591

WTS LEGAL
Nachfolge/Vermögen/Stiftungen 445

WÜLFING ZEUNER RECHEL
Nationaler Überblick 42, 47, 49
Region Norden
Hamburg 84, 93
Anzeige/Kanzleiprofil 926

WÜRTENBERGER WINSTEL KERN PAWLIK
Nationaler Überblick 49
Region Südwesten 162
Stuttgart 164, 168

WUESTHOFF & WUESTHOFF
Region Süden
München 186
Patentrecht 492, 493, 495, 507

WURLL KLEIN
Arbeitsrecht 222

ZENK
Region Norden
Hamburg 84, 93
Region Osten
Berlin 106
Gesellschaftsrecht 298, 302
Immobilien- und Baurecht
Privates Baurecht 325, 328
Marken- und Wettbewerbsrecht 409, 411
Öffentlicher Sektor
Umwelt- und Planungsrecht 458, 466
Regulierte Industrien
Lebensmittelrecht 548, 549
Anzeige/Kanzleiprofil 927

ZIEMONS & RAESCHKE-KESSLER
Konfliktlösung – Dispute Resolution
Handel und Haftung 351

ZIMMERMANN & PARTNER
Region Osten
Berlin 106
Region Süden
München 186
Bayern (ohne München) 198
Patentrecht 493, 507
Anzeige/Kanzleiprofil 928

ZIMMERMANN HAUSCHILD
Region Westen
Düsseldorf 123
Gesellschaftsrecht
Notariat 305, 306

ZINNBÖCKER
Region Südwesten
Baden-Württemberg (ohne Stuttgart) 169, 174
Anzeige/Kanzleiprofil 929

ZIRNGIBL LANGWIESER
Region Osten
Berlin 106
Region Süden
München 183, 195
Arbeitsrecht 227, 231
Gesellschaftsrecht 298, 302
Immobilien- und Baurecht
Privates Baurecht 320, 325, 328
Marken- und Wettbewerbsrecht 409, 411

What's your Case?

We are the solution.

quinn emanuel litigation only

Quinn Emanuel ist die weltweit größte Kanzlei, die sich nur auf streitige Auseinandersetzungen konzentriert.

www.quinnemanuel.com

quinn emanuel urquhart & sullivan, llp

Hamburg / Brüssel:
Dr. Nadine Herrmann
+49 40 89728 7000
+32 2 416 5000
nadineherrmann@quinnemanuel.com

Mannheim:
Dr. Johannes Bukow
+49 621 43298 6000
johannesbukow@quinnemanuel.com

München:
Dr. Marcus Grosch
+49 89 20608 3000
marcusgrosch@quinnemanuel.com

KAYE | SCHOLER

Zielgerichtet und dynamisch
– Kaye Scholer Rechtsberatung

www.kayescholer.com

Chicago	Los Angeles	Silicon Valley
Frankfurt	New York	Washington, DC
London	Shanghai	West Palm Beach